ISBN 978-0-332-32430-2
PIBN 10990166

English
Français
Deutsche
Italiano
Español
Português

www.forgottenbooks.com

Mythology Photography **Fiction**
Fishing Christianity **Art** Cooking
Essays Buddhism Freemasonry
Medicine **Biology** Music **Ancient
Egypt** Evolution Carpentry Physics
Dance Geology **Mathematics** Fitness
Shakespeare **Folklore** Yoga Marketing
Confidence Immortality Biographies
Poetry **Psychology** Witchcraft
Electronics Chemistry History **Law**
Accounting **Philosophy** Anthropology
Alchemy Drama Quantum Mechanics
Atheism Sexual Health **Ancient History**
Entrepreneurship Languages Sport
Paleontology Needlework Islam
Metaphysics Investment Archaeology
Parenting Statistics Criminology
Motivational

ALTENGLISCHE SPRACHPROBEN

NEBST EINEM WÖRTERBUCHE

HERAUSGEGEBEN

VON

EDUARD MÄTZNER.

ZWEITER BAND: WÖRTERBUCH.
ZEHNTE LIEFERUNG.

1,

BERLIN
WEIDMANNSCHE BUCHHANDLUNG.
1885.

I [y].

Der Vokal *i* [y] entspricht theils einem *i* des dem englischen zu·Grunde liegenden Wortes, theils einem ags. *y, ý* wie einem gr. *v* lat. *y*, auch steht es an der Stelle eines ursprünglichen *je*, und dient dialektisch zur Verbreitung von Vokalen, wie in *yeast* ags. *eást; yeare* ags. *eáre*.

1 pron. s. *ic*.

1 präp. s. *in, ine, i*.

1 als untrennbare Vorsilbe ersetzt *je* [s. *je, i, y*], das früher noch hier und da erscheint, aber bald dem *i, y* völlig weicht. Die Wörter, in denen *je* neben dem jüngeren *i, y* nachgewiesen werden konnte, sind unter dem Buchstaben *j* aufgeführt.

In Wörtern germanischen Ursprungs ist die Partikel in ihrer späteren Form überall schon in zu Grunde liegenden Wörtern mit der Vorsilbe *ge* nachweisbar; in ursprünglich romanischen gehört sie natürlich nur dem Englischen an, worin sie vornehmlich in Zeitwörtern auf das Particip der Vergangenheit beschränkt blieb. Am längsten hat sie sich auch in ursprünglich germanischen Wörtern in diesem Particip erhalten. Selten ist sie in nicht germanischen Verben in anderen Zeitformen anzutreffen. vgl. *ipassen*.

Dem Nordenglischen ist diese Vorsilbe im allgemeinen stets fremd geblieben, wie sie den skandinavischen Mundarten fast völlig fremd war. In den mittelländischen und südlichen englischen Mundarten erstreckte sie sich dagegen über ein weites Gebiet. Trotz dieser Ausdehnung des Gebrauches verlor sie sich im Neuenglischen bis auf wenige Reste.

Um den ausgedehnten Gebrauch der Partikel im Altenglischen anschaulich zu machen, sind in dem Wörterverzeichnisse zahlreiche Participialformen mit aufgeführt, welche Zeitwörtern angehören, die ohne diese Vorsilbe an ihrer Stelle im Wörterbuche zu finden sind. Nur als Participe sind Wörter germanischen Ursprungs gegeben, die nicht als Ueberreste von Zeitwörtern mit der entsprechenden Partikel angesehen werden können.

i-ærnen v. s. *jearnien*.

i-aȝnien, i-ahnien v. mhd. *geeigenen*. s. *aȝnien, ahnien*. zu eigen machen, aneignen.

He wolde bi norðen *iahnien* þa londa. LAȝ. I. 159. — Guendoleine hæfde þa vfere hond &

iahnede hire al þis lond. I. 105. — Nu wes al þis lond *iahned* a Brutus hond. I. 82.

i-armed p. p. s. *armen* v. gewaffnet, bewaffnet.

Ueberaus häufig trifft man diese Participialform neben dem einfachen *armed* seit früher Zeit: Þe kyng was abou? *yarmed* wyþ haubert noble & ryche Wyþ helm of gold on ys heued. R. OF GL. p.174. Brut sende vp þere þre hondred men *yarmed* wel. p. 14. Faire chevalry him cam fro Mede, Wel *yarmed* on heygh stede. ALIS. 2531. Hec sawe saile on þe sea seemelich knightes . . Well *iarmed*, iwis, Werre too holde. ALIS. FRGM. 483-5. *Yarmed* at all pointes þei auntred hem ðider. 230. Wel *yarmed* ni wende forþ. ST. CRISTOPH. 145. Wel *yarmed* þorwout al þyng euerechone þey ware. FERUMBR. 1500. Her is comen to thus, walle, *Yarmed* apone a sted, Sire Degrevvant. DEGREVANT 387. Ine godes knyȝtes, þet þe holy gost heþ ydobbed and *yarmed* mid uirtu and mid charite. AYENB. p. 83. Thei . . buriede his body,· And beden that men sholde kepen it fro nyght comeris With knyghtes *yarmed*. P. PL. 13238.

i-asken, i-escen v. ags. *gedscian*, ahd. *gaeiscón, geeiscón*. s. *asken*. erfragen, erforschen.

Nis nan sunne þet he con, oðer he heo wat ðurh þet he heo dude him seolf, oðer he heo hafð *iescad*, oðer hafð ifunden on boke. OEH. p. 35. I have . . som tyme *yasked* wheither he were God or Goddes sone. P. PL. 12669.

i-attred p. p. ags. *geáttrad*, ahd. *givitrit*, mhd. *gecitert*. s. *attrien*. vergiftet.

Hore lust, hore loking, hore blawing, hore smelling, heore feling wes al *iattret*. OEH. p. 75.

i-aðelien, i-æðelien v. ags. *geáðelian*, nobilitare. s. *aðelien*.

1. edel machen: Ich . . bitæche þe minne leofue sune, Æscol is ihaten, and þu hine scalt *iæðelien*, to cnihte hine dubben, alse þin aȝene mon. LAȝ. II. 521.

2. mit Stolz erfüllen, hoch erfreuen (?): Þis iherden Arður . . þat Æscil Denene king wolde beon his vnderling . . þa iwrað [leg. iwarð] *iaðeled* [igladed j. T.] Arður þe riche. LAȝ. II. 557 sq Sone werð þe alde king wunliche *iæðeled*. I. 153.

i-baken, ibake p. p. ags. *gebacen* [BOSW.]
vgl. ahd. *ungibachan*, mhd. *ungebachen*. s. *baken*.
gebacken, von Brod, Pasteten, auch ge-
brannt, von Ziegeln.
Lete hem ete with hogges, Or elles benes
and bren *ybaken* togideroe. P. PL. *Text B.*
pass. VI. 183. Pet is þet bread tuies *ybake*.
AYENB. p. 111 sq. Bred & wyn þay haue ynow,
& flour also *ybake*. FERUMBR. 3165. bildl. Wol
sone hur bred was *ybake*, hure lifdawes wern
ago. 2986. — Capons *ybake* also tok he foure.
FERUMBR. 2762. Of fiss and of flesse, of foules
ibake, He lette senden in cartes to his fader sake.
Ms. in HALLIW. D. p. 472. — Walles . . Ful
hye, of harde tiles wel *ybake*. CH. *Leg. GW.*
Tesbe 3. That oone [sc. piller] was made of tyles
ful harde *ybake*. LYDG. M. P. p. 85.
i-ban s. ags. *geban*, mandatum, ahd. *giban*,
scita. Verordnung, Gebot.
Edictum, *iban*. WR. VOC. p. 88.
i-bannien v. ags. *gebannian*, proclamare; das
starke Verb ist ags. *gebannan*, ahd. *gibannan*.
berufen, aufbieten.
Havestu, heo seide, *ibanned* ferde? O. A.
N. 1666.
i-bannisshed p. p. s. *banischen*. verbannt.
Wymmen fro Cartage to Fraunce, *Iban-
nysshed* have newfangelnesse, And put in his
place perseveraunce. LYDG. M. P. p. 60.
i-baptised, i-baptised p. p. s. *baptizen, bap-
tisen.* getauft.
He was y*baptized* þere. R. OF GL. p. 86.
This made *ibaptized* was. BEKET 113. Tuo hondred knyþtes ek *ibaptized* were. ST. KATHER.
191. He nom his moder & his soster & þo hi
ibaptised were, & þe bischop Clement ek, þat
hem *ibaptised* hadde. 11,000 VIRG. 116.
i-barred p. p. s. *barren.* gesperrt, ver-
schlossen.
As alle thise wise wyes Weren togideres,
In an hous al bishet, And hir dore *ybarred*, Crist
cam in. P. PL. 13284.
i-batred p. p. s. *bateren*. ausgeschlagen,
bezogen, von eingelegter Arbeit.
Ys scheld þat was wyþ golde *ybatrid* & eke
wyþ ire ybounde, Sone þay had hit al toclatrid,
þe peeces leye on þe grounde. FERUMBR. 896.
i-baðien v. ahd. *gibadón*. s. *baðien*. baden.
There was mony pencel god Quyk *ybathed*
in heorte blod. ALIS. 2707.
i-beat s. mhd. *geböz*. Schlag.
Per wes bil *ibeat*, þer wes balu muchel.
LAȜ. I. 74.
i-beaten, i-beten v. ags. *gebeátan*, tundere,
ferire. s. *beaten, beten*. schlagen.
p. p. þu schalt . . beon *ibeaten* wið bittere
besmen. ST. JULIANA p. 17. Pa com þe illke
Belial þat ha hefde *ibeaten*. p. 71. Pet debonere
child, hwon hit is *ibeaten* . . cusseð þe ȝerd.
ANCR. R. p. 186. Po he het þet ha wer riȝt wel
y*beate* and euele ydraȝe. AYENB. p. 239. Po he
het þet he were wel *ybyate*. ib. Jhesu . . Love
the made blod to sueten, For love thou were
sore *ybeten*. LYR. P. p. 70. He told hir . . Hou
Gregorii him hadde *ybete*. GREGORLEG. 391.
Now were it worthy that ye were *ybette*. CH. *Tr.*

a. *Cr.* 3,1120. Was Mordred & alle his ysclayn,
And Arthour *ybete* wyþ wounde. ARTHUR 608.
Who hath ben wel *ybette* To day with swerdes
and with sleynge stones? CH. *Tr. a. Cr.* 2, 940.
bildl. After a clappe of oo thundringe, When
Joves hath the aire *ybete*. H. *of Fame* 2, 532.
vom Schlagen der Trommel: Pan were þe
tabours faste *ybete*. FERUMBR. 4897. vom Klo-
pfen eines Zeuges: Ase linene kertel erþan
hi by huyte, uele ziþe him behoueþ þet he by
y*beate* and ywesse. AYENB. p. 236. vom Dreschen des Getreides: Al [sc. the corn] shal
ben *ibeten* out or Cristemesse day. POL. S.
p. 327. vom Vollstopfen: many cofres, small
and great, He found there full *ibete*. RICH. C.
DE L. 2317. vom Schlagen im Kampfe:
Bothe kynges there, saun doute, Beoth *ybeten*
with al heore rowte. ALIS. 3848. von Metallen,
ausschlagen, überziehen: An ymage . .
Y*beten* al with gold fyne. ALIS. 1517. þe weyes
ben alle þere *ibete* Wiþ riche gold. CLENE
MAYDENH. 89.
i-bedde s. ags. *gebedda*, consors tori, alts. *gi-
beddio*, ahd. mhd. *gebette*. Bettgenosse,
-genossin.
Ich . . for heom bidde Cristis ore, That [he]
the lavedi sone aredde, An hire sende betere
ibedde. O. A. N. 1566. Hit is unriȝt . . his *ibedde*
from him spanne. 1486-8.
i-bedden v. mhd. *gebedden*. s. *beddien, bedden.*
betten.
Ase thyse childre ofte beth To gadere ryȝt
y*bedded*. SHOREH. p. 63. How don this folk
that seen hire loves wedded By frendes myght . .
And sen hem in hire sponses bed *ybedded*? CH.
Tr. a. Cr. 5, 344-6. It is reuth to rede, how riȝt
wis men lyued, How þei defouled her fleassh . .
yuel yclothed ȝeden, Badly *ybedded*. P. PL.
Text B. pass. XV. 495-8.
i-bede, i-beode s. wozu man *bede, beode* vergleiche; altgerm. Formen sind dagegen ags.
gebed, alts. *gibed*, ahd. *kabet, gibet, gebet*, mhd.
gebet.
· 1. Gebet: Ne mai heom noþer helpen þer
ibede ne almesse. OEH. p. 177. cf. II. 229.
MOR. ODE st. 150. Mid fasten and almesse and
ibede werie we us wid sunne. OEH. p. 179.
MOR. ODE st. 169. Heo sullen . . heom seggen
godes lore, hu heo sculen ledon heore lif, and
ernien þa eche blisse mid *ibede* and mid scrifte.
OEH. p. 7. — Mid almesse mid fasten and mid
ibeden werie we us wid senne. OEH. II. 230.
Cristes apostles weren wuniende edmodliche on
heore *ibeoden*. OEH. p. 89.
· 2. Gebot: Pet he beo feder, and we him
icorene, þet we don alle his *ibeden*. OEH. p. 55.
i-belȝen v. ags. *gebelgan*, exacerbare. ahd.
gibelgan. s. *belȝen*. erzürnen, ergrimmen.
Thos hule . . sat tosvolle and *ibolȝe*. O. A.
N. 143-5.
i-benden v. ags. *gebendan*, flectere. s. *benden*.
spannen, biegen.
Heuene bouwe is abouten *ibent*, Wiþ alle
þe hewes þat him beþ isent. CAST. OFF LOUE 743.
He beþ his oȝene boȝe *ybent* and adraȝe. AYENB.
p. 174. Bryght browse *ibent*. ALIS. FRGM. 181.

That lu*s*sum when heo on me loh, *ybend* wax
ey*þ*er breje. LYR. P. p. 34. With grette browis
ybente, and a berde eke. DEP. OF R. II.
p. 22.

i-beoden v. ags. *gebeódan*, alts. *gibiodan*, ahd.
gipiotan, *gubiotan*, *gibiatan*, mhd. *gebieten*. s.
beoden.

1. gebieten, befehlen: Wulc mon
swa wur*s* dude, *þ*ene *þ*e king hafde *iboden*, he
wolde hine ifusen to ane bare walme. LAJ.
II. 505.

2. entbieten, laden: Elch bileful man
*þ*e is *þ*ider *iboden*, shal finden *þ*are his buttle
swulc se he hit here make*ð* mid his faire liflode.
OEH. II. 185.

i-been v. Dies Zeitwort erscheint frühe im
Englischen mit der Vorsilbe *i* [d. i. *je*], wofür
kein älteres Vorbild nachzuweisen ist. s. *beon*.
sein.

Þet *þ*is scheld naue*ð* none siden is forto
bitoenen *þ*et his deciples, *þ*et schulden stonden
bi him and *ibeon* his siden, vluwen alle urom
him. ANCR. R. p. 390 sq. Kes me, leman, and
loue me, And I thi soget wil *ibe*. SEUYN
SAG. 457.

Ihered *ibeo* *þ*u swete *þ*ing. OEH. II. 256.
Hwe seden *æ*rst *þ*at *þ*es *æ*rndraces wer isent of
fif cheden, swa *ibeoð*. OEH. p. 235.

Hwenne mon him bi*þ*enche*ð* *þ*et he haue*ð*
sunful *ibeon*. OEH. p. 149. Ich habbe efter
bel*l*zebub mest monnes bone *ibeon*. ST. MARHER.
p. 13. Ich habbe .. ma monne bone *ibeon* *þ*en
ei of mine bre*ð*ren. ST. JULIANA p. 41. cf. p. 40.
Hadde *ibeon* *þ*er anne dai o*þ*er twa bare tide,
nolde he for al middan eard *þ*e *þ*ridde *þ*er abide.
MOR. ODE st. 70. OEH. p. 292. Ich habbe
ibeon fol of me suluen. ANCR. R. p. 316. Darie
hadde *ybeon* there. ALIS. 2631. Wel we understonde*ð* *þ*at *þ*u hauest *þ*ear. OEH. p. 265.
Þo he hedde so longe *ibeo* ine wrecche lyuc
*þ*isse. O. E. MISCELL. p. 37. In helle ich habbe
yare *ibeo*. p. 147. To longe ich habbe sot
ibeo. REL. S. p. 66. Menie miracle ai*þ*þe at
Abyndone for hire ha*þ* *ibeo*. ST. EDM. CONF.
141. He .. makede him fleme, þere he hadde
er louerd *iben*. OEH. II. 61. Wel lange ich
habbe child *iben*. MOR. ODE st. 2. Folkes ..
That had *ybén* in mochel wele. CH. H. of Fame
3, 47. Of famouse folke that han *ybeen* In Auf-
frike, Europe and Asye. 3, 243. Sche was in
Deuelin .. And sleightest had *ybene*, And mest
couthe of medicine. TRISTR. 2, 8. Whan he
aboute hath *ibene*, abrode in þe londes. ALIS.
FROM. 1023. He *þ*ojte on þe noblei, þat he
hadde in *ybe*. R. OF GL. p. 34. That hydous
sijt Of deade men a bere, That nadde never
deade *ibe*, jef senne of Adam nere. SHOREH.
p. 33. 3wane ich habbe here ofte *ibe*. KINDH.
JESU 550. Mony is ful worthie and ful good,
That hadde be noght, ne hadde love *ybe*. CH.
Cuck. a. Night. 189. Alle the kynges of Crystyante, That ther hadde long tyme *ibee*. RICH.
C. DE L. 2669, Þu his makest velaghes to us,
þet habbet*þ* al deal *ibye* ine þine wyngarde.
O. E. MISCELL. p. 34. Þus hit ha*ð* *ibi* and is.
OEH. p. 239. Þu hest *yby* to *s*ofte ydraje uor*þ*.

ATENB. p. 31. He com uram ane cite huer he
hedde *yby* at ane bredale. p. 239.

i-beot s. ags. *gebeót*. vgl. *beot*. Drohung.
Þis was heore *ibeot* *æ*r heo to Ba*ð*e comen.
LAJ. II. 459. Þis i*h*ærden segge Julius, þat þa
Frenscen speken þus, & þat heo speken of
þrætte & of prute *ibeote*. I. 328.

i-bere s. ags. pl. *gebærn*, alts. ahd. *gibári*,
mhd. *gebære*. s. *bere*, *beare*, *beir* s.

1. Gebaren, Benehmen, Geberde:
Milde wes þat mayde .. And of fayre *ibere*.
O. E. MISCELL. p. 100.

2. Schrei: Thu mi*j*t mid thine songe afere
Alle that ihereth thine *ibere*. O. A. N. 221.
Swiche luve ich itache and lere, Therof booth
al mine *ibere*. 1345. Þer wes wop, þer wes rop
& reuliche *iberen*. LAJ. II. 206.

i-beren v. ags. *gebæran*, alts. *gibárian*, ahd.
mhd. *gebáren*, mhd. *gebæren*. sich gebaren,
sich benehmen.

Nu we majen wepen, and wanliche *iberen*.
LAJ. III. 215. vgl. 24-5.

i-beren v. ags. *geberan*, alts. *giberan*, ahd.
gaperan, gth. *gabaíran*. s. *beren*, *beoren*.

a. 1. tragen: Ar*ð*ur .. þider *iberen* lette
Luces þene kaisere. LAJ. III. 111.

Þe o*þ*re relyqes .. þat þou hast away *yborn*.
FERUMBR. 1810. Þe baner ys *yborn* before þe
ferde. 5215. Uter .. Was feble after þat he was
in þe horsbere *ybore*. R. OF GL. p. 165. Away
heo haveth heore lord *ybore* .. And buried him
among his kynne. ALIS. 2758. Thej ich scholde
beo *ibore* in barewe other in bere. BEKET
899. Þis holi bodi was for*þ* *ibore* .. To þe abbay
as he li*þ* *j*ut. ST. KENELM 361. Þis holi bodi
was .. into seinte Peteres churche *ibore*. ST.
SWITHIN 153. Ajen eue he cudde furst his lyf,
to churche he was *ibore* & .. Edmund icleped.
ST. EDM. CONF. 14. He ha*þ* hem itold .. hu he
was in a cupe *ibore*. FL. A. BL. 767-75.

2. tragen, von Kleidung oder Schmuck:
It is right fair to be clept madame .. And han a
mantel rially *ibore*. CH. C. T. 378-80.

3. bild*L* tragen, darbringen, hegen:
The grete love .. That he hath evere to *j*ou *ibore*.
BEKET 1335.

b. gebären: Þrutty wyntre and more he
wes among monkunne Seo*þ*þe þat mayde hyne
yber al wi*þ*vte sunne. O. E. MISCELL. p. 37.
Wel is þe moder þet ou *iber*. ANCR. R. p. 194.
Godemen, wite*j*e hwet þes synagoge on þam
alde laje, ere Crist were *iboren*. OEH. p. 9.
cf. 15. 19. Crist .. eadmode hine seolfne þet
he wes *iboren* of ure lefdi Zeinte Marie. p. 17.
Ne fromede us na þing þet he were *iboren*, buten
he us alesde. p. 127. Hwanne hit be*ð* *iboren*,
men sullen clepen hit godes bern. II. 21. He is
the sloweste mon that ever wes *yboren*. LYR. P.
p. 110. Alsone as that childe *yborne* is, It hath
wytt or har. ALIS. 5024. Tell mee .. In what
daie my *d*ere lorde .. Was *iborne*. ALIS. FROM.
640. — In þe font we weren eft *iboren*. OEH.
p. 59. Te godre heale were *j*e euer *iboren*.
ANCR. R. p. 194. Weo moten to þeos weordes
iseon .. þet weo beon swa his sunes *iborene*.
OEH. p. 55. To wan were hi *iborene*. MOR.

1*

ODE st. 53. Ha beoð biȝetẽne, *iborne* & ibroht forð þurh þe heouenliche fader. LEG. ST. KATH. 264. Wommen maken gret sorwe, whan hire children ben *yborn*. MAUND. p. 286. — Wel were him ȝef þat he neauer *ibore* nere. OEH. p. 253. Seide alas! that he wes *ibore*. POLIT. S. p. 222. The toun het Londone that he was inne *ibore*. BEKET 32. Biside Wynchestre he was *ibore*. ST. SWITHIN 2. *Ibore* he was in Engelond. ST. EDM. CONF. 3. Hire þoȝte heo hadde *ibore* a child. JUD. ISC. 9. At Perigot ich was *ybore*. FERUMBR. 444. When hur barn is *ibore*, bolde shall hee wex. ALIS. FRGM. 849. Bought I never love soo dere syth I was man *ibore*. LYDG. M. P. p. 116.

c. hauen, stoßen (vgl. *beren* 9.): Burnes he hadde *yborne* doune. DEGREV. 301.

i-berȝen, i-berwen, i-burȝen etc. ags. *geborgan*, tueri, servare, alts. *gibergan*, ahd. *gaberyan*, *gihergan*, gth. *gabairgan*. s. *berȝen*.

a. tr. bergen, retten: Summe .. ȝeorne bischeð þat me han *ibureȝe* from þam uuele pinan. OEH. p. 43.

We aȝen þenne ure boden to singe, þet god us helpe to gode þinge, þet lif and saule beon *iborȝen*. OEH. p. 71. He ætsturte in to are burȝe, þat heo weren *iborȝen*. LAȜ. I. 182. Ȝif he his neb wendeð touwærd þan meere, ne beo he noht swa loh iboren, ful wel he beoð *iborȝen*. II. 502. Hem ne sameð ne ne grameð þe sulle ben *iboreȝe*. OEH. II. 225. Theȝ hi bon hom solue *iborȝe*, Hi ne soth her nowiȝt bote sorwe. O. A. N. 881. Huanne me draȝþ þo out þet vleþ to holy cherche, oþer into cherchtounes, uor to by *yborȝe*. AYENB. p. 41. Þe writinge zayþ þet þe children .. weren *yborȝe* ine þe fornayse of Babyloyne. p. 205. — Hwam se heo bischeoð fore, is sikerliche *iborhen*. OEH. p. 261. Hwa se o bote ne geað ne schal he beon *iborhen*. ST. JULIANA p. 57. Þa ilke þinges þat he hat þeo mot mon nede halden þat wile beon *iburhen*. HALI MEID. p. 19. — Min bileue is þet ich schal þuruh ham beon *iboreuȝen*. OEH. p. 207. Flih men, & tu schal beon *iboruȝen*. ANCR. R. p. 162. cf. 8. 314. Heom ne scamet ne ne gramet, þe sculle beon *iboruȝene*. MOR. ODE st. 84. Leue vs suche werkes wurche, And so anuren holy chireche, Hwar þurh we beon *iborewe*. O. E. MISCELL. p. 155. Ne be that man neuere *iborewe*, But in euel water adreint, That euer leue wimmannes pleint. SEUYN SAG. 826.

b. refl. sich recken: Þeos weolden *heom iburȝen* & bihalues fleon & buȝen vt of londe. LAȜ. I. 426.

i-bernen, i-barnen, i-brennen v. ags. *gebernan*, cremare (BOSW.), ahd. p. p. *giprant*, *gibrant*, mhd. *gebrennen*, gth. *gabrannjan*. s. *bernen*, *brennen*. tr. u. intr. verbrennen, brennen.

Þe *ybernde* (substantivirt) uer dret. AYENB. p. 16. Þe kyng Vortiger was to doust *ybarnd*. R. OF GL. p. 137. Wircestre was thus *ibarnd*. p. 465. — In þe fur me hem caste. Þo hi hadde longe *ibrend* and ded were .. al hol hi leye þere. ST. KATHER. 147. He was anhonge .. ys bowels *ybrend*. POL. S. p. 213. Boþe for hur bost

ben *ybrend* nouþe, Wiþ fir in þe fir hil to fendus bitauhte. ALEX. A. DINDIM. 1068. The poudre in which myn herte *ybrend* shal turne. CH. *Tr. a. Cr.* 5, 309. I nold for kyngdomes fyyf Ise her *ybrent*. OCTOU. 255. The galoxie .. That once was *ybrente* wyth hete. CH. *H. of Fame* 2, 428-32.

i-bersten v. vgl. ahd. *gibresten*, *gebresten* (nur in d. Bed. deesse, deficere). s. *bersten*, *bresten*. zerbersten. He is *iborsten* a two. MEID. MAREGR. st. 51.

i-beten v. ags. *gebétan*, emendare. s. beten.

1. verbessern, lindern, abhelfen: If he ne mei mid worldliche echte his neode *ibete*, þet him sare roweþ, and his emcristenes wawe sare bimurneþ. OEH. p. 149.

God ȝou sent swiche grace .. þat þis kud kniȝt with his clene strengþe haþ *ibet* al ȝoure bale. WILL. 4611.

2. Busse thun für etwas, büssen, sühnen mit Bezug auf Sünde: Þet we maȝen on þisse gastliche daȝen *ibeten* ure sunne. OEH. p. 11. Þu scalt hit *ibeten* al swa þin scrifte þe techet. p. 19. Þe þe wule ilome *ibeten* and ilome breken, þa gremeð ure drihten. p. 25. Hu mei ic efre *ibete*? ic habbe idon swa muchele and swa monifalde [sunnen]. p. 21. Heo nolde, hwile heo mihten, heore sunne *ibete*. O. E. MISCELL. p. 66.

Oðer hwile hit itit þet þu heo nefre ne *ibettest* on þisse liue. OEH. p. 29. Pole us to biwepen ure sunne .. And ȝif us, lauerd, þet ilke ȝifte, þet we hes *ibeten* þurh halie scrifte. p. 71.

Das Präteritum ist statt ȝe *bette* zu lesen in: Wa is me þet ic efre dude swa muchele sunne and heo ne ȝebette. OEH. p. 35.

Þenne þu hauest þine sunnen *ibet* efter þines scriftes wissunge, þenne buriest þine sunnen. OEH. p. 51. Þis is þet oli, þe muchele mede þet þu scalt habben hwenne þu hauest *ibet* þine misdeden. p. 85. Þa he muneȝeð to þis feht, þet hefden heore sunne *ibet*. p. 151. Þurh his boc þat is on euch sunne enbreuedt þat he .. wrahtte in al his lif siðe, bute þat he haueð *ibet* earþon wið soð schrift ant wið deadbote. p. 249. Al þat we mysduden here, heo hit wulleþ cuþe þere. Buten we habben hit *ibet* þe hwile we her were. O. E. MISCELL. p. 61. Þis makede him þ he underfeng mon .. þ tat þe mon hefde aȝain him ibroken were *ibet* þurh mon. LEG. ST. KATH. 1214. Þeo ilke sunnen þet þuruh reouðfule sore weren ȝare *ibet*. ANCR. R. p. 272. Idele[s] þouhtes þet neren er *ibette*. p. 14f.

3. in der Bedeutung schüren, anfachen [s. beten 4.] begegnet das p. p. Anoon a fyer ther was *ybeet*. OCTOU. 255.

i-bidden v. ags. *gebiddan*, mhd. *gebiten*, gth. *gabidjan* [2 Thess. 3, 1]. s. *bidden*.

1. bitten, ohne Objekt: Ich ham ȝeue reste alswa þu *ibeden* hauest. OEH. p. 45.

mit einem Sachobjekt, bitten, erbitten: La swa ich *ibedde* [*ibidde*?] are, nat ich na mare to suggen þe of mine sune, hu he

to worulde is icume. LAJ. II. 235. Ne beo þu na
þing o dute of al þ tu *ibeden hauest*. LEG. ST.
KATH. 2462. mit einem Personen- und
Sachobjekt, oder einem Nebensatze statt
des letzteren: Nu fulste no Marie .. and ich
ibidde hire sune, þat he us beon a fultum. LAJ.
II. 344. Nou ne forjet nojt seint Edmund, *þat*
his moder *him hadde ibede*. ST. EDM. CONF. 142.
Huanne god heþ yjeue to man *þet he him heþ
ybede* ine þise jeue bedes. AYENB. p. 117.

2. bitten, einladen: To colde gistninge he was *ibede*. VOX A. W. 255. Þudere
ibede weren heo. KINDH. JESU 1711.

3. bitten, beten: Ich swerie .. þ tine
beoden beoð .. for alle þeo iherd þ tu fore *ibeden*
hauest. ST. MARHER. p. 21.

4. beten, herbeten, ein Gebet: As ha
þeos bone hefde *ibeden*. ST. JULIANA p. 35. For
þe farlac offruht, (ha) forjet hire bone þ heo
ibeden hefde. ST. MARHER. p. 9. Anon se Judas
hadde *þis bone* to our lord *ibede*, þe hul bigon
to quake. HOLY ROOD p. 42. Heo set at hire
boke And haþ .. þeron *ibede hire oresun*.
FL. A. BL. 571.

5. oft steht in der Bedeutung beten das
Zeitwort reflexiv: He scal *hine ibidan* on asette
tidan, and er meltiman metes ne arinan. OEH.
p. 115. We schulde luuye alle way .. And *rs
ibidde* nyht and day, hwihles þat we libbe. O.
E. MISCELL. p. 144.

Wakieþ and *ybiddeþ eu* alle to gadere.
O. E. MISCELL. p. 42. Also ase je nulleð nout
fallen into uondunge .. wakieð and *ibidded ou*.
ANCR. R. p. 144.

Abid me, broðer, .. hwil þ ich *ibidde me*.
ST. MARHER. p. 20.

As vre louerd *hine ybed*, he bigon to swete.
O. E. MISCELL. p. 42.

Þe he hedde *hyne ibede* one gode stunde,
He com to his apostles. *ib.*

6. heissen, verfügen: Of his fader
tresorye .. He delde vor his soule, as he adde
hymsulf *ybede*. R. OF GL. p. 383.

i-biden v. ags. *gebidan* [-bâd, -bidon; -biden],
manere; exspectare; consequi, alts. *gebidan*.

1. abwarten, erwarten, mit dem Gen.
oder Akkus., wie im Ags.: He *ibad* þes wederes.
LAJ. I. 415. The hedeles and other schrewen
on him grenede faste, And *ibide* the kinges
heste in prisoun him to caste. BEKET 987.

2. erleben, erreichen, erfahren:
Belin him war[n]de al þat he jernde, þat ne
sulde he [hit, wie der j. T. hinzusetzt] nauere
ibiden, þe while þe he mihte riden. LAJ. I. 201.
Ure louerd me lete *ibide* þe day, þat ihc hit þe
julde may. FL. A. BL. 175.

Hit walde [walð Ms.] me þunchen þet soft-
este beð and þet wunsemeste þet ic efre *ibad*.
OEH. p. 35.

Nu ich habben *ibiden* þat ich bare sitte,
wunnen biræued [biræueð Ms. bireued j. T.].
LAJ. L. 145.

i-binden v. s. *jebinden.*

Ibis s. **Ibes** pl. lat. dass. Ibis, eine Reiherart.
Aboute this ryvere ben manye briddes and

foules, as sikonyes, that thei clepen *ibes.* MAUND.
p. 45.

i-biten v. ahd. *giptzan*, mhd. *gebizen.* s. *biten.*

1. beissen, durch Beissen verletzen: Hes bytt envenymed was; Man ne
beest non there nas, And he were of hem *ybite*,
That nas ded. ALIS. 5436.

2. zum Munde führend, essend
oder trinkend geniessen: Ne scule jie
mine mete *ibite*, ac scule þa þe hit mid mire lufe
jearnede. OEH. p. 233.

i-blamed p. p. s. *blamen.* getadelt, ge-
schmäht.

je ne schulle nojt beo *iblamed* so.· ST.
CRISTOPH. 153. Wyth leaves hy helete hem
.. Ne mytte hy noseng (?) be forbore To be
yblamed. SHOREH. p. 160. Huanne he yherþ þet
zome þet me hyelde guode men ys *yblamed* of
zome vice, of þelliche þinges him gledeþ. AYENB.
p. 27. So ys þe worlde went. That he þat seith
most sothest, sonnest ys *yblamed*. P. PL. Text C.
pass. IV. 438. Youre wif oweth rather to be
preised than *yblamed*. CH. T. of Melib. p. 150.

i-blawen, i-blowen v. ags. *geblâwan*, flare
[nach Bosw.]. s. *blawen.* Die angesetzte Verbalform erscheint wohl nur im p. p.

1. blasen, wehend treiben: As thow
seest som time Sodeynliche a torche, The blase
therof *yblowe* out, Yet brenneth the weke. P.
PL. 11788. bildl. Out of joie icham *yblawe.*
GREGORLEG. 803.

2. blasen, ein Tonwerkzeug: For here
cursid covetyse here horne is *eblaw.* AUDELAY
p. 13.

3. durch Blasen ertönen lassen: Ago-
lafre sone þo tok an horn .. & loude þan gan
he blowe. By þat he hauede *yblowe* a blaste,
On þe toun þay bute tabours faste. FERUMBR.
3893.

4. gl. ausblasen; veröffentlichen,
verbreiten: With famouse folkis names fele,
That had yben in mochel wele, And her fames
wide *yblowe*. CH. H. of Fame 3, 47. We ..
praye yow hit mot be knowe Ryght as hit is;
and forth *yblowe*. 3, 573. Rememberynge him,
that love to wyde *yblowe* Yelt bitter fruyt. *Tr.
a. Cr.* 1, 384. Thorwgh thy medlynge is *iblowe*
Youre eyther love, ther it was erst unknowe.
4, 139.

5. auffällig wohl für austrinken, leeren: Afterward their toke hym many a throw
Of good ale bolys that he had *iblowe.* NUGAE P.
p. 1.

i-bleched p. p. zu *blakien, blechen* gehörig.
gebleicht, weiss gemacht.

Wule a weob beon, et one cherre, mid one
watere wel *ibleched?* ANCR. R. p. 322 sq.

i-bleden v. vgl. mhd. *gebluoten.* s. *bleden.*
bluten.

Þou hast so myche *ybled*, þat paal ys al þy
face. FERUMBR. 780.

i-blenden v. ags. *geblendan.* vgl. gth. *ga-
blendjan*, τυφλοῦν, ahd. p.p. *kiplentit*, mhd. *ge-
blendet, geblant.* s. *blenden.* blenden, blind
machen, oft bildl. verblenden.

Ich habbe *iblend* men & ibroken ham þe

schuldren & þe schonken. St. Juliana p. 49.
Þu . . þ haldest me in bondes aud hauest *iblend*
me her. St. Marher. p. 13. O Jhesu, for the
peler strong, Thi bodi was bound therto with
wrong, Ybuffed and *yblend*. Audelay. p. 57.
Mony faire knyght that day was schent . .
Mony fair eyghe with deth *yblent* Alis. 3954.
With that strook he was almost *iblent*. Ch. C.
T. 3800.

Þroȝ coueitise hi beþ *iblend*. E.E.P. p. 3.
Ofte hy beth *yblend* Thyse clerkes wyth here
argument. Shoreh. p. 142. Ho yst that never
was *yblent* Wyth non surquydery? p. 111. Thai
han so *iblent* the, That thou might nowt that
sothe ise. Seuyn Sag. 2523. He is riȝtuolliche
yblent, and heþ ylore þe eȝen of þe herte. Ayenb.
p. 201. Many oon hath she [sc. Fortune] thus
yblent. Ch. B. of Duch. 646. Þe swetnesse is
delectacion in synne, by the wiche a man is
iblent, that he may not beholde hye perilis.
Gesta Rom. p. 111.

i-bletsien, i-bledsien, i-blessien, i-blesc-
ien etc. und **i-blissien** v. ags. *gebletsian, ge-*
bledsian, benedicere, consecrare. s. *blessien*.

1. segnen, gesegnen: God the *iblessi*,
Dame Siriz. Siriz 161. Þene preost he mot
isechen þe hine acursede, þet he hine *iblecie*.
OEH. p. 31.

von häufigem Gebrauche ist das p. p., wovon die zuerst aufgeführten Verbalformen substantivirt vorkommen in: Cumeð ge *ibletsede*.
OEH. II. 5. Cumeð *ibledsede* and underfoð
eche lif. II. 173.

Heouenliche lauerd, þi nome beo *iblesset*.
St. Marher. p. 5. Meidan Maregrete . . *Iblesset*
wort þou to dai. Meid. Maregr. st. 41. *Yblessed*
hy beth Tho that on me byleveth and nauȝt
me seth. Shoreh. p. 125. Jesus, þat suete
iblessede child. Kindh. Jesu 1313. Of alle men
iblessed most he be The wise astrologe daun
Ptholome. Ch. C. T. 5905. Do fore ȝoure self
or ȝe gone, Trust not to another mon, Elles med
of God get ȝe non, but then ȝe be *eblest*. Audelay p. 21.

He is *iblessed* þe þe her cumet on drihtenes
nome. OEH. p. 5. *Iblessed* beo þu euer. p. 187.
202. *Iblessed* beo þet þus went lure to biȝeate.
p. 213. Thin name be *iblessed*. Rel. Ant. I.
159. *Iblessed* beo þu, Louerd. Ancr. R. p. 376.
He is, whan ȝe [þe ed.] beoþ o blod, *iblessed* forþ
wiþ þe. St. Edm. Conf. 127. Þurh þine eadi
flesche and þine *iblessede* blode. OEH. p. 209.
Þe *iblessede* godd iseh ow offruhte. p. 259. Beo
þu as *iblesset*, lauerd. St. Juliana p. 35. cf. 65.
Þi nome beo *iblecced*. OEH. p. 57.

Yblissed byeþ þe pouro of goste, uor þe
kyngdom of heuene is hyre. *Yblissed* byeþ þe
mylde, uor hi ssolle by lhordes of þe erþe.
Ayenb. p. 96.

2. segnen, weihen von Sachen zu
kirchlichem Gebrauche: Þe *yblissede* uestemens
and oþre *yblissede* þinges. Ayenb. p. 41. Þe
þinges þet byeþ yhalȝed, ase þe nesseles *yblissed*.
p. 235.

i-bleved, i-bleft p. p. s. *bilœfen, bileven,*
bleven. geblieben, verharrt.

Hou ofte he heþ ȝualle into zenne, and hou
longe he heþ *ybleued* þerine. Ayenb. p. 176.
cf. 72. Huanne me heþ . . yzoȝe, hou and ine
hou uele maneres he heþ god ywreþed, and hou
uele zyþe and hou kueadliche he heþ yzeneȝed,
and hou longe *yblefd* ine þe zenne. p. 173. Þe
ilke þet is *ybleued* ine lyue, he ssel him loki
chastliche ase longe ase he is ine þe stat of
wodewehod. p. 225.

i-blindfalled p. p. s. *blindfellen*. mit verbundenen Augen.

Gy of Borgoyngne þar a fond *yblyndfalled*,
and bybounde. Hondes & eȝene he him oun-
bond. Ferumbr. 3011.

i-blissien v. ags. *geblissian*, lætificare. s.
blissien.

refl. sich freuen: On þon deie þa engles
of heofene *ham iblissieð*, forði þe þa erming
saulen habbeð rest of heore pine. OEH. p. 41.

i-blowen v. ags. *geblôwan*, florere. vgl. alts.
p. p. *geblôid*. s. *blowen*. erblühen, blühen.

Blosme *iblowen* ant iboren o meidenes bodi.
St. Marher. p. 10. Ich habbe at wude tron
wel grete, Mit thicke boȝe nothing blete, Mid
ivi grene al bigrowe, That evre stont iliche
iblowe. O. A. N. 615.

i-bob[b]ed p. p. s. *bobben*. verspottet,
verhöhnt.

He was *ibobid* an ismitte, an hi spette in is
face. E. E. P. p. 14.

i-bod s. ags. *gebod*, alts. *gibod*, ahd. *gabot*,
gibot, mhd. *gebot*.

1. Gebot: þanne deþ hit [sc. þi child] sone
þat þe biþ vnqueme, Oferhoweþ þin *ibod*, and
makeþ þe ofte sory mod. O. E. Miscell. p. 128.
Rel. Ant. I. 184. Þer weren . . sunderliche
III. *ibode*. OEH. p. 11. Hwenne ic ihalde þa
ibode þet we habbeð of ure lauerd gode. p. 65. Nulle
we nauere mare þine *iboden* here. Laȝ. II. 187.

2. Angebot, Anerbieten: Al þat he
jirnde al he him ȝette, ȝisles and aðes, and alle
his *ibodes*. Laȝ. II. 522 sq.

i-bodien v. ags. *gebodian*, annuntiare. s. bodien. verkündigen.

Þas pine and monie orðre ure drihten þolede . . al swa þe profete heffede *iboded* þa he
seide þi him . . attendite & videte si est dolor
similis dolori meo. OEH. p. 121. Swa hit wes
iuuren *iboded* ær he iboren weoren. Laȝ. II. 544.

i-boen, i-bon, eig. p. p., von altn. *bûinn* mit
der Partikel *i*=ȝe, sonst auch in den Formen:
bun, boun, bon in das Altenglische hinüber genommen. s. *bun*.

1. bereit, gerüstet: Ich am redi and
iboen To don al that thou saie. Siriz 434. Þa
þe ȝaru wes þa uerde & þas scipen *ibone*, com
þe win[d] suderne. Laȝ. III. 288.

2. geschmückt, herrlich: Hafe mine
godne horn þe al mid golde is *ibon*. Laȝ. III.
23. Al þ scrud þe heo hafde on, heo weoren
swiðe wel *ibon*, heo weoren mid þan bezste
ibrusted mid golde. II. 174.

i-boned p. p. in der Bedeutung von *ibon*, geschmückt, scheint irrthümlich gebildet.

Was ælc bald beorn *iboned* mit golde. Laȝ.
I. 345.

i-boned adj. von *ban, bon* s. mit Knochen versehen, knochig.
Þycke man he was .. Wel *yboned* & strong. R. OF GL. p. 414.

i-borenesse zu ags. *geberan*, alts. *giberan*, ahd. *gibëran*, parere. Geburt.
Ich bide þe and biseche þe .. bi his *iborenesse*. OEH. p. 205. cf. 305. Ich bidde and biseche þe .. þurh þin akennednesse ine meidenes licame of þe holi goste, and þuruh þin *iborenesse* wiðuten bruche of hire bodie. p. 209. Iþe burþerne þer of is heauinesse & hard sar umbe stunde, in his *iborenesse* alre stiche strongest. HALI MEID. p. 33. Lutel wat meiden .. of þat sar ne of þat suti iþe burðerne of bearn & his *iborenesse*. p. 37. He [sc. Seint Johan] ine his *iborenesse* upspende [unspennede C. T.] his feder tunge into prophecie. ANCR. R. p. 158. Aȝean lecherie is his *iborenesse* on eorðe of þe clene meidene. p. 262.

i-borȝinge s. vgl. *iberȝen* v. Bergung, Heil, Seligkeit.
Al þet him is niede and guod to his *yborȝinge*. AYENB. p. 201.

i-bornsched p. p. i. q. *iburnisched*. s. burnischen. polirt.
Þay bygunne aȝen hem fiȝte, With sherpe swerdes *ybornsched* briȝte. FERUMBR. 3587.

i-bosked p. p. s. *busken, bosken*. b. gekleidet, geschmückt.
He hedde iben of heiȝ blod, hedde he ben *ibosket*. JOSEPH 153.

i-bowed adj. vgl. mhd. *gezwíen*. von *boȝ, bow*, s. *ramus*. bezweigt, belaubt.
Hye loked vp, and bi hir zeighe An asche, bi hir, fair and heighe; Wele *ybowed*. LAY LE FREINE 167.

i-braced p. p. s. *bracen*. gebunden, geschnürt.
A blodi cloþ þat he was inne *ibraced*, whon he lay after slauht in þe sepulcre. JOSEPH 265.

i-bradien, i-brodien v. s. *bradien, brodien*. vgl. ags. *gebrædan*, dilatare. verbreiten.
The mansing is so *ibroded*, Thah no preost a londe nere, A wrecche notheles þu were. O. a. N. 1310.

i-breken v. ags. *gebrecan*, ahd. *gibrechan*, gth. *gabrikan*. s. *breken*.
1. zerbrechen, durchbréchen: Ich habbe .. *ibroken* ham þe schulden & te schonken. ST. JULIANA p. 49. Whan hys swyrde was *ybrokym*, A Sarsyns legge hath he lokyn. EMPER. OCTAVIAN 1273. — Soune ne noght but eyre *ybroken*. CH. *H. of Fame* 2, 257. As flaumbe ys but lyghted smoke, Ryght soo soune ys but aire *ybroke*. 2, 261.
2. brechen, verletzen, meist in ethischer Bedeutung: ȝef he hefde on his moder *ibroken* hire meidenhad, ne mihte nawiht brekere bon icloped helere. OEH. p. 83. For alle the gold of Ynde *ybroken* ne schal it [sc. treuthe] be. TRISTR. 3, 55. he .. seide that hymself myghte Assoilen hem alle Of falshede, of fastynge, Of avowes *ybroken*. P. PL. 139. Þe fourme of pes was vaste ymad bytuene hem there, þat ne myȝte noȝt wel *ybroke* be, bote

treuþe ylore were. R. OF GL. p. 249. Harald adde hys oþ *ybroke*. p. 358. He swor to holde the urthliche onour, and hath *ibroke* his oth. BEKET 1005. Nedde ich *ybroke* nauȝt thy forbode .. Nedde the wymman, Lord, ybe. SHOREH. p. 161.
3. verbréchen: ȝif ich habbe muchel *ibroken*, muchel ich wulle beten. OEH. p. 199. þ tat mon hefde aȝain him *ibroken* were ibet þurh mon. LEG. ST. KATH. 1217.

i-breden v. ags. *gebrædan*, assare. s. *breden*, rôsten, braten.
Hi hym bivore brouhten of one visse *ibred*. O. E. MISCELL. p. 54.

i-breden v. ags. *gebrædan*, dilatare. s. *breden*, ags. *brædan*, dilatare. überbreiten, bedecken.
His berde *ibrad* alle his breste to þe bare vrþe. ALLIT. P. 2, 1693. Hierher scheint das Partic. *ybrad* zu gehören in: The care that ich am yn *ybrad* [worin ich befangen, bewältigt bin?], y wyte a wyf. LYR. P. p. 39.

i-breiden, i-breden v. ags. *gebregdan*, *gebredan* [-brâgd, -brüd, -brugdon, -brudon; -brogden, -broden, -broiden [cf. SAX. CHR. 1104]. s. *breiden, breden*. flechten, netzartig verknüpfen.
Þes heðene cniht .. nettes biaohte *ibroiden* swiðe narewe. LAȝ. III. 171 sq. He [sc. þe here] nas isponne ne iweue, ac *ibroide* of strenges longe. ST. EDM. CONF. 156. — Warp he on his rugge .. ænne burne swiðe deore, *ibroiden* of stele. LAȝ. II. 575 sq. Þa dude he on his burne *ibroide* of stele. II. 463.

i-brennen v. s. *ibernen*.

i-breven v. ahd. *gebriefan, gebrievan*, mhd. *gebriefen, geprieven*. s. *breven*. niederschreiben.
Þ tu cost te seolf iseon in Iames und Membres bokes *ibreuet*. ST. MARHER. p. 16.

i-bringen v. ags. *gebringan, gebrengan*, alts. *gibrengan*. s. *bringen*.
1. bringen von Personen und Sachen.
von Personen: Feouwer eorles he hæhte forð heom *ihringen*. LAȝ. III. 69.
We beoð þurh Crist to heouene *ibroht*. OEH. p. 119. Bidded ure drihten þet ȝe moten .. þene fule onkume forlete þa þe douel haueð in ow *ibroht* of sunne. p. 149. cf. 147. Heo wes sone *ibroht* forð. ST. MARHER. p. 4. Þu me hauest iholpen a ueole kunne wise, And *ibrouht* of helle in to paradise. OEH. p. 191. Now is Meede .. *ibrouht* to þe king. P. PL. *Text A.* pass. 3, 1. To Babilloigne he was *ibraȝt*. FL. A. BL. 117. Þer he was *ibroȝt* on vrþe [d. i. begraben]. ST.. EDM. CONF. 594. Þo he was in erþe *ybrouȝt*. GREGORLEG. 107.
von Sachen: Þanen hit [sc. þis corn] was *ibroht* up into heofene to þes hahes hlafordes borde. OEH. p. 241. Si hali rode tacne mid þe spere and mid þe neiles þurh angles beoð forð *ibrocht*. p. 239. Euerich idel word bið þer *ibrouht* forð. ANCR. R. p. 144. Wel ic wot what mie louerd Crist in mie mouþ haþ *ibrouȝt*. ST. DUNSTAN 128. A scarlet with riche skinne *Ybrought* him was full yare. TRISTR. 1, 63. God have thi

soule, *ibrought* have I thi beere. CH. *Tr. a. Cr.*
2, 1638.

2. mit *forð* auch hervorbringen, er-
schaffen: Hy louyeþ god wyþoute enye comparisoun, uor þet hy wyteþ huerto god his heþ
ybroʒt uorþ, hy louyeþ ech oþren ase ham zelue.
AYENB. p. 278.

3. in übertragener Bedeutung, bringen
in einen Zustand, in eine Lage: Nis nan mon
that ne mai *ibringe* Wis wif amis mid swucche
thinge. O. A. N. 1537.

oft mit einem von *to, into, in* begleiteten
Satzgliede: On Cristes akennednesse iwearð þe
almihtiʒa godes sune *to monnesce men ibroht.*
OEH. p. 97 sq. Heo was *ibroʒt to deþe.* ST.
KATHER. 6. Heye men ne dorste by hys day
wylde best nyme noʒt, Hare ne wylde swyn, þat
hii nere *to ssame ybroʒt.* R. OF GL. p. 376. It
[sc. cristendom] was seþþe *ibroʒt to gronde.*
p. 74. Holi churche is upe the poynte to beo
ibroʒt to grounde. BEKET 1714. in ähnlichem
Sinne: Holi churche is muchel *ibrouht* ther
doune. POL. S. p. 325. Þo hi hadde Norþ-
humberland clenliche *to noʒt ibroʒt.* ST. EDM.
KING 13. — Vor þine luue ich ham *ibrouht in*
þeoudome. OEH. p. 195. Ys my fader *ybroʒt in*
such deolful cas? R. OF GL. p. 35.

die Bedeutung herausbringen, wird
durch ein Satzglied mit *of, ut of* u. dgl. ver-
mittelt: Þat bred þe monkun haueð *ibroucht ut*
of feondes bende. OEH. II. 259. vgl. bringen.

i-broched p. p. s. *brochen.* durchbohrt.
Sone he vp aros, & hasteliche ys swerd
adrow, and aʒe til him a gos. To han *ibroched* Roland þorw a caste þo his porpos. FERUMBR. 3387.

i-broðran [-en], **i-broðeren** s. pl. ags. *ge-*
bróðor u. *gebróðru,* alts. *gibróðar,* ahd. *gapruo-*
der, nur pluralisch (s. GRIMM *Wb.* 4, 1*. 1875),
Gebrüder.
Alle we beoð *ibroðran.* OEH. p. 125. For
þi bed alle man *ibroþren* and isustren. II. 219.
Beine isaren [hii weren j. T.] *ibroðeren.* LAʒ. I.
165. Þe beiene heo weoren *ibroðeren.* II. 10.

ibrouded p. p. s. *brouden.* verbrämt.
Þe dossers were . . *ybrouded* al wiþ golde.
FERUMBR. 1340.

i-browen p. p. s. *brewen.* gebrauet.
Thou schalt suffre kare and howe, And
drinke that thou hast *ibrowe.* SEUYN SAG. 1493.

i-bruken v. ags. *gebrúcan,* persrui, ahd. *ka-*
prúchan, gebrúchen. vgl. *bruken.* geniessen,
sich erfreuen.
Swa *ibruce* ic mine rice, ne scule þie mine
mete ibite. OEH. p. 233.

i-bude s. scheint auf das seltene ahd. *gebúeda,*
gebiuueda, habitatio, zu weisen. Wohnung.
Ich ræm anes kinges sune, & þu ært of noht
icumen; þu nahtes i nane stude habben freo
monnes *ibude* . . þi moder wes an hore. LAʒ.
II. 228.

i-buffet p. p. = *i-buffeted?* geschlagen.
Thi bodi was . . *Ibuffet* and yblend. AUDE-
LAY p. 57.

i-buggen, i-bien v. ags. *gebycgan,* emere,
alts. *giboht* p. p. s. *buggen, biggen, bien.* kau-
fen, erkaufen, bezahlen.

Thou shalt *ibye* it and I may. TORRENT 1223.
Mon sulleð [sullðe *ed.*] his elmesse ðenne
he heo ʒefeð sulche monne þe him deð oðer
haueð idon oðer don scal wiken and cherres, and
ðencheð mid his elmesse forʒelden him ðeo hwile,
ðenne bið þes monnes wile *iboht* [ibeht *ed.*] mid
þere elmisse. OEH. p. 137. So duere he us
hath *yboht.* LYR. P. p. 62. Ich habbe *ibouht*
hire mid luue ouer alle oðre. ANCR. R. p. 398.
Dere haþ, Lord, mony a mon *yboʒt* cristendom.
R. OF GL. p. 81. He nolde þerof noʒt, Nere yt
no so lute worþ, bote yt were dere *yboʒt.* p. 390.
His norice . . Tendre was of þis child, for heo
him hadde deorest *iboʒt.* ST. KENELM 135. We
byeþ alle ywesse of onelepi leʒe, þet wes, mid
Iesu Cristes blod, and *yboʒt* mid onelepi moneye.
AYENB. p. 145. Þe admiral hire has *iboʒt.* FL.
A. BL. 118. Florent told her also blyf How hyt
betydde, And how he hadde the hauk *yboght*
For the bestys. OCTOU. 725. The king Lowis
was inome and in prison ido Vort he was out
iboujt mid raunson of is lond. R. OF GL. p. 531.
Alto blodi was that word, and deore hit was
iboujt, For therfore to dethe he was atte laste
ibrouʒt. BEKET 537. His moder was in gret þouʒt,
Hou he was biʒeten and of wham, Hou dere sche
him hadde *yboujt.* GREGORLEG. 70.

i-buʒen v. s. *iebuʒen.*

i-buhsum, i-bucsum adj. niederl. *geboogzaam.*
s. *buhsum.* gehorsam, unterthan.
Drihten . . ʒeueð þan edmeodan streinþe,
þet al middeleard beo him *ibuhsum* and his
nome herije. OEH. p. 113. Crist godes sune
wes *ibuhsum* þan heuenliche federe to þa deðe.
p. 121. Alle þa deor . . alle heo weren Adame
ibuhsome. p. 129. — Þe sifte [sc. þing] is, beon
him *ibucsum* ouer alle þing. p. 75.

i-buhsumnesse s. s. *buhsumnesse.* Gehorsam, Fügsamkeit.
Swa biriseð þan ʒungan, þet he abbe ihersumnesse and *ibuhsumnesse.* OEH. p. 109.

i-buld p. p. zu *bulden.* gebaut.
Thi bur is sone *ibuld.* REL. S. p. 76.
Ne sawe þay neuere byfore þat a place so faire
ibuld. FERUMBR. 1331. Þan way forþ þay nome
. . Til þay into hure chambre come þat *ybuld*
was on a tour. 2024. cf. 4319. His palais þat
was so faire *ibuld.* FL. A. BL. 643.

i-buren v. ags. *gebyrian, geberian,* alts. *gi-*
burian, ahd. *gaburjan,* mhd. *gebüren,* niederl.
gebören. vgl. *buren.* gebühren.
Nu hit *iburð* [iburd *ed.*] breke þas word
alse me brekeð þe nute for to habbene þene
curnel. OEH. p. 79. Ring ne broche nabbe ʒe
. . ne no swuch þing þet ou ne deih [iburð C.]
for to habben. ANCR. R. p. 420. Þe eorl and
þe eþelyng *ibureþ* vnder godne king þat lond to
leden myd lawelyche deden. O. E. MISCELL.
p. 106. REL. ANT. 1. 172.

i-burien, i-birien, i-berien v. ags. *gebyrigan,*
sepelire. vgl. *burien.* begraben.
Þolede pine under Pounce Pilat, picht on
rodetre, ded and *yburüd.* REL. ANT. I. 57.
Deide & wes *iburied* & herhede helle. LEG. ST.
KATH. 335. Nu is þe king *iburied.* LAʒ. I. 256.
Iburyed he was at London. R. OF GL. p. 23.

There was *yburyed* Ysaye. MAUND. p. 92. He
.. wol not suffren hem by noon assent Nother
to ben *yburied* nor ybrent. CH. C. T. 947. On
rode ydon, det & *ibured*. REL. ANT. I. 282. He
nas worthe to beon *ibured* in churche ne in
churchyerd. BEKET 2117. After his deþ he was
þer *ibured*. ST. KENELM 5. Bifore þe weued
an heȝ *ibured* hi beoþ þero. ST. EDM. CONF. 152.
Þis ellene þousend maidenes .. *Ibured* were
siþþe in Coloigne. 11,000 VIRG. 149. Þare Jo-
sepes bones buth *ibured*. LEB. JESU 306. He
might han don a better ginne, *Ibiried* hit [sc.
his fader heued] ower priueliche. SEUYN SAG.
1354. Drery was thy mone, Tho thou seiȝe thy
lefe sone *Ibered* under the stone. SHOREH. p. 89.
vgl. Ynayled a rode, dyad and *bebered*. AYENB.
p. 263.

i-burst adj. altn. *byrstr*, jubatus, efferatus.
vgl. *brust*. borstig, wild.

Ich iseo, seið warschipe, hu þe unwhiht
wið his ferd ase liun *iburst* ȝeað abuten ure hus
sechinde ȝeornliche hu he hit forswolhe. OEH.
p. 255.

ic, ik, ich, ihc, i, (y) pron. pers. sing. nom.
ags. *ic*, alts. afries. niederl. niederd. u. gth.
ik, ahd. *ih, ich*, mhd. *ich*, altn. *ek, eg*, schw. *jag*,
dän. *jeg*, lat. *ego*, gr. ἐγώ, sch. *ik, ic*, neue.
I. ich.

Nu *ic* eou habbe þet godspel iseid. OEH.
p. 5. Þenne sende *ic* eou rihte widerunge, and
ic eou wille ȝeuan wela. p. 13. Hwenne *ic* ihalde
þa ibode þet we habbeð of ure lauerd gode.
p. 65. *Ic* ileue in god. p. 75. *Ic* bileue on god.
II. 17. *Icc* hafe don swa summ þu badd. ORM
Ded. 11. Don *ic* wille þine lare. LAȝ. 1. 30. *Ic*
wene ðat *ic* and Eue, mine wif, sulen Adam bi-
lirten of hise lif. G. A. EX. 315. Al ge forleteð
ðis oðer seð, ðat *ic* er seide. BEST. 260. *Ic* æm
ælder þænne *ic* wæs. MOR. ODE st. 1. *Ic* nadde
neuere sone bote on, and him *ic* let adrenche.
JUD. ISC. 100.

Ik vnderstand al in mi thoht, That es na
man sa wis that may Tel quen sal be the last
day. METR. HOMIL. p. XI. This ilke tim that
ike of sall. p. XVII.

Alle ȝe kennen leste þet *ich* wene ower
credo. OEH. p. 75. *Ich* habbe on monie wise
mislicunge of þonke. p. 211. Vnderstondeð get
an þing þat *ich* giu wile warnie fore. II. 57.
Meiden, *ich* seo wel .. þ tu were iset jung to
leaf & to lare. LEG. ST. KATH. 380. Freo wummon *ich* am. ST. MARHER. p. 4. Nulle *ich* þe
her onont, þreate se þu þreatc, buhe ne beien.
ST. JULIANA p. 13. Nis ha þenne sariliche, as
ich seide ear, akast? HALI MEID. p. 5. *Ich* abbe
i min castlen seoue þusend kempen. LAȝ. I. 20.
Peos boc *ich* todele in eihte distinctiuns. ANCR.
It. p. 12. Ihereþ nv one lutelc tale þat *ich* eu
wille telle. O. E. MISCELL. p. 37. *Ich* am myd
my fon on ech half byset. R. OF GL. p. 113.
A sweueninge þat þe child mette *ich* ȝou wole
nou telle. ST. KENELM 116. *Ich* leue ine god.
AYENB. p. 262. Al to dede am *ich* brouth. HA-
VEL 167. Ne kepe *ich* more of heom spelle.
KINDH. JESU 28.

Þanne *ihc* hunnen liðe. LAȝ. I. 192. Þu

praie Ihesu Crist .. ware a londe al swo *ihc*
beo, þat he me ne imisse. O. E. MISCELL p. 195.
Late me wel passe þe se, þat *ihc* haue ther offe
douthe and kare. HAVEL. 1376. auch findet sich
ih: *Ih* ileue gode. OEH. p. 75. Ne singe *ih*
hom no foliot. O. A. N. 866.

Der Abfall des auslautenden Consonanten
ist in der ältesten Sprache selten, mischt sich
aber bald mit den anderen Formen: Þis haue *i*
writen. OEH. p. 287. *I* fullhtne menn. ORM
10356. Ne mai *i* noht libben. LAȝ. II. 361. *I*
bileve in God. REL. ANT. I. 57. Þe mikle, *i*
mene ðe stedefast. BEST. 549. *I* beseche þat
þou here me. CAST. OFF LOUE 330. Al Denemark *i* wile you yeue. HAVEL. 485. *I* ȝiue me
al in þi grace. WILL. 605. *I* sal schrive to þe,
Laverd. Ps. 9, 5. *I* rede we chese a hede LANGT.
p. 2. Als *i* tald ar, þat kyng of craft wald menaked
be wyth tuinkyn acaft CURS. MUNDI 511.
Cott. This mykyl meruel that *I* of mene. ANT.
OF ARTH. st. 6. Myn heye Godes .. to wytnesse *I* take echon. R. OF GL. p. 29. *I* John
Maundevylle .. now *I* am comen hom. MAUND.
p. 315. *I* shoop me into shroudes As *I* a sheep
weere. P. PL. 3. Ther *I* laste, *I* wolde agayn
begynne. CH. C. C. 894. — *Y* loued þe one,
& þou ȝeldest now my loue wroþe. R. OF GL.
p. 31. *Y* telle ou for sothe. POL. S. p. 189.
As mote *y* the. EGLAM. 193. *Y* not hwat seyst
þu. O. E. MISCELL. p. 45 u. oft.

Frühe findet sich bisweilen ein anlautendes
h vor dem *i*, wie im Ahd. einige mal in *hic, hich*
[GRAFF Wb. I. 118]: Queðer so *hic* rede or singe.
G. A. EX. 34. *Hic* ne sige nout bi þan, þat
moni ne ben gentile man. REL. ANT. I. 188.
O. E. MISCELL. p. 138. *Hic* wille go. O. E.
MISCELL. p. 27. *Hic* haue yemed hire to softe.
HAVEL. 305. *Hich* þe wile sagen soþe þewes.
O. E. MISCELL. p. 134. *Hi* true in God. REL.
ANT. I. 22. *Hi* ne sawe it nocht bi þan, þat
god þing is god wimmon. REL. ANT. I. 182.
O. E. MISCELL. p. 123. Here *hi* wile on boke
swere. HAVEL. 487.

Die verschiedenen aufgeführten Formen
trifft man nicht nur an verschiedenen Stellen in
demselben Schriftwerke, sondern oft in unmittelbarer Nähe: Telle *ic* mai what schal bifalle
after þat *ich* am ded. ST. DUNSTAN 130. *Ic* wene
I can a red. G. A. EX. 309. Klöðen *i* wille ðe
ernes kinde, Also *ic* it o boke rede. BEST. 53.
Y telle ou tydynge, *Ich* here foules singe. GESTE
K. H. 133. *Y* nele neuere wiþ þe beo, *Ich* wole
siche þane deuel & seruie him, if *ic* him mai
iceo. ST. CRISTOPH. 29.

Zu bemerken ist der besonders in ältester
Zeit vorkommende Wegfall des *w* in Verbalformen wie *wulle, wolle, wile, wolde* und *wot* nach
dem Fürworte, welches damit unmittelbar zu-
sammengestellt wird: *Ichulle* fordon þe wisdom
of þeose wise world men. LEG. ST. KATH. 487.
An hwat *ichulle* þ tu wite. 1308. *Ichulle* biteachen mi bodi to euereuch bitternesse. ST.
MARHER. p. 5. *Ichulle* .. ȝeouen ham stude &
nome betere þen sunen & dohtren. HALI MEID.
p. 19. *Ichulle* þ ȝe speken selde. ANCR. R. p. 72.
Nou *ichulle* fonge ther ich er let. POL. S.

p. 216. Fram deþe to liue *ichulle* him arere.
KINDH. JESU 358. woneben bei dieser Verbalform
sich die auffällige Verdoppelung des Auslautes
der Pronominalform hier und da einschleicht:
Ic chulle turnen me awei. ANCR. R. p. 76. Þrin
ic chulle deien. MEID. MAREGR. st. 62. *Ich
chulle* þat he wite hit ful wel. ST. JULIANA p. 15.
Ich chulle sende þe nu & biteache þi bodi to
Eleusium. p. 19. *Ich chulle* scheawe þe soðliche
hwat is God. ANCR. R. p. 12. — *Ycholle* our
ost eche. R. OF GL. p. 199. *Ichylle* my sulf þe
seche out. p. 194. Of lond *ichil* elles fare.
TRISTR. 2, 93. What colour he was wrought Now
ichil you schewe. 3, 10. Myself *ycholde* [sc.
wynne þe croiʒ] ʒef that y myhte. POL. S.
p. 247. *Icholde* ich hadde here of mi fulle.
KINDH. JESU 114. *Ichot* he bith forlore. POL.
S. p. 215. Nou *ychot* oure wajour turneth us to
grome. p. 219. *Ychot* wel þuder þou asalt. R.
OF GL. p. 210. *Ichot* ycham on of the, for love
that likes ille. LYR. P. p. 44.

gen. **min.** ags. alts. afries. *min* scheint völlig
in das Possessivpronomen sehr frühe übergegangen zu sein. s. *min* pron. poss.

dat. **me.** ags. *me*, alts. afries. *mi*, ahd. *mir*,
gth. *mis*, niederl. (aan) *mij*, niederd. *mi*, altn.
mér, schw. dän. *mig*, lat. *mihi*, neue. *me*. m i r.
Wenne ic ileue and wisc iso þet no gult me
forʒeuen bo. OEH. p. 65. Hwi ertu *me* so freo-
meda? p. 201. Ich . . tok *me* him to Lauerd.
LEG. ST. KATH. 480. etc.

In der Verbindung mit *self, seolf*, ist bei
ic, ich, i das Fürwort der Dativ: Ich *me seolf*
smelle of þe swote Ihu swottre þen euer ani
þing þ is on eorðe. ST. MARHER. p. 11. Echon
of yo mai saue me a dai, The aighteden dai.
ich meselue. SEUYN SAG. 382. *I me self* sahh
Godess Gast. ORM 12592. *Y* seighe it *me self*
this ich day. AMIS A. AMIL. 850.

acc. **me.** ags. *mec, me*, alts. *mik, me*, afries.
mi, ahd. *mih*, gth. *mik*, niederl. *mij*, niederd.
mi, altn. *mik, mig*, schw. dän. *mig*, lat. *me*,
neue. *me*. m i c h.
ʒe me þenne clepiað and helpes me biddað.
OEH. p. 13. ʒet me teneð mare þ ha tukeð
ure godes to balewe & to bismere LEG. ST.
KATH. 549. Þu wult, þu seist, aʒeoue me to
Eleusium. ST. JULIANA p. 19. etc.

dual. nom. **wit.** ags. gth. altn. *vit*, alts. *wit*.
w i r b e i d e.
Gif þu me dest woh, and *wit* beon anes
lauerdes men, ic hit mene to mine lauerde.
OEH. p. 33. Ich ʒifuen him mine dohter . . þe
bet *wit* mawen libben. LAʒ. I. 406. Fare *wit* to
uihte, and falle þe uorcuðere. III. 43. *Witt*
sinndenn off awille elde nu, þait wit ne muʒh-
enn tæmenn ORM 201. Frend sule *wit* ben.
G. A. EX. 1775. Oefters wird auch, wie bei anderen Kasus des Dual, die Zweiheit noch ausserdem bezeichnet: Betere is þat *wit tweie* bitelen
þas riche. LAʒ. II. 572. Siþþenn shule *witt* anan
Off hunngerr deʒenn baþe. ORM 8655.

gen. **unker.** ags. *uncer*. erscheint als Possessivpronomen. s. *unker* pron. poss.

dat. **unc.** ags. *unc*, alts. *unk*, gth. *ugkis*,
altn. *okkr.* u n s b e i d e n.

Unnc birrþ baþe þannkenn Crist. ORM *Ded*.
27. *Unnc* birrþ *baþe* lofenn Godd. 87. Þurrh þatt
Hallʒhe Frofre Gast þatt till *unc ba* belimmp-
eþþ. ORM 11001. Dem bituhen *unc twa*. ST.
MARHER. p. 8. Swa þe cnotte is icnut bituhhen
unc tweien. LIFE OF ST. KATH. 1514. ed. EIN-
ENKEL. Lond. 1584.

acc. **unc.** ags. *uncit, unc*, alts. *unk*, gth.
ugk, auch *ugkis*, altn. *okkr.* u n s b e i d e.
Ne mei *unc* nowðer lif ne deað tweamien
atwa. ST. MARHER. p. 5.

plur. nom. **we**, bisweilen frühe auch *weo*.
ags. *ve*, alts. *wi*, *we*, afries. *wi*, ahd. *wir*, gth.
veis, niederl. *wij*, niederd. *wi*, altn. *ver*, altschw. *vir, vi*, schw. dän. *vi*, neue. *we*. w i r.
Þes *we* ahte to bion þe edmoddre. OEH.
p. 5. Alle *we* cleopiað to gode. p. 113. *We* habbeð
seoue þusund of gode cnihten. LAʒ. I. 16. *We*
ðe ben fro heuene driuen aulen ðusse one in
sorwe liuen. G. A. EX. 307 etc.

Sehr vereinzelt steht *weo* im Wechsel mit
we: *Weo* moten to þeos weordes iseon . . þet
weo beon awa his sunes iborene, þet he beo feder
and *we* him icorene. OEH. p. 55. Loke *weo* us
wið him misdon. ib. und noch einigemal.

gen. **ure, ur, our.** ags. *úre*, alts. afries.
úser, ahd. *unser*, gth. *unsara*, ἡμῶν. u n s e r.
Ure allre land iss Paradis. ORM 7491.
Þiss birrþ uss unnderrstanndenn all þatt *ure*
nan ne þurrfe Ut off þe rihhte weʒʒe gan. 7765.
Ne wiste *ur non* gilt ðoron. G. A. EX. 2262.
Ne og *ur non* oðor to sunen. BEST. 371. *Our on*
schal here abide. TRISTR. 1, 93. *Whether our*
to liue go He hath anough of this. *ib.* Up roos
oure oost, and was *oure althur* cok. CH. *C. T.*
825. a. auch das Possessivpronomen *ure*.

dat. **us, ous.** ags. alts. afries. *ús*, ahd. *uns*,
niederl. *ons*, niederd. *us*, gth. *unsis*, *uns*, altn.
oss, schw. *oss*, dän. *os*, neue. *us*. u n s.
We ahte . . þonkien hit ure drihten þe hit
us lende. OEH. p. 5. Þas daʒes beoð iset *us* to
muchele helpo. p. 11. Ha is *us* swiðe god freond.
HALI MEID. p. 13. Oure echedaʒes bred ʒeve *vs*
to day. REL. ANT. I. 38. Ure bred þat lastes
ai gyve it *hus* þis hilke dai. I. 22. Swa *us* bið
alre leofuest. LAʒ. II. 142. Þe king of heuen
mid *us* be, þe fend of helle fram *us* te. F. F. P.
p. 17. Gret wrong þou woldest don *vs*. R. OF
GL. p. 47. Get *us* som mete and drynk, and
mak *us* cheere. CH. *C. T.* 4130. Er Crist was
bore among *us* here. GOWER II. 152.

Þat holi bred þat lesteþ ay, þu send hit
ous þis ilke day. REL. ANT. I. 57. Bi houre
Loverd, hevene king, That *ous* is bove I SIRIZ 89.
To consailli ous bet ʒif *ous* furst. BEKET 630.
God . . his suete grace *ous* sende. ST. KENELM
367. God . . *ous* ʒeue his grace. ST. EDM. CONF.
448. ʒyue *ous* þe ioye of heuene. ST. KATH.
308. Tel *ous* what thu hast iseʒe. ST. BRANDAN
p. 1. Thin heorte love thou sendest *ous*. LYR. P.
p. 73. Bred oure echedayes yef *ous* to day, and
uorlet *ous* oure yeldinges. AYENB. p. 262.

acc. **us, ous.** ags. *úsic, ús*, alts. altfries. *ús*,
ahd. *uns*, niederl. *ous*, niederd. *us*, gth. *unsis*,
uns, altn. *oss*, schw. *oss*, dän. *os*, neue. *us*. u n s.
From þan pine *us* bureʒe þe lauerd. OEH.

p. 25. From alle uuele he scal blecen *us*. p. 57.
bringe *us* to þi michil blisce. REL. ANT. I. 57.
ʒif þu *us* wlt heonne fleman, þu most swiþer
fehten. LAʒ. I. 67. Mercurius haþ *es* ylad into
þi londe. R. OF GL. p 112 Led *us*, Loverd,
into thi blisce. REL. ANT. I. 159. Till god of
love him selve wolde, That deth *us* shuld departe atwo. GOWER II. 129. He that ys owr
Lord Delyver *us* ouʒt with hys word. SONGS A.
CAR. p. 10.
Þe kunde folk of þe lond . . drive *ous* out
of þe londe. R. OF GL. p. 40. He hauet brout *ous*
to blis. O. E. MISCELL. p. 159. Bring *ous* to þe
ioye of heuene. ST. DUNSTAN 206. Þurf godes
wille *ous* to bugge he was to deþe ibroʒt. ST.
ANDREW 32. He brouʒte *ous* in our schip. ST.
BRANDAN p. 4. Ne *ous* led naʒt into uondinge.
AYENB. p. 262. Ther der no fend acombry *ous*.
SHOREH. p. 5.

i-cakeled p. p. s. *kakelen*. gegackert, ge-
schnattert.
ʒif hit nere *kakeled*. ANCR. R. p. 66.

i-cached, i-caht, i-caʒt, i-kauʒt etc. p. p. s.
cacchen.
1. gejagt, getrieben: Tho hye weren
out *ycached*. SHOREH. p. 156.
2. ergriffen, gefangen: The bisshop
of Glascou . . The bisshop of Seint Andre bothe
he beth *icaht*. POL. S. p. 214. Adoun he moste,
he wes therinne; *Ikauʒt* he wes mid swikele
ginne. VOX A. W. 85.
3. erreicht: Anon riʒt als Roulond Hadde
ikauʒt þe druþe lond, Gret enuye wes ham betwene. OTUEL 443.
4. angetroffen: Hii wende wel her owe
sleuþe on þou abbe *ycaʒt*, Wanne hii wolde of
þoure lond so vyllyche abbe truage. R. OF GL.
p. 214.

i-called adj. von *calle*, Haarnetz, gewöhnlich
vom Kopfputz der Frauen gebraucht, doch auch
von der Kappe von Männern [cf. CH. *Tr. a.
Cr.* 3, 727]. eine Kappe tragend.
In riche robes raþest he walketh, *Ycalled*
and ycrymled, and hus croune shaue. P. PL.
Text C. pass. XVII. 350 cf. *B.* pass. XV. 223.

i-called p. p. s. *callen*. genannt.
Coueytise of eyes *ycalled* was þat oþer. P.
PL. *Text B.* pass. XI. 13. Þanne am I consience
ycalde, goddis clerke and his notarie. pass. XV.
32. That made hem gentil men *ycallid* be. CH.
C. T. 6705.

i-carked ist eine auffällige Nebenform von
icharged [s. dasselbe Particip weiter unten], von
man prov. *carc* = fr. *charge* vergleichen mag.
beladen, belastet.
Ase þet trau þet is *ykarked* mid frut.
AYENB. p. 246. Þe ilke . . þet naʒt ne heþ bote
þane nhicke *ycarked* mid zenne dyadlich. p. 138.
Þe milde herten *ycarked* mid þornes of ssarp-
nesse of penonce. p. 142.

i-caried p. p. s. *carien, carrien*. gekarrt,
gefahren.
I haue . . Boþe isowed his seed and suwed
his beestes, And eke ikept his corn, *icaried* hit
to house. P. PL. *Text A.* pass. VI. 33.

i-carped p. p. s. *carpen*. geredet.

If thei [sc. beestes] kouthe han *ycarped*, By
Crist! as I trowe, Thei wolde have yfed that
folk. P. PL. 10217.

i-cast, i-kest p. p. s. *casten*.
1. geworfen [vgl. *casten* 1.]: Þe rapes þe
weren *icast* to him bitacneð þe herdnesse of
scrifte. OEH. p. 51. On the falle swich a cas,
As dede on him that his heued was Of his sone
icast in a gong. SEUYN SAG. 1215. Gret deol
he made þere, And nameliche for chirches þat
ycast to gronde were. R. OF GL. p. 138. That
he upe the poynte was To be *icast* in prisoun.
BEKET 819. Into prisoun he was *icast*. SEUYN
SAG. 1725. He . . let hem þe while binde faste,
And into prison bon *icaste*. FL. A. BL. 641.
Thu hast *icast* ambezas. BEKET 450. I have
icast to the mi loue. SEUYN SAG. 447. — Bute ʒif
þe oðre holden hire, heo bið *ikest* sone adun.
ANCR. R. p. 228. Huanne . . he heþ alle his
uelþes *ykest* out, þanne uint he pays and reste.
AYENB. p. 108.
2. [vgl. *casten* 2.] entworfen, — gebildet: Þreo bayles . . þat wit þe carnels beþ so
wel iset, And *icast* wit cumpas, and walled
abouten. CAST. OFF LOUE 805. — Wyþ helm of
gold . . þe fourme of a dragon þeron was *ycast*.
R. OF GL. p. 174.

icche s. s. *jicche*. **icchen** v. s. *jicchen*, prurire.
icchen v. ist wenigstens gleichbedeutend mit
hitchen, neue. *hitch* [vgl. *hytchyn*, amoveo, mo-
veo, removeo. PR. P. p. 239.], und wohl dasselbe Wort; der Ursprung beider ist mir gleich
unklar.
1. tr. rücken, bewegen: Hi schoue
and droje al þat hi miʒte, hi ne miʒte hire a fot
awinne, Ne make hire *icche* sone fot. ST. LUCY
105. Hi ne miʒte hire enes *icche*. 132.
2. refl. sich rücken, sich erheben:
Uss birrþ . . *us* godenn & *us* icchenn uppwarrd
aʒʒ summ del Inn alle gode dedess. ORM 11831.
He . . *icchedd* himm a litell upp. 8123.

ikel, ichel s. ags. *gicel*, stiria. vgl. altn. *jökull*,
moles nivium conglaciata, dän. *jökel*. cf. *isikel*.
Zapfen, Eiszapfen.
ikyl, stiria. PR. P. p. 259. *Ickles*, stiriæ.
MAN. VOC. p. 125 [sæc. XVI]. Ce est un es-
claroyl [an ychele] en Engeleys. WR. VOC.
p. 161.

i-kelen v. ags. *gecélan*, frigescere. s. *kelen*.
kühlen, stillen.
Hwenne þe mon him biþencheð þet hi
naueð inume jeme hweðer heo biwedded were
þe nere þe he hefde mid to done, bute his fule
lust were *ikeled* . . þenne wule his heorte ake.
OEH. p. 149. Þa ʒet nes nawt þe kinges þurst
wið al þis blod *ikelet*. LEG. ST. KATH. 2290.

i-kennen v. ahd. *kichennan, kachennan*, gignere, generare. s. *kennen*, gignere. erzeugen.
Ure louerd þet was *ikenned* þuruh ðe holi
goste. OEH. p. 217. Godd *ikennet* of Godd.
ST. MARHER. p. 8. Sellic heom þuhte whar
weore under heuene awulc hafed *ikenned*. LAʒ.
III. 37. This beoth threo the hexte lymes that
furst *ikenned* beoth. POP. SC. 303. Oure lhord
þet *ykend* is of þe holy gost. AYENB. p. 263.
Þou most forsake Mahone, And belyue on gode

sone, þat in Marye *ykened* was. FERUMBR. 6723.

i-kennen v. ags. *gecennan*, confiteri. cf. *kennen*, profiteri, monstrare.

1. kennen: Mon i þan fihte non þer ne mihte *ikenne* nenne kempe, no wha dude wurse no wha bet. LAȝ. III. 142. Hit weoren men þa kenlukeste þa æi mon *ikende*. III. 8.

2. künden, nennen: Þis weoren þeos kinges strætte þe ich *ikennad* habbe. LAȝ. I. 206.

i-kepen v. ags. *gecépan*, redimere. s. *kepen*.

1. empfangen, entgegen nehmen: Grete duntes beoth the lasse, ȝef me *ikepth* mid iwarnesse. O. A. N. 1225. Þus dude ure Louerd Jesu Crist, *ikept* on him deades dunt, uorte achilden us þer mide. ANCR. R. p. 366.

2. bewahren, behalten: To the ich have *ikept* mi maidenhod. SEUYN SAG. 460. Þis ys þat tresour . . which þat my fader let bere away of Rome, as ȝe knowe, & haueþ *ykept* hit into þis day. FERUMBR. 2123.

3. halten in Hut, in Zucht: No man may on that stede ryde But a bloman be hym bysyde, That hath *ykepte* hym fer and wyde, Fram Grece to Troye. OCTOU. 1339.

4. erwarten: God hit is ine silence *ikepen* Godes grace. ANCR. R. p. 156. Goð nu . . touward þe muchele feste of heouene, þer ase ower glede ureond ower cume *ikepeð*. p. 188 sq.

i-kepunge s. Bewahrung.

Godd haueð ilahet hit [sc. wedlac] . . leste hwa se leope [sc. in to wedlac] & tenne lahure nawt nere hwat kepto [kepte?] him & driue adun swireforð wiðuten *ikepunge* deope in to helle. HALI MEID. p. 23.

i-kerven, **i-keorven** v. altnorthumbr. *geceorfan* [vgl. *gecearf* MARK 6, 16], niederd. *gekurven* [BREM. WB. II. 144] u. s. *kerven, keorven*.

1. abschneiden, auch bildl. tilgen: Þeo þat habbið fram ham *icoruen* flesches lustes. HALI MEID. p. 17. Hore her beo *ikoruen*, hore heued cloð sitte lowe. ANCR. R. p. 424. He vel doun[ȝ] as a gret ok, þat byneþe *ycorue* were. R. OF GL. p. 208. *Icorue* heo worth at þe laste Ase a luþur brauncho. LEB. JESU 595.

2. schnitzen: Þei . : graueden a greate ston, a god as it were, *Icorue* after a king. ALIS. FRGM. 568. I gan to romen til I fonde The castel yate on my ryght honde which that so wel *ycorven* was. That never suche another nas. CH. H. of Fame 3, 204.

i-clad, i-cled, i-cloðed p. p. vgl. altnorthumbr. *gecladed* MARK 5, 15. u. s. *claðen, cloðen, cleðen*. gekleidet, bekleidet.

Mark *yclad* in palle. TRISTR. 3, 50. Ye shall see ladies stonde . . *Iclad* in black. CH. *Dr.* 1701. Al to selde, iwys, Is ony povere man wel fedde, Or wel araied or *ycledde*. R. OF R. 470. — Kay . . a þousend kynȝtes nome Of noble men, *ycloþed* in ermyne echone. R. OF GL. p. 191. Eche wiþh[t] wol more aweite after þe white beres, þan þei wol after any wiȝt þat walkeþ *icloþed*. WILL. 2415. A plase he se In þe wyche were mone damselse blake *Iclopid* in blak. O. E. MISCELL. p. 214. Hy ben *yclothed* in alle wones In golde and siluer and precious stones.

ALIS. 5658. Sche turnd aȝe ful ryȝt, *Ycloþed* in golde. FERUMBR. 5079. He tolde ane bitale of a riche man . . þat ladde is lijf wel deliciousliche, *icloþed* in pourpre and palle. LEB. JESU 150. — He seiȝ an auter *icloþed* wiþ cloþes ful riche. JOSEPH 295.

i-clemen v. ags. *geclæmian*, illinere. s. *clemen*. bestreichen.

Geref hit [sc. þe arc] all, and *iclem* hall þe seames mid tirwan. OEH. p. 225.

i-clensien, i-cleusen, i-clansien v. ags. *geclænsian*, purificare. s. *clensien*.

1. reinigen, säubern: Her kynde were more To *yclense* diches, Than ben to sopers yset first. P. PL. *Creed* 1515.

2. heilen: Men þat ben venymed, þorȝ grases of Yrlond Ydronhe he beþ *yclensed* sone. R. OF GL. p. 43.

3. bildl. reinigen, läutern, auch befreien: In þe font we weren eft iboren, *iclensed*, and to gode icorene. OEH. p. 59. Þeh alle men beon of hore sunnen *iclensed* et þe fulht, noþeles heo aȝen for to cunnen [cumen *ed.*] heore bileue. p. 73. God þe holy gost heþ *yclensed* his wyl. AYENB. p. 106. Yef ous þane gost of wysdom, þe huam bi we zuo *yclensed* ase gold. p. 107. Apostles and techeres þet holy cherche . . uram alle heresye . . habbeþ *yclensed*. p. 267. — Þa wes þas þeode *iclansed* of Romleode. LAȝ. II. 27.

i-cleopien, i-clupien, i-clipien, i-clepien v. ags. *geclipian*, vocare, invitare. s. ȝe-*clepien* u. *cleopien*.

i-cliht adj. ags. *gecliht*, collectus [ETTM. LEX. p. 392.]. gebunden.?

Alas, whi leie ȝe so, In ȝoure armour so fast *ycliȝt?* ASSUMPC. B. M. 718.

i-cliven p. p. s. *cliven*, scandere. geklommen, emporgekommen.

Hy [sc. þe ȝpocrites] doþ´al þet guod man ssel do, zuo þet no man ne may his knawe alhuet þanne þet hi byþ uol wexe and ȝeȝe *ycliue* ine dyngnetes. AYENB. p. 26. Huo þet were al to þise stape of mildenesse *ycliue* . . he ssolde by yblissed ine þise wordle. p. 133.

i-closed p. p. s. *closen*.

1. geschlossen, zugeschlossen: In Elies time heuene was *yclosed*, That no reyne reynede. P. PL. *Text C.* pass. XVI. 269. Right as floures, thorugh the cold of nyghte *Yclosed*, stowpen on her stalkes lowe, Redressen hem ayein the sonne brighte. CH. *Tr. a. Cr.* 2, 967.

2. eingeschlossen, umschlossen: The roser was, withoute doute, *Iclosed* with an hegge withoute. CH. *R. of R.* 2967.

i-clouted p. p. ags. *geclūted*. s. *clutien, clouten*. geflickt.

Wende with gow I wile, Til we fynde Truthe, And caste on my clothes *Yclouted* and hole. P. PL. 3911.

i-cloven und **i-cleved** p. p. s. *cleoven, cleven*. gespalten, gespaltet.

Seþþe toward þilke stude he smot with more mayne, To haue *ycloue* hym al þat hed, ac Nennyn ys scheld nom, And dude bytwene. R.

OF GL. p. 49. — Many a scheld was par *ycleued.*
FERUMBR. 3025.
i-clumben p. p. s. *climben.* geklommen,
gestiegen.

Louerd þi merci, ase ich ham heie *iclumben*
wið þis ilke bone, þet ligge so lowe. OEH.
p. 211. Ʒe beoð heie *iclumben.* ANCR. R. p. 216.
Þu were *iclumben* haþe [*iclemde* to heþe j. T.]
LAʒ. II. 476.
i-clupt p. p. s. *cluppen.* umfasst, um-
armt.

In hire bedde he fond tuo, Wel faste *iclupt*
aslepe bo. FL. A. BL. 613.
i-cnawen v. s. *þcnawen.*
i-kneden v. ags. *gecnedan,* ahd. *gichnetan,*
mhd. p. p. *gekneten.* vgl. *kneden.* kneten.

To colde gistninge he was ibede, Wroggen
haveth his dou *iknede.* VOX A. W. 255.
i-knutten, i-knitten, i-knetten v. ags. *ge-
cnyt* [BOSW.] p. p. s. *knutten.* knüpfen.

Þa bisohte he nutescalen .. & tinder nom,
and lette i þan scalen don, & foren to þære
uihte, fur þer on brohte and to þan sparewen
uoten uaste heom *icnutten.* LAʒ. III. 172.

Swa þe cnot is *icnut* bituhen us tweien.
LEG. ST. KATH. 1525. Beo þe cnot *icnute* anes
of wedlac, beo he cangun .. þu most to him
halden. HALI MEID. p. 33. He let him drawe
out of the pit, And his fet set faste *iknit* With
trais an two stronge hors. SEUYN SAG. 1325.
By þat was .. þe rop *yknyt* be tree aboʒe. FE-
RUMBR. 2971. He [sc. þe here] nas isponne ne
iweue, ac ibreide of strenges longe, & siþþe as
me knyt a net, *iknyt* harde & stronge. ST. EDM.
CONF. 156. While þat I weue (contexo) to þe resouns *yknyt* by ordre. CH. *Boeth.* p. 134. Hit ys
Godys word and his werke, and his worchyng; Be
the grace of the Hole Gost togedyr hit is *yknyt.*
AUDELAY p. 10. Þe ropes wer fast *yknett,* To
þe se þai gun drawe. GREGORLEG. 481. He [sc.
Criseydes net] was so narwe ymasket and *yknet,*
That it ondon on any maner syde, That nyl
nought ben. CH. *Tr. a. Cr.* 3, 1685.
i-coled adj. ob zu altn. *kollr,* apex, zu stellen?
schw. *kull,* isländ. *kollr,* galeatus (HALDORS.).
gehelmt?

Foure thousand knyghtis and mo, Wyght of
mayn, and strong of bones, *Ycoled* alle for the
nones, Armed alle in gyse of Fraunce. ALIS. 2684.
i-comp s. ags. *gecamp,* pugna. vgl. *gecompian*
[BLICKLING HOMIL. p. 29.]. Kampf.

We maʒen þurh godes fulste þa fondliche
sunnan mid *icompe* ouercuman. OEH. p. 107.
Of þissere alesednesse and of þan *icompe* þe
ure drihten hefde wið þene feond, Dauid þe
prophete seide þo he wes on eorðe: Liberauit
pauperem etc. p. 129.
i-comparisoned p. p. s. *comparisounen.*
verglichen, gleichgestellt.

Al þet me may onder gode þenche of uayr,
hit ne may naʒt by *ycomparisoned* to him.
AYENB. p. 81.
i-compassed, i-compaced p. p. s. *compassen.*
ersonnen.

To sue ende yt was ycome as he hadde *ycom-
paced* in ys þoʒt. R. OF GL. p. 109.

i-conceived p. p. s. *conceiven.* empfangen,
in Bezug auf Schwängerung.

God wolde by bore of wyfman yspoused;
þeruore þe mayde Marie made of spoushod hire
mentel, hueronder wolde by godes zone bi
yconceyued and ybore. AYENB. p. 221.
i-condemned p. p. vgl. afr. *condemner,* lat.
condemnare. verdammt, verurtheilt.

Þe zenejere ssolde by demd, and *ycondemned*
to dyaþe eurelestinde. AYENB. p. 113.
i-confermed p. p. s. *confermen.* befestigt,
bekräftigt, bestätigt.

Þoru hard oþ & god ostage *yconfermed* was
al þys. R. OF GL. p. 237. Þo þe kyng al adde
yconfermed vaste ynou Bytuene hym & þe kyng
of France. p. 440. *Iconfermed* it was vaste.
p. 522. Ich wole that thulke lawes *iconfermed*
beo echon. BEKET 479. cf. 429.

Þet is þet his name by yhalʒed and *yconfermed* ine ous. AYENB. p. 106. Alle we abydeþ
on lepi ssepe, þet is þe blisse wiþoute ende,
huer þe loue and þe uelaʒrede ssel by uoldo and
yconfermed, þet hier ssel by wel yhote. p. 146.
i-conforted, i-comforted p. p. s. *conforten.*
ermuthigt, getröstet.

Wel bliththere myʒte be that may, That was
yconforted al day Wyth aungeles. SHOREH.
p. 121. Wan þat Florippe þat swete þyng so
yconforted was, A dore sche openeþ etc. FE-
RUMBR. 2114.
i-conquered p. p. s. *conqueren.* erobert,
gewonnen.

The kyng ofte he grette, And thankid him
of his socour, Thorugh whiche he hadde his honour, And *yconquered* his qwene then. ALIS.
7575.
i-consailed p. p. s. *conseilen.* berathen,
beschlossen.

Thys consayl hou hyt scholde be, Al was
yconsayled of thre, Ere eny tyme, Of Fader and
Sone and Holy Gost. SHOREH. p. 165 cf. 164.
i-contiened p. p. s. *contenen, contienen.* befasst, enthalten.

Alle þise articles byeþ *ycontyened* ine þe
credo. AYENB. p. 12. Efter þe zeue benes þet
byeþ *ycontyened* ine holi pater noster. p. 118.
i-coped p. p. s. *copen* v. von *cape, cope* s.
mit einem Mantel, einer Kutte be-
kleidet.

I knew swich oon ones, Noght eighte wynter
hennes, Coom in thus *ycoped* At a court there I
dwelde, And was my lordes leche, And my ladies bothe. P. PL. 14609.
**i-coronen, i-coronnen, i-crunien, i-croun-
ien** v. ahd. *gakrônon.* s. *coronen.*

1. krönen: Were ich a kyng *ycoroned.*
P. PL. *Text C.* pass. IV. 257. bildl. þe innumerable uelaʒrede of þe holy martires mid blisse
and worþsaipe *ycorouned.* AYENB. p. 267.
Ryght as a daysye *Ycorouned* ys with whyte
leves lyte. CH. *Leg. G. W.* Prol. 218.

Mid þornene crune his heaued wes *icruned.*
OEH. p. 121. Alle heo beoð *ikruned* mid guldene krune. p. 193. He wes *icruned* and ieled.
LAʒ. III. 285. Alle ha beoð *icruned* .. wið kempene crune. HALI MEID. p. 23. Sathanas .. he

is keiser ant king *icrunet* of us alle. ST. MARHER.
p. 16. Þus wende þe eadi meiden Katerine,
icrunet, [d. i. als Märtyrerin] to Criste. LEG.
ST. KATH. 2525. vgl. 1420. He was *ycrouned*
kynge. LYR. P. p. 98. Constantyn .. *ycrowned*
was þo kyng. R. OF GL. p. 84. Hi hadde *icrouned*
the junge king. BEKET 1801. He sytt upon
an hors *ycrowned*. MAUND. p. 8. Jhesu was
yfulled, And upon Calvarie on cros *Ycrouned*
kyng of Jewes. P. PL. 13039.
2. mit der Tonsur, der Scherplatte der
Geistlichen, versehen.
Ȝuf a yuman [thuman *ed.*] hath a sone to
clergie idrawe, He ne sal withoute is louerdes
[wille] *icrouned* nouȝt be. R. OF GL. p. 470. If
a bonde man hadde a sone to clergie idrawe,
He ne scholde withoute his louerdes leve not
icrouned beo. BEKET 552. The develes lymes,
that *ycrouned* were so. 393.

i-corumped p. p. s. *corrumpen, corumpen.*
verdorben, geschädigt.
Mildenesse is moder propreliche of boȝsam-
nesso .. an lokeþ þet hi ne by *ycorumped* ne by
ydele blisse, ne be zorȝe, ne be grochchinge.
AYENB. p. 140.

i-counterfeted p. p. s. *contrefeten, countre-
feten.* nachgeahmt, nachgebildet.
Throȝh good gemetry Thys onest craft of
good masonry Wes ordeynt .. *Ycownterfetyd*
of thys clerkys .. they cownterfetyd gemetry,
And jaf hyt the name of masonry. FREEMAS. 19.

i-couped p. p. s. *coupen.* ausgeschnitten,
von Schuhen gebraucht.
As is the kynde of a knyght That cometh
to be dubbed, To geten hym gilte spores, Or
galoches *ycouped*. P. PL. 12096.

i-coupled, i-cupled p. p. s. *couplen, cuplen.*
verbunden, gepaart.
God sente to Seem, And seide by an aungel
„Thyn issue in thyn issue I uol that thei be wedded, And noght thi kynde with Caymes *Ycoupled*
nor yspused". P. PL. 5419. Wes þurh þ he wes
soð Godd, in his cunde *icuplet* wið ure, arearde
þe deade etc. LEG. ST. KATH. 1057. Hu woc
so hit [sc. þet fleschs] euer beo, þeonne is hit so
ikupled, & so ueste iueied to ure deorewurðe
goste .. þet we muhten slean þ on mit tet oðer.
ANCR. R. p. 138.

i-covered p.p.s. *coveren.* afr. *covrir.* bedeckt.
Touchyng of al here body schal be *ycovered*
with fuyr that never schal quenche. CH. *Pers.
T.* p. 275.

i-craked p. p. s. *craken,* gebrochen, zer-
brochen.
Por was *ycraked* mani a croun, Mam a kniȝt
þer died sone Er þan þe sonne jede adoun.
GREGORLEG. 602.

i-crammed p. p. s. *crammen.* gestopft,
gefüllt.
Bidderes and beggeres Faste aboute yede,
With hire belies and hire bagges Of breed ful
ycrammed. P. PL. 79.

i-crased p. p. s. *crasen.* geborsten.
Were alle the wyndowes wel yglasyd Ful
clere and nat an hoole *ycrasyd*. CH. *B. of Duch.*
323.

i-creolsed [-ced] p. p. s. *croisien, creoisien.*
bekreust.
Beateð on ower breoste, & cusceð þe eorðe
icreoiced mid te þume. ANCR. R. p. 18.

i-cried p. p. s. *crien.*
1. geschrien, gerufen: Þan cryede þe
kyng an heȝ „now helpeþ lordes .." Wanne
kyng Charlis had *ycryed* so etc. FERUMBR. 4693.
2. ausgerufen, öffentlich verkün-
det: Hi nome up this holi bones, and in a chiste
hem broȝte, And sette hem up in a privei stede
forte the dai were icome, That was *icri[e]d* into
al that lond, that he scholde beo up ynome.
BEKET 2358.

i-cristnien, i-cristenen, i-cristnen v. ags.
gecristnian [BLICKLING HOMIL. p. 309]. vgl.
cristnien. taufen.
He may be callyd, be ryght skylle, kyng
icrystenyd off most renoun. RICH. C. DE L. 1110.
Icristned we wolleþ beo. ST. KATH. 136. Er
hi come hom to þe kyng, alle *icristned* hi were.
ST. CRISTOPH. 158. Help this seli innocent,
That it most *ycristned* be. LAY LE FREINE 164.
Also ne mai no man for none neode tweies
icristned beo. LEB. JESU 301. Ich ne cristin
the[i] nauȝt, ȝef thou ert *icristned*. SHOREH. p.12.
Men fyndeþ þat Makamede was a man *ycrystned*.
P. PL. *Text C.* pass. XVIII. 165.

i-croked p. p. s. *croken.* gekrümmt.
Theo the haveth bile ihoked, An clivres
charpe and wel *icroked*, Alle heo beoth of mine
kunrede. O. A. N. 1673.

i-crucified, i-crucefied p. p. s. *crucifîen.* ge-
kreuzigt.
Al suo het he þe wordle uor vil and uor wlatuol, aso me heþ þane þet is *ycrucified* oþer anhonged uor his misdede. AYENB. p. 241. Þe
wordle, he zayþ, is *ycrucefyed* to me, and ich
to þe wordle. *ib.*

i-called, i-kuld p. p. s. *cullen.* erschlagen.
Thauh we hadde *ycullid* þe catte, ȝut sholde
þer come anoþer. P. PL. *Text C* pass. I. 199.
Alle þe feldes þan wern yfuld Wyþ þe Sarsyns
þat wern *ykuld*. FERUMBR. 5559.

i-cumen v. ahd. *kaqueman,* venire, gth. *ga-
qiman.*
1. kommen von Personen, Zeiten und
Ereignissen: Þa sende se king his ærndraches
.. to ȝelaðie his folc. Hwet bute *icome* sum cofer, sum later, sum frend, sum fend. OEH. p.231.
Nu beoð *icumen* þa bicumeliche dajes.
OEH. p. 11. Me þuncheð .. þet al þas wrahe
is *icumen* ouer alle þeode. p. 15. Vre drihtnes
halie passiun .. is nu *icumen* in p. 119. Alle þa
þet þo weren oðer scoþðen habbeð *ikumen*. p.145.
He speoð of þet wes to cumene alse hit *icumene*
were p. 155. Ne wene ich ne ureuallen into helle
pine, Hwon ich am to ðe *ikumen* and am ðin
owune hine. p. 197. Julius Cesar, þe is tweien
icumen her. LAȝ. I. 337. Heo þ beoð *icumene*
aȝaines ti deore nome, to underneome me. LEG.
ST. KATH. 648. Sone so heo *icumen* wes, he
cleopede to hire þus. ST. MARHER. p. 4. Bicumeð meister, þe schulde beon ancre, & leareð
him þ is *icumen* to leren hire. ANCR. R. p. 64.
Hi þet waren last *icume*. O. E. MISCELL. p. 34.

— Þo þet bi þe morghen waren *icomen.* p. 33. Alse fele alse deade beoð, alse fele beoð to berie *icome.* OEH. p. 237. For thyn harm thou art hider *ycome.* ALIS. 879. He nolde for al his biȝete þat he hadde *icome* þere. ST. DUNSTAN 84. Þo he was to londe *icome* .. þat child he sette adoun to grounde. ST. CRISTOPH. 101. Þu truliche at myn endedai ert *icome* me to. ST. EDM. CONF. 564. Iewes shal wene in here witt, and wexe so glade, That here kyng be *ycome* fro þe court of heuene. P. PL. *Text C.* pass. IV. 459.

2. herkommen, stammen: Þu ert *icumen* of heȝe kunne. OEH. II. 256. Sei me .. of hwet cun þu art *icumen.* ST. MARHER. p. 16. — Þe meste del of hey men, þat in Engelond beþ, Beþ *ycome* of þe Normans. R. OF GL. p. 368. Seint Dunstan was of Engelond, *icome* of gode more. ST. DUNSTAN 1. Here faders were barons hende, Lordynges *ycome* of grete kende. AMIS A. AMIL. 7.

i-cunde, auch findet sich die auffällige Form **i-chinde** [OEH. II. 205]. s. ags. *gecynd, gecynde,* natura, indoles, conditio originalis etc. vgl. *cunde* s.

1. Natur, Wesen: Ic ibue on þene helend þe þet halie meide in hire likame underfeng, nawiht efter flesces wille, ne efter likames *ikunde.* OEH. p. 77. Twa þing beoð ine þe mon, þet an is þet brochte *icunde* and þet faire *icunde* þet is igedered bitwene saule and licame; þet oðer is þe fule onkume. p. 147. Biddeð ure drihten þet ȝe moten .. ehalde þet brihte *ikunde* þet god haueð in ow ibroht of saule and of likame. p. 149. Þes mon þet com þus from houene in to horðe and uppen him nom monnes *icunde.* p. 83. Ni[s] na þe halia gast wuniende on his *icunde,* swa se he iseȝen wes. p. 97. Þere halȝan þremnesse is an godnesse and an *icunde* and an wore untodelendlich. p. 101. Þes fures [fares Ms.] *icunde* is þet hit forðnimeð swa hwet him neh bið. p. 95. Segget me wo havet this ido, Ou nas never *icunde* tharto. O. A. N. 113. Ne mai no man gode folȝen .. bute forsake and forlete þe fule oncume þe þe ondfulle feond on him brohte and hilede þat clene *ichinde.* OEH. II. 205.

2. auf Abstammung begründetes Erbrecht: Heo .. nu axeð mid *icunde* gauel of þissen londe. LAȝ II. 630.

häufig das Erbe, das angestammte Land: Julius Cesar, þe is tweien icumen her & halt þer icunde. LAȝ I. 337. He cleopede to Brutlonde þat hit wes his *icunde.* II. 42. Ȝif .. hit wulle drihte .. þat ich mote mid *isunde* biȝite mine *ikunde,* chirchen ich wulle arære. II. 258. Rome is ure *icunde* þa þu haldest an honde. III. 50. Æiðer heold his *icunden* swa duden ær heore ældren. III. 208. überhaupt das Stammland: Þa burh wes swiðe wel idon .. he ȝef hire to .. name Troys þe Newe, to munien his *ikunde* whone he icomen weore. LAȝ. I. 86.

i-cunde adj. ags. *gecynde,* naturalis, ingenitus. angestammt.

Nim þu þene kinehalm, he is þe *icunde.* LAȝ. II. 337. cf. 605. Is al ure *icunde* lond igan ut of ure hond. II. 507. Heo .. hefuen hine to

kinge, þeh hit neore him noht *icunde.* II. 551. Þo heo iherden þe apostles godes lore teche, Eueruych þer vnderstod his *icunde* speche. O. E. MISCELL. p. 56.

i-cundeliche adv. ags. *gecyndelíce,* naturaliter. von Natur, der Natur nach, auf natürliche Weise.

Þa icorene men beoð godes bern, na *icundliche* [icunðliche ed.], ac þurh þes halȝan gastes ȝife. OEH. p. 99. An[d] god is *icundeliche* on þreom hadan, feder and sune, þet is his wisdom, and þe halȝe gast. *ib.* Up to the toppe from the more, ȝef maide luveth dernliche, Heo stumpeth and falth *icundeliche.* O. A. N. 1420.

i-cunnen v. ags. *gecunnian,* explorare, experiri, alts. *gikunnón,* ahd. *cachunnan,* gth. *gakunnan.* kennen lernen, erproben.

Þa cleopede he eorles tweie, aðele men and wise, heȝe men *icunned.* LAȝ. III. 42. Nam ich kinge richest? Nam ich heixt *ikuned?* ANCR. R. p. 398.

i-cussen v. ags. *gecyssan,* osculari. ahd. *gikussen.*

Hou he made, as ȝe schul heeren, þat heo *icuste* and sauht weren. CAST. OFF LOUE 51. Þas kinges wel ilomen mid luue heom *icusten.* LAȝ. III. 205.

i-cut, i-kit, i-ket p. p. s. *cutten.* geschnitten, gehauen.

There was .. mony hed atwo *ykyt.* ALIS. 2707. Of the maisterrote hit is Out isprong and out isschet, And his bowes awai *ikett.* SEUYN SAG. 602.

i-cuðen v. ags. *gecýðan* [-cýðde; -cýðed, -cýd], nuntiare, manifestare, notum facere, inclytum reddere. alts. *gikúðian,* ahd. *gachundan, gikundan,* mhd. *gekunden.* vgl. *cuðen.* verkünden, kund geben, bekannt machen.

Häufig ist das Part. Perf. in der Bedeutung, bekundet, bekannt: Þat nan lauerd taken nolde næuer nænne oniht, neore he noht swa wel idiht, bute he icostned weoren þrie ine compe, & his ohtscipen *icudde.* LAȝ. II. 614. Wanne þe relykes of halewen yfounde were & *ykud,* þat vor drede of Saxons wyde were yhud. R. OF GL. p. 255. His godnisse was wide *icud.* ST. SWITHIN 19. *Icud* was thus in Jerusalem the deth of Seint Thomas. BEKET 2247. Þo þis holi boli ne moste beo *icud* in Engelonde. ST. KENELM 249. — *For robbours* þai were *ykud* as wyde As any man myȝte aspye. FERUMBR. 4113. Þat suffre may penaunces Worth alowed of oure lorde .. And for here penaunce be preysed as for a pure martir, Oper *for a confessour ykud.* P. PL. *Text C.* pass. XIII. 193. — Y schal take þe wey .. And haue wyþ me of ȝour knyȝtes .V. hundred *gode ykudde.* FERUMBR. 4343. Þe king *cortais ikid* cofliche saide etc. ALEX. A. DINDIM. 64. — The harde stunde bitid, That of so gentille blod iborn swich wreche was *ikid.* POL. S. p. 343. I nelle come in no knightes bedde, He hit wile make wide *ikedde.* SEUYN SAG. 1835. Wet hys mystyke ne mey non wete .. Bote wanne ther hys o thynge *yked,* Another to onderstonde Therinne. SHOREH. p. 24.

Nahe liegt der Begriff berühmt, ge-

rûhmt, besonders von Personen gebraucht:
O *icud* keiser! LEG. ST. KATH. 1933. Þu . .
meast schalt beo cud & *icud* in al mi kineriche.
2308. Clerk *icud* that craftes con. LYR. P. p. 33.
Sende isvalede writes . . to alle *icudde* clerkes.
LEG. ST. KATH. 407-11. Þe . . wolde, bi hire
tale, sone beon mit te wise *icud* & icnawen.
ANCR. R. p. 64. substantivirt: Alle, itald bi
tale fif siðe tene *icudde* & icorene. LEG. ST.
KATH. 1292. Selten steht das Particip bei Sachnamen im Sinne von bedeutend: For hwat
icud þing þu hete us hider to cumen. LEG. ST.
KATH. 540.

i-cuðnesse s. ags. *gecýðnes*, testimonium.
Testimonium, iwitnesse, vel *icuþnesse*. WR.
VOC. p. 90.

i-cweme, i-queme adj. s. *jecweme*.

i-cwemen v. s. *jecwemen*.

[i-cwenct], i-kuenct, i-quenct p. p. s.
cwenchen, cwenken. ausgelöscht.

Ase þe oyle norisseþ and lokeþ þet uer ine
þe lompe, and huanne hit faileþ þet uer is
ykuenct. AYENB. p. 186. Hare ver ne ssel neure
by *ykuenct*. p. 265. Operlaker þet uer ne may
najt by *yquenct*. p. 240. bildl. Zenne of lecherie
þet is *yquenct* mid uorberinge of mete and of
drinke. p. 205.

i-cweðen, i-queðen v. ags. *gecweðan*, dicere,
alts. *giqueðan*, ahd. *giquedan*, gth. *gaqiþan*. s.
cweðen.

1. sagen, aussprechen: Sone so thu
havest itrede, Ne miþtu leng a word *iquethe*. O.
A. N. 501.

He . . þas word him *iqueð*. LAȝ. I. 96.
Swa ic habbe er *icweðen*. OEH. p. 27. Wite
ec þe king hu hit is *icweðen* on boken etc. p. 117.
Hit wes jare *iqueðen*, þa quides beoð nu soðe.
LAȝ. I. 390. cf. II. 297. 634. Fele ydele word
ich habbe *iqueðen*. MOR. ODE st. 5. Þas word
wooren *iqueðen*, ofte iquidded. LAȝ. 43. Þis wes fele siðe
iqueðe, ofte iquidded. II. 151. Tho heo hadde
theos word *icwede*, Heo sat in one faire stude.
O. A. N. 1651.

2. nennen, auch erklären und gebieten: Nu beoð .VIII. heofod sunnan þe rixað
on us to swiðe. On is *icweðen* gula, þet is ȝifer-
nesse. OEH. p. 103. Þe seofeðe sunne is *icweðen*
iactancia, þet is idelȝelp. *ib*. Of Cristes noman
is cristianus *icweðen*. p. 113. For wan hi beoð
þuss *icweðe* me scel sigge an oðre stowe. p. 219.

Heo weoren kene ful iwis, of Denemarke
& of Norweiȝe heo weoren *iqueðen* vtlaȝen [hii
were vtlaȝet j. T.] LAȝ. II. 76. Lauerd, we beoð
icumen, alse þu hafest *iqueðen*. LAȝ. III. 268.

i-cwiken, i-quiken v. ags. *gecwician*, ahd.
kaquihhan, kichwichan. s. *cwikien*. beleben,
erregen.

Ire . . is the feruent blood of man *iquiked*
in his hert, thurgh which he wolde harm to him
that him hatith. CH. *Pers. T.* p. 308.

i-cwidded, i-quidded p. p. s. *cwidden*. ver-
kündet.

Seoð nu al þat isoðet þat ha hefden longe ear
icwiddet of ure lauerd. OEH. p. 261. Þis wes
feole siðe iqueðe, ofte *iquidded*. LAȝ. II. 151.

icing s. scheint dasselbe zu sein als *jiscing*.
s. *jitsung*. Gier, Habsucht.

Icinge, in clergie, auarice oþer couaytise.
AYENB. p. 16.

i-circumcised p. p. s. *circumcisen*. be-
schnitten.

Ope the heȝe ejtynde day He onderȝede the
Gywen lay, And was *icircumceysed*. SHOREH.
p. 122. Ne seith noȝt ouwer lawe . . þat ȝe
schullen beo *circumcized* þene eiȝtiþe dai þet ȝe
iborе beth? LEB. JESU 880. *Icircumsised* was
þe child. GEB. JESU 669.

i-changed, i-chaunged, i-chenged p. p. s.
changen. verwandelt, verändert.

Lof, þys luþer traytor, myd ys cloþes
ychanged þere, Com in, & byuore hym et, anoþer
man as yt were. R. OF GL. p. 277. *Ychaunged* is al my
chere. FERUMBR. 786. Ys name ther *ychaunged*
was & was ihote Florens. 1087. Hi wes *ichonged*
into an ymage of ȝalt. AYENB. p. 242.

i-charged p. p. s. *chargen* u. vgl. *icarked*.

1. beladen: Olifauns and camelis Weoren
ycharged with vitailes. ALIS. 854. Anon was
don the kynges heste, *Ycharged* mony a selcouth beste. 1860. Wyþ vytaylles boþe gode &
fyne *icharged* alle þay [sc. þe someris] worne.
FERUMBR. 2693. Per come . . *Ycharged* mid
gode knyȝtes, schippes eiȝtetene. R. OF GL.
p. 116. He com him self *ycharged* wiþ conyng
& hares. WILL. 182. Þouȝ he hadde his nekke
icharged wiþ preciouse stones. CH. *Boeth.* p. 71.

2. bildl. belastet: Thu afonge the bischopriche so clene and so freo, That thu of
non other thing ne scholdest *icharged* beo.
BEKET 835. Him behoueþ . . þet he habbe temperance, uor þet he ne by to moche *ycharged*.
AYENB. p. 127. Nimeþ ye hede þet youre herten
ne by ygreued ne *ycharged* of glotounie ne of
dronkehede. p. 260. Men that beth in beiijist
live Mest *icharged* beth with sinne. POL. S.
p. 195.

3. geheissen, aufgefordert: In his
owhen halle o day, From the heighe bord oway,
He was *ycharged* also, To eten at the tables
ende. AMIS A. AMIL. 1579. Alle þe maistres of
mi pere, And al þe contre aboute here, And
muche folk also of mi sibrede Mid habbuth
icharged and ibede þat þou beo fram me ibounde.
KINDH. JESU 1138.

i-chasted, i-chast p. p. s. *chastien, chasten*.
gezüchtigt, gebessert.

So *ychasted* thenne most he ben. FREEMAS.
332. Þe quene him beot sore . . Ac þerfore nolde
he neuere bileue, for neuere *ichasted* he nas.
JUD. ISC. 54. Me wondreth . . that some by
other neo beoth *ychast*. ALIS. 240.

i-cheosen v. s. *jeceosen*.

i-chered p. p. in Verbindung mit *gled*: von
heiterem Aussehen. vgl. *cheren 1*.

Ich iseo a sonde cumen swide *gledd icheret*,
feier ant freolich ant leofliche aturnet. OEH.
p. 257.

i-cherren v. ags. *gecerran*, reverti, ahd. *gi-
cherran*. s. *cherren*. umkehren, zurück-
kehren.

Ʒif þu wernast þane unrihtwise mon, and he nule *icherran* from his sunnan þurh þe, he swelt on his unrihtwisnesse. OEH. p. 117. — Bide for him deihwamliche þet Crist hine bringe þet he *icherre* from þan uuelnesse. p. 17. — Arthur hit wende þat hit soþ were, þat Childrich were *ichord* [ichard?] to his owe londe. Laȝ. II. 460. j. T.

i-dælen, i-delen v. ags. *gedælan*, dividere, separare, distribuere, alts. *gidêlian*, ahd. *gi-deilen, geteilen.*

1. theilen: Fouwer walmes of watere sprungen ut þer of, and þa fouwer weren *ideled* a twelue. OEH. p. 141. Ich do þe wel to witene . . þat mi drih[t]liche lond atwa ich habbe *ideled* [idealed j. T.] Laȝ. I. 134. Incest . . þet is i monie *ideled* [idealet T.]. Ancr. R. p. 204.

2. trennen, scheiden: Pa hafuede Valentin & Gracien inne Rome muchel cun, & iseȝen þene enne broþer *idæled* from þen oðer. Laȝ. II. 84. Whan he is thus *ideled* from his rihte spouse, He taketh his neihboures wif. Pol. S. p. 333. Nu aiþer haþ oþer itohl Of here soreȝe and care cold, þat hi hadde isunde bo, Suþþe hi were *ideld* atwo. Fl. A. Bl. 545.

3. vertheilen als Antheile: Pa Cesar hæfde þis idon & his gærsume *idæled* [idæleþ ed.], & æc hæfde freondscipe mid his feo biwunnen, þa ferde he into Buluine. Laȝ. I. 331.

4. austheilen, ertheilen: Per wes moni græt dunt *idæld* i þan compe. Laȝ. II. 265 sq.

i-damned, i-dampned p.p. s. *damnen, dampnen.* verdammt, verurtheilt.

To þe wickede þat asolle be *ydamned.* Ayenb. p. 198. Peruore he asel by *ydamned* (?). p. 137. Manye filozofes . . byeþ *ydampned* ine helle. p. 78. Peoues & eke oþer men *idampned* þurf þe lawe. St. Margar. 264. Thus the devel *ydampned* hys. Shoreh. p. 154. Al holi chirche Holdeth hem bothe *ydampned.* P. Pl. 6388.

i-darted p.p. s. *darten.* mit dem Wurfspiesse durchschossen.

Right as the wilde bole bigynneth s ringe Now here, now ther, *ydarted* to the hertȝe Ch. Tr. a. Cr. 4, 211.

idel adj. ags. afries. *îdel*, alts. *îdal, îdil*, ahd. *îtal, îdal*, mhd. *îtel*, niederd. *îdel* auch *île*, niederl. *ijdel*, schw. dän. *idel*, neue. *idle.*

1. leer: The erthe was *idel* and voide. Wycl. Gen. 1, 2 Purv. He is uol of ȝennes, and *ydel* of alle guode. Ayenb. p. 131. Huo þet wyle þanne by yherd, ne come naȝt beuore god mid ȝuerde adraȝe, and mid blodi honden ne *ydel* honden, þet is to zigge, in wyl to ȝeneȝi, ne mid lac of ontreuþe, ne *ydel* of guode workes. p. 218.

2. müssig, unbeschäftigt, unthätig: He nolde bi his wille no tyme *idel* beo. St. Dunstan 59. *Idel* nolde he nevere beo, bote evere doinge he was. Beket 277. Pat *ydel* lyf þat þyne men abbyþ ylad. R. of Gl. p. 195. — Mi fader hauet to monie of *idele* manne. Laȝ. I. 140. At evesong even neh *idel* men ȝet he seh. Lyr. P. p. 44. So long *idel* we ly. Tristr. 1, 74.

3. eitel, unnütz, nichtig: Ne haue þu þines drihtenes nome in nane aða ne in nane *idel* speche. OEH. p. 11. Heo hi wernað wið drunkenesse, and *idele* weord ne luuað. p. 111. He billeð one ðe foxes fel, wo so telleð *idel* spel. Best. 436. He flæh till weaste fra þe follc. Forr þatt he nollde ȝilltenn, Ne forrþenn þurrh an *idell* word To mælenn her o life. Orm 823. Al sal com to rounge, iwis, Thar, that her mistakin isse Bi the lest *idel* thoht. Metr. Homil. p. 33. *Ydel* sweryng is a cursednes. Ch. C. T. 14053. *Ydul* othes an wordes bo God forȝeveth the also. Freemas. 671.

Frühe erscheint öfters *idel ȝelp*, ags. *îdel gylp*, ahd. *îtal gelp*, Prahlerei, nichtige Ruhmredigkeit: iactancia, þet is *idel ȝelp* on englisc. OEH. p. 103. Þe seofeðe mihte is . . þet weo on gode weorcas godes luue kepan, and naut *idel ȝelp*, þe is him ansete. p. 107. For þi þ te lare þ ha me lerden limpeð to *idel ȝelp* . . ne ȝelp ich nawt þrof. Leg. St. Kath. 469-76. For þi þ ha beoð ful of *idel ȝelp*, & empti of þ eadi & lifful lare, al ich forsake her & cweðe ham alle sker up. 864. Ʒiff þu tellesst all þin mahht & all þin witt unnwresste, All *idell ȝellp* & *idell* ros þu cwennkesst i þe sellfenn. Orm 4908. cf. 12041. Man vgl. auch: Al þis *ȝelp* was *idel* ido. Laȝ. III. 113. Dæmeliche drückt später *idele blisse* aus: Þe vifte [sc. boȝ of prede is] *ydele blisse.* Ayenb. p. 17. Panne þou sselt do elmesse, loke þet *ydele blisse* . . ne by naȝt ymengd. p. 196.

4. *idel* erscheint auch substantivirt in verschiedenem Sinne, wie lat. *vanum*, Unthätigkeit: O sond ne groweð no god, and bitocneð *idel*, and *idel* acoaldeð & acwencheð þis fur [sc. þe luue of ure Lourde]. Sturieð ou euer cwicliche ine gode workes, & þet schal heaten ou & ontenden þis fur aȝean þe brune of sunne. Ancr. R. p. 404.

On, an, in idel, schon ags. *on idel* [Ps. 62, 8.], entspricht dem lat. *in vanum*, unnütz, vergeblich: Ʒif þe halia gast ne learð þes monnes heorte and his mod wiðinnan, *on idel* beoð þes budeles word wiðutan icleopde. OEH. p. 95. He shollde læpenn dun Wiþþutenn off þe temmple *Onn idell* & wiþþutenn ned. Orm 12512. Peȝȝ shulenn lætenn hæþeliȝ Off unkerr swinnc . . & all þeȝȝ shulenn takenn itt Onn unnitt & *onn idell.* Ded. 79. Thu farest so dodh an ydel wel, That springeth bi burne, thar is snel, An let fordrue the dune, And floh *on idel* thar adune. O. A. N. 915. But thei be poore of herte; Ellis is al *on ydel.* P. Pl. 9309. Sire kyng, quoþ Merlyn, ne make noȝt *on ydel* such lyghyng, For yt nys *an ydel* noȝt, þat ich telle þis typing. R. of Gl. p. 146. Tac ðu nogt *in idel* min name[n]. p. make noȝt *in ydel* G. A. Ex. 3497. Pou ne sselt nime godes name *in ydel.* Ayenb. p. 6. Tak not *in ydel* my name or amys. Ch. C. T. 14057.

idelen ags. *îdlian*, exinanire, ahd. *aritalan.* leer machen, ausleeren(?).

Sir Sathanas *idylt* you for tha ilke. Town. M. p. 313.

idelhed s. mhd. *îtelcheit.* Eitelkeit, Nichtigkeit.

Bidd[i] hic singen non oðer led, ðog [may]
hic folgen *idelhed*. G. A. Ex. 27.

idelhonded adj. vgl. ags. *idelhende*, mhd.
itelhende. mit leerer Hand.

- Þou ne aselt naȝt asseawy þe beuore me *ydel-
honded*. AYENB. p. 218.

Idelleȝe s.

1. Unthätigkeit, Müssiggang:
Idelleȝȝe iss hæfedd plihht & wiþþreþþ wiþþ þin
sawle, & forrþi birrþ þe ben swinnefull Inn alle
gode dedess. ORM 4738. Nass þho nohht tær
ute I skemmtinng & inn *idelleȝȝc*. 2164.

2. Eitelkeit, Nichtigkeit: Himm
birrþ lokenn himm þatt he Ne lisste nohht wiþþ
ære Till naness kinness *idelleȝȝc* þatt haliȝ mann
forrwerrpeþþ. ORM 7845.

idellíche etc. adv. ags. *idellíce*, inane, frustra,
mhd. *itellíche*.

1. unthätig, träge: Thus mow ȝe se
my beȝy whele, That goth nought *idel[l]iche*
aboute. GOWER II. 42.

2. unnütz, vergeblich: Þe proude
ȝekþ þing worþssipuol; þe couaytous, þing
uremuol; þe lostuol, þing lykynde. And alle
þet þise ȝecheþ *ydelliche*, is ine uirtue zoþliche.
AYENB. p. 80. That other heste apertelyche
Schewed mannes defaute, Wanne he aldey
swereth *ydelleche*. SHOREH. p. 96. Thow shalt
not mystaak the name of the Lord thi God *idillich*
[in veyn Purv.] WYCL. DEUTER. 5, 11 Oxf. Nyl
thou erre *ydely* [idili Purv. frustra *Vulg*.]
2 MACCAB. 7, 18 Oxf.

idelnesse s. ags. *idelnes*, vanitas, pigritia,
ignavia, afries. *idelnissa*, ahd. *ītalnissa*, neue.
idleness.

1. Unthätigkeit, Müssiggang: Himm
iss *idellnesse* laþ & all forrswunndennesse. ORM
4736. *Idelnesse* is luðer on ælchere þeode, for
idelnesse makeð mon his monnscipe leose. LAȝ.
II. 624. Wanne men beþ al ydel, þat er batayles soȝte, Her *ydelnesse* hem ssal brynge to synne,
lecherye, To tauerne and to sleuþe and to ha-
sarderye. R. OF GL. p. 195. To worke he wolde
his honden do, to fleo *idelnisse*. ST. DUNSTAN
62. To þo ȝenne [sc. lecherie] belongeþ alle þe
þinges huerby þet uless him arist . . ase byeþ
. . þe zofte bed, cloþes likerouses, and alle manyere eyse of bodye out of nyede, and specialliche, *ydelnesse*. AYENB. p. 47 sq. And [sc. he]
cast hym to lyue. In *ydelnesse* and in ese, and
by oþers trauayle. P. PL. *Text C.* pass. X. 151.
Be war . . of long sleep and of *ydilnesse*, The
which of alle vicis sche is porteresse. BAB. B.
p. 56.

2. Eitelkeit, Nichtigkeit: Mest al
þæt ic habbe ydon, ys *idelnesse* and chilce.
MOR. ODE st. 4. Þe wordle is *ydelnesse*, and zuo
hi is al uol of *ydelnesse*. AYENB. p. 164. Nout
one of werkes, auh of *idelnesses* of wordes & of
þouhtes. ANCR. R. p. 322. *Idelnesses* speke
þai. Ps. 11, 3. Alle uenyal zennes, þet we clepieþ litle zennes, þet we doþ ofte, and smale
tole þoȝtes, wordes ydele, truffes, scornes, and
alle oþre *ydelnesses*. AYENB. p. 74.

idelschipe, -schepe etc. s.

1. Unthätigkeit, Müssiggang: Idel-
schipe [*idilscipe* p. 121] and ouerprute, þat lereþ
yong wif vuele þewes . . þene vnþev lihte leten
heo myhte, If heo ofte a swote for swunke were.
O. E. MISCELL. p. 120. Of *idelship* He hateth
all the felaship, For slouthe is ever to despise.
GOWER II. 79. Malgre hem they mot obey, And
done all *idelship* awey To serve wel and besiliche.
II. 43.

2. unnütze Weise: Take nauȝt hys
name in *ydelschepe*, Wyth ydel wynde to blowe.
SHOREH. p. 93. The toþer commandement byd-
des vs noghte take in *ydillchipe* ne in vayne
þe name of oure Lorde Godd. REL. PIECES
p. 5.

i-delven v. ags. *gedelfan*, fodere. s. *delven*.

1. ohne Objekt graben: Heo founden
roodes Þreo þo heo hedden *idoluen* longe. HOLY
ROOD p. 43.

2. graben, durch Graben bereiten:
Alse þe mon þe delueð ene put feower daȝes
oðer fiue, and þenne he haueð hine alra lengest
idoluen, þenne ualleð he þerinne. OEH. p. 49.
Þa þe dic wes *idoluen* . . þa bigunnen heo wal.
LAȝ. II. 224.

3. durchgraben, durchbrechen: Vor
huych hord þet ilke zelue hous ne by *ydoluc*,
heilyche he wakeþ. AYENB. p. 263.

i-demen v. ags. *gedéman*, judicare, condemnare, ahd. *getuomen*, gth. *gadōmjan*. s. *demen*.

1. über etwas urtheilen, bestimmen,
für gut befinden: Þus heo hit *idemden*, &
þer æfter swa duden. LAȝ. I. 173. Al weoren
þa dæden alse heo *idemden*. II. 10. Heo habbeð
idemed þat ich am duc ofer heom. I. 20. Nu is
þe dæi icumen þe drihten haueð *idemed* þat he
scal þat lif leosen. II. 420. Þe rihtwise God
haueð so *idemed* þet euerichones mede þer schal
onswerien aȝein þe swinc & aȝein þe anui þet
heo her uor his luue edmodliche þolieð. ANCR.
R. p. 94. Me is deað *idemet* [zuerkannt] her nu,
ant wið þe lif ileanet. ST. MARHER. p. 20.

2. richten, durch Urtheilsspruch: After
þan þe he haueð idon, he scal þer beon *idemed*.
MOR. ODE st. 87. Þe ilke þet nele naȝt by þer
ydemd, he ne ende neure hiere him zelue to
deme and damni. AYENB. p. 137. Ther he wes
ydemed, so hit wes londes lawe. POL. S.
p. 220. Onder þo demere wes Iesu Crist *ydemd*.
AYENB. p. 12. Me seith *ydemyd* we bethe In
Adam and ine Eve. SHOREH. p. 2.

2. verurtheilen: Þe mon þet naueð
rihte ileue mid him he wurð *idemed* to þolien
wawe mid douelen in helle. OEH. p. 73. He
is *idemd* to eche wowe on helle. II. 75. To wan
were hi iborene þe sculle ben to deþe *idemd*.
MOR. ODE st. 53.

i-deopen v. gth. *gadiupjan*, βαθύνειν. vgl.
deopen. vertiefen, tief machen.

Þa þe dic wes idoluen & allunge *ideoped*,
þa bigunnen heo wal. LAȝ. II. 224.

i-depen v. vgl. alts. *gidōpean* u. s. *depen*.
tauchen.

Þis word holy is ase moche worþ ase klene
. . ase *ydept* ine blod, ase yconfermed. AYENB.
p. 106. He is alsuo *ydept* and alsuo dronke of
þe preciouse blode þet Iesu Crist ssedde uor

him, ase is a zop of hot bryead, huanne man hit poteþ into wyn. p. 107.

i-derven v. ags. *gedeorfan* [*gedearf, gedurfon; gedorfen*] findet sich erhalten in dem p. p. *idorven*, woneben die schwache Form *iderved* frühe erscheint. s. *derven*. peinigen, quälen, Leid zufügen.

Ich am dreori a ðet ha beon þurh me *idoruen*. St. Marher. p. 15 sq. Þe feondes þ ter weren dedliche *idoruen* fengen to zeien. p. 22. Also he [sc. ure Louerd] was *idoruen* [iderued C.] in alle his oðre wittes. Ancr. R. p. 106. Other þu bodest cualm of oreve, Other that londfolc wurth *idorve*. O. a. N. 1155.

Swiðe he murnede, his mod wes *iderved*. Laȝ. II. 361. Iher hire bene þ iþe hus þ ne beo iboren nan misbilimet bern .. ne *ideruet* of deoulen. St. Marher. p. 20. Vnder monnes help þu schalt sare beon *iderued* for his & for þe worldes luue, þat beoð baðe swikele. Hali Meid p. 29. Moni oðer wot lutel of þisse eise, auþ ȝeoȝ ful ofte *iderued* mid wone & mid scheome & mid teone. Ancr. R. p. 192.

i-dichen v. ags. *gedician*, cingere, munire. s. *diken*, *dichen*. mit einem Graben umgeben.

That cite was .. Wel ywalled and well *ydyched*. Alis. 2658. Þe tour is so wel wiþouten, So depe *idiched* al abouten. Cast. off Loue 673.

i-dihten, i-diȝten, i-dighten v. ags. *gedihtan*, dictare, disponere. s. *dihten*.

1. anordnen, ordnen, bestimmen, einrichten: Þas .X. bebode þe godalmihti seolf *idihte* and awrat mid is aȝene fingres and Moyses bitahte. OEH. p. 13. Þis beoð godes word þe god seolf *idihte* and Moises bitahte. p. 15. — Ȝef hit bivalleþ ase god him seolf haueþ *idiht* þat hii ouercome beone .. wendeþ ȝeom [afȝter. Laȝ. III. 84. j. T. Þe deore Drihtin haueð *idiht* ow ba þe blissfule crune of hise icorene. Leg. St. Kath. 1606. Lo! wið hwucche ich habbe *idiht* to do þe i mi kinedom. 1865. Al we beth erth, to erth we beth *idiȝte*. Rel. Ant. II. 217. — Þe leome þa strehte west riht a seouen bæmen wes *idiht* [geordnet, getheilt]. Laȝ. II. 326.

2. bereiten, bewerkstelligen, machen: Swa al swa suggeð writen þæ witeȝen *idihten*. Laȝ. III. 95. — Androgeus þe riche cnihte makede a writ wel *idiht*. I. 254. Þat tidende com to þan kinge .. þ þat worc wes al *idiht* & iset upriht. Laȝ. II. 308. Þas þigges [þinges j. T.] forð rihte þus weoren *idihte*. II. 373. Þa þas ferde wes al *idiht*, þa wes hit dai liht. III. 89. Ðanne ge [sc. ðe spinnere] it [sc. hire web] haueð al *idigt*, ðeðen ge driueð. Best. 469. Edmond [sc. adde] *ydyȝt* hys standard, were he ssolde hym sulf abyde. R. of Gl. p. 303. Guoþ ye acorsede into þe uere of helle, þet you is *ydiȝt*. Ayenb. p. 198. Þet bread is wel precious an wel noble and wel *ydiȝt*. p. 112. Riche soper þer was *idiȝt*. Fl. a. Bl. 23. Her soper was ful wel *idyght*. Rich. C. de L. 1038. auch vom Liefern einer Schlacht wird das Verb gebraucht: Þat wes þat þridde mæste uiht þe auere wes here *idiht*. Laȝ. III. 95.

3. richten nach einem Ziele: Lhord mi bene bi *ydiȝt* beuore þe ase þet stor [dirigatur oratio mea etc. Ps. 140, 2.] Ayenb. p. 211.

4. in einen Zustand versetzen: Heo .. hærcneden ȝeornen of þas kinges hærme, hu me þæne king mihte to dæðe *idihte*. Laȝ. II. 401. — Alas! sche [sc. hys lyonesse] was that day yn place To deth *jdyght*. Octou. 1649. Ne mot þer non ben inne .. Bute he also capun beo *idiȝt*. Fl. a. Bl. 257-60. Thu us havest ful wel *idiȝt*, Thu ȝeve us weole and wunne. Rel. S. p. 65. Knihtshipe is acloied and deolfulliche *idiht*. Pol. S. p. 335. Þou nere naȝt digneliche *ydiȝt* be ssrifþe. Ayenb. p. 20.

5. rüsten, kleiden, schmücken: Swulc hit weore a muchel cniht al of golde *idiht*. Laȝ. II. 234. Heo weoren cnihtes beien and swiðe wel *idihte*. III. 293. Of belte ywes briht Ant lovelyche *ydiht*. Rel. Ant. I. 122. Y am, quaþ Naymes, alredy *idiȝte* aȝeyn þe for to gan. Ferumbr. 1577. Þus barouns fulle on hem ful sone, or þay wern *ydiȝte*. 2651. In gold and sylk they [sc. the messangers] wer *idyght*. Rich. C. de L. 6824. von Frauen: Hit itiit .. That his wif is wel nesche and softe, Of faire bleo and wel *idiht*. O. a. N. 1543. Þat wes an sceort bat .. and twa wimmen þer inne, wunderliche *idihte*. Laȝ. III. 144 sq. Ine ziȝþe of leuedys and of maydynes þet sseweþ ham uayre *ydiȝt*. Ayenb. p. 47. Hi ssollen bi *ydiȝt* .. ase guode wyfmen. p. 217. von Sachen: A chambir .. Ful fetialy *idight* with herbes soote. Ch. *C. T.* 3203-5.

6. schreiben, wie öfters lat. *dictare*: Nis hit a nare boc *idiht* þat æuere weore æi fiht ine þissere Bruttene, þat balu weore swa riue. Laȝ. II. 444.

7. Zu bemerken ist schliesslich das passivisch gebrauchte Verb mit einem Adverb und dem Dativ; im Allgemeinen wird dadurch bezeichnet, was einem bereitet oder zu Theil wird: Þer [sc. in scole] *him* wes *swa wel idiht* [d. i. ihm ward so guter Unterricht zu Theil], he wes clærc & god cniht. Laȝ. I. 422. Alle folc he dude riht, *wel* wes *þisse londe idiht* [dem Lande ward eine gute Regierung zu Theil]. I. 292. *Þus* fulle seoueniht wes *þan hirede idiht* [ihm war eine festliche Bewirthung bereitet]. II. 538.

i-dined p. p. s. *dinen*. gespeist.

Hennes nel ich wende Er ich haue *ydyned* by þys day and ydronke boþe. P. Pl. *Text C.* pass. IX. 302.

idiote s. lat. *idiota*, gr. ἰδιώτης, sch. neue. *idiot*. Blödsinniger, Dummkopf.

I awayted after faste, And ȝede forth as an *ydiote*, in contre to aspye After Pieres þe plowman, many a place I souȝte. P. Pl. *Text B.* pass. XVI. 169. An *idiote*, idiota. Cath. Angl. p. 194. *Idyote*, neither fowle ne ryghte wyce, idiota. Pr. P. p. 258.

i-dobbled, i-dubled, i-doubled p. p. s. *doblen*. gedoppelt, verdoppelt.

Yef þou me beuelst aye mi wyl my chasthede, hit ssel by me *ydobbled*. Ayenb. p. 230. Man to þe oþre lemes *ydobled* ase þe eȝen .. he ne heþ bote enne mouþ. p. 249. For ȝou hit [sc. the bred] is to dai *idubled.* ST. BRANDAN p. 13. With deyntis *ydoublid,* and daunsinge to pipis. DEP. OF R. II. p. 24. Þov toke me, louerd .. besaunz tweie, Oþur swich þare with ich habbe iwonne and *idoublet* beie. LEB. JESU 661.

i-dodded p. p. s. *dodden.* geschoren, dem das Haar geschnitten ist.

Ȝe schulen beon *idodded* four siðen iðe ȝere, uorto lihten ower heawed. ANCR. R. p. 422.

idolastre, idolaster s. afr. *idolastre* neben *idolatre.* Götzendiener.

He [sc. Salamon] was a lechour and an *ydolastre.* CH. C. T. 10172. He is an *ydolastre.* *Pers. T.* p. 343. Or Austyn cam, we slombryd in dirknesse, Lyk *ydolastres* blyndid in our sihte. LYDG. M. P. p. 139. — What difference is ther bitwen an *ydolaster* and an avarous man, but that an *ydolaster* per adventure hadde but a mawmet or tuo, and the avaricious man hath monye? CH. *Pers. T.* p. 331.

idolatrie s. afr. *idolatrie,* pr. *ydolatria,* sp. pg. it. *idolatria,* lat. *idololatria,* gr. εἰδωλολατρεία, neue. *idolatry.* Götzendienst.

Ydolatrie ðus was boren. G. A. EX. 695. He vsed abominaciones of *idolatrye.* ALLIT. P. 2, 1173. An averous man is in the thraldom of *ydolatrie.* CH. *Pers. T.* p. 331. Ydolatrie ȝe soffren in sondrye places menye. P. PL. *Text C.* pass. I. 96.

idole, idele s. afr. *ydele, ydole,* pr. it. *idola,* sp. pg. *idolo,* lat. *idolum,* gr. εἴδωλον, neue. *idol.* Götzenbild, Bild.

That *ydole* is the god of false cristene, that han reneyed hire feythe. MAUND. p. 173. An *ydole* of fals portrayture Ys she, for she wol soone varien. CH. *B. of Duch.* 625. Betwene symulacres and *ydoles* is a gret difference. MAUND. p. 164. Ȝe in lechoures lust al ȝour lif spende, And serue sory *idolus.* ALEX. A. DIN-DIM. 631. Ȝour ydil *idolus* don ȝou ille wirche. 754.

It wurðe erðedine, and fellen ðo fele chirches and *ideles* mide. G. A. EX. 3196.

i-don v. s. ȝedon.

i-douted p. p. s. *duten, douten.* gefürchtet. Riche he was and *idouted* þe more, For he was of heiȝe kunne ibore. KINDH. JESU 1588.

i-draȝen, i-drahen, i-drawen v. alts. *gidragan,* ahd. *gatragan,* mhd. *getragen,* gth. *gadragan.* s. *draȝen.*

1. ziehen, schleppen: Þis heane & tis hatele tintreohe .. was te þridde dai *idrahen* þider. LEG. ST. KATH. 1971. He .. Hath alle the bodies on an heep *ydrawe.* CH. C. T. 946. Eue was of Adam, and out of hym *ydrawe.* P. PL. *Text C.* pass. XIX. 216. Þo Ihc hadde out [sc. of þe hole] *idrawe* þat child made muche plawe. KINDH. JESU 729. ziehen, vom Schwerte etc.: Hys swyrde *ydrawyn* he bare. EMP. OCTAVIAN 903. Þer were duntes aryȝt, and suerdes wel *ydrawe.* R. OF GL. p. 218. Ther was many sword *ydrawe.* ALIS. 4382. Euere he held his swerd *ydrawe.* OCTUEL 191. His ax he held in hand *ydrawe.* RICH. C. DE L. 2279. ohne Objekt: So faste huy habbeɀ *idrawe* boþe. KINDH. JESU 1420.

2. verwandt ist ziehen als ausspannen: He was warnyd .. Hou the folk of the hethene lawe A gret cheyne hadden *idrawe* Ovyr the havene of Acres. RICH. C. DE L. 2596. ebenso als zerren, von schlechter oder harter Behandlung: Þer is a stape huerinne is þe uolle of perfeccion of þise uertue [sc. mildenesse], þet is wylny to zoþe, and mid herte wylny, to by yhyealde vyl, and villiche to by *ydraȝe.* AYENB. p. 133.

3. ziehen, grossziehen: Thous was the olde tre doun ithrawe, And the yonge tre forht *idrawe.* SEUYN SAG. 623. He [sc. thi sone] schal be sone forht *idrawe* And maister, and thou his knaue. 629. Þu hest yby to zofte *ydraȝe* uorþ, þou art to fiebble of compleccioun. AYENB. p. 31. auch wohl überhaupt erziehen, wie in: If a bondeman hadde a sone to clergie *idrawe,* He ne scholde withoute his loverdes leve not icrouned beo. BEKET 552. cf. R. OF GL. p. 470.

4. hinziehen, locken: He .. adwcschte & adun weorp þe wiðerwine of helle, mon i monnes cunde, þ wið woh hefde to deað *idrahen* moncun. LEG. ST. KATH. 1196. Ertou Andreu .. þat menie dai haþ igo, And *idrawe* men to þi false god? ST. ANDREW 23. Whan oure Loverd ech maner man to him hath *idrawe* .. This lond wole thanne schewe toward the wordles ende Hem that beoth him next icore, er hi hunnes wende. ST. BRANDAN p. 33. So what for love of him, and what for awe, The noble folke wer to the toune *idrawe.* CH. *Qu. Anelida* 72.

5. bringen vor einen Gerichtshof: If eni play to chapitre were *idrawe,* And eni makede his appel .. To the bischop from arcedekne his appel he scholde make, And from bischop to archebischop, .. And bote the archebischopes curt to riȝte him wolde bringe, That he scholde fram thulke curt biclipie to the kinge. BEKET 601. ähnlich R. OF GL. p. 473.

6. ziehen, machen zu etwas: Ther habbeth ibeo bifore custumes in Engelonde, Ac aȝen riȝte hi beoth .. Þeȝ hi longe isuffred beo, and to custumes *idrawe,* Ther ne mai no man sigge, that hit beo riȝt ne lawe. BEKET 1623.

7. wegziehen, zurückziehen: When theo table was *ydrawe,* Theo wayte gan a pipe blawe. ALIS. 7768.

ydre s. lat. *hydria,* gr. ἰδρία, afr. *ydre,* pr. *ydria,* it. *idria,* sp. *hidria,* pg. *hydria.* Wasserkrug.

Fol vellet, ha seyde, þos *ydres,* þet is to sigge, þos croos oþer þo faten of watere, for þer were .VI. *ydres* of stone. O. E. MISCELL. p. 29. vgl. JOH. 2, 6. Vulg. u. gr. Text.

ydre s. lat. *hydra,* gr. ὕδρα, fr. *hydre,* pr. *ydra,* it. *idra,* sp. pg. *hidra,* neue. *hydra.* Wasserschlange, Hydra.

Whan oon doute is determined and kut awey, þer wexen oþer doutes wiþouten noumbre, ryȝt as þe heuedes waxen of *ydre* þe serpent þat Hercules slouȝ. CH. *Boeth.* p. 134.

i-dreochen v. ags. *gedreccen,* vexare, affligere. s. *dreochen.* verkümmern, betrüben, plagen, schädigen.

Swa þu woldest mid ferde faren to þissen

eærde . . ʒif Denemarkene king *idreccheđ* þe neuede. LAʒ. I. 215. Pa þe king him awoc, swiđe he wes *idræcched*. III. 13. Pu .. schalt .. mare beon *idrecchet* þen eni driuel i þe hus ođer eni ihured hine. HALI MEID. p. 39. He wuneđ þer uul stille, þat no biđ he for þan watere nađđing *idracched*. LAʒ. II. 502. Pa þe king wes awaht, he wes swuþe *idraht*. I. 193. So doþ foles þat beoþ *idreiʒ* wiþ veyne glorie and prute. ST. KATH. 45. ʒⁱ ihc habbe eny þing miswroʒt . . Ihc wulle amende and þat is riʒt, þat my saule ne beo *idriʒt*. ASSUMPC. DE N. D. 187-90.

i-dred p. p. s. *dreden*. gefürchtet.

He [sc. God] ys ald and yknawe and *ydred* and yworþaiped and yloued. AYENB. p. 104. He was .. Save Ector most *idrede* of any wight. CH. *Tr. a. Cr.* 1724-6.

i-drefen, i-dreaven v. ags. *gedréfan*, turbare, alts. *gidróbian*, ahd. *getruoban*. s. *dreven*, *drefen*. stören, härmen, beunruhigen.

Mid teonen he wes *idrefed*. LAʒ. I. 8. Ne beođ heo neuer *idreaued* mid winde ne mid recne. OEH. p. 193. Ilch mon þet to þe bisihđ þu ʒiuest milce and ore, þauh he đe habbe swuđe agult and *idreaued* sore. p. 195.

i-dremed p. p. s. *dremen*. geträumt.

Pov hast *ydremed* of venesoun, þov mostest drynke a torn. FERUMBR. 335.

i-drenchen v. ags. *gedrencan*, ahd. *gitrenkan*, *getrenchen*, mhd. *getrenken*, gth. *gadragkjan*. s. *drenchen*. ertränken.

This world .. more than on hour Schal ben *idreynt*, so hidous is the schour. CH. *C. T.* 3519.

i-driʒen, i-dreʒen, i-drehen v. ags. *gedreógan*, sustinere, tolerare; perficere, patrare. s. *dreoʒen, dreʒen*, drehen etc.

1. aushalten, ertragen; He ne mihte *idriʒen* to ihæren þene muche drem of swa feole mannen. LAʒ. I. 286. Pe roue .. het .. hwil þat eauer six men mahten *idrehen*, beaten hire beare bodi. ST. JULIANA p. 27. — For þi deorewurđe nome ich habbe *idrohen* nowcin. ST. MARHER. p. 21. Pu hauest for mi luue muchel *idrohen* & idrahen [idrehen p. 34?] ST. JULIANA p. 35. Nis nan of us se strong þe hefde idon þro hefsunnen, þet his licome nere swiđe feble er he hefde *idreʒen* þet scrift þe þer to bilimpeđ. OEH. p. 51.

2. ausführen, thun: He biheihte hire biheste . . þat to hire he wolde teman . . & æ to his liue hire willen *idriʒen*. LAʒ. I. 54. Hwet seggeđ heo? We moten *idreʒen* ure wil þe hwile we beođ ʒunge, and eft þenne we beođ eldre bete we hit þenne. OEH. p. 29.

i-drinken v. ags. *gedrincan*, deglutire, alts. *gidrinkan*, ahd. *getrinchen*, mhd. *getrinken*, gth. *gadrigkan*. s. *drinken*.

Also [he] hedde *idrunke* of þise wyne. O. E. MISCELL. p. 29. His morge sclep sal ben muchil estin, werse þe swo on euen yuule haued *ydronken*. p. 131. Him þouʒhte þat wyn betere þo þane he hadde *idronken* er. KINDH. JESU 1755. Men þat ben venymed, þorʒ grases of Yrlond *Ydronke* he beþ yclansed sone. R. OF

GL. p. 43. Ich ne ssel by an eyse alhuet ich habbe *ydronke*. AYENB. p. 51. Hennes ne wole I wende, Til I have dyned bi this day, And *ydronke* bothe. P. PL. 4358. Stalworthe worth he nevere, Til he have eten al the barn, And his blood *ydronke*. 11561. Thou hast *ydronke* so moche hony of sweete temperel richesses and delices and honours of this world, that thou art dronke. CH. *T. of Melib.* p. 171.

i-driven v. mhd. *getríben*, altnorthumb. p. p. *gedrifen* [LUC. 8, 29]. s. *drifen*, *driven*.

1. treiben, jagen: The wind him drof eft aʒe, and ʒut he in wende. And euere he was aʒen *idryve*. BEKET 677. We beþ men wyde *ydriue* aboute From contrey to contrei. R. OF GL. p. 39. auch vertreiben, verjagen, häufig mit **ut, out** oder **awei** verbunden. Menden to him heore sær . . & þenne muche grome þe Maxenz heom hæuede idon & *idriuen* of heore londe. LAʒ. II. 38 sq. We beoth *idryve* of Engelonde and France also. BEKET 1659. — Of Spaine ich wes *ut idriuen* [*idreue* j. T.] LAʒ. I. 265. Argal þe wes *idriuen ut*. I. 281. *Idriuen out* of londe. I. 13. He was *out* of þat lond *ydriue*. R. OF GL. p. 11. *Out* of londe þou best *idriue*. SEUYN SAG. 1663. Adam .. Was cast out of his heritage, And *out* of paradys *idriue*. CAST. OFF LOUE 197. Alle hy weren *ydryven out*. SHOREH. p. 150. For soþe i seiʒe, þat þou beo *idriue out* of þis contreie. KINDH. JESU 1144. — Pus heo were *ydryue awei*, & nuste wyder to tee. R. OF GL. p. 40. His folk weore .. Parforce *ydryven al away*. ALIS. 4613.

2. treiben, einschlagen: O Jhesu, fore thi naylis thre, That perisd the to the rod tre, *Ydreuyn* with grot distres. AUDELAY p. 58.

3. bringen, in einen Zustand versetzen: He hadde er this lond to muche wrechede *idriue*. R. OF GL. p. 512.

4. behandeln, eine Sache: The king wolde that in his hond the plai were *idryve*. BEKET 576. vgl. The king wolde that *in is court* the ple solde be driue. R. OF GL. p. 471.

5. ertragen, erleiden: Pes leoden he amærde, ure scipen he aseingde, þeo þat feuhten a þan londe, þeo he adun leide. We habbeođ *idriuen* þat swa longe, þat we hine læteđ ane. LAʒ. III. 19. Muche aþ Engelond *ydryue* sorwe and wo. R. OF GL. p. 296. Wen þu hast so strong penaunce *idriue*, Siker be þe þat þyne sunnes clanliche beþ uorʒiue. FEGF. D. H. PATRICK 589.

ydromancie, ydromance s. lat. *hydromantia*, gr. ὑδρομαντεία, fr. *hydromancie* u. *hydromance*, neue. *hydromancy*. Wahrsagung aus Wasser.

Many philosofres, that ben preved for wise men in many dyverse scyences, as of astronomye, nigromancye, geomancye, pyromancye, *ydromancye* etc. MAUND. p. 234. The craft .. That geomaunce cleped is, Ful oft he useth it amis, And of the flood his *ydromaunce*, And of the fire the piromaunce. GOWER III. 45.

ydropesie s. afr. *idropisie*, lat. *hydropisis*, gr. ὕδρωψ, neue. *dropsy*. Wassersucht.

Sum man syk in *ydropesie* was bifore him.
WYCL. LUKE 14, 3 Oxf.
ydropike adj. afr. *ydropique*, lat. *hydropicus*,
gr. ὑδρωπικός. wassersüchtig.
Drye folk & *ydropike*, & dede at þe laste.
ALLIT. P. 2, 1096.
i-dubbed, i-dobbed p. p. s. *dubben*. zum
Ritter geschlagen.

He rood uppon hem evere, Tyle Degon and
Dobyn, that mennys doris brastyn, And were
ydubbid of a duke ffor her while domes. DEP.
OF R. II. p. 26 sq. He hadde þat child itaht and
idobbid to cniht. LAȝ. II. 554. Per nys prowesse
ariȝt, bote ine godes knyȝtes þet þe holy gost
heþ *ydobbed* and yarmed mid uirtu and mid
charite. AYENB. p. 83. Im folgenden Schmäh-
liede scheint es nicht vom Schlagen in der
Schlacht, sondern ironisch vom Ritterschlage
gebraucht: He hæfueð *idubbed* swa Octa &
Ebissa & Ossa . . þat men maȝen tellen heore
cun to spelle, and þer of wurchen songes inne
Sæxlonde. LAȝ. II. 398.
i-duȝe adj. vgl. ags. *dugan*, prodesse. erspriesslich, gut.

That gode wif . . ȝeorne fondeth hu heo
muhe Do thing that him beo *iduȝe*. O. A. N.
1576-80.
i-duȝen v. mhd. *getugen*, p. p. *getocht*. taugen, nützen, tüchtig, kräftig sein.
Das Particip *idoȝt, idought*, womit man das niederd. *döȝt*, tüchtig, kräftig, wohl, gut,
vergleichen kann, scheint allein nachweislich.

What, loue goþ þis, quaþ þe king, habbe ȝe
itournd ȝoure þoȝt? Honoure oure godes, ich
ȝou rede, while ȝou is wel *idoȝt* [so lange es euch
wohl ergeht?] ST. CRISTOPH. 181. Tho the kyng
was hool and wel *ydoughth* [wohl gekräftigt],
Mo wondres he hath ysoughth. ALIS. 5906. s.
SPRACHPR. I. 1, 199.
i-durked p. p. s. *derken, durken*. verdunkelt, verdüstert.

Overcast heo [sc. the sonne i. e. the churche
of Canterbure] is with the clouden, that liȝt ne
ȝifth heo non; Whar thurf the churchen of Engelonde *idurket* beoth echon. BEKET 1413.
i-dust p. p. s. *dusten*. geworfen.
Ich habbe adun þe drake *idust*. ST. MAR-
HER. p. 11. Ich hit am þat makede þat te þreo
children . . weren *idust* to fordon i þet ferliche
fur.
i-dut p. p. s. *dutten*. geschlossen, ver-
schlossen, gesperrt.

No monnes mouþ ne be *idut*, Ne his ledene
ihud To seruen his God. CAST. OFF LOUE 31.
We nadde poer non þe while we were so faste
idut among men to gon. ST. MARGAR. 209. Ho
dulue, & fonde þe vetles þat we were in iput.
Her, hi seide, we habbeþ ifonde þe tresour is
her *idut*. 219. He havet brout ous to blis su-
perni, That *hidut* the foule put inferni. REL.
ANT. I. 90. Therfore nas helle nauȝt yschet, Ne
develyn therinne nauȝt *ydut* Ine thare crybbe.
SHOREH. p. 157.
i-dwellen v. ags. *gedwělan* u. *gedvellan*, in
errorem ducere, decipere. täuschen, trügen.

Ac o blisse [hys] nys nauȝt folfeld, War-
fore that hevene hys al *ydueld*, And ȝet nou
werth. SHOREH. p. 147.
i-dwimor s. ags. *gedvimor*, phantasma.
Scheinbild, Trugbild.
Idwimor, fantasma. WR. VOC. p. 90.
i-earnung s. ags. *geearnung*, meritum, vgl.
earnung u. *iernien, iarnien*. Verdienst.

Þe þet ðurh gode *iearnunge* bicumð to þis-
san seofænfalden ȝefan of þam halȝan gaste, he
haueð alle blisse. OEH. p. 99.
i-efnien v. ags. *geefnian*, adæquare. vergleichen.

He . . on ech of hise deden is *iefned* to þe
deore wuas geres he forðteoð. OEH. II. 37.
Al þis lif þe we on liuen is to nihte *iefned*, for
þat it is swa þester of ure ateliche synnes. II. 39.
i-egged p. p. s. *eggen*.

1. geschärft, mit einer Schneide
versehen: In þe kyng tresorye þat suerd
ywust ys . . *Iegged* yt ys in on alf, and in þe oþer
noȝt. R. OF GL. p. 274. Wyþ a long ypoynted
[yponyted ed.] knyf, *yegged* in eyþer syde . .
he hym slou. p. 310.

2. gereizt, angereizt: He hadde,
while he here was, to hordom *ieg[g]ed* Gret won
in þis word [i. e. world] of wommen aliue.
ALEX. A. DINDIM. 556.
i-eled p. p. s. *elien*. gesalbt.
He wes icruned and *ieled*. LAȝ. III. 285.
i-enden v. s. *ȝeenden*.
i-entred p. p. s. *entren*. eingetragen, ein-
gezeichnet.

Manye tales ye tellen That theologie lerneth; And that I man maad was, And my name
yentred In the legende of lif Longe er I were.
P. PL. 6364.
i-erden v. ags. *geeardian*, inhabitare. s.
earden, erden. wohnen, leben.

Al þe ende þ tu ant heo habbeð in *ierdet*.
ST. MARHER. p. 16.
i-ernien, i-arnien v. ags. *geearnian*, mereri,
promereri. s. *earnien*. erwerben, verdienen.

He haueð us iȝarket þa eche blisse, ȝif we
wulleð hit *iernien* in heuene riche. OEH. p. 19.
Ðeo edmode ismonunge *iernade* et gode
þet muchel er þe engles of eofene for heore
modinesse forluren. OEH. p. 93. On þissere
ifereden *iernede* [ȝemede Ms.] þere apostlan ad-
modnesse þas mihte, and þere eontan modinisse
iarnede iscendnesse. ib.
Al þet mon deð sunderlipe for godes luuen,
he scal auon ðer of his mede, and beon þenne
ifunde alse hit bið nuðe *ierned* here. OEH.
p. 137.
i-escen v. s. *i-asken*.
i-eten v. würde der früher nachgewiesenen
Form ȝeeten entsprechen; nur als p. p. kommt
ieten, iete vor. essen.

Ær þe fisc *ieten* weore. LAȝ. III. 278. Whon
he hedde al *iete*. CAST. OFF LOUE 338. Betere
is appel yȝeve then *yete*. REL. ANT. I. 111. Hi
arise up and to churche wende, tho hi hadde
alle *yete*. ST. BRANDAN p. 14. Ich habbe gret
pite . . þat þis folk nadde *iete*. LEB. JESU 8.

Whenne they hadde nygh *iete*, Adventures to spcke they nought forgeete. RICH. C. DE L. 115.

Frühe erscheint daneben *ijeten*, *ijete*, was sich dem nhd. *gegessen* mit verdoppeltem Suffixe zur Seite stellen lässt: Heo hæ*iden* wel *ijeten*, and *seoðeen* idrunken. LAȝ. I. 285. Þis mayde out of chambre com, þo þei hadden *yjete*. R. OF GL. p. 117. As þe kyng sat at ys mete . . & somdel adde *yjete*, Lof, þis luþer traytor . . Com in. p. 277. Or he hadde þane half *yjete*, on herte him gan to buye. FERUMBR. 49. As mouthe the mete taketh, Another ase the mete *yjete* Into the membres taketh. SHOREH. p. 23. Þo huy hadden wel idronke and *ijete*, Alle huy weren bliþe and glade. KINDH. JESU 1790. Tho Clement hadde *yyete* a fyn .. In he clepede Florentyn. OCTOU. 757.

ieðe adv. *s. eaðe.*

i-exiled p. p. *s. exilen.* verbannt.
Men and wyfmen and children deserited and *yexiled.* AYENB. p. 30.

if conj. *s. ȝif.*

i-fa s. *s. tefa.*

i-faȝe, i-faie adj. ahd. *gifag* adj., mhd. *gevage* adj., ahd. *givago* adv. cf. *fajen, fawe.* willfährig, gerne.
Ne woldest thou nasc (?) *yfaje.* SHOREH. p. 67. „Tel thine sunnen on and on . .“ „Sone“, quad the wolf. „wel *ifaie.*“ VOX A. W. 197-9.

i-failed, i-failled p. p. *s. failen, faillen.*
1. gefehlt, gemangelt: Ȝef acord bem hedde *yfaylled*, Ar ayder other hedde asaylled. SHOREH. p. 141. Thys byganne schrewednesse . . Hyȝt moste neades for the glorye, Elles hedde *yfaylled* fyctorye. p. 150.
2. mit *of*, verfehlt: Yf thou nelt nauȝt climme thos, Of hevene thou hest *yfayled.* SHOREH. p. 3. Þo þis maister was icome hom, And hadde *ifailled* of is grom, He was þo ful wel iwar þat Ihus nolde come eft sone þar. KINDH. JESU 1212.
3. geschwunden, ausgegangen: Trewth is *ifailid* with fremid and sibbe. POL. S. p. 202. Robes, playinges, messinges, and alle guodes byeþ ous *yfayled.* AYENB. p. 71. Marie . . Hire swete sone þis gan telle, þat þere wyn *ifailled* was, And þat þare non more nas. KINDH. JESU 1730.

i-faired, i-vaired p. p. *s. fairen.* verschönert, gesäubert.
Yef ous þane goat of wysdom, be huam bi we zuo yclensed are gold, and *yuayred* of alle uelþe. AYENB. p. 107. Þis knawynge nis bote in inwyt wel *yuayred* and wel yclensed. p. 200.

i-falden, i-folden v. ags. *gefealdan*, ahd. *kiualdan*, mhd. *gevallen.* s. *falden, folden.*
1. falten, hüllen: Myne aunte tolde me a ferli cas, Hou in this mantyll *ifold* I was. LAY LE FREINE 375.
2. beugen, ballen: As my fust is ful honde *yfolde* togideres, So is þe fader a ful god. P. PL. *Text B.* pass. XVII. 166. cf. C. pass. XX. 113. 130. 150. Þe Ameral þan wroþeliche hym gan beholde And gurde hym with ys fuste *yvolde* Ageyn ys cheke. FERUMBR. 5795.

i-fallen, i-vallen v. ags. *gefeallan,* ahd. *ka-, ki-, gefallan,* mhd. *gevallen.* s. *fallen, vallen.*
1. fallen: Þe dom is ful strong upon ham þ unhelieð þene put; vor heo schulen ȝelden þ best þ is þer inne *ivallen.* ANCR. R. p. 58. Ded he is of sadel *yfalle.* ALIS. 4394. We ne moȝe naȝt þo þet byeþ *yualle* arere bote ȝef we wylle . . to ham bouȝe. AYENB. p. 157. How is this candele in the strow *ifalle?* CH. *Tr. a. Cr.* 3, 810. von einem Regen- oder Schneefall: A schour ther was *yfalle* That al the way was white. TRISTR. 2, 75. in Ohnmacht: Sche . . hadde þan *yfalle* in sowenyng. FERUMBR. 5203. vom neugebornen Kinde, auf die Erde fallen, zur Welt kommen: Hwenne þat chyld biþ iboren, and on eorþe *ifalle*, Nolde ich yeuen enne peny for his weden alle. O. E. MISCELL. p. 171 cf. REL. S. p. 71.
2. sich legen, aufhören: *Ifallen* is al his boldhede. O. A. N. 514.
3. gerathen in etwas: It were gret vilani .. A liggeand man for to slon, That were *yfallen* in nede. AMIS A. AMIL. 1336. Hou ofte he heþ *yualle* into zenne, and hou longe he heþ ybleued þerine. AYENB. p. 176. As mesels and mendinauntes, men *yfalle* in myschef. P. PL. *Text C.* pass. X. 179. Alle manere men in meschief *yfalle.* pass. XIV. 71. Wel nyne and twenty in a companye, Of sondry folk by aventure *ifalle* In felaschipe. CH. *C. T.* 25. — The houndes .. were upon a defaute *yfalle* [auf eine falsche Fährte gerathen]. B. *of Duch.* 383.
4. zu Theil werden, zufallen: Feire is us *ifallen.* LEG. ST. KATH. 1376.
5. sich zutragen, sich ereignen: Hit *yualþ* oþerhuyl desertesoun of eyr. AYENB. p. 48. Þe oþre [sc. beggeþ] þet corn agerso .. be zuiche uorwerde, þet li habbe, huet cas *yualle*, hire catel sauf. p. 36. — Here is *ifalle* a gret mervaile. ALIS. 591. — Huanne þer is werre betuene tuaye men, *hit yualþ* ofte, þet þer byeþ moche uolke dyade. AYENB. p. 30. Þanne *hit yualþ* þet hit is ȝoþ þet Senekes þe wyse zayþ. p. 155. *Hit yualþ* ofte þet þet onder þe uayre robes is þe zaule dyad be zenne. p. 258.

i-fandien, i-fondien, i-vondien v. ags. *gefandian, gefondian.* s. *fandien.*
1. erfahren, erproben: Ful wombe mei lihtliche speken of hunger and of festen, awa mei of pine þe ne cnauð hu þe scal a ilesten. Hefð he *ifonded* summe stunde, he wolde al seggen ofter. OEH. p. 169. cf. MOR. ODE st. 74. After þat ha hefden *ifondet* flesches fulðe. HALI MEID. p. 21. Betere beoð ure fifti þenne heore fif hundred, þat heo feole siðen *ifonded* habbeoð. LAȝ. II. 259. Non take ne solde louerd in londe bote he were þries *ifonded* in fihte. II. 614 j. T. Holi men wuteð wel þet habbeð hit *iuonded*, þet euerich worldlich gledunge is unwurð her aȝeines. ANCR. R. p. 94. Ȝe louerdynges . . þat ychabbe in conseyl & in batayle *yfonded* as vor aȝte men. R. OF GL. p. 195. Constantyn any broþer, þat god knyȝt ys and hende, And wel *yfonded* in armes. p. 102. cf. 238. auch reflexiv: Þo he hadde in werre ybe &

do gret maistrie, And *himself* muche *yfonded*,
he þouȝte do tricherie. p. 77.

2. versuchen, in Versuchung führen, verleiten: Swa longe þe deofle wunað
swa inne þe sunfulle men a þet he hine haueð
al *ifonded* to his wille þurhut. OEH. p. 27. Þu
unhelest þesne put þu þ dest eni þing hwarof
þer mon is flescliche *ivonded*. ANCR. R. p. 58.
We wylleþ wel þet we by *yuonded*, vor hit is
oure ureme. AYENB. p. 117.

i-fangen, i-fon v. ags. *gefón*, alts. *gifâhan*,
ahd. *ga-*, *gifâhan*, mhd. *gevahen*, gth. *gafahan*.
s. *fangen*, *fon*.

1. fangen, ergreifen, gefangen
nehmen: Ȝif ich hine mai eower *ifon*, in þon
stude he beð fordon. LAȝ. I. 351. Ne schal thar
nevre come to Ful wiȝt, ȝif ich hit mai *ivo*. O.
A. N. 611. Swa mai mon tolli him to Lutle briddes and *ivo*. 1625.

Thu seist that gromes the *ifodh*, An heie
on rodde the anhodh. O. A. N. 1643.

Brutus mid his cnihten þene king *yfeng*.
LAȝ. I. 35. Per þe cotend unc *ifeng* forð mid
him seoluen. III. 28.

Arþur þa cnihtes nom þe þer *iuongen*
weoren. LAȝ. III. 68. Richer and Beduer . . þa
cnihtes fereden, þa heo *iuongen* hafden. III. 73.
Pine quene he hafð *ifon*. III. 123.

überhaupt bewältigen, sich bemäch-
tigen: Þis lond hehten Armoriche: Þis ich þe
bitæche, & muchele more her to, ȝif ich hit mæi
ifo. LAȝ. II. 66.

Pæt is a muchel æitlond, of alche gode hit
is strong, þet Bruttes ærest *ifeng*. LAȝ. I. 309.

2. empfangen, bekommen, entgegen nehmen: Þe mon þe wel deð, he wel
ifehð. OEH. p. 131.

We after vre gultes mede habbeþ *yuonge*.
O. E. MISCELL. p. 50.

3. empfangen, mit Bezug auf Schwan-
gerschaft:

Alswa alse ȝe nimeð þe worde þat iho [iho
Ms.] speke to ou of mine muþe, swa ho *ifeng* ure
drihten, þa þe engel hire brohte þe blisfulle
tidinge. OEH. p. 77.

4. nehmen, fassen: Þe ring heo wolde
aȝe reche And to Floris him biteche, Ac for al
þat heo miȝte do, He him nolde aȝen *ifo*. FL.
A. BL. 691.

He on uaste *iueng* fæiere his iweden. LAȝ.
II. 525. Þa weoren þar tweien scalkes, &
ifengen here sceldes, scriðen under bordes, &
skirmden mid mæine. I. 358.

5. empfangen eine Person, aufnehmen: Kyng Alisaunder furst hade yment Him
have forȝeve his maltalent, And wolde him,
with gret honour, Have *yfonge* in his amour.
ALIS. 4570.

i-faren v. ags. *gefaran*, ire, meare, proficisci,
procedere, alts. *gifaran*, ahd. *gifaran*, *givaran*,
mhd. *gevarn*.

1. fahren, gehen, wandern, ziehen:
Þus heo *iuerden* fiftene milen. LAȝ. III. 58. —
Nes hit buten feower wiken þat þas kinge *ifaren*
weoren, cam Brennes riden. I. 200. Pa wes hit
ilumpen . . þat Julius Scezar wes *iuaren* mid

vnimete ferde from Rome into France. I. 307.
A mon þet were ueor *iuaren*. ANCR. R. p. 366.
When he seide so, That Troilus was oute of
town *ifare*. CH. Tr. a. Cr. 3, 527.

2. heimgehen, scheiden, von Sterbenden: Ofte he hine biþohte what he don
mahte, seoððen heore faderes beiene forð weoren
ifarene. LAȝ. III. 209. Anon so þe sawle bið
ifaren ut, Me nimeð þe licome and preoned in
a clut. O. E. MISCELL. p. 172. He seyde how
she was fro this worlde *yfare*. CH. Tr. a. Cr.
4, 1141.

3. vorschreiten, von der Zeit: Þa wes
þe weorlde swa uorð *iuaren* seoðden ure drihte
wes iboren, an hundred ȝere and sixti. LAȝ.
II. 2. auch vorübergehen: Þa þis wes al
ifare, þa wes Brennes kaisere. III. 50.

4. fahren, gut oder übel daran sein:
Hire ofthuȝte that ho hadde The speche so for-
vorth iladde, An was oferd that hire answare
Ne wrthe noȝt ariȝt *ifare*. O. A. N. 397. Þus is
þas *iuaren* sedðen heo ærest wes areræd. LAȝ.
I. 87. Swa is al þis lond *iuaren* for uncuðe leoden.
I. 303. Heo wolden wite þat soðe of Walwain þan kene and of his iueren, hu heo *iuaren*
weoren. III. 58. Horn . . tolde him ful ȝare Hu
he hadde *ifare*. K. H. 467. Ore louerd axode
hou longue þat child sik hadde ibeon bifore;
þe fader seide, it hadde so *ifare* setþe euere it
was ibore. LEB. JESU 228.

i-farȝed, i-varȝed p. p. geferkelt, setzt
ein Verb *farȝen*, neue. *farrow* voraus, vgl.
niederd. *varken*, *ferkeln*, Ferkel werfen,
von ags. *fearh*, porcus, ahd. *farch*, mhd. *varch*,
varc; im Neue. ist *to farowe*, suem parere, im
MAN. VOC. p. 181 aufgeführt.

Hy byeþ anlicned to þe zoȝe: huanne hi
heþ *yuarȝed*, wel bleþeliche þyt men ycloþeþ
mid huyt. AYENB. p. 141.

i-fasten v. ags. *gefästan*, jejunare [cf. BLICK-
LING HOMIL. p. 205. *gefäst* p. p.]. s. *fasten*,
jejunare. fasten.

As a wolf That seole dayghes hadde *yfast*.
ALIS. 2418. Gyoun þanne was teynt & paal, so
longe he hadde *yuaste*. FERUMBR. 2822.

i-fasten v. ahd. *gifestan*, firmare, mhd. *ge-
vesten*. s. *fasten*, firmare.

Al in helle were *ifast*, fort Jhesu Crist þroȝ
is miȝte of þe pit vte he ham cast. E. E. P.
p. 15.

i-fastnien, i-festnien v. s. ȝefestnien.

i-feden, i-veden v. ags. *gefed*, *ȝefedd* p. p.,
ahd. *kifótit*, saginatus. nähren, erhalten,
von Thieren weiden, mästen.

He us haueð wel *iued*, he us haueð wel
iscrud. LAȝ. II. 143. He wes *iued* inne Rome wel
feole wintre. III. 43. Sori mei heo beon þet . .
haueð so *iued* eni kundel of golnesse. ANCR. R.
p. 206. Haveth attom his riȝte spuse Wowes
weste . . wel þunne ischud and *ivod* wrothe.
O. A. N. 1525. Iesu Crist, þo he hedde ypreched,
and *yued* þet uolk . . þo he fleaȝ. AYENB. p. 141.
Wher he were y the mone borenant *yfed*. LYR.
P. p. 110. A riche man . . þat was wel
inorisched, And swiþe softliche *ifed*. LEB. JESU
1552-5. In woful houre I gote was, welaway!

In wofull oure fostered and *ifedde*. CH. *Court
of L.* 974. — Thai token in that tide , Of fat
hertes *yfedde*. TRISTR. 1, 41. bildlich: He . .
held him finliche *ifed*, his fille to loke on þe
mayde Meliors chaumber, for wham he so mor-
ned. WILL. 768. Þe oþer onderstant to by *yued*
and yueld of God be zoþe confort 'gostlich.
AYENB. p. 199. Ech day we beþ *yued* enes wiþ
such ioie & blis. FEGF. D. H. PATRICK 552.

i-feȝen, i-veȝen v. ags. *gefégan*, ahd. *gefuagan*,
kafógan, mhd. *geftlegen*, *gevürgen*. s. *feȝen*,*veȝen*.
   1. fügen, verbinden: Þer ase þeos þreo
beoð, mihte & wisdom & luue *iveied* [*ifeȝet* C.] togederes. ANCR. R. p. 26. Þis is a sori tale, þet
ancre hus . . schal beon *iueied* [*ifeiȝet* C.] to þeo
ilke þreo studen þet mest is inc of cheafle. p. 90.
Þeonne is hit [sc. þet fleshs] so ikupled & so ueste
iueied to ure deorewurðe goste, Godes owune
furme , þet we muhten sone slean þ on mit tet
oðer. p. 138.
   2. passend gestalten: Þeih he cunne
[sc. his muðes meðe] of mete, he nele cunne of
drinke , er he be swo *iueid* þatt he falle desle to
bunde. OEH. II. 11.

i-feȝen, i-veȝen v. ags. *gefeón*, cf. *feógan*, *feón*,
odisse, infestare. verfeinden, verhasst
machen.
   . Mine sunnen habbeð grimliche iwursed
me, and *iueied* me toward þe luueliche louerd.
OEH. p. 202. Mine sunnen habbeþ grimliche
iwreþed me, and *iueeil* me towart te luueliche
louerd. p. 187. Childric & his ohte men . .
igripen heore wepnen; heo wusten heom *ifæied*.
LAȝ. II. 467. Whær is þe ilke mon, þat me ne
mæi mid mede ouergan, þurh þa luue of þan
feo feondscipe aleggen, makien feolle ifreond,
þæh heo weoren *iuæiede*.I. 329. Ic am for þe
iuaid. II. 167. Þin hired þe hateþ for me, & ich
æm *iuæid* for þe. II. 180 sq. We beoð *ifead* wið
heom , for heora kun we habbet islaȝen. I. 41.
ȝef þu . . mi cun quellest . . wið þine sune þu
beost *iuæid* . . ȝif þu and þine þer wurðeð dæd,
þeonne beo ich wið mine sune *iued*. I. 419. Þis
kyng . . Hedde a þral þat dude amis , þat , for
his gult strong and gret, Wiþ his lord was so
iced þat . . To strong prison was idon. CAST.
OFF LOUE 307-12.

i-feined p. p. s. *feinen*.
   1. erdichtet. If þe flynde ffables or ffoly
ther amonge , Or ony ffantasie *yffeyned* that no
ffrute is in, Lete ȝoure conceill corette it. DEP.
OF R. II. p. 3.
   2. erheuchelt d. i. unausgeführt,
misachtet: Ye ben so wys, that ful wel knowe
ye, That lordes hestes mow not ben *ifeynit*.
CH. C. T. 8404.

i-felen, ivelen v. ags. *gefélan*, alts. *gifólian*,
ahd. *gafuoljan*, niederl. *gevoelen*. fühlen,
empfinden, inne werden, in Beziehung
auf sinnliche oder geistige Wahrnehmung.
   Hwon two bereð oure burðene & te oðer
bileaueð hit , þeonne mei þe þet holdeð hit up
iuelen hu hit weihð. ANCR. R. p. 232. cf. 190.
Swiþe heo gan iwite And *yfele* þat heo was mid
childe. JUD. ISC. 17. He [sc. þe zoþe wyt]
yefþ to *yuele* þet þe loue of god and uirtue is

zoþ þing and of pris. AYENB. p. 83. Zueche
guodes yefþ god to man . . huanne he uoluelþ
þe herte of loue and of blisse gostlych, and him
adrengþ of ane zuetnesse wonder uol, zuo þet
he ne may him hycalde ne him zelue *yuele*.
p. 92. Þanne him deþ þe grace of god *yuelo* to
zoþe, and to aparceiuy his onconnynge. p. 131.
   Sik mon haueð two swuðe dredfule aestaz :
Þet on is hwon he ne *iveleð* nout his owune
sicknesse & for þi he ne secheð nout leche ne
lechecraft. ANCR. R. p. 178. Wycked, þet is,
huanne þe man liþ ine zenne, and *yuelþ* þe uondinges of þe dyeule and of his ulesse þet him
assayleþ , and be riȝte kueadnesse nele arere þet
houed to gode. AYENB. p. 31. Panne he . .
comþ to him zelue , þanne he *yuelþ* his kuead,
and knauþ his folȝe. p. 128.
   Þa tuhte he [sc. þe deouel] ðet heðene folc
to his [sc. Cristes] sleȝe, and *ifelde* þa þene hoc,
þet wes Cristes god cunnesse. OEH. p. 123.
Nygosar ful wel *yfeled*, His ryȝht arme lay in
the felde. ALIS. 2295. Syker he hym [sc. Ar-
ture] adde aslawe, oþer al out yssent. Þo kyng
Arture yt *yuelde* , and yzey also ys blod Vp ys
haubert & ys zselde, he was ney vor wraþþe
wod. R. OF GL. p. 185.
   Wasche mine fif wittes of alle bodi sunnen,
of al þet ich abbe . . wiþ eini lim mis *ifeled*.
OEH. p. 189. cf. 205. Bursten hire bondes &
breken alle clane, & heo ase fisch hal, as þah ha
nefde nohwer hurtes *ifelet*, feng to þonki þus
godd. ST. JULIANA p. 59.

i-fellen, i-vellen v. mhd. *gevellen*. s. *fellen*,
feollen. fällen, niederwerfen, niederschlagen.
   Hy smyten under shelde, That hy somme
yfelde. GESTE K. H. p. 57.
   Nis þar nan swa heih, nis þar nan swa laih,
þat we nabbet his freond *ifelled* to grunde.
LAȝ. I. 42. We heom habbeoð iflemed . . & mid
wepnen *ifelled*. II. 196. Ho bilafden ofslaȝen
. . feowerti þusu[n]de *ifeolled* to þan grunde.
II. 445. Oure kyng hath this freke *yfelde*.
ALIS. 2161. With deont of spere thou weore
yfeld. 3363. Syx baners were *yfeld*. OCTOU.
1525. Huanne þe kempe heþ his uelaȝe *yueld*,
and him hant he be þrote, wel onneaþe he arist.
AYENB. p. 50. Kende is mid lite ypayd, and be
to moche of mete is ofte *yueld* doun. p. 249.

i-feond s. ags. *gefynd* [BOSW.]. s. *feond*.
Feind.
   Þu hauest . . þine ifan þe biuoren, & þine
ifeond bezueten. LAȝ. II. 249. Þa mr weoren
ifeonde, makede heom to fronde. I. 421.

i-fere, ivere s. s. *ȝefere*.

i-fereden s. s. *ȝefere*.

i-feren v. ags. *gefæran*, terrere. s. *feren*. erschrecken, in Furcht setzen.
   His heȝe men he losede. He iwærð *ifered*
þa wunder ane swiðe. LAȝ. III. 81.

i-fern adv. ags. *gefyrn*, olim, antiquitus.
ehedem, von alten Zeiten her.
   Hure god doþ euere helpe hem wel . . Ac
oure ne helpeþ ous no del, þe achrewes buþ wax
al blynde. Wel *yfern* þay holpe ous noȝt, y trowe
þai slepe vchone. FERUMBR. 3205.

i-ferren, i-verren v. mhd. *geverren.* s. *ferren.*
entfernen, fern halten.

Þe stat of religion ssel by suo *yuerred* uram
þe wordle, þet to ilke þet is ine þet stat ne uele
najt huerof he ssel by dyead to þe wordle and
libbe to god. AYENB. p. 240.

i-fesid p. p. s. *fesien.* neben ags. *fésian, tó-
fésian,* fugare, ist *gefésian* nicht nachzuweisen.
vertrieben, verjagt.

Fure windis ssal rise, and þe reinbow þan
sal fal, þat al þe sentis sal of agris and be *ifesid*
in to helle, for wolny nulni hi sul fle. E. E. P.
p. 12.

i-feteren, i-fetren, i-veotren v. ags. *gefeto-
rian* u. *gefetran, gefeolerian,* vincire, compedire,
ahd. p.p. *kafezarot,* mhd. *gevezzert.* s. *feteren.*
fesseln.

He wes *yfetered* weel Both with yrn ant
wyth steel. POL. S. p. 217. *Yfetered* were ys
legges under his horse wombe. p. 218. Elles
had I dweld with Theseus *Ifetered* in his prisoun for evere moo. CH. *C. T.* 1230. Þanne he
was to þe roche ycome, *Ifetred* and fast ybounde.
GREGORLEG. 933. Penched & gedereð in owre
heorte . . þe pine þet prisuns polieð, þet heo
liggeð mid iren heuie *iveotered.* ANCR. R.
p. 32.

i-fetten, i-fatten v. ags. *gefettan, gefetian,
gefittian,* arcessere, afferre. s. *fetten.* holen,
bringen.

And het halde þet faire ikunde, þet god
haueð on him idon of saule and of likame, and
wunie ine þet clenesse þet he haueð et his ful-
luhte *ifet.* OEH. p. 147. Fif siðe tene icudde
& icorene & of ferrene *ifat.* LEG. ST. KATH.
1294. For al his forbode nes hit þ te bodies
neren *ifat* i þe niht & feire biburiet. 2280. Þe
monckes out of Abendone vorst were þuder
yuet. R. OF GL. p. 282. A morewe the burgeis
was forh *ifet.* SEUYN SAG. 1515. Sone þe re-
lyques wern *yfet.* FERUMBR. 3507. Sone was þar
a mule *yfet,* And þe amerel theron yset. 5671.
Of mete and drynke that was *yfet* To quyte ech
grot. OCTOU. 1283. Þou weore *ifet* to serue
twei feire maydenes. JOSEPH 428. To Rome
schaltou ben *yuet.* GREGORLEG. 1095. „Þe aum-
peroures moneie schewieth it me!" and þo it
was to him *ifet* Ore louerd axede , þwat were þe
prente. LEB. JESU 389. Anoon a fyer ther was
ybeet, And a tonne amydde yset, And Flo-
raunce was dyder *yfeet.* OCTOU. 235.

i-feðeren, i-viðeren v. ags. *gefeðran, gefi-
ðrian,* pennis tegere. s. *feðren.* befiedern.

Glayues scherpe þai gunne caste, & dartes
yfeþered wiþ bras. FERUMBR. 2758. Understondeð wel þis word . . uor hit is *iveððred* [uor
þ word is *ifeðered T.*], þet is, icharged. ANCR.
R. p. 204. Erest heo scheot þe earwen of þe
liht eien , þ fleoð lichtliche uorð, ase earewe þ
is *iviðered* & stikeð iðe heorte. p. 60. He bar
a bowe in hus honde and manye brode arwes,
Were fetherede [*ifyþered M.; yfeþered E.*] with
faire byheste and many a fals treuthe. P. PL.
Text C. pass. XXIII. 116.

i-fiht s. ags. *gefeoht,* ahd. *kafeht, gifeht,*
niederl. *gevecht* Gefecht, Kampf.

Þu eært muchele betere cniht to halden
comp & *ifiht.* LAJ. I. 185. Mid bisie *ifihte* Brutlond heo wolden iwinnen. I. 93.

i-fihten v. ags. *gefeohtan,* ahd. *geuehtan,*
mhd. *gevehten.* s. *fihten.* fechten, kämpfen.

We habbeð wið him *iuohten.* LAJ. III. 19.
Wen heo hadde al *yfojte,* & here lyf an auntre
ydo . . þe bijete war þanne lute. R. OF GL.
p. 65. Me ssel sigge yef he ne heþ najt *yuojte*
aye þe uondinge .. oþer *yuojte* ine þe uondinge.
AYENB. p. 176. Wyþ many a man y haue *yfaujt,*
fond y neuere þy peer. AYENB. 640. Thanne
gan Wastour to wrathen hym, And wolde have
yfoughte. P. PL. 4100.

i-filed, i-ylled p. p. ahd. *gefilot,* limatus. s.
filen, limare. gefeilt.

Nis þet iren acursed þet iwurðeð þe swarture & þe ruhure so hit is ofture & more *iviled?*
ANCR. R. p. 284.

i-finden, i-vinden v. ags. *gefindan,* altnorthumbr. *gefinda,* mhd. *gevinden.* s. *finden.*

1. finden, antreffen: Þa þe godes
milce secheð, he iwis mei ha *ifinden.* OEH.
p. 173. Þet schal bringen him þider as he schal
al þis . . an hundret siðe mare of blisse buten
each bale fulhin ant *ifinden.* p. 265. Þole nu ane
hwile & þu schalt *ifinden* hwa þe onswerie.
LEG. ST. KATH. 515. Swuch swetnesse þu schalt
ifinden in his luue. HALI MEID. p. 7. Is þat tu
wendest gold, iwurðen to meastling, & nis nawt
as ti fuli .. bihet þe to *ifinden.* p. 9. Ne con ha
neauer mare *ifinden* na wei ajainward. p. 43.
Ne ahest tu nan milce to *ifinden.* ST. JULIANA
p. 49. Þa wifmen þa je majen *ifinden* . . kerueð
of hire neose. LAJ. II. 536. Hwo se wule *ininden*
et te neruwe domesmon merci & ore , o þing is
þett letteð hire mest. ANCR. R. p. 156. Ȝe
schul bineþe jet *yfynde* holwe stones tweye.
R. OF GL. p. 131. He sende þe kyng word, þat
he ne myjte nan [sc. wolf] mo *yfynde.* p. 284.
Yif thou desirest merueiles to sen , There yee
mowen merueile *yfynde.* ALIS. 5627. Þe angel
þou schalt þer *ifinde* þat drof me out at þe jate.
HOLY ROOD p. 22. Þou gest into helle huer þou
sselt *yuinde* ver and bernston. AYENB. p. 130.
Þou sselt *yuinde* oueral [sc. ine þis boc] þise
uirtu. p. 260.

Nis his strengðe nohtwurð lute hwer se he
ifindeð eðeliche ant wake unwarnede of treowe
bileaue. OEH. p. 255. Best is þo bestliche
mon þ ne þencheð nout of God . . auh secheð
uor to uallen i þisse put . . jif he hine *ivint* open.
ANCR. R. p. 58. He heterliche hat þeo þat habbeð iwraht efter his wille, hwer se ha us *ifinden,*
beaten us & binden. ST. JULIANA p. 43.

Heo . . wende hire þiderward, *Ifond* ter
swiðe feole jeinde & jurende. LEG. ST. KATH.
160. Understond herbi , þat mare for hire mekelec þen for hire meidenhad ha lette þat ha
ifond swuch grace at ure lauerd. HALI MEID.
p. 45.

Nis nan sunne þet he [sc. þe preost] ne con,
oðer he heo wat ðurh þet he heo dude him seolf,
oðer he heo hafð iescad , oðer hafð *ifunden* on
boke. OEH. p. 35. Forleteð gure synne þat ge
ne ben *ifunden* on sunne. II. 5. Meidenhad is

tresor þat, beo hit canes forloren, ne bið hit neauer *ifunden*. HALI MEID. p. 11. Ihc habbe walke wide, Bi þe se side, Nis he no war *ifunde*. K. H. 953. Þo myjte Siward segge, þat he hadde ys pere *yfonde*. R. OF GL. p. 17. cf. 103. Is ine þo boc *yuonde*, þet þe wolues drajeþ uorþ þe children þet byeþ uorkest, and wereþ his uram oþre bestes. AYENB. p. 186. In a freres frokke He was *yfounden* ones. P. PL. 10083. Wel longe we mowe clepe and crie Er we a such kyng han *yfounde*. POL. S. p. 249. Wel beo þu knijt *ifounde*. K. H.773. In story it is *yfounde*. That Troilus was nevere unto no wight, As in his tyme, in no degre secunde. CH. *Tr. a. Cr.* 5, 834. Of zuyche blisse .. no liknesse ne non comparisoun ne may by *yuounde* ine yoyes .. of þe wordle. AYENB. p. 92.

2. gewahren, ausfindig machen, entdecken: Thai ne couthe nowt *ifind(e)*, Whi themperour was blinde. SEUYN SAG. 2371.

On oðer wise ic habbe *ifunde*, hu me mei in sunne bon ibunde. OEH. p. 69.

3. erfinden, ersinnen: „Hwet is .. his werc, & hwet wurcheð he mest?" „Leafdi, jef þi wil is, he *ifint* euch uuel & biþencheð hit al." ST. JULIANA p. 43. cf. 42.

4. verschaffen, gewähren: Hwa so o mi nome makeð chapele oðer chirche oðer *ifindeð* in ham liht oðer lampe, þe leome, lauerd, jef ham ant jette him of heouene. ST. MARHER. p. 20.

i-flajen, i-vlajen, i-flawen p. p. *s. flan, flean, excoriare. geschunden.*

Heo sculleð beon islajene, and summe quic *iulajene*. LAJ. III. 91. Thou schalt beo hongid and todrawe, And quik of thy akyn *yflawe*. ALIS. 894.

i-flemen v. ags. *gefléman, gefléman, fugare. s. flemen.* verjagen, vertreiben.

Octaues .. seide him, hu Traher mid teone him hauede *iflæmed [iflemid* j. T.]. LAJ. II. 46. That word com to France .. hu he wæs mid his færde *iflæmde* of þissen earde. l. 327. Of heuene blisse heo beoþ *iflemed*. CAST. OFF LOUE 113. Bi Tuesdai he was *iflemd*. BEKET 2384. Þo Caym hadde his broþer aslawe *iflemd* he was þeruore. HOLY ROOD p. 20. Þou worst *iflem[d]* of þis contre. KINDH. JESU 456. Das substantivirte Particip bezeichnet den Verbannten: Þe obre byeþ þe ualse *yulemde* [die vorgeblichen Verbannten]. AYENB. p. 39.

i-fleojen, i-fleon v. ags. *gefleógan, volare, mhd. gefliegen. s. fleojen. fliegen.*

He lette hym make wyngon, an hey for to fle, And þo he was *yflowe* an hey, & ne cowthe not alijte, Adoun mid so gret eir to þe erþe he fel and pijte. R. OF GL. p. 28 sq.

Auffällig erscheint die schwache Participialform, welche zu dem folgenden *ifleon*, fugere, zu ziehen wäre, in der Bedeutung des vorliegenden Zeitworts: The swifte Fame .. Was thorugh Troye *yfled* with preste wynges. CH. *Tr. a. Cr.* 4, 631.

i-fleon v. altnorthumbr. *gefléa, fugere, mhd. gefliehen, gewichen, gth. gaþliuhan. s. fleon, fliehen.*

Brennes wes awæi *iflojen*. LAJ. I. 20. Al hit wes awæi *iflojen* and of þan londe ibojen buten a lute wifmen. II. 65. cf. II. 322. 376. 445. Nu is Childric *inlojen*. II. 477. To is pauillon *yfloje* was þe amiral. FERUMBR. 3161. For þi ich am of londe *iflowen*. CAST. OFF LOUE 470. They wende that they weore *yflowen*. ALIS.4366. Darie the kyng is *yflowne*. 4486. Alle þe flemen þe *iflowe* buð of Rome. LAJ. I. 254. Vortiger ys *yflowe*. R. OF GL. p. 135 cf. 137. 143. 311. Awai he wolde han *iflowe*. SEUYN SAG. 2132. So they hadd alle *yflowe*. ALIS. 4349.

i-floured p. p. *s. flouren.* mit Blüten bedeckt, blumig.

He is ase þe amale uleje þet makeþ þet hony and beulyjþ stench, and zckþ þe ueldes *yfloured*. AYENB. p. 136.

i-foiled v. *s. foilen.* besudelt.

Mony gentil cors Was *yfoiled* undur fet of hors. ALIS. 2711.

i-foljen v. ags. *gefolgian* [BOSW.]. ahd. *cafolgdn, gifolgen, mhd. gevolgen. s. foljen.*

1. folgen, nachgehen: As I wente, there came by mee A whelpe, that faunede me as I stoode, That hadde *yfolowed*. CH. *B. of Duch.* 88.

2. folgen, nachleben: Þis uerste word þet þou zayst, yef hit is wel onderstonde and *ynoljed*, hit þe ssel yeue al þine playnte. AYENB. p. 99.

i-foman s. vgl. *jefa, jefo, ifu, ifo*. Feind.

Nan man ne siht buton wið his *ifomenn*. OEH. p. 241.

i-fon v. *s. ifangen.*

i-formed p. p. *s. formen.* geformt, gestaltet, gebildet.

A sterre .. me sey, O cler leom, withoute mo, þer stod fram hym wel pur, *Yformed* as a dragon, as red as þe fuyr. R. OF GL. p. 151. And ther thow seist thow shalt as faire fynde As she, — lat be I make no comparisoun To creature *yformed* here by kynde I CH. *Tr. a. Cr.* 4, 421.

i-forðien, i-vorðen v. ags. *geforðian*, promovere. *s. forðen.* ausführen, erfüllen, leisten, bewerkstelligen.

Nu, leofe men, habbe je iherd hwet ic habbe iseaid hwet je sculen don, jif je hit majen *iforðian*. OEH. p. 39. Þet oðer is do þine elmesse of þon þet þu maht *iforðien.* p. 37. Die älteste Form, die ich früher übersehen, findet sich noch in: He mot ajeuen al swa muchel swa he mei, forðon moni mon hit walde him forjeuen half oðer þridde lot, þenne he iseje þet he ne mahte na mare *jeforðian.* p. 31. — Oswy seide reuere, þat nulle he come nauere, no þine heste *iuorðen*. LAJ. III. 269.

O muchele menske to beon moder of swuche sone .. and habben him swa abandun þet he wule þet al þine wil ihwer beo *iforþed.* OEH. p. 189. His heast was *iforðet*, & alle cleane bihefded. LEG. ST. KATH. 2278. An aī [are?] nihte firste þat woro wes *iforðed.* LAJ. I. 371. Þat iherde Fulgenes þat þis weorc (so. þe dich) *iuorðeed* wes. II. 7. Heore bot wes *iuorðed.* III. 221. Þi word beo *iuorðed.* ANCR. R. p.408.

Be oyle is ynorðed þet uer ine þe lompe. AYENB.
p. 187.

i-fostred p. p. s. *fostren.* unterhalten,
gepflegt.

Baðe ha wes offeard of schome & of sunne,
jif þeo weren todreaued, oðer misferden, þ hire
forðfadres hefden *ifostret.* LEG. ST. KATH. 90.
That o child I ofsent thore, In a covent *yfostered*
to be. LAY LE FREINE 388.

i-founded p. p. s. *founden.* gegründet,
begründet.

The churche of Redinge That *ifounded* was
and arerd thurf Henri oure kynge. BEKET 320.
The churche of Redinge That verst *ifounded* was
thoru Henri the other kinge. R. OF GL. p. 469.
Which a goodely, softe speche . . So frendely,
and so wel ygrounded, Up al resoun so wel
yfounded. CH. B. of Duch. 918-21. He schal
thenne be chasted after the lawe That was
yfounded by olde dawe. FREEMAS. 393.

i-fracled adj. cf. *frakned* u. *frakny,* or
fraculde, lentiginosus. PR. P. 176. wie neue.
freckled. fleckig, scheckig.

Of quente entaile was is stede, Al *yfracled*
wyþ whit and rede, ys tayl was blak so cole.
FERUMBR. 3659.

i-freden v. ags. *gefrédan,* sentire. s. *freden.*
fühlen, empfinden.

. He hehte þat lofe solde beo ham bitwine,
ech holde oþer riht [riþt *ed.*] . . and wo so nolde,
he solde hit *ifrede.* LAJ. I. 88 j. T. To day ye
schuleþ *yfrede.* And vnderfo luþre mede, For
ye me beoþ ful loþe. O.E.MISCELL. p.82. Thaj
[That *ed.*] we ne mowe hyt naujt ise, Ne forthe
ine bodie *iurede* [inrede *ed.*], We sethe hit wel
ine oure fey, And fredeth hit at nede. SHOREH.
p. 7.

Ah he herm *iureddo,* his heje men he losede.
LAJ. III. 81.

i-frefrien v. s. *jefrefrien.*

i-freojen, i-freolen, i-frien v. ags. *gefreó-*
gan, gefreón, liberare, mhd. *gefrigen, gevrien.*
s. *freojen.* befreien.

Fulluht we to þe jeorneð, jef þu us wult
ifreoijen. LAJ. III. 181.

Heo biddeð þe mid freonscipe, þat þu heom
ifreoie. LAJ. I. 21. Jirne we to þane kinge jeuen
suiðe gode, þat is alre forwarde, þat he[o] us
ifreoie. I. 40.

Heo scullen . . tellen tidende of Arðure
kinge hu ich heom habbe *ifrevied.* LAJ. II. 453.
Habbe ale god mon his rihte, jif godd hit an, &
æle þrel & æle wælh wurde *iureoid* [iuro eid *ed.*].
II. 197. Þe guode men . . þet god heþ *yvryd* be
grace and be uirtue uram þe þreldome of þe
dyeule and of zenne. AYENB. p. 86. He ascl by
hol and by *yuryd* of þe uondinges of þe dyeule.
p. 203.

i-freond adj. u. s. ags. *gefrýnd,* amicus,
mhd. *gefriunt, gerriunt.* befreundet;
Freund.

Feondscipe aleggen, makien feolle *ifreond,*
þræb heo wooren iureiede. LAJ. I. 329. Her king
wende þat heo wooren *ifreonde.* II. 58.

i-freosen v. ahd. *gifriusan,* mhd. *gevriesen.*
s. *freosen.* gefrieren.

Summe beoþ furbrend, and summe *ifrore.*
O.E.MISCELL. p. 152. Þe water *yfrore* hys. R.
OF GL. p. 265. If hit is thurfout so cold that
hi [sc. the dropen] al *ifrore* beo, Thanne hit is
hawel pur. POP. SC. 215.

i-freten, i-frette p. p. Die Vorsilbe finde
ich nur in diesem Particip des Zeitworts; zu
dem verdoppelten *t* vgl. die ags. Formen *fretan*
u. *frettan* [GREIN I. 340] u. s. *freten.* gefres-
sen, bildl. zerrissen.

Wrmes habbeþ my fleys *ifreten.* O.E.MI-
SCELL. p. 147. Alle þe bones beoþ todrore,
Hwenne hi beoþ *ifrete* vychon, Eft hi beoþ al
in on. p. 152. Al his bonis je todraw, Loke that
je nojt lete; And that ic jive al for lawe, That
his fleis be al *ifretto.* POL. S. p. 201. The secounde corde is to bynde me to the fete of horse,
so longe, til tyme þat þe pavement have *ifrett*
the fleshe fro the bone. GESTA ROM. p. 142.

i-frijed, i-fried, i-frid p. p. s. *frien,* assare,
torrere. gebraten, gesotten.

Mai no þeny ale hem paye ne no pece of
bacun, Bote hit weore fresch fleach, or elles
fisch *ifrijet.* P. PL. Text *A.* pass. VII. 297. He
eet many sondry metes, mortrewes and pud-
dynges, Wombecloutes and wylde braune &
egges *yfryed* with grece. Text B. pass. XIII. 63.
Þe ilke bread . . wes ymad of oure doje, ybliassed
by þe guode wyfman, þet of hiren þot flour
þer to dede, þet wes þe mayde Marie, and *yfryd*
ine þe þanne of þe crouche . . uorsoþe *yfryd*
ine his ojene blode. AYENB. p. 111.

i-fruited adj. vgl. *fruit* s. zur Frucht gelangt.

I save it til I see it ripen And som del
yfruyted. P. PL. 10873.

i-fulen, i-vilen v. ags. *gefýlan,* inquinare.
s. *fulen.* besudeln, beflecken.

Ich ham wið hore horie senliche *ifuled.*
OEH. p. 202. Ich habbe . . mid flesches fulðe
ifuled me. p. 205. Ich of alle sunfulle am on
most *ifuled* of sunne. p. 209. Se feole ich habbe
ifulet of þeo þe neren iblescet nawt se wel as
ham bihofde. ST. JULIANA p. 51. Wan he þy
mouþ cust, þat so vylyche *yuyled* ys. R. OF GL.
p. 435.

i-fullen v. s. *jefullen, jefillen.*

i-fulsta s. ags. *gefylsta,* adjutor. vgl. *fulsten*
v. Helfer.

Gif god bið his *ifulsta,* ne bið his mehte
nohwer forseien, for þon þe nan mihte nis bute
of gode. OEH. p. 113.

i-fulwen, i-fuljen, i-fulhen, i-fullen etc. v.
s. *jefulwen,* baptizare.

i-furn, i-vurn, i-furen adv. ags. *gefyrn,*
olim, antiquitus. von alten Zeiten her,
längst, zuvor.

Romanisce lajen . . þa *iuurn* [ivorn j. T.]
here stoden. LAJ. II. 586. Heo were *ifurn* of
prestes muthe Amanset swuch thu art jette, Thu
wicchecrafte neaver ne lete. O. A. N. 1304. Hit
is *ifurn* iseyd þat cold red is quene red. O.E.
MISCELL. p. 122. *Ifurn* ich habbe isunehed
mid worke and mid worde. p.193. Ac nu is þat
lond tilðe atlein, and *ifuren* was. OEH. II. 163.

Swa hit wes *iwuren* iboded ær he iboren weoren. LAȝ. II. 544.

Hierher gehören die lockeren Komposita, welche den ags. *fyrndagas* u. *fyrngedras*, alte Tage und längst vergangene Jahre entsprechen.

Of þan ilke londe þe Julius hafde an honde, þa inne *iwurn daȝen* biwon hit mid fehten. LAȝ. II. 619. Þa daȝes .. þa Merlin ine *iwurn daȝen* vastnede mid worden. III. 295. — Hit wes ȝare iqueðen, þat we nu sculleð cuðen, i þan *iwurn ȝere* þat nu is ifunden here. II. 634.

i-furred p. p. *s. furren.* gefüttert, gepelzt, von Kleidern.

Two thik mantels, *yfurred* with gryn. ALIS. 5502. A robe *ifurryd* with blaun and nere. RICH. C. DE L. 6526.

i-fusen, i-vusen v. ags. *gefysan*, properare; promptum abeundi reddere. *s. fusen.*

1. intr. eilen: Ȝeærwe wes þat ferde, & forðward *ifusede*. LAȝ. I. 212. Forð he *iwusde* & in to Rome ferde. II. 12. An horsen & an foten forð heo *ifusten*. I. 22. Forð heo *ifusden*. I. 338. Forð heo *iwusden*. III. 158.

2. tr. treiben: Wulc mon swa wurs dude þene þe king hafde iboden, he wolde hine *ifusen* to ane bare walme. LAȝ. II. 505.

i-gabbed p. p. *s. gabben.* verspottet.

Ȝif þu .. wult greten ure godes ase forð as þu ham hauest igremet & *igabbet*, þu mahte, in alle murhðe, longe libben wið me. LEG. ST. KATH. 2302.

i-gada s. ags. *gegada*, comes, socius. Genosse, Theilnehmer.

Complex, *igada.* WR. VOC. p. 95.

i-gaderen, i-gederen v. s. *ȝegaderien.*

i-gan, i-gon v. ags. *gegangan*, *gegán*, alts. *gigangan*, ahd. *gigangan*, *gigán*, mhd. *gegán*, *yegén*, gth. *gagaggan.* s. *gangen*, *gongen*, *gon.*

1. gehen im engeren und im weiteren Sinne [vgl. *gangen*]: Longe beon unbishoped, & falsliche *igon* to schrifte, oðer to longe abiden uorte techen godchilde pater noster & credo. ANCR. R. p. 208 sq.

Bihalues þe *iga* and bihald ȝeorne, ȝif þu miht afinden oht of þan feonden. LAȝ. III. 22.

Þenne þe mon him biþengþ þet he haueð to selde *igan* to chirche .. þenne wule his heorte ake. OEH. p. 149. Baldulf wes bihalues *igan* him. LAȝ. II. 427. Þo Iesu wes to helle *ygan. Christi Höllenf.* 4 in BÖDDEKER *Altengl. Dichtungen* p. 270. Wyde we haveth *ygone*, And feole londes wyde wonnen. ALIS. 6006. Ich was out at gate *ygon*. AMIS A. AMIL. 1961. If þu haddest hider *igon* þe while þe prophete her was, þi wille hadde beo idon. PILATE 116. Þe bischopes alle of þe toun Wiþ hem weren *ygon*. GREGORLEG. 991. Swete Ihc is sethþe *igon* To Naȝareth. KINDH. JESU 871. Þo my wyf wes to god *ygon*. MARINA 53. Valirian is to the place *ygoon*. CH. C. T. 12111. What ertou Andreu .. þat menie dai haþ *igo* And idrawe men to þi false god? ST. ANDREW 23. A clerk .. That unto logik hadde longe *igo*. CH. C. T. 287. Huanne þe milde herte heþ ȝuo moche ydo, þet he is *yguo* into þe hole of þe roche, ase þe col-

ure ine his coluerhous. AYENB. p. 142. Hi byeþ *iguo* out of þe wordle, and byeþ *yguo* into religion. p. 242.

Is al ure icunde lond *igan* ut of ure hond. LAȝ. II. 507. Þus is þis eitlond *igon* from honde to hond. I. 87. Ne hadde the grace of gyle *ygo* Amonges my chaffare, It hadde ben unsold this seven yer. P. PL. 2885.

2. wandeln, leben: For al þe dayes, þat ich haue on erþe *ygo*, O day me wolde þinke ynow to libbe etc. R. OF GL. p. 138. Now couþe þis luþer man Langage of þis lond .. And þe maner of Bruytones, as he hadde among hem *ygo.* p. 150.

3. vergehen, entschwinden: This is that other day *igon* That meete ne drynk hadde I non. RICH. C. DE L. 901. Hi se thi honour all *igon.* SEUYN SAG. 1190.

4. gehen, sich ereignen: Þus hit is al *igan.* LAȝ. II. 237. His felawes .. tolde þe kyng fore, how þe game was al *igon.* R. OF GL. p. 16. Þe erchebyssop of Canterbury sory ynou was þo, þe he hurde of þe quene al hou yt was *ygo.* p. 341.

i-gast p. p. *s. gasten.* verzagt, bestürzt.

Bi þe weie is bitocned mesure & wisdom — þet euerich mon weie hwat he muwe don, and ne beo nout so ouer swuðe agest [*igast T. C.*] þet ȝe uorȝemen þet bodi, ne eft so tendre of þe bodie þet hit iwurðe untowen, & makie þene gost þeowe. ANCR. R. p. 372.

i-gastliche adv. furchtbar, in erschreckender Weise.

Þa Isehȝen heo feorre ænne selcuðe sterre .. of him comen leomen *igastliche* scinen; þe steorre is ihate a latin comete. LAȝ. II. 325.

i-gederung s. ags. *gegaderung* [BLICKL. HOMIL. gl. p. 310]. vgl. *ȝegaderian* v. Versammlung.

Þe apostles speken to þes folkes *igederunge.* OEH. p. 89.

i-gong s. s. *ȝegeng.*

i-gerdoned p. p. i. q. *iguerdoned.* s. *guerdonen.* belohnt.

Þat is to seyn, þat shrewes ben punysed, or el[ȝ]ȝs, þat goode folk ben *ygerdoned.* CH. *Boeth.* p. 158.

i-geren v. ags. *gegervan, gegiervan* [*gegyrede; gegyred, gegiered*], induere, vestire, ornare. Das einfache Verb kommt in der That ebenfalls im Präterit. vor: þeos eorles heom *gereden.* LAȝ. I. 228. cf. 417. 421. II. 65. vgl. *gere* s. kleiden, rüsten, bereit machen.

Þa gunnen heo to pleien, summe mid foten, ueire *igerede*, summe an heorse, hehliche iscrudde. LAȝ. I. 358. Heore claðes weoren iwerede, and vuele heo weoren *igærede.* I. 267. Bruttes weoren *igærede*, & þene wal weoreden. II. 100. Þa heo *igæred* weoren mid gode heore wepnen, þa spac Luces etc. III. 91.

i-gessed p. p. *s. gessen.* ermessen, bemessen.

To slowly was yowr tyme *igessyd*; Or ye come the flesch was dressyd. RICH. C. DE L. 3509.

i-giled p. p. *s. gilen.* betrogen, berückt.

Slefþe lokeþ þane man þet he *ne* by þe none slefþe of þe kueade *ygyled*. AYENB. p. 124. Þes yefþe alift þe herte of ech half, zuo þet hi ne may by *ygyled* of nonen. p. 150. Hi byeþ ofte *ygiled*, þet hi yhereþ blefeliche and yleueþ liftliche þet me ham zayþ and þet ham likeþ. p. 256.

i-gined p. p., eine aus dem Substantiv *gin*, Erfindung, Maschine, gebildete Verbalform, neben welcher mir keine anderen vorzukommen scheinen. erfunden, ersonnen, künstlich eingerichtet.

Þis pinfule gin was o swuch wise *iginet*. LEG. ST. KATH. 1980.

i-ginnen v. ein seltenes Kompositum von *ginnen*, ohne Vorbild in den german. Sprachen. beginnen.

In are brade strete he *igon* [igan J. T.] mete þreo cnihtes & heore sweines. LAƷ. II. 336.

i-gistned p. p. s. *gestnen, gistnen*. beherbergt, als Gast aufgenommen.

Wanne hi beth deede, In hevene hi beth *igistned*. SHOREH. p. 13.

i-gladien, i-gleadien, i-gledien etc. v. ags. *gegladian*, oblectare, lætificare. s. *gladien*. erfreuen, erheitern.

Þa wes Vðer bliðe & *igladed* swuðe. LAƷ. II. 398. Þo was *igladed* Arthur þe riche. II. 558 j. T. Þa wes Penda bliðe & *igladed* swiðe. III. 275. Þenne was þat menskful Meliors muchel *ygladed*. WILL. 850. Þulke forme is me bileued þat ich miʒte *igladed* beo þurf þe siʒt þat is him so iliche. PILATE 130. Ha . . beoð alle ilihtet ant *igleadet* ham þunched of his onsihðe. OEH. p. 257. Eadi beoð þe ilke þe nu wepeð for heore sunne, for heo sceolen beon *igleded* [igledeð Ms.] biforen drihten. p. 39.

i-glased p. p. s. *glasen*. verglast.

With glas Were alle the wyndowes wel *yglasyd*. CH. B. of Duch. 322.

i-glewed, i-gliwed p. p. s. *gluen, glewen, gliwen*. geklebt, gekittet, geheftet.

The hors of bras, that may nat be remewed, It stant, as it were to the ground *iglewed*. CH. C. T. 10495. A clay they haveth . . Therof they makith bour and halle . . And wyndowes *yglywed* by gynne, Never more water no comuth therynne. ALIS. 6176-81.

i-gliden v. ags. *geglidan*, labi, collabi. s. *gliden*. entschwinden.

Heo beoþ *iglyden* vt of þe reyne, so þe scheft is of þe cleo. O.E.MISCELL. p. 95.

i-glorefied p. p. = *i-glorified*. s. *glorifien*. verherrlicht.

Þus him zayþ oure lhord ine his spelle, þet we maki oure guode dedes touore þe uolkerede þeruore þet god by yhered and *yglorefied*. AYENB. p. 196. cf. MATTH. 3, 16.

i-glosed p. p. s. *glosen*.

1. erklärt, erläutert: Thanne plukkede he forth a patente, A pece of hard roche, Wheron were writen two wordes On this wise *yglosed* „Dilige Deum et proximum tuum." P. PL. 11387. I wrot hire a bulle, And sette hire to sapience and to hire psanter *igloset*. Text A. pass. XI. 125.

2. geschmeichelt: Of me certeyn thou schalt nought ben *iglosed*. CH. C. T. 16966.

i-glubbed, i-globbed, i-glouped p. p. das einfache Verb erscheint in der Participialform **glubbed** als Variante zu P. PL. Text B. pass. V. 346. Andere Varianten sind **ygloppid** u. **igolped** zu Text A. pass. V. 191. vgl. neue. *gulp* v. u. alte. *glubbere* s. u. *gloffare* s. Die verschiedene Gestaltung des Wortes gehört wohl niederen Volksschichten an. verschlungen, ausgesoffen.

Songen umwhile Til Gloton hadde *yglubbed* [yglobbed Text B. pass. V. 346. C. pass. VII. 397. iglonpet A. pass. V. 191] A galon and a gille. P. PL. 3165.

i-gnawen p. p. s. *gnawen*. abgenagt, zerfressen, angefressen.

Wið oure scarp nailes ir hude al todrawe, Ase clene from þe fleisc, so hound it hede *ignauve*. MEID. MAREGR. st. 33. His flesch was so *ignauve*, þat wonder hou he þolede hit to beo so todrawe. ST. EDM. CONF. 168. Hierher scheint *ignauven* zu gehören: Al þe oste & al þe eise is her, as þe oðre beoð, godlese & *ignauvene*. HALI MEID. p. 29, etwa mit Beziehung auf MATTH. 6, 19. 20.

ignobilite s. fr. *ignobilité*, lat. *ignobilitas*. Niedrigkeit, Werthlosigkeit.

His *ignobylite* [sc. of the crosse] or vnworthines was torned in to sublymite and heyth. HOLY ROOD p. 161.

ignorance, -aunce etc. s. afr. *ignorance*, pr. *ignoransa, ignorantia, -ancia, -ansia*, sp. pg. *ignorancia*, it. *ignoranzia*, lat. *ignorantia*, neue. *ignorance*. Unwissenheit.

Þe troubly errour of oure *ignorance*. CH. Boeth. p. 133. How that *ignoraunce* be moder of alle harm, certis negligence is the norice. Pers. T. p. 327. Þise lordis þat shulden be free, ben ofte made þral bi *ygnoraunce* of suche confessours. WYCL. W. hitherto unpr. p. 334. Of his mercy to clarefye the lihte, Chace away our cloudy *ignoraunce* The lord of lordys. LYDG. M. P. p. 139. The Jewys of myn *ignorans* dede me rave. COV. MYST. p. 335.

ignorant, -aunt etc. adj. afr. *ignorant*, pr. *ignorans*, sp. port. it. *ignorante*, lat. *ignorans*, neue. *ignorant*. unwissend, unkundig.

Ignorantt, ignorans. CATH. ANGL. p. 194. *Ignorante* of knowlege. PALSGR. What wyʒt þat is al vnknowynge and *ignoraunt* may knowe þe forme þat is yfounde. CH. Boeth. p. 160. *Ignoraunt* I was of dolowr and payne. SONGS A. CAR. p. 5.

i-godien v. ags. *gegódian*, bonis ditare. Gutes erweisen, wohl thun.

Ich hit habbe iseid . . þet ʒe no þing ne wilnen ne ne luuien bute God one, and þeo ilke þinges, uor God, þet helpeð ou touward him; uor God, ich sigge, luuien ham, & nout for ham suluen, ase mete & cloð, and mon oðer wummon þet ʒe beoð of *igoded*. ANCR. R. p. 386. Muche neod is ou beoðe þet ʒe nimen to ham [so. to our wummen], vor ʒe muwen muchel þuruh ham beon *igoded*, and iwursed on oðer halue. p. 428.

i-granted, i-graunted p. p. *s. granten.* verwilligt, genehmigt, gewährt.

Biclupped oure leofmon . . & holdeð hine ueste , uort he habbe *igranted* ou al þet ȝe euer wulleð. ANCR. R. p. 34. Louerd, for þi moder loue þat þis bone *igranted* beo. ST. MARGAR. 288. Þys fourme was *ygranted* þo. R. OF GL. p. 336. Tho that furst was *igranted* . . Meni of Sᵉⁱⁿt Thomas men levede him for eye. BEKET 883. Þe laste boȝ of þise ȝenne [sc. of lyeȝinge] is, huanne man agelt his treuþe and þet he heþ behote and *ygranted* oþer he his treuþe oþer be his oþe. AYENB. p. 65. He answereþ, he ne may naȝt zigge, bote ȝef þer he heþliche clom; huych *ygraunted*, þus he begynþ. p. 264. The swifte Fame . . made this tale al newe, How Calkas doughter . . *Igraunted* was in chaunge of Antenore. CH. *Tr. a. Cr.* 4, 631-7. Pardon with Piers Plowman Truthe hath *ygraunted*. P. PL. 4479.

i-graven p. p. *s. graven.*

1. gegraben: By a cave, That was under a rokke *ygrave*. CH. *B. of Duch.* 163.

2. eingegraben, geschnitzt, geprägt: Wæs þe stelene brond swiðe brad & swiðe long, þer on weoren *igrauen* feole cunne bocstauen, æ ðere hilte wes *igrauen* þat þa sweord wes icleoped inne Rome Crocia Mors. LAȝ. I. 326. He heng an his sweore ænne sceld deore . . þer wes innen *igrauen* [*igraued* j. T.] mid rede golde stauen an onlicnes deore of drihtenes moder. II. 464. It [sc. the croune] was full goodeliche *ygrave* with gold al aboujte. DEP. OF R. II. p. 5. A riche forcer ther thai founde, Ful of red gold *igraue*. SEUYN SAG. 2080. A ston stiked þerein [sc. in þe ring] stoutlich *igraue*; þe cast of þe sonne course was corue þerin. ALIS. FROM. 830. Tho sawgh I the on halfe *ygrave* With famous folkes names fele. CH. *H. of Fame* 3, 46. That rode þei honouren, þat in grotes is *ygraue*, and in gold nobles. P. PL. *Text C.* pass. XVIII. 206.

i-gred s. vgl. *gred, grad,* clamor. Geschrei, Gekreisch.

Mid ȝulinge and mid *igrede* Thu wanst wel that thu art unlede. O. A. N. 1641.

i-greden v. *s. greden.* schreien, ausrufen.

Wane thou havest aniȝt *igrad*, Men both of the wel sore ofdrad. O. A. N. 1147. Mony foul crye was *igrad*. ALIS. 2771. Wanne glorye of hyre hys fol above, And pays *igrad* for hyre love Of angeles in place. SHOREH. p. 122.

i-greiðed, i-graiðed p. p. *s. greiðen, graiðen.*

1. bereitet, in Bereitschaft gesetzt: So grisliche *igreiðet* [was þis pinfule gin], þ grure grap euch mon hwen he lokede þron. LEG. ST. KATH. 1993. *Ygreithed* beon alle his foure thousent. ALIS. 7536. Oure mete schal ther bytweone *Ygraithed* and redy beone. 7658. zugerichtet: A goute me hath *ygreythed* so, Ant other eveles monye mo, y not whet bote is beste. LYR. P. p. 48.

2. gekleidet, geschmückt: Pors also cam flying, *Ygreithed* so a riche kyng, Yarmed wel in knyghtis wise. ALIS. 7374.

i-gremien v. *s. ȝegremien.*

i-greten v. *s. ȝegreten.*

i-greved p. p. *s. greven.* belästigt, gekränkt, belastet.

A kyng ther was . . That had *ygreved* muchul his kynne. ALIS. 840. Nimeþ ye hede þet youre herten ne by *ygreued* ne ycharged of glotounie ne of dronkehede. AYENB. p. 260.

i-grinden v. ags. *gegrindan,* confringere; exacuere. s. *grinden.*

1. mahlen, auf der Mühle: Nedde þe fisicien furst defendet him water, To abate þe barli bred and þe benes *igrounde,* þei hedden beo ded. P. PL. *Text A.* pass. VII. 170. To go to melle and see here corn *igrounde*. CH. *C. T.* 4006.

2. schleifen, schärfen: Þis barons enchaced hur fon so faste with swerdes *igronde* briȝt. FERUMBR. 3129. On hymen þay gunne to falle anon And delde strokes ful god won, Wyþ swerdes sherpe *ygronde*. 3571. With his swerd sharp *ygrounde* He yaf many a dedly wounde. ALIS. 5872. Ther cam forth a knyght with a kene spere *ygrounde*. P. PL. 12230. The longe day with speres sharpe *igrounde* . . They fighten. CH. *Tr. a. Cr.* 4, 15.

i-gripen v. ags. *gegripan.* ahd. *cagrîfan,* mhd. *gegrîfen. s. gripen* st. V. fassen, ergreifen.

Hæhte heom . . heore botten *igripen,* and ohtliche on smiten. LAȝ. II. 479.

Alle he makeð him to mete þa men þa he *igripeð*. LAȝ. III. 18. *Igripe* ha me eanes, ne ga i neauer mare þrefter o grene. ST. JULIANA p. 73.

He . . *igrap* [*igrop* j. T.] hine bi þon gurdle. LAȝ. I. 81. He *igrap* a nail sax. III. 228. He . . þene bowe *igreap* [*igrop* j. T.]. I. 62. Þis milde meiden Margarete *igrap* him. ST. MARHER. p. 12. Þa quene heo *igripen*. LAȝ. I. 194.

Godd hit me iuðe þat ich hine *igripen* habben. LAȝ. II. 269. Þow hast honged on my nekke enleue tymes, And eke *igripen* of my gold, and ȝiuen þer þe lykede. P. PL. *Text A.* pass. IIȝ. 174.

i-griðien v. ags. *gegriðian,* pacificare. s. *griðien.* Frieden gewähren, in Schutz und Schirm nehmen.

Sone wes þat word cuð . . þat Octa Hengestes sune wes hæðene bicume, & þas ilke gumen alle þa Aurilien *igriðed* hæfuede. LAȝ. II. 342.

i-grope p. p. eine starke Participialform, welche ihrer Bedeutung nach mit einem Particip *i-groped* vom ags. *gegrâpian,* palpare, stimmen würde. Jene starke Verbalform hat keinen Anhalt. vgl. *grapien, gropien.* erforscht, ausgefunden.

Monye buth theo merveiles of Ethiope, That Alisaundre hath *ygrope*. ALIS. 6626. Now Alisaunder hath *ygrope* Alle the merveiles of Ethiope, And taken feute of the men. To Ynde yet he wol ageyn. 6640.

i-groten p. p. *s. greten,* plorare. geweint.

For hire was mani a ter *igroten*. HAVEL. 285.

i-grounded p. p. vgl. nach Bosw. ags. *gegryndan*, fundare. s. *grunden, grounden*. gegründet, begründet.

Which a goodely softe speche Hadde that swete . . So frendely and so wel *ygrounded*, Up al resoun so wel *yfounded*. CH. B. of Duch. 918.

i-growen v. ags. *gegrówan*, succrescere. s. *growen*.

1. wachsen: Ther he fond Wymmen growing out of the ground . . somme to navel *ygrowe*, And somme weore *ygrowe* al out. ALIS. 6486-92.

2. werden: Þe dere king Dindimus . . To emperour Alixandre, egrest of princis, þat is grimmest *igrowe* and grettest of kingus, Sendeþ lettres of lowe. ALEX. A. DINDIM. 249-53.

i-gruld p. p. s. *grillen, grullen*. zum Zorn gereizt.

Fader, forȝif vs vre gult & eke alle ure sunne, Al swo we doð þe us habbeð *igruld* to freomede & to kunne. OEH. II. 259.

i-grure s. wie *grure* s. Graus.

Heo heom aweihten mid heora wæles *igrure*. LAȝ. I. 35. wo die beiden letzten Worte das ags. Kompos. *ellgryre*, stragis horror, wiedergeben.

i-gult, i-gilt, i-gelt p. p. s. *gilden, gulden* v. ags. *gyldan*, deaurare. vergoldet.

He smot him on the scheld *ygult*. ALIS. 1269. Mony scheld *ygult* ful wel. 3420. cf. 7334. Þe celynge with inne was siluer plat, & with red gold ful wel *yguld*. FERUMBR. 1330. Þe kyng ful ded of ys sadel *ygylt*. 5493. Zuiche clepeþ oure lhord berieles ypeynt and *ygelt*. AYENB. p. 26. Panne byeþ þe þri cornes of þe lilye wel *ygelt* mid þe golde of charite. p. 233.

i-gulten v. ags. *gegyltan*, peccare. s. *gulten, gilten*. sündigen.

Al to lome ich habbe *igult* a werke and o worde. OEH. p. 161. II. 220.

i-gurden, i-girden, i-gerden v. ags. *gegyrdan*, præcingere, ahd. *gegurtit, gigurt* p. p. gürten, umgürten.

Feirlec ant strencðe beoð his schrudes, ant *igurd* he is. MEID. MARHER. p. 19. Mid ys suerd he was *ygurd*. R. OF GL. p. 174. A sweord . . That was to him faste *ygurd*. ALIS. 4242. He was byneþe his brech *igurd* faste ynouȝ. ST. EDM. CONF. 164. bildl. Þorn is scherp & unwurð. Mid þeos two beoð *igurde*. ANCR. R. p. 380. — They weore ylad abowte theo towne; A withthe was heore stole, certes, With on othir they weoren *ygurte*, As men heom ladde abowte theo toun, Heo schewed folk heore treson. ALIS. 4713. With swerd *ygird*, and with knyue. 5152. Þo god het to Aaron . . þet alle his children weren ycloþed ine linene kertles, and *ygert* aboue mid huite linene gerdles. AYENB. p. 236.

Das gleichlautende Verb in der Bedeutung schlagen, stossen bietet eine gleiche Participialform: Duk Basyn, a doþþeper of Fraunce þorȝ þe heued *igerd* þer was, & ful doun ded. FERUMBR. 2729.

i-ȝain, i-ȝaines gewöhnlich **i-gain, i-gaines**, altn. *igegn*, in nördl. Dialekte erscheinend. præp. gegen, wider.

Hou thai mai yem thaim fra schathe, And stithe stand *igain the fend*. METR. HOMIL. p. 4. — Than salle thair wike dedes alle Stand and *igaines thaim* kalle. p. 26. No wat thou noht quat thou hauis done In licheri *igaines me*. p. 54. For al this werld gold wald I Do thing that war *igaines the*. p. 166. wir finden selbst *egaines*: Saint Mychal . . Ros *egaynes him* forto fight. CURS. MUNDI 469 Ms. GÖTT. auch entgegen im guten Sinne: The monkes com al *him igaine*. p. 149.

i-ȝain adv.

1. wieder, wiederum: *Igain* in chamber was he lokin. METR. HOMIL. p. 88. He gert thaim sit doun *igain*. p. 90. This ermet . . bad him com *igain*. p. 149.

2. zurück: Thou turne *igain*, and bischop be. ib. p. 91. Thou cum *igain*, and spec wit me. p. 114.

3. dagegen, in Erwiederung: And he *igain* to thaim gan ȝai, Crist that ye sek am I noht. ib. p. 47.

i-ȝarkien v. ags. *gegearcian*, parare. s. *ȝearkien, ȝarkien*. bereiten.

He haueð us *iȝarket* þa ecche blisse, ȝif we wulleð hit iernien, in heuene riche. OEH. p. 19. Underfoð þat riche þat giu is *igarked*. II. 67. Ne mei hit seon . . ne heorte þenchen of mon, & hure, meale wið muð, hwat te worldes wealdent haueð *iȝarket* to þeo þ him riht luuieð. LEG. ST. KATH. 1733-41. Lauerd . . haueð to mi ȝimstan þat ich ȝettede him *iȝarket* ant iȝeue me kempene crune. ST. MARHER. p. 18. Hit [sc. þe pich] . . smat up aȝein þeo þe *iȝarket* hit hefden & forschaldede of ham, as hit up scheat, alle italde bi tale, seoue siðe tene, & forðre ȝet fiue. ST. JULIANA p. 71.

i-ȝarwen v. ags. *gegearwian*, parare. s. *ȝarwen*. bereiten.

Þet is ðeo echeliche riche þet he haueð *iȝarwed* to alle ðon monnen þe his iwille wurcheð. OEH. p. 139.

i-ȝel s. ahd. *gegell*. s. *ȝel*. Schrei, Wehgeschrei.

Þer wes muchel waning, heortne graning, þer wes moni reolic spel, þer wes gumene *iȝel*. LAȝ. II. 322.

i-ȝelden v. ags. *gegildan*, tribuere, dare. s. *ȝelden*.

1. vergelten, als Gegenleistung zahlen: For falshede euer ȝite heo souhten, And falshede heom *iȝolde* be. CAST. OFF LOUE 342. Nu is þi wile *iȝolde*, King, þat þu me kniȝti woldest. K. H. 643. Huanne he yȝyþ guodnesse onderuonge oþer seruice, þet ne is no ȝeþþe, ac hit is raþre dette *yyolde*. AYENB. p. 120. Þis riȝtuolnesse ne may by yhȝealde, ne þis dette ne may by uolliche *yyolde* ine þise wordle. p. 163. Plaiding, that of dette were, To ȝulde wel with truthe ipliȝt, and noȝt *iȝulde* nere, . . hit scholde beon ibrouȝt Bifore the king and his baillifs. BEKET 611. — Oure gode dede schal ben iuel *iyelt*. SEUYN SAG. 1198.

2. zurückgeben, wiedergeben: He hath *yyolde* me my wyf, And duyk Hircam ybrought of lyve. ALIS. 7632.

3. übergeben, ausliefern: Þer þe suor, þat þe byssop neuere ete ne ssolde Ne drynke naþemo, ar þe castel hym were yʒolde. R. OF GL. p. 449. In þis fourme aboute Midewinter þe castel iʒolde was. p. 569. — Certis, bot y haue Gy aʒen, wiþinne þis dawes twye, þis ilke tour schal iʒelde ben þe þridde day. FERUMBR. 2791.

4. überhaupt, geben: Whan alle þei til Alixandre hadde answere iʒoulde, þe king cortais ikid cofliche saide etc. ALEX.A. DINDIM.63.

i-ʒemen v. alts. gigômean, s. ʒemen. bewahren.

Nis þer nout in world bileued þat nis destrued .. but eiʒte soulen þat weren iʒemed In þe schup. CAST. OFF LOUE 445.

i-ʒoeten v. ahd. gigioxan, fundere, mhd. gegiezen. s. ʒeoten, ʒeten.

1. giessen, schmelzen: And te oðre in a heate of a hondhwile beon imealt mare & iʒotten in godd þen þe oðre in a wiecchunge al hare lifsiðe. HALI MEID. p. 43 sq.

2. giessen, von Metallen: Ich hit am þat makede Nabugodonosor, þe kene king of Caldey, makien þe maumez iʒoten al of golde. ST. JULIANA p. 39. Makeden ham godes iʒotene to heien & to herien. p.41. Thah mi tonge were mad of stel, And min herte iʒote of bras, The godnesse myht y never telle That with kyng Edward was. POL. S. p. 250.

i-ʒernen, i-ʒirnen v. ags. gegyrnan, alts. girnan. s. ʒeornen, ʒernen, ʒirnen. begehren, wünschen.

Muche word is of ou, hu gentile wummen ʒe beoð, vor godleic & for ureoleic iʒerned of monie. ANCR. R. p. 192. Þat Arður him ʒetten wolde þat he iʒirnd hafde. LAʒ. II. 573. Icham for wowyng al forwake, wery so water in wore; Lest eny reve me my make, ychabbe yʒyrned ʒore. LYR. P. p. 28.

[i-ʒeten], iʒeten p. p. s. ʒeten.

1. erlangt, bekommen, gewonnen: I schal nevyr fyn, Sytte on ground, drynke ne eeten, Tyl I have this toun iʒeten. RICH. C. DE L. 4722. The goodes that thou hast iʒeten, use hem by mesure. CH. T. of Melib. p. 182. Whan erth hath erthe iʒette .. Wo is him that was in wouʒ. POL. S. p. 203. The good þat þou hauest yʒete bygan al with falshede. P. PL. Text C. pass. VII. 342.

2. erzeugt: Þat oþer gates ben iʒeten for gadelynges ben holden. P. PL. Text A. ass. X. 204. Þo Silui hadde bigete a child, fayn he wolde ywyte, What mon þat child schulde be, þat he hadde yʒete. R. OF GL. p. 10. Þe enchanteres seide þat me a childe soʒte, þat were yʒete withoute father. p. 128.

i-ʒetten v. s. ʒaten, ʒeten, ʒetten. gewähren, geben.

Þeos word him þuhte god, & al him iʒette. LAʒ. II. 25. Þe king him iʒette swa Hengest ʒirnde. II. 169.

Him ich habbe meiden mi meiðhad iʒettet. ST. MARHER. p. 4. Þe hehe healent is min help, ant ʒef he haueð iʒettet to mi licame to luken, he wule, hatele reue, arudden mi sawle ut of þine

honden, ant heouen ha to heouene. p. 6. Hwet so ich am Þurh godes grace, ich hit do ant am wilʒeoue unofseruet, þ he me haueð iʒettet for to ʒelden hit him seoluen. p. 16.

i-ʒeven, i-ʒefen, i-ʒiven etc. v. ahd. gigeban, kikeban, dare, largiri, mhd. gegeben. geben, schenken.

Here iʒyf I ʒow þe band An .c. pownd worth of land. DEGREV. 869. Heo þa iʒefuen gisles þan kingen. LAʒ. II. 498.

Þenne mei ure saule lifen þet ure lauerd us haueð iʒeuen. OEH. p. 63. Ich habbe iheued of oðer monnes mid woh, and mid unriht iʒeuen mis and inumen mis. p. 205 cf. 305. Ich habbe a deore ʒimstan, ant ich hit habbe iʒeuen þe, mi meiðhad ich meane. ST. MARHER. p. 3. Ich habbe .. alle his ahte iʒeuen mine wdelinge. LAʒ. I. 37. Þer wes moni dunt iʒeuen. III. 74. A child þer is iboren to vs, And a sone iʒeuen vs. CAST. OFF LOUE 607. God me haþ my wille yʒeue. R. OF GL. p. 140. He grantede ek that a churche, as of the kinges ce, In one stede evere and evere ne scholde iʒere beo As to hous of religioun, withoute the kinges leve. BEKET 567. He hadde yʒeve the kyng Þors Buissfal his gode hors. ALIS. 4568. Iʒeue is þe herte parfitliche. AYENB. p. 107. — Crist us haueð iʒefen muchele mare blisse. OEH. p. 19. Pa ho hine bireueden of þere muchele mihte þet Crist him hefde iʒefen. p. 79. Þenne ne mihte noht hire sune habbe þene nome þet wes iʒefen at circumcisiun. p. 83. He wes iʒefen Arður to halden to ʒisle. LAʒ. II. 534. — Nes hit nauere mid soð itald .. þat weore on ane stude swulc ʒifuede istured, ne of alche þinge swulc richedom iʒiuen & underfon. LAʒ. I. 346. He .. confermede also þe ʒeftes þat oþer kynges hadde er yʒyue þerto Of rentes and of londes. R. OF GL. p.324. Respit was iʒyue. BEKET 631. Þus lordes defendede hem welle, And huld hem out with strokes felle yʒyue with awerd & launce. FERUMBR. 5015. Mi lif þou me iʒiue hast. KINDH. JESU 939. — Him and his wif Was iyouen a newe knif. SEUYN SAG. 2569. Thise haue the kyng assayle, And yyouen hym grete bataille. ALIS.5422. Ich haue yyouen min owen dome. LAYLE FREINE 90.

i-ʒoken, i-yoken v. vgl. ags. geiukodan oxan, junctis bohus. WR. VOC. p. 2. u. gth. gajuk i. q. juk, jugum. s. ʒoken, yoken. jochen, ins Joch spannen.

Iʒoket ic am of ʒore With last and luther lore, and sunne me hath biset. REL. ANT. II. 210. By styffnesse and strengthe of steeris well yyokyd. DEP. OF R. II. p. 23.

i-ʒolpe, iyolpe p. p. s. ʒelpen, yelpen. geschwatzt, ungebührlich geredet.

No had beo oure Tiriens, Thou haddest loye ther withoute defence; No hadde Y the with mayn yholpe, No hadestow no more yyolpe. ALIS. 3365.

i-ʒelpen, i-haven v. ags. gehabban, habere, tenere, ahd. gahabên, gihabên, gth. gahaban. s. habben, haven. haben.

Seiden him þat Brennes .. hauede heo biwedded & ihaued heo to bedde. LAʒ. I. 192.

We habbeð of þisse londe *ihaued* monie þusend punde. II. 97. Ich .. haue *ihaued* hiderto swiðe hehe meistres. LEG. ST. KATH. 467. He .. nolde his þonkes habbe *ihaved* non other chanceler. BEKET 292. ʒef hy heode be mad parfyʒt, We nedde *yhaued* ryʒt no profyʒt Ine hevene above. SHOREH. p. 151. — Summe tide ich habbe *iheued* of oðer monnes mid woh. OEH. p. 205. Muchel hofleas is to [þet *ed.*] cumen into ancre huse .. vorte sechen eise þerinne & mesterie & more lefdischipe þen heo muhte habben *iheued*, inouh reðe iðe worlde. ANCR. R. p. 108.

More sorwe yt doþ me, when it comeþ in my þoʒt þe noblei þat ich habbe *yhad*. R. OF GL. p. 34. The develen hopede wel of ous habbe *ihad* a god cas. ST. BRANDAN p. 23. Þis ys þat tresour wharfor ʒe han trauayl & tene *ihad*. FERUMBR. 2123. Vor pyne þat he hadde *ihad* he nuste hou he com þere. FEOF. D. H. PATRICK 436. — Many for defaute deithe Of ther anelyynge; And ʒyf hys saule after hys dethe Soffrey harde pynynge, In fere, So scholde hy nauʒt, hedde he *ihed* Ryʒt elyynge here. SHOREH. p. 41. Alle þe persones beuore yzed byeþ yhyealde to ʒelde þet hi habbeþ *yhet* kueadliche of oþren, and hare harmes þet þe oþre habbeþ *yhet* be ham. AYENB. p. 40. Þe kueade manere þet me heþ *yhet* oþer ine speche oþer ine ziþe. p. 177. Hi habbeþ *yhet* reuþe of Jesu Cristes lemes ine þe erþe. p. 198.

i-habited adj. von *habit* s. **gekleidet**. Noon so singuler by hymself, Ne so pomp holy, *Yhabited* as an heremyte. P. PL. 8599.

i-hacked p. p. vgl. ahd. *gehecchen; gehact* p. p. s. *hakken.* **gehackt, gehauen**. His heaued is *ihacked* of. ANCR. R. p. 298.

i-hadien, i-hodien v. ags. *gehádian*, consecrare. s. *hadien.* **weihen, einweihen, zu einem geistlichen Amte oder für das Klosterleben**. Þeo *ihadode* godes þeowa halde eure his clenesse ouer alle þing. OEH. p. 105. Wat I quaþ ho, hartu *ihoded*, Other thu kursest al unihoded? O. A. N. 1175. Þe tende (sc. boʒe of lecherie) is of wyfmen to clerkes *yhoded*. AYENB. p. 49. Þe' tende stat huer me ssel loki chestete is of clerkes *yhoded*. p. 235. Dies Particip steht auch substantivirt von Geistlichen: Vre lauerd seinte Paul .. munegeð eiðer *ihadede* and ileawede to godes worde and to weldede. OEH. p. 131.

i-haht p. p. s. *hacchen.* **gebrütet, ausgebrütet**. Alle weren *yhaht* Of an horse thoste [Pferdemist]. POL. S. p. 237.

i-hal, i-hol adj. gth. *gahails*, ὁλόκληρος, niederl. *geheel.* s. *hal, hol.*

1. **ganz, vollständig**: Iteilede draken grisliche ase deoflen þe forswolheð ham *ihal* and speoweð ham eft ut. OEH. p. 251. A lute clut mei lodlichen swuðe a muchel *ihol* peche [v. l. feier mantel *C.*] ANCR. R. p. 256. Þes eth þane man al *yhol*, þe oþre ne eteþ hine naʒt al, ac byt and nimþ a stech. AYENB. p. 62. Yef we yzeʒe þet we miʒte more ine one daye profiti þanne hi ne moʒe ine one yere *yhol*. p. 126.

There he hys, he hys al *yhol*. SHOREH. p. 27. Al *ihol* Mot be thy schryfte, brother; Naʒt tharof to a prest, And a kantel to another. p. 33.

2. **gesund, unversehrt**: Al *ihal* & al isund heihliche he cleopede: „Ich habbe þisses folkes king!" LAʒ. I. 35. Muchel wes þa gersume þe heo hæfden inome, & comen eft hider ham al isund & *ihal.* I. 112. Þe uerste stat is of þan þet byeþ *yhole* [unversehrt] of bodie and habbeþ wel yloked hire maydenhod. AYENB. p. 220. Die abgeleiteten Wörter s. unter *ihol* ..

i-hald, i-hold s. ags. *geheald*, custodia, mhd. *gehalt* = Gewahrsam. s. *hald, hold* s. **Obdach, Wohnung**. Tharin ich habbe god *ihold*, A winter warm, a sumere cold. O. A. N. 621.

i-halden, i-healden v. s. *ʒehalden.*

i-haled, i-hauled p. p. s. *halen.* **gezogen, gerissen**. *Ihauled* hi were, in grete meseise, out of the lond, allas! BEKET 1497.

i-halʒien, i-halwien, i-haleʒen, i-halewen v. ags. *gehálgian*, sanctificare, consecrare, ahd. *giheilagón, giheiligón*, mhd. *geheiligen.*

1. **heiligen, heilig halten**: Fader oure þat art in heve, *ihalʒeed* bee þi nome. REL. ANT. I. 282. Vader oure þet art ine heuenes, *yhalʒed* þi name AYENB. p. 262. Huanne we ziggeþ „sanctificetur nomen tuum", we sseweþ .. oure principal desir þet we ssolle eure habbe, þet is, þet his name by *yhalʒed* and yconfermed ine ous. p. 106.

2. **weihen, einweihen**, von Orten und Gegenständen anderer Art: Na chirche þer nes *ihaleʒed*. LAʒ. III. 180. Ase þe cherche is *yhalʒed* to godes seruice. AYENB. p. 106. Þe *yhalʒede* stedes þet byeþ apropred to guodes seruise. p. 40. He þoʒte lete hys [sc. þe chyrche] halwy .. þey Seyn Peter hymsulf *yhalwed* adde er, ʒut he moste efsone vor þe nywe worke þere. R. OF GL. p. 349.

H[1] .. handleþ and betakeþ to hare honden þe þinges þet byeþ *yhalʒed*, ase þe uesseles yblissed, þe chalis, þe copereaus, and .. þet bodi of oure lorde Iesu Crist, þet þe prestes sacreþ. AYENB. p. 235. Ber min erende wel to deore sune þine, hwas flesch and blod *ihalʒed* is of bred, of water, of wine. O.E.MISCELL. p. 193. Ich bidde and biseche þe .. þuruh ðe ilke rode *ihalewed* of þine deorewurðe limen ðet þu on hire mildeliche streihtest. OEH. p. 209. Swettest of alle treo þat þu wiþ mie louerdes lymes *ihalewed* mostest beo. ST. ANDREW 74.

i-hallowed p. p. s. *hallowen.* **mit Hallohgeschrei gehetzt**. Withynne a while the herte founde ys, *Ihallowed* and rechased faste Longe time. CH. B. of Duch. 378.

i-hamled p. p. s. *hamelen.* **gekappt, abgeschnitten**. Frannceys bad his brethern Barfot to wenden; Now han they buclede shone, For blanyng of her heles, And hosen in harde weder *Yhamled* by the ancle. P. PL. Creed 593.

i-handlien, i-hendlien v. mhd. *gehandeln.* s. *handlien.*

1. mit der Hand fassen, handhaben:
Ne preost, ne na biscop, ne nauere *ihandled*
godes boc, ah an heðene wune he heo wedde.
LAȝ. II. 178. Tho handlede he other bred . .
and amonge the houndes hit caste. Al that he
ihandled hadde, the houndes hit forlete. BEKET
1983. Ledeþ hire to Londone þer lawe is *ihond-*
let. P. PL. Text A. pass. II. 104.

2. behandeln, verfahren mit je-
m a n d: Neauer adet tis dei nes ich þus *ihondlet*.
ST. JULIANA p. 51.

i-handsald, i-hondsald p. p. s. *handsellen.*
gleichs. zu Handkauf gegeben, gewährt.
Ha wes him sone *ihondsald* þah hit hire
unwil were. ST. JULIANA p. 7.

i-haneked, eine Participform, welche auf
altn. *hanka,* traducto funiculo tenere, weist.
vgl. altn. *hanki* s. funiculus, schw. dän. neue.
hank. geflochten, durchflochten.
Eært þu angel, eært cniht, beoð þine feðer-
heomen *ihaneked* mid golden. LAȝ. III. 26.

i-hangen, i-hon v. ags. *gehón,* ahd. *gihâhan.*
s. *hangen.* hängen, aufhängen.
Swa vfele he mihte don þat he sculde beon
ihon. LAȝ. I. 88. Pis word com to Costantin
. . hu Octauus hauede idon, his folc islagen and
ihon. II. 43. Eft he wes *ihonge* on rode. O.E.
MISCELL. p. 141. Hys aseld, þat het Prydwen,
was þanne *yhonge* vast [wast *ed.*] Aboute ys
ssoldren. R. OF GL. p. 174.

i-hangien, i-hongien etc. v. altnorthumbr.
gehongia [MATTH. 18, 6]; ahd. *gihengen* u. mhd.
gehengen, concedere. s. *hangien, hongien.* h ä n -
g e n, aufhängen.
Muche folk is þudere iorne, And þat picher
biholdeth ȝeorne Hou it þare *ihangued* was.
KINDH. JESU 657. The tre þeues were knightes,
That were *ihonged.* SEUYN SAG. 2611. cf. 2679.
Al alsuo ase þe wordle him hulc uor uyl and uor
wlatuol, ase me deþ enne *yhonged,* alsuo hed he
þe wordle uor vil. AYENB. p. 241.

i-hanted p. p. s. *hanten.* betrieben, ge-
übt.
Ne we sitte in no sete þere sinne is *yhanted*
[yhanteþ *ed.*] ALEX. A. DINDIM. 988.

i-harden v. ahd. *gihertan,* mhd. *geherten,* gth.
gahardjan. s. *harden.*

1. härten, hart machen: Ne no man
ne wondreþ whan þe weyȝte of þe snowe *yhardid*
by þe colde is resolued by þe brennynge hete of
phebus þe sonne. CH. *Boeth.* p. 133.

2. verhärten, verstocken: Pe folkes
herte ys So *yharded,* þat hii beþ blynde & deue
ywys, þat hii nolleþ non god þyng yhure ne
yse. R. OF GL. p. 352.

i-harmed p. p. s. *harmien.* in Harm versetzt, geschädigt.
Hy ssolle by þe more holy and more clene
þanne þe oþre. Vor yef hy byeþ queade, hi ssolle
by þe more *yharmed* þanne þe oþre. AYENB.
p. 238.

i-harneised p. p. s. *harneisen.* geschirrt,
geschmückt.
Pe sadel þat þo was him [sc. þe stede] oppon
With gold was fret & pretious ston, & þe harneys was of golde. Brydel & paytrel & al þe

gere Wiþ fyn gold *yharneysed* were. FERUMBR.
3663.

i-hasped p. p. s. *haspen.* geschlossen,
gefestigt.
So harde hath avarice *yhasped* hem togideres.
P. PL. 854. So harde heo beoþ with Auarice
ihaspet togedere. Text A. pass. I. 171.

i-hasten v. s. *hasten.*

1. intr. eilen: Ne sal þu þi wif bi hire
wlite chesen, ne for non achte [athte Ms.] to
þine bury bringen, her þu hire costes cupe; for
moni mon for achte [athte Ms.] iuele *ihasteð*
[ihasted Ms.] O.E.MISCELL. p. 117. sq. REL.
ANT. I. 178.

2. tr. beschleunigen, rasch beför-
dern: At Newework he deide, a Sein Lukes
day; He was *ihasted,* that vnnethe thre dawes
sik he lay. Ȝuf eni man therto help, God it him
vorȝiue. R. OF GL. p. 512.

i-haten v. s. *ȝehaten.*

i-hatered adj. s. *hatere* s. bekleidet.
Thinnelich hy beth *yhatered.* ALIS. 5922.

i-hatien v. mhd. *gehazzen.* s. *hatien.* hassen.
Heo ne myȝte so raþe come, þat þe kynges
twei Nere ycome out Yrlond, wyt gret power
bey, Of Scottes and of Picars, of Denemarch, of
Norwei, þat euer habbeþ þis lond *yhated.* R.
OF GL. p. 103. Of feole kynges *yhated* he was.
ALIS. 1544. *Yhated* also thou be Of alle that
drink wine. TRISTR. 3, 70. Lesynge of tyme . .
Is moost *yhated* upon erthe Of hem that ben in
hevene. P. PL. 5365. Ichaue *ihated* hire [sc.
abstinence] al my lyf tyme. Text A. pass. V. 221.

i-heawen, i-hewen v. ags. *gehedran,* secare,
alts. *gihawan,* mhd. *gehouwen.* s. *hewen.* hauen,
abhauen.
Lignum, *iheowen* treow. WR. VOC. p. 92.
The gode burgeis . . goth to his gardin, as was
his wone, And fond his ympe up *ihewe.* SEUYN
SAG. 1775.

i-hebben v. ags. *gehebban* p. p. *gehafen.* s.
hebben. erheben, auch in Bezug auf Würde;
heben.
Seoððen wes Conan *ihouen* her to kinge.
LAȝ. III. 151. cf. III. 175. Kinges heo weren
ihouene. III. 209. Vortiger . . wes *ihoue* to kinge.
II. 150. Comen þas tiðende to Vortigerne . .
þat Aurilien wes icoren, and to kinge *ihouen.*
II. 253. — Heorte tobollen & toswollen & *ihouen*
on heih ase hul — þeo heorte ne ethalt none
wete of Godes grace. ANCR. R. p. 282. — Heo
bigon on hire cneon to cneolin adun, ant bliðe
wið þeos bone her on heh *iheuen* up honden toward heouene. ST. MARHER. p. 20. — Christine
wiman ic am *iheuen* of þe fonston. MEID.
MAREGR. st. 22.

i-heded adj. vgl. *hefden, heden* v. mit einem
Kopfe versehen.
Hertis *yheedyd* and hornyd of Kynde. DEP.
OF R. II. p. 8. Hertis *yheedid* so hy and so
noble. *ib.*

i-heden, i-huden v. ags. *gehédan, gehldan,*
gehȳdan, custodire; condere, abscondere. verbergen.
He ne wiste, for non nede, Whar he mighte
hit best *ihede.* SEUYN SAG. 1313.

3*

Godes riche is ase on tresor in þe felde
yhed. AYENB. p. 109. cf. 227. Ych yelde þe
þonkes and heriynges, þet þise þinges *yhed* and
yhole hest to þe wise. p. 139. Huanne þou dest
elmesse, ne wyte najt þi left hand huet deþ þi
rijt hand, zuo þet þin elmesse by *yhed.* p. 196.
Some henge her chyn upon hir breste, And
slept upryght hir hed *yhedde.* CH. *B. of Duch.*
174. In der folgenden Stelle mag das Particip
wohl auf die Kleidung in der Bedeutung gehüllt, verhüllt bezogen sein: Alle heo [sc.
his dohtres] weren wel iscrud, alle heo weren
wel *ihedde.* LAJ. I. 115 j. T. MADDEN übersetzt:
well beseen, fair of aspect.

Häufig erscheint das Particip *ihud* u. *ihid*,
selten *ihudded*: Silk no sendale nis þer none,
no bise no no meniuer, þer nis no þing aboute
þe bone, to jeme þat was *ihuddid* here. E.E. P.
p. 2. Þurh þe mon þ he [sc. Godes sune] was
ischrud & *ihud* wið, he bicherde þene feond.
LEG. ST. KATH. 1186. Þe Cwen . . Hefde *ihud*
hire aðat tenne, & hire bileaue ihel [iholen *ed.*
EINENKEL]. 2051. Al to muchel ich habbe
ispent, to litel *ihud* in horde. OEH. p. 161.
Hester, on Ebrewish, þet is *ihud*, an English.
ANCR. R. p. 146. Semei bitocneð þe utwarde
ancre, nout Hester þe *ihudde.* p. 172. cf. 174.
Þer stoden twei veyre men, neren hi nouht *ihud*,
Ac were myd hwite cloþes swyþe veyre iscrud.
O.E.MISCELL. p. 55. He hadde *yhud* . . Asyden
.XX. thousand, That scholden come, on frosche
steden. ALIS. 2403. Þo sende he Seynt Elene
. . To Jerusalem to seche þe croys, þat þere
was *yhud.* R. OF GL. p. 87. He . . adrou so
vaste Calyburne, ys god suerd, þat he scolle clef
a tuo, þat þe suerd was al þer inne *yhud.* p. 208.
Wanne þe relykes of halewen yfounde were &
ykud, þat vor drede of Saxons wyde were *yhud.*
p. 255. Þe holi bodi hi fonde sone, for hit nas
ihud nojt. ST. EDM. KING 72. Ryjt as marchantz wille we ryde, Wel yarmed anvnder our
gonels wyde, & swerdes sherpe *yhudde.* FE-
RUMBR. 4345. Jesus wuste . . jware þe children
ihudde were. KINDH. JESU 1017. Hire werkes
ben *yhudde.* P. PL. 6479.

Thing *ihid*, ne thing istole Ne mai nowt
longe be forhole. SEUYN SAG. 249. Ich haue
ihid his schame er this, I nel nammore nou.
1507. For he saugh that under low degre was
ofte vertu *yhid*, the ueople him helde A prudent
man. CH. *C. T.* 8301. Þilke notificaciouns þat
ben *yhidd* vndir þe couertours of soþe. *Boeth.*
p. 159. On þat oþer stage amide ordeynt he
gunnes grete, And oþer engyns *yhidde*, wilde
fyr to caste & schete. FERUMBR. 3265.

i-heien, **i-heijen** etc. v. ags. *gaheðhan*, elevare, ahd. *gihôhan*, *gihôhen*, mhd. *gehœhen*. s.
hejen.

1. erhöhen: Þeonne beo je dunes *iheied*
up to þe heouene. ANCR. R. p. 380. Je schulen
beon *iheied* iðe blisse of heouene. p. 174. When
he was thus (this *ed.*) *ihyed*, he wex prout.
GESTA ROM.

2. verherlichen, preisen: Ihered &
iheied beo þu, hehe Healend. LEG. ST. KATH.
2413. Beo þu euer ant a iheret ant *iheiet.* ST.

MARHER. p. 11. Were me . . helpleses heale,
þet tu beo *iheiet* & iheret eaure in eorðe as in
heouene. ST. JULIANA p. 35. Ihered & *iheiet*
beo he him ane as he wes & is eauer in eobe.
p. 79. Hihendliche iher me, *iheijet* & ihere[t] aa
on ecnesse. p. 69.

i-helen v. s. *helen*, ags. *helan* [*hâl, hœlon*;
holen] celare. verhehlen, verbergen.

Þe cwen . . Hefde ihud hire aðat tenne, &
hire bileaue *ihel.* LEG. ST. KATH. 2051. [v. l.
iholen].

Þi mede þet werc endeleas jif þi god dede
were *iholen*, hwui openest tu hit? ANCR. R.
p. 146. Þanne sseweþ hy þe kueades þet were
yhole and yroted ine þe herte. AYENB. p. 26.
Under þo mentle wes *yhole* uram þe dyeule þe
priuite and þe red of oure seele and of oure
helpe. p. 221. Þo gon it blete in is wombe þat
hadde þat scep istole, Among alle þis men, þat
it ne myjte no leng be *ihole.* FEGF. D. H. PA-
TRICK 21.

i-helen v. s. *jehelen.* helen.

i-hellen, **i-heollen** v. ags. *gehelian*, celare,
tueri. s. *helien.*

1. verbergen: Vnder semblaunt of god
is ofte *iheled* sunne. ANCR. R, p. 70 sq.

2. bedecken: Myd blod þe erþe was
yheled. R. OF GL. p. 305. A cold welle & fair
þer sprong . . Wel faire hit is *iheled* nouj wiþ
fair ston. ST. KENELM 331-3. Hem þojte the
ground *iheled* was with fisches at one hepe. ST.
BRANDAN p. 20. He drough him to an herne at
the halle ende, well homelich *yhelid* in an hol-
sume gyse. DEP. OF R. II. p. 22. In the pavyloun he fond a bed of prys, *Iheled* with purþur
bys. LAUNFAL 283. Theo lady lyght on hire
bedde *Yheoled* wel with selkyn webbe. ALIS.
277.

i-helmed adj. ags. *gehelmod*, galeatus, ahd.
gahelmit. s. *helmed.* behelmt.

Gerin & Beof þe hende and Walwain þe
balde iburned and *ihelmed.* LAJ. III. 44. We
beoð þreo hundred cnihtes, *ihelmede* þeines.
III. 64.

i-helpen v. ags. *gehelpan*, assistere, alts. *gi-
helpan*, ahd. *gihelfan*, mhd. *gehelfen*, gth. *ga-
hilpan.* s. *helpen.* helfen, Beistand leisten.

Nu is þes prest uorþe, and him naueþ nawiht *iholpen.* OEH. p. 81. Þu me hauest *iholpen*
a ueole kunne wise. p. 191. Oðer þouhtes summe
cherre ine meðlease uondunges habbeð *iholpen.*
ANCR. R. p. 242. Ich hem abbe, quaþ our Lord,
yholpe hem er ywys, And ycholle her after more.
R. OF GL. p. 405. No hadde y the with mayn
yholpe, No hadestow no more yyolpe. ALIS.
3367. Þer no guod red ne ys, þet uolk toualþ
and is al onzauwed, ac hi is wel *yholpe* huanne
þer is moche guod red wyþinne. AYENB. p.184.
Hope cam hippynge after, That hadde so ybosted
How he with Moyses maundement Hadde many
men *yholpe.* P. PL. 11488.

i-hende adj. u. adv. ags. *gehende*, vicinus;
prope, ahd. *gehente*, *gehende* adj. nahe.

Ich heom singe, for ich wolde That hi wel
understonde schulde That sum unselhe heom
is *ihende.* O. A. N. 1259. Þer bieþ oþre þet

gredeþ hare benes ʒuo lhoude þet þo þet byeþ *yhende* byeþ destorbed of hare deuocion be ham. AYENB. p. 212.

Pinnuc, golfinc, rok, ne crowe Ne dar thar never cumen *ihende*. O. A. N. 1128. Mirre þat is biter, and be þo biternesse defendet þet cors þet is mide ismered, þet no werm nel comme *ihende*. O.E.MISCELL. p. 28. Si mirre loket þet bodi, þet no werm ne may þer *ihende* come. *ib.*

i-henen v. ags. *gehénan, gehýnan,* humiliare, ahd. *gihónan*, mhd. *gehœnen*, gth. *gahaunjan, ταπεινοῦν*. *s. henen.* demûthigen, erniedrigen, zu Grunde richten.

Ʒif he [sc. þe king] forsihð þas isetnesse and þas lare, þene bið his erd *ihened* oft and ilome eiðer ʒe on herʒunge, ʒe on hungre, ʒe on cwalme, ʒe on uniwidere, ʒe on wilde deoran. OEH. p. 115.

i-henten v. ags. *gehentan.* *s. henten.*

1. halten, aufhalten: For þi was wedlac ilaket in hali chirche as bed to seke, to *ihente* þe unstronge þat ne mahten nawt stonden in þe hehe hul & se neh heuene as meidenhades mihte. HALI MEID. p. 21. — Hwase swa falleð of meidenhedes menske þat wedlakes heueld bed nawt ham ne *ihente*, se ferliche ha driuen dun to þe eorðe þat al ham is tolimet lið ba & lire. *ib.*

Þe kyng Arture aʒen þe frount he smot atte laste, þat, ʒyf he nadde wyþ þe selde somdel þe dunt *yhent*, Syker he hym adde aslawe, oþer al out yssent. R. OF GL. p. 185.

2. fassen, ergreifen: Such word he þe sent, þat he nel neuere astynte, Or he þe habbe wyþ strengþe *yhent*, outher slawe þe with swerdes dynte. FERUMBR. 1842.

3. erlangen, bekommen: An hendy hap ichabbe *yhent*, Ichot from heuene it is me sent. LYR. P. p. 28. Whare haue ʒe þis tonne *yhent*, And what may þerin be? GREGORLEG. 289.

i-heorted adj. v. *heorte,* cor. in lockerer Zusammensetzung dem deutschen − herzig, in Bezug auf Gefühl und Gemüth, entsprechend.

Nes næuere ner mon iboren . . þat hæleð weore swa stærc, ne swa hærd *iheorted* þe iherde þesne weop . . þat his heorte neore særi for þan vnimete sorhʒen. LAȝ. II. 75. Ha is hardre *iheorted* þen adamantines stan. HALI MEID. p. 37. substantivirt: Hudden hare heauet þe heardeste *iheorted* under hare mantles, for þe sorhful sar þ heo on hire isehen. ST. MARHER. p. 7.

i-herberʒen, i-herberwen v. s. *geherberʒen.*

i-hercnien v. altnorth. *gehercnia*, audire. s. *hercnien.* hören.

Ich habbe imaked ʒetes of alle mine fif wittes to sunfule unþeawes, mis iloked, mis *ihercned*, mis *ifeled*, mis ispeken. OEH. p. 205.

i-here adj. mhd. *gehœre*, obediens. gehorsam.

Yhol the prest hys messe syngeth, Theʒ he ne be nauʒt *yhere*, Ac wykke. SHOREH. p. 27.

i-heren, i-hiren, i-huren v. s. *ʒehiren.*

i-herʒien, i-herʒen v. ags. *gehergian,* affligere, vastare. s. *herʒien, heriʒen.* Drangsal anthun.

Tyll hys maner he went, A ffeyre place he fond schent, Hys husbondus that yaf rent Was *yheryʒed* dounryght. DEGREV. 137.

i-herien, i-heren v. ags. *gehérian, gehéran,* laudare, celebrare, alts. *giherón*, ahd. *gihérён.* s. *herien.* verherrlichen, preisen.

Hef hire heorte up to þe hehe Helend þ *iheried* is in heuene. LEG. ST. KATH. 184. Seoþþe him spek Ihesu Crist, *iheried* beo his mihte, And seyde to þe Gywes, nolde he nowiht ryhte. O.E.MISCELL. p. 43. A betere burde never nes *iheried* with the heste [i. q. hexte]. LYR. P. p. 52. Al was as he wolde, lord, *iheried* be þou! P. PL. *Text A.* pass. XI. 84. — Þet ure drihten beo eure *ihered* on ure godan weorcan. OEH. p. 107. Þu bring us in to eche wunne, *ihered* ibeo þu, swete þing! II. 256. *Ihered* & *iheied* beo þu, hehe Healend! LEG. ST. KATH. 2113. Were me swa wið þen vnwine, helpleses heale, þat tu beo *iheiet* & *iheret* eaure in eorðe as in heouene. ST. JULIANA p. 35. Ʒut schullen of thi blode Alle mi churchen *ihered* beo. BEKET 2387. Þanne he uelþ ine his herte wytindeliche, of þet he is oþer wenþ by *yhered* of zome þinge þet he heþ ine him, oþer wenþ habbe, and wyle by *yhered* þerof, huerof he ssolde herie god. AYENB. p. 23. *Iherid* beo god almiʒt! FERUMBR. 1100. *Iheryd*, sche seyde, be Goddys sonde! OCTOU. 865. — *Iherd* beo þu, louerd, so muchel beoþ þine mihte. O.E.MISCELL. p. 163 vgl. REL. S. p. 67.

i-hersum, -sam adj. ags. *gehýrsum,* ahd. *ga[ge-, gi-]hórsam*, mhd. *gehórsam.* s. *hersum.* gehorsam.

Vre helend on his ʒuheðe wes *ihersum* his cunne. OEH. p. 109. God . . cweð, for þan þe were *hihersam* þines [wifes *add. ed.*] wordum mor þan mine, þu scealt mid ærfeðnesse þe metes tylian. p. 223.

i-hersumien, -samien v. ags. *gehýrsumian,* obedire, altnorthumbr. *gehérsumia,* ahd. *gehórsamôn*, mhd. *gehórsamen.* s. *hersumien.* gehorsam sein.

Hi efre beoð ymbe þat án, hu hi mugon god *hihersamian* and him ʒecwemen. OEH. p. 221.

Alle þeo ileafulle laðunge him [sc. Iacob] *ihersumede.* OEH. p. 93.

Sunnedei aras ure drihten from deðe to liue, and makede arisen mid him alle þa þet him efden *ihersumed*.. OEH. p. 141.

i-hersumnesse s. ags. *gehýrsumnes.* s. *hersumnesse.* Gehorsam.

Swi biriseð þan ʒungan þet he abbe *ihersumnesse* and ibuhsumnesse. OEH. p. 109. Þe þridde unþeau is on þissere worlde þet ʒung mon beo butan *ihersumnesse*. *ib.*

i-herten v. ahd. *gihertan.* vgl. *iharden.* verhärten.

Wyþstondinge, þet is, hardnesse of herte. huanne man is *yhert* ine his kueadnesse. AYENB. p. 29.

i-heat, i-hat p. p. ahd. *giheizit*, mhd. *geheizet.* vgl. *hœten, heaten, halen, heten.* geheizt, heiss gemacht.

He . . het fecchen a ueat & wið pich fullen,

& wallen hit walm hat, & het warpen hire þrin,
hwen hit meast were *iheat*. ST. JULIANA p. 69 sq.
Seþþen þer is on ouen *that*, Seoue deoulen þar
stondeþ at, And þe saulen vnderfoþ, And heom
into þe fure doþ. O.E.MISCELL. p. 148.

I-heveȝen v. ags. *gehefigean, gehefgean*, gra-
vare, deprimere, beschweren, belasten.

Þe neoðere [sc. grindstone] þet lið stille, &
bereð heui charge, bitocneð ferlac, þet teieð
mon from sunne, & is *iheueged* [iheuegeg *ed.*
iheueged *C.* iheueget *T.*] her mid herde, uorte
beon cwite of herdre. ANCR. R. p. 332.

I-hewen v. ags. *geheawan*. s. *iheawen*.

I-hewien v. schw. Zeitw. ahd. *gihouwón*,
concidere. s. *hewien*. hauen, zerhauen.

For the elde tre is *so ihewed*, Hit is so wikked. SEUYN SAG. 017.

I-heowien, **I-hewien** v. ags. *geheovian, ge-
hivian*, plasmare, formare. s. *heowien*. färben.

Nes Godes rode þuruh his deorewurðe blode
iruded & ireaded, uorte scheawen on him sulf
þot pine & seoruwe & sor schulen mid scheome
beon *ihouwed?* ANCR. R. p.356. He nas of no
the worse heu, for al that he bledde there, Bote
cler and *ihewed* wel ynouȝ, as he alyve were.
BEKET 2105.

I-hitten v. s. *hitten*. treffen.

He wende to sceoten þat hea der, and *ihitte*
his ajene fader þurh ut þere broste. LAȝ. I. 14.

I-hoked adj. v. *hok* s. ags. *hóc*, uncus. s.
hoked. gekrümmt.

Theo tha haveth bile *ihoked*, An clivres
charpe and wel icroked, Alle heo beoth of mine
kunrede. O. A. N. 1673.

I-holliche adv. v. *ihal, ihol*. vgl. niederl. *ge-
heelijk*. gänzlich, völlig.

Þe uirtue of temperance is þe loue of þe
herte, huerby he him yesþ *yholliche* and wyþoute
corrupcion to þet ha loueþ, þet is to god.
AYENB. p. 127 sq. To loki al hare lyf hare bodyes *yhollicho* wyþoute enye corrupcion uor þe
loue of god. p. 227. cf. p. 109. Tharefore to the
al *yholliche* That day [sc. masse-day] to holy
thynge. SHOREH. p. 97.

I-holnesse s. Unversehrtheit.

Þis flour [sc. of maydenhod] hit ssel habbe
zix leues . . þe uerste lyaf is *yholnesse* and clennesse of bodye, þet is to zigge, þet þet body be
yhol, wyþoute uelþe of lecherie. AYENB. p. 230.

I-holschipe s. Unversehrtheit.

Moder of swich sune wið *iholschipe* of meiden [ein zweiter Text hat: mid *holscipe* of maiden.
p. 189]. OEH. p. 203.

I-horset p. p. ags. *gehorsod*, equo vectus. s.
horsen. beritten.

Twenti þousand, atired atte best, alle on
stalworþ stedes stoutliche *ihorsed*. WILL. 1949.
Y leuede ȝond . . In þe wode þat ȝonder stent
ten þousant al by tale, & in þat ilke brusschet
by, .V. þousant of oþre and mo, *yhorced* &
yarmed ful aykerly fro þe top into þe to. FE-
RUMBR. 798.

I-hosed p. p. s. *hosen*. behoset.

Payh we her hoppen *ihosed* and ischode,
Heonne we schulle þrynge. O.E.MISCELL.
p. 91.

I-huden v. s. *iheden*.

I-hunted p. p. s. *huntien, hunten, honten*.
gejagt, gehetzt.

Als sone as they wiste that Witt was his
name . . He was halowid and *yhuntid*, and yhotte
trusse. DEP. OF R. II. p. 22. He was nowher
welcome, For his manye tales, Over al *yhonted*
And yhote trusse. P. PL. 1316.

I-hured p. p. s. *huren, hiren*. geheuert,
gelohnt.

Bote he beo heihliche *ihuret* [*yhyred* Text *C.*
pass. IX. 136], elles wol he chide, þat he was
werkmon iwrouȝt, warie þe tyme. P. PL. Text *A.*
pass. VII. 300.

I-huren v. s. *ȝchiren*.

I-hurled p. p. s. *hurlen* intr. gestürzt.

Ac whiles thise grete lordinges thus han
ihurled to heþe, Thise prelatz of holi churche to
longe theih han islepe. POL. S. p. 343.

I-hurnd adj. ahd. *gehurnet, gehürnet* p. p. v.
hurnjan. vgl. ags. *hyrned*, cornutus, altn. *horned*.
gehörnt.

In his *ihurnd* heauet. ST. MARHER. p. 9.

I-hurt, **I-hert** p. p. mhd. *gehurtet, gehurt* p. p.
s. *hurten*. gestossen, getroffen, ver-
wundet.

Þe flor tobrac vnder hem . . And hii velle
and debrusede somme anon to deþe, And somme
ymaymed, & somme *yhurt*. R. OF GL. p. 288.
Þe Sarsyn þan him vnderstod, he had *ihert* him
sore. FERUMBR. 706.

I-huseled p. p. s. *huselen*. mit dem Abendmahl versehen.

Also ȝe schulen don hwon þe preost halt
hit vp ette messe, & biuore þe confiteor, hwon
ȝe schulen beon *ihuseled*. ANCR. R. p. 16. Ne
schule ȝe beon, bute aae ure leauude breðren
beoð, *ihuseled*, wiðinnen tweolf moneð, bute
viftene siden. p. 412.

I-hwer adv. s. *ȝchwer*.

[I-hwilc], **I-whilc**, **I-wil** pron. ind. ags. *ge-
hvile, geheele, gehvyle*, quivis, quisque, quilibet,
altn. *gehwille, gehwilih*, ahd. *gahwelih, gihwelih*.
jeder.

Iwhilc man þatt herrde itt ohht, Forrwunn-
dredd wass þæroffe. ORM 3416. cf. 8077. 10766.
10820. 10862. Crist forrwerrpeþþ falls & flærd &
ihwille unnclænnesse. 7334. Ich wulle beon *iwil*
del swulc him is Brutael. LAȝ. II. 471.

Irrthümlich habe ich die mit *i* beginnenden
Fürwörter **Ilc**, **Ilk**, **Ilch**, **Il**, **Ich** unter *ælc* aufgeführt.

Illc mann shollde cumen ham. ORM 3538.
It quenchet *ile* siniging. BEST. 344. *Ilk* gres,
ile wurt, *ile* birðhellte his owen aed beren bad
he. G. A. Ex. 119. He . . Forsaket ðore satanas
and *ilk* sinful dede. BEST. 96. *Ilk* man . . God
made til his awen lyknesse. HAMP. 89. *Ilk* yere
that commys to man She brynges furthe a lakan.
TOWN. M. p. 104. Þatt tacneþþ þatt tiss middell
ærd Wass full off þeossterrnesse þurrn *illkess*
kinness hæþenndom. ORM 3960. Þe laddes on
ilke wise Him asayleden wit grete dintes. HAVEL.
1861. *Ilch* mon þet to þe bisihð þu ȝiuest milce
and ore. OEH. p. 195. He cuðen al þeos songes
& þat gleo of *ilche* londe. LAȝ. I. 298. He hehte

ilchene riche mon þat he dælde his rehte atwam.
I. 302. Heo mot wel biseon hire, & biholden
hire on *ilchere* half. ANCR. R. p. 132. It was
time for to gonge *Il* man to þer he cam fro.
HAVEL. 1739. Pe siluer he brouthe hom *il* del.
818. cf. 2112. 2483. 2514. Ge [sc. ðe mire] . .
gaddreð *il* kines sed. BEST. 244. Bere þe bo-
xumly & bonure, þat *ich* burn þe loue. WILL.
332. *Ich* man seyd than, Nas non swiche . . As
was the pouer man. TRISTR. 1, 64. In the somer season . . That *ich* ffoule with his ffere
ffolwith his kynde. DEP. OF R. II. p. 16. Of *ich*
order . . The ten parte felle downe with me.
TOWN. M. p. 7. Gif us alle on ðis dai Ure bred
of *iche* dai. REL. ANT. I. 235. Oure *iche* dayes
bred gif us to day. I. 282. *Iche* or yíke, quíli-
bet. þer. P. P. p. 258. *Iche* cristene man be kynde
þer. P. PL. Text A. pass. XI. 243. *Iche*
hathe ynoughe of richesse. LYDG. M. P.
p. 59.

Die analogen mit **u** anlautenden Prono-
minalformen lassen sich unmittelbar weder auf
æg- noch auf **ge-hvile** zurückführen; es scheint
vielmehr frühe das **i** als **y** mit dem **u** vertauscht
zu sein, wie in der zusammengezogenen Form
ein altnorthumbrisches *ylc* erscheint [PS. 115, 11.
144, 16].

Die volleren Formen finden sich als **uwile,
uwilch, uwil.**

In leinten time *uwile* mon gað to scrifte.
OEH. p. 25. *Uwile* mon scal beon twiſen awescen
of his sunne. p. 37. Pa bodes he beodeð þer
inne [sc. in his laſe], Bute weo hes halden,
we doð sunne, and *uwile* mon hes undernim to
halden wel anundes him. p. 55. Nu ſe maſen
iheren hwet is riht cherite, þet *uwile* mon ah to
habben, þet is, þet þu luuie þine drihten ofer
þin wif . . and seoððan beoden *uwile* mon swa
þu waldest þet me þe bude. p. 39. Swa is iset
„Grið on eorðe, and grið on hefene, and grið
bitwenen *uwile* cristene monne.“ p. 45. *Uwile*
sunne-dei is to locan alswa ester dei. *ib.* His
riche is al þis middeleard, Eorðe and heofene
and *uwilch* erd. p. 59. Wite ſe þet ſe ſemen
þenne halie sunnedei, and þet ſe hine wurðien
and halden from *uwilche* swinke p. 11. Nu bicumeð hit þerfore to *uwilche* cristene monne
mucheles þe mare to haliſen and to wurðien
þenne dei. p. 45. Souen laſe weren iwriten alswa inna oðre stanene table brede, hu *uwil* mon
scal his euenexta beodan alswa he walde þet me
him bude. p. 13. He him sceaude an ouen on
berninde fure, he warp ut of him seofe leies,
uwil an of seolcuðre heowe. p. 41. Seoððan þus
god almihtin hauet ihaten *uwilne* cristene mon.
p. 17.

Die zusammengezogenen Pronominalfor-
men sind **ulch, uch, uich.**

Uwlche dei we ihereð siggen and we hit
witen to soðe. OEH. 19. Pet us bihoueð *ulche* dei.
p. 65. *Vch* gresse mot grow of graynez dede.
ALLIT. P. 1, 31. He þat flemus *vch* fylþe fro
his hert. 2, 31. In *uch* toun I wot non eysiere
lyf than is religioun. POL. S. p. 330. Pis watz
[þe] kynges countenaunce where he in court
were At *vch* farand fest. GAW. 100. Out he [sc.

the dragon] fleygh Into the skye, that *uche* mon
sygh. ALIS. 560. *Vche* lyne vmbelappez & loukez
in oþer. GAW. 628. *Vche* hille watz þer hidde.
ALLIT. P. 2, 430. Oure *uche* dayes bred ſeve
us to day. REL. ANT. I. 38. Asc sonne bem
hire bleo ys briht, In *uche* londe heo leometh
liht. LYR. P. p. 33. Ho fel to þen erþe, ant
quakede *uich* bon. MEID. MAREGR. st. 44.

Ueber die weitere Verwendung dieser Fürwörter s. *ælc.*

i-hwiten, i-huiten v. ahd. *gahwîzjan*, albare,
gth. *gahweitjan.* weissen, weiss machen.
Pet line cloþ þet is *yhuyted* be ofte wessinge.
AYENB. p. 178. Huo þet is yhol of bodie and
uoul ine herte, is ase þe berieles *yhuited.* p. 228.

i-hwulen v. gleich **i-hwilen** gth. *gahweilan.*
vgl. alte. *hwile, hwula* s. Das einfache Zeitw.,
ahd. *hwîlôn*, gth. *hweilan*, neue. *while*, scheint
dem Altenglischen, wie dem Angelsächsischen,
zu fehlen. Zeit haben, Musse haben.
Hwon so je euer muwen *þwulen*, biuore
mete oðer efter. ANCR. R. p. 44. Vor nout ich
schulde nu kumen neih hire, ne mei heo nout
ihwulen uorto heronen mine lore. p. 422.

i-impen v. s. *impen.* vgl. ahd. *kaimpiðn,*
giimpiðn, mhd. *geimpfet* p. p. impfen,
pflanzen.
bildlich: Jif we beoð *iimped* to þe iliknesse
of Godes deaðe, we schulen beon *iimped* to þe
ilikinesse of his ariste. ANCR. R. p. 360 nach
ROM. 6, 5.

i-joined etc. p. p. s. *joinen.* verbunden,
vereint.
He takth the helye inne of eyther half
Yjoyned atte breste. SHOREH. p. 52. Pet is
alsuo *ygoyned* to god þet he uoryet al þet is
onder god. AYENB. p. 247. Huo þet heþ þise
uirtue, he heþ þe herte zuo todeld uram þe loue
of þe wordle, and zuo *yyoyned* to god be charite. p. 260.

i-juged p. p. s. *jugen.* gerichtet, verurtheilt.
Ha nolde nauſt he were aslawe, Ne forthe
yjuged by the lawe To by stond wyth stone.
SHOREH. p. 120.

Il s. ags. altn. *il*, callus, pianta pedis, afries.
ili, ile, il. Sohle.
Ant te drake resde to hire mit tet ilke, ant
sette his sariliche muð ant unmeaðeliche muchel
on heh on hire heaued, ant rahte ut his tunge
to be *ile* [wle ed., ile B.] of hire helen, ant swende
hire in ant forswalh into his wide wombe. ST.
MARHER. p. 10.

i-lakked p. p. s. *lakken.* getadelt, verhöhnt.
That is Mede the mayde . . Hath noyed me
ful ofte, And *ylakked* my lemman That Leautee
is hoten. P. PL. 918.

i-lacchen v. ags. *gelæccan*, capere, arripere.
s. *lacchen.* fassen, ergreifen, fangen.
Ilecche ha me eft, ne finde ich na leche.
ST. JULIANA p. 73.
Pis eadi meiden, as ha wes iwisset þurh
þen engel, leop to & *ilahte* him. ST. JULIANA
p. 39. Monie [sc. sparewen] he *ilahte.* LAſ.
III. 472.

Wumme þat ich libbe, quoð he, ich beo nunan *ilaht*. ST. JULIANA p. 73. The bisshop of Glascou ychot he was *ylaht*. POL. S. p. 214. This lorell . . Was felliche *ylauȝte* and luggid i ull ylle. DEP. OF R. II. p. 14. He was lyghtlíche *ylauȝte* and yluggyd of many. p. 26.

i-laced p. p. s. *lacien* v. befestigt, verbunden.

Sum wummon inouh reaðe wereð þe brech of heare ful wel iknotted, and þe strapeles adun to hire uet, *ilaced* ful ueste. ANCR. R. p. 420. Þo hit [sc. þat treo] was brouht to rihte stude, and *ilaced* scholde beo þer, þo was hit bi a foote to schort. HOLY ROOD p. 31.

i-laden v. ags. *gehladan*, onerare, ahd. *geladan*. s. *laden*. beladen.

Thrittene achyppys *ilade* with hyvys Off bees. RICH. C. DE L. 1384.

i-læden, i-leden v. s. *ȝelæden*.

[i-lænen], i-leanen, i-lenen v. ags. *gelænan*, commodare [cf. BOSW. v. *lænen*]. s. *lænen*.

1. leihen: Ȝif me ȝemeð wurse ei þing *ileaned*. ANCR. R. p. 208. Heo hefde *ileaned* one wummone to one wake on of hore weaden. p. 314. Hi habbeþ ham *ylend* a lyte ȝeluer oþer corn. AYENB. p. 36.

2. verleihen, gewähren: Sei me, seli meiden, hwonne is te *ileanet* . . so stalewurðe strencðe. ST. MARHER. p. 16. Me is deað idemet her nu, ant wið þe lif *ileanet*. p. 20. And bot þou hit hab ispend ariȝte, þe gode þat god þe haþ *ilend*, of Ihe Criste þou leaist þe siȝt. E. E. P. p. 4. Þe greate proude men, þet useþ kuendliche þe greate guodes þet God ham heþ *ylend*. AYENB. p. 19. Þous hit hat ȝaynte Peter, þet þe guodnesse þet god ous heþ *ylend*, þet we hise diȝte to oure nixte. p. 147. Þat day was hem no grace *ylend*. GREGORLEG. 259.

i-ler, i-ler adj. ags. *geler*, vacuus [SOMNER]. s. *lere, lere* adj. leer.

Þa water wes al ilædden & þe put wes *iler*. LAȝ. II. 244. Hii mette with this burgeis, & bigonne to ssete vaste. Iwounded ther was mani on . . So that the clerkes adde the stretes sone *iler*. R. OF GL. p. 541.

i-læren, i-learen, i-leren v. ags. *geleran*, docere, persuadere, ahd. *giléran*, mhd. *geléren*. s. *læren*.

1. lehren, unterweisen: Of alre godnesse þe gume wes *ilered*. LAȝ. I. 294. Þa tuȝen touward hirede alle þat weoren ihadded, & þreo biscopes wise, a boke wel *ilered*. II. 494. Þaie *ilærede* men heo læiden on gleden. II. 456. Ða ich beo in alle [sc. writes] of se earlich *ilcaret*. LEG. ST. KATH. 860. Ne funde we nohwer nan se deop *ilearet*. 1313. Ich, an godes þeowe . . *ilearet* in godes law. ST. MARHER. p. 1. Sum is so wel *ilered*, oðer se wis iworded, þ heo wolde þ he wuste hit. ANCR. R. p. 64. Eue heold ine parais longe tale mid te neddre, & told hire al þ lescun þ God hire hefde *ilered*. p. 66. Sely chyld is sone *ilered*. REL. ANT. I. 110. Whilem clerkes wel *ylerid* Faire ydyght this myddelerde. ALIS. 41. I shal dwelle as I do, my devoir to shewe, And confermen fauntekyns And oother folk *ylered*. P. PL. 8450. Of he may

beo wel *ilered*. KINDH. JESU 444. To wrong thou art *ylerd*. TRISTR. 3, 67.

2. lernen, erfahren: Þat ye mowen nou yhere, And þe tale ye mowen *ylere*. HAVEL. 11.

i-læsten, i-lesten, i-lasten v. s. *ȝelæsten*.

i-læven, i-leven v. ags. *gelæfan*, relinquere [BOSW.]. s. *læven*.

1. verlassen, aufgeben: The faucon *ilefde* his bridde. O. A. N. 123. Þe assege þanne þay *ylafte*. FERUMBR. 3349. Tho was þe assaut *yleuyd* clene. 5121.

2. übrig lassen: Þo nas þar na more *ileued* in þan fihte, of two hundred þousend manne þat þar lay tohewe, bote Arthur þe king. LAȝ. III. 143 j. T. His brayn was al ischad, that ther nas noȝt *ileued*. BEKET 2228.

3. belassen: The clothred blood, for eny lechecraft, Corrumpith, and is in his bouk *ilaft*. CH. C. T. 2742.

i-laȝhen, i-lahen, i-loȝen v. s. *laȝhen*. erniedern, erniedrigen.

Þa ha neren nawt ihurt, þah ha weren *ilahet*. HALI MEID. p. 21. Hi ham byeþ ȝuo moche *yloȝed*. AYENB. p. 144.

i-lahien v. ags. *gelagian*, lege sancire. gesetzlich machen, einsetzen.

For þi was wedlac *ilahet* in hali chirche as bed to seke. HALI MEID. p. 21. Godd haueð *ilahed* hit. p. 23.

iland, ilond s. ags. *igland*, *ëgland*, altn. *eyland*, niederl. *eiland*. Eiland, Insel.

The *yland* was ful brade, That thai gun in fight. TRISTR. 1, 94. A wast *ylond* they dryuen tylle. OCTOU. 539. In dem jüngeren Texte LAȝAMONS kommt häufig die Form *yllond* vor, welche wohl gleichen Ursprungs ist: Hii . . droȝen to on *yllond*. LAȝ. II. 76 j. T. Hii sehe on hire riht hond a swiþe fair *yllond*. II. 192 j. T. u. *illond*: We beoþ in on *illond*. I. 313.

i-lapped p. p. s. *lappen*. gewickelt.

A stinkind felle *ilappid* þer an. E. E. P. p. 5.

i-lated adj. v. *lat* s. aussehend, sich gebärdend.

As þu bewistest Daniel bimong þe wode liuns *ilatet* se luðere. ST. JULIANA p. 33.

i-lað adj. vgl. *lað*, ags. *láð*, odiosus. verhasst.

Thu ãcist that ich am manne *ilað*. O. A. N. 1605.

i-laðien v. s. *ȝelaðien*.

i-laðunge s. ags. *gelaðung*, convocatio, congregatio. Gemeinde, Kirche.

Bisceopas þes ilcan hades on godes *ilaðunge* [and] haldað þa isetnesse on heore bisceopunge. OEH. p. 101.

ilca, ilke, ilk, iliche, ich pron. ags. *ilca*, *ylca*, idem, sch. *ilke*, *ilk*. selbe, selbige; stets mit vorangehendem Demonstrativpronomen oder bestimmtem Artikel, adjektivisch und substantivisch.

Þe *ilca* [sc. Crist] cweð bi his icorene, ȝe beoð godes. OEH. p. 99. — Bisceopas þes ilcan hades. p. 101. — Þet israelisce folc ferde *on þere ilca nihte* of þam londe. p. 87. *In þan ilca ȝere*

wes Belin kaisere. Laȝ. I. 222. Brutus hine . .
into þane castle dude, & þer inne biburiȝede in
ane stan walle. *Puru þan ilka Turnus* Turs wes
ihaten. I. 73. — Pas ilke nefre ne swiken ne
dei ne niht to brekene þa erming licome *of þu
ilca mon* þe on þisse liue her hare scrift enden
nalden. OEH. p. 43. Þe witega Ysaias *bi þan
ilcan* cweð: Quiescite agere peruerse. p. 117.
Pes ilke mon is strong to sermonen, ah Crist
hine tende mid holde mode. OEH. p. 81. *Pes
ilke king* Bladud baðen iwrohte þurh swiðe
muchele ginne. Laȝ. I. 121. Thus *this ylke god*
Morpheus may wynne of me moo fees thus Than
ever he wonne. Ch. B. of Duch. 265. *Pis ilke*
self is Godes sune. Leg. St. Kath. 1097. *Þe ilke*
deþ wel þet yefþ fo þe poure þet acaeþ. Ayenb.
p. 198. Þa com *þe illke belial* þat ha hefde ibeaten,
feorren to bihinden, & bigon to ȝeien. St.
Juliana p. 71. Wedlac ham ikepte, *þat ilke lahe*
þatt godd haueð istald for the unstronge. Hali
Meid. p. 19. Dahet habbe *that ilke best* That
fuleth his owe nest. O. A. N. 99. Awei, *þas ilke*
pine [acc. fem.] þu hauest me bisoht. O.E.Mi-
scell. p. 182. Þe ancre neuer more þer efter
þene ilke gult ne upbreide hire. Ancr. R. p. 426.
Pet ilke unsel þe ic dude þe, þu scoldest don me.
OEH. p. 15. *Þat ilke dai* God aligen [d. i. ha-
lijen] bed. G. A. Ex. 258. Ne leaf þu neauer
. . *þat ilke þing* þat ne mei neuer beon acouered.
Hali Meid. p. 11. As þov louest *þat ilke mayde*
þat baar þy god almiȝt. Ferumbr. 637. Loke
nu . . hweðer þe beo leuere don þ ich leare, &
libben, ȝif þu swa dost, oðer, *þis ilke dai*, se
dreoriliche deien etc. Leg. St. Kath. 2311.
— Crist almihti nule milcie . . bute *þan ilke
monne* þe swa þencheð swa ic er cweð. OEH.
p. 21. — *Innan þan ilke sea* weren unansomned
deor. OEH. p. 43. On *þere ilke nihte* iwende
godes engel to. p. 87. Nis tis þeowdom inoh
aȝain þat ilke freolaic þat ha hefde? Hali
Meid. p. 7. Þer huile he is *ine þe ilke stat*.
Ayenb. p. 224. — *Þeos ilke weord* . . habbeð
muchele bitacnunge. OEH. p. 47. Þa hæfde he
þreo sunen . . Ah ful lutle wile liuede *þas ilke*.
Laȝ. I. 296. Al swa is nu iclepet al cristen folk,
þa ilke þa haldet Cristes heste. OEH. p. 9. *Þa
ilke tweie broðeren* speken heom bitweohnen.
Laȝ. III. 146. *Þa ilke sari wrecches* . . beoð þe
deueles eaueres. Hali Meid. p. 13. — *Þa ilke
þinges* þat he hat þeo mot nede halden þat wile
beon iburhen. p. 19. — *Mid þa ilke wepne* we
beoð forwunded. OEH. p. 83. *Of þan ilke
londen* beoð an hundred þusende iwepnede
þeines ohte. Laȝ. III. 7.
Þis ilk Iacob þat i of mel, Hight bath Iacob
and Israel. Curs. Mundi 5475 Cott. *Þis ilk
Magnus* lyued þer no longe. Langt. p. 57. Þat
y am *þat ilk weiȝh* i wol wel þou wite. Will. 281.
— Pan tok Aaron *þis ilk yeird*. Curs. Mundi
5894 Cott. I louue *þat ilk lorde* þat þe lyfte haldez.
Gaw. 1256. Ðo biðhogte him ful wel, And sente
after Abraham *ðat ilc sel*. G. A. Ex. 1183.
Griffyn . . *þat ilk self ȝere*, was proued traitoure
fals. Langt. p. 61. Haldayn of Donkastre was
chosen, *þat ilk day*, To bere þe kynges banere.
p. 17. — *By þat ilk way* went we twa. Holy

Rood p. 66. He wende þat sche here had hed
in sum hurne, *in þat ilk time*. Will. 687. *In
þat ilk toun* did he krie a krie. Langt. p. 42.
Of þat ilk moȝere neked now wontez. Gaw.
1062. Quen þai cum *to þat ilk mistere*. Curs.
Mundi 5560. *To þat ilk lokyng* boþe þei consent. Langt. p. 52.
· Vte we holðe *þat ilche bod* þat Crist vs
wile theche. O.E.Miscell. p. 142. Þis cumlich
kyng *þat ilche kith* wynnes. Alis. Frgm. 448.
That ilche tale ich most here. Seuyn Sag. 2336.
Yif ani weped other cride, He het him nime *that
ilche tide*. 1329. He . . bad hire go, *that ilche
dai*, On alder twenti deuel wai. 2297. — *Of þis
ilche calche* nv forber þu me. O.E.Miscell.
p. 41.
That ich erl I gan to loue Al erthliche thing
aboue. Seuyn Sag. 1085. *This ich brende stede*
No aught he neuer a day. Tristr. 2, 36. To
deth he him dight, Allas, *that ich while*. 1, 19.
Besonders mag hier noch des sub stan ti-
virten ursprünglichen Neutrums gedacht
werden, welches auf vorher erwähnte That-
sachen oder Umstände bezogen ist: Þis is
soth, quoth þe segge, I say yow *þat ilke*. Gaw.
1385. *Pet ilke zelue* tekþ Salomon. Ayenb.
p. 156. — Þat maide . . þolede þene mod-kare
& mornede swþe, & þus ane stonde hit stod *æ
þon ilka* [a þan ilke ȝ. T.]. Laȝ. I. 132. Forr
þiss ilke waa Johann Bapptiste sennd to manne.
Orm 18927. I giue me holly in his grace, as gilty
for þat ilk. Will. 531. Þanne Alisaundrine
anon *after þat ilk* wax gretly awondered. 629.
cf. 1041. Ant te drake reȝde to hire *mit tet ilke*,
ant sette his sariliche muð . . on heh on hire
heaued. St. Marher. p. 10. Ant [sc. he] *mit
tis ilke* bigon to ȝeien ant to ȝuren. p. 16. He
wið *þat ilke* feng to hwenden heowes. St. Juliana p. 39. *Wið þ ilke* þe corðe totwemde.
St. Marher. p. 17. cf. 19. 22.
ilde, idle s. Wortformen, welche, wahrscheinlich aus *ille* entstanden, nur bei einzelnen
Schriftstellern angetroffen werden. s. *ile* s.
Insel.
An *ilde* was þer biside . . þat *ilde* hight
Labamare. Langt. p. 151. Þei ȝede on þe sand
to þat *ilde* wel inouh. p. 77. Þei went to þe ilde
of Hely. p. 224. *Ilde*, londe in the see, insula.
Pr. P. p. 259. — Þe *ildes* aboute alle salle loute
vnto þat lond. Langt. p. 282.
In that water an *ydle* is, And in that *ydle*
tounes of pris. Alis. 4840. Euerych *ydle*, euerych contrey He hath ysoghth. 5908. — Riche
ben the *ydles* of Yndes cuntreye. 4898. cf. 5040.
5618.
ile, yle, ille, auch **isle** s. afr. *isle, ille*, pr.
isla, illa, ilka, sp. *isla*, pg. *ilha*, it. *isola*, ahd.
isila, isele, lat. *insula*, sch. *yle, isle*, neue. *isle*.
Insel.
Þe see goþ hym al aboute, he [sc. Engelond]
stont as an *yle*. R. of Gl. p. 1. Yrlond ys aler
yle best, withoute Engelonde. p. 43. Ȝe schulleth
. . iseo a wel fair *yle*. St. Brandan p. 11.
Þe see him hurlede vp and doun . . Siþþe hit
caste him alond vpe þe *yle* of Cariot. Jud.
Isc. 25. Thai war in will tham to solas In an

yle that in tho se was. SEUYN SAG. 3505. As
quo says, lo ʒon louely *yle*. ALLIT. P. 1, 692.
Another *yle* there is that men clepen Oxidrate.
MAUND. p. 294. Wiþ þe kingdom of Couetise I
croune hem togedere, Wiþ þo *yle* of vsure. P.
PL. *Text A.* pass. II. 65. God of heuyn . . Made
him to riue vp in a place, Opon an *ile* thare in
the se. SEUYN SAG. 3549. Entres þe *ile* of Ave-
loyne. MORTE ARTH. 4310. Whan ser Torrent
into the *ile* was brought, The shipmen lenger
wold tary nought. TORRENT 1285. An *ile*, insula. CATH. ANGL. p. 194. — Of þe bischopriche
of Ely, þat þe *ylle* of Ely is. ST. KENELM 62.
He wende and alone drouʒ to an *ylle*. ST. BRAN-
DAN p. 2. Þo icom to þis *ille* Saraʒins blake.
K. H. 1318. — And gon by see to the *isle* of
Gryffle. MAUND. p. 125.
    Yles þer beþ mony on aboute Engelonde.
R. OF GL. p. 2. Þe *yles* he robbede in þe see.
p. 58. Alle þe *iles* of Anglesay on lyft half he
haldeʒ. GAW. 698. Aboutcn Grece there ben
many *iles*. MAUND. p. 15. Thanne passen men
thorghe the *isles* of Colos and of Lango. p. 23.
    i-leaded adj. v. ags. *leád*, plumbum, gebildet.
verbleit, mit Blei versehen.
    Ne bere ʒe non iren . . ne ne beate ou þer
mide, ne mid schurge ileðered ne *ileaded*. ANCR.
R. p. 418.
    i-leafe, i-leave, i-leve s. s. ʒeleáfc. **i-leafen,**
i-leven v. s. ʒeleáfen.
    i-leafful, i-lefful adj. s. ʒeleáfful.
    i-leanien v. ags. *geleánian*, retribuere, alts.
abd. *gilónón.* verleihen, leihen.
    Þe husebonde, þat is wit, warneð his hus
þus: vre lauerd haueð *ileaneth* him froure [v. l.
fowre] of his dehtren, þat beoð to vnderstonden
þe fowr heaued þeawes. OEH. p. 247. Wiit . .
þonkeð god ʒeorne wið swiðe glead heorte of se
riche lane as beoð þeos sustren, his fowr dehtren, þat he haueð *ileanet* him on helpe forte
wite wel ant werien his castel. p. 257.
    i-leapen v. ags. *gehleápan*, ahd. *kilaufan*,
giloufen, mhd. *geloufen*. s. *leapen*. laufen,
springen.
    Þe tour þay hauede ytake þo, Nadde duk
Naymes *ylope* hem to. FERUMBR. 5059. Þo Je-
sucs picher was tobroke, And þe wicke giv awei
ilope, þe. scherdes liet þare ligge þat child Jesu.
KINDII. JESU 971. Sareʒyns wer vp astyʒe, Wel
two .C. at o trome, & an heʒ to þe wydowes wer
ycome, & in *ylepe* wel nyʒe. FERUMBR. 5056.
    i-leave s. ags. *geleáf*, permissio. Erlaub,
Erlaubniss, Urlaub.
    God yaf *yleaue* þe dyeulen to guo in to þe
suyn. AYENB. p. 50. Ʒef eny other hyt doth,
Nys hyt ordre ac *ileave*. SHOREH. p. 46.
    i-leave-niminge s. (Urlaub-) Abschied-
nahme.
    Hit is oure, uor he hit ous let at his *yleaue*
nymynge and at his laste bequide Iesu Crist, þe
wel large asse meste greate tresor. AYENB. p. 112.
    i-lechnien v. ags. *gelécnian* [BOSW.], *geldc-*
nian [BLICKLING HOMIL. p. 177], sanare, gth.
galcikinon. s. *lecnen, lechnien*, heilen.
    We boð forwunded, us bihoueð leche.
Adam wes *ilechned* þurh god almihti solf, and

us bihoueð leche þurh prestes muð. OEH.
p. 83.
    i-leggen v. ags. *gelecgan*, ponere, ahd. *gi-*
leggan, mhd. *gelegen*, gth. *galagjan*. s. *leggen*.
    1. legen: *Ileiden* þa untrummen men bi
þere stret þere Petrus forð coðe. OEH. p. 91.
    Nennius was *ilæid* [d. i. ins Grab] at þon
norð ʒæte i Lundene. LAʒ. I. 325. Þe þet wrouhte
þe eorðe, he ne uond nout on eorðe so muche
place ase his luttle licome muhte beon *ileid* on.
ANCR. R. p. 258. Thulke gode Lowis is nou
Seint, & *ileid* in sarine. R. OF GL. p. 531. Ne
makede his moder non oþer chere Bute also he
were *ileid* on bere. FL. A. BL. 13. In one
crachche he was *ileid*. KINDH. JESU 13. Luue
one schal beon *ileid* ine Seinte Miheles weie
[d. i. Wage]. ANCR. R. p. 386. Al to muchel ic
habbe ispend, to litel *yleid* an horde. MOR. ODE
st. 6. Ure lord was *ileid* him don to slepe ine
þo ssipe. O.E.MISCELL. p. 32. — It [sc. þe
gurdel] was in þe tumbe *ylaide*. ASSUMPC.
B. M. 842. Þe cloþes þat wern on hire bed
ilaid . . Alle haþ he wiþ is hondes braid doun
benyþe hure breste. FERUMBR. 2427. When
thai were togider *ylayd*, Sir Amis his swerd
outbraid, And layd bitvix hem tvo. AMIS A.
AMIL. 1162.
    2. legen, fügen zu etwas, mit *to:* Ha
leien, se rudie & se reade ilitet eauer euch leor,
as lilie *ileid to* rose. LEG. ST. KATH. 1431. *To*
thyssere joyen scholle be *yleyd* Alle the joyen
that moʒe be yseyd. SHOREH. p. 126.
    3. legen, werfen in Banden: Ich
habbe þesne leod king *ileid* in mine benden.
LAʒ. I. 37.
    4. legen auf, mit einem abstrakten Ob-
jekte: There is a *sclaunder Ylayd* on me. ALIS.
1553. He had his *liking ilaide* þat ladie too
wedde. ALIS. FRGM. 203.
    5. erlegen, zahlen, geben: Ase hit
ssoweþ wel in þe godspelle of þe poure wyfman
þet ne hedde bote tuaye uerþinges þet hi offrede
to þe temple; huerof oure lhord zayþ, þet hi
hedde more *ylayd* þanne alle þe oþre þet hedden
ylayd greate þinges. AYENB. p. 193.
    6. unterliegen machen, unterwer-
fen, niederwerfen: Whar me heom kepen
mihte . . & þa foouwer eorles *ileggen* & fasten
heom binden. LAʒ. III. 70.
    Þat wes þe ruhjeste mon . . & hæfde moni
lond *ileid* under his hond. LAʒ. II. 31. Mi deore
cun þat heo habbeoð *ilæid* adun. II. 262 sq.
Allas! that . . Swiche men sholde swich deth
thole, and ben *ileid* so lowe. POL. S. p. 343.
    7. legen, von Vögeln, mit verschwiegenem
Objekte (Eier): Þe hen, hwon heo haueð *ileid*,
ne con bute kakelen. ANCR. R. p. 66.
    i-lengen v. ags. *gelengan*, prolongare, ahd.
gilengan, extendere. s. *lengen*.
    1. gelangen: Leteð me *ilenge* [bringeþ
me ʒ T.] riht to Stanhenge, þer lið muchel of
mine cunne. LAʒ. II. 324.
    2. verlängern: Þenne beoð þine daʒes
ilenged mid muchele blisse in eorðan. OEH.
p. 13. Hi habbeþ *ylengd* þet lyf of þe poure be
hare elmesse. AYENB. p. 198.

i-lengŏed p. p. s. *lengŏen.* verlängert.
Sche hadde brouȝt hem of bale boþe, þei seide, & *ilengþed* here lif mani long ȝere. WILL. 1039.

i-leoȝen v. ags. *geleógan,* mentiri, mhd. *geliegen.* vgl. gth. *galiugs* adj. falsus. s. *leoȝen, leȝen, liȝen* v. lügen.
Þu hauest *iloȝen þan* halie gaste. OEH. p. 91. Thu hauest muchel *iloȝe.* O. A. N. 845. Treuþe *yloȝe* and oþ ybroke is ase hit were al on. AYENB. p. 65. Sche hath *ilowe* mani a wonder. SEUYN SAG. 2272.

i-leornen, i-lernen v. ags. *geleornian,* diacere, ahd. *gelirnén,* mhd. *gelirnen, gelernen.* s. *leornen, lernen.* lernen.
A mayde Cristes me bit yorne þat ich hire wurche a luue ron, For hwan heo myghte best *ileorne* to taken on oþer aoþ lefmon. G.E.MISCELL. p. 93. Toward this ilke daunce he drough ful yerne, In hope that he som wisdom schuld *ilerne.* CH. C. T. 6575.
He nefde *ileorned* nauer nane lare. LAȝ. II. 130. Of swuche larespel þu haues leaue *ileorned.* LEG. ST. KATH. 385. Ich heilede hem hendeli, as ich hedde *ileorned.* P. PL. Text A. pass. IX. 10. Beter hym hadde ybe Haue biloued þer doune, þan *ilerned* for to fle. R. OF GL. p. 29. Non wel libbe ne sael conne þet to sterue *ylyerned* ne heþ. AYENB. p. 70.

i-leoten v. ags. *gehleótan,* sortiri, nancisci, ahd. *giliazen, kileozen,* sorte ducere, sortiri. s. *leoten.*
1. durch das Loos bestimmen, überhaupt bestimmen, zutheilen: Nas hit noht swa *iloten,* for lettinge com on ueste. LAȝ. I. 334. Þa þe duȝeþe hafde iȝeten, þa wes heom þa bet *iloten.* II. 173.
2. erwählen: For his fader Lote, þe *iloten* wes to kinge. LAȝ. II. 554.
3. zufallen, zu Theil werden: Nu ich mi lond habben bitald, nu hauiŏ hit Oswald, ah þer uore him scal *ileoten* bitterest alre baluwen. LAȝ. III. 258.

i-lesen v. ags. *gelýsan,* liberare [BOSW.], gth. *galausjan.* s. *lesen.* befreien, erlösen.
We aȝen þenne ure boden to singe .. þet lif and saule beon iborȝen, and baðe *ilesed* ut of sorȝen. OEH. p. 71. Ne bidde ich no bet bute ich beo *ilesed* a domes day of bende. O.E.MISCELL. p. 62.

ilespil, illespil, ilspil s. unklaren Ursprungs; der erste Theil des zusammengesetzten Wortes deutet auf ags. *igil, igl, il,* erinaceus. Stachelschwein.
As ful as an *illespyl* is of pikes al aboute, As ful he stikede of arewen. ST. EDM. KING 47. Ne bere ȝe non iren .. ne irspiles [*ylespilles C.*] felles. ANCR. R. p. 418. Ilspi(lles) wontes [caret .. hericiis HIGD.] TREVISA I. 339.

i-lessed p. p. s. *lassen, lessen,* minuere. vermindert.
Hyre poer nys nouȝt *ylessed.* SHOREH. p. 127.

i-lete s. mhd. *geláȝe,* altniederl. *gelaet,* jetzt *gelaat,* niederd. *geldt.* vgl. altn. *læti,* vox, gestus, motus. sch. *lait, layte, late, lete,.* altn. *lat* etc. Gebaren, Benehmen, Miene.

He is wis that hardeliche with his vo berth grete *ilete.* O. A. N. 402. Wanne ich iseo the tohte *ilete* The luve hring on the ȝunglinge. 1444. The niȝtegale .. Thurh belde worde an mid *ilete* Deth his ivo for arehwe swete. 1709-14.

i-leten v. ags. *gelætan,* ahd. *gildzan,* mhd. *geldzen.* s. *leten, laten.*
1. loslassen, entlassen: As glad as grehound *ylete* of lese. OCTOU. 767.
2. lassen, zurücklassen: Þe child .. þat in þe tonne was *ylete.* GREGORLEG. 455.
3. verlassen: Þe angel zayde to Lot, þo he wes yguo out of Sodome, „ne trost þe naȝt ine þe stede þet þou hest *ylete.“* AYENB. p. 241. Þe ilke ymage þanne of salt ssel ȝeue wyt .. to ham of religion, þet habbeþ uorlete þe wordle, þet hy ne wende ayen to þan þet hi habbeþ *ylete.* p. 242.
4. aufgeben: Elmesse yyeue .. to ham þet byeþ riȝt poure of herte and of wyl, þet habbeþ *ylete* uor god þet hi hedden oþer þet hi miȝte habbe. AYENB. p. 193. Þe maydines habbeþ mase speciale ouercomynge of hare ulesse, uor to uolȝy þe lamb .. to huam hi byeþ yspoused, and habbeþ *ylete* þe uleasliche sposayies. p. 235.
5. unterlassen: Ich am mochel ine dette ayen þe, and uor þo queades þet ich habbe ydo, and uor þe guodes þet ich habbe uoryete and *ylete* to done. AYENB. p. 115.
6. mit blod verbunden, zur Ader lassen: Nes among al moncun oni hole dole ifunden þet muhte beon *ileten blod.* ANCR. R. p. 112. Ȝe schulen beon idodded four siðen iðe ȝere .. and ase ofte *ileten blod.* p. 422. Þa cnihtes scullen suggen .. þat tu ært *ilete blod.* LAȝ. II. 372. Is he nou *ilete blod.* OTUEL 408. Þe erl of Ferers was *ilate blod* riȝt þo. R. OF GL. p. 584. Ther was .. mony a veyne *ylat blode.* ALIS. 2410-3.
7. in Verbindung mit Adverbien, wie out, auslassen, herauslassen: For iuel blod was hire withinne; Hit moste be quik *ilaten out.* SEUYN SAG. 1878. — adoun, herunter lassen: Þe brigge was sone *ylete adoun.* FERUMBR. 3751.
8. lassen in kausaler Bedeutung, mit dem Infinitiv: Thou seist, that thou vs woст habbe *ilate* anhonge. R. OF GL. p. 503.

i-letten v. ags. *gelettan,* retardare, impedire, alts. *gelettian,* ahd. *gilezzen,* mhd. *geletzen,* gth. *galatjan.* s. *letten.* hindern, hemmen, aufhalten.
Nefde he þo iþouht, ȝif God nefde *ilet* him, meidenhod uorte uorleosen? ANCR. R. p. 164. To Macedoyne they come rathe; Ther they weoren fouly *ylet,* The gates weoren ageyns him scheot. ALIS. 3220. With þus Sarsyns we worþ *ylet.* FERUMBR. 3050. Þan þay þoȝte to gadre han set, ne hauede Fyrumbras hymen [= hem] *ylet.* 4135. That other were so *ilet* To do the flesches dette. SHOREH. p. 71. It shal .. take eclips right as the moone, Whanne he is from us *ilett* Thurgh erthe, that bitwixe is sett The sonne and hir. CH. R. of R. 5336. Alisaundre set ther his bailif To Darye ward, also

blyve, Ac he was *ylat* by the way At mony a
bataile. ALIS. 1774.

i-leðered adj. von ags. *leðer* s. gebildet.
mit Leder versehen.

Ne here ȝe non iren .. ne irspiles felles, ne
ne beate ou þer mide, ne mid schurge *ileðered*.
ANCR. R. p. 148.

i-leved adj. vgl. mhd. *geloubet* p. p. belaubt.

Þe tre him poȝte he sei Vaire *ileued* and
iwoxe up to heuene an hei. HOLY ROOD p. 24.

i-leven etc. v. s. ȝelefen. glauben.

i-lewed, i-leawed adj. u. s. gleichbedeutend
mit *lewed*, ags. *læved*, *ledved*, laicus.

adj. weltlich, nicht dem Priesterstande angehörig: Ihadede men he munegeð
wel to lerene *ilewede* men. OEH. p. 131.

s. Laie: Ne bið naut his lare fremful ne
icweme þan *ilewoden*, ȝif he mid wercan towerpeð
his bodunge. OEH. p. 109. Vre lauerd seinte
Paul .. munegeð eiðer ihadede and *ileawede* to
godes worde and to weldede. p. 131.

i-lic, i-lik, i-lich adj. s. ȝelic. **i-like, i-liche**
adv. s. ȝelice.

i-licken v. ahd. *gilechón*, lambere, mhd.
gelechen. s. licken. lecken.

Nis no blisse soðes iþinge ðet is wtewið,
ðet ne beo to bitter abowt, ðet tet uni ðer inne
ne beo *ilicked* of þornes. OEH. p. 200.

i-likien v. ags. *gelícian*, placere, mhd. *gelíchen*,
gth. *galeikan*. s. lihien. gefallen.

Leue uader, *ylyky* þe þet þe holy gost ous
wille alyȝte þe herte. AYENB. p. 109.

i-liknen v. ahd. *kilíhinón*, comquare, mhd.
gelíchenen. s. liknen. vergleichen.

Þanne mow ȝe weies to þe wolf wel ben
ylikned. ALEX. A. DINDIM. 864. No þing ne is
worþi to be *ylykned* to þe chaste herte. AYENB.
p. 234. Therof springeth that holye stren *Ilykned*
to the sterren. SHOREH. p. 58. *Ilikned* worth
thy gode loos So swete so the spyce. p. 90.

i-licnesse, i-liknesse s. ags. *gelicnes*, similitudo, alts. *gilíknessi*, ahd. *galíhnissi*, mhd. *ge-
líchnisse*. Gleichheit, Aehnlichkeit,
Bild, Ebenbild.

He wes imacad to monne *ilicnesse*. OEH.
p. 127. Hwi [sc. wes iseȝen þe halia gast] ofer
Criste on culfren heowe, and hwi ofer Cristes
hirede on fures *ilicnesse?* p. 95. Ȝe ne makede
he mon of lam to his *ilicnesse?* LEG. ST. KATH.
991. As he biseh & biheold hire lufsume leor,
lilies *ilicnesse*. ST. JULIANA p. 21. Ne lef þu
neauer to þi va þin *ilicnesse* þat tu ruddest of
deað þurh þi deað o rode. p. 75 sq. Nu þu art
iwedded & of se heh se lahe iliht of englene
ilicnesse .. in to flesches fulðe, in to beastes
liflade. HALI MEID. p. 25. Loke hu þis unþeaw
ne eueneð þe nawt ane to witlese beastes .. þe
þat art iwit iwraht to godes *ilicnesse*. ib. Schrift
is a sacrament þet haueð one *ilicnesse* wiðuten
of þen þinge þet hit wurcheð wiðinnen. ANCR.
R. p. 330. Ȝif we beoð iimped to þe *iliknesse*
of Godes deaðe, we schulen beon iimped to þe
iliknesse of his ariste. p. 360.

i-liche s. ahd. *gelíchi*, mhd. *gelíche*. Gleichheit, Bild, Gestalt.

Send me þi sonde i culures *iliche*. ST.
MARHER. p. 7. Ase mannes *ylyche* ymad of tre
May nauȝt be al ase man may be Inne alle
thynge; Ne Godes *ylyche*, man, ywys Ne may
nauȝt be al ase God ys, Of hevene kynge.
SHOREH. p. 167.

i-lided adj. ags. *gehlidad*, operculo tectum.
gebildet von ags. *gehlid*, clausura, septum, *hlid*,
operculum. zugedeckt.

Þes put he hat þ heo ben euer *ilided* &
iwrien. ANCR. R. p. 58.

i-lift = *ilifted* p. p. s. *liften*. erhoben,
erhöht (an Würden).

Whan he was thus *ilifte* vp, his hert was
enhaunsed in pride. GESTA ROM. p. 280.

i-liggen v. ags. *gelicgan*, jacēre, alts. *giliggian*,
ahd. *giliggan*, *giliccan*, *giligen*, mhd. *geligen*.
liegen.

Ȝare we habbeoð stille *ileien*, ure wurðscipe
is þa lasse. LAȜ. II. 625. Þet bitocneð bi LAȜRE,
þet stonc, so long he hefde ileien i þer eorðe.
ANCR. R. p. 326. He yaf Adam and Eve And
othere mo blisse, That longe hadde *ylȝyen* bifore
As Luciferis cherles. P. PL. 13066. As a leek
þat hedde *ileiȝen* longe in þe sonne. *Text A.*
pass. V. 65. He adde *ileye* an erthe vnssriued
vifti ȝer. R. OF GL. p. 518. Þeȝ al þe wordle
hadde *ileye* vpe me, me þinþ so heuy nere. ST.
CRISTOPH. 105. Hit [sc. þat treo] was foul and
ileye hadde þer longe. HOLY ROOD p. 33. As
þis Ruben bi his wyf aniȝt *ileye* hadde, Harde
metinge his wyf mette. JUD. ISC. 7. Ȝif
here fadre had not ben dronken, he hadde not
yleye with hem. MAUND. p. 102. Fulgence deide
seþþe, þo he hadde *yley* sik. R. OF GL. p. 76.
Ich mot siggen sikerly, That tvay men han *yly*
me by. LAY LE FREINE 97. Theo dragon is sum
steorne mon, Other a god .. That hath *ylaye*
by the quene. ALIS. 508.

i-lihten v. ags. *gelíhtan*, allevare — descendere [GREIN *Sprachsch.* I. 423], ahd. *gillhten*,
allevare. s. *lihten*, levare.

1. tr. erleichtern: He gret wit þen
lauerd ant al þat hird seoðen wið lahhinde
chere, ant ha ȝeldeð him his gretunge, ant beoð
alle *ilihtet* ant igleadet, ham þuncheð, of his
onsihðe. OEH. p. 257. Worp awei vrom me
alle mine gultes, þet ich beo *ilihted* of hore
heuinesse. ANCR. R. p. 356.

2. intr. herabsteigen: Nu þu art
iwedded, & of se heh se lahe *iliht*. HALI MEID.
p. 15.

i-lihten v. ags. *gelýhtan*, lucem dare, illuminare, alts. *giliuhtian*, mhd. *geliuhten*, gth. *galiuht-
jan*. s. *lihten*, lucere. erleuchten.

Of the sprong a leome newe þat al þis world
haueð *iliȝt*. OEH. II. 255. Þe maydenes bileeue
so riht, þat haþ al hire bodi *iliht*. CAST. OFF
LOUE 777. Þat is þe clere loue and briht þat
heo is al wiþ *iliht*. 793.

i-limed adj. v. ags. *lim*, membrum, gebildet.
mit Gliedmassen versehen.

A child þat riht *ilimed* nere, þat þreo feet
and þreo honden beere. CAST. OFF LOUE 624.

i-limen v. ags. *geliman*, conglutinare, jungere,
ahd. *giliman*, mhd. *grlimen*. s. *limen*, glutinare.

1. eig. **zusammenleimen**, dann überhaupt **eng verbinden**: Ne drede je nout þeo bwule þet je beoð so treouliche & so ueste *ilimed* mid lim of ancre loue. ANCR. R. p. 226. Þet je beon euer mid onnesse of one heorte & of one wille *ilimed* togederes. p. 254.

2. **fangen** (wie mit Vogelleim), **berücken**: A man schal wynne us best with flaterye, And with attendaunce and with busynesse Ben we *ylimed* both more and lesse. CH. C. T. 6514.

l-limpen v. s. *jelimpen*.

l-litet adj. altn. *lita*, tingere. **gefärbt**. Ha leien, se rudie & se reade *ilitet* sauereuch leor, as lilie ileid to rose. LEG. ST. KATH. 1431.

l-liðe adj. mhd. *gelinde*. s. *liðe*. **freundlich, wohlgesinnt.** Þu eart me swiðe *iliðe*, & ich þe leouie swiðe. LAJ. I. 209.

l-liðen v. ags. *geliðan*, ire, proficisci, ferri, vehi, alts. *gilîðan* (wenigstens *gilîðan* p. p.), ahd. *gilîdan*, *kalidan*, gth. *galeiþan*, ἔρχεσθαι. s. *liðen*. einen **Weg nehmen, gehen, fahren, ziehen.** Tel me .. of wulche londe þu art *iliðen* hidere. LAJ. III. 36. Þa þe king Gillomar .. seide þat heo weoren sotten iueren þat ouer sæ brade þider weoren *iliðene*. II. 301. Þa wes Allec þe king *iliðen* in to Lunden. II. 24. Þa þu weoren from us *iliðen* .. þa wes þa king swa bliðe swa he nas nauer ære. I. 356.

l-liðezien v. ags. *gelîðegian*, mitigare. **lindern, erleichtern.** He is ihate .. paraclitus, þet is, þe frofre gast, forðon þet he ifrefrað þa drorijan, þa þet heore sunnan bireusiað, and jifð heom forjifnesse and huht, and heore jeomerinde mod *iliðejað*. OEH. p. 97.

l-liðered p. p. s. *liðeren*. vgl. ags. *liðre*, funda. **geschleudert.** Hii .. rede to hom withoute .. That hii wolde Sir Edward vawe out to hom sende *Ilithered* with a mangenel. R. OF GL. p. 549.

l-livien v. ags. *gelifian*, vivere, altnorthumbr. *gelifa*, ahd. *gilebôn*, mhd. *geleben*. s. *livien*. **leben, verleben.** Hyt ya ney vyf jer þat we abbyþ *ylyued* in such vyce. R. OF GL. p. 195. He hadde meni a fair day *ilyved* in care and wo. BEKET 2146. If man nadde aje Godes heste nothing misdo, Herinne hi hadde jut *ilyved* and here ofspring also. ST. BRANDAN p. 3. Bi this wille ich have *ilyved* four and tuenti jer. p. 30. Þou hast *ylyued* þy lif to longe to do me such a spyte. FERUMBR. 686.

llle adj., s., adv. altn. *illr*, *ill*, *ilt*, malus, -a, -um, neue. *ill*.

1. adj. **schlecht, übel, schlimm, böse** in physischer oder moralischer Hinsicht: Wiles ðat weder is so *ille*. BEST. 526. An *ille* tre may na gude fruyt bere. HAMP. 660. Hwo haues þe þus *illa* maked, þus toriuen, and al mad naked? HAVEL. 1952. Addrus & ypotamus & oþure *ille* wormus. ALEX. A. DINDIM. 157. — Ic am a kaitif lechour, And *ille* man, and Goddes

traytour. METR. HOMIL. p. 90. Lutel loc is gode lef, þat comeð of gode wille, & eðlete muchel jyue, ðenne ðe heorte is *ille*. MOR. ODE st. 37. *Ille* cursing sal him taken. G. A. EX. 4038. Mann iss .. full of *ille* wiles. ORM 6646.

2. s. a. von **Personen, Bösewicht, böser Mensch**: Thu farest so doth the *ille*, Evrich blisse him is unwille. O. A. N. 421. Whanne gode and *ille* here mede schal take. PENIT. PS. p. 6.

b. **sächlich**; theils **Uebel, Leid**: Heo gan him telle hire *ille*. ALIS. 1147. Thay wepede sare and gaffe thame *ille*. ISUMBR. 93. cf. 111. 192. 315. Y pray yow take hit not to ille, Y ame holdene thertylle To fyght on my foo. DEGREV. 442. Syr, take hyt not yn *ylle*. EMP. OCTAVIAN 1152. theils **Böses**: Þat þai mai neuermar held til *il*, Namar þan þe wick mai to god will. CURS. MUNDI 501 COTT. He .. gaf hym wytte, skille and mynde, For to knaw gude and *ille*: And þare with he gaf hym a fre wille, For to chese, and for to halde Gude or *ille*, wethir he walde. HAMP. 76. cf. 174. Zur ydil idolus don jou *ille* wirche. ALEX. A. DINDIM. 754. Þat alle *illez* he hates as helle þat stynkkez. ALLIT. P. 2, 577.

3. adv. altn. *illa*, male, schw. *illa*, dän. *ilde*. **schlecht, arg, übel, böse**: Þe bicche bitit *ille*, þan he berko stille. O.E.MISCELL. p. 137. Lia bar last dowter Dinam, Sichem aiden hire *ille* binam. G. A. EX. 1705. He .. ræfeþþ þe þin alderrdom, & tet (i. e. te itt — thee it) maȝȝ *ille* likenn. ORM 18278. Pey hire likede swiþe *ille*, þouthe it was godes wille. HAVEL. 1165. That shalt thou lyke fulle *ylle*. EGLAM. 306. Ic haf sped ful *ille*. METR. HOMIL. p. 149. Of povre mene that myghte *ille* goo Thay tuke inne welle a sexty or moo. ISUMBR. 558. — Þe king wes stille & þa swiken speken *ille*. LAJ. I. 231. Quethir sa thai do wel or *ille*, Thai hald wit thaim in al thair wille. METR. HOMIL. p. 37.

ille-willand s. vgl. altn. *illviljaðr*. **Uebelgesinnter, Feind.** Be funden þi hand til of þine *ille-willand* [inimicis VULG.] PS. 20, 9. I sal slide fra his face his *ille-wiland*. 88, 24. He .. boght am of hand of *ille-wiland*. 105, 10. To be laverd thurgh þe land In middes of þine *ille-wiland*. 109, 2.

ille-willed adj. **übelwollend.** *Ille wylled*, malivolus. CATH. ANGL. p. 195.

illing s. altn. *illing*, malitia. **Bosheit, Arglist.** He [sc. ðe fugeles] wenen ðat ge [sc. ðe fox] ded beð, he wullen on ðis foxes fel, and ge it wel felen .. gelt hem here billing raðe wið *illing*. BEST. 413-20.

lluminainge s. **Erleuchtung.** He hath ynliȝtid in oure hertis, to the *illumynynge* of the science of the cleernesse of God, into the face of Ihesu Crist. WYCL. 2 COR. 4, 6 Oxf.

llusioun s. afr. *illusiun*, it. *illusione*, pr. lat. *illusio*, neue. *illusion*. **Täuschung, Blendung, Blendwerk.** It [sc. the diamand] kepethe him that

berethe it, in gode wytt, and it kepethe him
fro strif and riot, fro sorwes and from en-
chauntementes and from fantasyes and *illusiouns*
of wykked spirites. MAUND. p. 159.

i-lokked p. p. s. *lokken*, *loken*, obserare.
eingeschlossen, eingesperrt.

God of his grace closed the mountaynes
togydre, so that thei dwellen there, alle faste
ylokked and enclosed alle aboute. MAUND.
p. 265.

i-lokien, i-loken v. ags. *gelócian*, aspicere
[BOSW.], mhd. *geluogen*.

1. sehen, blicken: Ich habbe . . to
sunfule unþeawes mis *iloked*, mis iherened, mis
ifeled. OEH. p. 205.

2. beobachten, inne halten, feiern:
Amansed beo þe mon þe sunne-dei nulle *iloken*.
OEH. p. 45.

Hwa efre þenne *ilokie* wel þenne sunnedei oðer þa oðer halie dajes þe mon beot in
chirche to lokien swa þe sunne-dei, beo heo dal
neominde of heofene riches blisse. OEH. p. 47.

Ine þe stede of þe sabat, þet wes straytliche
yloked ine þe yalde laje, jet holi cherche þane
sonday. AYENB. p. 7. Be onworþnesse, þet þou
hest ofte jiþes euele and wroþe *yloked* hire
festes [sc. of God, of his moder, of his haljen
etc.] p. 20.

3. wahren, bewahren, hüten: Þe
heorte is wel *iloked*, jif muð & eien & earen
wisliche beoð ilokene. ANCR. R. p. 104.

Of six .C. þousend þet god hedde ykest
out of þe þreldome of þe kinges of Egipte, and
þet he hedde *yloked* uourti year ine desert myd
þe manne of heuene, ne yede into þe holy londe
bote tuo. AYENB. p. 67. cf. 198. Of oþre zennes
þet he ne is najt gelti, he ssel herye god and
him bojsamliche þonky þet him heþ *yloked*.
p. 70. Þe uerste stat is of þan þet byeþ yhole
of bodye, and habbeþ wel *yloked* hire maydenhod. p. 220. Maydenhod is þe huite robe . .
þet ssel by wel *yloked* uram þri spottes, uram
hor, uram blod, an uram ver. p. 228.

4. ersehen, bestimmen: Hit wes
iloked bi godes wissunge, þet mon scule childre
fulhten. OEH. p. 73. Þe wurmes ant te wilde
deor þ on þeos wilde waldes wunieð, libbeð efter
þe lahen þ tu ham hauest *iloked*. ST. MARHER.
p. 10. Ne doþ nojt þe vylenye, To do my penance wyþoute, ac in alle manere, As yt me *yloked*
war, in holy chyrche here. R. OF GL. p. 339.
Him was *iloked*, out of londe wende. p. 563.
Þe bischop hadde *iloked* þat hit [sc. þe bodi]
scholde þider beo ibore & ischryned þer his
fader lay. ST. KENELM 301.

Haueden al þa reuen . . *iloked* tweiene
eorles . . þe sculden witen þat lond. LAJ. I. 225.
Iloked he was to purgi him þurf clergie, if he
mijte, And therof him was dai iset þurf holi
churche rijte. BEKET 371.

i-logged p. p. s. *logyen*, gelagert.
Til they come to þat plas Ther Alisander
ylogged was. ALIS. 3131. Kyng Alisaunder
ylogged is, And his barons of gret pris, Upon a
water yhote Tygres. 3524. Anon was alle Daries
ost *Ylogged* by Estrages acost. 4092. Wendeþ

þerfor to Morymond, *ylogged* þer he lys. FE-
RUMBR. 1522. Of Charlis y wol jov telle, þat
lyþ at Morymond with ys barons, Wel *yloged*
ther on pauyllouns. 4000.

i-lome adv. ags. *gelóme*, continuo, frequenter,
ahd. *kilómo*, *kildmo*. vgl. altn. *lome*. häufig.

Þe þe wule *ilome* ibeten and *ilome* breken,
he gremeð ure drihten. OEH. p. 25. Summe . .
swiðe reowliche *ilome* jeiþeð and jeorne bisecheð
þat me ham ibureje from þam uuele pinan. p. 43.
Þenne þe mon him biþengþ þet he haueð to
selde igan to chirche, and *ilome* mid his honde
idon þet he don ne sculde, þenne wule his heorte
ake. p. 149. We þet brokeð godes hese and
gulteð swa *ilome*. p. 165. Þet itit *ilome*. p. 167.
Vor þine luue i swinke and sike wel *ilome*.
p. 195. Louerd . . ne jif þu me nouðer to muchel
ne to Iutel, uor þurh eiðer moni mon suneggeð
ilome. p. 213. Heald þin cunde, and þine licames
lust kel *ilome*. II. 31. Vre leuedi is iuened to
gerde for foure þinges þe man find *ilome* on
gerde, þat he be riht and smal and long and
smeþe. II. 219. Sweord ajein sweorde sweinde
wel *ilome*. LAJ. III. 108. Ha moten . . drihtines
munegin *ilome*. ST. MARHER. p. 15. Jif hit is
misborn, as hit *ilome* limpeð, . . hit is sorhe to
hire. HALI MEID. p. 33. *Ilome* thu dest me
grame. O. A. N. 49. So heo mei . . crie him
jeorne þerof merci & ore, & schriuen hire þerof
ilome. ANCR. R. p. 136. Engolond haþ ibe
ynome and iworred *ylome*. R. OF GL. p. 3. A
bataylc þer was . . þe meste þat euer was, as me
haþ herd *ylome*. p. 9. cf. 228. 229. Ic was ype
þe poynte to adrenche *ilome*. ST. CRISTOPH. 104.
To þabbei of Stanleghe he wende þanne *ilome*.
ST. EDM. CONF. 387. He repentede him *ilome*.
PILATE 106. Hi custen hem faste and clupte
and herede god *ilome*. BEKET p. 287. Þe kuinde
of þat ilke grome Makieth gret joye and leijeth
ilome. KINDII. JESU 913.

Nicht selten erscheint das Adverb mit oft
verbunden: Westmes þorð [sic!] uuele wederas
oft and ilome scal forwurðan. OEH. p. 13. Þene
bið his erd ihened *oft and ilome*. p. 115. Þider
we sculen drajen and don wel *ofte and ilome*
[wo eine andere Handschrift noch die älteste
Form *jelome* bietet]. OEH. p. 163. cf. 289. Fur
fleh of stele ofte & wel *ilome*. LAJ. II. 267. We
hit hereð iwis swiþe *ofte and ilome*. O.E.MI-
SCELL. p. 168. Eraclius þe emperour . . Of þis
misfarinde pruyde he herde tellen *ofte and ilome*.
HOLY BOOD p. 51.

Der Superlativ steht in: Ther me mai
the *ilomest* finde. O. A. N. 595.

i-lome s. stimmt nur der Form nach mit
ags. *gelóma*, supellex, überein, scheint aber
gleichwohl damit stammverwandt zu sein. ahd.
luomi, *luami*, *lómi* s. tritt in Zusammensetzungen mit der Bedeutung Mattigkeit, Milde,
Freundlichkeit auf, wie *luomi* adj. als
matt, milde. So mag in der folgenden Stelle
die Bedeutung Freundlichkeit statt haben,
oder, wenn man das Wort als Adjektiv ansehen
will, die Bedeutung freundlich.

Ac lete we awei thos cheste, Vor sviche
wordes both unwerste; And fo we on mid rijte

dome, Mid faire worde and mid *ylome*. O. A.
N. 177.

i-long adj. ags. *gelang*, *gelong*, pertinens,
proprius, alts. ahd. *gilang*. mit *on*, h a n g e n d,
g e l e g e n an einer Person oder Sache.

O ðe is al *ilong* mi lif and eke min heale.
OEH. p. 195. O ðe is mi lif *ilong* and o godes
ore. p. 197. On hire is al mi lif *ilong*. O.E.MI-
SCELL. p. 158. Mi joye and eke my blisse on him
is al *ylong*. LYR. P. p. 61. Jesu . . Mi lif is al
on the *ilong*. p. 74. Y wole mone my song on
wham that hit ys *ylong*. p. 92. Nis no wone on
him *ilong*. CAST. OFF LOVE 229. Þe king . . bad
heom . . fondien þat sope mid heore sije-craften
whær on hit weore *ilong*, þat þe wal þe wes awa
strong ne moste niht longes nauere istonden.
LAJ. II. 225. Þe kyng ascode at enchanteres,
war on yt was *ylong*? R. OF GL. p. 128. The
king the beodeth loue ynouj, the strif is on the
ilong. BEKET 1642. Hit ys no þyng on hymen
ylong þat y ne hadde *ylost* Roland on myn barons hende. FERUMBR. 4291.

i-loren, i-lora, i-lore p.p. *s. leosen*, perdere.
So frühe und so häufig auch diese Participialform auftritt, so hat sie doch kein Vorbild in
germanischen Mundarten, wie etwa ein ags. p. p.
geloren, wenn auch ein verwandtes *geloeren*,
defunctus, vorkommt. v e r l o r e n.

On his heorte he hauede grome . . þat he
hæuede *iloren* his kinelond. LAJ. I. 206. Þenne
were his cun iscend . . heore wurðscipe *iloren*.
II. 435. Al is dayes werk ther were *yloren*.
LYR. P. p. 110. Now he þorw rijt haþ *iloren* þe
murþe þat he mijte hauen. CAST. OFF LOUE 204.
Iloren is this luytel faunt. KYNG OF TARS 563.
Pou . . hauest *iloren* al þi mijt. OTUEL 274. In
what manere is my sone *ilorn*? [umgekommen]
Ylorn we have Adam, And al oure lordshipe.
P. PL. 12704.

We habbeþ for oure loue *ilore* of vre leode
cnihtes . . an hondred þusend. LAJ. II. 96 j. T.
Vre king we habbeoþ *ilore*. II. 337 j. T. Þe
fourme of pes was vaste ymad . . þat ne myjte
nojt wel ybroke be, bote treuþe *ylore* were. R.
OF GL. p. 249. Þe tyþynge sone com to Margarete . . þat boþe yre louerd & yre sone *ylore*
adde þat lyf. p. 392. Thai heom hulden al *ylore*.
ALIS. 2757. Theose two traytours goth tofore,
And seyn to Darie he is *ylore*. 4580. cf. 6499.
7118. Jerusalem, thou hast *ilore* The flour of al
chivalerie. POL. S. p. 249. Sore him ofþojte
. . þat so menie pars of his þeofþe scholde fram
him beo *ilore*. JUD. ISC. 134. Child that hath
his moder *ilore*, his help is moche bihynde.
BEKET 162. An archer, uor þet he hedde *ylore*
ate geme, nom his boje and saat an hej sye god.
AYENB. p. 45. Þou comst uram þe tauerne of
þe dyeule, huer þou hest þi lif ywasted and *ylore*
þine time. p. 129. Wonderlyche jede man away
Lyjtlyche *ylore*. SHOREH. p. 162. Canst þou
telle jwanne þou were ibore? Nai, ich wene þou
hauest *ilore*. KINDH. JESU 507. For al strengthe
that God yaf hym [sc. Sampson] before, Thei
hym captived, whereby he was *ylore*. LYDG. M.
P. p. 38.

i-losien v. ags. *gelosian*, evadere, solvere,

altnorthumbr. *gelosia*, perdere [MATTH. 16, 25],
gth. *galausjan*, solvere. *s. losien*. v e r l i e r e n.

We habbeð for eower luuen *ilosed* ure
leoden, cnihtes i þissen londe an hundred þusende. LAJ. II. 96. Þo hehte he þe cnihtes . .
þat lang hadde ilcued and in fihte moche *ilosed*,
þat hii to him come and jeftes afenge. II. 590
j. T. Nu ich *ileosed* [? ilore j. T.] habbe mine
sweines leofe. III. 132. Þe keiser, al acanget,
hefde *ilosed* mondream. LEG. ST. KATH. 2045.
Darie hath *ylost* his pray. ALIS. 4282. The emperour bathe ylost a gret partie of his londes.
MAUND. p. 8. So han the calyffees *ylost* here
name. p. 44. *Ylost* ys al my mijt. FERUMBR.
1141. *Ylost* ys myn honour. 1645. Taken ys he,
y wot it wel, and *ylost* for euere, y wene. 2153.
Tyme *iloste* may nought recovered be. CH. *Tr.
a. Cr.* 4, 1255. Of al lordyis be he blest, He wold
no mon where *elost*, That wyl in his merce trust.
AUDELAY. p. 42.

i-luken v. ags. *gelucan*, claudere, gth. *galukan*.
s. luken.

1. z u s c h l i e s s e n, v e r s c h l i e s s e n: He
com among his disciples þer þe jeten weren
ilokene. OEH. p. 141. His ban beoð *iloken* faste
i guldene cheste. LAJ. III. 295. Ar the gate
weore *yloke*, Mony poune [panne?] was tobroke.
ALIS. 2769. In a chambre faste *iloko* alle hi
were ibr+oujt. BEKET 824. Iwalled her [sc. þulke
put] is uaste aboute, & uaste *iloke* þat jat.
FEGF. D. H. PATRICK 65.

2. a n s c h l i e s s e n, von der Kleidung:
Nu cumeð forð a feble mon, & halt him þauh
heihliche, jif he haueð enne widne hod & one
ilokene cope. ANCR. R. p. 56. .

i-lugged p.p. *s. luggen*. g e z o g e n, g e-
z e r r t.

He was . . ylaujte, and *yluggyd* of many.
DEP. OF R. II. p. 26.

i-luvien, i-lovien v. ags. *gelufian*, amare,
diligere, ahd. *giliuban*, commendare, mhd. *ge-
lieben*, niederl. *gelieven*. *s. luvien*. g e l i e h e n,
l i e b e n.

Ich habbe . . *iluued* hine swa mi lif. LAJ.
II. 146. Þis heoð nu two þinges þet beoð *iluued*
swuðe. ANCR. R. p. 98. *Iluued* ich habbe gomen
and gleo. REL. S. p. 66.

Ich habbe . . *iloued* swote smelles. OEH.
p. 205. Heo hauede enne leoue mon þa heo
swuþe *ileoued* hæfde. LAJ. I. 191. King Richard
and king Tanker kist, And were friends with
the best That might be in any lond *I loved*.
RICH. C. DE L. 1741. Oure lhordes lemman
special is *yloued*, þet lokeþ maydenhod. AYENB.
p. 230. Pan spak she til hym & tolde, þat a
knyjt þar was of Praunce þat sche hadde longe
yloued. FERUMBR. 1407. To þe kinges sone he
hadde enuie, for he was *iloued* more Of þe
quene þan he were. JUD. ISC. 51. Huy habbez
Ihm þe more *iloued*. KINDH. JESU 1608.

i-make adj. ags. *gemäc*, aptus, ahd. *gimah*,
gimach, *gemach*, mhd. *gemach*. g e f ä l l i g, a n-
m u t h i g.

Hire browe broune, hire eje blake . . with
middel smal ant wel *ymake*. LYR. P. p. 28.

i-makien v. *s. jemakien*.

i-maced p. p. = neue. *amassed*, afr. *amasse*. aufgehäuft.

i-mælen, i-melen v. ags. *gemǽlan*, loqui, s. *malen*. sagen.

Ne mei non heorte þenchen ne nowiht arechen, Ne no muð *imelen* . . Hu muchel god ðu ȝeirkest wiðinne paradise Ham þet swinkeð dei and niht iðine seruise. OEH. p. 193.

i-mæne, i-meane, i-mene, i-mone adj. s. ȝemæne.

i-mæten, i-meten v. ags. *gemǽtan*, somniare. s. *meten*. träumen.

1. einem träumen: *Me imætte* a sweuen. LAȝ. III. 118. Þis sweuen *me imette*. III. 16. A sweuen him *imette*. III. 13. He seide hit his leoden hu him *imette*. I. 55 sq.

2. träumen, einen Traum haben: Þenne þe king *imætte* — a cneouwen he slepte — þat him com biforen gon a wunder ane fair mon. LAȝ. I. 289 sq. Bi blod and bones Haue ich to night *imet* ones, I schal the finde tresor, i telle, Is non richer fram hennes to helle. SEUYN SAG. 2085. Wo was me þenne, That ich ne hadde *ymet* more. P. PL. Text C. pass. XIV. 216. — Ase sweuen *imet* aswint hire murhðe. ST. JULIANA p. 75. It is but as a dreem *ymet*. HYMNS TO THE VIRG. etc. p. 81.

image, ymage s. afr. pr. *image*, *ymage*, it. *image*, lat. *imago*, neue. *image*.

1. Bild, Bildniss, Figur, meist als Werk der Skulptur, selten der Malerei: Ichulle lete makie þe of gold an *ymage*. LEG. ST. KATH. 1475. A vois him onswerde in on *ymage*. ALIS. 766. An *ymage* was therynne [sc. in the temple], ybeten al with gold fyne. 1517. In myddes the toun, upon a stage, He leet make a marbyl *ymage*. RICH. C. DE L. 6181. Þe *ymage* of Mahoun ymad of golde Wiþ þe axe smot he uppon þe molde, þat al þat heued toflente. FERUMBR. 4940. He ros him up and bihuld on than *ymage* anheȝ. He ful adoun before the weved, and on oure Louerd gan crie. BEKET 1082. Before that chirche is the *ymage* of Justynyan . . and he was wont to holden a round appelle of gold in his hond, but it is fallen out thereof . . men wolden many tymes put the appulle into the *ymages* hond aȝen, but it wil not holde it. MAUND. p. 8 sq. *Image*, imago, statua. PR. P. p. 259. — Of pure golde two grete *ymages* I the cee stonden on brasen stages. ALIS. 5584. cf. 5592.

Das Wort wird auch von dem Schweisstuche der Veronika gebraucht, auf welchem sich beim Abtrocknen das Angesicht des Heilandes abdrückte: Heo [sc. Veronike] wende forþ wiþ þis messager, and þo heo com to Rome þemperour hi tolde al þis, þo hi to him come Anon þo he þe *ymage* iseȝ he was ol [i. e. hol] anon. PILATE 140 cf. 134.

Ein Gemälde ist gemeint in: An *ymage* sikerly Wonder feir of vre ladi. Seint Luik, while he lyuede in londe, Wolde haue peynted hit with his honde, And whon he hedde ordeyned so Alle colours þat schulde þer to, He fond an *ymage* al apert, Non such þer was [in] middelert, Mad with angelhond, and not with his. STACIONS 505.

2. Ebenbild, in Bezug auf Uebereinstimmung oder Aehnlichkeit der Eigenschaften mit einem anderen Wesen: Make we man to the *ymage* and oure lickenesse. WYCL. GEN. 1, 26 Oxf. He ous ȝente his blissede ȝone Ihesu Crist into erþe, uor to brenge ous þe ȝoþe uorbisne, huerby we byeþ ysaape to his *ymage*. AYENB. p. 87. Man that he made after his owne *ymage*. MAUND. p. 2. Mon þat he made *ymage* of him seluen. P. PL. Text A. pass. X. 35. As þow bygyledest godes *ymage* in goynge of an addre, So haþ god bygyled ous alle in goynge of a wye. Text C. pass. XXI. 328.

imageour s. vgl. afr. *imagier*. Bildner, Bildhauer.

Imageour. LYDG. in HALLIW. D. p. 473.

imagerie, ymagerie s. afr. *imagerie*, neue. *imagery*. Bildwerk.

Many subtile compassinges, As rabewyures and pynacles, *Ymageries* and tabernacles. CH. H. of Fame 3, 98.

imaginacioun, ymaginacioun, -ion s. afr. *ymagination*, *ymaginacion*, pr. *ymagination*, *emagenazzio*, sp. *imaginacion*, pg. *imaginacão*, it. *immaginazione*, neue. *imagination*, lat. *imaginatio*. Einbildung, Vorstellung.

Alle here lust and alle here *ymaginacioun* is for to putten alle londes undre hire subieccioun. MAUND. p. 251. In youre courte ys many a losengeour, And many a queynte totolere accusour, That taboureth in youre eres many a sown, Ryght aftir hire *ymagynacioun*, To have youre daliance. CH. Leg. GW. Prol. 352. Oþerhuil hit is ase to þe þoȝte, oþer ase to þe *ymaginacion*, ase aye mi wyl, me behoueþ to ȝyenne . . ine þe perle of þe eȝe þe saeppe of þe þinge þet is him beuore. AYENB. p. 158. O derke ypocrisie, Through whose dissimulation Of false *ymaginacion* I am thus wickedly deceived. GOWER I. 74. An *imaginacion*, jmaginacio. CATH. ANGL. p. 195.

imaginatif adj. afr. *imaginatif*, pr. *ymaginatiu*, sp. pg. *imaginativo*, it. *immaginativo*, lat. *imaginativus*, neue. *imaginative*. voll Einbildung, verdachtvoll.

Nothing list him to be *imaginatif*, If any wight had spoke, while he was oute, To hire of love. CH. C. T. 11406.

Substantivirt steht das Adjektiv für *imagination*; afr. *ymaginative* f., it. *immaginativa*. Einbildungskraft, Vorstellung.

Ich am *Ymaginatif*, quaþ he, ydel was ich neuere. P. PL. Text C. pass. XV. 1. *Ymaginatyf* herafterward shal answere to ȝowre purpos. Text B. pass. X. 115. Seothe and considrithe in ȝowre *imagynatif*, For Adam his synne how Crist was crucified. LYDG. M. P. p. 95.

imaginen, -enen v. afr. *ymaginer*, *imaginer*, pr. *imaginar*, *ymaginar*, *emaginar*, sp. pg. *imaginar*, it. *immaginare*, neue. *imagine*. sich vorstellen, bedenken, ersinnen.

To *imaginen* [= *imaginen*. vgl. *imaginynge* p. pr. l. c.], excogitare, imaginari etc. CATH. ANGL. p. 195. *Imagyn̄*', imaginor. PR. P. p. 259. Spiritus prudentiæ The firste seed highte, And who so ete that, *Ymagynen* he sholde, Er he deide

any deeth, Devyse wel the ende. P. PL. 13508.
Lyggyng allone I gan to *ymagyne*, How with
foure tymes departyd is the yeer. LYDG. M. P.
p. 242. — With inwit and with outwitt *yma-
genen* and studye, As best for his body be. P.
PL. *Text B.* pass. XIII. 289.
Be ther *ymagyned* a figure that hathe a gret
compas. MAUND. p. 185. — *Ymagened* y haue
anoþer þyng to conquery þe tour at ones. FE-
RUMBR. p. 3244.

imaginínge s. neue. *imagining.* Vorstellung, Gedanke, Ersinnung.
What may avaylle al your *ymagynynges*,
Withoute proporciouns of weyghte and just
mesour? LYDG. M. P. p. 211.

i-maimed p. p. s. *maimen.* verstümmelt.
Hii velle and debrusede somme anon to
deþe, And somme *ymaymed*, & somme yhurt.
R. OF GL. p.288. He þet ys *ymaymed.* AYENB.
p. 135. Were the myddel of myn hand *Ymaymed*
or yperissed. P. PL. 11745.
substantivirt: Krüppel.
He is ase þe *ymaymed* ate porche of þe
cherche, þet ne heþ none ssame uor to sseawy
alle his maimes to alle þon þet þer guoþ. AYENB.
p. 135. Iesu Crist, þo he hedde ypreched and
yued þet uolk, and þe zike and þe *ymamed*
yheld, þo he uleaȝ . . into þe helle [i. e. hill].
p. 141.

i-manered adj. niederl. *gemanierd.* s. *manered.* gesittet, von edlem Wesen.
A mayde wel *ymanered*, of good men
yspronge. P. PL. *Text C.* pass. XI. 260.

i-mang, i-mong, e-mong, etc. præp. ags. *ge-
mang* præp. c. dat., inter, apud, cum, sch.
ymang, ymangis. unter, bei, mit.
Imang you wonand he isse. METR.HOMIL.
p. 48. Forthi led he hir him with Til Bedhelem
imang his kith. p.62. Thar Josep and Mari fand
Crist *imang* wise men sitand. p. 110. Efter him
com kinges fele, That gan this werld *imang* thaim
dele. p. 61. *Imang* thaim he wald him quelle.
p. 96. He was halden an hali man *Imange*
his felaus euerilkan. p. 30. In his mantille of
skarlet rede *Ymange* his golde he did his brede.
ISUMBR. 367. As he satt at the mete *ymange* his
prynces, he was wonder mery. Ms. in HALLIW.
D. p. 947. He sittes his duspers *imange.* ROM.
OF DUKE ROWLANDE etc. 79.
Hu derst þu mon . . underfon drihtenes
fleis and his blod in þine licome *imong* þan unwreste sunne and ec *imong* þan deofle þe wuneð
in him? OEH. p. 27. A mon . . fol *imong* boues.
p. 79. He . . sette *imong* monkunne laȝe and
lare hu me sulde godalmihti serue. p. 81. *Imong*
alle þere pine . . ne underȝude he nefre ene his muð.
p. 121. For þi þat trewere luue ah beo *imong*
breðre, þu monnes broðer bicom. p. 275. *Imong*
þon scipmonnen . . ifunden þa þreo maidenes.
LAȝ. I. 94. Wende æche oðer þat hit weoren
heore broðer þe þer sæt . . *imong* alle þan
cnihten. II. 123. Appas . . com ut forð rihtes
imong þa burhcnihtes. II. 320. Bibured he wes
þere biþalue þan castle *imong* heremiten. III.114.
Ymong þan wrecche uolke þat maiden heo hudde.
III. 238. Þu hauest grimliche ibroht mi broðer

to grunde . . þ ich on drake liche sende þe to
forswolhen . . ant makien þ tu nere na mare
imong moncun muneget on eorðe. MEID. MAR-
HER. p. 12. If *ymong* .X. wurð ogt misdon,
Here stere rigten [sulde] ðor on. G. A. EX. 3419.
Emang his mani serekyn sele I sal tel sumquat of his wele. CURS. MUNDI 671 CUTT. Wend
til Egipt *emang* þat lede. 5220 GÖTT. Takis
entent Hou þe folk of Ysrael Es bred *emang* vs
nou, sua fell. 5498 GÖTT. In erth I see bot syn
reynand to and fro, *Emang* both more and myn,
ichon other fo. TOWN. M. p. 22. So commes the
rede knyghte inne *Emange*: thame righte thanne.
PERCEV. 603.
Me thynk my hert ryfes, both levyr and
long, To se sich stryfes wedmen *emong.* TOWN.
M. p. 30. He . . rayket in to the halle *Emunge*
the grete and the smalle. AVOW. OF K. ARTH.
st. 46. I my self *emunge* hom alle, As a king
stode. st. 77.
In Verbindung mit vorhergehendem *þer*
oder *her*, aber auch für sich allein erwirkt die
Präposition die Bedeutung dazwischen,
dabei: Heo was hire self *þer imong*, as hire
þuhte. LEG. ST. KATH. 1579. Mid here sage
and mid here song he ðe swiken ðer *imong.*
BEST. 600. Þer wes harepinge and song, þe[r]
weoren blissen *imong.* LAȝ. II. 591. Her wes
fiðelinge and song, *her* wes harpinge *imong.*
II. 530. I shalle do a lytylle, sir, and *emang*
ever lake. TOWN. M. p. 102.
Als Einführung eines Temporalsatzes
steht *imong þat*, während: *Imong þat* he king
wæs . . Merlin him ætwende. LAȝ. II. 338.

i-mang, i-mong s. ags. *gemang, gemong,*
commixtio, turba, coetus, alts. *gimang,* nhd.
gemang. Gewirr, Wirrsal, Unruhe(?).
Imong þissen *imonge* com reoude to þisse
londe. LAȝ. II. 28.

i-marken, i-merken v. ags. *gemearcian,* notare, designare, ahd. *gimerken* [præt. *gimarhta*],
mhd. *gemerken* [præt. *gemarcte*]. s. *marken.*
vermerken, andeuten.
Yif devyne vertu thow [sc. Apollo], Wilt
helpe me to shewe now, That in myn hede
ymarked ys — Loo, that is for to menen this,
The Hous of Fame for to descryve — Thou shalt
tho se me go as blyve Unto the next laurer Y
see, And kysse yt, for hyt is thy tree. CH. H.
of *Fame* 3, 11. — Þeo ureisuns þet ich nabbe
bute *imerked* beoð iwriten oueral. ANCR. R.
p. 42.

i-maried p. p. s. *marien.* verheirathet.
Þe fader .. bad hire vnderstonde, To whom
heo wolde *ymaried* be. R. OF GL. p. 30. Now
worth this mede *ymaried* Unto a mansed she-
rewe. P. PL. 960. ȝif þou beo mon *imariet*,
monk, oþur chanoun, Hold þe stable and stude-
fast. *Text A.* pass. X. 109.

i-marissed p. p. von *marissi* [en], einer auffallenden Bildung. verheirathet.
Þe vifte [sc. boþe of þe zenne of dede of
lecherie] is mid wyfman *ymarissed*, þet is þe
zenne of spousbreche. AYENB. p. 48. Þe oþer
stat is of ham þet .. habbeþ hare chastete uorlore and hare maydenhod, er þan hy weren

cuerte (?) *ymarissed* ne ybounde mid bende.
p. 220. Right *ymarissched* schelle hy bo Ine hevene ryche blisse. SHOREH. p. 54.

i-martired, i-martred p. p. ahd. *gimartirôt,
gamartrôt. s. martrien, martren.* gemartert,
zum Blutzeugen gemacht.

Per were in a moneþ seuentene þousant
and mo *Ymartired.* R. OF GL. p. 81. In saua-
cion of the fayth seynt Thomas was *ymartired.*
P. PL. *Text B.* pass. XV. 551. — Þe relykes
nolde hii noȝt byleue ac bere wyþ hem vor fere,
Vor raþer hii wolde *ymartred* be, þan hii yperysed were. R. OF GL. p. 226. *Imartred* was
þis holi maide. ST. KATH. 306. Icud was thus
in Jerusalem the deth of Seint Thomas, Withinne the furste fourteniȝt that he *ymartred* was.
BEKET 2247. As þe holi man *imartred* was, þe
holi seint Bastian, Also hi rende his holi bodie.
ST. EDM. KING 51. Þis liþere man smot of his
heued vnder an haþþorn tre, As hit godes wille
was þat he *ymartrid* schode beo. ST. KENELM 187.

i-masked p. p. von einem nicht nachzuwei-
senden *masken,* entsprechend dem neue. *mesh,*
irretirc. vgl. altn. *maskė* s. macula. im Netze
gefangen, bestrickt.

He was so narwe *ymasked* and yknet [d. i.
im Liebesnetze]. CH. *Tr. a. Cr.* 3, 1685.

i-meaden v. ahd. *gimiatan,* conducere, redimere. s. *meden.* lohnen, belohnen.

We soule beon imersed, alle gode cempen,
and *imeaded* mid heahere mede. OEH. p. 243.

i-medled p. p. s. *imelled.*

i-melkien v. neben einem ahd. st. V. *gi-
melchan,* mulgere, kommt ein denominatives
schw. V. *gemilcia,* lactare, im Altnorthumbri-
schen vor [LUC. 23, 29]. ags. *gemilcian,* mulgere,
führt BOSWORTH an. s. *milkien.* melken.

Per nas non of alle þe kyn þat half so moche
mulc ȝeue, As ful heo wolde a morwe beo, þeȝ
heo were *ymelked* an eue. ST. KENELM 233.

imelle præp. s. *inmelle.*

i-melled, i-medled p. p. s. *mellen, medlen.*
gemischt, vermischt.

Into the freitour hi ladde hem siththe and
sette hem ther wel heȝe, *Imelled* with his owe
covent. ST. BRANDAN p. 13. — So worldly sely-
nesse . . *Imedled* is with many a bitternesse.
CH. *Tr. a. Cr.* 3, 764-6. Seþþen lawe haþ iloket
þat vche mon haue a make In mariage and matrimoyne *imedlet* togedere. P. PL. *Text A.*
pass. X. 201. In a castel of kuynde imad of
foure kunne þinges, Of erþe and eir hit is mad
imedelet to gedere, Wiþ wynt and wiþ watur ful
wittiliche imeint. *ib.* 3.

i-melten, i-multen v. ags. *gemeltan,* liquefacere, liquefieri. vgl. *melten.* schmelzen.

Vyches cunnes madmes to mixe schulen
imulten [sulen melten. p. 127.] O.E.MISCELL.
p. 126. — And te oðre in a heate of a hondhwile
beon *imealt* marc & iȝotten in godd þen þe oðre
in a wleechunge al hare lifaiðe. HALI MEID.
p. 43 sq. Þe calix þet was *imelt* iðe fure. ANCR.
R. p. 284.

i-membred adj. vgs. lat. *membratus,* altn.
membryde, neue. *membered.* gegliedert, aus
einzelnen Gliedern bestehend (?).

Ring ne broche nabbe ȝe, ne gurdel *imen-
bred* [*imembret T. C.*], ne glouen. ANCR. R.
p. 420.

i-menden v. gleich *imunden, imindeu,* ags.
gemyndan, reminisci. s. *munden, minden.* gedenken, bemerken.

Ymende [imperat.] þet þis boc is uolueld
ine þe eue of þe holy apostles Symon an Iudas
. . ine þe ȝeare of oure lhordes beringe 1340.
AYENB. p. 262.

i-meneȝen v. s. *ȝemuneȝen.*

i-menen v. ags. *gemænan,* alts. *giménian,*
ahd. *gimeinen,* mhd. *gemeinen.* vgl. altn. *mænen,
menen.* s. jedoch *imunten.* vermeinen, gedenken, beabsichtigen.

Kyng Alisaunder furst hade *yment* Him
have forgeve his maltalent. ALIS. 4570. Thoo
had kynge Alisaunder *yment,* By al his baronage
consent, The cee haue ypassed aȝein. 5942. In
this vyage he hadde *yment,* He wolde to hire
have ywent. 6666. To fle the geaunt hath *yment*
OCTOU. 1148. The old emperesse was ofsent,
And hadde the same jugement That sche to
Florance hadde *yment.* 1591. Alle was us never
broche ne rynge, Ne elles nought from wymmen
sent, Ne ones in her herte *yment,* To make us
oonly frendly chere. CH. *H. of Fame* 3, 651.

i-mengen v. ags. *gemengan,* miscere, consociare, confundere, turbare, alts. *gimengid* p. p.
zu *mengian,* mhd. *yemengit* p. p. zu *mengen.* s.
alte. *mengen.*

1. mengen, mischen, zu einander
thun, vereinigen: Betere is wori water þan
atter *imengd* mid wine. OEH. II. 224. Þ ter
sprang ut . . milc *imenget* wið blod. LEG. ST.
KATH· 2488. Þat mean bearst ut *imenget* wið
þe blode. ST. JULIANA p. 59. The white brayn
was *ymengd* with red blod. BEKET 2047. Ȝyf
ther were *ymengd* licour Other wid kende water.
SHOREH. p. 9. — Ha haueþ oþer wilneþ after
cunfort on eorþe þet is fikel and fals and al
imengd wið balewað and wiþ bitternesse OEH.
p. 185. cf. 200. Al his lyf his here *imengde* Withe
sorwe and eke withe sore. SHOREH. p. 1. Þanne
þou aselt do elmesse, loke þet ydele blisse . .
ne by naȝt *ymengd.* AYENB. p. 196. — Istanet
euch strete wið deorewurðe stanes of mislich
heowes, *imenget* to gederes. LEG. ST. KATH.
1671. — Pa weoren Bruttes *imænged* wið þan
Saxes. LAȝ. II. 231. Pus were heo in werre and
wo *ymenged* þe Saxones . . here myd þe Britones. R. OF GL. p. 165. Po were among Cristenemen þis paynes þus *ymenged,* þat mysbileue
into al þis lond among men was ysprenged.
p. 119.

Uvrþer þer is o wateres flod, þat is *ymeynd*
al wiþ blod. O.E.MISCELL. p. 151. — Hope &
dred schulen euer beon *imeind* togederes. ANCR.
R. p. 332. Al mi [me *ed.*] song is of longinge,
An *ime*[*i*]*nd* sum del mid woninge. O. A. N.
867. O God of Love! . . to thy blende double
deyte Of this grete wrong I compleyne me, And
unto thy stormy wilful variaunce, *Ymeynt* with
chaunge and gret unstablenesse. CH. *Complaynte*
453. — Thar were abute blosme inoȝe, In
ore waste thicke hegge, *Imeind* mid spire and

grene segge. O. A. N. 16. Theo canel and the
licoris, And swete savour ymeynt. ALIS. 6794.
The vox can crope bi the heie, An turne ut from
his forme weie, An eft sone kume tharto ; Thonne
is the hundes smel fordo, He not þurȝ [þurs
ed.] the imeinde smak, Wether he sbal avorth
the abak. O. A. N. 817. His colour was sangwyn, A fewe freknes in his face yspreynd, Be-
twixe yolwe and somdel blak ymeynd. CH. C.
T. 2170.
2. verwirren, bestürzt machen:
Nes tis meiden nawiht imenget in hire mod inwið. LEG. ST. KATH. 605.
i-mennesse s. ags. gemænnes, communio. s.
mennesse. Gemeinschaft.
   I bileue on .. imennesse of haluwen. OEH.
p. 217.
i-mered p. p. — amered v. ags. merian,
mundare, purgare. geläutert, gereinigt.
   Perne gardyn zette þe greate gardyner, þet
is god þe uader, huanne he nhesseþ þe herte,
and makeþ suete and tretable ase wex ymered.
AYENB. p. 94.
i-mersien v. ags. gemærsian, magnificare,
celebrare. preisen, verherrlichen.
   Gif we ofercumed [= eð] heom we scule be
imersed alle [leg. alse] gode cempen. OEH. p. 243.
i-met s. ags. gemot, mensura, alts. gimet,
ahd. gamez. Mass.
   Bi ðon ilke imet ðe ȝe meteð nuðe eower
weldede, scal eft beon imeten eower mede.
OEH. p. 137. Euerich þing me mei, þauh,
ouerdon. Best is euer imete. ANCR. R. p. 286.
i-mete adj. ags. gemæte, aptus, modicus,
modestus, ahd. gemâze, mhd. gemæze.
   1. angemessen, passend: To noþing
þat hi it [sc. þe treo] broȝte to, hi ne miȝte it
make imete. HOLY ROOD p. 30.
   2. in ethischem Sinne, massvoll, angemessen: Pes we ahte to beon þe edmoddre
and þa mare imete. OEH. p. 5. An is Temperantia, þet is metnesse on englisc, þet mon beo
imete on alle þing, and to muchel ne þigge on
ete and on wete, ne er timan to his borde ne
sitte. p. 105. He wes of his speche ælche monne
imete. LAȝ. I. 281.
i-meten v. ags. gemetan, metiri, ahd. gi-
mëzzan, mhd. gemëzzen, gth. gamitan. messen,
abmessen.
   Bi ðon ilke imet ðe ȝe meteð nuðe eower
weldede, scal eft beon imeten eower mede.
OEH. p.137. He is imeten a bræde fif & twenti
foten. LAȝ. II. 500. Whan erth hath erth with
streinth thus geten, Alast he hath is leinth miseislich imeten [capit longitudinem misere me-
tatam]. REL. ANT. II. 217. Fuliche ne is he
noȝt now fram þe vj fet ymete in brede. FE-
RUMBR. 2092. Poȝ þe dore were strong & huge,
wiþ þe strok sche fleȝ Out of þe hokes & fram
hir sege .X. vet ymete wel neȝ. 2182. Seue fet
of lengþe hur ayþer was told & þre enchen
more ; twey large fet, wyþoute drede, Wel ymete
& more on brede, boþe þe cbildrene wore. 4660.
i-meten v. ags. gemêtan, occurrere. s. ȝemeten.
i-metlich adj. ags. gemetlic, modicus, ahd.
kimezlih, mediocris. mässig, klein.

Neuere ut of þan mære na man no uindeð
þat þer ut wenden buten an an ænde an imetliche broc þe .. into sæ wendeð. LAȝ. II. 491.
i-metnesse s. vgl. metnesse. Mässigkeit,
Masshalten, Beobachtung des rechten Masses.
   Imetnesse is alre mihta moder [temperancia
mater virtutum dicitur]. OEH. p. 101.
i-meved p. p. s. moven, moeven, meven. auf-
gestellt.
   Aȝeynus the ordynance that there ysse Of
these artyculus, that were ymeved there Of grete
lordes and masonus. FREEMAS. 452.
imid, imiddes præp. s. inmid, inmiddes.
imidward s. ebendas.
i-milcien, i-milzien v. ags. gemiltsian, misereri. Erbarmen haben, begnadigen.
   Her is ane reowlic bone to biddene, bute
we inwarliche imilcien and forȝeuen þan monne
þe us wreðeð. OEH. p. 39. — Imilze, mi lauerd
king, .. haue milce of mine cnihten. LAȝ. II.
279. — Imilze þu Octa & his iueren al swa, ȝif
heo wulleð cristindom mid gode lefuen vnderfon.
II. 281.
i-milded p. p. s. milden. gesänftigt,
milde, demûthig.
   We wylleþ wel þet we by yuonded, vor hit
is oure ureme ine uele maneres, uor we byeþ þe
more ymylded and þe dreduoller and þe more
wys ine alle þinges. AYENB. p. 117.
i-mined p. p. s. minen. gegraben.
   Huanne he heþ longe ymyned, and he heþ
alle his uelþes ykest out, þanne uint he pays
and reste. AYENB. p. 108.
i-missen v. mhd. gemissen. s. missen. missen, vermissen.
   Pu praie Ihesu Crist þi sone þat he me
iwisse, ware a londe al swo ihc beo, þat he me
ne imisse. O.E.MISCELL. p. 195. — Poa he
hefde imist hire sune, & eft hine ivond. ANCR.
R. p. 78. Thu havest imist al of fairhede. O. A.
N. 581. Nouþe ne hath he no þing imist.
KINDH. JESU 1263.
immaculate etc. adj. lat. immaculatus, neue.
immaculate. unbefleckt.
   This immaculat lombe .. Is not only the
Godhed alone, But bothe God and man. COV.
MYST. p. 272. O, inmaculate modyr, of alle
women most mekel p. 286. The kyng of hevene
blis, That from the seete of the hye Trynite
Into a virgynis wombe immaculate Descendid.
LYDG. M. P. p. 79.
immess adj. altn. ýmiss, ýmis, ýmist, varius,
diversus. verschieden, mannigfach, in
der folgenden Stelle substantivirt: Verschie-
denes.
   Sawle onnfoþ att Drihhtin Godd Innsihht
& minndiȝnesse, & wille iss hire þridde mahht
þurrh whatt menn immess ȝeornenn, Forr sume
ȝeornenn eorþliȝ þing & sume itt all forrwerr-
penn. ORM 11307.
immortal, sehr häufig inmortal adj. lat. im-
mortalis, pr. sp. pg. immortal, it. immortale,
neue. immortal. unsterblich.
   Ther as the body of man that whilom was
seek and frel, feble and mortal, is immortal.

4*

CH. *Pers. T.* p. 368. That is Goddes wille *in-mortalle.* MAUND. p. 227. cf. 228. 231. 295. Lyke Phebus bemys shone her goldyn tresses, Uppon her hedis eche havyng a cornalle, Of port and chere semyng *inmortalle.* LYDG. M. P. p. 8.

immutable adj. lat. *immutabilis,* it. *immuta-bile,* pg. *immutavel,* neue. *immutable.* unver-änderlich.

Ionathas of frenship *immutable.* LYDG. M. P. p. 25. Chaste and unchaunged in persever-aunce, And *immutable* founde in thy goodenesse. p. 69.

imne, ympne s. ags. *ymen, ymn,* hymnus, afr. *ymne,* pr. *hymne, ymne,* sp. *himno,* pg. *hymno,* it. *inno,* lat. *hymnus,* gr. *ϑυνος,* sch. *ympne,* neue. *hymn.* Hymnus, Lobgesang.

Sigged so al ðe *imne* vt. ANCR. R. p. 16. To [ðe] laste uers of euerich *imne.* p. 20. *Imne,* impnus. PR. P. p. 259. — Sothlik *ympne* sal þai sai. Ps. 64, 14. Rift sal mine lippes *ympne.* 118, 171. cf. 148, 14. Here the *ympne* and the orysoun. WYCL. 3 KINGS 8, 28 Oxf. And an *ympne,* or heriynge, seid, thei wenten out in to the mount of Olyuete. MATTH. 26, 30 Oxf. Praisyng God with swete melody . . With an hevenly *ympne.* LYDG. M. P. p. 78. Thay songe . . This melodious *ympne.* p. 80. — In *ympnes* to him schrive yhe. Ps. 99, 4.

i-mored p. p. s. *moren.* gewurzelt.

A morwe þo he com hem to, to one ȝerde heo [sc. þe ȝerden] weren alle icome, And *imored* also faste þat heo ne mihte ben awey inome. HOLY ROOD p. 29 cf. 28.

i-mot s. ags. *gemöt,* concilium, conventus. Versammlung.

Octaues ure king i Lundene heold his husting, þat hustinge wes god, hit wes witene *imot* [ags. vitena gemöt]. LAȜ. II. 56 sq.

i-motien v. ags. *gemótian,* convenire, rem agere. verkehren, reden.

Ichabbe iherd hu drihtines deore muð haueð wið þe *imotet.* ST. MARHER. p. 22.

impacience, inpacience s. afr. *impacience, impaecience,* pr. *inpaciencia,* sp. pg. *impaciencia,* it. *impazienza,* lat. *impatientia,* neue. *impatience, impatiency.* Ungeduld.

Correcte me for myn *impacience.* CH. *Pers. T.* p. 323. Thurghe suffraunce or thurghe *im-pacience.* LYDG. M. P. p. 130. *Inpacience.* CH. *Pers. T.* p. 294.

impacient adj. afr. *impacient,* pr. *inpacient,* sp. pg. *impaciente,* it. *impaziente,* lat. *impatiens,* neue. *impatient.* ungeduldig, nicht er-tragen könnend.

Impacient is he that wil not ben itaught ne undernome of his vices. CH. *Pers. T.* p. 295.

impare s. vgl. *impen* v. Gärtner, welcher impft oder propft, Impfer.

Impare, or graffere, insertor, surculator. PR. P. p. 259.

imparfit, inparfit, inperfit adj. vgl. afr. *parfit,* pr. *perfeit,* lat. *imperfectus,* neue. *imper-fect.* unvollkommen.

Al reson reproueþ such *imparfit* puple And halt hem vnstedefast. P. PL. *Text C.* pass.

IV. 389. Preoueþ by pure skyle *inparfit* alle þynges. Nemo bonus, Bote leel loue and treuthe. *ib.* pass. XVI. 136. Þilk þing þat symply is on þing . . þe errour and folie of mankynde de-parteþ and diuidiþ it, and mislediþ it and trans-porteþ from verray and perfit goode to goodes þat ben false and *inperfit.* CH. *Boeth.* p. 83.

impe s. schw. *ymp,* dän. *ympe,* sch. neue. *imp.* vgl. gr. *ἔμφυτον,* mlat. *impotus,* pr. *em-peut,* afr. *ente.* s. das Ztw. *impen.*

1. Pfropfreis: *Impe* or graffe, surculus. PR. P. p. 259. An *impe,* ubi a grafte CATH. ANGL. p. 195. Of what kynd of *ympe* in gardein or in frith Ymped is in stocke, fro whence it came It sauourith euer. HARDYNG CHRON. c. 98. I was som tyme a frere, And the coventes gard-yner For to graffen *impes.* P. PL. 2744.

2. Schössling, Bäumchen: He wente to his gardin His fair tre for to sen; Thanne seggh he wexe a litel stren, A yong *ympe* vt of his rote. SEUYN SAG. 572. Ac that *ympe* that so sprong, Hit was schort. 577. cf. 581. 590. 599. 608. 615. — Ȝunge *impen* me bigurt mid þornes, leste bestes ureten ham þeo hwule þet heo beoð meruwe. Ȝe beoð junge *impen* iset in Godes orcharde. ANCR. R. p. 373. Þerne gardyn zette þe greate gardyner . . huanne he nhesseþ þe herte and makeþ zuete and tretable ase wex ymered, and ase land guod and agrayþed and worþi þet hy by yzet mid guode *ympen.* Þe ilke *ympen* byeþ þe uirtues þet þe holy gost bedeaweþ myd his grace. ATENB. p. 94. Nay, thou planten most elles where Thyn *ympes,* if thou wolt fruyt have. CH. *R. of R.* 6295. Of feble trees ther cometh feble *ympes.* C. T. 15342.

3. durch das zusammengesetzte *impe-tre* scheint ein grösserer junger Baum be-zeichnet zu sein: They seten hem down alle thre, Fayr under an *ympe-tre.* ORPHEO 67. Vgl. He sawe syttyng vnder an *ympe* in an herber, a wonder fayre damoysel. LYDG. *Pylgremage of the Sowle* IV. ch. 38.

impen v. ags. *impian,* schw. *ympa,* dän. *ympe,* ahd. *impitón* u. *imphón,* mhd. *impfen* u. *impfen,* pr. *enpeutar,* daneben *empeltar,* afr. *enter,* niederl. *enten,* gr. *ἐμφυτεύειν,* sch. *ymp,* neue. *imp.* impfen, einpflanzen, oft bild-lich gebraucht.

Impyn, or graffyn, insero. PR. P. p. 259. To *impe,* ubi to grafte. CATH. ANGL. p. 195.

Impe [imperat.] on an ellere, And if thyn appul be swete, Muchel merveile me thynketh. P. PL. 5471. Then kest adoune the scions here and there, And *ympe* in [pflanze ein] oon in every stickes place. PALLAD. 3, 21. On lymit-ours and listres Lesynges I *ymped,* Til thei beere leves of lowe speche. P. PL. 2747.

Insitus, *ympyd.* REL. ANT. I. 9. A brem brasen borde bringes hee soone *Imped* in iuory. ALIS. FRGM. 615. Thus taught and preched hath Resoun, But Love spilte hir sermoun, That was so *ymped* in my thought, That hir doctrine I sette at nought. CH. *R. of R.* 5138. Thei wolde worshypen hem Nought but a litle, The ymage of ypocricie I*mped* upon fendes. P. PL. *Creed* 605. auch *imped*; Ȝif we beoð iimped to þe iliknesse of Godes deaðe, we schulen beon iimped to þe iliknesse of his ariste. ANCR. R. p. 360.

imperfeccioun s. afr. *imperfection*, lat. *imperfectio*, neue. *imperfection*. Unvollkommenheit.

Ihesu Crist is enterely al good, in him is noon *imperfeccioun*. CH. *Pers. T.* p. 360.

imperial, emperial adj. afr. *emperial*, *imperial*, pr. *emperial*, sp. pg. *imperial*, it. *imperiale*, lat. *imperialis*, neue. *imperial*. kaiserlich, gewaltig, herrlich.

I ne myjte not knowe what þat woman was of so *imperial* auctorite. CH. *Boeth.* p. 7. The sonne is over all The chefe planet *imperiale*. GOWER III. 113. The lord of lordys of moost *imperial* myþte. LYDG. M. P. p. 139. This stately fowle [sc. the eagle] most *imperial*. p. 213. This tabernacle of most magnyfycence Whas of his byldyng very *imperialle*. p. 11. — *Themperial* conquest nat gett with plate or mayl, But with meeke kneelyng to Ihesu on our kne. p. 237.

impinge s. s. *impen* v. Impfung, Einpflanzung.

Impynge, insertura, PR. P. p. 260. An *impynge*, ubi a graftynge. CATH. ANGL. p. 195.

implien v. lat. *implicare*; für die Form *plien* vgl. afr. *pleier*, *plier*, pr. *plegar*, *pleiar*, lat. *plicare*. neue. *imply*. einschliessen, einhüllen.

Þe watres [sc. of Tigris and Eufrates] ymedlyd wrappiþ or *implieþ* many fortunel happes or maneres. CH. *Boeth.* p. 152.

importable, inportable adj. afr. *importable* i. q. insupportable, lat. *importabilis*.

1. nicht zu tragen, unerträglich: They wolde bynde on folk al wey, That ben to be giled able, Burdons that ben *inportable*; On folkes shuldris thinges they couchen, That they nyl with her fyngris touchen. CH. *R. of R.* 6902. His peynes were *importable*. C. T. 16088. Je put him to peynes that ben *inportable*. COV. MYST. p. 291.

2. nicht zu leisten, unausführbar: It were *importable*, though they wolde. CH. C. T. 9020.

importune adj. afr. *importun*, sp. pg. it. *importuno*, lat. *importunus*, neue. *importune*. beschwerlich, lästig.

For he nyl be *importune* Unto no wightte ne honerous, Nor of her goodes coveitous, Therfore he spareth. CH. *R. of R.* 5635.

impossible, inpossible adj. afr. *impossible*, pr. *impossible*, *inpossible*, sp. *imposible*, pg. *impossivel*, it. *impossibile*, lat. *impossibilis*, neue. *impossible*. unmöglich.

Summe of hem trowed, it were an *impossible* thing to be. MAUND. p. 264 sq. Poul preveth it *impossible* Riche men have hevene. P. PL. 6285. To satisfye it is but *impossible*. LYDG. M. P. p. 43. — Not *inpossible* was thin almyjti hond .. to senden in to them a multitude of feres. WYCL. WISD. 11, 18 Oxf. To oure painede peple *inpossible* hit semeþ, þat je oure manerus mihte mekliche endure. ALEX. A. DINDIM. 268. No thyng is *impossybylle* Sothly that God wylle.

TOWN M. p. 93. This, lady, *impossible* to God nothyng trowe the. COV. MYST. p. 387.

substantivirt: Unmögliches, Unmöglichkeit: It is an *impossible*. CH. C. T. 6270. That wiste he wel an *impossible* were. Tr. a. Cr. 3, 476. For it is an *impossible* To fynde ever suche a wyfe, I wil live sowle duryng my lyfe. LYDG. M. P. p. 134.

impotence s. afr. *impotence*, pr. *impotencia*, sp. pg. *impotencia*, it. *impotenzia*, lat. *impotentia*, neue. *impotence*, *impotency*. Unvermögen, Schwäche.

Whan that deth manacithe with his shour, In such caas he can no moor diffence, Than crokyd age in his moost *impotence*. LYDG. M. P. p. 246.

impotent adj. afr. *impotent*, pr. *inpotens*, sp. pg. it. *impotento*, lat. *impotens*, neue. *impotent*. unvermögend, schwach.

Wel I wote that I am *impotent*, Thus must I nedes, allas! be contynent. LYDG. M. P. p. 39. I sauhe a krevys with his klawes longe Pursewe a snayl poore and *impotent*. p. 154.

impressen v. vom lat. *impressus* p. p. gebildet. neue. *impress*. einprägen.

Thou scholdest thenke and *impresse* it in thi mynde, that nothing is inmortalle but only God. MAUND. p. 295.

impressioun s. afr. *impression*, pr. *empressio*, sp. *impresion*, pg. *impressão*, it. *impressione*, lat. *impressio*, neue. *impression*. Eindruck, Gepräge.

Of crosse nor pile there is no recluse, Prynte nor *impressioun* in all thy seyntwarye. LYDG. M. P. p. 51.

improperlich adv. vom lat. *improprius*, neue. *improperly*. in ungeeigneter Weise.

The worlde as of his propre kinde Was ever untrew, and as the blinde *Improperlich* he demeth fame, He blameth that is nought to blame; And preiseth that is nought to preise. GOWER I. 21.

impudence s. afr. *impudence*, sp. pg. *impudencia*, it. *impudenza*, neue *impudence*, *impudency*. Unverschämtheit, Schamlosigkeit.

Ther is inobedience, avauntyng, ypocrisye, despit, arrogaunce, *impudence*. CH. *Pers. T.* p. 294.

impudent adj. fr. *impudent*, sp. pg. it. *impudente*, lat. *impudens*, neue. *impudent*. schamlos.

Impudent is he that for his pride hath no schame of his synne. CH. *Pers. T.* p. 295.

impugnen, inpugnen v. afr. *impugner*, pr. *impugnar*, *enpugnar*, *empunhar*, sp. pg. *impugnar*, it. lat. *impugnare*, neue. *impugn*. angreifen, anfechten, bestreiten.

Of the cardinals at court .. That power presumed in hem A pope to make, To han that power that Peter hadde, *Impugnen* I nelle. P. PL. 213.

If fals Latyn be in the lettre, The lawe it *impugneth* [*inpugneth* Text B. pass. XI. 297.] P. PL. 7181.

Many tyme this metels Hath maked me to

studie .. which a pardon Piers hadde Al the
peple to conforte, And how the preest *impugned*
it With two propre wordes. P. PL. 4781-90. Thei
inpugneden Yrael [*inpugnyden* Israel *Purv.*].
WYCL. 1 MACC. 11, 41 Oxf.

imston s. ags. *gimstân*, gemma. Edelstein.
Hit is *ymston* of feor iboren. O.E.MISCELL.
p. 98. Among alle oþre *ymstone* þes booþ
deorre. *ib.*

i-mummed p. p. vgl. *mummen*, mutire. still
gemacht.
He was .. *ymummyd* on the moutthe, and
manaced to the deth. DEP. OF R. II. p. 26.

i-mund s. ags. *gemynd*, memoria, mens, ahd.
gimunt, gth. *gamund* s. Gedächtniss, Erinnerung, Gedanke, Sinn für etwas.
So doth that both of thine cunde, Of lijte nabbeth hi none *imunde*. O. A. N. 252. Lute *ymunde*
hi hedde of gode, heore heorten weren so colde.
O.E.MISCELL. p. 37. Nu ich habbe ifunde, That
maidenes beoth of thine *imunde:* Mid heom
thu holdest, and heom biwerest. O. A. N. 1513.

i-munde adj. ags. *gemynde*, memor. im Ge-
dächtnisse haftend, geläufig.
Me þu makest to asteoruen wið þe strencðe
of þine beoden, þe beoð þe so *imunde*. ST.
MARHER. p. 12.

i-mundi adj. ags. *gemyndig*, memor. ein-
gedenk.
Godes jife us wissað to his willen, jif we
imundie beoð godes bibode and þere apostla
lare. OEH. p. 89. Þe halie writ us munejað þet
we beon *imundie* of þere pine þe ure drihten
þolede for us. p. 119.

i-munejen v. s. *jemunejen*.

i-munen u. **i-munnen** v. ags. *gemunan* u.
gemynian, *gemynan*, memor esse. gedenken.
Wel je hit majen *imunen* þat ich wulle
mœinen. LAJ. II. 259. For œuere more he mai
imunnen þat he him her imunten [d. i. imunte].
I. 343.

i-munten, i-minten, i-menten v. ags. *gemyn-
tan*, intendere. vgl. *munten*. gedenken, es auf
etwas absehen, im Begriff sein zu thun.
For œuere more he mai imunnen þat he
him her *imunten* [d. i. *imunte* præt.] LAJ. I. 343.
Ich heuede *imunt* .. uorto awreken mine
wreðððe o þisse uolke. ANCR. R. p. 408. He
.. wigeleð ase uordrunken mon þet haueð *imunt*
to uallen. p. 214. Wat havest thou *imunt?* weder
wolt thou? VOX A. W. 244. Þeh us ure sinnes
rewe and *imint* hauen þat we hem wile forleten,
naðeles we sitteð forð, þat we hem forleten.
OEH. II. 101. zweifelhaft ist *iment:* Thoo had
kynge Alisaunder *yment* .. The cee haue ypassed
ayein. ALIS. 5942. The old emperesse was
ofsent, And hadde the same jugement That sche
to Florance hadde *yment* Longe beforn. OCTOU.
1951. s. *imenen*.

i-murðred, i-morðred p. p. ahd. *gamurdrit*.
s. *murðren*. gemordet.
Wunderfule & seoruhfule, ase jif þu iherdest
siggen þet a mon þet were þe leouest were uer-
liche adreint, oðer *imurðred*. ANCR. R. p. 244.
Þe kynges breþren, Aurele and Ambrose,
Dradde, for here eritage *ymorþred* for to be.

R. OF GL. p. 110. Þo he say ys felawes *ymorþred*
so viliche, God ernest he nom to hym, and sturde
hym hardeliche. p. 126. Þer lay so gode men
.. þat, for to defende þat lond, *ymorþred* were
so. p. 144. Hii soffrede her kyng so vyllyche
imorþred be. p. 288. So is meny man *ymorþred*
for hus money and goodes. P. PL. *Text C.*
pass. XIII. 242.

i-muwed p. p. v. afr. *muer*, fr. dialekt.
mouwer, muwer, lat. *mutare*. gemausert. vgl.
mhd. *mûzervalke*, ein Falke der zum ersten Male
gemausert hat, also einjährig und erstarkt,
und darum werthvoller ist.
An C. of gyrfacouns y asky bo *ymuwed* ouer
jere. FERUMBR. 1738. Gyrfacouns *ymuwed* &
white stedes & hertes of gresse. 1750.

in, îne, î 1 præp. in den verschiedenen Formen
analog der Präposition *on, one*, o u. *an, ane* [vgl.
AYENB. p. 155. 156], *a* erscheinend, entspricht
gth. ahd. mhd. nhd. ags. afries. niederl. *in*, altn.
î, schw. dän. *i*, lat. *in*, gr. *ἐv*, sch. neue. *in.*
Durch *in* ist das früher weite Gebiet der Präposition *on* im Laufe der Zeit mehr und mehr beschränkt worden. Im Deutschen entspricht
jenes in der verschiedenen Anwendung den
Präpositionen in, an, auf.

A. örtlich.
a. von dem Weilen oder der Bethätigung in einem begrenzten Raume,
wo die germanischen Mundarten der Präposition
den Dativ beizugeben pflegen.
1. im Innern eines umschlossenen
Raumes: *In horshuse* boð fule and clene. OEH.
p. 85. Al þet me ret and singeð on þisse timan
in halie chirche, al hit bilimpeð to godes luue.
p. 125. Þe mon þe leie .XII. moneð *in ane
prisune*. p. 33. Wes Allec þe king *in are temple*
in Lundene. LAJ. II. 11. He wulde nogt þat
folc bitwen Herberged *in here huses* ben. G. A.
EX. 1601. As ha set *in a bur*. LEG. ST. KATH.
139. Ase þe ribaud and dronke þet heþ al uorlore *in þe tauerne*. AYENB. p. 127 sq. Þa men
þe beoð *in þo castel*. OEH. p. 23. Thu schald
nu *in eorthe* liggen ful lohe. REL. S. p. 76. Ich
schal bernen *in fur*, and chiverin *in ise*. p. 75.
He wœites in hidel als lioun *in den*. PS. 9, 30.
Đo ure drigten ded was, and doluen .. *In a ston
stille* he lai. BEST. 40. We findeð in halie boc,
þet Ieremie þe prophete *stod in ane putte* and
þet *in þo uenne* up to his muðe. OEH. p. 47.
Þo he was *in his moder wombe*. ST. DUNSTAN 3.
Þer hoo lei *îne prisune*. ANCR. R. p. 54.
The sulve stottes *îne þe stode* Both bothe wilde
and mere wode. O. A. N. 495. For to servy *îne
Godes house*. SHOREH. p. 45. *Ine the temple*
sweete Jhesus Thyse ordre toke. p. 47. Tho he
toke Ysaies boke *Ine the synagoge*. p. 48. Ase
untowe bird *ine cage*. ANCR. R. p. 102. Thej
hit bo ful *ine nest thine*. O. A. N. 962. *Ine bedde*
.. ne do je no þing ne þencheð, bute sleped.
ANCR. R. p. 46. Þou art ase þe ilke þet slepþ
ine þe ssipe þet is yspild. AYENB. p. 129. Hit
behoueþ þet zuich wyn jerne by þe teppe, ase
þer is *ine þe tonne*. p. 27. He betere louede þet
zeluer *ine his porse*. p. 187. To þe fole maydenes
þet ne hedde non oyle *ine hire lompen*, god ham

asette þe gate of þe sposayles. p. 189. Foþeles,
fisches *ine the depe.* SHOREH. p. 146. *Ine felthe*
thou schelt lygge. p. 106. Þe salamandre þet
leueþ *ine þe uere.* AYENB. p. 167.
    I þis hus is þe huse lauerd. OEH. p. 245.
To serrvenn *i þe temmple.* ORM 506. Holt te *i
þine chaumbre.* ANCR. R. p. 104. He funde *i
þan buren* fæirest alre bruden. LAȝ. III. 27. Þu
al wealdent biwistet ham unwemmet wid þat
ferliche fur *i þe furneise.* ST. JULIANA p. 33.
Bridel nis nout one *iðe horses muðe.* ANCR. R.
p. 74. Ho hine bireueden of þere muchele mihte
þet Crist him hefde iȝefen of al þer orþe scrude,
of þe uisces *iþe wetere,* and fuȝeles *iþe lufte.*
OEH. p. 79.
    2. die Vorstellung der Umschliessung wird
auf umhüllende und umfangende Gegenstände
verschiedener Art übertragen, wie K l e i d u n g ,
R ü s t u n g , wie auch B a n d e und F e s s e l n .
Comes a ladde *in a toupe.* HAVEL. 1767.
Þanne y yede *in mi ouuel.* 2904. Yn *a chaisel
snok* scheo lay, And *in a mantel* of Dowayn.
ALIS. 279. He come *in als gey geyre* Ryght as
he an angele weyre. AMADAS 599. The proude
squeer Shall serue my lady of the wyne, *In his
mantell* that is so fyne. IPOMYD. 320. *In pore
clothing* was he tho. CLEGES 254. Wiþtly *in oure
owne wedes* wende we hennes. WILL. 2417.
Revested *in faire copes* aȝen hem hi come anon.
ST. BRANDAN p. 12. Be ȝe war of scribis that
wolen wandre *in stoolis.* WYCL. MARK 12, 38.
cf. LUKE 20, 46. — Our Crystene men ben armyd
weel, Both *in yren* and *in steel.* RICH. C. DE
L. 5615. When he wats hasped *in armes,* his
harnays wats ryche. GAW. 590. Men armyd *in
all hyr gere.* IPOMYD. 1360. — Þat Gutlac his
ihote þat ich habbe *in bende.* LAȝ. I. 203 j. T.
Ofte al *in feteres* and *in other bende* The prince
he servede atte mete. BEKET 15. Þe ȝeneȝere is
ase þe ilke þet is in prisone *in ynes* and ine
ueteres. AYENB. p. 128. Bounde *in manycles*
thei shul wende. WYCL. IS. 45, 14 Oxf. bildlich:
That he shulden comen . . To þat stede þer he
lay *In harde bondes* [in schwerer Krankheit].
HAVEL. 140.3.
    Þo god het to Aaron . . þet all his children
weren icloþed *ine linene kertles.* AYENB. p. 236.
Thar doun come aungeles *whyte ine wede.*
SHOREH. p. 124. Þe ilke þet is . . in ynnes and
ine ueteres. AYENB. p. 128.
    Þæ cnihtes þe he haf[de] *i benden.* LAȝ.
III. 69. Þær he wass all wiþþ mikell woh Inn
hise cwarrterrne *i bandess.* ORM 19975.
    3. obenso auf S c h r i f t w e r k e aller Art:
Þis witeȝede Dauid . . *in þe salters.* OEH.
p. 7. Askeð him . . hwar he ifinde *in holi write*
religiun openluker descriued . . þen *in sein Iames
canoniel epistle?* ANCR. R. p. 8. We schul here
aftur *in þis boke* telle of al this wo. R. OF GL.
p. 3. Ase god zayde *in his spelle.* AYENB. p. 188.
Þe wyse zayþ *in þe writinge* etc. p. 192. Al was
yconsayled of thre . . Of Fader and Sone and
Holy Gost , That ich was embe that thou wel
wost Ferst *in thyse ryme.* SHOREH. p. 165.
    Of ileue spek ure drihten *ine þe hali god-
spel.* OEH. p. 73. Me hit mai *ine boke* rede.

O. A. N. 350. A meiden also het was , Jacobes
douhter, hit telleð *ine Genesi,* code vt uor to
biholden uncuðe wummen. ANCR. R. p. 54. Betere may ech man rede þe ilke ȝenne *ine þe boc*
of his inwyt, þanne *ine ane secpes scinne.* AYENB.
p. 44. Ase we habbeþ beuore yssewed *ine þe
chapitele* of prede. p. 136. Nou her we mote *ine
this sarmon* of ordre maky saȝe. SHOREH. p. 44.
    As seint Luk seið *i þe godspel.* OEH. p. 281.
Dauid . . spekeð *iþe sauter* toward godes spuse.
HALI MEID. p. 3. Of hire riwlunge is al mest
þet ich riwle , bute *iðe frumðe of þis boc,* & *iðe
laste ende.* ANCR. R. p. 8. Was ihoten a Godes
half *iðen olden lawe* þ put were euer iwrien.
p. 58. We redeth *i þe holi godespelle* of te dai
ase ure louerd god almichti ibore was . . þet si
sterre was seauinge of his beringe. O.E.MISCELL.
p. 26. Ha buggen al þat swete wið twa dale of
bittre, & tat schal forðre *iþis writ* boon openliche ischeawet. HALI MEID. p. 9.
    4. Die Präposition tritt auch zu dem Be-
griffe einer G e s a m m t h e i t , in welcher Individuen enthalten oder befasst sind:
    Nu was sum forcuð kempe *in Arðures ferde.*
LAȝ. III. 128. Ȝif ich nam wurðe for to beon
iblesced *in hore ycolauredden.* ANCR. R. p. 38.
Two hundred thousand buth *in Daries oste.*
ALIS. 4326. The word . . hath dwellid *in vs;*
and we han seyn the glorie of him. WYCL. JOHN
1, 14 Oxf.
    Hayl Marie . . lhord by mid þe , yblissed
þou *ine wymmen.* AYENB. p. 262.
    And te ich þonki, Lauerd, þ tu . . waldest
þ ich were *i þe tale* of þine wummen. LEG. ST.
KATH. 2415. Ȝif ha beoð *i widewene ring* &
schulen *i widewene ring* bifore þe iweddede
singen in heuene, þat is ȝenne hare song. HALI
MEID. p. 21.
    5. sie steht ferner in Bezug auf das I n n e r e
des M e n s c h e n , oder eines p e r s ö n l i c h
gedachten W e s e n s , seine G l i e d m a s s e n
u n d O r g a n e , theils in mehr sinnfälliger,
theils in übertragener Bedeutung:
    Þeo ilke time þet Jesu God . . nom flesche
& blod *in þe* & of þe. ANCR. R. p. 38. Men
and wyfmen þet habbeþ oþere zyknesses *in hare
bodie.* AYENB. p. 224. Þe hardnes þat men has
in banes. CURS. MUNDI 543. The lecherye syȝt
In lenden of the manne. SHOREH. p. 44.
    Ine the hys God bycome a chyld. SHOREH.
p. 133. He heþ þe kuede humours and corruptes
ine þe bodye. AYENB. p. 128. Spellunge &
smecchunge beoð *ine muðe* boðe, ase sihðe is
iðen eien. ANCR. R. p. 64.
    Die Beziehung auf das geistige Wesen und
Vermögen der Person ist häufig:
    Crist wuned *in þe,* ST. MARHER. p. 13. Is
an heuenlich gast *in hire* swa stain us. LEG. ST.
KATH. 1327. Crist ouercom deað & sloh hine
in him seluen. 1128. *In us* nis nout . . so muchel
strencðe þet we muhten wiðstonden þes deofles
ferde. ANCR. R. p. 264. Hee . . habbeð *in ham*
þeo dofles blasen. p. 254. Ha . . *in hire heorle*
cleopede Criste. ST. JULIANA p. 37. Ipomydon
in hert was glad. IPOMYD. 637. Wite wel þine
heorte, uor soule lif is *in hire.* ANCR. R. p. 49.

Nes tis meiden nawiht þerfore imenget *in hire moð* inwið. LEG. ST. KATH. 605. Sho is mikel in *mi* þouth. HAVEL. 122. Hy bereth God *in here* goste, *In hare holy* þouзt. SHOREH. p. 118. — Ne mai na þing wonti þe þat herest him þat al welt inwið *in* þi breoste. HALI MEID. p. 7. We seoþ þat þe holi gost is mid hire and *in hire* mouþe. ST. KATH. 133. There was none that apeke couthe, But they the lady had *in mouthe.* IPOMYD. 137. He halt *in his hond* . . þe heuene & te eorðe. LEG. ST. KATH. 1797. Ydumea . . was *in hise* hond. G. A. Ex. 1575.

Oure principal desyr þet we ssolle cure habbe. þet is, þet his name by yhalзed and yconfermed *ine ous.* AYENB. p. 106. Þe þridde bene, huerinne we byddeþ oure uader of heuene, þet his wyl by ydo *ine ous,* ase hit is ydo ine heuene. p. 109. Þe like zenne þet þou hest *ine* þine herte. p. 20. Godes þreatunge is wondreðe *ine licome* & *ine soule.* ANCR. R. p. 156. Have thys *ine* thyne mende. SHOREH. p. 90.

Swuch swetnesse þu schalt ifinden in his luue . . & habbe se muche murhðe þrof & likinge *iþin* heorte. HALI MEID. p. 7. Swuche þouhtes ofte, *i vleslicke* soulen, wrencheð ut . . vlesliche tentaciouns. ANCR. R. p. 244.

6. sie wird auch auf eine mehr oder minder ausgedehnte Fläche bezogen, wie Erde, Meer, Gegend, Feld, Gebirge, Insel, Land, Wüste, Wald u. s. w., dann Stätte, Stelle, Platz u. dgl., innerhalb deren sich etwas befindet oder begiebt:

In eorðe, in heuene is his mahte. OEH. p. 59. Þe Sunne & te Mone þ euch mon ahte . . herien *in eorðe.* LEG. ST. KATH. 351. It es *in* erth na tung may tell þat flour. CURS. MUNDI 1311 COTT. *In* þere *sæ* heo funden vtlawen. LAʒ. I. 55. A strong tempest *in* þo *see* his messager gan dryue Into þe lond of Galilee. PILATE 160. *In the sea* they were long. RICH. C. DE L. 626. Þa wunede . . *in* þan norð ende drenches some sixe. LAʒ. III. 160. Engelond . . yset *in* þe ende of þe world, as al *in* þe West. R. OF GL. p. 1. Her *in the north half* . . noman ne woneth for chele; Ne *in the south half* nothemo for the grete hete Of the sonne. POP. SC. 259–61. Nime we þes wepne þat *in þis felde* liggeþ. LAʒ. I. 178. j. T. Weoren . . teldes itælded *in þan brode* uelde. II. 309. *In eueryche felde* ripe is corne. ALIS. 5757. Divers *in medewe* spryngith floure. 2050. Darie *in a verger* ys. 3299. Ich habbe *in* þane munten monie þusund. LAʒ. I. 20. *In the* yle of Cariot ifonde he was. JUD. ISC. 29. Poul . . the ermite was *in the yle* that ich iseo. ST. BRANDAN p. 28. Ha . . selden þ wittiest ha weren of alle þe meistres þ weren *in East londe.* LEG. ST. KATH. 532. Heʒtetene kynges londes Ben *in Asye.* REL. ANT. I. 271. Eresie ne rixleð nout *in Engelond.* ANCR. R. p. 82. King he was *in Engelond.* ST. KENELM 2 Selden was . . Praised Ingles tong *in France.* CURS MUNDI 245 COTT. Seint Cristofre was sarazin *in þe lond of Canaan.* ST. CRISTOPH. 1. Oþer grete tounes, þat þo were *in Walis.* R. OF GL. p. 2. Þat lond þat bitwene Homber & the water of Temese ywis Ich wene *in þe bischopriche of Lyncolne* ys.

p. 5. Hiredmen heom tahten *whær* . . he wes *in anne* wude, *in ane* wilderne. LAʒ. II. 88. *In that desert* is fulle gret defaute of watre. MAUND. p. 63. The nyghtyngale *In* wode makith miry gale. ALIS. 2547. *In* þe *wode* of Eglesdone a durne stede hi fonde. ST. EDM. KING 61. Þer *in* onliche stude him hungrede. ANCR. R. p. 162. Forte wyte *in what stude* hys wonyng were. R. OF GL. p. 14. *In no stede* bi his daye ne fond me so strong a man. ST. CRISTOPH. 2. Þu and ðin trume ben here *in* ðis *place* to me welcume. G. A. Ex. 1829. Thei couchen hem and duellen *in place* where thei may fynden watre. MAUND. p. 13. His godnisse was wide icud abo-te *in* eche sida. ST. SWITHIN 19. Of hire fairhede me tolde *in eche side.* 11,000 VIRG. 7. Þe children pleʒiden *in þere strete.* OEH. p. 7. A croiз þer stode *in* þe *wei.* ST. CHRISTOPH. 48. auch wo die Fläche nicht horizontal sondern vertikal ist: He *in* þe *croiз* þe bouзte. ST. CRISTOPH. 68. The reed, of the whiche the Jewes зaven oure Lord eyselle and galle, *in the cros.* MAUND. p. 9 sq. Whan oure Lord was peyned *in the cros.* p. 81.

Uor þu sselt libbe þe lenger *ine* yerþe. AYENB. p. 8. Al þet Iesu Crist þolede *ine* erþe uor ous. p. 111. Of зuichen [sc. þieues] þer byeþ uele maneres, *ine londe* and *ine* ze. p. 37. Ten heetes . . þet Moyses onderuing *ine þe helle of* Synay. p. 5. Eue heold *ine parais* longe tale mid te neddre. ANCR. R. p. 66. Tho hit bygan *ine Paradys.* SHOREH. p. 58. He let forthene kniзt That hadde idon so muchel unwriзt *Ine so* gode kinges londe. O. A. N. 1091. Of ðe Cristene þet beoð *ine* heþinesse. ANCR. R. p. 32. Ich hondlede him *ine swuche stude.* p. 318. He may by wel *ine dyvers* loʒ Ryзt al at ones. SHOREH. p. 145. — Mid his halie tif wunden þa he þolede ior us *ine* þe *halie rode.* OEH. p. 75. Þe eddre of bres arered *ine* þe *pole* betokneþ þet body of Jesu Crist yhanged *ine þe rode.* AYENB. p. 203. In trowe he scholde þe bouзt . . And that was *ine the holy rode.* SHOREH. p. 164.

Forrþrihht senn se time comm þatt ure Drihhtin wollde Ben borenn *i* þiss *middellærd.* ORM 3494. Albanac nom his lond *i* þon *norð* ende. LAʒ. I. 90. Bijende France *i* þet *west* þu scalt finden a wunsum lond. I. 52. Ho wiste hire notice seep daies *i* þe *felde.* MEID. MAREGR. st. 7. Heo þohten *i* þan hulle hæbliche atstonden. LAʒ II. 471. Nes castel nan awa strong *i* þon londe of Grielond. I. 26. Modred wes *i* Cornwale. III. 138. Humbald þe wes lauerd *i* þa lond. II. 64. He mote beon a corn *i* godes guldene edene. ST. JULIANA p. 79. Eue, þi moder, leop . . vrom þe eppel *i parais* adun to þes eorðe. ANCR. R. p. 54. Þu . . feddest ham fowrti зer *iþe* wildernesse. ST. JULIANA p. 61. Þer as he was one iðe *wildernesse.* ANCR. R. p. 169, *I* þe *wsste* þær he wass Hiss fode wass unnorne. ORM 827. Heo letten alle þa horsmen *i* þan *wude* alibten. LAʒ. III. 58 sq. Þer me mahte iseon alre sorhene meast þe *iþat stude* stode. ST. JULIANA p. 59. *I* þat *ilke stede,* anan, iwurðen twa wundres. LEG. ST. KATH. 2486.

7. Die Präposition tritt zu meist abstrakten

Substantiven, welche körperliche und see-
lische Zustände, Affekte oder Thätig-
keiten bezeichnen, in denen das Subjekt sich befindet oder bethätigt ist:

Al o tide of the dai we were *in durchede*.
ST. BRANDAN p. 2. Hym þoujte, þe ymage *in
his slep* tolde him hys cheance. K. OF GL. p. 14.
He semes bi semblant *in sekenes ful harde*.
WILL. 841. Iudas ihurde of oure louerd telle . .
þat he halp menic man *in siknesse* and *in neode*.
JUD. ISC. 107. Yif he *in hele* ware, he were a
miri man. TRISTR. 2, 10. So schalt thu lyve *in
hele*. REL. ANT. I. 56. Ant tu schalt beon euer
in car ant *in sorhe*. ST. MARHER. p. 6. Nijt and
dai hi libbeþ *in sore*. E.E.P. p. 3. The Princes
doujter Admiraud . . That lovede him in durne
love, *in gret murmynge* and *in wo*. BEKET 22.
3it thei ben *in moornynge*. MAUND. p. 74. So
longe he laie in prisoun, *in hunger* and *in pyne*.
PILATE 214. Þat folc stod *in gret wonder* and
also *in grete doute*. ST. DUNSTAN 8. *In strong
penance* his lif he ledde. METR. HOMIL. p. 10.
Per he him resteþ, þer he is *in pais*. AYENB.
p. 250. In on of the foure stedes *in reste* evere hi
were. ST. BRANDAN p. 20. Heo stod longe *in
thoŗte*. BEKET 38. Per hi leye *in hire bedes*. ST.
LUCY 27. Heo was faste *in oreisons*. ST. MARGAR.
154. Peos . . beoð *in worldes þeowdom*. HALI
MEID. p. 5. Of þe kynde of Priamus mony-men
. . þat were þer *in seruage*. K. OF GL. p. 11.

Þe holi mon . . iwearð eft aslepe, ase þe þet
hefde þer biuoren ibeon *ine muchele wecche*.
ANCR. R. p. 236. Þe ilke dai þet he was boðe
ine sore swinke & ec ileten blod. p. 260 sq. Ysij,
wrechche, *ine huiche zorjes*, and *ine huiche perils*
þou art. AYENB. p. 129. That hy ne be nanjt
ine wanhope, That made Judas to spylle. SHOREH.
p. 31. Al *ine joye* was hire mende. p. 126. He
asolde by *ine payse* of herte, and *ine blisse gostlych*. AYENB. p. 127.

As ha þrinne wes *i þeosternesse* hire ane.
ST. JULIANA p. 31. Þer as mon liueð ai *i blisse*
buten euch bale, *i wunne* buten wa. LEG. ST.
KATH. 1771. Beoð *i beoden* & in ureisuns. ANCR.
R. p. 44.

8. sie wird zu dem Gegenstande eines
Affektes, der Freude, des Gefallens,
des Stolzes, gesetzt:

Mirþe sal [gloriabuntur] *in þe* þat love þi
name alle. PS. 5, 12. I sal fayne and glade *in
þe*. 9, 3. 3yf thy wyl rejo[ice]th more *In enyes
kennes thynges*. SHOREH. p. 95. *In Tristrem* is
his delit. TRISTR. 1, 57. My beloved sone, *in
the whiche* I am well plesed. MAUND. p. 103.
Who so pridith him *in the goodes of fortune*, he
is a ful gret fool. CH. *Pers. T.* p. 302.

Vre Louerd . . þreateð ham mid helle stunch
þ habbeð delit her *ine ulessliche smelles*. ANCR.
R. p. 104. Ne glede þe najt *ine uayr arroud*.
AYENB. p. 258. Byeþ glede *ine god*. p. 265. He
ofhalt þane smak of zenne þet þengþ of þe zenne
þet he heþ ydo, and him lykeþ wel *ine þe boſte*.
p. 178. Zuo heþ god grat wlatiynge to ham þet
ine þise þinges habbeþ blisse. p. 216.

Eue biheold o þen uorbodene eppele & iseih

hine ueir, & uong to deliten *i þe biholdunge*.
ANCR. R. p. 52.

9. ebenso zu dem Gegenstande, woran
jemand theil nimmt, Antheil hat:

3if me . . delen *in his pinen*. ANCR. R. p. 38.
For þe seoue tiden þet holi chirche singeð,
þet ich mote delen *ine ham*. ANCR. R. p. 28.
Zuych uolk ne habbeþ part *ine þe holy pater
noster*. AYENB. p. 102.

10. desgleichen zu einem Substantivbegriffe, der die Sphäre bezeichnet, innerhalb
deren sich etwas, besonders eine Person, bethätigt oder bekundet:

Gode skyll he cowde *in husbondry*. REL.
ANT. I. 43. Til þam þe world es favorabel *In
alle þat þam thynk profitabel*. HAMP. 1344.
Trew he was *in alkyn thing*. YW. A. GAW. 13.
Twoo knawe children . . That dowthi were of
dede, And trewe were *in all thing*. AMIS A.
AMIL. 32. Thow shalt *in worde* be trewe. REL.
ANT. I. 50. Þe mare . . þat we wax upright
[crescimus] *In welthe* and *in worldly myght*, þe
mare we suld have drede. HAMP. 1298. Wha
swa seles hym here gylty *In any of þir synn dedly*.
3371. Thay ar fekille *in word and thoght*. TOWN.
M. p. 261. Fifti scolemaistres . . *in alle wittes
of worldliche windomes* wiseste o worlde. LEG.
ST. KATH. 522-7. On ther was, Neptanamous,
Wis *in this art*. ALIS. 73. My son I wil ye haue
forthi, To make him cunnand *in clergy*. SEUYN
SAG. 45. Ther comen . . wise advoketes lerned
in the lawe. CH. *T. of Melib.* p. 142. A wyf
schulde eek be mesurable *in lokyng* and *in beryng* and *in laugheing*, and discrete *in alle hir
wordes* and hir dedes. *Pers. T.* p. 352. Be . .
Curteys of language, *in spending* mesurable.
LYDG. M. P. p. 67.

Hit ys wel saort *ine wordes*, and wel lang
ine wytte. AYENB. p. 99. Þe ende of his wylle
is al þerto þet ha by riche *ine guodes*. p. 162.
Hit sseweþ þet þe wordle is ydel *ine byinge vyl
ine worþ*, biter *ine smac*. p. 82. Nou is hit grat
nyed to hyealde . . mesure *ine mete* and *ine
drinke* and *ine clofinge* and *ine hosiynge* and
ine sminge, and *ine alle þe þinges* þet bodi acseþ.
p. 154. Peruore zayþ zaynte Paul, þet þe wyues
asolle . . deuouteliche by chast and sobre . . ;
sobre *ine mete* and *ine drinke*. p. 220. Wel ssel
þanne a man habe pite and þolemodnesse of þe
oþre þet is him anlich *ine kende*. p. 186. We
byeþ þe more ymylded, and þe dreduoller, and
þe more wys *in alle þinges*. p. 117.

11. zu einem Substantiv, welches den Umfang oder die Ausdehnung in Länge, Breite,
Höhe bezeichnet, und dem eine Massbestimmung beigegeben ist:

That yle holt *in compas* aboute 350 frensche
myles. MAUND. p. 54. Hit is imete *in brede* fif
and twenti fote. LAj. II. 500 j. T. Of leonthe
thi ship be Thre hundreth cubetts warn I the, Of
heght even thirte, Of fyfty als *in brede*. TOWN.
M. p. 23. Thow shalt make the tables stondynge of the tabernacle of the trees of Sichym,
the whiche echon han *in lengthe* eche oon and
an half. WYCL. EX. 26, 15 Oxf. The hows that
kyng Salomon beeldide to the Lord, hadde sexti

cubitis *in length*, and twenti *in brede*, and thretti cubitis *in heiʒt.* 3 KINGS 6, 2 Oxf. That cytee of Alizandre is wel 30 furlongen *in lengthe.* MAUND. p. 56. That see is wel a 6 myle of largenesse *in bredthe.* p. 57. The tabernacle is 8 fote long, and 5 fote wyde, and 11 fote *in heighte.* p. 75.

12. alt ist die Verbindung von *in name* (*nome*), im Namen, im Auftrage, in Ermächtigung, wofür zum Theil *in* ꝺalf, von Seiten, im Namen, eintritt:
In his hali nome i schal leote lihtliche of al þ ʒe cunnen kasten aʒain me. LEG. ST. KATH. 943. Teche alle folkis, cristenynge hem *in the name* of the Fadir and of the Sone and of the Hooly Goat. WYCL. MATTH. 28, 29 Oxf. Ich cristin the *in the Vader name*, And Sone, and Holy Gostes. SHOREH. p. 10. Malcus . . com nou forþ & þi louerdes heste do, For nou *in mi louerdes name* prest ic am þerto. ST. MARGAR. 301. *In his* [sc. oure Louerdes] *name* ich hote ʒou as ich mai, That ʒe tuouche him noʒt to niʒt. ST. BRANDAN p. 27 sq. If ʒe schulen axe the fadir ony thing *in my name*, he schal ʒyue to ʒou. WYCL. JOHN 16, 23 Oxf. *In my name* thei schulen cast out fendis. MARK 16, 17 Oxf. It is a feend, as I the telle; Ryde vpon hym *in Goddes name.* RICH. C. DE L. 5522. Now . . wil we . . *In Crist name* our bok begin. CURS. MUNDI 265 COTT.
Yef þou acsest eni þing to mine uader *ine mine name*, he hit þe wile yeue. AYENB. p. 209.
I þe feaderes & *i* þes sunes & *i* þes hali gastes *nome*, her beginneð þe liflade & te passiun of scinte Margarete. St. MARHER. p. 1. *I* þe feaderes & *i* þe sunes & *i* þe hali gastes *nome*, her biginneð etc. ST. JULIANA p. 3. Fele turnden to treowe bileaue & þoleden anan deað *i þe nome* of Drihtin. LEG. ST. KATH. 1439.
anders verhält sich in dieser Verbindung *name* als Bezeichnung der Person: Our helpe es *in Laverdes name.* Ps. 123. und da, wo *name* die Benennung oder Bedeutung einer Sache ausdrückt: Thei brennen his body *in name* of penance. MAUND. p. 170.
in dem oben angeführten Sinne vertritt *half*, latus, bisweilen *name*: *In the popes half*, he sede, ich forbede, vpe mansinge, That no man ne touchi thulke clerc. R. OF GL. p. 504. Myn barouns free, hot him *in myn helue*, þat he hymen ʒelde aʒee. FERUMBR. 1440. auch *bihalf*: I the pray, *in my byhalfe* that thou say etc. IPOMYD. 1247.
13. bei den Begriffen der Art und Weise und der Form oder Gestalt steht häufig *in*:
Bilef . . þi folie, ic rede, *in alle wise.* ST. LUCY 73. He . . fondede *in alle wise*, If he wolde out of þat lond and leue in his seruise. PILATE 66. Ich bidde ʒou . . that ʒe fondie *in alle wyse* That ich bileve her al niʒt. ST. BRANDAN p. 26. Per ne miʒte so neuere non beo *in none wise.* PILATE 56. Ic fond mie louerd aslawe, y not in whiche *wise.* JUD. ISC. 101. *In þis maner* þe Britones þis lond wiste þo. R. OF GL. p. 64. *In þisse manere* þis holi maide hir lyf to ende brouʒte. ST. MARGAR. 315. Som men seyn that

in the ile of Lango is þit the doughtre of Ypocras, *in forme and lykenesse* of a gret dragoun. MAUND. p. 23. Tho he sacrede hys flesche and blod . . *In fourme* of bred and eke of wyn That we hyt notye scholde. SHOREH. p. 79.
Ine þise uyf maneres halʒeþ þe gost of wysdom þe herte of man. AYENB. p. 106. He one is zetnesse an uestnesse . . wyþoute him to chongi, wyþoute him remue *ine none manere.* p. 104. Huanne he comþ *ine gyse* of angle. p. 158. Godes body *ine forme* of bred. SHOREH. p. 7. Nammore maystrye nys hiʒt to hym To be *ine bredes lyche.* p. 20.
wie bei dem Begriffe der Sprache oder Mundart: The Sarezines cryyd *in her langage*, „Crystene houndes.“ RICH. C. DE L. 6023. The oxe and asse . . Hy makede joye *in hare manere*, And eke *in hare langage.* SHOREH. p. 122. He says þus, als *in Latyn* es talde, „Ayther worlde now waxes alde.“ HAMP. 1510. The table aboven his heved . . on the whiche the title was writen *in Ebreu, Grece and Latyn*, that was of olyve. MAUND. p. 10. There nyghe . . is this writen *in Grew* . . , that is to seyne *in Latyn*, Deus rex noster etc. p. 76.
Þet me clepeþ *ine latin* mansuetudo. AYENB. p. 145. Þise uirtues me ne may propreliche nemni ase onderstondinge hise todiʒt *ine latin.* p. 164.
14. die Bezeichnung einer Person oder Sache, als an und für sich in Betracht kommend, geschieht durch *in* mit *himself*:
Godes sune Jesu Crist Ias Goddes aʒhenn kinde . . & soþ Godd *inn* himun sellfenn. ORM 3038-41.
Hi solle ʒay god *ine himzelue* ase he is. AYENB. p. 201. Þe sacrement þet is ymad . . be þe hand of þe kueade ministre ne is naʒt lesse worþ *ine him zelue.* p. 237.
15. bei der weitschichtigen Verwendung der Präposition, welcher überall die Einschliessung in die Sphäre des gegebenen Substantivbegriffes zu Grunde liegt, streift *in* bisweilen an instrumentale und kausale Bedeutung, wie mit, vermittelst und durch.
Not oonly *in breed* a man lyveth. REL. ANT. I. 41. A man lyueth not *in breed* aloon. WYCL. MATTH. 4, 4 Oxf. cf. LUKE 4, 4. DEUTERON. 8, 3. Non *in solo pane* vivit homo. MATH. 4, 4 Vulg.
The kynges . . sheuden wel that he ys god, *in gold and stor and mirre.* REL. ANT. I, 87. Thou shalte have in the same stounde Fourty shelynges *in grotes rounde.* 1. 44.
Hwat mihte wenest tu was icud *ine þeos wordes?* ANCR. R. p. 76. Praysy *ine herte*, herie *ine moupe.* AYENB. p. 135. *Ine þri þinges* aseweþ þe man þet he loueþ pouerte. p. 139. Þis illke selue [sc. chastete] is ous betokned *ine* þe aube and *ine þe gerdle aboue.* p. 236. ähnlich: Þet was betokned *ine Samson* þe stronge. p. 181.
I þis an þing he scheaude & sutelede inoh þ he was soð Godd. LEG. ST. KATH. 1035.
dem kausalen Gebiete nähern sich auch Sätze wie: As *in Adam* alle men deyen, so and

in Crist alle men schulen be quykenyd. WYCL.
1 COR. 15, 22 Oxf. Ydemyd we bethe *In Adam*
and *ine Eve.* SHOREH. p. 7., in denen die Ein-
verleibung zugleich das Motiv des Urtheils ist.
    b. von der Bewegung oder der auf ein
Ziel gerichteten Thätigkeit, wo ältere germanische Mundarten den Akkusativ damit verbinden.
    1. das Wohin in allen den räumlichen
Beziehungen bezeichnend, in denen die Präposition vom Beharren gebraucht werden kann:
And was his holie lichame leid *in buriles, in þe
holie sepulcre.* OEH. II. 21. Woreldes richeise . .
deuð him on helle, alse storm doð þat ship *in þe
watere.* II. 43. Wurpen hine *in ænne broc.* LAȝ.
II. 26. Alisaundre . . *In a put* doun him cast.
ALIS. 717. *In a strong retles* [sc. he] ous brouȝte,
& *in a put* ous caste. ST. MARGAR. 207. Naked
[sc. he] falleð *in ðe funt fat.* BEST. 108. They
weore faire brought *in eorthe.* ALIS. 1653. *In
the erthe* they wolde have crope. RICH. C. DE
L. 3473. He brouȝte ous *in our schip.* ST.
BRANDAN p. 4. *In strong prisoun and swipe
durk* sone he let him caste. PILATE 212. *In
strong presoun* they schuld be done. RICH. C.
DE L. 742. *In bordel* heo scholde beo ido. ST.
LUCY 102. The stede es *in stable* sett. PERCEV.
945. Thai fel doun *in the clay.* AMIS A. AMIL.
1845. He laid hem *in her bedde* again. 2300.
He tok vp þe bones, *In a sertre* þam laid.
LANGT. p. 26. Þis holi bodi was vp ynome . .
And ido *in a fair schrin.* ST. SWITHIN 153-5.
Quyk he loked *in the steorre.* ALIS. 76. — Þe
wiȝte þet ualþ *ine hot weter.* AYENB. p. 66. Me
mot him depe *ine the water.* SHOREH. p. 11.
Huanne þe milde herte heþ zuo moche ydo, þet
he is yguo into þe hole of þo roche ase þe colure
ine his coluerhous. AYENB. p. 142. — Ich habbe
. . *i fur* iwarpen ham & *i water.* ST. JULIANA
p. 49. Per Læire falleð *i þa sæ*.. LAȝ. I. 60. Þe
bestliche mon þ . . secheð uor to uallen *i þisse
put.* ANCR. R. p. 58. Þu were idon dead *i þruh*
of stane. ST. JULIANA p. 63.
    Þe quen . . greiþed hem gaili *in garnemens
riche.* WILL. 3205-7. He clad hym *in his clopez.*
GAW. 2015. He . . dede hym in on *addre wede.*
SHOREH. p. 158. *In the thyrde atyre* he let hym
do. RICH. C. DE L. 386. Þat he ne made him
sone kesten and *in feteres* ful faste festen.
HAVEL. 81. — No wynd thou nout thy senne
ine selke. SHOREH. p. 34. — Poure þu wunden
was *i rattes* and *i clutes.* OEH. p. 277.
    Bihold *in me,* and rewe of me. PS. 118, 132.
Lat we this god wyn *in us* sink. METR. HOMIL.
p. 121. Þe wil þat we *in ham* warpeð. ST. JU-
LIANA p. 45. After þat oure suete louerd *in his
moder* was aliȝt. ST. DUNSTAN 22. Euch dunt
desde *in hire leofliche lich.* ST. JULIANA p. 29.
Ho . . sette hir fot *in is necke.* MEID. MAREGR.
st. 47. *In þane nekke* hy hene smyte. SHOREH.
p. 84. Hit [sc. this cloth] bet *in myn eȝen.* ST.
BRANDAN p. 26. Tho thou spettest *in my risage.*
ALIS. 979. Heo . . bitahte *in his hond* þe menske
of hire meiðhad. ST. MARHER. p. 2. Wið þe red
ȝerde þat te was *in honde* ȝiuen. OEH. p. 280.
He tok *in hond* a styf launce. ALIS. 966. —

Sing *ine mine earen.* ANCR. R. p. 98. Do . . guod
bridel *ine þine mouþe.* AYENB. p. 255. *Ine the
forehæved* the crouche a set. SHOREH. p. 15.
Symeon . . tok hym *ine his earmes.* p. 123. —
Buffetet and to dunet *i þe heaued.* OEH. p. 281.
Hwen þat te sunefule men *i þi neb* spitted.
p. 279. Hwa mihte mare þolen . . þen mon him
for schendlac *i þe beard* spitted. ib. A kniȝt wyth
one scharpe spere Stange hyne *i the ryȝt syde.*
SHOREH. p. 86.
    Dead cam *in þis middenærd* þurh ealde
deueles onde. OEH. II. 226. Ne cumeð he nefre
in godes riche. OEH. p. 39. Eche wende *in his
ende.* ST. BRANDAN p. 21. We come alte laste
In a stude suythe dure. p. 2. Hi come *in a wode.*
ST. KENELM 327. — Þe angel of red, þet is zoþ
god and zoþ man, þet com *ine orþe* þe uor to
rede. AYENB. p. 185. Uor þo scele wolde he
efter his dyaþe wende into helle, þet is to
onderstonde, *ine þo half* þet were þe halȝen,
naȝt *ine þo half* þet were þuorlorene. p. 13. — A
Godd þurh hwam witerliche ha alle weren *i þis
world* iset. LEG. ST. KATH. 282.
    2. in abstrakter Beziehung, von dem Ge-
rathen oder Versetzen in einen Zustand oder eine Verfassung:
    Hwenne ho iseȝen hore emeristne wandrede
þolie, oðer in seknesse bifalle. OEH. p. 157.
Hit wolde . . makien so offered, þet ȝe muhten
sone uallen . . *in desperaunce,* þet is, *in unhope*
& *in unbileaue* forte beon iboruwen. ANCR. R.
p. 8. Ne lete he neuere my bodi to dai *in sunne*
falle. MEID. MAREGR. st. 15. Als oft als man *in
sin* falles. METR. HOMIL. p. 93. He was fallen
in elde. RICH. C. DE L. 6177. Hi . . *in stronge*
depe hem broȝte. ST. MARGAR. 26. Hi beoþ *in
þo pyne of helle* ibroȝt. 85. His zoster was so
fers & *in so gret prute* ibroȝt. ST. KENELM 247.
Þe heȝe god . . Ouercom & *in sorwe* brouȝte me.
ST. CRISTOPH. 57. Iherod beo he . . þat *in such
wit* þe brouȝte. 66. Who has brought yow alle
in car? RICH. C. DE L. 818. *In mornyng* he
was broght. IPOMYD. 146. Senne bryngeth men
in grame. SHOREH. p. 102. Do we ðe bodi *in
ðe bale* and bergen ðe soule. BEST. 230. His
ariste arere me *in lif holinesse.* OEH. p. 207.
— Þe niðfulle, þe prude, þe fordrunkene . .
sculen beon iwarpen *ine eche pine.* p. 143. He
. . makeþ him ualle *ine ane feure,* oþer *ine zuiche
zorȝe* þet he nimþ þane dyaþ. AYENB. p. 29 sq.
Moche uolk byeþ yualle *ine zenne.* p. 205. Þe
loue of þise wordle þet troubleþ þe herte of
man, and hine zet *ine zorȝe.* p. 250. Þat man
ne falle *ine wanhope.* SHOREH. p. 6. — Swa ich
habbe ablend ham þ ha . . falleð fule ant fenni-
liche *i fleschliche fulðen.* ST. MARHER. p. 15.
    3. Bei den Begriffen theilen, zer-
brechen, zerfallen und ähnlichen:
    Þis folc . . departede here ost *in twolf par-
tyes.* R. OF GL. p. 18. Hys men he delys *in twoo
flokkes.* RICH. C. DE L. 3816. He parted þe
lond *in foure parties.* LANGT. p. 49. Þis buk . .
In seven parties divised es. HAMP. 348. Another
fisch . . forclef his foule book *in three parties.*
ST. BRANDAN p. 19. Þe scolle tobreke *in peses*
mony on. R. OF GL. p. 16. wozu sich die Ver-

kürzungen *in tica, in þre* stellen: He schar his
throt *in tua*. METR. HOMIL. p. 55. *In twoo* he
brak hys chekebon. RICH. C. DE L. 797. cf. 864.
Whenne he com the cheyne too, With hys ax
he smot it *in two*. 2619. The corne he pertis *in
two*. PERCEV. 449. The roche cleef *in two*.
MAUND. p. 86. My swyr hadde gon *in twey*.
RICH. C. DE L. 553. Folk inow we have with
us; I rede we departe them *in three*. 3930. My
catyf hart wylle breke *in thre*. TOWN. M. p. 263.
— Pis zenne him todelþ and spret *ine zuo uele
deles*. AYENB. p. 17. Ich of þe ilke zeuen him
todelp *ine uele habtes*. p. 16. Hi todelden þise
uirtues *ine six deles*. p. 164. Hy [sc. þe onder-
stondinge] tuysteþ *ine tuo*, huanne me wylneþ
of one half to god, and of oþerhalf to þe wordle.
p. 159. Pis (sc. zenne) hire todelþ *ine þry*. p. 25.
— Incest, þet is, bitwhwe sibbe, vleshliche
oðer goostliche, þet is *i monie* ideled. ANCR. R.
p. 204.

4. so auch bei glauben an, hoffen,
vertrauen auf:

We wulleð ileuen *in leofen þine drihten*.
LAȝ. II. 280. I leve *in Godd*. REL. ANT. I. 234.
ich ileve *in God*, I. 282. I bileve *in God*. 1. 57.
He þe bileued *in god*. OEH. II. 19. Alle beleven *in God* the Fadir and the Sone and the
Holy Gost. MAUND. p. 119. *In theise thinges*
and *in suche others*, ther ben many folk, that
beleeven. p. 166. If þu leouest *in holi churche
And þe wordes of þe godspel* . . þurf tuochinge
of seint Agace tumbe þu worst hol anon. ST.
LUCY 31. The sowdan, that left *yn Teruagaunt*.
OCTOU. 919. I hoped *in þo*. Ps. 7, 2. I soethli
hoped *in þi mercy*. 12, 6. Laverd mi helper þat
es alle, And *in him* ai hope I salie. 17, 3. Sco
that euer is bot of bale Til al that hop *in hir*
hauis hal. METR. HOMIL. p. XVIII sq. *In
God* he hopyd ryght. CLEGES 72. *In him* i hafe
min hope al fest. CURS. MUNDI 5288 COTT. Hi
true *in God*. REL. ANT. I. 22. Jesu Crist schalle
be born of the virgyne Marie, and I trowe *in
hym*. MAUND. p. 17 sq. Pes off hym tydes us no
graunt, But it be at swilke covenaunt, That we
our God Mahoun forsake . . And trow *in Jesu
and Mary*. RICH. C. DE L. 4393. Trow *in none
God* but oone. TOWN. M. p. 50. He thoughte
wel, that he myghte trusten *in hem*. MAUND.
p. 226. He hauis mare trouth *in me* Than Jowes
that me for God suld knau. METR. HOMIL.
p. 128. May I traist *in the* For to tel my preucte?
SEUYN SAG. 3051. *In Laverd* traist I. Ps. 10, 2.
Mi God, *in þe* I traist. 24, 2. Gode to traiste *in
Laverd* it es ai, þan traiste *in ani man* be mai.
117, 8. Pat *in him* traisted alle seli be. 2, 13.
Alisaunder him gan affye *in his owne chivalrie*.
ALIS. 7347. Who that hath trewe anye, Joliflich
may hym *in her* afyghe. 4752. Pers afyed *in his
streynihe*. 7351. — Ich leue *ine god* . . and ine
Iesu Crist . . ich yleue *ine þe holy gost*. AYENB.
p. 262 sq. Ich beleue *ine god*. p. 12. More he
beleþ *ine hare helpe* þanne he do *ine his oȝene
guodes*. p. 139. Hit behoueþ þet he . . habbe
guode beleaue *ine god*. p. 165 sq. Juliane . . as
þeo þat *ine godd* hire hope hefde. ST. JULIANA
p. 12. Haue guode hope *ine god*. AYENB. p. 207.

Min herte hopeþ *ine þe*. ib. He him fyeþ more
in oþres uirtue þanne *ine his*. p. 136. — ȝef þu
wult . . leuen *i godd feader* & *in his deorteurðe
sune* & *i þe hali gast* . . ich chule wel neome þe.
ST. JULIANA p. 9 sq. Ifond ter swiðe feole . .
þ Cristene weren & leaffule *i Godes lei*. LEG.
ST. KATH. 161-7.

5. spenden, verwenden an jemand,
oder auf etwas:

Ha . . spende al þ oðer *in nedfulle* & *in
nakede*. LEG. ST. KATH. 101. *In ficciciens* heo
hadde ispend moche del of hire gode. ST. LUCY 7.
In hordom and *in lechours* þu hast ispend þi
god. 82. *In riot* and *in rigolage* Of all þere luf
spend þai þe stage. CURS. MUNDI 49. That wisdom . . That God hauis giuen us for to spend
In god oys til our liues end. METR. HOMIL.
p. 3. — Pe ilke þet dispendeþ þane zonday and
þe festes *ine zenne* and *ine hordom* and *in oþre
zennes* aye God. AYENB. p. 7. He hire [sc. þe
guodes of kende and of grace and of hap] heþ
folliche yspended *ine euele wones*. p. 171.
Moche uole þet lyeseþ hare time, and hine be-
zetteþ *ine ydelnesse*, and *ine to moche of metes
an drinkes* and *ine fole pieȝes*. p. 207.

6. denken an, rufen zu, erscheinen
in gleicher Verbindung:

ȝif þu *in Ihū Crist* dent þenche, Ne uor
heste ne uor wo fram him nelt blenche, þu worst
quit of alle þin sunnen. FEGF. D. H. PATRICK
171. Pe ymage of our lady, *in wan* was al ys
þoȝt. R. OF GL. p. 174. Pis junge maide . . niȝt
& day *in our louerd* gan crie þat he sende hire
stedeuast hurte, & *in our leuedi Marie*. ST.
MARGAR. 31. — Huanne he þengþ *ine him and
his passion*, he ys alsuo ydept and alsuo dronke
of þe preciouse blode þet Iesu Crist ssedde uor
him. AYENB. p. 107. Deuocion of herte, þet is,
to arere þe herte to god, wyþoute þoȝte *ine oþre
stede*. p. 210.

7. verwandeln in etwas:

Al hir lof and hir suetnes *In gasteli water*
turned es, That es at sai, til werldes play, That
als watre wins awai. METR. HOMIL. p. 123 sq.
Pou torned mi weping . . *In blisse*. Ps. 29, 12.
Pair blisse turned þai *In liknes of a calfe*.
105, 20.

8. Macht haben über, ein Recht
haben auf eine Person oder Sache:

The first seyd . . Gretely desireng his prosperite, That noon enmyes have *in him* powere.
LYDG. M. P. p. 16. — Ich þe wyle zigge . . *ina
huet uole* þe dyeuel heþ myȝte. AYENB. p. 223.
Pe on heþ riȝt *ine þe bodie* of þe oþre. p. 222.

9. sich erheben, zürnen gegen jemand, einem etwas anthun:

Pas þat *in me* rises nou, Schent mote þai
be. Ps. 108, 28. Bot for Laverd was in us wele,
when men ras *in us* swa, Thurgh hap, qwhik
swelyhed us þa; when wrathed breth of þa *in
us* þus, Thurgh hap, watre had overschonned us.
123, 2. Unrightwiselik wickednesse *In me* dide
þai. 118, 78.

10. Die Präposition steht auch bei Angabe
eines Zweckes:

Halewen þet þe luuieð best & mest, *in hore*

ιcurðchipe siggeð oþer les, oðer mo, alse ou
bereð on heorte. ANCR. R. p. 30. *In hir* [sc.
Mary's] *wirschip* wald I bigyn A lastand ware
apon to myn. CURS. MUNDI 111 COTT. There
Seynt James and Seynt Johne were born, and
in the woorschipe of hem, there is a fair chirche.
MAUND. p. 31. Brut . . lette a fair tabernacle
in honour of hym rere. R. OF GL. p. 20. If eni
man *in honour of me* eni chapel doþ rere. ST.
MARGAR. 279. This ymage he made here *In the
honour of Jubilere*. ALIS. 1533. Savn Jon . .
baptized folk *in forgifnes* Of sin. METR. HO-
MIL. p. 10. This chylde, he sayd, ys sett *in taken*,
That bes agayn sayd and forsaken. p. 76. The
colvere . . That broute the braunche of olyve
tre, *In tokne* that pays scholde be. SHOREH.
p. 131. On the scherethors day make thei here
therf bred, *in tokene of the mawendee*. MAUND.
p. 19. I shall *in token of thy memoire* The firste
life . . Sleen in thy name and sacrifie. GOWER
II. 52. Yburied it [sc. þat swerd] was forþ with
bym, as *in tokenynga of ys prowes*. R. OF GL.
p. 50. Profres me a pome pighte fulle of faire
stonys . . *In sygne* þat I sothely was soverayne
in erthe. MORTE ARTH. 3355-8. Mi strenght
and mi lof Laverd es he, And made it es *in hele*
to me [mihi in salutem *Vulg.*]. PS. 117, 14. He
laide his bed *in weed*. ALIS. 976. — He aros . .
Ine tokene That, man, thi body arise schel.
SHOREH. p. 4, cf. 18. 53. Hy betakeþ hyre londes
and hare eritage *ine weed*. AYENB. p. 36. — Milite
and wisdom & luue iveied togederes, þet tu jette
me ham, holi þrumnesse Trinite, iðe ιcurðschipe
of þe. ANCR. R. p. 26.

B. zeitlich wird die Präposition

1. zur Zeitbestimmung einer Handlung
oder Begebenheit verwendet, welche i n e i n e m
Z e i t p u n k t e eines kürzeren oder längeren
Zeitraumes, oder überhaupt während des-
s e l b e n eintritt:

He brohte þe laje, þet me sculde *in þe ehtuþe
dei* þet knaue child embsniþen mid ane ulint
sexe. OEH. p. 81. *In þe deie of liureisun* . . he
wile ison hwiche boð þo þet muje stonden ajein
þes fleisces lust. p. 85. Thar to thu stele *in o
day*. O. A. N. 402. Seint Dunstan and seint
Adelwold . . Iordeyned to preostes were al *in
one day*. ST. DUNSTAN 55. *In morgewile* he
wakegeð. OEH. II. 41. Afterward *in the dawen-
yng* He made efte his charmyng. ALIS. 403. *In
theveninge* he bad his knave the dore to steke.
BEKET 683. By cler candel, *in the nyght*, He
made uchon with other fyght. ALIS. 85. Tho
Peter in eja nyjt Thryes hedde hyne forsake.
SHOREH. p. 80. *In a þoresday* yt was . . þat þys
ded was ydo. R. OF GL. p. 419. I . . passed
the see . . *in the day of Seynt Michelle*. MAUND.
p. 4. Fram thulke time fur *in Leynte* no [ne *ed.*]
lond hi ne seje. ST. BRANDAN p. 16. *In Lenten
tyme* the parsone dyde hym shryve. REL. ANT.
I. 53. Therfore bote after hete me ne schal
no thundre isco ne hure . . Ne *in pur winter*
nothe mo. POP. SC. 165. *In þe winter* after
Eilred went ouer þe se. LANGT. p. 44. *In har-
rest* after Seint Clementes day, Thanne is
thundre cunde ynouj. POP. SC. 170. Þer were

in a moneþ seuentene þousant and mo Ymartired. R. OF GL. p. 81. We made as mery as
flowres *in May*. REL. ANT. I. 1. Mury is *in
June*, and hote. ALIS. p. 80. Tueye batayles her
after *in þe sulf jere* Hii smyte. R. OF GL. p. 263.
In þisse foreward grante him *in þe pridde jere*
Iwedded to beo. 11,000 VIRG. 41. Bi þe quene he
hadde anoþer child, boþe *in one jere*. PILATE 12.
In al the yer no sunne hy ne seeth. ALIS. 4907.
Alle mauere of fissches . . comen ones *in the
jeer*. MAUND. p. 192. Þe quene Mold, hys wyf,
deyde . . *In þe jer of grace a þousend & seuenty
& þre*. R. OF GL. p. 372 sq. I . . passed the
see, *in the jeer of our Lord Jesu MCCCXXII.*
MAUND. p. 4. Þas pine and monie oðre ure
drihten þolede of þan hedene folke *in þisse
timan*. OEH. p. 121. Þeos [sc. beastes] doð
hare cunde, wiðute wit þah ha beon, *in a time*
of þe jer. HALI MEID. p. 25. Mon . . folheð þat
fulðe *in euer euch time*. ib. Wes *in þe ilke time*
liuiende in londe þ eadi meiden. ST. MARHER.
p. 2. Þat *in his time* were gode lawes He dede
maken an ful wel holden. HAVEL. 28. *In þe
tyme* bitwene Abraham & Moyses it was þat men
come to Engolond. R. OF GL. p. 9. Mony
knyght, *in litel stounde*, Caughte there dethes
wounde. ALIS. 947. Yef thou childest *in this
stounde*, Thy child schal beo in sorowe bounde.
610. Þis folc . . faste slow, je two þousand and
mo *in a lytul stonde*. R. OF GL. p. 19. Þere was
batayle strong ynou ysmyte *in a prowe*. p. 261.
The Sarezynes . . senten out a spie, That hadde
he Crystene *in hys youthe*. RICH. C. DE L. 4047.
The croice . . *in his junghede* he nom. BEKET 3.
Oure louerd & his holi grace mid him was wel
ryue, & þat oure louerd cudde him wel *in his
pynge lyue*. ST. EDM. CONF. 52. *In alle his life*
ilk dele of suerd he mot him drede. LANGT. p. 27.

We biddeþ þet he hit [sc. þet bread] ous
yeue to day, *ine þise daye*. AYENB. p. 113. Vre
leawede breþren siggeð þus hore vres: vor Uht-
song *ine werkedawes*, heihte & twenti Pater
Nosters; *ine helidawes*, forti. ANCR. R. p. 24.
Hwon se je goð to oure bedde, *ine niht* oþer in
euen, ualleð akneon. p. 43. *In marhen* sende
Olibrius þe luþere his men. ST. MARHER. p. 17.
Þat he kedde on Estre nyjtte, Al *ine the daw-
ynge*. SHOREH. p. 124. Hwon je sleped, sigged
non efter mete, þe hwule þet sumer lested; bute
hwen je vested *ine winter*, biuore mete, & *ine
sumer* hwon je vesteð, þe sunedei, efter. ANCR.
R. p. 20. Þis trau is yzet bezide þe welle of godes
drede, huerof hit is echedaye ywetered *ine wyntre* and *ine zomere*. AYENB. p. 131. Þe holi rode
dei, þe latere, þet is *ine heruest*. ANCR. R. p. 412.
Yef hit were suo þet alle dajes *ine þe yeare* were
messedajes . . huo þanne saolde erye and sawe?
AYENB. p. 214. Þe lemes of anticrist þet werreþ
þe guode men . . ase deden *ine calde time* þe
tyrans þe martires. p. 182. Þet sael by suo uest
. . ne neure *ine none time* wyþcleped. p. 189.
Thys ylke sygne . . *Ine oure childhode* we jyt
toke. SHOREH. p. 18. Þet child lyerneþ *ine his
jejeþe*, he hit wyle healde *ine his elde*. AYENB.
p. 220. He is . . a zech uol of donge *ine his liue*,
mete to wermes *ine his dyaþe*. p. 216.

Ich isch þe apostles . . jarowe forte demen
i þe dei of dome kinges ant keiseres. OEH.
p. 261. *I þan þridden deie* he sarne dæd þolede.
LAЈ. II. 9. Per wes *i Samueles dei* Saul þe forme
king. ST. JULIANA p. 61. Euerich urideie of ðe
yer holdeð silence, bute Jif hit beo duble feste;
& teonne holdeð hit sum oðer dai *iðe wike; iðen
Aduent & iðe Umbridawes, wodnesdawes & fri-
dawes; iðe Leinten,* þreo dawes. ANCR. R. p. 70.
Haueden al þa reuen . . iloked tweiene eorles
i þon ilka Jære, þe sculden witen þat lond. LAЈ.
I. 225. Wes *iþon time* þe modi Maximien keiser
i Rome. ST. JULIANA p. 5. *I þat ilke time* we
beginneð to fleon. p. 45. *Iþi burð tid* in al þe
burh of Belleem ne fant tu hus lewe. OEH.
p. 277. Wel him þe wakeð wel, & *i þis lutle
hwile* wit her him seoluen. ST. JULIANA p. 75.
Je weren swuðe *i þen ilke stunde* itemted. ANCR.
R. p. 270.

2. selten deutet *in* auf den Abschluss
eines Zeitraumes, nach welchem etwas
sich vollzieht:

Ther he dude him eft in watere, and com,
in a lute while, To the hous of Haverolt. BEKET
1142. The soule that bringeth lyf, is atte hurte
grounde, Therfore ho so beo ther ismyte, he
deith *in a stounde.* POP. SC. 349.

in adv. ags. *in, inn,* alts. afries. ahd. *in,* gth.
inn von der Präposition *in* geschieden, ebenso
altn. *inn* von *i,* neue. *in.*

a. ein, hinein, herein.

1. öfters im Gegensatze zu *ut, out:* Neddren
sukeþ heore brayn, And creopeþ *ut* and *in* again.
O.E.MISCELL. p. 152. Heo no hath nose, no
mouth . . Bote a litel hole undur his chyn, Wher
heore wynd goth *out* and *yn.* ALIS. 6428. They
. . byset hit (sc. that cite) al aboute, That non
no myghte yn no *oute.* 7554. The Sarezynes
myght neyther *in* ne *oute.* RICH. C. DE L. 3842.
cf. 7011. Where that he yede *in* or *oute,* Jason
went with hym aboute. IPOMYD. 347.

2. das Adverb steht entweder nach dem
Zeitworte, zu dessen näherer Bestimmung
es dient: Vor drihtnes hailte passiun . . is nu
cumen *in.* OEH. p. 119. Pis beoð þe fif Jeten þurh
hwam kimð *in* dedes wurhte. p. 153. Thu comste
not *yn* yett. CLEGES 308. Pet (sc. þe vif wyttes)
byeþ þe windowes huerby comþ *in* þe dyaþ ofte
to þe zaule. AYENB. p. 154. Hwose euer wule
mei gon *in.* ANCR. R. p. 74. Pou and þi wijf sal
first gang *in.* CURS. MUNDI 1709 COTT. SleЈþe
·zayþ to þe messagere: *Guo in,* and huo þou art
. . zay ous. AYENB. p. 266. Ase viss geþ *in* . .
into þe nette. p. 170. Barouns entredep *in.*
SEUYN SAG. 956. Sche stert *in.* 1478. He . .
smat smertliche adun þ te dunt *defde in.* ST.
MARHER. p. 22. Thouh the pope clepe him *in,*
Jit shal he stonde ther oute. POL. S. p. 324.
He let clepe *in* alle the lordes. MAUND. p. 138.
Anon they ginne to turne her hele, And gunne
to drawen *in* her hornes As a snayl among the
thornes. RICH. C. DE L. 3834. The Sarezynes
. . schotten *in.* 6575. He het eche mon *do in* his
sweord. ALIS. 3282. Quen Seth a quil had
loked *in,* He sagh sua mikel welth. CURS.

MUNDI 1309 COTT. Wurschipe *let* him *in.* OEH.
p. 257. It is beter *let* hym *in* stille. RICH. C.
DE L. 4137. *A* lat me *in.* SEUYN SAG. 1455.
1487. Ase buruh wiðuten wal, þer ase uerd met
in oueral. ANCR. R. p. 74. A strang heg uor
to loki þane gardin of þe herte uram kuede
bestes, þet byeþ þe viendes of helle, þet hy ne
moþe naJt *in.* AYENB. p. 232.

3. oder vor dem selben: Heo ne miJten
in wende. GEB. JESU 558. *In* he *went.* CLEGES
286. *In* thai *wente.* SEUYN SAG. 319. *In* with
hir he gan *goo.* CLEGES 116. The portere . .
Lete the knyghtis *in fare.* PERCEV. 1537. He
lete him *in thring.* TRISTR. 1, 59. They leten
hem *in come.* RICH. C. DE L. 3305. cf. 5781.
In he cam to hire·bour. ALIS. 349. A dragon
com *yn fleon.* 544. He ne dorste nowt· *in hie.*
SEUYN SAG. 2227. A stout Sarezyn gan *in sterte.*
RICH. C. DE L. 6316. He did make a toumbe,
Edgar *in* to *lay.* LANGT. p. 26. *In* sche feches
the knygth. DEGREV. 789. Pet deor he smat
anan uppe þat hæued bæn, þ þet sweord *in decef.*
and þa hilt on his hand bræc. LAЈ. I. 277. Pe
rede knyght anone *in rode.* IPOMYD. 1110. Pe
Kyng Richard was the fyrst that *in rode.* RICH.
C. DE L. 4022. The thridde tyme yn he creped.
ALIS. 390. Olyfaunt] and knighttes *in* hy drowen.
5796.

b. seltener, wie im Angelsächsischen, auch
drinnen.

Pes oðer mon þet sunejeð and luueð his
sunnen, alse deð þet fette þet fule fen to liggen
in. OEH. p. 81. Pou lok þi werk be noght, A
hous als *in* to drink and ete. CURS. MUNDI 1654
COTT. Per þou schalt fynden a place god *in* to
byleue. R. OF GL. p. 14. I pray the to gif me
a place Bifor this towre, that I may big A litel
place *in* forto lig. SEUYN SAG. 3026.

in s. ags. *in, inn,* deversorium, cubiculum,
domus, altn. *inni,* domus, ædificium, habita-
culum, sch. *in,* neue. *inn.* Wohnung, Behausung, Herberge.

Hengest . . bad him gistninge & seide þat
he hafde an *in* iJarked toJeines him. LAЈ. II.
172. At a god mannes hous his *in* a niJt he nom.
BEKET 1185. Fort to þe hauene hi beoþ icume,
And þer habbeþ here *in* inome. FL. A. BL. 19.
He zent his messagyers beuore, uor to nime guod
in. AYENB. p. 195. At the marchandes hows
owre *yn* thou tak on. AMADAS 195. & teJJ þa
Jedenn forþ wiþþ himm Till þær he wass att *inne.*
ORM 12738. Heo sende mid hire ginne *to* þare
cinhtene *inne.* LAЈ. I. 142. Wanne at an god
mannes house yᵉ men were *at inne.* R. OF GL.
p. 296. Siththe departede this court, *to* his *inne*
ech drouJ. BEKET 483. With care was he ouercome, bi þat he com *to* his *inne.* WILL. 1485.
Pe lord *of* þer *inne* underjat þat þis child murn-
ingᵉ sat. FL. A. BL. 97. To lokenn whære he
wass *att inn.* ORM 13088. Pus poure he was *of
in.* ANCR. R. p. 260. Pe yongeist . . þat þai
lefte *at* þeir fader *in.* CURS. MUNDI 4982. *To*
Rychardys *in* sone they comen. RICH. C. DE L.
702. Go gete us fast *into* this *in* A knedyng
trowh. CH *C. T.* 3547.

Ar thai war to toun comen, War *innes* al

bifor thaim nomen. METR. HOMIL. p. 63. Alle the *innes* of the toun Haddyn litel foisoun .. So muche people with hire was. ALIS. 1019. Al þe *innes* of þe toun ifuld were and inome. GEB. JESU 560. There ben certeyn *innes* [Wirthshäuser] in every gode toun. MAUND. p. 213. He sende *to þan innen* after al his monnen. LAȝ. II. 161. Pa sparwen heore flut nomen & fluȝen *to* heore *innen.* IIL. 173. He .. lette leode clepien & ouer al cuðen þat heo comen *to* heore *innes.* I. 339. He preyd hom then also, That thei wold *to* the *innes* go. AMADAS 281. — Al bityme takes he his *ines.* MINOT p. 35. In the toure of Londen His *ines* er taken. p. 43.

i-nallen, i-neilen v. ahd. *genagljan,* clavare. ags. p. p. *genägled.* annageln.

Hi leten hem diȝte a gret schip, and above hit al bicaste With bole huden stronge ynou *ynailed* therto faste. ST. BRANDAN p. 5. Ringes of yre þer beoþ on *ynailled* þerto faste. ST. SWITHIN 113. On crouche *ynayled* was Jhesus. SHOREH. p. 85. Iesu Crist .. ypyned onder Pouns Pilate, *ynayled* a rode. AYENB. p. 263. Whenne he .. Heng *inayled* on þe treo. ASSUMPC. DE N. D. 33-5. Of men & wemmen he [sc. þe feld] was uol .. to þe erþe uaste ibounde, Wiþ furi nailes of ire *ynailed* uaste þerto. FEGF. D. H. PATRICK 267. Oure Lord was *ynaylled* on tþe cros lyggynge. MAUND. p. 11. — Godes honden weren *ineiled* oðe rode. ANCR. R. p. 14.

i-namien v. ags. *genamian,* appellare. alts. p. p. *ginamôd.* nennen.

I couche consent at your request, To be *inamed* of your fest. CH. *Dr.* 3003.

inblande præp. altn. *i bland,* dän. *iblandt,* schw. *bland.* unter, zwischen.

Þay blwe a buffet *inblande* þat banned peple, þat þay blustered as blynde as bayard watȝ euer. ALLIT. P. 2, 885.

inbiggen v. s. *biggen.* weilen, anhalten.

Inbigge þai sal [inhabitabunt] inside þam withal. Mi helespor bihald þai sal. Ps. 55, 7.

inblowen v. ags. *inblâvan,* inflare. aufblähen.

Science, or kunnynge, *inblowith* with pride. WYCL. 1 COR. 8, 1 Oxf. Lest that .. oon aȝens anothir bᵉ *inblowyn* with pride. 1 COR. 4, 6 Oxf. cf. 18. 19. No man disseyue ȝou .. *ynblowyn* with witt of his fleisch (inflatus sensu carnis suæ *Vulg.*). COLOSS. 2, 18 Oxf.

inbowen v. vgl. ags. *onbŷgan,* incurvare. s. buȝen, bowen.

1. tr. beugen. He shal *inbowe* [incurvabit *Vulg.*] the dwelleris in heiȝte. WYCL. Is. 26, 5 Oxf.

2. refl. sich beugen. Whanne he hadde *ynbowyd him,* he syȝ the scheetis putt. WYCL. JOHN 20, 5 Oxf.

inbreðen v. s. *breðen,* neue. *inbreathe.* einhauchen.

Wisdom to his sonus *inbrethede* lif. WYCL. ECCLESIASTIC. 4, 12 Oxf.

inbreðing s.

1. Einblasen, Hauch: Ben opened the foundementis of the world, for the blamynge of the Lord, fro the *inbrethinge* of the spirit of his woodnes. WYCL. 2 KINGS 32, 16 Oxf. Ben opened the foundemens of the roundnesse of erthis, of thi blamyng, Lord, of the *inbrething* of the spirit of thi wrathe. Ps. 17, 16 Oxf.

2. Eingebung: The *inbrething* of the Almyȝti ȝiueth vnderstonding. WYCL. JOB 32, 8 Oxf.

inbuchen v. dasselbe wie *enbussen, enbuschen.*

Do þat þaye *inbuched* beo to niȝt, how so betyde, In þe wode þat þow miȝt see þond her fast besyde. FERUMBR. 2879.

ine pron. dual. s. *þu.*

ine, inke s. dass. wie *enke.*

Ne writer nan mai write wit *inc* þo mikel ioy. CURS. MUNDI 648 COTT. *Inke,* encaustum, atramentum. PR. P. p. 261.

incantacion s. lat. *incantatio,* neue. *incantation.* Bezauberung, Zauberei.

With nigromaunce he wolde assaile To make his *incantacion.* GOWER III. 45.

incarnacion, -cioun s. afr. *incarnatiun, -tion, -cion,* it. *incarnazions,* pr. *encarnation,* sp. *encarnacion,* pg. *encarnacão,* mlat. *incarnatio,* neue. *incarnation.* Fleischwerdung, Menschwerdung Christi.

Þe fyfþe [sc. age] was from Dauid to þe transmigracion of Babilonye, & þe sixþe to þe *incarnacion.* þat is, forte God was yboru. R. OF GL. p. 9. Thei belewen and speken gladly of the virgine Marie and of the *incarnacioun.* MAUND. p. 132. Thei prophecyed the *incarnacioun* of oure Lord Jesu Crist. p. 296.

incarnate adj. eig. p. p. vgl. it. *incarnare,* pr. sp. pg. *encarnar,* afr. *encharner.* Fleisch geworden.

The kyng of hevene blis, That .. Into a virgyns wombe immaculate descendid .. And so becoom man *incarnate.* LYDG. M. P. p. 79.

inceus, inceuse, cence, sense s. i. q. *encens,* incensum.

The .xii. day offeryd to hym kynges .iij. Gold, myrre, *incens.* CHRISTM. CAR. p. 18. *Incense,* jncensum. CATH. ANGL. p. 195. The .xii. day offerd to hym kynges .iij. Gold, myr, and *cence.* SONGS A. CAR. p. 25. As kyng thei ȝeffe hym gold so redd, Myrre and *sense* to hys manhedd. p. 16.

incensen v. i. q. *encensen.* neue. *incense.* räuchern.

To *incense,* incensare, thurificare. CATH. ANGL. p. 195. Now *insence* ye, and we schal put here [sc. the Virgin] in this cave. COV. MYST. p. 397.

incertain adj. afr. *incertain.* unsicher, ungewiss.

Of erthe we cam, to erthe we shal ageyne, Withe theyr victories and triumphes *incertayne,* In charis of gold lete hem have no disdayne. LYDG. M. P. p. 121.

incessantli adv. vgl. afr. *incessament,* neue. *incessantly.* unaufhörlich.

Whe hys aungells and archangels Do syng *incessantly.* SONGS A. CAR. p. 70.

incest s. afr. *inceste,* lat. *incestus,* neue. *incest.* Blutschande.

To do *incest*; *jn*ceatare. CATH. ANGL. p. 195.
ʒef thou weddest eny of ham [sc. of thy sibbe],
In *inceste* schulle ye fybbe. SHORFH. p. 70. That
other circumstaunce is, whether it be don in
fornicacioun or in advoutry or *incest* or noon.
CH. *Pers. T.* p. 355.

inchaungen v. dem lat. *immutare* angeglichen.
vgl. *changen.* verändern, verwandeln.

Thou shalt *inchaungen* his face [immutabis
faciem ejus *Vulg.*]. WYCL. JOB 14, 20 Oxf. Not
alle we schulen be *inchaungid* [non omnes im-
mutabimur *Vulg.*]. 1 COR. 15, 51 Oxf. The face
and colour *inchaungid* [color immutatus *Vulg.*]
declaride the ynward sorewe of soule. 2 MACCAB.
3, 16 Oxf.

inche s. ags. *ynce*, uncia, modus longitudinis,
lat. *uncia*, neue. *inch.* s. *unche*. Zoll als Län-
genmass.

An *inche*, pollicium. PR. P. p. 261. CATH.
ANGL. p. 195. Of an *inche* a large spanne By
colour of the pees they made. GOWER I, 79. He
bare a schafte that was grete and strong, It was
fourtene foot long, And it was grete and stout,
One and twenty *ynches* about. RICH. C. DE L.
285. A schafft he bar styff and strong, Of fourtene foote it was long, On and twenty *ynches*
aboute [im Umfange]. 467.

inclen v. vgl. neue. *inkling* s. = whisper,
hint. bis jetzt unerklärten Ursprungs. andeuten?

A brem brasen borde bringes hee soone,
Imped in iuory, too *incle* þe truthe, With goode
siluer & golde gailich atired. ALIS. FRGM. 615.

inclepen v. dem lat. *invocare* angeglichen;
dagegen *clepen in*, hineinrufen. anrufen.

Ech man who euere schal *inclepe* [quicunque
invocaverit *Vulg.*] the name of the Lord schal
be saaf. How therfore schulen they *inclepyn*
hym, into whom thei han not bileued? WYCL.
ROM. 10, 13 Oxf. cf. JOEL 2, 32. The same Lord
of alle, ryche into alle, that *inclepen* him. ROM.
10, 12 Oxf. Thei *inclepiden* Egypt [Ægyptum
invocabant *Vulg.*]. HOS. 7, 11 Oxf. Thei *inclepiden* the Lord. 2 MACCAB. 8, 2 Oxf. Wher this
is not that inpugnide in Jerusalem hem that *inclepiden* this name? DEEDS 9, 21 Oxf. Y, and
as my bretheren, bitake my soule and body for
the lawis of faders, or of cuntree, *ynclepynge*
God etc. 2 MACCAB. 7, 37 Oxf. Thei stoonyden
Steuene *ynclepinge* and seyinge, Lord Jhesu,
receyue my spirit. DEEDS 7, 58 Oxf. Wher thei
blasfeme not the good name, that is *inclepid* on
ʒou? JAMES 2, 7 Oxf. Be baptisid and waisch
awey thi synnes, *ynclepid* the name of him [in-
vocato nomine ipsius *Vulg.*]. DEEDS 32, 16 Oxf.

incleping s. Anrufung.

For the *yncleepyng* of his holy name. WYCL.
2 MACCAB. 18, 15 Oxf.

inclinacioun s. lat. *inclinatio*, neue. *incli-*
nation. Neigung, Zuneigung.

He was in every mannes sight So femynyne
in his affectiouns, And holly gaf his *inclyna-
ciouns*, Duryng his lyf, to every vicyous thyng.
LYDG. M. P. p. 91.

inclinen v. i. q. *enclinen*. sich neigen.

To me thou wille *inclyne*. TOWN. M. p. 324.

includen v. lat. *includere*, neue. *include*. einschliessen, enthalten.

If ye list, take the moralite, Profitable to
every comunalte, whiche *includiths* in many
sundry wise, No man shuld, of highe or low
degre, For no prerogatif his neyghburghe to
dispise. LYDG. M. P. p. 117 sq.

incombrous adj. i. q. *encombrous*. lästig.

Hard language and hard matere Is *incombrous* for to here. CH. *H. of Fame* 2, 354 Tyrwh.

income s. vgl. altn. *innkvǎma*. Hineing-
kommen.

Kayous at the *income* was kepyd unfayre
With a cowarde knyghte. MORTE ARTH. 2171.

incomen v. ags. *incuman*, intrare, afr. *in-
kuma*, ahd. *inqueman*, *inchomen*. hineing-
kommen.

King of blisse *income* sal he. PS. 23, 7.
They leten hem *income*. RICH. C. DE L. 3305.
Ganely thou schalt *income*. 4017. They wolden
.. lete hem at her wylle *income*. 5781. Laverd,
in þi teld wha sal wone? .. Whilke þat *incomes*
wemles. PS. 14, 1. 2. Pere þe kyng & ʒe power
such conseil togedere nome, To kepe þe emperoures fole a heo to fer *income*. R. OF GL. p. 48.
Income [introierunt *Vulg.*] watres in saule mine.
PS. 68, 2. Thoo the cunstable herd telle That
the Crystene wer *incomen*, Ten thousand he has
inomen, The other he lete kepe the toun. RICH.
C. DE L. 3990.

incoming s. Eintritt, Eingang.

The discyplyne of wisdam, to whom is it
shewid and opened? and the multepliyng of the
incomyng of it [multiplicationem ingressus illius
Vulg.] who vnderstod? WYCL. ECCLESIASTIC.
1, 7 Oxf. Thei, that weren comende in the tabernacle, and befor the *incomyng* of the priue
chaumbre makende noise. JUDITH 14, 9 Oxf.
At his first *incomynge*, His mere .. kyste the
forhevede of the kynge, So nerehande he rade.
PERCEV. 493.

incomperable adj. afr. *incomparable*, lat.
incomparabilis, neue. *incomparable*. unvergleichlich.

Where is Salamon, moost sovereyn of kun-
ning, Richest of bylding, of tresoure *incomperable*? LYDG. M. P. p. 24.

incomprehensibele adj. afr. *incomprehensible*,
lat. *incomprehensibilis*, neue. *incomprehensible*.
unbegreiflich.

O thou *incomprehensibele* of grete excyl-
lence! COV. MYST. p. 288.

inconstance s. afr. *inconstance*, lat. *incon-
stantia*, neue. *inconstancy*. Unbeständig-
keit, Veränderlichkeit.

Youre *inconstance* is youre confusioun. CH.
C. T. 7540.

inconstaunt adj. afr. *inconstant*, lat. *incon-
stans*, neue. *inconstant*. unbeständig.

A chield to thryve that is unchastisable,
But ever *inconstaunte* and lightly chaungeable
.. It may wele ryme, but it accordith nought.
LYDG. M. P. p. 57.

incontinence s. afr. *incontinence*, pr. it. *in-
continenza*, lat. *incontinentia*, neue. *incontinence*, -*ency*. Unenthaltsamkeit.

It befallethe often tyme that the gode dya-
mande lesethe his vertue be synne and for *incontinence* of him that berethe it. MAUND.
p. 161.

inconvenient s. afr. *inconvenient* adj. u. s.
pr. *inconvenient*, *inconvenien*, sp. pg. it. *incon-
veniente*, neue. *inconvenient* adj. Unange-
messenheit.

Þer folweþ anoþer *inconuenient*. CH. *Boeth.*
p. 158.

increassen, incressen, incresen v. i. q. *en-
cressen*.

1. intr. anwachsen: As long as thay my
lawes wylle ken, Thare comforthe shalle ever
increasse. TOWN. M. p. 59. What, devyile, is
that thay meyn That thay so fast *incresse*? —
How thay *incres* fulle welle we ken. p. 56. Bot
more sorow thou hase, oure myrthe is *incresyng*.
p. 205.

2. tr. vermehren: Take tent to me,
youre soferand syre, That may youre comfort
most *increasse*. TOWN. M. p. 55. Thof alle I
carpe on this kyn wise, The more my sorow it
wille *incres*. p. 41. Now is my care wel more
incressyd. COV. MYST. p. 326.

increping s. vgl. *creopen*, *crepen* v. Eindringen, eig. Einkriechen.

Launces breche and *increpyng*, knighttes
fallyng, stedes lesyng. ALIS. 2168.

incroken v. vgl. lat. *incurvare* u. s. *croken*
v. beugen.

Incroke [incurva *Vulg.*] algatis the bak of
hem. WYCL. ROM. 11, 10 Oxf.

incubus s. lat. *incubus*. Kobold, Alp.

Wommen may now go saufly up and doun,
In every busch, and under every tre, Ther is
non other *incubus* but he [sc. the lymytour],
And he ne wol doon hem no dishonour. CH. *C.
T.* 6460.

incurable adj. afr. pr. sp. *incurable*, pg.
incuravel, it. *incurabile*, lat. *incurabilis*, neue.
incurable. unheilbar.

Thanne shal the abbot of Abyngdone, And
al his issue for evere, Have a knok of a kyng,
And *incurable* the wounde. P. PL. 6260.

incurren v. lat. *incurrere*, sp. *incurrir*, it.
incorrere. gerathen in etwas.

Thou muste *incurre* . . To been accursyd.
LYDG. M. P. p. 141.

inde s. afr. *inde*, pg. *indi*. eine nach dem Namen des Landes Indien benannte blaue Farbe.

Seþþen abouten þat oþer heŋ So is *inde*
and eke bleu. CAST. OFF LOUE 711. Many a
baner of gold and *ynde*. ALIS. 929. The ground
. . makith so queynt his robe and faire, That it
had hewes an hundred fayre, Of gras and flouris,
ynde and pers, And many hewes ful dyvers.
CH. *R. of R.* 65.

indelven v. vgl. lat. *infodere* u. das starke
Verb *delven*. eingraben, vergraben.

He *indeluede* hem [infodit ea] vndur an
theribynte. WYCL. GEN. 35, 4 Oxf.

indeterminat adj. lat. *indeterminatus*, neue.
indeterminate. unbestimmt.

To knowe the verrey degree of any maner
sterre straunge or vnstraunge after his longi-

tude, thow he be *indeterminat* in thin astralabie.
CH. *Astrol.* p. 27.

indewen v. i. q. *endowen*. ausstatten.

To *indewe*, subarrare. CATH. ANGL. p. 195.
Indwyn, and ȝeve warysone, doto. PR. P. p. 261.
Therfor I shalle the name that ever shalle rew
the, Kyng Copyn in oure game, thus shalle I
indewe the, For a satur. TOWN. M. p. 194. She . .
indewed the place wyth fee. LYDG. M. P. p. 117.

indifferentli adv. vgl. afr. *indifferemment*,
lat. *indifferenter*, neue. *indifferently*. ununter-
schieden, gleichgültig.

So þat he wite egaly, as who seiþ *indifferently*, þat þinges mowen ben don or ellys nat
don. CH. *Boeth.* p. 157.

indigence s. afr. *indigence*, pr. lat. *indigentia*,
sp. pg. *indigencia*, it. *indigenza*, neue. *indigence*, -*ency*. Dürftigkeit.

My purse and I be callid to the lure, of
indigence oure stuff leyde in morgage. LYDG.
M. P. p. 50. Who hathe this stone in possession,
Shal suffre no povert ner no *indigence*. p. 188.

indignacion, -ioun s. afr. *indignacion*,
it. *indignazione*, pg. *indignazão*, lat. *indignatio*,
neue. *indignation*. Unwille, Zorn.

Ȝif þei . . han dispitt and *indignacion* of
good lyf and trewe teching of Cristis gospel,
þat symple men don out of here ordre, þes ben
perilous ypocritis. WYCL. W. *hitherto unpr.*
p. 4. Pei . . han *indignacion* and dispit of oþere
pore men or wymmen. p. 204. Contimax is he
that thorugh his *indignacioun* is agains everych
auctorite or power of hem that been his sove-
rayns. CH. *Pers. T.* p. 295. To paye my dymes
[sc. I] hadde *indignacioun*. LYDG. M. P. p. 144.

inditer s. vgl. *enditer* s. u. *enditen* v. An-
kläger.

Alle fals *indytars*, Questmangers and
jurers, And alle thise fals outrydars, Ar welcom
to my sigt [sigigt ed.] TOWN. M. p. 172.

inditing s. i. q. *enditing*. Schrift, Bericht.

Now here will I houe . . of the Troiens to
telle & þere triet helpe After Dares *inditing*.
DESTR. OF TROY 5420.

indosen v. s. *endosen*. eig. auf den Rücken
thun, bildl. streichen, schlagen, be-
strafen.

If ther be any that blow sich bost, With
tormentes keyn bese he *indost*. TOWN. M.
p. 254. For his great boost With knoks he is
indoost. p. 201.

indronkenen v. vgl. ags. *ondruncnian*, ine-
briari. tränken.

Brokes of it *indronkenand* [inebrians *Vulg.*
indrincende *altnorthumbr.*]. Felefalde his estres
in þe land. Ps. 64, 11.

induccion s. sp. *induccion*, pg. *inducção*, pr.
inductio, -*ion*, afr. *induction*, it. *induzione*, lat.
inductio, neue. *induction*. Einführung in ein
Amt.

For institucion & *induccion* he [sc. þe prest]
schal ȝeue moche of þis god þat is pore mennus
to bischopis officers, archdekenes & officialis.
WYCL. W. *hitherto unpr.* p. 248.

indulgence s. fr. *indulgence*, pr. *indulgencia*,
endulgencia, sp. pg. *indulgencia*, it. *indulgenzia*,

-genza, lat. *indulgentia*, neue. *indulgence.*
Nachsicht, Verzeihung, Vergebung.

He is wel worthy to have pardoun and for-yevenes of his synne, that excusith not his synne, but knowlecheth and repentith him, axinge indulgence. CH. *T. of Melib.* p. 191. Graunt us, Jhesu, of merciful pite, Geyn our trespas gracious *indulgence.* LYDG. M. P. p. 179.

induren v. i. q. *enduren.* neue. *indure.*
tr. 1. aushalten, ertragen: I trow not, he shalle *Indure* it. TOWN. M. p. 190 sq.
2. verhärten; das Particip Perf. lehnt sich an die lat. Form *induratus:* I fond hym obstynat, Moost *indurat* in his oppynyoun. LYDG. M. P. p. 140.
intr. verharren, dauern, bleiben: Take yone holy palme . . And towche hem therwyth, both, hed, hand, and facyon, And of her sekenesse they schal have cure, And ellis in here peynys *indure.* COV. MYST. p. 397. It shalle begyn fulle sone to rayn inocessantle, After dayes seven be done, and *induyr* dayes fourty. TOWN. M. p. 23 sq.

indwellen v. dem lat. *inhabitare* angeglichen; s. *dwellen.* worin wohnen, bleiben.

God that maketh to *indwelle* of o maner in an hous [qui *inhabitare* facit unius moris in domo *Vulg.*]. WYCL. Ps. 67, 7 Oxf. Bowe doun fro euel, and do good, and *indwelle* in to the world of world. 36, 27 Oxf.

indwelling s. Wohnung.

The body that is corumpid greeueth the soule, and ertheli *indwelling* [terrena inhabitatio *Vulg.*] presseth doun the wit manye thingus thenkende. WYCL. WISD. 9, 15 Oxf.

i-neden v. ags. *genédan*, cogere. s. *neden.* nöthigen.

Also ase je muwen iseon þe water, hwon me punt hit, & stoppeð biuoren wel, so þet hit ne muwe aduneward, þeonne is hit *ined* ajein uor to climben upward. ANCR. R. p. 72.

i-nehlechen v. ags. *gened[h]læcan*, appropinquare. s. *nehlechen.*

Summe lauerdes *inehleched* gode þurh heore lauerdscipe, swa Moyses þe heretoja dude, þe to þan almihtigan gode spec. OEH. p. 111.

i-nemnen v. s. *jenemnen.*

inequal adj. lat. *inæqualis.* ungleich.

The thrid hour *inequal* that Palamon Bigan to Venus temple for to goon; Up roos the sonne. CH. *C. T.* 2273. Vnderstond wel, that thise howris *inequalis* ben cleped howres of planetes, & vnderstond wel þat som tyme ben thei lengere by day than by nyght, & som tyme the contrarie. *Astrol.* p. 22.

inestimable adj. afr. pr. *inestimable*, it. *inestimabile*, lat. *inæstimabilis*, neue. *inestimable.* unschätzbar.

By þe preis of ryjtfulnesse and of veray mekenesse we deserue þe gerdoun of þe deuyne grace, whiche þat is *inestimable.* CH. *Boeth.* p. 158.

ineward, inneward, inward s. vgl. *inward*, adj. u. neue. *inwards* pl. Eingeweide.

Gripes freteþ heore mawen, Half heo doþ in o fur, And half into a froren mur, And heore *ineward* vych del. O. E. MISCELL. p. 151. Nym

god jeme of þis castel here, were he mowe þe luþer Vortiger wytye fro þe deþe, þat ich in ys *inneward* my swerd ne make a schepe. R. OF GL. p. 135. Als watre it inyhede In his *inwardes.* Ps. 108, 18.

i-newen v. ags. *genivian*, renovare. s. *newen* v. erneuen.

Be huam [sc. þe goat of wysdom] by we . . xuo moche ydept yne grayne, and *ynewed* and eft ycristned ine þe bloode of Iesu Crist. AYENB. p. 107.

infaren v. ags. *infaran* [cf. JOH. 3, 5], afries. *infara.* eingehen, eintreten.

The portere was redy thare, Lete the knyghtis *infare.* PERCEV. 1537.

infatten v. s. *fatten* v.
1. einfetten, salben: Oyle sothlik of sinful al Noght *infat* mi heved sal [non impinguet caput meum *Vulg.*]. Ps. 140, 5.
2. verdicken, verstocken, verhärten: The herte of this puple is *infattid.* WYCL. DEEDS. 28, 27 Oxf. in demselben Satze steht *enfattid.* MATTH. 13, 15.

infecten v. aus dem lat. p. p. *infectus* entwickelt, erscheint in der Bedeutung von *inficere*; neue. *infect.* Die altenglische Participialform **infect** scheint nicht sowohl aus *infected* zusammengezogen, als vielmehr unmittelbar aus dem Lateinischen herübergenommen.
1. anstecken: *Infectyn*, or brynge to sekenesse, as menne take wythe pestylence, or as leprys done hele menne þe brethe, or other towchynge. PR. P. p. 261. I trow he was *infecte* certeyn With the faitour, or the fever lordeyn, Or with a sekenesse called a knave ateynt. NUGÆ P. p. 1.
2. verpesten: Gostly tryacle and oure lyves boote, Agenst the sorwes of worldly pestilence, Alle *infecte* ayres it puttithe under foote Of hem that takithe this brede withe reverence. LYDG. M. P. p. 98 sq.
3. färben: A wullun clooth, or lynnen, that hath a lepre in the oof . . if it were *infect* with whijt or reed wemme, it shal be holdun a lepre. WYCL. LEVIT. 13, 47–49 Oxf. He dide vnnoumbreable sleayngis, so that the pool of stondynge water of two furlongis of breede *infect*, or meynd, with blood was seen to flowe. 2 MACCAB. 12, 16 Oxf.

infernal adj. afr. *enfernal*, *infernal*, pr. *infernal*, *yfernal*, sp. pg. *infernal*, it. *infernolv*, neue. *infernal.* zur Unterwelt gehörig, unterweltlich, höllisch.

She . . cried . . To Pluto the god *infernal.* GOWER II. 263. As wel they telle ywis, That they [sc. dremes] ben *infernals* illusiouns. CH. *Tr. a. Cr.* 5, 367. This is my body that shal for man be dede, Hym to delyver from *infernal* powste. LYDG. M. P. p. 100. cf. 232.

infiechen v. s. *ficchen.*
1. hineinstechen, hineinbohren: Thin arwis ben *infiechid* [infixæ *Vulg.*] to me. WYCL. PS. 37, 3 Oxf.
2. hineinstechen, versenken: I am *infiechid* in the slim of the depthe. WYCL. Ps. 68, 3 Oxf.

infihten v. dem lat. *impugnare* nachgebildet.
s. *fihten*. bekämpfen.

Pai *infaght* me selfwilli [impugnabant me
gratis *Vulg.*]. Ps. 119, 7. Deme, Laverd, me
derand be. Overcome þe *infightand* me. 34, 1.

infirmite s. afr. *enfermeteit*, *-ete*, pr. *infer-
metat*, *enfermetat*, *esermetat*, sp. *enfermedad*,
pg. *enfermidade*, it. *infirmità*, lat. *infirmitas*,
neue. *infirmity*. Krankheit, Schwachheit.

Thus it bylongeþ for lorde, for lered, and
lewede, Eche halyday to huyre hollyche þe seruice . . And fulfille þe fastynges, bote *infirmite*
hit made. P. PL. *Text C.* pass. X. 230. If I
myght bathe in blode of goetis, I shuld be hole
of this *infirmite*. GESTA ROM. p. 69. Ye Jewys
that langour in this gret *infyrmyte*, Belevyth in
Crist Jhesu, and ye schal have helthe. COV.
MYST. p. 398. Som oon hath helthe, anothir *infirmyte*. LYDG. M. P. p. 161. I that am falle in
age, Gretly feblisshed of cold *infirmyte*, Crye
unto Jhesu. p. 239. I synne al day, for I am
frele, It is mannys *infirmyte*. PENIT. PS.
p. 9.

infleing s. vgl. *fleon* v. Zuflucht.

Mi merci and *infleing* [refugium *Vulg.*]
mine, mi helpen and leser mine. Ps. 143, 2.

inflokken v. s. *flokken*. in Haufen einziehen.

His foes in þe felde *inflokkes* ful grete.
ALLIT. P. 2, 167.

influence s. afr. *influance*, r. sp. pg. *influ-
encia*, it. *influenza*, vom latp *influere*. neue.
influence. Einfluss.

Ȝe schal drow wateris . . Oute of wellis of
oure Saviour, Whiche have vertu to curen alle
langueres, Be *influence* of her grete swettness,
Hertis avoydyng of alle ther hevyness. LYDG.
M. P. p. 16. I had be borne, by *influence* hevenly, So fortunate, that I myghte of rihte Do
trewe servyce, as ancille. p. 37. I me purpoose
to gynne with prayeere, Undir thy merciful
fructuous *influence*. p. 247.

influent adj. fr. neue. *influent*. einfluss-
reich, mächtig.

I now purpoose, by thy grace *influent*, To
write a tretys of surfetys doon to the. LYDG.
M. P. p. 241.

infolewing s. — lat. *insectatio*. Verfol-
gung.

In his *infolewingis* he shal ben vndernome
[suis insectationibus arguetur *Vulg.*]. WYCL.
ECCLESIASTIC. 32, 23 Oxf.

informacioun, **-ien**, auch **enformacion** s.
afr. *information*, pr. *informacio*, *enformacio*, sp.
informacion, pg. *informazão*, it. *informazione*,
lat. *informatio*, neue. *information*. Beleh-
rung, Nachweisung, Kunde.

Whan Melibe had herd the grete skiles and
resouns of dame Prudens, and hir wys *informacioun* and techynge, his herte gan enclyne to the
wille of his wyf. CH. *T. of Melib.* p. 196. I
schewed hym this tretys, that I had made aftre
informacioun of men, that knewen of thinges,
that I had not seen my self. MAUND. p. 314.
Whan the prelate of the abbeye is ded, I have
undirstonden, be *informacioun*, that his lampe

quenchethe. p. 60. How ȝe xal ete this lombe I
xal ȝeve *informacion*. COV. MYST. p. 272. To
the pepyl not lernyd I stonde as a techer, Of this
processyon to ȝeve *informacion*. p. 288. cf. 378.
For thin *enformation*, That thou this vice, as I
rede, Escheue shalte, a tale I rede, which fell
whilom by daies olde. GOWER I. 118.

infortunat adj. pr. *infortunat*, sp. pg. *infor-
tunado*, it. *infortunato*, lat. *infortunatus*, neue.
infortunate. unglücklich, unheilvoll.

The lord of the assendent, sey they, þat he
is fortunat, whan he is in god place . . ne that
he be nat in his descencioun, ne ioigned with
no planete in his discencioun, ne haue vpon him
non aspecte *infortunat*. CH. *Astrol.* p. 19. *Infortunat* ascendent tortuous, Of which the lordes
helples falle, allas! Out of his angle into the
derkest hous. *C. T.* 4722.

infortune s. afr. *infortune*, lat. *infortunium*,
neue. *infortune*. Unglück.

Pouer he cam, and pouer he went, Of that
he hath richesse sought, His *infortune* it wolde
nought. GOWER II. 208. The worste kynde of
infortune is this, A man to han ben in prosperite,
And it remembren when it passed is. CH. *Tr. a.
Cr.* 3, 1577. *Infortune* it wolde for the nones,
They sholden hire confusion desire. 4, 157. *Infortune* late not oon Of freendis, whanne Fortune is gone. *R. of R.* 5496. Is this fortune, or
is it *infortune*? LYDG. M. P. p. 75.

infortuned adj. vgl. *infortunat* u. afr. *infor-
tuné*. unglücklich.

I woful wrech and *infortuned* wight. CH.
Tr. a. Cr. 4, 716.

infortuning s. unglücklicher Zustand.
The seyn þat the *infortunyng* of an assend-
ent is the contrarie of thise forseide thinges.
CH. *Astrol.* p. 19.

ingang, **ingong** s. ags. *ingang*, *ingong*, afries.
ingong, *ingyng*, ahd. *ingang*, *inkang*, *incanc*,
mhd. *inganc*, altn. *inngangr*, schw. *ingång*, dän.
indgang.

1. Eingang, Eingehen, Eintritt:
Pa burhweren . . warnden him *inȝong*. LAȜ.
III. 133. Seint Peter seið þet þe helle liun
rengeð & reccheð euer abuten, uort te sechen
inȝng, soule uorte uorswoluwen. ANCR. R.
p. 164. Hit moste so beon . . Crist þolien pine
& passiun, & so habben *inȝong* into his riche.
p. 362. Laverd yheme þine *ingang* and þine out-
gang. Ps. 120, 8.

2. Eingang, Zugang, als Ort des
Hineingehens: Heo mot fleon þe uorrideles þet
beoð iwunede to openen þet *inȝong* & leten in
sunne. ANCR. R. In a tour staro and strong,
þar on nas bote on *inȝong*. KINDH. JESU 701.

[ingangan], **ingan**, **ingon** v. ags. *ingán*
[MATTH. 12, 29], intrare, afries. *ingunga*, *ingd*,
niederl. *ingaan*, schw. *ingå*, dän. *indgaae*. eingehen, hineingehen. Die Partikel *in* wird
sonst häufig getrennt vom Zeitwort gefunden.
s. *in* adv.

Ne I sal *inga* with berand quede. Ps. 25, 4.
Inga intil kinde of his fadres sal he. 48, 20. In
þi hous *inga* sal I. 65, 13. Rightwise yhates
open to me þa, And in þam I sal *inga*. 117, 19.

We sal *inga* in his telde. 131, 7. *Ingo* in þi hous sal I. 5, 8.

Ingas of him in þe sighte [intrate in conspectu ejus *Vulg.*]. Ps. 99, 2. *Ingas* his yhates. *ib.* 4.

Inga [intret *Vulg.*] min askinge in þi sight. Ps. 118, 170.

He *yngoynge* to hir, seith, Lat me, that Y goo togidere with thee. WYCL. GEN. 38, 16 Oxf. — He boden him bringen ut onon ðo men ðat woren ðidir *ingon*. G. A. Ex. 1067.

ingnel adj. entspricht dem afr. *ignel* neben *isnel*, pr. *isnel*. aus ahd. mhd. *snel*, ags. *snell*, alts. *snel*, *snell* entwickelt. schnell, rasch.

Þe milde is wel zuift and wel *ingnel*, huanne uirtue of obedience and þe wyl of god mid his ouerling him berþ. AYENB. p. 141.

ingoing, inguoinge s. sch. *ingoeing*, entrance.

1. Gang, Einherschreiten: Thei seʒen thin *ingoingus*, God, the *ingoing* of my God, my king. WYCL. Ps. 67, 25 Oxf.

2. Eingang, Anfang, Beginn: The *ingoyng* of it [sc. wisdam] euere lastende maundemens. WYCL. ECCLESIASTIC. 1, 5 Oxf. Dyaþ is to guode men ende of alle kueade, and *inguoynge* of alle guode. AYENB. p. 72. Nou hest þou yherd þe uorespeche of þe holy pater noster, þet is as ane *inguoinge* [Vorspiel] of þe viþele. p. 105.

ingot s. vgl. mhd. *inguz*, in der Bedeutung von Einwirkung, aber auch Einschüttung von Betten, neue. *ingot* in dem Sinne von Einguss, gegossene Masse. Das alte Wort findet sich für die Form zum Guss.

He took the chalk, and schop it in the wise Of an *ingot*. CH. C. T. 13150. He schop his *ingot* in lengthe and in brede Of this teyne. 13156. Fro the fuyr he took up his matcere, And into the *ingot* put it. 13160.

ingroost p. p. vgl. neue. *ingross* v. zusammengefasst?

Almyghty God in persons thre, Alle in one substance ay *ingroost*. TOWN. M. p. 170.

injetten v. sch. *inʒet* — pour in, infuse. vgl. niederd. *ingeten* u. neufries. *jetten*, ags. *geótan*. s. Sprachpr. II. 120. eingiessen, einflössen.

This name Ihesu . . *inʒettis* sauoure of heuenly thynges. HAMP. *Tr.* p. 2.

injettinge s. Eingiessung.

Pay sall joye nowe be *inʒettynge* of grace. HAMP. *Tr.* p. 4.

inhabitable adj. afr. *inhabitable*, lat. *inhabitabilis*. unbewohnbar.

In Ynde and abouten Ynde, ben mo than 5000 iles gode and grete, that men duellen in, withouten tho that ben *inhabitable*. MAUND. p. 161.

inhabiten v. lat. *inhabitare*, neue. *inhabit*. i. q. *enhabiten*.

1. tr. bewohnen: This yle is fulle wel *inhabyted*. MAUND. p. 187. Here riches was here olde servise, Which ever trew hadde be fonde, Sith first *inhabit* was the londe. CH. Dr. 1400.

2. wohnen: Of o þinge he made al mankynde forto *inhabite* on al þe face of þe erþe. WYCL. SKL. W. III. 83.

inhed s. Darf man hier an ein ags. *inhýʒd* denken, wie *ingehygd*, *ingehýd*, intima cogitatio, vorkommt? Gesinnung.

Halde we us from uniwil . . Mid elmesse and ec mid trowe *inhed*, þe node habbeþ, ʒiuen heom red. OEH. p. 69.

inhelden, inhlelden v. s. *helden*. einflössen.

Ye, in my nakyd herte sentement *Inhielde*, and do me shew of thy swetnesse, Calliope, thi vois be now presente. CH. *Tr. a. Cr.* 3 proc. 43.

inheritawns, enheritawns s. neue. *inheritance*. Erbe, Besitz.

Synne is not shamfast, but boldnes hath bowth, That xal cause hem in helle to have *in-[h]erytawns*. COV. MYST. p. 242. — The pathe that lyth to this blyssyd *enheritawns*, Is hope and drede. p. 244. Vgl. An *inhereditance*, hereditas. CATH. ANGL. p. 196.

inheriten v. i. q. *enheriten*, neue. *inherit*, mlat. *inhæreditare*. erben, ererben.

Inheryte, or receyve in herytage, heredito. PR. P. p. 261. Ʒe may not *inheryte* hevyn, this I ʒow ensure. COV. MYST. p. 254.

inhine s. vgl. ags. *incnapa*, *incniht*, servus [Bosw.] u. s. altn. *hine*. Hausdiener.

Al mi nestfalde cun, þat schulde beo me best freond, beoð me meast feondes, & mine *inhinen* alre meast hea[r]men. ST. JULIANA p. 33.

inhonest adj. lat. *inhonestus*. unehrbar.

Þe fole takinges and *inhoneste* ine zenne of lecherie. AYENB. p. 220.

inhonestelich adj. unanständig.

Oþer [me zeneʒeþ] þe fole takinges and *inhonesteliche*. AYENB. p. 177.

i-nimen v. s. *ʒenimen*.

iniquite s. afr. *iniquiteit*, *iniquite*, pr. *iniquitat*, *inequitat*, sp. *iniquidad*, pg. *iniquidade*, it. *iniquità*, lat. *iniquitas*, neue. *iniquity*. Unbill, Ungerechtigkeit.

He is in Phelipes cite, He thenkith to ʒoilde him his *iniquite*. ALIS. 131. Was not Adam, Hercules, and mythy Sampson, Davyd the kyng, with other many mo, Arystotyll, Vergyll, by a womans cavylacion Browt to *iniquyte* and to mych woo? SONGS A. CAR. p. 66. — In here bouses ben *iniquities* and schrewednesses, and not God of heven. CH. *Pers. T.* p. 299.

i-niðeren v. ags. *geniðerian*, humiliare, ahd. *ginidaran*, *genideren*. s. *niðeren*, *neoðeren*. erniedrigen.

Wite ec þe king hu hit is icweðen on boken, ʒif he rihtwisnesse ne halt, þet swa swa he is onhouen on his kine setle toforan oðer mennen, swa he bið eft *iniþered* on þan neoþemeste pinan under þan unrihtwise deoule þe he er iherd and icwemde. OEH. p. 117.

injoien v. i. q. *enjoien*. sich freuen.

Hefne and erthe, now *injoye* may ye, ffor God throw Mary is mad mannys frend. COV. MYST. p. 400. Ffor qwyche message *injoyeth* tho hefnely consorcyt. p. 386.

injure, -ie s. afr. *injure*, pr. *injuria*, *enjuria*,

it. *inguiria*, sp. pg. lat. *injuria*, neue. *injury*.
Unrecht, Ungerechtigkeit.

O thow Jove! .. Is this an honour into thy deyte, That folk ungiltif suffren hire *injure*. And who that giltif is, al quyte goth he? Сн. *Tr. a. Cr.* 3, 967. Sche .. sayde to hem, in goodly manere, how that hem aughte to have gret repentaunce of the *injurie* and wrong that thay hadde doon to Melibe. *T. of Melib.* p. 189. Thay schul venge the vilonyes and the *injuries*. p. 174. cf. 193.

injust adj. fr. *injuste*, pr. *injust*, sp. pg. *injusto*, it. *ingiusto*, lat. *injustus*, neue. *injust*. ungerecht.

Injuste promocioune and parcialite. LYDG. M. P. p. 120.

inlæden, inleden v. altnorthumbr. *inlæda*, inducere, afries. *inléda*. s. *læden, leden*. wohin leiten, führen.

He *inled* [induxit *Vulg.*] am in hille of his halines. Ps. 77, 54. He *inladde* them in to the hil of his halewing. WYCL. l. c. Oxf. He *inled* Affryke [Africum *Vulg.*]. Ps. 77, 26. All þi stremes over me þou *inledde*. 87, 8. Not into errour *inladde* vs the oute thenking of the euele craft of men. WYCL. WISD. 15, 4 Oxf. — He ladde out to hem Symeon; and thei *inlad* hoom, brouȝt watir [introductis domum, attulit aquam *Vulg.*]. GEN. 43, 23 Oxf.

inlaten, inleten v. vgl. niederl. niederd. *inlaten*. sonst auch *leten in*. s. *in* adv.

Rohand tho tok he, And at the gate *inlete*. TRISTR. 1, 58. — Men openede the gate, with ioye and greet solemnyte He was *inlate*. OCTOU. 1196.

inlaȝe adj. vgl. ags. *útlaga*, exlex. dem Gesetz unterworfen.

Inlage, sugest a la lei le rei. REL. ANT. I. 33.

inlaȝen, inlawen v. vgl. ags. *útlagian*, proscribere, mlat. *inlagare*, legi restituere, exlegem patocinio restituere, neue. *inlaw*. in seine Gerechtsame wiedereinsetzen, entbannen.

To *inlawe* [ohne Worterklärung]. CATH. ANGL. p. 196.

inlate s. niederd. *inlât*, neue. *inlet*. Einlass.

This es the gat of rihtwisnes .. Yef we hald us in this gate, Ful redi sal we haf *inlate* In to that blis that lastes ay. METR. HOMIL. p. 51.

inliche, inli adv. ags. *inlíce*, interne, neue. *inly*. innerlich.

Seint Thomas gan to sike sore, and *inliche* wepe also. BEKET 1712. Shrifte of mouth more worthy is, if man be *i[n]liche* contrit. P. PL. Text B. pass. XIV. 89. No no man may ben *inly* glad, I trowe, That nevere was in sorwe. Сн. *Tr. a. Cr.* 1, 640.

inliche adv. i. q. ags. *onlíce*, similiter, *alike*. vgl. sch. *inlikeviss*, likewise. auf gleiche Weise, gleichmässig.

Sette hem alle vpon a rawe, & gyf vchon *inlyche* a peny. ALLIT. P. 1, 544. Per is vchi mon payed *inliche*. 1, 603.

inliggen v. s. *liggen*. liegen, lagern auf jem. oder etwas.

Inlai drede of þa over þam [incubuit timor eorum super eos *Vulg.*]. Ps. 103, 38. vgl. Drede *lai* in vp on hem. WYCL. l. c.

inliȝten v. ags. *inleóhtan, inlihtan, inlýhtan*, illuminare, altnorthumbr. *inléhta, inlíhta*, ahd. *inliuhten*, gth. *inliuhtjan*, neue. *enlight*. scheinen, strahlen.

He hath *inliȝtid* in oure hertis [ipse illuxit in cordibus nostris. *Vulg.*]. WYCL. 2 COR. 4, 6 Oxf.

inliȝtenen v. neue. *enlighten*. s. *liȝtnen*. erleuchten.

To me, leest of alle seyntis, this grace is ȝouun .. for to *ynliȝtne* alle men [illuminare omnes *Vulg.*]. WYCL. EPHES. 3, 8 Oxf. That God .. ȝyue to ȝou .. the ȝȝen of ȝoure herte *inliȝtened*. EPHES. 1, 18 Oxf.

inloghen, inlowen v. s. *loȝen, lowen* v. entflammen.

Speche of Laverd, þat was of mighte, *Inloghed* him, bi dai and nighte. Ps. 104, 19. *Inlowed* es [inflammatum est; v. l. delectatum est *Vulg.*] mi hert. 72, 21.

inmelle, steht neben *imelle* præp. s. *amelle*. unter.

To loue þe lombe his meyny *in melle*. ALLIT. P. 1, 1126.

inmet s. vgl. sch. *inmeat*, intestina, schw. *inmäte*. Eingeweide, Gekröse.

Ewyne into *inmette* the gyaunt he hyttes. MORTE ARTH. 1122.

in mid, in middes, imid, imiddes urspr. ein Substantiv ags. *mid*, altn. *mið*, medium, mit vorangehender Präposition, ags. *tó middes*, in medio, in medium, altn. *í miðit*; dann präpositional gebraucht. Vgl. ahd. *in mittemen*, mhd. *enmitten*, nhd. *inmitten*.

1. substantivisch erscheint das Hauptwort, bisweilen auch mit dem Artikel, als in der Mitte: To Laverd in mi mouth sal I schrive, And *in mid of fele* [in medio multorum *Vulg.*] loof him mi live. Ps. 108, 30. *In mid of mi droving* if gane af [= haf] I, þou sal qwiken me forþi. 137, 7. Pat .. sent taknes for to see, And fortaknes, Egipt, *in mid of þe*. 134, 9. Swinke *in mid of it* [sc. of þe cite] þe sal. 104, 11. Made es mi hert als wex meltand *In middes of mi wambe* dwelland. 21, 15. Nith in teldes of þam ai, *In middes of am*, night and dai. 54, 16. He was the firste that faughte, and *in the myddes of his enemyes* encountred. MAUND. p. 226. Thei maken hire fuyr *in the myddes of hire houses*. p. 248.

2. absolut oder adverbial, inmitten, in der Mitte: A rounde appel .. þat even *in myddes* has a colke. HAMP. 6444.

3. präpositional, in mitten: If I ga *in mid schadw* of dede. Ps. 22, 4. *In myd* Plumtun Lone, hor paueluns were piȝte. ANT. OF ARTH. st. 37. *In mydde* the lyste of the lawunde, the lordus doune liȝte. st. 38. *In mydde* þe poynt of his pryde departed he þere. ALLIT. P. 2, 1677. Pat vale, þe vale of þe erthe men calles, For *imyd* þe erthe, withouten, it falles. HAMP. 5167.

Som clerkes says . . þat helle even *in myddes* þe erthe is. 6441. *In myddes* the lyist on the lawunde, this lordes doun lyȝte. ANT. OF ARTH. st. 44. The childe was set *in middes* the place. SEUYN SAG. 3451. Thai . . lete hir flye *in myddes* the fire. 3994. Whan the emperour dyethe, men setten him in a chayere *in myddes* the place of his tent. MAUND. p. 253. Let bringe a man in a bot, *in myddes* a brode water. P. PL. *Text C.* pass. XI. 33. *In medys* the water, bi oure assent, Be now maide the firmament. TOWN. M. p. 2. Ierusalem . . þat standes *imyddes* þe world so wyde. HAMP. 5185. Ryght awa es helle pitte . . *Imyddes* the erthe. 6449.

Aehnlich ist **imidward** gebraucht: Als a dalk es even *imydward* þe yholke of þe egge, when it es hard. HAMP. 6447.

inmoeveable adj. afr. *immouvable*, neue. *immoveable*. unbeweglich, ruhig.

Þis ilke infinite moeuyng of temporel þinges folwiþ þis presentarie estat of þe lijf *inmoeuablé*. CH. *Boeth.* p. 173.

inmoeveablete s. Unbeweglichkeit.

Þe *inmoeueablete*, þat is to seyn, þat is in þe eternite of god. CH. *Boeth.* p. 173.

inmong, inmonges præp. vgl. ags. *onmang*, inter. unter, zwischen.

Bryddes þer seten . . As þay with wynge vpon wynde hadde waged her fyþeres, *Inmong* þe leues of þe lampes wer grayþed. ALLIT. P. 2, 1482-5. Þenne euelet on erþe ernestly grewen & multyplyed monyfold *inmonget* mankynde. 2, 277.

inmortal adj. s. *immortal*.

innan præp. ags. alts. *innan* adv. u. præp., afries. *inna*, ahd. *innana*, *inndn*, *innena*, gth. *innana*, altn. schw. *innan*, dän. *inden*. innerhalb, in.

Innan þan sea weren .VII. bittere uþe. OEH. p. 43. *Innan* þan ilke sea weren unaneomned deor. íð. Þe deofel þet to soþe þe rixat *innan* him þet he nulle nefre forlete his sunne. p. 27. Wenn die Lesart von erster Hand LAȝ. III. 173, welche in *innere* verwandelt ist, die richtige ist, so entspricht jene dem Adverb: Þe sparewe *innene* crap.

inne adv. u. præp. ags. *inne* adv. alts. *inne* adv. *inna* præp., afries. *inna*, *inne* adv. u. præp., ahd. *inna*, *inne*, *inni* adv. u. præp., gth. *inna* adv.

1. adv.

a. mit Bezug auf das Beharren, in, drinnen: Holde hire eien *inne*. ANCR. R. p. 62. Nis no wunder þeonne, þauh strencðe beo þer ase he is, þuruh grace *inne* wuniende. p. 280. Gode paniers dede he make . . Til his sones to boren fish *inne*. HAVEL. 760. A gyn . . hii made ek wel strong, Muche folc *inne* vor to be, boþe wyde and long. R. OF GL. p. 410. Mete ne drynke couthe he gete none, No house o herbere hyme *inne*. ISUMBR. 523. The kyng ne ȝaf hem [sc. the bischopriches] noȝt anon, ac he huld hem *inne* [er behielt sie inne, zurück] longe. BEKET 301. The contree is not worthi houndes to dwelle *inne*. MAUND. p. 129.

Bisweilen geht ein Satzglied mit *in* voran: *In cherite* to wnien *inne*. OEH. p. 63. *In or-*

chard mett thai *inne*, Tristrem and Ysonde fre. TRISTR. 2, 86.

Häufig steht das Adverb in unmittelbarer Verbindung mit einem Ortsadverb, oder auf ein vorangehendes bezogen: Ho sei anoþer deuel *þer inne* þo. MEID. MAREGR. st. 46. Alle þat *her inne* be, ȝore hauen ȝerned after þe. HARR. OF HELL 161. *Þer* wunieð fower cunnes wurmes *inne*. OEH. p. 51. He . . weneð for to beoren me in to his balefulle hole *þer* he wuneð *inne*. ST. MARHER. p. 10. Ne shal it me nouth dere, þey *þer* be *inne* a birþene gret. HAVEL. 806. Off enny kyrk that preest in syng, Messe in sayd, or belle in ryng, *There* two chalyces *inne* bes, That on schal be brought to mee. RICH. C. DE L. 1133. Þer ne may go oute of þe uete, bote zuych ase *þer* is *inne*. AYENB. p. 203. Yit fel he for his synne Doun into helle, *wher* he yet is *inne*. CH. *C. T.* 15488.

b. von einer Bewegung, hinein: It were ful hard wyþ assaut to comen *inne*. FERUMBR. 1347. I grannt the foreward, So that ye lat us *inne* come. RICH. C. DE L. 3302. The hoost wan *inne*. 4726. He went *inne*. PERCEV. 437. He rydes *inne*. 1366. He bare him [sc. the bore] *inne* atte the throte. AVOW. OF K. ARTH. st. 16. Thus bringeth he many a mischefe *inne*. GOWER II. 2.

Whan he tok his fader heued, *In a vil gonge* slong hit *inne*. SEUYN SAG. 1352.

ȝif eni vnwrie put were, & beost feolle *þer inne*. ANCR. R. p. 59. Heo schulen ȝelden þ̄ best þ̄ is *þer inne* ivallen. ib. He sande an haulle ther besyde, He saide, „For oghte that may betyde, *Thedir inne* wille I." PERCEV. 434.

2. præp.

a. mit Bezug auf ein Verweilen, innerhalb, in: Þer drihten rad *inne* þe weye. OEH. p. 3 sq. Þet þridde mihte is þet þa erming saule habbeð ireste *inne hello* of heore muchele pine. p. 47. Þat holi godspel þe men ræd *inne holis chireche*. II. 141. Þet tu þe vour morȝiuen ȝiue ham *inne heouene*, milcefule Louerd. ANCR. R. p. 30. *Inne Griclonde* was ȝung mon. LAȝ. I. 17. By him that *inne Bedelem* wasse borne. ANT. OF ARTH. st. 43. Þe deofle wunað . . *inne þe sunfulle men*. OEH. p. 27. No luffe wille *inne hom* lenge. AVOW. OF K. ARTH. st. 62. Beter it is that we out renne, Thenne as wrehches in house to brenne, And fryȝe *inne oure owne gres*. RICH. C. DE L. 4407. Syr Gawan the gode, Dame Gaynour he ledus, *Inne a gliderand gyde*, that glemit so gay. ANT. OF ARTH. st. 2.

He wuneð *inne fule sune*. OEH. p. 21. Heo bið wuniende *inne þisse pine*. p. 43. Alse þeos men doð þe ligged *inne euhruche* and ine glutenerie. p. 49. Kinelond heo welden *inne griðe* & *inne friðe*. LAȝ. I. 9. *Inne griðe* þurh alle þing wunede Luces. II. 2. Þat Þardanisc kun . . woneð in þisse londe *inne þeowedome*. I. 20. Bothe my dethe and my lyfe Is *inne þe wille* of thi wife. AVOW. OF K. ARTH. st. 33. *Inne pans fehle* his feon heo him binomen. LAȝ. I. 10. We schole hem sley alle *inne assaute*. RICH. C. DE L. 4412. Ther he sleppe *inne hys reste*. SHOREH. p. 3.

Nachgestellt wird öfters die Präposition: *His chaumber* he lith *inne*. TRISTR. 1, 52. Seynt Symeon, the olde mane, That had the haly gaste *hym ynne*. METR. HOMIL. p. 75. Pa wombe *þe* þu læie *inne*. LAJ. I. 214. The wo *that* we beth *inne*. POL. S. p. 344. As a lampe *That* no light is *inne*. P. PL. 838. In the hows *that* he is *inne*. MAUND. p. 13. For the care *that* he was *inne*. BEKET 89⁴. He song ofte thulke masse, for as heo doth bigynne, The furste office is propre ynou to the stat *that* he was *inne*. 933.

b. mit Beziehung auf eine Bewegung, hinein, in: Ne kimeð he nefre *inne heouene riche*. OEH. p. 33. Lette the cors *go inne his graue*. AMADACE st. 22. Ne þe deofel mey nefre cumen *inne him* for his gode werkes. OEH. p. 27.

mit nachgestellter Präposition: *A bath* thai brought *Rohand inne*. TRISTR. 1, 63. Patt hus *þatt* bræd iss *inne* don. ORM 3530. The childe wanne out of study, *That* he was *inne* sett. PERCEV. 1711.

Der Wechsel von *in, ine* und *inne*, die vielfach gleichmässig verwendet werden konnten, scheint dahin geführt zu haben, dass man *inne* überhaupt mit *in* gleichstellte, wie in Sätzen: For loue of þe lord *þat* we leuen *inne*. ALEX. A. DINDIM. 597. Thei maken ymages lyche to tho thinges, *that* thei han beleeve *inne*. MAUND. p. 166.

inner adj. Kompar. von *inne* adv. abgeleitet, wozu der Superl. **innerest, inrest, innest, inmast, -meast, -mest** gebildet ward. ags. *inner; inndst, innemest, -myst*, afries. *inre; inrost, inrest*, ahd. *innôr, innero*, auch *innarôro, innerero; innôrdst, innerost*, mhd. *inner; innerest, innerst*, neue. *inner; inmost, innermost*. **inner, innerest, innerst.**

Heo ablindeð in þe *inre* eien. ANCR. R. p. 92. Pet oðer [sc. beð i. e. bath] beoð teares *inre* oðer uttre. p. 396. — Mi saule þou toke fra *inreste* helle. PS. 85, 13. Pai set me in slogh *inrest* esse. 87, 7. Tho comen til to the *ynneste* [ynnere *M.* innerst *P. Y.* intima *Vulg.*] thingis of the herte. WYCL. PROV. 26, 22 Purv. He hath cast awei hise *ynneste* thingis· ECCLESIASTIC. 10, 10 Purv. Pe *inemaste* bayle, I wot, Bitokneþ hire holy maidenhod. CAST. OFF L. 809.

substantivirt ist bisweilen das Adjektiv: In *inerest* of the erth sal þai ga. PS. 62, 10. The wordis of a groynere as simple; and thei comen thurȝ to the *inmostis* of the herte. WYCL. PROV. 26, 22 Oxf.

innere, innermare etc. adv. mhd. *innere*. weiter hinein.

Pe sparewe *innere* crap. LAJ. III. 173. Wolde they .. lete hem pleye in the porche, and presse non *ynnere*. DEP. OF R. II. p. 21. Wold come none *innermare* For to kythe what he ware. PERCEV. 1233. Pe *innermore* he com, þe hardiere him þoȝte he was. FEGP. D. H. PATRICK 481. Dahin gehört auch der Superlativ: An waȝherifft wass spredd .. Biforenn an allterr þatt wass *Innrest* i þeȝȝre minnstre. ORM 1014. 1670.

innerll adv. ersetzt die Vorsilbe *in-* von incrassatus, dick geworden, in der folgenden Stelle: The swerd of the Lord .. *innerly fattid* it is with talȝ of blod of lombis and of get [gladius domini .. *incrassatus* est adipe agnorum et hircorum *Vulg.*]. WYCL. Is. 34, 6 Oxf.

inneð s. ags. *innað, innoð*, interiora, viscera, venter, uterus, ahd. *inneôdi, innôdi*, viscera. Leib.

Pes liuiendes godes sune, þe muchele lauerd, þet al þe world fulleð of him solue, bitunde him solue in ane meidenes *inneþe*. OEH. p. 83.

innien v. ags. *innian*, hospitari, afries. *innia*, neue. *inn* v.

1. tr. a. beherbergen, Aufnahme gewähren: Po þe day was ycome, so muche folc þer com, þat me nuste ware hem *inny*. R. OF GL. p. 336. — Pe kyng lette lede hem into toun lowe, to a fair old court, and *innes* hem þere. JOSEPH 173. — Whan þese pepul was *inned* wel at here hese, William .. to Melior he wendes. WILL. 1638. Whan he had brought hem into his cite, And *ynned* hem, everich at his degre, He festeth hem. CH. C. T. 2193.

b. einheimsen, einbringen, aufspeichern: Goddis mercy schal *ynne* my corn, And fede me wiþ þat þat y neuere sewe. HYMNS TO THE VIRG. p. 69. bildl. Here wey is all wronge ther wisdom is *ynned*. DEP. OF R. II. p. 19.

2. refl. sich einquartieren: Eche man al niȝt *inned him* where he miȝt. WILL. 2479.

3. intr. herbergen, gastliche Aufnahme finden: I haue felauschupe wiþouten .. wel aboute fifti, Boþe wymmen and men, þat wote wiþ me *inne*. JOSEPH 165.

inninge s. ags. *innung*, mansio. Herberge. *Ininge*. HOCCLEVE P. Lond. 1796. II. 15.

innocence s. afr. *innocence*, pr. *innocencia, ignocencia*, sp. *inocencia*, pg. *innocencia*, it. *innocenzia*, lat. *innocentia*, neue. *innocence, -cy*. Unschuld.

Pe huyte robe of chastetee and of *innocence*. AYENB. p. 181. Pe *innocence* þet we saolle loki þe on aye þe oþre. p. 146. Confessioun is neighebor to *innocence*. CH. T. of *Melib*. p. 192. Adam consentide to the etyng of the fruyt, yit stood he in thastaat of *innocence*. Pers. T. p. 287. *Innocence* is next God. P. PL. 11940. Among wolvys be wolvysshe of corage, Leoun with leouns, a lamb for *innocence*. LYDG. M. P. p. 174.

innocent, innosent etc. adj. afr. *innocent*, pr. *innocent, ignocen*, sp. *inocente*, pg. it. *innocente*, lat. *innocens*, neue. *innocent*. unschuldig.

Pe yeiſþe of pite him makeþ *innocent* zuo þet he nele gyly nenne. AYENB. p. 150. When he is *innocent* [unschuldig, im Kindesalter], þat ille can lite, þan haþ he solas of himsilf simple to worþe; For betur likede him a bal þan a borou riche. ALEX. A. DINDIM. 932. Thei seyn .. that God had don aȝen his rightewisnesse, for to suffre Jesu Crist, that was *innocent*, to ben put upon the cros. MAUND. p. 134. Lik a lamb of malys *innocent*. LYDG. M. P. p. 261. Of cryme

or faut thei be *innocent*. SONGS A. CAR. p. 65.
As a lomb and *ennosent*, To be lad to sacrefyce
to fore present of Ann and Kayface. AUDELAY
p. 60.

substantivirt: ein Unschuldiger,
Harmloser, Argloser. Resoun of ryȝt þat
con not raue, Saueȥ euer more þe *innossent*.
ALLIT. P. 1, 664. Þe *innosent* is ay saf by ryȝt.
683. Rauynours reyng the *innocent* is borne
downe. LYDG. M. P. p. 23. The Sauter saveth
hem noght, Swiche as take giftes, And nameliche of *innocentȥ* That noon yvel ne konneth.
P. PL. 4543. The wordes of a flaterer is a snare
to cacche in *innocentȥ*. CH. *T. of Melib.* p. 156.
öfters von kleinen (unschuldigen) Kindern
gebraucht: Help this seli *innocent*, That it mot
ycristned be. LAY LE FREINE 164. Undre the
cloystre of the chirche . . is the charnelle of the
innocentes, where here bones lyȝn. MAUND.
p. 70 sq. Faste by, is kyng Heroudes howis, that
leet sle the *innocentes*. p. 88 sq.

innumerable etc. adj. sp. *innumerable*, pg.
innumeravel, it. *innumerabile*, afr. *innombrable*,
später auch *innumerable*, lat. *innumerabilis*,
neue. *innumerable*. unzählbar, zahllos.

Uollyche ich ne myȝte yȝy þe *innumerable*
uelairede of þe holy martires. AYENB. p. 267.
Innoumberabyl xal hese woundys be. COV.
MYST. p. 241.

inobedience s. afr. *inobedience*, sp. pg. *in-
obediencia*, it. *inobbedienza*, lat. *inobedientia*.
Ungehorsam.

Vnstaðeluest bileaue aȝean holi lore, nis hit
of prude? *Inobedience* her to ualleð. ANCR. R.
p. 208. Touchend of pride, yet there is The
point seconde, I the behote, Which *inobedience*
is hote. GOWER I. 83. Ther is *inobedience* [sc.
a twig of pride]. CH. *Pers. T.* p. 294. As by
inobedience of man manye ben ordeyned syn-
neris, so and by obedience of oon manye schulen
be ordeyned iust. WYCL. ROM. 5, 19 Oxf. Of
my sovereyna gafe [sc. I] no fors at al, Wex obstynat by *inobedience*. LYDG. M. P. p. 255.

inobedient adj. afr. *inobedient*, sp. pg. *in-
obediente*, it. *inobbediente*, lat. *inobediens*. ungehorsam.

Inobedient is he that disobeieth for despyt
to the comaundements of God, and to his so-
vereigns, and to his gostly fader. CH. *Pers. T.*
p. 294. He bosteth and braggeth With manye
bolde othes, And *inobedient* to ben undernome
Of any lif lyvynge. P. PL. 8595. *Inobedient* to
holy churche and to hem þat þer seruen. *Text C.*
pass. VII. 19.

inobeishaunce s. fr. *inobéissance* [LITTRÉ].
Ungehorsam.

For to obeishe to Crist, and redi to vndir-
joken al *inobeishaunce*. WYCL. PREF. EP. III.
p. 63.

inobeishaunt adj. i. q. *inobedient*. ungehorsam.

So and ȝe shulen perishe, if *inobeishaunt* ȝe
shulen be to the voys of the Lord ȝoure God.
WYCL. DEUTER. 8, 20 Oxf.

i-noh, i-noȝ etc. s. ȝenoh adj. s. adv. genug.

i-noȝamendement s. Busse als thätliche
Reue oder Genugthuung.

Hit behaueþ þet he habbe þri þing, þet
byeþ ine zoþe penonce. Þe uerste þing is uor-
þenchinge of herte; þe oþer, asrifte of mouþe;
þe þridde is *ynoȝamendement* be dede. AYENB.
p. 170 sq.

i-noȝbote s. steht dem eben aufgeführten
Substantiv gleich, und beide entsprechen etwa
dem sonst gebräuchlichen *dedbote*. Busse.

After þe asrifte comþ *ynoȝbote*, þet is þe
amendinge þet me ssel do bi þe wille and bi þe
rede of þe asriuere. AYENB. p. 180.

i-noȝliche adv. genugsam, ausreichend, reichlich.

Þe uerþe boȝ of þise zenne [sc. is] of þan
. . þet despendeþ and wasteþ uor to uelle hare
glotonye, hwerof an hondred poure miȝten libbe
and *ynoȝliche* by ueld. AYENB. p. 55. He hise
him yefþ to his wone *ynoȝliche*. p. 210.

inointen v. i. q. *enointen* u. *anointen*. salben, balsamiren.

He was ȝȝeue to beryyng . . *Inoynt* he was
wyt aromat, holi writ to fulle. HOLY ROOD
p. 224.

i-norisched, i-norissed, i-norsched p. p. s.
norischen. genährt, auferzogen.

He spek Englisch, for he was at Rome
ynorisched bifore Myd ostage of his lond. R. of
GI'' p. 63. Þare was sik a riche man . . þat was
wel *inorisched* And swiþe softeliche ifed. KINDH.
JESU 1552. In huiche zorȝes he wes *ynorissed*.
AYENB. p. 130. Huerof þe writinge zayþ þet þe
children þet weren *ynorissed* mid greate metes
nolden naȝt ethe of þe lostuolle metes, weren
yborȝe ine þe fornayse of Babyloyne. p. 205. Þe
gode Gy, þat duk was of Borgoygne, þat bore
was in Normaundy, *ynorschid* in Seasoyngne.
FERUMBR. 1922.

inover adv. für lat. *insuper*. auch, dazu.

Þou underlaide alle þinges Under his fete
þat ought forth bringes; Neete and schepe bathe
for to welde, *Inover* and beestes of þe felde.
Ps. 8, 8. I sal blisse ai Laverd kinge, þat to me
gafe understandinge; *Inover* and to þe night
Swiþed me mine neeres right. 15, 7.

inpacience s. i. q. *impacience*. Ungeduld.

inpacient adj. pr. *inpacient*, afr. *impacient*,
sp. pg. it. *inpacient*, lat. *impatiens*, neue. *impatient*. ungeduldig.

I graunte you wel, that whan a man is *inpacient* and wroth that toucheth him nouht . .
it is no wondere. CH. *T. of Melib.* p. 178.

inparken v. afr. *emparcher*, -*ier*, nfr. *em-
parquer*. einpferchen, einschliessen,
einsperren.

Arteneus ane athill kempe also he *inparkis*.
WARS OF ALEX. ed. Skeat Lond. 1886. 5499.
— Pyned þar in a parroke, *inparkid* as bestia.
4702.

inparfit adj. s. *imparfit*.

inparfitnesse s. Unvollendung, Unvollkommenheit.

His waking shal enourne the *imparfitnesse*.
WYCL. ECCLESIASTIC. 38, 31 Oxf.

inpolut adj. afr. *impollu*, sp. *impoluto*, it. *impolluto*, lat. *impollutus*. unbefleckt.

It bycaam that such a man were bischop to vs, hooly, innosent, *inpolute*. WYCL. HEBR. 7, 26 Oxf.

inportable adj. s. *importable*.

inporten v. lat. *importare*, neue. *import*. einführen, bringen.

The matier .. Whiche *inportithe* grete intelligence. LYDG. M. P. p. 117.

inpossible adj. s. *impossible*.

inprenten i. q. *emprenten*, neue. *imprint*. eindrücken, aufprägen.

Philosophers .. þat wenden þat ymages and sensibilites, þat is to sein, sensible ymaginaciouns, or ellys ymaginacioun of sensible þinges weren *inprentid* in to soules fro bodies wiþ oute forþe. CH. *Boeth*. p. 166.

inpressen v. i. q. *impressen*. eindrücken, einprägen.

This ensample lete hem eke *inpresse* Amyddes theyr herte. LYDG. M. P. p. 89.

inpressioun s. i. q. *impressioun*. Eindruck.

Stable in the eyr is noon *inpressioun*. LYDG. M. P. p. 153.

inpugnen v. s. *impugnen*.

inputten v. s. *puten, putten*. wohin setzen, stellen, laden.

Ptholome .. *ynputtide* two dyademes to his hed, of Egipt and Asie. WYCL. 1 MACCAB. 11, 13 Oxf. Whiche .. to vs schippinge *ynputtiden* what thingis weren necessarie. DEEDS 28, 10 Oxf.

inqueren v. s. *enqueren*.

inras s. vgl. altn. *rás*, cursus, altnorthumbr. *ræs*, impetus. entspricht dem lat. *incursus*. Anlauf, Angriff.

Noght saltou drede .. Fra arwe þat es in daie fleghand .. In mirkenes, and of *inras* [ab incursu; v. l. a ruina *Vulg.* fro the inrennyng WYCL.] ai, And of þe devel of middai. Ps. 90, 5. 6.

inread, inred adj. ags. *redd*, ruber. sehr roth.

Þis Grickische fur is þe luue of oure Lourde, and þe hit schulen makien of reades monnes blode, þet is, Jesu Crist ireaded mid his owune blode oðe rode, and was *inread* kundeliche also ase me weneð. ANCR. R. p. 402. He was nowthir whyit no blake, And *inred* man he was, And was callid Maladas. SEVEN SAG. 60.

inrisen v. dem lat. *insurgere* entsprechend; vgl. ags. *árísan*. sich erheben, aufstehen im feindlichen Sinne.

Wicked *inrase* in me. Ps. 85, 14. Ther han *inrisen* aȝen me wicke witnessis. WYCL. Ps. 26, 12 Oxf.

inriser s. der, welcher sich erhebt, in feindlicher Weise, Empörer.

In thi name we shul dispise *inriseris* [insurgentes *Vulg.*]. WYCL. Ps. 43, 6 Oxf.

inrollen v. afr. *enroller*, mlat. *inrotulare*, neue. *inroll*. aufzeichnen, verzeichnen.

This is *inrold* By the wordes of Isae, a prynce most bold Shalle he be, A kyng with

crowne, Set on David throne. TOWN. M. p. 92.

insame, inseme, isame, isome adv., gew. getrennt in same, i same, i some geschrieben; ags. alts. ahd. *saman*, afries. *samin*, *somin*, gth. *samana*, simul, unâ, mit d. Präpos. *in*. vgl. lat. *insimul*. zusammen.

Home they rode bothe *in same*. IPOMYD. 710. Than they loughe all *insame*. 1519. The emperour with barouns *yn same* Rood to Parys. OCTOU. 47. To counsayl they gaderyd hem *insame*. RICH. C. DE L. 4386. The lady lawghed and made good game whan they came owte alle *in same*. THE WRIGHT'S CHASTE WIFE 601. Pope Boneface .. bade assemble in his halle In Pantheon alle *insame*. POL. REL. A. LOVE P. p. 141. Pere seuen syngnettes wern sette *in some*. ALLIT. P. 1, 837. Than told Sir Amis .. Hou he and that maiden was Bothe togider *y same*. AMIS A. AMIL. 1087. Goþ now alle *y same* & helpeþ him. FERUMBR. 1188. Wan þay were ther alle *y same* .. Florippe þat maide hadde ioie &'game to seu hure contynaunce. 2036. Þay .. cussede *i same* an haste. 2112. Per heo bileuede .. Forto now þis oþer day, þat we myȝte not be *y some*. R. OF GL. p. 40. Heo weren igedered alle *i some*. CAST. OFF LOUE 1418.

inscheden v. s. *scheden;* dem lat. *infundere* angeglichen. begiessen, benetzen.

In dewe of heuen thou shalt be *inshed* [rore cæli infunderis *Vulg.* thou schalt be bisched with the dew of heuene *Purv.*]. WYCL. DAN. 4, 22 Oxf. Mangelhaft scheint die Uebersetzung der Vulgate in: Osias risende, the teris *inshed* [infusus lacrymis *Vulg.* bisched with teeris *Purv.*] seide, Euene inwit beth, brethern. JUDITH 7, 23 Oxf.

inschilder s. vgl. ags. *scildere*, defensor. Beschützer.

Laverd *inschilder* [protectio *Vulg.*] be Over the right hand of þe. Ps. 120, 5.

inseken v. s. *seken*; dem lat. *inquirere* angeglichen. suchen, aufsuchen.

He is rewarder of men *ynsekinge* him [inquirentibus se *Vulg.*]. WYCL. HEBR. 11, 6 Oxf.

insejl, in-seil s. ags. *insegele*, afries. *insigil*, ahd. *insigili*, mhd. *insigele*, *insigel*, altn. *innsigli*, schw. *insegel*, dän. *indsegl*, v. lat. *sigillum*. Insiegel, als Werkzeug zum Siegeln, so wie das eingedrückte Siegelbild.

He haueð his merke on me iseilet wið his *inseil*. ST. MARHER. p. 5. An boc Bisett wiþþ seffne innseȝȝless. ORM *Ded*. 259. cf. 265, 270. 284.

insenden v. altnorthumbr. *insenda*, immittere. vgl. ags. *onsendan*. zusenden, einflössen, eingeben.

He *insent* in mi mouth newe sange, Newe sange til oure God. Ps. 394.

insetten v. ags. *insettan*, instituere, altnorthumbr. *insetta*, imponere, niederl. *inzetten*, niederd. *insetten*.

1. wohin setzen, stellen: Blisse and mikel fairehede with al *Inset* over him þou sal [impones super eum *Vulg.*]. Ps. 20, 6. Þou *inset* men, mani swa, Over our hevedes to be þa [imposuisti homines super capita nostra *Vulg.*]. 65, 12.

2. einpflanzen, einpfropfen: Thou
seist, The braunchis ben broken, *that* I be *ynsett*. WYCL. ROM. 11, 19 Oxf. But and thei
schulen ben *ynsett*, if thei schulen not dwelle
in vnbileue. Forsoth God is my3ty, eftsoone for
to *ynsette* hem. Fowhi if thou ert kitt doun of
the kyndely wylde olyue tre, and a3ens kynde
ert *inseet* in to a good olyue tre, how moche
more thei that by kynde, schulen be *ynsett* to
her olyue tre? ROM. 11, 23–4.

überhaupt v e r e i n e n : She monestide eche
of hem by voice of cuntree, strongly fulfillid
with wijsdam, and *ynsettinge* ([inserens *Vulg.*]
mans ynwitt to wommans thou3t, saide to hem,
Songs etc. WYCL. 2 MACCAB. 7, 21 Oxf.

insiht, insi3t, insight s. niederl. *in3igt*,
schw. *insigt*, dän. *indsigt*, neue. *insight*. Einsicht, Kenntniss, Verstand.

Insiht he cuðe a winde and a mone. LA3.
III. 224. Amang þe Calldeowisshe þeod þatt
cann *innsihht* o steorrness. ORM 3436. Uþwitess
swiþe wise, þatt haffdenn dep *innsihht* & witt
Off sele kinne þingess. 7083. Thou gaf man skil
and *insiht*. METR. HOMIL. p. 2. Hit was a kyng
of muche miht, Of good wille and gret *insiht*.
CAST. OFF LOUE 275. — Her of þat soþe segge
3e, as by 3oure *insy3te*. R. OF GL. p. 307. As me
mai to sothe iseo, þo so haveth god *insi3t*. POP.
SC. 20. In discrecioun I haue *insi3t*, Loueli to
goo and to ride. HYMNS TO THE VIRG. p. 66.
In my werkis y haue sebil *insi3te*, I fynde no
vertu in my stoore. p. 68. He hade so huge
an *insy3t* [intuitum?] to his aune dedes, þat þe
power of þe hy3e prynce he purely for3etes.
ALLIT. P. 2, 1659. — Sua blind þai war in þair
insight, þat reckining cuth þai nan o right.
CURS. MUNDI 1565 COTT. Þus þer four lettes his
insight þat he knaws noght himselfe right. HAMP.
253. *Insyght*, inspexio, circumspeccio. PR. P.
p. 262. Bathe thir foules . . bitakenes that sinful men, That schilwisnes and *insyt* can, Suld
of thir fules bisenes take, To murne for his ain
and sake. METR. HOMIL. p. 159.

insipiens [incypyens] s. afr. *insipience*, sp.
pg. *insipiencia*, lat. *insipientia*, neue. *insipience*.
Thorheit, Albernheit.

Whan in women be fownd no *incypyens*,
Than put hem in trust and confydens. SONGS
A. CAR. p. 67.

insmiten v. dem lat. *incutere* entsprechend.
s. *smiten*. einjagen, erregen, verursachen.

Dreed is *ynsmyten* to the enmyes, of the
presence of God [timor hostibus incussus est,
ex præsentia Dei *Vulg.*]. WYCL. 2 MACCAB. 12,
22 Oxf.

. **insolence** s. afr. *insolence*, sp. pg. *insolencia*,
it. *insolenza*, lat. *insolentia*, neue. *insolence*.
Uebermuth, Masslosigkeit, Unge-
bühr.

Ther is inobedience, avauntyng, ypocrisye,
despit, arrogaunce, impudence, swellyng of
hert, *insolence*. CH. Pers. T. p. 294. On the
rok amonges wymmen he spanne, In theyre
habyte disguysed from a man, And of frowarde
fleshly *insolence* Of any man fledde ay the pre-

sence. LYDG. M. P. p. 90. Whanne reason fail-
ithe, and sensualite Holdeth the brydel of
lecherous *insolence*. p. 94.

insolent adj. afr. *insolent*, sp. pg. it. *inso-
lente*, lat. *insolens*, neue. *insolent*. übermüthig, hochmüthig.

Insolent is he that dispisith in his juggement
alle other folk, as to regard of his valieu, and of
his connyng, and of his spekyng, and of his
beryng. CH. Pers. T. p. 295.

insolible adj. afr. sp. *insoluble*, it. *insolubile*,
lat. *insolubilis*, neue. *insoluble*. unauflöslich,
unvergänglich.

Another prest . . the which is not maad vp
the lawe of fleischly maundement, but vp vertu
of lyf *insolible*, or that may not be vndon. WYCL.
HEBR. 7, 15. 16.

substantivirt: Unauflösliches, Räthsel.
This is an *insolible:* If I strogel, slaundred
shal I be; To satisfye it is but impossible. LYDG.
M. P. p. 43.

inspeccioun s. pr. *inspection*, sp. *inspeccion*,
pg. *inspecção*, it. *inspezione*, lat. *inspectio*, neue.
inspection. Betrachtung, Anblick.

Lat hym adverte and have *inspeccioun*,
What ther befyl in Awstynes tyme. LYDG. M.
P. p. 137. Of this terrible doolful *inspeccioun*
The peeplis hertys gretly gan abave. p. 144.

inspiracioun s. afr. *inspiration*, pr. *inspi-
ratio*, sp. *inspiracion*, pg. *inspirazão*, lat. *inspi-
ratio*, neue. *inspiration*. Einhauchung,
Eingebung.

Thei hopen, that thorghe *inspiracioun* of
God and of him [sc. Aristotle] thei schulle have
the better conseille. MAUND. p. 16. I beseche
Almyghty God . . that he vouchesaf, of his ex-
cellent mercy and habundant grace, to fulle
fylle hire soules with *inspiracioun* of the Holy
Gost. p. 316. Ayer of nature yevith *inspiracioun*,
To mannys herte thyng moost temperatiff. LYDG.
M. P. p. 196.

inspiren v. i. q. *enspiren*. anhauchen,
begeistern, inspiriren.

Grace of our Lord did hym so *inspire*.
LYDG. M. P. p. 140. Al scripture of God *yn-
spyrid* is profitable. WYCL. 2 TIMOTH. 3, 16
Oxf. We myght say, perde, We had sene That
many saut desyryd, With prophetys *inspyrid*.
TOWN. M. p. 95 sq.

instaunce s. afr. *instance*, pr. *instancia*, in-
stanssa, sp. pg. *instancia*, it. *instanza*, lat. *in-
stantia*, neue. *instance*.

1. Gegenwart: Þou ne shalt nat demen
it as prescience of þinges to comen, but þou
shalt demen it more ry3tfully þat it is science of
presence or of *instaunce* þat neuer ne fayleþ.
CH. Boeth. p. 174.

2. Andringen, Ansuchen, Verlan-
gen: The puple criede to the Lord with gret
instaunce. WYCL. JUDITH 4, 8 Oxf. He maad
greet *instaunce* to hym, that he schulde bitake
him to hym. 1 MACCAB. 11, 40 Purv. Thryes I
tempte hym be ryth sotylle *instawnce*, Aftyr he
fast fourty dayys ageyns sensual myth or reson.
COV. MYST. p. 240. We xal . . come in hast at
his *instawns*. p. 248. cf. 260.

Insteppen v. ags. *insteppan*, ingredi. In der anzuführenden Stelle dient es zur Uebersetzung von *investigare*. nachspüren, erforschen.

Mi thoghtes fra fer understode þou; Mi stie and mi stringe *instepped* þou nou [semitam meam et funiculum (v. l. directionem) meum investigasti *Vulg.*]. Ps. 138, 3.

Institucion s. afr. *institution*, pr. *institutio*, *istitutio*, sp. *institucion*, pg. *instituzão*, it. *instituzione*, lat. *institutio*, neue. *institution*.

Einsetzung in ein Amt.

For *institucion* & induccion he schal jeue moche of þia god þat is pore mennus. WYCL. W. *hitherto unpr.* p. 248.

Institut p. p. lat. *institutus*. eingesetzt in ein Amt.

Whan this newe parsoun is *institut* in his churche, He bithenketh him hu he may shrewedelichest worche. POL. S. p. 326.

Instonden v. altnorthumbr. *instonda*, das lat. *instare* ersetzend. s. *standen, stonden*.

1. unmittelbar bevorstehen, da sein: *Instondyng* the beryng, gemels a*p*ereden in the wombe. WYCL. GEN. 38, 27 Oxf. *Instondende* forsothe the seuenthe moneth . . thei camen togidere of oon acord into the porche. that was befor the est jate. 3 ESDR. 5, 47 Oxf.

2. andringen, zusetzen: In thoo days foujten the sones of Amon ajens Yrael, the whiche sharpli *instoondynge* [quibus acriter instantibus *Vulg.*], the more thurj birth wenten fro Galaad for to take into help Jeptee. WYCL. JUDG. 11, 5 Oxf.

Instoren v. s. *enstoren*.

Instrument, selbst **enstrement** s. afr. *instrument, estrument*, pr. *instrument, instrumen, estrument, estrumen, esturmen*, altsp. *estrument*, nsp. pg. *instrumento*, it. *strumento*, lat. *instrumentum*, neue. *instrument*.

1. Werkzeug, Geräth, auch bildl. Mittel: With an *instrument* of sylver he frotethe the bones, and thanne ther gothe out a lytylle oyle. MAUND. p. 60. Thys tong is *instrument* off dyscord, Causyng war and grett dystans Betwyne the subjecto and the lord. SONGS A. CAR. p. 78. With mone an other *enstrement* He suffryd tene and turmentyng. AUDELAY p. 55. — Ful feyn þey wulde Ihesu down taken, But strengþe and *ynstrumentys* boþe þey lakkyn. R. OF BRUNNE *Meditat.* 883. cf. 592. Þe fend disceyueþ men & of *instrumentis* or menys & armure of vertue he makiþ *instrumentis* or menys & armour of synne. WYCL. W. *hitherto unpr.* p. 218.

2. Tonwerkzeug: So gret was the soun Of *instrument* and of song, tho he com into the toun, That me ne mijte ihure other thing for the noyse so gret. BEKET 1885. An *instrument* of musyk withouten a sown. LYDG. M. P. p. 57. — Of alkyn noyse þat swete mught be, Ilkan sal here in þat cite, Withouten *instrumentes* ryngand. HAMP. 9262. The mynstralle goynge before hem, sownyng here *instrumentes* of dyverse melodye. MAUND. p. 234. He wolde let make dyverse *instrumentes* of musick to sownen in an highe tour. p. 279. It was his sorwe upon hem

for to sen, Or for to here on *instrumentz* so pleye. CH. *Tr. a. Cr.* 5, 458. Musik had . . Boece her clerk, withe hevenly armony, And *instrumentes* alle of oon accorde. LYDG. M. P. p. 11.

Insuffisance s. afr. *insuffisance*, pr. pg. *insufficiencia*, sp. *insuficiencia*, it. *insufficienza*, lat. *insufficientia*, neue. *insufficience, -cy*. Unzulänglichkeit.

I John Maundevylle . . that . . habe ben in many a fulle godo honourable companye, and at many a faire dede of armes, alle be it that I dide none my self, for myn unable *insuffisance*, now I am comen hom. MAUND. p. 313.

Insuffisant u. **insufficient** adj. afr. *insuffisant*, lat. *insufficiens*, neue. *insufficient*. unzulänglich, unzureichend.

What may ben ynow to that man, to whom alle the world is *insuffisant?* MAUND. p. 293. — Or I passe hens, this (tis?) hoolly myn entent, To make Jhesu to be cheef surveyour Of my laste wyl set in my testament; Which of mysilfe am *insufficient* To rekne or counte, but mercy and pite Be preferryd or thu do jugement, To alle that calle to Jhesu on ther kne. LYDG. M. P. p. 240.

Insuren v. i. q. *ensuren*, neue. *insure*. versichern.

To you I *insure* it. TOWN. M. p. 191. Ther shalle no thyng hym gayn ther on to he dede be, I *insure* it. p. 210.

Intelligence, -ens s. afr. *intelligence*, pr. *intelligencia, entelligencia*, sp. *inteligencia*, pg. *intelligencia*, it. *intelligenzia*, lat. *intelligentia*, neue. *intelligence*.

1. Einsicht, Verstand: God the fful-fylle withe *intelligence* LYDG. M. P. p. 9. It excedyth myn *intellygens*. COV. MYST. p. 273.

2. Kunde: My lord and it plese jou to have *intellygens*, Ser Cayphas comyth to jou in hast. COV. MYST. p. 248. Syth we have *intellygens*, That oure Lord is ny come to this cete, To attend upon hys precyous presens, It syttyth to us, as semyth me. p. 255.

Intemperat adj. lat. *intemperatus*. ohne Mass, unmässig.

Watche out of tyme, ryot and dronkenesse, Unfructuous talkyng, *intemperat* diete, To veyn fablys I did myn eerys dresse, Fals detractioun among was to me swete. LYDG. M. P. p. 258.

Intencion s. i. q. *entencioun*, afr. *intencion, entencion, intention*. Vorhaben, Absicht.

I knew not his *intencion*. COV. MYST. p. 240. Let Annas knowe jour *intencion*. p. 247.

Intenden v. i. q. *entenden*, neue. *intend*. gesonnen sein, gedenken.

Intendestow that we shal here bileve Til Sarpedon wol forth congeyen us? CH. *Tr. a. Cr.* 5, 478. I *intende* To stey to my fadyr. COV. MYST. p. 361. We *intendyn* to procede the matere that we lafte the last jere. p. 289. merken auf etwas: Truly to my talk loke that ye be *intendyng*. TOWN. M. p. 234.

Intent s. i. q. *entent*. vgl. lat. *intentus* = *intentio*, neue. *intent*.

1. Aufmerksamkeit, Acht: Awake, Joseph, and take *intent*. TOWN. M. p. 135. Take tenderly *intent* What sondes ar sent. p. 140.

2. Absicht: I haue takon *intent* þo traytours to sle. DESTR. OF TROY 11364. Nevyr I
had myn *intent*. COV. MYST. p. 240. He xal
fayle of hese *intent* and purpose also. *ib.* It was
oure purpose and oure *intent*, To a be with hym
withinne short space. p. 248.
  3. Gesinnung, Sinn: I thank the,
Lord, with good *intent*, Of alle thy sond thou me
has sent. TOWN. M. p. 154. Verstand: Mervelle I have what it may meyn In myn *intent*.
p. 124.

inteon v. s. *teon*. einziehen.
  Þorw þe faste þat he con *inteo*. CAST. OFF
LOUE 877.

intereu v. i. q. *entren, enteren*. eintreten.
  The kyng is *intered* into this citee. LYDG.
M. P. p. 10.

interesse s. pr. pg. it. *interesse*, sp. *interes*.
Vortheil.
  That fals forsweryng have there noon *inter-
esse*. LYDG. M. P. p. 210.

interpretacion, -ioun s. afr. *entrepretatiun,
interpretation*, pr. *interpretacio*, sp. *interpretacion*, pg. *interpretazão*, it. *interpretazione*, lat.
interpretatio, neue. *interpretation*. Auslegung,
Deutung.
  As I shewe be gostly *interpretacyon*. COV.
MYST. p. 272. This name Jhesus by *interpre-
tacioun* Is for to seyne our blyssid saviour. LYDG.
M. P. p. 238.

interrupcion s. afr. *interruption*, lat. *inter-
ruptio*, neue. *interruption*. Unterbrechung,
Abbruch.
  If a man were Made al togider of one matere Withouten *interrupcion*, There shulde no
corrupcion Engendre upon that unite. GOWER
I. 36 sq.

interrupt adj. afr. *interrupte*, lat. *inter-
ruptus*, neue. *interrupt*. unterbrochen, ge-
stört.
  I wold they shold for nothing Be *interrupt*
of their possessouns, That I have gyve them.
NUGÆ P. p. 6.

intervalle s. afr. *entreval, intervalle*, pr.
entreval, sp. pg. *intervalo*, it. *intervallo*, lat.
intervallum, neue. *interval*. Zwischenraum,
Entfernung in der Zeit, wie im Raum.
  Whan the defence is doon anoon withouten
intervalle. CH. T. of Melib. p. 178.

intil præp. altschw. *intil, in til*, neuschw. *intill*,
dän. *indtil*, sch. *intill*.
  1. vorzugsweise örtlich, mit Bezug auf eine
Bewegung zu einem Orte hin; in, gen,
nach: Hiss moderr . . Comm rihht *inntill þatt
illke tun*. ORM 3503. Sannt Johan nass nohht jet
ta *intill quarrterrne* worrpenn. 18186. He stah
forr ure god Upp *inntill heffness blisse*. Ded. 233.
Þe .V. gaf bac . . and selle *intil a pitte* of clay.
CURS. MUNDI 2499 FAIRFAX. Our lauerd him
went *intil his blis*. 2692 COTT. Þai went þam
forth Bifor þe king *intill his hall*. 5890 COTT.
I sal þam bring vte of thainhede *Intill a land*,
a wonsun thede. 5791 COTT. Quat thing . . yed
ye *Intil wildernes* to se? METR. HOMIL. p. 36.
This send *intil that abbay* yede. p. 149. A wind
. . drof hem *intil Engelond*. HAVEL. 723-5.

Now rises Eilred, & gadres oste stark, & chaces
kyng knoute *in tille Danmark*. LANOT. p. 45.
He folowed þe Scottis pas, whan þe bigan to fle,
Fer *in tille a wood*. p. 306. Thai ferden on this
wise *In til Yrlond theds*. TRISTR. 2, 24. Inga
intil kinde (hebr. ריד i. e. habitationem = sepulcrum) of his fadres sal he. PS. 48, 20. Swetter place To pleyen ynne he may not fynde, Although he sought on *intyl Ynds*. CH. R. of R.
622. — auch sonst dem *in* ähnlich verwendet:
Þanne he hauede of al þe lond Al þe folk tilled
intil his hond. HAVEL. 437. cf. 1309.
  2. in Bezug auf das Eintreten in einen Zustand: Yif . . sho were comen *intil helde*, And
Engelond sho couþe welde. HAVEL. 128.
  3. nach Verben wie übertragen, verwandeln in etwas: Icc hafe wennd *inntill
Ennglissh* Goddspelless halljhe lare. ORM Ded.
13. Hafe icc turrnedd-itt *Inntill Ennglisshe
spæche*. 129. To turrnenn baþe bræd & win . .
inntill Cristess flæsh & blod. ORM 11699. The
sun sal turn *intil mirknes*. METR. HOMIL. 24.
It suld frose and turne al *intil yse*. HAMP. 6644.
Ther nys wo in this world That we nes holde
amende, And conformen kynges to pees . . And
so forth alle the Jewes Turne into the trewe
feith, And *intil oon bileve*. P. PL. 8439.
  4. selten steht es von der Richtung oder
Bewegung zu oder an Personen, wo das einfache *til* häufig gebraucht wird: Sket cam tiding
intil Ubbe. HAVEL. 1927. Apon his wordes wille I
ryst That he his self saide us *intille*. TOWN. M.
p. 294.

intire adj. it. *intero*, pg. *inteiro*, doch afr.
entier, pr. *entier, enteir*, sp. *entero*, lat. *integer*,
neue. *intire* u. *entire*. ganz, völlig.
  Visite the pore, with *intyre* diligence, On al
nedy have thow compassioun. LYDG. M. P.
p. 68. Daneben steht öfter *entier*: He wrote and
sayde of hole hert and *entier* . . This is the cha-
lice of the Newe Testament. p. 100. s. *enter*.

intisen, inticen v. i. q. *entisen*. reizen,
anreizen.
  To *intyce*, incitare, instigare. CATH. ANGL.
p. 197. *Intysynge*, incitans. *ib.*

intisinge s. neue. *inticing*. Anreizung.
  An *intysynge*, incitacio. CATH. ANGL. p. 197.
Thorow the fendis *intisyng* The doutjur thoujt
anodur thyng. Ms. in HALLIW. D. p. 477.

into præp. ags. *in tó*, neue. *into*, in älterer
Zeit gewöhnlich getrennt geschrieben.
  A. lokal.
  I. bei Begriffen der Bewegung, bezeichnet die Präposition
  a. in das Innere eines umschliessenden
Raumes oder einer umgrenzten Fläche: Heo
tweien eoden et sume time *in to helle*. OEH.
p. 41. Þet we moten bon of þe corne þe me
scal don *in to þe gernere*, þet is, *in to heuene*.
p. 85. Ne mei na mon cume *in to godes riche
bote* he beo ifulhted. p. 73. A mon lihte from
Ierusalem *in to Ierico*. p. 79. A vuhel com flon
from houene *into orðe*. p. 81. Þis faje folc . .
þe speket alse feire biforen heore euencristene
alse heo heom walde *in to heore bosme* puten.
p. 53. Heo commen *in to hauene*, heo commen

in to þen lond. LAȝ. I. 219. Helyas forrþrihht anan þer stah *innto þatt karrte.* ORM 8705. Panne he weren comen alle Bifor þe king *into the haile.* HAVEL. 156. Seint Thomas thus with his croix *into court* gan gon. BEKET 971. Pertely *in to Poyle* he passed. WILL. 156. Swo kam si sterre þet yede to for hem *in to Ierusalem.* O.E.MISCELL. p. 26. Ne yede *in to þe holy londe* bote tuo. AYENB. p. 67. Sche turned aȝen *in to* hire cave. MAUND. p. 25. Þe tonne and þe litel grome *Into þe see* we han ybrouȝt. GREGORLEG. 147. Þou .. shalt mowen retourne hool and sounde *in to þi contre.* CH. *Boeth.* p. 100.

b. i n, mit Bezug auf die Versetzung in einen Zustand oder eine Beschaffenheit und einen Umstand: Þe deofel awerpeð hine *in to helle pine.* OEH. p. 25. From hwonne þe engles adun follon *in to þe posternesse* hellen. p. 61. Nis ha witerliche akast & *in to þeowdom* idrahen? HALI MEID. p. 5. Ha .. deð hire *in to drecchunge,* to dihten hus & hinen. p. 7. Loke þenne her bi, hwa se of hire meidenhad lihteð *in to wedlac,* bi hu moni degrez ha falleð duneward. p. 23. Saunt Johan þa shollde cumenn newenn *Innto þis lif* biforenn Crist. ORM 633. Ne led us noht *in to costnunga.* OEH. p. 67. Ne led ous naȝt *in to uondinge.* AYENB. p. 116. Þe ilke þet oþerhuyl yualle is *into zenne. ib.*

c. i n, gen in Bezug auf Erstreckung und Richtung: He him alse *þe sunne strconþ þe lome,* þet ho spret *in to al þis wide worlde.* OEH. p. 77. Aboute eiȝte hondred mile Engelond long is Fram þe souþ *in to þe norþ,* & two hundred brod iwis Fram þe est *in to þe west.* ST. KENELM 11. Þe kyng of Northumburlonde kyng was, ich vnderstonde, of al þo lond biȝonde Homber anon *in to Scotlonde.* R. OF GL. p. 6. From þe souþ tilleþ *in to þe norþ* Eningestret, And from þe est *in to þe west* Ikenildestrete. p. 7. Yowre hertis ye lyft up *into the est,* And al your body and knees bowe adowne. LYDG. M. P. p. 61.

d. i n, bei den Begriffen verwandeln und übertragen: Sche chaunged my sone *In to a wilde werwolf.* WILL. 4104. Þe ȝerde of Aaron, þat was good, Hit turned watur *in to blod.* STACIONS 321. For to halwen mariage he was at the weddyng wher as he turnede watir *into wyn.* CH. *Pers. T.* p. 350. *Into the sword* the chirchekeie Is torned, and the holy bede *Into cursinge.* GOWER I. 12 sq. Ȝee schulle undirstonde, that I have put this boke out of Latyn *into Frensche,* and translated it aȝen out of Frensche *into Englyssche.* MAUND. p. 5.

II. bei dem Begriffe der Ruhe und des Verweilens findet man öfters *into,* wo *in* gebräuchlich war: i n, an einem Orte. Worre was *in to al this lond.* R. OF GL. p. 512. Me harlede hom villiche aboute *in to al the lond.* p. 538. Me þenkeþ ille þat he suffreþ my worschip spille *in* tal þys countre wyde. FERUMBR. 4948. Tho wist the apostles iwis, The bodi was *in to paradis.* ASSUMPC. B. M. 771.

B. temporal erscheint die Präposition von der Erstreckung in der Zeit in der Bedeutung bis. From holy þursday *in to lammasse* Eueriche day. STACIONS 51. On batail ne com he non, *In to þe day* þat he com þore, þat he ne ouercom his fon. FERUMBR. 666. Fro þat day *in to þys* myn herte haþ he yraft. 1420. A wolde be ys frend .. And þat he nel bynyme hym lond ne fee, Bot euere scholde beo to hym priuee *In to ys lyues ende.* 5771. We schal wachyn and wake .. *Into the tyme* ye passe to that hye toure. COV. MYST. p. 388.

intoward, intouward præp. vgl. *toward,* ags. *tóceard,* versus. hin zu. Lihtliche nule heo nout uoluwen flesches likunge, ne efter wittes lustes drawen *in toward* hire none heaued sunne, mid hire rif wittes. ANCR. R. p. 116. Hwon þe olde unwine isihð ure skile slepen, he drauh him in anon *intouward* hire. p. 272.

intreten v. i. q. *entreten.* behandeln. A woman to refrayne is not posybyll With wordes, except with a staffe thou hyr *intrett.* SONGS A. CAB. p. 65.

introductorie s. afr. *introductoire* adj. v. lat. *introducere,* neue. *introductory* adj. Einleitung, Einführung. The .5. partie shal ben an *introductorie* aftur the statutz of owre doctours, in which thow maist lerne a gret part of the general rewles of theorik in astrologie. CH. *Astrol.* p. 3.

i-nurtured p. p. vgl. neue. *nurture,* educare, instruere v., lat. *nutritura* s. aufgezogen, erzogen. The levedi hadde a maiden fre, Who ther *ynurtured* hade ybe, And fostered fair ful mony a yere. LAY LE FREINE 115.

inventen v. afr. *inventer,* neue. *invent.* erfinden, ersinnen. Syns that Eve was procreat owt of Adams syde, Cowd not such newels in this lond be *inventyd.* LYDG. M. P. p. 64.

inviolate adj. lat. *inviolatus,* neue. *inviolate.* unversehrt. *Inciolate* a bright hevenly sterre, Monge celestynes reigneng withouten memorye. LYDG. M. P. p. 62.

inward adj. ags. *inceard,* internus, intimus, ahd. *inwart* u. *inwarti, inwerti,* mhd. *inwart* u. *inwerte,* neue. *inward.* inwendig, innerlich, innig, innerst. Uss birrþ lofenn Drihhtin aȝȝ Wiþþ *innwarrd heorrtess* tunge ORM 3898 cf. 18464. Þonckede him ȝeorne wið *inwarde heorte* þeos meiden. ST. MARHER. p. 12. Þer is riht bileaue ant *inward bone.* ST. JULIANA p. 44. Ne schal he neauer tene ne tintrehe trukien in *inwarde helle.* LEG. ST. KATH. 1813. In his lif he þreȝ awei his *inward thingus* [projecit intima sua *Vulg.* he hath cast awei his ynneste thingis *Purv.* d. i. sein innerstes Wesen].WYCL. ECCLESIASTIC. 10, 10 Oxf.

inward s. i. q. *inceard, innward.*

inward u. **inwardes** adv. vgl. niederl. *inwaarts,* schw. *incertes,* dän. *indvortes,* neue. *inwarde.* einwärts, hinein.

As me ledde hire *inward*. St. Marher. p. 8. Bihold *inward*, þer ich am, & ne seche me nout wiðuten þine heorte. Ancr. R. p. 90. Þes ȝeteward leið him to slepen so sone so me biginneð kunsenten to sunne, & let þene lust gon *inward*. p. 272. Arblastes sone & ginnes me bende, & asote *inward* vaste inou. R. of Gl. p. 536. Yf thou com more *inward*, It schall the rewe afterward. Cleges 262. He seyd that he myght nat com *inward*. 499. Sarazyns stoȝen vp al frechs , And werf come *inward*. Ferumbr. 5187. — Euer so þe wittes beoð more ispreinde utwardes, se heo lesse wendet *inwardes*. Ancr. R. p. 92.

inwardlich adj. ags. *inweardlíc*, internus. innerlich, innig.

Þer is riht bileaue & *inwardliche* bonen swa icweme to godd , þat i þat ilke time we [sc. þe unwihtes of helle] biginneð to fleon. St. Juliana p. 45.

inwardliche, -like, lie, li adv. ags. *inweardlíce*, intime, in animo, ahd. *inwerthlíhho*, intus. neue. *inwardly*. innerlich.

Her is ane reowlic bone to biddene, bute we *inwar[d]liche* imilcien. OEH. p. 39. Sikerliche ich ileue þet ne schal flesches fondunge, nan more þen gostlich, ameistre þe neuer ȝif þu ert swete iheorted . . and luuest so *inwardliche* alle men & wummen . . þet tu ert sori of hore vuel, & gled of hore god. Ancr. R. p. 282. That thin ere here wisdam, *inwardliche* bowe thin herte to ben knowen wisdam. Wycl. Prov. 2, 2 Oxf. Judeow tacneþþ alle þa þatt lofenn Godd . . & *innwarrdlike* anndgœtenn aȝȝ . . þatt niss nan Godd wiþþutenn himm þatt alle shafte wrohhte. Orm 2251-6. Þeȝȝ alle þe brœdenn *innwarrdliȝ* . . þatt Drihhtin shollde lesenn hemm Ut off þe deofless walde. 697. That it be sua, says *inwardlye* Pater Noster, Ave Marie. Metr. Homil. p. 6. Ef scho gern opon him crye, And luf hir lemman *inwardelye*, Hir lusti lat es win gastlye, That Jesus drinkes ful gladlye. p. 123. Haf mercy of me *inwardeli*. Ps. 4, 2. Bringes to Laverd blis to name hisse Bringes to Laverd *inwardeli* In his porche. 28, 2. I sothlik ai hope sal *inwardeli* 70, 14. If forsothe wisdam thou shalt *inwardli* clepen, and *inwardli* bowe thin herte to prudence . . thanne thou shalt vnderstonden the drede of the Lord, and the kunnyng of God finde. Wycl. Prov. 2, 3-5 Oxf. Tille an appylle she is lyke Withoutten faille . . Bot if a man assay it witterly, it is fulle roten *inwardly* At the colke within. Town. M. p. 281. Lord, I love the *inwardly*. p. 252. Lorde, whiche of every man The hertys dost knowe most *inwardly*. Cov. Myst. p. 380.

Eine Superlativform *inwardlukest* erscheint in älterer Zeit: Þeos . . wið bittre wopes bireowsed hare gultes, & *inwardlukest* luuieð godd. Hali Meid. p. 43. Þet was þet lescun þet ure Louerd *inwardlukest* lerede alle his icorene. Ancr. R. p. 282.

inwardnesse s. neue. *inwardness*. Eingeweide — Brust, Herz.

Puplis sien and vndurstoden not, nether settiden siche thingis in the *inwardnesses* [in

præcordiis *Vulg.*]. Wycl. Wisd. 4, 14 Purv. Ȝe ben angwischid in ȝoure *inwardnessis*. 2 Cor. 6, 12 Purv.

inwenden v. zum Ersatz des lat. *ingredi* verwendet. einhergehen.

Alle dai dreried I *inwent*. Ps. 37, 7.

inweten v. s. *weten*, ags. *vætan*, irrigare. benetzen, eintauchen.

That *inwet* be thi foot in blode. Wycl. Ps. 67, 24 Oxf.

inwit s. scheint dem ags. ahd. *inwid*, *inwit*, malitia, nequitia, dolus, gth. *invindiþa* durchaus fremd zu sein. Bosworth führt *invit*, conscientia, auf , obwohl er es mit keinem Beispiele belegt; ein ags. dem *vit*, *gevit*, mens, intellectus, verwandtes *invit* ist schwerlich nachzuweisen.

1. Bewusstsein, Gewissen: Hwose wule hire *inwit* witen clene & feir, heo mot fleon þe uorrideles. Ancr. R. p. 206. Ure owune conscience, þet is ure *inwit*. p. 306. Þeo ȝet þet habbeð þeis & reste of cleane *inwit*. p. 374. Þis boc hatte huo þet writ, Ayenbite of *inwyt*. Ayenb. p. 5. Þe uerste staþe is clene *inwyt*, þet is þe rote of þise trawe , uor wyþoute clene *inwyt*, no chastete ne lykeþ to god. p. 202. Conscience þat es called *ynwitt*. Hamp. 5428. His wif and hys *inwit* edwiteþ hym of hus synne. P. Pl. Text C. pass. VII. 421.

2. Einsicht, Verstand: Me þink, in myn *inwitte*, it semed traytorie. Langt. p. 155. He sais, Scotland is in his hand for now & ay, At myn *inwitte*, it is not ȝit alle at our fay. p. 282. Whan þyn owene *inwit* þe saiþ, þat no whar nis such a dede, Almiȝtie god þu hin holde þat such wonder can make. St. Kath. 28. For hit was other mannes, as myn *inwit* understod, Hit me doth, theȝ hit hongi her, more harm than god. St. Brandan p. 26. Me thynketh, by myn *inwit*, He fordooth the levest light That oure Lord lovyeth. P. Pl. 11927. A liere in soule, With *inwit* and with outwit Ymagynen and studie, As best for his body be To have a badde name. 8608.

3. Gemüth, Seele, Herz: Esau forsothe fourti wyntir olde took two wyues . . the whiche bothe hadden offendid the *inwitt* [animum *Vulg.*] of Ysaac and Rebecca. Wycl. Gen. 26, 34. Whanne Anna was in bitter *inwit* [amaro animo *Vulg.*], she preiede the Lord, wepynge largeli. 1 K. 1, 10 Oxf. Now I counceile for to be of good *ynwitt*, or herte [bono animo esse *Vulg.*]; soþili ther schal be loss of no soule of ȝou. Deeds 27, 22 cf. 25 Oxf. — Putte ȝe there my wordis in the hertis and in ȝoure *inwittis* [in cordibus et in animis vestris *Vulg.*]. Deuter. 11, 18 Oxf. Bithenke ȝe on him . . that ȝe be not maad wery, faylinge in ȝoure *inwittis* [animis vestris deficientes *Vulg.*]. Hebr. 12, 3 Oxf.

4. i. q. *wit*, körperlicher Sinn: To ȝeve dome bitwix þe .V. *inwittis*. Gesta Rom. p. 18.

inwið, inewið, iwið adv. u. præp. sch. *inwith*.

1. adv. inwendig, drinnen: He . . selde him iwundet *inwið* in his heorte wið þe flan þe of luue fleoð. St. Juliana. p. 7. His heorte feng to heaten & his meari mealten . . &

inwið [wiðinnen p. 20] bearnde of brune. p. 21.
Ich . . sprechi in ham sprekes of lustes awa luðere ꝑ ha forberneð *inwið*, ant þurh þe brune
ablindeð. ST. MARHER. p. 15. Nes tis meiden
nawiht þerfore imenget in hire mod *inwið*. LEG.
ST. KATH. 605. Hwil þe king weol, al *inwið*,
of wraððe, com a burhreue. 1925. Ne less ne
mare mismeid him noght Bituix and he [sc.
Noↄ] þat schippe had wroght, Til it was mad
and *inwith* stadd Al þat our lauerd him forwith
badd. CURS. MUNDI 1747 COTT. Vtwyth to se
þat clene cloistor þou may, bot *inwyth* not a fote
To strech in þe strete þou hatz no vygour.
ALLIT. P. 1, 968. Make me tellen lutel of euerich
blisse vtewið & froure me *inewið*. ANCR. R.
p. 38. Ha beoð riche & weolefule *iwið* iþe herte.
HALI MEID. p. 29.

2. præp.

a. örtlich, in, innerhalb: For nout
heo beoð bilokene *inwið*, þauh, our *wal*, þe þeos
jetes openeð. ANCR. R. p. 104. He . . callede
thame recrayhandes alle, Kynge, knyghtes *inwith walls*, At the bordes ther thay bade. PER-
CEV. 610. I nolde, bot if I hit negh myjt on
nwjeres morne, For alle þe londe *inwyth Logres*.
GAW. 1054. *Inwith the puleys gardyn* by a
welle Gan he and I wel half a day to dwelle. CH.
Tr. a. Cr. 2, 508. Ye ben so depe *inwith myn
herte* grave. 3, 1450. When that Criseyde unto
hire bedde wente *Inwith hire fadres faire bryghte
tnte*. 4, 1021. His wif and his doughter eek
hath he laft *inwith his hous*. T. of Melib.
p. 139 sq.

b. zeitlich, innerhalb, während:
Hat . . *inwið þeos predahes*, jarken fowr hweoles.
LEG. ST. KATH. 1940. *Inwiþ þe space of a mo-
ment*, Aungeles of heuene saiȝ he come þon.
O.E.MISCELL. p. 230. Hwen þe preost *inwið þe
messe* noteð godes licome. ST. JULIANA p. 45.

inwlappen v. s. *wlappen*. verwickeln.
No man holdinge knyȝthod to God, *inwlap-
pith him silf* with worldli nedis [implicat se ne-
gotiis sæcularibus *Vulg.*]. WYCL. 2 TIMOTH.
2, 4 Oxf.
A wynde of tempest, or whirlwynde, cam
fro the north, and a grete cloude, and fyre *in-
wlappynge* [ignis involvens *Vulg.* d. i. nach dem
hebr. Texte, sich zusammenhaltendes
Feuer, Feuerklumpen]. WYCL. EZ.
1, 4 Oxf.
If men forsakinge the defoulinges of the
world . . eftsoone *inwlappid* in ther, ben ouercome [his rursus implicati superantur *Vulg.*],
the latter thingis ben maad to hem worse than
the former. WYCL. 2 PET. 2, 20 Oxf.

inwonen v. ags. *inwunian*, inhabitare [BOSW.].
s. *wunien*, *wonien*, *wonen*. worin wohnen,
bewohnen.
God Syon sauf make sal he, And bigge þe
cites of Jude; And *inwone* þare sal þai yhit,
And in erf(e winne it. Ps. 68, 36. cf. 67, 7.
Ho . . enfourmet hym fully of þe fre rewme, þat
the worthy *inwonet*, as a wale kyng. DESTR. OF
TROY 13583. cf. 133.

inwrappen, enwrappen v. neue. *inwrap*, *en-
wrap*. verwickeln, zusammen wickeln;

einhüllen, überdecken; zusammen-
fassen.
The sinnende wicke man a grene shal *inwrappe* [involvet laqueus *Vulg.*] WYCL. PROV.
29, 6 Oxf. Helyas toke his mantyll and *inwrap-
pyde* it [involvit *Vulg.*], and smote the watirs.
4 KINGS 2, 8 Oxf. Whanne Aaron and his sones
han *inwrappid* the seyntuary and alle the vessels
of it . . thanne shulen goon yn the sones of
Caath. NUMB. 4, 15 Oxf.
Departith fro Amalech, lest perauenture I
inwrappe thee with hem [ne forte involvam te
cum eo *Vulg.*]. WYCL. 1 KINGS 15, 6 Oxf.

inwriten v. s. *writen*. einschreiben.
Who mai lie maner glorien to thee [sc.
Helie] . . That art *inwrite* in domes of tymes
[qui scriptus es in judiciis temporum *Vulg.*] to
swage the wrathe of the Lord. WYCL. ECCLE-
SIAST. 48, 10 Oxf.

i-obliged p. p. s. *obligen*. verpflichtet.
Po adde Wyllam . . to hym vaste *yoblyged*
þe kyng of Scotlond. R. OF GL. p. 389. Pe senuolle be one zenne dyadlich . . is *yobliged* to
zuo ane greate gauelinge, þet he ne heþ miȝte
to hit endi. ATENB. p. 113.

i-offrien v. ags. *geoffrian* [BOSW.] s. *offrien*,
offren. vgl. ahd. p. p. *geopherôt*, mhd. *geophirt*.
opfern, als Opfer darbringen.
Pet *ioffrede* lomb þet þe engel het offrian
bitacneð Cristes deðþe, þet wes milde and wiðutan gulte his feder *ioffrad* for ure alesendnesse.
OEH. p. 87. Ure drihten wes *ioffred* for þi þe
he hit walde. p. 121. Hye [i. e. ye] habbet to
gode *ioffred* of yure selure and of yure erpliche
godes. O.E.MISCELL. p. 28. Of swiche bestus
þat ben of burnus *yofreed*, þei han miht vpon
molde, & of no mo þingus. ALEX. A. DINDIM.
738.

i-openen v. s. *jeopenen*, ags. *geopenian*, aperire, manifestare, ahd. *gioffonôn*, mhd. *geoffenen*.
s. *openen*.

1. öffnen, aufmachen: Paraises jeten
aren jarewe *iopenet* þe nu. ST. MARHER. p. 12.
bildlich: Ða songes . . boð makede of þere
heouenliche blisse þe us wes *iopenad* on þisse
timan þe ure drihten aras of deaðe. OEH.
p. 125 sq. Pan were þe jeates *yopened* wyde.
FERUMBR. 3593.

2. öffnen, aufschneiden: Weren his
side mid speres orde *iopened*. OEH. p. 147.
Clense and wasche mine sunfule soule þurh þine
fif wunden *iopened* o rode. p. 211. He wes
yopened, is boweles ybrend. POL. S. p. 221.

3. offen lassen, nicht ringförmig
umschliessen: The croune of clerke *yopened*
hys. SHOREH. p. 54.

4. offen, klar legen, erklären: As
hit is þeruppe *iopenet*. HALI MEID. p. 39.
Euerichon of þeos wordes wolde habben longe
hwule uorte beon wel *iopened*. ANCR. R. p.242.

i-ordeined, -ained p. p. s. *ordeinen*.

1. geordnet, in Ordnung gestellt
Po he[o] hadde *yordeyned* here oat in eyþer syde,
þo batail heo smyton stronȝ ynowȝ. R. OF GL.
p. 48. *Yordeyned* hii adde her oat wel in eyþer
syde. p. 303. Ȝut þere was of Welsse men þe

verþe ost þerto, *Iordeyned* wel ynou in a place bysyde. p. 452. im ethischen Sinne ge o r d net, ma s s v o l l: þe wirtues of kende, huerby som ys kendeliche more þanne oþer, oþer larger, oþer milder, oþer graciouser, oþer atempre[s] and wel *yordayned*. AYENB. p. 24.

2. angeordnet, festgesetzt: Aftur fyftene dawes, þat he hadde *yordeyned* þis, To London he wende. R. OF GL. p. 144. Ther they schullen ben alle yswore . . To kepe these statutes everychon, That ben *yordeynet* by kynge Adelston. FREEMAS. 483-6. At thys semble were poyntes *yordeynt* mo, of grete lordys and maystrys also. 261.

3. o r d i n i r t, g e w e i h t, von der kirchlichen Weihe: Clerkes that beoth *yordeynet*, thu wost hi bereth a signe, That hi beoth lymes of holi churche. BEKET 411.

i-ordred p. p. s. *ordren*.

1. g e o r d n e t, in Ordnungen vertheilt: Nihe wordes (d. i. Schaaren, Engelschaaren) þer beoð, ah hu ha beoð *iordret* ant sunderliche isette, þe an buue þe oðre, ant euchanes meoster were long to tellen. OEH. p. 261.

2. o r d i n i r t, g e w e i h t: Wanne that he [sc. the sudeakne) *yordred* hys, He taketh the chalys bare. SHOREH. p. 50. Wanne he [sc. the prest) *yordred* hys, Hym falth an holy gyse, Hys honden beth anoynte bothe. p. 52 cf. 45.

i-osted adj. vgl. sch. *ostyng* = encampment, pr. *osteiar*, afr. *ostoier*, proeliari, contendere, it. *osteggiare*. g e l a g e r t.

Betere hem hadde be at Rome, þan *yosted* þere. R. OF GL. p. 52.

i-paied, i-paid p. p. s. *paien*.

1. g e z a h l t, b e z a h l t: The hundred thousend marc were *ipaid*. R. OF GL. p. 489. Pis dette ne may by uolliche yyolde ine þise wordle, ac ine þise wordle he is ywylned, and ine þe oþre *ypayd*. AYENB. p. 163.

2. b e f r i e d i g t: Locrin *ipaid* was, for wise men radde. LAȝ. I. 99 j. T. Leir king was wel *ipaid*. I. 138 j. T. Pou nart one *ypayed* oure tresour to nyme at ene, Bute þou þer aftur vs binyme oure franchise al clene. R. OF GL. p. 47. He made hire semblant fair ynow, to non oþer so gret. Pe erl nas not þer with *ypayed*, þo he yt vnderȝet. p. 157. cf. 83. 195. Th'emprour was well *ipaied*, With that the seven wise had seid. SEUYN SAG. 233. He was wel iuel *ipaid*. 1868. For that the pie hadde isaid, The wif was ofte iuel *ipaid*. 2217. Pet is a vice þet þe dyeuel is moche myde *ypayd*. AYENB. p. 50. Pet þengþ of þe zenne þet he heþ ydo, and him lykeþ wel ine þe þoȝte and is *ypayd*. p. 178.

i-paised p. p. s. *paisien*. a u s g e s ö h n t.

He ȝef þe king tuelf hundred marc,'& *ipaised* was. R. OF GL. p. 570.

i-parceived p. p. s. *parceiven*, perceiven. w a h r g e n o m m e n, g e m e r k t.

Sone, withinne litel while, Worht *iparceiued* oure gile. SEUYN SAG. 2693.

i-parroked p. p. s. *parroked* v. ags. pearruc s. septum ferarium. e i n g e s c h l o s s e n.

Among wyues and wodewes ich am ywoned

sitte *Yparroked* in puwes. P. PL. *Text C.* pass. VII. 143.

i-passen v. s. *passen*.

a. intr. g e h e n, z i e h e n: A north half ne mowen yee nought *ypasse* For deserte and wildernesse. ALIS. 5606. — Wan þay weren alle yn *ypaste*, þe mayde & þay yfere, Florippe het schitte þe dore faste. FERUMBR. 2026.

b. tr. 1. p a s s i r e n, v o r ü b e r g e h e n, ü b e r s c h r e i t e n, ü b e r s t e i g e n: Thoo had kynge Alisaunder yment . . The cee haue *ypassed* ayein. ALIS. 5942. Hadde the drowmound *ipassyd* the see . . Hadde nevyr Acres ben iwunne. RICH. C. DE L. 2586-90. Pe montaynes . . Of Egypte he saiþ wiþ is eiȝe, þat huy heom hadden ipassed sone and wel. KINDH. JESU 223. Po he þe croice *ipassed* was, he tournde aȝe to þe clene. ST. CRISTOPH. 52.

2. zeitl. v o r ü b e r g e h e n, v e r g e h e n: Ine þise boȝe byeþ vif leaues, þet byeþ vif manere of yelpinges. On is [of] preterit, þet is to zigge, þinge *ypassed*. AYENB. p. 59. Pe zenuolle be one zonne dyadlich, þet zuo zone is *ypased*, is yobliged to zuo ane greate gaulinge, þet he ne heþ miȝte to hit endi. p. 113. When the night *ipast* and ronne Was, and the newe day begonne . . Befell a wonder case. CH. *Dr.* 1813. Calle me noȝt sodeynly ageyn, Whan half my dayes ben *ipast*. PENIT. Ps. p. 37. Tuelf month hit [is?] *ipassed* nou, that ȝe gunne out wende. ST. BRANDAN p. 10.

i-pavilounded p. p. wohl *ipavilouned* zu schreiben, von einem nach pavilloun gebildeten Zeitwort *pavilounen*, neue. *pavilion*, tentoriis instruere, excipere. g e z e l t e t, in Z e l t e n g e l a g e r t.

Daries folk is all ordeynt, And *ypavylounded* in a pleyn. ALIS. 2037.

i-peinted, i-painted, i-peint p. p. s. *peinten*. g e m a l t, b e m a l t, v e r z i e r t.

A saluatour þer may þou se Neuer *ipeynted* with hond of mon. STACIONS 298. Hee [sc. Amon] was ishape as a sheepe shinand bright, *Ipainted* full prisely. ALIS. FRGM. 732. In his blasoun verrayment Was *ipaynted* a serpent. RICH. C. DE L. 3727. Thine ȝene both colblake and brode, Riȝt swo ho weren *ipeint* mid wode. O. A. N. 75. Peron [sc. on þe sseld] *ypeynt* was and ywort þe ymage of our Lady. R. OF GL. p. 174. Porȝ is scheld wyþ gold *ypeynt* þe sterne strok gan glyde. FERUMBR. 701. Whan me peynt an halewe, ȝe ne seoth noȝt bileved, That þer nis *ipeynt* around al sboute the heved, That is iclepid diademe. BEKET 2051. Zuiche clepeþ oure lhord berieles *ypeynt* and ȝgelt. AYENB. p. 26. Backeward downe he fell, From a window richly *ipeint* With lives of many divers seint. CH. *Dr.* 1846.

i-pelvred adj. vgl. alte. sch. *pelure* i. q. fur. g e p e l z t, g e f ü t t e r t.

Har manteles wer of grene felwet, Ybordured with gold, ryght well ysette, *Ipelvred* with grys and gro. LAUNFAL 235. Launfal yn purpure gan hym schrede *Ipelvred* with whyt ermyne. 416.

i-perced p. p. s. *percen, perchen, perzen.*

1. durchbohrt: Som the throte, and som the heorte Hadyn *yperced*. ALIS. 939.
2. durchbrochen, sich Platz gemacht durch eine Masse Menschen: Sone adde ys gode body *yperced* þe ost þoru out; He made ys wey roume ynou, vorte he come to kyng Knout. R. OF GL. p. 303.

i-perised p. p. steht für *iperisched*. s. *perischen*. umgekommen, vernichtet.

Þe relykes nolde hii noȝt byleue, ac bere vyþ hem vor fere, Vor raþer hii wolde ymartred be, þan hii *yperysed* were. R. OF GL. p. 226.

i-piched p. p. s. *pikken, pichen*, bituminare. gepicht, mit Pech bestrichen.

Hi leten hem diȝte a gret schip, and aboue hit al bicaste With bole huden stronge ynou ynailed þerto faste, And siththe *ipiched* al aboue, that the water ne come. ST. BRANDAN p. 5.

i-piçht, gew. **i-piȝt, i-piȝht** p. p. s. *piechen*, Drue. *pitch*.

1. eingeschlagen, aufgeschlagen, errichtet: Pero his burnus he bad bulden of marbre A piler sadliche *ipicht*. ALEX. A. DINDIM. 1134. Per nis castel .. þat ne sal adun tofalle, no no tre in erþ so fast mid al har rotis so fast *ipiȝt* þat ne sal adun toberst. E. E. P. p. 10. Þo kyng wente toward þe se mid fair ost ynowȝ, And as þe emperour hadde *ypiȝt* ys pauelon he drowȝ. R. OF GL. p. 48. Gauan .. lad him furthe thruþe the halle Vntylle a pauelun of palle, Was prudlyche *ipyȝte*. ANT. OF ARTH. st. 34. Þe kinges pauilons were *ipiȝt*. OTUEL 686. Þan scholtou don þe forchys there byfore þe castel riȝt, So þat þay wyþynne there yuen here vp *ypyȝt*. FERUMBR. 2881. Ine þe burȝ amidde riȝt Beoþ twe tures *ipiȝt* Of lym and of marbel ston. FL. A. BL. 219. auch eingesetzt, von Edelsteinen: Þe mametes .. Euerchone ymaked ware of gold þat schon ful briȝt, ypoudred wiþ stones preciouse þat wern þeron *ipiȝt*. FERUMBR. 2541. Of gold a coroune bryght, Ful preciouse stones *ypyght*. ALIS. 6704.

2. bildl. gefestet, geheftet, gesetzt: In many a lady fer & ner his loue haþ þe *ypyȝt*. FERUMBR. 1305. Hi is of al yrobbed, and *ypiȝt* ine god. AYENB. p. 199. „Do into þine wytte mesure." Þet is to zigge, þet þou ne bi naȝt of zuo oȝene wytte, ne naȝt zuo *ypiȝt* in þine ouerweninge þet þou ne flechchi uor to leue to guod red. p. 253.

i-piled p.p. ags. *pilian*, tundere. gestossen, gemartert.

Chyld, whi artou not aschamed On a pillori to ben *ipiled*? HOLY ROOD p. 132.

i-piled p. p. s. *pilien, pilen*, afr. *piller*. geplündert.

The pore is thus *ipiled*, and the riche forborn. Ac if the king hit wiste, I trowe he wolde be wroth, Hou the pore beth *ipiled*, and hu the silver goth. POL. S. p. 337. What sholde pore men ben *ipiled*? p. 338.

i-pinched p.p. s. *pinchen*, afr. *pincer*. geknifft, gefältelt.

Ful semely hire wymple *ipynched* was. CH. C. T. 151.

i-pined p. p. altnorthumbr. *gepinia*, mhd. *gepinen*. s. *pinen*. peinigen, kreuzigen.

He wes *ipined* ermeliche to deðe. OEH. p. 17. Vre alre louerd for his krelles *ipined* wes o rode. p. 171. Ure louerd, þet .. *ipined* was under Ponce Pilate. p. 217. cf. 293. II. 225. Jesu Crist oure meneliche loverd, that kenned is of þen holigost .. *ypined* under Ponce Pilate. REL. ANT. I. 282. Wiþvte ic was *ipinid* sore, wiþin ic was mochil more. E.E.P. p. 21. Þus was Iesu Crist, þe Almihti God, in alle his fif wittes derfliche *ipined*. ANCR. R. p. 114. He wep & cryde on hys men, þat hii asolde on hym rewe, þat he nere to deþe *ypyned* [sc. myd honger]. R. OF GL. p. 449. Hi asolle by more *ypined* and more ydamned ine þe oþer wordle þanne Geus. AYENB. p. 213. Wo was þe knyȝt uordrawe & *ipyned* on alle wise. FEGF. D. H. PATR. 238.

i-pinned p. p. eine Participialform, der lateinischen *pinnatus* entsprechend. befiedert, beflügelt.

The hende egle .. Hasteth him in herrest to hovyn his briddys, And besieth him besely to breden hem ffeedrin, Till her ffre ffedris be fulliche *ypynned*, That they have wynge. DEP. OF R. II. p. 13.

i-plaied p. p. s. *pleȝen, pleien, plaien*, ludere. gespielt (von fleischlichem Verkehr).

So longe they hadde thus *yplaied*. ALIS. 7734. vgl. Mony nyght and mony day, Thus they duden heore play. ib. 7728.

i-pleinted adj., vom Subst. *pleint* gebildet. klagend, kläglich.

Your letres ful, the papir al *ypleynted*, Conceyved hath myn hertes pite; I have ek seyn, with teeris alle depeynted Youre letre. CH. Tr. a. Cr. 5, 1610.

i-plesid p. p. s. *plesen*, afr. *plesir, plaisir*, placere. befriedigt.

Till he be paid fully of the quyte rent, And wel *iplesid* after hys owyn entent. NUGAE P. p. 6.

i-pliht, i-plaht, i-plihȝt, i-plight p. p. s. *plihten, plihten*. angelobt.

Heo habbeoð me itald, & treowðen *iplihte*. LAȝ. II. 132. Nis hit tricherie, oðer ȝemeleaste of slouhðe? al so as dusi biheste, oðer folliche *ipluht* trouðe. ANCR. R. p.208. Popigimus cum morte fedus .. we habbeð trouðe *ipluht* deaðe. p. 310. Þis acord was .. Vaste *yplyȝt* in eyþer ayde. R. OF GL. p. 388. Sykernesse & trouþe *yplyȝt* of þis vorewarde hii nome. p. 184. Plaiding that of dette were, To ȝulde wel with truthe *ipliȝt*, and noȝt iȝulde nere. BEKET 611. Mi felaȝe he is þureȝ truþe *ipliȝt*. FL. A. BL. 141. Afeormed faste is this deray, Hostage ytake, and treuth *yplyght*. ALIS. 7356. Ye wot youre self .. How that youre love alle fully graunted is To Troilus, the worthieste knyghte, Oon of this world, and therto trouthe *iplighte*. CH. Tr. a. Cr. 3, 730. He ayein his trouthe me had *iplyght*. Qu. Anelida p. 230.

ipocras, ypocras s. afr. *ipocras, ypocras*, sp. *hipocras*, vinum hypocraticum, nfr. *hypocras*, neue. *hippocras*, mhd. *ipocras, hipocras*, *hippocras*. **Hippokras**, ein mittelalterlicher Würzwein.

Der Name stimmt mit dem gleichlautenden des Hippokrates überein, woher man die Bezeichnung des Getränkes, als auf arzneiliche Wirkung bere chnet, herleiten möchte; auf medicinische Wirkung finde ich aber keine Hindeutung. Nach anderer Deutung soll der Name eines bei der Bereitung gebrauchten Durchschlages oder Seihetuches, genannt *Hippocrates' sleeve*, die Benennung des Weines veranlasst haben. Anweisungen zur Bereitung, theilweise von einander abweichend, findet man in HALLIW. D. p. 477 sq., ausführliche in BABEES B. etc. p. 125 u. 127. Es scheint ein beliebtes Tafelgetränk gewesen zu sein.

He drinkith *ypocras* [ipocras TYRWH.], clarre, and vernage Of spices hote, to encrease his corrage. CH. *C. T.* 9681. God son, to make *ypocras*, hit were gret lernynge, and for to take þe spice þerto aftur þe proporcionynge, Gynger, synamome, graynis, sugur, turnesole, þat is good colourynge; For commyn peple, gynger, canelle, longe pepur, hony aftur claryfiynge. BAB. B. p. 125. As of hony men gadren out swetnesse, Of wyn and spices is maad good *ypocras*. LYDG. M. P. p. 216. Waffurs to ete, *ypocras* to drynk with delite. BAB. B. p. 166. Wafurs with *ypocras* [zu Ende der Mahlzeit aufgetragen] p. 168. Wafers and *ypocras*. p. 280.

ipocrisie, ypocrisie, ypocresi s. afr. *ypocrisie*, pr. *ipocrisia*, *ypocrizia*, it. *ipocrisia*, pg. *hypocrisia*, sp. *hipocresia*, lat. *hypocrisis*, gr. ὑπόκρισις, neue. *hypocrisy*. Heuchelei, Scheinheiligkeit.

Habbeð, þauh, to ower bihoue, þesne lute laste ende of alle kuddo & kuðe sunnen, ase of prude . . of *ipocrisie* etc. ANCR. R. p. 342. *Ipocrysye*, ipocrisis. PR. P. p. 266. *Ipocryse*, ipocrisis. CATH. ANGL. p. 198. Þe sixte [sc. boȝ of prede is] *ypocrisie*. AYENB. p. 17. cf. 26. He him demþ ase ane þyef, and he him deþ zoþliche to þe gybet of penonce wyþoute slacnesse and wyþoute *ypocrysye*. p. 138. This double *ypocrisye* With his devoute apparancie A viser set upon his face. GOWER I. 63. My synne be ful *ypocrysye*. PENIT. Ps. p. 44. Ther is inobedience, avauntyng, *ypocrisye*. CH. *Pers. T.* p. 294. *Ypocrysie* chaungede hathe hys wede. LYDG. M. P. p. 172. A prechur schuld lyve parfytly, And do as he techys truly, Ellys hit is *ypocresy*. AUDELAY p. 31.

ipocrite, ypocrite, epocrite s. afr. *ypocrite*, pr. *ypocrita*, it. *ipocrita*, sp. *hipocrita*, pg. lat. *hypocrita*, neue. *hypocrite*. Heuchler, Heuchlerin.

& te valse ancre . . is *ipocrite* & weneð forte gilen God. ANCR. R. p. 128. *Ipocrite*, ipocrita. PR. P. p. 266. CATH. ANGL. p. 198. An *ypocrite* is this, A man which feigneth conscience. GOWER I. 62. Rihte as an *ypocrite* Rejoysith hymaylf in symylacioun. LYDG. M. P. p. 218. Ȝif ther be a pore prest, and spiritual in spiryt . . Thay likon hym to a lossere and to an *epocryte*. AUDELAY p. 15. — Þo byeþ *ypocrites* zotils, þet zotilliche wylleþ heȝe cliue, and

steleþ þe dingnetes and þe baylyes. AYENB. p. 26. If *ypocritis* worchen here . . þe housis and þe peple ben worse, þat þese false men comen among. WYCL. SEL. W. I. 177.

i-pointed p. p. s. *pointen*. zugespitzt, spitz.

Wyþ a long *ypoynted* [yponyted *ed.*] knyf yegged on eyþer syde þus ssenduollyche he hym slou. R. OF GL. p. 310.

i-porchaced p.p. s. *purchasien*. erworben.

Þe oþre manere of gauelynge is ine þan þet ne leneþ naȝt to hare persone, ac þet hire underes and þe underes of hare wyues, oþer hare eldringes habbeþ *yporchaced* be gauelinge. AYENB. p. 35.

ipotâme, -me, ypotame s. afr. *ypotame*, pr. *ypotami*, it. *ippopotamo*, sp. pg. *hipopotamo*, gr. ἱπποπόταμος, lat. neue *hippopotamus*. Fluss- oder Nilpferd.

Ypotame a wonder beest is More than an olifaunt. ALIS. 5184. — Hy weren freten alle in hast Of þe wylde bestes *ypotame*. 5179. *Ypotami* hem leued myde. 5773. *Ypotamos* comen flyngynge out of roches. 5166. Dredful dragonus drawen hem þiddire, Addrus & *ypotamus* & oþere ille wormus. ALEX. A. DINDIM. 156. — He [sc. the monoceros] sleth *ypotamos* and kokadrill, And alle bestes. ALIS. 6554. Dahin gehört auch die Form *ipotaine* in : In that contree ben many *ipotaynes*, that dwellen somtyme in the watre, and somtyme on the lond, and thei ben half man and half hors . . and thei eten men, whan thei may take hem. MAUND. p. 268.

ippen v. ags. *yppan*, aperire, manifestare. zeigen, offenbaren.

Prestes ben þo þe apostel of specð, þus queðende: Quorum deus venter est. Here wombe is here Crist, and alle iuele forbisne hie *ippen* of hem seluen, and te lewede men hem ȝierneliche folegen. OEH. II. 165.

i-preised, i-praised p. p. s. *preisen*. gepriesen, gelobt.

Wecche is ine holi write i monie studen *ipreised*. ANCR. R. p. 144. Vana gloria . . þet is, hwose let wel of ei þing þet heo deð, & wolde habben word þerof, & is wel ipaied, ȝif heo is *ipreised*. p. 198. Þe more a man may do, by so þat he do hit, The more is he worth and worthi of wyse and goode *ypreised*. P. PL. Text C. pass. XI. 309. Þet me clepeþ prodigalite, huanne he deþ to moche despense, oþer of his oȝen, oþer of oþre manne, uor to by *ypraysed*. AYENB. p. 21.

i-preost p. p. i. q. *ipressed*. s. *pressen*. gedrängt.

His hors he gaf to Orest, That was to grounde *ypreost*; Orest he broughte on stede, And bad him don gode nede. ALIS. 2341.

i-presented p.p. s. *presenten*. vorgestellt (nach der Wahl zu einem geistlichen Amte).

For the kyng was in Normandie, *ipresented* he was [sc. Seint Thomas] To his junge sone in Engelonde, for non other kyng ther nas. BEKET 230.

i-prikked p. p. s. *pricken*. gestossen, verwundet.

Frenesyes & foule yueles, foragures of
kynde, Hadde yprykked and prayed polles of
peple, þat largelich a legioun lese her lyf sone.
P. PL. *Text B.* pass. XX. 85.

i-primsened, -isined p. p. s. *primsejnen*, altn.
primsigna, prima signatione crucis christianum
initiare. zu Katechumenen geweiht.

Of þisen we habbeþ uayre uorbysne ine
mine lhorde sant Martin, to hwam god him asew-
ede þe nizt efterward þet he todelde his mentel
to þe poure, and wes beuealde ine þe mentle,
and zede to his angles, „Martin yet nou *yprim-*
sened me heþ ysared mid þise cloþe.“ AYENB.
p. 188. The children atte cherche dore So beth
yprimisined. SHOREH. p. 13.

i-profred p. p. s. *proferen*, *profren*. dar-
geboten, überbracht.

Þe weiht . . þe lettrus to his lord ledus ful
sone. As sone as his king say þat sonde him
yprofred, He hit lacchus of þe lud, & lokus þerinne. ALEX. A. DINDIM. 185.

i-proued p. p. s. *proven*, *preoven*, *preven*.
bewiesen, erwiesen, bewährt.

Wymmen ne kepte of no knyjt [kynjt *ed.*]
as in druery, Bote he were in armys wel *yproued*,
& atte leste þrye. R. OF GL. p. 191. Þe
prowesse of þys noblemen wo myjte telle myd
mouþe, þat in armys *yproued* beþ by Norþe &
by Souþe? p. 457. Myd þe vyle synne of So-
domy *yproued* hii were. p. 439. If a clerk hadde
misdo, And for feloun *yproued* were, and for
theof also, That me scholde him anon desorde-
deynen. BEKET 721. cf. 619. 1247. So je sain
þat he is a soþ god *yproued*, þat haþ þe stomak
in stat stifly to kepe. ALEX. A. DINDIM. 685.
Whan þe comli quen . . saw þat was hire sone
soþli *yproued*, þer nys man vpon mold mijt telle
þe ioye þat was mad hem bitwene. WILL. 4660.
Benigne he was and wondur diligent, And in adversite ful pacient; And such he was *yproued* ofte
sithes. CH. *C. T.* 485. It schal beon *yproued*
aperteliche. KINDH. JESU 922. So is nouþe wel
ischewed And bi him sulue wel *yprooued*. 1538.
ȝef they ben *yproued* opunly Byfore that semble,
by and by, And for here gultes no mendys wol
make, Thenne most they nede the craft forsake.
FREEMAS. 455.

i-pudred, i-poudred p. p. s. *pouderen* u. vgl.
puder s. afr. *poldrer*, *poudrer*. besprenkelt,
bestreuet, besäet.

Þi felle wiþoute nis bot a sakke *ipudrid* ful
wiþ drit and ding. E. E. P. p. 2. Þe windowes
wern . . *ypoudred* wyþ perree of polastre. FE-
RUMBR. 1326. Pe mametes . . Euerchone ymaked
ware of gold þat schon ful brijt, *ypoudred* wiþ
stones preciouse þat wern þeron ipijt. 2541. It
[sc. the croune] was ful goodeliche ygrave with
gold al aboujte .. With lewte and love yloke to
thi peeris, And sapheris swete that soujte all
wrongis, *Ypoudride* wyth pete ther it be oujte.
DEP. OF R. II. p. 5.

i-pult, i-pilt p. p. s. *pulten*, *pilten*.

1. gestoassen, gestürzt, getrieben:
Bruttes þane broc Galli cleopede, for þat Liuius
Gallus was þar on *ipult* þus. LAȝ. II. 27 j. T.
ȝeot seiden þe schrewes . . þat Ihus bine hadde

so *ipult*. KINDH. JESU 905-7. By þat was Gyoun
vp astoje oppoun þe laddre an hej, & þe rop
yknyt þe tree aboje, & he *ypult* out wel nej.
FERUMBR. 2971. Predestinat thei prechen prechours þat þis shewen, Or prechen inparfit, *ypult*
out of grace. P. PL. *Text C.* pass. XII. 207.
Alle þe giwes . . Hadden heore children withoute misse In heore ouene *ipult* and ido. KINDH.
JESU 1009. Þulke þat weren *ipult* þer in Comen
out for xoþe swyn. 1039. — Al þat god suffrid
of pine hit nas nojt for his owen gilt, ok hit was,
man, for sin þine, þat wer for sin in hell *ipilt*.
E. E. P. p. 13. Nad he [sc. Lucifer] no more
gilte whar for he was of heuen *ipilte*, a litel
prude him was in com, þer for god him hauiþ
benome heuen blisse. p. 18.

2. gesetzt, errichtet: Ther quyk
mony tent is yset, mony corde to paueloun knut,
mony a baner up *ypult*. ALIS. 7331.

3. vorgebracht, vorgeschoben: It
was uorþ *ipult*, that the king & heo So sibbe
were, that hii ne mijte leng to gadere beo. R.
OF GL. p. 466.

4. gebracht, versetzt: Sitthen in good
office the kyng hem hath *ipilt*. GAMELYN 888.
So men dide that seli asse, That trepasid nojt,
no did no gilte, With ham both iwreiid was, And
in the ditement was *ipilt*. POL. S. p. 198.

5. bestimmt: No schal he to þat batail
fare, on him je hit habbeþ *ypilt*. FERUMBR. 316.

i-punched p. p. s. *punchen*. gestossen,
gestürzt.

Alle leccheries lust vs loþeth to founde, Or
to bringe vs in brigge for to breke spouce, Or
any misdede make, where fore we miht aftur Ben
ypunched in paine & parte fram blisse. ALEX.
A. DINDIM. 392.

i-punden v. ags. *gepyndan*, circumcludere.
einschliessen, einsperren.

Iudit bitund inne bitocneð ancre bitund,
þet ouhte leden herd lif, ase dude þe lefdi Iudit,
efter hire efne, & nout ase swin *ipund* ine sti
uorte uetten & forte greaten ajein þe cul of þer
eax. ANCR. R. p. 126 sq.

i-puniched, i-punissed p. p. s. *punischen*.
gestraft, bestraft.

Ichaue a neihjebor me neih, I haue anuyjed
him ofte, Ablamed him behynde his bak, to
bringe him in disclaundre, And peired him bi
my pouwer, *ipunissched* him ful ofte. P. PL.
Text A. pass. V. 74. Þer byeþ *ypunyssed* and
awreke alle uenyal zennes. AYENB. p. 74·

i-put p. p. s. *puten*, *putten*.

1. geworfen, gesetzt, von gewaltsa-
samer Versetzung an einen Ort, oder von einem
Orte: Ich ah wel to witen þis, for ipine of priaun
þer ha wes *iput* in, ich hire fluttunge fond ant
fleschliche fode. ST. MARHER. p. 22. Heo [sc.
þe soule] is her in uncuðõe, *iput* in one prisune
& bitund ase in one cwalm huse. ANCR. R.
p. 140. Alle giwes he axede skeot, jwat were in
þat ouene *iput*. KINDH. JESU 1027. Heo beoþ
iput in þilke trume, þat ne leuede nouht in godes
sone. O.E. MISCELL. p. 153. — Þou hit shalt
ful dere abugge; penaunce þe tid alle gate, buen

6*

yput out at þe jate. MARINA 112. in BÖDDEKER, *Altengl. Dichtungen* 1878. p. 260.

2. **gestossen, gestochen**: Somme bi armes, & somme bi fet, & bi þe swere monyon, Anhonge were in stronge fure & pich & brunston; Somme honge bi stronge oweles *iput* in eiþer eie. FEGF. D. H. PATR. 309.

3. **gesetzt, aufgedruckt**: Þe prent þat was *iputt* on hur priuie membre with þe gaie golde ring. ALIS. FROM. 845.

4. **eingesetzt**: Selde is an poore *yput* To punisshen any peple. P. PL. 9,468.

5. **in einen Zustand versetzt**: We ben to penance *iput* & pouerte drien. ALEX. A. DINDIM. 291. Þei þat sailen on þe see, as we soþ knowen, In gret peril ben *iput* & perichen ful ofte. 451. In gret pouerte he was *iput*. P. PL. *Text C.* pass. XIV. 8. Þan were þus prisouns of þe fallyng *ipot* in fere. FERUMBR. 1258.

i-quemen v. s. *jecwemen*.

i-quenct p. p. s. *icwenct*.

i-rad u. **i-rede** ags. *gerad, geræde*, promptus, celer, ahd. *kiradi, kirathi*, mhd. *gerdt*. bereit, rasch, schnell bei der Hand.

To moni feohte ich habbe eou ilad, and æuere jet [je j. T.] weoren wel *irad*. LAJ. II. 628. — „Hwat schal beon my mede?" „Prytty panewes" hi seyden, „hi beoþ alle *irede*." O. E. MI-SCELL. p. 40.

i-radliche, i-rædliche adv. rasch, so-gleich.

He *iradliche* lædde hine to ræde. LAJ. II. 56. Þu scalt *irædliche* in to hefneriche, heofne is þe al jaru, þider scal þi saule[n] uaren. III. 188.

i-ræchen v. s. *ræchen, rechen*. ags. *gerǽcan*, attingere, assequi u. porrigere, ahd. mhd. *ge-reichen*.

1. **erreichen, erlangen**: Hit bicom (bat he hajte, And of his eyre briddes *yrajte*. O. A. N. 105.

2. **darreichen**: Florice him grette swithe faire, And hath him the ring *irawt*. HARTSH. *Metr. T.* p. 88.

i-ræden v. ags. *gerǽdan*, parare, constituere, decernere (GREIN *Wb.* I. 440). bestimmen.

Þe ræd wes sone *iræd* al swa Mauric hit bad. LAJ. II. 60. Þe read was sone *irad* for [to] do þat Mauric hine bad. *ib.* j. T.

irain, irein, ireine u. **erane** s. afr. *iragne, iraigne, -ee, -ie*, pr. *eranha* neben *arunha, aranh*, mlat. natura *tranea*. REL. ANT. I. 219. lat. *ara-nea*. Spinne.

To skulke als *irain* þu made saule his. Ps. 38, 12. Oure jeris as an *ireyn* shul be bethojt. WYCL. Ps. 89, 9 Oxf. Thei . . maden webbis of an *yreyn*. Is. 59, 5 Purv. Thou madest to flowen awei as an *ireyne* his soule. Ps. 38, 12 Oxf. His trist schal be as a web of *yreyns*. JOB 8, 14 Purv. — Hec aranea, an *erane*. WR. VOC. p. 223.

i-ravissed, i-ravischt p. p. s. *ravissen*, afr. *ravir*.

1. **geraubt, entführt**: Hi [sc. Jacobbes dojter) wes *yrauissed* of þe princes zone of þe

cite [princeps terræ illius adamavit eam et ra-puit. GEN. 34, 2] and *uorlaye*. AYENB. p. 231.

2. **vergewaltigt**: This deuel, that her is, Hadde me ner *irauisscht*, iwis; Hadde ich ben a while stille, With me he hadde don his wille. SEUYN SAG. 483.

3. **entrückt, entzückt**: Alne wayzecþ hi þe halkes and þe derne stedes, ase þe ilke þet ne secþ bote uor to by *yrauissed* ase wes saynte Paul. AYENB. p. 143.

irk, erk adj. vgl. *irken* v. sch. *irk*. müde, überdrüssig, missvergnügt.

He bete hur wyth a yerde of byrke Hur nakyd flesche, tyll he was *yrke*. BONE FLOR. 1519. Oneths cralle I to the kyrk, To I com home I am so *irk* That farther may I noght. TOWN. M. p. 155. John, be thou here abydand, Bot when he commys be thou not *yrk*. p. 167. The day wex as dirke As the mydnyjte myrke, Therof Syr Arther was *irke*. ANT. OF ARTH. st. 6. That felis wel non hali kirk That bers of baret be ful *irk*. METR. HOMIL. p. 23. Of nouht our men were *irke*. LANGT. p. 297. Owre frendis of us wille sone be *irke*. ISUMBR. 118. Of hyr they were nevyr *yrke*. TRYAMOURE 463. To calle to god for grace looke you neuer be *irke*. PLAY OF SACRAM. p. 139.

Of that dede be not *erke*. CH. R. of R. 4870.

irken, erken v. sch. neue. *irk*. vgl. mhd. *erken*, fastidire. müde, überdrüssig wer-den.

Irkyn, fastidio, accidior. PR. P. p. 266. To *irke* fastidire, tedere, pigero. CATH. ANGL. p. 198. For blode þat þer was gette, to praie þei suld not *irke*. LANGT. p. 72. In Goddys servyse I xal nevyr *irke*. COV. MYST. p. 178. Na man moght *irk*. HAMP. 8918. That shalle he *yrk*. TOWN. M. p. 195. — I *irke* fulle sore with my lyfe, That ever I wed so youg a wyfe. p. 75. — With hym þen *irked* Alle þe burnes so bolde . . To nye hym [sc. þe swyn] on ferum, bot neje hym non durst. GAW. 1573.

When that je bene in the kerke, Thenke theron and thenke not *erke*. AUDELAY p. 74.

irksome adj. neue. *irksome*. überdrüssig, missvergnügt.

Irksome, fastidiosus. CATH. ANGL. p. 198. *Irkesoum (irksum* K. P.] fastidiosus. PR. P. p. 266. *Irksome*, displaysant, that maketh one wery. PALSGR.

irksumnesses. neue. *irksomeness*. Ueber-druss, Verdruss, Ekel.

Irkesomnesse, fastidium. PR. P. p. 266. *Irkesomnesse*, attediation, ennuy. PALSGR.

irking s. vgl. mhd. *erkunge*, nausea. Er-müdung, Ueberdruss.

Þai xal wirk þar nan othir thyng, Bot love ay God withouten *irkyng*. HAMP. 9365.

irchen, irchen, irchoun, hirchoun, urchon, urchoun, orchon, u. **erchon** s. afr. *ericon, he-riçon, ireçon*, nfr. *hérisson*, pr. *erisso, herisso, hirisso*, sp. *erizo*, pg. *ourizo*, it. *riccio*, lat. *ericius*, neue. *urchin*. Igel, Stachelschwein.

Irchen, a lyttel beest full of prickes, he-risson. PALSGR. I shal putte it [sc. Babyloyne]

in to the possessioun of an *irchoun*. WYCL. Is.
14, 23 Oxf. cf. 34, 11. Onacratalus and the *yr-*
choun [*irchun* Purv.] shuln dwelle in the threshe-
foldis therof. ZEPH. 2, 14 Oxf. Þe ilke roche
is Iesu Crist . . þer him resteþ þe *irchouon*, asc
zayþ þe sauter. AYENB. p. 142. The *hyrchon*
. . he reduyseth hym self as rounde as a bowle.
CAXTON *Myrrour of the World* II. 15 p. 100.
An *hirchoun*, le yrizoun. WR. VOC. p. 165. cf.
REL. ANT. II. 83. — Þe stane . . until *irchones*
es toflight. PS. 103, 18. The ston refut to *ir-*
chounes. WYCL. *ib.*
     An *vrchon* . . is vnclene. WYCL. LEVIT. 11, 5
Oxf. An *vrchon*, ericius, erinaceus. CATH. ANGL.
p. 404. *Urchone*, a beest, herysson. PALSGR.
cf. PR. P. p. 512. Tak the grees of an *urcheon*,
and the fatte of a bare. REL. ANT. I, 51. — Like
sharp *urchouns* his here was growe. CH. *R. of*
R. 3135. There ben also *urchounes* als grete as
wylde swyn here ; wee clepen hem poris de spyne.
MAUND. p. 290.
     An *orchon* by the fyre rostyng a greyhownde.
REL. ANT. I. 81 in einer Burleske.
     Echinus [der essbare Seeigel], *erchon* fisshe
is, as I gesse. PALLAD. 2, 404.

ire s. afr. *ire*, pr. sp. pg. it. lat. *ira*, neue.
ire. Im Sinne berührt sich das Wort mit *irre*, ags.
yrre, *eorre*, indignatio, und erscheint öfters als
Uebersetzung desselben z. B. Ps. 77, 21 (23),
ist aber doch aus demselben hervorgegangen. Zorn, Groll, Grimm.
     Þe king tille him had *ire*. LANGT. p. 118.
What for *ire* & tene, & alle in euelle wille Scho
stokked wyng Steuen. p. 221. Þe barons were
alle in *ire*. p. 291. Fire kindeled ful brinnand
þare in Iacob and *ire*. Ps. 77, 21. It slakes Goddes wrec and *ire*. METR. HOMIL. p. 104. Wyþ
hard dunt & gret *yre* to gadere suþþe hii come.
R. OF GL. p. 185. Þai er ay fulle of *ire* and
envy. HAMP. 8588. We were poure and naked,
and child of *yre* and of helle. AYENB. p. 101.
Þe þridde [sc. stape is], þet man ne uele none
arisinge of *ire* ne of hate aye his nixte. p. 147.
For *yre* become syke the kyng off Fraunce. RICH.
C. DE L. 5871. Þan ferthe he smot þan on ys
yre. FERUMBR. 3107. Boy, ley on, with *yre*,
Strokes as ys woned thy syre. OCTOU. 1117.
„What thinge is *ire*?" „Sone, it is That in our
englissh wrath is hote." GOWER I. 280.

ire, yr adj. afr. *iré*, oder steht es für *irre*,
ags. *yrre*, *eorre*, woneben afries. *ire* (mit einem *r*)
sich findet? zornig.
     Forð wende þe eorl, *ire* [*yr* j. T.] on his
mode. LAȝ. II. 356.

i-readed p. p. ags. *reddian*, rubere. geröthet.
     Þe reade limpeð to þeo þ beoð uor Godes
luue, mid hore blodshedunge irudded & *ireaded*,
ase þe martirs weren. ANCR. R. p. 50. Iesu
Crist *ireaded* mid his owune blode oðe rode.
p. 402.

i-reaven, i-reven v. ags. *gereafian*, rapere
[BLICKLING HOMIL. p. 171]. s. *reaven*.
     1. rauben: Bluðeliche þe mon wile gan
to scrifte and segge þe preoste þet he haueð
ireaued [ireaueð *ed.*] and istolen. OEH. p. 31.

Myn herte haþ he *yraft*. FERUMBR. 1420. Þe
other relyqes ryche wyche þov him hast *yraft*.
1934.
     2. hinweg nehmen, entrücken:
Huanne hi [sc. þe zaule] is *yreaued* þanne to
heuene, hi lokeþ oþe þe erþe uram uer. AYENB.
p. 143.

i-recchen v. ags. *gereccan*, narrare, exponere.
s. *recchen*. aus einander setzen, berichten.
     Hit is *ireht* on þes pistles redinge, hu þe
halia gast on þisse deie com to þan ileaufullen
hirede. OEH. p. 89. Nu ich habbe þe *iraht*, hu
he hauede þene nome icaht. LAȝ. II. 27.

i-recchen v. vgl. ags. *récan*, *reccan*, curare,
neue. *reck*, schon im Ags. auch unpersönlich
gebraucht. kümmern, bekümmern.
     Hom y shal the fecche Wham so hit *yrecche*.
GESTE K. H. 357. vgl. Wham so hit *recche*.
K.H. 352.

i-recednesse s. ags. *gereccednis*, narratio,
interpretatio. Auslegung.
     Summe he gifð misliche irord, summen man
i-recednesse of misliche spechen. OEH. p. 97. vgl.
1 COR. 12, 10 *Vulg.*

i-rekenen, i-rikenen v. ags. *gerecenian*,
exponere. aufrechnen, darlegen.
     Hwenne schulde ich al habbe *irekened* þat
springeð bituhhe þeo þat tus beon igedered?
HALI MEID. p. 33. Of swuche speche . . schal
euerich word beon *irikened*, & iȝiuen reisun.
ANCR. R. p. 82.

i-red, i-rad p. p. von *reden*, ags. *rǽdan*, legere, altnorthumbr. *gerǽda*. v. gelesen.
     Hwa se þis writ haueð *ired* . . Ich bidde
þar seinte charite, þet ȝe bidden oðe for me An
pater noster ant ane Marie. OEH. p. 267. Nes
hit nohwhar iseid, no a bocken *irad*. LAȝ. III.
174. Nas hit nauere isæid, no on boken *irad*.
III. 254. Þat writ wes *irad* imæ[n]g Romleden.
II. 92. Þo þe lettres were *irad*, beau freres, he
sede, Ich wole loke what mie felawes of þis þing
wolleþ rede. ST. EDM. CONF. 431. Heo set at
hire boke, And haþ þeron *irad*. FL. A. BL. 577.

i-redi adj. s. *ȝeredi*.

i-redliche adv. vgl. ags. *rǽdlíce*, expedite.
schnell, sogleich.
     Þe capiteles of þe boc uolȝinde . . byeþ
ywryte to vynde *yredliche* . . ine huyche leove
of þe boc þet hy by. AYENB. p. 1.

i-refe s. ags. *geréfa*, comes, præfectus. Beamter, Graf.
     He scal soðfeste men setten him to *irefen*.
OEH. p. 115.

irefull adj. neue. *ireful*. zornig, wüthend.
     In his stirope up he stode, And smote to
hym with *irefull* mode. RICH. C. DE L. 365.
Aȝein stronge men & *ireful* look þat þou ne
fiȝth. K. SOLOM. B. OF WISD. 20. Ercules *yreful*
euer vpon one Pricket furthe. DESTR. OF TROY
1330.

irefulnesse s. Zorn, Wuth.
     Saul was wrooth with *irefulnesse*. WYCL.
1 KINGS 19, 22 Purv.

i-remd p. p. s. *remen*, ags. *hréman*, clamare.
eifrig verlangt, gefordert.

ʒe, mine leoue sustren, habbeð moni dai *iremd* on me efter riwle. ANCR. R. p. 1.

i-remewed p. p. neue. *remove. s. moven, meven* und vgl. *remuen.* entfernt, ausgetrieben.

This tucie acorded were there, That *irremewed* al clene the Frensse men were. R. OF GL. p. 550.

iren, -in, -on, -un, irn, ire und **isen, ise s.** ags. *iren, isern* u. *isen,* ferrum, alts. *isarn,* afries. *isern,* ahd. *isarn,* später *isan,* mhd. *isen,* niederd. *isen, isern,* niederl. *ijzen,* gth. *eisarn,* altn. *járn,* schw. dän. *jern,* sch. *irne, yrn, airn,* neue. *iron.* Eisen, das Metall, so wie verarbeitetes Eisen, als Schwert, Hammer, andere Werkzeuge, Rüstung etc.

Hu mei þe leche þe lechnien þa hwile þet *iren* sticat in þine wunde? OEH. p. 23. Nomen longe ræftres, stronge & rihte, mid stronge *irene* heo weoren scod. LAʒ. I. 334. Nis þet *iren* acursed þet *iwurðeð* þe swarture & þe ruhure, so hit is ofture & more *iviled?* ANCR. R. p. 284. A clay they haveth, verrament, Strong so *yren,* ston, or syment. ALIS. 6176. Girde þi swerde of *iren* and stele. Ps. 44, 4. Both hys arsouns weren off *yren.* RICH. C. DE L. 5539. With hot *yren* [in der Feuerprobe] to say, Sche thought make hir clene Of sake. TRISTR. 2, 101. The folk .. maken hem always to ben marked in the visage with an hote *iren.* MAUND. p. 186. If gold ruste, what schulde *yren* doo? CH. C. T. 502.

Of *irin,* of golde, siluer, and bras To sundren and mengen wiз he was. G. A. EX. 467. He was armede so wele In gude *iryne* and in stele. PERCEV. 745. Thus bare the knyght *iryne* and stone. ISUMBR. 404. *Iryne,* ferrum. PR. P. p. 266.

Thenne were the Sareзynys armyd wel, Bothe in *yron* and in steel. RICH. C. DE L. 2529 cf. 2768. — That was a smyth into alle werkis of bras and of *yrun.* WYCL. GEN. 4, 22. As *irun* mai not be meddlid with tyel stoon. DAN. 2, 43 Purv. cf. ib. 45.

Of stel, of *yrn* and of bras, of god corn gret won. R. OF GL. p. 2. He was yfetered weel Both with *yrn* and wyth steel. POL. S. p. 217. Bothe with *yrn* and with stel mankled were ys honde. p. 218. Gawayn .. schranke a lytel with þe sculderes, for þe scharp *yrne.* GAW. 2267.

Ebrisse folc adden an kire, Nogt sone deluen it [sc. ðe lich] wið *yre.* G. A. EX. 2451. Hom ne mai halter ne bridel Bringe vrom hore wude wise, Ne mon mid stele ne mid *ire.* O. A. N. 1026. Nere þe man noþt so strong, þeh he bere *yre* [brunie á. T.] an, зif he hine mid swerde smot, ne ros he neuere more. LAʒ. I. 66 j. T. Ow, Lord, þe dyntes stronge þat were bitwene hem þere, þat fuyr smot out of þat *yre,* lyзtyng as yt were. R. OF GL. p. 140. An raketyne of *yre* in hys hond he nom. p. 142. cf. 334. 437. 461. He leet bynde thertoo [sc. to the tree] ful faste Four yerdes off steel and *yre.* RICH. C. DE L. 6216. Ne *ire* ne steil ne mai þe sle. FL. A. BL. 6.

Ase þe smerзeles ne is naзt worþ to hele þe

wonde, ne non oþer þing, þer huile þet þet *yzen* is þerinne. AYENB. p. 217. Þis is þe dyamond of noble kende, þet nele naзt sitte ine gold ac ine poure metal ase *yzen.* p. 139. Moche þoleþ þe coupe of gold of strokes of *yzen.* p. 167. The kyng hete .. Armen hem in breny of *yse.* ALIS. 5146-9.

Nicht oft findet sich die Mehrzahl; sie bezeichnet meist Fesseln: I was bonde fulle fast In *yrens* for to last. TOWN. M. p. 307. The *yryns* from him take, I comaunde the. RICH. C. DE L. 907. Þe ilke þet is in prisone in *ynies* and ine ueteres. AYENB. p. 128. wofür der Singular genügt: Bunden in *iren* and wretchednes. Ps. 106, 10.

Auch trifft man die Mehrzahl als Bezeichnung der Metallrüstung: Ner slayn wyth þe slete he sleped in his *yrnes.* GAW. 729.

iren adj. ags. *iren,* ferreus. eisern.

Herode .. band himm wiþþ *irrena* band. ORM 19819-21. He armede her [sc. hys lyonesse] yn *iryn* wede. OCTOU. 1563. He armyd hym surly in *irne* wed. FRGM. OF THE SONG OF ROLAND 285. — Mid *irenen* neilen he was on þere rode ifestned. OEH. p. 121. Ich bidde and biseche þe .. þurh ðe *irene* neiles and þe þornene crune. p. 209. Let heom wel halden in *irene* benden. LAʒ. II. 282. cf. I. 44. 334. II. 350. Let nyme four *irene* ssares vor hyr sulue, al afure, An fyue vor þe byssop. R. OF GL. p. 335. Kyng Richard sente off hys men that tyde, On hyghe laddres to gon in, That were iwrought off queynte gyn, With *yrene* hokes, good and strongê. RICH. C. DE L. 3979. Wiþ *irene* oweles & wiþ pikes hi todrowe him. FEGF. D. H. PATR. 216. ʒitt there schewethe in the roche ther, as the *irene* cheynes were festned, that Andromade a gret geaunt was bounden with. MAUND. p. 30. Other festnynge none ther was Then *yryne* cheynes. RICH. C. DE L. 5653.

i-rend p. p. s. *renden.* gerissen.

Heo haueð bipiled mine figer, *irend* of al þe rinde. ANCR. R. p. 148. Þeonne is þe figer bipiled, & te rinde *irend* of, hwonne god dede is iupped. p. 150.

irened adj. vgl. *iren.* eisern.

In yherde *irened* [in virga ferrea *Vulg.*] salt þou stere þa. Ps. 2, 9. Slottes *irened* [vectes ferreos *Vulg.*] brake he þare. 106, 16.

irengrai adj. altn. *járngrár,* ferrugineus, dän. *isengraa.* bläulichgrau.

Irengray, glaucus. CATH. ANGL. p. 198.

irenhat s. altn. *járnhattr.* Eisenhut.

He sette hys stroke on hys *yrenhat.* RICH. C. DE L. 367.

irensmið ags. *irensmið, isensmið,* faber ferrarius, altn. *járnsmiðr.* Eisenschmied.

There was not an *yrensmith* founden in al the lond of Yrael. WYCL. 1 KINGS 13, 19 Oxf. The *yrensmyth* with the file wroзte. Is. 44, 12 Oxf.

i-rerd p. p. ags. *ræran,* elevare, erigere. errichtet, erhoben.

Syx þousend and syx hondred þere were in þulke route, And syxty and syxe, and ys dragon *yrerd* of golde, As in stede of ys baner. R. OF GL. p. 213 sq. A messager .. seyde, þat duc

Wyllam to Hastyngoe was ycome, And hys baner
adde yrerd. p. 359. Þat hous of Malmesbury
.. Of two hondred ȝer and seuenty yrerd þer
byuore, He made yt stable to ys hors. p. 280.

i-reste s. vgl. ags. rœst, alts. resta, ahd. resti.
Rast, Ruhe.

Sunnedei is dei of blisse and of alle ireste.
OEH. p. 45. Þet þridde mihte is þet þa erming
saule habbeð ireste inne helle of heore muchele
pine. p. 47.

i-resten v. ags. gerestan, quiescere, requie-
scere, ahd. giresten, mhd. geresten. rasten,
ausruhen.

Hym þoȝte he hadde yrest ynou, no leng
he nolde abyde. R. oF GL. p. 181. Þo he hadde
a wule yrest, ys armes ho gan to caste. p. 308.
Al day they hadde yrest. LYB. DISC. 1138.

i-revaid p. p. aſr. rivoier, rivoier, chasser en
rivière. am Flusse gejagt.

The eorlle hadd irevayd, and in hys ȝerd
lyȝthus. DEGREV. 659.

i-revested p. p. s. revesten. bekleidet,
bes. festlich angethan.

To þe mynstre hi gonne wende Irevested
faire ynouȝ. ST. SWITHIN 138. Aȝen him þer
com gon A procession .. Wiþ crois & wiþ ta-
peres, wiþ baners swiþe clere, þat folc bihynde
irevested. FEOF. D. H. PATR. 519.

i-riden v. ags. geridan, equitare. reiten.

The gode knyght Permenon Is yride up to
the wall. ALIS. 2820. Kyng Alisaundre is out
yride, And threa noble knyghtis him myde. 4110.
Hym had ben bettere to haue ygo, þan so fer
to haue iryde. K. SOLOM. B. OF WISD. 250.

i-riht s. ags. geriht, rectum, jus. Recht.

Rome is eowre irihte. LAȝ. I. 337. Þer ne
may no freond fleon oþer, ne non furleosen his
iryhte. O.E.MISCELL. p. 97.

i-rihte adv. vgl. ags. rihte adv., juste, u. ge-
rihtadj., mhd.gerihte adv. recht, gebührend.

Blisse and lisse is sende uppon monnen þe
me luuieð and irihte iheraðð. OEH. p. 15.

i-rihten v. ags. gerihtan; erigere, ahd. ga-
rihtan, girihten, mhd. gerihten, gerichten, gth.
garaithjan.

1. aufrichten, aufrecht stellen:
Loke hu þis unþeaw ne eueneð þe nawt ane to
witlese beastes dumbe & brokerugget ibuhe toward te eorðe, þe þet art iwit iwraht to godes
ilicnesse, & iriht ba bodi up & heaued toward
heuene. HALI MEID. p. 25.

2. aufrichten, wieder herstellen:
Heo [sc. þa laȝen] weoren soððen .. ladliche
iniþered þurh niðfulne craft & eft heo weoren
irihte. LAȝ. I. 435. Heo .. smiden þan papen ..
hu he hafden her idon, iriht þene cristindom.
II. 199.

3. in die Richt bringen, gut machen: Thou hast yryȝt that was amys, Ywonne
that was ylore. SHOREH. p. 131.

i-rihtlechen v. ags. gerihtlæcan, justificare,
rectificare, corrigere. bessern.

He ne mei nenne irihtlechan ȝif he bið him
seolf unrihtwis. OEH. p. 115. Þet is mildheortnesse þet þe wisa mon mid steore þene unwisan
irih[t]leche. p. 111.

i-rimen v. ags. gerîman, numerare, ahd. gi-
riman. reimen. in Verse bringen.

God þe nader ous yhyerþ wel sone huanne
we him biddeþ mid guode herte, uor he ne heþ
none hede of longe ryote of tales yslyked ne
yrymed. AYENB. p. 99.

i-rinen v. ags. gehrinan, tangere, attingere.
berühren.

Þet hali meiden onswerede and seide .. bu
scal þat bon, soþþen na mon mine likame irineð
(?) ne mid me fleasliche nefde to donne. OEH.
p. 77.

i-ringed adj. beringt, mit Ringen bedeckt.

On alle hure fyne fyngres rycheliche yrynged.
P. PL. Text C. pass. III. 12.

i-rip s. ags. gerîp, messis. Ernte.
Messis, irip. WR. VOC. p. 89.

iris s. lat. iris. Name eines Edelsteines,
etwa irisirender Achat.

It [sc. a vyne, made of fyne gold] hath many
clustres of grapes somme white, somme grene
.. the white ben of cristalle and of berylle and
of iris. MAUND. p. 219.

irnen adj. i. q. iren adj. eisern.

Penne wule his heorte ake, alse his fet and
his honde, if heo þurh irnene neile were þurh-
stunge. OEH. p. 149. Het .. þurhdriuen hire
tittes with irnene neiles. LEG. ST. KATH. 2150.
Let þurhdriuen efter þe speaken & te felien wið
irnene gadien. 1943. Swa þ te pikes & te irnene
preones .. borien þurh. 1946. Lette .. a swiðe
wunderlich hweol meten & makien ant þurh-
spitien hit al wið spaken & felien þicke & þreo-
falt wið irnene gadien. ST. JULIANA p. 57. The
body hongeth at the galewes faste With irnene
claspes longe to laste. POL. S. p. 222. Hy ..
plightten hym in with yrnen hoke. ALIS. 583.

irnen v. s. rinnen.

i-robbed p. p. s. robben.

1. beraubt: Ne bihoueð hit nawt þat his
hus beo irobbet. OEH. p. 247. Wes helle irobbed
& heuene beð ifulled. HALI MEID. p. 15.

2. geraubt: The porter .. seighe anon
in the stede The pel liggen in the tre, And
thoughte wele that it might be, That theues
hadde yrobbed sumwhare, And gon therforth,
and lete it thare. LAY LE FREINE 184.

i-rolled p. p. s. rollen. gerollt, gewälzt.
bildlich: Irolled schal I ben on many a
tonge, Thorughout the world my belle schal be
ronge, And wommen most wol haten me of alle.
CH. Tr. a. Cr. 5, 1061.

ironi, iranni adj. eisern.

Be heuene that is aboue thee braasny, and
the lond that thou tredist yrony. WYCL. DEUTER.
28, 23 Oxf. The fourthe rewme shal be as yrunny,
hou yrun brekith to gydre alle thingus. DAN.
2, 40 Oxf.

i-ronne, iorne p. p. s. rinnen, irnen.

1. gelaufen, geeilt, gegangen:
Forth he is with that yronne. ALIS. 2704. Ano-
thur giv is aftur irounne. KINDH. JESU 413. The
yonge sonne Hath in the Ram his halfe cours
ironne. CH. C. T. 7. As [sc. the sonne] hadde
his dayes cours yronne. Tr. a. Cr. 2, 907. From

early the rising of the sonne, Till spent the day
was and *yronne*. *Dr.* 2071. — Feor ihc am *iorne*.
KH. 1146. Muche folc is þudere *iorne*. KINDH.
JESU 657.

2. weggeflossen: 3e mow here as y do
rede, That mony 3eres aftur, for gret drede, That
Noes flod wes alle *yronne*, The tower of Babyloyne was begonne. FREEMAS. 534.

3. ausgelaufen, herausgewachsen,
von Zweigen: The croppes were so thycke
yronne, And every braunche in other knytte . .
That sonne myghte there noon dyscende. CH.
R. of R. 1395.

Auffällig ist eine schwache Verbalform:
The Gregeys . . buth, for ows, away *yeornd*.
ALIS. 4357.

i-rerd s. s. *3ereard*.

i-rosten v. ahd. *gardstjan*, mhd. *gerœsten*.
auf dem Roste braten.

Þe kyng he broþte yt [sc. a pece of his owe
[þy] wel *yrosted* vor veneson newe. R. OF GL.
p. 244. Somme upon grediree of ire *irosted* were
also. FEGF. D. H. PATR. 315. More him likede
þat ilke giste þane ani flechs isode oþur *irost*.
KINDH. JESU 180.

i-roted p. p. s. *roten*, radicari. gewurzelt,
eingewurzelt.

Alle Godes hesten . . beoð in luue *iroted*.
ANCR. R. p. 386. Wel is hit grat grace of god,
huanne þe wyl is zuo *yroted* ine god, huich ne
may to cryepe uor none uondinge. AYENB.
p. 107. Þe flour of maydenhod . . is wel *yroted*
ine godes loue. p. 230. He noryet al þet is onder
god bo þe greate zuetnesse þet þe herte uelþ
þet is alsuo *iroted* ine god, þet he lyest alle oþre
lustes. p. 247.

i-rounen v. vgl. *runen, rounen*, ags. *rúnian*,
susurrare. flüstern.

But we cried or stille *yrouned*. CH. *H. of
Fame* 3, 1017.

irour s. afr. *iror, irur*, pr. *iror*. Zorn,
Wuth.

The highe emperour of Rom Went adoun
of his tour, With herte wroth and gret *irour*.
SEUYN SAG. 952.

irous, irus, iros adj. afr. *iros, irous, ireus*,
pr. *iros*, it. pg. *iroso*, sch. *irus, irows*. zornig,
wüthend, leidenschaftlich.

His leve tok Neptanabus, To his in, wel
irrous. ALIS. 329. Herfore shulden *irrous* men
axe mekely for3yvenesse. WYCL. SEL. W. I. 16.
It is none honour to me to owttray hys knyghttes, þoghe þe be *irous* mene. MORTE ARTH.
1328. An *irous* man God send him litil might.
It is greet harm and also gret pite, To set an
irous man in high degre. CH. C. T. 7598. He
that is *irous* and wroth, he may not wel deme.
T. of Melib. p. 152. Speke we now of such
curayng as cometh of *irous* herte. *Pers. T.*
p. 317. — Here now of þe Brus, how he Dauid
gan saile, With word þat was *irus*. LANGT.
p. 116. Charyte ys nat *irus*. HALLIW. D. p. 478.
— 3if þei froþen bi *irose* fisage a3en men þat
tellen hem treuþe, noo drede þei froþen heere
owen confusion. WYCL. W. *hitherto unpr.*
p. 307.

irre, eorre, urre s. ags. *irre, corre, yrre*,
indignatio. Unwille, Zorn.

To fleon . . þatt *irre* þatt to cumenn iss, &
Godess wraþþe & wrœche. ORM 9266. Godess
irre iss upponn himm. 18000. — Þis is wowunge
efter Godes grome, & tollunge of his vuel [*eorre*
C. T.]. ANCR. R. p. 116. — Mony mon for his
gold haueþ godes *vrre* [eire p. 113]. O.E.MI-
SCELL. p. 114.

irre, eorre adj. ags. *yrre, eorre, ierre*, iratus,
iracundus, alts. ahd. *irri*. zornig.

We schulen iseon buuen us þen ilke *eorre*
demare. ANCR. R. p. 304. Abuuen us, þe *eorre*
demare. *ib.*

irregularite s. afr. *irregularite*, pr. *irregu-
laritat*, sp. *irregularidad*, pg. *irregularidade*,
it. *irregularità'* neue. *irregularity*. Regel-
widrigkeit, Gesetzwidrigkeit.

Þis *irregularite* [sc. of priistis] is moore for
to drede þan *irregularite* chargid of þe worlde
. . bi þis *irregularite* ben priistis dampned of
God. WYCL. SEL. W. I. 87.

irreguler adj. fr. *irrégulier*, pr. *irregular,
yregular*, sp. *irregular*, it. *irregolare*, neue.
irregular. regelwidrig, gesetzwidrig.

Ofte tymes ben priistis *irreguler*, for þe
multitude of soulis þat þei sleen þus. WYCL.
SEL. W. I. 87. Yit is it to him a dedly synne;
and if he be ordrid, he is *irreguler*. CH. *Pers. T.*
p. 335. If ye yond man smyte Ye ar *irregulere*.
TOWN. M. p. 199. *Irregulere*, irregularis. CATH.
ANGL. p. 198.

irreligiosite s. fr. *irreligiosité*, it. *irreligio-
sità*, lat. *irreligiositas*. Gottlosigkeit.

The whiche [sc. Lord] vnto wrathe is stirid
vpon his folc, for ther *irreligiosite* [irreligiositee
Purv.] WYCL. 3 ESDR. 1, 52 Oxf.

irreverence s. afr. *irreverence*, pr. sp. pg.
irreverencia, it. *irreverenza*, lat. *irreverentia*,
neue. *irreverence*. Unehrerbietung.

Irreverence is whan men doon not honour
ther as hem oughte to doon. CH. *Pers. T.* p. 295.
If he swere be Cryste wondes or blude, that es
euermare gret syne þofe it' be sothe þat he
sweris, ffor it sounes in *irreu[er]ence* of Ihesu
Cryste. HAMP. *Treat.* p. 10.

i-rudded, i-ruded p.p. s. *rudden*. geröthet.

Þe reade [sc. creoix] limped to þeo þ beod,
uor Godes luue, mid heore bludschedunge *irudded* & *ireaded*, as þe martirs weren. ANCR. R.
p. 50. Þe cwike rude of þe nebbe makeð to
understonden þet te soule þet was bloc, & nefde
bute dead heou, haueð ikeiht cwic heou, & is
iruded feire. p. 332. Nes Godes rode þuruh his
deorewurðe blode *iruded* & *ireaded*? p. 356.

i-rungen, i-ronge p.p. s. *ringen*. geläutet.

No belle *irungen*, no masse isunge. LA3.
III. 180. bildl. Allas, thus was her shame *yronge*,
And giltelesse on every tonge. CH. *H. of Fame*
3, 365.

is s. ags. afries. ahd. mhd. *is*, glacies, niederl.
ijs, niederd. *is*, altn. *iss*, schw. *is*, dän. *iis*, neue.
ice. Eis.

Þinges þer beoþ al abuten, þat mon auhte
muchel duten, Snov and *is* and lyured blod.
O.E.MISCELL. p. 148. May no fir get melten

ðat yis. G. A. Ex. 99. Of waters froren, of yses wal, ðis middel werld it luket al. 97. Ich schal bernen in fur, and chiuerin in ise. O.E.MISCELL. p. 176. Me myÞte boÞe ryde & go in Temese vpe yse. R. OF GL. p. 463. Ȝif the snow ne were, men myȝht not gon upon the yse. MAUND. p. 130. Many tymes men han foughten upon the ise with grete hostes. p. 256. Al the laste espied I And founde that hit was everydele A roche of yse, and not of stele. CH. H. of Fame 3, 38.

Par le gele nous awomus glas — yes. WR. VOC. p. 160. Fro hwos wombe wente out iys? WYCL. JOB 38, 29 Oxf. His wiif walked hym with . . Wrapped in a wynwe shete To weren hire fro wederes, Barfot on the bare iis. P. PL. Creed 861-7. Hard yis that shoon as cristal fayr. LYDG. M. P. p. 196.

The wikked sal outwith be glowand . . And within thurgh calde sharpe and kene, Als yse Þat es in wynter sene. HAMP. 6669. Heo glacies, yse. WR. VOC. p. 239. hyse. p. 271. An ise, glacies. CATH. ANGL. p. 198. auch: Ice, glacies. PR. P. p. 258.

i-sacred p. p. s. sacren. geweihet, eingeweihet.

Purh Þine eadi flesche and Þine iblescede blode isacred oðe weouede. OEH. p. 209. — The dai of the Trinite isacred he was. BEKET 243. He wende . . To Rome, & of the pope there isacred was. R. OF GL. p. 493. cf. 494. 527.

i-saht, i-sauȝt adj. ags. saht, säht, saht, reconciliatus. vgl. altn. sättr, concors, reconciliatus, altschw. sater, satter, nschw. sat. vgl. alts. isæhtnien v. versöhnt.

Hwi noldest Þu mid Crist maken us isahte. O.E.MISCELL. p. 176. REL. S. p. 75. Make me wið Þin sone isauȝt. OEH. p. 256.

i-sæhtnesse s. Versöhnung, Freundschaft.

Þa wes wa Coel, Þe king wæs on Bruttene, Þat [he?] isæhtnesse mid treoðe hafde isemed. I.Aȝ. II. 29.

i-saved, i-sauved p. p. s. saven, salvare. gerettet.

Þe flor tobrac vnder hem . . so Þat eny vnneÞe WiÞoute gret harm, ofscapede, bote Seyn Dunstan by cas, Þat hente hym by the bam, and ysaued was. R. OF GL. p. 288. Also God sent his sord, Þat child schuld ysaued be. GREGORLEG. 283. Mon . . has fre choys, as we fynde, Weder he wyl do good or ylle, Owther ysavyd or ellys yschent. AUDELAY. p. 8. Sigge we him, lord sauue us . . Þet ha yef us swiche werkes to done in Þise wordle, Þet Þo saulen of us mote bien isauued a domes dai. O.E.MISCELL. p. 33. Daneben steht esavid: Ellis esavyd ȝe may not be. AUDELAY p. 70.

i-sawen, i-sowen v. s. ȝesawen.

i-scead s. ags. gescead. s. ȝesceod.

i-sceadwis adj. ags. gescëádvis, gescëádvis, rationalis, prudens. verständig.

Þa isceadwise mon scal kepan his melcu, and Þenne mid isceade his isetnesse halden, Þenne mei he ouercuman swa Þa ȝiuernesse. OEH. p. 105.

i-sceadwisnesse s. Vernunft. s. unter ȝesceod.

i-sceawien, i-scheawien, i-sseawien etc. v. ags. gescëávian, videre; manifestare, ahd. gascauuón, giscouuón, mhd. geschouwen. offenbaren, sichtbar machen, zeigen.

On culfre onlicnesse and on fures heowe wes godes gast isceawed. OEH. p. 95. Þe halia gast . . scule beon isceawed eiðer ȝe on fure ȝe on culfren. ib. [In beiden Beispielen könnte die Bedeutung schauen obwalten, wie es ebendaselbst heisst: Þe halia gast wes iseȝen on fures heowe.]

God almihtin haueð isceawed [isceaweð ed.] us wel muchele grace. OEH. p. 49. Þe owen . . seide him a sweuen Þat hire was ischeawed. LEG. ST.KATH. 1572. Þe reisuns hwui beoð her efter suteliche ischeawede. ANCR. R. p. 112. Hu god hit is forte beon one is boðe iðen olde lawe & ec iðe neowe . . ischeawed. p. 154. And tet was wel ischeawed, ase Þe Gospel telleð. p. 230. And tat schal forðre iÞis writ heon openliche ischeawet. HALI MEID. p. 9. Þat ha hefden longe ear icwiddet of ure lauerd, as he hefde ischawed ham i gastelich sihðe. OEH. p. 261. Ye schulde fynde in many thinges, that I have ischewed yow er this, that here condicioun is bettre than youres. CH. T. of Melib. p. 175. The blisful goddes . . Han in my drem ischewed it ful righte. Tr. a. Cr. 5, 1250.

Þe vifte manere is: oÞer Þing ȝelle Þanne me heÞ ysseawed beuore. AYENB. p. 44. Nou ich Þe habbe ysseawed, hou me tekÞ wel to sterue. p. 76. God aÞ vayre ysseawed, Þat we gultelese beÞ. R. OF GL. p. 339. In Þe Þridde [sc. bene we akseÞ] Þet guode red, ase ich Þe habbe aboue ysseawed. AYENB. p. 109.

i-scefte s. s. ȝesceaft.

i-scole s. ags. scólu, schola; caterva, alts. skóla, caterva. Schaar, Heerschaar.

In Þes deofles heriscole fihteð agen us his iferred ȝewerged gastes and unÞeawes and unwraste lahtres; in Þes middeneardes iscole, selðen and uniselðen; in Þes flesces iscole, euel ȝeÞanc and fule lustes. OEH. p. 243.

i-scrept u. **i-schraped** p. p. ags. scrcpan, scalpere. s. schreapien. getilgt, ausgestrichen.

Ha beoð iscrepte ut of liues writ in heuene. HALI MEID. p. 23. — Peose beoð all ischrapede ut of ancre riule. ANCR. R. p. 82. n. d.

i-schaken p. p. s. schaken. gegangen, geeilt.

Þo Josep was fram him ischake, Þe grom hauet to him itake His ax. KINDH. JESU 1387. Eine schwache Form i-schakid, geschüttelt, erscheint später: I lekyn uche a synful soule to a seke man, That is yschakyd and schent with the aksis. AUDELAY p. 47.

i-schadewed p. p. s. schadewen, schadowen. beschattet.

With grene trees ischadewed was his place. CH. C. T. 609.

i-schapen v. s. ȝesceapen.

i-schaven p. p. s. schaven, radere. geschoren.

No berd ne hadde he . . As smothe it was
as it ware late *ischave*. CH. C. T. 691.

i-sched, i-ssed, i-schad p. p. *s. schoden.*
vergossen, verschüttet.

Hwet deþ þenne þi blod *isched* on þe rode?
OEH. p. 187. Hwat deih þeonne þi blod *isched*
oþe rode? p. 202. Uor Ihesu Cristes blode þet
uor ure note was *isched* o ðere rode. p. 195. Þis
blod for ou *isched* upo þe herde two treon.
ANCR. R. p. 402. Moche uolk weren ysslaȝe,
and moche blod þer *yssed*. AYENB. p. 239. —
Mony brayn was *yschad*. ALIS. 2772. That folc
was aboute him thicke, that blod forto kepe,
And forto gaderi of that blod that *ischad* was in
the grounde. BEKET 2108. His brayn was al
ischad that ther nas noȝt ileved. 2238.

i-schenden, i-scenden, i-ssenden v. ags. *ge-*
scendan, contumelia afficere, confundere, ahd.
giskentan, *geskenden*, mhd. *geschenden*. zu
Schanden machen, in Schande brin-
gen, besiegen.

Þenne scheomeð me, and þerwið fleo ham
from schudrinde, as ich *ischend* were. ST. MAR-
HER. p. 15. Ne let us neuer ben *ischend*. E.E.P.
p. 11. Þu hauest mine dohter þat is mi bearn
deore & me seolfan *iscend*. LAȝ. L 96. Peotes
weoren *iscende*, & heore wæi forð wende.
I. 428 sq. Ascur him [sc. þe deouel] so scheomeliche, so sone so þu underȝitest him, þet he
hold him *ischend*. ANCR. R. p. 296. O fowel,
thi mouth the haveth *ishend*. REL. ANT. I. 245.
Aviled were and *ischend* holi chirche so. BEKET
414. Thos kingis ministris beth *ischend*, To riȝt
and law that ssold tak hede. POL. S. p. 197. Þo
Zacharie . . þis iheorde of þat child guod, Ouercome him heold and *ischend*. KINDH. JESU 519.
Þeos þreo cloþes . . In o caudron to gadere he
leide, And seth heom þar inne verreiement. An
oþur hadde heom so ful sone *ischend* [verdorben]
1204.

Lo hou he ad me torent, Mi bodi and mi
face *ischent*. SEUYN SAG. 489. cf. 689. Sikerliche, sone, hit mot so be; Other ich and tou
and alle mine Beth *ischent* withouten fine. 1302.
Ther was mony stede *ischent*. ALIS. 2371. Whan
theo kocadrill him over swymmeth, He [sc. the
delfyn] rerith up his brustelis grymme And his
wombe al torent; Thus is the cokadrill *yschent*,
And yslawe of theo delfyn. 6620. For I am thus
ischent, I dar never see sacrament. RICH. C.
DE L. 193. The steward his nose hente, Iwys
his visage was *yshente*. 2151. Though he have
thy land *ischent*, Thou schalt forgeve al maltalent. 3667. Thyself and he may the hent, I
telle the for *yschent*. DEGREV. 207. Y wil don
ys commaundiment, þy speche ys al in vayne,
For þe ne wil y noȝt ben *yschent*. FERUMBR.
1232. If we goþ now to þe amyrel, certis we buþ
yschent. 1652.

Þe Brutons . . defended hem wyle hii myȝte
myd wel sturdy mode, So þat, vor defaute of
help, hii were al ney *yssend*. R. OF GL. p. 212.
Syker he hym hadde aslawe, oþer al out *yssent*.
p. 185.

Ellys with chenchip and with chame thai

wyll be *echent*. AUDELAY p. 27. Ȝif the secular
say a soth, anon thai bene *eschent*. p. 37.

i-schendnesse s. ags. *gescendnys*, confusio.
Verwirrung, Zuschandenwerden.

Þere eontan modinesse iarnede *iscendnesse*.
OEH. p. 93.

i-scheoten, i-sceoten, i-ssooten v. ags. *ge-*
sceótan, jaculari, ahd. *giskioran*, mhd. *geschiuzen*.

1. schiessen.

Ȝif thu art *iworpe* other *ishote*, Thanne thu
miȝt erest tu note. O. A. N. 1119. Here bolt is
sone *ischote*. SEUYN SAG. 991. Ȝoure bolt is
sone *ischote*. ST. KATH. 54. Sethe therinne he
was *yschote* With an arewe. CHRON. OF ENGL.
928. Sottis bold is sone *iscoten*. O.E. MISCELL.
p. 129.

After þat Wyllam, þe rede kyng, *yssote*
was by cas. R. OF GL. p. 353. Hys sone was
þer ynne *yssote*. p. 375. Þis was kyng Wyllam
yssote in þulke place. p. 419. Harald þoru þen
eye *yssotte* was deþes wounde. p. 362.

2. in die Tiefe schiessen, hinab-
sinken.

He ne had noither nekke ne throte, His
heued was in his body *yshote*. ALIS. 5952.

i-scheren, i-sceren v. ags. *gesceran*, caedere,
abradere, ahd. *gisceran*. abschneiden,
scheeren.

Nou ben hise bowes awai *ischore*. SEUYN
SAG. 597. His heer was by his eres rounde *ischorn*.
CH. C. T. 591. Per com in at on ende Tuelf
men in wite uestimens, swiþe uair & hende, Hor
crounen alle newe *iscore*. FEGF. D. H. PATR. 155.

i-schilden, i-scilden, i-schulden v. ags.
gescildan, *gescylden*, protegere, defendere.
schützen, beschützen, wehren.

Ne mai his strenthe hit [sc. an hors] *ishilde*
That hit nabuȝth the lutle childe. O. A. N. 779.

Ischild me urom seoruwe and from eche
deaðes kare. OEH. p. 197. *Ischelde* ous, wanne
we dede beth, Fram alle fendene jewyse. SHOREH.
p. 85.

Wisdom biriseð weran, and clenesse birisað
wifan, for þe clenesse *iscilt* heo wið unþeawes.
OEH. p. 111. Þe feder, and þe sune, and þe halie
gast *iscilde* us þer wið. p. 53. God almihtin
iscilde us [ut ed.] þet we ne bo noht of þe smal
cheue. p. 85. Ure Louerd *ischilde* ou þ te breð
of hore stinkinde þrote ne neihi ou neuer. ANCR.
R. p. 84. Marie wes ire riȝte name, Crist hire
ishilde. REL. ANT. I. 245. God Almighti that
isschilde. SEUYN SAG. 1461. Ber min erende wel
to deore sune þine . . þat us *ischulde* he eure
fram alle helle pine. O.E. MISCELL. p. 193.

Ther nere lond of Cristendom aȝen Engelonde, Ne holi churche so wel *ischuld* from eche
wouȝ. BEKET 1346.

i-schiren, i-sciren v. gth. *gaskeirjan*, ερμη-
νεύειν, ags. *sciran*, *skyran*, illustrare; loqui.
reden.

Ne dar heo noȝt a word *ischire*. O. A. N.
1530. — Loke þat þu na mare swulc þing ne
iscire. LAȝ. II. 293.

i-schit, i-schet, i-sset p. p. *s. schutten, schit-*
ten, schotten. geschlossen, zugeschlos-
sen.

Þe chambris dore þat was *yschyt*. FERUMBR.
2409. His wif and his doughter eek hath he laft
inwith his hous, of which the dores were fast
ischitte. CH. *T. of Melib*. p. 139 sq. Whanne
thai were therinne [sc. in his chambre] *ischet*,
Merlin his tonge with wit whet And spak etc.
SEUYN SAG. 2455. The gates be weel *ischet*.
RICH. C. DE L. 3783. They knokkyd at the
wycket, He leet it stande stylle *yschet*. 4233.
Þe ȝeates were þanne sone *yschet*. FERUMBR.
1952. A boke was fast *ischet* Wyth strong lokes
sevene. SHOREH. p. 78. Alle the dores were
faste *yschette*. CH. *Tr. a. Cr*. 3, 184. Þanne is
þe castel ziker and *ysset*. AYENB. p. 154.

i-schod, i-scod, i-schud p. p. ags. *gescôd*,
calceatus, ahd. *gescohôt*, mhd. *geschuohen*, be-
schuhen. s. *schoen*, beschuht.

Payh we her hoppen ihosed and *ischode*,
Heonne we schulle þrynge. O.E.MISCELL.
p. 91. Mid stronge irene heo [sc. þa ræftres]
weoren *iscod*. LAȝ. I. 334. Haveth attom his
riȝte spuse . . Wel thunne *ischud* and ived wrothe,
An let heo bute mete and clothe. O. A. N. 1525.

i-schored, i-ssored p. p. niederl. *schooren*,
fulcire, neue. *shore*. stützen.

Holy bene is wel miȝtful auoreye god, uor
hi is *yssored* mid uour þinges ase mid uour
posstes. AYENB. p. 207. Þet bene þet is *yssored*
mid þise uour posstes. p. 218.

i-schrined, i-ssrined p. p. Das Zeitwort
schrinen v. ags. *scrin*, scrinium, erscheint neben
diesem häufigen Particip selten. in den
Schrein gethan als Heiliger.

Bi a Tuesdai . . to dethe he was ido, And
siththe bi a Tuesdai *ischryned* also. BEKET 2392.
Ichryned he was. ST. SWITHIN 157. Per he was
ibroȝt an vrþe & also *ischryned* is. ST. EDM.
CONF. 594. *Issryned* he was. R. OF GL. p. 282.
Seynt Edward þat at Westymustre *yssryned* ys.
p. 295.

i-schriven, i-scrifen, i-ssriven v. ags. *ge-
scrifan*, imponere, injungere (poenitentiam),
ahd. *giscriban, gescrîben*, mhd. *geschrîben*.
beichten.

Ne þu ne miȝt beon wel *iscrifen* god almihti
to cweme, bute þu heo [sc. þe sunne] alle forlete. OEH. p. 23. Ȝif he bið wel *iscrifen* and
godfurht, ne þe deofel mey nefre cumen inne
him. p. 27. Hit ne helpeþ heom nowiht, For
heo nolden beon *iscriven*. O.E.MISCELL.
p. 152. Ase ofte ase ich am *ischriuen* euer me
þuncheð me unschriuen. ANCR. R. 332. Lokeð
þet ȝe beon clenliche *ischriuen*. p. 412. Sire
Willem de Traci siththe tolde of this gode man
Seint Thomas, The bischop of Excestre in schrifte,
as he *ischryve* was. BEKET 2088. The king . .
bad him [sc. the ope], for the love of God, in
such angusse him rede, That he were *ischryve*
and assoiled of the lithere dede. 2163. Toward
seint Jame he wende forþ, er he *ischryue* were.
E.E.P. p. 57. l. 6. Telle him eeke al thy synne
that thou hast doo sith thou were last *ischryve*.
CH. *Pers. T*. p. 360. Þo hii were *yssryue* wyþ
god deuocyon, Wepynde hii armed hem. R. OF
GL. p. 405. Nou ssel þanne þe ilke þet ine þise

boc ret yzy diligentliche to by *yssriue*. AYENB.
p. 70.

Unto a povre ordre for to geve Is s'gne that
a man is wel *ischreve*. CH. C. *T*. 225.

i-schruden, -iden, **-eden** v. s. *ȝescriden*, vestire.

Den angeführten Participien füge man
hinzu: In a lyons skyn he was *yshred*. ALIS.
6819. Martin . . me heþ *yssred* mid þise cloþe.
AYENB. p. 188.

i-schuldred adj. vgl. ags. *gesculdre* s. pl. *scn-
pulæ*. geschultert, mit Schultern ver-
sehen.

Her honden . . ben *yshuldred* as an fysshe.
ALIS. 4967. He was bothe blak and gryseliche,
And rough *yschuldreod* also. 6813.

i-schuven, i-scoven p. p. s. *schuven*, ags.
scúfan, sceófan, trudere. hinwegtreiben,
vertreiben, hinauswerfen.

Hwoso haueð ȝeorne isouht alle þe ȝhurnen
of his heorte [sc. ine schrifte] . . ȝif þer out et-
luteð, hit is, ich hopie, iðe schrifte *ischuuen* ut
mid ten oðre. ANCR. R. p. 314 sq. Þa anan heo
weren *iscouen*, alswa þe boc seið, expulsi sunt.
OEH. p. 129.

i-sechen v. s. *ȝesechen*.

i-seggen v. s. *ȝeseggen*.

i-sehtnien v. vgl. *sehtnien* u. ags. *gesehtian*,
reconciliare. versöhnen.

He *isehtnede* god and man. OEH. p. 83.

i-sehðe, i-sihðe s. s. *ȝesichðe*.

i-seienlich adj. ags. *gesewenlic*, visibilis.
sichtbar.

Alle *iseienliche* ðing. HICKES THES. I. 166.

i-sellen, i-seelen, i-sealen v. gth. *gasigljan*,
σφραγίζειν, s. *sealen*. siegeln.

Ne dredich na deð for to drehen for him,
he haueð his merke on me *iseilet*. ST. MARHER.
p. 5. He . . sende *isealede* writes wið his ahne
kinering [*iseelede* writes ed. EINENKEL]. LEG.
ST. KATH. 407. Ase a king þet luuede one lefdi
of feorrene londe, and sende hire his sondesmen
biforen, þet weren þe patriarkes & þe prophetes
of þe Olde Testament, mid lettres *isealed*. ANCR.
R. p. 388.

i-selned p. p. s. *seinen*. gesiegelt.

We senden ȝew þis writ open *iseined* wiþ
ure seel. PROCLAM. OF HENRY III. in *Sprachpr*.
II. 56.

isel, il s. ags. *ysle*, favilla, mhd. *usil* in *usilvar*,
gilvus, mhd. *usele, üsele*, favilla, niederd. *üsel*,
glimmender Docht, altn. *usli*, ignis; cineres,
sch. *eizel, aizle, isil, isel*, hot ember. Isel,
Asche, Aschenstaub.

Isyl of fyre, favilla. PR. P. p. 266. Ich . .
pine me seluen on asshen and on *iseen*. OEH.
II. 65. Make lee of haye *ysels*, that was mawene
byfor myssomer. MS. in HALLIW. D. p. 949.

i-sele, i-sæle adj. i. q. *iseli*. vgl. *unisele* u.
uniseli u. *sæl, sæle, sel, sele*. glücklich.

Þe pape was *isele*. LAȝ. III. 181. Ne wurðe
he nauere *isæle*. I, 327.

i-selhðe s. ags. *gesælð*, prosperitas, felicitas,
bonum. Glück.

Þe fifte mihte is Spiritualis lætitia . . swa
þet we on unilimpan to ormode ne beon, ne eft

on *iselhðan* to swiðe ne blissian. OEH. p. 105.
Vniseli bið þe ȝitsere þe þurh his *iselhðe* leosað.
p. 109. Ich mihte habben bet idon, hadde ich
þo *iselðe*. OEH. II. 220. Þet is ure *iseluhðe* þet
we beoren in ure bodie Jesu Cristes deadlicnesse.
ANCR. R. p. 382.

i-sell adj. ags. *gesǣlig*, beatus, felix. **selig,
glücklich, gut.**

  Þe ilke þet is *iseli*, þis he wule don. OEH.
p. 31. Þet we sculden þenchen nu, ȝef we weren
iseli. p. 15. *Iselie* beoð efre þa mildheortan.
p. 109. Þet folc bið *iseli* þurh snoterne biscop
þe heom seið godes lare. p. 117. Swete softe
Iesu, *iseli* beoð ðet þe luuieð. p. 215. Snel cniht
wes Carriz, ah he nes noht *iseli*. I.Aȝ. III.155. Hwo
se o þisse wise, biuoren þe muchele dome, demeð her him suluen, eadi is he & *isrli*. ANCR.
R. p. 308. Mid *iseli* truwandise he hut euer
hire god, & scheaweð forð hire pouerte. p. 330.

i-sellen v. ags. *gesellan*, *gesyllan*, tradere,
vendere, alts. *gisellian*, gth. *gasaljan*, ϑύειν.
**hingeben, übergeben, auch gegen einen
Kaufpreis.**

  ȝe beoð *iseald* eower feonde to prisune.
OEH. p. 13. We weoren of Anglene
londe. LAȝ. III. 181. Seoððen þis world wes
astald & monnen an honde *iselde*. II. 75. Heo
scolden beon *iseolde*. III. 180. The disciples . .
Anone hy hyne forsoke, *Iseld* to Gywes and by-
traid. SHOREH. p. 82. For the love of Frysel
ys lyf wes *ysold*. POL. S. p. 218. When her asse
was *ysold*, For fiue shilling . . Thai duelled ther
dayes thre. AMIS A. AMIL. 1825. Falshede hem
iȝolde be, And þe wrecche prisun *isold* to me.
CAST. OFF L. 343. Al þat ic hadde ic haue
isold. ST. LUCY 77. Ord and ende he haþ him
told, Hou Blauncheflur was þarinne *isold*. FL.
A. BL. 47. cf. 191.

i-semeliche adv. vgl. *semelich*, adj. **lieblich, ruhig.**

  An imetliche broc þe of þan mere ualleð &
swiðe *isemeliche* into sæ wendeð. LAȝ. II. 491.

i-semen v. ags. *gesēman*, conciliare, satisfacere.

  1. **angemessen sein:** He hæhte setten
on nome þe hire [sc. þe burh] mihte *isemen*.
LAȝ. I. 409.

  2. **ordnen, feststellen:** Þa wes wa
Coel . . þat (he?) isæhtnesse mid treoðe hafde
isemed. LAȝ. II. 29. Þa he hafde al iset, and al
hit *isemed*, þa dude he on his burnen. II. 463.
Þa hafde Arður France mid gode griðe astalde,
iset, and *isemed*. II. 590. Þa hit al was iset &
ferden *isemed*, þa weoren þar riht italde fulle
fiftene ferden. III. 93. In Actibus Apostolorum
ther may ȝe rede, Hou the goodys of hole cherche
sumtyme were *isempte*, Uche postyl had his
part. AUDELAY p. 35.

isen s. s. *iren* s.

i-senden v. ags. *gesendan*, mittere, alts. *gi-
sendid* p. p., ahd. *kisentan*, *gisenten*, mhd. *ge-
senten*, gth. *gasandjan*, προπέμπειν. **senden,
schicken.**

  Þu praie Ihesu Crist þi sone, þat he me
isende, whare a londe alswo ich beo, er ich honne
wende, þat ich mote in parais wonien wiþuten
ende. O.E.MISCELL. p. 196.

They . . four thousand mark *ysende*, For to
beon of his freondrede. ALIS. 1487. Tho makede
the king deol ynouȝ that hi were forth iwend,
And that the messager hem ne oftok that he
after hem *isend*. BEKET 1963.

  Her uppon heo þencheð muchele mare þen
uppon god almihtin þe al þis heom haueð *isend*.
OEH. p. 49. Þu ham hauest alesed of deoflene
honde, And *isend* mid blisse to englene londe.
p. 191. Þanked be ure louerd Ihesu Crist þit
[þe it sc. aduent] haueð *isend*. II. 3. Ne was þe
engel *isend* ne to kinge ne to eorle . . ac to loȝe
and eðeliche men. II. 35. Ich hit am Mihel,
Godes heh engel, & of heuene *isende*. LEG. ST.
KATH. 710. Sone he hadde wyde aboute ys
messagers *ysende*. R. OF GL. p. 201. Telle ich
wole bifore ȝou alle, whi we beoth hider iwend,
Thurf mi louerd the kinges heste, that ous haþ
isend. BEKET 1327. — Hwo seden ærst þat þes
ærndraces wer *isent* of fif cheðen. OEH. p. 235.
Y have the *ysent* A top and a scorge. ALIS. 1726.
Darie . . after socour hath *ysent*. 2577. I drede
me that God us hath forlaft out of his hond,
Thurw wederes that he hath *isent* cold and unkinde. POL. S. p. 340. Into that riche schyp
they went, As messangers that weren *isent*. RICH.
C. DE L. 97. Hys steward hadd a lettre *ysent*.
DEGREV. 121. And hadde upon mine arm this
ring, Whanne I was *ysent* to norysching. LAȝ
LE FREINE 377. More clere entendement Nas
me never yit *ysent*. CH. H. of Fame 2, 475.

i-seon v. s. *ȝeseon*.

i-seouwed, **i-sowed** p. p. s. *scouwen*, *sowen*,
sewen, *suere*; von dem entsprechenden ags. *seo-
vian*, *sivian*, von welchem ein Particip *gesived*,
gesiuued anzuführen wird. **genäht.**

  Hu se euer hire kurtel beo ischeaped oðer
iseouwed, heo is linnes make. ANCR. R. p. 200.
In the schipes seyl an heȝ this holi man let do A
croice that me fur iseȝ, *isowed* faste therto.
BEKET 1837.

i-served p. p. s. *serven*, **servire.**

  1. **gedient:** Þy loue ych habbe wel dere
aboȝt, & my lyue an aunter do, þer nys non
alyue nou, þat þe abbe *yserued* so. R. OF GL.
p. 311. Ich am mochel in dette ayen þe . . uor
þo guodes þet þou me hest ydo, and þine greate
guodnesses . . huyche ich habbe kueadliche
yvzed, and þe kueadliche *yserued*. AYENB.
p. 115. In þis put is oure wonynge, uor þe put
of helle it is, & uor þou ous hast *iserued* wel,
her þou schalt wonye. FEGF. D. H. PATR. 413.

  2. **bedient:** Bereth to Architriclin þat
was se þet ferst was *iserued*. O.E.MISCELL.
p. 29. They wer set doun at a table, And wel
iservyd. RICH. C. DE L. 4617. bildlich: ȝef
alle luþer holers were *yserued* so, Me schulde
fynde þe les such spousebruche do. R. OF GL.
p. 26.

  3. **verdient:** Thou hast *iserued* wikked
mede. SEUYN SAG. 975. This is thy mortal fo
. . That fro thy lond is banyacht on his heed,
For which he hath *iserved* to be deed. CH. C.
T. 1726.

i-setnesse s. ags. *gesetnes*, positio, decretum.
Gesetz, Bestimmung.

Þa wes þe dei pentecostes ihaten on þere ulde *isetnesse*. OEH. p. 87. Bisceopas .. haldað þa *isetnesse* on heore bisceopunge swa þet heo setteð heoran handan ofer ifulȝede men etc. p. 101. Þa isceadwise mon scal .. mid isceade his *isetnesse* halden. p. 105. ʒif he forsihð þas *isetnesse* and þas lare, þenc bið his erd ihened oft and ilome. p. 115. Þa þe butan godes laȝe and godes *isetnesse* libbeð þa beoð butan gode efre wuniende. p. 119. Þæt heo .. swerien to healden and to werien þe *isetnesses*. PROCLAM. OF HENRY III. in *Sprachpr.* II. 54.

i-setten v. s. ȝesetten.

i-seðen v. ahd. *gasiudan*. s. seðen. sieden, kochen.

Barli water that was *isode*. SEUYN SAG. 1574. Er this fish were *isode*, somdel hi were agaste. ST. BRANDAN p. 8. More him likede þat ilke gisto þane ani flechs *isode* oþur irost. KINDH. JESU 180. Gywes ne eten of swynes flechs, Ne neuere huy nelleth rau ne *isode*. 1048.

i-sib adj. u. s. ags. *gesib*, cognatus, familiaris, ahd. *gisibbo* s., mhd. *gesippe* adj. u. s. verwandt.

Alse deð moni mon ðe ȝefeð his elmesse feader oðer moder, broðer oðer suster, oðer oðre swa *isibbe* ðe he ne mei mid rihte widteon. OEH. p. 137. Þe laste man *isð* þe formeste þe was biforn us. II. 219. He hefde muchele strengþe .. of þan Troyscen monnen þe weren his moder *isð*. LAȝ. I. 18. Heo weoren *isibbe*. III. 226. Alle þat were oȝt ȝsyb Edmond þe kynge, Oþer in alyance of eny loue, to deþe he let bringe. R. OF GL. p. 315. We schulde luuye alle way, for we beoþ alle *isybbe*. O.E.MISCELL. p. 144. Menie of hem him were *isibbe*. 11,000 VIRG. 85.

i-sibsum adj. u. s. ags. *gesibsum*, pacificus. vgl. ahd. *sibbisam*. friedfertig.

Pet fuȝeloun is swiðe bilehwit and witutan laðe and *isibsun*. OEH. p. 95. Drihten seið .. þet þa beoð godes bern þe beoð *isibsumme* ac sake ne sturiað, and swa swa (þa) *isibsumma* beoð soðliche godes bern swa beoð ec þa sacfulle soðliche deofles bern. p. 113.

isikel, isekel etc. s. ags. *isgicel* u. *ises gicel*, stiria. vgl. WR. VOC. p. 21. niederd. *ishekel*, ditmars. *isjäkel*, sch. *isechokil*, neue. *icicle*. Der letzte Bestandtheil des Wortes erscheint auch in derselben Bedeutung unter verschiedenen Formen, wie *ikyl*, stiria. PR. P. p.259. Esclarcyl, an *ychele*. WR. VOC. p. 161. mhd. *hichele*, stiria, altn. *jökull*, stiria, dän. *jökel*, glaciata aquæ moles, mundartl. *jisegl*. Eiszapfen.

Inykles [v. l. *isecheles*] in euesynges thorgh hete of þe sonne Melteþ in a myntwhile to wyst and to water. P. PL. Text C. pass. XX. 193. vgl. *Ysekeles* and evesynges. P. PL. 11820. An *izekelle*, stirium. CATH. ANGL. p. 198. Per as .. þe colde borne rennes, & henged heȝe ouer his hede *ysseikkles*. GAW. 731.

i-siȝen v. ags. *gesigan*, cadere, labi, ahd. *gisigan*, mhd. *gesigen*. s. siȝen. herabkommen, fallen, herkommen.

Næs nauere þe mon iboren . . þe auere mihte tellen, þurh nane spellen, of þære mu-chele særinæsse þa isiȝen wes to folke. LAȝ. II. 98. Sone me heom saiden þat *isiȝen* weoren to londe mid luore & Yuni ten aiðen fifti scipen. III. 296. Pa wes þe muchele speche ȝend þat kineriche .. of þare seoreȝe þe *isiȝe* wes to londe. I. 171. Monie .. of þ heaðene folc, þ alle weren *isiḫen* hider for to seo þis feorlich. LEG. ST. KATH. 2082.

i-sinken v. ags. *gesincan*, subsidere, ahd. *gisinchan*, mhd. *gesinken*, gth. *gasiggqan*. sinken, untersinken.

Nuste hit mon to soðe whaðer heo weore on deðe, þa heo here seolf weore *isunken* in þe watere. LAȝ. III. 138. Other ich am of wine dronke, Other the firmament is *isonke*. SEUYN SAG. 211.

i-singen v. ags. *gesingan*, canere, ahd. *gisingan*, mhd. *gesingen*. singen.

God almihti unne me .. þet ich mote þe iseo in ðire heie blisse, And alle mine ureondmen þe bet beo nu to dai, þet ich habbe *isungen* þe ðeane englissce lai. OEH. p. 199. This balade may ful wel *ysongen* be. CH. Leg. GW. prol. 270. The hevenysshe melodye of songes . . I herd aboute her trone *ysonge* H. of Fame 3,305. As .. this monekes hadde *isonga* here massen also; Aboute underne of the dai here wei to scipe hi nome. ST. BRANDAN p. 17.

i-sinkeowen s. pl. ags. *gesinkivan*, conjuges. vgl. *sinhic*, conjugium. Gatten.

Isinheowen, conjuges vel conjugales. WR. VOC. p. 87.

i-sitten v. ags. *gesittan* [*gesät*, *gesæton*; *geseten*], sedere, considere, alts. *gisittian*, ahd. *gasizzan*, *gisizzen*, mhd. *gesitzen*, gth. *gasitan*. niedersitzen, sich setzen.

Þa heo weoren alle *iseten* eorles to heore mete, þe king sende his sonde to Igwrne. LAȝ. II. 353. Þo alle weoren *iseten* cnihtes to heore mete, þa spæc mlc wið oðer. II.540. Þa þe king wes *isete* mid alle his duȝeðe to his mete . . þe stiward com steppen. II. 610. In eche stede of his flesch hi [sc. the wormes] were so thicke *isete*. BEKET 2139. Al on murþe was he *ysete* wiþ a fair baronye. FERUMBR. 48. Thus this semely was *isete* With mouth for to mete. DEGREV. 1375. Tho hi were alle *isete*, Ther com on and servede hem. ST. BRANDAN p. 13. — Whan princes *habbe isete*, and aȝe me ispeke .. Louerd, myn help thu beo! BEKET 936.

i-siwed p.p. s. *siwen*, sequi. gefolgt, verfolgt.

Þo he hadde *ysiwed* me longe in þis fare, Atte laste in forme of mon ofte he lay bi me. R. OF GL. p. 129 sq. No scholde foul, gret no smal, Have *ysiwed* Bulsifall. ALIS. 1197.

i-slaȝen, i-slean, i-slan v. ags. *geslagan*, *gesledn*, cædere, cudere, mhd. *geslahen*. schlagen, erschlagen.

Heora kun we habbet *islaȝen*. LAȝ. I. 41. He his fader adde *islaȝe*. I. 14 j. T. God þe can asse moche þank as wolde þe kyng, yef þe heddest *yslaȝe* his sone. AYENB. p. 58.

Fluȝen his iferen . . & saiden him tiðende sære þet *islawen* wes Numbert. LAȝ. I. 63. Per was Albanac him seolf *islawen* in þon fehte.

L. 92. Wan þe geandes were alle yslawe, þat
þer bileuede no mo, Brut wende forþ into Engolond. R. OF GL. p. 23. Þer aboute meat chyr-
chen he let rere, As vor her soulen þat yslawe
were þere. p. 319. The tables weoren overthrowe,
And mony knyght sone yslawe ALIS. 1113. cf.
1259. 1645. 2735. 7122. Seynt Thomas was
islawe. RICH. C. DE L. 40. cf. 863. 952. 4547.
7070. He schal therfore ben islawe. SEUYN SAG.
681. cf. 793. 808. Y haue wyþ myn handes two
yslawe kynges tene. FERUMBR. 108. cf. 371.
2159. Thus hath Tristrem the swete Yslawe the
douke Morgan. TRISTR. 1, 82. cf. 3, 95.
This day and yesterday I told a rowe, That
six and thirty they had yslowe. RICH. C. DE L.
1787.
Hefde a mon islein ba mi feader ont mi moder etc. OEH. 253. Ha . . com leopinde forð
al itend of þe lei of þe Hali Gast, as te keisar
stod bimong þ suneful slaht of þ islein ahte
[= cattle] deoule to lake. LEG. ST. KATH. 196.
Ruten forð, wið swuch rune þe stucchen . . þ
ter weren isleine of þ awariede folc fowr þusend
fulle. 2031-7. Pellican . . drauhð vp blod of his
breoste, & mit tet blod acwikeð eft his isleiene
briddes. ANCR. R. p. 118. Quis dabit mihi
fontem lacrimarum, ut lugeam interfectos populi
mei? — vor te biweopen isleien uolc, þet is, mest
al þe world þet is gostliche isleien mid deadliche
sunnen. p. 156. Wan þe vj. kynges wern isleyne
& þe vijᵉ was ago, þan were alle in wittes tweyne,
what was best to do. FERUMBR. 1648.
Tokyn reste til amorwe, Makyng ful gret
sorwe For heore lordis and vor heore kyn, That
laien yslayn in the fen. ALIS. 3962. Þei hade in
a while a hundred islayne. WILL. 3908. Ye haue
welle good mene yslayne. DEGREV. 434. Now
lith his stede yslain. TRISTR. 2, 33. Mani thai
han yslain. 3, 90. To the queene it was a paine,
As to a martyr new yslaine. CH. Dr. 1113.
A knyght . . tolde hym this tydyng, That
Rychard has his sone islon. RICH. C. DE L. 799.
i-slent p. p. scheint zu slengen zu gehören.
s. dass. geschleudert.
Grete slabbes of styl & yre to þe walles þo
wern yslente. FERUMBR. 3313.
i-slepen v. ags. geslæpan, gesldpan, dormire,
mhd. geslâfen, gth. gaslēpan. s. slæpen, slepen.
schlafen, einschlafen.
Thise prelats of holi churche to longe theih
han islepe. POL. S. p. 343. Tho hi hadde alle
islepe ynouȝ, sone hi gonne arise. ST. BRANDAN
p. 0.
i-sliked p. p. s. sliken, polire. geglättet,
geziert, geschniegelt.
Istanet euch strete wið deorewurðe stanes
of mislich heowes, imenget togederes, & isliket
& ismeðet as eni glas ismeëet. LEG. ST. KATH.
1671. Alle thine wordes both isliked. O. A. N.
839. He ne heþ none hede of longe ryote of tales
yslyked . . Zoþliche bidde ne is naȝt to zygge
uayre wordes and yslyked myd mouþe. AYENB.
p. 99. Keste to god naȝt wordes afaited and
ysliked ueleuold. p. 212.
i-sliden p. p. s. sliden, ags. slídan, labi. ge-
glitten, entschlüpft.

Knowe þis worldly honoure, Hou sone hit
is forþ islyde. E.E.P. p. 132.
i-slingen v. vgl. mhd. geslingen, torqueri.
schleudern.
Thomas of Multon the keyes fong, And an
other stone islong To ser Mahouns habitacle,
And smot out a gret binacle. RICH. C. DE L.
4147.
i-smakien v. ags. gesmacian, demulcere,
weicht in der Bedeutung ab. vgl. smakien.
schmecken, kosten.
Huo þet hedde wel ytasted and ysmacked
þe ilke suetnesse þet god yefþ to his, he asolde
onworþi alle þe lostes and alle þe blissen of
þise wordle. AYENB. p. 93.
i-smecchen v. ags. gesmeccan, gustare, ahd.
gismeken, gesmecchen [præt. gismakta], mhd. ge-
smecken[præt.gesmacte,gesmahte].schmecken,
kosten.
Hit is a derne healewi, þet no mon ne
icnoweð þ naueð hit ismecched. ANCR. R. p. 94.
Wasche mine fif wittes . . of al þet ich abbe
misseien mid eȝen, mid min eren iherd, mid
muþ ispeken oþer ismaht. OEH. p. 189 [ein
anderer Text desselben Stückes bietet ismauht.
p. 202]. Heo is Godes chaumbre, þer noise ne
cumeð ine heorte, bute of summe þinge þ me
haueð oðer iseien, oðer iherd, ismeiht, oðer
smelled. ANCR. R. p. 92.
i-smelled p. p. s. smellen. gerochen.
Of al þet ich abbe . . wið neose ismelled.
OEH. p. 189. 202.
i-smerien v. ags. gesmyrian, gesmeran, illinere, ahd. gesmiran. salben.
Our lyge louerd, þat yheled ys, And ysmered
to Jhesu Crist. R. OF GL. p.457. Þet mirre þat
is biter, and be þe biternesse defendet þet cors
þet is mide ismered. O.E.MISCELL. p. 28. Of
þise oyle byeþ ysmered þo þet God heþ ymad
kinges and lhordes of þo wordle, and god zelf,
and þanne is þe man ziker cristen, huanne he
is ysmered myd þise holy crayme. AYENB. p. 93.
i-smeðen v. ags. gesmeðian, complanare.
glätten, glatt machen.
Stanes . . isliket & ismeðet as eni glas smeð-
est. LEG. ST. KATH. 1675. Nu þu hauest iseid
tus & þunched þat tu segges soð; ah Ichulle
'scheawen hit al wið falschipe ismeðet. HALI
MEID. p. 27. Nu ich habbe ihalden mine bi-
heaste þruppe, þat ich walde scheawen wið falschipe ismeðet þat te moni an seið. p. 39.
i-smiten v. ags. gesmítan u. gth. gasmeitan
nur in der Bed. inquinare, illinere. vgl. smiten.
1. schlagen, werfen, stossen: In
litel while was mony yslawe, And ysmyte thorugh
wombe and mawe. ALIS. 1259. That is muchel
reuthe to wite That alle manere godnesse is thus
adoun ismite. POL. S. p. 339. Þere were duntes
aryȝt ysmyte bytuene hem tueye. R. OF GL.
p. 304. A grene wexyng tre, þat ys fram hys
more Ismyte adoun. p. 352. For honur of the
holi man that therwith was ismyte, Thulke poynt
at Canterbury the monekes witieth iute. BEKET
2043. His crowne was al of ismyte. 2227. Ȝwi
hauest þou ismite me þus? KINDH. JESU 783.
I wyll myn heed be of ysmyte Bote hit be soo.

Octou. 125. Þe fet & honden al abrod, to þe erþe uaxte ibounde Wiþ nailes of ire, *ismyte* þoru out þe grunde. FEGF. D. H. PATR. 217.

2. schlagen, liefern eine Schlacht: Hye now, þou noble duc, þat þe batail were *ysmyte*. R. OF GL. p. 152. Ye schal here, as it is wrote, How the batayle was *ismote*. RICH. C. DE L. 4955.

3. auffallend steht das Zeitwort im Sinne von abschliessen, von einer Verabredung oder einem Vertrage: Allas! that he no hadde ywite, Er the forward were *ysmite*, That hye and his leman also Sostren were and tvinnes to. LAY LE FREINE 321.

i-smittet p. p. s. das schwache Zeitw. *smitten*. bestrichen, besudelt.

As tat swote smirles & deorest of oðre, þat is icleopet basme, wit þat deade licome, þat is ter wið *ismittet*, from rotunge, alswa deð meidenhad meidenes cwike flesch. HALI MEID. p. 13. Das gleichbedeutende *ismitte* gehört wohl zum starken Zeitw. *ismiten*: Iblæcched he hæfede his licame, swulc *ismitte* of cole. LAJ. II. 318.

i-smeoðen v. dasselbe wie *ismeðen*. glätten, glatt machen.

Hit biualþ þet þe speche is grat zenne uor þet hi deþ grat kued, þej hy by uayre and *ismoþed*. AYENB. p. 57.

i-socoured p. p. s. *socouren*, *socuren*. geholfen, unterstützt.

Such vytailes .. Werwith þis damesels & we mowe oure lyues lede, or we mowen bet *ysocoured* be wiþ Charlis & ys ferede. FERUMBR. 2608.

i-soilled p. p. s. *soilen*, *soillen*, afr. *soiller*, *soeller*. besudelt.

So clene he cam fram his moder .. wiþoute enie hore & so drie þat no cloþ .. noþing *isoilled* nas. ST. EDM. CONF. 8.

i-som adj. ags. *gesóm*, concors. übereinstimmend, einträchtig, einig.

Nu eft .. weren alle ispechen ajein inumen and *isome*. OEH. p. 93. Ba weoren sehte, sæ & þa sunne, wind and þa wide se ba eke *isome*. LAJ. III. 229. Þe sawle and þe licome selde heo beoþ *isome*. O.E.MISCELL. p. 168. Holde we us clene .. Masse leten singen, and almesdede don, And wið hali chirche maken us *isom*. p. 181. REL. S. p. 79. Lateth beo, and beoth *isome*. O. A. N. 1733. Seþþe haþ Engelond ybe ywerred ylome Of þe folc of Denemark, þat beþ nojt jet wel *ysome*. R. OF GL. p. 3. Þer heo bileuede & wox, & al þat of hem come Forto now þis oþer day, þat we myjte not be *ysome*. p. 40.

i-somnien, i-sumnien v. ags. *gesamnian*, *gesomnian*, congerere, convocare, congregare, ahd. *gasamnón*, *gisamnón*, mhd. *gesamenen*. vereinigen, versammeln, zusammen bringen.

Þa nom Arður his red .. þat he wolde inne Karliun bere his crune him on, and a Whitesunedæi his folc þer *isomnie*. LAJ. II. 596.

Folc þer com sone .. swa muchel swa þer neuere na mon ne *isumnede*. LAJ. III. 4.

Æuriche sunen deie and oðre heje dajen is time to sawene þet halie sed, þet is godes word,

and ðet in halie chirche, þer alle cristene men ajen to beon *isomned* to gedere. OEH. p. 135. Al þat wæl & al þat gold þe wes jeond al þeos kinges lond, hit wes al *isomned*. LAJ. I. 346. Þo þe Gywes *isomened* were, heo hedden ful gret fere. HOLY ROOD p. 39. Wult tu todealen þet God haued *isompned*? ANCR. R. p. 186. Þa ferde wes *isumned*, & heo forð fusden. LAJ. I. 63.

i-somnunge s. ags. *gesamnung*, *gesomnung*, congregatio, ahd. *gisamnunga*. Versammlung.

Je iherden .. þet ðo halie gast com ofer þa apostles mid furene tungen, and heom jef þo mihte þet heo cuðen alle spechen, forðon þet ðeo edmode *isomnunge* iernade et gode þet muchel er þe engles of eofene for heore modinesse forluren. OEH. p. 93.

i-sondren v. ags. *gesunderian*, separare, ahd. *gisuntarón*, *gisuntrón*, *gesundirón*, mhd. *gesundern*. s. *sundren*. gesondert, ob auserwählt?

Of grete hertes refet at al y asky of jow a hundred, & clene maydens faire smal also manye *ysondred*. FERUMBR. 1736.

isope s. afr. *ysope*, pr. *isop*, *ysop*, sp. *hisopo*, pg. *hysopo*, it. *isopo*, lat. *hyssopus*, gr. ὕσσωπος, neue. *hyssop*. Ysop, Isop, ein Halbstrauch, dient zur Bereitung des Ysopóls u. Ysopwassers.

Ysopus, *ysope*. WR. VOC. p. 140. 225. *isope*, herbe. PR. P. p. 266. CATH. ANGL. p. 199. Hic isopus, *isopp*. WR. VOC. p. 265.

i-soðien v. ags. *gesóðian*, probare. bestätigen, bewahrheiten.

Þis heo him tojeornden mid jislen to *isoðien*. LAJ. III. 161. Ha .. seoð nu al þat *isoðet* þat ha hefden longe ear icwiddet of ure lauerd. OEH. p. 261.

i-sowe p. p. dasselbe mit *incojen*, *iswowen* von *swojen*, *swowen*. vgl. *sojening*, *sowening*, animi defectio. ohnmächtig geworden.

Þe amyral .. ys falle doun fram an hej, And walwede þanne on þe dyche, & was *ysowe* welnej. FERUMBR. 2327. For hungre þai fulle *ysowe*. 2497. Wan þe amyral hym ded ysej, sorwe jede ys herte nej, & angry ynow he was: Four sithes he ful adoun *ysowe*. 3783. Sykynges a made ynowe, And sowjnede & wep & ys hondes wrong, Alas! & welaway! was ys song, & ful adoun *ysowe*. 5117.

i-sownded p. p. s. *sounden*, *sownden*. geklungen, ertönt.

So sore hath she me wounded .. wit lokynge of hire eighen, That to myn hertis botme it is *isownded*, Thorugh wiche I woote I moote nedes dyen. CH. *Tr. a. Cr.* 2, 533.

i-speken s. ags. *gesprecan* (-*specan*), loqui, alts. *gisprekan*, ahd. *gasprehhan*, *gisprekhan*, *gisprechan*, mhd. *gesprechen*. sprechen, reden.

Swa wit sculden *ispæcken* & minne fader wel wreken. LAJ. II. 311. — Of þis putte þe bitacninge þe ic habbe embe *ispeken*. OEH. p. 51. Of al þet ich habbe .. wið muðe *ispeken*. p. 202. Al þis þat tu hauest *ispeken* of. p. 265. Fele idel word ich habbe *ispeken*. II. 220. Haueden liðende men *ispeken* of þan mæidene. LAJ.

I. 133. Nu ich habbe sunderliche *ispeken* of þeos þreo limes. ANCR. R. p. 90. We habbeth . . *ispeke* of this thinge. BEKET 879. Ther nas nevere among ous alle *ispeke* in non wise . . non other word. ST. BRANDAN p. 15. Þe byssop . . Of wan we abbeþ er *yspeke*. R. OF GL. p. 450. Raþre uor þet hi habbeþ *yspeke* hi doþ þe more bleþelaker þe contrarye. AYENB. p. 69.

Every speche that ys *yspoken*. CH. H. of Fame 2, 258. Thanne if I nadde *i-poken*, as grace was, Ye wold han slayn yowre self anon? Tr. a. Cr. 4, 1205. Lateþ hem vynde mete ynou & þat hii abbeþ nede to, Forte ychabbe wyþ hem *yspoke*. R. OF GL. p. 231. Ȝyf hii adde in gode loue longe ylyued beye, Me adde þoru al Cristendom *yspoke* of hem tueye. p. 310. Thow hast well *yspoke*. ALIS. 3097. Alle the men of craft ther they most ben . . To mende the fautes that buth ther *yspoke*. FREEMAS. 479.

i-speche s. ags. *gesprec*, facultas loquendi, ahd. *gisprâhhî*, *gesprâchî*, mhd. *gespræche*, facundia. vgl. *speche*. Sprache.

Nu eft on þisse deie þurh þes halie gaaþes tocume weren alle *ispechen* aȝein inumen and isome. OEH. p. 93.

i-spoden v. ags. *gespêdan*, succedere. vgl. *speden*.

1. intr. Gelingen, Erfolg haben: If ich so *ispede* þat ich bitraye Jhesu, hwat schal beon my mede? O.E.MISCELL. p. 40.

Al heo *ispedden* ase heo ispeken hafden. LAȝ. I. 144. Þus heo *ispædden* her II. 336.

The maister had so *isped*, Themperour sone was his frend. SEUYN SAG. 1179. Ichot of is ernde he hath nout *ysped*. LYR. P. p. 110. Hi tolde the king al the cas, hou hi hadde *isped*, BEKET 1495. Gret wonder þarof huy hadde. Hou huy so muche hadde *ispedde*. KINDH. JESU 22⁷.

2. tr. fördern: Hwa se þis writ haueð ired, Ant Crist him haueð swa *isped*, Ich bidde þar seinte charite, þet ȝe bidden ofte for me Aa pater noster ant aue Marie. OEH. p. 267. In wofull howre I gote was . . In wofull oure iborne, that I ne may My supplicacion swetely have *ispedde*. CH. Court of L. 974-7.

i-speled p. p. s. *spelen*. bewahrt.

To dai tho[u] hast him fram deth *ispeled*. SEUYN SAG. 542.

i-spend, i-spent, i-spended, i-spened p. p. s. *spenden*. gespendet, aufgewendet, verthan.

Al to muchel ic habbe *ispend*, to litel ileid an horde. MOR. ODE st. 6. Mine ahten ich habbe *ispend* [*ispened* j. T.]. LAȝ. II. 139. Hii þo adde *yspend* þat wyþynne was, more honger þan hii adde neuere ysey nas. R. OF GL. p. 404. Al to muchel ich habbe *ispent*. OEH. p. 161.

Hit shal ben *ispended* in a shrewede huis. POL. S. p. 327. The stolen catel *ispended* is. SEUYN SAG. 1283. He hise [sc. þe guodes] heþ folliche *yspended* ine euele wones. AYENB. p. 171. Nabbe ic nawiht þer of [sc. of þa ehte], ic hit habbe al *ispened*. OEH. p. 31. Muchel ich habbe *ispened*, to lite ich habbe an horde. O.E.MISCELL. p. 193. Euerich tide & euerich

time schal beon þer irikened, hwu it was her *ispened*. ANCR. R. p. 322.

i-sperren, i-speren v. ags. *gesparrian*, occludere. s. *sperren*. versperren, verschliessen.

Þe ȝeates schutte Duk Naymoun, & Ogier let þe brigge adoun; & wan al was faste *ysperde*, An heȝ þan wente þus barouns stout. FERUMBR. 3593. The ȝates has byn ay *ysperyd* ffor dred of thi gyle. DEGREV. 815. Or hys ȝatis be *ysperyd*, I shal mak hym afferyd. 817.

i-spillen v. ags. *gespillan*, consumere, corrumpere. s. *spillen*. verderben, vernichten, zu Grunde richten.

Betere hit is þet heo beon *ispilled* of heore licome þenne mid alle fordon to þes deofles hond. OEH. p. 17. Wif, lo her þi child þat on þe rode is *ispild*. ASSUMPC. DE N. D. 17. Myghte scheo have yfounde a knyf, Heo wolde have spilled hire lyf. „Alas," heo saide, „Y nere *yspilled*." ALIS. 1061. Mony thousand was *yspillid*, Knyghtis, sweynes, ladies, and child. 1904. Þat folk worþ eft wroþe *ispild* þe nule to hire [sc. þe soþe luue] turne. O.E.MISCELL. p. 144. Tho . . to be *yspylt* He was agast. OCTOU. 1103. Panne me beulyȝt þet kuead . . naȝt uor drede uor to by *yspild*, ac uor þe wylnynge of heuene. AYENB. p. 75. Þou art ase þe ilke þet slepþ ine þe saipe þet is *yspild*. p. 129. Muche folk þarc was igo, þat hadden bifore itold so To Josep, þat he was *ispild* Jesus þat suete iblessede child. KINDH. JESU 1310.

i-spinnen v. ags. *gespinnan*, nere, mhd. *gespinnen*. spinnen.

He hath *ysponne* a threde That is ycome of eovel rede. ALIS. 7851. Þis holi man seint Edmund werede stronge here . . He nas *isponne* ne iweue, ac ibroide of strenges longe. ST. EDM. CONF. 154. Wel to conne and nauȝ[t] no don, Nys nather rawe ne *ysponne*. SHOREH. p. 95.

i-spited p. p. s. *spiten*. gespiesst, mit dem Spiesse durchbohrt.

He . . smat hine þurh mid þan spere, swa he *ispited* weore. LAȝ. III. 54. He . . hadde an vatte baru ynome, And *yspyted* hym þoru out myd an yrene spyte. R. OF GL. p. 207.

i-spoused p. p. s. *spousen*.

1. vermählt, verheirathet: Þo . . þis mayde *yspoused* was of so riche blode, þe kyng delyuerede þat folk out of seruage. R. OF GL. p. 13. At a lute toun . . *yspoused* heo were. p. 66. The bischop furst of Chichestre his avys seide thanne . . that God wolde that hi were *ispoused*. BEKET 103. Of this bischops hi were anon *ispoused*. 117. God wolde by bore of wyfman *yspoused*. AYENB. p. 221.

2. geheirathet: Kyng Wyllam adde *yspoused* . . þe eries doþter of Flanderes, Mold yr name was. R. OF GL. p. 370. Þe erl Steuene de Bleys . . Roberdes soster Courtehese *yspoused* adde to wyue. p. 393.

i-spreden v. ags. *gesprædan*, extendere, mhd. *gespreiten*.

1. ausbreiten, verbreiten: Hwi nam ich iþin ermes so istreihte and *ispred* on rode. OEH. p. 201. Þis scheld þet wreih his Godhed

was his leoue .icome, þet was ispred o rode.
ANCR. R. p. 390. Blak blood he se espred.
AUDELAY. p. 78.

Whi nam ich in þin earmes, in þin earmes
swa istrahte and isprad on rode. OEH. p. 185.
His owne cha[r]tre haþ he rad, þat his synnes
were inne isprad. O.E.MISCELL. p. 229 sq. His
ympe thriuende he sai, Fair iwoxe and fair
isprad. SEUYN SAG. 608. He sey þe emperoures
ost ysprad aboute wyde. R. OF GL. p. 55. Hys
poer he let sumny, þat ysprad was wel wyde.
p. 181. Seie me.. Whi þe arn hider icome, And
weryn so wide isprad. ASSUMPC. B. M. 323.

2. bedecken: On a bed þan was he laid,
þat with riche clopes was ysprad. FERUMBR.
1090. On bed he sel hir biside, Ysprad it was
wiþ grene palle. GREGORLEG. 771. Þe forest
was fair and wide With wilde bestes ysprad.
TRISTR. 1, 41.

i-sprengen v. ags. gesprengan, spargere, ahd.
gasprengan, mhd. gesprengen. sprengen,
verbreiten.

Euer so þe wittes beoð more ispreinde
[isprengde T.] utwardes, se heo lesse wendet inwardes. ANCR. R. p. 92. His lippes rounde, his
colour was sangwyn, A fewe freknes in his face
yspreynd. CH. C. T. 2170. Þo were among
Cristenemen þis paynes so ymenged, þat mysbileue into al þis lond among men was ysprenged.
R. OF GL. p. 119.

i-springen v. ags. gespringan, prosilire, prod-
ire, mhd. gespringen.

1. springen, sich schnell verbreiten: A word that is isprunge wide. O. A. N.
300. Falsnesse is so fer forth over al the londe
isprunge. POL. S. p. 339. Herowdes was his
righte name, Wide isprongge his riche fame.
SEUYN SAG. p. 339.

2. entspringen: Alle þo þat isprunge
beð of Adam & of Eue. MOR. ODE st. 88. We
beþ knijtes jonge Of o dai al isprunge. K. H.
547. Alle þeos weren min eldre of wan we beoþ
ispronge. LAJ. II. 632 j. T. Telle of þine cunne
war of þou hart ispronge. III. 36 j. T. Thi sone
wode That is ispronge out of thi blode. SEUYN
SAG. 627. He semeþ ful wel þe deuels chyke,
ysprong of þe pyt of helle. FERUMBR. 4331. —
Of the maister rote hit [sc. the tre] is out isprong
and out isschet. SEUYN SAG. 602. Wellene clere
.. Out of þe rotene þare booth isprounge. KINDH.
JESU 173. — A distance ther is ispronge liȝtliche
in Engelonde. BEKET 1285.

issen, icen, ischen, ischen v. afr. eissir, issir
= sortir, sch. ische, iech, neue. issue. heraus-
gehen, ausgehen.

Þe Scottis perceyued wele, þei durst not
isshen oute. LANGT. p. 334. Thai iche on þe
eamyse and egerly strykkys. MORTE ARTH.
1411.

Þen yssit furth also, yrful in dedys, Remys.
DESTR. OF TROY 6631. Pen he .. Issit out of
þe ost. 6997. Ther yssed oute empresses thre.
LYDG. M. P. p. 6. William & his wijes were
armed.. & soflíiced out of þe cite. WILL. 3787.
Arowes vp in the aire ysshit full þicke. DESTR.
OF TROY 5784.

Sprachproben II. 3.

issue, issu, isshue s. afr. issue, sch. ische,
neue. issue.

1. Ausgang: At the issue of the doren
Tholomas dude on his sporen. ALIS. 817. Thei
mowe not gon out, but be a littille issue. MAUND.
p. 266. Tho jates thei schulle broken, and so
gon out be fyndynge of that issue. p. 268. —
The Lord kepe thin entre and thi issu. WYCL.
Ps. 120, 8 Oxf. At myn eende to graunte me
this issu, Tofor my deth shrift, hosil, repentaunce. LYDG. M. P. p. 249. Issu, ingressus;
exitus, egressus. PR. P. p. 266.

2. Nachkommenschaft von Menschen,
Junge von Thieren: They wolde lye with here
fadre, for to have issue. MAUND. p. 102.
Who is he that shalle Make you issu and begete
you an heyr. LYDG. M. P. p. 44. — He was
first of Inglond, þat gaf God his tiþe Of isshue
of bestes, of londes or of liþe. LANGT. p. 19.

i-stabled p. p. s. stablen, stabulare. in den
Stall gebracht.

Wan þay had mad fast aboute & ystablyd
þe stede, þan al þe route, Sore þay gunne hem
drede. FERUMBR. 3753.

i-stabled p. p. s. stablen, stabilire. fest-
gestellt.

Whan he hadde ystabled that lay, Thus he
saide. ALIS. 4690.

i-stad p.p. gleichbedeutend mit bestad. s. bi-
steden u. vgl. ahd. gistátiten. bestellt, in eine
Lage versetzt.

He was never so hard ystade. DEGREV.1631.

i-stalled p. p. ags. gesteald. s. stallien. gestellt, befindlich.

Al on hye, above a a dees .. Y saugh per-
petually ystalled A femynyne creature. CH. H.
of Fame 3, 270-5.

i-standen, i-stonden v. ags. gastandan, stare,
durare, esse. alts. gistandan, ahd. gistantan,
mhd. gestôn, gestên, gth. gastandan. stehen,
feststehen, bestehen bleiben.

Þe king .. bad heom .. fondien þat soðe
mid heore sijecraften, whær on hit weore ilong,
þat þe wal þe wes swa strong ne moste niht
longes nauere istonden. LAJ. II. 225.

Haueð þeos wind & þeos weder a wiðer him
istonden. LAJ. II. 78. Þe hul hafede þer ane hwile
istonde, þa bicom his licome swiðe feble. OEH.
p. 47. Swa hit hafeð istonde æuer seoððe a þisse
londe. LAJ. III. 286. To þe hul of kylar send
in to Yrlond Aftur þe noble stones, þat þer
habbet lenge ystonde. R. OF GL. p. 145. Þo he
hadde þer longe istonde, & al one bihalde aboute,
þer com blaste out of þis put of deuelen a gret
route. FEGF. D. H. PATR. 437. To long ichaue
ben her bond, With wrong the king it wan; To
long it hath ystond. TRISTR. 1, 89.

i-stapen v. ags. gestapan [gestóp; gestapen],
gradi. s. stapen. schreiten, vorschreiten.

Whate doth this olde, Thus ferre istope in
yeres, come so late Unto the courte? CH. Court of
L. 280

i-staðelien v. s. jestaðelien.

i-steken v. ahd. gistekhan, gistechan, mhd.
gestechen. s. steken.

1. stechend befestigen, zustecken,

7

verschliessen: Lokeð þ te parlurs beon euer
ueste on eueriche halue, & eke wel *istekene*.
ANCR. R. p. 50. They lyyth yn chamber faste
ysteke. OCTOU. 185. Þys lordes .. habbeþ hem
none fylled & slayn, & þat hole aȝain *ystoken*.
FERUMBR. 5189. He founde the dore faste *istoke*.
THE SOWDONE OF BABYLONE 1963.

2. stechen, verwunden: Mine hert
hye hath *ysteke*, Brengwain bright and fre.
TRISTR. 3, 64.

3. stecken, in etwas thun, einsperren: Whan erth hath erthe igette And of
ertho so hath inouȝ. Whan he is therin *istekke*,
Wo is him that was in wouȝ. POL. S. p. 203. In
a litel toret his brother lay *isteke*. GAMELYN 325.
Þe false ymages bigunne to breke þat þe feondes
weren inne *isteke*. KINDH. JESU 257. Many
Crysten men alyue, In iren *ysteke*. OCTOU. 1617.

i-stefnien v. ags. *gestefnian*, instituere, ahd.
gistimmen, concinnare. s. *stefnien*. fortsetzen,
abschliessen.

We habbeþ trouðe ipluht deaðe, & foreward
istefned mid helle. ANCR. R. p. 310.

i-steled p. p. mhd. *gestället*, *gestehelet*, ags.
stēled, *stýled*, chalybe temperatus. cf. ags. *stēlan*,
stýlan, altn. *stœla*. gestählt, durch Stahl
gehärtet.

Þis schendlac ant to grure of ham were unimete, pine, ant hure þolien ant aheoren hare
unirude duntes wið mealles *istelet*. OEH. p. 253.
Hose hedde a swerd here, þat wel *isteled* and
kene were. CAST. OFF L. 1247.

i-stelen v. s. *stelen*, vgl. d. schw. ags. *ge-*
stalian, furari.

1. bestehlen: He scal .. bisechen milce
et þan ilke monne þe he haueð er *istolen* oðer
oðerweis wa idon. OEH. p. 31.

2. stehlen: Thing ihid ne thing *istole* Ne
mai nowt longe be forhole. SECUN SAG. 249.
Nigh euene bi the hole Ther the catel was *istole*,
The wise man dede make a dich. 1277.
He priked to the galewes .. And fond that a
thef was *istole*. 2651. So the tiger, that fynt
ystole Hire weolp from hire hole, With mouth
heo fretith, best and mon. ALIS. 1890. Have
he my coppe *ystole*. 4195. Thu hast .. *istole* me
moche god. BEKET 810. He is no man, he is a
pouke, That out of helle is *istole*. RICH. C. DE
L. 4326. God þe can aee moche þank, ase wolde
þe kyng, yef þe heddest yslaȝe his zone, oþer
his tresor *ystole*. AYENB. p. 58. A good mannes
scep was *istole*. FEGF. D. H. PATR. 15.

i-steoren v. ags. *gesteóran*, gubernare, re-
gere, ahd. *gistiuran*, mhd. *gestiuren*.

1. steuern, leiten: Erest he walde us
mid liðnesse *isteoren*, þet he mihte seoððan on
his dome us ihalden. OEH. p. 95.

2. wehren: Erest he [sc. þe larðeu] scal
hine seolfne wið sunnan *isteoran*, and seoððan
his heorde. OEH. p. 95.

i-steot p.p.? unklaren Ursprungs. befestigt,
geschlossen.

The gates weoren quyk unschut, And quyk
beon al *ysteot*. ALIS. 2767.

i-stiken v. ags. *gestician*, figere. s. BOSW. s.
v. *gesticced*.

1. stechen: Huc leyȝen y the stretes
ystyked aso swyn. POL. S. p. 190. Love hath
his fyry dart so brennyngly *Istyked* thorugh my
trewe careful herte. CH. C. T. 1566.

2. stecken, feststecken, einschla-
gen: Ther stod a spere, as men tellith, Yn the
ground *ystikit* fast. ALIS. 2626. That floure was
manna yclepid Hit was in þe tumbe *ystekyd*.
ASSUMPC. B. M. 847.

i-stiȝen v. ags. *gestîgan*, ascendere, descendere, ire, mhd. *gestîgen*, gth. *gastrigan*. steigen.

Aðat ha beon *istihe* þider. HALI MEID.
p. 47. Þe soðe sunne iðe undertid was forði *istien*
on heih oðe heie rode uorto spreden ouer al
hote luue gleames. ANCR. R. p. 400.

i-stillen v. s. *ȝestillen*.

i-stinken v. ags. *gestincan*, olfacere, ahd.
gestinchan, *gestincan*. s. *stinken*. wittern,
riechen.

He heleð it & wrihð so þet he hit nout ne
istinckeð. ANCR. R. p. 84.

i-stirred adj. von ags. *steorra*, stella, gebildet.
vgl. lat. *stellatus*. gestirnt, wie mit Ster-
nen besetzt.

Ich iseh on heh .. þe eadi meiden, his moder, Marie inempnet, sitten in a trone se swiðe
briht wid ȝimmes *istirret* .. þat euch eorðlich
liht is þeoster þer oȝeines. OEH. p. 259.

i-stored p. p. von afr. *estorer*. s. *astoren*.
versehen mit Gut.

Ful riche he was *istored* prively. CH. C.
T. 611.

i-straugien v. ags. *gestrangian*, corroborare.
s. *strangien*, *strongien*. stärken. kräftigen.

Pa wes Seuarus hired selcuðliche *istronged*.
LAȜ. II. 4.

i-strawen, i-strewen v. ahd. *gistrewen*, gth.
gastraujan. s. *strawen*. bestreuen, über-
säen.

He slow Saraȝyns on þat place so doȝtilich
þat tyde, þat al þe feld *ystrawed* wace of hymen
on euery syde. FERUMBR. 420. So many of hem
thar had forheawed Roland & is route, þat al
þe feldes þoȝte *ystrawed* of dede men al aboute.
2689. — So many of hem þay han forhewed, as
þay reculede aȝeyn, þat al þe feld semed *ystrewed*
of Saraȝyns þat þo were sleyn. 3041.

i-streechen v. s. *strecchen*. ausstrecken,
Beof .. bræid hine of his stede & to eorðe
hine *istræhte*. LAȜ. III. 65. reflexiv.

Hwi nam ich iþin ermes so *istreihte* and
ispred on rode. OEH. p. 201. Ech lyme faire
istreiȝt also, in god poynt as he were. POP. SC.
380. Josep fond þe dede ligge *istreiȝht*. KINDH.
JESU 1582. — Hwi nam ich .. in þin earmes swa
istrahte and isprad on rode. OEH. p. 185. *Istraht*
he myhte ligge noht, Hys legges hy corven of.
CHRON. OF ENGL. 756.

i-streind p. p. von *streinen*, afr. *estreindre*.
zusammengezogen, eng.

He werede harde here, Schurte and brech
hard ynouȝ, hardere non nere, The straples were
istreynd harde ynouȝ. BEKET 1475.

i-strengen v. s. *ȝestrengen*.

i-strengðed p. p. s. *strengðen*. gestärkt,
gekräftigt.

Fore þe miracle þet hi seghe, was here beliûue þe more *istrengþed*. O.E.MISCELL. p. 30. Hi asolle yay god .. be byleaue alyþte and *ystrengþed* be þe yeiþe of onderstoundinge. AYENB. p. 201.

i-streoa s. ags. *geströon*, opes, divitiæ, halbs. *yistriuni*, ahd. *kistriuni*.

1. Gut, Besitz, Gewinn: Þe licome luuað .. ouermodinesse and oðer monnes *istreon* mid wohþe, for þon þe him ne lust swinken mid rihte on þisse liue. OEH. p. 19. Ayhte nys non ildre *istreon*, ac hit is godes lone. O.E.MISCELL. p. 114. cf. REL. ANT. I. 174. Þæ castles aðele weore of his eoldrene *istreon*. LAJ. II. 357.

2. Zeugung: He is hisenlipi sune, nawiht efter boþnunge, ac efter *istrone*. OEH. p. 75· Nis na stude to *istreone* bicumelic, butan ða þe istreonieð beon bispused rihtliche to gedere. p. 133.

3. Nachkommenschaft, Geschlecht: Halie boc nemneð iwuneliche ðreo þing to sede, an is mannes *istreon*, þet oðer is godes word, and þet ðridde is weldede. OEH. p. 131. Vre drihten cleopede monnes streon sed, þa þe he spec wið ðene halie mon Abraham of his *istreone*. p. 133. Helle hundes gnaweþ heore feet .. For heo heore maydenhod lure, Er heo come to chireche dure, And furduden heore *istreon*. O.E.MISCELL. p. 151. Heore moder is kinges *istreon*. LAJ. II. 526. Þu eart kinges *istreonne*. I. 209.

i-streonen v. s. *istreonen*.

i-strived p. p. s. *striven*, afr. *estriver*. disputirt.

Salomon huanne he hedde al þe wordle ywent, and of alle þinges and of foles and of wyse *ystriued*, he zayde his dom ine zuiche manere „ydelnesse, ydelnesse, ydelnesse". AYENB. p. 164.

i-stungen, i-stongen p. p. ags. *gestungen*. s. *stingen*. gestochen, durchstochen.

He .. wes mid speres orde to þere heorte *istungen*. OEH. p. 121. Þo þe he þerunne þrowede .. and on his side was mid spere *istungen*. II. 205. Hys bac wid scuurge iswungen, Hys side depe *istungen*. WARTON HIST. OF ENGL. P. I. 24. Þet iseh þe riche þein .. þat Boccus mid his spere stronge Bedver hafde *istunge*. LAJ. III. 100. — They ben ysewed with whight silke, And semes ful queynte, *Ystongen* with stiches That stareth as sylver. P. PL. Creed 1099. Hii hire gonne reade þat finde heo solde þe rode þat Crist ure louerd þar on was *istonge* LAJ. II. 41 j. T. Jhesu .. wes mid spere *ystonge*. LYR. P. p. 84. Jesus vs to hys blysse brynge .. As he for vs on the rode hyng Wyth spere *ystonge*. OCTOU. 1959. And leyen at the grounde *istonge*, That resyn never aftyr that day. SOWDONE OF BABYLONE 533.

i-sturien v. ags. *gestyrian*, agitare. vgl. *isteorien*.

1. treiben, in Bewegung setzen: Nu je alles to strif beon *isturued* hidere, for to beo wið gold & gersum igrette. LEG. ST. KATH. 796.

2 refl. sich bewegen, sich rühren,

---

sich tummeln: Þe kyng adde er among þe Scottes *ysturyd hym* vol wel, And deiyuered .. ye neueu ayre Howwel, And yslawe of hem mony on. R. OF GL. p. 176.

i-suffred, i-soffred p. p. s. *suffren, soffren*, afr. *suffrir, soffrir*, sufferre.

1. geduldet, zugestanden, gestattet: That o man ne beo *isuffred* go forth with his wille. BEKET 1301. The pope het his clerkes alle .. Withsigge suche lithere lawes .. And that hi nere *isuffrede* nowhar. 1431. Aþen riht hi [sc. the custumes] beoth .. Theþ hi longe *isuffred* beo and to custumes idrawe. 1624. Thy flessche, the feend, and the world, thou hast *ysuffred* hem to entre into thin herte. CH. T. of Melib. p. 171.

2. erduldet, erlitten: Wan so muche trauayl hii adde *ysoffred* er. R. OF GL. p. 411.

i-summed p. p. s. *somonen*, afr. *somondre* u. *semoner*, lat. *summonere*. geladen, vorgeladen.

Isumned ich am to this dai to answere to the; Archebischop of Canterbure nas nevere *isumned* so. BEKET 750. cf. 746.

i-sund, i-sound adj. ags. *gesund*, integer, sanus, prosper, alts. *gisund*, ahd. *gisunt*, niederl. *gesont*. unverletzt, heil, gesund.

Eneas þe duc mid ermden atwond. Nefede boten anne sune, þe was mid him *isund*. LAJ. I. 5. Þe child wes iboren *isund*. I. 13. Al ihal & al *isund* heihliche he cleopede. I. 35. Wyþ swerdes sherp ygrounde let hewen hem flesch & bon, þat no lym be laft *ysounde*. FERUMBR. 1992. — Mine briddes seten *isunde*. O. A. N. 1100. Yf ye me secheþ, her ich am yfunde, Leteþ þeos bileuen hol and *isunde*. O.E.MISCELL. p. 42.

i-sunde s. ahd. *gisunti, gesundi*, sanitas, mhd. *gesunde*. Unverletztheit, Wohlbehaltenheit.

Al mid *isunde* come to þisse londe. LAJ. I. 170. He verde mid *isunde* in to þisse londe. I. 211 j. T. Jif here is æi heredring þe maþen nimen þene king, nime hine mid *isunde*, & ne jefue him nane wunde. I. 366 sq. Of seorewe and sunne wite vs myd *isunde*. O.E.MISCELL. p. 140.

i-sundful adj. ags. *gesundful*, prosper. glücklich.

Gif þe king wule mid carfulnesse haldan þas bebodan, þenne bið his riche *isundful* on liue, and efter þisse liue he scal faran to þan eche liue. OEH. p. 115.

i-sundien v. mhd. *gesunden*, sanare. gesund machen, heilen.

Þisses deiþes hehnesse is to heriane forðon þet þe almihti god .. þet he walde monna cun on þisse deie *isundian*. OEH. p. 97.

i-sundren v. ags. *gesundrian*, separare, ahd. *gisuntarôn, gisuntrôn, gesundirôn*, mhd. *gesundern*. sondern, trennen.

Dust & greot .. hwon it is *isundred*, & non ne halt te oðre, a lutel windes puf mei al todreuen hit to nout; þer hit lið in one clotte ueste ilimed togederes, þer hit lið al stille. ANCR. R. 252 sq. Nu is þeos laste dole .. todeled and *isundred* o lutle seoue stuochenes. p. 412.

7*

i-sundung s. vgl. *isundien* v. Heilung,
Heilbringung.

Crist underfenc meniscnesse on his tocume,
and men underfengen god þurh þes haljan gastes
isundunge. OEH. p. 99.

i-sunezen v. ags. *gesyngian*, peccare, alts.
gisundión, ahd. *gisuntón.* sündigen.

Ʒif eni mon touward Criste *isunegede* on
Moyses laje, he wes ipinet ermiliche to deðe.
OEH. p. 17.

Þe we beoð sari in ure heorte þet we *isuneged*
habbeð, þenne slage we ure sunne. OEH.
p. 51. Horte sar haueð þe mon, [hwenne] him
biþengþ þet he *isuneged* haueð. p. 149. 153.
Oðer hwile heo scheden hate teres for hore ajen
sunnen, hwenne ho hom biðohten þet heo *isuneged*
hefden. p. 155. Wasche mine fif wittes of
alle bodi sunnen, of al þet ich abbe . . wiþ eini
lim misifeled, and wið flehs *isuneged.* p. 189.
202. Ich habbe *isuneged* ine mete and ine
drunche boðe. p. 205. 305. Bind him so euerich
lim þe he haueð mide *isuneged*, þet he ne muwe
mid ham sunegen nan more. ANCR. R. p. 306.
Ifurn ich habbe *isunejet* mid wurken and midd
muðe. O.E. MISCELL. p. 193. Ich habbe *ysuneged*,
merci y crie. MARINA 119. Ifurn ich habbe
isuneched. O.E. MISCELL. p. 193. Þat pine be
my socour there That y haue *ysinewed* with myn
here. HOLT ROOD p. 176. Þa biseh ure drihte
mildeliche to hire penitence, and jeseh þat hie
biterliche[?] elche þare limene on hire seluen þe
hie hadde erur mide *isenoged*, and hadde reuðe
of hire. OEH. II. 145. Al that he heth *isenoged*
[isenoged *ed.*] her . . Eliinge brengeth hit to
noujte. SHOREH. p. 6.

i-susteined, i-sustained p. p. s. *susteinen*,
afr. *sostenir*, *soustenir.*

1. aufrecht halten, erhalten: Non
tyme nas þat þes þet *ysusteyned* þan [þat *ed.*] by
hys tyme was. R. OF GL. p. 375.

2. erhalten, ernähren: Hem þojte in
Engelond so muche folc neuere nas, þat yt was
wonder þoru [what] *ysusteyned* yt was. R. OF
GL. p. 378. Al bestus þer by þat lif bere mowe,
Ben soþliche *isustained.* ALEX. A. DINDIM. 619.

i-sustren s. pl. ags. *gesveostor*, alts. ahd.
giwester, mhd. *gesvester.* Geschwister,
Schwestern.

For þi beð [bed *ed.*] alle man ibroþren and
isustren, and solden aueriha man loueien oþer.
OEH. II. 219.

i-sutellen v. ags. *gesveotolian*, *gesvutelian*,
manifestare. s. *sutel* adj. *sutellen* v. klar
machen, erklären, darlegen.

Asked him . . hwar he ifinde in holi write
religiun openluker descriued & *isuteled* þen in
sein James canoniel epistle. ANCR. R. p. 8. Hu
god hit is forte beon one, is boðe iðen olde lawe
& ec iðe neowe *isuteled* [isuteleð *ed.*] & ischeawed.
p. 154.

i-sweamen v. mhd. *gesweimen.* schwei-
men, schwindeln machen. s. *sweamen.*

Hwa þat sehe þenne hu þe engles beoð
isweamed þat seoð hare suster swa sorhfulliche
afallet, and te deoueles hoppen . . stani were his
heorte jif ha ne mealte iteares. HALI MEID. p. 17.

i-swelzen v. ags. *gesvelgan*, deglutire, mhd.
gesvelhen. verschlingen.

Thos hule . . sat tosvolle and ibolye, Also
ho hadde one frogge *isvolje.* O. A. N. 143-6.

i-swenchen v. ags. *gesvencan*, tribulare, vexare, mhd. *gesvenken.* plagen, quälen.

Ʒe beoð iseald eower feonde to prisune,
swa þet heo eow tintrajed and heow *isvenchet.*
OEH. p. 13.

i-swered adj. von *svere* s. ags. *svsora*, col-
lum, cervix. mit einem Halse versehen,
. . halsig.

Grete werriours, and doughty men, Schorte
ysverred, so y fynde, And bouked byfore and
byhynde. ALIS. 6263.

i-sweren v. schw. Zeitwort. vgl. ags. *sverede*
[MATTH. 26, 74]. schwören.

Y til him am trewe ypliјt & haue myn oþ
ysvered. FERUMBR. 1045.

i-swerien v. ags. *gesverian*, jurare, alts. *gi-
sverian*, mhd. *gesveren*, *gesvern.* schwören,
sich eidlich verpflichten.

Æðes þer weoren *isvorene.* LAȝ. I. 382.
Ich heuede *isvoren* hit, luuien ich mot te. ANCR.
R. p. 96. Ne mijte no tunge tellen . . þe stronge
pine of helle, þah he hedde *isvoren.* O.E. MI-
SCELL. p. 172. Alle theih beth *isvorne* holi
churche holde to rihte. POL. S. p. 334. Ned oþ
ysvore, nede ybroke was. R. OF GL. p. 357.
Biuore al that folc this oth was *isvore.* 506. Sire
Edward of Carnarvan . . Sire Emer de Valence
Habbeth *ysvore* huere oth [oht *ed.*] POL. S.
p. 216. He . . hath *ysvore* his grete oth. ALIS.
4575. The kinges men hadde *isvore* . . to stronge
dethe him bringe. BEKET 1077. — Ych was
ysvore to hym ar to þe. R. OF GL. p. 272. Þat
was my broþer *ysvore.* p. 312. Þus sixe iwis
Chose, þo hii were *isvore*, six oþere. p. 567. As
lef me were my hed forgo, As in þys cas to
fondye hym fro, to wham we buþ *ysvore.* FE-
RUMBR. 4767.

i-swevien v. s. *jesvejien.*

i-swiken v. s. *jesviken.*

i-swinc, i-swinch s. s. *jesvinc.*

i-swingen v. ags. *gesvingan*, flagellare, cædere, mhd. *gesvingen.* geisseln, schlagen.

Hys bac wid scuurge *isvungen*, Hys side
depe istungen. WARTON HIST. OF ENGL. P.
I. 24. His reg mid scurge *isvunge*, His heved
þornes prikede. I. 25. He was nailed to the
tre, with scourges *ysvongen.* LYR. P. p. 84.
Wel and wrothe he wes *isvonge*, Mid staves
and speres he wes istounge. REL. ANT. II. 278.
Jesu that was with spere *istounge* [ystoynge
ed.], And for vs parq anq sore *ysvounge.* OC-
TOU. 1.

i-swingle v. vgl. ags. *svingla*, flagellum.
Geissel, Peitsche.

Þenne wille je hit bireusian and sunne bi-
menen and to bote [boto *ed.*] gan, and iswica
þenne þe orð þa *isvingla.* OEH. p. 13.

i-swojen, i-swowen p. p. s. *svojen.* betäubt, ohnmächtig.

Stille he wes *isvojen* on his kineatole; me
warp on his nebbe cold welle watere. LAȝ. I. 192.

Adun he feol *iswoȝe*. K.H.428. He ȝaf dentes inoȝe, þe kniȝtes felle *iswoȝe*. 857. This maide ful vpriȝt *iswoȝe* tho heo him iseȝ. BEKET 93. Mid þære wræððe he wes isweued, þat he feol *iswowen*. LAȝ. I. 130. Heore hors hedlyng mette, That heo to grounde sletten. ALIS. 2261. For sere nygh they weore *yswowe*. 2438. Ther lay on grounde mo than ynowe, Some sterved, some *yswowe*. 2713. *Ynowe* he feol to grounde ryght. 4491. Duykes and barons felle *yswowe*. 6875. Heo ne bileuede noȝt ar he lay at hyre vet *yswowe*. R. OF GL. p. 290. Þe kyng lay as he were *yswowe* almest dawes tuo. p. 350. Þe kyng .. bigan .. nei vor pite *iswowe* vpriȝt toumbe. p. 526 sq.

i-swunken, i-swonken p. p. s. swinken. gearbeitet, sich abgemühet.

And is iliche ase þauh a mon þet heuede longe *iswunken*, and felede efter his sore swinke, a last, of his hure. ANCR. R. p. 404. Wummen & children þet habbeð *iswunken* uor ou, hwatse ȝe spaned on ou makieð ham to etene. p. 416. Alle ȝe hadden be aslawe .. Ne had þyn dozzepers þe bet *iswonke*, ich & my felawes. FERUMBR. 151.

i-taken, i-tan p. p. s. taken, ags. tacan, sumere.

1. genommen, in verschiedener Beziehung des Begriffes, als

gefasst, ergriffen: Þe grom hauet to him *itake* Hir ax. KINDH. JESU 1388.

ergriffen, gefangen: He þencheð, þe deofel, þesne mon ich habbe *itaken* to mine aȝene bihofþe, ma monna ic scolde biȝeten swa. OEH. p. 27. The patryark *itaken* is, And Jhon the Neel is slayn. RICH. C. DE L. 7017. Anoon he was *ytake* well faste And brought yn gyues. OCTOU. 221. He was betrayde And *ytake*. 1518. Y am aschamed .. That Alisaundre with myghty hond Hath me dryven of my lond, My modur, my suster *ytak*, And Floriant my gentil make. ALIS. 3309. The Crystene .. prayde the kyng for Godes pyte, That he scholde come to hem than, Or ellys they scholde ben alle *itan*. RICH. C. DE L. 6592-6.

eingenomm'en, erobert: Wher be these hethene pawtener, That haue the cyte of Jaffe *itake?* RICH. C. DE L. 6742.

angenommen: We habbeþ *itake* Cristendom. ST. CRISTOPH. 482.

ertappt: In thi foli thou worst *itake*. SEUYN SAG. 1458. The womman that was *itake* in advoutrie. CH. T. of Melib. p. 144.

erhalten, bekommen: Hadd y þat stronge strok *ytake*, þou haddest to me ymynt, For euere my bred had be bake, myn lyf dawes had be tynt. FERUMBR. 576.

übernommen, aufsichgenommen: Now hath Tristrem *ytan* Oyain Moraunt to fight. TRISTR. 1, 91.

zu sich genommen: Huo þet hedde *ytake* þer of ennelepi drope of þe leste þinge þet þer ys, he asolde by .. dronke. AYENB. p. 75.

weggenommen: Al þe relyqes þat y haue *ytake* aȝeyn þe riȝt Y wil ȝeld op. FERUMBR. 764.

Mi wif he wolde haue forht *itake*. SEUYN SAG. 987.

gelangt: Theo messangers thidre wendith, To Athenis they buth *ytake*. ALIS. 2920.

sich gebahrt, gefahren, mit *on*: Þat word come to Belinne of Brennes his broðer hou [heo ā. T.] he hauede *itaken on* & al whet he haueden idon. LAȝ. I. 238.

2. gegeben, übergeben: He haueð iwedded him to mi meidenhad wið þe ringe of rihte bileaue, & ich habbe to him treweliche *itake* me. LEG. ST. KATH. 1517. Cadwal kyng þat aȝte be of Brutons londe, Myd poer, þat kyng Salomon hym adde *ytake* an honde .. Aryuede byȝyde Toteneys, and come somdel ner. R. OF GL. p. 245. Nou adde heye men of þe lond *ytake* þere byuore His fader oaȝage god ynow, and dep oþ ysuore. p. 301. Oure wille we habbeth forsake, Oure freond and al oure other god, and clanliche to the *itake*. ST. BRANDAN. p. 4. Bi his rede hit [sc. the toun] was *itake* To vii wise men to biwake. SEUYN SAG. 2763. Þe maister him gan hom schake þat him hadde that clothþ *itake*. KINDH. JESU 1210.

i-tacnien v. ags. *getácnian*, significare, ahd. *gizeihhanón*, *gizeihnón*, mhd. *gezeichenen*, gth. *gataiknjan*. bezeichnen, bedeuten.

Nu we wulleð seggen mare wet his godspel *itacnet*. OEH. p. 7. Hwet *itacnet* þe castel? Þe mon seolf. p. 23. Þa apostles *itacned* þa leorneres. p. 7. Pa assa þe wes ibunden and seoðdan unbunden, þet *itacned* þe sinagoge. p. 9. Þeos ileafan *itacneden* þa þreo þusend men. OEH. p. 101.

Mid þan is *itacned* þet cristene men ne sculen heore bileafe bisettan on þere weordliche eahte. OEH. p. 101. Heo .. radden him to taken on al swa godd him hafde *itakned* to. LAȝ. III. 292.

i-tacnuug s. ags. *getácnung*, significatio. Bezeichnung, Bedeutung, Zeichen.

Ni[s] na þe halia gast wuniende on his icunde swa se he iseȝen wes, forðon þet he is uniseȝenlic, ac for þere *itacnunge*, swa we [þe sd.] er seiden, þet he wes iseȝen on culfre and on fure. OEH. p. 97. Þe helende ableu his gast on his apostlas for ðere *itacnunge* þet heo and alle cristen men scullen lufian heore nehstan. p. 99.

i-tæchen, i-tachen v. ags. *getæcan*, *getæccan*, ostendere, offerre, docere.

1. geben, überweisen: He heom wolden mucle wele & wurðscipe *itæchen*. LAȝ. II. 8. — Þeo Judeus hoo [sc. þa rode] sohten, & þere quene heo *itæhten*. II. 41.

2. unterweisen, lehren: Swiche luve ich *itache* and lere. O. A. N. 1345.

Þis maiden wes wel *itæht*, on bocken heo cuðe godne cræft. LAȝ. II. 30. Heo wes a boken wel *itaht*. I. 268. Ȝe ben men beter *ytaȝt* to schouele and to spade .. þan with swerd or hauberk eny batail to do. R. OF GL. p. 99. Al þus Floris hath iwroȝt As Daris him haþ *itaȝt*. FL. A. BL. 403. Þo þet habbeþ þe lhordssip ope þe bodyes, þet is zuo *ytaȝt* þet he ne acheþ none outtrage and deþ þet þe goet hat. AYENB.

p. 54. Þe wyse and þe wel *ytoþts* tempreþ and
mesureþ his wordes. p. 254. Moder ful of þewes
hende, Maide dreiȝ & wel *itaucht*, ic em in þine
loue bende. OEH. II. 256. I bitok mi sone to
lere, For to haue *itaught* him god, And ye have
imad him wod. SEUYN SAO. 676. 1702. The
knight hadde a graihond .. He was so hende
and wel *itaught*. 733-7. Bote he beo wel *ytaught*,
Withoute akorn passith he nought. ALIS. 3141.
Bold of his speche, and wys and wel *itaught*,
And of manhede lakkede he right naught. CH.
C. T. 757.

Ferde after ane bache, al awa Brutus him
hefde *itaiht*. LAȝ. I. 33. Bitterluker ne betere
ne mei heo ham neuer breken, þen is *iteiht*
þeruppe. ANCR. R. p. 170. Ȝif þu wreiest þe
wel her, God wule unwreien þe þer, and akeren
mid alle, ette neruwe dome, uor hwon þet tu
deme þe, ase ich *iteiht* habbe. p. 308. Ho haues
iteiht þe so muche langage? KINDH. JESU 809.

i-tase adj. ags. *geleas*, commodus, aptus.
vgl. ahd. mhd. *zese*, gth. *taihsva*, δεξιός. gelegen, günstig, zur Hand.

Þe king droh his sweord þe him wes *itase*,
and þet deor he smat anan uppe þat hæued bæn.
LAȝ. I. 277.

i-tasted p. p. s. *tasten*. gekostet.
Him þoujhte þat wyn betere þo, þane he
hadde idronken er, Oþer *itasted* elles jwer.
KINDH. JESU 1755.

i-tawien v. ags. *getawian*, præparare, gth.
gataujan, ποιεῖν. gerben.
Uelles wel *itawwed*. ANCR. R. p. 418.

i-teien [i-teȝen], i-tiȝen v. ags. *getiȝgean*,
getiȝgan, constringere. binden, knüpfen.

Uniseli is det is wið luue to eni eorðlich
þing *iteied*. OEH. p. 215. Ilch man of his wise
noteð his swin[c]he, swilch se he is to *iteied*,
clerc on his weise, cniht on his wise, tilie on his
wise, and ilches craftes þeau swo he beð to
iteied. II. 181. Aweilewei þu fule hold þat ich
auere was to þe *iteied*. II. 183. Sansumes foxes
þet .. weren bi þe teiles *iteied* ueste. ANCR. R.
p. 254. Swa we beoð ifestned & *iteied* in an.
LEG. ST. KATH. 1524. Nes nawt *iteiet* to þe treo
þer he deide upon, for to drehen eawt, bute
flesch timber. 1191. Wa is him .. þat is wið to
muche luue to eni eorðliche þing *iteiet*. HALI
MEID. p. 27. Hire hosen were of fyn scarlett
reed Ful streyte *yteyed*. CH. *C. T.* 458. An hors
.. stond *iteid* at mulne dure. O. A. N. 776.
Above him was a cloth *iteid* mid tuei tongen
faste. ST. BRANDAN p. 24. — He bar vppe his
rugge borþone grete, þat weren twealf swin
itiȝed [iteied ä. T.] to gedere. LAȝ. III. 31 j. T.
He [sc. þe fisch] is bi þe hok *itiȝed* fast. CAST.
OFF L. 1130.

i-teiled adj. von altn. *tail*, *teil*, cauda, ags.
tägel, *tägl*. geschwänzt.
Iteiled draken grisliche ase deoflen þe forswolheð ham ihal. OEH. p. 251.

i-tel s. ags. *getêl*, *getel*, numerus, alts. *gital*.
Zahl, Anzahl.
Nuste na mon þat *itel* of þan scipen þat
seileden after. LAȝ. I. 333.

i-telded, i-teld, i-tield p. p. s. *telden*. errichtet, aufgeschlagen.
Weoren a þan walde teldes *itælded*. LAȝ.
II. 309. Alisaundre and his barouns Hald *itelde*
heore pavelouns. ALIS. 2677. A pavyloun *yteld*
he sygh. LAUNFAL 263. Two pavelons weoren
al withynne, Strongliche *ytielde* with gynne.
ALIS. 3437.

i-tellen v. ags. *getellan*, numerare, reputare,
alts. *gitellian*, ahd. *gizellen*, *gezellen*, mhd. *ge-
zeln*.

1. zählen, aufzählen: He .. seide þet
swa muchel moncun sculde springen of him ðet
na man ne mihte *itellen* a mare þe me mei ðeo
steorren of heuene. OEH. p. 133.

Fram þan halie hester dei boð *italde* fifti
daȝa to þisse deie. OEH. p. 87. Alle *itald* bi
tale, fif siðe tene icudde & icorene. LEG. ST.
KATH. 1292. Inne Franse weren *italde* twelfe
iferan, þa Freinsce heo clepeden dusze pers.
LAȝ. I. 68. Pa weoren þer riht *italde* .. feouwer
hundred þusende cnihtes. III. 6. Ne we habbeþ
itald ten manere zennes of þe tonge. AYENB.
p. 70. zählen zu etwas: Þe modie wreccha for
his modes upahefednesse is to richan *itald* rihtliche on boken. OEH. p. 115. aufzählen,
zählen: For a thousand pound *ytolde* Should
not that one be sold. RICH. C. DE L. 2325.
Sone was that palfray sold, And the florins therfor *ytold*. OCTOU. 391.

2. schätzen, achten: Hwose let wel of
ei þing þet heo deð, & wolde habben word þerof,
& is wel ipaied ȝif heo is ipreised, & misipaied
ȝif heo nis *itold* swuch ase heo wolde. ANCR. R.
p. 198. I none þinge ne blisse ich me bute ine
Godes rode, þet ich þolie wo, & am *itold* unwurð, ase God was o rode. p. 352. cf. 354. But
if he have hod and cappe fured, he nis noht *itold*
in covent. POL. S. p. 330.

3. erzählen, berichten, sagen: Nes
he næuere iboren .. a næuere nare leode, þe
cuðe him *itelle* an mies cunnes spelle of halue
þan richedome þe wes inne Kairliune. LAȝ.
II. 612.

Swa ic wende wel þat þe sæȝe soð weoren,
þe me wes to niht *itald*. LAȝ. I. 342. Nes hit
neowhær *itald* on songe ne on spelle. II. 79.
Þis ys þe stat of Yrlond, as iche habbe *ytolde*.
R. OF GL. p. 43. Tho he hadde his tale *itold* ..
He sat adoun. BEKET 1298. We lewede men
that here beoth ne cunne Latyn non, Ne nothing
nabbeth understonde that ȝe habbeth *itold* echon.
1323. A spye hath *ytold* me, That the admyral
Salome, And the duyk Antoyne of Cartage ..
Wolen come. ALIS. 3556. Nov haue y to þe
itold my name. FERUMBR. 654. Pet wonder was
wide *itold* aboute. KINDH. JESU 663. What
helpeth it lenger *yteld*. ALIS. 7870. King
Richard .. bad him nought greve him tho,
Though he venged him of his foe, That had his
good knights queld, And eke on him despite
yteld. RICH. C. DE L. 1969.

i-temien, i-tamien v. ags. *getemian*, domare,
ahd. *gizeman*, mhd. *gezamen*, gth. *gatamjan*.
bezähmen, bändigen.
Itemed is þe wode. LAȝ. I. 376. Nu is alse

schome meast þ an lepi meiden, wið hire anes
muð, haueð swa biteuelet, *itemed* & iteied . . fif
siðe tene icudde & icorene. LEG. ST. KATH.
1288. That unicorn .. Thou hast *itamed*. SHOREH.
p. 133.

i-tempred p. p. *s. temperen*, ags. *temprian*,
p. p. *getempred* [BOSW.], temperare.
  1. gemässigt, massvoll: Zuo ssolde
he by wel *ytempred* and ameasured ine hyerþe
and ine lhestinge. AYENB. p. 257 sq.
  2. gehärtet: An axe had he þan an honde
.. Three fet of brede was þe blad, Of style
ytempred ful wel ymad. FERUMBR. 4431-3.

i-tend p. p. *s. tenden*, ags. *tendan*, accen-
dere. entzündet, entbrannt.
  Þis monne me mei sermonen mid godes
worde, for hwat he scal his sunne uorsaken and
bileuen and bon *itent* of þen hali gast. OEH. p.81.
Ho weren *itende* of þan halie gast. *ib.* Alswa scal
þe larðeu don þe ðet bið mid þen halia gast
itend. p. 95. Þenne þes eorðliche monnes heorte
bið *itend* to godes lufe. p. 97. Heo swa *itend* of
wraððe [wes], þ wod ha walde wurðen. LEG.
ST. KATH. 156. Com leapinde forð al *itend* of
þe lei of þe Hali Gast. 198.

i-tented p. p. *s. templen*, tentare, afr. *tenter,
templer*. versucht.
  Nu an oðer elne ouh muchel urouren ou,
hwon þe beoð *itented*. ANCR. R. p. 228. Hwon
he iðoleð þet we beoð *itented*, he plaieð mid us.
p. 230. Seinte Sare, nes heo fulle þreattene þer
itented of hire vlesche? p. 234.

i-teon v. ags. *geteón*, trahere, ducere, ahd.
gaziuhan, *geziehen*, mhd. *geziehen*, gth. *gatiuhan*.
  a. tr. 1. ziehen, herausziehen: Hwo
is þet durste slepen þeo hwule þet his deadlich
fo heolde on *itowen* sweord ouer his heaued?
ANCR. R. p. 324.
  2. aufziehen, erziehen, bilden:
Þe king .. to Corinee hine sende in to his londe,
þat he hine sculde wel *iteon*. LAȝ. I. 102.
Luces wes wel *itoȝen*. LAȝ. I. 430. Ho [sc.
the wranne] was *itoȝen* among mankunne, An
hire wisdom brohte thenne. O. A. N. 1723. Þa
wimmen wunliche on heowen and hahlukest
iscrudde & alre bezst *itoȝene*. LAȝ. II. 613.
Anoþer wes alre best *itowen*. I. 115. Heo is a
grucchild & ful *itowen*. ANCR. R. p. 108. Þe
Scorpiun of Lecherie, þet is of golnesse, haueð
swuche kundles þet in one wel *itowune* muðe
hore summes nome ne sit nout uorto nemnen :
uor þe nome one muhte hurten alle wel *itowune*
earen. p. 204.
  b. intr. 1. ziehen, sich begeben: Þa
isæh Arður, aðelest kingen, þat Childrich wes
ifloȝen, into Calidonie *itoȝen*. LAȝ. II. 445. Nu
is Childric iuloȝen & awæiward *itohȝen*. II. 477.
Alle hii were awei iflowe and of þan londe *itowe*.
II. 65 j. T.
  2. sich wenden, abzielen: Strongliche ,he wes auæred .. to wulche þinge hit
iteon wolde þat him wes itacned þere. LAȝ. III.
292.

i-teonien v. ags. *geteónian*, vexare. *s. teonien*.
quälen, schädigen.
  Ich herde men upo mold make muche mon,

Hou he beth *itened* of here tilyynge. POL. S.
p. 149.

i-teoðeȝed p. p. *s. teoðien*, ags. *teoðian*, de-
cimare. den Zehnten gegeben.
  Uor þe ten hesten þet ich ibroken habbe,
summe oðer alle, and me sulf toward te hwat se
beo of oþer hwat vntreouliche *iteoþeged*. ANCR.
R. p. 28.

i-tiden v. ags. *getidian*, contingere, accidere.
zustossen, begegnen, sich ereignen.
  Þe schal nede *itiden*. HALI MEID. p. 31.
Hunke schal *itide* harm and schonde. O. A. N.
1731.
  Gif hit *itit* þet þu brekest godes heste un-
þonkes, be[t] hit þin þonkes. OEH. p. 21.
Oðer hwile hit *itit* þet þu heo [sc. þine sunne]
nefre ne ibettest on þisse liue. p. 29. Are deað
and dom cumeð to his dure, he maiȝ him sore
adrade, þat he ne muȝe þanne bidden ore, for
þat *itit* ilome. OEH. II. 223. Þe soule ant te
licome nis bute o mon, & boðe ham *itit* o dom.
ANCR. R. p. 186. To Engelond ich wole nou
drawe, *itide* what bitide. BEKET 1812.
  Al þis ȝelp wes idel ido , for eoðer weis hit
eode, al oðer hit *itidde*. LAȝ. III. 113. Vreineð
hwat *itidde* of Ezechie, þe gode king, vor þul
þe he scheawede þe celles of his aromaz, & hir
muchele tresor. ANCR. R. p. 152. Þe sixte [sc.
hweolp of þe Unicorne of Wreððe] is wil þes
him vuele *itidde*, oðer on him sulf, oðer on his
freond, oðer on his eihte. p. 202.

i-tilien v. ags. *getilian*, *getilgan*, studere,
procurare. bestellen, bebauen, pflegen.
  Þet lond wes swiðe goð, ah seoððen wes þe
muchel fiod, nes hit neuere *itiled*. LAȝ. I. 427.
„Cultus justiciæ silencium.“ Þet tilðe of rihtwisnesse, þ is silence. Silence tileð hire, & heo
itiled bringeð forð soule eche uode. ANCR. R.
p. 78.

i-timbren v. ags. *getimbran*, *getimbrian*, ex-
struere, ædificare, ahd. *gizimboron* u. *kizimbi-
ran*, mhd. *gezimbern*, gth. *gatimrjan*. erbauen.
  Næs næuere na tur þe swa weore *itimbred*.
LAȝ. I. 332. Alle þa templen þe þa heðene hafden *itimbrid*. I. 434. On ane swiðe feiere stude
itimbred he [sc. þe castel] wes ful sone. III. 42.
Was sone, as he het, þis heane & tis hatele tintreohe *itimbret*. LEG. ST. KATH. 1970.
  bildlich bereiten: Seoðõen he þas seorȝe
him seolfen hæfde *itimbred*. LAȝ. I. 282. Whi
is hit iwurðen þat mi broðer Modred þis morð
hafueð *itimbred*. III. 126 sq. Iblesced beo euer
þeos hond, vor heo haueð *itimbred* me þe bliscen
of heouene. ANCR. R. p. 124.

i-timien v. ags. *getimian*, accidere.
  1. verfallen auf etwas (?): Þos blaca
tadden .. bitacneð þes riche men þe habbeð þes
mucheles weorldes ehte and na maȝen noht *itimien* þar of to eten ne to drinken ne na god don
þer of .. ah liggeð þer upon alse þe tadde deð
in þere eorðe þet neuere ne mei *itimien* to eten
hire fulle. OEH. p. 53.
  2. sich ereignen, begegnen: Hit
itimede efter Noes fiode þet eontas walden
areran ane buruh. OEH. p. 93. Þa *itimede* þan
deofle alswa deð mahȝe fisce þe isið þet es and

ne iaiht na þene hoc. p. 123. — Þa wes it *itimed* þere þat Merlin saide while. LAȝ. III. 116.

i-tint, i-tent p. p. s. tinen, altn. *týna*, perdere. verloren.

Thai han *ytint* her pride. TRISTR. 3, 93. Thou hast *itent* thi pride. 2, 72. Tho both hys armes wer *ytent*, To fle the geaunt hath yment. OCTOU· 1147.

i-traid p. p. in der Bedeutung von *bitraid*, v. afr. *traïr*. verrathen, betrogen.

„Hou was that olde man *straid*?" — „He was nowt bitraid, for he wis was." SEUYN SAG. 1716.

i-travailed p. p. s. travailen, laborare. gearbeitet.

Þo gruchchede hi amenges hem and seyden: Þos laste on ure habbeþ *itravailed*, and þu his makest velaghes to us þet habbeth al deai ibye ine þine wynyarde. O.E.MISCELL. p. 34.

i-trent p. p. s. trenden. kreisförmig stehend, geringelt.

A myȝt .. That halt op therthe and sterren bryȝte Aboute *itrent*. SHOREH. p. 137. Fairer was non on molde; Wyþ ejene graye, and browes bent, And jealwe traces, & fayre *ytrent*, Ech her semede of gold. FERUMBR. 5880.

i-treowe, i-treouwe adj. ags. getreóve, fidus, alts. *gitriwi*, ahd. *gitriuuoi*, *gitrúwi*, mhd. *getriuwe*. getreu, zuverlässig.

Þe sæg wes *itreouwe*. LAȝ. I. 190. Sixti scipen heo makeden, vnimete muchele, þeos weoren al neowe, stronge & wel *itreowe*. I. 315.

i-trespassed p. p. s. trespassen, trepassen, afr. trespasser. gefrevelt.

He hath suffred that thou hast ben punysshed in the maner that thou hast *itrespassed*. CH. T. of Melib. p. 171.

i-tressed adj. vgl. tressed. v. afr. trecier, pr. tressar. geflochten.

Ofte tyme this was hire manere, To gon *ytressed* with hire heres clere Doun by hire coler, at hire bak byhynde, Which with a threde of gold she wolde bynde. CH. Tr. a. Cr. 5, 809.

i-tried p.p. s. trien, afr. trier. auserwählt.

Philip hoped þat holde .. to wynne, For too keepe in that kith cumlich & riche All his tresour *ytryed*. ALIS. FROM. 1231.

i-trukien v. ags. getrucian, deficere. abtrünnig, untreu werden.

Þeo hwile ðet ich truste uppo mon, þu seidest, hold þe to ham, and lettest me al iwurden wið þeo þet ich truste uppon, and heo beoð me *itrukede*, heouenlich louerd. OEH. p. 213. Us is *itruked* an hond Appollin & Teruagant. LAȝ. II. 279.

i-tukien v. ags. getucian, punire, cruciare, vexare, vellicare, ahd. gizucchen, mhd. gezucken, gezücken.

1. martern: He was .. so scheomeliche *ituked* and so seoruhfuliche ipined. ANCR. R. p. 366. Þes king .. was himself to wundre *ituked* and isleien on ende. p. 390.

2. walken: Clooth that cometh fro the wevyng Is noght comly to were Til it be fulled underfoot .. And with taseles cracched, *ytouked* and yteynted. P. PL. 10527.

3. schürsen: He went his way, no longer wold he rest, With scrip and pyked staf, *ytouked* hye. CH. C. T. 7318.

i-tahten, i-tighten v. ags. getyhtan, trahere; erudire, docere, ahd. *gizuhtan*.

1. ziehen: Þi sune was *ituht* on rode, þurh driuen fet and honden wið dulte neiles. OEH. p. 203. Upon a retheres hude forth he wes *ytuht*. POL. S. p. 220.

2. befördern, bringen: So they riden, bothe day and nyght, That nyght they buth to the kyng *ytyght*. ALIS. 7163.

3. erziehen, in Zucht nehmen, unterweisen: Nv. is wil, þat husewif, al stille, þat er wes so willeaful, al *ituht* efter wittes wissunge, þat is husebonde. OEH. p. 267.

i-turmented p. p. s. turmenten. gemartert, gepeinigt.

Oure maister ous hath *iturmented* so grisliche. ST. BRANDAN p. 28.

i-turnen, i-tornen v. vgl. turnen.

1. wenden, kehren: Weren stille of hore wope, and *iturned* hore horte and heore wope to muchele blisse. OEH. p. 157.

Þas faþe neddre bitacneð þis faþe folc .. þe apeket alse feire biforen heore euencristene alse heo heom walde in to heore bosme puten, and swa sone se hi beoð *iturnd* awey from heom, heom totwiccheð and todraȝeð mid ufelele weordes OEH. p. 53. Þ he, i þe tintrehe þ ich am *iturn[d]* to, hardi min heorte. LEG. ST. KATH. 2161. So vareþ monye þys hey men, in chyrche me may ysey Knely to God .. Ac be hii aryse & abbeþ *yturnd* fram þe weued her wombe, Woluse dede hii nymeþ vorþ, þat er dude as lombe. R. OF GL. p. 369. Almihti Godd, cuð nu þi mihte, & menske nu þin hehe nome „ & for to festni ham in treowe bileaue þ beo to þe *iturnde* .. smit smertliche þerto. LEG. ST. KATH. 2006. Þe uormeste bitternesse is bireousunge & dedbote uor sunne, hwon þe sunfule is *iturnd* erest to ure Louerd. ANCR. R. p. 372. Hore weaden beon of swuche scheape, & alle hore aturn swuch þet hit beo eðcene hwarto heo beoð *iturnde*. p. 426. Tho Seint Thomas was *iturnd* fram offis of holi churche To a gret offis of the wordle. BEKET 185. Nou was Lucie stilleliche *itournd* to cristendom. ST. LUCY 19.

2. verwandeln, ändern: Petrus was fixere, þene *iturnde* þe ilcan godes gast to apostle. OEH. p. 97.

Þat metal ys now *yturned* into roches grete. R. OF GL. p. 28. Þo Brutayne was þus ylore, and þe londes name To þe name of Engelond *yturnd*, to gret asame, Sene kynges hii adde. p. 257. Þenne beoð ure blisse al *iturnd* to noht. O.E.MISCELL. p. 170. Habbe ȝe *itournd* þoure þoȝt. ST. CRISTOPH. 180.

3. übersetzen: Lideð & lusteð þelliflade of a meiden, þat is of latin *iturnd* to englische leode. ST. JULIANA p. 3.

4. anwenden auf, zuschreiben, zuweisen: Ȝe þreo beoð o God, & o mihte, o wisdom, & o luue, & tauh is mihte *iturnd* to þe in holi write nomeliche, þu deorewurðe ueder. ANCR. R. p. 26.

5. sich verwandeln: Þa þet folc þis iherde, þa *iturn[d]e* heore mod. OEH. p. 91.

Thilke yiftes of grace that schulde have *itorned* him to goodnes and medicyne, *torneth* him to venym. CH. *Pers. T.* p. 302.

i-turpled p. p. s. *torplen.* niedergesunken, gestürzt.

Ʒif a miracle nere þet pufte adun þene deouel þet set on hire so ueste, heo hefde *iturpled* mid him, boðe hors & lode, into helle grounde. ANCR. R. p. 266 sq.

i-tuðien v. ags. *getyðian, gettðian,* concedere, præstare. s. *tiðien.* zulassen, gewähren.

Wume nu þet min utbiwiste is her swa longe *ituþrd,* and þet ic scal wunien in unkuþe onde. OEH. p. 157. Forʒet hire bone þ heo ibeden hefde .. ne nawt ne þohte þeron þ hire nu were *ituðet* hire bone. ST. MARHER. p. 9.

i-twinned p. p. s. *twinnen.* getrennt.

Though in erith *ytwynned* be we tweyne, yet in the feld of pite, out of peyne, That height Elysos, shal we ben ifeere. CH. *Tr. a. Cr.* 4, 760.

i-twinnes s. pl. ags. *getvinnas,* gemini. Zwillinge.

Twene ibroðeren, *itwinnes* heo weoren. LAƷ. II. 86.

i-þanc, i-þone s. s. *jeþanc.*

i-þanken, i-þonken v. ags. *geþancian,* gratiam referre, ahd. *gidanchôn,* mhd. *gedanken.* danken.

Iþonked wurðe him. OEH. p. 153. Huerfore god by yhered and *yþonked.* AYENB. p. 196. Ofte he haueth god *iþonked.* KINDH. JESU 1258. *Ythonked* be God the stounde. LAY LE FREINE 52. *Iþhonked* be Fortune. CH. *Tr. a. Cr.* 3, 1773.

i-þand adj. cf. altn. *iðinn,* assiduus, sedulus, diligens. sch. *ythen, ythand.* s. *iþenli* adv. dauernd.

Ithand wedderis of the eist draif on so fast. RAUF COILƷEAR 27.

i-þavien v. s.*eþaſien.*

i-þeawed, i-ðewed s. *iþewed.*

i-þenchen v. ags. *geþencan, geþencean,* cogitare, considerare, reminisci, alts. *githenkean,* ahd. *gadenchan, gidenchen, githenken,* mhd. *gedenken.* gedenken, denken, bedenken.

Al þet ech mon haueð idon soððen he com to monne, Sculde he hit sechen o boke iwriten he scal *iþenchen* þenne. OEH. p. 167. Wei þet he eure hit wule *iþenche* in his þonke. p. 21. Ʒif we were wise men, þis we scolden *iþenche.* p. 179.

Looue lif *iþench* þu þes. OEH. p. 197. *Iþencheð* hu lutte hw[i]le ʒe beoð here. p. 29. *Iþenchoð* [-ed *ed.*] on eoure aldren, hu gode heo weoren to fehten. LAƷ. II. 396.

Lutel *iþenchð* mani man, hu muchel wes þe synne. OEH. p. 294. Vor thi me singth in holi chirche .. That man *ithenche* bi the songe, Wider he shal. O. A. N. 721.

Þa spæc Uortiger þat he hæfde *iþoht* ær. LAƷ. II. 138. Swa ich habbe al niht of mine sucuene swiðe *iþoht.* III. 121. He hafde *iþohte* .. to riden uppen Arður. II. 425. Nefde he þo

iþouht .. Meidenhod uorte uorleosen? ANCR. R. p. 164. So þat to her mayster Petreye he come, And vaste, as he adde yþoʒt, by þe necke hym nome, And þraste hym adoun of ys hors. R. OF GL. p. 211. Þy stede ys myn, y haue yþoʒt. FERUMBR. 486. Y not what ye habbeth *iþoʒt.* BEKET 399. Drinketh nou ynouʒ, In charite, Of thulke water that ʒe wolde er with wouʒ; Hit is betere dronke in charite whan hit is ʒou ibrouʒt, Than ʒe hit theofliche nome, as ʒe hadde er *ithoʒt.* ST. BRANDAN p. 13. Thyse manere sennes sevene .. al dedlyche hy beth, Wanne hy *ythouʒt* beth other yspeke, other ydon in stat. SHOREH. p. 115.

i-þenien v. ags. *geþegnian, geþenian.* servire. bedienen.

Peos þeo in an *iþeinet* of engles. ST. MARHER. p. 23.

i-þenli adv. sch. *ithanly, ithandly.* s. *iþand* adj. u. *Sprachpr.* L 1, 386. beharrlich, eifrig.

Þat [leg. þar] standes euer and *iþenli* A cloyd. CURS. MUNDI 2871 COTT. Þai þat war fild wit enst and hete, þat *iþenli* þair hertes ete. 23279. Quye Haf ye soht me sa *ithenly?* METR. HOMIL. p. 108. He fanded *ithenlye* To harl him in til his balye. p. 13.

i-þeon v. s. *jeþeon.*

i-þeven v. i. q. *iþavien.* s. oben. leiden, dulden.

Sæxes him sette to & woldon þene king fordon, & Hengest hine gon werien & nalde hit nowt *iþeuen.* LAƷ. II. 215.

i-þewed adj. abgeleitet von *þewe,* ags. *þeáv,* mos. s. *þewed,* sch. *thewit,* disciplined, mannered. gesittet, edel.

Mony baroun, ful wel *ythewed,* mony ledron, mony schrewe. ALIS. 3209.

i-þinken v. ags. *geþyncan,* videri, ahd. *gedunchen,* mhd. *gedunken.* dünken, scheinen.

Elche men *iþuht* þet þa bodunge iherde, swilche heo spechen mid heore speche. OEH. p. 93.

i-þingen v. ags. *geþingan,* crescere, proficere, vigere. wachsen in Beziehung auf leibliches u. geistiges Wachsthum.

On hwan mei þe mon modigean, þeh he beo wel iþoʒen and *iþungen.* OEH. p. 107.

i-þoht s. ags. *geþoht,* cogitatio, mens, auch ags. *githâht,* alts. *githâht,* ahd. *gidâht,* mhd. *gedâht, gⁱþeaht,* Gedanke.

We wurðinð þes halʒen gastes tocume mid loftsonge seofen daʒes, forðon þet he onlihte ure mod mid seofanfald ʒife, þet is, mid wisdom and anȝte, mid *iðohte* and streinde. OEH. p. 99. Ðan alden his to warniene wið uuele *iþohtas,* for þeo heorte ne aldeð naut ne þa tunge. p. 109.

i-þolien v. ags. *geþolian,* sufferre. vgl. alts. *githolón,* mhd. *gedoln,* gth. *gaþulan,* dulden, ertragen.

Þa pinen of helle, we ham ne maʒen *iþolien.* OEH. p. 43. Ʒif þou þis nult *iþolien,* þe scal beon þa wrse. LAƷ. I. 21. Seint Andreu muhte *iðolien* þet te herde rode hef him touward heouene. ANCR. R. p. 122. We ne muwe nout *iðolien* þet te wind of a word bere us touward heouene. *ib.*

Nul he neuer þolien þet te deouel tempti us ouer þet he isihð wel þet we muwen *iðolien.* p. 228. He ne mihte not *iþolie* þe herdnesse of þe rapes. OEH. p. 47.

Leouere hem his to libben bi þan wode roten, al swa þat wilde swin þ wroteð ȝeond þan grouen, þane heo þine þeowedomes lengre *iþolien.* LAȝ. I. 20 sq.

Seint Lorens also *iðolede* þet te gredil hef him upwardes mid berninde gleden. ANCR. R. p. 122. Þet israelisce folc ferde . . of þam londe for ðon muchele wawen þet hi þer *iðoleden.* OEH. p. 87.

Hast þou forȝete þe gret wo . . þat ich habbe *yþoled* for þi fader & þe. R. OF GL. p. 24. And tolde him al his damage, That he hadde *ytholed* in that .vyage. ALIS. 7137. Thou hast *ytholed* mony a stryf. 7912. Him þingþ þet he is a wel guod man and wel mid gode, uor þet he l'eþ zuo moche ydo and *yþoled* uor him. AYENB. p. 182.

i-þoncked adj. vgl. *iþanc, iþonc* s. gesinnt.

He (sc. þe swike of helle) bihalt on oðre þet he ne mei nones weis makien vuele *iðoncked,* so lufful & so reouðful is hire heorte. ANCR. R. p. 222. Þe attri neddre (sc. sleað) alle þeo ontfule, & alle þeo luðere *iðoncked.* p. 210.

i-þrasten v. ags. *geþræstan,* torquere. pressen, drücken.

Fiftene he hadde feondliche wunden, mon mihte i þare lasten twa glouen *iþraste.* LAȝ. III. 142 sq.

i-þrawen, i-þrowen p. p. s. *þrawen,* torquere, jacere, jactare. geworfen.

Thous was the olde tre doun *iþrawe,* And the yonge tre forht idrawe. SEUYN SAG. 623. A queyntise off the kynges owen Upon his hors was *iþrowen;* Before his arsoun his ax off steel, By that other syde hys masnel. RICH. C. DE L. 5657. When a wight is from hire whiel *iþrowe,* Than laughed sche (sc. Fortune). CH. *Tr. a. Cr.* 3, 1777. Hym is wors that is fro wel *iþrowe,* Than he hadde erst non of that wele yknowe. 4, 454.

In der Bedeutung gekrümmt, abgerundet steht das Particip in: A trone . . Wiþ cumpas *iþrowen.* CAST. OFF L. 736.

i-þreaten v. ags. *geþreatian,* tribulare, cogere. nöthigen, zwingen.

Ich was ined (iðrat T.) þerto. ANCR. R. p. 304.

i-þreschen, i-þerschen v. ags. *geþrescan, geþerscan,* ferire, verberare, ahd. *gidroscan* p.p. trituratus.

1. schlagen, treffen: Þenne beo ȝe his hendi children þet cusseð þe ȝerden þet he haueð ou mid *iðrosschen.* ANCR. R. p. 186. Vram þo lyȝte byeþ *yþorsse* mine eȝen and þe kyȝþe þyester. AYENB. p. 266.

2. dreschen: In þe deie of liureisun hwense god almihtin wule windwin þet er wes *iþorschen,* he wile ison hwiche boð þo þet muȝe atonden aȝein þes fleisces lust. OEH. p. 85. Zuo hit is of þe hyeape of huete *yþorsse.* AYENB. p. 132.

i-þretned p. p. s. *þretnen.* bedroht.

He was *iþretned* ofte Of þat folk þat luyte of him rouȝhte. KINDH. JESU 475. Þo þe maister was iwrathþed And hathþ lhm *iþretned.* 1448.

i-þrevien v. ags. *geþreán* [-*þredgan,* -*preavian*], vexare, affligere, alts. *githróðn,* ahd. *kadrauccan, githrewen.* schrecken.

Ne beo giuer heorte noht *iðreued* ne ofdred. OEH. II. 117.

i-þringen v. ags. *geþringan* tr. u. intr., alts. *githringan,* ahd. *kithrinkan, gedringen,* mhd. *gedringen.* dringen und drängen, pressen.

Min horte atflith, and falt mi tonge, Thonne thou art to me *iðrunge.* O. A. N. 37. — Þu schalt in þe putte vaste beon *iþrunge.* O.E.MISCELL. p. 179.

i-þud p. p. s. *þuden.* gestossen.

Moni hundred þusend þe *iþud* beoð to hellen. LAȝ. I. 390.

i-þuld s. ags. *geþyld,* patientia, alts. *githuld,* ahd. *gidult,* mhd. *gedult* u. *gedulde.* Geduld, Ergebung.

Paciencia, þet is on englisc, *iþuld.* OEH. p. 105. On eower *iþulde* ȝe habbeð eower saulen ihaldene. *ib.* We sculen mid *iþulde* ouercuman þa wreððe. *ib.*

i-þuldi adj. ags. *geþyldig,* patiens, ahd. *gidultíc, kithuldíc,* mhd. *gedultíc.* geduldíg.

Þet þe mon beo *iþuldi* and þolemod. OEH. p. 105.

i-þurled p. p. s. *þurlen,* ags. *þyrlian,* perforare. durchbohrt.

Iþurled weren myd nayles þreo Honden and fet faste to þe treo. O.E.MISCELL. p. 140. Þer wes moni breoste mid brade spere *iþurlud* (*iþorled* j. T.). LAȝ. I. 193. He . . hefde . . his schelde ine uihte, ase þene kniht, on eueriche half *iþurled.* ANCR. R. p. 390. He haueð þe honden, ase mine beoð, *iðurled.* p. 398.

i-unnen v. ags. *geunnan* (*geann; geoðe; geunnen*], concedere, largiri, alts. *giunnan,* ahd. *giunnan, gunnen,* mhd. *gunnen, günnen,* niederl. *gunnen,* niederd. *gunnen, günnen,* schw. *gynna.* vgl. alte. *unnen.* gönnen, gewähren.

Ȝif hit wule *ionnen* waldende hæfnen, ich wulle wurðliche wreken alle his wiðer deden; ȝif . . hit wulle me *iunne* þat iscop mone & sunne, ne scal nauere Childric æst me bicharren. LAȝ. II. 461. Ȝif þu wult me leuen & þine læue *iunnen* . . ich wulle uorð aneouste. III. 269.

Godd hit me *iuðe* þat ich hine igripen habben. LAȝ. II. 269. Ifurn ich habbe isuneȝet mid wurken and midd muðe . . and wel feole sunne ido þe me ofþinoheð nuðe, And swo me hadde ifurn ido, ȝif hit me Crist *iȝuðe.* O.E.MISCELL. p. 193.

Þenne mihte ich suggen soð quiðes mine þ me hafde godd seolf godes *iunnen.* LAȝ. II. 262. Ich habbe . . iȝeue mis, *iunne* mis, ant ethalden ofte. OEH. p. 305.

Auch ein schwaches Particip findet sich; vgl. ahd. *gegunnen* u. *gegunnet;* Uor alle þeo þet habbeð eni god ido me, iseid me, oþer *iunned* me. ANCR. R. p. 30.

i-used p. p. s. *usen,* afr. *user.* gebräuchlich, üblich.

Custumes ther were bifore yused. BEKET
476.

iven s. altniederl. *ieven, iven*, hedera. Epheu.
An *iven*, hedera. CATH. ANGL. p. 199. An
iven bery, cornubus. *ib.* Hec edera, *iwyn.* WR.
VOC. p. 191. Under ile post thay layden .. Four
yren leves togydir knit. SEVEN SAG. 179.

i-venkessid p. p. afr. *vencre, vaincre*, neue.
vanquished. hesiegt, gewonnen.
Sone that doujty undur sheld Had *yven-
kessyd* the feld. DEGREV. 1125.

i-venimed p. p. afr. *venimer*, alte. *venimen.*
vergiftet.
Nomon myjte gon In some stude uor wormes,
þat he nas *ivenymed* anon. FEGF. D. H. PATR. 3.

i-veren adj. lat. *eburneus.* elfenbeinern.
Thi necke as an *yverone* tour. WYCL. S. OF
SOLOM. 7, 4 Oxf.

i-vewdid p. p. afr. *vuider*, alte. *vuyden.* ge-
leert, geräumt.
By þat wern þe feldes alle of þe Sarsyns
yvewdid. FERUMBR. 3131.

ivi, ive s. ags. *ifig*, hedera, ahd. *ebah*, neue.
icy. Epheu.
Hedera nigra, oerþ-*ivi.* WR. VOC. p. 140.
Ivy, edera. PR. P. p. 266. An old stoc .. was
mid *ivi* al bigrowe. O. A. N. 25. Leues thai tok
sextene Of *ivy.* SEUYN SAG. 199. *Ivy* is green.
SONGS A. CAR. p. 85. — A fayre garlond of *yve*
grene Whyche hangeth at a taverne dore. E.E.P.
p. 147. in Zusammensetzungen: It is alle grene
as it were *ivy beryes.* MAUND. p. 168. That all
nis worth an *yvy lefe.* GOWER II. 21. He may
go pypen in an *ivy lefe.* CH. C. T. 1840. — Thou
mayst go pype in an *yve leffe.* LYDG. M. P.
p. 189. Durch *ive tree* wird der Wachholder-
oder Ginsterstrauch bezeichnet: Whanne
he was comen and satte vndir an *yue tree.* WYCL.
3 KINGS 19, 4 Oxf.

ivoired adj. von Elfenbein.
Mir and drope and bike of schroudes þine
Of houses *ivoyred* bright þat shine. Ps. 44, 9.

ivori, evori, iveire, ivere, iver s. afr. *ivurie,
ivoire, iviere*, pr. *evori, avori*, it. *avorio*, v. lat.
eborreus. neue. *ivory.* Elfenbein.
Her mast was *yvory.* RICH. C. DE L. 65.
Everyche of hem berethe a tablett of jaspere or
of *ivory* or of cristalle. MAUND. p. 234 The bor-
dure and the barres ben of *ivorye.* p. 273. Thy
mone pynnes (bildl. von Zähnen) bene lyche old
yvory, Here are stumpes feble and her are none.
LYDG. M.P. p. 30. — Theo windowes weoren of
riche glas, Theo pynnes weoren of *evorye.* ALIS.
7665. — Hyr throte .. Semed a rounde toure of
yvoyre. CH. B. of Duch. 944. — Gyf hym to
drynk *yvore* schavyn smal in wyne. REL. ANT.
I. 51. Tak *yvore* and saffronne, and stamp to
gyder, and temper hit upp with haly water. *ib.* —
Thi necke is as a tour of *yuer.* WYCL. S. OF SO-
LOM. 7, 4 Purv. Alle vessels of *yuer.* APOC. 18, 12.
Miri notes he fand Opon his rote of *yuere.* TRISTR.
2, 70. That lady .. Undyd a pynne of *yvere.*
SQUYR OF LOWE DEGRE 99. in Zusammensetzungen: Pine tables of *yuori bon.* GREGORLEG.
467. Fro the *yuer housis.* WYCL. PS. 44, 9 Oxf.
cf. 3 KINGS 22, 39 Oxf.

i-vouted p. p. s. *vouten, vouten.* gewölbt.
Undre theise stages ben stables wel *yvouted*
for the emperours hors. MAUND. p. 17.

iw, ew etc. s. ags. *iv, iva* [WR. VOC. p. 69.].
ahd. *iwa, iga*, mhd. *iwe*, niederd. *ibe*, niederl.
ijf, afr. *if*, sp. pg. *iva*, sch. *ew*, neue. *yew.*
Eibe, Taxus.
Taxus, *iw.* WR. VOC. p. 91. Hec taxus,
ew. p. 228. Fyne *ew*, popler, and lyndes faire.
CH. R. of R. 1385. Mapul, thorn, beech, hasil,
ew, wyppyltre. C. T. 2925. Taxus, *ewe.* REL.
ANT. I. 7. An *ev* tre, taxus. CATH. ANGL.
p. 116. An *ev* stok, taxum. *ib.* V tree [*uv* tre K.],
taxus. PR. P. p. 507. Dial. *ewgh.* HALLIW. D.
p. 342.

i-wakien v. ags. *vacian*, vigilare, altnorthumbr.
gevacea, gevaccea, vigilare. munter sein,
wachen.
Pa gon ich *iwakien.* LAJ. III. 121. Freineden
hwer he héfden wið þe cwen iwunet & *iwaket*
se longe of þe niht. LEG. ST. KATH. 1754.

i-walken p. p. s. *walken*, ags. *vealcan* [*véôlc :
vealcen*], volvere, mhd. *walken* [*wielc : gewalken*].
gewandelt. gewandert.
Heuede Eneas þe duc mid his driht folcke
widen *iwalken.* LAJ. I, 6. Muchel ic habbe
iwalken bi water and bi londe. MEID. MAREGR.
st. 49.

i-wald, i-weld s. ags. *geveald*, potestas, alte.
giwald, ahd. *gawalt, giwalt*, mhd. *gewalt.* Gewalt, Macht.
Irn, þet is on englisc, wemodnesse, heo deð
þet þe mon ne ah his modes *iwald.* OEH. p. 103.
La, God hit wot! heo nah *iweld*, Thật heo hine
makie kukeweld. O. A. N. 1541.

i-walden v. s. *jewealden.*

i-walled p. p. s. *wallen*, murare. um-
mauert.
That cite was ryght fyn and riche, Wel
ywalled and wel ydyched. ALIS. 2657. In þe
chirchejard is þulke put .. *iwalled* he is uaste
aboute. FEGF. D. H. PATR. 63-5.

i-wan, i-won s. vgl. *wan, won*, copia.
1. Vermögen, Reichthum: His
freondes striued to gripen his *iwon.* O.E.MI-
SCELL. p. 172. REL. S. p. 73.
2. Mittel, Auskunft, Hülfe: Mid
þere jeue he heom ouercom, þat was þa þ bezste
iwan. LAJ. I. 329. Je witeth wel echon, Hou
wel ich was with the kinge, þej ich have nou
lither *iwon.* BEKET 1021. Rathere he wolde
thane deth afonge, bote ther were other *iwon.*
1710. He .. ofswonke is owe mete, he nuste no
betere *iwon.* HOLY ROOD p. 26.

i-wanien v. ags. *gevanian, gevonian*, minuere.
mindern, leeren.
Dos word sede þe angel for þat man sholde
fuluullen englene sete, þe was er *iwaned* þo þe
lucifer and his ferreden fellen ut þarof. OEH.
II. 33.

i-war, i-wær, i-wer adj. alte. *giwar*, cautus,
ahd. *ga-, ge-, gwar*, mhd. *gewar.* vgl. ags. *ge-
vare.* gewahr, beachtend, vorsichtig.
1. ohne weitere Bestimmung: He wes
wis and swiðe *iwar.* LAJ. I. 310. While þou ert
here, be wel *iware.* E.E.P. p. 5. Mine leoue

sustren, beoð biuoren *iwarre*. ANCR. R. p. 240.
Therfore we ne bymeneth the noʒt, for thu
noldest beo *iwar* bifore. BEKET 983. Ar heo
wurðen *iware*, we scullen heom amarre. LAʒ.
II. 349. Wiþ grete furde hi come to Engelonde,
er enie man were *iwar*. ST. EDM. KING 10. —
He wes ʒep and swuðe *iwær*. LAʒ. I. 323. Þet
þou by bold, and of grat wyl, and strang, and
miʒtuol wel to done. and þet þou by wys and
ywar. AYENB. p. 100.

2. mit einem von of begleiteten Satzgliede oder einem Nebensatze: Belyn and
his broþer, beyne wer *iwar of þan swikedome*.
LAʒ. I. 235 j. T. Nou þou hart *þar of iwar*.
II. 249 j. T. Þe kyng was *of hem ywar*. R. OF
GL. p. 88. Þe heþene were *of hem ywar*, & aʒen
hem come. p. 396. Macolom, kyng of Scotland,
þerof was *ywure*. p. 388. Tho hi come the roche
neʒ, *of other* hi were *iwar*. ST. BRANDAN p. 24.
Þe douk was wele *ywar of ham*. GREGORLEG. 599.

Ho wel wiste and was *iwar That ho song
hire a bisemar*. O. A. N. 147. He was þo ful
wel *iwar þat Ihus nolde come eft sone þar*. KINDH.
JESU 1214.

i-warisd, i-wareschid p. p. s. *warischen*, afr.
garir, guarir, warir. geheilt.

Also raþe he was *iwarisd* of his maladie.
O.E MISCELL. p. 31. ʒif hit bytideþ so þat y
may be *ywareschid* of my wounde, yʒchal seaþye
hem niʒt & day þat bileueþ on Mahounde. FE-
RUMBR. 758.

i-warnien v. ags. *gewearnian*, custodire, monere, ahd. *giwarnón* u. *giwarnén*, mhd. *gewar-
nen*. warnen.

Ich am . . a wummon þet me ileueð so wel,
and þet habbe er ibeon ibernd mid shwuche
þinege, & ouhte þe betere uorte beon *iwarned*.
ANCR. R. p. 316 sq. Of is frend priueliche
iwarned he was, þat it was al gile. R. OF GL.
p. 564.

i-warnesse s. vgl. *iwar* adj. Vorsicht.

Grete duntes beoth the lasse, ʒef me ikepth
mid *iwarnesse*. O. A. N. 1225.

i-wasshen v. s. *jewassen*.

i-waxen v. s. *jewaxen*.

i-wedded p. p. s. *wedden*. zur Ehe genommen, geheirathet, verheirathet.

A king of Britayne hadde hire *iwedded*.
LAʒ. I. 192 j. T. He hadde *iwedded* two jolif
wiues. SEUYN SAG. 1730. He hadde *ywedded*
Jemeydas. ALIS. 4400. Candaces sone . . That
hadde *yweddid* Porsis doughter. 7737. Than was
ther in that cuntre A riche knight . . And had
nought yete *ywedded* wiue. LAY LE FREINE 245.
— Þat maiden wes *iwedded*, þo king heo hafde
to bedde. LAʒ. I. 408. Þa þe wifes *iwedded*
weoren, on ane time to bedde heo eoden.
III. 206. Hwet is he þes were þat tu art to
iwedded? ST. JULIANA p. 15. Þauh heo were
iwedded him, . . heo muhte uorhoren hire mid
oðer men. ANCR. R. p. 394. Ich am *iwedded* to
thi lord. SEUYN SAG. 456. Þare was *iwedded* a
wumman Of þat cite to a guod man. KINDH.
JESU 1712. To an heþene man Lucie was *iwedded*
in junghede. ST. LUCY 21. My neueus beþ . .
out of Engelond ydo, An moder *ywedded* to my

meste fo. R. OF GL. p. 328 sq. — With more
honour Was never prince ne conquerour *Iwedde*.
CH. *Dr.* 2053. — He haueð *iwedded him* to
mi meidenhad. LEG. ST. KATH. 1517. substantivirt: Cum, þu min *iweddet*. 2452.

i-wede s. ags. *gewæde, geréde*, vestimentum,
ahd. *gawâti, giwâti, gewâte*, mhd. *gewæte*. Kleidung, auch Rüstung.

ʒieue þe hungrie mete, and te nakede *iwede*.
O.E.MISCELL. p. 193. On monie wisen mon mei
wurchen elmessan, on ete and on wete and ec
on *iwedan*. OEH. p. 109. — Ne nime ʒe nenne
stede no nanes cnihtes *iwede*. LAʒ. III. 64.
Arður nom ænne bat godne & bæh þer an inne,
mid soelde, mid stede and mid alle his *iwede*.
II. 579. Þe king . . hehten . . hiredmen beon
bliðe & fæien heore steden, and græiðen heore
iweden. I. 344. On heo duden heore *iweden*. I. 403.

i-weien v. mhd. *gewegen*, movere, agitare,
gth. *gavagjan*. bewegen, erregen.

That he ne may nauʒt *yweid* be With bland-
ing ne with boste. SHOREH. p. 14.

i-welden v. s. *jewelden*.

i-welled, i-weld p. p. s. *wellen*. gekocht,
geschmolzen.

Þe caliz þet was imelt iðe fure & stoncliche
iwolled. ANCR. R. p. 284. He made him drynke
led *iweld*. HOLY ROOD p. 58.

i-wemmen v. ags. *gewemman*, contaminare,
ahd. *gawemmian*. beflecken, verunreini-
gen, verderben.

Þ was miracle muchel, þat nowðer nes
iwemmet clað þat ha hefden, ne hear of hare
heaued. LEG. ST. KATH. 1426. Ledeþ me þanne
to my sone, þat he mowe yse, my vet aboue &
eke byneþe, were hii *ywemmed* be. R. OF GL.
p. 339. — Þorh his wraþþe his wit was *iwemmid*.
LAʒ. I. 272. Þe lawes beoþ ʒete in mani stude ase
Luces heom dude, noþeles hii weren suþþe swiþe
iwemmid. I. 435 j. T.

i-wendes. vgl. alts. *giwand*, circuitus, flexus,
ahd. *giwant*. Wendung?

Men habbet, among other *iwende*, A rum
hus at hore bures ende. O. A. N. 651.

i-wenden v. s. *jewenden*.

i-wenen v. ags. *gevénan*, exspectare, sperare,
gth. *gavenjan*. wähnen, vermuthen,
hoffen.

Ware his euere þe man . . þat wolde hit
iwene þat he soch were? LAʒ. II. 319 j. T.
Al hit oðer iwarð, oðer he *iwende*. LAʒ.
II. 425. Al hit iwarð oðer þenne heo *iwenden*.
III. 395.

i-wenen v. ags. *gevenian*, assuefacere, ahd.
gewenen. gewöhnen, pflegen.

Ha warð þeo þ hefde iwist ant *iwenet* hire
so lengre so leouere. ST. MARHER. p. 2.

i-wepen s. ahd. *giwâfani, gewâfene*, arma-
tura, arma, mhd. *gewæfen*. vgl. ags. *væpen*,
répen. Rüstung, Waffen.

He hehte his cnihtes alle mid alle heore
iwepnen ut of burhʒe wenden. LAʒ. III. 134.

i-wepnien v. ags. *gevæpnian*, armare. bewaffnen.

Up iwende þe kæisere mid al his Romanisce
here, *iwepned* wel alle. LAʒ. I. 401. Of þan

ilke londen beoð an hundred þusende *iwepnede* þeines ohte. III. 7.

i-wept p. p. s. *wepen.* geweint.

He is a fool that destourbeth the moder to wepe in the deth of hir childe, til sche have *iwept* hir fille. CH. *T. of Melib.* p. 140.

i-werpen v. ags. *geveorpan*, projicere, ahd. *giworfan*, mhd. *geworfen*, gth. *gavairpan*. werfen, niederwerfen.

Þe heðene, þe erites .. sculen beon *iworpen* ine eche pine. OEH. p. 113. Þu leoten weren *iworpen*. LAȝ. I. 13. Pot þe walleð swuðe, nule he beon ouerladen, oðer kold water *iworpen* þerinne? ANCR. R. p. 368. ȝif thu art *icorpe* other ishote. Thanne thou miȝt erest to note. O. A. N. 1119.

i-worred, i-worred p. p. s. *worren*, bellare.

1. bekriegt, mit Krieg überzogen: Seþþe haþ Engelond ybe *yworred* ylome. R. OF GL. p. 3. Engelond haþ ibe ynome and *iworred* ylome. *ib.* In oþer manere þat Scottes & Picars, as ich seide, Habbeþ *yworred* þis lond, ich wol telle þe dede. p. 96. Þe kunde men of þys londe recetted were þer Euere, wanne of strange men *yworred* hii were. p. 226. He was þere *yworred* vaste of hys fon. p. 319.

2. gekriegt, gekämpft: Hii nadde *iworred* bote a lute, that hii acorded were. R. OF GL. p. 467.

i-weteren v. ags. *gewäterian*, irrigare. bewässern.

Þis trau is yzet bezide þe welle of godes drede, huerof hit is eche daye *ywatered*. AYENB. p. 131.

i-weved p. p. s. *woven*, ags. *vefan*, vacillare? getrennt, abgehauen.

With his sweord he wolde his heved Fro the body have *yweved*. ALIS. 3806.

i-weven v. ags. *gevefan*, texere, ahd. *giweban*, mhd. *giweben*. weben.

Contextus, *ywoven*. REL. ANT. I. 7. [ags. *gevefen*]. Þis holi man seint Edmund werede stronge here, In strongere manere he was ymaked þan oþer manes were, He nas isponne ne *iweue*, ac ibroide of strenges longe. ST. EDM. CONF. 154.

i-whelped p. p. s. *hwelpen, whelpen.* trächtig.

A greet *ywhelpyd* lyonesse. OCTOU. 433.

i-whet p. p. s. *hwetten, whetten.* gewetzt, geschärft.

In hire mouth buth teth trebble set, None bettre bores *ywhet.* ALIS. 6606.

i-whited p. p. s. *hwiten, whiten*, candefacere. geweisst, bildl. mit Silber gefüllt.

Be the hond *iwhited*, it shal go god inouh. POL. S. p. 336.

i-wicht s. ags. *gewiht*, pondus. vgl. alte. *wiht*. Gewicht.

Godes wisdom is wel muchel and alswa is his mihte, And nis his milce naut lesse, ac bi þan ilke *iwichte*. OEH. p. 173.

i-wil, i-wille s. ags. *gevil, gevill*, voluntas. Wille.

God .. ȝife us to him god *iwil*. OEH. p. 61. Þe muchel folȝeþ his *ywil* him aulfne he biswikeð. MOR. ODE st. 7. Þe brode strate is ure

wil þe is loð to læte, þo þe folȝeð here *iwil*, hie fareð bi þare strate. OEH. II. 230. Þenne weoren heore *iwil* allunge iwurden. LAȝ. II. 401. Hyer is myn *ywyl* to spekene of uirtue more openliche. AYENB. p. 94. Þou sselt ywryte þet ine tuo maneres is bene amerd, ase zayþ Ysaye, vor þet me ne let naȝt euele to done, and þerfore, þet me nele uoryeue his misdedes ne his euele *ywyl*. p. 217. Alle þo aignefied þet water, þet þurch yemere werkes oþer þurh yemer *iwil* liesed þo blisce of heuene. O.E.MISCELL. p. 30.

He wile ison hwiche boð þo þet muȝe stonden aȝein þes fleisces lust and wernen his aȝene fleisces *iwille*. OEH. p. 85. Þet weorc wes bigunnen onȝen godes *iwillan*. p. 93. Þet is ðeo echeliche riche þet he haueð iȝarwed to alle ðon monnen þe his *iwille* wurcheð. p. 139. Þere halȝan þremnesse is an godnesse and an icunde and an *iwille*. p. 101. Elc man wot him sulue best his werc & his *iwille*. MOR. ODE st. 56. ȝif hit weoren þin *iwille* and þu hit don woldest to ȝifuen us an ende i þine kinelonde, we wulleð þine men beon. LAȝ. I. 266. Nu hit is *iwille* þin þat forð I scal fusen. II. 368. He *iwende* uppe þat lond æfter his *iwille*. I. 261. Ich telle him for a dote þad sait al is *ywille* þanne he solde ben stille. O.E.MISCELL. p. 129.

i-wil adj. vgl. gth. *gavileis*. zu Willen, angenehm.

Hit weoren him swiðe *iwil* þat he þerof wuste. LAȝ. II. 293. Þat him wes ful *iwil*. III. 183.

i-wileȝed adj. vgl. alte. *wili*, astutus. voller Trug, Tücke (?).

Alle mest hie beð *iwiliȝed* [iwiliȝeð *ed.*] and habbeð geres after wilde deor. OEH. II. 209.

i-wilnien v. ags. *gevilnian*, desideraro. wünschen, verlangen, begehren.

Þis ha hefde *iwilnet.* ST. JULIANA p. 71. Seint Austin deð þeos two boðe in one weie, wilnen, & habe wille uorte beon *iwilned*. ANCR. R. p. 60. Ich abbe .. *ywylned* þy kynedom ar þys. R. OF GL. p. 309. Þing þet me ne knauþ naȝt, ne is yhated ne *ywylned*. AYENB. p. 76. Zyx þinges byeþ ine þise wordle moche *ywylned*. p. 80. Þo dronk Marie al hire fulle Swiþe williche of þat welle, And Josep also þat *iwilned* it hadde. KINDH. JESU 175.

i-wilnunge s. Gelüst.

Dere heðene monnan heortan þet calde weren þurh ilefleaste and flescliche *iwilnunge*. OEH. p. 95.

i-win s. ags. *gevin, govinn*, certamen, pugna; fructus laborum, lucrum, alts. *giwin*, lucrum, ahd. *ga-, gi-, gewin*, mhd. *gewin*.

1. Streit, Kampf: Ne bilefde he næuer nænne of Androgeus cunne, þat heold seht and *iwin*. LAȝ. I. 385.

2. Gewinn: Idelschipe and luþer *iwyn*, and wraþþe and hatynge, Prude and onde and feondes geyn and vyche sunegynge We mote forsake. O.E.MISCELL. p. 144. womit man in demselben Gedichte vergleiche: Þe soþe luue .. nele heo non ayhte yrne. *ib.*

i-winden v. ags. *gevindan*, torquere, implicare, ahd. *gewintan, giwintan*, mhd. *gewinden*. winden, wickeln, hüllen.

He wes imacad to monne ilicnesse and *iwunden* mid flesce al swa mon. OEH. p. 127. *Ywonden* he was in a mantell gray. WARTON HIST. OF ENGL. P. II. 2. A knyght . . segh the ape com in the way, A gryaly best, And bar that chylde yn pelle *ywounde.* OCTOU. 315. Rijt as his moder him hadde *ywounde*, þe winde him drof fer in þe se. GREGORLEG. 250. He bar a burdoun ybounde With a brood liste, in a with wynde wise *Ywounden* aboute. P. PL. 3537. Aboute ys nekke þay caste a rop ful harde *ywounde.* FERUMBR. 2902.

i-winnen v. ags. *gevinnan*, pugnare, vincere, acquirere, alts. *guvinnan*, ahd. *ga-, gi-, gewinnan*, mhd. *gewinnen*, gth. *gavinnan*, πασχειν. durch Kampf, Anstrengung, oder Arbeit erlangen, gewinnen.

Brutlond heo wolden *iwinnen.* LAJ. I. 93. Wið him we scullen fihten . . & *iwinnen* al þat lond. I. 331. Mid lutle strengthe, þurj ginne, Castel and burj me mai *iwinne.* O. A. N. 765. Non nolde hym answere. With mangenels nc with gynne Ne migth he on word *ywynne.* ALIS. 5143. We schulle wel oure mete *iwinne.* BEKET 1669. Wel aujte heo heuene *iwinne.* ST. CRISTOPH. 194. The king & heie men . . bilaye the castel longe, ar hii him mijte *iwinne.* R. OF GL. p. 519. Let ous now so bygynne, þat we mowe þar of our fos such vytailes ous *ywynne*, Werwith þis damesels & we mowe oure lyues lede. FERUMBR. 2607. We schul fonde wyþ strengþe & gyne, if we mowe þe tour *ywynne.* 4969.

Þe mon þe on his youhþe swo swinkeþ, and worldes weole her *iwinþ*, þat he may on elde idelnesse holde . . youþe and al þat he haueþ idrowe is þenne wel bitowe. O.E.MISCELL. p. 110 sq.

Þus he *iwon* al þis lond. LAJ. I. 108. Heo *iwunne* þe burh Kair-Uske. I. 257. Say him . . þat þov hem [sc. my stede and my scheld] *ywonne* heer. FERUMBR. 478.

Seoððen he hafde *iwunnen* Gascunne, he charde ajen in to Burgunne. LAJ. I. 309. For alle crystene men under sunne, Hadde nevyr Acres ben *iwunne.* RICH. C. DE L. 2589. Thoo they hadde this *iwunne*, To breke sege thenne they begunne. 3883. A fayrer batayle was never *iwunne.* 7090. — Engelond haþ ibe with strengþe *ywonne* ylome. R. OF GL. p. 44. Mede and Peirce he havith *ywonne* ALIS. 1751. .XV. Kyngis of gret pris We haveth *ywonne* to owre servys. 2929. Sire, now ich haue *iwonne* thi loue. SEUYN SAG. 2717. The holy crois ymad of tre,¦So fain thou woldest it han *ywonne.* POL. S. p. 249. Al that theih (sic) muwen so gete, al thinketh hem *iwonne* wid skile. p. 339. — In loves art men must deype wade, Or that ye be conqueryd and *ewonne.* WR. ANECD.p. 87.

i-wiped p. p. s. *scipen*, ags. *vípian*, tergere. abgewischt, getrocknet.

Ich biheolt þe cunfessurs hird þe . . seoð godd in his wlite þat haueð alle teares *iwipet* of har OEH. p. 261.

i-wis ehren, ags. *gevis*, certus, ahd. *giuis*, *gewis*, mhd. *gewis*. erscheint im Altenglischen vorzugsweise als adverbial gebrauchtes Neu-

trum, wie mhd. *gewis*, gewiss, sicherlich, zuversichtlich.

Je hit majen witen *iwis* þet hit is al for ure sunne. OEH. p. 15. He is *iwiss* mihti, for þan þe no mihte nis buton fram him. p. 233. *Iwis* ich habbe þrin isehen a þusent siðe wurse. p. 253. Caro mea *uere* est cibus, et sanguis meus *uere* est potus: mi fleis is *wis* mete, and mi blod *iwis* drinke. II. 97. *Reuera* fuit angelus . . he was *iwis* godes engel. II. 133. Þe reue . . wule *iwis* fordon þe. ST. MARHER. p. 6. *Iwis* je beod Ænglisce, engles ilicchest. LAJ. III. 181. Þe fifte day god made *ywis* of water ilc fuel and euerilc fis. G. A. EX. 159. Wo so seieð oðer god, and ðenkeð fuel on his mod, fox he is and fend *iwis.* BEST. 448. Þis was þe holi rode day þat in septembre is, þeruore me halweþ jut þen dai in holi chirche *iwis.* HOLY ROOD p. 65. Þis was þo in Engelond Brytones were *ywys.* R. OF GL. p. 2. Ech man not speke for him silvo, and ich for me *iwis.* BEKET 430. A strong man hit bringeth ech day to oure celer *iwis.* ST. BRANDAN p. 13. Þreo waterts pricipales of alle oþere heo *iwis.* ST. KENELM 12. Ic am more þan al þe wordle *iwis.* ST. CRISTOPH. 107. Vnder a ston bifore þe rode, in þe souþ side *iwis* A lute wiþoute þe abbay jate, þe chapel arered is. ST. EDM. CONF. 136. *Iwis* hym were betere þat he ibore nere. O.E.HOMIL. p. 40. Ful sorful was his hert *iwis.* METR. HOMIL. p. 88. Was non of hymen þat wolde *ywys* profryen with him to fijte. FERUMBR. 139. Wyje, welcum *iwys* to þis place. GAW. 252. Thanne taketh the cristalle stoon *ywis* Agayn the sonne and hundrid hewis. CH. R. of R. 1576.

Zur Verstärkung wird dem Worte *ful* vorgesetzt: Is hit god for to hiheren godes weordes and heom athalden? Je *ful iwis.* OEH. p. 47. Þet is al soð *ful iwis.* p. 55. Ich wulle bitachen þe *ful iwis* minne castel. LAJ. III. 186. Swa wass þatt la *ful iwiss* Al aftterr Godess wille. ORM 740. Watres ben her ðerunder suuen, And watres ðor abuuen, And ouer ðat so *ful iwis* An oðer heuene ful o blis. G. A. EX. 107.

Substantivirt erscheint *iwis* [vgl. mhd. *gewis* s.] mit den Präpositionen *mid* und *to*: Penne hi comeþ eft to chele, of hete hi habbed misse, Aiþer hem deð wa inou, nabbet hi none lisse. Nuten hi weþer heom ded wurst *mid* neure *non iwisse.* OEH. p. 294. MOR. ODE st. 119. Per me scal drihte *nulf* iseon swa he is, *mid iwisse.* OEH. p. 181. Þu ert mire soule liht and mine heorte blisse, Mi lif and mi tohope, min heale, *mid iwisse.* p. 191. Muchel wes þa blisse þat heo makeden, *mid iwisse.* LAJ. I. 325. Heo wenden *mid iwisse* to habben muchel blisse. II. 374. Makie we us clene and skere, þat we englene ivere Mawe beon o buten ende, þat is, in heouene blysse. Heo cumeþ þer *myd iwisse*, þat luuyeþ godes lore. O.E.MISCELL. p. 73. Thou art suete *myd ywisse.* LYR. P. p. 57. Ich wot al *myd iwisse*, My joye ant eke my blisse On hym is al ylong. p. 61. He gan hire for to kesse Wel ofte *mid ywisse.* K. H. 431. — Penijes þer buoð an funda *to iwisse* an hundrad punda. LAJ. I. 151. Summe bokes suggeð *to iwisse* þat þa burh wes biwocched. II. 597. Ʒef þu þus dost wel iwis, þu quemest god *to ful iwis*. OEH. p. 67.

i-wisliche adv. s. *jewisliche*.

i-wisse adv. ahd. *gawisso, giwisso*, mhd. *gewisse*. gewisslich, sicherlich.

Betere þou were libbe ine Saxlonde mid moche blisse and richedom *iwisse*, þane þus rouliche here ligge aswounde. LAʒ. II. 386 sq. j. T. God ledde hem fro helle nigt to paradises leue ligt; ðo gan hem dagen wel *iwisse*, Quan god hem ledde into blisse. G. A. Ex. 89. Hyre heʒe haveth wounded me *ywisse*. LYR. P. p. 39. Ʒis, *iwisse* was it eche, y wot wel þe soþe. WILL. 697. *Iwisse*, þan seyde William, i wol no lenger hele. 960. *Iwysse*, syr, quyl I leue me worþer þe better, þat Gawayn hats ben my gest. GAW. 1035. I wene wel *iwysse*, ayr Wawen je are. 1226. Bot he did wel better than *iwisse*. METR. HOMIL. p. 41. Þise oþer wreches *iwysse* worþy noʒt wern. ALLIT. P. 2, 84. Wiþ þilk body þat he had here, he ne schal so litel misse, As þe last her of his body, I sigge ʒou *iwisse*. ST. JEREMIES 15 TOKENS 23.

i-wissien, i-wisien v. ags. *gevisian, gevissian*, dirigere, instruere. alts. *gewisian*, ahd. *kawisan, giwisen*, mhd. *gewisen*. zeigen, anweisen, Anweisung geben, lehren.

Þe helende us *iwissie* to his willan. OEH. p. 119. Þu praie Jhesu Crist þi sone þat he me *iwisse*. O.E.MISCELL. p. 195. REL. ANT. I. 102.

Brutus . . iwende forðrihtes to þon ilke weie þer him *iwised* was. LAʒ. I. 65. Jesus me clepede hyne . . Ase aungeles, er he were ybore, Hys eldren hedde *ywysed*. SHOREH. p. 122.

i-wissung s. ags. *gevisung, gevissung*, directio. Anweisung.

Efter þissere bisnunge weren arerode munechene lif mid þere annesse and sibsumnesse þet heo sculen þolien bi heore abbodes *iwissunge*. OEH. p. 93.

i-wit s. s. *jewit*.

i-witeʒien v. ags. *gevitgod* p. þ. [BLICKLING HOMIL. p. 83. 93]. *vitegian, vitigian*, prædicere, prophetare. vorhersagen, prophezeien.

Þa hit wes ifullet þet Ysaias þe prophete *iwitegede* ueale hund wintra er þis were. OEH. p. 5.

i-witen v. ags. *gevitan*, scire, ahd. *giwizzen*, attendere, mhd. *gewoizzen*.

1. wissen, erfahren: Ne mei þe deofle þa sunne *iwiten* þe ʒet er þu habbe heo idon mid þe licome. OEH. p. 21. Þo scullen more of him *weon* þe luuede him her more, & more icnawen & *iwiten* his mihte & his ore. MOR. ODE st. 192. OEH. p. 183. Nu ich wulle sende in to þon lond, to *iwiten* at þon beʒste ʒif heo me wulleð buþen. LAʒ. I. 311. Ich wolde *iwiten* æt þe . . to whan þis toene wule ten. I. 389. Forð he gon liðen mid his Brutleoden, þat is to *iwitene*, mid twa hundred scipene. III. 242. Fayn he wolde *ywyte* What mon þat child schulde be. R. OF GL. p. 10. Wo so it wole *iwite*, In romance of him imad me it may finde iwrite. p. 487. Everi man may wel *iwite*, who so take ʒeme, That no man may wel serve tweie lordes to queme. POL. S. p. 325. Seint Jerome, yee shullen *ywyte*, Hem hath also

in book ywryte. ALIS. 4786. Wiþ a cercle he bond him [sc. þis ʒerde] aboute, ʒer after ʒere, þat he mihte atte laste *iwite*, hou old þat treo were. HOLY ROOD p. 29. Þou saelt *ywyte* þet þer byeþ zix zennes, þet byeþ speciallíche ayens þe holy gost. AYENB. p. 29. Ne þer nis non so riche king þat dorste entermeten of eni such þing þilke maide to awinne . . And þe admiral hit miʒte *iwite*, þat he nere of his lif aquite. FL. A. BL. 203. Ful wel *iwite* ʒe it schulle, þat mine hestes worþeth riʒt folfullde. KINDH. JESU 207.

Iwite at heom þat hit iherde, and nouht ne axe me. O.E.MISCELL. p. 41. *Iwiteð* et ower meiden, hwo hit beo þ is icumen. ANCR. R. p. 64.

Sai þat þanne . . y nele beo leng in þi seruise, If ic of þulke heʒe manne ouʒt *iwite* eny wise. ST. CRISTOPH. 61. Þine owen schond þou werist an, þat heliþ þi fleis and þi bone, ic wol þat þou *iwit* wel hit nis bote a hori felle. E.E.P. p. 19.

Elde me is bistolen on, ar ic hit *iwite*. OEH. II. 220. Þe king heihte his wise men . . þat heo to þare *æ* ferden . . & *iwusten* at þon cnihten wet heo þer sohten. LAʒ. I. 60.

Ʒef he hit hadde *iwist* to soþere þinge þat Arthur him granty wolde þat þe he jornde, don he hit nolde. LAʒ. II. 572 sq. j. T. Ech ʒaf þare to wel is lust Of þat huy er nadden *iwust*. KINDH. JESU 831. Dem Präterito-Präsens *vitan* schreibt ETTMÜLLER ein Part. Perf. *viten* zu; dies würde die starke Form *iwiten* neben *iwist* rechtfertigen; vgl. auch mhd. *gewizzen*: Þo also þet herieþ þe kueade and hire dedes of hire kuesdnesse and of hire folies *ywyte* oþer yzoʒe oþer yberd; þet is zenne of blondingge. AYENB. p. 10. Allas! that he no hadde *ywite*, Er the forward were ysmite, That hye and his leman also Sostren were and tvinnes to. LAY LE FREINE 321.

2. bewachen, behüten, bewahren: Lhord, *ywyte* me uram þe peril of weteris. AYENB. p. 212. Sire, *ywyte* ous, uor we spilleþ. ib.

Ne bið neauer his hus for þeos hinen wel *iwist*. OEH. p. 247. Ha warð þeo þ hefde *iwist* hire so lengre so leouere. ST. MARHER. p. 2. Ich hupie that mi Louerd, that me hath *iwist* herto The while that y ne kneu him noʒt, ʒut he wole also. BEKET 137. Thing that God wole habbe *iwist* ne mai nothing ale. ST. BRANDAN p. 20. Wite wel þine heorte, uor soule lif is in hire, ʒif heo is wel *iwust*. ANCR. R. p. 48. Ich was of swuche elde þet ich ouhte wel uorte habben *iwust* me wisluker. p. 318. In þe kyng tresorye þat suerd *ywust* ys. R. OF GL. p. 274. With strengthe he was out [sc. of the churche] idrawe, & suththe to the castel Of Storgoil he was ilad, & *iwust* there wel. p. 524. In Irlond is ʒut þulke staf wiþ noþleie *iwust* inouʒ. FEGF. D. H. PATR. 57. Þat betere wyn, þat þou us ʒifst, þat ʒe habbez for to nouþe *iwust*. KINDH. JESU 1762. Auch hier begegnet ein starkes Particip: We habbeoð ibeon an hirede hæbliche iwurðed þurh þinne stiward, þe haueð *iwiten* al þis ærd. LAʒ. II. 143.

i-witen v. ags. *gevîtan [gevât, gevîton; gevîten]*, ire, meare, abire, alts. *giwîtan*. gehen, weggehen, scheiden, oft von Sterbenden.

He sæt stille alse þeh he wolde of worlden *iwiten*. LAȝ. 298. Hail seo þu Arður .. Vðer þe græten þa he sculde *iwihten* [sterben]. II. 410. Þu scalt *iwiten* and faren to heofne richen. III. 290.

Þe wulf heom to *iwiteð* and alle heom abiteð. LAȝ. II. 471.

Þa feol heo þer adun and *iwat* [starb], and me buriede heo mid hire fere. OEH. p. 93. Al þat he mid þan sweorde smat, þer riht hit *iwat*. LAȝ. I. 322. Æuere wulcne swa he smat [swat ed.], þer forð rihtes he *iwat*. II. 216. He .. smat hine þurh mid þan spere .. þe gume *iwat* sone. III. 54. Þene beore he ismat, þat he to þere eorðe *iwhat* [fulle j. T.] III. 16. Þe mete forð *iwat*, for þer fengen feole to. I. 28. — Summe to þere sæ *iwiten* & leoppen in heore scipen. III. 335 sq.

Wes i þere ilke wike þe ærchebiscop forð *iwiten* [gestorben]. LAȝ. II. 129.

In der folgenden Stelle: He hehte þat luue scolde liðen heom bitweonen, æle halden oðren riht .. and wes swa nolde, he sculde beon *iwite*. LAȝ. I. 88. ist an das einfache Verb ags. *vîtan*, imputare, ahd. *wîzan*, imputare, punire, zu denken: „er sollte bestraft werden.“

i-witnesse s. ags. *gevîtnes*, testimonium, scientia.

1. Zeugniss: Testimonium, *iwitnesse* vel icuþnesse. WR. VOC. p. 90. Sancte Johannes Baptiste, þe ure drihten ber *iwitnesse*. OEH. p. 131. I þat ilke stede, anan, iwurðen twa wundres. Ðe an wes, þ ter sprang ut, wið þe dunt, milc imenget wið blod, to beoren hire witnesse [*iwitnesse R.*] of hire hwite meidenhad. LEG. ST. KATH. 2486.

2. Augenzeugniss: Petrus cweð þa: wite ȝe soðliche þet Crist aras of deaðe, and on ure *iwitnesse* astah to heofene. OEH. p. 91.

i-witterli adv. vgl. *witerliche*. sicherlich.

Heo comen to Meniue, þat wes a þan time tun swiðe hende, þat mon nu *iwitterli* clepeð seint Deouwi. LAȝ. II. 313.

i-wiven v. ags. *gevîfian*, uxorem ducere. ein Weib nehmen.

Wo is him þat vuel wif bryngeþ to his cotlif, so him is alyue, þat vuele *ywyueþ*. O. E. MISCELL. p. 118.

Þo adde hii boþe *ywyued* wel, & noȝt to lowe. R. OF GL. p. 316. The king tho he adde *iwiued*, & an eir adde also, Ho drou to other conseil. p. 529.

i-worded adj. vgl. neue. *word* v. geschwätzig.

„Uir lingosus non dirigetur in terra“. Veole *iwordede* mon, seið þe psalmwurhte, ne schal neuer leden riht lif on eorðe [Ps. 139, 12]. ANCR. R. p. 78.

i-worðschiped p. p. s. *tourðschipen*, *worðschipen*. geachtet.

Clereȝe and wyt byeþ þinges moche *yworþssiped*. AYENB. p. 81.

i-wrapped p. p. s. *wrappen*. gehüllt.

Thei schewen the heed of Seynte Kateryne, and the clothe that sche was wrapped inne, that is ȝit alle blody. And in that same clothe so *ywrapped*, the aungeles beren hire body to the mount Synay. MAUND. p. 60.

i-wraðien v. ags. *gevrðdian*, irasci, iratum reddere? (vgl. *iwreðen*). erzürnen.

He hine *iwraðede* wunde ane swiðe. LAȝ. III. 104.

Heo biwende hire aȝain sumhwat *iwraððet*. LEG. ST. KATH. 2362. [*iwreððet* 2331 ed. EINENKEL]. Thei he had *iwraththed* your wif, Yit had he nowt agelt his lif. SEUYN SAG. 685. Þo kyng Edmond *ywrapped* was. R. OF GL. p. 308. Þo þe maister was *iwrahþed*. KINDH. JESU 1448.

i-wreken v. ags. *gevrecan [gevrûc, gevrǽcon; gevrecen]*, ulcisci, punire, ahd. *girechen*, gerechen, mhd. *gerechen*, gth. *gavrikan*. rächen, Rache nehmen.

Nu þu ært *iwreken* him on. LAȝ. I. 378. Symeon and Leui it bispeken, And hauen hire sister ðor *iwreken*. G. A. EX. 1855. Leve me to ben *iwreken* On him. SIRIZ 215. Y wil ful wel of hymen *ywreke* bene. FERUMBR. 2346. That eche may to other her herte breke, On jelosie oonly to be *iwreke*. CH. Complaynte. 662. — He haþ *ywroken* ous of our fo. GREGORLEG. 660. As swithe as they hadde *iwroken* hem on here foon, They aakeden watir and wisschen anoon. GAMELYN 537. Wel hastow, lord, *ywroke* on me thyn ire. CH. Tr. a. Cr. 5, 589.

i-wreȝen, i-wrelen v. ags. *gevrêgan*, accusare. anklagen, angeben.

He was sone *iwreied* to þe kinge Salomon. ANCR. R. p. 172. The fox, that lither grome, With the waf, *iwreiid* was. POL. S. p. 198. Ic am *iwreiid*, Sire, to the, For that ilke gilt. p. 200.

i-wreðen, i-wreððen v. ags. *gevræðan*, infestare. vgl. *iwraðien*. erzürnen, verfeinden.

Hwenne þe mon him biþenchþ þet he haueð on galiche dede to muche god *iwreþed* .. þenne wule his heorte ake. OEH. p. 149. Mine sunnen habbeþ grimliche *iwreþed* me and iueed me towart te luueliche louerd. p. 187. Þe uerste [sc. manere of tyeres] comeþ of þet me ȝyȝt þet me heþ god ofte *ywreþed* be þoȝte, be speche, and be dede. AYENB. p. 161. Vorþenchinge acseþ grat zorȝe and greate ȝykinges of herte, uor þet he heþ *iwreþed* his aseppere. p. 171. — If .. þu hi myd worde *iwreþþed* heuedest, Ne scholde heo hit lete, for þing lyuyinde, þat heo ne scholde þe forþ vybreyde of þine baleusyþes. O. E. MISCELL. p. 118. Pencheð hwat ȝe habbeð i þene dai *iwreððed* ure louerd. ANCR. R. p. 44. Þenk eft sones to auenged be of þe amyral þat haþ *ywreþþed* þe, & þyne men aslawe. FERUMBR. 4045.

i-wried p. p. s. *wrien*. verkrümmt?

The rayn bowe *iwryyd* schalle be Grymliche in syþth to see. QUINDECIM SIGNA etc. 138 in REL. PIECES p. 122.

i-wriȝeliche adv. s. *iwriȝen*. heimlich.

Þe þyef ywreȝe is, þet stele þine halkes and *yworyȝeliche* greate þinges oþer litle. AYENB. p. 37.

i-wriȝen, i-wriȝen p. p. *s. wrihen, ags. vrîhan [vráh, vrigon; vrigen], tegere, velare, celare.

1. **bedeckt, überdeckt**: Weoren þa hulles and þa dæles *iwriȝen* mid þan dæden. LAȝ. I. 221. Zuyche men byeþ anlykned to þo þornhog þet ys al *ywryge* myd prikyinde eles. AYENB. p. 66. Þe bene þet is *ywriȝe* ine leaues of wordes, wyþoute deuocion of herte ne likeþ naȝt to god. p. 210. — Was ihoten a Godes half iðen olde lawe þ put were euer *iwrien*. ANCR. R. p. 58. She [sc. Fortune] is the mownstres hede *ywrien*, As fylthe over ystrawed wit flourys. CH. *B. of Duch.* 627. Al the londe he fonde *ywrye* With armed men. ALIS. 5693. mit Bezug auf Rüstung: Two hondred knyȝtes.. Wel *ywrye* with þe atyl, þat god dede mow do. R. OF GL. p. 102. Ycholle our ost eche, and our bachelerye, Wyþoute archers & votmen, wyþ tuo þousend hors *ywrye.* p. 199. cf. 198. 200.

2. **verborgen**: Herto walleð a tale, and on *iwrien* uorbisne. ANCR. R. p. 388. O cruwel Day! accusour of the joie That nyght and love han stole and faste *ywrien.* CH. *Tr. a. Cr.* 3, 1401. Þer ys a þyef open, and a þyef *ywreȝe.* AYENB. p. 37. He openede his mouþ and his trezor þet he hedde *ywreȝe* ine his herte. p. 96.

i-writ s. *ags. gewrit,* scriptura. Schrift.

Al hi habbet an here *iwrite* þat we misduden here. MOR. ODE st. 51. Alswuche wise spekeð ðe eorðliche king wið iwilche cristene monne þe he to sendeð his halie *iwriten.* OEH. p. 133. Þo mon þe on his youhþe yeorne leorneþ wit and wisdom, And *iwriten* reden, he may beon on elde wenliche lorþeu. O.E.MISCELL. p. 108.

i-writen v. *ags. gewrîtan,* scribere, conscribere, alts. *gewrîtan.* schreiben.

Þe þridde godes heste wes *iwriten* inne þa table. OEH. p. 11. Ha [sc. deað] lihteð, hwer se ha eauer kimeð, wið a þusent deoflen, ant euch an bereð a gret boc al of sunnen *iwriten* wið swarte smeale leattres. p. 249. Al þet ech mon haueð idon, soððen he com to monne, sculde he hit sechen o boke *iwriten* he scal iþenchen þenne. p. 167. Ha herieð godd ant singeð a unwerget eauer iliche lusti in þis loft songes, as hit *iwriten* is. p. 263 sq. Efter þe urouren þet beoð her *iwritene,* aȝean alle uondunges secheð þeos saluen. ANCR. R. p. 240. Hit is *ywritein,* Every thyng Himseolf schewith in tastyng. ALIS. 4042. Þe gode clerk, men cleped Solim, Hath *ywriten* in his latin, That ypotame a wonder beest is. 5182. God .. yeue him god endynge þat haueð *iwryten* þis ilke wryt. O.E.MISCELL. p. 99. Ne habbe ȝe *iwriten* eouwer lawes? KINDH. JESU 835. A broch .. On which was first *iwriten* a crowned .A. CH. *C. T.* 160. Of me .. Shal neither ben *ywriten* nor ysonge No good worde. *Tr. a. Cr.* 5, 1058. — Hit is *iwrite,* Nemo potest duobus dominis seruire. OEH. p. 241. Þereþ nv one lutele tale þat ich eu wille telle, As we vyndeþ hit *iwrite* in þe godspelle. O.E.MISCELL. p. 37. War þorw me may wyte, þat Engelond ys lond best, as yt is *ywrite.* R. OF GL. p. 8. He gan hem rede the lithere lawes, as he hem hadde *iwrite.* BEKET 1423. Seint Jerome .. Hem [sc. the wondres]

hath also in book *ywryte.* ALIS. 4786. We redeth oft, and findeth *ywrite* .. Layes that ben in harping. LAY LE FREINE 1. The pope .. Heng the chylderen names aboute her swere In bylles *ywryte.* OCTOU. 279. — His name beforne hys hed schowde, Was *iwrite* aboven hys yghe. RICH. C. DE L. 3564.

i-wriðen v. *ags. gewriðan,* ligare, constringere. binden.

Þet wes Cristes godcundnesse, þe ferde to helle and *iwrað* þene alde deouel. OEH. p. 123.

Þat weore twælf swine itæied to somne, mid wiðen swiðe grete *ywriðen* al to gadere. LAȝ. III. 31. Hir heed *ywriðen* was, ywis, Ful grymly with a greet towayle. CH. *R. of R.* 160.

i-wunden, i-wonden, i-wounden v. *ags. gewundian,* vulnerare, gth. *gawundon.* verwunden.

Prude and wilnunge of pris me habbeð sore *iwounded.* OEH. p. 205. Þe þet his wepnen worpeð awei, him laste beon *iwounded.* ANCR. R. p. 240. — Þer nas non þer with [sc. with þet swerd] *ywonded,* þat euer keuer myȝte. R. OF GL. p. 49. Thai schewed *iwonded* here brother. SEUYN SAG. 1345. Yef þe on leme is zik oþer *ywonded,* alle þe oþre him helpeþ to þet he by held. AYENB. p. 148. — Kay .. to deþe was in þulke verde *ywounded.* R. OF GL. p. 216. He was *ywounded,* nought sore yhurt. ALIS. 2449. My felawe Erld Olyuer was þar *ywounded* sare. FERUMBR. 150. *Ywounded* swiche a man lay, That sorwe it was to se. TRISTR. 2, 7. He .. wodelech was *ywounded.* DEGREV. 320. Oure Lord Crist hath wolde and suffred, that thy thre enemyes ben entred into thin hous by tho wyndowes, and have *iwoundid* thi doughter. CH. *T. of Melib.* p. 171 sq.

i-wundred p. p. *s. wundren.* doch vgl. ahd. *sih des gewunderôn,* admirari [GRAFF *Wb.* 1. 904]. verwundert.

If he biwinneþ oȝt of þe, ȝif him of þine suche þre; Muche he wule þonki þe And of þe suþe *iwundred* beo. FL. A. BL. 351.

i-wune, i-wone s. *ags. gewuna,* consuetudo, usus, alts. *giwono,* ahd. *giwona,* mhd. *gewone, gewon.* Gewohnheit, Sitte.

Þenne ofþuncheð hit hime sare, Bute we bileuen ure ufele *iwune.* OEH. p. 55. Þa Peohtes duden heore *iwune.* LAȝ. II. 162. Al swa þa wifmen heore *iwune* hafden. II. 610. Al swa wes ær heore *iwune.* III. 185. To þere quene wes his *iwune,* þat wæs ufele idon, his æme he dude swikedom. III. 10. Vyche day in þe temple wes myne *ywune* To techen eu godes lore. O.E. MISCELL. p. 43. Heo vre crende bere, so is hire *iwune.* p. 57. — Hit is gode monne *iwone,* An was from the worlde frome. O. A. N. 475.

i-wuneliche adv. *ags. gewunelîc* adj., consuetus, ahd. *gewonelîch* adj., mhd. *gewonlîche* adv. gewöhnlich.

Halie boc nemneð *iwuneliche* ðreo þing to sede; an is monnes istreon, þet oðer is godes word, and þet ðridde is weldede. OEH. p. 131 sq. cf. II. 153.

i-wunien, i-wonien v. *ags. gewunian,* habi

tare, manere, consuescere, alts. *giwonón*, ahd. *giwonan*, mhd. *gewonen*.

1. **verweilen**: Hedde he *iwuned* þer enne day, oþer vnneþe one tyde, Nolde he for al þe middelerd an oþer þer abyde. O.E.MISCELL. p. 63.

2. **gewöhnen** p.p. **gewohnt**: Vre drihten .. wile forberne alle his fon and heom þet beoð *iwunede* uuel to done. OEH. p. 143. Al þat hird þat ha wes *iwunet* to dreaien efter hire. p. 257. Al þat hird .. þat was *iwunet* to beon fulitohen. p. 267. Dauid spekeð to ancre þet was *iwuned* ine hudles wel uorte wurchen. ANCR. R. p. 146. Ofte in þe temple ich wes *iwuned* to preche. O.E.MISCELL. p. 44. As heo wes er *iwuned*, heo com myd hire stene. p. 84. — Vre swinc and ure tilþe is ofte *iwoned* to swinden. OEH. p. 163. Artur was lyȝt ynou, as he was *iwoned*. R. OF GL. p. 207. Þat folc com þo of Denemarch .. And robbede & destrude, as hii were *ywoned* to done. p. 377. The churche of Canterbure was *iwoned* to schyne wide. BEKET 1409. Þe meste gentile guodes þet man may do, and þet mest were *ywoned* to by worþ and profiti. AYENB. p. 89 sq. He .. makeþ to comene al out of smak al þet me wes *ywoned* byuore to louie, ase þet weter is out of smak to þan þet is *ywoned* to þe guode wyne. p. 106. Heo ne scholden be iseiȝe noȝwer go With Jesu, ase huy *iwonede* were. KINDH. JESU 1012. — He ne findeth hawe non, As he was *iwont* to don. SEUYN SAG. 907. Themperice him com to, As sche was ar *iwont* to do. 2745.

i-wurchen, i-worchen, i-werchen v. s. *ȝe-wurcan*.

i-wurht s. ags. *gevyrht*, opus, meritum, alts.

giwurht, ahd. *cawuraht*, *gewurht*, mhd. *gewurht*. That, Verdienst.

Þus Arður þe king delde his drihtliche londes after heore *iwurhte*, for he heom þuhte wurðe. LAȝ. II. 593.

i-wursed, i-worsed, i-wersed p.p. s. *wursien*, ags. *wyrsian*, deteriorare. verschlechtert.

Mine sunnen habbeð grimliche *iwursed* me and iueied me toward þe lueueliche louerd. OEH. p. 202. Ȝe muwen muchel þuruh ham [sc. þis stucchen] beon igoded, and *iworsed* on oðer halue. ANCR. R. p. 428. Þe inemaste bayle .. Bitokneþ hire holy maidenhod þat neuer for no þing *iworsed* nas. CAST. OFF L. 809. *Iwersed* wird angeführt in HAUPT Zeitschr. 11, 298.

i-wurðen, i-worðen v. s. *ȝewurðen*.

i-wurðien v. ags. *gevorðian*, *gevurðian*, *geryrðian*, honorare, celebrare, alts. *giwerðon*, ahd. *gawerdón*, *giwerðón*, mhd. *gewerden*. wert halten; ehren.

To þissere weorlde longe þe nome þer scal stonde, al se hit is iqueðen after godes leoden, þene stude to *iwurðien*. LAȝ. III. 190. Þe king .. wende on is þonke þat hit weren for vnðeawe þ he hire weore swa unwurð, þat heo hine nolde *iwurði* swa hire twa suostren. I. 130.

Þesne lehter habbeð meat hwet alle men, ðe ȝefeð heore elmesse eiðer for godes luue and ec for horeword to habbene and beon *iwurðe-gede* fir and neor. OEH. p. 137. In nan stude ne maht ich understonden of nan þ were wurðe to beon *iwur[ð]get* as hit deh drihtin, bute þe hehe healent. ST. MARHER. p. 1. Þas cnihtes weoren an hirede hæhliche *iwurðed*. LAȝ. III. 136. We habbeoð ibeon an hirede hæhliche *iwurðed* III. 143.

J.

Das anlautende konsonantische *j*, auch *i* geschrieben, beruht im wesentlichen nicht auf germanischem, sondern vorzugsweise auf romanischem und anderweitigem Vorgange, und hat überhaupt im Altenglischen eine geringe Ausdehnung erlangt. Bisweilen wechselt *j* mit *g* gleicher Aussprache.

jakke, jak s. afr. *jaque*, sp. *jaco*, it. *giaco*, niederl. *jak*, niederd. *jak*, *jakke*, schw. *jacka*, dän. *jakke*, neue. *jack*, nhd. *Jacke*. ein eng anliegender kurzer Rock, bes. Waffenrock.

A *iakke*, bombicinium. CATH. ANGL. p. 194. *Iakke* of defence, baltheus. PR. P. p. 256. Hec acupicta, a *jak* of fens. WR. VOC. p. 238. A rideþ to Richard wyþ a spere .. & on þe scheld hym smot; þorȝout ys scheld & is habreioun, Plates & *iakke* & ioupoun þorȝout al it ȝot. FERUMBR. 3687. — Thus the devil fareth with men and wommen: first he stirith him to pappe and pampe her fleische .. and so hoppe on the

piler with her hornes, lockis, garlondis of gold and of riche perlis, callis, filettis, and wymplis, and rydelid gownes, and rokettis, colers, lacis, *jackes*, pattokis. REL. ANT. I. 41.

jace s. unbek. Urspr. Franze, Borte.

Jace, a kind of fringe, dial. Devon. HALLIW. D. p. 481. Waite mo wayes how the while turneth, With gyuleris joyfull ffor here gery *jaces*, And ffor her wedis so wyde wise beth yholde. DEP. OF R. II. p. 19.

jacen v. jagen, traben.

To iusten in Ierusalem he *iacede* awey ful faste. P. PL. Text C. pass. XX. 50. wofür B. 17, 51. *chaced* bietet. Sollte wegen der Alliteration *j* an die Stelle von *ch* getreten sein? Von *jacen* findet sich schwerlich ein zweites Beispiel.

jacinct, jacint s. pr. *jacint*, sp. pg. *jacinto*, it. *iacento*, *giacinto*, nfr. *hyacinthe*, *jacinthe*, schw. *hyacint*, dän. *hyacinth*, lat. *hyacinthus*, gr. *ὑάκινθος*, neue. *hyacinth*, *jacinth*.

1. Hyacinth, edler Zirkon, ein Edelstein von der Farbe der rothen Hyacinth-blume: Alswa as a charbucle is betere þen a *iacinct* iþe euene of hare cunde, & tah is betere a briht *iacinct* þen a charbucle won, alswa passeð meiden onont te mihte of meidenhad widewen & iweddede. HALI MEID. p. 43. The eleuenthe [sc. foundement], *iacinetus*. WYCL. APOCAL. 21, 21. Þe crysopase þe tenþe is tyȝt, þe *iacyngh*(?) þe enleuenþe gent. ALLIT. P. 1, 1012. Swich is this addres kyndlyng, Preciouse stones with-outen lesyng, *Jacynkte*, piropes, crisolites. ALIS. 5680. In þe strimes þe smale stones Hi booþ þer funden eurech one, Boþe saphirs and sar-doines, And suþþe riche cassidoines, And *ja-cinctes* and topaces. FL. A. BL. 283. The hondis of hym able to turnen aboute, goldene and ful of *iacynetis*. WYCL. SONG OF SOL. 5, 14.

2. Purpurblau, der Saft der Purpur-schnecke *helix ianthina*, und der damit ge-färbte Stoff [hyacinthus *Vulg.*]: Thes ben the thingis that ȝe shulen take, gold and siluer and brasse and *iacynkt* [iacynt *Purv.*], that is, silk of violet blew. WYCL. EX. 25, 3 Oxf. The breest broche forsothe of dom thou shalt make with werk of dyuerse colours, after the weuyng of the coope, of gold, *iacynkt* [iacynt *Purv.*] and purpur. EX. 28, 15 Oxf. Sende thann to me an tauȝt man, that kann wirchen in gold, and siluer, brasse, and yren, purpur, cocco, and *iacynte*. 2 PARALIP. 2, 7 Oxf.

jacinctine adj. hyacinthfarbig, pur-purblau. Thei maden the coope al *iacynctyne*. WYCL. EX. 39, 20 Oxf. Skynnes *iacynctynes* [pelles ianthinas *Vulg.*] EX. 25, 5 Oxf.

jade s. unbek. Urspr. neue. *jade*. Kracke, elendes Pferd. Be blithe, although thou ryde upon a *jade*. What though thin hors be bothe foul and lene? If he wil serue the, rek not a bene. CH. C. T. 16298.

jagge s. gleichbedeutend mit *dagge*. neue. *jag*. Zacke. Iagge, or dagge of a garment, fractillus. PR. P. p. 255. *Iagge*, fractillus. CATH. ANGL. p. 193. *Iagge*, a cuttyng, chicqueture. PALSGR. Some „with mo *jagges* on here clothis than hole cloth". *Vision of Staunton* in CATH. ANGL. p. 193 n. 2.

jaggen v. entspricht dem Ztw. *daggen* in seiner Bedeutung. neue. *jag*. zacken, ausracken. I *jagge*, or cutte a garment. PALSGR. *Iaggid*, or daggyd, fractillosus. PR. P. p. 255. Where is the gold and the good that ye gederd togedir? The mery menee that yode hider and thedir? — Gay gyrdyls, *jaggid* hode, prankyd gownes, whedir? TOWN. M. p. 319. A jupone . . *jaggede* in schredes. MORTE ARTH. 905.

jaggen, jeggen v. sch. *jag* s. = prick; *jag* v. = prick, pierce. stechen, bohren. Gyawntis forjustede with gentille knyghtes, Thorowe gesserawntes of Jene *jaggede* to þe herte. MORTE ARTH. 2909. Thorowe a jerownde schelde he *jogges* hym thorowe. MORTE ARTH. 2892. Joynter and ge-mows he *jogges* in sondyre. 2894.

Jagounce s. afr. *jagonce*. ein Edelstein, der den Träger unverwundbar machen soll, etwa Granat. There is a stone whiche called is *jagounce* . . Cytryne of colour, lyke garnettes of entayle. LYDG. M. P. p. 188 cf. 191.

jai, jay s. afr. *gai, jay*, pr. *gai, jai*, sp. *gayo*, nfr. *geai*, mlat. *gaius, gaia*, neue. *jay*. Häher, Elster. *Jay*, graculus. WR. VOC. p. 177. 188. 252. Heo is . . Graciouse, stout, ant gay, Gentil, jolif so the *jay*. LYR. P. p. 52. Gapithe as a rooke, abrode gothe jow and mowthe, Like a *jay* jangel-yng in his cage. LYDG. M. P. p. 165. The *jay* more cherished than the nyghtyngale. p. 170. *Iay*, birde, graculus. PR. P. p. 256. — Thei cheteryn and chateryn as they *jays* were. COV. MYST. p. 382. Hic graculus, a *jaye*. WR. VOC. p. 221. The *jays* jangled them amonge. SQUYR OF LOWE DEGRE 51. — *Jayes* in musike have small expe-rience. LYDG. M. P. p. 23.

jail s. afr. *gaole, geole, jaiole*, carcer, sp. *ga-yola*, pg. *gaiola*, it. *gabbiuola*, neue. *gaol, jail*. Kerker, Gefängniss. Is þar na brag in oure bondis . . Ne nouthire iugement ne *iayll* ne iustice of aire. WARS OF ALEX. 4319.

jailer s. afr. *jaulier* neben *geolier*, neue. *gaoler, jailer*, alte. auch *gailer*. s. dass. Kerker-meister. His *jayler* hem gan underfong. RICH. C. DE L. 743. To the *jayler* thanne sayd he: Thy pre-soners let me see. 753. cf. 839. 886. Þe amyral . . clepede ys *iayler*. FERUMBR. 1182. cf. 1192. 1213.

jalous, jelous adj. i. q. *gelus, gelous*. s. dass. afr. *jalous*, neue. *jealous*. eifersüchtig. If a foole were in a *jalous* rage, I nolde set-ten 'at his sorw a myte. CH. *Tr. a. Cr.* 3, 45. Riȝt as a *jelous* man. REL. ANT. II. 54.

jalousie s. i. q. *gelusie, gelousie*. s. dass. afr. *jalousie*, neue. *jealousy*. Eifersucht. Thus to hym spake she of his *jalousye*. CH. *Tr. a. Cr.* 3, 938. Ye schal understonde that ire is in tuo maneres, that oon of hem is good, that other is wikke. The good ire is by *jalousy* of goodnesse, thurgh which a man is wroth with wikkidnes. *Pers. T.* p. 309.

jambe adj. vgl. afr. *jambé*. tüchtig, schnell. One a *jambe* stede þis jurnee he makes. MORTE ARTH. 2895.

jambeau, jambeu s. von afr. *jambe*, gleich-sam *jambel*, wozu man nfr. *jambelet* vergleichen kann. Beinschiene. On ys schelde ful þe dent, & endelonges he hym torent, ȝut gan he ferþer glyde, be ys *iam-beaus* forþ he swarf & ys oþer spore þanne he carf, Adoun riȝt by the hele. FERUMBR. 5613. His *jambeux* were of quirboily. CH. C. T. 15283.

jamne s. Kiefer, Kinnlade. Jason . . Gryppet a grym toole, gyrd of his hede, Vnioynis the *jamnys* þat iuste were toge-dur, Gyrd out the grete tethe, grippet hom sone, Sew hom in the soile. DESTR. OF TROY 937.

Jangle s. afr. *jangle*, pr. *jangla*. Geschwätz, leeres Gerede, Klatsch.

We ne faren to no philozofrus to fonden hure lorus; For ay longeþ þat lore to lesinge & *iangle* . . But swiche wordus of wise we wilnen to lere, þere nis no iargoun no *iangle*. ALEX. A. DINDIM. 457–62. Ne never rest is in that place, That hit nys fllde ful of tydynges . . And over alle the houses angles ys ful of rounynges and of *jangles*. CH. *H. of Fame* 3, 866. A philosophre saide, whan men askid him, how men schulde plese the poeple, and he answerde: do many goode werkes, and spek fewe *jangeles*. PERS. *T.* p. 320. Ich was þe prioresse potager and oþer poure ladies, And made here ioutes of *iangles* „dame Johane was a bastarde etc.“ P. PL. *Text C.* pass. VII. 132.

Janglen v. afr. *jangler*, *gangler*, pr. *janglar*, niederl. *jangelen*, sch. *jangil*, *jangle*, neue. *jangle*.

1. schwatzen, klatschen: *Iangelyn*, or iaveryn, garrulo, blatero. PR. P. p. 256. *Iangelyn*, and talkyn, confabulor. p. 257. To *iangylle*; ubi to chater. CATH. ANGL. p. 193. Þe stede [sc. þe cherche] is holy, and is yset to bidde god, najt uor to *iangli*, uor to lheþe ne uorto trufly. AYENB. p. 214. Ich wende falslyche *jangli* tho. REL. ANT. II. 243. Al day to drynken At diverse tavernes, And there to *jangle* and jape, And jugge her evencristen. P. PL. 1069. Therof I wol me well avise To speke or *jangle* in any wise That toucheth to my ladies name. GOWER I. 177.

Who that *janglis* any more, He must blaw my blak hoille bore. TOWN. M. p. 8. How bisy, if I love, ek most I be To plesen hem that *jangle* of love and demen, And coye hem, that they seye noon harme of me. CH. *Tr. a. Cr.* 2, 799.

Huanne þe asoldest yhere his messe oþer his sermon, þou *iangledest* and bourdedest touor god. AYENB. p. 70. Vche to oþur *iangled* wiþ scorn, To heere godus wordus þei han forborn. O.E.MISCELL. p. 226.

2. zwitschern, schnattern, von Vögeln: The jaye *jangled* them amonge. SQUYR OF LOWE DEGRE 51.

Þe *iangland* brid þat syngiþ on þe heye braunches. CH. *Boeth.* p. 68. Abrode gothe jow and mowthe, Like a jay *jangelyng* in his cage. LYDG. M. P. p. 165.

3. zanken, hadern: If there han two men bytwix hem self chidynge, and oon ajens that other bigynneth to *iangle* [rixari *Vulg.*]. WYCL. DEUTER. 25, 11 Oxf.

Setten tentis into Raphidym, where was not water to the puple for to drynke. The which *ianglynge* [jurgatus *Vulg.*] ajens Moyses, seith: Jif to vs water, that we drynken. To whom answerde Moyses: What *iangle* je ajens me? Ex. 17, 1. 2 Oxf.

There the sones of Yrael *iangleden* ajens the Lord . . WYCL. NUMB. 20, 13 Oxf. The preest þus and Perkyn of þe pardon *iangled*. P. PL. *Text C.* pass. X. 392.

Jangler, Jangelour etc. s. afr. *janglerres*,
jangleor, *gengleour*, pr. *janglaire*, *janglador*, sch. *janglour*, neue. *jangler*. Schwätzer.

Iangelere, fulle of wordys. PR. P. p. 256. *Iangiller*, fictilis, poliloquus. CATH. ANGL. p. 194. He was a *jangler* and a golyardeys, And that was most of synne and harlotries. CH. *C. T.* 562. Yf she me fynde fals, Unkynde *jangler*, or rebel in any wyse, Or jalouse, do me hongen by the hals. *Ass. of F.* 456. Al tho that lyate of women evyl to speke . . I praye to God that her neckes tobreke, Or on some evyl dethe mote tho *janglers* sterve. *Praise of Women* 1. Harlotes for hir harlotrie May have of hir goodes, And japeris and jogelours, And *jangleris* of gestes. P. PL. 5660. Japeres and *jangeleres*, Judas children, Feynen hem fantasies, And fooles hem maketh. 69. Ne scholde mon have herd the thondur, For the noise of the taboures, And the trumpours and *jangelours*. ALIS. 3424.

Jangleresse s. Schwätzerin, Maulheldin.

Styborn I was, as is a leones, And of my tonge a verray *jangleres*. CH. *C. T.* 6219. For syn he sayd that we ben *jangleresses*. 10181.

Janglerie s. pr. *janglaria*. Schwatzhaftigkeit, Geschwätz.

The *janglerie* of wommen can hyde thinges that they wot not of. CH. *T. of Melib.* p. 149. No fors of wikked tonges *janglerye*, For evere on love han wreches hadde envye. *Tr. a. Cr.* 5, 755.

Jangling, jangeling s.

1. Geschwätz: When þou in kirk makes *ianglyng* . . Yhit it es a veniel syn. HAMP. 3418–81. Of this *janglyng* I reyde thou seasse. TOWN. M. p. 14. *Jangelyng* is whan a man spekith to moche biforn folk, and clappith as a mille, and taketh no keep what he saith. CH. *Pers. T.* p. 295. Now comith *jangeling*, that may nought be withoute synne; and as saith Salamon, it is a signe of apert folie. p. 320.

2. Zank, Zwist: Many a peire . . Han plight hem togideres, The fruyt that [they] brynge forth Arn foule wordes, In jelousie joyelees, And *janglynge* on bedde. P. PL. 5507. Some wolde have hym adawe, And some sayde it was not lawe. In this manere, for her *janglyng*, They myghte acorde for no thyng. RICH. C. DE L. 973.

Janiver, Jeniver etc. s. afr. *janvier*, pr. *januer*, *janvier*, *genoyer*, *jenovier*, sp. *enero*, pg. *janeiro*, it. *gennaio*, *gennaro*, lat. *januarius*, neue. *january*. Januar.

Þo Seynt Edward adde þys ytold, he closede boþe hys eye, And þe verþe day of *Janyuere* in þys manere gan deye. R. OF GL. p. 353. Gayus, that was emperour of Rome, putten theise 2 monethes there to, *Janyver* and Feverer. MAUND. p. 77. The fyrste monyth of the yere Was clepyd aftur hym *Janyvere*. MS. in HALLIW. D. p. 483. The frosty colde *Janevere*. GOWER III. 125. *Ianuer*, januarius. CATH. ANGL. p. 194. — Þe vourþe day of *Jenyuer* vor honger þanne hii wende. R. OF GL. p. 408. Ther after in *Jeniuer*, Isabel is wif, Contesse of Gloucestre, let at Bercamstude that lif. p. 528.

Jape s. pr. *jup, jaup*, aboi, cri, nfr. *joppe*, caquet, bavardage, sch. *jape, jaip*, neuc. *jape*.

1. S p a s s , P o s s e , Scherz und Gegenstand des Spasses: Thanne lough Lyf .. And armed hym an haste With harlotes wordes, And huld holynesse a *jape*. P. Pl. 14210-4. Who so saith, or wencth it be A *jape* or elles nycetie, To wene that dremes after faile , Lette who so lyst a foole me calle. Ch. *R. of R.* 11. Iupiter þat ioglour sum *iape* bos haue ; A bullok or a fell bule is broȝt to his temple. Wars of Alex. 4526. — Mony ioyles for þat ientyle *iapez* þer maden. Gaw. 542. Boþe þe mon & þe meyny maden mony *iapez.* 1957. After this cometh the synne of japers, that ben the develes apes, for they maken folk to laughen at here *japes* or *japerie* .. suche *japes* defendith seint Poule. Ch. *Pers. T.* p. 320. He .. gan his beste *japes* forth to caste , And made hire so to laughe at his folye, That she for laughtere wende for to deye. *Tr. a. Cr.* 2, 1167. Worthy wemen .. þat .. wilfull desyre more janglyng of *japes* þen any juste werkes. Destr. of Troy 2870-3.

2. T r u g , R a n k , S t r e i c h , K u n s t : Did not Ionas in Iude such *iape*; sum whyle ? . P. 3, 57. — Þe fende .. engendored on *Allu̇*ieauntez with her *iapez* ille. Allit. P. B. 2. Ȝe ar iolif gentylmen, your *iapes* ar ille. 2, 564. Ȝif þei maken wyues and oþer wymmen hare austris bi lettres of fraternite or oþere *iapes*, and geten children vpon hem. Wycl. W. *hitherto unpr.* p. 12. Þe *iapis* of all gemetri gentilli he couth. Wars of Alex. 43. Quen he nad gedird his grese .. For *iapis* of his gemetry þe ious out he wrengis. 338. Alle thies *iapes* ho [sc. Medea] enioynit, as gentils beleued. Destr. of Troy 416. Jason for alle þo *iapes* hade nere his ioy lost. 809.

Japen v. afr. *japer*, pr. *japar*, sch. *jape, jaip*, neuc. *jape*.

1. S p a s s t r e i b e n , P o s s e n r e i s s e n , s p o t t e n : He gan at hym self to *japen* faste. Ch. *Tr. a. Cr.* 2, 1164. To *jape*, nugari. Cath. Angl. p. 194. To drynken At diverse tavernes, And there to jangle and *jape*. P. Pl. 1069. I kan neither tabourne .. ne harpen , *Jape* ne jogele. 8486-90.

And by the chin and by the cheke She luggeth him right as her list , That now she *japeth*, and now she kist, And doth with him what ever her liketh. Gower III. 148 sq. Thei [sc. the Jewis] lowen at his passioun as these lowyn and *japen* of the miraclis of God. Rel. Ant. II. 45.

O fole, now artow in the snare, That whilom *japedest* at loves peyne. Ch. *Tr. a. Cr.* 1, 507. This Jhesus of oure Jewes temple Hath *japed* and despised, To fordoon it on o day. P. Pl. 12155.

2. b e t r ü g e n , b e t h ö r e n , äf f e n , v e r h ö h n e n : Adam and Eve He egged to ille, Counseilled Kaym To killen his brother; Judas he *japed* With Jewen silver. P. Pl. 589.

Thus hath he *japed* the many a yer, And thou hast maad of him thy cheef squyer. Ch. *C. T.* 1731. I wil be ware and afore provide, That of no fowler I wil no more be *japed*. Lydg. M. P. p. 186. Who so wole of hem more be *iaped*, I holde him worsse than madde. The Sowdone of Babylone 2617.

Japere s. sch. *japer, jaiper*. P o s s e n r e i s s e r , G a u k l e r.

He is a *japere* and a gabbere , and no verray repentaunt. Ch. *Pers. T.* p. 265. He is wors than Judas, That gyveth a *japer* silver, and biddeth the beggere go. P. Pl. 5340. Harlotes for hir harlotrie may have of hir godes, And *japeris* and jogelours And jangleris of gestes. 5661. When thei [sc. the myraclis] ben pleyid of *japeris*. Rel. Ant. II. 50.

Japerie s. S p a s s h a f t i g k e i t , S p a s s m a c h e r e i.

Justinus, which that hated his folye , Answerd anoon right in his *japerie*. Ch. *C. T.* 9529. They maken folk to laughen at here *japes* or *japerie*. Pers. *T.* p. 320. Right so conforten vilens wordes and knakkis and *japeries* hem that travayle in the service of the devyl. p. 321.

Japeworþi adj. l ä c h e r l i c h.

What difference is þer bytwixe þe prescience and þilke *iapeworþi* dyuynynge of Tiresie þe diuinour. Ch. *Boeth.* p. 157.

Japing s. S p a s s', G a u k e l e i.

He gaf to her in *iapyng* a buffet. Holy Rood p. 168 sq. — So fully writen in the booke of lif , as is levyng of myraclis pleyinge and of alle *japyng*. Rel. Ant. II. 51.

Japinge-stikke s. scheint, wie *babulle*, den N a r r e n k o l b e n zu bezeichnen.

How mowen thei [sc. the myraclis] be more takyn in idil than whanne thei ben maad mennus *japynge stikke*, as when thei ben pleyid of japeris. Rel. Ant. II. 50.

Jargoun, gargoun s. afr. *jargon, gergon*, it. *gergo, gergone*, sp. *gerigonza*, pg. *geringonza*, neue. *jargon*. G e s c h n a t t e r , G e s c h w ä t z , G e s c h r e i.

Pere is no *iargoun*, no jangle , ne juggementis falce. Alex. A. Dindim. 462. Thre ravenes lyghte adoun , And made a gret *gargoun*. Seven Sag. 3147. I louke ate the ravens thre, That sayden in har *gargoun* .. That I schulde here after be Man of so grete pouste. 3158.

Jaspe u. Jaspre, Jasper s. afr. *jaspe*, später auch *jaspre*, pr. *jaspi*, sp. pg. *jaspe*, it. *iaspide* u. *diaspro*, lat. gr. *iaspis*, neue. *jasper*. J a s p i s , ein Schmuckstein.

Ichot a burde in a bour ase beryl so bryht .. Ase *jaspe* the gentil that lemeth with lyht. Lyr. P. p. 25. Hwat spekestu of eny bolde þat wrouhte þe wise Salomon Of *iaspe*, of saphir, of merede golde, and of mony on oþer ston. O.E. Miscell. p. 96. cf. 98. Pe pilers .. Beþ iturned of cristale Wiþ har bas [har-las *ed.*] and capitale Of grene *jaspe* and rede corale. Cok. 67-70. His stone is *jaspe*. Gower III. 131. *Iaspe*, stone, iaspis. Pr. P. p. 257. — Ȝe couett & craue castels & rewmes, And thristis eftir all thingis at in ȝoure thoȝt rynnes, *Iaspre*, iuwels, & gemmes, & iettand perle. Wars of Alex. 4442. Þe wyndowes wern ymad of *iaspre* & of oþre stones fyne. Ferumbr. 1326. Alle the vesselle .. ben of precious stones, and specially at grete tables , outher of *jaspre* or of cristalle etc. Maund. p. 220. The degrees

.. on is of oniche, another is of cristalle, and another of *jaspre* grene. p. 276. — *Iasper* hyțt þe fyrst gemme. ALLIT. P. 1, 998. What is better than gold? *Jasper.* CH. *T. of Melib.* p.151. There in was .. a boyat of *jasper* grene. MAUND. p. 85. The kyng rood forth, withe sober contenaunce, Toward a castelle bylt of *jasper* grene. LYDG. M. P. p. 16.

Bisweilen findet man die zu Grunde liegende Wortform unverändert: He that sat, was lijk to sitt of a stoone *iaspis.* WYCL. APOC. 4, 3 Oxf. The lițt of it lijk to a precious stoon, as to the stoon *iaspis.* 21, 11 Oxf.

Jaudewine, jawdewyne adj. eine beschimpfende Bezeichnung von Personen, unsicheren Ursprungs und unklarer Bedeutung.

Þe *saudewin* Iubiter ioiful țe holde. ALEX. A. DINDIM. 659. Thow *jawdewyne*, thou jangeler, how stande this togider? țMs. in HALLIW. D. p. 483.

Jaunis, Jaundis, Jawndice etc. s. afr. *jaunisse*, neue. *jaundice.* Gelbsucht.

Many yvels, angers, and mescheefes Oft comes til man þat here lyves, Als fevyr, dropsy, and *iaunys.* HAMP. 698. For hym that is in the *jaunes:* tak wormot etc. REL. ANT. I. 51. Envyus man may lyknyd be To the *iawnes*, the whyche is a pyne That men mow seyn mennys yne. HANDLYNG SYNNE Ms. in CATH. ANGL. p. 194 n. 3. A pestilence of þe țelowe yuel þat is icleped þe *jaundys.* TREVISA II. 113. Hec ictaricia, the *jandis.* WR. VOC. p.224. Þe *iandise*, aurigo. MAN. VOC. p. 147. *Iawndyce*, sekenesse, hicteria. PR. P. p. 258. Hec utorica, the *chawndyse.* WR. VOC. p.267. *Iaundyce*, a sickenesse, jaunice. PALSGR.

Jawmbe s. afr. *jambe.* Bugț, Gelenk?ț

Pirrus .. flang at hir felly with a fyne swerd, Share of þe sheld at a shyre corner, Vnioynet the *jawmbe* of þe iust arme, þat hit light on þe laund lythet full euyn. DESTR. OF TROY 11111.

Jeant s. s. *geant.*

Jebet s. s. *gibet.*

Jectour, jettour, gettour, jetter, gettar s. lat. *jactator*, neue. *jetter.* Prahler, Grossthuer.

Manye, whanne þei ben drounken, comen hom to here wifis, and sumtyme fro here cursed strumpatis and *jectouris* of contre. WYCL. W. III. 193. Jupitir a *iettoure* þat iapid many ladis. WARS OF ALEX. 4415. Thys gentylmen, thys *gettours*, They ben but Goddys turmentours. Ms. in HALLIW. D. p. 398. *Ietter*, a facer, braggart; *iettar* of nyght season, brigvevr. PALSGR. *Gettar*, a braggar, fringuereau. *id.* Many tymes here patrons & oþere *getteris* of countre & ydel schaueldouris willen loke to be festid of siche curatis. WYCL. W. *hitherto unpr.* p. 249.

Jeniver s. s. *janiver.*

Jentil s. s. *gentil.*

Jeseine s. i. q. *gesine.* Kindbett.

Now he thatt made vs to mete'on playne, And offurde to Mare in hir *jeseyne*, He geve vs grace. MIR. PL. p. 83.

Jesserant, -aunt, jesserand, -aund, gesser-

aunt s. afr. *jaserant, jazerenc*, pr. *jaseran*, pg. *jazerão.* Ringelpanzer, Panzerhemd aus Ringen.

Sir Arthure .. Armede hym in a actone .. Aboven one þat a jeryne of Acres owte over, Aboven þat a *jesseraunt* of jentylle maylez. MORTE ARTH. 900-4. Thorowe a jerownde schelde he jogges hym thorowe, And a fyne *gesserawnte* of gentille mayles. 2892. Gyawntis forjustede with gentille knyghtes, Thorowe *gesserawntes* of Jene joggede to þe herte. 2909. With þat þai jarkid to þe țatis & țode to þe wallis, Sum in iopons, sum in *iesserantis*, sum ioyned all in platis. WARS OF ALEX. 2449. — Nymes of .. Iopon & *iesserand.* 4959-61. The doughty knyght sure Degrevaunt Leys the lordes one the laund, Thorw jepun and *jesseraund.* DEGREV. 289.

Jeste s. s. *geste.*

Jet, get s. s. *get.*

Jet s. afr. *jayet* u. *gest*, nfr. *jaïet* u. *jais*, lat. *gagates*, neue. *jet.* Gagat, Pechkohle, frühe schon zu Schmucksachen verarbeitet.

Hire teeth been whight as ony *jete* [ironisch gesagt]. And lych a seergacloth hire nekke is clene. LYDG. M. P. p. 20ț.

Jetten v. afr. *jetter, geiter, jeter, geter*, pr. *gitar, gietar, getar*, sp. *jitar*, it. *gettare, gittare*, lat. *jactare*, neue. *jet.*

1. von Personen, sich brüsten, prahlen: In kynges corte wher money dothe route, Yt makyth the galandes to *jett.* NUGÆ P. p. 46.

2. von Sachen, prangen, glänzen: Pan țe couett & craue castels & rewmes, And thristis eftir all thingis at in țoure thojt rynnes, Iaspre, iuwels, & gemmes, & *iettand* perle. WARS OF ALEX. 4442.

Jeupardie, joparde, jeopartie s. s. *jupartie.*

Jew s. s. *Judæus.* s. *giw.*

Jew s. afr. *geu, jeu*, in jew de dame. Brettspiel, Damenspiel.

Þo þat willieþ to leue at hame pleyeþ to þe eschekkere & summe of hem to *iew de dame*, & summe to tablere. FERUMBR. 2224.

Jobard, jobbard s. fr. *jobard*, homme niais. Dummkopf.

Tho seyde the emperour Sodenmagard, Then was the erle a nyse *jobarde.* Ms. in HALLIW. D. p. 485. Looke of discrecioune sette *jobbardis* upon stoolis, whiche hathe distroyed many a comunalte. LYDG. M. P. p. 119.

Jobbe s. Stück, Werthgegenstand(?).

Robbet þere riches, reft hom hor lyues, Gemmes, & iewels, *iobbes* of gold, Pesis, & platis, polisshit vessell. WARS OF ALEX. 11940.

Jocaunt adj. lat. *jocans.* heiter, froh.

When the knyght harde this, he was *iocaunt* & murye. GESTA ROM. p. 116.

Jocund, jocound adj. sp. pg. *jocundo*, it. *giocondo*, lat. *jocundus*, neue. *jocund.* froh, heiter.

Thus es þe geante forjuste, that errawnte Jewe, And Gerarde es *jocunde*, and joyes hym þe more. MORTE ARTH. 2896. I am more *iocund* þen any man may trowe, þat I sethehole. GESTA ROM. p. 69. How shuld he be gladde or *jocounde*,

Agayne his wylle, that ligthe in chaynes bounde.
LYDG. M. P. p. 183. In al my werkys sodeynly
chaungable, To al good thewys contrary I was
founde; Now ovir sad, now moornyng,' now
jocounds. p. 256.
Jocundnes s. neue. *jocundness*. Freude,
Lust.
Ther is no tong that con tel, hert thenke, ne
ɣe se, That joye, that *jocundnes*, that Jhesus wyl
joɣn hym to. AUDELAY p. 26.
Jogelen, joglen, jugelen v. afr. *jogler, jugler*,
nfr. *jongler*, neue. *juggle*. vgl. *jogeler* s. gau-
keln.
Ich can nat tabre, ne trompe, ne telle faire
gestes, Farten, ne fiþelen at festes, ne harpen,
Iapen ne *jogelen*. P. PL. *Text C.* pass. XVI, 205.
Joglin [iogelyn K.P.], prestigior. PR. P. p. 263.
To *iugille*, ioculari. CATH. ANGL. p. 199.
**Jogeler, jogoler, jugoler, juguler, jogelour,
jogulour, joglour, jugelour, juglar** s. afr.
jogleres, jugleres, jogleor, juɣls , pr. *joglar,
juglar*, asp. *joglar*, nsp. *juglar*, it. *giocolatore*,
lat. *joculator*, neue. *juggler*. Gaukler in mehr-
facher Beziehung, als Spassmacher, Spielmann, Schauspieler, Wahrsager, Betrüger.
Men seide hit were harperis, *Jogelers* and
fythelers. GESTE K. H. 1493. Hic jugulator, a
jogoler. WR. VOC. p. 218. He fongith faire that
present, And departid hit, in gentil wise, Som,
to knyghtis of high servyse, Som, to marchal
and to botileris, To knyght, to page, and to *jogoleris*. ALIS. 831. Olimpias, that faire wif,
Wolde make a riche feste Of knyghtis and ladies
honeste, Of burgeys and of *jugoleris*. 156. A
iuguler, gesticulator, & cetera, vbi a harlott.
CATH. ANGL. 199. Þa liɣeres and þa woh-
demeres and þa *iuguleres* and þa oðer sottes,
alle heo habbeð an þonc fulneh. OEH. p. 29.
Þe ɣeneɣere ssel guo into his house, þet is
into his herte, naɣt pasindeliche ase þe *iogelour*
þet ne blefþ naɣt bleþeliche in his house. AYENB.
p. 172. Ich shal fynde hem sode þat feythfullech
lybben; Saf Iack þe *iogelour* and Ionette of þe
styues. P. PL. *Text C.* pass. IX. 70. A lousy
jogelour can deceyve the. CH. *C. T.* 7049.
Mynstrales and eke *jogelours* That wel to singe
dide her peyne. R. OF R. 764. Than comen
jogulours and enchauntoures that don many
marvaylles. MAUND. p. 237. Ɣede him furthe
eftirsons herbis to seche, Reft þam vp be þe rotis
& radly þam stampis. Þe iuse for his gemetry
þat *ioglours* takis. WARS OF ALEX. 408. Iupiter
þat *ioglour* sum iape bos haue. 4526. There saugh
I pleyen *jugelours*. CH. *H. of Fame* 3, 169.
Summe *iuglurs* beoð þet ne kunnen seruen of
non oðer gleo, buten makien cheres, & wrenchen
mis hore muð, & schulen mid hore eien. ANCR.
R. p. 210.
Das Wort wird auch vom weiblichen
Geschlechte gebraucht: Hec jugulatrix, a *jugoler*. WR. VOC. p. 216.
Joggen v. neue. *jog*.
1. tr. aufrütteln: Oure bischop bounes
him of bed, & buskis on his wedis, And þen
iogis all þe iewis. WARS OF ALEX. 1506 Ash-

mole. Him she *joggeth* and awaketh soft, And
at the window lepe he fro the loft. CH. *Leg. G W.*
2705 Tyrwh.
2. intr. traben, eilen: He *jogged* [iug-
ged *Text B.*] to a justice, And justed in his
eere, And overtilte al his truthe With „Tak this
up amendement." P. PL. 14192.
Joie, joye, joi, joy, yoye, yöe s. afr. *joie, joye*,
pr. *joi, joy* m. *jou*, fem., it. *gioia*, lat. *gaudium*
pl.-*a*, neue. *joy*. Freude.
Maden *ioie* swiþe mikel. HAVEL. 1209. Þere
we mowen graspen on þe grene & gret *ioie* here
Of brem briddene song. ALEX. A. DINDIM. 502.
Ihesu . . Graunt vs, ɣif þi wille is, The mochil
joie of paradis. ASSUMPC. B. M. 897-900.
Out of *joie* icham yblawe. GREGORLEG. 803.
Þeonne is þe muchele *joie*. ANCR. R. p. 218.
Saye heom þat ich astye to mynes vader riche,
þer is my vader and eke heore, and *ioye* euer
ilyche. O. E. MISCELL. p. 54. His sihte is al *ioye*
and gleo. p. 97. Bring ous to þe *ioye* of heuene.
ST. DUNSTAN 206. *Ioye* yt ɣs to sen. R. OF GL.
p. 1. Al þe kyn þat hym say, hadde of him *joye*
ynow. p. 11. He steiɣ to heuen aboue, þer *ioi*
is þat euer lest. E.E.P. p. 15. Jason for all þo
japes hade nere his *ioy* lost. DESTR. OF TROY
890. Jubiter þe iust god þat þe *ioy* woldis. 1655.
Gret *joy* wase to see. TORRENT 819. Money . .
Who lakythe the, all *joy*, parde, Wyll sone then
frome hym ffall. NUGÆ P. p.46. Then was there
yoye and blys, To see them togedur kysse. TRYA-
MOURE 1681. Wyth *yoye* and blys they ladd ther
lyfe. 1703. Yf ye ony *yoye* wylle here . . Y schalle
telle yow of a knyght. EGLAM. 4-7. Thys chylde
was to Holy Churche, with mekyll *yoye* and
game, There was he crystenyd. NUGÆ P. p. 22.
— In *yoe* & blysse he was ynou. R. OF GL.
p. 187.
Quod man, y pleie, y wrastile, y sprynge,
þese *ioies* wolen neuere wende me fro. HYMNS
TO THE VIRG. p. 67. Nou is fre that er
wes thral, Al thourh that levedy gent ant smal,
heried by hyr *joies* fyve. LYR. P. p. 89. Now
y may ɣef y wole the fif *joyes* mynge. p. 95.
There joye of alle *joyis* to the is sewre. COV.
MYST. p. 261. In thyssere joye we scholde by-
louken Al hyre *joyen* of vourti woken. SHOREH.
p. 121. To thyssere joye longye scholle Alle the
joyen that hyre folle. p. 123.
Joiel, jowel, juel, juwel, jewel, gewel, giwel
s. afr. *joiel, joel, jouel*, pl. *joieus, joiaus, jouiaus,
joiax*, nfr. *joyau*, pr. *joycl, joeil*, sp. pg. *joyel*,
it. *gioiello*, ahd. *jubel*, später nur *juwel*, niederl.
juweel, schw. dän. *juvel*, neue. *jewel*. Juwel,
Kleinod.
Þet is þe ⸀vifte *ioyel*. AYENB. p. 156. —
Lhord, þou wost þet ich hatie þe toknen of prede,
and þe blisse of agrayþinges and of *ioyaus* þet
me behoueþ do ope mine heauede. p. 216. Yef
we telleþ þe *ioiax* and þe uayre yefþes þet he
broɣte mid him uor to yeue to his spouse etc.
p. 118.
Iowel, or *iuelle*, jocale, clinodium. PR. P.
p. 265. He . . hit ous yaf ase þet uayreste *iowel*
þet he ous miɣte yeue. AYENB. p. 112. As jasper
þe *jowell* of gentill perry. REL. PIECES p. 87.

Of gold þer is a borde . . & ȝit an oþer *joиelle*
fairer & worþi, A pauillon of honour. LANGT.
p. 152. The knyght was in the tre tope, for dred
fere he quaked: The best *joиelle* that he had
fayne he wolde forsake, For to [com dowene.
LYDG. M. P. p. 115. — She . . yeveth hym parte
of her *ioиeles*. CH. *R. of R.* 5423.

What wyrde hats hyder my *iuel* vayned?
ALLIT. P. 1, 249. A *iuel* to me þen wats þys
geste. 1, 277. So ryche [a *jиell* ys ther non ln
all Crystyante. EMARE 107. A sercle upon her
molde Of stones and of golde, Wyth many a
juall. LYB. DISC. 877. Richard at þat turne gaf
him a faire *juelle*, þe gode suerd Caliburne.
LANGT. p. 154. Every of hem ȝeven hem presentes or *juelle*, or sum other thing. MAUND. p. 237.
A *iuelle*, iocale. CATH. ANGL. p. 199. — So fful
was it ffiiled . . With gemmes and *juellis* joyned
togedir. DEP. OF R. II. p. 5. Þet þyeþ þe smale
stones of gles asynynde . . þet þyeþ as *iueles* to
children. AYENB. p. 76 sq. *Iules* wern hyr
gentyl sawez. ALLIT. P. 1, 278.

The lorde of the castel Hadde swythe a
fayere *juиel*, On the fayerest womman to wyfe.
SEVEN SAG. 2810. Oppon þe tour aundward riȝt
þar stondeþ a *iuиel* gay, An egle of gold. FE-
RUMBR. 1694. I . . bad hem rise . . And crepe
to the cros on kneos, And kisse it for a *juwel*.
P. PL. 11950. Many a *juwcell* solde sche, And her
palfray. OCTOU. 509. — Heo [sc. Mede] buggeþ
with heore *iuиeles*, vr iustises heo schendeþ.
P. PL. *Text A.* pass. III. 151.

He schewide him upon þat pleyn *Ieиels*,
ritchesse and worldli bliase. HYMNS TO THE
VIRGIN etc. p. 44. He schalle have more than
60 chariottes charged with gold and sylver, withouten *jewelles* of gold and precyouse stones,
that lordes ȝeven hym. MAUND. p. 254. cf. 275.
His riche perre, his riche apparaile, His golde,
his *joиelles*, vessels, and tresoure Was brought
afore hym. LYDG. M. P. p. 92. Many *yewels*
and grete tresure, bothe of sylver and golde,
Hors and nete he had grete peine. NUGÆ P.
p. 21. Ffongit no florence, ne no fyn esys,
Gemys no *gewellis*. DESTR. OF TROY 136þ

The king offrede him a marc & another
gyиel therto, Ac the entredit of this lond nas
noȝt thoȝ ȝut vndo. R. OF GL. p. 508.

joien' joen v. afr. *joir, goir,* pr. *gaudir, gau-*
zir, jauzir, neue. *joy.*

1. intr. froh sein, frohlocken: *Ioyn*
[*joyin* K.S. *ioyen* P.], or make ioy, gaudeo. K. S.
. . gan to *joye*. CH. *Tr. a. Cr.* 2, 1096. I pray
ȝou to be glad everychon, And *joy* all in one.
SONGS A. CAR. p. 26.

Joy with me that I have thus done. SONGS
A. CAR. p. 26.

Gentil as Jonas, he *joyeth* with Jon. LYR.
P. p. 27. Whanne men faren yvel, he *joieth* withynne. PENIT. Ps. p. 62. Þe sonday, a day hit is
þat angels and archaungels *ioyen* iwis More in
þat ilken day þen eny oþur. O. E. MISCELL. p. 223.

They *joyed* of the jette. DEP. OF R. II. p. 20.
From Pylat þey led hym oute And *ioed* [*ioide*
v. 1.] þat here malys was broȝt aboute. R. OF
BRUNNE *Meditat.* 561.

2. refl. sich freuen: Gerarde es jocunde,
and *joyes him* þe more. MORTE ARTH. 2997.
Þis foules euerichon *Ioye hem* wit songe. O.E.MI-
SCELL. p. 197.

3. uupers. es freut mich, ich bin er-
freut: Mekyll comfordes me the crowne of this
kyde realme; But more *it joyes me*, Jason of þi
just werkes, þat so mighty & meke & manly art
holdyn. DESTR. OF TROY 213.

joifnes s. vgl. afr. *juefne, jofne,* lat. *juvenis.*
Jugend.

He wats so ioly of his *ioyfnes,* & sumquat
childgered. GAW. 86.

joiful adj. neue. *joyful.* freudvoll, froh,
freudig.

To þe *joiful* day [sc. heo] hopede, that heo
[i. e. he] myȝte dye. R. OF GL. p. 33. Costantyn
. . At þe hauene of Tottenais stilleliche o lond
com. Glad were þo þe Britones, & *joyful* &
proute. p. 103. Þe isudewin Iubiter *ioyful* ȝe
holde. ALEX. A. DINDIM. 659. Pare es peysebelle ioy ay lastand, And *ioyfulle* selynes ay
lykand. HAMP. 7833. Þe *ioyful* song in vche a
strete . . To synge wol þei neuer lete. CLENE
MAYDENH. 91. Now were I at yow byȝonde
þise wawes, I were a *ioyful* iueler. ALLIT. P.
1, 287. Jason of his iorney was *ioyfull* ynoghe.
DESTR. OF TROY 937. Then *joyful* schal ȝe be,
For in my kyngdom ȝe schul me se. AUDELAY
p. 21. Welcome be ye, my sovereine, The cause
of my *joyfulle* peine. NUGÆ P. p. 68. It were
ful *ioyeful* & sweete, lordschipe to haue, If so
þat lordschip miȝte a man fro deeþ saue. HYMNS
TO THE VIRG. p. 87.

joifulli adv. neue. *joyfully.* voll Freude,
glücklich.

Pelleus not prowde hade pyne at his hert,
þat Jason of his jorney *joyfully* hade sped.
DESTR. OF TROY 992.

joiinge, joinge s. Freude.

Jhesu, my king and my *ioiynge.* HYMNS
TO THE VIRG. p. 28. In riȝt & trouþe is hir
ioiyng. p. 116. He ȝiȝ unto þe borw bringe
Sone anon, al with *ioynge,* His wif and his sergans þre. HAVEL. 2086.

joiles adj. neue. *joyless.* freudlos, freude-
leer, traurig.

Hit wats a *ioyles* gyn þat Ionas wats inne.
ALLIT. P. 3, 146. I haf ben a *joylez* iuelere.
1, 252. Bi my sawe soþ mow ȝe fonge Of Iubiter
þe *ioilese,* iugged to paine. ALEX. A. DINDIM.
552. Iuno þe *ioilese* ȝe iuggen for noble. 697.

joinen, joignen v. afr. *juindre, joindre,* pr.
junher, jonher, jonjer, joungner, it. *giugnere,*
lat. *jungere,* neue. *join.*

a. tr. 1. verbinden, zusammenfü-
gen, vereinigen: *Ioynyn,* or ionyön, jungo,
compagino. PR. P. p. 264.

Þis loue and þis wylnynge, þet *ioyneþ* and
oneþ suo þe herte to god, þet he ne may oþer
þing wylny, oþer þanne god wyle. AYENB. p. 88.
Þet is þe yefþe of wysdom, þet uestneþ and con-
fermeþ þe herte in god and his *ioyneþ* suo to
him, þet hi ne may by ondo ne todeld. p. 106.
Charite, þis zayþ, hi ous *ioyneþ* to god. p. 123.

Þe soule þorw Godes grace out of helle he

Verlag der Weidmannschen Buchhandlung in Berlin.

Englische Grammatik

von

Eduard Mätzner.

I. Theil: Die Lehre vom Worte. Dritte Auflage. (VIII u. 553 S) gr. 8. geh. 11 M.

II. Theil: Die Lehre von der Wort- und Satzfügung. Erste Hälfte. Dritte Auflage. (VIII u. 542 S.) gr. 8. geh. 11 M.

III. Theil: Die Lehre von der Wort- und Satzfügung. Zweite Hälfte. Dritte Auflage. (XX u. 652 S) gr. 8. geh. 14 M.

Altenglische Sprachproben

nebst einem Wörterbuche

unter Mitwirkung von Karl Goldbeck.

Herausgegeben

von

Eduard Mätzner.

Erster Band: Sprachproben.

Erste Abtheilung: Poesie.

Vergriffen.

Zweite Abtheilung: Prosa.

(415 S.) gr. 8. geh. M 12.—.

Zweiter Band: Wörterbuch.

Erste Abtheilung: A.-D.

(698 S.) gr. 8. geh. M 20.—.

Zweite Abtheilung: E.-H.

558 S. gr. 8. geh. M 16.—.

Druck von Breitkopf & Härtel in Leipzig.

ALTENGLISCHE SPRACHPROBEN

NEBST EINEM WÖRTERBUCHE

HERAUSGEGEBEN

VON

EDUARD MÄTZNER.

ZWEITER BAND: WÖRTERBUCH.

ELFTE LIEFERUNG.

joinen – makien

BERLIN

WEIDMANNSCHE BUCHHANDLUNG.

1891.

broȝte, And to ys body ys [acc. s. fem.] *joyned*, & ȝef hym Cristendom. R. OF GL. p. 71. Ȝet *ioyned* Iohan þe crysolyt, þe sevenþe gemme in fundament. ALLIT. P. 1, 1008.

Normandy þoru þe kyng, & þoru þe quene Engelond *Joyned* were þo kundelyche in one monnes honde. R. OF GL. p. 353. Alle gendres so ioyst wern *ioyned* wythinne. ALLIT. P. 2, 434. Fortherover. is soth, that holy ordre is chef of alle the tresor of God, and is a special signe and mark of chastite, to schewe that thay ben *joyned* to chastite. CH. Pers. T. p. 347. The womman acholde be the lasse loved fro the tyme that sche were *joyned* to many men. p. 351.

2. auferlegen, auftragen, heissen: Firste I *joyne* thee .. That evere withoute repentaunce Thou sette thy thought in thy lovyng To laste withoute repenty. CH. R. of R. 2355. Who *ioyned* þe be iostyse our iapes to blame? ALLIT. P. 2, 877. This gentill by Jason *ioinet* was to sit, As be comaundement in courtte of hir kynd fader. DESTR. OF TROY 437.

b. refl. sich vereinigen, sich gesellen: Þan sheweþ it wel þat dignitees and powers ne ben not goode of hir owen kynde, syn þat þei suffren hem self to cleuen or *ioynen hem* to shrewes. CH. Boeth. p. 53. Neyþer þei [sc. þe ȝiftes of fortune] ne *ioygnen hem* nat alwey to goode men, ne maken hem alwey goode to whom þei ben *yioigned*. p. 54.

c. intr. susammenkommen, sich gesellen, susammenstossen, grenzen, nahen: He wolde neuer ete Vpon such a dere day, er him deuised were Of sum auenturus þyng an vncouþe tale .. Oþer sum segg hym bisoȝt of sum siker knyȝt To *ioyne* wyth hym in iustyng. GAW. 91-7. Schal þay falle in þe faute þat oþer frekez wroȝt, & *ioyne* to her iuggement her iuise to haue? ALLIT. P. 2, 725. This cite was sothely, to serche it aboute, þre iorneys full iointly to *ioyne* hom by dayes. DESTR. OF TROY 1537.

Hiderward he *ioynes* with sixti þousent .. of clene men of armes. JOSEPH 407. It semethe wel, that theise hilles þassen the clowdes and *joynen* to the pure eyr. MAUND. p. 17.

Þat preui pleyng place, to proue þe soþe, *Ioyned* wel iustly to Meliors chamber. WILL. 750. Sho hir course held, And *joyned* by Jason iustly to sit. DESTR. OF TROY 511.

The grete tour .. Was evene *joynyng* [ioynant 5 Mss.] to the gardeyn wal, Ther as this Emely hadde hire pleyyng. CH. C. T. 1058-63.

joinour s. neue. joiner. Schreiner.
I bequethe to Iohn Hewet, *ioynour*, my cosyn, so þat he take þe charge of this testament ȝ s. viij d. FIFTY EARLIEST ENGL. WILLS p. 82. *Ionyowre* [ioynour P.], compaginarius, archarius. PR. P. p. 264.

jointe s. afr. jointe, sp. pg. junta, it. giunta, neue. joint. Gelenk.
Hec junctura, *joynte*. WR. VOC. p. 186. *Ioynte*, junctura, compago, ancha. PR. P. p. 264. It wille breke ilk *jo[i]nte* in hym. TOWN. M. p. 223. — Þe stronge strok of þe stonde strayned

his *ioyntes*. ALLIT. P. 2, 1540. My flesche qwakyth in ferful case, As thow the *joyntes* asondre xudl schake. COV. MYST. p. 281. Off erthe he hath *joyntes*, flesshe, and boonys. LYDG. M. P. p.194. The unweeldy *joyntes* starkyd with rudnesse. p. 24.

jointli adv. neue. jointly. zusammen.
We have Mede amaistried .. That she graunteth to goon, With a good wille, To London, to loken If the lawe wolle Juggen yow *joyntly*. P. PL. 1190. Turne the riet abowte *ioyntly* with thy label. CH. Astrol. p. 23. This cite was sothely, to serche it aboute, þre jorneys full *iointly*. DESTR. OF TROY 1537.

jointure, -oure, -er, auch **juncture** s. afr. jointure, pr. junctura, junhtura, sp. pg. juntura, it. giuntura, neue. jointure, dos; juncture, junctura, commissura, lat. junctura.

1. Verbindung, Vereinigung: What þing is it þat gif it wanteþ moeuyng and *ioynture* of soule and body, þat by ryȝt myȝte semen a faire creature to hym þal haþ a soule of resoun. CH. Boeth. p. 46. By alle the namys and *juncturis* [ioynturis Purv. ioynters Pref. Ep. C.VII p. 72.] of wordis, and the laft stories in the bokis of Kingis ben touchid, and vnowmbrable questiouns of the cuaungelies ben soyled. WYCL. 1 PARALIP. prol. p. 316 Oxf.

2. Band, Strick zur Befestigung: Thei bitoken hem to the see, togidere [simul Vulg.] slakinge the *ioyntours* of gouernaylis. WYCL. DEEDS 27, 40 Oxf.

3. Glied der Rüstung(?): *Ioynter* and gemows he jogges in sondyre. MORTE ARTH. 2894.

4. Gelenk, Gliedmass des Körpers: The word of God is .. more able for to perse than al tweyne eggid swerd, and entrynge til to departyng of soule and spirit, and of *ioyntouris* [ioynturis Purv.] and merewis. WYCL. HEBR. 4, 12 Oxf.

joious, joieux adj. afr. joios, joious, joieus, pr. joyos, it. gioioso, neue. joyous. froh, freudig.
Þis holi man seint Swiþin bischop hi makede þere, Alle men þat him iknewe *ioyous* þerof were. ST. SWITHIN 35. *Ioyous* ys swerd out he twyȝte. FERUMBR. 4683. More encheyson hadde oure levedy *Joyous* and blythe for to be. SHOREH. p. 120. A man that is *joyous* and glad in herte. CH. T. of Melib. p. 141. Which [sc. yle] was more wonder to devise Than the *joieux* paradise. Dr. 127. They woulde touchen here cords, And with some new *ioyeux* accords Moove the people to gladnesse. 3053.

joissen v. Nebenform von joien, s. dasselbe; sch. jois, joys, jos. freuen, erfreuen.
refl. Þus him *ioisseþ* and him glorifieþ þe wreche ine his herte. AYENB. p. 25.

jol, jolle s. neue. jole, jowl, ob aus afr. gole, goule, geule, gueule entstanden? Kopf, insbesondere von Fischen.
Iol [iolle K. S. P.], or heed, caput. PR. P. p. 264. A *iol* of sturgyon, cut it in thynne morselles. BAB. B. p. 281. *Iolle* of a fysshe, teste. PALSGR. The *iolle* of the salt sturgeoun thyn take hede ye slytt. BAB. B. p. 160.

jolif, -ef, joli adj. afr. *jolif, joli*, m. *jolive, iolie* f., pr. *joli*, it. *giulivo*, neue. *jolly*, vom alten *jól*, festum julense; quodvis festum; convivium, ags. *geól*.

1. fröhlich, heiter, munter: Heo is . . Graciouse, stout, ant gay, Gentil, *jolyf* so the jay. LYR. P. p. 52. Paȝ þay be *iolef* for ioye, Ionas ȝet dredes. ALLIT. P. 3, 241. Thanne was Prudence right glad and *jolyf*. CH. *T. ef Melib.* p. 192. Thay were right glad and *jolif*. p. 193. In herte I wexe so wondir gay, That I was never erst, or that day, So *jolyf* nor so wel bigoo. *R. of R.* 691. These ymages . . He dide hem bothe entaile and peynte, That neither ben *jolyf* ne queynte, But they ben ful of sorowe and woo. 608. Al hus sorwe to solas þorgh þat songe turnede. And Iob bycam a *iolif* man, and al hus ioye newe. P. PL. *Text C.* pass. XIV. 19. — I halda man noght witty þat here es over prowde and *ioly*. HAMP. 588. He wats so *ioly* of his ioyfnes & sumquat child gered. GAW. 86. Alisaundre wel *joli* byholdith, His Gregeys ful faire he boldith. ALIS. 2467. Wel wene I there with hym [sc. Myrthe] be A faire and *joly* companye. CH. *R. of R.* 638.

2. muthwillig, unzüchtig: Ȝe ar *iolyf* gentylmen, your iapes ar ille. ALLIT. P. 2, 864. Ȝe slapen in beddis of yuer, and wexen wijld, or *jolif*, in ȝour beddis. WYCL. AMOS 6, 4 Oxf. *Ioly*, vernus, lascivus. PR. P. p. 264. *Ioly*, lasciuus, petulans. CATH. ANGL. p. 197.

3. frisch, jugendlich, muthig: With *jolif* men of gest toward þe North he schoke, To chace kyng Robyn. LANGT. p. 333. Al for elde ys hor þyn her, hit semeþ wel by sijt: Send me anoþer þat ys my peer, on him to kyþe my mijt, A doȝty *iolyf* bacheler, a ȝong man & a wijt. FERUMBR. 1580. Y seo, ȝunder comeþ a knyȝt, Prykyng on doþ þe foul on flyȝt, On a ful *iolif* stede. 4243.

4. artig, angenehm, lieblich; kaum von Menschen gebraucht, wenn nicht etwa in: The *iolef* Japeth wats gendered þe þryd. AL-LIT. P. 2, 30. Häufig steht es bei Sachnamen: Wendeþ forth on our viage ouer þys *iolif* brigge. FERUMBR. 1743. Pan sete þei þre to solas hem at þe windowe, euen ouer þe *ioly* place þat to þat paleis longed. WILL. 3478. Pare fand þai revers, as I rede, ricchest of þe werd, Pof it ware *ioly* Iurdan, or Iacobs well. WARS OF ALEX. 4822. Maydons . . Hurlet out of houses, and no hede toke Of golde ne of garmenttes, ne of goode stonys; ffongit no florence, ne no fyn pesys. Gemys ne gewellis, ne no *ioly* vessell. DESTR. OF TROY 1363-8. Hire palais was full precious . . Plied ouir with pure gold all þe plate rofes, And þat was ioyned full of gemes & of *ioly* stanes. WARS OF ALEX. 5259. I have a *joly* wo, a lusty sorwe. CH. *Tr. a. Cr.* 2, 1099.

jolifliche, jolili adv. neue. *jollily*. freudig, heiter, munter.

Who that hath trewe amye, *Jolifich* he may hym in her afyghe, ALIS. 4752. Iusted ful *iolile* þise gentyle knijtes. GAW. 42. Loo! ȝonder þe gentill Iubiter how *iolyle* he schynes. WARS OF ALEX. 705 Ashmole.

jolifte, jolivete, jolite s. afr. *jolivete*, pr. *jolivetat*, it. *giulivitá*, neue. *jollity*.

1. Fröhlichkeit, Ausgelassenheit, Lust: Wymmon, with thi *jolifte*, thou thench on Godes shoures, Thah thou be whyt ant bryth on ble, falewen shule thy floures. LYR. P. p. 89. Peilke þet libbeþ be hare *iolyuete*, wylleþ hyealde hire fole uelaȝredes, suo þet hi ne konne ne hi ne moȝe healde mesure. AYENB. p. 53. Pane sanguinien [sc. þe dyeuel asayleþ] mid *ioliuete* and mid luxurie. p. 157. He hopede haf wedded me, of him he hadde enuye, þerfor in his *iolyte* he cam to make maystrie. FERUMBR. 2258. Ye schul understonde also, that fastynge stont in thre thinges, in forbering of bodily mete and drink, and in forberyng of worldly *jolite*, and in forbering of worldly synne. CH. *Pers. T.* p. 365. Hood, for *jolitee*, ne wered he noon. *C. T.* 682. Thaf it was May, thus dremede me, In tyme of loye and *jolite. R. of R.* 51. With hym [sc. sir Myrthe] cometh his meynee, That lyven in lust and *jolite*. 615. Pus was Iaudes of ioy & *iolite* depryued. WARS OF ALEX. 1469. Queñ al þe *iolite* of Giugne & Iulus was endid. 3537. Saue þe *iolite* of Iuly, þai iowke in þe strandis. 4202. Þe maistre & þe maieste of Mede & of Persy, With all þe *iolyte* & ioy þat Iubiter vs lenes. 3107.

2. sinnliche, auch unzüchtige Fleischeslust: Yif þilke delices make folk blisful, þan by þe same cause moten þise bestes ben clepid blisful, of whiche bestes al þe entencioun hasteþ to fulfille hire bodyly *iolyte*. CH. *Boeth.* p. 79. Knoute of his body gate sonnes þre, Tuo bi tuo wifes, þe þrid in *jolifte* . . Harald he had geten on his playeng. LANGT. p. 79.

jompren, jombren v. vgl. neue. *jumble*. mengen.

Ne *jompre [jombre* Tyrwh.] ek no discordant thyng yfere. CH. *Tr. a. Cr.* 2, 1037.

jonk, jonque s. afr. pr. *junc, jonc*, sp. pg. *junco*, it. *giunco*, neue. *junk* i. q. cordage. Binse, Riedgras.

Ȝif alle be so, that men seyn, that this croune is of thornes, ȝee schulle undirstonde, that it was of *jonkes* of the see, that is to sey, rushes of the see, that prykken als scharpely as thornes. MAUND. p. 13. He shewed the precyous crowne with whyche Ihesu Crist was crowned wyth, whyche was of pryckyng thornes & of *ionques* of the see. CHARLES THE GRETE ed. *Herrtage* p. 199 sq.

joncate, jouncat, jonkette, jonket, junket s. mlat. *juncata*, lac concretum et juncis involutum. D. C., it. *giuncata*, latte rappreso che ponsi tra le foglie di giunco, afr. *jonchee* sæc. XIV. jonchee a faire fourmages; und : la peescherie aux usagiers, qui peeschent en la dite riviere a panier, a verge, aus jonchiees et a la main. LITTRÉ s. v. *jonchée*, nfr. unter anderem auch: petit fromage fait dans un panier de jonc, neue. *junket*. Die Grundbedeutung ist kaum eine andere als die eines Binsengeflechtes, welches einerseits verschiedenen

Zwecken dient, zum Theil auch für seinen mitgedachten Inhalt gesetzt wird [continens pro contento].

1. ein Gericht aus geronnener saurer Milch, welches später nach Cotgrave aus Sahne, Rosenwasser und Zucker bestanden haben soll: Bewar at eve of crayme of cowe & also of the goote, þauჳ it be late, of strawberries & hurtilberyes, with the cold *ioncate*, For þese may marre many a man. BAB. B. p. 123. Be ware of cowe creme & of good strawberyes, hurtelberyes, *iouncat*, for these wyll make your souerayne seke, but he ete harde chese. p. 266. Dann überhaupt leckere Speise und Trank: *Ionkette*, banquet. PALGR. How sey yow, gossips, is this wyne good? That it is, quod Elenore, by the rood; It cheriaheth the hart, and comfort the blood; Such *jonckettes* among shal mak us lyv long. SONGS A. CAR. p. 93.

2. Binsenkorb: He tok a *ionket* of resshen, and glewide it with glewishe cley and with picche. WYCL. EX. 2, 3 Oxf. If forsothe a *iunket* with resshe I shulde make etc. JOB prol. p. 671.

3. Fischreuse: *Ionkett* for fysche, nassa. CATH. ANGL. p. 198.

jordan, jurdan etc. s. sch. *jourdan, jordan*, neue. *jorden*. Das Wort ist ungewissen Ursprungs. Wir finden es als ein Gefäss zum Gebrauch des Arztes, der in älterer Zeit besonders aus dem Urin des Kranken auf die Natur der Krankheit schloss, dann überhaupt als Nachtgeschirr, Nachttopf.

Madula, *iordeyne* or pissepotte. MEDULLA. A *iordan*, madula, urinale. CATH. ANGL. p. 198. A pispotte, a *iordan*. p, 281. Duæ ollæ, quas *iordanes* vulgo vocamus [sind dem bestraften Quacksalber um den Hals gehängt] WALSINGHAM ed. Camd. [a. 1382] s. PR. P. p. 267. n. 1. I pray to God to save thi gentil corps, And eek thyn urinals and thy *jordanes*, Thyn Ypocras and eek thy Galianes, And every boist ful of thi letuarie. CH. C. T. 13719. — Hec madula, *jurdan*. WR. VOC. p. 199. *Iurdone*, jurdanus, madula, urna. PR. P. p. 267. Spottweise ist es von einem Dickwanst gebraucht: I shal jangle to this *jurdan* With his juste wombe, To telle me what penance is. P. PL. 8203.

jornaiing s. s. *jorne* 3. Kampf.
He is the gayest in geir, that euer on ground glaid; Haue he grace to the gre in ilk *iornaying*. RAUF COILYEAR 484.

jorne, -ee, -nei, jurne etc., **journei** etc. s. afr. *jornes, jurnee, journes*, pr. sp. pg. *jornada*, it. *giornata*, neue. *journey*.

1. Tag als Zeitbestimmung: Alle the cytees and gode townes senden hym ryche presentes, so that at that *iourneys* he shalle have more than 60 chariottes charged with gold and sylver. MAUND. p. 254. Thi dawes beth itold, thi *jurneis* beth icast. REL. ANT. II. 178.

2. Tagereise und Reise, Fahrt überhaupt: When he was þus cumen hame ogayn, Of his *iorne* he was ful fayne. HOLY ROOD p. 123. To morwe let ous our *iorne* take,

Hamward aჳen to ryde. FERUMBR. 4029. A thys ayde Egrymoygne a *iornee* þar is a brigge. 4307. Forþ hem wendeþ þes noble knyჳtes & takeþ hure *iornay*. 1507. Hi ne byeþ þenchinde bote uor to uoluelle hire *iornayes* al huet hi comeþ to hare eritage, þet is þe cite of paradis. AYENB. p. 253 sq. Withe Lucas and withe Cleophas he welke a day *jurnee*. TOWN. M. p. 289. Fro Bersabe *jurnes* two Was ðat lond. G. A. EX. 1291. Forð nam ðis folc siðen fro ðan sele *jurnes* in to Pharan. 3695. With here menskful meyne sche meued on gate & hiჳed on here *iurnes* fast as þei miჳt, til þei come to Palerne. WILL. 4285. Mi body liþ in Galis, Biჳond Speyne for soþe ywis *Jurnays* mo þan seuen. ROULAND A. VERNAGU 158.

3. Kampftag, Kampf: Adelwolf his fader saued at þat ilk *iorne*. LANGT. p. 18. Hys squyerys they mornyd sore Withowt sere that he schold fare To that gret *jorney*, With the gyant heygh for to fyght. TORRENT 97. He prayde to god almiჳt schold some him þat ilke day, Als wys hit was in trowþe & riჳt þat he tok þat *iornay*. FERUMBR. 826. Thair wald na douchtie this day for *iornay* be dicht. RAUF COILYEAR 590. At my *jurney* wolde y bee, And y wyste whare. EGLAM. 230. Here I hadde thoჳte to ryde For sothe atte this *iournay* [i. e. justing]. AMADACE st. 48.

4. überhaupt Tagewerk: Him we boldeþ þet he hit [sc. þet bread] ous yeue to day .. ჳuo þet we moჳe maky ane guode *iornes*. AYENB. p. 113. Whan thei speden wel in here *iorneye*. MAUND. p. 166. Selden deyeth he out of dette That dyneth er he deserve it, And til he have doon his devoir At his dayes *journee*. P. PL. 9187.

jotte, jutte s. vgl. *jots*, light work of any kind; *jotteral*, old, mean work. cf. GREGOR Banffsh. Dial. p. 92. geringer Mann.

Souteres and shepherdes, suche lewed *iottes* [*iuttes* W.] Percen with a pater-noster þe paleys of heuene, And passen purgatorie penaunceles. P. PL. Text B. pass. X. 460 cf. A. pass. XI. 301.

jouken, jowken, joken v. afr. *joquier, jouquier, jucher*, sch. *jouk, jowk, jook*, neue. *juke*. Das noch räthselhafte Wort erscheint zuerst im Französischen, und zunächst in der Bedeutung: aufsitzen zum Schlafen von Vögeln; im Schottischen bedeutet es: sich beugen, sich neigen, ausweichen und täuschen; im Altenglischen bezeichnet es:

1. aufsitzen zum Schlafen von Vögeln, wie vom Falken in der Jagdsprache: Your hawke *joketh*, and not *slepith*. REL. ANT. I. 296.

2. überhaupt kauern, liegen, lagern: Thanne spak Spiritus sanctus In Gabrielis mouthe, To a maide that highte Marie, A meke thyng withalle, That oon Jhesus, a justices sone, Moste *jouke* in hir chambre Til plenitudo temporis Fully comen were. P. PL. 10980. Certes it non honur is to the, To wepe and in thy bed to *jouken* thus. CH. Tr. a. Cr. 5, 409. — Saue þe iolite of July, þai [sc. crocodiles, scorpions,

serpents] *iowke* in þa strandis. WARS OF ALEX.
4202.

Joutes, Jowtes s. pl. frühe findet sich mlat.
juta, jutta, wie in einem alten ags. Vokabular
juta, ávilled meolc d. i. gekochte Milch; vgl.
Pusca calida, aut, si voluerint Fratres, cum
iutta, quæ semper amplius propter sitientes fieri
debet in pulmentariis fortioribus. D. C. Später
steht es als Uebersetzung von *iowtys*, potage,
brassica, *juta*. PR. P. p. 265. Kräutersuppe,
Kohlbrühe, über deren Bereitung verschiedene Anweisungen vorhanden sind.

They drynken no wyn, but ȝif it be on
principalle festes, and thei ben fulle devoute
men, and lyven porely and sympely with *joutes*
and with dates. MAUND. p. 58. This Diogene
upon a day, And that was in the month of may,
Whan that these herbes ben holsome, He walketh for to gader some In his gardin, of which
his *joutes* He thoughte have. GOWER III. 161 sq.
For oþer *ioutes*: Take cole and strype hom þo-
rowghe þi honde, And do away þo rybbys, I
undurstonde; In fat bre fresshe of befe, I wene,
þay shalle be soþun ful thykk bydene. LIB.
C. C. p. 47. *Ioutus* de almonde. p. 15. Than
[sc. he shall] serue potage, as wortes, *iowtes*,
or browes, with befe, motton, or vele. BAB. B.
p. 274. *Iowtes*, lappates. CATH. ANGL. p. 198.
vgl. Lapas .. cibus ex oleribus confectus. D. C.
Bildlich: I was the prioresse potager And othere
povere ladies, And maad hem *joutes* of janglyng.
P. PL. 2785.

Jewe, jew s. afr. *joe, joue*, pr. *gauta*, it. *gota*,
neue. *jaw*. Kinnbacken.

Jowe [*iorwe* S.], or chekebone, mandibula.
PR. P. p. 265. Theise serpentes .. whan thei
eten, thei mewen the over *jowe*, and noughte
the nether *jowe*. MAUND. p. 288. 'In the cheek
boon of an asse, that is, in the *iow* of the colt
of assis, I haue doon hem awey .. And whanne
thes wordis syngynge he hadde fulfillid he threwe
awey the *iow*. WYCL. JUDG. 15, 16 Oxf. A face
unstable .. Gapithe as a rooke, abrode gothe
jow and mowthe, Like a jay jangelyng in his
cage. LYDG. M. P. p. 165. — The *jowes* benethe,
that holden to the chyn. MAUND. p. 107. Yvel
thrifte come to your *jowes*, And eke to myn,
ȝif I hit graunte. CH. *H. of Fame* 3, 696. Ȝit
drow I hym out of þe *iowes*. s. faucibus of hem
þat gapeden. *Boeth.* p. 15.

Die Wangen sind dadurch bezeichnet in:
Here *jowys* ben rownde as purs or bele. LYDG.
M. P. p. 200.

Auch die Kieme oder Fischkiefer bezeichnet das Wort: A greet fisch ȝede out to
deuoure hym .. And the aungel seide to hym:
Take thou his gile, ether *iowe* [branchiam *Vulg.*],
and drawe hym to thee. WYCL. TOBIT 6, 2-4
Purv.

**jowel, joiel, juwel, juel, jewel, gewel,
giwel** etc. s. afr. *joiel, joel, jouel* pl. *joiaus,
-eus, joiax, jouiaus*, pr. sp. pg. *joyel*, it. *gioiello*,
neue. *jewel*, mlat. *jocale* [vgl. alte. *vowelle*, afr.
roiel, lat. *vocalis*, alte. *grew*, afr. *greu*, lat. *græ-
cus*]. Juwel, Kleinod, übertragen auf
Werthvolles überhaupt.

Jowel, or *iuelle*, jocale, clinodium. PR. P.
p. 265. Iesu Crist .. hit [sc. þet bread þet þou
nymst of þe sacrement] ous yaf ase þet uayreste
iowel þet he ous miȝte yeue. AYENB. p. 112.
Per is .. ȝit anoþer *jowelle* fairer & worþi, A
pauillou of honur. LANGT. p. 152. A gentilman
þat *iowell* [sc. a crowne all of clene gold] in-
ioneyd was to kepe. WARS OF ALEX. 2400. The
best *jowelle* that he had fayne he wolde forsake.
LYDG. M. P. p. 115. — She .. yeveth hym parte
of her *ioweles*. CH. *R. of R.* 5423.

Þet is þe vifte *ioyel* and þe vifte stape [sc.
of riȝtuolnesse]. AYENB. p. 156. — Lhord, þou
wost þet ich hatie þe toknen of prede and þe
blisse of agrayþinges and of *ioyaus* þet me behoueþ do ope mine heauede. p. 216. Wone is
and cortaysie, þet huanne man is riche .. and
comþ to his spouse .. and hire brengþ of his
ioiax ... Yef we telleþ þe *ioiax* and þe uayre
yefþes þet he broȝte mid him etc. p. 118.

The lorde .. Hadde swythe a fayere *juwel*,
On the fayerest womman to wyfe. SEVEN SAG.
2810. Oppon þe tour .. þar stondeþ a *iuwel*
gay, An egle of gold. FERUMBR. 1694. Many
a *juwel* ther solde sche, And her palfray. OC-
TOU. 509. — We ioy nouthire gemmes ne *iuicels*
in cofirs. WARS OF ALEX. 4035; cf. 4444.

So ryche a *jwell* ys ther non In all Crystyante. EMARE 107. What wyrde hats hyder my
iwel vayned? ALLIT. P. 1, 249 cf. 253. Ne saw
y never no *juell* So lykynge to my pay [von
einem Hunde gesagt]. LYB. DISC. 1025. A sercle
upon her molde, Of stones and of golde. Wyth
many a *juall*. 877. Richard .. gaf him a faire
juelle, þe gode suerd Caliburne. LANGT. p. 154.
Alle the other barouns every of hem ȝeven hem
presentes, or *juelle*, or sum other thing, aftre
that thei ben of estate. MAUND. p. 237. A
iuelle, jocale. CATH. ANGL. p. 199; cf. PR. P.
p. 265. — Þet byeþ þe smale stones of gles sayn-
ynde, and þe conioun his bayþ uor rubys, uor
safyrs, oþer uor emeroydes, þet byeþ as *iueles*.
to childeren. AYENB. p. 76 sq. *Iuelet* wern hyr
gentyl sawes. ALLIT. P. 1, 277. So ffull was it
[sc. the croune] ffilled with vertuous stones ..
With gemmes and *juellis* joyned togedir. DEP.
OF R. II. p. 5.

He schewide him .. *Iewels*, ritchesse, and
worldli blisse. HYMNS TO THE VIRG. etc. p. 44.
At that iourneye he schalle have more than
60 chariottes charged with gold and sylver,
withouten *jewelles* of gold and precyouse stones.
MAUND. p. 254. He hathe born before him also
a vesselle of silver, fulle of noble *jewelles*. p. 275.
His golde, his *jewells*, vessels and tresoure, Was
brought afore hym. LYDG. M. P. p. 92. A fuyre
large, In wic[h]e he caste his tresoure and *je-
wayles*. *ib.* sq.

Noble ȝiftes and *gewels* mid hem also hi
nome. BEK. 1118. Ffongit no florence ne no
fyn pesis, gemys ne *gewellis* ne no ioly vesselle.
DESTR. OF TROY 1367.

Many *yewels* and grete tresure .. he had.
NUGÆ P. p. 21.

The king offrede him a marc & another *gy-
wel* therto. R. OF GL. p. 509.

Jubbe, Jobbe s. neue. *jub*, unbek. Urspr.
Krug, Gefäss für Bier und Wein.
And [sc. he] hem vitayled, bothe trough
and tubbe, With breed and cheese, with good
ale in a *jubbe*. Ch. *C. T.* 3627. With him brought
he a *jubbe* of Malvesie, And eek another ful of
wyn vernage. 14481; vgl. A *jubbe* cantharus,
scyphus. Manip. Voc. A. 1581. p. 181. — Pai
.. Robbet þere riches, reft hom hor lyues,
Gemmes, & iewels, *iobbes* of gold. Destr. of
Troy 11940.

Judelond s. Judáa.
Hwat artu þat drynke me byst, þu þinchest
of *iudelonde*. O.E.Miscell. p. 84.

Judeow, Judew s. lat. *judæus*, vgl. *giw* etc.
Jude.
Judeow tacneþþ alle þa þatt lofenn Godd &
wurrþenn. Orm 2251. *Judew* tacneþþ uss þatt
mann .. þatt innwarrdlij biforenn Godd Birewws-
eþþ inn hiss herrte, & opennlij biforenn mann
Annd jæteþþ hiss missdede. 13628.

Judewish, Judaish adj. gth. *iudaiwisks*, ags.
judéisk, judaicus. jûdisch.
Patt laþe *Judewisshe* follc All masst forrwarrp to lefenn Onn ure Laferrd. Orm 6521.
All þe *Judewisshe* follc Well ner wass all forr-
worrpenn. 9637. Þe *Judewisshe* follkess boc.
1321. — Peo þat god iknoweþ heo wyten mid
iwisse, þat hele is icome to monne of folke *iu-
dayss*. O.E.Miscell. p. 85.

Judicial adj. pr. sp. pg. *judicial*, it. *giudi-
ziale*, lat. *judicialis*, neue. *judicial*. weissa-
gend [in Bezug auf Astrologie].
Theise ben obseruaunces of *iudicial* matiere
& rytes of paiens, in which my spirit ne hath
no feith, ne no knowyng of hir horoscopum.
Ch. *Astrol.* p. 19.

Judisken adj. jûdisch.
Godess follc *Judisskenn* follc. Orm 263;
vgl. 283. 8729. 9461. King off *Judisskenn* þede.
7127. Inntill *Judisskenn* follkess land. 8751. —
Sannt Johan .. uss kiþeþþ, þatt ta *Judisskenn*
sanderrmenn Till Cristess bidell comenn. 10574;
vgl. 10368. Þa hirdess off *Judisskenn* menn.
6810; vgl. 15582. 16190.

juelere, joweller etc. s. afr. *joelier*, nfr.
joaillier, saec. XVI. *joyaulier*, pg. *joyalheiro*/it.
gioielliere, neue. *jeweller*. Juwelier.
I haf ben a joyles *juelere*. Allit. P. 1, 252.
If þou were a gentyl *jueler*. 1, 264. *Iovelére* [*io-
weller* K. P.], or *iueler*, jocalarius. Pr. P. p. 265.

juelrie s. collect. afr. *joyelerie*, nfr. *joaillerie*,
neue. *jewelry*. Juwelen, Kleinode.
Þe ioy of þe *iuelrye* so gentyle & ryche.
Allit. P. 2, 1309.

juerie, juri s. s. *giverie*.

Juge, jewge, jugge s. afr. *juge*, pr. *juge* [in
juge maje, Grossrichter], *jutge*, it. *giudice*, sp.
juez, pg. *juiz*, lat. *judex*, neue. *judge*. Richter.
Sum *iuge* was in sum citee, which dredde
not God. Wycl. Luke 18, 2 Oxf. God þat *iuge*
is of ioie, haþ iugged jou alle To lenge aftur
jour lif in lastinge paine. Alex. A. Dindim.
1118. It was thilke times used, That every *juge*
was refused, Which was nought frend þo comun
right. Gower III. 180. A *juge* laweles He

found. III. 183. My wyckydnesse I nedys schal
schewe Before me dredefull *jugys* face. Penit.
Ps. p. 19. — Whanne the Lord hadde reryd
iugys in the dais of hem, he was bowid bi mercy.
Wycl. Judg. II. 18 Oxf. — He foundeth howe
he might excite The *juges* through his eloquence Tro deth to torne the sentence. Gower
III. 139. This is no connyng with *iugis* ne bai-
lyfs þat shuld deme iustly. Gesta Rom. p. 59.
Behold the *jugis* that gafe my jugement. Lydg.
M. P. p. 261.
As a prelat am I properyd to provyde pes,
And of Jewys *jewge* the lawe to fortefye. Cov.
Myst. p. 245. No wheyle xal thei reyn, But
anon to me be browth and stonde present Before her *jewge*. ib. — They arn temperal *jewgys*.
p. 246; cf. 247.
The *jugge* synneth if he doo no vengeaunce
on him that it hath deseved. Ch. *T. of Melib.* p. 172. The *jugge* that dredeth to demen
right, maketh schrewes. ib. O mighty God ..
Seth thou art rightful *jugge*, how may this be,
That thou wolt suffre innocentz to spille? C. T.
5233. Ioye þat neuere ioye hadde of riʒtful
iugge he axeth. P. Pl. *Text B.* pass. XIV, 110.
As þow wille answere before the austeryne
jugge .. Luke þat my laste wylle be lelely per-
fourmede. Morte Arth. 670. — The *jugges*
bere not the spere withoute cause. Ch. *T. of
Melib.* p. 172.

Jugement, jewgement, juggement etc. s.
afr. *jugement*, pr. *jutjamen*, it. *giudicamento*,
asp. *juzgamiento*, pg. *julgamento*, neue. *judg-
ment*.
1. Gericht, gerichtliches Verfah-
ren: Þan sal þai come til þe last *iugement*.
Hamp. 2802. Þe day of *iugements* and of iuwys.
6106. Commen is the day of *jugements*. Town.
M. p. 315. — He greyþede ys ost .. To brynge
ys neuew with strengþe to stonde to *juggement*.
R. of Gl. p. 53. Oþer gult non þer nys, Bote
þat i nelle my neuew, þat a lytel dude amys,
Bitake hym to *juggement*, to honge oþer to
drawe. p. 54.
2. Urtheil, Richterspruch, Entscheidung: Mi *jugement* were sone iʒjen
To ben with shome somer driven. Sir1 246.
Is þis god *iugement* Gultelese men for mie gult
to bringe in such tourment? St. Kath. 204.
Ich aske *iugement*, That his borwes be tobrent,
As it is londes lawe. Amis A. Amil. 1210. Hit
is riʒt þurej alle þing Felons inome hond hab-
bing For to suffre *jugement*. Fl. A. Bl. 667.
Behold the jugis that gafe my *jugement*. Lydg.
M. P. p. 261. A wondyr case, serys, here is befalle, On wiche we must gyf *jewgement*. Cov.
Myst. p. 249. In þour *jewgement* be not slawe.
p. 251. — He haþ sejen his *iuggement*. O.E.Mi-
scell. p. 229. Wan ech man schal rysen .. And
come before god present, And fonge ther ys
juggement. Ferumbr. 5737. Than were tho
leuedis taken bi hond, Her *juggement* to vnderstond. Amis A. Amil. 1198. Melibe .. assigned
hem a certeyn day to retourne unto his court
for to accepte and receyve the sentence and

juggement that Melibe wolde comaunde to be doon on hem. CH. *T. of Melib.* p. 194.

3. Urtheil, Ausspruch, Beurtheilung: Þeo hwule þet te heorte walleð wiðinnen of ureððe, nis þer no riht dom, ne no riht *gugement*. ANCR. R. p. 118. Þou rennest aryȝt byfore me, quod she, and þis is þe *iugement* þat is to seyn. CH. *Boeth.* p. 114.

Jugen, Juggen v. afr. *jugier, juger*, pr. *juljar, jutgar*, sp. *juzgar*, pg. *julgar*, it. *giudicare*, lat. *judicare*, neue. *judge*.

1. richten in Handhabung des Richteramtes; ohne Personalobjekt: Spiritus iusticie shal *jugen*, wol he, nul he, After þe kynges counsaile, and þe comune lyke. P. PL. *Text C.* pass. XXIII. 19. mit Personalobjekt: Þo þis kyng herde Þis þat he ne myȝt by ryȝt lawe *Juge* hym þat ys neuew broȝte of ys lyfdawe, He greyþede ys ost. R. OF GL. p. 53. As justice to *jugge* men Enjoyned is no poore. P. PL. 9484. — A stones cast fro that chapelle is another chapelle, where oure Lord was *jugged*. MAUND. p. 92.

2. verurtheilen: The barouns of Fraunce thider conne gon.. To *jugge* the Flemmisshe to bernen ant to slon. POL. S. p. 190. Was never siche a justynge at journe in erthe, In the vale of Josephate, as gestes us telles, Whene Julyus and Joatalle ware *juggede* to dy. MORTE ARTH. 2876. Ensample, bi my sawe, soþ mow ȝe fonge Of Jubiter þe ioilese, *iugged* to paine. ALEX. A. DINDIM. 552. God þat iuge is of ioie haþ *iugged* ȝou alle To lenge after ȝour lif in lastinge paine. 1118. See how that I was *jugid* to the deth. LYDG. M. P. p. 262.

3. als Inhaber der Gerichtsbarkeit und Landeshoheit regieren: What I take of yow two, I take it at the techynge Of spiritus iustitiæ, For I *jugge* yow alle. P. PL. 13908. Herowde is kyng of that countre To *jewge* that regyon in lenth and in brede; The jurysdyccyon of Jhesu now han must he. COV. MYST. p. 303.

4. jemand richten, über ihn aburtheilen: Iob sayþ, þet god is þe uader of þe poure, and ham heþ yyeue miȝte oþren to *iuggi*. AYENB. p. 138. Glotonye he gaf hem ek.. And al day to drynken At diverse tavernes, And there to jangle and jape, And *jugge* hire even cristen. P. PL. 1067.

5. urtheilen, ein Urtheil haben: A blynde man kan nat *juggen* wel in hewis. CH. *Tr. a. Cr.* 2, 21.

6. etwas beurtheilen: No man ne mei *juggen* blod, er hit beo cold. ANCR. R. p. 118.

7. deuten: Iacob *juged* Josephes sweuene. P. PL. *Text C.* pass. X. 310. Me *jugede* wat yt seolde betokny þys cas, þat þe kyng ssolde be ouercome, & al so yt was. R. OF GL. p. 456. Þo was yt *jugged*, þat he ssolde be, wyþoute fayle, Hardy kyng & stalwarde, & muche do of batayle. Al yt bycom to soþe suþþe. p. 345.

8. schliessen auf etwas, weissagen: Sonne and mone, that beon in heven, And the planctis al seven, And the cours of the steorren, In heom he *juggeth* al his weorren. ALIS. 1535.

9. denken von etwas: He nyste what

he *juggen* of it myghte. CH. *Tr. a. Cr.* 5, 1203.

10. erachten, halten für etwas: Juwes þat we *jugge* Iudas felawes. P. PL. *Text B.* pass. IX. 84. Iuno þe ioilese ȝe *iuggen* for noble. ALEX. A. DINDIM. 697. Cum þou hider, Iosaphe, for þou art *iugget* clene, And art digne þerto. JOSEPH 251.

11. erklären: Thys same artycul.. *Juggythe* the prentes to take lasse Thenne hys felows that ben ful perfyt. FREEMAS. 169. James the gentile *Jugged* in hise bokes, That feith withouten the feet Is right no thyng worthi. P. PL. 829.

12. zuerkennen, zusprechen: Yf þou *juge* it (sc. þe appull) to Juno, this ioye shall þou haue. DESTR. OF TROY 2407. Though justices *juggen* hire To be joyned to Fals, Yet be war of weddynge. P. PL. 1156.

Jugilen v. fr. *juguler*, lat. *jugulare*, vgl. neue. *jugulate*. erwürgen.

Deth, the whiche *jugylithe* and sleithe vs alle. GESTA ROM. p. 135.

Juise, Juwise etc. s. afr. *juise*, pr. *judici, juzizi, jusi*, sp. *juicio*, pg. *juizo*, it. *giudizio*, lat. *judicium*. Urtheil, Strafe:

Schal þay falle in þe faute þat oþer frekes wroȝt, & ioyne to her iuggement her *iuise* to haue? ALLIT. P. 2, 725. þenne nas no comfort to keuer, ne counsel non oþer, Bot Ionas into his *iuis* iugge bylyue. 3, 223. Every man shall than arise To joie or elles to *juise*. GOWER I. 38. Was axed Howe and in what wise Men sholden don him to *juise*. III. 139. I have deserved the *juise*, In haste that it were do. III. 182. There sigh he redy his *juise*. III. 183. — Þe kyng wrote his lettere agayn to þe justise, þat he wist non bettere bot do him to *juwise*. LANGT. p. 270. For Cryste bereþ his owne *iuwyse* [bildlich das Kreux, an dem er Strafe erdulden sollte], Y fynde nat þat þe þewes ded þe same wyse. R. OF BRUNNE *Meditat.* 577. Pe day of iugement and of *iuwys*. HAMP. 6106. Therfore I aske deeth and my *juwyse*. CH. *C. T.* 1741. There feloun thole sholde Deeth or other *juwise*. P. PL. 12847. Whanne þe ferþyng-lof is in defawte of wyȝte ouer þre shyllynges, þe bakere shal bere þe *juwyse* of þe town. ENGL. GILLÞ p. 354 sq. — Ther nas rial of the rewme that hem durste rebuke, Ne juge ne justice that *jewis* durste hem deme Ffor oute that thei toke or trespassid to the peple. DEP. OF R. II. p. 26.

Jument s. afr. pr. *jument*, sp. pg. *jumento, jumenta*, it. *giumento, giumenta*, lat. *jumentum*, neue. *jument*. Thier, Vieh überhaupt.

Bryng forthe the erthe.. *iumentis* and crepynge thingis. WYCL. GEN. 1, 24 Oxf. Thei, and al beest after her kynde, and alle *iumentis* in her kynde.. ben gon into Noe into the arke. 7, 14 Oxf. Make ȝe redy *iumentis*, or hors, that thei puttinge Poul vpon, schulden lede him saf to Felix. DEEDS 23, 24 Oxf. The marchaundises.. of *iumentis*, or werk beestes, and sheep, and horses, and cartes. APOC. 18, 13 Oxf.

Jumpred s. vgl. *jompren* v. Verwirrung.
Kummer.

Þen watz þer ioy in þat gyn [i. e. þe ark]
where *iumpred* er dryȝed. ALLIT. P. 2, 491.

Juniper etc. s. pr. *juniperi* u. *genibre*, *ge-
nebre*, afr. *genoivre*, *genoivre*, afr. *geniévre*,
asp. *genebro*, nsp. *enebro*, it. *ginepro*, pg. *zimbro*,
neue. *juniper*, lat. *juniperus*. Wachholder.

A *junyper*, juniperus, herba est. CATH.
ANGL. p. 199. *Junypyr*, tre, juniperus. PR. P.
p. 266.

Juparten v. s. *jupartie* s.; neue. *jeopard*.
aufs Spiel setzen, gefährden.

Er that ye *juparten* so youre name, Beth
nought to hastif in this hote fare, For hastif
man ne wanteth nevere care. CH. *Tr. a. Cr.*
4, 1538.

**Jupartie, juparte, juperti, jeopartie, jeu-
pardie, joparde** s. afr. *jeu* [*giu, ju*] *parti*, pr.
joc [*juec*] *partit*, mlat. *jocus partitus*, dicitur,
cum alicui facultas conceditur alterum e duobus
propositis eligendi. D. C., sch. *juperty*, *jeperty*,
neue. *jeopardy*.

1. Gefahr, misliche Lage: Myn
estate lith now in a *jupartye*, And ek myn emes
lyf is in balaunce. CH. *Tr. a. Cr.* 2, 465. Allas!
syn I am free, Shold I now love, and putte in
jupartye My sikernesse, and thrallen libertye?
5, 771. Ye ben to wis to don so grete folye, To
put his lif alle nyght in *jupartye*. 3, 816; vgl.
828. When hire housbonde was in *jupartye* To
dye hymself, but if she wolde dye, Sho ches for
hym to dye and gon to helle. 5, 1543. For that
Adam first dide prophecye That twyes this world
shuld distroyed be, With water oonys stonde
in *jupartye*, Next with the fuyre. LYDG. M. P.
p. 85. Ful onwise is she That cannot counsel in
suche *juparte*. p. 40. Oþer sum segg hym bisoȝt
of sum siker knyȝt, To ioyne wyth hym in iustyng in *ioparde* to lay, Lede lif for lyf, leue
vchon oþer, As fortune wolde fulsun hom þe
fayrer to haue. GAW. 96. This knight .. This
lady praieth, that he may wit .. what question
it sholde be For which he shall in that degre
Stonde of his life in *jeopartie*. GOWER I. 91 sq.

2. Wagniss, Risiko: I shal don a
juperti And a ferli maistri. SIRIZ 276. But God
wolde I had oones or twyes Ykoude and knowe
the *jeupardyes* That kowde the Greke Pythago-
ras, I shulde han pleyde the bet at ches. CH.
B. of Duch. 664.

3. Wettstreit: Of more & lasse in godes
ryche .. lys no *ioparde*, For þer is vch mon
payed in liche, Wheþer lyttel oþer much be hys
rewarde. ALLIT. P. 1, 600.

Jupe, joupe, gipe s. afr. *jupe*, pr. mlat. *jupa*,
it. *gubba, giuppa*, sp. pg. *aljuba*, arab. *algub-
bah*, nhd. *jupe, juppe, joppe, gippe*, nhd. *jope,
joppe, juppe, jüppe*, sch. *jupe, joup*, neue. dial.
jupe [cf. SHETL. A. ORKNEY WORDS p. 54]; s.
gipe. Jacke, Wamms.

Also he seten and sholde soupe, So comes
a ladde in a *ioupe*. HAVEL. 1766. *Ioupe* garment. PR. P. p. 265. — Botis reveling [i. q.
wrinkled] as a *gype*. CH. R. of R. 7262.

Jupon, jupoun, joupoun, jepun, gepoun,

gipon etc. s. afr. *jupon, juppon, gippon*, pr.
jupon, jupio, sp. *jubon*, pg. *gibão*, it. *giubbone;*
a. alte. *gipon, gipoun*. kurser Rock, oft als
Kleidungsstück des Kriegers.

Armede hym in a actone .. Aboven one þat
a jeryne of Acres owte over, Aboven þat a jesseraunt of jentylle mayles, A *jupone* of Jerodyne
jaggede in schredes. MORTE ARTH. 902. Þat
swerd on ys syde swarf, & oþer half spanne forcarf a two of is hauberke ymad of maylle, & of
is *iupoun* hit dude also, þat was of riche en-
taylle. FERUMBR. 743. A rideþ to Richard wyþ
a spere, & þynkeþ him þorȝ þat body bere, &
on þe scheld hym smot; þorȝout ys scheld &
is habreioun, plates. & iakke & *ioupoun*, þorȝout
al it ȝot. 3688. The doughty knyght sure Degrevaunt Leys the lordes one the laund Thorw
jepun and jesseraund. DEGREV. 289. — Of
fustian he wered a *gepoun*. CH. C. T. 75. Some
wol ben armed in an haburgoun, In a bright brest
plat and a *gypoun*. 2121. Thaugh the *gypon* were
full of dust, Hyt was nat wykke. OCTOU. 1029.

Jurediccion neben **Jurisdiccion** etc. s. afr.
juridiction, lat. *jurisdictio*, neue. *jurisdiction*.
Gerichtsbarkeit.

Ther may no man take vengeaunce upon
no wight, but the jugge that hath *jurediccioun*
of it. CH. T. of Melib. p. 169. We han no
poer ne no *jurediccyoun* Of no man of that
contre. COV. MYST. p. 302. The *jurysdyccyon*
of Jhesu now han must he. p. 292.

Juri s. s. *giverie*.

Jureur, jurer etc. s. afr. *jureur*, pr. *juraire*,
sp. pg. *jurador*, it. *giuratore*, lat. *jurator*, neue.
juror [i. q. juryman]. Schwörer, Gottes-
lästerer.

Comynly if þer be any cursid *jurour*, ex-
torsioner, or avoutrer, he wil not be schryven
at his owne curat, bot go to a flatryng frere.
WYCL. Sel. W. III. 394. *Jurrours* with trowth
hathe allyaunce, So as the crabbe goethe forwarde. LYDG. M. P. p. 59. Alle fals indytars,
quest-mangers and *jurers*, And alle thise fals
outrydars, Ar welcom to my sigt [sigigt ed.]
TOWN. M. p. 172; vgl. Alle fals endytars, Quest-
gangars and *jurars*, And thise outrydars, Ar
welcom to me. p. 203.

Jus, juse, juce, juis, jous, jowce etc. s.
afr. pr. lat. *jus*, neue. *juice*. Saft, bes. von
Pflanzen.

Take a cocke chyke, and putte a knyffe
throw his hede, and than put the *jus* of sylage
in the hole, and he schale go forthe and krow.
REL. ANT. I. 55. A caldron .. In which was
al the hole attire, Whereon the medicine stood
Of *juse*, of water and of blood. GOWER II. 265.
Tho she toke unto his use Of herbes of all the
best *juse*, And poured it into his wounde.
II. 266. Pis diuinour .. jede .. herbis to seche,
Reft þam vp be þe rotis, & radly þam stampis;
þe *juse* for his gemetry þat iogloure takis. WARS
OF ALEX. 408. Take *juse* of dwale and menche
the corne theryn, and lay yt ther the byrdes
hawnten, and wher they have eten therof, they
shalle slepe that ye may take them with youre
handes. REL. ANT. I. 324. A *juse*, jus, succus.

CATH. ANGL. p. 200. *Iuce*, idem quod *iowce*.
PR. P. p. 266. For to cure þis sijknesse, take
a litil quantite of oure 5 essence, and putte þerto
double so myche of brennynge watir, and a litil
quantite of þe *iuys* of eerbe pione and of saffron
distillid togidere. QU. ESSENCE p. 23. Þei
seyn þat if þe *yuis* of þe eerbe þat is callid mor-
aus galline rubri be putt in hise nosethrillis . .
he schal be hool. p. 20. Quen he had gedird
his grose & grune þaim esundire, For iapis of
his gemetry, þe *ious* out he wrengis. WARS OF
ALEX. 338. *Iows* [*iowse* or *iwse* K.] of frutys,
or herbys, or other lyke, jus, succus. PR. P.
p. 265.

Jusselle, Jussell, Jussel s. mlat. *jussellum*,
lat. *juscellum* i. q. jusculum, neue. *jussell, jussel*,
ein in älterer Zeit beliebtes Gericht, welches
als *potage* bezeichnet wird [BAB. B. p. 150.], aus
verschiedenen Bestandtheilen gemischt.

Hoc obsoniofgrus (?), a *jusselle*. WR. VOC.
p. 266. *Iusselle*, or dyschelle, dyschemete, jussellum. PR. P. p. 269. *Iusselle*, tartlett, ca-
bages, & nombles of vennure, alle þese potages ar good. BAB. B. p. 151. Mortrowes or *iusselle* ar delectable for þe second course. p. 170.
Iusselle. Take myud bred, and eyren þou
swynge, Do hom togeder . ., Take fresshe broth
of gode befe, Coloure hit with safron . . Boyle
hit softly, and in þo boylyng, Do þer to sage
and persely þoyng. LIB. C. C. p. 11; eine ähnliche Anweisung steht BAB. B. p. 53 unter *Ius-
sell*. Daneben findet sich *jussel* of flesh HOUSE-
HOLD ORDINANCES p. 462; *jussel* of fysshe.
p. 469.

Just adj. afr. *juste*, pr. *just*, sp. pg. *justo*, it.
giusto, lat. *justus*, neue. *just*.
   1. **gerecht**: An ymage . . Of Jubiter þe
iust god, þat þe ioy weldis. DESTR. OF TROY
1680–5. Wherof a king him self may taste,
How trewe, how large, how *juste*, how chaste
Him ought of reson for to be. GOWER III. 272.
   2. **rechtlich, rechtmässig**: The
hiȝest lessoun þat man may lere, Is to lyue *iust*
liſſ. HYMNS TO THE VIRG. etc. p. 114. The
degre be *just* successioune . . Unto the kyng is
now descended doune. LYDG. M. P. p. 17.
   3. **richtig**: *Juste* weight halte justly the
balaunce. LYDG. M. P. p. 60.
   4. **genau**: Ne mak the neuere bold to
haue take a *iust* ascendent by thin astrilabie.
CH. *Astrol.* p. 17.
   5. **trefflich**: More it joyes me, Jason,
of þi *just* werkes, þat so mighty & meke &
manly art holdyn. DESTR. OF TROY 214.

Juste, Jouste s. gewöhnlich in der Mehrzahl
vorkommend, afr. *juste, jouste, joste,* pr. *justa,
josta,* sp. pg. *justa,* it. *giostra,* mhd. *tjoste, tjost*
neben *just, joste,* niederl. *joeste,* neue. *just, joust,*
v. lat. *juxta,* vgl. *justen* v. Kampfspiel mit
dem Speere, Turnier.

Justes were cryed. IPOMYD. 533. So it
befelle vppon a day, That to the *justes* men dyd
hem araye. 719. Feith . . cryde a fili David, As
dooth an heraud of armes, Whan aventrous
cometh to *justes.* P. PL. 12100. Of alle the *justis*
that were thare A way the gre his sonnys bare.

TORRENT 2672. Shalle he nowther take tent To
justes ne to tournament. PERCEV. 173.

Þer nas in non ende of France, ny in no
lond þer aboute, þat in *joustes* & tornemens ech
o mon gan hym doute. R. OF GL. 137. Tel me
the sothe . . Off these *joustes* . . What knyght
was he that rode best cours. RICH. C. DE L.
452. To *ioustes* and tornyment wel mo þer
wendeþ ofte þare. FERUMBR. 2223. That it
mighte like hem . . Come see the yle and hem
disport, Where shoulde be *jousts* and turnaies.
CH. *Dr.* 1986.

Die Mehrzahl ist als Einzahl behandelt in:
The righte wey we yeden, Comynge from a contree That men called Jerico To *a justes* in Jerusalem. P. PL. 11469.

Juste s. mlat. *justa,* afr. *juste,* urspr. von
einem bestimmten Masse von Flüssigkeiten,
dann von dem es enthaltenden Gefässe gebraucht; Krug, Topf.

Juste, potte. PR. P. p. 268; cf. *ib.* n. 4. In
der Stelle: I shal jangle to this jurdan With
his *juste* wombe. P. PL. 8203, findet *Skeat* [No-
tes p. 304] dies Hauptwort, und übersetzt *juste
wombe* mit *bottle-like belly*; doch mag hier das
Adjektiv *juste* in der Bedeutung richtig,
gebührend anzutreffen sein.

Justen, Jousten v. afr. *juster, jouster, joster,*
nfr. *jouter,* pr. *justar, jostar,* sp. pg. *justar,* it.
giostrare, mhd. *tjostieren,* neue. *just, joust,* s.
juste, jouste s.
   1. **sich vereinigen, sich verbinden**:
Esau wifuede us to dere, Quan he *iusted* & beð
so mat, Toc of kin ðe Canaan bigat. G. A. EX.
1588.
   2. **zusammentreffen im ritterlichen Zweikampf**, bes. im Turnier: Tho saw
he knyhtes *justen* in a pleyn. CH. C. T. 11510.
He sesed a spere & dressed him to þe duk pre-
steli to *iuste.* WILL. 1236. The tyme ys come
that *juste* we shalle. IPOMYD. 730. We two
muste *juste* in werre. BONE FLOR. 672. Wyth
hem *juste* he wolde. LYB. DISC. 1542. Trum-
pettes began to blowe than; Thereby wyste
many a man, That they scholde *juste* more.
RICH. C. DE L. 313. Who shal *juste* with Jhesus? P. PL. 12126. Haroldys of armes cryed on
hight, The prynce and that other knyght, No
more *juste* shalle thay. TORRENT 2465. *Just* he
wold with the blak knyght. IPOMYD. 1123. Ye
must *just* in tornamente. TOWN. M. p. 218.
There shalle no man *just* for my wiffe. TORRENT
1156. — Thei make knyghtes to *jousten* in
armes fulle lustyly. MAUND. p. 237 sq. Non
durste *jouste* with hym efft. RICH. C. DE L. 513;
cf. 560. 562. I wil kuþe on hem my miȝt & dyngen
hem al to douste, Wheþer þay wille on fote bȝt,
ouþer on horse *iouste.* FERUMBR. 104.

He . . daunceth, *justeth,* and maketh mery
chere. CH. C. T. 11410. — He spendeth, *joust-
eth,* maketh festeynynges. Tr. s. Cr. 3, 1669.

Þer tournayed tulkes bi times ful mony,
Iusted ful iolile þise gentyle kniȝtes. GAW. 41.
Knyghtes *justed* in a rowe. RICH. C. DE L.
304. Thus thes lordys *justid* aye. TORRENT 1185.

They *justyd* and turneyd there, And every man
ffound his pere. 2591.

Justere, juster s. afr. *justeres*, nfr. *jouteur*,
pr. *joustaire*, sp. pg. *justador*, it. *giostratore*.

1. Lanzenbrecher, Kämpfer: *Iustare*, hastiluzor. PR. P. p. 268. A *juster*, hastilusor. CATH. ANGL. p. 200. *Justar* with speares, jouster. PALSGR. Is this Jhesus the *justere* ..
That Jewes dede to dethe? P. PL. 12978.

2. Kampfross: Mony *juster* in covertour, Mony knyght in riche armure. ALIS. 3213.
— He dude noumbre his gode knyghtis, And sent .. seven and twenty hundredis asondre, Strong in felde, apon *justers*. 1396-1400. The knyghtis redy on *justers*, Alle yarmed swithe well. 1867.

Justice, justise, justis s. afr. *justice, justise*, pr. *justicia, justizia*, sp. *justicia*, pg. *justiza*, it. *giustizia*, lat. *justitia*, neue. *justice*.

1. Gerechtigkeit: *Justice* of lawe tho was holde. GOWER I, 7. My will hath be To do *justice* and equite In forthring of comun profite. III. 185. Wee have a kyng, nought for to do *justice* to every man, for he schalle fynde no forfete amonge us. MAUND. p. 294. *Iustice* is þe loue of herte huerby he serueþ onlepiliche and wiþoute more to þet he loueþ þet is to god. AYENB. p. 127.

2. Richter [so auch im Altfr. Span. Portug.]: The king sone wende To a maner ther beside, & to hom anon sende Is heye *justice* of is lond, Sir G. R. OF GL. p. 497 sq. Thenne saide the *justice* .. „Sire Simond Frysel, the kynges traytour hast thou be". POL. S. p. 220. *Iustyce*, justiciarius. PR. P. p. 268. Pilatus he sende þider, here *justise* to be þere. R. OF GL. p. 61; cf. 523. He is guod *iustise* and wys. AYENB. p. 153. Tostus of Cumbirland he was chefe *justice*. LANGT. p. 64; cf. 270. A *iustys*, judex, justiciarius. CATH. ANGL. p. 200. Ouer Juus he was *iustis*. CURS. MUNDI 25032. Whan he sal sytte in dome als *iustys* To reprove þam at þe last day. HAMP. 5330. God, þe heje *iustys*. Scholde scheld him fram ye enymys. FERUMBR. 3817.

The *justices* seten for the knyhtes of Scotlonde. POL. S. p. 219. Audytours and offycers ordayne thy selvene, Bathe jureez and jugges, and *justices* of landes. MORTE ARTH. 661. The bissopes .. amansede vaste Alle that suich dede dude, king & quene bothe, & hor *justizes* ek. R. OF GL. p. 496.

Hierher mag das Compositum **justiseles**, ohne Richter, gehören: Þider bihoued him nede, to set þat lond in pes, For foles haf no drede, þat long is *justiseles*. LANGT. p. 215.

Justicen, justisen v. afr. *justicier, justiser*, pr. *justiziar*, asp. *justiciar*, pg. *justizar*, it. *giustiziare*, neue. *justice*.

1. richten, vor Gericht ziehen: Þe kyng in þe courte of þe lay þe clerkes wild *justise*, Saynt Anselm said him nay, he wild on no wise. LANGT. p. 100.

2. regieren, kraft oberrichterlicher Gewalt: Al þe folnesse .. Wiþoute whom he ne mai His kindom wiþ pees wysen, Ne wiþ rihte

---

hit *justisen*. CAST. OFF L. 294. Now leues Roberd with Statin nasee .. With þe kynges leue þe lond to *justise*. LANGT. p. 169. þe kyng dos wardeyns wise, To kepe þe lond & dres, þe folk forto *justise*. p. 327.

justificacioun etc. s. afr. *justification*, pr. *justificacio*, sp. *justificacion*, pg. *justificazão*, it. *giustificazione*, neue. *justification*.

1. Rechtfertigung: Dom of oon in to condempnacioun, grace forsothe in to *iustificacioun*. WYCL. ROM. 5, 16.

2. Gerechtigkeit als Ahndung, Strafe: Of Jupiter I finde iwrite, How whilom that he wolde wite Upon the pleinte whiche he herde, Among the men how that it ferde As of her wrong condicion, To do *justificacion*. GOWER I. 169.

justifien, justefien v. afr. *justifier*, pr. *justifiar*, sp. pg. *justificar*, it. *giustificare*, lat. *justificare*, sch. *justifie*, neue. *justify*.

1. rechtfertigen eine Person oder Sache: If I wile *iustefie* me, my mouth shal condempne me. WYCL. JOB 9, 20 Oxf. I wot .. that a man comparisoun[d?] to God [compositus Deo VULG.] shal not be *iustified*. 9, 2 Oxf. Whether he, that manye thingus spekith, Whether and he shal heren? or a man ful of woordis shal be *iustefied?* 11, 2 Oxf. Ther shal not be *iustified* in thi sijte eche lyuende. WYCL. PS. 142, 2 Oxf. — There may a man the scole lere Of rhetorique the eloquence, Whiche in the seconde of science Touchende to philosophie, Wherof a man shall *justifie* His wordes in disputeson. GOWER III. 140.

2. gerecht werden einer Sache, sie bewähren: First for to loke the clergie. Hem oughte wel to *justifie* Thing which belongeth to their cure, As for to praie and to procure Our pees toward the heven above. GOWER III. 379. God was eke well plaid therfore, That he so wolde his herte ply The lawes for to *justify*. III. 222. The feste and the profession, After the reule of that degre, Was made with great solempnite Where as Diane is sanctified. Thus stant this lady *justified* In ordre where she thenketh to dwelle. III. 317.

3. richten, das Richteramt ausüben, ohne und mit Objekt: .. of Salamon þe wise, Hou craftili he did *iustifie*. CURS. MUNDI 149 GÖTTING. — If a king will *justifie* His londe and hem that ben withinne, First at him self he mot beginne. GOWER III 382. Counseil passeth alle thing To him which thenketh to ben a king; And every man for his party A kingdom hath to *justify*, That is to sain, his owne dome. III. 345 sq. So dide·Jhesus the Jewes, He *justified* [nämlich als König] and taughte hem The lawe of lif, That laste shal evere. P. PL. 13046.

4. strafen: Fadirs and modirs sal rekken that tyde Of thair sons and thair doghtirs unchastide; And loverdes alswa of thair men namly, þe whilk þai wald noght *iustify*. HAMP. 5984. Luke thow *justifye* theme wele that injurye wyrkes. MORTE ARTH. 663.

justilen v. zu *justen*, confligere, v. lat. *juxta*

gehörig, neue. *justle*. zusammen stossen,
kämpfen, ringen, bildlich vom Beischlafe
gebraucht.

Engest, with his japis, hade *justilet* hir with,
And getyn in his gamyn on the gay lady A
doghter. DESTR. OF TROY 12738.

Justinge s. v. *justen* v., neue. *justing*. Lan-
zenbrechen im ritterlichen Zweikampf, bes.
im Turnier.

Hoc hastiludium, a *justyng*. WR. VOC.
p. 240. The fyrste yere that he was kyng, At
Salybury he made a *justynge*. RICH. C. DE L.
251. A grete *justyng* ther was sett. PERCEV.
46. Yn *justing* ne in turnement Thou schalt
never soffur dethys wound. EGLAM. 613. Oþer
sum segg hym bisoзt of sum aiker knyзt To
ioyne wyth hym in *iustyng*. GAW. 96. All
men konne not of *justynge*. IPOMYD. 792. The
knight com fram the *justing* fare. SEUYN SAG.
803. — Now of *justyngez* thay telle. PERCEV.
113. At Constantynoble is the palays of the emperour, righte fair and wel dyghte, and therein

is a fair place for *justynges*, or for other pleyes
and desportes. MAUND. p. 17.

Justil und **Justislich, justili** adv. neue.
Justly.

1. mit Recht: The pleyinge of Ismael..
with Isaac.. was *justly* reprovyd. REL. ANT. II.52.

2. genau, exakt: No man vpon mold
miзt oþer perceyue but sche a bere were to
baite at a stake; so *iustislich* eche liþ ioyned.
WILL. 1722. So *iustili* on oþer of hem were
ioyned þe skinnes. 2596. Ne mak the neuere
bold.. to haue sette *iustly* a clokke. CH. *Astrol.*
p. 17.

3. dicht neben, nahe: Þat preui pleying place, to proue þe soþe, Ioyned wel *iustly*
to Meliors chamber. WILL. 750. Sho.. ioyned
by Jason *iustly* to sit. DESTR. OF TROY 512.

Jutte s. s. *jotte.*

Juvente s. afr. *juvente, jovente*, pr. *joventa*,
lat. *juventa*. Jugend.

In his *iuuente* þis Ihesus atte Iuwen feste
Water into wyn tourned. P. PL. *Text B.* pass.
XIX. 104.

K siehe C.

L.

Anlautendes **l**, welches vor Vokalen, und
in älterer Zeit öfter vor **h** erscheint, wo das
Angelsächsische **hl** zu bieten pflegt, ist in germanischen und romanischen Wörtern erhalten.

Das gutturale **h** vor **l** ist sonst im allgemeinen frühe abgefallen; selten wird es in frü-
hester Zeit noch angetroffen, wie in **hlaf**, panis,
ags. *hláf*. OEH. p. 227. **hlaford**. OEH. p. 217.
221 u. öft. u. **hleuerd**, dominus, ags. *hláford*. II.
43. 47. **hlafordscipe**, dominatio, ags. *hláford-
scipe*. OEH. p. 219. Dafür tritt später die oben
erwähnte Umkehrung **lh** ein, welche im kentischen Dialekt häufig erscheint, wie **lhade**, onerare, haurire, ags. *hladan*. AYENB. p. 176. **lheape**,
salire, ags. *hleápan*. ib. p. 27. **lhene**, macer,
ags. *hlæne*. ib. p. 53. **lheззe**, ridere, ags. *hlehhan,
hlihhan*. ib. p. 48. **lheste**, auscultare, ags. *hlystan, hlistan*. ib. p. 70. **lheuedi**, domina, ags.
hlæfdige. ib. p. 24. **lhof**, panis, ags. *hláf*. ib.
p. 82. **lheaverd**, dominus. PROCLAM. OF HENRY
III. Sprachpr. I. 2. p. 54. **lhord** AYENB. p. 6.
lhordssip ib. p. 54. **lhordinges** ib. p. 67. **lhoude**,
clare, sonore, ags. *hlúde* ib. p. 82 u. a. ähnlich
wie **wh** für ags. **hw** eintrat, und vereinzelt **rh**
für **hr** in **rhof**, tectum, ags. *hrof*. ORM 11351.

la, lo, loo, low, leo, leu, *leou* etc. interj.
ags. ahd. *lá* [s. GRIMM Gr. III. 289 ff.], sch.
lo, lw, neue. *lo*. **o! siehe.**

Die Partikel, welche im Gothischen nicht
nachzuweisen ist, erscheint im Angelsächsischen
häufig, wie auch in der Verbindung *ed lá, eálá*,
als Anruf und Zuruf, besonders beim Imperativ oder bei einer direkten Frage mit
und ohne Fragewort, um Aufforderung, Bitte,
Drohung oder Verwunderung zu bezeichnen,
namentlich vor einem Vokativ, wo das Angelsächsische dieser Interjektion besonders vor
Sachnamen selten zu entrathen scheint. Mätzner, Gr. II. 168.

Im Altenglischen scheint die Partikel seltener beim Imperativ oder bei einer einfachen
Frage ohne 'Fragewort aufzutreten, auch die
unmittelbare Verbindung mit einem Vokativ ist
wenigstens nicht so häufig.

Die Interjektion dient im Altenglischen
vorwiegend

1. zur Verstärkung einer Aussage,
einer Behauptung, auf welche aufmerksam
gemacht werden soll, zum Theil in Verbindung
mit Betheuerungsformeln, wie *ful iwis, God
it wot* u. dgl. m.

Swa was þatt *la ful iwiss* All affterr Godess
wille. ORM 741. Piss blisse iss min *la fuliwiss*.
17964. Þatt cumeþþ all *la fuliзwiss* Off — þatt te
deofell næfre Ne blinneþþ off to skrennkrenn þa
þatt haffdenn himm forrworrþenn. 11465. *La,*

Godd hit wot, heo nah iweld, Tha heo hine makie kukeweld. O. A. N. 1541. *La, god it wot,* sal
ðer of bileuen non fot. G. A. Ex. 3113. Þer nis
schepe, no swine, no gote, No non horwj, *la,
got it wot.* COK. 33. *La, swa ich ibedde [ibide?]
are,* nat ich na mare to suggen of mine sune, hu
he to worulde is icume. LAJ. II. 235. *La, swa
ic ouere mote ipeon,* ic wulle his an barh (= borh)
beon. III. 249.

Þet hit beo soð, *lo* her þe preoue. ANCR. R.
p. 52. Þe clerke seyd, *lo,* one here, A trew man.
R. OF BRUNNE *Handl. S.* 5799. *Lo ,* here þe
kyrtyl þat þu jave for me. 5870. Wif, *lo* her þi
child þat on þe rode is ispild. ASSUMPC. DE N.
D. 17. Þus, *lo,* for hare sake, an dale ha athuld
of hire eldrene god. LEG. ST. KATH. 98. *Lo,*
in this wise William wende to haue schaped.
WILL. 731. *Lo ,* he seið, ich ihere nu mi leofmon speken. ANCR. R. p. 99. *Lo,* he says, als
mankynd es I am consayved in wikkednes.
HAMP. 452. Þis was, *lo,* þe gode dojter, þat
nolde fikele nojt. R. OF GL. p. 36. Þus *lo,* þe
Englysse volc vor najt to grounde come. p. 363.
Lo, in such maner of rym is Dauntes tale. CH.
C. T. 6709. *Lo ,* to Enee thus she wrote. Go-
WER II. 5. *We,* fare welle, *lo.* TOWN. M. p. 26.
Lo, he saide, *lo* me her! SEUYN SAG. 580. *Lo,
sire,* he seide, for a foles red, The pie that seide
soht, was ded. 2299. *Lo sire,* he seide, godes
knijt, nou we him habbeþ ifounde. ST. CHRI-
STOPH. 160. *Lo Pers,* he seyd, þys ja þy cloth.
R. OF BRUNNE *Handl. S.* 5733. *Lo lordynges,*
trewely Ye ben to me right welcome hertily.
CH. C. T. 763.

This doujtre of Abraham, whom Sathanas
hath bounden, *loo,* ten and eijte jeeris. WYCL.
LUKE 13, 16 Oxf. *Loo,* heer he lithe. LYDG.
M. P. p. 145.

Low , þe jate of eche lif abid te al opened.
LEG. ST. KATH. 2453. *Low ,* þullich is al þ je
þenchen to dai for to weore me wið. 849. *Low,*
þis makede him þ he underfeng mon. 1214.

Hence bot a litille she comys, *lew, lew!*
TOWN. M. p. 33.

2. Häufig begegnet die Interjektion bei
Fragesätzen als Ausdruck der Verwunderung, des Unwillens u. a., besonders wenn die
Fragesätze von einem fragenden Fürwort
oder Adverbium eingeleitet sind.

La lief, majie wiman forleten his oge cild
þat hi ne milai hire barn of hire ogen innoð?
OEH. p. 235. [Wen] test þu, *la erming,* her o
to wunienne? FRAGM. 7 bei STRATM. *Suppl. v.
ld* [saec. XII.]

La whet scal þis beon? OEH. p. 89. *Lo
huœt* sein Gregorie seið: „Hwe se jemeleasliche
witeð hire uttre eien, þurh Godes rihtwise dome
heo ablindeð in þe inre eien". ANCR. R. p. 92.
Lo, he seyd, *what* y haue Of Pers jyft, so God
me saue. R. OF BRUNNE *Handl. S.* 5623.
Lo , hwouch, on assumple her efter. ANCR. R.
p. 112. *Lo,* wið *hwouche* ich habbe idiht to do
þe i mi kinedom. LEG. ST. KATH. 1865. *Lo,*
which a wif was Alceste. CH. C. T. 11754. *Lo,
which* a great thing is affeccioun. 3611.

La hu? ne beað þa þet here specað gali-

leisce? [Nonne ecce omnes isti galilei sunt?]
OEH. p. 89. Hwilo eower hefð an hundred sceap,
gif he forliet an þerra sceape, *la hu?* ne forlet he
nejon and hun neojontie a westene and geð secende þat an þe him losede? p. 245. *Lo ,* þauh,
hwou he meneð ham bi Jeremie. ANCR. R. p. 196.
Lo , hu holi writ speceð, & *hu* inwardliche hit
telleð hu sunegunge bigon. p. 52. *Lo, hou* red
come þerout þe breþ. ST. MARGAR. 217. *lLoo,
how* luþerly þat lud leyes on oure burnes. WILL.
1208. *Lo, sire, Whar* ic am here. ST. KATHER.
255. *Lo quar [lo quer* GÖTT. *lo where* TRIN.]
þe dremer now es cummen. CURS. MUNDI 4111
COTT. *Leo wær* here þa wombe þe þu laie inne
swa longe. LAJ. I. 214. *Leo, wær* here is þat
ilke child. II. 219. *Leou, wœr* here ich eow
abide. I. 232. *Leou, war* fuseð Childric. II. 481.
Lou, war her biforen us heðene hundes þe slojen
ure alderen. II. 465. Aus *lo wœr, lo wœr* scheint
lowr, lour entstanden zu sein: *Lowr* ich abide
her þe bite of swordes egge. LEG. ST. KATH.
2436. *Lowr* ich am her . . wið alle mine hirdmen. 2245. Ich bere goldhord. *Lowr* hit her.
ANCR. R. p. 152. *Lowr* ich her; what wulle je?
p. 262.

3. *la* erscheint öfters in Verbindung mit
hure, hwure, ags. *huru,* saltem, quidem, certe
[s. oben *hure*], wobei ein nach *la* eingeschobe-
nes *n* schwer erklärlich scheint: Louerd , nu ic
bidde þe, jef þin wille is , þet þu heom jefe reat
la hwure þen sunne dei. OEH. p. 45. Godd
haueð ilahet hit . . leste hwa se leope, & tenne
lahure nawt nere hwat kep to him. HALI MEID.
p. 23. Þe weddede þonken him þat ha *lanhure* . .
ne fellen nawt wið alle adun. p. 19. Þonki godd
& herien þat he greiðede ham *lanhure,* þa ha
walden of meidenes hehscipe, a swuch stude in
to lihten þat ha neren nawt ihurt. p. 21. Ich mihte
inoch raðe wel habben awealt hire, jif ha nalde wið
laue, wið luðer eie, *lanhure.* LEG. ST. KATH. 554.
Jette me an hwat . . jif me is leued , þurh leue
Lauerd , for to leggen ham adun, þ tu þi misbileaue lete þenne *lanhure.* 768. Jif þu nult,
nanes weis, witen þ he wrahte þulliche wundres,
lef, *lanhure,* þ tu seat. 1070. Hefde he, *lanhure,*
him seluen alesed, sum walde hopen & habbe
bileaue to his alesunge. 1149.

4. Die angelsächsische Verbindung von *ei
ld* ist frühe aufgegeben; es mag etwa *a lo* darauf
beruhen: *A lo,* he beres hir rode upon his bare
schuldres. OEH. p. 283.

Die in *walawa, weilawei* etc. erscheinende
Partikel s. unter *wa.*

labarde, labbarde s. s. **leopard.**

labbe s. vgl. *labben* v. neue.[*lab.* Schwätzer,
Ausplauderer.

Labbe, or he that can kepe no counsel, anu-
bicus, -ca. PR. P. p. 282. „If thou wreye me,
thou schalt be wood." — „Nay, Crist forbede it
for his holy blood!" Quod tho this sely man,
„I am no *labbe,* Though I it say, I am nought
to gabbe." CH. C. T. 3507. *Labbe* hyt whyste
and out yt muste. MS. saec. XV in WRIGHT
Prov. Dict. p. 618 v. *lab.*

labben v. altniederl. *labben,* blaterare, neuniederl. *labbeijen.* schwatzen, plaudern.

Þyng þat wolde be pryue, publisshe þow
hit neuere, Noþer for loue labbe hit out, ne lacke
hit for non enuye. P. PL. Text C. pass. XIII. 39.
  Of hir tonge a labbyng schrewe is sche. CH.
C. T. 10302. By your labbyng tonges iongling.
R. OF PARTENAY 3751.
  labecen v. dunklen Ursprungs; vgl. etwa
sch. to lab == to beat. schlagen, peit-
schen.
  Lett not thy tonge thy evyn-crysten dy-
spyse, Ande than plesyst more myn excellens,
Than yff thu labecyde with grett dylygena Upon
thy nakyde feet and bare, Tyll the blode fol-
wude for peyn and vyolens. Mind, Will, and
Understandyng p. 20 in HALLIW. D. p. 500.
  label s. afr. label, labiau [s. LITTRÉ v. lam-
bel], mlat. labellus, wohl vom lat. labellum, dem
Dimin. von labrum, neue. label. Dies frühe
selten erscheinende Wort bezeichnet einen
Streifen, der als Zierrath, Quaste, Trod-
del herabhängt oder als Zettel oder Anhäng-
sel eine Bedingung enthält, selbst ein Diop-
terlineal am Astrolabium.
  Labelle, labellum [wobei die Bedeutung
unklar bleibt]. PR. P. p. 282. Labell, hovppe,
PALSGR. vgl. aus etwas späterer Zeit: A label,
infula. MANIP. VOC. s. 1570 p. 56. A labil, infula. p. 126. The lables of a miter, infulæ [insulæ
ed.] ib.
  If þise popis bulles shulen be undurstonden
wiþ sich a label, þenne þei weren not profitable
to þe purchasour ne to þe churche. WYCL. W.
hitherto unpr. p. 331.
  Thanne hastow a label, þat is schapen like
a rewle saue þat it is streit and hath no plates
on either ende with holes, but with the smale
point of the forseide label shaltow kalcule thyne
equaciouns. CH. Astrol. p. 13 sq.
  lablen v. i. q. labben. schwatzen, plaudern.
  He speketh here repreffe and vylenye, As
mannys lablyng tonge is wont alway. CH. Ms.
in HALLIW. D. p. 500.
  labor, labour, labur s. afr. labor, labour, labur, pr. labor, laor, sp. pg. labor, it. lavoro, lat.
labor, neue. labor, labour. Arbeit.
  The reve amorwe that hem scholde to here
labour lede. BEK. 49. Why schulde he not her
labour alow? ALLIT. P. 1, 633. A grete laboure
is to correcte A molde in this maner that is en-
fecte. PALLAD. 1, 293. Laboure, labor. PR. P.
p. 283. Alle helden hem unhardy .. And leten
hire labour lost. P. PL. 357-9. Ho .. bi his labur
or bi his lond hys lyflode wynneþ. Text A. pass.
IX. 73. A labur, ubi trauelle. CATH. ANGL.
p. 206.
  laboren, -ien, labouren, laburen, labren
etc. v. afr. laborer, labourer, laburer, pr. labo-
rar, laorar, laurar, sp. labrar, pg. lavrar, it.
lavorare, lat. laborare, neue. labor, labour.
  a. intr. arbeiten: Laboryn, laboro. PR.
P. p. 283. We haue none lymes to laborie with.
P. PL. Text C. pass. IX. 135. I wol helpe þee
to labore whil my lyf lastiþ. Text A. pass. VII.
79. To labor, vbi to wyrke. CATH. ANGL. p. 206.
What schulde he studie .. Or swynke with his

handes and laboure, As Austyn byt? CH. C. T.
185-8. To laboure on the lawe, as lewde men
on plowis. DEP. OF R. p. 23. To deserve his
huyre for the halyday, And trwly to labren on
hys dede. FREEMAS. 272. I schal swynken .. And
eke labre for þi loue al my lyftyme. P. PL.
Text A. pass. VII. 28. Fisyk schal .. beo fayn,
be my feiþ, his fisyk to lete, And leorne to labre,
leste lyflode faile. ib. 256-9.
  I laboure with my handes as a craftesman
dothe. PALSGR. s. v. This litylle folk nouther
labouren in londes ne in vynes. MAUND. p. 212.
  b. tr. 1. bearbeiten: To labor vyne wats
dere þe date. ALLIT. P. 1, 503.
  The folk of that contree ne tyle not, ne laboure not the erthe. MAUND. p. 297.
  2. quälen, plagen: A tempest hym toke
o the torrit ythes, þat myche laburt the lede or
he lond cagbt. DESTR. OF TROY 13489.
  Than the hede kyng vnhappely hasted belyue, Laburd with loue, þat lodly dissayuis. ib.
10531. Then Parys forthe past proude at his
hert, Wele laburt with loue longit full sore. ib.
3130.
  laborer, labourer s. afr. laboreres c. obl. la-
boreor, nfr. laboureur, pr. laborairs c. obl. labo-
rador, sp. labrador, pg. lavrador, it. lavoratore,
lat. laborator, neue. laborer, labourer. Arbeiter, bes. Feldarbeiter, Ackersmann.
  Boþe þe lord and þe laborer ben leelliche
yserued. P. PL. Text C. pass. IV. 312. Þer nis
no laborer in þis leod þat he loueþ more. A. pass.
VI. 38. To mowe and repe both grasse and corne
A better labourer was never borne. REL. ANT.
I. p. 43. Labowrere, laborator, -trix. PR. P.
p. 283. — Þat laborers and louh folk taken of
heore maystres Nis no maner meede, bote mesurable huyre. P. PL. Text A. 240. Aren ..
none sonner saued, ne sadder of byleue, þan
plowmen and pastoures & þore comune laboreres.
B. pass. X. 456-9.
  laborious adj. lat. laboriosus, pr. laborios,
sp. pg. it. laborioso. arbeitsam.
  If thou wolt here Of hem that whilom vertuous Were, and therto laborious. GOWER II. 90.
  lac, lak etc. s. altniederl. lack, defectus,
vitium, vituperium, neuniederl. lak, africa. lek,
altschw. laker i. q. brist, fel, nschw. lack, neue.
lack.
  1. Mangel: Þer nis lac of met no cloþ.
COK. 29. Of cucubes þer nis no lakke. 78. For
lac of other leþe. POL. S. p. 154. Such is the
kinde of that siknesse, And that is nought for
lacke of braine, But love is of so great a maine
etc. GOWER III. 4. White thynges wexen
dymme and donne For lakke of lyght. CH. Tr.
a. Cr. 2, 908. Lak of discrecioun causeth gret
blyndenesse. LYDG. M. P. p. 158.
  2. Fehler, Fehl, Makel, physisch sowohl wie ethisch: No was no lime withoute lac.
BODY A. S. 372. Thou art row and blake,
And sche is made withouten lak. ORPHEO 421.
A ful grete bulge opon his bak; Thar was noght
made withowten lac. YW. A. GAW. 263. Of all
maner of hors he knew Bothe the lake and the
vertu. OCTOU. 1393. A tok a spere wiþoute

lak. FERUMBR. 1589. Þe schaft was god & with-oute *lak*, And huld forþ styf, and noȝt ne brak. 5486.

Inne þe nis *lac* ne lest, auȝ alle holinesse. OEH. II. 258. He is wel guod man, and ich hine louie moche, ak he heþ zuich a *lac* ine him, and þet me uorþingþ. AYENB. p. 62. Constantyn of Scotlond .. Brak his feaute sone, of treson it is *lak*. LANGT. p. 29. Fair scho was, þei seiden, & gode with°uten *lak* p. 95. Ther was no *lak* with whiche he myght hir wite. CH. *Qu. Anelyda* 113. Þe pupull had pite, & presit full þik To se þat louely be lost, þat no *lak* did. DESTR. OF TROY 12105. Allas! quat *lake* lyse in vs.? WARS OF ALEX. 1816 Ashm. Hadde a popynjay at spake, And wyst by hys wyf a *lake*, And tolde hym when he ham cam, Anothyr lotby scho nam. SEVEN SAG. 2145. Ever be-hynde a manys bake With ille thai fynde to hym a *lake*. R. OF BRUNNE Ms. in HALLIW. D. p. 502. Who found ever suche a *lacke* Of slouth in any worthy knight? GOWER II. 5. — Tueye luþer *lackes* he hadde wyth hym al out, In spenynge he was fol large, in herte þoru out prout. R. OF GL. p. 389. Huanne þe man is sleuuol him to sariue, he uoryet his *lackes* and his zennes. AYENB. p. 32. Per ne ys non zuo guod man þet, yef he yseþe wel his oȝene *lackes*, þet he ne ssolde uynde ynoȝ uor to zigge eche daye ine his ssrifþe. p. 33. Alle þat lakken any lyf and *lak-kes* han hem selue. P. PL. Text B. pass. X. 262.

3. Tadel, Vorwurf: Oure ladi leide on him [sc. þe cros] no *lak*. HOLY ROOD p. 148 [vgl. schw. *lägga lack å = belacka*]. We weren tauht . . þat non haþel undur hauene so holi is founde, þat mihte alegge any *lak* our lif to re-proue. ALEX. A. DINDIM. 217-20. Of whiche [sc. the goode a. the vicious] the reporte of both is thus reserued, With lawde or *lack*, liche as they have deserued. LYDG. M. P. p. 84.

lac, lak, lake s. ags. *lac* [cf. þas meres and *laces*, stagna et paludes, wofür kurz vorher me-res and feonnes steht. SAX. CHR. 656] nie-derl. *lak*, lacus, altn. *lœkr*, rivus, mare, ahd. *lacha*, mhd. *lœche*; wenn nicht, wie fr. *lac*, ent-lehnt aus lat. *lacus*, wenigstens urverwandt mit demselben, und später mit ihm zusammenge-fallen, neue. *lake*.

1. stehendes Wasser, Teich, See, Pfuhl: Heo drowen west & norð ouer þen *lac* of Siluius & ouer þen *lac* of Philisteus; bi Rusci-kadan heo nomen þa sæ. LAȜ. I. 54. Beþ iwar of þe coking-stole, þe *lak* is deep and hori. REL. ANT. II. 176. Pen he wakened a wynde on wat-tereȝ to blowe; þenne lasned þe *ɫlak* þat large watȝ are, ALLIT. P. 2, 437. I miȝte have ben in erthe kest, and ileiȝen and iroted in a *lake*. BODY A. S. 319. The cormeraunt wyl daryn in the *lake*. LYDG. M. P. p. 153. We slepe a[s] swolle swyn in *lake*. EEP. p. 123. — *Lake*, lacus. PR. P. p. 285. Ich leade ham . . i þe ladliche *lake* of þe suti sunne. ST. MARHER. p. 14. Sum men clepen that see, the *lake* Dalfetidee. MAUND. p. 101. Alle thoughe it [sc. that see of Caspye] be clept a see, it is no see . . but it is a *lake*, the grettest of the world. p. 266.

2. Höhle, Grube, Gruft: I am had awey fro the loond of Hebrew, and here an in-nocent Y am sent into a *laak* [prisun Purv. lacum *Vulg.*]. WYCL. GEN. 40, 15 Oxf. Thei .. threwen hym in to the *lake* of Elchie [lacum Melchiæ *Vulg.*]. JEREM. 38, 6 Oxf. Sendende hym in to the *lake* [mittentes eum in lacum *Vulg.*], that he die there for hungir. 38, 9 Oxf. That eche man .. be sent in to the *lake* of lyouns [in lacum leonum *Vulg.*]. DANIEL 6, 7 Oxf. He that sent Abbacuc with mete .. Into the *lake* of lyonys to Danyel the prophete. COV. MYST. p. 387. I xal go warnyn helle that thei loke abowte, That thei make redy chenys to bynd hym with in *lake*. p. 309. Whan he dede ryse out of his *lake*, Than was ther suche an erthe-quake .. That made us ffor to rave. p. 350.

lac, loc, leik, laik etc. s. ags. *lác*, ludus, oblatio, sacrificium, gth. *laiks*, χοϱός, ahd. *leih*, *leich*, alte. *leikr*, ludus, lætitia, schw. *lek*, dän. *leg*.

1. Das Altenglische hat besonders die der ags. Form am nächsten stehende *loc* in der Bedeutung: Gabe, Geschenk, Opfer, bewahrt: Lutel *lac* is gode lof. OEH. p. 163. Litel *lac* is gode lief. II. 226. Hi worhtan ham anlicnessen, sum of golde, sum of selfre, of stane, of trewe, and sceope ham naman, and *lac* offreden. OEH. p. 227. Þa þohte hie [sc. Marie] þat hie hine ȝeseche wolde and him *lac* bringe. II. 143 sq. Þe þat allterr wass þe *lac* O fele wise ȝarrkedd. ORM 1062. Aȝȝ þeȝȝ sholldenn bringn-enn *lac* Wiþþ child to Godess allterr. 7883. Faiir *lac* he gon bringe Octaue þan kingen. LAȜ. II. 60. Muchel canele & gingiuere & licoriȝ he hom lefliche ȝef. Alle heo nomen þat *lac*. II. 285. Diden þ deoueles *lac*, as þe heaðene diden. LEG. ST. KATH. 167. Ȝif þu leist *lac* to ure liuiende godes. 1895. Þe deð his enderage of þinge mid wohe bigeten, ne con him Crist na mare þong [= þonc] þene þah he sloȝe þin child and bere þe his heaued to *lake* [sum Geschenk]. OEH. p. 39. He Peteres weofed þere wunliche isohte, brohte þa to *lake* his maðmes leofe. LAȜ. III. 285. Þe riche reoðeren & scheop & bule, hwa se mihte brohten to *lake*, þe poure, cwike briddes. LEG. ST. KATH. 60. — Mare wass hiss bede wurrþ þann alle þeȝȝe *lakess*. ORM 1156. To herien hiss heaðene maumes wið misliche *lakes*. LEG. ST. KATH. 434.

Lutel *loc* is gode lef. OEH. II. 222. For þis *loc* is þus arueðwinne, nime we þe turtles bitocninge þat is eðwinne. U. 49. Þanne wim-man hadde cnauechild .., gede to chirche .. and offrede *loc* for him. II. 47. Þes *loc* offrede ure lafdi seinte Marie II. 49. Me þingþ ne brin[g]ð no synful man quemere *loc* þene teares sheding. II. 65. Panne heh dai cumeð man hoh .. *loc* to chirche bringen and wurðin þermide godes bord. II. 217. Iacob sente fer biforen him riche *loac* [vgl. þoa = þa, þo u. a. dgl.]. G. A. EX. 1797. Vte we .. habben on ure heorte so-rinesse and reuðe of ure synnes, and þermide dihten ure *loc* þe we on honde bereð, þat we wid ure *loke* ben gode to queme. OEH. II. 49 sq. — Pre *loc* [pl. ags. *láo*] offrede weren ure drihten. *ȝð.* Him bicumeð þat he offri þe heuenliche kinge þe þre *loc* þe ich er nemde, þat is gold, and recheles, and mirre. II. 45. Hit nis nout for nout iwriten .. of þe þreo kinges þet comen uorto offren Jesu Crist þeo deorewurðe þreo *lokes.* ANCR. R. p. 152. Wille we mid þese þre *lokes* cuðlechen us wið alre kingene king. OEH. II. 45.

2. S p i e l , in welcher Bedeutung das Wort sich der altnordischen Form anschliesst: It ne was non horseknaue .. þat he ne kam þider, þe *leyk* to se. HAVEL. 1019-21. Harping and piping , ful god won , *Leyk* of mine , of hasard ok. 2325. So liked him his *layk* wiþ þe ladi to pleie. WILL. 678. We ne louen in our land no *laik* nor no mirthe. ALEX. A. DINDIM. 465. Wis and wair bihoues us be , That Satenas ne ger us rayk Fra rihtwisnes to sinful *laik.* METR. HOMIL. p. 58. Lovely *layk* was it nevere Bi-twene the longe and the shorte. P. PL. 9388. As þei laykeden in here *laiks,* þei lokede aboute. WILL. 3110. — Other lordus and lades, thayre *laykes* welle likes. ANT. OF ARTH. st. 42. For to play wyth in oþer pure *laykes.* GAW. 262. Than his swerde drawes he , Strykes at Perce-velle the fre , The childe hadd no powste His *laykes* to lett. PERCEV. 1701. Or thai wened war thai mett With men that sone thaire *laykes* lett. MINOT p. 10.

lakayn s. s. *lakin.*

lacche, lache, latche s. vgl. *lacchen* v. neue. *latch.* K l i n k e , D r ü c k e r.

Par cliket a cerure, *lacche* and hok. WR. VOC. p. 170. Hoc findolum, hic clatravus , a *lache.* p. 261. *Lache,* or snecke of a dore, loqvet. PALS-GR. *Latche,* or snekke, clitorium. PR. P. p. 283.

lacchen, lachen, latchen v. ags. *læccan, loc-can* [*lihte, lahte; liht, laht*], capere, prehendere, neue. *latch.* f a s s e n , e r g r e i f e n , f a n g e n , n e h m e n , e r h a l t e n.

He sandeþþ þa to *lacchenn* þe þurrh trapp off modiȝnesse. ORM 12300. Ne dwalde he nohht .. To *lacchenn* himm wiþþ spelless nett To brinngenn himm to Criste. 13472. For to *lachen* hem loose. ALIS. FRGM. 4. Ne triacle in his taste so trie is too knowe, As that ladie with loue to *lachen* in armes. 198. The Loverd that sone undergat, Limi and grinew, wel ei wat, Sette and ledde the for to *lacche.* O. A. N. 1053. As who so leith lynes For to *lacche* foweles. P. PL. 3183. To *lache* fische hadde þai no tome. GREGORLEG. 275. Hee .. laft hym te ladie to *lache* at his wyll. 214. Nou he þe schal driue, Siþen *lacche* þe atte laste, and þe þi lyf bireuen. JOSEPH 355. Þe barreȝ of vche a brnk ful bigly me haldes , þat I may *lachche* no lont [= lond]. ALLIT. P. 3, 321. In helle logge thou xalt be lokyn , And nevyr mo *lacche* lyff. COV. MYST. p. 29. Vch mon had meruayle quat hit mene myȝt, þat a haþel & a horse myȝt such a hwe *lach.* GAW. 233. *Latchyn,* idem quod tangyn. PR. P. p. 284.

Leue lord, mi lemman, *lacche* me in þin armes. WILL. 666. Þow lye in þy loft, & *lach* þyn ese. GAW. 1676. Now lorde *lach out* my lyf, hit lastes to longe. ALLIT. P. 3, 425.

Oðer kinnes neddre is ut in oðer londe, þat haueð on hire heued derewurðe ȝimston, and te londes men hire bigaleð oðer wile, and swo *lacheð* and doð of liue for to hauen þe ȝimston. OEH. II. 197. William .. lepes liȝtli him to & *lacchis* him in armes. WILL. 4524. Thanne libe-rum arbitrium *Laccheth* the firste plante And palleth adoun the pouke. P. PL. 10900. War þe wel, if þou wylt, þy wedeȝ ben clene & honest for þe haly day, lest þou harme *lache.* ALLIT. P. 2, 165. If any freke be so felle to fonde þat I telle, Lepe lyȝtly me to , & *lach* his weppen. GAW. 291. If ye *lacche* lyere, Lat hym noght ascapen. P. PL. 1286. Hir lawe dureth over longe, But if thei *lacchen* silver. 10104.

Of his spetewile muð [sc. þe unwiht of helle] sperklede furnt and *lahte* ut his tunge swa long þ he swong hire al abuten his swire, ant semde as þa ha scharp sweord of his muð *lahte.* ST. MARHER. p. 9. Horn mid herte *lahte* Al that mon him tahte. GESTE K. H. 249. — Þe renke .. *Laȝt* leue at þe qwene. WARS OF ALEX. 330. He .. *laȝt* his leue at þe lede. 5232. I *laȝt* a gret delyt. ALLIT. P. 1, 1127. Lyȝtly lepeȝ he hym to , & *laȝt* [sc. þe geserne] at his honde. GAW. 328. He .. *Laȝt* to his lufly hed , & lift hit vp sone 433. Fra his lord the way he *laght* The mountance of ane arow draght. YW. A. GAW. 2025. Tho lordes .. *laghton* þe water. DESTR. OF TROY 12483. — He wend haf schoten þe herte , þe kyng stode ouer nehi , þe stroke he *lauht* so smerte. LANGT. p. 94. More þan a ȝere beforn þat he *lauht* þis schame , A douhter was him born. p. 243. With thi teth the bridel þouȝ *lauȝt.* BODY A. S. 83. Þanne lente he swiche leuere to ledes þat he ofrauȝt, þat þe lif sone he les þat *lauȝt* ani dint. WILL. 1233. Þan lauȝt he Alphouns anon loueli in armes. 4708. He .. *lauȝt out* his brond. 1244. Our wurþi werwolf .. *lauȝt* vp þe ȝong lyoun. 2306. Wan þe Amyral was scapid him so þat Roland hym nel *auȝte,* Angry wax he þerfor þo. FERUMBR. 2315. Þou .. þat .. Wustest Danielin þe put .. þat he ne scape *lauȝte.* JOSEPH 217-22. Þenne *lauȝten* þei leue, þis lord-ynges, at Meede. P. PL. *Text A.* pass. III. 26. He *laught* sone suche qued, He was ybore forth for ded. ALIS. 1109. He *laught* leue at his wife. ALIS. FRGM. 250. Þes *laughten* þere leue at þe lefe prince. DESTR. OF TROY 6162. They *laughte* dedly dabbe. ALIS. 2794. Þe stede of Grim þe name *laute.* HAVEL. 744. Anoþerne he *laute* þo, & ȝaf him a strok al on ys yre, with durendal is brond. FERUMBR. 744.

Þenne beð he *laht* forto leden to helle. OEH. II. 215. Þermide hine aleseð, ȝif he *laht* beð on þe orelese grune. II. 217. Þa wære he .. i gluterrnesse fallenn, & wære þa bikahht & *lahht* þurrh sandinng off þe deofell. ORM 11619. Hue were *laht,* by the net, so bryd is in snare. POL. S. p. 192. — Fugeles hauen ðoron *lagt.* G. A. EX. 2081. A fostre wimman On was tette he sone aueð *lagt.* 2620. Sire, ȝe haue *laȝt* now on late within a lite ȝeres All Europ & Asie & Auffrik þe mare. WARS OF ALEX. 4394 Ashm. A langour me lettes þat I *laȝt* haue. 2807 Ashm. Of þe lion , as I leue , *laȝt* is his birthe. 2522

Ashm. Mekil was he out of maght, For the strakes that he had *laght*. Yw. A. GAW. 3621. Whenne he that ladye had *laghts* and ledde to þe montej. MORTE ARTH. 874. — The lordship of Larisse is *lauht* to him selue. ALIS. FRGM. 161. Siþen he hauede *lauth* (i. e. lauht) þe sor Of þe wundes, was neuere bor, þat so fauth (i. e. fauht) so he fauth þanne. HAVEL. 1988. He wend to haue *lauȝt* þat ladi loueli in armes. WILL. 671. A grisly best, a ragged colt, They had *laught* in the holt. ALIS. 684. Ther was Lewlyne *laughts*. MORTE ARTH. 1826. ⌐ He knew . . How fro þe bot into þe blober watȝ with a best *lachched*. ALLIT. P. 3, 265. Þenne watȝ þe sege sette þe cete aboute, Skete skarmoch skelt, much skaþe *lached*. 2, 1185. Mald þorgh þe Lundreis fro London is katched, With hors & herneis Bristow has schw *latched*. LANGT. p. 120. *Latchyd*, or fangyd, or hynt, or cawȝt, arreptus. PR. P. p. 284.

lacching, lachíng s.

1. Empfang, Empfangen: That wolden alle truthe, And nevere leve hem for love Ne for *lacchynge* of silver. P. PL. 660.

2. Gefangennahme: For þe *lachynge* of your Lorde sall noght a lede weynde. WARS OF ALEX. 1835 Dublin.

lake s. alts. *lacan*, afries. *leken*, ahd. *lahhan*, mhd. *lachen*, in Zusammensetzung auch *lach*, wie ahd. s. B. *leilach* neben *leilachen*, niederl. niederd. *laken*, sch. *lake*, *laik*, schw. *lakan*, dän. *lagen*, altn. *línlac*. Leinen, Tuch, Laken.

He dede next his white leere Of cloth of *lake* whyt and cleere A brech and eek a schert. CH. C. T. 15265. The daise ycrowned white as *lake*. MS. in HALLIW. D. p. 502.

laken, lakken v. altniederl. *laken*, vituperare, deficere, afries. *lakia*, impugnare, sch. *lak*, *lack*, vituperare, neue. *lack*; vgl. *lac*, defectus.

a. intr. mangeln, fehlen: Hem gan ðat water *lacken*. G. A. EX. 1231. Us sholde neyther *lakken* golde ne gere. CH. Tr. a. Cr. 4, 1495. The hosteller arrayethe for him so faire and so wel and so honestly, that ther schalle *lakke* no thing. MAUND. p. 214. Hem sholde *lakke* no liflode, Neyther lynnen ne wollen. P. PL. 7147. Naȝt ne *lakkeþ* to ham þet louieþ god. AYENB. p. 210. Ȝef the *lacketh* mete other clotht, Ne make the nout for thy to wrotht. REL. ANT. I. 111. Ther *lakketh* nought to do here sacrifise. CH. C. T. 2282. Of manhod hym *lakkede* right naught. CH. C. T. 756 *Six-Text Print* ed. Furnivall.

b. tr. 1. entbehren, missen: So gret liking & loue i haue þat lud to bihold, þat i haue leuer þat loue, þan *lac* al ȝmi harmes. WILL. 452. Ful feyn þey wulde Jhesu down taken But strengþe and ynstrumentys boþe þey *lakkyn*. R. OF BRUNNE *Medit.* 883. Whan we holde waxen, Whan mihte *lakken* our limus, & lesen our hete, We schulle forleten oure lif. ALEX. A. DINDIM. 327. Ther ben truantes . . That *lacken* herte, whan best were They speken of love, and right for fere They waxen dombe. GOWER II. 13.

2. bemängeln, tadeln: *Lakkyn*, or blamyn, vitupero, culpo. PR. P. p. 285. I trowe that if Envie, iwis, knewe the beste man that is . . Yit somwhat *lakken* hym wolde she. CH. R. *of* R. 281. Thanne was I redy To lye and to loure on my neghebore And to *lakke* his chaffare. P. PL. 2734. To *lakk*, deprauare. CATH. ANGL. p. 207. He sais behind þi bak, in strange companie, Wordes þat er to *lak*. LANGT. p. 194.

Lakks hem noght, but lat hem worthe. P. PL. 976. Þerfore, ladi, *lakkeþ* me nouht, I dude as me was looked. HOLY ROOD p. 145.

I *lacks* a thynge, I finde faute at it, je treuue a redire. PALSGR. He loves men þat in ald tyme has bene, He *lakes* þa men þat now are sene. HAMP. 796. Neither he blameth ne banneth, Bosteth ne preiseth, *Lakketh* ne loseth. P. PL. 10118.

Sum *lacked* the lede for þe long graunt. DESTR. OF TROY 9941.

laken, leiken, leȝken, laiken v. ags. *lácan* [*leólc* später *léc*; *lácen*] salire — pugnare — modulari, gth. *laikan*, σκιρτᾶν, altn. *leika* [*leik*, *lék*; *leikit*], ludere, schw. *leka*, dän. *lege*. Das Mittelhochdeutsche hat ein starkes Zeitwort *leichen* [*liech*?; *geleichen*] und ein schwaches *leichen* [*leichte*; *geleicht*], wie das Altenglische beide bietet.

a. 1. Das starke Zeitwort mit der Bedeutung springen, eilen: Arður him *lec* to [leop to j. T.], as hit a liun weoren. LAȝ. II. 469. Hit *læc* toward hirede folc vnimete ridinde & ganninde. III. 140.

2. heben, ziehen: Up he *lec* þene staf, þat water þer after leop. LAȝ. III. 189.

b. 1. Das schwache Zeitwort im Sinne von spielen, tändeln: I pray the to take, If thou wold, for my sake, With this may thou *lake*, This lytylle spruce cofer. TOWN. MYST. p. 96. I shalle do therafter wyrk, as I take, I shalle do a lytylle, sir, and emang ever *lake*. p. 102. Alls iff he wollde *leȝkenn* [i. q. leyken]. ORM 12044. It ne was non so litel knaue, For to *leyken* ne forto plawe, þat he ne wolde with him pleye. HAVEL. 949. To *layke* here likyng þat time. WILL. 1021. If hym list for to *lake*, Thanne loke we mowen And peeren in his presence, The while him pleye liketh. P. PL. 341. *Laykeȝ* [imperat.] wyth hem as yow lyst. ALLIT. P. 2, 872.

William wel wiþ Meliors his wille þan dede, & *layked* þere at lyking al þe long daye. WILL. 1025. As þei *laykeden* in her laike, þei lokede aboute. 3110. Þe children . . with him *leykeden* here fílle. HAVEL. 952-4. Þai laȝed & *layked* longe. GAW. 1554. Synfull play *laykyd* thai twa. METR. HOMIL. p. 71.

So louely lay þat ladi & ich *layking* togaderes. WILL. 699.

In derselben Bedeutung erscheint das Verb auch mit dem reflexiven Fürwort: Of vitailes þai hadden þo plentee, & burdes briȝte & bolde, To ete & drynke & murie bee, & to *layky hem* wan þay wolde. FERUMBR. 3355.

He . . *layked him* long while to lesten þat merþe. WILL. 31. William went to Meliors, whan he seiȝ time, & *layked him* at likyng wiþ þat faire burde pleyes of paramours. 1410. Thare the erl dwelled al nyght, And *laiked him* with his lady bright. SEUYN SAG. 3308.

2. täuschen, betrügen [wie mhd. *leichen*]: A, hou wimmen conne hit make, Whan thai wil ani man *lake*. SEUYN SAG. 1211.

3. einem opfern, Gaben darbringen: To *lakenn* Godd, to þeowwtenn Godd, To sekenn kirrke jeorne. ORM 2717. Herode king Badd ta þreo kingess sekenn þatt junge king, & *lakenn* himm. 6624.

Þa *lakesst* tu Drihhtin. ORM 1172.

Þa þre kingess *lakedenn* Crist Wiþþ þrinne kinne lakess. ORM 7430.

He wass onne i Bebþleæm þurrh þa þreo kingess *lakedd*. ORM 6960.

lakin, lakain, lakan s. in nördlichen Dialekten. Spielzeug, Tand.;

Lakynes Ms. in HALLIW. D. p. 501. *Laykyn*, or thynge þat chyldryn pley wythe, ludibile, ludibulum. PR. P. p. 284. He putt vp in his bosom þes iij. *lakayns*. GESTA ROM. p. 123. bildlich von Kindern: Ilk yere that commys to man She brynges furthe a *lakan*, And som ycres two. TOWN. M. p. 104.

laking, laiking s. Spiel, Vergnügen. When he es yhung and luffes *laykyng*. HAMP. 594.

lakles adj. zu *lac*, defectus, vitium. fehlerlos, tadellos.

If a man miste make hymself goed to þe poeple, Vch a lif wold be *lakles*. P. PL. Text B. pass. XI. 381. Yf cristene creatures couthen make hem selue, Eche lede wolde be *lacles*. C. pass. XIV. 210.

lace, las, laas s. afr. *lac*, *las*, *laz*, *lais*, pr. *lac*, *las*, *latz*, sp. pg. *lazo*, it. *laccio*, lat. *laqueus*, neue. *lace*.

1. Schnur, Strick, Schlinge, Gürtel: A *lace* lapped aboute, þat louked at þe hede [sc. der Axt]. GAW. 217. He .. drew a *lace* of sylke ful dere, Adowne than felle hys mantylle by. IPOMYD. 326. Ho last a *lace* [vorher *girdil* genannt] lyftly, þat leke vmbe hir syde, knit vpon hir kyrtel. GAW. 1830. Quat gome so is gorde with þis grene *lace* etc. 1851. — Here clothes .. ben festned with *laces* of silk. MAUND. p. 247.

Þer he deliuered his maister vp þat bundyn was wiþ *las*. CURS. MUNDI 15879. FAIRF. [*lajas* COTT.]. Woman the haveth in hire *las*. ALIS. 7698. Lo alle thise folk so caught were in hire [sc. Venus] *las*. CH. C. T. 1951 *Ellesmere Ms.* in *Six-Text Print*. Now we be bowndyn in dethis *las*. COV. MYST. p. 29.

A dagger hangyng on a *laas* hadde he Aboute his nekke under his arm adoun. CH. C. T. 394. His hat heng at his bak doun by a *laas*. 12502. Shode he was .. With shoon decoped, and with *laas*. R. of R. 842. Love hadde .. him so narwe bounden in his *laas*, Leg. G. W. *Cleop*. 20.

2. Querriegel(?): Quen all was purvaid in þat place, And bunden samyn balk and *lace*, þai fand gret marring in þair mark CURS. MUNDI 8777 GÖTT., wo von der Erbauung

des Salomonischen Tempels die Rede ist. *Lace* of an howserofe, laqueares. PR. P. p. 283.

lacert, lesarde, lesard, lisarde, liserd, lusard s. lat. *lacertus* m. u. *lacerta* f., it. *lacerta*, *lucerta*, sp. pg. *lagarto*, afr. fem. *laissarde*, *leisarde*, *lisarde*, *lezarde*, chw. *lusciard*, nfr. *lézard*, neue. *lizard*. Eidechse aber auch in weiterem Sinne von anderen Reptilien gebraucht.

A *lacert* [lacerta *Purv.*], that is a serpent that is clepid a *liserd*. WYCL. LEVIT. 11,30 Oxf. *Lesarde*, vyrm, lacertus. PR. P. p. 298. A *lesarde*, lacerta, stellio. CATH. ANGL. p. 214. All þe berbrens bernes in bestes þam affyed, As lebardis, *lesardes*, & lenxis, lions & tigris. WARS OF ALEX. 3572. iij foote high on stulpes must ther be A floor .. wel whited thou it se, So made that *lysardes* may not ascende. PALLAD. 1, 1054. Thus ylik a *lusard* [vorher an addre genannt] With a lady visage Thesliche thow me robbedest. P. PL. 12753.

lacerte s. lat. *lacertus*. Muskel.

The pypes of his lounges gan to swelle, And every *lacerte* in his brest adoun Is schent with venym and corrupcioun. CH. C. T. 2754.

lacien, lacen v. afr. *lacier*, *lachier*, *lacer*, pr. *lachar*, *lassar*, it. *lacciare*, *allacciare*, neue. *lace*. schnüren, befestigen.

Ys helm on is hed sone he caste, And let him *lacye* wel & faste. FERUMBR. 5309. *Lacyn*, or spere wythe a lace, fibulo. PR. P. p. 283. His brunie he gan *lace*. K. H. 717.

Alisaundrine .. In þat oþer bereskyn bewrapped William þanne, & *laced* wel eche leme wiþ lastend þonges craftili aboue his cloþes. WILL. 1734.

Lacyd, laqueatus, fibulatus. PR. P. p. 283. Hir schos were *laced* on hir legges hegghe. CH. C. T. 3267.

lacinge s. Anschnüren. *Lacynge*, laqueacio, fibulacio. PR. P. p. 283.

laculen v. s. *lecnen*, *lechnien*.

lache, lasche adj. afr. *lasche*, pr. *lax*, *lasc*, pg. sp. *laxo*, it. *lasco*, nfr. *lâche*, lat. *laxus*. schlaff, faul.

Yif he be slowe and astoned and *lache*, he lyueþ as an asse. CH. Boeth. p. 122. *Lasche*, or to fresche and vnsavery, vapidus. PR. P. p. 288.

lachesse s. afr. *lachesse* (RQF.), neue. *laches*, *lache*. Schlaffheit, Nachlässigkeit, Trägheit, Saumseligkeit.

The firste point of slouth I calle *Lachesse*, and is the chefe of alle .. He tarieth all the longe yere, And evermore he saith: to morwe. GOWER II. 1. It is to drede That *lachesse* in continuaunce Fortune might suche a chaunce, Which no man after sholde amende. IV. 7. Do forth thy besinesse so That no *lachesse* in the be founde. II. 11. If he ne arise the rather, And raughte to the steere, The wynd wolde with the water The boot overthrowe; And thanne were his lif lost Through *lachesse* of hymselve. P. PL. 4968. He þat was a wreoche and wolde nat trauayle, The lord, for hus *lacchesse* and hus luþer sleuthe, Bynom hym al þat he hadde. Text C. pass. IX. 252. Thanne comith *laches* [*lachesse* Tyrwh.], that is, he that when he bigynneth any

good werk, anoon he wol forlete it and stynte.
CH. *Pers. T.* III. p. 327 sq. *Latchesse*, or tarry-
ynge lahches, or teryinge, mora tarditas. PR.
P. p. 284.

lachet s. fr. *lachet*, früher auch *lasset* (saec.
XVI), Diminutiv von *lace*. Schnur, Riemen,
Band.

Lachet of a schoo, tenea. PR. P. p. 284. *Lachet* of a sho, courroye. PALSGR. When he watʒ
hasped in armes, his harnays watʒ ryche, þe lest
lachet ouþer loupe lemed of goldc. GAW. 590.

lad s. ags. *hlǎd*, haustus ʒu ags. *hladan*, cu-
mulare, onerare u. haurire. Trunk.
We lodenn alle twinne *ladd* Off hiss god-
nessess welle. ORM 19313.

ladde s. vgl. welsch *llawd*, schw. neue. *lad.*
Knabe, Junge, Bursche.
A *ladde*, ubi a knaffe. CATH. ANGL. p. 206.
Ladde, or knave, garcio. PR. P. p. 283. The
lostlase *ladde* con nout o lawe. LYR. P. p. 111.
Hwat haue ye seid, quoth a ladde, Wenestu þat
we ben adradde? HAVEL. 1786. If a *ladde* com
lyþerly attyred. ALLIT. P. 2, 36. Mony *ladde*
þer forth lep to laue & to kest. 3, 154. *Ladde*,
a boye, garson. PALSGR. Þus may men here, a
ladde forte lere, to biggen in pays. LANGT.
p. 330. Lous com of *ladde*. POL. S. p. 238.
The luthernesse of the *ladde*, The prude of the
page. p. 239. — Þider komen lesse and more
.. Chaunpiouns, and starke *laddes*. HAVEL.
1013; cf. 1024. 1062. Also þei stoden, an ofte
stareden, þe chaunpiouns, and ek the *ladden*.
1037. Depely has he sworn hys ath, With
maystry that he sal hir wyn, And that the *laddes* of his kychyn, And also that his werst fote-
knave, His wil of that woman sal have. YW. A.
GAW. 2264. Þou hase sampned, als men sayn,
a sellich nowmbre Off wreches & of wyrlynges
out of þe west ende, Off *laddes* & of losyngers
& of lityll thefes. WARS OF ALEX. 1732 Dubl.
Laddes of the stable, horspallier. PALSGR. When
laddes weddeth lauedies. PROPHECY OF TH. OF
ESSEDOUNE Ms. in HAVEL. GLOSS. IND. p. 130.
To make lordes of *laddes* Of lond that he wyn-
neth, And fre men foule thralles. P. PL. 13022.

ladder, laddre, ledder, lheddre, leddre etc.
s. ags. *hlǎder*, *hlǎdder*, afries. *hladder*, *hleder*,
ahd. *hleitar*, *hleitara*, *hleitra*, *leitera*, *leitra*,
mhd. *leiter*, niederl. *ladder*, *leer*, niederd. *ledder*,
neue. *ladder*. Leiter.
A *laddyr*, scala. CATH. ANGL. p. 206.
Leddre, or ladder, scala. PR. P. p. 293. In
slepe a *ladder* him þoʒt he seyghe. CURS. MUNDI
3779 FAIRF. In slepe he say a *ladder*. ib. TRIN.
Ther nas *laddre* or way to passe. CH. *R. of
R.* 523. This ilke *laddre* is charite. SHOREH.
p. 3. He sauʒ in his slepis a *laddre* [*laddir* Purv.]
stondynge vpon the erthe. WYCL. GEN. 28, 12
Oxf. Þorw þis *laddre* God .. From heuene into
eorþe alihte. CAST. OFF L. 915. Wyþ a *laddre*
of lethere & crokes smal sone had he þe heʒþe.
FERUMBR. 2406. By þat was Gyoun vp astoʒe
oppoun þe *laddre* an heʒ. 2971. Þan was Gyoun
þar ylaft in the *ladre*. 2977. — Heo .. cables
fette ynowe, And *laddres*, and leueres, & faste
schowe & drowe. R. OF GL. p. 148. Kyng

Richard sente off hys men that tyde, On hyghe
laddres for to gon in. RICH. C. DE L. 3978.

Heo scala, a *leddyr*. WR. VOC. p. 235. Apon
þat *ledder* sau he boun Angelis clymand vp and
doun. CURS. MUNDI 3781 GÖTT. Joseph and Ny-
chodemus takyn Cryst of the cros, on on o *ledyr*,
and the tother on another *leddyr*. COV. MYST.
p. 335. Þis is sunfulla monna *leddre* þurh hwam
ure dribten teh to him al moncun. OEH. p. 129.
Þis is alle sunfulle monne *leddre* þet heo sculen
in to heouene stijen. p. 149. Scala peccatorum,
þat is sinfulle manne *leddre*. II. 207. Þis is þe
laste stape of þe *lheddre* of perfeccion. AYENB.
p. 246. He .. slep and sag an soðe drem, fro ðe
erðe up til heuene bem, A *leddre* stonden. G.
A. EX. 1605. Forþi þet Dauid hefde þeos two
stalen of þisse *leddre* .. he clomb upward. ANCR.
R. p. 354 [vgl. Scheome and pine .. beoð þe
two *leddrestalen* þet beoð upriht to þe heouene.
ib.]. Howe scholde we þider thanne? Bi *leddre?*
SHOREH. p. 2. — Qua sa *leddirs* had nane, as
þe lyne tellis, Wald gett þam hald with þar hend,
& on loft clyme. WARS OF ALEX. 1439 Ashm.
Than Joseph doth set up the *lederes*, and Ny-
chodemus comyth to help hym. COV. MYST.
p. 335.

lade, lode s. ʒu *laden*, ags. *hladan*, onerare
gehörig, sch. *lade*, *laid*, neue. *load*. Ladung,
Last.
De minimis granis fit maxima summa ca-
ballo. Als of many smale cornes es made Til a
horsbak a mykel *lade*. HAMP. 3418. Of ham [sc.
þe apostles] þerof þai toke þe *lade*, þe birþin
vnder ham to bere. CURS. MUNDI 19396 FAIRF.
Heo hefde iturpled mid him, boðe hors & *lode*,
adun into helle grunde. ANCR. R. p. 266 sq.
Ech on other laid good *lode* [bildl. von Schwert-
streichen]. TORRENT 1676. Of stree first was
ther leyd ful many a *loode*. CH. *C. T.* 2920. He
toke his *lod* vnlight, His penis with him he bare.
TRISTR. 1, 39. Of *lod* thai were wel glade. 1, 32.

lade, in Zusammensetzungen öfters **lode** s.
ags. *lǎd*, conductus, iter, altn. *leið*, via, iter,
schw. dän. *led*, ahd. *leita* u. *leiti*, mhd. *leite*.
1. Leitung, Führung: He [sc. þe steor-
essmann] wile follþenn aʒʒ þatt illke steorrnes
lade. ORM 2139. He þatt turrneþþ himm fra
Crist .. Forrleoseþþ sawless soþe lihht Þatt iss
Goddspelless *lade*. 6586.
2. Fahrt, Weg: Ille an sholde þrinne
lac Habbenn wriþþ himm o *lade*. ORM 3454.

ladel, ladil, ladille s. ags. *hlǎdle*, spatha,
cochleare, neue. *ladle*. Löffel.
La lusche (louche), a *ladel*. WR. VOC. p. 172;
vgl. REL. ANT. II. 84. Spiritus prudencie ..
lerede men a *ladel* bygge with a long stele, That
cast (= casteth) for to kele a crokke, and saue
þe fatte aboue. P. PL. *Text C.* pass. XXII. 276-
80. The cook iskalded, for al his longe *ladel*.
CH. *C. T.* 2022. Cast [imperat.] it al abrode on
þe clothe with a fayre *ladel*. TWO COOKERY
BOOKS ed. *Th. Austin* p. 7. Gader it to gederys
with a *ladelle*. p. 17. *Ladell*, cvillier. PALSGR.
This was a fair chivache of a cook! Allas!
that he nad hold him by his *ladil*. CH. *C. T.*
16982. Hoc austorium, a *ladyl*. WR. VOC. p. 257.

Ladylle, metorium. p. 178. Hoc hausorium, a *ladylle*. p. 235. *Ladylle*, potspone. PR. P. p. 283. A *ladylle*, hausorium. CATH. ANGL. p. 206. A *ladylle* for yettynge, fusorium. *ib.* später noch findet sich a *ladil*, rubicula. MAN. VOC. s. 1570 p. 125, neben a *ladle*. p. 9.

ladelful s. Löffelvoll.
Caste a *ladelful*, or more or lasse, of boter þer to. TWO COOK. B. p. 8.

laden, lhaden v. ags. *hladan* [*hlód: hladen*], onerare; haurire, alts. ahd. *hladan*, afries. *hlada*, gth. *hlaþan*, altn. *hlaða*, schw. *lada*, dän. *lade*, neue. *lade*.

1. **laden, beladen:** *Ladyn*, or chargyn withe burdenys, onero. PR. P. p. 283. I wyll *lade* this carte. PALSGR.

I *lade*, I charge a thyng with a bourden, je charge. PALSGR. *Ladyn*, wythe byrdenys, onustus. PR. P. p. 283. Another schyp was *laden* yet With an engyne hyghte Robynet. RICH. C. DE L. 1389. I loked among his meyny schene, How þay wyth lyf wern laste & *lade*. ALLIT. P. 1, 1144. He leet mak a tour ful strong . . Therwith þree schyppys wer wel *lad*. RICH. C. DE L. 1387. When he is al forlaped, Ant *lad* over lawe, A doseyn of doggen Ne myhte him [hire *ed.*] drawe. POL. S. p. 238 sq.

2. **schöpfen:** Huo þet ofte him beuelþ, ofte he him asel wesse, alsuo ase hit behoueþ ofte þet ssip *lhade* out þet weter þet alneway geþ in. AYENB. p. 178.

Gaþ till wiþþ ȝure cuppes , & *ladeþþ* upp [ags. hladað nu; haurite *Vulg.* JOH. 2, 8] & bereþþ itt Till þallderrmann. ORM 14043.

I *laade* water with a scoup or any other thyng out of a dytche or pytte, je puyse de leaue. PALSGR.

We *lodenn* alle twinne ladd Off hiss godnesses welle. ORM 19313.

Þe birrless . . þatt haffdenn rihht ta *ladenn* upp þe waterr off þa fetless. ORM 14053.

laden v. ducere s. *læden*.

ladesman, lædesman, lodesman s. ags. *lâdman*, ductor, mhd. *leitman*, *leitesman*, niederl. *leidsman*, sch. *lodisman*, *ledsman*, *lodisman*, neue. *loadsman*. Führer, zur See Steuermann, Lotse.

For & ȝe nyk now to myn empire . . laite [lates *Dubl.*] anothire *ladisman*. WARS OF ALEX. 2339 Ashm. Þe lede at was þar *ladisman*, þe lord and his kniȝtis Went þurȝe a wale wode. 4967. Ȝe scullen habben *lædesmen* [*lodesmen* j. T.], and ford ȝe scullen liðen. LAȝ. I. 266. Ofte hit [sc. þe ark] roled on rounde & rered on ende, Nyf oure lorde hadde ben her *lodeȝmon*, hem had lumpen harde. ALLIT. P. 2, 423. A *lodesmon* lep vnder hachches. 3, 179. Ase ȝone ase hi [he *ed.*] ybyerþ þane amite of þe *lodesmanne*, hi yerneþ. AYENB. p. 140. *Lodesman* of a shippe, pilotte. PALSGR. Die Form **loderman** gleicher Bedeutung ist auffallend: An *loderman* we wilen us sen. G. A. EX. 3723. Iosue Ic wile ben *loderman* after ðe 4109.

ladesterne, lodesterre s. altn. *leidarstiarner*, Arctos, Ursa, schw. *ledstjerna*, dän. *ledestierne*, mhd. *leitesterne*, niederl. *leidstar*, sch. *lade-*

sterne, leidesterne, neue. *loadstar*. Leitstern, Polarstern.

Schipemene . . Lukkes to þe *ladesterne* whene þe lyghte failleȝ. MORTE ARTH. 749-51. The sterre transmontane, that is clept the sterre of the see, that is vnmevable, and that is toward the Northe, that we clepen the *lodesterre*. MAUND. p. 180. As the schipmen taken here avys here, and governe hem be the *lodesterre*. *ib.* Who seth yow now, my righte *lodesterre?* CH. *Tr. a. Cr.* 5, 232. Ther sawgh I how woful Calystope . . Was turned from a womman to a bere, And after was sche maad the *loodesterre*. *C. T.* 2058-61.

ladi s. s. *lafdiȝ*.

ladlich adj. s. *laðlic*.

læche, leche s. nur in der Mehrzahl nachweisbar, u. zweifelh. Urspr. Ob zu *ldcan*, ludere, gehörig? Blick, Geberde?

Laðliche *leches* heo biteden [-ðen *ed.*] mid eȝan. LAȝ. I. 80. He . . hiȝinge hine igrap mid grimmen his *lechen*. II. 267. Seolcuðe weoren heore *leches*. II. 332. Þer wes moni bald Brut þe hafde beres *leches*. II. 512. Euielin þene brond igrap mid grimliche *lechen*. I. 349. Mid his *lechen* he gon liȝen, his heorte wes ful bliðe. II. 148. Arður . . toȝaines Frolle mid feondliche *lechen* breid biforen breosten godne sceld brade. II. 584. Heo up leopen mid grimliche *lechen*. III. 52. He . . bisæh uppen Brien mid braden his *lechen*. III. 215. Nu thu miȝt wite sikerliche That thine *leches* both grisliche, The wile thu art on lifdage. O. A. N. 1137. Auch findet sich *laiche:* He . . þas worde seide mid seorhfulle *laichen:* Wela, weolla, wella. LAȝ. I. 145.

Bildlich gebraucht scheint das Wort in: Ælc hafede an heorte *leches* heȝe, and lette þat he weore betere þan his iuere. LAȝ. 532, wo von hochmüthigem Gebaren die Rede ist.

læche, leche, selten **leache, lhache, lache** s. ags. *læce*, medicus; hirudo , ahd. *lâchi*, *ldhhi*, medicus, gth. *leikeis*, *lekeis*, *latȝós*, afries. *leischa*, *letza*, dän. *læge*, medicus, altniederl. *leke*, hirudo, sch. *leche*, *lech*, *leiche*, i. q. physician or surgeon, neue. *leech*.

1. **Arzt:** Nu is ure *læche* ifaren buten laue. LAȝ. II. 323. Vther his broðer hæfde him þider isend seolue *læche*, þene besste *læche* þe wunede an æi londe. II. 317. For þatt teȝȝ sholldenn mekenn hemm To sekenn till þe *læche*. ORM 19353. — Þa *lechess* þatt himm comen to & himm ne mihhtenn hælenn, Þa sloh. 8081.

Prest is saulene *lechs*. OEH. II. 57. Þe heuenliche *leche* ssinte Poul nimeð geme of ure saule sicnesse. II. 77. Pus is sicnesse soule *leche*. ANCR. R. p. 182. Anan swa he hafde idrunke, þe *leche* hine adun læide. LAȝ. II. 320. Nis ther no *leche* so fyn, oure serewes to bete. LYR. P. p. 89. Swich *leche* bivore hym ne com her neuer non. O. E. MISCELL. p. 39. Ne sholde him helen *leche* non. HAVEL. 1836. His wondes wer so grym, þat his *leche* was in ille hope of him. LANGT. p. 192. Eiþer of ȝou, as yleue, is god *leche* til oþer. WILL. 1032. Þe holi gost is þe guode *leche* þat amaystreþ his ziknesse. AYENB. p. 128 sq. O poynt of ore pine to bate in the

vorld ne is no *leche*. BODY A. S. 333. The *leche*
sayd .. That he myght nought hool ben, But he
to Fraunce wolde turne agen. RICH. C. DE L.
5672. I [sc. the lavedy sayd] sal make hym speke
.. I shal be his *leche*. SEVEN SAG. 444-6. *Leche*,
mann or woman, medicus, medica. PR. P. p. 291.
The devil made a reve for to preche, Or of a
sowter a schipman or a *leche*. CH. C. T. 3901.
Leeche, heele thi silf. WYCL. LUKE 4, 23 Oxf.
Yem this child, for I biteche Him to the als til
god *leche*. METR. HOMIL. p. 112. — Wher wondres to dede saltou do, Ore *leches* sal rere and
schrive þe to? Ps. 87, 11. Als .. *leches* alswa
[sc. er halden], if þai wyse ware, To hele þam
þat er seke and sare. HAMP. 5944. He is wounded
ful sare, *Leches* with salue and drink Him cometh wide whare. TRISTR. 1, 102. His *leches*
sede, ther nas red bote on, Other smite of his
fot, other he was ded anon. R. OF GL. p. 490.
Po þe hem þe tiðinge com, þat ure louerd Ihesu
Crist was boren .. þat is alre herdene herde and
alre *lechene leche*. OEH. II. 41. Gif man beð
forwunded, he wile anon sechen after *leches*, and
shewen him his wunden. II. 57. Goþ, hi seide,
& fecche hem *leches*, þat hi iheled were. ST.
CRISTOFH. 190. Charlis clipede ys *leches* þo.
FERUMBR. 1092.

He yef vs lif [liþ *ed.*] and deþ anfoþ, he is
vre *leache*. O. E. MISCELL. p. 142. Ich kan beo,
gif i scal, lichane & soule *liache*. MOR. ODE
st. 152. Ich can ben aiðer, gief i sal, lichame and
sowle *lache*. OEH. II. 229.

2. Blutegel: Hec sanguifica, hec irudo,
a *leche*. WR. VOC. p. 255. *Leche*, wyrm of þe
vatur, sanguisuga, hirudo. PR. P. p. 291 sq.; cf.
Hec sanguissuga, a hors-*leche*. WR. VOC. p. 223.
— In that lake growen many reedes and grete
cannes: and these withinne ben many cocodril-
les and serpentes and grete *watre-leches*. MAUND.
p. 199. .

læchecraft, lechecraft etc. s. ags. *læcecräft*,
ars medendi, neue. *læchecraft*. Heilkunde.

Ne þurh nenne *læchecræfts* ne mihte he lif
habben. LAJ. I. 325. Drihhtin shollde gifenn uss
God sawless egheasihhþe þurrh Crisstenndomess
lechecrafft. ORM 1867. Ich cum forð rihtes mid
oðer *lachecrafte*, þa sculleð beon him liðe. LAJ.
II. 321.

Ne mihte na *lechecraft* helpen him næ wiht.
LAJ. II. 205. He ne secheð nout leche ne *lechecraft*. ANCR. R. p. 178. This *lechecraft*, or heled
thus to be, Were wel sittynge if that I were a
fend. CH. Tr. a. Cr. 4, 408. Piers .. lered hym
lechecraft. P. PL. 11009. Now couþe þis luþer
man .. þe art of *lechecraft*. R. OF GL. p. 150.
Twa maydens with him thai laft, That wele war
lered of *lechecraft*. YW. A. GAW. 2735. „Of
what crafte or of what myster beth moste men?"
„Sir," quoð he, „of *lechecrafte*." GESTA ROM.
p. 85. The clothred blood, for eny *lechecraft*,
Corrumpith. CH. C. T. 2747. God & his deciples speken of soule *lechecraft*. ANCR. R. p. 370.
For siknesse *lechecraft*, And for the goute sealve
Me makethe. SHOREH. p. 2.

læchedom, lechedom s. ags. *læcedóm*, medicina, medicamentum, ahd. *lâchintuom*, *lâhhi-

tuam*, *lâhtuam*, *lâhtóm*, altn. *lækidomr*, schw. *lâ-
kedom*, dân. *lægedom*. Heilung, Heilmittel.

Raphaæl .. bitacneþþ uss .. Drihhtiness
hallþhe *lechedom* & sawless egheeallfe. ORM
1849-52. Drihhtin sennde Raphaæl .. Wiþþ
heofennlike *lechedom* To lechenn Tobess eghe.
1861. Þet mon .. unhalne lechnað, gif he *lechedom* con. OEH. p. 111.

læchen, lechen v. zu *læche*, ags. *læce*, medicus, gehörig, altschw. *lækia*, sanare, mederi,
nschw. *lüka*, dân. *læge*, sch. *leche*. heilen.

Wiþþ heofennlike læchedom To *læchenn*
Tobess eghe. ORM 1855. He comm her to *læchenn*
uss Off all þatt dæþess wunde. 4274. How þat
Iesu Crist him selue .. openlik bigan to preche,
And alle þat sek ware to *leche*. CURS. MUNDI
173 COTT. It has wondyde me ffor it sulde *leche*
me. HAMP. Tr. p. 2. Such licoris mai *leche*.
LYR. P. p. 26. Good were .. That on his paines
ye hadde routh, And purpose you to heare his
speeche, Fully avised him to *leeche*. CH. Dr.
851. To tellen out to debonere men he sente me,
that I shulde *leche* the contrit men in herte.
WYCL. Is. 61, 1 Oxf.

Þo þat left wer on lyue, he *leches* þair wounde-
es. WARS OF ALEX. 1331 Dubl. Godd .. *leches* seke men of wa. METR. HOMIL. p. 143. Ef
thou praye him that he *leche* Thi fandinges and
thi wandrethe, That dos in to the sawel gode,
Yef thou it thol wit milde mode. p. 137.

Lame men he *lechede*. P. PL. Text C. pass.
IX. 189.

All cumeþþ off þatt tatt hiss gast Iss clenns-
edd & rihht *lachedd*. ORM 17226. Well wiste
that lord that I was seke, And woulde be *leched*
wonder faine. CH. Dr. 872. I sall leue & be
lechid. WARS OF ALEX. 2814 Ashm.

læd s. plumbum s. *lead*.

læden, leaden, leden, laden, leiden etc. v.
ags. *lædan* [*lædde*; *læded*], ducere, alts. *lêdian*,
lêdean, afries. *lêda*, niederl. *leiden*, niederd.
lêden [spr. *lê'rn*], ahd. *leittan*, *leitan*, mhd. *leiten*,
altn. *leiða*, schw. *leda*, dân. *lede*, neue. *lead*.

A. transitiv.

1. mit persönlichem Subjekt und Objekt, auch kollektiv.

α. leiten, führen, Weg oder Richtung weisen, auch im bildlichen Sinne, mit
oder ohne Angabe des Zieles: Iche wlle þesne
king *læden* mid me seolfan. LAJ. I. 35 sq.
Heo he wolden *læiden* toward his leoden. I.
192. Elidur .. lette hine *læden* [*leode* j. T.]
leofliche and stille in to ane castle. I. 283. Tweiene eorles .. þe sculden witen þat lond & wis-
sien þa leoden & *læden* [*leoden* j. T.] here ferde
wher hit neod weore. I. 225. Gif he were swa
þriste .. þat he heom wolde *læden* out of þane
leoden, out of þeowedome, freo þat heo weoren,
heo hine wolden maken duc. I. 16. Ða Porphire
seh fele .. gultlese *læden* & dræien to deaðe.
LEG. ST. KATH. 2234. Ich eou wlle *leden* forð
to mine lauerd. LAJ. I. 32. I shollde *ledenn* þiss
Kalldewisshe follc till himm & tæchenn hemm
þe weJJe. ORM 7345. He dede hem binden and
leden dun, And speren faste in his prisun. G. A.
EX. 2193. Til hise sone mouthe bere Helm on

heued, and *leden* vt here. HAVEL. 378. His wif
he dide with him *lede*. 1684. To þe temple þan
þai yede, þe apostels to þair curt to *lede*. CURS.
Ɓ UNDI 19321 COTT. Fortiger . . nemnede twalf
scalkes to *laden* mid him seoluen. LAȝ. II. 140.
To *leyde*, ducere & cetera. CATH. ANGL. p. 212.
　　Pu mid þe *lede* gode monne ferde. LAȝ.
II. 297. Go, *led* ðis folc, min engel on Sal ic
don ðe biforen gon. G. A. EX. 3607. Ne *led* us
noht in to costnunga. OEH. p. 67. *Led* us,
Loverd, to non fondinge. REL. ANT. I. 160.
Leddeð us to þæn kinge. LAȝ. I. 197.
　　Deuel . . *ledeð* mon to helle merk. O.E.MI-
SCELL. p. 14. A nu mon *ledes* him forð to munte
caluarie. OEH. p. 283. On monie wisen mon
mei wurchen elmessan . . þet mon gistas underuo . . oðer blindne mon *let*. OEH. p. 109 sq.
Ȝwanne the blind *lat* the blinde, In dike he
fallen bothe two. BODY A. S. 239. Warschipe
freineð hweonne he cume, and hwuch hird ha
leade. OEH. p. 249. Wille we mid þese þre
lokes cuðlechen us wið alre kingene king . .
wið þan þe he us *lede* of þis water, þat is þis
weorld wowe, and to eche blisse *lede*. II. 45.
Norð beoð þa Peohtes . . þe ofte *ledeð* in mine
londe ferde swiðe stronge. LAȝ. II. 159.
　　As þu *leaddest* Israeles leode . . drufot þurh
þe reade sea. ST. JULIANA p. 33. Ðu holde mi
riht hond and *leddest* me on þine wille. OEH.
II. 165. Pu . . riddes ham ut of cwalmhus and
leddes ham wið þe self to þi jimmede bur. II.273.
Per Brutus nom Antigonum . . mid him he hine
lædde. LAȝ. I. 25. Brutus nom Ignogen, & into
scipe *lædde*. I. 47. Porphire . . *ledde* hire, i þe
niht, anan to þe cwarterne. LEG. ST. KATH.
1590-3. God hom *ledde* ofer þa rede se. OEH.
p. 87. Gudlac *ledde* forð þa wifmon swiðe fæire.
LAȝ. I. 204. God *ledde* hem fro helle nigt to paradises leue ligt. G. A. EX. 89. Po holy gost
hyne *ledde* vp into þe wolde For to beon yuonded.
O.E.MISCELL p. 38. Roberd hire *ledde*. HA-
VEL. 1686. The archebysachop . . *ledde* hym . .
Into a pavyloun in pryvyte. R. OF GL. Al blind
his man to tun him *ledd*. CURS.MUNDI 16649
COTT. Wilaf with him he *led*, Wales for to se.
LANGT. p.15. Þe werwolf hem *ladde* ouer mures
& muntaynes. WILL. 2618. Pilatus *ladde* vt
ure louerd, he nolde no leng abyde. O.E.MI-
SCELL. p 49. An oþer lady hir *lad* by þe lyft
honde. GAW.947. Brittrik hir wedded, & quene
home hir *lad*. LANGT. P. 10. He [sc. þe angel]
lad him to þe blak pit. O.E.MISCELL. p. 216.
　— Pa cnihtes heom *lædden* to heore leodkinge.
LAȝ. I. 197. Heo . . *leadden* hire þah forð. ST.
JULIANA p. 53. An old man þet iiii deoflen
ledden abuten. OEH. p. 43. So *ledden* he þat
fule swike, Til he was biforn Hauelok brouth.
HAVEL. 2451. The Jewes *ladden* him upon an
highe roche. MAUND. p. 113. Thei *ladden* hym
bounden, and bitoken hym to Pilat. WYCL.
MATTH. 27, 2 Oxf. The palmers thider him *lad*.
TRISTR. 1, 41.
　　pass. Sche schalle ben . . *lad* to the soudanes chambre. MAUND. p. 39.
　β. nahe liegt die Bedeutung regieren,
wobei das Land die Personen vertreten kann:

This olde sowdones, this cursed crone, Hath
with his frendes doon this cursed dede, For sche
hirself wold al the contre *lede*. CH. C. T.
4853.
　　He swiðe freolic al his folc he *ladde*. LAȝ.
I. 204.
　γ. behandeln: Þu . . wearnedes ham wel,
hu men ham walde þreaten & *leaden* unlahe-
liche. LEG. ST. KATH. 622. Þe senne of reuen
. . þet accuseþ . . þet poure uolc, and ham doþ
raym iand kueadliche *lede* uor a lite wynnynge.
AYENB. p. 43 sq.
　　Hwat constu to þeos men þ tu þus *leadest*?
LEG. ST. KATH. 2243.
　　Þe clergie of þat schire so euelle he þam
led, þe monkes of Canterbire fro þer cloistere
þam fled. LANGT. p. 209.
　　Sir Adam of Stretton fulle hard was he *led*
Nouht without encheson. LANGT. p. 246.
　δ. jemand hinziehen, langweilen:
Ne *lead* tu us na lengre, ah loke nu, biliue,
hweðer þe beo leuere etc. LEG. ST.KATH.2310.
im lat. Texte: Ne nos ergo diutius protrahas,
quod vis ex duobus unum elige.
　ε. heimführen (ein Weib), heirathen:
Ȝwane men ariseþ a domus dai, no wif ne schulle
heo *lede*. LEB. JESU 408. vgl. neque nubent,
neque ducent uxores. LUC. 20, 35 *Vulg.*
　2. leiten, führen von Thieren als Objekt: Ȝe finded redliche þar ane asse sebunden
mid hire colt, unbinded heo and *leaded* heo to
me. OEH. p. 3.
　Ȝwere ben . . thine houndes that thou
ledde? BODY A. S.33-38. Ffayne was the freike
& fore to þe hornes Of þe balefull bestes, &
hom aboute *ladde*. DESTR. OF TROY 898. —
Heo nomen þe asse and here colt, and *ledden*
to him. OEH. p. 3. Po tweien sanderbodes . .
funden an asse mid fole, and *ledden* hit togenes
him II. 89. Duden of þan wilde al hire wille,
to þe sipes *ladden* so muche so hi wolden. LAȝ.
I. 48.
　3. a. von konkreten Sachen als Objekt.
α. fortschaffen, bringen: Ich bi-
tæche þe ane hængest . . to *læden* þis garisume
to leuene mine fadere. LAȝ. I.151. Heo weoren
ifaren into þan londe fodder to biwinnen, aeiþer
uodder and mete to *læden* to heore ferde. III.76.
Whenne þu wult riden, wið þe þu miht hit [sc.
þat bord] *leden* (*leade* j. T.]. II. 540. Þe þridde
is for mete þat ilch man agh mid him to *leden*,
þan he sal of þesse line faren. OEH.II.27. Me
myste bere by his daye & *lede* hardelyche Tresour aboute & oþer god oueral. R. OF GL.p.375.
Þe [wone j. T.] nauere nan iboren mon ne maie
heom [sc. þa stanes] bringgen þenne, no mid
nare strengðe of þan stude *lade*, hu mihte ich
heom þenne beom bringen þeonne. LAȝ. II.297.
Thai dede the king fille twei forcers Of riche
golde and of clers, And dede hit *lade*, with priuete, Into Rome. SEUYN SAG. 2035.
　　Whan thei gon to warre, thei *leiden* hire
houses with hem upon chariottes. MAUND.
p. 248.
　　That arke . . Tytus *ledde* with hym to Rome.
MAUND. p. 85. Seint Dauī þe seordene nam And

ladde heom to Ierusalem. SANCTA CRUX 251 in *Early Engl. Legendary* I. ed. Horstmann. — We, aȝain þin heast þ licome awel *ledden*. LEO. ST. KATH. 2250. Ðe chapmen .. Into Egipte *ledden* ðat ware. G. A. EX. 1989. Þeos stanes heo *ladden* .. & duden heom in heore scipen. LAȝ. II. 307.

β. **führen, mit sich führen, tragen**, wie Waffen u. dgl.: Al þe wepne þat knith *ledes*. HAVEL. 1684.

He *ladde* on his exle ane muchele wieax. LAȝ. I. 96. He *ladde* an his honde enne bowe stronge. I. 62.

γ. **ziehen** (ein Schwert): Sothli oon of men stondinge aboute, *ledinge* out a swerd, smot the seruaunt of the hiȝeste prest, and kitte of to him an eere. WYCL. MARK 14, 47 Oxf.

b. **mit einem Verbalsubstantiv oder einem Abstraktum überhaupt.**

α. **tragen**, gleichsam **mit sich führen, haben**: Suffre not Sir Frethebald long to *lede* þis pyne. LANGT. p. 15. More hi yeden *ledinde* blisse, huanne me dede hem seame and hardnesse. p. 164.

β. **ausführen, betreiben**: Of ðis kinge wil we *leden* song. G. A. EX. 699. Ȝet is þe lorde on þe launde, *ledande* his gomnes. GAW. 1694. Wenten out in to meeting to hym comende, resceyuende hym with crounus and laumpis, *ledende* dauncis [*ledden* daunsis. *Purv.*] WYCL. JUDITH 3, 10 Oxf.

γ. **ungemein häufig** trifft man seit ältester Zeit den Gebrauch des Zeitworts, wie das deutsche **führen**, vom **Leben** und von der **Art der Lebensführung**: God sette e [= law] þam israelisce folce, hu heo sculden heore lif *leaden*. OEH. p. 79. Heo sullen .. heom seggen hu heo sculen *leden* heore lif. p. 7. He munegeð .. ihadede and ileuede feier lif to *leden* in þisse liue. p. 131. Sume biginneð on here guwuðe clene lif *leden*. II. 85. Adam sul ðus, and his wif, In blisse ðus *leden* lesteful lif. G. A. EX. 303. Ȝiff þu mihht .. *ledenn* harrd & haliȝ lif. ORM 1606-12. Veole iwordede mon, seið þe psalmwurhte, ne schal neuer *leden* riht lif en eorðe. ANCR. R. p. 78. Ne scalt þu nauere mare þi lif þenne *lede*. LAȝ. III. 68. Vneþe he miȝte half a ȝer bi his rente his lyf *leda*. ST. EDM. CONF. 386. Tegenes ure emcristene we sulle *laden* ure lif edmodeliche. OEH. II. 9. Se man þe nafre nele don god ne nafre god lif *lade*. II. 223.

Adam, ðhu knowe Eue ðin wif, and *leded* [imperat.] samen gunker alif. G. A. EX. 397. Vnnet lif ich habbe iled, and ȝet me þingþ i *lede*. OEH. p. 161. Vnnet lif ich habbe ilad, and ȝiet me þincheð i *lade*. p. 220. I *lede* mi lif with tene, With muchel hounsele ich *lede* mi lif, SIRIZ 174. Hwen þu hare liflade [sc. of engle] i þi bruchele flesch wiðute bruche *leadest*. HALI MEID. p. 13. Þi lif al þu *last* in wowe. O.E.MISCELL. p. 158. Elch man þat *ledeð* his lif rihtliche. OEH.II.45. Lussum lyf heo *ledes*. LYR. P. p. 34. — Ure lif we *ledeð* richtliche togenes ure louerd Ihesu Crist, gif we *ledeð* al þat þat him is unqueme. OEH. II. 9. Ure helende .. bihet us eche lif on blisse, gif we *lede* ure lif nu swo he us wisseð. II. 101. Ac nu hit is time þat we .. ure lif *laden* on clennesse. II. 7. Þe eadi meidnes .. þe *leadeð* heouenlich lif in eorðe. OEH. p. 261. Þe selie godes spuses þat .. in his anes seruise hare lif *leadeð*. HALI MEID. p. 29. Sume men *ledeð* clene liflode. OEH. II. 37. Þe glotouns *ledeþ* lif of ruyn. AYENB. p. 50. Þus heo *leodeð* heore lif. LAȝ. II. 404. Sume men *ladeð* here lif on etinge and on drinkinge. OEH. II. 37.

He *ledde* swiðe feir lif. LAȝ. I. 268. Þus *ladde* Argal his lif fram ȝuȝeðe to his dædsið. I. 280. So holy lyf he *ladde* & god. R. OF GL. p. 330. Thre yeer in this wise his lyf he *ladde*. CH. C. T. 1448. — Baþe *leddenn* usell lif. ORM 890. Þa þe *ledden* here lif mid unriht and mid wrange. OEH. p. 173. Oðre manie þe swo *ledden* here lif þat te biginninge was fair, and te middel fairere, and te ende alre fairest. II. 85. Þe lauerd sainte Powel .. sagh þat mast mannen *ladden* here lif on sunnen. II. 7. Þen þis cumlich king .. Had wedde a wife .. And long *ladden* bur life in lond togeder. ALIS.FRGM.16. Þus þei *ladden* þe lif and lengede longe. JOSEPH 16.

4. Das **Subjekt** der Thätigkeit können **Thiere** sein, welche Lasten **fortbewegen** oder **ziehen**: And 4 olifauntȝ and 4 grete destreres, alle white and covered with riche covertoures, *ledynge* the charyot. MAUND. p. 244.

5. Als **Subjekte** können auch **konkrete** und abstrakte **Sachsubstantive** auftreten, die, personificiert gedacht, zu einem **Ziele leiten**, oder zu etwas **verleiten**: Þe *wei* þ *ladeð* to lif. LEG. ST.KATH. 1769. Þe *way* þet *let* in to þe helle of god. AYENB. p. 165. — Whom schal i it wite but me wicked eyȝen þat *lad* myn hert þrouȝ loking þis langour to drye? WILL. 458. — Soðe *luue ledeð* alle rihtwise men to eche blisse. OEH.II.131. — Þe *leome* of soðe lare þ *leadeð* to eche lif. LEG. ST. KATH. 478. — Hwenne deþ heom *lat* to þe murehþe þat neuer ne byþ undon. O.E.MISCELL. p. 101. — Þe *yeyþe* of wysdom *leth* to stedeuestnesse of loue. AYENB. p. 200. — Þe gederunge inwið þe of fleschliche *þohtes þat leadeð* þe & drahen .. to licomliche lustes. HALI MEID. p. 3. — Þe ilke þet *couaytise ledeþ*, habbeþ zuyche mesure ase þe pors wyle. AYENB. p. 53.

B. **reflexiv.**

α. **sich führen, sich benehmen:** Þus ah mon .. to *leaden* him ant hinen, þet beoð his limen alle. OEH. p. 267. Red me þet am helples and redles, hu ich schule *leden* me and liuien on eorðe. p. 213. Josep .. hem lerede and tagte wel, And hu he sulden *hem* best *leden* .. And al ðe bettre sule ge speden, If ge wilen *gu* wið treweiðe *leden*. G. A. EX. 2300-4. Patt he [sc. ȝure preost] ȝuw .. lære Off all hu ȝuw birrþ *ledenn* ȝuw & lefenn uppo Criste. ORM 936. Wel aȝtist þe faire to *lede*, wile þou art in þis wreche wone. E. E. P. p. 12.

Ȝiff þu .. haȝherrlike *ledesst* te & dafftelike & faȝȝre etc. ORM 1214. Ȝiff þu þe *ledesst* all wiþþ skill etc. ORM 1246.

β. **sich selbst leiten, selbständig**

handeln: Alle hyt was ahewed hym before,
How he had lyued syn he was bore, And namely euery wykked dede Syn fyrst he coude hymself lede. R. OF BRUNNE *Handl. S.* 5645.
læf s. s. *leaf.*
læfdi s. s. *lafdi.*
læfe s. s. *leafe.*
læfel s. ahd. *labal, label, lapel*, v. mlat. *la-*
bellum. eine Art Gefäss, Becken.
Water me brohte an uloren, mid guldene
læflen. LAȜ. II. 533.
læfful adj. s. *leafful.*
læn s. s. *lean.*
læne, leane, lhene, lene, leene, leine adj.
ags. *hlæne, læne*, macer, macilentus [GREIN
II. 163], neue. *lean.* mager, elend, dürr,
von Menschen, Thieren u. Sachen.

Ne cumeð nauere inne ure disc neoþer flæs
na no fisc, no nanes cunnes drænc buten water
scenc, buten water clæne, for þi we beoð þus
læne. LAȜ. II. 402 sq.

Lonc he is ant *leane*, ant his leor deaðlich.
OEH. p. 249. Pellican is a *leane* fowel, so
weamod & so wreðful. ANCR. R. p. 118.

Þe on him sayþ: „Eth ynoȝ alhuet þou art
uayr and uot;" þe oþer him sayþ: „þou ne sselt,
ac þou sselt ueste alhuet þou art bleche and
lhene." AYENB. p. 53. A sed þet betere makeþ frut
ine *lhene* land, þanne hit do ine uette. p. 189.

Were, for þouhte of his luue, *lene* & vuele
iheowed. ANCR. R. p. 368. Ȝif we feorleosað
þas *lenan* worldþing, þenne we sculan witan þet
ure wununge nis nauht her, ac is an heuene.
OEH. p. 105. Was he oldest man, *Lene* he was,
and also lang. SEUYN SAG. 53. He was *lene* and
febil of myght. 3450. [Ðe neddre] Fasteð til his
fel him slakeð, ten daies fulle, ðat he is *lene*
and mainles, and iuele mai gangen. BEST. 126.
Ho so haveth of fur mest, he schal beo smal and
red, Other blak, with crips her, *lene*, and somdel qued. POP. SC. 281. Flours and gress inogh
i faand, And kij fourtene þarin gangand; þe
seuen o þam me thoght ferli War selcuth fatt
and fair kij; þas oþer seuen yede i to see .. Sua
lene sagh i neuer nan; *Lene* and hungre bath
war þai, þai draf þir oþer seuen awai. CURS.
MUNDI 4563-72. COTT. Ðo drempte Pharaon
king a drem, ðat he stod bi ðe flodes strem, And
ðeden utcomen .VII. neet, Euerilc wel swiðe fet
and gret, And .VII. *lene* after ðo, ðe deden ðe
.VII. fette wo, ðe *lene* hauen ðe fette freten ..
An oðer drem cam him biforen, .VII. eares
wexen fette of coren, On an busk ranc and wel
tidi, And .VII. *lene* rigt ðorbi. G. A. EX. 2095-
2106. Ho so hadde suche kyn ynowe, he nere
noȝt to bymene, þeȝ his larder were neȝ ido &
his somer lese *lene.* ST. KENELM 235. Hire
bijete was wel *lene.* 358. Al so *lene* was his
hors as is a rake, And he was not right fat. CH.
C. T. 289. Ful longe wern his leggus and ful
lene, Al like a staff, ther was no calf ysene. 593.
Hit [sc. medike] doungeth landes *lene.* PALLAD.
5, 13. *Lene*, not fet, macer. PR. P. p. 296.

Thanne loked up a lunatik, A *læne* thyng
withalle. P. PL. 245. My wit is, for tarede it,
al to *leene.* CH. *Tr. a. Cr.* 2, 132. Chichevache

this is my name, Hungry, megre, sklendre and
leene. LYDG. M. P. p. 132.

Leyñ, exilis, debilis, macer. CATH. ANGL.
p. 213. To be *leyñ*, macere, macescere. *ib.* To
make *leyñ*, austrinare, debilitare, macerare. *ib.*
vgl. austrinatus, macer. PAPIAS. My wynnynga
ar bot meyn, No wonder if that I be *leyn.* TOWN.
M. p. 10.

Kompar. Þu scalt .. festen swa þet þin
licome beo þe *lenre.* OEH. p. 37.

Substantivirt ist das Adjektiv von Personen: No durste þær bilæuen, na þæ uatte no
þe *læns.* LAȜ. II. 392. Al þat ȝe oftake maȝen,
doh hit of lif daȝen, þa uatte & þa *lene*, þa riche
and þa hene. III. 84.

lænen, leanen, lanen, lenen, leenen, leinen
v. ags. *lænan*, afries. *léna*, ahd. *lêhanon*, mhd.
lêhenen, niederd. *lênen*, niederl. *leenen*, altn.
lâna, altschw. *lana, læna*, naschw. *lâna, lâna*,
dän. *laane.*

1. verleihen, gewähren, geben:
Hu mihte he *leanen* lif to þe deade? LEG. ST.
KATH. 1066. Ich þe wulde *lanen* of mine leode-
folc, fif hundred schipes ifulled mid cnihten, &
al þat hem bihoueð to habben on fore. LAȜ.
I. 156. Ich eow wullen *lanen* of mine leodfolke
fouwerti hundred cnihtes. I. 266. Ȝif þu wult
me *lenen* & þine læue iunnen, and þu me wulle
fulsten and ferde bitæchen .. ich wulle uorð
aneouste and faren ouer Humbre. III. 269. Heo
sende to Scottes þat þer were, þat heo schulde
hem vnderstonde And *lene* hem wymmen, þat
heo myȝte here of spryng eche so. R. OF GL.
p. 42. I traw that he wille *leyn* me noght. TOWN.
M. p. 10.

Læn [*lean* j. T.] me Mauric þinne sune, þe
is a swiðe wis gume, to uaren a mire neode in to
Rombeode. LAȜ. II. 54. *Lene* hym grace in that
fyȝt Wel for to spede. DEGREV. 1599. Of mi
misgelt mercy ich craue, *lene* me lif [gewähre
mir Leben, stütze mich nicht]. WILL. 4397.
Lorde .. *lene* me þy grace For to go at þi gre.
ALLIT. P. 3, 347. *Lene* me youre hand. CH.
C. T. 3084.

Ich *leane* þe ten þousend cnihtes. LAȜ. II.
636 j. T. Lese wordes thu me *lenst.* O. A. N.
756. He *lenð* us his eorðe to tolie. OEH. p. 233.
God sende þe þis, þat al þe grace *lenes.* JO-
SEPH 590. *Lenys* he me, as com thrift apon the
so? TOWN. M. p. 10. Largitas, þet is custinesse
on englisc, þet mon wisliche spene þa þing þe
him god *lene* on þisse liue to brukene. OEH.
p. 105. God *lene* hym werken as he gan devyse.
CH. *Tr. a. Cr.* 3, 1. Our lauerd *len* us that we
mai Drinc wit him wyn that lastes ai. METR.
HOM. p. 125.

We ahte .. þonkien hit ure drihten þe hit
us *lende.* OEH. p. 5. God ȝeue þet ure ende so
god, and wite þet he us *lende.* p. 167. Pis lond
he hire *lende* þat come hir lifes ende. LAȜ. I. 10.
Panne *lente* he swiche leuere to ledes þat he
ofrauȝt, þat þe lif sone he les þat lauȝt ani dint.
WILL. 1233. Louely lay it [sc. þe child] along
in his lonely denne, & buskede him out of þe
buschys þat *lent* grete schade. 20. Bi god, quoth
Gawayn, þat me gost *lante.* GAW. 2250.

Affterr þatt little witt tatt me Min Drihhtin hafeþþ *lenedd*. ORM 5158. vgl. 6000. 6390. 10059. Man hoh .. of þan þe god him haueð *lend* loc to chirche bringen. OEH. II. 217. Þerfore, heuen king, heried mot ȝe bene, þat haþ þe *lend* lif, vs alle to deliuere. WILL. 4577. Teche hym esely hyt to amende With fayre wordes, that god the hath *lende*. FREEMAS. 403. Ȝwile us was lif togidre *lent*. BODY A. S. 338. Alle other þat wrang and in ille entent þe gudes spended þat God had þam *lont*. HAMP. 5992. *Lent* nevere was lif, But liflode were shapen. P. PL. 8983. A fulle harde grace was hir *lentte*, Er she owt of this worde wentte. Ms. in HALLIW. D. p. 514.

2. **leihen, borgen:** To *lenne* accomodare, comodare, credere; comodamus amico ipsam rem, ut librum, mutuamus vel mutuum damus, vt vinum vel argentum; præstare. CATH. ANGL. p. 213. Þeo ancre þet wernde an oðer a cwaer uorto *lenen* — ful ueor heo hefde heoneward hire eien of bileaue. ANCR. R. p. 248. Þe þridde manere of gauelinge is ine ham þet habbeþ onworþ to *lene* of hire hand, ac hi doþ *lene* hare sergons oþer oþre men of hire pans. AYENB. p. 35. I sal *lene* the her mi ring, Bot ȝelde it me at myne askyng. Yw. A. GAW. 737. His lord wel couthe he plese subtilly, To geve and *lene* him of his owne good. CH. C. T. 612. This false chanoun cam upon a day Unto the prestes chambre, wher he lay, Biseching him to *lene* him a certeyn Of gold, and he wold quyt it him ageyn. 12950. Not wilnynge to *leene* hym that he sakith to borwe. WYCL. DEUTERON. 15, 9 Oxf.

That hote cultre .. As *lene* it me .. I wol it bring agayn to the ful soone. CH. C. T. 3774. *Lene* me a mark .. but dayes thre, And at my day I wil it quyte me. 12954.

Þe uerþe manyere (sc. of gavelinge) is ine ham þet *leneþ* of oþremanne selure, oþer borȝeþ to litel cost, uor to lene to gratter cost. AYENB. p. 35 sq.

Ich the *lende* vyf hondred pound, and thu ne ȝolde noȝt on. BEK. 775. Þe pans þet hi token beuore to þe poure manne, oþer him *lende* a lite corn. AYENB. p. 36 sq.

Per byeþ zeue manere gaueleres, *lenynde* þet leneþ zeluer uor oþren. AYENB. p. 35.

Such mon have ich *lend* my cloth, That hath maked me ful wroth, Er hit come aȝeyn. REL. ANT. I. 113.

læpen v. s. *loapen.*

læra [vgl. *ilær*], lere adj. alts. ahd. *lâri*, mhd. *lære*, altniederl. *laer*, neuniederl. *laar*, neue. *leer*. leer.

Wowes weste other *lere* huse. O. A. N. 1525. Þo was Breteyn þis lond of Romaynes almest *lere*. R. OF GL. p. 81. Ouer þe welle stod a tre wiþ bowes brode and *lere*, Ac it ne bar noþer lef ne vynde, as it uorolded were. HOLY ROOD p. 24. Do ȝete me, quoð she, a *ler* tonne. GESTA ROM. p. 252.

lære s. s. *lare.*

læren, learen, leren, leoren etc. v. ags. *læran*, docere, alts. *lêrian*, *lêrean*, *lêran*, ahd.

lêran, *lêrran*, afries. *lêra*, niederl. *leeren*, niederd. *lêren*, *lêren*, gth. *laisjan*, altn. *læra*, schw. *lära*, dän. *lære*, sch. *lare*, *lere*, *lear*. Im Neuenglischen ist das Zeitwort aufgegeben. Das Altenglische gebrauchte frühe, wie noch das Schottische, das Niederländische und das Niederdeutsche, dies Zeitwort für lehren und lernen; ebenso die nordischen Sprachen, denen eine Bildung für lernen überhaupt abgeht.

a. **lehren.**

1. **absolut:** He wass maȝȝstre off all mannkinn, To wissenn & to *lærenn*. ORM 12982. As sente Pawel *læreð*. HALI MEID. p. 13.

2. **mit einem Personalobjekte:** All þe birrþ bitæchenn itt þe preost o Godess hallfe, Onnȝæn þatt he shall shrifenn þe & huslenn ec, & *lærenn*. ORM 6126. Heo .. *leared him* þ is icumen to *leren* hire. ANCR. R. p. 64. Þe ladyes þat had *him* to loke & *leren* in þouþe. WILL. 4770. „Sei me wat I shal do ..“ „Do“ quod the vox, „ich wille *the lere*.“ VOX A. W. 229. Do nu als ich wile *you lere*. HAVEL. 2592.

Bricht and scene quen of storre, so *me* liht and *lere*, In this false fikele world so me led and steore, That ic at min endedai ne habbe non feond to fere. REL. ANT. I. 103.

Ȝef þo mine lore wel wolt ihure, and noht holde to wraþþe ȝef ich þe wel *leore* [þat ich wel *leare* i. T.] LAȜ. II. 165 j. T. Þat ben þe rihtwise and þe godfrihte men, þe ladeð her lif alse me *hem* in chireche *lereð*. OEH. II. 25. Vte we .. leden clenliche wre lif, alse þe holie boc us *lereð*. II. 55.

Clærkes he *lerde* [*learede* j. T.] LAȜ. III. 184. He .. *lerde þat folc* þe he to com mid mucelene wisdome. OEH. p. 229. Josep .. *hem lerede* and tagte wel. G. A. EX. 2300. — Þus speken þeos swiken, and spileden mid worde, swa long heo *hine lærde* þat he heom ileuede. LAȜ. I. 162. Alse Seinte Poul, and Seinte Marie Magdaleine, þe dide alse wise *hire lerden*. OEH. II. 85.

Over alle *lerand me* I understode. Ps. 118, 99.

Im Passiv erscheint das Particip *lered* etc. in der Bedeutung gelehrt, unterrichtet: Bitwenenn þatt Judisskenn flocc þatt *læredd* wass o boke. ORM 8931. Of swuche larespel þu haues leaue ilearned, þ tu *art*, þer onont, al to deope *leared*, hwen þu forewidest, for þi Godd, ure undeaðliche godes. LEG. ST. KATH. 385. Þog he ne *be lered* on no boken. G. A. EX. 4. *Lered* on letrure was þe lud then. ALIS. FRGM. 1152.

Þe masste lott tatt heghesst iss, Iss þatt *lærede* gengge. ORM 15248. Alle þe *learede* men hii caste in fure. LAȜ. II. 456 j. T. Godes sed is godes word, þe men tilien in chireche on salmes .. and on holde bedes, þe *lerde* men selde and gemelesliche sowen. OEH. II. 163. Wel bird ever ilk man Lof God after that he kan, *Lered* men wit rihtwis lare, And laued folk wit rihtwis fare. METR. HOMIL. p. 2. Þe folk he did somoune, *Lered* men & lay, fre & bond of toune. LANGT. p. 171.

Substantivirt wird die Form häufig zur Bezeichnung des Gelehrten, und oft dem Laien gegenübergestellt: Ðo wolden þe bisshupes and þe oðre *lerede* þe wuneden in þe lond witen hwat he ware. OEH. II. 129. Swo we agen alle to don, boð *lerede* and *lewede*. II. 153. Ful grete grace was þore schewd, And grete releue to *lerd* and *leude*. HOLY ROOD p. 96. Almous it isse To wirke sum god thing on Inglisse, That mai ken *lered* and *laued* bathe. METR. HOMIL. p. 4. Lystenes my tale! Erlys, barouns, grete and smale, Bysschop, abbot, *lewyd* and *lerde*. RICH. C. DE L. 1341. Alle .. þat were Cristen born, þe *lewed* & þe *lerid*. LANGT. p. 248.

3. mit einem Sachobjekt, etwas lehren: *þiss* ic *lære*. ORM 9305. Ich þe wulle ræcchen deorne runen, ʒif þu mine lare wel wult lusten and noht halden to wraððe *þat* ich wel *leare*. LAʒ. II. 165. Loke nu .. hweðer þe beo leuere, don *þ* ich *leare* .. oðer, þis ilke dei, .. deien. LEG. ST. KATH. 2311.

Lustneð nu his lare .. and *þat* [add. þe?] fowr sustren *lerden* þruppe. OEH. p. 267.

An die Stelle des Sachobjektes kann ein Objektsatz treten: Drihten cweð eft, and jerne *lerde þet uwile mon scal beoden oðre*, alswa he wile þet me him beode. OEH. p. 13.

4. mit Personalobjekt und Sachobjekt, beiden ursprünglich im Akkusativ, jemanden etwas lehren: Thej eni god man to hom come .. For *hom* to *lere gode thewes* .. He mijte bet sitte stille, Vor al his wile he sholde spille. O. A. N. 1013-7. Þi lare *it me lere* sal. Ps. 17, 36. ʒef Merlyn at þi conseil were, ʒef any myʒte, he couþe *þe best red the lere*. R. OF GL. p. 158.

If hit so bitydeþ þat þu bern ibidest, þe hwile hit is lutel, *ler him mon-þeuces*. O.E.MISCELL. p. 128. *Lere* þou *me þi rightwisenes*. Ps. 118, 64. *Lereþ hit þis lewed men*, for lettrede hit knoweþ. P. PL. *Text A.* pass. I. 125.

Loke we .. Hu *mikell god itt læreþþ uss* Off ure sawle nede. ORM 918. Idilscipe and orgul-prude, þat *lerit gung wif lepere þeues*. O.E.MISCELL. p. 121.

Imong þan muchela wisdoma þe ure drihten *lerde his apostles*, he tahte heom þis. OEH. p. 125. Leue sone, *þis lessoun me lerde* my fader. WILL. 341. Piers the Plowman .. *lered* hym lechecraft. P. PL. 11007. — þeo alche dæie *hine larden luðere craftes*. LAʒ. I. 184.

5. statt des Sachobjektes ist dem Personalobjekte ein Infinitiv mit *to* auch *forto* beigegeben: All all swa se Sannt Johan Bapptisste comm to *lerenn þe folle to rihhtenn* here lif þurrh ahriffte & þurrh dædbote. ORM 18146. He dude his wille þar offe; swo ich wile mine, nu hit is to me iturnd, and *leren elch man to helpen* him seluen. OEH. II. 183-5.

Let me beo þi leofmon, and *ler [me] to loue* þe. OEH. p. 185; vgl. p. 200. Thi deore swete sunnes loue thu *lere me to winnen*. REL. ANT. I. 102; vgl. LYR. P. p. 93.

Ðe lage *us lereð to don* god, and forbedeð us sinne. BEST. 297. Do þe briggeden þe asse mid þe brokene buges ben þo *þe þe leren þe folc to understonden* god etc. OEH. II. 93.

Thu .. *lerdest hi to don* shome An unriʒt of hire licome. O. A. N. 1051.

Mi suster .. readeð *us* and *leureð forte jeme* lutel alle fallinde þing. OEH. p. 255. Let me beon þi leofmon, and *ler me for to louien* þe, liuiinde louerd. p. 200.

b. lernen, erfahren.

Nu wot Adam sum del o wo, Herafter sal he *leren* mo. G. A. EX. 353. Fare he norð, er fare he suð, *leren* he sal his nede, bidden bone to gode, and tus his muð rigten. BEST. 114. Y wile with þe gange, For to *leren* sum god to gete. HAVEL. 796. *Lerin*, docere, *discere*. PR. P. p. 298. To listen and *lere* þai er ful slaw. HAMP. 188. For al werk of wicchecraft wel ynouʒ þe couþde, Nede hadde þe namore to *lere*. WILL. 118. A stude .. Whare he myght of wit *lere*, And none vileny heere. SEVEN SAG. 129-32. Ne be thi childe nevir so dere, And he wil nul thewis *lere*, Bete him. REL. ANT. I. 193. Þe grace of god .. mote amang us alijt, an jiue vs alle is swet grace, me to spek, an jou to *lere* .., me to teche an jou to bere þat helplich to ure sowles be. E.E.P. p. 12. God counsail is god to *lere*. FERUMBR. 2354. Swiche wordus of wise we wilnen to *lere*, þere nis no iargoun, no iangle, ne iuggementis false. ALEX. A. DINDIM. 451. The remenaunt of the tale if ye wil here, Redith Ovid, and ther ye mow it *leere*. CH. C. T. 6563. Tel us som moral thing, that we may *leere*. 13740.

Lereð [imperat.] wel quat he sal speken. G. A. EX. 3486.

Gif to me understandinge þat I *lere* [ut discam *Vulg.*] þi bodes Ps. 118, 73. ʒyf þou be wys, nou þou *leres*, How þys lofe þe helpeþ at nede to tylle þy soule with almes-dede. R. OF BRUNNE *Handl. S.* 5672. He .. Leueð on ure louerd Crist, and *lereð* prestes lore. BEST. 100. — Syrs .. y prey yow here, A gode councell þat yow *lere*. GUY OF WARW. 6351.

In þat þat I *lered* [in eo quod didici *Vulg.*], mare and lesse, Domes of þi rightwisenesse. Ps. 118, 7. I can þe ken þat þou ne can, þe thing i neuer *lerd* o man. CURS. MUNDI 12121 COTT.

So ge hauen nu *lered* her. BEST. 328. Wide where is wiste, How that ther is dyversite requered Bytwexen thynges lyke, as I have *lered*. CH. *Tr. a. Cr.* 3, 355.

læsten, leasten, lesten, lasten v. ags. *læstan* [*læste; læsted*], præstare; manere, alts. *lêstian*, africs. *lêsta, lâsta*, ahd. *leistan*, gth. *laistjan*, neue. *last*.

a. tr. leisten: Ure helendes wille þe .. eche lif bihoteð, and wile *lesten* alle þo þe him heren. OEH. II. 69. Ðat ic ðe haue hoten wel, Ic it sal *lesten* euerilc del. G. A. EX. 2905. Wel je me bihoteþ, *leste* ʒif ʒeo wolleþ. LAʒ. I. 231 J. T. Biþenc þe of þan fore, Hu þu mine fader swore to *lasten* alche ʒere al to þine liue gauel in to Rome I. 420.

Þenne he his sinnes alle swo shewoð .. and þer offe bote hihat, and bi his mihte *lesteð* hit. OEH. II. 189. We ben clensed of ure sinnes gif we riht *lesten* þat we þere bihoten. II. 71.

Thei ben false and traytoures, and thei *lasten*
noght that thei beholen. MAUND. p. 252.

Soðfastnesse he cudde him þo þe he him
seluen com, and his bihese *lestede*. OEH. II.
187 sq. He biheihte hire biheste, & he hit wel
laste. LAȝ. I. 54.

b. intr. 1. zeitlich, dauern, währen,
bleiben: Ne naueð he þurh oðer þing i þis
bileaue ibroht ow bute þ ow þuncheð þ ha [sc.
swuche maumeȝ] schulen *leasten* [*lasten* MORTON]
a, for þi þ ȝe ne sehen ham neauer biginnen.
LEG. ST. KATH. 274. [EINENKEL.] Warschipe
.. readeð us ant lcareð forte ȝeme lutel alle
fallinde þing, ant witen warliche þeo þe schulen
a *lesten*. OEH. p. 255. Ful wombe may lihtliche
speken of hunger and of festen, So may of pyne,
þat not hwat hit is, þat euermo schal *lesten*.
O.E.MISCELL.· p. 63. Hie [sc. þe sinfulle] ..
þæieð fulle wowe in hem, and swilch hem shal
leste al þe endelese dai OEH. 173. Treuthe
ichaue the plyht, To don that ich haue hyht,
whil mi lif *leste* may. LYR. P. p. 30. Wel sore
hi sal quake wiþal, wil þat ilk dai sal *lest*.
E.E.P. p. 9. Himm shollde hiss kinedom A
lastenn butenn ende. ORM 2227. To *laste*, durare, perseuerare, subsistere. CATH. ANGL.
p. 209. Thei seyn .. that the lawe of Cristene
peple schalle *laste* to the day of doom. MAUND.
p. 153. I merveyle me wonder faste, How ony
man may lyve or *laste*, In suche peyne. CH. *R.
of R.* 2725. Yhe sal noght entre be na way
Hevenryke þat sal *last* ay. HAMP. 402. It myght
not long *last* suilk werre. LANGT. p. 225.

Pa Troinisce men .. after Brutone Brutuns
heom cleopede & ȝet [ȝeð *ed.*] þe nome *læsteð*.
LAȝ. I. 83. Þe pine þeruore *leasteð* a buten linunge. LEG. ST. KATH. 2164 [EINENK.] Swo þe
wowe þinkeð biter þe hwile þe he *lesteð*, swo
þincð wele þe swettere þan hit cumeð þarafter.
OEH. II. 33. Bidde we þilke louerd .. þat for
his swete moder luue, þat feyr is and hende,
Bringe vs to þe blisse, þat *lesteþ* buten ende.
O.E.MISCELL. p. 100. Þe dom scal aone ben
idon, ne *lest* he nawiht longe. OEH. p. 169.
He steiȝ to heuen aboue, þer loi is þat euer *lest*.
E. E. P. p. 15. Hit is wonder that I *last* sich
an old dote Alle dold, To begyn sich a wark.
TOWN. M. p. 27. Hit [sc. advent] *lasteð* þre wuke
fulle and sum del more. OEH. II. 3. Birrþ himm
gode dedess don Whil þatt hiss lif himm *lassteþþ*. ORM 3246. Scho es þe loue þat bes neuer
wan, For in þis lijf scho *lastes* neuer, And in
þe toþer *lastes* euer. CURS. MUNDI 82 GÖTT.
Our Lauerd len us that we mai Drinc wit him
wyn that *lastes* ai. METR. HOMIL. p. 125. Þat
laðliche beast leaueð & *last* forð. HALI MEID.
p. 25. That child .. iseȝth bi mine songe,
That dusi luue ne *last* noȝt longe. O. A. N.
1461-5.. There is ioie ant eke blisse, That euer
last, widoute misse. REL. ANT. I. 49. Kene
kyng .. Euer *laste* [Konj.] þy lyf in lenþe of
dayes! ALLIT. P. 2, 1593. — Ne neauer ne
blunneð [sc. þe wunnen etc.], nowðer ne lasseð,
ah *lasteð* ai mare, se lengre se mare. LEG. ST.
KATH. 1717.

He heold þis lond sille, al æfter his iwille
mid treouscipe gode, þe while his tir *læste*. LAȝ.
I. 279. Ne *leaste* hit na·wiht ane mile. I. 248.
Hom ofþuchte þet þis [e]or[ð]liche lif hom to
longe *leste*. OEH. p. 157. Longe a dai *leste* þat
feht. LAȝ. I. 65. Ðis wreche in al Egypte rigt
Lestede fulle seuene nigt. G. A. EX. 2951. Him
lestede hise sigte brigt, And euerilc toð bi tale
rigt. 4147. Hie ben ofgramede wið hem selfen,
for þat hie nedden here synnes er bet, and wið
þis michele shame boregen, þe wile here bot dai
laste. OEH. II. 69. Þat fiht .. *laste* forte dai
liht. LAȝ. I. 241 j.T. Fram anon amorewe vorte
myd ouernone, Þo batayle *laste* strong, ar he were
ydon. R. OF GL. p. 355. King he was bi weste,
So longe so hit *laste*. K. H. 5. Bitvene the none
and the night *Last* the batayle. TRISTR. 1, 81.
Ne þuhte þe neauer, mi liues luue, þat tu mihtes
fulliche mi frendschipe buggen, hwils þe lif þe
lasted. OEH. p. 281. Thai faght ful fast, both
day and night, Als lang als tham *lasted* might.
MINOT p. 12. That name *lasted* not longe.
MAUND. p. 84. Four hundred ȝere *lastid* þat
ilk wo. LANGT. p. 7. — Of this grapes he nom
faste, And bar hem to his schip, that fourti dayes
hi *laste*. ST. BRANDAN p. 20. Whanne thei *last-
iden* axinge him, he reiside him self. WYCL.
JOHN 8, 7 Oxf.

Hwiche mede sculen ho fo of þisse sonde?
Lestende liht and endeles lif. OEH. p. 159.
Ure ateliche sinnes þe we hauen don, and queðen,
and þoht mid *lestinde* fule þonke. II. 71. We
willen þæt þis beo stedefæst and *lestinde*. PROCL.
OF HENRY III in *Sprachpr.* L 2 p. 56. Virtue
makeþ man .. stedeuest and *lestinde* ase þe
zonne þet .. ne is neure wery. AYENB. p. 84.
Ine þe lyue eure *lestinde*. p. 110. Alisaundrine
.. bewrapped William þanne, & laced wel eche
leme wiþ *lastend* þonges. WILL. 1734-6. Stoutly
was þat stoure, long *lastand* þat fight. LANGT.
p. 221. Alle thes weren dwellinge, or *lastinge*,
to gidere in preier. WYCL. DEEDS 1, 14 Oxf.

Ðe flod wiðdrog, It adde *lested* longe anog.
G. A. EX. 599. Thei wolde that it [sc. the cros]
scholde haue *lasted* longe. MAUND. p. 10. Hadde
þe day *last* lenger, .. no wiȝt awei hadde schaped.
WILL. 1281.

2. räumlich, reichen, sich erstrecke n:
Than thy laddre nys nauȝt of wode That may to
hevene *leste*. SHOREH. p. 3.
That see *lastethe* from Soara unto Arabye.
MAUND. p. 100. Fro thens may men go to Da-
mask, in 3 fayles; be the kyngdom of Traconye,
the whiche kyngdom *lastethe* fro mount Here-
mon to the see of Galilee. p. 115 sq. It [sc. the
see Medyterrane] *lastethe* bejonde Costantynoble
3040 myles of Lombardye. p. 142 sq.

So muche people had neuer kyng On eorthe
in the beryng. Of his people theo grete pray
[= press, crowd?] *Laste* twenty myle way.
ALIS. 2593.

læte, s. s. *late*.

læten, **leten**, **leoten**, **laten** v. ags. *lætan*,
lótan [*leórt*, *leót*, *lét*; *læten*], alts. *látan*, afries.
léta, niederl. niederd. *laten*, ahd. *lâzan*, mhd.
lâzen, *lân*, gth. *létan*, *leitan*, altn. *láta*, schw.

lâta, dän. *lade*, sch. *lat*, neue. *let*. **l a s s e n** in verschiedener Färbung des Begriffes mit einem O b j e k t e , oder ohne dasselbe.

1. **l a s s e n , als f a h r e n l a s s e n , nicht zurückhalten:** Þe king bigan to grete And teres for to *lete*. K. H. 889. So þat none alyue Ne asolðe telle þe teres þat hii *lete* so ryue. R. OF GL. p. 411.

2. **mit näherer Bestimmung durch entsprechende Adverbien** h i n e i n , h i n a u s , h i n a u f , h i n a b , h i n w e g **l a s s e n** [aufgeben].

It is beter *let* hym *in* stylle, Than hereinne that he yow spille. RICH. C. DE L. 4137. The knyght badde *late* hym *inne*. PERCEV. 961. Þer i was atte ȝate, Nolde he me *in late*. K. H. 1043. He dude Horn *inn late* Riȝt at halle gate. 1473. Þe burgeis . . þer ȝates ageyn him sperd, & wild not *let* him *in*. LANGT. p. 151. — *Let* him *in*, seið wit; ȝeff godd wule, he bringeð us gleade tidinges. OEH. p. 257. A! *lat* me *in*. SEUYN SAG. 1455. — Warschipe *let* him *in*, ant he gret wit, þen lauerd. OEH. p. 257. Þus othere toke þat cors an haste, & to þe tourȝeate þar wiþ buþ wente. Florippe redely was thar ate, & *let in* þuse lordes gente. FERUMBR. 3152.

Wit, þe husbonde, godes cunestable, cleopeð warschipe forð, and makið hire durewart, þe warliche loki hwam ha *leote in* ant *ut*. OEH. p. 247. Þa feorden þe wise men betwyx þe kinges freond & te eorles freond, & sahtlede sua ð me sculde *leten ut* þe king of prisun. SAX. CHR. a. 1140. Aiþer aȝen oþer swal, And *let* þat vule mod *ut* al [bildlich]. O. A. N. 7 in MORRIS A. SKEAT Spec. I. 172. — ¡Edward had a kosyn in preson at Hungarie . . For praier at þe last þe childe was *laten oute*. LANGT. p. 61. In der Verbindung von *out of* mit einem präpositionalen Satzgliede, wirkt *out* in der That adverbial : Fynally at requeste and prayer Of Perotheus, withoute any raunsoun, Duk Theseus him *leet out of* prisoun, Frely to go, wher him lust over al. CH. C. T. 1206. To þe kyng of Grece he sende . . þat heo scholde so noble folc, þat of so gret blod come, *out of seruage lete*, and *out of þraldome* [in übertragener Bedeutung]. R. OF GL. p. 12.

Buh þe, he seið, adun, ant *let* me *up*. ANCR. R. p. 248.

He sæt hire in þe tur, & me *læt* hire *dun* on niht of þe tur mid rapes. SAX. CHR. a. 1140. I *let downe* from a hyghe place to a lowe. PALSGR. To *latt downe*, dimittere. CATH. ANGL. p. 209.

Lete we *awei* thos cheste. O. A. N. 177. Þeos *leteþ awei* al heore wil, for godes hestes to fulle. O.E.MISCELL. p. 70.

3. **ablassen Blut, zur Ader lassen:** I do the *lete blod* ounder the brest. VOX A. W. 51. Here ȝe may lere wysdom ful gode, In what place ȝe schulle *let blode*. REL. ANT. I. 189. *Late blod*, flebotomo. PR. P. p. 289. Makie [imperat.] him god baid & ofte hine baðie, & him blod *lete*. LAȝ. I. 151. Take freyashe lampreys & *late* hem *blode*. TWO COOK. B. ed. *Austin* p. 52. — A mon uor vuel þet he haueð he ne *let* him nout *blod* oðe sike halue, auh deð

oðe hole half. ANCR. R. p. 112. — Godes bodi, þet *lette* him *blod* oðe rode. ANCR. R. p. 112. He . . *late* the on arm *blood*. SEVEN SAG. 1814. — I *have leten* thine hennen *blod*. VOX A. W. 40. Ich *have* hem *leten* eddre *blod*. 45. Dame, thow havest ben thryes wode, For soth thow shalt *be latyn blode*. SEVEN SAG. 1810. Vgl. unter *ileten 6*.

4. **l a s s e n , verlieren:** He dredde him to *leten* is lif, If he wisten ghe wore is wif. G. A. EX. 767. For þanne [ob þan he?] hys lyues alre best luuede, þenne he schal *leten* lyf his owe. O.E.MISCELL. p. 112. Þis lif ȝe schulen *leoten*, & nuten ȝe neauer hwenne. ST. JULIANA p. 75. Ofte moni wummon *letes* hire mensket þurh þe luue of wepmon þat is of heh burðe. OEH. p. 273. Hire ne dide noðer, ne oc ne smeart þo þe hie bar ure louerd Ihesu Crist, þonked wurðe him ; ac elch oðer wimman doð, akeð and smerteð sore, þan hie beð mid childe bistonden . . and is welneih dead, for hie goð welneih to hire liues ende, and fele here lif fulliche *lateð*. II. 179-81. — Atte laste he *let* his lyf in the stronge pine. BEK. 2317. Isabel is wif . . *let* at Beriamstude that lif. R. OF GL. p. 528. He dude hem alle to kare þat at the feste were, Here lif hi *lete* þere. K. H. 1244.

5. **l a s s e n , hingeben, aufgeben, einen Besitz, auch das Leben:** Halde i wile þa to þe, mi leof , . . and for þi luue *leten* alle oðre þinges þat min herte fram þi luue mihte drahe. OEH. p. 271. Love the dude thi lyf to *leten*. LYR. P. p. 70. Eure he wolde in bonen beon . . And *lete* sker al þes worldes weole and þes worldes blisse, Wiþ þat he myhte to heouene cumen. O.E.MISCELL. p. 63. Strong ȝe ahte for to gete, Ant wicke when me hit shal *lete*. REL. ANT. I. 114. — Þo þet *leteþ* al þet hi habbeþ, uor god, and ȝeueþ ham to sterue, uor þe loue of him þet starf uor ham. AYENB. p. 165. — His swete herteblod he *lef* for us. POL. S. p. 257. Þer is inne þe tresur, þat godd ȝef him seolf fore, þat is monnes sawle, forte breoke þis hus efter þis tresor, þat godd bohte mid his deað ant *lette* lif o rode. OEH. p. 247. Iesu, godes sune, þe forto lesen moncun þat forloren schulden beon, *lette* his deorwurðe lif on rode. ST. JULIANA. p. 16. [*lette* lif o rode p. 17.] Here god al hi *lete*, And wende to the holi lond, here sinnes forto bete. BEK. 2298.

6. **l a s s e n , im Gegensatze zu t h u n ; unterlassen, meiden:** He [fem.] ne turnde naht on hire to doinde ne quebende nan þer þinge þe he *leten* solde. OEH. II. 219. Gif heo hit ne bihat nout, heo hit mai don þauh, & *leten* hwon heo wel wule. ANCR. R. p. 6. Þeos [sc. þinges] . . beoð alle ine freo wille to donne oþer to *leten*. p. 8. Cheos nu þu on of þeos two, vor þet oðer þu most *leten*. p. 102. Ȝif me wil and mihte and wit to *leten* euch uuel and wel uorto wurchen. OEH. p. 215. Swilche ben alle þo þe hereð godes word on lorspelle, and þenchen þat hie willeð here aynnes *leten*, and ne don. II. 27. Sinne hem is loð to *leten*. II. 93. Þeo þat ofþincheþ her sore heore mysdede, And heore gultes gunnen *lete*. O.E.MISCELL. p. 67.

Hit ne is naȝt ynoȝ to *lete* þe kueades, bote me
lyerny þet guod to done. AYENB. p. 74. I swere
.. þat sunne wol I *lete*, And neuere wikkedliche
weye, ne fals chaffare vsen. P. PL. *Text A.*
pass. V. 142. The moder of the sowdan .. A-
spyed hath hir sones playn entente, How he wol
lete his olde sacrifices. CH. *C. T.* 4743.
   Leteð [imperat.] eower stale and eower
reaflac. OEH. p. 39.
   Wel late he *leteð* [leted *Ms.*] vuel worc þe
hit ne mai do na mare. OEH. p. 291. Wel late
he *lateð* euel werc þan he hit ne mai don no
more. II. 223. *Lete* we þat god forbet alle mancunne. p. 277.
   Hie undernomen þe wise lore of Ionan þe
prophete, and *lete* here sinnes. OEH. II. 83.
He it *leten* fro godes dred. G. A. EX. 2575.
   auch absolut, mit einem aus dem Zusammenhange zu entnehmenden Gegenstande: Þe
mannes shrift þe haueð michel sineged and nele
lete ne bete. OEH. II. 75. Thy fleysh ne swyk-
eth nyht ne day, Hit wol han eyse whil hit may,
ant the soule sayth „nay“ .. Thus hit geth bituene hem tuo, That on saith „let“, that other
seytt „do“. LYR. P. p. 102-3. The glotoun þer
he fynt god ale, Ne put so muche in ys male,
Ne *leteth* he for non eye. REL. ANT. I. 116. —
Þis gode Mold .. wess þe mysseles yet echone,
ar heo *lete*. R. OF GL. p. 435.
   auch steht statt des Objektes ein Infinitiv mit *to*, *forto*: Saynt Austin zayþ, þet þe
oþre vices ous makeþ oþer þe kueade to done,
oþer þe quodes *lete to done*. AYENB. p. 117.
Lettes nouȝt for ȝoure liues ȝoure lord *forto socoure*. WILL. 1186. Wil his lif last *leten* he
nolde *forto saue and serue* þe tvo semli beres. 2184.
   7. **verlassen**, eine Person oder Sache,
nicht bleiben bei ihr: Til þow be a lord of
londe *leten* þe ich nelle. P. PL. *Text C.* pass. XII.
184. Sunne *let* þe, & þu naht hire, þanne þus
ne miht do no more. MOR. ODE st. 65. Senne
lat þe, and þu nab[t] him, þan þu hit ne miht
do no more. OEH. II. 224. He .. seide þat he
wolde him bete, Bote he *leteð* þe compaygnie of
him þat ibore was of Marie. KINDH. JESU 686.
— Thare *let* Hur, and ðeðen he nam. G. A. EX.
725. Abram *let* Loth in welðe and wale, And
ferde swei to Mambre dale. 809. The kyng *lete*
the waye of the est, And by a ryuer tourned
west. ALIS. 5812.
   8. **verlassen, im Stiche lassen:** He
bad, thay schulde countrefete The popes bulles,
makyng mencioun That he hath leve his firste
wyf to *lete*. CH. *C. T.* 8619. — Is non at nede
ðat oðer *lateð*. BEST. 358. Þeos riche men wel
muche misdoð, þat *leteþ* þane gode mon, þat of
so feole þinge con. O. A. N. 1770. — He sette
nat his benefice to hyre, And *leet* his sheepe
encombred in the myre. CH. *C. T.* 507 in SIX-
TEXT PRINT. Þe (pl.) þat was leof oþer mannes
wif, and his owe *leten*. O.E.MISCELL. p. 67.
   9. **übrig lassen:** Stondyng hous wyl he
non *lete*. RICH. C. DE L. 4136.
   10. **zurück lassen, hinterlassen:**
Man, have in mynde, How derwur[þ]li, afore hys
ende, A derwurþ ȝyfte he wulde with þe *lete*. R.

OF BRUNNE *Meditat.* 179. — Ensample of mekenes to þe he *lete*. 165. Amonges men a swete
smel he *let* her of his holi spel. BEST. 777. Hi
andsuerede, þet uerst hi hedde ywrite in hare
testament, þet hi him *let* a þousend and vyf
hondred pond. AYENB. p. 190 sq.
   11. **belassen, nicht mitnehmen:**
Seoðöen he wende to þan mere, þer he his mæi
lette, Howel þene hende. LAȝ. II. 493. Saxes ..
wenden mid wedere i þere sæ wilde, & *letten* i
þissen londe wiues & heore children. II. 194.
— Summe in gripes bi þe her Drawen ware and
laten ther. HAVEL. 1924.
   12. **überlassen:** Hii .. *lete* þe kyng þe
maystrye, & flowe to Scotlond. R. OF GL.
p. 372.
   13. **abbrechen**, eine Erzählung: Of hem
at þis time þe tale y *lete*. WILL. 382. Of hem of
Spayne to speke my speche now i *lete*. 5465. Þis
lessoun *let* we of hem, & lesten we anoþer. 3528.
   Frühe findet man hier das Objekt ver-
schwiegen, so dass das präpositionale Glied
allein neben dem Zeitworte erscheint: Of Golde-
boru shal we nou *laten*. HAVEL. 328. Now schull
we *lete* here of Clement, And telle how the
soudan sent. OCTOU. 1459. — *Lete* we nu of
Costantin .. and speken of Maximien. LAȝ.
II. 631.
   14. **loslassen, schwinden lassen:**
Þah y þe telle, hit helpeþ noht, y ne may hit
leten of my þoht. MARINA 37. — Quan þat
sorwe was somdel *laten*, And he haueden longe
graten, Belles deden he sone ringen. HAVEL. 240.
   15. **von weitschichtigem Gebrauche ist das
Zeitwort mit einem Objekte und dem reinen Infinitiv** [acc. c. inf.], welcher auffälliger Weise hier und da mit dem präpositionalen Infinitiv (mit *to*) vertauscht ist (MÄTZNER
Gramm. III. 13]. Das Zeitwort enthält theils
den Begriff des Zulassens, theils des Ver-
anlassens. Der Akkusativ stellt das Subjekt
der durch den Infinitiv ausgedrückten Thätigkeit dar.
   Die Verwendung des Zeitwortes zur Umschreibung eines Konjunktiv, welche auch
als Umschreibung der fehlenden Formen des
Imperativ angesehen werden kann, tritt erst
später auf, während die älteste Sprache den
Konjunktiv vorzieht [*Gramm.* II. 145. 146].
Hier erscheint das Zeitwort als Hülfsverb.
   Wir behandeln die oben bezeichnete Konstruktion
   α. in der Bedeutung lassen als zulassen, gestatten: [We scullen] .. fællen þa
ræȝc, & *læten* þa ræf liggen. LAȝ. I. 367. Beden
hine for godes leoue *leten* heom heom on londe.
III. 189. Ich nelle naȝt *lete askapie* þis mes.
AYENB. p. 56. Beter is *laten* hem *vtfaren*. G.
A. EX. 3071. Latyn, or sufferyn, a thynge to
been. PR. P. p. 289. The aungelle wolde not
late him *come* in. MAUND. p. 11. He praied him
for luf, in pes *lat* him be stille. LANGT. p. 64.
   Let me beo þi [*Ms.* mi] leofmon. OEH.
p. 185. vgl. *Let* me *beon* þi leofmon. p. 200.
Let vs, louerd, *comen* among þin holi kineriche.
II. 258. *Let* hine *halden* France. LAȝ. III. 48.

Let me *go* at þis tyme. ST. MARGAR. 190. Boþe
fire and wind lude sal crie: Loverd, nov *let* vs *go*
to. E. E. P. p. 4. — *Lat* thine tunge *habbe* spale.
O. A. N. 258. *Lat* me nu *habbe* mine throje:
Bo nu stille, and *lat* me speke. 260. *Lat* me in
goo. CLEGES 266. — *Leteð* *slæpen* þene king.
LAȝ. I. 32. *Leteþ* þeos *biloeuen* hol and isunde.
O.E.MISCELL. p. 42. *Lateth* foles a stounde
awede. BEK. 2100. Ne *lete* þe nenne quick *quecchen*
to holte. LAȝ. I. 35. Wiðinnen ower woanes ne
lete je nenne mon *slepen.* ANCR. R. p. 416. —
Lusteth, heo cwath, *lateth* me speke. O. A. N.
1727. *Lateth* dom this plaid *tobreke.* 1735. *Late*
ye nouth mi bodi *spille.* HAVEL. 2422. Oeftern
steht der Imperativ mit dem Infinitiv o h n e
O b j e k t: *Let se* how þou cnokeȝ. GAW. 414.
Let se now if this place may suffyse. CH. C. T.
4123. Ueber die Verwendung dieses I m p e -
r a t i v s a t z e s auf dem konditionalen und kon-
zessiven Gebiete s. *Gramm.* II. 146 u. III. 502
u. vgl.: *Let take* a cat, and *foster* him wel with
mylk And tender fleisch, and mak his bed of
silk, And *let* him *see* a mous go by the wal,
Anoon he wayveth mylk and fleisch and al . .
Such appetit hath he to ete the mous. CH. C. T.
17107. Take fuyr and ber it in the derkest hous
. . And *let* men *shit* the dores, and go thenne,
Yit wol the fuyr as fair and lighte brenne, As
twenty thousand men might it biholde. 6721.
If þu him *lest welde* . . his owene wille,
hwanne cumeþ ealde, ne myht þu hine awelde.
O.E.MISCELL. p. 128. Thef thou *leist* him *havin*
his wille, Wiltou niltow he wil spille. REL. ANT.
I. 194. Al þis ich wulle don . . Wiþ þat þu me
lete liuien. LAȝ. III. 36. Al Denemark I wile
you yeue, To þat forward þu *late* me *liue.* HA-
VEL. 485. Þe mon þe spareþ yeorde and yonge
childe, and *let* hit *arixlye,* þat he hit areche ne
may, þat him schal on ealde sore reowe. O.E.
MISCELL. p. 130. Þanne he makeð þat þe hodede *lat* his chireche *stonde* wiðuten tide. OEH.
II. 215. The havec *folȝeþ* gode rede, And flijt
his wei, and *lat* hem *grede.* O. A. N. 307. Þu
salt seien to Faraon, dat he *lete* min folc *utgon.*
G.A.EX. 2795. God *lete* ous thider *wende!* POP.
SC. 26. Ure louerd me *lete ibide* þe day, þat ihc
hit þe ȝulde may. FL. A. BL. 175. — Seggeð
[segged *Ms.*] þet þe lauerd haueð [haued *Ms.*]
þarof neode, and redliche heo eou *leteð* [leted
Ms.] *fere* þermid. OEH. p. 3. Þe cupe hi sette
to þe grunde, And goþ forþ and *letez* hire *stonde.*
FL. A. BL. 447.
God jesceop alle gode, and *let* hi [hi] *habben*
aȝen chire to chiesen ȝief [h]y wolden hare
sceappinde lufie oðer hine ferleten. OEH. p. 219.
God hi ȝeworhte to meren anglen, and *let* hem
habba agenne cire. p. 221. Þe ðridde dai he *let*
hem *gon.* G. A. EX. 2195. He *lete* þat word
ouer go. LANGT. p. 220. Sche delyvered alle the
lordes out of presoun, and *lete* hem *gon* eche
lord to his owne. MAUND. p. 89. Sche *loet* no
morsel from hire lippes *falle.* CH. C. T. 128.
The niȝtingale . . *overgan latte* hire mod. O. A.
N. 949. He dude muche synne, That *lette*
passen over see the Erl of Warynne. POL. S.
p. 70. — God haued swilc fairhed him geuen,

ðat self ðe fon it [sc. ðis child] *leten liuen.* G.A.
EX. 2609. Ho him ferwundeden, and *letten* hine
liggen half quic. OEH. p. 79.
Haddest thouȝ a lutel er . . *Laten renne* a
reuly ter and bihijt amendement, Ne thorte us
have frijt ne fer that God ne wolde his blisse us
sent. BODY A. S. 337-44.
Besondere Beachtung verdient hier die
formelhafte Verbindung von *læten* mit *beon,*
wurðen und *biloeuen.*
Mit *beon* entspricht das Verb dem deutschen s e i n l a s s e n in verschiedener Färbung,
als a b s t e h e n von etwas, es a u f g e b e n, bei
Seite lassen oder unbeachtet lassen:
Hedde he isonded summe stunde, he wolde seggen
al oþer, And *lete* for Crist *beo* wif and child,
fader, suster and broþer. O.E.MISCELL. p. 63.
Chaffare shal he *late be.* HAVEL. 1657.
For god *let* þu þet uuele *beon.* OEH. p. 57.
My dere lemman, *let* be þy fare. GUY OF WARW.
ed. *Zupitza* 4671. cf. *Notes* p. 385. *Let* alle this
bargan *be.* TOWN. M. p. 213. *Lat* þi sorwe *be.*
HAVEL. 1265. *Lat* swilk wordes *be.* SEUYN
SAG. 3683. *Lat be* alle þo þouȝtes. WILL. 4445.
Tak ȝow pes & grith, & *late be* þis tirpeile.
LANGT. p. 116. *Letteȝ* be your bismare. GAW.
1840. Oft ohne Objekt, wie im Deutschen, l a s s
s e i n: *Let be,* Harrawde, þou louyst me noght,
When þou me soche conwncell broght. GUY OF
WARW. 4023. „Misdo nowt, doughter, but do
bi rede." „*Lat ben,* moder, for hit is nede."
SEUYN SAG. 1757. *Lateth beo,* and *beoth* isome.
O. A. N. 1733. *Let be* ist vertauscht mit *let ane*
[= let alone] in: Nay, leue, *let ane.* WARS OF
ALEX. 2688 Ashm., wo Ms. Dublin bietet: Ne,
leyf, *lett be.*
Lete we al thys *ben.* FERUMBR. 3049.
Utor *let* al þis *be* [er beachtete es nicht], for
he ne leuede yt not anon. R. OF GL. p. 153.
Häufig wird der Wechsel des Gegenstandes
in der Erzählung so eingeleitet: *Lette* we nu
beon Cadwaðlan, and ga we to Edwine aȝan.
LAȝ. III. 222. Now *lete* we þis leuedi þe, and
telle we hou þe child was founde. GREGORLEG.
245. Now *lete* we *be* the werre of Fraunce, And
the soudan . . And turne ayen to fayre Flor-
aunce. OCTOU. 1549.
Aehnlich verhält sich die formelhafte Verbindung mit *wurðen, worðen,* wie mit *ȝewurð-*
en, iwurðen, mhd. *lâzen g e w e r d e n, g e w ä h -*
r e n l a s s e n, s e i n l a s s e n. Beispiele mit der
verstärkten Form s. unter *ȝewurðen* 3., mit der
einfachen vgl.: I counseille al the commune To
late the cat *worthe.* P. PL. 371.
Wende listly hennes, & *late* me *worþ* after.
WILL. 2355. *Lat* me *worþ,* quaþ William.
3597. *Let* god *worthe* with al, as holy writ
techeþ. P. PL. Text C. pass. IX. 86. Ohne Objekt: *Let iwurðe.* ANCR. R. p. 86.
Soone he leapes on loft, & *lete* hym [sc. þe
hors] *worthe,* To fare as hym lyst faine in
feelde or in towne. ALIS. FROM. 1186.
Die Verbindung des Zeitworts mit *biloeuen*
entspricht dem deutschen b l e i b e n l a s s e n d.i.
u n t e r l a s s e n, bei S e i t e l a s s e n:

Lete we nu ane while þeos ferde *bileue*, and speke we of Arðure. LAȝ. III. 7.

Þus [þei] *loten bileuen* þe blisfulle songes alle þe wile ðe hie wuneden on þralahipe. OEH. II. 53.

β. lassen als veranlassen, bewerkstelligen: I schal .. *lete* [v. l. *leoten*] *toluken* þi flesch þe fuheles of þe lufte. LEG. ST. KATH. 2121-5. He þoȝte hys kyndom dele among hem þre, And *lete* hem þerwith *spousi* wel whare he myȝte bise. R. OF GL. p. 29. Ichulle *leoten* deor *toteoren* ant *toluken* þe. ST. JULIANA p. 12. Ich schal *leote* wilde deor *toluken & toteore* þe p. 13. *Let* þu mi sueuen to selþen *iturnen*. LAȝ. III. 14. Wat is thi wille *let* me *wite*. SIRIZ 29. *Let* him *habbe*, ase he brew, bale to dryng. POL. S. p. 69. Thou opene myne lyppen, Lord, *Let* felthe of senne *out wende*. SHOREH. p. 82. *Lat* youre daunger *sucred ben* a lyte, That of his deth ye be nought for to wyte. CH. *Tr. a. Cr.* 2, 384. Ohtliche heom alæð on .. *leteð* þa Grickisca *gliden* to grunde. LAȝ. I. 34. *Leteð comen* sonen þa feouwer and twenti children þe we habbeð to ȝialen, and doð up an [and *Ms.*] waritreo. I. 243.

Ther above is Godes riche .. God *lete* ous thider wende! POP. SC. 25. *Lat* we this god win in us *sink*, And birl we him tharof to drine. METR. HOMIL. p. 125.

Se almihti sceappende .. hi alle adrefde of heofan rices mirhðe, and *lét befallen* on þat ece fer þe ham jearcod was. OEH. p. 219 sq. Deofell *lét* te Laferrd *seom* .. þe kinedomess alle. ORM 12165 sq. God him *let* biforen *sen* Quilc time hise ending sulde ben. G. A. EX. 2419. Ardomado the spere *let glide* Thorugh Antigones syde. ALIS. 2245. Þat sauh an alblastere, a quarelle *lete* he *flie*, & smote him in þe schank. LANGT. p. 205. That fynger *leet* seynte Tecle, the holy virgyne, *be born* into the hille of Sebast. MAUND. p. 107. Þa *lette* he *riden* vnirmed folc. LAȝ. I. 19. Summe heo *letten* ut of scipen scerpe garen *scriþen*. III. 131.

Alexander sent a lettre tille Olympyas, his moder, and tille his mayster Areɜtotle, *latand* thame *witte* of the batelles and the dyssese that thay suffred. MS. in HALLIW. D. p. 506.

Selten findet sich hier der von *to* begleitete Infinitiv: He *leet* it [sc. the heed of seynt John Baptist] *to be born* to Constantynoble. MAUND. p. 107. vgl. *Gramm.* III. 13.

γ. in demselben Sinne steht das Zeitwort mit dem reinen Infinitiv auch ohne den Kasus, welcher das Subjekt des Infinitiv andeutet, der seinerseits von einem Objekte begleitet sein kann, oder ohne ein solches erscheint: To *letenn swingenn* himm. ORM 6362. Þo heye men of þe lond schulle .. alle þo ȝonge men of þe lond *lete* bifore hym *brynge*. R. OF GL. p. 111. Sche scholde *lete smyte of* alle the heds of the lordes. MAUND. p. 89. He wende vorþ hastelyche, to *late* hym *crouny* anon. R. OF GL. p. 445.

Let deluen þas dich seouen uoten deopere. LAȝ. II. 241. *Let* him *fecche* quik ayain. SEUYN SAG. 2197. *Lat delue* vnder þe fundement. R. OF GL. p. 131. *Lat* þine enchantors ..

sone bifore me *bringe*. *ib*. *Leteð writen* on one scrowe hwatse ȝe ne kunneð nout. ANCR. R. p. 42. *Lete* (pl.) *wite* swiþe at þe kichen weþer þei misse any skinnes. WILL. 2171.

Of the braynpanne he *letethe make* a cuppe, and thereof drynkethe he. MAUND. p. 310. *Leten* we us *ræden* of are misdeden. LAȝ. II. 347. Ou! he seide, þe grete despit .. þat þis file and komelynges casteles *loteþ rere* Opon my lond baldeliche. R. OF GL. p. 18. The point of is suerd brec in the marbreston a tuo. Ȝut thulke point at Cantarbury the monekes *lateth wite* p. 476.

Ygærne beh to bure & *lætte* bed him *makien*. LAȝ. II. 375. He hine *leatte* wel *witen* mid wnder stronge benden. I. 25. Þa *lette* he *wurchen* .. six hundred scipen. I. 333. He *lette sceren* half his hæfd. II. 428. Arður *lette slen* an teld. III. 111. Affrican .. bitahhte hire Eleusium, þe luðere reue of Rome, & *lette bringen* hire biuoren his ehsihðe as he set & demde þe hehe burh domes. ST. JULIANA p. 21. Þe holie Gost *lette writen* one boc uorto warnie wummen of hore fol eien. ANCR. R. p. 54. He *lette* byfore him *brynge* Jesu Nazaroun. LYR. P. p. 98. He *lette calle* a knyght full trew. IPOMYD. 33. He *lette sle* for his sake selli mony children. JOSEPH 94. He seide me that ich *lete amansi* alle that habbeth misdo Mi churche that is his owe moder, and that ich habbe ido. BEK. 2047. To armes the king *lete crie* The folk of al his land. TRISTR. 1, 72. He .. *lete gyrde of* the hedes ilkon. SEVEN SAG. 2404. Herode king *lét sekenn* Crist. ORM 7308. He *let ofsende* hys knyȝtes of Normandye To conseyly him. R. OF GL. p. 385. Duc Wyllam *let brynge* Vayre hys folc, þat was aɜlawe, an erþe. p. 364. He drof him out of Engelond, and *let* him *grede* fleme. ST. DUNSTAN 101. Þis holi bischop .. *Let delue* to þis holi bodie, and þo hi come þerto, þer com smyte out a suete breþ. ST. SWITHIN 143. The Archebischop of Everwyk in sentence he *let do*. BEK. 1799. Þe king *let* þo in grete wraþþe þis Cristofre in prisoun *do*. ST. CRISTOPH. 169. He *let nyme* þis holi maide & into strong prisoun *lede*. ST. MARGAR. 90. He galwys *let arere*. FERUMBR. 2896. He *let fulle* a cupe of win. FL. A. BL. 55. He *let make* þis mater in þis maner speche, for hem þat knowe no frensche. WILL. 5532. Strong castel he *let sette* K. H. 1395. Whan he the toure Babel on hight *Let make*. GOWER I. 38. The .. Soudanesse That at the fest *let sleen* both more and lesse. CH. *C. T.* 5376. An ymage of ston .. that Absalon *leet make*. MAUND. p. 93. — Heo *letten deluen* diches. LAȝ. I. 394. Heo *letten* writ *makien*. III. 162. He *letten* after him *sende*. MARINA 149. Þo þis child was an vrþe ibore, his freond nome þerto hede, Hi *lete* hit *do* to Glastnebury to norischi and to to fede. ST. DUNSTAN 25. Þe Normans .. *amorwe hem lete asely* wyþ mylde herte ynou. R. OF GL. p. 360.

Tweȝȝenn *haffde* he *leten* ær Off hise suness *cwellenn*. ORM 5149. Thouȝ scholdest er *have late* me *binde*. BODY A. S. 237. The men of Tar-

tarye *han let make* another cytee. MAUND.
p. 215.

ð. Eigenthümlich ist die Verbindung des
umschreibenden *don* mit *læten*: *Do lete* this
chalys *go* fro me. MAUND. p. 95. He *let don sle*
hem alle thre. CH. *C. T.* 7626. He *leet* the fest
of his nativite *Don cryen*, thurghout Sarray his
cite. 10359.

ε. Zu bemerken ist endlich die Abschwächung des Zeitwortes in der Umschreibung eines
I m p e r a t i v, namentlich in der Aufforderung
einer Person a n s i c h s e l b s t u n d a n d e r e,
welche einer jüngeren Sprachperiode angehört:
Let us stynt of Constance but a throwe. CH. *C.
T.* 5373. *Let us go* forth. 6602. *Let us not tarry*
les ne mare. TOWN. M. p. 279. Now neybores
and kynnysmen *late us forth go.* COV. MYST.
p. 95. vgl. *Gramm.* II. 146.

16. u r t h e i l e n, d e n k e n, s c h ä t z e n,
h a l t e n, wozu man das altn. *láta*, loqui, dicere,
ostendere, vergleichen mag. Es erscheint

α. a b s o l u t: *Latyn,* or demyn in word, or
hert, arbitror, reor. PR. P. p. 289. Ech god
giue and ful giue cumeð of heuene dunward,
and ech idel and unnit and iuel neðen uppard,
þeh þe unbileffulle swo ne *lete.* OEH. II. 105.

β. gewöhnlich mit einem Satzgliede mit *of:*
þeჳ shulenn *lætenn* hæþeliჳ *of* unnkerr swinnc,
lef broþerr. ORM *Ded.* 79. Þatt te birrþ . .
lætenn swiþe unorneliჳ & litell *off* þe sellfenn.
3748–51. Ჳe shulden . . *leten* wel *of* ou sulf &
leapen into prude. ANCR. R. p. 106. Heo wolde
. . *leten* to wel *of* hire suluen. p. 176. On two
wise man mai forsake woreld winne: on is fer-
sien hit fro him swo þat he it nabbe; oðer is *lete*
swo litel þer *of* þat he it noht luuie. OEH. II.
205. Ne nis no levedi . . that wel weren iwoned
of the to *lete.* BODY A. S. 113.

Whan sorow is most sad, aet al at litle;
Lete of it lightly, þat no lede wete. DESTR. OF
TROY 3598. Leaueð þat leas is & *leoteð* lutel
þrof. ST. JULIANA p. 75.

Ich . . *lete* wel *þerof.* ANCR. R. p. 338.
Bett tu *lætest off* þatt þing þann *off* Drihhtiness
wille. ORM 4658. Hwet is he . . þat tu hauest
wiðute me se forð þi luue ileuet, þat tu *letest*
lutel *of* al þat tu schuldest luuien. ST. JULIANA
p. 15. Whane the governaunce . . *letith* lyghte
of the lawe. DEP. OF R. II. p. 24. — Þe godfrihte, þe clene ben of synnes, and *leteð* unwurð
of alle woreld wunne. OEH. II. 27. Theos riche
men . . That leteth thane gode mon . . An *of*
him *leteth* wel lihtliche. O. A. N. 1768–72.

Jesu Crist . . *lêt* lihhtliჳ *þæroffe.* ORM
16514-7. *Of* Tristrem he *lete* light. TRISTR. 1,
94. „I was noght wont to werche," quod Wastour,
. . „And *leet* light *of* the lawe." P. PL. 4130. —
Bruttes *lætten* swiðe hokerliche *of* Lote, þan
eorle. LAჳ. II. 391. Þo . . þe wrecchen binemen
hure ehte, & leiden huere on horde, þe lutel
leten of godes bode & *of* godes worde. MOR.
ODE st. 130-1. Þei *lete of* him so lite. LANGT.
d. 45.

Indessen finden sich auch andere präpositionale Satzglieder, mit *to:* Ჳif þu him muche
luuest & he *let* lutel *to* þe. HALI Meid. p. 33.

mit *on:* Lutel lok is ჳode leof þat cumeþ of
gode wille, And lutel he *let on* muchel wowe (?),
þer þe heorte is ille. O. E. MISCELL. p. 60. Peo
þat . . lutel *let on* godes bode and of godes
worde. p. 67.

mit *bi:* þus myght þou lese hus loue, to
lete wel *by* þiselue. P. PL. *Text C.* pass. VIII.
268. Passiv: Luytel is he loued or *leten bi* þat
such a lessun redeþ. *Text A.* pass. XI. 29.

γ. auch tritt das Zeitwort mit dem A k k u-
s a t i v als Sachobjekt oder Personenobjekt auf,
dem ein p r ä d i k a t i v e r gleicher Fall beigegeben ist, wofür auch ein präpositionales Glied
mit *for* eintritt: Al þat men seith, he *let it soth.*
P. PL. *Text B.* pass. XV. 168. Heo [pl.] . . *leteð*
al nouht wurð Pet heo wel doð. ANCR. R. p. 130.
Ich haue . . with gile and glosinge gadered
þat ich haue, Meddled my marchaundise, and
mad a good moustre; The werst lay withynne,
a gret wit ich *let hit.* P. PL. *Text C.* pass. VII.
258-61. Þe holi man . . *let hit unlieflich.* OEH.
II. 125. Lyf . . *Lets leute a cherl,* and lyer *a fre
man,* P. PL. *Text B.* pass. XX. 145. *Leten hure*
labour ylost and *al hure longe trauail.* C. pass.
I. 195. mit *for:* In þat lawe þei leyue, and *leten
hit for the beste.* C. pass. XVIII. 299. Daher
passivisch: *For a knyghte* I may *be lete.* PER-
CEV. 803.

Uebrigens steht der A k k u s a t i v des Objektes, sowie ein S u b s t a n t i v s a t z, auch nach
dem adverbial bestimmten Zeitworte: Þu wult
lete lehtliche & abeore bliðeliche *þe derf* þat tu
drehest. HALI MEID. p. 17. Edmund *lete not
wele,* þat he *with þam not mette.* LANGT. p. 298.
wie auch nach dem einfachen Zeitworte: Me *let
lesse* dointe to þinge þet me haueð ofte. ANCR.
R. p. 412. Mare for hire mekeleo þen for hire
meidenhad he *lette þat ha ifond much grace at
ure lauerd.* HALI MEID. p. 45. und so endlich
der Infinitiv mit *to =* þe lady for luf *let not to*
slepe. GAW. 1733.

17. a u s s e h e n, das A n s e h e n h a b e n,
s i c h b e n e h m e n, s i c h s t e l l e n; vgl. altn.
láta, niederd. *láten,* mhd. *lâჳen* u. nhd. l a s s e n
in derselben Bedeutung: Ful lufly con ho *lete.*
GAW. 1206.

Oxe ganngeþþ haþeliჳ, & aldelike *lateþþ.*
ORM 1228. Bule *lateþþ* modiliჳ, & bereþþ upp
hiss hæfedd. 1296. He *lat* he ne wile us nogt
biswike, þe *lat* he ne wile us don non loð.
BEST. 429.

That thou levedest me þouჳ [= thou] *lete.*
BODY A. S. 245. Iosep hem knew al in his
ðhogt, Als he *let* he knew hem nogt. G. A. EX.
2167. Þe burne schamed, & layde hym doun
lystyly, & *let* as he slepte. GAW. 1189. He . .
let as hym wondered. 1201. Ay þe lady *let lyk*
a hym loued mych. 1281. He . . *lette* as he noჳt
dutte. 2257. Suo *lete* als sho him noght had
sene. YW. A. GAW. 1809.

læven, leaven, leven, lefen etc. v. ags. *læfan,*
linquere, relinquere, alts. far. *lêbian,* afries. *lêva,*
lavia, liova, ahd. *b-leiban,* gth. *bi-laibjan,* altn.
leifa, altschw. *leva, laifa, loyfa,* præter. *lefde,*
sch. *leve,* neue. *leave.* vgl. *biæfen.*

a. tr. 1. v e r l a s s e n (linquere, derelinquere) eine Person oder einen Ort, auch in ethischem Sinne: Ich am to an iweddet .. ne nulle ich neauer mare him lihen ne *leauen* for weole ne for wunne, for wa ne for wontreaðe þat þe me mahen wurchen. ST. JULIANA p. 15. Leuestow, leue lemman, þat i þe *leue* wold for deþ or for duresse þat men do me mijt? WILL. 2358. Lo, þat catel nis bot gile .. He nel be felaw bot a while, þu salt him *leue*, oþer he sal þe. E. E. P. p. 2. Some tellen me tidinges, That ye ben dede, and some sain, That certainly ye ben besain To love a newe and *leve* me. GOWER II. 7. — Her we haueþ houses of lym ant of ston, ant alle we ahulen hem *leuen* eueruchon; fare we shule to a bour þat is oure long hom. WALTER MAPES, *Appendix* p. 346 sqq. s. BÖDDEKER *Altengl. Dicht.* p. 243. Ich wole, heo seide, al mi lond *leve* for love of the. BEK. 39. Þai can noght knaw ne se .. whilk way þai suld chese and take, And whilk way þai suld *lef* and forsake. HAMP. 189-92. vgl. To *lefs*, vbi to forsake. CATH. ANGL. p. 212.

Ne *leaf* þu me neuer, liuiende lauerd. ST. JULIANA p. 32. Take to it, & *laf* me, hwon þe so ls leuere. ANCR. R. p. 102.

Forþi is riht þat i luue þe, and *leaue* alle oðre for þe. OEH. p. 275. This fader and this moder bathe Er ay about to do hir schathe, Forthi es god that scho thaim *lefs*, And on hir lemman clep and wefe. METR. HOMIL. p. 123.

He *left* Josep and Mari bathe, And deyed to les our sawel of scathe. METR. HOMIL. p. 122. Symon sonnes it [sc. Northamptoun] *left*, to Killyngworth þei went. LANGT. p. 220.

Nu, mi swete Ihesu, *leaued* haue i for þi luue fleasches aibnesse, and jette borne breðre hauen me forwurpen. OEH. p. 275. The planettes seven *left* has thare stalle. TOWN. MYST. p. 29.

2. verlassen, aufgeben etwas, davon abstehen, ablassen: Jef þu wult *leauen* þe lahen þet tu liuest in .. ich chule wel neome þe. ST. JULIANA p. 9 sq. He commanded .. that thei scholde *leven* and forsaken alle that thei hadden. MAUND. p. 226. He jef Adam in his mode To be stidfast wiþ al rijt, And *leue* þe harme and do þe gode. E. E. P. p. 13. Mald þe gode quene gaf him in conseile, To luf his folk bituene, & *leue* alle his tirpeile. LANGT. p. 98. Men may *leve* alle gamys, That saylen to Seynt Jamys. REL. ANT. I. 2. Hir bird *lef*, yef scho war wis, Dedes that reft us paradis. METR. HOMIL. p. 122. ähnlich: the sijth meni men maki here faste, To *leve* flesch [Fleisch, Fleischgenuss] thane Tuesdai. BEK. 2394.

Leaf þi lease wit. LEG. ST. KATH. 1010. Ne *leaf* þu neauer .. þat ilke þing þat ne mei neuer beon acouered. HALI MEID. p. 11. *Laf* þys assaut, y rede. FERUMBR. 4763. *Leaueð* to leue lengre o þes mix & lease maumes. LEG. ST. KATH. 1778. *Leaueð* ower unlahen. ST. JULIANA p. 73.

Onont ti fleschliche wil & ti licomes lust þat tu forberes her & ane hwile *leauest*, 'for blisse þat cumeð þrof wiðuten ani ende. HALI MEID. p. 17. Wel hire þat luueð godd; for him

ne mai ha nanes weis, bute jif ha like [leg. lihe] him & his luue *leaue*, neauer mare leosen. p. 27 sq. We *leaueð* þi lahe & al þi bileaue. LEG. ST. KATH. 1349. Þeo þ leoueð þis soð & *leaueð* þat lease .. he haueð ham þ he ham wile lasten [v. l. ilesten] þ is blisse buten ende. 1803-9. Ihesu Crist leue þe, þurh his blescede nome, & alle þeo þat *leauen* luue of lami mon, for to beon his leofmon. HALI MEID. p. 47.

Ich *leafde* al þ oðer, & tok me him to Lauerd. LEG. ST. KATH. 480. Heo .. *leafde* hire ealdrene lahen & bigon to luuien þe as liuiende god. ST. JULIANA p. 5. Contricion he *lafde*. P. PL. 14666. Þay *laften* rijt and wrojten woghe. ALLIT. P. 1, 621. Þenne al leued on his lawe & *laften* her synnes. 3, 405. For love *lafte* thei lordschipe, Bothe lond and scole, Frere Frauncys and Domynyk, For love to be holye. P. PL. 14426. After hem he sende, That hi *leuede* here folie. BEK. 1959.

Das Zeitwort wird auch gebraucht in der Bedeutung einen Gegenstand in der Erzählung verlassen: We salle *leue* þat pas vnto we com ageyn. LANGT. p. 225. ebenso, ihn auslassen: Þe rixte dai ne *laf* ich nojt. E. E. P. p. 10. vgl. a *lefynge*, omissio, omittens. CATH. ANGL. p. 212.

Wie im Deutschen aufgeben (den Geist etc.) auch vom unfreiwilligen Verlassen gebraucht wird, wofür verlieren gesagt werden könnte, so verhält sich auch *leven*, *leven*: This soule deieth in a man whan the lyf is al ido, That other whan he *leveth* his *breth* and his wawinge also. POP. SC. 385. Thus in that stowre thai *left* thaire live, That war bifore so proud in prese. MINOT p. 5. Ye fare like a man that *had left* his wit [der seinen Verstand verloren hatte]. CH. C. T.

3. zurücklassen, lassen, belassen, übrig lassen: Al heora god we sculen nimen, & lutel hem *læuen*. LAJ. 1. 42 sq. Winneð þas stanes alle, Ne scullen je *læuen* nænne. II. 307. Nulleð heo *leaue* nenne of us aliue. I. 64. Mani man þenchit on is þojt he nel nojt *leue* his eir al bare. E. E. P. p. 5.

We ne *leuiþ* of al his limmes, þat we ne habbiþ ham forswore. E. E. P. p. 16.

Alle heo [leg. he] sloh iliche .. ne *læuede* he nauer ænne. LAJ. II. 50. He .. bigan to flene .. his bag wiþ his bilfodur wiþ þe best he *lafde*. WILL. 1856-8. Into the brest he him bare, His sperehede *lefte* he thare. TORRENT 1614. Rohand he *left* king Ouer al his wining thare. TRISTR. 1, 85. — Fif þusend heo *lefden* oppen þon londe, þat ne mithte [mihte] no to scipe cumen. LAJ. I. 399.

Al was youen, faire and wel, þat him was *leued* no catel. HAVEL. 324. Þan fond he nest & non eij, for noujt nas þer *leued*. WILL. 83. Sum of tham es *levid* al naked, Noght fer fro Berwik opon Twede. MINOT p. 3. Þe kyng of Almayn was taken to prisoun, Of Scotland Jon Comyn was *left* in a donjoun. LANGT. p. 218. I praye þe on godes name, þat þou ne take it nojt to gref, þoj þou be *laft* at hame. FERUMBR. 2627.

His olde sleighte is yit so with hym *laſt*. CH.
Tr. a. Cr. 4, 1433.

4. **entlassen, frei lassen**: He schulde
to hem *leeue* Barabas [ut magis Barabbam *di-
mitteret*. MARC. 15, 11]. WYCL. MARK 15, 11
Oxf. If thou *leeuyst* this man, thou ert not frend
of Cesar. JOHN 19, 12 Oxf. Thanne he *leſte* to
hem Barabas. MATTH. 27, 26 Oxf. cf. MARK
15, 15 Oxf. Ysaac peesibli *laſt* hem into her
place. GEN. 26, 31 Oxf.

5. In Verbindung mit *behind* wird sowohl
zurücklassen bezeichnet, wie in: He taketh
al that he may, and maketh the churche pore,
And leueth thare *behinde* a theef and an hore.
POL. S. p. 327, als **weglassen, übergehen**:
She sought out all the line Of hem, that longen
to that craft, *Behinde* was no name *laſt*. GOWER
II. 263. ebenso mit *of*, **auslassen, weglassen**: To *lefe ofe*, omittere. CATH. ANGL. p. 212.
lefte of, omissus. *ib.* „What crafte is best to
lerne?" „Lerne to loue," quod kynde, „& *leue of*
alle othyr." P. PL. *Text B*. pass. XX. 206.

b. intr. 1. **bleiben, verharren** an einem
Orte: Nu ut, quoð strenðe, farlac, ne schaltu
na lengere *leuen* in ure ende. OEH. p. 265.
Our on mot nedes *leuen* her to kepe þis entree.
FERUMBR. 2629. So strong theof nis non in
Engelond, if he into France come, That he ne
miȝte *leve* ther. BEK. 1245. His sonne þer to
[sc. to be croised] him bond, his fader mot *leue*
stille; Sir Edward toke þe croice, for his fader
to go. LANGT. p. 226.

Wiþ me þu *lef* a stunde. K. H. 647.
Þat laðliche beast *leaueð* & last forð. HALI
MEID. p. 25. Now *leues* Roberd with Statin
Nasee. LANGT. p. 169. Þe quene with hir sonne
at Cawod *leues* she. p. 310.

Richard *left* withoute the towne. RICH. C.
DE L. 6807. To þys barouns of gret honour
Florippe, þat þanne *lefte* on þe tour, Cryinge
gan to sayne, „Ȝe lordes etc." FERUMBR. 5535.
At hom *lefte* Fikenild. K. H. 647. To Walyng-
ford scho wan, & þer scho *left* a while. LANGT.
p. 122. His mone, that was gude and lele, *Laft*
in Braband ful mekill dele. MINOT p. 9. Vlixes
with lykyng *leuyt* at home. DESTR. OF TROY
13395. Rychard . . hii leride Normandye, *þat*
was duc her byuore, & to such maystrie, þat at
eche parlement, þat he in France were, þat he
were ygurd wyþ a suerd, þe wule þat he *leuede*
þere. R. OF GL. p. 360. — Þe prisons he het of
Engelond delyuery echone, And of Normandye
also, þat þer ne *leuede* none. R. OF GL. p. 382.
The smale [sc. wormes] clevede faste to, the
grete *levede* withoute. BEK. 2142.

Das Zeitwort steht auch in Begleitung eines
prädikativen Adjektiv oder Substantiv,
gleich dem deutschen **bleiben**. He wes acende
of þe clene mede [i. e. maid, virgin], þe eſer
þurh *lefede mede*. OEH. p. 237. He vanyshide
alle sodeynly, And I *alloone lefte alle soole*.
CH. *R. of R.* 2954. — Lute hær *cwike læfden*.
LAȝ. I. 166.

2. **übrig bleiben, übrig sein**: Þe
quint. essencia þerof is naturaly incorruptible,
þe which ȝe schal drawe out by sublymacioun.

And þanne schal þer *leue* in þe ground of þe
vessel þe 4 elementis. QU. ESSENCE p. 4.

I am topulled in my thought, So that of
reson *leueth* nought. GOWER I. 61. Two ȝeer it
ys that hungur began to be in the loond, ȝit
fyue ȝeers *leeuen* [restant *Vulg.*] in the whiche
it may not be eerid ne ropun. WYCL. GEN. 45,
6 Oxf.

Som of the thornes þat don were on his
heued, & a fair pece þat of the croyce *leued*.
LANGT. p. 30. — Tho that *lafden* flowen to the
hil. WYCL. GEN. 14, 10 Oxf.

3. **aufhören**: To *lefe* vbi to cese. CATH.
ANGL. p. 212. *Leevyn*, sesyn, or be stylle. PR.
P. p. 301.

One mayster Wace þe Frankes telles þe
Brute alle þat þe Latyn spelles, Fro Eneas tille
Cadwaladre; þis mayster Wace þer *leues* he. R.
OF BRUNNE'S Prol. to LANGT. bei HEARNE
p. XCVIII.

Þer mayster Wace of þe Brute *laft*, Ryght
begynnes Pers eft. *ib.*

4. Mit *behind* verbunden bezeichnet das
Verb **zurückbleiben**, theils als ein Rück-
stand, wie in: Take out softli þat þat fletiþ
aboue, and þat þat *leeueþ behynde*, putte it to
þe fier. QU. ESSENCE p. 5, theils im ethischen
Sinne aus Hintansetzung oder Vernach-
lässigung: Arys, he seide, to morwe anon, ne
lef þu noȝt *bihynde*. ST. SWITHIN 99.

mit *ouer* übrig bleiben, sein: To *lefe
ouer*, restare, superesse. CATH. ANGL. p. 212.
To *leue ouer*, restare, superesse. p. 215.

Hier mag des Substantiv **lefynge, leuinge**
gedacht werden, welches 1. in der Bedeutung
Auslassung aufgeführt wird: A *lefynge*,
omissio. CATH. ANGL. p. 212. 2. in der Bedeutung **Ueberbleibsel** erscheint: Gloton . .
coughed vp a caudel in Clementis lappe; Is non
so hungri hounde in Hertford schire Durst lape
of þe *leuynges*, so vnlouely þei smauȝte. P. PL.
Text B. pass. V. 360-3. neue. *leavings*.

**læwed, leawed, lawed, laud, lewed, lewd,
leud** etc. ags. *læwed, leáwed, lǽwd, léwd, lǽwed,*
sch. *lawid, lawd, lawit, lewit*, neue. *lewd*, wie
schon im Angelsächsischen adjektivisch und
substantivisch gebraucht. Es klingt in seiner
ersten Silbe an das seit Tertullian im Gegensatze zum Priesterstande verwendete lat. *laicus*,
gr. λαïκός an, stimmt aber mit den daraus ent-
wickelten germanischen und nordischen Formen
durchaus nicht; vgl. ahd. *leigo*, mhd. *leige, leie*,
afries. *leka, leia*, altn. *leikr*, schw. *lek*, dän.
læg. Schwerlich stammt ags. *læwed* vom Zeitwort *læwan*, prodere, auch lehnt es sich nicht an
das Substantiv *leód*, populus, wie gr. λαïκός an
λαός; jene ags. Form bleibt räthselhaft. Eine,
wie es scheint, bis jetzt anderswo nicht nachge-
wiesene Adjektivform lautet in GEN. A. EX.
loged: man og to luuen ðat rimes ren, ðe wisseð
wel ðe *logede* men, hu man may him wel loken,
ðog he ne be lered on no boken. GEN. A. EX.
1-4, die dem *lawed* entsprechen mag, wie das
Particip *loȝed*, abased, neben *lawed* erscheint.

1. *lawed* etc. bedeutet

α. adjektivisch **laïsch, nicht geistlich**:

Whase mot to *lewedd* follc Larspell off Goddspell tellenn, He mot wel ekenn maniʒ word
Amang Goddspelless wordess. ORM *Ded.* 55.
Zacariass Godess preost, & oþre gode preostess,
& maniʒ haliʒ *lawedd* men. ORM 691.

Castitas, þet is clenesse on englisc, þet þe
leawde mon hine halde butan forliʒere on rihte
laʒe .. þeo ihadode godes þeowa halde eure his
clenesse ouer alle þing. OEH. p. 105. Nu ʒif þe
biscop bi‧ ʒemeles þenne he godes budel is and
to larþeawe iset þan *leawede* folke, þenne losia‧
fele saulen and he seolf for‧ mid for his ʒeme-
leste. p. 117. Vre *leawede* breþren sigge‧ þus
hore vres. ANCR. R. p. 24.

The *lawed* folc was iuel payed, And for
thair bischop gern prayed. METR. HOMIL. p. 87.
Lyght shalle be born that tyme in darke, Both
to *lawd* man and to clark. TOWN. M. p. 52.
Bathe klerk and *lawed* man Englis understand
kan, That was born in Ingeland. METR. HOMIL.
p. 4. *Lawed* men hauis mar mister Godes word
for to her, Than klerkes. p. 3.

Brit sicut populus sacerdos; prest sal leden
his, lif alse *lewede* mæn, and swo hie do‧ nuþe,
and sumdel werse. For þe *lewede* man wur‧e‧
his spuse mid clo‧es more þane mid him seluen,
and prest naht sis [i. e. se is, swo his] chireche
þe is his spuse, ac his dale, þe is his hore.
OEH. II. 163. Prestes ben þo þe apostel of
spec‧ .. Here wombe is here Crist. and te *lewede* men hem ʒierneliche folegen. II. 165. Un-
worthere than a *lewed* man holi churche were so.
BEK. 419. For if a prest be foul on whom we
truste, No wondur is a *lewid* man to ruste. CH.
C. T. 503.

β. substant. Laie, then Geistlichen gegenüber: Ine þis clergie heþ dame auarice uele
scolers, and of clerkes and of *leawede*. AYENB.
p. 39. Vele þer byeþ oþre zennes .. Ac hi belongeþ more to klerekes þanne to *leawede*.
p. 42.

Episcopus is gerkisc noma, þet is on boc
leden *speculator*, and on englisc scawere, for he
is iset to þon þet he scal ouerscawian mid his
ʒeme þa *lewedan*. OEH. p. 117. Ure louerd
seinte Poul .. mineʒe‧ ei‧er hodede and *lewede*
to godes wordes and to weldede. II. 153. Þo ine
heʒ stat, oþer ine þe wordle, oþer ine religion,
oþer clerk, oþer *lewed*. AYENB. p. 25.

2. α. adjekt. ungelehrt, unwissend,
dem Gelehrten und Kundigen gegenüber, welcher häufig mit dem Geistlichen als Träger wis-
senschaftlicher Bildung gleichbedeutend ist:
Þatt waʒherifft wass henngedd tær Forr þatt itt
hidenn shollde All þatt tatt tær wiþþinnenn wass
Fra *lewedd* follc & læredd. ORM 1018. Forrþi
chæs þe Laferrd Crist *Lewedd* menn to posstless.
13952.

Alle *leawede* men þe understonden ne mahen
latines ledene. ST. JULIANA p. 3.

Wel bird euer ilk man Lof God after that
he kan, Lered mon wit rihtwis lare, And *lawed*
folk wit rihtwis fare. METR. HOMIL. p. 2. To
lawd and Inglis man i spell, þat understandes
þat i tell. CURS. MUNDI 249 COTT. þarfor þis
buke es on Ynglese drawen, Of sere maters þat

er unknawen Til *laude* men þat er unkunnand,
þat can na latyn understand. HAMP. 336.

Lewde, not letteryd, illitteratus, agramatus.
PR. P. p. 301. *Lewde*, vnkunnynge, or vnknowynge yn what so hyt be, inscius, ignarus. *ib.*
Why, ar ʒe *lewed* [sc. in arte amandi] þat alle
þe los weldez? GAW. 1528. Ilk man, bathe
lered and *lewed*, Suld thynk on þat love þat ho
man shewed. HAMP. 117. Also hyt fareth by a
prest that is *lewed*, As by a jay in a cage, That
himself hath beschrewed: Gode English he
speketh, But he not never what. POL. S. p. 328.
Now is not that of God a ful fair grace, That
such a *lewed* mannes wit schal pace The wisdom
of an heep of lernede men? CH. *C. T.* 575.
This every *lewed* vicory or parsoun Can say,
how ire engend rith homicide. 7590. In Frensshe
bookys this rym is wrought, *Lewede* menne
knowe it nought; *Lewede* menne cunne French
non, Among an hondryd unnethis on. RICH. C.
DE L. 21. How that *lewde* men lightloker Than
lettrede were saved. P. PL. 7737. That oon hath
konnynge and kan Swymmen and dyven, That
other is *lewed* of that labour. 7747. We ar *lewd*
alle thre, Thou grauntt us somkynes gle To com-
forth thi wight. TOWN. M. p. 117.

β. substant. Ungelehrter, Unwissen-
der: Nu ico wile shæwenn ʒuw summ del .. Off
þatt Judisskenn follkess lac þatt Drihhtin wass
full cweme, & mikell hellpe to þe follc, to læredd & to *lewedd*. ORM 962. Nes he neuere
iboren .. ilæred no *lewed*, .. þe cu‧e him telle
an æies cunnes spelle of halue þan richedome
þe wes inne Kairliune. Laʒ. II. 162.

In þis world es nane swa witty .. ne swa
myghty, Emperour, kyng, ne caysere, Ne other
þat bers grete state here, Ne riche, ne pure,
bond ne fre, Lered or *lawed*, whatswa he be,
þat he ne sal turne .. Til poudre and erthe and
vyle clay. HAMP. 880. Me think almous it isse
To wirke sum god thing on Inglisse, That mai
ken lered and *lawed* bathe, Hou thai mai yem
thaim fra schathe. METR. HOMIL. p. 4.

He sal drawe til hym bathe lered and *lewed*.
HAMP. 4414. Bisshopes and bachilers, boþe
maisters and doctors .. Ben chargid with holy
churche, charyte to tulie, þat is, leel loue and
lif among lered and *lewed*. P. PL. Text C. pass.
I. 85. For the case is vnknowen be course to
þe *lewd*, Here sumwhat I say. DESTR. OF TROY
4424. Ful grete grace was þore schewd, And
grete releue to lerd and *lewde*. HOLY ROOD
p. 96.

3. adjekt. bei Sachnamen, dumm, thöricht: Chastite withouten charite Worth
cheyned in helle; It is as *lewed* as a lampe That
no light is inne. P. PL. 836. Þou hast made a
lewde covenaunt.. GESTA ROM. p. 160. Harolde
seyde þat a nyse foly couenaunt scholde noʒt be
yholde .. þare a *lewde* oþ scholde be ybroke,
namelyche while hyt was compellede to be
yswore for nede in an nedfol tyme. TREVISA
VI. c. 29.

An die Form *lewed* schliessen sich das Adverb **lewdeliche, lewidly,** thöricht: Þou
didst *lewdelich.* GESTA ROM. p. 39. Þou spek-

iste *lewidly*. p. 38, und das Substantiv **lewed-nesse, lewdenesse**, sch. *lewidness*, neue. *lewdness:* 1. **Unwissenheit:** Shal no *lewdnesse* lette The leode that I lovye, That he ne worth first avaunced. P. PL. 1419. *Lewdenesse* of clergy, illitteratura; *lewdenesse* of onconynge, inscientia, ignorancia. PR. P. p. 301. 2. **Thorheit:** ჳe knowe wele cchon, that I am a foole, and he is a wise man, and þerfore he shold not so liჳtely haue levid my *lewdenesse*. GESTA ROM. p. 21. For þat þou so liჳtly consentedist to his *lewidnesse*, and þou, foole, for þou woldist not folowe þe consaile of þe wise man, therfore I deme yowe bothe to be hongyd. *ib.*

laf, lave, leave s. ags. *láf*, reliquiæ, residuum, alts. *léba*, ahd. *leiba, leipa*, gth. *laiba*, altn. *leif* pl , sch. *lafe, laif, laiff, lave, law*, nordengl. dial. *lafe, lave.* Ueberbleibsel, Ueberlassung, Gabe.

Þa sona þe nigon werod þe þer to *lafon* were, bugon to hare scyppende. OEH. p. 221. Þa nas þer na mare i þan fehte to *laue* of twa hundred þusend monnen . . buten Arður þe king ane & of his cnihtes tweien. LAჳ. III. 143. vgl. ags. ðe ðdr td *láfe* wæron, alts. *te lêbu* wordan, ahd. *za leibu, leipo, ze leibe* wesan, werdan, **übrig bleiben.** S. auch die Anm. zu BARB. 594 in *Sprachpr.* I. 1. p. 383. Louerd, for to voluwen þe we habbeð al bileaued. Nis þis large relef? Nis þis muchel *loaue*? ANCR. R. p. 168. Þu leauedest to oðre men alle richeasses, & makedest relef of al, & *loaue* [*leaue C. T.*] so large. *ib.*

laf, lof, loof, auch noch hier und da **hlaf** und mit Umgestaltung der anlautenden Konsonanten **lhof,** ags. *hláf*, ahd. *leib, leip* u. *hlaiba, laiba*, mhd. *leip*, gth. *hlaifs, hlaibs*, nhd. *laib*, altn. *hleifr*, auch in die slavischen Sprachen übergegangen, altslav. *chlebu*, poln. *chléb*, czech. *chléb, chleb* u. s. w., sch. *laif, laef*, neue. *loaf.* geformtes Brod, öfters überhaupt Brod.

Hia ne mæhton *hlaf* ne bruca. northumbr. MARK 3, 20. He hi afedde feortiჳ wintre mid hefenlice *hlafe*. OEH. p. 227. — Huona byges ue *hlafo*? northumbr. JOHN 6, 5. Ne genyhtsumiað him tuu hund penninga to *hlafu*. 6, 7. Ne forðon oncneauun [hia] of *hlafum*. MARK 6, 52.

Þatt iss þatt *laf* þatt smeredd iss Wiþþ eleæw & nesshedd. ORM 1478. ჳiff þatt tu willt makenn *laf*, þu þresshesst tine shæfess, & siþþenn winndwesst tu þin corn etc. 1480. A *lafe*, panis, paniculus. CATH. ANGL. p. 206. — Allre firrst he fandedd was þurrh fodess gluterrnesse, þurrh þatt te laþe gast himm badd Off staness makenn *lafess*. ORM 11785. Mine teres unto me þai wore *Laves* [pances *Vulg.*] dai and night. Ps. 41, 4. Man . . In wham mikel hoped I, þat ete mi *laves*. 40, 10. Ærest þa *laues* heo weorpen. LAჳ. II. 533. We haf wit vs, he said, a child, þat has fiue *laues* and fisches tua. CURS. MUNDI 13487. COTT. Iesus fedd wit sua litel a thing Tua fisches and fiue *laues* o bere. 13505 COTT.

Hare wyt is al myswent and corupt, ase þe suelჳ of þe syke, oþer of þe wyfman grat myd

childe, þet more hi uynt smak in ane soure epple, þanne in ane huetene *thoue*. AYENB. p. 82.

Bituene heom heo speke faste, Hou heo miჳten do withoute mete, for þe *lof* ne miჳte nouჳt longe ilaste. LEB. JESU 26. A *lof* he het [ass], y woth, and more, For him hungrede swiþe sore. HAVEL. 653. A fair whit *lof* he sette bituene tuo and tuo. ST. BRANDAN p. 13. O lond thai sett that sleighe . . With broche and riche beighe, A *lof* of brede yete mare. TRISTR. 1, 35. Morgan with his hand, With a *lof* Tristrem smot. 1, 79. He fande a *lofe* of brede fyne. PERCEV. 453. Here ys . . a *lofe* of lyght bred. PLAY OF SACRAM. 340-2. — Tuelf suche *loves* eche dai me bringeth uus to mete. ST. BRANDAN p. 13. Ore louerd heom axede hou manie *loues* to so muche folk heo hadden. LEB. JESU 14. A galon muste from under feet do to A strike floure of newe wheete, and it let drie . . the same in smallest *loues* plie. PALLAD. XI. 519-22.

Loof of brede, panis. PR. P. p. 310. He sette a soure *loof*, and seide, agite penitentiam. P. PL. *Text C.* pass. XVI. 56. Lene hem som of þy *loof*. pass. IX. 287. — Frend, leene to me thre *loouys*. WYCL. LUKE 11, 5 Oxf. Abigail hiჳede, and took two hundryd *loouys*. 1 KINGS 25, 18 Oxf.

lafdiჳ, lafdie, lafdi, læfdi, leafdi, lefdi, lafedi, lavedi, lævedi, lhevedi, levedie, levedi, ledi, ladie, ladi s. ags. *hlæfdige, hlæfdie* [OROS. 4, 3. GEN. 16, 4], domina, hera, northumbr. *hláfdia*, altn. *lafdi, lavdi*, sch. *lewedi, lady*, neue. *lady.* In dem ags. *hlæfdige* f., wie in *hláfford* m. ist eine Zusammensetzung mit *hláf*, panis' schwerlich zu verkennen; vgl. *laford*, Der zweite Theil *dige* kann nicht aus *veardige* verkürzt sein, sondern wird mit mehr Sicherheit, nach GRIMM, WEIGAND u. a., auf ein aus dem gth. *digan*, formare, entwickeltes Substantiv [Kneterin] zurückgeführt, womit zunächst die Hausfrau bezeichnet wäre.

Herrin, Dame, Gebieterin, oft von der heiligen Jungfrau gebraucht, und selbst von einer Göttin: ჳho iss allre shaffte ewen & *laffdiჳ* full off mahhte. ORM 2159. Son summ þe *laffdiჳ* Marje wass Off Haliჳ Gast wiþþ childe. 2739. Peჳჳ fundenn ure Laferrd Crist & ure *laffdiჳ* Marje. 6456.

Ich bileue on þe helende Crist, þe þat holie maiden, ure *lafdie*, seinte Marie, on hire innoðe understod of þe holie gost. OEH. II. 21. Þo andswerede þe *lafdie* sainte Marie and seide . . Ich am Cristes maiden, alse þu hauest iseid, swo mote hit wurðe. *ib.* Þider iwende Eli . . & nom him þa *lafdie*, þer heo læi on munstre, & uorð him gon ærne to þan kinge Uortigerne. LAჳ. II. 231. — Alle þa quene, þe icumen weoren þere, and alle þa *lafdies* leoneden ჳeond wallex to bihalden þa duჳeðen and þat folc plæie. II. 616.

Þus bicam ure *lafdi* Sainte Marie mid childe. OEH. II. 21. Þe heuenliche quen, ure *lafdi* Seinte Marie. II. 47. Hie is þe heuenliches kinges dohter and ec his moder, and alre maidene maide and leuene quen and englene *lafdi*. II. 161. Nawt for þi þ hire þuhte god in hire heorte, to habbe monie under hire, & beon iclepet *lafdi*. LEG. ST. KATH. 85. Þeos milde meke meiden, þeos lufsume *lafdi* . . ne luuede ha nane lihte plahen. 103. Þat eadi meiden, englene *lafdi*. HALI MEID. p. 23. — Aske þes cwenes, þes riche cuntasses, þes modie *lafdis*, of hare liflade. p. 9.

Þa wes Guendoleine leodene *læfdi*. LAƷ. I. 105. Minerue heo was ihaten; so hire he hefde loue, & *læfdi* heo hehte. In þere temple he lette beornen enne blase of fure. L 121. Freon heore *læfdi* heo ƷIuen hire fridæi. II. 158. Heo wæs inne Loeneis leodene *læfdi*. II. 85.

Helpe me, englene quene, heoueneliche *leafdi* seinte Marie. OEH. p. 189. Mi looue *leafdi*, Cristes milde moder, seinte Marie. p.199. Swete *leafdi*, seinte Marie, meiden ouer alle meidnes. p. 205. *Leafdi* Diana, leoue Diana, heƷe Diana, help me to neode. LAƷ. I. 51. Ʒeo was in Leoneis folkene *leafdi*. II. 385 j. T. Lideð & lusteð þo liflade of a meiden . . wið þon þat teos hali *leafdi* in heouene luuie us þe mare. ST. JULIANA p. 3. Hit nis nan edeliche þing þe refschipe of Rome, ant tu maht, Ʒef þu wult, beon burhene *leafdi*. p. 11 sq. Nu þu art iwedded & of se heh se lahe iliht, of englene ilicnesse . . of *leafdi* in heuene into flesches fulðe, into beastes liflade. HALI MEID. p. 25. Þis makeð þe *leafdi* riwle. ANCR. R. p. 4. s. unter *lefdi*. ib. p. 4.

He eadmode hine swolfne þet he wes iboren of ure *lefdi* seinte Marie. OEH. p. 17. Cristes milde moder seynte Marie, mines liues leome, mi leoue *lefdi*. p. 191. Swete *lefdi*, seinte Marie. ANCR. R. p. 38. 40. Þet flesch wolde awiligen & bicomen to ful itowen touward hire *lefdi*. p. 176. Þeos riwle nis bute vorto serui þe oðer. Þe oðer is ase *lefdi*, þeos is ase þuften. p. 4. Our *Lefdi* Mari was thare. METR. HOMIL. p. 119. *Lefdi* min oþe [su Rymenhild gesagt]. Liþe me a litel þroƷe. K. II. 335. Þe *lefdi* of þer inne underƷat þat he murninge sat. FL. A. BL. 35. — Into þe temple mid hire he nam, And also sone so he þar cam, Among þe *lefdis* in þe stede God to servi he hire dude. ASSUMPC. DE N. D. 53. He schoot . . mo cwarreaus to one ancre þen to seouene & seouenti *lefdies* iðe worlde. ANCR. R. p. 62.

Alse sprong ure *lafedi* of hire helderne, and hire helderne of Iesse. OEH. II. 219. Bruttes nemneden þa laƷen æfter þare *lafuedi*. LAƷ. I. 269.

Þa þuhte him . . þat his *lauedi* Diana hine leofliche biheolde. LAƷ. I. 52. Hit is riht, the bur is ure, Thar laverd liggeth and *lavedi*. O. A. N. 956. To beo queene spuse . . of al þe world *lauedi*. HALI MEID. p. 5. Þis *lauedi* [sc. Eline] had þen hir wiþ a cristen man. HOLY ROOD p. 110. The *lavedy* bade hir childir be blythe. ISUMBR. 108. Sone wes þat word cuð . . þat icumen was Eli & brohte þa *lauedi* & Marling heore sone. LAƷ. II. 231. Heo schulen iseon þe *lauedi* þat Ihesu Crist of kende. O.E.MISCELL. p. 164. And that same kastel come sho by,

Whar Ywayn wedded the *lavedy*. YW. A. GAW. 2827. We redeth i þo holi godespelle of te dai ase ure louerd god almichti ibore was of ure *lauedi* seinte Marie. O.E.MISCELL. p.26. Blessed beo thu, *lavedi*. REL.ANT. 1.102. Of the, faire *lavedi*, min oreisun ich wile biginnen. *ib*. Þe richedom þat tes *lauedis* haƷen. HALI MEID. p. 3.

Þa *læuedi* Ælene, þa halie quene, to Jerusalem wende. LAƷ. II. 40. Ʒet we habbeð anne *læuedi* þe hæh is & mæhti . . heo is ihate Fræa. II. 157. Vortigerne . . þa *læuedi* aueng mid swiðe uæire læten. II. 232.

Huanne þe *lheuedi* of hap [die Glücksgöttin] heþ hire hueƷel ywent. AYENB. p. 24. Þe ilke þet couaytyse ledeþ habbeþ zuyche mesure ase þe pors wyle, þet is *lheuedi* and hotestro of þe house. p. 53. Ye me ham zede oþer dede ase moche asame to hire uader oþer to hare moder . . as me deþ to hire uader of heuene and to oure *lheuedy* . . mochel hi wolden ham wreþi. p. 57. — Pere asolle þe greate lhordes and þe greate *lheuedyes* uoryete hare blisse, hare miƷte, hare dingnete, and hare heƷnesse. p. 215.

Quen thai com bifor ur *Leuedye*, Scho demid son wit hir mercye etc. METR. HOMIL. p. 56. The fend for this dom was sarie, And ille payed that our *Leuedye* Hauid reft him . . That man. p. 57. vgl. auch: Ilke day deuotely Herd scho messe of our *Lafdye*. p. 160.

Vre *leuedi* is i[c]uened to gerde. OEH. II. 219. To þa bredale was ure *leuedi* seinte Marie . . þo seide ure *leuedi* seinte Marie to here sune, hi ne habbet no wyn. O. E. MISCELL. p. 29. Þis Ʒunge maide . . niƷt & day in our louerd gan erie, þat he sende hire stedeuast hurte, & in our *leuedi* Marie. ST. MARGAR. 31-3. Seint Patrick deide tuo hondred and tuo and vyfti Ʒer After þat oure suete *leuedi* oure louerd here ber. ST. DUNSTAN 51. Nou ich wille you alle preye Of mi douther þat ahal be Yure *leuedi* after me, Wo may yemen hire . .? HAVEL. 169. Mony gentil *leuedy* There les hire amy. ALIS. 3840. Sir Amis and that *leuedi* bright To bed thai gun go. AMIS A. AMIL. 1160. Forð siðen ghe bi Abram slep, Of hire *leuedi* nam ghe no kep. G. A. EX. 967. An angel . . bad hire sone wenden agen And to hire *leuedi* buxum ben. 976-80. — Lordinges and *leuedis*, þis is si glorius miracle. O. E. MISCELL. p. 27. Þe hey men of þis londe And þe *leuedys* also. R. OF GL. p. 156.

Mony was þe faire *ledy*, þat ycome was þerto. R. OF GL. p. 156. *Ledy*, ha mercy of thy mon! LYR. P. p. 113. — Y not non so freoli flour, Ase *ledies* that beth bryht in boure. p. 45. Wher beth hue [that] byforen us were, Lordes, *ledyes*, that havekes bere . . The ryche *ledies* in huere bour, That wereden gold on huere tressour, with huere bryhte rode? p. 105. Many faire *ladis* lese hir lord þat day. LANGT. p. 218. What, liveth nat thy *ladie*, benedicite! CH. Tr. a. Cr. 1, 781. Tyrwh. Seynte Anne, oure *Ladyes* modre. MAUND. p. 15. Joachym, oure *Ladyes* fader. p. 88. The abbot was the *ladyes* eme. ERLE OF TOLOUS 988. —

Ther dude Alisaundre curtesye; He kepith heom fro vylanye, Daries modur and his wif, Theo othir *ladies*, after that they ware, To knyghtis weore deliverid there, And damoselis to garsounes. ALIS. 2199. Tuo sons of ther desient, tuo douhters *ladies* fre. LANGT. p. 206. Somme serven as servaunts Lordes and *ladies*. P. PL. 189. Ful grete and gay was the assemble Of lordes and *ladies*. YW. A. GAW. 19.

Whan þat loueli *ladi* hade listened his wordes .. wonderli for ioye sche wept for þo wordes. WILL. 2968-70. Thus the *ladi* with hire lore Brought hire frendes out of sore. KYNG OF TARS 1137. Off oure *ladi* je mai lere, Floure of heuene *ladi* & quene. ASSUMPC. B. M. 4. Our *Lady* tuk this chylde all warme, And layd it in an aungell arm. METR. HOMIL. p. 168. Upon that roche satt oure *Lady*, and lerned hire sawtere. MAUND. p. 86. Þe castel ys so strong, þat þe *lady* [sc. Igerne þe contesse] ys inne. R. OF GL. p. 158. A *lady*, whyt as flowr, That hyghte *la dame damore*, Afeng hym fayr and well. LYB. DISC. 1399. Mony mon ther les his brothir, mony *lady* hire amye. ALIS. 2212. Weddede he had a *lady* That was both fayr and semely. EMARE 31. Now lat we the *lady* be, And of sir Ywaine speke we. YW. A. GAW. 869. In hope to stonden in his *lady* grace. CH. C. T. 88. The messangers the kyng have told Of that *lady* fayr and bold. RICH. C. DE L. 135. The prestes fro this *lady* gone. GOWER I. 72. — The queen and other *ladys* mo. CH. C. T. 6476. Under a forest side, Wher as he saugh upon a daunce go Of *ladys* four and twenty, and yit mo. 6572.

Dass der Name der heiligen Jungfrau öfters nicht als Anruf, sondern als Ausruf der Bestürzung erscheint, ist nicht auffallend: *Lady*, þey seyde, heuyn quene, What may all thys sorowe bemeene? GUY OF WARW. 6551.

lafdischipe, lefdischipe, ladischip s. neue. *ladyship*. vgl. *hlafordscipe*.

1. Frauenschaft, Frauenwürde, Frauenehre: Nis ha þenne sariliche, as ich seide ear, akast & in to þeowdom idrahen þat .. schal lihte se lahe in to a monnes þeowdom .. & lutlin hire *lafdischipe*. HALI MEID. p. 559. Muchel hofleas is þet, cumen into ancre huse, into Godes prisune, willes & woldes, to stude of meseise, vorte sechen cise þainne & mesterie, & more *lefdischipe* þen heo muhte habben iheued inouh reðo iðe worlde. ANCR. R. p. 108.

More haf I of ioye & blysse here inne, Of *ladyschyp* gret & lyuez blom, þen alle þe wyjes in þe worlde myjt wynne. ALLIT. P. 1, 576. This maide Glodeaide is hote, To whom this lady hath behote Of *ladiship* all that she can, To vengen her upon this man. GOWER I. 128.

2. geehrte Frau oder Geliebte: My sone, of that unkindship, The which toward thy *ladiship* Thou pleignest, for the woll the nought, Thou art to blamen of thy thought. GOWER II. 30[1] sq.

laford, in ältester Zeit noch häufig **hlaford**, **laferd**, **lauerd**, **hlouerd**, **lhoauerd**, **louerd**, **lhord**, **lord**, vereinzelt **læuerd**, **leuerd**, **lard**

etc. s. ags. *hláford* [i. q. *hláfveard*, Brodwart, Brodherr], dominus, herus, altnorthumbr. *hláfard*, -erd, -urd, altn. *lávarðr*, altschw. *lavarþer*, sch. *lavyrd*, *lavird*, *laird*, *lard*, neue. *lord*. Herr im weitesten Sinne, vom Hausherrn und weltlichen Herrn, wie von Gott, Christus, Aposteln und Heiligen gebraucht.

Vre *hlaford* almihtiʒ god wile and us hot þat we hine lufie. OEH. p. 217. Hwi wolde god swa litles þinges him forwerne [d. i. vom Baum der Erkenntniss nicht zu essen], þe him swa mycel oðer þing betohte? forte don him understonden þat he his *hlaford* was. p. 221. Þa hit þer to com þat se *hlaford* [d. i. der König] into þar halle come mid his dierewurd jeferede .. þa cweð se *hlaford* to his etc. p. 231. He us is king, and sceppend, and fader and *hlaford*. p. 233. Ur *hlaford* sanctes Paulus .. us maneð and menejeð etc. p. 241. Hit [sc. þis corn] was ibroht up into heofene to þes hahes *hlafordes* borde. *ib.* — Þes king is ure *hlaford* almihti god, þe is king ofer alle kingen, and *hlaford* ofer alle *hlaforden*. p. 233. Nan ne mai twan *hlaforde* .. samod þowie. p. 241.

Be þam þe he fader is and *laford*. OEH. p. 235. Ur heretoho is se haligost, and ure *laford* Ihesu Crist. p. 243. Ʒef he frend were, me hine sceolde derewrlice forð clepien, and do hine wasse, and jiefe him his formemete, þat him to lang ne þuhte oð se [of se *Ms.*] *laford* [i. e. þe king], to þe none, inn come. p. 231.

An godnesse uss hafeþþ don þe *Laferrd* Crist onn erþe. ORM *Ded.* 185. I shall hafenn addledd me þe *Laferrd* Cristess are. 151. Þe birrþ biforr þin *Laferrd* Godd Cneolenn meoclike & lutenn. ORM 11391.

Lauerd he is icleped mid rihte, *Lauerd* he is of alle scafte In eorðe, in heuene is his mahte. OEH. p. 59. Ure god almihten for heore bene jeueð him his blescunge. p. 137. Vre *lauerd* seinte Paul .. speceð on þe halie pistle etc. p. 131. Se hende is ure *lauerd*, þat nule nawt þat hise icorene beon wiðute mede her. HALI MEID. p. 7. Heo as þeo þat te hehe heouenliche *lauerd* hefde his luue ileuet, leafde hire ealdrene lahen. ST. JULIANA p. 5. Ʒif hit wulle Saturnus, al hit scal iwurðe þus, & Woden, ure *lauerd*. LAʒ. II. 159. Our *Lauerd* lens us gras. METR. HOMIL. p. 125. Hire *lauerd* luueð hire & wurðchipeð þe lease [nämlich, wenn sie unfruchtbar ist]. HALI MEID. p. 33. Hit is riht, the bur is ure, Thar *laverd* liggeth and lavedi. O. A. N. 956. *Gen.* Gif þu me dest woh and wit beon anes *lauerdes* men, ic hit mene to mine *lauerde*. OEH. p. 33. Sunedei is ihaten þes *lauerdes* dei. p. 41. Ga, quoð he, in to þi *lauerdes* blisse. p. 263. Ichulle bliðeliche drehen euereuch derf for mi deore *lauerdes* luue. ST. JULIANA p. 18. To beo godes spuse, Jeshu Cristes brude, þe *lauerdes* leofmon, þat alle kinges buheð. HALI MEID. p. 5. *Laverdes* merci evre dweiland. Ps. 102, 17. unflektirt: Ich chulle bliðeliche .. drehen euer euch derf for mi leofmones luue, þe lufsume *lauerd*. ST. JULIANA p. 19. Men .. wisten gerne after ure *lauerd* Jhesu Cristes to-

cume. OEH. II, 3. *Dat.* Alre eroat þu me scalt
don riht, and seodðan þe *lauerde.* OEH. p. 33.
Heo scupten heore *lauerde* ænne nome neowe.
LAȝ. III. 233. unflektirt: Pet ich mote þat lif
her drehen, Ant ure *lauerd* wel icwemen [ags.
gecwéman c. dat.]. OEH. p. 267. *Acc.* He gret
Wit þen *lauerd.* OEH. p. 257. Dredand *Laverd*
he glades. Ps. 14, 4. *Voc.* *Lauerd* god, we biddeð þus. OEH. p. 71. *Laverd,* in þi teld wha
sal wone? Ps. 14, 1. Brutus, mi *lauard.* LAȝ. I.
39. — Summe *lauerdes* inehlecheð gode þurh
heore lauer[d]acipe, swa Moyses þe heretoga
dude .. and summe *lauerdes* on heore onwalde
god gremiað, swa Saul þe king dude. OEH.
p. 111. King ouer kinges, lauerd ouer *lauerdes.*
p. 273.

Niþing, þou ært al dead, buten þou do
mine read; & þi *læwerd* al swa, Bote þu min
lare do. LAȝ. I. 30. Đu giue me seli timinge
To thaunen ðis werdes biginninge, ðe, *leuerd*
god, to wurðinge. G. A. Ex. 31.

On diepe wosiðes ich clupe to þe, *hlouerd;*
hlouerd, her mine stefne. OEH. II. 43. Ure
hlouerd Iheau Crist hit acorede. *ib.* Ure *hlouerd*
Iheau Crist is swo mild heorted. II. 45. Alse
we ogen to heren ure *hlouerd* Iheau Crist.
II. 47.

Henr', þurȝ Godes fultume Kinȝ on Enȝ-
leneloande, *lhoaverd* on Irloand. PROCLAM. OF
HENRY III. *s. Sprachpr.* I. 2. p. 54 u. Anm. 1
ebendas. über *oa = d.*

Of þe bileue specð ure *louerd* Iheau Crist
on þe holie godspelle. OEH. II. 15. Vre *louerd*
he is cleped helende. II. 19. He þe is alre
mihtene *louerd,* he is alre blissene king. II. 115.
Ure *louerd* hit ȝaf, ure *louerd* it binam, hit is
worðen alse ure *louerd* wolde. II. 197. Gode
tiðinge .. us telleð þe *louerd* se[i]nte Lucas.
II. 31. Hem seluen eten þe werste þat hie of
eorðe tilien, and giet ne wile þe *louerd* [Herr,
Grundherr] ben paid mid his rihote mol. II.
179. Wif wolde þat hire *louerd* [Mann, Gatte]
dead ware, and he, þat hie ware. II. 165. Bi
the bedde, Thar *louerd* haveth his love ibedde.
O. A. N. 965. That befel on an day, The *louerd*
[Hausherr, Gatte] wend away Hon his marchaundise. SIRIZ 16. Al ðat euere ðe *louered*
bad dede Abraham. G. A. Ex. 997. Pe *Louerd,*
þ al þe world ne muhte nout biuon, bitunde
him wiðinnen þe meidenes wombe Marie. ANCR.
R. p. 76. Vre *louerd* is te leun, ðe liueð ðer
abuuen. BEST. 29. Pis [is] ure eir þat shal
[ben] *louerd* of Denemark. HAVEL. 606. Oure
Loverd, that al makede, iwis, queynte is of
ginne. POP. SC. 2. Miracle oure *louerd* dude
for him, er he were ibore. ST. DUNSTAN 2.
Com nou to reste, for oure *louerd* after þe doþ
sende. ST. MARGAR. 297. Wiþ no man, he
seide, he nolde beo bote wiþ on þat were Hexist
louerd of alle men. ST. CRISTOPH. 7. The pie
bigan to grede anon: Yal now mi *louerd* is out
igon, Thou coemest hider for no gode. SEUYN
SAG. 2231. *Gen.* Muchel is þines eorðliches
louerdes eie, and hunfold mare is Cristes eie.
OEH. p. 21. Weðen is me cumen þat mi *louerdes* moder cumeð to me? II. 127. Pus is ure

louerdes lage. BEST. 380. Đis maiden [sc. Re-
becca] wile ic hauen, And to min *louerdes* [sc.
Ysaac] bofte bierauen. G. A. Ex. 1387. Woldestou
.. Tholie deth for thi *Loverdes* love? BEK. 35.
Hi .. triste al to oure *Loverdes* grace. ST. BRAN-
DAN p. 5. unflektirt: Ure *louerd* Iheau Cristes
tocumes ben tweien openliche. OEH. II. 3. *Dat.*
Wolde ye mi leode lusten eure *louerde* [lustin
gure *louird* p. 105] , he ou wolde wyssye wisliche þinges. O. E. MISCELL. p. 101. On
ureison of oure *louerde.* OEH. p. 183. On lofsong of ure *louerde.* p. 209. He fleih his holi kun
icoren of ure *Louerde.* ANCR. R. p. 160. Peonne
beoð heo ouer alle oðre leouest to ure *Louerde.*
p. 196. frühe fällt das *e* der Flexion ab: Swo
doð þe rihtwise man for to quemen ure *louerd*
Iheau Crist [ags. *cwéman* c. dat.]. OEH. II. 57.
Ne thenkeste nowt of mine oþes þat ich haue
mi *louerd* sworen? HAVEL. 578. Edward Grim
.. To helpe his *louerd* [i. e. Beket], if he miȝte,
his arm pulte bifore. BEK. 2123. The burgeis
hadde a pie in his halle That .. seth lemmans
comen and gon, And teld hire *louerd* sone
anon. SEUYN SAG. 2211-16. Pe Englysse volc
.. come to a nywe *louerd,* þat more in ryȝte
was. R. OF GL. p. 363. *Acc.* Ler me for to
louien þe liuiinde *louerd.* OEH. p. 200. Wolte
sulle thi *Loverd* that hette Jesus? REL. ANT. I.
144. I bileue in god .. and in Iesus Crist, his
onlepi sone, ure *louerd.* I. 57. *Voc.* als Anrede,
Anrufung und Ausruf ungemein häufig anzutreffen: *Louerd* [Gott] nu ic bidde þe. OEH.
p. 45. Milȝfule *louerd* haue merci of me. p. 217.
Min Iheau, liues *louerd.* p. 185. A Iheau *louerd.*
p. 200. Clense me, *louerd,* of mine synnes. II.
17. *Louerd* Godd, in hondes tine I biqueðe
soule mine. REL. ANT. I. 235. Po saide Hengest
to þan kinge: *Louerd,* hercne tydinge. LAȝ. II.
164 j. T. *Louerd* king, wassayl! II. 174 j. T.
Louerd, he seiden [die Söhne zum Vater] Israel,
Josep ðin sune greteð ðe wel. G. A. Ex. 2381.
Loverd, wo schal him be bigon, that hath ther
offe the tenthe del [nämlich der Höllenstrafen].
BODY A. S. 439. *Lourde* [sic] Crist, þou red vs
rede. E. E. P. p. 8. — Ure drihten þe is alre
lourde [ags. pl. gen. *hldforda*] louerd. OEH.
II. 121. Peh he alre *louerde* louerd and alre
kingene ki[n]g, naþeles he sende after þe
alre unwurþeste; wig one to riden, and þat is
vsae. II. 89.

Statt *louerd* begegnet die Schreibart *lowerd*
und *lourd: Loverd,* we sholen þe wel fede, Til
þat þu cone riden on stede. HAVEL. 621. Pis
Grickische fur is þe luue of ure *Lourde.* ANCR.
R. p. 402.

Pet oure *lhord* himzelf ous uorbyet ine his
spelle, þet me ne zuerie .. þaȝles ine guode
skele me may zuerie. AYENB. p. 6. Oure *lhord*
aros uram dyaþe to lyue þane zonday. p. 7. Mi
lhord sayn [sanyn *ed.*] Ion .. zuo zayþ, þet he
yzeȝ a beat þet com out of the ze. p. 14. Ich
heleue ine Yesu Crist, oure *lhord* p. 12. cf. 263.
Huo þet zuereþ wiþoute skele þane name of
oure *lhorde.* p. 6.

Al this world was forlore .. Tyl our *Lord*
was ȝbore. REL. ANT. I. 89 sæc. XIII. In him

com ur *Lord* Crist gon, as is postles seten at
mete. I. 144. Þo seide ure *lord* to þo sergans:
Moveth togidere and bereth to Architriclin.
O. E. MISCELL. p. 29. That *lord* of hevyn mot
Edward lede. MINOT p. 3. On of þe barons
bold bigunne to schewe here nedes, þat was a
gret *lord* in Greece. WILL. 1436. A wel langaged
lud let þe king sone Aspien . . ho were *lord* of
hur land & ledere of alle. ALEX. A. DINDIM.
171-4. Þe *lord* of þer inne underȝat Þat
þis child murninge sat. FL. A. BL. 97. mit
Endverlängerung durch *e* im Nominativ wie
im Vokativ: My *lorde* [Herr, Gatte] & his
ledeȝ ar on lenþe faren. O.E.MISCELL. p. 27. Is Emperoure is oure *lorde* Ihesu Criste. GESTA
ROM. p. 151. Thy *lorde* [Vater] the gretyth
well be me. GUY OF WARW. 164. Thilke
lorde, whiche al may kepe, . . Amende that,
wherof men pleine. GOWER I. 9. A *Lorde*.
CATH. ANGL. p. 221. *Lorde*, dominus, herus,
kirius. PR. P. p. 312. *Gen.* Þis is si glorius miracle and si glorius seywinge of ure *lordes* beringe. O.E.MISCELL. p. 27. The squier biheld the
coupes tho, First his and his *lordes* also. AMIS
A. AMIL. 2029. That wif therst not say nay . .
But grauntede well that ylke day Her *lordes*
wylle. OCTOU. 681. Men may ful often fynde
A *lordes* sone do schame and vilonye. CH. C. T.
6731. My fadur . . hyght Seqwarde, That ys thy
lordys [Vaters] stewarde. GUY OF WARW. 169.
Dat. Offre me gostliche to ure *lorde* þet [h]i
offrede fleschliche. O.E.MISCELL. p. 27. Is it
nogt min *lord* forholen, ðat gure on haueð is
cuppe stolen. G. A. EX. 2317. Sendeþ my *lord*
[dem Gatten] word & me, þat my fader in londe
ys. R. OF GL. p. 36. In preires and penaunces
Putten hem manye, Al for the love of oure
Lord. P. PL. 49. *Acc.* Came ge for non oðer
ðing but for to spien ur *lord* ðe king. G. A. EX.
2171. Heo bothe, with scharpe speris, Heore
lord [den König] gan thorugh beore. ALIS.
4598. *Voc.* Leue *lord* & ludes, lesten to mi
sawes! WILL. 1439. A! Alphouns, leue *lord*,
lat be alle þo þouȝtes. 4445. *Lord* kyng, wes-
seyl! R. OF GL. p. 117. Heyl, *Lord* over lordys,
that lyggyst ful lowe! COV. MYST. p. 159. My
worthy love and lord [Herr, Gatte] also. GOWER
II. 6. I biseihe þe, *lordes*, & Mary . . Of sum
herber. GAW. 753. *Lorde*, the sorowe that y
am ynne, Welle y wot, þat ys for my synne.
OCTAVIAN 397. *Lorde*, how schall y wyth þe
emperowre fare? GUY OF WARW. 5671. cf. *Zu-*
pitza Notes p. 404. — Alle þe douȝthi *lordes* of
þe dukis were take. WILL. 1302. This swore
the duke and all his men, And al the *lordes*
that with him lend. MINOT p. 9. Of alle manere
fusoun, As *lordes* of renoun, Ynowgh they
hadde ete. LYB. DISC. 100. Grete *lordes* wer
served aryght, Duke, erle, baron, and knyghth.
EMARE 460. Wolde God, that the temporel
lordes and alle worldly *lordes* weren at gode
accord, and with the comen peple woulden taken
this holy viage over the see. MAUND. p. 4. We
are betrayd and ynome, Horse and harness,
lordes all and some. RICH. C. DE L. 2283. — Bi
hye Godes, *Lordes* of alle þyng! R. OF GL.

p. 30. Lord over *lordys!* COV. MYST. p. 158. —
Sith charite hath ben chapman And chief to
shryve *lordes*, Manye ferlies han fallen. P. PL.
127. — Leue *lordes*, now listenes. WILL. 170.
Lordes, said he, ȝe wyteþ wel, þat we buþ her
enclos. FERUMBR. 2501.
 Wie das neue. *lord* als Zeitwort auftritt, so
bisweilen das alte. **laverd[es], herrschen.**
 Laverd in heven graiþed sete his, And his
rike til alle sal *laverd* in blis [regnum ejus omnium dominabitur *Vulg.*]. Ps. 102, 19.
 laferddom, laverddom s. ags. *hláforddóm*,
dominium. Herrschaft.
 To ȝeornenn affterr *laferrddom*. ORM 11851.
Lifess modiȝnesse iss all Off eorþliȝ þingess
seollþe, Off *laferrddom*, off ahhtess sped etc.
12250. Al to muchel *lauerddom* & meistrie.
HALI MEID. p. 11. He [sc. þe deuel] forleas te
lauerddom on moncun. p. 15.
 laferdfloc s. Hauptfamilie.
 þa hirdess . . Haffdenn an hæfedd hird tatt
wass Abufenn alle þoþre, Alls iff itt wære
laferrdflocc Offr alle þoþre floccess. ORM 585
-90. vgl. 600.

 [la]ferdhed], laverdhed, loverdhed, lorde-
hed s. Herrschaft.
 Ouer al þe world used þai sprede And þarof
bere þe *lauerdhede*. CURS. MUNDI 599 GÖTT.
ähnlich COTT. Ðo wurðen waxen so wide and
spred pride and giscinge of *louerhed*. G. A. EX.
831. Erf helpeð him ðurg godes með, His *lorde-*
hed ðoronne he seð. 195. Ouer al þe werlde
þan sal þai sprede, and þarof bere þe *lordehede*.
CURS. MUNDI 599 FAIRRF.

 laferding, laverding, loverding, lhording,
lording s. neue. *lording*. erscheint durchaus
nicht als verkleinernde Wortform, und wird
häufig in der Mehrzahl und in der Anrede
angetroffen. Herr.
 Nu, *laferrdinnges*, loke we Whatt tiss maȝȝ
uss bitacnenn. ORM 918. Nu, *laferrdinngess*,
ȝareþþ forþ, & sekeþþ swiþe ȝeorne Þatt newe
king. 6406. Nu, *laferrdinngess*, nimeþþ gom Off
þiss þatt her iss trahhtnedd. 11679. cf. 16328.
18611.
 In þis time þat i sal of speke þer was a
lauerding hiht Amalec. CURS. MUNDI 6403
GÖTT. ähnlich COTT. Of þat tune was a *lauerd-*
ing, quen him was tald of þis tiþing, He gedrid
folk, and duelled noght, And to þe temple he
þaim broght. 11760 GÖTT. u. ähnlich COTT. —
Lusteð, *lauerdinges*, of ure tiðendes. LAȝ. II.
104. Lusteð me, *lauerddinges*, ich æm þissere
leodene king. II. 196. *Lauerdinges*, quæð Luces
þa, Mahun eou beo liðe. III. 92. Neg iȝe burge
hadde ise *louereding*. G. A. EX. 833. Þer was
þo in Engelond a gret *louerdyng*. R. OF GL.
p. 431. — Þe more fishes in þe so eten þe lasse
and bi hem liuen. Swo don in þis woreld þo
riche . . þe ben *louerdinges*, struien þe wrecche
men þe ben underlinges, and naðeles bi hem
libben. OEH. II. 179. Yf he were brouct of
liue, And mine children wolden thriue, *Louerd-*
inges after me Of al Denemark micten he be.
HAVEL. 513. Aþe this thre *louerdinges* the king
gan luther to be, Destruede hor londes ouer al,

& dude hom **same** inou. R. OF GL. p. 524. *Louerdinges*, ich wile you sheue A þing of me. HAVEL. 1401. *Louerdinges*, he sede, habbeþ nou god dai, & greteþ wel mi fader þe king. R. OF GL. p. 554.

Þis **zenne** is ine uele maneres, ase ine **ser**gons aye hire *lhordinges*, ine wyfmen aye hare leuedis, and ine children aye hare uaderes and hare modren. AYENB. p. 67.

A *lordyng* of þe Romaynes, þat yhote was Galle, Com & þold hym to oure kyng. R. OF GL. p. 80. That riche douke, in o morning, And with him mani gret *lording* . . Thai dight hem, withouten dueling, For to to wende on dere hunting. AMIS A. AMIL. 493-7. cf. 679. Sir, he is oure chefe *lordyng*, sir Cesar. TOWN. MYST. p. 209. Heo nome a gret *lordyng*, Allect was ys name, And sende hym into þis lond. R. OF GL. p. 79. Herkneth . . How a werre bigan Bitwene a god Cristene kyng And an hethene heyhe *lordyng*, Of Damas the soudan. KYNG OF TARS 1-6. Tille ilk a *lordyng* suld ward & relefe falle, Bot tille þe kyng no þing. LANGT. p. 214. — Here faders were barons hende, *Lordynges* ycome of grete kende. AMIS A. AMIL. 7. Fenne lauȝten þei leue, þis *lordynges*, at Mede. P. PL. *Text A.* pass. III. 26. Leue *lordinges*, lestenes to mi sawe, nouȝ go we kiþe oure kniþhod. WILL. 1183. *Lordinges*, ȝe ar my lege men. 3004. *Lordinges* and leuedis, þis is ȝi glorius miracle. O. E. MISCELL. p. 27. *Lordinges* [sc. erles and barons], he sede, wiþ muchel honur, ȝe habbeþ iherd of Blauncheflur, Hu ihe hire boȝte. FL. A. BL. 647. Lystneth, *Lordynges*, a newe song ichulle bigynne. POL. S. p. 212. Lo, *lordynges*, trewely Ye ben to men right welcome hertily. CH. C. T. 763.

Gleichbedeutend sind die Formen **louerdling, lordling;** ebenfalls ohne Verkleinerung gebraucht, wie dagegen neue. *lordling;* ohne ein ags. Vorbild frühe erscheinend: Lusteð *louerdlinges.* LAȜ. II. 104. 127. 196 j. T. Thus alle grete *louerdlings* and ȝut mo werother. BEK. 524. *Lordlinges,* quath Seint Thomas, ich am ȝut ȝung man. And lute while bischop ibeo. 545 u. häufig. *Lordlynges,* wel ȝe wyteþ alle, how Charlis þe kyng of Fraunce now is oppon my lond afalle. FERUMBR. 1518.

[laferdles], loverdles, lordles adj. ags. *hldfordleás.* herrenlos.

Siththe whan his men him miste and nuste whar he bicom, And seȝe that hi were *louerdles,* ech of hem his red nom, Forto do everech his beste, to wende ech in his side, As men that were *lourdles.* BEK. 669.

As þou hast ymad mony wyf deolful lyf to lede, And mony child withoute fader, & mony wif *lordles.* R. OF GL. p. 142.

[laferdlich], loverdlich, lordlich adj. neue. *lordly* adj. u. adv. herrschaftlich, herrlich, vornehm.

Ich leue þat chireche is holi godes hus on corðe and is cleped on boc kiriaca i. dominicalis, þat is on englis *louerdlich* hus. OEH. II. 23. As a lyoun on to loke, And *lordlich* of speche. P. PL. 8621. The lawe ys so *lordlich* and loth

to maken ende Withoute presentes oþer pans, hue pleseth ful fewe. *Text C.* pass. IV. 199. Dazu das Adv. **lordliche:** *Lordliche* for to lyuen, and likyngliche be cloped. pass. XX. 241. *Lordely,* heriliter. CATH. ANGL. p. 221. *Lordly,* dominanter. PR. P. p. 312.

hlafordscipe, laverdscipe, lhordssip, lordschipe, -ip etc. s. ags. *hldfordscipe,* neue. *lordship.* Herrschaft.

He ȝesceop tyen engle werod . . þat beoð angeli (boden), archangeli (hahboden), troni (primsetles), dominationes (*hlafordscipe*) etc. OEH. p. 219.

Summe lauerdes inehlecheð gode þurh heore *lauer[d]scipe,* swa Moyses þe heretoȝa dude, þe to þan almihtiȝan gode spec. OEH. p. 111. In alle stedes of his *laverdschipe* ma, Blisse, mi saule, ai Laverd swa. Ps. 102,22. þi rike, rike of alle werldes ende, And þi *laverdschip* in strende and strende. 144,13.

Þo þet habbeþ þe *lhordssip* ope þe bodyes. AYENB. p. 54. Huet wonder is hit, þȝ god him awrekþ of zuyche uolke þet wylleþ him benyme his *lhordsnip* and his wyshede. p. 68.

He ȝaf him [sc. Adam] . . Of al þe world þe *lordschipe* CAST. OFF L. 141. I ne haue no *lordschipe* of lif to lengþe my daies. ALEX. A. DINDIM. 76. Vs ne likeþ of no lud *lordschipe* haue. 428. This appulle betokenethe the *lord-schipe* that he hadde over alle the world that is round. MAUND. p. 9. Ful soth is seyde, that love ne *lordschipe* Wol not, his thonkes, have no felaschipe. CH. C. T. 1327. For love laste thei *lordschipe.* P. PL. 14426. Þe Englis of þis lond þe *lordschip* þei toke. LANGT. p. 8. Wel hym semed, as þe segge þuȝt, To lede a *lort-schyp* (sic) in lee of leudes ful gode. GAW. 848. Whether litil it is to thee . . but and thow haue *lordship* on vs? WYCL. NUMB. 16,30 Oxf. His hert aros of vein gloire, So that he drough into memoire His *lordschip* and his regalie. GOWER I. 142. — List vs na *lordschips* lache of ledis as oure selfe. WARS OF ALEX. 4347.

Selten trifft man die Einzahl als Sammelname für die Gesammtheit der Herren oder Würdenträger: þe *lordship* of Lacede-monie loþed hem than. ALIS. FRAGM. 335.

Von dem Substantiv ist ein Zeitwort gebildet: **lordshipen,** herrschen, die Herrschaft führen: A wis seruaunt shal *lordshipen* to sones foolis. WYCL. PROV. 17,2 Oxf. The hond of stronge men shal *lordshipen.* 12,24 Oxf. — Ȝe witen, that thei that semen to haue þrincehed on folkis, *lordshipen* of hem. MARK 10,42 Oxf. — That tyme Philistien *lordshipide* in Yrael. JUDG. 14,4 Oxf.

Selbst **lordshiper** s. Herrscher erscheint: *Lordshiper [Lordschipere* Purv. *dominator* Vulg.], Lord God mercyable. EXOD. 34,6 Oxf.

[laferdswike], laverdswike, loverdswike, lordswike s. ags. *hldfordsvíca,* domini proditor. Verräther an seinem Herrn, Hochverräther.

Þat he weore *lauerdswike [louerdswike* j.

T.], oðer touward his lauer[d] manswore.
LAȝ. II. 506. ähnlich II. 622. For he wes
lover dwyke, Hes ladden him to Warewyke . .
Ther his heved wes ofsmyte. CHRON. OF ENGL.
1033. Alle traytors & *louerdswyken*, God lete
hem so spede. R. OF GL. p. 313. For that he
wes *lordswyke*, furst he wes todrawe, vpon a
retheres hude forth he wes ytuht. POL. S. p.220.
laggen v. s. *bilaggen*. beschmutzen, besudeln.
Laggyn, or drablyn, palustro. PR. P. p.
283. *Laggyd*, or bedrabelyd, labefactus, paludosus. *ib.*
laȝe, laȝhe, laghe, lagh, lage, læȝe, lahe,
lauh, lawe, laȝe, law etc. s. ags. *lagu*, lex,
jus, alts. *lag* pl.*lagu*, statutum, decretum, altn.*lög*
pl. lex u. leges, altschw. *lagh*, nschw. *lag*, altdän.
logh, ndän. *lov*, vgl. afries. *laga*, statuere, zu ags.
licgan, licgean, jacēre u. *lagian*, ponere gehörig.
1 Gesetz überhaupt: Al swa hit is nu
laȝe a londe. OEH. p. 17. ȝif þe king bið unrihtwis . . and þet folc butan steore eft butan
laȝe p. 109. Pe *laȝe* hehte Marciane. LAȝ. I. 269.
Alfred . . Whærfde hire nome on his dæȝe and
cleopede heo Mærcene *laȝe. ib.* Him sulf þisses
londes king of þare *laȝe* ne cuðe na þing. II.
131. Hwan þn sixst . . Lond wiðute *laȝe*, Also
seide Bede, Wo þere þeode. O. E. MISCELL. p.
184. Hit is mi riht, hit is mi *laȝe*. O. A. N. 967.
Ȝho wollde ben Rihht laȝhelike fesstnedd Wiþþ
macche, swa summ i þatt ald Wass *laȝhe* to ben
fesstnedd. ORM 2373. Po dede he somoni alle
þo wyse clerekes þet kuþe þe *laghe.* O. E.
MISCELL. p. 26. Men of *laghe* [sc. er halden]
alswa to travayle And to counsaile þam þat askes
counsayle. HAMP. 5942. Ther may no man of
laghe help with no quantyce. TOWN. M. p. 305.
Wapmen bigunnen quad mester, bitwen hemseluen hunwreste plage, A ðefis kinde, agenes
lage. G. A. EX. 536. To wife in *lage* he hire
nam. 2764. þa makede heo ane *laȝe*, and læide
ȝeon þat leode. LAȝ. I. 269. Pis is tenne hare
song þat beon i *lahe* of wedlac. HALI MEID. p.
21. Ne bið nawt to þe to leggen *lahe* upo me
of bileaue. LEG. ST. KATH. 779. Pe prince is
heire þorgh *lauh*. LANGT. p. 340. Per is no *lawe*
in oure land, ludus to cinour. ALEX. A. DINDIM.
379. Thus wil walketh in lond, & *lawe* is forlore.
POL. S. p. 150. Ther he wes ydemed so hit
wes londes *lawe*. p. 220. Pe Gywes onswerede,
after vre *lawe* We ne mote nenne mon do of
lyfdawe. O.E.MISCELL. p. 47. — Pe king makede monie *laȝen* þa ȝet beoð on londe, & alle
laȝen godo bi his daȝen stode. LAȝ. I. 182. Pa
þe euele beolden wreche men, and vuele *laȝes*
rerde. OEH. p. 293. Swilc woren Egipte *lages*.
G. A. EX. 2446. He heom onleide þat weoren
lawen gode LAȝ. I. 89.
   2. oft in Beziehung auf Gott, Gesetz,
Gebot: Godes *laȝe* bit ec mon wurðie efre his
feder and his moder. OEH. p. 109. Ða þe butan
godes *laȝe* and godes isetnesse libbeð, þa beoð
butan gode efre wuniende. p. 119. Annd tatt
wass ned tatt, ȝho wass þa Wiþþ Godess *laȝhe*
weddedd. ORM 1961. *Lagh* of Laverd unwemmed ess. PS. 18, 8. In *lagh* of Laverd his wille

be ai, And his *lagh* think he night and dai.
PS. 1,2. He . . Pat in Goddes *laghe* has lyfed
wele. HAMP. 2161. He tahte þan folke godes
læȝe. Laȝ. II. 195. I þe munt of Synai, þer
Moyses satte þe *lahe* at ure Lauerd. LEG. ST.
KATH. 2498. Seoþþe in alle londes hi eoden
vor to prechen, And for to fully þat folk, and
godes *lawe* techen. O.E.MISCELL. p. 56. Now
fyfty fyn frendes wer founde in ȝonde toune
. . Pat neuer lakked þy *lawe* [i. e. of oure
lorde]. ALLIT. P. 2,721. Thai schuld put hom
to prayers and to penans opunly, For opun syn
opun penans, this is Godys *lawe*. AUDELAY p.
39. — Pu letest godes *laȝen*. LAȝ. II. 185.
   3. überhaupt religiöse Satzung, Religion, vom heidnischen, jüdischen und christlichen Glauben gebraucht: Pis bitacneð þe world
þet wes from biginnegge . . Pat cume to Moises
þe prophete. In þisse worlde nas na *laȝe* ne na
larþeu. OEH. p. 81. Pat assa itacueð þe chirche
oðer þe sinagoge; heo wes ibunden on þa ealde
laȝe, and nuða heo is unbunden in þisse newe *laȝe*
p. 9. Ine þise seue wordes (cf. MATTH. 5,3) byeþ
besset, ase ȝiggeþ þe halȝen, al þe summe of þe
newe *laȝe*, þet is þe *laȝe* of loue and of suetnesse. Hy is wel *yzed* newe, uor hi ne may
naȝt yealdy, ase dede þe yealde *laȝe* to þe yewes.
AYENB. p. 97. Pe liknes of þis tree sa trew
was in þe alde *laghe*, befor þe niwe. HOLY ROOD
p. 116. Ȝif ha nalde leauen þ ha ȝet lefde, &
hare *lahe* [d. i. ihren heidnischen Glauben]
luuien. LEG. ST. KATH. 429. We leaueð þi
lahe & turnen alle to Christ. 1349. By Mahonet
ys oþ þanne a swer . . Pat he ne wolde for no
fer out of þat felde gone, Er Charlis . . wertake
ouþer aslaȝe, & discoumfit were al his ferde,
þat lyuede on þe cristene *lowe* FERUMBR. 82-5.
— Pet boð þa twa *laȝen*, þe alde and þe nowe.
OEH. p. 85. Mi uader swa uuele agon, scunede
þene cristindom & þa hæðene *laȝen* luuede to
swiðe. LAȝ. II. 198. Heo . . leafde hire ealdrene
lahen [d. i. das Heidenthum]. ST. JULIANA p. 5.
Ȝef þu wult leauen þe *lahen* þet tu liuest in,
ant leuen i godd feader . . ich chule wel neome
þe. p. 9 sq.
   Die sogen. zehn Gebote werden öfters
mit diesem Substantiv bezeichnet, wobei die
Pluralform *laȝe* begegnet, welche auch sonst
vorkommt: Drihten him bitahte· twa stanene
tables breode on hwulche godalmihti heofde
iwriten þa ten *laȝe*. OEH. p. 11. Nu weren þas
þreo *laȝe* ȝewriten inne þa oðre table breode
sunderlipes . . on þa oðre souen *laȝe* weren
iwriten alswa sunderliche p. 11 sq.
   4. Gerechtigkeit, Gebühr: Pe birrþ
himm biddenn don þe rihht & *laȝhe*. ORM 6256.
Ȝiff he doþ þe *laȝhe* & rihht, þa wurrþ he þær
þin broþerr. 6258. Dauid did bot *lawe*, Mald
had his seruage . . to hir he held hir oth. LANGT.
p. 113. Sir Elys of Bekyngham to do *lawe* him
was lefe. p. 246.
   5. Gewohnheit, von Menschen und
Thieren: Heo bigunnen striuinge, al se hit wes
auer *laȝe* imong childrene plaȝe, þe an þe oðerne
smat. LAȝ. II. 227. Pe ærnes habbeoð ane *laȝe*
. . Whænne swa æi ferde fundeð to þan ærde,

þeonne fleoð þa fuȝeles feor i þan lufte .. &
muchel feoht makieð. II. 490. Þenne hafæst þu
þes hundes laȝe, þe nu speoweð and efｌtｊ hit
fret. OEH. p. 25. On horn he bar an honde,
So laȝe was in londe, Kniȝtes and squier Alle
dronken of þe ber. K. H. 1109. Þe lord of Bade-
nauh, Freselle & Waleis Lyued at theues lauh,
euer robband alle weis. LAŊOT. p. 322. — Þurh
þa ilke leoden þa laȝen comen to þissen londe
wæs hail & drinc hæil. LAȝ. II. 176.

Mit verschiedenen der vorstehenden
Substantivformen sind zusammengesetzt
oder davon abgeleitet:

laȝeleas, laweles, lawles adj. altschw.
laghalös, laghlös, nschw. *laglös*, dän. *lovlos*,
neue. *lawless*. gesetzlos, auch ohne
Religion.
Þar beð þe haðene men þe waren laȝe-
lease [*laweless* E. E. P. p. 31]. OEH. II.
229. So be ȝe, ludus, bylad, & *laweles* alse,
þat han no reward to riht, but redlese
wirchen. ALEX. A. DINDIM. 906. I leve here
be sum losynger, sum *lawles* wretch. ALLIT.
P. 3, 170.

[laȝelich], **lawelich** adj. ags. *lahlic*, schw.
laglig, dän. *lovlig*. gesetzlich, gesetzmässig.
Þe eorl and þe eþelyng ibureþ vnder
godne king þat lond to leden myd *lawelyche*
deden. O. E. MISCELL. p. 106.

**laȝeliche, -ke, laȝhelike, laheliche, la-
welliche** adv. ags. *lahlice*, legitime. auf ge-
setzmässige Weise.
Hordom and midliggunge þe men drigen
bitwenen hem, bute gef he ben *lageliche*
bispusede, þat is unriht and untimeliche.
OEH. II. 13. In boke is ðe turtres lif writen
o rime, wu *lagelike* ge holdeð luue al hire
lif time. BEST. 694. ȝho wollde ben Rihht
laȝhelike fesstnedd Wiþþ macche. ORM 2373.
ȝiff þatt weddedd were & wif Hemm *laȝhelike*
ledenn .. Þa follþhenn þeȝȝ clænnesse 4614.
cf. 6172. 10766. ȝiff mann mihhte wurrþenn
warr Þatt ȝho wiþþ childe wære, Ær þann
ȝho wære *laȝheliȝ* Weddedd wiþþ aniȝ macche
etc. 1963. Nis hit nawt bi þeose iseid þat ha
forrotieð þrin, ȝif ha hare wedlac *laheliche*
halden. HALI MEID. p. 13. Lokie him seolf
one, hw he schule his lond *laweliche* holde
O.E.MISCELL. p. 106. cf. p. 107.

lagheboc s. altn. *lagbok, lügbok*, altschw.
laghbok, nschw. *lagbok*, dän. *lovbog*. Ge-
setzbuch.
All all swa summ þe *laȝheboc* Badd Israele þeode. ORM 7877. Annd teȝȝ .. Wærenn
Scribe ȝehatenn, Forrþi þatt teȝȝre wikenn
wass To writenn *laȝhebokess*. 7214.

lahfulnesse s. neue. *lawfulness* (vgl. unten
lawfull). Rechtlichkeit, Rechtssinn.
Nawt for thire tale, Ah do for mire *lahfulnesse*. O. A. N. 1737.

lawberer s. Gesetzgeber.
A *lawberer*, legifer. ÇATH. ANGL. p. 210.
lawebrekare s. neue. *lawbreaker*. vgl.
agｓ. *lahbreca*. Gesetzübertreter.
Lawebrekare legirumpus. PR. P. p. 289.

lawbreken v. freveln.
I wot forsothe, for *lawe breking* thou
shalt *lawe breke* [scio enim, quia prævaricans
prævaricaberis *Vulg.*] WYCL. Is. 48,8 Oxf.
lawebreche s. vgl. ags. *lahbryce*, legis
violatio. Vergehen, Verbrechen.
Vpon what thing I shal smyte ȝou, fer-
thermor addende *lawe breche* [addentes præ-
varicationem *Vulg.*]. WYCL. Is. 1,5 Oxf.
lawfull, laufull adj. altn. *lögfullr*, sch.
lauchfull, neue. *lawful*. gesetzmässig,
erlaubt.
Lawfulle, legalis, licitus. CATH. ANGL.
p. 210. *Lawfulle*, legitimus, juridicus, legalis. PR. P. p. 289. *Lawful*, legitimus. MAN.
VOC. p. 185 (a. 1570). *Laufull*, licite, loy-
sible. PALSGR.
lawfullich[e], lawfulli, lafulli adv. neue.
lawfully. in gesetzmässiger Weise.
The offryd licours, that *lawfullich* ben
held [quæ rite funduntur *Vulg.*] WYCL.
NUMB. 28,10 Oxf. *Lawfully*, licite, legaliter.
CATH. ANGL. p. 210. Þes false men seye ..
Þat Crist was *lafully* don to þe deþ. WYCL.
W. *hitherto unpr.* p. 74.
lawȝer, lawere, lawier, lawiour s. sch.
lawer, neue. *lawyer*. Rechtsgelehrter,
Sachwalter.
Lawere, or *lawȝer*, legista, jurista. PR.
P. p. 290. A *lawȝour*, causidicus, decretista,
juridicus etc. CATH. ANGL. p. 210. ȝe
legistres and *lawȝers*, ȝe witen wher I lyȝe.
P. PL. *Text A.* pass. VIII. 62.

laȝe, laȝe, laie s. neue. *lay*. Waldtrift,
Grasland, Feld.
In hoc deserto sunt iiiior saltus quos bestie
deserti frequentant .. on þis wilderne ben fuȝer
laȝes þat mest alle wilde door to scheð .. On
þis fuwer *laȝes* leið ure fo fuwer grunes us mide
to henten .. Þat oðer *laȝe* on þis wilderne is
drinch. OEH. II. 211. Þe þridde *lage* on þis
wilderne is cheping. II. 213. Þe feorðe *lage* of
þisse wilderne is chireche, þare teldeð þe werse
þe grune of oregelnesse. II. 215.
A litil bsyde the hye waye, Thai saugh
comynge with grete vigour An hundred vppon
a *laȝe*. SOWDONE OF BABYLONE 2692. The gyant
.. redyly by hyme stode, Besyd hyme on a *lay*.
TORRENT 163. It were two dragons stiff and
strong, Uppon theyre *lay* they sat and song,
Beside a depe Welle. 1494.

laȝe, lane (= lawe), **lai, lei** s. ags. *lagu,
lago*, æquor, lacus, mare, altn. *lögr*, liquor, aqua,
mare. vgl. auch mhd. *lache*, palus. Wasser,
See, Sumpf, Lache.
Die Form *laȝe* kommt in Verbindung mit
fen vor: Draȝeþ hine to on *laȝe fen*, þar he sal
luggen. LAȝ. II. 536. j. T. s. unten *lei*.
Theo blod of heom that was slawen Ran by
flodis and by *lauen*. ALIS. 3855.
The blod ran in the valaie, So water out of
a *laie*. ARTH. A. MERL. p. 197. Of that she
[a swan] hadde her make lore, For sorwe a
fether into her brain She shof and hath her
selve slain; As king Menander in a *lay* The soth

wath founde, where she lay Spraulend with her
hinges twey. GOWER II. 5.

One a launde by a *ley* These lordus doune
lyght. DEGREV. 239. Ich leade ham iþe *lei
uen* [leinen *ed.*] ant iþe ladliche lake of þe suti
suune. ST. MARHER. p. 14. Draʒeð hine to ane
more, & doð hine in an *ley uen*, þer he scal
liggen. LAʒ. II. 536. s. oben *laʒe fen* j. T. So
me deoppre wadeð into þe ueondes *laʒe uenne*
[lei mure *T.*], so me kumeð later up. ANCR. R.
p. 328.

I **laʒt** s. zu ags. *lǽccan*, prehendere, geh.
laub.

Ge [sc. ðe culuer] ne liueð nogt bi *lagt.*
BEST. 791.

**lah, laih, lagh, laʒ, law, loh, louh, loʒ,
low** adj. ags. *lah* [THORPE AnAl.] ist sehr zweifelhaft, altn. *lágr*, schw. *låg*, dän. *lav*, niederl.
laag, mhd. *læge*, afries. *lege, legh*, niederd. *lég*,
sch. *laigh, laych, lawch, leaugh, leugh, leuch* u.
law, neue. *low.*

. 1. räumlich, niedrig, nicht hoch, tief
gelegen: Pær wass an bennkinnge *lah.* ORM
15232. Þe se sal be swa *law* þat unnethes men
sal it knaw. HAMP. 4764. Bi þay [sc. þe wylde]
were tened at þe hyʒe, and tay sed to þe wat-
rez, þe ledez were so lerned at þe *loʒe* trysteres,
& þe grehoundez so grete, þat geten hem bylyue. GAW. 1169. Prede loueþ wel heʒe stedes,
mildenesse þe *loʒe.* AYENB. p. 139. Þe myst
dryues þorʒ þe lyst of þe lyfte, bi þe *loʒ* medoes.
ALLIT. P. 2, 1760' Kompar. To a *logher* place
þey gunne þan to go. R. OF BRUNNE *Medi-
tal.* 133.

2. in übertragener Bedeutung, von Stand,
Rang, Würde und Werth, niedrig, gering:
Niss nan off þa þrinne þed Wiþþ oþerr esenn-
mete, Forr ann iss heh, & oþerr *lah.* ORM 15244.
Loke hu *lah* ha lette þe. HALI MEID. p. 45.
Nu is riht þonne þat we demen us seolf eðeliche
ant *lahe.* OEH. p. 257. Ich iseh þe apostles,
poure ant *lah* on eorðe, ifullet ant biʒoten al of
unimete blisse sitten i trones. p. 261. Peos for
hore sunnen . . leoten ham *lahe* & eðeliche, &
beoð sare offeared of godes luðere eie. HALI
MEID. p. 43. Kompar. Þohh wass þho miccle
lahre þann ure laffdiʒ Marʒe wass. ORM 2664.
Hwasse of engel lihteð to iwurðen *lahere* þen a
beast . . loke hu ha spede. HALI MEID. p. 27.

Nis þar nan swa heih, nis þar nan swa
laih, þ we nabbet his freond ifelled to grunde.
LAʒ. I. 42.

To takenn off þe *laghe* leod Þatt tatt teʒʒ
sholldenn nittenn. ORM 10231. cf. 9319. 10231.
Kompar. Drihhtin Godd warrþ her forr Ʒet
lasse þann hiss enngell, & *laʒhre* moh. ORM
3744. Superlat. Þiss follc iss *laʒheast.* 15276.

Ðo arn ðe little in leve *lago* [im Glauben
niedrig, schwach], ðe mikle ne maig he [sc. ðe
deuel] to him dragen. BEST. 547.

Þis is wunder ouer alle wundres . . þet so
unimete *louh* þinc, fere nichil, wel neih nout . .
schal drawen into sunne so unimete heih þinc
ase is soule. ANCR. R. p. 140.

Þore ant *loʒe* thou were for ous. LYR. P.
p. 73. Alle þe heredmen in halle, þe hyʒ & þe

loʒe. GAW. 302. Ne was þe engel [isend ne to
kinge ne te eorle . . ac to *loge* and eðeliche men
alse heordes buð. OEH. II. 35. Superlat. Ase
zeue benes byeþ yzet . . þe heʒeste beuore, and
þe *loʒeste* efterward. AYENB. p. 119.

Ne lete ʒe nout þe *lowe* fleschs ameistren
hire [sc. þe soule] to swuðe . . ANCR. R. p. 140.
Non emperour . . þat wantede wisdam . .
Mihte lordschipe lache of oþur *low* peple.
ALEX. A. DINDIM. 262-4. What se he were of
high or *lowe* estat. CH. C. T. 524. Ech that
enhaunsith him silf schal be maad *lowʒ.* WYCL.
LUKE 13, 11 Oxf. Þar weren ofslaʒe alle þe
snelle Arthures hiredmen, hehʒe and *lowe.* LAʒ.
III. 142 j. T. The kinges men . . Scuten on
hem, heye and *lowe.* HAVEL. 2430.

Substantivirt kommt das Adjektiv in
allen Graden vor; im Positiv: Þe riche & þe
laʒe. LAʒ. II. 506. Alle heo weoren bi ane, þe
hehʒe & þa *laʒe.* II. 541. Per scal þe hehʒe beon
wfne þan *loʒe.* II. 540. He setten hem dun bi
þe wawe, Riche and pouere, heye and *lowe.*
HAVEL. 2470. The legat there asoilede heye &
lowe al so of homage, that hii adde this Lowis
ido. R. OF GL. p. 514.

im Kompar.: Lutenn þa þatt sinndenn hise
lahre [Geringere als er]. ORM 2755. Lefliʒ to
þeowwtenn oþre menn, To lutenn þine *lahþre.*
4950. Whase laʒheþþ himm Bineþenn hise
lahþre. 10738. Þe zenne is gratter ine one
manne, þanne ine anoþren . . ine ane prelat,
þanne ine ane *loʒer.* AYENB. p. 175. Inobedience:
Þet is, þet child þet ne buhð nout his eldre;
vnderling, his prelat; paroschian, his preost;
meiden, hire dame; euerich *lowure* his herre.
ANCR. R. p. 198. Dunes bitocneð þeo þet ledeð
hexst lif, hulles beoð þe *lowure.* p. 380.

im Superlat.: He sat atte bordes ende, as
him noʒt wel bicom; And his men sete alle
withinne, as he the *loweste* were. BEK. 1186. Þe
loweste þat liuede his lord mihte worþe. ALEX.
A. DINDIM. 265.

Die aufgeführten Formen bezeichnen Personen, doch ist auch das einfache Adjektiv
mit Präpositionen als neutrales Substantiv
anzusehen: Adam ure forme feder, þet alihte
from hehe *in to lahe.* OEH. p. 79. Her me mei
understonde þet he alihte from hehe *to lahe*,
from derewurð wuninge in to wone [Mangel] of
blisse. *ib.* Forleoseð þe luue nawt ane in
heouene ah *of lah* ec in eorðe. ST. MARHER.
p. 14. Heo stont þurh heh lif iþe tur of Ierusalem, nawt *of lah* on eorðe. HALI MEID. p. 5.
I am wyʒe at your wylle, to worch youre hest,
As I am halden þer to, in hyʒe & *in loʒe* [d. i. in
allem]. GAW. 1039. Þe derrest at þe hyʒe dese
þat dubbed wer fayrest, & ayþen on lenþe *bi
looghe* [neue. *below*] ledez inogh. ALLIT. P.
2, 115.

lahe, laghe, lawe, lohe, loʒe, lowe etc.
adv. neue. *low.*

1. niedrig, hinunter, unten, sowohl
in räumlicher als übertragener Bedeutung: Peos
as flesches þralles beoð in worldes þeowdom &
wuneð *lahe* on eorðe. HALI MEID. p. 5. Nis ha
þenne sariliche . . akast . . þat fram se muchel

hehscipe & so seli freodom schal lihte se *lahe*
in to a monnes þeowdom. *ib.* Heo .. sende him
to seggen þat nalde ha nawt lihten se *lahe* to
luuien. ST. JULIANA p. 9. Þeo þe heið ham her
[þu] leist swiðe *lahe* [die sich hier erheben, legst
du nieder d. i. demûthigst du]. p. 63. Fra ful
hei he [sc. Lucifer] fell ful *law* [lawe *cett.*].
CURS. MUNDI 481 COTT. When it [þe body] es
in erth layd *lawe*, Wormes þan sal it al tognaw.
HAMP. 862. My felowe for his sothe sawe hathe
loste his lyf, and lithe ful *lawe*. GESTA ROM.
p. 175. The bure made tham ful *law* to lout.
MINOT p. 30.

Þu schald nu in eorþe liggen ful *lohe* [lowe
p. 179]. O.E.MISCELL. p. 178. *Loje* he loutez hem
to Loth to þe grounde. ALLIT. P. 2, 798. We lin,
whan us slepe list, *lowe* vndur erthe. ALEX. A.
DINDIM. 441. *Lowe* he liþ, loken in ston. GRE-
GORLEG. 974. He þet is and euer wes in heuene
myd his fadere, Ful *lowe* he alyhte. O.E.MI-
SCELL. p. 37. Bihold euer upward touward
heouenliche men þet clumben so heie, & teonne
schalt tu iseon hu *lowe* þu stondest. ANCR. R.
p. 278. Aȝein the hethene forte fyhte, to wynne
the croiz that *lowe* lys [danieder liegt, ohne
Hülfe ist]. POL. S. p. 247. Out of joie icham
yblawe, mi soule is brouȝt *lowe* to ligge. GRE-
GORLEG. 803. To þe bataile he nam, Roberd
side ȝede *lowe* [unterlag], Roberd side ȝede
doun, for he bitrayed was. LANGT. p. 100 sq.

K o m p a r. Sum stod vp to þe kne, And
sum to þe armes a lytil *laȝhere*, And sum to þe
lippis moche deppere. O.E.MISCELL. p. 212. A
fell arow in his frunt festnet of loue, Woundit
hym .. And lurkid doun *lagher* to his low brest.
DESTR. OF TROY 9150.

2. Speke y loude, or spek y *lowe*, þou shall
ful wel heren me. HAVEL. 2079.

Den vorstehenden Formen des Adjektiv
etc. schliessen sich folgende Wörter an:

laghen, lawen, loȝen, lowen, louwen v.
altniederl. *leegen*, sch. *law* i. q. bring down,
humble. neue. *low.*

a. tr. 1. e r n i e d r i g e n, d e m û t h i-
g e n: Peȝȝ wolldenn niþþren Crist & *laȝhenn*
himm þe mare. ORM 1826. *Lowyn*, or me-
kyn, humilio. PR. P. p. 315. I haue a douȝter mayden, and this man
hath a secoundarie wijf; I shal brynge hem
out to ȝow, that ȝe *lowen* hem [ut humilietis
eas *Vulg.*], and ȝoure lust ȝe fulfil. WYCL.
JUDG. 19, 24. Oxf.

Wel is us nu, Louerd, uor þe dawes þet
tu *lowedest* us [quibus nos humiliasti] mide
oðre monnes wouhwes. ANCR. R. p. 190. He
lowede hem [humiliavit eos sc. Philisthæos.
Vulg. vom siegreichen Feldherrn]. WYCL. 1
PARALIP. 20, 4 Oxf.

Þurrh þatt wass he .. All wiþþ hiss lefe
wille Niþþredd & wannsedd wunnderrliȝ &
laȝhedd inn himm sellfenn. ORM 3728. Þe
lawe, Þatt shollde sket beon worrpenn dun
& *laȝhedd* all & niþþredd. 9634. Wha swa
heghe here wille him bere, He salle be *lawed*.
HAMP. 852. Who so hym lyked to lyfte, on
lofte watz he sone, & quo so hym lyked to

lay, watz *loȝed* bylyue. ALLIT. P. 2, 1649.
Ech that enhaunsith hym schal be *lowid.*

2. v e r r i n g e r n, v e r k l e i n e r n: Vor
þet guode los to abatye and hire guodes to
loȝy, þe enuious agrayþeþ alle his gynnes.
AYENB. p. 28.

Þe guodes þet oþre doþ and habbeþ, he
hise heȝeþ and hereþ; þe kueades, he his
excuseþ and *loȝeþ* and lesseþ. AYENB. p. 136.

b. refl. s i c h e r n i e d r i g e n, s i c h h e r-
a b l a s s e n, s i c h d e m û t h i g e n: Ȝho wollde
ȝifenn uss God bisne in hire sellfenn Off þatt
tatt uss birrþ *laȝhenn uss* ȝiff Godd uss heȝheþþ here. ORM 2637. He þe wollde ȝifenn
bisne þatt te birrþ aȝȝ *þe sellfenn* her þurrh
soþ meocnesse *laȝhenn*. 3746. cf. 3883. Hy
ssolden nime uorbisne of þe quen Hester,
þet dede of hire coustouse robes and hire
oþre agraiþinges þanne hi com to cherche to
bidde god and *hire* to *loȝy*. AYENB. p. 216.
It were not mete for the sone of a kyng so
to *lowe hymselfe* as to set his loue vpon so
pouer a mayd as I am. HUON OF BURD. II.
628. Min hert is to hauteyn so hyeȝ to climbe
so to leue þat ladi wold *lowen hire* so moche
.. to come to swiche a caytif. WILL. 707.
The knyȝt .. ne wolde not *lowe him selfe*
[nämlich ein Verbrechen einzugestehen].
GESTA ROM. p. 235.

Thench thou nart bote esche, And so
thou *loȝe the.* SHORKH. p. 107.

Whase *laȝheþþ himm* Bineþenn hise
laȝhre. ORM 10738. Wha swa here *lawes
him* ryght, He salle be heghed in heven
bryght. HAMP. 8505. He þet is mest worþ,
he *him* mest loȝeþ. AYENB. p. 246. He *lowiþe
him* wickidlye, þat is withynne ful of falshede.
GESTA ROM. p. 245.

Nas mi menskful ladi Meliors h[er]einne,
& *lowed hire* to be mi lemman & lai in myn
armes? WILL. 694. He *lowyde him silf*,
takynge the foorme of a seruaunt. WYCL.
PHIL. 2, 7 Oxf.

Askand mercy and forgyfnes .. anely
lawand þame selfe to þe sacramentes of haly
kyrke. HAMP. Tr. p. 42.

c. intr. 1. n i e d e r g e h e n, s i c h s e n-
k e n: The sonne *loweth* and west helt. ALIS.
5746. Fortune hath ever be muable, And
may no while stonde stable, For now it high-
eth, now it *loweth*. GOWER III. 295.

2. s i c h m i n d e r n, a b n e h m e n: Þis
senne anheȝeþ and *loȝeþ* by þe hodes and þe
worþssiphede [sc. der Ehebrecher]. AYENB.
p. 49.

lawli, loȝli, loughli, lowli sch. *lawly*,
neue. *lowly.*

1. adj. d e m û t h i g: Curteys he was,
lowly, and servysable. CH. C. T. 99. Of
swiche .. *lowli* askynge of grace. GESTA
ROM. p. 245.

2. adv. i n d e m û t h i g e r, e h r e r b i e-
t i g e r W e i s e: *Lawly*, vbi mekely. CATH.
ANGL. p. 211. Þe lorde .. cumaundes To
delyuer hym a leude, hym *loȝly* to serue.
GAW. 850. Þenne *loȝly* his leue at þe lorde

fyrst Fechches þis fre mon, & fayre he hym
þonkkes. 1960. Lenge a lyttel with þy lede,
I loȝly biseche. ALLIT. P. 2, 614. Þen
Abraham . . loȝly him þonkkes. 745. We
loughly besekes. WARS OF ALEX. 1012
Dubl. Lowely, or mekely, humiliter. PR.
P. p. 314.

　　mit leiser Stimme: Lowely, or softe
yn voyce, submisse. PR. P. p. 314.

　　Daher das Substantiv lowellhed neue.
lowlihood. Demuth: Therof [sc. of Loves
service], cometh al goodnesse . . Lowelyhed
and trewe companye, Semelyhed, largenesse
and curtesie. CH. Cuck. a. N. 151-2. und
louliness s. neue. lowliness, Erniedrigung, Demuth: Hit is no charge, who
be above or who be byneth; and so by the
spirit of loulynesse we may come to þe ioy
ofheven. GESTA ROM. p. 71 sq.

lawnes, loȝnesse, louhnesse, lownesse
s. neue. lowness. Niedrigkeit, Erniedrigung.

　　Þus salle þai haf þare gret powere And
heghnes, for þair awen gret lawnes here.
HAMP. 8499. Þi lawnes [lownys Dubl.] & þi
litillaike þou lickyns to my hiȝt. WARS OF
ALEX. 2706. Ac huanne hi byeþ ycliue op
al to þe laste stape, oþerhuil hit behoueþ
gou doun þe loȝnesse. AYENB. p. 246. Edmodnesse is forkesting of wurðschipe, &
luue of lute hereword & of louhnesse. ANCR.
R. p. 278. The two vertues of the glorious
virgine, scil. lownesse & charite. GESTA
ROM. p. 119. Lownesse, or mekenesse, humilitas. PR. P. p. 314.

louhschipe s. Erniedrigung, De-
müthigung.

　　Iðe menske of þe dome þet heo schulen
demen is heihschipe menskeful ouer al understonden, aȝean scheome & louhschipe þet
heo her uor Godes luue mildeliche þolieð.
ANCR. R. p. 358.

lahen, lahȝhen, laȝhen, laghen, laȝen,
lawȝhen, lawhen, lawenȝ lauȝen, laughen,
lauhwenȝ lelȝen, leighenȝ hleȝȝen, leȝȝen,
lehȝen, leȝenȝ lihȝen, liȝhen, lighen, lihen
v. alts. hlahan [hlóg, hlógon], ags. hlehhan, hlihhan, hlihan [hlóh, hlógon], ahd. hlahhan, lahhan, lachan [hluoh, hluoc, hlóch], gth. hlahjan
[hlóh], altniederl. lachen [krch], altn. hloeja [hló,
hlógum], schw. le [log], dän. lee [loe], sch.
lauch [leuch, leugh]. Im Althochdeutschen erscheint später eine schwache Verbalform lachên
[lachéta], mhd. lachen [lachete, lachte], wie
afries. nur das schwache hlakia [hlakade] nachgewiesen ist. Wie im Nhd. so ist im Neuengl.
nur das schwache Ztw. laugh erhalten. In der
alten englischen Sprache scheint ein schwacher
Infinitiv nebst präsentischen Formen nicht
nachweisbar, wenn auch schwache Formen das
Präteritum später vorkommen, wie sie unten
aufgeführt sind. lachen, absolut oder mit
Angabe des Gegenstandes oder Grundes des
Lachens.

　　To lahen so lude. ST. MARHER. p. 14. He

. . toc to lahhȝhenn lhude. ORM 8142. She shal
laȝhen [leiȝe Purv.] in the laste dai. WYCL.
PROV. 31, 25 Oxf. A dylly downe, perde, To
gar a man lughe. TOWN. M. p. 115. To laghe,
ridere. CATH. ANGL. p. 206. Drede þai sal,
And on him lagh. PS. 51, 8. Wel bycommes
such craft vpon cristmasse, Laykyng of enter-
ludes, to laȝe & to syng. GAW. 471. I forsothe
in ioure deth shal lawȝhe [leiȝe Purv.]. WYCL.
PROV. 1, 26 Oxf. lawhyn, rideo. PR. P. p. 290.
He began to lawhe. CHARLES THE GRETE p. 53.
Þe Sarȝyn gan to lawe amere. FERUMBR. 386.
cf. 1756. Per is no iogoloure þat can make me
so fast lawe, as woll my sone. GESTA ROM.
p. 46. Whan we tenden any tale þat turneþ to
bourde, þat were gume for a gome, or good
of to lauȝe, We sesen of solas, & sorwen in
herte. ALEX. A. DINDIM. 469. Yn þi mouth
when þi mete is, To drinke or speke or lauȝh . .
curtasy forebydes it the. BAB. B. p. 23. Thou
shalle not laughe ne speke no thyng, Whille
thi mouthe be fulle of mete or drynke. B. OF
CURTASYE 67. Sir Lancelott salle never laughe.
MORTE ARTH. 1720. Nule ȝe buten lauhwen
him lude to bismare. ANCR. R. p. 270. Nolde
me lauhwen ane beggare lude to bismare þet
bede men to feste? p. 414. Blessid be ȝe that
wepen now, for ȝe schulen leyȝe. WYCL. LUKE
6, 21 Oxf. Thenne they myght wel forbere For
to pleye and for to leyghe. RICH. C. DE L. 3450.
Þe herkneres do wel lheȝȝe. AYENB. p. 58. Þe
stede . . is yȝet to bidde god, naȝt uor to iangli,
uor to lheȝȝe ne uorto trufly. p. 214. Þe uerþe
yesþe of þe holy goat, þet is ycleped þe yesþe of
strengþe, þet armeþ godes knyȝt . . and makeþ
ham leȝȝe betuene þe tormens. p. 111. He lehȝen
agon ludere stæfne[nen]. LAȜ. II. 574. Ase þe
norice conforteþ þet child þet wepþ . . hi deþ
him leȝe be strengþe. AYENB. p. 161. He gan
lihȝen luddere stefne. LAȜ. II. 518. Þe kyng
gan som del to lyȝhe, þo he herde þis. R. OF
GL. p. 101. Eche on other gan to ligh. GOWER
II. 254. He bigan som del to lihe. R. OF GL.
p. 93.

　　Laghe [imperat.] at it lightly, and let it
ouer pas. DESTR. OF TROY 5084. Lawȝe not to
oft for no solace. B. OF CURTASYE 215. Lawȝe
þou not with no gret cry. FREMAS. p. 40. BAB.
B. p. 15. Lawȝe þou not to loude, ne ȝane þou
not to wide. BAB. B. p. 38. Laugh not to much
at the table. p. 81.

　　Whi lawȝist þou soo? GESTA ROM. p. 3.
Loke þou laughe [conj.] not, nor grenne. BAB.
B. p. 20. Whillc iss þatt, þatt lahȝheþþ her wiþþ
sinne? ORM 5668. Þe world laghes on man and
smyles, Bot at þe last it him bygyles. HAMP.
1092. Yf the ton ee with teres trickell on hir
chekes, The tothur lurkes in lychernes, & laghes
ouerthwert. DESTR. OF TROY 8058. Wyth þis
he laȝes so loude, þat þe lorde greued. GAW.
316. Sel so Sare laȝez, Not trawande þe tale,
þat I þe to schewed. ALLIT. P. 2, 661. He
laȝes at his wordis. WARS OF ALEX. 2725 Ashm.
He laughwith, and swerith by the sonne, Mede
and Peiroe he havith ywonne. ALIS. 1750. Ile
lauhweð hire to bisemare. ANCR. R. p. 132. Þe

sixte hweolp is Loquacitas. Þeo uedeð þeane hweolp þet beoð of muchel speche, jelpeð, & demeð oðrej, *lauhweð* [*likes* T. *lijet* C.] oðer hwules. p. 198. Þet ne is najt lyf of man, ac of child, þet nou wepþ, nou *lhejþ*. AYENB. p. 93. — Jet up on al þi wa ha eken schome and bismer, *lahhen* þe to hokere, þer þu o rode hengest. OEH. p. 283. He wepeþþ ec forr alle þa þatt *lahjhenn* her wiþþ sinne. ORM 5662. Woo to jou that *laughen* [*leijen* Purv.] now. WYCL. LUKE 6, 25 Oxf. Þenne alle *lauhwhen* an heij. JOSEPH 2.

Þa *loh* Uortiger. LAJ. II. 134. For hire spæche he *loh*. II. 203. Þa *loh* Arður ludere stefene. II. 450. A lowde lajter he *loje*. WARS OF ALEX. 96. I *loghe* hym unto hethyng. TOWN. MYST. p. 235. Sarra . . Herd þis word and *logh* þarat. CURS. MUNDI 2721 COTT. In his life þan anes he *logh*. HOLY ROOD p. 71.ʼ Fyrumbras . . to Olyuer spak & *lowj*. FERUMBR. 524. Abraham . . *lowj* in his herte. WYCL. GEN. 17, 17 Oxf. cf. 18, 12. He barst on lauhtre and loude *louh*. LAY FOLKS MASS B. p. 137. The kyng bihuld him al an hoker, and scornliche somdel *louj*. BEK. 710. Þe more schame þat he him dude, þe more þe gode man *louj*. ST. DUNSTAN 100. Þo lai þat litel child and *louj*. GREGORLEG. 307. Ne was þer non þat *louje*. K. H. 477. Rowlande at those wordes *loughe*. ROWLAND A. OTUEL 115. Tho *lough* this Pandare. CH. Tr. a. Cr. 2, 1037. Therwith she *lough*. 2, 1163. The leuedi *lough* ful smare. TRISTR. 3, 52. Þe kok [bi] stod, and on him *low*. HAVEL. 903. Fyrumbras on him glente ys eyje scornfullich & *low*. FERUMBR. 356. If she *loowe* to hym, he *looj*. WYCL. 3 ESDR. 4, 31 Oxf. Tho he wes inne, smere he *lou* [Reimw. inou]. VOX A. W. 23. He seyde, and *leigh* ful lowde, Him self was litel worth. CH. Tr. a. Cr. 2, 1077. — Þa Bruttes *lohjen* [*lowen* j. T.] ludere stefuene. LAJ. II. 555. Þa quenen lude *lojen* [*lowe* j. T.]. II. 113. Þis opere *lojen* and hadde gleo. FL. A. BL. 477. So we *loghe* and maide good chere, And crownyd that carle withe a brere. TOWN. M. p. 235. E dede men to sunne, þere fore we loude *lowe*. MEID. MAREGR. st. 50. Shuldreden he ilc oþer and *lowen*. HAVEL. 1056. Alle þes opere *lowe* þeruore. FL. A. BL. 776. They *louh* and pleyde. CH. C. T. 3856.

He gret Wit þen lauerd ant al þat hird seoðen wið *lahhinde* chere. OEH. p. 257. Heo hit lihtliche aber, & *lahinde* þolede. LEG. ST. KATH. 1555. Alle pleiende somen, alle *lahinde* somen. 1691. Selde cometh lone *lahynde* home. REL. ANT. I. 113. Sir Rowlande . . with a *lagheande* chore Said etc. ROWLAND A. OTUEL 185. Þenne *lajande* quoth þe lorde. GAW. 1068. Al *lajande* þe lady lanced þo bourdes. 1212. Þus wyth *lajande* lotez þe lorde hit tayt makez, For to glade syr Gawayn. 988. Lufe we no laike in oure lede ne *lajand* mirthis. WARS OF ALEX. 4367. He . . spac wiþ him . . wiþ *lajinge* chere. ST. DUNSTAN 72. Hyr chere *lawhyng*, hyr egen clere. CHARLES THE GRETE p. 90. *Lawyng* to Naymes gan he say, þat he was a gret lyere. FERUMBR. 1757. Þeonne mid

ispredde ermes leapeð *lauhwinde* uorð. ANCR. R. p. 230. Hir persone he shalle afore hym sette, Hir *laughing* eyen, persaunt and clere. CH. R. OF R. 2808. Whan folk hadde *lawhen* of this nyce caas Of Absolon and heende Nicholas etc. CH. C. T. 3853. vgl. alts. p. p. *hlagan*.

Entschiedene Formen des schwach gewordenen Zeitworts bietet die ältere Sprache nur spärlich:
Loude *lajed* he þerat. GAW. 909. Þenne watz Gawan ful glad, & gomenly he *lajed*. 1079. Þenne þe burde byhynde þe dor for busmar *lajed*. ALLIT. P. 2, 653. Danyel *leijide* [*leijede* Purv.] WYCL. DAN. 14, 18 Oxf. Abraham . . *leijide* [*low*; Oxf.] in his hert GEN. 17, 17 Purv. vgl. 18, 12. — Ladies *lajed* ful loude. GAW. 69. Þanne were his felawes fain, for he was adradde, & *lawjeden* of þat gode layk. WILL. 1783.

lajing, lajhing, lawing, laughing, lejing, leijing s. neue. *laughing*. Lachen, Gelächter.

Þay maden as mery as any men mojten, With *lajing* of ladies, with lotez of bordez. GAW. 1953. To the time that thi mouth be fulfild with *lajhing*, and thi lippis withe ioje. WYCL. JOB 8, 21 Oxf. A *laghynge*, risus. CATH. ANGL. p. 206. The Lord hath *lawyng* [*leijynge* Purv.] maad to me. WYCL. GEN. 21, 6 Oxf. Thi joye shalle double . . Whanne thou thenkist on hir semlynesse, Or of hir *laughing*, or of hir chere. CH. R. OF R. 2817. Euremo ssolle by myd god ine paise and ine *lejinge* and ine bl'sse wyþ'uten ende. AYENB. p. 161. — Þe *lesinges* and þe *lhejinges* uor to solaci þet uolk. p. 63. Tirauntis shuln be his *leijingis* [ridiculi]. WYCL. HABAK. 1, 10 Oxf.

lahien v. ags. *lagian*, sancire. festsetzen, bestimmen. vgl. *laje*, *lahe*, lex.

Godd, i mon, for monnes bruche, bette & eode o bote, as his ahne godleic *lahede* hit & lokede. LEG. ST. KATH. 1209.

lahter, lehter, leihter, lajter, laghter, laughter s. ags. *hleahtor*, *hlehter*, [GEN. 21, 6], risus, jubilum, gaudium. ahd. *hlahtar*, *lahter*, mhd. *lahter*, altn. *hlâtr*, dän. *latter*, neue. *laughter*. Gelächter, Lachen, Freude.

Þer þu wið strahte earmes henges o rode, was reowðe to rihtwise, *lahter* to þe luðere. OEH. p. 283. And tu . . was unwreste folk of world to hoker *lahter* ib. To arisen fram ream to ai lastende *lahtre* [v. l. *leahtre*]. LEG. ST. KATH. 2325. — Perfore of his holie egen hote teenes, and minede swo us alle, and gaf forbisne of him seluen þat we sholden biwepen ure elch oðres sinne and wosiðes, and forlete *lahtres* and idele songes. OEH. II. 147-9. Þa þuhte him on his swefne . . Þat his lauedi Diana hine leofliche biheolde mid wnsume *leahtren*. LAJ. I. 52.

He . . sigeð eure fro juweðe to helde . . fro *lehtre* to wope, fro wele to wowe, and attan ende fro liue to deaðe. OEH. II. 175. Þa answarede Cordoille, lude & no wiht stille, mid gomene & mid *lehtre* to hire fader leue. LAJ. I. 129.

Risus, *leihter*. WR. VOC. p. 93. To bringen

o *leihtre* hore ontfule louerd. ANCR. R. p. 212.
— Þet beoð of muchel speche, ȝelpeð .. vikeleð,
sturieð *leihtres.* p. 198.
Þus he bourded aȝayn with mony a blyþe
laȝter. GAW. 1217. A lowde *laȝter* he loȝe. WARS
OF ALEX. 96. Þan has þat hende him by þe hand,
& hent vp a *laȝtir* 5303.
Now es *laghter,* and now es gretyng. HAMP.
1451. A lowde *laghtur* that lady logh. TRYA-
MOURE 1558.
Þan fangez vp þe fele kyng a ful fenýd
laughter [*laȝtir* Ashm.] WARS OF ALEX 2197
Dubl. My joye is tourned to pleynynge, And
al my *laȝghtre* to wepynge. CH. B. OF DUCH.
598.

lahter, lehter, leihter s. ags. *leahtor,
lehter,* opprobrium, vitium, crimen, peccatum,
zu ags. *leahan, leán,* vituperare, alts. *lahan,*
gth. *laian.* Vergehen, Sünde, Laster.
In þes deofles heriscole fihteð agen us his
iferred, ȝewerged gastes, and unþeawes and
unwraste *lahtres.* OEH. p. 243. Two þing ben
in manne; on his þat clene and brehte and faire
kinde .. Þat oðer is wilfulship and lichamliche
lustes and liðere *lahtres.* II. 205. He [sa þe
deuel] .. cunneð te bringen us on liðere *lahtres.*
II. 209.
An fower cunne wise mon sulleð his elmesse. An is þenne he biȝeteð hereword ðere
mide. Et hoc animi morbo laborat fere omnis
homo, and þesne *lehter* habbeð mest hwet alle
men. OEH. p. 137. — Ðre þing beð þat mankin
heuieð: on is þe selue lust, oðer is iuel *lehtres*
II. 29. Þe lichame is cleped burh, for þat þe
fele *lehtres* and fule lastes wunen þeronne
[quod uicia habitant in eo]. II. 55. For þat ðe
[he *ed.*] lichamliche lustes and ðe fule *lehtres*
him holden bunden on here þralshipe. II. 79.
Þese two, þe ben *leihter* and lust, uulsteð þe
þridde, þat is þe flesliche lust. OEH. II. 29. —
Nere þer non empti stude iðe heorte to underuongen flesliche *leihtren.* ANCR. R. p. 156.

lahtoun, leihtun, leiȝhton s. ags. *ledhtún,*
ortus olerum WR. VOC. p. 285. altnorthumbr.
léhtún. vgl. *laighton* i. q. garden. Dial. Yorksh.
Gemüsegarten, Garten.
Lahtoun make ant to delve [nämlich im
Traume] Bytokneth joie to him selue. REL. ANT.
I. 264. I wis þu were myd Ihesu Crist in þe
leyhtune. O. E. MISCELL. p. 45. Here eode
Josep Jacobes sone into one *leiȝhtone* after
wuyrtene. KINDH. JESU p. 53. Jacob is Josep
hiet calle, And bad him go swiþe with alle Anon
riȝht down into þe *leiȝhtone* For to bringuen
heom wuyrtone. v. 1616. In þat *leiȝhtone* þar
he was, þare cam an naddre out þe gras, And
him envenimede in þe honde. 1624.
Dazu gehört **leihtunward** s. Gärtner.
Heo wende hit were þe *leyhtunward.* O. E.
MISCELL. p. 53.

lai s. pr. afr. *lais,* nfr. *lai,* kymr. *llais* [vgl.
DIEZ Wb. p. 355], ahd. *leih, leich,* neue. *lay.*
Gesang, Lied.
God almihti unne me .. Þet ich mote þe
[sc. ure lefdi] iseo in ðire heie blisse, And alle
mine ureond men þe bet beo nu te dai, þet

---

ich habbe isungen þe ðesne englissce *lai.* OEH.
p. 199. The foules syngeth her *lay.* ALIS.
5211. An harpour made a *lay.* TRISTR. 1, 51.
In his schip was that day Al maner of gle,
And al maner of *lay.* 2, 7. He makede Rymen-
hilde *lay.* K. H. 1477. Thai token an harp in
gle and game, And maked a *lay* and yaf it name.
LAY LE FREINE 17. He hath made many a *lay.*
CH. *Leg. GW. Prol.* 430. If ȝe wyl lysten þis
laye bot a littel quile, I schal telle hit. GAW. 30.
— In Brytayn this *layes* arne ywrytt, Furst
yfounde, and forthe ygete, of aventures that
fillen by dayes, Wherof Brytons made her *layes.*
ORPHEO 13. In Breteyne bi hold time This
layes were wrought. LAY LE FREINE 13. Under
a lynde upon a launde Lened I a stounde, To
lythe the *layes* Tho lovely foweles made. P. PL.
5028.

lai, lei s. afr. *loi, lei, lai* v. lat. lex, sch.
nordengl. *lay.*
1. Gesetz überhaupt: In þe kynges court
ȝit yche day Me vseþ þulke selue *lay.* CAST. OFF
L. 24ᵛ.
2. besonders religiöse Satzung, Religion: In Auntioge wif e ches i ðe false *lay.*
MEID. MAREGR. st. 2. Meidan Maregrete lef up
on my *lay.* st. 26. That livith in likyng out of
lay, his hap he deth ful harde. LYR. P. p. 23.
Ich wes to wyte ant wiste my *lay* p. 99. Preostes
heste ne godes *lay* Ne heolden hi noht bi heore
day. O. E. Miscell. p. 153. Grone he may and
wepen ay þe man þat deiet witoute *lay.* p. 199.
Kyng Darie awor by his *lay,* He hit scholde
abugge. ALIS. 1325. Take ichulle to cristendom
and uorsake þe giwes *lay.* HOLY ROOD p. 42.
Charlis þe sente be me to say, þov tornadest to
crestendome, & forsoke þy false *lay,* & to
folloȝt sone þov come. FERUMBR. 396. Þo þat
first were foos & com of paien *lay,* Of Cristen
men haf los. LANGT. p. 25. Haldayn of Donkastre was chosen þat ilk day To bere þe kynges
banere ageyn þe paien *lay* [d. i. gegen die
Heiden] p. 17. He ᵒⁿderȝede the Gywen *lay*
And was ȝeircumcysed. SHOREH. p. 122. So
he spak þe furst day, That he turned to godes
lay Twenty þ[o]usand. ASSUMPC. B. M. 685.
Wenys thou tⁱⁱᵘˢ to loyse oure *lay?* TOWN. M.
p. 60.
⫶ Cristene weren & leaffule i Godes *lei.*
LEG. ST. KATH. 165. We witen wel þ ure lahes,
ure bileaue, & ure *lei* hefde lahe sprung. 320.
Sone se ich awai warp ower witlese *lei.* 831.

lai s. afr. *lai,* pr. *laic,* it. *laico,* sp. *lego,* pg.
leigo, ahd. *leigo,* mhd. *leige, leie,* lat. *laicus,* gr.
λαιχός, neue. *lay.* Laie, Nichtgeistlicher.
Lay, man or woman, no clerke. PR. P.
p. 285.

laicourt s. weltlicher Gerichtshof.
Thomas suffred nouht clerke to be alle
schent, Ne to þe *laycourts* be brouht to tak þer
jugement. LANGT. p. 129. Þorgh God I þe forbede to chalange any clerke In *laycourte* for
non nede. p. 130.

laifeo, laife s. vgl. *feo,* feudum. Laien-
lehen.
If eni man of holi churche holdeth eni *laifeo*

. . he schal do therfore Servise that to the kinge falth. BEK. 556. Ȝuf a man of holi chirche halt eny *layfe*, . . he sal do theruore kinges servise. R. OF GL. p. 471.

lainere s. afr. *lasniere*, *laniere*, nfr. *lanière*. schmaler Riemen.

Girdyng of scheeldes with *layneres* [*lanyerys* CAMBR. MS.] *lasyng*. CH. C.T. 2506; vgl. *Lanyer* of lether, lasniere. PALSGR.

laire s. altn. *leir* n. u. *leira* f. lutum, locus limosus, schw. *ler* u. *lera*, dän. *leer*, sch. *laire*, *lare* i. q. bog, mire. Lehm, Thon, Erde.

Of erd alsua ne was he noght, Bot of foure tis wroght, Of water his bodi, is fless of [*lair* COTT.], His here of fir, his ond of rs. MUNDI 517 GÖTT. All sall leue ȝow [illegible] & into *laire* worth. WARS OF ALEX. 4445. Þar was a cite in þat side, asisid all with gemmes, Withouten lyme or *laire*. 5087.

laiten, leȝten [= *layten*] v. altn. *leita*, quærere, altschw. *leta*, *leita*, *laita*, nschw. *leta*, dän. *lede*, nordengl. *laite*, *late*. suchen, aufsuchen.

Princes of his palas preses in to chambre, To *laite* þar lord at was lost, with latis vnblythe. WARS OF ALEX. 151. Þe grete clerke . . forth wendis To loke & *layte* him a loge quare he lenge myȝte. 370-2. I shall fast the this forward . . our ground to þe grekes graunt as for right; And we exiled for euermore our easement to *laite*. DESTR. OF TROY 7985—8. Att what leche vppon lyue might I *laite* hele? 9191. All our londes to leue & to *laite* hedur. 9751. Þen letteris had þe lede fro his lefe modur, fforto high hym in hast & his home *laite*. 13972. Þou may leng ir by londe, & *layt* no fyrre. GAW. 411. Of alle hir men sal yhelde acount strayt, Sal nathyng þan be þar to *layt*. HAMP. 6000. I went my way withowten mare, Aventures for to *layt* in land. YW. A. GAW. 236. Who wil lesings *layt*, Tharf him no forther go. TRISTR. 3, 69. Thise ar the commaundementes ten, Who so wille lely *layt*. TOWN. M. p. 162. — Commenn samenn alle þreo, & settenn hemm bitwenenn, Þatt ille an shollde þrinne lac Habbenn wiþþ himm o lade, & tatt teȝȝ sholldenn farenn forþ, To *leȝȝtenn* & to sekenn, Þatt newe king þatt borenn wass. ORM 3452.

Layte as lelly, til þou me, lede, ynde. GAW. 449. *Laytez* ȝet ferre, Ferre out in þe felde, & feches mo gestez. ALLIT. P. 2, 97.

I am þe wakkest, I wot, and of wyt feblest, & lest lur of my lyf, quo *laytes* þe soþe GAW. 354. Many þe blys of heven covaytes, Bot fone þe ryght way þider *laytes*. HAMP. 7534.

We hafe . . forelytenede the loos þat we are *layttede*. MORTE ARTH. 252-4. The Mirmydons . . *laited* hym on the laund as the lede faght. DESTR. OF TROY 10290.

Þis es þe strend of him sekand, þe face of God Jacob *laitand* [requirentium faciem Dei Jacob *Vulg.*] PS. 23, 6.

His foes in þe felde in flokkes ful grete, þat longe hade *layted* þat lede his londes to strye, Now are þay sodenly assembled. ALLIT. P. 2, 1767.

lalen v. vgl. nhd. *lallen*, *lellen*, schw. *lalla*, dän. *lalle*, lat. *lallare*, gr. λαλεῖν? sprechen.

Þen þe lorde wonder loude *laled* & cryed. ALLIT. P. 2, 153. Þen *laled* Loth: „lorde what is best?" 2, 913.

lam s. ags. *lám*, argilla, limus, lutum, alts. *lêmo*, ahd. *leim* u. *leimo*, mhd. *leim* u. *leime*, niederl. *leem*, niederd. *lêm*, neue. *loam*. Lehm, Erde.

God þa ȝeworhte æнne man of *lame*. OEH. p. 221. Þu makedest mon of *lame*. ST. JULIANA p. 61. Ȝe [ne] makede he mon of *lam* to his ilicnesse? LEG. ST. KATH. 991. Þe is ileued to dei . . for a mon of *lam*, him þ is lauerd of lif. 2177-81. Swa þat ha naueð nawt freo of hire seluen & trukie for a man of *lam* þe heuenliche lauerd. HALI MEID. p. 5. In licome of *lam* & in beastes bodi neh liueð heuenlich engel. p. 13. Hwen Godd se wracfulliche fordemde his heh engel þat streonede hire in heuene, hwat wile he don bi þat *lam* & wurmene mete þat of þe deouel teameð hire on eorðe? p. 41 sq. Of erth and *lam* thou made manne. METR. HOMIL. p. 1. O Lazar ded laid under *lam* How Iesus raised his licam. CURS. MUNDI 193 COTT. He smerd wit *lam* min eien tua. 13568 COTT. Of erthe and *lame* as was Adam. REL. PIECES ed. *Perry* p. 79. PALSGRAVE hat die Form *lome*, claye, argille.

lamb, lomb, lam s. ags. alts. ahd. gth. altn. schw. *lamb*, niederl. dän. *lam*, neue. *lamb*. Lamm.

And tu, mi leue Ihesu, for þi mikle meknesse to *lam* was euenet. OEH. p. 273. Wiþþ *lamb* þu lakesst tin Drihhtin. ORM 1308. Volȝep þet lamb of mildenesse, Þet is Iesu Crist. AYENB. p. 232. Hec erna, a hew *lambe*. WR. VOC. p. 250. Hic agnellus, a lytyl *lambe*. *ib.* A *lambe*, agnus. CATH. ANGL. p. 207.

Icham mi lauerdes *lomb*, ant he is min hirde. ST. MARHER. p. 12. Þet ioffrede *lomb* . . bitacneð Cristes deðþe. OEH. p. 87.

Ase mild ase he is nu her, ase sturne he bið þer; *lomb* her, & liun þer. ANCR. R. p. 304. Þe *lomb* haþ leid þe lyoun adoun. HOLY ROOD p. 141. In the same day . . shal be slayn a *lomb*. WYCL. LEVIT. 23, 12 OXF. Men fynden with inne a lytylle best, in flessche, in bon and blode, as though it were a lytylle *lomb*. MAUND. p. 264. Wolues dede hii nymeþ vorþ, þat er dede as *lombe*. R. OF GL. p. 369. *Lombe*, agnellus, agnus. WR. VOC. p. 177. Monie cumeð to ou ischrud mid *lombes* fleose & beoð wode wulues. ANCR. R. p. 66. Þis chastete wes betokned ine þe yealde laȝe huer god het to ham þet ssolden ethe of þe *lombe* . . Þet hi gerten wel hare lenden. AYENB. p. 236.

Lam, or *loom*, yonge scheep. PR. P. p. 286. Alas, my *lam* so mylde, whi wille thou fare me fro Emang thise wulfes wylde. TOWN. M. p. 225. Hic agnus, *lamme*. WR. VOC. 187; a *lame* p. 219.

pl. ags. *lambru*; alte. To werenn hise *lammbre*. ORM 13329. Kende wyle þet þe *lambren* louie ham togidere. AYENB. p. 139. I sende ȝou as *lambren* among wolues. WYCL. LUKE 10, 3 OXF. Outward *lambren* semen we

. . And inward we, withouten fable, Ben gredy wolves ravysable. CH. R. OF R. 7015–8. Of gretter *lambren* j, ij, or thre. LYDG. M. P. p. 169.

Hilles als wetheres, fained þere, And knolles als *lambes* of schepe þat are. Ps. 113, 4. What to hem wilne thes seuen she *lambis* . . ? WYCL. GEN. 21, 29 Oxf. Ʒe shulen do a geit for synne and two *lombes* of o ȝeer. LEVIT. 23, 19 Oxf. Seuen *loombes*. 23, 18 Oxf.

lame, leme adj. ags. *lama*, claudus, debilis, alts. *lamo*, ahd. *lam*, afries. *lem, lom*, niederl. *lam*, niederd. *lâm*, altn. *lami*, schw. *lam* [a lang], dän. *lam*, neue. *lame*. **lahm, gelähmt**, bisweilen schwach an einem Organe.

Me wore leuore i wore *lame*, þanne men dide him ani shame. SIRIZ 199. A blinde man and *lame* schulen not entre in to the temple WYCL. 2 KINGS 5, 8 Purv. Jonathas, on thyn hand thow art but *lame*. PLAY OF SACRAM. 768. To the craft hyt were gret schame, To make [sc. prentes] an halt mon and a *lame*. FREEMAS. 153.

Vder þe *lome* mon. LAȝ. II. 394. Ne scullen we nauaere here liggen for ane *lomme* monne. ib. His lætes weoren alle swulche he *lome* weore. III. 236. Forȝelde hit þe drihten . . Þat þu þissen *lome* monne ȝiue of þine golde. III. 238. Ȝut thu me seist an other shome, That ich am on mine eȝen *lome*. O. A. N. 363.

lame s. **Lahmer**.

He forȝiaf . . halten and *lamen* richte gang. OEH. p. 229. Sche halpe þe pouer and þe *lame*. GREGORLEG. 215.

lami adj. v. *lâm*, argilla, neue. *loamy*. **lehmen, aus Lehm, aus Erde.**

Ihesu Crist leue þe þurh his blescede nome & alle þeo þat leauen luue of *lami* mon, for to beon his leofmon. HALI MEID. p. 47.

lamien v. ags. *lemian*, ahd. *lemjan*, mhd. *lemen*, alts. *bi-lamón*, afries. *lema, lama*, altn. *lama* [BIÖRN HALDORS.], debilitare; *lemja*, contundere, neue. *lame*. **lahm machen, lähmen.**

Lamyn, or make lame, acclaudico. PR. P. p. 286.

The doughty knyght sure Degrevaunt Leys the lordes one the laund . . And *lames* the ledes. DEGREV. 289-92.

Hwan he hauede him so shamed, His hand of plat, and yuele *lamed*, He tok him sone bi þe necke. HAVEL. 2754. He hadde ylore hys sworde, And hys sede was *lamed*. LYB. DISC. 1917. Tha was Corrineus oschamede That he was for geant *lamede*. R. OF BRUNNE Chron. in LAȝ. ed. *Madden* Notes p. 309. He lengede . . To loke of his lege mene and of his lele knyghtes, Ʒif any ware *lamede* or loste, life ȝife they scholde. MORTE ARTH. 3722.

lammasse, lammesse s. ags. *hlâfmâsse, hlâmmâsse*, missa panum, frumenti primitiarum festum, neue. *lammas*. eig. Brodmesse, die am 1. August gefeiert wurde, als Danksagung für die ersten Feldfrüchte; zugleich Petri Kettenfeier.

Þe kyng hem het . . þat hu a *lammasse* day mid her poer come. R. OF GL. p. 200. So þat aȝen *Lammasse* alle þes kynges to hym come. p. 201. In a *Lammasse* niȝt, Saterniȝt þat was, Out of Wurcetre he wende mid wel god pas. p. 557.

Lammesse, festum agnorum [!], vel festum ad vincula Sancti Petri. PR. P. p. 286. I talle at *Lammesse* take leve, and loge at my large In delitte in his laundes. MORTE ARTH. 421.

lampe, laumpe, lompe s. afr. *lampe*, pr. it. *lampa*, mhd. *lampe*, niederl. niederd. *lamp*, altn. *lompi*, schw. *lampa*, dän. *lampe*, lat. *lampas*, gr. λαμπάς, neue. *lamp*. **Lampe.**

Wha so o mi nome makeð chapele, oðer chirche, oðer ifindeð in ham liht oðer *lampe*, þe leome ȝef ham lauerd and ȝette him of heouene. ST. MARHER. p. 20. Ele hafð þrie ȝekynden on him . . hit wile on *lampe* bernen brihte. VICES A. VIRTUES p. 33. Hic lampas, *lampe*. WR. VOC. p. 193. There is a *lampe* that hongethe before the sepulcre. MAUND. p. 76. An ymage . . Dubbed ouer with dyamondes, þat were dere holdyn, þat with lemys of light as a *lamp* shone. DESTR. OF TROY 1680-4. — Brenninge wex & *lampen* ek wel þikke brende & liȝte. ST. KENELM 121. In that tabernacle ben no wyndowes, but it is alle made lighte with *lampes*. MAUND. p. 76.

Alswa is meiden i meidenhad wiðute mekelec, as in wiðute liht eoile in a *laumpe*. HALI MEID. p. 45. Hec lampas, a *lawmpe*. WR. VOC. p.231; a *lawmpe*. p. 248. *Lawmpe*, lampas PR. P. p. 290. — Ʒiueth us, heo seiden, of ouwer eoli, for our *laumpene* 'aqueinte beothx. LEB. JESU 631. In heore *laumpene* eoli heo nomen. 626. Tofore the kyng honge a charbokel ston And two thousande *laumpes* of gold and on. ALIS. 5252. Wellinde *laumpes* letet on hire renne. MEID. MAREGR. st. 59. The fyuc, her *laumpis* taken, token nat oyle with hem. WYCL. MATTH. 25, 3 Oxf.

Maydenhod wyþoute þe loue of god is ase þe *lompe* wyþoute oyle. AYENB. p. 233. Þe oyle of merci is yfaled ine þe *lompe* of his herte. p. 187. Þe fole maydenes, vor þet hi ne uelden naȝt hare *lompen* mid þe oyle, weren besset wyþoute uram þe bredale. ib. Þe gate was ysset aye þe fole maydines þet hedden hare *lompen* ydel. p. 218.

lamprei, laumprei, lampral etc. s. afr. *lamprois*, pr. *lampreza, lamprea, lamprada*, it. *lampreda*, sp. pg. *lamprea*, niederl. *lamprei*, ahd. *lampréida, lampréda, lantprída, lantfrída, lampríhrida, lamphrít*, mhd. *lampréde, lampríde, lemfrída*, schw. dän. *lampret*, mlat. *lampetra, lampreta* [Steinsauger, v. *lambere* u. *petra*?], neue. *lamprey*. **Lamprete, Neunauge.**

He wyllede of an *lampreye* to ete . . And ete as in luþer cas, vor þulke *lampreye* hym slou . . And deyde vor þys *lampreye*. R. OF GL. p. 442. *Lamprey* ibake. TWO COOK. B. p. 98. *Lamprey* poudred. p. 99. Þus must ȝe diȝt a *lamprey* owt of his coffyn cote. BAB. B. p. 161. Þe galantyne for þe *lamprey*. p. 174. — *Lampreys* in galentyn. TWO COOK. B. p. 32.

Hwan he tok þe grete *laumprei*, Ful wel he couþe þe rithe wei To Lincolne. HAVEL. 771. Thenne mot ich habbe hennen arost, feyr on fyshday *lampray* & lax. POL. S. p. 151. — A carte lode .. of grete *lamprees* and of eles. HAVEL. 895-7.

Murena, *lampray*. WR. VOC. p. 177. Hec lampreda, *lampray*. p. 222. A *lampray*, murena. CATH. ANGL. p. 207. A salte *lamprays*. p. 281. A *lawmpray*. p. 210. — *Lamprays* of west Twa hundreth pond. WARS OF ALEX. 5473. *Lamprays* bake. TWO COOK. B. p. 52. For *lamprays* bakun. LIB. C. C. p. 38. *Lamprayes* in browet; *lamprayes* in galentin. p. 25.

lampron, -un, -on, lamparn etc. s. vgl. fr. *lamproyon*, neue. *lampern*. kleine Lamprete, kleine Pricke.

A *lampron*, murenula. CATH. ANGL. p.207. A *lawmpron*, murenula. p. 210. Hec murenula, a *lamprun*. WR. VOC. p. 222. *Lamprune*. p.189. A *lampren*. p. 253. *Lawmperowne*, lampredula, murenula. PR. P. p. 290. — *Lamprons* in galentyne. TWO COOK. B. p.100. *Lamprons* ybake. *ib. Lamprouns* ybake: Take *lamprounys* & skald hem etc. p. 51. Eles, *lampurns*. BAB. B. p. 166. *Lampurnes* bake. p. 167. Eles, *lampurnes* rost. *ib.* cf. 157. 174.

lan s. premium. s. lean.

lance, launce s. afr. lance, lanche, it. lancia, pr. lansa, sp. pg. lanza, mhd. lanze, schw. lans, dän. landse, lat. lancea wahrscheinlich aus dem Keltischen. neue. lance. Lanze, Speer, Spiess.

Fro Charles kyng sans faile thei brouht a gonfaynoun .. & scharp *lance* þat thrilled Iheesu sīde. LANGT. p. 30. Broken was his *lance*. WARS OF ALEX. 1223 Ashm. — Beris into brijt stele bitand *lances*. 788 Ashm.

Alle yarmed swithe well, Bruny and *launce* and sweord of stel. ALIS. 1868. He laschis out a lange swerde, quen his *launce* failes. WARS OF ALEX. 1325 Ashm. He slogh the xij. dusepers of Fraunce, That to hym ryde with spere and *launce*. OCTOU. 980. He toke a *launce* hole and sounde. GREGORLEG. 590. He left all his ledis & a *launse* caght. DESTR. OF TROY 1228. — Þe folk out of þe castel com Wiþ *launces* heye and gomfeinoun. GREGORLEG. 597. Leders of Lettowe, with legyons inowe, Umbylappyde oure mene with *launces* fulle kenc. MORTE ARTH. 3785.

launcen, launcen, launchen v. afr. lancer, lancher, it. lanciare, pr. lansar, sp. pg. lancar, lat. lanceare, sch. lance, lans, neue. lance u. lanch.

1. tr. a. stechen: *Lawncyn* or stynge wythe a spere .. or blode yryne, lanceo. PR. P. p. 290.

Letande alles a lyone, he *launches* theme thorowe. MORTE ARTH. 3832.

A spere he sette to Crystys syde, He *launced* and opunde a wounde ful wyde. R. OF BRUNNE, *Meditat*. 856. Þe lede on lokond, him *launchit* to dethe. DESTR. OF TROY 6811.

b. werfen, schleudern, Geschosse: He .. a launce caght, *Launches* euyn to Lamydon. DESTR. OF TROY 1228. Hastili hent eche man a spret or an ore & *launced* after him, his lif to haue reued. WILL. 2754.

Personen oder Sachen: In a bed he dede hire *launchs*. SEUYN SAG. 1904. He .. Gers *launche* his botes appone a lawe watire. MORTE ARTH. 3922.

Worte oder Gedanken hinwerfen, äussern, gewähren: I schal .. *lance* neuer tale, þat euer je fondet to fle. GAW. 2124.

Al is wrost at þi worde, as þou me wyt *lances*. ALLIT. P. 2, 348.

Al lasande þe lady *lanced* þo bourdes. GAW. 1212. Þay *lanced* wordes gode, Much wele þen wats þerinne. 1766. Penne swenged forth Sare & swer by her trawþe, þat for lot þat þay *lansed* ho lajed neuer. ALLIT. P. 2, 667.

2. intr. a. stürzen, von rascher Bewegung: With a herde þei mette, a herte þerof gan *lance*. Walter was redi, he wend haf schoten þe herte, þe kyng stode ouer nehi, þe stroke he lauht so smerte. LANGT. p. 94.

Þe leues *lancen* fro þe lynde, & lyjten on þe grounde. GAW. 526.

Þe lorde ouer þe londes *launced* ful ofte. GAW. 1561.

b. von Licht und Flammen, schiessen, emporlodern: God fourmet hym so faire, as I fynd here, þat mony legions his light *launchet* aboue. DESTR. OF TROY 4407. The shippes on a shene fyre shot þai belyue, That the low vp lightly *launchit* aboute. 9509.

With a *launchant* laite lightonyd the water. DESTR. OF TROY 4630.

land, lond s. ags. afries. *land, lond,* ahd. mhd. *lant,* alts. niederl. gth. altn. schw. dän. *land,* sch. neue. *land.*

1. Land, im Gegensatz zum Wasser, festes Land: Yond is the *land*. TRISTR. 1, 33. The childe yede vpon the *land*. SEUYN SAG. 3553. At Famagos they came to *lande*. RICH. C. DE L. 628. Al he fyrst on *land* he leep. 6739. Be they had taken the *lande* .. Comes a templere. MORTE ARTH. 840. As thay stode so oppone the *lande*, And lokede into the see strande, Those schippes sawe thay ryde. ISUMBR. 219.

On Italíje he com on *lond*. LAJ. I. 6. Þen oðer dai heo comen liðen on æuen to *londe*. I. 48. And fier, and walkne, and water, and *lond*, Al is biluken in godes hond. G. A. EX. 103. Alle ðe oðre .. beren him of ðat water grund up to ðe *lond*. BEST. 363-6. Fro *londe* woren he bote a mile. HAVEL. 721. Þei .. sailleden swiþe to *londe*. WILL. 2763. Fast þai drowen to þe *lond* Wiþ ores gode. GREGORLEG. 277. Of suichen [sc. þyeues] þer byeþ uele maneres ine *londe* and ine se. AYENB. p. 37. He may go by many weyes, bothe on see and *lond*. MAUND. p. 6.

2. Stück Land, Feld, Länderei: There was sesyd in hys hand A thousand poundus worth off *land*. DEGREV. 65. Coloured stonde not on to besily To see thi *lande*, but rather fatte and swete. PALLAD. 1, 71. For vynes *land* to chees eke must thou yeme. J, 84. The *landes* fatte or lene. 1, 99.

Ðor him solde a *lond* kinge Emor. G. A. EX. 1843. Weste is cleped þat *londe* þat is longe

tilðe atleien. OEH. II. 161. Let heom tilien
þat *lond*. LAȝ. II. 282. Us is to write tillinge
of everie *londe*. PALLAD. 1, 8. Hy betakeþ hyre
londes and hare eritage ine wed. ATENB. p. 36.
Ar *londes* & ar leodes leggeth ful lene. POL. S.
p. 150. Ye owe more Than ye of yowre *londes*
mey reyr, Of all this seyvon yere. AMADAS 6–8.
    3. L a n d in politischer Beziehung, R e i c h,
G e b i e t : Hit ȝelamp þat an rice king wes
strang and mihti, his *land* gelost wide and side.
OEH. p. 231. His *land* [von Gott bildlich] is
all þes middenard, for he alle ȝesceop. p. 233.
Hiss feorrþe sune he ȝaff þe *land* & sette himm
þær to kinge. ORM 8153. Wærenn off an *land*
tatt wass Pærras bi name nemmedd. 7088. Whi
þolest þu þat Belin . . hauet swa mochel of
þisse *lande*. LAȝ. I. 184. Sho wist noght of
what *land*, Ne in whate stede he was dweland.
SEUYN SAG. 2921. Me haþ longe to ȝour *land*
liked to wende. ALEX. A. DINDIM. 178. Thus
they vysyted the Holy *Land*. RICH. C. DE L.
645. Feyre he [sc. the king] was on fote and
hand, And wele belouyd in all that *lande*.
IPOMYD. 7. — Sevene kynges *landes* hase he gone
thurgh. ISUMBR. 546.
    Albion hatte þat *lond*. LAȝ. I. 53. Nes
castel nan swa strong i þon *londe* of Griclond.
I. 26. He set o kine setle . . & sende heast &
bode, se wide se þe *lond* was, þ poure ba & riche
comen þer toforen him. LEG. ST. KATH. 45-51.
Þa ha hefde al þ *lond* ouergan. 519. This *lond*
wes cleped Albyon. CHRON. OF ENGL. 7. In
Engeland was neure knicth þat betere hel þe
lond to ricth. HAVEL. 106. That *lond* is grislich
and unvele, The men both wilde and unisele.
O. A. N. 1001. Ther quik fallith into his hond
Alle the citees of that *lond*. ALIS. 1419. Ther
come lordys of ferre *londes*. EGLAM. 40. Ther
ben come into thy *lond* Thre palmers. RICH. C.
DE L. 683. He was wont to ben emperour . . of
the *lond* of Surrye, of the *lond* of Judee, and of
the *lond* of Egypt. MAUND. p. 8. bildlich vom
H i m m e l r e i c h e : Nis ter nawt bittres . . i þat
heuenliche *lond*, i þat endelese lif. LEG. ST.
KATH. 1704-9. Of þe blisse undeadlich i þat
eadi *lond* as brud ne nimeð gume, ne brudgume
bruide. HALI MEID. p. 13. — Heo hauede France
mid fehte biwunnen, and alle þa fre *londes* þe
leien in to France. LAȝ. I. 222. Þo þrie kinges of
heþenesse þet vomen fram verrene *londes*. O.E.
MISCELL. p. 27. He was wont to holden a round
appelle of gold in his hond, but it is fallen out
thereof. And men seyn there, that it is a tokene
that the emperour hathe ylost a gret partie of
his *londes*. MAUND. p. 8.
    4. E r d e , W e l t : I þis world þat is icleopet
lond of unlienesse. HALI MEID. p. 13. Ȝe siden
were sore, le sang de ly cora, That *lond* wes
forlore, mes il le rechata. LYR. P. p. 98. Maken
I chulle Pees to *londe* come, And Pees and Riht
cussen and be sauȝt and some. CAST. OFF L.
551. To longe y lyue in *londe*. FERUMBR. 2793.
    Selten begegnen K o m p o s i t a mit der
Form *land*, wie in:
    landelepare s. wofür auch *londlepere* vor-
kommt. Landläufer, Vagabond.

A *landelepar*, jnquilinus (?). CATH. ANGL.
p. 207. Das Wort wird auch von P i l g e r n
gebraucht: He [sc. Petrus, id est, Christus]
ne is nouȝte in lolleres ne in *landeleperes*
[*londleperis* P. PL. 10049] hermytes. P. PL.
Text B. pass. XV. 207.
    landtiling adj. l a n d b a u e n d.
    Ȝe ben wastours, ich wot wel, þat wasten
and deuouren þat leel *landtylynge* men leelliche byswynken. P. PL. *Text C*. pass. IX. 139.
    K o m p o s i t a mit *lond* treffen wir da-
gegen in grösserer Anzahl, wie:
    londflod s. U e b e r s c h w e m m u n g : The
month unto this signe ordeined Is Februar,
which is bereined, And with *londflodes* in
his rage At fordes letteth the passage. GOWER
III. 126.
    londfolc s. age. *landfolc*, populus indi-
genus. L a n d e s v o l k , V o l k : Þat *londfolc*
hem ouersette mid felefelde pine and mid
swinche. OEH. II. 51. Þat *londfolc* wes
bliðe for heore leodkinge. LAȝ. III. 242 sq.
Other thu bodes cualm of oreve, Other þat
londfolc wurth idorve. O. A. N. 1155. He
wolde westen his lond . . & þat *londfolc*
aslæn. LAȝ. II. 511-12. Þi *londfolk* we schulle
slon. K. H. 43.
    londgavel s. L a n d s t e u e r, T r i b u t :
Fehten he wolde wið Cesar, þe axede
lon[d]ȝauel her. LAȝ. I. 318 sq. Ȝeond al he
sette reuwen . . þo fengen þa *londgauel*.
1. 332.
    londriche s. K ö n i g r e i c h , R e i c h : Þa
com þer westene . . a berninge drake . .
mid his feure he lihte al þis *londriche*. LAȝ.
III. 15.
    londspeche s. L a n d s p r a c h e, L a n -
d e s s p r a c h e : Ðor was sundri speches risen,
Sexti *londspeches* and xii mo. G. A. EX.
668.
    londtilie s. L a n d b a u e r : We scullen . .
wurðen mils lðe wið þa *londtilien*. LAȝ. II.
197.
    londuvel, londivil s. sch. *lande-ill*. L a n d-
s e u c h e, E p i d e m i e, später E p i l e p s i e :
He . . swette blodes swot uor ure seknesse,
& for to turnen us of þet *londvuel* þet alle
londes leien on, & liggeð ȝet monie. ANCR.
R. p. 360. *Londivyl*, sekenesse, epilencia.
PR. P. p. 312.
    londweiȝ s. L a n d w e g : Bi a *londweige*
he wente rigt, And brogte unwarnede on
hem figt. G. A. EX. 2681.
    landen, londen v. ags. *landian*, accedere ad
terram, neue. *land*. vgl. altn. *lenden*.
    1. intr. l a n d e n, a n s L a n d k o m m e n :
Londe fro schyppe, and water, appello. PR. P.
p. 312. — Those schippes *landed* by that land
syde. ISUMBR. 231. — Whenc oure wiese kynge
wiste þat Gawayne was *landede*, He al towrythes
for woo. MORTE ARTH. 3920. *Londyd* fro
schyppe, and water, PR. P. p. 312.
    2. tr. a. a n s L a n d s e t z e n : A god schup
he hurede, þat him scholde *londe* In westene
londe. K. H. 752.
    b. mit L a n d v e r s e h e n, b e g a b e n :

Londyd, or indwyd wythe lond, terradotatus.
PR. P. p. 312.

lane, lone s. afries. *lana, lona*, via, niederl.
laan (Allee), neue. *lane*. G a s s e.

Hec venella, a *lane*. WR. VOC. p. 270.
Lane, lanella, viculus. PR. P. p. 286. Wylde
fyrr ovyr the walles they blewe. Mony an hous
anon ryght Bycome upon a fuyr lyght, Many a
lane and many a streete. RICH. C. DE L. 4370.
Ilka *lane* and ilka strete of þis cete war fulle of
savoura swete. HAMP. 8919. Þe jates stoken
watz neuer jet, Bot euer more vpen at vche a
lone. ALLIT. P. 1, 1064. — En viles sunt les
veneles, *lanes*. WR. VOC. p. 165. Þat cete had
lones and stretes wyde. HAMP. 8905. In the
subarbes of a toun . . Lurking in hirnes and in
lanes blynde, Wher as these robbours and these
theves by kynde Holden here prive ferful resi-
dence . . So faren we. CH. C. T. 12585-90.
Liþtliche Lyjere leop awey þennes, Lurkede
þorw *lones* [v. l. *lanes*] tologged of monye. P.
PL. *Text A*. pass. II. 191.

laner s. afr. pr. *lanier*, it. *laniere*, neue.
lanner, wird vom lat. *laniarius* hergeleitet; vgl.
auch *lanius* L. eine geringere Falken-
art, W ü r g e r.

Hic basterdus, *laner*. WR. VOC. p. 252.
Laner. STATUTES OF THE REALM etc. in *Trans-
act. of the Philol. Soc.* 1880-81 bei SKEAT *Engl.
Words found in Anglo-French* p. 136.

laneret s. fr. *laneret*, neue. *lanneret*. s. SKEAT
l. c. das M ä n n c h e n v o m *laner* [?].

lang, long adj. ags. afries. *lang, long*, alts.
lang, ahd. *lang, lank*, mhd. *lanc*, niederl. *lang*,
gth. *laggs* [nur von der Zeit gebraucht], altn.
langr, schw. *lång*, dän. *lang*, lat. *longus*, sch.
lang, neue. *long*. l a n g.

1. r ä u m l i c h : Wrec þe nu an arc, þreo
hund fedme *lang*, and fifti fedme wid, and þritti
fedme heah. OEH. p. 225. A schippe behoues
þe to dight . . I sal þe tell hou *lang*, hou brade,
O quat mesur it sal be made. CURS. MUNDI
1665-8 COTT. Lene he was, and also *lang*. SEUYN
SAG. 55. Two faces . . With *lang* noses and
mowthes wide. 2780. Who þe lenghe of þe
lede lelly accountes, ffro þe face to þe fote, was
fyfe fadome *lange*. MORTE ARTH. 1102. He
laschis out a *lange* [*lang* Dubl.] swerde. WARS
OF ALEX. 1325 Ashm. Þe fax on his faire hede
was ferly to schawe, Large lyons lockis þat
lange ere & scharpe. 602.

Lone he is ant leane. OEH. p. 249. Vre
leuedi is iuened to gerde for foure þinges þe
man find ilome on gerde þat he be riht and
smal and *long* and smeþe. II. 219.

Cniht he wes swiðe strong, kene and custi
muchel and *long*. LAȝ. I. 271. Heo nom enne
longne cnif. I. 160. Þycke man he was ynou,
bote he nas noȝt wel *long*. R. OF GL. p. 412. He
was so *long* and so strong. ST. CRISTOPH. 83.
That ympe that so sprong, Hit was aschort and
nothing *long*. SEUYN SAG. 577. The tabernacle
is 8 fote *long*. MAUND. p. 75. — Smerte smiten
of smale *longe* jerden. OEH. II. 207.. Heo
breken scaftes *longe*, mid *longe* sweorden heo

smitten. LAȝ. III. 207. He [sc. a griffoun] hathe
his talouns so *longe* and so large . . as thoughe
thei weren hornes of grete oxen. MAUND.
p. 269.

Substantivirt erscheint das neutral zu
denkende Adjektiv, wie in dem lat. *in longum*,
in: Togeder he al þis werld wroght Seit for to
be *on lang* and brad [siþen for to be *in lange*
and brade. FAIRF.]. CURS. MUNDI 346 COTT., wo
die anderen Handschriften *lenth* u. *lengþe* bieten.
Of foure corners þe arche was made, als has þe
cros *of lange* and brade. HOLY ROOD p. 116.

2. z e i t l i c h : Þine is sur & biteþþ wiþþ &
cwennkeþþ erþliȝ kinde, Ȝiff þatt te pine iss
lang & strang. ORM 15208. His kynd na other
fruyt gyfes, Whether he lyf *lang* or short while,
Bot thyng that es wlatsome and vile. HAMP.
631. He depely many day disired to haue þe
quene, And lyes vmlapped with hire lufe many
lange [*lang* Dubl.] wynter. WARS OF ALEX.
919 Ashm. Crepe to cruche on *lange* fridai [ags.
on lang fridæi SAX. CHR. 1137, so genannt wegen der Dauer des strengen Fastens und Mei-
dung aller Arbeit von der Sterbestunde Christi
bis zum Auferstehungsmorgen]. OEH. II. 95.
cf. 99. Me hine sceolde derewrlice forð clepien,
and do hine wasse, and jiefe him his formemete,
þat him to *lang* ne þuhte to abiden ete. OEH.
p. 231. Gief þe licame beð euel, loð is heo þe
sowle, and hire þuncheð *lang* þat hie on him
bileueð. II. 183. Whan þei had wele siden,
þat þam þought right *lang*, þei lighted. LANGT.
p. 68.

On enelpi luttele hwile mon mei underfon
ane wunde on his licome, þet ne mei beon *longe*
hwile hat. OEH. p. 29. Hwa se euer haueð
longe wone of gastliche elne . . hit is forþi ha
haueð oþer wilneþ after cunfort on eorþe. p. 185.
He . . bit us þat we shule þis notion on þis
longe wowe and on þis wreche worelde. II. 41.
Umben *longne* first. LAȝ. I. 13. We liggeð here
i Lundene uaste ibunden, and je monienne
longne dæi ouer us ilæien habbeoð. II. 386. To
herien his heaðene maumej . . *long* time of þe
dai. LEG. ST. KATH. 434. Þe mire muneð us
mete to tilen, *Long* liuenoðe, ðis little wile ðe
we on ðis werld wunen. BEST. 273. *Long*
silence . . nedeð þe þouhtes up touward þer
heouene. ANCR. R. p. 72. Hit ne schal nowt
be *long* sojour. SEUYN SAG. 296. Muchedel
Engelond þojte hys lyf to *long*. R. OF GL.
p. 376. Heo bigunnen to fihten alle þene *longe*
dæi. LAȝ. III. 131. The *longe* day ful I rad.
CH. *Ass. of F*. 21. Al þene dæi *longe* heo
heolden þat feht stronge. LAȝ. III. 62. Al so
ich do mid mine one songe Bet than thu al the
jer *longe*. O. A. N. 787. Þe is [þis *ed*.] a þusent
wintre þer, ne þincð him wel no *longe*. OEH.
p. 181. Pereuore, leoue lefdi, *long* hit þuncheð
us wrecchen Vort þu of þisse erme liue to ðe
suluen us fecche. p. 193 sq. Þuhte *long* er he
come. 11. 5.

K o m p a r. *Lenger* þan hever thoght him
here þe space of alle ane hale yhere. HAMP.
3932. Helle þan þam sal swelghe als tite Withouten any *lenger* respyte. 6232. Withouten

langer lette By Troilus adown right he hym
sette. CH. *Tr. a. Cr.* 3, 650.
  Superl. *Lengest* lyf in hem lent of ledes
alle oþer. ALLIT. P. 2, 256. And hondred
wynter jef a levethe, That his lyf mid the *lengeste*.
SHOREH. p. 1.
  lang, loang adj. vgl. ags. *gelang*, pertinens,
alts. ahd. *gilang*. anlangend, betreffend,
liegend an einer Person oder Sache.
  Sai waren hit his *lang* þat þe wal falleþ.
LAj. II. 241 j. T. All Crisstene follkess hald lss
lang o Cristess hellpe. ORM 13376 cf. ORM *Ded.*
115. Slik lust is *lang* on þe leuir & likand spices.
WARS OF ALEX. 4606. To be *lange* to, concernere.
CATH. ANGL. p. 208.
  Fewe ben þat þus shewen heore sinnes,
and þat is *long* on felefelde iuele lastes and
iuele þeawes. OEH. II. 71. My lyf is *long* on
the. LYR. P. p. 29. A knyght was þam among,
Sir Richard Seward. Tille our faith was he *long*,
& with kyng Edward. LANGT. p. 274. It is
long of yowthede, Alle siche wanton playes.
TOWN. M. p. 78. I can not telle wheron it was
long. CH. *C. T.* 12858. He smote down his
schulder blade, And that was *long* on Jac Wade :
The batell he began. HUNTTYNG OF THE HARE
184.
  langage, language s. afr. *langage*, it. *lin-
guaggio*, sp. *lenguaje*, pg. *lingoagem*, neue.
language.
  1. Sprache, v. Menschen : Men callede
hit Gena, As was þe *langage* of þe lond. ALEX.
A. DINDIM. 141. Giue we ilkan þare *langage*
[*language* GÖTT.]. CURS. MUNDI 247 COTT. Men
þat knew þe *langage* seide wat was wassayl. R.
OF GL. p. 118. Now couþe þis luþer man
Langage of þis lond. p. 150. A pie . . That
couthe telle tales alle Apertlich in French
longage. SEUYN SAG. 2211. Right so the preestes
syngen with highe voys in hire *langage*. MAUND.
p. 309. In alle the ordres foure is noon that can
So moche of daliaunce and fair *langage*. CH. *C.
T.* 210.
  He sente pistlis . . in dyuerse *langagis* and
lettris. WYCL. ESTHER 1, 22 Purv. Aboven
the gerneres withouten ben many scriptures of
dyverse *langages*. MAUND. p. 52. cf. 16. 53.
Spiritus paraclitus . . Made hem conne and
knowe alle kynne *languages*. P. PL. *Text C.*
pass. XXII. 201-3.
  2. Rede : To my *langage* thou undurstond :
No comustow never in Grecelond. ALIS. 6862.
Afftyr Adam, withoutyn *langage* [ohne Rede,
selbstverständlich], The secunde fadyr am I in
fay. COV. MYST. p. 40.
  3. Sprache, v. Vögeln : He vnderstode
al fowles *language*. SEUYN SAG. 3563. I knaw
ful wele the fowles criyng . . I vnderstand wele
thaire *langwage*. 3588-90.
  lange, lang, longe, loang adv. ags. *lange*,
longe, diu, alts. ahd. *lango*, mhd. *lange*, afries.
lange, *longe*, niederl. *lang*. vgl. altn. *lengi*,
schw. *länge*, dän. *længe*, neue. *long*. lange,
lange Zeit.
  Hi to hare lean, ham þe *lange* scel jeleste.
OEH. p. 239. Ze senejden alse *lange* alse je

lefede. *ib.* Wel *lange* ic habbe child iben a
worde and ec a dede. p. 288. Forrhwi þe preost
swa *lannge* wass þatt dajj att Godess allterr.
ORM 219. This womane yode wit chylde full
lange. METR. HOMIL. p. 72. Now hafe I, lede,
all to *lange* lengid fra hame. WARS OF ALEX.
451. Þe cnihtes . . þat *lang* hadde ileued. LAj.
II. 590 j. T. Bliþe oujt je be . . þat he þus
happili is here þat haþ so *lang* be missed. WILL.
4129. In that land was werre . . that lasted
lang. SEUYN SAG. 2951. The knyght come
lang or he. 3130. Mans kinde was þan so
strang, þat þai moght wele lif so *lang*. HOLY
ROOD p. 71. How Iesus quen he *lang* had fast
Was fondid wit þe wik gast. CURS. MUNDI
169. COTT. So *lang* sir Gawayn prayed so. YW.
A. GAW. 1479. Let me not cry thus *lang*. TOWN.
M. p. 29².
  Zet ic mei *longe* libben. OEH. p. 25. Swa
longe þe deofle wunað swa inne þe sunfulle
men a þet he hine haueð al ifonded to his wille
þurhut. p. 27. *Longe* we habben lein on ure
fule synnes. II. 7. Þe quene Cordoille sext
longe swþe stille. LAj. I. 150. Swa ilaste *longe*
þat uiht swiðe stronge. III. 107. *Longe* he lai
her in an hole. BEST. 769. Ne speke je mid
none monne ofte ne *longe*. ANCR. R. p. 68.
Longe hit hath beo my desire. ALIS. 1721.
Thing ihid ne thing istole Ne mai nowt *longe*
be forhole. SEUYN SAG. 249. Þe roted oppel
amang þe holen makeþ rotie þe yzounde, yef he
is *longe* þer amang. AYENB. p. 205. He ne
monede hit nowt *long*. SEUYN SAG. 1782. Do
telle me belife wher has thou thus *long* be?
TOWN. M. p. 25.
  Kompar. ags. alts. *leng*, diutius. Þenne
com þe fule gost . . and fortoð þat child swo
leng swo more to here wille. OEH. II. 87. He
ne mijte no *leng* bileve. O. A. N. 42. The
maistres wolde no *leng* abide. SEUYN SAG. 2387.
He ne myjte þer *leng* abyde. R. OF GL. p. 176.
cf. 181. No *leng* serui þe i nelle. ST. CRISTOPH.
ed. *Horstmann* 52. This child wold *leng* to scole
go. BEK. 161. I ne dar no *leng* dwelle her.
ASSUMPC. DE N. D. 137 : cf. 142. 183. The folk
hym leide on, ay the *lenge* tho more. ALIS.
5864.
  Ai þi lif on eorðe wes iswink for me, swa
lengre swa mare. OEH. p. 281. Schome ow is
to schuderen *lengre* under schelde. LEG. ST.
KATH. 809. Leaueð to leue *lengre* o þes mix &
lease maumez. 1778. Do þat tu do wult, nule
ich ne ne mei ich *lengre* heolen hit te. ST.
JULIANA p. 9. Æ1dai heo ræmden & resden to
þan castle, þat com to þere nihte, þat *lengre*
heo ne mihten. LAj. I. 71. Purrh þatt tejj
nolldenn nohht tatt boc Flæshlij na *lenngre*
folljhenn. ORM 13162. Þe þinges þet ich write
her o ðe vttre riwle her, je ham holdeð . . &
schulen þurh his grace, se *lengre* se betere.
ANCR. R. p. 8. Ðo ne mihte his holinesse ben
no *lengere* forhole. OEH. II. 139. A! madame,
for Marie loue, mornes no *lenger!* WILL. 633.
Hi wesseþ þet hi hedden nykken of crane and
wombe of cou, uor þet þe mosseles blefte *lenger*
ine þe þrote. AYENB. p. 56. No *lenger* bileue

y nelle. St. Cristoph. 24. I haue no tome for
to telle ne tary no *lengur*. Destr. of Troy 307.
Nes þer nan awa stæðeli þat *lengore* mihte
stonden. Laȝ. I. 68. Hou mai hit *lengore* laste?
Lyr. P. p. 49. Þe *lengore* I here, þe lesse reson
I seo in þat þat þou rikenest. Joseph 137.

Superl. ags. *lengest*, diutisseime: Þe kynges
of Westsex *lengost* gonne dure. R. of Gl. p.
229. The worthieste Of knyghthode, and *lengest*
had used hitte. Ch. Ass. of F. 548.

langien, longien, langen, longen v. ags.
langian, alts. *lengón*, ahd. *langén*, mhd. *langen*,
niederl. *langen*, sch. *lang*, neue. *long*.

1. intr. a. **lang werden, wachsen**:
Daȝes gunnen *longen* (*longy* j. T.] Laȝ. III. 230.
Somer is comen and winter gon, Þis day bigin-
niȝ to *longe*. O. E. Miscell. p. 197. — Averil
is meory, and *longith* the day. Alis. 139.

b. **langen, in Beziehung stehen zu
einer Person oder Sache, gehören**: To thyssere
joye *longys* scholle Alle the joyen that hyre
folie, Of hyre chylde God. Shoreh. p. 123. Ful
redily with hem the fyr they hadde, Thencens,
the clothes, and the remenant al, That
to the sacrifice *longen* schal. Ch. C. T. 2278.
Longyn, or belongyn to a thynge, pertineo. Pr.
P. p. 312.

Me þinkþ bi þine crois liȝte, þat þu *longest*
to ure driȝte. K. H. 1309. Þanne biteche him
þo his ricth, Denemark, and þat þertil *longes*.
Havel. 395. The tresour to take þat to Troy
longes. Destr. of Troy 1111. Faughte with
the frekkeste þat to Fraunce *langez*. Morte
Arth. 2164. Be thane cogge appone cogge,
krayers and oþer, Castys crepers one crosse,
als to þe crafte *langez*. 3667.

Alle þat *longed* to luþer lodey he hated.
Allit. P. 2, 1090. With alle þat *longed* þer tille
he gaf him Huntyngtoun. Langt. 111. To do
alle þo seruise þat *longed* þe office tille. p. 309.
The answere *longed* to her husbonde, and not to
her. Knight of Tour-Landry ed. *Wright* p. 56.
Priamus pertly the peopull ylkon, Þat *longit* to
his lond . . Gert sue to þe cite. Destr. of
Troy 1614. — No biernes . . that to þe burghe
longede. Marte Arth. 3084. The comliche castelles that to the corowne *langede* 3542.

c. **mit** *awei*, **ferne sein, sich entfernen**: The Lord shal not *longen awey*.
Wycl. Ecclesiastic. 35, 220 Oxf. — Thei
longeden awei fro me. Jerem. 2, 5 Oxf.

2. tr. **mit** *awei*, **entfernen (elongare)**:
Lord, ne *awei longe* thou thin helpe fro me.
Wycl. Ps. 21, 20 Oxf. — Thou *longedest awei*
fro me frend and neȝhebore. Ps. 87, 19 Oxf. —
He wolde not blissing and it shal be *longid awey*
fro hym. Ps. 108, 18 Oxf.

3. **unpersönlich, mich verlangt**, urspr.
mit dem Akkusativ der Person.

Hemm shollde þess te bett Affterr hiss com
langenn. Orm 19363. Sære *him* gon *longen*
[*longye* j. T.] Laȝ. II. 365. *Him* wile sone *longe*
þiderward. OEH. p. 157. *Him* wile sone *longe*
þar after. II. 149.

Aȝȝ *himm langeþþ* heþennwarrd & upp till
heoffness blisse. Orm 6046. cf. 5490. Ogayne

ryȝht trowth nathing I do, If I liken þe cete
þat *me langes* to. Hamp. 8881. *Me longeð* to
Criste. OEH. p. 157. II. 149. Leoue lefdi, to
þe *me longeð* swuðe. OEH. p. 197. *Me longeð*
heonneward. Leg. St. Kath. 1915. Swiðe þe
longeð [*langeþ* j. T.] after laðe spelle. Laȝ. II.
238. Þenne *him* swiðe *longeð* þider. OEH. II.
149. Wan *him longeth* ich him singe. O. a. N.
869. Swo *us longe* to him alse diden hise apostles. OEH. II. 115.

Þa *longede* [*langede* j. T.] swuðe *Luces þon
kinge*, are he mare wuste of þan lauerd Criste.
Laȝ. I. 431 sq. Þe cwen *Auguste longede* for to
seon þis meiden Katerine. Leg. St. Kath. 1567.
Þo þe kyng hurde þis, *him longede* þuder sore.
R. of Gl. p. 176. Þe water wats depe, I dorst
not wade, And euer *me longed* a more & more.
Allit. P. 1, 143. Ful sare *him langed* to hyr
at ga Friuely, withowten ma. Seuyn Sag. 3017.

Persönlich gebraucht wird das Zeitwort im
Englischen früher seltener: *Longyn*, or desyryn,
opto. Pr. P. p. 312. *I longe*, **as a woman** with
chylde *longeth* or lusteth for a thynge that she
wolde eate or drinke of. Palsgr. s. v. Me likes
þat **sir** *Lucius launges* aftyre sorowe. Morte
Arth. 383. — *Langed* mi saule to yherne ful
wide þine rightwisenesses. Ps. 113, 20.

langing, longing, -eng s. ags. *langung*, de-
siderium, neue. *longing*. **Verlangen, Sehnen,
Lust**.

Sum has *langing* of lufe lays to herken.
Wars of Alex. 6. Þe ter þet mon wepð for
longinge to heuene is inemned deu water. OEH.
p. 159. Manie beð ȝet þo . . habbeð *longinge* to
heuene. II. 27. Hwerne þu sittest in *longynge*,
drauh þe forþ þis ilke wryt, Mid swete stephne
þu hit singe. O. E. Miscell. p. 99. With
longyng y am lad, On molde y waxe mad, a
maide marreth me. Lyr. P. p. 29. Sum godes
giue is biguonen alse rihte leue, and furðreð
alse trust and *longenge* to godes bihese. OEH.
II. 107. Þe teares þe man wepeð for *longenge*
to heuene, ben cleped rein water or deu water
II. 151.

langli adv. ags. *langlice*, longe, diu, neue.
longly. **lange, langsam**.

Þe mast veniel syns sal þar bryn *langly*,
Als wodde brinnes, þat es sadde and hevy. Þe
lest veniel syns sal brin sone, Als stobble.
Hamp. 3188.

langmod adj. ags. *langmód* patiens. **lang-
müthig**.

Rewful and mildeherted Laverd gode, And
mildeherted and *langmode*. Ps. 102, 8.

langnesse s. **Länge**.

1. **räumlich**: Þe chaloun of fowre ellen
and a quarter of *langnesse* shal habbe tweye
ellen and an halfe tofore þe tapener in þe werke.
Engl. Gilds p. 351. Þe chaloun of .V. ellen
shal habbe in *langnesse* fowre ellen in þe werk
tofore þe chaloun-makyere p. 352.

2. **zeitlich**: Þet uorste word ous seeweþ þe
langnesse of his eurebleuinge, þet oþer, þe brede
of his charite. Ayenb. p. 105.

languor, langer, langeur, langur s. afr.
languor, langor, langour, langur, pr. *languor*,

langor, sp. *languor*, it. *languore*, neue. lat. *languor*. Leid, leibliche und geistige Pein.

Of þat carefull kyng carp I no farre, But leaue him in *languor*. ALIS. FROM. 244. Jhesus jede aboute al Galilee . . heelynge euery *languour* and eche seknesse. WYCL. MATTH. 4, 23 Purv. — Þei brouȝten to hym alle . . that weren take with dyuerse *languores* and turmentis. ib. 4, 24 Purv. Ȝe schall draw wateris . . Oute of wellis of oure Saviour, Wiche have vertu to curen alle *langueres (?)*. LYDG. M. P. p. 16.

For his *langor* was so lissed, swich likyng he hadde, & so gretly was gladed, þat he gan awake. WILL. 869. Nowe a *langor* me lettes þat I laght haue. WARS OF ALEX. 2807 Dubl. Sum has langing of lufe lays to herken, How ledis for here lemmans has *langor* endured. 6.

I haue leuer it layne & þis *langour* þole. WILL. 918. His liif nel nouȝt for *langour* last til to morwe. 986. He ne is naȝt alyue, ac ine *langour*, þet eche daye leueþ ine bysyhede, ine boȝtes, ine zorȝes. AYENB. p. 93. Hys comforte may þy *langour* lyþe. ALLIT. P. 1, 357. Queþir euir me list þan to lese with *langour* & sorowe? WARS OF ALEX. 3810. Tille Uttred his kosyn . . He gaf his kyngdom, & died in *langoure*. LANGT. p. 6. He went ouer þe se, & lay in grete *langoure*. p. 142. Of the erl Hugilin of Pise the *langour* The may no tonge telle for pite. CH. C. T. 15893. Were it not þet at oones for to dye, Than evermore ín *la*"*goure* thus to crye? Tr. a. Cr. 5, 41. — Alle þe surgyens of Salerne so sone ne couþen haue ȝour *langoures* alegget. WILL. 1033.

Lelly be a litel his *langure* gan wex. Will. 737.

languren v. afr. pr. sp. pg. *languir*, it. *languire*, lat. *languere*. schwach werden, siechen, schmachten.

Languryn yn sekenesse, langueo. PR. P. p. 286.

Now wol I speke of woful Damyan, That *langureth [languysseth* Wright]* for love. CH. C. T. 9740 Tyrwh.

He was led to the loge, laid as for dede, But he *langurd* with lechyng long tyme after. DESTR. OF TROY 10222.

He has *langured* for ȝour loue a ful long while. WILL. 983.

langwisch s. Pein, Qual, Krankheit.

I ne may streyne me ne stere for stondis so hard, Bot lyse in *langwysches*, & lokis quen my lyfe endis. WARS OF ALEX. 2809 Ashm. *Langwisches* und *languisches* bieten viele Handschriften neben laugwischingis. WYCL. LUKE 6, 180 Oxf. und ebenso *languischis* neben sykenessis. 7, 21 Oxf.

langwischen, -**isshen**, -**issen**, **languisshen** etc. v. gleichbedeutend mit *languren* und gleichen Ursprungs. neue. *languish*.

A fell arow in his frunt festnet of lowe . . All hatnet his hert, as a hote fyre, Made hym *langwis* in loue & longynges grete. DESTR. OF TROY 9150-4.

There is no medcyn on mold, saue the meiden one, þat my sors might salue, ne me

sound make, The whiche þof I boue, & *langwisshe* to dethe. DESTR. OF TROY 2192. I *langwys* for lufe. HAMP. Tr. p. 2.

Y, Danyel, *languyshids*, and was seeke by ful manye days. WYCL. DAN. 4, 27 Oxf. These . . of drede *languyssheden*. WISDOM 17, 8 Oxf.

I fele me noghte seke, bot *langwyssande* for þi lufe. HAMP. Tr. p. 2. Thei . . that bihiȝten dredes and perturbaciouns them to putten out fro the *languyshende* soule these . . of drede languyssheden. WYCL. WISDOM 17, 8 Oxf. God woot, and thow, that it satte me so soore, When I the saugh so *langwisshynge* to yeer For love, of which thi wo wax alway more. CH. Tr. a. Cr. 3, 191. In thes lay a greet multitude of *langwischinge* men, blynde, krokid, dryc. WYCL. JOHN 5, 3 Oxf.

Substantivirt ist das Particip Präs. in: A gude Ihesu, hafe mercy of þis wreche, schewe þe to þis *languessande*, be þou leche vnto þis woundyde. HAMP. Treat. p. 2.

langwisshing etc. s. Pein, Qual, Krankheit.

Whanne I hadde kissed his mouth so swote, I hadde sich myrthe and sich likyng, I curede me of *langwisshing*. CH. R. of R. 2040. Now turne we to Anelida ageyn, That pyneth day be day in *lanwisshinge*. Qu. Anelida 207. — Alle that hadden sike men with dyuerse *langwischingis*, ledden hem to hym. WYCL. LUKE 4, 40 Oxf.

lanhure adv. vgl. *la* 3. und s. *hure*, welches mit dem Pronominalstamm *hca* zusammenhängt. Die mit *lan*, selten *la*, zusammengesetzte Form ist mir hinsichtlich des ersten Bestandtheils unklar; die Bedeutung des Wortes stimmt namentlich mit dem verstärkten *hure and hure* überein: wenigstens, allermindestens.

Ich mihte, inoh raðe wel, habben awurst hire, ȝif ha nalde wið luue, wið luðer eie *lanhure*. LEG. ST. KATH. 554. Ah ȝette me an hwat . . ȝif me is leued þurh leue Lauerd, for to leggen ham adun, Þ tu þi misbileaue lete þenne *lanhure* & lihte to ore. 768-76. Lef, *lanhure*, Þ tu sest, miracles þ beð maked ȝet þurh him, & on his deorewurðe nome, daies & nihtes. 1074. Hefde he, *lanhure*, him seluen alesed, sum walde hopen & habbe bileaue to his alesunge. 1149. Swic nuðe, *lanhure*, swikele swarte deouel, Þ tu ne derue me mare. ST. MARHER. p. 12. Leowse þi fot of mi necke, ant swa *lanhure* leoðe me. p. 13. Þe iweddede þonken him, þat ha, *lanhure*, hwen ha alles walden fallen duneward, ne fallen nawt wið alle adun. HALI MEID. p. 19. Þis is tenne hare song þat beon i lahe of wedlac, þonki godd & herion, þat he greiðede ham *lanhure* . . a swuch stude in to lihten þat ha neren nawt ihurt. p. 21. *Lanhure* steht statt hure & hure in cod. C. lat. MS. saltem. p. 294. ebenso p. 390.

Dagegen steht *lahure* in: Louerd, nu ic bidde þe, ȝef þin wille is, þet þu heom ȝefe rest *la houre* þen sunne dei. OEH. p. 45. Gode haueð ilahed hit . . leste hwa se leope & tenne *lahure* nawt nere hwat kep to him. HALI MEID. p. 23.

lanier s. s. *lainere*.

lanterne, -irne, -nrne s. afr. *lanterne.* pr.
pg. it. *lanterna,* niederl. *lantaarn, lantaren,*
lat. *laterna* u. *lanterna,* vgl. gr. λαμπτήρ, neue.
lantern. Laterne, Lichtbehälter.

A *lanterne,* crucibulum, lucerna, laterna.
CATH. ANGL. p. 208. *Lanterne,* lanterna vel
laterna, lucerna. PR. P. p. 287. Þou lightes mi
lantern bright. Ps. 17, 29. — The emperour . .
With *lanternes* and with torches lyght, And
with hym many a doughty knyght, He gen
vpbreke The dore. OCTOU. 187. Liʒt lemand
eʒen as *lanternes* he had. WARS OF ALEX. 5398.

Hec lucerna, a *lantyrne.* WR. VOC. p. 193.
Þe self god wats her lombe lyʒt, þe lombe her
lantyrne. ALLIT. P. 1, 1045.

The *lanturne* of our lyght is taken vs fro.
ST. WERBURGE 3141. Die Form *lantron* scheint
für *lantorn* zu stehen: Hec lucerna, a *lantron.*
WR. VOC. p. 231.

lapen, lappen v. ags. *lapian, lappian,* ahd.
gi-lepphen, mhd. *leffen* praet. *lafte,* zum starken
V. *laffen,* altn. *lepja,* schw. *lapa* u. *läppja,* dän.
labe, afr. *laper,* vgl. gr. λάπτειν u. lat. *lambere,*
neue. *lap.* lecken, schlürfen.

Lappyn, as howndys, lambo. PR. P. p. 287.
Bryng hem [sc. þe vessels] now to my borde, of
beuerage hem fylles, Let þise ladyes of hem
lape, I luf hem in hert. ALLIT. p. 2, 1433. Ʒif
him lust for to *lape,* þe lawe of kynde wolde,
þat he dronk of eche a diche, er he deide for
þerste. P. PL. *Text C.* pass. XXIII. 18. Ys non
so hongry hounde in Hertfordeshire, Þat þorst
lape of þat leuynge, so vnloueliche hit amauhte.
pass. VII. 413.

I *lappe* as a dogge dothe. PALSGR. What
man that hath the water none Up in his hande,
and *lappeth* so, To thy part chese out alle tho.
GOWER III. 215. The Lord seide to Gedeon:
Thilk that with hoond and with tonge *lapen* the
watris, as houndis ben woned to *lape,* thou shalt
seuere hem aside. WYCL. JUDG. 7, 5 Oxf.

In three hundrid men that *lapiden* watris,
y shal delyuer ʒou. WYCL. JUDG. 7, 7 Oxf.

The noumbre of hem, that . . watris hadden
lapid. WYCL. JUDG. 7, 6 Oxf.

lappe s. ags. afries. ahd. *lappa,* mhd. *lappe,*
altn. *lappi* u. *leppr,* schw. *lapp,* dän. *lap,* neue. *lap.*

1. Saum, Rockschooss, Lappe: Þe
godspel was adai . . Of a womman þat while
hadde þe meneisoun of blod, And come &
tuochede þe *lappe* of oure louerdes cloþene . . and
was hol anon and clene. ST. LUCY 27. — He
nam þan kynges hefd, and leyde vppe his *lappe*
[bærm ä. T.] LAʒ. III 214 j. T. *Lappe,* skyrte,
gremium. PR. P. p. 287. A, by lyuynge God
. . Thy hedde shalle lye on þy *lappe.* CHEUEL.
ASS. 256. Ful he gaderede his barm . . In his other
lappe he gaderede some. SEUYN SAG. 899-901.
Gloton . . couhed vp a caudel in Clementes *lappe.*
P. PL. *Text C.* pass. VII. 411. Ich sauch hym
sitte, as he a ʒyre were, At alle manere ese in
Abrahammes *lappe.* pass. IX. 282. Ich loked
in hus *lappe,* a lazar lay þer ynne. pass. XIX.
273. He . . bad the sergeaunt that he prively
Scholde this childe softe wynde and wrappe . .
And carry it in a cofre, or in his *lappe.* CH. C.

T. 8458-61. Iesu, swete, beo noth wroþ, þou
ich nabbe clout ne cloþ þe on for to folde, þe
on to folde ne to wrappe; For ich nabbe clout
ne *lappe.* POL. REL. A. LOVE P. p. 226 sq.

He stiked vp his *lappes* tho, In his way he
gan to go. AMIS A. AMIL. 988. Alle þe pore
peple þo pesecoddes fetten, Benes and baken
apples þei brouʒte in her *lappes.* P. PL. *Text B.*
pass. VI. 294. Her surkote that was large and
wyde, Ther with her vysage she gan hyde, With
the hynther *lappes.* EMARE 652. Wyth *lappes*
large . . Her cortel of self sute schene. ALLIT.
P. 1, 201-3.

2. Läppchen vom Ohre: A *lappe* of þe
ere, cartilagia, legia. CATH. ANGL. p. 208.
Typpe, or *lappe* of the ere. PR. P. 494. *Lap* of
the ere, legia. WR. VOC. p. 183.

lappen v. sch. neue. *lap.* einwickeln,
umschliessen, umfangen.

Lappyn, or whappyn in cloþys, involvo.
PR. P. p. 287. To *lappe,* voluere; to *lapp* jn,
jntricare, involuere. CATH. ANGL. p. 208. I
shalle yeve to the ij ellene of lynone clothe, for
to *lappe* in or for to keueryn þy body. GESTA
ROM. p. 129. Sche schall me bothe hodur and
happe, And in hur lovely armes me *lappe.*
BONE FLOR. 112. Of þo ʒe salle mak clene, *lap*
þam bituex ʒow, þat þei neuer eft rise. LANGT.
p. 276.

Lappe this chylde well, for the weather is
colde. PALSGR. *Lappe* this hoode aboute your
heed. *ib.*

I *lappe* in clothes. PALSGR. I *lappe* a garment about me. *ib.* This worthi Mars . . The
flour of feyrenesse *lappeth* in his armes. CH.
Complaint of Mars a. Ven. 75.

Whanne the bodi was takun, Joseph *lappide*
it in a clene sendel. WYCL. MATTH. 27, 59 Purv.
Iche toke up hur sone to hur, And *lapped* hyt
fulle lythe. TRYAMOURE 416. On the tayle an
hed ther wase . . Abowght the schyld he *lappyd*
yt ther. TORRENT 554-7. Whan that yonge
fresshe quene That mantel *lapped* her aboute,
Anon therof the fire sprang oute And brent
her bothe flesshe and bon. GOWER II. 268.

Þat es noght bot a blody skyn þat he byfor
was *lapped* in, Whils he in his moder wam lay.
HAMP. 522. Noght sal he bere with him away,
Bot it be a wyndyng clathe anely, þat sal be
lapped obout his body. 839. Bethleem, whare
I was born for yhow, And in clotes *lapped* and
layd was In a cribbe. 5198. A litill childe he
saw full right, *lapped* all in clathes clene. HOLY
ROOD p. 69. Alle þyn oþer lymes *lapped* ful
clene. ALLIT. P. 2, 175. bildlich: I am a thef,
scil. *lappid* with swiche synne. GESTA ROM.
p. 103.

lapwinke, lhapwinche, lapwinge s. neue.
lapwing. Kiebitz, Wannenweher, vanellus
cristatus.

Lapwynke, or wypo, byrde, upipa. PR. P.
p. 288. Thes ben that ʒe shulen not eete of
bryddes . . a gerfawcoun, and a iay after his
kynde, and a *lapwynk,* and a reremous. WYCL.
LEVIT. 11, 13-9 Oxf. cf. DEUTER. 14, 18 Oxf.
Feysaunt, partriche, plouer, & *lapewynk,* y yow

say, areyse þe whinges furst. BAB. B. p. 143.
cf. 153. Hy byeth asc þe *lhapwynche* þet ine
uelþe of man makeþ his nest, and suo resteþ.
AYENB. p. 61. Fesande, partryche, plouer or
lapwynge, reyse þe wynges, & after the legges.
BAB. B. p. 272. The false *lapwynge*, ful of tre-
cherye. CH. *Ass. of F.* 347.

larke s. s. *laveroc*, alauda.

larde s. afr. *lart*, *lard*, pr. *lart*, *lar*, sp. it.
lardo, lat. *laridum*, *lardum*, neue. *lard*. S p e c k,
S c h w e i n e f e t t.
 Larde of flesche, larda, vel lardum. PR. P.
p. 288. A larde, lardum. CATH. ANGL. p. 208.
Take *larde* & mynce it. TWO COOK. B. p. 19.
in der Mehrzahl S p e c k s c h n i t t e : Take *lardes*
of venysoun. p. 49. Lay þin *lardys* square as a
chekyr. *ib.*

larden v. afr. *larder*, pr. sp. *lardar*, pg.
lardear, it. *lardare*, neue. *lard*. s p i c k e n.
 Lardyn flesche, or other lyke, lardo. PR. P.
p. 288.
 Take conyngys, & make hem clene, &
hakke hem in gobettys, & sethe hem, oþer *larde*
hem & rost hem. TWO COOK. B. p. 18. Boyle
it [Milch mit geschlagenen Eiern], so that it wexe
þikke . . & whan it is cold, *larde* it . . & roste it
on a gredelle. p. 40.
 Laardyd, lardatus. PR. P. p. 288.

lardere, **larder** s. afr. *lardier*, mlat. *lardarium*, neue. *larder*. S p e c k k a m m e r, dann
überhaupt V o r r a t h s k a m m e r, V o r r a t h.
 A *larder*, lardarium. CATH. ANGL. p. 208.
Laardere, lardarium. PR. P. p. 288. Alle North-
wales he set to treuage hie, Tuenti pounde of
gold be yere, þre hundreth of siluer clere, &
þor to fyue hundreth kie ilk yere to his *larders*.
LANGT. p. 28. Þorgh pastours forto fare, for
bestes to *lardere*. p. 310. Hoc larduarium, a
lardyr. WR. VOC. p. 274. Ho so hadde suche
kyn ynowe, he nere noyt to bymene, þey his
larder were neþ ido. ST. KENELM 235. Than is
the *larder* of the swine. GOWER III. 124.

larderere s. neue. *larderer*. A u f s e h e r ü b e r
d i e S p e i s c k a m m e r.
 A *larderere*, lardarius. CATH. ANGL. p. 208.

lardinge s. neue. *larding*, S p i c k e n.
 Laardynge, lardacio. PR. P. p. 288.

lare s. lat. *larus*, gr. λάρος. M ö w e, ein
Schwimmvogel.
 A *lare* and an hauke. WYCL. LEVIT. 11, 16
Purv. DEUTER. 14, 15 Purv.

lare, **lære**, **lore**, **leore** etc. s. ags. *ldr*, afries.
ldre, alts. ahd. *léra*, mhd. *lére*, niederl. *leere*,
leer, niederl. *lare*, *lere*, *lier*, schw. *lära*, dän.
lære, sch. *lare*, *leur*, *lere*, neue. *lore*. L e h r e,
G e l e h r s a m k e i t, U n t e r w e i s u n g, R a t h.
 Gif ye . . tobrecað mine *lare* and mine laye
. . þenne scal eou sone yewaxen muchele wrake
and sake. OEH. p. 13. Gif we leornið godes
lare, þenne ofþuncheð hit him [sc. beelzebub]
sare, Bute we bileuen ure ufele iwune. p. 55.
Godes yife us wissað to his willen, yif we imundie
beoð godes bibode and þera apostla *lare*. p. 89.
Þa underfengen heo his *lare*, and buyen to
fulehte . . þreo þusend monna. p. 91. Zif þe wisa
mon bið butan gode wercan . . hu ne bið sone

his *lare* þan lewede monnen unwurð? p. 109.
Zif he forsihð þas isetnesse and þas *lare*, þene
bið his erd ihened oft and ilome. p. 115. Þou
ært al dead . . Buten þou do mine read. LAJ. I.
30. Hercnieð mine *lare*, no scal hit eou reouwe
nauere. III. 293. All tæcheþþ hemm Goddspelless halljhe *lare*. ORM *Ded*. 123. He nass
nohht yet tanne full Off all þe rihhte trowwþe,
Noff Godess *laress* brihhte lem. ORM 16776.
Mi *lare* es n t mine. CURS. MUNDI 13888.
Beo buhsum to mi *lare*. HALI MEID. p. 3. Hwat
is nu þis *lare*? *ib.* Hire fader hefde iset hire
earli *lare*. LEG. ST. KATH. 115. Sone se
ich seh þe leome of þe soðe *lare* þ leadeð to
eche liu, ich Wlfde al þ oðer. 477. He wold
him set tð *lare*. SEUYN SAG. 32. Ye er wisest
men of *lare*. 43. Adam, for þou has left my
lare . . Vnto þi bodi sal I send Sexty woundes
and ten. HOLY ROOD p. 64. Alle þe clerkes . .
Couth noght telle ne shew thurgh *lare*, How
mykel sorow and payne er þare. HAMP. 6467-70.
If yow likis of þis *lare* [Erzählung] to lesten any
forthire, Sone sall I tell yow a text, how it
betid efter. WARS OF ALEX. 523. In variant
lettirs, Sum in latens *lare* [Sprache], sum langage of Grece. 5651. When ye wald in Ingland
Lere of a new *lare*, Now *lare* sall ye lere, Sir
Edward to lout. MINOT p. 47. A, Lord of luf,
leyn me thy *lare*, That I may truly talys telle.
TOWN. M. p. 59.
 Heo wes a boken wel itaht, heo leornede
hire *lære* leofliche on heorten. LAJ. I. 268 sq.
Ænne að he þer swor þat nauere bi his liue,
for nanes monnes *lare*, ne sculden inne Brutene
Sæxes wurðen bliðe. II. 415. Alle hit biluueden
gode weren his *lære*. I. 43. *Lere*. LE MORTE
ARTHUR ed. *Furnivall* 521.
 Heo sullen . . heom seggen godes *lore* hu
heo sculen leden heore lif. OEH. p. 7. Þo þe
hie openeden his earen to luste þe defles *lore*.
II. 33-5. Swo we ageð to don . . and folgen ure
helendes *lore*. II. 41. Alle þe luðere lastes þe
man hafeð þureh deules *lore*. II. 213.
 Þeos broþers weren sehte þorh wise menne
lore. LAJ. I. 183 j. T. Þer wes moni god clarc
þe wel cuðe a *leore*. LAJ. II. 598. He talde
heom godes *leore*. III. 184. Bokes he wrot of
lore wal, Hu ðis folc hem right leden sal. G.
A. EX. 3635. Why ys the loth to leven on my
lore? LYR. P. p. 37. Of silence & of speche
nis bute a *lore*. ANCR. R. p. 80. Oueral ich
wolde þet ancren leorneden wel þis *loare*. p.
254. Pan as tit to þe child he tauyt þis *lore*.
WILL. 328. A prest, a konyng man of *lore*
2917. Panne is mi þralhod Iwent into kniþhod,
And i schal wexe more, And do, lemman, þi
lore. K. H. 439. Cristes *lore* and his apostles
twelve He taught. CH. *C. T.* 529. Who so wol
nat trowen rede ne *lore*, I kan not sen in hym
no remedie, But lat hym worchen with his
fantasie. *Tr. a. Cr.* 5, 327.

lareaw, **larow** s. ags. *ldreóv*, doctor, instruc-
tor, alts. *léreo*. L e h r e r.
 Sanctes Paulus, þe is þeoden *lareow*, us
maneð and meneyeð of sume wepne to nemene.
OEH. p. 241. And tatt Judisskenn læredd folle,

Bischopess & larewess, þatt unnderrstodenn all
off Crist. ORM 7232.

larfader s. altn. *lærifadir*, doctor. Lehrer.
Majjstre, we witenn sikerrlij þatt tu . .
arrt sennd *Larfaderr* her to manne. ORM 16622.
cf. 16786. Crist wass wiss *larfaderr* god &
majjstre Off alle majjatress. 16888.
Apostils and hali *larefadirs* preches the
rightwisnes of his dome til all the warld. HAMP.
Ps. ed. *Bramley* 49, 7. c. ʒe *larfadirs*, oure
lord eke joure noumbire. 113, 23. c.

large adj. afr. *large*, pr. *larg*, *larc*, sp. pg.
it. *largo*, lat. *largus*, sch. *large*, *larg*, neue. *large*.

1. **breit**, **ausgedehnt**: A Ihesu
. . hwet deþ þenne þe *large* broc of þi softe
side? OEH. p. 187. cf. 202. Makieð . . a *large*
creoiz mit þe þreo vingres. ANCR. R. p. 18. cf.
46. His face long and brod also, his frount
large ynouj. BEK. 1195. There becomethe the
watre gret and *large*. MAUND. p. 103. So is the
contree *large* of lengthe. p. 45. — *Large* er þo
londes þat his eldres wonnen. LANGT. p. 144.

2. **freigebig**: Oðre *large* men jiuen þise
uttre þinges. OEH. p. 271. Þe men ful of milce
and þe *large* men. p. 143. So me seið bi *large*
monne þet he ne con nout etholden. ANCR. R.
p. 398. Non ancre ne ouh forto nimen bute
gnedeliche þet hire to neodeð. Hwarof þeonne
mei heo makien hire *large?* p. 414. He was
large, and no wicth gnede. HAVEL. 97. Huanne
he deþ to moche despense . . þeruore þet me
him hyalde þe more *large* and þe more corteys.
AYENB. p. 21. Wanne þurch his grace maked
of þe euele manne good man, of þe orgeilus
umble, of þe lechur chaste, of þe niþinge *large*.
O.E.MISCELL. p. 30. Reuful he was to neody
men, of his almesse *large* & fre. R. OF GL.
p. 330. The *large* wise wiste wel of this tresor
eche a del. SEUYN SAG. 1251. So *large* lifes none
in lede, Ne none so doghty of gude dede. YW.
A. GAW. 865. Orpheo was a ryche kyng . . Ful
fayr man, and *large* therto. ORPHEO 27. Kompar. Hwa is ta *largers* þen þu? OEH. p. 271.
Þe uirtues of kende, huerby som ys kendeliche
more þanne oþer, oþer *larger*, oþer milder,
oþer graciouser. AYENB. p. 24. Superlat.
Luue i wile þe Ihesu Crist, *largest* ouer oðre.
OEH. p. 271. **substantivirt**: Theo *large*
geveth, the nythyng lourith. ALIS. 2054.

3. **reichlich**: Noble men and wummen
makieð *large* relef. ANGR. R. p. 168. Nis þis
large relef? *ib.* Kompar. Hwo mei makien
largere relef þene þe oðer? Þeo þet seið mid
Seinte Peter „Ecce nos reliquimus omnia." *ib.*

4. in den Ausdrücken: I be *large*, to þe
large, at *large* (man vergleiche das fr. *au large*),
wo *large* als Substantiv ansusehen ist, wird
die Weite oft bildlich als Unbeschränkt-
heit und Freiheit der Bewegung oder Bethätigung gebraucht: I salle . . take leve, to
lenge at my *large* In Lorayne or Lumbardye.
MORTE ARTH. 349. I salle . . loge *at my large*
In delitte in his laundez. p. 421. Philmen the
fre kyng, þat he in fyst hade, He lete *to þe
large* lause of his hondes. DESTR. OF TROY
10995. The laborare is gladdare at his ploughe

. . Than som man is that hathe tresoure inoughe
. . And no fredom with his possessioun To go
at large. LYDG. M. P. p. 184. To synge in
prison thou shalt me not constrayne, Till I have
fredom in wodis up and downe To flien *at large*.
ib. It sittethe a maister to have his liberte, And
at large to teche his lesson. p. 185. Sevene
dayes to Sandewyche, sette *at the large* {d. See],
Sexty myle on a daye, þe somme es bot lyttille.
MORTE ARTH. 447.

large adv.

1. **räumlich**, **weit**: The sekereste Sarzanes
that to þat sorte lengede, Behynde the sadylles
ware sette sex sotte *large*. MORTE ARTH. 1851.

2. **bildlich**, *α.* **weit**, **nach allen Seiten**,
sorgsam: þou sothely may say þat your sight
failed, And þow loket not *large*, for lust þat þe
blyndit. DESTR. OF TROY 740.

β. **laut**, **ruhmredig**: ʒone kynge," said
Cador, „karpes fulle *large*, Because he killyd
þis kene." MORTE ARTH. 1784.

largeliche, largeli adv. sch. *largly*, vgl. afr.
largement, pr. *largamen*, sp. pg. it. *largamente*,
neue. *largely*. **reichlich**, **in Fülle**, **in
hohem Maasse**.

He jef . . To abbeyes & to prioryes *largy-
lyche* of hys golde. R. OF GL. p. 383. He . .
largeliche hom jef inou of is barones londe.
p. 510. Al a jer *largeliche* this wrechede ilaste.
p. 511. Þe greate officials þet . . yeueþ *largeliche* þe guodes of hare lhordes. AYENB. p. 37.
Þanne is god ontrewe and onkende, þet þise
guodes benymþ his urendes, and hise yefþ more
largeliche to his yuo. p. 77. cf. 147. 188.
Gyftes he gaf þam gode, & þat was *largely*.
LANGT. p. 132. God had bidden him on þis
wise þat he suld strike on þe flint twise And
largely þan suld it gif Water þat þai with might
lit. HOLY ROOD p. 74. I wate that he was
largely By the schuldres mare than i. YW. A.
GAW.

largen v.

1. **erweitern**, **grösser machen**: Dauid
smote Adadeser . . whanne he wente for to
largen his empyre vnto the flode of Eufraten.
WYCL. 1 PARALIP. 18, 3 Oxf.

bildl. God more *large* [amplificet *Vulg.*] the
name of Salomon vpon thi name. WYCL. 3
KINGS 1, 47 Oxf.

2. **loslassen**, **freigeben**: He [sc. the
seruaunt] werketh in disciplyne, and the *largid*
hond to hym secheth to resten, and secheth
fredam. WYCL. ECCLESIASTIC. 33, 26 Oxf.

largenesse s. neue. *largeness*.

1. **Weite**, **Breite**: That cytee of Alixandre is wel 30 furlonges in lengthe, but it is
but 10 on *largenesse*. MAUND. p. 56. Hit was
þe souerayne citie of the soyle euer, Of lenght
& *largenes* louely to see. DESTR. OF TROY 317.

2. **Freigebigkeit**: *Largenesse*, largitas.
PR. P. p. 288. Heo . . wrongen heore honden,
and weopen sore, And byweyled his prowes,
His youth, his streyngh, his *largenesse*. ALIS.
6877. A *largenes*, amplitudo, *generositas*. CATH.
ANGL. p. 269.

largesse, largesce s. afr. *largesse*, *larguece*,

pr. *largueza, larguesa, largessa*, sp. pg. *largueza,*
it. *larghezza*, soh. *larges*, neue. *largess*. Freigebigkeit.

Sume [sc. makes luued] fredom and *largesse*,
þat leuer is menskli to ȝiuen þen cwedli to
wiðhalde. OEH. p. 269. *Largesse* is lutel wurð
þer wisdom wontes. p. 271. cf. 275. Þe ueorðe
reisun is preoue of noblesce & of *largesse*.
ANCR. R. p. 166. We wulleð folewen þe iðe
muchele genterise of þine *largesse*. p. 168. Of
ancre kurtesie, and of ancre *largesse* is ikumen
ofte sunne & scheome on ende. p. 416. Heo is
lilie of *largesse*. LYR. P. p. 53. Hys loe sprong
so wyde sone of ys *largesse*. R. OF GL. p. 181.
Þe ȝeuen principals uirtues þet answerieþ to þe
ȝeue vices, ase deþ boȝsamnesse aye prede . .
largesse aye scarsnesse. AYENB. p. 158. Þe
greate *largesse* of oure lhorde, þet yefþ largeliche to allen. p. 188.

largifluent adj. vgl. lat. *largifluus*. reichlich fliessend.

Oh thu *largyfluent* lord most of lyghtnesse,
onto owr prayers thow hast applyed. PLAY OF
SACRAM. 824.

laroun s. afr. *leres, lerres* rég. *larun, lurrun,
larron*, pr. *lairo, laire*, sp. *ladron*, pg. *ladrão*,
it. *ladro*, lat. *latro*. Dieb.

Of thefthe Y wol me defende Ayeyn knyght,
swayn and baroun, That Y no am no *laroun.*
ALIS. 4207.

larspel, lorspel s. ags. *lârspel*, sermo,
doctrina. Predigt, Lehre.

Bred in grikisce is *Larspel* to us fuliwis.
OEH. p. 63. We willen biginne ure *larspel* of
bileue. p. 75. Þe gode herdes wakieð on faire
liflode ouer here orf, þe þei leswued on halie
larspelle. II. 39. Ða iherde hie seggen, þat ure
drihte on his *larspelle* sede, þat alle men sholden
dead þolien and an domes dai eft arisen of
deaðe. II. 143. Þa spac Dunian & þe oðer biscop Fagan, seiden þan kinge *larspel* [lorspel
j. T.], & he hit hærcnede wel. LAȝ. I. 433. Þa
bigon he *larspæl* [lorspel j. T.], & of gode spæc
swiðe wel. II. 103. His iueren he seide *larspel.*
III. 189. Whase mot to læwedd follc *Larspell*
off goddspell tellenn, He mot wel ekenn maniȝ
word. ORM *Ded.* 55. He dide mikell god wiþþ
larspell & wiþþ dede. ORM 5946. Of swuche
larespel þu haues leaue ilcorned. LEG. ST.
KATH. 385.

Þo þe ne wilen listen *lorspel.* OEH. II. 73.
Alle þe hercð godes word on *lorspelle.* II. 27.
Avris . . audiat utilia: eare . . here godes word
on holie *lorspelle.* II. 65. — Godes sed is godes
word, þe men tilien in chireche on salmes and
on songes, and on redinges and *lorspelles.*
II. 163.

larþeu, larþeau, lorðeu, lorþeau s. in den
Kasus der Einzahl erscheint *w* statt *u*, wie in
allen Pluralformen; v. ags. *lâr*, doctrina, und
þeóv, þeou, servus. Lehrer.

In þisse worlde nas na laȝe ne na *larþeu.*
OEH. p. 81. Alswa seal þe larðeu don. p. 95.
Ȝif þe larðeu dwelað, hwa bið siððan his
larþeu? p. 109. Paul þet hermede cristene men,
þene he iches to *larðewes* alle þeoden. p. 97.

Ȝif þe biscop bið ȝemeles, þenne he godes budel
is and to *larþeawe* iset þan leawede folke, þenne
losiað fele saulen. p. 117.

Hure heiest *lorðeu* after ure louerd Ihesu
Crist, þet is ure louerd seinte Powel, munegeð
us to rihtlechen ur liflode. OEH. II. 9. Þe mon
þe on his youhþe yeorne leorneþ wil and wisdom And iwriten reden, he may beon on elde
wenliche *lorþeu.* O.E.MISCELL. p. 108. Þe lauerd
sainte Powel þe is he heued *lorðeau* of alle holie
chirechen. OEH. II. 7. Nis þe *lordeau* noht to
luuene gif his liflode is iuel and ful. II. 139.
Þis wiðerfulle folc ne wile liste ðe *lorðewes* wisdom, þe tehte Salemon and alle wise witege here
wisdom. II. 83. We . . bi ure *lorðewes* wissinge
cumeð to þe stone. II. 199 sq. Seint Iacob, þe
holie apostel, þe ure drihten sette to *lorþeawe*
þe folc of Ierusalem. II. 105. — Ðese herdes þe
beð *lorþewes* alse bisshupes and prestes wakieð
biforen euen. II. 39. Þe olde tilien waren þe
holie *lorðewes*, prophetes, apostles, popes etc.
II. 163. Þe þe þe weie makeden biforen him
bien folkes *lorþeawes*, bisshopes, and prestes.
II. 91. Þo þe here lif [leden], alse here *lorðeawes* hem lereð. II. 93. Ure helend saweð his
holie word hwile þurh his hagen muð, hwile
þurh his apostles and oðre *lorðeawes*, þe cunnen
holie boc lore. II. 155.

las, las s. s. *lace.*

Den oben unter *lace 1.* angegebenen Stellen
kann hier noch die folgende ältere hinzugefügt
werden: Ne makie none purses, uorte ureonden
ou mide, ne blodbendes of seolke [ne *las*, bute
leaue add. C.]. ANCR. R. p. 420.

las, leas, les adv. ags. *lǽs*, minus; superl.
lǽsest, lǽst, minime, alts. *les*, sch. *les*, neue. *less.*
weniger, minder.

Swiche ioie hadde thei neuer yete, Tuel-
moneth thre woukes *las*. TRISTR. 3, 19. Halewen
þet ȝe luuieð best & mest in hire wurðchipe
siggeð oðer *les* oþer mo. ANCR. R. p. 30. Ðo
woren on liue sumdel *les*. G. A. EX. 3595. oft
von þe, ags. *þý*, begleitet, eo minus, quo minus:
Þou has giltid, boit noȝt gretly, it greuys me þe
les. WARS OF ALEX. 472. Ȝef alle luþer holers
were yserued so, me schulde fynde þe *les* such
spousebruche do. R. OF GL. p. 26. *The les* that
man luues me, *The les* sin mai him forgiuen be.
METR. HOMIL. p. 19. mit vorangehendem *no,
na*, gleich dem neuengl. *nevertheless*, nihilo-
minus: Hwiðer hwite oðer blake, alse unwise
asked ou, þet weneð þet order sitte iðe kurtel
oþer iþe kunde, God hit wot; *nopeleas* heo
weren wel beoðe. ANCR. R. p. 10. The hare
luteth al dai, Ac *notheles* iso he mai. O. A. N.
373. He nuste to weþer doȝter beter truste þo,
And *nopeles* he wende aȝeyn to þe oþer with
muche wo. R. OF GL. p. 33. Gret stryf was bytweone the olde And the yonge . . *Notheles* the
olde, saun faile, Wan the maistry of that counsaile. ALIS. 3117. This is ful luth to me; But
natheles withoute youre witynge Wol I not
doon. CH. C. T. 8367. auch mit voranstehen-
dem *ne*: He makeð lete of þoleburdnesse, and
neðeles ne haueð non. OEH. II. 79. Summe
seiden, For he is good; forsoth othere seiden,

Nay, but he disceyueth the cumpanyes; *netheles* no man spak opynly of him, for the drede of Jewis. WYCL. JOHN 7, 11 Oxf.

Als Bindewort in der Bedeutung des lat. *quominus*, *ne*, damit nicht, auf dass nicht, steht selten das einfache *les:* Gripes lare, *les* whan Laverd wrethide be [Apprehendite disciplinam, ne quando irascatur Dominus *Vulg.*]. Ps. 2, 12. in älterer Zeit *þi les þe*, ags. *þý lǽs* und *þý lǽs þe:* Underfoð steore, *þi les ðe* god iwurðe wrað wið eou. OEH. p. 117. Gif þu uuel were, iwend þe from uuele, *þi les þe* ðu steorles losie on ende. *ib.* und daraus hervorgegangen *leste*, *lest*, *laste*, *last:* Ne bihold þu ham [sc. mine sunnen] nout, *leste* þu wreoke ham on me. OEH. p. 209. Drede letteð þe mannes shrifte, þe ne dar his sinnes seien þe prest, *leste* hit uttere cume þat hie tweien witen. II. 73. Ower wop wendeð al on ow, *leste* je eft wepen echeliche in helle, for þ heaðene lif þ je in liggen. LEO. ST. KATH. 2384. *Lest* i ne al forlesede, þu jef þe seluen for me. OEH. p. 271. Sir Simond him biþojte, it was noujt god abide In þe caste[l] to longe, *laste* he were biset. R. OF GL. p. 563. Siþen sent was a vois sone fro heuene, þat non trinde þe tres, *last* þei taried were. ALEX. A. DINDIM. 131.

Zu Hauptsätzen, welche den Begriff der Furcht und Besorgniss enthalten, tritt der Nebensatz mit denselben Partikeln: Swa heo is afered *leste* þeo eorðe hire trukie. OEH. p. 53. For doute *leste* he valle he shoddreth. LYR. P. p. 110. Nis ha neauer wiðute care *leste* hit ne misfeare. HALI MEID. p. 35. Warschipe . . is offearet *lest* sum fortruste him. OEH. p. 249. Icham for wowyng al forwake . . *Lest* eny reve me my make. LYR. P. p. 28. The king was nei for drewe wod, vor wowe in ech ende, *Laste* the king of Fraunce, & mansing him asolde ssende. R. OF GL. p. 506. He was adrad to þe deþ *last* sche him dere wold. WILL. 953. Wonderli for ioye sche wept for þo wordes, & sorwfuliche sche sijt, *last* out [i. q. aught] schold it lett; *Lest* any fals fortune fordede him þurth sinne. 2970.

Der adverbiale Superlativ **lest**, **least** bezeichnet am wenigsten: To lure hit bikumeð of hwuche half so hit falleð, er me *lest* wene. OEH. p. 215. Hire wune is to cumen bi stale ferliche ant unmundlunge, hwen me *least* weneð. p. 249. Penne þu *lest* wenst, deað cumeþ to fecchende þe. II. 75. Ne aboutie heo nout vt et ham [sc. hire huses þurles], leste heo þes deofles quarreaus habbe amidden þen eien, er heo *lest* wene. ANCR. R. p. 62. The chele after chawfyng enchafys so hys harmes, þat he was fallen in a feuer or he *lest* wende. WARS OF ALEX. 2545 Dubl. Ich wrenchte ham adun hwen ha *lest* wenden. ST. MARHER. p. 13. Pu þe ane dreddes nowt . . to fihte ajaines alle þe ahefulle deueles of helle, þat hwuch of ham swa is *lest* laðeliche and grureful, mihte he swuch as he is to monkin him scheawe, al þe world were offeard him ane to bihalde. OEH. p. 271 sq. Pe oþre beggeþ þe þinges huanne hi byeþ *lest*

worþ. AYENB. p. 36. Huo þet lest heþ, *lest* is worþ. p. 90.

lasken v. für *laxen*, lat. *laxare*. erleichtern, mildern.

He shal be kepte wiþ honoure, His þeynes forto *lask*. ST. ALEXIUS p. 50. v. 680.

lasche s. sch. *lash*, heavy fall of rain, neue. *lash*. Schlag.

On *lashe* I shalle hyme lende, or it belong. PLAY OF SACRAM. 468. *Lasche*, stroke, ligula. PR. P. p. 288.

laschen v. sch. *lash*, fall; throw forcibly doun, neue. *lash*.

1. schlagen, schiessen: *Lasschyn*, ligulo, verbero. PR. P. p. 288. Archars with arows . . Schotis vp scharply at shalkis on þe wallis, *Lasch* at þam of loft [on lofte *Dubl.*]. WARS OF ALEX. 1390 Ashm.

2. reissen, mit *out*, herausreissen: He *laschis out* a lange swerde, quen his launce failes. WARS OF ALEX. 1325 Ashm. — Pen littid þai na langer, bot *laschid out* swerdis. 801 Ashm.

3. stürzen, fallen: Pe lijt lemand late *laschis* fra þe heuyn, Thonere thrastis ware thra. WARS OF ALEX. 553. — Luflowe hem bytwene *lasched* so hote, þat alle þe meschefes on mold mojt hit not aleke. ALLIT. P. 2, 707. The teres *lasched* out of his yyen. EMARE 298.

laschiage s. Schlagen.

Laschynge, or betynge, verber. PR. P. p. 288. Mony lyue of lept with *lasshyng* of swerdis. DESTR. OF TROY 6789.

lascivite s. afr. *lascivete*, lat. *lascivitas*. Wollust.

The naturall mocyon of his *lascyuyte* Was shortly slaked, and feruent desyre, By myracle, as water quencheth the fyre. ST. WERBURGE 1923.

lasnen v. verkürzt aus *lassenen*, neue. *lessen*. sich verkleinern, abnehmen.

Penne *lasned* þe llak þat large watz are . . þenne *lasned* þe loj lowkande togeder. ALLIT. P. 2, 438—41.

lasse, **lasce** s. sch. neue. *lass*. vgl. *lad*. Mädchen.

Be scho [d. i. eine Amasone] lyuir of a *lasse*, scho lengis in oure burje, And is oure thewis of oure thede thryfandly enfourmed. WARS OF ALEX. 3746. Bifor him com a fair yong *lasce*, That Herodias dohter was. METR. HOMIL. p. 39.

lasse, **leasse**, **læsse**, **lesse** adj. compar. **laste**, **leaste**, **leste** superl. ags. *lǽssa*, afries. *lessa*, minor; *lǽsta*, neufries. *leista*, minimus, neue. *less; least*.

1. Kompar. kleiner, weniger, geringer.

Sume þer habbet *lasse* murhðe, and sume habbed more. OEH. p. 181. Vuel we doð al to muchel, and god *lasse* þanne we scolde. p. 289. His monscipe wes þe *lasse*. LAJ. I. 8. Seoððen com Redion . . Seoððen Redært his broðer *lasse* while þenne þe oðer. I. 300. Sume sindenn i þiss lif Off miccle *lasse* mahhte. ORM 7905. Po he come toward þys hul, a gret fur þeruppe he

sey, And anoþer vppe a *lasse* hul, þat þer bysyde was ney. R. OF GL. p. 204. God lete him
ner be worse man then is fader, ne *lasse* of
myht. POL. S. p. 248. Þe lyght wex *lasse*, and
þe laik endit. DESTR. OF TROY 10408. Þe more
fishes in þe se eten þe *lasse*. OEH. p. 179. Of
lasse scipen þar weoren swa fele. LAȝ. I. 315.
His sondes þanne he sente . . to alle þe lordes
of his land, to *lasse* & to more. WILL. 1078.
On Englelonde syndon two and þrytti schire,
summe more and summe *lasse*. O.E.MISCELL.
p. 145.

Sum is old & atelich, & is ðe *lasse* dred
of. ANCR. R. p. 6. Pa *læsse* wes þa heore care.
LAȝ. II. 374. Nis his milce naut *lesse*. OEH. p.
173. God is so mere and swa muchel in his god-
cunesse, þat al þat is, and al þat wes, is wurse
þenne he and *lesse*. p. 183. His name ðo wurð
a lettre mor, His wiues *lesse* ðan it was or. G.
A. EX. 993. Þe blake cloð . . deð *lesse* eile to
þen eien. ANCR. R. p. 15. — Yef þise guodes
ne byeþ naȝt worþ, hou ssolde *lesse* guodes by
worþ? AYENB. p. 90.

Substantivisch wird namentlich die
Mehrzahl von Personen gebraucht: Wane
riche and povre, more and *lasse*, Singeth condut
niȝt and dai. O. A. N. 482. Nefden heo mane
are of þan *lasse* no of þan mare. LAȝ. III. 256.
Whan hit was wist in Rome, þat William was
sek, mochel was he mened of more & of *lasse*.
WILL. 1489. Fro Boloyne is this erl of Panik
ycome, Of which the fame upsprong to more
and *lasse*. CH. C. T. 8814. Heo þenched usele
don, to fallen þæne cristindom, & turne to
heðenesse þa haȝe & þa *lesse*. LAȝ. II. 107. No
nere þe place to aproche vpon payn of pair
lyfez, Bot all to hald þaim byhynde, þe *lesse* &
þe more. WARS OF ALEX. 1595 Dubl.

Dem ags. Neutrum *læsse*, minus, entspricht auch das substantivische *lasse*, *lesse*:
Het hire þrafter kasten i cwalmhus, & het
halden hire þrin, Þ ha nowðer ne ete, *lasse* ne
mare, twelf daies fulle. LEG. ST. KATH. 1557.
Drynk oft *lasse*, and go by lyhte hom, Quoth
Hendyng. REL. ANT. I. 116. Swa þu lætesst
lasse off þe, Swa læteþþ Drihtin mare. ORM
4896. He wepeð þe *lasse*. OEH. p. 181. Þe
kyng Phylyp of France *þe lasse* þo of hym tolde.
R. OF GL. p. 379. Charlis behuld þan how ys
blod ran doun of ys face, *þe lasse* him wondrede
þoȝ ys mod til anger gunne him chace. FERUMBR.
186. She ys *the lasse* to blame. CH. B. of Duch.
674. Mon lenseð his fleis hwenne he him ȝefeð
lutel to etene and *lesse* to drinke. OEH. p. 147.
Þe six pinen . . scilicet vigiliae, labores, saccum,
inedia, sitim, þat is wecche and swinch, harde
cloðes, smerte dintes, selde eten and *lesse*
drinken. II. 95. Hwon he of hire naueð more
ne *lesce*. ANCR. R. p. 308. Sum is strong, sum
is unstrong, & mei ful wel beo cwite & paie
god mid *lesse* [mit Wenigerem]. p. 6. Ne luueð
he us, ure leoue ueder, *þe lesce*. p. 232.

2. **Superl.** kleinst, geringst, un-
bedeutendst.

Fiftene he hafde feondliche wunden, mon
mihte i þare *lasten* two glouen iþraste. LAȝ. III.

142 sq. Þe *leaste* pine is se heard, þat hefde a
mon islein ba mi feader ant mi moder . . ant
ich isehe þes mon i þe ilke *leaste* pine þat ich
iseh in helle, ich walde, ȝef hit mahte beon,
þolien a þusent deaðes to arudden him ut þrof.
OEH. p. 253. Piss follc iss laþheast, & tiss lott
Addleþþ þe *leaste* mede. ORM 15276. And tis
is þauh þe *leste* vuel of þe þreo vueles. ANCR.
R. p. 82. He ne schal so litel misse As þe *lest*
her of his body. ST. JEREMIES XV TOKENS 24.
Tho ben grete ymages that thei clepen here
goddes, of þe whiche the *leste* is als gret as 2
men. MAUND. p. 173. — Oc der and wrim it
deren man fro ðan ðat he singen [ȝu sündigen]
bigan; In ðe moste and in ðe *leste* he forles
His loueredhed. G. A. EX. 187. Al beon heo
[sc. our þurles] lutle, þe parluris *lest* & nerew-
est. ANCR. R. p. 50. Huanne me . . beggeþ
be þe gratteste wyȝtes oþer be þe gratteste mesures, and selleþ by þe *leste*. AYENB. p. 44.

Als **Substantiv** findet sich der Superlativ
von **Personen** in der **Mehrzahl**: Geringste.

Nou y may no fynger folde, Lutel loved
ant lasse ytolde, yleved with *the leste*. LYR. P.
p. 47.

Substantivirt ist der Superlativ in
der **Einzahl** als Wenigstes, Geringstes.

Þe ðe *lest* wat biseið ofte mest, þe hit al wat
is stille. OEH. p. 167. Þo þe mest doð nu to
gode, and þe *lest* to laðe, Eiðer to lutel and to
muchel scal þunchen eft hom baþe. p. 163.
Huo þet *lest* heþ, lest is worþ. AYENB. p. 90.
He sloȝ þer on haste On hundred ði *þe laste*
[at the *leste* GESTE K. H. 612] K. H. 615. Hit
was like, *by the lest*, as oure lord wold With
water haue wastid all þe world efte. DESTR. OF
TROY 7623. Ihereð nu reisuns hwui me ouh for
to fleon þene world, eihte reisuns *et te leste*. ANCR.
R. p. 164. I sall hele all in hast, & hye to your
kyther With ten legions *at þe last* [last Ashm.]
& all of lele knyghtes. WARS OF ALEX. 2817
Dubl. Þat oþer was clept lawe iset, þat on him
tauȝte *atte leste* þorw kynde to holden Godes
heste. CAST. OFF L. 170. auch ohne Artikel:
Nu loke ȝure preost . . þatt he ȝuw illke Sun-
enndaȝȝ *Att allre leste* lære Off all hu ȝuw birrþ
ledenn ȝuw. ORM 934–8.

lassen, lessen v. zu *las* geh. neue. *less*.

1. tr. verkleinern, verringern,
mindern.

Gif me sumquat of þy gifte, þi gloue if hit
were, þat I may mynne on þe mon, my mournyng to *lassen*. GAW. 1799. The mesure of tyles
that thei before maden, ȝe shulen putt vpon
hem, and ȝe shulen not *lassen* eny thing. WYCL.
EXOD. 5, 8 Oxf. *Lessyn*, or make lesse, minuo.
PR. P. p. 298. Þus him ssel deme þe zeneȝere
beuore god, naȝt uor to *lessi* his zennes, ac uor
to mori. AYENB. p. 175.

What he woll make lasse, he *lasseth*, what
he woll make more, he moreth. GOWER III. 147.
If a king his tresor *lasseth* Without hon-
thankeles passeth . . I not who shall com-
his while. III. 157. Þe guodes of oþren he
missayþ and hise *lesseþ* alse moche ase he may.
AYENB. p. 28. Þe kueades, he his excuseþ and

loþeþ and *lesseþ*. p. 136. Thy lullyng *lessyth* my
þangowr. SONGS A. CAR. p. 50.

Thou *lassedest* hym a litil lasse fro aungelis.
WYCL. PS. 8, 6 Oxf. Þou *lessed* daies of his
time. EARLY E. PS. 88, 46.

The wilsumnesse of drunkenhed . . *lassende*
vertue. WYCL. ECCLESIASTIC. 31, 40 Oxf.

Lessed ere sothenes fra mennes sones. PS.
11, 2. Þe catel of þis fraternite in no maner be
lessed. ENGL. GILDS p. 55.

2. intr. sich verkleinern, abnehmen.
Lessen gan his hope and ek his myght. CH.
Tr. a. Cr. 5, 1439. Ne hit ne ssel *lessi*, ne hit
ne ssel endi, ac eure wexe. AYENB. p. 267.

On lyme i *lasse*. REL. ANT. II. 211. Monie
ma murhðen . . ne neauer ne blunneð nowðer
ne *lasseð*, ah lasteð ai mare, se lengre se mare.
LEG. ST. KATH. 1712-20.

lassing, lessing s. Verkleinerung,
Minderung.

Ther is *lassing* for glorie. WYCL. ECCLE-
SIASTIC. 20, 11 Oxf. Hy lybbeþ be lyue wyþoute
ende, wyþoute enye tyene, wyþoute enye *lessinge*. AYENB. p. 268.

last, lest s. ags. *lâst, leást*, vestigium, forma,
ahd. *leist*, mhd. *leist, loist*, calopodium, niederl.
leest, niederd. *lésten*, gth. *laists, ἴχνος*, schw.
läst, dän. *læst*, neue. **last.** Leisten, Muster-
form des Schuhmachers.

Hec formula, hoc formipedium, a *last*. WR.
VOC. p. 196. A *laste* of a sowter, formula. CATH.
ANGL. p. 209. *Laste* for a shoo, fovrme. PALSGR.
Lest formipedia. WR. VOC. p. 181. *Laste*, sow-
tarys forma. PR. P. p. 298. Hail be js sutters
with jour mani *lestes*, With jour blote hides of
selcuth bestis. REL. ANT. II. 176; cf. E.E.P.
p. 154.

last s. altn. *löstr*, defectus, vitium, flagitium,
culpa, altschw. *laster, lester*, nschw. dän. *last*,
vgl. ags. *leahan, leán*, ahd. alts. *lahan*, vituperare, wosu *lastar* s. gehört. Vorwurf, Fehl,
Sünde.

Þe mon þe him weore lað, [he] him cuðe
last finden. LAȝ. II. 542. Moder þu ert and
meiden cleane of alle *laste*. OEH. p. 195. Swa
ȝiueð ure drihten leue þe deule . . to driuen
fram unrihte to oþer, fram eðeliche *laste* to
michele. II. 39. Betere is were thunne boute
laste, the syde robes, ant synke into synne.
LYR. P. p. 37. Alle heo lyven from *last* of lot.
POL. S. p. 24.

Þe lichame is cleped burh for þat þe fele
lehtres and fule *lastes* wunen þeronne alse folc
inne burh. OEH. II. 55. Summe men luuieð
. . luðere *lastes*. p. 145. Festing is widtigig
[sic] of flashes lustes and of oðre fule *lastes*. II.
63. cf. II. 213. Wiðteinge of alle lichames lustes
and fuele *lastes*. II. 135. cf. II. 163. 165. What
seches þou on see, synful schrewe, With þy
lastes so luþer, to lose vus vchone? ALLIT. P.
3, 197.

last, lest s. ags. *hlâst*, onus, afries. *hlest*,
ahd. mhd. niederl. *last*, altn. *hlass*, schw. *lass*
u. *last*, dän. *læs* u. *last*.

1. Last, auch Ballast, Ladung: Than
lay the lordis a lee with *laste* and with charge.

thousand *last* [pl.] quade yer. CH. C. T. 14849.

2. als Maass angewendet: A *last* of her-
rings. STATUTES OF EDW. III (1357) 353. s.
SKEAT *Engl. Words found in Anglo-French*
p. 136. *Laste* of fysshe, XII barelles, lay. PALSGR.
Leste, nowmbyr, as heryngys and other lyke,
legio. PR. P. p. 299.

lastage, lestage s. mlat. *lastagium, lestagium*,
schw. dän. neue. *lastage*.

1. Ballast: A *lastage* or fraghte of a
schippe, saburra. CATH. ANGL. p. 209. cf. 141.
Hec saburra, a *lastage*. WR. VOC. p. 275. *Lestage* of a shyppe, saburra. PR. P. p. 299.

2. Lastgeld, Abgabe für Waaren:
This also we haue grauntyd, that alle the citi-
zens of London be quyt off toll and *lastage* and
of all oder custume by alle our landis of this
half see and beyonde. ARNOLD'S CHRON. in
CATH. ANGL. p. 209 n. 2.

lasteles adj. altn. *lastalauss*, altschw. *lasta-
laus*. tadellos.

Mi deore lefmon *lasteles*. OEH. p. 273. A
lussum ledy *lasteles*. LYR. P. p. 52. Leaf me
gan, lesfdi *leasteles*. ST. MARHER. p. 12. — Hendeleic and *lastelese* lates. OEH. p. 269. Peos
lufsume lafdi wið *lastelese* lates. LEG. ST. KATH.
104.

lastem v. praestare; durare. s. *læsten*.

lastem v. altn. *lasta*, vituperare, schw. *lasta*,
dän. *laste*. tadeln, schwächen.

Ne he ne conne ou nouðer blamen [*lastin*
C.; *laste* T.] ne preisen. ANCR. R. p. 64.
Preise him, *laste* him, do him scheome, seie
him scheome, al him is iliche leof. ANCR. R.
p. 352.

Fowel, thou sitest on haselbou, Thou *lastest*
hem, thou havest wou. REL. ANT. I. 243.

lastem v. ags. *hlästan*, onerare, schw. *lasta*,
dän. *laste*, neue. *last*. beladen, erfüllen(?)

I loked among his meyny scheme, How þay
wyth lyf wern *laste* and lade. ALLIT. P. 1, 1144.

lastful adj. altn. *lastfullr*, schw. *lastfull*,
dän. *lastefuld*. tadelvoll, tadelhaft.

Gief þe licame was rihtwis on þisse liue,
wo beð þe sowle þanne hic him shal forleten . .
and þus to him seið: Heu dilecta michi caro,
quod te ponere cogor. Awi, leof ware þu me,
nu ich shal þe forleten; þu [ne?] ware me *lastful* on alle þo þe ich wolde, we ware onmode
godes wille to done. OEH. II. 183. Die Nega-
tion *ne* meine ich einschieben zu müssen, da
ich dem Worte *lastful* die Bedeutung gehorsam mit dem Herausgeber nicht zuschreiben
zu dürfen glaube.

lastunge s. Tadel, Vorwurf.

Heo hunteð efter pris, & keccheð *lastunge*.
ANCR. R. p. 66. Þeonne heo wrencheð hore
muð mis, hwon heo turneð god to vuel: & jif
hit is sumdel vuel, þuruh more *lastunge* heo
wrencheð hit to wurse. p. 212.

lat adj. ags. *læt*, tardus, alts. *lat*, ahd. mhd.
laz, afries. *let*, niederl. *laat*, niederd. *lât*, gth.
lats, ἀργός, altn. *latr*, tardus, schw. *lat*, dän.
lad, nhd. *lass*, neue. *late*.

1. lass, säumig: His waxunge se *lat* &

se slaw his þrifti. HALI MEID. p. 37. Of leaute he watz *lat* to his lorde hende. ALLIT. P. 2, 1172.

2. spät: Þar logis he fra þe *late* nijt, till efte þe lijt schewis. WARS OF ALEX. 5051. Of *late* walking, comeþ debate. BAB. B. p. 50.

Substantivirt mit einer Präposition: Sire, je haue lajt now *on late* [kürzlich, unlängst] within a lite jeres All Europ & Asie & Auffrik þe mare. WARS OF ALEX. 4394. Fra þe marche of Messedone I meued *opon late* þurje þe anglis of Afle. 2331 Ashm.

Kompar. ags. *lätra*, alts. *lataro*. späterer, zweiter: Þa þu weoren from us iliðe at þa *latere* cherre. LAJ. I. 356. Jef y may betere beode To mi *latere* leode, to leve nam y nout lees. LYR. P. p. 42. Bacbitares .. beoð of two maneres: auh þe *latere* beoð wurse. ANCR. R. p. 86. cf. 88. Þe morwe after Seynte Marye day þe *latere* ded was, In þe abbey of Cam ybured was þys kyng. R. OF GL. p. 382. Helyas shall cumenn efft Onn Anntecristess time Biforenn ure Laferrd Crist Att Cristess *lattre* come. ORM 865. 19981. Þin forrme win iss swiþe god, þin *lattre* win iss bettre. 15408.

Superlat. alts. *letisto, lexto, lazto, lasto*. letzter: Of ðe *lateste* tocume specð þe holie boc. OEH. II. 5. Seðe þes middenard was jestaþeled fram þa forme man to þa *latzt* þe wrð et þes wrldes ende. OEH. p. 235. Upponn his *latitte* jer Whanne he comm þær to tune. ORM 15778. Ut of Alixandres lond þe alre *laste* ende. LEG. ST. KATH. 584. Penche we on þe *laste* day þat we schulle heonne fare. O. E. MISCELL. p. 171. Mony fre bodi shal roten, ne be y nout þe *laste*. MAPES p. 246. Þe *laste* [sc. boje of þe xenne of lecherie] is mest uoul an lodlakest. AYENB. p. 49. Slike a knaue þaire *last* kyng hade. WARS OF ALEX. 592. Þat was þe *latemiste* read þat Custance iwarþ dead. LAJ. II. 37. Penne þe *latemeste* day deþ haueþ ibrouht . . And in vyche [euche p. 170] lyme deþ vs haueþ þurchsouht, Penne beoþ vre blisse al iturnd to nouht. O. E. MISCELL. p. 171.

Oft ist der Superlativ substantivirt mit einer Präposition: He .. sette enne dejie þat hi alle *bi þe latzt* to þa dejie þer were. OEH. p. 231. Ofte heo weren bauenne, and ofte binoðen, þat com *of þan laste* þat heo[m] wes alre leofust, þe Bruttes heo slojen. LAJ. I. 160. *At þan laste* no man þare nuste wo oþerne smite. III. 66 j. T. And tatt te Laferrd Jesu Crist Himm sejjde *att tallre lattste*, Nu shallt tu nemmnedd ben Cefas. ORM 13318. Be þe floure neuer so freshe, it fades *at þe last*. WARS OF ALEX. 1007. He ne lay neuere vaste Syk in his bed vor none vuel, bote in his deþ vuel *atte laste*. R. OF GL. 377. Mani man wendeþ fer and wide, Moche may heren and sen among, *Atte last* him schal bitide His auentour. GREGORLEG. 489. But trewely to tellen *atte laste*, He was in churche a noble ecclesiaste. CH. C. T. 708. *Ate laslen* com an oþer touore þe prince. AYENB. p. 239. Bigon anan .. to werren hali chirche & drahen Cristene men, þe lut Þ ter weren, alle to heaðendom .. sume þurh fearlac of eiful

breates, *o last* wið stronge tintroben. LEG. ST. KATH. 31-41. When the cite was sesit & serchet *to the last*, Agamynon the grekes gedrit to a counsell. DESTR. OF TROY 12015.

latche s. s. *lacche*.

latchen v. s. *lacchen*.

late, leate adv. ags. *late*.

1. spät: Wel *late* he latheð uuel were þe ne mei hit don ne mare. OEH. p. 167. Þe þridde is, þat man sitte an euen at drinke, and ligge longe a morewen, and slawliche ariseð and *late* to chireche goð. II. 11. Mærlin sæt him stille longe ane stunde, awulc he mid sweuene swunke ful swiðe . . *Late* he gon awakien. LAJ. II. 327. Forrþi wass itt ful iwiss All þurrh Drihhtiness wille, Þatt tejj swa *late* mihhtenn child I mikell elde streonenn. ORM 751. Oðer ich hit do ungledliche, oðer to er, oðer to *leate*, ANCR. R. p. 338. Hemm birrþ . . Beon ar & *late* o junnkerr weorrc. ORM 6240-2. Ichabbe be losed mony a day, er ant *late* ybe thy foo. LYR. P. p. 99. Yt was þo to *late* ynou. R. OF GL. p. 381. Ich iseo wel, Thomas, quath the king, wharto thu wolt drawe: Thu ert icome to *late* forth, to bynyme ous oure lawe. Thu woldest me make more wrecche than evere eni kyng was: Thu ert icome therto to *late*, thu hast icast ambezas. BEK. 447.

2. unlängst: Godes godleic .. Þ se muche luuede us .. lihte, nu *leate*, of heuenliche limen. LEG. ST. KATH. 899-904. Men say he was fonden in þe North contre at Hexham now *late*. LANGT. p. 32. This knowis all the company, þat the kyng Priam, Noght leng sithen but *late*, a lede of his owne Made on a message. DESTR. OF TROY 4886. Je so *late* swore, To jour worthi gods, jour wale dame, We suld no waa suffire. WARS OF ALEX. 3434. It is wayued vs to wete & warned now *late*, þat all oure leuyng & oure lajes je wetirly dispice. 4221. I was a lorde, I crye out of fortune, And hadde gret tresoure *late* in my keping. LYDG. M. P. p. 190.

Kompar. ags. *lator*, neue. *later, latter*. später: A hwilke time se eure mon ofþinchþ his misdede, Oþer raþer oþer *later*, milce he scal imeten. OEH. p. 167. Icome sum cofer, sum *later*. OEH. p. 231. Ðe lauerd sainte Poul þe us lareð þus, and munegeð us to forleten þe six werkes of þesternesse þe bilige to nihte, and to done þe six dede, þe ich *later* nemnede, þe bilige to brihtnesse. II. 15. And tohh þatt Sannte Peterr wass Ær borenn her to manne, Þohhwheþþre comm he *lattre* till To lefenn uppo Criste. ORM 13204.

Superlat. ags. *latost*, neue. *last*. zuletzt: Allre *latzt* he wundedd wass þurrh gredijnessess wæpenn. ORM 11779. Huere hure a nyght hue nome, He that furst ant *last* come. LYR. P. d. 42.

late, lat, læte, lete, lote, lot s. altn. *lát* u. *læti*, gestus, habitus u. sonus, mhd. *gelæze* u. *geldz*. Gebaren, Gebärde. sch. *lait, layt, lote, lete*.

1. Gebaren, Gebärde, Manier: Jiff þu .. hafeest get, tohh þu be jung Ellderne-

mannes *lote*. ORM 1210-3. cf. 1235. Mann haldeþþ
hemm forr gode menn Forr þeʒʒre gode *lote*. 9997.
It semeth bi his *lat*, As he hir neuer had sene
With sight. TRISTR. 2, 89. Gif hit was don on
untime, oðer on unluuede stede, oðer mid unluued *lote*. OEH. II. 71. He makeð *lote* of
þoleburdnesse, and neðeles ne haueð non. II.
79. Iwis for thine vule *lote* Wel oft ich mine
song forlete. O. A. N. 35. Abraham up on
morgen stod, wið reuli *lote* and frigti mod. G.
A. EX. 1161. cf. 2328. Þe pentangel nwe He ber
in schelde & cote, As talk of tale most trwe, &
gentylest knyʒt of *lote*. GAW. 636. As lyk to
hymself of *lote* & hwe. ALLIT. P. 1, 895.

Þeaw and hendeleic and lastelese *lates*.
OEH. p. 269. Þeos lufsume lafdi wið lastelese
lates. LEG. ST. KATH. 104. Ofte he custe þat
weofed mid wnsume *lates*. LAʒ. I. 51. Þis isah
þe leodking, grimme heore *lates*. II. 245. Nabbe
ʒe nout þene nome . . of totinde ancres, ne of
tollinde lokunges, ne *lates*, þ summe oðerhwules,
weilawei, unkundeliche makieð. ANCR. R. p. 50.
Understond, ancre, . . hwas spuse þu ert, & hu
he is gelus of alle þine *lates*. p. 90. Wroð mon
is he wod? Hu lokeð he, hu spekeð he, hu vareð
his heorte wiðinnen him? Hwuche beoð wiðuten
alle his *lates*? p.120. Mi liht onswere,oðer mine liht
lates, tulde him erest upon me. p. 230. Thi *lates*
ar lyʒte. ANT. OF ARTH. st. 37. Sir Cador of
Cornewayle to þe kynges carppes, Lughe one
hyme luffly with lykande *lates*. MORTE ARTH.
247. So come a lyonne with *latys* unmylde.
ISUMBR. 180. Vortigerne . . Þa lævedi aueng
mid awiðe umire *loeten*. LAʒ. II. 232. Ofte he
hire loh to & makede hire *letes* II. 354. Freond
sæiðe to freonde, mid fæire *loten* hende, Leofue
freond, wæs hail. II. 175. He ledde hem alle to
Iosepes biri, Her non hadden ðo *loten* miri. G.
A. EX. 2257.

2. Laut, Stimme, Rauschen, Er-
tönen: And ef scho gern opon him [sc. Jesus]
crye, And luf'hir lemman inwardelye, Hir lufli
lat [voice C.] es win gastlye, That Jesus drinkes
ful gladlye. METR. HOMIL. p. 123. Nwe nakryn
noise with þe noble pipes, Wylde werbles &
wyʒt wakned *lote*. GAW. 118. My lif þaʒ I forgoo, Drede dots me no *lote*. 2210. A hue fro
heuen I herde þoo Lyk flodez fele laden, runnen
on resse, & as þunder þrowes in torrez blo, þat
lote I leue watz neuer þe les. ALLIT. P. 1, 872.
Euer watz ilyche loud þe *lot* of þe wyndes.
3, 161.

Than have we liking to lithe the *lates* of the
foules. K. ALEX. p. 149. Þay laʒed & made hem
blyþe, Wyth *lotez* þat were to lowe. GAW. 1398.
Þay maden as mery as any men moʒten, With
laʒyng of ladies, with *lotez* of bordez. 1953. He
watz flowen for ferde of þe flode *lotes*. ALLIT.
P. 3, 183.

lateful adj. spät eintretend, serotinus
Vulg.

As a reyn . . which is timeful and *lateful*
to the erthe. WYCL. HOSEA 6, 3 Purv. An erthe
tilyer abijdith precious fruyt of the erthe, paciently suffringe til he receyue tymeful and *lateful*
[sc. fruyt]. JAMES 5, 7 Oxf.

laten v. lassen s. *læten*.

latimer s. eine Entstellung des afr. *latinier*,
savant, interprète. Dolmetscher.

He wes þe beste *latimer*. LAʒ. II. 174.
Lyare wes mi *latymer*, Sleuthe ant slep mi
bedyner. LYR. P. p. 49. Certes, quod the
latymer. RICH. C. DE L. 2491. Whenne the
latymer herde this . . Heres, he sayde, good
lordynges etc. 3273. — Ther he fond *latimeris*,
That ladde him to hyghe rocheris. ALIS. 7089.

Uebrigens findet sich auch die korrektere
Form: Alle weys fynden men *latyneres* to go
with hem in the contrees and ferthere bejonde,
into tyme that men conne the langage. MAUND.
p. 58.

latin adj. und s. afr. *latin*, lat. *latinus*.

1. lateinisch: Þatt wass Propitiatoriumm
O *Latin* spæche nemmnedd. ORM 1036 u. a.;
meist substantivirt

a. Latein, lateinische Sprache: He
nom þa Englisca boc, þa makede seint Beda, an
oþer he nom on *Latin*. LAʒ. L 2. Off þatt word
tatt o *Latin* iss nemmnedd Propitiari. ORM 1038.
Þis buke ee on Ynglese drawen . . Til laude men
þat er unkunnand, þat can na *latyn* understand.
HAMP. 336-9. Al men can noht, iwis, Understand
Latyn and Frankis. METR. HOMIL. p. 4. Theose
beon ycleped in *Latyn*, Among clerkis, Auryalyn.
ALIS. 6465. Hit wes iwryten on ebreu, on gryv,
and *latyn*. O. E. MISCELL. p. 50. It was writen
in Ebrew, Greek, and *Latyn*. WYCL. JOHN
19, 20 Oxf. Among the bokes of *latin* I finde
it writ of Constantin. GOWER I. 266. With blake
yghen, as seyd the *Latyn* [d. lat. Text], He
lokede felle. OCTOU. 935. In Englisch other a
Laty. POP. SC. 52. Pater noster first in *laten*,
and sithen in englishe als here in wryten. LAY
FOLKS MASS BOOK p. 46.

b. Sprache überhaupt, Rede: Datheit
haue thou! quath child Merlin, Al to loude
thou spak thi *Latin*! SEUYN SAG. 2395. Thanne
biginneth the child Merlin To telle themperour
swich *Latin*. 2495.

2. Lateiner, Römer: Alle leawede men,
þe onderstonden ne mahen *latines* ledene, lideð.
ST. JULIANA p. 3. Þe meidenes habben . . a
gerlaundesche . . auriole ihaten o *latines* ledene.
HALI MEID. p. 23. Þai ware visid all in versis
in variant lettira, Sum in *latens* lare, sum langage of grece. WARS OF ALEX. 5651.

latinli adv. lateinisch, auf lateinisch.

A musik instrument, that . . *latinli* is seid
an orgue. WYCL. Ps. prologue p. 736.

latis etc. s. fr. *lattis*, vom ahd. *latta, lata*,
nhd. *latte*, ags. *lätta*, niederl. *lat*, neue. *lattice*.
Gitter.

Fro the windowe forsothe of myn hous bi
the *latys* I beheeld the junge man, and I see
litle childer. WYCL. PROV. 7, 6 Oxf. Gaffray
. . In a gret *latise* beheld manyon, Al prisoneres
where in warde thai echon. ROM. OF PARTENAY
4666. He . . The *lateis* unshitte. 4747. *Lattes*
for a windowe, chasis, trelis. PALSGR. später
Lattise u. *lattesse*. MAN. VOC. p. 147 u. 301. —
He stant bihynde oure wal, biholdende bi the

windowes, aferr lookende thurȝ the *latises.*
WYCL. SONG OF SOL. 2, 9 Oxf.

laton, latoun, latun, auch **laten** s. afr.
laton, laiton, leton, pr. *lato,* sp. *laton,* pg. *latão,*
niederl. *latoen,* altn. *látún,* sch. *lattoun,* neue.
latten. Messing.

　Laton, auricalcum. CATH. ANGL. p. 210.
cf. n. 1. *Laton,* metal, auricalcum. PR. P.
p. 289. cf. n. 3. Hoc auricalcum, *latone.* WR.
VOC. p. 195. iiij candelstykkys of *laton.* FIFTY
EARLY ENGL. WILLS p. 46. The craft, which
thilke time was, To worche in *laton* and in bras
He lerneth for his sustenaunce. GOWER I. 221.

　He kest a man of cler *latoun.* SEUYN SAG.
1976. He made a man of fin *latoun.* 1998. His
fete er like *latoun* bright Als in a chymne bryn-
nand light. HAMP. 4367. cf. 4371. Thre hundred
pounde of *latoun.* TRISTR. 1, 86. ȝour trouthles gods, Sum of gold, sum of glas, sum of
gray marbell, Sum of *latoun* & of lede. WARS
OF ALEX. 4462. Þan miȝte men many hornes
here of *latoun* ymad & bras. FERUMBR. 2647.
Alle the vessels . . weren of *latoun.* WYCL.
3 KINGS 7, 45 Oxf. Thou gederest as *latoun*
gold, and as led thou fulfildist syluer. ECCLE-
SIASTIC. 47, 20 Oxf. He hadde a cros of *latoun*
[*laton* 5 MSS.] ful of stones. CH. *C. T.* 701.
Phebus wax old, and howed lyk *latoun.* 11557.

　Hoc auricalcum, *latun.* WR. VOC. p. 255.
With cundites of clene tyn Closed al aboute,
With lavoures of *latun* Loveliche ygreithed. P.
PL. *Creed* 397.

　A brasen krocke of ij galons and more, a
pache clowted in the brem with *laten.* ENGL.
GILDS p. 320. J chafern of *laten.* CATH. ANGL.
p. 210 n. 1.

latrede adj. ags. *látrǽde,* piger, tardus con-
silio. langsam, träge.

　The synne that men clepe tarditas, as when
a man is so *latrede* or tarying, er he wil torne
to God. CH. *Pers. T.* p. 327.

latsum, -som adj. ags. *lätsum,* tardus.
langsam, schwer, etwas mit Schwierigkeit vollbringend.

　Y am of more *latsum* and of more slow
tonge. WYCL. EXOD. 4, 10 Oxf. He es swyft
to spek on his manere, And *latsom* and slaw for
to here. HAMP. 792.

[latsumnes], latesomnes s. Verzögerung.

　Of þis wikkede synn [sc. slewthe] comes
sere spyces. Ane es *latesomnes* or lyte to drawe
apone lengthe, or to lache any gude dedis þat
we sall do, þat may turne vs till helpe hele of
oure saules. REL. PIECES p. 13.

latte, latt, lathe s. siehe oben *latis,* neue.
lath. Latte, schmale hölzerne Stange.

　A *latte,* asser, latha, scindula. CATH. ANGL.
p. 209. Hic asser, hec latta, a *latt.* WR. VOC.
p. 235. *Lathe,* for howsys, tignus, vel tignum.
PR. P. p. 288.

latõeu, latteu, lattow s. ags. *látþeóv, lát-*
teóv, láddtow, dux. Führer, Leiter.

　Ðan þe safarinde men seoð þe sa sterre, hie
wuten son wuderward hie sullen weie holden,
for þat þe storres liht is hem god *latõeu.* OEH.
II. 161. Alse mannes heued is heȝest lime and

---

lattõu, swo wisseð rihtte bileue þe soule. II.
197. Lauerd, liues *lattow,* lead me þurh þis
lease, þis lytle leastinde lif. ST. JULIANA p. 33.

laõ, leõ, loõ, laõõ, letõ adj. ags. *láõ,*
odiosus, infestus, molestus, malignus, malus,
alts. *léõ,* afries. *láth, léd,* ahd. *leid,* niederl. *leed,*
niederd. *léd,* altn. *leiõr,* invisus, odiosus, terri-
bilis, schw. dän. *led,* afr. *lait, leid,* pr. *lait, laid,*
laig, it. *laido,* sch. *laith,* neue. *loath, loth.* leid,
widerwärtig, verhasst, übel, böse.

　Þe ilke þet is iseli, þis he wule don, and
he his uniseli ȝif him is laõ to donne þis. OEH.
p. 31. Ne beo eow noht *laõ* to arisene er dei.
p. 39. Leof wes he on liue, and *laõ* is he nuõe,
and þa wrecche saule forloren. p. 35. Kep us
from his waning, þat *laõ* gast, þet *laõe* þing.
p. 71. Þe *laõe* hellewurmes, tadden ant froggen,
þe freoteõ ham ut te ehnen ant te neasegristles.
p. 251. Þa com his lifes ende, *laõ* þah him
were. LAȜ. I. 11. ȝe . . ȝeorneõ mine maõmas
& mine leoue dohter to swa *laõe* mannes bihoue. I. 45. *Laõe* we beoõ drihten. II. 279.
Horedom ias Drihtin *laþ.* ORM 4632. Hemm
birrþ, ȝiff þatt hemm iss *laþ* Full heffȝliȝ to
gilltenn, Beon ar & late o sunnker weorrc.
6240. Bi þe ilke godes þat me is *laõ* to gremien.
ST. JULIANA p. 11. Beo hit nu þat . . ti were
beo þe wraõ & iwurõe þe *laõ.* HALI MEID.
p. 31. Hwat wile ha don bi hire eorõliche
modres, þat teameõ hire in horedom of þe *laõe*
vnwiht, þe hellene schucke? p. 41. Þe Iewes
hid hit [sc. þe rode] . . fra cristen men hit to
blinde; *laþ* ware ham þai sulde hit finde. HOLY
ROOD p. 108. OURS. MUNDI 21356. Sertes,
madame, that es me *lath.* YW. A. GAW. 135.
Riht als leper mas bodi Ugli and *lathe* and unherly, Swa mas the filth of licheri The sawel ful
lath gastely. METR. HOMIL. p. 129. He broght
furthe of oure baylle The *lathe* Lazaro of Betany.
TOWN. M. p. 248.

　Þes tidende him wes *laõ.* LAȜ. I. 312. 414.
Al þat me wes leof, him wes wunderliche *laõ.*
I. 375.

　Þene *loõe* deouel and alle kunnes dweol-
uhõe Aulem urom me ueor awei. OEH. p. 195.
Þe . . be hersume alle godes hese, and is þis
woreld *loõ,* and habbeõ longinge to heuene. II.
27. Sinne hem is *loõ* to leten. II. 93. *Loõ* is me
þis eorõliche lif. II. 149. *Loõ* him wes his broþer.
LAȜ. I. 18. Hir was Ysmaeles anger *loõ.* G. A.
EX. 1216. Ynder him ben leng is him *loõ.* 1736.
Niõful neddre, *loõ* and liõer sal gliden on hise
brest neõer. 369. *Loõ* hem is ded, and lef to
liuen. BEST. 528. Hise *loõe* men sulen to helle
faren, hise leue to his riche. 731. Þurh lesinge
mon is *loþ.* O.E.MISCELL. p. 124. For riȝte
nithe ich was him *loth.* O. A. N. 1086. Me is
loõ presse. ANCR. R. p. 168. Me telleõ of þe
holie monne þet lei on his deaõ vuele, & was
loõ forte siggen one sunnen of his childhode.
p. 314. Panne he hauede taken þis oth Of erles,
baruns, lef and *loth.* HAVEL. 260. Owre lyf ys
vs *loþ.* R. OF GL. p. 40. Hoo feol on hire
bedde, þer heo knif hadde, To sle wiþ king
loþe And hure selue boþe. K. H. 1195. It no
was him noþing *loþ.* GREGORLEG. 346. ȝe arn

liche of jour lif to swiche *loþe* burnus, þat ben
in dep presoun don. 1097. For no thing that
slouthe voucheth I may foryete her, lefe ne *loth*.
GOWER II. 24. Men seyn right.thus, the ney
slye Maketh the ferre leef to be *loth*. CH. *C.
T*. 3392.

Þe quike hire wes swa swiþe *leoŏ*, þat binimen heo him þohte his lif. LAJ. I. 170.

On Sir Amiloun he cast a sight, Hou *laith*
he was of chere. AMIS A. AMIL. 1913. If we
leuen þe layk of oure *layth* synnes .. He wyl
wende of his wodschip, & his wrath leue. ALLIT.
P. 3, 401-3. This gat biddes sain Jon'us grathe
Wit ded, and lef the waies *laythe* That ledes
man til pin of hel. METR. HOMIL. p. 51. The
Troiens .. fleddon in fere and þe filde leuyt ..
þat left were on lyue with mony *laithe* hurtes.
DESTR. OF TROY 1348-51. All of marbill was
made with meruellus bestes, Of lions & libardes
& other *laiths* wormes. 1572. The feynd was
Eve fo; He was foule and *layth* to syght. TOWN.
M. p. 73.

Seftes sop ure seppande .. *leiŏe* and lod-
like. BEST. 456. Thenk on the *leith* Lasar ..
With his povert and his payne he boʒt hym
heven blys. AUDELAY p. 31.

substant. von Personen: þu schalt ..
wakien i moni care nawt ane for þe self as þarf
godes spuse, ah schalt for monie oŏre, ase wel
for þe *laŏe* ofte as for þe leue. HALI MEID. p. 29.
Alle haueden sworen him oth, Riche and poure,
lef and *loth*, þat he sholden hise wille freme.
HAVEL. 439.

Kompar. Whaŏer unkere swa beoŏ þere
wakere, sone he biŏ þe *laŏere*. LAJ. II. 568.

Loŏles is þe man þe ne doŏ, ne ne quaŏ,
ne þeneŏ no þing, þat he þurue ben þe *loþere*
ne þe unwurŏere ne gode ne manne. OEH. II.
49. Herdi bileaue makeŏ ou stonden upriht,
and te deofel nis noŏinc *loŏre*. ANCR. R. p. 266.
Allas þanne! but owre loresmen lyuen as þei
leren vs, And, for her lyuynge, þat lewed men
be þe *lother* god agulten. P. PL. *Text B.* pass.
XV. 384. For as to me nys lever noon ne *lother*.
CH. *Leg. GW. Prol.* 191.

Þa deæde heore wæs leouere, þe quike here
wes *leoŏers*. LAJ. I. 170.

Superl. O helle, deades hus .. þu *laŏest*
lont of alle. OEH. p. 253. Þe ondfule deuel
bihalt te se hehe istihen .. þurh meidenhades
mihte þat him is mihte *laŏest*. HALI MEID.
p. 15. Hwen þi were, alwealden, .. seŏ & understond tis þat his fa forliŏ þe & þat tu teamest
of him þat him is teame *laŏest*, he forhoheŏ þe
anan. p. 41. Him com muchel lætting, swa him
wes alre *laŏest*. LAJ. I. 195. Æluric iherede ..
feole tidende of Cadwane kinge, þrattes unimete
of alre *laŏest* monne. III. 203. Hit [sc. meiŏ-
had] is swa leof þe, hit is him [d. i. dem Teufel]
þinge *laŏest*. ST. MARHER. p. 3.

Swa heom *laŏest* was. LAJ. I. 24. cf. I.
195. Swa eow biŏ alre *laŏust*. I. 247.

Þe dunt of alle duntes is him dunte *loŏest*.
ANCR. R. p. 324.

Per þu scalt wunien, swa þe beoŏ alre
leoþest. LAJ. III. 68.

laŏ, leŏ s. ags. *lŏŏ*, malum, injuria, ahd.
leid, alts. *lŏ̄ŏ, lŏd*, afries. *lŏd*, niederl. *leed*,
niederd. *lŏd*, schott. *laith, lathe*. Leid, Harm,
Böses, Betrübniss.

Ich mai .. warnin ow of his [d. i. des Teu-
fels] *laŏ* ant for his wrenches. OEH. p. 255.
Þu hauest heom muchel uuel idon, and nu þu
most þat *laŏ* onfon. LAJ. II. 249. To shildenn
þe wiþþ all hiss *laþ*. ORM 11887. Wo so dede
hem wrong or *laith* .. He dede hem sone to
hauen ricth. HAVEL. 76-8. Fordon þe þet
fujelcun is swiŏe bilehwit and *witutan laŏe* and
isibsum. OEH. p. 95. Dauid þe prophete wop
for laŏe of þe world. p. 157. Þe ter þet mon
wepŏ *for laŏe* of þisse liue is inemned welle
water. p. 159.

Neuere yete wordes ne grewe Bitwene hem,
hwarof ne *lathe* Mithe rise, ne no wrathe. HAVEL.
2975. Wile ich forgiue þe þe *lathe*. 2718. No
schaltow haue othir *lathe*, Bote mete and drynke,
late and rathe. ALIS. 7722.

Sume men ledeŏ clene liflode, and ne doŏ
ne ne queŏeŏ none monne *loŏ*. OEH. II. 37.
He lat ne he wile us don non *loŏ*. BEST. 430.
Ich hadde *loth* bi myne concience do hold
churche eni wouʒ. BEK. 426. Thu singist ever
of hore *lothe*. O. A. N. 1144. Iewes ston hard,
in sinnes merk, Beoten a lomb *wiþouten loþe*.
HOLY ROOD p. 139. Iche lede as he loued hymselue þer laght *wiþouten loþe*. GAW. 126.

No I hit se, now leþes my *loþe*. ALLIT. P.
1, 377. Percevelle made the same othe, That he
come never undir clothe To do that lady no
lothe, That pendid to velany. PERCEV. 1933.

laŏe s. altn. *hlaŏa*, horreum, schw. *lada*,
dän. *lade*, neue. *lathe*. Scheuer.

Hoc orreum, *lathe*. WR. VOC. p. 204. A
lathe, apotheca, horreum. CATH. ANGL. p. 209.
Berne or *lathe*, horreum. PR. P. p. 33. cf. 288.
Scheres sithen the corn rathe, And bringes it
unto my *lathe*. METR. HOMIL. p. 146. Why
nad thou put the capil in the lathe? CH. *C. T*.
4086. — Das älteste Beispiel erscheint in der
Mehrzahl: I rede ŏe king, an her biforen, To
maken *laŏes* and gaderen coren. G. A. EX.
2133.

lathe s. Latte s. *latte*.

laŏien, laŏen, leŏen, laiŏen v. ags. *laŏian*,
odio habere, ahd. *leidan, leithan*, mhd. *leiden*,
leid thun, wehe thun, altn. *leiŏa*, absterrere, pass.
leidask, odio habere, sch. *lathe*, neue. *loathe*.

1. intr. a. verleidet, leid, verhasst
sein: Þat te schal *laŏi* þi lif. HALI MEID. p. 9.
Gedeon Which fro the hill down sodeinly Shall
come and sette such askry Upon the kinges
and us both, That it shall to us alle *lothe*.
GOWER III. 217.

His saule gode *laŏeŏ*. OEH. p. 101. Alle
leccheries lust vs *loþeth* to founde. ALEX. A.
DINDIM. 392. He wol greuen us alle, Cracchen
us or clawen us, And in his clouches holde, That
us *lotheth* the lif Er he late us passe. P. PL.
306. Smit hine so luŏerliche, þet him *loŏie* to
anecchen eft to þe. ANCR. R. p. 324.

It lastid so longe that *lothed* þem sertayn.
SONG OF ROLAND FRGM. 772. Ho doutid no

deth in hir du ryght, ffor hit *laithiþ* hir les þen
on lyue be. DESTR. OF TROY 12121.

b. **unwillig, empört sein**: Þo þis
kyng Leir eldore was, heo bigan to *loþe*, For he
so longe liuede, hys leue doþtren boþe. R. OF
GL. p. 32.

Ne hopis þou not hertely, for þi hegh
treason, If men *laith* with þi lyf, lyffyng in
erthe, That the shall happen in helle hardlaikes
mo? DESTR. OF TROY 8122.

2. tr. **verabscheuen, verachten**:
Lothyn, abhominor, detestor. PR. P. p. 316.

Like it to jour lordschip, & *lathis* [imperat.]
nojt my sawis. WARS OF ALEX. 5115.

Aũ luþur bileue we *loþen* in herte. ALEX.
A. DINDIM. 272. Al we libben in loue & *loþen*
enuie. 373.

Sæhte and sibbe he luuede, unstronge
monnen heo *leoðede*. LAJ. I. 260. Þe lordship
[kollekt.] of Lacedemonie *loþed* hem than, And
of Phocos þe folke fast hem assailes. ALIS.
FROM. 335.

laðien v. ags. *laðian*, invitare, alts. *laðôian*
u. *laðian*, ahd. *ladén*, *lathôn*, *ladén*, afries.
lathia, *ladia*, *laia*, mhd. *laden*, gth. *laþôn*, altn.
laða, neue. dial. *lathe*. Chesh. **einladen**,
laden.

He sende his sonde jeond his kinelonde,
lette *laðien* him to al his leodþeines. LAJ.
I. 284.

Ne *laðe* je to drinken nout. ANCR. R. p. 416.
Laþej hem alle lufjyly to lenge at my fest.
ALLIT. P. 2, 81.

Ure drihten . . *laðeð* us ut of ure wunsume
wowe to his michele blisse. OEH. II. 203. Alle
he *laðeð* ech a sume wise to endelese blisse. *ib.*
Unriht heo doð ec tojenes his emcristene, þenne
he hine *laðeð* to drinken more . . þenne him
ned were. II. 213. Eihte þinges *laðieð* us to
wakien i sume gode & beon wurchinde. ANCR.
R. p. 144. Þan lete þe lord laith sloñ & *lathys*
þaim to hys feste. WARS OF ALEX. 1828 Dubl.

Þe king makede ueorme swiðe atore, þe
hæðene he *laðede* þar to. LAJ. II. 179. Nolde
me lauhwen ane beggare to bisemare þet bede
[*laðede* T. C.] men to feste? ANCR. R. p. 414.
Þer *laþed* hym fast þe lorde. GAW. 2403.

Alle arn *laþed* lufjyly, þe luþer & þe better.
ALLIT. P. 2, 163.

laðienge s. invitatio s. *laðunge*.

laðiere s. vgl. *jelaðiere*. **Einlader, Bote.**

An þesser lajo of þe wit[i]jin wer *laðieres*
moche. OEH. p. 235. An þisser [sc. lage] beoð
bedeles and *laðieres* to berie archebiscopes, and
biscopes, preostes, and hare jegeng. p. 237.

laðinge s. neue. *loathing*. **Verabscheu-
ung, Hass.**

Lathynge, abhominacio, detestacio. CATH.
ANGL. p. 209. What es þis desire? Now, sothely,
na thyng bot a *lathynge* of all þis werldes blysse,
of all fleschely lykynges in thi herte. HAMP.
Tr. p. 33.

[laðleas], loðleas, loðles adj. ags. *lðôleds*,
innocens. **unschuldig.**

Je schulen lihtlis iseon hu lutel hit reccheð,
nomeliche, jif je þencheð þet he was al *loðleas*.

ANCR. R. p. 188. A *loðleas* þing, a wummon
ase ich am. p. 318. *Loðleass* meidenes. p. 362.
— He was admod on worde, and rihtwis on dede,
and godfruht on þonke, and *loðles* mid alle.
OEH. II. 167.

[laðlesnesse], loðlesnesse s. **Unschuld.**

Þe bireueden him alle his riche weden, þat
waren unerned giue and undeðlicnesse and *loðlesnesse*. OEH. II. 33. Lomb is drih þing and
milde, and bitocneð *loðlesnesse*. II. 49. Ech
man þe ne haueð noht redi lombbes *loðlesnesse*,
ne turtles clennesse. *ib.* Þe fule gost . . fint it
[sc. þe child] emti of iuele gostes, and clensed
of fule sinnes, and diht mid *loðlesnesse*. II. 87.
Loðlesnesse understondeð þe man at his folc-
ninge. II. 95.

**laðlic, laðlich, loðlic, loðlich, ladlic,
ladlich, lodlich** etc. adj. ags. *lðôlic*, odiosus,
alts. *lðôlik*, afries. *lëðlik*, ahd. *leidlih*, mhd.
leitlîch u. *leidelich*, altn. *leiðiligr*, sch. *laithly*,
laidly, neue. *loathly*. **leidig, widerwärtig,
abscheulich.**

Þer ligget *laðlice* fend in stronge raketeie.
OEH. p. 177.

Þu þe ane dreddes nawt . . to fihte ajaines
alle þe shefulle deueles of helle, þat hwuch of
ham is lest *laðeliche* and grureful . . al þe world
were offeard him ane to behalde. OEH.
p. 271 sq. Þat *laðliche* beast leaueð & last forð.
HALI MEID. p. 25. His *laðliche* nurð & his
untohe bere makeð þe to agrisen. p. 31. Hwase
of engel lihteð to iwurðen lahere þen a beast,
forse *laðli* chaffere, loke hu ha spede. p. 27. —
Laðliche læches heo leiteden mid ejan. LAJ.
I. 80.

Nov ist a water of *loðlic* ble. G. A. EX. 749.
— Hi alle wurðon awende . . to *loðlice* deoflen.
OEH. p. 219.

To þe oðer wurð iseid þat *loðeliche* word
and ateliche and grisliche, þat is to synfulle:
Ite maledicti in ignem eternum. OEH. II. 5.
Je sain, burnus, þat je ben best echone, þat in
joure *loþliche* land libben by kynde. ALEX. A.
DINDIM. 1086. Þanne ofsaw he ful sone þat
semliche child, þat so loueliche lay & wep in
þat *loþli* caue. WILL. 49. He sigh where sat a
creature, A *lothly* womannissh figure. GOWER
I. 93. Thow art so *lothly*, and so olde also. CH.
C. T. 6682.

Þat wes swide *ladlic* þing, þat þe cristine
king luuede þat haðene maide. LAJ. II. 177.

Æft aras a *ladlich* weder. LAJ. I. 195. Heo
him to fusden mid *ladliche* sehte. I. 320. He
weorede ane burne, þer ufenen he hæfde ane
ladliche here. II. 318. Nis nawt *ladlich* sihðe
to seo fallen þing, þe schal arisen, þurh þ fal,
a þusend fald þe fehere. LEG. ST. KATH. 2320.

Þat his to þe a *lodlich* siht. LAJ. I. 215 j. T.
Þu schalt demen alriht þe sunfule, & te sunne
lodlich & ful, þet te þuhte ueir. ANCR. R.
p. 118. He nolde nojurt bleþeliche yhyere þe
misjiggeres, ne flatoure, ne fole wordes, ne
lodliche. AYENB. p. 257.

Kompar. Hwen hit is þullich & muche
dale *laðluker* þen eni welituhe muð for schome
mahe seggen, hwat makeð hit iluued bituhhe

beastliche men bute hare muchele unþeaw.
HALI MEID. p. 25.

Superlat. And tah hwen he þus is alre
þinge feirest, he vnderfeð bliðeliche & bicluppeð
swoteluche þe alre laðlukest, & makeð ham
seouesiðe schenre þen þe sunne. HALI MEID.
p. 39 sq. Heo buth the lothlokest men on to
seon. ALIS. 6312. Þe laste [sc. senne] is mest
uoul an lodlakest, þet ne is naȝt to nemny.
AYENB. p. 49.

laðliche etc. adv. ags. láðlíce, odiose. abscheulich, fürchterlich, grimmig.

Laðliche heo feohten. LAȝ. I. 339. Heo
. . laðliche fuhten. I. 417. Pæ wes þe king
Frolle laðliche offered. II. 561. Þe litellaike
o his like, lathely þat þai spyse. WARS OF
ALEX. 2931 Ashm. Hade we herkont hym
kyndly . . this sorow had sothely not fallyn, Ne
Elan, ne other mo honerable of Grece Had not
laithly bene laght, & led vnto Troy. DESTR. OF
TROY 4895-900. Þe sæ wes wunder ane wod,
and lodliche iwraðoed. LAȝ. II. 76. Herfore is
alches londes folc lædliche afered. I. 389. Al
vre gult on him he wolde take And lodliche was
bilað al for vre sake. CAST. OFF L. 1135.

[laðlichen], lodlichen v. hässlich machen, entstellen.

Vor a lute clut mei lodlichen swuðe a muchel
ihol peche. ANCR. R. p. 256.

[laðlichhed], lodlichhede s. Abscheu-
lichkeit.

Yef þe wordes byeþ uoule and lodliche, þet
is apert tokne þet þe uoulhede and þe lodlichhede byeþ ine þe herte. AYENB. p. 203.

laðnesse, loðnesse, laiðnes s. neue. loath-
ness. Bosheit, Abscheu, Harm.

He wes dreihninde in þissere worlde mid
bilehwitnesse, and mid nane laðnesse, and mid
sibeumnesse. OEH. p. 95. He . . haueð þer ase
heo liuieð euer, loðnesse of ham alle, ase Jeremie
witneð: omnes amici ejus spreverunt eam.
ANCR. R. p. 310. Saintes to seche and to sere
[i. q. serve] halowes, And turne unto templis
atyrit with pride, þof it be laifull to ladys and
oþer les wemen, ȝet it ledis vnto laithnes and
vnlefe werkes. DESTR. OF TROY 2946.

laðsome, loðsum adj. ahd. mhd. leidsam,
leitsam invisus, molestus. neue. loathsome.
verhasst.

Lathesome, ubi rgsome, abhominabilis.
CATH. ANGL. p. 209. 401. Lothsum, idem quod
lothly. PR. P. p. 314.

laðspel s. ags. láðspell. Ueble Nachricht, Trauerbotschaft.

Ȝif heo moten liðe heonene mid liue into
heora leoden & laðspæl bringen. LAȝ. II. 449.

laððe s. ags. læððe [s. þet man to oþrum
læþþe hæbbe. BLICKLING HOMIL. p. 63], altnorthumbr. læððo, odium. Hass, Feind-
schaft.

Heo nolden iþolian, for alþeodene gold,
þat þeos laððe weore bituxe Corineo & Locrine.
LAȝ. I. 98. Loc nu þatt tu forrȝife wel All follc
all wraþþe & laþþe. ORM 5450. cf. 6271. Hwat
blisse mei þeos bruken þat luueð here were wel
& habbeð his laððe? HALI MEID. p. 33. He

haueð . . loðnesse [laðde T. C.] of ham alle.
ANCR. R. p. 310.

laðunge, laðienge s. ags. laðung, invitatio,
congregatio⁚ afries. laðenge, ladinge, lainge.
Ladung, Versammlung.

Alle þeo ileafulle laðunge him ihersummede.
OEH. p. 93. Pa makeden heo ane laðunge
[laþinge j. T.] of heore leoue folke, þat al comen
to Lundene, uppe wite of feowerti punden to
þan hustingge. LAȝ. I. 218. He nam him to
rede þat heom wolde ȝearceon anæ grate laði-
ienge, and þider ȝeclepien all his underþeod.
OEH. p. 231.

laud laicus s. læwed.

laude s. afr. laude, lat. laus, neue. laud.
Lob, Preis.

His stone is the grene emeraude, To whom
is yoven many a laude. GOWER III. 131. Nought
oonly thy laude precious Parformed is by men
of heih degre, But by mouthes of children thy
bounte Parfor med is. CH. C. T. 14866.

These ben that wolden honour Have, and
do nos kynnes labour, Ne doo no good, and yet
han lawde. H. of Fame 3, 703. Lyke for Davyd
aftyr his victory Reyjoyssed whas alle Jerusalem, So this citee with lawde, preyse, and
glorye, For joy moustered lyke the sone beme.
LYDG. M. P. p. 3.

Die Mehrzahl laudes bezeichnet den letzten
Theil des nächtlichen Gottesdienstes: Laudes
matutinæ noctis partem sibi vendicant ultimam,
quartam videlicet vigiliam. D.C., mit Bezug auf
die gesungenen Psalmen 148-50. Efter þise
matynes comeþ þe laudes. AYENB. p. 51. And
thus lith Alisoun and Nicholas In busynesse of
myrthe and of solas, Til that the belles of
laudes gan to rynge, And freres in the chauncel
gan to synge. CH. C. T. 3653.

laudere v. lat. laudare, neue. laud. loben,
preisen.

Neyther for loue laude it nouȝt, ne lakke it
for enuye, Parum lauda, vitupera parcius. P.
PL. Text B. pass. XI. 102.

laue, lauh s. s. laȝe.

lauerd s. s. laford.

lauȝen, lauȝhen, lauhwen v. s. lahen.

lauȝhter s. s. lahter, risus.

launce s. s. lance.

launcegay s. afr. launcegay. eine Art Speer.

He worth upon his stede gray, And in his
hond a launcegay. CH. C. T. 15162. Launcegay, lancea. PR. P. p. 290. Launce gay, iaueleyne.
PALSGR. Me thouȝte a fyry lancegay Whilom
thorow myn herte he caste. GOWER MS. in
HALLIW. D. p. 503.

launcen, launchen v. s. lancen.

launde, lawnde s. afr. lande, pr. landa v.
germ. land, neue. laund. waldige Höhe,
Ebene im Gehölz.

A lawnde, saltus. CATH. ANGL. p. 210.
Lawnde of a wode, saltus. PR. P. p. 291. Hic
saltus, a lawnd. WR. VOC. p. 229. Þe fole
wyfmen þet guoþ mid stondinde nhicke ase hert
ine launde. AYENB. p. 216. And to the grove,
that stood ther faste by, In which ther was an
hert, as men him tolde, Duk Theseus the

13*

streyte wey hath holde, And to the *launde* he
rydeth him ful right, There was the hert ywont
to have his flight. CH. C. T. 1696. In a *launde*,
upon an hille of floures, Was sette this noble
goddesse Nature. *Ass. of F.* 302. His huntes
to chace he commaunde, Here bugles boldely
for to blowe, To fere the beestes in þat *launde*.
SOWDONE OF BABYL. 57. Y met with þe forster,
y prayed hym to say me not nay, þat y myght
walke into his *lawnde* where þe deere lay; as y
wandered . . into þe *lownd* þat was so grene,
þer lay iij herdis of deere. BAB. B. p. 118.
Whan they come to the *laund* on hight, The
quenys pavylon there was pight. IPOMYD. 338.
— He . . Sweys into Swaldye with his snelle
houndes, For to hunt at þe hartes in thas hye
laundes. MORTE ARTH. 57. Thane bowmene of
Bretayne brothely ther aftyre Bekerde with
bregaundes of ferre in tha laundes. 2095.

laureat adj. fr. *lauréat*, it. *laureato*, sp. pg.
laureado, lat. *laureatus*, neue. *laureate*. mit
Lorbeer bekränzt, gekrönt.
Fraunces Petrark, the *laureat* poete. CH.
C. T. 7907. *Laureat*, sourned with laurel.
PALSGR.

laurer s. afr. *lorer, laurier*, pr. *laurier*, pg.
loureiro, niederl. *laurier, lauwer*, sch. *laurere*.
vgl. *lorel*. Lorbeerbaum.
Myn herte and al my lymes ben as greene
As *laurer* thurgh the yeer is for to seene. CH.
C. T. 9339. The beaute of the gardyn, and the
welle, That stood under a *laurer* alway grene.
9910.

lauriol s. fr. *lauréole*, it. sp. *laureola*. vgl.
neue. *spurge laurel*. ein Wolfsmilchge-
wächs, euphorbia.
A day or tuo ye schul have digestives Of
wormes, or ye take your laxatives Of *lauriol*,
century, and fumytere. CH. C. T. 16447.
Lauryol, herbe, laureola. PR. P. p. 291. Dasselbe ist wohl: Loriola, *loryalle*. WR. VOC.
p. 226.

lave s. s. *laf*, Ueberbleibsel.
lave adj. vgl. sch. *lave - luggit*, neue. *lave-
eared*, langöhrig, schlotteröhrig. altn. *lafa*,
pendere. Hangend, schlaff.
Dom as a dore-nayle & defe was he bathe,
With laith leggis & lange & twa *laue* eres. WARS
OF ALEX. 4747.

lavedi s. s. *lafdi*).

laven v. afr. *laver*, pr. sp. pg. *lavar*, it. lat.
lavare, neue. *lave*.
1. tr. waschen, baden: Whan he haþ
thus visited fetered folke, and oþer folke poure,
Then he ȝerneþ into þouht, and ȝepliche he
secheþ Pruyde, with alle þe portinaunce, and
packeþ hem togederes, And laueþ hem in þe
lauandrie: laboravi-in-gemitu-meo. P. PL.
Text C. pass. XVII. 327.
It [sc. þe hatere] hath ben *laued* in lente,
and oute of lente bothe, With þe sope of
aykenesse. Text B. pass. XIV. 5.
2. intr. sich baden, schwimmen: He
swonc i þon sehte, þat al he *lauede* a swete.
LAȜ. I. 319 sq. He drou hymselue bi the cop,
that al it *lavede* a blode. REL. ANT. I. 144.

laven v. sch. *laive*, wohl aus dem vorstehenden Zeitwort hervorgegangen.
1. tr. a. giessen, ausgiessen: The
deu of grace upon me *lave*, And from alle
harmes thou me save. LYR. P. p. 72.
Þe gentyl cheuentayn is no chyche, Queþer
so euer he dele nesch oþer harde, He *lauez* hys
gyftes [gystes *Ms.*] as water of dyche, Oþer
gotez of golf þat neuer charde. ALLIT. P. 4604.
The geant had a drynk wroghte . . Thay
wolde not lett long thone, Bot *lavede* in hir
with a spone, Then scho one slepe felle also
sone. PERCEV. 2245-51.
b. schöpfen: Mony ladde þer forth lep
to *laue* & to kest, Scopen out þe scaþel water,
þat fayn scape wolde. ALLIT. P. 3, 154.
He . . spak and song in wepynge alle þat
euer he hadde resceyued and *laued* oute of þe
noble welles of his modyr Calliope. CH. *Boeth.*
p. 107.
2. intr. strömen, rinnen: To bys hys
chaffare þe child payed erres, Dropes rede as
ripe cherrees, þat fro his flesshe gan *lave*.
HOLY ROOD p. 217.
Þe mukel *lauande* loghe to þe lyfte rered.
ALLIT. P. 2, 366.

lavendere etc. s. afr. *lavandiere*, pr. *lavan-
diera*, sp. *lavandera*, pg. *lavandeira*. Wäscherin.
Prude wes my plowefere, Lecherie my la-
vendere. LYR. P. p. 49. Envie ys *lavendere* of
the court alway. CH. *Leg. GW. Prol.* 358.
Hec lotrex, a *lavundare* (?). WR. VOC. p. 269.
Laundre, a wascher, lauendriere. PALSGR.

lavendre, lavandre etc. s. mhd. *lavender*
(in *lavenderkrut*) u. *lavander* neben *lavendel*,
mlat. *lavendula*, span. *lavandula*, it. *lavanda,
lavandola*, neue. *lavender*. Lovender, Lavendel, Spike. Den Namen soll die Pflanze
dem Umstande verdanken, dass sie zum Waschen
des Körpers gebraucht wurde.
Lavendula, *lavendre*. WR. VOC. p. 140.
Lavendere, herbe, lavendula. PR. P. p. 290.
Lavendre, an herbe, lauende. PALSGR. *Lavandre*, lauandria, lauendula. CATH. ANGL.
p. 210. Hec lavendula, *lavandyre*. WR. VOC.
p. 226.

lavendrie, lavandrie, laundrie s. lat. *lavandrie*, mlat. *lavandaria*, sp. *lavanderia*, pg.
lavandaria, neue. *laundry*. Wäscherin.
Þanne wil he some tyme Labory in a
lauendrye. P. PL. Text B. pass. XV. 181.
Ȝepliche þe secheþ Pruyde, with alle þe portinaunce, and packeþ hem togederes, And laueþ
hem in þe *lauandrie* (*launderie* T.): laboravi-
in-gemitu-meo. Text C. pass. XVII. 328.

laverd s. s. *laford*; **laverddom** s. **laverden**
v. etc. s. unter *laford*.

laveroc, vereinselt noch **laverke, larke** s.
ags. *láveroce*, niederd. *lewerk, lewark*, niederl.
leeuwerik, leeuwerik, lewerik, ahd. *lêrukha, lê-
racha, lêricha, lêrcha*, schw. *lärka*, dän. *lerke*,
sch. *laverok, laverock*, neue. *lark*. Lerche.
He is thrustle thryven in thro, that singeth
in sale, The wilde *laveroc* ant wolc ant the
wodewale. LYR. P. p. 26. Ich wold ich were a
threstelcok, A bountyng other a *laverok* [la-

vercok *Ms.*]. p. 40. On every braunche sate byrdes thre, Syngynge with great melody, The *lacerocke*, and the nihtyngale etc. SQYR OF LOWE DEGRE 43.

Héc alauda, *larke.* WR. VOC. p. 188. 221. Duk Roland & Erld Olyuer þilke niȝt kepte þe wacche þer, Til þe *larke* sunge. PERUMBR. 3553. The merlyon that peyneth Hymself ful ofte the larke for to seke. CH. *Ass. of F.* 339. Of quayle, sparow, *larke*, & litelle mertinet . . þe legges to ley to your souereyne ye ne lett. BAB. B. p. 144.

Laverkes. BEVES OF HAMT. p. 138. Ther myȝhte men see many flokkes Of turtles and [of] *laverokkes.* CH. *R. of R.* 661.

Larkes rosted. TWO COOK. B. p. 68. Gret briddes, *larkes*, gentille breme de mere. BAB. B. p. 165.

lavour, lavor, laver s. afr. *laveur, lavur, lavouer, lavoir*, pr. *lavador*, sp. *lavadero*, pg. *lavatorio* u. *lavadairo*, mlat. *lavatorium*, neue. *laver*. Waschgefäss, Waschbecken.

Lavacrum, a *lavour.* REL. ANT. p. 7. — Thou saist that assen, oxen, and houndes, Thay ben assayed at divers stoundes, Basyns, *lavours* eek, er men hem bye. CH. *C. T.* 5867.

Lauor and basyn they gon calle To wassche and aryre. OCTOU. 1299. *Laver*, lavatorium. WR. VOC. p. 178.

law, lawe s. lex s. *laȝe*; **law** adj. s. *lah*; **lawe** adv. s. *lahe.*

lawe, lowe s. ags. *hláv, hlæv*, spelunca, sepulcrum, tumulus, gth. *hlaiv, τάφος*, alts. *hléo*, dat. *hléwe*, ahd. *hléo, léo*, gen. *hléwes*, collis, mhd. *lç*, gen. *léwes*, sch. *law.* Hügel, Höhe, Anhöhe.

Ille an *lawe* & ille an hill Shall nipþredd beon & laȝhedd. ORM 9205. 9603. All all swa summ þe *lawe* iss he Abufenn oþerr eorþe. 9631. Siþþenn toc þe deofell himm & brohhte himm onn a *lawe.* 12051. „Where is þin alþer ȝongest son?" „He es," he said, „þar he es won, wid ure schepe apon þe *lau.*" [lau COTT. *lowe* TRIN.]. CURS. MUNDI 7393 GÖTT. Abof a launde, on a *lawe* . . A castel. GAW. 765. cf. 2171. 2175. Noȝt saued watȝ bot Segor þat sat on a *lawe.* ALLIT. P. 2, 992. Als the knyghte went thorow a *lawe*, Smethy mene thore herde he blawe. ISUMBR. 392. Syne tas he with him titly his twelue tried princes, Gas him vp þe degreces to þe grete *lawe*, Trenes to þe top ward þat touched to þe cloudis. WARS OF ALEX. 4886. He stekis þam vp with þar stoures in a straite *lawe.* 5485.

Me þouthe y was in Denemark set, But on on þe moste hil, þat euere yete kam i til. It was so hey, þat y wel mouthe Al þe werd se, als me þouthe, Als i sat upon þat *lowe.* HAVEL. 1286. Þo stod Hauelok als a *lowe*, Aboven [þo] þat þerinne wore, Rith al bi þe heued more þanne ani þat þerinne stod. 1699. There comen by on *lowe*, As al the wode shulde ouere throwe, Of wonder bestes many thousynde. ALIS. 5364. There y stod in a snowe Wel heȝe upon a *lowe.* REL. ANT. I. 120. As they ryden an a *lowe*, Hornes herde they blowe. LYB. DISC. 1000. Uppon the *low* the lady ffound An erber

wrought with mannus hond. TORRENT 1967. Þai . . Lightyn at the *low*, leftyn þaire horses, Gone vp by the gresse all of gray marbill, Hit into the halle of the high kynge. DESTR. OF TROY 4951.

lawen v. erniedrigen, **lawli** adv., **lawnes** s. unter *lah, lahe.* niedrig.

lawen, lawȝhen, lawhen v. lachen s. *lahen.*

lawnde s. s. *launde.*

lax, lex s. ags. *leax, lex*, salmo, ahd. mhd. *lahs*, niederd. *lass*, ältn. schw. dän. *lax*, sch. desgl. *lax.* Lachs, ein Meerfisch, der aus den nördlichen Meeren zur Laichzeit in die Flüsse schwimmt.

He tok þe sturgiun, and þe qual, And þe turbut, and *lax* withal. HAVEL. 753. Biforn hem com þe beste mete þat king or cayser wolde ete: kranes, swannes, ueneysun, *Lax*, lampreys, and god sturgun. 1724. Þenne mot ich habbe hennen arost, feyr on fyhshday launprey & *lax.* POL. S. p. 151. Ysicius vel salmo, *lex.* WR. VOC. p. 90.

He bar up wel a carte lode Of segges, *laxes*, of playces brode. HAVEL. 895.

laxatif adj. u. s. afr. *laxatif*, pr. *laxatiu*, sp. pg. *laxativo*, it. *lassativo*, lat. *laxativus*, neue. *laxative* adj. u. s. abführend; Abführungsmittel.

1. adj. Two litel pelotis *laxatif* meyngid wiþ brennynge watir. QU. ESSENCE p. 20.

2. s. Him gayneth nother, for to get his lyf, Vomyt upward, ne dounward *laxatif.* CH. *C. T.* 2757. For Goddis love, as tak som laxa*tyf.* 16429. Vse þat *laxatif* maad into smale pelotis. QU. ESSENCE p. 20. Putte þerinne a litil of rubarbe, or of summe oþer *laxatiue.* p. 21.

A day or tuo ye schul have digestiues, Of wormes or ye take your *laxatives.* CH. *C. T.* 16447.

lazer, -ar s. mlat. *Lazarus* i. q. leprosus neue. *lazer.* Aussätziger.

A *lazer* ther Y fond, Herdestow neuer, in no lond, Telle of so foule a thing. AMIS A. AMIL. 1966. The *lazer* lith vp in a wain. 1969. As foule a *lazer* as he was, The leuedi kist him in that plas. 2161. A pouer *lazer* upon a tide Came to the gate and axed mete. GOWER III. 35. He knew wel the tavernes in every toun, And every ostiller or gay tapstere, Bet than a *lazer*, or a beggere. CH. *C. T.* 240. The *lazar* tok forth his coupe of gold. AMIS A. AMIL. 2023. — Unto such a worthi man as he Acorded not, as by his faculte, To have with sike *lazars* squeyntaunce. CH. *C. T.* 243.

le s. Löwe s. *leo, le, leon* etc.; **le** s. Schirm, Schutz s. *leo, leow.*

lead, læd, leed, led etc. s. ags. *ledd*, plumbum, niederl. *lood*, schw. dän. *lod*, mhd. *lôt*, sch. *leid*, neue. *lead.* Blei, auch als Senkblei.

He proueþ ofte his work mid *lead.* AYENB. p. 151. He deþ al to wylle, and to þe line, and to þe reule, and to þe *leade*, and to þe leuele. p. 150.

Ofte heo letten grund hat *læd* [hot *leod* j.
T.] gliden heom on heore hæfd. LAȝ. I. 242.

Leed, metalle, plumbum. PR. P. p. 292.
Leed, a metall, plomb. PALSGR. Thei ben
vnder dreynt as *leed* in hidows watris. WYCL.
EXOD. 15, 10 Oxf. Gold and siluer, and brasse,
and yren, and tynne, and al that may passe bi
flawmes, shal be purgid thurȝ fier. NUMB. 31,
22 Oxf. There is a fulle fayr chirche, alle
rownd, and open above, and covered with *leed*.
MAUND. p. 74 sq.

Hoc plumbum, *lede*. WR. VOC. p. 195. 255.
Alas! thy rode that was so rede Is as wan as
ony *lede*. ORPHEO 105. Synne is not lyȝt, but it
is hevy, and weythe mor' than *lede*. GESTA ROM.
p. 177.

Myn herte is hevy so *led*. REL. ANT. I.
121. To pacience I tolde, And wisshed witterly
with wille ful egre, þat disshes and dobleres bifor
þis ilke doctour Were molten *led* in his maw.
P. PL. *Text B.* pass. XIII. 79. Engelond ys
ful ynow . . Of seluer or and of gold, of tyn and
of *lede*. R. OF GL. p. 1. ȝour trouthles gods,
Sum of gold, sum of Glas, sum of gray marbill,
Sum of latoun & *of lede*. WARS OF ALEX. 4462.
This commaundement must I nedes fulfille,
If that my hert wax hevy as *leyde*. TOWN. M.
p. 36 sq.

leaden v. leiten s. *læden*.

leaden, leeden etc. v. neue. *lead*. ver-
bleien, aus Blei machen.

Or make an arche it [sc. the water] over on
to lede [conducere], Or pipes it to conduyt me
may *lede* [plumbare]. PALLAD. IX. 174. *Leedyn*
withe leed, plumbo. PR. P. p. 292.

Cf. Ne bere ȝe non iren, ne here, ne irspiles
felles; ne ne beate ou þer mide, ne mid schurge
ileðered ne *ileaded*. ANCR. R. p. 418.

leaf, lyeaf, lef, læf s. ags. *ledf*, afries. *lóf*,
alts. *lôf*, ahd. *loup, loub, laup, laub*, niederl.
loof, gth. *laufs*, pl. *laubos, φυλλον*, altn. *lauf*,
schw. *löf*, dän. *löv*, sch. *leyf*, neue. *leaf*.

1. Blatt, Laub: Pis is þet uerþe *lyeaf*
of þise boȝe. AYENB. p. 62. — Þet trau þet god
acorsede in his spelle, uor þet he ne uand naȝt
bote *leaues*. p. 57. Ase hit is strang þing to telle
alle þe *lyeaues* of þe trauwe. *ib.*

Þe alde mon þe bið butan treowscipe bið
iliche þan treo þe bereð *lef* and blosman, and
nane westmas ne bereð. OEH. p. 109. He
schal todreosen so *lef* on bouh. O.E.MISCELL.
p. 94. *Læf* is lyht on lynde. LYR. P. 45. Al y
falewe so doth the *lef* in somer when hit is
grene. p. 90. Ouer þe welle stod a treo, wiþ
bowes brode and lere, Ac hit ne bar *lef* ne
rynde. HOLY ROOD p. 25. *Lef* of him todreve
ne sal. Ps. 1, 3. Thanne falleth hit softe adoun,
and to dewe bicometh so, And hongeth on *lef*
and on gras. POP. SC. 220. The highe tre,
which thou hast sein, With *lef* and fruit so wel
besein . . Sir king, betokeneth thy persone.
GOWER I. 139. Hoc folium, a *lefe*. WR. VOC.
p. 229. Pis es þe *leef* þat hanges noght faste.
HAMP. 684. — The *leves* on the lyhte wode
waxen al with wille. LYR. P. p. 43. Pat folc
vel doun to grounde aslawe, as *leues* doþ of tre.

R. OF GL. p. 215. The *leves* weren faire and
large. GOWER I. 137. Tak the *leves* of loveache.
REL. ANT. I. 53. *Levys*, frondes. WR. VOC.
p. 181. He, seeynge a fige tree bysidis the weye,
came to it, and fonde no thing ther on, no but
leeuys oonly. WYCL. MATTH. 21, 19 Oxf.

Þeȝȝ baþe hemm hiddenn sone anan Unnderr fictrewwees *lafess*. ORM 13736.

2. Blatt eines Buches: Ich . . habbe
ired ant araht moni mislich *leaf*. ST. MARHER.
p. 1. Laȝamon leide þeos boc & þa *leaf* [*loves* j.
T.] wende. LAȝ. I. 3. Pise byeþ þe capiteles of
þe boc uolȝinde, and byeþ ywryte to vynde
yredliche by þe tellynge of algorisme ine huyche
leaue of þe boc þet hy by, and ine huyche half
of þe *lyeaue*. AYENB. p. 1.

Who so list it nat to heere, Turne over the
leef, and cheese another tale. CH. C. T. 3176.

3. Thûrflûgel: Þe wyndowes wern ymad
of iaspre & of oþre stones fyne, ypoudred wyþ
perree of polastre, þe *leues* weren masalyne.
FERUMBR. 1326.

leaf, leave, læve, lefe, leve etc. s. ags. *ledf*,
permissio, venia, alts. *lôf*, vgl. *orlôf*, mhd. *loube,
laube*, vgl. *erlaub, verlaub, urlaub*, niederl. *ver-
lof*, schw. *förlof*, dän. *forlov*, altn. *lof*, permissio,
vgl. *orlof*, sch. *leif, leiff*, neue. *leave*. Erlaubniss, Urlaub.

Leaf he nom at Ælfing. LAȝ. I. 191. Þa
bead he *leaue*, & he furðer lad. I. 208. Nu is
ure læche ifaren buten *laue*. II. 323. He myd
þes kinges *leaue* adylegade þa twa noman and
makede enne. O. E. MISCELL. p. 145.

At hire heo nomen *læue*. LAȝ. I. 54. Ouer
sæ þu liðe al buten *læue*. I. 215.

He *lefe* nom. LAȝ. II. 524. ȝiff þeȝȝ haffdenn *lefe* till All afterr þeȝȝre wille. ORM 10229.
Mare þe þann oþre menn Þu mihht don god
wiþþ *lefe*. 5110. Antenor vntomly turnet his
way Withoutyn lowting or *lefe*. DESTR. OF TROY
1822. Wald je . . gefe vs jour *lefe*, þen suld we
bremely jour bill to þe berne shewe. WARS OF
ALEX. 1826.

He haueð *leue* to fonden mon. OEH. p. 67.
Swa giued ure drihten *leue* þe deule to ben on
þe swinisahe man. II. 39. Pa wold Leir king
fare ham . . and jernde þeos kinges *leue*. LAȝ.
I. 156. He . . gaf him lond, and agte, and fe,
And *leue*, ðor quiles his wille be, To wune
Egipte folc among. G. A. EX. 783. Wat if he
[sc. ðe deuel] *leue* haue of ure heuen louerd,
for to deren us. BEST. 226. He com in withouten
leve Bothen of haiward and of reve. VOX A. W.
25. He tok his *leue* and wente his way. FL. A.
BL. 68. Þen leuyt þai the lond, and no *leue* toke.
DESTR. OF TROY 987. He . . took his *leeve*, and
homward he him spedde. CH. C. T. 1219.

Ungewöhnlich ist *lyve:* He took hys *lyve*
and ho^m ^he cam. SEVEN SAG. 1568.

An verschiedene Formen des Substantiv
reihen sich Adjektive. **lesful, lesful, lefal,
leveful** adj. ags. *geleðful*, licitus (?), sch.
leifull, leifull, lefull. erlaubt: *Leful*.
WILLS A. INVENT. 22. Alle thingis ben
leeful [leeueful *Purv.*] to me [omnia mihi
licent *Vulg.*], but not alle thingis speden.

WYCL. 1 COR. 6, 12 Oxf. *Lefulle*, licitus.
CATH. ANGL. p. 212. *Lefulle*, or lawfulle,
licitus. PR. P. p. 293. It is nat *leful* [leueful
Purv.] to thee [non licet tibi *Vulg.*] for to
haue hir. WYCL. MATTH. 14, 4 Oxf. O,
were it *leful* for to pleyn on the, That un-
deserved suffrest jalousye, Of that I wolde
upon the pleyne and crye. CH. *Tr. a. Cr.* 3,
971. Wilde beeste, or bridd, the which it is
leaful [leueful *Purv.* licitum *Vulg.*] to sete.
WYCL. LEVIT. 17, 13 Oxf. — leveles, lea-
veles adj. ohne Erlaubniss. Ghe nam
leueles fro ðat stede. G. A. EX. 1848. *Leave-
lesse* none come in ne out. CH. *Dr.* 74.

leaf, læfe, leave, leve s. ags. *ledfa* [BOSW.],
geleáfa, altnorthumb. *ledf*, afries. *láva*,
alts. *gilôbo*, *gildvo*, ahd. *galoubo*, vgl. *jeleafe*,
neue. *belief*. Glaube.

Hire fader hefde iset hire earliche to lare
[v. l. to *leaf* ant to lare]. LEG. ST. KATH. 115.
Sutel is & eôsene, o þine þulliche sahen, þ tu
were iset jung to *leaf* & to lare. 381. vgl. Pet
tacnet þet we sulen habben ure heorte, and
habben godne *ileafe* to ure drihten. OEH. p. 5.

Swa to lefenn upponn Crist Wass rihht
unnorne *læfe*. ORM 16808. Itt shollde tacnenn,
þatt Godess þeoww birrþ habbenn her Ajj soþ
fasst *læfe* o Criste. 2774. Þurrh lufe & hope &
læfe. 2704.

Haue þu charite and soðfeste *leaue*. OEH.
p. 57. Sone se ich . . leornede & luuede þe
liffule *leaue* of hali Chirche . . ich aweorp, wið
alle, þe glistinde wordes þ beon in owre bokes.
LEG. ST. KATH. 831-9.

Pet ure *leue* beo ure sceld ajein þes fondes
fondunge. OEH. p. 69. Vre rihte *leue*, god,
cume to þe þurh festing and þurh wacunge. *ib.*
God jefe gode *leue* alle þa þet hit nabbet. p. 77.
Niht bitocneð her unbileue, þat is aiware aleid,
and rihte *leue* arered. II. 11. Gif we ben þe
togenes on clene lifiode and on rihte *leue*. II.
97. Đe stedefast in rigte *leue*. BEST. 549. I
wene þe kyng alegid, þei [sc. þe lues] were of
his tresour, Noþeles he wolda haf briggid þe fals
leue & errourе. LANGT. p. 247. Haue þu none
leue to þe þad after þe bileued. O.E.MISCELL.
p. 134. Imilse þu Octa & his iueren al swa, jif
heo wulleð cristindom mid gode *lefuen* vnderfon.
LAJ. II. 281.

leafdi s. s. *lafdij*.

leafful, læfful, lefful, leful, leveful adj.
ags. *ledful* neben *geledful* [BOSW.]. s. *jeleafful*.
gläubig.

He was soð Godd þ leadeð euch *leafful*
mon to treowe bileaue. LEG. ST. KATH. 1037.
— Ifond ter swiðe feole . . þ Cristene weren &
leaffule i Godes lei. 161-6.

He sejjde . . þatt he & Cristess oþre posstless Sæjhenn wiþþ erþlic ejhe, & ec Wiþþ
lefful herrtess sihhþe O þejjre Laferrd Jesu
Crist Hiss Goddcunndnessess kinde. ORM 19239.

List ilk *lefful* man her to. BEST. 713. Đe
boc ðe is hoten genesis, ðe Moyses, ðurg godes
red, Wrot for *lefful* soules ned. G. A. EX. 2522.
If ye listen *lefful* to me, Ic wile min folc owen
be. 3447. Pet . . ne leueð nan bute þe gode

cristene mon and þe godfurhte and þe *lefulle*,
qui credit in deum. OEH. p. 75. Þe mon þet
haueð þis ilke fif þing mid him he is *leful* mon,
and if him is eni þer of wane, he nis nawiht
alse *leful* alse him bihouede. *ib.*

The lord, to mych *leueful* [nimium credulus
Vulg.] to the wordis of the wijf, was ful wroth.
WYCL. GEN. 39, 19 Oxf.

[leaflic], levelik adj. ags. *ledflic*, credibilis.
glaublich, zuverlässig.

Þine wittenesses *levelike* are þai. Ps. 92, 5.

leal, leale, lel, lele adj. afr. *leal*, *loial*,
loial, *leel*, pr. *loyal*, *lial*, sp. pg. *leal*, it. *leale*,
lat. *legalis*, sch. *leal*, *leil*, *lele*, neue. *loyal* u.
legal. treu, zuverlässig, gut.

He auld gyue his kirke franchise & fe To
haf & to holde, als he was kyng *leale*. LANGT.
p. 29. He exilde þam out of þe North, þer þei
wild wonne, & gaf to Malcolme, kyng of Scot-
lande, þat he suld be him *leale*, bi se & bi lande.
p. 33. Richard gaf it so quite, þat þei suld him
be *leale*. p. 168. Þer þei mad ilkon homage &
feaute . . & obliged þam with scritte, hyngand
ilk a seale, þat þer dede was perfite, & his homage *leale*. p. 138.

Dere douȝter . . be meke & mercyabul to
men þat be serue, and be *lel* to þi lord and
to þis ladi after, þat is his menskful moder.
WILL. 5115-20. Þe *lel* layk of luf. GAW. 1513.
Of þe lenþe of Noe lyf to lay a *lel* date, þe sex
hundreth of his age & none odde ȝeres etc.
ALLIT. P. 2, 425. Leve þis for *lell*. DESTR. OF
TROY 239. — As hit is stad & stoken In stori stif
& stronge, With *lel* letteres loken. GAW. 33.
Wyþ a sarsyn þan þai mette þus barouns gode
& *lel*. FERUMBR. 1770.

Baldewyn þe meselle, his name so hight,
Noble kyng & *lele*, & wele ȝemed his right.
LANGT. p. 140. I am thy hele, For þou ert my
pilgrim *lele*. HAMP. 1392. Thou schalt fynde
me true and *lele*. AMADACE st. 43. — Summe
of þise lordes, þat ben lederes of my lond, &
lele men holde. WILL. 4157. Whanne þat dede
was do . . and alle *lele* lawes in land were sette . .
whanne þemperour it wist, he was wel apayed.
1311-14.

Superlat. A huge man of strenthe, And
þareto lede *lelist* to his lord. WARS OF ALEX.
2876 Ashm. — Þe grettest lordes of þat land,
þat *lellest* were hold. WILL. 4809.

Hier mögen die verwandten Adverbial-
formen unmittelbar sich anschliessen. lele,
treulich, wahrlich: Sire, þou ert *lele* of
ilk lede þe lorde & þe fadire. WARS OF
ALEX. 5020. — lelliche, lelli, leli gl. Bedeutung: *Lelliche* þat ladi in ȝouþe hadde
lerned michel schame. WILL. 117. I graunt
him . . *lelliche* mi loue for euer. 998. *Lellyche*
. . sche ne schal nouȝt tyne hire trauayle.
357. Þat ilke worþliche word we worschipen
alle, & hit *lelliche* louen. ALEX. A. DINDIM.
621. But ȝe . . late him be ȝour lemman *lelly*
for euer, his liif nel nouȝt for langour last
til to morwe. WILL. 984. Loke, Gawan,
þou . . layte as *lelly* til þou me, lude, fynde.
GAW. 448. If þou wyl dele drwrye wyth

dryȝtyn þenne, & *lelly* louy þy lorde & his leef worþe, þenne consourme þe to Kryst. ALLIT. P. 2, 1065. Hit ys *lelly* not like, ne oure belefe askys, þat suche ferlies shuld fall. DESTR. OF TROY 420. *Lely* lifed he in his law. HOLY ROOD p. 87. Sir, *lely* we ȝow hete, Byfor þis tyme was a prophete, Hight Ihesuc. p. 89. In him we *lely* beleue. WARS OE ALEX. 4306. Superlat. Now for Marie, madame, þe milde quene of heuene, & for þat loue þat ȝe loue *leliest* here in erþe, Seiȝth me al ȝour seknesse. WILL. 591.

lealte, leaute, leute s. afr. *lealted, leaute* neben *loialteit, loiaute* etc., pr. *leyaltat, leiautat, lealtat,* sp. *lealtad,* pg. *lealdade,* it. *lealtà,* sch. *leaute, leaute,* neue. *loyalty.* Treue, Redlichkeit.

Heo is solsecle of suetnesse, ant ledy of *lealte.* LYR. P. p. 53. Þe Northeren men held him no *leaute.* LANGT. p. 33. Of *leaute* he watz lat to his lorde hende. ALLIT. P. 2, 1172. Clerkis wyten þe sothe, þat al þe clergye vnder Cryste ne miȝte me cracche fro helle, But onliche loue and *leaute.* P. PL. Text B. pass. XI. 138. Bi mi *leaute!* (meiner Treu!). POL. S. p. 69. 192. Now by that feith and that *leaute* That I owe to alle my britheren fre! CH. *R. of R.* 5962. Liȝ me nout, Wilekin, bi þ[i]i *leute!* SIRIZ 229.

lean, læn, lan, len s. ags. *lodn,* retributio, afries. *lán,* alts. ahd. *lôn,* niederl. *loon,* gth. altn. *laun,* schw. dän. *lön.* Lohn, Vergeltung.

A domes dȝei alle godes fend simle fram his ȝesecôe abroden bienn, and hi to hare *lean,* ham þe lange scel ȝeleste. OEH. p. 239. Þer me schal vre werkes weyen byvore heouene kinge, And ȝeuen vs vre swynkes *lean.* O. E. MISCELL. p. 60. vgl. an der entsprechenden Stelle desselben Gedichtes *lan* OEH. p. 163, *lyen* MOR. ODE st. 32 ed. *Furniv.*

Nu þu scalt *len* lessen. LAȝ. II. 268. Nu þu scalt fon þat *læn* þ þu forferdest Ierusalem. II. 275. Ȝiff þu shæweest hemm whatt *læn* Iss ȝarrkedd hemm inn heoffne. ORM 1518. Hemm iss ȝarrkedd heoffness *læn.* 10045. Þa sinndenn . . Rihhtwise menn & gode, shulenn habbenn heora *læn.* 405.

Lure ow is to leosen ower swinkes *lan.* LEG. ST. KATH. 805.

He . . brogte him bode ôe made him glad, ôat Pharaun, ôe wulde him alen, Was dead and hadde is werkes *len.* G. A. EX. 2836.

leane s. s. *lone;* adj. s. *lene.*

leanen v. commodare s. *lænen.*

leanen, lenen v. ags. *lœnian (?).* abmagern, magerwerden.

Þi rudi neb schal *leanen.* HALI MEID. p. 35. *LenyN,* or make lene, macero. PR. P. p. 296.

leap, lepe, lupe, lipe, lope, selten ohne schliessendes e. s. ags. *hleáp, hlýp,* saltus, afries. *hláp,* ahd. mhd. *louf,* niederl. *loop,* niederd. *lôp,* altn. *hlaup,* schw. *lopp,* dän. *löb,* sch. *loup,* neue. *leap.* Sprung.

Thi lusty *leapes* of thi coragious age, Thei are agoo. LYDG. M. P. 32.

Leep or styrt, saltus. PR. P. p. 297. An half myle fro Nazarethe is the *lepe* of oure Lord: for the Iewes ladden him upon an highe roche, for to make him lepe doun, and have slayn him. MAUND. p. 113. — Ful light of *lepes* (bildl. Sprüngen, Lügen) has thou bene ay. YW. A. GAW. 72. Pou . . leuys as a lorell þus oure lande to entire, And maa þi *lepis* & þi laikis & quat þe liste ellis, As ratons or ruȝe myse in a rowme chambre. WARS OF ALEX. 1760 Ashm.

Nis þat at ane chere a muche *lupe* duneward? HALI MEID. p. 23. Nu & muer mare haueô þat clif þare nome on œlche leode, þat þ weos Geomagoges *lupe* (*leope* j. T.). LAȝ. I. 82. He miȝte wiþ a lute *lupe* wel sone habbe ymaked hem fleo. ST. CRISTOPH. 148. — Þe heorte . . makeô monie wilde *kpes.* ANCR. R. p. 48.

He þat set is full sad on a soile euyn, And pight has his place on a playn ground, Hym þar not hede to be hurt with no hegh falle, Ne be lost þurgh his *lip* to þe low erthe. DESTR. OF TROY 2078. That y telle an evel *lype,* Mon that doth him into sbype, Whil the weder is wod. REL. ANT. I. 15.

A lope, saltus. CATH. ANGL. p. 220. Tyme goth fast, it is full lyght of *lope.* MS. in HALLIW. D. p. 529. Thus ever on hem I wait and hope, Till I may se hem lepe a *lope* And halten on the same sore Whiche I do now for evermore. GOWER I. 310.

leapen, lheapen, læpen, lepen, luppen, lippen, loupen, lopen etc. v. ags. *hleápan* (hleóp; hleápen), currere, salire, saltare, alts. *hlôpan,* afries. *hlápa, hliopa, ldpa,* ahd. *hlaufan, laufan, loufan,* niederl. *loopen,* niederd. *lâpen, lôpen,* gth. *hlaupan,* altn. *hlaupa,* schw. *löpa,* dän. *löbe,* sch. *loup,* neue. *leap.* springen, sich stürzen, eilen.

Inf. Lo! hwu þe swike wolde makien hire, a last, *leapen* into prude. ANCR. R. p. 236. Summe hii gonne *leape,* and summe hii gonnen sceate. LAȝ. II. 615 j. T.

Yef ich . . dede by miracle þe helles *lheape* uram one stede to anoþre, bote yef ich ne hedde þe uirtue of charite, al hit were me naȝt worþ. AYENB. p. 89. Hi sael become a welle, þet him ssel do *lheape* in to lyue eure lestynde. p. 93. Hit nes naȝt longe efterward þet þe asse ne yzeȝ his lhord come hom, he beginþ to *lheape.* p. 156.

Bruttene king bæh to þæn castle, & lætte to *læpen* alle þa Brutleoden. LAȝ. II. 24. He wass þurrh modiȝnesse fandedd, þurrh þatt te laþe gast himm badd Dun *læpenn* off þe temmple. ORM 11789. 11839. 12030. He shollde *lepenn* dun Wiþþutenn off þe temmple. 12512.

Henge i wile wið þe, and neauer mare of mi rode cume til þat i deie. For þenne schal i *lepen* fra rode in to reste. OEH. p. 285. Summe heo gunnen *lepen.* LAȝ. II. 615. Body, miht þou nout *lepen* to pleyen ant rage. MAPES p. 346. The sendingus out of leitis shul gon euene riȝt . . and to a certeyn place thei shul *lepen* in. WYCL. WISD. 5, 22 Oxf. Thanne shal *lepe* as an hert the halte. Is. 35, 6 Oxf. The Iewes ladden him upon an highe roche for to make him *lepe* doun. MAUND. p. 113.

To *luppen* alle huy weren prest, Ake Iesus him sulf lep alre furst Fram hul to oþur. KINDH. JESU 561. Non ne miþhte so fer *luppe*. 565. In vuele tyme to heom it cam For to *luppe* aȝein Iesum. Ake o child þere was þat *luppe* ne wolde. 571.

Ʒe shuln *lippe* as a calf of the droue. WYCL. MAL. 4, 2 Oxf. As sown of cartis on coppis of hillis shuln *liȝpe* [exsilient *Vulg.*]. JOEL 2, 5 Oxf.

„No," quodh on, „þat shaltou coupe," And bigan til him to *loupe*, In his hond is swerd utdrawe. HAVEL. 1800.

To *lope*, salire, saltare. CATH. ANGL. p. 220.

Imperat. *Lope* in at the quyer dore, Like a fend of helle. LYDG. M. P. p. 112.

Præs. Ha . . *leapeð* in to wedlac, þat is duneward. HALI MEID. p. 23. Heo ȝet wel þerof & *leapeð* into horel [orhel *T.* o͞rðel *C.*]. ANCR. R. p. 224. Ich am somdel ofdred leste hit [sc. þe fule breð] *leape* et sume cherre into owur heorte neose. p. 216.

Uor þet þe herte wes uol of uenym, hit behoueþ þet hit *lheape* out be þe mouþe. AYENB. p. 27. Hi yerneþ, hi-*lheapeþ* ase wode. p. 140. Huanne me alyȝt þet uer, *lheapþ* þet smech efter þe layt. AYENB. p. 66. Þe hond . . *lheapþ* aboute his ȝuere. p. 155.

He *lepeð* ðanne wið mikel list. BEST. 319. Ligtiike ge *lepeð* up. 416. A lud to a litil boot *lepus* in haste. ALEX. A. DINDIM. 168. Vðen þer *looppeoð* ut. LAȝ. II. 501. We sen selcouþe kindus Of þe fletinge fihs þat in þe flom *lepen*. ALEX. A. DINDIM. 490.

Præter. Towardes Numbert he *leop*, swilc hit an leon weora. LAȝ. I. 62. Belin heom to *leop*. I. 241. Up he læc þene staf, þat water þer after *leop*. III. 189. Porphire . . *leop* forð wiðute fearlac & com tofore þe keiser. LEG. ST. KATH. 2238. Lucifer . . *leop* into prude. ANCR. R. p. 52. Alisaundre *leop* on his [sc. Bulsifals] rugge. ALIS. 782. Þer *leop* forþ a gadelyng . . And smot anon Iheau Crist anvnder þat ere. O.E.MISCELL. p. 44. Þer weoren men Romanisce reouliche atoȝene, ȝif Arður ne *leope* to, swulc hit a liun weore. LAȝ. II. 622. God nolde nout þet heo *leope* into prude. ANCR. R. p. 140. — Heo *leopen* to Brutus folke. LAȝ. I. 78. Heo *leopen* ut of walle. III. 174. Summe *leoppen* in heore scipen. II. 336.

Þa *lep* mi fader up, swulc hit an lion weore. LAȝ. II. 58. To hemward swide he *lep*. G. A. EX. 2726. He *lep* up on a stede lith. HAVEL. 1942. Mani stede ther ran and *lep*. SEUYN SAG. 747. Þanne *lep* he vp liȝteli. WILL. 702. On so betterli him hitte as he *lep* in þe water, þat he for dul of þe dent diued to þe grounde. 2756. A lodesman lyȝtly *lep* vnder hachches. ALLIT. P. 3, 179. To him fast sone he *lope*. GREGORLEG. 386. He tok the floryns all vntold; Awey he *lepe*. OCTOU. 821. He *lepe* [saltabat *Vulg.*] . . before the Lord. WYCL. 2 KINGS 6, 14

Oxf. He *leep* doun of the chaar. WYCL. 4 KINGS 5, 21 Oxf. For which his hors for feere gan to turne, And *leep* asyde, and foundred as he *leep*. CH. C. T. 2688. Lyf tho *leep* asyde. P. PL. *Text C.* pass. XXIII. 152. The Spyryt of the Lord *leeps* yn vpon hym, and he propheciede. WYCL. 1 KINGS 10, 10 Oxf. — Steden *lepen*, sturede þa corðe. LAȝ. III. 90. Past into port, proude of þere lyues, *Lepyn* vp to þe lond. DESTR. OF TROY 2016.

Þe stede was god & *lup* a waye wel fifty fet itolde. FERUMBR. 243. Ȝiff þatt he *lupe* dun All skaþelæs till eorþe . . þatt wære modiȝnesse & idell ȝellp. ORM 12037-40. — Ofte heo up *lupan*, alse heo fleon wolden. LAȝ. I. 80. Heo him to *lupen* on alchere halue, & toluken þene king. I. 110.

A knyȝt wes þet ȝuor þe godes eȝen; an haste his on eȝe *lhip* ope þet cheker. AYENB. p. 45. Þabot present him a schip, þer þat mani atode arouwe, þe child was hende and þerin *lip*. GREGORLEG. 477.

He . . *loop* in haste on hys palfray. OCTOU. 349. *Lope* he so lihtliche awei, lauȝwhen he wolde. P. PL. *Text A.* pass. IV. 93. — *Lopen* forth so he (pl.) weren wode. HAVEL. 1896. Þei . . *lopen* on stedes sone anon. 2616. Mo þowsandes wiþ þan man couthe noumbre, *lopen* out wiþ Lucifer in lothelich forme. P. PL. *Text B.* pass. I. 115. Mony knyght, with armes schene, Anon *lopon* on þe grene. ALIS. 860.

Leoup he on his stede. LAȝ. I. 396.

He *leup* to þan dede kinge. LAȝ. I. 398.

Part. Pr. Ha . . com *leapinde* forð al itend of þe lei of þe Hali Gast. LEG. ST. KATH. 196.

To þe beere he com *lepand*. ASSUMPC. B. M. 613. Thei comen *lepand* þiderwarde. 705. His meyne, which that herd of this affray, Com *lepand* in, and chased out the frere. CH. C. T. 7738.

Stede(n) *leopinge*. LAȝ. III. 90 j. T.

Sisara, of the chaar *lepynge* doun on his feet, fliȝ. WYCL. JUDG. 4, 15 Oxf. There myghte men does and roes yse, And of squyrels ful gret plente, From bowe to bowe alwaye *lepynge*. CH. R. of R. 1401.

He *lippinge* stood [exsiliens stetit *Vulg.*], and wandride. WYCL. DEEDS 3, 8 Oxf.

Part. Pf. Cf. Par weren Romcnihtes vuele idihte, ȝef Arthur nadde *ileope* to. LAȝ. II. 622 j. T.

If ðor ne wore helpe twen *lopen*, ðis child adde sone be dropen. G. A. EX. 2647. Þe lorde wats *lopen* of his bedde. GAW. 1413. The knight was *lopen* on his stede. SEUYN SAG. 739. But if þat a lous couthe haue *lopen* þe bettre, She sholde nouȝte haue walked on þat welche, so was it thredebare. P. PL. *Text B.* pass. V. 198. Þe ledes of þat lyttel toun wern *lopen* out for drede. ALLIT. P. 2, 990.

Frühe schon finden sich schwache Verbalformen neben den starken: Præt. He *leopt* to wepne swuli hit a liun weore. LAȝ. III. 70. Þe hors neyde & *lepte*. R. OF GL. p. 459. He *lepte* to hors and gan to ryde. OCTOU. 824. Jesu

passed amonges hem, and *lepte* 'upon another
roche. MAUND. p. 113. The doris opnyd,' he
lepte out. WYCL. DAN. 13, 39 Oxf. The doujter
of Erodias *leepte* [saltavit *Vulg.*]. MATTH. 14,
6 Oxf.

Whan þe ludes where neij lond, he *leped*
ouer borde. WILL. 2750. He *lepide* [lippide
Purv.] and walkide. WYCL. DEEDS 14, 9 Oxf.

Sisara *lippide* doun of the chare. WYCL.
JUDG. 4, 15 Purv.

.   Here *lupten* þe giwes to hore schendnesse,
for huy breken heore neckene. KINDH. JESU
p. 36 prol.

Part. Pf. We han sungen to jow, and je
han nat *lippid* [dounsid *Purv.* saltastis *Vulg.*].
WYCL. MATTH. 11, 17 Oxf.

learen v. s. *læren.*

leas, læs, lees, les adj. ags. *lēas,* falsus, fallax, mendax, turpis, afries. *lâs,* altn. ahd. *lôs,*
gth. *laus,* altn. *lausa,* schw. dän. *lös.* falsch,
lügenhaft, eitel.

Pe deouel, hit seið, is *leas* & leasunges feder.
ANCR. R. p. 82. Leaf þi *lease* wit. LEG. ST. KATH.
1010. Ich leade ham wið *leas* luue lutlen ant
lutlen into so deop dung þ ha drunceð þerin.
ST. MARHER. p. 15. — Po þe were so *lease* þat
me hi ne mihte ileuen. OEH. p. 295. Heo wenden
þat his sawen soðe weren, ah alle heo weren
lease. LAJ. I. 32. Leaueð (imperat.) to leue lengre
o þis mix & *lease* maumes. LEG. ST. KATH. 1778.
Hit bringeð to nout alle þes deofles wieles . .
ase *lease* swefnes & false scheauwinges. ANCR.
R. p. 268.

He hit ilefde þah hit *læs* weore LAJ. II.
226. Al heo ilæfde þat hit *læs* weore. II. 383.

Whil mi lif wes luther ant *lees,* Glotonie
mi glemon wes. LYR. P. p. 49. Fals y wes in
crop ant rote, when y seyde thy lore was *lees.*
p. 100. Þat suilk was not *lees,* it com to þe
kynges ere. LANGT. p. 129. An aunthour that
highte Macrobes, That halte nat dremes false
ne *lees.* CH. R. of R. 7.

His name is hali and efre wes iliche swiðe,
hit nis noht *les.* OEH. p. 57. Þere we shule
tellen alle ure gultes . . and no þing seien þat
les beo. II. 71. Þis worldes luue nys bute o res,
And is byset so felevolde, vikel and frakel and
wok and *les.* O. E. MISCELL. p. 93. For i haue
founde jou folk faiþful of speche Me to lere of
jour lif withoute *les* tale, jernes now of my jift
þat jou leue were. ALEX. A. DINDIM. 65. Bifore
þy borde hats þou brojt beuerage in þede, þat
blyþely were fyrst blest with bischopes hondes,
Louande þeron *les* goddes, þat lyf haden neuer.
ALLIT. P. 2, 1717.

leas etc. s. ags. *lēds,* s. ahd. *lôs.* Falschheit, Tücke, Lüge.

Þeo þ leoueð þis soð, & leaueð þat *leass.*
LEG. ST. KATH. 1803. Pus ofte I seide *leas.*
ANCR. R. p. 320. Ich am to an weddet þat ich
chulle treowliche wiðute *leas* luuien. ST. JULIANA p. 15.

Say me soþ & no *lees.* FERUMBR. 407.
There biside, withouten *lees,* Hi founden a
water yhoten Ganges. ALIS. 5790. And by
him stood, withouten *lees,* Ful wonder hye on

a pilere Of yren, he, the gret Omere. CH. *H.
of Fame* 3, 374. By her wille, withoute *Lees,*
Everiche man shulde be seke. *R. of R.* 5731.

As ich ou telle con . . Of a mody mon,
Hihte Maxumon, Soth withoute *les.* REL. ANT.
p. 119. Sche bad him telle, wiþouten *les,* In
what lond he was ibore. GREGORLEG. 783. Ich
telle jou for soþe, wiþouten *les.* AD. DAVY'S 5
DREAMS 147. Taken he es, forsakyne of hys
frendes & left, witoutyn *les.* LAY FOLKS MASS
B. p. 82. Min hafued beo to wedde, þat isseid
ich þe habbe soð buten *seke.* LAJ. III. 124.
False witnesse dat ðu ne bere, Ne wið ðe *Lese*
non ma (no man?) ne dere. G. A. EX. 3513.
Noght lowrand with laithe ohere *lese* for to
speike. DESTR. OFJTROY 3778. At euery ende
of the deyse Sate an erle, withowte *lese.* K.
EDW. A. THE SHEPH. p. 72 Hartsh.

leas adv., **lease** adj. s. *las, lasse.*

asten v. s. *læsten.*

leasunge, lesunge, læsinge, leasinge, lieasinge, **lesinge** etc. s. ags. *ledsung, -ing,* mendacium, fallacia, iniquitas, ahd. *lôsunga,* dolus,
altn. *lausung,* levitas, lascivia, sch. *losing,* neue.
leasing. Falschheit, Lüge.

Ne reccheð Crist nane *leasunge.* OEH. p.
37. Pu ert mire soule, wiðute *leasunge,* Efter
þine leoue sune leouest alre þinge. p. 195. Attri
speche is eresie & þwertouer *leasunge,* bacbitunge, & fikelunge. ANCR. R. p. 82. Ouer alle
þing *leasunge* and luðere wordes hatien. p. 424.
— Alle ower *leasunges* beoð unletliche. LEG.
ST. KATH. 344. We schule lustnin, hu þi Lauerd . . wule werie to dai þine *leasunges.* 785-9.

Pe þridde sunne is Auaricia . . heo macað
reafiac and unrihte domes, stale, and *lesunge.*
OEH. p. 103. Prude and wilnunge of pris me
habbeð sore iwunded, ase wreððe and onde,
lesunge, missware, vuele iholden treouðe p. 205.

Pe king . . wende on his þonke . . þ he
hire weore swa unwourð, þat heo hine nolde
iwurði swa hire twa sustren, þe ha somed *lesinge* speken. LAJ I. 130. He seide þat he his
afunde, ah hit þuhte *leasinge.* II. 226. [Jif] þu
hit nult bileuen beoten hit *lessinge* beo, ich hit
wulle trousien þurh mine tirfulne godd, þurh
mine lauerd Appollin. I. 355.

Leasinge ualseþ þane man, alse me ualseþ
þe kinges sel. AYENB. p. 62. — He is lyejere
and uader of *leasinges. ib.* cf. 63. Efterward
byeþ þe bourdes and þe trufles uol of uelþe and
of *leasinges.* p. 58. Huanne me vint *leasinges*
and þe kueades, uor oþren to arere blame. p. 61.

Hy leueþ, and dobbleþ, and moreþ hit of
hiren, alhuet þer is more of *lyeasinge* þanne of
soþ. AYENB. p. 60. Pus him ssel deme þe
senejere beuore god, najt uor to leasi his zennes,
ac uor to mori and weje wyþoute *lyeasinge.*
p. 175.

Gornoille . . seide ane *lesinge* heore fædere.
LAJ. I. 126. Alle hire *lesinge* hire uader ilefede.
I. 128. Al hit wes *lessinge.* II. 377. Nv bigynneþ
vre tale, nys hit no *lesynge.* O. E. MISCELL.
p. 37. She beganne to feyne a *lesynge.* GESTA
ROM. p. 183. Hit shal wrthe wel isene, That
thu hauest muchel iloje, Wone thi *lesing* both

unwroþe. O. A. N. 844. Mid here sage and mid here song he ðe swiken ðer imong, ðin agte wið awiking, ði soule wið *lesing*. BEST. 600. He wereden hem wið *lesing*. G. A. EX. 2578. I shal make a *lesing* Of thin heie renning. SIRIZ 282. Thou lext a foule *lesing*. TRISTR. 1, 92. Neuer *lesyng* ne tale vntrwe Ne towched her tonge. ALLIT. P. 1, 896. — Lelly þi *lesynges* þou lappis full faire. DESTR. OF TROY 10324. Many men sayen that in awevenynges Ther nys but fables and *lesynges*. CH. R. of R. 1.

Þet is . . ualshede oþer *lyesinges*, huanne he þet me spekþ of, ne is naȝt present. AYENB. p. 10. Þise ten boȝes we moȝe alsuo nemni : ydelnesse, yelpinge, blondiege, todraȝinge, *lyesinges* etc. p. 56.

leaute s. s. *lealte*.

leaven v. linquere s. *læven*; credere s. *leven*; frondere s. *levien*.

leawed laicus s. *lawed*.

lebard s. s. *leopard*.

lek, leek s. ags. *leác*, porrum, allium, cepe, ahd. *louh*, mhd. *louch*, niederl. niederd. *look*, altn. *laukr*, schw. *lök*, dän. *lög*, neue. *leek*. Lauch, Porree.

Porius, *lek*. WR. VOC. p.139. Hoc porrum, a *leke*. p. 225. 264. As a *leek* þat hedde ileiȝen longe in þe sonne, So loked he with lene chekes. P. PL. *Text A.* pass. V. 65. In oure wil ther stiketh ever a nayl, To have an hoor heed and a greene tayl, As hath a *leek*. CH. C. T. 3875. Yt wolde fynde hem *lek* wortes ynowe by þe ȝere. R. OF GL. p. 341. — Geder pulioll real with the rotes als mykel als the *lekes*. REL. ANT. I. 54. Take þe whyte of the *lekys*. TWO COOK. B. p. 14.

Sehr oft steht das Wort als Bezeichnung von etwas Werthlosem : My lyf ys not worth a *lek*, I am all mat. OCTOU. 1205. His witte was not worth a *leke*. SOWDONE OF BABYL. 1726. We miȝt sum connynge per cas chach of ȝoure wordis, And ȝour lare of a *leke* suld neuire þe les worth. WARS OF ALEX. 4227. Concurbites and alembikes eeke, And othere suche, deere ynough a *leeks*. CH. C. T. 12722. Sich love I preise not at a *leke*. R. of R. 4833. By her wille (sc. of phiciciens) . . Everiche man shulde be seke, And though they die, they sette not a *leke*. 5731.

leccioun s. steht wohl für, oder ist zu schreiben *eleccioun*. Wahl.

Þe cardinals al togeder come . . And bisought God, þat made mone, An holi man to underfo, þat digne were to ben in Rome, Her *leccioun* wele to do. GREGORLEG. 961-6. Vgl. *eleccioun wole to do. ib.* 978.

leken v. altn. *leka*, niederd. *lecken*, niederl. *lekken*, mhd. *lechen*, neue. *leak*. lecken, tropfenweise ablaufen.

Lette diche it deep that humoure oute may *leke*. PALLAD. 6, 5.

lecnen, lechnien, lacnien v. ags. *lácnian*, *lácnian*, altn. *læcna*, gth. *lékinon*, ahd. *láchenón*. heilen.

Mid þus onwille halsunge, weopeð & gret efter sume helpe to þe wrecche meoseise, uorte *lecnen* mid þe seke, & forte healen mide hire cancre. ANCR. R. p. 330. Hu mei þe leche þo *lechnien* [lechinen *Ms.*] þa wile þet iren sticat in þine wunde? OEH. p. 23. Þreo dæies & þreo niht þe king wunede þar riht to *lechinien* [to *lechnie* j. T.] þa wunden of leofenen his cnihten. LAȜ. II. 271. Sa me scal *lacnien* [so me sal *lechnie* j. T.] his leomes þat beoð sare. II. 394.

On monie wisen mon mei wurchen elmessan, on ete and on wete . . and þet mon gistas underuo . . oðer bereð unhalne, oðer *lechnað*, ȝif he lechedom oon. OEH. p. 109-11.

Lame men he lechede [*lechnede* M.]. P. PL. *Text C.* pass. IX. 189.

lectorn, lecterne, letterne, lettron, letrune, letyrn, leiterne s. mlat. *lectrinum*, ambo, pulpitum, afr. *lectry*, *letrin*, nfr. *lutrin*, sch. *letteron*, *lettrin*, neue. *lectern*. Singepult in der Kirche.

To the *lectorn* amoryely he sprong. CH. *Court of L.* 1362. *Lecterne* to syng at, levtrayn. PALSGR. In silke þat comely clerk was clad, And ouer a *letterne* leoned he. E. E. P. p. 124. A *lettron*, ambo, discus, leotrinum, arcistria. CATH. ANGL. p. 214. Hic ambo, *letrune*. WR. VOC. p. 193. Hoc lectrinum, a *letyrn*. p. 231. Hoc lectrinium, hic ambo, hic discus, a *leyterne* p. 262.

leche, selten **lesche** s. vgl. *lechen* v. afr. *lesche*, nfr. *lèche*, it. *lisca*, s. DIEZ *Wb.* v. *lisca*, ahd. *lisca*, filix, carex. Schnitte, Schnittchen von irgend einem essbaren Gegenstande, ein in Kochbüchern häufig von in Schnitten aufgetragenen Gerichten vorkommendes Wort.

Leche of flesche, or oþer mete. PR. P. p. 292. A *leche*, quidam cibus. CATH. ANGL. p. 211. *Leche* lumbarde. TWO COOK. B. p. 35. BAB. B. p. 164. 271. Vyaund *leche*. TWO COOK. B. p. 36. 37. 38. *Leche* friture. BAB. B. p. 168. Whyte *leche*. p. 271. *Leche* made of flesche, gelee (?). PALSGR. *Lesche*, a long slice. COTGR. — On brode *leches* serve hit (sc. a tansy cake) þou schalle. LIB. C. C. p. 50. Take þe Bolas, & ley iij. *lechys* in a dysshe. TWO COOK. B. p. 25.

leche s. der Fisch Alose, Alse, Else.

Hic alosa, a *leche*. WR. VOC. p. 253.

leche s. Blick; Arzt s. *læche*.

lechecraft, lechedom s. s. *læchecraft, læchedom*.

lechen v. heilen s. *læchen*.

lechen, lesshen v. zu *leche*, lisca, geh. in Schnitte theilen, zerschneiden.

Make it square, lyke as þou wolt *leche* yt. TWO COOK. B. p. 35. Ȝif it be freysshe brawn, roste it, but not inow, an þan *leche* it in pecys. TWO COOK. B. p. 12. Take wardonys [= quinces], an pare hem, and sethe hem, an *leche* hem alle þinne. p. 13. cf. 17. 18 etc. Take brawn, añ *lesshe* it, but nowt to þinne. p. 12. Stir hit wele . . Tyl hit be gedered on crud harde; *Leche* hit, and rost hit afterwarde. LIB. C. C. p. 13.

Take, when þou *lechyst* hyt (sc. gratyd brede), an caste box leves abouyn. TWO COOK. B. p. 35.

Seyne bowes of wylde bores with þe braune *lechyde*. MORTE ARTH. 188. Cf. Take gratyd

brede, & make it so chargeaunt, þat it wol be
ylochyd. Two Cook. B. p. 35.

lecher, lechir, lechur adj. s. *lechour* s. unzüchtig, fleischlich.

God sente on him sekenesse & care, And
lettede al his *lecher* fare. G. A. Ex. 775. Al ðat
burgtfolc . . ðe migte *lecher* crafte don, To
Lothes hus he cumen. 1063. Thus the lady was
lost for hir *lechir* dedia. Destr. of Troy 13037.
Vnfaith full freke, with þi fals cast, þat such a
lady belirt with þi *lechur* dedes. 714.

lecherie, licherie etc. s. afr. *lecherie, licherie*
= gourmandise, friandise, débauche, v. afr.
lecher, lichier, ahd. *leccôn, lecchôn*, alts. *leccôn,
liccôn*, ags. *liccian*, pr. *lochar, lichar, liquar*, it.
leccare, neue. *lechery*. vgl. nhd. *lockeren*. Sinnenlust, bes. Fleischeslust.

Oc horedom ðat ðu ne do, Ne wend no
lecherie to. G. A. Ex. 3509. Ech persoun schulde
cheose, To witien him from *lecherie* oþer his
churche leose. St. Dunstan 139. Þe king . .
wende hi hadde þane gode man in *lecherie* ibroзt.
St. Cristoph. 178. Prude wes my plowefere,
lecherie my lavendere. Lyr. P. p. 49. Þe erchebyssop tolde þe kyng . . þat þer was foul *lecherye*
bytuene hem ydo. R. of Gl. p. 333 sq. Her зe
mowe yse, þat an vewe, þoru synne of *lecherye*,
Mowe bynyme grace of God al an companyne.
p. 405. So is se euele christeman chald of þo
luue of Gode, for so euele werkes þet hi doþ,
ase so is *lecherie*, spusbreche, roberie. O. E.
Miscell. p. 30. *Lecherie* of bodie him todelþ
ine *lecherie* of eзen, of yearen, of mouþe, of
honden, an of alle þe wyttes of þe bodye.
Ayenb. p. 47. Hit ne is naзt onlepiliche *lecherie*
of saul, ac hit is wel ofte uor boþe þet hi secheþ
зuo riche metes. p. 55. Þe flesshe haþ redy him
by *Lecchery* [*lechury* Gött. *lechory* Fairf.] and
yloteny. Curs. Mundi 10113. Trin. — Huanne
þe dyeuel uynt þane man ydel, he . . deþ him
uerst þenche kuead, and efterward to wylni
uileynies, ribaudyes, *lecheries*. Ayenb. p. 31.

Scho lived hir lif in *licherye*. Metr. Homil.
p. 15. Foles fele loues þe mind, Quen thai fra
sin to sin wende, Fra glotonie to *licherie*, Fra
couaitis to tricherie. p. 133. Edgare, forto fle
lichery of lyfe, His barons gaf him conseile for
to take a wyfe. Langt. p. 35. For *lichorie* þat
vice wer many als don doun. p. 73.

lecherlike adv. unzüchtig, wollüstig.
Ghe was fair witterlike, And ðat folc
luuede *lecherlike*. G. A. Ex. 769.

lecherous, licherous, likeros, licorous etc.
adj. neue. *lecherous*.

1. unzüchtig, wollüstig: As hoot he
was and *leccherous* as a sparwe. Ch. C. T. 628.
Thei ben not proude ne coveytous ne wrathe-
fulle ne glotouns ne *leccherous*. Maund. p. 292.
He was of *licherous* life. Langt. p. 206. Þis
worldis *likerose* bittirnes Bireueþ us discrecioun
& oure siзt. Hymns to the Virg. p. 20. So
þou light in vnlefulnes . . Thurgh þi *licrus* lust
þat lurkit in þi hert. Destr. of Troy 2976.

2. gierig, schwelgerisch: Lo! Loth
in hus lyue þorw *lecherouse* drynke Wikkydlich
wroghte, and wratthede god almyghte. P. Pl.

Text C. pass. II. 25. A *licorous* mouth most
have a *licorous* tail. Ch. C. T. 6048.

so subst. Gieriger: Þet is þet bread and
þe mete þet þou nymst of þe sacrement of þe
wyewede, þet þou sselt ete зuyþe and glotoun-
liche . . ase deþ þe *lecherous* þane guode mete,
þet oþerhuil uorsuelзþ þane guode snode wyþoute chewynge. Ayenb. p. 110 sq. .

lecherousliche, -ly adv. neue. *lecherously*.
schwelgerisch, üppig.

Þe guode mannes sone þet his eritage
wastede . . and leuede *lecherusliche*. Ayenb.
p. 128. He wastide his substaunce, in lyuynge
leccherously [luxuriose *Vulg.*]. Wycl. Luke 15,
13 Oxf.

lechnunge s. ags. *lácnung* [Leo]. Heilung.
Hit beo mi *lechnunge*, hit beo mi bote.
OEH. p. 202; cfr. lechunge p. 187. He . . felde
him iwundet inwið in his heorte wið þe flan þe
of luue fleoð, swa ðat him þuhte þet ne mahte
he nanes weis wiðute þe *lechnunge* of hire luue
libben. St. Juliana p. 7.

lechour, -eour, -er, lechur s. afr. *lechierres,
lichierres, lecheor*. vgl. *lecher*. unzüchtiger
Mensch, Wollüstling, Lüstling, bisweilen nur als Schimpfwort gebraucht.

Fy, he saide, apon the *lechour*, Thow schalt
dye as a traytour! Alis. 3916. Such qualite
nath no man to beo *lechour* other schrewe, That
ne mai him witie ther aзen, ac natheles so doth
fewe. Pop. Sc. 45. If he that is namyd a brothir
among зou and is a *lecchour* . . with siche neither
for to take mete. Wycl. 1 Cor. 5, 11 Oxf. He
was chast and no *lecchour*. Ch. C. T. 15156.
In this world nys dogge for the bowe, That can
an hurt deer from an hol yknowe Bet than this
sompnour knew a *lecchour*. 6951. — Stedfast
seldom ben *lechoures*. Alis. 7001. Byndeþ hem
in knucchenus forþi, To brenne , lyk to licchi,
Spousbrekers wiþ *lechours*. O.E.Miscell.
p. 225. *Lechours* and lyзers lihtliche þou leeuest.
P. Pl. *Text A.* pass. II. 93. In wymmen vino-
lent is no defens, This knowen *lecchours* by ex-
periens. Ch. C. T. 6049. Men . . Schulle habbe
diverse miзte and lyf, after that here vertu is,
Summe *lechours*, and summe glotouns , and
summe other manere. Pop. Sc. 37.

Prestes, myd vnclene honde & myd *lechors*
mode Al soyled, sacryeþ Godes fless & hys blod.
R. of Gl. p. 351.

Þus heo [sc. monie wimmen] doð for to
feiren heom seoluen, and to draзen *lechurs* to
ham. OEH. p. 53. Hie wule liken alle þe
lechures þe on hire lokeð. II. 29. Wyþ þeoues,
wiþ reueres , wiþ *lechurs* þu most beo waker
and snel. O.E.Miscell. p. 97. Alle baobiteres
wendet to helle, Robberes and reueres and þe
monguelle, *Lechurs* and horlinges þider sculen
wende. p. 186. Þise byeþ propreliche *lechurs*
þet ne secheþ bote þet lost of hare зuelз.
Ayenb. p. 55.

lechunge, leching s. Heilung.
Hit beo mi *lechunge*, hit beo mit bote.
OEH. p. 187; cf. lechnunge p. 202. He was
led to þe loge, laid as for dede, But he langurd

with *lechyng* long tyme after. DESTR. OF TROY 10222.

lechure s. Sinnenlust.

In Egipte is folk of selcouth kynde .. And buth comyn in *lechure*, So buth bestes in pasture. ALIS. 6306.

lecharhed s. Sinnenlust.

He wulde don is *lecherhed* wið Ioseph, for hise fairehed. G. A. EX. 1997.

[lechurnes], lichernes s. Sinnenlust, Lüsternheit.

Yf the ton ee with teres trickell on hir chekes, The tothur lurkes in *lychernes*, & laghes ouerthwert. DESTR. OF TROY 9058.

led s. carmen s. *leoð*; tegmen s. *lid*.

led s. vgl. sch. brewing *leid*. Gefäss, Geschirr, Kessel.

Y shal yeue þe ful fair bred, And make þe broys in þe *led*. HAVEL. 923. Sett a litell *lede* under þe pott bothomm to kepe in the oyle tha[t] commes of the henbane thurgh the potts. REL. ANT. I. 55. Than tak up that thou fyndes in the *lede*. *ib*.

ledder, lheddre, leddre s. s. ladder.

leddfrstafe, ledderstaffe s. Leiterstufe.

Leddyrstafe, scalarium, scalare PR. P. p. 293. A *ledderstaffe*, scalare. CATH. ANGL. p. 211. cf. Scalaris, pertinens ad scalam, or a *ladderstaff*. MEDULLA in CATH. ANGL. p. 360 n. 4.

leddrestale s. Leitertreppe, Leiter.

Scheome and þine .. beoð þe two *leddrestalen* þat beoð upriht to þe heouene. ANCR. R. p. 354.

lede s. gens s. *leod*; tegmen s. *lid*.

leden v. s. *læden*.

leden [auch *ledden* geschrieben], **leoden, liðen** u. **lede** s. ags. *læden, lêden, lýden*, lingua latina, lingua, sermo, sch. *leid, lede, lead*. vgl. *bocleden*.

1. Sprache, Stimme v. Menschen: No monnes mouþ ne be idut, Ne his *ledene* ihud To seruen his God. CAST. OFF L. 31. Nauþeles þaȝ hit schowted scharpe & *ledden* loude al þaȝ hit were. ALLIT. P. 1, 876. Englene quen Marie, þat is in ure *ledene* sesteorre. OEH. II. 141. Ðes wimman hatte ec on toname, Magdalene, quod interpretatur turris .. Ðat is on ure *ledene* tur. II. 143. A gerlaundesche .. auriole ihaten o latines *ledene*. HALI MEID. p. 23. Iþe moneð þ on ure *ledene* is ald englisch efterlið nempnet, iulius o latin. ST. MARHER. p. 23. On Ebreuwische *ledene*, Oloferne is þe ueond, þet makeð uet kelf & to wilde, feble & unstrong. ANCR. R. p. 136. The songe of þo Syrens was selly to here. With a *ledyn* full lusty & likyng with all, The myrthe of þaire mowthes musyk was like, As to here out of heuyn the high song of blisse. DESTR. OF TROY 13275.

Hehte hine faren to þon tune þe Trinouant wes ihaten, þe wes on vre *leoden* Lundene ihaten. LAȝ. I. 100. Cerno, cernis, þat is Latin ful iwis, cerno on Englisc *leoden*, ich iseo. III. 190. Þe nome þer scal stonde, al se hit is iqueðen, after godes *leoden*. *ib*. Seið Syon ase muchel on englische *leodene* ase heh sihðe. HALI MEID. p. 5. Þe edmode cwene Hester .. hire nome seið ase muchel ase ihud on Englische *leodene*. ANCR. R. p. 170.

Ȝwere is al thi michele pride, And thi *lede* that was so loud? BODY A. S. 21. Þan Alexander at þis athill askis a demande: In quatkyn manir of *lede* sall me þir treis sware? WARS OF ALEX. 5006. Tho seyd the king in *lede*: No was it neuer his, With right. TRISTR. 1, 90. Tristrem him self yede, Morsunt word to bring, And schortliche seyd in *lede*: We no owe the nothing. 1, 92.

2. Sprache, Sang v. Vögeln: Each foule that *ledden* makes, In this shipp men may finde. MIR. PL. p. 9.

That wyt God hym gafe, That on fouls *lydyn* he couthe. SEVEN SAG. 3237. This faire kynges doughter Canace, That on hir fynger bar the queynte ryng, Thurgh which sche understood wel every thing That eny foul may in his *lydne* sayn, And couthe answer in his *lydne* agayn, Hath understonde what this faukoun seyde. CH. C. T. 10746.

ledem adj. ags. *ledden*, neue. *leaden*. bleiern.

And wher my colour was bothe frosh and reed, Now it is wan and of a *ledem* hewe. CH. Six-Text Print G. 728.

ledere, ledare, leider s. ags. *ledere*, ahd. *leitâri, leiteri, leitiri*, mhd. *leitare, leiter*, neue. *leader*. Leiter, Führer.

He may lelly be hold a lord & *ledere* of peples Forto weld al þe world. WILL. 1355. Forþi is loue *leder* of þe lordes folke of heuene. P. PL. Text B. pass. I. 157. *Ledare*, or gyde, ductor, director. PR. P. p. 292. A *leyder*, dux, ductor, ductrix. CATH. ANGL. p. 212.

lederen, lidren s. vgl. frs. *laideron, laidron*. hässliches Frauenzimmer.

Lord! muche bost was thare! Gret pruyde, and gay gere .. Mony baroun, ful wel ythewed, Mony *ledron*, mony schrewe. ALIS. 3203 sq. Lydrōn, or *lyderōn* [lydrun, or lyderyn H. P. lyderon, or lydron S.], lidorus. Hec quedam gloss super correctione Biblie. PR. P. p. 303 (gehört wohl hierher; vgl. n. 3).

ledi s. s. *lafdix*; **ledisch** adj. s. *leodisc*.

ledunge, ledinge s. ahd. *leitunga* (?), mhd. *-leitunge* (in *verleitunge*). Leitung, Verleitung, Führung, Vorführung.

Ich bide þe and bische þe and halsi, ȝif me howeð it, .. bi his nimunge and bindunge, bi his *ledunge* forð, bi al þet me him demde. OEH. p. 205-7. *Ledynge*, or wyssynge [wysynge in the way K. gydinge P.], ducatus. PR. P. p. 293. Afterwarde thurgh *ledyng* of þe fende He sal even to Ierusalem wende. HAMP. 4217.

lee s. ags. *leāh*, lixivium. neue. *lye, lie*. Lauge.

Lee, lixiuum, locium. CATH. ANGL. p. 211. Tak of tha askes, and mak *lee*, and wasch thi thees and thi schankes tharwith. REL. ANT. I. 53.

lee s. nordengl. *lea*. s. CRAVEN DIAL. I. 281. Gebinde Garn.

Lee of threde, ligatura. PR. P. p. 291.

lee s. Schirm, Schutz s. *leo, leow*.

leedare s. zu *leaden* v. plumbare. Blei-
arbeiter, Verbleier.

Leedare, or plummare [plumbare *S.*], plum-
barius.

leef adj. s. *leof;* leeʒer s. s. *leoʒere;* leene
adj. s. *læne;* leep s. corbis s. *lep;* lees, leese
s. laxa s. *les;* leſdi s. s. *lafdiʒ;* lefen v. verlassen s. *leven;* zulassen s. *leven;* glauben s.
leven.

lefsal, lefsel, levesel s. auf altn. *lauf* u.
salr zurückzuführen. schw. *löfsal*, dän. *lövsal.*
Das Altn. bietet *laufskáli*, tabernaculum e vir-
gultis. Laube.

By a lauryel ho lay, vndur a *lefesale*. ANT.
OF ARTH. st. 8. Such a *lefsel* of lof neuer lede
hade. ALLIT. P. 3, 448. He loketh up and
doun, til he hath founde Behynde the mylle,
under a *levesel.* CH. *C. T.* 4057. *Levecel* beforne a wyndowe, or other place, umbraculum.
PR. P. p. 300. Right as a gay *levesselle* at the
taverne is signe of wyn that is in the celer. CH.
Pers. T. III. 296. Alle his devocion and holinesse At taverne is, as for the moste delle, To
Bachus signe and to the *levesele*. OCCLEVE
Ms. in HALLIW. *D.* p. 516.

lefeworm s. ags. *ledfwyrm*, vermis in foliis
degens. Raupe.

To *lefeworms* þar fruit gafe he. PS. 77, 46.

lefful adj. erlaubt s. unter *leaf* s. Erlaubniss; gläubig s. unter *leaf* s. Glaube.

lef, leflich adj., **lefliche** adv., **lefmon** s.,
lefsum adj. s. *leof, leoflic, leofliche leofmon.*

leful adj. s. unter *leaf* s. Erlaubniss.

leg, auch **legge**, bisweilen **lege** s. altn. *leggr*,
crus, sch. neue. *leg.* Bein von Menschen und
Thieren.

Sing. Hec tibea, a *leg.* WR. VOC. p. 247.
Leg, tibia. PR. P. p. 293. He drawith *leg* over
othir. ALIS. 1808. Ther sit an old cherl . . ant
leyth ys *leg* o lonke. POL. S. p. 156.

Tibia, *legge.* WR. VOC. p. 184. A *legge*,
tibia. CATH. ANGL. p. 212. *Legge*, jambe.
PALSGR. Of summe he karf heued of, of summe
arme, Of summe foot and *legge.* ALIS. 5848. A
Sarsyns *legge* hath he lokyn, Therwyth he can
hym were. OCTAVIAN 1274. To youre souerayne
þe gret fowles *legge* ley, as is þe gise. BAB. B.
p. 146. Hec tibia, a *lege.* WR. VOC. p. 208.
Borely wormes As large as a mans *lege.* WARS
OF ALEX. 5472.

Pl. Hire loveliche chere as cristal, Theʒes,
legges, fet ant al ywraht wes of þe beste. LYR.
P. p. 52. Þe bughes er þe armes with þe handes,
And þe *legges* with þe fete þat standes. HAMP.
680. His *legges* he helede mid hosen of stele.
LAʒ. III. 463 j. T. Þe *legges* bare byneþe þe
kne. R. OF GL. p. 338. Al round hit lyth in
the wombe . . Al ibuyd the *legges.* POP. SC.
317-9. An hakenay þay toke þat þay founde,
& set him þer on god spede, & vnder ys wombe
ys *legges* bounde. FERUMBR. 908. Dom as a
dorenayle & defe was he bathe, With laith
leggis & lange. WARS OF ALEX. 4747. Of alle
fowles rosted . . Every goos, teele, mallard,
ospray, & also swanne, reyse vp þe *leggis* of alle
þese furst. BAB. B. p. 142. Feysaunt, partriche,

plouer, & lapewynk . . areyse þe whynges furst
. . In þe dische forthe-withe, boþe þat ye ham
lay, þan aftur þat þe *leggus.* p. 143.

legacie s.. Botschaft.

We ben sett in *legacie*, or message [legatione
fungimur *Vulg.*], for Crist. WYCL. 2 COR. 5, 20
Oxf. For to maken knowun the mysterie of the
gospel, for which I am sett in *legacie.* EPHES.
6, 19. 20.

legat s. afr. pr. *legat*, it. *legato*, sp. pg. *le-
gado*, lat. *legatus*, neue. *legate.* Legat, Bot-
schafter, bes. des Papstes.

Of Rome he wes *legat*, and of þan hirede
prelat. LAʒ. II. 607. He was icleopped *legat*, of
þissen londe he wæs primat. III. 192. Is
messagers come, & Pandulf the *legat* with hom.
R. OF GL. p. 506. Mi louerd the king ʒou bit
that ʒe with ous sende A *legat* to Engelonde.
BEK. 1355. Þe paþe sent his bulle *with* a *legate.*
LANGT. p. 131. — Ther on thoʒte tueye men,
legates of Rome, Pandulf & the Duraund, & to
Engelonde come. R. OF GL. p. 499.

lege s. pr. *lega, legua*, it. *lega*, sp. *legua*,
pg. *legoa*, afr. *lieue*, lat. *leuca* gall. Urspr.,
neue. *league.* Meile.

The queen rode in to the wode alone the
space of iij *leges.* GESTA ROM. p. 397.

legeaunce s. s. *ligaunce.*

legende s. afr. *legende*, mlat. *legenda*, ae fem.,
urspr. *legenda, orum* n. [D. C.], neue. *legend.*
Legende, Erzählung, Buch.

For I wol telle a *legende* and a lyf Bothe
of a carpenter and of his wyf, How that the
clerk hath set the wrightes cappe. CH. *C. T.*
3143. For clergie seit that he seih in þe seynt
euangelie, þat ich man maked was, and my
name yentred In þe *legende* of lif [Buch des
Lebens] longe er ich were. P. PL. *Text C.* pass.
XII. 204.

legerdemain s. einem afr. *legier de main*
entsprechend. neue. *legerdemain.* Gaukelei.

Legerdemain now helpeth me right nought.
LYDG. *Daunce* 493. Davon findet sich ein Zeit-
wort abgeleitet: to *legerdemayn*, pancraciari.
CATH. ANGL. p. 212.

legge s. crus s. *leg.*

legge s. neue. *legge.* Leiste, Querband.

Legge ouer twarte byndynge, ligatorium.
PR. P. p. 293.

leggen, lein, lain v. ags. *lecgan*, ponere,
collocare, alts. *leggian*, ahd. *leggan*, afries. *lega*,
leia, niederl. *leggen*, gth. *lagjan*, altn.
leggja, schw. *lägga*, dän. *lægge*, neue. *lay.*

1. legen, stellen, setzen: Ne sculen
ʒe ʒimstones *leggen* swinen to mete. OEH.
p. 135. Lud king lette *legge* þane wal abuten
þe burh of Lundene al. LAʒ. I. 302. Sone dede
he *leyn* in [sc. his ship] an ore, And drou him
to þe heye sc. HAVEL. 718. *Leyn* or puttyn,
pono. PR. P. p. 294.

Sniþ itt, alls itt wære an shep, & *leʒʒ* itt
upponn allterr. ORM 14666. Nimeð mine likamæ,
& *leggeð* an chæsten. LAʒ. II. 206. *Leggeð* me
an næt ænde inne Stanhenge. II. 324.

Efterþan þet þe mon bið dead, me *leið*
þene licome in þere þruh. Al swa þu *leist* þine

sunne in þare þruh, hwenne þu scrift under-
uongest. OEH. p. 51. Is non at nede ðat oðer
lateð, Oc leiʒeð his skinbon on oðres lendbon.
BEST. 358. — Al þ heo leggeoð [legen d. i. auf-
bauen] a dæi . . ær dæi amarwen al hit bið
dune. LAӠ. II. 238. Þey leyn þe cors þer hit
shal lyn, Yn a new sepulcre. R. OF BRUNNE
Meditat. 986.

Ich am wel ney ded, Hwat for hunger, wat
for bondes þat þu leidest on min hondes.
HAVEL. 634. Laӡamon leide þeos boc & þa leaf
wende. LAӠ. I. 3. He . . his nakede sweord
leide on his necke. I. 30. Þe king næm enne
marmestan . . his broðer he leide þer inne. I.
325. Þe king nom þat ilke sweorde þat Nennius
his broðer biwan of Iulius Cesare, and leide
hit bi his broðer. I. 326. — Fordem nu me &
mine, þ we, aӡain þin heast, þ licome awei
ledden & leiden in eorðe. LEG. ST. KATH. 2249.
Ye me fedde . . And schrudden and wel bi-
hedden, And leyden in softe bedde. O.E.MI-
SCELL. p. 81. Ða ileaffullen brohten heore gersum, and leiden heo et þere apostlan fotan.
OEH. p. 101. Alle þa maidene heo mid morðe
aqualden, and þaie iӡærede men heo leiden on
gleden. LAӠ. II. 456.

Þeӡӡ fundenn þær þe child þær itt wass leӡӡd
i cribbe. ORM 3400. Fowre biried ðor ben; ðor
was leid Adam and Eua, Abram siðen and Sarra.
G.A. Ex. 816. Þanne he were set, and bord leyd.
HAVEL. 1722. Sket was þe swike on þe asse
leyd. 2839. Y wolde y were in rest, Lowe leid
in chest. REL. ANT. I. 123. Hee sawe . . How
þat louelich lif laide was a bedde. ALIS.
FROM. 822.

2. legen, von Thieren, Eier: Leyn eggys,
as hennys, ovo. PR. P. p. 294. Ayren they [sc.
the cokadrilles] leggith as a griffon. ALIS. 6602.
A faukon . . An ay he laide, so he fleygh, That
feol the kyng Phelip nygh. 567.

3. erlegen als Pfand, einsetzen: Leyn,
or leye waiowre, vadio. PR. P. p. 295. Leyn to
wedde, pignoro. ib. On his playing he wold
Tventi schilling to lay, Sir Rouhand him told.
TRISTR. 1, 28. Child' what wiltow lay? 1, 29.
The mariner swore also, That pans wold he lay.
1, 31.

Myn hed þerto y legge. FERUMBR. 4394.
Thai yolden me that y layd. TRISTR. 1, 62.
Daher auch bildlich: We saolle legge oure
zaules uor oure broþren. AYENB. p. 149.

Iesu Crist . . þet uor ous layde his zaule
and body to þe dyaþe. AYENB. p. 149.
Tristrem wan that ther was layd. TRISTR.
1, 32.

4. auferlegen mit on, upon, in ethischer
Bedeutung: Ne lið nawt to þe to leggen lake up
o me of bileaue. LEG. ST. KATH. 779. Þe
preost ne þerf uor none gulte, bute ӡif hit beo
þe grettre, leggen oðer schrift on ou þen þet lif
þet ӡe ledeð efter þisse riwle. ANCR. R. p. 346.
Bluðeliche he wule herkien þet þe preost
him leið on. OEH. p. 31.

Ysaie þe prophete on [hwam] was leid to
segen þos wored þat ich nou sege. OEH.
II. 219.

5. anheim geben, ebenfalls mit on,
upon: Þatt birrþ þe leggenn upponn Godd.
ORM 11993.

All ӡho leӡӡde þatt o Godd. ORM 2381.

6. mit dun, adun, niederlegen, ablegen: His sclauyn he dude dun legge. K.
H. 1067.

Leie adun þin hære sorud & þinne rede
sceld, and þi sper longe, & þi swerd stronge.
LAӠ. I. 216.

auch vom Ablegen des Namens: Tristrem
he gan doun lain, And seyd Tramtris he hight.
TRISTR. 2, 6.

Þa leodene . . leiden adun þene noma, &
Trinouant heo nemneden. LAӠ. I. 86.

frühe mit adun oder to grunde, niederschlagen, besiegen: Ӡette me an hwat . .
ӡif me is leued þurh leus Lauerd, for to leggen
ham adun, þ tu þi misbileaue lette. LEG. ST.
KATH. 768-75. Uten we heom to liðe and to
grunde leggen. LAӠ. II. 442. We heom scullen
awelden, leggen heom to grunde. III. 89.

Þeo þat feuhten a þan londe, þeo he adun
leide. LAӠ. III. 19. A londe & a watere he heom
adun leaide. I. 24.

7. mit on und zumeist einem Personen-
objekte oder ohne dasselbe, anfallen, angreifen: The squyer . . say a knyght ley
hym on Wyth a swerde scharpe and felle.
EGLAM. 415.

Mid te holie rode steaue, þet him is loðest
kuggel, leis on þe deouel dogge. ANCR. R.
p. 292. Mid sweorde leggeð heom on. LAӠ.
II. 148.

Ӡyt þey bete hym and leyn on sore, Tyl
þey be wery and mow no more. R. OF BRUNNE
Meditat. 521. Ӡif ӡe meteþ with any cristen
man . . lokeaþ þat ӡe legge hem an, & sleþ hem
adoun. FERUMBR. 1532.

Æfter he heom leide on mid sweord & mid
spere. LAӠ. I. 24. His deorewurðe Ueder uorði
ne uorber him nout, auh leide on him so bitterliche þet he bigon to greden. ANCR. R. p. 366.
— Was þer spared heued non: He leyden on
heuedes, ful god won. HAVEL. 1906.

Hierher mag gezogen werden: Heo leiden
togadere, sie wurden handgemein. LAӠ.
I. 252.

8. ähnlich ist die Verbindung mit hand,
die Hand an jemand legen: Ne funde he
nonne swa kene mon, þat hond him durste
leggen on. LAӠ. I. 349. Hond I shal lein in ӡou.
WYCL. 2 ESDR. 13, 21.

Sacrilege is . . huanne me layþ hand ine
kueade ine clerk, oþer ine man oþer ine wyfman
of religion. AYENB. 40. 41.

Þey a man him misdede ofte, Neuere more
he misdede, Ne hond on him with yuele
leyde. HAVEL. 992.

9. refl. sich legen: The gryffyn she [sc.
the lyenas] slowe, And sythen ete of the flesche
ynowe, and leyde hur downe be the chylde.
OCTAVIAN 364. bildl. sich unterwerfen:
Kunsence . . þis is hwon þe heorte . . foð on
ase to winken & forte leten þene ueond iwurðen,

& leið hire sulf adunsward, & luhð him ase he
bit. ANCR. R. p. 288.

leggere s. zu *leggen* v. cf. neue. *bricklayer*.
Maurer.

And the ȝeue money to heweris of stonus,
and to *leieris* [*leggeris* AEFH.]. WYCL. 1 ESDR.
3, 7 Oxf. But they ȝauen monei to heweris of
stoon, and to *liggeris* of stoon. *ib.* PURV.
[Dederunt autem pecuniam latomis et cæmentariis. *Vulg.*].

legharneis s. Beinharnisch, Beinschiene.

He hadde þe name of a knyȝt his *legharneys*,
þat hatte Caligula. TREVISA IV. 363. Stelyn
legharneis [ocreas æreas *Vulg.*] he hadde in the
hipis. WYCL. 1 KINGS 17, 6 Oxf. *Legharneys*,
tibialia. PR. P. p. 293. Hec tibialia, a *legarnes*.
WR. VOC. p. 263. *Legharnes*, tibialia. CATH.
ANGL. p. 212. *Legge harnesse*. PALSGR.

legiance s. s. *ligaunce*.

legioun, -un, -on s. lat. *legio*, afr. *legion*,
neue. *legion*. Legion.

Fro Charles kyng sanz faile thei brouht a
gonfaynoun, þat Saynt Morice in bataile [bare?]
befor þe *legioun*. LANGT. p. 30. A *legioun* is
name to me, for we ben manye. WYCL. MARK
5, 9 Oxf.

Werren on alche *legiun* þus feole leodkempen. LAȝ. I. 257. — Feower ferrædene þa
we clipieð ferden, þe weoren on þan ilke dæȝen
legiuns [*legions* j. T.] ihaten. *ib.*

Legion [or *legirn* S.], legio. PR. P. p. 293.
A *legion*, legio. CATH. ANGL. p. 212. He shal
ȝeue to me now more than twelue *legions* [*le-
giouns* Purv.] of angelis. WYCL. MATTH. 26,
53 Oxf.

legistre s. afr. *legistre*, *legiste* [RQF.], lat.
legista, neue. *legist*. Gesetzeskundiger.

Bisshopes yblessed, ȝif þei ben as þei
shulden, *Legistres* of bothe þe lawes, þe lewed
þere-with to preche, And in as moche as þei
mowe, amende alle synful, Aren peres with þe
apostles. P. PL. *Text B.* pass. VII. 13. Ȝe *legistres* and lawyeres, holdeth þis for treuthe. 59.

legitime adj. fr. *légitime*, sp. pg. it. *legitimo*,
lat. *legitimus*. rechtmässig, ächt.

Hit ys no more to mene bote men þat buth
bygetyn out of matrimonie, nat moillere, mowe
nat haue þe grace That loelle *legitime* by lawe
may cleyme. P. PL. *Text C.* pass. XL 208.

leȝen v. s. *laken*, salire.

leȝe, leie, lei, lighe, lie s. ags. *lég, líg* m.
fiamma, altnorthumbr. *lége* fem., ahd. *loug,
lauc, lauch*. Flamme, Lohe, Licht, auch
Kerze.

Ech cristene oh to habben on honden to dai
in chirche *leȝe* bernende alse ure lefdi Seinte
Marie hadde. OEH. II. 47-49.

Nis þer neure oþer liht þanne þe swarte
leie. MOR. ODE st. 140. Of his neose-þurles
cumeð þe rede *leie* [Reimw. *eȝe*]. O.E.MISCELL.
p. 182. Be fur flei of is mouþe, so *leie* of bren-
ston. MRID. MAREGE. st. 44. A smoke and
brennynge *ley*. TREVISA I. 315. Al þe cwarterne, of his cume, leitede o *leie*. LEG. ST.
KATH. 670. Euch bold þrin wið briht as hit

bearninde were, & leitinde al o *leie*. 1664.
Sharp sweord .. þ glistnede, as gleam deð, ant
leitede al o *leie*. ST. MARHER. p. 9. Wlech
heorte, þet schulde leiten al o *leie* ine luue of
ure Louerd. ANCR. R. p. 202. I þe reade *leie*
[he] het warpen euch fot. LEG. ST. KATH. 1370.
Men warp ham .. amidde þe *leie*. 1416. As þe
oþer þai weren serued, ibrouȝth on liȝth *leie*.
K. SALOMONS B. OF WISD. 188. — He him
sceaude an ouen on berninde fure, he warp ut
of him seofe *leies*. OEH. p. 41.

Ant tis ferliche fur schal lihten in ow þe
halwende *lei* of þe Hali Gast. LEG. ST. KATH.
1410. Com leapinde forð al itend of þe *lei* of
þe Hali Gast. 196. As ha lokede up & seh þis
lei [*ley* p. 66] leiten .. þus to Crist cleopede.
ST. JULIANA p. 67. Of þis reade *lei* [*leye* p. 68]
reaf & arude me. p. 69.

The fuyr was on so gret *lyghe*, That Darie
hit sone syghe. ALIS. 3458.

The *lie* of the fur stod an heȝ as hit a was
were. ST. BRANDAN p. 23. So stronge brende
the mountayne, that nothing hi ne seȝe, The
ȝut hi were fur ther fram, bote fur and *lie*.
p. 24. He was alosed in his lif, lechourus of
kinde, þat in his licamus lust as a *lie* brente.
ALEX. A. DINDIM. 554. To þe schrewe he huld
þe glede, & blew toward is chynne: So harde
leid he þeron is onde, þat sone þe *lys* out
rende. FERUMBR. 2241.

leȝen, lien v. ags. *léȝan*, inflammare. lohen; entflammen.

Lat men shette the dores and go thenne,
Yet wole the fyr as faire *lye* and brenne. CH.
Six-Text Print D. 1142.

Cf. Hevene *yleȝed* wose ayth [sc. slepynde,
im Traume], Harm in huerte sothliche hit byth.
REL. ANT. I. 266.

leȝen v. s. *lügen* s. *leoȝen*.

leȝen, leȝȝen v. lachen s. *lahen*.

leȝhe s. altn. *leiga*, merces, schw. *lega*, dän.
leie, vgl. altn. *leigia*, *leiga*, altschw. *leghia*, conducere. Lohn, Miethe.

Heore *leȝhe* birrþ hemm beon Rædiȝ, þann
itt iss addledd. ORM 6234.

leȝheman s. Miethling, Tagelöhner.

Ȝunnc birrþ ȝunnkerr *leȝhemenn* Rihht
laþelike ledenn. ORM 6222.

leȝhen v. s. *leoȝen*.

leh, leoh s. Sollte dies Wort dem ags. *hlǽv*,
antrum, entsprechen? vgl. *lawe*. Höhle.

Crist .. fedde hire al þe twelf dahes, as he
dide Daniel, þurh Abacuc þe prophet, i þe
liunes *lehe* [v. l. *leohe*], þer he in lutede. LEG.
ST. KATH. 1842-8, wo das lat. Original bietet:
in *lacu* leonum pavit, wie die *Vulg.* DAN. c. 6
überall *lacus* leonum und WYCL. the *lake* of
lyouns.

leȝȝen v. s. *lahen*.

lehter s. s. *lahter*; lei s. s. *lex s. lai*.

lei s. afr. *lie*, pr. *lhia*, sp. pg. *lia*, schon bei
PAPIAS, *lia*, amurca, zu *levare* geh.? neue. *lees*
pl. Weintrester, Hefe.

When þe *ley* is seþin hot, caste þe pesyn
þerto. TWO COOK. B. p. 32. Take pesyn, &
waysshe hem clene, & þen take a gode quantyte

of fyne *laye*, & putte it on a potte. *ib.* — ӡiff
þe wyne reboyle, þow shalle know by hys syngynge; þerfore a pipe of coloure de rose þou
kepe þat was spend in drynkynge, the reboyle
to rakke to þe *lies* of þe rose, þat shalle be his
amendynge. BAB. B. p. 125.

ley [auch **leyӡe**], **lay** s. vgl. ags. *ǽtliegan*,
inutile jacere. Brache.

By hym sche [sc. the hare] schapput and
went hur wey, And feyr toke vp a falow *ley*.
HUNTTYNG OF THE HARE 151. *Lay*, londe not
telid. PR. P. p. 285. — Bad hym holde hym at
home, and erien hise *leyes*. P. PL. 4473, wofür
Text A. bietet: Bad holden hem at hom, and
heren heore *leyjes*. pass. VIII. 5. If thi lande
be *leys* clene of weedes, With diche or forowe
to pastyne it non drede is. PALLAD. 2, 76.

lei s. æquor s. *laje*, **leik** s. ludus, oblatio s.
lac; **leiken** v. salire, ludere s. *laken*; **leide** s.
s. *lead*; **leider** s. s. *ledere*; **leiden** v. s. *læden*;
leie s. flamma s. *leje*; mendacium s. *lije*.

leye adj. brach.

Mi lond *leys* lith. POL. S. p. 152. As an
hewe þat ereþ nat, auntreþ hym to sowe On a
Leys lond, aӡens hus lordes wille. P. PL. *Text C.*
pass. XI. 216.

leien v. ponere s. *leggen*; mentiri s. *leojen*;
leif adj. s. *lof*; **leifen**, **leiefen** s. s. *laje* s.
æquor; **leighen** v. mentiri s. *leojen*; **leighen**,
leiӡen v. ridere s. *lahen*; **leigher**, **leighster** s.
s. *leojere*; **leiӡhten** s. s. *lahtoun*; **leiӡing** s. s.
laʒing s. hinter *lahen* v. ridere; **leiӡt** s. s. *loit*;
leihter s. s. *lahter*; **leihtun**, **leihtanward** s.
s. unter *lahtoun*.

leyland, **leylond** s. Brachland.

On a *leyland* Hard I hym blaw. TOWN. M.
p. 101. A *leylande*, felio, frisca terra. CATH.
ANGL. p. 212. *Leylond*, tere freche. WR. VOC.
p. 153.

leimure s. s. *laje* s. æquor.

lein v. ponere s. *leggen*.

lein s. sch. *lin*, *lynn*, welsch *lyn*, *llynn*, nordengl. *lin*. Pfuhl.

Hwase lið I *leinen* deope bisunken . . he
ne schal nawt up acoueren hwen he walde.
HALI MEID. p. 33. Ich leade ham iþe *leinen*
ant iþe ladliche lake of þe suti sunne. ST. MAR-
HER. p. 14.

lein, **lain** s. ags. *lygen?* vgl. *loinen*, *lainen* v.
dissimulare. Hehl, Lüge.

Your godes schall be temd Holy into yowr
owne hende, Sertan, withowten *leyn*. AMADAS
509. A woman I sawe þere at þe last That I
first met, withoutyn *layn*. POL. REL. A. LOVE
P. p. 210. Hou may Y proue it right, Nought
lain? TRISTR. 1, 68. I graunt wele Ichim
slough, Nought *lain*. 2, 44. vgl. 3, 46. wofür
sich auch naught *les* [1, 69] findet.

leinen, **lainen** v. obwohl begrifflich sich mit
ags. *lygnian*, dissimulare, negare, deckend,
schliesst sich unmittelbar an altn. *leyna*, celare,
sch. *layne*, *lein*. in Abrede stellen, läugnen, verbergen.

Fra þe wil i noght *leyne* mi priuite. CURS.
MUNDI 2737 GÖTT. Þe soþe is nouӡt to *leyn*.
LAY FOLKS MASS B. p. 143. Ho . . bisoӡt hym

for hir sake, disceuer hit neuer, Bot to lelly
layne for hir lorde. GAW. 1862. Thou mon be
ded, es noght at *laine*, For my lord that thou
has slayne. YW. A. GAW. 703. I wol it nouӡt
layne, sum time it hentis me wiþ hete as hot as
ani fure, but quicliche so kene a cold comes
þer after. WILL. 906. Than kist I that lady, I
wille it never *layne*. PERCEV. 1939. That es
Lorayne þe lele, I kepe noghte to *layne*. MORTE
ARTH. 2398. Euery lith fro other was drawe, þat
is nout to *layne*. POL. REL. A. LOVE P. p. 248.
To *layne*, abscondere. CATH. ANGL. p. 207.
That leuedi, nought to *lain*, For sothe ded is
sche. TRISTR. 1, 22. vgl. 2, 18. 35. 42. 59.

What tyme wyll yow weddyd bee? I prey
yow, *leyne* hyt not fro me. GUY OF WARW.
7053. Þat ӡe telle me þat, now trwly I pray
yow, For alle þe lufes vpon lyue, *Layne* not þe
soþe. GAW. 1785. I gyfe þe grace . . With thy
thowe say me sothe what thowe here sekes . .
And whate laye thow leves one, *layne* noghte
þe sothe. MORTE ARTH. 2591-4.

Hwase *loines* ani þing [in *T.* statt: hwase
heleð out], he naueð iseid nout. ANCR. R.
p. 314.

Much longeyng haf I for þe *layned*. ALLIT.
P. 1; 244. At þe day of dome . . Whar nathyng
sal be hid ne *laynd*. HAMP. 5998.

leine adj. s. *læne*; **leinen** v. verleihen s. *lænen*;
lehnen s. *leonien*; **leines** s. s. *lonnesse*; **leint**,
leinten s. und **leintemete**, **leintentime** s. s.
lenten; **leinðe** s. s. *lengðe*.

leir, **laier** s. ags. *leger*, alts. *legar*, ahd.
legar, *leger*, afries. *legor*, gth. *ligrs*, sch. *lair*,
layre, *lare*, neue. *lair*. Lager, Bett, Grab.

He beð neðer þanne he er was, alse fro
sete to *leirs*. OEH. II. 103. My love I lulled
vppe in hys *leir*, With cradelbande I gan hym
bynde. HOLY ROOD p. 200. Kyng Arthure
then in Avalon so died, Wher he was buried in
a chapell fayre . . The mynster churche this
daye of great repayre Of Glastenbury, where
nowe he hath his *leyre*. WARTON *Hist. of Engl.*
P. II. 330. Syr Arthure onone ayeres . . to the
emperour . . Laughte hym upe fulle lovely
with lordliche knyghttes, And ledde hyme to þe
layere, thare the kyng lygges. MORTE ARTH.
2290.

leiren v. ags. *legerian* [LEO], mhd. md. *le-*
geren, *legern*, auch refl. *sich legeren*, nhd. *lagern*,
auch refl. *sich lagern*. lagern, hinstrecken
(auf das Krankenbett).

Þe rihte bileue and þe soþe luue þe he hah
to hauen to gode ben *leirede* and slaine on his
heorte OEH. II. 103.

leirstowe, **leerstowe** s. ags. *legerstów*, sepulcrum. Lagerstatt, Grab.

He nom alle þa dede, & to *leirstowe* heom
ladden. LAӠ. II. 538. He uerde to Ambresburi,
to þan *leerstowe* of leofuen his freonden. II.
286 sq.

leirwite, **learwite** (?) s. ags. *legervite*, adul-
terii mulcta. Strafe der Unsucht.

Leyrewite, amendes for liggynge by a bond-
womman. TREVISA II. 97. Þu wrechwile ful
wiht, al for nawt þu prokest me to forgulten . .

14

& willes & waldes warpe me as wrecche iþi *learwite.* HALI MEID. p. 47.

leiser s. afr. *leisir, loisir,* lat. *licere,* ein sub-
stantivirter Infinitiv. neue. *leisure.* Musse,
gelegene Zeit.
Heo thougte, heo wolde him yhere, Whan
heo was *of* more *leisere.* ALIS. 233. Apon the
holyday je mowe wel take *Leyser* ynowjgh loveday to make. FREEMAS. 315. Þer is no charite in
preatis but jif þei techen hem goddis comaundementis, jif þei han kunnynge & *leiser* þerto.
WYCL. W. *hitherto unpr.* p. 112. *Leyser,* loisir.
PALSGR. *Leysere,* opportunitas. PR. P. p. 295.
Whan þou sees *leysers,* þat he ne perceyue þi
witte, With þe knyf him to [sic cum spatio,
deest verbum], With þe knyfe him to smite.
LANGT. p. 229.
Selten findet sich eine andere Form, wie
laisure: Þai hade *laisure* at lust þere likyng to
say. DESTR. OF TROY 3119.

leit, leijt s. ags. *léget, ljget,* fulgur. Blitz,
Wetterstrahl, Flamme.
Heore eþem scean awa deð þe *leit* amonge
þunre. OEH. p. 43. Seuen peynes weoren . .
þe sixte *leyt.* O.E.MISCELL. p. 224. I sigh
Sathanas fallinge doun fro heuene as *leit.*
WYCL. LUKE 10, 18 Oxf. So þat ech dunt
þojte *leyt* as yt were & þondrynge. R. OF GL.
p. 308. Me þuhte þat in þere weolene com an
wunderlic deor . . *Wið leite* mid storme sturn-
liche wende. LAJ. III. 14. Me þuhte . . þat þa
sæ gon to berne *of leite* & of fure. III. 15. We
schulen iseon . . wiðuten us, al þene world
leitende *of* swarte *leite* up into weolene. ANCR.
R. p. 304-6. Thei weren nevere greved with
tempestes, ne with thondre ne *with leyt.* MAUND.
p. 292. Vij sorous þer were . . Gret addyrs, gret
stenche, gret *leyte,* gret foyre. O.E.MISCELL.
p. 211. Men sene the fire and *leite,* The thunderstroke er that men here. GOWER III. 95. —
Leitis he multipliede. WYCL. PS. 17, 15 Oxf.

leiten v. ags. *legettan,* fulgurare [LYE]. vgl.
ahd. *lohazzan,* gth. *lauhatjan,* *ἀστράπτειν.*
blitzen, flammen.
Wlech heorte, þet schulde *leiten* al o leie
ine luue of ure Louerd. ANCR. R. p. 202.
Ich loki ne mei, awa þ liht leomeð ant
leiteð. ST. MARHER. p. 13. The thunderstroke
smit, ter it *leite.* GOWER III. 95.
Ofte he hire lokede on & *leitede* mid ejene.
LAJ. II. 354. Al þe cwarterne of his cume *leitede*
o leie. LEG. ST. KATH. 670. Swuch leome &
liht *leitede* þrin, þat ne mihten ha nawt loken
þer ajaines. 1594.
He . . iþe reade leie & iþe *leitende* fur het
warpen euch fot. LEG. ST. KATH. 1369. Euch
bold þrinwið briht as hit bearninde were & *leitinde* al o leie. 1664. þer is a liht & a *leitende*
leome. 1695. We schulen iseon . . wiðuten us,
al þene world *leitende* of swarte leite up into
wolene. ANCR. R. p. 306. Ne kumeð non into
Parais bute þuruh þisse *leitinde* sweorde þet was
hot & read. p. 356.

leið adj. s. *lað.*

lel, lele adj. s. *leal;* lele, leli, lelli, lelliche
adv. s. unter *leal* adj.

leli s. s. *lilie.*

leman s. s. *leofmon.*

lem, leme s. lux s. *leome.*

leme s. membrum s. *lim;* **lememele** adv. s.
limmele.

lemeke s. s. *leomeke.*

lemen v. s. *leomen.*

lemman s. s. *leofmon.*

len s. s. *loan.*

lenkðe s. s. *lengðe.*

lenchen v. nordengl. *lench,* stoop in walking.
ags. *gehlenced,* tortus. gebückt gehen.
I *lench,* I len, on lyme I lasse. REL. ANT.
II. 211.

lendben s. vgl. *lende* s. Lendenknochen,
Hüftbein.
On leigeð his skinbon On oðres *lendbon.*
BEST. 359.

lende s. ags. *lend* neben *lenden* [pl. *lendena*]
wie afries. *lenden,* ahd. *lenti, lendi,* mhd. *lende,*
niederl. *lende,* altn. *lend,* schwed. *länd,* dän.
lend, sch. pl. *lendis, lends.* Lende, Schenkel.
A *lende,* lumbus. CATH. ANGL. p. 212.
Hiss bodij toc To rotenn bufenn corþe All
samenn, brest, & wambe, & þes, & cnes, & fet,
& schannkess, & *lende,* & lesske. ORM 4772.
Þe ne stiþte, ne þe ne priþte in side, *in lende,* ne
elles where. OEH. II. 257. Rouland wiþ þe
swerdes end Reijte Otuwel *oppon* þe *lende.*
OTUEL 539. So styf man he was in harmes, in
ssoldren, & *in lende,* þat vnneþe eny man myjte
hys bowe bende. R. OF GL. p. 377. Alle þe
soules that ben goon with Iacob into Egipte,
and goon out *of* the *leende* of hym. WYCL.
GEN. 46, 26 Oxf. Right sua þe deuil sal descend
In anticrist moder *lend* [in anticristis modir
lende TRIN.]. CURS. MUNDI 22073 COTT. *Leend,*
lym, *of* a beeste. PR. P. p. 296. Sehr ungewöhnlich ist *lyndy,* lumbus. WR. VOC. p. 179.
Let þe lei of þi luue leiten mine *lenden.*
ST. MARHER. p. 18. Golnesse þet rixleð i þe
lenden. ANCR. R. p. 280. I þi *lendene* sar eche
riue. HALI MEID. p. 35. Lecherie, þet is to
moche loue and desordene ine lost of *lenden.*
AYENB. p. 46. þe gerdel huermide þe ministres
of holy cherche ssolle ham gerde ope þe lenden,
is chastete. p. 236.
Hiss girrdell wass off shæpess skinn Abutenn
hise *lendess.* ORM 3210. 9229. Her *lendys* were
lene and leved with hunger. DEP. OF R. II.
p. 16. His bakke . . and his brode *lende:* He
bekes by þe bale fyre. MORTE ARTH. 1047.
Gurdiþe youre *lendys* in chastite. GESTA ROM.
p. 126. I wol sette goode strokes right on here
lendes. GAMELYN 454. Kyngis of thi *leendis*
schulen goon oute. WYCL. GEN. 35, 11 Oxf.
Gird as a man thi *leendis.* JOB 38, 3 Oxf.

lenden v. ags. *lendan,* ahd. *lentjan, lenten,*
mhd. *lenden,* altn. *lenda,* sch. *leind, lend.*
1. landen, überhaupt gelangen, sich
begeben, gehen, sich wenden: Swa þatt
he [sc. þe steoressmann] mujhe *lennden̄* rihht
To lande wiþþ hiss wille. ORM 2141. In Humber
Grim bigan to *lende.* HAVEL. 733. In Acris
gunne thay *lende.* ISUMBR. 508. For na tene
at may betide, turne sall I neuire, If je will

lend in to ȝour landis, loke at ȝour hertis! WARS OF ALEX. 3519. Blessed beo þou flour feirest of alle! Þe holigost withinne þe schal *lenden* and lihte. JOSEPH 80.

Qwen þe dayraw rase, he rysis belyfe, *Lendis* alande fra þe loft, & left hire with child. WARS OF ALEX. 392. Takis lusty his leue, & *lendis* on forthere. 1693. Þei *lenden* of þe toun. JOSEPH 709.

To the ladi lere he *lendid* in haste. WARS OF ALEX. 379. The seuende dag har schyp *lente* At Japhet. OCTOU. 615. Leona quyte as lylly *lent* þam agayn. WARS OF ALEX. 3902.

From alle wymmen mi love is *lent* and lyht on Alysoun. LYR. P. p. 28. Of what londe art þou *lent*? ALLIT. P. 3, 201. Sone was he *lent* in a lande, a large & a noble. WARS OF ALEX. 5079.

2. weilen, sich aufhalten, bleiben: Here may y no lenger *lende*. R. OF BRUNNE *Meditat.* 1039. Of vche goodschipe Pees is ende, Ne fayleþ no weole þer heo wol *lende*. CAST. OFF L. 503. He went vnto Wynchestre.. Unto þe someres tide þer gan he *lende*. LANGT. p. 18. Sone were þe messagers made mildli at ese, while hem liked *lende*. WILL. 1465. In þi louing þou do me *lend*, Leuedi, vnto mi liues end. CURS. MUNDI 20037 COTT. Vnto god fast gan he cri Of Adam forto haue mercy, And oile of mercy him to send, So þat he might in liking *lend*. HOLY ROOD p. 66 sq.

Þrete is vnþryuande in þede þer I *lende*. GAW. 1496. When ye se tyme to mete ye wend, For I wote neuyr how long I *lend*. IPOMYD. 767. Lengest lyf in hem *lent* of ledes alle oþer. ALLIT. P. 2, 256. A wolde be ys frend for euere mo, On what lond þat he *lende*. FERUMBR. 5771.

Syn ȝe be lorde of þe ȝonder londe, þer I haf *lent* inne. GAW. 2440. He fraynit at the fre, who his fader was, In what lond he was *lent*, & if he lyue hade. DESTR. OF TROY 13856.

lene a. s. lone; adj. s. lane.

lenen v. verleihen s. lænen; abmagern s. leanen; lehnen s. leonien.

lenere, leenere, leiner, lenner s. Leiher, Darleiher, Wucherer.

Þer is anoþer *lenere* corteys þet leneþ wyþoute chapfare makiinde. AYENB. p. 35. He that takith borewyng is the seruaunt of the *leeners* [vsurer Oxf.]. WYCL. PROV. 22, 7 Purv. A *leyner* [kenner A.], accomadator, creditor, prestitor. CATH. ANGL. p. 213.

lenesse s. s. lennesse.

lenge, linge s. altniederl. *lenge, linge*, jetzt *leng*, altn. *langa*, schw. *långa*, nhd. *lange, länge, leng*, neue. *ling*. eine Art Schellfisch (gadus), der Leng (lota molva) im nordischen Meere.

Ne he ne mouthe on þe se take Neyþer *lenge* ne þornebake. HAVEL. 831. Nym milwel or *lenge*. TWO COOK. B. p. 43. Take .. a pece of milwelle or *lenge*. p. 48. Hic sepio, a *leenge*. WR. VOC. p. 254. *Leenge*, fysche, lucius marinus. PR. P. p. 296.

Of alle maner salt fische, looke ye pare awey the felle, Salt samoun, congur, grone fische, boþe *lynge* & myllewelle. BAB. B. p. 154. Grene sawce is good with grene fisch .. botte, *lynge*, brett & fresche turbut. p. 174 sq. Mustarde is good for salte herynge .. salt ele & *lynge*. p. 252. *Lynge* fisshe, colyn. PALSGR.

lengen, lingen v. ags. *lengan*, prolongare, differre, ahd. *lengjan, lengan*, altn. *lengja*.

1. verlängern, in die Länge ziehen, versögern: Ne migt þu þi lif *lengen* none wile. O.E. MISCELL. p. 127. Pat is þe storie for to *lenge*, It wolde anuye þis fayre genge. HAVEL. 1734. Wile I na more þe storie *lenge*. 2363. — Ne abyd naȝt þe to wende to god, ne ȝech naȝt to *lenge*. AYENB. p. 173.

Ne *leng* naȝt þine ȝefþe uram þe nyeduolle. AYENB. p. 194.

Godalmihti het wurðian alre erest þin feder and þin moder ouer alle corðliche þing. Þenne beoð þine daȝes *ilenged* mid muchele blisse in eorðan. OEH. p. 13.

2. weilen, bleiben: Now let we þis lued *lengen* in blics. ALIS. FRGM. 44. I wold it were þi wille wiþ vs forto *lenge*. WILL. 5421. Laþes hem alle lyflyly to *lenge* at my fest. ALLIT. P. 2, 81. God .. haþ iugged ȝou alle To *lenge* aftur ȝour lif in lastinge paine. ALEX. A. DINDIM. 1118. I may not wel *lenge* now, to morwe meet me heere. JOSEPH 162. Loke þat no lettyng ger þe *lenge* here. DESTR. OF TROY 1937. I salle at Lammesse take leve, to *lenge* at my large In Lorayne or Lumberdye. MORTE ARTH. 349. Of a kyng wel ikid karp wee now, þat entred in Ægypt, euer on his liue To *leng* in þat lordeship. ALIS. FRGM. 453. Now *leng* þe byhoues. GAW. 1068. Me liked þe seruise wondur wel, Forþi þe *lengore* con i *lynge*. E.E.P. p. 124. Hit was tretid þat tyme, þo tore kynges bothe Schuld *lynge* in hor leute, & light on a dome Of Agamynon þe grete & his gay brothir. DESTR. OF TROY 12239.

Lijt luflich adoun, & *lenge*, I þe praye. GAW. 254.

Whi *lengest* þou .. so longe? And so stille liggest lokynde in þe whuiche? JOSEPH 277. Go we loke, wat seknes him eyles, & what barn þat he be þa in bale *lenges*. WILL. 842. With Arther he *lenges*. GAW. 536. Ȝe ne leuen not on a lord þat *lengus* in heuene. ALEX. A. DINDIM. 706. Yee þat *lengen* in londe, lordes and ooþer. ALIS. FRGM. 1. Lat kest þam [sc. þe fellis] apon camels þat in þat kith *lengis*. WARS OF ALEX. 2769 Ashm.

Þou .. wiþ þis mon *lengedest*. JOSEPH 429. Williams moder in meschef wiþ moche folk þere *lenged*. WILL. 2842. Ho .. set hir ful softly on þe bedsyde, & *lenged* þere selly longe. GAW. 1193. Withoutyn lowtyng or lefe, *lengit* he noght, But fast vppon fote ferkyt to shippe. DESTR. OF TROY 1823. Ȝif we *lengede* in ȝoure land, ful loþ were oure beatus. 872. Þer [sc. in þat ark] alle ledez in lome *lenged* druye. ALLIT. P. 2, 412.

Þere monye *lenginde* weore. JOSEPH 20.

Where is þer *lengged* in lond a lady so sweete? ALIS. FRGM. 196. Þis watz grayþely graunted, & Gawayn is *lenged*. GAW. 1683.

Now *hafe* I, lede, all to lange *lengid* fra hame.
WARS OF ALEX. 461. So god as Gawayn gaynly
is halden . . Couth not lyȝtly *haf lenged* so long
wyth a lady, Bot he had craued a cosse. GAW.
1297.

lenghe s. entspricht dem ags. *lengu*, longitudo, ahd. *lengī*, mhd. *lenge*. **Länge**.

Elevyne myle on *lenghe* the parke es mett.
REL. ANT. II. 281. Pat sex cubettis clere was
of clene *lenghe*. WARS OF ALEX. 5086. He . .
Corounde me · quene in blysse to brede, In
lenghe of dayes þat euer schal wage. ALLIT. P.
1, 415.

lengðe, lenkðe, lenðe, leinðe, lenght s.
ags. *lengð*, niederl. *lengte*, niederd. *lengde*, altn.
lengð, schw. *längd*, dän. *længde*, neue. *length*.
Länge.

1' räumlich: Ich habbe on brede and
ech on *lengthe* Castel god on mine rise. O. A. N.
174. Pat folc . . robbede Wurcestreseyre in
lengþe & in brede. R. OF GL. p. 385. The overthwart piece was of *lengthe* thre cubytes and an
half. MAUND. p. 12. Al [d. i. die Speere] toclatirs into cauels clene to þaire handis, þar left
noupire in þar hand þe *lengthe* of an ellyn.
WARS OF ALEX. 799 Ashm. Ten schypmen to
londe yede, To se the yle yn *lengthe* and brede.
OCTOU. 547. The Frensch seyd, he was of
heghth Ten foot of *length*. 407.

Ane eine of *lenkith* þa wandes ware. HOLY
ROOD p. 73. Fyere he keste Ryght bytwene
hys swyrdys in *lenkthe*, As so he smytte hyt out
with strenthe. SEVEN SAG. 2695. He hedde beo
lord of þat lond in *lenkþe* and in brede. P. PL.
Text A. pass. III. 196.

Þe gudes of kynd er bodily strenthe And
semely shappe of brede and *lenthe*. HAMP. 5897.
Þus of *lenþe* & of large þat lome þou make, þre
hundred of cupydes þou holde to þe *lenþe*.
ALLIT. P. 2, 314. Of *lennthe* thi ship be Thre
hundreth cubettes. TOWN. M. p. 23. Þe sarȝyn
was mekill of brede and *lenth*. HOLY ROOD
p. 125.

Fourti sithe hade the *leynthe* From the
elbowe to the hond. CHRON. OF ENGL. 26.
Alast he hath is *leinth* miseialich imeten. REL.
ANT. II. 217.

Lenght, longitudo. CATH. ANGL. p. 213.
Þe souerayne citie . . Of *lenght* & largenes
louely to see. DESTR. OF TROY 317. An ymage
fule noble in þe name of god, ffyftene cubettes
by course all of clene *lenght*. 1680. Thre
cubettis fra þe croune dóun his cors had a
lenghte. WARS OF ALEX. 3987. Lo, here the
lenght, þre hundreth cubettes evenly. TOWN.
M. p. 26.

2. zeitlich: Þe imeane blisse is sequensfald: *lengþe* of lif, wit ant luue etc. OEH.
p. 261. Wo so listneð deueles lore, on *lengþe* it
sal him reuen sore. BEST. 551. Swich housinge
we han to holde out þe wedures, & leden þerinne
our lif þe *lengþe* of our daies. ALEX. A. DIN
DIM. 443.

Of þe *lenþe* of Noe lyf to lay a lel date etc.
ALLIT. P. 2, 425. Euer laste þy lyf in *lenþe* of
dayes! 1594.

lengþen, lenþen v. sch. *lenth*.

a. räumlich:

1. längen, verlängern: I *length* a
thyng, I make it longer. PALSGR.

2. intr. sich entfernen: Loke, I
lenghþed fleand, and in an[n]es I was wonand.
PS. 54, 8.

b. zeitlich:

verlängern: Þou mist *lengþe* mi liif.
WILL. 957. I ne haue no lordschipe of lif, to
lengþe my daies. ALEX. A. DINDIM. 76. So with
suche diet as is holsom he may *lengthe* his life.
BAB. B. p. 147.

Howe might a man make other mennes
liues euerlastyng, whan he may not *lennthe* hys
awne life one houre? STORY OF ALEX. in WARS
OF ALEX. p. 281.

Carfulli to þe king criande, sche saide „a!
leue lordes, mi lif *lengþes* jut a while!" WILL.
4347. *Lengþeþ* now my lif, for loue of heuene
king. 4353.

Þow hast *lendþed* my lif, & my langour
schortet. WILL. 1549. I wolde haue *lengthed*
his lyf. P. PL. *Text B*. pass. XVIII. 300.

leninge, lenninge s. Leihen, Darlehen.

Þis is þe uerste manere of gauelynge þet is
ine *leninge* kueadliche. AYENB. p. 35. He [sc.
the rightwis] lennys, lerand and gifand almusdede till pore, if he be of myght: and that is
bot *lennynge* til god, for he sall haf heuen therfore. HAMP. Ps. 36, 27 c.

lenner s. s. *lenere*.

lennesse, lenesse, leines s. ags. *lenȝes*,
neue. *leanness*. Magerkeit, Schwäche.

Lenesse, or *lennesse*, macies. PR. P. p. 296.
A *leynes* [*lennesse* A.], debilitas, macies. CATH.
ANGL. p. 213.

lenslen v. mager machen, kasteien.

Mon *lenseð* his fleis hwenne he him þefeð
lutel to etene and lesse to drinke. OEH. p. 147.
vgl. Mannes lichame ihalsneð [? ihlansed *ed.*;
lenseð LAMB. Ms.] iwis, þenne me hine pined
mid hunger and mid þurste. II. 207, wo das
Zeitwort in der Lesart des *Lamb. Ms.* intransitiv = abmagern erscheint.

lensing, wohl auch noch **hlensing** s. Kasteiung.

Ac he muneȝeð us an oðer rode to berene,
þet is inemned carnis maceratio, fleises *lensing*.
OEH. p. 147. Ure drihten . . laðeð us to an
oðer [sc. rode] . . þat is cleped Carnis maceracio,
þat is lichames *hlensing* (?) [helsing TRIN. Ms.
lensing LAMB. Ms.]. II. 207.

lent, lente s. Linse.

Take thou to thee whete and barli and bene
and *lent* [fabam et lentem *Vulg.*]. WYCL. EZ.
4, 9 Oxf. Broupten to hym . . benys and *lent*
[lentem *Vulg.*]. 2 KINGS 17, 28 Purv. There
was a feeld ful of *lente* [ager lente plenus *Vulg.*].
23, 11 Purv.

lenten, leinten, leint s. ags. *lengten, lencten*,
ver, ahd. *lenzin*, zusammengezogen aus *lengizin*
[in *longizinmânôth*], und *lenzo*, altniederl. *lentïn*,
jetzt *lente*, neue. *lent*, vom Längerwerden der
Tage so benannt. Lenz, Fastenzeit.

Lenten ys come with love to toune. LYR.

P. p. 43. Hit is more senne ine one stede þanne ine anoþren .. efterward ine one time þanne in an oþre, ase in *lenten* oþer in ane heȝe messe-daye. AYENB. p. 175. Thei lyen in Londone, in *lentene* and elles. P. PL. *Text C.* pass. I. 89. Hic quadragesima, a *lentyn*. WR. VOC. p. 239. *Lentyn*, quadragesima, quadragesimalis. CATH. ANGL. p. 213. After crystenmasse com þe crab-bed *lentoun*. GAW. 502. Thei seyn that in *lentone* men schulle not faste. MAUND. p. 19.

Ver, *leinten*. WR. VOC. p. 99. Þer after com *leinten*, and dwȝes gunnen longen. LAȝ. III. 230. We aȝen to cumen to ure preste er þanne we biginnen to festen, and of him understonden shrift, þe we shulen leden al þis *leinten* on fest-ing, on elmesdede etc. OEH. II..57. On þre wise fasteð man þe wel fasteð here *leinten*. *ib.* Holdeð silence . . iðe *leinten* þreo dawes. ANCR. R. p. 70. Ich hit dude inne *leinten*. p. 318.

In *leynte* in þe god tyme. R. OF GL. p. 385. In bygynnynge *of leynte* þys batayle was ydo. p. 401. Delayed it was ȝute Vorte *withinne leinte*. p. 495.

Als lose Zusammensetzungen erscheinen **leintemete** s. Fastenspeise: Muð synegede on eting, on drinking, and on uuele speche; ete nu *leintemete*, and enes o dai. OEH. II. 67, und **leintentime** s. Fastenzeit: In *leinten-time* uwile mon gað to scrifte. OEH. p. 25.

lentil s. afr. *lentille*, pr. *lentilla*, pg. *lontilha*, sp. *lenteja*, it. *lenticchia*, lat. *lenticula*, neue. *lentil*. vgl. oben *lent*. L i n s e.

Iacob an time him seð a mete, ðat man callen *lentil* gete. G. A. EX. 1487. Hec lens, *lentylle*. WR. VOC. p. 201.

leoðe s. lengðe; **leoþen** v. s. *lengþen*.

leo interj. s. *la*.

leo, **le**, **leon**, **leun**, **leoun**, **lion**, **liun**, **lioun** s. lat. *leo*, gr. *λέων*, ags. *leo* m. fem., ahd. *leo*, *lio*, *lewo*, *louwo*, mhd. *lewe*, *lebe*, *leuwe*, *leu*, niederl. *leeuw*, altn. *león* und *ljón*, schw. *lejon*, dän. *löve*, afr. *leon*, *lion*, pr. *leo*, sp. *leon*, pg. *leão*, it. *leone*, neue. *lion*. L ö w e, L e u.

Þe streonge *leo* þet wes þes liuiȝendes godes sune. OEH. p. 131. Þe deofel þe geð abutan alswa þe gredie *leo* sechinde hwen he maȝe sordon. p. 127. Þa com an guldene *leo* liðen ouer dune. LAȝ. III. 120. He [sc. ure Laferrd Crist] wass tacnedd þurrh þe *leo*, Forr þatt he ras . . þe þridde daȝȝ off dæþe. ORM 5978. Gentill ich wes ant freo, Wildore then the *leo*. REL. ANT. I. 125.

And tatt wass rihht tatt *le* wass sett Onn-ȝen þatt Goddspellwrihhte .. Forr *leness* whellp þær þer itt iss Whallpedd, tær liþ itt stille þre daȝhess. ORM 5834—40.

Towardes Numbert he leop, swilc hit an *leon* weore. LAȝ. I. 62. Þe *leon* suam beside þe hert. CURS. MUNDI 1787 COTT. *Leon* quelpe quen it es born Lijs ded ai to þe þrid morn. 18645 COTT. Hys mouþ ys as a *leon*, hys herte arn as an hare. R. OF GL. p. 457. — Þou . . wustest Daniel in þe put þat he was inne iworpe Among þe *leones* feole, þat he no scaþe lauȝte. JOSEPH 221.

Þe *leun* stant on hille. BEST. 1. Stille lið

ðe *leun*. 17. cf. 23. 29. Mon wroð is wulf oðer *leun*. ANCR. R. p. 120. Beoð ancren wise, þet habbeð wel bituned ham aȝein þe helle *leun*. p. 164. Dursten he newhen him no more þanne he bor or *leun* wore. HAVEL. 1866. An oþerr der wass seþenn þær Inn an *leuness* like. ORM 5826. — *Leunes* and beres him wile todragen. G. A. EX 191.

Þat him ne hauede grip or ern, *Leoun* or wlf, wluine or bere, Or oþer best, þat wolde him dere. HAVEL. 572. — Ase huy wenden in heore weiȝe, *Leouns* fule huy habbuth iseiȝe. KINDH. JESU 1274.

Touward Numbert he leop, ase hit a *lion* were. LAȝ. I. 62 j. T. Hic leo, *lyon*. WR. VOC. p. 187. 219. A *lyon*, leo. CATH. ANGL. p. 218. — Hii leopen vt of wode ase hit *lyons* were. LAȝ. II. 461 j. T. Thar was mani a wilde lebard, *Lions*, beres, bath bul and bare. YW. A. GAW. 240. Of þe *liones*, he made a semblingue. KINDH. JESU 1344. All of marbill was made with meruellus bestes, Of *lions* & libardes & other laithe wormes. DESTR. OF TROY 1572.

He liððe ȝeon[d] þeos leoden, sulch hit an *liun* were. LAȝ. I. 174. He leopt to wepne swulc hit a *liun* weore. III. 70. Ȝif a wode *liun* vrne ȝeont þe strete, nolde þe wise biluuen hire inne sone? ANCR. R. p. 164. Of hem tok I no more kep But as a *lyun* doþ of a schep. O.E. MISCELL. p. 225. Hic leo, a *lyun*. WR. VOC. p. 251. — As he dide Daniel, þurh Abacuc þe prophet, i þe *liunes* lehe þer he in lutede. LEG. ST. KATH. 1845.

Prede is king of wyckede þeawes. Hy is þe *lioun* þet al uorȝuelþ. AYENB. p. 17.. The *lyoun* schal hym ther aloo, Then art thou wroken off thy foo. RICH. C. DE L. 1005. Forth he rides with his *lioun*. YW. A. GAW. 2424. Both the chyld and the *lyoun* Vp yn hys clawys bar the gryffoun. OCTOU. 451. — Þo weoren huy in grete mourninge For þe *liouns* manie raum-paunt. KINDH. JESU 1335.

leo, **leow**, **le**, **lee** s. ags. *hleó*, *hleów*, umbra-culum, apricitas, alts. *hleo* und *hlea*, afries. *hli*, altn. *hlí*, schw. *lä*, *lya*, dän. *læ*, *ly*, sch. *le*, *lie*, *lee*, *lye*, neue. *lee*. S c h i r m, S c h u t z, Ob-dach, D e c k e; bei den Schiffern die Seite, nach welcher der Wind hinweht, die unter dem Winde liegt, L e e; bildl. R u h e, F r i e d e.

Stonde (imper.) wiþ vs in stede, And lenge wiþ vs in *leo* and lede. LAY FOLKS MASS B. p. 130.

Þet on is pinunge ine vlessche, mid festen, mid wecchen, mid disciplines, mid herd weri-unge, herd *leonesse*. ANCR. R. p. 368.

Þe wicked alsua þe gode sal se Witin þair gammen and gle þat þai þe sorfuller sal be þat losen folili has þat *le*. CURS. MUNDI 23323 COTT. The wedur was lythe of *le*. EMARE 348. They drowgh up sayl, and leyd out ore, The winde stode as her lust wore, The wether was lythe on *le*. 832. Paris with pyne, & his pure brother, Toke leue at þere lege with loutyng & teris, Shot into ship with shene men of armys, Lauset loupis fro the *le*, lachyn in ancres. DESTR. OF TROY 2803. There þai fastnet the

flete .. And logget hom to lenge in þat *le* hauyn.
4673-5.

Than lay the lordis a *lee* with laste and
with charge. DEP. OF R. II. p. 29. Wel him
semed .. To lede a lortschyp in *lee* of leudez
ful gode. GAW. 848. Now hym lenge in þat *lee*,
þer luf hym bityde. 1893. We lurkede undyr
lee as lowrande wreches. MORTE ARTH. 1446.
He lengis in lithia & in *lee* to his lyues ende.
WARS OF ALEX. 5615.

Hiersu gehört das Kompositum leowstude: ags. *hleóvstede*, apricus locus. war-
mer Ort. WR. VOC. p. 95; s. auch das verwandte *leowþ* s. ags. *hleóð*, *hleóvð*. WR.
VOC. p. 95. Obdach.

leocht s. s. *leoht*.

leod s. plumbum s. *lead*; cantus s. *leoð*.

leod, leode, lede, lud, lith s. ags. *leód*, *lióð*
s. populus; pl. *leóde*, populares, homines, ebenso
alts. *liud*, pl. *liudi*, ahd. *liut*, *liuth*, *liud*, pl.
liuti, afries. *liod*, pl. *liods*, *liude*, niederl. pl.
lieden, niederd. pl. *lüde*, mlat. *leudes*, *leodes*,
leudi i. q. vassalli, subditi, altn. *lýðr*, pl. *lýðir*,
sch. *leid*, *lede*, people, folk; man, person, nhd.
pl. *leute*, homines.

a. in der Einzahl erscheint das Wort
1. in der Bedeutung V o l k : Niss nan time
inn oþer lif .. To takenn wiþþ þe wake *leod*,
To fedenn hemm & claþenn. ORM 2707. Þe sexe
fallenn till þiss lif þær Cristess *leode* swinnkeþþ.
11312. Æðelest alre kingen þe euer sculde
halden lond oþer biwiten *leode*. LAȝ. I. 110.
Urrian bæhte þat childe iwærð þisse *leodes*
king. I. 296. Drihtin *leodes* lauerd! ST. MARHER.
p. 20. Nis in nane *leode* nan swa ladlic beore.
LAȝ. III. 14 sq. Hwan þu sixst on *leode* king
þat is wilful .. Wo þere þeode. O.E.MISCELL.
p. 184.

All swa summ Iudewisshe *led* & Kalldewisshe comenn .. till Beþþleæm. ORM 7054.
Hiss *lede* þatt iss unnderr himm Himm dredeþþ
þess te mare. 7166. Þa isæh þisses *ledes* king
þat him ne derede naðing. LAȝ. I. 412. He ..
did þat cros befor him *lede* & felled doun þat
cursid *lede*. CURS. MUNDI 21401 FAIRF. I schal
lyȝt into þat *lod* & loke my seluen, If þay haf
don as þe dyne dryues on lofte. ALLIT. P. 2,
691. Loth lengez in ȝon *lede*. 2, 772. Þe los of
þe *lede* is lyft vp so hyȝe. GAW. 258. So sayde
þe lorde of þat *lede*. 1113.

My broþer Safadyn Is riche of tenement,
his sonnes strong & stith, þer wille wille not be
went, ne lete þer lond ne *lith* [fr. ne volent
lesser tere ne tenement]. LANOT. p. 193 sq.
Sket was seysed al þat his was In þe kinges
hand il[c] del, Lond and *lith* and oþer catel.
HAVEL. 2513. We are comene fro the kyng of
þis *lythe* riche. MORTE ARTH. 1653.

2. als Bezeichnung e i n e s e i n z e l n e n
M e n s c h e n : ȝef we leveth eny *leode*, werryng
is worst of wyve. LYB. P. p. 23. Shal no lewdnesse lette þe *leode* þat I louye, That he ne
worth first auanced. P. PL. *Text B.* pass. III.
32. I may nouȝt lette, quod þat *leode*, & lyarde
he bistrydeth. XVII. 78.

Mylys was the falsyst *lede* That evyr levyd

in lande. BONE FLOR. 716. Al for luf of þat
lede [sc. Gawan] in longynge þay were. GAW.
540. Þe *lede* lay lurked a ful longe quyle. 1195.
Dites full dere was dew to the Grekys, A *lede*
of þat lond. DESTR. OF TROY 61. Þe *lede* lawid
in hire lofe, as leme dose of gledis. WARS OF
ALEX. 226.

Ne mai no lewed *lued* libben in londe.
POL. S. p. 155. Panne ferde þe worlde as a feld
þat ful were of bestes, Whan eueri *lud* liche wel
lyucde upon erþe. ALEX. A. DINDIM. 105. A
lud to a litil boot lepus in haste. 168. So gret
liking & loue I haue þat *lud* to bihold. WILL.
452. Mani a *lud* of þe lond raid hi to grounde.
ALIS. FRGM. 231. Þe ladie laches þis *lude*, &
ledes in hand. 588. Now let wee þis *lued* lengen
in bliss. 44.

b. Die Mehrzahl bezeichnet L e u t e , M e n -
s c h e n , Volk.

Dem ags. pl. *leóde* entsprechen noch alte
Formen, wie *leode*, *lede*: *Leode* ne beoð þar
nane. LAȝ. I. 53. *Leode* nere þar nane. I. 48.
Swillke *leode* Aȝȝ follȝhen soþ meocnessess aloþ.
ORM 3237. Wolde ye, mi *leode*, lusten eure
louerde, he ou wolde wyssye wisliche þinges.
O.E.MISCELL. p. 104. Daneben: Þa weoren al
þas *leoden* at Lundene isomed. LAȝ. I. 218.
Luueden me mine *leoden*. I. 147. Þa curen þas
leoden Aureliæn Ambrosian to habben to kinge
ouer heom. II. 118. Heo wes *leodena* quene.
I. 7. Leof heo wes þon *leoden*. I. 137. He
Moddrede bitahte lond and his *leoden*. III. 12.
Leodes hine luueden. I.305. Ar londes & ar *leodes*
liggeð ful lene. POL. S. p. 150. Þe kyng lette
fette hem forþ biforen him to seo, what *leodes*
þei beon and where þei weore boren. JOSEP H
167. Þe white kniht lihtes doun and boþe hem
vpliftes; þer nas no lynde so liht as þise two
leodes, whon þei blencheden aboue, and eiþer
seiȝ oþer. 584.

Bote thou worche wysloker thou losest lond
and *lede* [vgl. alts. Ja land ja *liudi*. HELIAND
354, mhd. *liute* unde land. Iw. 112]. POL. S.
p. 187 sq. v. 119. Y make the myn heyre Of
londe and of *lede*. TRYAMOURE 1269. He took
into his hond his lond and his *leede*. GAMELYN 71.
Panne lente he swiche leuere to *ledes* þat he
ofrauȝt, þat þe lif sone he les þat lauȝt ani dint.
WILL. 1233. A lowande leder of *ledes* in londe
hym wel semez, & so had better haf ben þen brit
ned to noȝt. GAW. 679. My lorde & his *ledes* ar
on lenþe faren. 1229.

Whan þe loueli *ludes* seie here lord come,
þei were geinliche glad. WILL. 390. Now tell
we of Tebes .. How þe *ludes* of the land, alosed
for gode, Wer enforced to fight with hur fone
hard. ALIS. FRGM. 329-32. Þo þen ȝoure gostliche godous, þat gon to do wreche After *ludene*
lif for hure luþur werkus. ALEX. A. DINDIM.
772. In cost þere þe king was men callede hit
[sc. þe flod] Gena, As was þe langage of þe l°nd
wiþ *ludus* of Inde. 141.

Gospatrik þat suffred biker he reft boþe
lond & *liþs*. LANOT. p. 79. No asked he lond,
no *lithe*, Bot that maiden bright. TRISTR. 2,
48. Who schall us now geve landes or *lythe*,

Hawkys, or howndes, or stedys stythe, As he
was wont to doo? BONE FLOR. 841. Bothe
landes and lythes fulle lyttille by he settes.
MORTE ARTH. 994. Here I gif Schir Galeron,
quod Gaynour, withouten ony gile, Al the
londis and the lithis fro laver to layre. GAW. A.
GOL. II. 27.

leodbiscopriche s. vgl. ags. leódbiscop, episcopus provinciæ, altn. *ljóðbiskup*. Bisthum
eines Sprengels, Provinzialbisthum.
Þe leodbiscopryche on Rouecestre. O.E.MI-
SCELL. p. 145.

leodkempe s. Volkskämpe, Krieger.
Werren on alche legiun þus feole leodkempen, six þusend & six hundred & sixti
iferen. LAJ. I. 257. We beoð his leodkempen.
III. 49.

leodking s. ags. leódcyning, rex populi.
König des Volkes.
Ich habbe þesne leodking ileid in mine
benden. LAJ. 37. Þa ȝet nolde þe leodking his
sothscipe bilæuen. I. 128. Þa cnihtes heom
lædden to heore leodkinge. I. 197. Aldolf hine
ladde to his leodkinge, & grætte þene leodking
mid leofliche worden. II. 269.

leodcniht s. Krieger des Volkes,
Landes.
Þene king lærde al þas leodcnihtes, þat he
his freoscipe mid sehte biwunne. LAJ. I. 318.

leodquide s. ags. leódcvide, sermo vulgaris.
Volkssprache, Landessprache.
Kaer Leir hehte þe burh, leof heo wes þan
kinge, þa we an ure leodquide Leirchestre clepiað. LAJ. I. 123.

leoden s. s. loden.

leodferde s. Heer.
An oðer halue he hine bilai mid his leodferde. LAJ. II. 446. Þa burh heo bileien mid
heore leodferden. I. 242.

leodfolc s. Landesvolk.
He fræinede þis leodfolc æfter heore kine-
louerde. LAJ. I. 282. Þæ somnede al þis leodfolc. I. 291. Þe king i þere burh wonede swiðe
feole wintre. He lette heo lude clepian ȝond his
leodfolke, hehte heo nemnen Kaerlud. I. 87.
Ten þusend . . of his leodfolke. III. 9.

leodisc, leodiss, ledisch adj. einem Volke
oder Lande eigen, national, heimisch.
Þ wes an leodisc king, Humber wes ihaten.
LAJ. I. 91. Wes al þis leodisc folc vnimete riche
of þære ræuinge. I. 112. Þa comen to Lundenne
al þis leodisce folc. I. 118. Al þis leodisce folc
luueden hine swiðe. II. 195. Al þis leodisce folc
luuien he wolde. II. 209. He wolde aȝen wende
into þisse londe, and isen Gwennaifer, þe
leodisse cwene. II. 529 j. T. Þer wats neuer on
so wyse couþe on worde rede, Ne what ledisch
lore ne langage nauþer, What tyþyng ne tale
tokened þo draȝtes. ALLIT. P. 2, 1555.

leodlich adj. gleichbedeutend mit leodisc.
An are halue wes Vortimer, Puscent, &
Categer, & al þat leodliche folc þat luueden ure
drihten. LAJ. II. 190. Al þat leodliche folc bi-
lufde þesne ilke ræd. II. 378.

leodrun s. ags. leóðrún, incantatio vulgaris.
1. Zauberformel: Þe king . . bad heom

leoten weorpen & fondien leodrunen, fondien
þat soðe mid heore siȝecraften. LAJ. II. 225.
Heo gunnen loten weorpen mid heore leodrunen. ib.
2. Heimliche Rede: Her beoð to þisse
londe icumen seolcuðe leodronen [nämlich von
Christi Geburt]. LAJ. I. 389. Lustus nu leodrunen. II. 184.

leodscome s. öffentliche Schande.
Nu is hit muchel leodscome, ȝif hit scal þus
aligge, bute þer sum sake beo ær we iwurðe
sæhte. LAJ. III. 45.

leodscop s. vgl. jedoch unter leoð s. cantus.
Volkssänger, Sänger, Minstrel.
Ne al soð [soh Ms.], ne al les þat leodscopes
singeð. LAJ. II. 542. Scipen gunnen liðen, leodscopes sungen. III. 229.

leodspel, -ell s. Volkssage, Volksrede.
He cuðe of þan crafte þe wuneð i þan
lufte, he cuðe tellen of ælche leodspelle. LAJ.
II. 236. Þ folc þa þer wunede cleopeden heo
[sc. þe burh] Sparewencheastre in heore leod-
spellen. III. 176.

leodswike s. Volksbetrüger, Landes-
verräther.
Hii wende þat his sawes alle soþe were, ac
alle hii weren lesinge, for he was leodswike [wes
his leodene swike a. T.]. LAJ. I. 32 j. T. Þus
leh þa leodswike biuoren his lauerd. II. 116.
Hængest þe leodswike þus he his gon learen, þ
ælc nome a longe sæx, & læiden bi his sconke.
II. 212. He grimliche spæc, Sæie me Ioram,
leodswike, laþ me on heorten, whi falleð þes
wal uolden to grunde. II. 241.

leodþeaw s. ags. leódþeáv, mos populi.
Volkssitte.
Seððen comen þa Frensca þa mid sehte heo
[sc. Lundene] biwonnen, mid heora leodðeawe,
& Lundres heo hehten. LAJ. I. 87.

leodþein s. vgl. ags. þegen, þegn, þén. Krieger, Ritter.
Þe king læi on bure . . he sende his sonde
ȝeond his kinelonde, lette laðien him to al his
leidþeines. LAJ. I. 284.

leodwise s. Volksbrauch, Landesart.
Suþþe þar com oncuþ folk faren to þisse
erþe, and nemnede þeos borh Londen in hire
leodwise [leode wisen a. T.]. LAJ. I. 303 j. T.
We þe sculleð luuien, hælden þe for lauer[d]
on ælche leodwisen. II. 507.

**leof, leove, lof, lef, leef, leve, luef, luf,
leif** adj. ags. leóf, lióf, carus, alts. liof, lief,
lef und liob, ahd. liub, liup, liob, liab, lieb,
mhd. liep, lieb, niederl. lief, niederd. lief, gth.
liubs, altn. ljúfr, schw. ljuf, sch. leif, lief,
neue. lief. lieb, theuer, angenehm, geneigt.
Leof wes he on liue, and lað is he nuðe.
OEH. p. 35. Her is min child þe me is swiðe
leof. p. 113. God ðu ert and Gode leof ouer alle
wepmen. p. 191. Heu dilecta michi caro, quod
te ponere cogor, Awi leof ware þu me, nu ich
shal þe forleten. II. 183. Al þat me was leof,
hit was þe loð. ib. Allen monnen he wes leof.
LAJ. I. 15. Vnriht him wes leof. I. 279. Leof

him weren þa runen. \L. 135. Þatt wass .. full
openn takenn þatt heore streon wass Drihhtin
leof. ORM 731. Chear anan riht, þ te oðre
chearren þurh þe, & tu schalt libben & beo *leof*
& wurð me. LEG. ST. KATH. 2260. Hit is se
heh þing & se swiðe *leof* godd. HALI MEID.
p. 11. Nis nout so hot that hit nacoleth .. Ne
noʒt so *leof* that hit ne alotheth. O. A. N.
1273-5. Preise him, laste him, do him scheome,
seie him scheome, al him is iliche *leof.* ANCR.
R. p. 352. That him were swithe *leof.* BEK. 37.
Hennes þu go, þu fule þeof, Ne wurstu me
neure more *leof.* K. H. 323.
Þer heo *leof folc* funden. LAʒ. I. 58. In
Samaritane God ʒaf a wyf þat *leof licour* to
drynke. HOLY ROOD p. 136. Þes þu hefdest
mare deruenesse on þisse liue of þine licome,
þes þu scoldest hersumian þe bet þine *leofe*
drihten. OEH. p. 21. Ich hæten eou wurchen
& bulden þa chirchen .. heren mid ure mihten
leofe ure drihten. LAʒ. II. 285. Al þat Arður
ahte he Moddrede bitahte, lond and his leoden,
& *leofen his quene.* III. 12. *Leofe moder,* swim þu
foren me, and tech me hu ic scal swimmen forðward. OEH. p. 51. *Leofe fæder dure,* swa bide
ich godes are .. þat leuere þeo ært me æne þane
þis world al clane. LAʒ. I. 126. — ʒe sculen
habben lif & leomen, & beon mine *leofe freond*
[age. pl. *frýnd*]. I. 30. His folc hine uerede
into Stanhenge, and þer hine leide bi *leofen his*
aldren. III. 151. For to uæstnen þa luuen of
leofuen heore uæderen. III. 207. *Leofe breðre*
(voc.). OEH. p. 9. *Leofe broðre.* p. 21. 45.
Leofe men. p. 9. 15. 37. 51.

Þi *leoue sune* is hore king, and þu ert hore
kwene. OEH. p. 193. He openeð swa þe moder
hire earmes, hire *leoue child* for to cluppen.
p. 185. He was soð Godd þ leadeð euch leafful
mon to treowe bileaue, & his *leoue nome* to
herien & to heien. LEG. ST. KATH. 1037. Heih
is þi kinestol .. Biuoren ðine *leoue sune.* OEH.
p. 191. To þe one is al mi trust efter *þine leoue*
sune. p. 197. Mi *leoue lif,* urom þine luue ne
schal me no þing dealen. OEH. p. 195. Mi
leoue swete lofdi, to þe me longeð swuðe.
p. 197. *Leoue louerd* Iesu Crist, loke toward
me. II. 211. *Leoue sone,* icham weri ofliued.
HOLY ROOD p. 21. *Leoue dohter* Regan, wæt
seist tu me to ræide? LAʒ. I. 127. — Þeo quides
weoren *leoue.* LAʒ. I. 43. Swa we sculden bileauen *leouie maʒes.* I. 45. Moni þing ham schal
twinnen & tweinen þat laðes *leouie men.* HALI
MEID. p. 27. *Leoue broðre and sustre,* ʒe hi
hered hu muchel edmodnesse ure drihten dude
for us. OEH. p. 5. Þes eppel, *leoue sustren,*
bitocneð alle þe þing þ lust falleð to & delit of
sunne. ANCR. R. p. 52.
Þeʒ he were wile breme, And *lof* him were
niʒtingale .. Ich wot he is nu suthe acoled.
O. A. N. 202. Evrich þing that is *lof* misdede,
Hit luueth thuster to his dede. 231. vgl. 572.
609. Þa þe was to *lof* wreche men to swenchen.
OEH. p. 175. Vlixes .. Bad þe lede schuld
hym leue, as his *lofe brothir.* DESTR. OF TROY
13958.

Lutel loc is gode *lef.* OEH. p. 290. Þo þe

ne mihte euel don, and *lef,* was it to þenche.
p. 295. Gef þu werest elche dai faire cloðes ..
þu shalt ben *lef* and wurð, and liken alle men.
II. 29. Gef þe is *lef* þin hele, beald þin cunde
and þine licames lust kel ilome. II. 31. Þat ti
lust ne beore þe to þat te *lef* were. HALI MEID.
p. 15. ʒho wass Drihhtin dere & *lef.* ORM
2625. Queðer so him was *lef* or looð. G. A. EX.
340. Loð hem is ded, and *lef* to liuen. BEST.
528. Hire fader heo wolde suge [segge j. T.]
seoð, were him *lef,* were him lað. LAʒ. I. 128 sq.
Beden him sone manrede and oth, þat he ne
sholden, for *lef* ne loth, Neuere more ageyn him
go. HAVEL. 2774. Eche lord of þis lond is *lef*
him to plese. WILL. 517.

Gif þe unfele man .. *lef mede* bihoteð gif
he wile his lore liste, and he nele .. þermide
ourcumeð þe unfele. OEH. II. 79. In to *lef*
reste his sowle wond. G. A. EX. 4136. Al folc
ʒede in to þes diefles muðe, buton wel feawe of
wam his *lefe moder* wes istriened. OEH. p. 237.
Crist ʒaff his aþenn *lefe lif* To þolenn dæþ o
rode. ORM 5290. Thai hurtoled togedere Alle
the *lefe longe daye.* SOWDONE OF BABYL. 831.
Nollde he Crist nohht fullhtnenn, & seʒʒde, naʒʒ,
lef Laferrd, naʒʒ. ORM 10657. — Þatt wærenn
gode & clene menn & Drihhtin *lefe* & cweme.
14680. When þai er flemed .. Fra alle þair
frendes lefe and dere. HAMP. 2977.

A chartre of þees god made to a þef, To
aske mercy he was *leef.* HOLY ROOD p. 216. ʒe
were lyghtlich ylyste ffrom that ʒou *leef* thouʒte.
DEP. OF R. II. p. 4. Þe lyme þat she leuede me
fore, and *leef* was to feele. P. PL. Text C.
pass. XXIII. 195. Sehe may not wedde two At
oones, though ye faughten ever mo, That oon
of yow, or be him loth or *loef,* He may go pypen
in an ivy leef. CH. C. T. 1837.

Cuðe he anan to *leue mine lauerd,* þat Leir
is an is londe. LAʒ. I. 152. Ernde me to þi
leue Lauerd. LEG. ST. KATH. 2158. Luue he
þe malisun to day .. of þe *leue holi rode.*
HAVEL. 426-31. Prei for me, mi *leue suster.*
OEH. p. 28[1]. *Leue fader,* uoryef ous oure
dettes. AYENB. p. 113. *Leue sone,* þis lessoun
me lerde my fader. WILL. 341. His doghtir
þat es hym *leve* and dere. HAMP. 5797. — Þat
wes seid to Adam and Eue, þat were Iesu
Crist so *leue.* HARR. OF HELL 15. O, *leue feren,*
feire us us ifallen. LEG. ST. KATH. 1375. *Leue*
lordinges, lestenes to mi sawe. WILL. 1183.
To bee ladie of his land, & his *leue* make.
ALIS. FRGM. 226.

Luef child lere byhoveth. REL. ANT. I. 110.
Mon that is *luef* don ylle, When the world goth
after is wylle, Sore may him drede. I. 112.

Hure was lecherie *luf.* ALEX. A. DINDIM.
562. ʒou is lechurie *luf.* 788. The threatethe
paynt ys to us ful *luf,* He schal swere never to
be no thef. FREEMAS. 421. Alle schul swere the
same ogth Of the masonus, ben they *luf,* ben
they loght. 437.

Man yhernes rimes for to here .. Of Tristrem
and hys *leif Ysote.* CURS. MUNDI 1-17 COTT.
Mi *lemman leif.* 24462 COTT. *Leif sun,* quat
has þou thoght, How sall liue witouten þe?

Leif sun, quat saie tu me? 20092. COTT. *Leif
felow*, thynk the not so? TOWN. M. p. 4.

K o m p a r. Swilche pine ic habbe, þet me
were *leofere* þenne al world, þah hit were min,
most ic habben an alpi þraje summe lisse and
summe leðe. OEH. p. 35. *Leofere* heom weore
to bere Karic þene Gurmunde. LAȝ. III. 161.
Æðele weore his deden, & him þer ofte wel
ilomp, þer fore he wes þe *leofer*. I. 207.

Leouere me weore þat ich iboren neore.
LAȝ. II. 566. Swa muche . . ich beo him þe
leouere se ich derfre þing for his luue drehe.
ST. JULIANA p. 17. Theo riche of heom reuthe
hadden, And saide they hadden, sikirliche,
Leovere steorve aperteliche, Than thole soche
wo and sorwe. ALIS. 1232. So heo stunken to
þe swin, þet ham was *leoure* uorte adrenchen
ham sulf, þen uorte beren ham. ANCR. R.
p. 230.

Loke nu, biliue, hweðer þe beo *leuere*, don
þ ich leare . . oðer deien. LEG. ST. KATH. 2311.
Ne bie þe *leuere* þan þe self ne þi mæi ne þi
muwe. OEH. II. 221. Hi hedden *leuere*, lyese
vour messen þanne ane zuot oþer ane slep.
AYENB. p. 31. Fare *leuer* he hadde wende, And
bidde ys mete, ȝef he schulde, in a strange lond,
þan þer he hymself kyng was. R. OF GL. p. 34.
Pam war *lever* be depe in helle þan, þan com
byfor þat domesman. HAMP. 5058. I had *lever*
be dede or she had any dysesase. TOWN. M.
p. 111. Him was *lever* have at his beddes heed
Twenty bookes . . Then robus riche. CH. C. T.
295-8.

S u p e r l a t. Alle he heom lænde þer heom
wes alre *leofest*. LAȝ. I. 84. He heo wolde
habben haȝe to are quene, & æfter hire don
ærest þat hire were alre *leofust*. I. 133. He
. . lette him to cleopien his *leofeste* cnihtes.
III. 136.

Pu ert mire soule . . Efter þine leoue sune
leouest alre þinge. OEH. p. 195. Cum, þu min
iweddet, *leouest* a wummon. LEG. ST. KATH.
2452. Edmodliche scheaweð to ower *leoueste*
ureond ower messeise. ANCR. R. p. 416. His
reades beoð of hah þing & to hise *leouest* friend.
HALI MEID. p. 19.

Iwende godes engel to and sewalde on
elche huse of þam egiptissen folche þet frum-
kenede childe and þet *lefeste*. OEH. p. 87. To
lakenn himm wiþþ þatt tatt himm Iss *lefesst* off
þin ahhte. ORM 14700.

Mi iuue *leuest*, þat swa muchel luuedes me
þat tu deides for luue of me. OEH. p. 287.
Swo dude Iob . . þo þe deuel him fondede and
wolde him binimen his lif, þat was ure drihte
leuest of alle liuiende þing. II. 195. What signe
is þe *leuest* to haue schape in þi scheld? WILL.
3213. Men tellen that he . . bereth him here at
hoom so gentilly To every wyght, that alle prys
hath he Of hem that me were *levest* preysed be.
CH. *Tr. a. Cr.* 2, 185.

leof etc. s. Das substantivirte Adjektiv bezeichnet eine geliebte Person, Mann oder
Weib.

Ihesu, mi *leof*, mi lif, mi leome. OEH.
p. 183..200. *Leof*, wið þin riht erm, þet is, in

heuene, wið endelease blissen, biclupe me abuten.
p. 213. Let me libben, swa þ I ne leose nawt
him þ is mi *leof* & mi lif, Iesu Crist, mi Lauerd.
LEG. ST. KATH. 1901. Mi *leof* kumeð. ANCR. R.
p. 380. With thy love, my suete *leof*, mi blis
thou mihtes eche. LYR. P. p. 92. Damosele
makith mornyng, Whan hire *leof* makith pert-
yng. ALIS. 2905.

A, hu schal i nu liue, for nu deies mi *lef*
for me. OEH. p. 283. A, Ihesu, swete Ihesu,
mi luue, mi *lef*, mi lif. p. 287. We schule
lustnin hu þi Lauerd & ti *lef*, þ al þi leaue is
upon, wule werie to dai þine leasunges. LEG.
ST. KATH. 785. Pe aungeles . . enforsed alle
fawre forth at þe ȝates, þo weren Loth & his
lef, his lyflyche deiter. ALLIT. P. 2, 937.

If þou wyl dele drwrye wyth dryȝtyn þenne,
& lelly louy þy lorde & his *leef* worþe, þenne
confourme þe to Kryst. ALLIT. P. 2, 1065. God
woot, my sweete *leef*, I am thyn Absolon. CH.
C. T. 3790.

Ygraved is on the rynge Rymenild, thy
luef, the yynge. GESTE K. H. 563.

leoflen v. s. *livien*.

leoflic, leoflich, leflich etc. adj. ags. *leóflíc*,
carus, amabilis, alts. *lioflík, liobllk*, ahd. *liupllh*,
afries. *liaflik*, gth. *liubaleiks*, altn. *ljúfligr*,
schw. *ljuflig*, dän. *liflig*. l i e b l i c h , e r f r e u -
l i c h , s c h ö n.

Ihesu teke þet tu art se softe and se swote,
jette to swa *leoflic*. OEH. p. 183. Swiðe *leoflic*
wes þe mon. LAȝ. III. 278. Leggeð so luðerliche on hire *leofliche* lich þat hit liðeri o blode.
ST. JULIANA p. 17. Biheold he þa leswa & þene
leofliche wode. LAȝ. I. 85. *Leoflich* þing nis hit
nout þet ancre bere swuch muð. ANCR. R.
p. 90. — Aldolf . . grætte þene leodking mid
mid *leofliche* worden. LAȝ. II. 269.

Whittore then the moren mylk with *leofly*
lit on lere. LYR. P. p. 36.

Hire *leflich* lich liðerede al o blode. LEG.
ST. KATH. 1553. To loue that *leflich* is in londe.
LYR. P. p. 53. He that reste him on the rods
that *leflich* lyf honoure! p. 52. — With lokkes
le/liche ant longe. p. 51.

Hire lockes *lefly* aren ant longe. LYR. P.
p. 34. Loth & þo luly-whit, his *lefly* two deiter.
ALLIT. P. 2, 977.

Of levedis love that y ha let, that lemeth al
with *luefly* lyt, Ofte in song y have hem set.
LYR. P. p. 31.

S u p e r l a t. Hwine con ich þe woȝe wiþ
swete luue uor alle þinge swetest, alre þinge
leoflucest! OEH. p. 187. vgl. p. 201. He is
leoflukest þing. HALI MEID. p. 11. Teken þis
þ he is so mihti ant so meinful, he is *leoflukest*
lif for to lokin uppon. ST. MARHER. p. 4.

leofliche, lefliche adv. ags. *leóflíce*, altn.
ljúfliga, ljúflega. l i e b l i c h , freundlich,
g e r n e.

Ich iseo a sonde cumen, swide gledd
icheret, feier ant freolich, ant *leofliche* aturnet.
OEH. p. 257. He heom *leofliche* biheold. LAȝ.
I. 3. Eneas nom Lauine *leofliche* to wife. I. 9.
Pa þuhte him on his swefne, þar he on slepe
læi, þ his lauedi Diana hine *leofliche* biheolde.

I. 52. Heo brutlede him .. For he wolde þe
lawe *leoflyche* holde. O.E.MISCELL. p. 92.
    He heom *lefliche* ȝef. Alle heo nomen þ
lac, & he heom alle biswac. LAȝ. II. 320.
Porphire . . al þe lafdies licome *lefliche* amerede
wið smirles of aromas. LEG. ST. KATH. 2223.
    Hou shal that *lefly* ayng That thus is marred
in mournyng? LYR. P. p. 39.
    Þiss hallþhe mahhte muȝȝ þe don .. *Lefliȝ*
to þeowwtenn oþre menn. ORM 4948-50.

**leofmon, leovemon, lefmon, levemon,
lemmon, lemman** etc. s. Geliebter, Geliebte.
    Ontend me wið þe blase of þi leitinde loue,
let me beo þi [mi *Ms.* doch vgl. p. 200] *leofmon.*
OEH. p. 185. Ne mahe ȝe nowðer mi luue ne
mi bileaue lutlin towart te liuiende godd, mi
leofsume *leofmon.* ST. JULIANA p. 17. To beo
godes spuse, Ieshu Cristes brude, þe lauerdes
leofmon. HALI MEID. p. 5. Lo! wið hwucche
ich habbe idiht to do þe i mi kinedom, þ is tin,
wið me imeane, as mi *leofmon.* LEG. ST. KATH.
1865. To Tintaieol he sende his *leofmon* þa wes
hende, Ygerne ihaten, wifene aðelest. LAȝ. II.
357. Marie .. sore wepe bigon, þo heo ne funde
nouht Ihesu Crist þet wes hire *leofmon.* O. E.
MISCELL. p. 53. Mi *leofmonnes* luft erm halt
up min heaued. OEH. p. 213. Ich chulle bliðeliche & wið bliðe heorte drehen eauer euch derf
for mi *leofmones* luue, þe lufsume lauerd. ST.
JULIANA p. 19.
    Let me beo þi *leouemon.* OEH. p. 213.
Heo hauede enne *leouemon* [lemmon j. T.], þa
heo swuðe ileoued hæfde. LAȝ. I. 191.
    Ȝif me likes stalewurðe *lefmon*, luue i wile
þe, Ihesu, strongest ouer alle. OEH. p. 273. Per
þurh understonde i þat tu wult haue me to *lefmon* and to spuse. p. 277. Swa, mi swete *lefmon*, poure þu þe self was. p. 279. Eauer se þu
mare wa & mare weane doest me, for mi newe
lefmon, þ ich on wið luue leue, se þu wurches
mi wil & mi weol mare. LEG. ST. KATH. 2135.
Ich rede that thou greunte his bone, And bicom
his *lefmon* sone. SIRIȜ 375. Ne mei me nowðer
tene ne tintrehe turnen fra mi *lefmones* luue.
LEG. ST. KATH. 1513.
    Lauine hehte his *leuemon.* LAȝ. I. 9.
    Alas! that y ne couthe turne to him my
thoht, And cheosen him to *lemmon*, so!duere he
us hath yboht. LYR. P. p. 62. Of the mestere
Hit is the manere With sum other knyhte For
his *lemmon* tu fythte. GESTE K. H. 547.
    Ihesu, mi *lemman*, thou art so fre, That
thou deȝedest for love of me. LYR. P. p. 69.
Peos Damus in his daiȝe hadde a *lemman* hende.
LAȝ. I. 271 j. T. Of his slep anon he brayd, And
seide, *lemman*, slepea þou? HAVEL. 1282. Leue
lord, mi *lemman*, lacche me in þin armes. WILL.
666. Þo Floris iherde his *lemman* nempne, So
blisful him þuȝte þilke steuone. FL. A. BL. 53.
My *lemman* is ase þe lylye amang þe þornes.
AYENB. p. 230. Turne him uppe, turne him
doune, þis swete *lemman* [d. i. Christus], ouer al
þou findiat him blodi oþer wan. E. E. P. p. 21.
Sche seyde, Launfal, my *lemman* swete, Al my
joye for the y lete, Swetyng paramour. LAUNFAL

301. For the love of his *lemman* He caste doun
many a doughty man. CH. R. of R. 1209. —
Sum has langing of lufe lays to herken, How
ledis for baire *lemmans* has langor endured.
WARS OF ALEX. 6.
    Ðo sente he after Abram, And bitagte he
him is *leman* [d. i. seine Frau]. G. A. EX. 781. Pat
fel Hauelok ful wel on þouth, Men sholde don
his *leman* shame. HAVEL. 1190. Kes me, *leman*,
and loue me. SEUYN SAG. 457. So weneth he
be ful sleighe, To make hir his *leman*, With
broche and riche beighe. TRISTR. 3, 66. He
said, *leman*, i pray the. YW. A. GAW. 847.
    He seyde, he wolde be hire *limman* or
paramour. MAUND. p. 24.

leofsum, lefsum, lefsom adj. liebsam,
liebreizend.
    Ne mahe ȝe nowðer mi luue ne mi bileaue
lutlin towart te liuiende godd, mi *leofsume* leofmon, þe luuewurðe lauerd. ST. JULIANA p. 17.
Ac wowe beð wunsum, þeih hit ne bie naht
lefsum. OEH. II. 181. *Lefsome*, lovely. RITSON
Metr. Rom. Gloss. p. 394.

**leoȝen, leȝen, leȝhen, leighen, leyen, liȝen,
lighen, lieȝen, lien** etc. v. ags. *leógan* [*leág, ledh,*
lugon; logen], mentiri, alts. *liogan, liagan*, ahd.
liugan, liogan, mhd. *liegen*, afries. *liaga*, niederl.
liegen, niederd. *lôgen, lôgen*, gth. *liugan*, altn.
ljúga, schw. *ljuga*, dän. *lyve*, sch. *le*, neue. *lie.*
lügen, trügen.
    Of þo pine þe þere bued nelle ic hou nout
leioȝen [Reimw. *dreoȝen*]. OEH. p. 177. MOR.
ODE st. 145. Ich lovede him betere then my lyf,
whet bote is hit to *leȝe?* LYR. P. p. 91. Patt iss
hæfedd sinne .. To rosenn off þin drihhtiȝleȝȝc,
& leȝhenn off þe sellfenn. ORM 4903-7. Nollde
he nawihht *leȝhenn.* 10351. Y hope þou schalt
leȝe. FERUMBR. 629. To *lee*, mentiri. CATH.
ANGL. p. 211. Hwenne þe muð is open for to
liȝen. OEH. p. 153. Heo nolde *liȝen* [leȝe j. T.].
LAȝ. I. 132. Mid his lechen he gon *liȝen*, his
heorte wes ful bliðe. II. 148. We him nulleð
liȝe. II. 347. Hit is alre wnder meet, That thu
darst *liȝe* so opeliche. O. A. N. 850. He weneþ
þat no wiȝt wold *lyghe* and swere. P. PL. *Text*
C. pass. XVII. 304. Þe oþer [sc. manere to seneȝi
in chapfare] is *lyeȝe*, suerie, and uorsuerie, þe
heȝere to ȝelle hare chapuare. AYENB. p. 44. Þe
ilke þet þis ȝede, ne may *lyeȝe*. p. 133. Ϸ te ontfule ne muwen *lien* on heom. ANCR. R. p. 68.
Seint Austin seið, þet for te schilden þine ueder
from deaðe, ne schuldest tu nout *lien.* p. 82.
Lyyn, or make a lesynge, mentior. PR. P. p. 304.
Whet halt it to *lye?* POL. S. p. 213. For to *lie*
is us loþ. ALEX. A. DINDIM. 460.
    Ne *liђ* þu nout o þi sulf. ANCR. R. p. 336.
Yif y, louerd, a word *leȝe*, To morwen do
me hengen heye. HAVEL. 2010. — Þu *leȝhest.*
ORM 5190. Thou *lext*, ich understand And wot.
TRISTR. 1, 79. Thou *leyst* and thou *lext.* P. PL.
Creed 1079. Thus þei sitte, þo sustres, som
tyme, and disputen, Til „þow *lixt*" and „þow
lixt" be lady ouer hem alle. *Text C.* pass. VII.
137. Thu *liest.* O. A. N. 367. 1333. Þu *liest.*
ANCR. R. p. 236. Thou *lyes.* YW. A. GAW. 966.
— Þe boc ne *legeð* nogt of þis. BEST. 451. I

seie ðat he loȝeð. 764. Iff Josephus ne loȝeð me.
G. A. Ex. 1281. Patt stanndeþþ o þe Goddspellboc þatt þwerrt ut nohht ne leȝheþþ. ORM
315. Man mai longe liues wene, and ofte him
leȝheþ se wrench. O.E.MISCELL. p. 36. He
leiȝhth on ous. AMIS A. AMIL. 838. Forȝet ti folc
þat hiheð þe of wares & worldes wunne. HALI
MEID. p. 39. Þe þet hihð on him sulf þuruh to
muchel edmodnesse, he is imaked sunful. ANCR.
R. p. 336. Gif ha brekeð foreward, loke hwam
heo liȝe. p. 142. He þet lyeȝþ. AYENB. p. 63.
Huerof hi ssolle paye hard soot . . bote þe writinge ne lyeȝe. p. 218. — Ine þise heste ous ys
forbode þet we ne lyeȝe ne ous uorsuerie.
AYENB. p. 10. — Al hyt hys senne that me
leȝth, Bote that men leȝth for gode. SHOREH.
p. 100. He sweren bi ðe rode, bi ðe sunne and
bi ðe mone, and he ðe loȝen sone. BEST. 597.
Swillke sinndenn alle þa þatt spellenn wrang
& loȝhenn. ORM 10019. Thai leiȝhen al bidene
That sain he dar not fight With his fo. TRISTR.
3, 84. Bruttes hine luueden swiðe, & ofte him
on liȝeð. LAȝ. II. 542. Loke þet heo ne liȝen.
ANCR. R. p. 12. Hy siggeþ þet hi ne moȝe naȝt
ueste, ac hy lyeȝeþ. AYENB. p. 52. Thei lye not,
ne thei swere not, for non occasioun. MAUND.
p. 292.

Þus leh þa leodewike. LAȝ. II. 116. On god
me leh wel more. MARINA 106. Pus leh þe laðe
mon leodene kinge. LAȝ. II. 317. Forrþi læh þe
deofell. ORM 12176. 12188· 12266. 12211. Mi
lare as noght mine, said he, Bot his þat it haues
giuen to me, þat neuer leiȝh [legh FAIRF. liȝh
GÖTT.]. CURS. MUNDI 13890 COTT.— Ne luȝe þu
na monnum, ac dudest gode. OEH. p. 93. For
þi lesynge, Lucifer, þat þow lowe [vv. ll. leiȝhe,
leyȝ] til Eue, Thow shalt abye it bittre. P. PL.
Text B. pass. XVIII. 400. — Al sal þar ben
þanne cuð þat men luȝen her and halen. OEH.
II. 225. Biclusen heom in ane castle, & luȝen
Uortigerne, þat his sune hine wolde biliggen.
LAȝ. II. 204. A ueole kunne wise hi lowen him
vpon. O.E.MISCELL. p. 44. Thai lowen on that
greihound hende. SEUYN SAG. 799.

Men . . shulen say al yuel aȝeins ȝou leoȝing
[leynge Purv.] for me. WYCL. MATTH. 5, 11 Oxf.
We . . biheten him festliche þat we wolden
eure to him holden, and habbeð loȝen ure hese.
OEH. II. 61. We han lowen on Maryne.
MARINA 180. Bi thre sithis thou hast lowen
to me. WYCL. JUDG. 16, 15 Oxf. I haue
ennuyed hym ofte, And lowen on hym to
lordes. P. PL. Text B. pass. V. 94. Þat ys mede
þe mayde . . þat hath noyed me ofte, And lowen
vpon my lemman, þat leaute ys hoten. Text C.
pass. III. 19.

Schwache Verbalformen trifft man frühe:
He leȝide [liede Purv.] alle thingus, what euere
he saide. WYCL. 1 MACCAB. 11, 53 Oxf. Leghed
to þam þair wickednes. EARLY E. PS. 26, 12.
— Al sho hyr talde . . How wikkedly that sho
was wreghed, And how that traytyrs on hir
leghed. YW. A. GAW. 2857. Thei han taak of
the corse, and han stoln, and liȝed [lieden Purv.
furati sunt atque mentiti. Vulg.]. WYCL. JOSH.
7, 11 Oxf.

[Leoȝere], leoȝer, leiȝher, liȝere, lihȝere,
liȝher, lieȝere, liere etc. s. ags. leógere, altnorthumbr. légere, ahd. liugari, neue. liar.
Lügner.

I shal be a spirit leoȝer in the mouth of alle
the prophetis of hym. WYCL. 3 KINGS 22, 22
Oxf. The messanger was . . ofte ycleped foule
leiȝher. ARTH. A. MERL. ed. Turnbull p. 69.
A leier, commentator. CATH. ANGL. p. 216. Prud
heo was swiðe and modi and liȝers. OEH. p. 43.
Ne beo þu lihȝere. p. 13. Þe mon ðe seið þet
he luuað god, and hateð his broþer, he is
lihȝere. p. 125. Ilke man liȝher es. PS. 115, 11.
Pus told was þe tale . . Lappit with a liȝher in
his laith hate, DESTR. OF TROY 12667. Thus
lytheriy þe lyȝhers lappit þere tales. 12590. vgl.
12642. Liȝhers sones of men are al. PS. 61, 10.
He is lyeȝere and uader of leasinges. AYENR.
p. 62. Ulatours and lyeȝeres byeþ to grat cheap
ine hare cort. p. 256. Lyars was mi latymer.
LYR. P. p. 49. Yong mon lyere. O.E.MISCELL.
p. 185. To wete that he was no lyers. IPOMYD.
926. If I schal seye for I woot not him, I
shal be a lyers lyk to ȝou. WYCL. JOHN 8, 55
Oxf. Trichurs and lyeres and les þat weren her,
wo is ham þes. O.E.MISCELL. p. 153. Ȝe lordes
and ladyes and legates of holy churche, þat
feden fool sages, flaterers, and lyers. P. PL.
Text C. pass. VIII. 82.

Daneben begegnet die Form leiȝhster:
Than ich worth . . be hold leiȝhster and fals of
tong. LAY LE FREYNE 105.

leoh s. s. leh.

leoht, leocht, liht, licht, liȝt etc. s. ags.
leoht, lióht, liht, lux, alts. leoht, lioht, liaht,
afries. liacht, ahd. lioht, leoht, lieht, mhd. licht,
niederl. niederd. licht, neue. light. Licht.

His eorðe us werpð corn and westm, niatt
and dierchin, his l[e]oht leoem and lif. p. 233.
Her we seien sow of þese derke wedes, wat
þe holie apostle meneð, þo he nemnede niht
and niehtes dede, and dai and leochtes wapne.
II. 11.

Sunnendei was iesȝan þet formeste liht
buuen eorðe, for ure drihten seide þis dei: beo
liht, and hit wes liht. OEH. p. 139. Steorre
sculen þeostren, and þe sunne hire liht for-
leose. p. 143. Sunne and mone and houen fur
[d. i. Blitz] boð þestre aȝein his lihte. p. 165.
Hit is riht þat we . . scruden us mid wapnen of
lihte. II. 9. Crist ras upp off dæþess slap . .
forr to Ȝifenn hise freond Soþ sawless lihht &
leome. ORM 1903. Daȝȝess lihht bitacneþþ uss
All eche lifess blisse. 3860. Swuch leome & liht
leitede þrin, þat ne mihten ha nawt loken þer
aȝeines. LEG. ST. KATH. 1594. Þ liht alei lutlen
ant lutlin. ST. MARHER. p. 12. Al swa is
meiden i meidenhad wiðute mekeloc, as is wiðute
liht eoile in a laumpe. HALI MEID. p. 45. God
wule . . giuen ou liht wiðinnen him uorto
iseonne & icnowen. ANCR. R. p. 92.

Bisweilen trifft man die Schreibweise lith:
She saw þer inne a lith ful shir. HAVEL. 588.
Darknes we calle the nyght, And lith also the
bright. TOWN. M. p. 1. Ffyrst I make hevyn
with sterrys of lyth. COV. MYST. p. 20.

Þis deð all þiure drihte, he blisseð hus mid
dþeies licht, he sweueð hus mid þiestre nicht.
OEH. p. 233. Hwat deð si moder hire bearn?
formes[t] hi hit cheteð and blissið be þe lichte,
and seþe hi dieð under hire arme .. to don him
slepe. ib. Þese six werkes of brictnesse .. he
ben nemned lichtes wapne. II. 13.

Al was ðat firme ðrosing in nigt, Til he
wit hise word made ligt. G. A. Ex. 43. Do so
wurð ligt, so god it bad, fro ðisternesse o sunder sad. 57. Suche wyues yeholle myd me lede,
& such lyȝt atten ende, þat an hondred þousend
candelen & mo yeholle hym tende. R. OF GL.
p. 379. Me ne myȝte non chyrehogong wyþout
lyȝte do. p. 380. Liȝt of man is lyȝt of þoȝtes.
AYENB. p. 270. Til þe liȝt of day sprang Ailmar
him þuȝte lang. K. H. 493. God seide, Be maad
liȝt, and maad is liȝt. WYCL. GEN. 1, 3 Oxf. If
thu hulde a cler candle bi an appel riȝt, Evene
helven del than appel heo wolde ȝyve hire liȝt.
POP. Sc. 21. It gaue so glorius a gleme of gold
and of stanes, þat as þe loge for þe liȝt lemed
as of heuen. WARS OF ALEX. 3334. Erlich in
a morning, Er liȝt com of þe day. GREGORLEG.
261. — Mani liȝtis of a liȝt is liȝtid othire quile,
And ȝit þe liȝt, at þam liȝtis, is liȝtid as before.
WARS OF ALEX. 4231.

Grim bad Leue bringen lict. HAVEL. 576.

As raþe as þe sonne ros & reed gan schine,
þat his lem on þe loft liȝht ȝaf aboute. ALEX.
A. DINDIM. 121. Joyfull Jupiter, myrthfull Mercurie, The leame of his lyght lykes well my hert.
ALIS. FRGM. 1077. Darknes from light we parte
on two. TOWN. M. p. 1. Lyghte, or bryght-
nesse, lux, lumen. PR. P. p. 304. Lyghte, ubi
clerenes. CATH. ANGL. p. 216. — Make we
hevene and erth on brede, And lyghtes fayre to
se. TOWN. M. p. 1.
     Litt. HICKES Thes. I. 227.

All the leght has he lost fro my leue ene,
Thurgh slaght of my son. DESTR. OF TROY. 9269.

[leohtbere], liȝtbere s. ags. leóhtbærr, lucidus, Lucifer. Lichtbringer, Leuchten-
der, Lucifer.

Huanne liȝtbere þe angel, vor his greate
uayrhede and his greate wyt .. him wolde emni
to god AYENB. p. 16.

Auch findet sich die Form ligber, ags.
lýgbære, flammifer: Ligber he sridde a dere
srud. G. A. Ex. 271.

leohtberinde s. ags. leóhtberend, Lucifer.
Lichtbringer, Lucifer.

Þa wes þes tyendes hapes alder swiþe feir
isceapen, swa þet heo wâs ȝehoten leohtberinde.
OEH. p. 219.

[leohtfet], lihtfat s. ags. leóhtfät, luminar,
candelabrum, ahd. lioht-, leohtfaz, mhd. lieht-
vaz, -fas etc. Leuchter, Lampe.

Þurrh Filippe onn Ennglissh iss Lihhtfattes
muþ bitacnedd, ORM 13398. vgl. 13440.

leome, leom, leme, lem etc. s. ags. leóma,
lux, splendor, alts. liomo, alts. ljómi, sch. neus.
leme. Licht, Glans.

Ihesu, mi leof, mi lif, mi leome. OEH.
p. 183. Þu þet ȝ(r)uest hire [sc. þe sunne] liht,

and al þet leome hauest, aliht mi þester heorte.
p. 185. Mines liues leome, mi leoue lefdi. p. 191.
Ne mahte ich nawt aȝein þe leome of his wlite
lokin. p. 259. Muchele mo fareð on þisse sæ,
þat is, on þisse worelde, fuliende þe leome of
penitence, þat is, forbisne of clennesse, þane
don þe leome of maiðhod. II. 141-3. Of þe
sprong a leome newe. II. 255. Þe leome þe toward France droh, he wes briht vnifoh. LAȝ.
II. 326. Crist ras upp .. forr to ȝifenn hise
freond Soþ sawless lihht & leome. ORM 1903-6.
Sone se ich seh þe leome of þe lare .. ich leafde
al þ oðer. LEG. ST. KATH. 477. Heo is hefone
liht and eorðe brihtnesse, loftes leom and al
biscefte ȝimston. OEH. p. 217. Her I seo ..
þin Hælennd Crist onn eorþe þatt þurrh þin
are ȝarrkedd iss Biforenn alle þeode, Till hæþenn
þeode lihht & leom Off eche rihhtwisnesse.
ORM 7623. A sterre, gret and fayr ynow, and
awyþe cler, me sey. O cler leom, wiþoute mo,
þer stod fram hym wel pur, Yformed as a dragon. R. OF GL. p. 151. At þeos leomen [g e n.;
leomes ȝ. T.]. LAȝ. II. 325. Þu .. lihtest hiderto us of heouenliche leomen [ags. leóman, d a t.
s i n g.]. ST. JULIANA p. 63. — Of þes draken
muðe leomen comen inohȝe. LAȝ. II. 325. Fluȝen
of heore muðe fures leomen. II. 244 sq. Out of
þes dragones mouþ twei leomes þer stode þere.
R. OF GL. p. 151. Leomene [ags. leómena, g e n.
pl.] fader we clepeð ure drihten for þan þe he
sunne atend, þe steores of hire leome, and te
mone of hire leome. OEH. II. 107 sq.

Meidan Maregrete britt so euy leme. MEID.
MAREGR. st. 41. Þys was, lo, þe Cornwel-
lysse bor, of wan Merlyn spec ynou, And
clere leme of þe sterre þat ouer France drou.
R. OF GL. p. 186. Þer come frame hyre [sc. þe
taylede sterre] a leme awyþe cler & bryȝte, As
a tayl, oþer a lance. p. 416. Whan þe leme &
þe light of þe leefe sunne Was idrawne adowne,
& dym were cloudes, þe Ladie lay on hur bed.
ALIS. FRGM. 774. On þe tur anouenon Is a
charbugle ston, þat ȝiueþ leme day and niȝt.
FL. A. BL. 233. Þatt iss þe dom, þatt lihht
& lem Iss cumenn upponn erþe, & menn ne
lufenn nohht te lihht, Aec lufenn þessterrnesse.
ORM 17757. vgl. 17789. Leem, or lowe, flamma.
PR. P. p. 295. Theo kyng sygh a lem, so a
fuyrbrond. ALIS. 6848. Of a torche þat is tend
tak an ensample, þat þouȝ ludus of þe lem
lihtede an hundred, Hit scholde noubt lesen his
liht. ALEX. A. DINDIM. 233. — Ech god giue
and ful giue eumeð of heuene, send of lemene
fader. OEH. II. 107. We hauen on ure bileue
ure drihten on wam we bileuen, þe is alre
lemene fader. II. 199. He sauȝ a caudren brennynge at enes, Of diuerse coloura wiþ seue lemes.
O. E. MISCELL. p. 223. Let us dres for our dede
er þe day springe, And thrugh lemys of light
þe lond us perseyue. DESTR. OF TROY 1128.
Whanne the shadowe is overpaste, She [sc. the
moone] is enlumyned ageyn as faste Thurgh
the brightnesse of the sonne bemes That yeveth
to hir ageyne hir lemes. CH. R. of. R. 5346.

Joyfull Jupiter, myrthfull Merourie, The
leame of his lyght lykes well my hert. ALIS.

FRGM. 1077. — Of þan drakes mouþe *leames*
come inowe. LAȝ. II. 325 j. T.

leomeke, lemeke s. ags. *hleomoc, -es* m. the
herb pimpernel [Bosw.], zu *leo, leow* s. ags.
hleó, hleóvð, umbraculum, apricitas, geh. Eine
Art Pflanze, vielleicht Wasserehrenpreis
(veronica anagallis) oder Bachbunge (veronica
beccabunga) oder Pimpernelle (sanguisorba
pimpinella).

Fsvida, favede, *leomeks.* REL. ANT. I. 36.
Lemeke. LEECHD. ed. *Cockayne* II. 393.

leomen, lemen, selten **lumen** v. ags. *leómian,* daneben *lýman,* lucere, altn. *ljómia,* sch.
leme, leam, neue. *leme.* leuchten, glänzen,
strahlen.

Lemyn, or lowyn as fyyr, flammo. PR. P.
p. 296. The burgh there þou borne was, baill-
fully distroyet, To se hit *leme* on a low, laithis
not þi hert? DESTR. OF TROY 11983.

Ich loki ne mei, swa þ liht *leomeð* ant leiteð.
ST. MARHER. p. 13. Ase sonnebem hire bleo
ȝs briht, In uche londe heo *leometh* liht. LYB.
P. p. 33. — Ase jaspe the gentil that *lemeth*
with lyht. p. 25. Of levedis love that y ha let,
that *lemeth* al with luefly lyt. p. 31. As of fine
gold, þat ferly faire *lemes.* WARS OF ALEX.
5004. — Hire lure *lumes* liht Ase a launterne
a nyht. LYB. P. p. 52.

Whon he baptised was, þis oþere biheold-
en, Heom þouȝte he *leomede* al on a lowe.
JOSEPH 686. — Of ryche stones and of golde
That lofsom *lemede* lyght. LAUNFAL 941. Vche
a pobble in pole þer pyȝt Watz emerad, saffer
oþer gemme gent, þat alle þe loȝe *lemed* of lyȝt.
ALLIT. P. 1, 117. Þe chef chaundeler charged
with þe lyȝt, þat ber þe lamp vpon lofte, þat
lemed euer more Bifore þe sancta. 2, 1272. Þe
lest lached ouþer loupe *lemed* of golde. GAW.
591. By þat þat any daylyȝt *lemed* vpon erþe,
He with his haþeles on hyȝe horsses weren.
1137. Þere watz lyȝt of a laumpe, þat *lemed* in
his chambre. 2010. It [sc. þe dyademe] gaue so
glorius a gleme, þat as þe loȝe for þe lijt *lemed*
as of heuen. WARS OF ALEX. 3334. vgl. 4910.
The lyȝht þat *lemed* out of þe, Lucifer hit
blente. P. PL. *Text C.* pass. VIII. 135. There
come fliand a gunne, And *lemet* as the leuyn.
AVOW. OF K. ARTH. st. 65. Hit was atiryt vmb
the top all with triet stones .. þai *lemet* so light,
þat ledes might se Aboute midnyght merke as
with mayn torches. DESTR. OF TROY 8745.

With mony leude ful lyȝt, & *lemande*
torches, Vche burne to his bed watz broȝt at þe
laste. GAW. 1119. Þe lijt *lemand* late laschis
fra þe heuyn, Thonere thrastis ware thra. WARS
OF ALEX. 553. A grete grysely god on a gay
trone, þat lijt *lemand* ejen as lanterns he had.
5397. His lookes full louely *lemond* as gold.
DESTR. OF TROY 459. A triet image she ..
broȝt to the buerne on þe beddis syde, With
light that was louely *lemyng* þerin Of suergys
semly, þat set were aboute. 695-700.

leon s. s. *leo;* **leonesse** s. s. *lionesse.*

leonien, leinen, lenen, linen v. ags. *hleo-
nian, hlinian,* incumbere, alts. *hlinón,* ahd.

---

hlinén, mhd. *lenen,* niederl. *leunen,* dän. *læne,*
vgl. gr. κλίνειν, neue. *lean.*

I. intr. sich stützen, lehnen: *Leynyn*
[*lenyn,* or restyn K.], podio, appodio. PR. P.
p. 295. To *lene,* accumbere, initii. CATH. ANGL.
p. 213. Whan ȝe list to *lene* to ȝoure owen lymmes, They were so ffeble and ffeynte. DEP. OF
R. II. p. 10.

Þe unwreste herde sit on unwisdomnesse
.. oðer *hl[e]oneð* and slepeð. OEH. II. 39.
Wolues in den reste þei fynde, Bot Godes
sone, in heuene heir, His hed nou *leoneþ* on
þornes tynde. HOLY ROOD p. 134. Godes hed
haþ reste non, But *leoneþ* on his scholder bon.
ib. Þe niht fuel iðen euesunge bitocneð recluse,
þet wunieð for þi under chirche euesunge,
þet heo understonden, þet heo owun to boon
of so holi liue þet al holi chirche .. *leonis* &
wreoðie upon ham. ANCR. R. p. 142. — He
leneth on is forke. LYB. P. p. 110. Qua list þis
lymit ouirlende, *lene* to þe left hand, For þe
rake on þe riȝt hand, þat may no man passe.
WARS OF ALEX. 5069.

Þa *leonede* he ouer wal. LAȝ. II. 24. In
silke þat comely clerk was clad, And ouer a
lettorne *leoned* he. E. E. P. p. 124. As I lay
and *leonede* and lokede on þe watres, I slum-
berde in a slepyng. P. PL. *Text A.* prol. 9.
Vnder a lynde, vppon a launde *leonede* I a
stounde. pass. IX. 56 [in beiden Stellen hat
WRIGHT *leneds*]. Alle þa lasfdies *leoneden* ȝeond
walles. LAȝ. II. 616. — He .. slep and sag ..
A leddre stonden, and ðor on Angeles dun
cumen and up gon, And ðe louerd ðor uppe
abuuen *Lened* ðor on. G. A. EX. 1605-10. Quen
he þire sawis had sayd, he in his sege *lened*
In stody still as a stane. WARS OF ALEX. 262.
Kyng Edmond .. *lende* vp hys sseld, & herkned
hym ynou. R. OF GL. p. 308. Þai [sc. þe
lyouns] deden hym non harme, Bot whan þat
he was sett adoun, þai *leneden* in to his barme.
K. SOLOM. B. OF WISD. 243. — As þis tuey
clerkes were alone, adoun hi *lynede* stille, So
þat hi werþe a slepe. E. E. P. p. 41.

The knyght .. thout .. That he wolde a
toure rere *Lenand* to the mykyl toure, To do in
hys tresour. SEVEN SAG. 2891-6.

2. refl. ebenfalls sich stützen, sich
lehnen: A tre he [sc. ðe elp] sekeð to fuli-
gewis, ðat is strong and stedefast is, and *leneð*
him trostlike ðerbi. BEST. 632. Ȝif þ ani [sc.
best] weries euchan *leones him* to oðer. ANCR.
B. p. 252. n. f. v. l. in T. Als Turpyn *lenys*
[ed. *lengs*] *hym* on his brande, Ouer an hill he
saw comande ful many a brade banere. SEGE
OFF MELAYNE 1441. — I .. *lened me* to a lenten,
and longe tyme I slepte. P. PL. *Text B.* pass.
XVIII. 5.

**leopard, lepard, lipard, lebard, libard,
labard** etc. s. lat. *leopardus,* gr. λεόπαρδος
neben λεοντόπαρδος, it. sp. pg. *leopardo,* pr.
leopart, leupart, laupart, lipart, afr. *leupart,
liepart, lupart,* niederl. *luipaard,* altn. *leparti,
leparðr, lopartr, hlébarðr,* schw. dän. *leopard,*
neue. *leopard.* Leopard.

He com als a *leopard.* SEUYN SAG. 1580.

A new note neghis on hand of dragons & of dromondaris & of diuerse neddirs, of liones & of leopards & othire laith beatis. WARS OF ALEX. 4791.

Hic pardus, *leparde*. WR. VOC. p. 189. Ful many a tame lyoun and *lepart*. CH. C. T. 2188. Sum fellis of fischis, ferly to tell, Was like as of *lepards* & lions skynnes. WARS OF ALEX. 5083. vgl. 5140. 5438.

Þis wordle, þet no is bote an exil and a desert uol of lyons an of *lipars*. AYENB. p. 131.

Hic leopardus, a *lebard*. WR. VOC. p. 251. Thar was mani a wilde *lebard*. YW. A. GAW. 240. There come rydande knyghttes three . . One on a *lebarde*, another on a unycorne. ISUMBR. 742-4. Þe hert þat þou helped so hastili wiþ strengþe, þe lyon & þe *lebard* to þour prisoun ladde. WILL. 2934. Hic leopardus, a *leberde*. WR. VOC. p. 219. An hundered M. were hire aboute of *lebardes* & beres. WILL. 2873. Þei sauh kynges banere, raumpand þre *lebardes*. LANGT. p. 305. Sche wolde kille Leouns, *lebardes*, and beres al torent. CH. C. T. 15746. Al þe berbrens bernes in beatis þam affyed, As *lebards*, lesards & lenxis. WARS OF ALEX. 3572. A litle ile fulle of liounes, *lebardes*, berys, and oþere wylde bestes. GESTA ROM. p. 246.

Þe grettest of þe grim bestes he gat to prison sone; a lyon & a *lybard*, þat lederes were of alle, hire þoujt, þat huge hert hastili hade take. WILL. 2895. He sawe a yonge lione fight with an olde *libard*. GESTA ROM. p. 247. Then answered Kyng Richard, In deed lyon, in thought *libbard*. RICH. C. DE L. 2181. A *lyberde*, leopardus. CATH. ANGL. p. 215. Yhit may þe world here þat wyde es, Be likend to a wildernes, þat ful of wild bestes ea sene, Als lyons, *libardes*, and wolues kene. HAMP. 1225. Wylde *lyberdes* and many a lyoun Todrojgh her body. OCTOU. 199.

A *labarde* ther come and tuk that othir [sc. sone], To the wode he bare hym to his brother. ISUMBR. 189. *Labbarde*, leopardus. PR. P. p. 291.

leope s. s. *leap*.

leor, lere, lure, lire s. ags. *hleór*, gena, facies, alts. *hleor, hlear, hlier*, altniederl. *lier*, altn. *hlýr*, sch. *lyre, lyire*, neue. *leer*. W a n g e, A n t l i t z.

Ajein þe brihtnesse ant te liht of his *leor* þe sunne gleam is dosc. OEH. p. 259. Hwa ne mei luue þi luueli *leor?* p. 269. Þu art lufsum on *leor* . . þi *leor* is swa ünimete lufsum and lusti on to loken. ib. And tu i þat lufsume *leor* swuche schome þoledes. p. 279. Þi *leor* is, meiden, lufsum. LEG. ST. KATH. 316. Wel hire schal iwurðen for hire lufsum *leor*. ST. MARHER. p. 3. Al þe *leor* schal ulowen o teares. ANCR. R. p. 64. Scheau to me þi leoue neb & ti lufsume *leor*. p. 98. Ah wolde lylie *leor* in lyn Yhere lovely lores myn, With selthe we weren sahte. LYR. P. p. 46. — Vrnen ire teares ouer hire[s] *leores*. LAJ. I. 216. Urnon þa teres uppen þes kinges *leores*. III. 214. Wið se swiðe lufsume *leores* ha leien, se rudie & se reade ilitet

eauer euch *leor*, as lilie ileid to rose. LEG. ST. KATH. 1430.

My rud was raddur then rose of the ron, My *lere* as the lilly that lauchet so lyjte. ANT. OF ARTH. st. 13. Þe *lere* he diskoueres. GAW. 418. Whittore then the moren mylk, with leofly lit on *lere*. LYR. P. p. 36. The lady is rody in the chere, And made bryght in the *lere*. ALIS. 798. Thow myght yseo by my *lere*, That y am a treowe messangere. 3758. Of *lere* ne of lykame lik him nas none. WILL. 227. She was lusty of *lere*. DESTR. OF TROY 398. To the ladi *lere* he lendid in haste. WARS OF ALEX. 379. A loueli ladi of *lere* in lynnen yclothed, Come down fram a castel. P. PL. *Text B.* pass. I. 3. Hir rode rede als rose floure, In *lere* þat rynnes righte. ROWLAND A. OTUEL 520.

Hire *lure* lumes liht, Ase a launterne a nyht. LYR. P. p. 52.

Hir coloure fulle white hit es, That lusly in *lyre*. MS. in HALLIW D. p. 522. — So bytterly sche wepyd withall, By hyre *lyres* the terys gon fall. Ms. *ib*.

leore s. s. *lure*.

leoren v. s. *læren*.

leornere s. ags. *leornere*, vir doctus. L e h r e r. Þa apostles itacned þa *leornerse*, þet beoð þa wise witega þe beoð nu ouer þe halie chirche. OEH. p. 7.

leornien, lernien, lernen, liernen, lurnen etc. v. ags. *leornian*, discere, meditari, ahd. *lirnén, lernén*, mhd. *lernen*, afries. *lirna, lerna*, alts. *linón*, neue. *learn*.

1. **lernen**: We sculen *leornian* on mannen hu we majen bicuman to godes lufe. OEH. p. 99. He wes isende to Rome to *leornien* [*leorni* J. T.] in scole. LAJ. I. 422. Þær comenn to þe ḥumm þe Kaserrkingess cnihhtess, To *leornenn* lare att Sannt Iohan Off þejjre sawle nede. ORM 9307. Nalde ha . . nane luue runes *leornen* ne lustnen. LEG. ST. KATH. 108-10. So fele thewes for to *leorne*. REL. ANT. I. 109. To kyng Salomon heo com, For heo hym hedde wel wyde isouht, to *leorne* of him wisdom. HOLY ROOD p. 33. Ʒif thu art wis, *lorni* thu mijst. O. A. N. 642.

Þat hie sulle cunne here bileue . . þane hie *lernie* mugen. OEH. II. 17. Men sullen . . godes word heren, and *lernie* hwu hie sullen here lif laden on godes hersumpnesse. II. 23. So hii mijte *lerni* traitour to be. R. OF GL. p. 519. Swiche ben alle þo þe ne wilen listen lorspel, and þeron *lernen* wiche ben sinnen and beregen hem. OEH. II. 73. Þu þohhtesst tatt itt mihhte wel Till mikell frame turrnenn, Ʒiff Englissh follk, forr lufe off Crist, Itt wollde jerne *lernenn*. ORM Ded. 17. At wyse Hendyng he may *lernen*. REL. ANT. I. 109. Gladly wolde he *lerne*, and gladly teche. CH. C. T. 310.

Huo þet wyle þise mesure *lyerny*, he ssel ywyte and onderstonde, þet þer byeþ uele maneres to libbe ine þe wordle. AYENB. p. 53. Huo þet wel him stude deþ ine þise boc, he mijte moche profiti and *lyerny*. p. 70. Yef þou wilt þanne *lyerni* god to bidde, and to auri arijt, þise uour hit wytnesseþ. p. 135.

The thrydde artycul .. hyt ysse, That the mayster take to no prentysse, But he have good seuerans to dwelle þer with hym .. Hys craft to *lurne*. FREKMAS. 119. That he may, withynne his terme, Of hym dyvers poyntes may *lurne*. 249.

imperat. Þis is þine leofmones sawe, & tu seli ancre .. *leorne* hit þeorne of him. ANCR. p. 108. *Leorniað* god to wurchenne [discite bene facere]. OEH. p. 117.

Lerneð of me for þat ich am milde and admod on herte. OEH. II. 89. *Lerneþþ* att me þatt icc amm wiss Rihht milde & meoc. ORM 4970.

Yef þou wylt libbe vriliche, *lyerne* to sterue gledliche. AYENB. p. 70. *Lyerne* hou þu sselt louie god .. *lierne* him to louie wysliche. p. 233.

Wyt ant wysdom *lurneth* þerne. REL. ANT. p. 109.

præs. Þis is al þe lare þ ich nu *leorni*. LEG. ST. KATH. 939. Ich at chirche come ilome, An muche *leorni* of wisdome. O. A. N. 1209. Þis rym, mayde, ich þe sende open and wiþute sel, Bidde ic þat þu hit vntrende, and *leorny* bute bok vych del. O.E.MISCELL. p. 99. — Gif we *leornið* godes lare, þenne ofpuncheð hit him [sc. Beelzebub] sare. OEH. p. 55.

I *lerne* song, I can no more gramer. CH. C. T. 14947. Such lore ase thou *lernest* .. Mon, in thyne youthe, Shule the on elde folewe. REL. ANT. I. 110. — 3ou shal no þyng lakke, With þat þe leue logyk and *lerneþ* for to louye. P. PL. Text C. pass. XXIII. 249.

Nou ous tekþ þe wyse Catoun. *Lyerne* we, zayþ he , to sterue, todele we þane gost of þe bodie ofte. AYENB. p. 72. Þise byeþ litle gaueleres þet *lyerneþ* zuych uoul creft. p. 36.

præt. Sone se ich awai warp ower witlese lei & *leornede* & luuede þe liffule leaue of hali Chirche .. ich aweorp, wið alle, þe glistinde wordes þ beon in owre bokes. LEG. ST. KATH. 831-9. On forward þos cristendomes ech man *leornede* his bileue, er he fulht underfenge. OEH. p. 73. Ate biginninge of cristendom elch man *leornede* pater noster and credo, ar þan he fulcninge understoden. II. 17. Þeo quene *leornede* anne craft, heo wes a boken wel itaht; heo *leornede* hire lære leofliche on heorten. LAJ. L 268 sq. Hit [sc. þe child] wolde aryse to þe mydnaht, ant go to matines, þe monkes yfere, ant wel *leornede* huere manere. MARINA 72.— Oueral ich wolde þet ancren *leornoden* wel þis lessunes loare. ANCR. R. p. 254. Þis *leorneden* þis leches. P. PL. Text A. pass. II. 199.

Well mikell *lærnde* Herode king Off Crist & off hiss come. ORM 7248. Þys Mold was .. to noryay ydo In þe abbeye of Rameseye & of Wyltone also, And *lernede* þere clannesse & of Godes seruyse. R. OF GL. p. 434. — As children *lerned* her antiphonere. CH. C. T. 14930.

Þer *lurnede* þis holi man, as we mowe ek echon, In whiche manere we mowe best þe deueles poer forgon. ST. EDM. CONF. 390.

p. pr. This litel child his litel book *lernynge*, As he sat in the scole in his primere, He „O alma redemptoris" herde synge. CH. C. T. 14927.

p. p. Cf. He nefde *ileorned* nauer nane lare. LAJ. II. 130. Of swuche larespel þu haues leaue *ileorned*. LEG. ST. KATH. 385.

We had fare and nere byne, And never had of fytyng seyn, He myght a *lernyd* there. TORRENT 172.

2. lehren: præs. Her˙endeþ nu þiss Goddspell þuss, & uss birþþ itt þurrhsekenn, To lokenn watt itt *lerneþ* uss Off ure sawle nede. ORM 19611. Resoun thow fecche .. For he shal reule my rewme, and rede me þe beste, And acounte with þe, conscience, so me Cryst helpe, How þow *lernest* þe peple, þe lered and þe lewede. P. PL. Text B. pass. IV. 7. Many tales je tellen, that theologye *lerneth*. pass. X. 374.

præt. So wele he *lernede* hym to schote, Ther was no beste that welke one fote, To fle fro hym was it no bot. PERCEV. 221.

p. pr. subst. A *lernynge*, erudiens. CATH. ANGL. p. 214.

p. p. A clene man of counsell, with a cloise hert, Of litterure & langage *lurnyt* inoghe. DESTR. OF TROY 3939.

learnung, lerning s. ags. *leorning, leornung*, doctrina, alts. *lernunga*, ahd. *lirnunga, lernunga*, mhd. *lernunge*, neue. *learning*. Lernen, Lehre.

God hath grauntyd grace unto our *lernyng*. AUDELAY p. 10. A *lernynge*, erudicio; vbi techynge. CATH. ANGL. p. 214.

leorningcniht etc. s. ags. *leorningcniht*, discipulus. Schüler, Jünger.

Ure Laferrd seyde þuss Till hise *leorninngcnihtess*. ORM 5270. And tatt te Goddspellwrihhte seyþþ, þatt ta twa *leorninngcnihtless* Herrdenn whatt tejjre majjstre spacc Off Crist. 12996. Þa sende he his II *leornicnihtes*. OEH. p. 3. Þe castel þe wes ajeines drihtnes twa *leornikenehtes*. p. 7. Þa seððen aceas he him *leorninchnihtes* .. þa beoð jenamned discipuli, *leornincnihtes*. p. 229.

leosen, lesen etc. v. ags. *þo-, for-leosan* [*leás, luron; loren*], perdere, amittere. alts. *far-liosan, for-leosan*, ahd. *far-liosan, for-leosan*, mhd. *ver-liesen*, afries. *ur-liasa*, niederl. *verliesen*, niederd. *ver-leisen, -lesen, -léren*, gth. *fra-hiusan*, neue. *leese* (veraltet), *lose*.

1. verlieren

inf. He scal *leosen* þa hond þurh his ajene brand. LAJ. II. 214. He wende þat he llad weore limen for to *leosen*. II. 231. Nu is þe dæi icumen, þe drihten haueð idemed, þat he scal þat lif *leosen* & *leosien* his freonden. II. 420. vgl. 268. Idelnesse makeð mon his monscipe *leose*. II. 624 sq. Lure ow is to *leosen* ower swinkes lan. LEG. ST. KATH. 805. Hwen he hit mahte don buten ewt to *leosen* of hehnesse, hwi were hit him earfð to don? 993. Wel hire þat luueð godd, for him ne mai ha nanes weis, bute jif ha .. his luue leaue, neauer mare *leosen*. HALI MEID. p. 27 sq. Ha .. bigeten for to *leosen*. p. 29. Þe cat of helle .. makede hire to *leosen* boðe God & mon, mid brod schome &

sunne. ANCR. R. p. 102. So schulde ech king after him his franchise *loose*. BEK. 950.

Þat ha beon eauer feard for to *losen*. HALI MEID. p. 29. Nu þu scalt læn leosen & *losie* þine freonden. LAJ. II. 268.

Hokede honden make þen mon is hewit to *losen*. O.E.MISCELL. p. 125. But I see the hed off that swyn, Forsothe, thou schalt *lesen* thyn. RICH. C. DE L. 3181. Lette me nouzt *lese* þe liif jut. WILL. 1258. Þe grempe of þo grim folke glod to his hert For his eger enemies his yie to *lese*. ALIS. FROM. 279. Turne the to Tuscan, Or *lese* schalle je Bretan. ANT. OF ARTH. st. 22. Þe devels er swa foul and ydous, þat swa hardy man was never nane .. þat saw þe syght þat þe saul þan sese, þat ne he for ferdelayk is witte shuld *lese*. HAMP. 2911-6. To dey raþer y chese, þan we þe soules yn helle shulde *lese*. R. OF BRUNNE *Meditat.* 393. Þe lyst *lese* þy lyf. GAW. 2142. Þe chares gilerie Did Sir Edward *lese* þat day þe maistrie. LANGT. p. 217. Þou goste ofte tyme in the towne, & þer thow myjtest *les* hit [sc. this ringe] by some chavnse. GESTA ROM. p. 183.

To day ne schal he *lyse* his lyfe. SEVEN SAG. 899. *Lis*, to lose. Arch. XIII. 203 bei HALLIW. D. p. 523.

imperat. Stonde we stifli to gader, stifly in defens, & ne *leses* no lond, lordinges. WILL. 3368.

præs. Let me libben, swa þ I ne *loose* nawt him þ is mi leof. LEG. ST. KATH. 1901. Uniseli bið þe jitsere þe þurh his iselhðe *leosað*. OEH. p. 109. Ihesu al feir, ajein hwam þe sunne nis boten a schadwe, ase þeo þet *looseþ* here liht. p. 185. vgl. p. 200. Euer bið ðet swete abouht mid twofold of bittre, auh me ne hit underjit nout er þen me hit *loose*. p. 215. Þat *looseð* þenne se heh þing, þe mihte .. of meidenhades menske. HALI MEID. p. 27. — Jif je *looseð* þis lond, ouer al je wurðeð laðe. LAJ. I. 338. Ha schulen .. þenchen, jif ha beieð to me, to hu bittre best ha beieð ant hwas luue ha *looseð*. ST. MARHER. p. 14. Þe meden & te endelese lif, þ Godd haueð ileaned his leue icorene for þe luren & tis worldliche lif, þ ha *looseð* for þe luue of rihte bileaue. LEG. ST. KATH. 1646.

This is the wille of him that sente me, the fadris, that al thing that the fadir jaf to me, I *leese* not of it. WYCL. JOHN 6, 39 Oxf. Ic holde the ful wilde ant wod, jef thou *lesest* so muche god, ant jevest hit for nout. LYR. P. p. 103. Her thou *lesest* al thi swinke. SIRIZ 134. Þou *lesis* all þi lordschip within a lite dais. WARS OF ALEX. 2306 Ashm. Whose jong lerneth, olt he ne *leoseth*. REL. ANT. I. 110. Wo is the mon that muchel swinketh And at the laste *leseth* his sped. SIRIZ 140. — Pere many thosand *lesis* þer lijf. CURS. MUNDI 6 COTT.

Huo þet serueþ and najt uolserueþ, his saepe he *lyest*. AYENB. p. 33. He *lyest* al his time. p. 52. — Hy *lyeseþ* þane time precious. p. 57.

For Gods thu must do so, Other thu *lust* thi bischopriche, other peraventure thy lyf. BEK. 858.

præt. Wat was þy strengþe worþ, & þy chyualerye, þo þou *lore* grace of God? R. OF GL. p. 428. Al he *leas* his wurðscipe. LAJ. I. 295. Heo *leas* hire meidenhod. ANCR. R. p. 54. Þe king of his monnen monie þusend *læs*. LAJ. I. 27 sq. Ne *les* he næuere leouere mon. II. 339. Mony mon ther *les* his brothir. ALIS. 2212. Þe lif sone he *les* þat laujt ani dint. WILL. 1234. Herowde the king That *les* his sight. SEUYN SAG. 2332. Mony lady *les* hire amoure. ALIS. 951. Many faire ladie *lese* hir lord þat day. LANGT. p. 218. Nis þat on liþer ynouj, þej heo ne *lore* þat oþer also? ST. EDM. CONF. 477. — Heo heore maydenhod *lure*. O.E.MISCELL. p. 151. Ther hue *loren* huere stedes. POL. S. p. 190. Muche þing, þat ys eldore *lorem* þorw feyntyse, þoru strengþe he wan seþþe ajeyn, & þoru ys koyntise. R. OF GL. p. 39. Leches with salue and drink Him cometh wide whare; Thai *lorn* al her swink. TRISTR. 1, 102. Alle þe aarsyns þat wolde abyde, þar þai *lore* þat swet. FERUMBR. 2298. — Edward first in rode, & perced alle þe pres, þo þat him abode þer lyues alle þei *les*. LANGT. p. 221.

p. p. *Lorem* he haved the lives lyjt. BODY A. S. 7. Ye han him bitreid: His speche is *loren*, ich am desmaid. SEUYN SAG. 985. From riche reste mon hedde beo reft, In a *lorem* logge ileft. HOLY ROOD p. 146. Gast, thouj hast wrong, iwys, A lye-wyt on me to leye, that thouj hast *lorn* thi mikil blis. BODY A. S. 122. Þe lif of mani man þat ilk day was *lorn*. LANGT. p. 221. The lond was *lorn*. ALIS. 1828. Yhit a man es, when he es born, þe fendes son, and fra God es *lorn*. HAMP. 546. He [sc. Anticrist] sal be cald þe child þat es *lorn*. 4165. Now maistow not seye, That thou hast *lorn* noon of þy children tweye. CH. C. T. 8946. Scho .. Mighte be fulle sary, That *lorne* hade siche a body. PERCEV. 157. Man has nojt herde þat folc be *lorne*, þat hali crosse has wiþ ham borne. HOLY ROOD p. 118. Alle þis londe schal be *lorne*, longe er þe sonne rise. ALLIT. P. 2, 932. *Lore* þou hast boþe tonge & minde. POL. REL. A. LOVE P. p. 239. The worlde is *lore*, ther is no more to seyn. CH. *Minor P.* VI. 288.

2. selten erscheint das Zeitwort in der entschiedenen Bedeutung verloren geben, verderben.

It is to cume, that Herode seeke the child for to *lese* hym. WYCL. MATTH. 2, 13. vgl. WYCL. *Sel. W.* I. 327.

Les noujt is liif jut, for a litel wille, seþþe he so lelly þe loues, to lemman him þou take. WILL. 988.

Þou hated al þat wirkes wiknesse, þat lighe spekes, *leses* tou mare and lesse. PS. 5, 7.

leosen v. solvere s. *losen*.

leoten v. s. *læten*.

leoð s. apricitas s. *leowð*; membrum s. *lið*.

leoð, leod, led s. ags. *leoð, lioð*, cantus, carmen, ahd. *liod, leod, lioth, leoth, lied*, mhd. *liet* (g. *liedes*), niederl. *lied*, niederd. *leid, leed*, altn. *hljóð, ljóð*, vgl. gth. *liuþon*, cantare. Lied, Sang, öfters auch Zauberlied, Zauberformel, gleich dem lat. *carmen*.

Eft sone [sc. nedre] smuteð derneliche,
swa deð þe douel ine þe monnes ejen, if ho boð
opene to bihalden idel and unnet; ine þe eren,
if ho boð opene to lusten hoker and spel and
leoð [leow *ed.*]. OEH. p. 153. Ðe defles sed is
idel and unnet, and iuele word, hoker and scorn,
spel and leoð. II. 163. Idele lehtres . . þe beð
bispeke ewebruche, and oðer unriht inoh, wicch-
ing and swikedom, stale and leoð, and lesing,
and refloc. II. 213. Næs hit isæid næuere an
sæje no on leoðe, þat mare luue weore ifunden
bitweone twei kingen. Laj. III. 206. — Heo
wrpen heore leoten, þe scucke wes bitweonen;
heo funden on þen crefte carefulle leoðes. Laj.
I. 12 sq. Þer suggen [sungen?] beornes seolcuðe
leoðes of Arðure þan kinge. II. 503.

Peos ne schulen neauer song singen in
heuene, ah schulen weimeres leod al mare in
helle. Hali Meid. p. 21. Heora nomen ne herd
i neuer tellen a leoda ne a spella. Laj. I. 76.

Biddi hic singen non oðer led. G. A. Ex. 27.

Das Komp. leodscop s. gehört vielleicht
hierher; s. oben leodscop s. und vgl. ahd.
leodscaffo, carminum conditor. Sänger:
Leodscopes sungen. Laj. III. 229.

leoþl adj. s. lepi.

leoðien, leðien v. ags. leoðian, vgl. dleoðian,
avellere, abstrahere.

1. tr. losmachen, freimachen: Gud-
lac him sende word . . þat if he him wold leoðien
of laðe his benden, þat he wolde his mon beon.
Laj. I. 203. Mid liste he mot leoðien luðe his
bendes. II. 558. Swa þe cnot is icnut bituhen
us tweien þ ne mei hit luste, ne luðer strengðe
nowðer of na liuiende mon leosen ne leðien
[icowain ne leoðien v. l.]. Leg. St. Kath. 1525.
Þenne him swiðe longeð þider, him seluen leðien
ne mai, he sent his þoht and his tohope mid his
hote teares. OEH. II. 149. When heuy herttes
ben hurt wyth heþyng or elles, Suffraunce may
aswagen[d] hem, & þe swelwe leþes. Allit. P.
3, 2. Quen pryde schal me pryk, for prowes of
armes, þe loke to þis luf lace schal leþe my hert.
Gaw. 2437.

Leowse þi fet of mi necke, ant swa lanhure
leoðe me. St. Marher. p. 13. Leoðe vre
benden! Þu hafust al þis lond inomen, & al þis
folc ouercumen; we beoð under uote. Laj.
II. 497.

Alse wat swo þe man his sinne sore bimurneð, ure drihten leðeð þe sinne bendes. OEH.
II. 71. Stirínge of his stremes leþes [so E. H.
slakes *ed.*] þou. Ps. 88, 10.

Þe meiden dude swa, leowsede ant leoðede
a lutel hire hele. St. Marher. p. 13.

2. intr. sich legen, nachlassen: Crist
comanded wind and se To lethe, and fair weder
be. Metr. Homil. p. 135.

I wyste neuer quere my perle watz gon;
Now I hit se, now leþes my loþe. Allit. P.
1. 376.

Þe wind gon[d] aliðen, & þat weder leoðede.
Laj. II. 77.

leon interj. s. la.

leove s. aus dem Adj. leof entwickelt, ent-

sprechend dem ahd. liubî s., niederd. lêve.
Liebe.

Leous heom wes bitwune. Laj. I. 184.
Beden hine for godes leoue leten heom beon on
londe. III. 198.

leove adj. s. leof; leovemon s. s. leofmon.

leovien v. ags. leofian, commendari, ahd.
liubên, niederl. lieven, niederd. leiven, lôven.
lieben.

Leoue [imperat.] þinne broðer. Laj. I. 216.
Æuere mare ich æu leouis. Laj. I. 194.

He hire . . forð mid him ladde, & leourde
þe wimman leoftiche swiðe. Laj. I. 410. Alle
his leoden leoueden hine swiðe. I. 259.

Cf. Heo hauede enne leouemon, þa heo
swuþe ileoued hæfde. Laj. 1. 191.

leovien v. vivere s. livien.

leow, leowstude s. s. leo s. umbraculum.

leowð, leoð s. ags. hleóvð, hleóð, apricitas,
umbraculum, neue. dialckt. lewth.

1. Obdach, Schutz: Leowþ, apricitas.
Wr. Voc. p. 95. Heo drojen to ane aitlonde,
þer heo leoðe [lioþe j. T.] hafueden. Laj. II. 76.

2. Friede: Suggeð him to soðe . . þat jif
he wole a leoð gan, & halden me for lauerd, &
he me wulle bujen, þa bet him scal iwurðen.
Laj. I. 405. Jif þu wulle icnawen beo, þ Arður
is king ouer þe, and ælche jere him senden
græuel of þine londen, and jif [þu] gæst him a
leoð, þu miht libben þa eð. III. 51.

lep, leep, lepe s. ags. leáp, corbis, nassa,
altn. laupr, cophinus.

1. Korb: In a lep men lete him dun Vte
ouer þe walles o þe tun. Curs. Mundi 19719
Cott. A lytylle lep he gart be wroght, And ther
I was in bed broght And bonden fast; To the
salt se then thay soght, And in me caste. Town.
M. p. 329. Leep, or baskett, sporta, calathus,
corbis. Pr. P. p. 296. By a window in a leep
I was laten down by the wal. Wycl. 2 Cor. 11,
33 Oxf. A wethir forsothe he shal offre, a pe-
sible oost to the Lord, offrynge togidre a leepes
of therf looues. Numb. 6, 17 Oxf. Lepe, cani-
strum, corbis. Cath. Angl. p. 213. Lepe, or a
basket, corbeille. Palsgr. Thej thu nime evere
oth than lepe, Hit is evre ful bi hepe. O. a. N.
359. Moyses thabbot . . toke a lepe fulle of
gravelle on his backe. Trevisa V. 195.

Quen þai had eten, þat drihtin Bad þam
late na crummes tin, þe releif gadir þai to hepes, And fild þar wit tuelue mikel lepes. Curs.
Mundi 13510 Cott. God blessud the bred in wilderness, And two fyschis also, And sedd therwith
v. thosand men, xij lepus of relef laft after then.
Audelay p. 81. Thai token vp that lefte of
relyf seuene leepis. Wycl. Mark 8, 8 Oxf.

2. Fischreuse, Fischkorb: The lep of
fisshis. Wycl. Job 40, 26 Oxf. Leep, for fysshe
kepynge, or takynge, nassa. Pr. P. p. 297.
A lepe for fysche, fiscella, gurgustium. Cath.
Angl. p. 213. Lepe to take fysshe, nasse a
prendre poyson. Palsgr.

In lepes & in coufles so muche vyss hii
asolde hym brynge, þat ech man wondry ssal of
so gret cacchynge. R. of Gl. p. 265.

lepard s. s. leopard.

15

lepare, leper, loper s. ags. *hléápere*, saltator, cursor, altn. *hlaupari.* Tänzer, Läufer.

Lepare, or rennare, cursor; *lopare,* or rennar awey, fugax, fugitivus. PR. P. p. 297. A *leper,* saltator, -trix. CATH. ANGL. p. 213. A *loper* [*leper* A.], saltator, -trix. p. 220.

lepe s. saltus s. *leap;* corbis s. *lep.*

leper, lipre s. vgl. *lepre* s. lepra. neue. *leper,* sch. *lipper.* Aussätziger.

Lepyr, or *lepre,* man, or woman, or beeste, leprosus. PR. P. p. 297. A *lepyr,* leprosus, elefantinus, misellus. CATH. ANGL. p. 214. *Lepar,* a siche man, lasdre. PALSGR.

Pe brothir of hure husbond . . was a foul *lypre.* GESTA ROM. p. 317.

leperesse s. Tänzerin.

With a *leperesse* [daunseresse *Purv.*] be thou not besy ne here hir; lest per auenture thou pershe in the delyuere doyng of hir. WYCL. ECCLESIASTIC. 9, 4 Oxf.

lepȝer, lepeȝeer etc. s. altn. *hlaupár,* annus bissextus, neue. *leapyear.* Schaltjahr.

Hic bisextus, *lepȝere.* WR. VOC. p. 339. a *lepeȝere.* p. 273. *Lepeȝere,* bisextus. CATH. ANGL. p. 213. *Lepeȝers,* bisexte. PALSGR. Gayus . . ordeyned the ȝeer of 12 monethes, that is to seye, 365 dayes, withoute *lepeȝeer,* aftre the propre cours of the sonne. MAUND. p. 77. Þat tyme Iulius amended þe kalender, and fonde þe cause of þe *lepeȝere* [*lupeȝere* γ]. TREV. IV. 199.

lepi s. in *anlepi.*

lepinge, lopinge s. Tanzen, Springen.

A *lepinge,* saltacio. CATH. ANGL. p. 213. A *lopinge,* saltacio, saltus. p. 220.

lepre, leper, liper s. afr. *lepre, liepre,* sch. *lepyr, lipper,* gr. λίπρα, lat. *lepra* u. so pr. sp. pg. it. Aussatz.

Đor wurð Maria sumdel soth, for sche ðor haueð wið Moyses fliten; ðor wurð ghe ðanne wið *lepre* smiten. G. A. EX. 3688. Se leprus signefieþ þo senuulle men, si *lepre* þo sennen. O.E.MISCELL. p. 31. Whoso euer were thanne defoulid with *lepre* . . he shal haue his clothis vnsewyd. WYCL. LEVIT. 13, 44. 45 Oxf. The *lepro* fleynge and vagaunt shal be brent with fier. 13, 57. The *lepra* caught in his visage And so forth over alle aboute, That he ne mighte riden oute. GOWER I. 266. Thy *lepra* shall no more empeire. I. 272.

I wil mac the of *leper* clene. METR. HOMIL. p. 126. Riht als *leper* mas bodi Ugli and lathe and unherly, Sua mas the filth of licheri The sawel ful lath. p. 129 sq. Thei wolde him bath in childes blood Withinne seven winter age, For, as they sain, that shulde assuage The *leper* and all the violence etc. GOWER I. 267. *Lepyr,* or *lepre,* sekenesse, lepra. PR. P. p. 297. A *lepyr,* lepra, elefancia, missella. CATH. ANGL. p. 214.

Deere frende, go we to þat abbay, þat þe hooly woman may heele þe of þi *lipre.* GESTA ROM. p. 317.

lepros, lepras, leprous adj. u. s. afr. *lepros, leprus, lepreus,* pr. *lebros,* sp. pg. it. *leproso,*

lat. *leprosus,* neue. *leprous.* aussätzig; Aussätziger.

Þa þat *lepros* ere & lame. WARS OF ALEX. 4593. We redeð ine holi write þet Moiseses hond, Godes prophete, so sone he hefde wiðdrawen hire ut of his boseme, bisemede oðe spitelvuel, & þuhte *leprus.* ANCR. R. p. 148. Leprosus, *leperus.* WR. VOC. p. 224. A *leprus* man, leprosus. CATH. ANGL. p. 214. A *leprouse* man worshipide hym. WYCL. MATTH. 8, 2 Oxf.

subst. Swo kam a *leprus,* a sik man, and onurede him. O.E.MISCELL. p. 31. Se *leprus* signefieþ þo senuulle men. *ib.* This foraaid *leprous* was made hale.•METR. HOMIL. p. 129.

lerk s. su altn. *lerka,* contrahere, sch. *lirk,* crease, wrinkle. Runsel.

Hir forhed full fresshe, & fre to beholde, Quitter to qweme þen þe white snaw, Nouþer lynes ne *lerkes,* but full tell streght. DESTR. OF TROY 3027.

lere adj. s. *læro.*

lere s. gena, facies s. *leor;* pulpa s. *lira;* damnum s. *lura.*

lerea v. s. *læren.*

lernen, lernien v. s. *leornien.*

lerning s. s. *leorning.*

les adv. s. *las;* adj. s. *leas.*

lesard, lesarde s. s. *lacert.*

leske s. ags. *lesca* [s. GRIMM *Wb.* 6, 1020], niederl. *liessche* u. *lies,* niederrhein. *lies,* inguen, dän. *lyske,* sch. *lisk, leesk,* neue. *lesk.* Leiste, Weiche, Schambug, Dünnung des Leibes.

Hiss bodiȝ toc To rotenn bufenn eorþe All samenn, brest, & wambe, & þes, & cnes, & fet, & shannkess, & lende, & lesske, & shulldre, & bac. ORM 4772. Flanke or *leske,* ylium, inguen. PR. P. p. 163. *Leske,* inguen. p. 298. A *leske,* ipocundeia. CATH. ANGL. p. 214. *Leske* by the belly, ayne. PALSGR. — Bullenekkyde was þat bierne, and brade in the scholders . . with brustils fulle large, Ruyd armes as an ake with rusclede sydes, Lyme and *leskes* fulle lothyne. MORTE ARTH. 1094. The laste was a litylle man that laide was benethe, His *leskes* laye alle lene and latheliche to schewe. 3279.

lescun s. s. *lesson.*

lesche s. s. *leche.*

lese, leese, les, lees etc. s. afr. *laisse, lesse,* mlat. *laxa,* neue. *leash.* Leitriemen, Koppel.

A *lese,* laxa. CATH. ANGL. p. 214. *Leece,* or *lees* of howndys, laxa. PR. P. p. 291. 298. Tristrem hunters seighe ride, *Les* of houndes thai ledde. TRISTR. 1, 41. As glad as grehound ylete of *lese* Florent was than. OCTOU. 767. Now Eolus . . Take out thy trumpe of golde . . And blow as they han axed me, That every man wene hem at ese, Though they goon in ful badde *lese.* CH. H. of Fame 3, 674. I am myn owene womman wele at ese . . Right yong, and stonde unteyd in lusty *leese.* Tr. a. Cr. 2, 750. Lo! wher my grayhundes breke ther *leesshe,* my raches breke their coupuls in thre. Ms. in HALLIW. D. p. 510.

lese s. pascuum s. *lesuce*.

lesen v. perdere s. *loosen*.

lesen v. ags. alts. ahd. *lesan*, legere, colligere, mhd. *lesen*, afries. *lesa*, niederl. *lezen*, gth. *lisan*, altn. *lesa*, schw. *läsa*, dän. *læse*, neue. *lease*. auflesen, sammeln.

Who so helpeth me to erie or sowen here
ar I wende, Shal haue leue, bi owre lorde, to
lese here in heruest. P. Pl. Text B. pass. VI. 67.

Ne in thy vyneჳeerd the reysonus and cornes
fallynge down thow shalt not gedere, but to pore
men and pilgrimes to ben *leჳid* thow shalt leeue.
Wycl. Levit. 19, 10 Oxf.

lesen v. ags. *lésan*, *lýsan*, solvere, liberare, redimere, afries. *lésa*, altn. *leysa*, dagegen sch. *lösa*, dän. *löse*, wie alts. *lösian*, ahd. *lôsjan*, *lôssan*, *lôsan*, mhd. *læsen*, niederl. *lossen*, gth. *lausjan*. lösen, befreien, erlösen.

Vte we þenne . . leden clenliche ure lif,
alse þe holie boc us lereð, and þermide *lesen* us
ut of hellepine. OEH. II. 55. He hem shewede fortocne bi Ionan þe prophete of his holie
þrowegunge þe he wolde þolien to *lesen* al
mankin of eche wowe. II. 81. It is mi lichame
þe giu shal alle *lesen*; he bet us ec his holi blod,
þe shal ben shad giu to *lesende*. II. 97. Ich
com . . to *lesen* þe þrales of þralshipe. II. 121.
Mildhertnesse he kidde mannisse þo þe he . .
bihet hem þat he cumen wolde, and *lesen* hem
of eche wowe. II. 187. Iesu, godes sune, þe
forto *lesen* moncun, þat forloren schulden beon,
lette his deorwurðe lif on rode. St. Juliana
p. 16. Pærto comm þe Laferrd Crist . . Forr
þatt he wollde *lesenn* mann Ut off þe deofless
walde. Orm 4278. In þis world he wes ded,
For to *lesen* ous fram þe qued. Harr. of Hell.
35. „Ðin folc is more in sorwe went." God
quað, „ic sal hem *lesen* fro, And here fon weren
wið wo." G. A. Ex. 2896. Þu ჳef þe seluen for
me, to *lese* me fra pine. OEH. p. 271. *Lese* sal
he þoure fra mightand. Ps. 71, 12.

Heng him o rode, and *lese* us Baraban.
OEH. p. 279. *Lese*, Laverd, Israel Of alle his
drovinges. Ps. 24, 22. Bihald to mi saule, and
lese it. 68, 19. A, Laverd, *lese* mi saule. 114, 4.
Lese me out of bond. Gamelyn 401. *Les* us,
louerd, of his [sc. þe deuels] egginge and of
alle iuele. OEH. II. 31. Levedy of alle londe,
Les me out of bonde. Lyr. P. p. 29.

Godes giue is best, þe clenseð þe man of
alle sinnes and *leseð* of helle. OEH. II. 107.
Þanne he it [sc. his almes] ჳifeð . . and þermide
leseð him ut of shame, þe he hauen sholde ჳif
he him ne ჳeue. II. 157. Qua sa leses fra hing-
ing Thef, or bringes up funding, Of nauther
getes he mensc ne mede. Metr. Homil. p. 167.
Butte thou me *lese* (conj.) with thi lawes, I lif
neuyr more. Avow. of K. Arth. st. 23. Þe
seoffnde bede þatt mann bitt . . þatt iss, þatt
ure Drihhtin Godd Uss *lese* þurrh hiss are Ut
off all þatt tatt ifell iss. Orm 5464. Ihesu Crist,
that Lazarun To liue broucte fro dede bondes,
He *lese* hire wit hise hondes. Havel. 331.

Þu kene kidde kempe robbedes hellehus, *les-
edes* tine prisuns. OEH. p.273. Ure louerd..mid
his shorte deaðe *lesde* hem ut of eche deaðe. II.

19. Unrihtwise we ben þanne we ne don ure
helendes wille, þe *lesde* us of deaðe. II. 69. We
reden on þe holi godspel þat ure helende þrowede on þe holi rode, and deað þolede, and mid
his eðeliche deaðe *lesde* us of eche deaðe. II.
101. Ne miჳte no tunge tellen . . The stronge
pine of helle . . Er the sawle and the bodi a
two beon todrehen, Bute Crist that *lesede* his
folc that ther wes forloren. Rel. 8. p. 72. He
lesed me out of presoun. Yw. a. Gaw. 2864.

Þer þu, bote of monkin, schomeliche was
demed, and te monquellere fra deðes dom was
lesed. OEH. p.279. An flocc þatt shollde lusenn
himm . . Patt shollde risenn upp off dæþ O
domess daჳჳ, þatt wise þatt tanne shollde itt
lesedd ben Fra dæþess ჳocc þurrh Criste. Orm
4040. Þou gaf takeninge to dredeand þe, Fra
face of bow þat þai suld fle, þat *lesed* þi chosen
be. Ps. 59, 6.

leser s. zu ags. *leósan*, perdere. vgl. alte. *loosen*, *lesen* v. Verderber, Zerstörer.

I shal be glad in God my Iesus, þat is my
saveour, not in þe fals world, þat is *leser* of alle
þat it loven. Wycl. Sel. W. III. 31. — He [sc.
þo pope] makis unable curatis, þat bene *lesars*
of þo worlde. III. 470.

leser s. zu ags. *lésan*, *lýsan*, redimere. ahd. *lôsâri*, mhd. *læsære*, *læser*. Erlöser.

Laverd mi festnes ai in nede, And mi toflight þat es swa, And mi *leser* oute of wa. Ps.
17, 3.

lesere, lesere s. zu ags. *lesan*, colligere, ahd. *lesari*, *lesdri*, mhd. *lesere*, *leser*, neue. *leaser*. Leser, Aehrenleser.

Hi abideþ and wylneþ þane dyaþ, ase deþ
þe guode workman his ssepe [l. q. reward], and
þe *lezers* his heruest. Ayenb. p. 86.

lesewe s. s. *lesuce*.

lesewien v. s. *lesuwien*.

lesing s. zu ags. *leósan*, perdere. Verlust.

Knightes fallyng, stedes *lesyng*. Alis.
2169. Swerdes draweyng, lymes *lesing*. 2171.

lesing s. ags. *lesung*, neue. *leasing*. Aehren-sammeln.

Mai ich no lengore lyue wiþ mi *lesinge*.
Pol. S. p. 149.

lesing, lesinge s. mendacium s. *leasunge*.

lesinge s. ags. *lýsing*. Lösung, Erlösung. *Lesinge*, solutio. Pr. P. p. 298.

lesnesse, lisnisse s. ags. *lǽsness*, *lýsness*, solutio, redemtio[1] zu ags. *lésan*, *lýsan*. Vergebung.

Wo so here ys aslawe, ys deþ hym sal be
In *lesnesse* of al ჳa synnys. R. of Gl. p. 173.
Þe enlefte [sc. article] is to leue þe *lesnesse* of
senne. Ayenb. p. 14. Ich ileue ine þe holy
gost, holy cherche generalliche, mennesse of
halჳen, *lesnesse* of zennes. p. 263. Þu most in
lisnisse of þi synne þer habbe þi woninge. St.
Cristoph. 75.

lesse adj. s. *lasse*; **lessen** v. s. *lassen*.

lesseninge s. Verkleinerung, Milderung.

Lessenynge, diminucio, minoracio, miti-gacio. Cath. Angl. p. 214.

lesshen v. s. *lechen*.

lessing s. s. lassing.

lesson, lescun, lessoun s. afr. leçon, pr. leyczon, leisso, lesso, sp. leccion, it. lezione, lat. lectio, neue. lesson.

1. Vorlesung als Bestandtheil des kirch-lichen Dienstes: Þis power til alle papes gaf he, þat aftir Petre in erthe shuld be. Als shewes an exposicion Of þe haly godspelle in a lesson. HAMP. 3854. Holiniht vor þe feste of nie lescuns þet kumeð amorwen. ANCR. R. p. 22. bildl. vom Teufel: Huet lessouns þer he ret, alle uelþe he tekþ þer. AYENB. p. 56.

2. Aufgabe des Schulkindes: Hit him þingþ þet he is ase þet child þet is echedaye beuor his maistre and najt can his lessoun. AYENB. p. 135.

3. Aufgabe, Gegenstand des Schrift-stellers: Now salle we turne ageyn tille our owen lessoun. LANGT. p. 318. For to telle þe atiryng of þat child . . It wold lengþe þis lessoun a ful long while. WILL. 1941-4.

4. Unterweisung, Anweisung, Ge-bot: Eue heold in parais longe tale mid te neddre, & told hire al þet lescun þet God hire befde ilered & Adam, of þen epple. ANCR. R. p. 66.

lest, lestage s. s. last, lastage.

lesten v. s. læsten.

lesunge s. s. leasunge.

leswe, lesewe, leše s. ags. læsu, lǽsu, pa-scuum, pastura, neue. dial. leuse, leasow, pasture. Weide.

Ase men seið, in heouene is large lesuve. ANCR. R. p. 94. Ðis oref [sc. get oþer buckes] is swiðe egerne, and fecheð his lesuve hwile uppen trewes, and hwile uppen cliues, and hwile in þe dales, and stinceð fule for his gol-nesse. OEH. p. 37. In pascuis uberrimis . . on swete lesuve. II. 39. Ther shal not come thider ferd of thornes and of breres; and it shal be in to oxe lesuvo [lesewe of oxen Purv.] and in treding of feld beste. WYCL. IS. 7, 25. — Seuen oxen . . the whiche in the pasture of mershe the grene lesuvis cheseden. WYCL. GEN. 41, 18 Oxf. Biheld he þe lesewes [þa leswa s. T.]. LAȝ. I. 85 j. T. Send to me Dauith thi sone, the which is in the lesewis. WYCL. 1 KINGS 16, 19. He schal go yn, and schal go out, and he schal fynde lesewis. JOHN 10, 9. ȝif he lovede Cristis sheepe, he shulde . . make hem rest bi þe lesewes and bi þes watris þat Crist haþ ordeyned for his sheep. WYCL. Sel. W. II. 254.

Scheep wel faire her beoth . . Fairere hi beoth than joure scheep, grettere unyliche, For murie weder is her ynouȝ, and lese suythe riche. ST. BRANDAN p. 7. Lese lasteþ þer al þe wynter. R. OF GL. p. 43. ȝhe wist it [sc. þis litel barn] wel or bet as ȝif it were hire owne, til hit big was & bold to buschen on felde, & couþe ful craftily kepe alle here bestes, & bring hem in þe best lese, whan hem bistode nede. WILL. 172. Oþer breme bestes, bi maistrye & strengþe, han me dulfulli driuen fro my kinde lese. 3137. Upon this also men sain, That fro the leese whiche is pleine, Into the breres they forcacche Here orf. GOWER I. 17. Lees, pasture. PALSGR.

— Engelond ys ful ynow . . Of welles swete and colde ynow, of lesen and of mede. R. OF GL. p. 1.

leswien, lesewien, lisewien etc. v. ags. lǽsvian, pascere, pasci, altnorthumbr. lesuvsia. weiden.

1. tr. Lesve þine ticchenes bi heordmonne hulen, of ris and of leaues. ANCR. R. p. 100. Lesve þine ticchenes. ib. Who feedith, or lesuvith, a floc, and etith not of the mylk of the flok? WYCL. 1 COR. 9, 7 Oxf. ȝit another is, a litil child, and lisewith scheep. 1 KINGS 16, 11 Purv. — Þe selue herden beð þe lorþewes of holi chiriche, þe lesuveð here orf, alse þe boo seið, in pascuis uberrimis. OEH. II. 39. Þe gode herdes wakieð on faire liflode ouer here orf, þe þei lenewoð in halie larspelle. ib. Which þing as thei that lesuviden syȝen don, thei fledden. WYCL. LUKE 8, 34 Oxf. Who of jou hauynge a seruaunt eringe other lesuvoynge oxun, which seith to him, turnyd ajen fro the feeld, Anoon go, and sitte to mete? WYCL. LUKE 17, 7 Oxf. Ten fatte oxen, tuenti lesuved oxen [boves pascuales Vulg.], and an hundrid wetheris. WYCL. 3 KINGS 4, 23 Oxf.

2. intr. A flok of manye hoggis was there lesuvynge in an hil. WYCL. LUKE 8, 32 Oxf. A floc of many hoggis lesuvynge. MATTH. 8, 30. A flock of hoggis lesuvynge. MARK 5, 11.

letanie etc. s. afr. letanie, pr. letanias (pl.), it. letanie (pl.), lat. litania, gr. λιτανεία, neue. litany. Litanei, zum Absingen bestimmte Bitte, in der Kirche und bei Prozessionen.

He ful adoun before the weved, and on oure Louerd gan crie, And seide furst the set sames, and siththe the letanye. BEK. 1083. Clerkes þat þere were myd god deuocyon Reuested hem in chyrche, &·on God gonne crye Wepynde wyþ processeyon, & songe þe letanye. R. OF GL. p. 406. Thabbot and couent . . Toke the holy shryne in prayer and deuocion, Syng-yng the letanie, bare it in procession. ST. WER-BURGE p. 187. Letanye, letania. PR. P. p. 299. A letany, letania. CATH. ANGL. p. 214. Letany prayer, letanye. PALSGR. Daneben: Hec letania, letony. WR. VOC. p. 230. Hec letenia, hec laturia, a letany-boke. p. 249.

lete s. gestus s. late.

leten v. s. læten.

letirn s. s. lectorn.

letis s. s. letuce.

letrune s. s. lectorn.

letrure s. s. lettrure.

lette, lett, let s. altniederl. lette, mhd. letze, neue. let. vgl. letten v. Hemmung, Verzug.

ȝef [sc. se gode man] hað, ahte uniwasse, oðer hit wrð jewasse iþer þins of þe deaðe þe he her þaleð, oðer efter, mid eðeliche lette. OEH. p. 237 sq. Fond je ani lette of segges of þe oðer side þat sette jou ageynes? WILL. 1340. Sche wold wiþ god wille, wiþoute more lette, Meke hire in his merci. 2685. Þou schalt hauc hire at þin hest, & with hire al my reaume oþer half witterli, without any *lette*. 4750. Yche lord withouten *lette*, Vnto a tre ar thay sette. ANT. OF ARTH. st. 3. Still ho stode withouten *lette*. AMADACE st. 65. He .. thoughte ay on hire so, withoute *lette*. CH. *Tr. a. Cr.* 1, 361. Thou shalt beleve, So as it sit the well to knowe, That there ben other vices alowe, Which unto love don great *lette*. GOWER II. 92. In a trone up he him sett, And cumand þam withowten *lett* þat king of kinges þai suld him call. HOLY ROOD p. 122. How his land auld be lost withouten *lett* mare. WARS OF ALEX. 118. — Ich wile *segen*, undernimeð hit, hwat makeð swilch *letten*. OEH. II. 11.

There ne most be no *lete*, A non his sone was forthe fete. SEVEN SAG. 2439. In sche goth withouten lenger *let*. CH. *C. T.* 8176. *Let* or lettyng, empeachement, obstacle. PALSGR.

letten v. ags. *lettan*, tardare, impedire, alts. *lettian*, afries. *letta*, niederl. *letten*, ahd. *lezjan, lezzan*, mhd. *lezzen, letzen*, gth. *latjan, χρονίζειν*, neue. *let.*

1. Hemmen, hindern.

Alle þo þe leueð þat swilch þing hem muge furðrie oðer *letten*, ben cursed of godes muðe. OEH. II. 11. Swo haueð þe deuel nið and onde to hem for þan hem is bihoten þe hege sete on heuene .. þerefore he cumeð *letten* hem mid alle his widerfulle wrenches. II. 191. Monie þinges muwen *letten* him of his jurneie. ANCR. R. p. 352. Þauh þer nere non oðer vuel of bute hore meðlease muð, hit wolde oðer hwule *letten* heouenliche þouhtes. p. 414. Sho was adrad, for he so þrette, And durste nouth þe spusing *lette*. HAVEL. 1163. Mouthe noþing him þer fro *lette*. 2253. Alle þe men vpon mold ne mow it now *lette*. WILL. 1253. Thei loken .. evere more down to the erthe, for drede to see ony thing aboute hem, that scholde *lette* hem of here devocyoun. MAUND. p. 173. If he may put any lette, He doth al that he may to *lette*. GOWER I. 162. The remenaunt of the tale is long inough, I wol not *lette* eek non of al this rowte. CH. *C. T.* 890. Þei see no succour in no syde aboute, That was come to hur koste, þe king for to *lett*. ALIS. FRGM. 148. Sche bad anon, men schuld hir fett Hir lord, þerl, hir bifore, And þat no man schuld him *lett*. GREGOR-LEG. 757.

Wend fram him, for hit is tyme, and ne *lette* ous nouȝt. ST. BRANDAN p. 27. Lete me wepe my ffylle, Go forthe thi wey, and *lett* me nowght. COV. MYST. p. 121. Good bretheryn, I ȝow pray, *Lett* me not my wey to wende. p. 369.

Þe lem of þe sonneliht þou *lettest* to shine. ALEX. A. DINDIM. 520. Recheleste *letteð* þe mannes shrifte. OEH. II. 73. Ortrowe of godes milce *letteð* þe mannes shrift, þe haueð michel aineged. II. 75. What *letteð* þene fisc to uleoten to þan oðere. LAȝ. II. 500. Swa summ þe waterr erneþþ forþ ȝiff þatt itt nohht ne *letteþþ*. ORM 14116. O þing is þet *letteð* hire meat, þet is, beowust [beo wust *ed.* beo iwust C.] amoᵇᵍ men. ANCR. R. p. 156. Ligtlike ge [sc. ðe fᵒₓ] lepeð up and *letteð* hem sone gelt hem here

billing raðe wið Illing. BEST. 416. Som men has mykel lettyng, þat *lettes* þam to haf right knawyng Of þam selfe. HAMP. 237. Hwat binimeð us his luue, & *let* us to luuien him. ANCR. R. p. 14. Þis leue sheweð ech man þanne crede singeð; þe man bisecheð god þe beð is gultes cnowe, and his sinnes forieteð, and sore bimurneð, and beteð bi his mihte; þat doð ech man þenne he pater noster singeð, bute his liðere liflode his bede *lette* (conj.). OEH. II. 123. Þus is sicnesse .. scheld þet heo ne keccheð mo ase God seið þet heo scholde, ȝif sicnesse hit ne *lette*. ANCR. R. p. 182. — Þe wraððe of kinges and of barones þe .. wurreð uppe chirches, oðer wanieð hire rihtes, oðer *letteð*, oðer mid alle binimeð, ȝif hie mugen. OEH. II. 177. Ten þing ben þe *letten* men of here scrifte. II. 71.

Seint Iohan hit wiðseide, and *lettede* hit bi his mihte. OEH. II. 139. Roúnd was the schap .. Ful of degre, the height o sixty pass, That, whan a man was set in o degre, He *letted* nought his felaw for to se. CH. *C. T.* 1891. Þenne were þu wel his freond toward Criste, gif þu hine iseȝe þet he wulle asottie to þes deofles hond and to his werkes, þet þu hine *lettest* [vgl. ags. Präteritum *letteðo* u. *lette*]. OEH. p. 17. — Þa mereminnen heom to swommen .. heo heom *letten* mid luðere heora craften. LAȝ. I. 57. Dredful dragonus drawen hem þiddire, Addrus & ypotamus & oþure ille wormus, & careful cocodrillus, þat þe king *lotte*. ALEX. A. DINDIM. 156. Þai .. sayd here prayers vndeuoutly, And *let* oþer men of mas hereng. O.E.MISCELL. p. 213.

I am sory that I have yow *lette* To herknen of youre book. CH. *Tr. a. Cr.* 2, 94. It mighte nought be *let*, For ȝifte ne for no beheste, That she ne was all at his heste. GOWER I. 163.

2. seltener intr. zögern.

He laid on þat loodly, *lettyd* he noght, With dynttes full dregh, till he to dethe passe. DESTR. OF TROY 934. This marquis hath hir spoused .. And to his palys, er he lenger *lette*, With joyful poeple, that hir ladde and mette, Conveyed hire. CH. *C. T.* 8262.

letter, lettre s. afr. *letre, lettre*, pr. *letra, lettra*, sp. pg. *letra*, it. *lettera*, lat. *litera, littera*, neue. *letter.*

1. Buchstabe: When it es born it cryes swa: If it be man, it says „a, a", þat þe first *letter* es of þe nam of our forme fader Adam. HAMP. 480. E es þe first *letter* and þe hede Of þe name of Eve. 486. Þis wordes, aftir þe *lettre* [buchstäblich], er hard to here. 6759. His name ðo wurð a *lettre* mor .. for ðo wurd Abram Abraham. G. A. EX. 993-5. — He ðat ðise *lettres* wrot, God him helpe. 2527. Þeos psalmes beoð inumene efter þe uif *lettres* of vre lefdi nome. ANCR. R. p. 42. Þe writ was whit & schynde briȝte, þe *lettres* were of golde. ST. KENELM 256. In Egypt also there ben dyverse langages and dyverse *lettres*. MAUND. p. 53. All þe sawis of þaire syre .. þare gan þai graithly þam graue, in golden *lettirs*. WARS OF ALEX. 200.

2. Schriftstück, Schrift: Alle þe comons of þe lond with *letter* þam bond, & ilkon sette his seale þerto. LANGT. p. 45. — Þe ualse notaryes, þet makeþ þe ualse *lettres*. AYENB. p. 40.

3. Zuschrift, Brief: One deorne *lettre* jeo sende him to reade. LAჳ. I. 192 j. T. Eilred sent tille Inglond his sonne With his letter sealed. LANGT. p. 45. This *letter*, as thou hast herd devise, Was counterfet. GOWER I. 192. Þus was þe *lettre* of the lud, þat he last sente, & Mascedonius mihty king menakliche hit radde. ALEX. A. DINDIM. 1072. Da die Mehrzahl, gleich dem lat. *literæ*, auch von einem Briefe gebraucht wird, so ist es bisweilen zweifelhaft, ob mehr als ein Brief dadurch bezeichnet werden soll: The bissops wende ek ofte to this king Ion, & *lettres*, that the pope hom sende, him saewede monion. R. OF GL. p. 494. I hade *lettres* of the soudan . . in the whiche *lettres* he commanded, of his specyalle grace, to all his subgettes, to lete me seen alle the places. MAUND. p. 82. Swete Ihesu, þu oppnes me þin herte for to cnawe witerliche, and in to reden trewe luue *lettres*. OEH. p. 283. Þe king komaunded a clerk keneli & swiþe to loke on þo *lettres* and lelli hem rede. WILL. 4543. Þanne let þe lordliche king *lettres* endite & þere on settus his sel. ALEX. A. DINDIM. 181. Þañ sendis scho to him sandismen with selid *lettris*. WARS OF ALEX. 5100.

4. Schriftwesen, Schriftgelehrsamkeit, Wissenschaft: Arystotill, þat was his awen maister And one of þe coronest clerkis þat euer knew *letter*. WARS OF ALEX. 623. Þus with his feris he faჳt, as I fynd wreten, As wele in *letter* and in lare, as any laike ellis. 643. — Ne may non ryhtwis king . . Bute if he beo in boke ilered . . And he cunne *lettres*, lokie him seolf one, hw he schule his lond laweliche holde. O.E.MISCLL. p. 106.

lettere s. su *letten* v. ags. *lettan*, tardare, impedire, geh. Hemmer, Hinderer.

He is a *lettere* of lone, and lyteþ hem alle Þat trusteþ in heor tresour þer no truþe is inne. P. PL. Text A. pass. I. 67.

lettered, lettred, lettird adj. vgl. afr. *letre*, *lettre*, pr. *letrat*, sp. pg. *letrado*, it. *letterato*, lat. *literatus*, neue. *lettered*. gebildet, gelehrt.

I toke anoþer wif, a ful loueli lady, *lettered* at þe best. WILL. 4087. Sone, thow art *lettered*, loke and rede thes letteres. GESTA ROM. p. 256. I have avauntage, in o wise, That youre prelatis ben not so wise, Ne half so *lettred* as am I. CH. R. of R. *Lettrid* berne [zu einem Musiker gesagt], Quareto feynys þou þis fare? WARS OF ALEX. 1241 Ashm. Ledis at ware *lettird*. 199.

lettesse s. s. *letuce*.
letterne s. s. *lectorn*.
lettre s. s. *letter*.
lettrure, letrure etc. s. afr. *letrĕure, lettrĕure*, anglonorm. *lettrure*, lat. *literatura*, neue. *literature*.

1. Litteratur, Bücher: For that *lettrure* seith ther ageyn, Nul Y schewe hit to no mon.

ALIS. 3516. Sorebotes they hotith in *lettrure*. 6317. Luctus it hiჳt, þe *letterure* & þe line þus it callis. WARS OF ALEX. 2171.

2. Bücherkunde, Wissenschaft: Tuo sones by this Odenak had ache, The which sche kept in vertu and *lettrure*. CH. C. T. 15781. Lered on *letrure* was þe lud then. ALIS. FROM. 1152.

Ffor i not knew *lettyreure*, i sall entire in myghtis of lord; lord, i sall hafe mynd of thi rightwianes anly. HAMP. Ps. 70, 17.

A clene man of counsell, with a cloise hert, Of *litterure* & langage lurnyt inoghe. DESTR. OF TROY 3939.

3. Kunde, Kunst: Þe chef þyng alosed Is [in?] þe lel layk of luf, þe *lettrure* of armes. GAW. 1512.

lettunge, lettinge s. ags. *letting*, impeditio. Hemmung, Hinderung.

Hwi art tu me awo fremede? hwine con ich þe woჳe wiþ swete luue . . ? Wei, wei! Þe bitternesse of mine sunnen attri is þe *lottunge*, mine sunnen beoþ wal bitweone me and þe. OEH. p. 187, 202. Hwer se eauer þe gast wule, þe bodi is anan riht wiðute *lottunge*. p. 265.

Nas hit noht swa iloten, for *letting* com on ueste. LAჳ. I. 334. Ðo sori wrecches of yuel blod wulden him ðor gret strengðe don, Til wreche and *letting* cam hem on. G. A. Ex. 1074. Fro Ramese to Sokoht stede Non man on hem *letting* dede. 3203. Som men has mykel *lettyng*, þat lettes þam to haf right knawyng Of þam selfe, þat þai first suld knaw. HAMP. 237. A man for drede of *lettyng* Shuld noght abyde þe dedes commyng. 1996. The erthe aperede drie, and, in the rede se, weie withoute *lettyng*. WYCL. WISD. 19, 7 Oxf. Loke þat no *lettyng* ger þe lenge here. DESTR. OF TROY 1937.

letuarie etc. s. afr. *lettuaire, lectuaire*, pr. *electuari, lectuari, lectoari*, it. *lattovaro, lattuaro*, mhd. *latwdrje, latwĕrje*, niederl. *lactuarie*, schw. *latwerg*, dän. *latverge*, mlat. *electarium, electuarium*, auf gr. *ἐκλεικτόν* (Aufzuleckendes) zurückweisend; neue. *electuary*. Latwerge, heilkräftiger, dicker Saft, Heilmus.

Com þe Cwene of Heouene, & two meidenes mid hire. Þe on ber as it were a *letuarie*. ANCR. R. p. 370. Every boist ful of thi *letuarie*, God blesse hem. CH. C. T. 13722. For þe goute . . þe pacient schal drynke oure 5 essence wiþ a litil quantite at oonys of þe *letuarie* de sueco rosarum. QU. ESSENCE p. 19. Many a *letuary* had he ful fyn. CH. C. T. 9683. *Letuarye*, electuarium. PR. P. p. 300. Hoc electuarium, *letwerye*. WR. VOC. p. 227. *Lettuary*, electuarium. CATH. ANGL. p. 215. *Lectuary*, lectuaire. PALSGR. — Hehaueð so monie busies ful of his *letuaries*, þe luðere leche of helle. ANCR. R. p. 226. Ful redy hadde he his apotecaries, To sende him dragges and his *letuaries*. CH. C. T. 427.

letuce, letuse, letis, lettesse s. lat. *lactuca*, afr. *laitue*, pr. *laytuga, lachuga*, sp. *lechuga*, it. *lattuga*, neue. *lettuce, lettice*. Laktuke, Lattich, Gartensalat.

Letuce, herbe, lactuca. PR. P. p. 300. *Le-*

tue, lactuca. CATH. ANGL. p. 214. Hec letusa, letuse. WR. VOC. p. 265. Hec lactuca, letys. WR. VOC. p. 191 u. 225. Lettes, an herbe, lectus. PALSGR. Lettesse, lactuca. MAN. VOC. (a. 1570) p. 85.

leðe s. vgl. leoðien, leðien v. in nordengl. Diall. i. q. ease. Linderung, Ruhe.

Swilche pine ic habbe þet me were leofere þeane al world þah hit were min, moat ic habben an alpi þraje lisse and summe leðe. OEH. p. 35. Þe IX. [sc. hellepine] is bandis of fire iwis, als hali writte hit wittenis, þat alle þaire limis ar bundin wiþ, wiþouten leþ of ani liþ. CURS. MUNDI 23257 FAIRF. Þer watz busy ouer borde bale to kest Her bagges & her feþerbeddes, & her bryjt wedes, Her kysttes & her coferes, her caraldes alle, & al, to lyjten þat lome, jif leþe wolde schape. ALLIT. P. 3, 157. Oone worde myght thou speke ethe, Yit myght do the som lethe [letht ed.]. TOWN. M. p. 193. Ware þai so wyse þat has waes, qua ware so wide praysed As þa þat lepros ere & lame, þat neuire of leth knewe? WARS OF ALEX. 4592.

leðer s. ags. leðer, corium, ahd. mhd. leder, afries. leither, leder, lider, leer, niederl. leder, lzer, niederd. ledder, leder, lier, altn. leðr, schw. läder, dän. læder, sch. leddyr, neue. leather. Leder.

Þe hund þet fret leðer. ANCR. p. 324. Ine schelde beoð þree þinges, þet treo, and þet leðer, & þe peintunge. p. 392. Fede þay þayr houndes Wyth þe lyuer, & þe lyjtes, þe leþer of þe paunchez. GAW. 1359. Alle þat loked on þat letter, as lewed þay were, As þay had loked in þe leþer of my lyfte bote. ALLIT. P. 2, 1580. Corria, lether. WR. VOC. p. 181. Lether, cvir. PALSGR. By hir gurdil hyng a purs of lethir. CH. C. T. 3250.

Statt des þ, ð, trifft man in diesem Worte, wie im Schottischen, auch d: Ledyr, or leþyr, or lethyr [leyre, or leþyre S. leddyr, or lethyr P.], corium. PR. P. p. 293. Sporiors, spicers, spynners of clothe, Cokes, condlers, coriours of ledur. DESTR. OF TROY 1595.

leðerien, liðerien v. ags. leðrian, oblinire, neue. lather. triefen.

He leþerede a swote. LAȝ. I. 320 j. T.

Leggeð se luðerliche on hire leofliche lich [þat] hit liðeri o blode. ST. JULIANA p. 17. vgl. p. 16. — Het .. beaten hire bare flesch .. & swa men didde sone, þ hire leflich lich liðerede al o blode. LEG. ST. KATH. 1547-54. Þe awaride wiðerlahen leiden awa luðerliche on hire leofliche lich, þ hit breo oueral ant liðerede o blode. ST. MARHER. p. 5.

leþern adj. ags. leðern, coriaceus, ahd. lidirin, lidrin, mhd. liderin, niederl. lederen, sch. ledderane, neue. leathern. ledern, von Leder.

Lyk a leþerne pors lullede his chekes. P. PL. Text A. pass. V. 110 [as a leþerene pors lollid hus chekus. C. pass. VII. 199].

leðl, leðöl adj. afries. lethoch, letheg, ledich, leech, mhd. ledoc, lidig, niederl. ledig, niederd. ledig, leig, lěg, altn. liðugr, schw. dän. ledig. ledig, schwach, matt, nutzlos.

I [sc. þe roode] bar þi fruit leopi and lene. HOLY ROOD p. 147. His ere lappes waxes lethy. REL. ANT. I. 54. Lethy, or weyke, flexibilis. PR. P. p. 302. A ful lethy thyng it were, If that love nere. P. PL. 5979.

leðien v. s. leoðien.

leðða s. ags. læððu, ahd. leida, accusatio. Abneigung, Hass.

Ure drihten .. forgiaf hire hire sinnen for two þinge, an is muchel leðða to hire sunne, oðer muchel luue to him. OEH. II. 141.

leuk, lheuc, lewk, luke adj. ob kymr. llug in Zusammensetzungen? s. DIEFENB. Germ. Wb. II. 142. Das ags. vláe, ahd. welc gehört nicht hierher; diesem entspricht altn. wlech. vgl. sch. luikhartit, neue. lukewarm. lau, auch bildlich gebraucht.

Temper al togider, and gyf hym drynke in leuke wyne. REL. ANT. I. 52. Als a leuke bath nouther hate ne calde. HAMP. 7481. Ms. Harl. 6923. Leuke, warme or blodde warme, tiede. PALSGR. He is fyeble and lheuc to alle guodes to done. AYENB. p. 31. Leuke, tepidus. CATH. ANGL. p. 215. Lewke, not fully hote, tepidus. PR. P. p. 302. Opened wes his breoste, þa blod com forð luke. LAȝ. III. 98.

leukenesse s. Lauheit, Laulichkeit.

Leukenesse, tepor. PR. P. p. 302.

leukliche, lheucliche adv. lau, achwach.

Huanne þe man loueþ lite and lheucliche oure lihord, þet he asolde louye bernindeliche. AYENB. p. 31.

leud laicus s. lewed.

leun s. s. leo, Löwe.

leute s. s. lealte.

levaine, leveine, Iewan s. afr. levain, pr. levam, lat. levamen, neue. leaven. Sauerteig.

Ase þe leuayne zoureþ þet doj and hit draþþ to smac. AYENB. p. 205. Leve[y]ne of dowe [leveyn, or dowe S. P., fermentum H. S. P.]. PR. P. p. 300. He is the leveyne of the bred, Whiche soureth alle the paste aboute. GOWER in HALLIW. D. p. 516. Hoc levamentum, lewan. WR. VOC. p. 201.

leve s. fides s. leaf, ags. leðfa, geleáfa.

leve s. permissio s. leaf, ags. leáf.

leve adj. s. leof.

lhevedi, levedi, levedie s. lafdi.

leveful adj. s. unter loaf s. fides; levelik adj. s. leaflic.

level, levell, auch livel s. afr. liveau, pr. livell u. nivel, pg. livel u. nivel, sp. nivel, it. livello, nach lat. libella, neue. level. Wasserwage, Richtacheit.

Level, rewle, perpendiculum. PR. P. p. 301. Of alkinnes craftes I contreued toles, Of carpentrie, of keruere, and compassed masouns, And lerned hem leuel and lyne [lered hem liuel and lyne A. pass. XI. 136]. Text B. pass. X. 177. Levell, a ruler, niveau. PALSGR. À levelle, perpendiculum. CATH. ANGL. p. 215.

levemon s. s. leofmon.

leven v. linquere s. læven; frondere s. levien.

leven, selten lefen v. ags. léfan, lýfan, permittere, concedere, ahd. ar-loupan, mhd. er-

louþen, gth. *us-laubjan*, altn. *leyfa*, permittere, laudare. ɀulassen, gestatten.

imperat. Louerd, .. *leue* me ðet ich mote soðliche ɀeggen wið ðe meiden þet of þe ɀeið þeos wordeɀ: Mi leofmonneɀ luft erm halt up min heaued. OEH. p. 213. ·Ihesu, *leue* þat te luue of þe beo al mi likinge. p. 271. 273. 275. 287. Lafdi, for þe ioie þat tu hefdeɀ of his ariɀte þe þridde dai þer after, *leue* me vnderstonde þi dol. p. 285.

Lef þa dunteɀ drepen me þat tai þe dunchen and þraɀten þe forðward ɀwiðe toward ti dom. OEH. p. 283. *Lef* me ɀet, lauerd, ɀef þi wil is, iɀeon þi awariede wiht. ST. MARHER. p. 7. *Leaf* me gan. p. 12. *Lef* me þat ich mote, mihti meinfule godd, ɀeon him iɀcheomet. ST. JULIANA p. 34. vgl. p. 29.

præɀ. conj. Muchel is us þenne neod .. ɀerne bidden ure milɀiende drihten þet hé us *leue* ɀwa libben .. þet we moten heonene feren to þan eche bliɀɀe. OEH. p. 11. Ure louerð Ihesu Crist *leue* us ɀwo ure ɀynnen to beten .. þat we mo ben on his riht hond on domeɀdai. II. 59. Ure louerd .. bringe us to his holi fleiɀ and to his holi blod, and *leue* us hem to bruken. II. 97. Aɀe ure Louerd *leue*, þuruh þe grace of himɀulf, þet hit ɀo mote beon. ANCR. R. p. 430. Vre loverd Crist *leue* us ðat his lage us fede. BEST. 303. Iheɀu Crist .. *leue* ɀho mo him yɀe Heye hangen on galwe tre, þat hire haued in ɀorwe brouth. HAVEL. 331-6. God *leue* him ɀone to honge. 2807. God *leeue* vɀ here ɀo ende þat we ben worþi to heuene wende. CAST. OFF L. 1523. Crist him *leue* ɀpede þin erende to ɀpede. K. H. 461.

Godd Allmahhtiɀ *lefe* uɀɀ ɀwa To forþenn Cristeɀɀ wille .. Swa þatt we motenn alle imæn Beon borrɀhenn þurrh hiɀɀ are. ORM 8873. vgl. 10251.

p. p. Ɀette me an hwat .. ɀif me is *leued*, þurh leue Lauerd, for to leggen ham adun, þ tu þi misbileaue lete þenne lanhure, & lihte to ure. LEG. ST. KATH. 768.

leven, lefen, ɀelten leoven v. agɀ. *léfan*, *lýfan*, credere, confidere, afrieɀ. *léva*, *liuva*, *liova*, niederd. *löwen*, ahd. *gilouþan*, altɀ. *gilóbian*, niederd. *gelooven*, gth. *laubjan*, neue. be-lieve. glauben.

inf. To *leuene* [luuene *Ms.*] ine god mote fiɀ þing. OEH. p. 75. Þet achten we to *leuen* wel, for ure drihten ɀolf hit ɀeide. p. 167. Þat is þe deuel; he makeð þe unbilefulle man to *leuen* ɀwilche wigeleɀ. II. 11. Meiɀter, we wolden ɀen ɀum fortocne of þe, warbi we mihten cnowen gif it ɀoð were þat þu ɀeiɀt, and *leuen*. II. 81. Hwat is mare madɀchipe þen for to *leuen* on him & ɀeggen þ he is Godes Sune. LEG. ST. KATH. 327. Wel ow ɀchal wurðen ɀif ɀe me wulleð luɀtnin & *leuen*. 1762. Ɀef he wule luuien & *leuen* godd almihti, enne mei he ɀpeoken þrof. ST. JULIANA . 13þ Ðu higteɀ to *leuen* on him, and hiɀe lageɀ luuien. BEST. 169. He ɀeide he wulde him *leuen* on. 454. Þe lyɀt of hem myɀt no mon *leuen*, þe glemande glory þat of hem glent. ALLIT. P. 1, 69. Þei ɀchulde *leeuen* .. In non oþur ɀtraunge god. JOSEPH

219. *Levyn*, or belevyn, credo. PR. P. p. 301. Ihc wene ihc mai þe *leue*. K. H. 562. Mi ɀone iɀ founde þat ache for ɀore ɀaide waɀ ɀonk in þe ɀee, ɀo dede ɀche me to *leue*. WILL. 4174. Telle me, ɀif y may þe *leue*. GREGORLEG. 792. Hu ɀuw birrþ ledenn ɀuw & *leɀenn* uppo Criste. ORM 938. Waɀɀ cumen i þiɀɀ middellærd Full mikell bliɀɀe & ɀellþe Till alle þa þatt ɀholldenn wel O Godeɀɀ Sune *leɀenn*. 3850. Dar no man hym reprefe, what maɀtry he mayɀ, And yit may no man *lefe* ɀone word that he ɀayɀ. TOWN. M. p. 98.

imperat. *Lef*, lanhure, þ tu ɀoɀt, miracleɀ þ beð maked ɀet þurh him. LEG. ST. KATH. 1074. *Lef* thou no falɀe lore. LYR. P. p. 113. Loueliche lemman, *leue* þou for ɀoþe, alle men vpon molde no ɀchuld my liif ɀaue, ɀif þou wendeɀt of þis world, þat I ne wende after. WILL. 1553. Leuedi, *leue* þou wele mi tale. GREGORLEG. 730. Whon he com into þe lond, *leeue* þou for ɀoþe, ɀeole templeɀ þerinne tulten to þe eorþe. JOSEPH 99. — *Leueþ* þiɀ for trouþe. WILL. 5068. *Leuyɀ* hit full lelly. DESTR. OF TROY 9847. Neuer *leue* ɀe oþer. WILL. 2071.

præɀ. Credo deo, ich *leue* gode. OEH. II. 17. Ne mei me nowðer tene ne tintrehe turnen fra mi lefmoneɀ luue, þ ich on *leue*. LEG. ST. KATH. 1513. Iheɀu Crist godeɀ ɀune þat ich on *leue*. ST. JULIANA p. 13. Eiþer of ɀou, aɀ y *leue*, is god leche til oþer. WILL. 1032. Y *leue* ɀhe wax oute of here mynde. R. OF BRUNNE *Meditat.* 784. Y *leue* not þat my ɀuɀtren al ɀoþ ɀeide. R. OF GL. p. 30. I *leve* godeɀ of Laverd to ɀe. Ps. 26, 13. If þee liketh þat I *leeue* thy lufɀum deedeɀ, Tell mee . . In what daie my dere lorde .. Waɀ iborne. ALIS. FRGM. 639-42. Y ne *leoue* hit noɀt þat his miɀteɀ were ɀo ɀtronge. ST. MARGAR. 169. — Þu *lefeɀt* rihht & trowweɀt. ORM 12817. *Leueɀtow*, leue lemman, þat i þe leue wold for deþ or for dureɀɀe? WILL. 2358. conj. Þe firɀte bodeword waɀɀ ɀett .. þatt tu *lefe* onn an Allmahhtiɀ Godd. ORM 4388. Ɀyre, bot thow *leve* me, Alɀo mote bytyde the, Aɀ dyde the atyward. SEVEN SAG. 506. — Þet þridde [ɀc. credo in deum] ne *leueð* non bute þe gode criɀtene mon. OEH. p. 75. Curɀed be þe man þe *leueð* upon hwate. II. 11. He .. *leueð* on ure louerd Criɀt. BEST. 100. Bi þe louerd þat man on *leueɀ*. HAVEL. 1781. vgl. 2105. Þatt floce þatt follɀheþþ Criɀtenndom & uppo Criɀte *leɀeþþ*. ORM 6528. — Ðuɀ we it *leuen*. BEST. 459. For loue of þe lord þat we *leuen* inne. ALEX. A. DINDIM. 597. — Ɀe *leuen* alle in Appolin. 701. — Alle þo þe *leueð* þat ɀwilch þing hem muge furðrie oðer letten, ben curɀed of godes muðe. OEH. II. 11. Niɀ him na derure for to adweɀchen adun fele þen feawe, bifore þeo þ him riht *leueð* & luuieð. LEG. ST. KATH. 948. Ðeo þ *leoueð* þis ɀoð, & leaueð þat leaɀe, .. he haueð bihaten ham þ he ham wile laɀten þ iɀ bliɀɀe buten ende i þe riche of heuene. 1803-10. The Samaritaneɀ *leeven* well in o God. MAUND. p. 108. Thai *lefe* nott on owre laye. ISUMBR. 253.

præt. Adam, þou haueɀt dere aboht, þat

þou *leuedest* me noht. HARR. OF HELL 59. —
Abram *leuede* ðis hot in sped. G. A. EX. 935.
Þe kyng *leuede* hym wel ynou. R. OF GL. p. 334.
On Crist ne *leuede* he noutt. MEID. MAREGR.
st. 3. Who *leuede* to oure heering? WYCL. IS.
53, 1 Oxf. The serjant *leovede* hit noʒt. BEK.
687. Þe fader bicom dumb, for he *lefde* hit noht
þat þe engel him sede. OEH. II. 135. Þ̶ ha
were . . fordon & fordemet, ʒif ha nalde leauen
þ̶ ha ʒet *lefde*, & hare lahe luuien. LEG. ST.
KATH. 423-31. — Alle dredden him and *leueden*
not that he was a disciple. WYCL. DEEDS 9, 26
Purv. Feole temples . . tulten to þe eorþe, for
heore false ymages þat þei on *leoueden*. JOSEPH
100. Olibrius . . þ̶ alle þeo þe *lefden* open
liuiende godd fordude and fordemde. ST. MAR-
HER. p. 2.

p. pr. Beth conuertid also, ʒee synful men,
and doth riʒtwisnesse befor God, *leouende* that
he doth mercy with vs. WYCL. TOB. 13, 8 Oxf.

p. p. Isaac wexe adred . . and more than
it may be *leuyd* wondrynge, seith etc. WYCL.
GEN. 27, 33 Oxf.

levene, leven, levin s. vgl. welsch *llafs*,
blade, zum Stamme des ags. *lég, líg*, flamma, gehörig. neue. sch. *levin*. Blitz.

Ðhunder and *leuene* and rein ðormong God
sente on ðat hird. G. A. EX. 3265. Ðhunder
and hail and *leuenes* fir Cam wel vnghere. 3046.
With wilde thunder dynt and fuyry *leuene* mote
thi wicked necke be tobroke. CH. C. T. 5858.
Levene, or lyghtenynge, fulgur. PR. P. 301.

It affraied þe Sarazins, as *leuen* þe fire
outschete. LANGT. p. 174. Him thoghte ane
angele lyghte als *leuen* Spake to hym with mylde
steuen. SEGE OFF MELAYNE 112. The thunder
with his firy *leven* So cruel was vpon the heven,
That every erthely creature Tho thought his life
in aventure. GOWER III. 77.

Forth rith, also *levin* fares, þat neuere
kines best ne spares, þanne his he gon, for he
garte alle þe denshe men biforn him falle.
HAVEL. 2690. There come fliand a gunne, And
lemet as the *leuyn*. AVOW. OF K. ARTH. st. 65.
Thise thoners and *levyn* downe gar falle Fulle
stout, Both halles and bowers. TOWN. M. p. 29.
Alle the wod on a *levyn* me thoght that he
gard appere. p. 116.

levenen v. blitzen.

Lyghtenyn, or *leuenyn*, coruscat, fulmino.
PR. P. p. 304. To *levyn* [= levynyn], or to
smytte with þe lewenynge, casmatisere fulgure,
fulminare. CATH. ANGL. p. 215.

Leven [levens ed.] brightnessee, and skater
salt þam [fulgura coruscationem, et dissipabis
eos *Vulg.*]. PS. 143, 6.

Leunes, fulgurat Deus creator. WR. VOC.
p. 201.

The son and the mone stode in thaire wonynge: in light of thin aruys thai sall ga, in
shynynge of thi *leuenand* spere. OB. AB. 17 in
HAMP. Ps. p. 510. His ene *leuenaund* with light
as a low fyr. DESTR. OF TROY 7723.

levenesse s. Vertrauen.

Levenesse, confidentia. PR. P. p. 301.

leverd s. s. *laford*.

leveninge, leifninge s. Blitz, Glanz.

A *levenynge*, casma [vgl. D. C. v. *palmetis*].
fulgur. CATH. ANGL. p. 215. The *leuenynge* of
þair baners clere Lyghtenee al þat lande. SEGE
OFF MELAYNE 815. In my face the *leuening*
smate. YW. A. GAW. 377. He . . Felefalded le-
vening, and dreved þam swa. PS. 17, 15. With
a *leuenyng* light as a low fyre Blaset all the
brode see as it bren wold. DESTR. OF TROY
1988. I sogh Satan hym selfe slippe out of
heuyn, As þe *leuenynges* light, þat laches to
ground. 4420.

Hic fulgur, *leyfnyng*. WR. VOC. 239.

lever, leaver, levour s. afr. *levier*, neue.
lever. Hebel.

.Ʒe ʒonge men . . cuþeþ now ʒoure myʒte,
How ʒe mow þis stones beat to þe schip dyʒte."
Heo stode, & biþoʒte hem best, & cables fette
ynowe, And laddres, and *leueres*, & faste schoue
& drowe. R. OF GL. p. 148.

Leaver to lyfte with, levier. PALSGR.

Eldol . . þat a strong knyʒt was, Hente a
strong *leuour*. R. OF GL. p. 126.

levesel s. s. *lafesal*.

levi adj. zu *leaf*, folium, geb. neue. *leafy*,
belaubt.

With *levy* bowes puld eke let hem [sc.
crenges] be By nyght. PALLAD. 4, 486.

levien v. ahd. *loubên*, schw. *lôfva* pass. *lîfvas*,
neue. *leaf*. Laub bekommen, laubig sein,
sich belauben.

His rod he piʒte in þe grounde, & he gan
anon *Leuie* & blowe & bere frut. ST. CRI-
STOPH. 125.

Im Part. Pf. findet sich neben der Form
leved, belaubt, in älterer Zeit noch vereinzelt
leaued: Oc on [sc. wond] ðe was of Aaron . . It
was grene and *leaued* bicumen, And nutes
amigdeles ðoronne numen. G. A. EX. 3837.

Þe child . . buskede him out of þe buschys
þat were blowed grene & *leued* ful louely.
WILL. 21. Þat tre so fayre was floured & so ful
leued, þat no wiʒth miʒt William se. 757. Þen
wolde [I] no lenger byde, Bot lurked by launcez
so lufly *leued*. ALLIT. P. 1, 976.

levien v. vivere s. *livien*.

levin s. s. *levene*.

levinge s. s. hinter *læven* v.

lew, lue adj. ahd. *lâo* [flekt. *lawer*], mhd. *lâ*,
niederl. *lau, lauw*, vgl. ags. *hleovian*, cale-
scere; *hleovfäst*, tepidus, sch. *lew* in *lew-warm*,
lew v. make tepid, *lew* s. heat, neue. *lew* (ob-
solet). lau, warm, auch bildlich schlaff,
schlecht.

Þeos world is whilende and ontful and swiðe
lewe and swineful. OEH. p. 7. Withdrow þe
knif þat was *lewe* Of þe seli children blod.
HAVEL. 498. So is þe rose in roser Hwan it is
fayr sprad ut newe Ageyn þe sunne, brith and
lewe. 2919. Thou art *lew*, and nether coold,
nether ;hoot. WYCL. APOC. 3, 16 Oxf. *Lowe*
water. ORD. A. REG. p. 471 in HALLIW. D.
p. 517. Mine hed is hore and al forfare, Ihewid
as a grei mare, mi bodi wexit *lewe* [gloss. debile],
REL. ANT. II. 211. E.E.P. p. 149.

Boyle hit in clene water so fre, And kele hit, þat he be bot *lue*. LIB. C. C. p. 33.

lewan s. s. *levaine*.

lewk adj. s. *leuk;* **lewkenesse** s. s. *leukenesse.*

lewd, lewed laicus s. *læwed;* **lewdeliche, lewidly** adv., **lewdenesse, lewednesse** s. s. unter *læwed.*

lewnesse s. Lauheit, Schlechtigkeit.

Summe of us for þisse woorlde *lewnesse,* and eo for þa licome lustfulnesse, al swa ic ear cweð, we ne maȝen alre coste halden Crist bibode. OEH. p. 21.

lex s. s. *lax.*

llache s. medicus s. *læche.*

llard adj. afr. *liart,* fem. *liarde* i. q. gris pommelé, it. *leardo,* pr. *liar, lear,* mlat. *liardus,* sch. *liart, lyart,* neue. *liard.* Man vergleicht kymr. *llai,* dunkelgrau. grau, bes. von der Farbe eines Pferdes, aber auch vom Haar u. a.

Thane þeire launces they lachene, thes lordlyche byernes, Laggene with longe speres one *lyarde* stedes. MORTE ARTH. 2541. The baye is goode coloure, and broue purpure, The *lyarde* and the white and browne is sure. PALLAD. 4, 805. The lokkes *lyarde* and longe the lenghe of a ȝerde. MORTE ARTH. 3281.

Oft subst. Grauschimmel: Thou shalt ride sporeles o thy *lyard.* POL. S. p. 71. He liȝte adown of *lyard,* and ladde hym in his hande. P. PL. *Text B.* pass. XVII. 64. That was wel twight, my oughne *lyard.* CH. C. T. 7145.

llaunce s. afr. *aliance.* Verwandtschaft, Geschlecht.

Lyaunce, kinred, aliance. PALSGR. Þan spak she til hym & tolde, þat a knyȝt þar was of Fraunce, þat sche hadde longe yloued, hwych was icomen of gret *lyaunce* & a noble knyȝt aproued. FERUMBR. 1407. Þou ne dost noȝt ase þe wys If þow ylyuest sir Alorys oþer any of his *lyaunce.* 4097. Ffele fryndes and fauer out of ſer londys, With a *liaunse* full large of other lege kyngis þat we to helpe vs may haue in a bond whyle. DESTR. OF TROY 1746.

llbard s. s. *leopard.*

llbben v. s. *livien.*

llbel s. afr. *libel, libelle,* it. *libello,* sp. pg. *libelo,* neue. *libel,* lat. *libellus.* urspr. kleines Buch, kleine Schrift, im besonderen (schon lat., im Altengl. fast ausschliesslich) gerichtliches Schriftstück, Klageschrift.

Ȝuf the erchebissop, other eni of his, Wolde eni thing toward him, that hii sende him *libel.* R. OF GL. p. 498. Who euere shal leeue his wyf, ȝeue he to hir a *libel* [libellum repudii *Vulg.*]. WYCL. MATTH. 5, 31 Oxf. — Þe ualse notaryes, þet makeþ þe ualse lettres, and ualseþ þe celes, makeþ þe kueade *libelles,* and to uele oþre ualshedes. AYENB. p. 40.

Der ursprünglichen Bedeutung des lateinischen *libellus* am nächsten steht: And, as myn auctor doþe at þe cok begyn, I cast me to folow hym in substaunce, Fro þe trouþe in sentence nat to twyn, As god and grace woll yeue me suffysaunce, Compyle þys *lybell* [qwayer *Lond. Ms.*] for a remembraunce. LYDG. *Isopus* 50

---

des *Cambr. Ms.* ed. *Zupitza* in *Herrigs Arch.* 85, 1.

liberalite s. afr. *liberalitez, liberalite,* lat. *liberalitas,* neue. *liberality.* Freigebigkeit.

Take avarice, and take also The vice of prodegalite, Betwene hem *liberalite,* Which is the vertue of largesse. GOWER II. 390. *Lyberalyte,* or frenes of herte, liberalitas. PR. P. p. 302. A *lyberalyte,* vbi largenes. CATH. ANGL. p. 215.

liberall adj. afr. pr. sp. pg. *liberal,* it. *liberale,* lat. *liberalis,* neue. *liberal.*

1. freigebig, milde: Of good will and of *liberall* He shall be founde in alle place. GOWER III. 114. *Lyberalle,* or fre in yevynge, liberalis, munificus. PR. P. p. 302. *Lyberalle,* liberalis, vbi large. CATH. ANGL. p. 215.

2. frei in Bezug auf Wissenschaften, ursprünglich, die sich für freigeborne Menschen schicken, dann als technischer Ausdruck für das sogenannte Trivium und Quadrivium: The vij. science callyd *liberealle.* LYDG. M. P. p. 11.

liberde s. s. *leopard.*

liberte, libertle s. afr. *liberte,* pr. *libertat,* sp. *libertad,* pg. *liberdade,* it. *libertù,* lat. *libertas,* neue. *liberty.*

1. Freiheit: I me reioysed of my *liberte* That seelde tyme is founde in mariage. CH. *C. T. Six-Text-Print* E. 144. And forthermoore this shul ye swere that ye Agayn my choys shul neither grucche ne stryue, Ffor sith I shal forgoon my *libertee* At youre requeste as euere moot I thryue. *ib.* 169. A *liberty,* vbi fredome. CATH. ANGL. p. 215. *Libertie,* leave, faculté; fredome, franchise. PALSGR.

2. in der Mehrzahl, Freiheiten, Gerechtsame: All oure *libertes* ere lante va & paysed, And to sett him into seruitute a ayū ys it thinke. WARS OF ALEX. 4348. Ȝe let meñ of þar *libertes* at þam oure lord grauntid, Thryngis þam into thraldoñ, & of thaire þede spoiles. 4418.

librarie etc. s. afr. *librairie,* Bibliothek, nfr. Buchhandlung, it. *libreria,* pg. *livraria,* pr. *libraria,* lat. *librarium, i* n., pl. *libraria, orum* und *libraria, ae* f. [sc. taberna], von *librarius, a, um;* neue. *library.*

1. Bücherbehältniss, Büchersammlung, Bücherzimmer: Is þis þe *librarie* wyche þou haddest chosen for a ryȝt certeyne sege to þe in myne house? CH. *Boeth.* p. 13. Me seiþ þat þis Tholomeus hadde seventy þowsand bookes in his *librarie.* TREV. IV. 35. A *library,* archiuum, bibliotheca, librarium. CATH. ANGL. p. 216.

2. Bücherladen: A *library,* zaberna. CATH. ANGL. p. 216.

3. Bücherkunde, Kunde, Wissenschaft: *Librarie,* learning. LYDG. in HALLIW. D. p. 517; vgl. *Librarie,* learning. WRIGHT PROV. DICT. p. 635. We xall lerne ȝow the *liberary* of oure Lordys lawe lyght. COV. MYST. p. 88.

lic, lik, lich s. ags. *lic,* corpus, cadaver, alts. *lîo, lik,* afries. *lik,* ahd. *lih,* mhd. *lich,* niederl. *lijk,* niederd. *like, liche,* gth. *leik,* altn.

līk, schw. *lik*, dän. *liig*, sch. *lik*. K ö r p e r ,
Leib, auch der todte Leib, L e i c h e.

Nime we Sæuarusses *lic* & lede we hit into
Eouuerwic , & þær we hit sculleð biburien.
LAȝ. II. 10. Mannes sawle Is i þe mann þe
bettre lott, Forr þatt itt come off heffne To
wurrþenn lif i mannes *lic*. ORM 19016. Pær
ȝedenn wiþþ þe *lic* Full wel fif hunndredd þewwess, To strawwenn gode gressess þær þatt
stunnkenn swiþe swete , Biforenn þatt stinnkennde *lic*. 8191. Ihesu, swete Ihesu, þus tu
laht for me aȝaines mine sawle fan , þu me derennedes wið *like*. OEH. p. 285. Þe litillaike
of his *like* lathely þat þai spyse. WARS OF
ALEX. 2931 Ashm. Ȝit was þare lyfe in his
like. 3232 Ashm. Þan floȝe þar flawmes out of
fire, before & behind , And quare it liȝt on his
like, it lichid him for euire. 4784 Ashm.

Hire leflich *lich* liðerede al o blode. LEG.
ST. KATH. 1553. Þe awariede wiðerlahen leiden
swa luðerliche on hire leofliche *lich*, þ hit bree
oueral. ST. MARHER. p. 5. Heo him redden
wher his *lich* mihte besat leggen. LAȝ. I. 285.
Kai þat *lich* wolde leden mid him seolue. III. 99.
Þe engel . . þet heold his noose, þo þer com þe
prude lechur ridinde, & nout for þet rotede *lich*
þet he help þe holi eremite uorto biburien.
ANCR. R. p. 216. Josep [Osep *Ms.*] dede hise *lich*
faire geren. G. A. Ex. 2441. Mannes lichame..
þenne me hine pined mid hunger . . mid stiue
wedes next þe *liche* etc. OEH. II. 207. An his
bare *liche* he weorede ane burne. LAȝ. II. 318.
The here he dude next his *liche*, his flesches
maister to beo. BEK. 259. Dame Studie þat
lene was of lere and of *liche* bothe. P. PL. *Text
B.* pass. X. 1. Frühe trifft man ein paragogisches *e* im Nominativ und Akkusativ Sing. Þor
is ðat *liche* in biriele don. G. A. Ex. 2488.
Liliwhite was hur *liche*. ALIS. FRGM. 195. Ne
be he neuer so riche, whan he liþ a cold *liche*,
if he hauiþ an old clute, he mai be swiþe prute.
E. E. P. p. 19 sq. Heo nomen Morganus *liche*, &
leide hit on vrþen. LAȝ. I. 164. — Pat he wið his
steuene þe storuene arearde, & wið his word
awahte þe liflese *liches* to lif & to leome. LEG.
ST. KATH. 1042. Swile weren Egipte lages, first
IX. nigt ðe *liches* beðen , And smeren , and
winden, and biqueðen, And waken is siðen XI.
nigt. G. A. Ex. 2446.

Hier mag auch der Bezeichnung des G r a b e s durch **lichhus** und **lichrast** ags. *licrest*,
sepulcrum, gedacht werden: Alswo ofte swo
prest singeð þes bede at *lichhuse*, he mineȝeð
alle ðo þe þer ben hem to bidden: Libera me
domine de morte. OEH. II. 169. Swa þu hit
scalt leden to þere *lichraste*, & wurðien þene
stude þer þine wines liggeð. LAȝ. II. 298.

lic, lik, lich, liche adj. ags. *ȝe-lîc*, similis,
afries. niederd. *lîk*, altn. *lîkr*, schw. *lik*, dän.
liig, *lig*, neue. *like*.

1. g l e i c h , ä h n l i c h : Woning and groning is *lic* hire song. BEST. 797. Hire sune wass
himm *lic*. ORM 3572. And tær wass he full *lic*
wiþþ ærn. 5889. Peȝȝre sang iss *lic* wiþþ wop.
7931. Ne was ðor non *lik* Adam. G. A. Ex. 223.
He hadde a body *lyk* a man. MAUND. p. 47. —

And tatt iss seȝȝd forrþi þatt teȝȝ Himm sinndenn
swiþe *like*. ORM 8217.

It was neuere yet a broþer In al Denemark
so *lich* anoþer. HAVEL. 2154. Wel loues euery
lud þat *liche* is him tille. ALEX. A. DINDIM.
1041. Hire þouȝt þat time þat in þe world was
neuer a liuande lud so lelli *liche* oþer. WILL.
3677. How hire þouȝt, he was *liche* hire lord.
3698. Showe him hee shall a shawe as it were
Mich *liche* to mee by mark of my face. ALIS.
FROM. 766. Nou ich am *liche* a tre That loren
hath is ble. REL. ANT. I. 123. — Ȝe arn *liche*
of ȝour lif to swiche loþe burnus þat ben in dep
presoun don. ALEX. A. DINDIM. 1097.

Substantivirt: Nis on eorðe non oðer his
liche. OEH. II. 167. Þe lord of þer inne nas
non his *liche*. FL. A. BL. 88. Vgl. ȝelic adj.

K o m p a r. Non *lyckere* ys broþer hym nas,
þan an wolf ys a lombe, Of manere ne of dede,
þey hii were in one wombe. R. OF GL. p. 280.
„Why art þou so waymot, wyȝe, for so lyttel?"
„Hit is not lyttel," quoth þe lede, „bot *lykker*
to ryȝt, I wolde I were of þis worlde wrapped
in moldes." ALLIT. P. 3, 492.

S u p e r l. Made man *likkest* to hym self
one. P. PL. *Text B.* pass. IX. 33.

2. a n g e m e s s e n , a n z u n e h m e n , w a h r s c h e i n l i c h : Hit ys lelly not *like*, ne oure belefe aakys, þat suche ferlies shuld fall in a frale
woman. DESTR. OF TROY 420. Hit was not *lik*
þat þe lede, thurgh lus of hym one , Schuld
haue killit þis kyng. 10440.

K o m p a r. Hit is . . *Licker* at þe last end
in langore to bide, And turne vnto torfer , þen
any triet ioye. DESTR. OF TROY 2254.

licam, licame s. s. lichame.

licamlich adj., **licamliche** adv. s. *lichamlich*,
lichamliche.

likkare s. ahd. *lecchari*, *lekhari*, mhd. *lecker*,
neue. *licker*. L e c k e r .

Lykkare, or he þat lykkythe, lecator, lambitor. PR. P. p. 305.

licken v. ags. *liccian*, lingere, alts. *lokkôn*,
likkôn, ahd. *leccôn*, *lecchôn*, *lechôn*, mhd. *lecken*,
niederl. niederd. *likken*, afr. *lecher*, pr. *lecar*,
lechar, it. *leccare*, neue. *lick*.

1. l e c k e n : *Lykkyn* as beestys wythe
tongys, lingo. PR. P. 305. To *lykke*, lambere.
CATH. ANGL. p. 216. His faas the erthe sal
licke. PS. 71, 9. His enemys the erthe shul
licken. WYCL. ib. Oxf.

Thou *lickest* honi of thorn iwis. WR. ANECD.
p. 90. — Ich habbe ham to witnesse, ha *lickeð*
huni of þornes. HALI MEID. p. 9. Lykkare, or
he þat *lykkythe* , lecator , lambitor. PR. P.
p. 305. De sa pael soun chael [lat. *catellus*]
lesche, *licket*. WR. VOC. p. 153. He [sc. þe
horse] layd owt a lang neke, & his hand *likkys*.
WARS OF ALEX. 778 Dubl.

A wyld wolf þer com sone & to þe heued
drouȝ & þer uppe sat & wiste hit faste, aȝe
cunde ynouȝ, For his cunde were betere to
swolewe hit, he *lickede* hit ofte & custe. ST.
EDM. KING 67. Ful wel the lyon of him lete,
Ful law he lay and *likked* his fete. YW. A. GAW.
2007. — In this place, in the which houndis

lickiden the blood of Naboth, [thei] shulen *lick*
and thi blood. WYCL. 3 KINGS 21, 19 Oxf.
Houndis *lickeden* his blood. 22, 38 Oxf. Houndis camen, and *lickiden* his bylis. LUKE 16,
21 Oxf.
 Dere is botht the hony that is *licked* of the
thorne. REL. ANT. I. 114.
 2. schlürfen, trinken: As vchon hade
hym in helde he haled of þe cuppe, So long
likked þise lordes þise lykores swete. ALLIT. P.
2, 1520. Sum of his awen vryn, & sum on iren
lickid. WARS OF ALEX. 3826.
lickestre s. Leckerin.
 Ac þe tonge þe *lyckestre* him ansuereþ, and
zayþ, „Paʒ þou asoldest tocleue, ich nelle naʒt
lette askapie þis mes." AYENB. p. 56.
lickinge s. Lecken.
 lykky[n]ge of howndys, or oþer beestys,
lictus, licacio, vel licacitas. PR. P. p. 305.
like, liche adv. ags. *ge-líce*, similiter, pariter.
gleich, auf gleiche Weise.
 Panne ferde þe worlde as a feld þat ful
were of bestes, whan eueri lud *liche* wel lyuede
upon erþe. ALEX. A. DINDIM. 105. Every mon
schal be *lyche* fre. FREEMAS. 355.
like, liche s. vgl. *ʒelic* zu Ende und ags. *ge-,
man-, swin-lica*. Gestalt.
 Pat an der off þa fowwre der Wass in an
mannes *like*. ORM 5812. An oþerr der wass
seþenn þær Inn an leuness *like*. 5826. Ac forsoþe hit is iwrite þt in manes *like* þis deuel to
þis maide com. ST. MARGAR. 171. In stede of
man a bestes *like* He sigh. GOWER I. 134. He
sigh the *like* of his visage. I. 120.
 Pe halie gast cam uppen ure drihten in ane
culfre *liche*. OEH. p. 141. Sunnedei sende ure
drihten þene halie gast his apostlen in fures
liche. p. 143. Siðöen þe deuel com on neddre
liche to Adam. II. 59. Per inne was an onlicnesse a wifmonnes *liche*. LAʒ. I. 49. Pa isæh
heo Brien þer . . on wræcches monnes *liche*,
þeh he weoren riche. III. 237. In a dragones
liche i sende him to þe. MEID. MAREGR. st. 51.
He haueð wise men of holie liue ofte so bicherd,
ase þe-þet is com to in one wildernesse in one
wummone *liche*. ANCR. R. p. 224.
likeles adj. unähnlich.
 Sep or got, haswed, arled, or grei, Ben don
fro Iacob fer awei; ðog him boren ðes ones bles
Vnlike manige and *likeles*. G. A. Ex. 1723.
likenare s. Gleichmacher, Vergleicher.
 Lykenare, or he þat lykenythe, assimilator,
-trix. PR. P. p. 305.
likenen v. s. *liknen*.
likerus, -ous, licorus, -ous, llerus adj. zu
licken v. gehörig; vgl. *lecherous*. neue. *lickerous*.
lecker, köstlich, üppig.
 Hedden of mony metes dedeyn, But hit
weore *likerous*. O.E.MISCELL. p. 229. As ancres
and heremites that holden hem in here selles,
And coueiten nought in contre to kairen aboute,
For no *likerous* liflode her lykam to plese. P.
PL. Text B. prol. 28. Pe *likerouse* launde, þat
leccherie hatte, Leue hym on þi left halue.
pass. X. 161. Pe zofte bed, cloþes *likerouses*.
AYENB. p. 47. Pe metes þet byeþ uayre and

likerouses. p. 54. *Lycorus*, ambroninus, lurco-
nicus. CATH. ANGL. p. 216. *Lycorouse*, or
daynty mouthed, friant, friande. PALSGR. Syn
wemen are wilfull & þere wit chaunges And so
likrus of loue in likyng of yowthe. DESTR. OF
TROY 443. So þou light in vnlefulnes, þat lefully
semyt, Thurght þi *licrus* lust þat lurkit in þi
hert. 2976.
 Kompar. Jhesu, nothing may be suettere,
. . Noht may be feled *lykerusere* Then thou so
suete alumere. LYR. P. p. 68.
likerusnesse, likerousnesse s. Üppig-
keit.
 Venus me yaf my lust, my *likerousnesse*,
And Wars yaf me my sturdy hardynesse. CH.
C. T. Six-Text-Print D. 611. ·
likful, licvol adj. lieblich, angenehm.
 In þe praer is a tre Swiþe *likful* for to se.
COK. 71. To þan þet þe bene þy parfitliche
licuol to gode and worþi to bi yherd, hit behoueþ þet uerþe þing. AYENB. p. 217.
 Superl. Al of pasteiis beþ þe walles, Of
fleis, of fisse, and rich met, Pe *likfullist* þat
man mai et. COK. 54.
likien, liken v. ags. *lícian*, placere, alts.
líkón, afries. *likia*. niederl. *lyken*, ahd. *líhhen*,
líchen, gth. *leikan*, altn. *líka*, sch. *lyk*, *lik*,
neue. *like*.
 1. gefallen, angenehm sein: Hie wule
liken alle þe lechures þe on hire lokeð. OEH.
II. 29. Pu shalt ben lef and wurð, and *liken*
alle men. *ib.* Ʒif he [sc. þe hodede] wliteð mid
stefne for to *liken* wimmannen . . þanne beð he
laht forto leden to helle. II. 215. And tēt [d. i.
te itt] maʒʒ ille *likenn*. ORM 18279. Let lust
ouergon, & hit þe wule *liken*. ANCR. R. p. 238.
To *liken* hire the bette for his renoun, Fro day
to day in armes so he spedde, That the Grekes
al as the deth him dredde. CH. Tr. a. Cr. 1,
481. Ich can on soch craft þat þe sal wel *likie*.
LAʒ. II. 370 j. T. Suche tydynges haue y broʒt
þat willeþ *lyke* þe noþyng. FERUMBR. 1630.
 Haue reoðe of þin ogen sovle, þenne *likeste*
gode. OEH. II. 95. — Pis is min loue sune þet
me wel *likeð*. OEH. p. 141. Hwi nis me bitter
al þet mi flehs *likeð*. p. 187. Swuðe wel ham
likeð biuoren þe to beonne. p. 193. Al heo doð
þet ham *likeð*. *ib.* Him þincheð þe sinne swete,
and ne wile noht forleten hit ,· for þat it him on
sume wise *likeð*. II. 103. Pane he wile don oðer
queðen hwat him þanne *licuð* after defles lore.
II. 29. All þiss iss bilummpenn me, Swa summ
itt Drihhtin *likeþþ*. ORM 4822. Ase merci *likeþ*
to god, alsuo hit ne *likeþ* noþing to þe dyeule.
AYENB. p. 187. So wel it me *likes*. WILL. 450.
How *likes* þe nowþe? 1727. Pare es plente of
dayntes and delice, þare es alle þat *lykes* and
may avayle. HAMP. 7850. Pay han lerned a lyst
þat *lykes* me ille, þat þay han founden in her
flesch of fautes þe werst. ALLIT. P. 2, 693. Dele
we ure ehtan mid wisdome swa þet hit drihtne
likie. OEH. p. 105. He him loki wel to zigge
þing þet naʒt ne *liki* þe kinge. AYENB. p. 215.
— Ʒif us oht ilimpeð, we him þa bet *likieð*,
and ʒef us ilimpeð uuelen, he us wule hatien.
LAʒ. III. 64. God . . ʒife us swa his wil to donne,

þet we gode *likie* and monne. OEH. p. 63. —
Iwisliche þa clennesse iwelt alle unþeawes, and
halt gode þeawes þe gode *likiað* and monnan.
OEH. p. 111. Þe man þe lið on fule synnen þe
him wel *likeð*. II. 43. Me *liketh* wel þowre
wordes. P. PL. *Text B.* pass. I. 43.

Mast al þat me *likede* ar, nu hit me mislicað. OEH. II. 220. Hit þe *likide* wel þat þu
us adun læidest. LAƷ. I. 373. Do him *likede* to
ligten her on erðe. BEST. 31. My will is that it
[sc. the book] well *liked* jou and all jouris.
DEP. OF R. II. p. 3. He . . broght it [sc. þe
cros] whare him *liked* to be. HOLY ROOD p. 123.
Sche . . seide me þanne, sche hadde leid hire
loue þer hire beter *liked*. WILL. 2031. Alle þe
foure ordres . . Glosed þe gospel as hem good
lyked. P. PL. *Text B.* prol. 58-60. — Þe lauerd
sainte Powel . . sagh þat mast mannen ladden
here lif on sunnen, and þat hem *likede* here
lodliche sinnes. OEH. II. 7.

Hur þies all þorououte þristliche ischape,
With *likand* legges, louely too seene. ALIS.
FRGM. 191. Pare es peysebelle ioy ay lastand,
And ioyfulle selynes ay *lykand*. HAMP. 7833.
Þer byeþ leasinges helpinde, and leasinges
likynde. AYENB. p. 62. He him sael loki to
done þing þet to gode ne is najt *likinde*. p. 214.
I wot no lady so *liking*. CH. *R. of R.* 868.

Þan eiþer hent oþer hastely in armes & wiþ
kene kosses kuþþed hem togidere, so þat no
murþe upon mold no mijt hem bet haue *lyked*.
WILL. 1010.

Auch begegnet das **reflexiv gebrauchte**
Zeitwort in der Bedeutung: **sich gefallen in
etwas; Gefallen haben an etwas:** Najt ne
ssolde him faily, ac wexe ine god, þet he ssolde
habbe ine him, ine huam he *him* ssolde *lyky*.
AYENB. p. 127. Me ssel yerne to þe vif wittes
of þe bodie, huerby me *zeneseþ* wel ofte . . þe
þe nase, ine to moche *him* to *liky* in guode
smelles. p. 177.

Long time ich *me lykede*. p. 267.

2. **gerne haben, Wohlgefallen haben**
an etwas: Mildheorted beð þe man þe reouþ
his nehgebures unselðe, and *liked* here alre
selðe. OEH. II. 95. Mildeliche ich munye myne
leoue freond . . þat ye alle adrede vre dryhten
Crist, luuyen hine and *lykyen*. O.E.MISCELL.
p. 104. Ʒe þat louen & *lyken* to listen ani more.
WILL. 162. Ʒe þat *liken* in loue swiche þinges
to here. 5528.

Conan, þe kynges neuew, ne *likede* not þis
game. R. OF GL. p. 92. Sche certes bi hire side
þe same him graunted, to worche wiþ hire al
his wille, as he wel *liked*. WILL. 1008.

likinge s. s. *licunge.*

likingli adv. **behaglich, wohlgemuth.**
Myn herte fil doun vnto my too, þat
was woont sitten ful *likingly*. HYMNS TO THE
VIRG. p. 91.

likli adj. altn. *likligr, likiligr,* verosimilis,
neue. *likely.* **wahrscheinlich.**
And eke [so MORRIS. *eke* u. *eek* SIX-TEXT-
PRINT 1172. *that* WRIGHT] it is nat *likly* al thy
lyf To stonden in hire grace, no more schal I.
CH. *C. T.* 1174.

liklihede s. **Wahrscheinlichkeit, Vergleichung.**
With modres pitee in hire brest enclosed
She goth, as she were half out of hire minde,
To every place, wher she hath supposed, By
likelihed hire litel child to finde. CH. *C. T.*
13523. Men may wel make a *liklyhede* Betwene
him, whiche is avarous Of golde, and him that
is jelous Of love. GOWER II. 147.

liklinesse s. **Wahrscheinlichkeit, Anschein.**
To this newe markisesse God hath swiche
favour sent hire of his grace, That it ne someth
not by *likelinesse* That se was born and fed in
rudenesse, As in a cote, or in an oxes stall, But
nourished in an emperoures hall. CH. *C. T.*
8270.

liknen v. schw. *likna,* dän. *ligne,* vgl. afries.
alikna, ahd. *kilikinón,* mhd. *gelichenen,* neue.
liken.

a. intr. **gleichen, ähneln.**

I *lyken,* je resemble and je comparc.
PALSGR. Zuo moche he ysyjþ þe face of Iesu
Crist þe more openliche; þe more he him loueþ
stranglaker, þe more he him *likneþ* propreliche
. . uor þanne we ssolle by godes children, and
we ssolle by him ylich propreliche, huanne we
him ssolle ysy ase he ys openliche. AYENB.
p. 88. Hir schal lyke þat layk þat *lyknes* hir
tylle. ALLIT. P. 2, 1064.

I am sory for sothe, my son, at þi fourme
Is *lickenand* on na lym ne like to my selfe.
WARS OF ALEX. 665.

b. tr. **gleich machen, gleich stellen,
vergleichen.**

Lyknyn, simile. PR. P. p. 295. Lewed men
may *likne* þow þus, þat þe beom lithe in þowre
eyghen, And þe festu is fallen, for þowre defaute, In alle manere men, þourgh mansued
prestes. P. PL. *Text B.* pass. X. 277. Men may
well *lykne* that bryd unto God. MAUND. p. 48.

To þe lyon hede . . þen *licken* I, on first, þe
birth þat scho bere sall. WARS OF ALEX. 438.
To þe, my seruand, I say, as me was sent late,
How þi lawnes & þi litillaike þou *lickyns* to my
hijt. 2705. He . . *lyknes* hit to heuen lyjte.
ALLIT. P. I, 499. Lykenare, or he þat *lykenythe,*
assimilator, assimilatrix. PR. P. p. 305. — Ʒe
liknen a lud to a litil wordle. ALEX. A. DIN-
DIM. 645.

Also joure docturus sain in sawus ful olde,
þat an addre is in helle, þat yydra is called . .
þanne mow je ludus of lif be *likned* him tille.
ALEX. A. DINDIM. 798-802. Þe water is *likned*
to the world. P. PL. 4975. The boot is *likned*
to oure body, That brotel is of kynde. 4982.
He gaf nat of that text a pulled hen, That
seith, that hunters been noon holy men, Ne
that a monk, whan he is cloysterles, Is *likned*
to a fissche that is watirles. CH. *C. T.* 177.
Lykenyd, assimilatus. PR. P. p. 305. It lympys
nott allway þe last be *lykkynd* to þe first.
WARS OF ALEX. 3095 Dubl.

licnesse, liknesse etc. s. ags. *licness* [BOSW.],
ge-licnes, similitudo, simulacrum, alts. *gi-lik-*

nessi, -nissi, ahd. gi-lîhnassi, -nissi, mhd. ge-
lîchnisse, neue. likeness.

1. Gleichheit, Aehnlichkeit: Þis
mihte .. i þis world þat is icleopet lond of un-
licnesse athalt hire burðe i licnesse of heuenliche cunde. HALI MEID. p. 13. Wyte cloþes
heo dude hyre on, as wo seyþ, ylych þe snow,
þat me ne ssolde vor þe lyknesse yse hyre ne
knowe. R. OF GL. p. 463. Þi derñi dede has
liknes nan. CURS. MUNDI 1143 COTT. Of suyche
blisse and of suyche loste ne liknesse ne non
comparisoun ne may by yuounde ine yoyes and
ine lostes of þe wordle. AYENB. p. 92.

2. Ebenbild: His licham of erðe he nam,
And blew ðorin a liues blast, A liknesse of his
hali gast. G. A. EX. 200. Þe .xiii. [boȝe of þe
ȝenne of lecherie] is of prelas, þet ssolden bi
licnesse and uorbysne of holynesse and of
klennesse to al þe wordle. AYENB. p. 49. Slee
nouȝt þat semblable is to myne owen liknesse.
P. PL. Text B. pass. X. 367.

3. Bild, Gestalt als Nachbild: To
hire he wolde teman & wrohen hire ane temple
& on licnesse of ræde golde. LAȝ. I. 54. Belus
wurð dead, and Nilus king Made likenesse, for
muning, After his fader. G. A. EX. 677. Þair
blisse turned þai In liknes of a kalfe etand hai.
Ps. 105, 20. Off Cherubyn þeȝȝ haffdenn liccness
metedd Uppo þatt oferrwerrc. ORM 1056. I
schalle do the no maner harm, alle be it that
thou see me in lyknesse of a dragoun. MAUND.
p. 24. And him, as she which was goddesse,
Forshope anone and the likenesse She made him
take of an herte. GOWER I. 54. To the likenesse
of the serpent They were bothe. I. 55. Why I
moue þis matere is moste for þe pore, For in
her lyknesse owre lorde ofte hath ben yknowe.
P. PL. Text B. pass. XI. 224. — He carf in
two gummes of pris Two likenesses. G. A. EX.
2700.

4. Gleichniss, Parabel: He seide to
hem also a liknesse. WYCL. LUKE 5, 36 Oxf.
He seide to hem and a liknesse. 6, 39 Oxf. vgl.
12, 16 Oxf.

likninge, likininge s. Gleichmachung,
Vergleichung, Gleichnis, Abbild.

And thai chaungid thaire ioy in likynynge
of a kalfe etand hay. HAMP. Ps. 105, 20. Lyk-
nynge, assimilacio. PR. P. p. 305.

licome s. s. lichame.

licomlich adj., licomliche adv. s. lichamlich,
lichamliche.

licoris, licoriz etc. s. lat. liquiritia, gr.
γλυκύῤῥιζα, neue. licorice. Süsswurzel,
Süssholz.

Gingiuere & licoriz he hom lefliche ȝef. LAȝ.
II. 320. Such licoris mai leche from lyve to
lone. LYR. P. p. 26. His love is al so swete,
ywis, So ever is mylk or licoris. ALIS. 427. Hec
licoricia, licorys. WR. VOC. p. 191. Hec liqui-
ricia, lycorys. p. 227. Here is pepyr, pyan, and
swete lycorys. COV. MYST. p. 22. Lycoryce,
liquericia. PR. P. p. 303. Lycoresse, licoricia,
liquirecia. CATH. ANGL. p. 216.

licorous, -us adj. s. likerus.

likpot s. Zeigefinger eig. Topflecker.

Hic index, lykpot. WR. VOC. p. 247. Lykpot fyngyr, index. PR. P. p. 305. A lykpotte,
index. CATH. ANGL. p. 217.

licrus adj. s. likerus.

liht s. s. leoht.

licunge, likinge s. ags. licung, voluptas,
sch. neue. liking. Lust, Gefallen, Verlangen.

Hwi abbe ich eni licung in oþer þing þene
in þe. OEH. p. 185. Haue þi licung ine godd,
and he wule ȝiuen þe bonen of þine heorte.
p. 215. Þi deaþ adeadi in me flehces licunge.
p. 189. Ne mei na wunne ne na flesches licunge
ne licomlich este bringe me ouer þe midel of
mesure ant of mete. p. 255. Elch pine is fremed
on þre fold wise. On is þo defies tuihting and
mislore, þat oðer is mannes licunge, þe þridde
is mannes wille. II. 29. Þe pine is mest þerinne,
þet is, ine velunge, & te licunge also. ANCR. R.
p. 110. So he [sc. þe olde swike] bringeð ofte
aȝean into þe adotede soule, þuruh licunge, þeo
ilke sunnen þet þuruh reouðfule sore weren ȝare
ibet. p. 272.

Ic habbe ifunde hu me mei in sunne bon
ibunde. Þet forme is to beon underling, and þet
oðer is liking, þet ðridde is þes monnes wil.
OEH. p. 69. Swete Ihesu, leue þat te luue of
þe beo al mi liking. p. 273. 275. 287. Þe
egginge and þe likinges him bringeð in to hellepine. II. 29. Swuch swetnesse þu schalt ifinden
in his luue .. & habbe se muche murhðe þrof
& likinge i þin heorte. HALI MEID. p. 7. Þu
schalt .. aȝaines an likinge habben twa of
þunchunges. ib. Allas eye! .. þat witte shal
torne to wrecchednesse, for wille to haue his
lykynge. P. PL. Text B. pass. XI. 43. Moch
froyt þer was here face before, To ete þerof was
here lykyng. O.E.MISCELL. p. 215. Vnto god
fast gan he cri Of Adam forto haue mercy, And
oile of mercy him to send, So þat he might in
liking lend. HOLY ROOD p. 66 sq. Salomon
was corond king, And led þe land at his liking.
p. 79. So gret liking & loue i haue þat lud to
bihold. WILL. 452. Pere sche miȝt lede hire lif
in liking & murþe. 2023.

licur, licour, licor s. afr. likeur, liqueur,
pr. liquor, licor, sp. pg. licor, it. liquore, lat.
liquor, neue. liquor.

1. Flüssigkeit überhaupt: Hwo þet bere
a deorewurðe licur, oðer a deorewurðe wete, as
is bame, in a feble uetles .. nolde heo gon ut
of þrunge, bute ȝif heo were fol? ANCR. R.
p. 164. Lycure, liquor. PR. P. p. 303. Na licour
sal þai fynd to fele, þat þair threst mught aleke
and þair hertes kele. HAMP. 6762. To mete
hadde he no savour, To wyn, ne watyr, ne no
lycour. RICH. C. DE L. 3047. The licour, that
droppethe fro the braunches, thei clepen guy-
balse. MAUND. p. 50. Thei han gret conscience,
and holden it for a gret synne to casten a knyf
in the fuyr .. or for to caste mylk or ony
lykour, that men may drynke, upon the erthe.
p. 249. Offrid licours, libamina. WYCL. NUMB.
29, 11 Oxf. Wyne is a lycor of grete recreacioun.
LYDG. M. P. p. 14. A lycore, liquor. CATH.
ANGL. p. 216.

2. Brühe, Tunke: *Lycure*, or brothe of fysche, and oþer lyk, liquamen. PR. P. p. 303. Looke ye haue good mustarde þer to [sc. to þe bravne] and good *licoure*. BAB. B. p. 141.

licwurðe adj. ags. *licwyrðe*, dignus qui placeat, gratus. liebwürdig, angenehm, genehm.

Nes na lessere mi tale þen nes Murhðes sondes, ne unbihefre to ow, þah hit ne beo so *licwurðe* ne icweme. OEH. p. 265. His oðer dieliche tocume is softe and swiðe milde and *licwurðe* alle þo þe he to cumeð. II. 7. Pis time is *licwurðe* þarto, alse þe apostle seið: Ecce nunc tempus. II. 77. Hit is se heh þing & se swiðe leof godd & se *licwurðe*. HALI MEID. p. 11. No þing þet heo deð nis Gode *licwurðe* ne icweme. ANCR. R. p. 120. Hesteres bone þe cwene was þe kinge Assur *licwurðe* & icweme. p. 146. vgl. p. 150. 326.

licwurðlȝ adj. gleichbedeutend mit *licwurðe*. Itt niss nohht biforenn Godd *licwurrþiȝ* lif ne cweme. ORM 15918.

licence, lisens s. afr. *licence*, pr. sp. *licencia*, it. *licenza*, lat. *licentia*, neue. *licence*. Erlaubniss, Freiheit, Gestattung.

Pei here parshenes shryuen Withoute *lycence* and leue. P. PL. *Text C.* pass. VII 120. That no man parse withoute *licence* of the. LYDG. M. P. p. 54. *Lycence*, leave, licence. PALSGR. Gyf me *lysens* to lyve in ease. POL. REL. A. LOVE P. 215.

licentiat s. lat. *licentiatus*, it. *licenziato*, sp. pg. *licenciado*, neue. *licentiate*. Licentiat, als berechtigt, Beichte zu hören und Absolution zu ertheilen.
Of his ordre he was *licenciat*. Ful sweetly herde he confessioun, And plesaunt was his absolucioun. CH. *C. T.* 220.

lich s. s. *lic* s.; adj. s. *lic* adj.

lichame, licham, licame, licam, licheme, licome s. ags. *lichama*, [d. i. *lic-hama*, corporis indumentum], *lichoma*, alts. *likhamo, lichamo*, afries. *liccoma, lichama, likma*, ahd. *lîhhamo, lichamo*, mhd. *lichame, licham*, niederl. *ligchaam*, altn. *likamr* starkes m., *likami* schwach, schw. *lekamen*, dän. *legeme, legem*, sch. *likame, licaym, lekame, lecam*. eigentlich Leibeskleid, Leib, Körper.
Hi nabbeð nenne *lichama*, ac hi bæð alle gastes. OEH. p. 219. Se *lichame* is deadlic þurh Adames gylt. p. 223. He us machede *lichame* and sawle ableow. p. 233. He deleð þe sowle and þe *lichame* þanne he wit of þisse woreld. II. 7. His holie *lichame* was tospred on þe holie rode. II. 21. Babilonie .. bitocneð þe synfulle *lichame*. II. 53. Po bin þe gode word of holi boc þe beð þe saules lustliche bileue, alse estliche etingge and drinkinge is te *lichames*. II. 39. Swo we ageð to don ure *lichames* wille to biterne. II. 41. Mirre for ure biternesse bitocneð þe *lichames* pine. II. 45. On þe time þe ure lafdi seinte Marie kennede of holie *lichame* ure louerd. II. 31. Reuliche he us cleueð, gif he þurh ferliche deð saule *fro* þe *lichame* deleð. II. 61. Penne sendeð ure

louerd Ihesu Crist hem mid saule and *mid lichame* into helle. II. 69.
God made Adam, And his *licham* of erðe he nam. G. A. EX. 199. It [sc. ðe lage] fet ðe *licham* and te gost. BEST. 301.
Drihten .. astah to heofene etfor har alra ȝesychðe mid þan ilce *licama* þe he on þrowode. OEH. p. 229. Bred bitocneð þre bileues .. þe þridde is for mete þat ilch man agh mid him to leden, þan he sal of þesse liue faren, þat is Cristes holie *licame*, þe giueð alle men echa lif. II. 27. Pat oðer deað .. þat þoleð þe soule, þane þe *licame* senegeð, and sundreð hire frem rihtwisnesse. II. 169. Among þat þe sowle witeð, þe *licame* worpeð hewe. II. 183. Pet schal beon hwon þe gost iwent ut on ende, wiðute bruche & wiðute wem, of his two huses. Pet on is þe *licame*, þet oðer is þet uttre hus, þet is ase þe uttre wal abute þe kastle. ANCR. R. p. 378. Pe *likameliche* rode is hweune þe *likame* þoleð pine ine þis liue ine rode. OEH. II. 147. Pilates nom þo Ihesu Crist, and hyne heyhte bete, þat al his swete *likame* of blode gon to swete. O.E.MISCELL. p. 48. Ȝeme mine *licame* ine cienenesse. OEH. p. 199. Hu seal þat bon, soþþen na mon mine *likame* irineð, ne mid me fleaiche nefde to donne? p. 77. Penne he ure soule unbint of *licames* bende. p. 183. Pine *licames* lust kel ilome. II. 31. He was alosed in his lif, lechourus of kinde, þat in his *licamus* lust as a lie brente. ALEX. A. DINDIM. 554. Raþer haue we no reste til we restitue Our lyf to oure lord god for oure *lykames* gultes. P. PL. *Text C.* pass. XI. 54. Ic ileue on þene helend þe þet halie meide *in* hire *likame* underfeng. OEH. p. 77. Pet faire icunde þet is igedered *bitwenen* saule and *licame*. p. 147.
Alle men shullen cum to libben echeliche .. Pe uuele on eche wowe and pine mid þe deuel on helle, sowle and *licam*, abuten ende. OEH. II. 23. Leue not þi *likam*, for a lyre him teoheth. P. PL. *Text B.* pass. I. 38. Grauus of gret prys ȝe grayþe ȝou tille, & but hit fair þe & fin, folie ȝe holden, To legge in ȝour *licam*. ALEX. A. DINDIM. 590. Saynt Benet hom enformyd .. to abeyd abstinens and forsake abundans, To sle the lust of hore *lycam*, and hore lykyng. AUDELAY p. 17.
Deos sunne fordeð eiðer ȝe saule ȝe *lichoma*. OEH. p. 103. Al þis bið almesse, and ec þet mon biswinke þene stunte *lichome* for steore. p. 111. Pi swete *lychome* þu teonodest. O. E. MISCELL. p. 139. Pet is to understondan þet we sculen ure forheafod and þa .VII. ȝeade ures *lichomes* mid þere halie rode tacne seinian. OEH. p. 127. Pe helende us iwissie to his willan efre .. þet he ure saule underfo þe he er asende *to* þan *lichoman*. p. 119.
Swa sone swa heore saulen and heore *licoma* todelden, heo ferden to helle. OEH. p. 131. Awah þet he efre wulle þristelechen oðer biþenchen mid his fule heorte þe heo wulle underfon swa heȝ þing and swa hali swa is Cristes *licome* in his sunfulle buke. p. 25. Ȝif we suneged we hit sculen beote and pinian þene wreche *licome* .. for þon þe *licome* luuað muchele

alauðe and muchele etinge and drunkunge.
p. 19. Þe eorðliche lauerd ne mei don na mare
bote pinen þe wrecche *licome* to deaðe, ah god
almihtin þe mei fordon eiðer ȝe þine wrecche
licome and þine saule. p. 21. Þe oðer riwle is
al wiðuten, & riwleð þe *licome* & licomliche
deden. ANCR. R. p. 4. Misliche wederes comet
oðer while and unfrit and hunger and *licome*
(gen.) unhele. OEH. p. 7. Þet we maȝen on
þisse gastliche daȝen ibeten ure sunne þet we
abbet idon er þisse þurh þe *licome* (gen.) lust.
p. 11. Betere hit is þet heo beon ispilled *of*
heore *licome* þenne mid alle fordon to þes deofles hond. p. 17. Godes þreatunge is wondreðe
& weane *ine licome* & ine soule. ANCR. R.
p. 156. — Þe munt of Caluarie .. was þe
cwalmsteon, þer leien ofte *licomes* iroted buuen
eorðe. p. 106.

lichamlich, licamlich, licomlich adj. ags.
lichamlíc, corporeus, ahd. *lichamlih, lihhamlic,*
afries. *lichamelik*, niederl. *ligchamelyk*, altn.
líkamligr, schw. *lekamlig*, dän. *legemlig.* k ö r -
p e r l i c h.

Ich bileue on þe helende Crist þe þat holie
maiden .. on hire innoðe understod of þe holie
goat, noht of mannes strene ne on *lichamliche*
luste. OEH. II. 21. On him rixleð *lichamliche*
wil. II. 55. *Lichamliche* lustes and ðe fule
lehtres him holden bunden on here þralshipe,
II. 79. Bicumeliche wede ben tweire kinne,
lichamliche and gostliche ; þe *lichamliche* wedes
ben manie kinnes. II. 95.

Hi neren aferede of nane *licamliche* pinunge. OEH. p. 97. Þreo roden beoð .. twa
licamliche and an gastliche .. Þe *likameliche*
rode is hwenne þe likame þoleð pine ine þis
liue. p. 147. Hwider wenden heo? from wor-
liche wunne ine *likamliche* wawe. p. 155. Mvchel
volk hym vuleðe .. Summe for beon yuedde of
lykamliche vode. O. E. MISCELL. p. 39. Hwanne
vre soule vnbynd of *lykamlyche* bende. p. 53.

Þi deaþ adeadi in me flehces licunge and
licomliche lustes. OEH. p. 189. Wið stronge
tintrohen & *licomliche* pinen. LEG. ST. KATH.
41. Þe oðer riwle .. riwleð þe licome & *licomliche* deden. ANCR. R. p. 4.

lichamliche, licamliche, licomliche adv.
ags. *lichamlíce*, corporaliter. in leiblicher
W e i s e, leibhaftig.

Alse hie bar hire holie cunebern on heorte
gostliche, and on honde *lichamliche.* OEH.
II. 47. Þe hwile he wunede *lichamliche* among
hem. II. 105. Þo þe ure louerd Ihesu Crist
fundede *lichamliche* fro eorðe to heuene. II.117.

We ne moten halden Moyses e *licamliche.*
OEH. p. 89. Nedre deþ þreo þing *licamliche*
þet þe douel deð gastliche. p. 153. Ase þu al
hauest *licamliche* iwend me from þe worlde,
wend me ec heortliche, and turn me allunge to
þe. p. 200.

Hu mei he lufian god þene þet he ne isihð
licomliche. OEH. p. 99. Schrift .. al todreaueð
Canaan, þe ueondes ferde of helle. Iudas hit
dude *licomliche*, and schrift, þet he bitocneð,
deð þet ilke gostliche. ANCR. R. p. 300.

liche adj. s. *lic* adj.; adv. s. *like* adv. ; s. s.
like s.

licherie s. s. *lecherie.*

licheraes s. s. *lechurnes.*

licherous adj. s. *lecherous.*

lichewake s. sch. *lykewake, lykwaik.* L e i -
c h e n w a c h e bei Nacht.

How the *lichewake* was yholde Al thilke
night. CH. *C. T.* 2960.

lichhus s. s. unter *lic* s. corpus.

lichles adj. vgl. *lic* s. corpus. o h n e L e i c h e.

Ðo was non biging of al Egipte *lichles,* so
manige dead ðor kipte. G. A. EX. 3163.

licharast s. s. unter *lic* s. corpus.

licht s. s. *leoht.*

lid, lide, led, lede s. ags. *hlid*, tegmen,
afries. *hlid, lid*, ahd. *lit, lith, lid*, mhd. *lit,*
niederl. *lid*, niederd. *led*, altn. *hliþ*, schw. dän.
led, neue. *lid.*

1. D e c k e l : Hi .. heuede vp þe *lid* of þe
þrouȝ. 11,000 VIRG. 168. Make a luytel whucche
Forte do in þat ilke blod þou bereat aboute ;
whon þe lust speke with me, lift þe *lide* sone.
JOSEPH 39. He bad him lifte vp, and þe *lide*
warpes. 257. *Lyde*, wesaelle hyllynge, operculum. PR. P. p. 303. A *lydde*, operculum. CATH.
ANGL. p. 216. *Lydde* of a cuppe or potte.
PALSGR.

The porter to the panere went, And the
led vppe he hentt. CLEGES 271.

2. L i d des A u g e s : Sal he neuere luken ðe
lides of hise egen. BEST. 25. þe kyng .. A litill
liftis vp his *liddis*, & lokis in his face. WARS
OF ALEX. 964 Ashm.

Palpebra, the *lede.* WR. VOC. p. 183. Ci-
lium, *lede* of the eye. p. 179. Vgl. *eȝelid*
unter *eȝe.*

lide s. ags. *hlýde* s. *lude.*

liden v. ags. alts. *hlidan*, operire, afries.
hlidia (starkes V.). d e c k e n, b e d e c k e n.

He heleð hit [sc. þet gongþurl] & wrihð
[*lides* T.], so þet he hit nout ne istinckeð. ANCR.
R. p. 84. Cf. Þes put he hat þ heo beo euer
ilided & iwrien, leste eni best ualle þer inne.
p. 58.

liden s. s. *leden.*

lidȝate s. ags. *hlidgeat*, neue. *lidgate* [SKEAT],
neue. dial. *lidgitt* [HALLIW. D. p. 518]. G a t -
t e r t h ü r, S c h u t z g a t t e r, V i e h g a t t e r.

Hast þow ay cast vp *lydeȝate* Þere bestus
haue go in ate? MYRC *Instructions* 1497. Hierher gehört auch der Name des Dichters *Lydgate.*

lidren s. s. *lederon.*

lie s. flamma s. *leȝe ;* lia, amurca s. *lei ;* mendacium s. *liȝe.*

lieaf s. s. *leaf*, folium.

lieasinge s. s. *leasunge.*

lieȝen v., **lieȝere** s. s. *leoȝen, leoȝere.*

liege adj. s. *lige ;* **liegeance, liegeaunce** s.
s. *ligaunce ;* **liegeman** s. s. *ligeman.*

liegen v. s. *liggen.*

lien s. s. *lean.*

lien v. flammare s. *leȝen ;* mentiri s. *leoȝen ;*
jacere s. *liggen.*

liere s. s. *leoȝere.*

liernen v. s. *leornien.*

liesen v. s. leosen.

Heutenaunt, lufetenaunde s. afr. lieutenant,
pr. loctenent, it. locotenente, pg. logotenente, sp.
lugarteniente, neue. lieutenant. Stellver-
treter.

Þanne fondeth þe fende my fruit to destruye
.. Ac liberum arbitrium letteth hym some tyme,
þat is lieutenant to loken it wel by leue of myselue. P. Pl. Text B. pass. XVI. 40. I his
grace haue so pursued, That I was made his
lieutenant. Gower I. 73.

A lufetenande, locum tenens. Cath. Angl.
p. 223. vgl. ib. n. 1.

lif, liif s. ags. líf, vita; alle verwandte Substantive bezeichnen sowohl Leben als Leib,
so alts. afries. niederd.líf, ahd. líp, líb, mhd. líp,
niederl. lijf, altn. schw. líf, dän. liv. neue. life.

1. Leben, als Existenz und Bethätigung
organischer Körper, besonders der Menschen
und Thiere, im Gegensatze zum Tode: Wa is
mine saule þet mi líf þus longe ilest. OEH.
p. 157. Adam hi nemnede Eua, þat his líf, for
þan þe hi is ælra libbinde moder, p. 223. Ih
am siker ine godd þat ne schal líf ne deð, ne
wa ne wunne nowðer todælen us ant his luue.
p. 265. Al þis líf þe we on liuen is to nihte
iefned. II. 39. Neouren in al þan sihte cnihtes
nane betere þe while þat heom ilaste þat líf
on heore breoste. Laȝ. III. 103. Whil þatt tiss
líf uss lassteþþ. Orm 12641. My liif, my langor,
& mi deþ lenges in þi warde. Will. 961. This
soule deieth in a man whan the lyf is al ido.
Pop. Sc. 385.

Þos word he seide et sum time toȝeines þet
he walde þis líf forleten. OEH. p. 145. Forte
breoke þis hus efter þis tresor, þat godd bohte
mid his deað, and lette líf o rode, is moni
þeof abuten. p. 247. Godes wrake . . binimeð
hem . . hwile here ogen líf. II. 161. Heo nom
enne longne cnif & binom hire seolfen þat líf.
Laȝ. I. 160. He hem louede so his líf. Havel.
349. Leuer me were lelly a manes líif to saue.
Will. 994. No thing that berethe líf in him,
ne may noȝt dyen in that see. Maund. p. 100.

Hie forleten here net and here ship, and
come to ure heiende, and him folgeden to here
lifes ende. OEH. II. 175. Þatt wasstme þatt
iss lífess bræd Onn eorþe & ec onn heoffne.
Orm 1939. And ta shall ure Laferrd Crist Att
ure lífess ende Uss ȝifenn ure swinnkess læn.
3256. Gif we sunegieð towaarð him, we sculen
gan to bote and forleten ure misdede er ure
líues ende. OEH. p. 17 sq. Help me to mines
líues ende. II. 256. Seke we ure líues fod, ðat
we ben siker dere So ðis wirm in winter is.
Best. 287. Der Genitiv steht oft adverbial für
am Leben, lebendig: He mot ham isech-
an, ȝif he wat to soðe þet heo beoð líues. OEH.
p. 31. Hie . . wundeden him swiðe sore, and
forleten him unneðe líues. II. 33. Was Abraham líues her, After ðis, fiftene ger. G. A. Ex.
1477. Do men and erue in huse ben, If ðu
wilt more hem líues sen. 3041. Thu nevre mon
to gode, Líves no deathes, atal ne stode. O. A. N.
1629. Nu, þeonne, bisече ich þe . . þet tu
luuie me, hure & hure, efter þen ilke dead deaðe,

hwon þu noldest líues. Ancr. R. p. 390. Yif y
late him líues go, He micte me wirchen michel
wo. Havel. 509. Anoþer drem dremede me
ek, þat ich fley ouer þe salte se Til Engeland,
and al with me þat euere was in Denemark
líues. 1304. Halfe líues on londe light I myn
one. Destr. of Troy 13543. Marie Magdalene
mette him by þe weye Goynge toward Galile
in godhede and manhede, And líues. P. Pl.
Text C. pass. XXII. 157; in unmittelbarer Verbindung mit einem Hauptworte, dem er
voran steht, wirkt er attributiv gleich einem
Eigenschaftsworte: Heorte hadde onde and
hatiunge, habbe nu sehtnesse and luue to ech
líues man. OEH. II. 67. O domes dai sal he
cumen agen To deme dede and líues men. Rel.
Ant. I. 234 sq. In wonhope and doute heo
weoren vchon, ȝit heo seȝen him alyue a líues
mon. Cast. off L. 1421. He made an ymage
of entaile Lich to a woman . . Right as a líves
creature She semeth. Gower II. 14. Hir fader
. . Cursed the day and tyme, that nature Schoop
him to ben a líves creature. Ch. C. T. 8777.
What líues þyng is kynde. P. Pl. Text C. pass.
XI. 150; auch erscheint líves nach Präpositionen als Lebendige: Moyses . . askede
him leue to faren and sen, If hise breðere of
líues ben. G. A. Ex. 2831-4. He . . Ran and
stod tuen [tiren Ms.] líues and dead. 3802.

Ne bete ic hit nefre on mine líus. OEH.
p. 21. Leof wes he on líus, and lað he is nuðe.
p. 35. Noe lefede on all his life nigon hund
ȝeare and fifti. p. 225. Forrþi birrþ uss high-
enn her To cwemenn Crist o lífe. Orm 2723.
Pa ilke þinges þat he hat, þeo mot mon nede
halden þat wile beon íburhen, & þeo beon to
alle men olíus iliche meane. Hali Meid. p. 19.
Þe faireste þing that is olíus. Havel. 2865. daher das Kompos. alive. — Abraham sente Eli-
eser . . To fechen Ysaac hom a wif Of his wille
ðe ðor was in líf. G. A. Ex. 1359-64. — Þe
imeane blisse is seouenfald: lengðe of líf, wit
ant luue etc. OEH. p. 261. Oðer kinnes nед-
dre is . . Þat haueð on hire heued derewurðe
ȝimston, and te londes men hire bigaleð oðer
wile, and swo lacheð and doð of líue. II. 197.
Yf he were brouct of líue, And mine children
wolden thriue, Louerdinges after me Of al Denemark micten he be. Havel. 513. With him
comen oþer two, þat him wolde of líue haue do.
1804. Ibo herde whar se sede, And his swerd
forþ leide, To bringe þe of líue. K. H. 691. —
Trist to longe líf letteð þe mannes shrifte. OEH.
II. 75. Deade men he arerde of hare beriele
to lífe. OEH. p. 229. Þe þridde dei he aros
from deaðe to líue. p. 217. Quan al mankinde,
on werlde wid, Sal ben fro dede to líue brogt.
G. A. Ex. 264. — Wide he sende ȝeond þat
lond . . Þ come to hirede riche men & weðlen,
al þ wapmoncun þa mihte beren wapen eppen
líf [bei Strafe am Leben] & uppen leomen. Laȝ.
I. 22. — Sire erl, bi mi líf [als Schwur: bei
meinem Leben !], And þou wile mi conseyl tro,
Ful wel shal ich with þe do. Havel. 2861.
siehe auch bilífe adv.

Die Mehrzahl dieses Hauptwortes wird

von dem Leben mehrerer Individuen gebraucht: In this howse is no bred, No quyte
wine nyf red, ȝo behoues ȝild vppe this stid, And
for oure *lyuys* pray. Avow. of K. Arth. st. 69.
Have here the keys off this cyte; Doo therwith
what thy wyll be, Yiff soo thou graunte us our
lyves, And our chyldren and our wyves. Rich.
C. de L. 4143. Take thee al the goods that we
have, With that thou wylt our *lyves* save. 4155.
2. Das Leben des Menschen auf Erden
wird oft als dieses Leben, dagegen das Leben nach dem Tode als zweites oder ewiges
Leben bezeichnet.

We beoð on *þisse liue* for to ernien þe eche
blisse in houeneriche. OEH. p. 7, cf. 9. 15. 19.
21. 29 etc. Alle we beoð in monifald wawe ine
þisse wreche liue. p. 145. I *þis deadlich lif*.
Hali Meid. p. 13. Sone se hit lihtes i *þis lif*,
mare hit bringeð wið him care þen blisse, nomeliche to þe moder. p. 33. Er ure drihten come
to *þisse liue*. OEH. p. 9. Þenne þu scalt of
þisse liue. p. 33. Affterr *þiss lifess* ende. Orm
2708. 2714.

Ne mei þe deofel þe wreien on [son *Ms.*]
oðre liue. OEH. p. 29. Nohht iss time in *oþerr
lif* Affterr þiss lifess ende To ȝifenn Godd te
tende del Off all þin aȝhenn ahhte etc. Orm
2713. — Euric mon þe . . ledeð his lif rihtliche,
þer efter he scal habben *eche lif* and blisse a
buten ende. OEH. p. 133. Heo sculen underfon hundfalde mede and *lif buten ende*. p. 147.
Þet we moten to mede habben eche hele, and
lestende liht, and *endeles lif*. p. 159. I bileue
. . *eche lif* efter deað. p. 217. Cumeð, ge ibleȝe-
ede, and underfoð *eche lif*. II. 5. Þe leome
of þe soðe lare þ leadeð to *eche lif*. Leg. St.
Kath. 478. Nis nawt ladlich sihðe to seo fallen
þing, þ schal arisen, burh þ fal, a þusend fald
þe fehere, of deað to *lif undeaðlich*. 2320. Þenc,
ancre, þene hwat þu þouhtes & souhtes . . forleosen alle þe blissen of *þisse liue* uorte bicluppen blisfulliche þine blisfule leofmon iðe *eche
liue* of heouene. Ancr. R. p. 108. Uprisinge of
alle men And *eche lif* I leve. Rel. Ant. I. 235.
And as Moyses reride vp a serpent in deserte,
so it bihoues mannes sone for to be reyside vp,
That eche man that bileueth into hym, perische
not, but haue *euerlastynge lijf*. Wycl. John
3, 14. 15 Oxf.

3. Leben als Lebenswandel, Lebensweise.

Feir lif to leden on þisse liue. OEH. p. 73.
Dauid þe prophete spekeð in an salm of *clene
lif*. ib. *Vnnet lif* ich habbe iled. p. 161. Þa þe
luueden unriht and *ufel lif* leden. p. 165. His
hali lif rihtlecede ure *unwreaste lif*. p. 237.
Ich biheolt þe cunfessurs hird, þe liueden i *god
lif*. p. 261. Ich iseh þat schene ant þat brihte
ferreden of þe eadi meidnes. . þe libbinde i
flesche ouergað flesches lahe ant ouercumeð
cunde, þe leadeð *heouenlich lif* in eorðe. ib. Þu
ne mihht nohht ledenn her Na *bettre lif*. Orm
1624. Mann birrþ beon ȝeorrnfull aȝȝ, Whil þatt
mann lifeþþ here, To cwemenn Crist þurrh *haliȝ
lif*. 2697. Þatt follc þatt lefeþþ wel o Criste, &
ledeþþ þohh *flæslike lif*. 16908. *Clene lif* he

ladde and *gode*. St. Swithin 18. His o soster
. . to *holi life* & to alle godnesse drouȝ. St.
Kenelm 65. Þis child . . þat ladde swiþe *chast
lif*. 11,000 Virg. 105-7. Understondeð leofliche . . þet ich write of *onliche liue*. Ancr. R.
p. 152. Efter þissere bisnunge weren arerede
munechene lif. OEH. p. 93. Now is tyme . .
To discharge me as cheftain & chaunge my *lif*
That have maintenede with monhode mony yere
past. Destr. of Troy 8938.

4. Leben als Bezeichnung hohen Glük-
kes, Seligkeit.

Hare *lif* is godes sihðe. OEH. p. 263. Al
engles *lif* is ti neb to bihalden. p. 269. Þatt
wasstme þatt iss *lifess* bræd Onn eorþe & ec
onn heoffne. Orm 1939. Ha beoð iscrepte ut of
hwes writ in heuene. Hali Meid. p. 23. Quan
al mankinde, on werlde wid, Sal ben fro dede
to liue brogt, And soli sad fro ðe forwrogt, An
ben don in blisse and in *lif*. G. a. Ex. 264.
Kouth made þou to me waies of *lifs*. Ps. 15, 11.
The prudence of fleisch is deeth, forsoth the
prudence of spirit *lyf* and pees. Wycl. Rom.
8, 6 Oxf.

5. Leben als Benennung eines geliebten Wesens.

Ihesu, swete Ihesu, mi leof, mi *lif*, mi
leome. OEH. p. 183. Mi leoue *lif* [sc. St.
Marie], urom þine luue ne schal me no þing
todealen. p. 195. Looue *lif*, ibench þu þes.
p. 197. Mi derewurðe druð [sc. Ihesu], mi luue,
mi *lif*, mi leof. p. 269. Hwa for largesce is
betere wurð to beo luued þen þu, mi luue *lif*.
p. 271.

6. lebendes Wesen überhaupt, Ge-
schöpf.

Luue i wile þe þa, swete Ihesu, as te gentileste *lif* þat eauer liuede on eorðe. OEH. p. 273.
Bot of þe *lyfe* þat he liȝt off, he like was to
nane, Nouþer of setour ne of face, to fadire ne
to modyre. Wars of Alex. 5292 Ashm. Was
þar na leuynd lede, ne *lyfe* bot þam ane. 5287.
Every *life*, which reson can, Oweth wel to knowe,
that a man Ne shulde through no tirannie Lich
to these other bestes deie. Gower I. 362.
Anone he let two cofres make, of one semblaunce,
and of o make, So lich, that no *life* [*lijf* Harl.
Ms.] thilke throwe That one may fro that other
knowe. II. 204. Sholde no *lyf* lyuie þat on his
londe passede. P. Pl. Text C. pass. VII. 67.
Boþe flesh and eke fish and vitaile ich kepte so
longe, Til eche *lyf* hit loþede to lokye þeron
oþer smylle hit. pass. VIII. 49.

7. Leib im Gegensatze zur Seele.

We aȝen þenne ure boden to singe, þet
God us helpe to gode þinge , þet *lif and saule*
beon iborȝen, and baðe ilesed ut of sorȝen. OEH.
p. 7 f. Twifold oðer manifold is þe man þe nis
stedefast ne on dade ne on speche , ne on
þonke, ne togenes gode ne togenes man , and
þarfore is forloren *lif and sowle*. II. 187. Þat
lyuynge after letterure saued hym *lyf and soule*.
P. Pl. Text B. pass. XII. 188.

lifdaȝ, lifdal, livedai etc. s. ags. *lifdäg*,
dies vitæ, altn. pl. *lifdagar*, schw. *lifsdagar*.
Lebenstag, Lebenszeit, Leben, oft,

doch nicht ausschliesslich, in der Mehrzahl vorkommend.

Per wes Walwain aslæȝe & idon of *lifedaȝe* [*lifdaȝe* j. T.]. LAȝ. III. 132. Nu thu miȝt wite sikerliche, That thine leches both grisliche The wile thu art on *lifdaȝe*. O. A. N. 1137. He boȝte hou he myȝte do, þat he were of *lyfdawe*. R. OF GL. p. 327. Heo boȝte if heo miȝte bringe þat child of *lyfdawe*. ST. KENELM 93. My sones bueth yslawe Ant ybroht of *lyfdawe*. GESTE K. H. 913. For to vndernyme vre louerd hi were euer abute, If he out prechede toyeynes þere lawe, Pet heo hyne myhte wreye and don of *lyfdoye*. O.E.MISCELL. p. 39. Al it is writen ic tellen mai Of his kin bi his *liuedai*. G. A. EX. 651.

Heo leueden al heore *lifdages* on kare and on pine. OEH. p. 129. Ilaste his *lifdaȝes* sixti winter. LAȝ. I. 123 j. T. He .. witeð hem þat hie bi here *lifdages* ne wolden him quemen. OEH. II. 67 sq. Weren .. fiftene þusend islæȝen & idon of heore *lifdaȝen*. LAȝ. II. 46. Seint Alban wes þer islæȝen & idon of *lifdæȝen*. II. 393. Alle men sal þan tite upryse In þe same stature and þe same bodyse, þat þai had here in þair *lifedays*. HAMP. 4979. Ðor quiles him lesten *liuedages*, His he tagte leue lages. G. A. EX. 4119.

lifful adj. lebenvoll, Leben gebend. Ich .. leornede & luuede þe *liffule* leaue of halie Chirche. LEG. ST. KATH. 833. For þi þ ha beoð ful of idel ȝelp & empti of þ eadi & *lifful* lare, al ich forsake her. 864.

lifhali, lifholi adj. ein heiliges Leben führend. Pat te *lifhali* leifdi in heouene luuie us þe mare. ST. JULIANA p. 2.

Pe *lifholi* man, þe wiste godes wille, swic drinch wiðqueð. OEH. II. 213. Ysaac þat þe *lifholi* wimman Sarra on hire elde kennede, and te *lifholi* man Abraham on his elde strende. II. 133. God sende þe holi engel Gabriel to þe *lifholie* prest Zacharie. ib. Ich ne der nout, þet heo deopluker schriue hire to ȝunge preostes her abuten, auh to hire owune schriftfeder, oðer to summe oðre *lifholie* monne. ANCR. R. p. 346. Pis loc ne haueð non to offren bute þese *lifholie* men of religiun. OEH. II. 49. Nimeð forbisne efter þe olde men þe þo weren and *lifholie*. II. 51. He ches two *lifholi* men him to fader and to moder. II. 133. Danne wule he clepien þe heuenliche men, þo ben þe *lifholie*. II. 171. By leel men and *lyfholy* my lawe shal be demyd. P. PL. Text C. pass. V. 175.

Lyyfhooly [Lyyf, hooly ed.], devotus, sanctus. PR. P. p. 303. Superlat. Pe saddest man on erthe And *lyfholiest* of lyf. P. PL. Text C. pass. XI. 49.

lifholinesse s. Heiligkeit des Lebens. His pine on rode and his deað acwellen mine sunnen, and his ariste arere me in *lifholinesse*. OEH. p. 207. *Lyfholynesse* and loue han ben longe hennes. P. PL. Text C. pass. VI. 80.

liflen v. s. *livien*.

lifish, livish adj. lebend. Nisate itt nan *lifisshe* mann þatt ȝho wass swa wiþþ childe. ORM 2463. And te birrþ lokenn þe þatt tu Ne do nan ifell dede Forr lufe off nan *lifisshe* mann. 5138. Swa þatt itt nohht ne wraþþe Ne weorde nan *lifisshe* mann. 6105. Aȝȝ þe birrþ þe sellfenn rihht & laȝhelike ledenn Towarrd illc an *lifisshe* mann. 6172. Every *livissh* creature. GOWER III. 93.

liflade, liflode etc. s. ags. *liflādu*, vitæ cursus, and. *līpleita*, *lībleita*, victus.

1. Lebensweise, Lebenswandel: Hwet is þet he mei mare spenen of his aȝen? seire forbisne of his aȝene *liflade*. OEH. p. 85. Of clene *liflade* specð Ysaias. II. 17. Alse fareð efrich man into helle of þesse worelde, bute he on chirche bie, þurh rihte gielefe and clene *liflade*. II. 143. Of þat Syon ha bihalt al þe world under hire, & þurh englene *liflade* & heuenlich .. þah ha licomliche wunie up on eorðe. HALI MEID. p. 5. Aske .. þes modie lafdis of hare *liflade*. p. 9. Pis mihte is þat an þat .. techeð her on eorðe in hire *liflade* þe *liflade* of heuene. p. 13. Nu þu art iwedded & of se heh se lahe iliht .. of leafdi in heuene in to flesches, in to beastes *liflade*, in to .. Hwa so eauer boc writ of mi *liflade*. ST. MARHER. p. 20.

Ure louerd sainte Powel munegeð us to rihtlechen ur *liflode*. OEH. II. 9. Here *liflode* ligneð [d. i. straft Lügen] hem seluen. II. 31. Sume men ledeð clene *liflode*. II. 37. Pe gode herdes wakieð on faire *liflode* ouer here orf. II. 39. We þe beð uncuðe þe heuenliche kinge for þat ure *liflode* him swiðe mislikeð. II. 45. He was cleped Iacob, for he underplantede fule custumes of him selfen mid his clenliche *liflode*. II. 153. Mannes *liflode* buuen eorðe is fardung. II. 189. Pat doð ech man þenne he pater noster singeð, bute his liðere *liflode* his bede lette. II. 123. Pis beoð holie men, þet .. goð mid gode *liflode* touward þe riche of heouene. ANCR. R. p. 350. Hore *liflode* is herre. p. 352. Uolk tolimed & totoren mid stronge *liflode* & mid herde he cleopeð ferlich. p. 362.

2. Lebensunterhalt, Nahrung: A *lyfelade*, victus. CATH. ANGL. p. 216.

Heo bileuede þere And swonke & tilede here *lyflode*. R. OF GL. p. 41. Ychylle make þe hey mon .. þat þou ne ssalt vor þy *lyflode* neuere carye noȝt. p. 312. Non maner *lyflode* ne myȝte to hem wende. p. 404. Of noþyng certis doþ þay drede, bot of *liflode* one; Ac now failled boþe wyn & bred, vitailles [vatailles ed.] habbeþ þay none. FERUMBR. 2495. The erthe mynystrethe to us 2 thinges: oure *liflode*, that comethe of the erthe, that wee lyve by, and oure sepulture aftre oure dethe. MAUND. p. 293. Hym rwed þat he hem vprerde & raȝt hem *lyflode*. ALLIT. P. 2, 561. Also he spent ij. pens on hym self, for his *liflode*. GESTA ROM. p. 32. As ancres & eremites, þat holden hem in hure cellys, Coueytynge noȝt in contrees to carien aboute For no lykerous *lyflode* hure lykame to plese. P. PL. Text C. pass. I. 30. Al is noȝt good to þe goat, þat þe gut askeþ, Ne *liflode* to þe

licame. II. 34. As he, which had no *livelode*,
But whan he mighte suche a lode To towne
with his asse carie. GOWER II. 293. Off thy litill
lyveloode be nat to large. HARTSH. *Metr. T.*
p. 127. Suche *lyvelod* nowe is no man lieff.
p. 125.

lifleas, lifles adj. ags. *lifleás*, inanimis,
afries. *lifláfs*, ahd. *lîbelôs*, mhd. *lîplôs*, altn.
lîflaus [BIÖRN HALDORS.], schw. *liflös*, dän.
livlös, neue. *lifeless*. leblos.

Þe feond .. wearp ham ut sone of Paraise
selhöe into þis *liflease* lif. LEG. ST. KATH.
892-6. Þat he .. wiö his word awahte þe *liflese*
liches to lif & to leome. 1042-6. Swiöe, quoö
he, wiö hire ut of min ehsihöe, þat ich ne seo
hire nawt heonne forö mare, ear þe buc of hire
bodi & tet heaued *liflese* liggen isundret. ST.
JULIANA p. 71. No foul worm comeþ þerto þt
nys anon *liflès* Bbote a lute schorte euete, & jut
heo is tailes. PATRICK 11.

liflich, lifli etc. adj. ags. *liflic*, vitalis, altn.
lifligr, dän. *livlig*, neue. *lively*.

1. leibhaft, lebensähnlich: So *liif-*
liche weren thai alle, ymages semed it nought.
TRISTR. 3, 50.

2. lebendig, lebensvoll: He knej not
that made hym, and that enspirede to hym a
soule, and loooueth that he wrojte, and that blej
in to hym a *lifli* spirit. WYCL. WISD. 15, 11
Oxf. Sum is jung & *livelich* & is neode þe
betere warde. ANCR. R. p. 6. *Lyvely*, or qwyk,
or fulle of lyyf [*liyfly*, ful of liyf K.], vivax.
PR. P. p. 308.

lifli etc. adv.

1. lebensähnlich: Wel couthe he peynte
lyfly that it wrought, With many a floren he the
hewes bought. CH. *C. T.* 2099.

2. lebendig, munter, eilig: *Lyfly*,
festinanter. CATH. ANGL. p. 216. *Lyvely*, or
qwykly [*liyfly* K.], vivaciter. PR. P. p. 308.

lifnoö s. s. *livenaö*.

lifsiöe s. vgl. ags. *líf*, vita, und *sîö*, meatus,
cursus, sors, conditio. Lebensweg, Lebenszeit.

Euch sunne .. þat he wiö wil oöer wiö
were wrahtte in al his *lifsiöe*. OEH. p. 249.
And te oöre in a heate of a hondwhile beon
imealt mare & ijotten in godd þen þe oöre in
a wlecchunge al hure *lifsiöe*. HALI MEID.
p. 43 sq.

lift s. aer s. *luft* s.

lift adj. sinister s. *luft* adj.

liften v. s. *luften*.

liftime s. neue. *lifetime*. Lebenszeit,
Lebszeit.

In boke is öe turtres lif writen o rime, wu
lagelike ge holdeö luue al hire *liftime*. BEST.
694. Many men vpon molde made hue by slithe
To haunte hure in hordom hur hole *liftime*.
ALEX. A. DINDIM. 564. For he leccherie louede
in his *liftime*. 681. That cuppe the sone schalle
kepe to drynken of, alle his *liftime*, in remembrance of his fadir. MAUND. p. 310. Hauen
leue to lye al hure *lyftyme*. P. PL. *Text C.*
pass. I. 50.

lifwile s. vgl. ags. *líf*, vita, und *hvíl*, tempus,
ae. *hwile, while*, doch schon bei LAJAMON auch
wile. gleichbedeutend mit *liftime*.

Never more his *lifwile*, Thau he were an
hondred mile Bijende Rome, For no thing ne
shuld I take Mon on erthe to ben mi make, Ar
his homcome SIRIZ 103.

ligaunce, liegeance, liegeaunce, legeaunce,
legiance s. mlat. *ligancia, ligiantia, ligeancia,*
afr. *ligance*. Gewalt des Lehnsherrn und
Lehnspflicht.

Þat tre bylongeþ to on lorde that *lygaunce*
cleymeþ. P. PL. *Text C.* pass. XIX. 202. It
were a wonder wierd To seen king become an
hierd, Where no life is but only beste Under the
legeaunce of his beste. GOWER I. 340. *Legiance*
without loue litill þinge availith. RICH. THE
REDELES ed. *Skeat* II. 104. — Sire, be my
liegeance, þou ne dost nojt ass þe wys. FE-
RUMBR. 4096. Of vij. thingis I prayse this cite
.. Off stabylnes, ay kept in *lyegeaunce*. LYDG.
M. P. p. 21. He hath him praid And charged
upon his *legeaunce*, That he do make purve-
aunce etc. GOWER II. 216.

ligber s. s. *leohtbere*.

lige, liege, lege adj. afr. *lige, liege*, pr. *litye,*
lige, it. *ligio*, mlat. *ligius*, sch. neue. *liege*. Die
ursprüngliche Bedeutung scheint ohne Ein-
schränkung verpflichtet zu sein, und
das Wort wird im Lehnrechte sowohl von dem
unbedingt verpflichteten Unterthan oder
Dienstmann, wie von dem unbedingt be-
rechtigten Herrn oder Lehnsherrn und
seiner Machtvollkommenheit, *ligia potestas*, gebraucht.

God sente to Saul by Samuel þe prophete
þat Agag of Amalek und al hus *lyge* puple
Sholde deye delfulliche for dedes of here eldren.
P. PL. *Text C.* pass. IV. 417. But the comune
wil assent, It is ful hard, bi myn hed, hereto to
brynge it, Alle joure *lige* leodes to lede þus
euene. *B.* pass. IV. 182.

Our *lyge* louerd, þat yheld ys And ysmered
to Jhesu Christ. R. OF GL. p. 457. Eifred þer
lege lord, him þei alle forsoke. LANGT. p. 45.
He .. was the same Above all other, which
moste blame Upon his *lege* lord hath laid.
GOWER I. 112. *Legelorde*, souerayn liege.
PALSGR.

Als Substantiv wird das Wort oft für
den Lehnsmann oder Unterthan gebraucht:

So leue it noujte, Lucifer, ajeine þe lawe I
fecche hem, But bi rijt & by resoun raunceoun
my *lyges*. P. PL. *Text B.* pass. XVIII. 346.
They .. bare adoune the pouere, *Lieges* that
loved jou the lesse ffor her yvell dedis. DEP.
OF R. II. p. 9. Obeissant ay redy to his hond
Were alle his *liegis*, bothe lesse and more. CH.
C. T. 7942. I schalle schew him myne help
withe alle pleasaunce, And of his *liegis* ffeithe
fulle obeisaunce. LYDG. M. P. p. 18.

wie für den Lehnsherrn:

As my body and my beste oute to be my
liegis (gen.), So rihtffully be reson my rede
shuld also. DEP. OF R. II. p. 3.

[**ligeman**], **liegeman**, **ligman** s. Das Adjektiv mit dem Substantiv als Kompositum behandelt, neue. *liegeman*. Dienstmann, Unterthan, Vasall.

It longith to no *liegeman* his lord to anoye. DEP. OF R. II. p. 10. Ife þow be *lygmane* lele, late hyme wiet sone, I salle at Lammese take leve, and loge at my large In delitte in his laundes. MORTE ARTH. 420.

liggen, **lijen**, **lijen**, **lien**, **lin** v. ags. *licgan*, *licgean* [*lîg*, *lægon*, *lâgon*; *legen*], alts. *liggian*, ahd. *liggan*, *liggen*, *ligan*, *ligan*, mhd. *ligen*, afries. *liga*, *lidzia*, niederl. niederd. *liggen*, altn. *liggia*, schw. *ligga*, dän. *ligge*, gth. *ligan*, sch. *lig*, neue. *lie*. Einfaches *g* erscheint auch hier und da im ags. und alts. *liggen*, und die Elision des *g* bisweilen im Ags. *liegen*.

Inf. Ho him ferwundeden and letten hine *liggen* half quic. OEH. p. 79. Þea oðer mon þet suneged and luueð his sunnen alse deð þet fette swin þet fule fen to *liggen* in. p. 81. Binoren þine uote ieh wulle *liggen* and greden. p. 199. Ʒe doð þan kinge muchel scome .. forboden he haueð his deor frið, þer fore ʒe sculen *liggen* stif [tot liegen, sterben]. LAJ. I. 61. Ofte heo luten adun alse heo wolden *liggen*, ofte heo up lupan alse heo fleon wolden. I. 80. Þu .. schalt .. *liggen* [succumbere] under laðest mon. HALI MEID. p. 31. Nalde nawt Godd leten his martirs licomes *liggen* to forleosen. LEG. ST. KATH. 2284. Ʒe schulen *liggen* [d. i. zum Schlafe] in on heater, and igurd. ANCR. R. p. 418. Nu þu schalt wrecche *liggen* ful stille [d. i. als Toter]. O.E.MISCELL. p. 174. To *liggen* [nämlich unthätig] at hom it is ful strong. HAVEL. 802. Every man may *liggen* [concumbere] with whom he wole of hem. MAUND. p. 288. — Bind him [sc. þe feond] honden, fet, & þej, & let him *ligge* stille. OEH. II. 258. Me thuncheth that deth hath don vs wrong that he so sone shal *ligge* stille [als Toter]. POL. S. p. 246. Ich wat jif cwalm xcal comen on orfe, An jif dor schul *ligge* and storve. O. A. N. 1197. He haueth me do mi mete to þigge, And ofte in sorwe and pine *ligge*. HAVEL. 1373. Sche wold .. busk out to þe bestes, & vnder a busk *ligge*. WILL. 3060-2. He willnede vor to *lygge* [d. i. im Grabe] ys grannire ney, þe kyng Edgar þe gode kyng, þat þere ybured ys. R. OF GL. p. 311. A God .. shall busk too thy borde bed, by thee too *ligge*. ALIS. FRGM. 888. We faren alle to þe flod þere we finde mowe Gret plente of gold on þe ground *ligge*. ALEX. A. DINDIM. 1024. Oundo þys prysouns, Florippe til him gan sigge, þey schulleþ out of þis sory won & her no lenger *ligge*. FERUMBR. 1310. Zeue housboundes, þet alle were ynlaje of þe dyeule, þe uerste nijt þet hi wolden *ligge* by hire. AYENB. p. 223.

He sal *ligen* long anicht, litil sal he sclepen. O.E.MISCELL. p. 131. Ʒe schal .. *lyje* in jour ese. GAW. 1096. Let hym *kyje* þere stille. 1993. He wille not *lyje* with his wyfes but 4 sithes in the jeer. MAUND. p. 276. To *lyge* wnder, succumbere; to *lyg* in wayte, jnsidiari, obser-

uare; to *lyg* betwen, intercumbere. CATH. ANGL. p. 216.

Þe wiif him bedded wel soft In a chamber þer he schuld *leyn*. GREGORLEG. 873. He myhte sayen that Crist hym seje, That myhte nyhtes neh hyre *leje*, hevene he hevede here. LYR. P. p. 36.

So faire two weren neuere maked In a bed to *lyen* samen. HAVEL. 2133. Thei have none houses to *lyen* inne. MAUND. p. 284. *Lyyn*, or *lyggyn* [*lyin*, or *ligyn* K.], jaceo. PR. P. p. 304. Ʒif he gillteþþ anij gillt Itt iss all jæn hiss wille, & nile he nohht tærinne *lin*, Acc riseþþ upp þurrh shriffte. ORM 6018. He .. iss all alls he wære blind & orrraþ butenn lade, Aʒʒ whil þatt æfre himm þinkeþþ god To *lin* inn hæfeddsinne. 6592. A net and a got and a sep, Euerile of ðese he delte on two, And let hem *lin* on sunder so. G. A. EX. 940. Þey leyn þe cors þer hyt shal *lyn*, Yn a new sepulcre. R. OF BRUNNE *Meditat*. 986. They goon to bedde; Ther as the carpenter was wont to *lye*, Ther was the revel. CH. C. T. 3650.

Imperat. Passent, *lij* nu þer. LAJ. II. 335. *Lije* þer, þu laðe mon. III. 149. *Lig* down ther and take thi rest. TOWN. M. p. 15. *Li*, awariede bali, þat neauer þu ne arise. O.E.MISCELL. p. 176. *Ly* stille therin now and roste. PERCEV. 794.

Præs. Crist, loke toward me ase ich *ligge* lowe. OEH. p. 211. Nam ich neuere boute care, bote ihc *ligge* [legge s. T.] faste biclused in on castle. LAJ. II. 167 j. T. Þe king Edwardes newe, at Glouseter þat *ligges* [d. i. im Grabe]. WILL. 166. He .. died in langoure. He *ligges* at Bathe, for þider was he born. LANGT. p. 6. He *ligges* biried als a kyng in the toun of Bathe. p. 9. The knyghte *lygges* ther on brede. PERCEV. 797. Ðe þridde is þat man sitte an euen at drinke, and *ligge* [conj.] longe a moregen. OEH. II. 11. Wreoð nu wel þene king, þ he *ligge* a sweting. LAJ. II. 321. Ne þe jungre ne speke mid none monne bute leaue, ne ne go nout ut of tune widuten siker uere, ne ne *ligge* ute. ANCR. R. p. 424. — Alse longe alse we *liggeð* in heueðsunnen, al þa hwile we stondeð in þe putte, and þet in þe uenne up to þe muðe. OEH. p. 49. Whan god likeþ from lif lede vs to bliisse, We *liggen* doun in our den þere we ded worþen. ALEX. A. DINDIM. 445. Ower wop wendeð al on ow seluen, leste je eft wepen echeliche in helle, for þ heaðene lif je in *liggen* [v. l. *liggeð*]. LEG. ST. KATH. 2384. Þeos men .. þe *ligged* inne eubruche and ine glutenerie. OEH. p. 49. In eorðe me heom leide; inne Teruane heo *liggeð* alle clane. LAJ. III. 115. Hii *liggeþ* in þisse feldes iheled in hire teldes. II. 348 j.T. For to turnen us of þet lond vuel þet alle londes leien on, & *liggeð* jet monie. ANCR. R. p. 360. Þe stones stondeþ þer .. And oþer *liggeþ* hye aboue. R. OF GL. p. 7. Þere hii *liggeþ* [im Grabe] vayre ynou boþe jut ywys. p. 311. This bes thair dom that her in sin *ligges*. METR. HOMIL. p. 29.

Þe foundement þat faste to þe roche *lijþ*. CAST. OFF L. 775. Assail yerne The pavylon with the golden herne, Therin *ligeth* the emperour. RICH. C. DE L. 2271. — On þese þre wise we wuneden on þis wreche wereld; sume sitteð, and sume *ligeð*, and sume we stondeð. OEH. II. 101. Þar *ligeð* ateliche fiend in stronge raketeie, þat beð þo þe waren mid god angles swiðe heie. II. 228. Thei *lyȝn* in tents. MAUND. p. 255. 256.

Imaket arm of an cðeliche mon þat tu *list* under. HALI MEID. p. 9. Þu *list* inn hæfeddsinne. ORM 19853. Awai þu wrecche fole bali, nu þu *list* on bere. O.E.MISCELL. p. 172. Thu miȝt wene that the mistide, Wanne thu *list* bi hire side. O. A. N. 1499. Ðanne he *lieð* to slepen Sal he [sc. ðe leun] neure luken ðe lides of hise egen. BEST. 24. Go to þine feder burinesse, oðer þer eni of þine cunne *lið* in. OEH. p. 35. Bi Ieremie þe prophete we aȝen to understonden ulcne mon þet *lið* in heuie sunne. p. 51. Hwase *lið* i leinen deope bisunken .. he ne schal nawt up acoueren hwen he walde. HALI MEID. p. 33. Nu *lið* þe cleiclot al so þe ston. O.E.MISCELL. p. 172. Ne *lið* [pertinet] nawt to þe to leggen lahe up o me. LEG. ST. KATH. 779. Thare *lið* biried in Aram. G. A. EX. 735. Ðor he *lið* doluen. 3692. Rihht clene Inn all þatt to þe bodiȝ *liþ* [pertinet], & ec i þeȝȝre wille. ORM 4607. Þe toun of Pokelchyrche, and oþer þat ys were He ȝef in to Glastynbury, & let hym burye þere, And Þere *he* *lyþ* ȝut to þus day. R. OF GL. p. 278. And thus *lith* Alisoun and Nicholas In busynesse of myrthe and of solas. CH. C. T. 3653. Roberd, þorgh our assent, þe heritage to þe *lies* [pertinet]. LANGT. p. 87. A doughter had Saynt Margrete, þat in Scotland *lis* [im Grabe]. p. 95. At Westmynstere he *lis* toumbed richely. p. 230. Þe Scottis side doun *lis* [unterliegt]. p. 118. In þe *lis* al min hope. WILL. 965. He *lise* so lung on bere. AMADACE st. 12. Under grases ther hue buen, byholdeth wet ther *lye* (conj.). LYR. P. p. 101. — In caue þei *lyen*, & slepen samen yfere. WILL. 2266. Forr þatt teȝȝ .. *lin* i depe sinness aȝȝ. ORM 1777-83.

Præter. sing. He *laȝȝ*, all alls hiss wille wass, Biforenn asse i cribbe. ORM 3692. Bitwenen his þrowenge and his aristo he *lai* on his sepulcre and swiede. OEH. II. 101. In a ston stille he *lai* til it kam ðe ðridde [dridde Ms.] dai. BEST. 42. Longe he *lai* her in an hole. 769. Þere he *lai* in prison. R. OF GL. p. 565. Als he in his sekenes *lay*. HOLY ROOD p. 62. In grete sekenesse & hard he *lay* in Normundie. LANGT. p. 142. Als þe knithes were comen alle, þer Hauelok *lay* [schlafend]. HAVEL. 2120. Þe Brutons made deol ynou, þo he ded *lay*. R. OF GL. p. 251. Many lud by hure *lay*, her lust to fulfille. ALEX. A. DINDIM. 583.

Þa wombe þu *laie* inne. LAȝ. I. 214. He adun *læi* [zum Schlafe] I. 52. Seoððen he dun *læi* [starb] I. 292. Þer *læie* þa ferde. II. 300. Vespasien mid his monnen *læiȝe* at Exchæstre. I. 416.

He lette makien enne dic .. & *læi* þer abuten. LAȝ. I. 28.

Þah þu *leie* in ane prisune, oðer hwile þu hefdest olað to werien, and to etene and to drinken. OEH. p. 33. Efre *lei* þes wreche forwunden. p. 81. He ȝef Assaracum his sune sele þreo castles & al þat ligginde lond þe þer abuten *lei*. LAȝ. I. 17. Warð king of þ lond þ *lei* [gehörte] into Rome. LEG. ST. KATH. 27. Eue. þi moder, leop .. vrom þes eorðe to helle, þer heo *lei* ine prisune, uour þusend ȝer & moare. ANCR. R. p. 54. Þe mon þe *leie* .XII. moneð in ane prisune nalde he ȝeȝen al .. wið þet he moste .XII. beo ðer ut of. OEH. p. 33.

plur. Goffar king com him liðen mid vnimete ferde of Frenchisce folke & of alle þon londen þa *leȝen* into France. LAȝ. I. 70. Heo herȝeden France & feor þer biȝeonden, & alle þa londes þa þerto *leȝen* [leiȝe j. T.]. I. 111 sq. *Leȝen* a boþe halue cnihtes toewe [toheouwen a. T.]. I. 418 j. T. Hue *leȝen* y the stretes ystyked ase swyn. POL. S. p. 190. Oþer fiftene myle fro þenne as þei *leiȝen*. JOSEPH 419. Sume *leien* on here sunnes, and ne wolden hem naht forleten. OEH. II. 187. Al swa heo þus *leien* stille .. þer com þe king riden. LAȝ. I. 367. Þer heo *leien* stille ane lutle stunde. III. 72. Wið se swiðe lufsume leores ha *leien* .. þ nawiht ne þuhte hiȝ þ ha weren deade. LEG. ST. KATH. 1430-6. Þe munt of Caluarie .. was þe cwalmstowe, þer *leien* ofte licomes iroted buuen eorðe, & stuncken swuðe stronge. ANCR. R. p. 106. Þe Gywes vp asturte þat *leȝen* in þe grunde. O.E.MISCELL. p. 42. Hwan þe children bi þe wawe *Leyen* and sprauleden in þe blod. HAVEL. 474. Bi þe pappes he *leyen* naked. 2132. Bi nyȝte, as the men *leye* and slepe and lute therof thoȝte, Hi nome up this heli bones. BEK. 2357. Hire lord þe king of hire kome was comforted michel & hire sone als, & seþen alle oþer of þe lordes of þat lond, þat þere *leie* in hold. WILL. 4305. Þai *layen* alle in afflickcioun GREGORLEG. 989. Þer þe fisches alle *lay*. 1029.

P. Pr. Þus doð þe libbende frend togenes þe *liggende* [den toten]. OEH. II. 183. He hath his waie take Into the chambre, and there *liggend* He fonde his dede wife bledend. GOWER I. 187. Some wolde munche hire mete allone, *Lyggynge* a bedde. CH. Tr. a. Cr. 1, 914. Þus left me þat lady, *liggyng* aslepe. P. PL. Text B. pass. II. 51. Fader, what harm es þe on hand, Þat þou es in þi bed *ligand*. HOLY ROOD p. 62. On of ham sone ofsei þo semliche white beres loueli *ligand* togadir lapped in armes. WILL. 2245. Þere William & his worþi lef were *liand* ifere. 2180.

P. P. Þore haue þai [sc. þe crosses] *liggen*, on þis maner, Sethin more þan two hundreth ȝere. HOLY ROOD p. 89. Had þat schank ne bien, þou had *liggon* stille. LANGT. p. 55. We ben alse þe' nedre; hie haueð longe liued, and we longe *leien* in sinne. OEH. II. 199. Me were levere then ani se, That he hevede enes *leien* bi me. SIRIZ 382. A moneth we haven *leyen* in the se. RICH. C. DE L. 2477. He haþ *leiȝen* bi latro, Lucifers brother. P. PL. Text A. pass. V. 259. Longe we hadden *lein* on ure fule synnes. OEH. II. 7. Þat we don alse þing doð þe haueð *lein* on swete, forquichieð

þan here time cumeð. II. 77. Aftre that sche
scholde have ben *leyn by* of the man that is
assigned therefore. MAUND. p. 286. Here he
walde have strangyl[d] me , Or he walde have
lyen my by. SEVEN SAG. 495. Thauh lered men
and lewede had *layen* by þe boþe . . Ich shal
asoily þe myselue. P. PL. *Text C.* pass. IV.
40 – 2. Fol ich wes in folies fayn , In luthere
lastes y am *layn.* LYR. P. p. 47.

lighe s. flamma s. *leʒe.*
ligman s. s. *ligeman.*
lignage s. s. *linage.*
ligne s. linea s. *line.*

liʒe, lighe, lie, leghe, lee s. ags. *lyge, lige,*
mendacium, ahd. *lugi,* mhd. *luge, lüge,* niederd.
löge, gth. *liuga,* altn. *lýgi,* neue. *lie.* Lüge.

Þei disireden [sc. in helle], euere to dye,
Hit miht not beo, wiþouten *lyʒe,* For þe soule,
wher so hit go, Schal neuer dyen. O.E.MISCELL.
p. 224. Þat loues oure lorde, wolde make a *lyʒe.*
ALLIT. P. 1, 304. — Þi lyf þou hast ilad with
lyʒes. E.E.P. p. 137.
Þat *lighe* spekes, leses tou mare and lesse.
PS. 5, 7.
Thies ffoure in hor falshode had forget a
lie. DESTR. OF TROY 12594. Cowdyrbras, for
felonye, Smot Sere Thomas, withouten *lys,* On
his spawdeler off his scheeld. RICH. C. DE L.
5283. He toke a spere, withoute *lyie,* Ayeyn
the soudan he gan hyghe. KYNG OF TARS 1056.
It is no *lye.* CH. C. T. 3391.
He trowed mare of his wife a *leghe,* Than
that himself saw with his eghe. SEUYN SAG.
2887. That God leynyd him to a steghe, And
spake to me, it is no *leghe.* TOWN. M. p. 46.
Was not this a wonder thyng , That he
durst calle hym self a kyng, And make so greatt
a *lee?* TOWN. M. p. 217. vgl. *Lee* with a latchet
— notorious lie. CRAVEN DIAL. I. 283. The
kyng that had grete plente Off mete and drinke,
withoutene *le,* Long he may dyge and wrote,
Or he have hys fyll of the rote. Ms. in HALLIW.
D. p. 509.

liʒen, lighen v. mentiri s. *leoʒen.*
liʒere, lighere s. mendax s. *leoʒere.*
liʒhen, liʒʒen, lighen v. ridere s. *lahen.*
liʒinge, lighinge, lieʒinge, lheʒinge s.
Lügen, Lüge.

Whi love ye fantom, and *lighinge* speke?
PS. 4, 3. Of þe zenne of *lyeʒinge.* AYENB. p. 63.
Him bit þingþ þet hit is al wind and metinge
and *lyeʒynge.* AYENB. p. 143. — Þe leasinges
likinde byeþ more grat ȝenne, ase byeþ þe
lyeʒinges of þe lozeniour. AYENB. p. 63. Þe
lheʒinges uor to solaci þet uolk . . is ȝenne. *ib.*

liʒnen, lihnen v. ags. *lýgnian, lignian, lygnan,* negare , alts. *lögnian,* ahd. *lougnan,* gth.
laugnjan. läugnen, in Abrede stellen,
widerreden, Lügen strafen.

Þeih lerdemen segen þat hit be muchel
sunne þat man his licames lust drige ofte, þeih
his bispused ben . . here liflode *ligneð* hem
seluen. OEH. II. 31. Ec þa kingess comenn þa
Till Crist wiþþ swillke lakess, To *lihhnenn* þatt
lærede follc þatt . . turrndenn . . lawedd follc to
lefenn wrang o Criste. ORM 7438. vgl. 7445.

7457. Ȝæn all þatt laþe follc uss wrat Johan . .
& seʒʒde onnjæn hemm alle þuss, To *lihhnenn*
þeʒʒre spæche. 18615. vgl. 18711. 18736.
lihen v. ridere s. *lahen.*
lihnen v. negare s. *liʒnen.*
liht, liʒt, ligt, light, lighte s. lux s. *leoht.*
liht, lict, liʒt, light adj. ags. *leóht, lýht,* lucidus , clarus , alts. ahd. *lioht,* afries. *liacht,* neue. *light.*

1. licht, hell: Þo was helle *liht* enes and
nefre eft of heuene liht. OEH. II. 113. Hit
wes an ane time, hat þe dæi wes *liht,* and þe
sunne wes swiðe briht. LAʒ. I. 309.
Also *lict* was it therinne, So ther brenden
cerges inne. HAVEL. 593.
In the half toward ous the sonne sent hire
liʒt; Thanne is thother half durk , and thother
is al *liʒt.* POP. SC. 80. Lef thay nome To whend
into thayr in , To ordayn and dyvyse a gyne,
For to holde the piler upryght, And the myrrour
that was so *lyʒt.* SEVEN SAG. 2033.
Þe stale hym [sc. the stede] nat, he bad me
say, He wanne hym vppon the *light* day. IPOMYD.
1403. To morewen, whan hit is *light,* Sire, thou
schalt have thine wille. SEUYN SAG. 2064.

2. bildl. erleuchtet: Illuminacio mentis
. . þat is heorte be *liht.* OEH. II. 103.

liht, liʒt, light adj. ags. *leóht, lîht,* levis,
ahd. *lîhti, lîht,* mhd. *lihte,* alts. *lîht* in *lîhtlîk,*
afries. *licht,* niederl. *ligt,* niederd. *licht,* gth.
leihts, altn. *léttr,* schw. *lätt,* dän. *let,* sch. *lycht,*
neue. *light.*

1. leicht, nicht schwer, dem Gewichte
nach: Pa oðere weoren swifte , heore wepnen
weoren *lihte.* LAʒ. I. 251 sq. Hit [sc. þe helme]
watz hyʒe on his hede, hasped bihynde , Wyth
a *lyʒt* lyn vrysoun ouer þe auentayle. GAW. 607.

2. leicht, flink, hurtig: Þe öridde is
þat man be waker, and *liht,* and snel, and seli,
and erliche rise, and gernlich seche chireche.
OEH. II. 13. To harme hii weren *liht.* LAʒ.
II. 406 j. T. And ʒut þere was of Welsse men
þe verþe ost þerto Iordeyned wel ynou in a
place bysyde, þat *lyʒte* were & hardy. R. OF
GL. p. 452. The roo which renneth on the
moor, Is thanne nought so *light* as I. GOWER
II. 95. *Lyght* or delyver, agile, legier. PALSGR.
Kompar. Ancren . . schulen beon þer, ʒif
eni mei, *lihture* beon & swifture. ANCR. R.
p. 94. Carfuli gan sche crie so kenely and lowde,
þat maydenes & miʒthi men manliche to hire
come, & wolden brusten þe best, nad he be þe
liʒttere. WILL. 152.

3. leicht, nicht bedrückt, heiter,
froh: Nou thou art hevy, ant nou *lyht.* LYR.
P. p. 110. Be *liʒt,* & lete of þi sorowe. WARS OF
ALEX. 5332. Bees *liʒt* & laches ʒow a lose. 2604
Ashm. Now I me fynd hool and *lyght.* RICH.
C. DE L. 3113. A man þat es yhung and *light,*
Be he never swa stalworth and wyght . . Angers
and yvels may hym appayre. HAMP. 688. So
light is my saulle That alle of sugar is my galle.
TOWN. M. p. 152. Wyne of nature makithe
hertes *lyghte.* LYDG. M. P. p. 14.

4. leichtfertig, leichtsinnig: Ne
luuede ha nane *lihte* plahen. LEG. ST. KATH.

106. Mi *liht* onswere, oðer mine *liht* lates, tulde him erest upon me. ANCR. R. p. 23. Ʒef thou art of thohtes *lyht*. REL. ANT. I. 110. Yit when þai sal pas thurgh purgatory, þe fire þar þat es within Sal fynd in þam sum dros of syn, Als *light* speche, or thoght in vayn. HAMP. 3343.

5. gering, unbedeutend: Uondunge *liht* & derne, uondunge *liht* & openliche, uondunge stronge & derne, uondunge stronge & openliche. ANCR. R. p. 220. *Liʒte* couaytise to habbe oþre manne þing by guode scele, ne is no ȝenne. AYENB. p. 11. im Neutrum substantivirt, wenig: All his good was spent awaye, Then hade he but *liuȝht*. DAHIN gehört auch: He vsed abominaciones of idolatrye & lette *lyʒt* bi þe lawe þat he was lege tylle. ALLIT. P. 2, 1173. Hade he let of hem [sc. such gay vesselles] *lyʒt*, hym moʒt haf lumpen worse. 2, 1320.

6. leicht, ohne Schwierigkeit (facilis): It is strong to stonde longe, and *liht* it is to falle. OEH. p. 179. II. 229. His reades beoð of hah þing, & to hise leouest friend, þe lut i þis worlde, & derue beoð to fullen, & *lihte* þah hwas haueð riht luue & treowe bileaue. HALI MEID. p. 19. Bitweonen mele ne gruselie ȝe nout nouðer frut ne oðer hwat; ne ne drinken wiðuten leaue; auh þe leaue beo *liht* [leicht gewährt] in alle þeo þinges þer nis sunne. ANCR. R. p. 428. Himm wass *lihht* to lokenn himm Fra beʒʒre laþe wiless. ORM 10316. vgl. 13020. 13032. Patt wære himm *lihht* to forþenn. 15181. Hit ys wel asort ine wordes, and wel lang ine wytte, *liʒt* to sigge, an sotil to onderstonde. AYENB. p. 99.

Kompar. Hit is wel *liʒter* þing alle þe guodes of þe wordle lete at on tyme uor god, þanne his ofhyealde, and naʒt louye. p. 78.

lihtbere, liʒtbere s. s. *leohtbere*.

lihte, lighte adv. ags. *leóhte*, lucide, clare, alts. *liohto, liahto*, ahd. *liohto*, mhd. *liehte*. licht, hell.

Wiðuten euch heate of þe hali gast þat bearneð se *lihte* wiðute wastinde brune in alle his icorene. HALI MEID. p. 43. A hwel of stele is furþer mo, And berneþ *lihte* and turneþ o. O.E.MISCELL. p. 149. And let men shit the dores, and go thenne, Yit wol the fuyr as fair and *lighte* brenne. CH. C. T. 6723. A cercle . . Of brend gold that fulle *lyghte* shoon. R. of R. 1108.

lihte, liʒte adv. ags. *lihte*, leviter, ahd. *lihto*, ·mhd. *lihte*. leicht, ohne Mühe.

Þene vnþev *lihte* leten heo myhte. O.E.MISCELL. p. 120. Þou ne schalt, bi hym þat made me, ofscapie so *lyʒte*. R. OF GL. p. 25.

Kompar. He þaim laught all þe *lighter*. WARS OF ALEX. 1055 Dubl.

lihte, lighte s. gewöhnlich in der Mehrzahl gebraucht, und offenbar von *liht*, levis, herzuleiten. vgl. pr. *leu*, pg. *leve* (nur in der Mehrzahl gebräuchlich) von gleicher Bedeutung, so genannt wegen der Leichtigkeit des Organs. neue. *lights* pl. Lunge von Thieren, auch von Menschen.

Þat deor up astod and ræsde o þene stede,

and forbat him þa breste . . þat þa *lihte* and þa liuere feollen on eorðen. LAʒ. I. 277. — The forster for his rightes The left schulder yaf he, With hert, liuer, and *lightes*. TRISTR. 1, 46. With the birr of his bowe, & a big arow þat put was in poison, he pairet his armur, Rut þurgh his rybbes, rent hym within, Betweene the lyuer & the *lightes* launshit hym þurghe. DESTR. OF TROY 10702. *Lightes* in the body, ratte (?). PALSGR.

lihten, liʒten, lighten v. ags. *leóhtan, lýhtan* [*leóhte, lýhte: lýhted*], lucere; illuminare, alts. *liohtian, liuhtian*, ahd. *liuhtan, liehten*, mhd. *liuhten*, gth. *liuhtjan*, niederl. *lichten*, niederd. *lüchten*, neue. *light*.

1. intr. leuchten, Helligkeit verbreiten, scheinen: Ase þe dæi gon *lihte*, heo bigunnen to fihten. LAʒ. III. 131. A cloude hire [sc. the sonne] had overcast, that heo ne mai noʒt *liʒte*. BEK. 1415.

Si gode beleaue *licht*, and is bricht ine þo herte of þe gode manne ase gold. O.E.MISCELL. p. 27.

Brenninge wex & lampen ek wel þikke brende & *liʒte*. ST. KENELM 121. Gode Laverd, and til us *lighted* he [et illuxit nobis *Vulg.*]. PS. 117, 27.

2. tr. a. erhellen, erleuchten, im eigentlichen und bildlichen Sinne: Pær þurrh ʒaff himm þe Laferrd Crist To *lihhtenn* menness herrtess. ORM 19083. The fyres brenden on the auter bright, That it gan al the tempul for to *light*. CH. C. T. 2427. Brode firis & brem beccyn in þe ost, Torchis and tendlis the tenttes to *light*. DESTR. OF TROY 6037.

Bryhte ant shene, sterre cler [sc. seinte Marie], *lyht* thou me ant lere. LYR. P. p. 93. Bihalde, Laverd mi God, and here me, *Light* min eghen, and be mi rede. PS. 12, 4. Of thi light my soule in prisoun *light*. CH. C. T. 11999.

He is þat soðe liht þe *lihteð* [illuminat] ech man . . lichamliche wiðuten and gostliche wiðinnen. OEH. II. 111. Alse þe sa storre shat of hire þe liht þe *lihteð* sa farinde men, alse þis edie maiden seinte Marie of hire holie licame shedeð þat soðe liht þe *lihteð* alle brihte þinges. ll. 161. Crist iss ec soþ sunnebæm þatt all þiss werelld *lihhteþþ*. ORM 7278. Þe castel *lihteþ* al abouten. CAST. OFF L. 718. God . . ʒife us swa his wil to donne, þet we gode likie and monne, and þet he fulle us mid his mihte, and mid his halie gast us *lihte*. OEH. p. 63. Haue eauer i þin herte þe eadieste of meidnes & meidenhades moðer, & bisech ai hire þat ha þe *lihte*. HALI MEID. p. 45.

Þe holi gost . . tehte hem speken echea londes speche, and *lihte* hem of rihte bileue. OEH. II. 119. Pis childes witige gost *lihte* þe moder gost of witienge. II. 127. A berninge drake . . mid his feure he *lihte* al þis londriche. LAʒ. III. 15.

Whille mann þatt *lihhtedd* iss þurrh lihht off rihhte læfe, Illc an iss *lihhtedd* þurrh þatt lihht þatt Crist to manne brohhte. ORM 18943. Elisabet was *liht* of þe holie gosst . . swo þat

hie ec witegede of ure helendes tocume. OEH.
II. 135. To the tyme that the day was liʒtid.
WYCL. 2 KINGS 17, 22 Oxf. Neghes to him,
and yhe be *lighted* sone. Ps. 33, 6.
  b. entzünden: & tis ferliche fur schal
lihten in ow þe halwende lei of þe Hali Gast.
LEG. ST. KATH. 1410.
  Blou (imperat.) þe fir, and *liþ* [= liht] a
kandel. HAVEL. 585.
  Many liʒtis of a liʒt is *liʒtid* othire quile,
And ʒit þe liʒt at þam *liʒtis*, is liʒtid as before.
WARS OF ALEX. 4231. Of a torche þat is tend
tak an ensample, þat þouʒ ludus of þe lem *liht-*
ede an hundred, Hit scholde nouht lesen his
liht. ALEX. A. DINDIM. 233. Þei *lihten* two
torches, and to þis treos wenten. JOSEPH 191.
  Whenne the candell was *liʒt*, þey sawe fully
the toode sitting on his brest. GESTA ROM. p. 5.
  lihten, liʒten, lighten v. ags. *líhtan* [*lîhte;*
lihted], levare, vgl. *dîhtan*, desilire; ahd. *lîhtjan,*
lîhtan, mhd. *lîhten*, levare, neuc. *light*.
  a. tr. erleichtern, auch entbinden,
von Frauen.
  Ʒe schulen beon idodded four siðen iðe ʒere
vor to *lihten* ower heaved. ANCR. R. p. 422.
Ne og ur non oðer to sunen, oc eurilc luuen
oðer also he were his broder, wurðen stedefast
his wine, *ligten* him of his birdene, helpen him
at his nede. BEST. 371. Þer watz busy ouer
borde bale to kest, Her bagges . . Her kysttes
& her coferes, her caraldes alle, & al to *lyʒten*
þat lome. ALLIT. P. 3, 157-60. *Lyghteyn*, or
make wyghtys more esy, allevio. PR. P. p. 304.
To *lyghtyn*, alleuiare. CATH. ANGL. p. 216.
Wroth was she that shold his sorwes *lighte*. CH.
Tr. a. Cr. 3, 1033. And made a song of wordes
but a fewe, Somwhat his woful herte for to
lighte. 5, 633.
  Maken wymmen to wenen That the lace of
oure Lady smok *Lighteth* hem of children. P.
PL. *Creed* 156.
  I may not ryde you to rescew, þe reuth is
þe more, Bott I shall lefe [i. e. live] & be
lightyd, þarfore be ʒe light. WARS OF ALEX.
2814 Dubl. A chirche of Seynt Nicholas, where
oure Lady rested hire, aftre sche was *lyghted*
of oure Lord. MAUND. p. 71. I shalle say thou
was *lyyht* Of a knave childe this nyght. TOWN.
M. p. 107.
  b. intr. 1. leicht zu Sinne werden,
froh werden.
  Sire Alexander hire avises, & al his hert
liʒtis. WARS OF ALEX. 5255.
  2. herabsteigen, herniedersteigen,
sich herabsenken, fallen.
  Adun heo gunnen *lihten*, & bitahten hore
steden. LAʒ. III. 46. Þe gode anere, ne vleo heo
neuer so heie, heo mot *lihten* oðer hwules adun
to þer eorðe. ANCR. R. p. 132. Wu ðo him
likede to *ligten* her on erðe, migte neure diuel
witen, ðog he be derne hunte, hu he dun come.
BEST. 31.
  Swete Ihæsu, loverd myn . . Undo myn herte,
ant *liht* þer yn. LYR. P. p. 58. Yf þu ert so
myhti, so þu seyst þat þu beo, *Lyht* adun of þe
croyx. O.E.MISCELL. p. 50. — *Lihteð* of eowre

blanken, and stondeð on eowre soonken. LAʒ.
I. 250.
  Anan swa ich *lihte* of blonken, swa ich wlle
blawen. LAʒ. I. 34. Brid . . *lihteð* adun to þer
eorðe. ANCR. R. p. 132. Þe knyʒt kachez his
caple, & com to þe lawe, *Liʒtez* doun luflyly, &
at a lynde tachez þe rayne. GAW. 2175. As
blaʒt ere þaire wedis As any suyppand snawe
þat in þe snape *liʒtis*. WARS OF ALEX. 1559
Ashm. — Þe leuerokes þat beþ cuþ *Liʒtiþ* adun
to man is muþ. COX. 107. Litill kyngis þar
come, as þe clause tellis, *Liʒt* doune at þe loge,
& þar blonkis leues. WARS OF ALEX. 885
Ashm.
  For sunful folk, suete Jesus, Thou *lihtest*
from the heʒe hous. LYR. P. p. 73. He *lihte* of
his heʒe tour Into seinte Marie bour. HARR.
OF HELL 31. He *lihte* in to helle. OEH. p. 217.
Rebecca *liʒte* doun of the camel. WYCL. GEN.
24, 64 Purv. Þu ert eorþe to gode sede, On þe
liʒte þe heouene deuʒ. OEH. II. 256. — Ðat
oðer was, þ te engles *lihten* of heuene. LEG.
ST. KATH. 2493. . Heo *lihten* of heore steden.
LAʒ. III. 21. Whan þei had wele riden, þat
þam þought right lang, þei *lighted* & abiden
biside a water stank. LANGT. p. 68. Kenges þar
come . . *Lightyd* doun at þe loge, laftyn þar
blonkes. WARS OF ALEX. 885 Dubl.
  Nefde ha bute iseid swa, þ an engel ne
come *lihtende* . . fram heuene. LEG. ST. KATH.
665.
  From alle wymmen mi love is lent, ant *lyht*
on Alysoun. LYR. P. p. 28. Levedi, with al my
miht, My love is on the *liht*. p. 30. Forth he
rideth in that forest, Tille he gan Ferumbras
see, Where he was *light* and toke his rest, His
stede renewed til a grene tre. SOWD. OF BABYL.
1123.
  3. gleich dem lat. descendere, gehen,
sich begeben, kommen.
  He biddiþ ham *liʒt* to euesang. COX. 130.
  Ha [sc. deað] *lihteð*, hwer se ha eauer
kimeð, wið a þusent deoflen. OEH. p. 249.
Þuruh þe grace of þe holi sacrament . . þet ʒe
iseoð ase ofte ase þe preost messeð & sacreð þet
meidenes bearn, Jesu, Godes sune, þet licamliche *lihteð* oðerhwules to ower in, & wiðinnen
ou edmodliche nimeð his herboruwe. ANCR. R.
p. 268.
  A mon *lihte* from Ierusalem to Ierico.
OEH. p. 79. On a þursday þedyr he *lyʒt* Wyþ
hys dycyplys aʒens nyʒt. R. OF BRUNNE *Me-*
ditat. 47.
  4. sich herbeilassen, sich verstehen
zu etwas.
  Leaf þi lease wit þ tu wlenches te in, &
liht to ure lare. LEG. ST. KATH. 1010.
  5. herkommen, ausgehen, stammen, mit *of*.
  Ʒif eni mon bit fort iseon ou, askeð of
him hwat god þerof muhte *lihten*. ANCR. R.
p. 96.
  Heieð & herieð his an deorewurðe Sune,
Iesu Crist hatte, & te Hali Gast, hare baðre
luue, þ *lihteð* of ham baðe. LEG. ST. KATH.
1786.

Of þe lyfe þat he *lijt* off, he like was to
nane, Nouþer of fetour ne of face, to fadire ne
to modyre. WARS OF ALEX. 599.
　Ilk lede þat *lijt* is of jour lede je call þe
litill werde. 4494.
lihtfat s. s. *leohtfet.*
lihtful, lijtful adj. lichtvoll, hell.
　If thin yje schal be symple, al thi body
schal be *lijtful.* WYCL. LUKE 11, 34 Oxf. Therfore if al thi body schal be *lijtful,* not hauynge
ony part of derknessis, it schal be al *lijtful* as
a laterne of brijtnesse. 11, 36 Oxf.
lihtjtvere, lijtjlver s. Lichtgeber,
Lichtbringer, Leuchte.
　Be ther maad *lijtjvers* in the firmament of
heuene . . and lijtne thei in the firmament.
WYCL. GEN. 1, 14. 15 Oxf. [lijtis be maad *Purv.*
luminaria *Vulg.*].
lihthed, lijthed s. Leichtfertigkeit.
　Thurj *lijthed* of hir fornycacion [sc. she,
Juda] defoulede the lord. WYCL. JEREM. 3, 9
Oxf. Moche uole þet lyeseþ hare time, and
hine bejetteþ ine ydelnesse and ine to moche of
metes an drinkes, and ine fole plejes, ine
childhedes, ine *lijthedes* etc. AYENB. p. 207.
lihtherted, lijtherted, lighthertid adj.
neue. *lighthearted.* leichten Herzens, un-
bekümmert, froh.
　I sall leue & be lechid, for þi be *lijthertid.*
WARS OF ALEX. 2814 Ashm. *Lyghthertyd,* jle-
tifer. PR. P. p. 304.
lihting, lijting, lighting s. ags. *leóhtung,*
lýhting, illuminatio, fulgur.
　1. Helle, Licht, Glanz: Ic ham jeue
reste, alswa þu ibeden hauest, from non on
saterdei a þa cume monedeis *lihting.* OEH.
p. 45. Quyriac . . bad vr lord of grace þat God,
jif his wille were, þe þreo nayles [sc. of þe
crois] him sende; þe naylce wiþ *lihtynge [lijtinge*
p. 46] gret vp of þe eorþe wende. HOLY ROOD
p. 47. Ne þar arme beryhed þam ai, Bot þi
right hand, þin arme als swa, And *lighting* of
þi face. Ps. 43, 4. Their arm shal not sauen
hem, But . . thin arm and the *lijting* of thi
face. WYCL. *ib.* Oxf. Laverd mi *lightinge* es in
lede. Ps. 26, 1. The Lord my *lijting* and myn
helthe. WYCL. *ib.* Oxf.
　2. Blitz: Fuyr smot out of þat yre,
lyjtyng as yt were. R. OF GL. p. 140. Tempestes
þer come, *Lyjtynge* & þondre ek. p. 378. So
gret *lyjtyng* þer was And þondrynge . . þat wel
grislych yt was. p. 415. That is thundre . .
And whan that fur perces thurthout, that is the
lijting. POP. SC. 145. Oure lord schal come &
smyte adoun, as *lijttyng* doþ to ground. ST.
JEREMIAS XV TOKENS 25.
lihtles, lightles adj. neue. *lightless.* lichtlos, dunkel, finster.
　For þi þat helle es ay *lightles,* It es cald þe
land of myrkenes. HAMP. 6819. Whan *lightless*
is the world, a nyght or tweyne. CH. *Tr. a. Cr.*
3, 501.
lihtlich adj. ags. *lihtlíc, leóhtlíc,* levis, exigui
pretii, ahd. *lihtlíh,* afries. *lichtelík,* sch. *lychtly,*
neue. *lightly.*

1. leicht, nicht schwierig: To seche
hine is *lihtlich* thing. O. A. N. 1757.
　2. gering, unbedeutend: Noble men
and gentile and of heh burðe ofte winnen luue
lihtliche cheape. OEH. p. 273. Nis nawt *lihtlich* of þis meidenes mot. LEG. ST. KATH.
1320.
lihtliche, lichtliche, lijtliche, lihtlike,
lijtlike, lihtlie, lehtliche etc. adv. ags. *liht-
lice,* leviter, ahd. *lihtlího,* mhd. *lihteliche,* neue.
lightly.
　1. leichtlich, leicht: Ne mei nan mon
seggen hu *lihtlich* þu maht habben godes milce,
gif þu sunegest. OEH. p. 37. Þe prophete seið
þet þe put ne tuneð *lihtliche* his muð ouer us,
bute we tunen ure muð. p. 49. Ful wombe mei
lihtliche speken of hunger and of festen. p. 169.
cf. 292. II. 224. Þu [sc. St. Marie] miht *lihtliche,* jif þu wult, al mi sor aleggen . . þu miht
forjelden *lihtliche* mine gretunge. OEH. p. 197.
Heo hit *lihtliche* aber, & lahinde þolede. LEG.
ST. KATH. 1555. Lutel þarf þe carien for þin
anes liueneð . . þat he ne mahe *lihtliche* and
þat he nule gladluche ifinde þe al þat te bi-
heoueð. HALI MEID. p. 29. Ne muhte he mid
lesse gref habben ared us? Je siker, ful *lihtliche,* auh he nolde. ANCR. R. p. 392. Gledliche
wule heo seruen, & *lihtliche* alle wo and alle
teone þolien. p. 428. We schulle minnge þe,
man, swiche maner lorus, þat þou miht *lihtliche,*
lud, þe beste lawe kenne. ALEX. A. DINDIM.
514. Lechours and lyjers *lihtliche* þou leeuest.
P. PL. *Text A.* pass. II. 93. — Ne schal tu
nower neh se *lichtliche* ataterten, ah strengre
þu schalt þolien. LEG. ST. KATH. 2125. — Þat
heo wolde *lijtliche* to hym turne he þojte. R.
OF GL. p. 79. *Lightliche* oure lorde at here lyues
ende Haþ mercy of suche men. P. PL. *Text C.*
pass. XX. 321. Je weten weyl how benygne my
dere sone was, *Lyjtly* to forjyue al maner of
trespas. R. OF BRUNNE *Medit.* 1103. Pai er
noght swa closed obout þat þai ne mught
lightly com out. HAMP. 4459. Men shulde
nought to *lightly* leve all that they here.
GOWER I. 77. Wyte jee wel, that a man oughte
to take gode kepe for to bye bawme . . for he
may righte *lyghtely* be disceyved. MAUND.
p. 51. — Þatt lic þatt smerredd iss þærwiþþ
[sc. wiþþ mirra] Biforr þatt mann itt dellfeþþ,
Ne majj itt nohht affterr þatt dajj *Lihhtlike*
wurrþenn eorþe. ORM 6484. — Je schulen
lihtlie iseon hu litel hit reccheð. ANCR. R.
p. 188. — Ne wende ich þat na man a þissere
weorlde richen me mihte þus *lehtliche* aleggen
mid fehte. LAJ. III. 35.
　Kompar. An honful jerden beoð erueð
forte breken, þeo hwule þet heo beo togederes;
auh euerichon todealed from oðer *lihtluker* to-
bersteð. ANCR. R. p. 254. Þys alue men je
ssolle wynne *lyjtloker* & vor nojt. R. OF GL.
p. 214. Hi lyeseþ þe ssame, and ualleþ þe *lijt-
laker* in to jenne. AYENB. p. 229. Wascheþ jow
wel þere, And je shulle lepe þe *lyghtloker* al
joure lyftyme. P. PL. *Text C.* pass. VIII. 215.
Par he sande bot fewe þat felly withstude. He
laches it þe *lijtlyere.* WARS OF ALEX. 1053

Ashm. He sal apertely Feyn halynes thurgh
ypocrisy þat he mught *lightlyer* men bygile.
Hamp. 4239.

2. rasch, hurtig, schnell: He [sc. ðe
fules] wenen ðat ge [sc. ðe fox] ded beð, he billen
on ðis foxes fel; and ge it wel feleð, *ligtlike* ge
lepeð up and letteð hem sone. Best. 413.
Gauan gripped to his ax, & gederes hit on hyȝt
. . Let hit doun *lyȝtly* lyȝt on þe naked, þat þe
scharp of þe schalk schyndered þe bones. Gaw.
421. Pan was a wardan ware oute in þe wale
stremys Of all þe naue & þe note I neuenyd
before; Laȝt *liȝtly* his ledis, & leuys his warde,
Comes to courte to þe kyng. Wars of Alex.
75. The hole hethyn host hastithe you to met,
not fully iiij furlong is you betwen; þer for luk
lightly what is best to done. Song of Roland
Frgm. 520.

3. leichtfertig, unbedachter
Weise: Þe ilke þet suereþ soþ be his wytinde,
and alneway uor naȝt, oþer uor some skele
kueade, naȝt kueadliche . . zuereþ *liȝtliche*, þaȝlee
þe wone is kueaduol. Ayenb. p. 6. Huan me
zuereþ *liȝtliche*, þet is, uor naȝt, and wyþoute
scele, þet is uorbode ine þe oþre heste of þe
laȝe. p. 63.

4. gering, mit Misachtung: Ich biheolt te Martyrs ant hare unimete murhðe þe
þoleden her pinen ant deað for ure lauerd, ant
lihtliche talden to alles cunnes neowcins ant
eorðliche tintreohen. OEH. p. 261. In his
hali nome i schal leote *lihtliche* of al þ ȝe
cunnen kasten aȝain me. Leg. St. Kath. 943.
Jesu Crist wel unnderrstod All þeȝȝre wicke
trowwþe, & droh himm frawarrd hemm forrþi,
& let *lihhtliȝ* þæroffe. Orm 16514. Hir was
Ysmaeles anger loð; Ghe bimente hire to Abraham, And sumdel *ligtlike* he it nam, Til god
him bad is wiues tale Listen. G. A. Ex. 1216.
— Ȝif þu þenches & bihaldest on heh toward
te muchele mede þat meidenhad abideð, þu
wult lete *lihtliche* & abeore bliðeliche þe derf
þat tu drehest onont ti fleschliche wil. Hali
Meid. p. 17.

lihtnen, liȝtnen, lightnen v. eine spätere
Verbalbildung neben *lihten*. neue. *lighten*.

1. intr. leuchten, strahlen, blitzen.
Lyghtenyn, or leuenyn, coruscat, fulmino.
Pr. P. p. 304.

Be ther maad liȝtȝyuers in the firmament
of heuene . . and *liȝtne* thei [ut luceant *Vulg.*]
in the firmament. Wycl. Gen. 1, 14. 15 Oxf.

Lightned þi brightnes to werld þis [illuxe-
runt coruscationes tuæ orbi terræ *Vulg.*]; the
erthe qwoke. Ps. 76, 19.

2. tr. erleuchten, erhellen.

Nyle ȝe deme bifore the tyme, til that the
Lord come, which schal *liȝtne* the hyd thingis
of derknessis. Wycl. 1 Cor. 4, 5 Purv. Illu-
minabit te Christus . . Criste þe shalle *liȝtny*.
Gesta Rom. p. 195. Be ther maad liȝt ȝyuers
. . and *liȝtne* thei the erthe. Wycl. Gen. 1, 14.
15 Oxf.

The eyen of him ben *liȝtned* [illuminati
sunt *Vulg.*]. Wycl. 1 Kings 14, 27 Oxf. cf. 29.

lihtnen v. zu liht, levis geh. erleichtern,
heilen.

Heo was *lihtned* of hire euel in a luytel
stounde. Joseph 644.

lihtnere, liȝtnere s. Erleuchter.

The pore and the creaunsour metten togidere; of either the *liȝtnere* is the Lord. Wycl.
Prov. 29, 13 Oxf.

lihtnesse, liȝtnesse, lightnesse s.

1. Licht: To Laverd of laverdes schrives
yhou . . þat festened land over watres to be,
þat grete *lightnesses* [luminaria *Vulg.*] maked
he. Ps. 135, 3-7.

2. Erleuchtung, Einsicht. When
God wes bore on thore lay ant brohte us *lyht-
nesse*. Lyr. P. p. 95-6. His ðogt was led in to
ligtnesse for to sen, Quow god wulde it sulde ben.
G. A. Ex. 1559.

lihtnesse, liȝtnesse, lightnesse s. neue.
lightness.

1. Leichtigkeit: Oli haueð huppen him
lihtnesse and softnesse and hele. Alse þu scalt
habben, hwenne þu hauest idon þi scrift of þine
misdede, þenne þu scalt habbe *lihtnesse* and
softnesse and hele. OEH. p. 83.

2. Gewandtheit: A *lightnes*, agilitas.
Cath. Angl. p. 216. Somtyme, to schewe his
lightnes and maistrye, He pleyeth Herod on a
scaffold hye. Ch. C. T. 3383.

3. Leichtfertigkeit: Wanne I wolde
this thing, wher I vside *liȝtnesse*? Wycl. 2 Cor.
1, 17 Oxf. Som can se in buk swilk thyng and
rede, Bot *lightnes* of hert reves þam drede.
Hamp. 307.

lihtning, liȝtning, lightning s. vgl. ags.
leóhtung, lihting, accensio, fulgur. neue. *lightning*.

1. Erleuchtung: Now forsoth it [sc. the
grace] is opyn bi the *liȝtnyng* of oure sauyour
Jhesu Crist. Wycl. 2 Tim. 1, 10 Oxf.

2. Blitz: *Lyghtnynge*, coruscacio, fulgur,
fulmen. Pr. P. p. 304. He [sc. the dragon]
smote ffire, that lothely thing, As it were the
lightnyng. Torrent 1511. *Lightnyng* whan it
thondreth, coruscation. Palsgr. Thanne com,
me thoughte, Oon spiritus paraclitus, To Piers
and to his felawes, In liknesse of a *lightnynge*
He lighte on hem alle. P. Pl. 13355.

lihtschipe s. Leichtigkeit, Schnel-
ligkeit.

Þe imeane blisse [d. i. im Himmel] is seouenfald: lengðe of lif, wit, ant luue, ant of þe luue
a gleadunge wiðute met, murie loft song, ant
lihtschipe, ant sikernesse is þe seoueðe. OEH.
p. 261.

lihtsum, liȝtsum, lightsum adj. neue.
lightsome. licht, heil.

The heste of the Lord *liȝtsum* [lucidum
Vulg.], liȝtende eȝen. Wycl. Ps. 18, 9 Oxf.
Lyghtesum, or fulle of lyghte, luminosus. Pr.
P. p. 304.

lihtsum, lightsum adj.

1. leicht: *Lyghtesum* [lihtsum K.], or esy,
facilis. Pr. P. p. 304.

2. froh, heiter: It was peynted wel and
twythen, And over al diapred and writan With

ladyes and with bacheleris Fulle *lyghtsom* and glad of cheris. CH. *R. of R.* 933.

lilf a., **liifholi, liifli** adj. s. *lif, lifholi, lifli.*

liipen v. s. *leapen.*

liisterre s. s. *listre.*

lilie, lili, lilli, lile, lille, leli s. ags. *lilie,* alts. *lilti,* ahd. *lilja,* mhd. *lilje, lilge,* niederl. *lelie,* altn. schw. *lilja,* dän. *lilie,* lat. *lilium,* gr. *λείριον,* neue. *lily.* L i l i e.

Heo beoð so read so rose, so hwit so þe *lilie.* OEH. p. 193. Ha leien se rudie & se reade ilited eauer each leor, as *lilie* ileid to rose. LEG. ST. KATH. 1431. The *lilie* is lossom to seo. LYR. P. p. 44. *Lilie,* la flur de lis. WR. VOC. p. 162. The *lilie* mid hire faire wlite Wolcumeth me. O. A. N. 439. Maydenhod . . is anlikned to þe *lylye* þet is wel uayr and huyt. AYENB. p. 230. Pise six leues . . uayreþ moche þe *lylye* of maydenhod. p. 233. An egle tame, as eny *lylie* whyt. CH. *C. T.* 2180. Hoo lilium, a *lylye.* WR. VOC. p. 225. — Beholde þe the *lilies* [*lilyes,* or floures *M. V. pr. m.*] of the feelde, how thei wexen. WYCL. MATTH. 6, 28. cf. LUKE 12, 27.

Lyly, herbe, lilium. PR. P. p. 305. Hoc lilium, a *lylly.* WR. VOC. p. 264. A *lylly,* lilium. CATH. ANGL. p. 217. Beautye appered more white than the *lile.* ST. WERBURGE 1, 3390. Hoc lilium, *lylle.* WR. VOC. p. 190.

Thar he fand a mekil fir, And the mayden with *lely* lire. YW. A. GAW. 2509. Thare than had the *lely* flowre Lorn all halely his honowre, That so gat fled for ferd. MINOT p. 17. Rois [i. q. rose] reulit *ryally,* Columbyn and *lely.* RAUF COILȜEAR 673.

liliewhit adj. *lilienweiss.*

Lyliwhyt hue is, Hire rode so rose on rys. LYR. P. p. 30. With *lilywhite* leres lossum he is. p. 26. — *Liliwhite* was hur liche. ALIS. FRGM. 195. Loth & þo *lulywhit* (?) his lefly two deþter. ALLIT. P. 2, 977.

lilt v. sch. *lilt,* sing cheerfully, on a high or sharp key, neue. nördlicher Dial. *lilt* = jerk. lustig ertönen.

Many flowte and *lilting* horrne. CH. *H. of Fame* 3, 133.

lim, leom, lem, oft auch im Nom. S. mit angehängtem e. s. ags. *lim, leom,* membrum, artus, altn. *limr,* schw. dän. *lem,* neue. *limb.* G l i e d.

lim. s i n g. *Lym,* or membre, membrum. PR. P. p. 305. Nis euerich *lim* sor mid seoruwe of þe heaued? ANCR. R. p. 360. Ilka *lym* on ilka syde With rotes of þat tre war occupyde. HAMP. 1912. If a *lym* dighe, and myght faile, þat *lym* may noght þe others availe. 3636. Pe uniselie moder mid sexe him tosnæde & al todælde *lim* from oþere. LAȝ. I. 171. Al hine tolideden *lim* from þen oþere. I. 180. Wasche mine fif wittes of alle bodi sunnen, of al þet ich abbe misseien . . wiþ eini *lim* misifeled. OEH. p. 189 [wid eni *lim* misiueld. p. 202]. He is so large *of lym* and lith. TORRENT 2498.

p l u r. Men may þam calle Als *lyms* of a body alle. HAMP. 3640.

lime. s i n g. Doð giwer lichame heðenforð to

hersumiende clennesse and rihtwisnesse and holinesse, þat ech *lime* synderlepes turne to gode and bete his gilt. OEH. II. 65. Alse mannes heued is heȝest *lime* and latteu, swo wisseð rihtte bileue þe soule. II. 197. Al þat is on liue, nis me [nig *Ms.* me j. T.] swa dure swa me is þin an *lime.* LAȝ. I. 127. Ech other see ananto ous, ne beo heo so grete non, Nis bote a *lyme* of thulke see. POP. SC. 241. Ȝef that thou art A *lyme* of holy cherche. SHOREH. p. 23. — He feide . . *to* elche *lime* limpliche mihte. OEH. II. 25. Pe frend shopen þe child name, and mid stene þe for þe nones was maked for to keruen þat fel biforen on his strenende *lime.* II. 87. Many lockes wer laft his legges aboute, That hee [sc. the horsse] nas loose *in* no *lime* ludes to greeue. ALIS. FRGM. 1120.

p l u r. Her beoð þa *limen* þet suneget uwilene mon. OEH. p. 23. Pvs ah mon . . leaden him ant hinen, þat beoð his *limen* alle, nawt efter wil . . ah efter þat wit wule. p. 267. Elche þare *limene* on hire seluen þe hie hadde erur mide iseneged. II. 145. Al se þu wult libben & þine *limen* habben. LAȝ. II. 229. Pu sunegest mid summe of þisse *limen* ofter þenne þu scoldest. OEH. p. 23. Ich bidde and biseche þe . . þuruh ðe ilke rode ihalewed *of* þine deorewurþe *limen* p. 209. Pet ði deað adeadie þe deaðliche lustes of mine licame and te lawen *of* mine *limen.* p. 211. He weop nout one mid his eien, auh dude *mid* alle his *limen.* ANCR. R. p. 110.

I þi burð tid in al þe burh of Belleem ne fant tu hus lewe, þer þine nesche childes *limes* inne mihte reste. OEH. p. 277. Vnwelde woren and in win Here owen *limes* hem wiðin. G. A. EX. 347. Siðen hise [sc. ðe ernes] *limes* arn unwelde . . Hereð wu he neweð him. BEST. 57-61. cf. 89. A hu liue i for reowðe, þat seo mi lefmon up o rode and swa todrahen hise *limes.* OEH. p. 283. Gif he cneuleð in chirche, and bugeð alle hise *limes.* II. 83. Heo . . custe þe sore *lymes.* R. OF GL. p. 435. Pis us bihoueð þat we eche dai don, and *mid* alle ure *limes* ure synnes beten. OEH. II. 65. Pe strengþe him failede *of* is *lymes.* HOLY ROOD p. 20. Foure *of* the deueles *limes,* is kniȝtes hurde this. R. OF GL. p. 475.

Auch *lime* erscheint als Plural: Ifurn ich habbe isuneȝet mid wurken and midd muðe, and *mid* alle mine *lime,* siððe ich sunehi cuðe. O.E.MISCELL. p. 193. Dahin scheint auch die formelhafte Verbindung von *lif* und *lime* [oder *leome, lems* s. weiterhin] zu gehören, während sonst andere Pluralformen darin auftreten. Vgl. ags. pl. nom. acc. *leomu. Vppe* lif and uppe *lime.* LAȝ. I. 22 j. T. Let . . him fordeme lif and lime. O. A. N. 1096.

limme. s i n g. A *lymme,* artus. CATH. ANGL. p. 217.

p l u r. Sir Henry of Hastyng he ȝald it bi his wille, Ouer alle maner þing life & *lymmes* haf stille. LANGT. p. 224. We ne leuiþ of al is *limmes,* þat we ne habbiþ ham forswore. E. E. P. p. 16. Als we may se properly here A body hafe many *lymmes* sere. HAMP. 3632.

Þat non be slayn ne nom, ne life no *lymne*
lese. LANGT. p. 178.

leom. s i n g. *Leom* ist in der Einzahl kaum
zu finden.

p l u r. His *leomen* he sculde leosen. LAĴ.
II. 15. Ne durste þer na cniht to usele ræcchen
na wiht, leoste he sculden leosen his *leomen* þat
weoren him deore. III. 16. Nu hafeð he mine
ban alle ladliche abrokene, mine *leomen* al to-
leðed. III. 29. Do swa . . ʒe sculen habben lif
& *leomen.* I. 30. Ich wulle haten alle þa aðele
of Bruttaine *bi leomen* and bi heore liue . . þat
heo beon ʒarewe sone. II. 635. Arður . . forbad
heom *bi heore leomen* & bi heore bare liuen, þat
nan neoren swa kene þat heom neh comen. III.
33. He . . hereð . . *leomen* buten liue. LEG.
ST. KATH. 247 v. l.

Sa me scal lacnien his *leomes* þat beoð sare.
LAĴ. II. 394. Hii . . al his *leomes* todrowen. I.
110 j. T.

He hehte hælden grið & frið *vppe leome* &
vppe lif. LAĴ. I. 119. He . . hæhte ælcne mon
of þan ærd þe hæfden on his chinne bærd, *vppe
leome* & vppen lif to Lundene liðen. II. 23.

leme. s i n g. Alsuo ase a *leme* of þe bodye
loueþ and uorberþ an oþer, yef o *leme* blecheþ
anoþer þe cas, þe oþer naʒt him awrecþ þeruore.
AYENB. p. 115. Hi ne heþ *leme* ine hire bodye,
þet ne is a gryn of þe dyeule. p. 47. Alisaundrine . . In þat oþer bereskyn bewrapped William þanne, & laced wel eche *leme* wiþ lastend
þonges. WILL. 1734.

p l u r. We clepieð ure fader for two þing:
on his for þo`þe he us shop and feide þe *lemes*
to ure licame. OEH. II. 25. He that berethe
the diamand upon him, is ʒerethe him hardynesse and manhode, and it kepethe the *lemes* of
his body hole. MAUND. p. 159. *Lemys,* membra.
WR. VOC. p. 184. I sele my *lemys* stark. CH.
C. T. 9332. He was long & large *with lemys*
fall grete. DESTR. OF TROY 3805.

Als he louede *leme* or lif. HAVEL. 2555.
He . . letten beoden uerde ʒeond al his kine-
ærde, þat ælc mon bi his liue comen to him
swiðe, bi heore liue & *bi* heore *leme.* LAĴ.
II. 392.

lim s. ags. *lîm,* gluten, bitumen, argilla,
calx, ahd. mhd. niederd. *lîm,* niederl. *lijm,*
altn. *lím,* schw. *lim,* dän. *liim,* sch. neue. *lime.*
Bindemittel, Mörtel, Leim, Vogel-
l e i m.

Þatt draʒhenn swerd wass inn an hannd, &
lim & stan inn oþerr. ORM 16284. Ich habbe
lim & stan, on leode nis betere nan. LAĴ. II.
238. The Loverd that sone undergat, *Lim* [liim,
lym *Ms.*] and grine, wel ei wat, Sette and
leyde [ledde *Jes.*] the for to lacche. O. A. N.
1053. Do sette sundri hem to waken His tigel
and *liim,* and walles maken. G. A. EX. 2551.
He let þe stronge wiþoute þe est ʒate arere,
And fond þerto *lym* and ston, to wormen þat
þer were. ST. SWITHIN 53. Unalekked *lym.*
CH. C. T. 12734. To legge *lym* oþur ston loþ
is us alle. ALEX. A. DINDIM. 438. The kyng . .
bigan a strong castel *of lym* and off ston. R. OF
GL. p. 127. Ine þe burʒ amidde riʒt Beoþ twe

tures ipiʒt *Of lym* and of marbel ston. FL. A.
BL. 219. Ne drede ʒe nout þeo hwule þet ʒe
beoð so treouliche & so ueste ilimed *mid lim* of
ancre luue euerichon of ou to oðer. ANCR. R.
p. 226 sq. Heo bylevith in folie. So *in the lym*
d`th þe flye. ALIS. 419. Ʒif ich nime þi blod
ut of þire breoste, & minne wal wurche, & do
to mine *lime,* þenne mai he stonde. LAĴ. II.
239. Par was a cite in þat side, asisid all with
gemmes, *Withouten lyme* or laire; a lady it
kepid. WARS OF ALEX. 5087`

Die Form des Wortes im Nominativ der
Einzahl mit paragogischem *s* wird angeführt
in: *Lyme,* calx, gipsus. CATH. ANGL. p. 217.
Lyme, or mortare, calx. PR. P. p. 305. *Lyme,*
to take wythe byrdys, viscus. *ib.*

limaille s. fr. *limaille* von *lime* s. *limer* v., lat.
lima s. Feilicht, Feilstaub, Feilspäne.

Yet forgat I to make rehersayle Of watres
corosif and of *lymayle.* CH. C. T. 12780. Take
fyn gold and make it into smal *lymayl.* QU.
ESSENCE p. 8.

limbo s. it. sp. pg. *limbo,* lat. *limbus,* fr. *lim-
bes,* pl., neue. *limbo* und *limbus.* Vorhölle,
limbus patrum.

Lymbo is lorn, alas! Sir Sathanas com up.
TOWN. M. p. 249. These lurdans that in *lymbo*
dwelle They make menyng of many joyse.
p. 246.

limeʒerde s. s. *limʒerde.*

limel, limemele adv. s. *limmele.*

limen v. ags. *lîman,* glutinare, jungere, ahd.
limjan, lîman, mhd. *limen,* niederl. *lijmen,*
niederd. *limen,* altn. *líma,* schw. *limma,* dän.
lime, neue. *lime.* vgl. *ilîmen,* ags. *gelîman.* l e i -
m e n, binden, bildlich f a n g e n.

To *lyme,* gipsare. CATH. ANGL. p. 217.
Lyme withe lyme, idem quod whyton wythe
lyme, calcifico. PR. P. p. 305. 525. *Lymyn*
wythe byrdlyme, visco. p. 305. Love bigan his
fetheres so to *lyme,* That wel unnethe until his
folk he faynede, That other besye nedes him
destraynede. CH. Tr. a. Cr. 1, 353. Who so
wol his hondes *lime,* They musten be the more
unclene. GOWER I. 179.

Heieð &`herieð his an deorewurðe Sune,
Iesu Crist hatte, & te Hali Gast, hare baðre
luue, þ lihteð of ham baðe, & *limeð* togederes,
swa þ nan ne mei sundren fram oðer. LEG. ST.
KATH. 1786.

Þat arche was a feteles good, Set and *limed*
agen ðe flood. G. A. EX. 561. Hy maden her
armes envenymed, He that was take of deth
was *lymed.* ALIS. 5700. So *lymed* leves were
leyde all aboujte, And panteris prevyleche pight
uppon the grounde. DEP. OF R. II. p. 14. Off
handys and dede be trewe ovyrmore, ffor yf thin
handys *lymyd* be, Thou art but shent, thi name
is lore. COV. MYST. p. 63.

limenour s. afr. *enlumineur, -our,* neue.
limner. Illuminierer, Maler.

Johannes Dancastre, *lymenour.* ENGL.
GILDS p. 9.

limere, limer s. afr. *liemier,* pr. *liamier,*
liamier, vom lat. *ligamen,* nfr. *limier,* neue. *limer.*

Leithund, Schweisshund, eigentlich der am Bande geführte Hund.

I axed oon, ladde a *lymere*, Say, felowe, whoo shal hunte here? CH. B. of Duch. 365. A best that is called a *lymer*. KNIGHT OF LA TOUR-LANDRY p. 15. — Ther overtoke Y a grete route Of huntes and eke of foresterys, And many relayes and *lymerys*. CH. B. of Duch. 360.

limerod s. s. *limrod*.

limetwig s. s. *limtwig*.

limзerde, limeзerde s. zu *lim*, gluten, geh. Leimruthe.

War þe fro þat synne That lecherye is, a lykynge þyng and *lymзerde* of helle. P. PL. Text C. pass. XI. 285. *Lymeзerde*, viminarium, viscarium. PR. P. p. 305. I likene it to a *lymзerde* To drawen men to helle. P. PL. Creed 1123.

limit, lemet s. pr. *limit*, afr. sp. *limite*, lat. *limes*, neue. *limit*. Grenze.

Qua list þis *lymit* ouirlende, lene to þe left hand, For þe rake on þe riзt hand þat may na man passe. WARS OF ALEX. 5069. — Ouire þe *lemetis* of þir lindis may no lede founde. 5038.

limitacioun s. afr. *limitacion*, pr. *limitacio*, sp. *limitacion*, it. *limitazione*, pg. *limitaзão*, lat. *limitatio*, neue. *limitation*. Begrenzung, insbesondere der einem Bettelmönche angewiesene Bezirk.

The lymytour .. Saith his matyns and his holy thinges, As he goth in his *lymytacioun*. CH. C. T. 6456-9. A *lymytacion*, limitacio, pretaxacio. CATH. ANGL. p. 217.

limitour s. mlat. *limitator*, sch. *limitour*, neue. *limiter*. ein Mönch, dem es erlaubt war, in einem Bezirke zu betteln, auch wohl Beichte zu hören, Bettelmönch.

A *lymytour*, limitator. CATH. ANGL. p. 217. A frere ther was, a wantoun and a merye, A *lymytour*, a ful solempne man .. he hadde power of confessioun. CH. C. T. 208-18. Ther as wont was to walken an elf, Ther walkith noon but the *lymytour* himself. 6455. I knewe such one ones .. Come in þus yooped, at a courte þere I dwelt, And was my lordes leche & my ladyes bothe, And at þe last þis *limitour*, þo my lorde was out, He salued so oure wommen, til somme were with childe. P. PL. Text B. pass. XX. 341. — I was sum tyme a frere, And þe couentes gardyner for to graffe ympes; On *limitoures* and listres lesynges I ymped. pass. V. 136.

limman s. s. *leofmon*.

limmele, limemele, leomemele, lememele adv. ags. *limmælum*, frustatim, neue. *limbmeal*. gliedweise, stückweise.

He .. hine *limmele* [*leomemele* j. T.] todroh. LAЗ. III. 16. Per ase wilde deor *linmel* toluken ham. ST. JULIANA p. 79. Pah ich beo forbernd & toloken *limel*, nulich heronont buhen þe nawiht. p. 12. To Engelond ich wole nou drawe, itide what bitide, Theз ich beo todrawe *lymemele*, y nele abide namore. BEK. 1812. Wanne he comþ by me to lyge, he wole þe *lymemele* Todrawe and vorsuolwe. R. OF GL.

p. 206. Thei sendinge stoons smyten the duyk and hem that weren with hym, and departiden *lymmels* [*lememeel* Furv.]. WYCL. 2 MACCAB. 1, 16 Oxf.

limon s. afr. sp. *limon*, pg. *limão*, it. *limone*, niederl. *limoen*, vom pers. *līmd*, neue. *limon*, noch sæc. XVI., später *lemon*. Limone.

Limon, limon, hic. MAN. VOC. [1570]. — Ther wer eke treen, withe levys ffresshe of hewe .. Orengis, almondis, and the pomegarnade, *Lymons*, dates, ther colors ffresshe and glade. LYDG. M. P. p. 15. For the vermyn, that is withinne [sc. the lake], thei anoynte here armes and here thyes and legges with an oynement, of a thing that is clept *lymons*, that is a manere of fruyt, lyche smale pesen. MAUND. p. 199.

limous adj. lat. *limosus* zu *limus*, i m. Schlamm; vgl. das erweiterte frz. *limon*, *limoneux*, jedoch auch ahd. *leim*, *leimte* und ae. *lam*, *lami*. neue. *limous*. schlammig, lehmig, leimig.

Limous, limosus. PR. P. p. 305.

limp s. ags. *ge-limp*, accidens, eventus. Ereignis.

On alle þese *limpes* ne untrowede neure Iob togenes ure drihten, ac þonkede him of þan wowe, alse dude ar of þe wele. OEH. II. 197.

limpen v. ags. *limpan* [*lamp*, *lumpon*; *lumpen*], evenire, accidere, pertinere, ahd. *limphan*, *limpfan*, *limfan*, *limfen*, vereinzelt auch *limpan*, mhd. *limpfen*.

1. sich ereignen, geschehen, begegnen, widerfahren, zufallen.

How may þis *limpe* Of þis king Eualak, þat con not vnderstonde? JOSEPH 213.

Зif out *limpeð* misliche, þet зe beon nout ihuseled i þeos isette termes, зe muwen akoueren hit þene nexte sunendei þerefter. ANCR. R. p. 412. Mai þer out me helpe, for to saue me out, зif þat hit so *lympe*? JOSEPH 369. Quether, leude, so *lymp*, lere oþer better. GAW. 1109.

Hit wats Wawen hymself þat in þat won syttes, Comen to þat krystmasse, as case hym þen *lymped*. GAW. 906. Sone haf þay her sortes sette & ærelych deled, & ay þe lote, vpon laste, *lymped* on Ionas. ALLIT. P. 3, 193.

Nyf oure lorde hadde ben her lodezmon, hem had *lumpen* harde. ALLIT. P. 2, 424. Hade þe let of hem lyзt, hym moзt haf *lumpen* worse. 2, 1320.

2. angemessen sein, passen, betreffen, gebühren.

We eow wulleð suteliche seggen of þa fredome þe *limpeð* to þan deie þe is icleped [iclepeð Ms.] sunedei. OEH. p. 4[1]. Do nu .. Warschipe sister þat te *limpeð* to þe. p. 255. Al þat hird .. lustneð nu his lare ant fondeð euer euchan efter þat him *limpeð* to. p. 267. For þi þ te lare þ ha me lerden *limpeð* to idel зelp, & falleð to biзeate & to wurðschipe of þe wordle, ne ne helpeð nawiht eche lif to habben, ne зelp ich nawt prof. LEG. ST. KATH. 469. Pe uttre uondunge is mislicunge in aduersite, & ine prosperite þet *limpeð* to sunne. ANCR. R. p. 194. Pe latere dole of his sawe *limpeð* to ancren. p. 10. Þeos ûfte dole, þet is of schrifte, limpeð to alle men iliche. p. 342.

He . . ferde him soðöen into Antioche, ant heide his heðene godes, as hit lomp ant lei to his luðere bileaue. St. Marher. p. 4.

limpen v. neue. limp, ahd. mhd. limphen, limpfen, claudicare. hinken, bildlich worin fehlen, ermangeln.

Sum lokyt ouer litle and lympit of the sothe. Destr. of Troy 36.

limplich adj. ags. limplīc, gelimplīc, opportunus, ahd. gilimflīh, mhd. gelimpflīch. angemessen.

We clepisð ure fader for two þing: on his for þo þe he us ahop and feide þe lemes to ure licame, and þe sowle þarto, þe sene to þe egen, þe hlust to þe earen, and to elche lime limpliche mihte. OEH. II. 25.

limrod, limerod s. niederl. lijmroede, mhd. līmruote. Leimruthe.

The feld of snow, with thegle of blak therin, Caught with the limerod, coloured as the glede. Ch. C. T. 14694 Tyrwh.

limtwig, limetwig s. mit Vogelleim bestrichener Zweig, Leimruthe.

Thi lymtwigges and panters I defye. Lydg. M. P. p. 189. Thy lymetwiggis shall the litill avayle. Hartsh. Metr. T. p. 125.

limung s. zu limen v. gehörend. feste Vereinigung.

Þis is on of þe meste wundres on eorðe, þet tet heixte þinc under God, þet is monnes soule, ase seint Austin witneð, is monnes soule to þe flesche, þet nis bute uen & ful eorðe, & þuruh þet ilke limunge luuien hit so swuðe, þet heo uorte cwemen hit in his fule kunde, geð ut of hire heie heouenliche cunde. Ancr. R. p. 138.

lin s. ags. alts. ahd. niederd. līn, niederl. lijn, gth. lein, altn. lín, schw. dän. lin, afr. pr. lin, it. sp. lino, pg. linho, lat. linum, gr. λίνον, sch. lin, line, neue. line.

1. gemeiner Lein, Flachs: Hoc linum, lyn. Wr. Voc. p. 217. Hoc lapsum, a top of lin. ib. Al myn harneys, þat is to say a bed of lyn etc. Fifty Earliest Engl. Wills p. 36. Sche tar hire her t nd ek here cloth. Here kirtel, here pilche of ermine, Here keuerchefs of silk, here smok o line . . Sche torent. Seuyn Sag. 472. Fars hit þurghe a clothe of line. Lib. C. C. p. 30.

2. Leintuch als Kleidung: Ah wolde lylie leor in lyn Yhere lovely lores myn, With selthe we weren sahte. Lyr. P. p. 46. Quoth þat lufsum vnder lyne. Gaw. 1814. The fair leuedi the quene, Lovesom vnder line. Tristr. 2, 8. Ysonde haue there he wald, Lufsum vnder line. 3, 47. He . . drissede hym in his worthy wede, þat lofesome vnder lyne. Rowland A. Otuell 845.

linage, lignage s. afr. linage, lignage i. q. lignée, descendance, race, sp. linage, genus, neue. lineage. Stamm, Geschlecht.

Malcolme with skrite him bond, his heyres of his lynage To hold of Ingland for feaute & homage. Langt. p. 79. Y am þeir eyr & þeyre lynage [i. q. descendant]. Arthur 269. To speke of real lynage and riches, Though that were a queen or a prynces, Ilk of yow bothe is worthy douteles To wedde when tyme is. Ch. C. T. 1631. She forsook al hyr hey lynage. Bokenam Margar. 150 ed. Horstmann Heilbronn 1883. A lynage, stema. Cath. Angl. p. 217. — In that same regioun ben the mountaynes of Caspye, that men clepen Uber in the contree. Betwene tho mountaynes, the lewes of .X. lynages ben enclosed, that men clepen Goth and Magoth: and thei mowe not gon out on no ayde. Maund. p. 265.

The lygnage of Ganellon saued hym. Charles the Grete p. 192. If thou were of such lignage, That thou to me were of parage . . Thou sholdest thanne be my wife. Gower I. 154. At thilke while It fel so, that of his lignage He hadde a clergeon of yonge age. I. 255. The realme of Kent, Where reygned fyrst Hengystus, by vyctory & prowes, Whiche was the fourth man by lygnage euydent Procedynge fro Woden. St. Werburge 352.

linke s. vgl. altn. hlekkr, catena, vinculum, dän. lænke, schw. länk, sch. links pl. windings, neue. link, Kette, links pl. Bratwürste. — Art Wurst.

Lynke, or sawcistre, hilla, hirna. Pr. P. p. 306.

linken v. altn. hlekkja, verketten, schw. länka, dän. lænke, mhd. lenken, biegen und sich biegen, sch. neue. link. verketten, verbinden.

I lyncke thynges togyther, I fasten them by a chayne. Palsgr.

Linked (p. p.). Lydg. Story of Theb. 1744 bei Stratmann. They be so faste lynked togyther by maryage that it wyll be harde to sowe a discorde bytwene them. Palsgr.

linclað, linecleð s. Leinewand.

He . . þar him eft clethis, All his liche in lynclaþe, for ledis suld trowe And all þe puple persayue, a prophete he were. Wars of Alex. 140. Playster al togider, and do on a lynclath, and wynde aboute the sare. Rel. Ant. I. 53. Ase þet linecloþ þet is yhuyted be ofte wessinge. Ayenb. p. 178.

linde s. ags. lind f., tilia, ahd. linta, linda, mhd. linte, linde, niederl. linde, altn. schw. dän. lind, sch. lind, neue. lind neben linden. Linde, bisweilen überhaupt Baum.

Hec cilia, a lynde. Wr. Voc. p. 228. Þer nas no lynde so liht as þise two leodes. Joseph 585. A, what I am light as lynde. Town. M. p. 80. Þe lind of þe liȝt son. Wars of Alex. 5003. Þe wranne sat in ore linde. O. A. N. 1750. Now mouwe the wilde bestes renne, And lien under linde and lef. Body A. 8. 105. In May hit murgeth when hit dawes . .ant lef is lyht on lynde. Lyr. P. p. 45. He made sonne and mone, Bloame on brere, lef on linde. Georl. Leg. 47. Be ay of chier as light as lef on lynde. Ch. C. T. 9087. As men that ben hungry, and mow no mete fynde, And ben harde bestad under woode lynde. Gamelyn 670. For to seke Gamelyn under woode lynde. 696. Whan it

[sc. loue] haved of þis folde fleeshe & blode
taken, Was neuere leef *vpon lynde* liȝter þerafter.
P. PL. *Text B.* pass. I. 153. Darȝe him hadde
undur a *lynde* .. Myght him nought fynde
awayn no grome, So he was yhud *in lynde* and
brome. ALIS. 2489–92. As he rode *under* a
linde .. He sigh where spronge a lusty welle.
GOWER I. 119. Þe knyȝt kaches his caple, &
com to þe lawe, Liȝtez doun lufiyly, & *at* a *lynde*
tachez þe rayne. GAW. 2175.

There were elmes .. Maples, asshe, oke,
aspe, planes longe, Fyne ew, popler, and *lyndes*
faire. CH. *R. of R.* 1383. Ouire þe lemetis of
þir *lindis* may no lede founde. WARS OF ALEX.
5038. A sertane folke was in þat soile, þat
Serres ere callid. And all þe *lyndis* in þat land
with leves as wolle. And so þire Serres .. makis
þaim wedis þarof. 3956. A hidous hill .. Was
loken all in lange *lindis* like to þe cedres. 5236.
Pare fande he *lindis* .. And þai ware frettfull
of frute. 4765.

linden adj. ags. *linden*, tiliaceus, mhd. *lin-din*, niederl. *linden.* linden, von der
Linde.

Bi water he sent adoun Light *linden* spon.
TRISTR. 2, 81.

lindetre s. Lindenbaum.

A *lindetre*, tilia. CATH. ANGL. p. 217.

lindewod s. Lindengehölz.

Þus laykez þis lorde by *lyndewodez* euez.
GAW. 1178.

lindi s. lumbus s. *lende*.

line s. ags. *line*, funis, ahd. *lina*, mhd. *line*,
niederl. *lijn*, altn. *lína*, schw. *lina*, dän. *line*,
neue. *line;* wahrscheinlich von germ. *lín*, nicht
von lat. *linea* abgeleitet. Leine, Seil, Schnur
zu verschiedenen Zwecken dienend.

Lyne, or rope, corda, funiculus. PR. P.
p. 305. Thow most haue a plomet hanging on a
lyne heyer than thin heued on a perche, &
thilke *lyne* mot hange euene perpendiculer bytwixe the pool & thin eye. CH. *Astrol.* p. 33.
I compassed masons, And lerned hem level and
lyne [Messleine]. P. PL. 5968. Þe fiss þat brak
þo *lyne* [= net. cf. 659. 662], Ywis he doþ us
pine. K. H. 681. As ho so laith *lynes* [= snares],
for to lacche foules. P. PL. *Text C.* pass. VII.
406.

line, ligne etc. s. lat. sp. *linea*, pr. *linha*,
ligna, pg. *linha*, afr. *ligne*, sch. *ling*, *lyng*,
neue. *line.*

1. Linie: *Lyne*, or *lynye*, linea. PR. P.
p. 305. In al his bodi þer nas wem, as menie
man iseȝ þer, Bote as his heued was of ismyte,
as oure louerd hit wolde, A smal red *lyne* al
aboute schyninge of Golde. ST. EDM. KING 96.

2. Zeile einer Schrift: But if þe fyrst *lyne*
be lesyng, leue me neuere after. P. PL. *Text
B.* pass. XIII. 95. The lede lokys on a lcfe, &
in a *lyne* fyndes How þat þe gomes owt of
Grece auld with þair grett mightez The peple
owt of Perso purely distroy. WARS OF ALEX.
1656 Dubl. — Þe pistill of þe prince he put him
in hand. Þe leche lokid ouire þe *lynes* „My
ording," he said, „I am noȝt gilty of þis gile, be
all þe grete gods!" 2572 Ashm. Oft steht *line*

für das ganze Schriftstück, Brief, Buch:
Pan part þai þe proud sele, þe printe þai ad-
houred, Vnlappis liȝtly þe lefe, & þe *line* redes.
WARS OF ALEX. 1931 Ashm. So lange, sais me
þe *lyne*, lastid þe bataill. 2047 Ashm. vgl. 1439.
1656. Ffull myche was the murthe of þo mayn
knightes, On bothe sydes, for sothe, sayes me
the *lyne*. DESTR. OF TROY 8406. The secund
day suyng, sais me the *lyne*, þe Troiens full
tymli tokyn þe feld. 9628.

3. Linie der Abstammung, Stamm,
Geschlecht: That in Troy truly is a triet
kyng And lord of þe londe as be *lyne* olde.
DESTR. OF TROY 1840. There was a lady in þat
lond, þat be *lyne* aght All the kythe & the
crowne & the kleane soile. 10834. I schalle ..
multiplie and e[n]crese his *lyne*, And make his,
noblesse thorowoute the world to schyne. LYDG.
M. P. p. 18. Woden .. was the .XV. of Noe ..
Of his eldest sone Sem .. Not of the *lygne* of
Iaphet. ST. WERBURGE 358–62.

4. Gradheit, Rechtschaffenheit:
Yblissed byeþ þo þet ne seneȝeþ ne misnimeþ,
ac doþ al be riȝtuolnesse and be *lingne*. AYENB.
p. 160.

5. Linie des Verfahrens, Verfah-
ren: For his barouns and for myne This weore
the ryghtest *lyne*. ALIS. 7265.

lineal, linial adj. afr. sp. *lineal*, lat. *linealis*
neue. *lineal.* geradlinig, gerade in Bezug
auf Abstammung.

Penda .. Was grauntfather to Werburge
by *lynyall* successyon. ST. WERBURGE 277.

linealli adv. neue. *lineally.* in gerader
Linie der Abstammung.

The braunchis conveyed .. *Lyneally* and
in the genelogie, To Crist Jhesu. LYDG. M. P.
p. 17.

linen, linnen adj. ags. *línen*, linteus, alts.
ahd. mhd. *linín*, afries. niederl. niederd. *linnen*,
neue. *linen.* leinen.

Next fleshe ne schal mon werien no *linene*
cloð, bute ȝif hit beo of herde and of greate
heorden. ANCR. R. p. 418. Ley hem [sc. þe
byrdys] on a fayre *lynen* clothe, an lette þe
grece renne owt. TWO COOK. B. p. 9. Take it [sc.
grounden brawn] out of þe potte, an putte it in
a *lynen* cloþe & presse it. p. 34. For to make
boke-glewe, take the sowndys of stokfysch, and
sethe hem .. thanne take them, and ley hem in
a *lynen* cloth, and presse out the water. REL.
ANT. I. 163. — God het to Aaron .. þet alle
his children weren ycloþed ine *linene* kertles,
and ȝgert aboue mid huite *linene* gerdles.
AYENB. p. 236.

Heo wipeden hors leoue mid *linnene* claðe.
LAȜ. II. 512. God Almiȝti wrthe him wroth,
And al that werieth *linnene* cloth. O. A. N.
1171. Thei wrappen here hedes in red *linnene*
clothe. MAUND. p. 109. A mikel *linnen* clath
four squar Laten dun him thoght was thar.
CURS. MUNDI 19843 COTT. Sum ȝong man clothid
with *linnen* cloth. WYCL. MARK 14, 51 Oxf.
Whanne he hadde takun a *lynnen* cloth, he bifore girde him. JOHN 13, 4 Oxf. Thei wrappen
here hedes and here necke with a gret quantitee

of white *lynnen* clothe. MAUND. p. 65. — Thei token the body of Ihesu, and bounden it in *linnen* clothis. WYCL. JOHN 19, 40 Oxf.

Als Substantiv, Leinwand, erscheint das Wort gleich dem deutschen Leinen: Looke þer be blanket, or *lynyn* to wipe þe neþur ende. BAB. B. p. 180. He hiȝte þe erthe to help ow vchone Of wollen, of *lynnen*. P. PL. *Text B.* pass. I. 17. vgl. He hihte þe eorþe to seruen ow vchone Of wollene, of *linnene*. A. pass. I. 17. Wayte hys *lynnyn* þat hit be clene. BAB. B. p. 176.

linen v. incumbere s. *leonien.*

linen v. v. *lin* s. neue. *line.* füttern ein Kleid, urspr. mit Leinewand, dann mit irgend einem anderen Stoffe.

Lynyn clothys, duplo, duplico. PR. P. p. 306.

In sangwin and in pers he clad was al, *Lyned* with taffata and with sendal. CH. *C. T.* 441. *Lynyd*, as clothys, duplicatus. PR. P. p. 3⁰6.

linerïht adj. eig. linienrecht. genau in derselben Linie.

The mesure of this longitude of sterres is taken in the lyne Ecliptik of heuene, vnder which lyne, whan that the sonne & the mone ben *lyneriht*, than is the eclips of the sonne or of the mone. CH. *Astrol.* p. 12.

linesede s. s. *linseed.*

ling s. altn. *lyng*, erica, dän. *lyng*, schw. *ljung*, sch. neue. *ling.* Heidekraut.

He laf slawe in a slak fforty score on a pak, Wyd opene one here bake, Dede in the *lyng*. DEGREV. 333. Ther thei beryed hem both In nouther mosse nor *lyng*, And litull John and moch in fere Bare the letters to oure kyng. HARTSH. *Metr. T.* p. 189. *Lynge* of the hethe, bruera, mirica. PR. P. p. 305. Hethe, or *lynge*, fowaly, bruarium. p. 238.

linge s. lota molva s. **lenge.**

lingen v. s. lengen.

lingne, linie s. linea s. *line.*

linial adj. s. *lineal.*

lining s. v. *linen* v. neue. *lining.* Futter, Unterfutter.

Lynyng of a garment, doublevre. PALSGR. *Lynynge* of clothe, deploys [duplicatura P.]. PR. P. p. 306. bildlich vom Inhalt eines Bechers: Jak Hare, Which of a bolle can plukke out the *lynyng*. LYDG. M. P. p. 52. Ne hath no joie to do no besinesse, Sauff of a tankarde to pluk out the *lynyng. ib.* vgl. p. 53. 54. 55.

linnen adj. s. *linen.*

linnen v. ags. *linnan* [*lan, lunnon; lunnen*], cessare, ahd. *bi-linnan*, gth. *af-linnan*, altn. *linna*, sch. *lin, linn*, neue. veraltet *lin.* vgl. *bi-linnen, blinnen.*

a. intr. aufhören, ablassen, enden: That on saith „let", that other seyth „do", Ne conne hue nout *lynne*. LYR. P. p. 103. Rymenhild, ȝef he cuþe, Gan *lynne* wiþ hire muþe; Heo makede hire wel bliþe. K. H. 353. Ure fond nefre ne *linnen* For to fonden us mid sunnen. OEH. p. 67. Monie ma murhöen .. þe neauer ne *linneð* nowðer ne leaseð, ah

leasteð aa mare. LIFE OF ST. KATH. ed. *Einenkel* 1697-1704.

Sire Bryer of Poyle .. He bare through with a spere, Dede to the grounde ther he *lan*, Might he no more hem dere. SOWD. OF BABYL. 514.

b. tr. aufhören machen, enden: Þi tale nu þu *lynne*. K. H. 311.

Thus the batayl it bigan .. Bitvene the douk Morgan And Rouland that was thro; That neuer thai no *lan* That pouer to wirche wo. TRISTR. 1, 4.

linnunge s. v. *linnen* v. Aufhören, Ende.

Summes weis ich mahte bihalden ure lauerd Ihesu Crist, godes sune, þat bohte us o rode, hu he sit on his feader riht half, þat is alwealdent, rixleð i þat eche lif bute *linnunge*. OEH. p. 259. All pleiende somet, alle lahinde somet, eauer iliche lusti bute *linnunge*. LIFE OF ST. KATH. 1676. I þ lif þ leasteð aa buten *linunge*. 2164.

linpin s. sch. *linpin, linpin*, vgl. dän. *lundstikke, luntstikke*, ahd. mhd. *lun*, paxillus, auch in *lon, lan* verwandelt. neue. *linpin* neben *linpin, linchpin.* s. *lins.* erscheint im Munde des Landvolks vielfacher Wandlung anheim gefallene Form. Achsnagel, Lünse.

Hoc humullum, *lynpyne.* WR. VOC. p. 202.

lins s. ags. *lynis*, alts. *lunisa*, niederl. *luns, lens*, niederd. *läns, lünse*, schw. *luns.* s. *linpin.* Achsnagel, Lünse.

Therfore me maketh prynses The host to governi; And ase who welen the *linses* Togadere heldeth hy. SHOREH. p. 109.

linseed s. ags. *linsæd*, lini semen, lini seges, mhd. *linsāt.* Leinsaat, Leinsamen.

Semet cy vostre *lynoys, linseed.* WR. VOC. p. 156. Hoc linerium, *lynsed.* p. 217. *Lynesede*, linarium. CATH. ANGL. p. 217.

linsi-wolsie s. von *lin* und *wolle* gebildet, ob durch Ableitung oder Zusammensetzung erscheint zweifelhaft; vgl. SKEAT *Etym. D.* neue. *linsey-woolsey.* Halbwollenzeug aus Flachs und Wolle, Petermann.

Lynsy woleye, linistema vel linostema. CATH. ANGL. p. 217. vgl. n. 6.

lint s. vgl. mlat. carpia, *linteum* carptum, quod vulneribus inditur. D. C., sch. *lint* = flax in Zusammensetzungen. neue. *lint.* gezupfte Leinwand, Charpie.

lynt, schauynge of lynen clothe, carpea, secundum sururgicos. PR. P. p. 306.

lintel s. afr. *lintel, linteau*, sp. *lintel* und *dintel.* vgl. sp. altpg. *linde*, npg. *linda*, i. q. lat. *limes*, und pr. *lindar* v. lat. *limitaris.* neue. *lintel.* Oberschwelle, Sturz.

Dippe ȝe a bundel of isope, in the blood which is in the threisfold, and sprynge ȝe therof the *lyntel*, and euer either post. WYCL. EXOD. 12, 22 Purv. [ouerthreswold Oxf. superliminare Vulg.].

linunge s. s. *linnunge.*

linx, lenx s. lat. *lynx*, gr. λύγξ, afr. *lins, lincs*, sp. pg. it. *lince*, neue. *lynx.* Luchs.

He þat had als sharp syght, And cler eghen and als bright, Als has a best þat men *lynx* calles. HAMP. 574. Huo þet hedde þe ryɟþe ase heþ þe *lynx*, þet me clepeþ oþerlaker leucernere . . ha saolde ysy openliche, þet non uayr body ne is bote a huyt zech uol of donge stynkinde. AYENB. p. 81. — Al þe berbrens bernes in bestis þam affyed. As lebards, lesards & *lenxis*. WARS OF ALEX. 3572.

lion s. Löwe s. *leo.*

lionne, lionesse, lionis, leonesse, leonis s. fr. *lionne, lionnesse*, sp. *leona*, pg. *leoa*, pr. *leona, leonessa*, it. *leonessa, lionessa*, neue. *lioness*. Löwin.

So come a *lyonne* with latys unmylde, And in hir pawes scho hent the childe. ISUMBR. 180. *Lyonesse*, leonissa. PR. P. p. 306. A *lyonesse*, lea, leæna. CATH. ANGL. p. 218' The *lyonesse* after ham ran. OCTOU. 557. The *lyonesse* aftyr began to swymme. 590. vgl. 433. 583. Whan that his *lyonesse* hath dronke hire fille. CH. *Leg. G W. Tesbe* 112. vgl. 156. Hec liona, *lyonys*. WR. VOC. p. 187. Hec lea, leena, a *lyonys*. p. 219. — Foure hundreth fellis . . Of lepards & of *lionesses*. WARS OF ALEX. 5139. Than comith a wilde *leonesse*. CH. *Leg. G W. Tesbe* 100. Hec leena, leonissa, *leonys*. WR. VOC. p. 251.

liop s. *leowð.*

lioun s. Löwe s. *leo.*

lip s. saltus s. *leap;* labium s. *lippe.*

lipard s. *leopard.*

lipe s. saltus s. *leap;* labium s. *lippe.*

liper s. s. *lepre.*

lipnien, lipnen v. sch. *lippin, lyppyn, lippen*, expect, trust to, dazu *lypnyng* s. expectation, confidence. Ob verwandt mit ahd. *lippan, liban* (schonen, sich jemandes annehmen), gth. *hleiðjan*, altn. *hlifa*, parcere, præsidio esse? vertrauen.

Ne *lipnie* ɟe no al to eower festene [— fasts], ɟif ɟe maɟen eni oðer god don. OEH. p. 37. Ne *lipnie* [*lipne* II. 220] na mon to muchel to childe ne to wiue. p. 161. Ne *lipnie* wif to hire were, ne were to his wiue. *ib.* Hierher gehört wahrscheinlich auch: Forþi ne *litmie* [leg. *lipnie*] na mon to swiðe to þisse liue. p. 7.

lippe etc. s. ags. afries. *lippa*, labium, mitteld. *lypp, lippe, liep, lið*, niederl. *lip*, schw. *lip* neben *läpp*, dän. *lippe* neben *læbe*, afr. *lipe, lippe* aus dem German. entnommen, neue. *lip*. Lippe.

Tunge and teð and *lippe* word shuppieð. OEH. II. 211. The overe *lippe* ant the nethere. WR. VOC. p. 146. Heo ne hath nose, no mouth, no toth, no *lippe*. ALIS. 6428. Folk . . that han the *lippe* above the mouthe so gret, that whan thei slepen in the sonne, thei keveren alle the face with that *lippe*. MAUND. p. 205. I . . go so forth as I go may, Full ofte biting on my *lippe*. GOWER I. 283. *Lyppe*, labrum. WR. VOC. p. 179. 185. PR. P. p. 306. CATH. ANGL. p. 218. Hoc labium, labrum, a *lype*. WR. VOC. p. 207. Hoc labium, a *lyp* super os; hoc labrum, a *lyp*. p. 245.

Bildlich vom scharfen Ende der Lanze: Bothe were þai backeward borne of þere horses, With the *lippe* of þere launais so launchet þai

somyn. DESTR. OF TROY 10135. Antenour . . Unhorset the here, hade hym to ground, With the *lip* of a launse, þof hym lothe were. 10145-7.

Þu, uor þe fluue of him & for þin owene muchele biheue, dute þinne tutelinde muð mit þine *lippen*. ANCR. R. p. 106. Ich am a man mid suilede *lippen* . . ich wunie among men þet suiled hore *lippen* mid misliche spechen. p. 158. Huet is hit worþ to sterie and to beate al day þe *lippen*, huanne þe herte is al domb? AYENB. p. 210. He waggeþ þe *lippen* onlepiliche . . and naɟt ne sayþ. p. 211.

Of cnihten he carf þe *lippes*. LAɟ. III. 176. Heo hath a mury mouht to mele, With lefly rede *lippes* lele, Romauns forte rede. LYR. P. p. 34. Forbid þi tunge fra ivel ai, And þi *lippes* þat swikedom noght speke þai. Ps. 33, 14. Laverd, þou salte open *lippes* mine. 50, 17. Hire mouthe is platt also withouten *lippes*. MAUND. p. 205. That that is onus goon out of thi *lippis*, thow shalt kepe wel. WYCL. DEUTER. 23, 23 Oxf. Poysoun on a pole þei put vp to his *lippes*. P. PL. *Text B.* pass. XVIII. 52.

lippe s. fr. *lippe?* Bissen, Stückchen. Ich lenede folk þat lese wolde a *lippe* in eche noble. P. PL. *Text C.* pass. VII. 245. Me were leuere, by oure lorde, a *lippe* of godes grace, Than al þe kynde witt þat je can boþe. pass. XII. 226. Sith þat þis Sarasenes, scribes & Iuwes Han a *lippe* of owre byleue, þe liɟtloker, me thynketh, þei shulde torne, who so trauaille wolde, to teche hem of þe Trinite. *Text B.* pass. XV. 492.

lippen v. s. *leapen.*

lipre s. s. *leper.*

lipsen v. s. *lispen.*

lirken v. altn. *lerka*, contrahere, coercere, schw. *lerka, lirka*, dän. *lirke*, sch. *lirk*. zerren, ziehen.

I *lyrke* hyme up with my hond, And pray hyme that he wolle stond. Ms. bei HALLIW. D. p. 523.

lire s. afr. *lire*, pr. sp. it. *lira*, ahd. *lîrd, lyrd*, mhd. *lire, lyre*, lat. *lyra*, gr. λύρα, neue. *lyre*. Leier.

Ne cuðe na mon swa muchel of song, of harpe & of salteriun, of fiðele & of coriun, of timpe & of *lire*. LAɟ. I. 298.

lire s. jactura s. *lure.*

lire s. gena, facies s. *leor.*

lire s. ags. *lira*, lacertus, pulpa, torus, sch. *lire, lyre, lyr*. Fleisch, Muskel, fleischiger Theil des animalischen Leibes, im Unterschiede von Knochen, Fett oder Haut. vgl. altn. *lær*, femur, schw. *lår*, dän. *laar*.

Se ferliche ha driuen dun to þe eorðe, þat al ham is tolimet, lið ba & *lire*. HALI MEID. p. 21. As þat istelede irn . . tolimede hire & toleac lið ba & *lire*. ST. JULIANA p. 59. cf. 58. *Lyre* of flesche, pulpa. CATH. ANGL. p. 218. He ne fond neuer boon ne *lyre* Hys ax withstent, That he ne smot thorgh ech a swyre. OCTOU. 1119. Lybeauus . . smot a strok of mayn Thorugh Mangys stedes swyre, And forkarf bon and *lyre*. LYB. DISC. 1319-25. Take tent to me, youre soferand syre, .. And to my lyst bowe lyfe and *lyre*. TOWN. M. p. 55. His *lire* and his lyghame lamede fulle sore. MORTE ARTH. 3282. In einzelnen Fällen ist dieses *lire* von *lire* = *leor*, ags. *hleór*, in Bezug auf die Bedeutungen Antlitz und Fleisch kaum zu unterscheiden.

liri, mit vorangehendem **a,** offenbar mit dem voranstehenden *lire* verwandt, kommt in adverbialer Bedeutung mit Bezug auf die Beine vor, welche Menschen, um lahm zu erscheinen, eigenthümlich verstellen. Die gewöhnliche Wiedergabe durch *across*, kreuzweis, scheint nicht entsprechend; besser etwa seitwärts. Vgl. ags. nates, *ears-lyre*. WR. VOC. p. 44.

Summe leiden þe legges *aliri*, as suche losels cunne. P. PL. *Text A.* pass. VII. 115. vgl. *B.* pass. VI. 124. *C.* pass. IX. 129 [*alyry*].

Hierher gehört auch wohl das, wie es scheint, irrthümlich als Adjektiv aufgefasste *lirie: Lyrye*, pulposus. CATH. ANGL. p. 218.

Die Form *leri* erscheint in der Variante *oflery* zu P. PL. *Text A.* pass. VII. 115; vgl. WARS OF ALEX. *Introd.* p. XVI.

lirilong adv. mit ausgestreckten Schenkeln, Beinen.

Fond her liggyng *lirylong*. PARDONER A. TAPSTER 310 in TALE OF BERYN ed. *Furnivall.*

lisarde, liserd s. s. *lacert.*

lisens s. s. *licence.*

lisewien v. s. *lewcien.*

liser[e], lisure, lisour s. afr. *lisiere.* gleichbedeutend mit *list*, limbus panni. Leiste, Saum.

Thanne drowe I me amonges draperes, my Donet to lerne, To drawe þe *lyser* [v. l. *lesere*] alonge, þe lenger it semed. P. PL. *Text B.* pass. V. 209. To drawe þe *lisure* alonge. *C.* pass. VII. 216. Lyyste, *lysure*. PR. P. p. 307. To draw þe lyste [v. l. *lysour*] wel along. P. PL. *Text A.* pass. V. 124.

Dahin gehört auch das in übertragener Bedeutung von der Grenze oder Ecke einer Wohnung gebrauchte *lysour*, welches für *lysoun* in der folgenden Stelle herzustellen ist: Pay lest of Lotes logging any *lysour* [*lysoun* ed.] to fynde, Bot nyteled þer alle þe nyȝt for noȝt at þe last. ALLIT. P. 2, 887.

lisnisse s. s. *lesnesse.*

lisour s. s. *liser[e].*

lispare s. niederl. neue. *lisper.* Lisper, Lispler, Lispeler, der mit der Zunge anstösst.

Lyspare, blesus, blesa. PR. P. p. 306. *Lysper.* CATH. ANGL. p. 218.

lispen, lipsen v. ahd. *lispan, lispen*, mhd. *lispen*, niederl. *lispen*, niederd. *tclispen*, vgl. ags. *vlisp, vlips*, blæsus, balbus, schw. *läspa*, dän. *læspe*, neue. *lisp.* lispeln, im Reden mit der Zunge anstossen.

Lyspyn in speche, sibilo. PR. P. p. 306. I lyspe, je grassie. PALSG. — Somwhat he *lipsede* [lisped MS. LANSD.], for wantounesse, To make his Englissch swete upon his tunge. CH. C. T. 266. — *Lyspynge*, blesus. CATH. ANGL. p. 218.

lisse s. ags. *liss* i. q. *liðe*, lenitas, tranquillitas, remissio, sch. *lis.*

1. Ruhe, Friede: Blisse and *lisse* ic sende uppon monnen þe me luuieð. OEH. p. 15. Sunedei is ihaten þes lauerdes dei and ec þe dei of blisse and of *lisse* and of alle irest. p. 41. Heo him wolden finden hauekes & hundes þat he mihte riden ȝeond alle þanne þeoden, & libben on *lisse* þe while þe he leouede. LAȝ. I. 138. Hald þine fæder on *lisse*, ne luueðe he no wiht longe. I. 141. Hwenne heo cumeþ in hete, þe chele heom þincheþ *lysse*. Þenne heo cumeþ eft to chele, of hete heo habbeþ mysse. Eyþer heom doþ wo ynouh, nabbeþ heo none *lisse*. O.E.MISCELL. p. 66. vgl. OEH. p. 294. II. 227. And so do by þine rede, þat my saule habbe *lysse*, þat myn ende come to eche blysse. p. 141. Vre louerd Crist vs wule teo to heouene .. Wel is him þat schal þer beo, he may þer habbe *lysse*. p. 143. Suete Jhesu, king of blysse, myn huerte love, min huerte *lisse*. LYR. P. p. 57. Wist þei no bote, whederward forto fare to finde þe bestes, but lefte þei in *lisse*. WILL. 2826. Þe king of Spayne .. krouned Alphouns to king to kepe þat reaume, for himself was febul & fallen in elde, to liue þer after in *lisse* wil our lord wold. 5225. We sen selkouþe þing, þat is ta sain, heuene, þere as lem is of loft; & *lisse* to gode. ALEX. A. DINDIM. 475. Pat is þe gret god þat gynnynge had neuere, Lorde of lyf and of lyȝte, of *lysse* and of peyne. P. PL. *Text B.* pass. IX. 28. Her foly & her synne Shall lere hem what langour is & *lisse* withouten ende. pass. XVIII. 224.

2. Nachlassen, Aufhören, Ende: Swilche pine ic habbe þet me were leofere þenne al world þah hit were min, most ic habben an alpi þraje summe *lisse* and summe leðe. OEH. p. 35. His woful hert of penaunce had a *lisse*. CH. C. T. 11550. So loue ys lech of lyue, and *lysse* of alle peyne. P. PL. *Text C.* pass. II. 200. Per scal beon worldwunne wiðuten pouerte, fulle wiðuten hungre .. song wiðuten *lisse*. OEH. p. 143-5.

lisse s. ob verwandt mit *lasse?* Mädchen.

The last of þos lefe children was a *lysse* faire, Polexena the pert, prise of all other; Of hir ffeturs & fairhed is ferly to telle. DESTR. OF TROY 1499.

lissen v. ags. *lissian, lðsian*, zu *lisse* s. gehörig, sch. *lis, liss.*

a. tr. lindern, erleichtern, beruhigen, befreien: Sum hard hacche has he had, & hider com to pleije, Forto *lissen* his langour. WILL. 847. That shal ful gretly *lyssen* the of thy pyne. CH. *Cuck. a. N.* 245. Alisandrine .. wel hire biþouȝt, what were hire kuddest comfort hire care to *lisse*. WILL. 629-31. But if I herde of thinges straunge, Yet for a time it shulde chaunge My peine and *lisse* me somdele. GOWER III. 82. So as thou saist for thin apprise To here of suche thinges wise, Wherof thou might thy time *lisse*, So as I can, I shall the wisse. III. 84.

Se, fadyr, what angwys now in hym ys, Y prey þe, sumdele hys peyne þou *lys*. R. OF

BRUNNE *Meditat.* 701. *Lys* me now in my long-
oure, And gyf me lysens to lyve in ease. POL.
REL. A. LOVE P. p. 215.

His langor was so *lissed,* swich likyng he
hadde, & so gretly was gladed, þat he gan
awake. WILL. 869. On his way forthward than
is he fare, In hope for to ben *lissed* of his care.
CH. *C. T.* 11481.

b. intr. gelindert, erleichtert werden, nachlassen: Thanne of my peyne I
gan to *lysse.* CH. *R. of R.* 3758. I trowe my
peyne shalle never *lisse.* 4128.

list s. limbus s. *liste, luste;* astutia s. *liste;*
auditus, auscultatio s. *lust;* libido s. *lust.*

listare s. s. *litster.*

liste, luste, auch ohne schliessendes e s.
ahd. *lista,* mhd. *liste,* ags. *list,* limbus panni,
niederl. *kjst,* niederd. *list,* altn. *lísta,* dän. *liste,*
list, schw. *list,* afr. *liste,* pr. sp. pg. it. *lista,*
neue. *list.*

1. Leiste, Saum, Borte, Kante: A
lyste, forago. CATH. ANGL. p. 218. *Lyyst* of
cloth'e, forago. PR. P. p. 307. *Lyyste,* lysure,
or schrede, or chyppyngys, what so euer hyt be,
presegmen. *ib.* Penne I drouʒ me among þis
drapers, my Donet to leorne, To drawe þe *lyste*
wel along, þe lengore hit semede. P. PL. *Text
A.* pass. V. 123. überhaupt ein Streifen
Zeug, Band: He bar a bordun ibounde wiþ
a brod *lyste.* pass. VI. 8. Bond him wiþ a *liste.*
ALTENGL. LEGENDEN ed. *Horstmann* [1875] 91.

2. Grenze, Rand, äusserstes Ende
eines Gegenstandes: Þe myst dryues þorʒ þe
lyst of þe lyfte, bi þe loʒ medoes. ALLIT. P. 2
1760. — Pai . . wold haue fongit the freike with
hor fyne, And haue led the lede *lystis* [des
Lagers] vnto. DESTR. OF TROY 10017. Eneas
also after hom went; All the ledis to the *listes*
on the laund past. 10668.

auch der Rand der Ohrmuschel, Ohr-
läppchen: vgl. Le mol de l'oreille, the lug or
list of th'eare. COTGR. in v. *Mol.* He smot
me . . on þe *list.* CH. *C. T.* D. 634. With ya
hond a wolde þe ʒyue a such on þe *luste* þat
al þy breyn scholde clyue aboute ys fuste.
FERUMBR. 1900.

3. Schranke des Turnierplatzes, gewöhnlich in der Mehrzahl, Turnierplatz, Turnier: Everich of you schal bryng an hundred
knightes Armed for *lystes* up at alle rightes.
CH. *C. T.* 1853. Whethir he or thou May with
his hundred, as I spak of now, Sle his contrary,
or out of *lystes* dryve, Him schal I geve Emelye
to wyve. 1859. Die Einzahl steht in *Wright's*
Ausgabe: The *lyste* schal I make in this place.
1864, wo im *Six-Text Print* alle Handschriften
die Mehrzahl bieten.

liste, selten **list** s. ags. alts. afries. niederl.
ahd. mhd. nhd. *list,* gth. *lists,* altn. schw. dän.
list. List, Klugheit, Weisheit, Kunst.
Swa þe cnotte is icnut bituhhen unc tweien,
Þ ne mei hit *liste* ne luðer strengþe nowðer of
na liuiende mon leowsin ne leoðien. LIFE OF
ST. KATH. 1514. Betere is *liste* þene ufel
strenðe, for mid *liste* me mai ihalden þat
strengðe ne mai iwalden. LAȝ. II. 297. Betere

is *liste* þen luðer strencðe. ANCR. R. p. 268.
Ne mai no mon þar toʒeines [i. e. deaþ], Weilawei þreting ne bene, Mede, *liste,* ne leches
drench. O.E.MISCELL. p. 156. Ich kan craft,
and ich kan *liste.* O. A. N. 757. Þu tech him
alle þe *liste* þat þu cure of wiste. K. H. 235.
Horn cuþe al þe *liste* þat eni man of wiste.
1459. Inne Wæles wes Vther, & her of næs
naðing war, neuere *þurh* nare *liste* her of naþing
nuste. LAȝ. II. 324. Ich wolde viʒte bet *mid
liste,* Than thu mid al thine strengthe. O. A. N.
172. Þus ure Louerd spareð a uormest þe ʒunge
& þe feble, & drauhð ham ut of þisse worlde
sweteliche & mid *liste.* ANCR. R. p. 220. Me
may wel onderstonde ther, *By* thulke selve *lyste,*
An other. SHOREH. p. 24.

This was a dede *of* queint *list.* SEUYN SAG.
2046. To þe fischers hous þai went *wiþ list.*
GREGORLEG. 1015.

Of him þu migt leren *listes* and fele þeues.
O.E.MISCELL. p. 136. Tech him alle the *listes*
That thou ever wystes. GESTE K. H. 239.

liste s. auditus, auscultatio s. *lust;* libido
s. *lust.*

listeliche, listeli, listli adv. ags. *listlice,*
callide. listig, schlau.

He wole stelin þin haite & keren, & *listeliche* onsuerren. O.E.MISCELL. p. 137. REL.
ANT. I. 188. Þat litel child *listely* lorked out of
his caue, Faire floures forto fecche, þat he bifore him seye. WILL. 25. Wende *listly* hennes,
& late me worþ after. 2355. He ful *listli* hem
ledes to þat loueli schippe, & tauʒt bihinde
tunnes hem to hude þere. 2742.

listen v. v. *liste,* limbus; it. *listare,* fregiar di
liste, sp. *listar,* afr. *listet, listrd* p. p., neue. *list.*
säumen, einfassen, streifen, besetzen.
I *lyste* a garment, or border it rounde
aboute with a *lyst.* PALSGR. I have *lysted* my
cote within, to make it laste better. *ib.* A targe
listed with gold. HALLIW. D. p. 523 aus GY OF
WARWIKE p. 312.

listen, hlisten etc. v. auscultare s. *lusten.*

listen v. cupere s. *lusten.*

lister s. lector s. *listre;* tinctor s. *litster.*

listi adj. s. *lusti.*

listli adv. s. *listeliche.*

listnen v. s. *lustnen.*

listre, lister s. afr. *listre, litre* [GODEFROY].
scheint den kirchlichen Vorleser zu bezeichnen. vgl. *lector,* secundus gradus ordinis
ecclesiastici. D. C. und SHOREH. p. 47.

He [sc. þe grete Charles] hadde a *lyster*
[redar *Cx.* reder *Harl.*] at mete, and hadde greet
likynge in Austyn his bokes, and nameliche in
his bookes de Civitate Dei [inter prandendum
lectorem aliquem audiebat etc.]. TREV. VI. 257.
Lyysterre [vv. ll. *lystyr, listyr, lystore*], lector.
PR.P.p.307.—On limitoures and *listres* lesynges
I ymped, Tyl þei bere leues of low speche, lordes
to plese, And sithen þei blosmed obrode, in bou-
res to here shriftes. P. PL. *Text B.* pass. V. 138
Þus þise goode men of freris drawen hem fro
here priuat rewelis & fro here lyuyng in comune,
lest it neede hem to breke goddis lawe; as
somme freris procuren to be bisshopis, somme

to be *lystris* and liue out of comunes. WYCL.
W. *hithertho unpr.* p. 298.

lisure s. s. *liser[e]*.

lit s. altn. *litr*, color, ach. *lit*, *litt*. Farbe.
In kides blod he wenten it, ðo was ðoron
an rewli *lit*. G. A. EX. 1967. Eyther side soft
ase sylk, Whittore then the moren mylk, with
leofly *lit* on lere. LYR. P. p. 36. — Nouthire to
toly ne to taunde transmitte we na vebbis, To
vermylion ne violett ne variant *littis*. WARS OF
ALEX. 4335.

lit adj. s. *lut*.

litarge s. sp. *litarge*, afr. *litharge*, verkürzt
aus lat. *lithargyrus*, gr. λιθάργυρος, neue. *litharge*. Glätte, Blei- oder Silberglätte.
Ther nas quyksilver, *litarge*, ne brimstone
.. Ne oynement that wolde clense and byte,
That him might helpen of his whelkes white,
Ne of the knobbes sittyng on his cheekes. CH.
C. T. 631. Oure orpiment, and sublyment
mercurie, Oure grounde *litarge* eek on the por-
furye, Of ech of these of ounces a certayn Nat
helpeth us, oure labour is in vayn. 12702.

litargie, litergi s. afr. *litargie*, pr. *litargia*,
litarguia, it. *litargia*, *letargia*, sp. pg. *letargia*,
lat. *lethargia*, gr. ληθαργία, neue. *lethargy*.
krankhafte Schlafsucht, Lethargie.
What? slombrestow as in a *litargye*? CH.
Tr. a. Cr. 1, 730. He is fallen in to a *litargie*.
Boeth. p. 9.
For well myȝte we seuer þat slepe of *litergi*
þat is fallen upon vs. WYCL. W. *hitherto unpr.*
p. 372.

lite s. wird mit *lette* gleichbedeutend verwendet, und wird demselben Stamme angehören.
vgl. *liten*, morari. Verzug, Aufschub.
Ar þe cock him crau to night, thris þou
sal me nite, And sai þat þou me neuer sagh,
bes þar na langer *lite*. CURS. MUNDI 15571
COTT. vgl. auch FAIRF. und GÖTT. Þe leuedi
badd witvten *lite* þai suld þe ingement gif it
tite. 21483 COTT. vgl. FAIRF. dagegen *lett* GÖTT.
Þe lauedi bad, wiþouten *lite* iugement on him
þai sulde giue tite. HOLY ROOD p. 112. Sho
loves the wele, withowten *lite* Pray to hir of hir
mercy. YW. A. GAW. 1142. Fast for to fle outt
of my land Byd thaym, withoutten *lyte*. TOWN.
M. p. 71. Now es that tyme for ever gone. So
lang gaf sho him respite, And thus he haves hir
led with *lite*; Sertainly so fals a fode Was never
cumen of kynges blode. YW. A. GAW. 1618.

litel adj. s. *lutel*.

liten, litten v. vgl. ags. *letian*, *lettan*, tardare.
zögern, zaudern.
Lytyn, or longe taryyn, moror. PR. P.
p. 308.
Þen *littid* þai na langer, bot laschid out
swerdis. WARS OF ALEX. 801 Ashm.

liten, litten v. altn. *lita*, colorare, schw.
prov. *lita*, *leta* i. q. färga s. SCHLYTER Ordbok
p. 397, sch. *lit*, *litt* i. q. dye, tinge. färben.
Lytyn clothys, tingo. PR. P. p. 308. To
litte, colorare, inficere, tingere. CATH. ANGL.
p. 219.
He *liteð* cruelte mid heowe of rihtwisnesse.
ANCR. R. p. 268.

When the light vp launchit *littit* the erthe,
The derke ouerdone, and þe day sprange, All
the Grekes in hor geire gedrit to feld, Were
boun on the bent on hor best wise. DESTR. OF
TROY 7374.

Þat þi fote be *lited* in blod [ut intingatur
pes tuus in sanguine *Vulg.*]. Ps. 67, 24. *Littyd*,
infectus. CATH. ANGL. p. 219. Hir lippes were
louely *littid* with rede. DESTR. OF TROY 3988.
We use na clathes that are *littede* of dyverse
coloures. MS. in HALLIW. D. p. 523. dem Sinne
nach entsprechend ALEX. A. DINDIM. 302. Alt
ist p. p. *ilitet*: Wlð se swiðe lufsume leores ha
leien, se rudie & se reade *ilitet* eauer euch leor,
as lilie ileid to rose. LEG. ST. KATH. 1430.

litere, littere, liter, litter, letir s. mlat.
lecteria, *litera*, stramentum pecuarum, afr.
litiere, neue. *litter*. Bettstroh, Streu für
Vieh.
Litere for bedes. HOUSEH. A. WARDR. OR-
DIN. OF EDW. II. ed. *Furnicall* p. 14. Gromes
palettes shyn fyle and make *litere*. B. OF CUR-
TASYE 435. *Lytere* of a bed, stratus, stratorium;
lytere, or strowynge of horse and other beestys.
PR. P. p. 307. Hoc stramentum, *littere*. WR. VOC.
p. 260. A *lyter*, stratum. CATH. ANGL. p. 218.
Hoc stratum, bed *lytter*. WR. VOC. p. 199.
Hoc stramentum, stratorium, *letyr*. WR. VOC.
p. 242.

litere s. mlat. *lectaria*, afr. *litiere*, sp. *litera*,
pg. *liteira*, neue. *litter*. Sänfte, Bett,
Bahre.
Rise vp, he said, wit þi *litere*, And do þe
forth, he said, to go. CURS. MUNDI 13817
COTT. GÖTT. TRIN. Thei shul .. bringen alle
ȝoure brethern fro alle Jentilis a free ȝifte to the
Lord, in hors, and in foure horsid carres, and
in *literes*. WYCL. Is. 66, 20 Oxf.

litere s. neue. *litter*, gleich den vorangehenden Wörtern auf *lit*. *lectus* zurückzuführen, wie
das gleichbedeutende sp. *lechigada*. Wurf
Junge, von Thieren.
Lytere, or forthe bryngynge of beestys,
fetus, fetura. PR. P. p. 307.

litergi s. s. *litargie*.

litestere s. s. *litster*.

litinge s. vgl. *liten*, morari. Verzug.
Lytynge, or longe taryynge, mora, moro-
sitas. PR. P. p. 308.

litinge, littinge s. vgl. *liten*, colorare. Färben, Färbung.
Ine schelde beoð þreo þinges, þet treo, and
þet leðer & þe peintunge [*litinge* T.]. ANCR. R.
p. 392. *Lytynge* of clothe, tinctura. PR. P.
p. 308. A *littynge*, tinctura. CATH. ANGL.
p. 219.

litnen v. Dies seltene Zeitwort wird wohl mit
Recht als eine erweiterte Form des altn. *lita*,
spectare, angesehen. gehören.
Þu mihht te weorrelld þing Wiþþ Godess
lefe winnenn, & sone summ itt wunnenn iss þet
[= þe itt] birrþ wislike nittenn Uppo þe sellfenn, & o þa þatt *littnenn* to þin fode. ORM
6110.

litster, litestere, listare, lister s. sch. *litstar*, *litster*, zu *liten*, colorare, tingere gehörig. Färber.

Hic tinctor, a *lytster*. WR. VOC. p. 212. *Lytster* Play ist die Ueberschrift an der Spitze des Stückes Pharao in den TOWN. M. s. Pref. p. XIII. note. No madyr welde, or wod, no *litestere* Ne knewh, the fles [i. e. fleece] was of is former hewe. CH. *Boeth.* Append. p. 180. A *littester* [*lyster* A.], tinctor, tinctrix. CATH. ANGL. p. 219. *Lystare*, clothe dyynge, tinctor. PR. P. p. 307.

litten v. morari; colorare s. *liten*.

littenen v. unklaren Ursprungs, ob verwandt mit altn. *lýta*, dedecorare, dehonestare, dän. *lyde?* verwunden, verstümmeln.

Hwan Hauelok saw his folk so brittene, And his ferd so swiþe *littene*, He cam driuende upon a stede. HAVEL. 2700.

litter, littere *lecteria* s. s. *litere*.
litterure s. s. *lettrure*.
littinge s. tinctura s. *litinge*.
littour s. it. *littore*, lat. *lictor*, neue. *lictor*. Lictor, bei den Römern ein öffentlicher Diener obrigkeitlicher Personen, der unter anderem die Befehle der Obrigkeit an Verbrechern zu vollstrecken hatte.

Whanne dæy was maad, the magistratis senten *littoures*, seyinge: Dismitte je tho men. WYCL. DEEDS 16, 35 Oxf.

liδ s. ags. *liδ*, *leoδ*, alts. *liδ*, afries. *lith*, *lid*, *leth*, *led*, ahd. *lid*, *lith*, mhd. *lit* [gen. *lides*], niederl. *lid*, niederd. *lid*, *led*, gth. *liþus*, altn. *liδr*, schw. dän. *led*, ach. *lith*. Glied, Gelenk.

So ferliche ha driuen dun to þe eorδe, þat al ham is tolimet, *liδ* ba & lire. HALI MEID. p. 21. Þe sea .. draf him adrenchet dead to þe londe, þer ase wilde deor limmel toluken ham & tolimeden eauer euch *liδ* from þe lire. ST. JULIANA p. 79. Ðat ge [sc. elpes] ne falle niδer nogt, δat is most in hire δogt, For he ne hauen no *liδ* δat he mugen risen wiδ. BEST. 625. Senwe sprungen fro δe *liδ*. G. A. Ex. 1804. Sche .. festened hire in þat fel wiþ ful gode þonges .. þat no man vpon mold mijt oþer perceyue but sche a bere were to baite at a stake; . so iustislich eche *liþ* ioyned. WILL. 1720-4. Grauen he sall be in a stede, And rise þe third day right fra þe ded, And lif ogayne in lim and *lith*. HOLY ROOD p. 67. ʒeot schaltouj come with lime and *lyth* again to me on domesday. BODY A. S. 78. Þe rotes auld þan rayse þar with Ilka vayn and ilka synoghe and *lith*. HAMP. 1916. Then sayde þat lufsoum of *lyth* & lere. ALLIT. P. 1, 398. Gregorij was feir of teyle, Strong and stef in eueri *liþ*. GREGORLEG. 573. Neymes . . with his hand jyf him a strok ounride wiþinne þe nekes space, Such on a gurt him with is fuste þat sondrede al þe *liþ*. FERUMBR. 2246. Þay traytours schulleþ be schent, Demembred lyme & *lyþ*. 5091. He is so large of lym and *lith*, Alle the world he hath justid with. TORRENT 2498. Þe lityllayke of hys *lyth* lothly þai spysyn. WARS OF ALEX. 2931 Dubl. Pre leodes in o *lith* [heisst es von der Dreieinigkeit]. P. PL. Text B. pass. XVI. 181. She hath no *lith* without a lack. GOWER I. 99. Sche [sc. Pertilote] hath trewely the hert in hold of Chaunteclere loken in every *lith*. CH. C. T. 16360. Whilst ye lif do so If ye wille dwelle with hym That can gar you thus go, And hele you *lithe* and lym. TOWN. M. p. 327. Fendis black with crokis kene Rent his body *fro lithe* to *lyth*. POL. REL. A. LOVE P. p. 99. *Lythe fro lythe*, or lym fro lym, membratim. PR. P. p. 304.

Selten trifft man **leth:** I schall the bette euery *leth*, Hede and body. CLEGES 292. Þe articles, þet beoδ, ase þauh me seide, þe *liδes* of ure bileaue. ANCR. R. p. 262. Hise set he kisten an hundred syþes þe tos, þe nayles, and þe *lithes*. HAVEL. 2162. A hundreth thousand I hope we be on horses enarmed, þa leues in oure lede, oure *lithis* to defend. WARS OF ALEX. 3749.

In Zusammensetzungen erscheint neben **liδ** auch **leδ** und **leoδ:**

leoδebel, leδebel adj. ags. *liδubyge*, flexibilis membris. biegsam in den Gliedern, schwach: Sei me, seli meiden, hwonne is te ileanet i þine *leoδebeis* limen so stalewurδe strencδe. ST. MARHER. p. 16. Þe lonke man is *leþebel*, selde comid is herte rei. REL. ANT. I. 188. O.E.MISCELL. p. 138.

liδδrowere s. vgl. ags. *licprowere*, one who suffers in the body, a leper, altnorthumbr. *licδrouer*, *licδrower*, leprosus. eigentl. Gliedddulder, Gliedleidender, Aussätziger: A wich oδer stede age we hem to shewen vre drihten us seiδ on þe godspelle þe sein Lucas makede, þer þe .X. *liδδroweres* clepeden biforen ure drihten and seiden: „Þu helend, þe mid þine wordes heleat alle þo þe wilt, haue milce of us." OEH. II. 71. vgl. *Morris*, notes.

leoδewok, lithwayke adj. ags. *leoδuwâc*, ahd. *lidoweih*, mhd. *lideweich*, niederd. *ledwêk*. gliederweich, schlaff: Ther oure body is *leothewok*, jyf strengthe vrom above. REL. ANT. II. 229. *Lithwayke*, flexibilis. CATH. ANGL. p. 219.

liδewurt, liþewort s. ags. *liδvyrt*, celandina, eripheon [eriphia lat.]. nach dem fr. *ive* zu urtheilen, eine Art Gamander: Ostragium, herb yve (fr.), *liþewort*. WR. VOC. 140. REL. ANT. I. 37. *Lipewort*, ebulus. LEECHD. ed. *Cockayne* II. 398. *Lithewurt*, the plant forget-me-not. The term is still sometimes used. HALLIW. D. p. 524.

liδ s. ags. altn. *hliδ*, clivus, latus montis, ahd. *lîta*, mhd. *lîte*. Bergabhang, Leite. Al þas Bruttes weoren todriuen . . jeond wudes & jeond *liδen*. LAJ. III. 296.

liδ, liδe s. vgl. ahd. *lindi*, mhd. *linde*, lenitas, und die altengl. Adjektive *liδful* und *liδs*. Linderung, Ruhe.

Nes þer nan oδer *liδ*, jif heo nalden jernen griδ. LAJ. I. 222. *Lith* and selthe felawes are. HAVEL. 1338. He was so faste wit yuel fest, þat he ne mouthe hauen no rest; He ne mouthe no mete hete, Ne he ne mouchte no *lyþe* gete. 144.

liδ s. populus s. *leod*.

liðe s. ags. *líða*, als Monatsname für den Juni und Juli, *ærra líða*, Junius, *æftera líða*, Julius.

Iþe moneð Ƿ on ure ledene is ald englisch *efter*[e] *líð*[e] inempnet, iuliús o latin. St. Marher. p. 23.

liðe adj. ags. *líðe*, alts. *líði*, ahd. *lind* und *lindi*, mhd. *linde*, altn. *linr*, dän. *lind*, sch. *lythe*, neue. *lithe*. lind, mild, freundlich, gnädig, zugethan, sanft.

von Gott und göttlichen Wesen: Ðe lauerd scal beon *liðe* þan godan, and eisful þan dusian. OEH. p. 111. *Líðe* him beo drihten. LaƷ. I. 1-3. Godd þe wurðe *liðe*. II. 508. — Mahun eou beo *líðe*. III. 92.

von Menschen: Þatt tu beo þwerrt ut milde & meoc & soffte & stille & *líþe*. Orm 4704. vgl. 1306. 4724. Nu hateð Aganippus .. þat je Leir king alle wurðe *liðe*, & scal beon eouwer lauerd. LaƷ. I. 155. Heo him wolden beon *liðe* a to heore liue. I. 427. Ich wullen .. halden þe for hærre & beon þe ful *liðe*. II. 33.

von Thieren: Lamb iss soffte & stille deor & *líþe* & meoc & milde. Orm 7753.

von Sachen: Swuch ouh wummonc lore to beon, luuelich & *liðe*. Ancr. R. p. 428. Arður þa *liðe* word iherde. LaƷ. II. 522. Ðurh þisse tacne makede Moyses þet ðet weter of Egipte wes *liðe* and swete þan folce of Israel. OEH. p. 129. Þa .. þat water wes *liðe*, and men gunnen spilien þat wes Mæi at tune. Arður nom his folc feire, and to þere sæ uerde. LaƷ. II. 594. He set in winde his stormes stithe, And his stremes leften *lithe* [siluerunt *Vulg.*]. Ps. 106, 29. Pat weder wes swiðe *liðe*. LaƷ. I. 309. She wedur was *lythe* of le. Emare 348. 834. Atte places warme, in daies *lithe* and drie, Ys nowe the hilly landes uppe to eree. Pallad. 3, 8. The wynd gan wexe *lythe*. Rich. C. de L. 4859. Sayle we forth with wyndes *lithe*. 2480. A bath they made him aket So *lithe*, That Tristrem on his fet Gon he might swithe. Tristr. 2, 11. Cloth and bord was drain, With mete and drink *lithe* .. To serue. Tristr. 1, 65. Salues hath he soft, And drinkes that ar *lithe*. 2, 12. Thai gafe hym metis and drynkis *lythe*, And helid the knyghte wondir swythe. Isumbr. 494. I .. fille on slepe wonder sone, as he that wery was forgoo On pilgrymage myles two To the corseynt Leonarde, To make *lythe* that was harde. Ch. H. of Fame 1, 114.

liðe adv. ags. *líðe*, leniter, benigne.

1. sanft: So when sche hurselfe myght styr, Sche toke up hur sone to hur, And lapped hyt fulle *lythe*. Tryamoure 415.

2. ruhig, schlicht: Tostus tok his leue, aryued in Norweie, & how þe gamen jede *lithe* I aalle jow seie. Langt. p. 67.

liðeliche adv. ags. *líðelíce*, leniter, tranquille, mhd. *lindlíche*. in freundlicher Weise, gemächlich.

Wel is riht þat we þe *liðeliche* lustnin. OEH. p. 259. Ʒeorneliche techeð ham to holden hore riulen, boðe uor ou & uor ham suluen, *liðeliche* þauh & luueliche. Ancr. R. p. 428.

He muhte onswerien so, & blowen so *liðeliche* þet zum sperke muhte acwikien. p. 96.

liðen v. altn. *hlýða*, auscultare, schw. *lyda*, dän. *lyde*, sch. *lith, lyth*. hören, lauschen.

He wole *liþen* & hokerful ben. O.E.Miscell. p. 137. Thenne wats hit lif vpon list to *lyþen* þe houndes. Gaw. 1719. Vnder lynde in a launde lenede ich a stounde, To *lithen* here laies and here loueliche notes [sc. of þe briddes]. P. Pl. Text C. pass. XI. 64. Who so wil lystne and *lithe*, The most wonder ye mowen vnderstonde. Alis. 5751. Þan list him *lithe* of his lyfe & of his last ende. Wars of Alex. 5023. He .. bad all schuld be boun And to his lores *lithe*. Tristr. 1, 24. As ye mowe her and *lythe*, The botelers sentyn wyn. Launfal 63. Who so wil þe stori *liþe*, Wordes he may heren of blis. Gregorleg. 375.

Helde þin ere to me, and *liþe*. Ps. 30, 3. Lefdi min oje, *Liþe* me a litil þroje. K. H. 335. — Lysteð me, leoue men, & *liðeð* ane hwile. St. Juliana p. 73. *Liðeð* nu me. G. A. Ex. 2077. Now *liþus*, je þat listene wele, þe lettrus to þe ende. Alex. A. Dindim. 820. Lef, *lythes* to me Two wordes or thre. Percev. 1. *Lithes*, and I sall tell jow tyll The bataile of Halidon Hill. Minot p. 1.

Pare he *lythis* of þare lare. Wars of Alex. 1650 Ashm. — Clerkes and knijtes welcometh kynges ministrales, And for loue of þe lord *lithith* hem at festes. P. Pl. Text B. pass. XIII. 437. Alle beon bliþe Pat to my song *lyþe*. K. H. 1.

liðen v. ags. *líðan* [*láð, liðon; liðen*]. ferri, ire, proficisci, alts. *líðan*, ahd. *líðan*, mhgth. *leiþan* in Zusammensetzungen, altn. *líðen*; schw. *lida*, dän. *lide*. einen Weg nehmen, gehen, ziehen, fahren.

Wise me .. whuder ich mæi *liðan*. LaƷ. I. 51. Lajamon gon *liðen* wide jond þas leode. I. 2. Þer inne heo wuneden a þat her com *liðen* ma of heore leoden. I. 257. Me dude him to understonde .. hu Aðelstan her com *liðen* ut of Sexlonden. III. 286. He ne durrste nohht forrþi Inntill þatt ende *liþenn*. Orm 8373. Inntill whillc ende off all þatt land He badd himm þanne *liþenn*. 8433.

Liðeð tosomne & iwurðeð sæhte. LaƷ. I. 217.

Cesar is in ure londe, & *lið* her bi sæ stronde; oh[t]liche *liðe* we him to. LaƷ. I. 338. Pa bead he leaue, & he furðer *læð* to Seguine duc. LaƷ. I. 208. Þe eorl Liuius .. lette luken þa jeten & him seolf *læð* (für *læð*) to walle. II. 22-23. Ouer sæ þu *lið* al buten leaue. I. 215. Pa seolue Romleoden *liðen* heom tosomne. III. 6. Þer *liðen* tosomne alle Scot-leode. II. 418.

Alle þa *liðinde* scipen (accus.). I. 40. vgl. Comen sæ-*liðende* men uorð into Irlonde. LaƷ. II. 90.

Auffällig erscheinen schwache Präterita: Ic *liðde* mid þine fader & ledde his ferde. LaƷ. I. 96. Ut of Lundene derneliche he *liðede* þene wei touward Eouuerwike. III. 234. Heo seolf *liðen* forð. I. 93.

liðen v. mitigare s. *liðien*.
liðer adj. s. *luðer*.
liðere adv. s. *luðere*.
liðeren, liðren v. von ags. *lyðre, liðre,*
funda, altn. *luðre.* vgl. *luðre* s. schleudern,
werfen, bildl. Leid anthun.
　In mine prophetes nil *lithre* þou [nolite
malignari *Vulg.*]. Ps. 104, 15.
　Hot him ut hetterliche, þe fule kur dogge,
& *liðere* to him luðerliche mid te holie rode
steue. Ancr. R. p. 290.
　So þese lourdeines *litheren* þerto [sc. to þe
tree þe which hihte trewe loue], þat alle þe
leues fallen. P. Pl. Text C. pass. XIV. 48.
　Cf. Hii that withinne were . . sede to hom
withoute, bote hii wolde aȝen wenne, That hii
wolde Sir Edward rawe out to hom sende
Ilithered with a mangenel. Langt. p. 549.
liðerhede s. s. *luðerhede*.
liðerien v. stillare s. *leðerien*.
liðerlike etc. adv. s. *luðerliche.*
lithernes s. s. *luðernesse.*
liðewart, liþewort s. s. unter *lið*, membrum.
liðful adj. s. *lið* s. lenitas. freundlich.
　He seide hit his leoden, hu him imette &
þa læfdi hine igrette. He þonkede hire georne
mid *liðfulle* worden. Laȝ. I. 53 sq.
liðien, liðogien, liðen v. ags. *liðian, liðegian,*
mitigare, ahd. *lindjan, lindan,* mhd. *linden* (tr.
u. intr.), dän. *linde.*
　a. tr. lindern, beruhigen, besänftigen, erleichtern: Gef he is god he is
mylde, Now he hath ybrought me with childe,
He wol solace me and *lythe.* Alis. 431. The
saut com so thikke and swithe, That no weryng
no myghte heom *lithe.* 2797. Hys comforte may
þy langour *lyþe.* Allit. P. 1, 357. To *lithe* vs
all [d. l. uns zur Ruhe su bringen] if þou limpes
no louyng þou gettis, For þou wynnes noȝt bot
wemen. Wars of Alex. 3754. Horn, thou
shalt wel swythe Mi longe serewe *lythe.* Geste
K. H. 411. He that wont hire wo was for to
lithe. Ch. Tr. a. Cr. 4, 726.
　Shereðuresdaies absolucio[n], þe *liðe*[ð] þe
sinne bendes. OEH. II. 95. Paȝ I forloyne,
my dere endordé, Bot *lyþes* me kyndely your
coumforde. Allit. P. 1, 368. That frevereth ous
in oure exil, And *lytheth* oure pyne. Shoreh.
p. 19.
　b. intr. linde, milde sein: Þe þet on
þam erran tocume *liðeged*[d]*e,* þan sunfullen to
þere godnesse, he demað stiðne dom þam for-
sunegede on his efter tocome, þet is on domes
deie. OEH. p. 95.
liðnesse s. ags. *liðenes,* lenitas, neue. *litheness.*
Milde.
　Erest he walde us mid *liðnesse* isteoren,
þet he mihte seoððan on his dome us ihalden.
OEH. p. 95. He . . forbere monnu hufelnesse
þurh his *liðnesse. ib.* Hine scule þa gode men
lufie for his *liðnesse,* and þa dusian him sculen
efre adredan. p. 111.
liðren v. s. *liðeren.*

liððrewere s. **lithwayke** adj. s. unter *lið,*
membrum.
liun s. **Löwe** s. *leo.*
live s. permissio s. *leaf.*
livedal s. s. *lifdaȝ.*
livel s. libella s. *level.*
livelich, livell adj. s. *liflich;* **livell** adv.
s. *lifli.*
livelod, livelode, liveloode s. s. *liflade.*
liven v. s. *livien.*
livenað, -oð, -eð, lifnoð s. altn. *lifnaðr,*
vita, mores, schw. *lefnad,* dän. *levnet.* Leben,
Lebensunterhalt.
　Gif us ure *liuenað,* and to þe fleece scrud
and clað. OEH. p. 63. Þe mire muneð us mete
to tilen, long *liuenoðe.* Best. 273. Lutel þarf
þe carien for þin anes *liuenoð.* Hali Meid.
p. 29. Tun ueste hore ȝeten, muð & eien &
earen; for nout heo beoð bilokene inwið þauh
our wal, þe þeos ȝetes openeð, buten aȝein Godes
sonde, & *hiueneð* of soule [d. i. das Abendmahl].
Ancr. R. p. 104. Scheome ich telle uorte beon
euer her itold unwurð, and beggen ase on harlot, ȝif hit neod is, his *liuenoð.* p. 356. He . .
sende hire beaubelet [beawbeles *T.* beaubelez *C.*],
boðe ueole & feire, and sukurs of *liuenoð.*
p. 388. Þanne sayþ he in þe sautere, þet he
yherþ þe benes and þe wylles of þe poure, and
ham poruayþ and agrayþeþ hare *lyfnoþ* xuete-
liche. Ayenb. p. 138.
liver, livere, livre, lifre, livir, levir s.
ags. *lifer,* jecur, ahd. *libara, lebara, lebera,*
mhd. *lebere,* afries. *livere* (*livere*), niederl. *lever,*
niederd. *lewer,* altn. *lifr,* schw. *lefver,* dän.
lever, neue. *liver.* Leber von Menschen und
Thieren.
　Epar, *lyver.* Wr. Voc. p. 179, 183, 208. A
lyver, epar. Cath. Angl. p. 219. *Lyver* of a
beest, foye. Palsgr. Hoc epar, *lyver.* Wr.
Voc. p. 186, 247. The forster for his rightes
The left schulder yaf he, With hert, *liuer,* and
lightes. Tristr. I, 46. The *liver* maketh him
for to love. Gower III. 100.
　Þat deor up astod, and ræsde o þene stede,
and forbat him þa breste, ban, and þa senuwen,
þat þa lihte and þa *livere* feollen on eorðen.
Laȝ. I. 277. Herte, *livere,* ant lunge, quer, foye,
e pomoun. Wr. Voc. p. 149. In at hys throte
[sc. of the lyoun] hys arme he gerte, Rent out
the herte with hys hand, Lungges and *lyvere,*
and al that he fand. Rich. C. de L. 1086.
　Nu schal forrotien þine teð and þi tunge,
þi mahe and þi milte, þi *liure* and þi lunge.
O.E.Miscell. p.178. Rel. S. p. 76. Alisaundre
hutte him, certe, Thorugh *livre* and longe and
heorte. Alis. 2155. Þey wente þerto, & softe
gunne taste is wounde, His *lyure,* ys lunge, & is
guttes also, & found hem hol & sounde. Ferumbr. 1094. In the nythemeste bolle ther the
lyrre doth out springe, Ther cometh tuo maner
soulen. Pop. Sc. 331.
　Todelen þine þermes, þeo þe deore weren,
lifre & þine lihte. Fragm. of Ælfric's Gramm.
etc. (sæc. XII) ed. *Phillipps* Lond. 1838 p. 6.
　Lyvyr, wythe yn beestys body [lyuyr or
leuyr P.], epar. Pr. P. p. 309. Thurwe *lovyr*

and Junge We xal hem stynge. Cov. Myst.
p. 181.

liver, lifer, lever s. Lebender, auch lebendes Wesen überhaupt.

Lyueres toforn vs vseden to marke þe sel-
kouthea þat þei seighen, her sones for to teche.
P. Pl. *Text B.* pass. XII. 132. That I plese
befor God in the liȝt of *liueres.* Wycl. Ps. 55,
13 Oxf. Be thei do awei fro the boc of *lyueres.*
Ps. 68, 29 Oxf.
The edder was feller than ony *lifers* [cunctis
animantibus *Vulg.* lyuynge beestis *Purv.*] of the
erthe. Wycl. Gen. 3, 1 Oxf.
Bynd . . cursid *leuers* in here cumpers,
And cast hem in þe fuyre without end. O.E.Mi-
scell. p. 212.

liveraunce s. vgl. *livere.* Lieferung, Gewährung.

Þow schalt haue *liueraunce* of in and al þat
þe neodes. Joseph 163.

**livere, liveral, liverel, livre, levere,
leveri s.** afr. *livree,* mlat. *liberata,* wie *liberatio,*
quidquid in pecunia, vel cibo & potu, vel vesti-
mentis, a domino domesticis, aut officialibus
quotannis, vel certis ac definitis anni tempesta-
tibus liberatur vel præbetur, neue. *livery.* Vergleichung, Lieferung, Gewährung von
irgend etwas.

Richard on þis wise forgaf it Willam so To
saue þat seruise þat Malcolme was wone to do . .
To London forto com, whan parlement suld be,
Als custom was wonne, & tak þer his *liuere;* &
Richard als quik ȝald to kyng William Rokes-
burgh & Berwik. Langt. p. 146. Of brede and
ale also the boteler Schalle make *lyvere* thurgh-
out the ȝere To squyers, and also wyn to knyȝt.
B. of Curtasye 841. Amorant went into that
won For his lordes *liueray* [die tägliche von der
Frau gewährte Nahrung]. Amis A. Amil. 1658.
Lyveray he hase of mete and drynke. B. of
Curtasye 371. Of candel *liveray* squiyers
schalle have. 839. A *liveray* of clothe, liberata.
Cath. Angl. p. 219. A *lyveray* of mete, corro-
dium. *ib. Lyverey* of clothe, or oþer ȝyftys,
liberata. Pr. P. p. 308.
Das Wort wird zur Bezeichnung der
Dienstkleidung, als gelieferter Kleidung,
und der Kleidung überhaupt: An habur-
dassher and a carpenter, A webbe, a deyer, and
a tapicer Weren with us eeke, clothed in oo
lyvere, Of a solempne and gret fraternite. Ch.
C. T. 363. I am your Emperour, and thou
berest my *liveray.* Gesta Rom. p. 79. Hundreth
þowsandes I wot þer were, And alle in sute her
liurez wasse, For [Tor *Ms.*] to knaw the gladdest
chere. Allit. P. 1, 1106.
Bildlich bedeutet es die Austheilung
von Streichen, wie nhd. Tracht (Schläge):
William as a wod man was euer here & þere, &
leide on swiche *liuere,* leue me forsoþe, þat his
daies were don, þat of him hent a dent. Will.
3821. Þanne lente he swiche *leuere* to ledes þat
he ofrauȝt, þat þe lif sone he les, þat lauȝt ani
dint. 1233. Swilke *levery* he hem delte, Al that
he hytte anon they swelte. Rich. C. de L.
4029.

liveren, livren v. mhd. *liberen,* coagulare,
zum Stamme *lap,* coagulum, gehörig, wie auch
lebere, hepar. gerinnen.
Þo folc of Israel Moyses with hym nom,
And ladde hem out of Egypt bi þe *liuerede* see.
R. of Gl. p. 39. wo das geronnene Meer,
gleich dem mhd. *lebermer,* auf das rothe
Meer übertragen ist. Þinges þer beoþ al abuten,
þat mon auhte muchel duten, Snov and is and
lyured blod. O.E.Miscell. p. 148.

liveren, leveren v. afr. *livrer,* pr. *liurar,*
lat. *liberare,* it. *liberare,* sp. *librar.*
1. befreien: Ful fast on god bigan þai
call To *liuere* [*liuer* Cott. deliuer cett.] þe folk
of þat onfall. Curs. Mundi 5942 Gött. Þere
an vnsely kyng in prison hem caste, Wiþ muche
serwe to himself, siker atte laste, For þe kyng
Mordreyne com with such strengþe forte *liuere*
hem out, on lyue he lafte none. Joseph 704.
Þai . . Hopit with hondis to hew hom to dethe,
Prisoners to pike, & the pray *lyuer.* Destr. of
Troy 3226.
Sum ware þe handis ofhewen, & sum
wondid hoȝes, Sum þe eȝen, sum þe eres, &
egirly cries On Alexander eftir help , & he þam
alle *liuers.* Wars of Alex. 3150 Ashm.
2. frei geben, ausliefern: Kid emperoure, Rosayue þis risches, I rede, þat ȝow þis
renke bedis, And *lyvers* [*louerys* Dubl.] him his
ladis & all his lele childire. Wars of Alex.
3114.
3. übergeben: The hole of this harnes
is holdyn to you, And I am *leverd* a lap, is lyke
to no lede, Fortatyrd and torne. Town. M.
p. 239.

livering s. Lieferung von Lebens-
mitteln, Unterhalt.
He made him fair welcomyng: Ther was
cluppyng and kussyng, Ther was fair hostell
and *lyvereyng.* Alis. 7169.

liversoon, liverisoun, livreisun s. afr.
livraison, livreison, livrison, liveresoun etc., pr.
liurazon, mlat. *liberatio.*
1. Lieferung von Nahrungsmitteln, Unterhalt: In a castel heo was yset, And was
deliverid *liversoon* Skarschliche and nought
foisoun. Alis. 1010.
2. bildl. Lohn, Vergeltung: Isaac þe
Emperour takes his *liuerisoun,* With freres mad
soiure in temple dominoun. Langt. p. 197. In
þe deie of *liureisun* hwense god almihtin wule
windwin þet er wes iþorschen. OEH. 85.

liverwort s. mhd. *leberwurz,* jecornia, neue.
liverwort. Leberkraut, zu den Aftermoosen
gehörend, früher gegen Leberkrankheiten angewendet, woher der Name.
Lyverworte, an herbe. Palsgr. vgl. Leechd.
III. 336. *Lyvyrworte,* herbe, epatica. Pr. P.
p. 309.

**livien, leovien, luvien, liven, lifen, lib-
ben, leven** etc. **v.** ags. *lifian, leofian, lyfian,
libban, lybban,* alts. *libbian, libbean, libban,*
afries. *livia, libba,* ahd. *liban, leben,* gew. *lebên,*
mhd. *leben,* niederl. *leven,* niederd. *lêwen,* gth.
liban, altn. *lifa,* schw. *lefva,* dän. *leve,* sch. *leve*
[Wyntown], neue. *live.* leben.

Inf. Þi deaþ adeadi in me flehces licunge
and licomliche lustes and do me *liuien* to þe.
OEH. p. 189. Red me þet am helples and redles
hu ich schule leden me and *liuien* on eorðe.
p. 213. Ich hine wullen griðien & latten hine
liuien. LAȝ. II. 333. vgl. 560. Al þis ich wulle
don .. wið þat þu me lete *liuien*. III. 36. ȝif
he heom wolde griðien, þat heo mosten *liuien*.
161. Þer he ifunde Luces þene kaiser *leouien*
under scelde. LAȝ. III. 108. Walawa þat hit is
idiht swa þ þe leoden king leng ne mot *liuuien*.
LAȝ. II. 291. Wahðer unkere [vinkere *Ms.*] swa
þer ma *luuien*, his freonden he bið þe leouere.
II. 569.

Þo cneu seint Johan þat gif he wolde þolen
þat te king drige his unriht, he mihte *liuen*.
OEH. II. 139. Hu murie þu maht *liuen* meiden
i þi meidenhad. HALI MEID. p. 23. 25. We ðe
bon fro heuene driuen, sulen ðusse in sorwe
liuen. G. A. Ex. 307. Mete quorbi ðei migten
liuen. 573. Heo nolden beon ischriven þe hwile
þat hi mosten *lyuen*. O.E.MISCELL. p. 152.
Deth him tok þan he best wolde *Liuen*. HAVEL.
354. Pus was þe kowherd out of kare kindeli
holpen, he & his wilsum wif, wel to *liuen* for
euer. WILL. 5393. Aftre that sche schalle not
liuen longe. MAUND. p. 23 sq. Hyse dayes were
fulde, þat he ne moucte no more *liue*. HAVEL.
355. Bred & wyn & corn plentee, & gold &
syluer haþ he send þe, lordlyche to *lyue* þarby.
FERUMBR. 5129. Þe folk of þe cuntre to þis
conseile þei ches, To gyf þam four hundreth
pounde, forto *lyue* in pes. LANGT. p. 41.

Pus es a man .. In wrechednes born and
caytefte, And for to *life* here a fon dayse.
HAMP. 528. He lattes nane *lyfe*. 1869. How
god bigan þe law hym gyfe, þe quilk the Iuus
in suld *lifs*. CURS. MUNDI 145.

Alle men shullen cume to *libben* echeliche.
OEH. II. 23. Leoure heom his to *libben* bi þan
wode roten. LAȝ. I. 20. Whul[che] liðe londe on
to *libbenne*. II. 66. ȝif we mote *libben*, we hit
wulleð habben. III. 50 sq. Let me *libben* swa
þ I ne loose nawt him þ ich mi leof & mi lif.
LEG. ST. KATH. 1901. Þu mahte, in alle
murhðe, longe *libben* wið me. 2306. Þis is
meidenes team, godes sunes spuse, þat sche
hire ai *libben*. HALI MEID. p. 41. ȝuw maȝ þen
þiss illke word God lare hu ȝuw birrþ *libben*.
ORM 371. Nan wimmann þat forr lufe off
Godd I maȝþadd wollde *libbenn*. 2285. Euere
to *libben* iliche ȝong. CAST. OFF L. 151. Heo
schal *libben* bi elmesse ase nerubliche ase heo
euer mei. ANCR. R. p. 414. Riȝt so be religioun,
it roileþ and steruþ, þat out of couent &
cloistre coueiten to *libben*. P. PL. *Text A.* pass.
XI. 206. Ich wot ȝef men schule *libbe* longe.
O. A. N. 1190. So longe ichabbe þeraftur ibide,
þat ich may *libbe* no more. HOLY ROOD p. 21.
He .. byhet, ȝyf he moste *lybbe*, þat he nolde
mysdo nan more. R. OF GL. p. 381. Þer ne
moste *libbe* þe fremde ne þe sibbe, Bute hi here
laȝe asoke. K. H. 63. Hit comeþ ȝou bi custum
so clanly to *libbe*. ALEX. A. DINDIM. 833.
Schame it is .. For to *libbe* in sorwe and aiþ.
GREGORLEG. 575. Libenter suffertis insipientes,

cum sitis ipsi sapientes, And suffreth þe vnwise
with ȝow for to *libbe*. P. PL. *Text B.* pass.
VIII. 91.

Þo ioys schul neuer sese, Bot euer enduyre
and euer encres, And euer *leue* in rest and pese.
O.E.MISCELL. p. 218 sq. Whanne it happeth
the herte to hente the edder, He .. ffedith him
on the venym, his felle to anewe, To *leve* at
more lykynge a longe tyme after. DEP. OF R.
II. p. 15. Aftur ferde Alixandre, & askede hem
sone, By ludus of þe langage, how þei *leue*
miȝhte. ALEX. A. DINDIM. 55. ȝet meni ȝonge
man weneth longe *leve*. SHOREH. p. 2. Al men
þat here byhoves *leve*. HAMP. 492.

Imperat. Lustnið lustiliche hali writes
lare, & *liuieð* þrefter. ST. JULIANA p. 75.
Lusteð writen lare ant *luuieð* þrefter. p. 74.
Lȝueþ after ȝoure reule. P. PL. *Text C.* pass.
XXIII. 247.

Præs. Ic *liuie*, naut ic, ac Crist *liueð* in
me. OEH. p. 189. vgl. 202. 211. Ha [d. i. they]
liuieð a in a wlite þat is brihtre seoueualð ant
schenre þen þe sunne. p. 263. — Muchel is us
þenne neod, leoue breðren, wet [i. e. quam diu]
we on þisse middelerd *liuien*, soð scrift. p. 11.
He fet alle liuiende þing þe bi mete *liuien*.
II. 25.

ȝif ȝe hit [sc. þe scip] mawen ifon, æuere
mare ich æu *leouie*. LAȝ. I. 194. Ich sugge þe
to soðe, þat ȝet *leoueð* þi broder. I. 199.

Þa [sc. hæþene laȝen] we sculleð sceonien
þa while þa we *luuien*. LAȝ. II. 198.

A, hu *liue* i for reowðe, þat seo mi lefmon
up o rode! OEH. p. 283. Swuch swetnesse þu
schalt ifinden in his luue & in his seruise .. þat
tu naldes chaungen þat tu *liuest* in, for to beo
owen icrunct. HALI MEID. p. 7. In licome of
lam & in beastes bodi neh *liueð* heuenlich
engel. p. 13. Get *liueð* Enoch wiðrten strif In
paradis in swete lif. G. A. Ex. 503. Ðis fis
wuneð wið ðe se grund, and *liueð* ðer eure heil
and sund. BEST. 517. — Al þis lif þe we on
liuen. OEH. II. 39. Þe wei þ leadeð to lif, þer
as men *liueð* ai. LEG. ST. KATH. 1769. Þat
liueth synful lyf here, her soule is liche þe deuel.
P. PL. *Text B.* pass. IX. 62. Alle men þet *liuen*.
OEH. p. 65. Fuwer kinne mannisshe *liuen* on
þis woreld. II. 85. Þe more fishes in þe se eten
þe lasse, and bi hem *liuen*. II. 179. Alle þat
lyuen good lyf aren like god almiȝti. P. PL.
Text B. pass. IX. 63.

Hwao se *lifeð* þat ȝwakerur¡beo þeneþ of
mine sore. O.E.MISCELL. p. 192. Forrþi mann
birrþ ȝeorrnfull aȝȝ Whil þatt mann *lifeþþ* here,
To cwemenn Crist. ORM 2697. Annd te birrþ
lufenn iwhille mann þatt *lifeþþ* her onn eorþo.
5032. — Forrþi *lifenn* aȝȝ occ aȝȝ & lasstenn alle
þingess I Godess herrte, i Godess witt. 18797.

Þa while þe ic *libbe* oðer [sc. quene] nulle
ic habben. LAȝ. I. 95. Ich *libbe* in lovelonginge. LYR. P. p. 27. Ne wille ic noht þet þe
sunfulle beo ded, ac *libbe* and nime godne red.
OEH. p. 71. — Þurh sunne we *libbeð* alle in
sorȝe and in swinke. p. 171. vgl. 294. u. II. 226.
ȝe beoð swilche forliȝeres ȝif ȝe *libbað* butan
steore. p. 117. Alle þo mugen offre clennesse

þe *libbeð* clenliche. II. 49. Also þe michele deor
heneð þe little, and bi hem *libbeð*, on þe
wilderne, swo heneð and astrujeð þe riche men
þe wrecches, and naðeles *libbeð* bi hem on þis
worelde. II. 211. Þe wurmes ant te wilde deor
þ on þeos wilde waldes wunieð, *libbeð* efter þe
lahen þ tu ham hauest iloket. ST. MARHER.
p. 19.
Þe ilke þet be fisike *leueþ*, be fisike sterfþ.
AYENB. p. 54. He is ase þe gamelos þet *leueþ*
by þe eyr. p. 62. Myn herte hendely has wroujt
in his dedes, to sette himself so sadly in þe
soueraynest burne þat *leuis* in ani lond. WILL.
523. And hondred wynter jef a *levethe*, That his
lyf mid the lengeste. SHOREH. p. 1. 3et meni
jonge man weneth longe leve, And *leveth* wel
litle wyle. p. 2. He *levyth* not oon sevenyght.
EGLAM. 120. — 3e prelates soffren þat lewede
men in mysbylyue *leuen* & deien. P. PL. Text
C. pass. I. 101.
3e senejden alse lange alse jo lefede, and
je scule birne alse longe as ic *lefie*. OEH.
p. 239.
Præter. Þah þu *liuedest* of Adames frumðe þet come þes dei. OEH. p. 33. þis witejede
Dauid . . þa wile he *liuede*. p. 7. Luue i wile
þe þa, swete Ihesu, as te gentileste lif þat eauer
liuede on eorðe. p. 273. Al hit hine luuede þat
liuede in londe. LAȝ. I. 165. Saray *liuede* in
clene lif. G. A. EX. 777. Sem . . *Liuede* til
Ysaae was boren. 908. Al his lyf þis seli mon
liuede in teone and wo. HOLY ROOD p. 21. Scho
lived hir lif in licherye. METR. HOMIL. p. 15. —
Þe confessurs hird þe *liueden* i god lif. OEH.
p. 261. Þat folc . . leien in þa stangraffen, &
liueden bi deoren. LAȝ. III. 282. Vnsely men,
hwi neren hi war, þe hwile hi *lyueden* her.
O.E.MISCELL. p. 152. Al that euere in Denemark *liueden*. HAVEL. 1299. Þus William & his
worþi quen, winteres fele, *liueden* in liking &
lisse. WILL. 5507. Elfled & saynt Eadburgh
þat *lyued* h... lif⁶. LANGT. p. 27. Þai *liued* in
pes alle her ȝ... GREGORLEG. 640.
Ebrauc *loofede* swiðe longe. LAȝ. I. 113.
Lut jer he *leoude*. I. Þa jet *leouede* C⁰rineus.
I. 95. Ne *leouede* þe king mære buten ten jere.
I. 391. Luces þe leouking *leouueden* wel longe.
II. 1. — Þis weorc . . þet a mihte ilæsten, þa
while men *leoueden*. II. 288.
Leir king, hire sæder, *luuede* i ðisse londe.
LAȝ. I. 137. Mid blisse he *luuede* here fif &
twenti jere. I. 301. Æluric *luuede* murie inne
Leirchastre. III. 197. — Swa heo þer bojeden
þe wile þe heo *luueden*. I. 337. He þohte
wurche þer a werc . . þ a sculde ilasten þa
while men *luueden*. II. 287. Ane while heo þer
luueden, and seoðen heo hit leoseden. III. 48.
Euere wil hii *lifde*, lofue jam hi wolde.
LAȝ. II. 92 j. T.
3e senejden alse lange alse je *lefede*. OEH.
p. 239. Keryn *lefde* lange. LAȝ. I. 295 j. T. I
liuie, [nout] ic, i lif þet ic *leuede*. OEH. p. 189 ᶜ
vgl. p. 202. Þis child *leuede* & wel iþei. LAȝ. I.
13. Al þet lyf of ane manne, þaj he *leuede* a
þousond year, þet ne asolde by bote onlepy
prikke to þe ȝyjþe of þe oþre lyue. AYENB.

p. 71. — Her heo *leueden* al heore lifdajes on
kare and on pine. OEH. p. 129. Fif jer hii
leuede þus. LAȝ. I. 183 j. T. Leien in greaues
and *leuede* ase eares. III. 282 j. T.
P. Pr. Þar neh ne mihte nan *liuiende* mon
gan for þan ufele breðe. OEH. p. 43. Non
liuiinde þing woc þer nis ne jeomer. p. 193.
Ler me for to louien þe, *liuiinde* louerd. p. 200.
Þes *liuiende* godes sune, þe muchele lauerd.
p. 83. Ure lauerd, *liuiende* Godes sune. LEG.
ST. KATH. 1226. Þa strenge leo, þet wes þes
liuijendes godes sune. OEH. p.131. Ne scholde
heo hit let for þing *lyuyinde*. O.E.MISCELL.
p. 118. — Þo þen þe godfrihte þe . . luueð
rihtliche alle *liuiende* men. OEH. II. 27. He
set alle *liuiende* þing þe bi mete liuien. II. 25.
3if þu leist lac to ure *liuiende* gode. LEG. ST.
 KA H. 1895.
In his world nis man *liuiing* þat wot, hou
þou was bijete. GREGORLEG. 399.
Man þat born es of woman *Lyſand* short
time [to] fulfild es þan Of many maners of
wrechednes. HAMP. 534. Þer is no *liuand* lud i
liue jou knowe schold. WILL. 1690. Here þoujt
þat time þat in þe world was neuer a *liuande*
lud so jelli liche oþer as þat komli knijt to þe
king Ebrouns. 3677. A bettre knyjt þan he was
þreued þo was þer non *lyuand*. FERUMBR. 549.
Ilka man þat es *liveand*. PS. 38, 6. Eche man
livende. WYCL. l. c. [*lyuynge* PURV.] Oxf. Also
þe *liuendes* godes sune in to þe meidene com.
OEH. p. 83. 3if me lif in ðe, þet ich i þisse
worlde ne luuie nout bute þe, *liuinde* louerd.
p. 211.
Þe wile þe in þan ylond weren men *libbende*.
LAȝ. I. 49 j. T. *Libbinde* laborers þe libben bi
heore hondes. P. PL. Text A. pass. VIII. 64.
Þus quaintely þis queene was quemed with gyle,
And wend gamene with a god gracious of migᵗt,
Whan a *libbing* lad lay in hur armes. ALIS.
FROM. 783. Trewe wedded *libbing* folk in þis
worlde is dowel. P. PL. Text B. pass. IX. 108.
Tofore hel jatis furst þai se þen Mone an
orebil brenyng tre, Hengyng ful of women and
men . . Sum be þe membirs of here body þat
þai han sunnyd with, in herthe *leuand*. O. E.
MISCELL. p. 211. Are ye yet *levand*? TOR-
RENT 315.
P. P. We ben alse þe nedre, hie haueð
longe *liued*, and we longe leien in sinne. OEH.
II. 199. My wele is went to wo, Ant so beth
other mo That *lyved* habbeth jore. REL. ANT.
I. 120 sq.

living, leving s. vgl. *living*, means of liveli-
hood [MAYHEW A. SKEAT Dict. p. 137 aus R.
ASCHAM a. 1570]. neue. *living*. Leben, Lebensweise.
I couþ neuer bot hy foly; God haþ me
chastyst fore my *leuyng*. O.E.MISCELL. p. 222.
livir s. hepar s. *liver*; **livirworte** s. s. *liverwort*.
livish adj. s. *lißsh*.
livre s. hepar s. *liver*; liberata s. *livere*.
livreisun s. s. *liverson*.
livren v. coagulare; liberare s. *liveren*.
lo interj. s. *la*.

loac s. ludus, oblatio s. *lac.*
loange s. s. *loenge.*
lheaverd s. s. *laford.*
lobbekeling s. zu dem ersten Theile der Zusammensetzung vgl. niederd. *lowwe, lobbe, lob,* ein grosses, zottiges, sehr fettiges Thier, ähnlich altniederl. *lob,* altn. *lubbi,* hirsutus, sch. *lub,* any thing heavy and unwieldy, und s. *keling.* grosser Stockfisch.

Wit pouer men fares the king, Riht als the quale fars wit the elringe, And riht als sturioun etes merling, And *lobbekeling* etes sperling. METR. HOMIL. p. 136.

lober s. verwandt mit den unter *lobbekeling* angeführten *lowwe* etc. vgl. auch niederl. *lobbes,* Einfaltspinsel. neue. *lubber.* Dickkopf (?), Tölpel, Lümmel.

Grete *lobres* and longe, þat loþ weore to swynke, Cloþeden hem in copes to beo knowen for breþeren. P. PL. *Text A.* Prol. 52.

lobi s. dasselbe wie *lober.* neue. *looby.*

This lorell that hadde this *loby* awey. DEP. OF R. II. p. 14. — Grete *lobies* and longe, [þat] loth were to swynke, cloþede hem in copis. P. PL. *Text C.* pass. I. 53.

lobstar s. s. *loppestre.*

loc, lok s. ludus, oblatio s. *lac.*

lok, lock s. ags. *loc* pl. *loccas,* cincinnus, afries. *lok* pl. *lokkar,* ahd. *loc, loch,* mhd. *loc,* niederl. *lok,* altn. *lokkr,* schw. *lock,* dän. *lok,* neue. *lock.* Locke, Haar.

Lok of here, cincinnus ; *lok* of wulle, floccus. PR. P. p. 311. Sche was fikel, vnder hir *lok.* SEUYN SAG. 2207. A *loke* of wolle, floccus. CATH. ANGL. p. 220.

Heo curuen heore *lockes.* LAȝ. II. 495. His *lockes* he toscædde. III. 214. Hire *lockes* lefly aren ant longe. LYR. P. p. 34. With *lokkes* lefliche ant longe. p. 51. His *lokkes* buth nought so crolle. ALIS. 4164. His longe louelych *lokkez* he layd ouer his croun. GAW. 419. Þe fax on his faire hede was ferly to schawe, Large lyons *lockis* þat lange ere & scharpe. WARS OF ALEX. 601. A lusty bacheler With *lokkes* crulle, as they were layde in presse. CH. C. T. 80. Elyas, withe his *lokkes* hore. LYDG. M. P. p. 16.

loc, lok s. ags. *loc,* clausura, claustrum, obex, repagulum, afries. *lok,* ahd. *loh, loch,* mhd. *loch,* altn. *lok,* finis, conclusio, altschw. *luk* u. nachw. *lock,* operculum, vom german. Worte abgeleitet afr. *loc,* fermoir, serrure, neue. *lock.* Verschluss, Schloss.

Þet is þet [*loc*] þe ðe deofel ne con unlucan. OEH. 127. Do to þine mouþe a dore and a *loc.* AYENB. p. 255. A *lok,* clatrus, pessulum, obex, repagulum, sera, vectis. CATH. ANGL. p. 220. *Lok* of achyttynge, or sperynge, sera. PR. P. p. 311. He hire biluth *mid* keie and *loke.* O. A. N. 1555. Bi þis priueye shrift a frere & nunne may synne togidre, and close hemsilf in a chaumbre *bi lok* insted of feyned assoylynge. WYCL. W. *hitherto* unpr. p. 330. No thing there is clept in clos, ne no thing there is *undur lok.* MAUND. p. 179. Þat is þe *lok* of loue, þat vnloseþ grace. P. PL. *Text C.* pass. II. 198. — Ine þe one syde byeþ uour *lokes.* AYENB.

p. 151. Atte laste ich stal hit, Oþer pryuyliche hus pors shok, vnpiked hus *lokes.* P. PL. *Text C.* pass. VII. 265. Þilke cofre . . shal be yset in a more cofre w[t] twey *lokes.* ENGL. GILDS p. 360. *Lokkes* of þi yhates [seras portarum *Vulg.*] strenghþed he. Ps. 147, 13. Vnpiked his *lokkes.* P. PL. *Text B.* pass. XIII. 368.

lok s. visus, aspectus s. *loke.*
lokken v. claudere s. *loken.*
locker s. cistella s. *loker.*
lockesmithe s. s. *loksmith.*
loke s. ags. *loce* m. clausura, claustrum neben *loc* n. altn. *loka* fem. Verschluss, Riegel.

Loke, sperynge of a dore or wyndow, valva. PR. P. p. 311'. The forste *loke* oneloke Jhesus. SHOREH. p. 79. The thrydde *loke* onleke Jhesus. *ib.* mit *lok* wechselnd: That *lok* onleake etc. *ib.* — Heo unbunde þa *locun,* drowen ut þa baijes, þa palles, & þa purpres. LAȝ. I. 252. Jhesus that was yslawe, That onneschette the queynte *loken,* That spek of the alde lawe. SHOREH. p. 79.

Auch ein verschlossener Raum, Gehäge, Hürde wird dadurch bezeichnet, wie auch durch altniederl. *loke,* sepimen: Þeh þe wulf beon ane, buten selc imane, & þer weoren in ane *loken* fif hundred gaten, þe wulf heom to iwiteð, and alle heom abiteð. LAȝ. II. 471.

loke, lok, look s. abgeleit. von *lokien.* neue. *look.* Blick.

Loke, or lokynge of þe eye, visus, aspectus. PR. P. p. 311). *Loke,* regart. PALSGR. ȝif he wliteð mid stefne for to liken wimmannen, oðer ledeð hem his liflice dedes on untime, oðer onlaueðe stede, oðer mid unluued *loke* . . þenne wile his heorte aken. II. 207. Her *loke* on me she caste. GOWER I. 48. As he cast his *loke* Into the welle . . He sigh the like of his visage. I. 120. In a twinkeling of a *loke.* I. 144. His ene leuenaund with light as a low fyr, With stremys full stithe in his stepe *loke.* DESTR. OF TROY 7723. Liþer *lok* and tuinkling . . Arin toknes of horelinge. REL. ANT. II. 14. Many a lovely *look* on hem he cast. CH. C. T. 3342. The peple, glad of *looke* and chere Thanked God. LYDG. M. P. p. 20.

loken, lokken v. altn. *loka* neben *lykja,* claudere, neue. *lock.* einschliessen.

He dede is binden & faire *loken* Alle ðe bones ðe he ðor token. G. A. EX. 3193. His serjauns he him toke, And bad him *loke* in prisoun. ALIS. 3935. To *lok,* serare. CATH. ANGL. p. 220. *Lokkyn,* or schette wythe a lokke, sero; *lokkyn,* or barryn, obsero. PR. P. p. 311. I trowe thou woldest *lokke* me in thy chest. CH. C. T. 5899.

Alle the corneres ȝe sele [imperat.] also, And with a lokke *loke* it too. COV. MYST. p. 341.

He *lockis* in ane ser Limy. WARS OF ALEX. 5495.

Mene lepen to anone and *lokkeden* the ȝates. Ms. in HALLIW. D. p. 527.

Cf. Thei dwellen there, alle faste *ylokked*

and enclosed with highe mountaynes alle aboute.
MAUND. p. 265.

loken v. videre s. *lokien.*

loker, locker s. zu *loken,* claudere, gehörig.
neue. *locker.* Kasten, Lade.

The sylueren ark they broke, 'zothly, And
trussyd the body in a *loker* of tre, That of
tresore shuld no suspycyoun be. BOKENAM ed.
Horstmann 1883 p. 27. *Lokere,* cistella, cistula,
capcella. PR. P. p. 311. A *lokyr,* cistella. CATH.
ANGL. p. 220. *Locker* of a cupbourde, tirover.
PALSGR.

lokere s. zu *lokien* geh. neue. *locker.* Aufseher, Hüter, Beschirmer.

Efterward [sc. þench, hou þou hest uele aiþe
litel ybore worþsaiþe] to þine zuete uelaze, and
to þine guode *lokere,* þin angle þet alneway þe
lokeþ. AYENB. p. 21. — Þe children of riche
men zwolle habbe guode *lokeres* and oneste, þet
hi by beside ham, and þet hi bi diligent ham
wel to teche and loki uram zenne and uram
kueade uelazrede. p. 220.

lokes s. pl. ist es die Mehrzahl von *lac, lok*
mit Bezug auf Festgaben und Festopfer gebraucht? vgl. *loksounday.* Pfingsten.

God him heþ zuo his oзene goat yreaued
and benome and ayen yueld of his oзene, ase he
dede þe apostles at *lokes.* AYENB. p. 143. Þise
uirtue god yofþ to his zergons, huanne he his
wile maki kniзtes, ase he dede to his apostles
at *Lokes.* p. 163. At *lokes,* hou he zente þane
holy goat oþe his apostles. p. 213.

loket s. fr. *loquet,* neue. *locket.* Verkleinerung
von *loc.* Schlösschen (als Schmucksache).
Зef þer lyþ a *loket* by er ouþer etc. BÖDDEK.
Altengl. Dicht. p. 167. POL. S. p. 154.

lokien, lokin, loken, luken etc. v. ags.
lócian, altniederf. *lókon,* ahd. *luogen, lógen,*
lókcn, mhd. *luogen,* neue. *look.*

1. sehen, blicken, schauen mit und
ohne Objekt: Heo tweien eoden et zume time
into helle, alswa heom drihten het, for to *lokien*
hu hit þer ferde. OEH. p. 41. Muchel heo
ferden mid þan crafte to *lokien* in þan leofte,
to *lokien* i þan steorren; þe craft is ihate astronomie. LAЗ. II. 596. He *lokien* agan in lædest
alre monne. III. 238. Ne beoð heo neuer fulle
forto *lokin* on þe. OEH. p. 155 [daneben die
auffällige Form: forto *logen* on þe. p. 200]. Ne
mahte ich nawt aзein þe leome of his wlite *lokin*
ne bihalden. p. 259. So muche murhðe ich
hefde on hare onsihðe, þat ne mahte ich longe
hwile elles hwider *lokin.* p. 261. Þe blynde he
makede *loki,* and þe dede arysne. O.E.MISCELL.
p. 39. Hy zeolden *loki* to hare zoþe uorbisne
Ihesu Crist. AYENB. p. 89. Swuch leome & liht
leitede Þrin, þat ne mihten ha nawt *loken* þer
aзaines. LEG. ST. KATH. 1594. Heo ne shulen
cussen nenne mon . . ne *loken* ueste o none
monne. ANCR. R. p. 424. Ne deme ðe noзt
wurdi ðat tu dure *loken* up to ðe heueneward.
BEST. 186. Þe knithes þouth of hem god gamen,
Hem forto shewe, and *loken* to. HAVEL. 2135.
Why meuestow þi mode for a mote in þi
brotheres eye, Sithen a beem in þine owne

ablyndeth þiselue . . Whiche letteth þe to *loke*
lasse other more. P. PL. *Text B.* pass. X. 263.
Let us *loke* What is wretyne on yond boke.
TOWN. M. p. 229. — In nördlicher Mundart begegnet auch u statt o in der Stammsylbe: If it
any wise may be That i might *luke* a litel throw
Out at sum hole or sum window. YW. A. GAW.
848. Takens doun in erthe ere on to *luke,* þat
es blode and fire and brethe of smoke. HAMP.
4726. Alle þat byfor es wryten to *luk,* Es bot
als an entre of þis buk. p. 368.

Leoue louerd Iesu Crist, *loke* toward me
ase ich ligge lowe. OEH. p. 211. Jhesu . .
With thine suete eзen *loke* towart me, Ant
myldeliche myne, y preie, al that thou se.
LYR. P. p. 69. *Loke* her þa tittes þ þu suke
mid þine lippes. LAЗ. I. 214. *Lokes* here Vre
louerd swiþe dere. HAVEL. 2292.

Jhesu, when ich thenke on the, Ant *loke*
upon the rode tre, Thi suete body totoren y se.
LYR. P. p. 70. A the more I *loke* theron [sc.
on yond boke], A the more I thinke I fon.
TOWN. M. p. 229. I shal þrist ut þi rith eye þat
þou *lokes* with on me. HAVEL. 2725. Alse he
lokeð nu fro heuene to us, and seð þat we . .
turnen fro his hese. OEH. II. 121. All swa
summ þe steoresmann Aзз *lokþþ* till an steorre-
ne. ORM 2135. — Heo *lokieð* in þe scawere,
þet is þes deofles hindene. OEH. p. 53. Hie
wule liken alle þe lechures þe on hire *lokeð.*
II. 29. Ðanne stondeð þe wreches . . and *lokeð*
up and dun and al abuten, and zen buuen hem
goðes wraððe. II. 173. Eien *lokeð,* and eare
lusteð, and hwat hware beo þat hire [sc. þere
wombe] wil likeð. II. 181. Schipemene . . *Lukkes*
to þe ladesterne whene þe lyghte failles. MORTE
ARTH. 749-51.

Al þa londes he biwon þe he mid eзene
lokede on. LAЗ. I. 307. Arður him *lokede* on.
III. 143. Þis meiden . . *lokede* on oðer half, &
lette him iwurðen. LEG. ST. KATH. 790. Heo,
as men ledde hire, *lokede* aзainward, for ludinge
þ ha herde. 2350. Godard stod, and *lokede* on
him þoruthlike, with eyne grim. HAVEL. 679.
He *lokede* him abute Wiþ his colwie snute. K.
H. 1081. Lottes wyf *lokede* behinde hire þe
cite þet bernde. AYENB. p. 242. Ich *lokid* on
my lyft half. P. PL. *Text C.* pass. III. 8. He
luked doune to his fete, Saw his gere faire and
mete. PERCEV. 801. — Arður is he kenneste
mon þat we zeuere *lokeden* on. LAЗ. III. 2. Þe
filosofes yknewen god þe writinge ase he ane
zewere huerinne hy *lokeden.* AYENB. p. 245.

Gif þet eзe ablindað, ne bið naut þe hond
wel *lokinde.* OEH. p. 109. Whi longest þou . .
so longe, And zo stille liggest, *lokynde* in þe
whucche? JOSEPH 277.

2. sehen in dem Sinne von in Betracht
ziehen, erwägen, bedenken: Swa þatt
itt [sc. þin swinnc] nohht ne wraþþe, Ne weorde
nan lifisshe mann, Affterr þatt tu cannat *lokenn.*
ORM 6105. Who so þe sothe wille *luke.* PER-
CEV. 695.

Loc nu whatt witt itt iss i þe To winnenn
summwhatt littless Onnзæness Godess wille.
ORM 4686. *Loke* nu biliue, hweðer þe beo

leuere, don þ ich leare, . . oðer . . deien. LEG.
ST. KATH. 2311.
Ich ne loky najt þet belongeþ þe to nimene,
ac me to yeuene. AYENB. p. 195. Hy ne lokeþ
najt huerof ham comþ þe zoþe noblesse and þe
gentil kenrede.
3. aussehen nach etwas, erwarten,
warten auf etwas: Pere þe lewed lith stille,
and loketh after lente. P. PL. Text B. pass.
XII. 181. Þe lest lad þat longeþ to hym, be þe
lond wonnen, lokeþ after lordshep, oþer oþere
mede. C. pass. IV. 248. When þy lord lokeþ
to haue alouaunce for hus beates. C. pass. X.
271. — Þis ilefde Bruttes, þet he wule cumen
þus, & lokieð a whenne he cume to his londe.
LAJ. II. 546.
Ther nas ther nother kyng ne quene glade,
whan hy hyn sey, But lokede euer after his
deth. R. OF GL. p. 33 Ar.
4. erkennen (zu Recht), entscheiden,
bestimmen: Þe rihtwise demare haueð iset
enne dei uorte loken riht bitueonen ou. ANCR.
R. p. 286.
That he . . borewes fynde scholde, To
stonde to al that holi churche with rijte lokie
wolde. BEK. 585. To stonde to that holi chirche
ther of hym loky wolde. R. OF GL. p. 472. A
loueday [lone day ed.] he toke, To here what þe
barons þam boþe wild loke. LANGT. p. 51.
Androje he sende word, þat he his neuew toke
And broɟte hym forþ forte fonge þat þe court
hym wolde loke. R. OF GL. p. 53.
Godd, i mon, for monnes bruche, bette &
eode o bote, as his ahne godleic lahede hit &
lokede. LEG. OF ST. KATH. 1209.
Godd itt haffde lokedd swa þatt Sannt Johan Bapptisste þatt time shollde streonedd ben.
ORM 439. Tre, þou art loked bi þe lawe þeoues
traitours on þe to deye. HOLY ROOD p. 133. I
was loked I schulde vplifte Godes sone. p. 145.
I dude as me was looked. ib.
5. überwachen, behüten, unter Obhut nehmen: Seyden, he [sc. Godard] mouc-
the hem [sc. þe children] best loke. HAVEL.
376. Þe ladyes þat had him to loke & leren in
jouþe, þei wisten . . þat þei schuld be do to
deþe. WILL. 4770. Alisaundrine . . preide ful
pitousli to þe prince of heuene, to loke fro alle
langour þe louely makes. 1757. Ʒif i þis time
mijt trust treuli to jour sawe, so þat je wold
lelli my lemman sauc & loke . . al my help hol-
liche je schul haue at nede. 3165. The soules
that ich haue to loke, six jer and more, iwis,
Withoute warde habbeth ibeo. BEK. 1815. On
þis maner þe kyng it [his homage] toke, His
right forto saue & loke. LANGT. p. 251. Some
[sc. seyde], an hey mon þat he ys dojter toke,
And ys kyndom mid hire, for he yt wolde best
loke. R. OF GL. p. 91. The bissop of Eli, that
this lond adde to loke. p. 488. Pilatus com to
him [sc. to king Herodes], and such consail hi
toke þat more þan half his kynedom to tok him
to loke. PILATE 68.
Rymenhild þu kep and loke. K. H. 748.
Zuo god me loky. AYENB. p. 65. Sir king,
God loke the, As y the loue and an. TRISTR. 1,

77. God loke jow, lordes. P. PL. Text B. pass.
XV. 9. He put up his umbrere one hight, And
said, „Syr, God luke thee!" The childe sayde,
„God luke the!" PERCEV. 883.
In the ealde lawe doreward Lokede dore
and gate. SHOREH. p. 46. He that lokyd the
tresour Come a day into the tour. SEVEN SAG.
1222.
6. beobachten, halten, wahren: Hwa
efre þenne ilokie wel þene sunne dei oþer þa
oþer halie dajes þe mon beot in chirche to
lokien swa þe sunne dei, beo heo dal neominde
of heofene riches blisse. OEH. p. 47. Ine þe
stede of þe sabat . . jet holi cherche þane sonday to loky ine þe newe laje. AYENB. p. 7. Yef
god het zuo straytliche loki þane zeterday.
p. 213. We ssolle þe festes of haljen loki. ib.
Almijti god yaf ten hestes ine þe laje of iewes
. . þet were iwrite mid godes vingre, and himzelf . . het hise healde and loki. p. 5. Bleuinge,
þet is, stedeuest wyl to loki þet me heþ behote
to god. p. 232. Thomas said þe kyng, þat othe
suld he wele loke þat he suore at þe gynnyng,
whan he þe coroune toke. LANGT. p. 129. Hit
is grat wyt to lohi mesure ine mete and ine
drinke. AYENB. p. 53. Yef þou wille loki þine
klennesse and þine chastete, beuli þe uelajrede
of þe kueade. p. 205. Huo þet wyle wel loki
his maydenhod. p. 232. Alle þos byeþ yhyealde
to loki chastete. p. 235. He that right ordir of
lyfyng wil luke, Suld bygyn þus etc. HAMP. 205.
He beð þoleburde . . and þeremide ouercumeð him [besiegt sich selbst], and his soule
lokeð. OEH. II. 79. Si mirre loket þet bodi,
þet no werm may þer ihende come. O.E. MI-
SCELL. p. 28. Þis heste uoluelþ gostliche him
þet lokeþ þe his mijte þe pays of his inwyt.
AYENB. p. 7. Non ne dringþ of þise stremes of
pais . . þet ne lokeþ sobrete. p. 248.
Þe prestis þet lokeden chastete. AYENB.
p. 235.
Voljeð þet lamb of mildenesse, þet is Iesu
Crist, lokinde uestliche þet þou hest behote to
god. p. 231.
7. blicken, wie im Nhd. für erscheinen, aussehen, sich zeigen: Of þilk dai
hi sul agrise And lok as bestis þat cun no
witte. E. E. P. p. 9.
Of alkinnes craftes I contreued toles, of
carpentrie, of kerueres, and compassed masouns,
And lerned hem leuel and lyne, þough I loke
dymme. P. PL. Text B. pass. X. 177.
So wo was him, his wyf loked so foule. CH.
C. T. 6664. So hungri and so holewe sire Herui
him loked. P. PL. Text A. pass. V. 108.
8. Sorge tragen, Acht geben, sich
Mühe geben: Loca þat þu wol do. LAJ. I.
153. Ʒef thou art of thohtes lyht, Ant thou
falle for unmight In a wycked synne, Loke,
that thou do hit so selde, In that sunne that
thou ne elde. REL. ANT. I. 110. Loke þet þou
halji þanne day of þe sabat. AYENB. p. 7. —
Yef ye bie clene, lokeþ þet ye ne falle nocht.
O.E. MISCELL. p. 31. Lokes þat ye demen him
rith. HAVEL. 2812. Lukes þat yhow desayve no
man. HAMP. 4028.

9. refl. sich vorsehen, sich wahren, sich hüten: Gef þu hauest woreld wele, þu miht þarof wurðliche fare, and swo loken þe þat þu best lef and wurð. OEH. II. 29. Himm birrþ *lokenn himm* þatt he Ne seo nan þing wiþþ sinne. ORM 7841. An bodeword ðer he him forbed .. ðat he sulde *him* ðer *loken* fro A fruit. G. A. EX. 213-6. For þo litle sennen, þet no man *hins* ne mai *loki*, nis noon deseuerd pardurableliche fram gode ne fram holi chereche. O. E. MISCELL. p. 31.

Loke ðe wel ðat ðu ne stele. G. A. EX. 3511. *Loke* weo *us* wið him misdon þurh beelzebubes swikedom. OEH. p. 55. þis heste ous amonesteþ þet we *ous loky*, þet we ne wreþþi uader ne moder. AYENB. p. 8. Hit is nyed to leawede men þet hi *ham loki* uram þise zenne [sc. symonye]. p. 42.

Hadde he wel *loked him* wið skil, Ilc beste sulde don his wil. G. A. EX. 193.

loksmith s. neue. *locksmith*. Schlosser.

Loksmythe, serefaber. PR. P. p. 311. *Lockesmythe*, serrvrier. PALSGR.

loksounday s. vgl. *lokes*. Pfingstsonntag*).

Al here joyen a *loksounday* .. To thyssere loungy schelle. SHOREH. p. 127.

lokung, loking s. ags. *lócung* [in *þurh-lócung*, perspectus], neue. *looking*.

1. Sehen, Blicken, auch Gesicht als einer der fünf Sinne, in der Mehrzahl Blicke: Of a jung [lute C.] swete *lokunge*, oðer of a sweote herunge, oðer of a softe uelunge waxeð a stinkinde lust and a ful sunne. ANCR. R. p. 102. Heor fiffalde mihte hom wes al binumen, þet is, hore lust, hore *loking*, hore blawing, hore smelling, heore feling wes al iattret. OEH. p. 75. Per seal beon .. *lokinge*, wiðuten winkunge. p. 143 sq. Purj woþe & wone my *lokyng* jede, For sotyle cier nojt lette no lyjt. ALLIT. P. 1, 1048. Ther wats *lokyng* on lenþe þe lude to beholde. GAW. 232. Per me assel abide wiþoute *lokinge* ayen. AYENB. p. 242. With his fals pitous *lokinge* He wolde make a woman wene To gon upon the faire grene, Whan that she falleth in the mire. GOWER I. 65. bildlich Hinblick: Þis *lokynge* on lewed prestes haþ don me lepe fram pouerte, þe whiche I preyse, þere pacyence is, more parfyt þan ricchesse. P. PL. *Text B.* pass. XI. 309.

Nabbe je nout þene nome .. of totinde ancres, ne of tollinde *lokunges* no lates. ANCR. R. p. 50. Þe yefþe of onderstondinge .. makeþ knawe god and þe gostliche þinges asse be zijþe and be simple *lokinges*. AYENB. p. 245.

2. Bestimmung, Entscheidung, Urtheil: Þe barons portiond þe lond euen þam bituene, Harald tille his parte suld haf alle þe Northende, & alle Southside tille Harknout suld wende. LANGT. p. 51 sq. Philip .. askid

---

*) Anmerkung. In den Sprachproben hielt ich irrthümlich eine Verbesserung nöthig, da mir *lokes* noch nicht bekannt war.

if þei wild stand to þer *lokyng*. p. 86. In alle þis barette þe kyng and Sir Symon Tille a *lokyng* þam sette, of þe prince suld it be don. p. 216. Jyf heo hyre skere wole of eche of þys þynge, And heo hyre skerynge do efter my *lokynge*, Ich .. grante, þat my dygnyte me be al bynome. R. OF GL. p. 335. Vp þe pope *lokynge* of Rome he asolde yt do. p. 359. The king suor vpe the boc & caucion vond god, That he al clanliche to the popes *loking* stod. p. 506. The bischop of Salesbury and of London also To holi churche wolde stonde, and to hire *loking* also. BEK. 1915.

3. Observans, was zu beobachten ist: Alle ne muwe nout holden one riwle ne ne þurven, ne ne owen holden on one wise þe vtture riwle, quantum, scilicet, ad obseruantias corporales, þet is, ononde licomliche *lokinges*. ANCR. R. p. 6.

4. Hut, Obhut: In thi *loking* was I laft, to wisse after thin oune wil. BODY A. S. 51. Aylmar þe gode kyng Dude him on mi *lokyng*. K. H. 341. Þo þet habbeþ þe *lokinge* of oure saules and of oure bodyes. AYENB. p. 8. He doþ him out of þe helpe and of þe *lokynge* of god. p. 65. in bösem Sinne Bewachung, Haft: Þe sencjere is ase þe ilke þet is in prisone in ynes and ine ueteres, and ine greate *lokinge*, ase wes saynte Peter ine Herrodes prisone. p. 128.

5. Anblick, Gestalt, die man erblickt: His *lokyng* [aspectus ejus *Vulg.*] was as leyt, and his clothis as snow. WYCL. MATTH. 28, 3 Oxf.

locust, languste s. fr. *locuste*, Heuschrecke, und *langouste*, Heuschreckenkrebs [aber afr. auch = Heuschrecke], pg. *lagosta*, lat. *locusta*, neue. *locust*. Heuschrecke.

Þan sent drightin a litel beist, O toth es noght vnfelunest, Locust [locuste TRIN.] it hatt, in buk I faand. CURS. MUNDI 6039 COTT. Y shal leede yn to morwe a *locust* [locuste *Purv.*] into thi coostis. WYCL. EXOD. 10, 4 Oxf. He jaf to rust the frutis of hem, and ther travaillis to a *locust* [to locustis *Purv.*]. PS. 77, 46 Oxf. — He jaf the fruytis of hem to rust; and he jaf the trauels of hem to *locustis*. ib. Purv. John was clothid with heeris of camelis, and a girdil of skyn abowte his leendis; and he eet *locustus*, and honi of the wode. MARK 1, 6 Oxf.

Weste was his wunienge, and stark haire of oluente his wede, wilde huni and *languste* his mete, and water was his drinke. OEH. II. 127.

loche, leche s. afr. *loche*, sp. *loja*, neue. *loach*. Schmerle, cobitis barbatula, ein Weissfisch und wohlschmeckender Süsswasserfisch. Auch Alose etc.; s. *leche*.

Hic silarus, *loche*. WR. VOC. p. 189. Hec alosa, a *loch*. p. 222. A *loche*, alosa, fundulus, piscis est. CATH. ANGL. p. 219. The borbottus and the stykylbakys, the fiondyre and the *loche*. REL. ANT. I. 85. Menese, or *loche* boiled. Take menyse, or *loche*, and pike hem faire etc. TWO COOK. B. p. 104. — Take *lockes*, an toyle hem with flowre, and frye hem .. caste þe aewe abouyn þe *lochys*, & serue forth. p. 24. Smalle fisshe þou take þer with, als trouȝte, sperlynges, and menewus withal, And *loches*. LIB. C. C. p. 54.

Loche, or *leche*, fysche, fundulus. PR, P. p. 310. Hic alosa, a *leche*. WR. VOC. p. 253.

lodeniht s. von *lade*, *lode*, conductus, iter, und *eniht*. Führer.

Biforen rad heore *lodeniht*. LAȝ. III. 21.

lede s. onus; conductus, iter s. *lade*.

lodemanage, -menage etc. s. wohl Zusammensetzung aus *lade*, *lode*, conductus, iter, und *manage*, *menage*; vgl. jedoch fr. *lamanage* von afr. *laman*, pilote, und s. SCHELER v. *lamaneur*. neue. *lodemanage*, *loadmanage*. Steuermannskunst, Lotsenkunst.

But who that in lovis boote doth rowe, If that he to longe abide To cast an anker at his tyde, And fayleth of his *lodemanage* To waite uppon a sure passage, A tyme sett that he ne fayle In diepe to maake his ryvaile. HARTSH. *Metr. T.* p. 131. Mariners that bene discrete and sage, And experte bene of here *lodemanage*. MS. in HALLIW. D. p. 526. A blynd maryneer that doth no sterre knowe, his *loodmaunage* to conveye doun. LYDG. M. P. p. 152.

But of his craft to rikene wel the tydes, His stremes and his dangers him bisides, His herbergh and his mone, his *lodemenage*, Ther was non such from Hulle to Cartage. CH. C. T. 403.

lodermon, lodesmon, lodesterre s. s. *ladesman*, *ladesterre*.

lodge, lodging s. s. *logge*, *logging*.

lodlich adj. **lodliche** adv. **lodlichen** v. **lodlichhede** s. s. *laðlic*, *laðliche*, *laðlichen*, *laðlichhed*.

loenge, loange s. afr. *loenge*, *louenge*, nfr. *louange*. Lob, Preis.

I my doughter shall to morwe Tohewe and brenne in thy service To *loenge* of thy sacrifice, Through min avowe. GOWER II. 53. A king shall do suche equite, And sette the balaunce in even, So that the highe god in heuen And all the people of his nobley *Loenge* unto his name say. III. 223. His cronique shall For ever be memoriall To the *loenge* of that he doth. III. 376. She herkened not to þe rewthes, but onely to that *loenge* and praysynge of her louer. CAXTON's BLANCHARDYN A. EGLANTINE ed. *Kellner* p. 72. O the fortytude viryle of wymmen .. celebred & magnyfied in grete *loange* & preysynge. CAXTON's ENEYDOS ed. *Culley a. Furniv.* p. 36.

lhof, lof s. panis s. *laf*.

lof adj. carus s. *leof*.

lof, luf s. niederl. *loef*, schw. *lof*, dän. *luv*, neue. *loof*. Luf, Luv, eig. Windseite des Schiffes.

Heo scuuen ut heore *lof*, & læiden to þon londe. LAȝ. I. 335. Strahten vt here *lof*, & leiden æfter vðen. I. 415. That noble schyp was al withoute With clothys of golde spred aboute; And her *loof* and her wyndas, Off asure forsothe it was. RICH. C. DE L. 69. Ffrekes one þe forestayne fakene þeire cobles .. Tytt

sailles to þe toppe, and turnes the *lufs*. MORTE ARTH. 742-4. Schipemene scharply schotene þaire portez, Launchez lede apone *lufe*, lacchene þer depez. 749.

Heo wenden heore *lofes*, & liðen toward londe. LAȝ. II. 455. Heo rihten heore *loues*, and up droȝen seiles. III. 242.

lof s. ags. alts. afries. *lof*, ahd. *lob*, *lop*, mhd. *lop* [gen. lobes]; niederl. niederd. *lof*, altn. schw. *lof*, dän. *lov*, sch. *loff*, *loif*.

1. **Lob, Preis** (laus): Drihten, þu dest þe *lof* of mile drinkende children muðe. OEH. p. 7. Hi bæð alle gastes .. isceapen *to lofe* and to wurhminte hare sceoppinde. p. 219. And awente godes *lof* and wrhminte fram þe sceappende to þare ȝesceafte. p. 237. Si *lof* Daviðes bern. II. 91. We gunnen *lof* makien ure lauerd Apollin. LAȝ. I. 358. Ich hæten eou .. bellen leten ringen, godes *lof* singen. II. 285. Si Drihhtin upp inn hooffness ærd Wurrþminnt & *lof*. ORM 3378. Peȝȝ alle sungenn ænne sang Drihhtin *to lofe* & wurrþe. 3374. Godes spuse, þet meiht iheren, hu swetelich þi spus spekeð, & cleopeð þe to him so luueliche, & ter after hu he went þene *lof*, & spekeð swuð grimliche ȝif þu wendest vt. ANCR. R. p. 102 sq. Of mouth of childer and soukand made þou *lof*. PS. 8, 3. Þai .. looved his *lof*, night and dai. 105, 12. Seven sithe in dai *lof* saide I to þe. 118, 164. How suld I, lede, *for* þi *lofe*, bot lufe þe in hert? WARS OF ALEX. 664.

2. **Preis, Wert** (pretium): Þe sullere loueð his þing dere, and seið þat it is wel wurð oðer betere. Þe beger bet litel þar fore, and seið þat hit nis noht wurð, and ligeð boðe. Þe sullere lat sumdel *of* his *lofe*. OEH. II. 213. He bad gold & gersume ælche farinde gume, wha swa mihte finde Merlin an londe, þer to he læide muchel *lof*. LAȝ. II. 338 sq.

lofen v. laudare s. *loven*.

lofȝeorn adj. ags. *lofgeorn*, laudis, gloriæ appetens. lobgierig, ehrbegierig.

Iactancia, þet is idelȝelp on englisc, þenne mon bið *lofȝeorn*. OEH. p. 103.

loflic, lofli, lovelI adj. ags. *loflíce* adv. [BLICKLING HOM. p. 165], ahd. *loplih*, *lobelih*, mhd. *loblich*, *lobelich*, niederl. *loffelijk*, schw. *loflig*. lobwürdig, preiswürdig.

Mikel Laverd, *looflike* [laudabilis *Vulg.*] to se. PS. 95, 4. 145, 3. Gret lord and *lofty*. HAMP. *Ps.* 95, 4. Mare he is *louely* than any creature may thynk. *ib.* Oure fadirs tels his *louely* dedis [laudes domini *Vulg.*]. 77, 5.

lofsong, -sang s. ags. *lofsang*, *-song*, hymnus, alts. *lofsang*, ahd. *lopsanc*, *lobsanc*, *lobosang*, *lobesang*, niederl. *lofzang*, altn. *lofsöngr*, schw. *lofsång*, dän. *lovsang*. Lobsang, Lobgesang.

Al þe hebreisce folc þe sode efter him and biuoren him sungun þisne *lofsong*. OEH. p. 5. Ich ouh wurðie ðe mid alle mine mihte, And singge þe *lofsong* bi daie and bi nihte. p. 191. As vche mon ouȝte .. *Lofsong* syngen to God ȝerne Wiþ such speche as he con lerne. CAST. OFF L. 28. Þurrh ludes tacnedd iss *Lofsang* Drihhtin to wurrþenn. ORM 18024.

lofsongere s. Lobsänger, Psalmist.
Alse þe *lofsongers* seið: per mille meandros
agitat quieta corda. OEH. p. 153.

lofsong, -sang s. kommt frühe in gleicher
Bedeutung mit *lofsong* vor.
Þe imeane blisse is seouenfald: lengðe of
lif, wit ant luue, ant of þe luue a gleadunge
wiðute met murie, *loftsong* ant lihtschipe, ant
sikernesse is þe seoueðe. OEH. p. 261. Hu
muge we singen godes *loftsong* in uncuðe londe.
II. 53. Alse þe holie *loftsong* seið. II. 63. Seint
Ambrosius, þat seið on his *loftsonge*, þus queð-
inde: Egressus ejus a patre etc. II. 111. Alle
þa riche . . mid muchele *loftsonge* heuen hine
[hiuen *Ms.*] to kinge. LAȜ. II. 168. Þe seres
loftsang [te decet hymnus *Vulg.*], God, onon.
Ps. 64, 2. — Ha herieð godd, ant singeð a unwerget, eauer iliche lusti in þis *loftsonges*. OEH.
p. 263 sq. Hymnum cantate nobis de canticis
Sion, singeð us of þe *loftsonges* of Syon. II. 51.

lofsongere s. gleicher Bedeutung mit *lofsongere*.
Alse þe *loftsongere* seið: per mille meandros etc. OEH. II. 191. vgl. oben *lofsongere*.

loged adj. laicus s. *lewed*.

logen v. videre s. *lokien;* hospitio recipi s.
loggen.

logge, loge s. afr. *loge*, pr. *lotja*, it. *loggia*,
pg. *loja*, sp. *lonja*, mlat. *laubia, lobia*, ahd.
louba, loupa, mhd. *loube*, sch. *loge*, neue. *lodge*.
Laube, Zelt, Hütte, überhaupt Wohn-
stätte.
A *logge* they dyghte of leves. LYB. DISC.
550. Þenne wats þe gome [sc. Ionas] so glad of
his gay *logge*. ALLIT. P. 3, 457. *Logge*, or
lytylle howse, teges. PR. P. p. 311. Wel sikerer
was his crowing [sc. of the cok] in his *logge*,
Than is a clok. CH. *C. T.* 16339. A *logge* thai
made vpon his graue, For sche wolde ther
bilaue. SEUYN SAG. 2603. In þis *logge*, with
his lady, lurkit Pelleus. DESTR. OF TROY 13464.
The prevystye of the chamber telle he [sc. the
mason] no mon, Ny yn the *logge* [Versammlungs-
ort] whatsever they done. FREEMAS. 279. Bot
ȝif I hedde iboren him eft, From riche reste
mon hedde beo reft, In a loren *logge* ileft, Ay to
grunte and grone. HOLY ROOD p. 146.
Alisaunder doth crye wyde, His *logges* set
on the water syde. ALIS. 4294. The Gregeys
havith heore *loggis* brent. 4356. Sithen hym
selfe assignet the gret Placis of pauylions, for
the prise kynges Grete tenttes to graide, as
þaire degre askit; *Logges* to las men, with leuys
of wod. DESTR. OF TROY 6023.
A litel *loge* sche lete make, Biside þe way
to stond. & when þe *loge* was al wrouȝt, Of his
golde no wold he noȝt, Bot his gold coupe an
hond. When he was in his *loge* al on To god of
heuen he made his mon. AMIS A. AMIL. 1613 sq.
vgl. 1621. As Loot in a *loge* dor leued hym
alone. ALLIT. P. 2, 784. Þe grete clerke . . forth
wendis To loke & layte him a *loge* [vorher
chambrs] quare he lenge myȝte. WARS OF ALEX.
370-2. Litill kyngis þar come . . Liȝt doune at
þe *loge*, & þar blonkis leues, Caires into þe
curte. 885. It [sc. Darius dyademe] gaue so

glorius a gleme of gold & of stanes þat as he
loge for þe liȝt lemed as of heuen. 3334. (He)
lurkys to his *loge*, & laide hym to slepe. DESTR.
OF TROY 813.
Par *loges* & þare tentis vp þei gan bigge.
LANGT. p. 67. All left in hor *loges* [= houses]
& lurkit away. DESTR. OF TROY 1369.
Selten begegnet die spätere Form, wie in:
In helle-*lodge* thou scalt be lokyn. COV. MYST.
p. 29. — Sore men & seke soundly to rest, þat
lie in hor *lodges* a littell at ese. DESTR. OF TROY
6057. Hymselfe . . wente oute of the *lodges*. THE
FOUR SONNES OF AYMON p. 174.

loggen, logen v. afr. *logier, loger*, neue.
lodge.
1. intr. herbergen, einkehren, sich
aufhalten: Loggyn, or herberwyn, hospitor.
PR. P. p. 311. Stylly þer in þe strete as þay
stadde wern, þay wolde lenge þe long naȝt, &
logge þer oute. ALLIT. P. 2, 806.
There he *loggith* anon Ther Darie hadde
beon erst apon. ALIS. 4098. Thare lenges þe
leue kynge & *loges* all an euen. WARS OF ALEX.
1092 Dubl. Alexander in þat angle all þe niȝt
logis. 3657. Þare *logis* þe leue kyng late on an
euen. 4882.
Was neuer wiht as I wente, þat me wisse
couþe Wher þis ladde *loggede*. P. PL. *Text A.*
pass. IX. 6. Priamus pertly the peopull ylkon,
þat longit to his lond & *logit* o fer, Gert sue to
þe cite sothely to dwelle. DESTR. OF TROY
1614.
2. p. p. beherbergt, untergebracht,
gelagert: To Charliswerd rod he wiþ herte
grete, & fyndeþ hym *loged* þare In pauylons
riche & wel abuld, fair host him aboute.
FERUMBR. 73. Whan þei were *loged* where hem
best liked, Mete & al maner þing þat hem
mister neded, þe werwolf hem wan. WILL. 1918.
That oon of hem was *loggid* in a stalle, Fer in
a yerd, with oxen of the plough; That other
man was *logged* wel ynough. CH. *C. T.* 16482.
A messangere . . him tellis þat Alexander was at
hand, & had his ost *loggid* Apon þe streme of
Struma. WARS OF ALEX. 1951 Ashm.
Cf. We beoð *ilogged* her bi þe. ANCR. R.
p. 264 und s. *ilogged* p. p.
Der transitive Infinitiv, beherbergen,
unterbringen, findet sich nur vereinzelt,
und zwar schon in der neueren Form mit *dg*
statt *gg:* One of the houses . . is kept as a
lodging-house with thirteen beds, to *lodge* poor
folk coming through the land. ENGL. GILDS
p. 231.
3. refl. sich einlagern, Herberge
nehmen, wohnen: There ben also in that
contree a kynde of snayles, that ben so grete,
that many persones may *loggen kem* in here
schelles. MAUND. p. 193.
Loke how these lordis *loggen hemself*, And
evere shall thu flynde, as ffer as thu walkiste,
What wisdom and overwacche wonneth ffer
asundre. DEP. OF R. II. p. 24.
Hit telleð al þus, þet Ismeles folc com &
loggede him bi þe stone of help. ANCR. R.

p. 264. Comen ere þe Inglis with pauilloun & tent, & loyed þam right wele. LANGT. p. 182.

logging s. sch. *loging*, neue. *lodging*. Behausung.

Pay lest of Lotes *logging* any lysour to fynde. ALLIT. P. 2, 687. My cosyn kynde wit knowen is wel wide, And his *loggyng* is with lyf, þat lord is of erþe. P. PL. *Text A*. pass. XII. 43. Ech of hem goth to his hostelrye, And took his *loggyng*, as it wolde falle. CH. *C. T.* 16480.

Bisweilen erscheint schon die neuere Form mit *dg* stat *gg:* One of the houses . . is kept as a *lodging*-house with thirteen beds, to lodge poor folks coming through the land. ENGL. GILDS p. 231.

logh s. lacus s. *loʒ.*

loghe s. flamma s. *loʒe.*

logike, logique, logik s. lat. *logica*, pr. *logica, loica*, it. sp. pg. *logica*, afr. *logique*, neue. *logic*. Logik, Denklehre, Wissenschaft der Denkgesetze.

Logyke I lerned hir, and many other lawes. P. PL. *Text B*. pass. X. 171. *Logique* hath eke in his degre Betwene the trouthe and the falshode The pleine wordes for to shode. GOWER III. 136. She made him such a silogime, That he foryate all his *logique*. III. 366. Þei fynden vp a newe manere of speche or *logik*. WYCL. W. *hitherto unpr.* p. 266. Enuye herde þis, and het freres go to scole, And lerne *logik*, and lawe. P. PL. *Text C*. pass. XXIII. 273.

logien v. parare s. *loʒien.*

loʒ adj. humilis s. *lah.*

loʒ, looʒ s. ags. *lôh*, locus, sedes, afries. *lôch* dat. s. *lôge*, pl. *lôgum*. Ort, Stelle.

He may by wel ine dyvers *loʒ*, Ryʒt al at ones. SHOREH. p. 145. For tho hye weren out ycached, And ouʒt of hare *loʒ* arached, For hare senne; We moʒe wete hyt wel ynou, That ase ydel was hare *loʒ*, That hy were yune. p. 156. Tharfore God made mannes schefte, That ylke *loʒ* al for to crafte. p. 157. And ʒet ne were hyt noʒt ynoʒ, One to agredy hyre *looʒ* [sc. of oure levedy], And heʒ ine hevene blysse, Ac oure also, hyt nis non other, For he [sc. Jhesus] hys oure kende brother. p. 126. Baume his riche and tokened *looʒ* Of thare holy prowesse. p. 14.

loʒ, logh, louh, lough s. ags. *luh*, *-ges*, stagnum, fretum, kambr. *lugh*, ir. *lough*, gäl. *loch*, sch. *loch, louch, lough*, neue. *lough*. See m., Sund, Bai, Tiefe.

Þenne lasned þe *loʒ* lowkande togeder. ALLIT. P. 2, 441. If any schalke to be schent wer schowued þerinne [in das todte Meer], Þaʒ he bode in þat boþem broþely a monyth, He most ay lyue *in* þat *loʒe*. 2, 1029. *Into* þat lodlych *loʒe* þay luche hym [sc. Ionas] sone. 3, 230. All at left ware o lyue *into* þe *loʒe* entire. WARS OF ALEX. 3899. He ledys that lady by that *loghe* sydus. ANT. OF ARTH. st. 5. Into the see of Aufrike Thei com, & passed a grete strike A *lough* of water of Salins, & other *louhes* of Filistyns; The grete *louh* of Rusciciodan, Betuex the hilles of Dazardan. R. OF BRUNNE *Chron.* in *Madden* zu LAʒ. III. p. 304.

loʒe adv. humiliter s. *lahe.*

loʒe, loʒhe, lohe, leghe, lowe s. afries. *loga*, mhd. *lohe*, altn. *logi* u. *log*, schw. *lâga*, dän. *lue*, sch. neue. *lowe, low*. Lohe, aufwallende Glut, Flamme.

All alls itt wære all oferr hemm o *loʒhe*. ORM 16184. Þis ilke is eke bitocned bi cherubines sweorde biuoren þe ʒeten of Parais, þet was of lai (lei *C. lohe T.*), & hweolinde & turninde abuten. ANCR. R. p. 356. These balfull bestes were, as þe boke tellus, ffull flaumond of fyre with fnastyng of *logh*. DESTR. OF TROY 167. All chrickenede with the scriue þurgh the styrn ost, ffor the smorther & the smoke of þe smert *loʒhis*, þat waivet in the welkyn, wappond full hote, All the citie might se the sercle aboute. 9511.

Also hege ðe *lowe* sal gon. So ðe flod fiet ðe dunes on. G. A. EX. 643. Of ilke a leche þe *lowe* launschide fulle hye. MORTE ARTH. 194. A *lowe* of fyre, flamma. CATH. ANGL. p. 221. Of lightnes sal thou se a *lowe*, Unnethes thou sal thi selven knowe. YW. A. GAW. 343. An hundred develes . . with stringes him drowen, unthanc his, Til he come to that lodli *lowe*, ther helle was. BODY A. S. 429. Pair throtes sal ay be filled omang, Of alle thyng þat es bitter and strang, *Of lowe* and reke with stormes melled. HAMP. 9429. Paire cabons & þar couertours it kindils *on a lowe*. WARS OF ALEX. 4177. *Low* of fyyr, flamma. PR. P. p. 314. The shippes on a shene fyre shot þai belyue, That the *low* vp lightly launchit aboute. DESTR. OF TROY 9509.

Zu der zuletzt angeführten Form stellen sich:

lowen v. altn. *loga*, schw. *lâga*, dän. *lue*, ahd. *lohen*, norde. u. sch. *low*. lohen, flammen, flammend leuchten, glänzen.

Lowyn, or flamyn as fyyr, flammo. PR. P. p. 315. — Ther men myʒth se . . Arcangelus of rede golde . . *Lowynge* ful lyʒth. DEGREV. 1433-6. As growe grene as þe gres, & grener hit semed; þen grene aumayl on golde *lowande* bryʒter. GAW. 235. bildlich glänzend, hervorragend: A *lowande* leder of ledeʒ in londe hym wel semeʒ. 678. *Lowande* & lusly alle his lymmes vnder. 868.

lowinge s. Lohen, Lodern, Glut.

Lowynge, or lemynge of fyyr, flammacio. PR. P. p. 315.

loʒien v. humiliare s. *laghen* hinter *lahe* adv.

loʒien, logien v. s. *ʒologien*. bereiten, bereitstellen.

Hyo on heore scype hyre nyt *logeden*. MARK 1, 19 ed. *Skeat*.

loʒli adj. u. adv. *loʒnesse* s. s. *lawli, lawnes* hinter *lahe* adv.

lohe adv. s. *lahe*; s. flamma s. *loʒe.*

loht s. lux s. *leoht.*

loine, lone s. afr. wallon. *logne*, sp. *lonja*, nfr. *longe*, sch. *lunyis*, neue. *loin*, lat. aus *lumbus* entwickelt, gleichsam *lumbea*. Lende, Nierenstück.

Loyne of flesche, lumbus. PR. P. p. 312. *Loyne* of flesshe, *longe*. PALSGR. We shule flo

the conyng & make roste is *loyns*. POL. S.
p. 191. — Alle a hare bot the *lonys*, We myster
no sponys Here, at oure mangyng. TOWN. M.
p. 90.

loire s. afr. *loir*, pr. *glire*, it. *ghiro* v. lat.
glis, *gliris*. ein Nagethier, Siebenschläfer,
myoxus.

In that contree ther ben bestes, taughte of
men to gon in to watres, in to ryveres, and in to
depe stankes, to take fysche, the whiche best is
but lytille, and men clepen hem *loyres*. MAUND.
p. 209.

loisen v. solvere, perdere s. *losien*.

loisin s. s. *losinge*.

loitren v. vgl. niederl. *loteren*, *leuteren*, nhd.
lottern, neue. *loiter*. müssig gehen, land-
streichen, tändeln.

Loytron, or byn ydyl, ocior. PR. P. p. 311.
It is a myserable lyfe to *loyter*. PALSGR. Have
you nat doone yet, on my faythe you do but
loyter. id.

I *loyter* about, as a person dothe that is
maysterlesse. PALSGR. I *loyter*, whan I shulde
worke, or go aboute my busynesse or erande, je
truando. id. I *loyter*, or tarye by the waye.
id. He *loytreth* aboute lyke a maysterlesse
hounde. id.

Þenne watȝ þe gome so glad of his gay
logge, Lys *loitrande* [nach *Stratmann*, für loitrande *Ms.*] þer inne. ALLIT. P. 3, 457.

lollarde s. niederl. *lollaerd*, mlat. *lollardus*,
noch nhd. *lollhart*, neue. *lollard*. vgl. *lollere*,
lollare s. Lollarde, Spottname der Anhänger
Wicleffs als Ketzer.

Lollarde, lollardus, lollarda. PR. P. p. 311.
s. n. 3.

lollardie s. mlat. *lollardia*, neue. *lollardy*.
Ketzerei der Anhänger Wicleffs.

To speke upon this braunche, Which proud
envie hath made to springe Of scisme, causeth
for to bringe This newe secte of *lollardie*, And
also many an heresie Among the clerkes in hem
selve. GOWER I. 15.

lollare s. s. *lollere*.

lollen, lullen v. altn. *lolla*, segniter agere
[BJÖRN HALDORS.], niederl. *lollen*, *lullen*, sch.
neue. *loll*.

a. intr. 1. wanken, schlendern: He
þat *lolleþ* is lame, oþer his leg out of ioynte.
P. PL. *Text C.* pass. X. 215. He is in the lowest
heuene . . And wel loseliche *lolleþ* þere. pass.
XV. 152. cf. *B.* pass. XII. 212. Suche manere
eremytes *Lollen* aȝen þe byleyue and lawe of
holy churche. *C.* pass. X. 217.

2. wackeln: As a letheren purs *lolled* his
chekes. P. PL. *Text B.* pass. V. 192. Lyk a
letherne purs *lullede* his chekes. *A.* pass.
V. 110.

3. sich strecken: Ligge [inf.] þus euere
Lollynge in my lappe. P. PL. *Text B.* pass. XVI.
268. vgl. *C.* pass. XIX. 287.

b. tr. baumeln, hängen
machen: Hit haþ ytake fro Tyborne twenty
stronge þeeues, þer lewede þeeues ben *lollid* vp.
P. PL. *Text C.* pass. XV. 130. Vgl. I *lolle* one

aboute the eares, je luy tire les oreilles.
PALSGR.

lollere, lollare, loller s. von *lollen* v. vgl.
sch. *loll* = sluggard. Landstreicher, Faullenzer, auch schmähende Bezeichnung eines
Anhängers Wicleffs als Ketzer, Lollarde.

Kytte and ich in a cote cloþed as a *lollere*.
P. PL. *Text C.* pass. VI. 2. He . . lyueþ lyk a
lollere, godes lawe hym dampneþ. pass. X. 158.
Ȝif the secular say a soth, anon thai bene
eschent, And lyen upon the leudmen, and sayn
hit is *lollere* [ob = *lollery*?]. AUDELAY p. 37. I
smell a *loller* in the wind, Abideth . . For we
schul han a predication; This *loller* here wol
prechen us somwhat. CH. *C. T.* 14395-8. Lef
thou me, a *loller* his dedis thai wyl hym deme,
ȝif he withdraue his deutes from hole cherche
away, And wyl not worchip the cross. AUDE-
LAY p. 37.

Lolleres lyuyng in sleuthe, and ouer londe
strykers Beeþ nat in þys bulle, quaþ Peers, til
þei ben amendid. P. PL. *Text C.* pass. X. 159.
These *lolleres*, lacchedraweres, lewede eremytes
. . as cotiers þei lybben. pass. X. 192. The
whiche arn lunatik *lollares* and leperes aboute.
pass. X. 137. An ydel man þow semest . . Oþer
beggest þy bylyue aboute at menne hacches,
oþer faitest vpon frydays, oþer festedayes in
churches, The whiche is *lollarene* lyf, þat lytel
ys preysed. pass. VI. 27.

lomb s. agnus s. *lamb*.

lome adj. claudus s. *lame*.

lome, loome s. ags. *lôma*, supellex, instrumentum, sch. *lome*, *loom*, neue. *loom*.

1. Geräth, Werkzeug irgend einer
Art: Huere hure a nyht hue nome, He that furst
ant last come . . This other swor alle ant some,
That er were come with *lome*, that so nes hit
nout ryht. LYR. P. p. 42. He lyftes lyȝtly his
lome [Axt], & let hit doun fayre With þe barbe
of þe bitte bi þe bare nek. GAW. 2309. Fulle
evylle myght any mene smale, That mene telles
nowe in tale, With siche a *lome* [Keule] fighte.
PERCEV. 2030. — Alle swuche þinges ne beoð
buten ase *lomen* uorte tilien mide þe heorte.
ANCR. R. p. 384. Al so ase no mon ne luueð
lomen uor ham suluen, auh deð for þe þinges
þet me wurcheð mid ham. ib. Ydel men ȝet he
seh *lomen* habbe an honde. LYR. P. p. 41. No
mon hem ne bad huere *lomes* to fonde. ib. The
lomes þat ich laboure with, and lyflode deserue
Ys pater noster and my prymer, placebo and
dirige. P. PL. *Text C.* pass. VI. 45.

Bildlich ist dadurch das männliche
Glied bezeichnet: Large was his odd *lome* [des
Ungeheuers in Menschengestalt] þe lenthe of a
ȝerde. WARS OF ALEX. 4750.

2. Gefäss, vas: Als *lome* of erthe [vas
figuli *Vulg.*]. Ps. 2, 9. Samenand als in *lome*
[in utrem *Vulg.*] watres of se. Ps. 32, 7. Tak
a neder alle qwik, and horned wormys . . and
seth tham in a new pote with water, and gider
the homur that es abowen, and the gras thu
fyndes in the potte, and do hit in a clene *lome*.
REL. ANT. I. 54. *Lome*, a vessell to putte ale
in. PALSGR. — He bent his bough and graiþed

ite, And in it graybed he *lomes* of dede
[vasa mortis *Vulg.*]. PS. 7, 13. 14. In *lomes*
smaller hent This must, and use it as wyne
pestilent. PALLAD. 11, 447. So gipse it [den
Honigwein] uppe, and kepe it for thyne age;
But bette is kepte in pitched *loomes* smale.
11, 477.

3. Schiffsgefäss, Fahrzeug, Arche:
Þus of lenþe & of large þat *lome* þou [sc. Noe]
make. ALLIT. P. 2, 314. As þat lystande *lome*
luged aboute, Where þe wynde & þe weder
warpen hit wolde. 2, 443. Hym aʒt sum in þat
ark, as aþel god lyked, þer alle ledez in *lome*
lenged druye. 2, 411. Þer watz busy ouer borde
hale to kest Her bagges & her feþerbeddes . .
& al to lyʒten þat *lome*. 3, 157-60.

lome adv. gleich *ilome*, ags. *gelôme*, ahd. *ki-lômo*, frequenter. häufig.
Al to *lome* ich habbe igult. MOR. ODE 11.
OEH. p. 161. Il. 220. Ȝho cneow himm wel,
forr he wass ær Wel wunedd offte & *lome* To
cumenn dun. ORM 2177. Peʒʒ comenn forr to
fraʒʒnenn Crist Off whære he wass att inne,
Forr þatt teʒʒ wolldenn cumenn efft, & efft, &
offte, & *lome* Till himm. 12922. What lud liked
hem best, þe lordship hee gat, And on chees for
cheefe, & chaunged *lome*. ALIS. FRGM. 320.
The lion lete cri, as hit was do, For he hird
lome to tell. POL. S. p. 197. The emperour his
sones gan kesse Oft and *lome*. OCTOU. 1943.
Þe erld hym þonkeþ *lome*. FERUMBR. 286.
Suche luther men *lome* ben ryche. P. PL. *Text
C*. pass. XI. 165. In here liknesse oure lorde
lome hath he knowe. pass. XIII. 121. They
schalle schryke & crye *lome* For þe drede
of þe grett dome. HYMNS TO THE VIRG. etc.
p. 121.

Kompar. *Lomer* he lyeth, þat lyflode
mote begge, þan he þat laboureth for lyflode.
P. PL. *Text B*. pass. XX. 237.

lomer s. vgl. ags. *leómian*, lucere, altn. *ljôma*.
Illuminirer von Schriftwerken.
Noo priest having a competent salary, that
is to say, vij marks or above, shall exercise the
craft of text-writers, *lomers*, noters, tournours,
and florisshers, for his singular prouffit and lu-
cour. LAY FOLKS MASS B. p. 401.

lompe s. lampas s. *lampe; frustum* s. *lumpe*.

lon s. terra [HAVEL. 340] s. *land*.

lonc, lonk adj. ags. *hlanc*, neue. *lank*.
mager, dünn, schmächtig, schlank.
Lonc he is ant leane, ant his leor deaðlich
ant blac ant elheowet. OEH. p. 249 [doch hat
Cotton Ms. Titus die Lesart *long*]. Þe *lonke*
man is leþebei, selde comid is herte rei. REL.
ANT. I. 188. O.E.MISCELL. p. 138 [vgl. jedoch
kurz vorher: Ne ches þu nevere to fere littele
mon, ne *long*, ne red, þif þu wld don after mi
red. *ib.*].

lonke s. ahd. *hlanca, lanka, lancha*, femur,
lumbus, niederl. *lanke*. Hüfte, Seite.
Þine þarmes þralinge & stiches iþi *lonke*.
HALI MEID. p. 35. Leyþ ys leg o *lonke*. POL.
S. p. 156.

lond s. s. *land*.

---

londebugger, londbuggere s. Land-
käufer.
Ac now is religioun .. a rowmer bi stretes,
A leder of louedayes, and a *londebugger* (*londbuggere* P. PL. 6220]. P. PL. *Text B*. X. 306.

londen v. s. *landen; londfiled, -folc, -gavel*
etc. s. s. hinter *land*.

londinge s. Landung.
Londynge fro schyppe, and watur, appli-
cacio. PR. P. p. 312.

lone, vereinzelt auch noch **lane** und **leane**,
lene s. vgl. *lænen* v. ags. *læn*, commodatum,
afries. niederd. mitteld. *lên*, niederl. *leen*, altn.
lân, a loan, neben *lén*, a fief, and *laan*, a loan,
schw. *lân*, ahd. *léhan, léhin*, mhd. *léhen*, sch.
len, neue. *loan*. Geliehenes, Lehen, Darlehen.
Wilt, þe husebonde, godes cunestable,
hereð alle hare sahen, and þonkeð God ʒeorne
wið swiðe glead heorte of se riche *lane* [*leane* T.]
as beoð þeos sustren, his fowr dehtren, þat he
haueð ilcanet him on helpe forte wite ant werien
his castel. OEH. p. 257.
And fleen to the freres as fals folke to
Westmynstre, That borweth and bereth it thider
and thanne biddeth frendes ʒere of forʒifnesse
or lenger ʒeres *lone* [*lene* O.]. P. PL. *Text B*.
pass. XX. 281.
Misiteoðeget, etholden cwide, oðer fundles,
oðer *lone*, nis hit ʒiscunge oðer þeofte? ANCR.
R. p. 208. Gode wyf, he seide, if ic take þe aʒe
þi best to *lone*, Woltou hit witie to myne bihoue: of ic hit esche eftone. ST. EDM. CONF.
479. Al this wylde wone, Nis his bote a *lone*:
Her beth blisse guede. REL. ANT. I. 120. Selde
cometh *lone* lahynde home. I. 113. Ac þer is
anoþer lenere corteys, þet leneþ wyþoute chapfare makiinde alneway in heʒinge, oþer in pans,
.. oþer in oþre þinges, and oueral to gauel
huanne me hit nimþ by þe skele of þe *lone*.
AYENB. p. 35. No wight in al this world wiste
of this *lone* Sauyng this marchant and daun
John allone. CH. *Six-Text Print* B. 1485. Teche
hem also to lete one, To selle þe derrer for þe
lone. MYRC *Instructions* 383. We accursen ..
all that okereres & vsurers that by cause of
wynnyng lene her catall to her emecristen tyl a
certen day for a mor pris þen hit miʒt haue he
sold in tyme of *lone*. 707. Gud is bot a lant
lone, Sumtyme hasse a mon oght, sumtyme non.
AMADAS 416.

lone s. via s. *lone; lumbus* s. *loine*.

long adj. longus; pertinens s. *lang*; adv.
diu s. *lange*.

longaynes s. pl. ein auffallendes Wort,
dessen Bedeutung vollkommen sicher steht,
dessen Form jedoch verderbt sein mag. Ecken
der Strassen.
Þer byeþ tuaye manere benes, on þenchinde
ine herte, þet me may oueral bidde, an oþer
ine speche of mouþe, þet me ssel bidde ine
oneste stedes, naʒt ine *longaynes* [mit Besug auf
gr. *ἐν ταῖς γωνίαις τῶν πλατειῶν*, lat. in angulis
platearum. MATTH. 6, 5], ase doþ þe ypocrites.
AYENB. p. 212.

longdebefe s. fr. *langue - de - bœuf*, vgl. lat. *buglossa*, gr. βούγλωσσος. Ochsenzunge, eine Pflanze, in deren Blätter man einige Aehnlichkeit mit einer Ochsenzunge fand, etwa anchusa officinalis.

Longdebefe, buglossa, herba est. CATH. ANGL. p. 220.

lenge s. pulmo s. *lunge.*

lenge adv. diu s. *lange;* **longien, longen** v. s. *langien;* **longing, longeng** s. s. *langing.*

lensum [d. i. *longsum, langsum*] adj. age. *lang-, longsum,* longus, diuturnus, tardus, alts. *langsam,* ahd. mhd. *lancsam,* longus, diuturnus, mhd. *langsam,* tardus, neue. *longsome,* tedious. langdauernd, dauernd.

For hit biŏ *lonsum* bismer ȝif al ure life biŏ on unnet her. OEH. P. 107. Þe lauerd scal beon liŏe þan godan and eisful þan dusian . . elles ne biŏ his rixlunge ne fest ne *lonsum.* p. 111.

lent s. terra [OEH. p. 261] s. *land.*

loo interj. s. *la.*

look s. visus s. *looke.*

loode s. onus; conductus, iter s. *lade;* **loodesterre** s. s. *ladesterne;* **loodmannage** s. s. *lodemanage;* **loodsman** s. [HARTSH. *Metr. T.* p.129] s. *ladesman.*

loof s. panis s. *laf.*

loogh adj. humilis s. *lah.*

looȝ s. locus s. *loȝ.*

loom, loomb s. agnus s. *lamb.*

loome s. instrumentum s. *lome.*

loos s. laus s. *los.*

loos s. solutio, perditio; adj. solutus s. *los;* **loosen** v. solvi, solvere s. *losien.*

loove s. palma, manus s. *love.*

looven v. laudare s. *loven.*

leowen v. rugire, mugire s. *lowen.*

lep, lope s. saltus s. *leap;* **lopen** v. currere, salire s. *leapen.*

loperen v. s. *lopren;* **lopiringe** s. s. hinter *lopren* v.

lopinge s. saltatio s. *lepinge.*

leppe s. age. *loppe,* pulex, schw. *loppa,* dän. *loppe,* neue. *lop.* Floh.

A *loppe,* pulex. CATH. ANGL. p. 220. Ys joy ynow To ye your lyggys streyne, ye lade longe sydyde as a *loppe.* WR. ANECD. p. 84. — Grete *loppys* over alle this land thay fly, And where thay byte thay make grete blowre. TOWN. M. p. 62.

leppe s. vgl. age. *lobbe,* aranea. Spinne. Thi riet shapen in manere of a net or of a webbe of a *loppe.* CH. *Astrol.* p. 4. From this senyth, as it semeth, ther come a maner krokede strikes like to the clawes of a *loppe,* or elles like to the werk of a womanes calfe. p. 11.

Dahin gehört die Zusammensetzung **lopwebbe** s. Spinngewebe: The riet of thin astrelabie with thy zodiak, shapen in maner of a net or of a *lopwebbe.* CH. *Astrol.* p. 11.

leppestre, loppister, lopstere, lopster, lobstar etc. s. age. *loppestre, lopystre,* locusta marina, polypus, sch. neue. *lobster.* Hummer.

Nym þe perch, other þe *loppestere,* or drie haddok. TWO COOK. B. p. 114. A *loppyster* or a crabbe, polipus. WR. VOC. p. 176. Hic polipus, *lopstere.* p. 189. Nym perche or *lopstere,* & do þerto & melle it. TWO COOK. B. p. 232. Crabbe or *lopster* boiled. p. 102. Tho crabe and tho *lopster* ther were withall. REL. ANT. I. 81. Hic polipus, heo gorra, *lopster.* WR. VOC. p. 222. A *lopster,* polipus. CATH. ANGL. p. 220. *Lopstar,* a fysshe, chancre. PALSGR. Hic polipus, a *lobstar.* WR. VOC. p. 254.

loppi adj. s. *loppe* s. pulex. voll Flöhe.

Loppy, pulicosus. CATH. ANGL. p. 220. A *loppy* place, pulicetum. *ib.*

lopren, loperen v. sch. *lopper, lapper,* nordengl. *lopper,* coagulari. gerinnen.

Lopred als milk [*lopird* is as mylke *Hamp. Ps.*] es hert of þa. Ps. 118, 70. *Lopered* hil, hil fat alswa [hill *lopird,* hill fat *Hamp. Ps.* mons coagulatus, mons pinguis *Vulg.*]. 67, 16.

Dazu gehört das Hauptwort **lopiringe** s. Gerinnung: As mylk in the kynd is fayre and clere, bot in *lopirynge* it waxis soure, alswa the kynd of mannys hert is bright and fayre, til it wax sowre thorgh corupcioun of vicis. Ps. 118, 70 *Hamp.*

lopstar, lopster, lopstere s. s. *loppestre.*

lopwebbe s. s. hinter *loppe* s. aranea.

lor, lore s. age. *lor* [vgl. *forlor,* amissionem OLDEST E. TEXTS p. 39 u. To hwon sceolde þeos smyrenes þus beon to *lore* gedôn? BLICKLING HOMIL. p. 69], jactura, alts. *far-lor,* ahd. *far-, for-, fur-lor.* Verlust.

Þus gate was þat werre pesed, withouten *lore.* LANGT. p. 97. And over alle the houses angles, Ys ful of rounynges and of jangles, Of werres, of pes, . . Of loos, of *lore* and of wynnynges. CH. *H. of Fame* 3, 869-75. Al theo *lore* in him y rette; Y schal yeilde wel his dette. ALIS. 7247.

lorain, loreln s. afr. *lorain,* mlat. *lorenum.* vgl. *lorimer.* Gebiss am Zügel.

They ryd upon joly moyles of Spayne, Wyth sadell and brydell of Champoyne, Hur *lorayns* lyght gonne leme. LAUNFAL 886. With more noblei he rod ynouȝ, than he was woned to do; His *loreyns* weren of golde, stiropes and spores also. BEK. 189.

lorken v. latere s. *lurken.*

lordein, lourdein, lurdein, lurdain, lordan, lurdan etc. s. afr. *lourdein* [RQF.], vgl. *lourdault,* nfr. *lourdaud,* sch. *lurdane, lurdon.* Tölpel, Dummkopf, Faullenzer, Lump, oft als Schimpfname gebraucht.

But hus knaue knele þat shal hus coppe holde, He lokeþ al louryng, and *lordein* hym calleþ. P. PL. *Text C.* pass. VI. 162. Ȝe, leue *lordeyne,* quod he, and leyde on me with ago, and hitte me vnder þe ere, vnethe may ich here. *Text B.* pass. XX. 188. I loke as a *lurdeyn,* and listne til my lare. REL. ANT. I. 291. Why wolde he þo, þulke wrechede Lucifer [Lucifer þat *lurdeyn* of helle *F.*] Lopen a lofte? P. PL. *Text C.* pass. II. 112. Thou stynkynge *lurdeyn,* what hast thou wrought? COV. MYST. p. 45. Thu *lurdeyn,* take heed what I sey the tyle. MIR. PL. p. 205. *Lurdeyne* idem est [sc. quod lurcare]. PR. P. p. 317. *Lurdayne,* lourdault.

PALSGR. It is a goodly syght to se yonge *lour-dayne* play the lorell on this facyon, il fait beau veoir vng jeune lourdault loricarder en ce point. *id.* v. *I play.* Sibriht þat schrew as a *lordan* gan lusk. LANGT. p. 9. *Lurdan,* thou loryd to late. TOWN. M. p. 60. A *lurdane,* ubi a thefe. CATH. ANGL. p. 224.

His deth worth avenged, And je, *lordeynes* han ylost, for lyf shal haue þe maistrye. P. PL. *Text B.* pass. XVIII. 101. So þese *lourdeines* litheren þer to, þat alle þe leues fallen. *Text C.* pass. XIX. 48. Ye, *lurdaynes,* han ylost, For lif shal have the maistrye. 12278 Wright. Here is a bag fulle .. Of *lurdans* and lyars that no man lefys. TOWN. M. p. 308.

lorden v. i. q. *laverden* u. *lordshipen* s. nach *laford.* neue. lord. herrschen.

One *lordeth,* and an other serveth. GOWER I. 269.

lordeschipinge s. vgl. *lordshipen* v. hinter *lafordscipe.* Führung, Ausübung der Herrschaft, Herrschaft.

Þis is þe mooste cyuylite or seculer *lorde-schipinge* þat eny kynge or lorde haþ on his tenauntis. WYCL. W. *hitherto unpr.* p. 385. In holdynge or havynge of her goodis is propir of possessyon & seculer *lordeschipinge.* ib.

lhording, lording s. **lordles** adj. **lordlich** adj. **lordling** s. s. *laferding, laferdles, lafordlich, loverdling* hinter *laford.*

lordschipe s. **lordshipen** v. **lordshiper** s. s. *lafordscipe.*

lore s. lat. *laurus,* it. *alloro.* Lorbeerbaum.

Par ware tacchid vp trees, þe triest of þe werd, A hundreth fote to þe hede þe hijt was & mare, Lyke oleues of Lebany & *lores* so grene. WARS OF ALEX. 4970.

lore s. doctrina s. *lare;* jactura s. *lor.*

loreia s. lorenum s. *lorain.*

lorel, -il, auch **larel, -lel** s. gewöhnlich in Verbindung mit *tre.* sp. *laurel* wie neuengl. Lorbeer.

Vnder a louely *lorel* tre, in a grene place, sche saw þe hert & þe hinde lye. WILL. 2983. A *lorelle* tre, lavrus, tripos. CATH. ANGL. 221. Hec laurus, a *loryl* tre. WR. VOC. p. 228.

The boxe, the beche, and the *lorel* tre. SQUYR OF LOWE DEGRE 35. *Larielle,* laurus. CATH. ANGL. p. 211.

lorel s. steht, mit *losel* wechselnd, und gleicher Herkunft von *leosen,* perdere, s. *losel.* verlorener, elender, nichtswürdiger Mensch.

Lewed *lorel!* quod Pieres, litel lokestow on þe bible. P. PL. *Text B.* pass. VII. 136. Somme .. leten me for a *lorel.* pass. XV. 4. I .. jede forth lyke a *lorel,* al my lyftyme. pass. XVIII. 3. I so þat euery *lorel* [lat. perditissimum quemque] shapiþ hym to fynde oute newe fraudes forto accusen goode folke. CH. *Boeth.* p. 21. Thus seistow, *lorel,* whan thou gost to bedde, And that no wys man nedith for to wedde. C. T. 5855. *Lorel,* or losel, lurco. PR. P. p. 313. This *lorell* that hadde this loby awey. DEP. OF R. II. p. 14. *Lorell* and kaytyf, They thou wher worth

swyche fyfe, Ytynt now ys thy pryde. LYB. DISC. 259. — Thus je jeueþ joure golde glotones to helpe, And leneþ it to *loreles* þat lecherie haunten. P. PL. *Text C.* pass. L. 74. It is lijter to leue in þre louely persones þan for to louye and leue as wel *lorelles* as lele. *B.* pass. XVII. 43.

lorelschipe s. s. *lorel,* lurco. Nichtswürdigkeit, Schelmerei.

Þus þei [sc. þe curatis] wasten pore mennus liflode in hordom & glotonye, & to curse cristene men for here goodis. WYCL. W. *hitherto unpr.* p. 156.

lorer s. i. q. *laurer,* afr. *lorer,* sch. *lorer.* Lorbeer.

This Daphne into a *lorer* tre, Was torned. GOWER I. 337. He .. plantid tres þat war to prayse, Of cedri, pine, and of *lorer* [*lorere* TRIN.; *lorrer* COTT. FAIRF.]. CURS. MUNDI 8234 GÖTT.

loresman s. s. *lare, lore* s. Lehrmeister.

As his *loresman* leres hym. P. PL. *Text B.* pass. XII. 183. The *loresman* of the shepherdes And eke of hem, that ben netherdes, Was of Archade and highte Pan. GOWER II. 161. Whi nel we cristene of Cristes good be as kynde As Iuwes, þat ben owre *loresmen?* P. PL. *Text B.* pass. IX. 86.

lorialle s. euphorbia s. *lauriol.*

loril s. laurus s. *lorel.*

lorimer s. mlat. *lorimarius:* Lorimarii quam plurimum diliguntur a nobilibus militibus Francie, propter calcaria argentata et aurata, et propter pectoralia resonancia et frena bene fabricata. Lorimarii dicuntur a *loris* [seu *loralibus*] quæ faciunt. JOHN DE GARLANDE in WR. VOC. p. 123. neue. *lorimer.* Sporer.

A *lorymer,* lorimarius. CATH. ANGL. p. 221. *Loremar* that maketh byttes, esperonnier. PALSGR. — File þ *lorimers* babben. ANCR. R. p. 184. v. l. note d.

lorspel s. sermo, doctrina s. *larspel.*

lorþeau, lorþeu s. præceptor, magister s. *larþeu.*

lorþein s. von ags. *ldr,* doctrina, und *þegen, þegn, þén,* vir, miles, minister. Lehrer.

Feole of þen *lorþeines* losiæþ. FRAGM. OF ÆLFRIC'S GRAMM. etc. p. 5.

los, loos, lose s. afr. *los,* lat. *laus,* sch. *lose, lois, loss.* Lob, Preis, Ruhm; Ruf, auch in unvortheilhaftem Sinne.

Hys godenesse & hys gode *los* aboute sprong wel wyde. R. OF GL. p. 330. Þe *los* of þe lede is lyft vp so hyje. GAW. 258. Porj out þe werld of is beryng spryngeþ *los* & fama. FERUMBR. 123. Þo þat first were foos & com of þe paien lay, Of cristen men haf *los.* LANGT. p. 25. For y, ludus, of joure lif swich a *los* hurde. ALEX. A. DINDIM. 221. Hire louely lemman hade swiche *los* wonne. WILL. 1366. So schaltow gete god *los.* 5132. He [sc. Iesu Crist] ulea] aboue þe uolk in to þe helle [i. q. hill], uor to by ine bedes, ous uor to teche to beuly þet *los* and þe blondingge s. AYENB. p. 141. Me ne myjte *of* so noble *los* man neuere vnderstonde. R. OF GL. p. 180. Sir Warin of

Bassingbourne, man *of* gret *los.* p. 551. Þo was
Hengist sore adrad of kyng Aurely þer, And
nomeliche *for* þe noble *los,* þat he herde of hym
er. p. 137. Þo byeþ fole ypocrites, þet . . doþ
manie penonces an guode, principalliche *uor* þe
los of þe wordle, uor þet me halt ham guode
men. AYENB. p. 26.

For þe *loos* on hire is leide, & loue of þour
selue, he prayeth, lord, vowchesauf, þat his
sone hire wedde. WILL. 1448. Gret *loos* hath
Largesse, and gret pris. CH. *R. of R.* 1161.
Y graunte yow, That ye shal have a shrewde
fame, And wikkyd *loos* and worse name, Though
ye good *loos* have wel deserued. *H. of Fame*
3, 529.

Y haue me preued on þy werre to fiȝte aȝen
þy foes, In many a lond boþ ner & ferre y gete
me prys & *loos.* PERUMBR. 272.

No vaunt sall þar rise, No *lose.* WARS OF
ALEX. 1880 Dubl. All oure life & oure *lose* is
lent in þour handis. 3527 Ashm. Þat louing &
lose shuld lenge of our dedis. DESTR. OF TROY
4878. Pan come rydande sir Galyadose, Off
Sarasenes alle he bare þe *lose.* ROWLAND A.
OTUELL 1093. Yee.. þat boldely thinken Wheþer
in werre or in wo wightly to dwell, For to lachen
hem *loose* in hur lifetime. ALIS. FRGM. 1-4.

los, auch **loss** etc. s. ags. *los,* solutio, perditio, altn. *los,* solutio, neue. *loss.* V e r l u s t.

Better is a litel *los* [*losse* Text *B.*] Than a
long sorwe. P. PL. 388 *Wr.* Pauh he chaffare,
he chargeþ no *los,* mowe he charite wynne; Ne-
gocium sine dampno. *Text C.* pass. XVII. 149.
Los, or lesynge, perdicio. PR. P. p. 213. Þe
lady to lauce (?) þat *los* þat þe lorde hade,
Glydes doun by þe grece. ALLIT. P. 2, 1589.
Þe *los* [*losse* Dubl.] of Lesias litill þou charge.
WARS OF ALEX. 866 Ashm. Gyf an end hade ben
now, & neuer noyet efter, Bothe of lure & *of
los,* & oure lorde wolde, Hit was euyn bot a
venture of angur to come. DESTR. OF TROY
1439. Ffor *los* of hor lyues and hor lese
knightes. 5588. Kerueð (imperat.) of hire nesse,
& heore wlite ga *to lose.* LAȝ. II. 536. Her
comen blake fleȝen and fluȝen in mone eȝene, in
here muð, in heore neose, heore lif heom eode
al *to loose* [*to lose* j. T.]. I. 166.

Thow ges matir to men mony day after,
fforto speke of þi spede, & with spell herkyn
Of þi lure and þi *losse* for a high wille. DESTR.
OF TROY 2089. A *losse* or a lossynge, perdicio,
amissio. CATH. ANGL. p. 221. They might . .
saufly tornen home ayein, *Withoute loss* of any
grein. GOWER I. 270.

Ȝit me is better on þe bent in bataile be
slayne, þan se þe *loss* [*losse* Dubl.] of my ledis,
& ay leue in sorowe. WARS OF ALEX. 3170
Ashm.

Myghte no lyere with lesynges, ne *loos* of
wordly catell Make hym for eny mournyng þat
he ne was mury in soule. P. PL. Text *C.* pass.
XXII. 292. Pei drawe trewe men to prison, to
loos of catel, and deþ wiþouten resonable cause.
WYCL. W. *hitherto unpr.* p. 16. Þe fend . .
stireþ lordis & myȝtty men to make an ydiot &
fool curatour of cristene soulis, þat neiþer may

ne kan ne wole, for . . drede of wordly shame
& *loos,* teche hem goddis lawe. p. 212.

les, loes, leas adj. niederl. *los,* sch. *lous,
lows,* neue. *loose.* l o s e, u n f e s t, u n g e b u n -
d e n , auch bildlich mit üblem Nebenbegriff
l e i c h t f e r t i g.

Loss in the haft. HARDWICK p. 74. His
lose tunge he mot restreigne. GOWER I. 131.
Loes, or *loos,* vnbowndyn, solutus. PR. P.
p. 310. Whan the hors was *loos,* he gan to goon
Toward the fen. CH. *C. T.* 4062. Whan I had
al this folkys beholde, And fonde me *louse* and
noght yholde etc. *H. of Fame* 3, 195. Heo bið
ikest sone adun, ase þe leste [*louces* T. *lousse* C.]
ston is from þe tures coppe. ANCR. R. p. 228.

losange s. s. *losinge.*

losard s. vgl. *losel.* e l e n d e r M e n s c h ,
L u m p.

Have ye no doutance of all these English
cowards, For they ne be but *losards.* RICH. C.
DE L. 1862. Now let come these French *losards,*
And give batayle to the taylards. 1875.

lose s. laus; solutio, perditio s. *los.*

losein s. s. *losinge.*

losel s. gleicher Bedeutung mit *lorel,* lurco.
s. dass. sch. neue. *losel.*

Lorel, or *losel,* lurco. PR. P. p. 313. Thu
sekys fraward Sychim, þi selue with euell haille,
And leues as a *losell* [*lorell* Ashm.] owr land for
to entre. WARS OF ALEX. 1759 Dubl. Þe *losell*
to þe lady launchid full swithe. DESTR. OF
TROY 12096. — Thus þey geuen here golde
glotones to kepe, And leueth such *loseles* þat
lecherye haunten. P. PL. Text B. prol. 76.
Curatoures of holy kirke, as clerkes, þat ben
auerouse, Liȝtlich þat þey leuen, *loselles* it
habbeth. pass. XV. 132. Summe leiden þe
legges aliri, as suche *losels* cunne, And playneden
hem to Pers with suche pitous wordes: We
haue no lymes to labore with. Text A. pass.
VII. 115.

loseliche adv. zu *los* adj. neue. *loosely.* u n -
g e b u n d e n, f r e i, b e h a g l i c h.

Heys in the lowest heuene, yf oure byleyue
beo trewe, And wel *loseliche* lolleþ þere. P. PL.
Text C. pass. XV. 152. vgl. *B.* pass. XII. 213.

losen, bisweilen **lewsen** v. steht neben *alosen,*
afr. *aloser.* norman. *loser.* l o b e n, p r e i s e n.

Noyther he blameth ne banneth, bosteth
ne prayseth, Lakketh ne *loseth.* P. PL. Text B.
pass. XV. 247.

Riȝt so ferde resoun bi the, þow with rude
speche Lakkedest, and *losedest* þinge, þat
longed nouȝt to be done. *ib.* pass. XI. 410.

Ser, wete it wele ȝoure worthenes, þat for
na wele here Suld neuire no hathill vndire
heuen be to hiȝe *losed.* WARS OF ALEX. 5315.
Hys loyse (lose *Ashm.*], ffor all hys hattellayke,
is *losyt* þorow þe werld. 2505 Dubl. 1, Sir
Dary, þe digne & derfe Emperour, The king of
kynges am called & conquerour bath, Of all
lordes lord, *lowsed* þorow þe werld. 1958 Dubl.

losen v. solvi, solvere s. *losien.*

losenge s. s. *losinge.*

losengere, losengour, -jour, losinger etc.
s. afr. *losengieres, losengeor*, sp. *lisonjero*, pg. *lisonjeiro*, sch. *losingere, losyngeour*, neue. *losenger*. Schmeichler, Betrüger.
Sir Jon mad him prest, he trost þat *losengere*. LANGT. p. 288. Her court hath many a *losengere*. CH. *R. of R.* 1050. Apon a day hit was saide To Candidus, by a *losenger*, . . That Alisaunder sat at his bord, And hadde yslawe Pors his lord, And dude him clepe Antigon. ALIS. 7735–42. Many a fals flatour Is in your hous, and many a *losengour*, That pleasen yow wel more, by my faith, Than he that sothfastnesse unto yow saith. CH. *C. T.* 16811. In youre courte ys many a *losengeour*. *Leg. Gw.* Prol. 352. He es ateyned for traytur, And fals and lither *losenjoure:* He has bytrayed my lady. Yw. A. GAW. 1601. He [sc. þis senne] him dobleþ ine ham þet þe yelpere and þe *lozeniour* secheþ. AYENB. p. 22. I leue here be sum *losynger*, sum lawles wrech. ALLIT. P. 3, 170. A *losynger*, assentator. CATH. ANGL. p. 221.
Lieres ne *losengeres* loued he neuer none. WILL. 5481. Þan waxe sory þe gode barouns, þat þay scholde don op hure pauillo[u]ns, By þe conseil of *losengers*. FERUMBR. 4195. These *losengers* thorough flaterye Haue maad folk ful straunge be, There hem oughte be pryue. CH. *R. of R.* 1064. Ofte I see suche *losengours* Fatter than abbatis or priours. 2693. What sey men of thes *losenjours* That haue here wurdys feyre as floura. Ms. in HALLIW. D. p. 530. Fy upon you *losyngeres*, On you and Saladyn your lorde! RICH. C. DE L. 3690.
losengerie, losengerie s. afr. *losengerie*, it. *lusingheria*, sp. *lisonjeria*. Schmeichelei, Betrug.
In lecherye and in *losengerye* je lyuen, and in sleuthe. P. PL. *Text P.* pass. VI. 145. Murthe and mynstralcye amonges men is nouthe Leccherye, *losengerye*, and loseles tales. pass. X. 48. Þet is zenne of blondingge oþer of *losengerie*. AYENB. p. 10. Þe ilke þet wylneþ heje to cliue, to some ha wyle queme, and þerof wexeþ uele zennes, ase . . *lozengerie*, simulacion, folliche yeue, uor þet me ssel him hyealde corteys and large. p. 23.
losien, losen, loosen, lousen, lowsen, auch **loisen, lausen, lawsen** v. ags. *losian*, solvi, eripi, aufugere, perire; perdere, alts. *lôsian, lôsôn*, ahd. *lôsjan, lôsan, lôssan*, niederl. *lossen*, gth. *lausjan*, altnorth. *loessia*, perire; perdere, altn. *losa*, schw. *lôsa*, dän. *löse*, sch. *louse, lowse*, neue. *loose* u. *lose*.
a. intr. verloren gehen: Þer lyues lyste may neuer *lose*. ALLIT. P. 1, 907.
Iwend þe from uuele, þi les þu steorles *losie* on ende. OEH. p. 117. Ʒif þe biscop biðjemeles . . þenne *losiað* fele saulen, and he seolf forð mid for his jemeleste. *ib.* Apprehendite disciplinam ne quando irascatur dominus & pereatis de uia iusta, þet is on englisc, Vnderfoð steore, þi les ðe god iwurðe wrað wið eou, and je þenne *losian* of þan rihtan weie. *ib.*
Gif he forlist an þara sceape, la hune forlet he nejon and hun neojontie a westene, and geð

secende þat an þe him *losede?* OEH. p. 245. Blissiað mid me, forþan þe ic imete mi sceap þe me *losede. ib.*
b. tr. 1. verlieren: Nu þu scalt læn leosen, and *losie* þine freonden. LAJ. II. 268. Ha beon eauer feard for to *losen* & jisceð þah after muchele deale mare. HALI MEID. p. 29.
Wheder I *lose* or I wyn, in fayth, thi felowship, Set I not at a pyn. TOWN. M. p. 29. Fearlac of his lure is anan wið him iboren, for nis ha neauer wiðute care leste hit ne misfeare, a ðat owðer of ham twa ear *lose* oðer. HALI MEID. p. 35.
Al his folc he *losede* þer. LAJ. I. 93. Armoriche hæhte þat lond, Ah þene nome hit *losede* an hond. II. 106. Hire lif heo *losede* sone. III. 28. He ne *losede* na lif, onont þ he Godd was. LEG. ST. KATH. 1120. Þe day *lost* his coloure, & mirk was as þe nyght. LANGT. p. 221. Adam for pride *lost* his prise In middelerth. GOWER I. 153. Thus he *loste* contenaunce This god, and let his cause falle. II. 150. — Heo *loseden* monie þusend godere monnen. LAJ. I. 243.
Þe þat fetly in face fettled alle eres, If he hats *losed* the lysten, hit lyftes meruayle. ALLIT. P. 2, 585. Anon as thei [sc. grete stones and the roches] ben entred in to the gravely see, thei ben seyn no more, but *lost* for evere more. MAUND. p. 273. The knight . . schuld haue *lost* his heed. CH. *C. T.* 6473. There was pride of to grete coat, Whan he for pride hath heven *lost*. GOWER I. 153.
2. auflösen, verderben, zu Grunde richten: What seches þou on see, synful schrewe, With þy lastes so luþer to *lose* vus vchone? ALLIT. P. 3, 197. Wenys thou thus to *loyse* oure lay? TOWN. M. p. 60.
We schal tyne þis toun & trayþely diastrye . . & alle þe londe with þise ledes we *losen* at ones. ALLIT. P. 2, 907.
Ichabbe be *losed* mony a day, er ant late y be thy foo. LYR. P. p. 99.
3. lösen, losmachen, befreien, im eigentlichen und bildlichen Sinne: *Losyn*, or vnbyndyn, solvo. PR. P. p. 313. *Losyn*, or slakyn, laxo, relaxo. p. 314. Þa cays er noght elles to se Bot playn power of his dignite, Thurgh whilk he may be law and skille, *Louse* and bynde at his wille. HAMP. 3838. To that Lord be not unkynde, Fore he may both *louse* and bynde. AUDELAY p. 45. I selle the *louse* fro the tre. PERCEV. 1871. Tyme shal come whanne thow shalt shaak out and *lowse* the jok of hym of thi nollys. WYCL. GEN. 27, 40 Oxf. The Lord fro heuene in to erthe lokede, that he shulde here the weilingus of the gyuede, and *loosen* the sones of the slayne [ut solvat filios interemptorum *Vulg.*]. Ps. 101, 20. 21 Oxf. I may bynd and *lowse* of band. TOWN. M. p. 66. I am not worthy for to *lowse* the leste thwong. p. 166.
Louse þi lippes atwynne & let þe gost worche. JOSEPH 49. *Lowse* thow thi shoyng fro thi feit. WYCL. EXOD. 3, 5 Oxf. *Lowse*, he seith, the sho fro thi feet; forsothe the place in the which thow stondist is hooli. JOSH. 5, 16 Oxf.

Alle þat þow *lowses* in erthe right Sal be loused in heven bright. HAMP. 3852. More omnia solvit, þe dede, he says, *louses* alle þing. 1790. Who seue, that myn asking come .. And that began, he me totrede, *lose* his hond and hewe me doun? [Quis det, ut veniat petitio mea .. et qui cœpit, ipse me conterat, solvat manum suam, et succidat me? *Vulg.*]. WYCL. JOB 6, 9 Oxf. As Crist me *lowes* °f syn. TOWN. M. p. 286. — They .. *losen* Mars out of his bondes. GºWER II. 150.

At the last, fro þat lady, I *lausyt* myselfe By wiles, & wit, & wo. DESTR. TROY 13250. Who lafte the asse fre, and his bondes who *looside* [*loside* Purv.]? WYCL. JOB 39, 5 Oxf. He *loused* the lady so brighte, Stod bowne to the tre. PERCEV. 1875. Þer he *loused* his hond, he leyde hem on ronkes, and welde hem biforen at his oune wille. JOSEPH 599. We women may wary alle ille husbandes, I have oone, bi Mary! that *lowsyd* me of my bandes. TOWN. M. p. 25. — Paris with pyne, & his pure brother .. *Lauset* loupis fro the le. DESTR. OF TROY 2803. At the last þai me *lausit*, by leue of our goddes. 13314. Then they *lowsyd* hur feyre faxe [sc. womit sie an einem Baume aufgehängt war]. BONE FLOR. 1545.

Lowsynge, soluens, re-, dis-. CATH. ANGL. p. 222. — Yiftes were faire, but not forthy They helpe me but symply, But Bialacoil *loosed* be, To gon at large and to be free. CH. R. of R. 4509. Cupio dissolvi et esse cum Cristo. I yhern, he says, be *loused* away, Fra þis life and be with Crist ay. HAMP. 2180. Alle þat þou lowses in erthe right Sal be *loused* in heven bright. 3852. As I be *lowsid* of my care. TOWN. M. p. 281. *Lowsyd*, solutus. CATH. ANGL. p. 222.

losing, lossinge, lowsinge s. von *losien*, *lowsen*, solvi, solvere, perdere.

1. Verlieren, Verlust: *Losyng*, perdicion. PALSGR. A losse or a *lossynge*, perdicio, amissio. CATH. ANGL. p. 221.

2. Lösung, Auflösung: A *lowsynge*, denodacio, solucio, dis-, re-. CATH. ANGL. p. 222.

losinge, lesenge, losein, loisin etc. s. afr. *losenge*, *losenge*, nfr. *losange*, it. *lozanga*, sp. *losange*, *lisonja*. Raute, Rhombus, gleichseitiges verschobenes Viereck.

1. in der Wappenkunde, Feld im Schilde, überhaupt als Verzierung: Nought yclad in silk was he, But alle in floures and in flourettes, Ipainted alle with amorettes, And with *losynges* and scochouns, With briddes, lybardes, and lyouns. CH. R. of R. 890. Somme crouned were as kynges, With corounes wroght ful of *losynges*. H. of Fame 2, 226.

2. in der Kochkunst verschiedene Gerichte, Gebäcke, die ihren Namen der Form verdanken: *Losinges* de chare. Take faire buttes of porke, and hewe hem, and grynde hem, and caste there to yolkes of eyren rawe .. make faire past .. and make there of ij faire cakes, and ley the stuff therein al abrode on þe cakes all flatte. And þen take anoþer cake, and ley him al abrode thereon, and þen kutte þe cakes thorgh with a

knyfe, in maner of *losinges*; and then make faire bater of rawe yolkes of oron, sugur and salt, and close þe sides of þe *losinges* therewith. TWO COOK. B. p. 82. In dem gleichen Recepte steht statt o überall e in: *Lesynges .. losyngys .. losyngz*. p. 44. Take floure, water, saffron, sugur, and salt, and make fyne paast þer of, and faire thyn cakes, and kutte hem like *losenges*, and fry hem in fyne oile, and serue hem forthe hote in a dish in lenten tyme. p. 97. Take rawe chese anone, And grate hit in disshes mony on, With powder dowce; and lay þer in þy *loseyns* abofe þe chese with wynne .. þose *loysyns* er harde to make. LIB. C. C. p. 40. Hierher gehört auch: *Losange* of spice, losange. PALSGR.

lesinger s. s. losengere.

losnen v. altn. *losna*, solvi, altschw. *losna*, lösna, lusna, nschw. *lossna*, dän. *lösne*, sämmtlich in derselben Bedeutung, neue. *loosen*. losmachen, befreien.

The Lord *losneth* the gyuede [Dominus solvit compeditos *Vulg.*]. WYCL. Ps. 145, 7 Oxf.

less s. solutio, perditio s. *los*.

lessinge s. perditio s. *losing*.

lossem, lessum adj. s. *lufsum*.

lost s. alts. *far-lust*, ahd. *for-lust*, mhd. *verlust*, gth. *fra-lusts*. Verlust.

Ich hadde neuere wil witerlich to byseche mercy For my mysdedes, þat ich ne mornede ofter For *lost* of good, leyue me, þen for lycames gultes. P. PL. *Text* C. pass. VII. 273. Which is of most cost And lest is worth and goth to *lost*. GOWER I. 147. Counsel ham fro covetyse, cursid mat he be, He wyl hem lede to here *lost* and lyke to be lore. AUDELAY p. 13. The Emperour grauntid that peticion, for *lost* [= to prevent a failure] of observraunce of the lawe. GESTA ROM. p. 154.

lost s. cupido s. *lust*; **losten** v. s. *lusten*.

lot s. ags. *lot*, dolus, fraus. Betrug.

Wycked nis non that y wot, that durste for werk hire wonges wete, Alle heo lyven from last of *lot*. LYR. P. p. 31.

lot, northumbr. noch **klot;** und **leot** s. ags. alts. afries. *hlôt*, ahd. *hlôz*, *lôz*, mhd. *lôz*, niederl. niederd. *lot*, gth. *hlauts*, κλῆρος, altn. *hlutr*, schw. *lott*, dän. *lod*, afr. *lot*, neue. *lot*.

1. Loos, Los, ein Gegenstand, der nach Zufall über ungewisse Dinge entscheiden soll, oder zur Befragung des Schicksals dient.

Hyo todældon hys reaf & wurpon *hlot* þær ofer. MATTH. 27, 35 northumbr. On my cloth thei senton *lot*. WYCL. l. c. Oxf. Þo funden heo his curtel þat he wes al ihol. Hi nolden þer of makie nones cunnes dol, Ac hi casten heore *lot*, hwes he scolde beo. O.E.MISCELL. p. 49 sq. Mi cleþinge *lote* kaste þai on [miserunt sortem *Vulg.*]. Ps. 21, 19. Vp wan þat *lot* falleþ, he mot neod wenden .. þat *lot* on vs ful, þat we faren solde. LAȝ. II. 155 j. T. *Lotes* did þei kast, for whom þei had þat wo, þe *lote* felle on Reynere & on his wif also. LANGT. p. 124. Sone haf þay her sortes sette & serelych deled, & ay þe *lote* ypon laste, lymped on Ionas. ALLIT. P. 3, 193. Þe strengeste me schal bi choys and bi *lot* also

Chese out. R. OF GL. p. 111. This shal be the loond that ȝe shulen welde bi *lot*. WYCL. NUMB. 34, 13 Oxf. The moost wide loond is left, that not ȝit is dyuydid bi *lot*. JOSH. 13, 1 Oxf. Bi *lot* alle thingis dyuydynge. 14, 2 Oxf. A lodesman lyȝtly lep vnder hachches, For to layte mo ledes & hem to *lote* bryng. ALLIT. P. 3, 179. — Heore *loten* [*lotes* j. T.] werpoð. LAȝ. II. 155. Heo gunnen *loten* weorpen. II. 225. Heo wrpen heore *leoten*. I. 12. Þo *leoten* weren iworpen. I. 13. Þe king .. bad heom *leoten* [*lotes* j. T.] weorpen. II. 225. *Lotes* did þei kast. LANOT. p. 124. s. oben. I lovne þat we lay *lotes* on ledes vchone. ALLIT. P. 3, 173. als Plural erscheint northumbr. *klote* in: Hyo dælden his reaf & *klote* wurpen. MARK 15, 24, wo das Ags. *hlôtu*, Tyndale (1526) *loottes*, die jüngere englische Uebersetzung *lots*, dagegen Wycliffe *lot*, und die Vulgata *sortem* hat.

2. Antheil, Theil als zugetheiltes Eigenthum oder Anrecht.

Hwa se euer wule habbe *lot* wiþ þe of þi blisse, he mot deale wiþ þe of þine pine on eorþe. OEH. p. 197. Hwa so euer wule habben *lot* wið þe of þine blisse, he mot delen wið þe of þine pine on eorðe. p. 201. Moni mon hit walde him forȝeuen half oðer þridde *lot*, þenne he iseȝe þet he ne mahte na mare þeforðian. p. 31. Also ase þe vuele nabbeð no *lot* ine heouene, ne þe gode nabbeð no *lot* in eorðe. ANCR. R. p. 358. He gaff hys men, withouten othis, Al the tresore and the clothis, Sylvyr and gold, every grot; Every man hadde his *lot*. RICH. C. DE L. 4259. Whan it cometh to my *lot*, By God! I schal him quyten every grot. CH. C. T. 6875. Att ænne time whanne hiss *lott* Wass cumenn upp to þeowwtenn, He toc hiss reclefatt onn hand. ORM 133. Daviþþ king hemm haffde sett I *lotess* fowwre & twenntiȝ, Þatt illc an shollde witenn wel Whillc *lot* himm shollde reȝȝsenn, To cumenn inntill Ȝerrsalæm To serrvenn i þe temmple. 501.

lot, lote s. gestus, habitus s. *late*.

lotebi, lotbi, luttbi, ludbi s. ein Wort unaufgeklärten Ursprungs. Vielleicht zu *lotien*, *lutien*, latere, gehörig; vgl. MATHEW A. SKEAT Dict. p. 138 v. *loteby* (a secret lier with) und HALLIW. D. p. 535 v. *lyerby*. Geliebter, Geliebte, meist als Beischläfer, Beischläferin.

Sche stal awai, mididone, And wente to here *lotebi*. SEUYN SAG. 1442. With me folwith my *loteby*, To done me solas and company, That hight dame Abstinence. CH. R. of R. 6342. He wold here selle that he had boȝt, And schenchypus here that he hath soȝt, And takys to hym a *loteby*. AUDELAY p. 5. Hit was a burgeis and hadde a wyf .. And hadde a popynjay at spake, And wyst by hys wyf a lake, And tolde hym when he ham cam, Anothyr *lotby* scho nam. SEVEN SAG. 2143. Methink scho chaungid wriochidlye, When scho left Criste, hir leue *luttbye*, And toke hir to a synfull man. METR. HOMIL. p. 82. A gentyl man hath a wyfe and a hore, And wyves have now comunly here husbondys and a *ludby*. Ms. in HALLIW. D. p. 530. But

there the wyfe haunteth foly Undyr here husbunde a *ludby*. ib. — She [sc. Mede] blesseth þise bisshopes, þeiȝe þey be lewed, Prouendreth persones, and prestes meynteneth, To haue lemmannes and *lotebies*, alle here lifdayes, And bringen forth barnes aȝein forbode lawes. P. PL. Text B. pass. III. 146.

loten v. scheint von *lot*, fraus, abgeleitet, in der Bedeutung täuschen.

Ne sal ic gu nogt *loten* Of ðat ic haue gu bihoten. G. A. EX. 3131.

lotien v. latere s. *lutien*.

letinge s. zu *lotien?* Lauer, Versteck?

He say the ekeris wonynge, And the fysches *lotynge*, How everiche other mette, And the more the lasse frete. ALIS. 6202.

loð adj. u. s. malus u. malum s. *lað*.

loðen v. odio haberi, abominari, detestari s. *laðien*.

loþinge s. abominatio [PR. P. p. 316] s. *laðinge*.

loðleas, -les adj. **loðlesnesse** s. **loðlic, -lich** adj. etc. s. *laðleas, laðleenesse, laðlic* etc.

lou interj. s. *la*.

louken v. claudere, vellere, runcare s. *luken*.

louker, lewker s. s. *luken, louken, lowken*. nordengl. dial. *louker*. CRAVEN DIAL. I. 299. Jäter, Behacker.

Hic runcator, circulator, *lowker*. WR. VOC. p. 218. A *lowker*, runcator. CATH. ANGL. p. 222.

loud adj. loude, **lhoude** adv. loude, **loudinge** s. s. *lud, lude, ludinge*.

lough, louh s. lacus s. *loȝ*.

loughli adv. humiliter s. hinter *lahe*.

louh adj. humilis s. *lah*.

louhnesse, louhschipe, loulinesse s. s. hinter *lahe* adv.

lounge s. pulmo s. *lunge*.

loupe s. unaufgeklärten Ursprungs. neue. *loop*.

1. Loch, Oeffnung, bes. Schiessscharte: Cheke we and cheyne we, and eche chyne stoppe, þat no light leope yn at louer ne at *loupe*. P. PL. Text C. pass. XXI. 287. Garytes ful gaye gered bitwene, Wyth mony luflich *loupe*, þat louked ful clene. GAW. 791. *Loupe* in a townewall or castell, creneau. PALSGR. — At louers, *lowpes* archers had plente, To cast, draw, and shete. ROM. OF PARTENAY I. v. 1175.

2. Schlinge, Ausbucht, Schleife, Ring: A *loupe*, amentum, ansa, corrigia. CATH. ANGL. p. 222 (a. 1483). Hierher gehört wohl auch der Plur. *loupis*: Paris with pyne, & his pure brother, Toke leue at þere lege with loutyng & teris, Shot into ship with shene men of armys, Lauset *loupis* fro the le, lachyn in ancres. DESTR. OF TROY (aus der zweiten Hälfte des vierzehnten Jahrh.); vgl. das *Gloss.* (loop, cable, rope). In der älteren Sprache ist diese Bedeutung nicht nachzuweisen; sie erscheint im sechszehnten Jahrhundert in der Bibelübersetzung: Thou shalt make *loops* [oyletis WYCL. handelis *Purv.* ringis v. l. ansulas *Vulg.*] of blue upon the edge of the one curtain etc. EXOD. 21, 4. Fifty *loops* [oiletis WYCL. handlis *Purv.* etc.] shalt thou make in the one curtain, and

fifty *loops* shalt thou make in the edge of the curtain, that is in the coupling of the second, that the *loops* may take hold one of another. 26, 5.

loupen v. currere, salire s. *leapen.*

lour interj. s. *la.*

lour s. s. hinter *luren* v. insidiari.

. **lourd** adj. afr. *lurd, lourd,* it. *lurido, lordo,* mlat. *lurdus,* lat. *luridus,* sch. *lourd* = dull, lumpish, gross, sottish. plump, garstig.

Mars . . thought it was a great pite To se so lusty one as she Be coupled with so *lourd* a wight. GOWER II. 149.

lourdaine, lourdein, lourdeine s. s. *lordein.*

louren v. insidiari, **louri** adj. s. *luren.*

louring s. s. *luring.*

lous adj. solutus s. *los.*

leus s. pediculus s. *lus;* **lousen** v. liberare pediculis s. hinter *lus.*

lousen v. solvi, solvere s. *losien.*

lousi adj. plenus pediculis s. hinter *lus.*

louten v. inclinari, **louting** s. inclinatio s. *luten, luting.*

louwen v. humiliare s. *laghen* v. hinter *lahe* adv.; mugire, rugire s. *lowen.*

lovabil adj. zu *loven,* laudare, gehörig. lobenswerth, löblich.

Ffra the rysynge of the sun til the settynge: *louabile* the name of the lord. Ps. 102, 3 HAMP. Grete lord and *louabil* ful mykil, and of his gretehede is nane ende. That is, he is mare *louabil* than any thoght may thynke. *ib.* 144, 3. Wha is this like, worschipful in halynes, aghful and *louabil,* and doand wondirs. CANT. MOYSI 1, 12 HAMP.

love s. amor u. Komposs. s. *lufs.*

love, lofe, lufe s. gth. *lófa,* palma, altn. *lófi,* vola manus, schw. *lofve,* sch. *lufe, luif, 'luffe, loof.* flache Hand, dann überhaupt Hand.

Hec palma; hoc ir, irris; hec vola, the *loue* [lone *ed.* verdruckt] of the hande. WR. VOC. p. 207. Ser Dary . . Held þe lettir in his *loue.* WARS OF ALEX. 2066 Ashm. He asured him so sadly, þe serep [mlat. syrupus] he takis, þe licor in his awen *looue* [*lofe* Dubl.], þe lettir in þe tothire. 2568 Ashm. — Wyth lytt *louez* vplyfte þay loued hym awyþe, þat so his servauntes wolde see & saue of such woþe. ALLIT. P. 2, 987.

Nos. I may towch with my *lufe* the grownd evyn here. TOWN. M. p. 32.

loveing s. laudatio s. *loving.*

lovelich adj. lovelike adv. s. *luflich, luflike.*

loven v. amare s. *lufien.*

loven, lofen, lowfen v. ags. *lofian,* laudare, celebrare, alts. ahd. *lobón,* mhd. *loben,* afries. *lovia,* promittere, niederl. *loven* = loben u. eine Preisbestimmung machen, niederd. *lowen* und *láwen,* altn. *lofa,* schw. *lofva,* dän. *love.*

1. **loben, preisen:** Unnc birrþ baþe *lofenn* Godd etc. ORM *Ded.* 87. Menn sholldenn cnawenn himm & *lofenn* himm & wurrþenn. ORM 3484. Al songe to *loue* þat gay iuelle. ALLIT. P. 1, 1123. To *loue,* ubi to pra[y]se. CATH. ANGL. p. 221. In werlde of werldes *love* [laudabunt *Vulg.*] þe þai mon. Ps. 83, 5. With

lippes of gladnes mi mouth *loove* sal [laudabit *Vulg.*]. 62, 6. Þei maken a newe craft to preye and to *loue* god. WYCL. W. *hitherto unpr.* p. 320.

Loves [laudate *Vulg.*] Laverd, for gode Laverd yhit. Ps. 134, 3. *Loves* him after manihede of his mikelnesse. 150, 2.

If I say it myselfe, slik sotellte I haue, Sa clere a witt & sa clene, my creatoure I *lofe,* þat all þe notis at I neuyn, nobly I can. WARS OF ALEX. 258. How he fore, scho him fraynes ferly jerne. „Wele, graunt mercy.“ quod þe kyng, „my god, I him *loue.*“ 457. Al kine gaste *love* [laudet *Vulg.*] Laverd þat isse. Ps. 150, 6. — We *loue* þe [lat. laudamus te]. LAY FOLKS MASS B. p. 14. v. 123. Alle þa þat *lofenn* Godd & wurrþenn. ORM 2251.

Syr Emere horsyd hys lorde agayne, And *loovyd* god, he was not slayne. BONE FLOR. 713. Sche knelyd downe before the crosse, And *looveyd* god wyth mylde voyce, That sche was thedur wonne. 1905. Quen Philip see him so fers in his first elde, His hert & his hardynes hiȝely he *lofed.* WARS OF ALEX. 657. — Þai . . *looved* his lof, night and dai [laudaverunt, v. l. cantaverunt, laudes ejus. *Vulg.*]. Ps. 105, 12. Thai *louyd* the louynge of him. Ps. transl. by HAMP. *ib.* p. 374. Þai . . *loved* his lovyng als þai couth say. HAMP. *Pr. of Consc.* 321. They *looveyd* god, lesse and more, That they had fownde the lady thore. BONE FLOR. 2127. They *loovyd,* god bothe more and lesse, That they had getyn the emperes, That longe had bene awaye. 2151. Wyth lytt loues vplyfte þay *loued* hym. ALLIT. P. 2, 987.

Att te temmple þær þær Godd Wass *lofedd* aȝȝ & wurrþedd. ORM 8443. *Loved* is sinful [laudatur peccator *Vulg.*]. Ps. 9, 24. The synfull is *loued. ib.* HAMP. In Laverd mi saule be *loved* sal [laudabitur *Vulg.*]. Ps. 33, 2. In lord *loued* sall be my saule. *ib.* HAMP. *Lovyd* be thou Lord. TOWN. M. p. 36.

2. **schätzen, einen Preis auf etwas setzen, anschlagen:** *Lovon,* and bedyn as chapmen. PR. P. p. 314.

I *love,* as a chapman *loveth* his ware that he wyll sell; je fais. I *love* you it nat so dere, as it coste me; je ne le fais pas tant chier quil ma couste. PALSGR. Nou, Judas, sen he shal be sold, How *lowfys* thou hym? TOWN. M. p. 177. Þe aullere *loueð* his þing dere, and seið þat it is wel wurð oðer betere. Ðe beger bet litel þar fore. OEH. II. 213. Hwo *luueð* þing & *loueð* hit uor lesse þen hit is wurð? ANCR. R. p. 408. — Howe moche *love* you it at? combien le faictes vous? PALSGR. I wolde be gladde to bye some ware of you, but you *love* all þynges to dere. *id.*

lover, lovir, luver s. wahrscheinlich aus dem afr. *louvert* entstanden, neue. *loover, louver* [CRAVEN DIAL. *love, loover, luvver.* L 301]. Oeffnung im Dache, zur Einlassung von Licht, Auslassung von Rauch, Fenster.

Lover of an howse, lodium, umbrex. PR. P. p. 315. *Lover* of a hall, esclere. PALSGR. Cheke we and cheyne we, and eche chyne stoppe, þat no light leope yn at *louer* ne at loupe. P. PL. *Text C.* pass. XXI. 287. At þe *louer* fume goþ out. Ms. in *Way* zum PR. P. p. 315 n. 2. — At *louers*, lowpes archers had plente, To cast, draw, and shete, the diffence to be [wo der fr. Text bietet: Murdrieres il a a *louuert*, Pour lancier, traire, et deffendre]. ROM. OF PARTENAY 1175.

Hoc lodium, a *lovyre*. WR. VOC. p. 236. Hoc lucaner, *idem est.* p. 237.

A *luvere*, fumarium, fumerale, lucar, lodium. CATH. ANGL. p. 224. Specularia, *luvers*, autem competenter sint disposita. WR. VOC. p. 109.

lover s. amator s. *lufer*.

hloverd, loverd s. und seine Ableitungen u. Komposs. s. *laford*.

levere s. amator s. *lufer*.

loveword s. alts. *lofword*. zu *lof*, laus, geh. vgl. ahd. mhd. *lobe*, in Zusammensetzung neben *lop*. Lobwort, Lobpreisung.

And als sco wex on hir licame, Swa wex hir *louueword* and hir fame. CURS. MUNDI 10613 COTT. cf. GÖTT. Hir wijt, hir vertu, hir *loueword*, Mai naman writte wit penned ord. 10625. *ib.*

lovien v. amare s. *lufien*.

leviere s. amator s. *lufer*.

loving etc. s. ags. *lofung*, laudatio, afries. *lovinge*, promissio. Lob, Preis.

In his wordes trowed þai, And loved his *loving* [laudaverunt laudes ejus]. HAMP. 320. Þis may be þe right skille why [sc. men synges mes For a yhong child when it dede es], For þe *lovyng* of God principaly, And for usage of haly Kyrk. 3788. Þat *louyng* & lose shuld lenge of our dedis. DESTR. OF TROY 4878. Myrth and *lovyng* be to the, Myrth and *lovyng* over al thyng. TOWN. M. p. 2. For Moyses toke all þe mede, And loued noght god for his gude dede, Ne gert þe folk na *louing* make To him þat sent it. HOLY ROOD p. 74 sq. Ful many .. Honord þe tre with all þaire might, And þarto made þai more *loueing* þan vntill any oþer thing. 699. In werld of werld es his *loveinge*. Ps. 110, 10.

Þat I may shew over alle thynges Specialy alle þi *lovynges* [ut annunciem omnes laudaciones tuas]. HAMP. 2128. His verray lufers folowes hym fleande honours and *lovynges* in erthe, and noght lufande vayn glorye. Ms. in HALLIW. D. p. 533 v. *luef*. Þat I schewe forth, to sprede þine *loveynges* everilk one. Ps. 9, 15.

levnen v. eine auffallende Verbalform, etwa von *loven, lofen*, laudare, herzuleiten, die kaum anderswo nachzuweisen ist; ihre Bedeutung ergiebt der Zusammenhang in der folgenden Stelle. rathen, vorschlagen.

I *lovne* þat we lay lotes on ledes vchone, & who so lympes þe losse, lay hym þer oute. ALLIT. P. 3, 173.

low adj. humilis s. *lah*.

lowkecrouke s. runco, sarculum s. *lukecruke*.

lowken v. claudere, vellere s. *luken*; **lowker** s. runcator s. *louker*.

lowd adj. **lowde** adv. s. *lud, lude*.

lowe s. collis s. *lawe*; flamma s. *loȝe*.

lewe adv. humiliter s. *lahe*; **loweli, lowli** adj. u. adv. humilis, humiliter, **lowem** v. humiliare s. hinter *lah, lahe*.

lewem v. flammare s. hinter *loȝe*.

lowen, loowen, louwen v. ags. *hlówan* [*hleóv*; *hlóven*], rugire, mugire, ahd. *hlôjan, lôhan, lôwan, luan*, mhd. *luogen, luen*, schwaches Verb. neue. *low.* brüllen.

Lowyn, or cryyn, or bellyn, as nette, mugio. PR. P. p. 315. Whethir an asse shal roren, whan he hath erbe? or an oxe shal *loowen* [*lowe* Purv.], whan befor the fulle cracche he shal stonde? WYCL. JOB 6, 5 Oxf. In al his land *loowen* shal the woundid [mugiet vulneratus *Vulg.*]. JEREM. 51, 52 Oxf.

I *lowe* as a kowe. PALSGR. Hit is not al for the calf That the cow *loweth*, But it is for the gode gras That in the mede groweth. HARDWICK p. 15. *Louueþ.* POL. S. p. 332. *Louþ.* ANCIENT SONGS Lond. 1790 p. 4.

Flockis of grete beestis *lowiden*? WYCL. JOEL 1, 18 Oxf. Ȝe *loowoden* as boolis. JEREM. 50, 11 Oxf.

The stronge vois of *loowende* bestes. WYCL. WISD. 17, 18 Oxf. The kyen .. wenten goynge and *loowynge*. 1 KINGS 6, 12 Oxf.

lowfen v. laudare s. *loven*.

lowinge s. flammatio s. hinter *loȝe*.

lowinge s. neue. *lowing*. Brüllen, Gebrül.

Lowynge, or cryynge of nette, mugitus. PR. P. p. 315. Pa herde ha a swuch murð toward te awariede maumetes temple, *lowinge* of þ ahte, ludinge of þa men. LEG. ST. KATH. 141.

lownesse s. humilitas s. *lawnes* hinter *lah, lahe*.

lewpe s. s. *loupe*.

lewr interj. s. *la*.

lowren v. insidiari s. *luren*.

lowring s. s. *luring*.

lows adj. solutus s. *los*.

lews s. pediculus s. *lus*.

lowsen v. solvi, solvere s. *losien*; liberare pediculis s. hinter *lus* s.

lowsi adj. plenus pediculis s. hinter *lus* s.

lowsinge s. solutio s. *losing*.

losengerie s. s. *losengerie*.

lukke s. altn. *lukka*, fortuna, schw. *lycka*, dän. *lykke*, afries. *luk*, niederl. *luk*, mhd. *gelucke, glucke, ge-lücke, glücke*, niederd. *lucke, lücke*, sch. neue. *luck*. Glück.

Lukke [*luk* K. S. B.], or wynnynge, lucrum. PR. P. p. 316. In der Uebersetzung scheint ein Missverständniss der Etymologie vorzulegen.

lukken v. mhd. *ge-lücken*, niederd. *lücken*, niederl. *lukken*, schw. *lyckas*, dän. *lykkes*.

1. glücken, Erfolg haben, gelingen: See wich a scrowe is set on the gate, Warning the of harde happes, For and it *lukke*, thou shalt have swappes. HARTSH. *Metr. T.* p. 225.

2. glücklich machen: I *lucke* one, I make hym luckye or happye. PALSGR. He is a happy person, for he *lucketh* every place he cometh in. *id.*

lucki adj. neue. *lucky.* glücklich.

I lucke one, I make hym *luckye* or happye. PALSGR.

luke adj. tepidus s. *leuk.*

lukecruke, lowkecrouke s. vgl. *luken, louken, lowken.* Jāthacke, Reuthacke.

A *lukecruke*, serculum. CATH. ANGL. p. 223. A *lowkecrouke*, falcastrum, runco, sarculum. p. 222.

luken v. videre s. *lokien.*

luken, louken, lowken v. ags. *lūcan* (*lēac, lucon; locen*), claudere, nectere; coire, alts. *bilūkan*, claudere, includere, ahd. *pi-lūhham*, claudere, u. *liuhhan* in Zusammensetzung, trahere, vellere, mhd. *liuchen*, claudere, vellere, afries. *lūka*, claudere; trahere, niederd. *lūken*, vellere, altniederl. *lūken*, neuniederl. *luiken*, claudere, gth. *lūkan*, altn. *ljūka, lūka*, claudere, cingere, finire, schw. *lycka'*, dän. *lukke*, sch. p- p. *lucken*, closed.

1. schliessen, verschliessen, einschliessen: Þe eorl Liuius in to Lundenne fiæh, lette *luken* [*louke* j. T.] þa ȝeten. LAȝ. II. 22. Sal he neuere *luken* ðe lides of hise egen. BEST. 25. He mai binde & tobreke, he mai blisse bringe, He mai *luke* & unsteke. OEH. II. 258. He haueþ bitauht þe o tresur .. And bit þe *luke* þine bur, and wilneþ þat þu hit wyte wel. O.E. MISCELL. p. 97. A wel gentyl marbelston, To *louke* inne his holy bon, Sone was ysought. ALEXIUS 610. p. 77. Loo, how þe sonne gan *louke* hure light in huere selue. P. PL. *Text C.* pass. XXI. 256. Wiþ riche cloþes sche gan him *louke*. GREGORLEG. 111.

Dis cete ðanne hise chaueles *lukeð*. BEST. 513. Þaȝ he *lowkeȝ* his liddes, ful lyttel he slepes. GAW. 2007. — Þa namess þatt he fand Uppo þa fowwre daless þatt *lukenn* all þiss middellærd Wiþþinnenn þeȝȝre wengess. ORM 16431. Thai *louke* thaire eghen, and rinnes til the fire. PS. 57, 4 HAMP.

He ær[n]de to Glochæstre, & þe ȝates *lec* ful feste. LAȝ. II. 217. He *lek* his eghen, and gan to slape. SEUYN SAG. 929. — Whan men *leke* windowe and gate, Themperour com to chaumbre late. 1537. Out of churche men hii driue, wepinde ynowe, & pitoaliche hom sulue wende out atte laste, & the doren after hom wepinde *loke* vaste, & binome al Cristindom the holi time. R. OF GL. p. 495.

Igain in chamber was he *lokin.* METR. HOMIL. p. 88. He brennde recless þær .. Swa þatt tær wass swa mikell smec .. þatt all he wass himm sellf þær hidd & *lokenn* þær wiþþinnenn. ORM 1086-91. vgl. 1752-5. Haue he he þe malisun to day .. Of patriark and of pope, And of prest with *loken* kope. HAVEL. 426. Nu cumeð forð a feble mon, & halt him þauh heihliche, ȝif he haueð enne widne hod & one *ilokene* [*lokin* T. *loke* C.] cope. ANCR. R. p. 56. Hir pines were so harde and strong, Sche wald be *loken* in clay. AMIS A. AMIL. 491. Lowe he liþ *loken* in ston. GREGORLEG. 974. They me fulle tolden, That al the fruyt of the fayth Was in her foure orders, And the cofres of Cristendom And the keie bothen, And the

lock of byleve Lieth *loken* in her hondes. P. PL. *Creed* 56. On an oðer dai ðis middelerd was al *luken* and abuten sperd, ðo god bad ben ðe firmament. G. A. EX. 93. Ðarð noman swinken hem to grauen, ðis erðe is togidere *luken*, Als it ne were neuere er tobroken. 3778. bildl. For ðhu min bodeword haues broken, ðhu salt ben ut in sorge *luken.* 361. Ðis folc ðat ðu wilt me leden fro, sal ben *luken* in more wo. 2885.

Schwache Verbalformen von gleicher Bedeutung begegnen öfters:

Thou *loukid* me noght in hend of enmy [non conclusisti me in manibus inimici *Vulg.*]. PS. 30, 10 HAMP. Thaire bestes in ded he *loukid* [in morte conclusit *Vulg.*]. PS. 77, 55 HAMP. Her God soolde hem, and þe Lord hem *loukide* [Dominus conclusit illos *Vulg.*], woȝu als Erklärung gesetzt wird: God .. *loukide* hem in þe myȝt of her enemyes. WYCL. SEL. W. III. 42 ȝu DEUTERON. 32, 30.

Lyghten with thi luf the eghen of my hert, that i slep noght in ded, that is, that myn eghen be noght *loukid* in delite of syn. PS. 42, 4 HAMP. Bi that is takynd that he ȝatis of heuen eftire the day of dome sall be *loukid* til that nane cum in or pass out. 147, 2.

2. ziehen, raffen, ausreissen: Ichulle leote *luken* & teo þe tittes awei of þine bare breosten. LEG. ST. KATH. 2128. ȝef he haueð iȝettet te mi licome to *luken*, he wule, hatele reue, arudden mi sawle ut of þine honden. ST. MARHER. p. 6.

Neddren heore brosten sukeþ, and snakes heore eyen *lukeþ.* O.E. MISCELL. p. 151.

Heo *leac* [*lec* p. 52] eauer efter hire þen laddliche of helle. ST. JULIANA p. 53. Heo *leac* him eauer endelong þe cheping chapmen to huting. ib. His staf he nom an honde, & wolde to his inne ȝeonge. Up he *lec* þene staf, þat water þer after leop. LAȝ. III. 189. — Bruttes swiðe wraðe *luken* heom bi uaxe. II. 621. Seiles heo up droȝen .. *luken* rapes longe. III. 164. Heo .. *luken* sweord longe, leiden o þe helmen. III. 141. Bruttes .. *luken* vt of scaþe sweordes longe. II. 552.

Whan his swyrde was ybrokyn, A Sarsyna legge hath he *lokyn*, Therwyth he can hym were. OCTAV. 1273.

Hierher ist auch **lowken**, nordengl. dial. *louk, look*, weed, jäten, zu rechnen: To *lowke*, runcare, sarculare. CATH. ANGL. p. 221. vgl. *lukecruke.*

3. intr. erscheint das Zeitwort in der schwachen Form

a. in der Bedeutung sich schliessen: Ðe se *luked* .. And on and on, swiðe litel stund, Egypcienes fellen to ðe grund. G. A. EX. 3276. — Þenne lasned þe loȝ *lowkande* togeder. ALLIT. P. 2, 441.

b. stürzen, rinnen: Þa isah he of Brien his teres ut *luken*, sære gon þe kempe wepen ouer kinge. LAȝ. III. 215.

lucre s. fr. *lucre*, sp. pg. it. *lucro*, lat. *lucrum*, neue. *lucre.* Gewinn.

The loss is had, the *lucre* is lore. GOWER II. 88. Right upon such a maner *lucre* Stant

Florent, as in this diete He drinketh the bitter with the swete. I. 99. He stant out of all assise Of resonable mannes fare, Where he purposeth him to fare Upon his *lucre* and his beyete. II. 193 sq. Lo, such a *lucre* is in this lusty game, A mannes mirthe it wol torne into grame. CH. C. T. 13330. For þei [sc. wordly prestis] traueilen faste aboute here owene wordly honour and *lucre* & ben wode ȝif ony man speke aȝenst hem. WYCL. W. *hitherto unpr.* p. 172.

luce, lus, lewse, luis s. lat. *lucius*, mlat. *luceus*, afr. *lus*, it. *luccio*, sp. pg. *lucio*, neue. *luce*. Hecht, ein Meer- und Süsswasserfisch, *esox* L.

Luce, fysche, lucius. PR. P. p. 316. A *luce*, lucius, piscis est. CATH. ANGL. p. 222. *Luce*, a fysshe, lus. PALSGR. Hic lucius, a *lus*. WR. VOC. p. 253. A *lowse*. p. 222. Ful many a fat partrich had he in mewe, And many a brem and many a *luce* in stewe. CH. C. T. 351. Take þe wombe of a *luce*. TWO COOK. B. p. 39. Take þe *luce*, on þe perche, & þe schrympe, & seþe hem. p. 42. Nym *luys*, turbot, and elys. p. 112. Nym *luyss* or tenge, or other manere fissh. p. 113. — Hys whyght swannes he slow, Grete *luces* ynowe He gat home wold. DEGREV. 502.

luchen v. ags. *lyccan, luccan*, evellere; doch vergleiche man auch welsch *lluchio*, cast, throw, fling. werfen.

Tyd by top & bi to þay token hym synne, Into þat lodlych loȝe þay *luche* hym sone. ALLIT. P. 3, 229.

lud s. populus s. *leod*.

lud, loud adj. ags. alts. afries. *hlûd*, ahd. *hlût, hlûd, lût*, mhd. *lût*, niederl. *luid*, niederd. *lûd*, neue. *loud*. laut, helltönend.

That plait was stif and starc and strong, Sum wile softe, and *lud* among. O. A. N. 5. Þe prude beoð his bemares, draweð wind inward . . & eft . . puffeð hit utward, ase þe bemare deð, uorte makien noise — *lud* dream to schauwen hore horel. ANCR. R. p. 210. Đo þe after him comen, remden *lude* stefne. OEH. II. 89 sq. Heo stod unweommet, heriende hire hehe healent wið *lude* stefne. ST. JULIANA p. 68. Þa quað Membricius *ludere* stefne [ags. instrument. *hlûddre stefne* s. GREIN II. 88]. LAȝ. I. 40. Þa loh Arður *ludere* stefene. II. 450. Ha ȝeide *ludere* steuene. LEG. ST. KATH. 2062. Bigon to ȝeien *ludere* steuene. 207.

Luces . . spac wið his cnihtes *loudere* stemne. LAȝ. III. 91 j. T. — Þe waites wer stille and noþing *loude*. GREGORLEG. 585. They speke and sounen in his ere As though they *loude* windes were. GOWER I. 137. This aungel with his wordes wise Opposeth hem in sondry wise Now *loude* wordes and now softe. I. 170. Areche he spitt to ferre, ne haue *lowd* laughynge. BAB. B. p. 135.

Kompar. This holi man makede *loudere* song, as hit for than one were. ST. BRANDAN p. 21.

ludbi s. amator s. *lotebi*.

· **luddek, luddock** s. unklaren Ursprungs, ob verwandt mit alts. *lud*, Körperkraft, Körper-

fülle und gth. *liudan, μηκύνεσθαι*, ags. *leódan*, crescere? Schenkel, Lende.

A *luddok*, femur, lumbus. CATH. ANGL. p. 222. *Luddok*, or lende, lumbus. PR. P. p. 316. Take befe and sklice hit fayre and thynne, Of þo *luddock* withowte or ellis within. LIB. C. C. p. 43. — Hec natis, Anglice *luddockes*. NOMINALE in WR. VOC. p. 186 n. 5. His *luddokkys* thai lowke like walkmylne clogges. TOWN. M. p. 313.

lude, lhude, loude, lhoude adv. ags. *hlûde*, alts. *hlûdo*, ahd. *hlûto, lûto*, mhd. *lûte*, niederd. *lûd*, niederl. *luid*. laut, schallend.

He lette an heh climben, & *lude* clepian, þat on þane daȝe amarwen come his drihtliche folc. LAȝ. I. 37. Summe swa deor *lude* remeð. OEH. p. 43. He [sc. ðe panter] riseð and remeð *lude* so he mai. BEST. 746. Đo gredde he *lude* „goð me to." G. A. EX. 3585. A sopare . . ȝeieð *lude* & heie þet he bereð. ANCR. R. p. 152. Boþe fire and wind *lude* sal crie. E. E. P. p. 4. Pat schup bigan to crude, þe wind him bleu *lude*. K. H. 1293. He . . toc to lahhȝhenn *lhude*. ORM 8142. Don we hit wullet *lude and stille* al þes kinges wille. LAȝ. I. 156. Pa Brutter me beoð laðe *lude and stille*. II. 135. Ah thah ich grede *lude an stille*, Al hit itid thurth Godes wille. O. A. N. 1253.

He lette . . swiþe *loude* clepie. LAȝ. I. 37. Speke y *loude*, or spek y lowe, þou shalt ful wel heren me. HAVEL. 2079. Seilde scheo spak, and nought *loude*, As wimmen that beon proude. ALIS. 283. Þenne ascryed þay hym skete, & asked ful *loude*, „What þe deuel hatz þou don?" ALLIT. P. 3, 195. E dede men to sunne, þere fore we *loude* lowe. MEID. MAREGR. st. 50. Þe kniȝt . . *loude* cride also. ST. KATH. 186. Þo cam þe deouel ȝeollinde forth, *loude* he gan to grede, „Alas, nouþe is mi power idon." SANCTA CRUX 87 in LEGENDARY ed. *Horstmann* Lond. 1887. Pis knyȝt, wan he sei his neode, *loude* he cride anon, „Jhū, help me nou." PATRICK 217. Þe winde blewe schille and *loude*. GREGORLEG. 879. Hengist . . *lowde* bigan to grede, „Cristene men fiȝteþ now." R. OF GL. p. 140. Þer bieþ oþre þet gredeþ hare benes suo *lhoude* þet þo þet byeþ yhende, byeþ deastorbed of hare deuocion be ham. AYENB. p. 212. Þe riche of hir hadde game, þe pouer loued hir *loude and stille*. GREGORLEG. 219. Thanne it is guod bothe *loude and stille* For to don al his wille. MS. in HALLIW. D. p. 531. Oure lorde loueth hem and lent, *loude other stille*, Grace to go to hem. P. PL. *Text B.* pass. IX. 105.

Kompar. Ȝif þe ne cumeð nout sone help, gred *luddure* mid hote heorte. ANCR. R. p. 290. Ȝif he sone ne ȝihereð ou, ȝeieð *luddre* [ludðre *ed.*]. p. 264 sq.

lude und lud s. ags. *ge-hlýde* n. *ge-hlýd*, cf. Ps. 101, 1 und MATTH. 27, 24, clamor, sonitus, ahd. *hlûta, hlta* fem. und *hlûti, lûti*, mhd. *lûte, liute* und *lût*, afries. *hlûd, lûd*, niederl. *ge-luid*. Laut, Ton, Stimme, Lärmen.

Nu we scullen riden, and ouer lond gliden, and na man bi his liue *lude* ne wurchen. LAȝ. II. 466. The lutel foul hath hire wyl *on* hyre

lud to synge. LYR. P. p. 27. Pa hunten wenden
æfter *mid* muchelen heora *lude* [muchelere
loude j. T.]. LAȝ. I. 109. — Arður forbæd his
cnihtes, daies & nihtes, þat heo liðen stille,
swulc heo stelen wolden, liðen ouer leoden, &
luden bilefden. II. 440. Pa *luden* heo iherden
of þan Romleoden. III. 76. He wole maken
fule *luden*, he wole grennen, cocken, and chiden.
O.E.MISCELL. p. 138. REL. ANT. I. 188.

Lude, Lide s. ags. Martius rêðe *Hlŷda* heálic.
MENOL. 36. März, als stürmischer Monat.
Pe teþe day of *Lud* in to Londone he drou.
R. OF GL. p. 569. In þe monþe of *Lude*, as he
com hamward bi cas, In þe toun of Biterbe
aspied he was. p. 571. — Forsothe catel cometh
and goth As wederis don in *Lyde*. HARDWICK
p. 16.

. **ludinge** s. su ags. *hlŷdan*, sonare, clamare,
alts. *hlûdian*, ahd. *hlûtjan*, *hittan*, *liuten*. Lärmen, Schreien.
Pa iherde þe king mucle *ludinge*. LAȝ. II.
22. Pa *luding* [þe *loudinge* j. T.] alزeid biuoren
þan leodkinge. II. 623. Pa herde ha a swuch
murð toward te awariede maumetes temple,
lowinge of þ ahte, *ludinge* of þe men. LEG. ST.
KATH. 141. Heo, as men ledde hire, lokede
aȝainward, for *ludinge* þ ha herde. 2350.

lue adj. tepidus s. *lew*.
lued s. populus s. *leod*.
luef adj. carus s. *leof*; **lueffl** adj. s. *leoflic*.
luere s. jactura, damnum s. *lure*.
luf adj. carus s. *leof*.
luf s. neue. *loof*, Luf, Windseite s. *lof*; amor
s. *lufe*.
lufe s. palma, manus s. *love, lofe*.
lufe, luf, luve, lofe (selten), **love** s. ags.
lufu und *lufu*, amor, caritas, verwandt mit ahd.
liubi, *liupi* und *liupa*, mhd. *liebe*, sch. *luf, luve*,
neue. *love*.

1. Liebe, innige Zuneigung.

Al swa is an *lufe* and twa biboden, þet we
sculen lufian god and men. OEH. p. 99. Ure
king we oȝeð wrhmint .. ure fader soðe *lufe*, ur
hlaford drednesse. p. 235. Furen tungen heo
hefden þa þe heo *mid lufe* godes murhðe bodeden.
p. 95. Swa hit is here, þat se gode man þe
godes *lufe* hað ȝefolged to is ende cumþ .. þer
cumeð þe hali engles him to. p. 237. Nu, leofemen, *for* godes *lufe*, witeð how [= eow] wið
þes deofles musestoch. p. 53. Purh hire þu
miht biwinnen *lufe* of hiȝ cunnen. LAȝ. III.
249. *Mid* muchelere *lufe* he seide hit his leoden.
I. 53. Faren ich wulle *for* þire *lufe*. II. 368.
Godess Gast iss kariteþ & soþfasst *lufe* nemmnedd. ORM 2998. Nære þho nohht Drihhtin
Godd Swa sellcuþlike cweme, Ȝiff þatt þo nohht
ne wære full Off soþfasst *lufess* mahhte. 2585.
Pa þatt all *forr lufe* of Godd Aȝȝ follþenn
rihhtwisnesse. 399. God to mans kynd had
grete *lufe*. HAMP. 69. Sum has langing *of lufe*
þays to herken. WARS OF ALEX. 6. Thay aakede
hym some lyves fode *For* his *lufe* that dyede on
the rode. ISUMBR. 246. I see neuyr man that
sete in sete, So mut e *of* my *lufue* myȝte gete.
AMADACE st. 49. Suche a *lufue* betuene hom
liȝte, That partut neuyr thayre lyue. st. 52.

Yette harde Y neuer no man speyke, That so
mykyll *of* my *lufe* myght geyt. AMADAS 524.
Pe way *of* mekenes principaly, And of
drede, and *luf* of God almyghty, þat may be
cald þe way of wisdom. HAMP. 141. *For* my
luf i the and byd. YW. A. GAW. 134. To mo
than the, mi lady hende, Sal neuer mor my *luf*
wende. 1165. Pe lorde let *for luf* lotez so myry.
GAW. 1086. I haf seten by your self here sere
twyes, ȝet herde I neuer of your hed helde no
wordez þat euer longed *to luf*. 1521. Dame ..
for luf of me, A sight tharof [sc. of thi ring]
that I myght se. SEUYN SAG. 3163.

Caritas, þet is soð *luue* to gode and to
monnen. OEH. p. 107. Muchele *luue* he us
cudde þa he us aleade. p. 123. Muchele *luue*
ure drihten us cudde þa þe he, þe is and eure
wes butan biginnunge soð god, bicom for ure
helpe soð mon. p. 127. Scrudeð ow mid godes
wepne, and nimeð gode ileue to burne, [To]
hope to helme, soðe *luue* to scelde, godes word
to sworde. p. 155. Unrihte *luue*, þet is hordom.
II. 11. Moyses .. feste þes daȝes uppon þe
munte of Synai, þet he nefre ne ete mennisses
metes, *for* drihtenes *luue*. OEH. p. 11. Ne beo
þu lihȝere, ne for eye ne *for luue*. OEH. p. 13.
Dele hit wrecche monne, oðer to brugge oðer
to chirche weorke, oðer on sume stude þer hit
beoð wel bitoȝen *for* Cristes *luue*. p. 31. Hie ..
weren þerof wallinde *on* soðere *luue* godes and
mannen. II. 119. For þare sibe laȝe *luue* hem
was bitweonen. LAȝ. I. 18. He hehte þat *luue*
scolde liðen heom bitweonen. I. 88. Ich al *for*
godes *luue* æm to þe her icume. II. 318. Heoten
heo Gloichestre al for his sune *luuen*. I. 410.
Ich mihte, inoh raðe, wel habben awealt hire,
ȝif ha nalde *wið luue*, wið luðer eie, lanhure.
LEG. ST. KATH. 554. Ne mei me nowðer tene
ne tintrehe turnen *fra* mi lefmones *luue*, þ ich
on leue. 1513. Godd haueð þurh his grace se
muche *luue* vnned, þat ha ne beoð of þa iliche
etc. HALI MEID. p. 13. He .. felde him iwundet
in wið in his heorte wið þe flan þe *of luue*
fleoð. ST. JULIANA p. 7. Hare lust leadeð ham
to wurchen to wundre .. þenchen, ȝif ha beieð
to me, to hu bittre best ha beieð ant hwas *luue*
ha leoseð. ST. MARHER. p. 14. His hope is al
to godeward, and *of* his *luue* he lereð. BEST.
104. To alle cristenei men beren pais and *luue*
bitwen. G. A. EX. 7. He slug Zabri *for* godes
luuen. 4081. Cherite, þet is *luue* & edmodnesse
& þolemodnesse. ANCR. R. p. 8. Our faithful
Abraham, þat dred drightin and luued him sua,
þat for his *luue* his sun wald sla. CURS. MUNDI
5348 COTT. — Alle godes lawe he fulð, þe newe
and þe ealde, he þe *þos twa luue* haued and wel
hi wule healde. OEH. p. 179. Alle godes laȝes
hie fulleð, þe newe and þe ealde, þe þe *þos two
luues* hat and wile hes wel healde. II. 229.

Pa burh wes wel iȝarwed binnen lut ȝearen;
he ȝef heo his stepmoder for þon *lofe* of his
broþer. LAȝ. I. 10. Alle to gadere comen mid
sehte and mid *lofe*. I. 89 j. T. Hote him Gloucestre al for his sones *lofue*. I. 410 j. T.

Wel ich wat [þat *Me.*] .. þat fleshliche *loue*
and gostliche, eorþliche *lou*[*e*] and heouenliche,

ne maȝen o none wise beddin in a breoste.
OEH. p. 185. Turn me allunge to þe wiþ soþe
loue and bileue. *ib.* Þi *loue* is euer iliche neowe.
II. 257. Thi deore swete sunes *love* thu lere me
to winnen. REL. ANT. I. 102. I graunt him
greþli, on godis holi name, lelliche mi *loue* for
euer. WILL. 998. Bothe the fader and the sone
so moche here *love* caste Upe Seint Thomas.
BEK. 215. *Loue* is more stronger þanne drede.
AYENB. p. 75. I have icast to the mi *loue*.
SEUYN SAG. 447. Suete Jhesu .. In myn huerte
thou sete a rote *Of* thi *love*. LYR. P. p. 57. Her
byginnet a tretys þat is yclept Castel *off loue*.
CAST. OFF L. *Introd*. For Godes *loue*, stale-
worþe men, armeþ ȝou faste. R. OF GL. p. 18.
Gode sir, *for* goddis *loue*, grant me a bone.
WILL. 1095. Ich bidde ȝou *for* the *love* of God,
that ȝe fondie in alle wyse, That ich bileve her
al niȝt. ST. BRANDAN p. 26. Al we libben *in
loue*. ALEX. A. DINDIM. 373. *For* derne *love* of
the, lemman, I spille. CH. *C. T.* 3278. What
thou er this for *loves* sake Hast felt let nothing
be forsake. GOWER I. 48.

2. Gegenstand der Liebe, Geliebter, Geliebte.

He is mi lif & mi *luue*. LEG. ST. KATH.
1531. Ich seo Iesu Crist .. þ is mi Lauerd &
mi *luue*, mi lif & mi leofmon. 2377. Heo ches
him *to luue* ant to leouemon. ST. MARHER. p. 2.
Loke, lauerd, to me, mi lif, mi *luue*, mi leouemon. p. 8. Kep wel mi *luue* newe. K. H. 746.
Wo is him that loveth the *love* that he ne
may ner ȝwynne. LYR. P. p. 113. This Galathe
.. had a lusty *love* and trewe, A bacheler in his
degre Right such another as was she. GOWER
I. 163. This Galathe .. Without any semblaunt
feigned She hath her *loves* deth compleigned.
I. 165.

Zusammensetzungen und Ableitungen
knüpfen sich nachweislich an die Substantivformen *lufe*, *luve* und *love*. An Beispielen sind
anzuführen:

luffable adj. dies hybridische Wort ist
späteren Ursprungs. neue. *lovable*, *loveable*.
liebenswürdig.

So semely a sight ho se neuer before,
Ne so comly a creature to hir clene wit, Ne
no lede to hir lykyng halfe so *luffable*. DESTR.
OF TROY 3095. *Lufabylle*, amabilis. CATH.
ANGL. p. 222.

lufful adj. liebevoll.

So *lufful* & so reouðful is here heorte.
ANCR. R. p. 222.

**luſtlich, luſti, luvelik, luvelich, luveli,
lovelich, loveli** adj. ags. *luſtic*, neue. *lovely*.
liebenswürdig, reizend.

Þanne beð noman siker ar he ihere þat
luſtliche word of ure louerd Ihesu Cristes
swete muðe: Venite benedicti. OEH. II. 5.
Wold ȝe, *luſtyche* Lord! Make ȝondur knyȝtes
at acord, Hit were a grete cumford. ANT.
OF ARTH. st. 49. Þis kyng lay at Camylot
vpon Krystmasse, With mony *luſtych* lorde.
GAW. 37. Whyle oure *luſtych* lede lys in his

bedde. 1469. Þenne set þay þe sabatounz
vpon þe segge fotes, His legez lappe in stel
with *luſtych* greuez. 573. Þo wern Loth &
his lef, his *luſtyche* deȝter. ALLIT. P. 2, 939.
Non so faire of face, of spech so *luſty*.
LANGT. p. 30. He may wel hight Lucifere,
For *luſty* light that he doth bere. He is so
luſty and so bright, It is grete joy to se that
sight. TOWN. M. p. 2. — Mine sunnen
habbeþ grimliche iwreþed me and iueed me
towart te, *luueliche* louerd. OEH. p. 187.
Hwa ne mei luue þe, *luueliche* Ihesu? p. 269.
Þu, mi *luueliche* lef. p. 283. A þat *luuelike*
bodi þat henges awa rewli, swa blodi, and
swa kalde! *ib.* Þenne þudde ich in ham
luueliche þohtes. ST. MARHER. p. 14. Hwa
ne mei luue þi *luueli* leor? OEH. p. 269.
Nu of þa honden and of þa set swa *luueli*,
streames te blod swa rewli. p. 283. — Þu
ert so leoflich, so *louelich*, and so lufsum, þet
te engles euer biholdeð þe. p. 200. *Loueliche* ladi, in þe lis al min hope. WILL. 965.
A *louelich* lady of lere, in lynnen yclopid,
Cam doun fro þat castel. P. PL. *Text C*.
pass. II. 2. A *lovely* ladi on leor. *Text A*.
pass. I. 3.

Kompar. Þe poete preiseþ þe pocok
for hus federes .. þe larke, þat is a lasse
fowel, is *loueloker* of lydene, And swettur
of sauour, and swyfter of wynge. P. PL.
Text C. pass. XV. 184. subst. fem. Þe alder
he haylses, heldande ful lowe, þe *loueloker*
he lappez a lyttel in armez. GAW. 972.

Superlat. Þe *louelokkest* ladies þat
euer lif haden. GAW. 52.

luſtiche, luveliche, loveliche etc. adv.
ags. *luſtice*, *lufelice*, neue. *lovely*. mit Liebe,
freundlich, gerne.

Ho .. Loutez *luſtich* adoun. GAW. 1306.
A note nu here I herde hem warpe. To
lysten þat watz ful *luſty* dere. ALLIT. P. 1,
878.'— Bide hine *luueliche* þet he þe do riht.
OEH. p. 17. Eueric mon þe lusteð *luueliche*
godes wordes. p. 133. He þe *luueliche*
hlisteð godes lore. II. 155. Dohter he clepeð
hire for þi þat ha understode þat he hires
liues luue *luueliche* learnð, ase fader ah his
dohter. HALI MEID. p. 3. He .. þus spec
wið his folke & *luueliche* [*lofueliche* j. T.]
spilede. LAȜ. I. 337. Þus is ure louerdes
lage *luueliche* to fillen. BEST. 380. — William
was gretliche glad, & *loueliche* hire þonked.
WILL. 975. He was wel apayed, and *loueliche*
wið alle his lordes to Lumbardie fares. 1314.
Al the whyle thou spekest with hym, Fayre
and *lovelyche* bere up thy chyn. FREEMAS.
705. Þat gode hors blessede he þo, & *louely*
strek ys mane. FERUMBR. 244.

luſtliſt adv. vgl. sch. *luſtely*. freundlich.

Laþez hem alle *luſtyly* to lenge at my
fest. ALLIT. P. 2, 81. He .. Kneled doun
bifore þe kyng, & caches þat wep en; & he
luſtyly hit hym laſt. GAW. 368. pÞe knyȝt
kaches his caple, & com to þe lawe, Liȝtez
doun *luſtyly*. 2175.

lufreden, loverede etc. s. ags. *lufræden*
[*ræden*, conditio], dilectio. Liebe.

Riuelic togider drawes Faithe *lufreden*
god felawes. METR. HOMIL. p. 30. Thai doe
wickidly, to get thaim the fauour and *luf-
redyn* of this world. Ps. ed. HAMP. Comment.
ad 24, 3. He jede fra sothfastnes and *luf-
redyn* .. out, forto be apert enmy. *ib.* ad 40,
7. Þe bojes of *louerede*. AYENB. p. 3. 146.
More quic scele ne more uayrer uorbisne he
ous ne may aseawy of soþe *louerede*. p. 146.
Pai set againes me for godes wa, And hate-
reden for mi *lovered*. Ps. 108, 5.

**lufsum, lufsom, lofsom, lussum, los-
sum, lossom** etc. adj. ags. *lufsum*, sch.
lufsom, *lusom*, neue. *lovesome*. lieb ens-
werth, lieblich, zuweilen substantivisch
vom weiblichen Geschlechte.

Lufsum god! OEH. p. 187. Iesu, teke
þet þu ert so softe, .. jet þerto þu ert so
leoflich, so louelich, and so *lufsum*. p. 200.
Feirnesse and *lufsum* neb, flesch hwit under
schrud makes moni mon beo luued te raðer
and te mare. p. 269. And tu i þi welefulle
wlite, i þat *lufsume* leor swuche schome
þoledes. p. 279. Aȝ to follþenn soþ meoc-
lejje Wiþþ *luffsumm* œddmodnesse. ORM
1546. Itt [sc. Daviþess name] uss tacneþþ
strang wiþþ hannd, & *luffsumm* on to lokenn.
3582. Ði leor is. meiden, *lufsum*. LEG. ST.
KATH. 316. Wið se swiðe *lufsume* leores ha
leien. 1430. Wultu witen, *lufsum* lefdi, hu
ich hatte. ST. MARHER. p. 13. Þ *lufsum*
þing, meiðhad, meidenes menske. p. 14.
Ich chulle bliðeliche .. drehen eauer euch
derf for mi leofmones luue, þe *lufsume*
lauerd. ST. JULIANA p. 19. As he bisek &
biheold hire *lufsume* leor, lilies ilicnesse.
p. 21. A *lufsum* land to duell in. CURS.
MUNDI 604 GÖTT. [vgl. *luuesum* COTT. *loue-
sum* FAIRF. *lussum* TRIN.] He had a suster..
The moste *lufsum* of life. ALIS. FRGM. 175.
A *lufsum* lady ledand a knyjte. ANT. OF
ARTH. at. 27. Quoth þat *lufsum* vnder lyne.
GAW. 1814. — That lady, with a *lufsom*
chere, Led me doun into the hall. YW. A.
GAW. 214. O *lufsom* lady bryghte, How
have ye faren? CH. *Tr. a. Cr.* 5, 465. What
wol ye moore, *lufsom* lady dere? 5, 911.
The lady *lufsome* vnder lyne. OTTUELL 1279.
Then sayde þat *lufsoum* of lyth & lere etc.
ALLIT. P. 1, 398. — That *lofsum* lemede
lyght. LAUNFAL 942. Þat *lofsome* vnder
lyne. OTTUELL 846. O *lovesome* lady bright.
CH. *Tr. a. Cr.* 5, 468 Tyrwh. — That *lussum*
when heo on me loh.. ybend wax eyther
breje. LYR. P. p. 34. With lilyewhite leres
lossum he [= heo] is. p. 26. The lilie is
lossom to seo. p. 44.

Kompar. Hwat is *lufsumre* þing ..
þen þe mihte of meidenhad. HALI MEID.
p. 11. — Never jete y nuste non *lussomore*
in londe. LYR. P. p. 51.

Superl. Ihesu Crist þat ich on leue &
luuie as leoflukest & *lufsumest* lauerd. ST.
JULIANA p. 13.

Sprachproben II. 3.

lufsumliche, -ike adv. ags. *lufsumlice.*
in liebevoller Weise.

He . . seide hire *lufsumliche*, þat ne
schulde ha nane wunne lihtliche wilnin þat
he ne schulde welden. ST. JULIANA p. 12 sq.
Nohht ne majj ben don Allmahhtij Godd
tocweme, But iff itt be wiþþ witt & skill &
luffsummlike forþedd. ORM 1660. vgl. His
leif at the Coiljear He tuke *lufesumly*. RAUF
COILJEAR 558.

luftalking s. liebliche, angenehme
Rede, Unterhaltung.

I hope þat may hym here, Schal lerne
of *luftalkyng*. GAW. 926.

lufþing s. Liebeszeichen, Liebes-
gabe.

He heo heuede swiþe ilofed, & *lufþing*
hire biheito. LAȝ. I. 8.

luvedrarie, lovedruri s. vgl. afr. *druerie,
drurie*, amour, passion, von ahd. *trût*. Liebeslust.

Til . . þat she covþe of curteysye Gon,
and speken of *luuedrurye*. HAVEL. 194. —
Of bataille and of chiualry, And of ladyes
loudrury Anon I wol yow telle. CH. *C. T.*
II. B. 2084 ed. *Skeat* Oxf. 1880 Clar. Pr.

luveeie s. vgl. *eje, eije, eie*, ags. *ege*,
timor. Aus Liebe entstehende Furcht, Ehr-
furcht.

Me schal helden eoli and win beoðe ine
wunden .. auch more of þe softe eolie þen
of þe bitinde wine, þet is, more of liðe wordes
þen of suinde; vor þerof kumeþ þinge best,
þet is *luueeie*. ANCR. R. p. 428.

luvelate s. vgl. *late*, gestus, habitus.
Liebesgebärde.

His eie euer bihalt te jif þu makest ei
semblaunt oðer eni *luuelates* touward un-
ðeauwes. ANCR. R. p. 90.

luveletter s. neue. *loveletter*. Liebeswort, Liebesbrief.

Swete Ihesu, þu oppnes me þin herte
for to cnawe witerliche and in to reden trewe
luuelettres. OEH. p. 283.

luvenesse s. vgl. nhd. *liebnis*. GRIMM
Wb. VI. 976. Liebe, Gunst.

Jet ich haue an heorte unwrest and
unwurði .. and tat, swuch as hit is, tac hit
to þe nu, leue lif, wið treowe *luuenesse*.
OEH. p. 285.

luveron s. vgl. *ran, ron*, versus, carmen.
Liebeslied.

A mayde cristes me bit yorne, Þat ich
hire wurche a *luueron*, For hwan heo myhte
best ileorne To taken an oþer soþ lefmon.
O.E.MISCELL. p. 93.

luverun s. vgl. ags. *rûn*, alts. *rûna*, col-
loquium. Liebesgeflüster, Liebes-
erzählung, Liebeslied.

Nalde ha nane ronnes, ne nane *luuerunes* leornen ne lustnen. vgl. lat. Non ipsa
puellares jocos, non *amatoria carmina*
videre aut audire volebat. LEG. ST. KATH.
p. 108.

19

luvespeche s. Liebesrede.

Hunten þer efter mid wouhinge . . mid jeoue, mid tollinde wordes, oðer mid *luue-speche*, cos, unhende gropunges. ANCR. R. p. 204.

luvewende adj. ags. *lufvend*, benevolus. gūtig.

Ich . . luuie þe to leofmon, *luuewende* lauerd. ST. JULIANA p. 65.

luveword s. Liebeswort.

Hwi ne con ich wowen þe wið swete *luuewordes*, alre þinge sweteat and alre þinge leoflukest and luuewurðest. OEH. p. 201 sq.

luvewunde s. neue. *love-wound*. Liebes-wunde.

He [sc. þe ymston] heleþ alle *luuewunde* (= all love-wounds). O.E.MISCELL. p. 98.

luvewurð adj. liebenswerth.

Ne mahe je nowðer mi luue ne mi bi-leaue lutlin towart te liuiende godd, mi leofsume leofmon, þe *luuewurðe* lauerd. ST. JULIANA p. 17. We moten, leafdi, buhen swiðe & beien to ure *luuewrðe* feader, & wurchen alle his willes. p. 43. Haue merci of mi for þe lauerdes loue, þi *luuewurðe* leofmon. p. 53. *Luuewurðe* wummon, we wendeð alle to þat godd, þat tu on trustest. p. 65. Ower deorewurðe spus, þe *luuewurðe* Louerd & helinde. ANCR. R. p. 112.

Superlat. Hwine con ich þe woje wið swete luue, uor alle þinge sweteat, alre þinge leoflucest, and *luuewurðest*. OEH. p. 187. vgl. 201 sq.

luvewurði adj. liebenswürdig.

Inwið þe ane arn alle þe þinges igedered þat eauer muhen maken ani mon *luuewurði* to oðer. OEH. p. 269. Ouer alle oðre þinges makes te *luuewurði* to me þa harde atele hurtes, þa schomeliche wohes þat tu þoledes for me. p. 275. Swete Ihesu þat in þe haues alle þing hwerfore mon ah beo *luuewurði* to oðer. p. 285.

loveache s. [vgl. *ache*, apium] lat. *ligusti-cum* u. *levisticum*, woraus ags. *lufestice* [WR. VOC. p. 30. 79], volksetymologisch entstellt, in alte. *luvestiche* REL. ANT. I. 36. WR. VOC. p. 139 überging; afr. *liuvesche*, *luvesche*, it. *levistico*. Später erscheint *loveache*, neue. *lovage*, *loveage*. Liebstöckel, ligusticum levisticum L., eine südeuropäische, sellerie-ähnlich riechende Pflanze, früher officinell als Brustmittel.

Loveache, herbe, levisticus. PR. P. p. 314. *Ioveache*, an herbe. PALSGR.

loveknotte s. neue. *loveknot*. Liebes-knoten.

What is holy churche frend? quoþ ich. Charite, he seyde, Lyf, and loue, and leaute, in o byleyue and lawe, A *loueknotte* of leaute and of leel byleyue, Alle kynne cristene cleuynge on o wyl. P. PL. Text C. pass. XVIII. 124. And for to his hood undur his chyn He hadde of gold ywrought a curious pyn, A *loveknotte* in the gretter ende ther was. CH. C. T. 195.

lovedal s. lat. dies amoris. D. C. v. *amor*. ein zu freundschaftlicher Ausglei-chung von Zwistigkeiten bestimm-ter Tag.

Ofte hi nome a *louedai*, sc þe contek euere ilaste. ST. EDM. CONF. 494. Ofte ariseth ful gret debate . . But *loveday* jet schul they make none, Tyl that the werke-day be clene agone; Apon the holyday je mowe wel take Leyser ynowjgh *loveday* to make. FREEMAS. 310. Þoruh which *loveday* ys lost þat leaute myjte wynne. P. PL. Text C. pass. IV. 197. Who can contreue deceytes an conspire wronges, And lede forth a *loveday* to latte with treuthe; He þat such craftes can to conseille is clepid. Text B. pass. X. 19. Thus with rest and with pesse I make a *loveday*. AUDELAY p. 26. Now is the *loveday* mad of us fowre fynialy, Now may we leve in pes as we were wonte. COV. MYST. p. 111. *Loveday*, sequestra. PR. P. p. 315. *Loveday* to make frendes, appointement. PALSGR.

Now is religioun a ryder, a rowmer bi stretes, A leder of *louedayes*. P. PL. Text B. pass. X. 306. Heo ledeþ þe lawe as hire luste, & *louedayes* makeþ. Text A. pass. III. 154. In *lovedayes* ther couthe he mochil Pelpe. CH. C. T. 260. Mo *lovedayes* and acordes Then on instrumentes ben cordes. H. of Fame 2, 187. Prestes . . beten mar-ketis, & entermeten hem of *louedaies*. WYCL. W. *hitherto unpr*. p. 172. vgl. p. 234. 242. 243.

lovedrink s. vgl. ags. *drinc*, potus. Lie-bestrank.

Sche tok that *lovedrink* That in Yrlond was bought. TRISTR. 2, 54. Jupiter . . Hath in his celler, as men sain, Two tonnes full of *lovedrinke*. GOWER III. 12. Sche gaf him such a maner *lovedrink*, That he was deed or it was by the morwe. CH. C. T. 6336.

lovedrunke s. vgl. ags. *drynce*, potus, *oferdrynce*, ebrietas. Liebestrunkenheit.

Lovedrunke is the mischefe Above all other the moste chefe. GOWER III. 11. There is diverse kinde Of *lovedrunke*. III. 12. If he drawe of the swete tonne, Than is the sorwe all overronne Of *lovedrunke*. III. 13. Than shalt thou have a lusty draught, And waxe of *lovedrunke* sober. III. 16.

lovelaik s. vgl. *lac*, *loc*, *leik*, *laik*, ags. *lác*, ludus, oblatio, sacrificium. Liebes-spiel, Liebelei.

Her *louelaike* thou bihald. TRISTR. 2, 82.

loveles adj. neue. *loveles*. liebelos.

Pus i live *loueles*, lyk a luþer dogge, þat al my breste bolleþ for bitter of my galle. P. PL. Text A. pass. V. 98.

lovelikinge s. vgl. *licung*. Liebeslust, Liebe.

„Do come," he seyde, „my minstrales, . . for to tellen tales . . Of romances that been roiales, Of popes and of cardinales, And eek of *louelikynge*. CH. C. T. II. B. 2035 ed. *Skeat* Oxf. Clar. Pr.

lovelonginge s. vgl. *langing*. Liebes-
verlangen, Sehnsucht.
A suete *lovelongynge* myn hert thourh-
stong. LYR. P. p. 61. Ich libbe in *lovelonginge* For semlokest of alle thynge. p. 27.
Thin side al openeth to *lovelongynge*. p. 70.
Iesu, þurgh hys myʒt, Shewed hym to Pers
syʒt, For to be stalworþe yn hys fondyng
And to hym haue *lovelongyng*. R. OF BRUNNE
Handl. S. 5863. This joly Absalon Hath in
his herte such a *lovelongyng*, That of no wyf
re took he noon offryng. CH. *C. T.* 3348.
To Alisoun than wol I tellen al My *lovelongyng*. 3678.

lovesong s. Liebesgesang.
Iesu, thi love is suete ant strong . .
Tech me, Ihesu, thi *lovesong*. LYR. P. p. 74.

lovetere s. vgl. *tear, ter, tere*, lacryma.
Liebesthräne.
Ihesu, the quene that by the stod, Of
loveteres he weop a flod. LYR. P. p. 70.

lovetiþing s. vgl. *tiðing* OEH. II. 33.
Liebesbotschaft.
Ich mai do thar gode note, An bringe
hom *lovetithinge*, Vor ich of chirche songe
singe. O. A. N. 1032.

lufer, levere, loviere, lover s. sch. *luffar*,
neue. *lover*. Liebender, Liebhaber.
A *lufer*, amator, -trix. CATH. ANGL. p. 223.
— His verray *lufers* folowes hym fleande ho-
nours and lovynges in erthe, and noght lufande
vayn glorye. MS. in HALLIW. D. p. 533 v. *kuef*.
Till fulfils the haly gast godis *lufers*. PS. 144
HAMP.
Lovare, amator, -trix. PR. P. p. 314.
Schortly turned was al up so doun Bothe abyt
and disposicioun Of him, this woful *lovere* daun
Arcite. CH. *C. T.* 1379.
With hym ther was his sone, a yong squier,
A *louyere* and a lusty bacheler, With lokkes
crulle, as they wer leyd in presse. CH. *C. T.* 79.
— Ne byeþ maʒt ontrewe, onriʒtuole, queade,
robberes, wrechen, *louieres* of þe wordle.
AYENB. p. 270. Þe *louyeres* of þe wordle byeþ
þyestre. *ib.*
Thus many a *lover* hath be shent. GOWER
II. 20. Nere hope, ther shulde no *lover* lyve.
CH. *R. of R.* 2778. — Sire, how may it be That
lovers may in such manere Endure the peyne
ye have seid heere? 2722. In hoope is alle his
susteynyng, And so in lovers in her wenyng.
2765. There ben *lovers* of such a sorte. GOWER
I. 64.

lufetenande s. s. *lieutenaunt*.

lufien (-an), **lufen, luvien, luven, lovien,
loven** etc. v. ags. *lufian*, amare, sch. *luf, luve,
luwe*, neue. *love*. lieben, gern haben.
I n f. Þe helende ableu his gast on his
apostlas for þere itacnunge þet heo and alle
cristen men scullan *lufian* heore nehstan. OEH.
p. 99. We sculen *lufian* god ofer alle oðer þing
. . We sculen *lufian* god and men. *ib.* Hine
sculc þa gode men *lufie* for his liðnesse. p. 111.
God jesceop alle gode, and let hi hi habben
aʒen chiré to chiesen ʒief hy wolden hare

sceappinde *lufie* oðer hine forleten. p. 219. He
gaff hemm bisne god inoh To *lufenn* Godd &
dredenn. ORM 851. Uss birrþ mikell *lufenn*
Crist. 3880. How suld I, lede, for þi lofe, bot
lufe þe in hert? WARS OF ALEX. 664. To *lufe*,
amare. CATH. ANGL. p. 222. That same time
dremyd that ladi bright, And thoght that sho
sold *luf* a knyght. SEUYN SAG. 2919. I sall *luf*
the lord. PS. 17, 1 HAMP.
Ouer alle þing hine ʒe scule *luuian*. OEH.
p. 11. We hine sculde *luuian*. p. 19. We sculen
luuian ure nehstan, þet is al cristene folc, alswa
us seoluan. p. 123. Þet an is iknawen him to
lauerd ouer alle þing, þet oðer is *luuien* him
ouer alle þing. p. 75. Wel owe we þe *luuien*,
mi swete lefdi. p. 191. Þ ha were . . fordon &
fordemet, ʒif ha nalde leauen þ ha ʒet lefde, &
hare lahe *luuien*. LEG. ST. KATH. 423-31. Heo
. . bigon to *luuien* þen aa liuiende god. ST. JU-
LIANA p. 5. Þu higtes to leuen on him and hise
lagen *luuien*. BEST. 169. *Luuien* tide, oðer time,
oðer stude, uorto kumen inc swuche keft.
ANCR. R. p. 206. He ne mei nawiht *luuie* god
and ec his ehte. OEH. p. 17. Alle men he
tauhte to holde treowe luue, Erest to god al-
myhti þat is vs alle abuve, Sebþe to *luuye* his
euenyng. O.E.MISCELL. p. 38. Þu aʒest *luuan*
heore saule for Cristes luue. OEH. p. 15. Crist
hafeð ihaten þet þu scalt *luuan* þine feond for
his luue. p. 17. Þo þe wilfulle ben here sinnes
to *luuen*. II. 75. Ðan sal him almightin *luuen*.
G. A. EX. 9. Ne og ur non oðer to sunen, oc
eurilc *luuen* oðer also he were his broder.
BEST. 371.
Ler me for to *louien* þe. OEH. p. 200. To
lovien he begon On wedded wimmon. SIRIZ 7.
Suete Ihesu . . Thou ʒeve me streinthe ant eke
myht, Forte *lovien* the aryht. LYR. P. p. 57.
ʒef me streynthe ant myht, Longen sore ant
ofte to *lovye* the aryht. p. 62. Hi asolden him
serui and þonki and toppe alle þinges *louie*.
AYENB. p. 6. O thynge hyt hys that God hat . .
And that hys love, man, syker thou be, To
lovye wyth thy myʒt. SHOREH. p. 91. I wolde
loven hem [sc. the violastres] als moche as the
othere [sc. dyamandes]. MAUND. p. 160. I must
her *loven* till I deie. GOWER I. 87. Thah men
to me han onde, To *love* nuly noht wonde, ne
lete for non of tho. LYR. P. p. 29. I sal *love*
þe [diligam te *Vulg.*], Laverd. PS. 17, 2.
I m p e r a t. *Lufe* the lord all his halighis . .
lufie oure lord, that is, seruys til him in luf
mare than in dreed. PS. 30, 30 HAMP.
Luue þine euecristene dei and niht, alswa
þe solue. OEH. p. 65. Þin sunful efenling, *luue*
him for godes þing. p. 67.
Loue also the Lord thi God. WYCL. DEU-
TER. 11, 1. — *Loue* ʒee ʒoure enmyes. MATTH.
5, 44 Oxf. *Loves* Laverd, al haleghs hisse.
EARLY E. PS. 30, 24.
P r æ s. Say me . . þe selfe tyme Of þe birth
of þe bald kyng þat I best *lufe*. WARS OF ALEX.
288. Lat the deuel and his mynystres haf na
maystri ouer me, that i ne with all my hert *luf*
the. PS. 30, 19 HAMP. Mare *lufeast* tu þatt
þing þann ohht off Godess wille. ORM 4662. Þe

19*

þet ne *lufeð* his broðer þene þet he isihð, hu mei he lufian God þene þet he ne isihð licomliche. OEH. p. 99. Þis is seoking þe wile wite an alle his underþeode, wa hine *lufeð*, and hwa hine hateð. p. 235. Lord *lufis* the rightwis. Ps. 145, 7 HAMP. Hym wantes skille, þat hym suld lede, When he es yhung and *luffes* laykyng. HAMP. 593. — Because we *lufe* ȝour comyng, we consall ȝow blyth To pas out with ȝour paramours & pers vs beforne. WARS OF ALEX. 3768. Vre hlaford almihtiȝ god wile and us hot þat we hine *lufie*. OEH. p. 217. Þat es þe hard stour at þe lustende, When þe saule sal fra þe body wende; A doleful partyng es þat to telle, For þai *luf* ay togyder to duelle. HAMP. 1838. Þe mare þat twa togyder *lufes*, Als a man and his wyfe oft proves, þe more sorow and murnyng Byhoves be at þair departyng. 1844. Iwi *luuie* ich oi þing bute þe one? OEH. p. 201. Ich *luuie* and wulle luuien þe more. p. 213. Þine frond þu *luuest* for þam goddede þe he þe deð, and he þe alswa. p. 19. Hwi *luuest* þu þine fule sunnes? II. 103. Þu *luuest* ouer alle þing treowe bileaue. ST. JULIANA p. 75. Þi salue hit is, ȝif þu hit *luuest*, aȝean soule hurtes. ANCR. R. p. 282. Nu ȝe maȝen iheren hwet is riht cherite þet uwile mon ah to habben, þet is, þet þu *luuie* þine drihten ofer þin wif and ofer child and ofer alle eorðliche þing. OEH. p. 39. Þe licome *luuað* muchele ȝlauðe. p. 19. Heo [sc. þet clene wif] . . idele word ne *luuað*. p. 111. Þe mon ðe seið þet he *luuað* god and hateð his broþer, he is lihȝare; for þe mon þe ne *luuað* na his broðer þe he isið, hu mei he luuian wel ure drihten þe he naut ne isihð. p. 125. Al þet þe licome *luueð*. p. 19. Þe mon þe ne *luueð* cherite. p. 39. Euch an *luueð* oðer ase muchel as him seoluen. p. 263. Þes heuenliche Lauerd *luueð* treowe bileaue. LEG. ST. KATH. 230. He *luueþ* him so dere. K. H. 1343. On twa wise mon mei forlete world winne, an is þet he hit do for him þet he hit nabbe; an oðer is þet he telle swa lutel tale þerof þet he hit nawichtne *luuie*. OEH. p. 147. Ich inc halsi beien . . þat unker wiðer oðer *luuie* swa his broðer. LAȝ. III. 294. — We habbeð godes gode, þe we *luuieð* an ure mode. LAȝ. II. 157. Þenne make we ham [sc. his stiȝes] rihte, ȝef . . we *luuien* ure efrec oðer us bitwenen, swa we weren broðre and sustre. OEH. p. 7. *Luuian* we ure drihten for þon þe he luuede us er we him. p. 123. *Luuie* we god mid ure heorte. p. 177. Lokeþ . . yef ȝe *luuieþ* þet he luueþ, and doþ þet he hot. O.E.MISCELL. p. 36. Þis is min biþode . . þet ȝe *luuian* eou bitwixan. OEH. p. 125. Mildeliche ich munȝe myne leoue freond . . þat ȝe alle adrede vre dryhten Crist, *luuyen* hine and lykyen. O.E.MISCELL. p. 104. Lisse ic sende uppon monnen þe me *luuieð*. OEH. p. 15. Summe men *luuieð* heore sunne. p. 145. Nis him na derure for to adweschen adun fele þen feawe bifore þeo þ him riht leued & *luuieð*. LEG. ST. KATH. 948. Peo men þet habbeð worldlich þing & ne *luuieð* hit nout, auh ȝiueð hit ase hit kumeð ham. ANCR. R. p. 350. Ȝif

wimmen *luvieth* unrede, Hwitistu me hore misdede? O. A. N. 1353. Sume men ledeð clene lißode, and ne doð ne ne queðeð none manne loð, ac *luuigeð* god. OEH. II. 37. Þa ðe sunnen *hueð* . . he beoð unbicumelic eorðe to þe sede of godes weorde. OEH. p. 135. Heom þingð uuel to forleten þet heo muchel *luueð*. p. 145. Hwi *loue* ich eni þing boten þe one? OEH. p. 185. Y *loue* more þi leue lyf þan al þat in þe world ys. R. OF GL. p. 30. Þane borh ich *lofuie* swiþe. LAȝ. I. 343 j. T. He is wel guod man, and ich hine *louie* moche. AYENB. p. 62. Thuse kniȝtes ich *lovie* more, to hem ich wole take. BEK. 890. Bi vertu of þing þat þou most in þis world *louest*. WILL. 284. Sey me al clene þin herte, how muche þou *louest* me. R. OF GL. p. 29. Þou ne *louest* me noȝt as þi sostren doþ. p. 31. He *loveth* me, und ich him wel, Oure love is also trewe as stel. SIRIZ 94. Above al other one Daniel He *loveth*. GOWER I. 138. Laverd *loves* rightwis full yhare. Ps. 145, 8. My meny þe *louies*. GAW. 2468. — We maȝe faren riche, ȝif we read *louieþ*. LAȝ. I. 43 j. T. Ȝe þat *louen* & lyken to listen aȝi more . . preieth a pater noster. WILL. 162-4. Þo þet to moche *louieþ* hire guod. AYENB. p. 6. Foles fele *loues* the Fend, Quen thai fra sin to sin wende. METR. HOMIL. p. 133.

Præter. I *luffid* the fairhed of thi house. Ps. 25, 8 HAMP. I *lufid* the sted of the wonnyng of thi ioy, that is, I *lufid* to make me a sted in the whilk thou wold ioyfully wonne. ib. Þene mon he *lufede* and wel biþohte. OEH. p. 59. He onlihte Dauiðes heorte þa þe he on ȝeoȝoþe herpan *lufede*. p. 97. Gif non of him [sc. Gode] ne spece, non hine ne *lufede*, non to him ne come. p. 217. Þet eberisce folc þe god *lufede*. p. 227. Turnus . . þet wes of Tuskanne duc, þet *lufede* þet maiden. LAȝ. I. 7. Swa *lufede* þe Laferrd Godd þe werelld. ORM 16712. He dremyd thus opon a nyght, That he *lufed* a lady bryght. SEUYN SAG. 2913. — Þider heo camen alle alches cunnes leoden, þa þene king *lufeden*. LAȝ. III. 268.

Þis is . . min heste þet ȝe luuian eou bitwixan, alswa ic *luuede* eou. OEH. p. 125. Þe ich chulle luuien na uor ham þet ich *luuede* er and truste to and hopede. p. 215. Sone se ich awai warp ower witlese lei, & leornede & *luuede* þe liffule leaue of holi Chirche. LEG. ST. KATH. 831. Pouerte þu *luuedes*, pouerte þu tahtes. OEH. p. 279. Muchel þu me *luuedes*. p. 283. A Ihesu . . þat swa muchel *luuedes* me þat tu deides for luue of me. p. 287. Þu leddest þurh Moyses þat tu se muchel *luuedest*, bute brugge & ðat þurh þe reade sea al his cunreddon. ST. JULIANA p. 61. Tristicia, þet is þissere worlde sarinesse, þenne þe mon sorȝeð alles to swiðe for his hehte lure, þe he *luuede* to swiðe. OEH. p. 103. Bi þo dages *luuede* Herodes þe king his broðer wif. II. 139. Pa *luuede* he a maide þeo was Lauine mawe. LAȝ. I. 12. Ne *luuede* ha nane lihte plahen. LEG. ST. KATH. 106. Ghe was fair witterlike, And ðat folc *luuede* lecherlike. G. A. EX. 769. Muchel *luuede* he us. ANCR. R. p. 292. Our faithful Abraham, þat

dred drihtin and *luued* him sua, þat for his
luue his sun wald sla. CURS. MUNDI 5348
COTT. — Summe men *luueden* heore sunne.
OEH. p. 151. Hie *luueden* gode more þene hem
seluen. II. 119. Rædes heo *luueden*. LAJ. I. 88.
Þa Romleoden swiðe hine *luueden*. I. 391. He
luueden god, he geld it hem. G. A. EX. 2152.
Þo scullen more of him seon þe *luuede* him her
more. OEH. p. 183.

Bodi, allas! alas! That I the *lovede* evere
jete! . . That thou *lovedest* me þouj lete. BODY
A. S. 243–5. Þe king heo *louede* more þanne ba
tueie þe oðre. LAJ. I. 128. He *louede* god.
HAVEL. 35. Þe king him onourede swiþe wel
and *louede* him ynouj. ST. SWITHIN 21. Gilbert
was Thomas fader name, that true was and god,
And *lovede* God and holi churche. BEK. 1. The
child *louede* him inou, more nas neuere iseye.
R. OF GL. p. 469. Þe kyng *louede* melodie of
harpe & of songe. ST. CRISTOPH. 18. He *louied*
þe lasse Auþer to lenge lye, or to longe sitte.
GAW. 87. Þer was in þe lond a knijt . . þat
louid Ihesu wel arijt. E.E.P. p. 14. He hadd a
fayr damysele that he *loved* wel. MAUND. p. 26.
— Him *loueden* alle. HAVEL. 955. Al folk hem
mijte rewe, þat *loueden* hem so trewe. K. H.
1521. Bolde bredden þerinne, baret þat *lofden*.
GAW. 21. Alse wel hi mijten uæste huet non
uor god, yef hi him suo moche *louede*. AYENB.
p. 52. Hirdmen hine *leouede*. LAJ. I. 209. Alle
men hine *lofuede*. ib. j. T.

P. Pr. *Lufande*, amans. CATH. ANGL.
p. 223. His verray lufers folowes hym . . noght
lufande vayn glorye. Ms. in HALLIW. D. p. 533
v. *luef*.

Luuiende louerd! OEH. p. 187. *Luuiende*
lauerd! ST. JULIANA p. 33. Þe *louende* louerd.
OEH. p. 185. Zuyetnesse of herte, þet makeþ
man zuete and milde, manhede, and charitable,
louiinde, and louerede. AYENB. p. 145. subst.
Þis is þet lyf of þe wel *louiynde*. p. 75.

P. P. Sen i first of the had syght, Have i
the *lufed* with al my might. YW. A. GAW. 1163.
I maynly jow swere And on þe lay at I leue, &
be my *lufed* [:*lyfd* Dubl.] modire. WARS OF
ALEX. 3424 Ashm.

Summe gold and gersum and ahte of þis
worlde makes *luued* and heried. OEH. p. 269.
Sene it was þat ghe was fair wif, Quan ghe was
luued in so long lif. G.A.Ex.1173. Cf. He heyhte
heom holde treowe luue euerych to oþre, As
ich habbe eu *yluued*, for ye beoþ alle broþre.
O.E.MISCELL. p. 55.

Þe lede was *loued* [*lofed* Dubl]. WARS OF
ALEX. 2562 Ashm. Certeynly no such beeste
To be *loved* is not worthy. CH. R. of R. 5065.
Cf. Heo hauede enne leouemon, þa heo swuþe
ileoued hæfde. LAJ. I. 191. Ich habbe more
þan þi sostren boþe *Yloued* þe one. R. OF GL.
p. 31.

luft, lift, leoft, left adj. ags. *left*, *lyft*,
inanis, debilis [? vgl. SKEAT *Etym. D.* v. *left*],
altniederl. *luft*, *lucht*, niederd. *lucht*, *locht*, fries.
leeft, lat. *lævus*, gr. λαιός, neue. *left*. link.

Stetit illis murus in dextera atque in
sinistra, and þer stod a richt halue and a *luft*
alse an castel wal. OEH. p. 141. cf. EXOD. 14,
22. Mi leofmonnes *luft* erm halt up min heaued,
heo seið, and his riht erm schal biclupen me
abuten. p. 213. Þe ærchebiscop of Lundene
eode an his riht honden, and biþis *luft* side þe
of Eouerwike. LAJ. II. 605. Ælc bar on *luft*
honde enne beh of rede gold. II. 608. Steuene
þe Bleys myd hys ost þe *luft* syde nome. R. OF
GL. p. 398. Loke on þe *luft* hond, quod heo.
P. PL. *Text A.* pass. II. 5. I lokede on þe *luft*
half. II. 8. In his *luft* half he made anoþur
[sc. sege] . . bi his *luft* half he him sette. HOLY
ROOD p. 51. subst. Linke, linke Seite.
Mi þridde suster Meoð speeð of þe middel sti
bituhhe riht ant *luft* þat lut cunnen halden.
OEH. p. 257.

We radeð on boc, þat elch man haueð to
fere on engel of heuene on his riht half, þat
him wisseð . . to don god, and on his *luft* half
an wereged gost. OEH. II. 11. A domes dai
sulle buckes and þe get . . þe hordom dreien,
stonden an ure louerd *lift* hond. II 37. He
setteð þe synfulle on his *lift* half. II. 67. Þo þe
on his *lift* hond comen, ben þo þe clenliche
liuen, noht forto quemende gode, ac for hereword to hauen. II. 93 He biheold a riht hond,
he biheold a *lift* hond. LAJ. II. 280. Gecron . .
his spere grap anan, and smat Leir þene eorl
sære a þa *lift* side þurh ut þa heorte. III. 104.
Hauelok lay on his *lift* side. HAVEL. 2130.
His ryght arme lay in the felde, With his *lyft*
hand he hef his gysarme. ALIS. 2296. Ribbes
þre þe geant brek of Corineus . . In þe rijt syd
two, and in þe *lift* syde on. R. OF GL. p. 22.
Þan come here in mynde . . þat here sweuen was
soþ, þat sum time hire mette, þat here rijt arm
redeli ouer Rome ateyned, & lelli here *lift* arm
laye ouer Spayne. WILL. 5496. Hit watz lusty
Lothes wyf þat ouer her *lyfte* schulder Ones ho
bluschet to þe burje. ALLIT. P. 2, 981. As
lewed þay were, As þay had loked in þe leþer
of my *lyfte* bote. 2, 1580. The forster smote of
his *lyfte* er [d. i. das linke Ohr des Schweines].
GESTA ROM. p. 150.

Ich igrap mi sweord leofe mid mire *leoft*
honde. LAJ. III. 119. In his rijt half one sege
he made, his o sone he sette þere . . In his *leoft*
half he made an oþur, and a fair koc he liet
fette, And in stude of þe holie gost on his *leoft*
half bi him sette. SANCTA CRUX 417 in *Legendary* ed. *Horstmann*, London 1887.

Þat sche be ladi of þat lond þi *left* arm bi-
tokeneþ. WILL. 2965. Þe *lefte* eghe of hym
þan semes lee And narrower þan þe right eghe
es. HAMP. 818. Qwen his broues hildes doune,
the *lefte* eigh mare than the ryght ye. REL.
ANT. I. 54. The water was as a wal at the rijt
syde of hem and the *lefte*. WYCL. EXOD. 14, 22
Oxf. Þe onderstondinges of herten of þinges
þet me moje torni to þe rijt half and to þe *left*
half, þet me his onderstonde arijt ine þe guode
half. AYENB. p. 152. How the Grekes with an
huge route Thre tymes ryden al the fyr aboute,
Upon the *lefte* hond. CH. C. T. 2953. . *Left*, or
thynge þat ys on þe lyfte syde, sinister; *left*

hande, sinistra, leva. Pr. P. p. 293. A *left-hande*, leua, leuus. Cath. Angl. p. 212.

Dazu gehört **leftwarde** adv. sinistrorsum. Cath. Angl. p. 212.

luft, loft, lift, leoft, left s. ags. *lyft*, alts. ahd. *luft*, goth. *luftus*, niederl. niederd. *lucht*, altn. *lopt*, schw. dän. *luft*, sch. *lyft*, *lift*, neue. erhalten in *loft*, tabulatum, gleich dem veraltenden schw. *loft*.

1. L u f t, H ö h e.

Aer, *luft*. Wr. Voc. p. 90. Fuȝeles i þe *lufte*. OEH. p. 79. Alle þe fuȝeles þe fluȝen bi þan *lufte*. p. 129. Þe fuheles of þe *lufte*. Leg. St. Käth. 2124. Þe fuheles þe fleon bi þe *lufte*. St. Marher. p. 9. His feðerhome he dude him on . . mid wiȝeful his fluhte tæih him to þon *lufte*. Laȝ. I. 122. Nes þa na man vnder *lufte* þe cuðe betere cræftes. I. 431. He cuðe of þan crafte þe wuneð i þan *lufte* [d. i. Astrologie]. II. 236. Þer wunieð in þan *lufte* feole cunne wihte. ib. Com þe ueond buȝen him vleinde bi þe *lufte*. Ancr. R. p. 244. Þo hurde he þulke tyme angles, synge ywys, Up in þe *lufte*, a murye song. R. of Gl. p. 280. Þe fend of his bodi fleȝȝ to þe *lufte*. Joseph 385.

Heo is hefone liht and eorðe brihtnesse, *loftes* leom, and all hiscefte ȝimston. OEH. p. 217. He makede fisses inne þe see, and fuȝeles inne þe *lofte*. p. 290. vgl. II. 222. E.E.P. p. 24. Þatt ure Laferrd Jesu Crist Swa þolede þe deofell To brinngenn himm heþhe upp o *lofft*, Þatt dide he etc. Orm 11821. Witt tu þatt te laþe gast Aȝȝ eggeþþ hise þeowwes To draȝhenn hemm aȝȝ upp o *lofft* þurh niþ & modiȝnesse To ȝeornenn aftterr laferrddom. 11847. Þær wass greȝȝþedd sæte o *lofft* Till þa þatt sholldenn spellenn. 11961. Whyl he watz hyȝe in þe heuen houen vpon *lofte*, Of alle þyse aþel aungelez attled þe fayrest . . He seȝ not bot hymself how semly he were. Allit. P. 2, 206. Vpo *lofte* the devel may sitte softe, & holden his halymotes ofte. Pol. S. p. 154. Norþwynd þere ywys Out of þe erþe comeþ of holes as yt were, And bloweþ vp of þilke holes, so þat yt wolde arere And bere vp grete cloþes, ȝef heo were þer ney, And blowe hem here and þere vpon þe *lofte* on hey. R. of Gl. p. 7. Of oþur wondrus we witen in þis word here, þat likeþ us to loken on, on þe *loft* heie; We sen selkouþe þing, þat is ta sain, heuene, þere as lem is of *loft* & lisse to gode. Alex. A. Dindim. 473. Sire . . Let seche bi *lofte* and bi grounde, Yif eny Cristene prisoun mighte be founde. Kyng of Tars 686. Ye, my mooder, my soverayn plesaunce Over al thing, outaken Crist on *lofte*. Ch. C. T. 4696. He sholde a noyse make, And seme as though he sholde falle depe From heigh of *loft*. Tr. a. Cr. 5, 257. Feet and fayre hondes . . Cros þou holdest hem hiȝe on *lofte* Bounden in bledyng bondes. Holy Rood p. 133. Lordis lift him [sc. ane ymage . . as it a kynge were] on *loft* & lawe to him bowid. Wars of Alex. 196. Ilk a hathill to hors hiȝis him belyue, Stridis into stelebowe, stertis apon *loft*. 777. They her bidden for to slepe Liggend upon the bedde a *loft*. Gower I. 71.

Muchel heo ferden mid þan **crafte** to lokien in þan *leofte*, to lokien i þan steorren, þe craft is ihate Astronomie. Laȝ. II. 598. Agan ich forto slepe, me þuhte þat in þere weolcne com an wunderlic deor æst i þan *leofte*. III. 14.

He makede fisses in þe se, and fuȝeles in þe *lifte*. OEH. p. 165. Felle þei to helle, lasse & more, Somme in þe erþe, somme in þe *lift*. Curs. Mundi 494 Trin. Þe *lift* has sunne and mone within. 524 Fairf. Now se we þe *lyfte* clere and faire, Now gadirs mystes and cloudes in þe ayre. Hamp. 1444. Thai sett the dyand bodis of thi seruauntes metis till fughlis of the *lift*. Ps. 78, 2 Hamp. Both of the see and of fersch water he [sc. the sonne] draweth up the breth, So that above in the *lift* thulke myst evene geth. Nou is ther up in the *lifte* a swithe cold stede etc. Pop. Sc. 203. Bi the urthe we fleoth, and bi the *lifte* also, As gode angles and lithere ek riȝt is for to do. St. Brandan p. 9. I schal . . by lyke to þat lorde þat þe *lyft* made. Allit. P. 2, 211. Þe mukel lauande loȝhe to þe *lyfte* rered. 2, 366. Al watz þe mynde of þat man on misschapen þinges, Til þe lorde of þe *lyfte* liste hit abate. 2, 1355. Forþ he renneþ al so swyft, As foul þat fleþ on þe *lift*. Ferumbr. 3863, — And als he loked up til Feven, Open h[e] saw the *liftes* seven. Ms. in Hamp. Glos³ Index p. 306.

Foȝeles on ðar *lofte*. Hickes Thes. I. 223. Anone as he hath made the yeȝte, A vois was herde on high the *lefte*, Of which all Rome was adradde. Gower I. 276.

2. oberes Geschoss, Obergemach, wie neue. *loft*.

Ȝe schal lenge in your *lofte*, & lyȝe in your ese, To morn quyle þe messe-quyle, & to mete wende When ȝe wyl. Gaw. 1096. Þow lye in þy *loft*, & lach þyn ese, & I schal hunt in þis holt. 1676.

[luften], liften, leften v. mhd. *lüften*, elevare, gleich altn. *lypta* und *lopta*, dän. *löfte*; das niederl. *luchten*, auslüften, duften, weicht in der Bedeutung ab. Die altenglische Form *luften* ist bis jetzt nicht belegt. sch. neue. *lift*.

1. in die Luft heben, erheben.

Lyftyn, levo, sublevo, pendo. Pr. P. p. 303. Þe ston was mikel . . And also heui so a neth; Grundstalwrthe man he sholde be þat mouthe *liften* it to his kne. Havel. 1025. I have seen of the cannes . . lyggynge upon the ryvere of that lake, of the whiche 20 of oure felowes ne myghten not *liften* up ne beren on to the erthe. Maund. p. 190. To *lyfte* or *lifte* vppe, levare, erigere, exaltare. Cath. Angl. p. 216. Clement þe cobelere cauȝte hym bi þe myddel For to *lifte* hym alofte, and leyde him on his knowes. P. Pl. Text B. pass. V. 358. Com hedir, felowse, . . And help [that] this tre sone To *lyft* with alle youre sleght. Town. M. p. 221. Shog hym welle and let us *lyfte*. ib. „*Lyft* us this tre emanges us alle.“ „Yee, and leȝ it into the mortare falle.“ Town. M. p. 223.

When he harde the maydyn bryght, Hys hedd he *lyfte* upon hyght. Bone Flor. 766.

By þe myracles þat he made, messie he semede,
The he *lyfte* vp Lazar þat leyde was in graue.
P. PL. *Text C.* pass. XVIII. 303. Lordis *lift*
him [sc. þe ymage of þe kyng] on loft, & lawe
to him bowid. WARS OF ALEX. 196.

in Verbindung mit *of*, abheben, ab-
schlagen: Ley on strokes swyfte, Our on
schall other *lyfte* That hedde *of* be the skynne.
LYB. DISC. 1954. damit mag der vom Vor-
schneider von Geflügel, besonders vom Schwan,
gebrauchte Ausdruck *lyften* im Sinne von *carven*
sich erklären: *Lyft* that swanne. BAB. B. p. 265.
Capon or henne of grece, *lyfte* the legges, than
the wynges. p. 272. *Lyfte* that swanne. p. 275.
wofür übrigens häufig auch *reysen* gebraucht
wird. p. 142. 275. 276. 277.

Das p. pr. wird auch intransitiv für sich
erhebend, emporsteigend im Gegensatz
zu sinkend gebraucht: After harde dayez
wern out an hundreth & fyfte, As þat *lyftande*
lome luged aboute, Where þe wynde & þe weder
warpen hit wolde, Hit saȝtled on a softe day
synkande to grounde. ALLIT. P. 2, 442.

2. ehren, preisen.

Annd tatt wass wiss soþfasst metlecog þatt
ure laffdiȝ Marȝe Swa ferde till Elysabæþ, To
lutenn hire & *lefftenn*. ORM 2659. Annd te
birrþ lufenn wel þin preost & lutenn himm &
lefftenn. 6140. Uss birrþ . . lætenn wel off oþre
menn & lutenn hemm & *lefftenn*. 7525-8.

Niss nan mann þatt æfre maȝȝ Meocnesse
mare shæwenn þann he doþ, Whase laȝheþþ
himm Bineþenn hise lahȝhre, & luteþþ hemm &
leftteþþ hemm. ORM 10736.

Dazu gehört **lifting** s. Erhebung,
Aufrichtung: If a stane þat was of pays
Of ane hundreth mens *lyftyng* might falle
fro þeþen, it suld be in fallyng A thousand
ȝhere. HAMP. 7730. Glotoun was a gret
cherle and a grym in þe *liftynge*, And
coughed vp a candel in Clementis lappe. P.
PL. *Text B.* pass. V. 360.

luftfuhel s. Luftvogel, Vogel, der in
der Luft fliegt.

He het . . bihefden ham euch fot & leauen
hare bodies unbiburied alle, fode to wilde deor
& to *luftfuheles*. LEG. ST. KATH. 2271-7.

lugen v. s. *luggen*.

lugg s. neue. *lug*, pertica. Stange.

Euereuch man . . me mid stone and *lugge*
þreteþ. O. A. N. 1608. *Stratm.*

luggen, lugen v. schw. *lugga*, neue. *lug*.

1. tr. ziehen, zerren: *Lugge.* LYDG.
Story of Thebes. 4597. cf. To *lugge*, trahere,
vellere. MAN. VOC. p. 184 [a. 1570].

She made him debonaire and meke, And
by the chin and by the cheke She *luggeth* him
right as her list . . And doth with him what
ever her liketh. GOWER III. 148 sq.

Ffor his dedis he was duly dryvon fro
Troy, Thurgh the lady þat þe lede *lugget* of þe
toure. DESTR. OF TROY 12322. — Weghis of
his aune *Luggit* hym out of þe laund, leste hym
for ded. 6662. Pan þe Mirmydons, his men,
mightely comyn, Lepyn to þere lord, *lugget*

hym away, Halpe him to horse in a hond
qwhile. 11028. Of sum þai [sc. þa backes] ete
of þaire eris, euen by þe rotis, Sum þai *luggid*
of þe lippis, þe lire fra þe chekis. WARS OF
ALEX.

This lorell . . Lyghte on the lordschepe
that to the brid longid, And was ffelliche ylauȝte
and *luggid* fful ylle. DEP. OF R. II. p. 14.

2. intr. Auf den Wogen treiben, getrieben werden, vom Schiffe: After harde
dayez wern out an hundreth & fyfte, As þat
lyftande lome *luged* aboute, Where þe wynde &
þe weder warpen hit wolde, Hit saȝtled on a
softe day synkande to grounde. ALLIT. P.
2, 442.

lugre s. wohl gleich *ligure* WYCL. EX. 28,
19 Oxf. *ligurie* Purv. und *ligury* EX. 39, 12
Oxf. *ligurius* Vulg. λιγύριον Septuag. gleich
λυγχούριον, als Uebersetzung des hebr. לֶשֶׁם.
Name eines unbekannten Edelsteins, bei
Luther Lyncurer genannt (etwa Hyacinth
oder Zirkon).

Per is saphir and vniune, Carbuncle and
astiune, Smaragde, *lugre*, and prassiune.
COK. 89.

Luide s. Martius mensis s. *Lude*.

In þe monþe of *Luyde* of þis worlde he
wende. ST. CUTHBERT p. 106 [p. 362 ed. *Horstmann*].

luis s. lucius s. *luce*.

luischen v. s. *luschen*.

luit, luitel adj. und adv. s. *lut, lutel*.

lullai, lulai etc. interj. Singsang zum
Einschläfern der Kinder, öfters als Kehr-
reim.

And ever among A mayden song *Lullay*,
by by, *lullay*. SONGS A. CAR. p. 12. I wyl not
ses To syng, by by, *lullay.* ib. vgl. p. 13.14 oft.
Lullay! lullay! lytil child, myn owyn dere
fode, How xalt thou sufferin be naylid on the
rode! p. 9 und ebendaselbst mehrmals ähnlich.
„Ffayr chylde, *lullay*“ sone must she syng. COV.
MYST. p. 137. *Lully, lulla*, thow littell tine
child; By by, *lully, lullay*, thow littell tyne
child; By by, *lully, lullay*. ib. Notes p. 414.
Lulay [lulley A.], nenia. CATH. ANGL. p. 223.

lullen v. vagari s. *lollen*.

lullen v. niederl. *lullen*, schw. *lulla*, dän.
lulle, neue. *lull*.

1. einlullen, einschläfern, in Schlaf
singen.

Lullyn, or byssyn, sopio. PR. P. 317. To
lulle, neniari. CATH. ANGL. p. 223.

My primerose, my paramour, With love I
lulle þee. HOLY ROOD p. 213. I *lulle* in myne
armes, as a nouryce dothe her chylde to bringe
it aslepe, je berce entre mes bras. PALSGR.

Feet and fayre hondes þat nou ben croised,
I custe hem ofte, I *lulled* hem, I leid hem softe.
HOLY ROOD p. 133. And on hir arm this litel
child sche leyde, With ful sad face, and gan
the child to blesse, And *lullyd* it, and after gan
it kisse. CH. C. T. 8427.

Par sa norice soyt bercé — *lulled*. WR. VOC.
p. 143.

2. saugen, wie auch niederl. und nhd.
lullen.

My lytylle childe lyth alle lame, That *lullyd*
on my pappys. Cov. Myst. p. 182.

lullinge s. Einlullen.

Longe *lullynge* have I lorn! Alas! qwhy
was my baron born! Cov. Myst. p. 182.
Lullynge of yonge childer, neniacio. Pr. P.
p. 317.

lullinge-songe s. Schlaflied, Wiegen-
lied.

Lullynge songe, nenia. Pr. P. p. 317.

lumen v. lucere s. *leomen.*

luminen, limnen v. für *enluminen* afr. nfr.
enluminer, pr. *enlumenar, enlhumenar,* lat. *illuminare,* das auch schon bildlich von der Aus-
schmückung mit glänzenden Steinen oder leuch-
tender, bunter Farbe gebraucht wurde (purpura
vestem *illuminat.* Plin. 9, 36 (60)]. neue. *limn.*
illuminiren, ausmalen, besonders Handschriften mit Farbe oder Bildern ver-
zieren.

Þis bisshop hymself schonede (schomede?)
not to write and *lumine* [*lymne* β and Cx; *lumine* from γ *lymynede* Ms.]. Trev. VII. 295.
vgl. Which bischop was not aschame to wryte
books, to *elymyn* theym and to bynde theim by
his awne person. *ib.* Ms. Harl. To *lumine,*
illuminare. Cath. Angl. p. 223.

Lymnyd, as bookys [*lvmynid* K.], eluci-
datus. Pr. P. p. 317.

luminour, limenour, limnore, auch **luminere** s. von *luminen, limnen.* afr. *enlumineur,
-our,* nfr. *enlumineur,* neue. *limner.* Illuminirer, Maler, besonders Miniaturmaler
von Handschriften.

Lymnore [*luminour* K.], elucidator, minio-
graphus Cath. aurigraphus Ug. in aer, miniator
Ug. alluminator, illuminator Kylw. Pr. P.
p. 317.

Johannes Dancastre, *lymenour.* Engl.
Gilds p. 9.

A *luminere* of bukes, miniator, minio-
graphus, illuminator. Cath. Angl. p. 223.

lumpe, lompe, limpe s. altniederl. *lompe,*
später *lomp,* frustum, sch. *lompe,* heap, mass,
neue. *lump.*

1. Klumpen, Masse, Stück. Une
bribe — a *lumpe* — de blanc payn. Wr. Voc.
p. 150 [saec. XIII]. Hoc frustum, a *lumpe.* p. 241.
Lumpe, frust[r]um. Pr. P. p. 317. A *lumpe,*
frustum. Cath. Angl. p. 223. It was like to a
trumpe, it had sich a sownde, I felle on a *lumpe,*
for ferd that I swonde. Town. M. p. 307.

Lompe, bribe. Rel. Ant. II. 79 [eine
andere Lesart der aus Wr. Voc. p. 150 angeführten Stelle]. A loof oþer half a loof, oþer a
lompe of chese. P. Pl. *Text C.* pass. X. 150.
Myn hede is hevy as *lympe* of lede. Cov.
Myst. p. 170.

2. Haufe, Schaar, Gesellschaft von
Menschen: It semeþ þe deuyl gedreþ siche
lumpis of ȝonge men, fatte and lykynge and
ydyl, and byndiþ hem for wyucs, þat men
myȝten haue bi goddis lawe, to maken false
heiris and to fordo þe kynde of men and so

make þe erþe cursid of god and alle his seyntis.
Wycl. W. *hitherto unpr.* p. 6. Þus lordis of
þis world þat mayntenen *lumpis* of þes ordris
& þer housis & possessiouns . . moten nedis
synne, in as myche as þei reuersen cristis
ordenaunse. p. 447. For siþen ordenaunsis &
lyues gon togidere of men heere, as cristis
ordenaunse is chaungid, so lyues of þes *lumpis*
ben chaungid, & no drede to þe worse, as
mannus ordenaunse is worse þan cristis. p. 449.
vgl. p. 491 (talcs *globos* claustralium. *Dial.*
cap. 28).

lumping adj. neue. *lumping.* schwer.

Þei tolden hem alle Wherfore and whi
Heore hertes were colde, as *lumpyng* led. Holy
Rood p. 141.

lunacioun s. pr. *lunacio, lunaso,* sp. *lunacion,*
pg. *lunazão,* it. *lunazione,* fr. *lunaison,* neue.
lunation. Mondlauf, Lauf des Mondes
um die Erde.

There is not the mone seyn in alle the
lunacioun, saf only the seconde quarteroun.
Maund. p. 301.

lunarie s. afr. *lunaire,* spätlat. *lunaria,* neue.
lunary, moon-wort. Mondraute, eine Art
Farnkraut, botrychium lunaria, dem allerlei
Heilwirkung und Zauberkraft zugeschrieben
wurde.

And herbes coulde I telle eak many oon,
As egremoin, valerian, and *lunarie,* And othere
swiche, if that me liste tarie. Ch. *C. T.* III. G.
799 ed. *Skeat* Oxf. 1887 Clar. Pr.

lunatik adj. pr. *lunatic,* sp. pg. it. *lunatico,*
lat. *lunaticus,* afr. *lunage,* später *lunatique,* neue.
lunatic. mondsüchtig, wahnwitzig.

Lunatyk, astrosus, lunaticus. Cath. Angl.
p. 223. Hem wanteþ here witt men and women
boþe, þe whiche aren *lunatik* lollers and leperes
aboute. P. Pl. *Text C.* pass. X. 106. vgl. 137.
The 12. medicyn forto cure þe feuere agu, and
þe *lunatik* man and womman. Qu. Essence
p. 22. Þis medicyn anoon puttiþ awey þe
frenesye and þe schewynge of fantasies, it curiþ
also wode men and *lunatike* men, andit resto riþ
aȝen witt and discrecioun. *ib.* Subst. Þanne
loked vp a *lunatik.* P. Pl. *Text B.* prol. 123.

lund s. altn. *lund,* animus, animi indoles;
modus, altschw. *lund* i. q. sätt. Sinn, Gesinnung, Sinnesart.

Gode menness clenc *lund* & gode menness
herrtess, þeȝȝ sinndenn þatt hallþe gessthus
þatt Crist iss borenn inne. Orm 7038. To
meokenn þeȝȝre *lund* & teȝȝre modess wille. 9385.
Þurrh þatt tatt teȝȝ wærenn . . all fulle off attriȝ
lund & fulle off bitterr spæche . . Þærþurrh þeȝȝ
wærenn, witt tu wel, Þe neddre swiþe like.
9783-90.

lune s. altn. *logn,* malacia, tranquillitas,
schw. *lugn,* dän. *lun.* Ruhe.

To þe (sc. Marie) one is al mi trust, efter
þine leoue sune, Vor is holie nome of mine liue
ȝif me *lune.* OEH. p. 197.

lunge, longe, lounge etc. s. ags. *lunge,*
pulmo, ahd. *lunga* und *lungina,* mhd. *lunge* und
lungene, afries. *lungene* und *lungen,* niederl.
long, altn. *lunga,* gew. pl. *lungu,* schw. *lunga,*

dän. *lunge*, neue. *lung*, gew. pl. *lungs*. Lunge, von Menschen und Thieren.

Quer, foye, e pomoun, herte, livere, ant *lunge*. WR. VOC. p. 149. Nu schal forrotien .. Thi mahe and thi milte, thi livre and thi *lunge*. REL. S. p. 76. O.E.MISCELL. p. 178. Þey wente þerto, & softe gunne taste is wounde, His lyure, ys *lunge*, & is guttes also, & found hem hol & sounde. FERUMBR. 1094. He smote the kyng of Israel bytwixe the *lunge* and the stomak. WYCL. 3 KINGS 22, 34 Oxf. As it is in phisique write Of liver, of *lunge*, of galle of splen, They all unto the herte ben Servaunts. GOWER III. 100. *Lunge*, pulmo. PR. P. p. 317. — The archer wold have yshot at the ymage, and he hath yschotte him selfe in þe *lungen*, and lyeth ded. GESTA ROM. p. 3. Hic pulmo, *lunggys*. WR. VOC. p. 186. *Lunges*, pulmo. CATH. ANGL. p. 223.

Alisaundre hutte him, certe, Thorugh livre and *longe* and heorte. ALIS. 2155. The blake geaunt he smot smert Thorgh the lyver, *longe*, and herte. LYB. DISC. 601. Hic pulmo, a *long*. WR. VOC. p. 247. — Þat deor vp astod and resde to þan stede, hand forbot him þe breost, þat þe *longene* and þe liure folle to þan grunde. LAȝ. I. 277. Lame men he lechede with *longen* [v. l. *longes*] of bestes. P. PL. *Text C*. pass. IX. 159. The *longes* hole and wynded with the best. PALLAD. 1, 49. *Longis*, pulmo. WR. VOC. p. 179. *Longes*, pulmo. p. 183.

Hierzu gehört **longewoo** s. Lungen-übel. The *longewoo* cometh ofte of yvel eire. PALLAD. 1, 50.

lungwurt s. ags. *lungenwyrt*, helleborus, neue. *lungwort*. Lungenkraut.

Eleborum, *lungwurt*. WR. VOC. p. 140. REL. ANT. I. 37.

lupe s. saltus s. *leap*; **lupeȝere** s. annus bissextus s. *lepȝer*; **luppen** v. currere, salire s. *leapen*.

lurken, lerken v. verhält sich, wie auch *Stratmann* richtig bemerkt, zu *luren* wie *herken* zu *heren*. neue. *lurk*. sich verstecken, sich verbergen, lauern, schleichen.

Hwan he felede hise foos, He made hem *lurken* and crepen in wros [i. e. corners]. HAVEL. 67. *Lurkyn*, latito, lateo. PR. P. p. 317. To *lurke*, latere. CATH. ANGL. p. 224.

Alas! I **lurk** and dare. TOWN. M. p. 137. I *lurke*, I hyde myselfe. PALSGR. Gawayn, þe god mon, in gay bed lyges, *Lurkkez* quyl þe daylȝyt lemed on þe wowes, Vnder couertour ful clere, cortyned aboute. GAW. 1179. Þenne he *lurkkes* & laytes where wats le [i. e. shelter] best, In vche a nok of his [d. i. des Wallfisches] nauel. ALLIT. P. 3, 277. Enon *lurkys* to his loge, & laide hym to slepe. DESTR. OF TROY 813. — So *lurkes* with lordes of a light wrathe, þat growes into ground harme, greuys full sore. 1430. Þe prowis & þe prouidens & of þe pure thewis þat *lurkis* within þis lede, full litill he kennes. WARS OF ALEX. 3990. Þey ouer lond strakeþ þider as þer lemmans liggeþ, and *lurkeþ* in townes. P. PL. *Creed* 82 ed. *Skeat*. vgl. 164 ed. *Wright*.

Opyn the mouth of the spelonk, and bryngith to me fyue kyngis that in it *lorken*. WYCL. JOSH. 10, 22 Oxf.

Of Gaddi ouerflowen to Dauid, whanne he *lurkide* in desert, most stronge men. WYCL. 1 PARALIP. 12, 8 Oxf. Þen wolde I no lenger byde, Bot *lurked* by launcez so lufly leued Tyl on a hyl. ALLIT. P. 1, 976. Vlyxes the Lord, that *lurkyd* by nyght ffro the cite to the see. DESTR. OF TROY 13106. — We *lurkede* undyr lee as lowrande wreches. MORTE ARTH. 1446. Þei .. *Lurkyt* vnder lefesals loget with vines. DESTR. OF TROY 1167.

Þat litel child listely *lorked* out of his caue, Faire floures forto fecche. WILL. 25. — Thei threwen hem into the spelonk, in the which thei *lorkiden*. WYCL. JOSH. 10, 27 Oxf. There weren founden fyue kyngis *lurkinge* in the spelunk. WYCL. JOSH. 10, 17 Oxf. *Lurkynge*, latens, latitans. CATH. ANGL. p. 224.

Lorkinde þurth londes bi nijt, so Lumbardie þei passed. WILL. 2213. Liȝtliche lyer lepe awey þanne, *Lorkynge* þorw lanes, tolugged of manye. P. PL. *Text B*. pass. II. 215. vgl. *C*. pass. III. 226.

lurkere, lurkare s. neue. *lurker*. Laurer, Schleicher.

As sone as they [d. i. die jungen Rebhühner] styffe, and that they steppe kunne, Than cometh and crieth her owen kynde dame, And they ffolwith the vois, at the ffriat note, And loveth *lurker* [d. i. den heimlich in das Nest gedrungenen Vogel], that hem er ladde. DEP. OF R. II. p. 16. Me were leuer hore lefe & my life tyne, þan as a *lurker* to lyne in ylka lond after. DESTR. OF TROY 587. Þou, Alexander, þou ape .. þou litill þefe, þou losangere, þou *lurkare* in cites. WARS OF ALEX. 3543.

lurkinge-place s. worin *lurkinge* als Substantiv in der Zusammensetzung anzusehen ist. Schlupfwinkel.

Lurkynge place, latebra, latibulum. CATH. ANGL. p. 224.

lurdain, lurdan, lurdein s. s. *lordein*.

lure s. gena, facies s. *leor*.

lure, lire, leere, lere, luere s. ags. *lyre*, jactura, damnum, perditio. Verlust, Schaden.

Tristicia, þet is þissere worlde sarinesse, þenne þe mon sorȝeð alles to swiðe for his hehte *lure*. OEH. p. 103. Nis na trewe ifere þe nule naut scottin in þe *lure* ase in þe biȝete. p. 187. vgl. 201. Iblesced beo þet þus went *lure* to biȝeate. p. 213. To *lure* hit .bikumeð. p. 215. Ȝif we heom ilefeð, þat bið ure muchele *lure*. LAȝ. I. 42. Ær þer come mare *lure*, hefde he þene cure. I. 404. Ygerne wes særi & sorhful an heorte, þat swa moni mon for hire sculden habben þer *lure*. II. 357. *Lure* ow is to leosen ower swinkes lan. LEG. ST. KATH. 805. Ȝif hit [sc. þe streon] wel iborn is & þunched wel forðlich, fearlac of his *lure* is anan wið him iboren. HALI MEID. p. 35. Hit .. fareð al oðer weis .. þat te weane eihwer passeð þe winne & te *lure*.

ouer al, al þe biȝeate. p. 39. Thu singst aȝen eiȝte *lure*. O. A. N. 1151. Heo .. schal .. ȝelden þe bestes *lure*. ANCR. R. p. 58. Þe cat of helle .. makede hire to leosen boðe God & mon, mid brod schorne & sunne — inouh sori *lure!* p. 102. Þi fruit me florischeþ in blod colour, To winne þe world þat lay in *lure*. HOLY ROOD p. 135. He þoȝte come by hem, & brynge hem somme to *lure*, And to wynne ȝut al Europe, ȝyf he myȝte dure. R. OF GL. p. 181. What *lure* is of my lyfe & I lyffe here. DESTR. OF TROY 581. Hit is *lure* of our lyues. 2174. Alasse, the losse and the *lure* of oure lefe prinse! 8691. I am þe wakkest .. & lest *lur* of my lyf. GAW. 354. Make we mery quyl we may, & mynne vpon ioye, For þe *lur* may mon lach, when so mon lykez. 1681. — Louerd, þi merci, ase ich ham heie iclumben wið þis ilke bone, þet ligge so lowe, and uor eorðliche *luren* so muche mislicunge habbe in mine heorte. OEH. p. 211. Me scomeð þat he atwit us ure *luren* þat we ifeoren habbeoð forloren. LAȝ. II. 629. Nis imunget her nawt of heouenliche *luren* þat passeð alle oðre. HALI MEID. p. 7. Feng þa Porphire to freinen þis meiden, hwucche were þe meden, & te endelese lif, þ Godd haueð ileaned his leue icorene for þe *luren*, & tis worldliche lif, þ ha leoseð for þe luue of rihte bileaue. LEG. ST. KATH. 1644. Schrift wascheð us of alle ure fulðen, & ȝet [ȝeldes T.] us alle ure *luren*, & makeð us Godes children. ANCR. R. p. 298. Ouerlokes [imperat.] all *lures* to the last ende, What wull falle. DESTR. OF TROY 2241.

Nu mihht tu fraȝȝnenn whillc iss þatt, Patt wepeþþ her wiþþ sinne, „Whatt mann so itt iss þatt wepeþþ her Forr *lire* off eorþlike ahhte." ORM 5664. De king sente after wiches kire Wapmen ðe weren in sowles *lire*, ðe ferden al bi sendes red. G. A. EX. 2919.

Hore cun we habbet ofslawe and idon of lifdaie; we beoþ heom loþe, for hure mochele *leore*. LAȝ. I. 41 j. T. Islawe his Angel þe king, þat was min owe deorling, and Wawein, mi soste(r) sone, wo is me for þare *leore*. III. 132 j. T. Cleopatras flough to hire lond, With gret *leore*, and with gret schond. ALIS. 1121.

Þa wolde god ȝefyllan and ȝeinnian þone *lere* þe forloren was of þan hefenlice werode. OEH. p. 221. Him þoȝte it was a gret *lere* to al is kinedom. R. OF GL. p. 526. Þe sixte manere is of þan þet takeþ hire pans to marchons, þe zuo þet hi by uelaȝe to þe wynnynge, and naȝt to þe *lere*. AYENB. p. 36. Þe vifte [sc. is] in *lere* of time þet me ssolde bezette ine guode workes. p. 46. Mon that ȝyth tren blowe ant bere [sc. in swevenyng] Bitokneth wynnyng, ant no *lere*. REL. ANT. p. 262.

Von Träumen handeln die folgenden Stellen: On blac hors ryden other seon, That wol *luere* ant tuene buen. REL. ANT. I. 263. Whose thuncheth is hed is shave, Strong hit is from *luere* him save. I. 264. Of bestes him hated whose sith, *Luere* of frend that byth. I. 265. His teth falle whose syth, *Luere* of frend ychot that byth. I. 266.

lure s. afr. *loitre*, *loirre*, *loire*, *loerre*, pr. *loirs*, mlat. *loyrum* und *lorra*, it. *logoro*, nfr. *leurre*, neue. *lure* von mhd. *luoder*. Köder, Lockspeise bei der Jagd, besonders zum Zurücklocken des Falken.

Lure for hawkys, lurale. PR. P. p. 317. This false theef, the sompnour, quoth the frere, Had alway bawdes redy to his hond, As eny hauk to *lure* in Engelond. CH. C. T. 6920. Another day he wil par adventure Reclayme the, and bringe the to *lure*. 17003.

luren v. afr. *loirrer*, pr. *loirar*, nfr. *leurrer*, altniederl. *leuren*, mitteld. *lüdern*, mhd. *luoderen*, neue. *lure*. anlocken, ködern.

With empty hond men may noon haukes *lure*. CH. C. T. 5997.

I *lure*, as a falconer dothe for his haulke, je leurre. PALSGR.

Ich haue and haue had somdel haukes maneres, Ich am nat *lured* with loue, bote ouht lygge vnder þombe. P. PL. Text C. pass. VIII. 44.

luren, gew. **louren**, **lowren** v. spät mhd. *lûren*, insidiari, niederd. *lûlern*, *lüren*, niederl. *loeren*, schw. *lura*, dän. *lure*, neue. *lower*. finster, trübe blicken.

Heo sende hire sonde Aþelbrus to honde, Þat he come hire to, And also scholde Horn do, Al in to bure, For heo gan to *lure*; And þe sonde seide Þat sik lai þat maide. K. H. 265.

The emperice bigan to *loure* Lothliche on th'emperoure. SEUYN SAG. 1539. Ffurmest in boure were boses ybroht . . vch gigelot wol *loure*, bote he hem hadde soht. POL. S. p. 153. He is glad with alle glade .. And sory when he seeþ men sory, as þou seest children Lauhen þer men lauhen, an *loures* þer men loureþ. P. PL. Text C. pass. XVII. 300. Whanne he solde and ich noght, þenne was ich aredy To lye and to *loury*, and to lacke myn neghebores. pass. VII. 97. She began to *loure* tho, And saide : there be many of you Faitours. GOWER I. 47. Than am I fed of that they faste, And laugh of that I se hem *loure*. I. 167. *Lowryn*, or mornyn, mereo. *Lowryn*, or scowlyn, obsculo. PR. P. p. 316.

I *lower*, I make a glomynge countenaunce, je reschigne. PALSGR. Wherfore *lourestou?* P. PL. Text B. pass. XI. 85.

Thanne lowh leaute, for ich *lourede* on þe frere. P. PL. Text C. pass. XIII. 24. Themperice him *loured* upon; Themperour saide „Dame, artou wroth"? SEUYN SAG. 864. His een flammet as þe fyre with a felle loke; And *louret* on þe lede with a laithe chere. DESTR. OF TROY 1955. The emperice .. To him cam with *lourand* chere, And the emperour asked why Sche made semblant so sori. SEUYN SAG. 527. Ther he fond his emperice With *lourand* chere, and with nice. 1183. *Lourand* he scide etc. WILL. 2119. We lurkede undyr lee as *lourande* wrecbes. MORTE ARTH. 1446. Þe norþene wind toþrauþ þe raynes, and þe *lourinde* chiere þe wordes of þe missiggere. AYENB. p. 256. Fewe wordis to hire he saide, *Louryng* semblaunt on hire he made. ALIS. 524. As a leke hadde yleye longe in þe sonne, So loked he with lene chekes, *lourynge* foule. P. Pl. *Text B. pass.* V. 82. He made alway a maner *lourynge* chere Upon the Sompnour, but for honeste No vileyns worde yit to him spak he. CH. C. T. 6848. *Lowrynge*, mestus, tristis. PR. P. p. 316.

Hieran reihen sich hinsichtlich der Vokalisation:

lour s. vgl. mhd. *lûre*, *lûr*, nhd. *lauer*. finsterer Blick. Whi makest thou swich scher and foul *lour?* SEUYN SAG. 1952. *Loure*, an yvell loke. PALSGR.

louri adj. niederd. *lûrig*, neue. *lowery·* finster, düster. A turnebroche, a boy for hogge at Ware, With *loury* face, noddyng and slombryng. LYDG. M. P. p. 52.

luring, louring etc. s. finsterer Blick, Unwille.

Gruoching and *luring* him both rade, ʒif he isoth that men both glade. O. A. N. 423. Pere was laughyng and *louryng*. P. PL. *Text B.* pass. V. 344. *Lowrynge*, tristicia. PR. P. p. 316. *Lowring*, refroignevre. PALSGR.

lurnen v. discere s. *leornien*.

lus s. lucius s. *luce.*

lus, lous etc. plur. **lis** s. ags. *lûs* pl. *lýs*, ahd. *lûs* pl. *lûsi*, mhd. *lûs* pl. *luise*, niederd. *lûs* pl. *lise*, niederl. *luis*, altn. *lûs* pl. *lýss*, schw. *lus* pl. *löss*, dän. *luus*, neue. *louse* pl. *lice*. LAUS.

Man of þi schuldres and of þi side þou miʒte hunti *luse* and flee. E.E.P. p. 1. Diese Wortform erscheint auch im Kompositum *luse*-sed s. psillium. WR. VOC. p. 141. ags. *lûssæd*, niederl. *luiszaad*. Läusesamen, delphinium staphisagria, zur Vertreibung der Läuse gebraucht.

Fléh com of floure, ant *lous* com of ladde. POL. S. p. 238. It nas noʒt worth a *lous.* · FE-RUMBR. 439. If that a *lous* couthe haue lopen þe bettre, She sholde nouʒte haue walked on þat welche, so was it thredebare. P. PL. *Text B.* pass. V. 198. Hic pediculus, a *lows.* WR. VOC. p. 223. Pediculus, *lowse.* p. 177. 255. A *lowse*, pediculus. CATH. ANGL. p. 222, *Lowce*, wyrme, pediculus. PR. P. p. 314.

In a tauny tabarde of tuelue wynter age, Al totorne and baudy, and ful of *lys* crepynge. P. PL. *Text B. pass.* V. 196. In that abbeye ne entrethe not no ŋye ne louse .. ne *lyʒ* ne flees. MAUND. p. 61. Þou forth bringes of þiself here Nites, *lyss* and other vermyn sere. HAMP. 650. At þe laste he [sc. Arnulphus] was hard iholde with a strong sikenesse, and myʒte nouʒt be ihaled noþer isaued with no manere medecyne þat he nas destroyed, and iʒete with *luys* riʒt to þe deth [*luyse* β *lues* y that he was destroyed, and eten with *lyse* Cx.]. TREV. VI. 387. Neverthelesse this Arnulphus, vexede longe with grete infirmite, cowthe not have helpe by eni medicyne, but he was consumede by *lyes* or vermyn. ib. Ms. HARL. Yf thyne hen be lousy, there is more, Eke *luys* with staphisagre and comyn. PALLAD. 1, 607.

Dasu gehört **lousen** v. niederd. *lûsen*, niederl. *luizen*, schw. vulg. *lusa*, dän. *luse*, neue. *louse*. lausen , Läuse suchen. *Lowsyn*, pediculo. P₁. P. p. 316 Sene is on is browe, ant on is eȝebrewe, that he *louseth* a losynger & shoyeth a shrewe. POL. S. p. 239.

lousi adj. niederd. *lûsig*, niederl. *luizig*, neue. *lousy.* lausig, Läuse habend, dann übertragen schäbig, lumpig. With an hode on his hed, a *lousi* hatte aboue. P. PL. *Text B. pass.* V. 195. A *lousy* jogelour can Deceyve the. CH. C. T. 7049. Yf thyne hen be *lousy.* PALLAD. 1, 607. *Lowsi*, pediculosus. PR. P. p. 314. *Lowsye*, pouilleux. PALSGR.

lusard s. s. *lacert.*

lusken v. ahd. *losken*, mhd. *loschen*, latere, neue. *lusk* = idle, loiter. verborgen lauern, versteckt sein.

Sibriht þat schrew as a lordan gan *lusk*, A suynhird smote he to dede vnder a thornbusk. LANGT. p. 9.

lusch adj. locker.

Lusch, or slak, laxus, rarus. PR. P. p. 317. Ground easily turned is said to be *lush*. HALLIW. D. p. 534.

lusch s. dies Hauptwort, wie das folgende offenbar verwandte Zeitwort, gehören dem nördlichen Dialekte; ihr Ursprung ist unklar, ihre Bedeutung ist aus dem Zusammenhange zu schliessen. Gewalt.

With þe *lussche* of þe launce he lyghte one hys schuldyrs. MORTE ARTH. 3549.

luschen, luischen v. vgl. *luchen* (?). schlagen (?), stürzen.

With luŋy launces on lofte they *luyschene* togedyres. MORTE ARTH. Ms. in HALLIW. D. p. 535. He laughte owtte a lange swerde, and *luyschede* one flaste. MORTE ARTH. 2226. Das Zeitwort wechselt mit *laschen:* Than was lowde appone lofte Lorrayne aakryede, Whene ledys with longe speris *lasschene* togedyrs. 2801.

lussheburgh, lussheborgh etc. s. auch neue. noch *lushburg*, *lushborow* [BOYER a. 1702]. geringwerthige Münze mit englischem Gepräge, besonders aus der Stadt Luxemburg [alte. *Lussheburghe* MORTE ARTH. 2388 ed. *Brock*] eingeführt und unter Eduard III. 1348 verboten.

Writ as to the money called *lussheburghe*. LIBER ALBUS ed. *Riley* p. 495. *Luschburue* [*lushburue*, s. Papirus]. PR. P. p. 317. Falsa moneta, quae *lussheburue* vocata est. ib. n. 2.

God wot, no *lussheburghes* payen ye. CH. C. T. 13968 Tyrwh. As in *lussheborwes* is a lyther alay, an ȝet loketh he lyke a sterlynge, Þe merke of þat mone is good, ac þe metal is fieble. P. PL. *Text B. pass.* XV. 342. vgl. *Text C.* pass. XVIII. 72 und *Morris* Notes p. 357. A thryfty bargayn wold not be taryed Whan it is maad, but lightly caryed, Into a certeyn place to receyve the paye, No *lussheborwes* [lussheborues *ed.*], bot money of ffyne assaye, No nobles nor groots nor coyne iclypped, But full

payment, and no thynge overskypped. HARTSH.
Metr. T. p. 128.
lussum adj. s. *lufsum.*
lust, list, selten **hlust** s. ags. *hlyst,* auditus,
alts. *hlust,* afries. *hlest,* altn. *hlust,* auris.
1. Gehör, Vermögen zu hören.
Þo þe he us shop and feide . . þe sene to
þe egen, þe *hlust* to þe earen, and to elche lime
limpliche mihte. OEH. II. 25. Heore fiffalde
mihte hom wes al inumen, þet is, hore *lust,* hore
loking, hore blawing, hore smelling, heore
feling wes al iattret. OEH. p. 75. Þan þe sowle
fundeð to faren ut of hire licame, hie tuneð to
hire fif gaten, and penneð wel faste, and here
wiken hem binimeð þe hie ar noteden; eien
here sene, and earen he[re] *luste,* nose here
sneuenge, and muð hero smel. II. 181 sq.
Vuele he us briseð, gif he binimeð us ure
agte . . and gif he binimeð us ure sihte, oðer
ure *liste.* OEH. II. 61. Deue we ben, oðer
þicke *liste,* þanne we heren speke godes word,
and nimeð þer to litel geme. II. 129.
2. Ohr als Organ des Gehörs.
Were a her, so god me saue! þan wer þou
brojt in doute; With ys hond a wolde þe jyue
a such on on þe *luste* Þat al þy breyn scholde
clyue al aboute ys fuste. FERUMBR. 1899.
He þat fetly in face fettled alle eres, If he
hatz losed the *lysten,* hit lyftez meruayle.
ALLIT. P. 2, 585.
3. Gehör als Aufmerksamkeit.
Ne mei ich, he seið, nohwer speoken, bute
ich habbe god *lust.* OEH. p. 249. Mi fader
Caredoc makede *lust,* & þus spæc. LAȝ. II. 58.
Who so wol geve *luste,* Now bygynnith romaunce
best. ALIS. 1916.
lust, lost, list, lest s. ags. alts. afries. ahd.
mhd. niederl. niederd. *lust,* gth. *lustus,* altn.
lyst f. und *losti* m., schw. *lust,* dän. *lyst,*
neue. *lust.*
1. Sinnliche Lust, Gelüst, sinnliches
Verlangen, wie nach Speise, besonders auf
den geschlechtlichen Trieb bezogen.
Ure sunne þet we abbet idon orþisse þurh
þe licome *lust.* OEH. p. 11. Nu sculle we forlete þes licome *lust.* p. 19. He wile ison hwiche
boð þo þet muje stonden ajein þes fleisces *lust.*
p. 85. Ich bileue on þe helende Crist þe þat
holie maiden, ure lafdie seinte Marie, on hire
innoðe understod of þe holie gost, noht of
mannes strene ne on lichamliche *luste.* II. 21.
Mid licames *luste* alle unbilefulle men . . he [sc.
þe deuel] fedeð. II. 25. Þat oder is emliche
drinke, naht for to quenchen his luðere wil ne
his *lust* . . ac for to beten his þurstes nede.
II. 13. Sinness laþe *lusst* Niss nan off Godess
shafftess. ORM 5068. Þu ne mihht nohht ledenn
her Na bettre lif onn eorþe Þann iss þatt tu
þweorrt ut forrse & all þwerrt ut forrwerrpe All
weorelldlike lif & *lusst.* 1624. Euch fiesches
wil & *lust* of leccherie þat ariseð iþin herte is
þe feondes flan. HALI MEID. p. 15. For to kele
þi *lust* wið fulðe of þi licome . . for gode hit is
wlateful þing for to te þenke þron & for to
speke þerof. p. 25. Hare *lust* leadeð ham to
wurchen to wundre. ST. MARHER. p. 14. Let

lust overgon, eft hit shal the lyke. REL. ANT.
I. 110. He drough hem into his covine To helpe
and shape, how he Pauline After his *lust* deceive
might. GOWER I. 69. *Luste,* voluptas; *luste* of
synne, libido. PR. P. p. 317. A *luste,* ille-
cebra, libido, voluptas. CATH. ANGL. p. 224.
— oft in der Mehrzahl: Esca hine hwet he
habbe bijeten . . mid his licome *lustes.* OEH.
p. 35. Þenne þes eorðliche monnes heorte bið
itend to godes lufe, þa þet er wes cald þurh
flescliche *lustes.* p. 97. Þi deaþ adeadi in me
flehees licunge and licomliche *lustes.* p. 189.
Ge hauen giwer lichame don to hersumiende
fule *lustes.* II. 65. cf. 73. 79. 81. Þo þe luuieð
here wil and here *lustes* and lehtres laðeð ure
drihten. II. 205. Ȝiff þu . . læresst me to
cwennkenn Inn me galnessess fule stinnch &
hire fule *lusstess* . . Þa lakesst tu Drihhtin etc.
ORM 1190-6. Þi folc he clepeð, Dauid, þe gederunge inwið þe of fleschliche þohtes þat
leadeð þe & drahen . . to licomliche *lustes.*
HALI MEID. p. 3. Þeo þat habbið fram ham
icoruen flesches *lustes.* p. 17. Ouercomen ant
akasten hare þreo cunne fan, þe feont ant teos
wake world ant hare licomes *lustes.* ST. MAR-
HER. p. 1. The story is of no estate that stryren
with her *lustus,* But tho that ffolwyn her fflesshe.
DEP. OF R. II. p. 4. Nought as a man, but
as a beste Whiche goth upon his *lustes* wilde,
So goth this proude vice unmilde. GOWER
I. 83 sq.
Lecherie, þet is to moche loue and desordene
ine *lost* of lenden oþer ine ulesslich *lost.* AYENB.
p. 46. — Huanne þe ilke . . þengþ . . to his
lostes þet his body heþ. p. 24. Hy . . leteþ al
uor god, richesses, *lostes,* worþssipes etc.
p. 77 sq.
Dis deuel . . doð men hungren and hauen
ðrist and mani oðer sinful *list.* BEST. 541-4.
Pay [sc. in Sodamas & Gomorre] han lerned a
lyst þat lykes me ille. ALLIT. P. 2, 693. Ȝete
vus out þose jong min þat jore whyle here
entred, þat we may lere hem [hym *Ma.*] of lof,
as oure *lyst* bidder. 842. vom Durste: Wid-
innen he [sc. ðe hert] haueð brenning; he lepeð
ðanne wið mikel *list,* of swet water he haueð
ðrist, he drinkeð water gredilike. BEST. 318.
An angel cam ðor hire bi, wiste hire drogen
scri for ðrist, At a welle quemede hire *list.* G.
A. EX. 976. Wið swine and hete hem wexon
ðrist ðe water sleckede ðe childes *list.* 1229.
2. Lust, Freude, Verlangen in ethischem Sinne.
He stah . . Upp inntill heffness blisse, &
sennde sibþenn Haliȝ Gast Till hise lerninng-
cnihhtess . . To gifenn hemm god *lusst,* god
mahht To þolenn alle wawenn. ORM *Ded.*
233-42. Godd Allmahhtiȝ ȝife uss mahht & *lusst*
& witt & wille To follþenn þiss Ennglisshe boc
Þatt all iss haliȝ lare. 315. We [d. i. die bösen
Geister] . . makieð ham forte leos *lust* forte
bidde jeorne, þat god bineome ham þat we in
ham warpeð. ST. JULIANA p. 45. We hadden
gret *lust* to see his noblesse. MAUND. p. 220.
He hadde *lust* to be lyke hus lord god almyghti.
P. PL. *Text C.* pass. II. 111. O Venus, . . Thou

life, thou *lust*, thou mannes hele. GOWER I. 46.
Of prikyng and of huntyng for the hare Was al
his *lust*. CH. C. T. 191. For they were wer-
kemen of the beste, The emperour hade to hem
gret *luste;* He wylned of hem a ymage to make.
FREEMAS. 505. We are comen at youre calle
For to do what we shalle Youre *lust* to fulfylle.
TOWN. M. p. 147.

Zuych uolk ne moȝe yleue þet þer by more
blisse and *lost* ine god to serui and to louie
þanne to done þe wyl of hare *loste*, AYENB.
p. 82. — Þer hy habbeþ hyre bleuinge, as zayþ
saynte Paul, hire solas, hire blisse, and hire
confort, and alle hire *lostes*, and þeruore hy
hatyeþ þis lyf. p. 72.

Þes munec sæt wel stille, þa spæche him
code an wille; þa andswarede þe munec mid
muchelere *liste*. LAȝ. II. 121 sq. He wes heore
cun & heore freond, & mid muchelere *liste* þa
childere he biwuste. II. 149 sq. So fare we alle
wyth luf & *lyste*. ALLIT. P. 1, 467. Þou . .
bydes here by þys blysful bone Þer lyuer *lyste*
may neuer lose. 1, 906. Ȝif ȝe, ludus, haue *list*
þe lettrus to knowe, Tendeþ how þis tale is
titeled þerinne. ALEX. A. DINDIM. 189. That
feld is not so well closed, but that men may
entren at here owne *list*. MAUND. p. 50. Gramercy, Pylat, of ȝour jentylnesse, That ȝe han
grawntyd me my *lyst*. COV. MYST. p. 333.
In curtesie was sott all hire *lest*. CH. C. T.
132. Sere, alle ȝour *lest* ȝe scal haue, With
Ihesuis body do ȝour intent. COV. MYST. p. 333.

lusten, listen, leøten, bisweilen noch in früherer Zeit **hlisten, lhisten, hleøten, lheøten** v.
ags. *hlystan, hlistan*, audire, attendere, altn.
hlusta, auscultare; vgl. *lust*, auditus, auditio. neue.
list. hören, das Ohr leihen, lauschen.
i n f. Ȝef ȝe *lusten* wuleð . . we eow wulleð
suteliche seggen etc. OEH. p. 41. He scal beon
weordfeste and wise lare *lusten*. p. 111. Swa
deð þe douel . . ine þe eren, if ho boð opene to
lusten hoker and spel. p. 153. Ich hit wille
seggen þan þe hit hom solf nusten . . ȝif ho me
wulleð *lusten*. p. 173. Ȝif ȝe hit *lusten* wlle . .
& ȝe alle biluuien gode mine lare, ich eou wlle
seggen selast ræden. LAȝ. I. 39 sq. Þa þat folc
wes al icumen, & æle his stude hafde inomen,
þa hehte me *lusten*. II. 95. Wolde ye, mi leode,
lusten eure louerde, he ou wolde wyssye wisliche
þinges. O.E.MISCELL. p. 104. Þe *luste* nulleð
þesne red, wisliche he scal wurðen ded. OEH.
p. 63. Þo þe hie openeden his earen to *luste* þe
defles lore. II. 35. Thu draȝst men to fleses
luste, That wlleth thine songes *luste*. O. A.
N. 893.

Elch bilefful man . . shal habben eche lif
and . . fulle muriðe, þe is swo muchel . . alse
Seint Paulus seið, quod oculus non uidit, et
auris non audivit, et in cor hominis non ascendit.
Swo muchel muriðe is in þe bureh of heuene,
þat eie ne maig swo muchel biholden, ne [ere]
lhisten, ne herte þenchen. OEH. II. 185. Þo þe
ne wilen *listen* lorspel. II. 73. Swo doð þe
werse þenne þe muaint mannes heorte emti of
rihte bileue . . he . . dijeliche smuhgð þer inne,
at te eȝen, ȝif it open ben to biholden idel oðer

unnut, atte earen, ȝif it open ben to *listen* unnut
oðer idel. II. 191. Ech man þe þerto cumeð
pleis to toten oðer to *listen* oðer to bihelden, ȝif
he him wel likeð, he beð biscid. II. 211. I
wollde bliþeliȝ þatt all Ennglisshe lede Wiþþ
ære shollde *listenn* itt, Wiþþ herrte shollde itt
trowwenn. ORM Ded. 131. 307. Forr þi shulenn
þeȝȝ þe bett Till þeȝȝre lare *listenn*. ORM 8573.
Sumdel ligtlike he it nam, Til god him bad is
wiues tale *Listen*. G. A. Ex. 1218. Al is man,
so is tis ern, wulde ge nu *listen* etc. BEST. 88.
Gif þe unfele man his wille folgeð . . and lef
mede bihoteð gif he wile his lore *liste*. OEH. II.
79. Þis wiðerfulle folc ne wile *liste* þe lorðewes
wisdom. II. 83. A stounde and ye wolle *lyst*
bedene . . I schalle yow telle, ore I hense pase,
Off a knyght that dowghtty wase. TORRENT
7 - 11.

Ic wille . . warnin hem wið here unfreme,
ȝief hie me willeð *hlisten*. OEH. II. 227. Ase
doþ þise playeres, þet ȝuo uyleynliche tobrekeþ
Iesu Cristes body . . þet hit is dreduol and
zorȝe to hyere and *lheste*. AYENB. p. 69 sq.
Þet uer þet zengþ and bernþ ofte þe huyte
robe of chastete and of maydenhod is bleþeliche
zigge oþer to *lheste* wordes þet moȝe sterie to
zenne. p. 229. Goodnesse when hy scholden
here, Hy nulled naght *lesste* with her ere To
lerny wyt. OCTOU. 8. Deliciouse hit is to *lest;*
Yef ye wolen sitte stille, Ful feole Y wol you
telle. ALIS. 38.
i m p e r a t. Lauerd, *lust* nu to me. ST.
MARHER. p. 3. *Lust* me nu, leodking. LAȝ. II.
142. Garyn, quaþ he, þou art ful bold, bot *lust*
to me a wyle. FERUMBR. 453. — Gode men,
lusteð to me. OEH. p. 67. *Lusteð* nu and undernimeð hit. II. 17. *Lusteð* nu wich maiden
þat is. II. 159. *Losteð* me, leaue me. ST. JU-
LIANA p. 73. *Lusteð* wel, Bruttes. LAȝ. II. 58.

In sore eche we hider cumen, on swunche we
here wunien, in wowe we henne witeð. *Hlisteð*
nu for what, and o wilche wise. OEH. II. 179.
Listeð nu wich þreat Dauid setteð uppen us.
II. 61. *Listeð* nu wat tis westenne is. II. 129.
Oðer kinnes neddre is, þenne hie beð old, þurh
hire ȝepschipe wurð eft ȝung. *Listeð* nu a wiche
wise. II. 199. *Listeð* nu, and ich ȝiu wile seggen.
II. 209. Now *list*, and I woll telle you, My gode
fader, how it is. GOWER I. 107. Now *list* what
fell upon this thing. I. 112.

Kyng, he sede, þu *leste* A tale mid þe beste.
K. H. 473.

p r æ s. Euric mon þe *lusteð* luueliche godes
wordes . . he scal habben eche lif. OEH. p. 133.
Eien lokeð, and eare *lusteð*. II. 181.

He þe luueliche *hlisteð* godes lore, he shal
hauen eche lif. OEH. II. 155. vgl. *lh*[i]*steð* II.
159. Þere mennes heortes *hlisteð* luueliche godes
lore. II. 155. Al hit is idel þat me at pleȝe bihalt
and *listeð*. II. 211. Himm birrþ lokenn himm
þatt he Ne *lisste* nohht wiþþ nare Till naness
kinness idellleȝȝc. ORM 7845. Whase wile borrȝhenn beon, He *lisste* till hiss lare. 11026. *List*
[auscultet] ilk lefful man herto, and herof ofte
reche. BEST. 713.

Þet uenim slaȝþ þri in one stroke, þane þet

zayþ, þane þet *lest*, and þane of huam he missayþ. AYENB. p. 61. cf. p. 268. Gyf wha earan hæfð, *hleste* me [audiat]. MARK 7, 16 Skeat.

præter. Avris audiuit ociosa . . eare *luste* unnitte speche. OEH. II. 65. He *luste* ȝeorne. LAȝ. III. 47 ȝ. T. He seide him þat goddspel, and þe king him *luste* swiðe wel. III. 183. Thos hule *luste* suthe longe. O. A. N. 254. — Setten his kempen, and his quides *lusten*. LAȝ. II. 633.

Sewen on þis lond godes word for sede, and hit morede on here heorte and weacs and wel þeaʒh, þanne þat folc godes word ȝierneliche *listede* and fastliche hield. OEH. II. 163.

Þe guode king Dauid, þet þolede ȝueteliche and *lheste* ane sergont, þet hette Semey, þet him þreu mid stones, and him missede [vgl. 2 Sam. 16, 6]. AYENB. p. 133. Þe oþer [sc. life] is betokned be Marie, þet hire ȝette ate uet of Iesu Crist, and *lheste* his wordes. p. 199.

p. p. He mot cnowen þet he haueð ofte and a fele wise agilt mid his eȝen bihelden þat he ne sholden . . and mid eare *list*, and mid muðe agilt speken þat he ne sholde. OEH. II. 207.

An die Form *lhesten* schliesst sich das Hauptwort **lhesting**, Gehör: Huo þet þus couþe stoppi his earen, he nolde ʒhyere bleþeliche rigge ne recordi þing þet ssolde misliki god, and ʒuo ssolde he by wel ytempred and amesured ine hyerþe and ine *lhestinge*. AYENB. p. 257 sq.

lusten, listen, lesten v. ags. *hystan* [*lyste; lysted*], cupere, alts. *lustean*, ahd. *lustjan, lusten*, mhd. *lusten, lüsten*, niederl. *lusten*, niederd. *lüsten*, altn. schw. *lysta*, dän. *lyste*, sch. *lest*, neue. *list*.

1. unpersönl. **lüsten, gelüsten, verlangen, gefallen.**

inf. *Him* suld noght *lyst*, nouther nyght ne day, Myrthe here ne blythe chere make. HAMP. 1635.

præs. Hare muchele unþeaw, þat bereð as beastes to al þat *ham* lusteð. HALI MEID. p. 25. Desidia, þet is slewðe, on englisc, þenne þan mon ne *lust* on his liue nan god don. OEH. p. 103. Ne *lust me* wit the screwen chide, For thi ich wende from hom wide. O. A. N. 287.

He praysez ald men and haldes þam wyse, And yhung men *list him* oft despyse. HAMP. 794. By what cause þe kyng coueted in hert Too loþe this ladie, *mee list* you tell. ALIS. FRGM. 657. We lin, whan *us* slepe *list*, lowe undur erthe. ALEX. A. DINDIM. 441. Whan *hem lyst*, thei remewen to other cytees. MAUND. p. 38. In all þe limp as *þe list* loke to þine ende. WARS OF ALEX. 3297. Vche wegh as he will warys his tyme, And has lykyng to lerne þat *hym list* after. DESTR. OF TROY 19. *Me list* it persourme. 239. Þe drede of þe ded . . Chalanges al þe saul tyl it þan, Swa þat *hym liste* [ut nec libeat] þan haf na thoght Of his synnes. HAMP. 2010.

Now, sone, telle what so *the leste* of this, that I have told the here. GOWER I. 106 sq.

præter. *þan kinge luste* slepe. LAȝ. III. 214. Æiþer gan liðe þider *him* to *luste*. III.

234. *Hire luste* swiðe ȝeorne speke wið þis meiden. LEG. ST. KATH. 1588. Þer he wes fourty dawes al wiþyte mete, þo he hedde heom yuast, þo *luste hym* etc. O.E.MISCELL. p. 38. Þeonne þouht ich gon awei, uor *me luste* slepen. ANCR. R. p. 238. The king scholde al that lond in his hond take, Forte atte laste that *him luste* eni prelat ther make. BEK. 595. R. OF GL. 472. Ofte heo him custe So wel so hire *luste*. K. H. 405. Hi sete adoun and ete faste, for *hem luste* wel therto. ST. BRANDAN p. 6. Þei . . eten at al here ese, & afterward dronken, & solaced hem samen til *hem* slepe *lust*. WILL. 1906. A yeman had he, and servantes no moo, At that tyme, for *him lust* ryde soo. CH. C. T. 101.

He . . seȝȝde þatt *himm liste* þa wel etenn off an appell. ORM 8119. Whanne hiss fasste forþedd wass, þa *liste himm* affterr fode. 11333. *Me lyste* to se þe broke byȝonde. ALLIT. P. 1, 146. Wele wantid no wegh wale what *hom liste*. DESTR. OF TROY 1374. Alle his werkes he wrouȝte with loue as *him liste*. P. PL. Text B. pass. I. 148. Litill on ȝoure lyf *the list* ffor to rewe. DEP. OF R. II. p. 12. Whan it neiȝet niȝt, þei nold no lenger abide, but went forþ on here weie, for wel *list hem* gone. WILL. 2599. Hym *lyst* prik for poynt þat proude hors þenne. GAW. 2049. Þan *list him* lithe of his lyfe and of his last ende. WARS OF ALEX. 5023. In him fonde I none other fote, For lenger *list him* nought to dwelle. GOWER I. 46.

Strong was the wyn, and wel to drynke *us leste*. CH. C. T. 752. Þe fader was fyrst as a fyst, with o fynᵍer ſoldynge, Tyl *hym* lou{e}d and *lest* to vnlosen his fynger. P. PL. Text B. pass. XVII. 138.

2. persönlich, Freude haben an etwas, begehren, belieben.

Lust no lord ne lewed man of suche lore nou to hure. P. PL. Text C. pass. XII. 76. Als a childe þat sittes in þe moder lappe, And, when *it list*, soukes hir pappe. HAMP. 6766. Whan *we* ludus in þis land *liste* to drinke, We turnen tid to flod, Thabeus is called. ALEX. A. DINDIM. 355. Ȝe no fonde no fast, but fillen ȝoure wombis, Eten euere whan *ȝe list*. 538. If ye deme it in dede, þus I do will . . And if *ȝe list* it be lefte, let me wete sone, And I will soberly sese. DESTR. OF TROY 2609.

þe ladie lay on hur bed & *lysted* to slepe. ALIS. FRGM. 776. Þe arc houen watz on hyȝe with hurlande gotez . . hit waltered on þe wylde flod, went as *hit lyste*. ALLIT. P. 2, 413.

3. passiv und reflexiv, sich erfreuen.

Memor fui Dei et delectatus sum, I was mined of God with me, And I *am lusted*. Ps. 76, 4. He is al on mid god; þer he him ueth, þer he him norisseþ, þer he him uetteþ, þer *he him losteþ*, þer he him resteþ, þer he him slepþ, þer he uoryet al his trauail. AYENB. p. 246.

lustful, lestvol adj. ags. *lustfull*, desiderii, gaudii plenus, neue. *lustful*.

1. von Personen, lüstern, nach Genuss begehrlich.

substantivirt: Þe proude sekþ þing worþssipuol; þe couaytous, þing uremuol; þe *lostuol*, þing lykynde. AYENB. p. 80.

2. von Sachen: lustvoll, freudvoll, erfreulich.

Me can todele þri manere 'guodes: guod worþssiplich, guod *lostuol*, and guod uremuol. AYENB. p. 80. Huo þet wyle lede guod lif, zeche þet he habbe þet zoþe guod, and þanne ssel he habbe lyf worþssipuol, lyf *lostuol* and profitable. p. 94. Panem nostrum cotidianum da nobis hodie . . þet is þet bread of þe ilke holy couent, þet bread of heuene, þet bread of angles, þet bread *lostuol*, þet bread of lyue eurelestinde. p. 110. — Pise uif wytes byeþ ase uif condwys, huerby þe *lostuolle* guodes of þo wordle guoþ into þe herte. p. 91. Þe þridde stape is wel to loki alle þe wyttes of þe bodye, ase . . þe nase uram to moche *lostuolle* smelles, þane mouþ uram to *lostuolle* metes. p. 204.

Kompar. Hy moʒe wene þet more byeþ zuete and *lostuoller* þe guodes þet comeþ by þe bodʒe þanne þo þet comeþ be þe goste. p. 92.

lustfulliche, lostvolliche adv. ags. *lustfullice*, studiose. lüstern, gierig.

Ine uif maneres me zeneʒeþ be mete and be drinke, oþer uor þet, þet me eth and dryngþ touore time, oþer to *lostuolliche*, oþer out of mesure, oþer to ardontliche, oþer to plentyousliche. AYENB. p. 51.

lustfulnesse s. ags. *lustfulnyss*, delectatio, voluptas, neue. *lustfulness*. Lust, Wollust.

Summe of us for þisse weorlde lewnesse, and ee for þa licome *lustfulnesse* . . we ne maʒen alre coste halden Crist bibode. OEH. p. 21.

lusti, selten listi adj. ahd. *lustag* [GRAFF II. 287], mhd. *lustic, lustig, lustich*, niederl. *lustig*, altn. *lostigr*, volens, cupidus, schw. *lustig*, dän. *lystig*, sch. neue. *lusty*. lustig, Wohlgefallen erregend, anmuthig, heiter, munter.

Lusty, or *lysty*, delectuosus. PR. P. p. 317. *Lysty*, delectabilis. p. 307.

1. auf Personen bezogen: Her of ha herieð godd, ant singeð, a unwerget, eauer iliche *lusti* in þis loftsonges. OEH. p. 263 sq. Alle pleiende somen, alle lahinde somen, eauer iliche *lusti*, bute blinnunge. LEG. ST. KATH. 1691. Hit watz *lusty* Lothes wyf. ALLIT. P. 2, 981. Ful many a worthy knight And many a *lusty* lady bothe Have be full ofte sithes wrothe. GOWER I. 52. This yonge *lusty* knight Unto this olde lothly wight Tho said. I. 95. A fair, a fresh, a *lusty* one [fem.]. I. 125. Now dauncen *lusty* Venus children deere. CH. *C. T.* 10586. So bifel it that this king Arthour had in his hous a *lusty* bachelor. 6464. In thi yowth be *lusty*, and whan thou art olde. LYDG. M. P. p. 68.

Vereinzelt in der Bedeutung von *lustful: Lusty*, illecebrosus, gulosus, libidinosus, voluptuosus. CATH. ANGL. p. 224.

Kompar. Nas neuer noon that luste bet to singe, Ne lady *lustier* in carolinge Or for to speke of love and wommanhede. CH. *C. T.* III. G. 1344 ed. *Skeat* Oxf. Clar. Pr.

Superlat. And sooth to seyn, that o man had a sone, Of al that londe oon the *lustieste*. CH. *Leg. GW. Tesbe* 11.

2. auf Sachen : Þi leor is swa unimete lufsum and *lusti* on to loken. OEH. p. 269. Vmbe the sercle of the citie was soðely a playne ful of floures fresshe fret on þe grounde With lefsales vppon lofte *lustie* and faire, ffolke to refresshe for faintyng of hete. DESTR. OF TROY 335. He sigh where spronge a *lusty* welle. GOWER I. 119. He seeth The faire *lusty* floures springe. I. 173. This *lusty* poine hath overtake The hert of this Romain. I. 247. Yonge men fele came forth with *lusty* pace. CH. *Court of L.* 110. I have a joly wo, a *lusty* sorwe. *Tr. a. Cr.* 2, 1099. Ful *lusty* was the wedir and benigne. *C. T.* 10366.

lustiheed s. mhd. *lustecheit*, niederl. *lustigheid*, schw. *lustighæt*, dän. *lystighed*.

1. Lustigkeit, Belustigung: I passe over al this *lustyheed*, I say no more, but in this jolynesse I lete hem, til men to soper hem dresse. CH. *C. T.* 10602.

2. Freudigkeit, Frohsinn: Defaulte of slepe and hevynesse Hath sleyn my spirite of quyknesse, That I have loste al *lustyhede*. CH. *B. of Duch.* 25.

lustiliche, lustili, listili adv. mhd. *lustec-lichen*, altn. *lystiliga*, suaviter, neue. *lustily*. mit Lust, mit Wohlgefallen, freudig, ergötzlich.

Lustnið *lustiliche* hali writes lare. ST. JULIANA p. 75. Yonder have I herd ful *lustili* My deere herte laugh. CH. *Tr. a. Cr.* 5, 568. Wel coude she synge and *lustyly*, Noon half so wel and semely. *R. of R.* 747. A, Lord! they lyvede *lustyly!* 1319. *Lustyly*, or *lystyly*, delectabiliter. PR. P. p. 318.

lustinesse, lustinen s. sch. *lustynes*, neue. *lustiness*. Munterkeit, Fröhlichkeit.

Awey is gentel curtesye, And *lustines* his leue haþ take. E. E. P. p. 123. Al the mount of Citheroun, Ther Venus hath hire principal dwellyng, Was schewed on the wal in portreying, With al the gardyn, and the *lustynesse*. CH. *C. T.* 1936. Ye that reigne in youth and *lustynesse*. Court of L. 176. As little it did her dere Of *lustines* to laugh and tale, As she hadde full stuffed a male Of disportes and newe playes. *Dr.* 102. But she come, all woll be waste, And al the feast a businesse Withoute joy or *lustinesse*. 2008.

lustles, lostlas, listles adj. mhd. *lustlôs*, neue. *lustless*. unlustig, träge, müssig.

Withoute slepe of sluggardy, Which Venus oute of compaigny Hath put awey, as thilke same, Which *lustles* fer from alle game In chambre doth full ofte wo A bedde. GOWER II. 111. The *lostlase* ladde con nout o lawe. LYR. P. p. 111. *Lystles*, desidiosus, segnis. PR. P. p. 307.

Daher: **lystleshede** s. segnicies. *ib.* Trägheit.

lustlich, lustli adj. ags. *lustlíc*, lætus, ahd. *lustlíh*, mhd. *lustlich, lustelîch*.

1. mit Wohlgefallen verbunden,

lieblich: Þo bin þe gode word of holi boc, þe
beð þe saules *lustliche* bileue [i. e. food]. OEH.
II. 39. Hire bordcloðes makede wite and *lustliche* on to siene. II. 163. Þus Poul vndirstondiþ
bi fode, mete & drynk þat ben couenable to do
betere þe seruyss of god; & not *lustly* deyntees
of prestis. WYCL. W. *hitherto unpr.* p. 411.

2. **lûstlich**, wollûstig: Sperne volu-
ptates . . Shune *lustliche* wil, for þat it dereð
swiðe, and beð after boht mid bitere sor. OEH.
II. 79 sq.

lustliche, -ike adv. ags. *lustlice*, libenter,
ahd. *lustlihho, lustlicho*. gerne, eifrig.
Þus quad Alfred: *Lustlike* lustnie [lustine
Ms.]. O.E.MISCELL. p. 115.

lustnen, listnen, lestnen v. zu ags. *hlystan,
hlistan*, audire, attendere, gehörig. neue. *listen*.
lauschen, zuhören, hören auf etwas.
inf. We schule *lustnin*, hu þi Lauerd & ti
lef, þ al þi leaue is upon, wule werie to dai
þine leasunges. LEG. ST. KATH. 785. Wel ow
schal wurðen, ʒef ʒe me.wulleð *lustnin* & leuen.
1762. Nalde ha nane ronnes, ne nane luuerunes
leornen ne *lustnen*. 108. ʒef we seoð ham
ʒeornliche sechen to chirche . . & leofliche *lustnin* hali chirche lare, þer we beoð ʒetten ham
abuten. ST. JULIANA p. 45.
Whose wole of love be trewe, do *lystne* me.
LYR. P. p. 40.
imperat. ʒeorne *lustne* me wið earen of
þin heaued. HALI MEID. p. 3. — *Lustnið* me
þenne. OEH. p. 249. *Lustneð* nu his lare.
p. 267. *Lustnið* lustiliche hali writes lare, &
liuieð þrefter. ST. JULIANA p. 75. Lordes, *lu-
steneþ* herto. WILL. 384.
Listneð nu a wunder. BEST. 398. Now
listenes of þis litel barn. WILL. Now *listenes*,
lef lordes. 1929. *Listens* a lytel stownde. YW.
A. GAW. 6. Mekely, lordynges gentyll and fre,
Lysten a while and herken to me. IPOMYD. 1.
Nou *lestne*. SHOREH. p. 76. — *Lestneth* to
mey, par charyte, Þᵒthe ʒonge and ealde. p. 91.
Lordinges, *lestenes* to mi sawe. WILL. 1183.
Lestenes my sawe. 3329. *Lesteneþ* now my sawe.
4607. Leue lord & ludes, *lesten* to mi sawes.
1439. Herkneþ, lordynges, and *lesteneþ* aright.
GAMELYN 343 *Harl. Ms.* Litheþ and *lestneþ*
and holdeþ ʒoure tonge. 341. vgl. 1. 169. 289.
551. 769.
præs. Dohter he clepeð hire for þi þat ha
. . him ase fader bliðeluker *lustni*. HALI MEID.
p. 3. — Wel is riht þat we þe liðeliche *lustnin*.
OEH. p. 259. When we beth with this world
forwleynt, that we ne *lustneth* lyves lore, The
fend in fyht us fynt so feynt. LYR..P. p. 24.
Wo so *listneð* deueles lore, on lengðe it sal
him rewen sore. BEST. 551. — Lordes alloweth
hym litel or *lysteneth* to his reson, He tempreth
þe tonge to treuthe ward, and no tresore
coueiteth. P. PL. *Text B.* pass. XIV. 307.
Nou, everich man that loueth his hale,
Lestne wel Catones tale. SEUYN SAG. 2201.
præter. Ich *lustnede* and lokede what
lyflode hit were. P. PL. *Text C.* pass. XVI. 270.
Aset þe kaisere . . and andsware nauer nan no
aʒæf þissen eorlen, ah he *lustnede* ʒeorne, luðer

on his þohte. LAʒ. III. 47. Hire love me *lustnede* uch word. LYR. P. p. 54.
Iacob *listnede* ðo frendes red. G. A. EX.
1597. King Pharaon *listnede* hise red. 2137.
Ietro *listnede* Moyses tale. 3403.
Pers *lestned*, and herd hem spekyng, And
þat þey had of hym knowyng. R. OF BRUNNE
Handl. S. 5897.
p. p. Cf. Þa heo hafden longe *ilustned* þan
kinge, þa spac Howel. LAʒ. II. 634.
lustninge s. neue. *listening*. Aufmerksamkeit.
I haue to done swiþe; I may not wel lenge
now, to morwe meet me heere . . whon vre
leyser is more, vre *lustnynge* is bettre. JOSEPH
161-4.
lut, luit, lît adj. ags. *lyt*, alts. *lut*, mhd.
lütze, lüz, niederd. *lüt*. klein, gering, unbedeutend, an Grösse wie an Menge und
Rang.
Þer wes Walwain *lute child*. LAʒ. II. 509.
A *lute child* he fond stonde. ST. CRISTOPH. 92.
Tho fleʒ ther up a *lute fowel*. ST. BRANDAN
p. 9. Urthe is amidde the see a *lute bal* and
round. POP. SC. 255. As gret as *urthe* and as
lute as heo is, Ther nis bote the sove del that
men wonyeth on. 257. A *lute havene* he fonde
tho, a lond hi wende there. ST. BRANDAN p. 6.
Cristofre biside þulke watere a *lute hous*
makede. ST. CRISTOPH. 79. Iþencheð hu *lutte
hwile* ʒe beoð here. OEH. p. 29. Þe is ileued,
to dei, for þis lutle pine, þ alið i *lute hwile*
endelese reste i þe riche of heuene. LEG. ST.
KATH. 2177-85. Nul ich nawt for a lust of a *lute
hwile* . . awai warpe þat þing hwas lure ichulle
bireuien wiðute couerunge. HALI MEID. p. 47.
Oft spet wel a *lute liste*, Thar muche strengthe
sholde miste. O. A. N. 763. ʒut him thoʒte that
hit was to *lute pyne*. BEK. 2268. Thus me pileth
the pore, that is of *lute pris*. POL. S. p. 149.
Lute ʒeme he nom to þe wordle. ST. DUNSTAN
29. Þe messagers come & seide here erande
hou hit was, he toc þerof *lute gome*. ST. EDM.
CONF. 429. *Lute deynte*, quath Seint Thomas,
of such a pore man, A seli frere as ich am.
BEK. 1215. He is . . Of moche thoʒt, of *lute
speche*. POP. SC. 274.
A *luyte child* he fond þare stonde. VITA
SANCTI CRISTOFORI 90 in *Horstmann Leg.* 1887.
ʒwat art þou, þat art so *luyte*, and so heui bicome? 101. Þe on hedde *kuynde* ouer meþ, and
þat oþer [sc. child] to *luyte*. CAST. OFF L. 631.
Þat mihte muche wonder ben, ʒif me miʒte eni
iseon þat monnes kuynde hedde al ariht, þat
him neore to *luite* ne to muche *wiht*. 635. Hou
scholde we . . So manie men fulle ase here
beox, mid so *luyte brede?* LEB. JESU 12.
ʒiueth us, heo seiden, of ouwer *eou*, for our
laumpene aqueinte beothz. Nai, seiden þe oþere,
þere were to *luyts* to us alle. 631. He mihte
neuer gete *loue* of þe kyng, muchne *luyte*.
JOSEPH 481. *Luyte wonder* hit was. 554.
Was þer inne no *page* so *lite*, þat euere
wolde ale bite. HAVEL. 1730. In a *lite þraue*
Al Engelond of him stod in awe. 276. Kende
of þe enuious is to wiþdraʒe and uor to destrue

be his mihte alle *guod*, by hit *lite*, by hit lesse, by hit uoldo. AYENB. p. 28. Huanne þe man is zuo wykhed, and zuo moche dyenel, þet him ne dret naht to done . . gret harm to oþren uor a *lite woyn* [afr. *goaing, guain, woing,* lucrum]. p. 43. Thy *sorye* hys al to *lyte.* SHOREH. p. 32.

Die angeführten Beispiele bieten das Adjektiv in Verbindung mit einem Substantiv in der Einzahl; seltener findet sich dasselbe an Plurale angeschlossen, in denen man nicht eine Nachbildung des im Angelsächsischen nach *lyt,* parum, stehenden Genitiv annehmen kann, obgleich manche Beispiele zweifelhaft bleiben.

Ne iherde mon in nane atude *lute men* þat swa wel duden. LAȜ. II. 344. Nis nan kinelond, na swa brad næ swa long, þat ne bið sone inomen, ȝif þær bið to *lute gumen.* II. 133. Holi *men þet* holdeþ ham *lutte.* ANCR. R. p. 280. Þe reue . . þe hehscipe of þe mede þat tis ilke *lut wordes* bicluppen abuten? HALI MEID. p. 19. To owr meiden ȝe muwen þauh siggen mid *lut wordes* hwat se ȝe wulleð. ANCR. R. p. 70. We wilen . . þerof cuþen ȝiu *þese lit word.* OEH. II. 105. Fyrst ȝ̣ygh̨e [i. e. ɵay] þyn *elys,* in peɵe hom smyte, Þut̨ h̨ɵm in pot, þagh þay ben *lyte.* LIB. C. C. p. 50.

Absolut· steht *lut,* lute etc. für die **Mehrzahl,** gleich dem ags. *fed,* von Per so nen.

Mi þridde suster, Meɵð, spekɵð of þe middel ɵti bituhhe riht and luft, þat *lut* cunnen halden. OEH. p. 257. Her wes muchel monqualm, þat *lut* her quike bilefden. LAȜ. I. 172. Leopen to þan Brutten, and *lut* þer ofnomen, ah monie heo ofaloȝen. III. 61. His reades beoð of hah þing, & to hise leouest friend þe *lut* i þis worlde. HALI MEID. p. 19. Hwuch se wile beon of þe *lut* of his leoueste freond. p. 21. Þær after com swulke monqualm þ *lute* hær cwike læfden. LAȜ. I. 166.

So he frusschede hem with [sc. þe hache], and fondede his strengþe, þat *luyte* miȝte faren him fro, and to fluiȝt founden. JOSEPH 505.

Lit ben þat þus understonden and bis[h]echen god. OEH. II. 123. He let ofsende moche and *lite,* Hise neyebours, him to visite. SEUYN SAG. 1137. Ne nе laste not for reȝn nе thondur, In siknesse ne in meschief to visite The ferrest in his parissche, moche and *lite.* CH. C. T. 494.

Substantivirt erscheint lut etc. dem ags. Neutrum *lyt,* parum, entsprechend, woneben ein folgendes Hauptwort an den ags. Genitiv erinnert.

Al hit was awæi ifloȝen . . buten a *lite wif* men. LAȜ. II. 65. A muchel tentaciun , þet is þes feondes bleɵ, aualleð mid a softe rein of a *lut teares.* ANCR. R. p. 246. His sone was bynethe, and so biȝat ful *lute,* To werren aȝen his fader. BEK. 2279.

Ich wile ȝiu senden þe heouenliche frefringe wiðinnen a *lit dages.* OEH. II. 117. My lege lord, got mot you quite. Mi fader here hath

bute a *lite Of warison* . . but now amende He may well through your noble grace. GOWER I. 155. Þe boke seiþ, god askeþ *lyte,* With þee to make a loveday. HOLY ROOD p. 216. lut etc. adv. ags. *lyt,* parum. wenig.

Worldliche men ileueð [imperat.] *lut,* religiuse lesse. ANCR. R. p. 66. Þorh idele deade *lute* man mai spede. LAȜ. II. 625 j. T. His harpe he heng bi þe wowe, of wham he *lute* roȝte. ST. DUNST. 176. So that the sonne bifore goth *lute* and *lute* [nach und nach, allmählich]. POP. SC. 75. Whan . . the hete is al ido, Thanne falleth hit [sc. the breth of the water] softe adoun, and to dewe bicometh so, And hongeth on lef and on gras forte the hete amorwe come, And the sonne *lute* and *lute* hit habbe up inome. 219.

In stronge pine he saiȝ þare wrecche gostes þat of heom self *luyte* rouȝte. PURGAT. ST. PATR. 240 Horstm. It ne laste heom bote luytele ȝwile þat þe leome ne withdrovȝ; And napeles, þei it *luyte* laste, þarof heo weren fulle inovȝ. 584. Þe kyng sette forþ seole of his clerkes, to spute with Ioseph, þat spedes hem *luits.* JOSEPH 147.

A writ he dude deuise, Aþulf hit dude write þat Horn ne luuede noȝt *lite.* K. H. 930. Þe uerste [sc. zenne] is þonneliche, huanne þe man loueþ lite and þeucliche oure lhord. AYENB. p. 31. Þou ȝe wonde swich werk, me wondrus ful *lite.* ALEX. A. DINDIM. 886. Gold, þouh it gay be, hit gaynus ful *lite* Of hard hongur and þirst to helpe any peple. 1028.

lutbl s. amator s. *lotebi.*

lute s. aus dem arab. *ûd* mit dem Artikel *al 4d,* pg. *alaude,* sp. laud, pr. laut, it. *liudo, liuto, leuto,* afr. *leût, lou, lus,* nfr. *luth,* mhd. *lûte,* neue. *lute.* Laute, ein Tonwerkzeug, welches in England, wie in Deutschland, erst gegen das Ende des Mittelalters bekannt wurde. s. luten v. luter s.

Lute, instrument of musyke, viella, samba, lambutum. PR. P. p. 318. *Lute,* an instrument, lus, lucque. PALSGR. A *lute.* CATH. ANGL. p. 224. — With harpes , *lutes* , and giternes, They daunce and pleȝ̨e at does bothe day and nyght. CH. C. T. II̦. C̦. 466 ed. Skeat Oxf. Clar. Pr. He hard a sovne . . Of harpis, *luttis,* and getarnys. CLEGES 98-101.

lutel, lultel, litel adj. ags. *lytel, litel,* alts. *luttil,* ahd. *luzil, luzzil,* mhd. *lützzel, lützzel,* niederl. *luttel,* gth. *leitils,* altn. *litill* n. *litit,* altschw. *litil* n. *litit,* sch. neue. *little.* klein, gering, winzig, wenig.

A lutel ater bitteret muchel swete. OEH. p. 23. Al þet is us *to lutel* wunne. p. 55. *Lutel lac* is gode lof. p. 163. Per forðareð *lutel folc.* p. 179. He mihte ridan, ȝif he walde, on riche stede . . nalde he no, na forþon uppon þa muchele assa, aȝc uppon þa *lutthle folc.* p. 5. Alse is þe brond *of þe lutle fure.* p. 81. We scolden alle us biþenche . . Hu *lutel* wile we beð her, Hu longe ellesware. p. 179. *Lutle hwile* ich mahte þolie þe leome. p. 259. Þe is ileued, to dei, *for a lutel eorðlich lond,* þ heuenlich kinedom. LEG. ST. KATH. 2178. *For þis lutle pine* .. endelese reste. 2182. Þu dudest

20

i þe *lutle Dauiƍ* þe selhƍe, þat he slong & ofsloh wiƍ a stan to deaƍe þe stronge Golie. ST.
JULIANA p. 61 sq. Wel him þe wakeƍ wel & *i*
þis *lutle hwile* wit her him seoluen. p. 75.
Ihereþ nv *one lutele tale.* O.E.MISCELL. p. 37.
Þer is iboren *an luttel child* inne þere leoden.
LAȝ. I. 389. Nes hit buten *lutel wile* þat Goffar
king com him liƍen. I. 70. Þat ilke ilaste *to
lutele while*, for no ilast he buten feouwer ȝer.
III. 151. *Heore monscipe* is *lutel.* III. 51. He
ne uond nout on eorƍe so muche place ase *his
luttle licome* muhte beon ileid on. ANCR. R.
p. 258. Of him wondrede euerech man . . Hou
he miȝte holde his lyf *bi* so *lutel mete.* ST. EDM.
CONF. 392. — *Of þe lutle banes,* þ flowen ut
wiƍ þe eoile, floweƍ oƍer eoile ut. LEG. ST.·
KATH. 2517. *Lutle children* in the cradele. O.
A. N. 631.
So is felun and doget *þat ilke luytel Iesuet.*
KINDH. JESU 1228. Joseph marke on þe treo,
and make *a luytel whucche.* JOSEPH 39. Here
we iseoth þat ore louerd is apaid betere *of a
luytel offringe* Of a pouere man, þane of a gret,
þat a riche man deth bringe. LEB. JESU 455.
Alas, ȝwi nelleȝ men beon iwar, are heo hennes
wende, ȝwane he miȝten here *with a luytel pine*
bete heore misdede. PURGAT. ST. PATR. 290
Horstm. Þou Concience, þou counseildest him
þennes, To leue þat lordschupe *for a luitel
seluer.* P. PL. *Text A.* pass. III. 199. Þou miht
leose þi louhnesse *for a luitel pruyde.* X. 99.
A luytel ȝwyle it is to comene þat ȝe ne schulle
iseo me nouȝt. LEB. JESU 609. He . . won þe
maystrie and al his lond *in a luytel stounde*
þere. HOLY ROOD p. 37. Heo was lihtned of
hire euel *in a luytel stounde.* JOSEPH 644.
Litel loc is gode lef. OEH. II. 222. Þe
laffdiȝ lac wass *litell lac.* ORM 7769. *Littel rest*
in þis lyfes. HAMP. 544. Better is *a litel losse*
þan a longe sorwe. P. PL. *Text B.* prol. 195.
Thus, er he wist, into a dale He came, wher was
a litel pleine. GOWER I. 54. *Litil wonder* is
though I walwe and wynde. CH. *C. T.* 6684.
Annd tær he ledde himm ane hiss lif Fra þatt
he wass full *litell* Till þatt he waxenn wass.
ORM 3205. Asse, þohh itt *litell* be, Itt hafeþþ
mikell afell. 3716. He ƍe is ai in heuene mikel,
wurƍ her man, and tus was *litel.* BEST. 688.
Þe knaue þat *litel* was, He knelede bifor þat
Iudas. HAVEL. 481. Hwi wolde God swa *litles
þinges* (gen.) him forwerne? OEH. p. 221.
Gif þu þanne *þis litle bebod* tobrecst, þu scealt
deaƍe sweltan. *ib.* Deue wo ben oƍer þicke
liste, þanne we heren speke godes word, and
nimeƍ þer to *litel geme.* II. 129. Þatt illke mann
birrþ . . takenn forr þe lufe off me Unnorne
fode *&* *litell.* ORM 11545-8. *Littel lykyng* suld
a man haf þan For to behald a faire woman.
HAMP. 578. To sume men cumeƍ ure louerd
Ihesu Crist, and *litle hwile* mid hem bileueƍ.
OEH. II. 27. *An litel stund,* quile he was ƍer,
So gan him luuen ƍe prisuner. G. A. EX. 2041.
For me thou woldest sumwat do, wȝile thou
were ȝong, *a litel first.* BODY A. S. 169. Liþe
me *a litel proȝe.* K. H. 336. *On a litel stund*
Felde he twenti to þe grund. HAVEL. 1658.

Parmeneo, *in litel stounde*, To mony on gaf
dedly wounde. ALIS. 2345. Siþ such a wringer
goþ to helle *for litil gode* þat nis noȝt his, whate
mai ich bi þe riche man telle? E. E. P. p. 3
st. 21. — Alse þe michele *deor* heneƍ *þe little*,
and bi hem libbeƍ on þe wilderne, swo heneƍ
and astrujeƍ þe riche men þe wrecches. OEH.
II. 211. Þe *burgeis* . . Grundlike and grete
oþes swore, *Litle* and mikle, yunge and holde.
HAVEL. 2012.

Als **Substantiv**, parum, erscheint oft
lutel etc. Wenig, Weniges.

Þe mon þet *lutel* seweƍ he scal *lutel* maȝe.
OEH. p. 131. Louerd . . ne ȝif þu me nouther
to muchel ne to *lutel,* uor þurh eiƍer moni mon
suneggeƍ ilome. p. 213. Bituhhe muchel and
lutel is in euch worldlich þing þe middel wei
juldene. p. 255. Þis *lutle* ich habbe iseid of þet
ich iseh in heouene. p. 265. *Lutel* me is of
ower luue (vgl. parum est]. ST. JULIANA p. 27.
Hit was what *lutles* þat he et. ST. EDM.
CONF. 396.
Al to muchel ich habbe ispent, to *litel* ihud
in horde. OEH. p. 161. Her iss *litell* oþerr
nohht I þiss land off þatt sallfe. ORM 6480.
Peȝȝ ummbeshæpenn þeȝȝre shapp . . *A litell* oh
þe fell aweȝȝ. 4084-6. *Lutel* him is of litle limen,
bute he lif holde. BEST. 163. Who so hath
moche, spene manliche, so meneth Thobie, And
who so *litel* weldeth, reule him þer after. P. PL.
Text B. pass. X. 87. Naked falleƍ [sc. he] in
ƍe funtfat, and cumeƍ ut al newe, *buten a litel*
[ausser einer Kleinigkeit]. BEST. 108. She is
. . *For litille* oft angre. TOWN. M. p. 25. Loc
nu giff þatt tu narrt rihht wod . . þatt willt
forrlesenn þin Drihhtin . . For þatt tu muþe
winnenn her Wiþþ sinne summwhatt *littless.*
ORM 4676-81. All þiss þeȝȝ munndenn trowwenn
sket, Forrþi þatt teȝȝ þatt time ȝet unnderrstodenn *littleȝȝ* whatt Off all þe rihhte trowwþe.
6950.

Absolut steht auch das Adjektiv von Personen in der Mehrzahl. Kleine.

Þo arn ƍe *little*, in leue lage, ƍe mikle ne
maig he [sc. ƍe deuel] ƍo him dragen. BEST.
547. *Lytyll* and mykyll, lese and more, Wondyr
on the heddes thore, That Torrent had browght
whome. TORRENT 750 ed. *Adam.* Schirenes of
þi speche lig' tes wit, understandiⁿ to *litel* gives
it [intellectum dat parvulis *Vulg.*]. PS. 118, 30.

Als **Adverb** tritt das ursprüngliche Neutrum auf, in der Bedeutung wenig, nicht
sonderlich.

Lutel he wat wet is pine, and *lutel* he it
scaweƍ [cnaweƍ?], hwice hete is, þer þa saule
wuneƍ, hu biter wind þer blaweƍ. OEH. p. 167.
Worschipe . . readeƍ us ant leareƍ forte ȝeme *lutel*
alle fallinde þing. p. 255. Nou y may no fynger
folde, *Lutel* loued ant lasse ytolde. LYR. P.
p. 47. *Lutel* þarf þo carien foȝ þin anes liueneƍ.
HALI MEID. p. 29. He ful *lutel* wuste what
ilomp seoƍƍe. LAȝ. III. 253. Mi deorewurƍe
leofmon *lutel* ear haueƍ ileaded me. LEG. ST.
KATH. 1917. Lead me þurh þis lease, þis *lutle*
leastinde lif. ST. JULIANA p. 33. — Dem ags.
Dativ und Instrumentalis *lytlum* entspricht das

adverbiale *lutlen:* Makie [imperat.] him god
baid & ofte hine baðie, & him blod lete . . *lutlen*
and ofte. LAȝ. I. 151 sq. Þ liht alei *lutlen ant
hutlen* [allmählich]. ST. MARHER. p. 12.
Rymenhild *litel* weneþ heo, þat Horn
þanne aliue beo. K. H. 1539. Wold he þench
þe vnseli man in to þis world whate he broȝte,
a stinkind felle ilappid þer an wel *litil* bettir
þan riȝt noȝt. E. E. P. p. 5 st. 39. *Litel* is he
loued þat suche a leassoun scheweth. P. PL.
Text B. pass. X. 36. entsprechend dem ags.
lytlum: Prelates of crystene prouynces shulde
preue, if þei myȝte, Lere hem [sc. þe Iewes] *lit-
lum & lytlum,* & [sc. credo] in Iheaum Christum
filium. pass. XV. 598.
Hierzu gehört: **litellaike** s. vgl. neue. *litt-
leness.* Kleinheit. Þe *litellaike* of his like,
lathely þat þai spyze. WARS OF ALEX. 2931
Ashm.
luten v. von *lute* s. mhd. *lûten*, neue. *lute.*
die Laute spielen, lauten.
It is to a godly chyld wel syttynge To vse
disportes of myrthe & plesance, To harpe, or
lute, or lustely to synge. CAXTON'S B. OF CUR-
TESYE 305. Treuthe trompede þo, and song „Te
deum laudamus", and þen *lutede* loue, in a lowd
note, „Ecce quam bonum etc." P. PL. *Text C.*
pass. XXI. 469.
luten, louten v. ags. *hûtan* [lêat, luton; loten],
inclinari, procumbere, altn. *lûta* [lŷt; laut, lutum; lotinn], inclinari, venerari, schw. *luta*,
dân. *lude*, sch. *lout, lowt*, neue. *lout.* sich
beugen, sich neigen, auch in Demuth,
Verehrung und Gehorsam, verehren, an-
beten.
inf. ȝho . . for Upp inntill heȝhe munn-
tess, Forr þatt þho wollde *lutenn* þær & lefftenn
hire lahre. ORM 2741. cf. 2769. 10730. Annd
te birrþ cnelenn to þin Godd & *lutenn* himm &
lakennn, & te birrþ lufenn wel þin preost &
lutenn himm & lefftenn. 6136. Hu mai ðis sen
ðat ðu salt ðus wurðed ben, ðat ðine breðere,
and ic, and she ðat ðe bar, sulen *luten* ðe? G.
A. EX. 1923.
He lette a temple of maumetes in þulke
stude arere, þat me mihte not fynde to *loute* to,
bote maumetes þere. HOLY ROOD p. 35. Þe
folk vntille Humber to Suane gan þei *loute.*
LANGT. p. 42. *Loute* him sal kynges alle. Ps.
71, 11. Þer duden vntil his hond many a sarayn
loute. FERUMBR. 67. Ever among he gan to
loute, Ant praith, that she to him come oute.
GOWER I. 120. To his wyf gan I *loute* And
seyde „mercy madame, ȝoure man shal I worthe."
P. PL. *Text B.* pass. X. 142. Pandarus . . took
his leve, and gan ful lowe *loute.* CH. *Tr. a. Cr.*
3, 631-4. We shulden not *loute* þe send al ȝif
he shewide hym in ymage of crist. WYCL. W.
hitherto unpr. p. 423. Þe fend . . seyde þat he
wolde ȝyue to crist alle þe reumes of þe world so
þat he wolde *loute* him. p. 461.
imperat. Wiþþ ȝure maddmess lakeþþ
himm, & buþheþþ himm & *luteþþ.* ORM 6412.
præs. For here mikle reming rennande
cumeð a gungling [i. e. a ȝung elp], raðe to him
luteð, his snute him under puteð, and mitte

helpe of hem alle ðis elp he reisen on stalle.
BEST. 666. He . . whase laþheþþ himm Bineþenn
hise lahþhre, & *luteþþ* hemm & lefftteþþ hem.
ORM 10738. — Leaueð to leuc lengre o þes mix
& lease maumez, þ merreð ow & alle þeo þ
ham to *luteð.* LEG. ST. KATH. 1778. Vnnethes
has he tald his tale, Quen þai come all wit in a
rut[t]e, And hailsand forwit him þai *lute.* CURS.
MUNDI 5154 COTT.
All þe people unto the *louteth.* GOWER I.
139. — Amonge seyntes, That *louten* for hem
to oure lorde and to oure lady boþe. P. PL.
Text C. pass. IV. 98.
præter. Heo *leat* lahe to hire leoue
lauerd. ST. MARHER. p. 12. Þer com on of þe
þe princes, and *leat* to him . . Efter þan com
anoþer þet al suo to him *leat* ase þe uerste.
AYENB. p. 239. — Ofte heo *luten* adun also heo
wolden liggen. LAȝ. I. 80.
Im Präteritum begegnen frühe schwache
Verbalformen, welche dem schw. V. ags.
lutian in ihrer Bedeutung nicht entsprechen.
Till hemm baþe he *lutte* & bæh. ORM 8169.
Syr Gawayn þe knyȝt con mete, He no *lutte*
hym no þyng lowe. GAW. 2235. He lened wit
þe nek, & *lutte.* 2255. Antenor . . *Lut* not þe
lede, ne no lefe toke. DESTR. OF TROY 1899.
Than he *lut* to þe lady, & his leue toke. 9253.
— Þe .X. comen . . To Iosep, and he ne knewen
him nogt, And ðog he *lutten* him frigtilike. G.
A. EX. 2161. Manie forleten godes lage, And
wrogten ðor awile soules sor ðat he ðor *lutten*
Belphegor. 4068. All *luttyn* the lord & þere
leue toke. DESTR. OF TROY 6176.
He *louted* his maister that com him bi, As
he was lad to prisoun sti. SEUYN SAG. 711. His
disciple *louted* him to. 1691. Hengiat faire hym
þonkede, and his hed *loutede* (tr.) adoun. R.
OF GL. p. 115. Williams werwolf . . *louted* to
hem loueli. WILL. 3482-4. Kneolynge Concience to þe kyng *loutede.* P. PL. *Text A.*
pass. III. 111. The Steward, whan ho had herd
this, he *louted* downe, and thanked the Emperour. GESTA ROM. p. 144. — Quen þai war
cummen befor þe king, þai *luted* (vv. ll. *louted*
FAIRF. *loutid* GÖTT. *loutide* TRIN.] him wit þair
hailsing. CURS. MUNDI 5317 COTT. *Louted* to
him as to lord þe lasse & þe more. WILL. 3464.
p. pr. Sigge „Mea culpa" and underfon þe
penitence þet heo [sc. hore dame] leið upon
hire, *lutende* hire louwe. ANCR. R. p. 426.
p. p. Den schwachen Formen des
Präteritum entspricht: Ȝif a frere be a maister
or a riche frere in mong hise breþeren, he shal
be *loutid* & worshipid more þen cristis lawe
techiþ. WYCL. W. *hitherto unpr.* p. 306.
Hierzu gehört: **louting, lowtinge** s. Ver-
beugung. The lady with *loutyng* þen hir leue
tase. DESTR. OF TROY 661. *Lowtynge*, inclinacio.
PR. P. p. 316.
luter, -ar s. vgl. *lute* s. *luten* v. neue. *luter.*
Lautenspieler.
Lutar, joueyr de lus. PALSGR.
lutien, lotien v. ags. *lutian, gelutian*, latere,
ahd. *lôzên*, mhd. *lôzen*, vgl. goth. *luton.* sich
verbergen, lauern.

Duden heom alle clane into þan scipen grunde, & hæhte heom þere *lutie* wel [*lotie* wel . T.], þat Childric of heom neore war. LAȝ. II. 479. Fore latere a Latyn is *lotys* and be ihidde oþer unknowe in Englische. TREV. IV. 397. Deþ *luteð* in his scho, Him stilliche to fordo. O.E. MISCELL. p. 156. Ha [sc. prude] *luteð* i þe heorte. HALI MEID. p. 43. The hare *luteth* al dai, Ac notheles iso he mai. O. A. N. 373. Love is of him selfe so ðerne, It *luteth* in a mannes herte. GOWER I. 107.

On þesse fewe litele wored *lotieð* [lotied *Ms.*] fele gode wored. OEH. II. 217. Outlawes in þe wode and vnder banke *lotyeth*. P. PL. *Text B.* pass. XVII. 102.

In culurene iliche [sc. Crist] fedde hire al þe twelf dahes, as he dide Daniel, þurh Abacuc þe prophet, i þe liunes lehe, þer he in *lutede*. LEG. ST. KATH. 1843.

His mytte, [hys] his stre[n]gþe *lotede* in heiȝe holi þout. HOLY ROOD p. 223. But Nero made this frogge be kept in a toure to his owne lyves ende. Perfore som men weneþ þa [wenen þat Cx.] Lateran haþ þat name of a frogge þa [þat ȝ.] *lotede* þer; fore [*loted* there for Cx.] latere a Latyn is lotye and be ihidde oþer unknowe in Englische, and rana in Latyn a frogge in Englisshe. TREV. IV. 397. And hit happe [happede *a.*] þat he [sc. Lamech] slow Caym, *loted* [loyterd Cx.] among þe busshes, and wende þat it were a wylde beste. TREV. II. 229. vgl. Lameche þe schoter .. did slee Cayn *lyenge priuely in couerte*, trawenge hit to haue bene a dere. *ib. Harl. Ms.*

He fond this holy old Urban anoon Among the seyntes buriels *lotynge*. CH. *C. T.* 12113.

lutiȝ, luti adj. *lytig*, astutus, treacherous, vgl. goth. *liuts* adj. *liuts* s. dissimulator. heuchlerisch, betrügerisch, verrätherisch, listig, verschlagen.

For þu were leas & *lutiȝ* & u[n]riht lufedest. FRAGM. OF ÆLFRIC'S GRAMM. etc. p. 6. Þu were leas & *luti*. p. 7.

lutlien, litlien v. ags. *lytlian*, minui, decrescere.

1. intr. sich verkleinern, sich mindern, sich verringern.

Sikere ha beoð .. of þulli blisse þat hit ne me[i] neauer mare *lutlin* ne wursin. OEH. p. 265. Ne schal neauer mi luue ne mi bileaue towart te *lutlin* ne lihen. ST. JULIANA p. 29. cf. 28.

Ne his swote sauur, ne his almihti mihte, ne his makelese lufsum lec ne mei neauer *littlin* ne aliggen. ST. MARHER. p. 4 sq.

His Godhede *luttulde* not, þeiȝ he lowe lihte. JOSEPH 145.

2. tr. mindern, verringern.

Lutlien ich wulle his kare. LAȝ. I. 377. Nis ha þenne sariliche .. askast, & in to þewdom idrahen, þat fram se muchel hehscipe & so seli freodom schal lihte se lahe .. & *lutlin* hire lafdischipe. HALI MEID. p. 5. Oft ich singe vor hom the more For *lutli* sum of hore sore. O. A. N. 539.

Þou *liteled* [minuisti *Vulg.*] a litel wight Lesse fra þine aungeles bright. Ps. 8, 6. So sche wende to haue *lytelyd* her synne. KNIGHT OF LATOUR-LANDRY p. 61.

luttbi s. amator s. *lotebi*.

lutter adj. ags. *hlutor, hluttor*, purus, alts. *hluttar*, afries. *hlutter*, ahd. *hlûtar, hluttar, lûtar, luttar, lûter, lutter*, mhd. *lûter*, gth. *hlutrs*, schw. dän. *lutter*. lauter, rein, aufrichtig.

Þe sexte seollþess ædiȝleȝȝe Iss clene & *lutterr* herrte. ORM 5796.

luðer, leoðer, liðer, leðer adj. ags. *lyðer*, malus, nequam, sch. neue. *lither*. schlimm, böse, schlecht.

Olibrius, þe *luðers reue*. ST. MARHER. p. 6. Þu *luðere liun* lað godd. *ib.* Affrican, hire feader, bitterliche iteoned bitahtte hire Eleusium, þe *luðere reue* of Rome. ST. JULIANA p. 21. Sone hit wes ouer al iseid þat þe *luðere king* wes dæd. LAȝ. II. 89. Riht also þe *luðere coue deouel* berð awei urom þe kakelinde ancren, & uorswoluweð al þ god þ heo istreoned habbeð. ANCR. R. p. 66. *He* iwarð him swude *luður* & læh [læð ?] al his folke. LAȝ. I. 291. A *luþer aumperour* þere was þo. ST. FIDES 5. Horatm. A *luþur iustise* huy hadden with heom. 7. Heo heolden vr *lord luþer* also. HOLY ROOD p. 35. Ðat oðer is emliche drinke, naht for te quenchen his *luðere wil* .. ac for to beten his þurstes nede. OEH. II. 13. Vor alle þe gode þat he heom dude hi yolde him *luþre mede*. O.E. MISCELL. p. 39. Peos .. beoð sare offeared of godes *luðere eie*. HALI MEID. p. 43. Nulle ich leauen his luue, þat ich on leue, ne for luue nowðer ne for *luðer eie*. ST. JULIANA p. 29. Ich mihte inoh raðe wel habben awealt hire, ȝif ha nalde wið luue, wið *luþer eie*, lanhure. LEG. ST. KATH. 554. Þe witti Wealdent .. biradde hit swa swiðe wel, þ he þ ouercom mon were akast þurh mon, wið mekeleic & luste, nawt wið *luður strengðe*. 1235. He is umbe, deies & nihtes, uorte unlimen ou mid wreððe, oðer mid *luður onde*. ANCR. R. p. 256. *Idelnesse* is *luþer* on ælchere þeode. LAȝ. II. 624. Thi *lif* is evre *luther* and qued. O. A. N. 1135. Whil mi *lif* wes *luther* and lees, Glotonie mi glemon wes. LYR. P. p. 49. — *Luðre men* and *dooflen* heo habbeð monie wunden on me ifestned. OEH. p. 205. Ne leaf þu me neauer i *luðers monne* honden. ST. MARHER. p. 3. Horn com biuore þe kinge, Mid his twelf yfere, Sume *hi* were *lupere*. K. H. 496. Summe men luuieð .. *luðere lastes*. OEH. p. 145. Mid swuþe *luðere lasten* mi soule is þuruh bunden. p. 197. Alle þe *luðere lastes* þe man hafeð þuruh deules lore. II. 213. Þurh lesinge mon is loþ, and þurh *luþre wrenches*. O.E. MISCELL. p. 124. Pes among þe puple he put to þe reaume, aleide alle *luþer lawes* þat long hadde ben vsed. WILL. 5239. Substantivisch stcht *luðer*, Böses: Alle þat longed to *luþer* ful lodly he hated. ALLIT. P. 2, 1090, und von Personen, schlechter Mensch: Was reowðe to rihtwise, lahter to þe *luðere*. OEH. p. 283. Þus comparisunes Kryst þe kyndom of heuenne To

þis frelich feste þat fele arn to called , For alle
arn laþed luflyly, þe luþer & þe better. ALLIT.
P. 2, 161.

Þis corn . . hit ripede in Jeruzalem. Iudas
and þat leoðre folc hit repen. OEH. p. 241.

Pilatus was a liþer man , and com of liþer
more. PILATE 1. A preost ther was , a lither
man, that of God noȝt ne rouȝte. BEK. 364. Hit
was þe liþer treytour. WILL. 2169. Niðful
neddre, loð an liðer, sal gliden on hise brest
neðer. G. A. EX. 369. Þis world . . Waxes swa
lither and ful of ayn. HAMP. 1058. He is a
lither mayster. GAMELYN 255. He [sc. the
God of love] may do al that he can devyse, And
in lithere folke dystroye vise. CUCK. A. NIGHT.
13. Þat is liþer custume. OEH. II. 11. He þat
. . lið on liþere wille, and feste sleþeð on his
synne. II. 39. Þat doð och man þenne he pater
noster singeð bute his liðere liflode his bede
lette. II. 123. He is vptakere of my saule
agayns stalworth , that thai take me not in
thaire wickidnes & lithere eggynge. PS. 53, 4
HAMP. — We hudeð liðere sinnen on us. OEH.
II. 199. Sume luueð . . here wille and fleshliche
lustes and liðere lahtres. II. 203. He . . cunneð
te bringen us on liðere lahtres. II. 209. Þe attri
neddre [sc. aleað] alle þeo ontfule, & alle þeo
luðere iðoncked [þat beon malicius & liðere
aȝain oðere C.]. ANCR. R. p. 210. Þys frensche
men buþ boþ lyther and fel. FERUMBR. 1535.
All oure lose hase he lost thurgh his lither dedis.
DESTR. OF TROY 12209.

He passed many high mowntayne . . Til he
come to that lethir sty That him byhoved pass
by. YW. A. GAW. 597-600. — Idilscipe and
orgulprude þat lerit gung wif lepere peices.
O. E. MISCELL. p. 121. Ne lat vs neuer be sa
lethire at we like worthe To þam of Ateynes.
WARS OF ALEX. 2445 Ashm. Sa he lost has þe
lyfe for his leþer wordis. 840 Ashm. Vlixes . .
Gert the duke to be dede (thus demyt tho
lordes), And his lyf to be lost thurgh hor lethur
dedis. DESTR. OF TROY 12274.

Super lat. Ȝet him cweð Olibrius, reuene
biðerest: „Lef, meiden, mi read." ST. MARHER.
p. 18.

luðere, liðere adv. schlecht, böse, in
schlimmer Weise.

He het hatterliche strupen hire steortnaket
& beten hire swa luðere, þet hire leofliche lich
liðeri al o blode, & swa ha duden so luðere, þet
te blod ȝet adun of þe ȝerden. ST. JULIANA
p. 16. As þu biwistest Daniel bimong þe wode
liuns ilatet so luðere. p. 33. Þe attri neddre
[sc. aleað] alle þeo ontfule, & alle þeo luðere
iðoncked. ANCR. R. p. 210. Lyht chep luthere
ȝeldes. REL. ANT. I. 114. HENDYNG 238.

Ȝef mi mon him liðere dude , He sculde
dom þolien. LAȝ. I. 182.

luðere s. ags. lyðere (?), liðere, funda, fun-
dibulum. Schleuder.

Hyt þoȝte . . þat me ne myȝte noȝt yse bote
harewen & flon, And stones out of luþeren & of
magnales also. R. OF GL. p. 394.

luðerhede, liðerhede s. zum Adj. luðer geh.
Schlechtigkeit, Nichtswürdigkeit.

Hii, vor her luþerhede, ofscapede alyue vnneþe. R. OF GL. p. 240. Vor hyre luþerhede þe
emperesse al byneþe þo was. p. 462.

Heo turnede to folie & to liþerhede. ST.
KENELM 88.

luðerliche, -li, liðerliche, -li, leðerli adv.
ags. luðerlice, pessime, neue. litherly. auf
schlimme, arge Weise.

Leggeð se luðerliche on hire leofliche lich,
[þet] hit liðeri o blode. ST. JULIANA p. 17.
Leiden þa se luðerliche on hire on euch halue.
p. 29. Heo leide on se luðerliche, þet wa wes
him o liue. p. 49. Þe awaride widerlahen leiden
swa luðerliche on hire leofliche lich, þ hit brec
oueral. ST. MARHER. p. 5. Liðere [imperat.] to
him luðerliche mid te holie rode steue. ANCR.
R. p. 290. Smit hine so luðerliche, þet him loðie
to snecchen eft to þe. p. 324. Þei hadde luþerli
here lond brend. WILL. 2646. Þe proude king
of Spayne . . haþ luþerli al mi lond wiþ his
ludes wasted. 3156. Allas, lemman , þat our
loue þus luþerly schal departe. 2334.

Themperour . . On him loked litherliche.
SEUYN SAG. 971. Ðin broðer Iacob was her nu,
And toc ðin blissing liðerlike. G. A. EX. 1562.
Thus lytherly þo lyghers lappit þere tales.
DESTR. OF TROY 12590. A clerk hath litherly
byset his while, But if he cowde a carpenter
bygyle. CH. C. T. 3299. In þe lede of Elanda
lythirly he fynyd. WARS OF ALEX. 3100 Dubl.

Leþerly as a lyoun he lepes into þe prese.
WILL. 1231. Men say „lyght chepe Letherly for-
ȝeldys." TOWN M. p. 102. Me had leuer, quod
þe lede, bene letherly forsworne . . Than onys
haue greved þis gome. WARS OF ALEX. 1465
Dubl. Oþire men of oure men, miȝtfull kniȝtis
And erlis . . ȝoure lore & ȝour legaunce lethirly
forsaken. 2789 Ashm.

luðernesse, liðernes s. neue. litherness.
Schlechtigkeit, Verderbtheit.

Ȝif þu heuedest wreche inumen of mine
luðernesse. OEH. p. 197. Þu ne uorsakest
nenne mon uor his luðernesse. ib. In his luþer-
nesse to Gloucestre he wende. R. OF GL. p. 390.
The luthernesse of the ladde, The prude of the
page. POL. S. p. 240. He suld knaw what þis
worlde es, Þat es ful of pompe and lythernes.
HAMP. 225.

luve s. amor, nebst Ableitungen und Komposs. s. lufe.

luven v. vivere s. livien; amare s. luften.

laver s. lucanar, lodium, umbrex s. lover.

luvestiche s. mlat. lubisticum, libisticum aus
lat. ligusticum , ahd. lubestecco und lubistochal,
lubistichel, mhd. lubisteche und lubistickel, afr.
liuvesche, luvesche, nfr. livèche, it. levistico, li-
gustico, neue. lovage. vgl. loveache. Liebstöckel, eine südeuropäische, aromatische
Doldenpflanse, ligusticum levisticum L.

Levisticum, luvestiche. WR. VOC. p. 139.
REL. ANT. I. 36.

luvien v. vivere s. livien; amare s. luften.

luxarie s. lat. luxuria, neue. luxury. Uep-
pigkeit, Wollust.

Þe dyeuel yziȝþ wel sottilliche þe stat of

þe manne, and his maniere, and his complexioun, and to huet vice he ys mest bouȝinde .. and of þo half him asayleþ stranglakest, þane colrik, mid ire and mid discord; þane sanguinien, mid ioliuete and mid *luxurie*. ATENB. p. 157. O foule lust of *luxurie*, lo thin ende! CH. *C. T.* 5345 Tyrwhitt. O foule lust, O *luxurie*, lo thin ende! *ib.* Wright. vgl. *Mss. Ellesm.* und *Harl.* 7334 B. 925. The holy writ take I tø my witnesse, That *luxurie* is in wine and dronkenesse. 12418 Tyrwhitt.

luxurious adj. afr. *luxurieus, luxurieux,* pr. *luxurios,* pg. *luxurioso,* it. *lussurioso,* sp. *lujurioso,* lat. *luxuriosus,* neue. *luxurious.* üppig, muthwillig, übermüthig.

And euery *luxurious* tourmentour dar don alle felonie vnpunissed and ben excited þerto by ȝiftes. CH. *Boeth.* p. 21.

M.

ma compar. magis, plus s. *mare.*

ma v. facere s. *makien.*

mak s. tarmes, cimex s. *maček.*

mak, make adj. altn. *makr,* facilis, commodus, aptus, schw. *mak,* ags. *gemǎc,* ahd. *gimah,* mhd. *gemach,* niederl. *gemak,* sch. *mack, mak.* passend, angemessen.

Make , or fyt, and mete [*mak ,* fyt, or esy K.], aptus, conveniens. PR. P. p. 321.

macare s. factor, creator s. *makere.*

macche, später **matche** s. pr. *meca, mecha,* sp. pg. *mecha,* afr. *meiche , meche , mesche ,* it. *miccia,* gr. μύξα, lat. *myxa, myxus,* neue. *match.* vgl. *meche* s. ellychnium. Docht, Lunte.

As þow seest some tyme sodeynliche a torche, The blase þere of yblowe out, ȝet brenneth þe weyke, Withoute leye or liȝte þat þe *macche* brenneth, So is þe holygost god. P. PL. *Text B.* pass. XVII. 211. *Matche* of brimstone, meche; *matche* to lyght a candell, alumette; *matche* or weyke of a candell, limignon. PALSOR.

macche, mache, mecche, meche, mehche, metche s. altnorthumbr. *mǎcche* [MATTH. 1, 24 ed. Skeat], ags. *gemǎcca,* neue. *match.* eine Person, welche einer anderen gleichsteht, Gatte, Gattin, Seinesgleichen, Ihresgleichen, die ihm, ihr gewachsen ist.

Þiss Goddspellwrihhte seȝȝþ, Þatt Zakariȝess *macche* Elysabæþ wass an wifmann Off Aaroness dohhtress. ORM 289. cf. 2846. Ȝa mihhte ȝho Sket affterr þatt Wiþþ hire *macche* sammnenn & cnawenn hire *macchess* stren? 2411. cf. 2427. Thou makes suche a mangery, & þi *mache* changes [sagt Alexander zu Philipp]. WARS OF ALEX. 831 Dubl. dagegen *macchis.* Ashm. — Þe schrewe fond his *macche* þo. E.E.P. p. 59 v. 48. Conscience ful curteisly þo comanded Scripture Bifor pacience bred to brynge, and me þat was his *macche.* P. PL. *Text B.* pass. XIII. 46. There es no *mache* vnto me. ROWLAND A. OTTUEL 809. Vch mon with his *mach* made hym at ese. ALLIT. P. 2, 124. — Ȝuw birrþ nimenn mikell gom To ȝemenn ȝure *macchess.* ORM 2910. Pacience and I were put to be *macches.* P. PL. *Text B.* pass. XIII. 35.

So longe hastou ben oure *mecche,* Day and ȝere. CELESTIN 488 ed. *Horstmann* in ANGLIA I. 79. Vre sowle atte kirke dure ches hire Crist to *meche.* BEST. 715. *Mehche* K. or fela S. *metche.* P. PR. P. p. 331. *Metche,* or peere, par. p. 335. Peere, *metche,* par. p. 394. Make, or *metche,* compar. p. 321.

macche, mache s. Zusammentreffen, Kampf.

A felle fight & a fuerse fell hom betwene. But vnmete was the *macche* at þe mene tyme. DESTR. OF TROY 1323. This was a *mache* unmete .. To melle with þat multitude. MORTE ARTH. 4071.

macchen, machen v. sch. *mache* = strive.

1. intr. es aufnehmen mit, sich messen.

Alle þe athils of sir Alexander was arȝed in þaire hertis To *mache* with sike a multitude of men and of bestis. WARS OF ALEX. 3606.

2. tr. bestehen im Kampfe, bekämpfen.

Here is no mon *me* to *mach.* GAW. 282. The kyng met hym with mayn, *macchit hym* sore. DESTR. OF TROY 10217. Manly he *macchit hom* with his mayn strokes. 7042. Þai met on the Marmydons *macchit hom* hard. 10021. The ryalle renkkes of þe rownde table Rade furthe fulle ernestly, and rydis theme agaynes, Mellis with the medille warde, bot they ware ille *machede.* MORTE ARTH. 2903-5. Ȝet may thou be *machet.* ANT. OF ARTH. st. 34.

3. refl. sich gesellen, in freundlichem oder feindlichem Sinne.

Findes he a fayr schyp to þe fare redy, *Maches hym* with þe maryneres, makes her paye. ALLIT. P. 3, 98.

Outhire *macches ȝow* maynly [manly *Dubl.*] þerto, or namely [maynly *Dubl.*] dies. WARS OF ALEX. 1033 Ashm. Maydenes and maydenes *macche ȝow* togideres, Widwes and widwers worcheth þe same, For no londes, but for loue loke ȝe be wedded. P. PL. *Text B.* pass. IX. 173.

He *macchit hym* to Menelay, & met on þe kyng, Woundit hym wickedly in his wale face,

And gird hym to ground of his grete horse.
DESTR. OF TROY 8288.

make s. ags. maca [BOSW.[, altn. maki, socius, æqualis, conjux, schw. make m. maka fem., dän. mage, sch. maik, make, mayock, neue. make.

Genosse, Genossin, sehr häufig Gatte, Gattin, Geliebter, Geliebte, auch von Thieren, besonders Vögeln, Männchen, Weibchen.

1. Ant tu, his deorewurðe spuse, ne beo þu nout Gius fere ne Gius make uorte birlen him so. ANCR. R. p. 114. Heo is liunes make .. & fet his wode hweolpes wiðinnen hire breoste. p. 200. Ech man and a fend ben couplid togider in a liste and fijten .. And so whanne þe nyjt of synne blindiþ men to knowun hemsilf, þanne is tyme to þe fend to fijte faatist wiþ his make. WYCL. SEL. W. I. 277. If so falle, a cheventen be take On eyther seide, or elles sle his make, No lenger schal the turneynge laste. CH. C. T. 2556.

2. Maria þet is meiden and bute make moder. OEH. p. 209. Þo understod þe holi man þat he was of michel elde, and his woreldes make was teames atold and unberinde. II. 125. But þou hire take, þat y wole yeuen þe to make, i shal hangen þe ful heye. HAVEL. 1149. He hendely fetched His make to Macedoine. ALIS. FRGM. 248. Thy seemely make By a gracious good shall go with childe. 843. Y am aschamed .. That Alisaundre, with myghty hond, Hath me dryven of my lond, my modur, my suster ytak, And Floriant my gentil make. ALIS. 3309-14. Quod þe man to his make. WARS OF ALEX. 574. Al they cowncelde Florence to take Oon of thes lordys to be hur make. BONE FLOR. 880. Bote he me wolle to hire take, Forte buen hire owen make, Longe to lyven ichulle forsake. LYR. P. p. 28. Wolde he be my worldly make & weddy me to wyue, For his loue wold y take cristendom al so blyue. FERUMBR. 1422. A man withoute a make myghte nat wel of kynde Multeplie. P. PL. Text C. pass. XIX. 225. So nys it to repreve To wedde me, if that my make deye. CH. C. T. 5666. — With þe þou take þe makez of þy myry sunes. ALLIT. P. 2, 330.

3. Þat nijt Horn gan swete And heuic for to mete Of Rymenhild his make [seiner Geliebten]. K. H. 1407. Þe werwolf .. wendes euen to William, a wel god spede, & to Meliors his make. WILL. 1895-8. He wan ajen to William & to his worþ make. 2498. Icham for wowyng al forwake, wery so water in wore, Let eny reve me my make, ychabbe yjyrned jore. LYR. P. p. 28. — Alisaundrine .. preide ful pituosli to þe prince of heuene to loke fro alle langour þo louely makes. WILL. 1754-7.

4. Moni [sc. beast] halt him to an make. HALI MEID. p. 25. Turrtle ledeþþ charij lif .. Forr fra þatt hire make iss dæd, Ne kepeþþ jho wiþþ operr. ORM 1274-7. Turtle ne wile habbe no make bute on, and after þat non. OEH. II. 49. Gef ge [sc. ðe turtle] ones make haueð, fro him ne wile ge siden. BEST. 697. cf. 701. 705. Efter þet þe turtle heþ ylore hure make, hi ne

ssel neuremo habbe uelajrede mid oþren. AYENB. p. 226. Nyghtynggales al nyght syngen and wake, For long absence and wantyng of his make. LYDG. M. P. p. 153. — Wowes this wilde drakes, Miles [animalia? vgl. wallis, mîl, animal] murgeth huere makes. LYR. P. p. 44. I seigh .. where þat briddes and bestes by here makes þei jeden. P. PL. Text B. pass. XI. 318. Bothe horse and houndes, and alle other bestes medled noujte wyth here makes þat with fole were. 334.

make s. niederl. maak, nhd. mache meist mundartlich u. volksthümlich; sch. mak, make. Mache, Machung, Verfertigung, dann Form, Gestalt.

Pan gase he vp be degrece, the Grecen maistir, Passes into þe palais, a paradyce semed, Was on þe make of þat mote nojt mervalled a litill. WARS OF ALEX. 3216 Ashm. Anone he let two cofres make Of one semblaunce and of o make, So lich that no life thilke throwe That one may fro that other knowe. GOWER II. 204.

makeles adj. schw. makalos, dän. magelos, sch. maikles, maykles, neue. makeless neben matchless. unvergleichlich.

Mihti godd makeles! ST. MARHER. p. 11. Ne his awote sauur, ne his almihti mihte, ne his makeles leo ne mei neauer littlin ne aliggen. p. 4 sq. Pis is ure cunde, makelese meiden. p. 17. Pis makelese man, þat most was adouted. ALEX. A. DINDIM. 1130. Menskfull maister, makeles of witt. ALIS. FRGM. 799. Makelex moder & myryest may. ALLIT. P. 1, 435. A makelez may & maakellez. 1, 779. Right as oure furste lettre is nowe an A, In beaute firste so stoode sche makeles. CH. Tr. a. Cr. 1, 171.

maken v. s. makien.

makere, maker, makiere, macare s. ahd. machâre, mhd. macher, niederl. maker, maaker, niederd. maker bes. in Zusammensetzungen, sch. makar, maker poet vgl. makinge, neue. maker. Macher, Bewirker, Schöpfer.

1. von Gott: Ich leue ine god uader almijti, makere of heuene and of erþe. AYENB. p. 262. REL. ANT. I. 42.

I byleue in God fader almyjthi, maker of heuene and of erthe. REL. ANT. I. 38. God þe fader, god þe sone, god holigoste of bothe, maker of mankynde and of bestes bothe. P. PL. Text B. pass. X. 239. A maker, autor, compositor, conditor, confector, creator etc. CATH. ANGL. p. 226.

Þe ilke welle [sc. of loue] is zuo clier and zuo yzendred, þet þe herte hire yknauþ, and ysiþþ hire zelue and hire makiere. AYENB. p. 251. cf. 267.

Suld nane haue gessid þat grace come of god, bot of þaim selfe; So fra þe makare o mold suld many man haue erryd. WARS OF ALEX. 3266. Macare, factor, plasmator; macare of noghte, as God only, creator. PR. P. p. 319.

2. Häufig von Arbeitern, Handwerkern, Verfertigern: Maker of haye to cockes, entassevr de foyng; maker of bosses of bridelles, lormier; maker of naylles, clovtier; maker of horse collers, bovrellier etc. PALSGR.

und oft in Zusammensetzungen, wie *belmaker*, campanarius; *netmaker*, reciarius; *monymaker*, monetarius; *scheldmaker*, scutarius; *gyrdilmaker*, corrigiarius. WR. VOC. p. 212. *copmaker*, cipharius; *brochmaker*, firmacularius; *ryngmaker*, anularius; *whelmaker*, rotarius. p. 213. wie auch von Verfertigerinnen: *Kelmaker*, rociaria; *sylkmaker*, sericatrix. p. 216.

makerel, macquerell etc. s. afr. *maquerel*, nfr. *maquereau*, mlat. *macarellus*, niederl. *makrel*, dän. *makrel*, schw. *makrill*, kymr. *macrell*, neuc. *mackerel*, *mackerel*. Makrele, scomber scombrus, ein Seefisch, dessen Name von Frankreich aus verbreitet zu sein scheint, obwohl die übrigen romanischen Sprachen ihn nicht theilen. Der schmackhafte Raubfisch zieht in Schaaren durchs Meer, und erscheint vom März zum April besonders im Kanal.

Keling he toc, and tumberel, Hering and þe *makerel*. HAVEL. 757. *Makerel*, fysche, megarus. PR. P. p. 321. A *makerell*, megarus, piscis est. CATH. ANGL. p. 226. Saltfysche, stockfische, merlynge, *makerelle*, buttur ye may with swete buttur. BAB. B. p. 155. Mustard is metest with alle maner salt herynge, Salt fysche, salt congur, samoun, with sparlynge, Saltele, salt *makerelle*. p. 173. *Macquerell*, a fysshe, macquerel. PALSGR. Hic megarus, *makyrelle*. WR. VOC. p. 189. a *macrelle*. p. 222. a *makrel*. p. 254.

Das Wort kommt gleich dem afr. *maquerel*, nfr. *maquereau* u. neue. *mackerel* auch als verächtliche Bezeichnung eines Kupplers und einer Kupplerin vor: Nyghe his hows dwellyd a *maquerel* or bawde. CAXTON'S CATO MAGNUS in HALLIW. D. p. 536. Man mag damit die Bezeichnung schlechter Weiber als *Macrellen* bei FISCHART [s. GRIMM *Wb*. VI. 1492] u. in einigen Provinzen vergleichen. Ob der Kuppler der Makrele, oder umgekehrt die Makrele dem Kuppler den Namen gegeben hat, scheint zweifelhaft; die dunkle Etymologie (erwähnt sei hier namentlich auch der Versuch, den Namen des Fisches mit lat. *macula*, den des Menschen mit niederl. *makelaar* in Verbindung zu bringen) giebt keinen Anhalt. Doch dürfte der Mensch dem Fische den Namen verdanken.

makien, makeȝen, makie, maki, maken, make, ma v. ags. *macian*, facere, formare. afries. *makia*, alts. *makôn*, ahd. *machôn*, mhd. *machen*, niederl. niederd. *maken*, schw. *maka*, dän. *mage*, sch. *mak*, *may*, *ma*, neue. *make*.

1. machen, hervorbringen, schaffen, bereiten, mit einfachem oder weiter bestimmtem konkreten oder abstrakten Objekt. inf. *Makian* ich wlle on þine nome mæren ane stowe. LAȝ. I. 51. Po witeþa het þet we sculde *makien* his stijes. OEH. p. 7. He .. lette *makien beren* [Bahren] riche. LAȝ. III. 112. Hit greueð þe se swiðe þat tu *will* .. *makien puinun*. HALI MEID. p. 33. He nolde noht turnen ut of þe hege weie ne of þe rihte paðes þe he minegede mankin to *makiende* [inf.]. OEH. II. 131. Po funden heo his curtel þat he wes al ihol, Hi nolden þerof *makie* nones cunnes *dol* [Theilung].

O.E.MISCELL. p. 49 sq. Wo þat myȝte weoden abbe, & þe roten gnawe, Oþer soþe & *makye potage*, was þerof wel vawe. R. OF GL. p. 404. Strange bieð þes ifo and swice, wið wam we ne muȝe grið ne *sibbe macie*. OEH. p. 243. Pe ualse demeres þet .. doþ *maki* þe greate *costes*. AYENB. p. 40. Swo ne andswerede noht Moyses ure drihten þo he bad him *minster maken*. OEH. II. 215. Min fligt .. ic wile uptaken, Min sete norð on heuene *maken*. G. A. EX. 277. He bad him *maken* siker *pligt* of luue. 1269. Ich wolle of þisse þinge *make* rouninge. LAȝ. III. 270 j. T. To *make* swuche *maumes* of tree oðer of stan. LEG. ST. KATH. 267. This forest wil y felle, And *castel* wil Y ma. TRISTR. 3, 43. I trawed my perle don out of dawes, Now haf I fonde hyt, I schal *ma feste*. ALLIT. P. 1, 282. Oure angels went fra vs away, Bifor god þaire *wirschip* to ma. HOLY ROOD p. 63.

imperat. *Makie* him god *baid* & ofte hine baðie. LAȝ. I. 151. *Mac* vs *godes* foren us to gon. G. A. EX. 3541. Pre mettes of mile menge, & ma *kakez*. ALLIT. P. 2, 625. — *Makieð* in eowre londe *castles* swiðe stronge. LAȝ. II. 98. *Makeð* þe louerdes *weies*. OEH. II. 129.

præs. Ofte when y sike ant *makie* my *mon* .. wonder is hit non. LYR. P. p. 86. To be excused I *make requeste*. ALLIT. P. 1, 281. Cune sume meðe þenne þu *almesse makest*. OEH. II. 29. Such *pleyntes makyeþ* þe soule to þe fles. BÖDDEK. *Altengl. Dicht*. p. 241. He *makeð* þe *fisses* in þe sa, þe *fueles* on þe lofte. OEH. II. 222. Elche cristene man *makeð* þis dal *procession* fro chirche to chirche. II. 91. Eise *makeð þeof*. HALI MEID. p. 17. Auaricia .. beo *macað reaflac* and unrihte *domes*, *stale* and *lesunge*. OEH. p. 103. Muche *mirthe* he mas. GAW. 106 conj. Ne dort þu nauere adrede .. þ suere æine modi cniht at þine borde *makie fiht*. LAȝ. II. 540. — Seint Edmund þe holi king, of wham we *makieþ* gret *feste*. ST. EDM. KING 1. Aiuere heo *ȝelp makieð*. LAȝ. III. 51. We nimeth ȝeme of manne bure, An after than we *maketh ure*. O. A. N. 649. Pe ualse notaryes, þet *makeþ* þe ualse *lettres*. AYENB. p. 40. Dingnetes, *þet* me *makeþ* be chyezinge. p. 42. We [sc. deuils] haue power in no place, Whore men on þam þat *takin* [des Kreuzes] *mase*. HOLY ROOD p. 95. The Frauche men er fers and fell, And *mase* grete *dray* When thai er dight. MINOT p. 35. conj. Turne we to ure drihten .. and *maken* us *wei* to him. OEH. II. 129.

præter. Pes lare and lage swiðe acolede .. þurh false godes þe ælc þiode ham selfe *macede*. OEH. p. 237. He us *machede lichame*, and sawle ableow. p. 233. He *makede mon* i rihtwianesse. p. 59. On þe godspelle þe sein Lucas *makede*. II. 71. He nom þa Englisca boc þa makede seint Beda. LAȝ. I. 2. Muchel wes þa murðe þe þat folc *makode*. I. 76. Ichulle halde me hal þurh þe grace of godd, as cunde me makede. HALI MEID. p. 45. Heo *makede deol* ynouȝ. ST. SWITHIN 63. Pu *maket* al þis *world* and dides hit under mine fet. OEH. p. 271. Al wrong y, wrohte for a wyf, þat *made* us *wo*. LYR. P. p. 31. Per was sone sorwe ynou

Verlag der Weidmannschen Buchhandlung in Berlin.

Englische Grammatik

von

Eduard Mätzner.

I. Theil: Die Lehre vom Worte. Dritte Auflage. (VIII u. 583 S.) gr. 8. geh. 11 ℳ.
II. Theil: Die Lehre von der Wort- und Satzfügung. Erste Hälfte. Dritte
Auflage. (VIII u. 542 S.) gr. 8. geh. 11 ℳ.
III. Theil: Die Lehre von der Wort- und Satzfügung. Zweite Hälfte. Dritte
Auflage. (XX u. 652 S.) gr. 8. geh. 14 ℳ.

Französische Grammatik.

Mit besonderer Berücksichtigung

des

Lateinischen

von

Eduard Mätzner.

Dritte Auflage. 8. (XXIV u. 676 S.) Preis 10 Mark.

Altenglische Sprachproben

nebst einem Wörterbuche.

Herausgegeben

von

Eduard Mätzner.

Erster Band: Sprachproben.

Erste Abtheilung: Poesie.

Vergriffen.

Zweite Abtheilung: Prosa.

(415 S.) gr. 8. geh. ℳ 12.—.

Zweiter Band: Wörterbuch.

Erste Abtheilung: A.-D.

(698 S.) gr. 8. geh. ℳ 20.—.

Zweite Abtheilung: E.-H.

(558 S.) gr. 8. geh. ℳ 16.—.

Druck von Breitkopf & Härtel in Leipzig.

ALTENGLISCHE SPRACHPROBEN

NEBST EINEM WÖRTERBUCHE

HERAUSGEGEBEN

VON

EDUARD MÄTZNER und HUGO BIELING.

ZWEITER BAND: WÖRTERBUCH.
ZWÖLFTE LIEFERUNG.

BERLIN
WEIDMANNSCHE BUCHHANDLUNG.
1896.

Des dahingegangenen Freundes wiederholt ausgesprochenem Wunsche gemäss, und doch anders als ursprünglich geplant, trägt dieses Heft unser beider Namen. Es war Eduard Mätzners Absicht, vorläufig auf diese Weise, ausführlicher bei der Vollendung der dritten Abteilung meiner Mitarbeit Erwähnung zu thun. Es sollte anders kommen. Mätzner beschloss seine verdienstvolle Thätigkeit für das Altenglische Wörterbuch mit *marchen*, grenzen; von da an bin ich allein verantwortlich. Ueber meine bisherige Mitarbeit an dem Werke, vom Buchstaben F an, habe ich mich in dem Nachrufe geäussert, den ich Mätzner in den Engl. Stud. XVII. 3 gewidmet. Die hinterlassenen Bemerkungen Mätzners konnten Dank der Freundlichkeit seiner Witwe benutzt werden. Sie bestehen, was den Buchstaben M anbelangt, ausser einigen Auszügen vornehmlich aus beachtenswerten Stellen, die bei der Arbeit niedergeschrieben sind. Dagegen konnte leider, trotz aller Bemühungen, an denen auch Julius Zupitza noch sich lebhaft betheiligte, der betreffende Teil von Mätzners reicher Bibliothek nicht erhalten bleiben und ist in alle Winde zerstreut, zum Teil geradezu verschleudert worden. Die Königl. Bibliothek, die Bibliothek des Städt. Sophien-Realgymnasiums und in letzter Zeit, durch das freundliche Entgegenkommen von Aloys Brandl, auch die neuerdings wesentlich erweiterte Bibliothek des Berl. Engl. Seminars traten in die Lücke. Hoffentlich gelingt es mir, dieses wohl bedeutendste Werk des dahingeschiedenen älteren Freundes in seinem Sinne und den Fachgenossen zu Dank der Vollendung entgegen zu führen.

BERLIN, im Dezember 1896.

Hugo Bieling.

among hys men ybroʒt, And he hymsulf *deol*
ynou & *sorwe made* also. R. OF GL. p. 381.
There he *made* the *expositioun* of dremes.
MAUND. p. 44. Of arte he had þe maistrie he
mad a coruen *king*. LANGT. p. 336. Robert
mad his *fest*. p. 337. — Þe wundes *þat* hie on
him *makeden*, ben þe manifeald synnes. OEH.
II. 33. Ðo þe þe *wowe makeden* biforen him,
bien folkes lorþeawes. II. 91. Þa *makeden* heo
hus. LAƷ. I. 82. Stal *ðht* heo *makeden*. I. 27.
The webbes ant the fullaris assembleden hem
alle, ant *makeden* huere consail. POL. S. p. 188.
Wið Putifar . . He *maden* swiðe bigetel *forward*.
G. A. EX. 1991. Alle þis *mirþe* þay *maden* to
þe mete tyme. GAW. 71.

p. pr. Sche saw þe hert & þe hinde lye
collynge in fere *Makende* þe most *ioye* þat man
miʒt deuise. WILL. 2984.

p. p. Þis dai *haueð* ure drihten *maked*, to
gladien and to blissen us. OEH. II. 93. Egipte
folc *aueð* him waked .XL. nigt, and *feste maked*.
G. A. EX. 2469. Mi bord *is maked*. OEH. II.
93. Nime we þenne geme ʒif ure procession *bi
maked* after ure helendes procession. II. 9. Hise
liche *was* spicelike *maked*. G. A. EX. 2515. Ða
songes þa we nu singeð beoð blisfulle, for heo
boð makeðe of þere heouenliche blisse þe us wes
iopenad on þisse timan. OEH. p. 125. Sunnendei
weren engles *makede* of godes muðe. p. 139.
Lꝰef, lanhure, þ tu sest, miracles þe *beð maked*
ʒet. LEG. ST. KATH. 1074. Alle maner of menstracye *maked was* sone. WILL. 1951. Ilk kinnes
erf and wrim and der *Was mad* of erðe. G. A.
EX. 183. Middelerd for mon *wes mad*. LYR. P.
p. 24. Heo hath a mete myddel smal, *Body* ont
brest wel *mad* al. p. 36. Alle buen false that
bueth *mad* bothe of fleyshe ant felle. p. 94.
Swiche meting *was* neuer *made*. TRISTR. 1, 17.
A tresoun ther *was* made. 1, 32. Undirstonde
ʒee, that that Babyloyne . . where that the Soudan duellethe, is not that gret Babyloyne, where
the dyversitee of langages *was* first *made* for
vengeance, by the myracle of God, when the
grete tour of Babel was begonnen to *ben made*.
MAUND. p. 40.

2. machen, mit einem Objekte nebst
prädikativem Adjektiv oder Particip.

inf. He þet haueð þet horshus to witene,
scal þer þer hit is ful, *makien* hit *clene*. OEH.
p. 85. Þe shadewe hire tacheð hwu hie mai hire
selven *wenlukest makien*. II. 29. Mones un-
michte, þ he noðeles nom upon him saluen, us
for to sauuen & *makien* us *stronge* þurh his un-
strengðe. LEG. ST. KATH. 1022. Ich . . wulle . .
makien inc *riche*. LAƷ. I. 239. Ich wulle . .
Oswy þer *makien armest* alre kingen. III. 269.
Alle þe þinges . . þat cauer muhen *maken* ani
mon *luuewurði* to oðer. OEH. p. 269. He bihet
to meden ham wið swiðe hehe mede & *maken*
hehest. LEG. ST. KATH. 416. Þi deboneirschipe
mai *make* þe eihwer *luued*. OEH. p. 275. Al
þe menske þuhte for þe luue of me, þat tu mihtes
wið þat spatel, þat swa biclarted ti leor, wasche
mi sawle, and *make* hit *hwit* and *schene*. p. 279.
Wo so by kyng Wyllames day slou hert oþer

hynde, Me aaolde pulte oute boþe hys eye, &
make hym pur *blynd*. R. OF GL. p. 376.

imperat. Of ure sunne *make* us *clene*. OEH.
p. 63. *Make* me wið þine sone *ieauʒt*. II. 256.
Make me *worthi* come to the. LYR. P. p. 75. —
Kerueð eowre spere longe & *makiet* heom *scorte*
& *stronge*. LAƷ. I. 250. *Makeð rihte* godes peðes.
OEH. II. 131. *Makes* ʒou *merie*. WILL. 4933.

præs. Feire uleð þi muð, & *murie* þu *makest*
hit. LEG. ST. KATH. 1496. Thu . . *makest* thine
song so *unworth*. O. A. N. 339. Mi serewe thou
makest newe. LYR. P. p. 91. Esteliche eten and
drinken *makeð* þe man *fair*. OEH. II. 31. Ðe
sunne swiðeð al his *fligt*, and oc it *makeð* his
egen *brigt*. BEST. 70. Summe gold and gersum
and ahte of þis worlde *makes luued* and *heried*.
OEH. p. 269. Þus þer four [sc. favor of þe folk
and fayrnes And fervor of thoght and richeos]
lettes his insight, þat he knaws noght him selfe
right, And *mas* his hertful *hawtayne*. HAMP.
253. conj. Ich ðe biseche . . þet tu me *makie*
cleane wiðuten and eke wiðinnen. OEH. p. 195.
Bidde we nu þe holigost þat he . . *make* us
wallende of soðe luue, and *clene* of alle sinnes.
II. 119. — Þe witeʒa het þet we sculde makien
his stijes; þenne *make* we ham *rihte*, ʒef we
haldet his beode. OEH. p. 7. Gif we don ure
gode dedes for to hauen þis weorldes selðe oðer
mannes hereword to mede, þenne *make* we godes
weies *wronge*. II. 131. Four thynges I find þat
mase a mans wytt ofte *blynd*. HAMP. 241.

præter. Se hlaford . . *macede* hine wel
bliðe. OEH. p. 233. He hem *makede fundic* on
worde. II. 117. — Al þat lond heo *makeden*
west. LAƷ. II. 16. In huse, in drinc, in metes,
in bed, It [sc. froskes] cropen and *maden* hem
fordred. G. A. EX. 2973.

p. pr. Þei don aʒenst þe charite for loue
of here owne worschipe or wynnynge and blas-
phemen aʒenst god, *makynge* hem self as *witti*
as þe holy gost. WYCL. W. hith. unpr. p. 17.

p. p. Ure louerd stod among his diciples,
and bed hem frið and sehtnesse, frið, for þat he
hadde maked hem *fre* of þe deules þralsipe.
OEH. II. 101. Such mon have ich lend my
cloth, That *hath maked* me ful *wroth* Er hit
come aʒeyn. REL. ANT. I. 113. Ierusalem is
cleped soð [siht?] of sahtnesse, and bitocneð
holie chirche þer bileffulle men inne beð sete,
þenne prest Cristes þroweinge mineʒeð . . and
þermide bitocneð þat ure drihten *is* þurch þe
holie loc wið bileffulle men *maked sehte*. OEH.
II. 91. Hire handcloðes and hire bordcloðes
[sc. ben] *makede wite*. II. 163. *Like* am I *made*
to pellicane of annesse. Ps. 101, 7.

3. machen zu etwas, mit einem Objekte
und einem prädikativen Substantiv.

α. inf. Ich wulle þe *makien riche* mon.
LAƷ. II. 82. Heo *hine* wolden *maken duc*. I. 16.
Pro fan fihten aʒaines me . . þe werld, mi fleesch,
þe deouel: þe werld to *make me pewe*, mi fles,
to *make me hore*. OEH. p. 275 sq. Ic wole ʒou
make Manfischers. ST. ANDREW 5.

præs. Alle þine *wreondes* þu *makest riche*
kinges. OEH. p. 193. Wit, þe husbonde, godes
ounestable, cleoped Warschipe forð ant *makið*

hire durewart. p. 247. Þus þe treitre of helle *makeð him treowe readesmon.* ANCR. R. p. 224. **præter.** Ich .. *makede him mi leofmon.* LEG. ST. KATH. 482. Þu mades al þis werld .. and *makedes me lauedi* ouer alle þine schaftes. OEH. p. 271. He *makede him fleme* þere he hadde er louerd iben. II. 61. He *makede him chanceler.* BEK. 183. Heo .. *makede hir quene* of al þe March. ST. KENELM 201. *His steward* he *him makede* anon. PILATE 98. — *Þis holy man* seint Swiþin *biscop* hi *makede* þere. ST. SWITHIN 35. þe abbot & þe couent bo Loueþ Maryn, þe jonge monk , so þat hue him putten to baylye, ant *maden him maister* of panetrie. MARINA 79.

p. p. A Ihesu .. þat swa muchel luuedes me þat tu deides for luue of me .. and ti *spuse haues maked me.* OEH. p. 287. He *hadde maked Adam louerd* ouer þis middelherd. II. 59. Im Passiv erscheint statt des doppelten Akkusativ ein doppelter **Nominativ:** *þu were maked,* maiden, godes *moder.* p. 189. Godess *Word iss makedd flæsh.* ORM. 19201. Of euerilc ougt, of euerilc sed *Was erðe mad moder* of sped. G. A. EX. 121.

ß. An die Stelle des prädikativen Akkusativ tritt auch ein **Hauptwort** mit der **Präposition** *to,* wie schon im Angelsächsischen: God .. *macoð hine to lauerde.* OEH. p. 113. Þe lichame þe sholde ben þe soule hihtliche bure, *makeð hire to atelliche quarterne.* II. 213. Talewise men þe speches driuen and *maken wrong to rihte,* and *riht to wronge.* II. 193. Superbia, þet is on englisc, modinesse. Heo is ord and ende of alle uuele, heo *macodeð englas to atelliche deoflan.* OEH. p. 103. — Nomen þene cniht Brutun & *makeden hine to duke.* LAƷ. I. 18. Heo *makeden to kinge Cadwan* þene kene. III. 203.

γ. Statt des **Objektsakkusativ** findet sich auch *of* mit seinem Kasus: He scholde the preost take, And desordeyni him of his ordre, and *a l-wed man of him make.* BEK. 377. Þe mihte of meidenhad .. þat *makeð of eorðlich mon* & wummon heouene *engel.* HALI MEID. p. 11 sq. — Hi .. *makeþ ofte of þe gauel principale dette.* AYENB. p. 35. conj. *King* þat we *makien of Brute* ure lauerde. LAƷ. I. 41.

Leuedi, þu bere þat beste child þat euer wes ibore, *Of þe he makede his moder.* O.E. MISCELL. p. 38. Prude .. *makede of heh engel* eatelukest *deouel.* HALI MEID. p. 41.

4. **lassen, veranlassen, bewirken.**
α. mit dem Akkusativ oder ohne denselben und dem **reinen Infinitiv:** Sum he is abuten to *makien uleon* monne uroure, þet heo ualleð ine deadlich sor, þet is, accidie. ANCR. R. p. 224. Hi ne miȝte hire a fot awinne Ne *make hire icche* anne fot. ST. LUCY 105. Ine ziþþe of leuedys and of maydynes þet aseweþ ham uayre ydiȝt, þet ofte hy sseaweþ and diȝteþ ham þe more quaynteliche and þe more honesteliche uor te *make musi þe foles* to ham. AYENB. p. 47. We shule flo the Conyng, & *make roste* his loyne. POL. S. p. 191.

Gif hit itit þet þu brekest godes heste .. þu scalt gon to scrifte and pinian þine licome

þe hit *þe makeð* don. OEH. p. 21. Swa *makeð* þe halie gast *þe mon bihalden* up to houene. p. 159. Þe fur þe he embe spekeð is þe hete þe atent on mannes heorte, þe *makeð him* his sinnes swiðe bimurnen. II. 111. Ydelnesse *makeð cnihte forleosen* his irihte. LAƷ. II. 625. Þe gost of fornicacion .. *makeþ* uerst *come þe poȝtes* and þe *likinges.* AYENB. p. 46. Þet [sc. ðe vttre riwle] *makeð festen, wakien,* kold & here werien. ANCR. R. p. 6. Feirnesse and lufsum neb, flæsch hwit under schrud *makes moni mon beo luued* te raðer and te mare. OEH. p. 269.

Sunnedei aras ure drihten from deðe to liue, and *makede arisen* mid him *alle þa þet* him efden er ihersumed. OEH. p. 141. Also of þe holi monne *þet he makede kumen* hom to dealen his feder chetel to neodfule & to poure. ANCR. R. p. 224. Kyng Wyllam adauntede þat folc of Walys, And *made hem bere* hym truage. R. OF GL. p. 372.

ß. mit dem von *to (te, vorte)* begleiteten **Infinitiv:** Euch an is al mihti to don al þat he wule, ȝe, *maȝie to cwakien heouene* ba ant eorðe wið his an finger. OEH. p. 265. Nu shalt þu .. *makrn him to forlesen* his aihte. II. 29. Nu bihalt te alde feond .. & schoteð niht & dai hise carewen .. toward tin heorte to wundi þe wið wac wil & *makien to fallen.* HALI MEID. p. 15. Heil hwuch wis read of se cointe Keiser, *makie se monie clerkes to cumen.* LEG. ST. KATH. 579.

Pulli þoht *makeð mon te fleon* alle unþeawes. OEH. p. 267. Þat is þe deuel. He *makeð þe unbilefulle man to leuen* swilche wigeles. II. 11. Þat sixte [sc. werc of þesternesse] is, þat man eggeð his negebure to done or to speken him harm oðer same, and haueð nið elch wið oðer, and *makeð him to forlese* his aihte. II. 13. Thi suete body totoren y se, Hit *maketh heorte to snerte* me. LYR. P. p. 70. Kinde *makes sibbe frend* euchan to *luuen* oðer. OEH. p. 269. — Þe gederunge inwið þe of flescliche þohtes þat .. eggeð þe to brudlac & to weres cluppinge & *maken þe to þenchen* hwuch delit were þrin. HALI MEID. p. 3.

Summe of ou *þet he makede* summe cherre *to wenen* þet hit were uikelunge ȝif heo speke ueire. ANCR. R. p. 224. Of þen oðer holie monne *þet he makede uorte ileuen* þet he was engel. ib. Ich wole bet þat ȝe hire ouercome mid resouns a somme wise, þan we *hire* mid strenþe *makede to do* sacrefise. ST. KATH. 81.

γ. mit einem **Objektsatze** mit *þat:* Þus deuel eggeð ælch man on his herte, and *macuð þat he wule do* þat he him to teihte. OEH. II. 31. Swo þe holi gost teð þe mannes luue to heuene, and *makeð þat him longeð* [longed *Ms.*] swiðe þider. II. 151. Þanne he [sc. þe werse] *makeð þat þe hodede lat* his chireche stonde wiðuten tide. II. 215. He , þurh his milce & godlec, of his grace *makeð ham þ ha beon eche* buten ende. LEG. ST. KATH. 297.

Þurh þis tacne *makede* Moyses *þet ðet weter* of Egipte *wes liðe* and swete þan folce of Israel. OEH. p. 129.

makiere s. factor, creator s. *makere.*

makinge etc. s. ags. *macung*, factio.

1. M a c h e n; vgl. *makien 1; þe ilke comþ touore god mid ydele honden, þet comþ him to bidde wyþoute *makiynge* of present to god of guode workes. AYENB. p. 218. He [sc. Salomon] began to edifie the temple, whiche was in *makenge* (= im Bau) by VII yere. TREVISA III.13 *Harl.*

M a c h e n mit folgendem *redy*, eig. Fertigmachen, Bereitmachen, vom Rüsttage der Juden; vgl. *makien 2: Forsoth it was the *makinge redy*, or evyn of paak, as the sixte our, or mydday. WYCL. JOHN 19, 14 Oxf. Therfore there, for the *makynge redy* of Jewis, for the graue was nyj, thei puttiden Ihesu. *ib.* 42.

2. S c h ö p f u n g und das G e s c h ö p f selbst, gleich dem lat. *creatura:* Hi .. þet witeþ þet þet body of man is þe meste poure *makynge* and þe vileste þet is, and þe spirit of man is þe zaule, and ys þe nobleste þing an þe hejeste sseppe þet may by. AYENB. p. 92.

3. D i c h t u n g, wie das gr. ποίησις: Meruel je not of þis *makyng*, y me excuse, hit is not I. O. E. MISCELL. p. 222. Go, litel boke .. But litel book, no *makynge* thow nenvye, But subgit be to alle poesie, And kysse the steppes .. Of Virgile, Ovyde, Omer, Lucan, and Stace. CH. Tr. a. Cr. 5, 1800–6.

makirelle s. s. *makerel.*

makll adv. sch. *makly.* vgl. *mak* adj. leicht. *Makly*, or esyly, faciliter. PR. P. p. 322.

makrel, makrelle s. s. *makerel.*

maculacion s. lat. *maculatio*, neue. *maculation.* Befleckung, Flecken.

If he be gylty, sum *maculacion* Pleyn in his face xal shewe it owth. COV. MYST. p. 138.

maculate adj. lat. p. p. *maculatus*, sp. pg. *maculado*, neue. *maculate.* befleckt, besudelt.

Departe thou thenne fro this londe *maculate* and full of fylthe and ordure. CAXTON'S ENEYDOS 1490. p. 20.

maculate v. vom lat. *maculare*, neue. *maculate.* beflecken, besudeln.

For the deth & hir innocente blood whiche *maculate[d] & bysprange all theym that stode by, she extyrped all thynges ainystre. CAXTON'S ENEYDOS p. 35.

macule s. fr. *macule*, lat. sp. pg. it. *macula*, neue. *macule.* Flecken, Makel.

The throte quyeke and without spotte or *macule* CAXTON'S ENEYDOS p. 113.

mace, mase s. afr. *mace, mache, masse*, pr. *massa, maça*, sp. pg. *maza*, it. *mazza*, mlat. *massa*, nach DIEZ von dem für das lat. Diminutiv *mateola* voraussusetsenden *matea*, wie *place* von *platea*, neue. *mace.* Keule, Kolben.

Þo heo were þorjout ymengd with swerdes & with *mace*, Myd axe & mid aules, so muche folk in þat place Me slow. R. OF GL. p. 48. Þe jeant, þo he sey hym come, bygan ys *mace* adrawe, þat tueye stalwarde men ne ssolde nojt enes wawe. p. 207. The tothre they alewe to deth harde, With fuyr brennyng and with sword, With ax, and *mace*, and speris ord. ALIS. 1899. A *mace* he gan vp lift. ARTH. A. MERL. 8978. They opened the cheste, and fonde right nought

But a passyng grete sergeantes *mace*. OCCLEVE Reg. Princ. 622. A *mace*, claua, manipulus. CATH. ANGL. p. 224. *Mace* of a seriawnt, sceptrum, claua. PR. P. p. 319. *Mace* for a sergiant, masse, mace. PALSGR. — Wiþ launces, *maces*, & gisarmes .. þe heþen smiten ous. ARTH. A. MERL. 8794.

Hys *mass* he toke in hys honde tho, That was made of yoten bras. RICH. C. DE L. 370. Hec clava, *mass*. WR. VOC. p. 195. A *mass*. p. 263. auffällig: A *mass*. p. 237. A *mass*, clava. CATH. ANGL. p. 229.

mace s. it. *mace*, afr. nfr. *macis*, sp. *macis*, *macias*, pg. *macis*, etwa vom lat. *macis*, dem Namen eines Gewürzes; das alte. *mace, macys* entspricht nicht der afr. Singularform, scheint vielmehr überall die Mehrzahl von *mace* zu sein; neue. *mace.* Muskatblüthe, der zerschlitzte safrangelbe Samenmantel, welcher die Muskatnuss umgiebt, ein beliebtes Gewürz, auch als Heilmittel verwendet.

Theo gilofre, quybibe and *mace*, Gynger, comyn gaven odour grace. ALIS. 6796. Hec masia, a *mace*. PR. P. p. 227. *Mace*, macia, species est. CATH. ANGL. p. 224. *Mace*, spyce, mace, PALSGR. — *Macys*, spyce, macie in plur. PR. P. p. 319. Þe siouns beþ al sedewale, Trie *maces* beþ þe flure. COK. 74. Take canel, clowes, *maces*. TWO COOK. B. p. 6. Caste þerto sugre, safroun & salt, *maces*, gelofres, an galyngale. p. 15. Do þerto pouder gynger, canelle, *maces*, quybibes. p. 46. Caste þerto pouder pepyr, canel, clowys, an *macys*. p. 8. Fors hit with clowes or *macys* gode. LIB. C. C. p. 13.

macer s. mlat. *masserius*, qui massam seu clavam fert, afr. *massier*, it. *mazziere*, sp. *macero*, pg. *maceiro*, sch. *macer*, *masser*, *masar*, neue. *macer.* Stabträger, Büttel.

Meires and *maceres*, that menes ben bitwene þe kyng and þe comune, to kepe þe lawes, To punyschen on pillories and pynynge stoles. P. PL. Text B. pass. III. 76.

mache s. par, conjux s. *macche.*

machun s. lapicida, cæmentarius s. *mason, masoun.*

mad, maad, made, madd, madde, med, medd, medde adj. ags. *ge-mæd*, amens, *ge-maad*, vecors [OLDEST ENGL. TEXTS ed. *Sweet* p. 105], alts. *ge-méd*, ahd. *gi-meit*, gth. *ga-maids*, debilis, neue. *mad.* wahnwitsig, ausser sich, thöricht.

I tholode the, and dude as *mad*, To be maister, and I thi slave. BODY A. S. 199. With longing y am lad, On molde y waxe *mad*, A maide marreth me. LYR. P. p. 29. Sone sche bicom al *mad*, And wex boþe pale and grene. GREGORLEG. 751. For angel sight þai fell dun *mad*. CURS. MUNDI 11723 COTT. Me þynk þe put in a *mad* porpose. ALLIT. P. 1, 267. Þow Medea so *mad*, what myndes had þou þen? DESTR. OF TROY 736. — Ther he satte yn hys sete, *Maad* as he were. LYB. DISC. 2000. — He ferde as man that were *made*. SEVEN SAG. 2091. — Maria, quarfor es þou *madd*? Es þe na nede to be radd. CURS. MUNDI 10851 COTT. Quarfor in mode he wex al *madd*; þe angel bad

21*

him be noght radd. 10957 COTT. Fel auntour
that he was sa gladde, That Satenas mad him
ful *madde*, And gert him dedeli sinne Wit a
womman. METR. HOMIL. p. 53. He .. did him
forthe als he war *madde*, For riht repentans mad
him radde. *ib.* p. 92. Þenne þe burde byhynde
þe dor for busmar laȝed, & sayde sothly to hir
self Sare þe *madde:* May þou traw etc.? ALLIT.
P. 2, 653. *Madde* men and maydenes þat help-
lees were, Allc þise lakken inwitte, and lore
bihoueth. P. PL. *Text B.* pass. IX. 69.

Al þa þat in þat farcost ferd Ware *med*
[medd COTT.] quen þai him [sc. þe angel] sau
and herd. CURS. MUNDI 24885 EDINB. To þam
he moght tell na thiþand, Ne seruis do, swa
was he *medd* [medde GÖTT.]. 10994 COTT.
Quarfor in mode þou art sua *medd*? Bi þou
ful traist, haf na drednes. 11160 COTT. The
bischop for, als he war *medde*. METR. HOMIL.
p. 92.

madame s. vgl. *dame.*

1. ehrende Anrede einer Frau.

O *madame*, he saide, Olimpias, A heyh-
maister in Egipte Y was. ALIS. 269. Mid how
mony knyȝtes ys he come? .. *Madame*, bute mid
o mon. R. OF GL. p. 35. It is ful fair to ben
yclept *madame*, And gon to . . 'lies al byfore.
CH. *C. T.* 376. Mit folgen^{dem} Eigennamen:
She was cleped *madame* Eglentyne. 121.

2. Anrede der Mutter.

Þo bispac Wawain curteys: *Madame*, pur-
vaieþ ous harnais. ARTH. A. MERL. 4643. Allas,
madame, it is me schond, þat y no com in non
werre. 7646.

madden v. ags. *ge-mædan*, infatuare, gth.
maidjan, deformare, adulterare, altn. *meiða*,
lædere, sauciare, neue. *mad.*

1. tr. toll machen, bethören, verwirren.

Marre oþer *madde*, morne & mythe, Al lys
in him to diȝt & deme. ALLIT. P. 1, 359.
That *maddid* thi men, as thei nede muste,
Ffor wo they ne wuste to whom ffor to pleyne.
DEP. OF R. II. p. 6. So wyntris wedir hem
wesshe with the snowis, With many derke
mystis that *maddid* her eyne. p. 12.

Long tyme he hadde *maddid* hem with his
witche craftis. WYCL. DEEDS 8, 11 Purv.

2. intr. wahnwitzig sein, rasen.

Maldyn, or dotyn, desipio; *maddyn*, or
waxyn woode, insanio. PR. P. p. 319. But for
none hate he to the Grekes hadde, Ne also for
the rescous of the town, Ne made him thus in
armes for to *madde*. CH. *Tr. a. Cr.* 1, 477.

Al most I *madde* in mynde To sen hough
this Minoures Many men bygyleth. P. PL.
Creed 558. I *madde*, I waxe or become mad, je
enraige. PALSGR. Thei seiden to hir: Thou
maddist. WYCL. DEEDS 12, 15 Oxf. Purv. He
hath a deuel, and *maddith*. JOHN 10, 20. conj.
That knowest thou wel thy self, but if thou
madde. CH. *C. T.* 3158. Hit is no feriy, þaȝ a
fole *madde*, & þurȝ wyles of wymmen be wonen
to sorȝe. GAW. 2414.

madderen v. rubia tingere s. hinter *mader* s.

madding s. Wahnsinn, Thorheit.

Delyt me drof in yȝe & ere, My manes mynde
to *maddyng* malte. ALLIT. P. 1, 52. Slike a
nekard as þi selfe, a noȝt of all othire, Is bot a
madding to mell with mare þan him selfen.
WARS OF ALEX. 1742 Ashm. Again driȝtin of
vndedlynes quat may þi dede vaile? *Madding*
marrid has þi mode, & þi mynd changid. 3546.

maddir s. rubia s. *mader.*

madeflen v. fr. *madifler*, lat. gleichs. *made-*
ficare von *madefacere*, neue. *madefy.* benetzen.

Her seede yf me reclyne In baume, or nard,
.. Or *madeſe* it so in oil lauryne, Let drie hem
sows. PALLAD. 4, 142.

madem s. thesaurus s. *maðem.*

mader, madir, maddir s. ags. *mædere* vgl.
feld-mædere, ros marinum. (WR. VOC. p. 68),
altn. *maðra*, galium, vgl. niederl. *meede, mee,*
meekrap, neue. *madder.* Färberröthe,
Krapp, rubia tinctorum.

Euerych a cart ylade wt *mader* þat comeþ
to selle. ENGL. GILDS p. 358. Hec scandur,
madyr. WR. VOC. p. 191. Hec ffallax, *madyr.*
p. 265. *Madyr*, herbe, sandix. PR. P. p. 319.
Madyr, coccus, rubea, sandix. CATH. ANGL.
p. 224. Hec sandax, *maddyre.* WR. VOC. p. 225.

Das davon abgeleitete Zeitwort mit
verdoppeltem *d*: **madderen**, mit Krapp
färben, führt PALSGRAVE an: I *madder*
clothe to be dyed, je garence. Your vyolet
hath nat his full dye, but he his *maddered*,
vostre violet na pas son dernier taynct,
mays il est desja garencé.

madhed s. Wahnsinn, Thorheit.

Wharfore þe nedeth to be wys, .. Lest
þow do oȝt on madhede. MYRC *Instructions* 1655.

madin s. virgo s. *maȝden.*

madir s. rubia s. *mader.*

madliche, medliche adv. neue. *madly.*
wahnsinniger, thörichter Weise.

Hwi motes tu so *madliche*? LEG. ST. KATH.
2114. Hwi motes tu so *medliche*? LIFE OF ST.
KATH. 2083 ed. Einenkel.

madm s. thesaurus s. *maðem.*

madschipe, medschipe s. Wahnsinn,
Thorheit.

Ne nis na þing, hwer þurh monnes muchele
madschipe wraððeð him wið mare. LEG. ST.
KATH. 236. Hwat is mare *madschipe*? 327. Ha
is hardre iheorted þen adamantines stan, &
mare amad, ȝif ha mei beo, þen is *madschipe*
self. HALI MEID. p. 37. Hwet *medschipe* makeþ
þe, þu bittre balefulle beast, to weorrin him þ
wrahte þe & alle worldliche þing? LIFE OF ST.
KATH. 2037 Einenkel. Muchel *medschipe* hit is
.. don wel & wilnen word þerof. ANCR. R. p. 148.

mæche s. ensis, gladius s. *meche.*

mæj, mæi, mel, mai s. m. ags. *mæg, mėg,*
cognatus, propinquus, consanguineus, alts. ahd.
mâg, mhd. *mâc* g. *mâges*, afries. *méch* pl. *mégen,*
altn. *mâgr*, altschw. *magher*, schw. *mâg*, dän.
maag, gth. *mêgs*, gener. Verwandter,
Blutsfreund, Mage.

Ne bie þe leuere þan þe [þi?] self ne þi
mæi ne þi mowe. OEH. II. 221. Þa ihurde

Cunedagius þat Morgan is *mei* ferde þus. LAȝ.
I. 163. Herigal was þes kinges *mei*. I. 347.
He wes Arðures *mei*. II. 426. Ich wulle to
Rome, & mi wunliche lond bitæche Walwæine
mine *mæie*. III. 126. — Ne beo þe leure þan þi
self þi *mei* ne þi moȝe. OEH. p. 289 cf. 161.
Nalde hit *mei* do for *mei*, ne suster for broðer.
p. 171. Nu is afered of þe þi *mei* [*mey* p. 179]
and þi mowe. O.E.MISCELL. p. 178. REL. S.
p. 76. Nolde it mouwe don for *mey*, ne suster
for broþer. OEH. p. 293. — Nolde hit moȝe
don for *mai*, ne suster [for] broðer. II. 225.

Heo beoð togadere icumene, kuðiea *mæȝes*.
LAȝ. I. 20. Swa we sculden bileauen leouie
mæȝes. I. 45. — We habbeoð . . at Lincolne bi-
læued leofe ure *meies*. II. 450. Lauerd Arður,
buh raðe into þine bure, and þi quene mid þe,
& þene [þine j. T.] *meies* cuðe. II. 534. — Þo
delden þe *meies* þis lond ȝam bitwine. I. 161
j. T. Hauest ouergan þi feder ant ti moder,
meies ba ant mehen. ST. MARHER. p. 16. Alle
we beþ *meiis* and mowe, and of one foule erþe
sowe. E.E.P. p. 17. Þat folk com togadere,
cuþþie *meyes*. LAȝ. I. 37 j. T.

mæht s. potestas, **mæhti** adj. potens s. *maht*,
mahtiȝ.

mæiden, mæid s. virgo s. *maȝden*, *maȝd*.

mæin s. vis, potestas s. *main*, *mein*.

mæinen v. in animo habere, dicere s. *mænen*.

mæl, mel, meal s. ags. *mæl*, prandium, mhd.
mâl, afries. *mêl*, *mdl*, niederl. *maal*, gth. *mêl*,
χρόνος, καιρός, altn. *mâl*, *mæl*, *mêl*, schw. *mål*,
dän. *maal*, neue. *meal*. Mahl, Mahlzeit,
Speise.

Ælche dæie on a *mæl* ure mete trukeð.
LAȝ. II. 402. — Ðeth foremeste is riht medeme
mel. OEH. II. 13. To hire þ men held ȝet, as
te keiser het, bute mete & *mel* i þe cwarterne.
LEG. ST. KATH. 1837. Ðor ghe gan fremen
Ysmael Wið watres drinc and bredes *mel*. G. A.
Ex. 1245. Þe fader luuede Esau wel for firme
birðe & swete *mel*. 1483. Issote he was, that
he ne et neuer eft a god *mel*. R. OF GL. p. 491.
Thertore me sixth meni men maki here faste To
leve flesch thane Tuesdai, other to o *mel* faste.
BEK. 2504. Herewith . . ȝe mouwen habbe wel
manie guode *mel*, And also muche lond eou bugge
aȝein. ST. JOHN 266. Horstm. p. 410. He wule
festen, and eaten et ane *mele* swa muchel swa
et twam. OEH. p. 31. Bitwconen *mele* ne
gruselie ȝe nout nouðer frut ne oðerhwat. ANCR.
R. p. 428. Whon men beoþ muriest at heor
mele. E. E. P. p. 133. He wole þe lymemele
Todrawe and uorsuolwe at one *mele*. R. OF GL.
p. 206. Þo it was time of *mele*, hyy wenden to
heore mete. MAGDAL. 252 Horstm. p. 469.
Pacience . . Crauede and criede, for Cristes loue
of heuene, A *meles* mete for a poure man. P. PL.
Text C. pass. XVI. 33–6. Für *mel* findet man
im Nom. u. Akk. S. *meel* und *mele*: Ful sooty
was hire bour, and eke hire halle, In which
she eet ful many a sclender *meel* [*mele* 14838
Tyrwh.]. CH. *C. T.* I. C. 12 Morris Clar. Pr.
Meel of mete, commestio, pastus. PR. P. p. 331.

Hic repastus, *mele*. WR. VOC. p. 266. Syth
that they hadde ony goode *mele*. FOURE SONNES
OF AYMON p. 124. Vgl. *Meele*, coena. MANIP.
VOC. p. 59 (a. 1570). Selten findet sich in älterer
Zeit *meal*, wie in: of mistune *meal*. ANCR. R.
p. 262 *T*.

Þiss hæfedd mahte doþ þe wel . . To shun-
enn derewurþþe shrud & derewurrþe *mæless*.
ORM 4956–9. — Þa isceadwise mon scal kepan
his *meles*. OEH. p. 105. Þe chief halle, þat
was made for *meles*, men to eten inne. P. PL.
Text B. pass. X. 98. Eche frend fedeþ oþer,
and fondeþ how he may quite *Meles* and manshupes. *C*. pass. XIII. 103. Mayntenaunce
many day . . Hath yhad mo men at mete and at
melis Than ony cristen Kynge. DEP. OF R. II.
p. 25. Neore merci in mene men more þen in
riche, Wiþ mony defauti *meeles* mihte þei go to
bedde. P. PL. *Text A*. pass. XI. 51.

Zusammensetzungen sind: **meltid** s.
altn. *mâltîd*, schw. *måltid*, dän. *maaltid*,
niederl. *maaltijd*, niederd. *mâltîd*. Esszeit,
Mahlzeit.

Þet foremeste is riht medeme mel, þe
man þe hit meðeð riht . . haueð riht *meltid*.
OEH. II. 13. The morwen com, and neighen
gan the tyme Of *meeletide*. CH. *Tr. a. Cr.* 2,
1555.

meltima s. ags. *mæltima*, cœnæ tempus,
neue. *mealtime*. Esszeit.

He scal . . er *meltiman* metes ne arinan.
OEH. p. 115. — Prestis þat precheth þe
poeple to gode, asken mede, And massepans,
and here mete at þe *meletymes*. P. PL. *Text
B*. pass. III. 222.

mælen, mealen, melen v. ags. *mælan*, loqui,
altn. altschw. *mæla*, dän. *mæle*, ahd. *mahalen*,
alts. *mahaljan*, mhd. *mahelen*, *mehelen*. sprechen, reden.

Off all þatt tatt he wile don, & tatt he wile
mælenn. ORM 2918. Hemm alle beþ onn domess-
daȝȝ Binumenn muþ & spæche, þatt wise, þatt
næfr an off hemm Ne shall þær muþenn *mælenn*
ȝæn Crist. 7298. He toc forrþrihht anan To
mælenn wiþþ þe Laferrd. 16620. — Nan eorðlich
ehe ne mai hit seon, ich segge, ne nan eorðlich
eare hercnen ne heren, ne heorte þenchen of
mon, & hure, *meale* wið muð. LEG. ST. KATH.
1732. — Þe quen & here consail . . gonne
to *mele* of þat mater how it best miȝt bene.
WILL. 4007–9. His fader . . suilk a propheci
can *mele*. CURS. MUNDI 11096. Þat fule folk
na muth may *mele* O þair numbre. *ib*. 22333
COTT. rell. He bicom so confoundet, he couþe
not *mele*. P. PL. *Text A*. pass. XI. 93. Þen
muryly efte con he *mele*, þe mon in þe grene.
GAW. 2295. Þerof I am ful bliþe, Ne more þer
of to *mele* with mouþe. LAY FOLKS MASS B.
p. 146.

Hu shule ȝe me trowwenn wel, ȝiff þatt iss þatt
I *mæle* Till ȝuw off hefennlike þing? ORM 16694.
Whatt falleþþ þiss till me wiþþ þe, Wifmann,
þiss þatt tu *mælesst*? 14338. Þatt folli þatt . .
mæleþþ wiþþ þe Laferrd Crist & herrcneþþ
whatt he *mæleþþ*. 16908–19. Elysabeþþ, þatt

we nu *mælenn* ummbe. 303. vgl. 6301. 7453.
9984 etc. — Nawt nis hit monlich mot þ ha
mealeð. LEG. ST. KATH. 1324. — What man
so ich mete wiþ or *mele* wiþ speche. WILL. 121.
Tatz to non ille, ȝif I *mele* a lyttel more, þat mul
am & askez. ALLIT. P. 2,735. My wit mai not
leeue, þat þou ne *melest* wonderli & most aȝeyn
kuynde. JOSEPH 105. He *melez* to his eme.
GAW. 543. As Mathew *melez* in your messe.
ALLIT. P. 1, 496. Sum angels wit him deles,
To lede his wordes þat he *meles*. CURS. MUNDI
12249. What *mele* ȝe nouþe? WILL. 1342.
Pauȝ þei þe of manas *melen* and þe þreten, beo
þou nothing adred. JOSEPH 46.

Hwils þeos eadi meiden motede & *mealde*
þus .. þ an modieste of ham þ *mealde* toȝain hire
ward swa awundred etc. LEG. ST. KATH. 1244.
— Then more I *meled* & sayde apert. ALLIT. P.
1, 588. Mekli þe quen þan to hire douȝter *meled*.
WILL. 5204. Hit [sc. þe hede] lyfte vp þe yȝe-
lyddes, & loked ful brode, & *meled* þus much
with his muthe. GAW. 446. I herde on a haliday
at a hyȝe masse, How Mathew *melede*. ALLIT.
P. 3, 9. Boþe þe þrusch & þe þrustele, bi
XXXti of boþe, *Meleden* ful merye in maner of
here kinde. WILL. 820. Þus þay *meled* of much
quat. GAW. 1280.

[**mæne**] vgl. ȝemæne, imæne; **meane, mene,**
meine adj. afries. *mene*, communis, sch. *mein,*
mene, neue. *mean*.

1. **gemein, gemeinsam:** Sei us nu
hwuch blisse is to alle iliche *meane*. OEH.
p. 261. Þa ilke þinges þat he hat .. þeo beon
to alle men oliue iliche *meane*. HALI MEID.
p. 19. — Al þat hie bi [lib]ben, hie hauen bi
here [sc. þe underlinges] *mene* swinche. OEH.
II. 179. Þe maysterry watz *mene*, þe men wern
away. ALLIT. P. 2, 1241.

2. **gemein, niedrig, gering,** von
Personen und Sachen: Þe *mene* folk, comonly
gode men & wise, Com to his mercy. LANGT.
p. 168. God ches oþur chef kinguus, þat scholde
maistrus be maad ouur *mene* peple. ALEX. A.
DINDIM. 107. Þese men doþ most harme to þe
mene puple. P. PL. *Text C.* pass. IV. 81. A
mene kniȝtes douȝter. TREVISA III. 257. Of alle
maner of men, þe *mene* and þe riche. P. PL.
Text A u. *B.* prol. 18. Ne were mercy in *mene*
men, more þan in riche Mendinantz meteles
miȝte go to bedde. *Text B.* pass. X. 64. Al be
Þe metire [i. e. metre] bot *mene*, þus mekill
haue I ioyned. WARS OF ALEX. 3464. Lete
hem ete with hogges, Or elles benes and bren
ybaken togideres, Or elles melke and *mene* ale.
P. PL. *Text B.* pass. VI. 183. Swa son brinnes
noght þa *mene* synnes. HAMP. 3192.

Kompar. Alle myȝtest þow haue made,
none *mener* þan other, And yliche witty & wyse,
if þe wel hadde lyked. P. PL. *Text B.* pass.
XIV. 166. Take black sugur for *mener* menne.
LIB. C. C. p. 7. Þen murned all þe Masydons .. Made grett mone for þis man & mony
oþer noble, For maisters & ministers, *meyner* &
gretter. WARS OF ALEX. 1265 Dubl. *menere* &
grettir. Ashm.

mæne, meane, mene s. ahd. *gimeini*, mhd.
gemeine, gth. *gamainei*, participatio. s. ȝemana,
mane und vgl. *man*. Gemeinschaft.

Nan ne sholdde filedd ben þurrh hæþenn
macchess *mæne*. ORM 1947. cf. 2448. 3087. Þatt
nass næfrær wurrþenn, þatt aniȝ wimmann bære
child Wiþþutenn weres *mæne*. 2272. Nohht of
blod, noff flæshes lusst, Noff wereas *mæne*
strenedd. 19183. — Þi flesch nam of hire flesch
wiðuten *meane* of wepmon. OEH. p. 275. — God
self him [sc. Enoch] toch fro mannes *mene* in to
ðat stede ðat Adam forles. G. A. EX. 500.

mænlik, menelich adj. ags. *gemænlic*,
ahd. *kemeinlih*, mhd. *gemeinlich*. gemeinsam, allen gemein.

All wass *mænelike* þing Whatt littless se
þeȝȝ haffdenn. ORM 2503. — Ich ileve .. in
Iheȝu Crist, oure *meneliche* loverd. REL. ANT.
I. 282.

mænen, meanen, menen v. ags. *mænan*,
alts. *mênian*, ahd. *meinjan, meinan*, mhd. *mei-*
nen, afries. *mêna*, niederl. *meenen*, niederd.
mênen, altn. *meina*, schw. *mena*, dän. *mene*, sch.
mene, mean, meen, neue. *mean*.

1. **meinen, im Sinne haben.**
Me were muchele dole leouere, þet ich
iseie ou alle þreo .. hongen on a gibet uorte
wiðbuwen sunne, þen ich iseie on of ou ȝiuen
enne elpi cos to eni mon on eorðe, so ase ich
mene. ANCR. R. p. 116. Þe mikle, i *mene* ðe
stedefast i rigte leue. BEST. 549. I *mene* nought
the goddes Dyane, But Peneus doughter. CH.
C. T. 2065. Thou with thi garlond, wrought
with rose and lylye, The *mene* I, mayde and
martir, Cecilie. 11955. I se what þow *menest*.
P. PL. *Text B.* pass. XIII. 211. Ne *menist* thou
nat Urban? CH. C. T. 12237. Her we seien
eow of þese derke wedes wat þe holie apostle
meneð þo he nemnede niht. OEH. II. 11.

Heo nuste hwat he[o] *mende*, heo wes of
wytte poure. O. E. MISCELL. p. 85. Oþerwise
wold sche nouȝt wissen here ladi, bi what maner
[s]che *ment*. WILL. 640.

Þanne wolde þe coluer come to þe clerkes
ere, *Menynge* [in der Meinung] as after meet.
P. PL. *Text B.* pass. XV. 396.

2. **gedenken, beabsichtigen, vor-**
haben.
I wote she *meneth* riden prively. CH. *Tr.*
a. Cr. 5, 1150.

Pan alon sche left þer inne, Non wist what
sche *ment*. GREGORLEG. 741.

It were a botles bale, but beter haue i *ment*.
WILL. 1819.

3. **gesinnt sein, wohl oder übel**
wollen.
Besechynge hym .. that he Wolden in honour
of treuthe and gentilnesse, As I wel *mene*, ek
menen wele to me. CH. *Tr. a. Cr.* 3, 113-5.
Take hede therof, for I non evel *mene*. *ib.* 2, 581.

4. **meinen, bedeuten, zu bedeuten**
haben.
Vch mon had meruayle quat hit *mene* myȝt.
GAW. 233. We wate neuer what euil es to *mene*.
HOLY ROOD p. 63. Pre wordes hatz þou spoken
.. þou ne woste in worlde quat on dotz *mene*.

ALLIT. P. 1, 291-3. What is þis to *mene*? P. PL.
Text B. pass. I. 11. What may it be to *mene.*
ib. 60. þe culorum of þis clause curatoures is
to *mene.* pass. X. 409.

Þatt tatt te Goddspell *meneþþ.* ORM *Ded.*
34. Swa þatt teȝȝ muþhenn ahæwenn ȝuw All
whatt itt [sc. þe boc] seȝȝþ & *meneþþ.* ORM 5502.
My fader and my frendes founden me to scole,
Tyl ich wiste wyterliche what holy wryt *menode.*
P. PL. *Text C*. pass. VI. 36. In al that lond
magicien was noon That coude expoune what
this lettre *mente.* CH. *C. T.* II. B. 3397 Skeat
Clar. Pr.

5. **sagen.**

Wel ȝe hit muȝen imunen þat ich wulle
mænen. LAȝ. II. 259. Þe king, as þe þ was
fordrenct i þe deoules puisun nuste hwat
meanen. LEG. ST. KATH. 2343. William . .
made him menskful messageres, to *mene* þe
soþe. WILL. 4807. Inouh hit is to siggen so þet
þe schriftfeder witterliche understonde hwat tu
wulle *menen.* ANCR. R. p. 316.

Fyrst telle me þe tyxte of þe tede (?) lettres,
& syþen þe mater of þe mode *mene* me þer after.
ALLIT. P. 2, 1684.

With mouthe als I ȝow *mene.* ROM. OF
DUKE ROWLANDE etc. 1107. Si tibi sit copia,
habundanter tribue . . Who so hath moche, spene
manliche, so *meneth* Thobie. P. PL. *Text B*. pass.
X. 86.

6. **gedenken.**

Loverd, . . ne *mene* [memineris] þou noght
of my freyle unknawynges of thoght. HAMP. 5740.

Sumdele I *mene Of* þinges þat here bifore
has bene. HOLY ROOD p. 92.

I wol minge of a mater i *mennede of* bifore.
WILL. 1925.

mænen, meanen, menen v. ags. *mænan,*
conqueri, lugere, altnorthumbr. *mæna,* dolere,
lugere, eiulare, sch. *mene, meyne, meane,* in
gleicher Bedeutung. Wenngleich das Zeitwort
mit dem voranstehenden in der Form übereinstimmend auftritt, wie auch die Nebenformen
manen, monen (s. weiterhin) beiden Zeitwörtern,
wenn auch meist dem *mænen* etc., lugere, entsprechen, so liegt doch die Begriffssphäre der
Meinung und Gesinnung von der der
Klage weit genug entfernt, um eine Trennung
der Verba zu rechtfertigen. Die Zurückführung
unseres Zeitworts auf altn. *mein* (ags. *mdn*),
impedimentum, noxa, malum, nach BIÖRN HALDORSEN auch dolor, mag von englischen Gelehrten nicht mit Unrecht angenommen sein.

1. intr. **klagen.**

Þa wolde he . . wenke to Rome and *menen*
to Gregorie. LAȝ. III. 187. Heo mei weopen &
menen mide þe salmwuruhte. ANCR. R. p. 274.
Ȝif ich heuede gult þerof, ich nolde neuer *menen.*
p. 284. Nusten hii to wam *mene.* LAȝ. II. 39
j. T. Betre is make forewardes faste, then afterward to *mene* ant mynne. LYR. P. p. 37. Moni
proud Scot þer of *mene* may. POL. S. p. 213.
Wan þe Amerel þat cas yseȝ, sorwe ȝeode ys
heste neȝ, To Mahoun he gan to *mene.* FERUMBR.
5567. Mody *meneth,* so don mo, Ichot ycham
on of tho, for love that likes ille. LYR. P. p. 44.

He . . *mænde* to . . þan kinge of Æst Angle.
LAȝ. III. 195. Þe ueond is affuruht and offered
of swuche; and forði þet Job was swuch, he
mende of him. ANCR. R. p. 362. While Meliors
in here maner *mened* to hire selue, Alysaundrine
anon attlede alle here þouȝtes. WILL. 940. Hit
stode as stylle a stone; Hyt *menet,* hit musut,
hyt marret. ANT. OF ARTH. st. 9.

2. tr. **klagen, beklagen,** eine Person
oder Sache.

Sende ich wulle to þon kæisere, & græten
Julius Cesar, & *mænen* to him *mi ser.* LAȝ. I.
354. He [sc. þe lauerd] scal beon swa iweorht
þet him mon mote wiðspeken, and *his neode
menan.* OEH. p. 111. Heo *hit* bigan to *mainen*
[*menen* j. T.] to Maglaune hire louerde. LAȝ. I.
139. Dahin gehört auch: Monne mest y am to
mene. LYR. P. p. 49.

To þe ich *mæne mi sær.* LAȝ. I. 354. Gif
þu me dest woh . . ic *hit mene* to mine lauerde.
OEH. p. 33. Þu . . *menest* to him *þine fele nede,*
and biddest þat he hem alle bete. II. 25. Bifore
he *þe meneþ,* byhynde he þe teleþ. O. E. MISCELL. p. 116.

Swiðe heo *hit mænde* to alle monnen. LAȝ.
I. 103. Ȝif heo edmodliche *mened hire neode.*
ANCR. R. p. 224. Edward sore *it ment,* whan
he wist þat tirpeil. LANGT. p. 255. Alle þe þer
weren, weopmen ba ant wummen, of reowðe
menden þis meiden. ST. MARHER. p. 6. Heo . .
sære menden heore wines þe adrunken weoren.
LAȝ. I. 336. Heo *menden heore lif.* II. 141.

Oðer is þat we agen, *ure synnes menende,*
to shewen hem þe preste, and bi his wissingge
beten hem syððen. OEH. II. 65.

Whan hit was wist in Rome, þat William
was sek, mochel *was he mened* of more & of
lasse. WILL. 1489.

3. refl. **sich beklagen, wehklagen.**

He ne mihte nanes wise *mænen him* of
wohe. LEG. ST. KATH. 1242. Þe dom scal sone
bon idon, ne lest he nawiht longe; ne scal *him*
OEH. p. 169. vgl. p. 293. II. 225. Vnto god he
gan *him mene.* HOLY ROOD p. 78. To whom
miȝt i *me mene,* amendis of him to haue? WILL.
493. Till Mark he gan *him mene.* TRIST. 2, 2.

Men þe to halie chirche, þet is, to þan
preoste and to þan folke. OEH. p. 17. *Meneð*
ou to his earen. ANCR. R. p. 98.

Ure Louerd, i Johel, *meneð him* swuðe of
þeo þet forleoseð & aspilleð al hore god þuruh
wilnunge of hereword. ANCR. R. p. 148. Of
stronge tentacium . . Job *meneð him.* p. 220.

Po he seide „sicio" ant *mende him* ase of
þurst. ANCR. R. p. 114. Penne mornede Meede,
and *menede hire* to þe king. P. PL. *Text A.*
pass. III. 163. Heo *menden heom* to Pendan.
LAȝ. III. 265. Þus þis folke *hem mened.* P. PL.
Text B. pass. VI. 2.

Thanne mornede Mede, *menyng hure* to þe
kynge. P. PL. *Text C*. pass. IV. 216.

Whanne i *hade* al *me mened,* no more nold
he seie but „certeinly, sweto damisele, þat me
sore rewes." WILL. 561.

mængen v. s. *mengen.*

mær, mer, meer s. ags. *ge-mære*, finis, confinium, altnorthumbr. *mære* neben *gemære* [vgl. Hᵧo bæden þ he of hire *mæren* sore. MARK 5, 17 ed. *Skeat*], altn. *mæri* in *landamæri*, limes regni, sch. *mere*, neue. *meer, mere.*

1. Gränze überhaupt, sowohl Rain, Feldgränze als Landesgränze, selbst, wie lat. fines, das umgränste Gebiet.

Locrines *mær* [*mer* j. T.] eode suð & east forð. LAȝ. I. 90. *Meer*, marke betwene ij. londys, meta, meria, limes, interfinium. PR. P. p. 333. Till he was meten to þe *meere* quare he þe monte entird. WARS OF ALEX. 5058. Þen he wendeþ his way wepande for care, Towarde þe *mere* of Mambre. ALLIT. P. 2, 777. He taught us hom tylle our halle A wey by another *mere.* COV. MYST. p. 171. Hisbody was beryed rygh[t] by this *mere.* p. 355.

Ask of me, and I to þe sal Give . . þine aght *meres* of land [terminos terræ]. Ps. 2, 8. Þou made al *meres* of erthe. 73, 17. Þilke men distingeþ nouȝt, noþer to sette feeldes by boundes, noþer by *meres.* TREVISA I. 137. Þe *meres* and þe *merkes.* V. 265. vgl. sch. The marchis and *meris* betwix the said lands. JAMIESON *Supplem.* v. *mere*, a march, a boundary. II. 115.

2. auf die Zeit bezogen, Lebensgränze, Ende.

So maideux, quod þe mone-tree, þi *meere* bees na langir Bot out þis anlepi ȝere & aftir viij monethis. WARS OF ALEX. 5024.

Als Zusammensetzung ist anzusehen: **merestane, meirestane** s. Gränzstein. A *merestane*, bifinium, cippus, meres. CATH. ANGL. p. 235. A *meyrestane*, bifinium [interfinium *A.*], limes. p. 252.

merke s. nota, **merken** v. notare, **merkung** s. notatio s. *marke, marken.*

mære, meare, mere, mare adj. ags. *mære, mére*, alts. *mâri*, ahd. *mâri, mâre*, mhd. *mære*, altn. *mærr.* glänzend, hehr, trefflich, berühmt, von Personen, wie von Sachen gebraucht.

Patt child . . Shall ben biforenn Drihhtin Godd Full mahhtiȝ mann & *mære.* ORM. 804. To feahten *he* wes *mære.* LAȝ. I. 174. *Æscil* þe *mære* he send to þan hæxten of Arðures bireden. II. 557. Swa Merlin sæide þe *witeȝe* wes *mære.* III. 137. Moni mæidechild wes þere mid *mære* þere quene. II. 608. Scal þin *mære kun* wælden þus londes. I. 53. *Temple* heo funden þar ane imaked of marme stane muchel & *mære.* I. 48 sq. Makian ich wlle on þine nome *mæren* ane *stowe.* I. 51. Iseh he þer bihalues ane *hæuene* swiðe *mære.* II. 192. He lette þar arere ane *Chapel mære.* III. 38 j. T. — Ich habbe his *munekes* þe geode beoð and *mære.* II. 128. Biheold he þa *medewan* þ weoren swiðe *mære.* I. 85. I þære burh weoren twa *munstres* swiðe *mære.* II. 597. Ȝilden he gon rere mucle & swiðe *mære.* III. 287.

Þu . . nome blod & ban i þat *meare* [*mere* p. 62] *meiden.* ST. JULIANA p. 63. — He . . lette makie *beres* riche and swiþe *meare.* LAȝ. III. 112 j. T.

God is so *mere* and swa muchel in his godcunnesse, þat al þat is and al þat wes is wurse þenne he and lesse. OEH. p. 183. cf. II. 232. MOR. ODE 389. The myht of the margarite haveth this *may mere.* LYR. P. p. 26. He hefde muchele strengþe of *meren* his cunne. LAȝ. I. 18. Ma say, quoth þe *mere wyf.* GAW. 1495. A *mere mantyle* watȝ on þat man cast, Of a broun bleeaunt, enbrauded ful ryche. 878. cf. 153. — God hi ȝeworhte to *meren anglen.* OEH. p. 221. In menyng of *manerez mere* þis burne now schal vus bryng. GAW. 924.

Þa þe burh wes imaked, þa wes *he* [*heo* j. T.] swiðe *mare.* LAȝ. l. 86. Ane *burh* he arerde muchele & *mare.* II. 171. — He . . lette makien *beren* [d. i. Bahren] riche and swiðe *maren.* III. 112.

mære compar. s. *mare.*

mære s. mare, palus s. *mere.*

mærȝen s. tempus matutinum s. *morȝen.*

mærliche adv. v. *mære* adj. ausserordentlich, wunderbar.

Þa ferde þe king norður ma, & ane neowe *burh* makede . . *mærliche* feier. LAȝ. I. 113.

messe s. missa s. *messe.*

mæst superl. s. *mare.*

mæst s. sagina s. *mast.*

mæst s. malus navis s. *mast.*

mæte s. cibus s. *mete.*

mæð s. modus, moderatio s. *mеð.*

mafflen v. altniederl. *maffelen*, wohl Nachbildung der Lauthervorbringung des Stammelnden, neue. *maffle.* stammeln, stottern.

He wot nouȝt what he *maffleþ.* TREVISA II. 91.

Somme *mafflid* with the mouth, and nyst what they ment. DEP. OF R. II. p. 29.

mageste s. majestas s. *majeste.*

maght s. potentia s. *maht.*

magique adj. afr. *magique*, pr. *magic*, pg. sp. it. *magico*, neue. *magic.* magisch, zauberisch.

Iason . . Upon Medea made him bolde Of art *magique*, which she couth. GOWER. II. 259. An alter made there was Unto Echates, the goddesse Of art *magique* and the maistresse. II. 262. These quenes were as two goddessen, Of art *magique* sorceresses. III. 49 und öfter in dieser Verbindung, wie lat. ars magica.

magique, magik s. substantivirt, wie afr. *magique*, neue. *magic.* Zauberkunst, Magie.

Thus *Magique* he useth for to winne His love. GOWER III. 46. *Magycke*, a scyence, magicque. PALSGR. He kepte his pacient a ful gret del In houres by his *magik* naturel. CH. C. T. 417. Thurgh his *magik*, for a wike or tweye, It semed that the rokkes were aweye. 11607. He lyeth, it is rather lyk An apparence ymaad by som *magyk*, As iogelours pleyen at thise festes grete. H. F. 217 Skeat Clar. Pr. — Clerkes . . which konne wel Alle this *magikes* naturel. *H. of Fame* 3, 175.

magicien s. afr. *magicien*, neue. *magician.* Zauberer.

To Breteign take thei the righte way, Aurilius, and this *magicien* bisyde. CH. C. T. 11552.—

Magiciens and tregetours. *H. of Fame* 3, 169.
Right as he secheth sorcery Of hem that ben
magiciens. GOWER III. 46.

magma s. lat. *magma*, gr. μάγμα von μάσσω,
neue. *magma*. eig. geknetete, ausgepresste
Masse, Bodensatz, Hefe, Treater.

Tak aloen & murre & *magma* with Saffron,
of iche iliche. PALLAD. 11, 351.

magnal s. s. *mangonel*.

magnanimite s. afr. *magnanimite*, pr. *magna-
nimitat*, pg. *magnanimidade*, sp. *magnanimidad*,
it. *magnanimità*, lat. *magnanimitas*, neue. *mag-
nanimity*. Hochsinn, Edelmuth.

Þe uerste poynte of prowesse hi clepieþ
magnanimite. AYENB. p. 164. *Magnanimite* is
hejnesse, gratnesse and noblesse of wylhede,
huerby þe man is hardi ase lyon, and of greate
niminge. *ib.* Of þe oþre dele zayþ þe filozofe,
þet *magnanimite* is renable niminge of heje
þynge and dreduol. *ib.*

magnete etc. s. lat. *magnes*, gr. μάγνης,
λίθος μαγνήτης, afr. *manete*, it. *magnete*, mhd.
magnes, *magnéte*, niederl. *magneet*, schw. dän.
magnet, neue. *magnet*. Magnet, magnesischer
Stein, von Magnesia, einer Landschaft Thes-
saliens.

Magnete, precyowse stone, magnes. PR. P.
p. 325. *Mangnet*, a precious stone. PALSGR.

magnifique adj. afr. *magnifique*, pr. *magnific*,
pg. sp. it. *magnifico*, lat. *magnificus*, neue.
magnific. herrlich, ansehnlich; prächtig.

This gentylman was . . of grete audacye
and of name *magnyfyque*. CAXTON'S ENEYDOS
p. 25. An assemble *magnyfyque* of metes and
of wynes. p. 60. With diuers of thy kynne
magnifique. ST. WERBURGE p. 202.

magnificence s. afr. *magnificence*, pr. sp. pg.
magnificencia, it. *magnificenza*, lat. *magnificentia*,
neue. *magnificence*. edle Denkungsart,
feste Gesinnung.

Þe uerste poynte of prowesse hi clepieþ
magnanimite . . þe sixt, *magnificence*. AYENB.
p. 164. *Magnificence* is, hi ziggeþ, of heje nyede
yblissede bleuinge. Þise uirtue oure greate filo-
sofe Iesu Crist clepeþ perseuerance, þe huam
þe guode godes knyȝt þoleþ þe kuedes, and ylest
al to þe ende ine þo heje waye of perfeccion þet
he heþ ynome. p. 168. Lady! thy bountee, thy
magnificence, Thy vertu, and thy grete humilitee
Ther may no tonge expresse in no science. CH.
C. T. II. B. 1664 Skeat Clar. Pr.

magnifien v. afr. *magnifier*, pr. sp. pg. *magni-
ficar*, it. lat. *magnificare*, neue. *magnify*.

1. gross machen, vergrössern, im
eigentlichen Sinne: Thei alargen her filateris,
and *magnifie* [magnificant *Vulg.* μεγαλύνουσι]
fimbrias. WYCL. MATTH. 23, 5.

2. erheben, preisen, hochhalten:
Magnyfyen, or make mykyl of thynge yn
preysynge, magnifico. PR. P. p. 325. Þei . .
jeuen lordis and ladies þes awote drynkys for
to *magnyfie* þes sectis, and suffren here owene
breþeren boþe wiþ inne and oute to perische for
þrist and myschef. WYCL. W. hith. unpr. p.14.
For to *magnifie* The worthy princes. GOWER

I. 4. He gan to sike For cloth of golde and of
perrie Which him was wont to *magnifie*. I. 143.
Saiden, that the papacie They wolden honour
and *magnifie*. I. 259.

He *magnifyeth* suche a man as thoughe he
were his God. PALSGR. v. *I magnifye*. These
foresayd myracles and signes celestiall . . *Magnifien* this virgin. ST. WERBURGE 1682-4. Þey
magnifien more newe songe founden of synful
men þan þe gospel. WYCL. W. hith. unpr.
p. 169.

Celestin . . Which notified was by bulle To
holy chirche, and to the fulle In alle londes
magnyfied. GOWER I. 254. Geber therof [sc. of
this art] was *magnified*. II. 89. He mot be more
magnified For dignete of his corone. III. 432.

magnitude s. lat. *magnitudo*, neue. *magnitude*. Grösse, eigentlich und übertragen.

Therefore hit is that poetes enhauncede
temples and ryalle edification for the *magnitude*
and beawte of theyme, and the similacres of
theyme to be honourede as goddes. TREVISA IV.
407 Harl. To fillyng of this potte the fruyte
wol swelle By heruest tyme; and then his *magnitude* By breking of this potte me may disclude.
PALLAD. 6, 82. Stalons best beth cleer in oon
coloured, Alle other lefte, but yf the *magnitude*
Of thaire merite hem that been discloured Excuse. 4, 814.

magot, magat s. später mit verdoppeltem g:
maggotte, doch auch noch **magotte**, woneben
maked und *moght* angeführt wird, scheint das
gleichbedeutende altn. *maðkr*, dän. *maddik*,
madike, niederd. *maddik*, *meddik*, schw. *math*,
mask, sch. *mauk*, *mauch*, *mach*, zu Verwandten
zu haben, wobei die Umkehrung des ðk in kð
zum Theil in Betracht kommt. neue. *maggot*.
Made.

Make, mathe, wyrm yn þe fleshe [or *magot*,
magat], tarmus. PR. P. p. 321. *Maggotte*, uer de
chair. PALSGR. A *magotte*, termes. MANIP. VOC.
[a. 1570] p. 177. Hic tarmus, hic simax, a *maked*.
WR. VOC. p. 255. Hic tramus (= tarmus), a
mowght. p. 223. auch Hic cimex, mawcke. p. 193.

magre, magrey s. *maugre*.

[**maȝ], magh, mau, mog, mehw** s. nordengl.
Dial. *maug*, d. i. brother-in-law, eine nördliche
Nebenform von *maȝ*. s. dasselbe. Verwandter,
Blutsfreund, Mage.

Has þou here . . any man, Sone or doghter,
eme or *maghe*, or any trew frende. CURS. MUNDI
2806 FAIRF. Has þou her . . Sun or doghter,
mik or *mau*. *ib.* COTT. Min *mog*, min neue.
G. A. EX. 1761. Has þu her any man, Son or
dohutir, or ani *mohw*. CURS. MUNDI 2806 GÖTT.

Lothe went and til his *maghes* spac. CURS.
MUNDI 2811 FAIRF. Loth went and til his
maues spak. *ib.* COTT. Loth went and til his
mohwes spac. *ib.* GÖTT.

maȝ, mai, may s. ags. *mæg*, femina, virgo,
vgl. altnorthumbr. *mdg*, nurus [MATTH. 10, 35
ed. *Bouterw.*]. Jungfrau, Mädchen.

Patt clene *maȝ*; þatt shollde ben Allmahhtiȝ
Godess moderr. ORM 2489. Þan most þis *mai*
be clene and bright. CURS. MUNDI 10639 COTT.

This *mai* ran tille hir moder. METR. HOMIL.
p. 39. Thus was this *mai* sain Jones ban. p. 40.
A douʒter he hadde Ourse, a *mai* of noble fame.
11,000 VIRG. 4. Þe king dude vnwisdom, þat
he þat ilke *may* nom. LAʒ. III. 224 j. T. As
emeraude amorewen this *may* haveth myht.
LYR. P. p. 26. The wyfes . . That him suld all
the soth say, Wehedyr this abbas war wyfe ore
may. METR. HOMIL. p. 168. Melior, þat menskful *may*. WILL. 659. I may bot mourne vpon
molde, as *may* þat much louyes. GAW. 1791.
Makeles moder & myryest *may*. ALLIT. P. 1,
435. In fleashly wede God gan him hede, Of
mylde *may* Was bore to blede. HOLY ROOD
p. 148. Þus herinne þis oþer day Sat Blauncheflur þat faire *may*. FL. A. BL. 45. Afforn him
sone com knely þat *may* Florippe þat was so
god. FERUMBR. 2927. So trewe in lond y not
no *may*. GREGORLEG. 525. Upon a pomely
palfray Lybeaus sette that *may*. LYB. DISC. 814.
Merie tale telle ihc þis day Of seinte Marye,
þat swete *may*. ASSUMPC. DE N. D). 2. Lijanor
þat *may* was hot. ARTH. A. MERL. 4185. Marie
moder and *may*. P. PL. Text *A*. pass. XII. 111.
Whanne I thought my pursuite To make, and
therto set a day To speke unto that swete *may*,
Lachesse bad abide yit. GOWER II. 2. Thou
glory of wommanhood, thou faire *may*. CH. C. T.
5271. Criseyde, swete *may*. Tr. a. Cr. 5, 1734.
Thys have I herd . . telle, That in this land
shuld dwelle a *may* The whiche salle bere a
chylde. TOWN. MYST. p. 67.

**maʒden, maiden, maidin, maide, maid,
maiden, meiden, meide,** selten **meden, mede,
maden, madin** s. ags. *mägden, mæden, mdden,*
puella, virgo, altnorthumbr. *maigden, maiden*
[MARK 6, 28. MATTH. 14, 11 ed. Skeat], ahd.
magutin, magett, mhd. *magetin, magedin, mege-
din, megdin,* neue. *maiden, maid.* Mädchen,
Jungfrau.

Ʒho wass *maʒdenn* clene. ORM 2102. Ely-
aabaþ wass wif, & Marʒe *maʒdenn* clene. 2667.
Patt wass sett . . toffrenn lac forr *maʒdenn*.
4104-7.

On the sixte moneð þarafter was þat holi
maiden, ure lafdi seinte Marie, liht mid þe holi
child. OEH. II. 125. Hie is ihaten alse þat
holie *maiden*. II. 141. Þ *maiden* Wes ihoten
Lauine. LAʒ I. 7. *Maiden* Rouwenne, drinc
bluðeliche þenne. II. 176. Þis *maiden* bot o
thre yeir old Was on þis grece . . On þe
neþermaast stepp don. CURS. MUNDI 10587
COTT. Sco bar þat *maiden* o mikel mirth. 10576
COTT. *Mayden* ant moder mylde. LYR. P. p. 62.
Hec puella, *maydyn*. WR. VOC. p. 269. Hec
ancilla, puella, *maydyn*. p. 203. Com a þissen
middelærde anes *maidenes* sune. LAʒ. I. 386.
Þu miʒt telle atom hou þu were vnder a *maidenes* honde. ST. MARGAR. 182. Violet &
rose flour Woneþ þan in *maidens* bour. ARTH.
A. MERL. 3061. Heo . . senden to Rome *æfter*
þan *maidene* That kenned is of þen holigost,
yboren of þen *mayden* Marie. REL. ANT.
I. 282. Pat is . . bore of Marie *mayden*. I. 57.
Goddes sun and Goddes sande was born of *mayden* Marye. METR. HOMIL. p. 8. — Ðis *maidenes*

deden it. G. A. EX. 1153. Hyr *maydenes* brouʒte
hire clene water. R. OF GL. p. 435. Þen did þe
biscop command þar, þat all þe *maidens* þat þar
war cummen til eild o fourten yeir, Be send all
to þair frendes dere. CURS. MUNDI 10649 COTT.
This *maydens* ware sent thaire uayles to take.
METR. HOMIL. p. 78. *Maidnes* shene so bon
Me come to biholde. REL. ANT. I. 123. Imong
þan scipmonnen i (= hi) funden þa þreo *maidenes*. LAʒ. I. 94. Hirdes wulden ðis *maidenes*
deren. G. A. EX. 2749. Þanne hadde þis menskful Melior *maydenes* fele asegned hire to serue.
WILL. 580. Godard . . tok þe *maydnes* bothe
samen. HAVEL. 465-7. Heo stikeden mid
cnifes alle þa *maidens*. LAʒ. II. 456. Þe king
sende after þisse *maidenes*. I. 116. Heo hæfde
al þat hæreword of þan *maidenen* of þis ærd.
II. 72. Hir norice hir sende ofte adai wiþ hire
schip afelde, to witie hire schip wiþ oþer *maidenes*. ST. MARGAR. 39.

Hie is . . alre maidene *maide*. OEH. II.
161. Of þesse waste and grisliche stede was þis
holi *maide* fet. II. 165. That *maide* wet hwanne
ich swike, That luve is mine songes iliche. O.
A. N. 1458. Seinte Margarete was holi *maide*
& god. ST. MARGAR. 1. A *maide* marreth me.
LYR. P. p. 29. Þrytty wyntre and more he wes
among monkune Sooþþe þat *mayde* hyne yber.
O. E. MISCELL. p. 37. Wheþer so hit be *mayde*
or knaue. CURS. MUNDI 10503 TRIN. Mid oþer
reisouns of clergie þat *maide* preouede also þat
here godes noþing nere. ST. KATHER. 31. Seinte
Lucie þe holi *maide* in Cisille was ibore. ST.
LUCY 1. Þus Seyn Julian þe holi *maide* hir lif
broʒte to ende. SEYN JULIAN 228. He and that
mayde bryght Togydere made all nyght Game
and greet solas. LYB. DISC. 445. Þis *maide*
werede robe of pal. ST. CECILIA 7 ed. Horstm.
p. 490. Of his port as meke as is a *mayde*. CH.
C. T. 69. Sone swa he hider com swa he þat
maide nom. LAʒ. III. 28. She bare a *mayde*
muche of myrþe. CURS. MUNDI 10576 FAIRF.
He wolde manradene habbe wiþ þan *mayde*.
LAʒ. III. 28 j. T. He wende to þis holi *maide*.
SEYN JULIAN 8. As þe deuelen . . Seiʒc, hou
Jesu of a *maide* þurch his milce was ybore.
ARTH. A. MERL. 665. Þat child aros and herede
god ibore of *mayde* Marie. ST. MATHEW 57 ed.
Horstm. p. 79. He gan to chese To do the
counseil of this *maid*. GOWER I. 150. — Ich
singe and grede, Þhar lavedies booth and faire
maide. O. A. N. 1335.

Þus seide þe *mæiden* Cordoille. LAʒ. I. 130.
Hen wilnede þeos *mæidenes*. I. 136. Ofte wes
þen *mæidene* wa, & tæure woro þenne þa. I. 131.
He sculde þat ilke water . . clepien hit Auren
for þane *mæidene* Alren. I. 106. He funde þer
a *mæide* vnimete fæier. II. 510. — Þas *mæidenes*
weoran i þan scipen. I. 94.

Meiden þet hire mæidenhat wit. OEH. p. 85.
Lauedi, moder and *meiden*, þu stod here ful neh.
p. 283. Þe eadi *meiden* Marherete sone him
onswerede. ST. MARHER. p. 4. Þeos *meiden* &
teos mertyr þet ich of munne wes Juliene inempnet. ST. JULIANA p. 5. In þis burh was

wuniende a *meiden* swiðe ʒung of ʒeres. LEG. ST.
KATH. 65. Þurh ure lafdi meidenhad, þat hit
bigon earst þe *meiden* Marie, he forleas te lauerddom on moncun. HALI MEID. p. 15. Seli *meiden*,
forʒet ti foli, as Dauið bit. p. 9. Ich iseh .. þe
eadi *meiden*, his moder, Marie inempnet, sitten
in a trone. OEH. p. 259. Þa nom þe olde king
æðele his *meiden*. LAЈ. I. 137. Ich ileue on
þene helend þe þet halie *meide* in hire likame
underfeng. OEH. p. 77. Alse wat se þat holi
meide mid worde grette þe holie spuse. II. 125.
Þe muchele lauerd .. bitunde him solue in ane
meidenes inneþe. OEH. p. 83. Iesu, soð god,
soð mon, and soð *meidenes* bern. p. 200. Ich
bidde and biseche þe .. þurh þin akennednesse
ine *meidenes* licame. p. 209. He .. ne was of
wifes bosme boren, and was of þe holi *meydenes*.
II. 133. Nam blod & ban of *meidenes* bodi.
ЈEG. ST. KATH. 909. Wurð alle wurðschipe is
þes *meidenes* Godd. 2093. Sophie .. nom þis
meidenes bodi & ber hit in to hire schip. ST.
JULIANA p. 77. As tat swote smirles .. wit þat
deade licome þat is ter wið ismittet from rotunge,
alswa deð meidenhad *meidenes* cwike flesch.
HALI MEID. p. 13. Ure louerd þet iboren was
of ðe *meidene* Marie. OEH. p. 217. He dennede
him *in* ðat defte *meiden*. BEST. 36. Þer he sit..
mid þer unwemmed *meide*, his moder. OEH.
p. 239. Vre louerd Ihesu Crist þe wes ibore *of*
þe *meyde*. O.E. MISCELL. p. 54. — Þe *meidene*
(vgl. ags. nom. pl. *mædenu*) .. þa þe heom wið-
teoð of fleasliche lustes, vocabuntur in dextra dei.
OEH. p. 143. Þe *meidenes* alre meast .. letten
teares trendlen. LEG. ST. KATH. 2358-61. To
singe þat swote song .. þat nane halwes ne
mahen bute *meidenes* ana singen in heuene.
HALI MEID. p. 19. Bo *meidenes* herden quilum
seien ðat fier sulde al ðis werld forsweðen. G. A.
Ex. 1139. Alle *meidenes* were wurðeð þe one.
OEH. p. 191. Ƿ is mi Lauerd & mi luue .. mi
murhðe & mi mede, & *meidenes* crune. LEG. ST.
KATH. 2379-83. Euch meiden þat haueð *meidene*
þeawes. HALI MEID. p. 3. Wið þon þ ich mote
meidenes mede habben in heouene. ST. MARHER.
p. 5. Þat brihte ferreden of þe eadi *meidnes*.
OEH. p. 261. Alswa sente Pawel ʒiueð read *to
meidenes*. HALI MEID. p. 21. Swete leafdi seinte
Marie, meiden ouer alle *meidnes*. OEH. p. 205.
cf. 305. — Ha seh sitten þis meiden *wið* monie
hwite *meidnes*. LEG. ST. KATH. 1574.
Þa ða hire time com, hi acennede, and þurh-
wunede *meden*. OEH. p. 227. Þa sende he his
ængel *to* ane *mede* þe was Maria ʒehaten. *ib.* Þa
ure halende wes accenned *of* þam unwemmede
mede sante Marie. p. 237. — Ure Lauerd himself
com wið engles & wið monie *mednes*. LEG. ST.
KATH. 1849.

Hec puella, ampha, a *madyn*. WR. VOC.
p. 215. A *madyn*, ancilla, puella, virgo, vir-
guncula. CATH. ANGL. p. 225. — Of cnihten
he carf þe lippes, *of madenen* þa tittes. LAЈ.
III. 176.
Das ursprünglich vom weiblichen Geschlechte gebrauchte Neutrum [ags. *mǽgden* n.]
wird bisweilen von einem jungfräulich
reinen Manne gebraucht: Nes *he* [sc. Sein

Johan] *meiden* neuer þe unholre, auh was
meiden biteiht, meiden uorto witene. ANCR. R.
p. 166. For þare nas non oþur of heom þat
clene *mayde* was, Clene *mayde* to wurdi oþur,
riht it was ido, þare fore in is swete warde ore
louerd bitok hire so. ST. JOHN 34 ed. Horstm.
p. 403.

maʒdenchild, maidenchild etc. s. ags. *mæ-*
dencild. weibliches Kind, Mädchen.
Maʒʒdennchild iss all unnstrang. ORM 7911.
Aʒʒ þeʒʒ sholldenn bringgenn lac .. Wiþþ cnape-
child, *wiþþ maʒʒdennchild.* 7883. This *maiden-*
child ran to the king. METR. HOMIL. p. 40.
Clepe we the *maydynchild.* WYCL. GEN. 24, 57.
He bad Hengest his dring ʒiuen him þat *maide-*
child. LAЈ. II. 177. The *maydechild* at the leest
dwelle ten dayes anentis vs. WYCL. GEN. 24, 55.
Moni *mæidechild* wes þere mid mære þere quene.
LAЈ. II. 608. — Ðat he weren redi biforen Quan
ebru child suld be boren, And ðe knapes to
deade giuen, And leten ðe *maydenchildre* liuen.
G. A. Ex. 2571.

maʒdenhad, maidenhad, -hod, -hed, mei-
denhad, meidehad, meidhod etc. s. ags.
mǽgdenhad, virginitas, neue. *maidenhood*,
maidenhead und *maidhood*, sch. *maidheid.*
Jungfräulichkeit, Unbeflecktheit,
auch auf das männliche Geschlecht übertragen.
Maʒʒdennhad & widdwesshad. ORM 4606.
Maʒʒdennhad & widdwesshad & weddlac birrþ
ben clene. 4624.
Maidenhad wið hundredfald ouergeað baðe
[sc. widewehad & wedlached]; loke þenne
herbi, hwa se of hire *maidenhad* lihteð in to
wedlac, bi hu moni degres ha falleð duneward.
HALI MEID. p. 23. Mochel is uayr and briʒt
touore þe oþre uirtues *maydenhod.* AYENB.
p. 228. He spekþ of þan þet habbeþ behote
maidenhod. p. 231. Fayr a þing is *maidenhod*,
as it is on heom [sc. St. Johan & ore lauedy]
isene. ST. JOHN 496. Horstm. p. 417. Ne mai
no womman, quað þis maide, of hire *maidenhod*
beo ido. ST. LUCY 95. Alle þo .. þe libbeð
clenliche on *maidenhode.* OEH. II. 49. My
maydenhode thou kepe and wel conserue. CH.
C. T. 2331. Mi *maidenhed* [*maydynhed* FAIRF.
maydenhede GÖTT. TRIN.] til him i hight.
CURS. MUNDI 10665 COTT. He com and yede,
Saufand his moder hir *maidenhede.* 11232 COTT.
Scho .. kest hir *maidenhed* away. METR. HOMIL.
p. 15. How faire gasteli scho was and bright,
Whiles hir *maydenhede* was hir tight. p. 83.
Sichem tok hire *maidenhed.* G. A. Ex. 1852.
All was done in dede Wherof lost is the *maiden-*
hede. GOWER II. 230.
Alse þe liuendes godes sune in to þe meiden
com, and ho of hire *meidenhad* nawiht ne wemde.
OEH. p. 83. Meiden þet hire *meidenhad* wit.
p. 85. *Meidenhad* is tresor. HALI MEID. p. 11.
Whil a wiste hire, & þohte ai to witen hire
meiden in *meidenhad.* LEG. ST. KATH. 136.
Swuch is *meidenhades* read. HALI MEID. p. 21.
Þe unstronge þat ne mahten nawt stonden in þe
hehe hul & se neh heuene as *meidenhades* mihte.
ib. Gode werkes & treowe bileaue, þeos two
þinges beoð *meidehod* ine soule. ANCR. R. p. 394.

Ðo þre kinges bitocneð þre hodes of bilefulle
men; on is meidhod. OEH. II. 45.
	Hwase swa falleð of meidenhedes menske.
HALI MEID. p. 21.
	majdenman, maidenmon s. ags. mǽgdenman,
mǽdenman, virgo. vgl. wifman. Jungfrau.
Jho wass œfre majjdennmann. ORM 2065.
vgl. 7661. He ne mihhte nohht .. unnderrstanndenn, Hu Goddes word .. Toc inn an
clene majjdennmann Dæþshildijnessess kinde.
10429-33. Nou thou wost of moder fare, thou
[= quamvis] thou be clene maydenmon. LYR. P.
p. 82.
	maje s. stomachus s. mawe.
	maje, majhe s. cognata s. moje.
	majstre, maister, meister, bisweilen master
s. ags. magister [s. GREIN II. 204] und mǽgester
[EXOD. 1, 11], lat. magister, ahd. maister, meistar,
mhd. meister, alts. mêster, afries. mastere, mester,
niederd. mester, niederl. meester, altn. meistari,
schw. mǻstare, dǟn. mester, afr. maistre, meistre,
mestre, it. mastro, maestro, sp. maestre, maestro,
pg. mestre, neue. master.
	1. Meister, Lehrer, überhaupt einer
der eine Wissenschaft oder Kunst
gründlich versteht: Annd tatt te Goddspellwrihhte sejjþ þatt ta twa leorninngenihhtess
Herrdenn whatt tejjre majjstre spacc Off Crist.
ORM 12896. Þejj mihhtenn unnderrstanndenn
Att tejjre majjstress muþ inoh, þat he wass
sennd to fullbtenn. 15538. — Crist wass wiss
larfaderr god & majjstre off all majjstress. 16888.
	Hic doctor etc., a mayster. WR. VOC. p. 262.
Þet ous tekþ þe holy gost, and non oþer maister.
AYENB. p. 76. Maister Leui, þat ali man,
Teched him a letter þan. CURS. MUNDI 12179
COTT. The disciple is nat aboue the maistre.
WYCL. MATTH. 10, 24. Patriarch he was wel
hej & maister of þe lawe. ST. MARGAR. 4. Hic
teologus, a mayster of diuinite. WR. VOC. p. 262.
Früh schon als Würdename oder Titel mit
nachfolgendem Eigennamen: Bihote ich habbe
.. That maister Nichole, that is wis, Bituxen
us deme schulde. O. A. N. 1743. Than com
riden maister Catoun. SEUYN SAG. 2172. Für
das hebr. rabbi erscheint in der Vulgata die
Deutung magister, alte. maister: Raby, that is
interpretid, Maistir, wher dwellist thou? WYCL.
JOHN 1, 38. Raby, for of God thou hast come
a maistir. 3, 2. Auch als Femininum findet
sich natürlich auch in ähnlicher Bedeutung (vgl. auch 2):
Auctours telleþ þat Grees with þe prouinces
þereof is lady of kyngdoms, norice of knyjthode
and of chiualrie, moder of philosofie, fynder and
mayster of art and sciens [magistra artium et
inventrix Higd.]. TREVISA I. 175. — Maysters
som tyme uses þe wand, þat has childer to lere
undir þair hand. HAMP. 5880. Maysters [sc. er
halden] of þair science to ken Namly þam þat
er unlered men. 5946. Pes yeſþe þet is yhote
yeſþe of onderstondinge, ne is oþer þing, be þe
haljen and bi þe maistres, bot a lyjt and a grace
of brijtnesse, þet þe holy gost sent in to þe
herte. AYENB. p. 200. In the tempil fand thai
Child Jesus, on the thrid dai, Imang maisteres
of the Jowes law. METR. HOMIL. p. 108.

The tale .. bereð witnesse ec herof, of þe
deciple þet set biuoren his meister, & his meister
iweard aslepe .. þe holi mon, his meister, iwearð
eft aslepe sone. ANCR. R. p. 236. — Modi
meistres & fele fondeden hire ofte. LEG. ST.
KATH. 120. Haue i haued hiderto swiðe hehe
meistres. 467. Ha somen seiden þ wittiest ha
weren of alle þe meistres þ weren in East-
londe. 532.
	Than seide master Bancillas. SEUYN SAG.
371. Hic magister, pedagogus, a mastyr. WR.
VOC. p. 210.
	2. Herr, Haupt, Häuptling. Vor-
steher, Leiter: He [sc. Crist] is one monne
Mildest mayster. O. E. MISCELL. p. 104. cf. 105.
I tholede the, and dude as mad, To be maister,
and I thi slave. BODY A. S. 199. Horn tok þe
maisteres heued, Þat he hadde him bireued. K.
H. 621. Þat moteles meyny may neuer remwe
Fro þat maskeles mayster. ALLIT. P. 1, 898.
Seint Leonard also was a gret maister with þe
king. ST. LEONARD 5 Horstm. p. 456. A gret
maister he [sc. þe emperour] hadde vnder him.
SEYN JULIAN 5. Þe segges were aslepe þan þat
it [sc. þat schip] schuld jeme al but þe mest
maister. WILL. 2734. Madenytis solden Joseph
in Egepte to Putiphar, the geldyng of Pharao,
the mayster of chyualrye. WYCL. GEN. 37, 36. —
Wenst þou þat heo þine maistres beon? Jwarof
hauest þov fere? ST. VINCENT 10 Horstm.
p. 185. His freond and is cunnesmen þe gretteste
maystres were In þe kyngus house of Fraunce.
ST. LEONARD 3 Horstm. p. 456. Þeos þre maistres
[vorher: grete louerdingues 213, princes 215 ge-
nannt] wenden hamward. ST. NICHOL. 221
Horstm. p. 247. Herui þe riuel & Malot [þe
broun Were maistres of þe gomfainoun. ARTH.
A. MERL. 5631. Ordeyne hem maystrys of my
beestys. WYCL. GEN. 47, 6.
	He þis is mare þen þeof, and for þi as hare
meister he henges ham bituhhen. OEH. p. 281.
Hwa is meister ouver þe? ST. JULIANA p. 41.
Meister, Moyses, quo haueð ðe mad? G. A. EX.
2729. Auch von einer Person weiblichen Geschlechts (vgl. oben 1): Þe þridde suster, þat is
meað, hire he makeð meistre ouer his willesfule
hirð. OEH. p. 247. — Meistres, princes he wolden
hem maken. G. A. EX. 3756. Ðe me[i]stres of
of ðise horemen .. ðe bidde ic hangen ðat he
ben. 4072-4.
	A, master Moyses dere! TOWN. M. p. 59. —
Swythe togedir lete he [sc. Heroud] calle The
mastirs of his clerkes alle. CURS. MUNDI 11461
FAIRF.
	3. Ueberwinder, Sieger: Him þojte
þat a uair croys up in heuene he sei, Lettres he
sei þeron iwrite, he bigon hem to rede: Wiþ
þes signe þou schalt maister be, þulke lettres
sede. HOLY ROOD p. 36. cf. 37.
	4. Handwerksmeister: The mayster
schal not, for no vantage, Make no prentes
that ys outrage; Hyt ys to mene .. That he
have hys lymes hole alle yfere. FREEMAS. 149.
Whenne the mason taketh hys pay Of the
mayster .. Ful mekely ytake so most hyt byn.
296. Jwan þe maister [d. i. der Färbermeister]

was igo, Iȟus tok alle þe cloþes þo, And hasti-
liche into one caudrone He dude heom alle.
KINDH. JESU 1196. cf. 1212.
Þe yongere aballe sitte or stande benethe
þe elder riȝt þero; and of euery crafft þe maȝtir
aftur rule & manere. BAB. B. p. 194.
In Zusammensetzung mit Personen-
namen wie mit Sachnamen entspricht das
Hauptwort dem jüngeren chief, Haupt; so von
Personen:

maȝstredwale s. vgl. ags. dval, erroneus,
stolidus, gth. dvals, μωρός. Hauptketzer.
Off all þiss laþe læredd follc . . Wass maȝȝ-
stredwale an defless þeww, þatt Arriuss wass
nemmnedd. ORM. 7452.

maisterbudel s. Oberbüttel. Cometh
the maisterbudel brust ase a bore. POL. S.
p. 151.

maistergaveler s. Hauptwucherer.
Hi doþ lene hare sergons oþer oþre men of
hire pans. Þise byeþ þe maystergaueleres.
AYENB. p. 35.

maisterowtlawe s. Oberräuber,
Räuberhauptmann. Þe maysterowtlawe
[maystyrowtlawe Cambr. 556] spake thene:
Grete schame it were for hardy mene, If þay
a childe sloghe. OCTAV. 559 Linc.

maistershipman s. Schiffskapitän.
The maistershipmon said, „nowe I rede, we
take down sayle and rowe." TORRENT 1428.

maisterwriȝt s. ags. vyrhta, auctor, opifex.
Hauptarbeiter. A shippemost þou nedes
diȝt, þi self shal be þe maistirwriȝt [maister-
wriȝt FAIRF. maisterwright, maisterwriht
COTT. GÖTT.]. CURS. MUNDI 1665 TRIN.

meisterdeofel s. ags. deóful, diabolus.
Hauptteufel, Oberteufel. Þe welle
biwisten .XII. meisterdeoflen swilc ha weren
kinges. OEH. p. 41.

meisterman s. Meistermann, Leiter.
Twelwe and sexti men woren ðorto, Meister-
men for to maken it [sc. a tur] so. G. A. Ex.
663.

meisterprest s. Hauptpriester, Ho-
herpriester. Aaron ðo wente of liue ðor,
Eleazar, is sune, him nest Was mad bissop
and meisterprest. G. A. Ex. 3884.

meisterwold s. ags. vealda, rector. Oberbefehlshaber. Ilc ðhusent adde a meisterwold, And vnder ðis tyen steres ben. G. A.
Ex. 3412.

mastermariner s. vgl. maistershipman.
Schiffskapitän. On the morwe he ofsent
his counsellors Of the pates the mastermar-
riners. RICH. C. DE L. 1831.

von Sachen:
maistergomfainoun s. afr. gonfanon,
gunfanun, ahd. gundfano. Hauptkriegs-
fahne. Her maistergomfainoun so bar þe
kinges steward Cleodalis. ARTH. A. MERL.
5638.

maisterstreete s. ags. stræt, via strata,
platea. Hauptstrasse. The nobleste of
the Grekes that ther were Upon here schuldres carieden the beere . . Thurghout the
cite, by the maisterstreete. CH. C. T. I. B.
2041 Morris Clar. Pr.

maistertoun s. ags. tún, septum, oppidum.
Hauptstadt. Alisaunder, of al his regioun,
Thoughte ther make his maistertoun. ALIS.
7806.

maistertour s. afr. tur, tor, tour, auch ags.
tor, torr, tur, turris. Hauptturm. Somme
of hem wondrede on the mirour, That born
was vp into the maistertour, How men myghte
in it swiche thinges se. CH. C. T. II. F. 225
Skeat Clar. Pr.

maistervaine s. alte. vaine, vena. Haupt-
ader. Sophena, the maystervayne. WR. VOC.
p. 184.

meisterburg s. ags. burg, arx, urba.
Hauptstadt. Long weige and costful he
ðor fond, forð bi Archim ðat meisterburg.
G. A. Ex. 3880.

maȝð etc. s. ags. mæȝð, tribus, natio, familia,
alto. mæȝð, affinitas. Stamm.
An [sc. burrȝh] i þe land off Galile I Zabu-
loness maȝȝþe. ORM 6984. Hire faderr Fanuæl
Wass off Asærress maȝȝþe. 7677. Þa shollde an
oþerr comenn forþ Off all þatt illke maȝȝþe.
10410.

maȝðhad, maiðhod, meiðhad, -hod s. ags.
mæȝðhád, virginitas, zu ags. mæȝð, mæȝeð, gth.
magaþs, virgo geh., alts. magaðhád, ahd. ma-
gadheit, mhd. magetheit. Jungfräulichkeit,
auch von Enthaltsamkeit des Mannes gebraucht.
Ȝho þurhh macche nollde nohht Maȝȝþhadess læn forrlesenn. ORM 2277. Forrþi þatt
maȝȝþhadess lif Iss heȝhesst allre life. 3508. Baþe
leddenn i maȝȝþhad All þeȝȝre lif till ende. 2497.
Ne hire maiðhod ne was awemmed. OEH.
II. 21. Ðis maiden bar ure louerd . . and nis
hire meiðhod þore fore noht awemmed. II. 159.
Þe quen ȝaf forbisne of maiðhode, þat is of
clennesse. II. 141. Þe leome of maiðhod. II. 143.
Ich habbe a deore ȝimstan, ant ich hit habbe
iȝeuen þe, mi meiðhad ich meane. ST. MARHER.
p. 3. Him ich habbe meiden mi meiðhad iȝettet.
p. 4. Biddinde ȝeorne . . þat he wissede hire
o hwuche wise ha mihte witen hire meiðhad
from mones man vnwemmet. ST. JULIANA p. 7.
To mucli mi mede & te murhðe þat lið to meiðhades menske. p. 19. Meidenes nomeliche lustnin swiðe ȝeorne hu ha schulen . . libben i meiðhad þ him is mihte leouest. ST. MARHER. p. 2.
He haueð iweddet him to mi meiðhad mit te ring
of rihte bileaue. LIFE OF ST. KATH. ed. Einenkel
1507. Eftsone ure helende aros alse sunne þo
þe ure lafdi Seinte Marie hin kennede of hire
clene meiðhode. OEH. II. 109.

mah adj. ags. máh u. gemáh, importunus.
ungestüm, grausam.
Octaues wes swiðe mah, he nom muchele
uærde & wenden ȝeond þissen ærde. LAȝ. II. 42.

mahe, mahȝe s. stomachus s. mawe.

mahimet s. afr. mahomet, mhd. machamet,
mahmet, eig. Muhamed, dann Gott der Sarazenen, überhaupt heidnischer Götze. Die
Form erscheint selten; häufig ist maumet, welches man sehe; auch kommen verkürzte Wort-

formen, wie *mahum, mahun, mahoun, mahount*
etc. vor; s. *mahum.*

Nulleð heo nauere longe habben þe to
kinge, buten þu a þine daȝen alto hæðene, &
bilæue þe habȝe godd, & luuie heore *mahimet.* LAȝ. II. 186. Daneben kommt für den
Namen des Propheten das gleichfalls entstellte
Machamete, Makamet vor: The whiche book
Machamete toke hem. MAUND. p. 131. The
holy lawes of our Alkaroun Geven by Goddes
messangere *Makamete.* CH. C. T. 4752. Am
nächsten kommt der fr. Wortform **Machemet:**
Also *Machomet* commanded in his Alkaron.
MAUND. p. 135. The commaundement of the
holy book Alkaron, that God sente hem be his
messager *Machomet.* p. 130. auch *Machamote* ib.

**maht, maȝt, maght, maught; mæht, meht;
miht, micht, miet, miȝt, might,** häufig mit
paragogischem e im Nom. u. Akk. Sing. **mahte**
etc. s. ags. *meaht, mäht, meht, miht, micht, myht,*
alts. ahd. mhd. *maht,* afries. *macht, mecht,* gth.
mahts, niederl. *magt.* altn. *máttr* pl. *mættir,*
schw. *makt, magt,* dän. *magt,* neue. *might.*
Macht, Kraft, Vermögen.

Maht and strengðe to beo kid. OEH.
p. 269. Luue i wile þe Ihesu strongest ouer al,
þat þi *maht* felle mine starke sawle fan. p. 273.
In eorðe, in heuene, is his *mahte.* p. 59. He
[sc. þe preost] haueð þe ilke *mahte* of Sancte
Petre to bindene and to unbindene. p. 37. Godd
almihti ȝeueð þe *mahte* for to don hit. ST. JU-
LIANA p. 37. Schwau nu, mihti godd, þi meinfule *mahte.* p. 69. Cuð þi *mahte* on me. ST.
MARHER. p. 7. Crocia Mors, swa þ sweord
hæhte, for hit haueðe muchele *mahte.* LAȝ. I.
326. Nis nan *mahht* rihht god inoh Biforenn
Godess eȝhne. ORM 2609. Þa fille iss .. All
rihhtwisnessess *mahhte.* 10752. Þu scalt sahht-
nien þa þe beoð unisahte *mid* alle þine *mahte.*
OEH. p. 39. Arður after wende mid alle his
mahte. LAȝ. III. 134. Ȝiff þu Cristess bodeword
After þin *mahhte* filleast. ORM 4532. To
spellenn .. summwhatt Off Cristess Goddcunndnesse & *off* hiss heofennlike *mahht.* 9371.—
Sawle iss shapenn all off nohht & hafeþþ þrinne
mahhtess; Fort sawle onnfoþ att Drihhtin Godd
Innsihht & minndiȝnesse, & wille iss hire þridde
mahht. 11505. Allre *mahhte* [gen. ags. *meahta*]
rote. 4976.

He wende wel þat þat wyȝ þat al þe world
planted, Hade no *maȝt* in þat mere no man for
to greue. ALLIT. P. 3, 111. Quen alle þe stanis
.. sal smite togedder *wiþ* suche *maȝt* [maght
COTT. GÖTT.] as þonder dos wiþ fire slaȝt.
CURS. MUNDI 22675-80 FAIRF. Þis deuel is
mikel *wið* wil and *magt.* BEST. 541. Mekil was
he out of *maght* For the strakes that he had
laght. YW. A. GAW. 3621. Adoun he fel yfold,
That man of michel *maught* [Reimw. *faught,
taught* etc.]. TRISTR. 3, 45. wohl auch für *mayht*
zu lesen *mauht* in: Cuþ þu þi *mayht* [im Reime
auf *nauht, rauht*]. O. E. MISCELL. p. 90.

Þa sette i þon fuhte Elidur to fænne, and his
broðeren him æfter mid alle here *mæhte.* LAȝ.
I. 290. Heo beoð *of* muchele *mæhte.* Þa wes inne
Denemarke a king *of* mucle *mæhte.* II. 556. —

He hahte Maglaunus, his *mæhte* [ags. nom. u.
acc. pl. *meahte*] weren store. I. 137. Swiðe lutle
beoð þine *mæhten.* III. 30.

Gif god bið his ifulsta, ne bið his *mehte*
nohwer forseȝen. OEH. p. 113. Heo wolden wið
him fehten mid allen heore *mehten.* LAȝ. III. 148.
He ȝisefþþ himm .. witt & *mihht* to berenn
rihht Illc seollþe & illc unnseollþe. ORM 8787-
8794. Fader and sun and haligast .. Worthi
driht in trinite, A god a *miht* in trinite. METR.
HOMIL. p. 1. Thing that I you telle Ne mai na
miht fordo ne felle. p. 22. All hir *miht* and all
hir tent, To goddes seruis es scho went. CURS.
MUNDI 10645 GÖTT. Merci is a mayden þer,
and haþ *miht* ouer hem alle. P. PL. Text A.
pass. VI. 123. Ofer alle is his muchele *mihte.*
OEH. p. 59. Þe halie gast .. heom ȝef þo
mihte þet heo cuþen alle spechen. p. 93. Is nu
se storliche unstrengðet ower strengðe, & ower
wit awealt, swa þ te *mihte* & te mot of ane se
meke meiden schal meistren ow alle? LEG. ST.
KATH. 1274. O, þe *mihte* of meiðhad! ST. JU-
LIANA p. 51. Þi *mihts* schal unmuchelin.
ST. MARHER. p. 6. My grace schal witen þe
þet tu ne beo ouercumen, beon strong in un-
strenoðe. Þet is muchel *mihte.* ANCR. R. p. 234.
Nostu þat ich habbe *myhte* on rode to do þe.
O. E. MISCELL. p. 48. Þeos holy gostes *myhte*
Vs helpe. p. 72. Mid alle his *mihte* he wule us
swenchen. OEH. p. 55. Þa þe habbeð wel idon
efter here *mihte.* p. 171. On þisse liue hi neren
nout alle *of* one *mihte.* p. 183. Nullich .. beien
nane of ower godes þ dumbe beoð ant deaue
ant blinde *bute mihte.* ST. MARHER. p. 6. Mekelec & mildschipe .. þat limpeð alre þinge
best *to* meidenhades *mihte.* HALI MEID. p. 41.—
Heo [sc. sunnedei] hafð mid hire þreo wurdliche
mihte [ags. *mihte*]. OEH. p. 47. Þese þre *mihte*
notede þe holi gost. II. 119. Ȝe habbeð iherd
hu þes halie *mihten* ouercumað þa sunnan. OEH.
p. 107. Þurh þes fifealde gultes forleas [sc.
Adam] þe fifeald *mihten* þe god him gef. II. 35.
Þe lage hadde þo alle þe *mihte* þe haueð nu
fulluht. II. 87. Fir haueð on him þre *mihtes.*
II. 119. His *mihtes* weren store. LAȝ. I. 137
j. T. Sone se ha Crist clepede & his nome
nempnede & te muchele *mihtes* of his hehnesse
.. al wat awai ure worldliche wit. LEG. ST.
KATH. 1335–44. Schrift haueð monie *mihtes.*
ANCR. R. p. 298. Imetnesse is alre *mihta* moder.
OEH. p. 101. He þe is alre *mihtene* louerd
[dominus virtutum], he is alre blissene king. II.
115. Hie stehþ in þe temple from mihte to mihte
forte þat hie alre *mihtene* louerd biheold. II.
165 sq. We hauen on ure bileue ure drihten ..
þe is alre lemene fader and welle *of* alle *mihtin.*
II. 199. Meiðhad þe is cwen *of* alle *mihtes.*
ST. MARHER. p. 19. Ich swerie *bi* þe *mihtes* of
ure godes muchele. LEG. ST. KATH. 2115.
Meidenhad is .. mihte *ouer* alle *mihtes.* HALI
MEID. p. 11.

He mai luke & unsteke, *michle* of al þinge.
OEH. II. 258. Þine strengþe non ne mai telle
ne þin *michle.* ib. In þine hondis *michte* [micte
p. 259] mest. ið. He louede god with al his
micth. HAVEL. 35.

Er þe fyf wittes ben loren outriht, Al heore
vertue and al heore miʒt. CAST. OFF L. 1173.
Miʒt bat wit word wurðen ligt (Hali froure welt
oc ðat migt; for öhre persones and on reed, On
migt and on godfulhed), ðo so wurð ligt so
god it bad. G. A. EX. 53. Ne haueð ðat uenim
non might to deren him. BEST. 323. Wultu,
wrecche, wið me fiʒte? Nai, nai, navestu none
miʒte. O. A. N. 1667. Is ore miʒte us binome?
ST. VINCENT 63 Horstm. p. 186. Louerd, ihered
beo þi miʒte. ST. CLEMENT 192 Horstm. p. 328.
Al hir might and all hir tent To godds seruis had
sco went. CURS. MUNDI 1645 COTT. Qua godds
might kneu witerli þarof thurt haf na ferli.
11209 COTT. So wex water wið magti migt. G. A.
EX. 584. Hertely þou hym helpe emforth þy
myʒt. P. PL. Text C. pass. XVI. 142. Serue
Jesu wiþ al þi miʒt. ARTH. A. MERL. 878. Þis
heste uoluelþ gostliche him þet lokeþ be his
miʒte þe pays of his inwyt. AYENB. p. 7. Þe
king iuyt bs al is miʒte after þat maide ieorne
souʒte. ST. MATHEW 128 Horstm. p. 81. He
wolde threisshe.. Withouten huyre, if it laye
in his might. CH. C. T. 138-40. — Oure lord
shal his myʒtes [mightes COTT. GÖTT.] showe.
CURS. MUNDI 22449 TRIN. Letters.. To erls,
doukes, & to kniʒtes, Pat were of swiþe gret
miʒtes. ARTH. A. MERL. 1733-6. Here is no
mon me to mach, for myʒtes so wayke.
GAW. 282.

Hierzu gehören die Komposita:

mihtful, miʒtvol, migtful adj. machtvoll, mächtig.

Jesu, al myhtful hevene kyng. LYR. P.
p. 73. Þou gest to þe dome, huer þou sselt
uinde þane domesman zuo sterne.. an zuo
miʒtuol. AYENB. p. 130. Þe sacrement þet
is ymad.. be þe hand of þe kueade ministre
ne is naʒt lesse worþ ine himzelue.. ne þe
lesse miʒtuol uor to halʒy ham þet hit onder-
uongeþ. p. 237. May no fir get melten ðat
ys, He ðe it made is migtful and wis. G. A.
EX. 99. Aaron ðor warp vt of his hond
Moyseses migtful wond. 2915. Also leun is
miʒtful der. 4025. Thus Malaperte was
myʒtfull and maister of hous. DEP. OF R.
II. p. 22. Thouʒ ʒe be myʒtful to mote, beth
meke in ʒoure werkes. P. PL. Text B. pass.
I. 174. Failled neuere man neste þat myʒtful
god serued. XI. 270. subst. Two migtful he
hauen taken, Meistres, princes he wolden
hem maken. G. A. EX. 3755.

mihtfullik adv. machtvoll, mit
Macht.

He herid hel als mihti thain, And broht
thaim al that war his, Mihtfullik in till his
blis. METR. HOMIL. p. 14.

mihtles adj. ags. mihteleás, impotens,
ahd. mahtlós, niederl. magteloos, altn. mát-
laus. machtlos, ohnmächtig.

Þe sixte unþeau is þet þe ðe to lauerde
bið iset, þet he for modleste ne mei his
monnan don stere, ac bið swa mihtles on his
modes streche, þet he his men eisian ne der.
OEH. p. 111.

Auch das seltene **mighthed** s. Grösse,
Fülle, ist hierher zu ziehen, welches dem
Sinne nach freilich dem ahd. mahtheit, maje-
stas, nicht völlig entspricht.

Minde of mighthed of þi softnesse [memoriam abundantiæ tuæ Vulg.] Sal þai rift.
Ps. 144, 7.

**mahtiʒ, mahti, magti, mæhti, mehtiʒ,
mihti, miʒti, migһti** adj. ags. meahtig, mihtig,
alts. mahtig, magtig, ahd. mahtig, mahtic, mhd.
mehtic, afries. machtich, mechtig, niederl. magtig, gth. mahteigs, altn. máttigr, máttugr, schw.
dän. mägtig, neue. mighty. mächtig, gewaltig, stark.

Patt child.. Shall ben.. Full mahhtiʒ
mann & mære. ORM 804-6. Patt hæþene Ka-
serrking þatt draf all ut off lande, An mahhtiʒ
king & riche king. 8259. Drihtin is mahti,
strong, and kene i fihte. OEH. p. 273. Þe
mire is magti, mikel ge swinkeð. BEST. 234.
So wex water wið magti migt. G. A. EX. 584.
A fier magti ðat folc fest on. 3797.

Riche he wes & mæhti. LAʒ. I. 120. Ich
wulle þe bitache gisles.. children sume sixti
hæʒe & swiðe mæhti. II. 517. Liberauit pauperem a potente.. Drihten alesde þene wrechan
of þan mehtiʒan. OEH. p. 129.

Swa heh lauerd and mihti ouer heuene and
eorðe. OEH. p. 15. He is muchel and mihti
ouer alle þing. p. 77. Uirtutes [sc. engle werod],
mihti gastes. p. 219. Min beoueneliche leche,
þet make dest us of þi seolf se mihti medicine.
p. 187. Beo nu ken & cnawen.. hu mihti & hu
meinful, hu heb & hu hali is þes Cristenes godd.
LEG. ST. KATH. 2070. Þes mihti Maximien
luuede an Eleusium. ST. JULIANA p. 5. Mihti
meiden, leaf me. p. 53. Teken þis þ he is so
mihti ant so meinful, se he is leofukest lif.
ST. MARHER. p. 4. Riche he was and mihti.
LAʒ. I. 120 j. T. Weole is come ase we wolde,
Thourh a mihti methful mai. LYR. P. 32. Vorte
leornen wel hu mihti is god. ANCR. R. p. 182.
It falles to a mihty king, That messager word
of him bring. METR. HOMIL. p. 11. Mihti gastes
of the heuin Sal be afrayed of that steuin. p. 21.
Strang he his and michti. OEH. p. 233. Wiþouten him may no mon lyue As he wolde, þat
myʒti kynge. CURS. MUNDI 11572 TRIN. cf.
FAIRF. Ne wenstou that oure Loverd beo her
as miʒti as he was there? ST. BRANDAN p. 16.
He is þe riʒt guod.. þe riʒt miʒti. AYENB.
p. 103. Þis myʒty god.. is of a medill age.
WARS OF ALEX. 315. Hail þou be, king Fortiger, & god þe loke in þi power, Saue & kepe
þi miʒti hond! ARTH. A. MERL. 1375. Arthour
wiþ his miʒti hand Feld king Brangors. 3905.
Peiʒ ʒe ben miʒty to mote, beþ meke of ʒour
werkis. P. PL. Text A. pass. I. 150. He sulde
ben man migti. G. A. EX. 983. Ðe getenes..
migti men and figti. 545. Myghty, fortis, potens,
vigorosus. PR. P. p. 337. In his hond he bar a
mighty bowe. CH. C. T. 108. Take mighti broth
of beef or of capon. TWO COOK. B. p. 71.

Kompar. Heier þen þer [= þese] he salle
him bere, for he salle be wele miʒtier [myʒtiere

TRIN. *mightier* COTT. *mightiere* GÖTT.]. CURS.
MUNDI 22287 FAIRF.

Dazu gehören die Komposita:

maȝtili, mightili, mighteli adv. ags.
meahteilce, alts. *mahtiglîk* u. ahd. *mahtiglîh*
adj. neue. *mightily*. mächtig, gewaltig,
tüchtig, fest.

With alle þe bur in his body he ber hit
[sc. his tole] on lofte, Munt as *maȝtyly*, as
marre hym he wolde. GAW. 2262. He myntes
at hym *maȝtyly*. 2290. Alle þe maydenes of
þe munster *maȝtyly* ho kyllen wyth þe swayf
of þe sworde. ALLIT. P. 2. 1267. When
Odenake was deed, she *myghtily* The regnes
heeld. CH. *C. T.* II. B. 3517 Skeat Clar. Pr.
Moeve it *myghtily* With reeds algrene.
PALLAD. 11, 471. Se that it [sc. thyne house]
be tymbred *myghtely*. 1, 399. *Myghtyly*
[*mihtili* K.], fortiter. PR. P. p. 337.

miȝtihed s. ahd. *mahtigheit*, *mahtîcheit*,
mhd. *mehtichcit*, *mechtigkeit*, nhd. *mächtig-
keit*, niederl. *magtigheid*. Macht.

Of eche *myȝtihed* short lif [omnis potentatus brevis vita *Vulg.*]. WYCL. ECCLESIA-
STIC. 10, 11 Oxf.

mahum, mahun, mahon, mahoun, mahown
etc. s. afr. *mahom*, *mahon* aus *mahomet* verkürzt
(s. *mahimet*), womit theils Muhamed selbst
als göttliches Wesen, theils ein heidnischer
Götze überhaupt bezeichnet wird.

Heo nam þene *mahum* þe heo tolden for
godd. LAȝ. I. 11. Per stoden in þere temple ten
þusend monnen . . biforen heore *mahun* þe
heom þuhte mære, Apolin wes ihaten. I. 344-5.
Mahun, nou þin ore! ST. VINCENT 78 Horstm.
p. 187. *Mahun*, ȝware is þi miȝte? *ib.* 101. Bi
þe fei þat ich owe to *Mahun*. ST. LAWRENCE
141 Horstm. p. 344. Ne bilieues nouȝht opon
Mahun. ST. MAGDAL. 205 Horstm. p. 468.
The Sarȝyns cryde all yn fere To hare god *Mahone*. OCTOU. 1091. He swere as *Mahun* schuld
hym spede. 1400. Pe ymage of *Mahoun* ymad
of golde Wiþ þe axe smot he oppon þe molde.
FERUMBR. 4939. vgl. 4929. 4943. Pan sawe þay
þar Sir Ternagan & eke hure god *Mahount*
[Reimw. *frcount*]. 2538. Heyf up youre hertes
unto *Mahowne*, He wille be nere us in oure nede.
TOWN. M. p. 65. By *Mahownys* bloode, if ye
me teyn, I shalle ordan for you Paynes that
never ere were seyn. p. 216. By *Mahowne!*
whyls I may lyf, Those prowde wordes shalle I
never forgyf. p. 217.

mai, may s. afr. *mai*, *may*, sp. pg. *mayo*,
it. *maggio*, lat. *maius*, mhd. *meie*, *meige*, ags.
im eilften Jahrh. noch in der lat. Form, neue.
may. der Maimonat.

In tyme of *May* hot is in boure. ALIS. 2049.
In *May* hit murgeth when hit dawes. LYR. P.
p. 45. A seint Iohanes day it was, in þe begin-
ningue of *may*. ST. JOHN 61 Horstm. p. 404.
In the begynnyng of *Mays*. BONE FLOR. 275.
The erthe it is, whiche evermo With mannes
labour is bego As well in winter as in *maie*.
GOWER I. 152. Atte *Mayes* ende a solar is to
pave, And rather not, lest frostes it ensecte.
PALLAD. 6, 176.

maid, maide s. puella, virgo s. *maȝden*.

maidekin s. eine Verkleinerungsform von
maid. s. *maȝden*. Mädchen.

Pai . . sayd, þat þai wolden fond To ligge
bi a *maidekin* & biȝeten a child her in. ARTH.
A. MERL. 670. *Maydekyn*, or lytylle mayde,
puella. PR. P. p. 319.

maiden s. puella, virgo s. *maȝden*.

mail s. malleus s. *mal*.

mailet s. wohl das afr. *maillet*, pr. *malhet*.
Hammer des Rudermeisters, womit er
den Ruderern den Takt für das Ansiehen und
Abstossen der Ruder angab, lat. *portisculus*,
wie auch der *hortator* selbst genannt wurde.

Hic porticulus, a *maylat*. WR. VOC. p. 275,
vgl. DC. *porticulus*, malleus in manu *portatus*,
quo signum datur remigantibus; doch nach
FESTUS: *portisculus* est, qui in *portu* modum
dat classi, id autem est malleus.

maile s. macula, hamus s. *maille*.

mailid adj. eig. p. p. von afr. *mailler*. aus
Ringen geflochten, panzerartig.

He was clothid with a *maylid* hawberioun.
WYCL. 1 KINGS 17, 5 Oxf. To eche olifaunt a
thousand men stoden niȝ in *mailid* togidre hau-
beriownes. 1 MACCAB. 6, 35 Oxf.

maille, maile, male s. afr. *maille*, *maile*, pr.
malha, *malla*, sp. *malla*, pg. *malha*, it. *maglia*,
lat. *macula*, neue. *mail*. Ringlein am Panzer-
hemde, auch für Ringpanzer, Panzer.

Of ys auantaile wyþ þat stroke a carf wel
mang a *maylle*. FERUMBR. 624. Though thin
housbond armed be in *mayle* [*maille* Tyrwh.],
The arwes of thy crabbid eloquence Schal perse
his brest. CH. *C. T.* 9078. Pe *male* [*maylle* A.]
of a haburioñ, hamus, macula, scama, squama.
CATH. ANGL. p. 225. *Mayle* of a halburjon,
maille. PALSGR. In der Mehrzahl: His *mayles*
were mylkequyte. ANT. OF ARTH. st. 30. Riche
mayles thay righte. st. 39. Syxti *maylis* and
moe The squrd squappes in to. st. 40. Alle
the cost of þe knyȝte he keruys doune clene
Thro the riche *mayles*, that ronke were and
rounde. st. 47.

maillet, mallet s. afr. *maillet*, pr. *malhet*,
lat. *malleolus*, neue. *mallet*. vgl. *mailat* und *mali*.
Schlägel.

A square *maillet* the geant gan hold. ROM.
OF PARTENAY 4698. Right noght myght he do,
Where cursedly had don with hit *maillet* fro.
4715. *Malyet*, betyl, malleolus. PR. P. p. 323.

maim u. main s. afr. *mahain*, *mehain*, *me-
haing*, it. *magagna*, mlat. *mahamium*, neue.
maim; unaufgeklärten Ursprungs. Verstümmelung.

He is ase þe ymaymed ate porche of þe
cherche, þet ne heþ none ssame to sseawy alle
his *maimes* to alle þon þet þer guoþ. AYENB.
p. 135. *Mayne*, or hurte [*mayme* H. P.], muti-
lacio. PR. P. 320.

maimen, mainen, mainhen v. afr. *mahaig-
ner*, *mehaigner*, pr. *maganhar*, it. *magagnare*,
neue. *maim*. verstümmeln.

Mutulo, to *maymyn*. MEDULLA. *Maynyn*
[*maymyn* K.], mutilo. PR. P. p. 320. To *mayn*,
mutulare. CATH. ANGL. p. 225.

Ho so hitteþ out a mannes eye, oþer elles hus forteþ, oþere eny manere membre *maymeþ* or hurteþ, þe same [sore] shal he haue. P. PL. *Text C.* pass. XXI. 396. I *mayne* one, I take the use of one of his lymmes from hym. PALSGR. A *maymed* mon he hath no myȝht. FREEMAS. 159. Mankyd, or *maymyd*, mutilatus. PR. P. p. 325. vgl. *imaimed.* subst. Krüppel: The pore and the *maymot* to clothe and to fede. CHRON. VILOD. p. 31. vgl. *imaimed. Maynyd* [*maymyd* H. P.], mutilatus. PR. P. p. 320. *Maynde*, mutulatus. CATH. ANGL. p. 225. He hath *maynged* me, il ma affollé, or mutillé. PALSGR. Was no man Inglis *maynhed* [fr. *maygnd*]. LANGT. p. 305. Dahin gehört auch: The whiche thurgh his cruelte Was in poynt to have *meygned* me. CH. *R. of K.* 3355.

An die Form *maimen* schliesst sich **maininge s.** Verstümmelung: A *mayninge*, mutulacio. CATH. ANGL. p. 225.

main s. mutilatio s. *maim*.

main, main, mein s. ags. *mǟgen*, *mǟgn*, *mǟgyn*, vis, potestas, multitudo, exercitus, alts. *megin*, ahd. *magan*, *megin*, altn. *magn*, *megn*, *meyin*, sch. *mayn*, *man*, neue. *main*. Macht, Kraft, Gewalt.

Al his mod & his *main* halde to þam maidene. LAȝ. II. 176. Þer he finden mihte, þe his *main* wolde fondien. III. 62. Þai hight to Dalida his wijf Gyftes gret, al for to frain Quar was Sampson might and mayn. CURS. MUNDI 7190 COTT. My *mayn* ant eke mi myht Stunt is al my syht. REL. ANT. I. 24. I spend, and marrit is mi *main*. II. 211. Of þe king Alain No worþ ous noiþer help no *main*. ARTH. A. MERL. 153. Þo bispac him childe Wawain, Whom Crist ȝaf boþe miȝt & *main*. 4631. He hauede bi þare wimman enne swiðe wandliche sune, Morpidus ihaten, monnene strengest *of maine* and of þeauwe. LAȝ. I. 271. Alisaundre wexeth child *of mayn*. ALIS.650. Some tyme ther was in Almayn An emperrour *of moche mayn*. ERLE OF TOLOUS 13. Whan thou.. hast knyghtes *of mayn*. LYB. DISC. 175-8. Love is *of* so great a *maine*. GOWER III. 4. Beien heo weren.. muchele men on mihte and *a maine* swiðe stronge. LAȝ. II. 582. Þe whitte dragoun *wiþ* gret main þe rede drof. ARTH. A. MERL. 153. Lybeaus *wyth* myght and *mayne* Felde hym flat adown. LYB. DISC. 479. Sche rod *wyth* mayn and myght. 2078. Hem gan to prike *with mayn*. KING OF TARS 1091. Arthour smot þat geant oȝan A dint, þat *fro main* cam. ARTH. A. MERL. 9877. He lyste not to lawe, But mornyd *in* mode and *mayne*. BONE FLOR. 290.—pl. Heore *maines* heo uondeden. LAȝ. III. 207.

Corineus him fælde & him fusde *mid mæine* aduneward þa clude. LAȝ. I. 81. Hamun him to strac *mid* toȝen his *mæine*. I. 397.

Þe *mein* of ham melteð þurh þe heate. ST. MARHER. p. 15. Nou is marred al my *meyn*. LYB. P. p. 47. Þe to forswolhon ant merrin wið his muchele mihte þe *mein* of þi meiðhad. ST. MARHER. p. 12. He sende me mihte & *mein* from þe heouene me forto helpe. ST. JULIANA p. 54. Luuian wé hine mid alre heorte, mid

alre saulen, mid alle mode, *mid* alle *meine*. OEH. p. 123. Þat oþer mon from heuene com *with moyn*. CAST. OFF L. 1479. Ector *wiþ* his scharpe *meyne*. O. E. MISCELL. p. 95.

Das Substantiv tritt als Bestandtheil a. von Adjektiven und Adverbien, und b. von Substantiven auf.

a. mainful, meinful adj. mächtig, gewaltig: Ryȝt as þe *maynful* mone con rys. ALLIT. P. 1, 1092. Mane menes als much as *maynful* Gode. 2, 1730. Mihti, *meinfule* godd. ST. JULIANA p. 35. Schwau nu, mihti godd, þi *meinfule* mahte. p. 69. Godd mihti ant *meinful*. ST. MARHER. p. 6. Hu mihti & hu *meinful*, hu heh & hu hali is þes Cristenes Godd, Christ, þ ha herieð. LEG. ST. KATH. 2072.

mainles adj. altn. *meginlauss*. machtlos, kraftlos: (Neddre) Fasteð til his fel him slakeð, ten daies fulle, ðat he is lene and *mainles*. BEST. 126.

mainstrong adj. ags. *mǟgenstrang*, robore validus, mhd. *meinstrenge*. gewaltig, tapfer: Þeos weoren on moncunne eorles *mainstronge*, LAȝ. III. 106.

mainliche, mainli adv. mhd. *meinlich* adj., altn. *meginligr*, adj., neue. *mainly* adv. mit voller Macht, gewaltig, heftig, inständig: He.. his horn *mainliche* bleu. LAȝ. I. 35 j. T. Igrop hine bi þan gurdle, and hine *mainliche* heof. I. 81 j. T. Hii fohten *mainliche*. I. 424 j. T. Togadere hii come and *mainliche* on slow. II. 191 j. T. *Maynly* his marschal þe mayster vpon calles. ALLIT. P. 2, 1427. The mighty kyng Menon, *mainly*, Achilles Gird to þe ground with a grym hurt. DESTR. OF TROY 13779. The messanger *maynly* meuyt to the kyng, To Troy. 3255. This mild of his moder so *mainly* dessiret, þat ho said hym.. Þat Vlixes the lord was his leue fader. 13860. Scho.. *maynly* hire pleynes. WARS OF ALEX. 399. Þan mournes all þe Messadones & *maynly* was sturbid. 1341 Ashm. Þar meuyd þaim na mercy, bot *maynly* him woundid, Þat doun he hildis all tohewyn. 3200 Ashm.

b. mainclubbe s. mächtige Keule: Ænne muchelne *mainclubbe* he bar an his rugge. LAȝ. II. 216.

maindint s. gewaltiger Streich: He droȝ doun his cote, No more mate ne dismayd for hys *maindintes* etc. GAW. 335.

maindrink s. kräftiger Trank: Þaȝ man ben mery in mynde, quen þay' han *mayndrynk*. GAW. 497.

mainhed s. Grösse, Menge: Hou mikel *mainhede* [magna multitudo *Vulg.*] of þi swetnes. Ps. 30, 20.

mainhors s. gewaltiges Ross: Þe mane of þat *maynhors*. GAW. 187.

mainmervaile s. Hauptwunder, bedeutendes wunderbares Ereigniss, Abenteuer: He wolde neuer ete Vpon such a dere day, er hym deuised were Of sum auenturus þyng an uncouþe tale, Of sum *maynmeruayle*. GAW. 91.

**mainee, maine, maigne, maigni, mainie;
meinee, meine, meignee, meigne, meinie,
meinie, meini, meine, meaje, menie s.** afr.
*maisnee, maisnie, maisgnee, maignee; meisnee,
meignee* etc., pr. *mainada*, it. *masnada*, sp.
mesnada, manada, pg. *manada*, vom lat. *mansio,*
gleichsam *mansionata*, nfr. *maisonnée*, neue.
meiny. Hausgenossenschaft, Familie,
Gefolge, Schar.
 Mo þan .V. hundred þar þay aloje of þat
foule *maynee.* FERUMBR. 3405. Þe quene ajen
hym eode Wyþ noble *mayne* ynou. R. OF GL.
p. 288. Sir Jon, erl of Wareine, & sir Henri of
Alemaine, & sir Warin of Basingbourne wende
mid al hor *maine.* p. 564. He . . told hire þanne
as tit . . how he hade missed is *mayne.* WILL.
415. Non bost hi ne xecheþ ne ine robes, ne
ine ridinges, ne ine *maine.* AYENB. p. 139. A
riche prince of sarazins þudere was icome, with
him is wyf and his *mayne.* MARY MAGD. 227
Horstm. p. 468. Ypolyt wende to is owene hous
. . Al his *mayne* he grette fayre. ST. YPOLITE 8
Horstm. p. 481. Than cam Ihesu with his *mayne.*
ASSUMPC. B. M. 475. He . . sede, wiþ him he
scholde be þe beste of al his *maine.* FL. A. BL.
781. Darie þe kyng, and Salome, Haveth
ydyght heore *maigne.* ALIS. 2077. For drede of
him ne his *maygny* nel ich spare nojt. FERUMBR.
1787. He and al is *maynie* nomen cristinedom.
ST. LAURENCE 57 Horstm. p. 341. Now, Noe,
no more nel I neuer wary Alle þe mukel *mayny*
[on] molde, for no mannez synnez. ALLIT. P.
2, 513.
 The enmyes of a man ben his homly *meynee.*
WYCL. MATTH. 10, 36 Oxf. The *meynee* of the
Soudan, whan the straungeres speken to to
hym, thei ben aboute the Souldan with swerdes
drawen. MAUND. p. 40. Forth she walketh
esily a pas, . . Nat but with fyue or six of hir
meynee. CH. *C. T.* II. F. 388 Skeat. In thi seed
alle the *meynees* [familiæ *Vulg.*] of erthe schulen
be blessid. WYCL. DEEDS 3, 25 Oxf. Grim ne
couþe no god red, Hw he sholde his *meine* fede.
HAVEL. 826. Þe riche emperour of Rome rod . .
In þat faire forest . . wiþ alle his menakful
meyne. WILL. 200. Tostus ouer þe se went to
S. Omere, His wife & his *meyne.* LANGT. p. 65.
Þe riche quene wiþ hir *meyne.* HOLY ROOD
p. 115. God sal graunt fyre and fourty days Til
alle þas þat desayued sal be Thurgh anticrist
and his *mayne.* HAMP. 4626. Þe Amyral þan
þay founde þer . . And wyþ hy men sarazyns of
hure *meyne.* FERUMBR. 1790. He hadde possessiouns of sheep . . and of *meyne* mych. WYCL.
GEN. 26, 14 Oxf. Wher þurch mani a leuedi fre
Her lord les & fair *meyne.* ARTH. A. MERL. 409.
Per was piment & clare To heije lordinges & to
meyne. 3123. For certis þei ben cursed of God
jif þei meyntenen wityngly & wilfully proude
lordis & leccherours of here owne *meynne* in
here housholde. WYCL. W. *hith. unpr.* p. 102.
Alisaundre, and his *meygnee,* Comen, and badden
hem entree. ALIS. 5822. Loverds [sc. sal yhelde
acount] alswa of þair *meigne.* HAMP. 5870. Wit
naghtertale he went of toune, Wid Mari mild and
þair *meygne* [*meine, meyne* cett.]. CURS. MUNDI

11596 GÖTT. In þis wildrenes es nane [sc.
water] Nouder for vs ne for vr fee, Ne for nane
of vr *meygne* [*meine, meyne* cett.]. 11678 GÖTT.
Pan went Ioseph and Mari bun Wit Iesu til
anoiþer tun, þat *meingne* [*meigne* GÖTT. *meyne*
TRIN. *meynye* FAIRF.]. 12269 COTT. God assignyd
to þe prestis and deknys þe first fruytis and
tiþis and oþer certeyn deuocyons of þe peple,
þe whiche was lijflode inowje for hem wiþ alle
her seruandis and oþer *meynje.* WYCL. W. *hith.
unpr.* p. 364. Forth she walketh esily a pas, . .
Nought but with five or sixe of hire *meinie.*
CH. *C. T.* 10702 Tyrwh. Þis *meyny* of ajte I
schal saue of mannes saulez, & swelt þose oþer.
ALLIT. P. 2, 331. Þat left ware on lyfe, bot a
litill *mejne,* ware als malscrid & mased. WARS
OF ALEX. 1269 Ashm. Hec familia, a *menje.*
WR. VOC. p. 214. Þe childer of Israel Went
with Moyses thurght þe se Fra Pharao and his
menje. HOLY ROOD p. 73. A sun he had þat
was his ayre, And oþer *menje* many and faire.
p. 122. Ilk man of eld Suld cum til his boru,
and gif yeld For himself and for his *menye.*
METR. HOMIL. p. 62. Mery was the *menys* &
maden gret ioye. DESTR. OF TROY 4787. Daher
das Adjektiv
 meineal adj. neue. *menial.* häuslich,
im Hause befindlich: Grete je wel
her *meyneal* chirche [domesticam ecclesiam
eorum *Vulg.*]. WYCL. ROM. 16, 5 Purv.
substantivirt Diener, Hausbeamter,
pl. Hausgesinde: Þan þe þridde day of
August . . in þe newe forest, he [sc. William
Rufus] was ischote of oon Walter Tirel þat
was his owne *meynel* [*meyneal β. Cx.* a Wal-
tero Tyrel sibi familiari *Higd.*]. TREVISA
VII. 411-13.—The assis ben to the *meyneals*
of the kyng. 2 KINGS 16, 2 Purv.
 mainen v. conqueri, lugere s. *mænen.*
 mainen, mainhen v. mutilare, **mainlnge** s.
mutilatio s. *maimen.*
 mainpernour, meinpernour etc. s. von afr.
perner = *prendre* u. *main,* neue. *mainpernour.*
Bürge.
 To prison he goth, he get no bettir, Till his
maynpernour his areste unfettir. OCCLEVE De
Regim. Principum, ed. Wright p. 87. Whan
Cryste schall schewe hys woundys wete, Than
Marye be oure *maynpurnoure!* MS. in HALLIW.
D. p. 546. That Mede moste be *maynpernour*
Reson thei bisoughte. P. PL. 2305 Wr. To be
mannes *meynpernour* For evere moore after.
12446 Wr. Þat Mede myghte be *menefernour*
reson þei bysouhte. *Text C.* pass. V. 107.
 mainprise, meinprise s. von afr. *main* u.
prise, neue. *mainprise.* Bürgschaft.
 Fro þoukes poundfalde no *maynprise*
may ous fecche. P. PL. *Text C.* pass. XIX. 282.
Late *meynprise* hym haue, And be borwgh for
his bale, and biggen hym bote. *B.* pass. IV. 88.
 mainprisen, meinprisen v. neue. *mainprise.*
bürgen, durch Bürgschaft befreien.
 Loue . . suche letteres me sente . . þat god
haþ forgyue, and graunted to al mankynde,
Mercy, my suster, and me, to *maynprise* hem
alle. P. PL. *Text C.* pass. XXI. 186. Shal neure

man of molde *meynprise* þe leste, But riȝte as
þe lawe wil loke, late falle on hem alle. *B.* pass.
II. 196.

**maintenaunce, meintenaunce, menten-
aunce** s. afr. *maintenance*, pr. *mantenensa*, sp.
mantenencia, pg. *mantença*, neue. *maintenance.*

1. Unterhalt, in der Rechtssprache,
Unterstützung einer Partei in einem Rechts-
streite mit Geld oder anderweitig: Þe kyng..
For any richas him redis, rathere to thole þe
maytenance of þe Messedoyns & of þe meri
Grekis þan þaim of Persy to pay. WARS OF
ALEX. 1177 Ashm. Attornes.. sworn in lyke
wise, truly to execute ther office as the lawe
requirith w¹out *mayntenaunce* or champertye.
ENGL. GILDS p. 400. Yf the persones so accused
appere in propre persone, or by attorny, w¹out
mayntenaunce and eny vnlawfulle supportacyon.
p. 403. Þei shullen maken no *meyntenaunce* ne
confideracie ageyn þe kyngis right ne þe comoun
lawe. p. 39. Ȝif þei ben faste aboute to haue
riche men biried in here housis for wynnynge
and offrynge and wordly *meyntenaunce* and forsaken pore men to be biried þere, þei ben false
ypocritis. WYCL. W. *hith. unpr.* p. 15. Alle hy
beth ytorned to losynge, Thes ȝonge and ake
thes olde. Therto hys *mentenaunce* great, That
maketh hy wel bealde. SHOREH. p. 100.

2. Haltung, Gebaren: She hadde so
stedfaste countenaunce, So noble porte and
meyntenaunce. CH. *B. of Duch.* 832.

maintenen, meintenen, manteinen etc. v.
afr. *maintenir*, pr. *mantener, mentener*, it. *man-
tenere*, sp. *mantener*, pg. *manter*, mlat. *manu-
tenere*, neue. *maintain.*

1. erhalten, behaupten, bewahren,
aushalten: Miȝt þou þe marches of Messe-
doyne *mayntene* þi selfe, And gouerne bot þine
awen gronde. WARS OF ALEX. 1980 Ashm. He
sal be last emparour þat þare sal be, And mast
of alle kynges of pouste, þe whilk sal wele
mayntein his state And þe empire, withouten
debate. HAMP. 4089. William say þer oþer
side so fers & so breme, þat his men miȝt nouȝt
meyntene here owne. WILL. 3641. Þei miȝt no
more *meintene* Þe sege. 3002. Ich kan wit and
song *manteine*. O. A. N. 759.

imper. *Meintenes* ȝit ȝoure manchip manli
a while. WILL. 2676.

2. aufrecht halten, unterstützen,
helfen: Sche preyed ful pitousli to þe prince
of heuene, for Marie his moder to *mayntene* hire
& help. WILL. 2697. He sal þe tane of þam
mayntene [sustinebit *Vulg.* MATTH. 6, 24, ags.
hræfneð, sustinet, auscultat], And þe tother
despyse. HAMP. 1108. Ȝit I may as I myȝte
menske þe with ȝiftes, And *mayntene* þi manhode. P. PL. *Text B.* pass. III. 183. The pope
and alle prelatis presentz vnderfongen, And
medeth men hemseluen to *mayntene* here lawes.
214. I pliȝte þe my treuthe, To fulfille þis forward, þowȝ I fiȝte sholde; Als longe as I lyue,
I shal þe *mayntene*. pass. VI. 35. Mede.. þe
maire hath bisouȝte.. syluer to take or presentz
.. þe regrateres to *maynetene*. pass. III. 87-90.

To Mars in his mynstir, at *mainteines* þe
weris [i. e. wars], ȝe bringe him a wild bare.
WARS OF ALEX. 4522. Þei ben not only heretikis but princes of heretikis, as þei þat chefly
meintenen oþere men in synne and compelle hem
þerto. WYCL. SEL. W. III. 323.

3. behaupten, eine Meinung ver-
fechten: Þis is Luciferis pride, stynkynge
ypocrisie and Anticristis blasphemye, to crie
and *meyntene* þat suche ben able curatis and
grete men of holy chirche. WYCL. W. *hith.
unpr.* p. 24.

Ȝif þei seyn and *meyntenen* in scole and
oþere placis þat þe wordis of holy writt ben false
and manere of spekyng of newe idiotis is trewe,
þei don gostly auoutrie and putten falsnesse
and blasphemye vpon God. *ib.* p. 10.

4. refl. sich benehmen, sich halten,
sich gebaren.

You shall so me *mayntayne my selfe* so
honestly that you shall prayse me. PALSGR. v.
mayntayne.

mainteninge, meinteninge s. Aufrecht-
erhaltung.

[Ligurgus..] ȝaf kynges power of bataille,
and to iuges power of doomes, and to þe sena-
toures kepynge and *meyntenynge* of the lawes.
TREVISA III. 37.

maintenour, meintenour, meintener s.
afr. *mainteneur*, pr. sp. pg. *mantenedor*, it. *man-
tenitore*, neue. *maintainer*. einer der erhält,
unterstützt, Vorschub leistet.

Clerkes wyten þe soþe, þat mede ys euermore a *meyntenour* of gyle. P. PL. *Text C.* pass.
IV. 287.—Þei han maad priuyly couenaunt with
þe deuyl þat.. þe deuyl schal strangle þe soulis
at his wille as for hem, so þat þei han here
lustis of grete statis and worschipe of þe world..
and *meynteneris* þerinne. WYCL. W. *hith. unpr.*
p. 24.

maintenue s. afr. *maintenue.* obrigkeitlicher Schutz des Besitzes.

Touchend of the chivalerie Which.. in
some partie Is worthie for to be commended,
And in some part to be amended, That of her
large retenue The lond is full of *maintenue*,
Which causeth that the comun right In fewe
contres stont upright. GOWER III. 379 sq.

maioron s. amaracum s. *marjoron.*

maire, mair, meire, meir s. afr. *maire*, lat.
major, sch. *maire, mair, mare*, neue. *mayor.*
Vorsteher, Beamter, bes. Bürger-
meister.

To be a *maire* aboue men. P. PL. *Text B.*
pass. XIV. 288. Mede þe mayde þe *maire* hath
bisouȝte of alle suche sellers syluer to take.
III. 87. The kyng comaundyd to a knyght,
„Afftyr the *mayr* swythe sende..‟ The *mayr*
come. RICH. C. DE L. 1498. Hic major, præfectus, a *mayr*. WR. VOC. p. 211. — Salamon
þe wise a sarmoun he made, For to amende
maires and men þat kepen lawes. P. PL. *Text
B.* pass. III. 93.

Of London þe *meyre*. BAB. B. p. 186. Þe
meyre of London. p. 188. *Meyre* of Calice [i. e.
Calais]. p.186. Þe *meyre* of þe stapulle [in Calais].

p. 188. Bote Meede þe mayden þe *meir* heo bisouȝte of alle auche sullers seluer to taken. P. PL. *Text A.* pass. III. 78. — *Meires* and maistres and ȝe þat beoþ mene Bitwene þe kyng and þe comuns to kepe þe lawes. P. PL. *Text A.* pass. III. 67.

maise s. altn. *meis*, a basket to carry fish, neue. prov. *mease* [WRIGHT PROV. DICT. p. 666]. ein Maass von 500 Stück Fischen, besonders Häringen.

A *mayse* of herynge, millenarius, allistrigium. CATH. ANGL. p. 225. vgl. n. 7: A *maise* of hering, quingenta. MAN. VOC. A *mease* of herring. GOULDMAN.

maisille s. serpedo s. *masel.*

maisondewe s. asylum, valetudinarium, nosocomium s. *masondewe.*

maister s. magister und Komposs. s. *maȝstre.*

maisterful adj. vgl. *maȝstre, maister.* herrisch, gebieterisch.

Maysterful mod & hyȝe pryde, I hete þe, arn heterly hated here. ALLIT. P. 1, 401. Ofte hit mekned his mynde, his *maysterful* werkkes. 2, 1328. Shal noon housebonde seyn to me „chek mat“; For eyther thei ben ful of jalousie, Or *maysterful*, or loven novelrye. CH. *Tr. a. Cr.* 2, 754. As he which nothing couthe, how *maisterfull* love is in youthe. GOWER I. 286. auffällig in: Lest perauenture he take thee to the domesman, and the domesman bitake thee to the *maistirful* axer [exactori *Vulg.*, gr. πϱάκτοϱι, ags. þam bydele], and the *maistirful* axer sende thee in to prisoun. WYCL. LUKE 12, 58 Purv.

maisterfulli adv. gewaltsam.

A soule that synneth . . ether takith *maisterful*[l]i a thing bi violence [vi aliquid exstorserit *Vulg.*]. WYCL. LEVIT. 6, 2 Purv.

maisterles adj. ohne Führer.

Þai mellit with the Mirmydons that *maisterles* were. DESTR. OF TROY 11131.

maisterlike adv. würdevoll wie ein Fürst.

Haile, modi qwene of Messidoyne, he *maisterlike* said ; þare deyned him na daynte, „madame“ hire to call, Because he knew him a kyng, he carpid of þis wyse. WARS OF ALEX. 228.

maisterling s. der Form *loverding, loverdling* entsprechend, Herr, Fürst, Ueberwinder, auch als Uebersetzung des lat. *princeps* vom Teufel und seinen Genossen gebraucht.

Y have bygete on the a kyng That schal beo Phelippes *maisterlyng.* ALIS. 400. O Alisaundre, the riche kyng, Of alle kaysers *maisterlyng*! 4504. — Tollite portas, principes, uestras . . ge *maisterlinges* of þesternesse, openeð giwer gaten. OEH. II. 113. Gie *maisterlinges* her wiðinnen, openeð giure gaten. II. 115. He parreld him a proude feste of princes & dukis, With *maisterlingis* of Messadone. WARS OF ALEX. 480.

maistren, meistren v. afr. *maistrer, maistrier, mestroier,* pr. *majestrar, maestrar, maistrar, maestriar,* asp. *maestrar,* nsp. *maestrear,* it. *maestrare,* lat. *magisterare, magistrare,* ahd.

meisterón, meistrón, mhd. *meistern,* schw. *mästra,* dän. *mestre,* neue. *master.*

1. meistern, im Wissen überbieten, oder überwinden: An mahte of ure men wið his mot *meistren* . . þe alre wiseste þi wuneþ bi Westen. LEG. ST. KATH. 587-91. Is nu se storliche unstrengðet ower strengðe . . swa þ te mihte & te mot of ane se meke meiden schal *meistren* ow alle? 1274.

Þurh þi muchele mihte *meistre* ham swa þ ha beon mid alle istewet & stille. 654.

Ha wið hire anes mot *meistreð* us alle. 547.

2. anführen als Oberhaupt: Þat heaued prof [sc. of þe vnseheliche gastes wið alle unwreaste þeawes] is þe feont, þe *meistreð* ham alle aȝeines him [sc. þe husebonde, þat is wit] ant his keis. OEH. p. 247.

3. bewältigen, besiegen im Kampfe: Mervaile theme toghte, How he *maisterede* þat mane so myghtty of strenghes. MORTE ARTH. 2683.

maistresse, meistresse, maistres s. afr. *maistresse,* niederl. *meesteres,* neue. *mistress.*

1. Lehrerin, Erzieherin, Hofmeisterin: Þet [sc. auarice] is þe *maystresse* þet heþ zuo greate scole þet alle guoþ þrin uor to lyerni. AYENB. p. 34. Þe writinge sayþ, þet idelnesse . . is *maystresse* of moche quead. p. 206. Þis mayde . . So kept hir self, hir neded no *maystresse.* CH. *C. T.* 13520. O thou [sc. my norice philosophie] *maistresse* of alle uertues. *Boeth.* p. 10. O *meistresse,* what demest þou of þis? p. 17. To Florippe com hure *maystres* gan, þat hiȝte Maragounde, „Doȝtere,“ sche saide etc. FERUMBR. 1349. — Ye *maystresses,* in youre olde lyf That lordes doughtres han in governaunce. CH. *C. T.* 13487.

2. Herrin, Gebieterin: An alter made there was Unto Echates, the goddesse Of art magique and the *maistresse.* GOWER II. 262. Þanne Alisaundrine anon attlede þe soþe þat hiro *maistres* & þat man no schuld hire nouȝt misse. WILL. 1015. To þe *maistres* out of Amazoyne manifald ioyes! WARS OF ALEX. 3763.

maistrie, meistrie, maistri etc. s. afr. *maistrie, meistrie, mestrie,* pr. *magestria, majestria, maestria,* sp. it. *maestria,* neue. *mastery.*

1. Ueberlegenheit, Oberhand, Herrschaft: Yif thou wilt habbe *maistrie* Of loos and rys, thider thou highe, And thou mighth therȝ by bataile and gynne, Of al the worlde meat loos wynne. ALIS. 5986. Seþþe haþ Engelond ybe ywerred ylome Of þe folc of Denemark . . Þat ofte wonne Engelond, and hulde yt by *maystrie.* R. OF GL. p. 3. Þurwh þe holy crois he [sc. Constantyn] ouercom alle his fon, And won þe *maystrie* and al his lond. HOLY ROOD p. 37. vgl. 36. Heo ne couþen answerie hire of neuere a word, and ȝeuen hire þe *maistrie.* ST. KATHER. 128 Horstm. p. 96. Huy ȝolden him þe *maistrie* anon, bote þat he let hem aliue. ST. MARTIN 45 Horstm. p. 450. If Y shal haue the *maystrye,* and smyte hym, ȝe shulen be seruauntis. WYCL. 1 KINGS 17, 9 Oxf.

Ha . . wende hare wiheles upon ham seluen,
þ al ha cneowen ham crauant & ouercumen, &
cweðen hire þe *meistrie* & te monake al up.
LEG. ST. KATH. 130. Þet [sc. fleshs] haueð to
muche *meistrie*, weilaweil on monie. ANCR. R.
p. 140. Luue haueð one *meistrie* biuoren alle
þinges; vor alle þinges þet heo arineð, alle heo
turneð to hire, and alle heo makeð hire owene.
p. 406 sq.

To loue y putte pleyntes mo, Hou sykyng
me hath siwed so, Ant eke thoht me thrat to
slo with *maistry* Ʒef he myhte. LYR. P. p. 53.
Þe *maistri* has king Constantin Thoru þe cros.
CURS. MUNDI 21400 COTT. Wheþer so might
maistri win On his side suld þe bataill blin.
HOLY ROOD p. 125. Toru couaitis and prid
bigan Man to haf *maystri* of man. METR.[HOMIL.
p. 60. Than sal Crist com that men may se, In
maistri and in gret pouste [cf. cum virtute multa
et majestate. MATTH. 24, 30 *Vulg.*]. p. 22. This
Merion hade *maistri* but a meane qwile. DESTR.
OF TROY 13662. The watris hadden ful myche
maystry vpon the erthe. WYCL. GEN. 7, 19 Oxf.

And y wer now on þy *mastrye*, as þou art
her in myne, . . how wostou þan do by me?
FERUMBR. 1904. This *mastre* longes to me.
TOWN. M. p. 3.

Muchel hofleas is þet cumen into ancre
huse . . vorte sechen eise þerinne & *mesterie* &
more lefdischipe þen heo muhte habben iheued,
inouh reðe, iðe worlde. ANCR. R. p. 108.

2. Kunst, ungemeine oder wunderbare That: Of arte he had þe *maistrie* he
mad a coruen king. LANGT. p. 336. Sathanas
did his *maistrie*, And fandid him with lyocherye.
METR. HOMIL. p. 79. Þis ys a stede of Arabye,
Be hys horn i gan hyt aspye, An vnyoorn, with
greet *maystrye*, Begat hyt þare, A rabyte . .
Perto was mare. OCTOU. 1411. Iesus vp þe water hint, And bar it hame
als a balle . . Quen Mari had sene þis *maistri*
[*maistre* COTT.]. Scho hid in hert it preuili.
CURS. MUNDI 12316-20.

pl. He . . wrouhte ueole wundres, and
dude ueole *meistries* biuoren hire eihsihðe.
ANCR. R. p. 390.

All thies *maistres* & mo she [sc. Medea]
made in hir tyme. DESTR. OF TROY 417. Ector
. . Mighty and monfull *maistris* to wirke. 2202.

My Lord, ye have a manner of men That
make great *mastres* us emelle. TOWN. M. p. 55.
I bad ye shuld be bowne, If he maide *mastres*
more, To dyng that dastard downe. p. 249.

maistrise s. afr. *maistrise, mestrise*. Kunst,
Tüchtigkeit.

Amydde this purprise Was maad a tour of
gret *maistrise*; A fairer saugh no man with sight,
Large and wide, and of gret myght. CH. *R. of
R.* 4171.

maiðe s. ags. *mägeðe, mägðe*, chamæmelum.
Kamille, matricaria chamomilla.

Camomilla, maiwe [leg. *maiþe*]. WR. VOC.
p. 140. Mathen [*maythe*], ameroke. p. 162.
Hec embroca, *maythe*. p. 190. Maydewede,
herbe, or *maythys*, melissa, amarusca. PR. P.
p. 319.

majeste, mageste etc. s. afr. *majesteit, majeste*, pr. *majestat, maiestat*, sp. *magestad, pg.
magestade*, it. *maestà*, mhd. spät *majestät*,
niederl. *majesteit*, schw. dän. *majestät*, lat. *majestas*, neue. *majesty*. Majestät, Herrlich-
keit.

The Lord oure God hath shewid to vs [his]
maieste. WYCL. DEUTER. 5, 24 Oxf. Purv. Þorw
miht of his *maieste* mon was imaket. P. PL.
Text A. pass. X. 41. Þe firste hath miʒte and
maiestee, maker of alle þinges. *B.* pass. XVI.
184. Tille erthe now wille I weynde, My selfe
to sytt in *majestie*. TOWN. M. p. 307. A *maiesty*,
imperiositas, maiestas. CATH. ANGL. p. 225.
Þo he awok he couþe Of·þe pure stat of Crist &
of his *mageste*. ST. EDM. CONF. 263. Þai sal se
þe son of man Comand doun in cloudes þan
With his grete myght and *mageste*. HAMP. 474.
Thei schulen se mannus sone comynge in the
clowdis of heuene, with moche vertu and *mageste*
[*maieste* Purv.]. WYCL. MATTH. 24, 30 Oxf.
Whanne mannes sone shal cume in his *mageste*
[*maieste* Purv.] . . thanne he shal sitte on the
sege of his *magestee* [*maieste* Purv.]. 25, 31 Oxf.
Magestie, majesté. PALSGR.

majoran s. amaracum s. *marjoron*.

mal, mol, moal s. ags. *mál*, sermo; pretium
[SAX. CHRON. 1086], alts. ahd. *mahal*, altn. *mâl*,
sermo, pactum, altschw. *mal*, nschw. *mâl*, dän.
maal, neue. *mail*.

1. Sprache, Rede: Jesus o Grickisshe
mal On Ennglissh iss Hælennde. ORM 4270.
Þes frenkis men o france *moal* it nemnen „un
iur natural.“ G. A. Ex. 81.

2. vertragsmässige Abgabe, Tribut,
Preis: Ʒiff mann brohhte hemm [sc. publicanis]
aniʒ fe Intill þe kingess *male*, Ne wolldenn þeʒʒ
nohht takenn itt Butt iff mann ʒæfe i mare.
ORM 10179. Forr þi badd hemm Sannt Johan . .
sammnenn laþhelike & rihht þe kingess rihhte
male. 10165. I gif him wonynge stede to wale
for euermare wiþouten *male*, til him and his
breþer xj. CURS. MUNDI 5375 FAIRF. COTT. Ne
wile þe louerd ben paid mid his rihcte *mol*.
OEH. II. 179. Of heom hi token vnriht *mol*.
O.E.MISCELL. p. 151.

maladicht, maladict p. p. maledictus s. *ma-
lediʒt*.

maladie s. afr. *maladie*, pr. *malaptia, ma-
lautia, malatia*, asp. *malatia*, it. *malattia*, neue.
malady. Krankheit.

Also raþe he was iwarisd of his *maladie*.
O. E. MISCELL. p. 31. Thei perceyveden wel
that no sykenesse was curable by gode medycyne
to leye therto, but ʒif men knewen the nature
of the *maladye*. MAUND. p. 120. He knew the
cause of every *maladye*. CH. *C. T.* 421. Lyke
the lovers *maladye*. 1375. A *malady*, arthesis.
CATH. ANGL. p. 226. *Malady*, a disease, maladie. PALSGR. — Ryght as *maladies* ben cured
by her contraries, right so schal men warissche
werre by vengeaunce. CH. *T. of Melib.* p. 143.

malapert adj. von afr. *apert*, *ouvert*, sans
feinte, lat. *apertus*, neue. *malapert*. keck,
frech, leichtfertig.

Malapert, effrons. PR. P. p. 322. She was

wis and loved him nevere the lasse, Al ner he *malapert*, or made it tough. CH. *Tr. a. Cr.* 3, 37. Beware youre countenaunce be aene Nor over light, ne rechelesse, ne to bolde, Ne *malapert*, ne rynnyng with your tonge. *Court of L.* 735. subst. u. personificirt: *Malaperte* was myjtfful and maister of hous, And evere wandrid Wisdom without the jatis. DEP. OF R. II. p. 22.

malard, malerd, mallard, mawlard, maw- delard s. afr. *malart*, picard. *maillard*, welsch *mailart* [WALTERS *Dict.* v.*drake*], neue. *mallard*. dunkl. Urspr. wilder Entrich, auch über- haupt Ente, ohne Unterschied des Geschlechts. *Malarde*, bryde, anas. PR. P. p. 323. Goos, tele, *malarde* & swanne, reyse the legges. BAB. B. p. 272. *Malarde*, a byrde, canart. PALSGR. Hic, hec natis, a *malerde*. WR. VOC. p. 220. *Mallard*, anas. WR. VOC. p. 177. Take conyng, hen, or *mallard*, and roste him almoste ynowe. TWO COOK. B. p. 80. Every goos, teele, *mallard*, ospray, & also swanne, reyse vp þo leggis of alle þese. BAB. B. p. 142. — *Mallardes* pl. p. 279.

Take *mawlard*, or gees, an chop hem smale. TWO COOK. B. p. 8. Take conynge, hen or *mawlard*, and roste hem alle most ynow. p. 14. *Mavelarde*, idem quod *malard*. PR. P. p. 330. Sethe a *mawdelarde*, þat fat is. LIB. C. C. p. 38. For the thrydde cours, now take [þou] shalle Cawdel ferre, stued *mawdelarde* . . Thenne rosted *mawlarde*. p. 55.

malkin s. neue. *malkin*. der Eigenname, dem deutschen Mariechen entsprechend, wird ziemlich frühe für den Ofenwisch ge- braucht.

Hoc tersorium, a *malkyn* (als Werkzeug des Bäckers). WR. VOC. p. 276. *Malkyne*, mappyl, or ovenswepare, dossorium, tersorium. PR. P. p. 323. *Malkyn* for an ovyn, fovrgon. PALSGR.

maldrope s. unsicheren Ursprungs. Tropfen aus der Nase, Nasenschleim; (tropfenför- miger?) Rubin.

Des oiez outes la jacye — the gunde — E de nees la rupye — the *maldrope*. WR. VOC. p. 145. *Maldrop*, a ruby. NOMINALE Ms. in HALLIW. D. p. 538.

male s. hamus, macula s. *maille*.

male s. afr. *male*, nfr. *malle*, pr. sp. pg. *mala*, auch mlat. *mala*, equestris sarcina, pera viatoria D. C., von ahd. *malaha*, *malha*, mhd. *malhe*, niederl. *maal*, gäl. *mala*, bret. *mal*, neue. *mail*. Ledertasche, Felleisen, Mantelsack.

Ich þe wulle bitache a *male* riche, penijes þer buoð an funda [ine ifunde j. T.] to iwisse an hundrad punda. LAJ. I. 150 sq. In that time a man þat bore Wel fyfty pund, y woth, or more Of red gold upon his bac, In a *male* with or blac, Ne funde he non that him misseyde, Ne with iuele on him hond leyde. HAVEL. 45. Jef thou havest bred an ale, Ne put thou nout al in thy *male*, Thou del it sum aboute. REL. ANT. I. 111. The kyng . . trusseth a *male* hym bihynde. Upon a mule he went forth. ALIS. 5474-8. To Ypocras anon he sent, That he scholde come his sone to hale, And habbe gold ful a *male*. SEVEN SAG. 1032. Þat on bereþ bote

a boxe, a breuet þerynne, Ther þe marchaunt ledeþ a *male* with meny kynne þynges. P. PL. *Text C.* pass. XIV. 55. Unbokeled is the *male*. CH. *C. T.* 3117. Hec mantica, *male*. WR. VOC. p. 197. 202. A *male*, mantica, involucrum. CATH. ANGL. p. 226. *Male* of trussynge and caryage, mantica. PR. P. p. 323. — Þai . . Tyffen her takles, trussen her *males*. GAW. 1129. Þay fulde sakkes, & trossede *males*, To charyotes þay drowen þe grete bales & þykke hem in þam caste. FERUMBR. 4201. Ich was yherborwed with an hep of chapmen; Ich aros and rified here *males* whenne þei a reste were. P. PL. *Text C.* pass. VII. 234.

male s. pomum, pomus s. *mele*.

male adj. afr. *mascle*, *masle*, *malle*, nfr. *mâle*, pr. *mascle*, sp. pg. *macho*, it. *maschio*, lat. *mas- culus*, neue. *male*. männlich, männlichen Geschlechts.

He that made men at the bygynnynge, *male* and female he made hem. WYCL. MATTH. 19, 4 Oxf. God made hem *male* and female. MARK 10, 6.

s. Männlein, Mann: Vch *male* matz his mach a man as hym seluen. ALLIT. P. 2, 695. To knowe a femel fro a *male*. CH. *C. T.* 5704. — Ay þou meng with þe *malez* þe mete ho-bestes. ALLIT. P. 2, 337. Whan þei [sc. bestes] hadde ryde in rotey tyme; anon rijte þer after, *Males* drowen hem to *males* a mornynges bi hemself, And in euenynges also jede *males* fro femeles. P. PL. *Text B.* pass. XI. 329.

maledijt, maledight p. p. lat. *maledictus*, afr. *maldit*, nfr. *maudit*. verflucht.

Comeþ a childe *maledijt* [*maledight* COTT. GÖTT. *maladicte* LAUD]. CURS. MUNDI 12031 TRIN. Who so loueþ him not is *maledijt* [*male- dight* COTT. GÖTT.]. 14375 TRIN. Of god he shal be *maledijt* [*maledight* COTT. GÖTT. *maladichte* EDINB.]. 22034 TRIN.

s. Verfluchter: Þai lifted vp þat *ma- ledight* [cursed wijt FAIRF. TRIN.]. CURS. MUNDI 1188 COTT. GÖTT. Son of los, þe *maledijt* [*maledight* COTT. GÖTT. *maladichte* EDINB. þat cursed wijt FAIRF.]. 22082 TRIN.

malefice s. afr. *malefice*, pr. *malefici*, sp. pg. it. *maleficio*, lat. *maleficium*, neue. *malefice*. Uebelthat, frühe schon auf Zauberei be- zogen.

Fully schal it [sc. concupiscence] never quenche, that he schal somtyme be moeved in himself, but if ne were al refreynit by siknes, or by *malefice* of sorserye, or colde drinkes. CH. *Pers. T.* III. 288.

malencolik, melancolik adj. afr. *melan- colique*, pr. *melancolic*, *malencolic*, sp. pg. *melan- colico*, it. *melancolico*, *malinconico*, neue. *melan- cholic*. schwarzgallig, schwermüthig, grämlich, übellaunig, wild.

Lik manye, Engendred of humour *malen- colyk* [humours *melancolike* Tyrwh.]. CH. *C. T.* 1376. The cok of kynde haþe a creat rede Shape lyke a crowne, token of gret noblesse, By whyche he haþe . . corage and hardynes, And of hys berde *melancolyk* selnes. LYDG. *Isop.* 57 Zupitza.

malencolie, melencolie, selten **melancolie**
s. afr. *melancolie*, pr. *melancolia*, *malenconia*,
sp. pg. *melancolia*, *malinconia*, it. *malinconia*,
lat. *melancholia*, gr. μελαγχολία, neue. *melancholy*. Schwarzgallsucht, Schwermuth,
auch üble Laune, Wildheit, Unbändigkeit.
Malencolye, complexion, malencolia vel
malancolia. PR. P. p. 322. Whan I may nou3t
haue þe maistrye, with *malencolye* [*malancolye*
C. pass. VII. 77] I take. P. PL. *Text B.* pass.
XIII. 334. Thy swevenes ek, and alle swich
fantasie Dryve oute . . For they procede of thy
malencolye. CH. *Tr. a. Cr.* 5, 358. Stood on a
day in his *malencolye*. 5, 1660. The humour of
malencolie [*melancolie* Tyrwh. 14939] Causeth
ful many a man, in sleep, to crye. CH. *C. T.* I.
C. 113 Morris Clar. Pr. So that the comun with
the lorde, And lord with the comun also He
sette in love bothe two, And put awey *malencolie*. GOWER I. 39. Som man vengable of cold
malencolye. LYDG. M. P. p. 159. He [sc. wrath]
with him hath ever five Servaunts, that helpen
him to strive. The first of hem *malencoly* Is
cleped. GOWER I. 280. Po men þat habounde in
blak coler, þat is *malencoly*. QU. ESSENCE p. 17.
cf. 19. But yf he [sc. the asse] bite hir [sc. the
mare] in his rage, Let labouryng his *malincoly*
swage. PALLAD. 4, 882.
Al this nas but his *melencolye*. CH. *Tr. a.
Cr.* 5, 622. Thys *melancolye* And drede I have
for to dye. *B. of Duch.* 23. A *melancoly*, malencolia; melancolicus. CATH. ANGL. p. 233.

malencolien, malancolien adj. schwermüthig, trübsinnig, grämlich.
Hast thou be *malencolien*? GOWER I. 280.
He, whiche is *malencolien*, Of pacience hath
nought lien, Wherof his wrath he may restreigne.
I. 287.
s. Schwarzgalliger, Schwermüthiger, Grämlicher: Ase doþ þe bysye oþer
þe *malancolien*. AYENB. p. 253.

malencolious adj. schwarzgallig,
schwermüthig, grämlich.
Malencolyous, malencolicus. PR. P. p. 322.
God seiþ it is mercy & charite to suffre men
mekely & wisly whanne þei ben out of reson as
wroþ & *malencolious*. WYCL. W. hith. unpr.
p. 215. I wode . . And am so *malencolious*.
GOWER I. 282. Þese medicyns puttiþ awey
wichid þou3tis and an heuy herte *malencolious*.
QU. ESSENCE p. 18. Ryght often he moeued of
Dydo the corage into grete teres & sobbynges
malencolyouse. CAXTON'S ENEYDOS p. 80.

malengin s. afr. *mal engin* [v. LITTRÉ Dict.
II. 1396], pr. *engen*, *engin*, sp. *ingenio*, pg.
engenho, it. *ingegno*, lat. *ingenium*. Betrug.
So may men knowe, how the florein Was
moder first of *malengin* And bringer in of alle
werre. GOWER II. 138. They shall sette sewrte
to holde the peas wythout ony frawde or *malengyne*. CAXTON *Hist. of Troye* in SKEAT *Spec. of
E. Liter.* a. 1394-1579 Oxf. 1890 p. 89.

malese s. afr. *malaise*. Zusammensetzung
von *aise*, pr. *ais*, *aise*, it. *agio*, altit. *asio*, pg. *azo*,

altengl. *aise*, *ese*, neue. *ease*. Ungemach,
Leid.
Þei prechen . . what myschief and *malese*
Cryst for man tholed. P. PL. *Text B.* pass.
XIII. 75. Alle manere men þat þou myght
aspye In meschief oþer in *malese*, and þow
mowe him helpe, Loke by þy lyf, let hem nouht
forfare. *C.* pass. IX. 232.
Thei brou3ten to hym alle that weren at
male-ese [male habentes *Vulg.*], and that weren
take with dyuerse languores. WYCL. MATTH.
4, 24 Purv.

maletalent, maltalent, mautalent s. afr.
maltalent, *mautalent*, it. *maltalento*. böser
Wille, Zorn, Hass.
Sore abieth she everydelle Hir malice and
hir *maletalent*. CH. *R. of R.* 272. Thanne
Daunger fille in his entent For to foryeve his
maletalent. 3437. Thou schalt forgeve al *maltalent*. RICH. C. DE L. 3668. And sire Beves
tho veraiment For3af him alle is *mautalent*.
BEVES OF HAMT. 3977 Kölb.

malevesin s. s. *malvesie*.

malgracious adj. afr. *malgracieux*, erst dem
späteren Mittelalter angehörend. unangenehm, hässlich.
His [sc. des Vulkan] figure Both of visage
and of stature Is lothly and *malgracious*. GOWER
II. 149.

malgre s. *maugre*.

malice, malis etc. s. afr. *malice*, *malisce*, pr.
malicia, *malissa*, sp. pg. *malicia*, it. *malizia*, lat.
malitia, neue. *malice*.

1. schlechte, üble Beschaffenheit:
Yf the need In landes salt that treen or greyves
growe, Thou must anon on hervest plante or
sede, The *malice* of that lande and cause of drede
That wynter with his shoures may ofdryve.
PALLAD. 1, 261.

2. Bosheit, Schlechtigkeit: A *malice*, malicia, malignitas. CATH. ANGL. p. 226.
Malyce, malicia. PR. P. p. 323. Þanne sseweþ
hy þe kueades þet were yhole and yroted ine
þe herte, þet is to wytene, prede, auarice, *malice*,
and oþre kueade dedes. AYENB. p. 26. Forþi
þat þai, omang other vice, Brynned ay here in þe
calde of *malice*. HAMP. 6645. Sore abieth she
everydelle His *malice*. CH. *R. of R.* 272. O
malice. *Boeth.* p. 20. Þou of *malyce* art com
to do þe same. LYD⁰. *Isop.* 266.
Her *malys* is so much, I may not abide.
ALLIT. P. 3, 70. Trewe prestis shulden trowe
heere þat neþer þe word of þer prelat ne þe
word of þer somenour han so myche *maliss* wiþ
hem þat ne þey may preche & serue God aftir
þis suspending. WYCL. W. hith. unpr. p. 457.
Tullius hadde ifavered and tenderliche ikept
Octovianus in his 3owþe a3enst þe *malys* of Antonius [a3eyne Marcus Antonius and the malice
of hym *Harl.*]. TREVISA IV. 227. Happye is þe
here in no hate lengis . . Ne mynnesno *malis*
þat is of mynd past. DESTR. OF TROY 1432-4.
King Menon to mare with *malys* he þoght.
10411.
I schewe to you þat I hate frawdes & *maleces*. WARS OF ALEX. p. 279.

malice adj. findet sich gegen a. 1475 auffälliger Weise in der Bedeutung **zornig**, **wüthend**.

There lepte vp again hys coursere vppon So inly *malice*, full of wrath and yre. ROM. OF PARTENAY 3445. But Raymounde *malice* and full angry was. 3537.

malicious adj. afr. *malicius, malicieus, malicios*, pr. *malicios*, sp. pg. *malicioso*, it. *malizioso*, lat. *malitiosus*, neue. *malicious*. **boshaft**, **tückisch**, **hinterlistig**.

No have I seyghe so hardy knyght, So quoynte, no so *malicious*. ALIS. 3322. Sehe answered as *malicious*. SEUYN SAG. 1503. So mony *malicious* mon as mournez. ALLIT. P. 3, 509. Abide, þou þef *malicious!* ARTH. A. MERL. 8476. Vnto purpose *malycious* of corage The furyos wolfe out with hys venym brake. LYDG. Isop. 257. *Malicious*, maliciosus, malignus. CATH. ANGL. p. 226. He sal be *maliciouse* and ful of envy. HAMP. 4169. *Malycyowse*, maliciosw. PR. P. 323. Die Form *malicius* trifft man als Variante in ANCR. R. p. 210: ꝑ beon *malicius* & liðere aȝain oðer. T.

mallet s. malleolus s. *maillet*.

malignitee s. lat. *malignitas*, neue. *malignity*. **Boßheit**.

Than cometh *malignitee*, thurgh which a man annoieth his neighbour prively if he may, and if he may not, algate his wicked will shal not let, as for to brenne his hous prively, or enpoison him, or sle his bestes, and semblable thinges. CH. Pers. T. p. 540 Tyrwh.

malisun, malisoun s. afr. *maleiçon, maleisson* v. lat. *maledictio*, sch. *malison, maleson*, neue. *maledictio*. **Fluch**.

Haue he þe *malisun* to day Of alle þat eure speken may. HAVEL. 426. He did on him *malisun* as clothing. Ps. 108, 17 HAMP. In *malisun* he is ay beltid. ib. 108, 18 HAMP. Al þat biddis þe *malisun* [maliscun COTT. malisoun FAIRF. TRIN.] Sal bere it on þair aun croun. CURS. MUNDI 3709 GÖTT. If my fader groop and fel, I drede lest he wene me wiln to bigile hym, and brynge on me *malysoun* for benysoun. To whom the moder: In me be this *malisoun*, my sone. WYCL. GEN. 27, 12. 13 Oxf. Right so God wil yeve his *malisoun* to such lordschipes, as susteynen the wikkednes of her servauntes. CH. Pers. T. III. p. 299. For thou has broght thi brother down, Here I gif the my *maliso[u]n*. TOWN. M. p. 16. — There shulen come vpon thee thes *malisouns*. WYCL. DEUTER. 28, 45 Oxf.

mall, meall, mell, mail s. lat. *malleus*, afr. *mail*, pr. *malh, maill, mal*, pg. *malho*, it. *maglio*, neue. *mall*. **Schlägel, Kolben, Hammer**.

Than euery man had a *mall* Syche as thei betyn clottys withal. HUNTTYNG OF THE HARE 91. With an iryn *malle* styff and strong He brake upe an yron dore. TORRENT 322. Þe *malle* þat he driueþ it wiþ (sc. þe stake into þe erþe]. WYCL. W. hith. unpr. p. 351. — Thei leyd at her with *mallus* strong. HUNTTYNG OF THE HARE 140.

Hare unirude duntes wið *mealles* istelot. OEH. p. 253.

Dyngyng of devels hand With *melles* of yren hate glowand. HAMP. 6570.

A *mayl* of ire he bar an honde, Therwyþ þoȝte he to fonde The frensche to dynge adoun. FERUMBR. 4653.

malle s. malva s. *malve*.

malleable, malliable adj. afr. *malleable* [COTGR.], nfr. *malléable*, von lat. *malleare* [in *malleatus* p. p. s. *mallen* v.], gleichsam *malleabilis*, neue. *malleable*. **hämmerbar**.

Somme men say that ther was a man in the tyme of this Tiberius that founde the arte to make glasse flexible and *malleable* [to make þe glas tough inow to bende and wende, and to recche out wiþ strokes of hameres St. John's Ms.]. TREVISA IV. 317 Harl.

This quiksiluer wol I mortifye . . And make it as good siluer and as fyn As ther is any in your purs or myn, Or elleswher, and make it *malliable*. CH. C. T. III. G. 1126 Skeat Clar. Pr.

mallen, meallen v. lat. *malleare*, wovon nur p. p. *malleatus* bekannt ist, afr. *mailler*, pr. pg. *malhar*, sp. *majar*, it. *magliare*, neue. *mall*. **mit einem Schlägel, Kolben oder Hammer schlagen**.

I salle evene amange his mene *malle* hym to dede. MORTE ARTH. 4038.

I *malle* with a hammer or a mall, je maille. PALSGR. If he *male* you on the heed I wyll nat gyve a peny for your lyfe. id. I *mall* cloddes. id. Meeten miȝtful men, *mallen* þorw scheldes. JOSEPH 508. Swarte þinges ha iseoð as deoflen þat ham *meallið* and derueð aa ant dreccheð wið alles cunnes pinen. OEH. p. 251. The cloddes *malled* be with mannes hande. FALLAD. II, 17.

malling s. **Schlagen**.

Ffell was the fight with foynyng of speires, *Mallyng* of metall, maynly with hondes. DESTR. OF TROY 9519.

mallok s. ersetzt in dem ANGL. SAXON A. EARLY ENGL. PSALTER das lat. *maledictio*. vgl. *mallock* v. to scandalise. Linc. WRIGHT PROV. DICT. p. 656. Ob zu afr. *maleir* v. maledicere, p. p. *maleoit, malot* geh.? **Fluch, Verwünschung**.

Of whas *mallok* his mouth ful is. Ps. 9, 28. Mouth of wham of *malloke* es Fulfilled and of bitternes. 13, 3. He loved *malloc* dai and night .. *Malloc* he cled als wede. 108, 18.

malmesin s. s. *malvesie*.

maloo, malowe s. malva s. *malve*.

malskren v. unaufgeklärten Ursprungs. Vgl. d. folgende Substantiv.

1. intr. **wirr umherirren**: He .. told here þanne .. how he hade missed is mayne & *malskrid* aboute. WILL. 415. Hierher gehört wohl auch das p. pr. *masking* fᵘr *maskring*: Elidurus, kyng of Britouns, was ilogged at þe citee Alcluid, bycause of solas of huntynge, and fonde his broþer Arrhgalon *maskynge* [leg. *malskrynge?*] in a wode nyh þere beside, þat hatte Calatery [errante in a woode Harl. in vicino nemore Calaterio aberrantem Higd.]. TREVISA II. 67.

2. tr. verwirren, verstören, bethören: Þenne he [sc. þe whal] swenges & swayues
to þe se boþem .. Wyth þe mon in his mawe,
malskred in drede. ALLIT. P. 3, 253. Þat left
ware on lyfe, bot a litill meȝne, ware als *mal-
crid* [malstrid *ed.*] & mased. WARS OF ALEX.
1269 Ashm. Hierher wird auch das in der folgenden Stelle erscheinende *maskede* für *mals-
kride* gehören: Hi wende a lond as *maskede*
[leg. *malskrede?*] men, hi nuste war hi were.
ST. BRANDAN p. 6. Das Particip *maskerd* i. q.
bewildered, decayed, findet sich noch in nördlichen Dialekten s. CRAVEN DIAL. I. 312 und
HALLIW. D. p. 544.

malscrung s. vgl. ags. *malscra*, bewitching
Bosw. Bezauberung.
Malscrung of charm, fascinatio. OLDEST
ENGL. TEXTS p. 488. cf. p. 63.

malt s. ags. *mealt*, alts. altn. schw. dän. *malt*,
niederl. *malt*, molt, niederl. *mout*, ahd. mhd.
malz, nfr. *malt*, sp. *malta*, neue. *malt*. durch
Einweichen zum Bierbrauen bereite-
tes Getreide, Malz.
Malt, brès. WR. VOC. p. 158. Hoc brasium,
malt. p. 276. Brasium, *malte*. p. 178. 200.
Malte, brasium, granificium, cerificium. CATH.
ANGL. p. 226. To make *malte*, vstrinare, brasiare. *ib. Malt*, braseum. PR. P. p. 323. Many
mannus *malt* we mys wolde destruye. P. PL.
Text B. Prol. 197. Prestis .. ben corseris &
makers of *malt*. WYCL. W. *hith. unpr.* p. 172.
Gret soken hath this meller, out of doute, With
whete and *malt*. CH. C. T. 3985. Ther was here
whete and eek here *malt* igrounde. 3998.

malten v. mhd. *malzen*, *melzen*, niederl.
mouten, neue. *malt*. malzen, zu Malz
dörren.
Maltyn, or make malt, brasio. PR. P. p. 324.

malthous s. mhd. *melzhûs*, brasiatorium.
Malshaus, Haus worin das Malz ge-
dörrt wird, Brauhaus.
Hoc brasinium, a *malthows*. WR. VOC.
p. 236. *Malthowse*, brasiatorium. CATH. ANGL.
p. 226.

maltinge s. Malzen, Malzbereitung.
Maltynge, brasiatura. PR. P. p. 324.

maltster, maltestere etc. s. neue. *maltster*.
Mälzer, Mälzerin.
A *maltster*, vstrinator, -trix, brasiator, -trix.
CATH. ANGL. p. 226. *Malstere*, or *maltestere*
[*maltar* H. P.], brasiatrix, brasiator. PR. P.
p. 324.

malure s. afr. *maleür*, pr. *malaür*, vom lat.
augurium. Unglück, Unheil.
I wofull wight full of *malure*. CH. Dr. 601.

malve s. malva s. *mahce*.

malvesie, malvesin, malmesin etc. s. fr.
malvoisie, sp. pg. *malvasia*, mlat.
malvazia, *malvaxia*, mhd. später *malvasier*, *mal-
masier*, niederl. *malvœzi*, sch. *malvesy*, *mawesie*,
neue. *malmsey*. ein edler griechischer Wein,
ursprünglich aus der Gegend von Napoli
di Malvasia (Monembasia) auf Morea. Malvasier.
With him brought he a jubbe of *malvesie*.
CH. C. T. 14481. And cry (pl.) aftyr hote *mal-*

vesy. REL. ANT. I. 3. Thane spyces unsparyly
þay spendyde there aftyre, *Malvesye* and muskadelle, þase mervelyous drynkes. MORTE
ARTH. 235. Reed wyne, whyte wyne, clared
wyne, osey, capryke, campolet, renysshe wyne,
malvesey. BAB. B. p. 267. And evere sohe drow
hom the wyn, Bothe the Roche and the Reyn,
And the good *Malvesyn*. DEGREV. 1413. Swete
wynes .. Greke, *Malvesyn*, Caprik, & Clarey
whan it is newe. BAB. B. p. 125. Ye shall have
rumney and *malmesyne*, Both ypocrasse and
vernage wyne. SQUYR OF LOWE DEGRE 753.

malwe, malve, malle etc. s. ags. *mealve*,
niederl. *maluwe*, *malwe*, lat. it. pr. sp. pg. *malva*,
afr. *mauve*, neue. *mallow*. Malve.
Malwe, herbe, malva. PR. P. p. 324. —
Take borage, vyolet, *malvys*. TWO COOK. B.
p. 5. cf. 15.
A *malue*, altea, malua. CATH. ANGL. p. 226.
Tak the white *malue*, and bryn hit, and tak the
askes, and bare grees, and stamp them togider,
and enoynt the sare ther with. REL. ANT. I. 53.
— Floe the butterflie, That in the *malves* flouring
wol abounde. PALLAD. 5, 205. Violette, *malvis*.
TWO COOK. B. p. 69. *Malues* grene. LYB. C. C.
p. 47.
Hec altea, wyld *malle*. WR. VOC. p. 190.
Hec malva, *malle*. p. 191.
Hec malva, a *maloo*. WR. VOC. p. 226.
An esy wyn a man to make stronge, Take
leef, or roote, or caule of *malowe* agrest, And
boyle it, keat it so thyne wyne amonge. PALLAD.
11, 380. *Malowe*, an herbe, mavue. PALSGR. so
noch a. 1570: A *malowe*, malua. MAN. VOC.
p. 180.

mamelen, momelen v. ahd. *mammalôn*, bal-
butire, niederl. *mommelen*, niederd. *mummeln*,
mümmeln, schw. *mumla*, dän. *mumle*, neue.
mumble. mummeln, raunen, schwatzen.
Of þis matere I myȝte *mamely* ful longe.
P. PL. Text B. pass. V. 21. — Of þis mater ich
myghte *momely* longe. C. pass. VI. 124. I mihte
momele. A. pass. V. 21.
Betere þe bicome, þi word were helden, for
þanne mud *mamelit* more þanne hit solde, þanne
sculen his heren [= ears] of it iherin. O. E.
MISCELL. p. 132. cf. REL. ANT. L 179. — He
momeleþ & *moccheþ* ant marreþ is mawe. POL.
S. p. 238.
Adam, whiles he spak nat, hadde paradys
at wylle, Ac whanne he *mamelede* aboute mete,
and musede for to knowe The wisdome and þe
wit of God, he was putte out of blisse. P. PL.
Text. C. pass. XIV. 22[7].
Davon **mammlere** s. Schwätzer:
Marcure was manslaȝt, a *mammlere* of wordis,
ȝe graith him to be goue[r]noure & god of
þe tonge. WARS OF ALEX. 4498.

mameren v. wohl Nebenform von *mamelen*,
neue. *mammer*. stottern, murmeln.
Mutulare, to *mamere*. WR. VOC. p. 203.

mamering s. Stottern, Murmeln.
mutulatio, *mamering*. WR. VOC.
p. 203. Hec

mammille s. lat. *mamilla*, *mammilla*, afr. *mainelle*, *mamele*, pr. *mamilla*, *mamella*, sp. *mamila*, it. *mammella*. Brust der Frauen.

Thi *mammillis*, moder, ful weel y meene, Y had to my meete þat y myʒt not mys. HYMNS TO THE VIRG. p. 1.

mammlere s. s. *mamelen*.

mammona s. gr. μαμμωνᾶ nach dem Chaldäischen, gth. *mammona*, lat. *mammona* [VULG.], neue. *mammon*. Mammon, Reichthum.

Of *mammonaes* moneye [sc. hi] mad hym meny frendes. P. PL. *Text C.* pass. XI. 87.

man, mann, mon s. ags. *man*, *mann*, *mon*, pl. *menn*, *men*, *män*, alts. *man* pl. *man*, ahd. mhd. *man*, afries. *man*, *mon*, niederl. niederd. *man*, gth. *manna*, altn. *maðr* [g. *manns* pl. *menn*], schw. *man*, dän. *mand*, sch. neue. *man*.

1. Mann, ohne Rücksicht auf geschlechtliche Bedeutung, Mensch.

sing. nom. acc. voc. *Mann* iss were, & *mann* iss wif, & *mann* iss maʒʒdenn nemmned. ORM 13890. Pre þing ben þat elch *man* habben mot þe wile his cristendom leden. OEH. II. 15. Ne wot no *man* hwat blisse is, þe naure wowe ne bod. II. 33. Proue ech *man* him seluen. IL.¡93. *Man* þe haueð on him þos fif þinges, he haueð on him rihte bileue. II. 19. Al is *man* so is tis ern. BEST. 88. Al to longe slepð þe *mann* þat neure nele awakie. O.E.MISCELL. p. 192. Þe þridde boʒ of prede is arrogance . . þanne þe *man* wenþ more of himselue þanne he asollde. AYENB. p. 21. — A! *man* hab munde, þat of þis lif þer commiþ ende. E. E. P. p. 1. — Uton gewurcan *man* to ure anlicnesse. OEH. p. 223. Þou ne aselt alaʒe nenne *man*. AYENB. p. 8.

Hu uwilc *mon* scal his euenexta beodan alswa he walde þet me him bude. OEH. p. 13. Ne scal us na *mon* uuelien þer uore. p. 15. In leinten time uwilc *mon* gað to scrifte. p. 25. Pro þing bod þet ech *mon* habbe mot þet þe wile his cristindom foleʒe. p. 73. Þe *mon* þet naueð rihte ileue mid him, he wurð idemed. *ib.* Nu der þe wrecche *mon* underfon drihtenes fleis and his blod in his licome. p. 27. Veole iwordede *mon* . . ne schal neuer leden riht lif on eorðe. ANCR. R. p. 78. Ne schal me firsen him from nowðer deouel ne *mon*. ST. JULIANA p. 17. Hu derst þu *mon* . . underfon drihtenes fleis. OEH. p. 27.

gen. He þurðsihð elches *mannes* þanc. OEH. p. 290. Al swo cumeð þe deuel in to þe *mannes* herte. II. 29. Ðe mone is more bi *mannes* tale ðan al ðis erðe. G. A. EX. 141.

Pas roueres þet nemeð oþres *monnes* eahte mid wohe. OEH. p. 29. Þis hus þe ure lauerd apekeð of. is seolf þe *mon* inwið þe *monnes* wit. p. 245. Þi flesch nam of hire flesch wiðuten meane of wepmon, nam wið þat ilke flesch fulliche *monnes* cunde. p. 275. Ich habbe efter bellzebub meast *monnes* bone ibeon. ST.MARHER. p. 13. Reowfullnesse of euch *monnes* sorhe. HALI MEID. p. 41. Ðeos maumez beon imaket of gold & of seluer wið *monnes* honden. LEG. ST. KATH. 497.

dat. ags. *männ*, *menn*, *men*. Ne mei þe preost forʒefen nane *men* his sunne. OEH. p. 37. Elche *men* wes iþuht . . swilche heo spechen mid heore speche. p. 93. Ðeos sunne . . maceð þan *men* muchele untrumnesse. p. 103. Swa longe þe deofle wunað swa *inne* þe sunfulle *men* a þet he hine haueð al isonded to his wille. p. 27. Þat oðer tocume is þane he cumeð *to men* and turneð his herte. II. 5.

Sume men . . ne doð ne ne queoðeð none *manne* loð. OEH. II. 37. Hie . . beð þerefore unwurðe eche *manne*. II. 41. Vortiger . . forbad his hiredmonnen, þet heo nane *manne* ne tælden, what heo hæfden on anwolde. LAʒ. II. 126. Þurh rihte bileue and soþe luue to gode and *to manne*. OEH. II. 47. The other ne can sweng but anne, An the is god *with* eche *manne*. O. A. N. 797. The litel that I kanne Wil I schau *til* ilke *manne*. METR. HOMIL. p. 3. Þurh rihte gielefe and clene lifiade and soðe luue to gods and *to* eche cristene *mane*. OEH. II. 143. *To* þe *man* þat is niðful he spekeð etc. II. 29. ʒho wass hanndfesst an god *mann* þatt Josæp wass gehatenn. ORM 2389.

Hald hine þenne swilche *mon* þe beo bute laʒe and heðenne *monne* ʒe ilic. OEH. p. 17. Þe preost hine hat aʒefen þa ehte þon *monne* þet hit er ahte. p. 31. Ælche *monne* heo dude riht. LAʒ. I. 106. Ne speke ʒe *mid* none *monne* ofte ne longe. ANCR. R. p. 68. Soðfestnesse he kudde *mon*, þa þe ho him solf com. OEH. p. 153. Nys no fur so hot in helle al *to* mon, That loveth derne ant dar nout telle whet him ys on. LYR. P. p. 40.

pl. nom. acc. voc. ags. *men*, *menn*. Þet beoð þa *men* þe gað to scrifte mare for worldea scome þenne for heore sunne to beten. OEH. p. 27. Sume *men* lodeð clene lifiode. II. 37. Swo ben alle oregel *men*. *ib.* Pa sindenn wiss biforenn Godd Rihhtwise *menn* & gode. ORM 405. Heo weren æðele *men*. LAʒ. II. 17. Al *men* þat here byhoves leve, when þai er born . . Þai say outher ‚a. a. or e. e.“ HAMP. 492. Luyte pruyte he hadde of is power, ʒwane *men* him wolden aloute. ST. NICHOLAS 89 Horstm. — Deade *men* he arerde of hare berieles to life. OEH. p. 229. Puss mihht tu lufenn alle *menn*. ORM 5116. Æer þanne we mid ure frienden to ðe mete go, scewie [scepie *ed.*] we þes uncoðe *mæn*, ur ʒefo. OEH. p.231. Nas tid ne tyme, ne ne wrð, þat god ne send gode *mænn* his folc forte ʒelaðie to his rice. p. 235. Eal scal ben þanne cud þat *man* luʒen her and stelen. p. 292. — Leofe *men*, we uindeð in halie bok etc. p. 47. Unwraste *man*, wat lacede ʒeu etc. p. 233.

gen. ags. *manna*, *monna*. Moni of þan floc *manna* þe earþon fulieden ure drihten. OEH. p. 3. Po warð god toðan swiðe ʒegremed þurh *manna* mandede. p. 225. ʒho wass wise allre *manne* mast Off soþfasst lufe filledd. ORM 2597. Marie . . ðe him bar to *manne* frame. BEST. 38. Ich can loki *manne* wike. O. A. N. 604. Þis heate uorbyet wyl to habbe oþre *manne* þing. AYENB. p. 11. Daneben die schwache Form *mannen*: Mine esten beoð wunian mid *mannen* bearnen [cum filiis hominum]. OEH. p. 241.

Ðos word sede þe angel . . naht for englen unhele, þe habbeð eche hele, ac for *mannen* unhele.
II. 33. Hie . . weren þerof wallinde on soðere
luue godes and *mannen*. II. 119.
   Monna bern sculen witejan. OEH. p. 91.
Ne he sake ne asterde, ac forbere *monna* hufelnesse þurh his liðnesse. p. 95. He walde *monna*
cun on þisse deie isundian. p. 97. Þis is alle
sunfulle *monna* leddre þet heo sculen in to
heouene stijen. p. 149. Wilcume læuerd, *monne*
me leofest. LAȝ. II. 374. Daneben schwach
monnan etc. : Furen tungen heo hefden . . þet
ðere heðene *monnan* . . muhten beon atende to
þan heofenliche biboden. OEH. p. 95. Lauerd
drihten Crist . . *monnen* froure. LAȝ. III. 14.
Hail seo þu Mærlin, *monnene* wisest. II. 289.
   Þurh þes halje gastes tocume *mennen* saule
were ibroht to gode. OEH. p. 99. He turnde
ut of þe burh into wilderne, and fro *mennes*
wunienge to wilde deores. II. 139. On rihte
time þere *mennes* heortes hlisteð luueliche godes
lore. II. 155. Mann maȝȝ findenn i þiss lif Bitwenenn uss inoþe þatt ledenn hemm swa dær-
nelij Biforenn *mennes* ejhne, þatt mann hemm
hallt forr gode menn. ORM 383. To scrennkenn
mennes sawless. 1405. A couherde þat . . fayre
had keped *Mennes* ken of þe cuntre. WILL. 4.
An herde keping *mennis* kin. 479. Þenne falleþ
þer fur on false *menns* houses. P. PL. *Text C.*
pass. IV. 102.
   dat. sgs. *mannum*. Þa nam he [sc. se
deofel] mulcene gramen and andan to ðan *mannum* [sc. Adam a. Eua] . . he com þa anedren
hiwe to ðam twam *mannum*. OEH. p. 223. He
haueð jerimed rihtwisan *mannan* infer to his
rice. p. 231. Þan seied ham god, þe gelty
mannes je senejeden etc. p. 239. Hie [sc.
neddre] haueð muchel atter on hire, and is loð
mannen. II. 199. Spenen on uniðor þat god
shop *mannen* to helpe. II. 213. He forjiaf
blinde *manne* jesechðe. OEH. p. 229. Ure
helendes on tocume þincð dieliche and grialiche
alle *manne*. II. 7. A wis word . . Is sele *manne*
a muthe imene. O. A. N. 234. An angel com,
and nom þe bodi *among* alle þe *manne*. ST.
KATH. 297.
   Ne luje þu na *monnum*, ac dudest gode.
OEH. p. 93. Junge *monnan* mei tweonian
hweðer hi moten alibban. p. 109. Þa clennesse
. . halt gode þeawes þe gode likiað and *monnan*.
p. 111. Ðurh þisse tacne makede Moyses þet
ðet weter of Egipte wes liðe and swete þan folce
of Israel, þe wes sur and bitere alle þon *monnen*
of þan londe. p. 129. Alle *monnen* he wes leof.
L ȝ. I. 15. Summe of þan *monne* sare wepeð.
OEH. p. 43. Forjef us alle ure gultes swa we
forjeueð þan *monne* þe us to agulteð [debitori-
bus nostris]. p. 39. Wat dostu godes *among
monne?* O. A. N. 563.
   Swa swa he is onhouen on his kinesetle *toforan* oðer *mennen*, swa he bið oft iniþered.
OEH. p. 117. He haues in him Godes horde
Of wisdom . . That he ne an noht for to spare,
Bot scheu it forthe *to* laued *menne*, And thaim
the wai til heuin kenne. METR. HOMIL. p. 2 sq.
Forthi come Goddes sone *to menne*, The way of

mekenes thaim to kenne. p. 68. Drihhtin ȝifeþþ
halij witt þa *menn* þatt wel himm follþenn.
ORM 2795. Þas ilke nefre ne swiken, ne dei ne
niht, to brekene þa erming licome *of* þa ilca *men*
þe on þisse liue her hare scrift enden nalden.
OEH. p. 43. Hwo is þet not wel þet domes dei
is dei iset uorte don alle *men* riht? ANCR. R.
p. 286. Wiþ no man, he seide, he nolde beo,
bote wiþ on þat were Hexist louerd *of* alle *men.*
ST. CRISTOPH. 7. So shyyne joure lijt *before
men.* WYCL. MATTH. 5, 16 Oxf.
   2. Mann, mit entschiedener Beziehung
auf das männliche Geschlecht.
   a. dem Kinde gegenüber als erwach-
sener Mann : Aȝȝ whil þatt I wass litell child,
Icc held o childess þæwess, & son summ icc
wass waxenn man, Þa flæ I childess cosstess.
ORM 8053. Whanne I was a litil child . . I
thoujte as a litil child ; forsoth whanne I was
maad *man*, I auoydide the thingis þat weren of
a litil child. WYCL. 1 COR. 13, 11 Oxf.
   b. gegenüber einer Person weiblichen Geschlechts, namentlich auch der Gattin, als
Mann oder Ehemann : Þu art hire ilich of
alle þinge . Bute þu ert a *man* and heo a maide.
FL. A. BL. 49-52. Gef *man* haueð to done mid
his rihte spuse on unsele oðer an untime. OEH.
II. 13. Ech man habbe his ojene, uor forni-
cation, þet ys to zigge, his ojene wyf. AYENB.
p. 47. For fornycacioun ech man haue his owne
wyf. WYCL. 1 COR. 7, 2 Oxf. The *man* is heed
of the womman. EPHES. 5, 23 Oxf. Þe oþre
mannes wif wes lef, his awene eðlete. OEH.
p. 295. Gef þu strene wult haue [sc. þe deuel
þus queð], ne haue þu naht þin ojen wif, ac oðer
mannes imene. II. 31. Jho wass hanndfesst an
god *mann* (dat.) þatt Josæp wass jehatenn. ORM
2389. He [sc. þe dyeuel] . . jayþ *to* þe *manne*
and to þe wyfmanne : „þu hest yby to softe ydraje
uorþ" etc. AYENB. p. 31. Vyl a thing is that
sed that man is mid isprenged, Bothe *of man*
and of womman togadere hit is ymenged. POP.
SC. 295.
   Lipnie na *mon* to muchel to childe ne to
wiue. OEH. p. 161. Hwonne a *mon* haued neowe-
liche wif iled hom, he nimeð jeme al softeliche of
hire maneres. ANCR. R. p. 218. Moni *mon* syngeth
When he hom bringeth Is jonge wif. REL. ANT.
I. 112. Wicke *mon* ant wicke wyf. I. 115. Ne
wilne þu oðres *monnes* wif. OEH. p. 13. Nu þu
[sc. meiden] art iwedded & of se heh se lahe
iliht . . in to beastes liflade, in to *monnes* þeowdom. HALI MEID. p. 25. Ert tu so wroð *wið*
mon oðer wið wummon? ANCR. R. p. 286.
   Carfuli gan sche crie . . þat maydenes &
mijthi *men* manliche to hire come. WILL. 152.
Many *men* vpon molde made hue [sc. Proser-
pine] . . To haunte hire in hordom. ALEX. A.
DINDIM. 564. Þe king sende after þisse maidenen,
to jeuen his riche *monnen*. LAȝ. I. 116. Be
wymmen suget *to* her *men*, as to the Lord.
WYCL. EPHES. 5, 22 Oxf.
   c. Mann, wo sich im Zusammenhange,
bei vorhergehendem oder nachfolgendem Namen
oder Geschlechte, die Bedeutung ergiebt : Þa
wes hweðere an *man* richwis etforan gode þe

wes Noe jehaten. OEH. p. 225. Þe lifholi *man*
Iob. II. 167. He . . seyden anon . . Þat þerl
Godrigh of Cornwayle was trewe *man*. HAVEL.
176-9. He was so worþi *man*. R. OF GL. p. 38.
Seint Swiþþin þe confessour . . Bi þe kinges
day Egberd þis gode *man* was ibore. ST. SWI-
THIN 1-3. Þe tormentores nomen seint Vincent
. . þe holi *man* wende into þe fuyr gladliche ase
to one feste. ST. VINCENT 69 Horstm.

He wes a wel god *mon*. LAƷ. I. 270. Þes
junge *mon* Eleusius. ST. JULIANA p. 5. He
streonede hire on ænne selcuðne *mon*, kingen
alre kenest. LAƷ. II. 376. Cadwalan aquald
hefde of Edwines cunne al þat þer wes hende,
wiðuten ane *monne*, he wes ihaten Oswald.
III. 257.

Fuhten þa heʒe *men*. LAƷ. I. 8. Þa Kalldewisshe *menn* [sc. þa þreo kingess]. ORM 6942.
Ich may mak you [sc. Grimes sones] riche *men*.
HAVEL. 1441. The same day was Abraham cir-
cumsidid, and Ysmael his sone, and alle *men* of
hys hows, as wel fre *men* as bowʒt aliens, togi-
deris weren circumsided. WYCL. GEN. 17, 26
Oxf. Þa com þer liðen a swiðe ladlic king an,
mid sixti þusend *monnen*. LAƷ. III. 99.

d. jemandes Mann, ihm angehörig,
seinem Dienste gewidmet, als Lehnsmann, Vasall, Krieger, Diener u. a.:
O knes ful faire he him sette . . And bicam is
man rith þare. HAVEL. 2252-4. In al þe tun
ne was nouth on þat it ne was his *man* bicomen:
Manrede of alle hauode he nomen. 2263. The
croice to the holie lond in his junghede he nom,
And mid on Richard, that was his *man*, to Ierusalem com. BEK. 3. Falle he wile to þi fote,
And bicome þi *man*. FL. A. BL. 393. Wey-
la-wei! whi seist thou [sc. levedy] so? thou
rewe on me, thy *man*. LYR. P. p. 90. To the
[sc. seinte Marie] y crie ant calle, thou here me
for thi *man*. p. 93. Þis maister ne his *man* no
manere flesshe eten. P. PL. *Text B.* pass. XIII.
40. Pryde in ricchesse regneth rather þan in
pouerte, Arst in þe maister, þan in the *man* some
mansioun he hath. XIV. 216.

His *mon* he bicom. LAƷ. I. 183. Ledy, ha
mercy of thy *mon*. LYR. P. p. 113.

Gif þu me dest woh, and wit beon anes
lauerdes *men*, ic hit mene to mine lauerde.
OEH. p. 33. We beoð Arðures *men*. LAƷ. III.
48. Englond auhte forto ben youres, And we
youre *men* and youres. HAVEL. 2800. After
him stirt up laddes ten, And bicome *men*.
2256. Omage arst of alle hendeli he tok, Mekly
as þe maner is, his *men* to bicome. WILL. 540-3.
Herodes iherde þet o king was ibore, þet solde
bi king of Geus, sw was michel anud, and alle
hise *men*. O.E.MISCELL p. 26. When Sir James
to the grownd was caste, Hys *men* were aferde
and fledd faste. TRYAMOURE 892. Þe king wes
on mode sar, þat wes for his *monne* lure. LAƷ.
I. 28.

man, mon, ma, men, me, unbest. Fürwort
der dritten Person, geht aus dem vorhergehenden Hauptwort hervor, welches frühe auch als
abstraktes Subjekt auftritt; so ags. alts. ahd.
mhd. niederl. *men* im Unterschiede vom *man* s.,

schw. dän. *man*, analog den romanischen Bildungen von *homo*, afr. *hom, om, on* etc., nfr. *on*,
pr. *hom*, altsp. *omne*, altpg. *ome*, altit. *huom*.
ma n.

Muchel *man* ach to wurþen þis halie dei.
OEH. p. 139. Þis word „credo" *man* mai understonden on þre wise. II. 17. *Man* seið þat eise
makeð þeof. HALI MEID. p. 17. *Man* og to
luuen ðat rimes ren, ðe wisseð wel ðe logede
men, hu *man* may him wel loken. GEN. A.
EX. 1.

Uuel hit is to werien Toʒeines þene fa, þe
mon ne mei naut ison. OEH. p. 153. Forð *mon*
brohte þat water. LAƷ. II. 201. Ne iherde *mon*
in nane stude lute men þat swa wel duden. II.
344. Such sucre *mon* secheth, that saveth men
sone. LYR. P. p. 26.

Ma calþ me Gyoun of Borgoygne in þe
contre þat y was born. FERUMBR. 2828.

Þis beot þa twa aunne þe *men* fulieð [i. e.
follow] alra swiðest. OEH. p. 33. As *men* schal
after iberen. HALI MEID. p. 9. Swa *men* dide
sone. LEG. ST. KATH. 1552. Þat ich wille þat
þou suere . . On þe belles þat *men* ringes.
HAVEL. 388-90. Soth it is, þat *men* seyt and
suereth: Þer god wile helpen, nouth no dereth.
647. Þarbi *men* segget a vorbisne. O. A. N. 98.
Herbi *men* segget a bispel. 127. Als *men* se in
þis boke contende. HAMP. 39. By þat cry *men*
knaw þan, Whether it be man or weman. 478.
To this day *men* may hear speak, How the
English were there awreke. RICH. C. DE L.
2021.

Hit is riht þet *me* hem spille. OEH. p. 17.
We uindoð in halie boc þet Ieremie þe prophete
stod in ane putte . . and *me* nom rapes and caste
in to him. p. 47. Þu singest þe salm þe *me*
clepeð crede. II. 25. Alse þe luoued seint
Lucas seide on þe holi pistle þe *me* rat to dai.
II. 117. *Me* swa dude sone. ST. MARHER. p. 8.
Me nom hire. ST. JULIANA p. 17. Wælsce men
me heom hateð. LAƷ. I. 90. In eorðe *me* hine
sette. III. 114. *Me* hit mai in boke reden. O.
A.N. 350. Þus ofte, ase *me* seið, of lutel wacseð
muchel. ANCR. R. p. 54. A treou þet wule
uallen, *me* underset hit mid an oðer treou, &
hit stont feste. p. 254. *Me* seiþ, his hwile he
vorleost, þat doþ for þe quede. O. E. MISCELL.
p. 39. Þe hit dret þat *me* him stele. p. 95.
There *me* myghte sone yseon Many hors with
trappen wreon. ALIS. 1605. Than myghte *me*
se scheldes ryve. LAUNFAL 431. They ryden
forth all thre Toward that fayre cyte, *me* clepeth
hyt Ylledore. LYB. DISC. 1267. Heo sende hire
sonde . . To seche Horn þe kniʒt Þer *me* him finde
miʒte. K.H. 933-6. After þe children nu *me*
sendeþ, Hem to berne fir *me* tendeþ. FL. A. BL.
671. Syre Fyrumbras of Alysandre *me* calde
þat Sarsyn. FERUMBR. 88.

man s. ags. *mân*, nequitia, alts. afries. *mân*,
ahd. mhd. *mein*, altn. *mein*, schw. *men*, dän.
meen. Falschheit, Missethat.

Þatt tu þo loke wel fra *mân* Inn aþess & i
wittness. ORM 4478.

man, mon s. gth. *gamân*, communio [2 COR.
13, 13], ags. *gemâna*. vgl. alte. ʒemana, *mane*,

mæne. Gemeinschaft, Verkehr, Umgang, bes. in fleischlicher Beziehung.
To beon cleane wiðuten monnes *man.*
ST. MARHER. p. 13. Biddinde ȝeorne . . þat he wissede hire, o hwuche wise ha mahte witen hire meiðhað from monea *man* vnwemmet. ST. JULIANA p. 7. Ƿ he wes akennet of Marie, a meiden, buten monnes *man.* LIFE OF ST. KATH. 330 Einenkel.
He wes akennet . . buten monnes *mon.* LEG. ST. KATH. note 1 ad 330. A knaue child þer was ybore Byȝeten wiþowtyn ony monnes *mon.* ARTH. A. MERLIN j. T. *L.* 534.

manakelle, manacle s. manicula, **manacles** v. *s. manicle.*

manace, manasse, manas, manance etc., selten **menace** s. afr. *manatce, manace, menace, menasse,* pr. *menaza, menassa,* altsp. *menaza,* it. *minaccia,* mlat. *manacia,* lat. *minacia* pl. v. *minaz,* sch. *manance* [BARB.], neue. *menace.* Drohung.
He sal . . do þam haly folowe his trace Thurgh grete tourmentes and *manace.* HAMP. 1348. Let now ben þy prude & þy *manace.* FERUMBR. 432. Now cometh *manace,* that is an open foly. CH. *Pers. T.* III. p. 320. Forȝyuynge *manacie.* WYCL. EPHES. 6, 9 Oxf. *Manasse* or thretinge, mine. PR. P. p. 324. Saul . . blowere of *manassis* and betyng. WYCL. DEEDS 9, 1. Cursyngis, and dispisyngis, and *manaassis* comen bifore blood. ECCLESIASTIC. 22, 30. Pauȝ þei þe of *manas* melen and þe þreten, beo þou no þing adred. JOSEPH 46. All þe *manas* of þo men with mowthe he tolde. DESTR. OF TROY 2037. Of his mote & his *manas* not.mykell ho roght. 11005. For Porrus pistill, I pray, ne for his proud wordis, no for na *manas* he mas, mayee noȝt ȝoure hertis. WARS OF ALEX. 3569. Littel roght þam of his *manance.* CURS. MUNDI 1834 COTT.
Slee we houndes full of rage! Who so douteth for her *menace,* Have he never syght off Goddes face! RICH. C. DE L. 6733.

manacen, manassen, manasen, manancen etc. v. afr. *manecier,* pr. *menassar,* it. *minacciare,* mlat. *manaciare,* neue. *menace.* drohen, bedrohen.
To *manace* alle þise mody men. ALLIT. P. 3, 422.
He that ofte *manaceth,* he threttith more than he may parfourme ful ofte tyme. CH. *Pers. T.* III. p. 320. He *manasceþ* me and myne. P. PL. *Text C.* pass. V. 62. Esau, thi brothir, *manaasith* to ale thee. WYCL. GEN. 27, 42 Purv. *Manase* ȝe me for hym. ARTH. A. MERL. Text *L.* 1061. Whan þe fende and þe fleashe forth with þe worlde *manasen* byhynde me my fruit for to fecche, þanne liberum arbitrium . . palleth adown þe pouke. P. PL. *Text B.* pass. XVI. 48-51.
Of þis meteles muche þouhte ich hadde, Furst how fortune me failede at my moste neede, And how elde *manacede* me. P. PL. *Text C.* pass. XVI. 4. Wastour . . *manaced* Pieres and his men. *B.* pass. VI. 169-72. Gretely he *manasside* hem that thei shulden nat make hym

opyn. WYCL. MARK 3, 12 Oxf. He *manaasside* the preestis 2 PARALIP. 26, 19 Purv. He *manased* hem not. CH. *T. of Meliб.* p. 176. Fyrɪt I *maused* þe muryly with a mynt one. GAW.2345. Thelamon . . *manast* hom mightily. DESTR. OF TROY 12260. We . . *manast* his messanger with malicious pride. 4894. Sum *manansed* his durs to brek. METR. HOMIL. p. 88.
He was . . *manaced* to the deth. DEP. OF R. II. p. 26. *Manassyd* or thret, minatus. PR. P. p.324. Hym angert full sore That his message was *manast* o þo men all. DESTR. OF TROY 2040.

manacinge, manasinge s. Drohen, Drohung.
All be that thilke time they were vnborne, Yet was hir deth depeinted therbeforne, By *manacing* [*manasyng* Morris Cl. Pr.] of Mars, right by figure. CH. *C. T.* 2035 Tyrwh. *Manasynge* of purgatorie & helle and confortynge of þe blisse of heuene schulde be schewed & regne among cristene peple. WYCL. W. *hih.* unpr. p. 37. — Ma *manasinges* ȝit have thai maked. MINOT I. 49 in *Sprachpr.* I. 1 p. 322.

manage s. familia, œconomia s. *menage.*

manað, monoð s. ags. *mánдð* [s. *mдn,* nequitia], alts. *méнð,* afries. *méнéth, méнéd,* ahd. *meineid,* mhd. *meineit* [gen. *-eides*], niederl. *meineed,* altn. *meineiðr,* schw. *mened,* dän. *meened.* Meineid, falscher Eid.
Þatt tu ne swere nan *manaþ.* ORM. 4480. — Al þa hwile we stondeð in þe putte, and þet in þe uenne up to þe muðe, alse þeos men doð þe liggeð inne eubruche and ine glutenerie and ine *manaðas.* OEH. p. 49.
On is leasing, oðer is *monoð,* þe þridde swikedom, and mid þis grune henteð þe werse alle þo þe þus [sus *Ms.*] biggeð and sulleð. OEH. II. 215.

manke s. ags. *mancus,* vgl. SCHMID, Gesetze der Ags. I. 57 u. THE OLDEST ENGL. TEXTS ed. *Sweet* p. 464, mlat. *manca* u. *mancusa.* eine Münze, oder ein Gewicht Silber oder Gold entsprechenden Werthes, von sechs Schillingen. Der Ursprung des Wortes ist unaufgeklärt. Mankus.
Eure ilc man mid þan þe he haued mai biggen heueriche . . And þe þe more ne mai don bute mid his gode þanke, Alse wel se þe haued goldes feale *manke.* OEH. p.290, und aus demselben *Poema morale* OEH. p.163. II. 222. E. E. P. p. 24.

manken v. altniederl. *manken,* vgl. mhd. *mangen, mengen* zu lat. *mancus,* it. *moncare,* mlat. *mancare.* verstümmeln.
Mankyd, or maymyd, mutilatus. PR. P. p. 325.

mancun, moncun, mankin, monkin, manken etc. s. ags. *mancyn, -cynn, moncyn, -cynn,* alts. *mankunni,* ahd. *mankunni, manchunni,* mhd. *mankunne, manchunne, mankünne,* altn. *mannkyn.*
1. Menschengeschlecht: Lete we þat god forbet alle *mancunne.* OEH. p. 177. Vte we us biwerien wið þes wrecches worldes luue, þat he ne mawe us derien, Mid fasten and

almesse and ibede werie we us wið sunne, Mid þe wepnen, þe god haueð ʒiuen alle *mancunne.* p. 179. Thu visest *mankunne* That hi biwepen hore sunne. O. A. N. 971.

Hwet node efde *moncun* þet he [sc. Crist] mon were? OEH. p. 83. He ne com na to demane *moncun* . . ac to helenne. p. 95. I monnes cunde, þ wið woh hefde to deað idrahen *moncun* þurh deaðliche sunne. LEG. ST. KATH. 1198. Pat is Ihesu, godes sune, þat forte alesen *moncun* . . lette lif o rode. ST. JULIANA p. 17. Pet wes for *moncunnes* bote. OEH. II. 256. Froure *moncunnes.* LAJ. I. 387. Heh heouenlich godd wið þe halwunde fur of þe hali gast, *moncunne* froure, fure min heorte. ST. MARHER. p. 18. Makien þ tu nere na mare *imong moncun* muneget on eorðe. p. 12. He [sc. þe deuel] forleas te lauerddom *on moncun* on eorðe. HALI MEID. p. 15. Eie is *on moncunnen.* LAJ. I. 389. Ich þonkie mine drihte þe scop þes daʒes lihte, þe he swulche mildce sent *to moncunne.* II. 198.

Pa siððan wearð *mancynn,* OEH. p. 227. Ich leue þat *mankin* shal a domesdai risen of deaðe. II. 23. Swa michel *mankin* sholde springen of him [sc. Abraham]. 153. *Mann-kinn* sholde newenn ben Utlesedd fra þe deofell. ORM 799. For mi deþ is *mankin* boht. HARR. OF HELL 112. Adden he folʒed godes red, Al *mankin* adde seli sped. G. A. EX. 239. Inoʒe is knawen þat *mankyn* grete Fyrst watʒ wroʒt to blysse parfyt. ALLIT. P. 1, 636. Elch man þe hes [sc. ðese six werkes of brictnesse] doð, wereð him seluen þarmide wið *mankinnes* unwine. OEH. II. 13 sq. Jesu Christ iss nuʒʒu sett Att all *mannkinniss* ende. ORM 9959. Wið al *mankin* he haueð nið and win. BEST. 224. His witt welt he [sc. þe werwolf] after, as wel as tofore, but lelly oþer likenes þat longeþ *to mankynne.* WILL. 142.

Hwuch of ham [sc. þe deueles] swa is lest laðeliche and grureful, mihte he swuch as he is *to monkin* him scheawe, al þe world were offeard him an to bihalde. OEH. p. 271 sq. Per þu, bote *of monkin,* schomeliche was demed. p. 279. Vre louerd he is cleped helende for þat he *manken* alesede of þe deaðliche adder. OEH. II. 19. Hi hedde beliaue þet he was diadlich, þet diath solde suffri *for manken.* O.E.MISCELL. p. 27. Pan ure drihten cumeð to demen alle *mankenne.* OEH. II. 171. Heo is hefone liht . . anglene blisse and *mancenne* hiht and hope. OEH. p. 217. Late we þat god forbet alle *man-kenne.* II. 229. cf. 230.

2. das Wort wird, namentlich bei LAJAMON, auch in der engeren Bedeutung **Volk** gebraucht: Muchel [is] þat *monkun* [his þat *mancun* j. T.] þæt is mid Uther Pendragun. LAJ. II. 375. Muchel wes þat *moncun* [*mankun* j. T.] þat ferde mid Colgrim. II. 417. Per com muchel *moncun* in. III. 17. — Al þat smale *monkun* he dude ʒeond þea mannes. I. 19. Penne miht þu wel halden þis *moncun* i þine londe. II. 282. Muche *moncun* he þer ofsloh. II. 552. Arður an æstere dæi hafde his aðele men at somne, al þat hæhste *moncun* þat herden in to Francen. II. 591 sq. Arður . . þa burh bilai wel faste, & al þ̶ *moncun*

[*mancun* j. T.] ofsloh. III. 137. — He nom *of* þan *monkunne* þreo swiðe feire mæidene. I. 94. Elidur wes æðelest *of* alle his *moncunne.* I. 289. Pa com þer fusen vnimete ferde, Gabius an Proxenna *mid* muchele *monkinne* [*mancunne* j. T.]. I. 246.

mankunde, mankinde, mankind, man-kende, menkunde, monkuinde, monkind s. vgl. ags. *cynde, cynd,* natura, conditio originalis, altn. *mannkind,* natura humana, neue. *mankind.* Menschheit, menschliche Natur.

Pe holi rode . . þat haþ fram stronge deþ ibroʒt to lyue al *mankunde.* HOLY ROOD p. 18. Ich þonkie mine drihte . . þat he soche milse sent to *mankunde.* LAJ. II. 198 j. T. I thole deth for *mankynde.* LYR. P. p. 81. Oure Lorde when he tuke *mankynde* for oure saluacyon, he walde noghte be called by na name betakenande his endles beyng. HAMP. *Tr.* p. 44. Pus is man and *mankynde* in manere of a substantif, As hic & hec homo, askyng and adiectif. P. PL. *Text* C. pass. IV. 407. Wit outen fleis and blode Moht Crist noht by apon the rode *Mankind.* METR. HOMIL. p. 7. I se that thou *mankind* haues tan. p. 157. Thing that was said in prophecie Of him that *mankind* suld bie. p. 45. Sin *mankinde* is ymaad. ALEX. A. DINDIM. 914. Pin holy blod þet þou asseddest ane þe rod vor me and vor *mankende.* AYENB. p. 1.

Betere is that ich one deye, then al *mon-kunde* to helle go. LYR. P. p. 81. Pu [sc. Sathan] hit bigonne formast to breke, þo þu þorw treson to *monkuynde* speke. CAST. OFF L. 1065. Pe holy rode . . þat haþ from strong deþ ibrouht to lyue al *monkuynde.* HOLY ROOD p. 19. He knyt a couenaunde with *monkynd.* ALLIT. P. 2, 564.

mancwalm, manqualm, monqualm s. ags. *mancvealm.* Pestilens.

Par hafter com soch *mancwalm* þat lute cwic lefde. LAJ. I. 166 j. T. Moryn or *manqwalm,* that bytakyns luf of lordschip and appetite of dignyte. PS. 1, 1. HAMP. p. 6. Pær after com swulke *monqualm* þ lute hær cwike læfden. LAJ. I. 166.

manquellere, monquellere, monquelle etc. s. ags. *mancwellere* [BOSW.]. Mörder, Henker.

I kepe ʒut for no creature *manquellere* be clepud. WILL. 993. A *manquellere* sent, he comaundide the heed of John Baptist for to be brouʒt. WYCL. MARK 6, 27 Oxf. He seide þat he *manquellare* was. ST. CLEMENT 335 Horstm. p. 333. To Margarete „merci" þis *manqueller* sede. ST. MARGAR. 303. (He) was *manqueller* til his aun. CURS. MUNDI 11810 COTT. GÖTT. *monqueller* FAIRF. TRIN. — Pei be cursed *man-quelleris.* WYCL. W. hith. unpr. p. 10.

Per þu, bote of monkin, schomeliche was demed, and te *monquellere* fra deðes dom was lesed. OEH. p. 279.

Auffällig ist *monquelle* von gleicher Bedeutung und durch das entsprechende Reimwort geschützt: Alle bacbiteres wendet to helle, Robberes and reveres, and the *monquelle.* REL. S. p. 81.

manquelling s. vgl. altn. *kvelling*. Todschlag, Mord.

Certis þis ilke fals religious is gilty of þefte and *manquellyng*, siþ he is cause of þe old pore mannus deþ. WYCL. W. *hith. unpr.* p. 9.

manciple, maunciple s. vom lat. *manceps*, vgl. mlat. *manceps* D. C., neue. *manciple*. Haushälter, Schaffner.

Þe jiure glutun is þes feondes *manciple*, uor he stikeð euer iðe celere oðer iðe kuchene. ANCR. R. p. 214. Oure *mancyple*, as I hope, wil be deed. CH. C. T. 4027. Ther was also a reeve and a mellere . . A *maunciple*, and my self. 544-6. This *maunciple* sette here aller cappe. 588.

manchen v. manducare s. *monchen*.

mand, maund s. ags. *mand*, *mond*, corbis, cophinus, niederl. *mand*, niederd. *mande*, *manne*, afr. *mande*, sch. *mand*, *maund*, neue. *maund*. Korb.

Ghyselin, the mandemaker, hath sold his vannes, his *mandes* or corffes. CAXTON in PR. P. P. p. 330 not. 3. *Mawnd*, skype, sportula. PR. P. p. 330. *Mawnde*, escale. CATH. ANGL. p. 232.

mande, mandee, maunde, maundee, maundie s. lat. *mandatum*, vgl. *Mandatum*, ablutio pedum, quæ fit in Cœna Domini, cum scilicet Chorus cantat illud Christi „Mandatum novum do vobis." D. C. s. v. *mandatum*, ahd. *mandât*, mhd. *manddte*, neue. *maundy*. Fusswaschung, die mit dem Abendmahl verbundene Ceremonie des Fusswaschens am grünen Donnerstage, auch für das Abendmahl selbst gebraucht.

Apon þe dai of þe *mande*. CURS. MUNDI 21611 TRIN. COTT. *mandee* FAIRF. *mondee* GÖTT. Wosch here alre fet, here *mande* to do; Al here *mande* hi hulde ther. ST. BRANDAN p. 17. Lord, where wolte thou kepe thi *maunde?* There is a party of the table that he made his souper onne, whan he made his *maundee* with his discyples. MAUND. p. 91. Til it bifel on a fryday a litel bifor Paske, þe þorsday byfore þere he made his *maundee*, Sittyng atte sopere. P. PL. *Text B.* pass. XVI. 139. Crist beggid a house to ete inne his *maundye*. WYCL. SEL. W. III. 415.

mandede s. ags. *mándæd* acc. *mándæde*, scelus, alts. *ménddd*, ahd. *meintât*, *maintât*, *meindât*, mhd. *meintât*. Frevelthat, Missethat.

Þo warð god toðan swiðe jegremed þurh manna *mandede*, þat he cweð þat him ofþuhte þat he efre mancinn jesceop. OEH. p. 225. — Deofles gast wissað to sunnan and to *mandeden*. p. 99.

mandemaker s. vgl. *mand*, corbis. Korbmacher.

Ghyselin, the *mandemaker*, hath sold his vannes, his mandes or corffes. CAXTON in PR. P. p. 330 not. 3.

mandement, maundement, mandment s. afr. *mandement*, pr. *mandamen*, sp. *mandamiento*, pg. it. *mandamento*, sch. *mandment*, von lat. *mandare*. Gebot, Befehl.

Þis was a prout *mandement*. R. OF GL. p. 194. Withouten *maundement* a lewed man

He coude sompne. CH. C. T. 6928. Thus was the wenche and he of oon assent, And he wold fecche a feyned *maundement*, And sompne hem to chapitre bothe tuo. 6941. Whi and je breken the *maundement* of God? WYCL. MATTH. 15, 3 Oxf. He that vndoth oon of these leste *maundementis*. 5, 19 Oxf. Oure selfe & oure seruage is surely joure awen . . Ay mekely at jour *mandment* jour maieste to folowe. WARS OF ALEX. 3528-31. To þis michare out of Messedone þis *mandment* I write. 3541.

manden v. afr. *mander*, pr. sp. pg. *mandar*, it. lat. *mandare*. entbieten, beordern, entsenden.

The leves on the lyhte wode waxen al with wille; The mone *mandeth* hire bleo. LYR. P. p. 43 sq. The mone *mandeth* hire lyht, So doth the semly sonne bryht, When briddes singeth breme. p. 44.

mandragores, mandragore, mandrage, mandragge, mandrake, mondrake s. lat. *mandragoras* m. u. *mandragora* fem., gr. μανδραγόρας, afr. *mandragore*, *mandegloire*, pr. sp. pg. *mandragora*, it. *mandragola*, neue. *mandrake*. Alraun, mandragora officinalis Lin., früher als Zaubermittel, auch zu Liebestränken benutzt.

He [sc. elpes] arn so kolde of kinde ðat no golsipe is hem minde, til he noten of a gres, ðe name is *mandragores*. BEST. 610. *Mandragoris* (pl.) han joue her odour in oure jatis. WYCL. S. OF SOLOM. 7, 13 Purv. The *mandrages* jeuen ther smel in oure jatis. *ib.* Oxf. *Mandragge* herbe, mandrogara. PR. P. p. 324. Ruben . . fonde *mandraggis* [*mandragis* Purv.]. WYCL. GEN. 30, 14, ebenso vv. 15. 16. *Mandrake*, an herbe, mandeglaire. PALSGR. Hec mandracora, a *mandrak*. WR. VOC. p. 265. Muge he is ant *mondrake* thou[r]h miht of the mone. LYR. P. p. 26.

[mandream], mondream, mondrem s. ags. *mandréam*, hominum lætitia. Menschenfreude.

Þe Keiser, al acanget, hefde ilosed *mondream* & dearode. LEG. ST. KATH. 2045. Þa aras þe *mondrem*, þat þe uolde dunede ajen. LAJ. II. 583.

mane, mone s. ags. *gemána* s. alte. *jemana*, *mæne* und vgl. *man*. Verkehr, Gemeinschaft, bes. in fleischlicher Beziehung.

Ne mihte þat maiden his *mone* [*imone* j. T.] iþolien. LAJ. III. 28. Jif his make *mone* craveth. SHOREH. p. 61.

mane, mene etc. s. zu ags. *mænan*, queri, geh., sch. *mane*, *mayne*, *main*, neue. *moan*. Klage.

Mari til Crist mad her *mane*, And said, sun, win haf thai nane. METR. HOMIL. p. 119. Scho made hyr *mane* to Mary myld. p. 168. Þann makis he mournyng & *mane*. WARS OF ALEX. 5027. For mournyinge es his maste *mane*, He syghes fulle sore. PERCEV. 1063. Than unto god thai made thaire *mane*. MINOT p. 12. To himself he made grete *mane*. YW. A. GAW. 535. He made to hym hys *mane*. REL. ANT. I. 60.

Heo nuste of hire wounde to wham makie hire *mone*. ST. MARGAR. 152. Mid ȝoxing & mid gret wop þus bigan ȝe *mone*. R. OF GL. p. 34. He gan mene his *mone*. REL. ANT. 1, 120. To wepen ant to grone, To make muche *mone*. *ib*. Whan þey wern in prysoun þare, þay criede & made hure *mone*. FERUMBR. 1196. Þis is lodlich þing hwon me makeð *mone* in tune of ancre eihte. ANCR. p. 418. Heo made ful sori *mone*. ST. CLEMENT 54 Horstm. p. 325. Croked he was al is lif, he nuste to ȝwam mene his *mone*. ST. LEONARD 166 Horstm. p. 461. Somme .. made her *mone* to Pieres, and preyde hym of grace. P. PL. *Text B*. pass. VI. 124. Grete *moone* sche made for the. TRYAMOURE 182.

Ofte when y sike ant makie my *mon*, Wel ille thah me like, wonder is hit non. LYR. P. p. 86. How þay criede & made hure *mon*, as þay in prisoun sete. FERUMBR. 1212. Euerich to oþer þus made his *mon*. ARTH. A. MERL. 3235. Much þe bygger watȝ my *mon*. ALLIT. P. 1, 374. Sche nath no wight to whom to make hir *moon*. CH. C. T. 5076.

Selten erscheint in derselben Bedeutung **mone:** Jhesu, seinte Marie sone, thu iher thin moder bone; To the ne dar I clepien noht; to hire ich make min *mene*. REL. ANT. l. 103.

mane s. ahd. *mana*, juba, mhd. *mane, man*, afries. *mona*, niederl. *maan*, altn. *mön* pl. *manar*, schw. dän. *man*, neue. *mane*. Mähne, herabhängendes Haar am Halse der Thiere.

Hec juba, a hors *mane*. WR. VOC. p. 221. Hec crista, hec juba, a *mane*. p. 251. Hic juba, horse *mane*. p. 187. *Mane* of an horse. PR. P. p. 324. Þe mane of þat mayn hors much to hit like, Wel creaped & cemmed wyth knottes ful mony. GAW. 187. The stedes thai gunnen by *mane* grope, And lepen on sadel withouten stirope. ALIS. 1957. Had i noght bene titter boun To tak my palfray bi the *mane*, The water sone had bene my bane. YW. A. GAW. 1852.

manen v. significare; lugere s. *monen*.

maner etc. s. afr. *maner, maneir, manoir*, pr. *maner*, mlat. *manerium*, von lat. *manere*, neue. *manor*. Wohnung, Wohnsitz, Landgut, Landsitz.

Hoc predium, a *maner*. WR. VOC. p. 274. A *maner*, allodium, manarium, mansorium, predium, prediolum. CATH. ANGL. p. 227. *Maner*, dwellynge place, manerium, predium, munium. PR. P. p. 324. *Manner*, a dwellyng place, maison de plaisance. PALSGR. Ich holde ȝou echone, that ȝe beo thulke day At mi *maner* at Clarendone. BEK. 479. Haf ȝe no wonen in castel walle, Ne *maner* þer ȝe may metc & won? ALLIT. P. 1, 916. The kyng soyournyd in that tyde At a *maner* there beayde. Ms. in HALLIW D. p. 540. Þanne shaltow come to a courte as clere as þe sonne, þe mote is of mercy þe *manere* aboute. P. PL. *Text B*. pass. V. 594. A priker on a palfray from *manere* to *manere*. pass. X. 308. Syr Robert Knolles, knyght, dyed at his *maner* in Norfolk. CAXTON *Cron. of England* ch. 243. p. 289. Þenne helde vch sware [i. e. square] of þis *manayre*, Of heȝt, of brede, of lenþe to cayru

Twelue thousand forlonge space. ALLIT. P. 1, 1028 vgl. *Apocal.* 21, 16. — The resayver .. overseys castels, *maners* aboute, That noȝt falle within ne withoute. B. OF CURTASYE 601. I haue mo *maneres* þorw rerages, þan þorw meseretur & comodat. P. PL. *Text B*. pass. V. 246.

manere, maniere, manire, maner, manir s. afr. *maniere*, pr. *maneira, manieira*, sp. *manera*, pg. *maneira*, it. *maniera*, neue. *manner*, von lat. *manus*, eig. Handhabung.

1. Weise, Brauch, Sitte, Manier: Hit [sc. þe child] wolde aryse ȝo þe mydnaht, ant go to matines þe monkes yfere, ant wel leornede huere *manere*. MARINA 72. Also anoþer *maner* meued hime eke .. he wolde neuer ete Vpon such a dere day, er hym deuised were Of sum auenturus þyng an vncoupe tale. GAW. 90-3. I .. made þerto a *maner* myriest of oþer, When two true togeder had tyȝed hem seluen. ALLIT. P. 2, 701. — In menyng of *maner:* mere þis burne now schal vus bryng, I hope, þat may hym here, Schal lerne of luftalkyng. 924. We han, ludus, of your lif listned ful ofte, þat michil ben ȝour *manerus* fram oþer men varied. ALEX. A. DINDIM. 199. Also ȝe sente vs to saie, in þe same time, Of oþer *manerus* miche to lakke. 896. Ich haue ywedded a wyf .. wantowen of *maners*. P. PL. *Text C*. pass. VIII. 300.

2. Art und Weise (modus): Þis þinges weren forþriht in þilke *manere* idiht. LAȜ. II. 373 j. T. Þis article asel by onderstonde in zuyche *manere*. AYENB. p. 14. In þis *manere* dide þe man þe massage arede. ALEX. A. DINDIM. 248. Mede mowe ȝe in no *manere* fonge. 423. In þis *manere* seint Nicholas .. Delde al his heritage. ST. NICHOLAS 65 Horstm. p. 242. The Fende .. gert him fall in lyccherye Apon a full selcouthe *manere*. METR. HOMIL. p. 78. In quat *manere* Moght men hald þis child to lere? CURS. MUNDI 12103 COTT. Ine non oþre *manyere* ne is no riȝt to suerie. AYENB. p. 6. Þet me may do .. be þe *manire* of þyeues. p. 37. Hali kirk .. thankes God on fair *maner* For Cristes com and Goddes sande. METR. HOMIL. p. 8. Zachari .. Reuest him on his *maner*, Siþen he went vnto þe auter. CURS. MUNDI 10949 COTT. Minerua men worschipen in oþur *maner* alse. ALEX. A. DINDIM. 722. — Specialliche ine þri *maneres* is man ycleped reney. AYENB. p. 19. Þise uirtue him aseweþ ine zeue *maneres*, ase me knauþ þane loue þet is betuene þe lemes of þe bodye ine zeue *manyeres*. p. 146.

3. Art (species), mit abhängigem von *of* begleiteten oder ohne die Präposition auftretenden Substantiv: Crabbe is an *manere of flasce* in þere sea. OEH. p. 51. Þou sselt ysi þet þou hest more xiþe ysene[s][e]d ine zuyche *manere of prede* þet is ycleped onworþnesse. AYENB. p. 21. Iʔ erþe ne ys zuo holi man þet moȝe parfitliche beuly alle þe *maneres of zenne*. p. 15. In puyr *maner of bataile*, By cler candel, in the nyght, He made uchon with othir to fyght. ALIS. 84. Alle *maner menstracie* þere was mad þanne. WILL. 1155. Anon he was armed at alle *maner poyntes*. 3278. God .. Made here vpon molde

many *manere choisus*. ALEX. A. DINDIM. 996-7.
Orgles, tymbres, al *maner* gleo, Was dryuen
ageyn that lady freo. ALIS. 191. Was reised
ther al *maner pley*. 194. He bad wastoure . .
wynnen his wastyng with somme *manere crafts*.
P. PL. *Text B*. pass. V. 24. Sche gaf him such
a *maner lovedrink*, That he was deed er it was
by the morwe. CH. *C. T*. 6336. When he was
comen to a *maner place* [ad quendam locum
Vulg.]. WYCL. GEN. 28, 11 Oxf. Metyng mijt
it be in no *maner wise*. WILL. 698. May þer no
man in any *maner wise* Wiþ sole[m]pne sacrifice
serue hem at onus. ALEX. A. DINDIM. 734. We
maken þorou mekenesse alle *maner þingus*, þat
mihte vs soile wiþ sinne, sese in a while. 335.
4. das lat. *modus* in der Vulgata, für M a a s s
überhaupt u. in der Musik, hat in der altengl.
Uebersetzung die Uebertragung durch *maner*
veranlasst : To thi prudence put *maner* [pone
modum *Vulg*.]. WYCL. PROV. 23, 40 Oxf. In ther
wisdam sechende the musyk *manerys* [*maneres*
of musik *Purv*. modos musicos *Vulg*.]. ECCLE-
SIASTIC. 44, 5 Oxf.

manered adj. neue. *mannered*. g e a r t e t.
Mede is *manered* after hym [sc. Fauel hure
fader]. P. PL. *Text C*. pass. III. 27. I dar not
telle treuthe, How english clerkes a coluer
feden þat coueityse hatte, And ben *manered*
after Makometh. B. pass. XV. 406.

manerli adj. neue. *mannerly*, a r t i g.
With alle þe *manerly* merþe þat mon may
of telle. GAW. 1656.

manerli adv. neue. *mannerly*.
1. a r t i g, f e i n : Þe realte of þat day, þat
was in that cite for þat solempne fest, & of alle
men þat *manerli* mijt oujt gete of any god, gaili
to greiþe hem midde. WILL. 5006. When þay
com to þe courte, keppte wern þay fayre . . Ful
manerly with marchal mad for to sitte. ALLIT.
P. 2, 69-91. *Manerly*, humane, humaniter.
CATH. ANGL. p. 227.
2. t a k t m ä s s i g, m e l o d i s c h : *Manerly*
singeth [modulamini *Vulg*.] to hym a new salm.
WYCL. JUDITH 16, 2 Oxf. .

manernesse s. M ä s s i g u n g, M i l d e.
The ende of *manernesse* [modestiæ *Vulg*.,
temperaunce *Purv*.] the dred of the Lord. WYCL.
PROV. 22, 4 Oxf.

manferde, monverde s. vgl. *ferde* u. ags.
manfaru, exercitus. H e e r, V o l k.
Esclepidiot . . sende his sonde in to Scotlonde, in to Moraine, after *manferde*. LAJ. II.
23 j. T. Al mi *monuerde*, sturieð couwer wepnen.
II. 265. Hengest . . cuðde þan kinge þat he
cumen wolde *mid* his *monuerde*. II. 212. Sillic
hoom þuhte, wha hafde al þa *monuerede* þidere
isende. II. 22.

manfischer s. vgl. *fischere*, ags. *fiscere*.
M e n s c h e n f i s c h e r.
Ic wole jou make *Manfischers*. ST. AN-
DREW 5.

manful adj. neue. *manful*. m a n n h a f t,
t a p f e r.
They mornyd ffor the morthir of *manfful*
knyjtis. DEP. OF R. II. p. 18. He made a
vow With *manful* herte. LYDG. *Complaint of*

the Black Knight st. 60. *Manfull* or manly,
vaillant. PALSGR. *Mannfulle*, humanus, magna-
nimus. PR. P. p. 324.

maag, mong s. vgl. *imang* s., ags. *ge-mang*,
-mong, commixtio, societas. G e m e n g e, G e-
m i s c h, G e m e i n s c h a f t.
Ferliche ha flutteð from þe heate in to þe
chele ; ne neauer nuten ha of þeos twa, hweðer
ham þuncheð wurse, for eiðer is unþolelich, ant
iþis ferliche *mong* þe leatere þurh þe earre
derueð þe mare. OEH. p. 251. Ich nabbe no
mong, ne felawscipe, ne priuete wiþ þe world.
p. 155. cf. p. 200.

maag præp. afries. *mong*, altniederl. *mang*,
mank, md. *manc*, *mang*, niederd. *mang*, *mank*,
vgl. alte. *amang*, *bimang*, *emang*, *imang* præp.
u n t e r, z w i s c h e n, lat. inter, als Ausdruck
einer Gemeinschaft.
Þuss hefeþþ Drihhtin don wiþþ me . . þatt
icc ne beo *mang* wimmannkin Till hæþinng
butenn childdre. ORM 237-40. Annd tatt daȝȝ
mang Ennglisshe menn Iss Kanndellmesse
nemmnedd. 7705. Þuss wrohhte þer þe Laferrd Crist *Mang* menn hiss firrste takenn.
15494. Quen þai had mad þis sacrifijs, And
taght hir to þat kire seruijs, *Mang* oþer maiden
þat þar were For to foster and to lere, To
drightin self þai hir bekend. CURS. MUNDI
10605 COTT. *Mang* barns als barn i wit yow
spac, To me knaulage nan wald ye tac ; *Mang*
wise i spak wisdom yow wit, Bot nathing wald
yee to me kyth. 12161 COTT. Quen strijf was
bute þe preisthede In þaa dais *mang* þe Iuus
lede, To tuelue men taght þai wandes tuelue etc.
21695 COTT. åhnlich GOTT. TRIN.

mangare, monger s. ags. *mangere*, altn.
mangari, altschw. *mangare*, neue. *monger*.
H ä n d l e r.
Mercator vel negociator, *mangare*. WR.
VOC. p. 88. — Marchandes, monymakers, *mangere* of fyche. DESTR. OF TROY 1590. Oefter
trifft man *monger* in Zusammensetzungen, wie
eirmonger, Eierhändler. ST. SWITHIN 69. *fische-
mongar*, Fischhändler. PALSGR. *horsmonger*,
Pferdehändler. OCTOU. 836. *Wolmonger*. R. OF
GL. p. 539 u. a.

mangen, mongen v. alts. *mangôn*, mercari,
altn. *manga*. h a n d e l n, H a n d e l t r e i b e n,
v e r h a n d e l n.
With murthes monie mote heo *monge*. LYR.
P. p. 52.
Vndeore he makeð God & to unwurð mid
alle, þet for eni worldliche luue his luue *manges*
[*T*. trukie *ed*.]. ANCR. R. p. 408. Þu hauest
underuon þine mede, Seint Gregorie awundreð
him & seið þet men beoð wode þ *mangen* swa
uuele [*T*. þet treweð so vuele *ed*.]. Magna uere-
cundia est grandia agere & laudibus inhiare,
vnde celum mereri potuit, nimium transitorii
favoris querit. p. 146sq.
Für *mutare*, v e r ä n d e r n, v e r w a n d e l n,
steht das Zeitwort in : Þai sal forworth, and þou
sal be ai, And als kleþinge elde sal alle þai, And
als hilinge *mange* [*H*. wende *ed*.] saltou þa, And
þai sal be *manged* [*H*. turned *ed*. mutabuntur
Vulg.] swa. Ps. 101, 27.

23

mangen, maungen v. afr. *manger, mangier,*
pr. sp. pg. *manjar,* it. *mangiare,* lat. *manducare,*
ein nur selten in Participialformen erscheinen-
des Zeitwort. **essen.**

Ʒe haue *manged* ouere muche. P. PL. *Text
C.* pass. IX. 272. Ʒe han *maunged* ouer moche.
B. pass. VI. 260.

manger etc. s. afr. *mangeure,* nfr. *mangeoire,*
neue. *manger.* **Krippe, Trog.**

Every horse schalle so muche haue At racke
and *manger.* B. OF CURTASYE 609. *Manger* for
a horse, mangoyre. PALSGR. *Maniure* [*maniowre*
S. P.], mansorium, presepium, C. F. presepe.
PR. P. p. 325. *Mawngeur* [*mawnjowre* A.] for
horse, escarium, mansorium. CATH. ANGL. p.232.
— Bordes broughte, cordes & cables, & made
mangers [*maniores* v. l.] to stande in stables.
R. OF BRUNNE *Story of Engl.* 11181 Furnivall.
Þen mighte men se þe ladies lede Many fair
palfray & stede .. Syþen to wype, & to *mangers*
teye, Hey & prouende byfor þem leye. 11183.

mangerie, -i, maungerie, -i, mangere s.
afr. *mangerie,* mlat. *manducaria,* comestio, pastus. **Schmaus, Festmahl.**

As Maþew mele] .. of þat man ryche, þat
made þe mukel *mangerye* to marie his here dere.
ALLIT. P. 2, 51. Such a *mangerie* to make þe man
wats auised. 2, 1365. Multi to a *mangerie* and
to þe mete were sompned. P. PL. *Text C.* pass.
XIII. 46. Yee sai on mi parti, þat he yow wald
len sum place To mak vr *mangeri.* CURS. MUNDI
15196 COTT. cf. GÖTT. Ffro the *mangery* by
gane, Wyne in condyt rane Redy tyll ylke mane.
DEGREV. 1849. When the *mangery* was done,
Grete lordes departed sone. EMARE 469. We
schul haue a *mangery* right on Sonday. GAMELYN
430. cf. 341. 460. Þis greto soper is the grete
mangery þat seintis in hevene shall eten of
Goddis bord. WYCL. SEL. W. I. 4. Thou makes
suche a *mangery* & þi mache changes. WARS
OF ALEX. 831 Dubl. Than þay helde a *mangery.*
DUKE ROWLANDE etc. 1555.

Multi to a *maungerye* and to þe mete were
sompned. P. PL. *Text B.* pass. XI. 107. How
he men fested With two fisshes an fyve loues,
fyue thousande peple; And bi þat *maungerye*
men miʒte wel se, þat Messye he semed. pass.
XV. 580. The *maungery* last a faurtenyʒte.
AMADACE st. 55. cf. CURS. MUNDI 15196 TRIN.

They should come to Hungry, That worthy
wedding for to se, And come unto that *mangere.*
SQUYR OF LOWE DEGRE 1096. I fare fulle ylle
At youre *mangere.* TOWN. M. p. 89.

manging s. **Essen, Speisung.**

We myster no sponys Here at oure *mangyng.* TOWN. M. p. 90.

mangle s. vgl. *monglen* v. miscere, *mang* s.
commixtio. **Gemenge, Handgemenge.**

To don othir vilanye, Othir with stoke,
othir with dunt, Therto is al heore entent.
While they weore so in *mangle,* Theo Yndiens
gan gangle. ALIS. 7409.

mangnet s. magnes s. *magnete.*

**mangonel, mangunel, mangenel, mongen-
el, mangnel, magnel, magnal** s. afr. *mangonel,* pr. *manganel, mangonelh,* it. *manga-*

nello neben *mangano,* von gr. μάγγανον, mlat.
manganum, mhd. *mange.* **Wurfmaschine,
Steinschleuder,** ein Belagerungsgeschütz.

He wende that the eagles were *mangonel.*
POL. S. p. 69. Sette Mahon at þe *mangonel,*
and mulle-stones þroweþ. P. PL. *Text C.* pass.
XXI. 295. Withoute stroke it mote be take
Of trepeget or *mangonel.* CH. *R. of R.* 6281.
Whenne the castel was framyd wel, They sette
therinne a *mangenel.* RICH. C. DE L. 2883. A
mangenel he leet bende, To the prys-tour a ston
gan sende. 4299. Þet is ase þet guode mortyer,
huerof me makeþ þe guode walles sarzineys, þe
me ne may naʒt breke, ne mid pic, ne mid *mon-
genel.* AYENB. p. 116.

Up they sette heore *mangonelis* And albla-
stres with quarellis. ALIS. 1593. Our king Vter-
pendragon Him assailed .. Wiþ heweing & wiþ
mineinge and wiþ *mangunels* casteinge. ARTH.
A. MERL. 2427. To *mangeneles* [*magnels* v. l.]
he dide make stones. R. OF BRUNNE *Story of
Engl.* 1033 Furnivall. Alisaundre heom assailed
fast, And with *mangnelis* to hem cast. ALIS.1207.
Sunnes he hadde, on wondyr wyse, *Mangneles*
off gret queintyse. RICH. C. DE L. 2635. Hyt
þoʒte .. Þat me ne myʒte noʒt yse bote harewen
& flon, And stones out of luþeren & of *magnales*
also. R. OF GL. p. 394.

**manhad, monhad, manhed, manhed, mon-
hed** s. ags. *manhád,* virilitas [BOSW.], ahd. *ma-
naheit, maneheit,* mhd. *manheit, manncheit,* sch.
manhead, neue. *manhood.*

1. **Menschheit, menschliche Natur:**
Þis is nu þe derfschipe of þi dusie onswere ..
þ tu of þ þing þ te misþuncheð, underfos þ an
half & dustes adun þ oðer, þe godcundnesse of
Godd, for mannesse of *manhad.* LEG. OF ST.
KATH. 978-86. [for mennesse of his *monhad* LIFE
OF ST. KATH. ed. Einenkel]. And ʒett onont ti
monhad born þu wes of Marie. OEH. p. 237.
Þe þridde article and þe vifte .. belongeþ to þe
sone, ase to þe *manhode.* AYENB. p. 12. Huanne
godes sone nom and spousede oure soster and
oure uless, oure *manhode* and oure kende. p. 13.
He .. drowing ðolede in ure *munhede.* BEST.
690. Onence þe mount of Olyvet, Whar he, in
manhed stey up .. til þe fader in heven. HAMP.
5131. Wit our licnes bigiled he The fend that
his *manhed* moht se. METR. HOMIL. p. 12.
Goddis sun *manhed* hauis tan. p. 48. On this
godspel scheues sain Bede Cristes godhed and
his *manhede.* p. 109. Þan bus þis may be clene
and bright .. Of quham þat king þat all gan
make Semyd his *manhede* [*monhede* TRIN.] for
to take. CURS. MUNDI 10639-42 GÖTT. Sone
schal þe puple se þi semli face In *manne*-hede [in
Mannes Gestalt] & in minde. WILL. 1389
[sum Werwolf gesagt]. Þe lides of oure bileaue
onont Godes *monheade.* ANCR. R. p. 262.

2. **Menschlichkeit, Menschen-
freundlichkeit:** Noþeles it was itolde hym
[sc. Darius] .. Þat his wif was dred .. and þat
Alisaundre hadde iburied here wiþ grete worschepe. Noþeles Alisaundre dede it nouʒt for
loue, bot for *manhode* of hym self [more for
cause of *manhode* then for cause of eny luffe

Harl. non amoris sed humanitatis causa fecerat
Hygd.]. TREVISA III. 429.

3. Mannhaftigkeit: Ne mey me more
joye aspye Thane wanne a man thorȝ pur me-
strye Keth hys *manhod.* SHOREH. p. 148. His
manhod and his pyne Made love withinne hire
herte for to myne. CH. *Tr. a. Cr.* 2, 676. Why
nylt thy selven helpen don redresse, And with
thi *manhod* letten al this grame? 4, 500. Alisaundre beom bymenith That they no hadde
worldis *manhede* To heore othir godhede. ALIS.
7058. von einem Knaben: Lelly he þinkes bi
his menskful maneres & his *manhede,* þat he is
kome of god kin. WILL. 430, der vorher als
bold barn 248 bezeichnet ist.

4. Manneswürde, Mannesehre: Ȝof
y telle þis folk byfore, How þat þow ware gete
and bore, þanne schal hit sprynge wide and
brode, þen hastow lore þy *manhod* [nämlich als
erkanntes Hurenkind]. ARTH. A. MERL. j. T.
L. 1169. Þan moche þe lasse ys þyn *manhode.*
D. 1016.

5. Huldigung als Lehensmann: He
is wel renay, þet þet land þet he halt of his
lhorde deþ into þe hond of his uyende, and deþ
him *manhode.* AYENB. p. 19. He deþ *manhode*
to þe dyeule, and becomþ his þrel. *ib.*

mani adj. s. *manȝ.*

manicle, manacle, manakelle s. afr. *manicle,* lat. *manicula,* Demin. v. *manica,* neue.
manacle. Handfessel, Handeisen.

Manycle, manica, cathena. PR. P. p. 325.
A *manakelle.* CATH. ANGL. p. 226.

After thei shul go, bounde in *manycles*
thei shul wende. WYCL. Js. 45, 14 Oxf. Ffor
to bynde thaire kyngis in fettirs, & the nobils
of thaim in *manykils* of yryn [in manicis ferreis
Vulg.]. HAMP. Ps. 149, 8. To ben bounde the
kinges of hem in fettris, and the noble men of
hem in yrene *manyclis* [in yrun *manaclis* Purv.].
WYCL. Ps. 149, 8. Oxf.

Ei,¹ davon abgeleitetes Zeitwort **ma-
naclen,** mit Handfesseln versehen,
wird von Lexikographen angeführt: To
manacle, manicare. CATH. ANGL. p. 227. I
manakyll a suspecte person to make hym to
confesse thynges. — And he wyll nat confesse it, *manakyll* hym, for undoubted he is
gylty. PALSGR.

manie s. afr. *manie,* pr. sp. pg. it. lat. neue.
mania, gr. μανία. Wahnsinn, Tollheit.

He ferde Nought oonly lyke the lovers maladye Of Hereos, but rather lik *manye.* CH. C.
T. 1374.

manien, monien, monezen v. ags. *manian,
manigean, monian,* alts. *manón,* ahd. *manón,*
bisweilen *manón, monón,* mhd. *manen, monen,*
afries. *monia,* niederl. *manen,* altn. schw. *mana,*
dän. *mane.* mahnen, erinnern, in Erinnerung bringen.

Ur hlaford sanctes Paulus, þe is þeoden
lareaw, us *maneð* and *meneȝeð* of sume wepne
to nemene. OEH. p. 241.

Swich mon *mai* after þe þi god welden, ofte
binnen þine burie bliþe wenden, þad he ne wele

---

heren mid muþe *monegen.* O.E.MISCELL. p. 133.
cf. REL. ANT. I. 182. Those oures of the canoune,
Lord, *moneȝe* ich the wel fayre. SHOREH.
p. 89.

maniere s. s. *manere.*

manifest adj. afr. nfr. *manifeste,* it. *mani-
festo,* lat. *manifestus, manufestus,* neue. *manifest.*
handgreiflich, augenscheinlich, unzweifelhaft.

Þan is it *manifest* and open þat by þe
getyng of diuinite men ben makid blisful. CH.
Boeth. p. 91.

manȝ, mani, meni, moniȝ, moni pron.
indef. ags. *manig, mänig, monig,* alts. *manag,
maneg,* ahd. *manag, manae, maneg, manig,* mhd.
*maneg, manech, manc, manch, manig, manich,
menec, meng, mäng,* afries. *monich, monech,
menich, manch,* niederd. niederl. *menig,* goth.
manags, altn. *margr, mangr,* altschw. *manger,*
schw. *mängen,* dän. *mangen,* neue. *many.*
manch, viel.

1. adj. *Maniȝ mann þiss merrke shall Wiþþstanndenn.* ORM 7645. Icc hafe sett . . *maniȝ
word* þe rime swa to fillenn. ORM *Ded.* 41–4.
He mot wel ekenn *maniȝ word* Amang Goddspelless wordess. 57. He wollde fullhtnedd
beon Forr *maniȝ whatt* to tacnenn. ORM 10609.
Engliss . . wiþþ þe biscopp spækenn O Godess
hallfe *of maniȝ whatt.* 1026. Itt wass forr *maniȝ
daȝȝ* Ær cwidded þurrh prophetess. 3066. Amang
þatt follc þatt cann innsihht *Off maniȝ þing*
þurrh steorrness. 3434. — He wat wel þat
maniȝe men bieð in sa ful of ȝescung. OEH.
p. 233. Al swa ure helende ham leorde, *maniȝe
þing* ehten þa folce to freme. p. 237. Adam
and Eue wunen samen, And hadden *childre
manige.* G. A. Ex. 412. After ðo [sc. *childre*]
Bar Eue of Adam *manige* moo. 427. He made
him *manige fon.* 437.

Mani man bihoteð wel þat hi forȝieteð sone.
OEH. II. 221. *Mani mann* Wass off hiss come
bliþe. ORM 795. Ydolatrie ðus was boren, for
quuam *mani man* is forloren. G. A. EX. 695.
Many man on stad and aey. CURS. MUNDI 204
COTT. *Mani ȝori man* was þer. ST. VINCENT
74 Horstm. p. 187. Jacob [Acob *Ms.*] wente ut of
lond Chanaan, And of his kinde *manie a man.*
G. A. EX. 2391. Or he cam ðor was *manie day.*
1362. He doð . . *mani oðer sinful list.* BEST. 543.
Sa *mani woyle* and *wrenk* he can. METR. HOMIL.
p. 2. *Mani iwye* ichabbe ihaued, ake þis is on
þe meste. ST. VINCENT 98 Horstm. p. 187.
Worldes wandretht and pouerte Haldes meknes
in *many mans* herte. METR. HOMIL. p. 73. Þis
parlement last *mani a day.* ARTH. A. MERL.
2775. Per is comyn with him . . Segis *of many
syds.* WARS OF ALEX. 85. — Þo waren *manie
childre* dede fulehtlease. OEH. II. 17. Weste is
cleped þat londe . . þare *manie rotes* onne wacseð.
II. 161. In ðe se senden *selcuðes manie.* BEST.
555. Fole ypocrites . . þet . . deþ *manie penonces.* AYENB. p. 26. His time lyese and *manye
guodes* þet he miȝte do. p. 31. In my fadir
house erre *many sere dwellynges.* HAMP. Tr.
p. 44. He tald thaim *mani takins* sere. METR.
HOMIL. p. XXI. Þider com wel gret rout *Of*

kinges, erls, baroun & kniȝt, *Princes, doukes mani.* ARTH. A. MERL. 2765.

As *meni man* mai iseo. BEK. 654. *Meni* is þe faire *miracle* þat of seint Nicholas is. ST. NICHOLAS 431 Horstm. p. 252. A gyw was while in a tyme, þat ihurde *meni o tale* of þe miracles of seint Nicholas. 432. Justises he makede *meni on*, þat wende alonde wide Forto siche cristene men & quelle. ST. MARGAR. 27. Wiþ scurgen & wiþ kene precken hi makeden hire *meni wonde.* 118. — He byhihte Mercy for oure mysdedes, as *meny tymes* As we wilnede and wolde with mouth and herte asken. P. PL. *Text C.* pass. XIX. 259. Maugre hus *meny teþ* he was mad þat tyme To iouste with Iesus, this blynde Iuwe Longeus. pass. XXI. 84. He [sc. a bergh] ys friþed yn *with* floreynes and oþer *fees menye.* pass. VIII. 228. Thow shalt be myrour to *menye men* to deceyue. pass. XIX. 175. My kynde, in my kene yre shal contrarie my wil . . To beo merciable *to menye* of my halfbreþeren. pass. XXI. 437.

Ealle þas þing and moniȝe oðre doð þe haliȝa gast. OEH. p. 97.

Moni mon dreȝet his fule sunne. OEH. p. 25. Is *moni þeof* abuten ba bi dei ant bi niht. p. 247. Ofte *moni wummon* letes hire mensket þurh þe luue of wepmon þat is of heh burðe. p. 273. Whare thourh *moni frensche wyf* wryngeth hire honde. POL. S. p. 187. Crist us ȝef *moni freo ȝewe.* OEH. p. 19. Ich . . habbe ired ant araht *moni mislich leaf.* ST. MARHER. p. 1. Þu þoledes for wone of mete *moni hat hungre.* OEH. p. 277. Þurh þe sweote smel of þe chese he bicherreð *monie mus* to þe stoke. p. 53. Pilegrim eileð *moni hwat.* ANCR. R. p. 352. Ichabbe be losed *mony a day*, er ant late ybe thy foo. LYR. P. p. 99. Heo ledden in heore scipen . . *moni enne deadne cniht.* LAȝ. I. 341. Heo [sc. ira] macað monslehtas and *monies cunnes* ufel. OEH. p. 103. We . . buggeþ worldles froure wiþ *moni sori teone.* p. 185. In-wiþ beoð his hinen *in se moni mislich þonc* to cwemen wel þe husewif aȝein godes wille. p. 247. — Þa weren *monie childre* dede fulhtles. OEH. p. 73. Stonden on an half þes meistres so monie. LEG. ST. KATH. 787. Weren *monie martirs* . . to deaðes misliche idon. ST. MAR-HER. p. 1. A goute me hath ygreythed so And other *eveles monye* mo. LYR. P. p. 48. Heo . . seh sihen after hire *heaðens monie wepmen & wimmen.* LEG. ST. KATH. 2353. *Monis mo hweolpes* þen ich habbe inempned haueð þe Liun of Prude ihweolped. ANCR. R. p. 200. He hem halȝed for his & help at her nede *In mukel meschefes mony.* ALLIT. P. 2, 1163.

2. subst. besonders in der Mehrzahl: Þa wearð þa rædlice micel mennisc ȝewexon, and were swiðe *manege* on yfele awende. OEH. p. 225.

Hy doþ ham to þolye grat saarpnesse, þet hedden ine þe wordle greate lostes, ase byeþe *manye* þet þyeþ ine religion. AYENB. p. 165. Louerd, þe ioye þat þere was, and þat *manie* miȝten iseo! ST. CLEMENT 215 Horstm. p. 329.

Many ben clepid, bot few chosan. WYCL. MATTH. 20, 16 Oxf.

Moni for to muchel heard of wa þat he dreheð forȝet ure lauerd. OEH. p. 255. — *Monis* schulen turnen to treowe bileaue þurh hare forbisne. LEG. ST. KATH. 696. To habbe *monie* under hire & beon iclepet lafdi. 87. *Mony* ben called, þay fewe be mykez. ALLIT. P. 1, 571.

maniȝefold, manifald, manifeald, manifeld, manifold, monifald, monifold, monivold adj. ags. *manigfeald, mänigfeald*, alts. *managfald*, ahd. *managfalt, manacfalt, manacfald, manigfalt*, mhd. *manecfalt, mangfalt*, afries. *manichfald*, gth. *managfalþs*, altn. *margfaldr*, altschw. *mangfalder*, neue. *manifold.* **mannigfalt, vielfältig.**

Joseph [Osep Ms.] an hundred ger was hold, And his kin wexen *manigefold.* G. A. Ex. 2501. Si laȝe sone adiligde þurh unwreaste leahtrum and *manifald* senne. OEH. p. 235. To þe maistres out of Amasoyne *manyfald* ioyes! WARS OF ALEX. 3763. It [sc. this tronchoun] dos yet, als find we tald, Ful fair mirakles *manifald.* METR. HOMIL. p. 162. Þat he us wissie to wiðtien of alle flesliche lustes þe derieð ure sowle, and don uppen us swilch *manifeald* pine. OEH. II. 79. Þe wundes þat hie on him makeden, ben þe *manifeald* synnes. II. 33. Togenes þe harm þe þe deuel him dude, þo þe he brohte þe *manifeald* unlimpes uppen him. II. 195. Gif he understant þat he habbe ofte agilt . . on unluued wise and mistliche þoht ofte and a *manifeald* wise. II. 207. Twifold oðer *manifold* is þe man þe nis stedefast ne on dade, ne on speche, ne on þonke. II. 187. Þer me mihte isean *manyfold* sorewe. LAȝ. III. 66 sq. j. T. Alle we ben on *manifolde* wowe on þis worelde. OEH. II. 203.

Alle we beoð in *monifold* wawe ine þisse wreche liue. OEH. p. 145. Hit ne hearmeð me nawt, ah . . makeð mine murhðes *monifalde* in heouene. ST. JULIANA p. 19-21. He . . greiðeð þi mede *monifald* in heuene. HALI MEID. p. 29. Mar conforth [sc. fand he] by *monyfalde* Than Colgrevance had him talde. YW. A. GAW. 607. Muchel is us þenne neod . . swiðe adreden ure *monifolde* sunne. OEH. . 11. Ic biwepe þas *monifolde* pine ðe ic herpin helle iseo. p. 45. Mid ham is muruhðe *monivold.* p. 193. Þer beoð uttre & inre [sc. uondunges] & eiðer is *monivold.* ANCR. R. p. 176.

Daran schliesst sich das Zeitwort **mani-falden, manifelden, monivelden,** ags. *ge-monigfealdian* [cf. Ps. 3, 1. 11, 9. 15, 3], *ge-manifaldian* [Ps. 3,1 Canterb.], *ge-mänig-fealdian* [GREIN II. 426], ahd. *manag-, manac-, manigfalton* u. *manacfaldan*, mhd. *manec-, manicvalten*, altn. *margfalda.* **mannigfalten, vervielfältigen, vermehren.**

Lord, whartill ere thai *manyfaldid* that angirs me, many rises agayns me. Ps. 3, 1. HAMP. *Manyfaldid* ere thaire seknesis. 15, 3 HAMP. The tribulaciouns of my hert ere *manyfaldid.* 24, 18 HAMP. *Manifalded*

ere þai forþi Whilk hated me wickeli.
EARLY E. Ps. 37, 20. Of fruite of whete,
of his oli and wyne Ar þai *manifolded* ine.
4, 8.

He wule gistnen mid ou, and *moniuolden*
in ou his deorewurðe grace. ANCR. R. p. 402.

manir, manire s. s. *manere.*

manjere, manjewre, maanjure s. *s. manger.*

manlich, monlich, manli adj. ahd. *man-lich*, mhd. *manlich, menlich*, vgl. altn. *mannligr*,
schw. *manlig*, dän. *mandlig.* — sch. *manlyk*,
manly, neue. *manlike* u. *manly.*

1. **menschlich**, im Gegensatze zu **gött-lich**: Nis hit *monlich* mot þ ha mealeð . . ah
is an heuenlich gast in hire. LEO. ST. KATH. 1324.

2. **menschlich, menschenfreund-lich, mildthätig**: Artow *manlyche* amonge
þi neiȝbores of þi mete and drynke? P. PL.
Text B. pass. V. 260. Dahin gehört wohl auch:
Manly, humanus, vnde humane vel humaniter.
CATH. ANGL. p. 227.

3. **mannhaft, männlich**: Wummon is
þe reisun . . þet schulde beon *monlich* & stale-warde & kene in treowe bileaue. ANCR. R.
p. 272. XXX busy burnes, barounes ful bolde,
comen in *manly* message. WILL. 1423. Su-perlat. Þe stiward hem . . newe, but of ȝong
age, on þe *manlokest* man þat men schold of
heren. 3418.

manliche, manlike, monliche, manli adv.
ags. *manltce*, mhd. *manltche, manlichen*, neue.
manly.

1. **menschlich, in menschenfreund-licher Weise**: Whoso hath moche, spene
manliche, so meneth Thobie [cf. TOB. 4, 9. ha-bundanter tribue *Vulg.*]. P. PL. *Text B.* pass.
X. 87.

2. **männlich, auf mannhafte Weise**:
No say never men yet knyghtis two So *manliche*
togedre go. ALIS. 7406. Many miȝti man *man-liche* medled þat time. WILL. 2325. As goode
thought hem go, till they grounde sought To
meete with hur fomen & *manlich* deis. 374.
Manliche þai gun hem were. ABTH. A. MERL.
4000. *Manliche* þai grad „as armes!" 5620.
Deden al forþ *manliche*, For leuer hem were
be ded, sikerliche, In manschippe . . þan euer
more liue in rewþe. 6825. Dos *manlike* [viri-liter agite *Vulg.*]. Ps. 30, 25. He . . hæhte
heom amorȝen *monliche* arisen, bi[n]den Ro-manisce men mid stronge raketehȝen. LAȝ. III.
89. Kompar. Ȝe long þerefter muwen ine
Godes seruise þe *monluker* swinken. ANCR. R.
p. 422.

Meyntenes ȝit ȝoure manchip *manli* a while,
til god of his grete miȝt god tyding vs sende.
WILL. 2676. Þe messegeres *manli* in here weye
went, spacli to þe king of Spayne þis speche þei
tolde. 2690. ȝif ȝe *manli* wiþ hem mete, þe
maistry worþ oure. 3341. Wirkis *manly* [viriliter
agite *Vulg.*]. Ps. 30, 31 HAMP. *Manly* ever
with al his mayn, And graithly hit he tham
ogayn. YW. A. GAW. 3207.

3. **überhaupt in kräftiger Weise, ein-dringlich**: Alisaundrine anon after þat ilke,

bad Meliors *manly*, here merþe þan stinte.
WILL. 1041. It mislikide me mochel (sagt
Alexandrine) . . & *manly* in my maner missaide
hire, as i dorst. 2039.

manliche s. ags. *manlica*, humana effigies,
ahd. *manlicho*, gth. *manleika*, altn. *mannlíkan.*
Menschengestalt.

To hevene he stey in ure *manliche*. REL.
ANT. I, 234.

manliched, manlihed s. mhd. *menlicheit*,
nhd. *männlichkeit.*

1. **menschlicher Zustand, Mensch-sein**: Quhu Lucifer, ðat deuel dwale, Brogt
mankinde in sinne and bale, And held hem
sperd in helles male, Til god arid him in *man-liched.* G. A. EX. 20.

2. **Mannheit, Tapferkeit**: How this
geant bold Thens into a caue fled for fere and
drede, Within the quike roche, for all hys *man-lyhed.* ROM. OF PARTENAY 4350.

manlinesse s. von *manlich* adj., neue.
manliness. Männlichkeit, Mannhaftig-keit.

Þe send & his seyn þat it is *manlynesse* &
riȝtwisnesse & almes to betyn gadlyngis & þe
vengid on hem þat don hem wrong. WYCL. W.
hith. unpr. p. 214.

manna, manne, man s. ein semitisches Wort,
hebr. *mān*, arab. *mann, manna*, eig. Geschenk,
Gabe, nämlich des Himmels, gr. μάννα, lat.
manna, aus der Bibel in die neueren Sprachen
übergegangen, wie ags. ahd. mhd. gth. etc.
manna, afr. *manne*, pr. *manna, mana*, sp. *mana*,
it. *manna*, neue. ebenfalls *manna.* Manna,
ein honigähnliches Harz, welches im Orient im
Sommer vor Sonnenaufgang aus den Blättern
mehrerer Bäume hervordringt.

Sunnedei god sende *manna* from houene.
OEH. p. 141. *Manna* forsothe was as the seed
coryaundre. WYCL. NUMB. 11, 7 Oxf. Þat is
holi þing, and is icleoped *manna* in holi write . .
Þis *manna*, þat holie greyn, ȝuȝt to þis day des
springue Op of þat put, þat manie men bringues
to botningue. ST. JOHN 487-91 Horstm. p. 417.
There in was a vessel of gold, fulle of *manna.*
MAUND. p. 85.

Þis is þe holi *manne* þe ure drihten sende
also snow sleðrende. OEH. II. 99. *Manne*
bitocneð wat is tis? ib. [nach der EXOD. 2, 15.
31 angegebenen Etymologie].

The hows of Yrael clepide the name of it
man, that was as the seed of coliaundre white.
WYCL. EXOD. 16, 31 Oxf.

mannesse, monnesse, mennesse s. mensch-liche Natur.

Þis is nu þe derfschipe of þi dusie onswere . .
þ tu of þ þing þ te misþuncheð, underfes þ an
half, & dustes adun þ oðer, þe godeundnesse of
Godd, for *mannesse* of his manhad. LEG. ST.
KATH. 978. Þah he were deadlich, þurh þ̵ he
mon was, onont his *mannesse*, & deide . . he ne
losede na lif, onont þ̵ he Godd was. 1116.
Drihtin, þ dearede in ure *monnesse*. 1135. an
allen entsprechenden Stellen hat LIFE OF KATH.
985. 1115. 1132 *mennesse.*

[**mannisc**], **monnesc, mennesc, mennisc** adj.
alts. *mannisk*, *mennisk*, ags. *mennisc*, afries.
mannisk, gth. *mannisks*, altn. *mennskr*. m e n s c h -
l i c h.

On Cristes akennednesse iwearð þe almihti-
ja godes sune to *monnesce* men ibroht. OEH.
p. 97-9. God cweð þurh þes witejan muð þet
he walde his gast asendan ofer *mennesc* flesc.
p. 91. He . . let te posstless sen himm wel Inn
hiss *mannisc* kinde. ORM *Ded*. 218. Þatt
lihht . . þatt lihhteþþ here onn erþe Illc an
lifissche man *mennissh*. ORM 18939. Alswa
Moyses þe hehte heom feste þes dajes uppon
þe munte of Synai þet he nefre ne ete *mennisses*
metes for drihtenes luue. OEH. p. 11.

[**mannisc**], **mannish, mannische, mannisse,**
u. **mennische, mennish, mennische, mennisse** s.
ags. *mennisc* [BLICKL. HOMIL. p. 175 = people].

1. M e n s c h e n a r t, G e s c h l e c h t, V o l k :
Generacio mala & adultera signum querit . .
Iuel mennish and forhored *mannish* acseð after
fortocne of heuene, and hie ne shulen hauen
bute eorðliche. OEH. II. 81. Viri Niniuite sur-
gent in iudicio cum generacione ista et con-
dempnabunt eam . . On domes dai shal þat folc
arisen on þe michele dome, and fordemen þis
mannish. II. 83. Þis widerfulle *mannisshe* þe
fondeð me hinderfulliche, and hereð mine wise
word, and seð mine wunderliche deden, and
naðemo me ne leueð. *ib*. Þese fower *mannisshe*
þe ich er inemd habbe beð þat erf þe þo herdes
ouer wuakeden. II. 39. Fuwer kinne *mannisshe*
liuen on þis woreld. II. 85. Manie *mannisshe*
folgeden ure drihte to herende his wise word . .
and for þi wilen [wile ic?] segen eow hwilc
mannisshe he þus munegede. II. 187. Mildhertnesse he kidde *mannisse* þo þe he sende his
holi prophete to freurende þo forainejede. *ib*.
Fuwer kinnes men ben, þat an . . þat is unwiti
mennisse. Oðer . . þat is þat orelese mennisse.
Þe ðridde . . þat *mannisse* is þuertut forlore,
soule and lichame. Þat feorðe . . þat is þat gode
menisshe. II. 123. Alse þe fugeles . . ne ben
nafre stedefaste, swo doð þis *mannisse*, flieð
fram iuele to werse. II. 165.

Þa wearð þa redliche micel *mennisc* jewexon.
OEH. p. 225. Þah al *mennisc* were jegadered,
ne michti hi alle hin acwelle, jef he sylf nold.
p. 229. Iuel *mennish* and forhored mannish
acseð after fortocne of heuene, and hie ne
shulen hauen bute eorðliche. II. 81. Fuwer
kinnes men ben, þat an . . þat is unwiti mennisse.
Oðer . . þat is þat orelese mennisse. Þe ðridde
. . þat mannisse is þuertut forlore . . þat feorðe
. . þat is þat gode *mennisse*. II. 123. Þis lond
þe ich nu of speke is þat *mennisse* þe nu liueð.
II. 163.

2. M e n s c h e n n a t u r : Fele hundred wintre
er þe time þe ure drihten understod *mannisshe*
and was boren. OEH. II. 109.

Þo þe god fundede of heuene to eorðe to
fongen [fonden *Ms.*] *mennisshe* of þe holie meidenes inneðe ure lafdi Seinte Marie. II. 133.

[**manniscnesse**], **monnisnesse, mennisc-**
nesse etc. s. ags. *menniscnes*, *menniscnes*, ahd.

menniscnissa. m e n s c h l i c h e s   W e s e n,
M e n s c h e n n a t u r.

He [sc. þe deofel] iseh þa *monnisnesse* on
Criste, and nauht þa godcunnesse. OEH. p. 123.
Crist underfenc *meniscnesse* on his tocume. p. 99.
Þuruh Cristes *menniscnesse* men weren aleade
from deofles deowdome. *ib*. Cristes *menniscne-*
nesse ðrannc dæþess drinnch o rodetre. ORM
1373. He iss ec to fulle soþ Soþ mann i *men-*
niscnesse. 1358. Næ worhte he þah nane wndre
openlice er þan þe he was þritti wintre an þara
mennisnisse. OEH. p. 227-9.

manovren v. afr. *manovrer*, nfr. *manœuvrer*,
it. *manovrar*, to steer a ship, sp. *maniobrar*, vgl.
lat. *manu operari*, neue. *manœuvre*. l e n k e n,
r e g i e r e n.

Sir, kyng Philiþ þe ferse my fader was
hateñ, And all þe marche of Massydoñ he
manours clene. WARS OF ALEX. 836ᵃ Dubl.

manræden, monradene, -redene, manra-
dene, manrede etc. s. ags. *manræden*, foedus
[Jos. 9, 11], sch. *manredyn*, *manred*, *manrent* etc.

1. H u l d i g u n g,   D i e n s t b a r k e i t,
D i e n s t p f l i c h t : He dide þ ealle þa heafod
mæn on Normandij dydon *manræden* and hold
aðas his sunu. SAX. CHR. a. 1115. Eower *mon-*
radene [*manradene* j. T.] ic wulle fon. LAȝ. I. 266.
cf. II. 34. Gonwais . . sette Arðuro an hond al
Orcanies lond . . and his *monradene* [*manradene*
j. T.] mid muchelere mensce. II. 523. cf. 586.
He heora *monredne* mid monscipe onfeng. I. 18.
Belin hauede . . his *manræidene* [*manradene*
nam j. T.] mid monschipe biwunnen [biwinen
Ms.]. I. 204. *Manrede* [*monrade L.*] dide I him
me do. HARR. OF HELL 90 Mall. To morwen
shalt tu *manrede* take Of þe brune and of þe
blake. HAVEL. 2180. Cometh alle hider swiþe.
Manrede youre louerd for to make. 2247. *Man-*
rede of alle hauede he nomen. 2265. Beden
him sone *manrede* and oth. 2274. His *manrede*
þu schalt fonge. FL. A. BL. 395.

2. k o l l e k t i v G e s a m m t h e i t der V a s a l -
l e n, D i e n s t p f l i c h t i g e n : Pays he dude
anon grede To al Daries *manrede*. ALIS. 4664.

3. A b h ä n g i g k e i t, G e w a l t, in der sich
jemand befindet : Mindoo no messengere for
menske of þi selvyne, Sen we are in thy *man-*
rede, and mercy þe besekes. MORTE ARTH. 126.

4. eigenthümlich von gewaltsamem
sinnlichem Verkehr : Sone swa he [sc. þe
eotend] hider com, swa he þat maide inom; he
wolde *monradene* [*manradene* j. T.] habben wið
þan maidene. LAȝ. III. 28.

manscipe, manshipe, manschipe, mon-
scipe, monschipe etc. s. ags. *manscipe* [BOSW.
Comp. A. S. Dict. 1855], vgl. altn. *mannskapr*.

1. E h r e, W ü r d e : Si ego pater ubi est
honor meus . . þah is, gif ic fader ham, wer his
mi *manscipe*? OEH. p. 235. Þurrh þatt mannsa
sawle iss lic Wiþþ Godd in onnlicnesse, Þær
þurrh majj itt ben nemmnedd mann, & wiþþ
mannshipe wurrþedd. ORM 19011. We beþ redi
in al þing, anon to go wiþ king Arthour, To his
manschipe & his honour. ARTH. A. MERL. 3632.
Leuer hem were be ded, sikerliche, In *man-*
schipps & in trewþe, þan euer more liue in

rewþe 6826. We han leuer sterue ariʒt Wiþ
manschip & in fiʒt. 7373. He hire wolde vnderfon
and moche *mansipe* [worðescipe ã. T.] hire don.
LAʒ. I. 136 j. T. Ich ou wolle wel biwite mid
mochelere *mansipe* [wurðscipe ã. T.]. II. 140 j. T.
  Alle monnen he wes leof & muchele *monscipe* biwon. LAʒ. I. 15. We wulleð þine men
beon, þine *monscipe* herien. I. 266. Idelnesse
makeð mon his *monscipe* leose. II. 624 sq. Þurh
þe haueð Morgan mi mæi is *monschipe* afallet.
I. 163. Haueden liðende men ispeken of þan
mæidene . . of hire muchele *monschipe*. I. 133.
He fusede mid *monschipe* [mihte j. T.] toward
Morgane. I. 164.
  2. würdevolles, höfisches Benehmen,
Höflichkeit: Whider wostow . . ?
Dame, to seche min em Arthour, Of him to
afong þe anour Of wijtschippe & cheualrie, &
leren *manschippe* & curteisie. ARTH. A. MERL.
7650. — Eche frend fedeþ oþer, and fondeþ
how he may quite Meles and *manshupes* [vv. ll.
manschipes u. *manschepes*], eche a ryche man
oþer. P. PL. Text C. pass. XIII. 104.
  3. Mannhaftigkeit, Muth: Men, for
ʒoure *manchipe*, na more þat suffreþ, but wendeþ
ouʒt wiʒtli & wiþ ʒour fon meteþ. WILL. 3337.
Meyntenes ʒit ʒoure *manchip* manli a while, til
god of his grete miʒt god tyding vs sende. 2676.
— Mariners, arm your ships, And do up your
manships. RICH. C. DE L. 1847.

manschipliche etc. adv. ehrenvoll.
  His lord he served treweliche, In al thing
manschipeliche. GUY OF WARW. in HALLIW. D.
p. 540. Betere vs his on londe *mansipliche* [mid
monscipe ã. T.] ligge, þane we þus here mid
honger forworþi. LAʒ. II. 447 j. T.

mansien, monsien v. gleichbedeutend mit
amansien. s. dasselbe. aus der Gemeinschaft
ausschliessen, in den Bann
thun, verfluchen.
  Aʒ whannse preostess *mannsenn* her &
shædenn þa fra Criste Þatt opennlike onnjæness
Crist All þeʒre þannkess wiþþrenn. 10522.
  They *monside* the marchal ffor his myssedede.
DEP. OF R. II. p. 28, wo, statt *mouside*, mit
RICH. THE REDELES ed. Skeat III. 105, *monside*
zu lesen ist.
  Häufig findet sich p. p. **mansed**, verflucht,
verwünscht: Per inne beoþ þe
saulen idon . . þat leyen hedden in þeouene
bed, Oþer weren *mansed* bi nome. O. E. MISCELL.
p. 154. He syttez þer in Sodomis . .
Among þo *mansed* men þat han þe much greued.
ALLIT. P. 2, 773. Þis is a meruayl message a
man for to preche Amonge enmyes so mony &
mansed fendes. 3, 81. New worth þis Mede
ymaried to a *mansed* schrewe. P. PL. Text B.
pass. II. 39. Leten mekenesse a maistre, and
Mede a *mansed* schrewe. IV. 160. Þe festu is
fallen, for ʒowre defaute, In alle manere men,
þourgh *mansed* prestes. X. 278.

mansinge, manxinge s. vgl. *amansinge*.
Bann, Fluch.
  Ʒuf eni man in *mansinge* were ibrouʒt. R.
OF GL. p. 472. He . . amansede þat sori temple,

in ore louerdes name. Anon with þis *man-
singse* al þat on half dachste adoun. ST. BARNABAS
49 Horstm. p. 28. Þanne behoueþ come
þat xuord hit uor to dele, oþer be *manzinge*,
oþer be hotinge out of contraye. AYENB. p. 148.
Þes dom yzed beuore ssel he do ase king, þanne
ssel he keste his greate *manzinge* as þe heʒe
bissop an souerayn pope. p. 189.

mansioun, mancioun etc. s. afr. *mansion*,
mansiun, sp. *mansion*, it. *mansione*, pg. *mansão*,
lat. *mansio*, neue. *mansion*. Aufenthalt,
Wohnung.
  Priðe in ricchesse regneth rather þan in
pouerte, Arst in þe maister þan in þe man some
mansioun he hath. P. PL. Text B. pass. XIV.
215. Make (imperat.) to þe a *mancioun*, & þat
is my wylle. A cofer closed of tres, clanlich
planed. ALLIT. P. 2, 309. In that colde and
frosty regioun, Ther as Mars has his sovereyn
mancioun [mansion HENGW. u. LANDSD. Mss.
in Six-Text Print]. CH. C. T. 1975. — So that
the temple scholde be in the firste compassenge,
the *mansiones* of the ebdomadaries, the kynges
place, and the places for his seruantes. TREVISA
III. 9 Harl.

[manslaʒe], monslaʒe, monslahe s. ags.
manslaga, homicida, ahd. *manslago* u. *manslego*,
mhd. *manslegge, manslecke*. Mörder.
  Ne beo þu *monslaʒe*. OEH. p. 13. Dunt
aʒein dunt, alswa of neate, bute þu were *monslaʒe*.
p. 15. Ichabbe isehen þene þurs of helle,
helles wulf her awarpen, ant te *monslahe* islein.
ST. MARHER. p. 11. Stute nu, þu alde *monslahe*,
þ tu ne slea heonne forð Cristes icorne. p. 12.
Þos men þe þus todraʒed heore euencristene
bihinden . . beoð *monslaʒen*, for heo slaʒeð heore
aʒene saule. OEH. p. 53.

**manslaʒt, manslauʒt, manslauht, mansleaht,
manslecht, monslaʒt, monslecht,
monslæht, monsleht** s. ags. *mansleaht, mansliht*,
alts. *manslahta*, ahd. *manslaht* u. *manslahta*,
mhd. *manslaht* u. *manslahte*, afries. *manslachta*,
monslachte, homicidium.
  1. Todschlag, Mord: Twin wifing and
twin *manslagt*. G. A. EX. 485. A preost . .
That of *manslaʒt* was bicliped. BEK. 364.
Efterward comþ ofte strif . . efterward, oþerhuil
manslaʒte. AYENB. p. 30. Þo Seint Dauid hadde
Ido þe sunne of lecherie And *manslauʒt* [*monslauht* p. 31], þo he let sle . . Vrie. HOLY ROOD
p. 30. Bote ich rewely þus alle reames, rouep
me my syght; And bringe alle men to bowe
withoute byter wounde, Withoute mercement
oþer *manslauht* amenden alle reames. P. PL.
Text C. pass. V. 180. Nauht þorw *manslauht*
and strengþe Makamede hadde þe mastrie, Bote
þorw pacience and pryuy gyle he was prynce
ouer hem alle. XVIII. 241. Of alle þan hundredes
þat tohewe were in þan mochele bringe
of þan *mansleahte*. LAʒ. III. 110 j. T. — For so
euele werkes . . ase so is lecherie, spusbreche,
roberie, *manslechtes*. O. E. MISCELL. p. 30.
  Lechery, robbery, or *monslaʒt* Byd hym
telle euen straʒt. MYRC Instructions 1535. *Monslaʒt*
with a rewful ateven Hit askys vengans.
AUDELAY p. 2. He dude . . treisun & *monsleiht*

on his treowe kniht Vrie. ANCR. R. p. 56. Nis
þis [nämlich: das Abtreiben von Kindern] strong
monsleiht of golnesse awakened? p. 210. Muchel
monsleiht wes þere. LAȝ. III. 110. — Heo macað
monslehtas. OEH. p. 103.

    2. Todschläger, Mörder: *Manslaȝt*
þou ne be. E.R.P. p. 16. Marcure was *manslaȝt*,
a mammlere of wordis. WARS OF ALEX. 4498.
He is *manslaȝte*, and him selue damneþ. AYENB.
p. 115.

    Ne beo þu nawiht *monslaht.* OEH. p. 57.

manslaȝter, manslauter s. vgl. *slahter,*
slaghter, neue. *manslaughter.* Todschlag,
Mord.

    Be *manslaȝter* [o *mahslaghter* COTT.] take
þou bisening be saint Dauid, þat duȝti king,
þat sacles sloght his awen kniȝt al for his wife.
CURS. MUNDI 25772 FAIRF. Sooþfast God
ȝeveþ men riȝt, and dooþ no man wrong; he
voideþ *manslauter* [manslauȝt α. γ. manslauȝte
ȝ. manslauȝter Cz.], and arereþ no strif noþer
bataille. TREVISA III. 473.

manslaȝþe s. erscheint im kentischen Dialekte neben dem vorangehenden Worte *manslaȝt*
in dessen beiden Verwendungen.

    1. Todschlag, Mord: Þer [sc. in þe
tauerne] ariseþ þe cheastes, þe strifs, þe *man-
slaȝþes.* AYENB. p. 57. vgl. Delyvere us the
theff Barabas, That for *manslaucth* presonde
was. COV. MYST. p. 312.

    2. Todschläger, Mörder: Þe ilke þet
hateþ his broþer, he is *manslaȝþe* ase to his
wylle. AYENB. p. 8. Þe helpe of þine bodyo
þou saelt loki, uor huo þet ne heþ helpe, he ne
heþ naȝt. Ne by naȝt *manslaȝþe* of þe selue.
p. 54. Vor þou art ase *manslaȝþe*, yef þou be
þine tonge wyþdraȝst ane man oþer a child wel
to done. p. 58. Me asel grede to god merci,
ase his þyef, ase his *manslaȝþe.* p. 171.

mansleer, manslear, manslaer, monsleer s.
vgl. *sleere,* neue. *manslayer.* Todschläger,
Mörder.

    Hic, hæc homicida, a *mansleer.* WR. VOC.
p. 217. Porrex . . slow his broþer. Therefore
hire moder . . fil wiþ hir maydens vppon þe
mansleer while he sleep, and hakked hym al to
gobettes. TREVISA III. 41. — Þei be worse *man-
sleeris* þan þei þat only sleen þe body. WYCL.
W. *hith. unpr.* p. 56. — *Manslears* thei wer had
most odiows. Ms. in HALLIW. D. p. 541. — A
manslaer, homicida. CATH. ANGL. p. 227.

    Þese were proud men, raueners echon, Ex-
torcioners, *monsle[e]rs.* O.E.MISCELL. p. 211.

mansuete adj. afr. pr. *mansuet,* sp. it. *man-
sueto,* lat. *mansuetus,* sch. *mansuete,* neue. *mansuete.* sanft.

    She seyde ek, she was sayn with hym to
mete, And stood forth muwet, mylde and *mansuete.* CH. *Tr. a. Cr.* 5, 193.

mansuetude s. afr. *mansuetude,* sp. *mansuetud,*
it. *mansuetudine,* lat. *mansuetudo,* neue. *mansuetude.* Sanftmuth.

    Andrewe, myldist of othir seyntys alle, To
whom for meekenesse and *mansuetude* Alle
worldly swetnesse [worly wetnesse *ed.*] semed
bitter galle. OLD CHRISTMAS CAROLS p. 29.

mansworе, monsware s. ags. *mánswara,*
perjurus, ahd. *meinswero,* altn. *meinsvari,* altschw. *mensvöre.* meineidig, Meineidiger.

    Þ he weore lauerdswike, oðer touward his
lauer[d] *manswore.* LAȝ. II. 506.

    Ne mai neuere *monsware* monscipe longe
aȝen. LAȝ. I. 177.

mansworn, monsworn p. p. ags. *mánsverian,*
perjurare, sch. p. p. *mannworn.* meineidig:
substantivirt Meineid.

    Other sal my lady be *mansworn* On relikes,
and bi bokes brade, Or els ye twa er frendes
made. YW. A. GAW. 3938.

    s. Proly into þe deueles þrote man þryngez
bylyue, For couetyse & colwarde & croked
dedez, For *monsworn* & menaclaȝt, & to much
drynk. ALLIT. P. 2, 180.

mantalles adj. s. *mantelles.*

manteinen v. s. *maintenen.*

mantel, mantelle, mantille, mentel, mentil
s. afr. *mantel,* pr. *mantel, mantilh, manteu,* it.
mantello, mlat. *mantellus, mantellum,* lat. *mantelum,* ags. *mentel,* ahd. *mantal, mandal, mantel,
mantil,* mhd. *mantel, mandel,* afries. *mantel,
mentel,* niederl. *mantel,* altn. *möttull,* altach.
mattul, mantul, mantol, schw. dän. *mantel,* neue.
mantle. Mantel, deckende Bekleidung
für Männer und Frauen, Oberkleid.

    His *mantel* [mantil GÖTT.] es bileft wit me.
CURS. MUNDI 4403 COTT. Jon hedde enne
mantel of cendal hym abute. O. E. MISCELL.
p. 43. He nom ænne sperescæft . . & dude a
þene ænde ænne *mantel* hende. LAȝ. II. 193.
Scho drou his *mantel* bi þe pane. CURS. MUNDI
4387 GÖTT. Ther wende forth on, anon, and
his huro ofdrouȝ, and his *mantel* afterward.
BEK. 2099. Seint Martyn drouȝ out is swerd . .
And carf is *mantel* half ato, and þe pouere
manne it bitok. ST. MARTIN 17 Horstm. p. 449.
Couthe I lye to do men laughe, þanne lacchen
I shulde Other *mantel* or money amonges lordes
mynstralles. P. PL. *Text B.* pass. VIII. 228.
Hengest . . *bi* þan *mantle* hine ibræid þat breken
þa strenges. LAȝ. II. 215. *Wiþ* his *mantel* he
helede boþe his eȝe. ST. MARGAR. 139. Huy
nomen þe quiene and hire child and wounden
in a *mantel.* MARY MAGD. 383 Horstm. p. 493. —
Hudden hare heauet . . under hare *mantles.*
ST. MARHER. p. 7. Vf *mantels* [manteles TRIN.]
vnder þam we spred. CURS. MUNDI 15103 COTT.
He was a litel man, and an elde, And had on
at the mete, for the chelde, Twoo thik *mantels,*
yfurred with grys. ALIS. 5500.

    Hoc mantile, hoc mantellum, a *mantelle.*
WR. VOC. p. 259. Hec clamys, a *mantylle.*
p. 238. Hec clavus, *mantylle.* p. 197. Hit may
wel be þat mester were his *mantyle* to wassche.
ALLIT. P. 3, 342. A mere *mantyle* watz on þat
man cast, Of a broun bleeaunt, enbrauded ful
ryche. GAW. 878.

    Þe meshakele [sc. is] of medeme fustane,
& hire *mentel* grene oðer burnet. OEH. II. 163.
Do gho him his *mentel* forheld. G. A. Ex. 2026.
Mentel, mantellus. PR. P. p. 333. Sche took
soone a *mentil* and hilde hir. WYCL. GEN. 24,
65 Purv. He was hilid of hir *with* a *mentil.*

JUDGES 4, 18 Purv. He seyde þat ȝif he sawe a
prest lie bi a womman, he wolde hile hem wiþ
his mentile, & not sclaundre hem of þis synne.
W. hith. unpr. p. 475. — The puple took meele
. . and boond in mentils [ligans in palliis Vulg.],
and puttide on her schuldris. EXOD. 12, 34 Purv.

mantelet s. afr. mantelet, Verkleinerung f.
v. mantel, neue. mantelet. Mäntelchen.
A mantelet upon his schuldre hangyng,
Bretful of rubies reed. CH. C. T. 2165.

mantelles, mantalles adj. ohne Mantel.
Dame Olimpias, among this pres, Sengle
rod, al mantalles. ALIS. 203.

mantile, mantille s. mantellum s. mantel.

[manþew], monþew s. ags. manþeó, monþeáv.
Mannessitte, Mannestugend.
Wis child is fader blisse . . þe hwile hit is
lutel, ler him monþewes. O. E. MISCELL. p. 128.

manuelle, manuele s. mlat. manualis vel
manuale, liber, in quo continetur ordo servitii,
extremæ unctionis, catechiami, baptismi, eto.
D. C. sp. pg. manual auch von gleicher Bedeu-
tung. vgl. neue. manual. liturgisches
Handbuch als Anweisung für den Geistlichen.
Hoc manuale, a manuelle. WR. VOC. p. 230.
A manuelle, manuale. CATH. ANGL. p. 227.
Manuele, booke to minster wythe the sacra-
mentys, manuale. PR. P. 325.

[manweored], monweored, monwered s.
ags. manveorud, congregatio. cf. veorud, verud,
vered, caterva, multitudo. Männerschaar,
Heer.
Cadwan and Margadud and heore monweorede buȝen uorh mid heom. LAȝ. III. 202.
Edwine . . his teldes alle sette, his marken & his
mare, and eke his monweorede. III. 254 sq. He
bad þat heo him radden, hu he mihte on richen
mid his monweorede his monscipe halden. II.
432. Wendeð ut a þan felde mid eower mon-
werede. III. 198.

mapel, maple, mapil, mapul etc. s. auch
mit nachfolgendem tre. ags. mapeltreó neben
mapolder und mapeldern, neue. maple: verwandte Formen sind in anderen Sprachen bisher
nicht nachzuweisen. Ahorn, ein Baum der
nördlichen gemässigten Zone.
Bus, baume e arable, box, palmtre, mapel.
WR. VOC. p. 163. The fyggetre and the maple
round, And oþer trees there was mane ane.
SQYR OF LOWE DEGRE 38. Mapylle, acer. CATH.
ANGL. p. 227. Mapul, thorn, beech, hasil, ew,
wyppyltre. CH. C. T. 2925. Hec acer, a mapul tre. WR. VOC. p. 228. Acer, mapulle. p. 181.
Hec ascer, mapulle tre. p. 192. Mapulle, tree,
acer. PR. P. p. 325.

mappemounde s. afr. nfr. mappemonde, it.
mappamondo, sp. pg. mapa mundi, mlat. mappa
mundi, charta vel mappa explicata, in qua orbis
seu mundi descriptio continetur. D. C. sch.
mapamound; vgl. neue. map (of the world).
Weltkarte.
After the forme of mappemounde, Through
which the ground by purparties Departed is in
thre parties, That is, Asie, Aufrique, Europe.
GOWER III. 102.

mappen v. unklarem Urspr. vgl. moppe s.
verstören.
Oure;lady . . lay still doted and dased, As
a womman mapped and mased. HOLY ROOD.
p. 216.

maracle s. miraculum s. miracle.

maras, marasse s. palus s. mareis.

**marbel, marbil, marble, marbole, mar-
bul, marbre** etc. s. marmor, und Komposs.
s. marmon.

marbrin adj. marmoreus s. hinter marmon.

mark, marke s. ags. marc, auch in der
Mehrzahl [vgl. SAX. CHRON. a. 1103], ahd. selten
march, mhd. marc, marke, afries. merk, niederl.
altn. mörk, schw. dän. mark, afr. pr. marc, sp.
pg. it. marco, mlat. marca auch marcus nach
D. C. neue. mark. Mark, als Gewicht edlen
Metalles (urspr. ein halbes Pfund), später eine
Geldsorte verschiedener Gewichtes.
Mede ymot munten, a mark other more.
POL. S. p. 150. Ȝut hi bud a wurse stede on
þere helle grunde, ne sculle hi neure comen
vp, for marke ne for punde. OEH. p. 177. Bu
a peyre [sc. hose] of a marc. R. OF GL. p. 390.
A goos for half mark of gold fyn. RICH. C. DE L.
2838. He warnede Watte, his wyf was to blame,
þat hire hed was worþ a mark, and his bod
worþ a grote. P. PL. Text A. pass. V. 30.
Mark of money, marcha. PR. P. p. 326. A
marke. CATH. ANGL. p. 229. Marke of money,
marc dargent; marke of golde or sylver, marc.
PALSGR.
Ich wulle mære . . ælche ȝere of mine londe
seouen þæsend punde, & senden heom to þine
londe & sixti mark of golde. LAȝ. II. 517. That
wyf hym taught markes and poundes. OCTOU.
889.

marcat, markat s. s. market.

marke s. signum s. merke; confinium s.
marche.

marken v. s. merken.

market, marcat, markat, merket s. ags.
market, ahd. merkât, murchat, mhd. market,
markt, merkt, afries. merkad, merked, market,
niederl. markt, niederd. market, mark, pr.
mercat, afr. marchet, marchied, marchie, marcie,
sp. pg. marcado, altn. markaðr, selten mark-
naðr, dän. marked, schw. marknad, lat. mercatus, neue. market.
1. Handel, Handelsverkehr: Dis
wirm [ðe spinnere] bitokneð ðe man ðat oðer
biswikeð . . in mot or in market. BEST. 487-91.
Huanne hy hise yseþ poure and nyeduol, þanne
makeþ hy mid ham marcat. AYENB. p. 36. Þe
viste [sc. tuyg of simonie] is ine ham þe be
market makinde leteþ hare benefices oþer
chongeþ; þe sixte is in ham þe be markat
makinde guoþ into religion. p. 42. bildlich
steht Handel treiben für verkehren von
fleischlichem Verkehr: Þe same nyȝt in his slepe
he saȝe, as him shoȝt, Amon, his awen god, in
armes with his qwene, And make with hire
market, as he a man were. WARS OF ALEX. 419.
2. Markt, Marktplatz, Markt-
flecken: A temple ther was amydde the
market. ALIS. 1515. When I mette mid him in

þe *market*, þat I most hate, I heilede him as
hendely as I his frend weore. P. PL. *Text A.*
pass. V. 82. *Market*, of byynge and syllynge,
mercatus. P. P. p.326. He . . ledde hym forth
to *lauacrum lex dei*, a graunge, I sixe myle oþer
seuene by syde þe newe *markett*. P. PL. *Text
C.* pass. XX. 71. Ha kam into þe *marcatte*, so
he fond werkmen þet were idel. O.E.MISCELL.
p. 33. Þet is þe dyeules þeni hœrmide he bayþ
alle þe uayre paneworþes inc þe *markatte* of þise
wordle. AYENB. p. 23. A *merket*, forum, mercatus. CATH. ANGL. p. 235. — Taillours and
tynkeres, & tolleres in *marketes*. P. PL. *Text B.*
Prol. 220. Prestes . . beten *marketis* & entermeten hem of louedaics. WYCL. W. *hith. unpr.*
p. 172.

marketbetere, merketbeter s. der letzte
Theil des zusammengesetzten Wortes beruht
auf afr. pr. *bateres*, nfr. *batteur* = engl.
frequenter. häufiger Marktbesucher,
Marktbummler.

Opere lordis also wolen preise a worldly
prelat or curat & bere him vp, þouȝ he be
neuere so vicious in lecherie, pride & coueitise
& opere synnes, so þat þis worldly curat makiþ
hem grete festis & wastiþ pore mennus almes in
ȝiftis of wyn & vanytes; ȝe, þouȝ he be a *marketbetere*, a marchaunt, a meyntenour of wrongis
at louedaies, a fals suerere, a manquellere &
irreguler. WYCL. W. *hith. unpr.* p. 242. He
was a *marketbeter* at the fulle. CH. *C. T.* 3934.
Merketbeter, circumforaneus. CATH. ANGL.
p. 236.

marketdaschare s. dem vorangehenden
Worte gleichbedeutend; *daschare* i. q. *beters*.
Marketdaschare, circumforaneus. PR. P.
p. 326.

marketplace s. niederl. *marktplaats*, neue.
marketplace. Marktplatz.

Marketplace, forum. PR. P. p. 326. But by
awaite of oon Otho þey were boþe deede in þe
myddel of þe chepyngeplace [Neuerthelesse
thei bothe were sleyne in the *markethplace* of
Rome by Otho themperour *Harl. Ms.*] (vom
Forum Romanum). TREVISA IV. 419.

marketrinner, merketrinner s. gleichbedeutend mit *marketbetere*, *marketdaschare*; vgl.
rynner, cursor. CATH. ANGL. p. 309.

A *merkettrynner*, circumforarius [*A.*]. CATH.
ANGL. p. 236.

markis, marquis, markes, marques s. afr.
marchis, *markis*, pr. *marques*, *marquis*, sp.
marques, pg. *marquez*, it. *marchese*, mhd. *markis*,
mlat. *marchensis* neben *marchio*, neue. *marquis*,
marquess. Markgraf, Graf über eine
Mark, Verwalter eines Grenzlandes.

This *markys* caughte yit another lest. CH.
C. T. 8495. The mayde schuld iwedded be
Unto ̨the *markys* of Saluce. 8647. A *marquys*
whilom duellid in that lond. 7940. cf. 7967. 8074
u. oft. *Markes*. ORDIN. A. REGUL. p. 12 bei
HALLIW. D. p. 542. *Marques*. PALSGR. Bi-
shoppe, *marques*, & erle, coequalle. BAB. B.
p. 186. cf. 188.

markisesse, marquisesse s. Markgräfin.
I wil . . see The *markisesse* [*marquisesse* alli
Codd.]. CH. *C. T.* 8157 Tyrwh. I say that to
this newe *marquisesse* [*markisesse* Tyrwh] God
hath such favour sent hir of his grace. 8270.

marcial, martial, auch **mercial** adj. fr.
martial, lat. *martialis*, von *Mars*, *-tis.* zum
Kriegsgott gehörig, kriegerisch.

Tydeus saugh wher a castel stood, Strong
and myghty, belt vpon a roche, Touard which
he fast̨e] gan approche, Conveyed thider þe
clernesse of the ston That, þe nyght, ageyn the
moone shoon, On hegh toures, with crestes
marcyal. LYDG. *Thebes* 1223. Put in a som
all *marciall* policy! Complete in Affrike and
boundis of Cartage; The Theban legeon, ex-
saumple of chivalry, At Rodomus river was
expert there corage etc. *M. P.* p. 26. And in
defence of his state rialle, The geaunt wold
abyde eche aventure, And all assautis that were
martialle For his sake he proudly wold endure.
p. 5. Aboute hys nek by *mercyall* [*marcial* L.]
apparayll Nature haþe yeue hym [sc. the cok]
a stately auentayll. *Isop.* 62 Zup.

marcian adj. mit *-anus* gebildete Nebenform
zu *marcial*. zum Kriegsgott, zum Planeten
Mars gehörig. kriegerisch, kampflustig.

For certes I am all venerian In feling, and
my herte is *marcian*: Venus yave me lust and
likerousnesse, And Mars yave me my sturdy
hardinesse. Min ascendent was Taure, and
Mars therinne. CH. *C. T.* 6193 Tyrwh.

march, mearch, mersh, marz s. in das
Ags. aus dem Lat. aufgenommen *martius*, ahd.
marcĕo, *merzo*, mhd. *merze*, niederl. *maart*,
afr. *mars*, pr. *mars*, *martz*, sp. pg. it. *marzo*,
schw. *mars*, dän. *marts*, neue. *march*. März,
der Lenzmonat.

Þatt wass i *marrch*, ac *marrch* wass þa
Neh all gan ut til ende. ORM 1891. *Marrchess*
nahhtess wannsenn aȝȝ, & *marchess* daþess
waxenn. 1901. This sonde was sent to oure
lady of *march* [*marche* TRIN.] of the day .XXV.
CURS. MUNDI 10925 FAIRF. Þe sixtenðe dei of
feouerreres moneð, þe fowrtuðe Kalende of
mearch þat is seoðð̃en. ST. JULIANA p. 79.

Bytuene *Mersðe* & Aueril When spray biginneþ to springe, Þe lutel foul haþ hire wyl
On hyre lud to synge. LYR. P. 27.

Of *marz* þe seuentenþe day. HAVEL. 2559.
Þe dai þat hir was send þis saand, O *marz* þe
fiuo and tuentiand. CURS. MUNDI 10925 COTT.
ähnlich GOTT.

marchal, marchalsie s. s. *marescal*.

marchand s. s. *marchant*.

marchanden, marchaunden v. afr. *mar-
queander*, *marcander*, *marchander* v. *marchand*.
handeln, Handel treiben.

· If I sent ouer see my seruaunts to Bruges
. . my profit to wayten, To *marchaunden* with
monoyne, and maken her eschaunges, Miȝte
neuere me conforten in þe mene tyme Noither
messe ne matynes. P. PL. *Text B.* pass. XIII.
392. vgl *C.* pass. VII. 280.

marchandise, marchaundise etc. und **merchandise** neben **marchandie, marchaundie** s. afr. *marceandise, marcheandise, marchandise,* dialekt. *marchandie,* mlat. *marchandisa, mercandisiæ,* neue. *merchandise.*

1. **Handel:** ʒe ben men beter ytaʒt . . To hamer and to nedle, and to *marchandise* also, þan with swerd or hauberk eny batail to do. R. OF GL. p. 99. Hou mihtest þou on ani wise Of oþer mannes þing make *marchandise?* HARR. OF HELL 97. Y wolde lerne of *marchandyse.* NUGÆ P. p. 23. The loverd wend away Hon his *marchaundise.* SIRIZ 17. Hure monye & *marchaundise* marchen togederes. P. PL. *Text* C. pass. I. 61. A *merchandyse,* commercium. CATH. ANGL. p. 235. To make *merchandyse,* mercari. *ib.* — Sum tyme I lyve be *marchandys.* MS. in HALLIW. D. p. 541. The greatest of Barbarie Of hem, whiche usen *marchandis.* GOWER I. 179. Upon the lucre of *marchandie.* III. 380. He shall be meke to *marchandy.* III. 115. Y rede þou bye A man to do þy *marchaundye.* R. OF BRUNNE *Handl. S.* 5793.

2. **Abgeschlossener Handel** (bargain): Pan him [sc. Iudas] reud his *marchaudis* [*marchaundis* TRIN. *marchauntyse* LAUD.]. CURS. MUNDI 16471 COTT. GÖTT.

3. **Handelsgegenstand, Waare:** Þe somers schulleþ byforn ous gon, Wyþ grete pakkes euerechon, As it were *marchaundyse.* FERUMBR. 4347. He . . awaited þorwgh which wey to bigile, And menged his *marchaundyse,* and made a gode moustre. P. PL. *Text B.* pass. III. 361. Þe lawe askeþ Marchauns for her *marchaundise* in meny place to tollen. C. pass. XIV. 50.—Damasce . . fulle of alle *merchandises.* MAUND. p. 122.

marchant, häufiger **marchaunt** mit in der Mehrzahl oft ausfallendem *t,* **marchont, marchand, marchaund, merchant, merchand** s. afr. *marceant, marcheant, marchant,* sch. neue. *merchant.* Kaufmann.

Nis he no *marchaunt,* ase me þinkeþ. FL. A. Bl. 42. *Marchaunt* he was in his jonghede. ST. FRANCIS 2 Horstm. p. 53. A *marchaunt* [*marchant* 5 Codd.] was ther with a forked berd. CH. *C. T.* 272. Y was right now of tales desolat, Nere that a *marchaunt* . . Me taught a tale. 4551. — Ryʒt as *marchant* wille we ryde, Wel yarmed anvnder our gonels wyde. FERUMBR. 4345. Ase *marchans* þat wern ounkyd. 4373. Rijt as *marchans* scholde. 4380. Sojourned have these *marchauntz* [*marchantz* v. l. u. so 4596. 4604 etc.]. CH. *C. T.* 4568. The *marchauntis* and the apotecaries contrefeten it [sc. the bawme] eftsones, and than it is lasse worthe, and a gret del worse. MAUND. p. 51. In *marcheuntis* regneþ gile in ful grete plente. WYCL. W. *hith. unpr.* p. 238. Also *marchauntis* and riche men of þis wikked world fallen in moohe ypocrise. p. 24. cf. p. 185. With *marchauns* to beon weore hende, No weore acountis at the bordis eynde. ALIS. 7361. He founde *marchauns* at Rome. ST. GREGORY 20. cf. 33 Horstm. p. 356. We wolleþ fayre after ryde,

As *marchauns* scholde with litel pryde, And pacye in þis gyse. FERUMBR. 4349.

Þe sixte manere is of þan þet takeþ hire pans to *marchons,* be zuo þet hi by uelaʒe to þe wynnynge, and naʒt to þe lere. AYENB. p. 36. Þe þridde [rote of roberye] is ine robberes and kueade herberjeres þet berobbeþ þe pilgrimes an þe *marchons.* p. 39.

Hic mercator, *marchand.* WR. VOC. p. 195. The *marchand* seyd full redy sone, Thi lordes wylle schal be downe. AMADAS 215. At the *marchandes* hows owre yn thou tak on. 193. cf. 220. Yf thou be a *marchand,* the sothe I can telle the. NUGÆ P. p. 23. cf. 27. 31. „Care and other sorwe I knowe yvough" . . Quod the *marchand,* „and so doon other mo, That weddid ben." CH. *C. T.* 9089. — Pan sagh þai cumand be þe stret *Marchands* of an vncuth thede, O Egypte. CURS. MUNDI 4176 COTT. cf. FAIRF. GÖTT. *marchaundes* TRIN. *Marchandes,* monymakeis, mongers of fyche. DESTR. OF TROY 1590. We buþ *marchaund*[*s*]. FERUMBR. 4456. *Marchaundes* & franklonz, worshipfulle & honorable. BAB. B. p. 189.

Merchant, merchaunt selten, doch vorhanden: The poreman [ys] mery in hys cotage, As yʒ þe *merchaunt* in hys stuffed house. LYDG. *Isop.* 442. — Late þese *merchantys,* tak go so ferr and ryde, Trete of þy valew [sc. of þe valew of þe iacyncte], . . Of suche mysteryes I [sc. þe cok] take but lytell hede. 164. Whos [sc. þe cockes] waker callyng þryes tolde in nombre . . Causeþ *merchauntys* and pylgryms to be glad. 78. Tho were *merchauns* murye, somme wepte for ioye. P. PL. *Text C.* pass. X. 41. A *merchande,* mercator. CATH. ANGL. p.235. — Worshipfulle *merchaundes* and riche artyficeris. BAB. B. p. 187.

Das Wort findet sich auch zur Uebersetzung des lat. *mercenarius* [vgl. mlat. *mercenarius* = mercator. D. C.] gebraucht, in der Bedeutung Mietling: Forsoth a *marchaunt* [mercenarius *Vulg.*], or hyred hyne, and that is not schepherde, whos ben not the scheep his owne, seeth a wolf comynge, and he leeueth, or forsaketh the scheep, and fleeth. WYCL. JOHN 10, 12 Oxf. Forsoth the *merchaunt* fleeth, for he is a *marchaunt,* and it perteyneth not to him of the scheep. *ib.* 10, 13.

marche s. menais Martius s. *march.*

marche, marke, merke s. ags. *mearc,* alts. *marca,* ahd. *marca, marka, marcha,* afries. *merke, merike, merik,* pl. *merka, merica,* niederl. *mark,* gth. *marka,* afr. *marc, merc,* it. sp. pg. *marca,* mlat. *marcha,* altn. *mörk,* pl. *markir,* später *merkr,* schw. dän. *mark.* Grenze, Grenzbezirk, Mark, Land.

A *marche,* marchia. CATH. ANGL. p. 228. *Marche,* myddys betwyx ij contrees, marchia, confinium. PR. P. p. 325. Þe menne of þat *marche* misproude were. ALIS. FROM. 312. So shal fare by þe freke . . Or hee may too his *marche* with his maine wende. 1029-31. Among the men of our *march* mercy vnknowe. ALEX. A. DINDIM. 382. Many wondurful wonus wisli we knowen, Pat ʒe amongus ʒou men in ʒour march væn. 844. Al þat *marche* he torned To Cryst. P. PL. *Text B.* pass. XV. 138. Kyng he was in Engelond of þe *march* of Walis. ST. KENELM 2. Þe kyng of þe *March.* E.E.P.p.32.

Meer, *marke* betwene ij. londis, meta, meris, limes, interfinium. PR. P. p. 333. A *marke*, meta limes. CATH. ANGL. p. 229.

Met(e) of corn, and wigte of fe, And *merke* of felde, first fond he. GEN. A. EX. 439. Abute ðis munt ðu *merke* make. 3455.

Pei .. comen into þe *marches* of þe kingdam of Poyle. WILL. 2213. Amyntas þe mightie was þe man hoten, Maister of Macedoine, þe *marches* hee aught, Bothe feeldes & frithes. ALIS. FRGM. 13. All þo mightfull menne þat in þe *marches* dwelt 137. To gon estward out of the *marches* of the Holy Lond .. is a strong castelle. MAUND. p. 104. Kynde .. hath do hir with sire Dowel, is duke of þis *marches.* P. PL. *Text B.* pass. X. 10.

Ine þo cas me may zeneþi liþtliche .. huanne þe lost ne paseþ naȝt þe *markes* ne þe zetnesses of spoushod. AYENB. p. 223. Ine þet cas is þe ilke zenne dyadlich; uor zuich lecherie geþ ouer þe *markes* of spoushod. *ib.* I karp of a kid king, Arisba was hote, The *marques* of Molosor menskliche hee aught. ALIS. FRGM. 172. cf. 14.

Tristrem on huntinge rade .. Ther the *merkes* were made. His houndes ouer thai ran. TRISTR. 3, 41.

marchel s. lat. *marculus.* kleiner Hammer, unter den Schmiedewerkzeugen genannt.
Below, *marchel*, anfeld, follis, marcollus, & incus. WR. VOC. p. 180.

marchen v. ahd. *marcôn, marchôn*, afr. *marchir, marcir*, sch. *marche, march, merche* [JAMIES. *Dict.* Suppl. II. 99]. grenzen.

I *marche*, as one contray *marcheth* upon an other, Je marchys. PALSGR. It [sc. Inde] *marchethe* estward to the kyngdom of Arabye, on the southe syde, to the lond of Egipt, and on the west syde, to the grete see, on the northe syde toward the kyngdom of Surrye and to the see of Cypre. MAUND. p. 73. Here money and marchandise *marchen* togideres. P. PL. *Text B.* prol. 63.

Their countrays *marched* the one upon the other. PALSGR.

The londes *marchynge* next to hem. MAUND. p. 154.

marchise adj. zu *marche* s. confinium geh. vgl. nhd. *märkisch.* zum Grenzbesirk, zur Mark [*Mercia*] gehörig.

Þer weoren þa ofslæȝene seouen þusend fulle *Marcchisce* monnen þa þer icumen weoren. LAȝ. III. 245.

mare, mere s. ags. *mara* m. a night-mare [LEECHD. II. 306, 12 in SKEAT *Etym. D.*], *mâra, mera* m. incubus, incuba, und *mare, mâre, mers* f. incuba. a night-mare, auch *mâr* f. nympha, in *wudu-mâr*, a wood-nymph [Bosw.], altn. *mara* f. a night-mare, an ogress, schw. *mara*, dän. *mare*, mniederl. *mare* f., niederd. *mare, mor* f., ahd. *mara* f., mhd. *mar* m., *mare* f., nhd. *mahr* m., *mahre* f., neue. *mare*, gew. *nightmare, nightmar* [f. vgl. HALLIW.],

vgl. auch fr. *cauchemar* m. [DIEZ, SCHELER]. s. *merren, marren* v. impedire, fascinare; doch bleibt die Verwandtschaft des Wortes mit der Wurzel *mar* immerhin unsicher, zumal seine Bedeutung ursprünglich vielleicht nicht feindlich ist. Wenigstens erscheint im Volksglauben die weiblich gedachte Mahre auch als liebende und segnende Gottheit. Vgl. GRIMM *Myth.* p. 433. SIMROCK *Myth.* p. 464-6. KUHN *M. S.* p. 185. SCHWARZ *M. S.* p. 23. HALLIW. D. v. *mare* 3.

1. Nachtmahr, Alp, Alpdrücken: Blisse this hous from every wicked wight, Fro the nightes *mare*. CH. *C. T.* 3485 Tyrwh. *Mare*, or nyþtemare, epialtes. PR. P. p. 326. Nyghtemare [or *mare*, or wytche], epialtes, vel effialtes, geronoxa et strix [geromaxa]. p. 356.

2. Hexe, Metze: And shame hyt ys aywhare To be kallede a prestes *mare*. R. OF BRUNNE *Handl. S.* 7980. Yond harlot and *mare*. TOWN. M. p. 198. *Mare*, or wyche, magus, maga, sagana. PR. P. p. 326 [also auch m. = Hexenmeister]. Nyghtemare [or *mare*, or wytche], epialtes, vel effialtes, geronoxa et strix [geromaxa]. p. 356.

3. Sirene: Feire uled þi muð, & murie þu makest hit. Ah ich drede þ tis dream Drahie toward deað, As deð *mare* þ tu munnest. LEG. ST. KATH. 1496. vgl. as doð *mereminnes* [= the mermaid's sc. music]. LIFE OF ST. KATH. 1496 Einenkel. Mirie ge aingeð ðis *mere*, And haveð manie stefnes. BEST. 570. He haven told of ðis *mere* Ðat tus uniemete, half man and half fis, Sum ðing tocneð bi ðis. 584.

mare, mar [vereinzelt erweitert zu **marere** in HAMP. *Ps.* 140, 8 comm.; vgl. ahd. *mêrôr*, mhd. *mêrer, mêrre*, nhd. *mehrer*, gew. pl. *mehrere*], **meare, mere, mor**, nur selten **mære** [LAȝ.], häufig durch Abwerfung des r verkürzt **ma, maa, moa, me, moe** adj. comp. und num. indef., oft substantiviert und adverbial gebraucht, ags. *mâra* unfl. *mâr* apok. *mô* neben dialekt. *mera, me*, afries. *mâra* unfl. *mâr* apok. *mô*, altn. *meiri* unfl. *meir*, alts. ahd. *mêro* unfl. *mêr*, mhd. *mêre* unfl. *mêr* apok. *mê*, nhd. *mehr*, niederd. niederl. *meer*, gth. *maiza* [= ma-iza, mag-iza] unfl. adv. *mais* [= ma-is, mag-is], sch. *mar, mair*, neue. *more* apok. früher lange noch *mo* pl. *moe* [jetzt veraltet] und

mæst, meast, mest, neben **mast, maist, most, moost** adj. superl. und num. indef., oft substantiviert und adverbial gebraucht, ags. *mæsta* unfl. *mæst* neben dialekt. *mâsta* oft *mâst*, afries. *mâst*, altn. *meistr, meist* und *mestr, mêst*, niederd. niederl. *mest*, ahd. mhd. nhd. *meist*, gth. *maists* [= ma-ists, mag-ists] unfl. adv. *maist* [= ma-ist, mag-ist], sch. *mast, maist*, neue. *most*

dienen begrifflich als Komp. und Superl. von *micel, mikel* [= mik-el] adj., welches derselben Wurzel *mah, mag* entstammt, aber von jenen verschieden ist und selbst keine Steigerung zulässt. Vgl. auch die urverwandten lat. *mag-nus, maj-or, maximus* [= mac-simus], gr. μέγας-αλός, μείζων, μίγ-ιστος, ferner das Præt.-Præs. gth. *magan*, ags. *magan* [?], ae. *muȝen* u. a.

Der Komp. und Superl. bewahren in der älteren Sprache den Begriff intensiver wie extensiver Fülle im weitesten Sinne und werden in der Einzahl namentlich auch noch in Bezug auf ein konkretes Individuum oder ein individualisiertes Abstraktum, wie in der Mehrzahl auch auf eine Mehrheit extensiv oder intensiv bedeutender Individuen bezogen, nicht, wie in der heutigen Sprache, nur auf eine überbietende numerische Einheit oder Vielheit.

Beide Bedeutungen, μείζων und πλείων, berühren einander oft so nahe, dass sie nicht überall zu trennen sind.

I. Komparativ.

1. rein sinnlich, von der Ausdehnung im Raume nach irgend einer Richtung, grösser: O þir tua breþer, þat i mote, þe less þe *mare* [*more* TRIN.] laght be þe fote. CURS. MUNDI 3485 COTT. FAIRF. GÖTT. Ye se alswa How thare sittes other rauens twa; Also ye se thaire ferly fare, How the les cries on the *mare*. The *mare* of them the elder ys. SEUYN SAG. 3717. Bot þe lest sterne þare we on luke, Es *mare* þan erth. HAMP. 7717. Euer so þe hul es *more* & herre, so þe wind es more þeron. ANCR. R. p. 178. Þe mone is *more* bi mannes tale ðan al ðis erðe. G. A. EX. 141. Moche is that on [sc. the hevene] *more* than that other [sc. the urthe], for the leste sterre iwis In hevene, as the boc ous saith, *more* than the urthe is. POP. Sc. 7. *More* than the meste [= bigger than the biggest]. HAVEL. 982. Þu art gret and strong, Fair and euene long, Þu schalt waxe *more* Bi fulle seue ʒere. K. H. 93. Hit was *more* þan ani stede. ALIS. 692. He [sc. this bryd] is not mecheles *more* than an egle. MAUND. p. 48. His name ðo wurð a lettre *mor*, His wiues lesse ðan it was or. G. A. EX. 993. Ich was in ute & so meruj, Eueri man me clepede dweruj, And now icham in þis londe Iwoxe *mor*, ich vnderstonde, And strengere þan oþer tene. BEVES OF HAMT. 2525 Kölb. — *pl.:* Childer had he ne-for-þie Elder and *mare* [*more* LAUD TRIN.] þan mai marie. CURS. MUNDI 10775 COTT. GÖTT. Þe *more* fishes in þe se eten þe lasse. OEH. p. 179. In that contree ben double sithes *more* briddes than ben here [volucres in duplo sunt majores lat.]. MAUND. p. 207. Ther ben white gees, rede aboute the nekke .. and thei ben meche *more* there than thei ben here. *ib.*

von der Flächenausdehnung, dem numerischen Verhältnis nahe stehend, grösser, mehr: Muche lond he him ʒef, & *mare* him biheyte. LAƷ. I. 7. And Aaron held up his hond, To ðe water and ðe *more*. G. A. EX. 2967. Þe gret se of ocean .. Is *more* þane al þe eorþe beo. ST. MIƷHEL 632 Horstm. p. 317. cf. The grete see of occian .. Is *more* than the urthe beo. POP. SC. 237-8. Sethþe hadde þe king of þe March wel *more* lond þerto. ST. KENELM 32 Horstm. p. 346. cf. Ʒet hadde þe kyng of þe March *more* lond þereto. R. OF GL. p. 5. *More* he [sc. Yrlond] ys þan Engolond. p. 43. Deol þu miʒt abbe in þin herte of þin kunde londe, Of þe *more* Brutaine, as þin elderne were ybore. 2222 Wr. I .. have passed

thorghe Amasoyne, Inde the lasse and the *more*. MAUND. p. 4. Þere is Armenyes tweie, þe *more* and þe lasse. TREVISA I. 147. A man he was of *more* Ynde. DESTR. OF TROY 8631. — *pl.:* On Englelonde syndon two and þrytti schire, summe *more* and summe lasse. O. E. MISCELL. p. 145.

vom Lebensalter, ebenfalls mehr numerisch, bei Personen als Apposition [vgl. lat. natu *major*, Plinius *Major* u. ähnl.), älter: John & Jacob þe *mare* [þe mar COTT. þe *more* TRIN.] Zebedei sonis þai ware. CURS. MUNDI 21009 FAIRF. To Ypenard me brohte writ þat dead was his broþer, Caradoc þe *more*, and Maurie his sone deore. LAƷ. II. 70 j. T. — To Adionard me brohten writ þ dæd wes his broðer, Caradoc þe *mære*, & Mauric his sone deore. LAƷ. II. 70.

von Zahl, Menge, Fülle, bes. bei Stoffnamen und Kollektiven, mehr, grösser, länger, stärker: Aʒʒ summ þho *mare* & *mare* toc.Aʒʒ wex itt [sc. þe mele] *mare* & *mare*. ORM. 8680. cf. 14014. 14311. Forr þatt teʒʒ haffden herrd off himm, Þatt micele *mare* genge Off lerninngenihhtess wass att himm Þann att Johan Bapptiste. 19565. Þan did drightin witdrau his light, And mirkenes made wil *mare* [*mar* GÖTT. night). þan night, Sua thik þat non moght oþer see. CURS. MUNDI 6051 COTT. Þæt witen ʒe wel alle, þæt we willen and unnen, þæt þæt ure rædesmen alle, oþer þe *moare* dæl of heom, .. habbeþ idon and schullen don .., beo stedefæst and ilestinde in alle þinge a buten ænde. PROCLAM. OF HENRY III. in *Sprachpr. I.* 2 p. 54. Ac we sede ʒew [jehw *Ms.*] þat ʒief he frend were, me aceolde ʒief him his morʒemete, þat he þe bet mihte abide þane *more* mete [= grössere, Hauptmahlzeit]. OEH. p. 237. Euer so þe hul is more & herre, so þe wind is *more* þeron. ANCR. R. p. 178. Euer so herre tur, so haueð *more* wind. p. 226. Of *more* herte. POP. SC. 313. Vor me nom it [sc. is fader tresorie) muchedel [þe *more* del þ. þe mordel γ.] of þouere monne god. R. OF GL. 7871 WR. I schal al one, Wiþute *more* ymone, Wiþ my swerd, wel eþe, Bringe hem þre to deþe. K. H. 833. Let us go forth withouten *more* speche. CH. C. T. 6602. Beues of his palfrai aliʒte & tok þe tresore riʒte: Wiþ þat and wiþ *mor* catel He made þer castel of Arondel. BEVES OF HAMT. 3539 Kölb. — For þer is folc swiðe muchel, *Mære* þene heo walden. LAƷ. II. 155. — *pl.:* Ever the *more* fleshsly kynredes [*more* kinredes Tyrwh.] that ben in helle, the more cursynge, the *more* chydynges [chiding *Tyrwh.*], and the more deedly hate ther is among hem. CH. C. T. p. 188. I.

2. unsinnlich, von der intensiven Grösse oder Stärke einer äusseren Bethätigung oder eines Leides, einer inneren Gesinnung oder Eigenschaft, grösser, ärger: Mi wit ahte bon *mare*. OEH. p. 159. Oft God kon *mare* þonc þen he him ʒeueð lesse. p. 163. Þat nou naueð neauer *mare* hope of nan acouerunge. p. 251. *Mare* schome þu þoledes. p. 279. Þa beþ hemm jarrkedd *mare* inoh & werse pine in helle, þann iff þeʒʒ haffden herrd itt nohht.

ORM. 7394. Ȝet iss meocnesse off *mare* mahht. 10724. cf. 10736. Inoh þær wære *mare* gilt to follþhenn gluternesse. 15828. He wæs þær forrlisst To winnen awihht *mare* Innsihht, & witt, & shmd, & skill Þann himm hiss Drihhtin uþe 12334. cf. 12341. Næs hit issæid næuere an sæȝe no on leode, þat *mare* luue weore ifunden bitweone twei kingen. LAȝ. III. 206. Ah heo weore hædene, þat wes hærm þa *mare*. II. 152. Þa wifmen heo forsoken, to *mare* sunne heo token, wapmon luuede wapmon. III. 154. Eauer se þu *mare* wa & *mare* weane dost me .. se þu wurches mi wil & mi weol mare. LEO. ST. KATH. 2135. Þin hearm is þe *mare*. ST. JULIANA p. 15 sq. Ha .. don us *mare* wa on. p. 43. *Mare* es þair swynk and sorow withalle. HAMP. 755. Þair schendschepe salle be *mare*. 7146. Of wel *mar* derworthines. METR. HOMIL. p. 86. Mi wit ah to ben *more*. OEH. p. 288. Sume þer habbet lasse murhðe, and sume habbed *more*. p. 181. He .. mankin *more* milce dide. II. 97. Sori mai þe man ben þe beð on michele wowe and me him *more* bihat. II. 203. Ac hii weren heþene, þat wes harm þe *more*. LAȝ. II. 152 j. T. Nevere was sunne idon so gret, That Cristes merci ne is wel *more*. B. A. S. 489. *More* harm is, we doþ noȝt so, We louid ful dritte of grunde. E. E. P. p. 15. Þat Stonhyngel ys yclepud, no *more* wonder nys. R. OF GL. p. 7. Bote hyt þo *more* wonder be, Selde me schal in þe lond eny foule wormes se. p. 43. *More* he louede Roberd vor is *more* mekhede. 8708 Wr. He suor is *more* oþ. 8047 Wr. *More* godnesse ne miȝte beo þane we findeth of him iwrite. ST. NICHOLAS 18 Horstm. 241. *More* encheyson hadde our levedy Ioyous and blythe for to be. SHOREH. p. 120. Ac Virgil dede yit *more* meruail. SEUYN SAG. 1996. Who takiþ þe name of God in *more* ydelnesse and *more* dispitt? WYCL. W. hith. unpr. p. 8. Yet is the wisdom *more* of twelve. GOWER I. 8. Þer is *more* pryue pride in prechours Þan þer lefte in Lucyfer er he were lowe fallen. P. PL. Crede 373 Skeat. They haste hem forth .. to leyn a bussshement .. To falle on hym at *mor* auantage. LYDG. Thebes 1105 sq. — His monscipe wes þa *mære* [his mansipe was þe *more* j. T.]. LAȝ. I. 55. Þa haueden heo þa *mære* ȝie [þe *more* eye j. T.] of þan Alemainnisce kaisere. I. 235. — *pl.*: & tohh sahh he þe Laferrd Crist Don miccle *mare* dede [= viel grössere Thaten, Wunder] Þann aniȝ mann maȝȝ forþenn her Þurrh eorþliȝ kindess mahhte. ORM 12416.

von Personen auf Bedeutung, Macht, Rang oder Gesinnung bezogen, grösser, mächtiger, schlimmer, ärger: Bitwuxe were and wife nes nefre *mare* mon þenne he. OEH. p. 131. He one is muchele *mare* and betere. p. 183. He is *mare* þen þeof, and for þi as hare meister he hengges ham bituhhen. p. 281. Of alle þe bernes boren of wifes bosem nis non *more* þenne Iohan þe fulcnere. OEH. II. 131. Þe one is muche *more* and betere. II. 232. Ic am *more* þan al þe worldle iwis. ST. CRISTOPH. 107. The servaunt is not *more* than his lord, neither apostle is *more* than he

that sente him. WYCL. JOHN 13, 16 Oxf. „Whil thou were a ȝong boy, a moche schrewe thou wsre." — „Now I am older woxe, thou schalt me fynde a *more*." GAMELYN 230 sq. Skeat. — *pl.*: Sua stroies *mare* men the lesse. METR. HOMIL. p. 136.

3. Substantivisch wird namentlich die Mehrzahl von Personen mit Bezug auf Lebensalter, Kraft, Vermögen, Rang gebraucht: Nefden heo nane are of þan lasse ne of þan *mare*. LAȝ. III. 256. Hopes in Laverd, *mare* and lesse. Ps. 4, 6. Slike a nekard as þi selfe, a noȝt of all othirs, Is bot a madding to mell with *mare* þan him selfen. WARS OF ALEX. 1742 Ashm. Til *mar* and lesse. METR. HOMIL. p. 102. Wane riche and povre, *more* and lasse, Singeth condut niȝt and dai. O. A. N. 482. Hii þencheþ .. to falle þane cristendom, and teorne to heþennisse þe *more* and þe lasse. LAȝ. II. 107 j. T. Schewed his mysdedes of þe *more* & þe mynne, & merci beseches. GAW. 1880. Whan hit was wist in Rome þat William was sek, Mochel was he mened of *more* & of lasse. WILL. 1489. Fro Boloyne is this erl of Panik ycome, Of which the fame upsprong to *more* and lasse. CH. C. T. 8814. Lytyll and mykyll, lese and *more*, Wondyr on the heddes, That Torrent had browght home. TORRENT 750 Adam. Sire Beues and sire Terry .. Slouȝ hem doun riȝtes þore, Þat þer ne scapede lasse ne *more*. BEVES OF HAMT. 4249 sq. Kölb. oft in appositionellem Anschluss an ein vorhergehendes Subst. oder Fürwort: Fra þair thoghtes falle *þai*, *mare* and lesse. Ps. 5, 11. *Þai* fraisted me, þe lesse and *mare*. 34, 16. *Lordinges*, he seyd, lesse & *mare*. ARTH. A. MERL. 69 Kölb. Sittis *alle* stille, *mare* & lesse. CURS. MUNDI 20508 COTT. cf. *cett*. *Both* ald and yong, and *mar* and lesse. METR. HOMIL. p. 89. To chirche *þai* ȝede *more* & lasse. ARTH. A. MERL. 2375 Kölb. cf. 3392. No nere þe place to aproche vpon payn of þair lyfes, Bot *all* to hald þaim byhynde, þe lesse & þe *more*. WARS OF ALEX. 1595 Dubl. With attendaunce, and with busynesse Ben *we* ylimed *both* *more* and lesse. CH. C. T. 6515. *Alle* shalle perish les and *more*. TOWN. M. p. 22. In erth I see bot syn reynand to and fro, Emang *both* *more* and myn. *ib*. Þe may mowrn, *both* *more* and myn. p. 125. God bliss *you*, *more* and myn. p. 139. *Alle* þat longen to that lordshipe, The lasse and the *moore*. P. PL. 971. — Appositionen im Singular vom Lebensalter s. oben 1.

Substantivisch erscheint auch seit ältester Zeit das Neutrum *mare*, *more*, ags. *máre*, *mâr*, plus, in der Bedeutung von πλεῖον, mehr: Ich welde *mare* þene ich dede. OEH. p. 159. Þu gederast *mare* and *mare*. p. 111. Þe *mare* haueþ and þe lesse. p. 163. Itt iss *mare* þann inoh. ORM 10722. Ȝet birrþ þe brinngenn *mare*. 6133. Heo ne mawen bidde *mare* buten þat we ȝernen heore ære. LAȝ. I. 227. *Mare* he þohte to suggen. III. 51. Þa ȝet he dude *mare* to Peteres are. III. 285. Het hire þrafter kasten i cwalmhus, & het halden hire þrin, þ ha nowðer ne ete, lasse ne *mare*, twelf daies fulle. LEO.

St. Kath. 1557. Þat is mare wurð. ib. 70.
My wordis myght marere than thairs. Hamp.
Ps. 140, 8 c. Ic wælde more þanne ic dude.
OEH. p. 288. Þe þe more haued and þe þe
lasse. p. 290. Ȝet ich wolle morr. Laȝ. I. 517
j. T. More he þohte to segge. III. 51 j. T. He
sulden hauen More and bet ðan he dude crauen.
G. a. Ex. 2365. Ic mot ȝu telle more of the
cunde of thunder. Pop. Sc. 176. Vor þe more
þat a man con, þe more worþ he ys. R. of Gl.
p. 364. Þe þridde boȝ of prede is arrogance ..
þanne þe man wenþ more of himzelus þanne he
asolde, þet ys to zigge, þet went by more worþ
þanne he by, oþer more may [inf., afr. pooir]
þanne he moȝe, oþer more conne [afr. sauour]
þanne he can, oþer wenþ by more worþ, oþer
more moȝe [afr. pooir], oþer more conne [afr.
sauour] þanne eny oþer. Ayenb. p. 21. Sum
poyetes .. made more of þat mater þan hom
maister were. Destr. of Troy Prol. 33 sq.
I kan speke .. moore. P. Pl. 222. I kan no
moore seggen. 1704.

auch von Präpositionen abhängig: Aȝȝ lissate
himm afterr mare. Orm 10220. I hiȝede to her
house to herken of more. P. Pl. Crede 155
Skeat. Formelhaft ist withoute mare, more,
ohne weiteres, ohne weitere Umstände
(without much ado): He hent ham in his armes
þare, And kissed ham wiþouten mare. Curs.
Mundi 5055 Trin. Then belyve wythowten
mare To þe castell can þey fare. Guy of Warw.
11583. Po he het, þet he were wel ybyate, uor
þet he hedde zuo longe abide þet to done wiþoute
more. Ayenb. p. 238. I comawnde yow, wythowte more Take the trayturs, that be þore.
Guy of Warw. 5439. Gye toke hys leue wythowten more, And to hys ynne he went thore.
6859. vgl. Zupitza zu Guy of Warw. 719 und
s. ma, mo.

statt des ags. Gen. part. tritt of ein: Ȝif þu
mare apenest of þine. OEH. p. 79. Ȝef he mare
spened of his. p. 85. Ȝet he dide mare inoh
Off deofellshine o life. Orm 8109. Heo habbeoð of ure londe al þene norð ende, & awiðe
we beoð auered þ heo nu nabben mare [more
j. T.]. Laȝ. II. 107. Þo scullen more of him
æon. OEH. p. 183. Hwon he of hire naueð
more ne lesce. Ancr. R. p. 308. Ech quic
thing of alle this foure, of some hath more other
lasse. Pop. Sc. 271. Reste des ags. part. Gen.
bei mdre, plus, scheinen hier nicht mehr vorhanden oder sind wenigstens nicht mehr erkennbar; vgl. dagegen ma, mo und mæst.

4. Dem Grenzgebiet zwischen Adjektiv und Adverb gehören die Verbindungen
mit bestimmten und unbestimmten Zahlwörtern
an, obwohl pluralischen Formen hier vorzugsweise das verkürzte ma, mo beigegeben wird
(s. unten), mehr (= noch dazu, darüber):
Annd off goddspell icc wlle zuw Ȝét summ del
mare shæwen. Orm Pref. 97. With him yede
no mare. Trist. I. 75. Hit lasted þre wuke
fulle and sum del mors. OEH. II. 3. Withouten
one more rehercyng. Maund. p. 314.

He hint him in his armes þare, And kyst
him, fourti sithes and mare [sexti sith or mar

Gött. sixty siþe & more Trin.]. 5055 Cott. cf.
5245. Ðog he ðre hundred ger On werlde more
wuneden here, Bigeten he nevermor non.
Best. 616. To ȝer and more. St. Nicholas
154 Horstm. p. 245. Þer heo [sc. Eue] lei in
prisune wour þusend ȝer & moare. Ancr. R.
p. 54. vgl. And ȝif heo [sc. þe ancre] ne kunnen
nout þe metegraces, siggen in hore stude Pater
noster & Aue Maria biuoren mete, and efter
mete also, & Credo moare (= insuper). Ancr.
R. p. 426. Þenne þer beþ in Walis þre [sc.
bischopriches] wiþoute more. R. of Gl. p. 4
(= only three; vgl. oben 3 und s. ma, mo).
500 myle and more. Maund. p. 27.

5. Rein adverbial wird der urspr. Akk.
neutr. mare, more gebraucht, mehr: We aȝen
þene sunnedei swiþeliche wel to wurþien .. forþi
þa engles hem heom [?] resteð [rested ed.] mare
þenn on sum oðer dei. OEH. p. 47. Mare he
gleadeð of godd .. þen of his ahne gleadunge.
p. 263. Ȝét bitæmp himm oþer wa Þatt mare
mihhte himm eȝȝlenn. Orm 4766. & mare lufeast tu þatt þing Þann ohht of Godess wille.
4462. cf. 5007. Heo werðede heore moddri
mare þene heo sulden. Laȝ. I. 160. Stute nu,
uuele gast, to gremien me mare. St. Marher.
p. 12. Eauer se ȝe nu her mearreð me mare,
se mi crune schal beon brihttre ba & fehere.
St. Juliana p. 19. If Pharaon walde chalaunge
ham mare. Curs. Mundi 6204 Fairf. Quether
of thir tua lufd him mar? Metr. Homil. p. 18.
Thing that Goddes gift suld be, For werldes
welthe selle we, Ai quen we do gastly dede For
gift, mar than for Goddes mede. p. 130. Þu
scullen more of him seon þe luuede him her
more, And more icnawen and iwiten his mihte
and his ore. OEH. p. 183. cf. II. 231. 232. Ich
.. wulle luuien þe more, Louerd, þurh þis
wondred þen er in al weole. p. 213. Þe king
heo luuede more þanne ba tueie þe oðre. Laȝ.
I. 128. Þou me louest swiþe more þan alle þat
his aliue. I. 127 j. T. Efter þet me luueð hine
more oðer lesse. Ancr. R. p. 92. Þouȝte þat
he awaiti wolde ȝif he more come þere. St. Nicholas 50 Horstm. p. 241. More thou honoured
thi sones than me. Wycl. 1 Kings 2, 29. She
.. her self beweileth Well more than she didde
afore. Gower I. 74.

So auch zur Bestimmung von Participien: Þe hert of Pharaon I ken; For now I
wate atte hit ys mare hardened [mar hardend
Cott.] for my sande ben are. Curs. Mundi
5907 Fairf. Wuteð to zoðe þet euer so þe
wittes beoð more ispreinde utwardes, se heo
lesse wendet inwardes. Ancr. R. p. 92 [eigentl.
ist more hier Bestimmung zu „utwardes"]. He
[sc. Sir Guy Baliol] was pleyned more þan oþer
tuenty. Langt. p. 222. Fore þe miracle þet
hi seghe was here beliaue þe more istrengþed.
O. E. Miscell. p. 30. cf. þis boc is more ymad
uor þe leawede þan uor þe clerkes þet conneþ
þe writinges. Ayenb. p. 46. cf. p. 42 [etwa =
brauchbarer; eigentl. ist more hier Bestimmung
zu „uor þe leawede"]. More enspired with the
worde of God. Mar. Magd. 23 Ȝup.

6. Wie Participien werden auch Adjektive durch das adverbiale *mare*, *more* bestimmt; dies führt zur Bildung eines umschreibenden Komparativ von Adjektiven, der schon alt ist und oft ohne ersichtlichen Unterschied neben dem anderen hergeht: Þes we heoueden mare wele on þisse liue, Þes we ahte beon þe *edmoddre* and þa *mare imete*. OEH. p. 5. Ay þe mare men did ham mis, *Mare sicure* þai ware of blis. CURS. MUNDI 19369 FAIRF. neben þe *sikerer*, þe *sekerer*, þe *sikerere* der anderen *Mss.* In sa mekle as the saull es *mare precious and worthy* than the body, in sa mekle is the ded of it *mare perulus and doutable* to be tholyt. RATIS R. p. 1. He [sc. God] is *mare besy* fore our gud than we our self can ore may be. p. 2. What es *mar horibel* in stede þan a man es when he es dede. HAMP. 858. Was neuer at Seynt Denys feste holden *more hy*. LANGT. p. 235. Ac þe leasinges likinde byeþ *more gral* zenne. AYENB. p. 63. Thei fulfillen first the *more longe* pilgrymage, and aftre returnen aȝen þe nexte weyes. MAUND. p. 53. He is *more myghty* and *grettre* lord . . than is the soudan. p. 42. O griffoun hathe the body *more gret* and is *more strong* thanne .VIII. lyouns . . and *more gret* and *strongere* than an .C. egles. p. 269. It is a woodnesse, a man to stryve with a *strenger* or a *more mighty* man than himselven. CH. *T. of Melib.* p. 175. Tydeus, *more hevie* than is led, Ypon the herbes grene, white, & red . . He leid hym doune forto tak his rest. LYDG. *Thebes* 1243 sq.

Beachtenswerth ist auch die Verwendung zur Verdoppelung der Steigerung: Þu cær[t] muchele ahtere & ec *mare hærdere* [= much braver and eke more hardy]. LAȝ. I. 185; hier steht *mare* wohl im Gegensatz zu *muchele*. Steuen for that chance was *more stouter* in strife. LANGT. p. 118. God . . *more* is *bleþelaker*. AYENB. p. 180. That lond is meche *more hottere*. MAUND. p. 29. No man schalle come before no prynce, but that he be bettre, and schalle be *more gladdere* in departynge from his presence, thanne he was at the comynge before hym. p. 40. Another sege *more lowere*. p. 217.

Dieselben Erscheinungen treten bei Adverbien auf; so Umschreibung: Zuo moche he ysȝȝþ þe face of Iesu Crist þe *more openliche*, . . þe *more* he him likneþ *propreliche*. AYENB. p. 88. Men might go *more right* to that havene. MAUND. p. 29. The thridde ryvere, that is clept Tigris, is as moche for to seye as faste rennynge; for he rennethe *more faste* than ony of the tother. p. 305. Of his ryalle estate and of his myghte I schalle speke *more plenerly* [= more plenarily, adv. zu *plener*, plenarius, adj.] whan I schalle speke of the lond and of the contree of Ynde. p. 42. Of whiche londes and iles I schalle speke *more pleynly* [= more fully, adv. zu *plein*, plenus, adj.] hereaftre. p. 4. Thei eten *more gladly* mannes flesche than ony other flesche. p. 179. I cam, that thei haue lyf, and haue *more plenteuously*. WYCL. JOHN 10, 10 Oxf. Who takiþ *more cursidly* þe name of God in veyn? W. *hith. unpr.* p. 8. A man loveth *more*

tendirly The thyng that he hath bought most dere. CH. *R. of R.* 2738. Than the pylgryme wente for to se *more clerly* this thinge, and come and saw the childe. MAR. MAGD. 75 Zup.

Verdoppelung: Þis beste uolueþ gostliche him þet lokeþ þe his mijte þe pays of his inwyt, God uor to servi *more holylaker*. AYENB. p. 7. Þise he tobrekeþ *more vileynlaker*. p. 64. Piers þe plowman parceyueth *more depper* What is þe wille. P. PL. *Text B.* pass. XV. 193. auch mit nachgestelltem *more:* Somme up to þe nauele, & somme *dounere more*. PATRICK 363.

Über *forðermore*, *forðermoreover*, *innermare*, *innermore* etc. s. *furðer* adv., *innere* adv. etc. und vgl. unten.

7. **ma, maas, mo, moo**, ags. *má*, plus, magis, altnorthumbr. *mæ*, aus *máre*, *mǽr* verkürzt, im Ags. meist subst. neutr. und adv., neben seltenerer Verwendung als wirkliches oder scheinbares Adjektiv [The sǽwul ys *má* ðonne se lichama, and se lichama *má* ðonne ðät reáf (= anima plus est quam esca, et corpus quam vestimentum). LUKE 12, 13 Skeat. *Má* vên (= more hope) u. ähnl.], geht im Altengl. im wesentlichen auf den ags. Gebrauch desselben als subst. neutr. zurück; alleinstehend und namentlich mit vorangehendem oder folgendem Genitiv [Þær byð vundra *má* þonne hit ænig mæge áþenkan. EXON. 61, 24. vgl. altnorthumbr. *Mæ vundra*. JOHN 7, 31 Cod. *Lind.* Skeat], oder auf ein quantitativ bestimmtes Subst. zurückbezogen [Is nu vorn (sc. *vintra*) sceacen, *tvá hund* oððe *má*, geteled rime. ELENE 632], oder auch sonst nach Zahlwörtern [Æfre byð *án däg* and *án night má* on þam feórðan geáre. WRIGHT *Pop. Treat.* p. 12] giebt es das Vorbild für den altengl. Gebrauch ab, auch in der Bedeutung. Auch ae. *ma*, *mo*, *moo* ist ursprünglich als subst. neutr. aufzufassen, geht aber später mit dem vorangehenden oder folgenden oder zu ergänzenden Subst. eine mehr oder weniger enge Verbindung ein. Besonders pluralische Formen werden beigegeben; die Bedeutung *plúsloves* ist massgebend.

Das Bewusstsein für das ursprüngliche syntaktische Verhältnis verliert sich dabei allmählich, besonders nach dem Wegfall der alten Flexionsendungen des Plural, besw. dem allgemeinen Aufgehen derselben in -*es*, so dass man zum Teil *more* [sing.] und *mo* [plur.] als flexivische Formen des Adj. in solchen Verbindungen unterschieden zu haben scheint [so schon : In so gret and so heiȝh a neede, it hadde be necessarious *mo counseilours* and *more deliberation*. CH. *C. T.* p. 156 II. Ay þe *moo luste* þat þei haue, þe *mo* more schal be þer pays. APOL. LOLL. p. 26], und dass *ma*, *mo*, *moo* auch alleinstehend ohne näher angedeutete Beziehung substantiviert von Personen im Sinne von *plúsloves* erscheint; seltener geschieht dies von Sachen im Sing. oder Plur. Selten ist auch, wie es scheint, die Verwendung als Adverb, welche im Ags. so ungemein häufig ist, abgesehen von gewissen Verbindungen mit anderen Adverbien. mehr.

Dem ags. Gebrauche am nächsten stehen Beispiele wie: *Ma monna* ic scolde bijeten. OEH. p. 27. *Ma wundres* ich habbe iwraht þene ich mahte munien, & *ma monne* bone ibeon þen ei of mine breðren. ST. JULIANA p. 41. vgl. mit *of* statt des gen.: & forrþi jedenn bliþelij Þurrh marrtirdom to swelltenn *Off þeowwess* miccle *ma* Þann anij mann majj tellenn. ORM 5330. *Ma* [*Mo* j. T.] þer aqueðen *of* Arðures *iueren* þene sixti þusende segges mid horne. LAJ. III. 94. [He] slou *mo* than fourty *of hem* myd his owe honde. LANGT. p. 355. *Of maystres* hadde he *mo* [*moo* Zup.] than *thries ten*. CH. *C. T.* I. A. 578 Morris Cl. Pr. *Mo*.. *of wifes*. TOWN. M. p. 30.

Andere Beispiele mit unmittelbar nachfolgendem Subst.: Than sal thou and *ma men* it knaw. METR. HOMIL. p. 120. Forgiue us ure gultes þe we hauen don, and ofte, on idel þonke, on unnet speche, on iuele dede, and muchele *mo* siðe þanne we segen mugen. OEH. II. 27. Þov schalt jeot .. *mo tormens* afonge. ST. VINCENT 53 Horstm. p. 186. In so gret and so heigh a neede, it hadde be necessarious *mo counseilours* and more deliberation. CH. *C. T.* p. 156. II. *Mo diuelis* than herte may thinke. p. 187. I. auch mit vorangehender bestimmter Zahl: Pouj þer were .*X. þousind mo bokis* writun in Londoun in þilk day of þe same seintis lijf & passioun, þei schulden not so moche turne þe citee into mynde of þe holi famose lijf of Seint Kateryn. PECOCK *Repr.* II. c. 11 in *Spec. III.* 5. b. 81. Ay þe *moo lusts* þat þei haue, ay þe more schal be þer peyn. APOL. LOLL. p. 26.

mit unmittelbar vorangehendem Substantiv: He haffde *suness ma*. ORM 8157. Hellehoundes here I jelle, And *fendes mo* than men mowe se. B. A. S. 355. The man that is of pris He haueth *frendes mo*. REL. ANT. I. 171. Jet þer beþ *cristnynges mo*. SHOREH. p. 12. *Regnes mo*. CH. *C. T.* II. B. 3742 Skeat Cl. Pr. *Wordes mo*. ib. E. 318. *Deyntees mo*. F. 301. Withouten *wordes mo*. F. 702. *Tymes mo* [= häufiger]. E. 449. For thi-self furst thou pray .. And fore men and women *mo* and lees, That Crystyndam han tane. AUDELAY p. 79-80. They ferden wele, without *wordes mo*. HOCCL. *Reg. Princ.* st. 603.

auf ein quantitativ bestimmtes Subst. zurückbezogen: Lete we þe brade stret end þene wei bene, Þe let *þet nijeðe del* to helle *of manne*, end *ma*, ich wene. POEM. MOR. 337 Zup. *Seuin schor thousand childer* and *ma*. METR. HOMIL. p. 96. Læte we þe brode stret and þe wei bene, Þe lat *þe nijeðe del* to helle *of manne*, and *mo*, ic wene. OEH. p. 179. His michelnesse was unhiled on *tenfold wise* and *mo*. II. 135. *An hundred ger* and .*XXX. mo* Haue ic her drogen in werlde wo. G. A. EX. 2401. In abreken at a breid *A thousand develene* and jet *mo*. B. A. S. 363. God him jef an erþ here *XXX ti winter* and *somdel mo*. E. E. P. p. 14. *A thousend shep* ich habbe abiten, And *mo*. VOX A. W. 203. For the man that mijte Ech dai evene *fourti mile* uprijt and eke *mo*,

He ne scholde to the hexte hevene .. Come in eijte thousend jer. POP. SC. 99. cf. 106. *Vyf hondred men* and *mo*. BEK. 2068. Of *þritti þousand* [sc. *men*] & *mo* No lete þai fiue oway go. ARTH. A. MERL. 2143 Kölb. What before and what behynde, *A thousand* [sc. *men*] and *moo* .. He slowgh. RICH. C. DE L. 7039.

mit unbestimmten adj. oder subst. Zahlwörtern: Þe jet weren *monie ma* þen nu beon, misbileuede men. ST. MARHER. p. 1. Heo þa ant *monie ma* biheolden etc. p. 8. For I sal se .. þe mone ant sternes *mani ma*. Ps. 8, 4. This leper, and *other ma*, Com Crist in our sawel to ela. METR. HOMIL. p. 132. *Monie mo* hweolpes þen ich habbe inempned haueð þe Liun of Prude ihweolped. ANCR. R. p. 200. cf. *Monie mo* wheolpes. REL. ANT. I. 66. In to helle he [sc. Lucifer] lijte. And wiþ him *mani* an *mo*, þat no tunge ne mijt telle, Wiþ him fille adune al so. E. E. P. p. 12. Hii rerde abbeyes .. as Teokesbury .. and aboute *mony mo*. R. OF GL. p. 369. Þe meir & þe aldirmen of London wiþ *manye mo* notable persones of craftis in Londoun schulde .. come openli to þe chirche of Poulis. PECOCK *Repr.* II. 11 in *Spec. III.* 5. b. 99. And by Salomons book seiþ God þat his preiere is cursid and abhomynable þat turneþ a wey his eris þat he hcre not Goddis lawe; and also bi þe prophete Ysaie and Malachie and Austyn and Gregory and *many moo*. WYCL. W. *hith. unpr.* p. 8. To *mani oþer* holi man, *Mo* þan ich tell can. HARR. OF HELL 25. Yet peinted was a little forthermore, How Athalante hunted the wilde bore, And Meleagre, and *many another mo*. CH. *C. T.* 2073 Tyrwh. Whan in helle was seint John, Patriarkes, and *oþer mo*. E. E. P. p. 15. He jaf Adam and Eve And *others mo* blisse. P. PL. 13065. And *other murthes mo*. REL. ANT. I. 119. He sente *other seruauntis*, *mo* than the firste. WYCL. MATTH. 21, 36. This knijtes .. come aje echon, With swerdes and with axes, and mid *other armes mo*. BEK. 2083 sq.

oft ist die Beziehung weniger unmittelbar: Þus wrohhte þær þe Laferrd Crist Mang menn hiss firrste *taken*, & affterr þatt he wrohhte *ma*. ORM 15494. Tille *haleghs* þat in land are *ma* He selkouþeð alle mi willes in þa. Ps. 15, 3. Alle þir, thurgh kynd, to an ald man falles, Þat clerkes *propertes* of eld calles. Yhit er þar *ma* þan I haf talde, Þat falles to a man þat es alde. HAMP. 800. — For *moni*, for to muchel heard of wa þat he dreheð, forjet ure Lauerd, ant *ma* þah for nesche ant for fleeches licunge forjemeð ham ofte. OEH. p. 255. — To þe hauene of Seyn Walry þe duc wende þo Mid þe *men* þat he hadde, & abyde *mo*. R. OF GL. p. 358. Her buþ *paens* ariued, Wel *mo* þane fiue. K. H. 807. With suche *wordes* and with *mo*. GOWER I. 73. Make in thi ship also Parloures oone or two, And *houses* of offyce *mo*, For beestes that ther must be. TOWN. M. p. 23.

oder sie ist nur aus dem Zusammenhang zu entnehmen: *Þai* wepe his ded, and sua did *ma*. CURS. MUNDI 3403 COTT. cf. FAIRF. GÖTT. — *Þei* wepte his deeþ, & so dud *mo*. ib. TRIN.

oft fehlt sie scheinbar ganz: Muchele *mo* fareð on þisse sæ. OEH. II. 141. Wel rathere me mai to helle come, ful wel it is isene, Wel *mo* thider goth, þe *mo* than such tene. POP. SC. 117. On his side were þe *mo* [= die Mehrzahl]. LANGT. p. 58. cf. Some helde with þe *mo*, how it euere wente. DEP. OF R. II. pass. IV. 86 Skeat.

Bemerkenswerth ist auch hier die formelhafte Verbindung *withoute mo*, die ähnlich wie *withoute mare*, *more* verwandt wird, theils mit Rückbeziehung = nur [only]: Ther bynethe sovene [sc. hevenes] beoth, that ech of hem iwis *A* steorre hath *withoute mo* that planete icleped is. POP. SC. 27. For *sum* see *withoute mo* is more, ic understonde. 236. One knijt *withoute mo*. R. OF GL. p. 3. theils allgemein gefasst, so dass *mo* ganz neutral erscheint, = ohne Weiteres, ohne weitere Umstände [without more ado]: „It is your loue", quod she *withoute moo*. GENERYDES 2682. vgl. oben *mare* 3. 4 und s. Zupitza zu GUY OF WARW. 719.

Selten scheint *ma*, *mo*, abgesehen von gewissen Verbindungen mit anderen Adverbien [s. unten], adverbial verwendet zu sein: Whine ware mine waies righted swa, To yheme þine rightwianesses *ma*. PS. 118, 5 [expletiv]. cf. Þat set mi sete als of hertes *ma*. 17, 34. To here steuen of his saghs *ma*. 102, 20 u. ö. Halewen þet þe luuieð best & mest in hire wurðchipe aiggeð oðer les oðer *mo*. ANCR. R. p. 30. cf. p. 42. I do þow *mo* [= moreover, besides] to witte: Þe gaas irostid on þe spitte Flees to þat abbai. CK. 101' wo aber auch eine andere Auffassung möglich ist [*mo* = acc. neutr.]. vgl. auch 8.

Einmal erscheint auch *ma* in Begleitung eines Part. Perf.: Garners and granges *fild* wit sede, *Maa* þan i wit tung can rede. CURS. MUNDI 4690 COTT., wo auch die übrigen Handschriften *ma*, *mo* bieten. Zur Bildung der umschreibenden Steigerung scheint die verkürzte Form nicht wie *mare* verwendet zu sein, selten auch zur Verdoppelung; doch findet sich *mo* zur Verstärkung von *oftor*: Ofte syþe aboue was, and bineþe *oftor mo*. R. OF GL. p. 264.

8. Häufig ist schon seit ältester Zeit die kopulative Verdoppelung des rein adjektivischen, wie des substantivierten und adverbialen *mare* und *ma* zum Ausdruck wachsender Steigerung, immer mehr, mehr und mehr: Ðu gederast *mare and mare*, and men cwelað on hungre, and þine welan forroțiað biforan þine ehjan. OEH. p. 111. Ajj summ þho *mare annd mare* toc, Ajj wex itt *mare annd mare*. ORM 8679. Forr whase itt iss þatt gredij iss To winnen erþlic ahhte, Ajj als he *mare & mare* gett, Ajj lisste himm affterr mare. 10217. He wile himm færenn, jiff he majj, & skerenn *máre & máre*. 675 u. ö. She hym comforttyd *more and more*. CLEGES 149. It amenisith the love that men schulde have to God, *more and more*. CH. *C. T.* p. 192. I. Durch *ever* verstärkt: For she, which loveth him tofore, Desireth *over more and more*. GOWER II. 5. The more he

hath of worldes good, The more he wolde it kepe streite, And *ever more and more* coveite. II. 136.

Auer þer comen *ma & ma*. LAȝ. II. 343. Þai wexen *mo & mo*. ARTH. A. MERL. 413 Kölb. The folke multeplied *moo & moo*. CURS. MUNDI 5532 TRIN.

9. Die adverbial gebrauchten Komparative *mare*, *mar*, *more* und die verkürzten *ma*, *mo*, *moo* erscheinen häufig in gewissen, oft syntaktisch wichtigen Verbindungen mit anderen Adverbien, zuweilen lokal, besonders häufig temporal; so

a mare, *a ma*, mit *a*, *ai* etc., neue. *aye*, gebildet als Verstärkung des einfachen *a*; s. dieses und vgl. ags. *d mare*, ahd. *eomer*, *iomer*, mhd. *iemer*, *immer*, nhd. *immer*. immer, immerdar: Þah ure an heofde idon eower alre sunne, and he walde gan to scrifte and bireusien and forleten ha *a mare* etc. OEH. p. 21. Þe pine þeruore [leasteð *a mare*. ST. MARHER. p. 15. Sturieð *aa mare*. p. 9. Þe mote ich *ai mare* heien ant herien. p. 3. Þe is ileoued .. blissen buten ende & murhðen *ai mare*. LEG. ST. KATH. 2188. Þeos ne schulen neauer song singen in heuene, ah schulen weimeres leod *ai mare* in helle. HALI MEID. p. 21.

Þe folk multiplied *ay ma*. CURS. MUNDI 5532 GÖTT. Þis folk multiplid *ai maa*. ib. COTT.

Auch die kopulative Verdoppelung wird durch *a*, *ai* noch verstärkt; vgl. mhd. *immer mére*, *iemer mér*, *iemer mé*, nhd. *immer mehr*. immer mehr: Þai rise and bredes *ai mare and mare* [*ay mare & mare* FAIRF. *ay more and mare* GÖTT. *ay more & more* TRIN.]. CURS. MUNDI 5865 COTT. Þan waxes his gaste seke and sare, And his face rouncles, *ay mare and mare*. HAMP. 772. Ever me longed *a more & more*. ALLIT. P. 1, 144. Þat meued my mynd *ay more & more*. 156. *Ay more and more* encresyng in vertu. LYDG. *Guy of Warw.* st. 64 Zup.

æfre mare, *æfre ma* etc., vgl. *æfre* etc., ags. *æfre*, neue. *ever*, zur Bezeichnung des Hineinreichens in die Zukunft von dem gegebenen Zeitpunkte aus, neue. *evermore*. immerdar, immerfort: Ha liuieð a in awlite þat is brihtre .. þen þe sunne, .. ant *eauer mare* in a steal in al þat eauer god is wiðute wonunge. OEH. p. 263. Heore cun wunede þære seoððen *auere mare*. LAȝ. II. 19. Ye sal thank me *euermare*. SEUYN SAG. 125. Bot *euer mar* þai did þaim wa. CURS. MUNDI 5531 GÖTT. Thar he suld *euermar* duelle. METR. HOMIL. p. 8. Þin ich am and wule beon, nu and *euer more*. OEH. p. 197. We agen driuen Into ðraldom, *euermore* to liuen. G. A. EX. 2321. Nou and *euere more* [*auere mare* ä. T.] þe name stondeþ þare. LAȝ. II. 171 j. T. Better is tholien whyle sore, Then mournen *evermore*. LYR. P. p. 28 sq. — Nu and *evere mare*. LAȝ. III. 497.

Þet sculen bon to deþe idemet and *eure ma* forlorene. OEH. p. 165. Nere namon elles deð ne seo ne nan unsele, Ac mihten libben *eure ma* a blisse and a hele. p. 171. Þe sculle ben to deþe idemd and *eure mo* forlorene. p. 291. Ac mihten libbe *eure mo* a blisse and on hele.

p. 293. Uorlore *euremo*. AYENB. p. 14. So that *evere mo* Half the urthe the sonne bischyneth. POP. SC. 17. Þus was in Normannes hond þat lond ybroʒt ywys, Þat an aunter ʒyf *euermo* keueʒrynge þerof ys. R. OF GL. p. 363.

Die längere wie die verkürzte Form werden auch mit Präpositionen, wie *in, unto, for* verbunden: He Lauerd oure God *in ever-mare*. PS. 104, 7. He .. comfortede the weilende men in Sion, *vnto euermor*. WYCL. ECCLESIAST. 48, 27. & lede me wiþ þe to þi sone *For euer-mare* [*For euermar* COTT. *For euir mar* EDINB.] wiþ ʒou to wone. CURS. MUNDI 23933 FAIRF. GÖTT. So say I yit and abydes therby *For evermore*. TOWN. M. p. 256. The fir aqueinte *for euere mo*. SEUYN SAG. 1991. Ye schole have pes, *for eoʒr moo*, So that ye make kyng of Surry Markes Feraunt. RICH. C. DE L. 3222.

Diese Verstärkungen durch *a, æfre* sind natürlich nicht auf adv. Formen beschränkt, sondern finden sich auch beim reinen und subst. Adjektiv; vgl. *a* adv. und *æfre* adv.

Negativ entsprechen die Verbindungen mit *na*, ags. *nâ* [= ne *d*] und *næfre*, ags. *næfre* [= ne *æfre*]:

na mare, ags. *nâ mare*, vgl. ahd. *niomér*, mhd. *niemer, nimmer*, und mhd. *niemére, niemór, nimmér*, neue. *no more*. nie mehr, nimmer, abgeschwächt nicht mehr: Wel late he leted [*leg.* leteð] vuel weorc þe hit ne mai don *na mare*. OEH. p. 291. cf. POEM. MOR. 128 Zup. Patt Godd ne shollde kepenn *Na mare* toþbeon þeowwtedd swa. ORM 10089. Loke þat u *na mare* awulc þing ne iscire. LAʒ. II. 293. Ne pine þu me *na mare*. ST. MARHER. p. 11. Nohht ne maʒʒ he wurrþenn full .. *Na mar* þann helle maʒʒ beon full. ORM 10221. Abou erthe to come *ho mar*. METR. HOMIL. p. XII. I nil suffro þat *na more*. HARR. OF HELL 62. Wel late he lateð euel werc þan he hit ne mai don *no more*. OEH. II. 223. Heo nolden hem *no more* seden. LAʒ. I. 142. We will *no more* be wroth. TOWN. M. p. 31.

na ma: *Na ma* ne mei me her god don for þere saule þe on þisse liue god biʒinnen nalde. OEH. p. 9-11. Mede the mayde *Na mo* dorste abide. P. PL. 1350. Ne saugh I never, such as sche, *nomo*. CH. C. T. 5445 [wo zu den gehäuften Negationen auch noch *never* tritt].

næfre mare, neue. *never more*. niemals mehr, nie mehr, nimmer: Hwet is scrift bute forlete þene deofel .. and habben in his þonke þe he nule *næfre mare* eft ʒedon þeo sunnen. OEH. p. 29. Nulle ich *nauere mare* .. heren into Rome næ *nauere mare* heom senden gauel. LAʒ. I. 413. Ne nulle ich *neauer mare* him lihen ne leauen. ST. JULIANA p. 15. Þatt all mannkinn wass swa forrdon Þurrh Adam & þurrh Eve Þatt itt ne mihhte *næfre mar* Ben lesedd fra þe defell. ORM 18923. Lok *neuer mar* it be forgetin. METR. HOMIL. p. XIX. Þin iliche neuer nes ne *neuermore* ne wurð iboren. OEH. p. 195. Trichen shalt thou *never more*. POL. S. p. 69. Ðog he öre hundred geт On werlde more wuneden her, Bigeten he *nevermor* non. BEST. 616.

næfre ma, ags. *næfre mâ*: *Næfre ma* ne shall he ben O nane wise filedd. ORM 4206. Ut ne cumeð he *nefre ma*. OEH. p. 63. Grith ne get Y *nouere mo*. HAVEL. 511.

Über die syntaktisch bedeutsamen Verbindungen mit *þe*, ags. *þŷ, þe*, zu *na þe mare, na þe ma* und *næfre þe mare* s. unten.

heonne forð mare, vgl. *heonne forð*, ags. *heonan forð*, alts. *forð hinan*, sch. *hyne forth*, neue. *henceforth*, gehört ebenfalls hierher; es hat die Bedeutung eines verstärkten hinfort, fortan: Swiðe, quoð he, ut of mine ehsihðe, þat ich ne seo hire nawt *heonne forð mare*. ST. JULIANA p. 71.

10. Adverbial sind auch einige unorganische Verbindungen mit Komparativen, die zum Theil als solche wohl schon früh nicht mehr empfunden werden; hierher gehören:

backermore adv. weiter zurück: With that a-noon I went me *bakkermore*. POL. REL. A. LOVE P. p. 55. cf. HALLIW. D. p. 131 v. *backer*.

furthermare, forthermore etc. adv. weiter fort, weiterhin, oft konjunktional in der Beiordnung ferner, ausserdem. s. *furðer* adv.

Auch *furþer mo* findet sich: A hwel of stele is *furþer mo*, and berneþ lihte and turneþ o. O. E. MISCELL. p. 149.

forthermoreover ist eine Erweiterung von *furthermare*, bes. konjunktional, wie es scheint; s. *furðer* adv. und vgl. weiterhin *mareover*. überdies: *Forthermoreover* her misease schal be in defaut of clothing. CH. Pers. T. p. 274.

kindermore urspr. adv., subst. Hintertheil, Rücken, vgl. sch. *hendyrmar*, gehört ebenfalls hierher. s. *kindermore* s.

innermare, innermore adv. weiter hinein. s. *innermare* adv.

more furthere adv. [MAUND.] = *furthermare*. s. *furðer* adv.

mareover, moreover adv. sch. *mairouir, mairour*, temporal [= *furðer* 1]. fürder, fürderhin, zukünftig: Nu ic rede ðat ge fien; For se ic gu *more-ouer* nu, Dead sal me wrekon ouer gu. G. A. Ex. 3118. — meist adv. und konj. [= *furðer* 2]. ausserdem, überdies: *Mare ouer*, præterea, insuper, quineciam. CATH. ANGL. p. 228. Whi han ʒe maad vs to stie vp fro Egipt, and ʒe han ladde into this worst place, that may not be sowidᵉ, the whiche ne fige getith, ne vynes, ne powmgarnettis, *more ouer* and water it has not to drynke? WYCL. NUM. 20, 5 Oxf. wo Purv. *ferthermore and*, Vulg. *insuper et* [= insuper etiam] haben. And ʒit *more ouer*. What man þat þis toumblyng welefulnesse leediþ, eiþer he woot þat [it] is chaungeable, or ellis he woot it nat. CH. *Boeth*. p. 43. cf. p. 53. He .. askid hir if she myht feithfullie Luf him of herte, and, *morover*, fynallye Become his wife, by spousayle fortunate. LYDG. M. P. p. 37. And, *moreover*, the mysease of helle schall be in the defaut of mete. CH. C. T. p. 187. II. cf. III. p. 147. *Moreover* thare neghburs thai demyd. TOWN. M. p. 319. mit folgendem *of* u. präpositional:

And yit *moreover of thilke word* that Tullius clepith consentynge, thou schalt considre, if thy might and thy power may consente and suffice to thy wilfulnes and to thy counseilours. CH. *C. T.* III. p. 319. vgl. auch weiterhin *ufer mar.*

nethir mar adv. weiter unten: Thir thre reft Adam paradis, Als sais sain Gregori the wis, Als *nethir mar* man find mai, In Lenten on the first sundai. METR. HOMIL. p. 122 [im Hinweis auf etwas später, nachher Gesagtes — lat. *infra*; vgl. die *Anm.* in Sprachpr. I. 1 p.280]. Wreechche gostus þarc-inne seten, þe torment tilde wel heije, .. some to heore nauele, and some *neþerrore more.* PURG. ST. PATR. 313 sq. Horstm. p. 209 [vom Körper].

ufer mar adv. weiter oben: All þiss icc sejjde juw littlær Her *uferr mar* a litell. ORM 1714 [im Hinweis auf etwas früher, vorher Gesagtes — lat. *supra*]. Später findet sich *over more* — more over: More ouer [*ouer mor* C. E.] and water it has not to drinke [insuper et (= insuper etiam) aquam non habet ad bibendum *Vulg.*]? WYCL. NUM. 20, 5 Oxf. *Ovyr more*, ultra, præterea, ulterius. PR. P. p. 373.

11. Vor dem Komparativ des Adjektiv wie des Adverb erscheint das instrumentale *þe*, ags. *þî, þý*, ahd. *thiu*, mhd. *diu*, gth. *þe*, neue. *the*, auch durch den kausalen Genitiv *þes* verstärkt *þes þe, þess te*, ahd. *thes thiu*, mhd. *des diu, deste*, nhd. *desto*, dem lat. *eo, tanto*, in der Verdoppelung dem lat. *quo .. eo*, nhd. *je .. desto*, neue. *the .. the* mit dem Komp. entsprechend; sie finden Verwendung, wo ein vergleichsweise aufgestelltes oder vorausgesetztes, wenn auch nicht ausgesprochenes Mass in Betracht kommt, um welches etwas überboten wird.

Daneben wird in der Verdoppelung die Gleichmässigkeit im Verhalten beider Glieder durch die Modalpartikel *se .. se*, ags. *svd .. svd, sd .. sd*, bezeichnet, wobei der Komp. durch *much* etc. verstärkt und auch von dem instr. *þe* begleitet sein kann.

Auch die Verallgemeinerung durch *a, æfre* kehrt hier wieder, und *þe*, wie besonders *þes þe, þes te* sind oft von *al* begleitet.

We us majen alre coate halden Crist bibode, þet is us *þe mare* herm. OEH. p. 21. Þin *hearm* is *þe mare.* ST. JULIANA p. 15. For þai suld have þan *þe mare shenshepe.* HAMP. 380. Đanne hauen wanspedie men on heorte wowe and on muðe woninge, and here ech *þe mare* wowe for oðres woninge. OEH. II. 177. Þat *wœl* wes *þe more.* LAj. I. 175. Þe *heap* wes *þe more. ib.* j. T. Þe *mone* thingth *the more*, for heo so nej ous is. POP. SC. 96. For þi me stondeþ *þe more rape.* K. H. 554.

Nu bicumeð hit þerfore to uwilche cristene monne *mucheles þe mare* to halijen and to wurþien þenne dei þe is icleped sunnedei. OEH. p. 45. Forrþi þejj wollden niþþren Crist & lajhenn himm *þe mare.* ORM 18256. Cuð þi mahte on me .. swa þ alle meidenes *eauer mare* þurh me *þe mare* trustin on þe. ST. MARHER.p.7.

Acc toc to shæwenn sone anan Meocnesse *þess te mare.* ORM 2635. For þatt menn

shollden cumenn forþ & offrçn *þess te marc.* 15790.

His lede þatt iss underr himm Himm dreðeþþ *þess te mare.* ORM 7166. Forr uss birrþ sone þannkenn himm Hiss wissing annd his lare, Annd uss birrþ sone þess te bett Annd *þess te mare* uss godenn. 11829. Þat hise frend mihhten off himm *All þess te mare* blissenn. 443.

Besonders beachtenswerth sind hier die negativen Verbindungen *na þe mare, na þe ma* und *næfre þe mare*, welche in der jüngeren Sprache seltener erscheinen, in der älteren Sprache dagegen häufig sind, besonders *na þe ma*, wie ja schon im Ags. *nd þe md* dem *nd þe læs* gegenüberstand, und sowohl rein adverbial wie konjunktional verwendet werden, darum nicht mehr, trotzdem nicht.

na þe mare: Þe man haueð and kið þoleburdnesse þe þoleð and forbereð, and ne wile seche after wreche, and *naðemore* haten him þe him agilteð. OEH. II. 79.

na þe ma: Ne we nuten *na þe ma* [no þe mo j. T.] þat we ne spoken wit ure ifæn. LAj. I. 197. Þeih he [sc. God] alle þing þus fede, he nis *naðemo* nemned heore alre manne [sc. fader], þeih hem alle fede, ac sunderlepes he is here fader mid wisse þe on rihte bileue. . understant his holie fles. OEH. II. 25. To sume men cumeð ure Louerd Ihesu Crist, and bileueð mid him, and *naðemo* ne rixleð noht on him. II. 27. „Je knyjtes", he seyde, „þat bet [= beþ] of so noble dede þat nere neuere overcome, ne joure elderne *naþemo*, Understondeþ etc.“ R. OF GL. p. 360. „Þe ne juggez no man to deþe", ore loucrd to þis womman seide, „Ne ich nelle *na þe mo.*" LEB. JESU 471. Of þise zennes ne byeþ najt kuytte þo, þet þe guodes holy cherche, þe patremoyne of Iesu Crist, despendeþ in kuende us, ne þo *naþemo*, þet benimeþ oþer ofshyaldeþ mid wro[n]g oþer mid strengþe, oþer hedeþ þe þinges þe byeþ aproped to holy cherche. AYENB. p. 41. Therfore bote after hete me no schal no thundre iseo ne hure, .. Ne in pur wynter *nothemo*, for þanne nis non hete. POP. SC. 163. cf. 261. [The King .. swore ..] Ne that for his fader deth so sori man he nas, Ne for his moder *nothemo*, as he for him was. BEK. 2285. Þou nost noujt jwat to gode bifallez, ne onderstondest no *þe mo.* LEB. JESU 61. cf. 314. Þe while þat he aliue was, we nadde *poer* non, .. Ne after his deþ *noþemo.* ST. MARGAR. 209 sq.

næfre þe mare: I wylle *never the more* chawnge my mood, ffor no wordes that thou dost shewe. COV. MYST. p. 37. Thow he forsook God to synne, be feyth he forsook him *never the more.* p. 108.

Verdoppelung durch *þe .. þe:* Feirnesse and luisum neb, flesch hwit under schrud, makes moni mon beo laued *te raðer* and *te marc.* OEH. p. 269. Vor *þe more* þat a man con, *þe more* worþ he ys. R. OF GL. p. 364. *The more* they be, *the more* I schal aloo. RICH. C. DE L. 6403. *Þe more* schame þat he him dude, *þe more* þe gode man louj. DUNST. 100. selten ist *the more* mit konjunktionalem *that* im ersten Gliede: Þe *more þet* he his [sc. þe face of Iesu

Crist] ʒsyʒþ openliche, *þe more* he him loueþ
þe stranglaker, þe more he him likneþ propreliche. AYENB. p. 87.

mit Hinzutritt des kausalen Gen. *þes: Þes
Þe* we heoueden *mare* wele on þisse liue, *þes* we
ahte to beon *þe edmoddre.* OEH. p. 5. *Þes* þu
hefdest *mare* deruenesse on þisse liue of þine
licome, *þes* þu scoldest hersumian *þe bet* þine
leofe Drihten. p. 21 [mit fehlendem Korrelat
þe im ersten Gliede; vgl. *Gr.* III³. 549]. So
auch: Acc toc to ahæwenn sone anan Meocnesse
þess te mare, Forr þatt ʒho wollde ʒifenn uss
God bisne. ORM 2635, mit kausalem *for that*
statt *the* mit dem Komp. im zweiten Gliede.

durch *a* verstärkt: *Ai þe mar* men did þam
mis, *Þe sikerer ai* þai war o bliss. CURS. MUNDI
19369 COTT. GÖTT. *A the more* I loke thereon,
A the more I thynke I fon. TOWN. M. p. 229.
Ay the moo lusts þat þei haue here, *ay þe more*
schal be þer peyn. APOL. LOLL. p. 26. nur im
ersten Gliede: *Ay þe mare* men did ham mis,
Mare sicure þai ware of blis. CURS. MUNDI
19369 TRIN. For *ay þe langer þat* man may
lyfe, *þe mare* his lyfe sal hym griefe. HAMP.
748. *Ay the halyar that* a man es, *The mar*
lufes he meknes. METR. HOMIL. p. 73. The
folk him leide on, *ay the lenge the more.* ALIS.
5864. für *a* tritt auch *al* ein: *Al þe mare* man
did þaim mis, *þe sikerer* þai ware of blis. CURS.
MUNDI 19369 EDINB.

durch *æfre* verstärkt, gewöhnlich nur im
ersten Gliede: To his uncle he gan go, Þe archebischop of Canterbury seint Aldelm þat was þo,
Þat makede wiþ him ioye ynouʒ, and *euere þe
lengere þe more.* DUNST. 33. *Euere þe more*
pine heo iseoth in helle bi heom þat beoth þere,
Þe more joye heo habbes in heuene. LEB. JESU
186. *Ever fro the heigher* degre that man fallith,
the more he is thral. CH. *C. T.* p. 186. II. mit
Auslassung des Korrel. *the* im ersten Gliede:
Euermore men dude hem mys, *Þe sikerere* þei
were of blis. CURS. MUNDI 19369 TRIN.

Verdoppelung durch *swa .. swa* etc.
[mit oder ohne Hinzufügung des Instrum. *þe*]:
Al þi lif on eorðe wes iswink for me, *swa lengre
swa mare.* OEH. p. 281. Þenne com þe fule
gost ef[t] into his wunienge, and forteð þat
child, *swo leng swo more,* to bere wille. II. 87.
And is þe prest *swo muchele forcuðere* þane þe
lewede, *swo* he wurðeð his hore *more* þan his
spuse. II. 165. cf. REL. ANT. I. 129. Veder &
Sune & Holi Gost & on Almihti God, he ʒiue
ure dame his grace, *so lengre so more.* ANCR. R.
p. 426-8. cf. REL. ANT. II. 5. So þe sicnesse
is *more, se* goldsmið is *bisegure.* ANCR. R. p. 182.
Se lengre se mare. REL. ANT. II. 5. so auch:
In *als moche as* thilke love is *more grievous* to
performe, *so moche is the more* gret remedye
and merit. CH. *C. T.* p. 196. L. mit seltenem
þe more þet [konj.] im ersten und *zuo* [= *swa*]
im zweiten Gliede: Vor, *þe more þet* þe herte
is *clene* and *þe wayrer, zuo moche* he ʒsyʒþ þe
face of Iesu Crist *þe more openliche.* AYENB.
p. 87.

Die Verstärkung durch *a* begegnet hier
selten, wie es scheint; hierher lässt sich ziehen:

Lasteð *ai* mare, *se lengre se mare.* LEG.ST.KATH.
1719.

durch *æfre* verstärkt, gewöhnl. im ersten
Gliede: Wið þe lai, Louerd, of þe holigost . .
tend min heorte . . þet hit ontende me *euere*
iþine bileaue and in þine luue, *so lengre so more.*
OEH. p. 215. Þe heie tur of heouene . . þet te
engles euer biholdeð, and *euer so lengrre, so*
heo ʒirneð hit *more.* p. 207. *Euer so* þe hul is
more & herre, so þe wind is *more* þeron. ANCR.
R. p. 178. cf. p. 226. *Euer se* he *mare* strengðeð
him to sw[i]mminde mid þe watere, *se* he *mare*
swimmeð abac. OEH. p. 51. *Eauer se* þu *mare*
wa & *mare* weane dost me . . *se* þu wurches mi
wil & mi weol *mare.* LEG. ST. KATH. 2135.
Eauer se hare murhðe wes *mare* togederes, *se*
þe sorhe is *sarre* at te twinninge. HALI MEID.
p. 27. *Eauer se* ʒe nu her mearreð me *mare,*
se mi crune schal beon *brihttre* ba & *fehere.*
ST. JULIANA p. 19.

II. Superlativ.

1. rein sinnlich, von der Ausdehnung im
Raume nach irgend einer Richtung, grösst:
Po ðis folc togadere com, & Brut Corineus fond,
Þe strengost man & *mest* him þouʒte of eni lond
[Þo strengest mon & þe *meste* þat hym þohte in
eny lond p. 15 *Hearne*], Hii aqueynted hom
anon. R. OF GL. 350 Wr. Þar es now Babel
mast cite [*maist* cite, þe *mast* cite, þe *moost* cite
cett.]. CURS. MUNDI 2108 COTT. Þou Bethleem
Juda, Þof þou be noght þe *mast* [*most, moost*
cett.] cite, Þou es noght lest of dignite. *ib.*
11468 COTT. Cethegrande is a fis Þe *moste* ðat
in water is. BEST. 499. Þe amyral saide þanne
aʒeyn: „Tel me what is þe knyʒt, Þat was so
miʒty man of mayn to ouercome my sone in fiʒt.“
Bruʒllant saide, „. . þes *moste* man in siʒt, Þat
stent ibounde among hem vyue her byfore ʒow
riʒt.“ FERUMBR. 1144 Herrtage. But the *moste*
finger of myn hande, Thorow my sonys fete y
may put here. Ms. in HALLIW. D. p. 562.

vom Lebensalter, grösst, ältest: Ich
hatte Mauric, þe *mæste* of his childeren. LAʒ.
II. 57. For he [sc. Melchisedech] was boðen
king and prest, Of elde *most,* of wit hegest.
G. A. EX. 899.

von Zahl, Menge, Fülle, bes. bei Stoffnamen und Kollektiven, grösst, auch meist:
Þat wes þat þridde *mæste* uiht [þat þridde *meste*
fiht j. T.] þe auere wes here idiht. LAʒ. III. 95,
von der Zahl der Theilnehmer, der Dauer, und
zugleich von den bedeutsamen Folgen, der Zahl
der Toten und Verwundeten etc. In þe contre
of Canterbury *mest* plenty of iʒsaþ ys. R. OF GL.
p. 6. *Mest* chase aboute Salesbuʒy of wylde
bestes ywys. *ib.* Þe *mest* part he made blinde.
ARTH. A. MERL. 3820 Kölb. Wan water is
mest, me schal beo whyt and fat also. POP. SC.
277. Now is the see of occian grettest and *mest*
also. BRAND. p. 2. For þe *moste* comune of
þat courte called hire an hore. P. PL. *Text B.*
pass. IV. 166. They slepen til that it was pryme
large, The *moste* part, but it were Canacee. CH.
C. T. II. F. 360 Skeat Cl. Pr. Now . . every
liffyng leyde, *Most* party day and nyght, syn
in word and dede Fulle bold. TOWN. M. p. 21.

The *moost* partie of this peple That passeth on
this erthe, Have thei worship in this world,
The wilne no bettre. P. PL. 474. That *moost*
catel weldeth. 5658. — *pl.*: Alle dæi þer ilæste
Faht mid þan *mæste* [Fiht mid þan *meste* j. T.].
LAJ. I. 418. cf. *Gr.* II³. 439.   Cateractes . .,
Both the *most* and the lest. TOWN. M. p. 32.

Häufig ist hier in ältester Zeit die zu einer
Art loser Zusammensetzung gewordene Verbindung mit *dæl, del*, Hauptmasse, Mehrheit: Þe *meste del*. ANCR. R. p. 330. So þat
þe *mestedel* of hey men, þat in Engelond beþ,
Beþ ycome of þe Normans. R. OF GL. p. 368.
The *meste del* was with his sone of Engelonde.
BEK. 2363 [= 2353 ed.]. Þo þis folk þoruȝ þat
womman aboute ore louerd cam, Þat *meste del*
bileuede on him, and token cristinedom. LEB.
JESU 363. auch adverbial verwendet, vgl. mhd.
md. *meisteil*, nhd. genitivisch *meistenteils:* He
hefde moni lond awest, & leodene biswikene, &
moni hundred eitlonde, þa weren bi sæstronde,
mesten dæl [*mestendel* j. T.] alle, heonne to Ala-
maine. LAJ. I. 91 [= fast alle]. Heom sælliche
lop þet *mesten dæl* com a lond. I. 336. We luueð
bi þe lufte alre *mesten del*. ST. MARHER. p. 17.

2. unsinnlich, von der intensiven Grösse
oder Stärke einer äusseren Bethätigung oder
eines Leides, einer inneren Gesinnung oder
Leidenschaft, grösst, ärgst: Karic was swiðe
goud cniht, And swiðe wel he heold his fiht,
And faste he heold Chirchestre, Mid strengðe
þan *mæste*. LAJ. III. 170. Ah þencheð nu her
þurh hwuch þe *measte* pine beo. OEH. p. 251-3.
Pis was te *measte* wunder þat eauer bifel on
eorðe. p. 281. Ant tis ilke wanhope is ham
meast pine þat nan naueð neauer hope of nan
acouerunge. p. 251. Bote þer þe bale was alre
meast, swa was te bote nehest. p. 277. Hit is
þe *meast* god. HALI MEID. p. 47. For me
nimeð of him *mest* geme. OEH. II. 175. Ah
Cloten hafde *mest* riht to aȝen þas riche. LAJ. I.
173. For auere he Ænglisce men bihehte hærm
þene *meste*. III. 272. cf. Moche lond [hi] iweste
mid harme þan *meste*. I. 175 j. T. Þohte wið
hwuch *meast* wa he mahte hire awealden. ST. JU-
LIANA p. 69. Þe siȝte of þe trinite, þe *mest* ioi
þat mai befalle, . . Þe siȝt of him is alir best.
E. E. P. p. 6. & þat *mest* pite was, hii bileuede
noȝt þis, þat is priue membres hii ne corue of
iwis. R. OF GL. p. 508. Kniȝt þat is of *mest*
valour. ARTH. A. MERL. 4620 Kölb. *Mest* poer.
ST. CRISTOPH. 10. At oure *mest* nede. SHOREH.
p. 130.

Þe *maste* lufe he shæweþþ þær Þatt aniȝ
mann maȝȝ shæwenn. ORM 5328. Karitateþþ
mahhte Iss mikell all unseȝȝenndliȝ & *mast* of
alle mahhtess. 10120. Þærþurrh he dide uss
openliȝ To sen & tunnderstanndenn, Þatt ta
þatt sellenn Haliȝ Gast, & ec þa þatt itt biggenn,
. . Hemm addlenn swa þe *maste* wa Þatt aniȝ
mann maȝȝ addlenn. 16096 sq. At *most* nede.
ALIS. 2405. In Morauntes *most* nede. TRISTR.
1, 96. The *most* sinne. MAUND. p. 249. The
moste meschief on molde Is mountynge wel
faste. P. PL. 133. But where ben falsere trai-
touris þan þes prestis þat wole not helpe here

maistris out of þis *moste* peril . . ? WYCL. W.
hitA. unpr. p. 174. Of studie toke he *moste* cure
and hede [*most* cure and heede Wr. *most* cure
and *moost* heede Morr. *moost* cure and *moost*
heede Zup.]. CH. C. T. 305 Tyrwh. But euermore her *moste* wonder was, How that is coude
gon, and was of bras. *ib.* II. F. 199 Skeat Cl.
Pr. God gaf Lucifer *most* lightnes. TOWN. M.
p. 20. There the prees was althermooste [alþer
moste Linc. Ms.]. OCTAV. 1445 Sarrazin.

pl.: [Cadwalan] gon þat lond westen mid
hærmen þan *mæsten*. LAJ. III. 252. Mochel
dal heo iwesten mid harmen þan *mesten*. I. 175.
cf. I. 423. Þær wes hærm mid þon *meste* [Þar
was arm mid þan *meste* j. T.]. I. 418. cf. *Gr.*
II.³ 439. Hierher kann auch gehören: Loke
þat non lacken oþer, bote louye as breþeren,
And he þat *most* maistries [= arts, sciences]
can, beo myldest of berynge. P. PL. Text C.
pass. XXII. 252 [vgl. who þat *moste* maistries
can. Text B. pass. XIX. 250. who that *moost*
maistries kan. 13465 Wr.].   Siehe jedoch
unten 4.

von Personen auf Bedeutung, Macht,
Rang oder Gesinnung besogen, grösst,
mächtigst, schlimmst, ärgst: The Kyng
of Scotlond, that his *meste* fo was. BEK. 2384
[= 2374 ed.]. Sire Renald le Fizours, *mest*
schrewe of echon, Forto smyte this holi man
his swerd he drouȝ. 2131 [= 2121 ed.]. [Hjis
meste fo. LYR. P. p. 24. Þe *mest* maister. WILL.
2734. Þe faireat man & *mest* of main. AM. A.
AMIL. 461. Now þe *meste* wreche of alle Wiþ
a strok me doþ adoun falle. BEVES OF HAMT.
1611 Kölb.

He sal be, in þe last dais, þe *mast* king of
all, it sais, Baþ þan sal he be þe *mast*, And of
oþer all þe last. CURS. MUNDI 2257 COTT. FAIRF.
vgl. þe *maste* king . . þe *maste* EDINB. þe
most king . . þe *mast* GÖTT. þe *moost* kynge . .
þe *mast* TRIN. God, that es of mihtes *maste*.
MINOT III. 133. Thanne Godard was sikerliche
Under God the *moste* swike, That eure in erthe
shaped was. HAVEL. 422. And yet was he to
me the *moste* shrew. CH. C. T. 6087 Tyrwh.
Gyff us myȝt with hym to won, Þat lord, þat is
most of meynl GOWTHER 755 Breul. vgl. die
Anm. p. 166. Pereles prince, *most* of pauste.
TOWN. M. p. 169. Which of ȝou þat is *most*, most
schal he werche. P. PL. Crede 260 Skeat.

pl.: Al mi nestfalde cun, þat schulde beo
me best freond, beoð me *meast* feondes. ST.
JULIANA p. 33 [an andere Text hat: Al mi
nestfalde cun me heaneð, þet schulden mine
freond beon, beoð me *mest* feondes]. Ah Men-
briz dude unwreste, he wes swike mid þan
meste. LAJ. I. 108. vgl. *Gr.* II.³ 439. Mi childeren, þat ich ȝef my god, beþ myne *meste* fon.
R. OF GL. p. 35. Foure that the *meste* schrewen
were, bithoȝten of a gyle. BEK. 1951 [= 1941
ed.]. The Kyng of Scotlond was ynome, that
his meste fo was; And meni othere ek with
him, that were his *meste* fon. 2384 sq. [=
2374 ed.].

3. Substantiviert wird der Superlativ
in der Bedeutung μέγιστος von Personen in

der **Mehrzahl** zur Bezeichnung der Leibes-
grösse, häufiger des Vermögens, Ranges,
Grösste, Vornehmste: A kynges feste
Hath plente, to the lest and to the *meste*. CH.
C. T. 10614 Wr. We wol, lord, . . Chese yow
a wyf in short tyme atte leste, Born of the gen-
tilleste and of the *meste*. *ib.* II. E. 129 sq. Skeat
Cl. Pr.

Hit wern þe fayrest of forme, & of face als,
Þe *most* & þe myriest þat maked wern euer, Þe
styfest, þe stalworþest þat stod euer on fote.
ALLIT. P. 2, 253. The grete yiftes to the *moste*
and leste [to the *most* and leste *Wr. Tyrwh.*].
CH. C. T. I. B. 1340 Morris Cl. Pr. At a
kinges fest Is plentee, to the *most* and to the
lest. *ib.* 10614 Tyrwh. Old and yonge, *most*
and lest. CLEG. 404.

auch appositionell: Faire *they* were wel-
comed, *bothe* leste and *meste*. GAMELYN 459
Skeat.

4. Substantiviert erscheint ferner der
Superlativ in der Einzahl, dem ags. neutr.
mæst, plurimum, entsprechend: Þe ᵽ nome-
cuðest is, & *mæst* con, cume, cuðe þrof. LEG.
ST. KATH. 816. Þe þe *mest* deð nu to gode,
and þe þe lest to laðe, Ayþer to lutel and to
muchel scal þinchen eft hym baðe. OEH. p. 289.
cf. p. 163. Þe þe lest wot, seit ofte *mest*, and
þe þe it wot, is stille. p. 291. cf. p. 167. Þe
underlinges þenchen oðe dai hu hie muȝen *mest*
swinken and spenen here flesh and here blod
on iuele swinche. II. 179. Þerof *mest* ic telle.
ST. MARGAR. 71. Þet byeþ þe heȝe men, and
þet byeþ *mest* worþ. AYENB. p. 23.

Se þe *mast* doð nu to gode and se last to
loðe, Eiðer to litel and to muchel hem sal
þunche boðe. OEH. II. 222. Se þe last wot,
he seið ofte *mast*, se þit al wot, is stille. II. 223.
& tatt wass rihht tatt ærn wass sett Onnȝæn
þatt Goddspellwrihhte, Þatt *mast* wrätt onn
hiss Goddspellboc Off Cristess Goddcunndnesse.
ORM 5880. At Parias toke thai thaire counsaile,
Whilk pointes might tham *most* availe. MINOT
III. 46 in *Sprachpr. I. I* p. 325. Which of ȝou
þat is most, *most* schal he werche. P. PL. *Creds*
260 Skeat.

auch von Präpositionen abhängig, höch-
stens: Ther thu schalt fourti dayes bileve *atte*
[= *at te, at the*] meste. BRAND. p. 31. We wol,
lord, . . Chese you a wife in short time *at the
mest*. CH. C. T. 8006 Tyrwh. Thei lyven not,
but 6 ȝeer or 7 *at the moste*. MAUND. p. 212.

schon früh erscheint hier, statt des ags.
part. Gen., ein partitives *of*: Ho so haveth *of
urthe mest*, he is slou as an asse. POP. SC. 272.
Forr þatt teȝȝ hafenn alre *masst Of* þeȝȝre
flæshess *wille*. ORM 15278. *Of euerilc sonde,
of euerilc win, most* and best he gaf Beniamin.
G. A. EX. 2275.

doch hat sich noch ziemlich lange ein in
älterer Zeit deutlich erkennbarer, später mehr
verwischter part. *Gen. plur.* erhalten: Þer uore
þu ibidest *alre baluwene mæst*. LAȝ. II. 248.
Þah . . þu ahtest al weorld iwald and *alre worlene
mest*. OEH. p. 33. Þer is *alre meruþe mest*.
p. 181. Þere hie shulen hauen shame and grame

and þesternesse, and hunger, þurst and stench,
and wurmene cheu, and wallende fir, and *alre
wowe mest*. II. 173. In þine hond is *michte
mest*. II. 258. cf. 259. Þar vore þou ibedest
alre care mest. LAȝ. II. 248 j. T. [= ags. gen.
pl. *ceara, cara*]. Ac hit is *alre wo[u]nder mest*
þat þu darst liȝe so openliche. O. A. N. 852.
vgl. Þo hadde þe soudan *wonder mest*. OCTOU.
1424 *Cott.* Sarrazin. — Go we alle þane wei, for
he us wile bringe Mid þo feawe faire men bifore
þe heuen kinge, Þar is *alre blisse mast*. OEH.
II. 231. Her wes blisse, her wes mete, & *alre
godene mast*. LAȝ. I. 423.

auch nachgestellt: *Mest manne* him gremede
mid scorne. OEH. II. 169. — Þe lauerd Sainte
Powel . . sagh þat *mast mannen* ladden here lif
on sunnen. II. 7.

Hieraus scheint die spätere attributive
Verwendung in der Bedeutung von *plurimi*
unter Verwischung des ursprüngl. syntaktischen
Verhältnisses entstanden zu sein; man vergleiche: Mest chase aboute Salisbury of wylde
bestes ywys, At London *schippes mest*. R. OF
GL. p. 6. Who that *moost maistries* kan. P. PL.
13465 Wr. [þe þat *moost maistries* can. *Text C.
pass.* XXII. 252. who þat *moste maistries* can.
Text B. pass. XIX. 250]. cf. *Gr.* III.³ 283.

5. Als Adverb tritt das ursprüngliche
Neutrum auf, in der Bedeutung am meisten,
hauptsächlich, auch von der Zeit meistens, am häufigsten: For he of alle
monnen *mæst* hine lufede. LAȝ. III. 100. Ȝho
þatt cwemmde himm alre *mæst* Off all mannkinn
onn eorþe. ORM 2595. As þe þing þat he *meast*
luuede. ST. JULIANA p. 7. Ich am of þe sprunge
þe an þat hit *meast* of springeð. p. 51. Þea
þat fondeð ham *meast*, ifindeð ham forcuðest.
HALI MEID. p. 33. Þat tat leoueste bearn . .
sweameð *meast* his ealdren on ende. p. 35. Ac
helle king is areles wiþ þa þe he mei binden;
Þe þe deþ is wille *mest*, he haueð wurst mede.
OEH. p. 173. cf. p. 294. It [sc. manne] warð
on eches muð wat mete he *mest* luuede. II. 99.
Hire fleshliche feader Affrican hehte, þe heande
& heascede *mest* men þe were cristene. ST. JU-
LIANA p. 5. vgl. Hire fleschliche feder wes
Affrican ihaten, [þe heande & heascede] of þe
heðene *mest* þeo þat cristene weren. *ib.* p. 4.
Hwet wurcheð he *mest*? *ib.* p. 43. Þe fader
hem louede alle ynoȝ, ȝe þe ȝongost *mest*. R. OF
GL. p. 29. Þes þynges hym made *mest* bygynne
þys dede. p. 358 [= chiefly]. *Mest* he luuede
tweie. K. H. 24. Ihc wot þat he mai alrebest
Of þine neode helpe þe *mest*. FL. A. BL. 383.

Se deð his wille *mast*, he sal habbe werest
mede. OEH. II. 226. Þat is on fele þinge ful
michel iseone, and on man alre *mast*. II. 175.
Forr Ȝerrsalæm wass hæfedd burrh Off Issraæless
riche, & tær wass þeȝȝre king aȝȝ *mast*, & seldenn
owwhær elles. ORM 8469 [= mostly, von der
Zeit]. Ierusalem *mast* [*maste* FAIRF.] he luued
of all. CURS. MUNDI 8581 COTT. GÖTT. Scho
was halden til hir *mast*. METR. HOMIL. p. 165.
For he of alle manne *mest* hine louede. LAȝ. III.
100 j. T. Schent is ilk baroun, now Gilbert
turnes grim, Þe Mountfort Sir Symoun *most*

affied on him. LANGT. p. 220. Among alle þe
maidenes *most* sche loued one, þat was a digne
damisele. WILL. 582. I graunte thy lif, if thou
canst telle me, What thing it is that wommen
most desiren. CH. *C. T.* 6487. The worlde is
chaunged overall, And therof *moste* in speciall
That love is falle into discorde. GOWER I. 7.
Jerusalem loved he *moost* of alle. CURS. MUNDI
8581 TRIN. He was a ianglere and a goliardeis,
And that was *moost* [*most* Tyrwh.] of synne and
harlotries. CH. *C. T.* 560 Zup. Than are thei
folk that han *moost* God in awe. *Tr. a. Cr.* 1,
1006.

auch bei Participien: Of alle unwreste
unwhihtes þe wurste & *meast awariet.* ST. JU-
LIANA p. 39. He.. het fecchen a ueat & wið
pich fullen, & wallen hit walm hat, & het warpen
hire þrin, hwen hit *meast* were *iheat.* p. 69 sq.
Ich of alle sunfulle am on *mest ifuled* of sunne.
OEH. p. 209. Þre þe beste yles þese beþ and
mest coupe [*most* of name *coupe* v. l.]. R. OF GL.
p. 2. Some sayden, owre herte is *most ieased*
Whan we ben yflaterid and ypreised. CH. *C. T.*
6511.

6. Sehr alt ist, wie bei Participien, die
Verwendung des adverbialen Superlativ bei
Adjektiven und Adverbien; dies führt zur Bildung eines Elativ und eines umschreibenden Superlativ, der wie der Komparativ
oft ohne ersichtlichen Unterschied auch neben
der gewöhnl. Steigerungsform erscheint.

bei Adjektiven: For þah he beo *richest*
him ane ouer alle, þe alre *meast poure* þat him
to were cheoseð is him wel icweme. HALI MEID.
p. 39. Of *fayrost* forme and maners, & *mest
gentyl & fre.* R. OF GL. p. 420. *Mest wrechche*
ich am of alle men. ST. CLEMENT 331 Horstm.
p. 333. Þe beste bischopes þat bifore him were
Aȝen þe *meste fole* kinge þat bifore me was faire
heo heom bere. BEK. 1575 Horstm. p. 151.
Oþur he me halt *þe meste wrechche* king þat
euere ibore was. 1580 Horstm. p. 151. Bot þe
mast soverayne ioy of alle Es þe syght of Godes
bryght face. HAMP. 7860. Beniamin *most* he
made *prud.* G. A. Ex. 2368. The holy lond..
is the *most worthi* lond, *most excellent,* and lady
and sovereyn of alle othere londes. MAUND.
p. 1. That lond he chees before alle other
londes, as the *beste* and *most worthi* lond, and
the *most vertuouse* lond of alle the world. *ib.*
For it is thing *most amerous, Most delytable* and
saverous, For to aswage a mannes sorowe, To
sene his lady bi the morwe. CH. *R. of R.* 2901.
The *most noble* women of the towne. GOWER
I. 69. I am God *most myghty,* Oone God in
trynyty. TOWN. M. p. 24. Thei leide the bodi
in the *moste secrete* place in the mounteyn.
MAR. MAGD. 59. Zup. Man is hym *moost lik..*
And made man *likkest* to hym self one. P. PL.
5214-19. A raton of renoun, *Moost renable* of
tonge, Seide etc. 316. It is tolde to vs þat oure
moost reuerent broþer Basile þe bischop is oc-
cupied in seculer causis. WYCL. W. *hith. unpr.*
p. 395. For his sake, she hath after sent For
swich deyntees as wern conuenyent, *Moost nu-
trityf,* be phisikes lore, Hem that wern syk or

wounded to restore. LYDG. *Thebes* 1355. —
Verdoppelung: There schode thei dwellen
with the *most fairest damyselles.* MAUND. p. 280.
Moost clennest fleash of briddes. P. PL. 8992.

bei Adverbien: Þe oþre beggeþ þe
þinges huanne he byeþ lest worþ to greate
cheape .. uor to selle ayen al huet hi byeþ
mest diere. AYENB. p. 36. What ladies fayrest
ben or best daunsynge, Or which of hem can
daunce best or singe, Ne who *most felyngly*
speketh of love .. Of al this make I uow no
mencioun. CH. *C. T.* I. B. 1341 Morris Cl. Pr.
There was in the cite A temple of suche auctorite, To which with great devocion The most
noble women of the towne *Most comunlich* a
pelerinage Gone for to praye thilke ymage.
GOWER I. 69. — Fälle von Verdoppelung
sind uns hier nicht begegnet.

7. Verdoppelungen sind auch die adj.
und adv. Superlative auf *-mest, -myst, -mast,
-most,* wie *formest* adj. u. adv. neben *forme* etc.,
insofern im Altengl. *-mest,* besonders aber
-mast und *-most* mit dem superl. Adv. *mest,
mast, most,* ags. *mæst,* schon früh geradezu
verwechselt wurden; vgl. *Gr.* I.³ 297-9. Sie
sind an der ihnen zukommenden Stelle behandelt. Nachzutragen wäre hier etwa *eastmost*
adj. ags. *edstmest:* Þe *eastmost* ende. R. OF GL.
p. 220. vgl. *westmost,* ags. *vestmest: Westmost*
see. *ib.*

8. Besondere Erwähnung verdient die häufige Bestimmung des indefiniten *al,* ags. *eal,*
durch den adverbialen Superlativ (vgl. ags.
mæst alle (= pene omnes, neue. *almost all*) his
gefæran. BEDA 4, 1 Smith p. 563), in der Bedeutung fast, beinahe: *Mest al* þat ic habbe
ydon, ys idelnesse and chilce. POEM. MOR. 7
Zup. cf. OEH. p. 161. 288. *Mast al* þat me
likede ar, nu hit me mislicað. OEH. II. 220.
We .. legeð *mast all* ure swinc on þing unstede-
faste. II. 229. — *pl.:* Ða Maxence herde þis,
.. warð king of þ lond Þ lei into Rome, as
diden *meast alle* Þe oþre of þe worlde. LEG. ST.
KATH. 29. *Mest alle* men he ȝiueð [ȝiued *ed.*]
drinke of one deofles scenche. OEH. p. 179. cf.
POEM. MOR. 331 Zup. Iuel is þat ne wile his
agene saule helpen, and we ben *mest alle.* OEH.
II. 69. On þis wilderne ben fuȝer lages, þat
mest alle wilde deor to secheð. II. 211. *Mest
alle* þa Bruttes þe weoren þere wenden þat hit
weore [weoren *Ms.*] Wiðer. LAȝ. I. 398. *Mest
alle* þe Bruttes wende þat hit þe king were. *ib.*
j. T. Hwen þus is of þe riche, hwat wenes tu
of þe poure, þat beoð wacliche iȝeouen and biset
uuele, as gentille wimmen *mest alle* nu oworlde.
HALI MEID. p. 9. *Mast alle* men it [sc. his
wereld] ȝieueð drinken of on euele senche.
OEH. II. 230.

auch nachgestellt, wobei *al* ursprünglich
ebenfalls adjektivisch ist, später adverbial als
blosse Verstärkung von *mest, mast* wirkt und
mit diesem verschmilzt: Hare confort & hare
delit hwerin is hit *al meast* [= for the most part]
but i flesches fulðe oðer in weorldes uanite þat
wurðeð al to sorhe & to care on ende? HALI
MEID. p. 27. Pat laþe Judewisshe folc *All mast*

forrwarrp to lefenn Onn ure Laferrd Jesu Crist.
ORM 8521. — pl.: Alle mest hie beð iwileʒed
[iwileʒeð ed.], and habbeð geres after wilde
deore. OEH. II. 209. vgl. almest adv.

So ist mest, mast auch adverbial in
Verbindung mit dem indefiniten hwat [vgl.
summchatt ORM 16881, nigh what, ney wat
R. OF GL. p. 80. 81], gleichsam als Superl. von
somewhat; es wird, wie das einfache Adverb
meast [= neue. mostly, for the most part] gebraucht, meist, meistentheils, grössten-
theils: Þesne lehter habbeð mest hwet alle
men. OEH. p. 137. Þis custume haueð mest-
wat alle men. II. 157. Ne lat yee noght þam
hon Als þai ha mastquat hider don. CURS.
MUNDI 5873 COTT. We wat mast quat [moost
TRIN.] er þai þar. 14571 COTT. GÖTT. Mastquat ay þe mone-tre, þurʒe miʒt of hire kynde,
Quen it kithis vs any carpe, þe contrarie spekis.
WARS OF ALEX. 5010 Ashm. To stand lat ʒe
thaim noght hone, As ʒe haue latin þaim most-
quat don. CURS. MUNDI 5873 TRIN. vgl. Most-
what, for the most part. HALLIW. D. p. 562.

Selten ist mest als Bestimmung des indef.
everich [vgl. ags. mest ælc, nearly every one],
fast: Me seið upon ancren þet euerich mest
haueð on olde cwene to ueden hire earen.
ANCR. R. p. 88, mit der Variante: uch an [al]
mest.

9. Die Gesammtheit der betroffenen Personen oder Gegenstände wird beim adj., subst.
und adv. Superlativ schon früh durch die Präposition of [häufig mit al, all] oder eine lokale
Bestimmung wie in eny lond, on molde, among
alle þe maidenes bezeichnet. Doch erscheint
auch hier noch häufig der gen. pl. alre etc. [s.
al]: Ʒho was wiss allre manne mast Off soþfasst
lufe filledd. ORM 2597. Bote þer þe bale was
alre meast, swa was to bote nehest. OEH.
p. 277. We luueð bi þe lufte alre mesten deL.
ST. MARHER. p. 17. Grete townes in Engelond he amendede ynowe, And London aller
most, for þer to hys herte drowe. R. OF GL.
p. 44. That erren aldermost ayain al lawe. CH.
Tr. a. Cr. 1, 1002. There the prees was althermooste [alþer moste Linc. Ms.]. OCTAV. 1445
Cambr. Ms. Sarrasin u. dgl.

mare adj. clarus, illustris, sublimis s. mære.

mare s. equa s. mere.

**mareis, marreis, mares, marres, maresse,
maris, marice, maras, marras, marasse** s.
afr. marois, mareis, mares, nfr. marais, pr. mares, it. marese, lat. gl. marense s. aus gl. ma-
rensis, e adj. von mlat. mare, palus, lat. mare,
während afr. maresq sich leichter an das substantivierte mlat. mariscus, marescus anschliesst;
vgl. afr. maresquel, marisculus [D. C.]. Auch
ae. maris, marice scheint auf mlat. mariscus zu
weisen.

Die ae. Formen maras, marras, marasse
liegen näher an mlat. marascus, it. marazzo,
vgl. niederl. maras, moeras, mittelniederd. ma-
rassch, früh nhd. morass, auch marast, morast,
morest [gl. marastus, marestus für marascus,
marescus], nhd. morast, sch. maras, marras,
marrass, neben mares, marres, marrest, neue.

morass. s. auch mersch, mere. Morast,
Sumpf, Sumpfland.
He gesaide that he stood on a flood, fro
which seuene kyn and ful fatte stieden, and
weren fed in the places of mareis [in merahi
places Oxf. in locis palustribus Vulg.]. WYCL.
GEN. 42, 2 Purv. Seuene kiyn, ful faire and
with fleischis able to etyng, stieden fro the watir,
whiche kiyn gaderiden grene seggis in the
pasture of the marreis [of mershe, of the mershe
Oxf. in pastu paludis Vulg.]. ib. 18 Purv. Sith
she dorst nat telle it to no man, Doun to a
mareis faste by she ran. CH. C. T. 6551 Tyrwh.
Sins sche dorst not tel it unto man, Down to a
marreys faste by sche ran. ib. Wr. Þey were
unneþes ipassed a reden marys [a reody marreys
β. a reedy mareys Cx. paludinem arundineam
Higd.]. TREVISA VII. 487. — pl. häufig ohne
Flexionszeichen mareis: Now flies William
Waleis, of pes nouht he spedis, In mores &
mareis with robberie him fedes. LANGT. p. 325.
For some of hem [sc. of þise herbes and þise
trees] waxen in feldes and some in mountaignes,
and oþir waxen in mareis. CH. Boeth. p. 97.
Ʒet me merueilled more how many other briddes
Hudden and hileden her egges ful derne In
mareys and mores. P. PL. Text B. pass. XI.
342. cf. Text C. pass. XIV. 168. Þe lond [sc.
Irlond] is not playne, but ful of mountaynes
and of hilles, of wodes, of mareys, and of mores.
TREVISA I. 333. They taken mareys and wodes
for socour [His silvæ sunt pro turribus, Paludes
pro aggeribus Higd.]. I. 403. cf. I. 347. VI. 379.
A beest ther is of more los, That is ycleped Mo-
noceros. In marreys and reods is heore wonyng.
ALIS. 6538. mareiss: No man may passe be
that weye godely, but in tyme of wyntir, for
the perilous watres and wykkede mareyes that
ben in the contrees. MAUND. p. 130. mareisis,
maraisis: Forsothe in brinkis therof and in
mareisis [maraisis Purv.] thei shuln not be
helid, for thei shuln be jouen in to salt places.
WYCL. EZ. 47, 11 Oxf. The forthis ben bifore
ocupied, and the mareisis ben brent with fier,
and the men werryours ben disturblid. JER.
51, 32 Purv.

Þe ilke loue ne wext naʒt of erþe ne of
mares of þise wordle, ac hy comþ doun of þe
heʒe roche. AYENB. p. 250. A marres fulle of
redes passed over, and the wardes of theire
batelle sette in ordre, the erle of Chestre seide
etc. TREVISA VII. 487 Harl. Maresse, palustre f.;
marescaige m. PALSGR.

Kyng Richard garte al the Ynglys Schere
rysches in the marys, To fylle the dykes of
Daroun. RICH. C. DE L. 6038. Þei were unneþes
ipassed a reden marys. TREVISA VII. 487. Maryes of a fen [or myre, or moore], mariscus,
labina. PR. P. p. 328. — pl.: Panne þe grete
see Ponticus . . strecheþ to þe wateres and
marys of Mæotides [towarde Mæotides paludes
Harl. versus Mœotides paludes Higd.]. TRE-
VISA I. 57. Out of þe more Pannonia Hunni
went an huntinge, and passed long by marys
and wateres, and folwed þe trace of hertes [per
longa paludum spatia cervorum vestigia insec-

tantes *Higd.*]. I. 473. Þanne Marius fliȝ, and tornede in to *maryse* and into watery places [Inde divertens Marius fugit ad loca palustria *Higd.*]. IV. 157.

A *maras* [*marasse* A.], labina, palus, tesqua; palustris. CATH. ANGL. p. 227. Now comes a company of crabbe-fische, as calues gret, Meuand of þis *marras*, oure men to assaill. WARS OF ALEX. 3892 Ashm. Þan mys [= mice] out of þis *marras* as any mayn foxes [faxes *Ms.*] Come furth, & fedd thaim in sere of the ded corses. 3932 Ashm. Þay hafe machede to daye with mene of the marchez, Fforemaglede in the *marras* with meruailous knyghtes. MORTE ARTH. 1533. This Hercules . . did alee also . . a grete serpente in a *marras* callede Lerna. TREVISA II. 357 *Harl.* Archelaus lay bare in a *marras* by the space of III. dayes. IV. 163 *Harl.* — *pl.*: Woodes be to theym as for towres, and *marras* for places of defence [paludes pro aggeribus *Higd.*]. TREVISA I. 403 *Harl.* cf. I. 347 *Harl.* so wohl auch: Now ferkes to the fyrthe thees fresche mene of armes . . Thorowe *marasse* and mosse and montes so heghe. MORTE ARTH. 2501 sq.

maremusset s. s. *marmoset*.

maren, gew. **moren** v. ahd. *mérôn* tr. und refl., *mérên* intr., mhd. *mêren*, *meeren* tr., refl. und intr., nhd. *mehren* tr. und refl.

1. tr. grösser machen, vergrössern, mehren, vermehren, eig. und übertr.: Bot lang he led him with delay [de lay *ed.*] To *mare* þe medes of his fai. CURS. MUNDI 2353 COTT. Bot long he led him wid delay To *mare* þe medis of his fay. *ib.* GÖTT.

Moryn, or make more [*mooryn* H.], majoro. PR. P. p. 343. *Moryn*, and largyn [*moryn*, or makyn more large K.], amplio, amplifico. *ib. Moryn*, or yncresyn, augeo. *ib.* cf. Incresyn, or *moryn*, augeo, adaugeo, augmento. p. 261. Þe þridde is, to *mori* lycasunges and ydele wordes. AYENB. p. 45. Þus him ssel deme þe seneȝere beuore God, naȝt uor to lessi his zennes, ac uor to *mori*. p. 175. Bot longe he ladde him wiþ delay To *more* þe mede of his fay. CURS. MUNDI 2353 TRIN. LAUD.

Uor þe kueades of oþren, he hise *moreþ* and arereþ be his miȝte. AYENB. p. 28. Þe oþer zenne is, huanne þe litle guodes þet hire children . . [habbeþ] ydo oþer ysed, hy leueþ, and dobbleþ, and *moreþ* hit of hiren, alhuet þer is more of lyeasinge þanne of zoþ. p. 60. Þe oþer is, huanne þet kuead þet he yherþ of oþren, he hit telþ uorþ, and hit *moreþ* of his oȝen. p. 62. What he woll make lasse, he lasseth, what he woll make more, he *moreth*. GOWER III. 147.

Among the men was nothing *mored* Towardes god of good living But al was torned to liking After the flessh. GOWER II. 181.

2. intr. zunehmen: For rihte as Ver [= der Frühling] ay *moreth* in grennesse, So doth childhood in amerows lustynesse. LYDG. *M. P.* p. 243.

marescal, marscal, mareschal, marschal, marchal, marshal, marssal, spät auch **merchal, mershal,** oft mit schliessendem *e* auch im Nom. u. Akk. Sing. **mareschalle** etc. s. afr. *marescal*, *mareschal*, nfr. *maréchal*, pr. *marescal*, *manescale*, sp. pg. *mariscal*, it. *marescalco*, *mariscalco* [trient. *marascalco*], *maniscalco*, *maliscalco*, auch *marescallo*, *maresciallo*, mlat. *marascalcus*, *mariscalcus*, *marescalcus*, *marscalcus*, *marascallus*, *marescallus*, *marscallus*, *marescialus* etc. von ahd. *marascalh* [aus *marah*, equus, und *scalh*, scalch, scalc, servus], *maraschalc*, auch schon *marscal*, *marischal*, *marschal*, mhd. *marschalch*, *marschalc*, nhd. *marschall*, sch. *marschal*, upper servant [JAMIESON], *marschell*, *merschell*, marshal [BARB.], neue. *marshal*.

1. Pferdeknecht, Stallknecht, Bereiter, Stallmeister: A *marschalle* of horse, agasio [agaso A.], marescallus. CATH. ANGL. p. 229. vgl. Darst þou ryde vpon þya best To þe ryuere And watre hym, þat þou ne falle, Þanne wyll we seye among vs alle, Þat þou hast be yn Artourys halle Hys *prys-marchalle*. OCTOU. 1427 sq. Sarrasin. auch Hufschmied, Schmied: I hope I be the best *mershalle* For [to] clynke it right. TOWN. M. p. 221. vgl. prov. neue. *mershalle*: Mershalle, one who attends to horses; a farrier; a blacksmith. HALLIW. D. p. 551.

2. Marschall als höherer Hofbeamter, der über Marstall, Gesinde u. s. w. gesetzt ist, Verwaltungsbeamter, Beamter des Staatsamtes, höherer Würdenträger, Landeshauptmann, niederer oder höherer Heeresbeamter, Quartiermeister, Befehlshaber, Feldhauptmann, Oberbefehlshaber: Roȝer Bijod, eorl on Norþfolk and *marescal* on Enȝleneloand [fr. Roger le Bigod, cunte de Norf' & mareschal de Engleterre]. PROCLAM. OF HENRY III. in *Sprachpr. I.* 2. p. 56. 57. Bot Saul dred him [sc. Daui] no for-þi, And of a thusand men o wal He made him ledder and *marscal*. CURS. MUNDI 7628 COTT. Quen Vri com, wituten lette, Þe king a pair o letters writte Did, and gaf him to ber Vnto þe *marscal* o þe her: Wit comament he him soght, Þat Vri, quilk þat letter broght, In batail sua he suld be sette, Þat he awai suld neuer gette. 7895 COTT. Tho the king adde Normandie in god stat ibrouȝt al, Þut lond he toke to loke Willam the *mareschal*. R. OF GL. p. 491. Hys *mareschal* swyþe com hym to. RICH. C. DE L. 1543. Ne be *mareschal* of my men þer ich moste fyghte. Ac hadde ich, Mede, be hus *mareschal* ouer hus men in Fraunce, . . He had be lord of þat londe. P. PL. *Text C.* pass. IV. 258. Everyche of theise grete lordes knowen wel ynow the attendance of hire servyce. The on is mayster of his houshold, another his chamberleyn, another servethe him of a dyssche, another of the cuppe, another is styward, another is *mareschalle*, another is prynce of his armes. MAUND. p. 277. gen. Þe contesse Isabel, þat þerl *mareschales* douȝter was, To Gileberd, erl of Gloucester, ispoused was. R. OF GL. 10500 Wr.

— Þer maistres *mareschals* ferde aboute, Deliuered innes wyþynne & wyþoute; Bordes broughte, cordes & cables, & made mangers to stande in stables. R. OF BRUNNE *Story of Engl.* 11179.
The þongore Willam the *marschal*, that erl *marschal* was, Spousede þe kinges soster. R. OF GL. p. 518. Tho wende Richard the *marschal*, that of Penbroc erl was, Into Irlonde to worri. p. 525. The King him het the pans jelde, other sikernisse him make; Other his *marschal* scholde his bodi into prisoun take. BEK. 795. Had I ben *marschal* of his men, . . He shulde haue be lorde of þat londe. P. PL. *Text B.* pass. III. 200. A semely man oure hoost he was withalle For to han been a *marschal* in an halle. CH. *C. T.* I. A. 752 Morris Cl. Pr. Kyng Richard callyd his *marschall* stylle, And in counsayl took hym anon. RICH. C. DE L. 3386. Þe *marschalle* of þam alle, Helys of Saynt Omere, To ded þan gon he falle doun of his destrere. LANGT. p. 124. After þe erebisshop þe erle *marschalle* Rogere Bifor þe kyng ros vp. p. 292. Of a thousand men bi tale He made him leder and *marschale.* CURS. MUNDI 7629 GÖTT. *Marschale*, marescallus. PR. P. p. 325. — The *marschals* iredi were to prisoun him lede anon; Hi heten him sikernisse finde, other he scholde with hem gon. BEK. 799. Þe king him het þe panewes jelde, oþer sikernesse him make; Oþur is *marschales* scholden swiþe anon is bodi to prisone take. 801 Horstm. p. 129.
Þus was of lifdawe Richard þe *marchal* ibrojt. R. OF GL. 10806 Wr. Antigone, over al, Was Alisaundres *marchal.* ALIS. 2241. His *marchal* he [sc. þe king] gan beholde: „Fet me,“ a seide, „me jerde of goldе! Gii, is fader, was me *marchal*, Also Beues, is sone, schal.“ BEVES OF HAMT. 3505 Kölb. Hedde I be *marchal* of his men, . . He hedde beo lord of þat lond. P. PL. *Text A.* III. 194. A seemly man our hooste was with alle For to han been a *marchal* in an halle. CH. *C. T.* 752 Zup. Marascallus, a *marchal.* WR. VOC. col. 595, 2 Wülck. Þe[y] monside þe *marchall* ffor his myssedede. DEP. OF R. II. pass. III. 105 Skeat. He fongith faire that present, And departid hit, in gentil wise, Som, to *marchal* and to botileris, To knyght, to page, and to jogoleris. ALIS. 831. Þe king dide sone lettris to write, And gaf þaim Vry for to bere Vnto þe *marchal* of þat here [To his *marchal* of his hoost þo TRIN.]. CURS. MUNDI 7896 GÖTT. Of a þousonde men bi tale He made him ledere & *marchale.* ib. 7628 TRIN. — Þe *marchales* iredie were to prisone him lede anon; Heo heten him don heom sikernesse, oþur he scholde with hem gon. BEK. 805 Horstm. p. 129.
Þe king lete a letter write, And bad Vrry he sulde hit bere Vnto þe *marshal* of þe were. CURS. MUNDI 7896 FAIRF. *Marshall* of the hall, mareschal. PALSGR. Ffor the *marshale* can go And broujt the stuard sone anon. HARTSH. *Metr. T.* p. 67. Then lowj the kyng and began to go, And *woyth* his *marsshale* met he tho. p. 66.

Fram such ssendnesse Crist ssulde Richard the *marssal.* R. OF GL. p. 525.
A *merchalle* is put oft tymes in gret comberaunce. BAB. B. p. 189. Such poyntes, with many oþer, belongethe to a *mershall.* p. 194. To the birthe of vche estate a *mershalle* must se. p. 190.
An die Formen *marschal, marchal, marshal* schliessen sich an:
marschalcie, marchalsye, marchaucies.
afr. *marescalcie, mareschalcie* [LIB. CUST. p. 458], *marchaucie* [FROISSART II. 76], mlat. *marescalcia* [D. C.], neue. *marshaley* [SKELTON], marshalsey, marshalsea.
1. Kunst des *marescal*, Reitkunst, Rosskunde, Pferdeverständniss: For to blere þe soudanes ye, Queynte lesynges he gan to lye, And seyde he hadde lerned *marchalsye.* Both fer and neyj, In Inde, Europe, Aufryke, and Asye, Þer nas noon so aleyj; And al maner of hors he knew, Bothe the lak and þe vertu. OCTOU. 1387 Sarrasin. cf. *Marchalsye*, horsemanship. HALLIW D. p. 541.
2. Marschallsamt, Marschallswürde: For þou salle wende with me, whedere þou wille or non, Or þin office forgo of þe *marschalcie.* LANGT. p. 292. Þe kyng for on sent, Sir Geffrey Geneuile, & of the *marschalcie* presented him þe jerde. ib. mit der höchsten Gewalt nach dem Könige verbunden (vgl. *constableris* s.]: Þenne Ffortyger hadde alle þe maystrie, Þe kyng at wille, & þe *marchalsys* [marchaucie Petyt Ms.]; Al to-gedere þe kyng he ledde, & al he dide þat he hym redde. R. OF BRUNNE, *Story of Engl.* 7101.
marshalling s. neue. *marshalling.* vgl. neue. *marshal* v. Ordnung der Gäste nach ihrem Range durch den Hofmarschall.
Thus may ye devise youre *marshallynge*, like as y yow lere. BAB. B. p. 194.
marshalshippe s. neue. *marshalship.* dasselbe wie *marschalcie.*
Marshalshyppe, marchalcee. PALSGR.
marewe s. tempus matutinum s. *morjen.*
margari s. margarita s. *margerie.*
margarite etc. s. afr. *marguarite*, Perle, *margherite, marguerite*, Masslieb, Bellis perennis, nfr. *marguerite*, Masslieb, wallon. *margriète*, mhd. *margarite*, Perle, mitteld. *margarîte, margarête*, it. *margarita, margherita*, Perle, lat. *margarita*, gr. μαργαρίτης [sc. λίθος von μάργαρος, Perlmuschel], vgl. pers. *marvârîd*, sanskr. *manschari, mandschari*, neue. *margarite*, Perle, neben gew. pearl, *margarites*, Masslieb. Früh schon als Frauenname verwandt: *Marherete, Maregrete, Mergrete* und *Margarete, Margarett*, vgl. mhd. *Margarête*, neue. *Margaret.* Perle.
The myht of the *margarite* haveth this may mere. LYR. P. p. 26. goldene erering, and a *margarite* shynende [A schinynge perl is he Purv.], that vndernemeth a wis man, and an ere obedient. WYCL. PROV. 25, 12 Oxf. Sothely oo preciouse *margarite* founden [but whanne he hath foundun o precious *margarite* Purv.], he

wente, and solde alle thingis that he hadde, and boujte it. MATTH. 13, 46 Oxf. Also a ston callede gagates, and a white *margarite* [margarita candida *Higd.*] be founde there. TREVISA I. 337 *Harl.* Ech jate was of ech *margarete.* WYCL. APOC. 21. 21 Purv. — Swich is this addres kyndlyng, Preciouse stones withouten lesyng, Jacynkte, piropes, crisolites, Safyres, smaragdes, and *margarites.* ALIS. 5680. Twelue jates twelue *margarites* ben. WYCL. APOC. 21, 21 Oxf. Muscles, in whom *margarites* be founde of every coloure .. but moste specially white *margarites.* TREVISA II. 15 *Harl.* Eftsones the kyngdam of heuenes is lic to a man marchaunt, seekyng good *margarytis* [margaritis Purv.]. WYCL. MATTH. 13, 45 Oxf. Nyl je jeue holy thing to houndis, nether sende jour *margaritis* .. before swyne [nethir caste je joure *margaritis* bifore swyne Purv.]. ib. 7, 6 Oxf. Wo! wo the ilke greet citee, that was .. goldid with gold, and precious stoon, and *margaritis.* APOC. 18, 6 Oxf. Sum made ware of *margarite.* WARS OF ALEX. 3669. Yndus .. medelep pe grene stones (smaragde) wip pe white (*margarits*). CH. *Boeth.* p. 94.

Wie eine Pluralform stellt sich auch dar: 3it was a mynstir on pe mounte of metall as pe nobill, Vmbe-gildid with a garden of golden vynes, Was chatrid full of chefe frut of charbocle stanes, Withouten mesure emaunge of *margrite* grete. WARS OF ALEX. 4898. s. jedoch die Anm. des Herausg. zu *grete:* „substituted for *stanes:* see line above", wonach die urspr. Lesart *margrite stanes* ist, und vgl. *margariteston* s.

Zusammensetzungen sind: **margaritperle** s. vgl. *margerieperle.* Perle. Es findet sich in dem pseudochauc. *Test. of Love* [s. P. PL. ed. Skeat, *Notes* p. 234].

margariteston, margritestan s. vgl. *margrotestan* s. Perlenstein, Perle. A *margarytestone*, margarita, nomen lapidis preciosi. CATH. ANGL. p. 228. — der Plur. *margritestanes* ist die urspr. Lesart in der oben [s. *margarite* s.] angeführten Stelle aus WARS OF ALEX. 4898 sq.

margerie, margeri, margirie, einzeln auch **margari, marjori** s. ziemlich frühe verkürzte volksthümliche Nebenform su *margarite.* vgl. die verkürzten Formen des Frauennamens: *Morgeri* [SIRIZ 177], *Margery,* propyr name, Margeria [PR. P. p. 326], neben *Margare* [WYCL. W. *lith.* unpr. p. 205] und *Mariory,* Marioria, nomen proprium est [CATH. ANGL. p. 229], sch. *Marjory,* neue. *Margary, Margery.* Perle.

Mickel more woorth than a *margerie* and more preciows. DE DEGUILEVILLE *Pilgr.* p. 55 [in CATH. ANGL. p. 288 n. 2]. *Margery,* perle. Margarita. PR. P. p. 326. Vch pane of pat place had pre jates, So twelue in poursent I con asspye, Pe portales pyked of rych platej, & vch jate of a *margyrye,* A parfyt perle pat neuer fatej. ALLIT. P. I, 1033. — Al blysnande whyt watj hir beau uiys, Vpon at sydej & bounden bene Wyth pe myryeste *margarys.* ALLIT. P. I, 199. A pyjt coroune jet wer pat gyrle, Of *mariorys* and non oper ston. I, 205.

margerieperle, margeriperle etc. s. mit Verdoppelung desselben Begriffes aus *margerie* u. *perle* gebildet. Perle.

As a beryl bornyst byhouej be clene, pat is sounde on vche a syde & no sem habes, Withouten maskle as *margeryeperle.* ALLIT. P. 2, 554. — [She] seyde, „noli mittere, man, *margeryeperlis* Amanges hogges." P. PL. *Text B.* pass. X. 9. cf. *margerieperles. Text C.* pass. XII. 7.

Granum solis ys an herbe pat me clepep gromel, or lypewale; thys herbe hap leuys pat be euelong, and a lytyl white flour, and he hap whyte seede lschape as a ston that me clepyp a *margeryperl.* Ms. XV. cent. in PR. P. p. 214. *Margeryperle,* nacle. PALSGR. — [Heo] seide, „Noli mittere *margeryperles* Among hogges." P. PL. *Text A.* pass. XI. 9. cf. *margeryperles Text C.* pass. XII. 82 n. Pere is ifounde a stoon pat hatte gagates, and white *margeryperles.* TREVISA I. 337. Among pe schelfisch beep muskles pat hauep wipynne hem *margeryperles* of alle manere colour and hewe. II. 15.

margerin, margeromé s. amaracum s. *marjoron.*

marghe s. medulla s. *mearj.*

margine, margin, mergin, vereinzelt, schon mit epagog. t, **marjant** s. afr. *margine* [GODEFROY], marge, it. *margine,* lat. margo, -inis, neue. *margin,* früher auch *margent,* neben *marge* [HALLIW. D. p. 542]. Die früh neue. Form *margent* mit epagog. t erscheint übrigens bereits vor Ablauf des 16. Jahrh. vgl.: A *margent,* margo. MAN. VOC. [1570]. The *margent* of a booke. margo. BARET [1580]. Rand.

Margyne, or brynke, margo. PR. P. p. 326. Marchaunts in pe *margyne* [sc. of the bull *Skeat* Gloss.] hadden many jeres, Ac none a pena & a culpa, pe Pope nolde hem graunte. P. PL. *Text B.* pass. VII. 18. cf. in pe *margine. Text C.* pass. X. 22. in pis *margin. Text A.* pass. VIII. 20. *Margyn,* or brinke of any thing, bort, riue. PALSGR. Thow shalt make to it [sc. the meet bord] by enuyroun a goldun *mergyn* [brynke Purv.]; and to thilk *mergyn* [brynke Purv.] eueramong grauen coroun [labium aureum per circuitum .. et ipsi labio coronam interrasilem *Vulg.*]. WYCL. EXOD. 25, 24-25 Oxf. — Wherfore in this book I schal marke as I may how and in what jeres such defautes fille; so that I schall hijte pe *margyns* by the hedes of the stories som wip double and som wip treble rewes jeres [In so moche that y schalle purpulle the *mariantes* nye the hedes of pe gestes with a dowble ordre of yeres *Harl.* Ita sane quod columnarum margines juxta gestorum capita aliquando cum duplici nonnunquam cum triplici annorum serie purpurabo *Higd.*]. TREVISA I. 41.

margirie s. margarita s. *margerie.*

margon s. sch. *murgeon,* a murmur, the act of grumbling [JAMIESON]. cf. *murken, morken* v. ags. *murcian,* murmurare. Murren, Brummen.

For it come nojt a kyng son, je knaw wele, to sytt Doune in *margon* and molle [= moil] emange othire schrewis. WARS OF ALEX. 627 Ashm.

margrite, margritestan s. margarita s. *margarite.*

margrotestan s. vgl. ags. *meregreót, -griót, -grót,* altnorthumbr. *meregrót,* alts. *merigriota, -grita,* ahd. *mericreoz, marigreoz, merigrioz,* mhd. *mergrieze,* aus gth. *marikreitus* = gr. μαργαρίτης umgedeutet, eig. Meergriess, -kiesel. vgl. *margaritetton.* Meerkieselstein, Perle. Ne nohht ne birrþ þe to þe swin Werrpenn *margrotestaness.* ORM 7406.

marȝ s. medulla s. *mearȝ.*

marȝen, marhen s. tempus matutinum [s. *morȝen.*

mari s. medulla s. *mearȝ: Mari* interj. s. *Marie.*

mariable adj. afr. *mariable,* de mariage, conjugal [GODEFROY], nfr. *mariable,* nubilis, vgl. *mariablement,* nubiliter [GODEFROY], it. *maritabile,* gl. lat. *maritabilis* zu *maritare:* s. *marien* v. und vgl. neue. *marriageable.* heirathsfähig.

Maryable, abylle to be maryed, nubilis. PR. P. p. 326. *Maryable.* PALSGR.

mariage, vereinzelt **mariege** s. afr. *mariage, mariaige,* pr. *maridatge, mariatge,* sp. *maridage,* it. *maritagio, maritaggio,* mlat. *maritaticum, maritagium, mariagium,* urspr. Hochzeitsgeschenk, -gut, Mitgift, Aussteuer, doch auch schon Ehe [v. lat. *maritare,* ae. *marien*], sch. *maritage,* dos, *marriage,* connubium, neue. *marriage.*

1. Heirathsgut, Mitgift, Hochzeitsgeschenk: Perfore y schal myn heritage Gyue þy sistres *in mariage* [A eles deus donrai seignors Et tot mon renne en mariage *Wace*]. R. OF BRUNNE *Story of Engl.* 2327. Sir Symonye is ofsent to asscale þe chartres, Pat Fals oþur Fauuel bi eny [syn] heolden, And fesse Meede þerwith *in mariage* for euere. P. PL. *Text A.* pass. II. 37. cf. 50.

2. Vermählung, Ehe, Ehebund, Eheschliessung, Ehestand: Ac y ne segge noȝt for þan, ȝef y mai to *mariage* þe brynge, Pat y ne wol withoute lond with som lytel þinge. R. OF GL. p. 31. Ffrensche wymen wolde þey non take, Pat þer blod no monge scholde make, To haue cleym þorow heritage, Ne dowarye þorow *mariage.* R. OF BRUNNE *Story of Engl.* 6535. „Bot þis", he [sc. Richard] said, „I saue, þat Arthure my cosyn Tancred douhter salle haue, & allo þat now is þin. Of Bretayn Arthure is als erl of heritage." & he [sc. Tancred] granted to þis, confermed þat *mariage.* LANGT. p. 153. [Pai . .] ledd þe law of Sarasin, And mad wit þam þeir *mariage.* CURS. MUNDI 6994 COTT. FAIRF. GÖTT. On oþer side he was dredand To bring a custom neu on hand, Pe maiden frendes for to lett In *mariage* þam for to sett, For it was boden in þair ledd, Wit *mariage* þe folk to sprede. 10679. ähnlich *cett.* I watȝ ful ȝong & tender of age, Bot my lorde þe lombe, þurh hys godhede, He toke myself to hys *maryage.* ALLIT. P.-1, 412. In Cycile there is a manere of serpentes, be the whiche men assayen

and preven, where here children ben bastardis or none, or of lawefulle *mariage.* For ȝif thei ben born in righte *mariage,* the serpentes gon aboute hem, and don hem non harm. MAUND. p. 54. Muche is suche a mayde to loue . . More þan þat maide is þat is ymaried by brocage, As by asent of sondry bodyes and seluer to bote, More for couetice of catel þan kynde loue of þe *mariage.* P. PL. *Text C.* pass. XVII. 108. Bitwixen hem was imaad anon the bond, That highte matrimoyne or *mariage.* CH. *C. T.* B. 2236 Morris Cl. Pr. Experience, though non auctoritee Were in this world, is right ynough for me To speke of wo that is in *mariage. ib.* 5583 Tyrwh. How many might she have in *mariage?* 5605. I wol bestow the flour of all myn age In th' actes and the fruit of *mariage.* 5695. In so moche as the sacrament of *mariage* is so noble and so digne, so moche it is the gretter synne for to breke it. *Pers. T.* p. 346. For the reffuse of þe same *maryage.* CAXTON *Eneydos* p. 35. Hoc conjugium, sponsale, a *maryage.* WR. VOC. p. 215. *Maryage,* mar[i]tagium, conjugium. PR. P. p. 326. A *mariage* [*maryege* A.], connubium, maritagium. CATH. ANGL. p. 228. *Maryage,* mariage; nopces, espousailles. PALSGR. — [Pei] To Sarasines feiþ gan hem drawe, And made wiþ hem her *mariages.* CURS. MUNDI 6984 TRIN. Per is a sacrilege huaune me breeþ þe sacrement of spoushod; hit yualþ oþerhuyl desertesoun of eyr, and ualse *mariages.* AYENB. p. 48. For marryng of *maryagez* & mayntnaunce of schrewes. ALLIT. P. 2, 186. For-þi haue þei maugre for here *mariages* þat marye so her childeren. P. PL. *Text B.* pass. IX. 153. cf. 156. This looue halt to gideres poeples ioygned with an hooly bond, and knytteth sacrement of *maryages* of chaste looues. CH. *Boeth.* p. 62. I entremete me of brokages, I make pees and *mariages.* R. of R. 6973. Ye ar the kynges son and hys eyre, And may haue *maryages* gode and feyre; There ys no man in Crystente That richer *maryages* may haue than ye. IPOMYD. 171.

3. Vermählungsfeier, Hochzeit: In Cipre of þat may was mad þe *mariage.* LANGT. p. 153. To-morwe worþ þe *mariage* imad of Meede and of Fals. P. PL. *Text A.* pass. II. 22. cf. 26. For more solempne in euery mannes syght This feste was, and gretter of costage. Than was the reuel of hir *mariage.* CH. *C. T.* II. E. 1125 Skeat Cl. Pr. What shulde I tellen of the realtee Of this *mariage* . . ? *ib.* 5123 Tyrwh. *Maryage,* mariage; nopces, espousailles. PALSGR. — Therefore made I my visitations To vigilies, and to processions, To prechings eke, and to thise pilgrimages, To playes of miracles, and *mariages.* CH. *C. T.* 6137 Tyrwh.

4. Verbindung des jungen Weinstocks mit einer Rohrstütze durch Anbinden [vgl. lat. *maritare* HOR. *Epod.* 2, 10 u. a.]: When that thaire een gynneth forto unwynk And thai to brannche, into the lande let synk a reede right by, and bynde in *mariage* Hem to, lest wynde offende her tender age. PALLAD. 4, 25. bildlich

auch vom Pfropfen der Pflanzen: He saide her either sappe wol condescende Unto that mene, and glewe hemself yfere In *mariage* ymixt as though thai were. 3, 397.

maribon s. os medullæ, medullosum s. *mear*ȝ.

marice s. afr. *marris*, nfr. *matrice*, it. *matrice*, lat. *matrix*, neue. *matrice* neben *matrix*. Gebärmutter, Mutterleib.

Aliend ere synful fra maghe [*marice* S.]: thai ere [erede S.] fra the wambe, thai spak fals. HAMP. Ps. 57, 3. cf. comm. u. s. *mawe* s. vgl. *marryx*, a certain receptacle in the matrix, in HALLIW. D. p. 542 v. *mariche*; auch *matrice* MAN. VOC.

marie, mari interj. neue. *marry*. Betheuerung bei der heil. Jungfrau, also für *by St. Mary*; vgl. *Bi Mary!* GAW. 1268. *By Marye* of heuene! P. PL. *Text C.* pass. V. 139. 174. „*Bi seinte Marie*", seyde this tauerner, „The child seith sooth." CH. *C. T.* C. 685 Skeat Cl. Pr. für wahr!

„Ye", quod the preest, „ye, sir, and wol ye so? *Marie!* ther-of I pray yow hertely!" CH. *C. T.* III G. 1061 Skeat Cl. Pr.

„*Mari*", quod [þe] menour, „Among vs he dwelleþ, And euer haþ, as ich hope, and euer schal herafter." P. PL. *Text A.* pass. IX. 14. „Ye?" quod the preest, „ye, sire, and wol ye so? *Mary*, therof I pray you hertily." CH. *C. T.* 16530 Tyrwh.

mariege s. connubium s. *mariage*.

marien v. afr. nfr. *marier*, it. lat. *maritare*, neue. *marry*.

1. tr. verheirathen, vermählen [= to give in marriage], auch trauen: *Maryyn* [marytyn *K.*], marito, PR. P. p. 326. Ich þe wole *marie* [*mariȝen* α, *marien* β γ] wel mid þe þridde del of mi londe To þe nobleste bacheler þat þin herte wile to stonde. R. OF GL. 700 Wr. Þe king of al Engelond gret raunson nom Vor to *marie* is doȝter. 8931 Wr. Richard ȝald him his right, his tresore & his toun, Þorgh witnes & sight, of clerk, erle & baroun, His sistir forto *marie*, where God wild loke. LANGT. p. 156. As Maþew meles in his masse of þat man ryche, Þat made þe mukel mangerye to *marie* his here dere. ALLIT. P. 2, 51. Treuþe sende a lettre, And bad hem . . *Marie* maydens, or maken hem nonnes. P. PL. *Text A.* pass. VIII. 25 sq. Marito, to *marye*. WR. VOC. col. 595, 4 Wülck. An athe I ȝow make . . Bathe oure gold ȝow to gefe, & of oure gud kniȝtis, To *mary* to ȝoure maidens. WARS OF ALEX. 3770 sq. Ashm. To *mary*, maritare. CATH. ANGL. p. 228.

Mo ben there not of solempne festes, but ȝif he *marye* [konj.] ony of his children. MAUND. p. 232. — For-þi haue þei maugre for here mariages þat *marye* so [þat so *marien CO.* þat *marien B.* as men *marien* now *R.*] her childeren. P. PL. *Text B.* pass. IX. 153.

In þys tyme þat þey were wroþe, He [sc. Leyr] *mariede* þe oþere doughtres boþe. R. OF BRUNNE *Story of Engl.* 2337. Alisaundre . . *mariede* noble maydons of þe contray to men of Macedonia [Alexaunder . . *mariede* the noble maides of that cuntre to men off Macedony *Harl.* nobilis patriæ puellas Macedonibus suis maritavit *Higd.*]. TREVISA IV. 9. Richely his doughter *maried* he Vnto a lord, oon of the worthieste Of al Itaille. CH. *C. T.* II. E. 1130 Skeat Cl. Pr. What preest was it that *maryed* them togyther: quel prestre fut ce qui les marya ensemble? PALSGR. [= trauen].

Þerfore Conan sente his sonde To Dianot . . To sende hym . . Oþer maidens, comen of þralles, To be *maried* as þem falles. R. OF BRUNNE *Story of Engl.* 6541 sq. Vnto þe Scottis kyng was *maried* [married *ed.*] Margarete. LANGT. p. 213. And he [sc. the sowdan] wolde have *maryed* me fulle highely to a gret princes daughtre, ȝif I wolde han forsaken my lawe and my belewe. MAUND. p. 35. Ȝif a man, that is *maryed*, dye in that contree, men buryen his wif with him alle quyk. p. 193. May I to no man *maried* [*maryed* TRIN. *marid* COTT. *maryd* GÖTT.] be. CURS. MUNDI 10662 FAIRF. His two dere doȝteres deuoutly hem haylsed, Þat wer maydenes ful meke, *maryed* not ȝet. ALLIT. P. 2, 814. For [Seth] and his suster children . . weoren *maried* at mischef. P. PL. *Text A.* pass. X. 173 sq. cf. 177. Moche is suche a mayde to louie . . More þan a mayden is þat is *maried* þorw brokage. *Text B.* XIV. 266. cf. *Text C.* pass. XVII. 109 n. To-morwe worth Mede wedded [*maried* v. l.] to a mansed wrecche. *Text C.* pass. III. 41. He [sc. Alexander] suffrede his knyȝtes and men to mary women whom he hade taken in captivite, . . iuggenge men of Macedonia to be more stronge *mariede* [pl.] in forre cuntres then and if they scholde fiȝhte in theire owne cuntre. TREVISA III. 439 *Harl.* Maryable, or abylle to be *maryed*, nubilis. PR. P. p. 326. Bachelar nat *maryed*, bachelier. PALSGR. Here is to be *maryde* [fem.] a mayde ȝynge. COV. MYST. p. 96. *Maryd*, maritatus. CATH. ANGL. p. 228.

auch heirathen [= to take in marriage]: He [sc. Alexander] suffrede his knyȝtes and men to *mary* women whom he hade taken in captivite. TREVISA III. 439 *Harl.*

Antonius puttenge from hym his wife and suster to the emperour, *mariede* Cleopatra, the qwene of Egipte. TREVISA IV. 239 *Harl.* Henricus, the eldeste sonne off þis kynge Henry, *maryede* the doȝhter off the kynge off Fraunce. VIII. 41 *Harl.*

2. refl. sich vermählen, sich verheirathen: Her-of in consail suld þai spek, And depeli þat þai suld lok Sco moght *hir mari* [to be maried LAUD. TRIN.], and hald hir you. CURS. MUNDI 10696 COTT. GÖTT. For þei marieden to [*marieden hem* wiþ, *marieden hem* wiþ þe vv. ll.] corsed men þat comen of Caymes kuynde. P. PL. *Text A.* pass. X. 149.

reciprok: Bote maydenes and maydenes *marieþ* [imper.] ȝnw togederes; And wydewers and wydewes weddeþ aiþer oþere. P. PL. *Text C.* pass. XI. 281. Thei [sc. the Pigmaus] ben right faire and gentylle, aftre here quantitees, bothe the men and the wommen. And thei

maryen hem, whan thei ben half jere of age,
and geten children. MAUND. p. 212. But they
that *marien hem* for mukke and goode Onely,
and not for love of the persone, Not have I wist
they ony while stoode In rest[e]. OCCLEVE *Reg.
Princ.* p. 59.

3. ohne Objekt zur Bezeichnung der Gegenseitigkeit: I intende nat to *mary* this
two yeres, je nay poynt intencion de me maryer
de ces deux ans. PALSGR. I *mary*, I take a
wyfe, or a wyfe a housbande, je me marie. *ib.*
For sume tyme, ther was a kyng in that contrey
[sc. the lond of Amasoyne]; and men *maryed*,
as in other contreyes. MAUND. p. 154. For
[Seth] and his suster children spouseden eiþer
oþer, Aseyn þe lawe of vr lord lysen togedere,
And weoren maried [*mariede* T. für „weoren
maried" der Haupthandschr.] at mischef. P. PL.
Text A. pass. X. 173.

mit *with*, *to:* I wyll not *mary with hym*,
and there were no mo men in the worlde, je ne
me marieray poynt a lui, et ny eust il que luy
seul au monde. PALSGR. I *mary with* a *person*,
I enter into the bondes of marysge, je me
marie. *ib.* If I *marye* [konj.] *with her*, howe
shall we lyve togyther: si je me marie a elle,
de quoy viuerons nous ensemble? *ib.* For þei
marieden to corsed men þat comen of Caymes
kuynde. P. PL. *Text A.* pass. X. 149.

marigold, marigolde s. vgl. *gold, guld* s.
[und *goldflur, goldewort*], das mit dem Namen
der heil. Jungfrau zusammengesetzt zu sein
scheint, wie neue. *lady* in *lady-bird, lady's hair*
etc. an Stelle der *Freya* getreten ist; sch. *mare-
guildis* s. pl. marigolds, neue. *marigold*. Name
mehrerer Blumen, bes. der **Ringelblume**,
Sonnenblume, Goldblume.

Tak confery, *marigolde*, matfelon, mylfoyle,
avance etc. [zu einem Heiltranke, „a drynke to
wounde"]. REL. ANT. I. 55. *Marigolde*, solsequium, sponsa solis [eliotropium *A.*], herba
est. CATH. ANGL. p. 228. *Marygolde*, a flour,
sousie; consovlde. PALSGR. vgl. *Marygould*.
MAN. VOC. [1570]. The *marigold*, that goes to
bed wi' the sun, And with him rises weeping.
SHAKESP. *Wint. T.* 4, 3 Delius *Anm.* And
winking *Mary-buds* begin to ope their *golden*
eyes. *Cymb.* 2, 3. — Solsequium, rodewort, oþer
marygoldys. Ms. in PR. P. p. 361 n. 3.

mariing s. von *marien* v. **Heirathen,
Vermählen, Verheirathung, Vermählung.**

Bot Maria wald na *mariing* [*marying* FAIRF.],
Bot maiden liue til hir ending. CURS. MUNDI
10657 COTT. GÖTT.

marine, maria adj. afr. nfr. *marin*, pg.
marinho, it. *marino*, lat. *marinus*. zum Meere,
zur See gehörig, **Meer-, See-.**

Of see quyete taketh thai *maryne* water
[lat. aquam marinam] purest. PALLAD. 11, 291.
Maryne, of the nature of the see, marin, marine.
PALSGR.

substantiviert *marin*, afr. *marine*, nfr.
ebenfalls noch lange *marine* [*marine* s. f. côte
de la mer, the Sea Coast. BOYER a. 1702], pr.
it. mlat. *marina*, vgl. lat. *marinum* n. absol.

[terrenum (= Erde, Acker) differt a *marino*.
QUINCT. 5, 10, 61]. **Meeresküste, -ufer,
Strand.**

The kyng dede turn his pas Toward the
cyte of Cayphas, Euer forth be the *maryn*.
RICH. C. DE L. 4791. At morwe, Kyng Richard
let crye, Among hys hoost, that they scholden
hye Ones more forth by the *maryn* To the cyte
off Palestyn. cf. 6238. 6623. Mariners hym
broste to þe *maryn* of Gene cost. OCTOU. 1361
Cott. Sarrasin.

marinel s. afr. *marinel* [BURGUY], mlat. *ma-
rinellus* [D. C.], sch. *marynal, -nel*, a mariner
[JAMIESON]. Seltene Nebenform zu *mariner*.
Seemann, Schiffer.

Paim bleu mani vnrekind blast, Þair mast
raf and cordis brast, Strangli straite þan war
stadd, Þe *marinelis* war selcuth radd. CURS.
MUNDI 24847 GÖTT. die übrigen Mss. haben
mariners, marineres.

**mariner, marineer, marinere, marenere,
maroner** s. afr. *marinaire, marinier, marinnier,
maronier, maronnier*, pr. *marinier*, it. *marinaio,
marinaro, mariniera, mariniero*, mlat. *marinarius, marinerius, marinarius*, neue. *mariner*.
Seemann, Schiffer.

The *mariner* spac bonair, „Child, wat
wiltow lay?" TRISTR. 1, 29. The *mariner* swore
also That pans wold he lay. 1, 31. So com a
tempest wilde, þat schip had alle ouer ronnen.
Þe *maryner* was ogast, þat schip þat wild not
go. LANGT. p. 124. Þe *mariner* he saf largeliche, Þat broste him ouer bliþeliche To þe
londe þer he wolde lende. FL. A. BL. 476
Hauskn. *Marryner*, maronnier. PALSGR. Now
longe mot thou sayle by the coste, Sir gentil
maister, gentil *marineer!* CH. *C. T.* II. B. 1627
Skeat Cl. Pr. vgl. Eche mortal man is callid to
the lure Of dethe, allas! uncerteyn the passage,
Whoos *cheef maryneer* is callyd crokyd age.
LYDG. *M. P.* p. 241. Pise men were of Gode,
þat dronkled alle in fere: To lyue non ne jode,
but on was *mariners*. LANGT. p. 106. Now
longe mote thou sailen by the coste, Thou gentil
maister, gentil *marinere!* CH. *C. T.* 13366
Tyrwh. A dromond hii fonde þer stonde, Þat
wolde in to heþene londe, Wiþ Sarasines stout
& fer, Boute þai nadde no *maroner*. BEVES OF
HAMT. 2553 Kölb.

Þo þe *mariners* iseien þis, glade heo weren.
ST. VINCENT 157 Horstm. p. 189. *Mariners* us
token into heore schipe. ST. CLEMENT 220
Horstm. p. 329. Þe *mariners* war se[l]cuth radd.
CURS. MUNDI 24850 COTT. & al þaire *mariners*
were adrad. *ib.* FAIRF. Niyen woukes and mare,
The *mariners* flet on flod. TRISTR. 1, 34. *Mariners*, arm your shipps, And do up your man-
shipps. RICH. C. DE L. 1847. Þer myghte men
se þe *mariners*. R. OF BRUNNE *Story of Engl.*
12053. Richard said þam his wille, „*mariners*,
if je moun, Aryues in to Marsille, with Godes
benisoun." LANGT. p. 147. Þe rowers and þe
maryners hadden by þis ydrawen in to hir
mouþes and dronken þe wicked[e] drynkes.
CH. *Both.* p. 122. Þe *marineres* war selcuþe
rad. CURS. MUNDI 24850 EDINB. Fyndes he

a fayr schyp to þe fare redy, Maches hym wiþ
þe *maryneres*, makes her paye For to towe hym
in-to Tarce. ALLIT. P. 3, 98. The *marynerys*
awey gonne skylle, And lefte her barellys lygge
stylle. OCTOU. 559 *Cott.* Sarrazin. Þei wente forþ
with þe *marenerys* Abowte mydnyȝt. *ib.* 1235.

 marissen, marissi v. vereinzelt auftretende
inch. Nebenform zu *marien* v. afr.: sie
entspricht einem nicht nachgewiesenen afr.
marir, mar-iss-ons. unter Eindringen des inch.
-iss- in den Infinitiv. vgl. *imarissed* p. p. verheirathen, refl. sich verheirathen.

  Þet he *him* moȝe *marissi* ȝef he wyle.
AYENB. p. 220.

 marit s. afr. *marit, marid, mari,* nfr. *mari,*
pr. *marit,* it *marito,* lat. *maritus.* Ehemann,
Mann.

  William he þouht to greue, for þat grete
despite, Þat he withouten leue his douhter gaf
marite [dat.]. LANGT. p. 210.

 mariten v. Nebenform zu *marien* v. verheirathen, vermählen.

  Maryyn [*marytyn* K.], marito. PR. P.
p. 328.

 marjori s. margarita s. *margerie.*

 marjoron, majoran etc. s. it. *majorana,
maggiorana,* sp. *mayorana,* pg. *maiorana, man-
gerona,* afr. *marone,* nfr. *marjolaine,* altniederl. *marghe-
leyne, maioleyne,* mhd. *meigramme* neben spä-
teren *maiordn, mayordn, mayerón, meyróne,*
nhd. *majoran, meiran,* mlat. *majorana, mago-
rana, margerona,* aus lat. *amaracus, amaracum,*
gr. ἀμάρακος, ἀμάρακον, neue. *marjoram,* früher
auch *marjerom.* Majoran, Meiran, Wurst-
kraut [Origanum majorana].

  Ma[r]*ioron,* herba, majorana. [A.]. CATH.
ANGL. p. 229. vgl. n. 1. *Margerome* gentyll,
an herbe, marjolayne, margelyne. PALSGR. cf.
Marjolaine, f. *marierome, sweet marierome,* etc.
COTGR. But now the laste sterre of alle The
taile of Scorpio men calle . . Of *majoran* his
herbe is grounded. GOWER III. 133. *Mageram,*
herbe, majorana. PR. P. p. 319. vgl. n. 2:
„This word should probably be read *mageran,*
as the power of the contraction placed over the
penultimate letter in the Ms. in uncertain. The
other readings are *maiorū* K. *mageron* S. *ma-
gerym* P. W. *margeryn* J."

 marl, marle, vereinzelt **marke** [= *marge* ?]
s. afr. u. dial. *marle, malle, maule, merle, merl,*
nfr. *marne* mit Uebertritt des *l* in *n,* vgl. auch
kymr. *marl,* gael. *márla,* niederl. *marghel, mer-
ghel,* md. auch mit *i* statt *e mirgil,* ahd. *mergil,*
mhd. nhd. *mergel,* altn. *mergill,* mlat. *margila,
marg'la, marla,* von it. sp. lat. [kelt.] *marga*
[PLIN. 17, 6 (4)], und so auch bret. *marg,* neue.
marl. Mergel, auch kalkartige, fette, dün-
gende Erdart überhaupt, daher auch Kreide,
Thon.

  Marl, or chalke, creta. PR. P. p. 327. Yn þis
ylond, vndur þe torf of þe lond, ys good *marl*
yfounde [In þis ilond vnder þe torf of þe lond
is good *marl* ifounde St. John genus terræ,
quam marlam vocant *Higd.*]. Þe thryft of þe
fatnes dryeþ hymself þerynne, so þat euer þe

þykker þe feeld ys ymarled, þe betre corn hyt
wol bere. Þer ys also anoþer maner whyt *marl*
[an other kynde of chalke *Harl.* aliud genus
albæ cretæ *Higd.*]; þe lond ys þe betre four
scoure ȝer þat þerwiþ ys ymarled. TREVISA II.
15 *Tib.* [in *Spec. II.* 236]. For lacke of dounge
in sondy lande be spronge Goode *marl,* and it
wol make it multiplie; And uppon cley the
sonde is goode to strie [vt sabulosa locis cretam
id est argillam spargas, cretosis ac nimium
spissis sabulonem]. PALLAD. 10, 24. Tweyne
of lyme in oon of gravel mynge, and *marl* in
floode gravel A thriddendele wol sadde it wonder
wel [in fluviali vero arena si tertiam partem
testæ cretæ addideris, operum soliditas mira
præstabitur]. 1,376 [zur Herstellung von Mörtel].
Per is also anoþer manere white *marle* [an other
kynde of chalke *Harl.* aliud genus albæ cretæ
Higd.]. TREVISA II. 15. *Marle* [*marke* A.],
creta, glis; glitosus. CATH. ANGL. p. 229 [cf.
Glis, potter's clay. COOPER a. 1573]. *Marle,*
grounde, marle. PALSGR. vgl. *Marle,* or chaulky
claye. HULOET. *Marle,* marga. MAN. VOC.

 marlen v. afr. u. dial. *marler, maller,* nfr.
marner, mhd. *merglen* [c. 1400], md. *mergeln*
[15. Jahrh.], mniederl. *myrgelen* [1309], niederl.
marghelen [16. Jahrh.], nhd. *mergeln,* neue.
marl, von *marl* s. marga, margila. mergeln,
mit Mergel, Kreide düngen.

  Cretifico, to *marly.* WR. VOC. col. 576, 23
Wülk. *Marlyd,* as lond, cretatus. PR. P.
p. 327. vgl. Þe lond ys þe betre four score ȝer
þat þerwiþ [sc. wiþ whyt marl] ys *ymarled.*
TREVISA II. 15 *Tib.* [in *Spec. II.* 236].

 marlen v. vgl. niederl. *marlen,* neue. *marl,*
von ags. *mǽrels,* prosnesium [WR. VOC. p. 63],
mǽrels in *mǽrels-ráp* [Pronesium, *mǽrels-ráp.*
WR. VOC. p. 57 = neue. *marlreep* neben *marreep;* vgl. Pronexium, funis quo navis religatur
ad palum. D. C.], *scipmǽrels* [Tonsilla, *scipmǽrels.* WR. VOC. p. 57; vgl. Tonsilla, palus
dolatus et cuspide præferratus, qui navis reli-
gandæ causa in littore figitur. D. C.], von ags.
myrrelse f. Anstoss, Verletzung, ahd. *marrisal* n.,
marriseli f., mhd. *merresal,* impedimentum, vgl.
dän. *merle,* von ags. *merran, myrran,* impedire,
ahd. *marrjan,* mhd. *merren, meren, marren* [auch
= befestigen, anbinden, von Schiffen], altniederl. *marren, maren,* to bynde or tye knots.
niederl. *meeren,* ein Schiff anbinden, neue.
moor a ship. Mit *marlen* v. verwandt sind auch
niederd. *marling, merling* s., dän. *merling,* neue.
marling, während niederd. *marlijn* s., fries.
merlijne, neue. *marline* [nebst niederd. *mar-
linen* v. neue. *marline*] ein Komp. unmittelbar
aus *merren, marren* v. und *line* s. funis, ags.
line, niederl. *lijn,* darstellt, wie neue. *marreep*
gebildet, falls nicht eine volksthüml. Umdeutung vorliegt. Hieran schliessen sich auch ags.
fr. *merlin* s., fr. *merliner* v. marlen d. h.
ein grosses Seil zum Schutze mit kleinen Leinen
[Raabändern] umwinden und durch Verknotung
[Marlschläge = neue. *marling-knots*] an dasselbe
befestigen.

  Marlyn, or snarlyn, illaqueo. PR. P. p. 327.
Marlyd, or snarlyd, illaqueatus, innodatus. *ib.*

marlepit s. s. *marlpit.*

marli, marlie adj. zu *marl*, marga, margila, neue. *marly.* mergelig, kreidig, thonig.

Lande is best for whete, If it be *marly* [cretosa], thicke, and sumdele wete. PALLAD. 1· 251. Glitosus, *marly.* MEDULLA. *Marle*, glitosus. CATH. ANGL. p. 229. vgl. Certificatum [*leg.* cretificatum], *marle.* WR. VOC. col. 576 24 Wülck.

marliuge s. Mergeln, Mergelung, Düngung, Vermischung mit Mergel, Kreide.

Certificatio [*pg.* cretificatio], *marlynge.* WR. VOC. col. 576, 25 Wülck.

marlion s. falco æsalon s. *merlion.*

marlpit s. vgl. *marl* s. marga, margila, und *put, pit* s. puteus; neue. *marlpit.* Mergelgrube, Kreidegrube, Kalkgrube.

Marlpytte, or chalkpytte. PR. P. p. 327. So ferd another clerk with astronomie; He walked in the feldes for to prie Upon the sterres, what ther shuld befalle, Til he was in a *marlepit* yfalle. CH. C. T. 3457 Tyrwh. A *marlepitt*, cretarium. CATH. ANGL. p. 229.

marmeset s. marmoretum, cynocephalus s. *marmoset.*

marmon-, marme- [nur in der Zusammensetzung mit -*stan*], neben **marbre**, später meist **marble, marbel, marbil, marbel, marbul,** vereinzelt **merbil, merbul** [mit -*stan*], auch mit schliessendem *er* **marbelle** etc. s. ags. *marma* [Heó háfþ hvites *marman* bleoh. LEECHD. I. 154], meist mit *stán* [*marman-, marm-, mearmstán*], pr. *marme*, it. *marmo*, neben altn. *marmari*, ags. *marbra* [*marbran* bleoh LEECHD. l. c. *Ms. H.*], afr. nfr. *marbre* [aus *marmre*], pg. *marmor*, mit Uebergang des *r* in *l* sp. *marmol*, so auch mniederl. *marmul* und daneben ahd. *marmul* [vereinzelt *murmul, murmel*], mhd. *marmel* [seltener *mermel*], älter nhd. und noch jetzt poet. *marmel* [vom Kinderspielzeug *murmel*], die deutschen Formen oft mit -*stein*; hieraus *marvel-* [15. Jahrh., mit -*stein*], spät mhd. *morbel-, mårbel-* [mit -*stain, -stein*], *marbel* [a. 1711, ohne-*stein*], dial. noch jetzt *mårbel*, neben gebr. nhd. *marmor*, alle aus lat. *marmor, marmoris*, gr. μάρμαρος, Stein, später Marmor [zu μαρμαίρω, μαίρω, schimmern, glänzen, geh.], sch. *marbyr* u. *marble* [in *marbles, marblebowls*, Murmel], neue. *marble.*

1. Marmor, Marmorstein: In one toumbe of *marbre* he [sc. St. Nicholas] was ileid. ST. NICHOLAS 315 Horstm. p. 249. Aue churche huy founden, of *marbre* imaud, riȝt at þe weies ende. ST. CLEMENT 502 Horstm. p. 338. There is a vessel of *marbre*, undre the table, to resseyve the oyle. MAUND. p. 124. Þe pavylouns were ipeȝt uppon pillers of silver, of marbel [*marbre* y.] and of yvory, wiþ roopes of white silk and of reed. TREVISA III. 273. Virgile . . A mirrour made of his clergie, And sette it in the townes eye Of *marbre* on a piller without. GOWER II. 195. vgl. A tombe riche for the nonis Of *marbre* and eek of jaspre stonis. ID. *Ms.* in HALLIW. D. p. 541.

Of *marble* is þe stone, & purtreied þer he lies. LANGT. p. 341. Within that chirche ben 44 pyleres of *marble*, grete and faire. MAUND. p. 69. cf. p. 84. Sche mylked hem [sc. hire pappes] on the rede stone of *marble*. p. 71. What euer thing may be forgid of gold, and of siluer, and of brasse, *marble*, and gemmes, and dyuerste of trees. WYCL. EXOD. 31, 4 sq. Oxf. Quarers of *marble* [lapidicinæ marmoris]. TREVISA II. 17. Ther I was bred, [alas that ilke day!] And fostred in a roche of *marble* gray. CH. C. T. 10813 Tyrwh.

Of sein Lauaruns he let arere A faire chapel of *marbel* fin. BEVES OF HAMT. 4608 Kölb. Þe pavylouns were ipeȝt uppon pillers of silver, of *marbel*, and of yvory, wiþ roopes of white silk and of reed. TREVISA III. 273. Fast by þat temple is an arche of *marbel*, and is þe arche of Augustus Cæsar his victories and grete dedes [arcus triumphalis Augusti Cæsaris marmoreus *Higd.*]. V. 391. There is the vesselle of ston, as it were of *marbelle*, that men clepen enydros. MAUND. p. 15.

Vnder þis tree atte I of say A stapil made [was GÖTT.] of *marbil* gray. CURS. MUNDI 8287 FAIRF. GÖTT. They hadde non othir lordyng, But that ymage of *marbyl* fyn. RICH. C. DE L. 6202. What euer thing may be maad suteli, of gold, and siluer, and bras, and *marbil*, and gemmes, and dyuersite of trees. WYCL. EXOD. 31, 4 sq. Purv. Þe olde writynge in *marbil* and in oþer stones at Rome scheweþ þit þat a wolfesse fedde þe tweie breþeren wiþ her melk. TREVISA III. 45. There were bordis full bright aboute in þat sale, Set in a sercle, Of sedurtre fyn. Gret vp fro þe ground vppon gray *marbill*. DESTR. OF TROY 1657. Hic marmor, a *marbylle*. WR. VOC. p. 235.

Olde scripture in stones of *marbole* at Rome expressethe that those ij. childer were noryschede of a wulfe. TREVISA III. 45 Harl. Nye to whom is an arche made of *marbole* [arcus . . marmoreus *Higd.*]. V. 391 Harl.

Vnder þis tree þat ic of sai A stapul was o *marbul* grai. CURS. MUNDI 8287 COTT. TRIN. Ther I was bred, allas! that harde day, And fostred in a roche of *marbul* gray. CH. C. T. II. F. 499 Skeat Cl. Pr. Hoc marmor, *marbulle.* WR. VOC. p. 192.

Insbesondere bezeichnet das Wort ohne weiteren Zusatz auch weissen Marmor: *Marbul*, whyghte stone, Parium. PR. P. p. 325. Für Stein, Haustein überhaupt scheint es verwendet in: *Marbul*, stone, marmor. *ib.* vgl. I haue lerned hou lewede men han lered heore children Þat selden moseþ þe marbelston [þe *marbil*, the *marbul* v. l.] þat men ofte treden. P. PL. *Text A.* pass. X. 100.

2. Plattenmarmor, Marmorplatte, Steinplatte, zur Belegung von Fussböden mit Platten verarbeiteter Marmor oder anderer Haustein, auch Marmorfussboden: In þulke stude þe feorþe smot, þare þe oþere hadden er ido, Þat þe point of is swerd brak in þe *marbre* ato. BEK. 2117 Horstm. p. 167. It [sc. Templum Domini] is right a feir hows, and

it is alle round, and highe, and covered with leed, and it is well paved with white *marble*. MAUND. p. 81. I haue lerned how lewede men han lered heore children Þat selden moseþ þe marbelston [þe *marbil*, the *marbul* v. l.] þat men ofte treden. P. PL. *Text A.* pass. X. 100. With *marble* or with tyle thi flooryng wrie, Or lyme or gravel mynge, and therof make. PALLAD. 1, 348.

3. Gegenstand, Kunstwerk aus Marmor, Marmorgefäss, Marmorgrab, -sarg, Marmordenkmal: To a gret holw *marbre* was he broʒt . . Whych was wonyd beo fillid wyþ wyn At euerech gret feste of Appolyn. FERUMBR. 5701 sq. Herrtage. He mas to graue sum in grete, & sum in gray *marble* [*marbyll* Dubl.]. WARS OF ALEX. 1330 Ashm. *Marbylle*, Augusteum, marmor, Tiberium; marmoreus. CATH. ANGL. p. 228.

a. Zusammensetzungen:

marblecolour s. vgl. *colour*, afr. *color*, *colur*, lat. *color*. Marmorfarbe.

Marblecolour. PALSGR.

marblegreet s. vgl. *greot*, ags. *greót*, glarea, arena. Marmorkies, Marmormehl.

Lyme and gravel comyxt thereon thou glide; With *marblegreet* ygrounde and myxt with lyme [tuai marmoris pulverem mistum cum calce] Polisshe alle uppe thy werke in goodly tyme. PALLAD. 1, 404 [zum Bewurf der Wände].

marblegrein s. vgl. *grein*, *grain*, afr. *grain*, *grein*, lat. *granum*. Marmorkorn, grobkörniges Marmormehl.

The kirtils do theron of *marblegreyne* [ex marmoreo grano . . marmoris grani inductio]. PALLAD. 1, 417 [zum Bewurf der Wände].

marbillimage s. Marmorbildsäule.

He leet make a *marbyl ymage*, And crownyd hym as a kyng. RICH. C. DE L. 6182, cf. 6203.

marbillike adj. marmorähnlich, marmoriert.

Marbylyke, of the coloure of marbyll, marbre. PALSGR.

marmonstan, marmestan, marbrestan, marbleston etc. s. ags. *marmanstán*, *marmstán*, *mearmstán*, ahd. *marmilstein*, mhd. *marmelstein*, *mermelstein*, nhd. poet. *marmelstein*, spätmhd. *marvelstein*, *marbelstain*, *márbelstein*.

1. Marmor, Marmorstein: Þa comen heo to þan bunnen, þa Hercules makede mid muchelen his strengðe; þat weoren postles longe of *marmonstane* stronge. LAʒ. I. 56. Temple heo funden þar ane imaked of *marmestæne*. I. 48.

Þu schalt habben . . of *marbrestan* a temple. LEG. ST. KATH. 1487 sq. Temple hii funde þar one imaked of *marbrestone*. LAʒ. I. 48 j. T. To seint Edwardes toumbe he wende, þat was of *marbreston*. ST. WOLSTON 139 Horstm. p. 75. Þe staf wende into þe *marbreston* ase it were in nesche sonde.

ib. 141. Out of þe harde *marbreston* þe oyle gan out walle. ST. NICHOLAS 316 Horstm. II. 249. cf. *ib.* 318. — Þa comen hi to þan wonigge, þat Hercules makede; þat weren postes longe of *marbrestones* stronge. LAʒ. I. 56 j. T.

Stone tiburtine, or floody columbyne, Or spongy rede, lete brenne, or *marblestone*. PALLAD. I, 372 [zum Kalkbrennen verwandt]. *Marblestone*, pierre de marbre. PALSGR. — After that they . . toke away this martir fro his bere, And in a tombe of *marblestones* clere Enclosen they his litel body swete. CH. C. T. 13609 Tyrwh.

Þa þohte hie þat hie hine jeseche wolde and him lac bringe and milce bidden, and nam ane box jemaked of *marbelstone*, and hine fulde mid derewurðe smerieles. OEH. II. 143-5. Þere is a place at Rome in Heraclea, and hatte theatrum . . Perynne is . . benches, and seges all aboute, and is hool and sound, al oon *marbelstoon*. TREVISA I. 221.

Twa pilers þai made, of tile þat an, Þe toþer was of *marbilstane* [of *marbilstan* GÖTT.]. CURS. MUNDI 1533 FAIRF. Siþen was his bodi tan And laid in kist o *marbilstan* [of *marbilstane* FAIRF. GÖTT.]. CURS. MUNDI 21017 COTT. Þis work is isett uppon sixe crabbes ihewe of hard *marbilston* [ex ipso etiam monte sculptos Higd.]. TREVISA I. 221 α. Cx.

Two pilers [pilereros *ed.*] þei made, of til þat oon, Þat oþer was of *marbulstoon*. CURS. MUNDI 1533 TRIN. Mynors of *marbullston*. DESTR. OF TROY 1532. — After that they . . toke awey this martir fro his bere, And in a tombe of *marbulstones* clere Enclosen they his litel body swete. CH. C. T. II. B. 1869 sq. Skeat Cl. Pr.

Hic mermur, a *merbylstone*. WR. VOC. p. 256. Tua pilers þai mad, o tile þe tan, þe toþer was o *merbulstan*. CURS. MUNDI 1533 COTT.

Für Stein, Felsgestein überhaupt: Wiþouten mete, wiþouten drink, But dewe þat fel on þe *marbelston* [bote þe deuh þat com of þe ston *Vernon* 610 bote as he gadrede of þe stone *Cott. Cleop.* 1046]. GREGORLEG. 946 *Auchinl.*

2. Marmorfussboden: For wiend in at þe est-porche, and ase ich habbe igon, Mine fet þov schalt finde in þe *marbreston*. ST. MIJHEL 83 Horstm. p. 302. At þe est-porche huy wenden in, and in þe *marbreston* Þe stapes huy founden. *ib.* 89. In thulke stede the verthe smot, that the othere adde er ydo, & the point of is suerd brec in the *marbreston* a tuo. R. OF GL. 8758. In thulke stede the furthe smot, that thothere hadde er ido, And the poynt of his swerd brak in the *marbelston* atuo. BEK. 2151 *Spr.* I haue lerned hou lewede men han lered heore children Þat selden moseþ þe *marbelston* þat men ofte treden. P. PL. *Text A.* pass. X. 100.

3. Gegenstand, Kunstwerk aus
Marmor, Sitz, Bank aus Marmor, Marmorgrab, -sarg, Marmordenkmal,
-tafel: Þen scullen Bruttes sone buȝen to
Rome and draȝen ut þine banes alle of þene
marmestane and mid blissen heom uerien
uorð mid heom seoluen in seoluere and in
golde. Laȝ. III. 291. Whanne he was to þe
brigge icome, Þe briggere he fond ate frome
Sittinde on a *marbelston* [a *marbreston* v. l.].
FL. A. BL. 557 Hauskn. A wel gentel *marbelstan*, To louke in þis holy bon, Sone was
bysoȝt. ALEXIUS 610 *Trin.* Horstm. Hy
nome þe holy man And leyde him in þe
marbelston, Byloke in one chiste. 622 *Trin.*
Horstm. Stedfast stode þe *marbelstan* [þat
marbilstan FAIRF. þe *marbilstan* GÖTT. þat
marbulstoone TRIN.], On ferr þe golden
letters scan. CURS. MUNDI 8483 COTT. To
his bodi dud men gone, And leide hit in a
marbulstone. ið. 21017 TRIN.

b. eine Ableitung ist vorhanden:

marbrin adj. afr. *marbrin*, auch *marmorin* [substantiviert: bestes de *marmorin*
GER. DE ROUSSILL. p. 313], it. *marmorino*,
gl. lat. *marmorinus* [für *marmoreus*, afr.
marmoire]. **marmorn**.

Make we na vessall of virre, ne of na
clere siluir, Ne store staned strenthis, ne na
stithe hames, Manere mynstre, ne mote, ne
marbryn werkis. WARS OF ALEX. 4351 Ashm.

marmoset, maremusset, marmeset s. fr.
marmouset, mlat. *marmosetus* [*marmosetus*, gal-
lice *marmouset*. „Revertendo superius versus
vicum posterno sancti Pauli, usque ad quandam
domum, ubi sunt duo *marmoseti* lapidei. *Cart.*
a. 1280.“ D. C.], vicus *marmoretorum*, rue des
Marmousets [LITTRÉ, SCHELER], wohl zu *marmor, -oris* geh., doch vgl. mlat. *marmonetus,
mammonetus*, die einerseits auf mlat. *mammones*
pl. simiæ, it. *mammone*, Meerkatze, gr. μιμώ,
mgr. ngr. μαϊμοῦ, alb. türk. *maìmun*, ungar.
majom, wal. *moime, meimouço* [s. DIEZ II. 44.
vgl. auch niederl. *marmoeyse*, früh neue. *marmozin*] weisen, andererseits auf eine Vermischung
mit *maumet, maument, momenet*, idolum; neue.
marmoset. urspr. wohl kleine fratzenhafte Brun-
nenfigur aus Marmor, dann eine Art Affe,
Hundskopf, cynocephalus hamadryas, auch
Meerkatze, cercopithecus.

Mammonetus, a *marmoset.* WR. VOC. col.
595, 30 Wülck. [15. Jahrh.]. *Marmoset*, a beest,
marmoset. PALSGR. Maument, *marmoset*, poupee. *ið.* He saide he wolde goo inne, . . . and
so wente forth in to that fowle stynkyng
hool, and fonde the *marmosette* [= Meerkatze].
CAXT. *Reynard* p. 140 Thoms. Here are beares,
woulfes sette, Apes, oules, . *marmosette* [*maremusset* Ms. H.]. CHEST. PL. p. 51. Hic zeno-
zephalus [= ϰυνοϰέφαλος], *maremusset.* WR.
VOC. p. 188. vgl. *Cenocephali*, genus monstri,
quod canina capita habeant. *Gloss. vet. ex cod.
reg. 7613* [Pro *Cynocephali* ex Isid. XI. 3, 15.
XII. 2, 32]. D. C. *Marmoset*, beeste, zinzipha-
lus, cenocephalus, mammonetus, marmonetus.

PR. P. p. 327. — In that hille and in that gardyn ben many dyverse bestes, as of apes, *mar-
mozettes*, babewynes, and many other dyverse
bestes. MAUND. p. 210. And he hathe . . also
of wylde bestes, as of olifauntz, tame and othere,
babewynes, apes, *marmosettes*, and othere dyverse bestes. p. 238.

maree, marow, marewe, marwe s. sch. und
früh neue. *marow, marrow*, in nördl. Diall. noch
jetzt gebräuchlich. Dunkler Herkunft. Gefährte.

Come Colle and his *maroo*, Thay wille nyp
us fulle naroo. TOWN. M. p. 110. *Marwe*, or
felawe yn trauayle [or mate; *marowe* P.], socius,
sodalis, compar. PR. p. 327. vgl. n. 4. Mate,
idem quod felaw [or *marwe*]. p. 329. — Pore
husbondes that had no *marowes*, Ther wyfes
broghton hom whelebarows, For thai had no
waynes. HUNTTING OF THE HARE 247.

marow, marowe s. medulla s. *mearȝ.*
marras, marreis s. palus s. *mareis.*
marren v. impedire s. *merren.*
marte s. vgl. it. *marte*, Krieg, Eisen, von
lat. *Mars, -tis*, das schon im Lat. übertragen
gebraucht wurde. Krieg, Kampf, Gewalt.

The Scottes . . wente furthe and toke to
theyme seetes, what thro *marte* other fauor [wiþ
loue oþer wiþ strengþe v. l. vel amicitia vel
ferro *Higd.*]. TREVISA II. 149 *Harl.* The capi-
teynes . . were the erle of Dunbar, the erle of
Northumbrelonde . . and the baron of Greystok,
noble men and experte of *marte* or batell. VIII.
517 *Appendix.*

vgl. *Marte*, vom Kriegsgott selbst [in der
Beschreibung eines Marstempels]: Nought was
foryeten by the infortune of *Marte;* The cartere
overryden with his carte, Under the whel ful
lowe he lay adoun. CH. *C. T.* I. B. 1163 Morris
Cl. Pr. Ther were also of *Martes* divisioun,
The barber and the bocher; and the smyth That
forgeth scharpe swerdes on his stith. *ið.* 1166.
vom Sternbild: For he [sc. Phebus the sonne]
was neigh his exaltacion In *Martes* face, and
in his mansion In Aries, the colerik hote signe.
ið. II. F. 49 Skeat Cl. Pr.

martelmasse s. s. *Martinmasse.*
marschal s. marescalcus, **marschalcie** s.
marescalcia, **marschale, -schalle, -shal, -shale,
-ssal, -sshale** s. marescalcus s. *marescal.*
martenet s. hirundo s. *martinet.*
marter s. martyr, **marterdom** s. martyrium,
marteren v. martyriare, martyrisare s. *martir,
martirdom, martirien.*
martial adj. martialis s. *marcial.*
**martilogie, martirlogi, martiloge, mar-
tilogge, martilage, martloge, martillloge,
mertelage** s. afr. *martirologe, marteloge, ma-
triloge, matrologe*, nfr. *martyrologe*, it. *martiro-
logio*, mlat. *martyrologium, martilogium, marti-
lagium, martologium, martalogium, matrilogium*
[= fasti sanctorum], neue. *martyrologe*, von gr.
μάρτυς [æol. μάρτυρ], μάρτυρος u. λίγω, λόγος,
-λόγιον. vgl. *martir* s. Martyrologium,
Märtyrerbuch, Verzeichniss der christlichen
Blutzeugen und anderer Heiligen mit Angabe
ihrer Festtage.

So seiþ *martilogie* [þe *martirlogi* γ. the *martiloge Cx.* after the *martiloge Harl.* secundum martyrologium *Higd.*]. TREVISA V. 89. Þe *martilogie* [*martirlogi* γ.] speketh of hym [of whom the *martiloge* expresseth *Harl.* de quo meminit martyrologium *Higd.*] þat he fonde first a rebel peple. V. 307. c . V. 81. Þe *martiloge* [*martilogye* β. after thé *martiloge Harl.* teste martilogio *Higd.*] þat is irad of seint Bartholomew his day, seiþ þat he wolde converte þe Irische men, and myȝte nouȝt. VI. 209. Martirologium, a *martylogye.* WR. Voc. col. 595, 7 Wülck. A *martiloge*, martilogium. CATH. ANGL. p. 229. Þerfore it is iwrite in þe *martiloge* [in the *martiloge Harl.* in martyrologio v. l.* martilogiv *Higd.*]: „Suche a day in Scotland Seynt Bride was ibore.“ TREVISA I. 331. Hoc martilogium, *martilage.* WR. Voc. p. 193. *Martloge*, martilogium. PR. P. p. 327. vgl. n. 2. Hoc martilogium, *mertilloge.* WR. Voc. p. 230. Hoc mertilogium, a *mertelage.* p. 249.

martinape s. vgl. den Namen des Affen in der Thiersage [*Mertine*, min eme, *the ape* CAXT. *Reynard* p. 92 ed. Thoms. *Mertyne* p. 95. min eme *Mertyn* p. 145. Schon im jüngeren REINAERT heisst der Affe *Martijn die aep*, daher auch niederd. *Marten de ape* und fast appellativ *Marten ape* [*Marten apens* sone REINKE DE VOS 6161. cf. *Mürtenaffe* GOETHE *Reineke* XI. 363], von *ape* und dem Namen des heil. *Martinus*, der an die Stelle *Wodans* getreten ist, hier, wie oft bei Thiernamen, ohne ersichtlichen Anlass [s. DIEZ *Wb.* I. 265]; vgl. neue. *martin-cat* [WEBER *Gloss.*]. langgeschwänzter Affe, Meerkatze, cercopithecus.

Ryght they buth as an hound, From the heved doun to the ground. Visage after *martynapen*: Folke heo buth ful eovel yschapen! ALIS. 6462. Wonderful beestis, lijk men in the hiȝere part and lijk assis in the nethir part [beestia, as wijlde cattis, and *martynapis*, whiche beñ lijk apis, but thei han taillis *N.*]. WYCL. Is. 34, 13-14 Purv. Ebreis seien, *martynapis* and wielde cattis; *martynapis* ben liyk apis, and [but thei *v. l.*] ben taillid [long ytailid *v. l.*]. ib. *Gloss.*

martinet, martenet, martnet, mertinet, mertenet s. fr. *martinet*, neue. *martinet* u. *martlet*, Dimin. von *martin*, *marten*, hirundo, nach dem heil. *Martinus* für *Wodan* benannt [DIEZ *Etym. Wb.* I. 265]. Hausschwalbe, hirundo urbica.

Quayle, sparow, larke, *martynet*, pegyon. BAB. B. p. 273. cf. 271. *Martynet*, a byrde, martinet. PALSGR. *Martnet*, byrd [*martenet*], turdua, padellus, pandellus. PR. P. p. 327. vgl. n. 3. Of quayle, sparow, larke, & litelle *mertinet* . . Þe legges to ley to your souereyne ye ne lett. BAB. B. p. 144. Wodcok, lapewynk, *mertenet*, larke, & venysoun. p. 153. — Curlew, brew, snytes, quayles, sparows, *mertenettes* rost. BAB. p. 165.

martinet s. fr. *martinet* [*martinet*, a watermill for an yron forge. COTGR. a. 1611], mlat. *martinetus* [*martinetus*, forge, a *martellis* seu

mallels sic dicta D. C.], zu lat. *martulus* [s. SCHELER]; vgl. jedoch it. *martinetto* [DIEZ *Etym. Wb.* I. 265] und die fr. Bildung *robinet* von *robin*, die deutsche Bezeichnung *Hahn* [einer Wasserleitung] u. ähnl. Hammermühle, durch Wasserkraft getriebenes Hammerwerk.

A *martinett*, irrisiticus, & dicitur de irriguo [A.]. CATH. ANGL. p. 229. vgl. p. 5.

Martinmesse, Martinmasse, ahd. esclî wächt **Martelmasse** s. ags. *Martines mässe* [SAX. CHR. a. 1089], sch. *Martimas*, *Martymes*, neue. *Martinmas*, *Martlemas*. vgl. *messe*. Martinsfest, Martinstag [11. November].

After þe *Martynmesse* þat he died here, He regned more ne lesse þan six & fifty ȝere [fr. Apres le seint Martyn kaunt maladye luy prent, L. & VI. anns su reis enterement]. LANGT. p. 230.

Þo Cadwal, king of Brutaine, nobliche adde ynou Ybe king eiȝte & fourty ȝer, & to elde drou. He deide after *Martinmasse* [*Martinemasse* ε. *Martelmasse* ε.] riȝt þe sixte day. R. OF GL. 5016 Wr. Þeruore þe legat Galon & þe barons of þis londe A conseil hii made at *Martinmasse* at Bristowe. 10578. *Martylmas* befe, brezil. PALSGR. cf. Biefe salted, dried up in the chimney, *Martlemas* biefe. HOLLYBAND [1593] in HALLIW. D. p. 543 v. *mart.*

martir, marter, martre s. ags. *martyr*. *martir*, auch *martyre*, *martire*, afries. *martir*, ahd. *martyr*, gth. *martyr* [?] im gen. pl. *marytre* [CALEND.], afr. *martir*, *martre*, nfr. *martyr*, it. *martire*, von kirchl. lat. *martyr*, Blutzeuge, -seugin [PRUDENT. TERTULL.], gr. āol. μάρτυρ [für gewöhnl. μάρτυς, -ρος], Zeuge, Zeugin, sch. *martir*, *martyr*, neue. *martyr*. Blutzeuge, Blutzeugin, von männl. u. weibl. Personen, die für die Wahrheit des christl. Glaubens Qual und Tod erleiden; die spätere Uebertragung auf andere Verhältnisse ist in alter Zeit selten.

Þeos meiden & teos *martyr* þat ich of munne were þi Juliene inempnet. ST. JULIANA p. 5. Ha þus wente, *martir*, to þe murhðes þ neauer ne wonieð. LEG. ST. KATH. 2216. Ȝif þou woldest beon a *martyr*, and þi self martri. ST. JAMES 339 Horstm. p. 44. Among alle þese . . Seynt Albon was on, Þat was þe firste *martir* þat to Engolond com. R. OF GL. p. 82. Þe day of Saynt Edmound, þat *martir* is & kyng, Sir Henry at Londoun in God mad his endyng. LANGT. p. 230. A *martyr*, martir. CATH. ANGL. p. 229. Men nusten neuere *martyr* non þat hadde more torment. ST. VINCENT 175 Horstm. p. 189. In strong martirdom Saynt Kateryn he slow, And mony oþer *martir*. R. OF GL. p. 84-85. Thou with thi garlond, wrought with rose and lylȝe, The mene I, maide and *martyr*, Cecilie. CH. C. T. 15495. After that they rise, and forth beñ went, And toke awey this *martir* fro his bere. ib. II. B. 1869 Skeat Cl. Pr. gen. mit *his*: Seynt Edmunde þe *martire his* help I ȝow hete. LANGT. p. 149. dat.: Þat an munstre wes of seint Aaron; þerinne was muchel halidom; þat oðer of þan *martir* seint Juliæn, þe he is mid Drihten. LAȝ. II. 597. There lythe the body *of* Seynt Barbre, the virgine and *martyr.* MAUND. p. 34.

Seynt Edward þe *marter* . . was ys sone By ys raþere wyf. R. OF GL. p. 285. Seynt Edward þe *marter*, ys eldore sone, After hym was kyng ymad. p. 287. *Marter*, martir. PR. P. p. 327.

pl. [ags. *martiras*]: Ðar haueð elch patriarche, and prophete, and apostles, and *martirs*, and confessors, and uirgines maked faier bode inne to wunien. OEH. II. 185. Weren monie *martirs*, weopmen ba ant wummen, to deaðes misliche idon. ST. MARHER. p. 1. Stihen alle *martirs* wið murhðen to heouene. p. 19. Þe seriaunz þat he sende sethþe, þat þe hynene aslowe, Þe *martyrs* it weren, þat for holi churche þe giwes sethþe todrowen. LEB. JESU 270. Þir *martirs* tuin þat i of mene. CURS. MUNDI 24311 COTT. Ye Britoun *martirs*, famous in parfitnesse [von *St. Ursula* und ihren 11000 Jungfrauen]. LYDG. *M. P.* p. 178. Undre that chirche . . weren entered 12000 *martires.* MAUND. p. 94. For of heore kuynde þei come þat confessours beþ nempned, Boþe maydens and *martires*, monkes an ancres etc. P. PL. *Text A.* X. 131. cf. *Text B.* IX. 111. akk.: Ich biheolt te *martyrs* ant hare unimete murhðe, þe þoleden her pinen and deað for ure lauerd. OEH. p. 261. Bidde we schulle . . *martyrs* and þe confessours þat huy beon ore socour. KINDH. JESU 1840. Þese þre holy *martires* ȝe burede. ST. CECILIA 180 Horstm. p. 494. Þir *martiris* tuim þat ik of men. CURS. MUNDI 24311 EDINB. auch *martirs* findet sich hier: Ouer mykel was þeir ire, Of so fele to make *martirs.* R. OF BRUNNE *Story of Engl.* 15381. gen.: Meidenes murhðe ant *martirs* crune. ST. MARHER. p. 11. Nalde nawt Godd leten his *martirs* licomes liggen to forleosen. LEG. ST. KATH. 2284. dat.: Þer he sit . . mid *martirem*, mi[d] hali confessoren. OEH. p. 49. Þu . . leof wið alle *martyrs.* ST. JULIANA p. 49. Fair was þat processioun, þat aȝen him cam gon, Of aungles and of patriarks, and of apostles also, *Of martirs* and of confessours, and of virgines þerto. BEK. 2300 Horstm. p. 172. Þe faire compaygnie *of martirs*, louerd, herieth þe. ST. KENELM 183 Horstm. p. 350. Laurear *of martirs*, foundid on holynes? LYDG. *M. P.* p. 26. [Þe tresour of haly kirke] es gaderd on many maners: First als of marterdom *of martires*, Of penance and travail of confessours. HAMP. 3824. Pus it may fallen *of* many *martyres.* WYCL. W. *hith. unpr.* p. 329.

Accursen hem patriarkes, prophetes, and apostles, . . *martieres*, confessoures, & virgines. MYRC *Instructions* 767 sq.

Maidenes and *marteres* ministred hym her in erthe. P. PL. *Text B.* pass. XIX. 97. Ypocritis . . visite oft riche men & wymmen, & namely riche widewis, for to gete worldly muk by false disceitis & carien it home to Caymes castelis & Anticristis couent & Sathanas children & *marteris* of glotonye. WYCL. W. *hith. unpr.* p. 211 [sarkastisch von den schwelgerischen Mönchen]. Moche baret on your birthe

you bese for to se, Dysmembrit as *marters* & murtheret to dethe. DESTR. OF TROY 3487.

Þir *martris* tuin þat i of mene. CURS. MUNDI 24311 GÖTT. He [sit] noþer with seynt Iohan, with Symon ne with Iude, Ne with maydenes ne *with martris.* P. PL. *Text C.* pass. XV. 143. Siþ Crist, heued *of martris*, deyede to destrie þis heresye, & alle hise *martris* aftir deyeden in þe same cause. WYCL. W. *hith. unpr.* p. 296.

martir s. mit volksthüml. Anlehnung an *martir*, martyr, von *Martelmasse, Martinmesse* gebildet; vgl. sch. *mart, marte, mairt* [JAMIESON], neue. dial. *mart* [HALLIW.]. am Martinstage zum Wintervorrath getötetes Vieh.

Bestes þai brac and bare, In quarters þai hem wrouȝt, *Martirs* as it ware. TRISTR. 1, 42 Kölb. vgl. *Gloss.* und die *Anm.* p. 113.

martirdom, martirdam, marterdom s. ags. *martyrdôm*, ahd. *martarlôm*, nhd. *marterthum* neben *märtyrthum* [SCHILLER] u. dem gebr. *märtyrerthum, märtyrertum*, sch. *martirdome* [BARB. VI. 289], *martyrdom*, neue. *martyrdom.* Märtyrertum, Märtyrertod, übertr. Marter, Pein.

& tæroff comm þe *marrtirdom* Bitwenenn Godess hallþenn. ORM 6314. Forrþi ȝeden bliþeliȝ þurrh *marrtirdom* to swelltenn Off Godess þeowwess miccle ma þann aniȝ mann maȝȝ tellenn. 5330. cf. 8005. Men . . comen to þan kinge , & talden him tiðende . . whulcne *martirdom* Petrus hauede vnderfon. LAȝ. I. 431. I þe wanes þer þi *martirdom* is iwriten inne. ST. MARHER. p. 21. Þ ha willeð alle wenden to Criste, & cume, þurh *martirdom*, to Drihten in heuene. LEG. ST. KATH. 692. cf. 1421. Forto fonge *martirdom* th° heved he buyed [bed *ed.*] adoun. BEK. 2115. A manere *martyrdom* it was, is bones so todrawe. ST. JOH. BAPT. 99 Horstm. p. 32. In strong *martyrdom* he endede here on eorþe is lijf. ST. LAURENCE 1 Horstm. p. 390. Þou take þe blisse of heuene þoru þi *martirdom.* ST. BLASE 154 Horstm. p. 489. Seþþe God was ybore, þer nas for Cristendom In so lute stonde ydo so gret *martirdom.* R. OF GL. p. 81. In strong *martirdom* Seynt Kateryn he [sc. Maxencius] slow, And mony oþer martir. p. 84. Ha! ha! leuedi, ali *martirdom* [*martirdome* FAIRF. GÖTT.] Qua might it tell, he sull ha tom. CURS. MUNDI 24467 COTT. Tuelue moneþ is agon þat I þolede *martirdom.* HARR. OF HELL 207. Bot for siche an heresye somme men shulden suffre *martirdom.* WYCL. W. *hith. unpr.* p. 296. Who coulde rime in English proprely His *martirdom* ? CH. *C. T.* 1461 Tyrwh. For *martirdom* [— peinliche Strafe] thou most suffren here. LONELICH *Merlin.* 1163 Kölb. Mit schliessendem *e* im Dat.: Heo gunne bitwene heom telle *In* ȝwuche *martyrdome* heo miȝten þis holi maide aquelle. ST. ANNEIS 107 Horstm. p. 184. im Nom. u. Akk.: Put in a som all marciall policy . . The *martirdome* rade in metre and prose. LYDG. *M. P.* p. 26. A *martyrdome*, cruciatus, martirium. CATH. ANGL. p. 229. *Martyrdome*, martire. PALSGR.

Seynt Iuly in *martirdam* gan deye. R. OF BRUNNE *Story of Engl.* 11057. Eft God þei

bisouht to saue þam in þat cas, for luf of
S. Thomas, Þat for holy kirke suffred *martir-*
dam. LANGT. p. 148. Who couthe ryme in
Englissch proprely His *martirdam*? CH. *C. T.*
II. B. 601 Skeat Cl. Pr. Your launpis lihte for
triumphal emprise, Upon your hed your stoory
doth devise, For *martirdam* crownyd with roosys
reede, Medlyd with lilies. LYDG. *M. P.* p. 178.

Seynt Edward þe vyfte jer of ys kynedom
Ajen eue aday aslawe was in such *marterdom*.
R. OF GL. p. 289. [Þe tresour of haly kirke] es
gaderd on many maners; First als of *marterdom*
of martires, Of penance and travail of confessours. HAMP. 3824.

martirement s. zu *martirien*, *martiren* v.
geh. Marter, Pein.

He wot þet we byeþ fyeble and tendre, and
hyealde we ne moje his efterward wayes of
pouerte, of sorje, and of *martirement*, ase deþ þe
guode godes knyjt, þet þane kyngdom of heuene
payneþ be strengþe to wynne. AYENB. p. 77.

martirie s. afr. *martirie*, *martyre*, *martire*,
nfr. *martyre*, pr. *martiri*, *martyri*, *martire*,
martir, *martyr*, it. *martirio*, *martiro*, kirchl. lat.
martyrium, gr. μαρτύριον [= testimonium],
vgl. ahd. *martyra*, *martira*, *martara*, *martra*,
mhd. *martyr*, *martere*, *marter*, nhd. *marter*, sch.
martir, *marter*, *mertir*. eig. Märtyrertum,
übertr. Marter, Pein.

Of us self bird us offerand make, Quen we
for his luf fast and wak, For þan pin we our
bodye With torfir and with *martyrye*. METR.
HOMIL. p. 158.

martirien, **martiren**, **marturen**, **mar-**
teren, **martirien**, **martren**, **mertren** v. ags.
martyrian (?), *gemartyrian*, *gemartirian*, abd.
martirón, *martarón*, *martorón*, *martrón*, mhd.
martyren, *martiren*, *marteren*, *martern*, nhd.
martern, afr. *martirier*, *martirer*, pr. *martiriar*,
marturiar, sp. *martiriar*, it. *martirare*, mlat.
martiriare, *marturiare*, sch. *martire*, *martir*,
martyr, *mertir*, neue. *martyr*.

1. tr. zum Blutzeugen machen, um
des Glaubens willen martern, töten,
übertr. martern, quälen, peinigen, töten:
Ffor I salle sette kepers . . To mete hym in the
mountes, and *martyre* hys knyghtes, Stryke
theme doune in strates, and struye theme fore
evere. MORTE ARTH. 558. To *martyr*, martiriare, martirisare. CATH. ANGL. p. 229. He
had answare of Appolyn abill before, Þat he
his fomen shuld fell & his folke wyn, And his
moder for hir malice *martur* to dethe. DESTR.
OF TROY 12983. Whenne ich seih þat [hit] was
so, ich sotelide how ich myghte Lette ham þat
louede hym nat, lest þei wolde hym *martrye*
[*martiry*, *martir*, *martre* vv. ll.]. P. PL. *Text C.*
pass. XXI. 336. To Enguelonde he cam To
martri alle cristine men. ST. ALBON 12 Horstm.
p. 68. Decius . . let him *martri* þerefore. PROL.
FAB. SEB. 25 Horstm. p. 178. For he [sc. Do-
mician] worrede Cristendom, as þe luþer Nero,
And let *martri* [*martire* AR. *martir* α. β. γ. ed.
Wr.] Seyn Denys, & mony oþer al so. R. OF
GL. p. 71.

I *martir* a person, I put hym to dethe by
tormentynge, je martire. PALSGR. Allas! thoa
felle Mars, allas! Juno, Thus hath your in
owre kynrede al fordo, Save oonly me, and
wrecched Palamoun, That Theseus *martyreth*
[*martireth* 1562 Tyrwh.] in prisoun. CH. *C. T.* I.
B. 701 Morris Cl. Pr. For mie louerd to morwe
wole þat me *martir* [konj.] me. ST. CRISTOFE.
218. Me *marters* mekille more. TOWN. M.
p. 227.

At þe laste he [sc. Aurelius] com into Gallia, and *martired* meny holy men. TREVISA V.
95. To Orestes his aune cosyn angardly sade,
Noght to rest in his rewme . . Ffor the murthe
of his moder, he *martired* so foule. DESTR. OF
TROY 13060 sq. Thus ferde Maximien, he *mar-*
trede seint Alban, & seint Julien, and seint
Aaron. LAJ. II. 229. Penda þere, þe luþer duc
in batayle alou & *martrede* Seint Oswald & al
is body todrou. R. OF GL. 4974 Wr. Whane
me *martyreden* cristenemen, þider he wolden
gon. ST. CECILIA 135 Horstm. p. 493. Hii
martreden [*martryd* C. ed. Wr.] Sein Tomas an
Tiweesday at nijt. R. OF GL. p. 475. Tuelf
hondred holy men hii *martrede* [*martred* C. ed.
Wr.] þere. p. 236.

Per nas non byfore him [sc. Seynt Siluestre.
þat he *martired* nas Of þe luther emperoures,
for eche heþene was. R. OF GL. p. 86. Ho was
þe first atte mon wiste Þat *martired* was for
Ihesu Criste. CURS. MUNDI 8923 FAIRF. Witnes
is seint Petur wif, For she was *martired* in his lif.
21185 TRIN. Pen murned all þe Masydons & . .
Made grett mone . . For maisters & ministers
. . Pat were in morsellys made & *martyred* by
hundrethis. WARS OF ALEX. 1265 sq. Dubl.
There was seynt Mark the evangelist *martyred*
and buryed. MAUND. p. 55. If god hadde
wolde hymselue, Sholde neuere Iudas ne iuwe
haue Ihesu don on rode, Ne han *martired* Peter
ne Poule. P. PL. *Text B.* pass. XV. 258. Se
þat þei *martired* were. ST. BLASE 124 Horstm.
p. 488. After þat he *martired* were. ST. CECILIA
48 Horstm. p. 491. They have *martyred* hym
amongest them: ilz lont martyre, or martirize
entre eulx. PALSGR. Pis wommon was þe furst
men knew *Martirid* for loue of Crist Iesu. CURS.
MUNDI 8923 TRIN. Lauedi, moder and meiden,
þu stod here ful neh, and seh al þis sorhe vpo
þi deorewurþe sone, was widinne *martird* i þi
moderliche herte, þat seh tocleue his heorte wið
þe speres ord. OEH. p. 283-5. Pis womman
was þe first man wist Pat *martird* was for Ihesu
Crist. CURS. MUNDI 8923 COTT. GÖTT. Bot
written es of sent Petro wijf Þat soo was *mar-*
t[i]rd [*martird* GÖTT.] in his lijf. 21185 COTT.
Pare was þe Medis *martird*, & many of Perses
Gorred . . & grysely woundid. WARS OF ALEX.
3644 Ashm. *Martyrde*, martirizatus. CATH.
ANGL. p. 229. Hit was told hym . . how Orestes
. . Hade *marterid* his moder for malice þerof.
DESTR. OF TROY 13047 sq. Meny man for Crystes
loue was *martred* among Romaynes. P. PL.
Text C. pass. XVIII. 281. Pen mournes all þe
Messedones & . . Makis þar mane . . For mai-
stris & mynistris . . Pat was in morsels magged

& *martrid* a hundreth. WARS OF ALEX. 1265 sq.
Aahm. Cassandra the clere, .. His modur &
hir myld suster *mertrid* to dethe [p. p. abs. =
being killed), Myche water ho weppit, wailyng
in sorow. DESTR. OF TROY 12422 sq.

2. refl. sich martern [hier = sich verstümmeln und dadurch töten]: Zif þou woldest
beon a martyr, and þi seolf *martri*. ST. JAMES
339 Horstm. p. 44. Ichulle .. *mi self martri*.
ib. 341. & þu woldest beo ymartired, & þe
silue martir [matir ed.]. E. E. P. p. 58. Ic wole
me martir for mi synne. *ib.* FAIRF.

martiring s. ags. *martrung,* ahd. *martirunga,*
mhd. *marterunge,* sch. *martrin, martyrin,* ill-
treatment, torture. Marterung, Kasteiung.

Þat sare, þat scam, þat *martiring* [*martyring*
GÖTT.] Was neuer sene on suilk a king! CURS.
MUNDI 9103 COTT. Sa sare and sharpe *martiring* [*martiryng* TRIN.] Was neuer seyn on
suche a kyng! *ib.* FAIRF.

martirizate p. p. mlat. *martyrizatus,* von
mlat. *martyrizare,* it. *martirizzare,* fr. *martyriser,*
neue. veraltet *martyrize.* zum Blutzeugen
gemacht, um des Glaubens willen gemartert.

Felix the pope was *martirizate.* TREVISA
V. 161 *Harl.* Seynte Leonides, the fader of
Origenes, was *martirizate* [*martirijate* ed.] at
Alexandrye in the kalendes of Marche. V. 49
Harl. Thomas was consecrate the vjᵗʰᵉ of Iu-
nius, in the thrydde yere folowynge departynge
from Ynglonde, and come to Ynglonde ageyne
in the seventhe yere of his exile, in whiche yere
he was *martirizate* [*martirijate* ed.]. VIII. 41
Harl. cf. V. 11 *Harl.* V. 35 *Harl.* V. 69 *Harl.*
V. 87-9 *Harl.*

einmal sogar als Præteritum verwendet:
At þe laste he [sc. Aurelius] com into Gallia,
and martired meny holy men [This emperour ..
commenge at the laste to Fraunce, *martirizate*
(martirijate ed.) mony trewe peple of Criste
Harl. tandem ad Gallias veniens multos mar-
tyrizavit *Higd.*]. TREVISA V. 95.

martirlogi, martiloge s. martyrologium s.
martiloge.

martnet s. hirundo s. *martinet.*

martre s. afr. nfr. *martre,* it. *martora,* mlat.
mardarus, martarus adj., *mardarius* s., *martra* s.,
mardores, martores, marterus s. pl. neben *mar-
talus* s. [vgl. früh neue. *martill* TOPSELL a. 1658
in HALLIW. D. p. 543 u. sch. dimin. *martlet*],
mit r-Ableitung und Uebergang aus r in l aus
mlat. *martus, marta, martha,* nfr. *marte,* pr.
mart, sp. pg. *marta,* doch schwerlich von dem
unsicheren lat. *martes* [Venator capta *marte*
superbus adest. MARTIAL. 10, 37, 18, wo andere
mele, mæle lesen], sondern wahrscheinl. echt
germ. Ursprungs; vgl. ags. *mearð, meard,* ae.
mart [in *fulmart*], ahd. *mardar, marder,* mhd.
marder, mader, neben *mart,* nhd. *marder,* niederl. *marter,* niederd. *mäter,* dimin. *mäterken,*
neben *marte, märte,* altn. *mörðr,* schw. *mård,*
dän. *maar,* sch. dimin. *martrick, mertrick,* a marten, *martrix, mertrix* pl. fur of the marten.
Marder.

Ther cam also .. the ostrole, the *martre,*
the fychews, the fyret, the mowse, and the
squyrel. CAXT. *Reynard* p. 157 Thoms. gen. Ne
scal þer beo fou ne grei .. ne *martres* cheole,
ne beuer ne sabeline. MOR. ODE st. 182. OEH.
p. 181. POEM. MOR. 362 Zup. etc. Gemeint ist
das Kehlstück des Pelzes; vgl. *cheole* s.

Die offenbar verderbte Form des *Trin. Ms.*
[OEH. II. 231. *Spec. I.* p. 219], *metheschele,
methes chele,* scheint sich eher an die ags. Form
des Wortes anzulehnen [= *merthes* chele, mer-
ðes chele, ags. *mearðes* ceo¹e; vgl. Se byrdesta
sceall gyldan fiftýne *mearðes* fell. OROS. 1, 1].

martre s. martyr s. *martir.*

martrin, martren, martern urspr. adj. afr.
marterin, martrin [auch substantiviert *marte-
rine, martrine* s. f. zur Bezeichnung des Felles
und des Thieres], mlat. *mardarinus, mardirinus,
mardrinus, marterinus, marterinus, martrinus,*
mhd. *märderîn, merderin, mederin, medreîn,*
nhd. *mardern.* Substantiviert zur Bezeichnung
des Pelzwerkes und des Thieres. Spätere, z. T.
wohl dialekt. Nebenformen, wie *marteron, martron, martern, marterne, matron, matrone* [vgl.
HALLIW. D. p. 543], zu denen auch *martin*
[COTGR.], *marten* gehören dürften, bezeichnen
das Pelswerk, z. T. auch das Thier, oder nur
dieses; vgl. neue. *martern,* gewöhnl. *marten.*
Marderfell, Marderpelz, meist Marder.

Ne *martryn,* ne sabil, y trowe, Was none
founden in hire garnement. LYDG. MS. in
HALLIW. D. p. 543. Tho came forth many a
beest anon, as the squyrel, the musehont, the
martron, . . and the fyret. CAXT. *Reynard*
p. 109 Thoms. *Marterne,* a beest, martre.
PALSGR. — Clove fotyd bryddes ben good to
hawk while he fleith and meweth as wedecoke,
snyte, perterish, ffesaunt, and bestes o venery
ben goode as *martryns,* squirelles, conynges,
and harys. REL. ANT. I. 61.

marveile s. mirabile s. *merveile.*

marwe s. socius s. *maroo.*

marwen s. tempus matutinum s. *morgen.*

marz s. mensis Martius s. *march.*

masaline s. aurichalcum s. *mestling.*

maske, maste s. ags. *max* = mask [*max,*
retia. WR. VOC. p. 4. 5], altn. *möskvi,* schw.
maska, dän. *maske,* altniederl. *mæsche,* niederl.
maas, vgl. sch. *mase,* a kind of net with wide
meshes, made of twisted straw rapes, *mazie,*
a straw net [*Shetl.*], ahd. *masca,* mhd. nhd.
masche, neue. *mash, mesh.* Vielleicht zu ahd.
mâsâ, mhd. *mâse, môse,* Wundmal, Fleck, geh.
Masche.

Maske of a nette, macula. *Cath.* et *C. F.*
PR. P. p. 329. Auffällig: A *maste* of a nett,
hamus, macula. CATH. ANGL. p. 230, vielleicht
nur aus *maske* verschrieben.

maskel s. ags. *mäscre,* Flecken, mniederl.
mascher, maschel, mascle, a spot, a blemish, a
blot, früh neue. *masher* neben *mash* [vgl. CATH.
ANGL. p. 230 n. 1], aus *mascra* [DIEZ *Etym.
Wb.* I. 267] von *mascd,* ae. *maske.* Flecken.

As þe beryl bornyst byhoues be clene, Þat
is sounde on vche a syde & no sem habes,
Withouten maskle as margeryeperle. ALLIT. P.

2, 554. Hys ryche no wyʒt myʒt wynne, Bot he com þyder ryʒt as a chylde . . *Withouten* mote oþer *mascle* of sulpande synne. 1, 721 sq. — All þe body & þe brest & on þe bely vndire Was finely florischt & faire with frekild pennys, Of gold graynes & of goules, full of gray *mascles*. WARS OF ALEX. 4987 Ashm. I presand ʒow, of panters full of proud *mascles*, Foure hundreth fellis. 5138 Ashm.

maskelles adj. fleckenlos.

I rede þe forsake þe worlde wode, & porchace þy perle *maskellez*. ALLIT. P. 1, 742. cf. 754. 766. 768. A makeles may & *maskellez*. 1, 779. „*Maskelles*", quoth þat myry quene, „Vnblemyst I am wythouten blot . ." 1, 780. To bye hym a perle [þat] watz *mascellez*. 1, 731. „O *maskelez* perle in perlez pure, Pat berez", quoth I, „the perle of prys . ." 1, 744. Pat moteles meyny may neuer remwe Fro þat *maskelez* mayster. 1, 898.

masken v. errare s. *malskren*.

mascle adj. afr. *masle*, noch früh neue. *mascle* [STANIHURST a. 1584 in HALLIW. D. p. 543]. Nebenform zu *male* adj. männlich.

Natheles comuneliche hurc moste love is the monethe of Janver, and yn that monethe thei renne fastest of eny tyme of the ʒeer bothe *mascle* and femel. Ms. in HALLIW. D. p. 543.

mascle, maskle s. macula s. *maskel*.

mascul adj. lat. *masculus*. Nebenform zu *mascle*, *male* adj., wie es scheint, unmittelbar an das Lat. angelehnt. männlich.

Of the piste Indik But half an unce, an unce of *masoul* thure Wel smellyng [thuris masculi non rancidi vnciam vnam], and an unce of pepur dure, — Bete al this smal. PALLAD. 11, 411. *tus masculum* ist der männl. oder Tropf-Weihrauch, der beste zum Opfer. cf. VERG. *Ecl.* 8, 65.

masculin adj. afr. nfr. *masculin*, pr. *masculin*, sp. *mascolino*, it. *masculino*, *mascolino*, von *masculus*, dem Dimin. von *mas*, neue. *masculine*. männlich.

Who is it þat ne seide þou nere ryʒt weleful . . wiþ þe oportunite and noblesse of þi *masculyn* children, þat is to seyne þi sones? CH. *Boeth.* p. 37. vgl. *lat.*: tum masculæ [*masculinæ* v. l.] quoque prolis opportunitate.

maschel, mascherel s. wohl verwandt mit sch. *maschle*, *meeschle* s. a coarse mixture, a state of confusion, und sch. *maschle* v. to mix or crumble into a confused mass; to put things into confusion [JAMIESON]. vgl. *maschen* v.

Maschel, or rothyr, or *mascherel*, remulus, palmula, mixtorium. PR. P. p. 328. vgl. p. 436.

maschen, meschen, meissen v. Dunkler Herkunft. Wie es scheint, nicht verwandt mit ahd. *miscan*, *misgan*, mhd. nhd. *mischen*, obwohl die ae. Bedeutung des Verbums und seiner Ableitungen und Zusammensetzungen hiermit meistens übereinstimmt, sondern wie nhd. *matschen* v. [s. WEIGAND] und *meischen* v., Meisch, *Meische* s., mhd. *maisch*, md. *meysch* s., mhd. *meischl* adj. zu it. *marcio* adj. faul, *marciare*, faul machen, aus gl. lat. *marcare*, hämmern,

zu *marcus*, Hammer, und danach verwandt mit fr. *marcher*, treten, austreten, und fr. *marc*, ausgepresste Hülse [a. SCHELER v. *marcher*, DIEZ v. *marcher*, *marchito*]; vgl. auch sch. *mashhammer*, a large weighty hammer for breaking stones; neue. *mash*.

1. **meischen, brauen:** *maschin*, yn brewinge, misceo. PR. P. p. 328. vgl. MAN. VOC. [a. 1570]. I *mashe*, I brewe ale or bere, je brasse. PALSGR. Come and drinke with us, we *mashe* to morowe: viens boyre auecques nous, nous brassons demayn. *ib.*

2. **zermatschen, zermalmen, zerquetschen, zerreissen:** Ac þu þretest to mine flesche, Mid þine clivres woldest me *mesche* [*meysse* v. l.]. O. A. N. 84.

mascherel s. s. *maschel*.

maschfat, mashefat, maasfat s. vgl. mlat. *mashfatum*, cupa, in qua temperantur, quæ cerevisiæ conficiendæ inserviunt, ab Angl. *mash*, mixtura, et *fat*, cupa [D. C.], sch. *miaskfat* [. . cum le *maskfat*, barellum etc. *Leg. Burg. Scot.* D. C.]. Meischfass.

Ther was . . *mashefatts* in mortrewys. HARTSH. *Metr. T.* p. 146. Then ther com *masfattus* in mortros alle soow. REL. ANT. I. 86.

maschinge s. Meischen.

Maschynge, mixtura, mixtio. PR. P. p. 328.

mase s. wohl von altn. *mas*, ineptiæ [BIÖRN HALDORS.], tittle-tattle, chat [CLEASBY-VIGF.]; neue. *maze*. vgl. *masen* v.

1. **Verwirrung, Bestürzung:** Pis wyf was wel sore adrad; to hire louerd heo tolde anon. „Ʒe," he seide, „hit is þe *mase*, and also hit wole gon." JUD. ISC. 13. Alle cryed for care to þe kyng of heuen, Recouerer of þe creator, þay cryed vchone, Pat amounted þe *mase* [þe masse þe *mase Ms.*]. ALLIT. P. 2, 395. cf. *Spec. II.* p. 156. 318. Heo ledeþ þe lawe at hire luste, and louedayes makeþ, Pe *mase* for a mene mon, þauʒ he mote euere. P. PL. *Text A.* pass. III. 154. cf. *B.* III. 157. *C.* IV. 196. For better is a litel losse þan a longe sorwe, Pe *mase* amonge vs alle, þouʒ we mysse a schrewe. *Text B.* prol. 195.

2. **verwirrte Volksmenge:** Sixt þou þis peple Al hou bisy þei ben aboute þe *mase*? P. PL. *Text A.* pass. I. 5. cf. *B.* I. 5. *C.* II. 5.

3. **Einbildung, Wahn, Verblendung, Blendwerk, verwirrtes, albernes Zeug, Albernheit, Ungereimtheit.** „Wite", he sede, „alle men, þet an erþe wonieþ her, Pat it nis bote þe pure *mase* eni kinges poer." R. OF GL. 6584 Wr. [Pe king . .] esste ek articles, þat nere noʒt to graunti wel, Ac vor it nas bote al þe *mase*, þe erchebissop sone Wende aʒen ouer se, as best was to done. 10235. cf. 10218. Al þis nas but a *maze*. CH. *Tr. a. Cr.* 5, 468. Men dremo al day of owles and apes, And eek of many a *mase* therwithal. C. *T.* I. C. 272 Morris Cl. Pr.

4. **Labyrinth:** Perfore Dedalus wiþ his sone Icarus at Creta fliʒe and come in to Sicilia, and þere he made first laborinthus [otherwise called a *mase Cx*. Therefore Dedalus, fleenge with Icarus his son to that yle callede Creta,

come afterwards to Sicilia, and made a *mase*
here firste *Harl.* ubi et primo fecit labyrinthum
Higd.]. TREVISA II. 385. A turnenge, other
elles a *mase*, is a thynge made with mony turn-
enges, and a man entrenge in to hit with owte
a clewe of threde, can not comme furthe from
hit ageyne lihtely [Laborinthus etc. *St. John.*
Labyrinthus est ædificium etc. *Higd.*]. *ib. Harl.*
mase, mose s. ags. *mâse*, altniederl. *meese,*
niederl. *mees*, niederd. *mês*, dimin. *meeseke,*
meeske, ahd. *meisd, meisa*, mhd. *meise, mais,*
nhd. *meise*, vgl. achw. *mâs*, dän. *musvit*, altn.
meisingr, auch fr. *mésange* [mit dimin. *-ange*
== *-ing*], neue. *-mouse* in *coal-mouse, titmouse*
[vgl. ae. *colemose, titmase*]. Meise, ein be-
kannter kleiner Singvogel [parus].
Now what she beryth I wyl yow telle,
Although I can not armys blase, Nor to the
fulle rynge hire belle, That is so wrymplyd as
a *mase*. LYDG. *M. P.* p. 203. And ek forþe þe
sulve *mose* Hire þonkes wolde þe totose. O. A.
N. 69.

mase s. clava s. *mace.*

masedliche adv. vgl. *masen* v. verwirrt,
verdutzt, faselig, dumm.
Auh þe bimasede Isboset, lo! hwu he dude
maseliche [*masedliche* T.]. ANCR. R. p. 272.

masednesse s. vgl. *masen* v. Verwirrung,
Verdutztheit, Betäubung.
And she for wonder took of it no kepe;
She herde nat what thing he to hir seyde; She
ferde as she had stert out of a slepe, Til she out
of hir *masednesse* abreyde. CH. *C. T.* II. E.
1058 Skeat Cl. Pr. *Masydnesse*, musardie,
desuere. effroy. PALSGR.

masel, masil, mesel, meselle, mesille s.
mniederl. pl. *masselen, masseren* [black spots or
blemishes upon one's body or leggs. HEXHAM in
SKEAT *Etym. D.* v. *measles*], niederl. pl. *maselen*
[De *maselen* ofte *masel-siekcte*, the measels or
sick of the masels .. De *maselsucht*, the measel-
sicknesse. ID. *ib.*; vgl. mitteld. *maseleuchtig* für
miselsuhtig, aussätzig], ahd. *masala*, Blutge-
schwür, mhd. *masel* [wohl zu ahd. *mâsd*, Wundmal, Fleck, mhd. *mâse, môse*, nhd. prov. *mâse*],
neue. *measles*. vgl. *maskel* s. und *maser* s.
eigentl. Fleck, knorrige, flammige Zeichnung
im Holz, Maser; gewöhnl. Masern [Krank-
heit].
Masyl, or *mazil*, sekenesse, serpedo, variola,
volatica, secundum phisicos. PR. P. p. 328. —
Maseles [maselinges], les rugeroles. WR. VOC.
p. 161. vgl. Yᵉ *maysilles*, violæ. MAN. VOC.
Rougeole, the *measles*. COTGR.
Hierher gehören auch, trots des *e* im
Stamme: Ouer alle he was *with mesel* playne.
CURS. MUNDI 11827 FAIRF. [cf. was he *mesel*
plain, *mesels* plaine, *mesel* pleyne *cett.*; hier wäre
eine andere Deutung (== *misellus*) möglich]. A
meselle, serpedo [variola A.]. CATH. ANGL.
p. 237. ebenso, unter deutlicher Scheidung von
meselrie, lepra, hinter einander: Hec lepra, a
mesylery. Hec serpedo, a *mesylle*. WR. VOC.
p. 224. — Morbillus, the *meseles*. WR. VOC.
col. 596, 39 Wülck. Serpedo, *meseles. ib.* col.
611, 28 Wülck.

Dagegen liegt bereits Verwechselung mit
dem Aussatze vor in: *Mesyll*, the sickenesse,
mesellerie. PALSGR.
maseled adj. vgl. *masel* s. gemasert,
masericht.
Maselyd, serpiginosus, serpigionatus, vo-
laticiosus. PR. P. p. 329.
maselicke adv. vgl. *masedliche*. verwirrt,
verdutzt, faselig, dumm.
Auh þe bimasede Isboset, lo! hwu he dude
maseliche. ANCR. R. p. 272.
maselin s. urspr. adj. zu *masel, maser*, afr.
maselin adj., *maserin, madelin, maderin* subst.
adj. zu *mazre, madre* s., mhd. *maserln* adj. von
ahd. *masar*, mhd. *maser* [vgl. DIEZ *Wb.* II. 366.
MÄTZNER zu *Sprachpr. I.* 2. p. 46. BURGUY v.
madre. scyphi *maserini* D. C.]. Schwer von
maselin, maslin, meslin, mestling [s. dieses] zu
scheiden. Maserbecher, oft reich mit Metall
verzierter Becher oder Humpen aus Maserholz
[vgl. *maser* s. 3.], oder Metallbecher,
-humpen.
Table-clopes, bred and wine, Plater, disse,
cop and *maseline* Was vnder horse fete totoiled.
ARTH. A. MERL. 6943 Kölb. vgl. *Gloss.* [==
Metallbecher]. They fette him first the sweete
wyn, And mede eek in a *maselyn*, And roial
spicerye. CH. *C. T.* II. B. 2041 Skeat Cl. Pr.
vgl. *Gloss.* [== Metallbecher.]
maselinges s. pl. dimin. Nebenform zu *maseles*: s. *masel*. Masern.
Maseles [*maselinges*], les rugeroles. WR.
VOC. p. 161.
masen v. altn. *masa*, ineptire [BIÖRN HAL-
DORS.], to chatter, prattle [CLEASBY-VIGF.], vgl.
norweg. *masast*, to fall into a slumber [AASEN
in SKEAT *Etym. D.*], vgl. auch neue. prov. *mazle*,
to wander as if stupified [*Cumb.* in HALLIW. D.
p. 546]; neue. *maze.*
1. intr. verwirrt, verdutzt sein,
faseln, träumen: I *mase* al marred for
mournyng neiþh hondes. WILL. 438. Ye mase,
ye *masen*, goode sire, quod she. CH. 10261
Tyrwh. cf. E. 2387.
2. tr. verwirren, betäubt, verdutzt,
bestürzt machen: I *mase*, I stonyshe, je
bestourne. PALSGR. You *mased* the boye so
sore with beatyng, that he could nat speake a
worde: vous bestourniez tant le garcon de le
battre quil ne pouoyt parler vng mot. *ib.*
sonst, wie es scheint, nur als p. p. verwirrt, betäubt, verdutzt, bestürzt,
ausser sich:
And wakened es Laverd als slepand, Als
mased of wine mightand [quasi potens crapulatus
a vino]. Ps. 77, 65. *Mased* & wery þenne were
þei. CURS. MUNDI 15875 [die übrigen Mss. haben
mate]. Oure lady .. lay still doted and dased,
As a womman mapped and *mased*. HOLY ROOD
p. 216. He ferd as a *mased* man an marred neiþh
honde. WILL. 884. Pat left ware on lyfe, bot a
litill meyne, Ware als malscrid [malstrid *ed.*]
& *mased* & matid of þaire strenthes. WARS OF
ALEX. 1269 Ashm. cf. 3885. She seyde, she was
so *mased* in the see, That she forgat her mynde.
CH. *C. T.* III. B. 526 Skeat Cl. Pr. Like a *mased*

man. GOWER III. 6. Foules . . To eate and
drinke shall have no mynde, But stande all
madde and *mased*. CHEST. PL. II. 148. He
shal be so *mased* that out can he not go. TREVISA
I. 313 *Cx*. Hi wende alond as maskede [*masid*
v. l.] men, hi nuste whar hi were. ST. BRENDAN
118 Horstm. p. 223. Þat left wer on lyue, bot
a lytell meynhe, Wer also maistrett & *masyd* &
mated of þair strennthes. WARS OF ALEX. 1269
Dubl. *Masid* and mad. MIR. PL. p. 170. *Masit*
were our myndes & our mad hedis. DESTR. OF
TROY 9148. Þe Mirmydons þaire maistur, *masit*
on þe grene, Lyfton vp lyuely, led hym away.
1036. There folis, þat faryn by fer costes, Þat
heron the melody, so mekill are *masyg* in hert,
Lettyn sailis doun slyde and in slym fallyn.
13279. Yet the lede in his loge . . in thoghtes
full þro þrappit with hym-seluyn, As a mon out
of mynd, *maset* full euyll. 10121 sq.

verwirrt, albern, einfältig: He is
amansed [a *mased* man β.]. R. OF GL. 6878 Wr.
Leten mekenesse a maistre, and Mede a mansed
[*mased* C. *masid* B.] schrewe. P. PL. *Text B*.
pass. IV. 160 u. ö. als var. l. zu *mansed*.

erschöpft, ermattet: For ar he alle
þo haue slayn, He shal be *mased* [*masid* GÖTT.]
of his mayn. CURS. MUNDI 3999 TRIN. [die
übr. Mss. haben *matid*].

Ein Kompar. hierzu findet sich ohne
Quellenangabe verzeichnet: *Masedere*, more
amazed. HALLIW. D. p. 543.

maser, mazer s. ags. *maser*, acer, tuber,
nodus, altniederd. *maser*, ahd. *masar*, *masor*,
maser, mhd. nhd. *maser*, Knorren im Ahornholze
und anderem Holze [mhd. auch Becher von
Ahornholz], altn. *mösurr*, acer, a maple-tree,
spot-wood, in Zusammensetzungen *mösur-bolli*,
-*skal*, -*ker*, a bowl or vessel of maple, auch ins
Frz. gedrungen [afr. *mazre*, *madre*, nfr. *madre*],
sch. *maser*, *mazer*, *masar*, *maiser*, maple, a tree;
also, maplewood; a drinking vessel made of
maple, transferred to a cup or bowl of metal,
neue. *mazer*. Wie *masel* u. *maskel* von ahd.
mâsâ, Wunde, Narbe. Eigentl. Fleck, Knorren
im Holz, Maser, dann Holz mit knorrigen,
flammigen Zeichnungen, Maserholz, besonders vom Ahorn, acer campestre, aber auch von
anderen Bäumen, und namentlich auch Maserbecher, grosses Trinkgefäss, Humpen aus
Maserholz, oft reich mit Metall verziert und je
nach der Güte und fleckigen Zeichnung des
Holzes mehr oder minder werthvoll.

Nicht immer sind diese Bedeutungen mit
Sicherheit zu scheiden.

1. Eine Baumart mit maserigem Holze
ist offenbar gemeint: A *maser*, . . murpis [murr-
rus A.], arbor est. CATH. ANGL. p. 229. Edera,
pinus, juniparus, labruscaque, mirra, yvy, pyne-
tre, jenupyr-tre, wylde vyne, *masere*. WR. VOC.
p. 181 [neben Acer, *mapulle*. *ib*.].

2. Maserholz: Þe calix [is] of tin, and
hire nap *of mazere*. OEH. II. 163. REL. ANT.
I. 129. Off lanycolle thou shall prove, That is
a cuppe to my behove, *Off maser* it is ful clene.
MS. in HALLIW. D. p. 544 v. *maser*. — Repa-
rstores ciphorum exclamant ciphos reparandos

cum filo ereo et argenteo. Ciphos autem repa-
rant de murinis [*masers*], et plania, et brucis
[of warrys], de acere [mapyl], et tremulo [haspe'.
WR. VOC. p. 126.

3. Maserbecher: A cloþ biforen him
was drawe, and [me *Cott. Cleop.*] ʒaf him wyn
of *maser* broun. GREGORLEG. 582 *Vernon*. cf.
Auchinl. 889. A cloþ biforne him was yþrowe,
Me ʒaf him drink in *masere* broun. *ib*. 989 *Cott*.
Cleop. A *maser*, cantarus, murra; murreus.
CATH. ANGL. p. 229. Mirra, *maser*. WR. VOC.
col. 596, 20 Wülck. Mirra, *masere*. p. 181.
Hoc murra, *masere*. p. 198. Cantarus, a *masere*.
MEDULLA. *Masere*, murrus, murra. PR. P.
p. 328. cf. *Masar* of woode, masière, hanap,
PALSGR. A *mazer*, jate, jatte, gobeau, jadeau.
COTGR. — Somme gaf he hauberks, & somme
grehoundes, Somme riche robes, wyþ many
poundes, Somme manteles wyþ veyr & grys, &
somme *masers* of riche pris. R. OF BRUNNE
Story of Engl. 11415. Kynge Edgare made
nayles to be fixede in his *masers* and peces [in
crateris Higd.]. TREVISA VI. 471 *Harl*.

Die häufig wiederkehrenden mlat. Bezeich-
nungen *murra*, *mirra*, *murreus*, *murrus* deuten
auf eine Aehnlichkeit mit den berühmten *vasa
murrhina* der Alten, die jedoch aus Onyx und
ähnl. Bandachat oder ihnen nachgebildetem
Glasfluss bestanden haben dürften; vgl. D. C.
v. *mazer*. PR. P. p. 328 n. 2. Selbst eine Uebertragung auf Metallbecher scheint stattgefunden
zu haben [s. D. C. und vgl. Ane siluer *maiser*
with ane cop of tre, contenand ten wnces of
siluer. ABERD. REG. 1545, V. 10 bei JAMIESON].

masfat, mashefat s. s. *maschfat*.

masil s. serpedo, variola s. *masel*.

maslin s. aurichalcum s. *mestling*.

masnel, mansel s. anscheinend dimin. Bildung zu *mace*, *mase*, clava; vgl. anglonorm.
masuele, mlat. *macuellus*, *masnellus* [LIB. ALB.
p. 644 u. 640, 703], die zu afr. *machue*, *maçue*,
massue gehören dürften, und pr. *massola*, it.
mazzuola, *mazzuolo*, lat. *mateola* [s. DIEZ *Wb*.
I. 269]. Kolben, Streitkolben.

A queyntyse off the kynges owen, Upon
hys horse was ithrowen; Before his arsoun his
ax off steel, By that other syde hys *masnel*.
RICH. C. DE L. 5657. Wiþ an vge *mansel* [with
his fauchon *M*. 4193 in hys hand a *mase* ful *snel
E*. 147] Beues a hite on þe helm of stel, þat
Beues of Hamtoun, veraiment, Was astoned of
þe dent. BEVES OF HAMT. 4503 Kölb.

Forth he toke a *mansell*; A stroke he
thought to be set well On hys helme that was
so stronge, Of that dente the fyr outspronge.
RICH. C. DE L. 351.

**mason, masoun, masun, machun, machoun,
mascun** s. afr. maçon, maçun, machon, früh
maschun [ROIS p. 245. FL. ET BL. 551], später
auch masson, nfr. maçon, pr. masso, vgl. sp.
mazonar, murare, mlat. macio, machio [machio-
nes dicti a machinis (= Gerüst), quibus insistunt
propter altitudinem parietum. ISID. Orig. 19,
8, 2. also = Gerüstarbeiter], aber auch mactio,
matio [mationes, stanwyrhte. WR. VOC. p. 39

(c. 990)], *mattio* [D. C.], später *massonus*, latomus, lapicida [D. C.], neue. *mason*. Die Herkunft des vielgebrauchten Wortes ist immer
noch nicht genügend aufgehellt. Jede etym.
Beziehung zu *machina* ist abzuweisen, auffällig
aber das frühe Erscheinen von *machio*, dessen
Ableitung von einem für das Dimin. *marculus*
vorauszusetzenden lat. *marcus* [D. C. und DIEZ]
als sprachlich möglich nachgewiesen, aber sonst
wenig wahrscheinlich ist. Abzulehnen ist wohl
auch eine Beziehung zu *macerio* [vgl. A. waller,
macerio. CATH. ANGL. p. 407. Wallare, mura-
tor, *machio*. PR. P. p. 514], *maceria*, *maceries*
[s. SCHELER V. *maçon*]. cf. gr. μάκελος. Ist die
gutbeglaubigte mlat. Form *matio*, *mattio* älter
als *macio*, *machio*, so erscheint immerhin am
natürlichsten, nach Form und Bedeutung, die
Herleitung von ahd. *meizo*, *mezzo*, mhd. *meize*,
metze, nhd. *metz* [in ahd. *steinmeizo* etc.], zu
ahd. *meizan*, mhd. *meizen*, altn. *meita*, gth.
maitan, κόπτειν, einem Zeitwort, das im Goth.
zahlreiche Komposs. besass und auch sonst erhalten ist [vgl. WEIGAND VV. *Maiss*, *Meissel*,
meisseln]. Steinmetz, Maurer.
On either half they laiden on So the *mason*
on the ston. ALIS. 2369. cf. 7385. My fadyr nas
mason, ne carpentere; And though your walles
should all toschake, I schall nevir helpe hem to
make. RICH. C. DE L. 5934. The *mason* sware
grete athes him to. SEUYN SAG. 3054. cf. 3067 sq.
Take on þy honde squyer and scantlon As
þou were a free *mason*. FL. A. BL. 655 T. Ms.
Hauskn. p. 99. Yf eny *mason* þer-to makede a
molde, With alle here wyse castes, wonder me
þynkeþ! P. PL. Text C. pass. XIV. 161. He
sente anon hys messageris Ouer al Englond for
carpenterys And after many a *mason* also. ARTH.
A. MERL. j. V. D. Kölb. Whenne the *mason* taketh hys pay Of the mayster .. Ful mekely ytake
so most hyt byn. FREEMAS. 296. That no *mason*
schulde worche be nyʒht But ʒef hyt be in practes-
ynge of wytte. 228. A *mason*, and he thys craft
wel con, That syʒth hys felow hewen on a ston,
And ys yn poynt to spille that ston, Amende
hyt sone, ʒef thou con. 397. Latamus, *mason* ..
cementarius, dawbere [= dauber]. WR. VOC.
p. 181. Hic sementarius, *mason*. Hic littamus,
idem est. p. 194. Hic latamus, a *mason*. Hic
simentarius, idem est. p. 213. A *mason*, cementarius [crementarius A.], lathomus. CATH. ANOL.
p. 230. *Masone*, werkemann, lathomus. PR. P.
p. 329. vgl. p. 294 v. *leyare* n. 1. *Masson*, masson. PALSGR. *Masonys* ex, lathomega, asciolus.
PR. P. p. 329. *Masonys* logge, lapidicina. *ib*.
Thei [sc. the gerneres of Joseph] ben fulle wel
made of *masonnes* craft. MAUND. p. 52. To all
the prouyns þai [sc. the toures] apperit & pertis
ofer, With mekyll solas to se in mony syde londis: Of crafty colours, all in course set, Made
all of marbyll with *mason* deuyse, With ymagry
honest openly wroght. DESTR. OF TROY 1642
[vgl. with *peinteres* deuyse 3053]. The knyght
vnto that *mason* sent. SEUYN SAG. 3047. The
knyght quit wele the seruise Of the *mason* for
his quayntise. 3074. Trowell *for* a *mason*, truelle.
PALSGR. — Alisaunder rometh in his toun, For

to wissen his *masons*, The toures to 'take, and
the torellis. ALIS. 7208. The knyght gat *masons*
many ane, And grat tham hew ful faire fre-stane.
SEUYN SAG. 3035. I sauʒ in þat semble .. *Masons*, minours, and mony oþer craftes. P. PL.
Text A. Prol. 95 sq. Thanne groundid of the
masonus [of stoonleggeris Purv.] the temple of
the Lord [fundato igitur a cæmentariis templo
Domini *Vulg.*], præstus stoden in ther arai.
WYCL. I ESDR. 3, 10 Oxf. cf. And thei ʒeue
money to heweris of stonus, and to leieris [leg-
geris v. l. to beweris of stoon, and to liggeris of
stoon Purv. latomis et cæmentariis *Vulg.*]. *ib*.
7 Oxf. For alle the *masonus* that ben there Wol
stande togedur hol ifere. FREEMAS. 137. cf. 70.
A *masoun* sone þis womman to his folie
nom, And biclipte hire in ribaudie. ST. SWITHIN
58. And nim in thin honds squir and scantiloun
Als þai þou were a *masoun*. FL. A. BL. 336 A.
Ms. Hauskn. p. 99. If any *masoun* made a
molde þer-to, moche wonder it were. P. PL.
Text B. pass. XI. 341. Biside thar in another
town, Was thare cumen a new *masoun*. SEUYN
SAG. 3043. Ber wiþ þe squire and schauntillun
Also þu were a god *masun*. FL. A. BL. 745
Hauskn. [wo jedoch die Handschrr. *mascun*,
masoun, *mason* bieten]. — Þe geaunt bad Tristrem belde Wiþ *masouns*, þat were bald. TRISTR.
3, 47 Kölb. Beliagog had *masouns* sought *ib*.
3, 49 Kölb. He hete chese carpenters Ouer al
in his powers & *masouns*. ARTH. A. MERL. 501
Kölb. For we beth *masouns* queinte of cast.
SEUYN SAG. 2105. Of alkinnes craftes I contreued toles, Of carpentrie, of kerueres, and
compassed *masouns*, And lerned hem leuel and
lyne. P. PL. Text B. pass. X. 177. And so to
Salomon weren seuenti thousandis of hem, that
beren birthens, and eiʒti thousandis of *masouns*
[octoginta millia latomorum *Vulg.*]. WYCL. 3
KINGS 5, 15 Oxf. And the kyng comaundide
that thei shulden take the greet stoonys, and
the precius stoonys, in to the foundement of
the temple, and thei shulden square hem; the
whiche the *masouns* [cæmentarii *Vulg.*] of Salomon, and the *masouns* of Yram, han ouerscorchide
[hewiden Purv. dolaverunt *Vulg.*]. *ib*. 17. 18.
Þa heo þider comen, dic heo bigunnen sone;
hornes þer bleouwen, *machunnes* heowen, lim heo
gunnen bærnen. LAƷ. II. 223. Þa bigunnen heo
wal a þere dic ouer al, & heo lim & stan leiden
tosomne; of *machunes* þer wes wunder, fif and
twenti hundred [of *machuns* þar was wonder,
fif and twenti hundred j. T.] II. 224. Ase þis
holie man, seint Wolston, in a time liet arere A
belhous of swiþe strong weork bellen to hanguy
þere, And *machouns* aboue and binethe þare
aboute were, .. A man þare clemb up bi one
laddre. ST. WOLSTON 31 Horstm. p. 71.
Ber wiþ þe squire and schauntillun Also
þu were a gud *mascun*. FL. A. BL. C. Ms. 325
Hauskn. p. 99.
masonax, masonaxe s. vgl. *mason* s. und
ax s. ags. *acas*. axtähnliches Werkzeug des
mason, Steinbeil, Steinhaue.
Hec latomega, a *mason ax*. WR. VOC. p. 213.
A *mason axe*, ascis, asciculus, lathomega. CATH.

ANGL. p. 230. A astane axe, vbi a *mason* axe.
p. 3⁵9. vgl. *Masonys ex*, lathomega, asciolus.
PR. P. b 329° An *axe for a mason*, ascis, asciculus, lathomega. CATH. ANGL. p. 16. s. auch
stanax s.

masondeu, masondew, maaindew, gew.
mesondeu, mesondieu, einzeln **maisondew** s.
afr. *maison Dieu*, nfr. veraltet *maison-Dieu* pl.
maisons-Dieu [vgl. nfr. *Hôtel-Dieu*], aus afr.
maison, maisun, meisun, meson, pr. altsp. *mayson*,
altpg. *meisom*, it. *magione*, mlat. *masio* für mlat.
lat. *mansio, -onis*, und afr. *deus* cas. obl. *deo,
deu, dieu*, also eig. — Haus Gottes; sch. *mas-
sondew*, an hospital [JAMIESON], auch neue.
prov. vereinzelt *maison-dewe* [HALLIW.]. Hospital, Krankenhaus.

A *masyndewe*, asilum. CATH. ANGL. p. 229.
To þe *mesondieu* of sint Kateryne . . for þair
enornement XX l. . . Item to þe reparacion of
þose tenementes þat I haue gyun to þe forsaid
mesondieu and to þe said chauntry, XL l. WILLS
A. INV. I. 78-9 ed. Raine [a. 1429]. Men shull
him berne in hast . . To some *maisondewe* beside. CH. R. of R. 5621. — Mynsteris and
masondewes molle to the erthe. MORTE ARTH.
3038. Treuþe sende a lettre, And bad hem
bugge boldely what hem best lykede, and seþþen sullen hit aȝeyn, and saue þe wynnynge,
And make *meson deu* [*mesonis deux* T. *mesoun
dieux* H.]. P. PL. *Text A*. pass. VIII. 25. Truth
bids all who are really penitent to save their
wynnynge & amende *mesondieux* þeremyde.
B. VII. 26. cf. C. X. 27 sq.

masonrie, masonrie, masonri s. afr. nfr.
maçonnerie, mlat. *massoneria*, structura [D. C.],
von fr. *maçonner* v., sp. *mazonar*, vgl. auch
mlat. *massonerius*, latomus [D. C.], neue. dial.
masoner, a bricklayer [HALLIW.]; neue. *masonry*, Steinmetzkunst, -arbeit, Mau-
rerei, Mauerwerk. ·

Masonerie, lathomia. PR. P. p. 329. *Masonrie*, massonnerye. PALSGR. Sorowe was peynted
next Envie Upon that walle of *masonrye*. CH.
R. of R. 301. Throȝh good gemetry Thys onest
craft of good *masonry* Wes ordeynt . . Ycownterfetyd of thys clerkys . . they cownterfetyd gemetry, And ȝaf hyt the name of *masonry*.
FREEMAS. 19. On thys maner . . Began furst
the craft of *masonry*. 53. A *masonry*, lathomia.
CATH. ANGL. p. 230.

masonline s. vgl. *mason* und *line*, ags. *line*.
Messleine.

Hec amussis, a *mason lyne*. WR. VOC. p. 213.

masonreule s. vgl. *mason* und *reule*, afr. *reule*.
Richtscheit.

Hec regula, a *mason rewlle*. Hoc perpendiculum, idem est. WR. VOC. p. 213.

masonri s. latomia s. *masonrie*.

masonschipe s. vgl. *mason* und *chippe*. Das
seltene Wort findet sich in WR. VOC. unter den
Werkzeugen des *mason*; -*schipe* ist also kaum
Suffix, ags. -*scip*. Aber auch an *schip*, ags. *scip*,
navis, etwa in der Bedeutung von *tray*, Mulde,
ist nicht zu denken, sondern an *chippe* s. assula,
fragmentum zu *chippen* v. ags. *cippian*, secare.
Dies könnte auch ein Werkzeug bezeichnen

[vgl. Dentale, *chyppe*. WR. VOC. p. 180 = Pflug-
schar. Hatchet, or hak*chyp*, securicula. PR. P.
p. 220], etwa zum Behauen. Doch scheint die
gewöhnliche Bedeutung von *chippe* auch hier
vorzuliegen und ein Baumaterial gemeint zu
sein. Abfall, Abspalt, Bruchstück von
Steinen, Bruchstein, bes. zum Mauern.

Hic petro, -nis, a *mason schype*. WR. VOC.
p. 213. A *masonschype*, petronius. NOMINALE
MS. in HALLIW. D. p. 544. vgl. Hic petro, a
chyp of a stone. WR. VOC. p. 256, neue. *chips*
of stone, of slate.

masour s. zu *masen* v. Paaeler, Dummkopf, Tropf.

For hue [sc. Meed] ys . . As comune as þe
cart-wey to knaues and to alle, To monkes and
to alle men [to *masours* F.]. P. PL. *Text C*.
pass. IV. 167 sq.

masowyr s. Nebenform zu *maser*, vgl. afr.
masère [Masar of woode, *masière*, hanap.
PALSGR.]. Maserbecher.

Hec murra, a *masowyr*. WR. VOC. p. 257.

masporie s. eine Art Edelstein [?].

Þe wal abof þe bantels bent, *Masporye* as
glas þat glysnande schon. ALLIT. P. 1, 1017
[der Text scheint verderbt; vgl. weiterhin: Þe
wal *of iasper* þat ȝlent as glayre. 1, 1025 und s.
Apoc. 21, 18—21].⁸

massage s. missaticum, nuntius, **massager** s.
missus, nuntius s. *message, messager*.

masse s. afr. nfr. *masse*, pr. it. lat. *massa*,
vgl. gr. μᾶζα zu μάσσειν, auch ahd. *massa*,
mhd. nhd. *masse*, neue. *mass*. grosse verbundene Menge, Masse, Klumpen.

Masse, or gobet of mete, or other lyke,
massa. PR. P. p. 328. Men fynden many tymes
harde dyamandes in a *masse*, that comethe out
of gold, whan men puren it and fynen it out of
the myne; whan men breken that *masse* in smale
peces. MAUND. p. 159. Vielleicht gehört hierher
auch: He bysette the see and the lond With
botemay and *mace* strong. ALIS. 6256 [also
etwa = Felsklumpen, Felsmassen].

masse s. missa u. Komposs. s. *messe*.

massi, massee adj. zu *masse* s. geh., sch.
massy, massie, neue. *massy*; vgl. afr. *masse*ïz [Or
masseïz. ROIS p. 250 bei LITTRÉ v. *massif*],
später *massis, massif* m. *massie, massifve* f.,
pr. *massis* m. *massissa* f., it. *massiccio, massivo*,
lat. *massaticius* [AGRIM. p. 254]. dicht, fest,
massiv.

Sire Darius awen dyademe þai did on his
hede, A coron, ane þe costious [= costiousest]
þat euire prince bere. Þe *massy* werke was þe
menest etc. WARS OF ALEX. 3329 Ashm. He
[sc. Hector] was *massy* and mekull. DESTR. OF
TROY 3885. *Massy*, noȝt hole [= neue. hollow],
solidus. PR. P. p. 328. *Massy*, heavy, wayghty,
massif, -fue. PALSGR.

As a *massee* [sad *Purv*.] vessel of gold [vas
auri solidum *Vulg.*], enourned with alle maner
precious ston. WYCL. ECCLESIAST. 50, 10 Oxf.

massifnesse s. neue. *massiveness, massiness*.
Dichtigkeit, Festigkeit, Derbheit.

Massyfnesse, solidite. PALSGR.

massili, masseli adv. zu *massi* adj. fest, derb.

Ecuba, the onest & onerable qwene, Was shewyng in shap of a shene brede, *Massily* made as a man lyke. DESTR. OF TROY 3973. Troilus þe tru was full tore mekull, Ffull *massely* made, & of mayn strenght. 3922.

mast, alt auch noch vereinzelt **mæst, mewst** s. ags. *mǽst* pl. *mastas*, niederd. niederl. ahd. mhd. nhd. *mast*, altn. *mastr*, schw. dän. *mast*, auch afr. *mast*, *mas*, pr. *mast*, pg. *masto*, *mastro*, sp. *mastil*, neue. *mast*. Vielleicht zur Wurzel *mah*, *mag*, gross, gehörig, vgl. lat. *malus* (wohl für *mag-lus*).

1. Mast des Schiffes, Mastbaum: Þar bleu on þaim mani brem blast, Þair *mast* it raf and cordes brast. CURS. MUNDI 24847 COTT. ähnlich *cett*. Þai sett vp þe *mast* of þair schip. *ib.* 24829 GÖTT. Vp þai sett sail & *mast*. ARTH. A. MERL. 115 Kölb. Þeym nauaillede *mast* ne roþer. R. OF BRUNNE *Story of Engl.* 6576. At Londone þey schiped at ones, & drowe þer sail heye vpon *mast*. 6564. Her *mast* was yvory. RICH. C. DE L. 65. Furst tomurte mony rop and þe *mast* after. ALLIT. P. 3, 150. Winsing she was, as is a joly colt, Long as a *mast*, and upright as a bolt. CH. C. T. 3263 Tyrwh. At ende they [sc. suche windes] be nought mevable, But all tobroken *mast* and cable. GOWER I. 77. Now my gowne wille I cast and wyrk in my coate, Make wille I the *mast* or flyt oone foote. TOWN. M. p. 27. A, it standes up lyke a *mast*. p. 221. Hic malus, a *mast*. WR.VOC. p. 239. 275. *Mast* of a schyppe, malus. PR. P. p. 129. mit -*e* im Dat.: He dressyd hys bak *unto* the *maste*. RICH. C. DE L. 2554. im Nom. u. Akk.: Hi strike seil and *maste*, And ankere gunne caste. K. H. 1013. Thanne the *maste* in the myddis, at þe monþe ende, Bowid ffor brestynge, and brouȝte hem to lond. DEP. OF R. II. pass. IV. 78 Skeat. A *maste* of a schippe, malus. CATH. ANGL. p. 230. *Maste* of a shippe, mast. PALSGR.

Selten erscheinen noch die dem ags. Sing. *mǽst* entsprechenden Formen *mæst*, *meæst*: He igrap ane wi-æxe, muchele and swiðe scærpe; he forheow þenne *mæst* a-two riht amidden; he lette seil and þane *meæst* [*mast* und þane seil j. T.] liðen mid vðen. LAȝ. I 196.

pl. [ags. *mastas*]: Heo rihten heora rapes, heo rærden heora *mastes*, heo wunden vp seiles. LAȝ. I. 47. Hii rihte hire ropis, hii rerden hire *mastes*, hii wenden vp seiles. *ib.* j. T. Ffor southyn wyndys that some tyme blowe, Makyn *mastys* to bowen and lye full lowe. HARTSH. *Metr. T.* p. 128. In the lethy *mastis* lies all the lakke. p. 129. ohne Flexionszeichen: Slik was þe multitude of *mast*, so mekil & so thike, Þat all him þoȝt bot a hare wod it semyd. WARS OF ALEX. 69.

2. bildlich, grosse Kerze: And brouȝt with hym of wax a *mast* [= a tall wax-candle]. CHRON. VILOD. p. 98 in HALLIW. D. p. 544.

mast, vereinzelt auch noch **mæst** s. ags. *mǽst*, esca, baccæ, mitteld. ahd. mhd. nhd. *mast*, neue. *mast*, aus gth. *matan*, *matjan*; vgl. *mete* s.

1. Mast, Futter, bes. Eicheln etc., als Nahrung für Vieh, Wild, auch für die Menschen des goldenen Zeitalters: They [the poeples in the former age] eten *mast*, hawes, and swych pownage, And dronken water of the colde welle. CH. *Boeth.* Append. 1, 7. Thyse tyraunts put hem gladly nat in pres No places wyldnesse ne no busshes for to wynne .. Ther as vitayle .. is so skars and thinne, Þat nat but *mast* or apples is ther inne. *ib.* 1, 33 sq. cf. CH. *Poet. W.* VI. 300. 301 [u. 317. 318] Morris, London 1866; s. auch *Boeth.* p. 50 [acornes of okes]. When winter sleeth thaire fedyng, yeve hem [sc. the sowes] meete, *mast*, chastene [pabula glandis, castaneæ *lat.*], yeve hem pugges of thi corne. PALLAD. 3, 1078. Acorne, *mast* for swyne, gland. PALSGR. Many a falowe dere dyeth in the wynter for faulte *of maste*, and that they have no yonge springes to brouse vpon. *ib.* auch: *Maste* for hogges, novriture a povreeaux. *ib.*

2. Mastweide [Eichel- und Bucheckerweide] als Ort der Ernährung, Mästung: Al was þe king aboljen, swa biþ þe wilde bar, þenne he i þan *mæste* monie [swyn] imeteþ. LAȝ. II. 469. Al was þe king abolwe, so is þe wilde bor, wane he *in* þan *maste* many swin imeteþ. *ib.* j. T.

mast adj. u. adv. superl., **mastqwat** adv. s. *mare*.

maste s. macula s. *maske*; malus navis s. *mast*.

mastehede s. majestas s. *masthede*.

masten, mesten, meisten v. ags. *mǽstan*, saginare, altniederl. *mesten*, ahd. *mastan*, *masten* [= *mastjan*, *meestan*], mhd. *mesten*, nhd. *mästen*, neue. *mast*. vgl. *mast*, sagina. mästen, füttern, fett machen.

Mastyn beestys, sagino, impinguo. PR. P. p. 329. *Meysten*, idem quod *mastyn*. p. 334. Fat fowle, or beeste, *mestyde* to be slayne [*masted* P.], altile. p. 151. Masthog or swyne [*mastid* swyne, mast S.], maialis. p. 329.

masthed, masteded s. zu *mast* adj. superl. geh. Majestät.

God of *mastheds* þonnered he Over watres fele þat be [Deus majestatis intonuit, Dominus super aquas multas]. Ps. 28, 3. And blissed name, bi night and dai, Of his *mastehede* sal be in ai; And be filled with his *mastehede* so fre Sal all erthe [benedictum (sc. erit) nomen majestatis ejus .. et replebitur majestate ejus omnis terra]. 71, 19.

masthog s. von *mast*, sagina, u. *hog*; vgl. *mastswin*. Maatschwein.

Mast hog [or H. P.] swyne [mastid swyne K. maste S.], maialis. PR. P. p. 329.

masti adj. von *mast*, sagina, vgl. frühnhd. *mastig* [a. 1556], neue. prov. *masty* [= very large and big. *Linc.* HALLIW. D. p. 544]. überaus wohlgenährt, mastig.

Masty, fatte, as swyne be, gras. PALSGR. — Ye *mastie* swine, ye idle wretches, Full of rotten slow tetches. CH. *H. of Fame* 1777.

mastic, mastik etc. s. fr. *mastic*, auch mittelniederd. *mastic*, *mastich*, spät mhd. *mastich*, it. *mastice*, *mastica*, *mastico*, mlat. *mastice*, *mastica*

und *mastix*, -*icis*, -*icis* [CATH. ANGL. p. 230;
vgl. *mastice*, *mastica*, *mastix*, hwit cudu. WR.
VOC. col. 32, 4. 139, 26. 271, 18. 298, 29. 443, 4
Wülck.], auch nhd. *mastix*, von lat. *masticke*,
-*ickis* u. *mastice*, -*es*, später *mastichum*, *masti-
cum* [PALLAD. Oct. 14, 3, wo andere *masticha*
lesen], gr. μαστίχη, vgl. lat. *masticare*, gr. μα-
στάζειν, kauen, μάσταξ, Kauwerkzeug, Mund;
neue. *mastic*, *mastick*, *mastich*. Mastix, wohl-
riechendes Harz vom Mastixbaum, pistacia lentiscus, noch jetzt verschiedenartig in Arznei
und Technik gebraucht, das man früher, wie
noch jetzt im Morgenlande, auch kaute, um die
Zähne zu festigen und den Athem wohlriechend
zu machen.

Oon unce of fynest *mastic*, Fyne mirre an
unce, and of the piste Indik But half an unce..
— Bete al this smal. PALLAD. 11, 410. *Mastyk*,
spyce, mastix. PR. P. p. 329. In that 'ile
growethe *mastyck* on smale trees: and out of
hem comethe gomme, as it were of plombtrees
or of cherietrees. MAUND. p. 21—2. *Mastykk*,
mastix, -*cis*, producto -i [also gen. masticis].
CATH. ANGL. p. 230. *Mastyke*, spyce, mastic.
PALSGR. vgl. The rosine of yᵉ lentiske tree
called *mastick* deserueth praise. TURNER *Herbal* pt. II. lf. 29 [a. 1551]. Som vse to conterfit
mastic wyth frankincense & wyth the mixture
of the rosin of a pinaple. *ib.* lf. 34. s. CATH.
ANGL. p. 230 n. 2. vgl. auch *mastick* BAB. B.
p. 250. 253 [a. 1602].

mastictree s. neue. *mastic-tree*. Mastixbaum, Mastix-Pistacie, pistacia lentiscus.

Nowe The benes harde of *mastictree* wol
serve Ysowe. PALLAD. 3, 1038. vgl.: The water
of the *mastick tree*. BAB. B. p. 250 [a. 1602].

masticine s. lat. *masticinum* [sc. oleum] von
lat. *mastichinus*, *masticinus* adj., gr. μαστίχινος,
it. *masticino*, neue. *masticine*, von, aus Mastix.
vgl. nfr. *masticine* s. Chemisch wirksamer Be-
standteil des Mastix, Mastixöl.

Her seede yf me reclyne In baume, or
nard, or . . in *mastycine*, . . Thai wol and have
odoure like her unguent. PALLAD. 4, 142.

mastif etc. s. mlat. *masticus* [sc. canis] adj.
für *mastinus* [= *masnatinus*, *mansionatinus* von
lat. *mansio*, *manère*], woraus pr. sp. afr. *mastin*,
nfr. *mâtin*, pg. *mastim*, it. *mastino*; neue. *mastiff*,
mit der früh neue. und prov. Nebenform *masty*
[HALLIW. D. p. 544], bei der eine Anlehnung
an ae. *masti* adj. nicht ausgeschlossen scheint.
grosser Haushund.

On þer first eschel he smot in fulle hastif,
& þorgh þam ilka del, als grehound or *mastif*.
LANGT. p. 189. *Mastyf*, or mestyf, hounde.
PR. P. p. 329. *Mastyfe*, dogge, mastin, dogue.
PALSGR. vgl. *Mastive*, bandog [i. e. banddog,
Kettenhund], molossus. BURET, *Alvearie* [a.
1580]. Vn chien mestif, a mongrell, understood
by the French especially of a dog thats bred
between a *mastive* or great cur and a greyhound.
COTGR. [a. 1611]. — There ben rattes . . men
taken hem with grete *mastyfes*, for cattes may
not take hem. MAUND. p. 167. In alde tyme was
an usage to norryshe grete *mastyuys* and sare
bytynge dogges in the lytell houses upon the

walles to thende that by them shulde be knowen
the comynge of theyre enemyes. CAXT. *Fayts
of Armes* II. 158. Houndes and *masteves* [*ma-
styves* β. γ. *maistyves* Cx.] beeþ islawe in alle þe
forestes of Engelond. TREVISA VII. 187.

mastiljone, mastilione s. frumentum mixtum
s. *mestlione*; **mastlin, mastling** s. *es*, frumentum mixtum s. *mestling*.

mastis s. Nebenform zu *mastif*, doch nicht
etwa bloss aus demselben verschrieben, vgl. pr.
masti-s, gros chien [BARTSCH], sch. *mastis* [The
cur or *mastis* he haldis at smale auale, And cul-
yeis spanyeartis, to chace partick or quale.
DOUGLAS *Eneados* IV. Prol. 56], *mastiche* [JA-
MIESON]. Vielleicht hat eine Anlehnung an afr.
mestis, *mestif*, nfr. *mêtis*, sp. *mestizo*, it. *metic-
cio*, lat. *misticius*, *mixticius* [HIERONYM.], stattgefunden. Wolfshund.

A *mastis*, liciscus. CATH. ANGL. p. 230.
vgl. How he [sc. Amon] is merkid & made is
mervaile to neuyn, With — tachid in his fortop
— twa tufe hornes, A berd as a besom with
thyn bred haris, A mouthe as a *mastis* [mastif
ed.] hunde. WARS OF ALEX. 318, wo *mastis* eig.
Adj. ist oder ein loses Kompositum *mastishunde*
vorliegt. *Liciscus* aber ist lat. *lyciscus*, gr. λυ-
κίσκος, Wolfshund; cf. *liciscus*, a howne, animal
genitum inter canem et lupum. MEDULLA in
CATH. ANGL. p. 230 n. 4.

mastswin s. mitteld. mhd. *mastswîn* [neben
mestswîn, *mestswin* von *mesten*, saginare], von
mast, sagina, und *swin*. Mastschwein.

Mast hog [or H. P.] *swyne* [mastid swyne K.
maste S.], maialis. PR. P. p. 329.

mastwhat adv. almost, mostly s. *mare* adj.
u. adv. comp., *mast* superl.

mat, maat, mate, selten **malt** adj. urspr.
Zuruf beim Schachspiel [verkürzt aus ae. *check-
mat*, *checkmate* interj. u. adj. aus *schdh mât*, eig,
schâh mâta, der König ist gestorben, von pers.
schâh, König, und arab. *mâta*, pers. türk. *mât*, ist
gestorben, tot], pr. fr. *mat*, schachmatt, pr. afr.
auch niedergeschlagen, traurig, daher ebenso
mittelniederl. mittelniederd. mhd. *mat*, nhd.
matt, sp. pg. *mate*, it. *matto*, schachmatt, auch
närrisch, sch. *mate*, *mait*, neue. *mate*.

1. matt [im Schachspiel]: Therwith Fortune seyde „chek here! And mateˮ in the myd
poynt of the chekkere. CH. *B. of Duch.* 658.
bildlich, aber in unmittelbarster Übertragung:
For he wende in none wise þat God almiȝti
coupe deuise Him to brenge to lower stat, Wiþ
o drauȝt he was chekmat [mate H.]. ROB. OF SIC.
181 in Horstm., Alte. Leg. p. 213, Heilbr. 1878.
vgl. sch. subst.: „A! goddesse fortunate, Help
now my game, that is in poynt to mateˮ. — „Off
mate!ˮ quod sche, „o verray sely wreche, I se
wele by thy dedely colour pale, Thou art to
feble of thy-self to streche etc.ˮ JAMES I. K. Q.
st. 168–9 in *Spec. III. 46*.

2. tot, zu Boden geschlagen, über-
wältigt, völlig besiegt: Þe first o þaa
[sc. þe seuen sins] man clepes pride, Þat es
ouercummen and mad al *matt* [ful mate GÖTT.],
Þar buxumnes mai hald his stat. CURS. MUNDI

10040 Cott. Þu seȝe openliche in alle þinge Of his bataylle þe endynge, Þorw whom þe fend was al *mat* [*maat* A.], And þe world forbouȝt and brouȝt in stat. Cast. off L. 1203. Pruide .. Al *moat* and ouercomen wes Þorw boxumnes þat heo ches. 929 sq. O Golias, vnmesurable of lengthe, How myghte Dauid make thee so *mat* [*mate* 5354 Tyrwh.], So yong and of armure so desolate? Ch. *C. T.* III. B. 935 Skeat Cl. Pr. — Þat [= lat. ut] Maxence & alle hise halden ham *mate.* Leg. St. Kath. 2014. The Saresynes fledde, and were al *mate.* Rich. C. de L. 6749.

3. körperlich ermattet, erschöpft, matt, schwach, ohnmächtig: Þar might o kind es funden *mat* [*mate* Fairf.]. Curs. Mundi 3484 Cott. Meliora was al *mat*, sche ne miȝt no furþer. Will. 2441. He wats so *mat*, he myȝt no more renne. Gaw. 1568. Sche is so *mat*, sche may noȝt go, so hunger hur haueþ enteynte. Ferumbr. 2590 Herrtage. Sche seyde: „My lyf ys not worþ a lek, I am all *mat*.“ Octou. 1205 Sarr. Tydeus, of bledyng wonder feynt, *Maat* and wery, and in gret distresse, And ouerleyd of verray feblenesse, But as he myght hymsilue tho sustene, He took his hors. Lydg. *Thebes* 1208. On a dai, ase he was mad [*mate* N.] & feint To Jesu Crist he made is pleint. Beves of Hamt. 1575 Kölb. He drouȝ doun his cote, No more *mate* ne dismayed for his mayndintes etc. Gaw. 336. For *mate* I lay downe on the ground, So was I stonayd in that stounde. Yw. a. Gaw. 427. The fynd saw he wase ny *mate*, Owt of the watyr he toke the gate, He thowght to wyne the fyld. Torrent 679. — *Mate* and weri war þai þan. Curs. Mundi 15875 Cott. Fairf. Gött. wo This. *mased* liest. Þey buþ so *mate*, þay mowe noȝt go, so honger haþ hem teynte. Ferumbr. 2506.

4. geistig niedergeschlagen, bestürzt, mutlos, bekümmert, traurig: Ȝif eni mon ei swuch þing ortroweð bi him, he is more *mat* þen þe þeof [þen þeþe of *ed.*] inumen mid þeofðe Ancr. R. p. 382. Quen þat he [sc. Ioseph] kneu hir in sli state, Was he neuer man sua *matt* [*mate* Fairf. Gött. Trin.], Sua sari was he neuer his liue, Als quen he fand wit barn his wijf. Curs. Mundi 11135 Cott. Whanne he his felawes founde, of his fare þei wondred, Whi he was in þat wise wexen so *maat*, & he hem told tiȝtly whiche two white beres Hadde gon in þe gardyn, & him agast maked. Will. 1775. I telle þe welle þat she .. is al *maat* and ouercomen by wepyng and sorwe for desire of the. Ch. *Boeth.* 2, 1035 sq. I am a man al mornyf *mate*. Allit. P. 1, 386. That sorowfulle sight shalle make hire *maytt*. Town. M. p. 170. — Him thoughte that his herte wolde breke, Whan he seyh hem so pitous and so *maat* [*mate* 947 Tyrwh.], That whilom weren of so gret estat. C. *T.* I. B. 96 Morris Cl. Pr.

5. verblendet, bethört: Esau wifuede us to dere, Quan he justed & beð so *mat*, Toc of kin ðe Canaan bigat. G. a. Ex. 1588.

mat s. mhd. *mat*, *matt*, Matt im Schachspiel, bildlich, sp. *mate* [in: dar *mate*, matt setzen], neue. *mate*. Matt im Schachspiel, auf völlige

Besiegung, Vernichtung im Kampfe übertragen.

Naciens, Adrageins & ek Herui .VI. heþen kinges driuen hardi .. For to ȝeuen hem her *mat*. Arth. a. Merl. 9341 sq. Kölb. [= sie matt zu setzen].

mate s. kann Nebenform zu ae. *make*, aga. *maca*, neue. *make* sein [vgl. Skeat *Etym. D.* v. *mate*. Oliph. *Old a. Middle Engl.* p. 432], wie ae. *bakke* zu neue. *bat* geworden ist [Mätzner *Gr.* I³. p. 142. vgl. Morris *Engl. Accidence* p. 25]; doch scheinen aga. *mata* [?], altn. *máti*, niederd. *mát*, niederl. *maet*, ahd. *gimazzo*, Tischgenosse, mhd. *gemazze*, *gemasse*, eher auf eine Verwandtschaft mit mhd. *maz*, *mass*, cibus, gth. *mats*, βρῶσις, βρῶμα, zu weisen; neue. *mate*. Genosse, Gefährte, Geselle.

Maumecet, my *mate*, yblessed mot þou be, For aled þow hast muche debate toward þys barnee. Ferumbr. 1372 Herrtage. *Mate*, idem est quod felaw [or marwe]. Pr. P. p. 329. Marwe, or felawe yn trauayle [or *mate*, marowe]. p. 327.

mateere s. materia s. *materie*.

mate-griffon, mate-griffoun s. imperat. Bildung von *maten* v. und *griffon*, *griffoun* s. Graecus; s. D. C. vv. *matare*, *Griffones* und vgl. ae. *matfelon*. Name eines Wandelturms [turris ambulatoria], einer beweglichen Belagerungsmaschine, die urspr. besonders zum Angriff auf Griechen bestimmt war.

That castel shall have a sory nom, It shal be hight *Mate-Gryffon*. Rich. C. de L. 1845. cf. *Notes*. There leet he pyght hys pavyloun, And arerede hys *Mate-Gryffon*. 2877. Two grete gynnes, for the nones, kyng Richard sente for to caste stones .. The *Mate-Griffon* was that on. 6041 sq. vgl. 2923. 6063 [aus der *printed copy* führt Weber, Metr. Rom. II. 477, zu v. 1845 an: He set up Robynet that tyde Upon the castelles syde; On that other halfe the one, He set vp the *matgryffone*]. His pele [= Kastell] fro þat forward he cald it *mate Griffoun*. Langt. p. 157.

mateinis, mateins s. matutinæ s. *matines*.

matematik s. mathematica s. *mathematique* adj.

maten, matten v. afr. *mater*, *matir*, pr. *matar*, it. *mattare*, niederl. *matten*, fatigare, vgl. nhd. *ermatten* [tr., refl. u. intr.], sch. neue. *mate*. vgl. *mat* adj., mlat. *mattus*.

a. tr. 1. matt setzen, matt machen [im Schachs iel]: *Matyn* at the cheasse [*mattyn* S. P.], *matop* Pr. P. p. 329. Whether so *mates* other fair, Bere hem bothe oway. Triste. 1, 29. *Matted* at the ches. Pr. P. p. 330.

2. töten, überwältigen, niederschlagen, körperlich oder geistig unbrauchbar machen, schwächen, demütigen: O none wise ne muwe ȝe betere sauuen ou suluen, ant *maten* & ouercumen him. Ancr. R. p. 98. Mid none þinge ne muwe ȝe ouerkumen ne *maten* him betere. p. 344. Þat imperur wend him to *mat* [*mate cott.*]; In a tun was welland hat Fild of oyle he did him schott. Curs. Mundi 21041 Cott. Þat was na clerc sa crafti kend .. Þat moght þe clerc wit clerge

mat [*mate cett.*]. *ib.* 8477. I *mate* or overcome, je amatte. PALSGR. For ar he þe half o þaa haa slayn, He sal be *matid* of his main. CURS. MUNDI 3999 COTT. FAIRF. Þat left ware on lyfe, bot a litill mejne, Ware als malacrid [malstrid *ed.*] & mased & *matid* [*mated* Dubl.] of thaire strenthes. WARS OF ALEX. 1269 Ashm. [Ac] þe strengþe of Jhesu Godes sone Him [*sc.* þe fend] haþ al *mated* and ouercome. CAST. OFF L. 1323. Ffyve hundrith fully of þere fyne shippes, Consumet full cleane, clothes & other, And mony mo were þere marred, & *mated* with fire. DESTR. OF TROY 9530. He hath utterly *mated* me, il ma du tout amatte. PALSGR.

b. intr. matt, schwach werden, sein: On a dai, ase he was mad [he *mated* S.] & feint, To Iesu Crist he made is pleint. BEVES OF HAMT. 1575 Kölb. vgl. A! goddesse fortunate, Help now my game, that is in poynt to *mate*. JAMES I. K. Q. st. 168 in *Spec. III. 46.*

matenes s. matutinæ s. *matines.*

materas, matteras, matras, matrace, matres, matris s. afr. *materas,* nfr. *matelas,* it. *materasso, materassa,* mhd. *materas, matras,* nhd. *matratze,* mlat. *matratium,* mit Beibehaltung des arab. Art. *al* pr. *almatrac,* sp. pg. *almadraque,* von arab. *matrakh,* Ort, wohin etwas geworfen wird, zu *tarakha,* er wirft hin; neue. *matrass, matress, mattress.* Matratze, Küssen, Kissen, Polster.

Filtrum [= fulcrum], a quylte, or *materas.* WR. VOC. col. 583, 21 Wülck. Materacium, a *materas.* col. 595, 16. Sarissa, a *materas,* et quoddam genus armorum, a jakke of defense. col. 609, 25. *Matteras,* vndyr clothe of a bed [*matrace* K.], lodix, matracia. PR. P. p. 329. Hoc ffultrum [= fulcrum], a *matras.* WR. VOC. p. 260. A *matres,* cento, ferocia, matracia, filtrum, fultrum [= fulcrum]. CATH. ANGL. p. 231; s. *ib.* n. 5 und vgl. *Mattress.* MAN. VOC. Hec culcitra, a *matrys.* WR. VOC. p. 242. — Maketh a bed, þat softieste in anie londe, Of quoiltene [= coultes, neue. quilts] and of *materass* [wohl *pl.*]. ST. VINCENT 124 Horstm. p. 188.

material s. lat. *materiale* n. [von *materialis* adj.], afr. *materiel* adj. adonné aux travaux manuels [ouvriers *materiaux*]; considérable [GODEFROY], *materiel,* materiali [COTGR.], nfr. *matériel* adj. u. s., *matériaux* s. pl., pr. sp. *material,* it. *materiale,* neue. *material.* das Materielle, Stoffliche als Gegenstand der sinnl. Wahrnehmung oder als Substrat.

For it [*sc.* þe intelligence] knoweþ þe vniversite of resoun and þe figure of þe ymaginacioun and þe sensible *material* conceiued [et rationis universum et imaginationis figuram et materiale sensibile cognoscit]. CH. *Boeth.* p. 165. No þinge ne haþ his beynge of nought, to [the] whiche sentence none of þise olde folk ne wiþseide neuere al be it so þat þei ne vndirstoden ne moeueden it nought by god prince and gynnes of wirkyng, but þei casten as a manere foundement of subgit *material,* þat is to seyn of [the] nature of alle resoun [quamquam id illi non de operante principio, sed de materiali sub-

jecto, hoc est, omnium de natura rationum, quasi quoddam jecerint fundamentum]. p. 150.

materie, materi, matere, mateere, matire, matiere, mater, matter, mateer, matir, matier s. afr. *matiere, matere, matire,* nfr. *matière,* sp. it. *materia,* pr. *materia, madeira,* pg. *madeira,* mhd. *materjd* [12. Jahrh.], *materje, materje, materige,* lat. *materia, materies,* sch. *mater, mateir, matir,* matter, substance; subject, discourse, story, neue. *matter.*

1. Holz, nur vom Rebholz des Stockes oder selbständiger Schösslinge: A novel vyne, as telleth Columelle, After the formest yere *to* oon *matiere* To [The *ed.*] fourme is goode [*lat.* ad vnam materiam esse formandam]. FALLAD. 3, 316. For Columelle affermeth in that jointe to germyne, and in veer theroute to stare *Mater* thi vyne alle newely to repare. 12, 47. The vyne ysette into the tree to growe, His first *matier* at the thridde or secounde Gemme is to cutte. 3, 281.

2. Stoff, Materie, sinnlich: Nou ferst ich wille telle jou Wet may be þe *materie* Wer-inne cristning may be made. SHOREH. p. 8. Þe *matere* [= Stoff für die Weltschöpfung] furst þerof I rede, Þat is þe elementis to say, Þat first shaples togidur lay, He dalt ham ful in sex dayes In parties. CURS. MUNDI 348 TRIN. For þe wit comprehendiþ fro wiþouten furþe þe figure of þe body of þe man, þat is established in þe *matere* subiect. CH. *Boeth.* p. 164. Wit ne may no þinge comprehende oute of *matere.* p. 165. For man was made of suche a *matere,* he may noujt wel astert, Þat ne some tyme hym bitit to folwen his kynde. P. PL. *Text B.* pass. XI. 392. The *matyre* of this sacrement Hys ryjt the oylle allone. SHOREH. p. 43. Þe *mater* first þerof he mad, Þat es þe elementes to sai etc. CURS. MUNDI 348 COTT. FAIRF. GÖTT. Elixer, a *mater* of metall in alcomye. WR. VOC. col. 580, 5 Wülck. A *mater,* materia dicitur in sciencijs, materies in aliis rebus, thema, stilus. CATH. ANGL. p. 230. — Ne eek our spirites ascencioun, Ne our *materes* [= feste Stoffe] that lyen al fixe adoun, Mowe in our werking no thing vs auayle. CH. *C. T.* III. G. 778. cf. *matere.* *ib.* Wr. [What sholde I tellen . .] of the care and wo That we hadde in our *matires* [gen.] sublyming. *ib.* 769. cf. *materes ib.* Tyrwh. *matiere ib.* Wr.

3. geistiger Stoff, Gegenstand der Besprechung, Anlass, Veranlassung: Of þis ilke *materie* ich spec muchel þeruppe [= above, before]. ANCR. R. p. 270. Þe ilke jenne is aye kende þet þe dyeuel tekþ to man oþer to wyfman ine uele maneres þet ne byeþ najt to nemni uor þe *materie* þe is to moche abomynable. AYENB. p. 49. Mi *matery* wer to long, & þe tale to jou wel strong. ARTH. A. MERL. 663 Kölb. *Matere,* materia. PR. P. p. 329. The *maters* of this boke is crist & his spouse. HAMP. *Ps.* Prol. p. 4. Nay, crist it forbede Þat ich more of þat *matere* so misseliche þenke! WILL. 710. I schal speke a litille more of dyamandes, alle thoughe I tarye my *maters* for a tyme, to the ende that thei that knowen hem not, be not

disceyved be gabberes. MAUND. p. 160. I dorste
meue no *matere* to make hym to iangle. P. PL.
Text B. pass. VIII. 118. Though that I plainly
speke in this *matere*, To tellen you hir wordes
and hir chere. CH. *C. T.* 727 Tyrwh. But ay,
whan I remembre on this *matere*, Seint Nicholas stant euer in my presence. *ib.* II. B. 1703
Skeat Cl. Pr. I durste meue no *mateere* to make
him to iangle. P. PL. *Text A.* pass. IX. 113.
Thogh þat I pleynly speke in this *mateere* To
telle yow hir wordes and hir cheere. CH. *C. T.*
727 Zup. Infinite harmes ben in this *mateere*.
ib. I. B. 401 Morris Cl. Pr. When þe Ro-
mayne wolde werry in eny lond, schulde oon go
to þe endes of þat lond and clareliche declare
and schewe þe *matire* and cause of þe werre.
TREVISA I. 241 sq. But þif this *matiere* plese to
oní worthi man, that hathe gon be that weye,
he may telle it, þif him lyke. MAUND. p. 130.
His flatereres .. appaired and aggregged moche
of this *matiere*. CH. *C. T.* III. p. 143 Morris,
London. *Mater* fynd ȝe large and brade Pof
rimes fele of hir be made. CURS. MUNDI 93
COTT. ähnl. FAIRF. GÖTT. Þe quen & here consail .. gonne to mele of that *mater* how it best
miȝt bene. WILL. 4007-9. It semed noȝt ioure
seruand, sire, vndistreyned Vnto ȝour mekill
maieste þis *mater* to write. WARS OF ALEX.
2779 Ashm. Þe more þat a man of good *mater*
hereth, But he do þer-after, it doth hym double
scathe. P. PL. *Text B.* pass. XV. 57. Of þis
mater ich myghte momely [ful] longe. *Text C.*
pass. VI. 124. A *mater*, materia dicitur in sciencijs, materies in alijs rebus, thema, stilus. CATH.
ANGL. p. 230. Þou .. Sekest occasion by trobly
vyolence Ayenst me, and makest þerof a game
To fynde materer [leg. *mater* Zup.] and for to
do offence. LYDG. *Isop.* 267 sq. Zup. Bellyn the
rame .. tolde vs al the *mater*, how it happed.
CAXT. *Reynard* p. 99 Thoms. Theñne commanded ye that Reynard, my neuew, shold come
and saye his aduise in this *mater.* p. 105.
Though that I telle som-what more Of prouer-
bes, than ye han herd bifore, Comprehended in
this litel tretis heer, To enforce with theffect of
my *mateer.* Ch. *C. T.* II. B. 2145 Skeat Cl. Pr.
Þis Seneca .. hadde greet studieng and greet
knowleche of þynges, and wel nyh al *matir* of
study of witte and of sciens [tractavit fere om-
nem studiorum materiam, orationes, poemata etc.
Higd.]. TREVISA IV. 403. But natheles yit axed
he her counseil in this *matier.* CH. *C. T.* III.
p. 143 Morris, London. The needes for whiche
we ben assemblit in this place, is ful hevy thing,
and an heigh *matier.* p. 144. Thilke iuge is
wys, that soone understondeth a *matier*, and
iuggeth by leysir. *ib.* Yet not for-thi I rose ..
Alle sodenly my self remembryng Of a *matier.*
POL. REL. A. LOVE P. p. 52. — *Materes* fynde
we may in dede Rymes of hir to make & rede.
CURS. MUNDI 93 TRIN. Pese are *materes* [*ma-
teris* GÖTT. *matris* BEDFORD vol. V p. 1658] red
on rowe Þat in þis bok wol I showe. *ib.* 221
TRIN. It were a ful gret peril to erren in these
materes. CH. *C. T.* III. p. 144 Morris, London.
It semyd not your seruand, [syre], vndistreynyd

Vnto your mekyll mageste Þees *materys* to writte.
WARS OF ALEX. 2779 Dubl. Amorwe thei must,
affore mete, mete togedir, Þe knyȝtis of þe co-
muneta, and carpe of þe *maters*, With citiseyns
of shiris. DEP. OF R. II. pass. IV. 40 Skeat. Hygh
maters profounde and secrete, Ne shuld nat
without gret auyce Be shewydin opyn to hem
þat be nat wyse. LYDG. *Isop.* 178 Zup. He shal
vnbynde his packe and lye, and, by flaterye and
fair wordes, shal brynge forth so his *maters*,
that it shal be supposed for trouthe. CAXT.
Reynard p. 45 Thoms. [Seneca ..] made bookys
and tretys allemoste of alle *matters.* TREVISA
IV. 403 *Harl.* Isopus .. Fonde out fables, þat
men myght hem apply To sondry *matirs*, yche
man for hys party. LYDG. *Isop.* 9 sq. Zup. I
me submyt to theyr correccion Of hem, þat haue
more clere inspeccion In *matyrs*, þat touche
poetry. 46.

matermoin s. matrimonium s. *matremoine.*

maternal adj. sp. *maternal*, pr. *maternal*,
mayrenal, fr. *maternel*, it. *maternale*, mlat. *ma-
ternalis* [von lat. *maternus* zu *mater*], neue.
maternal. mütterlich.

Somme persones of noble estate and degree
haue desyred me to reduce thystorye and lyf
of .. Charles the grete .. to thende that thysto-
ryes, actes, & lyues may be had in our *maternal*
tongue [= Muttersprache]. CAXT. in FERUMBR.
Introd. p. IX. Herrtage. This mayden .. Withouten *maternall* doloure [= Schmerzen beim
Gebären] Oure sauyour hath borne. RYMAN
18, 4 ed. Zup. [in *Arch.* 89, 167 sq.] cf. 41, 7.
The whiche thou were worthy to bere Without
synne and *maternall* payne. 78, 3. vgl. Maternel,
maternall. COTGR.

matfelen, matfelone, mattefelon s. afr.
matefelon, *matefelun*, *mateflon* [nom d'herbe,
paraît désigner l'ophioglosse: Lancea et latex,
matefelun. Glose de Garl. Ms. Bruges 546.
Scheler Lex. p. 76. Une herbe appelée *mateflon*,
laquelle herbe est pour parantir des poux. *Rég.
du Chât.* I. 313. GODEFROY.], anscheinend imperat. Bildung von *maten* v. und *felon* s. anthrax,
etwa als Heilmittel gegen Geschwüre und offene
Wunden; vgl. *mategriffon* und s. D. C. v. *matare* [Castrum condere cœpit, quod *Matapute-
nam*, id est devincens meretricem, pro despectu
Haduissæ Comitissæ nuncupavit . . . Lugdu-
nense quoddam panis genus in sartagine con-
fectum *Mattafanos* seu *Matefaim* vocare, quasi
famis domitores ac victores, qui messoribus
fossoribusque suavissime manduntur.]. Nach
anderen kelt. Herkunft [vgl. WEBSTER]. Gemeine Flockenblume, centaurēa jacēa L.,
neue. knapweed, eine der Kornblume verwandte
und früher in der Medizin gebrauchte Pflanze.

Tak avaunce, *matfelon*, yarow, and sany-
gill, and stamp tham, and temper tham with
stale ale, and drynk hit morn and at even [su
einem Heiltrank „for the rancle and bolning"].
REL. ANT. I. 53. Tak confery, marigolde, *matfelon*, mylfoyle, avance etc. [ebenfalls su einem
Heiltrank]. *ib.* I. 55. *Matfelōn*, herbe, jacia
nigra; et alba dicitur scabyowse, vel covwede
[cowewed, cobbed]. PR. P. p. 329. vgl. n. 2.

Mattefelon [*matfelone* A.], iacea, herba est. CATH. ANGL. p. 230. vgl. n. 5.

matier, matiere s. *materia* s. *materie*.

matines, mateinis, matenes, metenes, matins, mattins, mateins, matens s. pl. afr. *matines*, *matinnes*, später auch *matins* [*matins*, morning praier COTGR.], nfr. *matines*, pr. pg. *matinas*, sp. *maytines*, mlat. *matutinæ* [sc. vigiliæ, preces], *matutini* [sc. laudes], vgl. ahd. *máttína, métdína* [= *matina, matutina* sc. hora], mhd. *méttíne, méttíne, méttene, méttín, métten, métti*, nhd. *mette*, it. *matutino* [= *matutinum tempus, officium*] neben *mattino, mattina* [= *matutinum tempus, matutina hora*], von mlat. *matinus, matutinus*, lat. *matutinus* [vgl. lat. ave *matutinum* MART. 1, 56, *matutinum* sc. tempus, *matutina* sc. tempora] zu *mane*; sch. *matenis* s. pl. [neben *matutyne* adj.], neue. *matines, mattins, matins*. urspr. Morgengebete, Morgengesänge, dann bes. die Gebete und Gesänge in der ersten kanonischen Gebetszeit der röm. Kirche vor Tagesanbruch und diese Feier selbst, Mette, Frühmette.

Pis monekes opon þe fisches rugge bileften al þe nyȝt, And songuen *matynes* and euesong. ST. BRENDAN 377 Horstm. p. 230. Pare huy songuen heore *matynes* and heore masse also. *ib.* 673 Horstm. p. 238. To *matynes* huy gonne ringue. ST. DOMENIC 207 Horstm. p. 284. Wiþ obure he ȝeode to *matynes*. ST. CUTHBERT 95 Horstm. p. 362. Hit [sc. þe child] wolde aryse to þe mydnaht, Ant go to *matines*, þe monkes yfere, Ant wel leornede huere manere. MARINA 72. In chirche he was deuout inou; vor him ne asolde no dai abide Pat he ne hurde masse & *matines* & euesong & ech tide. R. OF GL. 7604 Wr. Al so þe quen herd *matines*, Pe king aros be wrongful lines. ARTH. A. MERL. 6491 Kölb. Often þe folk wyþ seint Austyn Wente þyder wiþ hym þe feyþ to lere, *Matines* & messe for to here. R. OF BRUNNE *Story of Engl.* 15134. Wel bird ever ilk man Lof God after that he kan, Lered men wit rihtwis lare, And laued folk wit rihtwis fare, Prestes wit *matines* and wit messe, And laued men wit rihtwisnes. METR. HOMIL. p. 2. Ȝoure masse & ȝoure *matynes* and meny of ȝoure houres Aren don vndeuotlich. P. PL. *Text C.* pass. I. 125. Also prelatis ben more bounden to þis prechynge . . þan to seie *matynes*, masse, euensong, or placebo. WYCL. W. *hith. unpr.* p. 57. cf. p. 112. Pan were *matynys* & masse . . & *matynes* of oure lady ordeyned of synful men. p. 191. cf. *Notes*. Pus many grete axen where a prest may wiþouten dedly synne seie his masse wiþouten *matynys*. p. 193. To plukke grapes in othir mennys vynes [sc. I] Was moor redy than for to seyn *matynes*. LYDG. *M. P.* p. 255. *Mateynys*, matutine. PR. P. p. 329. Accursen [konj.] hem . . prestes and clerkes þat þey haue no part of masse ne *matenes* ne of none oþer gode praiers. MYRC *Instructions* 765 sq. Vnneþis may þei at reste seie *metenes* or masse with deuocioun. WYCL. W. *hith. unpr.* p. 22.

Po hit was tyme of *matyns*, hi arise þerto; Pe foweles sunge ek here *matyns*. ST. BRENDAN 222 Horstm. p. 225. Ich niȝt it was þe quenes maner To chirche gon & *matins* here. ARTH. A. MERL. 6489 Kölb. Pe penaunt lay al niht, and spac *matins* and ympnes bo. GREGORLEG. 600 *Vernon*. Pe king and his knihtes to þe churche wenten To heere *matyns* and masse. P. PL. *Text A.* pass. V. 1. Ich ligge a bedde in lente, my lemman in myn armes, Tyl *matyns* and messe be don. *Text C.* pass. VIII. 26. Pat he ne hurde masse & matines [*matins* & *masse* d.] R. OF GL. 7605 Wr. That is the cony, whiche cam to me yesterday in the morenyng where I satte tofore my hows, and sayd *matyns*. CAXT. *Reynard* p. 93 Thoms. *Matyns*, matutini, matutine. CATH. ANGL. p. 230. *Mattyns*, matines. PALSGR. For what euere þei don, in masse or *mateyns* or oþer dedis of þer lif, þey harmen hem silf & þer pariȝs. WYCL. W. *hith. unpr.* p. 418. Go to seynt Maxymien and seie to him, that the nexte day after the resurreccyon of oure Lorde in the same time, that he is wonte to goo to *mateyns* [ad matutinum *lat.*], that he entre allone in-to his oratorie. MAR. MAGD. 99 Zup. To euensong, masse, *matens* and prime, To complyn and to euery houre, Loke, that ye come to them be tyme. RYMAN 97, 13 Zup.

matinge, mating, matting s. vgl. *maten* v. Mattsetzen, Mattmachen bein Schach. *Matynge* at the chesse, matacio. PR. P. p. 329. At ilka *mattyng* [*matyng* PETIT Ms.] þei sede "chek". R. OF BRUNNE *Story of Engl.* 11399.

matir, matire s. materia s. *materie*.

matirmoine s. matrimonium s. *matremoine*.

matrace, matras s. culcita s. *materas*.

matremoine, matermoin, matirmoine, matrimoine, matrimoigne, matrimonie, matrimoni etc. s. afr. *matremoine* [?], *matremuine* [norm.], *matremoigne, matrimoine, matrimoigne, matrimonie*, it. *matrimonio*, lat. *matrimonium*, neue. *matrimony*. E h e.

The aughtene commandement es that „Thou sall noghte bere false wyttnes agaynes thi neghteboure," als in assys, or cause of *matremoyne*. HAMP. *Tr.* p. 11. In synnes consayued me my modir, that is, in vile couaitise of lichery, that is syn, bot if it be excused with *matermoyn*. Ps. 50, 6 comm. And ef Crist paied no ware Of *matirmoyne* [*matrinon* C.], hafed he noht thare [sc. til Cana Galile] Cumen to schew thar his goddhede, For god lif mai spoused men lede. METR. HOMIL. p. 121. Seþþen lawe haþ iloket þat vche mon haue a make In mariage and *matrimoyne* imedlet togedere. P. PL. *Text A.* pass. X. 201. Ledeþ hure to London, wher lawe may declare Yf *matrimoine* may be of mede and of falshede. *Text C.* pass. III. 148. Bitwixen hem was imaad anon the bond, That highte *matrimoyne* or mariage. CH. C. T. I. B. 2236 Morris Cl. Pr. If þei lacchen syluer, And *matrimoigne* for monye maken & vnmaken. P. PL. *Text B.* pass. XV. 235. For a menyuer mantel he made leel *matrimonye* Departe er deþ come, and a deuors shupte. *Text C.* pass. XXIII. 138. A prist, that . . shulde mynystren the sacrament of *matrimonie*

. . awȝte to abstene hym fro al ydil pleying bothe of myraclis and ellis. REL. ANT. II. 47-8. Prelatis also ben weiward ypocritis..; for þei.. forsaken as venym *matrimonye*, þat is leffel bi holy writt. WYCL. W. *hith. unpr.* p. 100. Many prestes now kepen neiþer *matrimonys* ne charite, but defoulen wyues etc. *ib.* cf. p. 435. Alexander commaundede mony gouernourees.. to be hongede.., takenge the doȝhter of Darius to *matrimony*, and mariede the noble maides of that cuntre to men off Macedony. TREVISA IV. 9 *Harl.* A *matrymon* [*matrimony* A.], matrimonium. CATH. ANGL. p. 231.

matres, matris s. culcita s. *materas*.

matrone, matroun s. afr. *matrone, matrosne*, nfr. *matrone*, it. lat. *matrōna*, verheiratete Frau, von lat. *mater, matris;* neue. *matron.* alte Frau, Matrone, auch ehrbare, vornehme Frau, Dame.

Whan this *matrone* herde the maner how this knight answerde, She said: ha treson, wo the be, That hast thus tolde the privete, Whiche alle womman most desire. GOWER I. 98. *Matrone*, eld woman, matrona. PR. P. p. 330. — O noble *matrouns*, whiche have al suffisaunce of wommanhede, yowre wittes doth up dresse, How that fortune list oft to turn hir chaunce, Beth nat to rakel of sodayne hastynesse etc. [Warnung, dem Beispiele der Dido zu folgen]. LYDG. *M. P.* p. 70.

matte, matt s. ags. *matte, meatta, meatte* [Spiato, *matte.* WR. VOC. col. 48, 6 Wülck. Storea, uel psiata. 154, 2. Matta, *meatte.* 328, 34. vgl. Ψίαθος, teges, teges stratoria, matta. *Gloss. Græc. Lat.* D. C. und s. überh. D. C. v. *matta, matta monachica*], ahd. *mattd*, mhd. *matte*, später *matze*, nhd. mniederl. *matte*, neuniederl. *mat*, schw. *matta*, dän. *maatte*, sp. *mata*, it. lat. *matta*, Binsendecke, -matte, neue. *mat.* vgl. *natte.* Decke, Matte, Matratze aus Binsen- oder Strohgeflecht.

Storium, a *matte*, or a bed. WR. VOC. col. 613, 37 Wülck. Hoc scopum, a *matte* [im Schlafzimmer]. 777, 7. *Matte*, or natte, matta, storium. PR. P. p. 329. cf. p. 351. After Wolston his deeþ, whan al þe chirche was on fuyre, þer fil noþer fliȝ noþer sparcle noþer soot uppon Wolston his grave, and so it ferde of þe *matte* þat was under hym whan he had his bedes [similiter contigit de matta, super quam orare solebat *Higd.*]. TREVISA VII. 3ɟ9. A *matt*, vbi nett [A.]. CATH. ANGL. p. 231. cf. p. 249 v. *natte.* — Also seinte Sare, & seinta Sincletice, & monie oðre swuche weopmen & wummen mid hore greate *maten* & hore herde heren, neren heo of gode ordre? ANCR. R. p. 10.

matteras s. culcita s. *materas*.

mattere s. vgl. fr. *nattier* [Natmaker, *natier*. PALSGR.]. Mattenmacher, -verfertiger.

Storiator, a *mattere*. WR. VOC. col. 613, 36 Wülck.

mattilike adv. zu *mat, mate* adj. geh. in bis zur Erschlaffung, bis zum Sterben erschöpfter Weise.

„Broðer Iacob,“ quat Esau, „Of ðis warme mete ðu gif me nu, For ic ham *mattilike* wery

[= gänzlich abgemattet, totmüde].“ G. A. EX. 1491.

mattias s. matutinæ s. *matines*.

matting s. matatio s. *matinge.*

mattok, matteke, mattekke s. ags. *mattoc, mattuc*, kelt. Urspr. kymr. *mattog*, wälsch *matog*, a mattock, hack, gäl. *madag*, a mattock, pickaxe, . vgl. russ. *motüika*, poln. *motyka*, lith. *matikkas, mattikas*, stammverwandt mit goth. *maitan, κόπτειν*, Wurzel *mat;* neue. *mattock.* Haue, Hacke, Karst.

Mattok is a pykeys, Or a pyke, as sum men seys. R. OF BRUNNE *Handl. S.* 940. Dowun he smote his *mattok*, And syl hym self dede as a stok. 938. At þe repayrynge of Seynt Petres he wente to wiþ a *mattok*, and opened first þe erþe [bidente primus terram aperuit *Higd.*]. TREVISA V. 12ɟ. Makie redie nowe iche nedeful instrument, Lete se the litel plough, the large also, . . The *mattok*, twyble, picoys. PALLAD. 1, 1149 sq. Hoc bidens, a *mattok.* WR. VOC. p. 234. *Mattok*, instrument [or pykeys, or twybyl], ligo, marra. PR. P. p. 330. Whiche toke also a *mattoke* in his honde firste [bidente primus terram aperuit *Higd.*]. TREVISA V. 129 *Harl.* Twybyl, or *mattoke*, marra, ligo. PR. P. p. 505. Hec merra, a *mattoke.* WR. VOC. p. 277. *Mattoke*, ligo, marra. CATH. ANGL. p. 231. vgl. n. 3. Pykeys, *mattokke*, ligo, marra. PR. P. p. 397.

mature adj. lat. *maturus*, it. *maturo*, sp. pg. *maduro*, pr. *madur*, afr. *maür, meür*, nfr. *mür*, neue. *mature.* reif.

And make liquamen castimoniall Of perea thus: take peres right *mature* etc. PALLAD. 3, 827. vgl. Alsike [= alica *lat.*] is made with barly *half mature* [= ordeum semimaturum *lat.*]. PALLAD. 7, 133, wo eine lose Zusammensetzung [vgl. *halfbar, halfcursed* etc.] anzunehmen ist.

maturen v. lat. *maturare*, it. *maturare*, fr. *maturer*, neue. *mature.* eig. reif machen, zur Reife bringen, übertr. zur Verpflanzung reif, geeignet machen.

And thai [sc. the figes], that in the seminary be *Matured* wel and plannted so, wol sprynge Upp feire, and pomys gentilest forth brynge [Si plantam fici prius nutrias in seminario, et maturam transferas in scrobem, poma generosiora producet *lat.*]. PALLAD. 4, 558.

maturite s. lat. *maturitas, -atis*, pr. *maturitat*, it. *maturità*, nfr. *maturité*, vgl. afr. *matirteit, matirteit, metirtet, mettretet*, sch. *maturite*, slowness, deliberation [BARB.], neue. *maturity.* vgl. *mature* adj. Reife.

Yf thay [sc. vinacia, quæ in acinis celantur, hoc est *grana*, also die Kerne der Weinbeeren] be browne and sum eke blake be, That is a token of *maturite.* PALLAD. 10, 124, von Weintrauben.

maðe, meaðe s. ags. *maða, maðu* [Tamus (= tarmes), *maða*, mite. WR. VOC. col. 122, 6 Wülck. Cimex, summitas arboris, uel *mapa.* 205, 8. Cimex, *mapu.* 122, 3. 321, 35], alts. *matho*, niederl. ahd. *mado*, mhd. nhd. *made*, gth. *maþa*, wohl stammverwandt mit gth. *mai-*

tan, χόπτειν, Wurzel *mat*, neue. dial. *mad*, earth-worm; maggot (*North*. HALLIW. D. p. 536]. fusslose nagende Insektenlarve, Made, Wurm, Verwesungswurm, auch Wanze [= cimex].

Cimex, *maðe*. WR. VOC. col. 544, 14 Wülck. Carinis [= tarmis i. e. tarmes], a *mathe*. 571, 5. Tarinus [= tarmus i. e. tarmes; vgl. *Tarmus*, vermes in carne, in *Gloss. Isid.*; in *Gloss. Lat. Gall.*: Le ver qui naist du lart. Italis tarma est blatta, tinea, ut et Latinis tarmes vel termes a terere dictus. D. C.], quidam vermis lardi, a *mathe*. 615, 28. Tinex [= cimex], a *mathe*. 616, 31. *Maþe* [maye *ed.* vgl. jedoch p. 331 n. 1] or *mathe* [worme], idem quod make supra [may, or mache]. PR. P. p. 330. Make, *mathe*, wyrm yn þe fleshe [or maye, infra, make, or magot, magat, may, or *math*], tarmus, cimex. p. 321. A mawke [or *mathe* A.], cimex, lendex [cf. *Lendex*, tarmus (tarmes), vermis in lardo. D. C.], tarmus. CATH. ANGL. p. 231. — Now hadde al þo þeues Ben tofrust dounriȝt to *maþen*. ARTH. A. MERL. 8107 Kölb. He lete cristen wedde haþen, & meynt our blod, as flesche & *malþen*. 484 Kölb. *Maþes* [wormes, wormis *sett*.] eruled in him þore. CURS. MUNDI 11836 TRIN. Alas my wyf is deed; yonder lyeth a dede hare full of *mathes*, and wormes, and there she ete so moch therof, that the wormes haue byten atwo her throte. CAXTON *Reynard* p. 94 Thoms. cf. Foldynge of shepe . . bredeth *mathes*. FITZ-HERBERT *Husbandry* in CATH. ANGL. p. 231 n. 6. Þe laðe hellewurmes . . snikeð in ant ut . . as *meaðen* i forrotet flesch. OEH. p. 251.

maðek, *make*, *mawke* [= *mauk*] etc. s. altn. *maðkr*, dän. *maddik*, *madike*, *mdk*, niederd. *maddik*, *meddik*, norweg. *makk*, schw. *matk*, *mask*, sch. *mauk*, *mauch*, *mach*, neue. prov. u. arch. *maak*, *mauk*, *mawk*, bes. in nördl. Diall. [HALLIW.], diminutive Form aus dem älteren *maðe* s. [s. dieses] gebildet. Made, Wurm, auch Wanze [= cimex].

Make, mathe, wyrm yn þe fleshe [or maye [= maþe], infra, *make*, or magot, magat, may, or math], tarmus, cimex. PR. P. p. 321. Maye [= maþe], or mathe [worme], idem quod *make*, supra [may, or *mache*]. p. 330-1. vgl. p. 331 n. 1. Hic cimex, *mawke*. WR. VOC. p. 190. A *mawke* [or mathe A.], cimex, lendex, tarmus. CATH. ANGL. p. 231. — Þe laðe hellewurmes . . snikeð in ant ut . . as meaðen [*maðekes* T.] i forrotet flesch. OEH. p. 251. cf. *Notes* p. 326.

an die Form *mawke* [= *mauk*] schliesst sich an:

Mawki adj. neue. prov. *mauky* [HALLIW.], *mawky*. madig, wanzig, voll Maden oder Wanzen.

Mawky, cimicosus, tarmosus. CATH. ANGL. p. 231. cf. *Cimicosus*, pieno di cimice. *Gloss. Lat. It. Ms.* D. C. *Tarmosus*, Lart plein de vers. D. C.

maðelere s. ags. *maðelere* [Contionator, i. locutor, motere, uel *maþelere*. WR. VOC. col. 212, 17 Wülck. cf. *ib.* 348, 8]. Schwätzer, Schwätzerin, Klatschbase.

Me seið upon ancren þet euerich mest haueð on olde cwene [an ald cheorl oðer cwene

T.] to ueden hire earen, ane maðelild [*maðelere* T.] þet maðeleð hire alle þe talen of þe londe. ANCR. R. p. 88.

maðelien, medelen, medlen, mellen v. ags. *maðelian*, *maðolian*, *mäðlan*, *medlan*, loqui, concionari, gth. *maþljan*, λαλεῖν, sermocinari. öffentl. reden. vgl. ae. *mælen*, loqui. reden, sprechen, schwatzen, vorschwatzen, erzählen.

Hore muð *maðeleð* euer. ANCR. R. p. 74. Me seið upon ancren þet euerich mest h'ueð on olde cwene to ueden hire earen, ane maðelild þet *maðeleð* hire alle þe talen of þe londe. p. 88. cf. p. 212. 214. Ne blowe ȝe hire [sc. hope] nout ut mid *maðelinde* muðe, ne mid ȝeoniinde tuteles. p. 80.

Hierher dürften wohl auch gehören:

To Mede þe mayde he mellud [*medelede* O.; þis wordes. P. PL. *Text B.* pass. III. 36.

He bicom so confoundet, he couþe not mele [*medle* V.]. P. PL. *Text A.* pass. XI. 93.

When they had circumzisid Iohn, His fadir had his speche anone, And þus wiþ mowþe anone gan *melle* [mele COTT.]: „Blessid be þou, God of Israell etc." CURS. MUNDI 11095 FAIRF. [LAUD] GÖTT. TRIN. Þe profete Ysaye of hym con *melle*. Pitously of hys debonerte Þat gloryus gyltlez þat mon con quelle. ALLIT. P. 1, 796. Perof [sc. haue we] resouns fiue Pat man agh hastili him scriue . . Þe firth [= fourth] for dute o brath on hell, Pat reues man þe tung to *mell*. CURS. MUNDI 26645-57 COTT. Wit Pharaon þei went to *mel*. *ib.* 5848. — Þis Iacob þat I of *melle* [mel COTT. mele *cett*.] Het boþe Iacob & Israelle [Israel COTT. FAIRF. Israele GÖTT.]. CURS. MUNDI 5475 TRIN. Do of thy shoyes in fere, With mowth as I the *melle*, The place thou standes in there, Forsoth, is halowd welle. TOWN. M. p. 57. Curteisliche þe kynge þanne comsed to telle, To Mede þe mayde *melleth* þise wordes. P. PL. *Text B.* pass. III. 103. — To Mede þe Mede he *mellud* [melled B. mellid B.] þis wordes. *ib.* 36. — I trow thai be dom [= dumb], som tyme were fulle *melland*. TOWN. M. p. 320.

Dagegen sind wohl eher zu dem stammverwandten *mælen*, loqui, zu ziehen: Þis Caym, þat i of forwit *mell* [*melte* GÖTT.], O þe tilth þat he wit delt, Vntil his broþer nith he bare. CURS. MUNDI 1068 COTT. FAIRF. TRIN. Þar was al þe speces [= speeches, languages] delt Þat now ouer alle þe werld er *melt* [= are spoken]. *ib.* 2267 COTT. GÖTT.

maðelild s. vgl. *maðelere* u. s. die Anm. zu *fostrild* [ANCR. R. p. 72] in *Sprachpr. I.* 2 p. 20, 11. Schwätzerin, Klatschbase.

Me seið upon ancren þet euerich mest haueð on olde cwene to ueden hire earen, ane *maðelild* þet maðeleð hire alle þe talen of þe londe. ANCR. R. p. 88.

maðelunge s. ags. *maðelung*, garrulitas. vgl. *meling* s. Schwatzen, Geschwätz.

He [sc. God] furseð him awei urommard ure stefne, ne nule he nout iheren hire, vor heo stinkeð to him al *of* þe worldes *maðelunge* & of

hire chafle. ANCR. R. p. 76. Auh heo þet openeð hire muð *mid* muche *maðelunge*, & brekeð
silence, heo spet hope al vt. p. 80.
maðem s. donum, cimelium s. *maðmes*.
mathematique, matematik adj. [u. s.] afr.
mathematique, nfr. *mathématique*, it. *matematico*,
lat. *mathematicus*, gr. μαϑηματικός, aus gr. μά-
ϑημα, das Gelernte, die Kenntnis, Wissenschaft, dessen pl. μαϑήματα die Wissenschaften,
bes. die mathematischen bezeichnet, su μαϑεῖν,
lernen, neue. *mathematic*. mathematisch,
auf die Grössenlehre, Mathematik
bezüglich.
The first of which In his degre Is cleped in
philosophy The *science* of theology, That other
named is phisique, The thridde is said *mathematique*. GOWER III. 87.
gewöhnlich, und so auch wohl schon in der
eben angeführten Stelle, substantiviert, wie fr.
mathématiques f., it. *matematica*, lat. *mathematica*, -æ, gr. μαϑηματική [sc. τεχνή]; vgl. neue.
mathematics [lat. *mathematica*, -orum, sc. studia,
disciplinæ, artes *mathematicæ*]. Grössenlehre, Mathematik.
The thridde point of theorique, Which
cleped is *mathematique*, Devided is in sondry
wise. GOWER III. 89. The seconde of *mathematique*, Whiche is the science of musique, That
techeth upon harmonie A man to maken melodie. III. 90. *Mathematique* of his science
Hath yet the thridde intelligence Full of wisdom and clergie And cleped is geometrie. *ib.*
cf. III. 91. Þis wit þat Crist spekiþ of stondeþ
not in mannes lawe, ne in oþer curiouse lawes,
as *matematik*, or lawes of kynde, but it stondeþ
in Goddis lawe to holde men in mesur þerof.
WYCL, W. *hith. unpr.* p. 342.
maðen s. virgo, **maðenhed** s. virginitas
s. *majden*, *majdenhad*.
Mi sister haue i sinned with, And forced
sum woman with nede, And *maþens* reft þair
maþenþede. CURS. MUNDI 28481 COTT.
maðge s. ags. *majeð*, *majða*, chamæmelum,
neue. *mathes*. vgl. *maiðe* s. Hundekamille,
maruta fœtida [anthemis cotula].
Cimicia [= Wanzenkraut, von *cimex*], herba
fetens, *mathge*. WR. VOC. col. 572, 38 WÜLCK.
Amarusa [= amarusca], a *mathge*. 563, 23. vgl.
Amarusca calida, Gall. ameroche, Angl. *maithe*
= stinking *mathes*, Cotula fœtida, Anthemis
cotula, ags. *majeðe*, *majða*, chamomælum. PR.
P. p. 320-1 n. 5.
maðmes (-as), **madmes**, vereinzelt später
maiðmes s. pl. ags. *máðm*, *máðum*, *máððum*
pl. *máðmas*, auch *mddm*, *mddum* pl. *máddmas*,
donum, cimelium, vgl. pl. opes, divitiæ, vasa,
alts. *méðom* pl. *méðmôs*, altn. pl. *meiðmar*, ci-
melia, mhd. *meidem*, *maidem*, *meiden*, equus,
equus castratus [vielleicht die Urbedeutung,
weil in alter Zeit Pferde ein besonders beliebtes
Geschenk waren; vgl. GRIMM *Gr.* III. 325,
Gesch. der d. Spr. 30]' auch *médmes*, auf einem
Grundstück haftende Naturalabgabe, nhd. veraltet *médom*, *médom*, bestimmte Abgabe von
Gut, gth. *maiþms*, δῶρον. Kleinode, kost-
bare Gegenstände, Schätze.

Eft þe ðe deleð elmessan for his drihtnes
luuan, þe bihut his goldhord on heouene riche,
þer nan þeof ne mei [his] *maðmas* forsteolan, ac
heo beoð bi hundfalde ihalden him þer. OEH.
p. 109. Ich hine wille freoien, jif he me jefeð
gersume, gold & seoluer, alle his *maðmas* wiþ
þon þa he mote libben. LAJ. I. 38. Mine men
je habbeð isclawen, & jeorneð mine *maðmas*,
& mine leoue dohter, to swa laðe mannes bihoue.
I. 45. Jeue us þe king & al his gold & alle þa
maðmes of his lond. I. 38. Hir ich bitæche eow
mi lond, al mi seoluer & al mi gold, & alle mine
maðmes. II. 205. cf. I. 136. III. 241 u. ö.
Seoðöen heo þer offreden aððeles *madmes*.
LAJ. I. 345. He jæf Horse *madmes* inoje. II. 163.
cf. I. 230. If þu hafst *madmes* monye and inowe,
Gold and seoluer, hit schal gnyde to nouht, To
duste hit schal dryuen. O. E. MISCELL. p. 114.
cf. p. 115. Vyches cunnes *madmes* to mixe schul-
en imulten. p. 126. Alle cunne *madmes* to noht
sulen melten. p. 127. mit auffälliger Verdoppelung des auslautenden *d* der Stammsilbe: Illc
an king oppnede þær Hiss horrd off hise *maddmess*, & illc an jaff himm þrinne lac to lakenn
himm & wurþenn. ORM 6470. Forrþi cume we
nu forþ to lakenn himm wiþþ *maddmes*. 7134.
cf. 6412. 7308.
Þanne schulle vre ifon to vre vouh gripen,
Welden vre *mayþmes* [*mayþenes* ed. Welden
ure madmes p. 115] and leten us byhinde. O. E.
MISCELL. p. 114 [vgl. Anm. zu LAJ. I. 163 in
Sprachpr. I, 1. p. 29].
mau s. cognatus s. *maj*; stomachus s. *mawe*.
maufesour s. afr., bes. anglonorm. *mal-
faisour*, *maufaisour*, *maufesour* etc. [s. GODE-
FROY u. vgl. LIB. ALB., LIB. CUST.], vom Ge-
rund. des afr. *malfaire*, *maufaire*, malefacere,
vgl.anglonorm. *mesfesour*, *meffesour* [LIB. CUST.]
von afr. *mesfaire*, *meffaire*, minus facere, nfr.
faiseur von *faire*, facere [DIEZ *Gr.* II. 351.
MÄTZNER *Fr. Gr.*³ p. 251]. Übelthäter,
Missethäter.
Oft was þe pleynt mad vnto þe pape, Þe
maufesours [manfesours ed.] ateynt, & cursed
ouer þe nape. LANGT. p. 211. „Sire,“ said he,
„be seynt Mahoun, jonder out rydeþ a bold
baroun; To Char[les] he ys ysent By þys *maufesours* of þe tour hem to fette to hure socour,
Par for ys he went. FERUMBR. 3632 Herrtage.
maugh s. stomachus s. *mawe*.
maught s. potentia s. *maht*.
maugre, mauger, magre, magger etc. [sel-
ten und verhältnismässig spät **malgre** mit dem
urspr. *l*], vereinzelt mit *th* für urspr. *t* auch
maugreith, mehrfach endlich, vielleicht mit
umdeutender Anlehnung an *gref*, *grefe* s. afr.
grief, **maugref**, **maugrefe** [vereinzelt auch
malgref, **malgreve** mit dem urspr. *l*] s. afr.
malgre, *maugre*, *maulgre*, nfr. *malgré*, vereinzelt
mal gré, pr. *malgratz* cas. obl. *malgrat*, sp. pg.
it. *malgrado*, mlat. *mala-grates*, *malegrates*,
malum-gratum, ein Komp. aus lat. *malus* adj.,
afr. *mal* etc., und dem substantivierten lat. *gratum*, afr. *greit*, *gret*, *gred*, *gre* etc., ae. *gre*, *gree*
[s. dieses], also eigentl. gl. lat. *malum gratum*
[für *ingratia*, wovon adv. *ingratiis*; vgl. lat. *male*

gratus, wenig angenehm, wenig dankbar], sch. *maugre, mawgre, magre, magry, magger*, auch *magrave* [*Magrave* his, thai have him tane. WYNTOWN VIII. 26. 429], neue. veraltet u. nur präpositional *maugre.*

1. **Böser Wille, Übelwollen, Abneigung, Hass, Groll:** I Richard haf *maugre.* LANGT. p. 156. As mich *maugre* & more hee marked hem after, Too betraie them untruly þat trusten hym till. ALIS. FRGM. 932. I drede thou canst me gret *maugre*, That thou enprisoned art for me. CH. R. of R. 4399. Per watz malys mercyles & *mawgre* much scheued. ALLIT. P. 2, 250. *Maugry*, malgre, maltalent. PALSGR.

2. **Undank** [vgl. afr. *savoir mal gre*]: Mark is bliþe and glad, For al þat trowed he; He þat him oþer tald, He ne couþe him bot *maugre.* TRISTR. 2, 82 Kölb. And zuo hit is huanne God his beat and chasteþ, and *maugre* hy wyteþ, and zyggeþ ofte onþank þan and þe oþren, „Huet wyle God me do, huet habe ich misdo?" AYENB. p. 69. vgl. *Sprachpr.* I. 2. p. 117 n. 26. Ʒe cun me na *mawgre.* YW. A. GAW. 990. Þou muste .. gete þee *mawgre* heere & þeere More þan þank, an hundrid folde. BAB. B. p. 49.

hieraus entwickelt sich die Bedeutung übler Lohn, sowohl Vorwurf, Tadel, Schmach, als auch Ungemach, Unheil [vgl. afr. Guillemete Quesnel, jeune femme non mariee .. pour ce qu'elle estoit ensainte et grosse d'enfant, elle doubtant le *malgre* de ses amis etc. D. C. v. *malæ-grates*]: Ʒyf hit falle wel, wel schal vs be; Ʒyf hit ne do, we gete *maugre.* R. OF BRUNNE *Story of Engl.* 12897. I telle vs schent, ilka man, & mikel *maugre.* 13001. For he nolde hit [sc. mnam] vsen, He hedde *maugre* of his maister euere more aftur. P. CL. *Text A.* pass. VII. 226. For-þi haue þei *maugre* for here mariages, þat marye so her childeren. *Text B.* pass. IX. 153. A *mawgry*, demercio, demeritum. CATH. ANGL. p. 231. To addyle *mawgry*, demereri, demeritare. *ib.* I drede me to deserue *magre.* VEGECIUS tr. in PR. P. p. 319 n. 2. Þow sal oft haue ful gret *magre.* RATIS RAV. p. 51. Many other suche I cowde tell : but drede of *magre* makith me for to leue. PERCY FOL. MS. III. 367 [a. 1496]. Here may cristenmen soone wite which clerk or lord loueþ treuþe & haþ wille to stonde þerfore & suffere a *magrey* ʒif he shulde. WYCL. W. *hith. unpr.* p. 465. *Magry*, vnthanke, vituperium, reprobacio. PR. P. p. 319. To atyl *magry*, demereri, demeritare. A. CATH. ANGL. p. 231. vgl. I am not able to bere thy *maugrefe*, impar invidiæ tuæ. HORMAN [1519] in PR. P. p. 319 n. 2.

so namentlich in Verwünschungen, mit Einschluss der Selbstverwünschungen, oft als Obj. zu *habben* [vgl. afr. *mal gre en aie je* etc.], aber auch sonst: *Maugre* on me falle, Ʒif y þe wolde slo! TRISTR. 3, 80 Kölb. Þare fore þou haue *maugre!* ST. NICHOLAS 457 Horstm. p. 253. *Maugre* have thou for thi lore! SEUYN SAG. 974. *Maugre* þarfor mot þai haf, All þat suilk a dome me gaf! CURS. MUNDI 21471 COTT. GÖTT. Muche *maugre* mote he han, Þat any of hem spare!

FERUMBR. 4424 Herrtage. For ʒour iuggiment out of cours haue ʒe much *maugre!* 315. Curyd be he that thy werk alowe! Thou wer wel worthy *maugry* to have, Sareʒynes that thou woldest saue. RICH. C. DE L. 4662. *Mawgre* mot thai have to mede! MINOT I. 50 *Spr.* vgl. Anm. *Mawgre* mote thou have! POLIT. P. A. S. II. 112. Take it to you *with* alle the *mawgre* of myn. TOWN. M. p. 239. *Mawgrey* have the bysshop That lat hyt so goo! HARDWICK p. 8. *Maugrefe* þerfore mote ʒe haue, Alle þat suche a dome me gaue. CURS. MUNDI 21471 FAIRF.

3. noch ziemlich spät erscheint das subst. *maugre* mit *in* verbunden oder ohne dasselbe, wie pr. *malgrat de*, it. *malgrado di* [für *a malgrat de*, a *malgrado di*, vgl. lat. *ingratiis alicuius*], als Vertreter einer **Präposition**, zum **Trotz**, trots: The Perse owt of Northombarlande, And a vowe to God mayd he, That he wolde hunte in the mountayns: *In the mauger of doughte Dogles.* PERCY REL. p. 2 Willmott. Die ältere Fassung hat hier: *In the magger of doughte Dogles.* CHEVY CHASE 3 in *Spec. III.* 68. vgl. *Magre of our beard*, in SKELTON ed. Dyce p. CXII.

4. adverbiale Ausdrücke, wie *maugre min, his* etc., wider meinen Willen, mir zum Trotz, trotz mir etc., erklären sich aus den afr. Verbindungen *malgre mien, tien, vostre* etc., worin der possessiv gebrauchte Gen. der persönl. Fürwörter sich zu dem abs. Kasus des Subst. gesellt [ähnlich it. *mal tuo grado*, wider deinen Willen, mlat. *malo-grato suo, male-gratibus suis*; vgl. auch lat. *mea gratia* etc.]: On God hym selue y take witnes, Þat al *maugre myn* hit es! R. OF BRUNNE *Story of Engl.* 12299. *Magre myn.* LANGT. p. 191. *Malgre min.* GOWER II. 374. cf. II. 3. To-mo[r]we ye sholen ben weddeth, And, *maugre þin*, to-gidere beddeth. HAVEL. 1128. We shole at þis dore gonge, *Maugre þin*, carl. 1788. Ysonde is graunted clene Meriadok, *maugre his.* TRISTR. 2, 107 Kölb. *Maugre his* he dos him lute. CURS. MUNDI 4305 COTT. ähnlich *cott.* Takes him *maugre his.* LANGT. p. 91. In þe alder next þat þe bataile was of Leaus, Þe gynnyng of heruest, .. Com Symon to feld, & þat was *maugre his*, Or euer he lift his scheld, he wist it ʒed amys. p. 221. Assoyle him of þat oþe, þet he did *magre his.* p. 265. *Maugre oures*, forsoþe hit was. R. OF BRUNNE *Story of Engl.* 10266. Vpon þe Bretons harde he sought, Þat *maugre þeires* he dide þem go In to þe wode þer þey come fro. 12810. For *maugre theirre* thei resceyueden straungeres. WYCL. WISD. 19, 16. Oxf. [vgl. aʒens her wille *Purv.* that is, with hardnesse of cheer and of wordis *Gloss.* inviti *Vulg.*]. Gegensatz: with gladnesse [cum lætitia *Vulg.*]. *ib.* 15 Oxf. cf. [Thai], *maugre tharis*, left the place. BARB. IX. 351 *Spr.* vgl. Anm.

5. Ganz präpositional, wie afr. *malgre, maugre, maulgre*, bereits in der zweiten Hälfte des 13. Jahrh., wider Willen, zum Trotz, trotz: Let him habbe, ase he brew, bale to dryng, *Maugre Wyndesore.* POL. S. p. 69 [a. 1264]. *Maugre him* he moste synke. ALIS.

3488. *Maugre þe Flemmynges* on þam þe gatis þei brent. LANGT. p. 295. Than þis cumly knight was crouned soone, Of Macedoine made kyng, *maugre them all.* ALIS. FRGM. 100. Bryngeth Mede to me *maugre* [*maugre* W. *maugrey* O.] *hem alle.* P. PL. *Text B.* pass. II. 204. Hadde je worschiped our godes free, as je jour han done, Of vytailes had je had plente, *maugre al jour fone.* FERUMBR. 2527 Herrtage. Euery day þe strenger folke bynymen it [sc. moneye] fram þe febler *maugre hem.* CH. *Boeth.* p. 70. *Maugre Philistiens* of that citee, The gates of the toun he hath vpplyght. C. T. II. B. 3238 Skeat Cl. Pr. Vp he roos, *maugre alle his foon.* LYDG. *Thebes* 1149. For the mountaynes ben so hye and so streght up, that thei moste abyde there, *maugree hire might.* MAUND. p. 266. *Mauger God* which gouerneth all. LYDG. *Tr.* 1, 2. *Mawgre the Thebes* everichon, The gode knyght Parmeneon Is yride up to the wall. ALIS. 2819. *Mawgre the Sarezynes*, Richard the syre Thre thousand Sarezynes droff into the myre. RICH. C. DE L. 6941. I wol love hire *mawgre al thy might.* CH. *C. T.* I. B. 749 Morris Cl. Pr. *Mawgry him* he garte hym stoupe, Bakward ovyr hys meres croupe. RICH. C. DE L. 3735. For a knijt him conquerede al with clene strengþe, & hade him out of þe ost, *mawgrey hem alle.* WILL. 3744. *Magre thi foon.* PALLAD. 11, 551. Brynge Mede to me maugre [*malgre* I.] *hem alle.* P. PL. *Text C.* pass. III. 214. *Maulgre fortune.* PALSGR.

statt der Person oder des sie vertretenden abstr. *might* d. h. ihrer Kraft, Macht u. dgl. erscheint oft das Haupt derselben als abh. Kasus: He saw a mayde walkyng him byforn, Of which mayden anoon, *maugre hir heed*, By verray fors byraft hir maydenhed. CH. *C. T.* 6168 *Spr.* vgl. Anm. If the womman *maugre hir heed* hath ben enforced. *Pers. T.* p. 208. II. A man moot needes love *maugre his heed.* C.T. I. B. 311 Morris Cl. Pr. He thurgh the body is hurt, and eiththen take *Maugre his heed.* ib. 1759. *Maugre thyn heed*, thou most for indigence Or stele, or begge, or borwe thy despence! ib. II. B. 104 Skeat Cl. Pr. The dragoun bare the knyghte upon a roche, *mawgre his hede.* MAUND. p. 24. *Maulgre my heed.* PALSGR. *Mawgref his hed.* GAW. 1565.

oder ein Theil des Hauptes [vgl. *Malegratibus ipsius supplicantis* . . Phrasis Gallica: *Malgre ses dents.* D.C.]: Here sal þou be *mawgre paire berd.* YW. A. GAW. 783. He rauischede Rose, Reynaldes lemmon, And Mergrete of hire maydenhod, *maugre hire chekes.* P. PL. *Text A.* pass. IV. 36. Whenne je amercyn eny man, let mercy be taxo'ur, And meknesse þy maister, *maugre mede chekes.* *Text C.* pass. IX. 37. *Mawgre hys chekys.* WARS OF ALEX. 1747 Dubl. cf. 2782 Dubl. *Maugref my chekes.* ALLIT. P. 3, 54. *Malgrefe my chekis.* WARS OF ALEX. 2782 Ashm. *Malgreue his chekus.* 1747 Ashm. *Maugre here eyghen two.* CH. *C. T.* 1798. *Maugre thin yen.* 5897. Maximian was suþþe aslawe, *maugre* [*magrei* B.] *is nose.* R. OF GL. 2090 Wr. *Maugre the teeth* of hem alle. ALIS. 5840. Outher þov schalt be recreant, & *maugre þy teþ* þe jelde.

FERUMBR. 567 Herrtage. Sextus Tarquinius . . come upon hire while sche slepte wiþ his swerd idrawe, and to lye by hire *maugre* [*maugrey* β. y.] *hir teeþ* [ad concubitum invitam coegit *Higd.*]. TREVISA III. 161. What I have longe desired, now I have it, *maugre þyn teeth* [ageyne thy wille *Harl.* te invito *Higd.*]. Perefore I kan þe ful evel þonk at þis tyme [y thonke not þe þerof *Harl.* unde tibi malas grates ago *Higd.*]. VII. 7. cf. VIII. 153. 315. *Maugre* [*magre* B.] *his many tethe*, he was made þat tyme To take spere in honde & iusten with Ihesus. P. PL. *Text B.* pass. XVIII. 81. cf. Ac *maugre* [*maugrey* P. *mawgreith* F. *malgre* I.] *hus many teþ*, he was mad þat tyme To iouste with Iesus. *Text C.* pass. XXI. 84. That salle he, *mawgre his tethe*, For alle his gret araye. Ms. in HALLIW. D. p. 545. vgl. Maulgre eux, *mauger their teeth*, in spight of their hearts. COTGR. *Maulgre his tethe*, malgre ses dens. PALSGR.

6. eine konjunktionale Verwendung, ähnlich der Verwendung des fr. *malgré* in *malgré que*, trotzdem dass, findet das adv. gebrauchte *maugre, malgre* in Koncessivsätzen. So dient *malgre* zur Verstärkung des koncessiv wirkenden disjunktiven *where* . . or [neue. *whether* . . or], gleichgültig ob . . oder ob: *Malgre where* he wole or no, This yonge wif he loveth so etc. GOWER I. 68 *Spr.* vgl. Anm. *Malgre where* she wole or none, Min herte is evermo in one. I. 86. *Malgre where* she wold or nought, She mot . . To love and to his lawe obey. III. 303. *Malgre where* they wolde or none, To-fore the weder forth they gone. III. 322. Das zur Verstärkung dienende *malgre* könnte natürlich fehlen, und die formelhafte Ausdrucksweise steht auch bei Gower gewöhnlich ohne *malgre*.

Ebenso wird *maugre* zur Verstärkung in Koncessivsätzen mit dem verallgemeinernden *who so* etc. [= neue. *whoever, whosoever*] gebraucht, gleichgültig wer, gleichgültig wer auch immer: Ac who so helpeth me to erie or sowen here ar I wende, Shal haue leue, bi owre lorde, to lese here in heruest, And make hem mery þere-mydde, *maugre who-so* bigruccheth it. P. PL. *Text B.* pass. VI. 67. Alle þat helpen me to erye oþer elles to weden, Shal haue leue, by oure lorde, to go and glene after, And make hym murye þer-myd, *maugre ho* [*malgre who* I. whose euere M.] *bygrucche.* *Text C.* pass. IX. 66. We wolleþ habbe oure wil, Boþe þy flour andþy flessh feochen when ous lykeþ, And make ous myrye þer-myd, *maugre ho* [*maugre whose* M.] *bygruccheþ.* ib. 155. Auch hier könnte *maugre* natürlich wegfallen [vgl. *hose* hit euere bigruccheþ. *Text A.* pass. VII. 62].

maui s. afr. *moie*, *muis* cas. obl. *moi, mui,* nfr. *muid*, pr. *muei*, sp. *moyo*, it. *moggio*, lat. *modius*, davon auch alts. *muddi*, ahd. *mutti, mutto*, mhd. *mütte, mutte, mütti, mitt, mut, mut.* prov. *Mud, Müdd.* altes Hohlmass, als Getreidemass urspr. dem röm. Scheffel entspr., später = 5 quarters, also mehr als ein Wispel.

He that hath myoches tweyne . . Lyveth more at ese . . Than doth he that is chiche,

And in his berne hath An hundred *mauis* of
whete greyne. CH. *R. of R.* 5588 sq.

maule, mawle adj. masculus *s. male.* männlich, männlichen Geschlechts.

Ich circumsysede my sone, and al-so, for
hus sake, My-self and my meyne and alle þat
maule were Bledden blod for þat lordes loue.
P. PL. *Text C.* pass. XIX. 253. ʒif þey deie
wiþ oute heyre male [*maul β. γ.*]. TREVISA VII.
427. cf. VII. 527.

  s. Männlein, Mann: When þei [sc.
bestes] hadde ruteyed, anon þei resten after;
Maules drowen hem to *maules* on morwenynge
by hemself, And femeles to femeles herdeyed
and drow. P. PL. *Text C.* pass. XIV. 146. Also
forsoth and the *mawlis*, or men, the kyndeli
vss of womman forsakyn, brennyden in her de-
syris to gidere, *mawlis* in to *mawlis*. WYCL.
ROM. 1, 27 Oxf.

maument s. idolum, **maumentri, maumentrie** s. idololatria s. *maumet, maumetrie.*

maumeri, mameri s. afr. *mahomerie, mahumerie* [la *mahumerie* Baalin LIV. ROIS], *momerie*
[D. C.], mlat. *mahomeria, machomeria, macho-
maria, mahumeria* [macomatum = *Mahumeria
Saracenorum D. C.*], *mahummaria* [fanum, quod
vulgo *mahummariam* vocant, saxeum D. C.];
s. mahum u. vgl *mahimet, maumetrie.* eig. Mo-
schee, dann Ort der angebl. sarasenischen und
überh. heidnischen Götzenbilder, Götsen-
schrein, Götsentempel.

Jhu Crist, Marie sone, Bi þat *maumerie*
gan come, Þat was imaud al of tricherie; Þar of
he felde a gret partie. KINDH. JESU 243 Horstm.
p. 10 Paderb. 1875. Þe keys sone sche [sc. Flo-
ripas] hente, & with þis lordes þat buþ forsaid
to þe *maumerye* sche wente. FERUMBR. 2533
Herrtage. An axe a [sc. Balan] seʒ aforn hym
stonde, And tok hur anon on ys honde, And
goþ to þe *maumerye:* Þe ymage of Mahoun
ymad of golde Wiþ þe axe smot he oppon þe
molde. 4937.

Aboute the time of middai Out of a *mameri*
a [sc. Beues] sai Sarasins come gret foisoun, Þat
hadde anoured here Mahoun. BEVES OF HAMT.
1349 Kölb. Beues of is palfrei aliʒte, And ran
to her *mameri* ful riʒte, And slouʒ here prest,
þat þer was in, And þrew here godes in þe fen.
1353.

**maumet, mawmet, maumat, maummet,
mamet, mammet, mowmet,** und mit eingeschobenem *n, ne,* das auch nördl. Mundarten
angehört, **maument, mawmemt, mamenet,
momenet,** verkürzt **momen** s. afr. *mahomet,
mahumet,* sch. *mawmet,* an idol, neue. veraltet
u. dial. *maumet, mammet, mawment.* vgl. *mahimet* und *mahum.* eig. Muhamed, dann angeb-
licher Gott der Sarazenen, überhaupt heidnischer Götse.

Gurmund makede ænne tur . . þer inne he
hafde his *maumet,* þa he heold for his god. LAʒ.
III. 170. Þis rode was up iset, and þe *maumet*
ibrouʒt to grounde. ST. PHELIPE A. ST. IACOB
21 Horstm. p. 364. Huy cleopeden þat *maumet*
Astaroth. ST. BARTELMEW 13 Horstm. p. 367.
Huy wenden . . To an oþur *maumet. ib.* 37

Horstm. p. 368. So hem was bet Þan wende to
helle pyne, & seruie here *maumet.* ST. CRISTOPH.
235. A temple hii vovnde vair inou, & a *maumet.* R. OF GL. 318. Wr. Of þe *maumet* hii
tolde Brut þat hii fonde þere. 322 Wr. Þe
maumet answeryde hastyly. R. OF BRUNNE
Handl. S. 227. The Sarasyne wente to hys
maumet. 221. In *Maumet* first throut he fand.
CURS. MUNDI 2286 COTT. Þis Nembrot was þe
first king Þat in *Maumet* fand mistrouing. 2283
GÖTT. In þat siquar þai come to tun, Was
preistes at þair temple bun To do þe folk, als
þai war sete, Ma sacrifies to þair *maumet* [*mau-
mett* GÖTT.]. 11752 COTT. TRIN. Panne Cecrops
axede counsaille of Apollon Delphicus, þat
maumet. TREVISA I. 193. An idolastre peradventure ne hath not but o *maumet* or two, and
the avaricious man hath many: for certes, every
florein in his coffre is his *maumet.* CU. *Pers. T.*
p. 557 Tyrwh. Muche aʒein heore heorte it
was *to* ani *maumete* aloute. SANCTA CRUX 330
Horstm. p. 10. She shal noghte to any be sette
Wyboutyn leue *of* my *maumette.* R. OF BRUNNE
Handl. S. 189. The munke seyde he grauntede
weyl *Aftyr* hys *maumette* to do euery deyl. 191.
Þis Nembrot was þe formast kyng Þat in *Mawmet* fande mistrawynge. CURS. MUNDI 2283
FAIRF. Ilke man makis þat his *maumet* that
he mast lufis, as sum has syluyre his *maumet,*
sum fayre hors, sum town or kastell, sum vanyte
of atyre. HAMP. *Ps.* 96, 7 comm. If eny of his
sede ʒyue to the *mawmet* of Moloch, thurʒ deth
die he. WYCL. EXOD. 20, 2 Oxf. And thei maden
a calf in the daies, and offriden a sacrifice to the
maumet. DEEDS 7, 41 Purv. An ydolaster per
adventure hadde but a *mawmet* or two, and the
avaricious man hath monye. CH. *Pers. T.* p.331.
A temple hii vovnde vair inou, & a *maumet
mämet* A. *mawmod* B. *mawmete* ð.]. R. OF GL.
318 Wr. Þis Nembrot was þe firste kyng Þat
fonde *in Maumete* mystrowyng. CURS. MUNDI
2283 TRIN. Bot quen þai come in-to þe toun,
Was prestes atte þaire temples boun, Als þai
ware wont þe folk was sette To do sacrifise *to*
þaire *mawmette.* 11751 FAIRF. "He [sc. Bartel-
meuʒ] is," seide þis *mawmat,* "of gret pouwer etc."
ST. BARTELMEW 49 Horstm. p. 368. Draweth
adoun ouwer *maumat,* ant tobrekeʒ him al to
nouʒte! 146 Horstm. p. 371. For þe heyʒe
maystres of Saresins . . Maden ech *maumat* bi
heom-sulf at Rome on auter. ALLE HALEWENE
DAY 17 Horstm. p. 418. Þan þei . . sente into
Epidaurus . . forto have a mawmet [habbe a
mamet Harl.]. TREVISA III. 379.

  pl.: Þe ʒet weren monie ma þen nu beon
misbileuede men, þe heiden and hereden
heðene *maumes,* of stockes and of stanes werkes
iwrahte. ST. MARHER. p. 1. To make awuche
maumes of treo oðer of stan, oðer, þurh mare
madschipe, of gold oðer of seluer. LEG. ST.
KATH. 267. Leaued te leue lengre o þes mix &
lease *maumes.* 1778. Wes i þon time . . þe modi
Maximien keiser i Rome, heriende & heiende
heaðene *maumes* [*maummes* p. 4]. ST. JULIANA
p. 5. cf. mix *maumes* p. 19 mix *mawmes* p. 18.
Ʒe bileoueþ on þis *maumetz* [maumetʒ *ed.*]

ymaked of treo & ston. St. Cristoph. 122. cf.
187. 200 u. ö. Ne seatou þat þese *maumets* ben
mad of old tre? St. Cecilie 109 Horstm. p. 492.
Pa herde ha a swuch murö toward te awariede
maumetes [gen. pl.] temple. Leg. St. Kath. 141.
Hiȝe places beeþ icleped temples þat were on
groues oppon hiȝe totes [or hilles *Cx.*], to worschippe *maumetes* inne. Trevisa III. 85. [Pree-
ates . .] soffren men do sacrifice and worshepen
maumettes [*mawmetes* honoure M.]. P. Pl.
Text C. pass. I. 119. *Maumetys* of genge [simu-
lacra gencium], syluere and gold, werkis of mennys hend. Hamp. *Ps.* 113, 12. Is it whether
therfore equite, that ȝoo, turned todai fro *mau-
rnetis*, to vs be comparisouned etc. Wycl. Rom.
Prol. p. 298. [What thanne . .] Thou that wlatist
maumetis, doist sacrilegie? Rom. 2, 23 Purv.
Shamyd be all that loutis ydols, and that ioyes
in thaire *mawmetis* [in simulacris suis]. Hamp.
Ps. 96, 7. Rachel hadde stolne the *mawmetis*
[idols Purv.] of hir fadir. Wycl. Gen. 31, 19
Oxf. cf. 32. 34. They thoȝght no *mawmetys* for
to make. Freemas. 517. Þes wifmen nomen
þese *maumettes* . . & casten hem into þe depe
water. St. Blase 99 Horstm. p. 487. What ben
maumettes bote wrechedhede? St. Cecilie 108
Horstm. p. 492. When Criste in that contre come
with his dame, The false goddes in fere fell to
the ground; Bothe Mahounes & *maumettes* myrt-
tild in pieces. Destr. of Troy 4310. How it
was said a lorde sal fare Vntil Egipt þer *mawmettes* are, Þai sal falle doun. Curs. Mundi
11765 Fairf. cf. *ib.* 11795. Kyrkes they made
off Crystene lawe, And her *mawmettes* lete down
drawe. Rich. C. de L. 5844. Sarzins shold make
theire sacryfice To their *mawmettes* in theire gise.
Beves of Hamt. 1159 *Cheth.* Kölb. Whan Crist
entrede into Egipt, þe *mawmettes* overþrewe and
fil doun. Trevisa IV. 269. For thei schewen of
ȝou . . hou ȝe ben conuertid to God fro *mau-
mettis* [symulacris *Oxf.*]. Wycl. 1 Thess. 1, 9
Purv. He ladde wiþ hym grete prayes [= Beute],
and two þowsand and sixe hondred of *mawmettis*. Trevisa IV. 47. He [sc. Adrian] liet ane
temple of *maumates* in þulke stede arere, Þat
men ne miȝten nouȝt iſinde to louten heom to,
bote *maumates* alle it mere. Sancta Crux 327
Horstm. p. 10. „Ȝe bileueȝ on ouwer *maumates*," he seide, „imaket of treo and ston etc."
St. Cristofre 120 Horstm. p. 274. cf. 183.
196 u. ö. Alle þe *maumates* of þe temple heo
todaschten euerechon. St. Bartelmew 158
Horstm. p. 371. Þanne be þei fals ypocritis and
worschipen false *maummetis*. Wycl. W. *hith.*
unpr. p. 5. Þe wickid kyng Ieroboam made
false *maummetis* [maummetis ed.] & stockis and
worschipide hem for Almyȝtty God. p. 67. He
ladde wiþ hym grete prayes [= Beute], and two
þowsand and sixe hondred of mawmettis [*mametes* γ.]. Trevisa IV. 47. No men schulde
bigge, noþer selle, noþer take up water of noo
place, but he dede sacrefice to *mamettis*. V. 111.
His sheild was blacke as ter, His paytrill, his
crouper, 3 *mammetts* there-in were. Lib. Disc.
1381 in Percy Fol. Ms. II. 466. vgl. Anm.
When þai hade melit wiþ þere *mowmettes* &

made þere offrond etc. Destr. of Troy 2021.
In ȝche yle vppon erthe, eftur hor deuise, Thai
made *mowmettes* of mold in mynd of hor goddes. 4388.

mit eingeschobenem *n*, *ns:* Þis Nembrod
was þe formast king Þat in *Maument* fand mi-
str[u]ȝing. Curs. Mundi 2283 Cott. An ydolaster
peradventure hadde but a *mawment* or tuo, and
the avarous man hath manye. Ch. *C. T.* p. 202.
I. Wr. At Attens all folke aykewardly wor-
shippid Minerva, a *maument*, & most on hym
leuyt. Destr. of Troy 4379. *Mawment* ydolum,
simulacrum. Pr. P. p. 330. vgl. n. 2. Simulacrum, a *mawment*. Medulla. A *mawment*,
idolum, simulacrum. Cath. Angl. p. 231. vgl.
n. 8. Servise of *Mamenet*. Shoreh. p. 113.

pl.: Þe puple fro fer þeder gun to, Þo
maumentes for goddes þei sout. Kindh. Jesu
125 *Version a.* Horstm. p. 103 Heilbr. 1878.
[Pil]gremys come by þyrty & þre, [Þe]se *maumentes* [*Ms.* mämetes] for hyre goodes þay
sowfte. 129 *Version b.* Þo þat. .] trowed to no
ach. Thai fand thare *mawmentis* . . Tofrwschyd
and tobroken all. Wyntown VII. 10, 72. *Ruddi-
man*, Gloss. zu Douglas *Virgil* v. *mawmentis*).
He hedde yby anes payenes ȝone, þet wes a
prest to þe *momenettes*. Atenb. p. 239. Zuiche
þyeþ þe ilke þet worssipeþ þe *momenes*, and
makeþ hire god of aseþþe, huich þet hit by.
p. 5–6.

Eine Vermischung dieser Formen mit mlat.
mammonetus etc. [s. *marmoset*.] scheint nicht
ausgeschlossen; vgl. *Maument*, marmoset,
poupee. Palsgr. *Mawments*, puppets, trifles.
Halliw. D. p. 545.

An die Form *maument*, *mawment* schliessen sich an:

mawmenter s. Götzendiener.

Mawmenter, or he þat dothe mawmen-
trye, ydolatra. Pr. P. p. 330.

mawmenthowse s. und **mawmentplace** s.
Götzenschrein, Götzentempel.

A *mawmentplace* [a *mawmenthowse* A.],
jdolium [simulacrum A.]. Cath. Angl.
p. 231.

mawmentwirscheper s. Götzendiener.

A *mawmentwyrscheper*, idolatra. Cath.
Angl. p. 232.

maumetrie, mawmetrie, mametrie etc. und
maumentrie, mawmentrie, mamentrie etc.
früh neue. *mahumetry* [Man. Voc.]. s. *maumet*,
mahimet u. vgl. *mahum*, maumerie, afr. *mahom*,
mahomerie, *mahumerie*. eig. Muhamedanismus,
gewöhnl. anachronistisch verwandt.

1. Götzendienst, Abgötterei, heid-
nisches Wesen, später auch Zauberei,
Spielerei, Narrenpossen: In *Maumetrie*
furst seiþ he [sc. Nembrot] fond; Þat he bigon
lasteþ ȝete, Sarasines wol hit not lete. Curs.
Mundi 2296 Trin. [Þo þat. .] trowed to no
maumetrie . . Þe watir proued hem for clene.
ib. 6623. Therefore the *maumetrye* that tyme
was but figure and licknesse of mennus *maumetrye* nowe. Rel. Ant. II. 55. This myraclis
pleyinge is werre [= verre, verri] witnesse of

mennus averice and coveytise byfore, that is
maumetrie, as seith the apostele [quæ est simu-
lacrorum servitus Col. 3, 5]. II. 54. Þat þe
peple of oure lond be not brouȝt to maumetrie,
ne þefte, ne lecherie meyntened vnder siche
pilgrimage. WYCL. W. hith. unpr. p. 279. I say,
by tretise and ambassatrie, And by the popes
mediation, And all the chirche, and all the che-
valrie, That in destruction of Maumetrie, And
in encrese of Cristes lawe dere, They ben acorded so as ye may here. CH. C. T. 4653 Tyrwh.
[vorher ist Mahound, our prophete, genannt,
der damals 12 Jahre alt war; vgl. Skeat ad l.].
[Ʒe prestus . .] suffre men do sacrifise & sewe
maumetrye. P. PL. Text C. pass. I. 119 F. For as
synne of denyynge bi deuelis is to repugne, and
as hidows trespas of maumetrye [ydolatrie Purv.
idololatriæ Vulg.] to wiln not assent. WYCL. 1
KINGS 15, 23 Oxf. Of þe bryngynge forþ of
maumetrie [de ortu idololatriæ Higd.] com wel
nyh al þe feyninge of poetrie. TREVISA II. 279.
Siþ coueitise & glotonye ben seruage of maum-
metrie [maunmetrie ed.], as Poul seiþ, þes possessioners honouren false goddis. WYCL. W.
hith. unpr. p. 122. I seye, by tretys and embassadrye, And by the popes mediacioun, And al
the chirche, and al the chivalrye, That, in de-
struccioun of Maumettrye, And in encrees of
Cristes lawe dere, They ben accorded, so as ye
shal here. CH. C. T. III. B. 232 Skeat Cl. Pr.
[vorher ist Mahoun, our prophete, genannt, der
12 Jahr alt war; vgl. Notes]. He [sc. Antecrist]
sal do rise al maumetterie. CURS. MUNDI 21993
EDINB. Men now on dayees, after ther hidouse
maumetrees of covetyse in ther pleyinge of myraclis, thei don that in hem is to distroȝe the
ententive preyere of Crist in hevene for hem.
REL. ANT. II. 54-5. Mametrie bygan in Nynus
tyme [sub Nino orta est idolatria Higd.]. TRE-
VISA I. 33. He [sc. Machometus] forbeed þe
paynyms mametrie [paganis quidem idolatriam
prohibens Higd. prohibitynge to the paganes
ydolatry Harl.], and graunted circumcisioun to
þe Iewes. VI. 25. frûh auch ohne schliessendes e:
In Maumetrie first fayth he [sc. Nembrot] fand.
CURS. MUNDI 2286 Gött. He [sc. Anticrist] shal
do reise al maumetry. 21993 TRIN. Auaryce ys
þy moche fo, Þe loue of God hyt dragheeþ þe
fro; And syluer algate, namly, Hyt ys a god of
maumetry. R. OF BRUNNE Handl. S. 6155. On
þis wise þat curst caytiue In maumetry wald lede
his liue. HOLY ROOD p. 124. Maumetry first he
[sc. Nembrot] fande. CURS. MUNDI 2286 FAIRF.
Maumetry is when any man gifis the luf til any
creature that aghe to be gifen til god. HAMP.
Ps. 96, 7 comm. Forthi all maumetry aghe to
cese in men. ib. 8 comm. Here fadyr was prest
of Sarysyne; In maummetry he leuede ynne.
R. OF BRUNNE Handl. S. 185. He [sc. Ante-
crist] sal do rise all maumettri [maumettri
FAIRF.]. CURS. MUNDI 21993 GÖTT. [Þal þat . .]
heldid to na maumettry [helded to na maumettry
FAIRF. heildid til na mametri COTT.] . . Þe watir
prouid þaim for clene. ib. GÖTT. 6623.

Formen mit eingeschobenem n: Ma[w]-
mentrye. PR. P. p. 330. Mawmenter, or he þat

dothe maumentrye, ydolatra. ib. He [sc. Anti-
crist] sal do rise all maumentri. CURS. MUNDI
21993 COTT. Othire harlotry ȝe hant . . Of fornicacion & filth & many foule synnes, Maumentry & manslatir, mosardry & pride. WARS
OF ALEX. 4484 sq. Ashm. vgl. Maumentry, ba-
guenavlde [= bladder-nut, trifle]. PALSGR. Hit
[sc. þe ymage] was wroght all by wit & wiles to
helpe, And myghty such maumentry [= spells,
evil power] made to distroy. DESTR. OF TROY.
Of þis mater of maumentry nomore at this tyme :
þis sufficis forsothe. 4456. He shalle with alle
his maumentry No longere us betelle. TOWN. M.
p. 217. A maumentry, idolotria. CATH. ANGL.
p. 231. To do maumentry, ydolotrare, ludere. ib.
Foles war þai bath, for-þi þat þai honurd ma-
mentre. CURS. MUNDI 9187 COTT.

2. koll. Abgötter, Götzen, Götzenbilder [nicht immer streng von 1. zu scheiden] :
The wickidnesse of the misbileve of hethene men
lyith to themsilf whanne thei seyn that the worshipyng of theire maumetrie is to the worschipe
of God. REL. ANT. II. 46. Quen he sagh in
þat temple lye His goddis & his maumetrie, He
come to Mari. CURS. MUNDI 11775 FAIRF. Pantheon, þe temple of all maumetrie, is now a
chirche of al halwen [templum Pantheon, quod
fuit omnium deorum, modo est ecclesia omnium
sanctorum Higd.]. TREVISA I. 33. cf. Of þis
Nynus maumetrie [maumetrys first a.] bygan
in þis maner [Ydoles toke begynnenge of þis
Ninus in this maner Harl. Ab isto Nino orta
sunt idola in hunc modum Higd.] II. 279. Now
is a prophete ibore þat schal destroye al þe
maumetrie in Israel [suche ydoles and simila-
chres Harl. eorum sculptilia et fusilia Higd.].
III. 29. For maumetry ys made alle Of golde
and syluer and swych matalle. R. OF BRUNNE
Handl. S. 6159. Pey come vntil a wast cite, &
founde þerinne a temple stande, Þat whilom þe
folk myslyuande Worschiped þerinne maumetry,
— Dyane in lyknesse of o lefdy. Story of Engl.
1334. Whenne he say in þe temple ly His goddes & his maumetry, He coom to Marie. CURS.
MUNDI 11775 TRIN. To edify A temple for
þaire maumetry. HOLY ROOD p. 90. Quen he
þaim sau in þe temple lij, His goddes and his
maumettri, He come to Maria. CURS. MUNDI
11775 GÖTT.

mit eingeschobenem n: He ran with a drawe
swerde To hys mamentrye, And all hys goddys
þer he amerredo With greet enuye. OCTOU. 1305
Cott. Sarrasin. Quen he þam sagh in temple
lij, Hijs goddis and his maumentri, He coom to
Maria. CURS. MUNDI 11775 COTT. All maumentre in myddelerthe myrtlit to peses And
wastid away þurh wit of hym one [sc. goddes
sone]. DESTR. OF TROY 4301.

maumetrise s. Nebenform zu maumetrie.
Abgötterei, Götzendienst.
The fyrste comandement es, „Thy Lorde
God þou sall loute, and till Hym anely þou
sall serue." In this comandement es forboden
all maumetryse, alle wychecrafte, and charem-
ynge. HAMP. Tr. p. 9.

maunciple s. manceps s. manciple.

maunchen v. manducare, **maunchpresent** s. dorophagus, manducus, homo gulosus s. *monchen, monchpresent.*

maunde, maundee, maundie s. mandatum, pedum lotio, **maundement** s. præscriptum s. *mande, mandement.*

maundrel s. neue. *mandril, manderil, manderel,* Hohldocke der Drechsler, vgl. fr. *mandrin* [à gobelet], wohl zu fr. *mandre,* claustrum [jetzt veraltet], lat. *mandra,* gr. μάνδρα, Hürde, Pferch, Ringkasten geh.

1. **Hohlmass** [für Flüssigkeiten oder Korn]: A *mawndrelle,* mensurale, bria. CATH. ANGL. p. 232. vgl. D. C. vv.

2. **Hohldocke** der Drechsler, von der becherähnlichen Form [vgl. fr. mandrin à gobelet]: To William Richardson the lathe that he tornys in, and all my hukes and my *mawndrellis,* and ij. bak hammers. TEST. EBOR. IV. 88 [a. 1493] in CATH. Angl. p. L.

maungen v. manducare, **maungerie** s. manducaria, comestio, pastus, **maungeur, maunjour** s. mansorium, præsepe s. *mangen, mangerie, manger.*

mautalent s. s. *maletalent.*

mavelard s. anas s. *malard.*

mavis, mavice, mawis, mawisse s. afr. *malvis, mauvis,* nfr. *mauvis,* wallon. *mâvi,* sp. *malviz,* it. *maluiccio,* neap. *marvizzo,* mlat. *maviscus, malvitius,* wohl. kelt. Urspr.; vgl. bret. *milvid, milfid,* Drossel, in Vannes *milc'houid* mit gutturalem *ch,* altkorn. *melhuet,* Lerche, korn. *mel huez,* Lerche [= süsser Hauch s. DIEZ und vgl. SCHELER, SKEAT], sch. *mavyss* [DUNBAR], *mavis* [BURNS], a thrush, turdus musicus, neue. *mavis.* Drossel, Singdrossel.

Now is Myrthe therynne to here The briddis how they syngen clere, The *mavys* and the nyghtyngale, And other joly briddes smale. CH. R. *of R.* 617. The thridde lesson the turtilldove toke up, And therat toke the *mavis* in a scorn. Court *of L.* 1387. *Mavys,* a byrde, mavuis. PALSGR. vgl. Mauvis, a *mavis,* a throstle, or thrush. COTGR. Hic maviscus, hic sturdus, a *mawys.* WR. VOC. p. 252. *Mavyce,* byrde, maviscus, merula, fallica. PR. P. p. 330. Hic mauiscus, *mawysse.* Hec fidedula, idem. WR. VOC. p. 188. — Chalaundres fele sawe I there.. And thrustles, terins, and *mavys,* That songen for to wynne hem prys. CH. R. *of R.* 663 sq.

mawke s. cimex, tarmus, **mawki** adj. cimicosus, tarmosus s. *maðek.*

mawdelard s. anas s. *malard.*

mawe, maw, in älterer Zeit auch noch, meist vereinzelt, **maȝe, mahȝe, maghe, magh, maugh,** auch **mahe** s. ags. *maga,* stomachus, altn. *magi,* schw. *mage,* dän. *mave,* niederl. *maag,* ahd. *mago,* mhd. *mage,* nhd. *magen* [für *mage*], neue. *maw.* Die älteren dem Ags. näher stehenden Formen lassen wir vorangehen.

1. **Magen,** von Menschen und Tieren: Ine þise manere geþ þe tyme, þe wreche hym uoryet, þe scele slepþ, þe *maȝe* gret [= gredeþ i. e. cries], and sayþ, „Dame Zuelȝ, þo [= þou] me slast etc." AYENB. p. 56. Ða itimede þan deofle alswa deð *mahȝe* fisce [= to the maw of

the fish] þe isið þet es, and ne isihȝ na þene hoc þe sticað on þan ese. Þenne bið he gredi þes eses, and forswoleȝeð þene hoc mid þan ese. OEH. p. 123. Hwet mete se þi *mahe* hokerliche undorfeð, þat is wið unlust, warpeð hit eft ut. HALI MEID. p. 35. Nu schol forrotien þine teð and þi tunge, Þi *mahe* [Þi *mawe* p. 179] and þi milte, þi liure and þi lunge. O. E. MISCELL. p. 178. *Mawe,* estomak. WR. VOC. p. 149. Þe on was iwuned, uor his kolde *mawe,* uorto nutten hotte spices. ANCR. R. p. 370. He tijt þe *mawe* on tinde, And eke þe gargiloun. TRISTR. 1, 47. Cupido has þe custodi & cure of þe *mawe.* WARS OF ALEX. 4508 Ashm. Loue him not, for he is a lechour and likerous of tonge, And aftur mony metes his *mawe* is alonget. P. PL. Text *A.* pass. VII. 253. For hungur oþer for furst, I make myn avou, Schal neuer [fysch] on frydai defyen in my *mawe,* Er abstinence, myn aunte, haue iȝiue me leue. pass. V. 218. Þe man þat moche hony eteth his *mawe* it engleymeth. Text *B.* pass. XV. 56. cf. 63. To pacience I tolde, And wisshed witterli .. Þat disshes a[nd] dobleres, bifor þis ilke doctour, Were [molten] led in his *maw,* and Mahoun amyddes! pass. XIII. 79 sq. übertr. Kopf, Vermögen, Können, Wissen: Ther is but litel latin in my *mawe.* CH. C. T. II. B. 1190 Skeat Cl. Pr. — Uvrþer þer beoþ wimmen and wapmen bo, Þat feondes dreyeþ al a two. Hwenne he beoþ so todrawen [to-drayen *Ms.*], Gripes freteþ heore *mawen.* O. E. MISCELL. p. 151. Pañ as a mare at a moghe ȝoure *mawis* ȝe fill. WARS OF ALEX. 4434 Ashm. He [sc. hongur] beot so þe boyes, he barst neih heore ribbes [*mawis* v. 1.]. P. PL. Text *A.* pass. VII. 165.

2. **Bauch, Leib, Wanst,** von Menschen und Tieren: Him salle stand sa mikil agñ, Þat alle þe filþ of his *magñ* Salle breste out atte his fondament. CURS. MUNDI 22393 FAIRF. Him sal ofstand sa mikel au [au GÖTT. awe TRIN.] Þat al þe filthes of his *maugh* [*mau* GÖTT. *mawe* TRIN.] Sal brist vte at his hindwin. *ib.* COTT. Here is þat knif al blodi, þat ich broȝte him wiþ of dawe, & smot in þoru þe foundement, & so in to þe *mawe.* R. OF GL. 6362 Wr. Þenne he [sc. þe whal] swenges & swayuez to þe se boþem.. Wyth þe mon in his *mawe,* malskred in drede. ALLIT. P. 3, 253. Who kepte Ionas in the fisshes *mawe* Til he was spouted vp at Niniuee? CH. C. T. III. B. 486 Skeat Cl. Pr. Thy *mawe* Shal I percen, if I may, Er it be fully pryme of day, For heer thou shalt be slawe. *ib.* II. B. 2013.

3. **Mutterleib:** Fra *maghe* of mi moder me keped þou. EARLY E. Ps. 138, 13. Aliend ere synful fra *maghe* [marice *S.*]: thai ere [errede *S.*] fra the wambe, thai spak fals [alienati sunt peccatores a vulua: errauerunt ab vtero, locuti sunt falsa]. HAMP. Ps. 57, 3 [vgl. unten die korrektere Übersetzung im *Early E. Ps.,* der Parallelismus verlangt ein Synonym zu *uterus:* der betr. hebr. Ausdruck מֵרָחֶם bezeichnet a *vulua* und *ab utero*]. Synful men ere aliend fra *maghe* [marice *S.*], that is, thai ere sene of god to be wriches and departid fra him, fra the tyme that thai ware

consayed, and sithen thai erred fra wambe of halykirke, that is, thaire baptem thai honur noght with goed werkis. *ib.* comm. Outende fra wambe sinful ere ai, þai dweled fra *magh;* lese spake þai (alienati sunt peccatores ab utero, erraverunt a ventre; locuti sunt falsa]. EARLY E. Ps. 57, 4. His moder dremid that scho sawe, Quen sain Thomas was in hir *mawe,* Al the mikel water of Temis Rin in the bosom of her kemes. METR. HOMIL. p. 124. vgl. Whon seint Thomas was in hire *mawe* etc. *Ms. Vernon* ed. Horstm. [in *Arch.* 57, 316].

4. Leber, wie es scheint bes. von Tieren: And thow shalt take al the fatnes that covereth the entreyls, and the calle of the *mawe* [the calle of the *mawe* Purv. reticulum iecoris *Vulg.*]. WYCL. EXOD. 29, 13 Oxf. cf. 22. The calle of the *mawe.* LEVIT. 3, 4 Oxf. Hoc gecur, *maw.* WR. VOC. p. 186. Hec jecur, a *maw.* p. 246. *Maw,* jecur. PR. P. p. 330.

mawe s. larus s. *meaw;* cognata s. *moƷe.*

mawen, majen, mowen v. ags. *mâvan* [*meóv; mâven*], afries. (*méa*) nur in 3. s. præs. ind. *mêth,* mitteld. *mêwen, mên,* mittelrhein. *mêhen,* altniederl. *maeien,* niederl. *maaijen, maaijen,* altn. *mâ* [*mâðа; mâðr*], abnutzen, schw. *mâja,* dän. *meie,* ahd. *mâjan, mâhan, mden, mên,* mhd. *mæjen, mægen, men,* nhd. *mâhen,* sch. *maw* [*meow, mew; mowen*], im præt. auch *mowed,* im p. p. auch *mawin,* neue. *mow* [*mowed; mown* und *mowed*], das præt. *mew* ist noch in nördl. u. östl. Diall. üblich. vgl. gr. ἀμάω, lat. *me-t-ere.* mähen, ernten, oft übertr.

Þe ðe saweð on blescunge, he scal *mawen* of blescunge. OEH. p. 131. Heo oden wepende and sowen, and sculen eft cumen mid blisse and *mawen.* p. 155. Þenne Ʒe *mawen* sculen and repen þet ho er sowen. p. 161. Huo þanne ssolde erye and sawe, ripe and *mawe?* AYENB. p. 214. To *mawe,* falcare, falcitare. CATH. ANGL. p. 241.

Þe mon þet lutel seweð, he scal lutel *maþe.* OEH. p. 131. Æuric mon scal eft *mowen* bi þon þe he nu saweð, and þe þe saweð nu on blescunge, he scal eft *mowen* of blescunge. OEH. p. 137. Þenne hy *mowen* sculen and ripen þer þe hi ær seowen. p. 288. Hie hiden wepende and sewende, and shule cumen mid blisse and *mowen.* OEH. II. 147. Seint Iame .. siew þo on wowe þat he shall eft on blisse *mowen.* II. 151. Þe cheorl beo in fryþ His sedes to sowen, His medes to *mowen.* O. E. MISCELL. p. 108. vgl. p. 109. Thei coruen here copes, and courtepies hem made, And wenten as workmen to weden and *mowen.* P. PL. *Text C.* pass. IX. 185. For after þat mon souit, Als suyich sal he *mouin.* O. E. MISCELL. p. 107. Hwych so þe mon soweþ, Al swuch he schal *mowe.* p. 106. Hit was iseid In olde laƷe, An Ʒet ilast thilke sothsaƷe, That man shal erien an sowe Thar he wenth after sum god *mowe;* For he is wod that soweth his sed Thar never gras ne sprinth ne bled. O. A. N. 1035. Huy iseiƷen þo þe contreie al aboute iheoled al mid snowe, And a place amidde,

fair and grene, men miƷhten þaron *mowe.* ST. LEONARD 97 Horstm. p. 459. [Canstow..] *Mowe* oþer mowen (= mughen, acervare) oþer make bond to sheues? P. PL. *Text C.* pass. VI. 14. To *mowe* and repe both grasse and corne A better labourer was never borne. REL. ANT. I. 43. *Mowe* wythe a sythe, falco. PR. P. p. 346. Falco, to repe, or *mowe.* WR. VOC. col. 582, 10 Wülck.

Who litill *maws,* þe les he saws. CURS. MUNDI 28831 GALBA. Qua littil saus, þe lesse he mais. *ib.* COTT.

A saythe *mowe,* fauchet. WR. VOC. p. 154. *Mowet,* fauche. p. 156.

Cornes heo seowen, medewen heo *meowen* [hii *mewen* j. T.]. LAƷ. L 82. Heo tileden, heo seowen, heo repen, heo *meowen* [hii *mewen* j. T.] L 428.

Ein schwaches Præteritum *mowed* findet sich bereits bei PALSGRAVE.

mawen, mewen v. niederl. *maauwen,* mhd. *mâwen,* nhd. *maum, miauen,* dän. *miauen,* neue. *mew.* mauen, miauen, tonnachbahmend zur Beseichnung des Katzenschreies.

Tybert [= the cat] coude not goo awaye, but he *mawed* and galped so lowde that Martynet sprang vp. CAXTON *Reynard* p. 26 Thoms.

Catello, to *mewe* or tykele. WR. VOC. col. 571, 23 Wülck.

mawer, mowere, moware, mower s. zu *mawen* v. metere. vgl. nhd. *mâher,* sch. *mawer,* neue. *mower.* Mäher, Schnitter.

Hic fulcator [= falcator], a *mawer.* WR. VOC. p. 213. A *mawer,* falcarius, falcator. CATH. ANGL. p. 231. Feniseca [= Heumäher], a *mowere.* WR. VOC. col. 582, 37 Wülck. Herbiseca [= Krautmäher], a *mowere. ib.* 587, 47. *Moware* wythe a sythe, falcator, metellus, falcarius. PR. P. p. 345. The *mower,* le fauchour. WR. VOC. p. 156. Hic falcator, a *mower.* p. 277.

[**mawing], mowing** s. sch. *mawin* [= *mawing*], the quantity that is mowed in one day; as much grass as will require the work of a day in mowing, neue. *mowing.* Mähen, Ernten.

Thei coruen here copes, and courtepies hem made, And wenten as workmen to weden and mowen [wedyng and to *mowyng* v. l.]. P. PL. *Text C.* pass. IX. 185.

mawis, mawisse s. turdus s. *mavis.*

mawlard s. anas s. *malard.*

mawle adj. masculus s. *maule, male.*

mawlerd s. anas s. *malard.*

A *mawlerd,* vbi a ducke [duke A.]. CATH. ANGL. p. 231.

mawmeni, mawmene, maumenie, mammenie, mameni, momene, auch **malmenie** etc. s. Dunkler Herkunft, vielleicht verderbter Name einer fr. Speise, anscheinend participiale Bildung zu afr. *malmener, maumener,* maltraiter [„the meat being teased small". TWO COOK. B. p. 136], ein in älterer Zeit beliebtes, als *potage* [BAB. B. p. 172] bezeichnetes Gericht, doch meist wohl zu Gallerte eingedickt als Zusatz zur Suppe, oder selbständig in einer Sauce aufgetragen, oder auch als Pastetenfüllung benutzt, besonders von Hühnerfleisch, aber auch von Fisch, da es auch unter den Fasten-

speisen erscheint [BAB. B. p. 172], verschiedenartig zubereitet, doch meist mit Wein, Mandel-
milch oder Fleischbrühe, denen noch andere
Bestandtheile, wie Zucker, Honig, Gewürze,
hinzutreten.

Mawmeny. Recipe brawne of capons or of
hennys, & dry þam wele, & towse þam smalle;
þan take thyk mylk of almonds, & put þe saide
brawne þerto, & styr it wele ouer þe fyre, &
seson it with suger & powder of canelle . . &
serve it forthe. BAB. B. p. 53. For to make
mawmenny. Take the chese, and of fless of capons or of hennes, and hakke smale in a mortar.
Take mylke of almandes, with the broth of
freissh beef, other freissh flessh etc. FORME OF
CURY p. 34. *Mawmenee.* Take a pottel of wyne
greke, and two pounde of sugar . . Take brawn
of capons yteysed, other of sesaunt, teysed
smalle, and cast thereto. p. 7. cf. WRIGHT *Prov.
Dict.* p. 664. HALLIW. D. p. 545. *Mawmene*
for xl. mees. HOUSEHOLD ORD. p. 455. *Mawmene* to potage. p. 430. WARNER, *Ant. Cul.*
p. 55. *Mawmene.* Take vernage, or oþer strenger
wyne.. And if hit be stronge [to stondyng *v. l.*],
aley hit with vinegre of [vernage or *v. l.*] swete
wyn, and dresse hit flatte with the bak of a
saucer or a ladell. TWO COOK. p. 88-9. Ther
was mylstones in *mawmany.* HARTSH. *Metr. T.*
p. 147. cf. REL. ANT. I. 86. *Maumenye* ryalle.
TWO COOK. B. p. 22. *Mammenye* bastarde. *ib.*
Creme of almondes, & *mameny,* þe iij. course in
coost etc. BAB. B. p. 165. *Mameny,* mylke of almondes, rice rennynge liquyte, — These potages
are holsom. p. 172. For to make *momene.* Take
whyte wyne . . And sugur þerto grete plente;
Take, bray þo brawne of aȝt capon, To a pot
oyle of on galon, And of hony a qwharte þou
take etc. LIB. C. C. p. 26.

Malmenye furnes. TWO COOK. B. p. 48.
Wete þin dyssche in þe hony, & with þe wete
dyssche ley þe *malmenye* & þe cofyns; & whan
þey ben bake etc. *ib. Malmens* [pl.] bastard.
p. 95.

mawment s. idolum, mit Abll. u. Kompos.
s. *maumet, maumetrie.*

mawmoder s. Dunkler Herkunft; vielleicht
ist *maw* = uterus zu fassen und *moder* = niederd. *moder,* neue. *mother,* Bodensatz. Die
doppelte Bedeutung steht fest, sie entspricht
ganz der des lat. *molucrum;* vgl. FESTUS p. 151.
Monkalb, Mondkalb [= neue. mooncalf];
auch Drehbalken der Handmühle [neue.
quernstaff].

Þe *mawmoder* [*mawemodyr* A.], molucrum,
molacrum. CATH. ANGL. p. 232. vgl. n. 1 u.
Addit. Notes p. L.

mawnd, mawnde s. sportula s. *mand.*

mawndement s. mandatum s. *mandement.*

Mawndement of a kinge or a lorde, mandatum, preceptum, edictum. PR. P. p. 330.

mawngeur, mawnjewre s. mansorium s.
manger.

maser s. acer, tuber, nodus s. *maser.*

mazil s. serpedo, variola s. *masel.*

me pron. pers. mihi, me s. *ic.*

me pron. indef. homines s. *man.*

me conj. afries. altniederl. *men,* aber, mniederd. *men,* niederd. *man, men,* nur, sondern,
aber, dän. schw. *men,* sondern, aber, für mhd.
wan, ausser, ausgenommen, nur, sondern, aber;
vgl. den umgekehrten Übergang des mhd. pron.
man, men [= homines] in *wan, wen.* aber, zur
Einführung eines Einwurfes.

Me nis he fol chapmon þe buþ deore a wac
þing, and for forsakeþ a deorwurþe þing þet
me beodeþ him for naut, and bihat him þer take
mede forto nimen hit? OEH. p. 185. cf. *Me*
nis he fol chepmon ðet buð deore a woc þing,
and forsakeð a deorwurðe þing ðet me beot him
for nowt, and bihat him þer teken mede for to
nimen hit? p. 200-201. *Me* hwat is mare madschipe Pen for to leuen on him, & seggen þ he is
Godes Sune, Þe þ Giws demden & heaðe hong-
eden? LEG. ST. KATH. 327. *Me* an mahte of
ure men Wið his mot meistren, & wið his anes
wit awarpen, þe alre wiseste Þe wuneð bi westen.
587. *Me* ʒif fifti wimmen, & tah þer ma weren,
Hefden wið word ower An awarpen, Nere hit
schendlac inoh, & schir schome, to alle þ ʒelpeð
of lare? 1281. *Me,* þu heðene hund, þe hehe
healent is min help. ST. MARHER. p. 6. *Me,*
hatele hund, quoð ha þa, þah al swa do, me ne
schendest tu nawt. p. 7. *Me,* mihti godd makeles,
is þ eni wunder? p. 11. *Me* hwet is he, þes were,
þat tu art to iweddet? ST. JULIANA p. 14. „*Me,*
ʒe ateliche wihtes," quoð þis meiden, „durre ʒe
neomen ow to cristes icorne?" p. 46. cf. p. 47.
Me, seli meiden, hu derstu nu hondlin me and
halden me swa hardeliche ..? *ib. Me* þu, witti
wummon, hu wultu þat ich endi þe tale, þat
waxeð sa as ich hit telle? p. 50. cf. p. 51. „*Me*
wenes tu," seið sum, „þet ich chulle leapen on
him, þauh ich loke on him?" ANCR. R. p. 54.
Me þeo þat best luuieð ham tebeoreð ofte þrin,
þah ha þerof semblaund ne makien inne marhen.
HALI MEID. p. 31.

mæst s. malus navis s. *mast.*

meal s. prandium, cæna s. *mæl.*

mealen s. loqui s. *mælen.*

meall s. malleus, **meallen** v. malleare s.
mall, mallen.

mealten v. liquescere, liquefieri; liquefacere
s. *melten.*

meane adj. communis s. *mæne;* s. communio
s. *mæne* und vgl. *mane, man.*

meanen v. significare s. *mænen;* conqueri,
lugere s. *mænen* und vgl. *monen.*

mearch mensis Martius s. *march.*

meare adj. clarus, illustris s. *mære.*

**[mearʒ], mearl, merʒ, mergh, meri, me-
rouʒ, merowʒ, mereu, merow** und **marʒ,
margh, mari, marugh, maruh, marou** etc.
ags. *mearg, mearch* dial. *merg* [medulla, *merg*
CORPUS GL.], afries. *merg, merch,* altn. *mergr,*
schw. *märg,* dän. *marc, marv,* niederl. *marg,
merg,* altniederd. *marg,* alts. *marg,* ahd. *marg,
marag, marc, mark, marac* gen. *marages, marages*
[nur von dem Mark in den Knochen], früh mhd.
march, mhd. *marc* gen. *marges* [im 14. Jahrh.
auch schon von dem Mark im Baume], *marg,*
nhd. *mark,* neue. *marrow.* vgl. *meru* adj. ags.
mearu gen. *mearwes,* tener.

1. **Mark der Knochen**, zarte, fette Masse, mit der die Röhrenknochen angefüllt sind: Bursten hire banes, & þat *mearȝ* weol ut, imenget wið blode. ST. JULIANA p. 58. vgl. Þat *mearȝ* bearst ut, imenget wiþ þe blode. p. 59. Brent sacrifises ful of *merȝ* [*merowȝ* PURV.] I shal offre to thee, with encens of wethers. WYCL. Ps. 65, 15 Oxf. The *merghe* of a fresche calfe. Ms. in HALLIW. D. p. 550. The *merghe* of a gose-wenge. *ib.* Out of the harde bones knokke they The mary [*meri* v. L]. CH. C. T. C. 541 Six-Text. Þen take *merow*, & putte it on a straynourys ende, & lat hange in-to a boyling potte; & parboyle it. TWO COOK. B. p. 44. Pan take þe pertryche, an stuffe hym wyth hole pepir, an *merow*. p. 9. His bowelis ben ful of talȝ; and the bones of hym ben moistid with *marȝ*. WYCL. JOB 21, 24 Oxf. *Marghe*, medulla. CATH. ANGL. p. 228. Out of the harde bones knokke they The mary. CH. C. T. III. C. 541 Skeat Cl. Pr. The *mary* is goode, the boon dothe but damage. LYDG. M. P. p. 165. Take fayre *mary* etc. TWO COOK. B. p. 9. Then make small coffyns . . and ij. gobettes or iij. of *mary* couche þerin. p. 74. Also put hole gobettys & *marye* with ynne. p. 32. Medulla, the *mary*. MEDULLA. *Mary* in a bone, mouelle. PALSGR. *Mary*, or *marow* of a boon [*marwhe* K. H. *marughe* P.], medulla. PR. P. p. 326. *Marowe*, idem quod *mary*. p. 327. Take & þyke owt þe *marow* of bonys as hool as þou may. TWO COOK. B. p. 55. Som men lyueþ þat eueriche of hem haþ þe bones of his body cleuynge to gidres as hit were al oon boon, al hool and wiþ oute *marwe* [*marouȝ* α. *mary* Cx. Somme men lyve alle the body concrete and compacte with bones, with owte ony *maro Harl*. sine medullis *Higd.*]. TREVISA II. 189. Knocke out þe *marwe* of þe bonys, an ley þe *marwe* . . in a dysshe. TWO COOK. B. p. 6. Ley þin *marewe* þer-in. p. 56. — The word of God is . . more able for to perse than al tweyne eggid swerd, and entrynge . . til to departyng of soule and spirit, and of ioyntouris and *merewis*. WYCL. HEBR. 4, 12. Oxf. The comoun glose seyth that ioyntours ben thouȝtis ioyned to gidere, and *merȝwis* sutil entenciouns of thouȝtes. T. *ib.* Purv. *Gloss*. Hise entrails ben ful of fatnesse; and hise boonys ben moistid with *merowis*. JOB 21, 24 Purv.

2. **Mark der Pflanzen**, in der Mitte des Stammes und der Zweige, als Zellgewebe gebildet: Withouten stoon wel wol thai [sc. chiritreen] growe & cheve . . if a tender tree Me kitte atte footes tweyne, and thenne it cleve Unto the roote, and with an yron se The *mary* raised oute, & closed be Hit sone ayenie. PALLAD. 11, 232. Ryht softe as the *marye* [i. sapp] is, þat is alwey hidd in the feete al with inne, and þat is defendid fro with owte by þe stidefastnesse of wode. CH. *Boeth*. p. 97. — They [sc. herbes and trees] drawen alle hyr norrysshynges by hyr rootes, ryht as they haddyn hyr mouthes iplounged with in the erthes, and shedyn by hyr *maryes* [i. medullas, hyr wode, and hyr bark. *ib.* auch für den zarten, scheinbar unmittelbar dem Mark entspriessenden und zum Setzling

geeigneten obersten Wipfelschössling eines Baumes: A greet egle . . cam to the Liban, and took the *merouȝ* [*merowe* Purv.] of cedre. WYCL. EZ. 17, 3 Oxf. Y schal take of the *merewȝ* [*merowe* Purv.] of the heeȝ cedre, and I shal putte the cop of his braunches. 17, 22. von dem saftigen Inneren einer Frucht: Thai sayen thaire bitter *margh* [medulla. *lat.*] wol channge sweete, Her seede in meth III daies yf me steep. PALLAD. 4, 477, vom Fleisch einer Orange.

3. **Mark** übertr. als Sitz der inneren Kraft, das Innere in Bezug auf Empfindung: His heorte feng to heaten, & his *mearȝ* mealten. ST. JULIANA p. 21. cf. His mod feng to heaten ant his *mearȝ* to melten. p. 20.

4. **Mark als das Nährhafteste, Beste** an einer Sache: [That he ete the froytes of feldys . .] And gayte with *merghe* of whete: and that tha drynke the shyrest blode of grape. CANT. MOYS. II. 21 in HAMP. *Ps.* p. 516. He sette him on an hiȝe erthe, that he myȝte ete the fruytis of feeldes . . and goot with *margh* [the *merȝw* E. the *merowe* Purv.] of whete, and blood of grapis myȝte drynk moost cleer. WYCL. DEUTER. 32, 13 Oxf. I shal ȝyue to ȝow al the goodis of Egipte, that ȝe eeten the *mary* [*merowe* Purv.] of the loond. GEN. 45, 18 Oxf. Al the *mary* [*merowe* Purv.] of oyle, and of wyne, and of whete, what euer thing thei shulen offre of first fruytis to the Lord, to thee Y haue ȝeuen. NUM. 18, 12. Oxf. Ähnlich verhält sich in bildl. Übertragung des urspr. Psalmentextes: Whils i life, I sall offire till the my self, with the *mergh* of entere luf. HAMP. *Ps.* 65, 14 comm.

5. **Kern, Hauptinhalt**: Panne it was ordeyned þat þe superfluyte of þe rule schulde be itake away, and onliche þe *marouȝ* [*marȝ* γ. *marouh* Cx. the substantiall partes *Harl*.] schulde be iholde [Decernitur ergo solam medullam regulæ resecatis superfluis sectandam fore *Higd*.]. TREVISA VII. 399.

Mit verschiedenen Formen des vorstehenden Subst. sind zusammengesetzt oder davon abgeleitet:

meribon, maribon, marwbon s. neue. *marrow-bone*. Markknochen.

A proverbe sayde in ful old langage, That tendre browyce made with a *maryboon* For fieble stomakes es holsum in potage. LYDG. M. P. p. 165. — Take beeff and *merybonys*, and boyle yt in fayre water. TWO COOK. B. p. 5. cf. p. 6. 46. A cook they hadde with hem for the nones To boille the chiknes with the *marybones*. CH. C. T. A. 379 Zup. C. C. C. *maribones*. TWO COOK. B. p. 67. Cast hem in a faire potte with goode fresh broth and with *marybones*. p. 70. Dry þin cofyn, & ley þin *maribonys* þeron, & serue forth. BAB. B. p. 60 [a. 1430-40]. Lei þin *maribonys* þer-on. TWO COOK. B. p. 55. Pen take *marwbonys* & do þer-in. *ib.*

merghed etc. adj. vgl. lat. *medullatus* und neue. *marrow* v. voll Mark, markig.

Offrandes *merghed* [holocausta medullata] bede I sal To þe [Offrand *meryhed*,

gode þat be,¦Sal I offre unto þe E.], brinninge
of schepe with al. EARLY E. PS. 65, 15.
Offrandis merghid [holocausta medullata] i
sall offire til the, with encens of wethirs.
HAMP. PS. 65, 14.

merewi adj. neue. *marrowy.* m a r k i g,
v o l l M a r k.

The swerd of the Lord fulfild is of blod,
innerly fattid it is with talʒ of blod of lombis
and of get, of the blod of *merewi* wetheres
[of the blood of rammes ful of merow *Purv.*].
WYCL. Is. 34, 6 Oxf.

meari s. medulla s. *mearʒ.*

meast adj. [u. adv.] superl. s. *mare.*

meaö s. modus, moderatio s. *með.*

meaþe s. vermis, vermiculus s. *maðe.*

meaöful adj. moderatus s. *meðful.*

meaw, mew, mewe, neben **maw, mawe,**
mow, mowe s. ags. *mæv,* alts. *méu, méo,*
niederl. *meeuw,* niederd. *mewe,* altn. *máfr, márr,*
mдr pl. *máfar,* schw. *máke,* dän. *maage,* ahd.
méh, mégi, nhd. *mewe, möwe,* neue. *mew;* vgl.
auch afr. *miawe,* pic. *mauwe,* nfr. *mauve* dimin.
mouette. M e w e, M ö w e, larus.

Das in älterer Zeit überhaupt seltene Wort
erscheint, wo es sich findet, meist in Zusammensetzungen; die Bedeutung des Wortes scheint
gesichert, trotzdem es in den alten Glossaren
als *alcedo, alcyon* [Eisvogel] etc. aufgeführt
wird.

Merul. . ., *meaw.* FRGM. OF ÆLFRIC'S
GRAMM. etc. p. 3. WR. VOC. p. 90. cf. Merul. . .
[read mergulus], *meav.* col. 542, 44 Wülck. vgl.
The *semewe* with his fetherys whyte, Nor þe
cald*mawe,* nouthir fat ne lene, Gooth not from
hire panteer quyght. LYDG. *M. P.* p. 202. Hec
fuliga [= fulica?] *semawe.* WR. VOC. p. 189.
A *semawe,* alcedo, alcio, avis est. CATH. ANGL.
p. 328. *Mowe,* byrd, or semewe, aspergo. PR. P.
p. 346; cf. *semow.* ib. p. 452, col*mow.* WR. VOC.
p. 252. vgl. auch: *Mow,* the seamew, a well-
known bird. HALLIW. D. p. 546 v. *mow* 6.

mebles s. pl. mobilia s. *moble* adj.

mec, meh adj. lenis, mitis s. *meoc.*

mecche s. par, conjux s. *macche.*

mekel adj. (und adv.) magnus, multus s. *mukel.*

mekeleic s. lenitas, **mekell, mekeliche** adv.
leniter, **meken** v. lenire, **mekenes** s. lenitas
s. *meoclejc, meoclike, meoken, meocnesse;* **mekli**
adv. leniter s. *meoclike.*

mekil adj. [u. adv.] magnus, multus s. *mukel.*

mekille s. eine Art Gebäck [?].

Hec mebula, a *mekylle.* WR. VOC. p. 233
[unter anderen Gebäckarten].

mekilnesse s. magnitudo s. *mikelnes* hinter
mukel.

mecul adj. magnus, multus s. *mukel.*

mekuall adj. anscheinend aus *meoc, mek,*
lenis, mit den Endungen *-ous* und *-ly* gebildet.
m i l d e, f r e u n d l i c h.

ʒet thai makyn mone men ful *mekusly*
chere, With the grace and the goodys that God
here hom sende. AUDELAY p. 30.

meche, mecche, mache s. ags. *méce,* ensis,
gladius, altn. *mækir* gen. *mækis,* alts. *máki,*
gth. *mæki.* S c h w e r t.

He [sc. Cesar þe keisere] sloh þer an hundred of ahtere monnen, þe feond mid his *mæche.*
LAʒ. I. 320. — Þar Turnus feol mid *mechen*
toheawen. LAʒ. I. 8. Anglisce & Sexisce seouen-
tene þusend mid *machen* weoren toheowen.
III. 202.

meche s. ellychnium s. *macche.*

Hic lichinus, *meche.* WR. VOC. p. 248.

meche s. par, conjux s. *macche.*

meche, mechel adj. magnus, multus s. *mukel.*

med, mede (-a), meed, meede, vereinzelt
meede, meid; selten ohne schliessendes *e* s.
ags. *méd, meroes,* præmium, munus, dialekt:
moord, meard, alts. *méda, mieda, meoda,* afries.
méde, míde, meide, meithe, nfries. *meide* [Erb-
pacht], niederd. *mдde,* niederl. *miede,* ahd. *miata,*
miata, mhd. *miete, miet,* nhd. *miete,* gth. *mizdo,*
μισθός, neue. *meed..*

1. L o h n, B e z a h l u n g für geleistete oder
zu leistende Dienste, und zwar besonders als

L o h n für geleistete oder zu leistende Arbeit, A r b e i t s l o h n: For ryht were þat me
raht Þe mon þat al day wraht Þe more *mede* a
nyht. LYR. P. p. 42. Seruaunts for her seruise
. . Taken *mede* of here maistre, as þei mowe
acorde. P. PL. *Text B.* pass. III. 216 [cf. *C.* IV.
273]. Alle kyne crafty men crauen *mede* for here
aprentys. *Text C.* pass. IV. 281. Ordeyn thi
mede that Y ʒyue to thee. WYCL. GEN. 30, 28
Oxf. Sey what of *mede* [what *mede* Purv.] thow
shalt take. 29, 15 Oxf. ʒoure fader . . chaun-
gide my *mede* [*meede* Purv.] ten sithis. 31, 7
Oxf. Ordeyne thou the *meede* which Y schal
ʒyue to thee. 30, 28. Purv. — The dyuers colou-
rid shulen bi thi *medis.* WYCL. GEN. 31, 8 Oxf.

L o h n als gebührender Sold, Ehrensold,
als ausgesetzter Kampfpreis, oder als mehr frei-
willige Belohnung, Gabe, Geschenk an
irdischem Geld, Gut, an irdischer Ehre für vergangene oder zukünftige gute Dienste, auch
nur zur Erzielung oder als Bethätigung freundlicher Gesinnung: Ic wulle Maurike *mede* bitæchen; ich ʒeue him Norðhumberlond [Norh-
hüberlond *ed.*] . . wið þan þe he me bringe
Maximien þæ hende. LAʒ. II. 55. Conaan, þu
ært god cniht, þu hæfuest ihalden wel mi fiht,
& ich þe wulle *mede* muchele bitæche. II. 66.
Whærd [whær?] is þe ilke mon þat me ne mæi
mid *mede* ouergan? I. 329. Þe king hehte ælcne
mon . . twalf panewes habben to *mede* for his
weldede. II. 190. He bihet to medin ham Mid
swiðe heh *mede,* & makien ham behest in his
halle, ʒef ha þeos motild Ouercumen mahten.
LIFE OF ST. KATH. 414 Einenkel. ʒeld my *mede*
blyue, Vor ych abbe ydo þe more gode þan alle
þe men alyue. R. OF GL. p. 311. Ne mai non
mon þar tojeines [i. e. gegen den Tod], Weilawei, þreting ne bene, *Mede,* liste ne leches
drench. O. E. MISCELL. p. 156. Aþelbrus he
[sc. Horn] soʒte . . And sede him his nede, And
bihet him his *mede.* K. H. 465. No roułt þal
of, what man In lede, Þat may him [sc. þe dra-
goun] sle or tan, Ysonde schal haue to *mede.*
TRISTR. 2, 27 Kölb. (= Kampfpreis]. cf. Tristrem
to his *mede* Þai ʒolden Ysonde, þe briʒt. 2, 67.
„Late," he [sc. þe king Vterpendragon] seyd,

„þi wiif it loke Of hire milk & ȝiue it souke, & þou schalt haue riche mede, Brod londes & heiȝe stede." ARTH. A. MERL. 2693 Kölb. [an Sir Antour gerichtet] cf. Þi mede schal be riche & gode. ib. 2712 [an Sir Antours Gemahlin gerichtet, also eig. Ammenlohn, aber als Ehrensold, Ehrengabe für eine Frau höheren Standes als Arthurs Amme und Pflegerin]. I pray þe, prince, with me pas to my praysid modire, Þat þou may merote haue & menske & mede for þi werkis. WILL. OF ALEX. 5225 Ashm. Bowys to your Lord, And says, me wonderys, iwisse, yf he wene suld For ony mede vppon molde hys meynȝey to delyuer. 3118 Dubl. [= Lösegeld]. cf. Ashm. Bihote hoo so hem findes to haue so gret mede, Riche to be & reale redly al his liue time. WILL. 2135. It bicometh to a kynge þat kepeth a rewme To ȝiue mede to men þat mekelich hym serueth. P. PL. Text B. pass. III. 208 cf. C. IV. 266. Beggeres for here biddynge bidden men mede; Mynstralles for here murthe mede þei aske, Þe kyng hath mede of his men to make pees in londe; Men þat teche chyldren craue of hem mede; Prestes þat precheth þe poeple to gode asken mede. B. III. 218. cf. C. IV. 276. Also he [sc. Titus] hadde alway þat manere þat no man þat come to hym ȝede from hym wiþoute mede [a rewarde Harl.]. TREVISA IV. 459. Yif a man renneþ in þe stadie or in þe forlonge for þe corone, þan lieþ þe mede in þe corone for whiche he renneþ. CH. Boeth. p. 119. Þu may . . haue for þi hardynes a full hegh mede. DESTR. OF TROY 237. Whether that thou lyue or dye, Thy mede the quyte he [sc. my lord] wyll. TORRENT 1572 Adam. Some songe of Jenken and Julyan for there mede. LYDG. Lykp. st. 12 in Spec. III. 26. A mede, merces, meritum, remuneracio, retribucio. CATH. ANGL. p. 232. mede, rewarde, guerdon. PALSGR. For ȝif ȝe louen hem that louen ȝou, what meed [mede Purv.] shul ȝe haue? WYCL. MATTH. 5, 46 Oxf. I gat not a mum of his mouth for my meed. LYDG. Lykp. st. 4 in Spec. III. 24. Meede, rewarde; premium, retribucio, merces. PR. P. p. 331.

Kaufpreis, Preis im Handel: Neoðeles he heom sulleð and underuehðe here ðerof his mede alswa ure drihten seið in þe godspelle: „amen dico vobis, receperunt mercedem suam." OEH. p. 137. Ȝif me cheapeð on of þeos et ou a domes dei, þet is, ȝif me cheape et ou þe mede þet ariseð þerof, ȝe nolden sullen hire. ANCR. R. p. 190. Marchauntz and Mede [personif.] mote nede go togideres. P. PL. Text B. pass. III. 225. cf. Marchaundise and mede mote nedes go togederes. Text C. pass. IV. 292. Auch Zugabe im Handel, Tauschhandel: Me nis he fol chapmon þe buþ deore a wac þing, and for forsakeþ a deorwurþe þing þet me beodeþ him for naut, and bihat him þer take mede forto nimen it. OEH. p. 185. cf. p. 200–201.

Sündenlohn, Sündensold für vergangene oder zukünftige unsittliche oder unerlaubte Handlungen, Übelthaten, Schandthaten verschiedener Art, namentlich auch Geschenk an Geld und Gut bei Kauf oder Verkauf geistlicher Gaben [Simonie] und Bestechung der Richter: What scal beon mi mede, ȝif ic þider ride, & ich þe swa iqueme, þat ich hine aquele? LAȝ. II. 316. Whatt mann sitt iss þat takeþþ her Forr hadinng aniȝ mede, He selleþþ Haliȝ Gast for se & biggeþþ hellepine. ORM 15966. Go heþen, and þe eueremore Þral and cherl, als þou wore; Shal [þou] haue non oþer mede. HAVEL. 683. He . . bed him grete mede. ST. MATHEU 86 Horstm. p. 80. He [sc. Judas] þouȝte þat he nolde him nouȝt bitake, bote heo [sc. þe giwes) him ȝeouen is mede. LEB. JESU 900. Thos kingis ministris beth ischend To riȝt and law that asold tak hede, And, al the lond for tamend, Of thos thevis hi taketh mede. POL. S. p. 197. He is medierne of miht, mercie of mede. LYR. P. p. 25. Many one for mede doþ ful euyl: Me sey ofte: „mede ys þe deuyl." R. OF BRUNNE Handl. S. 8330. Þe oþer is þe zenne of grochinge and of traysoun [bezuykinge], huanne þe man, uor wynnynge oþer uor mede, deþ þing huerby he draȝeþ oþre to þe dyaþe. AYENB. p. 43. Thei [sc. the erchedeknes] wolleth take mede Of on and of other, And lete the persoun have a wyf and his prest another. HARDWICK p. 5. Than keat þam twa of his kniȝtis him causeles to spill, Þai trowid þan of Alexander to adill þaim a mede. WARS OF ALEX. 3190 Ashm. There is an-other mede mesurelees þat maistres desireth, To meyntene mysdoers mede þei take. P. PL. Text B. pass. III. 245. Now worth þis Mede ymaried al to a mansed schrewe. pass. II. 39 [personif. = Bribery, wie oft]. Her pardon is ful petit, at her partyng hennes, Pat any mede for her motyng taketh. For bit is symonye to sulle þat send is of grace. pass. VII. 57. cf. Text C. pass. X. 53. Þorw mede do mercy. Text B. pass. V. 139. He sent hire pinnes, methe, and spiced ale, And wafres piping hot out of the glede: And for she was of toun, he profered mede. CH. C. T. 3378 Tyrwh. Of Armorike Genylon Olyuer, corrupt for mede, Broughte this worthy king in swich a brike. B. II. 3578 Skeat Cl. Pr. I am ever in drede, wundreth, and wo, Lest Pylate for mede let Jesus go. TOWN. M. p. 202. With cancryd lyppes and with tung double Twene ryght and wrong forþe þey woll procede, To be forsworn on a boke for mede. LYDG. Isop. 533 Zup. Now Fals and Fauuel fareþ forþ togedere, And Meede in þe middel. P. PL. Text A. pass. III. 158 [personif. = Bribery, wie oft]. Þat laborers and louh folk taken of heore maystres Nis no maner meede, bote mesurable huyre. ib. 240. His pardoun in purgatorie is petit, I trouwe, Þat eny meede of mene men for motynge receyueþ. ib. pass. VIII. 60. Forsothe Y saye to ȝou, thei han resceyued her meede [mede Purv.]. WYCL. MATTH. 6, 2 Oxf. [von Heuchlern]. cf. 6, 5 u. ð. — [Maxence . . bigon . .] to weorrin hali chirche & dreihen cristene men . . alle to heaðendom, heaðen as he wes, summe þurch muchele ȝeouen & misliche meden, summe þurh fearlac of eisfule þreates. LIFE OF ST. KATH. 32 sq. Þe meden þ ha moni ȝer hefden imaket, þis wið sume of mine wiheles ich wrenchte ham adun, hwen ha lest wenden.

ST. MARHER. p. 13. Balaac sente richere an mo
Medes, and oðer men to ðo. „Sondes, sondes“,
quað Balaam, Or he ðese *medes* nam, „Dog Balaac
king me goue hold, His hus ful of siluer and of
gold, Ne mai ic wenden her bineðen.“ G. A. EX.
3937. Þe heȝe men . . nymeþ þe *medes* and þe
greate yefþes. AYENB. p. 35. And his nede doyng-
us and his *meedus* shuln be halewid to the Lord.
WYCL. Is. 23, 18 Oxf. And the marchaundies
thereof and the *meedis* thereof schulen be halewid to the Lord. ib. Purv. To *meedes* I wile
bicom þi man at þi somoun. CELEST. 75
Horstm. in *Angl.* I. 69.

als L o h n, B e s a h l u n g, P r e i s erscheint
das Substantiv auch in der adverbialen Formel
for no mede etc., u m k e i n e n P r e i s: Sone o
morwen he [sc. Elieser] gan him garen, And
crauede his erdene, and wolde hom faren; *For*
scriþ *ne mede* ne wold he ðor Ouer on nigt
drechen nunmor. G. A. EX. 1415. Brenne it,
bere it nouȝte awey, be it neuere so riche, *For*
mede ne for [moneie]. P. PL. Text B. pass. III.
268. cf. Text C. pass. IV. 426. Þou hast lore
þin cardinals at þi meste nede; Ne keuerest
þou hem neuere *for nones kunnes mede*. BÖDD.
Altengl. Dicht. p. 120. *For no kennes mede.*
LAUNFAL 363. Ne spit not lorely, *for no kyn*
mede, Before no mon of god for drede. B. OF
CURTASYE p. 303. Kyng Richard myght they
nought spede, To take trewes [= truce] *for no*
mede. RICH. C. DE L. 5404. But *for noe meede*
he wold not saine, Whether of them shold
be slaine. ARTH. A. MERL. 2399 j. V. *P.* Kölb.
Lechis sone his woundis sought; They said, so
god hem spede, Were there no lyve but ane,
His liffe they wyll not vndertane, *For no* gold
ne ffor mede. TORRENT 1730 Adam. als Z u-
g a b e in dem abgeschwächten *to mede*, n o c h
d a z u, bei d i e s e r G e l e g e n h e i t (vgl. das
überbietende *to bote*, überdies, obendrein, v.
bot 4.): He riȝt al þe rede, Þe wombe oway he
bare, Þe noumbles he ȝaf *to mede*. TRISTR. I, 45
Kölb. So fele paiems þer lay slawe, Þat fele
hepes þer lay on rawe Of armed men, of fatt
stede, Þat her liif þer les *to mede*. ARTH. A.
MERL. 5849 Kölb.

3. übertr. L o h n, V e r g e l t u n g im allgemeinen, namentlich g e i s t i g e r L o h n als
i n n e r e B e f r i e d i g u n g etc. und besonders
G o t t e s l o h n, h i m m l i s c h e r L o h n, h i m m-
l i s c h e H e r r l i c h k e i t als B e l o h n u n g im
Jenseits, oft im Gegensatz zu irdischem Lohn:
Mai no man seruin hir [him *ed.* her, hir, hire
cett.] in lede Þat sco [sc. vr leuedi] ne þan yeldis
þaim þair *med* [mede *cett.*]. CURS. MUNDI 24965
EDINB. cf. METR. HOMIL. p. XXI [hier im Anschluss an eine Rettung aus Sturmesnot durch
die h. Jungfrau gesagt]. Our Lauerd in this
wai us lede Til heuin, and yild us thar our *med*.
METR. HOMIL. p. 59. God scal beon þi *meda*
[þi *mede* j. T.]. LAȝ. I. 126. Þis is þet oli, þe
muchele *mede* þet þu scalt habben. OEH. p. 85.
Eower weldede scal eft beon imeten eower *mede*
[dat.], and bi hunderfalde mare. p. 137. Swa
wile God þet we moten hermide þe alde neddre
ouercume, and habbe to *mede* endelese blisse.

p. 155. Imeaded mid heahere *mede*. p. 243. Þa
nowwt tatt Jesu Crist draf üt Off Godess hallȝe
temmple Taenedenn uss þatt læredd folle Þatt
laeroþþ wel & spelleþ, Acc all forr lufe of erþliȝ
loff & all for erþliȝ mede, & rihht nohht forr þe
lufe off Godd, Noff hefennlike *mede*. ORM 15874.
cf. 15922. Forrþi birrþ wel clawwstremann
Onnfanngenn mikel *mede* Att hiss Drihhtin
Allwældennd God Forr whamm he mikell
swinnkeþþ. 6352. Milde Iesu, þ art te seolf
meidene *mede*, ihered & iheiet beo þu, hehe
healentl LIFE OF ST. KATH. 2378. For ich iseo
Iesu Crist . . mi murhðe & mi *mede* & meidene
crune. 2345 sq. Wið þon þ ich mote meidene
mede habben in heouene. ST. MARHER. p. 5.
Widewene warant ant meidenes *mede*. p. 8.
For ne mahe ȝe nawt don mi but hwet he wule
þeauien ow to muchelin mi *mede* & te murðe þat
ȝið to meiðhades menske. ST. JULIANA p. 18.
Þe rihtwise God haueð so idemed þet euerichones
mede þer schal onswerien aȝein þe swinc & aȝein
þe anui þet heo her uor his luue edmodliche
þolieð. ANCR. R. p. 94. Hwat makeð us strong
uorte drien derf ine Godes seruise, & ine uondunges to wrastlen stalewardliche aȝein þes deofles swenges? Hwat, bute hope of heih *mede*.
p. 80. He hit þoleð to fonde þe hwcðer þu beo
treowe, & greiðeð þi *mede* monifald in heuene.
HALI MEID. p. 29. Se hende is ure lauerd þat
nule nawt þat hise icorene beon wiðute *mede*
her; for se muche confort is in his grace, þat
al ham sit þat ha swoð. p. 7. Þis ure lauerd
ȝiueð ham an erles of þe eche *mede* þat schal
cume þrafter. ib. Hwase halt þa [sc. his reades],
he earneð him ouerfullet ful & ouereorninde
met of heuenliche *mede*. p. 19. (He . .] Takeð
him to Jhesu Crist, For he sal ben his *mede*.
BEST. 98. Forto hauen of him þe *mede* Þat for
vs wolde on rode blede. HAVEL. 102. That I
mai haf for my *mede* Heuenrik blis. METR. HO-
MIL. p. 6. Euer quen we will hald þis dai, Mai
naman serue her [sc. ur lauerdi] in lede, Þat sco
ne yeldes þam þar *mede* [med EDINB.]. CURS.
MUNDI 24964 COTT. vgl. oben. We prai hir [sc.
þe lauedi] for hir maidenhede, Þat we mai sua þis
stori rede Hir to mensk and us to *mede*. 2324
COTT. FAIRF. GÖTT. Þar es tuin betyng berand
mede. 28630 COTT. Two maners of mending
makes man *mede*. ib. COTT. GALBA. Al that hys
bove and under molde, Hou myȝt hyt bote hyt
bowe scholde To hyre owene *mede*. SHOREH.
p. 117 *Spr.* vgl. Anm. Vor þeruore þe more *mede*
to-uore god him ne worþ þe raþre, yef he sterfþ
wyþ-oute charite. AYENB. p. 90. Bot he þat
his wille til God wil sette, Grete *mede* þarfor
mon he gette. HAMP. 95. He ȝelde [quyte *L.*]
þe þy *mede* Þat for us gan blede! LIB. DESC.
718 Kaluza. Þe bileue is grete of treuth, And an
hope hangyng þer-inne to haue a *mede* for his
treuthe. P. PL. Text B. pass. XII. 288. Þe glose
graunteth vpon þat vers a gret *mede* to treuthe.
ib. 290. The more thei absteneden hem fro siche
pleyes, the more *mede* thei shuld then have of
God. REL. ANT. II. 47. Þat þis messe may be
hore *mede*. MASS B. p. 44. Til alle in purgatory
pine Þis messe be *mede* & medicyne. ib. A masse

of vs mene men is of more *mede* And passeth
all praiers of þies proude freers. P. PL. *Crede*
391 Skeat. If þou conferme þi corage to þe
beste þinges, þou ne hast no nede to no iuge
to ȝiuen þe pris or *meede*. CH. *Boeth.* p. 128.
The one of you shalbe slayne; & whether of
you soe ere it is, Shall haue to *meede* heauens
blisse. ARTH. A. MERL. 2396 j. V. P. Kölb.
For ȝoure *meede* is plentuouse in heuenes. WYCL.
MATTH. 5, 12. We sall pray specially for alle
þase þat lely and trewly pays þer tendes [=
neue. tithes] & þer offerandes to god & to hali
kirke, þat god do þame *meid* in þe blisse of
heuen. MASS B. p. 69. — Feng þa Porphire to
freinen þis meiden hwucche weren þe *meden*
& te endelese lif þ godd haueð ileuet his icorene. LIFE OF ST. KATH. 1630. Ant te eadie
Johan in onliche stude, þer ase he was, þeos
þreo astaх [*meden* C.] ofearnede him one. ANCR.
R. p. 160. Ure louerd Ihesu Crist . . giueð
hem to *medes* eche lif and blisse. OEH. II. 67.
Bot lang he [sc. our lauerd] led him [sc. Abra-
ham] with delay To mare Þe *medes* of his fay.
CURS. MUNDI 2353 COTT. Be þise ȝeue ouer-
cominges hi wynneþ ȝeue manners of corounes,
þet byeþ ȝeue *medes*. AYENB. p. 160. There aren
two manere of *medes*. . Þat one, god of his grace
graunteth in his blisse To þo þat wel worchen
whil þei ben here etc. P. PL. *Text B.* pass. III.
230. To good folk ne lakkeþ neuer mo hir *medes*, ne shrewes ne lakken neuer mo tourmentis.
CH. *Boeth.* p. 119. Defend þi folk nu þat þu
fedis, And giue þaim miȝht to win þi *medis*.
CURS. MUNDI 17191 COTT. GÖTT. Bot long he
led him wid delay To mare þe *medis* of his fay.
2353 GÖTT. Ʒyt schuld þei neuer telle þe fyfte
parte . . þe vertuus, *medus*, and pardon To hom
þat . . In clannes and in gud entent Doн worshyp
to þe Sacrament. MASS B. p. 3—5. Þat is þe
meedes of þe masse. ib. p. 128. Þe lawes ne
purpose nat wikkedly *meedes* and þeynes to þe
willynges of men þat ben vnbounde and quit
of alle necossite. CH. *Boeth.* p. 178.

4. **Lohn, übler Lohn, Undank**: Helle
king is orcles wið þa þe he mai binde, Þe ðe
deð his wille mest, he haueð wurst *mede*. OEH.
291. cf. II. 226. Vor alle þe gode þat he [sc.
Ihesu Crist] heom dude hi [sc. þe Gywes and
þe Pharyseus] yolde him luþre *mede*. O. E.
MISCELL. p. 39. — Þench eke hu uals is þes
world, & hwuch beoð his *meden*. ANCR. R.
p. 240.

5. **Lohn, übler Lohn, Strafe**: Heoueð
[imper.] hire on beh up þ ha hongi to *mede* for
hire hokeres. ST. MARHER. p. 18. Ʒe haue ydon
a sori dede, For soþe, ȝe schul haue ȝour *mede*
CANT. DE CREAT. 121 *Auchinl.* Horstm. p. 140
[Heilbr. 1878]. Ma manasinges ȝit have thai
maked, Mawgre mot thai have to *mede!* MINOT
L 50 *Spr.* For þer shal *medo* wiþouten let Be
sett to him for dew dett. CURS. MUNDI 67 TRIN.
cf. *cett.* He fauȝt wiþ his fauchoun To quite
[ȝelde N.] þe geaunt his *mede*. LIB. DESC. 672
Kaluza. Dauid Witnesseþ in hus wrytynge what
is lyeres *mede*. P.PL. *Text C.* pass. XXI. 358 sq.
He was hanged by the nekke, and nouȝt by the

purs, That was the *meeds* that he hadde for his
fadres curs. GAMELYN 885 Skeat. Thus wan
Gamelyn his lond and his leede, And wrak him
of his enemys, and quitte hem here *meeds*. 895.
Wratthe and Enuie, haue þis to *meode:* þe fete
. . And þe hondes. CELEST. 611. Horstm. in
Anglia I. 82.

6. **Verdienst als das**, wodurch man Anrecht auf Lohn erwirbt, sich verdient macht:
Ambros . . seiþ þat he was a man of grete meryt
and *mede*, and allowed tofore God [of grete
merite afore God *Harl.* magni meriti apud Deum
Higd.]. TREVISA V. 149. A wise man wolde
wene þat eorle Roger hadde as moche *mede* of
þat he was a monk, as Malkyn of here maydenhood, þat no man wolde have, and nouȝt a deel
more. VII. 355.

Hieran schliessen sich:

medful, medeful, medvol etc. adj. sch.
medfull, laudable, worthy of rewards[Throwh
thare wertws *medfull* dedis In state and ho-
nowr yhit thare sed is. WYNT.VII. Prol. 41],
neue. obs. *meedful*. verdienstlich.

Bot to oþer . . I hope þat lyfe contemplatyfe allane . . were beste and maste spedfull,
maste *medfull* and faire. HAMP. *Tr.* p. 26.
cf. p. 30. So sall þou put away sleuthe,
ydilnes, and vayne riste of þiselfe þat comes
undir coloure of contemplacione, and lettes
þe sumtyme fra *medfull* and spedfull ocupa-
cione in owtwarde besynes. p. 29. Alle þis
were *medful* ȝif þei wolden take it paciently.
WYCL. W. *hith. unpr.* p. 178. Þe þre &
fourtiþe [sc. treuþe is], þat þei preise not
more obedience to synful men . . þan *medful* obedience of children to fadir & modir.
p. 225. Þe secunde [sc. cursed ground is],
þat it is lefful & *medful* to lie. p. 264. Suche
a knyȝt was icleped *Emeritus* oþer *emeryte
militie*, as it were a knyȝt isett out of þe
myddel [*medful* a. nedeful *Cx.*] dedes of
chyualrie [quasi positus extra meritum mi-
litiæ *Higd.*]. TREVISA I. 249. vgl. *Spr.* I. 2
p. 371 Anm. Þe drede es noght *medeful* to
prufe. HAMP. 9491. To make men partyners
of here *medeful* dedes. WYCL. W. *hith. unpr.*
p. 8. Alle meritis, þat ben *medeful* dedes, of
alle seyntis bot only Cristis ben not euene
worþ to þe ioie of heuene. p. 83. Pope
Gregory and Germanius . . seide þat it is
worþy and *medeful* to do hem [sc. the ymages
of seyntes] þe affeccioun of worschippe.
TREVISA VI. 209-11. *Medeful*, meritable.
PALSGR. *Medefulle*, meritorius. PR. P. p. 331.
CATH. ANGL. p. 232. The disposicioun of
blis stondith in *meedeful* werk. *Glosse* zu
WYCL. ECCL. 7, 1 Purv. Lytte my derk-
nesses; that is, *meedeful* werkes quenchid
bi dedly synne comynge aboue, that quykenyd and liȝtnyd by grace rekyuerid. *Glosse*
zu *ib.* 2 KINGS 22, 29 Purv. *Meduol*, meritorious. AYENB. p. 324 *Gloss, Ind.*

medefulli etc. adv. neue. obs. *meedfully*.
verdienstlich, in verdienstlicher
Weise, als verdienstliches Werk,
verdientermassen, mit Recht.

Þai aleggen for hem þe sinnes of her predecessoris, saynge þus, „seynt Hue, seynt Thomas, and seynt Swyþune wer þus lordis, & þai wer holy men here & now ben seyntis in heuen; þan may we, be þe same skile, *medefulli* taake upon vs þis temporall lordschip. WYCL. W. *hith. unpr.* p. 382. Þus is man iustli cursid and worþiþ, wan men curse him bi Goddis biddyng, and þan þey do it *medefully.* APOL. LOLL. p. 25. A wight, without nedeful compulsion, ought *medefully* to be rewarded. TEST. OF L. b. III. The thingis that declaren Goddis word moun be addid wel and *meedefuly. Glosse* zu WYCL. PROV. 30, 6 Purv.

medefulnesse s. Verdienstlichkeit, Verdienst.

Medefulnesse, merite. PALSGR. p. 244.

medȝeorn, -iern, -ȝiern, -yorn adj. mhd. *mietegern.* vgl. ȝeorn, ags. *georn,* cupidus. lohnbegierig, bestechlich.

Þo þe were so lease, þat me hi ne mihte ileuen, *Medȝeorne* domesmen and wranewise reuen. OEH. p. 195. He is *medierne* of miht, mercie of mede. LYR. P. p. 25. BÖDD. *Altengl. Dicht.* . 146. Þa þe weren swa lese, þet me houp ne mihte ileuen, *Medierne* domesmen and wrongwise reuen. OEH. p. 175. Þo þe waren swo lease men, þat mes ne mihte leuen, *Medȝierne* domesmen and wrongwise reuen. II. 228. Þeo þat were so lese, þat me heom ne mihte ileuen, *Medyorne* domesmen and wrongwise reuen. O. E. MISCELL. p. 67.

med adj. amens s. *mad;* medius s. *mid.*
medicine s. medicina s. *medicine.*
medd, medde adj. amens s. *mad.*
meddeler s. mespilus s. *medler.*
meddissing s. nach Art eines Verbalsubst. umgebildete Nebenform zu *medicine* s. medicina, wie von einem *medissen* v. lat. gl. *medescere* inch. zu lat. *mederi* gebildet. Heilung, Heilmittel.

In ropes kepe this confect *meddissyng* Until the time of veer or of spryngyng. PALLAD. 1, 797.

medlen v. miscere s. *medlen.*
mede, meode, meide und **meðe, meeð** s. ags. *meodu, meodo, medu, medo,* mulsum, afries. *mede,* niederl. *meide, mede,* md. *mede, medde,* ahd. *medo* und *metu, meto, mito* [= *milu*], mhd. *mete, met,* nhd. *meth, altn. miöðr,* isl. *mjöð,* schw. dän. *mjöd,* vgl. gr. *μέθυ,* vinum, sanskr. *madhu;* neue. *mead,* veraltet *meath.* Davon auch mlat. *medo, medum, medus, meda,* auch *mezium,* woraus afr. *miez, mies* [DIEZ *Wb.* II. 377]. Meth, ein berauschender Honigtrank.

Ah longe leouede here Cherin, muchel he dronk *mede* and win. LAȝ. I. 295. Betere is here medycyn Then eny *mede* or eny win. LYR. P. p. 88. Ne *mede* ne forthe no othere licour That chaungeth waters kende, Ne longeth nauȝt to cristendom. SHOREH. p. 9. Þare fand þai reuers . . Was neuir no *mede* ne no milke so mild vndire heuen, Ne cliffe of cristall so clere. WARS OF ALEX. 4822 Ashm. Adam stod vp in

stede, In bitter galle his gost he dreint; Aȝeyn þat galle God ȝaf vs *mede*, Wiþ swete merci bitter [= bitternesse] is queynt. HOLY ROOD p. 138. Milk or *mede* melled boþe. p. 204. They lette him first the sweete wyn, And *mede* eek in a maselyn, And roial spicerye. CH. *C. T.* II. B. 2041 Skeat Cl. Pr. Ful redily with hem the fire they hadde, Th' encense, the clothes, and the remenant all . . The hornes ful of *mede.* ib. 2278 Tyrwh. With *mede* men may bynde berys. COV. MYST. p. 352. Medum, *mede.* WR. VOC. col. 595, 23 Wülck. *Mede,* drynke, medo, idromellum [= hydromelum, hydromeli], mulsum. PR. P. p. 331. Þe foolle Iewes . . Beoten a lomb wiþouten loþe, Softur þen watur vndur serk, *Meode* or milk medled boþe. HOLY ROOD p. 139. *Meyde* [methe *A.*], idromellum, medus, medo. CATH. ANGL. p. 232.

Methe [mulsum *Higd.*] and bragotte be there, as ale habundantely in that cuntre [sc. in Cambria sive Wallia]. TREVISA I. 399 *Harl.* He sent hires pinnes, *methe,* and spiced ale. CH. *C. T.* 3378 Tyrwh. Spiced cakes and wafurs worthily withe bragot & *methe.* BAB. B. p. 171. Ydromellum, *methe.* WR. VOC. p. 178. Meyde [*methe A.*], idromellum, medus, medo. CATH. ANGL. p. 232. Mochel he [sc. Cherin] drong *meþ* and win. LAȝ. I. 295 j. T. Nas þar noþer *meþ* ne most [win ne must *A.* T.]. I. 372 j. T. Goth, and ctoth fatte thingis, and drinketh *meth* [drinke ȝe wiyn maad swete with hony [or *meeth* J. or water maad swete with hony *S.*] *Purv.*]. WYCL. 2 ESDR. 8, 10 Oxf. Of braget [mulsum *Higd.*], *meth,* and ale Is grete plente in þat vale [sc. Cambria sive Wallia]. TREVISA I. 399. Hire mouth was swete as braket or the *meth,* Or hord of apples, laid in hay or heth. CH. *C. T.* 3261 Tyrwh. Ful redily with hem the fyr they hadde, Thencens, the clothes, and the remenant al . . The hornes ful of *meth. ib.* I. B. 1418 Morris CL Pr. Thai sayen thaire bitter margh wol change swete, Her seede in *meth* III daies yf me steep. PALLAD. 4, 477. Medo, [*meth*]. WR. VOC. col. 595, 22 Wülck. A day afore her setting, hem to stepe In *meeth* is goode. PALLAD. 2, 281. The IIIIᵗʰ nyght in *meeth* it [is *ed.*] steped is. 285. In bragot then or wyne or *meeth* hem kepe. 3, 812. And also herewiþ it is trewe þat wiþout ale & bere, & without aidir & wijn & *meeþ,* men & wommen myȝte lyue ful long, & lenger þan þei don now. PECOCK *Repr.* I. c. 19 in *Spec. III.* 51-2.

mede s. puella, virgo s. *maȝden;* merces, præmium, munus s. *med;* pratum s. *medu.*
medecine s. medicina s. *medicine.*
medeful adj. mercede, præmio dignus, **-fulli** adv., **-fulnesse** s. s. hinter *med.*
medelen v. loqui s. *maðelien.*
medelen v. miscere, **medelinge** s. mixtio, mixtura s. *medlen, medlinge.*
medeme adj. ags. *meoduma, medoma, medema,* alter Superl. zu *med, mid* adj. medius, ahd. *mettemo, mediocris,* vgl. ags. *medem* s. Tüchtigkeit, Rechtschaffenheit, ahd. *mittamo, mittimo, mittemo* s. medium, mhd. *mitteme* s. medium, gth. *miduma* [oder *midums;* nur im dat. sing.

27*

midumai vorhanden] *s. το μέσον.* siehe ae. *mid,
med* adj. **mässig, mittelmässig, gering.**

Þet foremeste is riht *medeme* mel. Þe man
þe hit meðeð riht þe suneð aleð gestninge and
idel wil, and haueð riht meltid. OEH. II. 13.
REL. ANT. I. 132. Þe man cnoweð him seluen
þe þencheð of wu *medeme* þinge he is shapen,
and wu arueðliche he her fareð, and wu reuliche
he heðen wit. OEH. II. 123. Þe meshakele
[sc. is] of *medeme* fustane, and hire mentel grene
oðer burnet. II. 163. REL. ANT. I. 129.

medemien {nur erhalten in **imedemien**} v.
ags. *medemian, gemedemian,* moderare, humiliare, ahd. *metemén,* mediare, dimidiare ; temperare, moderari, gth. *midumón,* mediare [in *midu-
monds, μεσίτης*]. **mässigen, demütigen,
erniedrigen,** refl. **sich erniedrigen.**

Þisses deijes hehnesse is to heriane, forðon
ðet þe almihti god *hine seolf imedemede* [seoffi-
mede mede *Ms.* seolfne imedemede *ed.*] þet he
walde monna cun on þisse dcie isundian. OEH.
p. 97 [ags. Þyses dæges vurðmynt is to mærsi-
genne, forðan ðe se Ælmihtiga God . . *geme-
demode hine sylfne* þät he wolde manna bearn
on ðisre tide geneósian. ÆLFR. *Homil.* I. 324].

méden s. puella, virgo *s. majden.*

meden, vereinzelt **miden** v. alts. *medean,
miedôn,* ahd. [miatjan], *miaten, meaten, mietan,
mieten,* remunerare, conducere, mhd. *mieten,*
nhd. *mieten,* conducere, neue. veraltet *meed,*
deserve [And yet thy body *meeds* a better grave.
HEYWOOD a. 1613 in WR. *Prov. D.* p. 667]. vgl.
med s.

1. **belohnen,** von irdischem Lohn: He
bihet to *meden* ham Wið swiðe hehe mede, &
maken hehest in his halle. LEG. ST. KATH. 415.
He bihet to *medin* ham Mid swiðe heh mede, &
makien ham hebest in his halle. *ib.* 414 Einenkel.
Medyn, or rewardyn, remunero. PR. P. p. 331.
But I deply disayre in dedis to come, Pat I may
fynd þe before þi frendship to þonke, And *mede*
þe after mesure of þi meke wille. DESTR. OF
TROY 5122.

auch **besolden,** in gutem Sinne: The pope
and alle prelatis presents vnderfongen, And
medeth [*meedeþ A.* III. 209] hem hemseluen
to meyntene here lawes. P. PL. *Text B.* III.
pass. 214.

2. **bestechen:** He *medeth* the clerkes,
And sustyneth the wench, And lat the parysch
far amys: The devyl hem adrenche for hys werkys!
HARDWICK p. 9.

He coynted him queyntli with þo tvo ladies . . & *meded* hem so moche .. Pat þei priueli
wold enpoysoun þe king & his sone. WILL.
4644 sq. Panne Alisaundre *medede* þe [gaue
mede to the *Cx.*] bisshopes, and warned hem
what answere he wolde haue. TREVISA III. 421.
Pe emperour byseged Rome, and mede [*medede a.
meded β. Cx. mydede γ.*] þe citeseyns, and pri-
soned þe pope [cives corrupit, papam incarceravit
Higd.]. VII. 291. Anacletus . . *medede* þe Romayns wiþ þe money of the chirches. VII. 471.

3. **belohnen** allgem., bes. von himml.
Lohn: He [sc. God] alle ssel deme communliche,

and alle *medi* largeliche þo þet habbeþ yhealde
his hestes. AYENB. p. 145-6.

Goed *mede* the for thi awinke! SIRIZ 330.
Cf. Gif we ofercumed [= eð] heom, we
scule bien imersed alse [alle *ed.*] gode cempen,
and *imeaded* mid beahere mede. OEH. p. 243.
s. *imeaden.*

medest adj. superl. s. *mid, med,* medius.

medeswete, -sewte, -swote s. regina prati,
spiræa ulmaria, **medewe** s. pratum s. s. *medu.*

medewif, -wijf s. obstetrix, **medewifri** s.
ars obstetricia s. *midwif* [hinter *mid* adv. und
præp.].

medewort s. regina prati, spiræa ulmaria
s. *medu.*

medful adj. mercede dignus, **medjcorn,
-jtern** adj. mercedis cupidus s. hinter *med* s.
merces, præmium.

mediacion, mediacioun, mediation s. afr.
mediation, mediacion, nfr. *médiation,* sp. pg.
mediacion, it. *mediazione,* lat. *mediatio, -onis*
[ALCIM. *ep.* 2], neue. *mediation.* vgl. *mediate*
adj. **Vermittelung.**

This faucon gat hire louc ageyn Repentant,
as the storie telleth vs, By *mediacion* of Camba-
lus. CH. *C. T.* II. F. 654 Skeat Cl. Pr. By
tretys and embassadrye, And by the opes
mediacioun .. They ben accorded, so as yp shal
here. *ib.* III. B. 234. For this miracle, in con-
clusioun, And by Custances *mediacioun,* The
king, and many another in that place, Conuerted
was. 683. *Tyrwhitt* schreibt an den betr. Stellen
[4654. 5104. 10968] überall *mediation.*

mediate adj. lat. *mediatus* p. p. von *mediare*
[APIC. 3, 9. PALLAD. Mart. 4, 10, 32] zu *medius*
adj. geh., it. *mediato,* nfr. *médiat* m. *médiate* f.,
neue. *mediate.*

1. **von mittler Art:** In Aprill figtreen
inoculate May best ben there as drie landes be,
And eke in Juyll thaire lande is *mediate;* Atte
October in luke lande pletcheth he [inoculari
ficus locis siccis Aprili, humidis melius Junio
[Julio v. l.] *mediante* poterit, Octobri mense
locis tepidis]. PALLAD. 4, 615 [mit auffälliger
Änderung der Beziehung und Bedeutung des
lat. *mediante;* vgl. jam autem die festo *mediante.*
VULG. *Joh.* 7, 14 = ἤδη δὲ τῆς ἑορτῆς μεσούσης].

2. **vermittelnd, günstig:** For now I
am alle desolate, And to gode cownesayle de-
stitute; Lord, to my mornyng be *mediate,* For
þow are only my refute. E. E. P. p. 140.

mediation s. mediatio s. *mediacion.*

mediator, mediatour etc. s. [und adj.] lat.
mlat. *mediator,* it. *mediatore,* afr. *mediatour,
mediateur,* nfr. *médiateur,* neue. *mediator.* vgl.
mediate adj. Mittler, Vermittler, Mittelsperson [vermittelnd].

For to prai þe and honur Þou hast made me
als *mediator,* Als *mediator* and messager Tuix
þe and þam þair errand bere. CURS. MUNDI
27502 Cott. I þank þe, lorde, of þine honour:
Þou has me made a *mediatour,* Als *mediatour*
& messagere Twix ham & þe þaire errande bere.
ib. FAIRF. Sothli o God and *mediatour* of God
and men, a men, Jhesus Crist [For o God and
a *mediatour* is of God & of men, a man, Crist

Jesu *Purv.*]. WYCL. 1 TIM. 2, 5 Oxf. cf. GAL. 3, 19. 20. A *mediature* [*medialower* A.], mediator, -trix, sequester; sequester. CATH. ANGL. p. 232. *Medyatowre*, idem quod meene, et menowre. PR. P. p. 331. Meene, or *medyatowre*, or menowre, mediator. p. 332. Menowre, or *medyatowre*, idem quod mene. p. 333. A trwe *medyater* thou most nede be To thy mayster and thy felows fre. FREEMAS. 339. — By [menc of *α. β. γ. Cx.*] þe wisest men of þe kingdom pees was imade [pese was reformede by *mediators Harl.* mediantibus regni prudentioribus . . pax reformata est *Higd.*]. TREVISA VII. 425-7.

mediatrice, mediatrise, und **mediatrix** s. lat. *mediatrix, -icis* [ALCIM. 5, 565], it. *mediatrice,* nfr. *médiatrice,* neue. *mediatress, mediatrix.* Mittlerin.

For it [sc. truth] in soth of kingdomes and of realmes Is bearer vp and conservatrice From al mischief and sothfast *mediatrice* To God aboue. LYDG. *Thebes* III. Sweete and benigne *mediatrise,* Thyn eyen of grace on us thou cast, Sith thou art quene of paradise. RYMAN 138 st. 5. Here in this vale of care and woo, Sith thou art oure *mediatrise,* Thyn eyen of mercy, of grace alsoo Turne thou to us in mercyfull wyse. 164 st. 5. Now beseche we that yerde so free *Mediatrix* for vs to be Vnto that king of magestee. 20 st. 6.

medicament s. lat. *medicamentum,* it. *medicamento,* fr. *médicament,* neue. *medicament.* Heilmittel.

Yet oth'r take Her acions fild with this *medicament* [sc. fyue tiriake]. PALLAD. 3, 1109.

medike s. [urspr. adj.] lat. *Medica,* gr. *Μηδικη* [sc. *πόα*], neue. *medic, medick.* eig. medischer Klee, zur Zeit der Perserkriege nach Griechenland, später zu den Römern gebracht, blauer Schneckenklee, Luzerne, medicago sativa.

Atte Auerel *Medike* is forto sowe. PALLAD. 5, 9. vgl. *Table of Cont.* p. XXXII.

medicinable adj. afr. *medicinable, medecinable,* neue. veraltet *medicinable,* pass. heilbar; akt. heilkräftig [NARES], von *medicinen* v.

1. **zum Heilen dienend, heilend, heilsam, heilkräftig:** Gentile men vsede here rynges of gold and of siluer on þe fourþe fynger, þat is ycleped þe leche [whiche is callede the fynger *medicinable Harl.* quem medicum appellant *Higd.*]. TREVISA II. 313 [vgl. afr. doigt *medicinal,* annulaire, lat. digitus *medicus*]. The makyng of a bathe *medicinable.* BAB. B. p. 183. vgl. *medcynable,* belongyng to physicke, medicinable. PALSGR.

2. **heilsam, vernünftig,** von der Rede: In alle thingis jyue thi silf of good werkis, in teching, in hoolnesse . . an hool word [word *medicinable* v. l.], vnreprouable. WYCL. TIT. 2, 7-8 Oxf.

medicinal adj. lat. *medicinalis,* zur Arzenei gehörig, it. *medicinale,* medizinisch, zur Arzenei gehörig, heilsam, pr. *medicinal,* afr. *medicinal, medecinal, mecinal* etc., nfr. *médicinal,* heilsam, heilkräftig, früher auch *medecinal* [BOYER],

neue. *medicinal,* von lat. *medicina.* vgl. *medicine* s.

1. **heilsam, heilkräftig:** An other XXX^ti galons of aisel With dragmes VIII of sqylle in oon vessel, Pepur an unce, of case and myrte a smal Wol do, and use in time as *medicinal* [aliud acetum . . digestioni et saluti accommodum]. PALLAD. 8, 144.

2. **heilsam, vernünftig,** von der Rede: In alle thingis jyue thi silf of good werkis, in teching, in hoolnesse . . an hool word [word *medicynal* v. l.]. WYCL. TIT. 2, 7-8 Oxf.

medicine, medisine, medicin, medicen, medecine, medecin, medcine, medsine s. lat. *medicina* [sc. ars, res] zu *medicinus, a, um* adj. von lat. *medicus, mederi* geh., it. *medicina,* pr. *medissina, mediscina, medecina, meizina, medzina, mezina,* afr. *medicine, mecine, mechine, mezine, miecine,* nfr. *médecine,* neue. *medicine.*

1. **Medisin, Heilkunst:** Sche was in Deuelin, Þe fair leuodi, þe quene, Louesom vnder line And sleijest had ybene, and mest coupe of *medicine.* TRIST. 1200 Kölb. Phœbus, that first fond art of *medicine* . . and coude in every wyghtes care Remede and rede, by herbes he kneow fyne. CH. *Tr. a. Cr.* 1, 659. They folwe nought the line Of the parfite *medicine,* Which grounded is upon nature. GOWER II. 89. Pan callis to him þe conquirour a clerke of his awen, Ane Philip, his fesisiane, his fare to behald; Of al manere of *medcyne* man þat maste couthe [Off all maner of *medycine* man þat most kowth *Dubl.* Philippus quidam nomine sciens artis ejusdem *Jul. Valer.*]. WARS OF ALEX. 2553 Ashm.

2. **Medisin, Heilmittel gegen Krankheit und körperliche Gebrechen:** Flessliche *medicine* ne dude ich me neuere [= I never applied to myself]. ANCR. R. p. 370. Vor in þe verroste stede of Affric geons wule vette þulke stones vor *medicine* . . Vor hii wolde þe stones wasse, & þer inne baþie. R. OF GL. 3072 sq. Wr. Þe kind o þinges lerd he, Bath o tres and gress fele . . Gains quatkin iuel ilkan moght gain . . And quar þe *medicine* a-boute [of bote, & bote *cett.*] Be funden in þe crop or rote. CURS. MUNDI 8452 sq. COTT. FAIRF. TRIN. „Quat er yee?" „Sir, leches for to leche þe; *Medicine* sal þou of vs take, A nobul bath we sal þe make etc." 11879 COTT. GÖTT. TRIN. Neverthelesse this Arnulphus, vexede longe with grete infirmite, cowthe not have helpe by eni *medicyne,* but he was consumede by lyes or vermyn. TREVISA 387 *Harl.* Sche sette a caldron on þe fyr, In which was al þe hole atir, Wheron þe *medicine* stod, Of ius, of water, and of blod. GOWER II. 265 *Harl.* 3869 in *Spec. II.* 279. Dissenterik hath eke this *medicyne.* PALLAD. 3, 1169. Sone be thay [sc. the bees] shent But yf me helpe anoon with *medicyne.* 4, 909. *Medycine* that moveth a man to slepe, soporifere. PALSGR. *Medycine,* antidote; medicyne. *ib.* Lechecraft coupe hym nought seye [saue *Petyt*]; Ffor any *medisine* nede most he deye [no medicyne þat he mot haue *Petyt*]. R. OF BRUNNE *Story of Engl.* 13895. We maken no *medisine* . . to helyn oure bodius.

ALEX. A. DINDIM. 319. Þe kind [king *Ms.*] of
thinges lered he, Bath of tros and grisses fele
[Bath and of tres, grisses fele *Ms.*] .. For quatkin euil ilkan miht gayn .. And queþer þe *medicin* of bote Funden be in cropp or rote. CURS.
MUNDI 8452 sq. GÖTT. „Quat .. ar je?" „Sir,
leches .. to hele þe; *Medecine* saltow of vs
take, A noble baþ we sal þe make." 11879
FAIRF. Whan hy seen seek her vryne, Hy
nylleth seche no *medecyne*. ALIS. 4956. Of
alle fretynge venymes þe vilest is þe scorpion;
May no *medecyne* amende þe place þer he
styngeþ, Til he be ded, ydo þer-to etc. P. PL.
Text C. pass. XXI. 158. At þe laste he [sc. Arnulphus) was hard iholde with a strong sikenesse, and myjte noujt be iheled noþer isaved
with no manere *medecyne* þat he nas destroyed,
and ijete with luys rijt to þe deth. TREVISA VI.
387. For of alle venymes foulest is þe scorpioun,
May no *medcyne* helpe þe place þere he styng-
eth, Tyl he be ded, & do þer-to etc. P. PL.
Text B. pass. XVIII. 153. Vs mistris neuire
na *medcyne* for malidy on erthe. WARS OF
ALEX. 4281 Ashm. *Medsyne.* LYDG. in HAL-
LIW. D. p. 547. — In that ryvere men fynden
many precyouse stones, and meche also of lignum
aloes : and it is a manere of wode, that comethe
out of Paradys terrestre, the whiche is good for
dyverse *medicines*. MAUND. p. 56.

3. häufig übertragen auf das sittlich-reli-
giöse Gebiet, Medizin, Heilmittel für die
Seele, Heilsmittel d. i. Mittel zur Heilung,
Befreiung, Erlösung, Rettung der Seele von
der Sünde und ihren Folgen: Min heoueneliche leche, þet makedest us of þi seolf se mihti
medicine, iblesced beo þu euer! OEH. p. 187.
cf. p. 202. On a ledy myn hope is, moder and
virgyne, We shulen in to heuene blis Þurh hire
medicine. BÖDD. *Altengl. Dicht.* p. 214. Againe
þis synne es *medicine* gode For to be meke &
milde of mode. CURS. MUNDI 27650 FAIRF. Bot
we help him at þis nede, We helþ forswore, so
Crist me rede, & jete sle þat folk Sarraxine Is
oure soule *medicine*. ARTH. A. MERL. 9207 Kölb.
Seynt Petre the apostle, and thei that camen
aftre him, han ordeyned to make here confessioun to man, and be gode resoun; for thei
perceyveden wel that no seknesse was curable
by gode *medycyne* to leye therto, but jif men
knewen the nature of the maladye. And also
no man may jeven covenable *medicyne*, but jif
he knowe the qualitee of the dede. MAUND.
p. 120. Þilk[e] passiouns .. mowen woxe esy
and softe to receyuen þe strenkeþ of a more
myjty and more egre *medicine* by an esier
touchyng. CH. *Boeth.* p. 25. For yet was never
such covine That couth ordeine a *medicine* To
thing, which god in lawe of kinde Hath set.
GOWER I. 42. Quat man here messe or he dyne,
is a good *medycyne*. MASS B. p. 368. A *medycyne* to emende prelates. P. PL. *Text B.* pass.
XV. 527 n. Betere is here *medycyn* Then eny
mede or eny wyn. BÖDD. *Altengl. Dicht.* p. 214.
I am a leche Of wordus: jif eny beo hurt wiþ
speche, I con riht wel a fyn Don couenable
medicyn. BABL. A. JOS. 137 Vernon. Þe þridde

offias þat falliþ to persouns is to greese þer
scabbid sheep & to telle hem *medicyn* of
Goddis lawe whereby þat þey may be hool.
WYCL. W. *hith. unpr.* p. 439. cf. p. 442. Pos
deþ þe fol, and þet him ssolde by triacle, to
him went in to uenym, and þe *medecine* yesþ
þane dyaþ. AYENB. p. 69. Þe holi gost is þe
guode leche þet him [sc. þe senejere] yesþ suych
a byter *medecine* þet him helþ and him yesþ
þat lif. p. 128 sq. Zenne is wel grat ziknesse,
and þe asrifte is þe *medecine*. p. 173. For schrift
of mouthe es *medecine* That schildes man fra
helle pin. METR. HOMIL. p. 33. For þey [sc.
prelatis) pursuen more & cruelliere for brekynge
of here parkis þan for brekynge of goddis
comaundementis to saue here soulis bi spiritual
medecyne. WYCL. W. *hith. unpr.* p. 98. Fley-
ynge fro suche companye & abstynence & saad
traueile is best *medecyne* ajenst lecherie. p. 218.
Again þis sin (sc. pride) es *medecin* gode, For
to be mek and mild o mode. CURS. MUNDI
27650 COTT. A *medecyne*, medicina, medicamen.
CATH. ANGL. p. 232. Ogaines þis sin es *medecyn*
gude Forto be meke and milde of mode. CURS.
MUNDI 27650 COTT. GALBA. I am a leche of
wurde allone; Who sum with wordes has any
grege [= greue; vgl. *gref* s. und *gregen*, *greven*
v.], My *medecyn* may him sone releue. BERL. A.
JOS. 104 Harl. Þan thoght he how he had at
hame A man þat cowth gyf *medecyn* gude For
wordes þat moued a mans mode. 162. — Hit is
a perilous ziknesse þet ne may najt þolye þet
me him take, and to þan þet alle *medicines* went
in to uenim. AYENB. p. 22. As þou art now feble
of þoujt, myjtyer remedies ne schullen not jit
touchen þe, for whiche we wil[e] vsen somedel
lyjter *medicines*. CH. *Boeth.* p. 25. cf. p. 30. 45.

ironisch: Hose o *medicine* wol forsake,
Anoþur I schal make him take: Jif he wol not
of glotonye, I schal hym hosele wiþ envye,
Oþur wiþ sum oþur spicerye Of pruyde and
onde and ffelenye, Oþur wiþ sum oþur louely
drynke Þat may make hym of synne þynke.
METR. HOMIL. 11, 21 *Vernon* Horstm. in *Arch.*
57, 255. cf. Qua sa a *medicin* forsake, Another
sal I ger him take etc. *ib.* p. 148 Small.

4. Heilung: If thou feignest, I can do
the no *medicine*. GOWER I. 47. A *medcyne*,
medela. Cath. Angl. p. 232. To do *medcyne*,
vbi to hele [heylle A.]. *ib.*

auch übertr. Heilung der Seele, Rettung, Erlösung: A man kepith ire to man;
and sekith he of God *medicyn* [leching *Oxf.
medicyne* v. 1.]? WYCL. ECCLESIASTIC. 28, 3
Purv. Bot þou sal tak þis pepins thre Pat I toke
o þat appeltre, And do þam vnder his tong rote,
Þai sal til mani man be bote; Þai sal be cedre,
ciprese, and pine, O þam sal man haue *medicen*
[*medicine* cett.]. CURS. MUNDI 1373 COTT. Þe
croice o *medecine* [of *medicine* cett.] baris bote,
Bath in frut and als in rote. 21733 COTT.

medicinen, medicinen v. mlat. it. *medicinare*,
afr. *mediciner*, *medeciner*, *medeciner*, *mesciner*
etc., nfr. *médeciner*, neue. veraltet *medicine*. vgl.
medicine s.

1. heilen: A litell salue, sir, suth it es, May medcyn a full grete sekenes. BERL. A. JOS. 769 *Harl.*

2. klären, schönen vom Weine: Nowe thai condite her must egestion That wol with gipse her wyne *medicyne* [quibus moris est gypso vina medicari]. PALLAD. 11, 449.

medies v. wie es scheint, zu *mid* adv. u. præp. [in Zusammensetzung auch *med*], simul, cum, geh. verkehren, umgehen, sich einlassen.

Hit greueð þe se swiðe þat tu wilt inob raðe, as monie awariede doð, makien puisun & ȝeouven bale i bote stude, oðer, hwa se swa nule don, *medi* wið wicchen, & forsaken, for to drahen his luue toward hire, crist & hire cristendom & rihte bileaue. HALI MEID. p. 33.

mediern adj. mercedis cupidus s. hinter *med* s. merces, præmium.

medietee s. lat. *medietas*, neue. *mediety* [neben *moiety*, afr. *moitie*, *moitiet* etc.]. Hälfte.

The must decocte to his *medietee* Or thridde parte thay caste to thaire wyne. PALLAD. 11, 288 u. ö.

medil adj. medius s. *middel*.

meding s. mhd. *mietunge*. vgl. *meden* v. Belohnung, Lohn.

Hawe her twenti shiling, This ich ȝeve the to *meding*, To buggen the sep and swin. SIRIZ 270. Kyng Alisaundre it [sc. the lettre] underfynge, And gold and silver to *medyng*. ALIS. 5532.

mediorn adj. mercedis cupidus s. hinter *med* s. merces, præmium.

meditacion, meditacioun, meditaciun s. afr. *meditacion*, *meditation*, sp. pg. *meditacion*, it. *meditazione*, pr. lat. *meditatio*, neue. *meditation*. eig. Nachdenken, Nachsinnen, gewöhnl. beschauliche Betrachtung, Andacht, stilles Gebet, besonders von der asketischen Versenkung in einen Gegenstand religiöser Andacht, daher neben dem Gebet als besondere Form der Andachtsübung, häufig Plural, und so auch Titel theolog. Werke.

Whan that the pope is fast aslepe .. thanne that thou be so sligh Through out the trompe into his ere, Fro heven as though a vois it were, To soune of such prolacion, That he his *meditation* Therof may take and understonde, As though it were of goddes sonde. GOWER I. 256. To whom the bisshop had seyd his *meditacion*. LYDG. *M. P.* p. 63. vgl. *Medytation*, meditation. PALSGR. Than if þou be besy with al þi myghte for to arraye his heuede, þat es, for to wirchipe hymselfe by mynde of his passione or of his oþer werkes in his manhede, by deuocyone and *meditacyone* of Hym, and forgetis his fete .. thou pleses Hym noghte. HAMP. *Tr.* p. 27-8. If deuocione of prayere bringe to thi herte gastely a thoghte of the manhed of oure Lorde .. and þis thoghte sulde be lettide by þi saynge, þan may cesse of saynge, and occupye þe in *meditacyone*, vntill it passe away. p. 40. Thare in is discryued .. the lyf of actyf men, the *meditacioun* of contemplatifs, & the ioy of contemplacioun. *Ps.* Prol. p. 4. — Also þar are many oþer *meditacyons*

mo þan I kan say, whilke oure Lorde puttis into a mans mynde. HAMP. *Tr.* p. 39. These wordes I saye to the noghte as I had fully schewede þese maners of *meditacions*. p. 40. Bot lyghtly thou leue of þi deucyone, wheyþer it be in prayers or in *meditacyons*. p. 30. Firste do thi werkes, and go þane allane to þi prayers and thi *meditacyons*. p. 31. Ich am wel ipaied euerichon sigge þet hire best bereð on heorte, verslunge of hire sautere, redinge of Englichs, oðer of Freinchs, holi *meditaciuns* [þochtes C.]. ANCR. R. p. 44. Aȝan alle tentaciuns, and nomeliche aȝean vlesliche, saluen beoð & boten, under Godes grace, holie *meditaciuns*, inwarde & meðlease, & anguisuse bonen. p. 240. Nout one holie *meditaciuns*, ase of ure Louerde, & of alle his werkes, & of alle his wordes .. auh oðer þouhtes summe cherre in meðlease uondunges habbeð iholpen. p. 242. Here bygynneþ *meditacyuns* of the soper of oure lorde Ihesu. R. OF BRUNNE *Medit.* p. 1 [Titel].

medlar s. mespilus s. *medler*.

medle, medlee adj. afr. *medle* m. *medlee* f., eig. p. p. des afr. *mesler*, *medler*, *meller* v. miscere, sch. *mella*, *mellay* [mellay hew], neue. *medley* [*medley* colour, cloth]. vgl. *medle* s., *medlen* v. und *medlinge* s. mixtura [auch — *clut*]. gemischt, von gemischter Farbe oder gemischtem Stoffe.

Multicolor, *medle*. WR. VOC. col. 597, 7. Wülck. [15. cent.]. *Medle* coloure, mixtura. PR. P. p. 331. Polimitus [— vielfädig, damasten], ray or motle or *medlee*. WR. VOC. col. 603, 46 Wülck. He rood but hoomly in a *medlee* cote, Gird with a ceint of silk, with barres smale: Of his array telle I no longer tale. CH. *C. T.* 328 Zup. [— une cotte *mêlée*. cf. *medle* cote *Morris* Cl. Pr. *medled* cote *Ms. Harl.* 7334]. *Medley* erscheint schon ziemlich früh: *Medley* colour, melle s. f. PALSGR.

medle, medlai, melle, melli, mele s. afr. *meslee*, *medlee*, *mellee*, *meillee*, nfr. *mêlée*, das substantivierte Fem. des afr. p. p. von *mesler*, *medler*, *meller*, *meiller* v., mlat. *melleta*, sch. *melle*, *mellay*, mixture, medley; contest, battle, neue. *medley*, mixture, confusion, a confused mass or multitude, und neue. slang *mill*, a contest. vgl. *medle* adj.

1. Mischung, Mengung: *Medle*, or mengynge togedur of dyuerse thyngus. PR. P. p. 331. vgl. sch. *melle*. BARB. V. 404.

2. fleischlicher Verkehr: I trowed on her noe villanye Till I saw one lye her by, as the *mele* had wrought. TRIAMORE 178 in *Percy Fol. Ms.* II. 86.

3. Handgemenge, Rauferei, Schlägerei, Streit, Kampf, Hader: Another best also ther ys That hatte rincicertis .. The olifans, in *medle*, And theo lyouns he wol sle. ALIS. 6528 sq. Alle tymes in *medl*: first he was. LANGT. p. 311. Þe king þo .. sent .. Euerich gentil man his sond, Þat þai comen to him alle .. Atte last bi holy þorsday, To help him in his *medlay*. ARTH. A. MERL. 5569 sq. Kölb. Who breaketh our pilgrimage, he is forlorn; Or he that maketh any *medlaye*, Between us two, in

this way. RICH. C. DE L. 1986. — Sacrilege is ..
huanne me makeþ *medles* ine cherche, suo þet
þer ys blod yssed. AYENB. p. 41. Efterward
suo comeþ þe þreapnynges, and beginneþ þe
medles and þe werres. p. 66.
Gain sum þai suare þair ath For to do him
melle and lath. CURS. MUNDI 27666 COTT. Wo
so flites or turnes ogayne, He bygins al þe *melle.*
YW. A. GAW. 505. vgl. sch. The erle of Herfurd
fra the *melle* Departyt, with a gret mengne.
BARB. IX. 582 u. ö. Þis *melly* mot be myne.
GAW. 342. Quere so euer þys mon in *molly* watz
stad. 644.

medle s. mespilum s. *medletre.*

**medlen, meddlen, meddelen, medelen,
mellen, melen** etc. v. afr. *mesler, medler, metler,
mesiller, meller*, nfr. *mêler,* sp. *mezclar,* pg. pr.
mesclar, it. *mescolare, mischiare,* mlat. *misculare*
[vgl. lat. *miscellus*] von lat. *miscere,* sch. *mell,*
neue. *meddle,* früh neue. *mell,* prov. *mell, meel,*
slang *mill.*

Die Bedeutung des Zeitwortes, bes. des refl.
und intr., berührt sich mehrfach mit ags. *mid-
lian,* dimidiare, altn. *miðla,* miscere [zu ags.
middel adj. medius] etc. Doch ist weder unmittelbare Herleitung aus demselben noch
mittelbarer Einfluss desselben nachzuweisen.

a. tr. 1. mischen, unter einander
mischen, vermischen, mengen, vermengen, einmengen: *Medlyn,* or mengyn,
misceo. PR. P. p. 331. *Mengyn,* idem quod *medelyn,* supra. p. 332. Þei ne couþe nat *medle* þe
jift of Bacus to þe clere hony .. ne þei couþe
nat *medle* þe brijt[e] flies of þe contre of Siriens
wiþ þe venym of Tirie. CH. *Boeth.* p. 50. To
melle, vbi to menge or entermet. CATH. ANGL.
p. 233.

Meddle thou thre half buschelis of clene
flour; and make thou looues bakun vndur
aischis. WYCL. GEN. 18, 6 Purv. Take porke
.. and *medel* hit ylkadel With egges and raysyns
of corouns. LIB. C. C. p. 41. *Medyll* them not
togyther, for we shall haue moche a do to parte
them than. PALSGR. Take awynes dounge, and
melle It with uryne of man or oxes galle.
PALLAD. 3, 866. *Melle* white brede in dysshes
aboute, Powre in wellyd mylke etc. LIB. C. C.
p. 53. Take porke .. & eyroun .. & *melle* hem
togederys with hony & pepir. BAB. B. p. 60 [a.
1430-40].

Ciroe .. *medlyþ* to hir newe gestes drynkes
þat ben touched and maked wiþ enchauntments.
CH. *Boeth.* p. 122. Yndus .. *medeleþ* þe grene
stone (smaragde) wiþ þe white (margarita). p. 94.
Six sexter with a pounde of honey *meddel* thai,
and saue it sounde. PALLAD. 4, 412.

[Ich ..] *meddled* my marchaundise, and
mad a good moustre. P. PL. *Text C.* VII. 260.
In the drinke that she *medlith* [*meddlid* Purv.]
to jou, menge je double to hir. WYCL. APOC.
18, 6 Oxf. Melk of þe camele me fette hur son
.. & þerwiþ sche *mellede* vynegre anon. FE-
RUMBR. 3289 Herrtage. He *mellid* so þe matall
wiþ þe handmolde, That [þey] lost [of þeir]
lemes þe leuest þat þei had [i. e. their heads].
DEP. OF R. II. pass. II. 155 Skeat.

The mount of Calvarye .. is a roche of white
colour, and a lytille *medled* with red. MAUND.
p. 76. Of erthe and eyre is it [sc. þe castel] made
medled togideres, With wynde and with water
witterly enioyned. P. PL. *Text B.* pass. IX. 3. cf.
Text C. pass. XI. 129. He rood but hoomly in a
medlee [*medled* M.] cote Girt with a ceint of silk
with barres smale. CH. C. T. 328 Zup. And thei
jauen hym for to drinke wiyn meyngid [*medled*
v. l.] with galle. WYCL. MATTH. 27, 34 Oxf.
Þe feolle Iewes .. Beoten a lomb wiþouten loþe,
Softur þen watur vndur serk, Meode or milk
medled boþe. HOLY ROOD p. 139. Askes *medled* therwith alle Thai loveth. PALLAD. 3, 855.
Staphisagre *medled* in thaire mete Wol hele her
tonnge. 1, 596. Mixtus, *medled.* WR. VOC.
col. 596, 25 Wülck. Fortiger was a criston man,
And þe a hethen womman, And so here blood
was *medlyd* yfere, Of Crist no more kepte þey
here. ARTH. A. MERL. 481. D. Kölb. Your
launpis lihte for triumphal emprise, Upon your
hed your stoory doth devise, For martirdam
crownyd with roosys reede, *Medlyd* with lilies.
LYDG. M. P. p. 178. And thei jauen to hym to
drynke wyn *meddlid* [*meddelid* Oxf.] with myrre.
WYCL. MARK 15, 23 Purv. As irun may not be
meddlid with tyel stoon. DAN. 2, 43 Purv.
Medylde corne, mixtilio. WR. VOC. p. 178. Þey
jefe þe eysel *medult* with galle. HOLY ROOD
p. 186. Þair þrotes sal ay be filled omang, Of
alle þyng þat es bitter and strang, Of lowe and
reke with stonnes *melled.* HAMP. 9429. The
milk whan it is *melled* with other mete. CH.
C. T. p. 186. I. With *melled* love and tirannie.
GOWER III. 256. Milk or mede *melled* boþe.
HOLY ROOD p. 204. A nobill suerde the burde
not wolde Now for the *mellyde* hare. ROWL. A.
OT. 1254 [= mingled with white. cf. fr. *mêlé,*
mit grau untermischten Haaren, meliert. COR-
NEILLE. mhd. *Gemischet* was sin hâr mit einer
grisen varwe. NIBEL. 1672, 2]. *Mellyd* [*molde* A.],
miscelaneus, mixtus. CATH. ANGL. p. 233.

von Volksstämmen, Sprachen: Kynge &
prynces of paien Were *medled* among cristen,
Þat her landes of Rome held. R. OF BRUNNE
Story of Engl. 13523. Normans and Englische-
men [ben] imeddled [imelled α, ben men *medled*
Cx.] in alle þe ilond. TREVISA II. 155. Now of
þe maneres and of þe doynges of þe *medled*
[*melled* α.] peple of Engelond nedeþ forto telle.
II. 165. *Medled* [*melled* α.] longage encresed
after þat þe Empere encresede and was huge.
II. 367.

literarisch: Other he tokeneþ and sowneþ
the storye *medled* wiþ a fable. TREVISA II. 361.

2. zusammenbringen, versammeln:
Þemperour wiþ moche merþe his men þan *meled*;
& whanne þei samen were asembled &c. WILL.
1287.

3. oft übertr. mischen, vermischen etc.:
On oþer maner þis preest þat sowiþ may *meddle*
venym wiþ his seed, as whanne he prechiþ for
veyn glory or for coueytise of wordly good.
WYCL. W. *hith. unpr.* p. 442.
Thy mercy *medle* [imper.] with justice.
GOWER I. 143.

He *medleth* sorwe with liking. GOWER I. 99. Thus *medleth* she with joie wo, And with her sorwe merth also. 328. Þe strengþe of þe þou‍t .. *medeleþ* þe ymages of þinges wiþout forþe to þe forme[s] yhid wiþinne hymself. CH. *Boeth.* p. 167. When God *melles* sorow, anguys, & trauaile till his fleecly lykynge. HAMP. *Ps.* 9, 9 comm. Herfore many men speken generalliche of here synne, & leuen to descende to persones, lest þei *medlen* fals wiþ soþ. WYCL. W. *hith. unpr.* p. 297. Saracenes wiþ oþere sectis holden moche of cristis lawe, but oþere lawis þat þey *meddlen* maken þis sect displese to god. p. 456.

Thus *medlyde* sche with joy wo, And with hyre sorwe joy alle so. GOWER Ms. in HALLIW. D. p. 547 [v. *meddle*]. Bote William warnede hym [sc. Harold] of couenaunt ybroke, & *mellede* manas [*medled* manasais β. *medled* menaces *Cx.*] wyþ prayers. TREVISA VII. 233.

Medled liffe. HAMP. *Tr.* p. 25 *Harl.* [= aus Beschaulichkeit und Werkthätigkeit gemischt]. A thousand sikes hottere than the glede, Out of his breste, ech efter othere, wente, *Medled* with pleyntes new. CH. *Tr. a. Cr.* 4, 309. Men sene such love selde in pees .. Full ofte *medled* with disese. GOWER II. 51. Þi wit .. is *medlet* with ffolye. HORSTM. *Altengl. Leg.* p. 213 *Ver‍non* [Paderborn 1875]. Þanne ne shollen þer neuer ben ne neuer weren vice ne vertue, bot it sholde raþer ben confusioun of alle desertes *medlid* wiþoute discresioun. CH. *Boeth.* p. 158. Lei‍ing schal be *medlid* with sorewe [risus dolore miscebitur *Vulg.*]. WYCL. PROV. 14, 13 Purv. God woot wher straunge lawis ben *meddlid* more vndir oure pope wiþ cristis lawe þan þey ben *meddlid* in oþere sectis. W. *hith. unpr.* p. 456. I desire eke to witen of þe what semeþ þe to ben þe resoun of þis so wrongful a confusioun. For I wolde wondre wel lasse yif I trowed[e] þat alle þise þinges were *medeled* by fortuouse hap. CH. *Boeth.* p. 132. God .. ne suffreþ not stoundes whiche þat hym self haþ deuided and constreined to be *medeled* to gidre. p. 26. Therefore it is that the wise man seith, „The ende of myrthis is sorowe, and ofte ‍oure law‍yng shal be *medelid* with sorowe." REL. ANT. II. 54. *Medelid* liffe. HAMP. *Tr.* p. 24 *Harl.* [s. oben *medled*]. I halde þis *mell‍ide* lyfe beste and maste bihouely to þam, als lange als þay ere bowndene þerto. *ib.* p. 24 [s. oben *medled, medelid* und vgl. die *Anm.* in *Spr.* I. 2 p. 137].

b. refl. 1. sich mischen unter: He tok his suerd in hand, the croyce let he falle, & *medeled him* in þe pres among the barons alle. LANGT. p. 18.

2. übertr. sich einmischen in, sich befassen mit, sich bemühen um etwas, auch abs.: But Fals-semblant dar not, for drede Of you, sir, *medle hym* of this dede. CH. *R. of R.* 6052. And yf þou þynkes þaim to tell, þen tydez þe none oþer, To [Bot *Ashm.*] mese agayn to Masidoň & *mell* þe no forther. WARS OF ALEX. 1988 Dubl. I ment that no mytyng shuld *melle him* of this. TOWN. M. p. 239. Omys þai

gun þam *mell* Of his trew knyght swilk tales to tell. BERL. A. JOS. 205 *Harl.*

Of thise maters .. no more *melle the.* TOWN. M. p. 238.

I *medyll me* with a thyng, je me mesle. PALSGR. Of swilk maters I *me mell.* BERL. A. JOS. 334 *Harl.* Þou *medlest þe* with makynges, and my‍test go sey þi sautor, And bidde for hem þat ‍ueth þe bred. P. PL. *Text B.* pass. XII. 16. He is coupable that entremettith him or *mellith him* with such thing as aperteyneth not unto him. CH. *T. of Melib.* p. 178. Though ye *you medle* never a dele, Late ladies worthe with her thyngis. CH. *R. of R.* 6039.

Many man by his mi‍t *medled him* þerafter .. þo bestes for to seche. WILL. 2492. For when hee *medled him* moste, þe maistrie hee had. ALIS. FRGM. 170. [Alisaundrine ..] manly *melled hire* þo men for to help. WILL. 1709. Sche *melled hire* Meliors ferst to greiþe, & festened hire in þat fel. 1719.

3. recipr. sich unter einander mischen: We wil *us medle eche with other,* That no man, be they never so wrothe, Shal han that on or wo, bot bothe At ones. CH. *H. of Fame* 3, 1012.

c. intr. 1. sich mischen, vermischen mit etwas: Þan sal þe rainbou descend, In hu o gal it sal be kend; Wit þe wind þan sal it *mell* [*melle* FAIRF. TRIN.], And driue þam [sc. þe deuels) dun all vntil hell. CURS. MUNDI 22639 COTT. GÖTT.

Whan venim *medleth* with the sucre. GOWER II. 222. Manne, wanne thyt [sc. the sacrement) takest ase other mete, Into thy wombe hy‍t sedlyth; Ac ne defith nau‍t ase thy mete, Wyth thyne flesch *medlyth.* SHOREH. p. 28.

2. sich fleischlich vermischen, fleischlich verkehren, von Menschen und Tieren: Thou schost *medlen* with no mannes compenye. LONELICH *Merl.* 1398. Dydest thou never *medyll* with her by thy fayth: neus tu jamais affaire a elle par ta foy? PALSGR. Ich will not with him *melle.* TOWN. M. p. 205. And a talle man with her dothe *melle.* COV. MYST. p. 215. This is the cawse .. That I with man wylle nevyr *melle.* p. 92.

I *medyll* with one, as a man dothe with a woman .. jay affayre. PALSGR.

So god on my sowle haue mercye, *Medlid* I neuere with mannes compenye. LONELICH *Merl.* 1193. As often as he with ‍ow *medlyd* so, He put it anon in scripture. 1400. Bothe horse and houndes, and alle other bestes *Medled* nou‍te wyth here makes þat with fole were. P. PL. *Text B.* pass. XL 334.

Þou haste *medled* amis, methynk, by thy chere. ALIS. FRGM. 964.

3. überh. in Verkehr, in Beziehung treten, zusammentreffen, verkehren: Ffore I wille seke this seynte by myselfe one, And *melle* with this mayster mane þat þis monte jemes. MORTE ARTH. 937. Thy brother schall the know there by, Yf ever god wolle þat ye *melle.* IPOMED. 1662 *A.* Kölb.

I wroot to ȝou in a pistle, that ȝe be not
medlid with letchours. WYCL. 1 COR. 5, 9 PURV.
    4. sich mischen unter, mit dem Neben-
begriff der Einmischung: Moyses say þei dud
hem wronge, Soone he *medeled* [mengeg =
menged, blende, mengid *cett.*] hem amonge;
Þe herdes fro þe welle drof he, And dud to
drynke þe maydenes fo. CURS. MUNDI 5689
TRIN.
    5. häufig übertr. sich einmischen in,
sich befassen mit, sich bemühen um, zu
thun haben mit, auch abs.: *Medlyn*, or enter-
metyn, intromitto. PR. P. p. 331. Now lat me
medle [*meddle* 16652 Tyrwh. *melle* Morris III.
65 Lond.] therewith but a whyle. CH. *C. T.* III.
G. 1184 Skeat Cl. Pr. Yn suche a case but hyt
do falle Ther schal no mason *medul* withalle.
FREEMAS. 219. For in no wise dare I more
melle Of thing wherein such perill is. CH. *Dr.*
528. For naþing as anente me þou has noȝt
to *mell*, Ne with þi domes me to dele dole vndire
sonne. WARS OF ALEX. 735 Ashm. cf. For
noþ[i]ng als anense me þou hase lityll to *melle*,
Ne with me noght hase to do ne dele vnder þe
sonñ. *ib.* Dubl. To *melle*, vbi to menge or
entermet. CATH. ANGL. p. 233.
    That longes to þe, with þat þow *melle* [=
meddle only with what belongs to thee]? BAB.
B. p. 19 [a. 1480]. *Medleth* namore with that
art, I mene, For, if ye doon, yowr thrift is goon
ful clene. CH. *C. T.* III. G. 1424 Skeat Cl. Pr.
    I *medyll* in a mater bytwene partyes, ȝe me
interpose. PALSGR. He *medleþ* of makyng [i. e.
verse-making]. P. PL. *Text A.* pass. XII. 104.
This day is venim shadde In holy chirche of
tempo all, Which *medleth* with the spirituall.
GOWER I. 276. Mefe the not, master, more if he
melle [konj.]. TOWN. M. p. 239. Thane the mary-
nerse *mellys*, and maysters of chippis, Merily
iche a mate menys tille oþer. MORTE ARTH. 3653.
    Many miȝti man manliche *medled* [= be-
mühte sich] þat time. WILL. 2325. For that
cawse nolde god in non degre That the devel
with hym *meddelid* sikirle. LONELICH *Merl.* 951.
    Ȝyf a discord were bitwixt þe Bretons,
Euere *medlande* were þe Saxons. R. OF BRUNNE
Story of Engl. 14505.
    6. sich thätlich einmischen, hand-
gemein werden, streiten, kämpfen mit,
gegen, auch abs.: Hee ne myght with þo men
medle no while. ALIS. FRGM. 93. Slike a nekard
as þi-selfe, a noȝt of all othire, Is bot a madding
to *mell* with mare þan him-seluen. WARS OF
ALEX. 1742 Ashm. ebenso *Dubl.* This was a
mache unmete .. To *melle* with þat multitude.
MORTE ARTH. 4071. Ȝyf y may ought wyþ hem
mele, Hand of hand strokes schul dele. R. OF
BRUNNE *Story of Engl.* 10095. Þei .. hadden
gret ioye, Þa so manli a man wold *mele* in here
side [= auf ihrer Seite kämpfen]. WILL. 3324 sq.
    For all ouire couerd was þe coue claggid
with spices, Þat makis þire wormes so wele &
wond in þaire kyndis, Þat ilka twelmonth a
turne þai turnay togedire, Ilkane *mellis* with his
make, & so þare many dies. WARS OF ALEX.
5427. Ashm.

auch übertr. streiten mit, ankämpfen
gegen: Now ich seo .. þat surgerye ne phisike
May nat a myte availle to *medlen* aȝens elde.
P. PL. *Text C.* pass. XXIII. 178. vgl. to *medle*
[*medele* v. l.] aȝein elde. *ib.* *Text B.* pass. XX.
178.
    Medle we nauȝt muche with hem to meuen
any wrathe, Lest cheste chafe [chafen *Ms.*] vs
to choppe vche man other. P. PL. *Text B.* pass.
XII. 126. cf. *Text C.* pass. XV. 67.
    7. sich erregen, wallen, vom Blute: Þe
blod in his face con *melle*, When he hit schulde
schewe, for schame. GAW. 2503 [d. i. er errötete
vor Scham].
    8. vereinzelt erscheint das intr. Zeitwort
in der Bedeutung zeitlich zwischentre-
ten: Forsothe now the feeste day *medlinge*
[*medelynge* Picker.], or goynge bitwixe, Ihesu
wente vp into the temple, and tauȝte. WYCL.
JOHN 7, 14 Oxf. [auffällige Übersetzung des lat.
Textes: jam autem die festo mediante *Vulg.*,
der gr. ἤδη δὲ τῆς ἑορτῆς μεσούσης wieder-
giebt]. vgl. *Spr.* Anm. Das seltene und späte
lat. *mediare* [coliculos APIC. 3, 9 = teilen] findet sich übrigens auch sonst noch in der Bedeutung des gr. μεσούν [= in der Mitte sein,
halb sein] gebraucht. vgl. Inoculari ficus locis
siccis Aprili, humidis melius Junio *mediante*
poterit, Octobri mense locis tepidis. PALLAD.
Mart. 10, 32. Die Bedeutung des ae. Textes
erhellt aus der Glosse *goynge between*.

medlen v. loqui s. *maðelen* [und vgl. *mælen*].

medler, meddeler, medeler s. afr. *meslier*
[COTGR.] neben älterem *mesplier*, später auch
schon *neflier*, nfr. prov. *mesplier mespoulier*,
gew. *néflier*, asp. *mespero*, bask. *mizpira*, nsp.
nispero, kat. *nespler*, pg. *nespereira*, neue. *medlar* [Frucht], *medlar-tree*, neben nfr. prov. *mesple*,
it. *nespolo* aus mlat. *mesculus*, *mespulus*, *mespilus*,
lat. *mespilus*, gr. μεσπίλη.
    1. Mispelbaum, mespilus germanica:
The *meddeler* to graffe eke tolde is howe [? nowe].
PALLAD. 3, 1041. vgl. *Medlar* frute, mesple,
nefle. *Medlar* tree, mesplier, neflier. PALSGR.
— Nowe *meddelers* in hoote lande gladdest be,
So it be moist. PALLAD. 4, 493. *Meddelers* to
sette in March. *ib.* *Table of Cont.* p. XXVIII.
    2. Mispel, die Frucht des Mispelbaumes:
Many homly trees ther were, That peches, coynes,
and apples beere, *Medlers*, plowmes, perys,
chesteyns. CH. *R. of R.* 1373. Mespila a *medeler*.
WR. VOC. col 596, 5 Wülck.
    Hiervon: **medlarfrute** s. Frucht des *medler*,
Mispel: *Medlar* frute, mesple, nefle. PALSGR.
medlertree, medlartree s. neue. *medlar-tree.*
Mispelbaum: And as I stood and cast aside
mine eie, I was of ware the fairest *medlertree*
That ever yet in all my life I sie. FL. A. L. 85
[in CH. *Poet W.* IV. 90]. *Medlartree*, mesplier,
neflier. PALSGR.

medler, medler, medeler s. neue. *meddler*,
a go-between, busy-body. vgl. *medlen* v. German. Urspr. ist wohl auch hier nicht anzunehmen; doch finden sich allerdings ahd. *metaldri*,
mediator [GRAFF II. 672], spät mhd. *medler*,
Unterhändler, Anstifter [der des was ein *medler*.

BEH. 7, 3 (a. 1462-70) bei LEXER], neben niederrhein. *middelére*, mediator, mhd. *mitelare*, *mitte-*
ler, mediator, später *mitteler*, *mittler*, *mitler*,
nhd. *Mittler*. eig. einer, der mischt, oder der
sich in fremde Angelegenheiten mischt, Ein-
menger, Unterhändler, Anstifter;
auch fem.
For Meede is a iuweler [a *medlere*, a *mede-*
ler v. l.]. P. PL. *Text A*. pass. II. 87. — Ho so
pleyned to þe prince þat pees shulde kepe Of
these mystirmen, *medlers* of wrongis, He was
lyghtliche ylauȝte, and yluggyd of many, and
ymummyd on þe mouthe. DEP. OF R. II. pass.
III. 334 Skeat. I holde my pees of grammariens,
and of *medeleris* of retorik (= those who meddle
with, or treat of, rhetoric]. WYCL. *Pref. ep.*
c. VI. p. 66.

medletre, meletre, meltre s. Zusammensetzung aus *tre* und bisher nicht nachweisbarem
einfachem *medle*, *mele*, mespilum, Mispel
[Frucht des Mispelbaumes], afr. *mesle* neben
älterem *mesple*, auch *mesfle*, nfr. prov. noch
mèle gew. *nèfle*, wall. *mespe*, sp. pg. *nespera*,
kat. *nespla*, pr. *nesple*, it. *nespola*, mlat. *mespila*,
mella, *mespulum*, *mespilum*, von lat. *mespilum*
pl. *mespila*, gr. μέσπιλον, vgl. auch ahd. *mes-*
pild, *nespeld*, mhd. *mespel*, *mispel*, nhd. *mispel*,
neue. durch *medlar-tree* verdrängt, während
medlar, urspr. der Name des Baumes, jetzt die
Frucht bezeichnet und *medle* ganz verloren ging.
vgl. oben *medler* s. Baum, der Mispeln trägt,
Mispelbaum, mespilus germanica.
A sat and dinede in a wede, Vnder a faire
medletre. BEVES OF HAMT. 1286 Kölb. Hec
mesculus, a *meletre*. WR. VOC. p. 192. Hec
mespulus, a *mel-tre*. Hoc mespulum, fructus
ejus. p. 228.

medliche adv. dementer s. *madliche*.

medlinge, meddlinge, medelinge, melling,
meling s. sch. *medeline* [BARB. V. 406], *mell-*
ing, *mellyne*, *mellin*, mixture, confusion; the
act of intermeddling, neue. *meddling* [*meddling*,
subst. l'action de se mêler, ou de s'entremettre.
BOYER a. 1702]. vgl. *medlen* v.

1. Mischung, Gemisch verschiedener
Stoffe: His garnement was everydelle Portreied
and wrought with floures, By dyvers *medlyng*
of coloures. CH. *R. of R*. 896. For a cuppe of
cleene wyn ful of *meddlinge* is in the hoond of
the Lord. WYCL. Ps. 74, 9 Purv. Sothli and
Nycodeme cam, that hadde come first to Ihesu
in the nyȝt, beringe a *medlynge* [*meddlynge* Purv.
medelynge Picker. mixturam *Vulg.*] of myrre
and aloes, as an hundrid pound. JOHN 19, 39
Oxf. Puls, *medlyng* of water and wyne. WR.
VOC. col. 605, 45 Wülck.
als Beimischung zu anderen Stoffen
bezeichnet das Wort auch Flicken: Sothely
no man sendith ynne a *medlynge* of rudee [rude
v. l.), or newe, clothe in to an olde clothe.
WYCL. MATTH. 9, 16 Oxf. [vgl. No man putteth a *clout* of boystous clothe into an elde clothing Purv.]. For no man sendith a *medling* of
newe cloth in to an old cloth; ellis and he brekith
the newe, and the *medling* of the newe acordith
not to the oolde. LUKE 5, 36 Oxf.

und Verzahnung: Also Dauid made redy
myche yrun to the nailes of the ȝatis, and to the
medlyngis and iounturis [to endentyngis and
ioynyngis *Purv*. ad commissuras atque juncturas
Vulg.]. WYCL. 1 PARALIP. 22, 3 Oxf.

2. fleischliche Vermischung: Forsothe whanne the late *medlyng* and the laste
conseyuyng [*medlynge* or gendringe. *S*.] weren,
Jacob puttide not tho ȝerdis. WYCL. GEN. 30, 42
Purv. Like certeyn birdes called vultures, Withouten *mellyng* conceyven by nature. LYDG. MS.
in HALLIW. D. p. 548. Alle þe lordes of þat
lond .. Sent William to seie so as was befalle ..
As to here lege lord lelli bi riȝt, Þurth *meling*
of þe mariage of Meliors þe schene. WILL.
5253 sq.
auch übertr. Mischung, Vermischung
von Volksstämmen: Scottes beeþ lytt of
herte, strange and wylde inow, but by *mellynge*
[*medlynge* Cx.] of Englisch men [admixtione cum
Anglis *Higd*.] þei beeþ moche amended. TRE-
VISA I. 387-9. By comyxtioun and *mellynge*
firste wiþ Danes and afterward wiþ Normans,
in meny þe contray longage is apayred [By com-
myxstion & *mellyng* furst wiþ Danes & afterward
wiþ Normans, in menye þe contray longage is
apeyred. *Tib*. in *Spec. II*. 241]. II. 159.

3. Beimischung, literarisch: Here [here-
by, herby *v. l.*] it semeth þat Lucanus was no
poet whan he made þre stories of þe stryf of
citeseynes, but ȝif it were by þe manere of
mellynge of poeseyes [*medlyng* of poises *Cx*.
nisi forte quoad intermiscendi poemata *Higd*.].
TREVISA IV. 409.

4. Einmischung, Störung: Thorwgh
thy *medlynge* is iblowe Youre eyther tove, ther
it was erst unknowe. CH. *Tr. a. Cr*. 4, 139.
[Priests are] market-beaters, and *medlyng* make,
Hoppen and houten with heve and hale. POLIT.
P. A. S. I. 330 [a. 1440].

5. Befassen mit, Einlassen in: Suffire mekely for his lofe withowttene gruchynge,
if þou may, and dissese and trubblynge of þi
herte bycause of *mellynge* with swylke besynes.
HAMP. *Tr*. p. 30.

medlous, medelus adj. geneigt, sich in
fremde Angelegenheiten zu mischen.
[Be not] to *medlous*, to mury, but as gode
maner askithe. BAB. B. p. 9 [a. 1475]. [Be not]
to *medelus*, ne to murie, but as mesure wole it
meene. p. 12 [a. 1430].

medowe s. pratum, **medoweswete** s. regina prati, spiræa ulmaria, **medowgrene** adj.
s. *medu*.

medrin s. diaphragma s. *midride*.

medschipe s. amentia s. *madschipe*.

medsine s. medicina s. *medicine*.

medu, medo, medwe, medowe [auch **mi-**
dewe], meduwe, medowe, mede, medo,
meede, selten **med** s. ags. *mædu* [*mûdu* etc.?],
mêdu gen. dat. *mædve*, *mêdve* pl. *mædva*, *mêdva*,
und *mæd*, *mêd* gen. *mæde*, *mêde*, pratum, afries.
mede, nfries. *miede*, nordfries. *maade*, mniederd.
nniederd. *mede*, niederl. *mat*, ahd. *mato* gen.
matawes [in *matoscrëch*, -*scrëgh*, Heuschrecke,
eig. Wiesenhüpfer], mhd. *mate*, *matte*, auch

matze, nhd. *matte,* schweiz. auch *matt* [in *Andermatt, Zermatt*], sch. *meadow,* a bog producing hay, *mede,* a meadow, neue. *meadow, mead.* wohl Bildung mit dem alten Suffix *-tva* und dem Stamme *ma, mâ;* vgl. *mawen,* ags. *mâvan,* falcare, und ags. *mæð,* falcatio, prov. neue. *math,* bes. in *aftermath, lattermath* [mit dem Suffix *-id* = ags. *-að, -ð* gebildet]. eig. zu mähendes d. i. üppiges Grasland, Wiese, Matte.

Me thoght in drem, þis ender night, þat I com in a *medu* slight. CURS. MUNDI 4561 COTT. In þat *medu* sa lang þai [sc. þe kij] war, Þat etten þai had it erthe bar. 4573 COTT. GÖTT. Under þe mount Thabor, in a faire *medue,* Boþ þe parties wer þore to conseile for þe treue. LANGT. p. 195. A fair *medwe* he saiþ with swete floures. PURG. ST. PATR. 491 Horstm. p. 214. Als watres ronnen wel, he byheld, & mede wiþ þe eryed feld [& þe *medew* with ardawfelde *Pelyt*]. R. OF BRUNNE *Story of Engl.* 1893. Peas þeines þat her weren bolde beoþ aglyden So wyndes bles; Under molde hi liggeþ colde, And faleweþ so doþ *medewes* [gen.] gres. O. E. MISCELL. p. 93. Þe king in are *medewe* alihte of his stede. LAӡ. III. 214. Divors, in *medewe,* spryngith floure. ALIS. 2050. He was lad in to a *medewe* Fful of alle floures, white, bleu, & ӡelwe. BARL. A. JOS. 675. Me þouӡte þat þis ӡonder nyӡt I coom in a *medewe* briӡt. CURS. MUNDI 4561. TRIN. In þat *medewe* so longe þei ware, Þei had eten to þe erþe bare. 4573 TRIN. As gres in *medewe* I drye and dwyne. PENIT. Ps. p. 32. *Medewe,* or *mydewe,* pratum. PR. P. p. 331. cf. p. 337. Hoc pratum, a *meduwe.* WR. VOC. p. 239. A *medowe,* pratum, pratellum. CATH. ANGL. p. 232. *Medowe* felde, preav, praierie. PALSGR. Than me thouӡt sche led me forthe a pace Thorowӡ a *medow* fayre and grene. E. E. P. p. 142. Me þuӡt in dreme, þis ender niӡt, Þat I come in a *medow* aliӡt. CURS. MUNDI 4561 FAIRF. GÖTT. In þat *medow* so lange þai ware, Þat eten þai hadde þe *medow* bare. 4573 FAIRF. Hoc pratum, a *medow.* WR. VOC. p. 270. — Biheold he þa *medewan.* LAӡ. I. 85. *Medewen* heo meowen. I. 82. He scawede þa wuodes & þa wildernes, *meduwen* and mores. I. 205. *Medewes* þer weoren brade. II. 596. *Medewes* hii mewen. I. 82 j. T. Biheolde he þe *medewes.* I. 85 j. T. He sewede þe wode and þe wildernes, *medewes* and þe mores. I. 205 j. T. Nature .. Woll of her owne fre largesse With herbes and with floures both The feldes and the *medewes* cloth. GOWER II. 327. *Medowes* & mounteyns myngit with floures. DESTR. OF TROY 1062. Þe myst dryues þorӡ þe lyst of þe lyfte, bi þ⁰ loӡ *medoes.* ALLIT. P. 2, 1760. That londe is apte also to alle seedes, gresse, cornes, *medoes.* TREVISA I. 397 *Harl.* In the moneth of May, when *medoes* be grene. DESTR. OF TROY 2734. *Medues* in leene and drie lande. FALLAD. *Table of Cont.* p. XXVII. vereinzelt: The *maideues* flourith, the foulis sing. ALIS. 2904.

Þe blostme ginneþ springe and sprede Beoþe ine treo and ek on *mede.* O. A. N. 437. As *mede* is ful of gras. ST. VINCENT 106 Horstm. p. 187. So moche þat place was, þat he ne miӡte non

ende se, A meri *mede* wiþ floures. FEGF. D. H. PATR. 535 *Egerton* Horstm. [1875] p. 200. Som, for the lyves drede, That glyt away, as flour in *mede.* ALIS. 7. He [sc. þe porter] .. let flures gadere on þe *mede.* FL. A. BL. 433. In þe grene *mede* floures springeþ. ARTH. A. MERL. 4680 Kölb. To *mede* goþ þis damisele, & fair floures gadreþ fele. 6599. In þe *mede* LANGT. p. 305. Þe folk of ilk a schire Had þer bestis aweie þorgh *mede* & þorgh mire. p. 310. Als watres ronnen wel, he byheld, & *mede* wiþ þe eryed feld. R. OF BRUNNE *Story of Engl.* 1893. They wer set as thik of nouchis .. As gresea growen in a *mede.* CH. *H. of Fame* 3, 260-3. Embrowded was he, as it were a *mede* Al ful of fresshe floures, white and reede. C. T. A. 89 Morris Cl. Pr. The elf-queen, with her joly compaignye, Daunced ful oft in many a grene *mede.* ib. 6442 Wr. Nowe *mede* is first to make. PALLAD. 12, 29. With orchard, and with gardeyne, or with *mede,* Se that thyne hous with hem be umviroune. 1, 323. They passyd forþe by a grene *mede.* LYDG. *Isop.* 470 Zup. A swathe [a swethe of *mede*], vne andeyne de pree. Wr. Voc. p. 154. Embrouded was he, as it were a *meede* Al ful of fresshe floures whyte and roede. CH. C. T. 89 Zup. In the *meede.* LYDG. *M. P.* p. 221. So brod & long þe place was, þat he ne miӡte non ende ise, Al murie *med* & suote floures. FEGF. D. H. PATR. 535 *Ashm.* Horstm. [1875] p. 171. To þe castelmed wiþoute toun þun wei sone he nom, & þe castelbrugge out of þe *med* he barnde fram þen ende. R. OF GL. 11255 Wr. Sir Edward turnde in to þe *med,* þo he ne sei oþer cas. 11244. [Heo ..] Vpe þe yse of Temese wende vorþ, & so to Oxenford Al souþward in to þe *med.* 9516. So gret delit he hadde and ioie of þe foules murie song, Of þe swete *med* also, and of þe floures þer among. HOLY ROOD p. 24. Forthe sche browght a whyt sted, As whyt as the flowyr in *med.* TORRENT 456 Adam. He [þe porter] .. let flures gadere on þe mede [a *meed* T.]. FL. A. BL. 848 Hauskn. vereinzelt: Alisaunder is yn a *maied* Ycome boldeliche, with al his men. ALIS. 7328 [Reim: *saide*]. — Engelond ys ful ynow .. Of welles swete and colde ynow, of lesen and of *mede* [of wellen swete & colde inouӡ, of lesen & of *mede* 15 Wr.]. R. OF GL. p. 1. In þe oþer half beþ grete wodes, lese & *mede* al so. 3887 Wr. Þe *meden* ben of swete odour. ARTH. A. MERL. 8648 Kölb. Þe king .. is *medes* let mowe. R. OF GL. 10192 sq. Wr. Þe kniӡtes atiled hom aboute in eche syde, In feldes & in *medes,* to prouy hor bachelerye. 3962. Þat .. þe cheorl be in fryþ His sedes to sowen, His *medes* to mowen. O. E. MISCELL. p. 108. He [sc. Alisaunder] seygh faire *medes,* and eke ryvers. ALIS. 7142. In places glade and lene, in places drie, The *medes* clensed tyme is now to make. PALLAD. 2, 8. If olde moos thi *medes* overlede, Let shave it clene away. 10, 101. Þat .. þe cherril be in frit his sedis to souin, his *medis* to mowen. O. E. MISCELL. p. 109. Þe knyӡtes [kynӡtes *ed.*] atyled hem aboute on eche syde In feldes an in *medys* to preue her bachelerye. R. OF GL. p. 191-2. Men said þer were inowe [sc.

bestes to lardere) in mores & in *medis*. LANGT.
p. 310. *Medys* in colde lande to clense. PALLAD.
Table of Cont. p. XXVII.

Hieran schliessen sich:

medwegrene, medowgrene adj. vgl.
grasgrene. wiesengrün, grün wie eine
Wiese.

Anon þer sprong vp flour and gras
Where as þe drope falle was, And wox anon
al *medwegrene* [*medowgrene* Pauli]. GOWER
II. 266 *Harl. 3869* in *Spec. II.* 280.

medratele s. neue. *meadow-rattle*, the
yellow rattle, rhinantus crista galli [WR.
Prov. Dict. p. 665]. Wiesenklapper,
Klappertopf, rauhhaariger Hah-
nenkamm, rhinanthus alectorolophus oder
crista galli.

Medratele, the herb germandria. See
a list of plants in Ms. SLOANE 5 f. 5. HAL-
LIW. D. p. 547. *Medratele*. Ms. 15. cent.
See *meadow-rattle* [= The yellow rattle,
rhinanthus crista galli]. WR. *Prov. Dict.*
p. 667.

**medeweswete, medeswete, medesewte,
medeswete** s. neue. *meadow-sweet*, früher
auch *mead-sweet* [*Mead-sweet*, reine des prez,
sorte d'herbe. BOYER]. s. *swete* adj. und vgl.
medewort s. Sumpfspierstaude, Wiesenkönigin, spiræa ulmaria.

Medoweswete, herbe. PALSGR. Regina
prati, *medeswete*. WR. VOC. col. 607, 20
Wülck. Melessa, *medeswote*. *ib.* 595, 29.

medewort, medwurt, medwort s. ags.
medewyrt [malletina, *medewyrt*. WR. VOC.
p. 31, melletina, *medewyrt*. *ib.* col. 135, 27
Wülck.] neben späterem *moodowyrt* [melle-
una (= melletina), *moodowyrt*. WR. VOC.
col. 451, 11 Wülck.], das jedoch, wie schw.
mjödört, auf *mede*, *meode*, ags. *meodu*, *meodo*,
mulsum, hydromelum, zu deuten scheint,
neuisl. *maidurt*, sch. *meduart*, *medwart*,
meadow-sweet, spiræa ulmaria, auch *meadows*, queen of the meadows, genannt, neue.
meadow-wort. vgl. *medoweswete*. Sumpfspierstaude, Wiesenkönigin, spiræa
ulmaria.

Melissa, *medewort*. WR. VOC. col. 595,
31 Wülck. Regina, reine, *med-wurt*. WR.
VOC. p. 139. vgl. *Med-wurt*, the herb regina. HALLIW. D. p. 547. *Med-wort*, meadow
sweet. WR. *Prov. Dict.* p. 667.

medwife s. obstetrix s. *midwif* hinter *mid*,
cum.

medwort, medwurt s. regina prati, spiræa
ulmaria s. hinter *medu*, pratum.

meek adj. lenis, mitis, **meeken** v. lenire,
mitigare, **meekli** adv. leniter s. *meoc, meoken,
meoclike*.

meed, meedes. merces, præmium, **meedeful**
adj. meritorius, **meedefull** adv. s. *med* s.

meedwif s. obstetrix s. *midwif* hinter *mid*,
cum.

meel s. cæna s. s. *mæl*; cyathus s. s. *mele*.

meele s. farina s. *melu*.

meeletide s. tempus cænæ s. hinter *mæl*.

meene adj. communis s. *mæne*; medius s.
mene; **meenelich** adj. mediocris, lenis, **meenli**
adv. mediocriter s. *moneli, menelich*.

meer s. finis, confinium s. *mær*.

meerk adj. obscurus s. *mirc*.

meercere s. mercerius, caupo, **meerceri** s.
merceria, mercimonium s. *mercer, mercerie*.

meese s. ferculum s. *mes*; mansio s. *mese*.

meetberd s. cibilla, mensa oscaria, **meete** s.
cibus s. *mete*.

meete s. mensura, modus s. *met*; adj. u. adv.
s. *mete*.

meeten v. pingere, somniare; convenire,
occurrere s. *meten*.

mefen v. movere s. *moven*.

megge s. commixtio s. *menge*.

megre, megir adj. afr. *magre, maigre*, nfr.
maigre, pr. *magre, maygre*, sp. pg. it. *magro*,
mlat. *magrus*, lat. *macer, macra, -um*, sch. *megir*
[auch = small: *megir* bellis, kleine Glocken,
Glöckchen. DOUGLAS *Pal. of Hon.* I. 35], neue.
meagre, meager; vgl. die früh erscheinenden,
aber gleichfalls wohl entlehnten ags. *mäger* [Þa
men beóþ *mägre* and bláce on onsýne, ðeáh ðe
hie ær fätte væron. LEECHD. II. 242], altn. *magr*,
schw. dän. mniederd. niederl. *mager*, ahd. *magar*,
mhd. nhd. *mager*. mager.

The lyoun was hungry and *megre*, And bit
his tayl for to be egre. RICH. *C. de L.* 1079.
Penne weren þo rowtes redeles in þo ryche
wones, Fro þat mete wats myst, *megre* þay
wexen. ALLIT. P. 2, 1197. Whan the flesche is
tendre and *megre*, thanne seyn here frendes that
thei don gret synne to leten hem have so long
langure. MAUND. p. 202. I am sori .. I am but
selde other, And þat maketh me þus *megre*, for
I ne may me venge. P. PL. *Text B.* pass. V. 127.
cf. *C.* VII. 93. She was lene and *megre*. CH.
R. of R. 218. For sorowe .. made hir ful yolare,
and no thyng bright, Ful fade. pale, and *megre*
also. 309 sq. Chichevache this is my name,
Hungry, *megre*, sklendre, and leene. LYDG.
M. P. p. 132.

substantiviert, dem fr. *maigre* s. m.,
Fastenspeise, schmale Kost, entsprechend, in
der Bedeutung magere, schmale Kost:
Such mischefe in þe meynne tyme vppon þe
men falles, For *meger* & for metelesse [For *megire* & for meteles *Ashm.*]. WARS OF ALEX.
1163 Dubl.

später auch Abzehrung, afr. *maigre* s. f.:
Megre, a sickenesse, maigre s. f. PALSGR.

megrete s. afr. *maigrete* [LITTRÉ], nfr. veraltet *maigreté*, maigreur.

He [sc. manne] compasyth venjaunce To
hym that agen clenketh; And so hyt [sc. wrethe]
fret and hys yfrete Evere *megrete*, And wanne
hy het to meche hete, Hyt letteth charite.
SHOREH. p. 113.

meþhan v. vgl. altn. *mega*, posse, africs. [*mega*],
nfries. *meyen*, ags. [*magan* od. *mugan*], posse,
valere; prævalere, vincere, ac. *mujen*, ahd. *magan, mugan, mugen*, mhd. *mugen, mügen*, nhd.
mögen, gth. *magan*, δύνασθαι, ἰσχύειν, denen
als vorauszusetzendes starkes Verbum ahd.
mĕkan, mŏgan [mac, *mdkumes, mdgumes; mĕkan*,

mǽgan], gignere, gth. *migan* [*mag, mǽgum; mí-gans*] zu Grunde liegt [vgl. WEIGAND v. *mögen*]. Verwandt sind ae. *main* s. ags. *mǽgen*, vis, potentia, robur, und das von ihm abgeleitete *mǽgnian*, roborare, firmare. stärken.

Eower lond ic wulle friþian and eow selfe *meþan* and biwerian. OEH. p. 15.

Der Abstammung nach nahe verwandt ist das durch Wegfall der Partikel verstümmelte **maien** v. urspr. hybridisch mit den Vorsilben *a, es, des* gebildet. vgl. *amaien, esmaien, des-maien*.

1. tr. erschrecken, entmutigen, mutlos machen, versagt machen: Sall neuir þe Persyns pake be pere to þe Grekis, And if þai ma ware be many, *mayes* [imper.] noȝt ȝour hertis. WARS OF ALEX. 3009 Ashm. cf. For Porrus pistill, ne for his proud wordis, No for na manas he mas, *mayes* noȝt ȝoure hertis. 3569. — Oure mode kyng was so *maied*, myndles him semed. 5399.

2. intr. u. refl. erschrecken, verzagen, mutlos werden, versagt werden: Ac wan Charlis hit wiste & seȝ, for hymen *hym* gan to *mayo*. FERUMBR. 978 Herrtage. — Sall neuer þe Persiens pakke be pere to þe Grekes, And þof þai war mo be mony, *mayse* [imper.] nott in hertes. WARS OF ALEX. 3009 Dubl.

meþe s. cognata s. *moȝe*.

meȝ adj. vgl. *mæȝ* s. ags. *mæg, mḗg*, cognatus, propinquus, consanguineus. verwandt.

Þa wes hweðere an *meȝie* cynn þe nofer ne abeah to nane deofelȝyld, ac efer wurðode þane soðne god. OEH. p. 227 [ags. Ðá vǽs an *mægþ* ðe nǽfre ne ábeáh tó nánum deófolgylde, ac wurðode þone sóðan God. ÆLFR. *Homil.* I. 24].

meȝne s. familia s. *mainee*.

meħche s. par, conjux s. *macche*.

mehe s. cognata s. *moȝe*.

meht s. potentia, **mehtiȝ** adj. potens s. *maht, mahtiȝ*.

mei s. cognatus s. *mæȝ*.

mei v. præs. [ic *mei*, possum] s. *muȝen, maȝen*.

meid s. merces, præmium s. *med*.

meid, meide s. virgo, und Komposs. s. *maȝden*.

meide s. mulsum s. *mede*.

meidelure s. vgl. *lure*, ags. *lyre*, jactura, damnum, perditio, und s. *maȝden*, virgo, also eigentl. = virginis jactura, damnum, perditio. Verlust der Jungfräulichkeit.

Þis bruchele uetles, þet is wummone vleschs .. Þe bame — þet healewi — þet is meidenhod þet is þerinne: oðer, efter *meidelure*, chaste clennesse. ANCR. R. p. 164. Heo beoð, more herm es, to monie al to kuðe, ase hordom, eaubruche, *meidelure*, & incest. p. 204. vgl. *meidehod*, virginitas ANCR. R. p. 294 neben *meidenhod ib.* p. 54 [s. *maȝdenhad*].

Eine Auffassung von *meide* = virginitas, etwa als vereinzelte Weiterbildung des nur in *maȝðhad* etc. erhaltenen ags. *mǽgð, mǽgeð*, virgo [vgl. gth. *magaþei*, virginitas, aus *magaþs*, virgo], ist, obwohl der Zusammenhang der Stelle darauf zu deuten scheint, wohl ausgeschlossen.

meiden s. virgo, und Komposs. s. *maȝden*.

meigne, meignee s. familia s. *mainee*.

meignen v. mutilare s. *maimen*.

meile s. farina s. *mele*.

mein s. potentia, und Komposs. s. *main*.

meine s. familia s. *mainee*.

in dieser Form auch = Schachfiguren [vgl. *menȝe*]: Somme þat wolde nought of þe tabler, Drowe forthe *meyne* for [of *Petyt Ms.* þe cheker. R. OF BRUNNE *Story of Engl.* 11395. *pl. meines* [= familiæ *Vulg.*]: In thi seed alle the *meynes* of erthe schulen ben blessid. WYCL. DEEDS 3, 25 Purv.

meine adj. medius, medianus s. *mene*.

meineal adj. und s. domesticus, familiaris s. hinter *mainee* s.

meinee, meinȝe, meinȝei, meinȝie, meini, minne s. familia s. *mainee*.

Bowys to your lord, And says, me wonderys, iwysse, yf he wene suld For ony mede vppon molde hys *meynȝey* to delyver. WARS OF ALEX. 3118 Dubl.

meinpernour, meinprise s., **meinprisen** v., **meintenaunce** s., **meintenen** v., **meinteneur** s. s. *mainpernour* etc.

meir, meire s. major s. *maire*.

meirestane s. bifinium s. hinter *mær* s. limes.

meise s. mansio s. *mese*.

meissen v. lacerare s. *maschen*.

meister, meistre s. magister, magistra, und Komposs. s. *maistre*; **meistren** v. dominari, **meistresse** s. magistra, domina, **meistrie** s. magistratus, dominatus s. *maistren* etc.

meite s. cibus s. *mete*.

meiten v. convenire s. *meten*.

melðhad, -hod s. virginitas s. *maȝðhad*.

mel s. prandium, cæna, und Komposs. s. *mæl*.

melancoli, malicoli, malicole adj. neue. *melancholy*. vgl. *malencolik*. schwarzgallig, schwermütig, grämlich, ärgerlich, zornig.

Ȝe make you *malicoly* hys mageste ayayns. WARS OF ALEX. 2381 Dubl.

auch substantiviert: A *melancoly*, malencolia; melancolicus. CATH. ANGL. p. 233. As to þi modire, I mene, & to þi mery childir, Pare mas þou þe *to malicole* [Þou makys þe *to malycole* Dubl.], & meenes for litill. WARS OF ALEX. 2740 Ashm.

melancoli s. melancholia s. *malencolie*; **melancolik** adj. melancholicus, **melancolie** s. melancholia s. *malencolik, malencolie*.

nachzutragen ist hier die Form *malicoli* s. melancholia [s. *malencolie*]: Lend agayn to þi lande nowe quen þou leue haurs, Pat I mete þe in my *malicoly*, my meth be tó littill [Lest þou mete with my *malicoly*, þi might be to lityll *Dubl.*]. WARS OF ALEX. 1980 Ashm. [= Zorn].

melanconien s. vgl. *malencolien* adj. Schwermütiger, Melancholiker.

Þe dycuel .. him asayleþ .. þane fleumatike, mid glotonye and þe sleauþe, þane *melanconien*, mid enuie and mid zorȝe. AYENB. p. 157.

melk s. lac, und Komposs. s. *milk*.

melkien v. mulgere s. *milkien*.

melche adj. lactans s. *milche*.

melden, meilden v. ags. *meldian, meldigan,* deferre, prodere, alts. *meldón,* ahd. *meldén, meldôn, meldôn,* mhd. nhd. *melden.* angeben, verraten, anklagen.

My consciens gan me *meld* [My concience gon me *melde* Vernon]. METR. HOMIL. p. 32. Strenth, þat lauerding agh to *meild,* Þat o hair men tas wrangwis yeild. CURS. MUNDI 27830 COTT.

Yef þou þar of me *melde,* Ic haf tinte werdes mensc and belde [Ȝif þou me þer of *melde,* I haue lost worldus belde *Vernon*]. METR. HOMIL. p. 166. Þar him-self wit word he *meild* Bath of his youthed and his eld. CURS. MUNDI 27214 COTT.

Dede war me leuer to be, Than thou of my dede *melded* me. METR. HOMIL. p. 166.

[melden], meldew, mildeu s. ags. *meledeáv, mildeáv,* nectar [Nectar, hunig, oððe *mildeaw* WR. VOC. col. 455, 19 Wülck.], ahd. *militou, rubigo,* mhd. *miltou, meltou* etc., nhd. *meltau* [auch *melthau, mehlthau*], neue. *mildew,* rubigo. vgl. *deu,* ags. *deáv,* ros. Der erste Teil der Zusammensetzung, *mel-, mil-,* ist für die ags. und ae. Formen wohl jedenfalls = lat. *mel,* gr. μέλι gen. μέλιτος, gth. *miliþ,* zu setzen, sodass *melden, mildeu* urspr. als *ros melleus* [vgl. md. *honictow*] zu fassen ist; vgl. *mell,* mel. Die spätere Verwendung für *rubigo, uredo* erklärt sich aus einer volkstümlichen Verwechselung des Honigtaues verschiedener Pflanzen mit mehreren Schmarotzerpilzen, besonders erysiphe communis, erysiphe graminis und puccinia graminis.

1. Honigtau: Ihesu, swete Ihesu, mi druð, mi derling, mi drihtin, mi healend, mi huniter, mi haliweil Swetter is munegunge of þe þen *mildeu* o muþe. OEH. p. 269. vgl. die verwandten Stellen p. 183 und 200, wo sich unter den Anredeformeln beidemal auch *min huniter* findet.

2. Meltau, Getreiderost, Rostpilz: Pharaon wakned, slepte eftsones, and saw] another sweuen; seuene eerys buriounde on a stalk and ful fayr, and other as feel eerys, thinne and smytun with *meldew* [smytun with corrupcioun of brennynge wynd *Purv.*], weren growyn, deuowrynge al the fayrnes of the first. WYCL. GEN. 41, 5-7 Oxf. Þe *meldewe,* aurugo, erugo, rubigo. CATH. ANGL. p. 233. vgl. *Meldewe,* melligo. MAN. VOC. *Myldew,* uredo, a[u]rugo, erugo. PR. P. p. 337.

mele, meel s. ags. *méle,* cyathus, mniederd. *méle,* schweiz. *meiel,* mhd. *miol, mujol,* Pokal, hohes Trinkglas ohne Fuss, aus it. *miolo,* lat. *mediolus* [WACKERN. *Umd.* p. 25]. hohles Gefäss als Trinkgefäss, als Badegefäss und als Werkzeug für Erdarbeiter, Schale, Wanne, Mulde.

Þe furste day þat he was ibore, þat child, þat was so guod, Ase it was in ane *mels* ibaþed, al one upriȝt it stod. ST. NICHOLAS 6 Horstm. p. 240. "Maiden," sco said, "þou giue me drinc." ... "Leue freind," sco said, "þine asking Es noght bot a litell thing, Þou sal it haue wit ful god wil; And þine camels sal drinc þair fill, For

wantes vs here na uessell, Ne *mele* [*meel* FAIRF. bolle *cett.*], ne bucket, ne funell. CURS. MUNDI 3293 sq. COTT. They in hope to assuage The peine of dethe .. Of wine let fill full a *mele,* And drunken till so was befall, That they her strengthes losten all. GOWER III. 21. — Also they had tool to dyke and delve with, as pikforkis, spadus, and schovelis, stakes and rakes, bokettis, *meles,* and payles. VEGECIUS MS. in HALLIW. D. p. 548.

mele, male s. lat. *malum, melum* [s. DIEZ *Wb.* II. 47 v. *melo* und vgl. die Varianten zu PALLAD. ed. Schneider, bes. p. 5], Apfel, auch jede fleischige Kernfrucht, *malus,* Apfelbaum, sind in dem nur in der Palladiusübersetzung erscheinenden Worte zusammengeflossen; vgl. it. *mela, melo,* malum, *melo,* malus, rum. *mer,* malum, churw. *meil,* malum, mlat. *melus,* malus [melarium, pomarium *melis* (μήλοις), hoc est, malis consitum D. C.], gr. μῆλον [dor. μᾶλον], malum, wallon. *mêlôie,* malus, gr. μηλέα.

1. Apfel: The *meles* rounde, called orbiculer, Withouten care a yere may keped be. PALLAD. 3, 891. Other *meles* wol with handes pulle, And dippe her litle feet [= Stiele, lat. pediculos] in pitche alle warme, And so in order ley hem on a table. 3, 896. Aisel and wyne of *meles* me may make As is above enfourmed of the peere. 3, 904.

2. Apfelbaum: In himself graffe hem [sc. meddelers] in ffeberyere, In *mele* also, eko graffe hem in the pere. 4, 517. Ther is also graffing in trees sere, As *mele* [melo *ed.*], almonde, and thorn [cf. lat. inseritur autem piro agresti, malo, vt nonnulli amygdalo et spino. Danach ist der ae. Text verderbt; vielleicht ist zu lesen: in trees, as pere And *mele,* almonde, thorn]. PALLAD. 3, 768. — In the moones of marche and ffeveryere The *meles* graffed beth. 3, 837. In peretree, thorn, in plumme, and appletree, In serve and peche, in plane and populе, In wylous may this *meles* graffed be. 3, 876. *Meles* [gen.] wormes this wol sleen hem alle. 3, 868 [es sind hier Raupen gemeint].

This moone also the *male* is sette to sprynge. The *male* is sette in landes hoote & drie. PALLAD. 11, 258-9. In almaunt, in himself, in *male,* in peche Ys graffed plumme [prunus .. inseritur in se, in persico, et amygdalo, et malo]. 12, 246.

Hieraus sind gebildet: **maleapple** s. Apfel: *Maleapples* to counfit in Octob'r. PALLAD. *Table of Cont.* p. XXVIII. **maleapultree** s. Apfelbaum: *Maleapultreen* in Octob'r to sette. *ib.* p. XXVIII.

mele s. farina s. *melu.*

melen v. loqui s. *mælen* [und vgl. *maðelen*]; miscere s. *medlen.*

melencolie s. melancholia s. *malencolie.*

melesek s. saccus farinarius s. *melu.*

melet s. mullus s. *mulet.*

meletre s. mespilus s. *medletre.*

meleward s. molendinarius s. hinter *mulne.*

meling s. vgl. *mælen* v. Rede, Gespräch.

Will[i]am to þe window witterli miȝt sene Ȝif Meliors wiþ hire maydenes in *meling* þere sete. WILL. 759.

meling s. mixtio, mixtura s. *medling*.

melion [wohl für *meliot, melilot*] s. fr. *melilot, mirlirot*, it. *meliloto*, lat. *melilotos*, gr. μελίλωτος, neue. *melilot*, honey-lotus. Honigklee, Steinklee, melilotus.

An unce of *melion* [meliloti vnciam vnam], of gliciride Thre vnce, and take as moche of narde Celtike. PALLAD. 11, 358.

mell, melle s. afr. *mel, miel*, sp. *miel*, it. *mele*, pr. pg. lat. *mel*, gr. μέλι gen. μέλιτος, vgl. gth. *miliþ*, früh neue. *mell, mel*. Honig.

He [sc. Ponce] bitakens feind of hell, For bok him clepis muth o *mell*. CURS. MUNDI 25037 COTT. GÖTT. And for the tyme of the jere shelle Be bothe corne and *melle*. MS. in HALLIW. D. p. 548. vgl. That mouth of hers which seemed to flow wyth *mell*. GASCOIGNE [a. 1587] in NARES *Gloss*. p. 563.

mell s. malleus s. *mall*.

melle s. mixtura s. *medle*; molina s. *mulne*.

mellen v. loqui s. *maþelen*; miscere s. *medlen*.

mellere s. molinarius, molitor s. *mulnere*.

mellewelle s. maris lucius, merlucius s. *milwel*.

melli s. mixtura s. *medle*.

mellifien v. lat. it. *mellificare*. Honig machen.

This moone [sc. auerel] in places apte is been to seche; Place apte is there swete herbea multiplie, And bees the welles haunte and water cleche; Utilitee is ther to *mellifie*. PALLAD. 5, 156.

melling s. mixtio, mixtura s. *medling*.

mellite adj. lat. *mellitus* von *mel, mellis*. mit Honig gesüsst, honigsüss.

Thai honge hem [sc. fruytes of serves] uppe in place opake and drie, And wyne *mellite*, as saide is, save hem shall. PALLAD. 2, 261.

mellowi adj. maturus s. hinter *melu* adj.

melner s. molinarius, molitor s. *mulnere*.

melodie, melodi s. afr. *melodie*, nfr. *mélodie*, it. *melodia*, lat. *melōdia*, gr. μελῳδία [zu μελῳδέω aus μέλος, membrum, carmen, und ᾠδή, cantus, ᾄδω, ᾀείδω, canere], neue. *melody*.

1. Angenehme, wohlgegliederte Reihenfolge von Tönen, liebliche Weise, Melodie, lieblicher Klang, Wohlklang: Þe kyng louede *melodie* of harpe & of songe. ST. CRISTOPH. 18. With grete *melodie* of is harpe seint Dani þe jeordene nam. SANCTA CRUX 251 Horstm. p. 8. With song and oþur *melodie* þane knyjt þareout huy nome, Ant ladden him forth to churche anon. PURG. ST. PATR. 652 Horstm. p. 219. Þo þis foules iseijen heom come, huy gonne singue echone Ajenest heom with gret *melodie*. ST. BRENDAN 385 Horstm. p. 230. Pan was a Sibile of Libie, and Appollo wit his *melodie*. CURS. MUNDI 7019. Forth þan did þai Dauid bring, And gert him wid his *melodie* Falle on-slepe, þat was weri [werye TRIN.], Sumquile wid harpe, sumquile wid sang. *ib.* 7429 GÖTT. TRIN. This blessyd boke that here begynneth, full of louyng and *melodye*, . . Dauid sauter it is cald. HAMP. *Ps.* p. 1. Before the chare, gon alle the mynstrelles of the contrey. withouten nombre, with dyverse instrumentes; and thei maken alle the *melodie* that thei cone.

MAUND. p. 176. Thei taken the bones, and buryen hem, and syngen and maken gret *melodye*. p. 202. Kyng Bledgaret passede alle his predecessoures in musik and in *melodie*, so þat he was icleped god of gleemen. TREVISA IV. 31. Smale fowles maken *melodye*. CH. *C. T.* 9 Zup. The science of musique, That techeth upon harmonie A man to maken *melodie*. GOWER III. 90. Like to the *melodie* of heven In womanniahe vois they [sc. sirenes] singe. I. 58. Wiþ gret *melodie* of harpe Seint Dauid þe jerden nom. HOLY ROOD p. 28. *Melodye*, melodia. PR. P. p. 331. Forth þan did þai Dauid bring, Gleuand [Harpand FAIRF.] he sang befor þe king, And gert him wit his *melodi* Fal on-slepe, þat was weri, Quil wit gleu, and quil wit sang. CURS. MUNDI 7429 COTT. FAIRF. Þei toke þe cors vp þam omang, And þe angels bifore gan gang Singand all ful solempnely, And makand nobill *melody*. HOLY ROOD p. 72. Swilk a smell þare was þat stounde, And noise and nobill *melodi* Of diuers maners of minstralcy. p. 76. A *melody*, dragma, melodia, melos, melus. CATH. ANGL. p. 233. — Al folk onourede also þe croiß . . With offringues and with song and with oþur *melodies* also. SANCTA CRUX 509 sq. Horstm. p. 18. Bledgare kynge precellede alle other in musike and in *melodyes*, in so moche that he was callede god of disporters. TREVISA IV. 31 *Harl*.

2. übertr. guter Klang, Wohlklang, harmonische Melodie, Weise: Þe herte . . heþ tuo zides, þe onderstondinge and þet wyl, þe skele and þe affeccioun. Huanne þise tuo ziden acordeþ, hi makeþ wel zuete *melodie* and moche uayr seruice. AYENB. p. 151. That was a lustie *melodie* Whan every man with other low. GOWER I. 39.

melodious, melodios adj. pr. *melodios*, afr. *melodieus*, nfr. *mélodieux*, it. *melodioso*, mlat. *melodiosus*, neue. *melodious*. melodisch, wohlklingend.

In the yonder house, Herde I myn ulderleuest lady deere, So wommanly, with vois melodyous, Syngen so wel, That in my soule yit me thynketh ich here The blisful sown. CH. *Tr. a. Cr.* 5, 575. With þe entewnes of hys *melodious* soun He [sc. the cok] yeueþ ensample, as he hys voyce doþ reyse, Howe day and nyght we the Lord shall preyse. LYDG. p. 331 Zup. *Melodyows*, melodiosus. PR. P. p. 331. *Melodiose*, melicus, armonicus. CATH. ANGL. p. 233.

melon s. fr. sp. *melon*, it. *melone, mellone*, pg. *melão*, kat. *meló*, pr. *melo*, lat. *melo, -onis*, neue. *melon*. vgl. gr. μηλοπέπων. eig. grosser Apfel, Apfelmelone, Melone, cucumis melo, eine dem Kürbis verwandte Frucht, in ihrer Gestalt einem Apfel oder Quittenapfel ähnlich; daher die Benennung [vgl. PLIN. 19, 23. HEHN *Kulturpfl.*[4] p. 308].

Melons to [sowe] in marche, and make swete as mylk and smellyng as roses. PALLAD. *Table of Cont.* p. XXVIII. cf. p. XXXII. XXXIII. Nowe ache is sowe, and howe beforne take heede, *Melouns* and coriander sowen weede. *ib.* 6, 73. Cucumber nowe is sowe, *Melones*, pelletur, cappare, and leek. 5, 101.

melonseede s. vgl. *sed*, ags. *sǽd*, semen, satio. Melonensamen.

Now *melonseede* two foot atwene is sette In places well ywrought or pastynate. PALLAD. -1, 176.

melowe adj. maturus s. *melu*.

melseotel s. vgl. *mǽl*, cœna, und *setel*, *seotel*, sella, cathedra. Sitz, Ehrensitz beim Mahle.

Melseotel softest and guldene ȝerde, alre gold smeatest. ST. MARHER. p. 11.

melstan, -ston s. molinaris [sc. lapis] s. hinter *mulne*.

melten, mealten, malten, molten, milten, multen v. ags. st. v. intr. *méltan [mealt, multon; molten]*, dissolvi, liquefieri, vgl. ahd. *smilzan*, mhd. *smëlzen*, mniederl. nniederl. *smelten*, und ags. schw. v. tr. *meltan, miltan, myltan [-ede; -ed* und *-te; -t]*, dissolvere, liquefacere, altn. *melta*, digerere, brasiare, alts. *meltan*, brasiare, mhd. *melzen, malzen*, brasiare, niederl. *mouten*, brasiare, gth. *°maltjan* in *°gamaltjan* (aus *gamalteins, aváλvois*, zu schliessen], vgl. ags. *smeltan, smyltan*, altn. *smelta*, it. *smaltire*, verdauen [DIEZ I. 384], lassen sich nach dem Vorgange des Ags., in welchem bereits die Bedeutungen sich zu mischen anfangen, im Ae. schon früh nicht mehr streng unterscheiden; im neue. *melt [melted; melted* neben meist adj. *molten]* sind beide Bedeutungen vereint.

a. intr. 1. schmelzen, flüssig werden, zerfliessen, von Eis, Schnee, Wachs, Metall etc.: [Moyses] dede þat calf *molten* in fir, And stired it al to dust. G. A. Ex. 3579. Stonus as wax shul *melte* befor thi face. WYCL. JUDITH 16, 18 Oxf. If he toke his flight To high, all sodeinlich he might Make it to *melte* with the sonne. GOWER II. 37. *Melte*, be the selfe, liqueo, liquesco. PR. P. p. 332. Meltyn, or make to *melte*, liquo, liquido. *ib.* To *melte*, liquescere, perliquescere, liquere, perliquare. CATH. ANGL. p. 234. Whanne þat frost gan to þawe and to *melte [molte, mylte, multe* v. l.], it brak nygh al þe brugges in every side. TREVISA VII. 355.

Als wax þat *meltes* hete biforne, Alle sal þai be out-borne. EARLY E. PS. 57, 9. Sone he gert all go to grounde, Als wax þat *meltes* ogayns þe fire. ST. JOHN 432 Horstm. N. F. p. 39. That theo snow for the fuyr no malt [leg. *melt]*, No the fuyr for theo snow aswelt, This is now a wondur thing. ALIS. 6638. Isykles in euesynges thorgh hete of þe sonne *Melteþ* in a myntwhile to myst and to water. P. PL. Text C. pass. XX. 193.

For it [sc. manna] *malt* at ðe sunnesine. G. A. EX. 3337. As wex þat gredile *malt* awei, and þat fuyr aqueynte anon, And he aros up withoute harme. ST. CRISTOF. 200 Horstm. p. 277. Pat ys was euere hol and sound, it ne *malt* for none hete. ALLE SOUL. 135 Horstm. p. 424. Mist muged on þe mor, *malt* on þe mountes. GAW. 2080. The sonne his winges caught, Wherof it [sc. the wex] *malt*. GOWER II. 37. schwach: Awei þe gridire *mylte*, þat fur queynte anon, & he aros vp withoute harme.

ST. CRISTOPH. 204 *Spr.* vgl. Anm. Þe bynke of iryne þat Cristofere bare Als waxe awaye it *meltyde* þare. ST. CRISTOF. 830 Horstm. N. F. p. 464. Whanne the sunne was hoot, it [sc. man] *moltid*. WYCL. EXOD. 16, 21 Oxf.

Thai sal be broght away fro the sight of god, and fall in till hell, as wax that rennys *meltand* at the fire. HAMP. *Ps.* 57, 8 comm. Maad is myn herte as wax *meltende* in the myddel of my wombe. WYCL. PS. 21, 15 Oxf. *Meltynge*, liquens, liquescens. CATH. ANGL. p. 234.

Þei he [sc. a mulleston] of *molten* bras were. ST. MIȝHEL 580 Horstm. p. 316. He fand it [sc. þe yse] *molten* and waste oway. COMM. FID. DEFUNCT. 142 Horstm. N. F. p. 148. La chartre fet de cyre, Jeo l'enteink et bien le crey, It was holde to neih the fire, And is *molten* al awey. POL. S. p. 235. [ab. 1311]. Hate *molten* pic. METR. HOMIL. p. 111. To pacience I tolde, And wisshed witterly . . Þat disshes and dobleres, bifor þis ilke doctour, Were *molten [moltoun, molte* vv. ll.] led in his maw. P. PL. *Text B.* pass. XIII. 79 sq. Whanne the sun was hoot, [sc. man] was *moltun*. WYCL. EXOD. 16, 21 Purv. Overflame Iche hoole and chene, or siften askes clene And sevum [= tallow] *molton* helde in evry chene. PALLAD. 1, 1139. Sum hem kepe Three nyght in *molton* [= liquid] dounge. 2, 283. They [sc. hir names] were almost ofthowed so, That of the lettres oon or two Were *molte* away of every name. CH. *H. of Fame* 3, 53. cf. They were *molte* awey with hete, And not away with stormes hete. 59.

2. bildlich, vor Liebe, Mitleid, Kummer zerschmelzen, weich werden, vergehen, in Thränen zerfliessen: His mod feng to heaten, ant his meari to *melten*. ST. JULIANA p. 20. cf. His heorte feng to heaten, & his meari *mealten. ib.* p. 21.

Seþþe sike i & sing samen togedere, & *melt* neiȝh for mournyng & moche ioie make. WILL. 433. My herte *meltes* in lufe ȝarenande Ihesu. HAMP. *Tr.* p. 2. The kirke of haly men *meltis* in the luf of iħū. crist. *Ps.* 74, 4 comm. Pe ter þet mon schet for his emcristenes sunne is inemned snawwater; for it *melt* of þe neche [? nesche] horte swa ded þe snaw toȝeines þe sunne. OEH. p. 159. Þe ilke þet god heþ ywreþed þe dysedliche zenne, he asel zorȝy mid dyepe herte, zuo þet þe herte *melte* [konj.] al into tyeares and into greate zorȝes. AYENB. p. 171. — All thaire thoghtis and thaire willes alswa *meltis* in luf. HAMP. *Ps.* 74, 4 comm.

This Pandar, that neyghe *malt* [malte *ed.*], for wo and routhe, Ful often seyd. „Allas, what may this be?" CH. *Tr. a. Cr.* 1, 582. schwach: Wyth þat anoon hys herte *mylt*. OCTOU. 249 *Cott.* Sarr. Stani were his heorte, ȝif ha ne *mealte* i teares. HALI MEID. p. 17. Pet on [sc. stiche] was his moderes wop & þe oðres Maries, þet fleoweden & *melten* al of teares. ANCR. R. p. 110 *Spr.* vgl. Anm.

And the herte of the puple myche dredde, and at the lickenesse of water is *molten* [et instar aquœ liquefactum est *Vulg.*]. WYCL. JOSH. 7, 5 Oxf.

28

3. übertr. dahinschmelzen, hinschwinden, sich auflösen, verwesen, vergehen, von konkr. und abstr. Gegenständen: Þi mihte schal unmuchelin ant *melten* to riht noht. ST. MARHER. p. 6. Alle cunne madmes To noht sulen *melten*. REL. ANT. I. 185. O. E. MISCELL. p. 127. His olde wo, that made his herte swelte, Gan tho for joye to wasten, and to *melte*. CH. *Tr. a. Cr.* 3, 298. He has not layne here so longe, to loke hit by kynde, To *malte* so out of memorie. ST. ERKENW. 157 Horstm. N. F. p. 269.

Sprechi in ham sprekes of lustes swa luðere þ ha forborneð in wið . . þe mein of ham *melteð* þurh þe heate, ant forwurðeð hare wit. ST. MARHER. p. 15. Herdeliche ileueð þet al þe deofles strencðe *melteð* þuruh þe grace of þe holi sacrament. ANCR. R. p. 268. So sone he [sc. þe deofle] isihð ou herdi & bolde ine Godes seruise & in his grace, his mihte *melteð*, & he slihð anon. p. 270.

So *malt* ðat mete in hem to nogt, So a watres drope in a fier brogt. G. A. EX. 1017.

Molten [multen E. H.] es erthe, and alle þat erd [won *H.*] in it [liquefacta est terra et omnes inhabitantes in ea *lat.*]. Ps. 74, 4. It semis al again kind, Þan man es *molten* [rotin FAIRF.] flexs and banes, Fra time þat þai be roten [*molt-in* FAIRF.] anes, Ha pith and lijf als þai had ar. CURS. MUNDI 22790 COTT. GÖTT. TRIN. Þi saul es *molten* [multen GÖTT.] al to ded. *ib.* 24470 COTT.. *Molten* is the erthe, and alle that dwellen in it. WYCL. PS. 74, 4 Oxf. Now certes my soule es *melted* away. HAMP. *Medit.* 1001. *Meltid* is the erth, and all that wonys thare in. *Ps.* 74, 4. The erthe is *meltid*, and alle that duellen ther ynne. WYCL. PS. 74, 4 Purv. Mi feruent loue made me to be *meltid* [mekid G. molte I. to dwyne *Oxf.* tabescere me fecit zelus meus *Vulg.*]. 118, 139 Purv.

4. sich auflösen, sich aufklären: He þat . . make þe mater to *malt* my mynde wythinne, Þat I may wyterly wyt what þat wryt menes, He schal be gered ful gaye in gounes of porpre etc. ALLIT. P. 2, 1564 sq.

b. tr. 1. schmelzen, auflösen, flüssig machen: & Drihhtinn spacc wiþþ Moysæn Þær i þatt laþe wesste, & badd he sholide *mellt-enn* brass & ȝetenn himm a neddre. ORM 17415. May no fir get [= neue. yet] *melten* ðat ys. G. A. EX. 99. *Meltyn*, or make to melte, liquo, liquido. PR. P. p. 332. To *melte*, colliquare, conflare, deliquare, liquare. CATH. ANGL. p. 234. vgl. *malten*, brasiare.

Malt [imper.] hit [sc. þo salt] in bryne. LIB. C. C. p. 6.

In fyr wastid is the led, in veyn *meltide* togidere the ȝeetere. WYCL. JEREM. 6, 29 Oxf. [Obj. ist das Metall]. Ykarus . . fleegh so highe, that the hete His wynges *malte*, and he fel wete In myd the see. CH. *H. of Fame* 2, 242 sq. The fyere was hote and bernyd faste, And *malt* the soudyng [? fondyng = fundament] at the last. SEVEN SAG. 2042. — By cause þerof kyng William took a grevous tribute of Englische men, so þat prelates ȝit [molte β. ȝote γ.] here vessel,

and lordes spoyle [prelates *melted* theyr vessel, and lordes spoylde *Cx.*] here sugettes. TREVISA VII. 347. Red gold quick thai *melte*, And nose and mouth ful thai helte, And eren, and eghen also, Therwiles a drope wolde in go. SEUYN SAG. 2139.

Failede the *meltende* [melting v. l.] vessel WYCL. JEREM. 6, 29 Oxf. *Meltynge*, liquans. CATH. ANGL. p. 234.

Irun is takun fro erthe, and a stoon resolued, ethir *meltid*, bi heete, is turned in to money. WYCL. JOB 28, 2 Purv. *Meltyd*, liquefactus. CATH. ANGL. p. 234. stark: The golde tressed Phebus, heigh on lofte, Thries hadde alle, with his bemes clere, The snowes *molte*. CH. *Tr. a. Cr.* 5, 8. cf. *imelten*.

2. übertr. schmelzen, erweichen: Hard iren might we better *melt* Þan hir hert þat we with haue delt. ST. AGACE 51 Horstm. N. F. p. 46. Thenne flammeþ he [sc. þe holy gost] as fuyr on fader and on filius, And *melteþ* myghte into mercy. P. PL. *Text C.* XX. 191. So grace of þe holy gost *melteþ* al to mercy. 195. *cf. B.* XVII. 225 sq.

meltid, -tima s. cænæ tempus s. *mæl*.

meltinge s. su *melten* v. intr. und tr.

1. intr. Schmelzen, Schmelze, Flüssigwerden, Herabträufeln: A *meltynge*, deliquium. CATH. ANGL. p. 234.

2. tr. Schmelzen, Schmelzung. Schmelze, Flüssigmachen: *Meltynge*, liquefactio. PR. P. p. 332. A *meltynge*, liquefaccio. CATH. ANGL. p. 234.

auch ausgelassenes Fett, Schmalz. Fischbrühe: A *meltynge*, liquamen. CATH. ANGL. p. 234 [cf. D. C. v. *liquamen*].

meltingeplace s. vgl. neue. melting-furnace, -house. Schmelzstätte, -ofen, -hütte. A *meltyngeplace*, conflatorium. CATH. ANGL. p. 234.

meltire s. multura, emolimentum s. *multer*.

[melu], melwe, melowe adj. neue. *mellow*. Wohl nahe verwandt mit *melu* s. Die urspr. Bedeutung wäre danach: klein gerieben, mehlig, weich. vgl. auch weiterhin *meru* adj. age. *mearu*, tener. reif.

Melwe, or rype, maturus [melowe P.]. PR. P. p. 332. *Melowe* as fruyte is, meur. PALSGR.

Eine Weiterbildung der Form *melowe* in derselben Bedeutung ist **mellowi** adj. vgl. mhd. *mëlwic*, *mëlbig*, staubig [zu ahd. *mëlo* gen. *mëlwes*, Mehl, Staub]; neue. veraltet *mellowy*, locker, mürbe [bes. vom Boden]. mürbe, weich, reif.

To keep, ypuldde not *mellowy* [necdum mitia], bot grene Wolde be [von den Früchten des Mispelbaumes]. PALLAD. 4, 523.

melu, mele, meele, melle, selten **mel, meel** s. ags. *mëlu*, *meolu* gen. *mëlves*, *mëlcves*, altnorthumbr. *meolo*, *mealo* [BOUTERW.], ahd. *mëlo* gen. *mëlwes*, *mëlwes*, *mëlawes*, Mehl; Staub, Kehricht, mhd. *mël* gen. *mëlwes*, nhd. *mëhl*, alts. *mëlo* [WEIGAND], später *mël* gen. *mëlas* [SCHADE], afries. *mël*, altniederl. mel, nniederl. niederd. *meel*, altn. *mjöl* dat. *mjölvi*, später *mjöli*, gen. pl. *mjölva*, schw. *mjöl*, dän.

mjul, *meel*, ich. *meal*, oatmeal, neue. *meal*,
Mehl, bes. grobes, ungebeuteltes Mehl. Wohl
nabe verwandt mit *melu* adj. und mit diesem
zu ahd. *malan*, niederl. *malen*, altn. *mala*, gth.
malan, *κλήθειν*, molere, geh., Wurzel *mar*; vgl.
mearþ s. medulla, *meru* adj. tener, mollis.

1. gemahlenes Getreide, Mehl
überhaupt: Thanne the puple tok sprengid
meel [*melu* B.†D. E. F. H.], or it were sowrid.
WYCL. EXOD. 12, 34 Oxf. I sawȝ a sweuen,
that I hadde three basketis of *melno* vpon myn
heed. GEN. 40, 16 Oxf. vgl. The tenthe part of
a busshel of *barlymelowe*. NUM. 5, 15 Oxf.
Þu sammnesst all þin *mele* inn an & cnedesst
itt togeddre. ORM 1552. For hom he brouhte
fele' sipe Wastels, simenels with þe horn, His
pokes fulle of *mele* an korn. HAVEL. 778. *Mele*,
farine. WR. VOC. p. 155 [c. 1290]. Arthour his
tounes stored aboute Wiþ corn, *mele* etc. ARTH.
A. MERL. 4112 Kölb. cf. 4105. Þre mettes of
mele menge, & ma kakes. ALLIT. P. 2, 625.
For ar I haue bred of *mele*, oft mote I swete.
P. PL. *Text B.* pass. XIII. 261. That þei [wiþ]
spynnynge may spare, spenen hit in houshyre,
Hope in mylk and in *mele*, to make with papelotes. *C. X.* 74. In stede of *mele* yet wol I yeve
hem bren. CH. *C. T.* 4051 Tyrwh. Grind me
mele. WYCL. IS. 47, 2 Oxf. Y seiȝ a dream that
Y hadde thre panyeris of *mele* on myn heed.
GEN. 40, 16 Purv. The kyngdom of heuenes is
lijk to a sourdouȝ, which a womman took, and
hidde in thre mesuris of *mele*. MATTH. 13, 33
Purv. cf. LUKE 13, 21 Oxf. Purv. Hec ferina,
mele. WR.VOC. p. 201. Hec farina, *mele*. p. 276.
Farina, *mele*. col. 582, 17 Wülck. Of greyn and
mele þou shalt haue þy fylle. LYDG. *Isop.* 451
Zup. *Mele*, farina, farinula. CATH. ANGL. p. 233.
Đor ghe gan fremen Ysmael Wiȝ watres drink
and bredes *mel*. G. A. EX. 1245.
Therfor the puple took *meele* spreynd togidere, bifor that it was dijt with sour douȝ.
WYCL. EXOD. 12, 34 Purv. Thay bakiden
meele. 39. Take thou to thi britheren meete
maad of *meele*, the mesure of ephi [powned
corn, of the mesure of ephi. Purv. ephi polentæ
Vulg.]. 1 KINGS 17, 17 Oxf. The kyngdom of
heuenes is lic to soure douȝ, the whiche taken,
a womman hidde in three mesuris of *meele*.
MATTH. 13, 33 Oxf. *Meele* of corne growndyn.
PR. P. p. 331. Thanne the puple tok sprengid
meel, or it were sowrid. WYCL. EXOD. 12, 34 Oxf.

auch Mehl aus dem Mark der Sagopalme,
sagus Rumphii u. sagus farinifera, bereitet: In
that lond growen trees, that beren *mele*, wherof
men maken gode bred and white. MAUND.
p. 189. Ȝif ȝou like to haue how the *mele* comethe out of the trees, I schalle seye ȝou [aus der
weiteren Schilderung erhellt deutlich, dass vom
Mark der Sagopalme, und nicht etwa von der
Frucht des Brotbaumes die Rede ist]. *ib.* Than
thei han it to a mylle to grynde; and it becomethe faire *mele* and white. *ib.*
2. grobes Mehl, im Unterschiede von
flor, feinem Mehl: Ase þe ilke þet bonteþ þet
mele, þet todelþ þet flour uram þe bren. AYENB.
p. 93. Salomon his mete was euery day þritti

corues of clene floure and foure score corues of
mele. TREVISA III. 9. [The mowse] Seyde, he
[sc. the frosshe] shuld to dyner go anone, Leyde
afore hym greynes many oone: To shewe hym
of gentylnes gret favoure The second course he
brought in *mele* and floure. LYDG. *Isop.* 396
Zup. Flowre of *mele*, farina, simila. PR. P.
p. 168. vgl. I boulte *meale* or any other maner
of floure in a boulter. PALSGR.
The meyte of kynge Salomon was in euery
day, XXXth greate measures of floure .. and
LXXX suche measures of *meyle*. TREVISA III. 9
Harl.

hierher gehört:
melesek s. md. mhd. *mēlsac*, nhd. *mēhl-
sack*. Mehlsack.
Þat da he [sc. þe lyoun] kest þan in his
nek, Als it war a *melesek*. YW. A. GAW. 2031
Schleich.
melwe adj. maturus s. *melu* adj.
melwinge s. vgl. neue. *meal* v. Mehlen,
Bestreuen mit Mehl, Zubereitung mit
Mehl[?].
Farracio, *melwynge*. WR. VOC. col. 582, 19
Wülck. [zu *farracio* vgl. lat. *farratus* p. p. eines
ungebr. Zeitw. *farrare*; an *farreatio* ist wohl
nicht zu denken].

membir s. membrum s. *membre*.
membird adj. neue. *membered*. vgl. afr.
membre, nfr. *membré*, mlat. lat. *membratus* p. p.
zu seltenem lat. *membrare*, mlat. it. *membrare*.
gegliedert, mit Gliedern versehen.
Membyrde, membratus. CATH. ANGL. p. 234.
membre, **menbre**, auch schon **member**, spät
membir s. afr. *membre*, *mienbre*, nfr. *membre*,
pr. *membre*, *nembre*, sp. pg. *miembro*, it. *mem-
bro*, mlat. *membrum*, *menbrum*, lat. *membrum*,
neue. *member*.

1. Glied des Körpers von Menschen und
Tieren: Gawayn .. glent with no *membre*, Bot
stode stylle as þe ston, oþer a stubbe auþer.
GAW. 2292. Þow art broke .. in body oþer in
membre. P. PL. *Text C.* pass. VI. 33. He þat
lolleþ is lame, oþer his leg out of ioynte, Oþer
meymed in som *membre*. X. 215. Ho so hitteþ
out a mannes eye, oþer elles hus forteþ, oþer
eny manere *membre* maymeþ or hurteþ, þe same
sore shal he haue. XXI. 386. Losse of *membre*,
shedyng of blode, Perelle of deth, and losse of
good. CH. *R. of R.* 4978. They [sc. the Grekes]
for every *membre* hadden A sondry god. GOWER
II. 176. Lym, or *membre*, or lythe, membrum.
PR. P. p. 305. Lythe, idem quod lym, or
membre. p. 304. *Membre*, or lym, membrum,
artus. p. 332.
A *membyr*, membrum. CATH. ANGL. p. 234.
Membyr þe *membyr*, membratim. *ib.* To make
membyr, membrare. *ib.* Withoute *membyr* [mem-
brys], emembris [vgl. *emembris*, sine membris,
enervis. *Gloss.*: *enembris*, sans membre, c'est
sans force. D. C.]. *ib.* Diese Stellen des alten
Wörterbuches mögen zum Teil nicht deutlich
erkennbare Übertragungen enthalten.

pl. Glieder, Gliedmassen: He caste
a forme þe kyng yliche, In face, in eyghnen,
in nose, in mouth, In leynthe, in *membres*.

ALIS. 6739. Adam was seek, and seyde to his sone Sethe that he scholde go to the aungelle, that kepte Paradys, that he wolde senden hym oyle of mercy, for to anoynte with his *membres*, that he myghte have hele. MAUND. p. 11. Blynde men and bedreden and broken in here *membres*. P. PL. *Text C*. pass. X. 177. [Ʒe] gesse wele as many gods as growiþ in him *membris*. WARS OF ALEX. 4495 Ashm. Lo, to so many mayned gods ȝour *menbris* ȝe dele. 4544 Ashm. so auch vom Schwur bei den Gliedmassen Gottes [vgl. *Bi Godes houne belle!* SIRIZ 390. Aleyn, *for Goddes banes!* CH. *C. T.* 4071] u. ähnl.: Þai [sc. marchauntis] sweren falsly be alle grete *membris* of Crist & bi alle myȝtty God in trinity. WYCL. W. *hith. unpr.* p. 238. Þat þe grete blasphemye of Goddis name in veyn & fals swerynge & vnlefully creaturis, as bi Cristis woundes, nayles & oþere *membris*, be refreyned. p. 278.

von einem Vogel: A grete egle of greete weengis, with long ledynge of *membris*, ful of fetheris and dyuersitee, cam to the Liban, and took the merouȝ of cedre. WYCL. Ez. 17, 3 Oxf. so auch von den Flügeln und Beinen [den Vorder- und Hinterkeulen] des Geflügels, wie fr. *membre* = gigot, mlat. *membrum* [s. D. C. v. *membrum* 2.]: Ye shall . . bytwene the foure *membres* laye the brawne of the capon. BAB. B. p. 277.

2. im besonderen Glied, Zeugungsglied, sowohl männliches Glied [membrum virile], als auch weibliche Scham [vulva]: Þe *membre* þu most kerue of wherwiþ þu isynewed hast. E. E. P. p. 58. Icircumsised was þe child . . Icorue of is ende of is *membre*. GEB. JESU 669 sq. Ulfin him ȝaue a dint of wo Þurchout þe *membre* & sadel also. ARTH. A. MERL. 3471 Kölb. Þe prent þat was iputt on hur priuie *membre* with the gaie golde ring. ALIS. FROM. 845. On schort *membre* þe child was schaue [von der Beschneidung]. HOLY ROOD p. 217. If ye mowe chastise your carnal *membre*. LYDG. *M. P.* p. 44. Ston, in mannys pryui *membre*, testiculus. PR. P. p. 476. Þe *menbre* þov most keruen of ȝwarewithþ þou isunegut hast. ST. IAME 336 Horstm. p. 44. A *menbyr* of a man or woman, cadurdum [condurdum A.], vulva [pudenda, in plurali A.]. CATH. ANGL. p. 234.

von Zwittern: Thei geten children, whan thei usen the *membre* of man; and they here children, [whan thei usen the *membre* of womman. MAUND. p. 206.

pl. Geschlechtsteile, Schamteile [pudenda]: Þis wrechche man carf of is *membres*, and awei fram him caste. ST. IAME 342 Horstm. p. 44. cf. E. E. P. p. 58. Heore *membres* toswelleȝ sone. ST. MIHEL 249 Horstm. p. 306. Som hii lete honge Bi hor *membres* an hey. R. OF Gl. p. 511. Þat most pite was, hii bileuede nouȝt þis, Þat is priue *membres* hii ne corue of iwis. p. 559. So longe he pleiede with ȝong man, A swele in' his *membres* cam than. SEUYN SAG. 1565. cf. 1575. 1587. His *membres* of þei schare, & bare þam to present. LANGT.

p. 221. Tnei gon alle naked, saf a litylle clout, that thei coveren with here knees and hire *membres*. MAUND. p. 196-7. This Cham was he that saughe his fadres prevy *membres* naked, whan he slepte. p. 222. Tell me also, to what conclusion Were *membres* made of generation. CH. *C. T.* 5697 Tyrwh. His *membres*, þat he carf of, euereft he dude misse. 380 Horstm. p. 45. Lecherye, here ȝeue I þe Boþe my shankes be þe kneo, And myn *membres*. CELESTIN 618 Horstm. in *Anglia* I. 82. Dame Venus . . Is possessour & principale of all þe preue *membris*. WARS OF ALEX. 4512 sq. He schar al awai ful rathe His *members* [mombres *Vern.*] and his penndans bathe. METR. HOMIL. p. 55. Thar his *members* was [membres were *Vern.*] bifore, Hauid he noht sithen bot a bore. p. 57. von Zwittern: Thei han *membres* of generacioun of man and womman. MAUND. p. 206. 3. übertr. steht der Plur. *membres* für Leib, Körper, bes. als Sitz der sinnlichen Gelüste: Forþi þai gilderd were, Witin þis lijf wit lastes sere, Þai sal suffer soru ai þar, Upon þair *membres* [membris FAIRF. GÖTT.] ai quare [in der folgenden Schilderung der Höllenqualen werden bes. *fete, hefdes, backes* genannt]. CURS. MUNDI 23307 COTT. TRIN. We Bragmanes haveþ overcome þe ynnere batailles of oure owne *membres* [membrys COTT.], and resteþ sikerliche, and haveþ no bataille outward. TREVISA ILL 469.

aber auch sonst: On al one is fadir of þinges . . he ȝaf þe sterres to þe heuene, he encloseþ wiþ *membres* þe soules þat comen fro hys heye sete. CH. *Boeth.* p. 78-9. Hayl be þou, haly and blissed croyce! Þat haloud es and euer glorifide With Cristes *membris* [membres v. l.]. ST. ANDREW 147 Horstm. N. F. p 6. Þis solayne sope if I supe, quethire sustene it may Þe *membris* of þe Messedones & of þe many Persens, Or I myselfe sall be serued, & þai sitt with nyfils? WARS OF ALEX. 3805 Ashm. 4. bildlich Glied im Gegensatze zum Haupte, Oberhaupte: Al arn we *membres* of Ihesu Kryst, As heued & arme & legge and naule. ALLIT. P. 1, 458. Unto him, which the heved is [sc. the king], The *membres* buxom shall howe, And he shulde eke here trouth alowe With all his hert and make hem chere. GOWER I. 8. Thou sall vndirstande þat oure Lorde Ihesu Criste, as mane, es heuede of a gastely body, whilke es Haly Kirke. The *membris* of this body are all cristene mene. Some are armes, and some are fete, and some are oþer *membris* aftire sundre wirkynges þat þay use in thaire lyffynge. HAMP. *Tr.* p. 27. For ay þe heylh [= heylþ] of þe hede helpis all þe *membrys* [vom Heere des erkrankten Alexander]. WARS OF ALEX. 2552 Dubl. For ich [sc. þe kynge] am hefd of lawe, And ȝe ben bote *membrys*. and ich ahoue alle. P. PL. *Text C.* pass. XXII. 471.

5. Glied, Teil eines Ganzen: Swiche is þe nature of parties or of *membris*, þat dyuerse *membris* compounen a body. CH. *Boeth.* p. 93. cf. p. 96.

namentlich auch von den wesentlichen
Bestandteilen eines Begriffes nach Inhalt
und Umfang: For ellys it sholde seme þat blis-
fulnesse were conioigned al of one *membre* alone;
but þat is a þing þat may nat be done. CH.
Boeth. p. 93. — Suffisance, power, and þise
oþer þinges, ben þei þan as *membris* of blis-
fulnesse? CH. *Boeth.* p. 92. „Certis," quod I,
„it haþ wel ben shewed her byforne þat alle þise
þinges ben alle on þing." „Pan ben þei none
membris," quod she. p. 93.

6. Mitglied einer Körperschaft: Tille þat
courte .. of whilk he is *membre* calde. LANGT.
p. 130. [As] a *membre* of the same citee. MORS-
BACH *Urspr. der neuengl. Schriftspr.* p. 172
[Heilbronn 1888].

membree s. vgl. fr. *membré* p. p. schön gegliedert, lat. *membratus.* wohlgegliederte
[menschliche] Gestalt.

Bot oþire many [sc. gods] do þe menske,
ere him [sc. God, the true God] na mare sibbe
þan was þe flesch of þe fysch to þe faire *me[m]-
bree.* WARS OF ALEX. 4492 Ashm.

membren v. afr. *membrer, menbrer, manbrer,*
pr. altsp. *membrar,* it. *membrare,* lat. *memorare*
von *memor,* neue. nur in *remember* erhalten.

1. in Erinnerung bringen, erwähnen, nennen: Non in dichis Y fond them,
but in alle thingus that aboue I *membrede* [re-
membride *Purv.* in omnibus quæ supra memo-
ravi *Vulg.*]. WYCL. JEREM. 2, 34 Oxf. Resceyue
of hym the aboue *membrid* [the forseid *Purv.*
supra memoratum] weiþte of siluer, and restore
to hym his writ. TOB. 4, 22 Oxf.

2. für sich ins Gedächtnis zurück-
rufen, sich erinnern an, einer Person
oder Sache gedenken, in Erwägung
ziehen, bedenken: Whan forsothe thei
herden bi ther tormentis wel with them to ben
do, thei *membreden* the Lord [thei bithouȝten on
the Lord *Purv.* commemorati sunt Dominum
Vulg.]. WYCL. WISD. 11, 14 Oxf. These thingus
thenkende anent me, and togidere *membrende*
in myn herte [Y thouȝte these thingis at me,
and Y remembride in myn herte *Purv.* hæc cogi-
tans apud me, et commemorans in corde meo
Vulg.]. 8, 17 Oxf.

memento s. lat. *memento* [= gedenke, er-
innere dich], imper. zu *memini,* afr. it. *memento,*
nfr. *mémento,* neue. *memento.* Erinnerung,
Mahnung.

Crist, þat vppon Caluarie on þe cros dijed-
est, Po Dismas, my broþer, bisouȝte þe of grace,
And heddest merci of þat mon for *memento*
[gen.; *memento-is* v. l.] sake, Þi wille worþ
vppon me. P. PL. *Text A.* pass. V. 245.

auch Bezeichnung des 131. Psalmes nach
den Anfangsworten der lat. Übersetzung desselben: So seith þe sauter, ich sauh hit in *memento.* P. PL. *Text C.* pass. XII. 51. vgl. *Notes*
p. 238.

memoire s. memoria s. *memorie.*

memorand adj. lat. *memorandus,* von *memorare* [schon lat. auch subst. *memoranda, -orum,*
adversaria], it. *memorando.* denkwürdig.

Whan tyme was come to suffre þys, A soper
he made to hys dycyplys, Are he were ded and
shuld fro hem wende, A *memorand* þyng to
haue in mynde. R. OF BRUNNE *Medit.* 29.

s. Andenken, Gedächtnis [= *memorial* s.]: Yn a *memorand* of hym with outyn
ende, He seyd, „makeþ þys yn my mende."
R. OF BRUNNE *Medit.* 195.

memore, memori s. memoria s. *memorie.*

memorial adj. lat. *memorialis* zu *memoria,*
vgl. nfr. *mémorial;* neue. *memorial.* das Gedächtnis erhaltend, zum Andenken
dienend, denkwürdig.

His cronique shall For ever be *memoriall*
To the loenge of that he doth. GOWER III. 376
Harl. 3869. In his prosperite The people shall
nought be oppressed, Wherof his name shall be
blessed For ever, and be *memoriall.* III. 383.

s. afr. *memorial,* nfr. *mémorial,* pr. sp. *memorial,* it. *memoriale,* mlat. *memoriale* [*memoriale,* idem quod memoria, monumentum, sepulcrum D. C.], lat. *memoriale,* gew. *memoralia,
-ium,* Denkschrift [= *libellus memorialis*], neue.
memorial.

1. Denkzeichen, Denkmal, Grab-
mal: *Memoryal,* memoriale. PR. P. p. 332.
Memoryal on a grawe, what so hyt be, in remembrance of a dede body [made in meend off
ded man or woman *S.*], colossus, i. colens ossa
Ug. in colo. *ib.* vgl. Memorial, a *memoriall.*
COTGR.

2. übertr. Denkmal im Geiste, Nach-
ruhm, Andenken, Gedächtnis: Po Romaynes .. byhiȝt hym lordschippe of þe citee
and a *memoryall* [memory all *Ms.* memorial CX.
memoriale perpetuum *Higd.*] in mynde for euermore, ȝif it were his wille to helpe hem and
saue þe citee. TREVISA I. 231. The Danes
lefte in Yngelonde a *memorialle.* VI. 471 *Harl.*
[Randgl.]. For the Danes, grete drynkers of
nature, lefte *memorialles* [hoc unum prædicabile
perpetuum *Higd.*] to Ynglischemen that thei be
callede now the gretteste drynkers in the worlde.
ib. [im Text].

durch mündliche oder schriftliche Überlieferung, Erzählung erhalten: Thou forsothe,
Lord, in to withoute ende abidist stille; and the
memorial in to ieneracioun and in to ieneracioun.
WYCL. PS. 101,13 Oxf. That I take to witnesse
An old cronique in speciall, The whiche into
memorial Is write for his loues sake. GOWER II.
70. As Jason did unto Medee, Which stant yet
in auctorite In token and in *memoriall,* Wherof
the tale in speciall Is in the boke of Troie write.
II. 236. Among hem, which at Troie were, Ulixes
at the siege there Was one by name in speciall,
Of whom yet the *memoriall* Abit, for while there
is a mouthe For ever his name shall be couthe.
III. 48.

3. bildl. Gedächtnis als Tafel des Ge-
dächtnisses gedacht, Erinnerung, Erinne-
rungsvermögen: So recorde I my lesson
And write in my *memoriall* What I to her telle
shall, Right all the mater of my tale. But all
nis worth a nutteshale. For whan I come there
she is, I have it all foryete iwis. GOWER II. 20.

Of this office There serveth one in special,
Which lost hath his *memorial* So that he can
no wit witholde In thing, which he to kepe his
[= is] holde. II. 19.

memorie, memori, memoire, memore s.
afr. *memorie, memoire, memore,* nfr. *mémoire,*
pr. sp. it. lat. *memoria,* neue. *memory.*

1. Gedächtnis, Erinnerungsver-
mögen, Erinnerungskraft: Denys, that
was of gode *memorie,* It sheweth al in his book
of storie. ALIS. 4790. Uor þe *memorie* is zuo
cleuiynde ine him [sc. god], þet ne of no þing
þenche bote ine him. AYENB. p. 107. Þou hast
wit in *memorie* [Reimw. more, core]. HORSTM.
Altengl. Leg. p. 213 [Heilbr. 1875] *Vernon.*
Drerynesse haþ dulled my *memorie.* CH. *Boeth.*
p. 27. It recordeþ me wel .. for haue it gretly
alwey fioche[d] in my *memorie.* p. 113. A man
hath sapiences three, *memorie,* engyn, and in-
tellect also. *C. T.* III. G. 338 Skeat Cl. Pr. So
as I may Make unto thy *memorie* knowe The
points of slouthe, thou shalt knowe. GOWER
I. 372. His body mighte well be there, But, as
of thought and *memoire,* His hert was in pur-
gatoire. I. 101. No knouleching of him she
fonde, But all was clene out of *memoire,* As
men may rede in histoire. II. 22. Somtime I
drewe into *memoire,* How sorwe may nought
ever last. I. 31. Therfor ech man ha this in
memoyre, Þᵗat gret pouer .. Plente of good,
nor moch multitude .. Arn to feble to holden
champartye. LYDG. *Thebes* 1192 sq.

2. Erinnerung, Andenken, Nach-
ruhm: A bidowe or a baselard he [sc. religioun]
beriþ be his side; Godis flessh & his fet & his
fyue woundis Arn more in his mynde þan þe
memorie of his founders. P. PL. *Text A.* pass.
XI. 211. Tragedie is for to seyn a certeyn storie,
As olde bokes maken vs *memorie,* Of him that
stood in greet prosperitee, And is yfallen out of
heigh degree Into miserie. CH. *C. T.* II. B.
3163 Skeat Cl. Pr. O Salomon, richest of all
richesse, Fulfilled of sapience and wordly glorie,
Full worthy ben thy wordes to *memorie* To every
wight that wit and reson can. 10116 Tyrwh.
Thus of thilke unkinde blood Stant the *memoire*
unto this day. GOWER II. 300. He was so full
of vein gloire, That he hadde no *memoire* That
there was any god but he. I. 136. To kepe and
drawe into *memoire* Of his bataile the victoire
[in sue victorie memorial]. I. 125. If thou
Wolt graunt unto thy man victoire, I shall in
token of thi *memoire* The firste life that I may
se .. Sleen in thy name. II. 52. I saugh ..
inwith my territory In Sardyne oo thinge [ooth-
inge *ed.*] worthi *memorie.* PALLAD. 4, 468. Of
hem schal neuer be *memory.* O. E. MISCELL.
p. 216. Seynte Gregory .. callethe Constantyne
a man of goode *memory* [bonæ memoriæ *Higd.*].
TREVISA V. 149 *Harl.* Therynne is subtil ope-
racioun In *memory* wel worthi to be born. PAL-
LAD. 7, 115. Of eretekis schal be no *memore.*
O. E. MISCELL. p. 216.

3. Erinnerungsfeier, Gedächtnis-
feier: Ich ligge a bedde in lente, my lemman
in myn armes, Tyl matyns and messe he don;

Then haue ich a *memorie* atte Freres. P. PL.
Text C. pass. VIII. 26. He is holdinge, ich
hope, to haue me in hus masse, And menge me
in hus *memorie* among alle cristine. IX. 103.
vgl. *A.* VII. 88. *B.* VI. 97.

4. Gedenken, Gedanken: Sich as
prechen veynglorie, And toward God have no
memorie. CH. *R. of R.* 5754.

menace s. minaciæ s. *manace.*

menage, auch noch **mainage, maniage,
manage** etc. s. afr. *maisnage, mainnage, maniage, manaige, manage* und *mesnage, menage,*
nfr. *ménage,* mlat. *maisnaticum, maisnagium,
mainagium, managium* und *mesnagium, mena-
gium,* aus mlat. *mansionaticum* von *mansionare,*
ein Haus errichten, Herberge verlangen, zu lat.
mansio, -onis von *mansum, manere;* sch. *menage,*
a friendly society, of which every member pays
a fixed sum weekly [cf. JAMIESON], neue. *menage.* vornehmer Haushalt mit der zugehörigen Hausgenossenschaft und etwaigem krie-
gerischem Gefolge, Hofhalt, Hofhaltung,
Hofstaat.

Vor euere wanne he nom a lond, al þe
bachelerye, Þat ajt was in þe lond, he nom in
ys companye, and of his *maynage* [of mayne
Ar.] vp hys coust. R. OF GL. p. 183. cf. Vor
euere wan he nom a lond, al þe bachelerie, Þat
ajt was in þe lond, he nom in is compaynie, &
o his *mayngnage* [maynage B. α. γ. *manyage δ.*]
vp is coust. *ib.* 3797 Wr. Gᵒˢpatrik com tille
hand [= unterwarf sich], & left of his *manage,*
& William Comberland gaf him in heritage.
LANGT. p. 78. Darye came after blyve, With
his children, and with his wyve, And with his
suster, and his *menage;* An hondur thousant
knyghtis savage Ridith in his compaignye. ALIS.
2085. Helianor forth hir dight to Rouhan hir
menage. LANGT. p. 153. I finde write of Bahio,
Which had a love at his *menage.* There was no
fairer of her age, And highte Viola by name.
GOWER II. 288.

menawe s. leuciscus phoxinus s. *menowe.*

menke s. humanitas, honos s. *menske.*

mencion, mencioun s. mentio s. *mention.*

mende s. — *amende.* vgl. it. *menda,* Verbesserung, Gutmachung, *mendo,* Ausbesserung
[beide neben der Bedeutung: Fehler, Mangel,
afr. *mende, mande,* faute, souillure, lat. *menda,
mendum],* mlat. *menda,* Geldbusse [*Menda* pro
emenda: Nullam rem penitus in prædictis burgis
.. retinentes præter *mendam* consuetudinariam
quam solvent prædicti homines monachorum.
D. C.], sch. *mende* [gew. pl. *mendes, mendis*],
atonement, expiation etc., *men', eke, patch,*
repair, neue. vulg. *mend.* Die verkürzte Form
gehört ursprünglich vorzugsweise der Sprache
des Nordens an. vgl. *menden* v.

1. Busse, Genugthuung, Ersatz
überhaupt: For oure *mende.* SHOREH. p. 85.
To mak *mende.* LANGT. p. 302. Ferleli par-
uaied he [sc. god] an A cros of tree & nojt of
stane; Bot þat was for to make *mende* [þe mend
COTT. GÖTT.] Of þe tree þat was defende. CURS.
MUNDI 2176? FAIRF. TRIN. [*Edinb. Ms.*]. —
Vnnethes sal man find an in lede þat wel will

scriue þam o þis sake [sc. couaitise], Ne for na
consail *mendes* [amendes, amendis *cett.*] make.
CURS. MUNDI 23150 COTT. GÖTT. Me think þat
nay wit þis resun Repentand agh to mak him
bun, Witvten sonen to do þe *mendes.* 28650
COTT. u. COTT. GALBA. Py *mendes* mountes
not a myte. ALLIT. P. 1, 351. Tille oure sire
in his see, aboue þe vij^ne sterris, Sawe þe many
mysscheuys þat þese men dede, And no *mendis*
ymade. DEP. OF R. II. pass. III. 352 Skeat.
Ʒef they . . for here gultes no *mendys* wol make,
Thenne most they nede the craft forsake. FREE-
MAS. 455 sq. But ʒef that they wol *mendys* make,
Aʒayn to the craft they schul never take. 461.
2. Geldbusse: If he sle any monnes
swayn, Pritti shilling of money aʒeyn Shal men
ʒyue þe lord to *mende* [to amende FAIRF.]. CURS.
MUNDI 6721 TRIN. If he sla ani mans thain,
Thritti schiling o siluer again Sal man giue the
lord to *mend. ib.* COTT. — If man smites wiʒf
wit barn Quarthoru þe child it es forfarn, Bot
sua þat þe moder liue, Til hir husband men
aght to giue *Mendes* [amendis FAIRF.] þat men
sais es right. CURS. MUNDI 6693 COTT. If he
sle ani manes suayn, Thritti schilling of mone
again Sal men giue þe lauerd to *mendes.* 6721
GÖTT.

mende s. memoria s. *munde.*

mendeaunt s. mendicans, mendicus s. *mendiant.*

mendement, mendment s. = *amendement;*
afr. *mendement, mandement, mondament,* amendement, amélioration, sch. *mendiment, menni-
ment,* amendment, neue. veraltet *mendment* =
amendment, prov. = manure [als Verbesserung
des Bodens].

1. Verbesserung, Abhülfe: After
oure lord hi gradde in prophecie ilome; After
him hi gradde wiþ grete wille & longe, No
mendement, bote þe pine stronge [And non
amendement ne seiʒe, bote þe pine of helle
stronge *Egert.* 72]. GEB. JESU 74 *Ashm.*
2. Busse, Genugthuung, Süh-
nung: Of hire misdedes heo repentede hire
sore . . And eam to guod *mendement,* are þat
heo were ded. ST. EDWARD 173 sq. Horstm.
p. 52. Forþi his liʒf he [sc. Crist] has vs lent
To serue him wit al vr entent, To hald ai wel
his comament, If we do mis, do amendement [&
of our amis do amendement FAIRF. If we do
mis, to mende hit sone TRIN.]. CURS. MUNDI
23741 COTT. GÖTT. Such a grace was hir lent,
That she come to *mendment.* MS. in HALLIW. D.
p. 549. *Mendment,* amendement. PALSGR.

menden v. = *amenden.* vgl. it. *mendare,* ausbessern, für *emendare;* anglonorm. *mender* [in:
se *mender,* s'amender MANUEL DE PECHEZ MS.
bei GODEFROY], sch. *men'* [præt. *ment*], neue.
mend. Die verkürzte Form des Zeitwortes und
seiner Ableitungen gehört ursprünglich vorzugsweise der Sprache des Nordens an. vgl. *mende* s.

a. tr. bessern, verbessern, im weitesten Sinne, auf Sachen, Zustände etc. und
Personen als Objekte besogen: To *mende,* vbi
to amende. CATH. ANGL. p. 234. vgl. To *amende,*

emendare, deuiciare, corripere. p. 8. Namentlich bezeichnet es
1. ausbessern: „Wust I þat,“ quod þe
wommon, „þer nis nouþur wyndou ne auter,
Þat I ne schulde maken oþur *mende.*“ P. PL.
Text A. pass. III. 53.
2. verbessern, reinigen, von Geschmack u. Geruch: So wol it [sc. browsty oil]
mende odoure and taste also. PALLAD. p. 219.
Þe smell ouer all þe temple spred, And þarwit
mendid [amendid FAIRF.] ilk ated [= erfüllte
sie mit gutem Geruche]. CURS. MUNDI 21573
COTT. GÖTT.
3. heilen, in eigentl. Sinne: Þai praid
all to saint Nicholas þat man þore forto rays &
mend, So þat þe suth might so be kend. ST.
NICHOLAS 348 Horstm. N. F. p. 16. In flux of
blode so was scho stad; To sere sides oft-sithes
scho send, And fand no medcyn hir might *mend.*
ST. LUCY 6 Horstm. N. F. p. 17. Say . . wheþer
þis sekenes sal be *mend,* Or it sal last withouten end. BERL. A. JOS. 254 *Harl.*
4. übertr. bessern, aufheitern, stillen, lindern, heilen, von Stimmung u.
Gemütsverfassung: Þanne þis maiden Melior
gan *menden* here chere, Þus was ferst here sad
sorwe sesed þat time. WILL. 647. His oþer
sonis cam ilkan sere For to *mende* [*mend* COTT.
amende FAIRF. TRIN.] þair fader chere. CURS.
MUNDI 4231 GÖTT. He prayed him þat al may
mende [*mend* COTT.] Þat he walde a childe him
sende. *ib.* 3417 FAIRF. GÖTT. TRIN. No þing
mai his mournynge *mende* [amende, amend *cett.*]
Neuer to his lyues ende. *ib.* 4235 TRIN. I wil
now þair murning *mend* [*mende* TRIN. amende
FAIRF.]. *ib.* 5761 COTT. GÖTT. Ʒe wil my murning *mend.* YW. A. GAW. 2201 Schleich. cf. 2204.
I sal *mend* it [sc. yowre sorow], yf I may. 3304.
Mende [þu *mende* GÖTT. þou *mend* COTT.]
thy mode, & chaunge thy chere. CURS. MUNDI
10434 FAIRF. TRIN. Thou [sc. Mary modur]
mende [*mend* Linc.] my sorowfulle mone. OCTAV.
319 *Cambr.* Sarr. Mese youre hart, and *mend*
youre mode. TOWN. M. p. 175. A! madame,
Melior, now *mendes* ʒoure chere; For, ywisse,
ʒond is William þat ʒe so wel loueþ. WILL. 845.
He . . þenne his cher *mended.* GAW. 882 sq.
Þen he [sc. Priam] seset of sychen, & his sorow
voidet, *Mendit* his mode, & his mynd stablit.
DESTR. OF TROY 1524.
selten mit Personalobj. aufheitern:
Nere for murning wex he mad; it was no
mirth þat him myght *mend.* YW. A. GAW. 1640
Schleich.
5. bessern, fördern, unterstützen,
helfen, abhelfen, mit konkr. oder abstr.
Sachobjekt: On þe helde laʒe het ure Drihten
þat me ne sholde none man bitechen, bute he
were teid to *menden* chirche. Vndecim genera-
tiones iusse sunt adnumero solis leuitis decimas
solvere. OEH. II. 217 [von der Zahlung des
Zehnten etc., also nicht = repair; vgl. *Num.*
18, 21 etc.]. To stabille þe lond & *mende.* LANGT.
p. 244. Þe lawes to *mend* & right. p. 69. To þe
ladies of Bretayn, men calle Seynt Suplice, He
gaf a hundreth mark, to *mend* þer office. p. 136.

Here [sc. in Paradis] lastes lijf witoten end, Here
is nathing for to *mend* [for to amende FAIRF.
TRIN.], Her is blis þat lastes ai. CURS. MUNDI
643 COTT. GÖTT. [hier ist das Obj. aus dem Zusammenhange, bezw. aus *nathing* zu entnehmen].
  Bath he [sc. Ioseph] did his lauerd byyate,
And *mended* [amended FAIRF.] halp, halpe *cett.*]
nede in þair state. CURS. MUNDI 5417 COTT.
But þer dwellynge *mended* þat contre Wel bettere þan hit was wone to be. R. OF BRUNNE
Story of Engl. 14513.
  To Gonorille agayn he ȝede, He [sc. Leyr]
wend sche wold heue *mended* his nede. R. OF
BRUNNE *Story of Engl.* 2433. For þat were
awiche a wojh þa neuer wolde be *mended*.
WILL. 544.
  mit Personalobjekt: Bot preuely, both day
and night, To visit pouer men was scho lyght
In þaire mischef þam to *mend*. ST. ANASTASE
21 Horstm. N. F. p. 25. So *mendid* scho al þat
mister hade, In pouert or in presoun stade. 35.
  namentlich findet sich häufig so 3. sing.
konj. præs. in der bekannten Formel *so God me
mende!* so wahr mir Gott helfe! Beispiele
sind u. a.: So god me *mende* [mende, amende
cett.]! BEVES OF HAMT. 181 Kölb. „Ȝea, so
god me *mende*," þe duk him sayde aȝen. FE-
RUMBR. 1575 Herrtage. We wolde not let þem,
so god me *mende!* GUY B. 6863. „Syr," he
seyde, „so god me *mende*, Yf any come, we schall
vs defende." 8681. And he ware hale, so God
me *mend*, Yowre sorow war sone broght to end.
YW. A. GAW. 1745 Schleich. For wele I wate,
so God me *mend*, I have na knight, me mai
defend. 3879. ähnlich: Yis, sir, as] Mahowce
me *mende*. TOWN. M. p. 267. vgl. *Zupitza* zu
GUY B. 615 und s. MÄTZNER *Gr.*8 III. 539 sq.
  6. sittlich-religiös bessern, vom Lebenswandel: Þar es nam in erth sa fell Þat herken
herteli wil þis spel O þis wreched werlds end,
Þat he ne his lijf agh to *mend* [*mende* TRIN.
amende FAIRF.]. CURS. MUNDI 22433 COTT. GÖTT.
For to *mend* [*mende* TRIN. amende FAIRF.] his
lijf þe mare. *ib.* 22657 COTT. GÖTT. With faire
wordes þam wold he proue To *mend* þaire
wikked life by lufe. ST. STEUYN 177 Horstm.
N. F. p. 30. Mannes lif to *mend*. METR. HOMIL.
p. 44. Sinful mannes lif to *mend*. p. 51.
  bessern, von der Sünde reinigen, mit
Personalobjekt: Thou leyne us lyfyng on thi
lone, Thou may us *mende* more then we weyn.
TOWN. p. 171. All again þir sal þou win, Quen
þou art *mendid* [amende FAIRF.] o þi sin.
CURS. MUNDI 26506 COTT. Bot wele he mai to
couering win, Quen he is *mendede* of his sin.
28692 COTT.
  7. gutmachen, büssen, sühnen:
Mendi þou most þat mis, Now þou mi lond art
inne. TRISTR. 3, 42 Kölb. Bot now I se na bote
to strife; Þou wile noȝt *mende* þi syn strang.
CURS. MUNDI 26301 FAIRF. Perfore his lif he
haþ vs lent To serue him euer wiþ oure entent,
Þat his commaundementes be done, If we do
mis, to *mende* hit sone. 23741 TRIN. To *mende*
þat trespas. LANGT. p. 77. To *mende* his misdede. p. 146. To *mende* my misse, i make myn

avowe. WILL. 532. Jhesu Criste . . As thou
come downe to *mende* oure mysse. CRISTINE
521 sq. Horstm. p. 190 [Heilbr. 1878]. If i haf
ani thing miswroght . . I wil it *mend* [*mende*
TRIN.]. CURS. MUNDI 20249 sq. COTT. FAIRF.
GÖTT. Here myadedis þai nyl not *mend*. O. E.
MISCELL. p. 221. Sone he has his trowth plyght
. . to *mend* his trispasse. YW. A. GAW. 1925-30
Schleich. cf. 1945 sq.
  If þou on ani wise has don [sc. lecheri],
Wit open scrift þou *mend* it son! CURS. MUNDI
27964 COTT.
  For he þat musters oþer mans mis, Þarwit
mendes [*mendis* FAIRF.] he noght his. CURS.
MUNDI 26674 COTT. If he til any mis has don,
Wit word and werk he *mend* [*mende* FAIRF.] it
son. 27478 COTT. [konj.].
  Þe scaþe may sone be *mendyd*. P. PL. *Text C.*
pass. IV. 61 [es ist von *lechery* als einer der
7 Todsünden die Rede].
  δ. verweisen, tadeln [vgl. spätlat.
emendare aliquem]: To *mende*, vbi to¦ amende
CATH. ANGL. p. 234. vgl. To *amende*, emendare,
corripere. p. 8. Alle the men of craft ther they
most ben, And other grete lordes, as je mowe
sen, To *mende* the fautes that buth ther yspoke,
jef that eny of hem ben thenne ybroke. FREE-
MAS. 479. Bot nu i se na bote to strif For me
to *mend* þi sin sa strange. CURS. MUNDI 26301
COTT.
  9. verbessern, besser machen,
übertreffen, widerlegen, mit Personalobjekt: Bot y þe *mendi* may, Wrong Þan wite
y þe. TRISTR. 1, 51 Kölb. vgl. *Anm.*
  mit Sachobjekt: Qua sum þe tale can better attende, For Cristis loue þate he it *mende*
[amende, amend *cett.*]. CURS. MUNDI 21803 TRIN.
[konj.]. And thow wilte take þis simpull gyfte,
It shall be *mendyd*, be my thryfte, Wyth efte so
good a wylle. IPOM. A. 470 Kölb. vgl. „Freind,"
he said, „qui smites þu me widuten right resun,
Ar þat þu þi word had *mendid* [d. h. ehe du
bessere Gründe angegeben hast], Quat es þine
achesun?" CURS. MUNDI 16295 GÖTT. „Freind,"
he said, „qui smites þou me witvten right resun,
Ar þat þou mi word had *mend* [d. h. widerlegt
hast], Quat es þin achesun?" *ib.* COTT. cf. *cett.*
  b. refl. sich bessern, sich bekeh-
ren: Gif þam bath [to bath *Ms.*] might and
space *Þam* to *mend* ar þai be ded. CURS. MUNDI
20234 COTT. cf. Gif þaim bath might and space
Þaim to *mend* ar þai be dede. *ib.* GÖTT. [ham
amende, hem to amende *cett.*]. Ilka man to
welth may win Þat here will *mend* *him* of his
sin. *ib.* 28692 COTT. GALBA. He [sc. Zacharias]
mendede hym, and lyuede sixe monþes good
life. TREVISA III. 47.
  c. intr. 1. sich leiblich bessern, heil-
en, genesen: To *mende*, vbi to amende.
CATH. ANGL. p. 234. vgl. To *amende*, conualere,
conualescere, ut de infirmitate. p. 9.
  2. sich sittlich-religiös bessern, sich
bekehren: I trow . . Of my synnes, forgyfnes, If I wil *mende*. MASS B. p. 20-22. Mast
þam liked dedis ill Witvten reuth, or will to
mend [*mende* cett.]. CURS. MUNDI 23120 COTT.

mendenaunt s. mendicans, mendicus s. *mendiant*.

mendere s. (= *amender*) neue. *mender*. Verbesserer, Förderer.

For he [sc. God] is duk of wisdom, and the *mendere* of wise men [the ledere of wisdom, and amendere of wise men *Purv.* sapientiœ dux . . et sapientium emendator *Vulg.*]. WYCL. WISD. 7, 15 Oxf.

mendesmaking s. Genugthuung, Sühnung, Busse: Schrift aw to be thrinfalde, With rewth in hert, and schewin to preste, And *mendesmaking* [betyng of sin COTT.] Þat folows neste. CURS. MUNDI 28615 COTT. GALBA.

mendiant, mendeaunt, gew. **mendinaut, mendinaunt, mendenaunt, meindenaunt,** vereinzelt **mendifaunt** adj. und s. afr. nfr. *mendiant*, anglonorm. *mendinant*, it. *mendicante*, mlat. lat. *mendicans, -tis*, von lat. *mendicare*, schon früh substantiviert [*mendicantes*, les mendians D. C. vgl. *mendicantem* vivere, bettelnd, als Bettler leben. PLAUT. *Capt.* 2, 2, 73], neue. *mendicant*, mit wiederhergestelltem *c*. Die Einschiebung des *n* in der Form *mendinant* etc. gehört dem Anglonormannischen und Altenglischen an; vgl. MÄTZNER *Gr.³* I. 190. gew. im Plural; oft von den Mitgliedern der vier, später fünf, grossen Bettelorden, Dominikaner oder Jakobiner, Franziskaner oder Minoriten, Augustiner, Karmeliter, zu denen später die Kreuzbrüder traten.

adj. bettelnd: Meny of þis maistres of *mendinant* freres, Hure monye & marchaundise marchen togederes. P. PL. *Text C.* pass. I. 60. In þis defaute ben religious *mendynauntis* as principal þeuys & forgeeris of antierist. WYCL. W. *hith. unpr.* p. 128. Cristene men preien mekely & deuoutly god þat he graunte his grace for his hendeles mercy to oure religious, boþe possessioneris & *mendynauntis*. p. 220.

subst. 1. Bettler: Ne were mercy in mene men more þan in riche, *Mendinantz* meteles miȝte go to bedde. P. PL. *Text B.* pass. X. 64. Men beth mercyable to *mendynantz* & to pore. XV. 150. I charge the, my sektour, . . To mynystre my mobles, fore mede of my saule, To *mendynnantz*. MORTE. ARTH. 665 sq. Ne were mercy in mene men more þan in ryght ryche, Meny time *mendynans* myghte gon afyngred. P. PL. *Text C.* pass. XII. 49. The messagers aren þe *mendinans* þat lyueþ by menne almesse. XIV. 79.

For *mendynauntz* at mischiefe men were dewid. P. PL. *Text A.* pass. XI. 198. Mesels and *mendinauntes. C.* X. 179. cf. *mendinaw[n]tes. A.* XI. 52 n. Monkes and moniales, þat *mendinauns* sholden fynde, Han] mad here kyn knyghtes. *C.* VI. 76.

2. Bettelmönch: Therfore we *mendiants* [*mendeaunts* Wr.], we sely freres, Ben wedded to poverte and continence. CH. *C. T.* 7488 Tyrwh. I speke of us, we *mendiants* [*mendeaunts* Wr.], we freres. 7494 [vgl. dagegen die Schreibungen des *Six-Text Print* D. 1906. 1912:

mendinantz, mendynantz, mendynauntis, mendenauntz].

There ben manye religious men, and namely of *mendynantes*. MAUND. p. 167.

Forth gan I walke In manere of a *mendinaunt*. P. PL. *Text C.* pass. XVI. 2. cf. *B.* XIII. 3. — Þe laste, þat alle clerkis of religion & oþere examynen wel whiche is þe beste ordre for prestis, where it be possessioneris ordre or *mendynauntis* [gen.], or ellis þe mene þat crist made. WYCL. W. *hith. unpr.* p. 225. Ac ich wiste neuere freek, þat frere is ycalled Of þe fyue *mendynauns* [*mendenauntis, meyndenauns* v. l. bildl. — fiue mendicant orders], and made eny sarmon, That took þis for [his] teme, and told hit withoute glose. P. PL. *Text C.* pass. XVI. 81. *Mendynauns*. P. PL. *Crede* 66 Skeat.

Eigentümlich ist die Form *mendyfauntes:* There duellen many religious men, as it were of the order of freres: for thei ben *mendyfauntes.* MAUND. p. 210 [vielleicht verschrieben aus *mendiuauntes = mendivauntes* für *mendinauntes*].

mendicien s. mit der Endung *-anus* von lat. *mendicus* gebildet. Bettler.

Ther hath ben gret discorde . . Upon the estate of *mendiciens*. CH. *R. of R.* 6701 sq.

mendicite s. afr. *mendicite* [13. Jahrh.] neben älterem volkstüml. *mendistet, mendisted, mendistiet*, nfr. *mendicité*, it. *mendicità, mendichità*, lat. *mendicitas, -atis* von *mendicus*, neue. *mendicity*. Bettelarmut, Armut, Dürftigkeit.

God, thou me kepe, for thi pouste, Fro richesse and *mendicite*. CH. *R. of R.* 6535. For richesse and *mendicitees* Ben cleped. ij. extremytees; The mene is cleped suffisaunce. 6527.

mendience s. afr. *mendiance, mendiences* etc., mit der Endung *-antia, -entia*, aus lat. *mendicans, mendicare* gebildet; vgl. *mendiant*. Bettel, im Gegensatz zur Werkthätigkeit.

He wolde not therfore that he lyve To serven hym in *mendience*, For it was nevere his sentence; But he had wirken whanne that neede is, And folwe hym in goode dedis. CH. *R. of R.* 6658.

mendifaunt, mendinant, mendinaunt adj. und s. mendicans s. *mendiant*.

mending s. = *amendinge:* sch. *menia*, eke, patch, repair, neue. *mending*.

1. Verbesserung, Verschönerung, Werterhöhung: Neuer oþer ȝet schal depryue, But vchon fayn of oþerez hafyng, & wolde her crounes wern worþe þo fyue, If possyble were her *mendyng*. ALLIT. P. 1, 449.

2. Besserung, Abhülfe, Mittel zur Abhülfe: Michel was the pleynt and the grade That the folk hadden ymade. Ac so he seighe none *mendynge*, By the hexte of the kynge, Thennes hy wenten withouten duellyng. ALIS. 5206.

3. sittl.-relig. Besserung: Quen we it proue þat es to late, Es þar na *mending* þan þe state [Is þer na *mending* þer of state; Es þar na *mending* þat of state; Þenne is no *mending* of oure state cett. d. h. unseres sündigen Seelenzustandes]. CURS. MUNDI 23811 COTT.

4. Busse als thätliche Reue [maleficii compensatio], Genugthuung, Sühnung: His scrift þou agh noght to driue avai, Bot here his scrift and giue him rede Pat to sum *mendyng* [amendement FAIRF.] him mai lede. CURS. MUNDI 26865 COTT. Two maners of *mending* makes men mede [þar es tuin betyng berand mede COTT.]. *ib.* 28630. COTT. GALBA. Wylt þou mese þy mode, & *menddyng* abyde? ALLIT. P. 2, 764.

mendment s. emendatio s. *mendement*.

mendowre s. [u. adj.] memor s. hinter *munde* s. *mens*, memoria.

mene, meene, meine, meane adj. anglonorm. *mene*, sonst afr. *meian, meien, mean, meen, moiain, moien, moyen* etc., nfr. *moyen*, pr. *meian*, sp. *mediano*, it. *mediano, mezzano*, lat. *medianus* von *medius*, sch. *mene*, neue. *mean*.

a. adj. 1. mittel, mittler: Men this thenken evermore That lasse harme is . . Deceyve hem [sc. wymmen] than deceyved be; And namely where they ne may Fynde none other *mene* way. CH. *R. of R.* 4813 sq. Pes veyn religious forsaken þe techynge of crist, *mene* persone in trinyte. WYCL. W. *hith. unpr.* p. 270. [With a necke . .] Ffull metely made of a *meane* lenght. DESTR. OF TROY 3069.

in Verbindung mit *time, while* als adv. Zeitbestimmung im Akkusativ, mittlerweile, inzwischen: Lay *at this mene while* Troilus Recordynge his lesson. CH. *Tr. a. Cr.* 3, 1. Trewes lasten *al this mene qwyle.* 5, 401. *Mene whyle*, interim. PR. P. p. 332. Interea, *the mene whyle.* WR. VOC. col. 590, 14 Wülck. Interim, *the menwhyle.* 590, 16.

ebenso mit *in:* Hi betakeþ hire beates to þe haluedele, be zuo þet hi by of fer pris, þet is to zigge, þet yef hi sterueþ *ine mene time*, do oþre in hare stede, as moche worþ. AYENB. p. 36. Of mators to mene *in þe mene tyme*, The kyng sent for his sons. DESTR. OF TROY 7560. *In this mene tyme* the bleasyd Mary Magdeleyn was so covetous of the souerayne loue of god, that [she] chase right a sharpe place in the deserte etc. MAR. MAGD. 85 Zup. in *Arch.* 101, 220. He wente *in the meane tyme* to take cownsaylie, what penaunce he myght gyve here. GEST. ROM. p. 391 Herrt. Pan boþe partiþes . . made hem alle merie *in þe mene while*, Til þe selue day þat was set soþly was come. WILL. 1146 sq. This chanoun, ryght *in the mene whyle.* Al redy was the preest eft to bigyle. CH. *C. T.* III. G. 1262 Skeat Cl. Pr. *In the menewhile* his disciplis preieden him, seyinge, Raby, or maistir, ete. WYCL. JOHN 4, 31 Oxf. For to . . maken hym a howve above a calle, — I mene, as love another *in this mene while*, — She doth hire-self a shame, and hym a gyle. CH. *Tr. a. Cr.* 3, 724 sq. Right *in this mene while* This yeman gan a litel for to smile. *C. T.* 7027 Tyrwh. Pei wold stuf hom full stithly, strenkyth hom again With mete *in þo menequile.* DESTR. OF TROY 7855. *In the meane while* he cast What thing him were best to do. GOWER II. 306. On this book he swor anoon She gilty was, and *in the mene whyles* A hand him smot vpon the nekke-bon. CH. *C. T.* III.

B. 667 Skeat Cl. Pr. Für den späteren adversativen Gebrauch dieser temporalen Formeln ist in der alten Sprache kein Anhalt.

auch *for the mene while* findet sich, von der Erstreckung auf eine zeitliche Ausdehnung. die Zwischenzeit hindurch: To Walys fled the cristianitee Of olde Britons, dwellinge in this ile; Ther was hir refut *for the mene whyle.* CH. *C. T.* III. B. 544 Skeat Cl. Pr.

durch *at þe mene time, at þis mene time* wird ein mittler Zeitraum zwischen zwei erzählten Ereignissen als Zeitbestimmung mit kausaler Färbung bezeichnet, zu solcher Zeit, unter solchen Zeitumständen: A felle fight & a fuerse fell hom betwene. But vnmete was the macche *at þe mene tyme.* DESTR. OF TROY 1323. Ffro Priam full prist put am I hider, As a messynger made *at þis mene tyme.* 1796. Pou faithfully a fole, & a freike mad May be countid in this case, for þi come hider, Soche a message to make *at þis mene tyme.* 1890.

2. in der Mitte stehend, vermittelnd: Meires and maistres, and ȝe þat beoþ *mene* Bitwene þe kyng and þe comuns to kepe þe laws, As to punisschen on pillories or on pynnyng stoles. P. PL. *Text A.* pass. III. 67.

3. vermittelnd, von der Sprache [vgl. *mener* s. interpres]: Thei wisten not forsothe that Joseph shulde vndurstonde, therthurȝ that bi a *mene* persone vndoynge both the langagis [= Dolmetscher] he spak to hem [for he spak to hem by interpretour *Purv.* eo quod per interpretem loqueretur ad eos *Vulg.*]. WYCL. GEN. 42, 23 Oxf.

von der Ehe: Pe wyf was made þe weye for to help worche, And þus was wedloke ywrouȝt with a *mene* persone. P. PL. *Text B.* pass. IX. 112.

4. mittelmässig: For an acre fatte is hable Sex strike to sowe, and lease is aboundable In *mene* lande. PALLAD. 12, 18. Yf it [sc. the lande] be lene, it goeth all in and more, Yf it be *meene* [mediocris *lat.*], it wol be with the brinke. 1, 78. *Meyne*, mediocris. CATH. ANGL. p. 234.

b. subst. von Personen [cf. afr. *moien*, it. *mezzano*].

1. Mittelsperson, Vermittler, Mittler: Forþi is loue leder of þe lordes folk of heuene, And a *mene*, as þe maire is, bitwene þe kyng and þe come. P. PL. *Text B.* pass. I. 157. Thus in a faith lyueþ þat folke, in a false *mene* [i. e. Muhamed]. *Text C.* XVIII. 258. vgl. *Notes.* A prest shulde be a *mene* bitwixe god & þe puple, & teche þe puple þe wille of god. WYCL. W. *hith. unpr.* p. 409. To these thus striuende the apostil putte hym a *mene* bitwen, shewende to bothe puples, neither circumcisioun to ben oȝt, neither the kept flesh, but the feith that werkith bi charite. ROM. Prol. I. p. 299. Whiche for man be so good a *mene.* LYDG. Ms. in HALLIW. D. p. 549. Menowre, or medyatowre, idem quod *mene.* PR. P. p. 333. *Meene*, or medyatowre. p. 332. Medyatowre. idem quod *meene*, et menowre. p. 331. — Meires and maceres, that *menes* [*meenes* A. III. 67. v. l.] ben bitwene þe kyng and þe comune, to kepe

þe lawes, To punyschen on pillories and pynynge stoles. P. PL. *Text B.* pass. III. 76. Þe sotil amortasynge of seculer lordischipis þat is done bi *menene* [gen. = vorgeschobener Mittelspersonen] hondis, in fraude of þe kyngis statute. WYCL. W. *hith. unpr.* p. 278.

auch vom weiblichen Geschlechte [cf. afr. *moiene*, it. *mezzana*]: Marye, hus moder, be oure *mene* to hym. P. PL. *Text C.* pass. X. 347. cf. *B.* VII. 196. Pray here [sc. oure ladie] hertly and deuoutely that she wolde be goode *meane* to here sone. GEST. ROM. p. 391 Herrt. By hir mekenes she is a *meane* That we shalle come to heuen quere. RYMAN 101, 6, 4.

2. vom Weibe als Mittelsperson bei der Erzeugung [vgl. *mene* adj. 3]: [Kynde is a creatour . .] And made man likkest to hymself one, And Eue of his ribbebon, withouten eny *mene.* P. PL. *Text B.* pass. IV. 33.

3. Unterhändler, Bote: *Meene,* massyngere, massegere, internuncius. PR. P. p. 332.

4. Vermittler von Liebeshändeln, Kuppler: He woweth hire by *mene* and by brocage, And swor he wolde ben hir owne page. CH. *C. T.* 3375 Wr. For the I am bicomen, Bytwyxen game and ernest, swich a *meene* As maken wommen unto men to comen. *Tr. a. Cr.* 3, 204. — He woeth hire by *menes* and brocage. *C. T.* 3375 Tyrwh.

von Sachen, meist mehr oder weniger abstrakt.

1. Mitte, räumlich: Her either sappe wol condescende unto that *mene.* PALLAD. 3, 398. *Meene,* myddys, medyl, medium. PR. P. p. 332.

2. rechte Mitte, Mittelweg, Mittelstrasse [vgl. neue. *the golden mean*]: For richesse and mendicitees Ben clepid ij. extremitees; The *mene* is cleped suffisaunce, Ther lyth of vertu the aboundance. CH. *R. of R.* 6527. Occupy þe mene by stedfast strengþes; for al þat euer is vndir þe *mene,* or ellys al þat ouerpasseþ þe *mene* despiseþ welefulnesses. *Boeth.* p. 146. But mesure is a meri *mene,* þou[men moche yerne. DEP. OF R. II. pass. II. 139 Sk. Þes veyn religious . . kunnen no *mene* bitwixe seiynge soþe in eche tyme & bitwixe lesynge. WYCL. W. *hith. unpr.* p. 270. Demene it in the *meene* of moist and drie. PALLAD. 2, 27. Of drie and weete also kepe it the meene. 2, 124. The *meane* [= Mittelweg] is best thyne aier to qualifie. 2, 127.

3. hinderndes Mittelding: All *menes* lettande betwyx þe saule and þe clennes of angells es brokene and put awaye fra it. HAMP. *Tr.* p. 16 *Spr.* vgl. Anm.

4. Mittelstimme [Alt, Tenor] zwischen Diskant u. Bass: *Mene* of a songe, intercentus, introcentus. PR. P. p. 332. Þer myghte man se fair samninge of þo clerkes þat best couþe synge, Wyþ treble, *mene,* & bourdoun, Of mani on was ful swete soun. R. OF BRUNNE *Story of Engl.* 11261. Thi organys se hihe begunne to syng ther messe, With treble, *meene,* and tenor discordyng as I gesse. LYDG. *M. P.* p. 54. A *meyne,* intercentus. CATH. ANGL. p. 234. vgl. I synge of two partys without a *mene* [Reimw. lene]. SKELTON I. 273. All trebyllys and te-

nours be ruled by a *meyne* [Reimw. reyne]. I. 230. Intercentus, a *meane* of a songe. ORTUS VOC. [a. 1530]. *Meane,* a parte of a songe, moyen. PALSGR. Mezzano, a *meane,* or countertenor in singing. FLORIO ed. 1598 in SKEAT *Etym. D. Love's L. L.* 5, 2.

5. bewirkendes Mittel, Werkzeug: Meschief is ay a *mene,* and makeþ hym to þenke That [god is] hus grettest help. P. PL. *Text C.* XVII. 96. The fate wold his soule shold unbodye, And shapen hed a *mene* it out to dryve. CH. *Tr. a. Cr.* 5, 1563. Paraventure she may be your purgatorie; She may be Goddes *mene* and Goddes whippe. *C. T.* 9544 Tyrwh. — Crist, which that is to euery harm triacle, By certein *menes* ofte, as knowen clerkis, Doth thing for certein ende that ful derk is To mannes wit. CH. *C. T.* III. B. 479 Skeat Cl. Pr. How than may it be That ye [sc. God] swiche *menes* make it [sc. mankind] to destroyen? Which *menes* don no god, but ever anoyen. 11193 Tyrwh. Þes proude possessioners ben þeues & heretikis; for þei comen bi false *menys* as ypocrisie & lesyngis to þes grete lordischipes etc. WYCL. W. *hith. unpr.* p. 121.

6. Vermittelung, Veranlassung, Beistand [vgl. neue. *by means of*]: By [mene of α. β. γ. *Cx.*] þe wisest men of þe kingdom þees was imade [mediantibus regni prudentioribus . . pax reformata est *Higd.*]. TREVISA VII. 425-7. *By the mene of the bisshop* of Terewyn he wedded therles doughter of saint Paul. VIII. 562 *Harl.* Herodes was not at that batelle, for he was sente ageyne the kynge of Araby *thro meane of Cleopatra.* IV. 239 *Harl.* vgl. *Lyb.* Why, welth hath made many a man braynlesse. *Fel.* That was *by the menys of to mocke lyberte.* SKELTON I. 272 Dyce. Diuers other gentlemen bidden thither *by Skeltons means.* *ib.* I. p. LXXXV.

mene adj. communis, vulgaris s. *mæne;* s. communio, participatio s. *mæne, mane* und vgl. *man.*

mene s. familia s. *mainee.*

Þer was non of þe *mene* þat þey ne meruelid moche How he cam to þe courte, and was not yknowe. DEP. OF R. II. pass. III. 224 Skeat.

mene s. questus s. *mane.*

Diese seltene Form des Wortes erscheint auch im Plural *menis:* To maken *menis* his him ned. SIRIZ 142.

meneȝe s. familia s. *mainee.*

[Ser Darie . .] Sees his *meneȝs* so mynesch, & his men fangid. WARS OF ALEX. 2629 Ashm.

meneȝen v. memorare, meminisse s. *muneȝen.*

meneȝhe, meneyhe s. familia s. *mainee.*

Me wondirs . . if he wete wald, For any mede apon mold his *meneyhe* to lyuire. WARS OF ALEX. 3119 Ashm.

meneli, meenli adv. zu *mene, menelich,* medius, geh., neue. veraltet *meanly.* With epeth, s. *mene.* [BOYER]. vgl. afr. *moienement* etc., anglonorm. *meenement,* nfr. veraltet *moyennement,* médiocrement. mittelmässig, geringfügig, unbedeutend.

For seynt Ierom seiþ in þe popis lawe þat he þat leueþ þe more good or putteþ it behynde þe lesse good synneþ not *menely* but greuously. WYCL. W. *hith. unpr.* p. 31. *Meenly* in mesure [*meneli* K.], mediocriter, mensurate. PR. P. p. 332. vgl. *Mennly*, moyennement, assez, par raison. PALSGR.

menelich, meenelich adj. zu *mene*, medius, geh. vgl. *meneli* adv. mittelmässig, gelind, mild.

Þat derkenes schal I say somwhat to maken þinne and wayk by lyȝt and *meenelyche* remedies. CH. *Boeth.* p. 28.

menelich adj. communis s. *mænelik*.

menen v. afr. *moiener, meenner, menner* etc., nfr. veraltet *moyenner.* vermitteln.

Menyn, or goon betwene ij. partyes for acorde, go atwyx for acord, medio. PR. P. p. 332.

menen v. afr. nfr. *mener*, pr. *menar*, it. *menare*, mlat. *minare*.

1. tr. handhaben, betreiben, ausüben: That shalbe choialy your charge: chefe & you may With all your mightes to *mene*, & most to pursew On hom þat hir holdis, & vs harme dyd. DESTR. OF TROY 2772.

2. refl. sich benehmen, sich gebaren: And now tyme, by my trauthe, to take it on hond, To *mene* os with manhode & our mys wreke. DESTR. OF TROY 1749.

menen v. significare s. *mænen;* conqueri, lugere s. *mænen* und vgl. *monen.*

mener, menour s. von *menen* v. mediare. vgl. afr. *moieneor, meienoor, meeneur*, nfr. *moyenneur.*

1. Vermittler: Medyatowre, idem quod meene, et *menowre.* PR. P. p. 331. Meene, or medyatowre, or *menowre*, mediator. p. 332. *Menowre*, or medyatowre, idem quod mene. p. 333.

2. Vermittler auf sprachl. Gebiete, Übersetzer, Dolmetscher [vgl. *mene* adj. 3.]: Mark þe gospellour, Paule his disciple and his *mener* [*mever* γ. *Cx.*], deide at Alexandria in Egipt. TREVISA. IV. 409. — Pere he com alonde wiþ fourty felawes and som *meners* [men interpretours *Cx.* with . . certayne interpretatours *Harl.* cum aliquibus interpretibus *Higd.*] to be wiþ hem in spekynge wiþ men of þe londe. TREVISA V. 397. Þey hadde þese *meners* [interpretours *Cx.*] wiþ hem out of þe londe of Fraunce. *ib.*

menerli adv. [vgl. afr. *meniere, menniere* neben *maniere*] s. *manerli.* artig, fein.

The maidon to tho mighty *menerly* saide. DESTR. OF TROY 12431.

menese s. mlat. *menusia, menusa* s. *menuse.*

meneson, menesoun s. dysenteria, menstrua s. *mænison.*

menestral, menstral, menstrel, ministral, minestral, minstral, minstrel, manstral s. afr. *menestral, menestrel, ministerel, ministral, minstral* [auch noch adj.: damoiseles *menestrales*, mulieres meretrices L. ROIS III. 235], serviteur, chanteur, joueur d'instruments, nfr. *ménestrel*, pr. *menestral*, artisan, sp. *menestrel*, pg. *menestrel*,

mlat. *ministerialis, minstralis* neben Formen, wie *menestrallus, menestrellus, ministerallus, ministrallus, ministrellus* [vgl. it. *minestrello*], welche der volkstümlichen Gestalt des Wortes nachgebildet sind, und selbst *ministellus* [dieses schien sich wie ein Deminutiv gl. *ministerulus* neben *minister* zu stellen, das ebenfalls — joculator gebraucht wurde: cum *ministris* seu joculatoribus D. C.], lat. adj. *ministerialis*, zum Dienste des Kaisers gehörig [milites COD. THEOD. 8, 7, 5. AGRIM. p. 321 *Goes.*], von *minister;* sch. neue. *minstrel.* Urspr. adj., doch früh substantiviert, eig. Diener des Hauses, dann der häufigen Verwendung gemäss Handwerker, Künstler, und besonders höfischer, später auch fahrender Spielmann [als Musiker, Sänger, Dichter und Spassmacher]; auf romanischem Gebiete weit verbreitet, hat das Wort früh auch in England Eingang gefunden, namentlich in der letztangeführten Bedeutung, sodass es häufig, besonders in späterer Zeit, ganz an die Stelle des einheimischen *gleoman* tritt [vgl. WOLF *Lais* p. 266 sq. TEN BRINK *Engl. Litt.* I. 187. 393 u. ö. A. SCHULTZ *Höf. Leb.* [2] I. 563 sq.].

1. Diener, Hausbeamter: Nimeð nu ȝeme of hwuche two mesteres þeos two *menestraus* [= *menestrals*] serueð hore louerde, þe deofle of helle. ANCR. R. p. 84 *Spr.* vgl. Anm. For it ben aires of heuene alle þat ben crouned, And in queer [and in kirkes] cristes owene mynestres [*menestrales* M.]. P. PL. *Text C.* pass. VI. 59.

2. Spielmann als höfischer, später auch fahrender Sänger, Musiker, Schauspieler [oft zugleich Dichter], auch Spassmacher, Gaukler: Analf was god kniȝt & stalwarde & quoynte, *Menestral* he was god inou & harpare in eche poynte. R. OF GL. 5508 Wr. — After mete, as riȝt was, þe *menestraus* [*menestrals* α.] eode aboute, & kniȝtes & swaines, in carole [carolynge δ.] gret route. R. OF GL. 1217 Wr. Þou ne saelt naȝt yeue to þe kueade be þe acele of his kueadnesse, ase doþ þo þet yeueþ þe ribaus and *menestrals* uor hare wykkednesse. AYENB. p. 192.

The kyng was glad of that tydyng, And swore his oth, be hevene kyng, The *menstral* that had don that deed, Shuld have wel hys meed. RICH. C. DE L. 693. Þer wonne þey riche ȝiftes, Ech *menstral* ariȝtes, And þey þat were unwrest. LIB. DESC. 2218 Kaluza. Into þe bourȝ anon þe [*sc.* Iosian] ȝed, And bouȝte a fiðele, so saiþ þe tale, For fourti panes, *of* one *menstrale.* BEVES OF HAMT. 3912 Kölb. *Before* ech *menstrale* stod A torche fair and good. LIB. DESC. 1885 Kaluza. — Aftur mete, as riȝt was, þe *menstrales* ȝcode aboute, And knyȝtes and sweynes in carole gret route. R. OF GL. p. 53 Hearne. Ne siȝ he body ne face But *menstrales* cloþed in palle; Wiþ harpe, fiðele and rote Greet gley þey maden alle. LIB. DESC. 1877 Kaluza. Whane ȝe herde *menstrales* [gen.] song, ȝe song in here menstralcie. ST. CECILIA 9 Horstm. p. 490. The damysele on lond wäs led .. The messangers by ylk a syde, And *menstralles*

with mekyl pryde. RICH. C. DE L. 143 sq. Þe knyȝtys logh yn þe halle, þe mantellys þey yeue *menstrales* alle. OCTOU. 1297 *Cott.* Sarr. Ryche robes, be four and fyyf, Ther *menstralles* wonne. 1269.
Ich here a *menstrel*, to say, Of Tristrem he haþ a soun. TRISTR. 1871 Kölb. Y nam bot a pover *menstrel* ORFEO 428 Zielke — *Menstrelles* was them amonge, Trompettes, harpys, and myrre songe, Delycyous nottis on hyght. TORRENT 942 Adam. *Menstrales*, that walken fer and wyde, Her and ther in every a syde, In mony a dyverse londe, Sholde, at her bygynning, Speke of that ryhtwes kyng, That made both see and sonde. EMARE p. 204-5. *Menstrellis* blew than all aboute, Tille they were seruyd.. Of the fryst cours. IPOM. *B.* 2255 Kölb.
He [sc. Nero] was [al] iruled and iladde by ledynge and consaille of mynstralles [*ministrals* γ.]. TREVISA IV. 393. Clerkes and kniȝtes welcometh kynges *ministrales*, And for loue of þe lorde litheth hem at festes. P. PL. *Text B.* pass. XIII. 437. Riche men schulde Haue beggeres byfore hem, þe whiche ben goddes *ministrales.* 439. I rede ȝow riche, reueles whan ȝe maketh, For to solace ȝoure soules suche *ministrales* to haue. 442. While that this king sit thus in his nobley, Herking his *ministrales* hir thinges pley Beforne him at his bord deliciously etc. CH. *C. T.* 10391 Tyrwh.
Þer was miche solas Of alle maner soun And gle, Of *minestrals* vp and doun. TRISTR. 2856 Kölb. Many *mynestrales*, þorow out þe toun, Some blewe trompe & clarioun, Harpes, pypes, & tabours, Ffyþeles, sitoles, sautreours etc. R. OF BRUNNE *Story of Engl.* 11383. Do come, he sayd, my *minestrales* And gestours for to tellen tales Anon in min arming. CH. *C. T.* 13774 Tyrwh.
Mury hit is in halle to here the harpe, Theo *mynstral* syngith, theo jogolour carpith. ALIS. 5990. I am a *mynstral.* P. PL. *Text B.* pass. XIII. 224. Þei mette with a *mynstral.* 221. cf. *Text C.* pass. XVI. 191. 193. *Mynstral,* or gluman, ministraulus. PR. P. p. 338. Gluman, or *mynstral*, musicus, musica. p. 200. For gentylmen scholde bede To mynstrals that abouten ȝede Off her mete, wyn, and ale: For los ryses *of mynstrale*. RICH. Č. DE L. 671. A *mynstralle* com ther in. 662. cf. 567. Hic prestigiator, *mynstralle*. WR. VOC. col. 693, 33 Wülck. — Gentylmen scholde beed To *mynstrals* that abouten ȝede Off her mete, wyn, and ale. RICH. C. DE L. 671. After mete, as riȝt was, þe menestraus [*mynstrals* β. γ.] eode aboute. R. OF GL. 5508 Wr. Somme chosen cheffare.. And somme murthes to make as *mynstrals* conneþ, Þat wollen neyþer swynke ne swete. P. PL. *Text C.* pass. I. 33 sq. *Mynstrales* and messagers mette with lyere. III. 237. „Do come,“ he seyde, „my *minstrals*, And gestours for to tellen tales in myn arminge.“ CH. *C. T.* II. B. 2035 Skeat Cl. Pr. All maner of *minstrales* And jestours, that tellen tales Bothe of wepyng and of game. *H. of Fame* 3, 106. *Mynstrales* and eke jogelours, That wel to singe did her peyne. *R. of R.* 764. Þes

proude possessioners .. wasten hem [sc. þes grete lordischipes) in glotonye & pompe .. & proude slitterede squyerys & haukis & hondis & *mynstralis* & ryche men. WYCL. W. *hith. unpr.* p. 121. Thanne the *mynstralle* begynnen to don here mynstralcye, everyche in hire instrumentes. MAUND. p. 236 [cf. p. 220 und namentlich p. 238, wo sie ausdrücklich als zum Hofgesinde gehörig bezeichnet werden). Somme chosen chaffare .. And somme murthes to make, as *mynstralles* conneth. P. PL. *Text B.* Prol. 31 sq. Nowe is þe manere atte mete, when *mynstralles* ben stylle, The lewede aȝens þe lered þe holy lore to dispute. *Text C.* pass. XII. 35. He [sc. Nero] was [al] iruled and iladde by ledynge and counsaille of *mynstralles.* TREVISA IV. 393. It greved hym nouȝt to ȝeve *mynstralles* al þat he hadde. *ib.* Whyl that this king sit thus in his nobleye, Herkning his *ministralles* her thinges pleye Biforn him at the bord deliciously etc. CH. *C. T.* II. F. 77 Skeat Cl. Pr. The kyng of Fraunce byfore hym ȝode With *mynstralles* fulle many and gode. OCTAV. 1059 *Linc.* Sarr. Clement to þe *mynstralles* gan go, And gafe some a stroke and some two. 1062.
Þat *minstrel* for his lay Schal haue an hundred pounde Of me. TRISTR. 1877 Kölb. Parfay .. icham a *minstrel.* ORFEO 380 Zielke. A *mynstrelle*, gesticulator, histrio, et cetera; vbi harlott. CATH. ANGL. p. 240 [An *harlott*, balatro, histrio, rusticus, gerro, mimus, palpo, ioculator, -trix, pantomima, parasitaster, histrix, nugator, scurrulus. *ib.* p. 175]. vgl. A singuler *mynstrell*, all other ferre passynge, Toyned his instrument in pleasaunte armony. BRADSHAW [† 1513] *Lyfe of Saint Werburge* bei WOLF *Lais* p. 270. — Than begynnen the *mynstrelle* to maken hire mynstralcye, in diverse instrumentes etc. MAUND. p. 237. After mete, as riȝt was, þe menestraus [mynstrell leg. *mynstrelle* d.] eode aboute. R. OF GL. 1217 Wr. Ne siȝ he body ne face, But menstrales [mynstrell leg. *mynstrelle* N.] cloþed in palle. LIB. DESC. 1877 Kalusa. „Sir king,“ Tristrem gan to say, „ȝif *minstrels* oþer þing!“ TRISTR. 1923 Kölb. There were *mynstrels* on all manere: Moche yoye there men myght here. GUY *B.* 7101. No man is so hardy to speke a word, but ȝif the Emperour speke to him; but ȝif it be *mynstrelles*, that syngen songes, and tellen gestes or other desportes, to solace with the Emperour. MAUND. p. 220. *Mynstrellys* had yiftes of golde. IPOM. *B.* 547 Kölb. Ipomydon gaff in þat stound To *mynstrellis* V C. pound. *ib.* 2269.
Nas *munstral* non wiþ harpe ne croupe Þat ones mihte chaunge hire þouȝt. KYNG OF TARS 484. — Summe chosen chaffare .. And summe murþhes to maken, as *munstrals* cunne. P. PL. *Text A.* Prol. 31 sq. *Munstrals* and messagers metten with him ones. *ib.* pass. II. 203. *Munstrals* for heor murþe meede þei asken. III. 213. Atte mete in heor murþe, whon *munstrals* beoþ stille, Þenne telleþ þei of þe Trinite. XI. 39.
Das Wort wird auch vom weiblichen Geschlechte gebraucht: Gluman, or *mynstral*, musicus, musica. PR. P. p. 200. A *mynstrelle*,

gesticulator, histrio, et cetera; vbi harlott.
CATH. ANGL. p. 240 [An *harlott*, balatro, histrio
. . ioculator, -trix, . . histrix . . *ib.* p. 175].

**menestralcie, menstralcie, menestracie,
menstraci, menestrelsi, minstralcie, minstracie, minstrelsye, minstrecie, minstrilsi,
minstrisie, munstralsie** etc. s. afr. *mene-
stralsie, menestrelcie, mynstralcye,* mlat. *ministralcia,* ministellorum ludicra [in tripudiis,
coreis et solempnibus *ministralciis* præ gaudio
solempnitatis illius continuarunt D. C.], sch.
mynstralae, neue. *mynstrelsy.* vgl. *menestrul.*
Musik, Spiel, Gesang der Spielleute.
Inow þer was of *menestralcie,* & of song
gret melodie. R. OF BRUNNE *Story of Engl.*
11267. Þare was a ful faire maungeri, And
grete mirth of sere *menistralsi.* ST. THOM.
APOST. 37 Horstm. N. F. p. 20. Whane je
herde menstrales song, je song in here *menstralcie.* ST. CECILIA 9 Horstm. p. 490. Ther
myjt men here *menstralcye,* Trompys, tabours,
and cornettys crye, Roowte, gyterne, lute, and
sawtrye, Fydelys, and othyr mo. OCTOU. 67 *Cott.*
Sarr. Þo it was idoo wiþ foule songes and gestes
and iapes and nyse *menstralcie.* TREVISA IV. 67.
The grete Theseus that of his sleep awaked With
menstralcye and noyse that was maked, Held yit
his chambre of his paleys riche. CH. *C. T.* I. B.
1665 Morris Cl. Pr. So moche *menstralsie* Was
never wiþ inne walle. LIB. DESC. 1883 Kaluza.
Whenne he [sc. Dauid] wiþ his gle wolde game,
His sheep assembled soone same Of his *men-
st[r]alcy* to here. CURS. MUNDI 7409 TRIN. Sche
made him melodie Of all maner *menstralsy.* 1883.
Ther was myche *menstralae,* trompus, tabors, and
sawtre, bothe harpe and fydyllyng. EMARE 388.
Alle maner of *menstracye* maked was sone.
WILL. 1951. Þai brouजt þe quen into þat toun
Wiþ al maner *menstraci.* ORFEO 586 Zielke.
Als tite als the mes was done, Than was
thare made grete *menestrelsy.* SEUYN SAG. 3362.
While Iosian was in Ermonie, Зhe hadde
lerned of *minstralcie* Vpon a fiðele for to play
Staumpes, notes, garibles. BEVES OF HAMT.
3903 Kölb. Þe note he coupe of alle layes, Of
mynstrecye al þer assayes [& *mynstralcie* alle
þe saies *Petyt Ms.*]. R. OF BRUNNE *Story of
Engl.* 4025. Thanne the mynstralle begynnen
to don here *mynstralcye,* everyche in hire instrumentes, eche aftre other, with alle the melodye that thei can devyse. MAUND. p. 236. cf.
Than begynnen the mynstrelle to maken hire
mynstralcye, in dyverse instrumentes, with alle
the melodye that thei can devyse. And whan
thei han don hire craft, than thei bryngen before
the Emperour lyouns, libardes, and othere dyverse bestes . . for to don him reuerence. p. 237.
Þei conne namore *mynstralcye,* ne musyke, men
to glade, Than Munde þe mylnere. P. PL. *Text B.*
pass. X. 43. „What manere *mynstralcie,* my dere
frend,“ quaþ conscience, „Hast þow vsed oþer
haunted al þy lyftyme?“ — „*Mynstralcie* can
ich nat muche, bot make men murye etc.“
C. XVI. 196. Mynstrals for here *mynstralcye* a
mede þei asken. *C.* IV. 277. The gret Theseus
that of his slepe is waked With *minstralcie* and

noise that was maked, Held yet the chambre of
his paleis riche. CH. *C. T.* 2525 Tyrwh. The
trompes with the lowd^n *mynstralcye [minstralcie*
2673 Tyrwh.], The herawdes, that full lowde
yolle and crye, Been in here wele for joye of
daun Arcyte. *ib.* I. B. 1813 Morris Cl. Pr. Glu,
or *mynstralcye,* musica, armonia. PR. P. p. 200.
With alkyne welthis in that wone Of myrthis
and *mynstralsye.* OCTAV. 203 *Linc.* Sarr. Tho
they held a gestonye, With all maner of *mynstralsye.* TORRENT 2374 Adam. There was
harpe, pype, and *mynstralsye.* LYDG. *Lond.
Lyckp.* st. 12 in *Spec.* III. 26. *Mynstralsye,* or
glu, musica, organicum. PR. P. p. 338. Quen
he [sc. Dauid] wild wid his gle him gamen, His
schep þaimselue semblid samen of his *minstralcy*
to here. CURS. MUNDI 7409 GÖTT. Ther was
myrthe [and] *mynstralcy* mede to plesen. P. PL.
Text C. pass. IV. 12. Þo it was idoo wiþ foule
songes and gestes and iapes and nyse menstralcie [*mynstralcy* β. γ. nyce mynstralcy Cx.].
TREVISA IV. 67. A mynstralle com ther in, And
sayde: „Goode men, wyttyly, Wole je have
any *mynstralsy?*“ RICH. C. DE L. 662. Зet þe
symplest in þat sale watz serued to þe fulle,
Boþe with menske, & with mete & *mynstra[l]sy*
noble. ALLIT. P. 2, 210. Swilk a smell þare was
þat stounde, And noise and nobill melodi Of
diuers maners of *minstralsy.* HOLY ROOD p. 76.
Horses and hernays ordand he . . Þat his sun
myght on playing ride; & *mynstralsy* on ilk a
syde. BERL. A. JOS. 231 sq. *Harl.* Wyth alle
kyn welthe in that won And mery *mynstralsy.*
OCTAV. 200 *Cambr.* Sarr. Þey pypud and tromp-
ud in þo hall, Knyjhtus and ladys dancyd all
Befor þat *mynstralsy.* GOWTH. 529 Breul. Þe
castel and þe cete rang With *mynstralsi* and
nobil sang. YW. A. GAW. 1397 Schleich. All
siknesses and sorwes for solas he [hem] takeþ,
And alle manere meschifs, as *minstracie* of
heuene [= himmlische Musik]. P. PL. *Text C.*
pass. XVII. 308. Wiþ myrþe & wiþ *mynstrasye*
þei pleseden hir ychoone. *ib. A.* III. 98. — ein
seltener Plural *minstracies* findet sich als Variante zu der eben angeführten Stelle P. PL.
C. XVII. 308 sq.
For that faire lady . . Shee made him great
melodye Of all maner of *minstrelsye.* LIB. DISC.
1531 sq. *Percy Fol. Ms.* As God of heven has
gyffen me wit, Shalle I now syng you a fytt
Withe my *mynstrelsy.* TOWN. M. p. 51. After
Sysilly com Glegabret, A syngere of þe beste
get; Of song & of *mynstrecye* Alle men gaf
hym þe maystrie. R. OF BRUNNE *Story of Engl.*
4023. Þe note he coupe of alle layes, Of *mynstrecye* al þer assayes. 4025.
Hic symphonia, *mynstrylsy.* WR. VOC.
col. 693, 49 Wülck. Mimilogium, *mynstrisye.*
col. 596, 11.
How a kyng ferde hys brothur wyt *mun-
stralcie.* METR. HOMIL. 28 *Vernon* in *Arch.* 57,
279. Bote *munstralsye* and murþe among men is
nouþe, Lecherie and losengrie, and loseles tales.
P. PL. *Text A.* pass. XI. 35. Sche made him
melodie Of all maner menstralsy [*munstrassye*
v. l.]. LIB. DESC. 1516 Kaluza.

Die kollektive Verwendung des Wortes in der Bedeutung Spielmannschaft, Musik für die Gesamtheit der Spielleute, Musiker [vgl. neue. *minstrelsy*, Sängerschaft, Sängerchor] scheint im Altenglischen im allgemeinen noch nicht stattgefunden zu haben; angebahnt ist sie etwa in Stellen, wie: Þer was mirþe & melodye & al maner of *menstracie* [*menstraleye, mynstralcy* vv. ll.], Her craftes for to kiþe. AM. A. AMIL. 103 Kölb. vgl. die *Anm.* Tabours and trimpes jede hem bi And al maner *menstraci* [of *mynstrelsy* v. l.]. ORFEO 300 Zielke. Toforn him goth the loude *minstralcye*, Til he cam to his chambre of parements, Ther as they sownen diuerse instrumentz, That it is lyk an heuen for to here. CH. C. T. II. F. 268 Skeat Cl. Pr. vgl. auch die oben angeführten Stellen BERL. A. JOS. 231 sq. GOWTH. 529.

menewe s. leuciscus phoxinus s. *menow.*

menewen v. meminisse s. *munejen.*

menge s. mhd. *menge, gemenge,* Mischung. vgl. *mang, imang.* Handgemenge, Kampfgewühl.

Al þus wyþ *menge* [*megge* ed.] þus gate with mengyng *Petyt Ms.* ensi ot por l'eslection *Wace* I. 255] & wiþ monge Bytwixt hem wax þer werre stronge. R. OF BRUNNE *Story of Engl.* 5889.

mengen, mængen, meengen, meingen, mlengen, mingen v. ags. *mengan, mencgan, mængan,* tr. miscere, consociare, confundere, turbare, intr. se miscere, intr. turbari, altn. *menga,* alts. *mengian,* afries. *mengia,* nniederl. *mengen,* md. *mengin, sich mengin, mengen, mingen,* ahd. *mengan* [nur im p. p. *chimenghit!* Is. 91, 6], mhd. nhd. *mengen,* sch. *meng, meing* [p. p. *meind, meint'], ming, myng,* neue. dial. *menge,* mix, mingle, *ming,* mix or mingle; knead [bread]. vgl. *mang* s. und præp.

a. tr. mengen, mischen: *Mengyn,* idem quod medelyn. PR. P. p. 332. cf. Medlyn, or *mengyn* [menglyn S.], misceo. p. 331. To *menge,* commiscere, concinnare, conficere, confundere, conjungere, distemperare, miscere. CATH. ANGL. p. 234. *Mengyd,* mixtus, ib. *Menkte* [menged W.], or medelyd, mixtus, commixtus. PR. P. p. 332.

Die verschiedenen Verwendungen des Wortes erhalten ihre Färbung durch die betr. Objekte. Oft tritt *samen, togidere* hinzu, oder bei Mischung verschiedener Stoffe etc. ein präpositionales Satzglied mit *mid, wiþ, to, in, amang.*

1. mengen, mischen im eigentl. Sinne; Objekt ist ein Stoff, dessen Teile durcheinandergemengt, oder mehrere Stoffe, die mit einander mehr oder weniger innig vermengt oder vermischt werden.

so vom Mehl zur Brotbereitung durcheinandermengen, kneten [vgl. To *ming* bread, to knead it. *East.* HALLIW. D. p. 554]: Pre mettes of mele *menge,* & ma kakes. ALLIT. P. 2, 625. *Mynge togidre* thre half buyashelis of clene flowre; and make looues bakun vndur ayschen. WYCL. GEN. 18. 6 Oxf. Takynge floure she *mengide* [meddlide *Purv.*] it, and boke therf looues. 1 KINGS 18, 24 Oxf.

von Getränken, Heilmitteln mischen, zurechtmischen [bes. auch den sirupartigen Wein in Wasser auflösen und einschenken = gr. χεράννυμι]: Putte metis, and *meynge* wyne [meddle wyn *Purv.*], and shitte the dore, and scale with thi ring. WYCL. DAN. 14, 10 Oxf. This wyne V pounde of fyne hony *therto* Ystamped wel let *mynge* [et prædictis decem sextariis mellis optimi fortiter triti pondo V miscebis]. PALLAD. 3, 1098.

Eke fitches brese, of hem thair radissh springeth, Or rape, or thus take juce of henbane With soure aysell, and hem *togeder mengeth,* And kest hem on your cool in every pane [= pain; Mittel gegen Kohlraupen]. PALLAD. 1, 876. In [and *v. l.*] the drinke that she medlide to jou, *menge* je [*mynge* je *Purv.*] double to hir [in poculo, quo miscuit, miscete illi duplum *Vulg.*]. WYCL. APOC. 18, 6 Oxf.

Wit þis vnto þe erth he spitt, And *wit* þat erth he *menged* it. CURS. MUNDI 13544. [*Moyses*] dede þat calf melten in fir, And stired it al to dust sir, And *mengde in* water, and forð it of, And gaf ðat folc drinken ðat drof. G. A. EX. 3579. In stede of drynk thay gaf me galle, Aselle thay *menged* it *withalle.* TOWN. M. p. 260. konj. He [sc. Joram] seide jif mon funde in auer æi londe æuer æi cnihtborn þe neuere fæder no ibæd, & openede his breoste, & nomen [neme j. T.] of his blode, & *mengde* [meinde j. T.] wið þan lime, & þæne wal læide, þenne mihte he stonde. LAJ. II. 226.

Aisille, surest alre drinch, *menged wið* galle, þat is þing bittrest. OEH. p. 283. For drinke hand of Laverd is ine, Ful *menged with* ripe wyne [quia calix in manu Domini vini meri plenus est mixti]. PS. 74, 9. And thow shalt make the maad ensence with werk of oynementmakynge, *meyngid* bisily [maad by werk of oynementmakere, meddlid diligentli *Purv.*] faciesque thymiama compositum opere unguentarii, mixtum diligenter *Vulg.*]. WYCL. EXOD. 30, 35 Oxf. Thei jauen hym for to drinke wiyn *meyngid* [meynd *Purv.*] *with* galle. MATTH. 27, 34 Oxf. Betere is wori water drunch þen atter *meind* mid wine. OEH. p. 169. Warm milk sche put also therto *With* hony *meind.* GOWER II. 262. Eysel *meynt wiþ* galle þey [sc. þe iewis] bedyn hym. HOLY ROOD p. 151.

substantiviert findet sich das p. p. *mengd* = Gemisch [von Wein und Wasser]: For the chalis in the hond of the Lord of cler wyn, ful of *mengd* For a cuppe of cleene wyn ful of meddling is in the hoond of the Lord *Purv.* Quia calix in manu Domini vini meri plenus misto *Vulg.*]. WYCL. PS. 74, 9 Oxf.

von Farben mischen: To make grene water; take blewe and jelowe, and *menge* hem welle *togedyre.* EARLY E. MISCELL. p. 83.

von Metallen mischen, legieren: Of irin, of golde, siluer, and bras To sundren and *mengen* wis he was. G. A. EX. 467 [Objekt aus dem Zusammenhange zu ergänzen].

von anderen mit einander verwandten Stoffen mengen, vermengen, untereinandermengen: With marble or with tyle thi

flooryng wrie, Or thus thou maist thi wynter-
flooryng take, Or lyme or gravel *mynge*, and
therof make. PALLAD. 1, 348. Lande dolven
two feet deep *with* aakes *mynge*. 4, 419. Tweyne
[sc. partes] of lyme *in* oon of gravel *mynge*.
1, 376.

vom Blute mischen, vermischen, durch
Heirat: In þis manere Picars *mid* Scottes *mengd*
[*mengde* α. *menged* β. *mengyd* γ. *myngen* (3. pl.
præs.) B.] hor blod. R. OF GL. 989 Wr. auch
durch Misheirat beflecken, besudeln: He
lette cristen wedde haþen, & *meynt* our blod,
as flesche & matþen. ARTH. A. MERL. 484 Kölb.
2. von Sachen zu einander thun, vereinigen, untermischen, beimischen:
Tho handlede he [sc. the King] other bred, and
let *menge* hit atte laste *With* other bred ther
biside, and amonge the houndes hit caste. BEK.
1993 *Spr.* cf. ST. THOM. OF CAUNT. 1959 Horstm.
p. 162.

Fyggys, raysyns, in frayel, And notes may
serve us fol wel, And wex sumdel caste thertoo,
Talwgh and grese *menge* alsoo. RICH. C. de L.
1549.

[He ..] awaited þorwgh which wey to bigile, And *menged* his marchaundyse, and made
a gode moustre [d. h. er legte gute Ware oben-
auf, schlechte nach unten]. P. PL. *Text B.* pass.
XIII. 362.

The king of Babiloyne stode in the metynge
of two weies, sechynge dyuynacioun, *mengynge*
arowis [and *medlide* arowis *Purv.* commiscens
sagittas *Vulg.*]. WYCL. EZ. 21, 21 Oxf.

Haile and fir was *menged* samen. CURS.
MUNDI 6021 COTT. cf. cett. Þai salle bryn in
fire .. Þat salle be *menged with* bronstane.
HAMP. 8055. cf. 6737. Thow shalt make as
powgarnettis .. *in* the myddil litel belles *menged*
[while smale bellis ben *medlid* in the myddis
Purv. mixtis in medio tintinnabuli *Vulg.*].
WYCL. EXOD. 28, 33 Oxf. Hawle and fier *mengid* togidere weren brouȝt. 9, 24 Oxf. Hayl is
maad, and fijr *mengid* [*meyned, meynt* vv. ll.]
togydere in blood [*meynd* togidere in blood *Purv.*
facta est grando, et ignis, mista in sanguine
Vulg.]. APOC. 8, 7 Oxf. For erth, which *meined*
is *with* steel, Togider may nought laste wele.
GOWER I. 25. That oþer coffre, of straw and
mull *Wiþ* stones *meined* [*meind* Pauli], he felde
also. GOWER II. 204 *Harl.* 3869 in *Spec.* II. 271.
Off rody colour *meynd* somdelle with rede. Ms.
in HALLIW. D. p. 552. Thou siest irun *meynd
with* a tijlston of clei, and the toos of the feet
in parti of irun, and in parti of erthe [Thou hast
seen yren *meynt of* cleye and tyel, and fingris,
or toon, of feet in partie of yren, in partie of
erthe Oxf.]. WYCL. DAN. 2, 41-2 Purv. His
grene woundes rvnne Round about, that the
soyl depeynt Of the grene with the rede *meynt.*
LYDG. Theb. 1258. The clere aire ouercast
with cloudys full thicke, With mystes full
merke *mynget with* showres. DESTR. OF TROY
12471.

auch schmücken, zieren [vgl. mhd.
Nu is diu wise *mit* bluomen wol *gemenget.*
NEIDH. 25, 24]: Ane helme betyne, *Mengede*

with a mawncelet of maylis of silver, Compaste
with a coronalle, and coverde fulle ryche.
MORTE ARTH. 3632. This white dove with here
yen meke, Whose chekes were hir beaute for
to eke, *With* lyllies *meynt* and fresshe roose
rede. LYDG. MS. in HALLIW. D. p. 548.

3. von Personen mengen, mischen, zu
einander thun, vereinigen, gesellen,
bes. im Verkehr, aber auch im Kampfe und
auch fleischlich: I suffre ill manerd men be
mengid with me. HAMP. Ps. 24, 19 comm. Thai
ere *mengid amange* genge, & thai lerid the
werkis of thaim [Commixti sunt inter gentes et
didicerunt opera eorum]. 105, 33. Of another
lynage shal not be *meengid to* ȝow [An alien
shal not be *meddlid* with ȝou *Purv.* Alienigena
non miscebitur tibi *Vulg.*]. WYCL. NUM. 18, 4
Oxf. Also hit is bi þan ungode Þat is icumen
of fule brode, And is *imeind* [*meind* Cott.] *wiþ*
freo monne, Ever he cuþ þat he com þonne.
O. A. N. 129 Strətm. I wroot to ȝou in a pistle,
that ȝe be not *meynd* [*meyngd* v. L], or comunen
not, *with* lecchours [that ȝe be not *medlid* with
letchours *Purv.* ne commisceamini fornicariis
Vulg.]. WYCL. 1 COR. 5, 9 Oxf. cf. Now sothli
I wroot to ȝou, for not to be *meynd* [*meyngid*
v. L], or comune not [that ȝe be not *meynd*
(*mellid* v. l.) *Purv.*]. If he that is a lecchour,
or coueitous .. with siche neither for to take
mete. *ib.* 5, 11 Oxf. — im Kampfe, beim Handgemenge: There *mynget* þai þere men, machit
hom togedur; Mony dedly dint delt hom amonge.
DESTR. OF TROY 6546 [= liessen handgemein
werden]. Þo hii were þoru oute *imengd* [*mengyd*
β. γ.] mid suerd & mid mace, Mid ax & mid
anlas, so muche folc in þe place Me slou, þat
al þe erþe aboute stod as in flode. R. OF GL.
1121 Wr. — fleischlich: For he [sc. Esau] beð
mengt ðat kin *among* [i. e. durch Heirat mit
einer Kanaaniterin]. G. a. Ex. 1592.

ähnlich von Tieren vereinigen, versammeln, gesellen, auch zum Zwecke
späterer Fortpflanzung: When alle þe mute
hade hym [sc. þe fox] met, *menged togeder,*
Suche a sorȝe at þat syȝt þai sette on his hede
etc. GAW. 1719. — zum Zwecke späterer Fortpflanzung: & ay þou *meng with* þe males þe
mete ho-bestez, Vche payre be payre to plese
ayþer oþer [von den Tieren der Arche]. ALLIT.
P. 2, 337.

4. übertr. mengen, mischen: Þou most
þine wratþe *mienge with* milce and *with* ore.
ST. DOMENIC 128 Horstm. p. 281. — Queþer
þai þair mister leli do, Or *menges* ani suilk
þarto, Vsand oþer weȝht or mette Again þe
lagh in land es sett. CURS. MUNDI 27272 Cott.
cf. Queþer þai þair mister lelli do, & *mengis*
ani gile þerto etc. ib. FAIRF. — I *mengid* mi
drinke *with* grete. EARLY E. Ps. 110, 10. My
drynke i *mengid with* gretynge. HAMP. Ps.
110, 10. My drynke, that is solace of this life,
i *mengid with* compunccioun of hert. ib. comm.
— My murthe is al *with* mournyng *meind.* LYR.
P. p. 25. The feble [= das Schwache] *meind*
was *with* tho strong. GOWER I. 24. — literarisch: In the makynge of the seuenty he [sc.

Origenes] *mengide* the makynge of Theodocioun. WYCL. 1 PARALIP. Prol. h. 314.

b e f l e c k e n : All my dedys ben full derke, For they ben *menged with* deedly synne. Ms. in HALLIW. D. p. 549.

v e r b i n d e n, v e r e i n i g e n : Tho he hadde furst man ymaked, and in Parays ido, To *menge* the cunde of hevene *to* manes cunde her. POP. SC. 356 *Spr.* cf. Þo he hadde man formest imad, and in Parays ido, To *myenge* þe kuynde of heuene *to* mannes kuynde her. ST. MIHEL 766 Horstm. p. 321. — *With* aungels, whaim we may noght here, we *menge* wordis of louynge. HAMP. *Ps.* Prol. 23. — I saurye noghte joye that *with* Ihesu es noghte *mengede.* HAMP. *Tr.* p. 1. Som what tak þey [sc. þe spyrites] of mannes kynde, & *mengyt wyþ* angles, as we fynde. R. OF BRUNNE *Story of Engl.* 8075. And the word herd profitide not to hem, not *meynt* [*mengyd* v. l. *meynd* Purv.] to feith of these thingis that thei herden [sed non profuit illis sermo auditus, non admistus fidei ex iis, quæ audierunt *Vulg.*]. WYCL. HEBR. 4, 2 Oxf.

5. bildl. von Mischheiraten, s c h l i e s s e n, e i n g e h e n : If that ȝe wolen drawe to the errours of thes gentilis that among ȝou dwellen, and with hem *mengith* [*meng* v. l.] maryagis [and wolen medle mariagis with hem Purv.], and frenships cowple, nowe thanne wite ȝe etc. WYCL. JOSH. 23, 12 Oxf.

6. bildl. wie von dem Mischen, Bereiten eines Getränkes [vgl. das ähnlich gebr. *brewen*], böse Dinge aussinnen, anstiften, verursachen: A whet wult þu Brenne? Whet wult þu balwe *menge*? LAȝ. I. 214. — Anne hirdeniht he hauede, þe aht wes on þen weorede þe þane balew *mæinde.* LAȝ. I. 184. Appas eode to bure, & þeane balu *mæinde* [and þane balu *meinde* j. T.]. II. 315-20.

7. e r r e g e n, t r ü b e n, v e r w i r r e n, b e stürzt machen [vgl. mhd. Dâ von ist daz herze mit trûren wol *gemenget.* NEIDH. 66, 22]: Sorow wil *meng* a mans blode, And make him forto waxe wode. YW. A. GAW. 1739 Schleich. Care & kunde yfere Changeþ al mi chere, & *mengeþ* al my blod. BÔDD. *Altengl. Dicht.* p. 252. A malady þat *mengeþ* al mi blod. AM. A. AMIL. 1173 Kölb. Of all this nyght ye had no reste, But many a gresly grone ye vp caste, That grettly *menges* my moode! IPOM. *A.* 1216 Kölb. For wraththe *meinth* the horte blod, That hit floweth so wilde flod. O. A. N. 943. Yesturnyghte settynge by Jason Full swettely loked he me vppon, That *mynges* thus al my mode. IPOM. *A.* 992 Kölb.

Bot squa he *menged* ham þaire mode [he *menged* þar þair mode GÖTT. he *menged* her moode TRIN. he *mengud* þam þair mode COTT.]. Pat na mon oþer vnderstode. CURS. MUNDI 2259 FAIRF. So faste þe Iewes he wiþstode, Pat sore he *menged* her mode [he *menged* þam in mod COTT. FAIRF. GÖTT. he *mengit* þaim in mode EDINB.]. 19710 TRIN. That grettly *mengyde* his mode. IPOM. *A.* 8495 Kölb. Hit hurte King Arther in herte, and *mengit* his mode. ANT. OF ARTH. st. 46. Summe hit *mengde* [mengden

Ms.] heore mod. LAȝ. II. 634. He *mæingde* þas kinges mod. II. 177. Vuel wune, þet bitocneð bi Lazre, þet stonc, so long he hefde ileien i þer eorðe, on hwam ure Louerd weop . . and grisbatede, and *mæingde* his blod. ANCR. R. p. 326. Hys sorow *myngyd* alle hys mode, Whan the corps in armys he hente. MS. in HALLIW. D. p. 554. — Þir wordes *menged* al þe mode Of sir Ywain. YW. A. GAW. 3701 Schleich.

He [sc. Moyses] wex sua *menged* in his mode, Pat he cuth sai ne il ne gode. CURS. MUNDI 6537 COTT. FAIRF. Hu sal we meke his *menged* mode? [von Saul] 7420 COTT. GÖTT. Es na nede to be radd, Pou be noght *menged* in þi mode [Gabriel zu Maria]. 10852 COTT. GÖTT. He [sc. Moyses] wex sua *mengid* in his mode, Pat he miht say nouþer ille ne gode. 6537 GÖTT. Wreth es noght bot a brath onfall, In heuy hert *mængid* with gall. 27739 COTT. GALBA.

s e l t e n erregen, anregen: The maydene *mengede* his mode With myrthes at the mete, That for hir sake righte tha Sone he gane undirta The sory sowdane to sla. PERCEV. 1327.

b. refl. 1. s i c h f l e i s c h l i c h v e r m i s c h e n : O man þat *menges* him *wit* best For his flexs lust to fulfill, He sal be sent þe biscop till. CURS. MUNDI 26253 COTT. Neuere I coueitide man, and clene I haue kept my soule fro alle lust. Neuere *with* pleieres I *mengde* me [nunquam cum ludentibus miscui me *Vulg.*]. WYCL. TOB. 3, 16-7 Oxf. cf. Never I coveytide man, and y haue kept myselfe fro alle lustia, never *with* pleyeris y *myngid* me mysilfe. REL. ANT. II. 47 *Spr.*

2. s i c h aufregen, s i c h betrüben: Sua he *mengges him* wit ire [he *menges him* with ire, he *mengis him* wiþ ire *cett.*], þat brennes mans mode [mode *ed.* mode COTT. GALBA] als fire. CURS. MUNDI 27770 COTT. Ure Louerd . . gredde [, & resede, & *mengde himseluen,* & ȝeide *T. C.*] lude upon him [sc. Lasre]. ANCR. R. p. 326.

c. intr. 1. s i c h mischen, s i c h v e r mischen, von Licht und Farben: Þe leme o light ai lendes neu, Pat *menges* [*mengis* GÖTT. *mengeþ* TRIN.] *wit* þaa colurs heu. CURS. MUNDI 9951 COTT.

auch s i c h schmücken, mit Blumen [vgl. oben die ähnl. Verwendung der tr. Zeitwortes]: Medowes & mounteyns *myngit* [3. pl. præt.] *with* floures. DESTR. OF TROY 1062.

2. von Personen s i c h mischen, s i c h g e s e l l e n, v e r k e h r e n, auch fleischlich: No durste heo [sc. þa Bruttes] næuere *mængen* inong Englisce monnen. LAȝ. 1lL. 283. Fra þen durst na man *wiþ* ham *menge* [*meng* COTT. GÖTT.], Bot atte walde lolli wiþ ham lenge [von den ersten Christen]. CURS. MUNDI 19271 FAIRF. TRIN. fleischlich: Pe man þat *mengit wiþ* vnkindeli best His flesshe luste to fulfille, Of him þe bisshop mote say his wil. *ib.* 26253 FAIRF. He [sc. Sedes sunes] chosen hem wiwes of Caym, And *mengten wið* waried kin. G. A. EX. 548.

auch s i c h mischen unter, mit dem Nebenbegriff der E i n m i s c h u n g : Moyses sagh þai [sc. þe hirdes] did þam wrang, And son he *menged* [mengeg *ed.* mengid GÖTT.] þam *amang;* The hirdes fra þe wel did he, And did to drinc þe maidens fee. CURS. MUNDI 5889 COTT.

und dann überhaupt sich thätlich ein-mischen, handgemein werden, käm-pfen: *With* þe Scottis gan he *menge,* & stifly stode in stoure. LANGT. p. 298. „Quare es now," said he [sc. Goli], „Saul, þe king? Moght i euer with him [wit me with him *ed.*] *ming,* Suld he neuer aftur þer croun." CURS. MUNDI 7455 COTT. vgl. And i miht anis *wid* him *ming* GÖTT. And I miȝte ones wiþ him *myng* TRIN. — Now mellys oure medille-warde, and *mengene* toge-dire. MORTE ARTH. 4174.

3. übertr. sich einmischen [vgl. das häufig so gebrauchte *medlen, mellen*] scheint selten durch dieses Zeitwort bezeichnet zu wer-den; hierher gehört etwa: To melle, vbi to *menge* or entermet. CATH. ANGL. p. 233.

4. übertr. sich vereinigen, sich ver-binden, von Geist u. Körper, Seele u. Fleisch: Ane soule of wit and lyf, that is angles per, Cometh fram the cunde of angles, and in this forme aliȝt, And *mengeth* with the wrecch flesch, as oure Loverd hit hath idiȝt. POP. SC. 358 *Spr.* vgl. And [ane *v. l.*] soule of witte and of liue, þat is aungelene ipier, Heo comeȝ fram þe kuynde of aungles, and in þis fourme aliȝt, And *mienȝeȝ* with þis wrechche flesch, ase ore louerd it hath idiȝt. ST. MIȜHEL 767 Horstm. p. 321.

5. übertr. sich erregen, erregt, aufgeregt, zornig, be-stürzt werden: His mod him gon *mengen.* LAȜ. I. 145. His mod him gan *mengi. ib.* j. T. Þe king [sc. Salamon] o þis tre vnderstode, Almast *menged* [mengid GÖTT.] him his mode. CURS. MUNDI 8803 COTT. FAIRF. TRIN. Somm . . *meinde* hire mod. LAȜ. II. 634 j. T.

mengen v. monere, memorare s. *muneȝen, mungen.*

menginge, minging s. ags. *mengung,* mixtio, md. *mengunge, mengung,* nhd. *mengung,* sch. *meinging.* vgl. *mengen* v.

1. Mischung, Gemisch: Ȝe mowe sigge whan thundre is *menginge* of fur and wete, Hou is that hit quelleth men bi weyes and bi strete. POP. SC. 173 *Spr.* A *mengunge,* mixtura, commixtio. PR. P. p. 332' cf. Mᶜdlᵉ or *mengynge togedur* of dyuerse thyngys, mixtura. p. 331 [wie das Zeitwort *mengen* selbst von *togedur* begleitet]. A *mengynge,* commixtio, mixtura. CATH. ANGL. p. 234. In erthe sal þe grete thrang of men, For þe *mengyng* of þe noys of þe se, Of þe flodes þat þan sal be. HAMP. 4705. cf. For the *mengyyng* of the noyse of the see, And of the flodes that than sal be. HAMP. *Ms. Bowes* in HALLIW. D. p. 549 v. *menge.* Many þingis ben gode & holsum echone in his kynde, & þe *mynging* of þes þingis is vnholsum to man to take; so presthod & worldly lordchip ben boþe gode in þer kynde, & þe *mynging* of þes two were venemous. WYCL. W. *hith. unpr.* p. 475-6.

2. Beimischung: Þenne seide Merlyn, „þat wold nought God, Þat swylk a fals schold

be bytrowd, Þat þorow þe *mengynge* of my blod Þy tour schold stonde strong & god." R. OF BRUNNE *Story of Engl.* 8111. Litil rownd looues spreynt with *mengyng* of oyle [spreynt togidere with the medlyng of oile *Purv.* collyri-das olei admistione conspersas *Vulg.*]. WYCL. LEV. 7, 12 Oxf.

auch Flicken als Beimischung zu anderen Stoffen: For no man sendith a medling of newe cloth in to an old cloth; ellis and he brekith the newe, and the medling [*mengynge* vv. ll.] of the newe acordith not to the olde [et veteri non convenit commissura a novo *Vulg.*]. WYCL. LUKE 5, 36 Oxf.

3. Mischung, Vermischung von Volksstämmen durch Heirat: Of þe lasse Bruteine Conan þas was þus king, Among hom nolde of þulke lond abbe non *menging* [*myng-ing* B.]. R. OF GL. 2097 Wr.

4. Handgemenge, Kampfgewühl. Al þus wyþ menge [megge *ed.* þus gate with *mengyng* PETIT Ms.] & wiþ monge Bytwixt hem wax þer werre stronge. R. OF BRUNNE *Story of Engl.* 5889.

5. Erregung, Aufregung durch Zorn. Betrübnis: Quen sant Iohn, his cosin dere, Þis wordes [d. i. die Einsetzungsworte des Abend-mahles] vnderstod, On his lauerd brest he sleped. For *menging* of his mod [for sorouinge of his mode FAIRF.]. CURS. MUNDI 13245 COTT. GÖTT. TRIN. Wreth is a brath onfall, *Menging* o mode, þat cums o gall [*menginge* of mode, þat comis of galle FAIRF.]. 27738 COTT.

mengingli adv. zu *menging* p. pr. von *mengen* v. vermischt. zusammen.

Bot Elchias, and Zacharias, and Iehiel, princis of the hous of the Lord, ȝeuen to the preestis, to don pasch, feeldbestis [i. e. Klein-vieh, Schafe u. Ziegen] *mengyngly,* two thou-sand and sexe hundrith, and oxen thre hundrith [dederunt sacerdotibus ad faciendum Phase pe-cora *commixtim* duo millia sexcenta, et boves trecentos *Vulg.* dagegen: ȝauen to preestis, to make pask in comyn, two thousynde and sixe hundrid scheep, and thre hundrid oxis *Purv.*]. WYCL. 2 PARALIP. 35, 8 Oxf. wie beim Zeit-wort *mengen* selbst erscheint auch hier *togidere:* Forsothe *mengingli togidere* the puple criede out with a grete cri [commixtim enim populus voci-ferabatur clamore magno *Vulg.*]. 1 ESDR. 3, 13 Oxf.

menglen v. frequentativ von *mengen* ge-bildet [wie *monglen* von *mongen*], vgl. nhd. mundartl. mengeln, mengeli(e)ren, neue. mingle. mengen, mischen.

Medlyn, or mengyn [*menglyn* S.], misceo. PR. P. p. 331. vgl. To *mingil,* miscere. MAN. VOC. To mein, vide *mingle.* GOULDMAN [1664] in PR. P. p. 332 n. 2.

menȝe, menȝhe, menl s. familia s. *mainee* [und vgl. *meine*].

in dieser Gestalt findet sich das vielge-brauchte Wort, dem mlat. *familia* entsprechend [Sed et observo personas scacarii *familiam* vo-cari (a. 1320) . . Item unum scacarium de jas-pide et calsidonio cum *familia,* videlicet una parte de jaspide, et alia parte de cristallo. D. C. v. *scacci 1.* cf. PR. P. p. 332 n. 1.], wie das oben angeführte *meine* [Somme þat wolde nought of þe tabler, Drowe forthe *meyne* for þe cheker. R. OF BRUNNE *Story of Engl.* 11395], auch vom Zubehör des Brettspiels, namentlich den Schachfiguren: Unum tabeler cum le *menyhe* [= *menᵴhe*]. TEST. EBOR. [a. 1392] in PR. P. p. 485 n. 1. Scaccus, the *meny* of the cheker WR. VOC. col. 609, 40 Wülck. [15. Jahrh.].

vom Brettspiel selbst: Hec alea, the *menᵴe.* WR. VOC. p. 240 [c. 1450]. vgl. ags. *tæfl,* alea.

meni [= household, familia]: *Meny* of howsholde, familia. PR. P. p. 332.

pl. **menᵴes, menᵴis** [= familiæ]: And lout sall in syght of him all þe *menᵴes* of genge [familie gencium]. HAMP. *Ps.* 21, 29. And he helpid the pore out of nede, and he sett *menᵴis* as shepe [posuit sicut oues familias]. 106, 41.

meni pron. indef. s. *manij.*

menᵴe s. zu *menen,* mediare. Vermittelung, vermittelnde Einsprache, Berufung.

He gat it [sc. his pal] aᵶen by grete instaunce and *menᵴe* [appellatione *Higd.* interpellatione *v. l.*], þat he made at þe court of Rome. TREVISA VI. 239.

menᵴen v. meminisse, memorare s. *munien* [u. vgl. *munᵴen*].

meninge s. von *mænen,* significare, ahd. *meinunga,* mhd. *meinunge,* nhd. *meinung,* neue. *meaning.*

1. Gedanke als das, was man meint, im Sinne hat, Gedankenziel: Noþeles Matheu, by cause *of* some priue *menynge* [certi causa mysterii *Higd.*] sette fourtene generaciouns. TREVISA III. 103.

so auch sinnbildliche Hinweisung, Zeichen: Lyflode were yshape . . wherwith to lyuen . . Bestes by gras & by greyn and by grene rotes, *In menynge* þat all men myghte þe same Lyuen þorgh leell byleyue. P. PL. *Text C.* pass. XVI. 240 sq. cf. *B.* XVI. 45. That is þe cause of þis eclipse þat ouercloseþ now þe sonne, *In menynge* þat man shal fro meorknesse beo drawe, The while þis light and þis leom shal Lucifer ablende. *Text C.* pass. XXI. 140. God sent hem fode bi foules and by no fierse bestes, *In menynge* [= tokenynge *C.* XVIII. 33] þat meke þinge mylde þinge shulde fede. *Text B.* pass. XV. 300.

2. Gedanke, Kenntnis, Erkenntnis, Verständnis: Ich haue no kynde knowyng . . By what wey hit wexith and wheder, out *of* my *menyng.* P. PL. *Text C.* pass. II. 137.

3. Vorhaben, Absicht: *Menynge,* a mannys purpos, intencio. PR. P. p. 332. Riᵶt as capones in a court cometh to mennes whistlynge, *In menynge* after mete folweth men þat whistlen, Riᵶt so rude men . . Louen and byleuen by lettred mennes doynges. P. PL. *Text B.* pass. XV. 466. Ther is no foul that fleeth vnder the heuene That she ne shal wel vnderstonde his steuene, And knowe his *mening* openly and pleyn, And answere him in his langage ageyn. Ch. *C. T.* II. F. 149 Skeat Cl. Pr.

4. Erwähnen, Erwähnung: Þei mak no *menyng.* LANGT. p. 25. All þe werd makes ᵶyt *menynge* How Troye was struyed for þys þynge. R. OF BRUNNE *Story of Engl.* 723. Here the prophet, *in menynge* of la thyngis, he amonestis all creaturs to loue god. HAMP. *Ps.* 148, 1 comm.

5. Erinnerung, Gedenken, Gedächtnis: As he þat is my name þou calle, My *mening* shalle neuer falle. CURS. MUNDI 5781 LAUD GÖTT. TRIN. cf. *Exod.* 3, 15. Lord, thi name withouten end: lord, thi *menyng* in generacyon and generacyon [memoriale tuum in generacione & generacionem]. HAMP. *Ps.* 134, 13. Lorde, haue on me *menyng!* R. OF BRUNNE *Handl. S.* 5210. Quy make ᵶe suche *menyng* now Of Ioseph, my sone, bitwix ᵶou? CURS. MUNDI 5166 FAIRF. GÖTT. Quen þu es in welth bifor þe king, For goddes loue of me haue *mening,* Þat I may thoru þe help of þe Out of þis presun l[i]uerid be. 4479 FAIRF. TRIN. Quen i ma *mening* o þat mild, Quat blis ᴁco bred again vr bale . . Þat giues me lust of hir to rede. 24748 COTT. FAIRF. GÖTT. *In menyng* sal ᵶe hald þis day, Bath ᵶe and ᵶour ospring ay. 6095 GÖTT. cf. *Exod.* 12, 14. *In mening* of his mistime He witis wirde & waris his time. 27768 FAIRF. *In menyng* of maneres mere þis burne now schal vus bring. GAW. 924.

von einem Denkmal: At Londone wax he syk, & deyde, Þe Bretons þere his body leyde, Bot for to haue *menynge* of hym, How he was noble, meke, & grym, Of coper þey dyde make a knyght, & an hors of coper al dight. R. OF BRUNNE *Story of Engl.* 16395.

meninge s. von *mænen,* conqueri, lugere, sch. *menyng* [BARB. IX. 664 *Spr.*]. Klagen, Wehklagen.

On þe feorðe þinge, þat is *meninge,* god bad us turnen to him. OEH. II. 65. On þe midleste biwist þe he [sc. Iob] þolede þe gimere pine he makede ane reuliche *meninge.* II. 169. On fuwuer wise us bihoueð turnen to him [sc. ure drihten]: on heorte, on festene, on wope, on *meninge.* IL 63. Quen he had þe thrid sith Made his orisun, And *mening* til his fader der Made of his passiun, Þe strang soru þat he ledd Can na man rede in run. CURS. MUNDI 15699 COTT. FAIRF. GÖTT. Quila þat hell and air sathan Mad þis þair *mening* o þair man, Þe king o blis, als was his will, Hell þan said he þus-gat till etc. 18281 COTT. GÖTT. Bothe Sir Lote and Sir Lake Meculle *menyng* con make. ANT. OF ARTH. st. 46. He wiste never that he hade A fader to be slayne; The lesse was his *menynge.* PERCEV. 571. „What knyghte es that," said the kyng, „That thou mase of thy *menynge?*" 1085.

menise s. mlat. menusia, menusa s. *menuse.*

menisoun, menisoun, meneisoun, meneson, meneseun, menson s. afr. *menison, menisoun, meneison, menoison, menuison,* dysenterie, dévoiement, flux de ventre [ROF.], diarrhée, dysenterie; perte de sang, en parlant d'une femme [GODEFR.], it. *minuzione,* Aderlass, mlat. lat.

minutio, *minutio* sanguinis, Aderlass[D. C. v. *minuere*; VEGET. *a. v.* 1, 17, 13; 1, 28, 1] zu *minuere* [*minuere* sanguinem, abs. *minuere*, zur Ader lassen VEGET. *a. v.* 1, 16, 2; 1, 22, 1], also eig. = Blutverminderung, Blutentleerung [s. *Skeat* in P. PL. *Gloss.* und *Mätzner* zu BEK. 2395 *Spr.*; die von Mätzner angenommene Beziehung zu lat. *mensis* scheint jedoch nicht haltbar]. Vgl. auch pr. *menaco*, dyssenterie, it. *menagione*, Bauchfluss, Durchfall, das sich neben *ragione*, *stagione* zu stellen scheint; doch ist *menare* für *menovare*, *minuare* = lat. *minuere* nicht nachzuweisen.

1. **Rote Ruhr, Ruhr, Durchfall:** Þe *menyson*, lienteria [= gr. λειεντερία], & cetera; vbi þe flixe. CATH. ANGL. p. 234. vgl. þe *flix*, diaria, lientaria, fluxus, p. 136 und s. oben *flux*, *flix* s. Toward þe deþe he drouȝ, And furpinede *in* þe *menisone*. ST. THOM. OF CAUNT. 2366 Horstm. p. 174. His broþer also, sire Geffrei, þat Erl of Brutayne was, Deide also *in* þe *menison*. *ib.* 2369. In siknesse hii wiþinne velle atte laste *Of menison*, & oþer vuel, þat he feblede faste. R. OF GL. p. 568. Toward the dethe he drouȝ, And forþynede *in* the *meneisoun*. BEK. 2394 *Spr.* His brother also, Sire Geffrai, that of Britaigne Eorl was, Deide ek *in* the *meneisoun*. 2397. Sende Ipocras, for hys treson, Soon after the *menesoun*. MS. in HALLIW. D. p. 549. He [sc. God] sent Ypocras, for his tresoun, Sone therafter, the *menesoun*. SEUYN SAG. 1131. For al that heuer he mighte do, His *menesoun* might nowt staunche tho. 1135. vgl. The bloody *menison*, dysenteria. WITHALS [urspr. a. 1556] in CATH. ANGL. p. 234 n. 2 [ed. 1634].

2. **Blutfluss, Blutgang, Menstruation**, bes. krankhafte, als Frauenkrankheit: Menstrua muliebria sunt [*Menyson*; menstrua i. muliebrina, est *A.*] fluxus sanguinis mulierum. CATH. ANGL. p. 235 und n. 1. vgl. *ib.* p. 234 v. *menyson*, p. 136 v. *flix* und s. oben *flux*, *flix* s. On Dame Eutice cam a siknesse swiþe greuous and long, Four ȝer he [= heo] hadde gret pine, þe *menison* of blode wel strong. ST. LUCIE 5 Horstm. p. 101. Þe godspel was þat day .. Of a womman þat ȝwylene hadde þe *menison* of blod. 27. vgl. *Matth.* 9, 20. *Luke* 8, 43. Bothe meseles and mute, and *in* þe *menysoun* blody, Ofte he heled suche. P. PL. *Text B.* pass. XVI. 111 [*Piers* ist hier *Christus*; deshalb ist wohl auch hier ein Hinweis auf die eben erwähnte Erzählung der Evangelien zu sehen, und nicht etwa, wie *Skeat* will, Ruhr gemeint]. Hire moder cam an vuel swiþe greuous & longe, For four ȝer heo hadde mid grete pyne þe *meneisoun* stronge. ST. LUCY 5 Furnivall. Of a womman þat while hadde þe *meneisoun* of blod. 28. vgl. oben ST. LUCIE 5. 27. A ȝong lady of seynt Ede abbey *Of* the blody *mensone* lay so seke stylle in hurre bedde. ST. EDITHA 3181 Horstm. Heilbr. 1883.

menituwe adj. ags. *menigtyve*, anscheinend zu *maniȝ* und ags. *tyve* [?] geb. [STRATM.]. vielgeschäftig, kunstfertig [?].

Sollers, *menituwe*, FRGM. OF ÆLFR. GRAMM. etc. p. 2. WR. VOC. col. 539, 18 Wülck.

meniver, menever etc. s. afr. *menu vair*, *menu ver*, anglonorm. *meniver*, *menever* [LIB. ALB., LIB. CUST. Gloss. v. *corium*], nfr. *veraltet menu-vair*, petit-gris, mlat. *minutum varium*, *varium minutum* (D. C. v. *vares*], sch. *myniver*, neue. *meniver*, *minever*, *miniver*, dial. *minifer* [Norfolk]. klein geflecktes buntes Pelzwerk, bes. vom Hermelin oder vom Bauche des grauen sibirischen Eichhörnchens.

Silk ne sendale nis þer none, No bise ne no *meniuer*. E. E. P. p. 2 *Spr.* He het bringe a cupe of selver whit And a mantel, Ipaned al *wiþ meniver* [a mantyl of scarlet *wiþ menyuere* T. .. a pane *of menuuer* C.]. FL. A. BL. 513 Hauskn. A meche mantel one lofte *wt menyuer* furrit. ST. ERKENW. 11 Horstm. p. 268. For a [mantel] *of menyuere* he made lele matrimonye departen ar deth cam, & deuo[r]s shupte. P. PL. *Text B.* pass. XX. 137. vgl. ohne *of:* Mantellus *menyuer*. C. XVI. 204 *v. l.* [s. MÄTZNER *Gr.* 3 III. 326 und 337-8]. A burnet cote henge therewith alle, Furred *with* no *menyuere*. CH. *R. of R.* 226. The kyng dude of his robe, furred *with meneure*. ALIS. 5474. Manteles, forours of riche pris, *Of meneuer*, stranlyng, veyr, & gris. R. OF BRUNNE *Story of Engl.* 11193. vgl. Menu ver, ou verk, the furre *mineuer*, also the beast that bears it. COTGR. Menu vair, *minever*, the furre of ermine mixed or spotted with the furre of the weesell called gris. *ib. Miniuer*, armilium. MAN. VOC.

menivermantel s. aus buntem Pelswerk hergestellter Pelzmantel.

For a *menyuermantel* he made leel matrimonye Departe er deþ come, and a deuors shupte. P. PL. *Text C.* pass. XXIII. 138. vgl. *menyueremantel* v. l. *B.* XX. 137.

mennesc adj. humanus s. *mannisc*.

mennesse s. von *mǽns* adj. communis. vgl. ags. *gemǽnnes*, *-nnes*, *-nesse*, communio. neue. dial. *mennys*, a large common [*Kent* BOSW.- TOLL.]. Gemeinschaft.

Ich yleue holy cherche [cherch *ed.*] generalliche, and þe *mennesse* of halȝen, þet is to zigge uelaȝrede of alle þe halȝen. AYENB. p. 13 *Spr.* Ich yleue ine þe holy gost, holy cherche generalliche, *mennesse* of halȝen. p. 263. cf. REL. ANT. I. 42. Ac uor of echen of þe holy ordres wondres þou hest yzed: we byddeþ þet þou zigge ous hwet is hare dede in *mennesse*, and huet is þe conuers[ac]ion of uelaȝrede. AYENB. p. 268. Þe dede of alle ine *mennesse* is xeueuald. *ib.*

mennesse s. natura humana s. *mannesse*.

mennesc, -isc adj. humanus, **mennisc, -ish, -ishe**, *mǽnisc* s. *mannisc*. **-isse** s. genus humanum, natura humana s. *mannisc*.

menniscleȝc s. = *mannischnesse*, *menniscnesse* [ORM 1359. 1373]. menschliches Wesen, menschliche Natur, Menschennatur.

He sennde uss sone hiss worrd, hiss witt, Hiss Sune, hiss mahht, hiss kinde, To takenn ure *menniscleȝc*, To wurþenn mann onn eorþe. ORM Introd. 93. All swa toc Cristess *mennisc leȝc* Wiþþ dæþess pine o rode. *Homil.* 1380. Þatt Godess Sune Jesu Crist, Þurrh hiss goddcunnde strenneþe, Uss shollde inn ure *mennisc-leȝȝc* Þe deofell oferrswifenn. 1881.

mennous s. mlat. menusia, menusa s. *me-nuse.*

menor, menour, minour adj. gewöhnlich von *frere* begleitet, afr. *menor, menour, menur,* nfr. *mineur* [in *frères mineurs* u. a.], sp. pg. pr. kat. *menor,* it. *minore* [auch in *frati minori*], lat. *minor, -oris,* eig. geringer, kleiner, niedriger, gebraucht von den Minoriten, als *fratres minores* [vgl. mhd. der *minner bruoder*], einer Bezeichnung der Fransiskaner durch den Begründer des Ordens, Franz von Assisi, als der angeblich demütigsten, bescheidensten unter den religiösen Stiftungen [gegründet 1210, seit 1224 in England].

Y shal ȝow teche as y herde telle Ones a frere *menor* spelle. R. OF BRUNNE *Handl. S.* 9598. And ȝit ther is another ordre, *Menour* and Jacobin, and freres of the Carme, and of Seint Austin, That wolde preche more for a busshel of whete Than for to bringe a soule from helle. POL. S. p. 331. Now am I Robert, now Robyn; Now frere *menour,* now jacobyn. CH. *R. of R.* 6340. *Menour* frere, or frere *menoure* [*menowe* friyr P.], minor. PR. P. p. 333.

im Plural erscheint *frere menors* ohne Flexion des ersten Wortes, wie ein Kompositum [vgl. anglonorm. Ne devoms pas entreoublier . . *Les Frere Menours.* POL. S. p. 144; s. auch oben ae. *frere* s.]: The ordre bigan of *frere menors* thulke sulue ȝer [i. e. 1210] ywis. R. OF GL. p. 498. Of *M* comen the *frer Menours.* POLIT. P. A. S. I. 266. Þe reule and þe lyuynge of *frere menours* is þis. WYCL. *W. hith. unpr.* p. 40. Also bisiden Rome *frere menours* bi false name pursuen pore freris to deþ. p. 51. So there weren with us 2 worthi men, *frere menoures,* that weren of Lumbardye. MAUND. p. 282. Of these *frer mynours* me thenkes moch wonder. REL. ANT. I. 322.

völlig substantiviert, mit Weglassung von *frere* [vgl. anglonorm. Auxi come les *Menours* fount. POL. S. p. 145]: „Mari,“ quod [þe] *menour,* „among vs he dwelleþ, And euer haþ, as ich hope, and euer schal herafter.“ P. PL. *Text A.* pass. IX. 14. *Menour* wiþoute, and prechour wiþinne, Ʒur abite is of gadering þat is mochil schame. R. E. P. p. 154. cf. REL. ANT. II. 175. Twei freres I mette, Maistres of þe *menours.* P. PL. *Text A.* pass. IX. 8. But here þe *menours* seyn þat þe pope dischargiþ hem of þis testament. WYCL. W. *hith. unpr.* p. 47. Two freres I mette, Maistres of þe *menours.* P. PL. *Text B.* pass. VIII. 8. For ryȝt as *menoures* most ypocrisie vseþ, Ryȝt so ben prechers proude purlyche in herte. P. PL. *Crede* 380 Skeat. Two freres I mette, Maisteres of [þe] menours [*menowrus, mynours* vv. ll.]. P. PL. *Text C.* pass. XI. 8. Al most I madde in mynde To sen hough this *Minoures* Many men bygyleth. P. PL. *Creed* 558 Wright.

menour s. anglonorm. *manour, meinoure, meinour* neben afr. *manœvre, manoyvre,* pikard. *menœuvre,* pr. it. *manovra,* sp. *maniobra,* mlat. *manobria* [auch *manobrium*], *manobra, manopera, manuopera,* servitium manuale [auch = res furtiva: *manuopera* LIB. CUST. p. 487], neben *manuopus* [*cum manuopere* captus . . est in furto vel cum re furtiva deprehensus DC. vgl. *mannuopus* LIB. ALB. p. 666. 670], von lat. *manus* und *opus, opera;* neue. *mainour, mainor, manner* in dem Rechtsausdruck : taken *with the mainour,* später *in the mainour* etc. vgl. *manovren* v. gestohlenes Gut, Raubgut, Maingut.

Al had he Cortoys hanged whan he fonde hym with the *menour,* he had not moche mysdon. CAXT. *Reynard* p. 7 Thoms [i. e. mit dem gestohlenen Gut in der Hand, auf frischer That].

menowe, menawe, menewe etc. s. vgl. ags. *myne* [capito, *myne,* vel ælepûte (= neue. eelpout) WR. VOC. p. 55 pl. menas et capitones, *mynas* and ælepûtan *ib.* p. 6], von ags. *min,* parvus, ae. *min,* vgl. ir. *min,* small, *miniasg,* a small fish, desselben Stammes mit lat. *minus, minuere* [also auch mit dem gleichbedeutenden ae. *menuse,* afr. *menise,* mlat. *menusia* von lat. *minutia,* aber nicht verwandt mit mlat. *mena,* lat. *mena, mæna,* gr. $\mu\alpha\iota\nu\eta$], neue. ziemlich veraltet *menow* [veron, *menow,* the *menow-fish* BOYER a. 1702], jetzt meist *minnow;* vgl. dial. *mengy* [Devon.], *mennard* [Craven], *mennam* [North]. HALLIW. D. p. 549, die, dem Stamme nach mittelbar oder unmittelbar verwandt, abweichende Endungen zeigen. kleiner Fisch, bes. Elritze, Ellerütze, leuciscus phoxinus Linn., ein kleiner zur Familie der Karpfen oder Weissfische geh. Süsswasserfisch.

A *menowe.* CATH. ANGL. p. 234. vgl. A *menowe,* fish, mena. MAN. VOC. Veron, the little fish called a *mennow.* COTGR. Hic solimicus, a *menawe.* WR. VOC. p. 222. *Menewe,* a fysshe, mevnier. PALSGR. vgl. Mena est quidam piscis, Anglice a penke or a *menew* penke. JOHN DE GARLANDIA ed. Pynson [1514] in PR. P. p. 333. — Musclade of [or *Ms.*] *menows* with þe samoun bellows, eles, lampurns. BAB. B. p. 166. Musculade, *menewes* in sewe of porpas or of samon. BAB. B. p. 280. *Menewes* & musceles, eles and lamprayes. p. 281. *Menewes* in porpas. *ib.* Smalle fisshe þou take ther with, als trouȝte, sperlynges, and *menwus* (= menewus) withal, And loches. LIB. C. C. p. 54. vgl. Pisciculi minuti, small fishes called *menews* or peers. GOULDMAN [1614] in PR. P. p. 333.

menowr s. afr. *mainour* s. *menour.*

menowre s. mediator s. *mener.*

mensal adj. it. *mensale,* lat. *mensalis* von *mensa,* neue. *mensal.* zum Tisch gehörig, Tisch-.

Mensal knyfe, or bordeknyfe, mensalis [= Tischmesser]. PR. P. p. 333.

menske, mensce, mensk, mense s. altn. *menneska,* humanitas, honos, virtus, alts. *menniskî,* humanitas, ahd. *menniskî, mennigî,* humanitas, altsch. *mensk,* honour [BARB., WYNT.]. neusch. *mense, mence,* manliness, dignity of conduct; honour; good manners, discretion, propriety of conduct; thanks, grateful return; credit, ornament, or something that gives respectability; auch übertr.: She's the *mense* of the family [JAMIESON], neue. dial. *mense*, decency, comeliness, grace.

In der ANCR. R. findet sich das Wort wiederholt in der Form *menke*: diese beruht vermutlich nur auf Versehen des Schreibers; vgl. *Mätzner* zu ANCR. R. p. 101 *Spr.*

1. **Freundlichkeit, Güte, Gnade:** Summe gold and gersum .. makes luued and heried .. summe *menske* and mildeschipe and debonairte of herte and dede. OEH. p. 269 [cf. wið meknesse and mildeschipe and mikel debonairte p. 275]. Al gracious gode god, þou grettest of alle, Moch is þi mercy & þi miʒt, þi *menske* & þi grace! WILL. 313. A mayden of *menske*, ful debonere. ALLIT. P. 1, 162. Multyplyes on þis molde, & *menske* yow bytyde! 2, 522. & ʒet þe symplest in þat sale wats serued to þe fulle, Boþe with *menske*, & with mete & mynstra[l]sy noble. 2, 120. He lovede welle almosdede, Powr men to cloth and ffode, Wyth *menske* and manhede. DEGREV. 81. cf. He lovede almousdede, Povre folke for to fede With *menske* and with manhede. Ms. in HALLIW. D. p. 549. — Man, for þi *mensk*, haue mercy on me nouþe. WILL. 1257.

2. **Ehrerbietigkeit, Ehrerbietung:** He [sc. Leir] .. hopede for to fynde of here [sc. Regan] beter *menske* [mulce, milce, mercye *vv. ll.* 775 Wr.] and grace. R. OF GL. p. 33. Alle heo bueth redy myn routhes to rede, Ther y mot for *menske* munte sum mede, Ant þonkfulliche hem thonke. POL. S. p. 156. Þenne þe lorde of þe lede loutes fro his chambre, For to mete wyth *menske* þe mon on þe flore. GAW. 833. Here is a meyny in þis mote, þat on *menske* þenkkes. 2052. Be stabulle of chere for *menske*, y rede, Yf he [sc. marshalle or vssher] the sette at gentilmonnes borde. BAB. B. p. 300.

3. **Ehre, sowohl als Tugend, ehrenhaftes Benehmen, Anstand, Würde, wie durch wirkliche oder vermeintliche Eigenschaften dieser Art erlangtes Ansehen, Hochachätzung, Verehrung, Ehre bei den Menschen und bei Gott, und ebenso Ehre, die erwiesen wird, Ehrenbezeugung:** Ah fourti wintre heore fader Madan mid *mensca* [mid mansipe j. T.] heold his riche. LAʒ. I. 107. O muchele *menske* to beon moder of swuche sone mid holscipe of maiden. OEH. p. 189. cf. p. 203. Al þe [= thee] *menske* þuhte for þe luue of me. p. 279. Pouerte wið *menske* is eað for to þolien. ib. Þe lond haueðe mid *menske*. LAʒ. I. 142. Ebrauc .. lond heold mid *mensce*. I. 113. cf. 107. And sette Arðure an hond al Orcaneies lond .. mid muchelere *mensce*. ib. Ha .. wende hare wiheles upon ham seluen, Þ al ha cneowen ham crauant & ouercumen, & cweðen hire þe meistrie & te *menske* al up. LEG. ST. KATH. 130. To mueli mi mede & te murhðe þat lið to meiðhades *menske*. ST. JULIANA p. 19. Ant hefde þe grace of þen hali gost, swa þ heo ches him to luue ant to leouemon, ant bitahte in his hond þe reaufti of hire meiðhad. ST. MARHER. p. 2. Swa þ ha moten þurh þe eadi meiden þ we munnið to dei wið

meiðhades *menske* þ murie meidenes song singen. ib. Þu þenne, seli meiden, þat art ilote to him wið meidenhades *menske*, ne brec þu nawt tat seil þat seiled inc to gederes. HALI MEID. p. 11. Hwase swa falleð of meidenhades *menske*. p. 21. Aʒean scheome, *menske*, & aʒean pine, delit & reste wiðuten ende. ANCR. R. p. 358. Iðe *menske* of þe dome þet heo schulen demen is heischipe menskeful ouer al understonden. ib. Mid ihol meidenhod & meidenes *menske*. p. 38. Ich habe mi loverd that is mi spouse, That meiden broute mi to house Mid *menske* inou. SIRIZ 91. Pare nas non þat coupe is conseil with *menske* bringe to ende, Ne þat wuste hov heo miʒten best ovt of þe chaumbre wende. ST. THOM. CAUNT. 883 Horstm. p. 131. More *menske* were it to þe, Better for to do. TRISTR. 2118 Kölb. Of *menske* þou were wurþe. BÖDD. *Altengl. Dicht.* p. 159. [Send ..] suilk a wijf til Ysaac þat mai be gainand him to take, Him to ioy and *menske* to þe. CURS. MUNDI 3267 COTT. FAIRF. TRIN. Into his kepyng hir toke he, And leuyd with her in chastite, With *menske* and worship hir to yeme. 11171 FAIRF. TRIN. A monethe bifor his birthe Hali kirk wit *menske* and mirht Welcomes him euer ilke a yer. METR. HOMIL. p. 8. Ful richeliche serued he wes Wiþ *menske* & mirþe to mete. AMIS A. AMIL. 689 Kölb. Per a marcialle (= marshal) hyr mette wt *menske* alder-grattest, & wt reuerence a rowme he raʒt hyr for euer. St. ERKENW. 337 Horstm. N. F. p. 274. Jf he fare forthe to fighte, And we foure kempys agayne one knyght, Litille *menske* wold to us lighte, If he was sone slayne. PERCEV. 1421. Ʒif þou be stad in strange contre, Enserche no fyr þen falles to the, Ne take no more to do on honde, Pen þou may hafe *menske* of alle in londe. BAB. B. p. 306. Pou may haue more *menske* emong alle menne. LIB. C. C. p. 12.

With blisse and *mensk* þou crouned him yet, And ouer werkes of þi hend him set. Ps. 8, 6-7. *Mensk* of hir men said. LANGT. p. 105. Witvtun *mensk* þai ar vnmind. CURS. MUNDI 1572 COTT. FAIRF. GÖTT. We prai hir [sc. þat lauedi = Maria], for hir maidenhede, Pat we mai sua þis stori rede Hir to *mensk* [to *menske* FAIRF. to worschip, to worshepe *cett.*] and us to mede. 2324 COTT. [Þu send ..] suilk a wijf to Ysaac Pat may be gaynand him to tak, Him to yoi and *mensk* to þe. 3267 GÖTT. He tok hir in his keping be, And liued wit hir in chastite, Wit *mensk* and wirscip hir to yeme. 11171 COTT. GÖTT. Vnblemyst I am wythouten blot, & þat may I with *mensk* menteene. ALLIT. P. 1, 781. More *mensk* it is manliche to deie Pan for to fle couwar[d]li. WILL. 3900. Byfore alle men vpon molde, his *mensk* is þe most. GAW. 914. Matheu scheues in our godspelle Quat *mensk* til Crist als this dai felle. METR. HOMIL. p. 94. That broht mankind til *mensk* and miht. p. 163. Or yef thou prai efter catele, That es igain thi sawel hele; Or efter werdes *mensc* and miht, That geres foles fal in pliht. p. 137. Yef thou tharof me melde, Ic haf tinte werdes *mensc* and belde. p. 166.

pl.: He breiðeð þe crune of blisse, and not one ne two, auh ase ueole siðen ase þu ouerkumest him, ase ueole crunen, þet is to siggen, ase ueole menken *[mensken* T. C.] of misliche muruhðen he greiðeð þe. ANCR. R. p. 236. Þus feole priuileges scheaweð ful sutelliche hwucche beon þe meidnes, & sundreð ham fram þe oðre wið þus feole *mensken.* HALI MEID. p. 23. Sele yow bytyde, & he ȝelde hit ȝow ȝare, þat ȝarkkez al *menskes!* GAW. 2409.

4. Ehre, Zierde [als das, was Ehre bringt]: Þu, þat *menske* art of al monkin, of alle bales bote, mon for to menske swuch schome þoledes. OEH. p. 281.

5. Zierde, Zierat, Schmuck, sinnl. [als das, was zum Schmucke dient, gereicht]: Amidden þe meste *menskes* [menkes *ed.; menske* C.] of þine nebbe, þet is þet feirest del bitweonen smech muðes & neoses amel, ne bereat tu two þurles, ase þauh hit weren two priue þurles? ANCR. R. p. 276.

menskeful, menskful, menseful adj. sch. neue. dial. [Northern counties] *menseful, mensful,* decent, becoming, honourable [?]. vgl. *menske* s.

1. von Menschen gebraucht, ehrenhaft, ehrenwert, angesehen, auch ansehnlich, trefflich, stattlich, herrlich: Ichot a burde in boure bryht, That fully semly is on syht, *Menskful* maiden of myht, Feir and fre to fonde. LYR. P. p. 51. Þanne hadde þis *menskful* Melior maydenes fele assegned hire to serue. WILL. 580. Melior, þat *menskful* may. 659. Nas mi *menskful* ladi Meliors h[er]-inne, & lowed hire to be mi lemman & lai in myn armes? 694. Þenne þe best of þe burȝ boȝed togeder, Aywan, & Errik . . & mony oþer *menskful.* GAW. 550 sq. Þen saltow be miȝtful, and haldin ful *menskful* and of mikil prise. CATO 136 *Fairf.* That es sa *menseful* and mihty. METR. HOMIL. p. 10.

2. in Verbindung mit Kollektiven und Sachnamen, konkreten und abstrakten, ehrenvoll, würdig, ansehnlich, stattlich, schicklich, geziemend, artig: Iðe menske of þe dome þet heo schulen demen is heischipe *menskeful* ouer al understonden, aȝean scheome & louhschipe þet heo her uor Godes luue mildeliche þolieð. ANCR. R. p. 358. A clene biwist he [sc. godd] chess forþi For to mak in his herbergeri, in a castel als her is tald, A worthy sted *menskful* to hald. CURS. MUNDI 9875 COTT. The riche emperour of Rome rod out for to hunte In þat faire forest feiþely for to telle, Wiþ alle his *menskful* meyne, þat moche was & nobul. WILL. 200. — His maners were so *menskful,* amende hem miȝt none. WILL. 508. William þan . . Made him *menskful* messageres . . Þe grettest lordes of þat land. 4807 sq. I am here an erande in erdez vncouþe, & haue no men wyth no malez, with *menskful* þinges. GAW. 1808.

menskefulli, menskfulli adv. sch. *menskfully* [BARB.]. *mensefullie.* vgl. *menskeful* adj. anständig, würdig, ehrenvoll.

Thre sperlis of þe spelunke þat spradde hit o lofte Was metely made of þe marbre & *menskefully* planede. ST. ERKENW. 49 Horstm. N. F. p. 267. Syr Ewayne, and syr Errake, and othire gret lordes, Demenys the medilwarde *menskefully* thare aftyre. MORTE ARTH. 4076. Ful *menskfully* to þe messangeres þemperour þanne scide, He wold be boun bleþeli þe bold batayle to hold. WILL. 1143. William and his moder anon riȝt of Alisaundrine toched To marie here *menskfulli* among hem riȝt þanne. 4990. cf. 5038. 5048. Thenne myȝte we bothe with myȝte *Menskfully* togedir fyghte. PERCEV. 705. Seyne salle ȝe offyre, aythyre after oþer, *Menskfully* at Saynt Mighelle fulle myghty with Criste. MORTE ARTH. 939. *Menskfully,* honeste. CATH. ANGL. p. 234.

menskeliche, menskelie, menskliche, menskli adv. sch. *menskly* [BARB.]. vgl. *menske* s.

1. freundlich, gütig, gnädig: Summe gold and gersum and ahte of þis worlde makes luued and heried, sume fredom and largesce þat leuer is *menskli* to ȝiuen þen cwedli to wiðhalde. OEH. p. 269. Syþen fro þe meyny he *menskly* departes; Vche mon þat he mette, he made hem a þonke, For his seruyse, & his solace, & his sere pyne. GAW. 1983.

2. ehrenvoll, würdig, anständig, stattlich: Ȝif þu hatest þine sunne, hwui spekes tu *menskeliche* bi hire [why dost thou speak of it in gentle terms]? ANCR. R. p. 316. Bathe . . sal be broht Til heuenis blis ful *menskelie.* METR. HOMIL. p. 5. Thir kinges com in *menskelie.* p. 96. Quen al tha banes outtan ware, Tha wormes gert he brin ful yare, And bar thir banes *menskelye,* And fertered thaim at a nunrye. p. 143. Ȝif þou be profert to drynk of cup, Drynke not al of, ne no way sup; Drynk *menskely* [anständig i. e. mässig, bescheiden], and gyf agayne. BAB. B. p. 307. I karp of a kid king, Arisba was hote, The marques of Molosor *menskliche* hee aught. ALIS. FROM. 172. Oft he liftud vp his hend To godd, þat he helpe þam wald send, And ar grant þam son *menskli* to dei, Ar þat misese lang for to drei. CURS. MUNDI 4767 COTT. ähnlich *cett.* [von friedl. natürl. Tode im Gegensatze zu einem schrecklichen langsamen Hungertode; vgl. neue. a *fair* death, ein seliger Tod]. Þenne he meued to his mete, þat *menskly* hym keped. GAW. 1312.

mensken v. sch. neue. dial. *mense,* zieren, schmücken. vgl. *menske* s.

1. ehren, verehren, Ehre erweisen, geben, verschaffen: Þis was te measte wunder . . þat tat kidde keiser cruned in heuene, schuppere of alle schaftes, for to *mensken* hise fan, walde henge bituhhe twa þeoues. OEH. p. 281. [He . .] bisohte him [sc. hire feader] þat he hire ȝeue him, & he hire walde *menskin* wið al þat he mahte. St. JULIANA p. 7. Hwat herte ne mai tobreke hwen ha herof þenches hu þu, þat menske art of al monkin, of alle bales bote, mon for to *menske* swuch schome þoledes. OEH. p. 281. Levedi, with al my miht My love is on the liht, To *menske* [sc. the] when

y may. LYR. P. p. 30. Þe furste þat men shulde him ken To *menske* preest & eldre men. CURS. MUNDI 12097 TRIN. For ȝit I may, as I miȝte, *menske* þe wiþ ȝiftes. P. PL. *Text A*. pass. III. 177. cf. *B*. III. 183. *C*. IV. 230. Nowe welcome, floure fairest of hewe, I shall þe *menske* with mayne and myght. YORK PL. p. 115. To *menske*, honestare. CATH. ANGL. p. 234. Þe king him gold and siluer gaue, And commaunded thoruout al hisland, Men suld him *mensk* [onure, plese *cett.*] and hald in hand. CURS. MUNDI 2430 COTT. FAIRF. Þe formast thing man aght him ken To *mensk* [worshepe, menske *cett.*] prist and eldir men. 12097 COTT. GÖTT. Þe salle *mensk* al cristen men. 21558 FAIRF. For to *mensk* him . . Wit giftes. METR. HOMIL. p. 101. [William asks the Emperor to come to Palermo] To *mensk* [menske 4834] the mariage of Meliors his douȝter. WILL. 4815.

Menske nu þin hehe nome, heouenliche Lauerd! LEG. ST. KATH. 2008.

For oft þou *menskes* [menskis FAIRF. *menskest* TRIN.] man wit mede For will allan witvten dede. CURS. MUNDI 20035 COTT. GÖTT. He *menskeð* ham se muchel, as te brudgume deð his weddede spuse. HALI MEID. p. 23. Þe abyt þat þou hatz vpon, no halyday hit *menskez*. ALLIT. P. 2, 141. The myghte and the maiestee that *menskes* vs alle. MORTE ARTH. 1303. cf. That mylde qwene that *menskes* vs alle. 2871. Do we forthi als did thir kinges, And *mensk* we [konj.] Crist. METR. HOMIL. p. 105. Qua has made þis calf now here Atte ȝe squa *mensk* [mensked FAIRF. dus worschip GÖTT.] and haldes dere? CURS. MUNDI 6561 COTT. Qua *menskes* hir, þai may be bald. COTT. FAIRF. Tha That . . *menskes* hir. METR. HOMIL. p. 164. Rekeles . . *menskis* him that wonis in heuin. p. 97.

He [sc. þe king] kist and sett on binc him [sc. Iacob] bi, And *mensked* [honurd, honoured *cett.*] him derworthli. CURS. MUNDI 5321 COTT. FAIRF. Qua has made yow þis calf here Þat yee sua *mensked* [mensk FAIRF. dus worschip GÖTT.], and haldes dere? 6561 COTT. Quat for luue and quat for doute All *men[s]ked* it [sc. þe wigur = figure, idol]. 2293 COTT. Thir kinges . . *menskid* him wit giftes thre. METR. HOMIL. p. 96.

Mensked [menskid FAIRF. GÖTT.] wit his f.exs was þou, Of all tres mast o virtu, He has þe halud þat all ean kenn, And *mensked* [menskid GÖTT.] wit all cristen men. CURS. MUNDI 21555 COTT. So with marschal at her mete *mensked* þai were. ALLIT. P. 2, 118. *Mensked* he [sc. þe sone] worþe! JOSEPH 146. So schaltow geto god los, & gretli be *menskked*. WILL. 5132. Lokis it [sc. þe cors of þe knyghte noble] be . . *Menskede* with messes, for mede of þe saule. MORTE ARTH. 4017 sq. vgl. *Menshed*, honoured. MS. in HALLIW. D. p. 549 v. *mensc.*

reciprok: Þir leuedis *mensked* þam emell [louyd hem so welle, loued hem so welle *cett.*], Þair will þai gan til oþer tell. CURS. MUNDI 11051 COTT. GÖTT.

2. schmücken, zieren: [Þat geaunt Riton . .] seide he scholde make hym aferd But

he flowe of his owen berd, & sent hit hym vntii his pane To *menske* hit þer hit was wane. R. OF BRUNNE *Story of Engl*. 12457. A mere mantile abof, *mensked* withinne, With pelure pured apert þe pane ful clene. GAW. 153.

mensket s. ahd. *menneskeheit, mennisgheit,* humanitas etc., mhd. *menniecheit, menneecheit, menscheit*, nhd. *menschheit*. Ehre.

For ofte moni wummon letes hire *mensket* þurh þe luue of wepmon þat is of heh burðe. OEH. p. 273.

menseful, menskful adj. honestus s. *menskeful*.

menskful adv. zu *menskeful* adj. geziemend, hübsch, reizend, anmutig.

Middel heo hath *menskful* small. LYR. P. p. 52. vgl. A. SCHULTZ *H. L.²* I. 218.

menskfulli adv. honeste s. *menskefulli*.

mensking s. vgl. altnorthumbr. *mensung*, favor [BOUTERW.] und s. *mensken, menske*. Güte, Freundlichkeit, Verehrung, Liebe.

Bot þat *mensking* [menskyng *cett.*] þam bituin Was sumquat diuers, als i wene; Þe tan was leuedi maiden ying, Þe toþer hir handwomman kerling. CURS. MUNDI 11053 COTT. GÖTT. Þou tak to thanc þat we þe mak Sli *mensking* [worshepe TRIN.] als we mai. 15047 COTT. FAIRF. GÖTT. Knele i sal befor þe king, And thank him all [of *ed.*] his grett *mensking* [of his grete *menskinge* FAIRF. of his gret helping, of his grete helping *cett.*]. 5303 COTT.

menskladi s. Anstandsdame, Ehrendame.

A *mensklady* on molde mon may hir calle. GAW. 964 [vgl. More lykkerwys on to lyk Wats þat scho hadde on lode. 968].

menslaȝt s. Nebenform zu *manselaȝt* s. homicidium. Totschlag, Mord.

Proly into þe deueles þrote man þryngez bylyue, For couetyse & colwarde & croked dedez, For monsworne & *menselaȝt*, & to much drynk. ALLIT. P. 2, 180.

menskli, menskliche adv. humaniter, honesto s. *menskeliche*.

mensioun s. mentio s. *mention*.

menslaer, mensloer s. Nebenform zu *mansleer* s. homicida. Totschläger, Mörder.

Menslaer and swykel his dayes halfe sal. EARLY E. Ps. 54, 24. — *Mensloers*, heldes fra me. 138, 19.

menson s. menstrua s. *menison*.

menstracie, menstralcie s. mlat. *ministralcia* s. *menestralcie*.

menstruate adj. spätlat. *menstruatus* [pannus *menstruatæ* VULG. *Is*. 64, 6 mulier *menstruata* *Ez*. 18, 6]) p. p. zu ungebr. *menstruare* von *menstrua, -orum*, sp. *menstruar*, pg. *menstruar-se* [p. p. *menstruada*], afr. *menstruer*, avoir ses menstrues, nfr. femme *menstruée*. vgl. *menstruous*. die monatliche Reinigung habend.

Fadris vnhilliden in thee more shameful thingis, thei meekeden in thee the vnclennes of the *menstruate* womman [of a womman in vnclene blod *Pure*. immunditiam menstruatæ humiliaverunt in te *Vulg.*]. WYCL. Ez. 22, 10 Oxf.

menstrue s. afr. *menstre*, nfr. *menstrue*, gew. *menstrues*, pr. *mestruas*, kat. sp. pg. it. *menstruo*, mlat. *menstruum*, lat. *menstrua*, *-orum* von *menstruus* adj. zu *mensis*, früh neue. *menstrue*, *menstrew* [The *menstrue*, menstrua COTGR. Ye *menstrew*, menstruum MAN. VOC.]. monatliche Reinigung.

Alle oure riʒtfulnessis ben as the cloth of a womman in vncleene blood [*menstrue*, or vnclene blood *v. l.* quasi pannus menstruatæ *Vulg.*]. WYCL. Is. 64, 6 Purv.

menstruous adj. mlat. *menstruosus* [für lat. *menstruus* = *menstruans*] von mlat. *menstruum*, lat. *menstrua*, *-orum* zu *menstruus* adj. aus *mensis*, sp. *menstruosa*, afr. *menstrueus*, *-euse*, vgl. nfr. *menstrueux*, allzulöslich [chm.] zu *menstrue* s. dissolvant; neue. *menstruous*, having or belonging to menses. s. *menstrue* s. die monatliche Reinigung habend.

To kille The ruoul and fele other thinges ille, A *menstruous* ungerd womman [mulierem menstruantem, nusquam cinctam], unshod, Untressed eke, about to goone is goode. PALLAD. 1, 859. vgl. *Menstruoue*, menstruosus. MAN. VOC.

mente s. menta, mentha s. *minte.*

mentel s. mantelum s. *mantel.*

mentenaunce s. s. *maintenaunce.*

mentil s. mantelum s. *mantel.*

mention, mentioun, mencion, mencian, mencioun, mensioun s. afr. mention, *mencion,* pr. *mencio, mensio,* sp. *mencion,* it. *menzione,* lat. *mentio, -onis* zu *mens, memini* geh., neue. *mention.*

1. Erwähnung: Mo than I can make of *mention* [: Citheron:]. CH. *C. T.* 1937 Tyrwh. But of no noumbre *mention* made he. 5614. As thise clerkes maken *mention* [: champion:]. 14126. vgl. *Mentyon,* mention. PALSGR. *Mention,* mentio. MAN. VOC. This duk, of whom I made *mentioun,* Whan he was comen almost to the toun etc. CH. *C. T.* 895 Tyrwh. cf. 2208 [: adoun:]. 4474 [: doun:]. As thise clerkes maken *mentioun* [: champioun:]. *ib.* II. B. 3301 Skeat Cl. Pr. Pe prophet makuth to vs *mencion* of þis. ST. EDITHA 4767 Horstm. Heidelb. 1883. Pe soules þat comez in þat prisoun Of heom nis no *mencion.* VISIONS OF ST. PAUL Horstm. in *Arch.* 52, 37. Matheu makeþ *mencion* of a man þat lente Hus seluer to þre manere men. P. PL. *Text C.* pass. IX. 267. Dauid makeþ *mencion.* XII. 281. Right so this jangler envious, Though he a man se vertuous And full of good condicion, Therof maketh he no *mencion.* GOWER I. 174. For hyt [sc. þat messe] makeþ *mencyun* of þe passyun As Iesu cryst to deþ was doun. R. OF BRUNNE *Handl. S.* 10496. In the contrees where I have ben, ben manye dyversitees of manye wondirfulle thinges, mo thanne I make *mencioun* of. MAUND. p. 314. Dauid maketh *mencioun.* P. PL. *Text B.* pass. X. 448. Bi hir atyre so bright and shene, Men myghte perceyve welle, and sene, She was not of religioun, Nor I nelle make *mencioun* Nor of robe,

nor of tresour. CH. *R. of R.* 3713. This duk, of whom I make *mencioun,* Whan he was come almost unto the toun etc. *C. T.* I. B. 35 Morris Cl. Pr. Mo than I can make of *mencioun* [: Citheroun:]. 1077. Of al this make I now no *mencioun* [: adoun:]. 1348. For he hath told of louers vp and doun Moo than Ovide made of *mencioun.* II. B. 53 Skeat. Hast thou not mynde of the gospell, that maketh *mencyoun* of that right synful woman. MAR. MAGD. 96 Zup. Lyk as the Bible makith *mencioun.* LYDG. *M. P.* p. 135. Vincencius, in his speculatif historialle, Of this saide monke makithe ful *mencyoune.* p. 63. Kyng Rychard dede a lettre wryte . . And made therinne *mencyoun,* More or lesse, of the raunsoun. RICH. C. DE L. 1173 sq. Nou⸗where in holi scripture is *mensioun* made or eny ensaumpling doon, þat a womman schulde were upon her heer & heed eny couercheef of lynnen þrede or of silk. PECOCK *Repr.* I. c. 16 in *Spec.* III. 49.

2. Gedenken, Erinnerung: Alle þat herden þis storie rede wiþ herte and deuocioun, And in herte taken hoede wiþ good *mencioun,* Þe pope haþ granted hem to mede and [leg. ane, an] hundred dawes to pardoun. GREGORLEG. 748 *Vern.* in *Arch.* 55, 438 [dieser Schluss scheint nach der Bem. des Herausg. späterer Zusatz].

menuschen v. minuere s. *minuschen.*

menuse, menise, menese etc. s. afr. nfr. *menuise,* koll. kleine Fische, Fischbrut, mlat. *menusa, menusia* zu lat. *minutia* [also stammverwandt mit dem gleichbedeutenden ae. *menowe*], neue. veraltet *menise.* vgl. *menusen* v. kleiner Fisch, bes. Elritze, leuciscus phoxinus.

Perches in iely . . whelkes, *menuse.* BAB. B. p. 168. Aforus est piscis, a *menuse.* MEDULLA [a. 1468]. vgl. *Menuse,* the minnow. HALLIW. D. p. 549. Flowndurs, gogeons, muskels, *menuce* in sewe. BAB. B. p. 171. *Menuce,* fysche, silurus, menusa, cinalis. PR. P. p. 333. The pekerel and the perche, the *menuous* and the roche. REL. ANT. I. 85. Take *menyse,* or loche, and pike hem faire etc. TWO COOK. B. p. 104. Hec menusa, hic scrullus, a *menys.* WR. VOC. p. 253. *Menese,* or loche boiled. TWO COOK. B. p. 104.

menuse s. wohl gleichen Ursprunges wie das vorhergeh. Wort. Gefäss, Fläschchen mit engem Halse, Tropfenflasche.

Guttulus, *menuse.* WR. VOC. col. 587, 31 Wülck. [vgl. lat. *guttus,* neben dem *guttulus* wie *guttula* neben *gutta* steht].

menusen v. anglonorm. *menuser,* sonst afr. *menuisier, menuisier, menuiser,* klein machen, vermindern, nfr. *menuiser,* Holz klein schneiden, bearbeiten [wovon *menuisier,* Tischler], pr. *menudar, menuzar,* it. *minutare, minuzzare,* mlat. *minutare,* *minutiare* von lat. *minutia* zu *minutus.* vgl. *minuschen.* mindern, schmälern, schwächen.

If a man *menuse* or withdrawe the almesse of the povere. CH. *Pers. T.* p. 292. He was dryuun, hurtlide, and *menusid* [= geschwächt d. h. er erlitt Verlust an Leuten]. WYCL. 2 MACC.

13, 19 Purv. It bihoueth him for to wexe, forsoth me to be *menusid*, or maad lesse [minui
Vulg. ἐλαττοῦσθαι gr. ═ abnehmen]. JOHN
3, 30 Oxf.

menusinge s. vgl. *minuschinge*. Minderung, Schädigung, Schade.

That if the gilt of hem ben richeassis of the
world, and the *menusinge*, or makinge lesse, of
hem ben richeassis of hethen men, hou moche
more the plente of hem? WYCL. ROM. 11, 12 Oxf.

meobles s. pl. mobilia s. *moble* adj.

meoc, meok, mec, mek, meek, mik, muk
adj. altn. *mjúkr*, mollis, soft to the touch;
metaph. meek, mild, gracious, schw. *mjuk*, soft,
dän. *myg*, lithe, pliable, supple, niederl. *muik*,
moek, gth. *muks* [in *nuka-modei*, πραότης],
neue. *meek*.

1. von Menschen, auch von Christus,
Maria, Engeln, weich im Gemüte, sanft,
sanftmütig, demütig, auch gütig, nach-
sichtig: Godess engell iss full *meoc*, & milde,
& softe, & bliþe. ORM 667. Ʒho warrþ swiþe
meoc Aftterr þatt jho wass heþhedd [von Maria].
2647. Lerneþþ att me þatt icc amm wiss Rihht
milde & *meoc* wiþþ herte [von Christus]. 4970.
Himm birrþ beon ædmod & *meoc* & god wiþþ
hise breþre. 6366. Vor he [sc. þis jonge king]
was *meok* & mylde ynou & vair of flesse & felle.
R. OF GL. 5815 Wr. Ðeos milde, *meoke* meiden.
LIFE OF ST. KATH. 103. A *meoke* widewe.
HALI MEID. p. 43. Toward tis *meoke* meiden.
ST. MARHER. p. 9. Upo þis *meoke* meiden. ST.
JULIANA p. 69. Of ane so *meoke* meiden. LIFE
OF ST. KATH. 1278. Þe guodneasse of þis joungue
king ne may no man telle; He was *meoke* and
milde inouȝ . . Debonere for to speke with, ant
with pouere men mest. ST. EDW. CONF. 13
Horstm. p. 47. God gaf þe amiral boþe heorte
and wille Pe more to louien Gilebert, for he was
meoke and stille. ST. THOM. OF CAUNT. 15
Horstm. p. 107. Swyþe fair knyʒt and strong
he was, and hardi and quoynte, *Meoke* and
milde and ful of milce, and large in eche poynte.
ST. EADM. KING 5 Horstm. p. 297. Ʒif man him
wolde biþenche, and riʒt him onderstonde. He
scholde beo *meoke* and milde of heorte, and to
no man habben onde. ST. MIЈHEL 734 Horstm.
320. Jesu, wel mai myn herte se That milde ant
meoke he mot be. LYR. P. p. 73. BÖDD. *Altengl.
Ged.* p. 203. Mayde, byseche y þe Vostre seint
socour, *Meoke* & mylde be with me Per la sue
amour. LYR. P. p. 97. BÖDD. *Altengl. Ged.* p.
221. Also he was like Traianus in alle poyntes
meke [*meoke* y.] and mylde and softe to men
[clemens, communis, mansuetus ad homines
Higd.]. TREVISA V. 207. — Forr þatt teʒʒ sinndenn alle Æddmode & *meoke* & milde menn.
ORM 3606. Ʒef ha milde & *meoke* beon, as meiden
deþ to beonne. ST. JULIANA p. 51. Þus þu makest,
milde godd, alle þeo muchele þe makieð ham
meoke, & þeo þe heið ham her leist swiðe lahe.
p. 63. Drede is such a mayster, Þat he makeþ
men *meoke* and mylde of heore speche. P. PL.
Text A. pass. X. 82.

[Godess enngell . .] badd him ben full milde
& *mec*. ORM 2467. Éʒþerr wass wiþþ oþerr

meoc. 2501. cf. 13314. Beseche we him *meck* of
mode [i. e. Christus]. E. E. P. p. 6. *Mek* he
was to mylde men, & cruel to hys fon. R. OF
GL. p. 428. Þe king wes *mek* & milde ynou.
6868 Wr. Peruore ich clupede þe ek vp, þat
þou it ssost ise, To nime ensample afterward
milsfol & *mek* to be. 8974 Wr. Lauedi scho es
o leuedis all, Mild and *mek* witouten gall. CURS.
MUNDI 101 COTT. Ne mihte he [sc. Seint Johan
Baptiste] mid none worden kiðen betere þat he
admod was and himseluen *meoc*. OEH. II. 137.
A *meke* meiden. HALI MEID. p. 29. Ðeos milde
meke meiden. LEG. ST. KATH. 103. Of ane so
meke meiden. 1278. Of alle men was he mest
meke, Lauhwinde ay, and bliþe of speke. HAVEL.
945. Born he was of gentill blode, And euermor *meke* & myld of mode And merciful to
more and les. ST. THOM. CANT. 5 Horstm. N.
F. p. 42. When he herd of þis mayden *meke*,
He cumand þat men suld her seke. ST. AGACE
13 *ib.* p. 45. Vor he [sc. þis jonge king] was
meok [*meke* C.] ynou & vair of flesse & felle.
R. OF GL. 5815 Wr. Lauedy ho ys of lauedis
alle, Mylde and *meke* witouten galle. CURS.
MUNDI 101 FAIRF. GÖTT. TRIN. He wax so
mylde and so *meke*, A mylder man þurt no
man seke. R. OF BRUNNE *Handl. S.* 5825.
For to haue menynge of hym, How he was
noble, *meke*, & grym, Of coper þey dyde make
a knyght. *Story of Engl.* 16397. Ne wax þou
nout to wilde . . Ant be *meke* ant mylde. REL.
ANT. I. 112. BÖDD. *Altengl. Ged.* p. 293. [He . .]
Was sa *meke*, that he wald take Flesche and
blode. METR. HOMIL. p. 65. Þan may nan man
þider come Bot he þat *meke* es and boghsome.
HAMP. 394. Haue here þis bold barn, & be til
him *meke*. WILL. 412. Thei seyn also . . that
he [sc. Jesu Crist] was an holy prophete and a
trewe, in word and dede, and *meke* and pytous
and rightefulle. MAUND. p. 132. He was mihtful and *meke* [v. Christus]. P. PL. *Text A.* pass.
I. 147. cf. C. II. 170. Þat prist þat schulde be
most *meke*, most pore, most redy to dye for cristen
mennus soulis. WYCL. *W. hith. unpr.* p. S.
Also he was like Traianus in alle poyntes, *meke*
and mylde and softe to men [clemens, communis, mansuetus ad homines Higd.]. TREVISA V.
207. He [sc. kynge Philippe] was *meke*, and
schewede mercy to þeyme. *ib. Harl.* Heraclius
made *meke*, and commynge to hit barefoote, the
jate was openede. V. 423 *Harl.* Though that he
was worthy, he was wys, And of his port as *meke*
as is a mayde. CH. C. T. I. A. 68 Morris Cl. Pr.
He shall be *meke* to marchandy. GOWER III.
115. She semeth *meke*. II. 210. *Meke* of maners was he. CLEGES 21. Þus *meke* & þus
myelde, forsothe, was he. ST. ETHELDR. 340
Horstm. N. F. p. 290. And ever þou ast be
meke and myld. ORFEO 102 a. Zielke *Ms. O.*
Sche is *meke* and boneire. LIB. DESC. 1816 Kaluza. Madame *meke* and mylde. IPOM. *A.* 6669
Kölb. Þou goddis aungell, *meke* and mylde.
YORK PL. p. 99. Every man . . Be *meke* and lowe
the poore man to! COV. MYST. p. 201. *Meke*,
humilis, mansuetus. PR. P. p. 331. *Meke*, and
mylde, and buxum, pius, clemens, benignus.

ib. Mekyn, or make *meke* and buxum, humilio. *ib.* *Meke,* clemens, bonitate et pietate, deuotus, domatus, compaciens, humilis .. longanimis, mansuetus .. mitis, modestus etc. CATH. ANGL. p. 232. To be or wex *meke,* mansuere, -escere, mitere, -tescere, deseuire. p. 233. vgl. I mekyn, I make *meke* or lowlye, Je humylie. PALSGR. — Þar he mad wit his sermon mild *Mek* þe men als beistes wild. CURS. MUNDI 21151 COTT. Forthi bird yong men *mek* be. METR. HOMIL. p. 109. *Meke* meidene mede. ST. MARHER. p. 5. Þer he made wiþ sarmoun milde Þe men *meke* þat er was wilde. CURS. MUNDI 21151 FAIRF. „Bot yhe," he sayde, „be als a childe," — Þat es to say, bathe *meke* and mylde, — „Yhe sal nat entre, be na way, Hevenryke. HAMP. 400. Thouȝ ȝe be myȝtful to mote, beth *meke* in ȝowre werkes. P. PL. *Text B.* pass. I. 174. cf. *C.* II. 173. Of *meke* men and of buxum euermor to thee pleside the preȝeere. WYCL. JUDITH 9, 16 Oxf. Curtesie wole that ye socour Hem that ben *meke* undir youre cure. CH. *R. of R.* 3539.

Though þat he wer worthy, he was wys, And of his port as *meeke* as is a mayde. CH. *C. T.* 68 Zup. O man is *meeke,* anothir doth manace. LYDG. *M. P.* p. 159. vgl. *Meeke,* humilis. MAN. VOC. — We schulden bi resoun be *meeke* and buxum to þis Lord. WYCL. *Sel. W.* III. 94.

Vor he [sc. þis ȝonge king] was meok [*muk a.*] & mylde ynou & vair of flesse & felle. R. OF GL. 5815 Wr. Þe king wes mek & milde [milde & *muke a.*]. 6868 Wr.

Kompar.: For man suld here þe *meker* be Ay when he sese, and thynkes in thoght Of how foul mater he is wroght. HAMP. 385.

Superl.: *Meokest* an meiden. ST. MARHER. p. 2. Marherete, mildest and meidene *meokest.* p. 4. Þus to bounty my body þai buriet in golde, Claddene me for þe curtest þat courte couthe then holde, In mantel for þe *mekest* & monlokest one benche. ST. ERKENW. 248 N.F. p. 271-2. Superlativbildung am Komparativ: Crist is god & man, & was porerste man of lif & *mekerste* & moost vertuous. WYCL. *W. hith. unpr.* p. 460. Crist .. was *mekerst* man. *Sel. W.* II. 117.

von Personen erscheint auch der substantivierte Positiv des Wortes im Singular, Demütiger, Elender: *Meke* and poure rihtwises swa [humilem et pauperem justificate]. EARLY E. PS. 81, 3. The *meke* and the pore rightwises. HAMP. *Ps. ib.* Lettis not, thof riche men be agayns him, the *meke* .. & the pore. *ib.* comm. To deme for the modirles and *meke* [to the moderles child and to the *meeke* Oxf. pupillo et humili *Vulg.*]. WYCL. PS. 9 [10], 18 Purv. im Plural, Sanftmütige, Demütige, Niedrige: Forr Drihhtin hãteþþ modiȝ mann, & lufeþþ alle *meoke.* ORM 9613. He [sc. anticrist] sal cum the *meke* to fel. CURS. MUNDI 21987. He .. enbaunside *meke.* WYCL. LUKE 1, 52. Oxf. If þei [sc. bisshopes] ben as þei sholde .. Merciable to *meek* [þe *meke* v. l.] and mylde to þe goode. P. PL. *Text C.* pass. X. 13 sq. — der

Kompar. im Sing.: Þe *mekere* of ȝou is more of ȝou. WYCL. *Sel. W.* I. 386.

2. ebenso von Kollektiven: Þatt genge þatt wass milde & *meoc,* & rædmod all se chilldre. ORM 6009. For þou *meke* folk sauf make sal nou. EARLY E. PS. 17, 28. Fffor thou sall make safe *meke* folke. HAMP. *Ps. ib.* For thou a *meke* puple shalt make saaf [For thou schalt make saaf a *meke* puple *Purv.*]. WYCL. PS. *ib.* Oxf. — He schal make *meke* alle folkis whiche euer risen aȝens vs. WYCL. JUDITH 8, 20 Purv.

3. von Tieren bezeichnet es sanft, gutartig, friedfertig, geduldig, zahm, im Gegensatze zu wild, reissend: Forr cullfre iss milde, & *meoc,* & swet, & all wiþþutenn galle. ORM 1258. Forr lamb iss soffte & stille deor, & *meoc,* & milde, & liþe. 1312.

Deof a ful *mec* fuel is. METR. HOMIL. p. 158. Þe prinse, he sede, oþer king nis to preisi noȝt Þat in time of worre as a lomb is boþe *mek* & milde, & in time of pes as leon cruel & wilde. R. OF GL. 1320 Wr. Thei seyn that he [sc. the ox] is the holyest best in erthe. For hem semethe that whoso evere be *meke* and pacyent, he is holy and profitable. MAUND. p. 170. Egydie after an hynde cryede, And þrow þe mylke of þat mylde [*meke* v. l.] beat þe man was susteyned. P. PL. *Text B.* pass. XV. 274. A scorpion to be both mylde and *meke* .. It may wel ryme, but it accordith nought. LYDG. *M. P.* p. 57. The douffe also that is so white, In hert bothe *meke* and beautevous, Unto the erthe she toke hir flight. p. 80. — Siþen efter alþernest hand Þe *meke* beistes sal haue þair stand, Þat es þai þat er tame and mild [*meke* and milde FAIRF.], And vnder þam sal stand þe wild. CURS. MUNDI 1693 COTT. ähnlich *cett.* Beist and fouxul þat sal haue grith, þe *meke* be þam tua and tua, Þe wild do be þam self alsua. 1712 COTT. ähnlich *cett.* Briddes and bestes .. And wilde wormes in wodes þorw wyntres þow hem greues, And makest hem wel nyegh *meke* and mylde for defaute. P. PL. *Text B.* pass. XIV. 111 sq. Pai [sc. þe balefull bestes] were made als *meke* as maistur behouet, And as bowande to þe bowes as any bestes might. DESTR. OF TROY 900. Som [sc. whallis and othir fysch] sall be milde and *meke,* And sum both fers and fell. YORK PL. p. 12. vgl. God sent hem fode bi foules and by no fierse bestes, In menynge þat *meke* þinge mylde þinge shulde fede. P. PL. *Text B.* pass. XV. 300.

Briddes and bestes .. And wilde wormes in wodes þorw wynter þow hem greuest, And makest hem wel ney *meek* and mylde for defaute. P. PL. *Text C.* pass. XVI. 292 sq. Thaire thewes is to see that thai [sc. thyne oxen] be *meek,* Quyk, and aferrde of clamoure and of gode. PALLAD. 4, 695. Folk that be humble .. Resemble beestys *meek* and vertuous. LYDG. *M. P.* p. 159.

Þe prinse, he sede, oþer king nis to preisi noȝt Þat in time of worre as a lomb is boþe mek [*muk a.*] & milde, & in time of pes as leon cruel & wilde. R. OF GL. 1320 Wr.

4. von Früchten bezeichnet das Wort milde, süss im Gegensatze zu bitter: Thre

daies wattering up helpeth eke To greet encrece, and his translacion [i. e. transplanting] The pynes fruyte wol easy make and *meke*. PALLAD. 12, 192.

3. von anderen konkr. u. abstr. Sachnamen, die dem Gemütsleben angehören oder auf dasselbe hinweisen, wie von Menschen selbst, sanft, milde, demütig, gütig: Leose me, lauerd, ut of þe liunes muð, ant mi *meoke* mildschipe of þe anhurnde hornes. ST. MARHER. p. 7. Edmodnesse, of milde & of *meoke* heorte. ANCR. R. p. 158. Pauh heo [sc. edmodnesse] makie hire so lutel & so *meoke* & so smel, heo is þauh þinge strengest. p. 278-80. Pe wilde bor . . þuruh *meoke* edmodnesse streccheð him bi þer eorðe. p. 280.

[Till hæþenn manness heorrte . .] Patt Godd maʒʒ, son se himm þinnkeþþ god, All makenn nesshe & softe & *mec* & milde & allmeassfull. ORM 9929. He wende him uorþ to chirche, & biuore þe rode com, & mid *mek* herte pitoslicche is kinges croune nom. R. OF GL. 6594 Wr. Wyþ *meke* herte. p. 322 Hearne. In contrit spirit and maad *meke* serue we hym. WYCL. JUDITH 8, 16 Purv. [He . .] wolde putte it of wiþ a *meke* answere [miti hoc differebat responso *Higd*.]. TREVISA VII. 441. Her *meke* preyere and her pitous chere Made the markis herte han pitee. CH. C. T. II. E. 141 Skeat Cl. Pr. With simple chere and *meke*. GOWER II. 243. And then into hurre chambre with þat he went, With myelde chere & hert fulle *meke*. ST. ETHELDR. 449 Horstm. N. F. p. 292. — If thou plesist this puple, and makist hem softe bi *meke* wordis, thei schulen serue thee in al tyme. WYCL. 2 PARALIP. 10, 7 Purv. Thou schalt make *meke* the iʒen of proude men. Ps. 34, 13 Oxf. There was the dowve, with hir eyen *meke*. CH. Ass. of F. 341. Syr, ys hyt thy wylle To come and speke owre kyng tylle, Wyth wordys *meke* and mylde. TRYAMOURE 1129. This white dove with here ʒen *meke*, Whose chekes were hir beaute for to eke, With lyllies meynt and fresshe roose rede. LYDG. MS. in HALLIW. D. p. 548 v. *meint*.

[He . .] wolde putte it of wiþ a meke [*myke* γ.] answere [miti hoc differebat responso *Higd*.]. TREVISA VII. 441.

He wende him uorþ to chirche, & biuore þe rode com, & mid mek herte [*muke* hurte α.] pitoslicche is kinges croune nom. R. OF GL. 6594 Wr.

meoke, meke adv. demütig.

Isaac tiþing herd, Richard com him to seke, Ageyn Richard he ferd, to fote he felle fulle *meke* [en croyz ly chet al pez *fr*. vgl. die Anm. von *Wright*], & said, Sir, mercy, my life þou saue it me! LANGT. p. 167. Abijde wee *meke* the coumforting of hym [Abide we *meke* his coumfort *Purv*. dagegen: Expectemus *humiles* consolationes eius *Vulg*.]. WYCL. JUDITH 8, 20 Oxf. vgl. *Mätzner Gr.*³ III. 97 sq.

meokelec s. lenitas, **meokeliche** adv. leniter, modeste, moderate s. *meoclec*, *meoclike*.

meoken, meken, meeken, miken v. altn. *mýkja*, mollem reddere, neue. *meek*.

a. tr. 1. mit Personalobjekt, demütigen, erniedrigen: Pu ert of two dolen, of licame & of soule, & in eiðer beoð two þinges þet muwen awuðe muchel *meoken* þe, ʒif þu ham wel biholdest. ANCR. R. p. 276. In his grane he shal *meken* hym. WYCL. PS. 9 [10], 10 Oxf. *Mekyn*, or make meke and buxum, humilio. PR. P. p. 331. Lowyn, or *mekyn*, humilio. p. 315. But nathyng may *meke* him mare Pan to thynk in hert, als I sayde are, How he was made of a foul matere. HAMP. 406. To *meke*, humiliare. CATH. ANGL. p. 233.

Pis *mekes* he ful ofte, And þis upheves he o lofte. EARLY E. Ps. 74, 8. Him he *mekis*, and him he heghis. HAMP. Ps. 74, 7. Him that is proud he *mekis* thurgh pyne. *ib*. comm. This he *mekith*, and this he enhaunceth [He *mekith* this man, and enhaunsith hym *Purv*.]. WYCL. Ps. 74, 9 Oxf.

Gode es to me þat þou *meked* me. EARLY E. Ps. 118, 71. Pou *meked* me in þi sothnesse. 118, 75. Goed til me for thou me *mekid*. HAMP. Ps. 118, 71. In thi sothfastnes thou *mekid* me. 118, 75.

Ere I was *meked* [priusquam humiliarer], gilted I. EARLY E. Ps. 118, 67. Toward, fraward, *meked* am I. 118, 107. As sorowand & sary made swa i was *mekid* [sic humiliabar]. HAMP. Ps. 34, 17. Are i ware *mekid*, i trespassid. 118, 67. I am *mekid* all out. 118, 107. Forsothe he that shal hie hym self, shal be *mekid;* and he that shal meeke hym self, shal be enhaunsid. WYCL. MATTH. 23, 12 Oxf. Good is to me, for thou hast *mekid* me. Ps. 118, 71 Oxf. Be ʒee *mekid* [humiliamini *Vulg*.] undur the myʒty hond of God, that he henhaunce you in the tyme of visityng. REL. ANT. II. 44. vgl. die Anm. *Spr*. I. 2, 227.

auch demütigen, besiegen: He shal *meken* alle Jentilis, who so euere rijsen aʒen vs. WYCL. JUDITH 8, 20 Oxf. Bi mi saule in pais sal he Fra þam þat swa neghed me . . Here sal God, and *meke* þa. EARLY E. Ps. 54, 19. 20. He sal by in pees my saule fra tha that neghis til me . . God sall here and sall *meke* thaim. HAMP. Ps. 54, 20, 21. vgl. comm. übertr. von der Liebe: Luue . . mai him *mike* [*meke* cett.] wit might, Quilum allan wit an ei sight. CURS. MUNDI 4299 COTT.

2. mit Sachobjekt als Vertreter der Person [Augen, Knochen, Herz, Seele, Gedanke, Eigenschaft derselben], besänftigen, beruhigen: He [sc. Saul] es al vte o wite als wode, Hu sal we *meke* his menged mode? CURS. MUNDI 7419 COTT. GÖTT. He is ay out of witte and wode. How salle we *meke* his mode? *ib*. FAIRF. cf. To *meke*, delinere, domare, [mansuefacere *A*.', mansuetaro, mitigare, mitificare, mollire, temperare. CATH. ANGL. p. 233.

By þat word he *meked* [*mykede* γ.] so þe kynges herte, þat was toawolle for wrethe, þat no þing was afterward levere to þe kyng þanne þe sone of þe erle þat was islawe. TREVISA VII. 27.

meist demütigen, erniedrigen: Forr swa to *meokenn* þeʒʒre lund & teʒʒre modess

wille. ORM 9385. Eghen of proude *meke* saltou.
EARLY E. Ps. 17, 28. Þat might *meke* his herte
and make it law. HAMP. 172. The eghen of
proude thou sall *meke*. Ps. 17, 30.

O þisse wise makieð edmod & *meokeð*
[imper.] our heorte. ANCR. R. p. 278.

All that dyes in thaire pride he *mek is* thaim
in til the lawe pitt of hell. HAMP. Ps. 17, 30
comm. And therfore *meke* wee [konj.] to hym
oure soulis [And therefor *meke* we oure soulis to
hym *Purv.*], and in contrit spirit and mekid
serue wee to hym. WYCL. JUDITH 8, 16 Oxf.

I *meked* in fastinge mi saule. EARLY E. Ps.
34, 13. I *mekid* in fastynge my saule. HAMP.
Ps. 34, 16. I *mekide* in fasting my soule. WYCL.
Ps. 34, 13. For he *mekede* his hert so hy. R. OF
BRUNNE Handl. S. 3909. Fadris vnhilliden in
thee more shameful thingis, thei *meekeden* in
thee the vnclennes of the menstruate womman
[immunditiam menstruatæ humiliaverunt in te
Vulg.]. WYCL. EZ. 22, 10 Oxf.

Glade sal þai . . Þanes þat ere *meked*.
EARLY E. Ps. 50, 10. Hert forbroken and *meked*
thoght, God, forsake saltou noght. 50, 19. Thou
shalt not, lorde, despise, but know A contrite
hert and *meked* lowe. RYMAN 50, 4, 1 Zup. in
Arch. 89, 216. Glade sal banes *mekid*. HAMP.
Ps. 50, 9. Hert contrite and *mekid*, god, thou
sall not despise. 50, 18. And therfore meke
wee to hym oure soulis, and in contrit spirit
and *mekid* serue wee to hym. WYCL. JUDITH
8, 16 Oxf.

b. refl. sich demütigen, sich erniedrigen, sich herablassen, sich
beugen, sich fügen: Annd Crist doþ hise
þeowwess aȝȝ To *meokenn hemm* annd laþenn,
Forr þatt he wile hemm hefenn upp Inn heo-
fennrichess blisse. ORM 11863. Thanne gan
mede *meken here*, and mercy bysouhte. P. PL.
Text C. pass. V. 90. In his gilder[t] . . *Meke
him selven* sal he ai [In his snare sal he *meke
him* vL.]. EARLY E. Ps. 9, 31. In his snare he
sall *meke him*. HAMP. Ps. ib. And nou I con
wel *meke me*, and merci beseche Of al þat
ichaue ihad envye in myn herte. P. PL. Text A.
pass. V. 52. cf. B. V. 70. C. VII. 11. Forsothe
he that shal hie hym self, shal be mekid; and
he that shal *meoke hym self*, shal ben enhaunsid.
WYCL. MATTH. 23, 12 Oxf. — All cristene men
and wymene þat trowes appone his passione,
and *mekes þameselfe*. HAMP. Tr. p. 42. — Þenne
Meede *meokede hire*, and Merci bisouhte. P.
PL. Text A. pass. IV. 81. Aurelius Ambrosius
. . causede Hengistus to be heded, sparenge
Osca his son, segede at the cite of Yorke, in
that he *mekede hym selfe* (filio ejus Otte apud
Eboracum obsesso et humiliato pepercit *Higd.*).
TREVISA V. 277 Harl. But þe kyng *meked hym*,
and þede barfoot, and þanne þe ȝate opened
aȝen. V. 423.

mit *to, unto, in*: If he & his conseile *to þam*
wild *him meke*, Þe wild him auaile, & do þat he
wild biseke. LANGT. p. 293. Þenke we hou a man
wole *meke him to a wordly lord* for trespasse don
to hym. WYCL. W. hith. unpr. p. 338. They saiden
apertely that they nold neuer *hem meke to hym*.

CAXT. Cron. of Engl. p. 78. He . . bad that
she *her* shulde *meke* All holo *unto the goddes
heste*. GOWER I. 71. — *Mekeþ [meke, meek* vv.
ll.] *ȝow* [imper.] *to hus mayster*, grace. P. PL.
Text C. pass. VIII. 248. — I *meke me in þi merci*.
WILL. 665. ȝyf þou *meke* [konj.] *þe to þy prest*,
Þou *mekes þe to Goddes prest*. R. OF BRUNNE
Handl. S. 11471. Þer nis no man þat mynde
hath, þat ne *meokeþ* hym and bysecheþ *To þat
lord*. P. PL. Text C. pass. XVIII. 154.

auch ein präpositionaler Infinitiv mit *to,
for* ist findet sich seit ältester Zeit: All forr
nohht uss haffde Crist Utlesedd fra þe defell,
ȝiff þatt ne nolldenn *mekenn us To follþenn*
Cristess lare. ORM 13948. Forr þatt teȝȝ sholldenn *mekenn hemm To sekenn* till þe læche.
19353. — Whan þou *þe mekest to make þy*
shryfte. Þe aungelys of heuene þou ȝyuest a ȝyfte.
R. OF BRUNNE Handl. S. 12111. For whan þou
askest hyt [sc. anelyng] wyþ gode wyl, Þou
mekyst þe þan to fulfyl Þe sacramentes of holy
cherche. 12258. ȝiff þatt teȝȝ nohht ne *mekenn
hemm To betenn* þeȝȝre sinness. ORM 13688. —
The seide kyng of Ciprus *mekede hymself to
yolde* hym to kynge Ricardus. TREVISA VIII. 109
Harl. For he *meked hymself* ouer skyle Pottes
and dysshes *for to swele*. R. OF BRUNNE Handl.
S. 5827 in Spec. II. 58. ȝif þei manly *hem meked* mercy *to crie*. WILL. 1276.

c. intr. sich demütigen, sich beugen, sich unterwerfen: To *meke*, mansu-
escere. CATH. ANGL. p. 233. His herte is hard
that wole not *meke*, Whanne men of mekenesse
hym biscke. CH. R. of R. 3541. — For anon
he *meokeþ [meketh* B. XX. 35], And is as louh
as lamb, for lackynge of þat hym neodeþ. P.
PL. Text C. pass. XXIII. 35. — Als wepand,
and als dreri, Swa *meked* I witterli. EARLY E.
Ps. 34, 14. cf. ib. v. 1.

mit *to, till*: Þe folk *tille him mekes*. LANGT.
p. 46. — He *mekyt to þat mighty*. DESTR. OF
TROY 952.

von Tieren, zahm werden, sein: Þe
bestes *mekand* knaus me, And men knaus noght
þat þai se. CURS. MUNDI 12373 COTT. GÖTT.

Die spätere Weiterbildung des Zeitwortes
mit *-en*, **mekenen** v. neue. *meeken*, scheint erst
im 16. Jahrh. aufzutreten: Thou waxest prowde,
doest thou, I shall *meken* the well ynoughe, tu
deuiens fier, fais tu, je te humilieray asses bien.
PALSGR. *Meken*, humilio, mansuefacio. HU-
LOET. To *meeken*, humiliare. MAN. VOC. — I
mekyn, I make meke or lowlye, je humylie.
PALSGR.

meokeschipe s. lenitas, humilitas s. *meocschipe*.

meokhed, mekhed, mekehed, mukhed s.
neue. veraltet *meekhead*. Sanftmut, Demut.
Mylca þer nas myd hym non, ne after no
meokhede. R. OF GL. p. 389 Hearne. For he [sc.
god] haþ þe *mekhede* biholden of his hine. GEB.
JESU 391 Egert. Milce nas þer mid non, ne no
manere *mekhede [mukhede* α.]. R. OF GL. 8004
Wr. More he louede Roberd vor is more *mekhede [mukhede* α.]. 8709 Wr. Þer nas myd hym
non, ne other *mokehede*. p. 389 Hearne Ar. Ms.

[meoking], meking s. von *meoken* v. De-
mütigung, Erniedrigung.
He [sc. god] sall here me, noght anly that
i pray for my heghynge, bot alswa that i
pray for *mekynge* of thaim. HAMP. *Ps.* 54, 21
comm.

meocleȝe, meokelec, mekeleic, mekelec,
mekelac s. altn. *mjúkleikr*, nimbleness, agility.
Sanftmut, Demut.
Soþ *meocleȝȝe* wass opennliȝ Inn hire annd-
swere shæwedd. ORM 2535. ȝiff þatt tu shæw-
esst soþ *meocleȝȝe* Onnȝænenss *modiȝnesse.* 6276.
ȝiff þatt tu follȝhesst soþ *meocleȝȝe* & soþ unn-
shaþiȝnesse, Þa lakesst tu Drihhtin wiþþ shep
Gastlike i þine þæwess. 1170. cf. 1546. ȝho
wass full off soþfasst þild To þolenn & to dreȝh-
enn Wiþþ soþ *meocleȝȝe.* 2603. Þe witti weldent & te rihtwise bireadde hit swa swiðe wel.
þ he þ ouercom mon were akast þurh mon, wið
meokelec & liste. LIFE OF ST. KATH. 1228. ȝif
Þu haues wið meidenhad *meokelec* & mildschipe,
godd is iþin heorte. HALI MEID. p. 43.
Þe witti Wealdent & te rihtwise biradde hit
swa swiðe wel, þ he þ ouercom mon were acast
þurh mon, wið *mekeleic* & luste. LEG. ST. KATH.
1235. *Mekelec* & mildschipe & swotnesse of
heorte, þat limpeð alre þinge best to meidenhades mihte. HALI MEID. p. 41. *Mekelec* is
muche wurð. p. 45. Alswa is meiden i meidenhad wiðute *mekelec*, as is wiðute liht eoile in a
laumpe. *ib.* For mi lauerd bisch his þufftenes
mekelac. ib.

[meoklich], meklich adj. altn. *mjúklig.* demütig, bescheiden.
Miȝti men he haþ al adoun ido Of here sege,
& *mekliche* men iheiȝed he haþ also. GEB. JESU
399.

meoclike, meocliȝ, meokeliche, mekliche,
meklich, mekli, mekeliche, mekeli, meekli,
mikelik, muekliche, mukli etc. adv. altn.
mjúkliga. neue. *meekly.*
1. sanft, sanftmütig, gütig, freundlich, auch demütig, bescheiden, zur Bestimmung der Thätigkeit von Menschen: Þe
birrþ biforr þin Laferrd Godd Cneolen *meoclike*
annd lutenn. ORM 11391.
Þemperour to þat mayde *mekliche* wendeþ,
& William, þat worþi child, wiþ him he ladde.
WILL. 408. Hyt bycometh for a kyng .. To ȝeue
men mede þat *meklyche* hym serueþ. P. PL.
Text C. pass. IV. 266 sq. Chyldren of Hebreys
hym ymette, *Meklyche* wyth song hy hym grette.
REL. ANT. II. 244. To þe maid olun hi fleeþ ..
And siþ aftir her swinke Wendith *meklich* hom
to drinke. COK. 140 sq. Of alle men he wulde
haue doute, And to here byddyng *mekly* loute.
R. OF BRUNNE *Handl. S.* 5833. He that alle
wisdom couthe, Herd wisdom *mekli* of thair
mouthe. METR. HOMIL. p. 109. Cry mercy and
aske anely saluacyone be þe vertu of his precyouse passyone *mekly* and tristely. HAMP. *Tr.*
p. 42. Thaim that *mekly* does penaunce. *Ps.* 9, 5
comm. Omage arst of alle hendeli he tok, *Mekli*
as þe maner is, his men to become. WILL. 540.
[I . .] preiede hure pytously [*mekly* v. l.] to
preie for me to amende. P. PL. *Text C.* pass.

II. 77. *Mekly*, clementer, humiliter, obnixe &
cetera. CATH. ANGL. p. 233. *Mekley* he answers
there two: „Imayne, that may I not doo For all
this world to mede! IPOM. *A.* 7446 Kölb.
Mekeliche he gan mele Among his men to
roun. TRISTR. 168 Kölb. Þarto þis mensküful
Meliors *mekeliche* hir graunted Forto worche al
hire wille. WILL. 808. Þei euer *mekelyche*
preyȝeden hym of his grace. ST. EDITHA 3620.
Mekelyche towarde his werke he ȝede. 3702.
First at mateynys he wolde þere be, And *mek-*
liche clepe vp hurre austren alle. ST. ETHELDR.
338 Horstm. N. F. p. 290. I seide, „graunt
merci, madame", and *mekeliche* hire grette. P.
PL. *Text A.* pass. XI. 163. cf. *B.* X. 218. God
ous alle techeþ Mischeifs on þis molde *mekeliche*
to suffre. *C.* XIII. 177. Bot Alisaundre hoteþ
delyvere hym his owne; and comaundeþ Darius
to come *mekeliche* and fonge as þe victor will
ordeyne [dagegen: Et contra Alexander sua sibi
dare jubet, hortaturque ut *supplex* veniat victo-
ris arbitria suscepturus *Higd.*]. TREVISA III.
429. If I feled noght *mekeli*, Bot mi saule up-
hove I. Ps. 130, 2. Ful *mekely*, when scho com
þore, Doun scho knelid bifor his kne. ST.
ANDREW 320 Horstm. N. F. p. 8. Þat þaȝ ..
serve þame *mekely* and gladly and lawfyly.
HAMP. *Tr.* p. 10-11. Out of þat faire felachip
ferde he þan sone As *mekeli* as he miȝt, lest eni
myssetrowede. WILL. 1479. The chylde þoght
wondur thore That Clement bete hym so sore,
And *mekely* he can pray: „Syr .. bete me no
more !" OCTAV. 685 *Cambr.* Sarr. She endured
all aduersitee, And to the sergeant *mekely* she
sayde, „Haue heer agayn your litel yonge mayde
etc." CH. *C. T.* II. E. 565 Skeat Cl. Pr. Thay
were right glad and jolif, and answerden ful
mekely and benignely, yeldynge graces and
thankinges to here lord Melibe. *T. of Melib.*
p. 193. *Mekely* in chirche to kysse stone or tre.
Erthe or iren. LYDG. *M. P.* p. 60. *Mekely*,
humiliter, pie, mansuete, suppliciter. PR. P.
p. 331. Lowely, or *mekely*, humiliter. p. 314.
Lawly, vbi *mekely.* CATH. ANGL. p. 210. — Þe
quen him comforted, & curtesli him serued As
mekkeli as sche miȝt. WILL. 4455.
He .. let hus sone deye, *Meekliche* for oure
mysdedes. P. PL. *Text C.* pass. II. 165. We
muste our heedys *meekly* doun enclyne. LYDG.
M. P. p. 136. Thu art eek merciable To alle
folkys that *meekly* hem repente. p. 248. Alle
thes profres *meekly* he forsook. *Guy* st. 61, 1
Zup.

God .. onderstant þet word, ase he hit
onderstant þet ne þengþ naȝt bote guod, and
þet *muekliche* and wyþoute stryf hit onderstant.
AYENB. p. 65. Wyþ a rop aboute þy nekke to
Char[les] so wend an hye, & loke þat þou þan
mukli speke, & to hym mercy crye. FERUMBR.
1944.
Cryst com as *mocklyche* as a lom To habbe
for ȝou dethes dom. REL. ANT. II. 244.

auch Christi, eines Engels: He [sc. our
Lauerd Crist Jesus] lyhted doun ful *mekeli* Into
the maiden wamb of Mary. METR. HOMIL. p. 12.
Quen cherubin his erand herde, *Mekeli* he þan

him answerde [*Mekely* he him vnswerde TRIN.].
CURS. MUNDI 1303 GÖTT. Take ensample here
by me, How *mekely* that I come to the. COV.
MYST. p. 201. Quen cherubin þis errand herd,
Mikelik he him answard. CURS. MUNDI 1303
COTT.

von Tieren, sanft, zahm: Rihht all
swa summ þe shep onnfoþ *Meocliȝ* þatt mann
itt clippeþþ. ORM 1188. Þe leons *mekli* yod
þam wit, Wituten harm or ox ass. CURS. MUNDI
11644 COTT. Þe liones *mekeli* went ham wiþ,
Wiþouten harm of ox or asse. *ib.* cett. I schal
þinke as a douve, that is, *mekely*. WYCL. *Sel.*
W. III. 10.

2. bescheiden, mässig, von Essen und
Trinken (auch Kompar.]: Þis beoð þe wepnen
. . eoten [inf.] *meokeliche* ant druncken *meoke-*
luker. ST. MARHER. p. 14.

meocnesse, meoknesse, mecnesse, mek-
nesse, mekenesse, meekness, micknesse,
mueknesse etc. s. neue. *meekness.* Sanftheit, Sanftmut, Güte, Freundlichkeit,
auch Demut, Bescheidenheit.

von Menschen: Forr Latin boc uss seȝþ
þatt soþ *Meocnesse* iss þrinne kinness. ORM
10698. Forrþi þatt swillke menn Soþfaset *meoc-*
nesse follȝhenn. 1636. He þe wollde þifenn bisne
Patt te birrþ aȝȝ þe sellfenn her Þurrh soþ *meoc-*
nesse laȝhenn. 3746. Swillke leode Aȝȝ follȝhenn
soþ *meocnesses* [gen.] sloþ. 3237. cf. 4969. 7532,
10708. Pouerte, and loue, and *meoknesse* his
breþren he dude biqueþe, Þat huy weren euere
in guode loue, and in *meoknesse* also, and þat
huy ladden heore lijf in pouerte. ST. DOMENIC
309 Horstm. p. 287. Horn makede Arnoldin
þare King, after king Aylmare, Of al Wester-
nesse, For his *meoknesse*. K. H. 1493.

Forr Drihhtin heȝheþþ alle þa þatt soþ
mecnesse follȝhenn. ORM 14916. Þiss iss min
blisse þatt I maȝȝ I soþ *mecnesse* stanndenn.
18457. And as oure herte is disturbid in the
pride of hem, so also of oure *mecnesse* wee glorien.
WYCL. JUDITH 8, 17 Oxf. *Mekenesse* and mildschipe makes mon eihwer luued. OEH. p. 273.
Þat *muknesse* eschapet þe deueles wyle. METR.
HOMIL. 6. b. *Vern.* in *Arch.* 57, 247. *Mek-*
nesse worth mayster ouer mede atte laste. P. PL.
Text C. pass. V. 155. He toke Pers, þurgh his
mercy, To reste withoutyn ende to lede, For
hys *meknes* and hys gode dede. R. OF BRUNNE
Handl. S. 5936. In this godspelle mai we wel
knawe Gret *meknes* in sain Jones sawe. METR.
HOMIL. p. 49. Haf we forthi in word *meknes.*
p. 50. Ffor thou lokid my *meknes* [quoniam
respexisti humilitatem meam]. HAMP. *Ps.* 30, 9.
This has confortid me in my *meknes* [heo me
consolata est in humilitate mea]. 118, 50. Raun-
saker of þe myghte of God and of His maieste
withowttene gret clennes and *meknes* sall be
ouerlayde and oppresside of Himselfe. *Tr.* p. 42.

Þen seyde Antony, þe [þi ed.] gode hermyte:
„Lord, what þing schal passe quite, And in þeos
snarles not beo tan?" And God onswerde: „*Meke-*
nesse alon." METR. HOMIL. 6, 33 *Vern.* in *Arch.*
57, 247. We maken þorou *mekenesse* alle manir
þingus, þat mihte va soile wiþ sinne, sese in a

while. ALEX. A. DINDIM. 335. Ȝe mote go
þorw *mekenesse* . . Til ȝe come into concience.
P. PL. *Text A.* pass. VI. 51. For þi *mekenesse*
. . and for þi mylde speche, I shal kenne þe to
my cosyn, þat clergye is hoten. B. X. 147. And
as oure herte is troblid in the pride of hem, so
haue we glorie also of oure *mekenesse.* WYCL.
JUDITH 8, 17 Purv. By þe preis of ryȝtfulnesse
and of veray *mekenesse* we deserue þe gerdoun
of the deuyne grace. CH. *Boeth.* p. 158. In his
fader halve he sought . . That of his highe
worthinesse He wolde do so great *mekenesse* His
owne town to come and se. GOWER I. 209. To
knowe the Lorde, and bow you by *mekenesse.*
LYDG. *M. P.* p. 94. For euer to *mekenesse* he
was prest. ST. ETHELDR. 326 Horstm. N. F.
p. 290. *Mekeness,* and softenesse, mansuetudo,
clemencia. PR. P. p. 331. Lownesse, or *meke-*
nesse, humilitas. p. 314. Pore dame *Mekenes*
[personif.] sate be syde. E. E. P. p. 144. Þou
biheld mi *mekenes* [quia respexisti humilitatem
meam]. Ps. 30, 8. Þis roned me in *mekenes*
mine [haec me consolata est in humilitate mea].
118, 50. Þorwh *mekenes* mony a tym He fledde
fendes from hym. METR. HOMIL. 6, 25 *Vern.*
in *Arch.* 57, 267. Þe vertu of *mekenes,* Þat euen
contrary til pryde es. HAMP. 392. The vertu of
mekenes here tawthe xal be. COV. MYST. p. 201.
Wymmene lefte pride, and take hem to *meke-*
nes. LYDG. *M. P.* p. 173. *Mekenes,* clemencia,
deuocio, humilitas, longanimitas, mansuetudo
etc. CATH. ANGL. p. 233.

Unnethe may men knowe a gleman from a
kniht; So is *mieknesse* driven adoun, and pride
is risen on heih. POL. S. 335.

God, þet loueþ *mueknesse* and zoþnesse,
yne zuyche wytte onderuangþ þane oþ. AYENB.
p. 65.

von Gott als König in der Allegorie: For
þu art, as all knaues þe, King of *meknes* and
of pite [King o *mekenes* and o pite COTT. Kyng
of pyte & of mercy *cett.*]. CURS. MUNDI 9583
GÖTT.

oft von Christus, Maria: Þatt dide he
[sc. Jesu Crist] forr to shæwenn swa Unnseȝȝ-
enndliȝ *meocnesse.* ORM 3612. Jhesus answerede
with *meoknesse* etc. KINDH. JESU 1699. — And
tu, mi leue Ihesu, for þi mikle *mekenesse* to lamb
was euenet. OEH. p. 273. Þu wið *mekenesse* and
mildeschipe and mikel debonairte . . haues mi
luue chepet. p. 275. Se mi swinke and mi *mek-*
nisse, And forgif me giltes, more and lesse.
Ps. 24, 18. Soo [sc. Maria] yemed hit in *mek-*
nes [in *mekenes* cett.] ai. CURS. MUNDI 9980
COTT. cf. 9996. Criste wit swylke *mekenes* ferde,
That mare *meknes* was neuer harde. METR.
HOMIL. p. 65. Se my *mekenes* and my trauaile.
HAMP. *Ps.* 24, 19. — Þei bynden hem self bi
herte, word, and sygnes to moste *mekenesse*
after Crist and his apostelis. WYCL. *W. hith.*
unpr. p. 4. Men þat haue forsaken alle wordly
ioie and pride and taken Cristis *mekenesse* and
gret pouert bi wilful profession. p. 14. Mary
so myelde, moder and may, Hath borne a chielde
by hir *mekenesse.* RYMAN 101, 7, 2. Cristis
passion was grounded on *mekenes.* LYDG. *M. P.*

61. The well of *mekenes*, blyssed myght she be Moost full of grace! YORK PL. p. 435. For he the *mekenes* hath beholde Of his handemayde. RYMAN 21, 2, 1. — I sauhe a crucifix, whos woundys were nat smal, With this woord *vide* written ther besyde, „Behold my *meeknesse*, O child, and lefe thy pride." LYDG. *M. P.* p. 259. — Soo [sc. Maria] serued in vr lauerd dright, In *mikenes* suet, bath dai and night. CURS. MUNDI 9995 COTT.

von Tieren [vgl. And tu, mi leue Ihesu, for þi mikle *meknesse* to lamb was euenet. OEH. p. 273]: In that lond men worschipen the ox, for his symplenesse and for his *mekenesse*, and for the profite that comethe of him. MAUND. p. 170. Trappours of golde ordeyned were for stiedis, Sheepe in theyr pasture to grace withe *mekenes*. LYDG. *M. P.* p. 118.

[**meocschipe**], **meokeschipe** s. Sanftheit, Sanftmut, Demut.

Ne beo þu nawt tu trusti ane to þi meidenhad wiðuten oðer god & þawfulle mihtes, & ouer al miltschipe & *meokeschipe* of heorte, after þe bisne of þat eadi meiden ouer all oðre, Marie, godes moder. HALI MEID. p. 45.

meode s. merces, præmium s. *med*; mulsum s. *mede*.

meorknesse s. obscuritas s. *mirkenesse*.

meoseise s. molestia s. *mescise*.

meoster s. ministerium s. *mester*.

meosure s. mensura s. *mesure*.

meoven v. movere s. *moven*.

mer s. finis, confinium s. *mær*; major s. *mere*, *maire*; equa s. *mere*.

meracle s. miraculum s. *miracle*.

merbil, **merbul** s. marmor s. *marmon*—.

mercandise s. mercatura s. *marchandise*.

Vor je beþ men bet iteiʒt . . To hamer & to nelde & to *mercandise*. R. OF GL. 2197 sq.

mercatte s. niederl. *meerkat*, *meerkatte*, simia caudata, cercopithecus, niederd. *merkatte*, *mörkatte*, ahd. *merkazzd*, mhd. *merekatze*, *merkatze*, *merkatz*, *mörkatz*, dän. *markatta*, *marekatte*, volkstüml. Umdeutung des ind. *marcati* [SACHS-VILLATTE], weil das Tier über das Meer, aus Afrika, zu uns kam und einen langen Schwanz hat, wie eine Katze. vgl. *mere* s. mare, lacus, palus, und *cat*, *catte* s. Meerkatze, langgeschwänzter Affe, cercopithecus.

I wende hit had be a mermoyse, a baubyn, or a *mercatte*, for I sawe never fowler beest. CAXT. *Reyn.* p. 137 Thoms.

merke, **mærke**, **merc**, **merk**, **marce**, **marke**, **mark** s. ags. *mearc*, *mearce*, signum, nota, altnorthumbr. *merc*[a], *merce*, titulus, inscriptio, apex, meist in Zusammensetzungen, vgl. *on-merca*, inscriptio, afries. *merke*, altn. *mark* pl. *mörk*, niederd. *mark*, ahd. mhd. *marc*, *march* gen. *markes*, wohl aus ahd. *marca*, *marka*, *marcha*, limes, gth. *marka*, verkürzt; auch afr. *marc*, *merc*, pr. *marc*, *marca*, it. sp. pg. *marca*, *marco*, mlat. *marca*, nhd. neue. mark. vgl. *marche*. Zeichen, Merkmal.

Merke, tokyne, signum, caracter. PR. P. p. 334. vgl. A *marke*, signum, scopus. MAN. VOC. — insbesondere bezeichnet das Wort:

1. Merkzeichen, Ziel, als Schranke, Grenze, die nicht überschritten werden kann oder darf [vgl. *marche*, confinium, limes, und s. *bounde*]: Auch iðe temptaciun he [sc. God] haueð iset to þe ueonde a *merke*, ase þauh he seide, „Tempte hire so ueor, auh ne schalt tu gon no furðer." ANCR. R. p. 228. Ffor be þow foundene a fute withowte þe flode *merkes* Aftyr þe aughtende day, whene undroune es rungene, Þou salle be . . hangede. MORTE ARTH. 461. vgl. neue. *floodmark*, Hochwasserstandsseichen.

Ziel, Punkt, Treffort als bestimmter Ort einer verabredeten Zusammenkunft: [ʒe schal . .] cum to þat *merk* at mydmorn. GAW. 1073. And, for the feeldes ben so broode and wide, For to meete in o place at o tyde, They sette *markes*; hire metyng sholde bee Ther kyng Nynus was graven, under a tree. CH. *Leg. GW. Tesbe* 77. auch bestimmter Punkt am Himmel: What is þe planett or þe poynt yhe purposse to se? „ May ʒe oght in any maner me to þat *merke* [to þat sterne *Ashm.*] shewe? WARS OF ALEX. 681 sq. Dubl. Be þat þe sun in his sercle set was o loft, At the *merke* of þe mydday, with his mayn course. DESTR. OF TROY 7695. übertr. Zeitpunkt überhaupt: Lange or þou haue meten þe *merke* of þi mydill age. WARS OF ALEX. 1108 Ashm. cf. Dubl. Quen he preues fra þat prike, þan is he proud-lokid. Metis on þe medill *merke*, & þare his mynd stablis. 4630 Ashm.

Zielpunkt, Ziel des Schützen: *Merke*, or prykke, meta. PR. P. p. 334. cf. p. 413. Hi stode afur, & bende here bowes, & here arewes rijte, And as to a *merke* schote. ST. EDM. KING 43. Heorm sceaftes weoren starke, of his flæsces heo makeden here *marce* [of his flesse hii makede *marke* j. T.]. LAʒ. I. 280. He let archers to him scheote ase it were to one *marke*. ST. SEBAST. 31 Horstm. p. 179.

übertr. Ziel, Augenmerk, Zweck, Absicht, Vorbild: At him-self [sc. þe trinite] I sette my *merke*, And sithen to telle his handewerke. CURS. MUNDI 131 FAIRF. On him mai I best found mi werke, And of his dedes tac mi *merke*. METR. HOMIL. p. 4. At him self [sc. þe haly trinite] first i sette mi *merc* [*merk* TRIN.]. And sithen to tell his handwerc. CURS. MUNDI 131 COTT. In saint Andrew he had swilk trist; And of þat *merk* no-thing he myst. ST. ANDREW 289 Horstm. N. F. p. 8. First at himself [sc. þe hali trinite] i sett mi *marke*, And siþen to tell of his handwerke. CURS. MUNDI 131 GÖTT. — Bot now has sir Dauid missed of his *merkes*. MINOT IX st. 2 Scholle.

2. Merkzeichen, zunächst als Grenzzeichen, Grenzpfahl [hier ist die Berührung mit *marche*, *marke*, *merke*, confinium, limes, besonders nahe]: *Merke* of bowndys, as dolys, and other lyke. PR. P. p. 334. Dole, *merke*, meta, tramaricia. p. 126. vgl. n. 1. As a stake þat stykeþ in a muyre Bytwyne two londes for a trewe *marke*. P. PL. *Text C*. pass. IV. 384. — He ordeyned *merkes* [and *a*.] boundes of fildes and of londes. TREVISA II. 227. But afterward, for þe weyes were not so sette wiþ certeyn

markes, þe weyes were vncerteyn, and strif was bygonne [cum non essent certis limitibus distinctæ etc. *Higd.*]. II. 45.

dann als Denkzeichen, Denkstein, Denkmal: Jacob dalf here, and *merke* dede, Þat is get sene on ðat stede. G. A. EX. 1887. Þare saʒe he selcuthis sere, as the buke sais, Þe muses of musike & þe *merke* how it was made first [unaque omnigenum figmenta viventium Orphei musicam demirantia *Jul. Valer.*]. WARS OF ALEX. 2112 Ashm. cf. Dubl. Bot of thair not [i. e.. employment, work, ags. *notu*] yet standes *merk,* In Babilony the tour yet standes. METR. HOMIL. p. 61.

bildl. von Christus: & tiss child iss to *merrke* sett Bitwenenenn menn onn eorþe, & maniʒ mann þis *merrke* shall Wiþþstanndenn & wiþþseggen [vgl. *Ἰδού, οὗτος κεῖται εἰς πτῶσιν καὶ ἀνάστασιν πολλῶν ἐν τῷ Ἰσραήλ, καὶ εἰς σημεῖον ἀντιλεγόμενον Luc.* 2, 34. Ecce positus est hic in ruinam et resurrectionem multorum in Israel: et in signum, cui contradicetur *Vulg.*]. ORM 7643.

als Merkmal, Kennzeichen zum Zwecke des Wiedererkennens, Wiederauffindens: Into the felde the way thay nome .. And maden lytyl pyttys twaye, And byrid the coffyns bathe, And setten redy *markys* there ·Wydyrout the coffyns were. SEVEN SAG. 1924 sq.

3. äusseres, sichtbares Zeichen der Zugehörigkeit, namentlich Feldzeichen, Banner [vgl. *horemarke, -mærke*]: Cador þe kene scal beren þas kinges *marke,* hæbben haʒe þene drake biforen þissere duʒeðe, and faren to þan castle. LAʒ. II. 377-8. *gen.* Up heo hafden þene drake, ælches *merken* vnimake [eche *marke* onimake j. T.]. II. 378-9. — *pl.* Beornes sculen rusien, reosen heore *mærken* [rese hire *marke* j. T.]. II. 368. Edwine an his ende his teldes alle sette, his *marken* & his mare, and eke his monweorede. III. 254.

auch anderweitiges äusseres Abzeichen: Me thynketh That no manere meyntenour shulde *merkis* [i. e. badges] bere, ne haue lordis leuere. DEP. OF R. II. pass. II. 77 Skeat. bes. des geistl. Standes: Holy kirke, of whom he bar þe *merke.* LANGT. p. 129. Of holy kirke has *merke.* p. 130. Sum bereth croune of acolite for the crumponde crok, And ben ashamed of the *merke* the bishop hem bitok. POL. S. p. 329. To þe preist at frain it feres .. Quar he tas til his teinds tent, Or clething beres þat feis to clerc, Or cron þat es o clergi *merk* [o clergi *merk* FAIRF.]. CURS. MUNDI 27245 sq. COTT. Qua smites preist or clerk, Or ani berand cristes *merk* [Or any þat beres cristes *merk* COTT. GALBA.] Als munk, or frer, nun, or chanun, Or ani man of religiun. 29282 COTT. Ʒif any lewed man laid hand opon clerk, Or with ille on ran þat of corun had *merk,* he suld not escape. LANGT. p. 122. — Comen to þan Æluric kinge munekes and eremite, biscopes and clærkes, and preostes mid godes *mærkes* [*markes* j. T.]. LAʒ. III. 197.

ähnlich auch von der Beschneidung als Kennzeichen des Judentums und von äusse-

ren Zeichen der Zugehörigkeit zum Heidentum: Quuo ne bar ðanne is *merk* him on, Fro goddes folc sulde he be don. G. A. EX. 1003. & þa wiðsaken wolde cristindom, he dude his *marken* him on. LAʒ. II. 29.

wappenartiges Abzeichen der Kaufleute, Kaufmannsmarke: Wyde wyndowes ywrouʒt ywritten full þikke, Schynen wiþ schapen scheldes to schewen aboute, Wiþ *merkes* of marchauntes ymedled bytwene. P. PL. *Crede* 175 Skeat.

hinterlassene Spur eines äusseren Eindrucks; so Siegel: The litle *marke* [seeling *Purv.* signaculum *Vulg.*] shal be restorid as cley. WYCL. JOB 38, 15 Oxf. Stempel, Marke, Besitzerzeichen auf Metallgeschirr: I ʒeve to William Rodeley a stondyng cuppe of seluer .. with þe couercle & my *merke* ymade in þe cnappe. FIFTY WILLS p. 46 [a. 1420]. A tastour of seluer with myn owne *merke* ymade in þe bottom. *ib.* A plate of peautre & ij disshes of peautre, & ij sauseres of peautre & ymarked with .R. and .S.; moreouer a litil masercoppe, & I white coppe, & a spone of siluer without *mark.* p. 201 [a. 1434]. Münzbild: As in lussheborwes is a lyther alay, an ʒet loketh he lyke a sterlynge, Þe *merke* of that mone is good, ac þe metal is fieble. P. PL. *Text B.* pass. XV. 342. vgl. *C.* pass. XVIII. 72. auch Wundmal, Narbe: Thar his throt was scorn wit knif, A red *merk* was al his lif. METR. HOMIL. p. 57. But þer his þrote was kut wiþ knyf, A red *marke* was al his lyf. *ib. Vern.* 5, 117 in *Arch.* 57, 226. That *markes* bery [i. e. bere I] wyth hym, That charite him tok, The woundes al blody, The toknes of mercy. REL. ANT. II. 228. vgl. oben *merk* von der Beschneidung G. A. EX. 1003. künstl. Brandzeichen der Pferde: Thay salle be brynte on the hippe, chapmans *merke* [hier bildl. von dem Brandmal, das zügellose Mönche verdienen]. REL. ANT. II. 280 [15. Jahrh.]. auch Kainszeichen, wohl wie eine Art von Brandmal zu fassen: Bot I salle sette on þe my *merke* [mi *merk* cett.], Þat alle sal se þat ys clerke; Sal nane be balde þe to sla. CURS. MUNDI 1177 FAIRF. GÖTT. ähnlich Zeichen des Antichrist: Þas þat had Criste forsaken And þe *merk* of antichrist had taken. HAMP. 4401. For al þas men sal bere his *merk* Þat sal forsake to wirk Cristes werk, And sal folowe anticristes lawe. 4405. By his *merk* men sal þam knawe, Þe whilk þai sal ber .. Outher in þe frount or in þe ryght hande. 4408.

Handzeichen [statt der Unterschrift]: And y pray yowe loki thys *marke* and thys seell, acorde as y Roger wyl answere afore god. FIFTY WILLS p. 102 [a. 1434].

gezogenes Merkzeichen, Masslinie, Mass der Zimmerleute, Baumeister: Þai fand gret merring in þair *merck* [in her *merk* TRIN.], Þe wrightes þat auld rais þe werck. CURS. MUNDI 8779 COTT. When it [sc. þe tre] was made efter þaire *merk,* Þai wand it vp vnto þe werk, And langer þan þai fand þe tre, By a cubet, þan it sald be. HOLY ROOD p. 79. cf. CURS. MUNDI 8807 sq. Þai fand gret marring

in þair *mark*, Þe wrishes þat auld rayse þe wark.
CURS. MUNDI 8779 GÖTT. — Tberfore go bowdly
and begynne Thy mesures and thy *markis* to
take. YORK PL. p. 42.

natürliches Abzeichen, Mal, Merkmal des Viehes als Erkennungszeichen [vgl.
kinemerk]: Adda bar him aune lobal, He was
hirde wittere and wal; Of *merke*, and kinde,
and helde, and ble, Sundering and sameni[n]g
tagte he. G. A. Ex. 455. — The *morkes* of thaire
age are lost at sevon [sc. yeres; von Pferden].
PALLAD. 4, 866. — in weiterem Sinne, von
Menschen, Gesichtsbildung, Aussehen:
Mon is him most lyk of *marke* and of schap.
P. PL. *Text A.* pass. X. 32. Man is hym moste
lyke of *marke* and of schafte. *B.* IX. 31.

äusseres Zeichen, Merkmal des Kum-
mers, der Trauer, des Stolzes etc.: And tet was
bitocned þet Iudit weosch hire, & despoilede
hire of hire widewoschrude, þet was *merke* of
seoruwe. ANCR. R. p. 300. Nis ha [sc. prude]
nawt in claðes ne in feahunge vtewið, þah hit
beo *merke* þrof & munegunge oðer hwiles . .
ha luteþ iþe heorte. HALI MEID. p. 43. Holy
ordre . . is a special signe and *marke* of chastitee
[*mark* of chastite III. 347 Morris]. CH. *Pers. T.*
p. 568 Tyrwh.

4. Erkennungszeichen, Merkmal,
Beweis, Zeugnis der Gesinnung, Gemüts-
richtung, religiösen Anschauung, die durch
Handlungen oder Gedanken bethätigt wird: &
wha sitt iss þatt takeþþ wiþþ Hiss wittness
tunnderrfanngenn, He setteþþ *merrke* off þatt
he wiss Iss Godd soþfasst i sþæche. ORM 17980
[vgl. *Joh.* 3, 33]. Lokeð nu . . hwuch one *merke*
he leide uppen his icorene, þah he steih into
heouene . . bi þet je schulen ionowen, cweð he,
þet je beoð mine disciples, jif swete luue &
seihtnesse is euer bitweonen ou. ANCR. R. p.
250. Hayll! *marke* of myrthe, our medecyne
made. YORK PL. 216.

nicht selten, unter ausdrücklicher Hervorhebung des zu Grunde liegenden Bildes, als
Banner, Stempelabdruck, Siegelbild, Münzbild
bezeichnet: He [sc. drihtin] haueð his *marke*
on me iseilet wið his inseil. ST. MARHER. p. 5.
Þei han a faire speche, Croune and crystendome,
þe kynges *merke* of heuene, Ac þe metal, þat
is mannes soule, with synne is foule slayed.
P. PL. *Text B.* pass. XV. 344. Yet haue I
Martes *merke* upon my face, And also in another
privee place. CH. *C. T.* 6201 Tyrwh. vgl. I had
the *print* of Seinte Venus sele. *ib.* 6188. For
I fele by a figure in youre fals face, It is but
foly to feste affeccioun in jou. For Mars he
hath morteysed his *mark* . . And sais je are
wikkid of werk. YORK PL. p. 226. — Eise &
fleaches este beoð þes feondes *merken*. Hwon
he isihð þeos *merken* ine monne, oðer in wummon, he wot þet te kastel is his, and geð baldeliche in þer he isihð iriht vp swuche baneres.
ANCR. R. p. 364. Auh, iðen itorene uolke he
misseð his *merkum*, and isihð in ham iriht up
Godes banere, þet is, herdschipe of liue. *ib.*

bildl. auch Abbild, Ebenbild Gottes:
Mankind is so faire part of thy werk, Thou

madest it like to thyn owen *merk*. CH. *C. T.*
11191 Tyrwh. vgl. *Six-Text* F. 879. eines
Stammvaters, koll. alles, was sein volles Abbild
trägt, männliche Nachkommenschaft:
By God, if wimmen hadden written stories, As
clerkes han, within hir oratories, They wold
have writ of men more wikkednesse Than all
the *merke* of Adam [d. h. alle Männer] may
redresse [Than al the *mark* of Adam may redres
II. 227 Morris Lond.]. CH. *C. T.* 6275 Tyrwh.
vgl. *Six-Text* D. 693.

5. Zeichen durch Salbung mit dem heiligen Salböl bei der Firmelung: Wanne the
bisschop bisschopeth the, Tokene of *marke* he
set to the. SHOREH. p. 5.

6. symbolisches Zeichen des Kreuzes,
mit der Hand geschlagen, als Segens- und
Schutzzeichen: Þe rode *mercke* merreð me
oueral. ST. MARHER. p. 16 [cf. þe rode *taken*
p. 10]. Ouer alle hir chaumber in he [sc. þe
fende] mişt, For þer nas no *merk* of our drişt.
ARTH. A. MERL. 845 Kölb. [cf. For þer nas
mad no crois þat nyşt. *ib. L.* 844]. Þe fingres . .
þ tu þe mide blescest, and makest þe *marcke*
of þe deore rode. ST. MARHER. p. 13. He has
his *mark* [d. h. er hat ein Kreuz geschlagen].
R. OF BRUNNE *Handl. S.* 7859. vgl. 7551. 7849.

7. Acht, Obacht, als sorgende Aufmerksamkeit: For outlawes in þe wode and
vnder banke lotyeth, And may vch man se and
gode *merke* take, Who is bihynde and bifore,
and who ben on hors etc. P. PL. *Text B.* pass.
XVII. 102.

8. Verständnis: Of shippecraft can I
right noght, Of ther makyng haue I no *merke*.
YORK PL. p. 42.

merke s. limes s. *marche*.
merke adj. obscurus s. *mirke*.
merken v. notare, signare s. *merkien*; obscurare s. *mirken*.
merkenesse s. obscuritas s. *mirkenesse*.
merket s. mercatus und Komposs. s. *market*.
merkien, merken, mærken, markien, mark-
en etc. v. ags. *mearcian, mercian*, notare, designare, decernere, altnorthumbr. *mercia*, afries.
merkia, altn. *merkja*, niederl. *merken*, niederd.
merken, md. *merken, mirken*, ahd. *merchan,*
merkan [prät. *marhta*], mhd. *merchen, merken*
[prät. *marhte, marcte*], nhd. *merken*, auch afr.
merker, merchier, merquier, neben altn. *marka*,
alts. *marcón*, ahd. *marcón, marchón*, niederl.
niederd. nhd. *marken*, auch fr. *marquer*, sp.
pg. pr. *marcar*, it. *marcare, marchiare*, mlat.
marcare, sch. *merk, mark*, neue.*mark.* s. *merke*
s. nota, signum, und vgl. *marche, marchen.*
zeichnen, bezeichnen, vermerken,
bemerken, sich merken.

Merkin, signo, consigno. PR. P. p. 334.
To *marke*, notare, de-, notificare, signare, de-,
con-, limitare. CATH. ANGL. p. 229 vgl. To
marke, signare, notare. MAN. VOC. To *marke*,
heede, auscultare. *ib. Merkyd*, signatus. PR.
P. 334. *Markyd*, notatus, signatus. CATH. ANGL.
p. 229. vereinzelt und spät findet sich ein starkes p. p. *morken, merken* [vgl. niederd. mundartl. *murken, morken, gemorken*]: Merkyd, or

merkyn [or *morkyn*, infra; *morkyn* K. P. to-
kenyd W.], signatus. PR. P. p. 334. *Morkyn*
[or *merkyd*, supra; morkinge P.], signatus.
p. 343. — insbesondere treten folgende Verwendungen des Wortes hervor:
1. mit einem Zeichen als nicht zu über-
schreitendes Ziel, Landmarke, Grenze
versehen, abstecken, bestimmen: Þu,
wisest wruhte of alle, *markedest* eorðe, þu,
storesmon of seastream, þu, wissent ant weldent
of alle wihtes. ST. MARHER. p. 20. In an harde
rochi stede is þuong aboute he drou, & þer
wiþinne al to is wille *markede* [he *markede α*.
he *marked β. γ*.] place inou. R. OF GL. 2499 Wr.
abs.: Þu steorest te seastream, þ hit fleden
ne mot fir þan þu *markedest*. p. 9-10.
2. Wegziel, Wegrichtung bestimmen, einen Weg einschlagen, sich
wenden, sich begeben, ziehen, vor-
rücken, losgehen bezeichnet das Zeitwort
[ähnlich wie *cheosen*], entweder von dem Objektskasus *wai* begleitet: [The bolde kynge..]
Merkes over the mowntayne fulle mervailous
wayes. MORTE ARTH. 3596. Forð þa eorles
wenden þurh æne wude muchelen, and *mærcoden*
enne *wai* þe ouer anne munte læi. LAȝ. III. 45
[vgl. Forþ þeos eorles wende in one brode weye
j. T.]
oder auch allein [vgl. sch. Than he *merkit*
with myrth, *over* ane grene meid.. *to* the burgh
of lordis. GAW. A. GOL. I. 14], oft mit Angabe
der Wegerichtung oder des Zieles oder beider:
Sire, if I mijt *merke to* Messedone, a maistir I
þe hijte. WARS OF ALEX. 5404. [I salle..]
Merkes unto Meloyne. MORTE ARTH. 351. [I
salle..] *merke* sythene *over* the mounttez *into*
his mayne londes, *To* Meloyne the mervaylous.
427. He salle have maundement to morne..
To what marche þay salle *merke*. 1587. *Merke*
[imper.] manly *to* Mordrede childrene. 4320. [Sir
Gawayne..] *Merkes to* þe mountayne there oure
mene lenges. 2671. Arthure he lyghttes, *Merkes
to* a manere there, for myghte he no forthire.
4310. [Gawayne..] *merkes to* syr Modrede
amonge alle his beryns. 3773. Oure mene *merkes*
theme *to*. 3768. [I..] *Merkede to* a medowe
with montaygnes enclosyde. 3239. I *merkede
over* theee mowntes. 3557. Þes drest for þe
dede, and drogben to ship, And *merkit vnto*
Messam [i. e. Messana] with a mekyll nauy.
DESTR. OF TROY 5195. Þa cnihtes weoren wise
.. and heom [= sibi] *markede* forð [hii nome
riht hire way j. T.], touward Muntgiu heo ferden.
LAȝ. I. 240. Shippis had they stiff and strong,
Maistis gret and sayles long, Hend, as ye may
here, And *markyd in to* Portingale, Whan they
had pullid vp her sayll, With a wynd so clere.
TORRENT 2590 Adam.
3. merken auf, zielen auf, aufs Korn
nehmen [vgl. neue. *mark* game], stechen,
stossen, schlagen, treffen, mit Personalobj., an dessen Stelle auch ein Körperteil oder Rüstungsstück treten kann: To
merke meyntenourz with maces ichonne. DEP.
OF R. II. pass. III. 268 Skeat. vgl. *Notes*. For
þe mon *merkkez* hym [sc. þe swyn] wel, as thay

mette fyrst, Set sadly þe scharp in þe slot euen.
GAW. 1593. The medille of þat myghtty ..
He *merkes* thurghe the mayles the myddes in
sondyre. MORTE ARTH. 2205. Schuldirs and
scheldys þay schrede to þe hawnches, And medilles thourghe mayles þay *merkene* in sondire.
4168. He *merkit* hym in mydward the myddel
in two, Þat he felle to þe fiat erthe, flote he no
lengur. DESTR. OF TROY 7325. bildl.: With
myschef on moolde here membrys I *merke*. COV.
MYST. p. 308.
auch intr.: By then hys swerde owt he get,
Strykes þe geant withowttene lett, *Merkes* evene
to his nekk. PERCEV. 2065. Þe Messedons *in*
þam [sc. þe plates] *merkid* with þaire mekill
brandis. WARS OF ALEX. 3674. He *merkit to*
Menestaus with a mayn dynt, Þat he hurlit fro
his horse to þe hard erthe. DESTR. OF TROY 7034.
übertr., mit Personalobj. und abstr. Sachobj., das Schaden, Böses bezeichnet, zielen
auf, sinnen, erstreben, anthun: [Hee..]
swore swiftlich his othe aswage hee ne sholde..
To *merken* hem care For to take þe toune.
ALIS. FRGM. 283. With menne of Mesopotame
too *mark* þe teene. 497. As mich maugre &
more hee *marked* hem after. 932. „Alas," he
seyd, „þat is me wo Þat so evyll deþ was *merkyd*,
And so harde grace hym happyd. ORFEO 544 O.
Zielke. so auch Lohn [Sündenlohn, verdiente
Strafe] geben: I salle *merke* þe thy mede, as
þou has myche serfed. MORTE ARTH. 1068.
My-selffe schall fordo me .. Thus schall I *marke*
my mytyng meede, And wirke me wreke with
harte and will. YORK PL. p. 316. auch mit dem
Inf., beabsichtigen, sich vornehmen:
To *marre* men of myght Haste þou *marked* in
thy mynde. YORK PL. p. 227.
4. an eine bestimmte Stelle setzen,
stellen: [Þe burne..] brynges butter wythal,
& by þe bred settez Mete; messes of mylke he
merkkez bytwene. ALLIT. P. 2, 636.
übertr. bestimmen, ausersehen:
Hayll! þou *marc* [imper.] us þi men and make
vs in mynde, Sen þi myght is on molde misseis
to amende. YORK PL. p. 135. Of al, mon azt
þat god drede; For mirþ he *merkis* mon to
mede Þat euer was and ay sal be. CURS. MUNDI
271 FAIRF. I was *markid* .. & myn name entrid
In þe legende of lif, longe er I were. P. PL.
Text A. pass. XI. 253. Wo was hym *marked*
þat wade mote with þe lewed! Wel may þe
barne blisse þat hym to boke sette. B. XII. 186.
cf. C. XV. 126. auch widmen: My maydynhed I *merk* to myghtifull goddis: Accepte hit
as sacrifise, & my saule to! DESTR. OF TROY
12136.
5. Mit einem Kennzeichen versehen, zeichnen, bezeichnen: God het Moyses on Egipte
londe þet he and al þet Israelisce folc..sculden
offrien .. an lomb of ane jeres, and *merki* mid
þan blode hore duren and hore ouersleaht. OEH.
p. 87. To tuelue men taght þai wandes tuelue,
Ilkan *merked* his himself. CURS. MUNDI 21697
COTT. To xij. men tajt þai wandes xij., Ilkan
merkid his himselue. *ib*. FAIRF. TRIN. [Edinb.
Ms.] cf. HOLY ROOD p. 117. To tuelue men

taght þai wandes tuelue, Ilkan *marked* his himselue. Curs. Mundi 21697 Gött. Forsoth thei
goynge forth, kepten, or wardiden, the sepulcre,
markinge, or areelinge, the stoon [gr. σφραγίσαν-
τες τὸν λίθον], with keperis. Wycl. Matth.
27, 66 Oxf. mit einem künstlich hervorgebrach-
ten körperl. Kennzeichen: He schal be *markyd*
as was he, Tak and bete out two or thre [sc.
teth]. Seven Sag. 2595.

mit einem Abzeichen [badge] Untergebene
versehen, zieren: Now liste me to lerne, ho
me lere coude, What kynnes conceyll þat þe
kyng had, Or meued him most, to *merke* his
liegis, Or serue hem with signes. Dep. of R.
II. pass. II. 18 Skeat. cf. 56. Ffor in þat þe
merkyd þe myssed ten schore Of homeliche hertis. 42.

mit einem künstl. Merkmal durch ein Brenneisen oder Schneideeisen Vieh zeichnen: And
nowe is tyme, as telleth Columelle, The lambes
and the beestes more and lesse to *marke* [cha-
ractere signentur]. Pallad. 2, 400.

mit einem Brandmal Menschen zeichnen,
brandmarken: He [sc. þe kyng] comaunded[e] . . þat men scholde *merken* hem on þe
forheued wiþ an hoke of iren, and chasen hem
out of toune. Ch. Boeth. p. 16. auch als Schmuck
wilder Volksstämme: The folk . . maken hem
alweys to ben *marked* in the visage with an hote
iren. Maund. p. 186.

mit Bildwerk Gegenstände versieren: As
mony morteres of wax, *merkked* withoute With
mony a borlych best al of brende golde. Allit.
P. 2, 1487. Six saucers of siluere *merkid* with a
sink foil [neue. *cinquefoil*] vnder þe brerdes.
Fifty Wills p. 56 [a 1424-5].

mit natürlichen Merkmalen zeichnen,
bezeichnen, kennzeichnen: Þan com a
beste of a busche with a black heued, Mad &
merkid as a meere. Wars of Alex. 3920 Ashm.
He was despuled from heued to grounde, *Marked*
woman and maiden founde. Arth. a. Merl.
1403 Kölb. in weiterem Sinne geradezu gestalten, bilden, schaffen [vgl. sch. Sen
God *merkit* mon. Doug. Virg. 239, a. 54]:
Syþen þe souerayn in sete so sore forþoyt Þat
euer he man vpon molde *merked* to lyuy. Allit.
P. 2, 557. Þose foles for þaire fayrehede in
fantasyes fell, And hade mayne of mighte þat
marked þam and made þam. York Pl. p. 6.
Þou mightefull maker, þat *markid* vs and made
vs. p. 3. How he [sc. Ammon] is *merkid* &
made is mervaile to neuyn, With—tachid in
his fortop — twa tufe hornes etc. Wars of
Alex. 318 Ashm. Than askys he þaim, Alexander, als he þaron wates, What maner of man
vpon mold þat was *merkyd* [made *Ashm.*] after
[von der Bildsäule des Nectanabus]. 1129 Dubl.
There he fyndez A wery wafulle wedowe . .
gretande on a graue grysely teres, Now *merk-
yde* [gemacht, aufgeworfen]. Morte Arth.
949 sq. von Gott selbst: The myghte and þe
majestee . . That was *merked* and made thurghe
þe myghte of hymselvene. 1303 sq.

mit dem Wasser der Taufe, dem heiligen
Salböl der Firmelung zeichnen, bezeich-

nen: God weuscht, and *marketh*, And forþefth.
And joyneth men an wyves etc. Shoreh. p. 7
For þef thou vangest thane cristendom . . Thou
schelt be *marked* to thet stode To wichen heven
his ymene. p. 5.

mit dem symbolischen Kreuzeszeichen: At
empty vessel þat *markede* was From þe and
þyne, syre Satanas. R. of Brunne Handl. S
7554. auch refl. : Þe bedde, ne hym, ne durst
þey touche, So hade he *markede hym* wyþ þe
crouche. ib. 7848.

bildl. mit seinem Siegel versehen, besie-
geln, bezeugen: Forsothe he that hath takun
his witnessing, hath *markid* [*markide* Picker.
signavit *Vulg.* ἐσφράγισεν gr. hath sealed *Tynd.*
hath set to his seel *Auth.*] that God is sothfast.
Wycl. Joh. 3, 33 Oxf.

6. ein Zeichen, Feldzeichen anbringen,
das Kreuz zeichnen, schlagen: Vppon hem
. . we seulen *markian* þet tacne of þere halie
rode. OEH. p. 127. He cled him all in clene
stele, a conyschaunce ouire, Þat made was &
merkid [*markyd* Dubl.] on þe Messedone armes.
Wars of Alex. 2635 Ashm. Masslinien ziehen:
„Ȝe, ȝe,“ seyd the lyne and the chalke, . . .I
schall *marke* ypone the wode And kepe his mesures trew and gode.“ Nug. Poet. p. 15. einen
Punkt hinzeichnen, hinsetzen, machen:
Mark ther a prikke with inke. Ch. Astrol. p. 47.

7. bezeichnen, hinweisen auf: Seint
Clement isaiȝ a lomb stonde, and *marki* with is
riȝt fot ane stude. St. Clement 479 Horstm.
p. 337. Seint Clement ȝeode, and smot in þulke
stude as þas lomb *markede* er. 481 Horstm. ib.
He *markid* vs his maistir emang all his men.
York Pl. p. 263. aussuchen: Perfore, to go
with yone geat, Yhe *marke* [imper.] vs out of
þe manliest men. York Pl. p. 290.

bildl. hinweisen auf, darlegen, kund
thun: I wol fyrst *marken* the by wordes and I
wol enforcen me to enformen the thilke false
cause of blysfulnesse. Ch. Boeth. p. 64. Blessid
Baptist . . Most deuoutly gan *marken* and declare Withe his fynger whan he sayde *Agnus
Dei*, Shewed the lamb whiche caused oure welfare. Lydg. M. P. p. 99. All þe myrth þat es
made es *markide* in me. York Pl. p. 3. einprägen, lehren: This lessoun schulle thy
maister the *merke*. B. of Curtasye 143.

8. vermerken, aufzeichnen: In the
monyth to *merke*, the myddis of Joyne, The
sextene day sothely, sais me the lyne, The bold-
men to bent bounet full þicke. Destr. of Troy
10638. Wherfore in this book I schall *marke*
as I may how and in what ȝeres such defautes
fille. Trevisa L 41. Þaȝ þe mater be *merk*
[= obscure] þat *merked* is ȝender, He shal declar
it also. Allit. P. 2, 1617. Mony porer in þis
place is putte into graue Þat *merkid* is in oure
martilage his mynde for euer. St. Erkenw. 153
Horstm. N. F. p. 269. Next the forseide cercle
of the A. b. c., vnder the croslyne, is *marked*
the skale. Ch. Astrol. p. 7. What is now Brutus
or stiern Caton? Þe þinne fame ȝit lastynge of
hir ydel names is *markid* wiþ a fewe lettres.
Boeth. p. 60.

übertr. mit dem Geiste auffassen und fest-
halten, sich merken, sich einprägen,
fest beachten: Lyueres toforn vs væden to
marke Þe selcouthes Þat Þei seighen here sones
for to teche. P. PL. *Text B.* pass. XII. 132. All
mankynde may *marke* in his mynde To see here
Þis sorowfull sight. YORK PL. p. 370. Who that
wyll have the very understandyng of this mater,
he muste ofte and many tymes rede in this boke,
and ernestly and diligently *marke* wel that he
redeth. CAXT. *R-yn.* p. 1 Thoms. It were a
mon-tre geyne nature .. That a grete mastyfe
shuld a lyoun bynde; A perilous clymbyng whan
beggers up arise To hye estate, *marke* [imper.]
this in yowre mynde. LYDG. *M. P.* p. 119. *Marke*
this wel, man, in thy mynd. REL. ANT. I. 309.
Menskfully in mynde Þes materes now *merkis.*
YORK PL. p. 432. *Merke* thenne what is wreton
in the gospel, *Estote misericordes* etc. CAXT.
Reyn. p. 100 Thoms. In this historye ben
wreton the parables, good lernynge, and dyverse poyntes to be *merkyd.* p. 1. merken,
erkennen: The caytyf *markyd* not what the
foxe mente. p. 15.
9. erklärend, auslegend bemerken, an-
merken: As grete clerkis *merken* vpon Þis
worde of Þe gospelle where Criste saiÞ Þus:
„When Þu makist Þine feeste,“ Þat is, of almes,
„calle pore, feble, lame, & blynde.“ He saiÞ
not „latt siche pore men calle vpon Þe,“ but:
„calle Þu.“ WYCL. *W. Aith. unpr.* p. 387.

merking, mærkung, marking s. ags. *mearc-
ung, mǽrcung,* notatio, designatio, character,
constellatio, altnorthumbr. *mercung,* descriptio,
inscriptio [vgl. altnorthumbr. *onmercung,* in-
scriptio], ahd. *marchunga,* propositum, institutio,
mhd. *mærkunge, merkung,* Achthaben, Aufmerksamkeit, nhd. *merkung* [in *anmerkung, bemerkung*], neue. *marking.* s. merkien v. Zeichnen, Zeichnung, Bezeichnen, Bezeichnung, Überschrift.

Mærkung, notatio. FRGM. OF ÆLFRIC'S
GRAMM. etc. p. 1. *Merkynge,* signacio. PR. P.
p. 334. The signe his of the sacrement Mid
creyme the *markynge.* SHOREH. p. 16. — The
lamentaciouns of Jeremye, and the preier of
hym .. with the same abicees or *markyngis*
[abeces of *merkyngis* v. l.] ben noumbrid. WYCL.
1 KINGS *Prol.* p. 2 [von der Bezeichnung der
Kapitel durch die einander folgenden Buchstaben des Alphabetes; vgl. *abece* s. und CATH.
ANGL. p. 1 v. *abcy* mit n. 7]. Zauberzeichen:
Nigramauncers are thei that bi figeris or *markyngis* vpon the dead body of best or of man
thus enforcith to geit wityng, or to wirk. APOL.
LOLL. p. 95.

eine Zusammensetzung ist: **marking-
iren** s. vgl. ags. *mearcisen, mearcisern,*
cauterium; neue. *marking-iron.* Brand-
eisen, Brenneisen zum Zeichnen des
Viehes.

Here must be *markyngyrons* for oure
becotes [cauteres *lat.*]. PALLAD. 1, 1163.

mercle s. miraculum s. *miracle.*

merknes, **-nesse** s. obscuritas s. *mirkenesse.*

merkschot s. sch. *merkeschot.* vgl. *merke* s.
und *schot, schote* s. Zielschuss, Scheiben-
schuss, Scheibenschussweite.

Ay stan he tok op thar it lay, And castid
forth that I mothe see, Ay *merksoot* [leg. *merk-
ssoot* i. e. merkschot] of large way Bifor me strides he castid three. RITSON *Ancient Songs a. Ball.*
I. 41. vgl. sch. Schir Henry of Bowme .. Com
on a steid, a *merkshot* neir Befor all othir that
thair wer. BARB. 12, 29 sq. Skeat. About him
than he rowmyt thare Thretty fute on breid,
or mare, And a *merkeschot* large of lenth.
WYNT. IX. 27, 419.

mercurial adj. afr. nfr. sp. *mercurial,* it.
mercuriale, lat. *mercurialis,* neue. *mercurial.*
zum Planeten Merkur gehörig, merkuria-
lisch.

Canis minor .. The whiche sterre is *mer-
curiall.* GOWER III. 130. Þe iuys of Þe eerbe
mercuriale [d i. Bingelkraut; vgl. *mercurie* 4].
QU. ESSENCE p. 21.

**mercurie, mercuri, mercure, marcuri,
marcure** s. fr. *Mercure, mercure,* pr. kat. *Mercuri,* sp. pg. it. *Mercurio, mercurio,* lat. *Mercurius* [auch schon appellativ], neue. *Mercury,
mercury.*

1. Name des Gottes Merkur: An other
god, to whom they sought, *Mercurie* hight.
GOWER II. 158. Ther was also al Þe poesie Of
him, *Mercurie,* and Phil[o]log[y]e. LYDG. *T. of
Glas* 129 Schick.. *Mercury* loveth wisdom and
science. CH. *C. T.* 6291 Tyrwh. *Mercure* his
message hath presentede. *Leg. GW. Did.* 372.
A manere of corne to *Mercure* [sc. is paid].
WARS OF ALEX. 4535 Ashm. *Marcure* was
manslaзt. 4498. ꞌMeuand as a Messedone in
Marcure [gen.] fourme. 2865.

auch für german. Gottheiten, besonders
Wodan, gebraucht: *Mercuri* is on oure langage
Woden. R. OF BRUNNE *Story of Engl.* 7372.
so schon frühe in der auch sonst erscheinenden
rein lat. Form: Þe fifte hæhte *Mercurius* [Þe
fifÞe hatte *Mercurius* j. T.]. Þat is Þe hæhste
ouer us. Laз. II. 157 [hier auffallenderweise als
besondere Gottheit neben *Woden*]. Þo Þe king
hurde nemne *Mercurius* in Þis cas, He esste wat
god & wat Þing *Mercurius* was. R. OF GL. 2425
Wr. Oure bileue .. in Þe heye godes is ido,
Saturnus & Jubiter .. & in *Mercurius* mest ywis,
Þe heye god, Þat in vre tonge Woden icluped
is. 2427 sq. Meuand as a Massydon in *Mercurius* [gen.] forme. WARS OF ALEX. 2865 Dubl.

2. der Planet Merkur: *Mercurie,* sterre,
Mercurius. PR. P. p. 333. Thanne shewyth the
verrey degree of the sonne the howr of *Mercurie*
entryng vnder my west orisonte at eue. CH.
Astrol. p. 24 Next to *Mercurie* .. Stant that
planete, which men calle Venus. GOWER III.
133. cf. III. 132. Seven planetes er oboven
us, Ffyrst Þe Mone and *Mercury* and Venus,
Sythen Þe Son, and Þan Mars and Jubiter, And
Saturnus. HAMP. 7627. *Mercury* is desolate
In Pisces, wher Venus is exaltate. CH. *C. T.*
6286. How Þe mode of *Mercury* makes so mekyll
joy. WARS OF ALEX. 704 Dubl. The clowdes
clappid in clerenes Þat Þer clematis inclosis,

Jubiter and Jouis, Martis & *Mercury* emyde.
YORK PL. p.123. How þe mode *Marcure* makis
sa mekill joy. WARS OF ALEX. 704 Ashm. auch
in rein lat. Form: Venus & *Mercurius* & þe
Mone. R. OF GL. 2438 Wr. cf. 4704. The 6 [sc.
howr is] to *Mercurius*. CH. *Astrol.* p. 24.

3. **Quecksilber**: Of quiksilver, yceleped
mercurie crude [Of quyksilver, yclept *mercury*
rude Wr.]. CH. *C. T.* 16240 Tyrwh. Our orpiment and sublimed *mercurie*. 16242 Tyrwh.
Mars yren, *Mercurie* quiksiluer we clepe. III.
G. 827 Skeat Cl. Pr. vgl. *Notes.*

4. **Bingelkraut** [sch. *Mercury* leaf, lat.
herba *mercurialis*], zur Familie der Euphor-
biaceen geh., Mercurialis annua oder perennis
L.: Mercurialis, *mercurye.* WR.VOC. col.595,47
Wülck. vgl. *Mercurye*, mercurialis. MAN.VOC.
Mercury, herbe, mercurialis. PR. P. 333. vgl.
n. 2. Lenochydes, *mercury*. WR. VOC. col. 592, 12
Wülck. *Marcury*, an herbe. PALSGR.

mercede s. lat. *merces*, *-ēdis*, it. *mercede*,
mercè. vgl. *merci* s. gebührender Lohn,
Arbeitslohn.

Ac þer ys mede [and] *mercede*, and boþe
men demen A desert for som doynge, derne
oþer elles. P. PL. *Text C.* pass. IV. 292. And
þat ys no mede, bote a *mercede*, A maner dewe
dette for þe doynge. ib. 306. vgl. *Notes.*

mercement s. multa s. *merciment.*

mercenarie, mercinari adj. afr. *mercenaire*
neben volkstüml. *mercenier*, nfr. *mercenaire*,
pr. *mercenari*, sp. it. *mercenario*, lat. *mercenarius*, älter *mercennarius* für *mercednarius*, *mer-
cedenarius* von *merces*, *-ēdis*, neue. *mercenary*.
für Lohn in Dienst genommen, gedungen,
gemietet.

Fewe [sc. be] shepherdys, and many *mercenary*, That falsly entre, as Johns gospell tolde,
By þe wyndow into Crystys folde. LYDG. *Isop.*
306 Zup. [mit der lat. Randbemerkung: Pauci
pastores et mercenarii multi].

substantiviert, wie schon im Lat. und
Afr., Mietling: He was a shepherde, and no
mercenarie. CH. *C. T.* A. 514 Zup. vgl. Pastor
callid, nat a *mercenarye.* GILES 183 [in *Anm.*
zu LYDG. *Isop.* 306 Zup.].

mercer, meercere s. afr. *mercier*, *merchier*,
nfr. *mercier*, pr. *mercer*, *mercier*, *mersier*, kat.
mercer, sp. *mercero*, pg. *merceiro*, it. *merciero*,
merciere, *merciaro*, *merciaio*, mlat. *merciarius*,
mercerius, *mercerus* [*merciarius*, Bollandistis,
qui merces ad ulnam vendit, *mercerius*, minutæ
mercis propola, *mercerus*, eadem notione D. C.]
von lat. *merx*, *mercis*, neue. *mercer*, a dealer
in silk or woolen cloth, orig. a trader [SKEAT].
Händler, Krämer.

Þe wreche peoddare more noise he makeð
to ȝeien his sope þen a riche *mercer* al his deorewurðe ware. ANCR. R. p. 66. A sopare, þet ne
bereð buten sope & nelden, remð & ȝeieð lude
& heie þet he bereð, & a riche *mercer* goð forð
all stille. p. 152. I haue mad meny [a] knyght
boþe *mercer* and draper. P. PL. *Text C.* pass.
VII.250. [I..] haue ymade many a knyȝte boþe
mercere & drapere. B. V. 255. Hic merconarius,

a *mercer.* WR. VOC. p. 212. vgl. *Mercer*,
grossier, mercier. PALSGR. A *mercer*, mercator,
-trix. MAN. VOC. *Meercere*, marcerus [merce-
narius K.]. PR. P. p. 333. — *Mercers.* YORK
PL. p.XXVII. The *merceres*. p.497. Grocerys,
mercerys with ther gret habundaunce. LYDG.
M. P. p. 211. Meercery, place or strete where
mercerys syllyn here ware [dwell or sell P.].
merceria. PR. P. p. 333.

mercerie, mercceri, meerceri s. afr. *mercerie*,
mercherie, nfr. *mercerie*, pr. *mersaria*, kat. sp.
merceria, pg. *merceria*, *mercearia*, *merciaria*,
marceria, it. *merceria*, *merciaria*, mlat. *merceria*,
minuta merx [D. C.a.705 vel 706], neue. *mercery*.

1. **Ware zum Feilhalten, Krämerware**:
He founde marchauns at Rome with *mercerie*
wel hiende. ST. GREGORY 20 Horstm. p. 356.
The chapmen of such *mercerie* With fraude and
with supplantarie So many shulden beie and
selle. GOWER I.262. *Mercery*, chaffare, mercimonium. PR. P. p. 333. *Mercery*, mercerye.
PALSGR.

2. **Krämergilde**: The folk of the *mercerye* of London. MORSB. *Urspr. der neue.
Schriftspr.* p. 172 [a. 1386]. Of the *mercerye*
or othere craftes. p. 173. In Chepe the yonge
men of the *mercerye*, for the moste parte pren-
tyses, helde the mayer and shreves styll in Chepe,
and wold not suffre hym to departe vnto the
tyme that theyr felaw.. were delyverd. TREVISA
VIII. 577 *Harl.* Append.

3. **Krämerviertel**: *Meercery*, place or
strete where mercerys syllyn here ware [dwell
or sell P.], merceria. PR. P. p. 333.

merci, mersi, zuweilen **mercie, mersie**,
auch **marci, marsi** s. afr. *merci*, *mercit*, *merci*,
merchi, nfr. *merci*, dial. *marci*, sp. *merced*, pr.
merce, *mercei*, *merse*, *merset*, pg. *mercé*, it.
mercè, *mercede*, mhd. *merzî*, mlat. *mercia*, mulcta,
misericordia, neben *merces*, *mercēdis* [*merces*,
misericordia, Gall. mercy. Greg. *M.* XII. ep.
17..; gratuita indulgentia..; *mercedem referre*,
agere gratias .. *mercedem replicare*, gratias
agere D. C.], lat. *merces*, *mercēdis*, Lohn, auch
als Nachteil, Kosten [non sine magna *mercede*
CIC. *Tusc.* 3, 6, 12], als Strafe [gravem temeri-
tatis *mercedem* debere LIV. 39,55] von lat. *mereri*,
sch. neue. *mercy*, *mercede*, *mercien*, merciment.

1. **Dank**, urspr. wohl noch als Lohn, Vergeltung, angewünschter Gotteslohn aufzufassen,
nur ellipt.-interjektional gebraucht [vgl. *gra-
merci* und s. *grant*, *graunt* adj.]: Graunt merci,
sire, eouwer guode wille. KINDH. JESU 1768.
„Ye,“ he seyde, „graunte *mercy*.“ R. OF BRUNNE
Handl. S. 6985. „Grant merci, syr,“ quoth Gawayn. GAW. 1037. I seide, „graunt *mercy*,
madame,“ and mekeliche hir grette. P. PL. *Text
B.* pass. X. 218. „A, ma dame, mercy,“ quaþ
ich, me lykeþ wel ȝoure wordes.“ *Text C.* pass.
II. 41. „Ywys, myn uncle,“ quod she, „graunt
mercy, Youre frendship haue I founden evere
yit.“ CH. *Tr. a. Cr.* 2,239. Graunt mercy [Grand
mercy Tyrwh.], lord, God thank it yow. *C. T.*
8964 Wr. vgl. Graunt *mercy*, lord, that thanke
I yow. ib. II. E. 1088 Skeat Cl. Pr. Graunte

mercy, Sirs, of youre gode will! YORK PL.
p. 170. vgl. Gramercy, ayrs, of youre good wyll!
ib. TOWN. M. — „I wyll hyt quyte of my tresour,
Clement, my frend!" — „Graunt *marcy*, my lord
þe kyng!" OCTOU. 1289 *Cott.* Sarrazin.

2. G e l d b u s s e als Lohn für ein Vergehen,
als Strafe also, die jedoch im Verhältnis zur
Leibesstrafe, Todesstrafe als Gnade erscheinen
kann (vgl. *mercien, merciment*): Hii clupede sir
Ion Giffard, þat siwte asolde þer to, To come,
oþer he ssolde in þe *merci* be ido. R. OF GL.
11154 Wr. Ȝif þou haue be so coueytous To
mercs [mercye *v. l.*] men ouer outraious, And
pore men, specyaly, Pat ferde þe wers for þat
mercy [Ki en merciant est outraius, Ceo est
manere de coueitous; Plus qe par resun peot
duner, Ne deit nul poure demander; Chescun
qe de luy plus prent, Sa alme as deables rend].
R. OF BRUNNE *Handl. S.* 5491. And ȝif hij be
þennes, wyþowȝte [by-þowȝte *ed.*] ryȝtful enche-
soun, euerych by himseluc be in *mercy* of one
besaunt, to þe profit of þe citee, at eche tyme.
ENGL. GILDS p. 349. And ȝif he oþerloker doþ,
be in þe kynges *mercy*, as many tyme as þe
baylyues hem mowe oftake. p. 355.

3. G n a d e oder Ungnade, als willkürliches
Ermessen, von dem man jedoch Gutes erhofft
[vgl. afr. *estre a merci*, neue. *be at the mercy*
of]: Pe prestes *mercy* þou do þe ynne, Pe prest
ys crystys vycarye, Do þe alle yn hys *mercy*.
R. OF BRUNNE *Handl. S.* 11790. Pe mene folk,
comonly fulle gode men & wise, Come to his
mercy, doand him seruise. LANGT. p. 168. To
þis bestes *mercy* i bowe me at alle, To worche
with me is wille as himself likes. WILL. 4411.
All at left was o lyfe [All þat left wer o liue
Dubl.], lordis & othire, Come to þat conquerour,
& on knese fallis, And in his *mercy* & meth
mekely thaim put [on hys *mercy* & his might
mekely þaim puttes *Dubl.*]. WARS OF ALEX.
814 Ashm. I bequethe my soule into the *mercy*
off mythfull Ihesu. FIFTY WILLS p. 47 [a. 1422].
Thy lyf is now in my *mercy* [in meiner Hand].
CAXT. *Reyn.* p. 148 Thoms. Though one falle
ofte, and at laste aryseth vp, and cometh to
mercye, he is not therof dampned. p. 101.

4. G n a d e, E r b a r m e n, V e r z e i h u n g:
Mercy, misericordia, propiciacio. PR. P. p. 333.
A *mercy*, misericordia, miseracio, propiciacio.
CATH. ANGL. p. 235. *Merci* nan nis wið þe, for
þi ne ahest tu nan milce to ifinden. ST. JULIANA
p. 49. Godes *merci* dede hire reed. G. A. EX.
1241. Pe first o þam [sc. þe doghtren] was cald
merci [*mercy* LAUD TRIN.]. CURS. MUNDI 9544
COTT. GÖTT. Quen sothfastnes herd þis talking
Pat *merci* þus bisoght þe king [ähnlich *cott.*],
9595 COTT. Pat þy *mercy* on vs haue rouþe.
R. OF BRUNNE *Handl. S.* 12340. Pi *merci* and
þi soþnes ai Mi umgaf þai, night and dai. EARLY
E. Ps. 39, 12. For the *mercy* of God es swa
mykel here, And reches over alle, bath far and
nere. HAMP. 6311. A! gracious gode god! Pouȝ
grettest of alle! Moch is þi *mercy* & þi miȝt, þi
menske & þi grace! WILL. 312. Thi *mercy* and
thi treuthe euer mor vndertoken me. WYCL.
Ps. 39, 12 Oxf.

A knyȝt þat louede more *mercy* þan myȝt.
R. OF BRUNNE *Handl. S.* 3796. Pane publican
þet mildeliche byet his bryest, and himzelue
demde beuore God, and zoȝte *merci.* AYENB.
p. 175. See here þe endles *mercy* of owre Lorde.
HAMP. *Tr.* p. 43. For he is a mon methles, &
mercy non vses. GAW. 2106. Powgh ȝe mowe
amercy hem, late *mercy* be taxoure. P. PL. *Text
B.* pass. VI. 40. cf. *C.* IX. 37. Blessid ben merciful men, for thei schulen gete *merci.* WYCL.
MATTH. 5,7 Purv. Thy *mercy* medle with justice.
GOWER I. 143. God, sowe þi *merci* amonge my
seede. HYMNS TO THE VIRG. etc. p. 77. God
receyueth alle them that desyre his *mercy.* CAXT.
Reyn. p. 101 Thoms.

Ich bidde and biseche þe . . *þurh* þine muchele milce and *merci.* OEH. p. 209. *Þurh* godes
milce & *merci* of his grace. HALI MEID. p. 21.
That we ne ben in this fuir forbrende *Thorw*
his *merci* to don us bot. BODY A. S. 327 *Vern.*
That send his son *thorw* his *merci.* METR. HOMIL.
p. 8. Þet God þurh his milce & *for* his *merci*
hiȝe ham ut of pine to hore velaure dem. ANCR.
R. p. 30. God *for* his *mercy* do his sawle goode
grace. TREVISA VIII. 521 *Harl.* Append. I sal
glade and faine *in* þi *mercy.* EARLY E. Ps. 30, 8.
Aȝeyn þat galle God ȝaf vs mede, *Wiþ* swete *merci*
bitter [= bitternesse] is queynt. HOLY ROOD
p. 138. Whan forsothe thei weren temptid, for
sothe and *with mercy* discipline thei token [so-
theli thei token chastisyng *with merci* Purv.];
thei wisten, hou with wrathe vnpitous men
demed [hou wickid men demed with ire] tormentis
shulden suffre. WYCL. WISD. 11, 10 Oxf. Ȝif
þei bynden hem *to* most pacience and *mercy* and
þer wyþ . . pursuen hem cruely and *without
mercy* þat frely and sadly techyn þe gospel. *W.
hith. unpr.* p. 4-5. In helle ȝwanne we ben brend,
Of som *merci* [*Thorw* his *merci* v. l.] to don
us bot. BODY A. S. 327 *Spr.* Iesu, ful *of mercy*
mylde, Fro wanhope vs alle shylde. R. OF
BRUNNE *Handl. S.* 12337. Ffor þou art knowen
sekyrly Kyng of pyte & *of mercy.* CURS. MUNDI
9583 FAIRF. [*Laud Ms.*] TRIN. No he nele naȝt
lete ne smal ne grat þet ne ssel by examened,
and yzed, and ydemd ine þe cort *of merci* [i. e. of
holy shrift]. AYENB. p. 137. Adam was seek, and
seyde to his sone Seeth that he scholde go to
the aungelle that kepte Paradys, that he wolde
senden hym oyle *of mercy.* MAUND. p. 11. vgl.
The oyle *of mercy* [= den oli der barmherticheit
Reinke 4888]. CAXT. *Reyn.* p. 112. Peose are
þe werkes *of merci* seuene Of whuche crist wol
vs areyne. E. E. P. p. 121. See now where þes
religious don aȝenst þe werkis *of mercy* boþe
bodili and gostely. WYCL. W. *hith. unpr.* p. 13.
Crist dude nothinge to us but effectuely in weye
of mercy. REL. ANT. II. 42. Take hem *of mercy*
in thy proteccioun. LYDG. *M. P.* p. 206. Than
the blessid Magdaleyn prayed to oure lorde,
that he wolde *of his mercy* graunte hem a childe.
MAR. MAGD. 42 Zup.

God is moost mersiful al ȝif he suffere siche
blasfemyes, & þus he wolde þat *mersy* were in
men & forȝyuenesse of þer wrongis. WYCL. W.
hith. unpr. p. 426.

Blessid ben merciful men, for thei shuln
gete *mercye*. WYCL. MATTH. 5, 7 Oxf. Pray
eke for us, an sinful folk unstable, That of his
mercy God so merciable On us his grete *mercie*
multiplie. CH. *C. T.* 13617 Tyrwh. My synne
it passis al *mercie*. YORK PL. p. 39. vgl. *Mercye*,
misericordia. MAN. VOC. Quen thai com bifor
ur Leuedye, Scho demid son *wit* hir *mercye*
At that sawel til the bodye Suld turn. METR.
HOMIL. p. 56. Scho es moder *of mercye*.
p. 164. Worþi *of mercye*. CH. *Boeth.* p. 19.
Now my grete god Adonay . . Forgyffe the,
sone, *for* his *mercye*. YORK PL. p. 64. Now
gracious god, *for* thy *mercie*, Wisse vs þe best!
p. 113.

A man *without marsi* no *marsi* shall have,
In tyme of ned when he dothe it crave. MS.
in HALLIW. D. p. 543.

pl.: *Mercis* of Laverd, over al, In ever mare
singe I sal. EARLY E. Ps. 88, 2 *v. l.* Laverd
mercis is doand. 102, 6 *H.* Selkouth thi *mercys.*
HAMP. *Ps.* 16, 8. The *mercys* of lord withouten
end i sall synge. 88, 1. The *mercys* of oure
lord, that is, the thyngis that god mercifully
has don til mannys kynde. *ib.* comm. Of Goddis
werkes gafe he noghte, His *mercys* for to nevene.
ISUMBR. 32. Selkouth þi *mercies* in þe lande.
EARLY E. Ps. 16, 7. Doand *mercies* Laverd
[larned *ed.*] in land [Doand *mercies* Laverd in
land *E.* Faciens misericordias Dominus *lat.*].
102, 6. Doende *mercies* the Lord. WYCL. Ps.
ib. Oxf. The Lord doynge *mercies.* Purv.

früh und häufig erscheint das Wort als
Objekt von Zeitwörtern des Bittens und Flehens,
wie *asken*, *bidden*, *bisechen*, *craven*, *crien* [vgl.
aft. *crier mercit*, *merci*, *merchi*], *sechen*, um
Gnade bitten, flehen: Barfote to þe cherche
þey yede To *aske mercy* for here mysdede. R.
OF BRUNNE *Handl. S.* 3826. To *axe mercy* and
sore repent. LYDG. *Alb. a. Amph.* III. 221.
Aske mercy and hafe it. HAMP. *Tr.* p. 43. Y *ask
mercy*, for goddys ore. ERL OF TOLOUS 586
Lüdtke. Firste god I *aske mercy.* YORK PL.
p. 64. He may him nat excuse, But *asketh
mercy* with a dredeful herte. CH. *Leg. G W.
Prol.* 403. Alle þat here *askes mercy* sal it have.
HAMP. 6295. *Askand mercy* and forgyfnes.
HAMP. *Tr.* p. 42. — Joseph, I aske *mersy.* YORK
PL. p. 143. — Non ne couth ne wild conseile
on no partie, Bo þe castelle to yeld, & *ask* þe
kyng *mercie.* LANGT. p. 122.

To oure Lorde mercy he cryth, and *biddeth*
hym *mercy* and misericorde. SHOREH. p. 43.
Vor þer ne is no senne suo grat þet god ne
uoryefþ ine þise wordle, yef man him uorþingþ,
ant byt *merci* uor þe senne. AYENB. p. 28-9.
Mercy they *biddith* the. ALIS. 3177. *Merci* him
beden. KINDH. JESU 1505.

Eft he steg up munt Synay For to *biseken*
god *merci.* G. A. EX. 3599. Nou I con wel
meke me and *merci beseche* Of al þat ichaue
ihad envye in myn herte P. PL. *Text A.* pass.
V. 52. *Bisech* for mi þine seli sune milce and
merci and ore. OEH. p. 205. A Dame, ich
bisiche merci! ORFEO 111 Zielke. Þere he achrof
hym schyrly . . & *merci besechez*, & of absolu-

cioun he on þe segge calles. GAW. 1880 sq. Yef
we him *bisecheth merci.* O. E. MISCELL. p. 32.
We *beseken mercy* and socour. CH. *C. T.* L B. 60
Morris Cl. Pr. We are in thy manrede, and
mercy þe *besekes.* MORTE ARTH. 127. Þenne
Meede meokede hire, and *Merci bisoukte.* P.
PL. *Text A.* pass. IV. 81. — We *beseke* you *of
mercie* and socour. CH. *C. T.* 920 Tyrwh.

For þyf he wyl hym *mercy craue*, Redyly
mercy shal he haue. R. OF BRUNNE *Handl. S.*
233. The erle com himself, *mercy* for to *craue.*
LANGT. p. 60. It is no boyte *mercy* to *craue.*
For if I do, I mon none have. TOWN. M. p. 16.
Of mi misgelt *mercy ich craue*, lene mi lif. WILL.
4397.

Heo mei . . *crie* him yeorne þerof *merci* &
ore. ANCR. R. p. 136. Al þos watris . . Sal *crie
merci* up God almight. E. E. P. p. 11. I sal
noght fine *merci* to *cri.* CURS. MUNDI 9593 COTT.
GÖTT. I wille not leve *mercy* to *cry. ib.* FAIRF.
[*Laud Ms.*]. TRIN. Yif þei manly hem meked
mercy to *crie*, WILL. 1276. *Cri* hire *merci.* ST.
CLEMENT 190 Horstm. p. 328. *Crye Mercy* to
swete Jhesu Cryst, Mid wyl to lete folye.
SHOREH. p. 31. *Cry mercy*, and aske anely
saluacyone. HAMP. *Tr.* p. 42. Ich . . *creie* þe,
leafdi, *merci.* OEH. p. 205. cf. p. 305. Ic *crie*
þe *merci.* II. 256. Loke þat þou þan mukly
speke, & to hym *mercy crye* [konj.] FERUMBR.
1945. To oure Lorde *mercy* he *cryth.* SHOREH.
p. 43. We þe *mercy crie.* LANGT. p. 60. He fel to
Tristremes fet, And *merci crid* he. TRISTR. 3301
Kölb. *Merci cride* of his misdede. BEVES 3980
Kölb. *Mercy* him *cride.* LIB. DESC. 564 Kaluza.
Thanne fel þe knyyte vpon knees, and *cryed* hym
mercy. P. PL. *Text B.* pass. XVIII. 87. And
ever among *mercy* she *cride*, That he ne shulde
his counseil hide From her. GOWER I. 149.
Heo *criden merci* deolfulliche. PURG. ST. PATR.
205 Horstm. p. 206. cf. Hi *criede mercy* deol-
ualiche. FEGF. D. H. PATR. 251 Ashm. Heo
crieden merci deolfoliche. 255 Egert. — God
lemane, I *cry* the *mersye.* Ms. in HALLIW. D.
p. 550. — auch *crien after merci* findet sich:
For godd aght noght gif þam *mercy* Þat þar
after wil not *cri.* CURS. MUNDI 485 COTT. ähnlich *cett.*

Ofte ihc *seke merci*, Thin swete name ich
calle. REL. ANT. I. 202. Þe Fariseus . . onworþede þane publycan þet byet his bryest ine
þe temple, and himzelue demde beuore god,
and *zoyte merci.* AYENB. p. 175. — There shulde
no *marcy* for them be *soght.* YORK PL. p. 431.

Gnade erlangen, erhalten, finden
wird durch *merci* als Objekt von Zeitwörtern
wie *finden*, *geten* und besonders von *habben* bezeichnet: Þorw kynde þe brid gan *merci fynde*;
For on þe morwe heo [sc. þe merlyon] let it
gon. E. E. P. p. 119. He [sc. Lcir] . . hopede
to *fynde* of here beter menske [*mercye* v. l.] and
grace. R. OF GL. 775 Wr.

Blessid ben merciful men, for thei schulen
gete merci [for thei shuln *gete mercye* Oxf. quo-
niam ipsi misericordiam consequentur *Vulg.*].
WYCL. MATTH. 5, 7 Purv. For *merci getis* he
[sc. Lucifer] neuer mare [*mercy geteþ* he neuer

more TRIN.]. CURS. MUNDI 484 GÖTT. Þan
gette þai *mercy* and saved shal be. HAMP. 6301.
For jyf he wyl hym mercy craue, Redyly
merci shal he *haue*. R. OF BRUNNE *Handl. S.*
233. *Merci* he aght to *haue* wit right. CURS.
MUNDI 9589 COTT. GÖTT. I wille not leve mercy
to cry, He must nede *haue* þy *mercy*. 9593 FAIRF.
[*Laud Ms.*]. Huo þet senegeþ aye þane holy
gost, he ne ssel neure *habbe merci* ine þise
wordle ne ine þe oþre. AYENB. p. 28. Hou
myhtou eny *merci haue* Þat neuer desiredest
non to do. E. E. P. p. 120. Here may ilk man,
if he wille, *Haf* mercy. HAMP. 6306. It is no
boyte *mercy* to crave, For if I do, I mon *none*
have. TOWN. M. p. 16. Aske *mercy*, and *hafe*
it. HAMP. *Tr.* p. 43. Þar he [sc. Lucifer] ne *has
merci* neuermare. CURS. MUNDI 484 COTT. FAIRF.
I sal noght fine merci to cri, Bituix and [Bituix-
and *ed.*] he *haue* þi *merci* [Be-tuix and he *haue*
þi *merci* GÖTT.]. 9593 COTT. [*bituix and, betuix
and* ist hier konjunktional, im Sinne des fr.
jusqu'à ce que, ags. *forð þät*, früher *oð þät, oð,
bis*]. — I wol not leue mercy to crye, Bitwixe &
he *haue* þi *mercye*. ib. TRIN. — A man witheout
marsi no *marsi* shall *have*, In tyme of ned when
he dothe it crave, But all his lyive go lick a
slave. Ms. in HALLIW. D. p. 543.

Gnade, Verzeihung gewähren, Erbarmen, Barmherzigkeit haben, erweisen, sich erbarmen wird, abgesehen
von bildlichen Ausdrücken, wie *coronen* in, *wið
merci* [vgl. Þat *crounes* þe with rewþes and *with
merci*. EARLY E. Ps. 102, 4. The whilke *corouns*
the *in* mercy and in merciyngis. HAMP. *Ps. ib.*
That *crouneth* thee *in* mercy and mercydoingis.
WYCL. Ps. *ib.* Purv.] u. ähnl., besonders durch
merci als Obj. von Zeitwörtern wie *don, granten,
jeven, lænen, sceawien, strengen, strengðen* und
namentlich ebenfalls von *habben* bezeichnet:
Heo criden merci deolfulliche, ake no *merci* men
nolde heom *do*. PURG. ST. PATR. 205 Horstm.
p. 206 *Laud 108.* cf. Hi criede *mercy* deoluoliche,
ac me nolde hem *non do*. FEGP. D. H. PATR. 251
Ashm. Heo crieden *merci* deolfoliche, ac me
nolde *non* hem *do*. 255 *Egert.* Hou myhtou eny
merci haue Þat neuer desiredest *non* to do.
E. E. P. p. 120. This *mercy* thow shalt *do* with
me in al place to which we shulen go to; thow
shalt sey that thi brother Y am. WYCL. GEN.
20, 13 Oxf. Drihtin, *do me merci* of þis dede.
ST. MARHER. p. 22. Þat underwat þe king Henri,
Jesus his soule *do merci!* O. A. N. 1091 Stratm.
What maner wise the fader hath mercy of the
sonus, the Lord *dide mercy* to men dredende
hym. WYCL. Ps. 102, 13 Purv. *Doand mercies*
Laverd [larned *ed.*] in land [Laverd *mercis* is
doand, *Doand mercies* Laverd in land *vv. ll.*].
EARLY E. Ps. 102, 6. *Doand mercy* lord. HAMP.
Ps. ib. Doende mercies the Lord. WYCL. Ps.
ib. Purv.

Her þou miht seon ensaumple .. Hou he
was mihtful and meke þat *merci* gon *graunte*
To hem þat heengen him heiʒe. P. PL. *Text A.*
pass. I. 146. cf. *C.* II. 169. He þat has mercy,
ar he hethen wende. At þe grete dome sal fynde
Criste his frende, Whar rightwysnes anely sal

be haunted, And na *mercy* þan be *graunted*.
HAMP. 6342.
For godd aght noght *gif þam mercy* Þat
þar efter wil not cri. CURS. MUNDI 485 COTT.
ähnlich *cett.*
Serue [sc. we] þat mercyable king, Þat hys
mercy be to vs *lent*. R. OF BRUNNE *Handl. S.*
5322.
Some haue sey [= seen] hyt [sc. flesshe and
blode] bodyly, To whom he *shewede* hys *mercy*.
R. OF BRUNNE *Handl. S.* 9996. He [sc. kynge
Philippe] was meke, and *schewede mercy* to
þeyme. TREVISA V. 207 Harl.
He *strenghid* his *mercy* on the dredand
him. HAMP. *Ps.* 102, 11. — *Strenghþed* he his
merci over him dredand. EARLY E. Ps. *ib.* He
strengthide his *mercy* vpon men dredende hym.
WYCL. Ps. *ib.* Purv.

For Gode loueþ no þyng more specyaly Þan
for his loue to *haue mercy*. R. OF BRUNNE
Handl. S. 3792. *Mercy* þou owest to *haue* be
rijt. CURS. MUNDI 9589 FAIRF. [*Laud Ms.*]
TRIN. Hou myghtou eny *merci haue* Þat neuer
desiredest non to do. E. E. P. p. 120. It is no
boyte *mercy* to crave, For if I do, I mon *none*
have. TOWN. M. p. 16. To *have mercy*, eleyson,
misereri, miserari, compati. CATH. ANGL. p. 235.
And thou *hast merci* of alle, for alle thingus
thou maist [And thou *hast merci* of alle thingis,
for thou maist alle thingis *Purv.*]. WYCL. WISD.
11, 24 Oxf. As fadire *hafes mercy* of sunnys,
lord mercy *hude* of dredand him. HAMP. *Ps.*
102, 13. Now God, quod he, and all hys halwes
bright So wisly on my soule as *have mercy*, That
of youre harme as gilteles am I, As is Maurice
my sone. CH. *C. T.* 5480 Tyrwh. Crist, þat . .
heddest merci of þat mon, for memento sake, Þi
wille worþ vppon me. P. PL. *Text A.* pass. V.
245. — The sergeantys dyde as he heme bade,
Lytell *mersy* on hyre þei *hade*. ST. MERGAR. 208
Horstm. N. F. p. 238. — Prai we till God of
heuin forthi, That he *haf* of us *mercye*. METR.
HOMIL. p. 93. An other flat pece of þe suit þat
were my faders, of whos soule god *haue mercye*.
FIFTY WILLS p. 57 [a. 1424-5]. Forthi *hafd*
God of man *mercye*. METR. HOMIL. p. 7. On
þe erle . . *had* þe kyng *mercie*. LANGT. p. 62.

besonders häufig und früh ist die Verbindung mit dem Imperativ von *habben:* Lauerd,
haue merci of us! OEH. p. 43. Godd, of alle
godd ful, *haue merci* of me! p. 209. cf. p. 217.
Haue merci of þin knicht! II. 255. *Haue,*
lauerd, milce and *merci* of þi wummon! ST.
MARHER. p. 3. Meiden, *haue merci* of the seoluen! p. 4. Milce *haue* & *merci*, wummon, of mi
wrecchedom. ST. JULIANA p. 49. *Haue merci*
of me . . leafdi, I þe bidde. p. 53. Louerd,
haue mercy of me! HAVEL. 491. *Haue* of þiself
revþe and *merci!* ST. CLEMENT 190 Horstm.
p. 328. Fader Abraham! he seide, *haue merci*
of me! LEB. JESU 164. Ledy, *ha mercy* of þy
mon! BÖDD. *Altengl. Dicht.* p. 179. Laverd,
of me *have mercy!* EARLY E. Ps. 30, 10. Lorde,
haue on me *mercy!* R. OF BRUNNE *Handl. S.*
5476. *Haue* on me *mercy* For hym þat lyjt in
þe vyrgyne Mary! 3584. Lhord god, *haue merci*

of me senuolle! AYENB. p. 175. Alle they cryde
.. *Have mercy*, lord, upon us wommen alle!
CH. C. T. 1758. Lord, *haue merci*, of us! Crist,
haue merci of us! PRYMER p. 47 ed. *Littlehales*,
Lond. 1895-7. For Jeshu is lore, that harued
helle, Lord, *have mercy* on me! TORRENT 1902.
Poul, Michael, on vs *ha merci!* O.E. MISCELL.
p. 230. *Hauyþ* in jour þoghte *mercy!* R. OF
BRUNNE *Handl. S.* 5487. — *Haue merzy* on þi
feyre fleche! ST. MERGAR. 208 Horstm. N. F.
p. 238. — Louerde Crist, þou red vs rede, And
of vs þou *hab mercie!* E. E. P. p. 8. *Haue
mercie* on our woe and our distresse! CH. C. T.
921 Tyrwh.

Häufig bedient sich der zu Gott oder Menschen um Gnade oder Erbarmen Flehende des
elliptischen Kasus des Substantiv [vgl. *are,
mildse*]: Louerd, þi *merci!* OEH. p. 211. A
louerd, *merci!* get is ðor on, Might he nogt fro
his fader gon. G. A. EX. 2183. Louerd, *merci*,
of mijt. E. E. P. p. 11. He kneled bifor that
Judas, And seyde, „Iouerd, *merci*, nou!" HA-
VEL. 482. „Fader, *merci!*" þis oþur seide. LEB.
JESU 128. *Merci*, lord, y nul na more! BÖDD.
Altengl. Dicht. p. 192. Moder, *merci!* let me
deye For Adam out of helle beye Ant his kun,
þat is forlore! p. 206. „Sire, *merci!*" quath this
other, „ich wole sitte vpe the grounde." BEK.
1210. *Merci*, lauerd! strang wickedhed Broght
Adam to suilk a ded. CURS. MUNDI 841 COTT.
ähnlich GÖTT. TRIN. Abraham, *mercy*, *merry!*
R. OF BRUNNE *Handl. S.* 6669. „Sir steward,"
he seyd, „*merci!* I am an harpour." ORFEO
510 Zielke. I was aferd of her face, þeij she
faire were, And seide, „*mercy*, Madame, what
is þis to mene?" P. PL. *Text B.* pass. I. 10.
The alderfirst worde that hym asterte Was
tweyes, „*Mercy*, *mercy*, swete-herte." CH. *Tr.
a. Cr.* 3, 48. O what may I saye thenne That
many an hour have spende, & not alle well, But
„*Mercy*, God!" FALLAD. 5, 5. Al *mercy*, god,
mekill is thy myght! YORK PL. p. 74. *Mercye*,
for dedis we did þis daye. p. 489. auch als
Wahlspruch und Grabschrift: Y will
that on my body be laide a faire stone of marble
with my creste, myn armes .. and my word
„*mercy* and ioie," to which word I take me fully
for euermore. FIFTY WILLS p. 88 [a. 1431]. I
woll þat there be leyde vpon my body a stone
of marble, with the crest of my armes þerupon,
and allso with thise wordes, „*Mercy* and grace."
p. 105 [a. 1436].

merciable, merciabul adj. afr. *merciable,
merciauble, merciaule, merchiable,* sch. *merciable,
merciall,* neue. veraltet *merciable* [vgl. *Merciable,* misericors MAN. VOC.]. gnädig, barmherzig.

1. von Gott, Christus: Milde, *merciable*
godd, ich deme to þe efter þine milce. OEH.
p. 211. *Merciable* Louerd! ANCR. R. p. 30.
Forjif me, louerd, mine sunnes, and beo *merciable* to me! LEB. JESU 194. Serue [sc. we] þat
mercyable kyng, Þat hys mercy be to vs lent
[bild]. von Gott]. R. OF BRUNNE *Handl. S.* 5322.
Jis, þat mayster [i. e. God] is *mercyable*. ALLIT.
P. 2, 1113. Per watz louyng on lofte, when þay

þe londe wonnen, To oure *mercyable* god. 3, 237.
My kynde, in my kene yre, shal contrarie my
wil To beo *merciable* To menyo of my halſ-
breþeren [von Christus]. P. PL. *Text C.* pass.
XXI. 437. cf. *B.* XVIII. 373. Prey eek for vs,
we sinful folk vnstable, That of his mercy god
so *merciable* On vs his grete mercy multiplie.
CH. C. T. II. B. 1877 Skeat Cl. Pr. Him thenketh he is so fer coulpable, That God wol nought
be *merciable* So great a synne to foryive.
GOWER II. 116. Thu art eek *merciable* To alle
folkys that meekly hem repente. LYDG. *M. P.*
p. 248.

von heidnischen Göttern: For syth no
cause of dethe lyeth in this caas, Yow oghte
to ben the lyghter *merciable* [vom Liebes-
gott]. CH. *Leg. G W. Prol.* 409. — They [sc. our
goddes] be so *merciable*. LYDG. *Alb. a. Amph.*
3, 1023.

2. von Menschen: Oon appered to hym
in a bisshopes wede, and charged hym þat he
schulde love God .. and be *merciable* ajenst
pore men. TREVISA VI. 375. And yet is she
nought *merciable*, Which may me yive life and
hele. GOWER I. 330. But at þe laste men jolden
up the citee, and þanne he [sc. Phelip] was
mylde [and *merciable* Cx.] inow to hem alle.
TREVISA V. 207. Bidde þis buxum best be
merciabul nouþe [vom Werwolf]. WILL. 4406.
Be meke & *mercyabul* to men þat þe serue
[Worte des Kaisers an Meliors]. 5518. cf. 5131.
[Pemperour .] þe quen preiede To be mcke &
merciabule to Meliors, his douster. 5146. — Je
beoð cristene men .. *merciable* & milsfule. ST.
JULIANA p. 53. Beþ *mercyable* for joure prow'
R. OF BRUNNE *Handl. S.* 5489. Þei vsuden ocur
and usuri, *Merciable* weore þei nouht. O. E.
MISCELL. p. 276. Men beth *merciable* to mendy-
nants & to pore, And wolen lene þere þei leue
lelly to ben. payed. P. PL. *Text B.* pass. XV.
150. Bisshopes yblessed, if thei ben as þei
sholde, *Merciable* to meek and mylde to þe
goode. C. X. 15. Marchauns *merciable* wolde
be and men of lawe boþe. C. XVIII. 46.

substantiviert im Plural, Barmherzige: Blessyde be al *mercyable*, Þey shul se
Gode, and haue hym stable. R. OF BRUNNE
Handl. S. 3796. So grace of þe holy goste þe
grete myjte of þe trinite Melteth into mercy to
mercyable, & to non other. P. PL. *Text B.* pass.
XVII. 227.

3. von anderen Begriffen: Upon whiche
thingis weren cherubyns of glorie, schadewinge
the propiciatorie [propiciatorie, or *merciable*
place *T.* i. e. Gnadensits]. WYCL. HEBR. 9, 5
Oxf. His *merciable* syght. LYDG. *Guy* 11, 7.
The fifte Henry .. Grete experte in *merciable*
discipline. TREVISA VIII. 521 *Harl.* Append. —
Jif thou plese to this puple, and soften hem
with *mercyable* wordis, thei schulen seruen to
thee al tyme. WYCL. 2 PARALIP. 10, 7 Oxf.
Cruell eien whiche be not *merciable*. LYDG.
Alb. a. Amph. 3, 1250.

mercial adj. martialis s. *marcial.*
merciament s. multa s. *merciment.*

mercidoing s. Gnadenbezeigung, Gnadenerweisung.

Zee han sett a time of *mercydoing* of the Lord, and in ȝoure dom ȝee han ordeyned a dai to hym. WYCL. JUDITH 8, 13 Oxf. — Thou Lord, forsothe ne do thou aferr thi *mercydoingus* fro me. Ps. 39, 12 Oxf. After the multitude of thi grete *mercydoingus* do awey my wickidnesse. 50, 3. That crouneth thee in mercy and *mercydoingis*. 102, 4.

mercien v. afr. *mercier, merchier, marcier,* recevoir à merci, faire gráce; rendre gráce, remercier; punir; crier merci, supplier, pr. *mercejar, merceyar, merseyar,* crier merci, faire gráce, remercier, auch mhd. *mercien,* danken, mlat. *merciare, merciari,* mulctam seu pœnam pecuniariam pro delicti modo et qualitate in reum decernere [D. C. a. 1247]. vgl. *merci* s.

1. **danken**: „Sire," said Raymondyn, „therof I *mercy* & thanke you." MELUSINE p. 71 (a. 1500). Mildeliche þenne Meede *merciede* hem alle Of heore grete goodnesse. P. PL. *Text A.* pass. III. 21. cf. Mildeliche Mede þo *merciede* [þankede *M.*] hem alle Of hure grete guodnesse. *C.* IV. 21. Mildeliche Mede þanne *mercyed* hem alle Of þeire gret guodnesse. *B.* III. 20. Raymondin .. humbly *mercyed* the king of his good justice. MELUSINE p. 90 [a. 1500).

2. **mit einer Geldbusse belegen**: büssen, wobei die Busse, als gebührender Lohn für ein Vergehen, je nach der Art desselben, dem Ermessen, der Gnade oder Ungnade des Verhängers anheimgestellt ist und im Unterschiede von *fin* und namentlich gegenüber einer Leibesstrafe oder der Todesstrafe als Gnadenhandlung erscheinen kann [s. *merci 2, merciment* und vgl. das anscheinend stets eine wirkliche Strafe darstellende *fin 3*]; Whenne ȝe *amercyn* [*mercien* I.] eny man, I't mercy be taxour. P. PL. *Text C.* pass. IX. 37. Ȝif þou haue be so coueytous To *merce* [= *merca* ed. *mercye* v. l.] men ouer outraious, And pore men, specyaly, Þat ferde þe wers for þat mercy [Ki en merciant eat outraius, Ceo eat manere de coueitus etc. *Wad. M. P.* 4715]. R. OF BRUNN *Handl. S.* 5491. Who þat was gilty þorgh þe foresters sawe, *Mercied* was fulle hi. LANGT. p. 112.

merciere adj. afr. *merciere,* miséricordieux, vgl. pr. *merceyaire,* suppliant, demandant merci. gnädig.

Mercyere & mercyful lord: langwillid & mykil *merciful* [Merciere e merciable Nostre Sire, pacient e mult merciable *afr.* miserator & misericors dominus, longanimis et multum misericors *lat.*]. HAMP. Ps. 102, 8. *Mercyere* in dede, merciful in kynde. *ib.* comm. *Mercyere* and merciful lord, suffrand & mykill merciful. Ps. 144, 8.

merciful, mersiful, mercivol adj. neue. *merciful.* vgl. *merci* s. voll Gnade, gnädig, voll Erbarmen, erbarmungsvoll, barmherzig.

Mercyfulle, misericors, propicius [propiciatus P.]. PR. P. p. 333. *Mercyfulle,* misericors, compaciens, clemens, mitis, miserabilis, propicius, pius, humanus. CATH. ANGL. p. 235.

vgl. *mercifull,* piteable; misericordieux. PALSGR. *Merciful,* misericors. MAN. VOC. insbesondere wird das Wort gebraucht

1. **von Gott**: *Mercifull* and mildeherted in land Laverd. EARLY E. Ps. 144, 8. Rewful [*Merciful* H. E.] and mildeherted Laverd gode, And mildeherted and langmode. 102, 8. For albeit sua gat þat he [sc. vr lauerd] es *Merciful* . . Riueli tas he wrak for sin. CURA MUNDI 27805 sq. COTT. FAIRF. What man es worthi þarfor to fele How *mercyful* and gracyouse God es. HAMP. 132. Mercyere & *mercyful* lord: langwillid & mykil *merciful. Ps.* 102, 8. Mercyere in dede, *mercyful* in kynde. *ib.* comm. cf. *Ps.* 144, 8. As thou were *merciful* to men goynge out of Egipt til to this place. WYCL. NUM. 14, 19 Purv. Reewere and *merciful* the Lord; longabidende and myche *merciful.* Ps. 102, 8 Oxf. A! *mercifull* maker, mekill is thy might. YORK PL. p. 119. cf. Þou *mercivol* maker, most myghty, My God, my lorde, my sone so fre, Thy handemayden for soth am I [von Christus, im Munde der Maria]. p. 117.

2. **von Menschen**: Born he was of gentill blode, And euermore meke & myld o mode, And *merciful* to more and les. ST. THOM. CANT. 5 Horstm. N. F. p. 42. Be thou [sc. Esau] *merciful* to me, and resseyue the blessyng which Y broujte to thee. WYCL. GEN. 33, 11 Purv. I complayne to yow, *mercyful* lorde, syre kynge [vom Löwen der Tiersage]. CAXT. *Reyn.* p. 21 Thoms. Paraventure the kynge shal be *mercyful* to me. p. 30. Vayre sone, bi *merciuol* as þe mijt. AYENB. p. 187. By *merciuol* and reuþeuol to þe uaderlyese ase hire uader and hire moder, and þous þou sselt by godes zone. p. 188. — Blessid be *merciful* men, for thei shuln gete mercye [Blessid ben *merciful* men, for thei schulen gete merci. Purv.]. WYCL. MATTH. 5, 7 Oxf.

substantiviert im Plural: Blessid be merciful men [the *merciful* X.], for thei shuln gete mercye. WYCL. MATTH. 5, 7 Oxf. Yblissed byeþ þe *merciuolle,* uor hi ssolle uynde merci. AYENB. p. 96. cf. Yblissed byeþ þe *merciuolle,* uor hi ssolle habbe merci. p. 198.

3. **von anderen Begriffen**: Of his *mercyfulle* grace. MAUND. p. 70. Han ȝe set tyme of the *merciful* doynge of the Lord? WYCL. JUDITH 8, 13 Purv. Pray to Jhesu of *merciful* pite. LYDG. *M. P.* p. 205. Ilke warke eftyr is wroghte Thorowe grace of þi *mercyfull* myghte. YORK PL. p. 6. Here in this vale of care and woo, Sith thou art oure mediatrise, Thyn eyen of mercy, of grace alsoo Turne thou to us in *mercifull* wyse. RYMAN 164 st. 5. — Eftere the mykilnes of thi *merciful* werkis .. do away .. my wickidnes. HAMP. Ps. 50, 2 comm. But thou, Lord, make not fer thi *merciful* doyngis fro me. WYCL. Ps. 39, 12 Purv. Which corowneth thee in merci and *merciful* doyingis. 102, 6.

mercifulli adv. neue. *mercifully.* gnädig, barmhersig.

The mercys of oure lord, that is, the thyngis that god *mercifully* has done til mannys kynde. HAMP. *Ps.* 81, 1 comm. *Mercyfully,* misericorditer. PR. P. p. 333.

mercifulnesse s. neue. *mercifulness.* Erbarmen, Mitleid.

Mercyfulnesse, pitie. PALSGR.

merciing s. vgl. *mercien* v. Begnadung, Gnadenwerk, Gnadenbezeigung, Gnadenerweisung, Gnade, Barmherzigkeit.

Godes *merciynge* is that thynge that is gifen of mercy, that is, endles life. HAMP. *Ps.* 118, 77 comm. — Bot thou, lord, make not fere fra me thi *merciyngis* [ne longe facias miseraciones tuas a me vgl. That is, the dedis of thi mercy do not away fra woundid saules *comm.*], thi mercy and thi sothfastnes ay vptoke me. *Ps.* 39, 15. Eftere the mykilnes of thin *mercyyngis* do away my wickidnes. 50, 2. vgl. comm. The whilk byes fra ded thi life, the whilke corouns the in mercy and in *merciyngis.* 102, 4. vgl. comm.

merciles adj. neue. *merciless.* vgl. *merci* s.

1. ohne Erbarmen, kein Erbarmen empfindend, erbarmungslos, unbarmherzig, schonungslos: Þer watz malys *mercyles* & mawgre much scheued. ALLIT. P. 2, 250.′ So *mercyles,* in his cruelte, Thilk[e] day he [sc. Tydeus] was vpon hem founde. LYDG. *Thebes* 1160. vgl. Abidyng grace, of which I you require, That *merciles* ye cause me not to sterve. CH. *Court of L.* 852 [ab. 1500].

2. kein Erbarmen erweckend, unteilhaftig der Gnade, unbegnadet: Mendyd wᵗ a medecyne, ȝe are made for to lyuye: Þat is fulloght in fonte, wᵗ faitheful bileue, & þat hane we myste alle *merciles,* myselfe & my soule. ST. ERKENW. 298 Horstm. N. F. p. 273.

merciment, mercement, merciament etc. s. afr. *merciement, merciment,* remerciement; sorte de redevance [La prevost receyt les *mercimens* GODEFR.], mlat. *merciamentum,* mulcta [D. C.], sch. *merciment* [l. mercy, discretion. „I maun be at,“ or „come in, your *merciment,*“ I must put myself completely under your power; 2. a fine], neue. veraltet *merciment,* gew. *amercement.* vgl. *mercien, merci* und *amercien, amerciment.*

1. Geldbusse, nach Umständen frei bestimmt, während die eigentl. Strafe feststeht, und im Verhältnis zu letzterer, namentl. der Leibesstrafe und Todesstrafe, zum Teil als Gnadenhandlung zu betrachten [vgl. *merci, mercien* und die unten angeführte Stelle aus CATH. ANGL. p. 235]: Vpon man for his mysdedes þe *merciment* he taxeth. P. PL. *Text B.* pass. I. 160. *Mercyment,* or amercyment [ameercyment S.], multa. PR. P. p. 333. A *mercyment,* amerciamentum, misericordia. CATH. ANGL. p. 235. Vp man for his mysdedes þe *mercement* he taxeth. P. PL. *Text C.* pass. II. 159. vgl. *Notes.* [Ich ..] brynge alle men to bowe withoute byter wounde, Withoute *mercement* oþer manslauht. C. V. 181. vgl. A *mercement,* multa. MAN. VOC. Blodwyte, *mersement* for schedynge of blood [Blodcwitte, a *merciamente* for effusion of bloode *Harl.* Blodwyte, id est, amerciamentum pro effusione sanguinis *Higd.*]. TREVISA II. 95. — Elles take thay of here bondemen amercimentes, whiche mighte more resonably ben callid extorcions than

merсymentis. CH. *Pers. T.* p. 331. vgl. *Six-Text* I. 752 [*mercymentz, mercymentes* neben amerc_-ments, amercyments, amercementis]. He [sc. the king] ȝeueth the avauntages, as forfetis, eschetis, and *mercimentis,* and fynys, to tho lordis for her labour. PECOCK *Repr.* II. 367 ed. Babington, Lond. 1860. I soppose they wyl distreyn for *mersymentes.* PAST. LETT. I. 109 Gairdner.

2. Strafe überh.: Þy *mercyment* shal be ful harde. R. OF BRUNNE *Handl. S.* 5496. Þy *mercyment* shal be pyne of helle. 5498.

mercimonie, mercimoni s. mlat. *mercimonium,* emporium, forum publicum; mercatura, negotiatio; merces, præmium [D. C.], auch lat. *mercimonium,* Ware, später Markttag, Markt.

1. Ware: What *mercymony* that men list devise, Is ther ful reedy and ful copious. LYDG. *Fab. D. M.* 31 Zup. ed. *Schleich,* Strassb. 1897.

2. Lohn, Belohnung: Ac god is of a wonder wille, by þat kynde witte sheweth, To ȝiue many men his *mercymonye,* ar he it haue deserued. P. PL. *Text B.* pass. XIV. 125.

merchal s. mlat. marascalcus s. *marescal.*

merchand s. mercator, **merchandise** s. commercium s. *marchant, marchandise;* **merchant** s. mercator s. *marchant.*

merche s. ags. *merce* [LEECHD. III. 304′. Garteneppich, Wasserpetersilie, Sellerie, apium graveolens.

Apium, ache [vel *merche*]. WR. VOC. col. 546, 36 Wülck.

merchestowe s. [OEH. p. 239] für *merðe-stowe,* place of mirth, s. hinter *murhðe* s.

merde s. afr. nfr. *merde,* pr. *merga,* sp. *mierda,* kat. pg. it. lat. *merda,* früh neue. *merd* [NARES′. Kot, Mist.

For this sekenesse take *merde* of a dowe, and of a shepe, and of an allow [afr. aloe, aloue, lat. alauda], and stronge vynegre, and do all softely in a bassyn of brasse. B. OF ST. ALBANS fol. 15 r.

mere, mære, in Zusammensetzungen auch **mer-, meer-** [beides meist neben **mere-**; vgl. *mercatle, meremaiden, mereman, mereminne, meresicoin*], **mar-** [*margrotestan*]; sonst selten ohne schliessendes *e* [*mer* neben *mere* PR. PR. p. 333] s. ags. *mere, māre,* mare, lacus, stagnum, palus, dial. [kentisch] *meri,* stagnum [SWEET 2nd *A.-S. R.* p. 72], alts. *meri, meri,* altniederl. *maere, maer, mar,* palus, lacus, stagnum, neuniederl. *meer, meir,* stagnum, lacus, mare, niederd. *mēr, meer, moer,* ahd. *mari, mari, mare* und *meri, meri, mere,* mare, æquor, pontus, mhd. *mere,* gew. *mer,* afries. *mar,* Graben, Teich, altn. *marr* gen. *marar,* dicht. Meer, dän. *mare-, mar-,* norweg. sch. *mar-* in Zusammensetzungen, gth. *marei, θάλασσα* [auch vom galil. Binnenmeere], urverwandt mit lat. *mare,* sch. *mere,* sea, an arm of the sea, pool, neue. *mere,* früher auch *meere, meer,* lake, pool, standing water.

1. Meer: He wende wel þat þat wyȝ þat al þe world planted, Hade no maȝt in þat *mere* no man for to greue [vom Mittelmeer]. ALLIT. P. 3, 111. Duly yche day delton þai strokes, Till Menelay the mene tyme hade the *mere* past

To Lycomede, þe lell kyng, & the lede broght,
— Neptolon the noble [vom Mittelmeer]. DESTR.
OF TROY 10923. Mere, watur [mer, or see, water],
mare. PR. P. p. 333.

auch vom toten Meere: Þe ledes of þat
lyttel toun wern lopen out for drede Into þat
malscrande mere. ALLIT. P. 2, 990.

2. Landsee, Teich, stehendes Ge-
wässer, Wasserfläche: Þat is a seolcuð
mere [a wonder mere j. T.] iset a middelærde,
mid fenne & mid rœode. LAȝ. II. 489. Ne bið
nœuere þæ mere on watere þa mare. II. 501.
Isihte þisne mere þat her his bihalues. II. 498
j. T. Seoððen he wende to þan mere. II. 493.
An imetliche broc, þe of þan mere ualleð, &
swiðe isemeliche into sæ wendeð. II. 491. In
to þan mere on lutel water wendeþ. II. 499-500
j. T. Þat is þe castel of alle flour, Of solas and
of socour. In þe mere he stont bitwene two.
CAST. OFF L. 669. Heo [sc. Marie] stont in þe
mere bitwene two. 765. Þus raȝt fra þis reuir
be many ruȝe waies To it was meten to þe mere
to mydouirvndorne. WARS OF ALEX. 3852 Ashm.
vgl. Mere, a water, gort. PALSGR. — In weres
[meres v. l.] of watres þat turnes stane [qui
convertit solidam petram in stagnum aquæ lat.
vgl. in mere vetrea ags. that turnis the stanys
in stangis of watirs Hamp. der den Fels wan-
delte in Wassersee Luther]. EARLY E. Ps. 113, 8.
I hoped þe water were a deuyse Bytwene myrþes
by merez made. ALLIT. P. 1, 139. Hit payed
hym not þat I so fionc Ouer meruelous merez.
1, 1164.

I þissen londes ænde neh þere sæ stronde
is a mære swiðe muchel. LAȝ. II. 501. Isixst
þu þisne muchelne mære þer Scottes beoð
amærred? II. 498. Whænne þa sæ vledeð ..
and falleð inne þene mære. II. 501. Bi þisse
mære [gen.] enden þer þis water wendeþ is an
lutel wiht mære. II. 499-500. Þer walleð of þan
mæren [dat.] .. sixti wateres. II. 490. Swa
neuere ut of þan mære na man no uindeð þat
þer ut wenden but an an ænde an imetliche
broc. II. 491.

mere, mer, mure, mare, more etc. s. ags.
merihe, gew. mere, myre, equa, ahd. [marahjd],
merihd, merhd, mhd. meriche, merhe, aniederd.
mniederd. merie, mere, nniederd. mare, altn.
meri gew. merr, sch. mere, meers, meir, neue.
mare, mit weibl. Endung aus ags. mearh, mearg,
gew. mear, equus, ahd. marah, marach, marih,
marh, mhd. march gen. marhes, marc gen.
markes, md. mar, altn. marr, vgl. altkelt.
marka [PAUSAN. 10, 19, 4], ir. marc, welsch
march, Pferd.

1. Mähre, Stute, Mutterpferd, mit
entschiedener Hervorhebung des weiblichen Geschlechtes: The mere gan nyghe, her belles to
ryng. RICH. C. DE L. 5715. The mere to the
grounde gan goo. 5734. On mere draȝþ uorþ
þet colt of an oþre huanne hi is dyad. AYENB.
p. 185. The stede was swifter than the mere.
PERCEV. 713. The mere was bagged with fole.
717. Hic equs, horse. Hec equa, mere. WR.
col. 637, 33. 34 Wülck. A mere, equa; equefera
est fera equa. CATH. ANGL. p. 235. Meere,

horse, equa. PR. P. p. 333. Hic equus, a horse.
Hec equa, a mer. WR. VOC. p. 218. Hys trust
upon hys mare was. RICH. C. de L. 5710. Mawgry hym he garte hym stoupe Bakward ovyr hys
meres croupe. 5735. That on was a mere lyke.
That other a colt, a noble stede. 5498. — He
sawe a fulle faire stode Offe coltes and of
meres gude. PERCEV. 326. Marie Magdalene by
mores leuede and dewes [by meris mylk lyuede
& ewis T.]. P. PL. Text C. pass. XVIII. 21.

An vnycorn with greet maystrye Begat hyt
[sc. þe stede] bare, A rabyte .. þerto was mare.
OCTOU. 1413 Cott. Sarr. The mare schalle ȝeven
him mylk, and bryngen him forthe mo hors.
MAUND. p. 253. As whilom to the wolf thus
spake the mare. CH. C. T. 4053 Tyrwh. vgl.
Six-Text A. 4055. Mare, equina. WR. VOC.
p. 177. Hic equs, horse. Hec equa, mare.
p. 187. Hec equa, a mare. p. 250. The mare
saide, Late hym come þenne hymself, and I
shal late hym haue knowleche. CAXT. Reyn.
p. 84 Thoms. A mare, equa. CATH. ANGL.
p. 228. vgl. Demaunde. What thynge is that,
that is moost lykest unto a hors? R. That is a
mare. REL. ANT. II. 74 [a. 1311]. Mare, a she
beest,[ȝ]vment. PALSGR. A mare, equa. MAN.
VOC. Men putten a mare besyde hym, with hire
fole. MAUND. p. 253. Take mare cattes, dogges
too, Atter and foxe, fillie [i. e. neue. filly], mare
also. CHEST. PL. I. 51. There sawe we goo a
rede mare; and she had a black colte or a fool
of iiij monethis olde. CAXT. Reyn. p. 83 Thoms.
I pray yow telle me what was wreton vnder the
mares fote. p. 85. Coysy, first of bishoppes,
forsook his mametrie .. and armed hem [him
Cx.], and leep on a noble hors, and destroyed
þe temples of mametrie. Hit was nouȝt leveful
to þe bisshop of misbyleved men to be iarmed,
noþer to ride but uppon a mare. TREVISA V.
447. As wyfes makis bargans, a horse for a
mare. REL. ANT. II. 281 [15. Jahrh.]. The cal-
vair of an horsed [non virginis] asse or mare
Sette that uppe. PALLAD. 1, 984. He ranne to
the mare, and axed of her how she wolde selle
her fole. CAXT. Reyn. p. 84 Thoms. — Thei
taken mares that han jonge coltes or foles.
MAUND. p. 301. Thi mares take of like similitude, But rathest be thaire bolk and wombes
large. PALLAD. 4, 818. Men setten a table
before him clene .. and there upon a cuppe
fulle of mares mylk. MAUND. p. 253. Thyne
asses dounge is rathest for to dight a garden
with .. eke hors and mares [asinorum ..
jumentorum]. PALLAD. 1, 753 sq. The ryche
men drynken mylk of mares or of camaylles or
of asses or of other bestes. MAUND. p. 250.
Þey useþ .. for to brynge faire hors and gentil,
and holdeþ hem tofore þe mares and in hir siȝt,
while þey conceiueþ. TREVISA II. 199 sq. Youre
horse goth to the fenne With wilde mares. CH.
C. T. 4078 Tyrwh. vgl. Youre hors goth to the
fen With wilde mares [marys Cambr. mares cett.].
Six-Text A. 4080 Ellesm. Feed stalons fatte
goth nowe to gentil marys. PALLAD. 4, 779.

Eyþer side softe ase sylk, Whittore then
the moren mylk. LYR. P. p. 36.

bildl. Metze, Dirne [vgl. mhd. *meriho-sun*, filius meretricis]: The frere sone of Oxenforthe was hanged for a *mere*. REL. ANT. II. 282.

2. Mähre, ohne Hervorhebung, doch mit Beibehaltung des Geschlechtes, als geringeres, bescheideneres Reittier, da das weibl. Tier weniger geschätzt wurde [s. *Halliw.* zu PERCEV. 346, *Morris* zu CH. *C. T.* A. 541 Cl. Pr.], auch geradezu spöttisch oder wegwerfend [vgl. nhd. *Mähre, Schindmähre*, schlechtes Pferd]: His hors myght vnncthe goo for lene, Hit was an old crokyd *mere*. IPOM. *A.* 6239 Kölb. Þei garte bringe þe *mere* sone, Skabbed and ful iuele o bone. HAVEL. 2504. Po wende forth a man, þat with him eode, and huyrde him a *mere*, For an Englich peni, with an haltre, þis holi man to bere. ST. THOM. OF CAUNT. 1161 Horstm. p. 139. His horsse was wondyr-harde of lere, Wyth sporres and wand he stroke the *mere*. IPOM. *A.* 6261 Kölb. And keste him on a scabbed *mere*, Hise nese went unto þe crice. HAVEL. 2449. We deme þat he be . . to þe galwes drawe[n] At þis foule *mere* [gen.] tayl. 2476 sq. In a tabard he [sc. the plowman] rood *vpon* a *mere*. CH. *C. T.* I. A. 541 Morris Cl. Pr. vgl. *Anm.* Ipomadon amonge them all Come rydyng in to the hall His crokyd *mere* vppon. IPOM. *A.* 6253 Kölb.

Tho ieode forth on of his men, and hurede him a *mure*, For an Englisch peni, with an halter, this holi man to bere. This holi man his clothes nom, and upe this *mure* hem caste [vgl. 1179]. BEK. 1173. With this haltere, upe this *mure*, forth rod this holi man, As a frere, and let him clipen frere Cristian. 1181.

Þenne he brohte hine uppen his werue, þet is unorne *mare*, þet bitacneð ure unorne fleis. OEH. p. 85 [vgl. huppen his *werue* p. 79]. Mede ymot munten, a mark oþer more, Pah ich at þe set day sulle mi *mare*. POL. S. p. 150. BÖDD. *Altengl. Ged.* p. 104. If þou be a man of mekil might, lepe vpon þi *mare* [im Spott gesagt]. MINOT XI. st. 5 Scholle. Mine hed is hore and al forfare, ihewid as a grei *mare*. REL. ANT. II. 211. Yet had I lever payen for the *mare* Which he [sc. the coke] rit on, than he shuld with me strive. CH. *C. T.* 17028 Tyrwh. [vgl. his *hors* 16997].

3. Pferd, anscheinend ohne Rücksicht auf geschlechtliche Bedeutung: Þan com a beste of a busche with a black heued, Mad & merkid as a *meere* [similis equo *lat.*]. WARS OF ALEX. 3920 Ashm. — With þat he commandes hys knytes to cutte downe belyffe Þe bowes & þe bobbes & braunches of bulesse & of lyndes, And bynd vnto þair blonnkes fete of buskes & erbes, Both to *merys* & to mules & all maner of bestes [And bynde to þaire hors feete of bobis of herbis, Bath to *meeris* & to mulis & all maner of bestis *Ashm.*]. WARS OF ALEX. 2850 Dubl. cf. Bowes of divers treees they kyttith, And to heore *hors* tayl kneottith. ALIS. 4074.

Pan as a *mare* at a moghe [i. e. heap of corn] ioure mawis ie fill [hier allerdings etwas wegwerfend gesagt]. WARS OF ALEX. 4434 Ashm.

Aus Unwissenheit gebraucht Perceval das Wort als Gattungsbezeichnung für *horse* und *stede*: Now he calles hir a *mere*, Als his moder dide ere; He wened alle other horses were, And hade bene callede soo. PERCEV. 369. Lorde' whethir this be a stede, I wende had bene a *mere*. 1691.

4. Haustiere, Säugetiere, Tiere, koll. Vieh, im Gegensatze zu wilden Tieren, Vögeln, Menschen, auch Kleinvieh im Gegensatze zum Rindvieh, bezeichnet der Plural *meres*, *mares* in der nördl. Psalmenübersetzung, als Übertragung des lat. *jumentum* pl. *jumenta*, *-orum*. Zugtier, offenbar unter dem Einflusse des mlat. *jumentum* [auch *jumenta*, *-æ* f. D. C. a. 1250], Mähre, Stute, afr. *jument* [aber auch: les *jumenz*, ce sat les grosses bestes d'eus [sc. Egyptiens) *Psautier* f° 95 bei LITTRÉ v. *jumeut*, nfr. *jument*; in den späteren ae. Psalmenübersetzungen entspricht meist *bestes*, hebräisch בְּעִיר pl. בְּעִירָם, bratum, jumentum, pecus, eig. das Abfressende, oder בְּהֵמָה pl. בְּהֵמוֹת, bestia, pecus, jumentum: Men and *meres* [*mares* E. H.] Laverd, sauve sal tou nou [homines et jumenta salvos facies, Domine]. EARLY E. PS. 35, 7. For mine ere alle bestes of wode, *Meres* in hilles, and nete gode [omnes feræ silvarum, jumenta in montibus et boves]. 49, 10. And he gaf til hail *meres* [*mares* E.] of þa. 77, 48. Forthledand hai to *meres* ma, And gresse to hinchede of men swa. 103, 11. Þar *meres* [*mares* E.] noght lessed he [jumenta eorum non sunt minorata]. 106, 38. Þat gives to *meres* [*mares* H.] mete of þa ,qui dat jumentis escam ipsorum]. 146, 9.

mere s. afr. *mere, meire, miere*, pr. *maire*, sp. pg. it. *madre*, lat. *mater*, *-tris*. Mutter.
Seinte Marie, mayden ant *mere*, So lengore o so betere thou were, Thou here hem alle that clepet to the! REL. ANT. I. 48 *Spr.* Pan sal þe land duel in were, Als a stepchild withouten þe *mere*. App. II. 80 in MINOT p. 99 Hall Oxf. 1887 Cl. Pr. vgl. *commare*, gossip, testis baptismi, sponsor [männl. u. weibl, wie ae. *godsib*], afr. *commere*, geistl. Verwandte, Gevatterin. R. OF BRUNNE *Handl. S.* 9866.

mere, mer s. major s. *maire*.
Nicole, of Kingestone þat war *mere*. R. OF GL. 11205 Wr. Vor þe mer mas viniter, hii breke þe viniterie. 11226. Þe mer þan did þe tun he keped. CURS. MUNDI 19717 COTT.

mere s. limes s. *mær*; incubus, sirena s. *mare*.

mere adj. clarus, illustris s. *mere*.

merel s. afr. *merel*, nfr. *méreau*, mlat. *merellus, merallus, maralus*. Stein im Brettspiel, Mühlenspiel.
So that under the clerkes lawe Men seen the *merel* al misdrawe [bild. vgl. afr. *mestraire la merele*, jouer mauvais jeu]. GOWER I. 15. But cruelte, though it so falle That it may regne for a throwe, God woll it shall be overthrowe, Wherof ensamples ben inough Of hem that thilke *merel* drowe [bildl. vgl. afr. *traire la merele*, jouer un jeu, s'exposer au danger, endurer de la peine]. GOWER III. 201.

pl. *merels*, afr. *merele* f. auch pl. *merelles*, *marelles* f., nfr. *marelle* f., mlat. *marella*, *marrella* f. (auch pl.: ludere ad *marellas*, joüer aux marelles vel merelles D. C.], neue. veraltet *merils*. Brettspiel, Mühlenspiel: Where is it also groundid in holi scripture þat men myȝten alloweabli or schulden pleie in word bi bourding, or in deede by rennyng or leping, or schuting, or bi sitting at þe *merels*, or bi casting of coitis? PECOCK *Repr.* I. 120 [in *Spec.* III. 51].

meremaiden, mermaiden, meremaid, mermaid etc. s. sch. *marmadin*, *marmaid*, *meermaid*, neue. *mermaid*. s. *mere*, mare, lacus, *maȝden*, virgo, und vgl. ags. *merewíf*, Meerweib [Grendels Mutter], ahd. *merewíp*, ahd. mhd. *merewíp* gen. *-bes*, sirena.

1. Meerjungfrau, Sirene, fabelhafte Frauengestalt im Meere: Hec siren, *meremaydyn* [unter den *nomina artificiorum*]. WR. VOC. p. 195. Siren, a *mermayden*. MEDULLA. *Mermaydyn*, cirena, siren. PR. P. p. 334. A *mermaydyn*, siren, sirena, spinx. CATH. ANGL. p. 236· Chauntelere [Chauntelere *Ms.*] so fre Songe meryer þan þe *meermaiden* in þe see. CH. *C. T.* B. 4459 *Petw.* — Sich swete song was hem amonge, That me thought it no briddis songe, But it was wondir lyk to be Song of *meremaydens* [*mermaydens* Skeat] of the see. *R. of R.* 679. Though we *mermaydens* clepe hem here in English . . Men clepe hem sereyns in Fraunce. 682.

Chauntelere so fre Sange meriere þan þe *meremayde* in þe see [*meremaide* in þe see *Lansd.*]. CH. *C. T.* B. 4459 *Corp.* Chauntecleer so free Soong murier than the *mermayde* in the see. *Ellesm. Hengw.* I will that the same Henry haue alle the termes and possession that is comyng to me of my mancion that is cleped the *Mermaid* in Bredstreet. FIFTY WILLS p. 78 [a. 1428]. vgl. A *mermaide*, siren. BARET. *Mearmayde*, serayne. PALSGR.

Chauntecleer so free Song meryere than the *mermeydyn* in the see. CH. *C. T.* B. 4459 *Cambr.*

2. Sirenen, im Plural, übertr. von Poesie, Weltlust oder sonstiger Ablenkung als Verführerinnen: Bot goþ now raþer awey, ȝe *meremaydenes*, wyche ben swete til it be at þe laste, and suffreþ þis man to be cured and heled by myne muses, þai is to say by notful sciences. CH. *Boeth.* p. 7. We . . owen to passe ouer with a deef eere the dedliche songis of *meremaydens*. WYCL. JOSH. Prol. p. 556 Purv.

3. Meerfräulein, Meerfrau, Meerweib, Sirene, ein Meersäugetier [Seekuh oder auch Seehund], dessen menschenähnliche Kopfform und Lagern an sonniger Küste zu den Sagen von Meerjungfrauen, Meerweibern, Sirenen und auch Meermännern, Tritonen Anlass gegeben; das ursprünglich vom weiblichen Geschlechte gebrauchte Neutrum [ags. *mägden* n.] umfasst in dieser Bedeutung übrigens die ganze Gattung, männliche und weibliche Tiere: Siren, a *mermayden*, et serpis cum aliis et piscis. MEDULLA. Hec sirena, a *mermaydyn* [unter den *nomina piscium*]. WR. VOC. p. 222.

Hec siren, a *mermayd* [unter den *nomina piscium marinorum*]. WR. VOC. p. 254. — *Mermaydes* [sirenæ *Higd.*] were scene of the hoste of the Romanes in the floode callede Nilus,⸚at the yle callede Delta, in the similitude of men and also of women. TREVISA V. 397 *Harl.*

mereman s. vgl. neue. *merman*, Meermann, Triton, und s. *mereminne*, Meermensch, Meerweib, zu dem *mereman* eine jüngere, verkürzte, aber weniger entstellte Nebenform bildet, da es deutlicher an die Abkunft von *man* erinnert. Fabelhaftes Tier des Physiologus, an Gestalt halb Mensch [mit Gesang begabte Jungfrau], halb Fisch, den Seefahrern verderblich, ein Mittelding zwischen dem Meersäugetier und den Sirenen der antiken Mythologie, Meermensch, Meerweib, Sirene.

Þe *mereman* is A meiden ilike On brest and on bodi, Oc al ðus ge is bunden, Fro ðe novle niðerward Ne is ge no man like, Oc fis to fuliwis Mid finnes waxen. BEST. 557 *Spr.* vgl. *Anm.*

mereminne, meriinne, mermin etc. s. ags. *meremenn*, sirena, ahd. *meremanni*, *mermanni*, *merimenni*, *merimeni*, entstellt *meriminni* n., auch *meriminna* f., Meerweib, mhd. *mereminne*, *merminne*, von *man*, homo; ursprünglich wohl als Neutrum gefasst, meist von weiblichen Wesen [vgl. altn. *man* n. puella, virgo], doch auch als Gattungsbegriff von männlichen und weiblichen, also eig. Meermensch. vgl. *mereman*, *meremaiden*.

1. Meerweib, Sirene, wie das fabelhafte Halbtier des Physiologus aufgefasst [vgl. *mereman*]: Brutus iherde siggen þurh his sæmonnen of þan ufele ginnen þe cuðen þa *mereminnen* [Brutus iheorde segge of his sipmannen of þan vuele ginne þat cuþe þe *mereminne* j. T.]. LAȝ. I. 57. Þa *mereminnen* heom to swommen [þe *mereminne* ȝam swomme to j. T.]. *ib.* Þare he funde þe *mereminnes* þat beoþ bestes of mochel ginne; wimmen hit þincheþ foliwis; beniþe þare gurdel hit his fis. I. 56 j. T.

Þer heo funden þe *merminnen*, þ beoð deor of muchele ginnen; wifmen hit þunchet fuliwis; bineoðe þon gurdle hit þunched fisc. LAȝ. I. 56.

2. übertr. Sirene als Verführerin durch ihren Gesang, der antiken Auffassung entsprechend [vgl. *meremaiden* 2]: Ah ich drede þ tis dream me dreie toward deaðe, as doð *mereminnes* [gen. = as doth the mermaid's sc. music]. LIFE OF ST. KATH. 1458 [mit der Variante: *mearminnes* B.]. — We . . owen to ouerpasse the dethberynge songis of *mermynns*. WYCL. JOSH. Prol. p. 556 Oxf.

3. Meerweib, Sirene, als Meersäugetier [Seekuh, Seehund], auch von männlichen Tieren [vgl. *meremaiden* 3]: In þe ryver Nilus, at þe ilond Delta, þe oost of Rome siȝ *mermyns* [sirenæ *Higd.*] in liknes of men and of wommen. TREVISA V. 397.

meren v. impedire, obstruere, offendere s. *merren*.

mĕreneddre s. ags. *merenăddra*, murena, vel
raurina, vel lampreda [WR. VOC. p. 55], *mere-
nădre* [ib. p. 59], *myrenăddra*, murena, vel murenula [ib. p. 77]. vgl. *mere*, mare, und *naddre*,
neddre; vielleicht volkstüml. Ausdeutung von
lat. *murœna*, gr. μύραινα aus μύρος, einer Art
Meeraal. Meernatter, Meeraal, Lamprete, Seeneunauge, dem Aale ähnlicher,
essbarer Seefisch.

Murena, vel murenula, *mereneddre.* WR.
VOC. p. 90.

meresauce, meeresauce, miresauce s. neue.
veraltet *meer-sauce* [*Meer sauce* or brine, salsum,
salsamentum GOULDMAN a. 1664. *Meer-sauce*,
or brine, saumure BOYER a. 1702], aus *sause,
sauce*, salsa, und afr. *murie, mure*, lat. *muria,
muries;* vgl. afr. *saulmure*, nfr. *saumure*, sp.
salmuera, it. *salamoja* [aus lat. *sal* und *muria*],
gr. ἁλμυρίς. Salzlake, Salzbrühe.

Meresauce, muria. PR. P. p. 334. vgl. n. 1.
Meresauce for flesshe, savlmure. PALSGR. *Miresauce*, muria. CATH. ANGL. p. 240. vgl. n. 7.

merestane s. bifinium, cippus s. *mear.*

mereswin, mæreswin, merswin s. ags.
mereswin, delphinus, ahd. *meriswin*, mhd. *mereswin, merswin*, nhd. *meerschwein*, schw. norweg.
dän. *marsvin, marsviin*, davon auch afr. nfr. *marsouin* [fromentau au *marsouin* LITTRÉ 13. Jahrh.;
auch bildl. schmutziger Mensch DIEZ, LITTRÉ],
sch. *mereswine, meer-swine*, dolphin, delphinus
delphis; porpoise, porcus marinus, delphinus
phocœna, neue. veraltet *mereswine, meerswine*,
dolphin. vgl. *mere*, mare, lacus, und *swin*.

1. Meerschwein, Delphin: *Mære-
swin*. WR. VOC. p. 90 [vgl. ags. Delphin, vel
bocharius, vel simones p. 55. Bacharus, *mereswin* p. 65. Delfinus, *mereswin* p. 77]. koll. Item,
de *merencyn*, quantum dabit. LIB. ALB. p. 343.
Item, *mereswyn* debet unum denarium. p. 375.
— *pl.* The thride dai, *mersuine* and qualle, And
other gret fises alle Sal yel. METR. HOMIL.
p. 25.

2. Bartenwall: His berde was brothy
and blake . . Grassede as a *mereswine* with
corkes fulle huge. MORTE ARTH. 1090.

mereuh adj. tener s. *meru.*

merewod, marewod adj. vgl. *mere*, equa,
und *wod* adj. furiosus, rabidus. mährentoll,
brünstig.

Pe sulve stottes in þe stode Beoþ boþe
wilde and *merewode* [*marewode* Arch.]. O. A. N.
495 Stratm. vgl. Another thing in stalons is to
cure, That thai be sette asonder for lesure
Whenne thai beth *wode*. PALLAD. 4, 824.

merewi adj. medullosus, **mergh** s. medulla,
merghed, -id adj. medullatus s. *mearʒ.*

merge s. afr. *merge*, Tauchervogel [GODEFR.],
lat. *mergus*, Tauchervogel; Rebengesenk, zu
mergere v. geh. Vgl. die in der letzteren Bedeutung abgeleiteten afr. *marcot, marquot* m.,
nfr. *marcotte* f., champ. henneg. *margotte*, it.
margotta. Rebengesenk, Weingesenk,
Weinranke, die weiter gezogen und so fort-
gepflanzt wird.

Iche *merges* [gen.] curvature Of III yere
olde kitte from the roote is sure [mergus, hoc

est propaginis curvatura, . . recidetur a vite],
PALLAD. 12, 34.

merghliere adv. comp. lætius s. *murilìche.*

mergin s. margo s. *margine.*

merʒ s. medulla s. *mearʒ.*

merʒðe, merhðe s. lætitia s. *murhðe.*

meri adj. und adv. lætus, læte, **merilìche**
adv. læte, s. *murie, murilìche.*

meri s. medulla, **meribon** s. os medullosum
s. *mearʒ.*

meride s. meritum s. *merit.*

meridian adj. afr. [meist substantiviert] *meridian, meridiain, meridien* neben volkstüml.
merian, merien, pr. *meridiano, meriano*, sp.
meridiano, it. *meridiano, meriggiano*, lat. *meridianus*, zum Mittag gehörig, mittägig; mittägig, südlich, von *meridies* aus *medidies*, neue.
meridian. mittägig, genau südlich, zur
Mittagslinie gehörig.

For to fynde the altitude *meridian*. CH.
Astrol. p. 3. Whan that the sonne [by moeu-
yng] of the firmament cometh to his verrey [*meridian*] place, than is hit verrey midday, þat we
clepen owre noon. p. 47. Yif men clepen þe
latitude, thay mene the arch *meridian* þat is
contiened or [inter] cept bytwixe the cenyth and
the equinoxial. p. 48.

— s. Mittagslinie, Mittagskreis, Meridian: And [yf] so be þat two townes haue
illike *meridian*, or on *meridian*, than is the distance of hem bothe ylike fer fro the est & the
contrarie. CH. *Astrol.* p. 48. — Thylke townes
han diuerse *meridians.* ib. The arch of the
equinoxial that is [conteyned] or bownded by-
twyxe the 2 *meridians* ys cleped the longitude
of the town. ib.

meridional, -el adj. afr. *meridional* neben
volkstüml. *merienal*, pr. sp. *meridional*, it. *meri-
dionale*, lat. *meridionalis*, mittägig, gegen Mittag gelegen, von *meridianus* adj., -*um* subst.,
neue. *meridional*. zum Meridian gehörig.
mittägig, südlich.

Phebus hath laft the angle *meridional*, And
yet ascending was the beste roial. The gentil
leon, with his Aldiran. CH. *C. T.* II. F. 263
Skeat Cl. Pr. vgl. *Notes.* The whiche lyne, fro
þe forseide ryng vnto the centre of the large
hole amydde, is cleped the sowth lyne, or elles
the lyne *meridional. Astrol.* p. 4. The latitude
meridional of a planete in Capricorne may not
be take. p. 50. Toward the partie *meridionalle*
is Ethiope; and toward the northe is the desart,
that durethe unto Syrye. MAUND. p. 46. Toward
the partie *meridionalle*, I have seen undre the
antartyk 62 degrees and 10 mynutes. p. 151.
Ethiope is departed in 2 princypalle parties;
and that is, in the est partie and in the *meridionelle* partie: the whiche partie *meridionelle* is
clept Moretane. p. 156. — Aftre this, I have
gon toward the parties *meridionales*, that is
toward the southe. p. 181.

merien v. ags. *merian*, mundare, purgare.
läutern, reinigen.

Hwat spekestu of eny bolde þat wrouhte
þe wise Salomon Of iaspe, of saphir, of *merede*
golde. O. E. MISCELL. p. 96. vgl. *imered* p. p.

ALTENGLISCHE SPRACHPROBEN

NEBST EINEM WÖRTERBUCHE

HERAUSGEGEBEN

VON

EDUARD MÄTZNER und HUGO BIELING.

ZWEITER BAND: WÖRTERBUCH.
DREIZEHNTE LIEFERUNG.

BERLIN
WEIDMANNSCHE BUCHHANDLUNG.
1900.

meriʒt s. meritum s. *merit*.

merll s. merula s. *merle*.

merilake, meriment, merines, merinesse s. lœtitia, jocus s. *murie* adj.

merit, merite etc. s. afr. *merit, merite* m. [neben häufigerem *merite* f. von *merir*], nfr. *mérite* m., pr. *merit, merite,* sp. pg. *merito,* it. *merito, merto,* lat. *meritum* n. von *meritus* p. p. zu *merere,* sch. neue. *meril.*

1. verdienter Lohn, gebührende Belohnung, Anerkennung, Gnade, als das, was man verdient hat, im guten Sinne: In onliche stüde he [sc. sein Johan] biʒet þeos þreo biʒeaten: priuilege of prechur, *merit* of martirdom, & meidenes mede. ANCR. R. p. 160. Ʒif euer þy mon vpon molde *merit* disserued, Lenge a lyttel with thy lede, I loʒly biseche. ALLIT. P. 2, 613. Bi no deede a man hath *merit,* saue bi a deede which is þe seruice & þe lawe of God. PECOCK *Repr.* I. 119. Take hys death in thy meende, Naut lyʒt; The more thou thenkest so on hys death, The more hys thy *meryte,* SHOREH. p. 28. Thoru þi *merite* [merit TRIN.] was it sene, Quen nan was worthier þan þou Hand to lai on suete Iesu To giue him þat hali sacrament [von Joh. dem Táufer]. CURS. MUNDI 12891 COTT. GÖTT. Of every bienfait the *merite* The god himself it woll aquite. GOWER III. 187. vereinzelt *merote*: I pray þe, prince, with me pas to my praysid modire, Þat þou may *merote* haue & menske & mede for þi werkis. WARS OF ALEX. 5226 Ashm.

im dopp. Sinne [als vox media], verdienter, zukommender Lohn für gute oder böse That: Desert, or *meryte,* meritum. PR. P. p. 120. We beleven of the day of doom, and that every man schalle have his *merite,* aftre he hathe disserved. MAUND. p. 135. für böse That: Heer men may seen how sinne hath his *merite!* CH. *C. T.* C. 277 Skeat [in *Compl. W.* IV. 298].

2. Verdienst als That, meist gute That, verdienstliche Handlung, als das, wodurch man sich verdient macht: Uor þis skele [i. e. reason] heþ oure byleaue *merite.* AYENB. p. 134. Þou aselt ywyte þet ine þri cas me may do þe dede of spoushod wyþoute zenne, and he mai habbe grat *merite* ase to þe zaule. p. 222. Hit mai by to merite uor to wynne þet lif wyþoute ende. *ib.* Do me endite Thy maydens deeth, that wan thurgh hire *merite* The eternal lyf. CH. *C. T.* III. G. 32 Skeat CL Pr. Blessid Mary Magdeleyn, how thou arte of grete *merite* and gloryous in the sight of god; for in alle my grete sorowe of trauail of childe thou were to me a mydwife. MAR. MAGD. 78 Zup. vgl. *Meryte,* a deservyng, merite s. f. PALSGR. vereinzelt finden sich die Formen *meriʒt* und *meryde*: Þei seyen þat a good þing doon after þe comaundement of god is not of so gret *meriʒt* as a þing don after þe comaundement of a synful ydiot. WYCL. *W. hith. unpr.* p. 48. King Williham herd of þis meracle þus ydo Þorow þe *meryde* of þis blessud virgyn seynt Ede. ST. EDITHA 4379 Horstm. And also by the *meritis* of hir he made Marcel, the chaumberer of Martha, to be worthi to seie these swete wordis: „Blessid be the

wombe that bare the etc." MAR. MAGD. 14 Zup. We ffounde be grete causes, þat it was nedefull, þat alle suche giftes as haue be made off the kynges livelod inconsederatly, as not deseruet, or aboff the *meretes* of hym þat haue getun hym, were refourmed. FORTESCUE *Gov. of Engl.* p. 142-3.

verneint: Bote ʒe liuen trewely, and eke loue þe pore, And such good as God sent treweliche parten, Ʒe naue *no* more *merit* in masse ne in houres Þen Malkyn of hire maydenhod þat no mon desyreþ. P. PL. *Text A.* pass. I. 155. vgl. C. II. 176 sq. ähnlich mit *without*: This man was utterly unprofitable, doenge noo thynge accordenge to his honore and dignite, reioycenge the name of dignite *withowtte merytte.* TREVISA IV. 471 Harl.

von böser That: Of sorweful þinges þat bityden to shrewes, certys, no man ne wondreth; for alle men wenen þat þey han wel deserued it, and [and þat *Skeat*] þey ben of *wicked merite* [i. e. dass sie sich *schlechte Verdienste* erworben haben]. CH. *Boeth.* p. 140. I shall punyssh you of the *meryte* aftir youre deserte. MELUSINE p. 71 [a. 1500].

3. Tugend, Tüchtigkeit, Vortrefflichkeit, Vorzug, von Menschen und Tieren: He was callede Iames ryʒhteous . . for the *merite* of excellente holynesse [propter meritum excellentis sanctitatis *Higd.*]. TREVISA IV. 351 Harl. Thinges IV in hem [sc. stalons] is to beholde [be holde *ed.* spectanda sunt *lat.*], Fourme, and coloure, *merite,* and beautee. PALLAD. 4, 787. Next hem in *merite* is dyvers hued, Blacke, bay, and permyxt gay. 811. But stalons best beth cleer in oon coloured, Alle other lefte, but yf the magnitude Of thaire *merite* hem that been discloured Excuse. 814.

4. Wert, Güte, Bedeutung, Kraft von Sachen: But folye þat lieth alwey to hym self may not chaunge þe *merit* of þinges. CH. *Boeth.* p. 17. So is þan þe condicioun of þinges turned vp so doun, þat a man, þat is a devyne beest *by merit of* hys resoun, þinkeþ þat hym self nys neyþer fair ne noble, but if it be þoruʒ possessioun of ostelmentes. p. 98 [vgl. *by vertue of* the frut and *of* the balme MAUND. p. 298].— Þe whiche þinges napeles þe lokynge of þe deuyne purueaunce seeþ, þat alle þinges byholdeþ and seeþ fro eterne, and ordeyneþ hem everyche in her *merites,* as þei ben predestinat [prodestinat *ed.*]. CH. *Boeth.* p. 153. Sin god seeth every thing, out of doutance, And hem desponeth, thourgh his ordenaunce, In hir *merytes* sothly for to be, As they shul comen by predestinee. *Tr. a. Cr.* 4, 963 Skeat in *Compl. W.* II. 333.

das abgel. **meriten** v. afr. *meriter,* lat. *meritare,* neue. *merit,* verdienen, scheint erst in der ersten Hälfte des 16. Jahrh. aufzutreten: Some man maye *meryte* as moche to drinke small wyne as some do whan they drinke water, il y a des gens qui meriteroyent autant silz beuuoient du vin de conuent comme les aultres feroyent silz beuyoyent de leaue. PALSGR. [a. 1530]. To *merit,* demereri. MAN. VOC. [a. 1570].

I *meryte*, I deserve, je merite pr. conj. and je meris sec. conj. PALSGR. [a. 1530]. bald darauf auch in der später veralteten Bedeutung be- lohnen [vgl. *merit* s. 1.]: The king will *merit* it with gifts. CHAPMAN *Il.* IX. 259 [a. 1598].

meritorie, meritori, meritoire adj. afr. *meritoire*, pr. kat. *meritori*, sp. pg. it. *meritorio*, mlat. *meritorius*, præmio dignus, verdienstlich [d. h. was Belohnung verdient, einbringt, bes. kirchl.], lat. *meritorius*, zum Erwerb, Verdienst gehörig, was Miete bringt, Miets-, neue. ver- altet *meritory* [jetzt *meritorious*; vgl. *meritori- ouse*, meritorius MAN. VOC.].

　1. **verdienstlich im kirchl. Sinne**, von guten Werken, die dem Handelnden selbst bei Gott nützlich sind, ihm Gotteslohn einbringen: Whoso ȝeueth for godes loue, wyl nat ȝeue, his þankis, But þere his mede may be most and most *merytorye*. P. PL. *Text A.* prol. 54 *v. l.* Ȝif hit be leſſel & *meritorie* to leie, þan no man haþ ground to stire men fro synne etc. WYCL. *W. hith. unpr.* p. 264. Agayns Glotonye is the remedie Abstinence, as seith Galen; but that holde I nat *meritorie*, if he do it only for the hele of his body. CH. *Pers. T.* I. 832 Skeat in *Compl. W.* IV. 624. How *meritorye* is thilke dede Of charite to clothe and fede. GOWER MS. in HALLIW. D. p. 550. Ȝit ech of these gouer- nauncis thou wolte holde to be leeful, & to be a *meritorie*, vertuose, moral deede. PECOCK *Repr.* I. 119. Thilk abstinence or forbering is a *merytorie* deede. II. 561. How *meritory* is thilke dede Of charite to clothe and fede The pouer folke. GOWER I. 19. — More he [sc. God] menskes mene for mynnynge of riȝtes Þen for al þe *meritorie* medes þat men on molde vsene. ST. ERKENW. 269 Horstm. N. F. p. 272. And all thy dedis, though they ben good and *meritorye*, thou shalt sette at nought. CAXT. in HALLIW. D. p. 550. Þus mai men be saved for þouȝtis in þer hertis, al ȝif þei done not outward *meritory* werkes. WYCL. *Sel. W.* III. 61.

　2. **dienlich, erspriesslich, heilsam für andere**: For he þat gyueþ for Godes loue wolde nat gyue, hus þankus, Bote þer he wyste hit were wel gret neede to gyuen, And most *meritorie* to men þat he ȝeueþ for. P. PL. *Text C.* pass. X. 66.

　meist auch in kirchl. Sinne von dem, was dem Seelenheil anderer erspriesslich ist: Bap- tizyng and burying bothe ben ful nedeful; Ac moche more *merytorie* me þynke[þ] it is to bap- tize. For a baptised man may . . Þorugh con- tricioun come to þe heigh heuene. P. P. *Text B.* pass. X. 78. To whom [sc. the executors] I ȝiff and wit þe residue of all þe good and catell þat I haue, þat they ordeine and dispose hit in such wys as may be most *meritory* for my soule. FIFTY WILLS p. 54 [a. 1420]. All the same maners, londes, and tenementes . . to be sold by the executours, and disposid for his sowle, like as hem shall seme that best is, and most *meritoire* & behouefull in that partye. p. 124-5 [a. 1439].

meritorill adv. von *meritorie* adj. vgl. afr. *meritoirement;* neue. entspricht auch hier *meri-* *toriously* [BOYER a. 1702]. **verdienstlich, verdienstlicher Weise.**

Ech of these deedis mowe be doon & ben doon ful vertuoseli & *merytorili*. PECOCK *Repr.* I. 120. A man mai singe, pleie, & lauȝe vertuo- seli, & therfore *merytorili*, & if he mai do it *merytorili*, certis thanne thilk deede is Goddis seruice. *ib.* We mowe leefulli and *merytorili* do oure vertuose deedis openli bifore othere men. I. 235.

meritot, -toïr s. oscillum s. *murie* adj.

merle, merli s. afr. *merle, melle*, nfr. *merle* m. [dimin. *merleau, merlot*], pr. *merle* m., nsp. *mirlo*, pg. *merlo, melro*, it. *merlo* aus lat. *meru- lus*, und kat. *merla*, asp. nsp. *mierla*, it. *merla*, nebst niederd. *merle* f., niederl. *meróle, meerle*, merel f., mhd. *merle, merl* f., nhd. prov. *merle* f. [dimin. *merlin* n. neben bair. *merling*, niederd. *merlikin*], aus lat. *merula*, sch. neue. *merle*. Merle, Amsel, Schwarzdrossel, turdus merula.

Das seltene Wort findet sich im 14. Jahrh. als Familienname: Walter *Merle*, Pfarrer, Ver- fasser des ältesten meteorolog. Tagebuches, a. 1337-44 [*Hellmann*]. Sonst nur einmal als Va- riante zu *þrostel*: I herde þe jaye and þe þro- stell [a *meryll* L.]. TH. OF ERCELD. 29 Brandl. vgl. sch. Sic mirth the mavis and the *merle* couth ma. HENRYSON p. 155 Laing, Edinb. 1865 [a. 1430-1507]. The *merle* scho sang, „haill roias of most delyt etc.“ DUNBAR *Thr. a. R.* st. 25 [a. 1503] in *Spec.* III. 115. früh neue. Where the sweet *merle* and warbling mavis be. DRAY- TON *Owl* p. 1292 in NARES *Gloss.* p. 565.

merling, marling s. afr. *merlenc, mellenc, merlan* s.), auch *merlanke* f. [GODEFR.], nfr. *merlan* m., henneg. *merlen, merlin*, auch bret. *marlouan*, mlat. *merlingus* [Item, quatuor mer- lingos friscos pro uno denario LIB. CUST. p. 119. vgl. LIB. ALB. p. 374. PR. PARV. p. 334], neue. *merling*, früher auch *marling* [*Merling:* A stock- fish, or *Marling*, else *Merling;* in Latine Mer- lanus and Marlangus R. HOLME p. 333 in BAR. B. p. 57]. Trotz des deutschen Klanges und der entschieden deutschen Endung doch wohl dem Stamme nach romanischen Ursprunges und wie mhd. *smerle, smerl* f. cobitis barbatula, Gründ- ling, und die abgel. gleichbedeutenden *smerline* m., *smerlin* n. mit fr. *merle, merlot* m., Amsel und Lippfisch [Seefisch], mit *merlo* m., *merla* f., Amsel und Schleihe, mlat. *merula*, kleine Lamprete, Pricke [Hoc *merula*, a lamprone. WR. VOC. p. 189], aus lat. *merula, merulus*, herzuleiten, das ebenfalls nicht nur die Amsel, sondern auch einen Fisch und zwar Seefisch, die Meeramsel, bezeichnet [Laude insignis caudæ melanurus, et ardens Auratis murena notis, *merulæque* vi- rentes OV. *Halieut.* 112]. vgl. *merlion*, falco æsalon, das gleichfalls von lat. *merula* herzu- leiten ist. kleiner Fisch, wahrscheinlich meist eine kleine Art Schellfisch, gadus merlangus Linn. [auch merlangus vulgaris Cuv. und un- getrocknet *merlangus friscus* genannt], häufig in Nord- und Ostsee, mit leicht verdaulichem Fleische, Merlan, Wittling, Weissling, wie *fisc* oft kollektiv in der Einzahl gebraucht.

Riht als sturioun etes *merling*, And lobbekeling etes sperling, Sua stroies mare men
the lesse. METR. HOMIL. p. 136. Quatuor pa-
neria de *merlyng*. LIB. ALB. p. 468. cf. p. 234.
240. *Merlyng* soþe [i. e. sodden]. TWO COOK.
B. p. 61. Hic merlinggus, a *merlyng* [unter den
nomina piscium marinorum]. WR. VOC. p. 254.
vgl. *Merlyng*, fysshe, merlus. PALSGR. A *merling*, fish, merula. MAN. VOC. Saltfysche, stok-
fische, *merlynge*, makerelle buttur ye may With
swete buttur of Claynos. BAB. B. p. 39. Mustard
is metest with alle maner salt herynge, Salt
fysche, salt congur, samoun, with sparlynge,
Salt ele, salt makerelle, & also withe *merlynge*.
p. 57. Melanurus, a *merlynge*, vel ut quibusdam
videtur, a makerel. WR. VOC. col. 595, 26 Wülck.
Merlynge, fyshe, gamarus, merlingus. PR. P.
p. 334.
   Fryid *marlyng*. TWO COOK. B. p. 59. Salte
fysshe, stocke fysshe, *marlynge*, makrell, and
hake, with butter. BAB. B. p. 166.

merlion, merlioun, marlion etc., vereinzelt
merling s. afr. *esmerillon*, nfr. *émerillon*, *émé-
rillon*, pr. *esmerilhó*, pg. *esmerilhão*, sp. *esmerejon*,
it. *smeriglione*, *smeriglio*, spät mlat. *merlinus*,
sch. *merlion*, *merlyeon*, *marlion*, *marleyon*, neue.
merlin aus afr. *esmerle* [BRACHET], pr. *esmirle*,
Lerchenfalke, sp. pg. *esmeril*, Falkonet, it.
smerlo, Lerchenfalke, Falkonet, mlat. *smeril-
lus*, *smerlus*, *mirlus*, *merlus* von lat. *merulus*,
merula, Amsel, Schwarzdrossel, turdus *merula*
Linn., einem Worte, das übrigens auch in dieser
Bedeutung in das germanische Gebiet einge-
drungen ist; denn altn. *smyrill* m. dat. *smyrli*,
falco cæsius, ahd. *smiril* m., falco æsalon, mhd.
smerille, *smirel*, *smirle* m. nebst den abgel.
smirline gen. *smirlinges* m. und *smirlin* n., md.
smerle m., nhd. *schmerl* m. Das Wort bezeichnet also einen der Amsel ähnlichen Vogel [vgl.
DIEZ II. 385], während die Formen ohne vor-
getretenes *s* meist der Amsel selbst vorbehal-
ten blieben; vgl. *merle* s. merula. Schmerl,
Schmerling, Merlinfalke, Zwerg-
falke, Lerchenfalke, falco æsalon, die
kleinste Falkenart, im Mittelalter geschätzt und
besonders von Damen zur Jagd auf kleinere
Vögel verwandt.
   A *merlyon* a bridde hedde hent, And in hir
foot heo gan hit bringe. E. E. P. p. 119. The
merlion that peyneth Himself ful ofte, the larke
for to seke. CH. *Ass. of F.* 339 Skeat [mit den
Varianten *emerlion*, *merilioun*, *marlyon*, *merleyn*; vgl. *Parall.-Texts*]. A *merlion*, alietus,
merulus. CATH. ANGL. p. 236. Ther is a *marlyon*, and that hauke is for a lady. B. OF ST.
ALBANS 1486 fol. 27.r. vgl. *Merlyon*, a hauke,
esmerillon. PALSGR. For *merlions* [gen.] feet
ben colde, Hit is heore kynde. E. E. P. p. 123.
   Merlyone, byrd [*merlinge* P.], me'ulus,
alietus. PR. P. p. 334.
   Thes ben that ȝe shulen not eete of bryddes
.. an egle, and a griffyn, and a *merlyoun* [haliæ-
etum *Vulg.* aliete *Purv.* mit der Glosse: aliete,
that is a kynde of egle]. WYCL. LEVIT. 11, 13
Oxf. „Yet have the glotoun fild ynough his
paunche, Than are we wel!" seyde the *merlioun*.

CH. *Ass. of F.* 610 Skeat [mit den Varianten
ermilioun, *emerlyon*, *marlyon*, *merlion*; vgl.
Parall.-Texts]. I am neither gerfaucon ne faucon ne sperhauk ne a *merlyoun* ne noon oother
faucowners brid thus for to be bownde with
gessis. DE DEGUILEV. *Pilgrim* p. 107 Wr.
   seltenere Formen mit *e* in der Stammsilbe
sind *merliþon*, *merlone*: Vnclene [sc. briddis]
eete ȝe not, that is, egle, and griffun, and a
merliþon [merlizon ed. an aliete *Purv.* haliæ-
tum *Vulg.*]. WYCL. *Deuteron.* 14, 12 Oxf. Hic
aluctor, a *merlone* [mit anderen Jagdfalken unter
den *nomina avium domesticorum(!)*]. WR. VOC.
p. 252 [vgl. *alicitor*, an hobeye. col. 563, 46
Wülck.]. Als Variante zu CH. *Ass. of F.* 339
erscheint *merleyn* [s. oben merlion], und auch
die jetzt gebräuchliche Form des Wortes, *merlin*, wird schon verhältnismässig früh angetroffen: Ametus, a *merlyn*. WR. VOC. col. 563, 25
Wülck. Merlinus, a *merlyn*. ib. col. 596,3. vgl.
Merlyn, hawke, melenetus. HULOET.
   Hic merulus, *marlyon*. WR. VOC. p. 189.
vgl. *Marlyon*, a hauke, esmerillon. PALSGR. —
Ther were .. Muscetes and *marlyons*. REL.
ANT. I. 81. vgl. The musket and the sparhawke,
the iacke and the hobbie, and finallie some
[though verie few] *marlions*. HARRISON *Descr.
of Engl.* II. 30 Furniv. [a. 1577—87].
   auch *marlin* findet sich bereits in der zweiten Hälfte des 16. Jahrh.: A *marlin*, alietus.
MAN. VOC. vgl. A *marlynhauke*. ib. *Marlyn
hauke*, alietus. HULOET.
   Erwähnung verdient, dass der bekannte
Eigenname *Merlin*, kelt. *Merddin*, dessen ursprüngliche Bedeutung dunkel ist, in der zweiten Hälfte des 15. Jahrh. in den vielleicht volks-
tümlich umgedeuteten Formen *Merling* und *Marlion*, *Marling* sich findet: So that he bigat *Merlyng* [*merlyng* B.] and mo. GOWTH. 10 Breul.
Þis chyld within hur was no nodur Bot eyvon
Marlyon [*Marlyngis* B.] halfebrodur. 96.
   mermoise s. niederl. *marmoeyse*, vgl. früh
neue. marmozyn. Vielleicht für *marmose* und
verwandt mit *marmoset*. eine Art Affe.
   I wende hit had be a *mermoyse*, a baubyn,
or a mercatte [een *marmocyse*, een baubyn, of
een meercat *niederl.* a marmozin, or baboone,
or else a mercat *ed. 1650*]. CAXT. *Reyn.* p. 137
Thoms. vgl. *Notes*.

mero s. speculum, **meroli** adj. specularis s.
miroir.

merot s. meritum s. *merit*.

merea adj. tener s. *meru*.

mereu, -ouȝ, -ow s. medulla s. *mearȝ*.

merow adj. tener s. *meru*.

merowe s. speculum s. *miroir*.

merre, mer s. ags. mearr [in gemearr, impedimentum, error], vgl. gth. *marzeins*, σκάν-
δαλον, sch. *mar*, marr, hindrance, obstruction,
delay, injury, neue. veraltet *mar*. s. *merren* v.

   1. Hemmung, Hinderung, An-
stoss: An hende man he was & wise; A grete
resoun wele shewe he couþ Wiþoutin ani *merre*
in mouþ [Witvten ani *mer* in muth COTT. Wit-
outin ani *mer* in muþe EDINB.]. CURS. MUNDI
24800 FAIRF.

31*

2. Hemmung, Hinderung, Verzug:
For þan sal mede witouten *mere* [lett, let *cett.*].
Be *mette* for. dede or bettur or were. Curs.
Mundi 67 Cott.

merren, mærren, mearren, miren, marren
etc. v. ags. *merran, mierran, mirran, myrran*,
impedire, obstruere, scandalizare; dissipare;
intr. errare, alts. *merrian, merrēan*, impedire;
intr. morari, afries. *meria*, altn. *merja*, contundere, aniederl. *marren, merren*, festmachen;
intr. zögern, nniederl. *mauren, meeren*, festmachen, festbinden, mniederl. *merren, marren*,
zögern, sich aufhalten, ahd. *marrian, marran,
merran*, mhd. *marren, merren, meren* und [auf
maro adj. bez.] *merwen, märwen*, aufhalten, be-
hindern, stören; befestigen, anbinden, anschir-
ren; ärgern; mhd. auch intr. sich aufhalten,
säumen, zögern, gth. *marzjan, σκανδαλίζειν*,
sch. *mar*, spoil, wear away [Barb.], put
into confusion, neue. *mar*. vgl. *meru* adj.

das german. Zeitwort ist auch in das roman. Gebiet übergetreten, pr. afr. *marrir*, nfr.
p. p. *marri*, sp. *marrar*, mlat. *marrire*; das p. p.
des afr. *marrir* liegt wohl vor in: Many mo xal
be *marry* with mordor. Digby Pl. p. 61.

a. tr. 1. hemmen, hindern, stören,
mit Personal- oder Sachobj.: Now we haue
vs sped sa ferre, Our wille may he vs nost *merre*
[Now we haue vs sped sa ferr, Vr wil may he
nost vs *merr* Cott. forbarr, forbarre *cett.*].
Curs. Mundi 2253 Fairf. He moued oure myscheues for to *merr*. York Pl. p. 94. Pat fadirs
has talde beforne Has noman myght to *marre*.
p. 132. Hopys thou that thou *mar* hym may
To muster the malyce that he has ment?
Town. M. p. 248. Bot thowe, myghty Lorde,
my mornyng *mar!* [imper. i. e. vernichte, ende
meine Trauer] York Pl. p. 436 [Hand des 16.
Jahrh.]. He biddis you haste with all youre
mayne Vnto hym, þat no thyng you *marre*.
p. 47. Look no man the *mar*. Town. M. p. 23.
He *mired* hir flesly liking. Metr. Homil. p. 38.
das woran jemand gehindert wird, findet sich
mit *of* bezeichnet: Bot he was *merred of* hys
mint [*merret* of his minte, *marred* of his wille,
marrid of his mint *cett.*]. Curs. Mundi 463
Cott.

2. geistig verwirren, verstören, äng-
stigen, niederdrücken, mit Personalobj.: The fende is wrothe with you and me, And
will you *marre* if þat he may. York Pl. p. 237.
Mystakyng of Cristis witt *marriþ* sum men in
þis mater. Wycl. Sel. W. II. 117. Crist tolde
hem a litil bifore, how he shoulde be slayn from
hem; and alif þis word *marride* hem, for þei
undirstooden it not wel, neþeles þei þouten on
þingis þat myten come after þis. II. 29. And
je be *merryd* neuer the mare, bote mete him
in a sweuyn. Wars of Alex. 325 Ashm. Hou
shal that lefly ayng That thus is *marred* in
mournyng? Lyr. P. p. 39. Bödd. *Altengl.
Dicht.* p. 162. I mase al *marred* for mournyng neiþ hondes. Will. 438. I am Meliors,
neiþ *marred*, man, for þi sake. 664. Makers of þis lawe weren so *marrid*, þat her lawe
byndeþ noo persone but only suche þat ben

boþe men and wymmen. Wycl. W. hith. unpr.
p. 329. vgl. Notes. Zaa, in faythe je haue force
for to sere hym, Thurgh youre manhede and
myght bes he *marred*, No chyualrus chiftan may
chere hym. York Pl. p. 321.

auch mit folgendem *in* und einem Subst.,
das die Stimmung bezeichnet: Ful *merred* [*marrid* Gött. mad Trin.] war þai *in* þair *mode*.
Curs. Mundi 15725 Cott. Fairf. mit *of* wie
die Verba des Hinderns, Beraubens: All yf men
made him myrth & play, He thoght euer how it
solde oway With elde & sorows sere; Pat *merrid*
him oft *of* mery *chere*. Berl. A. Jos. 261 Harl.

oder mit einem abstr. Sachobj., das die
Stimmung, das Gemüt bezeichnet: I *marre* his
myndes to thei wan, That wo is hym god hym
bygan. Digby Pl. p. 150. He has fastid, þat
marris his mode . . Hym hungris ill. York Pl.
p. 179. Therfore my *mynde* & my *moode* is
marred [Ms. maried with *r* above *i*]. Alis. Frgm.
1041. Madding *marrid* has þi *mode* & þi mynd
changid. Wars of Alex. 3546 Ashm.

refl. von übertriebener selbstquälerischer
Trauer: Sister Mawdlen, to blame ye are, With
this dedly sorow *your-self* to *marre*. Digby Pl.
p. 207. Mek moder & mayde, leve your lamen-
tation! Ye swown still on pase with dedly sus-
piration; Ye *mare youre-self* & vs. p. 189.

3. übertr. auch Verdruss, Kummer,
Ärger bereiten, kränken, betrüben,
ärgern, quälen, peinigen: A maide *marreth* me. Lyr. P. p. 29. Bödd. *Altengl. Dicht.*
p. 149. Seþþe for me he is so *marred* & has mis-
fare long. Will. 995. „Pat is Meede, þe mayden", quod hco, „þat haþ me *marred* ofte, And
ilakked my lore to lordes aboute." P. Pl. Text
A. pass. II. 16.

4. körperl. quälen, peinigen: In þe
castel of Corf ich shal do þe close Ther as an
ancre, oþer in a wel wors wone, And *marre* þe
with myschef. P. Pl. Text C. pass. IV. 140.
Lightly thou shulde escapen oute Of the prisoun
that *marreth* thee. Ch. R. of R. 4681. For euer
so je mare *merrid* me her, so mi crune bið brihtre
re & fehere. St. Juliana p. 18. For eauer so
je nu her *mearred* me mare, se mi crune schal
beon brihttre ba & fehere. p. 19. Ne mei ich
þolien þat ha þus *mearren* [*merren* p. 34] þe na
mare. p. 35.

5. schädigen, verderben, vernichten, mit Personalobjekt, an dessen Stelle
ein Personalkollektiv oder Tier treten kann:
Faste he heold Chircheatre [Chirenchestre?] mid
strengðe þan mæste, · þat ne mihte Gurmund
næuere *mæren* his ferde, ar he lette heom mid
ginnen. Laj. III. 170. I xalle *marryn* tho men
that beleuyn amisse. Cov. Myst. p. 163. With
alle þe bur in his body he ber it [sc. his grymme
tole] on lofte, Munt as maytyly, as *marre* hym
he wolde. Gaw. 2261. Yif they myght with
here moustres to *marre* þe for euere. Ck. K. 91.
Now will he [sc. Moyses] *marre* you if he may
York Pl. p. 81. I woll *marre* swych harlottes
with mordor and myschanse. Digby Pl. p. 56.
King Menon to *mare* with malys he þogt.
Destr. of Troy 10417. Soche a maiden to *mar*

þat þe most louet [von der verführten und später verlassenen Medea]. 720. Now wylle he [sc. Moyses] *mar* you if he may. Town. M. p. 60.

Syre knyght, goo backe agen, & *marre* not your horse about noughte; for yf ye lese hym, ye shall never recover suche an other [a nother ed.]. Caxt. S. of Aym. p. 140.

Þe rode mercke *merred* me oueral. St. Marher. p. 16. Heiþ king of heuene, for þi holy name, Ne fauore nouȝt so my [fo], þat falsly me *marres.* Will. 1170. [Amont . .] *Marres* of þe Messedons miȝtfull kniȝtis. Wars of Alex. 2040 Ashm. åhnl. *Dubl.* Oure menþe he *marres* þat he may. York Pl. p. 323. Leaueð to leue lengre o þes mix & lease maumex, þ *merred* ow & alle þ ham to luteð. Leg. St. Kath. 1778. cf. Life of St. Kath. 1761. [Þay . .] Many miȝtfull man *marris* on þe wallis. Wars of Alex. 1420 Ashm. For þat þe maȝty [pl.] on molde so *marre* þise oþer. Allit. P. 2, 279. For mani modirson þai [sc. ȝour gods] *marre.* Wars of Alex. 4409 Ashm.

Vfele he hine *mærde* [Vuele he hine amorde j. T.]. Laȝ. I. 81. Arðures men letten fleon unimete flan, and *merden* Irisc folc, & hit swiðe ualden [Arthur his men lette flon to ȝam fleon, and *morde* Iresse folk, þat ful swiþe j. T.]. II. 515. [Þai . .] Many mightyfull man *merred* on þe walles. Wars of Alex. 1420 Dubl.

Thus has syr Modrede *merrede* us alle! Morte Arth. 3556. What migthy were *marrit,* & martrid to dethe. Destr. of Troy 5553. [Ulixes . .] Segh his men to be *mart* with a mad childe [i. e. Telegonus]. 13 909. [Suche riot & revell . .] Gers maidnes be *mart,* mariage for to done [von entehrten Mädchen]. 2940. cf. 1855.

das, worin oder woran man geschädigt wird oder ist, findet sich durch *in* mit einem Subst. bezeichnet: He [sc. Jesus] *marres* oure men *in all* þat he may. York Pl. p. 308. I was *merride* one molde *in* my moste strenghethis, With this maydene so mylde, þat mofes us alle [i. e. Fortuna]. Morte Arth. 3323. cf. Syr Marrake was mane *merrede in elde,* And syr Mordrede was myghty, and his moste strenghes. 4421. oder wie die Verba des Hinderns, Beraubens mit *of:* Þow leues þe law þat turnes to lyght, And *merres* me *of* mayn a [and?] myght. Berl. A. Jos. 889 *Harl.* He [sc. þe wiþerwyn] mai noght loke tilward hir light Þat *merres* [*merris* Fairf. *merris* Gött.] him *of* al his *might.* Curs. Mundi 20 813.

mit abstraktem Sachobjekt: And het hire kasten into cwarterne ant into cwalmhus a ðet he hefde betere biþoht him o hwucche wise he walde *merrin* hire meiðhad. St. Marher. p. 4. Þe to forswolhen ant *merrin . .* þe mein of þi meiðhad. p. 12. Þe feorðe fulst to *merre* meidenhad þat is unhende felunge. Hali Meid. p. 17. He moued oure myscheues for to *merr.* York Pl. p. 94. Why, menys þou þat þat myghtyng [*leg.* mytyng] schulde my myghtes *marre?* p. 296. For I wroght neuere, in worde nor in dede, Thyng þat shulde *marre* thy maydenhede. p. 108.

Sone so þu telles te bettere þen an oðer . .

þu *marres* ti meidenhad. Hali Meid. p. 43. Þou *marrez* a myry mele [i. e. a pleasant discourse]. Allit. P. 1, 23. Whare was þan þe pride of man, Þat nowe *merres* his mede? Rel. Pieces p. 80. It *marres* my myght, I may not see. York Pl. p. 188.

Hyre syȝen, þat wer so bryȝt, They pute hem oute, & *merede* hyre syȝht. St. Mergar. 228 Horstm. N. F. p. 238. Adam & Eue . . *merden* ure cunde. Hali Meid. p. 9.

Now is *marred* al my meyn. Lyr. P. p. 47. I spend, and *marrit* is mi main. Rel. Ant. II. 211. Ne wirk not vnwyly in þi wilde dedis, þat þi manhod be *marte* thurgh þi mysrewle. Destr. of Troy 6127. cf. Is al to muchel lauerddom & meistrie þrinne, þis cunde *imerred* tus. Hali Meid. p. 11.

mit konkretem Sachobjekt: I *marre* a thynge, I hurte it or distroye it, je gaste, je honnys, je degaste. Palsgr. I *marre* a thyng, I soyle it, or araye it, je honnys. *ib.* He momeleþ & moccheþ ant *marreþ* is mawe. Pol. S. p. 238. You wyll neuer leave tyll you *marre* all togyther, vous ne cesserez jamays tant que vous aures tout gaste. Palsgr. You *marre* your gowne, vous honnyssez vostre robbe. *ib.* They smote thorow helm and basenet, And *marryd* many a mayl. Erl of Tol. 1115 Lüdtke. Þen wakened þe wyȝe of his wyl dremes, & blusched to his wodbynde þat broþely wats *marred.* Allit. P. 3, 473. Ffyve hundrith fully of þere fyne shippes, Consumet full cleane, clothes & other, And mony mo were þere *marred,* & mated with fire. Destr. of Troy 9530. You have *marred* my kercher here, vous auuez honny mon cœuurechief. Palsgr. Boddely sustynans wold he nan, Bot what so he fro þo howndus wan, Yf it wer gnaffyd or *mard.* Gowth. 358 Breul.

absolut, mit zu ergänzendem Objekt: Falsshipe fatteth and *marreth* wyth myht. Pol. S. p. 150. Bödd. *Altengl. Dicht.* p. 103.

b. intr. verderben, umkommen, zu Grunde gehen: *i Doct.* Þei are drounken, all þes menȝe, Of muste or wyne . . *ii Doct.* Nowe certis þis was wele saide, Þat makis þer mynde to *marre.* York Pl. p. 470. vgl. The beste thyng in the worlde, if it be myskept, wyll *marre* in processe of tyme. Palsgr. Lo, Al synkes in his synne, & for his sake *marres !* Allit. P. 3, 172. Þat ha ne *merren* ne formealten þurh licomliche lustes i flesches fulðe. Hali Meid. p. 13. My mighte and my mayne es all *marrande.* York Pl. p. 4. Þe ledes of þat lyttel toun wern lopen out for drede Into þat malscrande mere, *marred* bylyue. Allit. P. 2, 990.

merring, marring, maring s. ags. *myrring,* ahd. *marrunga, marrunka,* mhd. *marrunge, merrunge, merringe,* impedimentum; mora, md. mniederd. *merringe,* sch. *merring,* Schädigung, Verderben [Barb.], neue. *marring.*

1. Hemmung, Hinderung, Anstoss: A grete resun wele schau he cuth, Widvten ani *maring* in muth. Curs. Mundi 24 801 Gött.

2. Hemmung, Hinderung, Störung: Þai sand gret *merring* [*marring* Gött.] in þair

merck, þe wrightes þat suld rais þe werck.
CURS. MUNDI 8779 COTT. ähnl. cett.

3. Schädigung: Ihesu Criste . . was
sothefastely conceyuede of þe maden Marie, and
tuke flesche and blude . . withowtten any *merryng* of hir modirhede, withowtten any mynyng
of hir maydenhede. REL. PIECES p. 3. [Þroly
into þe deuelez þrote man þrynges ..] For *marryng* of maryagez and mayntnaunce of schrewes. ALLIT. P. 2, 186. Meke þe of þi malencoli
for *marring* of þiselue. WILL. 4362.

4. Verderben: Þe day of *merryng* and
of myrk[n]es [d. i. der jüngste Tag]. HAMP.
6114.

mersch, mersh, merch, merse ursp. adj.
von *mere*, mare, palus, früh neue. *merrish, ma-
rish*; in einigen Fällen vielleicht noch als Adj.
empfunden. **sumpfig, marschig, bruchig.**

Stremes in wildernes set he .. In salt *mersche* land fruit berande. EARLY E. Ps. 106, 33–4.
Ther is in Yorkshire, as I gesse, A *mersnh* contree, called Holdernesse. CH. C. T. D. 1709
Elleem. [a *mersnh* contre *Hengw.*; die übr. Mss.
des *Six-Text* haben: *merschy* contre, *mershy*
contray, *merschy* conntre]. vgl. Spourge gyant
.. groweth only in *merrish* and watery ground-
es. TURNER *Herbal* [a. 1551] in CATH. ANGL.
p. 227 n. 5. *Maryssche* grounde, marescaige.
PALSGR.

meist s. ags. *mersc*, ostfries. *marsk, mask*,
mniederl. *mersche, maersche*, niederd. *marsch,
masch*, nhd. *marsch*, vgl. auch pr. *marez* [DIEZ
Wb. I. 264], mlat. *mariscus* etc. [s. oben *mareis*,
palus], sch. *merse*, neue. *marsh.* **Sumpf, sum-
pfige, fette Niederung, Sumpfwiese,
Marsch, Bruch.**

Wenestu þat havec beo þe worse, Þej crowe
bigrede him *bi* þe *mersche* [*mershe* COTT.]? O.
A. N. 303 Stratm. Seuen oxen fro the flood togideres steyden vp, ful greetli fair and þurj
oute with fatt fleish, the whiche in the pasture
of *mershe* [*merche* v. l.] the grene leswis cheseden [quæ in pastu paludis virecta carpebant
Vulg.]. WYCL. GEN. 41, 18 Oxf. Hoo mares-
cum, a *merche.* WR. VOC. p. 270. Þe ilke welle
ne uelþ najt þane sauc ne þe erþe, ne þane
merss of þise wordle, and þeruore by is suete
and of guod smac to drinke. AYENB. p. 251. —
The forthis ben bifor ocupied, and the *mershis*
ben brend vp with fyr [paludes incensæ sunt
igni *Vulg.*], and the men fijteres been disturbid.
WYCL. JER. 51, 32 Oxf.

merschi adj. neue. *marshy.* **sumpfig, marschig, bruchig.**

Ther is in Yorkschire, as I gesse, A *merschy* contree [A *mershy* contray *Petw.* A *merschhy*
conntre *Corp.*], called Holdernesse. CH. C. T.
D. 1709 *Elleem. Cambr.* — He trowide him to
stonde vpon a flood, of the which steyden vp
seuene fayre oxen and ful fatte, and thei weren
fed in *mershi* places [pascebantur in locis palustribus *Vulg.*]. WYCL. GEN. 41, 2 Oxf.

merschii adj. gut beglaubigte Variante zu
merschi adj. **sumpfig, marschig, bruchig.**

Þere is in Engelond, I gesse, A *mersschly*
lond, called Holdernesse. CH. C. T. D. 1709
Harl. 7334.

mersement s. multa s. *merciment.*

mersh s. mensis Martius s. *march.*

mersh s. palus, **mershi** adj. paludosus, pa-
luster s. *mersch, merschi.*

mersiment s. multa s. *merciment.*

mersuin s. delphinus s. *mereswin.*

mertelage, mertilloge s. martyrologium s.
martilogie.

mertenet, mertinet s. hirundo s. *martinet.*

merðe s. lætitia s. *murhðe.*

[**meru**], **mereuh, meruw, merow, meruȝ**
adj. ags. *mearu* gen. *mearves*, tener, altnorthumbr. *mare*, ahd. *maro, marawi* fl. *marawér*,
mhd. *mar* fl. *marewer, marwer*, reif, mürbe;
zart; gebrechlich, vergänglich, neben ahd. *mu-
ruwi, murwi*, mhd. *murewe, murwe, mürwe, mür*,
mürbe; dünn, zart, schwach.

1. **zart, weich**, von Pflanzen: Junge
impen me bigurt mid þornes, leste bestes ureten
ham þeo hwule þet heo beoþ *meruwe.* ANCR. R.
p. 378.

2. **zart, schwach, schwächlich**, von
Menschen: I was so lytull and so *merowe*, That
every man callyd me dwarowe. MS. in HALLIW.
D. p. 550. Ich was so lite & so *meruȝ*, Eueri
man me clepede dweruȝ. BEVES *A.* 2525 Kölb.

3. **übertr. vergänglich, unzuverläs-
sig, trügerisch:** Þeo laue þat ne may her
abyde .. Also hwenne hit schal toglide, Hit is
fals, and *mereuh*, and frouh. O. E. MISCELL.
p. 94.

**merveile, merveille, merveil, mervelle,
mervel, mervaile, mervaille, mervail, mervale, merval, marvelle, marveille, marvaille**
etc. s. afr. *merveille, mervelle, mervoille, mer-
ville*, nfr. *merveille* dial. *marveille, morvaille,
moraville*, pr. *meravilha, -illa, -ila, maravilha,
maraveglia*, sp. *maravilla*, pg. *maravilha*, it.
maraviglia von lat. *mirabilia* n. pl. zu *mirabilis*
von *mirare, mirari*, altsch. *mercail*, neue. *marvel.*
Hier und da scheint die urspr. adjekt. Natur
des Wortes noch empfunden zu werden. **Wunder.**

Merveyle, meruaille. PALSGR. A *meruelle*,
mirum, monstrum, monstruositas, portentum,
prodigium, prodigalitas, ostentum, signum etc.
CATH. ANGL. p. 236. A *meruayle*, miraculum.
MAN. VOC. *Mervale*, mirabile, prodigium, portentum, mirum. PR. P. p. 334. *Marveyle*, meruaylle. PALSGR. A wondyr, vbi *marvelle* [A.].
CATH. ANGL. p. 423. A *maruil*, miraculum.
MAN. VOC. insbesondere bedeutet das Wort

1. **Wunder, Wunderding, Natur-
merkwürdigkeit, Naturwunder**, als auffälliger Gegenstand, unerklärliche Erscheinung
in der Natur: There yee mowen *meruaile* yfynde
More than ower elles in Ynde. ALIS. 5628. Saturnus after his exile fro Crete cam in great pe-
rile Into the londes of Itaile, And there he dide
great *merveile.* For he founde of his owne wit
The firste crafte of ploughtilling, Of ering, and
of corn-sowing, And how men shulden sette vines etc. GOWER II. 168. Þe Saxons .. brouȝte

wiþ hem Hengistus his douȝter, a wonder faire mayde, merveillous [merveyl a. y. mervayle Cx.] of kynde and wonder siȝty for men to byholde [as a mervayle of nature and a spectacle to men Harl. naturæ miraculum, viris spectaculum Higd.]. TREVISA V. 267-9. At morwe it [sc. the fosse] is as fulle aȝen as evere it was. And that is a gret mervaille. MAUND. p. 32. And ȝit is the hede with the 2 hornes of that monstre at Alisandre for a marveyle. p. 47. — Yif thou desirest merueiles to sen, There yee mowen merueile yfynde More than ower elles .in Ynde. ALIS. 5627. Now Alisaunder hath ygrope Alle the merveiles of Ethiope, And taken feute of the men, To Ynde yet he wol ageyn. 6642. Monye buth theo merveilles of Ethiope, That Alisaundre hath ygrope. 6626. Wite ye eghwar by my weyes Any merveilles? 6754. And here take hede þat ages of þe world beeþ nouȝt todeled by cuenes of ȝeres, but by mervayles þat byfel in her bygynnynge [penes aliquod mirabile contingens in principio ætatum Higd.], as þe firste age bygan from þe bygynnynge of þe wor[l]de, þe secounde from Noes flood etc. TREVISA I. 35. In the lond of Prestre John ben .. many precious stones, so grete and so large, that men maken of hem vessele .. And many other marveylles ben there. MAUND. p. 272.

2. Wunderwerk der Menschenhand, wunderbares Kunstwerk, Bauwerk [gew. als Zauberwerk aufgefasst]: A Lumbard com, with gret noblai, And segh the merueile [von einer wunderbaren Bildsäule aus Erz]. SEUYN SAG. 1984. Ac Virgil dede yit more meruail [ebenfalls von einem solchen Bildwerke]. 1996. Bladut wrought many meruaille, Many god thyng þat ȝit wyl vaylle [künstl. heisse Bäder, Tempel, Federhemd werden genannt]. R. OF BRUNNE Story of Engl. 2255. Þis solere [selere Ms.] was be sorȝy selcuthely foundid, Made for a mervail to meeue with engine; Twenti tamed oliphants turned it aboute etc. WARS OF ALEX. 5291 Ashm.

3. Wunder, wunderbares Kunststück von Gauklern: Than comen joguloures and enchauntoures that don many marvaylles. MAUND. p. 237.

4. Wunder, wunderbare That, erstaunliches wunderbares Abenteuer, bedeutendes oder unerklärliches, wunderbares Ereignis ohne den ausgesprochenen Charakter des Übernatürlichen: The day of wedding cam, but no wyght can Telle what womman that it sholde be; For which merueille wondred many a man. CH. C. T. II. E. 246. Skeat Cl. Pr. This Piramus .. found her wimpel bloody there. Cam never yet to mannes ere Tidinge ne to mannes sight Merveille which so sore afflight A mannes herte. GOWER I. 327. See, here is a grete merueylle; for here is our fader, and by my counseyll we shall make hym roume. CAXT. S. of Aym. p. 79. He made there so grete merueyll of armes, that the Frensmen durst not com forth for fere of hym. p. 82. Let no clerk haue cause or diligence To wryte of yow a storie of swich meruaille As of Grisildis

pacient and kynde [: entraille]. CH. C. T. II. E. 1185. Skeat Cl. Pr. To medill with a madman is meruaille to me. YORK PL. p. 303. — Reynawde .. began there to make soo grete merveylles of armes, that all the folke of Charlemagne wondred vpon. CAXT. S. of Aym. p. 100. There I dyd many merveilles of armes, that I was made knyght. p. 327. cf. p. 356. 453. 513. 514. When kinges might our yhere Of ani meruailes that ther were, Thai token an harp in gle and game, And maked a lay and yaf it name. LAY LE FREINE 15. But hennes forth I wol my proces holde To speke of auentures and of batailles, That neuer yet was herd so grete meruailles. CH. C. T. II. F. 658 Skeat Cl. Pr.

mit ausdrücklicher Hervorhebung des Übernatürlichen, in Sage, Legende und kirchl. Überlieferung: Þe porter ȝede vp to þe halle, And þys merueyle tolde hem alle. R. OF BRUNNE Handl. S. 5911. Now mowe ye here greet merueyle How god man helpys: The chyld sok forþ, withoute fayle, Among þe whelpys. OCTOU. 471 Sarr. A merveyle, that nevyr was herd beforn, Here opynly I fele and se. COV. MYST. p. 152. „Ȝe maistres,“ seid Merlyn, „of þys lond, Ȝyf ȝe con telle vs now here What meruaille ys in þys ryuere, Seyeþ now þe righte certeynete, ȝe þat diuined þe deþ of me!“ R. OF BRUNNE Story of Engl. 8156. Venus! thou maist maken melodye Withouten honde; me semeth that in the town, For this merveille, Ich here ich belle sowne. CH. Tr. a. Cr. 3, 138. What man may of yond merveile meyn? TOWN. M. [in YORK PL. p. 74]. What may this meruelle sygnyfy? p. 254. Fort þe meruaile of the greal be don. ARTH. A. MERL. 4293 Kölb. Swiche meruaile! 911. Listen meruaile. 3041. Now ye, þat wyllyð wonderes her, Harkeneð meruayle, How þat chyld with a fendes fere Dede batayle! OCTOU. 903 Sarr. Harpours in Bretaine after þan Herd hou þis mervaile [aventour O.] bigan. ORFEO 595 Zielke. Man, mustir some meruaile to me! YORK PL. p. 304. Of þe holi graal þe meruail. ARTH. A. MERL. 8902 Kölb. Forsothe there is a grete marveyle: for men may see there the erthe of the tombe apertly many tymes steren and meven, as there were quykke thinges undre. MAUND. p. 22. Of this meruaille agast was al the prees. CH. C. T. III. B. 677 Skeat Cl. Pr. Fadir, what may þis meruaylle mene? YORK PL. p. 50. For the ravenes and the crowes and the choughes .. fleen thider as in pilgrymage, and everyche of hem bringethe a braunche of the bayes or of olyve, in here bekes .. and this is a grete marvaylle. MAUND. p. 59. Lo, here is a wonder thynge! Lo, wheche a marfaylle god hathe here wrouȝt! ST. EDITHA 1337 Horstm. — Lord, thi merveyles ben thi wytnesse [vgl. Ps. 118, 29]. MAUND. p. 61 Spr. His merueylis full mekill is mustered emelle vs. YORK PL. p. 308. For the myracles, that God hathe don, and ȝit dothe every day, ben the wytnesse of his myghte and of his merveylles. MAUND. p. 61 Spr. Bi my soule, lordes, here is grete merveylles, & well the devylles werke; wyte it that Reynawde is goon, & all his bredern. CAXT. S. of Aym.

p. 444. „Reynawd", sayd Rowland, „yf ye doo
this that ye saye, ye shall werk *merveilles* [iro-
nisch]." p. 304. Uncowth *mervels* shalbe meyt.
Town. M. [in York Pl. p. 85]. What man may of
thy *meruayles* mene? York Pl. p. 74. What may
þes *meruayles* signifie, Pat her was schewed so op-
pinly Vnto oure sight? p. 397. He has mustered
his *meruayles* to mo þan to me. p. 310. Þe *mer-
uails* of þe sen greal. Arth. a. Merl. 2750
Kölb. And when he hadde bihold þis *mervails*
alle, He went into þe kinges halle. Orfeo 407
Zielke. Mo *mervaylles* mon he mett. York Pl.
p. 85.

von wunderbaren Träumen: But to that
oon man fel a gret *mervaylle*. That oon of hem
in slepyng as he lay, Him mette a wonder drem
etc. Ch. C. T. I. C. 256 Morris Cl. Pr. — In a
launde as ich lay, lenede ich and slepte, And
meruaylously me mette [*meruayles* mette of *v. l.*],
as ich may þow telle. P. Pl. Text C. pass. 1.
8. Dyuers *maruayles* vnknowne, straunge, &
newe, Shewed to me this nyght or it can dawe.
Lydg. Alb. a. Amph. 2, 459.

ins Possenhafte übertr.: Herkyn to my tale
that I schall to yow schew, For of seche *mervels* have ye hard bot few. Rel. Ant. I. 81.
Herkons to my tale that I schalle here schow,
For of syche *merewels* I have herde fowe. I. 85.

5. Wunder, als Gegenstand, Ursache der
Verwunderung, besonders mit *be*, auch elliptisch: He was afrayde, wyþoute fayle, And þat
was no grete *merueyle* [das war kein Wunder,
nicht wunderbar]. R. of Brunne Handl. S.
2241 [vorher ist ein toter Ritter im Traum er-
schienen]. Impe on an ellerne, and if þine apple
be swete, Mochel *meruele* me þynketh, & more
of a schrewe, Pat bryngeth forth any barne, but
if he be þe same, And haue a sauoure after þe
sire. P. Pl. Text B. pass. IX. 147. Yif men ne
knowe nat þe cause whi þat [it] is, it nis no
meruelle .. þouȝ þat men wenen þat þer be somwhat folysche and confus whan þe resoun of þe
order is vnknowe. Ch. Boeth. p. 132. Yf he
scape on lyue, it shall be grete *meruelle*. Caxt.
S. of Aym. p. 64. All the countrey aboute them
was sore wasted, that it was *merveylle*. p. 116-7.
cf. p. 267 u. ö. They .. theymselfe were become all blacke. And it was no *merveylle*, for
they wered alwayes theyr cote of mayle all
rousty vpon theyr doublettes. p. 117. Yf he
had goon, he sholde have fallen doun to the
erthe, soo weke he was, and that was noo *merveyle*. p. 253. cf. p. 302 u. ö. It was not *merveylle* yf Rycharde made sorow for Mawgys.
p. 407. By soo grete wrathe, that it was *merueyll*, p. 78. cf. p. 217 u. ö. Lord God, grete
meruell es to mene, Howe man was made. York
Pl. p. 93. Adam was alde IX hundre ȝere, Na
meruayle [selcut, wonþer, wondur cett.] if he
was vnfere. Curs. Mundi 1238 Fairf. That
londe is of plentuousenes to be hade in *mer-
uayls* [Commoda terra satis mirandæ fertilitatis
Prosperitate viget Higd.]. Trevisa II. 21 Harl.
It is lyke to a monstre and a *meruaille* how þat
in þe present syȝt of god may be acheued and
performed swiche þinges. Ch. Boeth. p. 18.

Thre suatirs, that were so fayre, that is was
meruaylle. Melusine p. 11. Ȝet breued watz
hit ful bare A *meruayl* among þe menne. Gaw.
465. Pen, no *meruayll*, þe nyght to day he sall
turne, dyrknes to lyght, heynes to melody.
Misyn Hamp. Fire of I. p. 97. In that contree ben folk, that han bot o foot: and thei gon
so fast, that it is *marvaylle* Maund. p. 157. —
Thenne every man wente to his pavylion, and
made grete plente of torches to be fyred, soo
that it was *merveilles* of the light that was in the
oost. Caxt. S. of Aym. p. 510.

auch wie das ältere *wunder* und ähnliche
Subst. von einem präpositionalen Infinitiv mit
to, *for to* begleitet [vgl. Gr.[3] III. 47. 60]: It
was beseged wyth so grete nombre of folke ..
that it was *merueylle to see*. Caxt. S. of Aym.
p. 77. Montalban was so well garnysshed ..
that is was grete *merveill for to see*. p. 150. Now
se thaire craft for hem, *mervel to see*. Pallad. 4,
350. Such mischefe .. vppon þe men fallez, For
meger & for metelesse, wer *meruell to telle*.
Wars of Alex. 1163 Ashm. A myst & a merkenes, was *meruell to see*. Destr. of Troy 1985.
How he [sc. Ammon] is merkid & made is *mervaile to neuyn*. Wars of Alex. 318 Ashm. Pan
metis him myddis þe way, was *meruale to sene*
[was *mervaile to see* Dubl.], A hert with a huge
hede. 1061 Ashm. vgl. His brethern .. barre
themselfe so worthelye, that it was *marvayle
for to see*. Caxt. S. of Aym. p. 96 [a. 1554
Copland].

6. Verwunderung, Staunen, Er-
staunen als innerer Vorgang, besonders von
habben abhängig, aber auch anderweitig: Grete
merueyle had þey alle Pat swych a chaunce myȝt
hym befalle. R. of Brunne Handl. S. 5631. Þe
lorde and þe gestes alle .. Had *merueyle* þat
hyt was so, Pat he myȝte swych myracle do.
5927 sq. For grete *meruele* þey wyl hyt here.
9247. The kyng and his folk, sauns faile, Thereof *hadden* grete *meruele*. Alis. 5594. Than
alle *hadden* grete *merveyle* of the bowte and of
the resoun, that was in hir, and of hir faire spekynge. Mar. Magd. 22 Zup. Thanne she seide:
„Sire, haue ye scyne the dreme, that I sawe?"
— „I haue seyn it," he seide, „and haue grete
merveile, and am sore afferde." 35. In al the
halle ne was ther spoke a word For *merueille* of
thisknyght; him to biholde Ful bisily ther wayten
yonge and olde. Ch. C. T. II. F. 87. Skeat Cl.
Pr. I *haue* grete *merveylle* that ye come alwayes
vpon us. Caxt. S. of Aym. p. 106. He blessed
hymselfe of the *merveyll* that he *had* of theym.
p. 136. Of hire faired, saun faile, He *hadde* in
hert gret *mervaile*. Alis. 217. The kynge thereof *had mervaile*. 5313. Ich *haue* of þi tale
gret *meruaile*. Arth. a. Merl. 870 Kölb.
Whereof he *hadde* grete *mervayle*; for he knewe
not how it myghte be. Maund. p. 183. For vch
mon *had meruayle* quat hit mene myȝt Pat a
hasel & a horse myȝt such a hwe lach. Gaw.
233 Spr. „Ich haue ferly of þis fare, in faith,"
seide treuthe, „And am wendyng to wyte what
þis wonder meneþ." „Haue no *meruayle* þerof,"
quath mercy, „murthe hit bytokneþ." P. Pl.

Text C. pass. XXI. 130. This sely carpenter
hath gret *mervaile* Of Nicholas, or what thing
may him ayle. CH. *C. T.* 3423. But certes,
meruaille y haue þat grete Bretayne may je
nought saue. R. OF BRUNNE *Story of Engl.* 15773.
Mony men *hade meruayle* [Me wondrede *A.*].
TREVISA IV. 7 *Harl.* Þe knijtes *hadden* gret *meruail.* ARTH. A. MERL. 1282 Kölb. Bot now is
meruaill to me of þis wondire. WARS OF ALEX.
549 Ashm. [W]han the emperoure Charlemayne
saw this hie prouesse that Reynawde made, he
blessed hym selfe of the grete *meruayll* that he
had thereof. CAXT. *S. of Aym.* p. 86. I was
abawed for *marveyle.* CH. *R. of R.* 3646. Whan
thei seen the fox, thei schulle *haue* gret *mar-
veylle* of him, be cause that thei saughe never
suche a best. MAUND. p. 267. Thei spak Frensche righte wel, and the Sowdan also, whereof
I *had* gret *marvaylle.* p. 138.

auch hier findet sich das Wort von einem
präp. Inf. mit *for to* begleitet: Who had seen
thenne Reynawde, the worthy knyght, vpon his
horse Bayarde, & the faittes of armes he made
vpon his enmyes, sholde *haue* grete *meruayll
for to loke* vpon hym. CAXT. *S. of Aym.* p. 78.
In lockerer Zusammensetzung mit S a c h-
n a m e n entspricht das Hauptwort dem älteren
und häufigeren german. *wunder-, wonder-,
Wunder-;* so in:

mervail message s. vgl. das ähnl. gebildete nhd. *wundermære.* w u n d e r b a r e,
s e l t s a m e Botschaft: Þis is a *meruayl
message* a man *for to preche* Amonge enmyes
so mony and mansed fendes. ALLIT. P. 3, 81
[auch hier erscheint der präp. Inf. mit *for to*].

merfeyle syjt s. w u n d e r b a r e r An-
b l i c k, w u n d e r b a r e Erscheinung: Bot
when þey seyn þis *merfeyle syjt,* And seyje
þat hit was so, þey cryede god mercy alle þat
nyjt. ST. EDITHA 1429 Horstm.

merveille sweven s. vgl. ae. *wonder drem*
[CH. *C. T.* I. C. 256 Morris Cl. Pr.]. w u n-
d e r b a r e r, s e l t s a m e r Traum: Syre, y
mette a *meruylle sweuene* to nyjt. ST. EDI-
THA 2414 Horstm. Vnder a tree he doune
hym leyde; A *meruayle sweuene* þo con he
mete. 888.

mervaille þing s. vgl. ae. *wonder þing.*
w u n d e r b a r e s Ding, w u n d e r b a r e r
Vorgang: Eke *mervaille things* affermeth
Marcial: Therof that purpure nowe the floure
is alle, Nowe it is white, now rosy. PALLAD.
5, 96.

mervail wal s. W u n d e r m a u e r, wun-
d e r b a r e Mauer: Out ys he now, wrecche
Adam, of paradis, þat riche hous. A *meruail
walle* ys hit aboute, May nane wynne in þat
is withoute; An angel has þe jate to gete
[geite COTT. i. e. bewachen, afr. *gueiter,* nfr.
guetter, ahd. *wahtēn*]. CURS. MUNDI 993 FAIRF.

**mervellen, merveillen, mervelen, mer-
vellen, mervallen, mervaillen, merveilen,
marveillen, marvaillen** etc. v. afr. *merveillier,
merveiller, merveilher, mervoiller, merviller* tr.
und refl., pr. *meravilhar, -illar, -elhar, -eillar*
refl. [BARTSCH], it. *maravigliarsi,* sch. *marle,*

wonder, neue. *marvel.* v e r w u n d e r n; s i c h
v e r w u n d e r n, sich wundern; auch be-
w u n d e r n.

Mervelyn, miror, admiror. PR. P. p. 334.
To *meruelle,* admirari virtutes, ammirari, com-
mirari opera, irrigere, stupere, con-, ex-, ob-,
stupescere, con-, ex-, ob-, stupefacere, stupi-
dare, stupifio. CATH. ANGL. p. 236. vgl. To
meruayle, mirari. MAN. VOC.

1. tr. v e r w u n d e r n, i n V e r w u n d e-
r u n g s e t z e n: Youre sorow .. It mekille *mervels* me. TOWN. M. p. 136 [mit verdopp. Subj.].
But o thyng me *mervayles* mekill ouere all, *Of
diuerse dedis* þat he has done. YORK PL. p. 256
[in auffälliger Vermischung mit dem unpersönl.
Konstr.]. Þis *meteyng meruaild* all his mode.
BERL. A. JOS. 260 *Harl.*

so wohl meist nur im Part. Perf. mit einem
Hülfszeitworte, v e r w u n d e r t s e i n: Whan
Reynawde sawe so grete nombre of folke comynge oute of the wode, he *was sore merveylled.*
CAXT. *S. of Aym.* p. 137. Whan Rowlande
sawe Reynawde .. come in to hys chambre, he
was merveylled. p. 403. Whan the Frenshemen
sawe this, they *were merveylled.* p. 238. der
Grund oder die Veranlassung der Verwunderung
ist hier in dem vorangehenden temporalen
Nebensatze mit *whan* enthalten; gewöhnlich
wird das kausale Verhältnis bezeichnet
entweder durch Präpositionen, besonders
of: I am moche *merueylled of* you, that are departed from Charlemayne wythoute leue of hym.
CAXT. *S. of Aym.* p. 36. Euery one *was mer-
uaylled of* his heyght. MELUSINE p. 160. vgl.
Wherof he began to *be sore merueylled.* CAXT.
S. of Aym. p. 70. auch *withal:* Reynawde made
there soo grete fayttes of armes, that all his enmyes *were sore merveylled wyth all.* p. 245.
oder durch einen nachfolgenden Nebensatz,
mit *that: Be* not *merveylled that* I have not en-
braced nor kyssed you. CAXT. *S. of Aym.* p. 217.
mit *how:* They began to laughe, & *were* gretly
merveylled how Mawgys had thus dysfygured
theym. p. 170. mit *where: Be* not *merveylled
where* he gate all suche thynges. p. 277. mit
as: I *was* forsoth *meruayld as* þe byrnyng in my
saule byrat vp. MISYN *Hamp.* Fire of L. p. 2.
mit konditionalem *if:* Ye ought not *be merveylled yf* Reynawd, his bredern, & Mawgis fell
a slepe. p. 323. *Be* not thenne *merveylled yf*
Reynawde shewe now some dyspyte agenate
you. CAXT. *S. of Aym.* p. 469.

v e r s t ä r k t i n s t u m m e s E r s t a u n e n
s e t z e n, b e t ä u b e n, s i n n l o s, g e f ü h l l o s
m a c h e n: Bot there were iij. sustyrs as of oon
pulcritude, whiche *meruaylede* (obstupefacie-
bant *Higd.*] theire beholders, as if thei were
stones. TREVISA II. 367-9 *Harl.*

das transitive Zeitwort findet sich auch in der
Bedeutung s i c h w u n d e r n ü b e r, b e w u n-
d e r n: Maruayll of maruayles most I can *mar-
uayle:* The deed body to lyfe agayno rose.
LYDG. *Alb. a. Amph.* 2, 514. This *merveile* I
How man, but he were maad of stele, Myghte
lyve a monthe, such peynes to fele. CH. *R. of
R.* 2732 *Spr.* The whiche whan thei hadden seen

hir, stoneʒende *merueileden* ful miche the fairnesse of hir [thei weren astonyd, and wondriden ful myche on hir fairnesse *Purv.*]. WYCL. JUD. 10, 7 Oxf. cf. *ib.* 14.

2. refl. sich wundern: Whan the pilgryme hurde this thinge, he *merueyled him*, and seide etc. MAR. MAGD. 79 Zup. Whan the duke vnderstode hym, he *merueylled hym selfe* moche, and sayd etc. CAXT. *S. of Aym.* p. 53. cf. p. 68. auch hier ist an Stelle des kausalen Verhältnisses ein temporales mit *whan* getreten; sonst finden wir dasselbe bezeichnet

durch *of:* I canne not *merueylle me* to moche *of* Lohier, my eldeste sone, that taryeth soo longe in hys message. CAXT. *S. of Aym.* p. 32. I *merveylle me* moche *of* my bredern, that wyll not go wyth me, by cause they have no horses wyth theym. p. 222. I *merveylle me* gretely of Charlemagn, that sendeth me thise wordes. p. 471. I *merveylle me* sore *of* this castell. p. 192. I *merveille me* gretly *of* that ye have sayd. p. 382. I have seen you wepe at this owre, *wherof* I *merveyll me* gretly. p. 226.

durch einen nachfolgenden Nebensatz, mit *that:* I *merveille me that* ye aske counseyll for to betraye suche knyghtes. CAXT. *S. of Aym.* p. 204-5. I *merveylle myselfe* moche *that* we take not some good counseyll what we have to doo. p. 117. I *merveyll me* gretly *that* ye make vs soo evyl chere. p. 382. nach einem Komparativ: And forthi I *meruell me þe more þat* þay say contrarye hereto, as it semys. HAMP. *Tr.* p. 43 *Spr.* mit attributivem *what:* She . . *merveylled herselfe* gretly *what* folke they were. CAXT. *S. of Aym.* p. 120-1. mit *how:* I *merveyle me . . How* ony man may lyve or laste In suche peyne. CH. *R. of R.* 2725 *Spr.* I *merveylle me how* have ye durste come here wythin. CAXT. *S. of Aym.* p. 397. I *merveyll me* sore *how* ye wold graunt to it. p. 261. mit *why:* My lorde *merveilles hym* mekille . . *Why* thow morthires his mene. MORTE ARTH. 1314. mit konditionalem *if:* Merueille *þe* nought *ʒyf* [Ne *meruell þe if* v. l.] þey haue grace, Ffraunchise & fredom to purchace. R. OF BRUNNE *Story of Engl.* 963.

auch *of* . . *how* findet sich: Now I *merveyle me* gretly *of* you, fayr broder, *how* ye wyll accorde for to goo put yourselfe and vs into his handes all vnarmed. CAXT. *S. of Aym.* p. 219.

3. unpers. mich etc. wundert, mit *of:* Bot moche now *me merueilith*, and well may I in sothe, *Of* ʒoure large leuerey. DEP. OF R. II. pass. II. 1 Skeat. *Me merueles* mekill *of* þis light. YORK PL. p. 115. *Of* Mary, my wyfe, *merveils me.* TOWN. M. p. 75. *Me mervaylythe* moch *of* his pride. SOWD. OF BAB. 3067. *Me meruailes of* my boke. LANGT. p. 65. *Me mer• uaylleþ* myche *of* þe. FERUMBR. 556.

auch hier erscheinen Nebensätze, mit *that:* Me *meruayles* ouer al, *Þat* God let mony mon croke and elde, Whon miht and strengþe is from hel fal. E. E. P. p. 135. Whan þe kyng had herd þys writ, *Hym merueillede* out of wyt *Þat* þe Trogens were risen on heighte. R. OF BRUNNE *Story of Engl.* 973. auch mit Wegfall dieser

Konjunktion: ʒut ich *meruaillede [me mernaileth, me meruailide* vv. ll.] more *menye of* þo bryddes *Hudden and heleden durneliche here egges.* P. PL. *Text C.* pass. XIV. 163. mit *what: Me mervelyth what* ʒow movyth. COV. MYST. p. 108. Muche *meruailede me* on *what* more thei growede. P. PL. *Text C.* pass. XIX. 21. mit *how:* And ʒet *me merueilled* more *how* many other briddes Hudden and hileden hure egges ful derne In mareys and mores. *Text B.* pass. XI. 342. ʒet *merueld hym* more *how* Mars was distroyed. DESTR. OF TROY 971. mit *why:* Perfore *mervaileþ* me . . *Whi* he ne loueþ þy lore. P. PL. *Text C.* pass. XIV. 193 sq.

4. intr. sich wundern: Rowlande sawe the place soo stronge, that he *merveylled* gretely. CAXT. *S. of Aym.* p. 191. He slewe soo many Turkes, that . . the barons *merveylled* gretly. p. 513. Bot ryʒt as þuse twey princes talodone þis, & gretlyche in hurre hert *merveylledone* also, A letter from seynt Dunstone to hem comen ys. ST. EDITHA 2432 Horstm. Also the kyng was *meruelynde*, A cry he hereth gret byhynde. ALIS. 5314. Than shyneth Phebus yshaken with sodein light, and smyteth with his bemes in *mervelinge* eye. CH. *Boeth.* b. 1. m. 3, 12 [in *Compl. W.* II. 8 Skeat]. der Grund oder die Veranlassung ist leicht aus dem Zusammenhange zu entnehmen; gewöhnlich wird auch hier das kausale Verhältnis ausdrücklich bezeichnet, und zwar

entweder durch Präpositionen, besonders *of: Meruel* ʒe [imper.] not *of* þis makyng. O. E. MISCELL. p. 222. I *merveylle* moche *herof.* CAXT. *S. of Aym.* p. 404. I *merveyll* gretly *of* the kynge Charlemagne, that wyll not leve vs in peas. p. 159. The pepyl of here werkys ffül grettly *merveyllys.* TOWN. M. p. 240. Þis visyon þe kyng hymself say firste, & *mervueylede þerof* meche in his thouʒte. ST. EDITHA 2408 Horstm. He . . beganne to make soo grete effortes of armes, that all the folke of his fader *merveylled of* it gretely. CAXT. *S. of Aym.* p. 107. The folke that behelde theym *maruveylled* moche *of* theym. p. 120. auch durch *on:* Þei [sc. gemmes] han not desserued by no weye þat ʒe shullen *merueilen* on hem. CH. *Boeth.* p. 46. And also *meruecylen* we on þe heuene, and *on* þe sterres, and *on* þe sonne, and *on* þe mone. p. 48. What þei had herde & sene þei tolde; Alle *merueiled þeron* [*marvailid on* FAIRF. *Laud Ms.* wondir on, wondrid on *cett.*], jonge & olde. CURS. M. 11273 Trin. durch *into:* Thai membreden the Lord, *merueilende in* to the ende of the going out [thei . . wondriden on the ende of the ouʒgoyng *Purv.* admirantes in finem exitus *Vulg.*]. WYCL. WISD. 11, 14 Oxf.

oder durch Nebensätze, die in der Regel als Kausalsätze aufzufassen sind, zumal das Zeitwort, abgesehen von seinem reflexiven Gebrauche, selten anders als in der oben dargestellten Beschränkung ausgesprochen transitiv erscheint [vgl. Gr.³ III. 452-3. 490; 457 sq.; 516.]; so finden sich Nebensätze mit *that:* I *merveylled* moche *that* there weren so manye, and the bodyes alle hole, withouten rotynge,

MAUND. p. 283. auch mit Wegfall dieser Konjunktion: Ʒut ich *meruaillede* more *menye of þo bryddes Hudden and heleden derneliche here egges.* P. PL. *Text C.* pass. XIV. 163. mit *what:* Than he *merveiled* gretli, *what* it myght be. MAR. MAGD. 73 Zup. I *marvayle what* you meane to tarye so longe whan I sende you any where. PALSGR. auch attrib.: I *merveylle what folke* they are. CAXT. *S. of Aym.* p. 505. mit *how:* I *merveyll how* Charlemagn is soo harde herted. CAXT. *S. of Aym.* p. 398. We *merveylle how* Charlemagn suffreth you to tak so grete a pride vpon you. p. 273. Ich *maruaillede* [*merueile* v. l.] in herte *how* ymagynatif saide þat iustus byfore Iesu in die iudicii Non saluabitur. P. PL. *Text C.* pass. XVI. 21. First he *meruayled* in his minde *How* scho was cumen of gentil kinde, And *how* scho was of tender eld. ST. ANDREW 371 Horstm. N. F. p. 9. Þer was non of þe mene [= 'maines] þat þey ne *merueilid* moche *How* he cam to þe courte, and was not yknowe. DEP. OF R. II. pass. III. 224 Skeat. mit *whan, when:* Mor haue I *meruayled* þen I schewe, fforsothe, *when* I felt fyrst my hert wax warme. MISYN *Hamp.* Fire of L. p. 2. *Whan* Ogyer the Dane sawe Reynawde soo angry .. he *merveylled* sore. CAXT. *S. of Aym.* p. 472. *Whan* the barons sawe theym, they *merveylled* gretly. p. 415. mit konditionalem *if,* das auch durch einen subst. Adjektivsats vertreten werden kann: I *merveylle* not *yf* the foure sones of Aymon make werre agenst myn vncle Charlemagne, syth that they have soo goode & soo stronge a place for to wythdrawe theymselfe. CAXT. *S. of Aym.* p. 192. *Who* thenne had seen the folke of Charlemagn arme theym .. he wold have *merveylled.* CAXT. *S. of Aym.* p. 3. mit *þogh:* No man *merueil* [konj.] *þogh* I do well to him. FIFTY WILLS p. 56-7 [a. 1424-5]. oder durch beides: *Þerof meruayled* we mekill *what* moued ʒou in mynde, In reuerence of þis ribald so rudely to ryse. YORK PL. p. 329. He sayde he *meruaylede* muche *of þatte þat* kynge Edgar was so mechel adredde. ST. EDITHA 840 Horstm.

merveillich etc. adj. su *merveile* s. **wunderbar.**

Komp. Þis miracle was do þus as ychaue sayde, & more *marfeyllogur* þen I telle conne. ST. EDITHA 1369 Horstm. SuperL Þe merueillousest [*merueylokest* v.l.] meteles mette me þanne. P. PL. *Text B.* pass. VIII. 68.

merveilliche, mervelli adv. **wunderbar, erstaunlich, gewaltig.** Merueiloslike [*merueliy* v. l.] was he hardy, His hardinesse was foly. R. OF BRUNNE *Story of Engl.* 1691.

mervelling, merveilling s. su *merveilen* v.

1. Verwunderung: Me merueilles mykel, & ilka Romayn, & *merueilyng* we haue þat þou dar bere so heye Ageyns a Romayn open þyn eye. R. OF BRUNNE *Story of Engl.* 11463. Of merveilles I schal tellen the ful pleyn, Of whiche thow wylt haue gret *merveyllyng.* ARTH. A. MERL. *Lo.* 1596 Kölb. vgl. With *maruelling,* muche like vnto A swarme of bees, they [sc. the

neyghboures] goe About the house. ST. EUSTAS 869 Horstm. N. F. p. 484 [a. 1566].

2. Wunder, Wunderding, von Naturwundern: Now went Porus, so I finde, With kyng Alisaunder ouere all Ynde, To shew hym the *merueilynges* Of men, of bestes, of other thinges. ALIS. 5570.

merveilous, merveilous, merveilous, mervelious, mervelous, -us, -is, merveilous, mervailous, -us, mervalous, marveilous, marveillous, marvelus, marvailous etc. adj. afr. *merveillos, -ous, -us, -eus, -eus, merveilos, mervilhos, mervilhus, merveillous, merveillos, -us,* nfr. *merveilleux* dial. *marveilleux, morvouillou,* pr. *meravilhos, -illos, -illios,* kat. *maravellos,* sp. *maravilloso,* pg. *maravilhoso,* it. *maraviglioso,* neue. *marvelous, marvellous.* vgl. *merveile* s. **wunderbar, erstaunlich, merkwürdig, seltsam.**

Mervelyowse yn werkynge, mirificus. PR. P. p. 334. Make *mervelyows,* or wonderfulle, mirifico. p. 322. *Meruelous,* admirabilis vel am-, mirificus in factis, miridicus in dictis, mirus, prodigalis, port[ent]uosus. CATH. ANGL. p. 237. To make *meruellous,* mirificare. *ib. Mervaylouse,* admirable, merueillable. PALSGR. *Mervelyowse,* mirabilis, mirus. PR. P. p. 334. *Marvaylus,* entendible, merueillable. PALSGR. das Wort erscheint in Verbindung

1. mit Personennamen [auch Gott, Christus] und Sammelnamen von Personen: Josep, þi sone is *meru.eilous.* KINDH. JESU 450. Ther is a stede of wynne, þei calle it *haut assise,* Men norise childre þer inne, on *merueilous* wise, Euer in joy & blisse, in alle þat þei may do. LANGT. p. 288. Pawmachie, an hooli man and *meruailous.* WYCL. JOSH. *Prol.* p. 556 Oxf. Another folk bysyde there is, Swithe *merveillous* folke, ywis. They haveth visage swithe long etc. ALIS. 6444. Þe Saxons .. brouʒte wiþ hem Hengistus his douʒter, a wonder faire mayde, *merveillous* of kynde, and wonder sijtty for men to byholde [naturæ miraculum, viris spectaculum *Higd.*]. TREVISA V. 267-9. On hire he engendred .. A *merveillous* child. ARTH. A. MERL. *Lo.* 601 Kölb. Men sal him calle wiþ namis sere, *Meruelous* [ferliful, ferlyful, wondirful *cett.*] and conseiler [v. Christus]. CURS. MUNDI 9313 FAIRF. Pawmachie, the hooly man and *meruelouse.* WYCL. JOSH. *Prol.* p. 556 Purv. Surely, here is a *mervelouse* company [an Zahl u. Tüchtigkeit]. CAXT. *S. of Aym.* p. 246. Þou arte a *mervailous* mane with thi mery wordez. MORTE ARTH. 260. What art thou that thus Tellys afore that shalle be? thou art fulle *marvelus* [v. Gott]. TOWN. M. p. 24. — Wolfisynges they byset also, *Merveillouse* men buth theo! Wolfus by the navel donward, And men thennes upward. ALIS. 6272. Of more *meruailouse* men mijte i nouht kenne. ALEX. A. DINDIM. 210.

SuperL We longe with syr Lucius, that lorde es of Rome, That es þe *mervelyousteste* mane þat on molde lengez. MORTE ARTH. 128.

ähnlich von Tieren, Tierbildern: [The walle ..] all of marbill was made with *meruellus*

bestes. DESTR. OF TROY 1572. They drewe owt
of dromondaries dyverse lordes, Moylles mylkewhitte, and *mervaillous* bestez, Elfaydes, and
arrabys, and olyfauntes noble. MORTE ARTH.
2286.

2. mit konkreten und abstrakten Sachnamen: Lord, oure Lord, hou myche *merueilous*
[ful wonderful *Purv.*] is thi name in al the erthe.
WYCL. PS. 8, 2. 10 Oxf. There .. The god of slepe
hath made his hous, Which of entaile is *merveilous.* GOWER II. 102. He [sc. Dedalus] made
.. For Minotaure suche a hous, That was so
stronge and *merveilous*, That what man that
withinne went .. he ne shulde nought come
out. II. 304. Than the preest desired to knowe
the trouthe of that *merveilous* visyon. MAR.
MAGD. 90 Zup. The science to drawe out þe 5
beynge of þe 4 elementis and to schewe euerych
of þe forseid þing bi hem silf, and þat is riȝt
merueylous. QU. ESSENCE p. 12. Jacob askide
hym, Sey to me what name art thow clepid?
He answeride, Wherto askist thow my name,
that is *merueilows* [wondirful *Purv.*]? WYCL.
GEN. 32, 29 Oxf. cf. JUDG. 13, 18. Daniel of
Babiloyne .. called þis paleis „Auntres," and
þorsoþe seide þat hit scholde trewely, in sum
tyme after, Called beo þe paleis *merueilouse,* for werkes þat þer scholde beo seyȝen
þorw sonde of vr lord. JOSEPH 318 sq. Thanne
gan I to meten a *merueilouse* sweuene. P. PL.
Text B. prol. 11. Ther was tho a *merveilouse*
stour and creuwell. MERLIN I. II. 219. vgl. A
merueyliouse battayle betweene Reynawde and
the Frenshe men. CAXT. S. of Aym. p. 307 Cop-
land [a. 1554]. Yet in Ethiope is a dych, *Merveillous,* and eke gryslich [v. einem Vulkan].
ALIS. 6632. O lord, our lord, thy name how
merueillous Is in this large worlde yspråd [quam
admirabile est nomen tuum in universa terra]!
CH. C. T. II. B. 1643 Skeat Cl. Pr. vgl. *Notes.*
I dyd dreme to nyghte a dreme, that was fere-
full and *merveyllous.* CAXT. S. of Aym. p. 221.
Ye sholde thenne have seen there a *merveyllous*
bataylle; for they slewe eche other as bestes.
p. 350. He .. began to crye hye, and made a
merveyllous noyse. p. 497. A *merueillouse* meteles mette me thanne. P. PL. Text B. pass.
XI. 5. Moche grete and *merueyllouse* was the
stoure, and the bataill so fyers. CAXT. S. of
Aym. p. 42. Grete was the presse, and the bataylle fyers and *merueyllouse.* p. 44. They beganne to make a right grete sorowe, and so *mer-
veilloue,* that etc. p. 574. It [sc. this batayll]
was so *mereueyllous* & cruell, that it was pyte for
to see. p. 81. Joseph mette metels ful *meruilous.* P. PL. Text A. pass. VIII. 145. Thenne
gon I meeten a *meruelous* sweuene. Text A.
prol. 11. Lufe haldis my hart with bandis vn-
lousyd .. & so gretely byndis with *meruelus*
maistry, þat to dy rather then lyfe itt plesys to
þink. MISYN Hamp. Fire of L. p. 102. A *mer-
uelis* fournes þer þai se. O. E. MISCELL. p. 211.
The firste age began from the creation of man;
the secunde of a *meruellous* invndacion of water;
the thrydde of a *meruellous* circumcision. TRE-
VISA I. 35 Harl. [I salle ..] merke sythene over

the mounttes into his mayne londes, To Meloyne
the *mervaylous.* MORTE ARTH. 427. Ensaumple
of a *meruailous* castel. OURS. MUNDI p. 2 a
FAIRF. vgl. Charlemagne .. was come againe fro
the partyes of Lombardy, where he had had a
ryght great and *mervaylous* batayle agenst the
Sarasyns. CAXT. S. of Aym. p. 16 Copl. A kniȝt of
meruailus los he was. ARTH. A. MERL. 8706 Kölb.
Swilk temple, þai said, suld be Als *meruaylus*
in all degre, Both in heght and brede and lenk-
itth, Als myght be made by mans strenkith.
DE OMN. SANCT. HIST. 75 Horstm. N. F.
p. 65. There is a *marveylouse* custom in that
contree. MAUND. p. 243. The kyng of that contree hathe a paleys fulle noble and fulle *marveyllous.* p. 188. We fond it [sc. the estat of
his court] more noble and more excellent and
ricchere and more *marveyllous* than ever we
herde speke offe. p. 210-1. The *marveyllous* and
delicious song of dyverse briddes. p. 279. Thanne
gan I meten A *marveillous* svevene. P. PL. 21
Wr. — With him his astrolabe he name, Which
was of fine gold precious With points and cer-
cles *merveilous.* GOWER III. 65. Manue took a
kidde of the geet, and sacrifices of licours,
and putte vpon the stoon, offrynge to the Lord
that doth *merueylows* [wondirful *Purv.*] thingis.
WYCL. JUDG. 13, 19 Oxf. Withynne the walles
he made houses, And made the stretes *mer-
veyllouse.* ALIS. 7151. He schalle here speke
of him [sc. the grete Chane] so meche *merveylouse* thing, that he schalle not trowe it lightly.
MAUND. p. 221. [He ..] habandonned hys body,
smityng *merveyllous* strokes vpon þe Sarrasyns.
CAXT. S. of Aym. p. 516. Thane spyces unsparyly þay spendyde there aftyre, Malvesye
and muskadelle, þase *mervelyous* drynkes.
MORTE ARTH. 235. Hit payed hym not þat I so
flone Ouer *meruelous* meres. ALLIT. P. 1, 1164.
Sythen the *mervelous* werkis of God ben his
name .. than in this hest of God is forbeden to
takun the *mervelouse* werkis of God in idil. REL.
ANT. II. 50. What *meruelous* materes dyd þis
myron þer mell? YORK PL. p. 322. Seynte Swith-
ine, bishop of Wynchestre, diede in this tyme,
whom Dunbertus did succeede, of whom *mer-
vellous* thynges be redde. TREVISA VI. 335-7 Harl.
Anendes somme *meruellous* thynge happenge in
the begynnenge of that age. I. 35 Harl. [The
bolde kynge ..] Merkes over the mowntayne fulle
mervailous wayes. MORTE ARTH. 3596. Þe same
niȝt in his slepe him soda[n]ly aperid Amon, his
awen god .. In a mery mantill of *mervailous*
[*mervalous* Dubl.] hewis. WARS OF ALEX. 2862
Ashm. The princis of prestis and scribis, seeynge the *marueilouse* thingis that he dide ..
dedeyneden. WYCL. MATTH. 21, 15 Oxf.

Superl. Þe *merueillousest* meteles mette
me þanne. P. PL. Text B. pass. VIII. 68. Þe
meruilovte meetynge mette I me þenne. Text A.
pass. IX. 59. The *marveillousete* metels Mette
me þanne. 5034 Wr.

im Anschluss an das Wort findet sich der
Inf. Akt. mit *to, for to:* This did thou more
and les, Fulle *mervelus to* neven. TOWN. M. p. 20.
It was *marueyllouse for to* see the grete fayttes

of armes that he made there. CAXT. *S. of Aym.* p. 84.

merveilouse etc. adv. neue. veraltend u. volkstüml. *marvellous* [in *marvellous* good, *marvellous* sweet u. ähnl.]. wunderbar, erstaunlich als Gradbestimmung.

Thei [sc. the gerneres of Joseph] ben made of ston, fulle wel made of masonnes craft, of the whiche two ben *merveylouse* grete and hye, and the tothere ne ben not so grete. MAUND. p. 52. He was a *meruellous* [Ouer mesure was he *v. l.*] mody knyght. R. OF BRUNNE *Story of Engl.* 3738. vgl. die folgende Schilderung: Hys ire, when hit on hym ran, Ffor nought wold he slo no man [a man *v. l.*]. 3741. *Marvayllous* well, *marvayllous* yll, etc. bien a merueilles, or si bien que merueilles, or fort bien, or moult bien, or merueilleusement bien. PALSGR. We saye *marvaylous* colde and fresshe, *marvaylous* great and prowde, the hyll Pelyon is *marvaylous* hye and strayght. *ib.*

merveilousliche, merveilousli etc. adv. vgl. afr. *merveillosement*, *-ousement*, *mervillosement*, *-usement*, *-ousement*, nfr. *merveilleusement*, pr. *meravilhozamen*, *meravillozamens*, it. *maravigliosaments*, neue. *marvelously*, *marvellously*. wunderbar, erstaunlich, seltsam, auf wunderbare, erstaunliche, seltsame Weise.

Merueilousliche me mette amyddes al þat blisse. P. PL. *Text C.* pass. XI. 67. Anon ich fel a sleope, And mette ful *meruelousliche* þat, in a mannes forme, Antecrist cam þenne. pass. XXIII. 51. Ioseph mette *meruelousliche* how þe mone & þe sonne And seuene sterres hailsede hym al abowtyn. *Text A.* pass. VIII. 145 *v. l.* Pou hast myʒt *merueylusly* [afr. *meruilluse-ment*] Ouer Gode [sc. durch die Beichte]. R. OF BRUNNE *Handl. S.* 12071. In another yle ben folk, that gon alle weyes upon here knees, ful *merveylously*. MAUND. p. 206. *Merueylously* me mette as ich may ʒow telle. P. PL. *Text C.* pass. I. 9. Iosep mette *meruelllously* how þe mone & þe sonne And þe enleuene sterris halsiden hym alle. *Text A.* pass. VIII. 145 *v. l.* „By my soule," said Rowlande, „Reynawde saythe *mervryllously*; I wolde not have trowed that he sholde ever have fared so fayr wyth Charlemagne. CAXT. *S. of Aym.* p. 411-2. The halle of the palays is fulle nobelyche arrayed, and fulle *merveylleousely* atyred [i. e. wunderbar schön, wunderschön geschmückt]. MAUND. p. 217. Grete Troy was vptild with mony toures vmbe, þat was *meruelously* made. DESTR. OF TROY 1455. ʒif we don to hym [sc. God] that that is in oure power, he schal *mervelously* don to us that that is in his power. REL. ANT. II. 44 *Spr.* His dede com him suythe *meruellosly* [v. Wilh. Rufus]. LANGT. p. 93.

auch als ausgesprochene Gradbestimmung, erstaunlich, gewaltig: *Meruyloslike* was he hardy, His hardinesse was foly. R. OF BRUNNE *Story of Engl.* 1691. Thei .. recounted togyder both wyth theyr bodyes & sheeldes soo *merveyllously*, that they overthrewe eche other to the grounde. CAXT. *S. of Aym.* p. 346. Charle-

magne .. cursed theym that made the cave, and was *merveyllously* anangred. p. 445. *Meruelously*, mire, mirifice, & cetera. CATH. ANGL. p. 237. Rychard was *mervellously* abashed whan he herde Rypus speke. CAXT. *S. of Aym.* p. 339. *Marvaylously*, a merueilles. PALSGR. Whiche was *marvaylously* ryche, qui fut riche a merueilles. *ib.*

mes, messe, meas, measse s. unmittelbar wohl von ir. gael. *meas*, mensura. *meas*, metiri, doch verwandt mit ags. *met*, modius, mensura, ahd. mhd. *mёʒ*, zu ags. *metan*, metiri, ahd. mhd. *mёzan*, und weiterhin mit ags. *mǽd*, ahd. *mdza*, mhd. *mdze*. vgl. *mesen*, *amesen*.

1. Mass, Masslinie, Masszeichen, Zeichen: If he wil not suffre than My pepull for to passe in pees, I sall send vengeaunce IX or X To sewe hym sararre, or I cesse. Bot þe Jewes þat wonnes in Jessen Sal noʒt be merked with þat *nesse* [Bot ye Ebrewes won in Jessen Shalle not be merkyd with that *measse* TOWN. M.]. YORK PL. p. 77 [d. h. sie sollen durch die Plagen nicht mitbetroffen werden]. vgl. *merkien v. 5*, merke *s. 3*.

2. Mass, Schussweite, schussgerechte Stellung: The God of Love me folowed ay, Right as an hunter can abyde The beste, til he seeth his tyde To shete, at a good *mes*, to the dere [To shoten at good *messe* to the dere *ed. Kaluza* Que la beste en bel leu se mete Por lessier aler la sagete *fr.*]. Whan that him nedeth go no nere. CH. *R. of R.* 1450 Skeat [in *Compl. W.* I. 154; vgl. *Note:* to advantage, from a favourable position, mit Abl. von afr. *mes*, missum, als Jagdausdruck]. übertr. geeignete Stelle, Zeit: Suffre, I rede, and no boost make, Til thou at good *mes* mayst him take [Tant qu'en bon point le puissies prendre *fr.*]. *ib.* 3461 [in *Compl. W.* I. 192; vgl. *Notes:* at a favourable time].

mes, mees, meas, meis etc. s. afr. *mes* pl. *mes*, schon früh auch *metz* cas. obl. *met*, nfr. *mets*, pr. *meyssh* pl. *meysshes*, it. *messo*, *messa*, lat. *missum* [auch *missus* gen. *-ūs:* Novem libras carnis per tres *missus* ponebat CAPITOL. PERT. 12] von *mittere*, wohl schon ags. *meose* [mensorium, *meose* WR. VOC. col. 126, 34 Wülck., wo *mensorium* für *missorium*, Schüssel zum Auftragen einer Speise, zu stehen scheint], sch. *meis* pl. *meisis*, früh neue. *mease* [A *mease* of mete, ferculum. MAN. VOC.], *messe* [A *mease* or dish of meate borne to the table, ferculum. BARET. Mets, a *messe*, course or service of meat. COTGR.], jetzt *mess*. vgl. *entremes*.

1. Aufgetragenes, aufgetragene Speise, Tracht, Gericht, Schüssel, Gang: For ar þat he [sc. Iesus] wit þaim war sett, Noþer durst þai drinc ne ete, Ne brek þair brede, ne tast þair *mes*, Til he war cummen til þair des. CURS. MUNDI 12557 COTT. GÖTT. TRIN. His name is Tristrem trewe, Bifor him scheres þe *mes*, Þe king. TRISTR. 601 Kölb. Gveneour, wiþouten les, Serued Arthour of þe first *mes*, ARTH. A. MERL. 6523 Kölb. Ae þe tonge, þe lyckestre, him ansuereþ, and zayþ, „Pah þou ssoldest tocleue, ich nelle naʒt lete

askapie þis *mes*. AYENB. p. 56. [He rode ..] up to the des, As thei were servid of here *mes*. DEGREV. 1202. Þe kyng was set, & serued of *mees*, & at þat oþer ende was a dees, Per set þe barons of pris. R. OF BRUNNE *Story of Engl.* 9281. Þanne he brou3t vs forth a *mees* of other mete. P. PL. *Text B.* pass. XIII. 52. cf. XV. 311 *v. l.* As thay were *at* the thryd *messe* [: dese: lese], The kynge and alle the courte bedene, Syr Mador alle redy was Wyth helme and shelde and haubarke shene. MORTE ARTH. 1512 Furnivall. A *messe* of ille ostre [i. e. hosterie]. TOWN. M. p. 320. Hoc ferculum, a *mess*. Fercula nos saciant, prelatos fercula portant. WR. VOC. p. 241. cf. A *mess*, ferculum [versus: Fercula nos faciant prelatos, fercula portant *A.*]. CATH. ANGL. p. 237 nebst n. 3. For had 3e potage and payn ynough, and penyale *to* drynke, And a *messe* [a mees, on *messe* vv. ll.] þeremydde of o manere kynde, 3e had ri3t ynough, 3e religious. P. PL. *Text B.* pass. XV. 310. Of eueriche sonde [*Of* eueri *messe* O.], Þat him com to honde, A dede hire ete alþerferst. BEUES *A.* 1927 Kölb. He ne my3t neuer mete wynne, But onys 3n a weke a symple *messe* [: lees] of sodyn barley. C. 1399, 82. cf. *M.* 1339. *C.* 1622, 21. *Messe* of mete, ferculum. PR. P. p. 334. As soone as one *messe* was taken from the table, the othe[r] *messe* was redy. And so of dyuers meetes they were serued many a cours moche honourably. MELUSINE p. 54. *Messe* of meate, mes, plat. PALSGR. Might I onys have a *measse* of wodows coylle. TOWN. M. p. 30 *Spr.* vgl. die *Anm.* — I bad to leve pride, Thi manie *mes*, thi riche schroud. BODY A. S. 273. Huanne þe *mes* byeþ ycome on efter þe oþer, þanne byeþ þe burdes and þe trufles uor entremes. AYENB. p. 56. Hit is wel ofte uor bost þet hi zecheþ zuo riche metes, and makeþ zuo uele *mes*. p. 55. Hou he mo3e maki of one mete uele *mes* desgysed uor hare uoule lost. p. 56. For to yern als many *mess*, Or for to gredi bo at dese. CURS. MUNDI 27903 COTT. Tho they were serued of *messes* tuo or thre, Than seyde Gamelyn: „How serue 3e me?" GAMELYN 467 Skeat. Ech day he [sc. þe geaunt] wold ete a nect And *messys* more. OCTOU. 927 Sarr.

2. Gefäss, in dem angerichtet wird, Anrichteschüssel, Schüssel: Hoc frustrum, *mese*, gobyt. Hoc ferculum, idem. Farcla sunt frustra, dicuntur fercula *vasa*. WR. VOC. col. 658, 8 sq. Wülck. *Messe* of meate, mets, plat. PALSGR. — *Messes* of mylke he merkkes bytwene. ALLIT. P. 2, 637. I messe meate, I sorte it or order it in to *messes*, as cookes don whan they serve it, je mets en plats. PALSGR.

3. zugeteiltes Stück, zugewiesener Anteil, Bissen, gereichte Portion: Hoc frustrum [i. e. frustum], *mese*, gobyt. WR. VOC. col. 658, 8 Wülck. s. *gobet* und vgl. *Mess* [or share of meat], portion de viande. BOYER [a. 1702].

namentlich auch zugewiesene Masse, Menge von dickem Brei aus Hülsenfrüchten oder Kleienmehl: Hoc puls, hec aplauda [i. e. apluda, appluda], a *mese*. WR. VOC. col. 740, 27-8.

4. Speise, Nahrung überhaupt, auch von Tiernahrung, Futter, Frass: I grauntt theym here a *measse* [i. e. zur Speise] In brede myn owne body. TOWN. M. p. 261. Alle we beþ *meiis* and mowe. E. E. P. p. 17. Þi fleisse is na3te bot worme-is *meisse*. p. 2 *Spr.* [vgl. wurmes *fode* ANCR. R. p. 276, wormes *fode* HAMP. 566].

5. Schüssel als Gedeck, gemeinsamer Platz an der Tafel, gemeinsamer Tisch, Tischgenossenschaft der an oder aus einer Schüssel, einem vorgesetzten Gange speisenden Personen [vgl. neue. *mess*]: Botler shalle sett for yche a *messe* A pot, a lofe. BAB. B. p. 312. Iche *messe* at vj^d breue shalle he [sc. the botelar] At the countyng house. *ib.* Alle these estates ar gret and honorable, Þey may sitte in chambur or halle at a table, .ij. or els .iij. at a *messe*. p. 188. Of alle oþur estates to a *messe* ye may sette foure & foure. *ib.* Also þe meyre of London, notable of dignyte, And of Queneborow, no þynge like in degre, At one *messe* þey owght in no wise to sitt ne be. p. 192. vgl. Then set down euery thing at that *messe* as before, except your caruing kniues. p. 66 [a. 1577]. — Bisshoppes, merques, vicount, erle goodly, May sytte at .ij. *messes*. p. 188. Þerfore on his 3erde shore shalle he [sc. the botelar] Alle *messys* in halle þat seruet be. p. 312. vgl. If you haue mo *messes* then one at you maisters table, consider what degree they be of, and thereafter ye may serue them. p. 66 [a. 1577].

mes conj. afr. *mais*, *mes* etc., erscheint substantiviert, wie ae. neue. *but*, nhd. *aber*. Aber, Einwendung, entgegenstehendes Bedenken, zu bedenkende Schwierigkeit.

Vor huanne me za3þ guod of oþren touore him, alneway he vint and zet a *mes* [afr. *mes*]. AYENB. p. 62 *Spr.* vgl. *Anm.*

mes s. missa, und Kompos. s. *messe*; muscus s. *mos*.

mes-, mis-, seltener **misse-** præf. afr. *mes-*, nfr. *més-*, *mé-*, *mé-*, nicht recht, nicht gehörig, pr. *mes-*, *mens-*, sp. pg. *menos-*, it. *mis-*, altit. *menes-*, *minis-*, mlat. *mis-* [seit dem 9. Jahrh.], lat. *minus*, weniger, neue. *mis-*, fällt schon ziemlich früh in Form und Bedeutung mit ae. *mis-*, *misse-*, ags. *mis-* zusammen und mischt sich mit demselben [DIEZ *Gr.* II. 434. *Wb.* I. 279. SCHELER *Dict.* v. *mes-*].

mesaise, meseise, misaise, miseise, misese, auch schon **misease** etc. s. afr. *mesaise*, *meseise*, nfr. veraltet *mésaise*, it. *misagio*, sch. *meseise*, *mesese*, neue. veraltet *misease*. Vgl. *eise* s.

1. Misbehagen, Unbehagen, Unbehaglichkeit, Entbehrung des Angenehmen, Wünschenswerten: Er þeu¸ þet biddunge arere eni schaundle, er heo ouh¸ for to deien martir in hire *meseise*. ANCR. R. p. 108. Muchel hofleas is þet [to *C.*] cumen into ancrehuse, into Godes prisune, willes & woldis, to stude of *meseise*, vorte sechen eise þeruine & mesterie. *ib.* cf. p. 114.

2. Unruhe, Beunruhigung, Angst, Sorge: And yef hi spekþ hisye wordes of ham þet zuo bleþeliche telleþ tidyinges, þet zetteþ

ofte hare herte to *meseyse* of ham þet his yhereþ,
and makeþ þe eftertelleres ofte by yhyea[l]de
foles and uor lyeȝeres. AYENB. p. 58. Of prowesse me mot take gome, þat me bineþe ne go
Vor pur *meseise* & vor hope [i. e. bange Erwar-
tung, Furcht] þat þer beþ mo [sc. mehr Feinde].
R. OF GL. 9366 Wr.

Fle to be susspecious, Atte þou be noȝt
doutous And ay in *misese;* For qua has dout[i]ng
oȝt & suspicioun in þoȝt, Pai haue lefte ese.
CATO 307. *Mar.* Whedir þat he be quyk or dede
Ȝitt wote we noght, so wo is me! *Jos.* *Mysese*
[sorow TOWN. M.] had neuere man more, Bot
mournyng may not mende etc. YORK PL. p. 167.

3. Ungemach, Elend, Not, Mangel
am notwendigen, unentbehrlichen Lebensbedarf, besonders auch bei notleidenden Kranken:
Ȝiuen þu haues echeliche þin endelese blisse til
alle þat clenli for þi luue *mesaise* and pouerte
wilfulliche þolien. OEH. p. 279. Huo þet yȝeȝe
his broþer habbe niede and *mezoyse* .. and him
ne helpþ yef he may, hou is .. godes loue ine
him? AYENB. p. 186-7. For *messais*, þat sche
on him seiþe, Pat had ben so riche and so heiȝe,
Pe teres fel of her eiþe. ORFEO 323 Zielke. Nu
we buð on þralshipe, and þolieð *meseise.* OEH.
II. 53. Muchel neode schal driuen ou uorte bidden out; þauh, edmodliche scheaweð to ower
leoueste ureond ower *meseise.* ANCR. A. p. 416.
Betere is forte gon sic touward heouene þen al
hol touward helle, & to muruhðe mid *meseise*
þen to wo mid eise. p. 190. Per in onliche stude
him hungrede, hit seið, uorto urouren ancre þet
is meseise [in *meseise* C. T.]. p. 162. In þis
diche wel longue he lay in hunguer and wrech-
hede, And euere cride on Ihesu Crist, þat he
scholde him betere rede. So longe he was þare
in *meseise*, þat he forferde neiȝ. ST. FRANCEYS
71 Horstm. p. 55-6. At þe laste in *meseise* inovȝ
he wende to Asise. 75 [p. 56]. He hadde þre
douȝtren faire inouȝ, clene and guode also; In
so gret *meseise* heo weren, þat heo nusten ȝwat
to do. ST. NICHOLAS 25 [p. 241]. He com and
fond þane beiȝ of gold .. He nam it, and þonkede Iesu Crist, þat on is *meseise* þouȝte. 38 sq.
Atte laste þo he [sc. Leir] isei þat he moste atten
ende Vor pur *meseise* vorfare, leuere he adde
wende, & bidde is mete, ȝif he ssolde, in a
strange londe. R. OF GL. 793 Wr. Atte laste in
sorwe inou to þe se he wende To do is beste in
meseise, ware so god him sende. 797. Þe vn-
kynde þou wilt vpreyse, Þe kynde þou puttest
to *meseyse* [mesecysy *Ms.*]. R. OF BRUNNE *Story
of Engl.* 2459 [vom Wechsel des Glückes]. Pat
on cloþing is, from chele ow to saue, And þat
oþur mete at meel, for *meseise* of þiseluen, And
drinc whon þou druiȝest, but do hit not out of
resun. P. PL. *Text A.* pass. I. 23.

An ende, efter longe swinke, he ȝifð ham
swete reste, her, I sigge, i þisse worlde, er heo
kumen to heouene, & þuncheð þeonne þe reste
so god efter þe swinke, & te muchele eise efter
þe muchele *meoseise* þuncheð so swete. ANCR.
R. p. 220.

Ope þe brugge he seiȝ gon With grete *misayse* mani men, þat fullen into þat watur anon.

ALL SOULENE DAY 199 Horstm. p. 426. Al
his bodi was oway dvine For *missays*. ORFEO
259 Zielke. Lazer at is ȝate stod, Poucre and
musel, in grete *miseise*, and bad ȝiue him sum
guod, Of is croumene. LEB. JESU 152. Ane
womman .. In grete *miseise* he fond. ST. CLE-
MENT 152 Horstm. p. 327. Ich am, þare no man
me ne knoweth, mid *miseise* ouercome; Honguer
and chele hath myne leomes, and elde, mi binome. 271 [p. 331]. He bileuede, as he nede
moste, forþ mid on knyȝt, And þe quene, ys
doȝter, wo hym dude boþe day and nyȝt, So þat
he moste for syn *myseise* awei at þe ende [for sin
miseise awey atten ende 789 *Wr.*]. R. OF GL.
p. 33-4. He sende þe quene, ys doȝter, word
.. þat pure *miseise* hym þider drof, and defaut
of biliue. p. 35. In me prisoun þow schelt abide
Vnder þerþe twenti teise, Par þow schelt haue
meche *miseise.* BEUES OF HAMT. *A.* 1416 Kölb.
That one is vesture, from chele þe to saue, And
mete atte mele, for *myseise* of þiselue, And
drynke whan þow dryest, ac nouȝt out of resoun. P. PL. *Text B.* pass. I. 24. Godfader and
godmoder, þat sen her godchildren At *myseise*
and at mischief, and mowe hem amende, Shal
haue penaunce in purgatorie, but ȝif þei hem
helpe. *B.* IX. 74. Myȝte neuere pouerte, *Miseise*, ne myschief, ne man with hus tonge Tene
þe eny tyme. *C.* XVI. 158. cf. *B.* XIII. 158.
The hungrende soule ne dispise thou, and terre
thou not out to wrathe the pore in his *myseise*
[nedynesse Purv.]. WYCL. ECCLUS. 4, 2 Oxf.
Fore *mysseyse.* R. OF GL. *ð.* 789 Wr. cf. 798 *ð.*
Forsothe to waste is hungur al the erthe, and
the greetnes of *myseys* [pouert, nedynesse *Purv.*]
is to spille the greetnes of plentihe. WYCL.
GEN. 41, 31 Oxf. For wel may a symple fran-
coleyn in *mysese* [miseise Wr.] hym so bringe
Of lutel lond, wan þer fel such of a kyng. R.
OF GL. p. 35. Oft he [sc. Iacob] liftud vp his
hend To godd, þat he helpe þam wald send,
And ar grant þam son menakli to dei, Ar þat
misese [payne, hunger, hongur *cett.*] lang for to
drei. CURS. MUNDI 4767 COTT. God þe fadir
had wrouȝte þis grete miracle bi Criste, his
preste, in releuynge of fyve þousande & mo þat
wern in *mysese* of hunger. WYCL. *W. hith. unpr.*
p. 380. In the present tyme ȝoure aboundance
fulfille the *myseese* of hem. 2 COR. 8, 14 Oxf.
Forthermoreover her *miseese* schal be in defaut
of clothing. CH. *Pers. T.* p. 275. I lete you
wyte that my children ben yonder wythin in
grete poverte & *mysease.* CAXT. *S. of Aym.*
p. 433. *Mysease*, mesaise. PALSGR. — der Plural scheint selten zu sein: The greetnes of myseis [*myseeis D.*] is to spille the greetnes of plentithe. WYCL. GEN. 41, 31 Oxf. These ben, that
heeren the word, and myseiste [*myseests* U.
mysseysis V.] of the world [diese (*mysseeis* I.) of
the world *Purv.*] and disseit of richessis ..
strangulen the word. MARK 4, 18-19 Oxf.

das Wort, seiner Bedeutung gemäss in der
Regel mit Bezug auf Personen gebraucht, findet
sich in diesem Sinne übertragen bisweilen mit
Bezug auf Örtlichkeiten, wo eigentlich oder
vorwiegend deren Bewohner gemeint sind:

Si þen he [Edgar] went aboute, kirkes vp to raise, Abbayes forto help, were fallen in *miscyse.* LANGT. p. 35. Alle the prouynces camen into Egipte, that thei myȝten bigge meetis, and the yuel of *myseis* swagen [and to abate the yuel of nedynesse *Purv.*]. WYCL. GEN. 41, 57 Oxf.

4. Elend, Qual, zeitlich oder ewig, als unmittelbare Strafe für begangene Sünde, Verbrechen oder Vergehen aufgefasst: Þo heo comen þe roche neiȝ, of a gost heo weren iwar; Heo iseiȝe on ouewarde þe roche sitte, ȝwane þe se withdrouȝ, A wrechche gost, naked and bar, in stronge *meseise* jnouȝ (mit Bezug auf Judas, den Verräter]. ST. BRENDAN 523 Horstm. p. 234. Ake sir Willame Traci ne wende nouȝt forth with þe oþere þreo; he hopede here in Engelonde inouȝ repentaunt to beo. Þareafterward he bicam in grete *meseise* and strong [Ac he bicom therafterward in grete *meseise* and strong BEK. 2413 *Spr.*]; His flesch bigan to breken out, and rotede an fovle stonk etc. ST. THOM. OF CAUNT. 2381 Horstm. p. 174-5. The bissop of Salesbury deide sone þo, Of wan we abbeþ er iapeke, in pur *meseise* & wo. R. OF GL. 9244 Wr. [vgl. über seine Verschuldung *ib.* 9152 sq.].

Þulke þat weren acale and oþhongred, þat no guod ne miȝhten finde, Þat weren þulke þat nadden on vrþe none freond hem bihinde, Ne for hem late [To lete for hem *v. l.*] masses singue, ne almesdede for hem do; Þarefore ase helplese men in *misayse* huy ȝeoden so. ALLE SOULENE DAY 15 Horstm. p. 420-1. — so auch im hier gleichfalls seltenen Plural: To the woman forsothe God seide, I shal multiply thi *mysses* [wretchidnessis *Purv.*] and thi cononceyuyngis; in sorwe thou shalt bere children [Strafe des Sündenfalles]. WYCL. GEN. 3, 16 Oxf.

mesaventure, misaventure etc. s. afr. *mesaventure*, nfr. *mésaventure*, it. *misavventura*, neue. *misadventure* [so schon: *Mysadventure*, maladuenture. PALSGR.] dial. *mesanter*, pronounced *mishanter* [HALLIW. D. p. 551]. vgl. *aventure* s. Unfall, Misgeschick, Unglück, Unheil, geschehenes und für die Zukunft befürchtetes oder angewünschtes, angedrohtes.

Þe king Lot seiȝe þis lere, Him selue he gan here tere, & bad þe time *mesauenture* þat he cunteked wiþ king Arthour. ARTH. A. MERL. 8359 Kölb. Wend out of mi boure, Wyt michel *mesauenture!* Heuele ded mote thou fonge, And on heuele rode onhonge! K. H. *Laud* 338 Horstm. [in *Arch.* 50, 45]. vgl. *mesauenture* R. OF GL. *a.* 4187 *a.*7711 Wr. Went ut of my bur, Wiþ muchel *mesauentur!* Schame mote þu fonge, And on hiȝe rode anhonge! K. H. *Cambr.* 325 *Spr.* Wend ut of my bure Wiþ muchel *mesauenture!* Wel sone bute þu flitte, Wiþ swerde ihc þe anhitte. Wend ut of my londe, Oþer þu schalt haue schonde. 709. XV. þousand al armed, ywis, þer lopen on gode hors of priis To on hille & gun hem heiȝe þis *mesauentour* for to aspie. ARTH. A. MERL. 6791 Kölb. Blesse the, bless the, leue knaue! Leste thou *mesauenter* haue, For this lesing that is founden Oppon me. SIRIZ 201 *Spr.* Alas, alas, þou wrecche mon,

woch *mesaunture* [: dure] Aþ þe ybroȝt in to þis stede! R. OF GL. 4187 Wr. Richard, is o neueu, brec þere is nekke þerto, As he rode an honteþ, & parauntre is hors spurnde; Þe vnriȝt ido to pouere men to such *mesaunture* turnde. 7709. Gef ye meteth the traitour robbour, Geveth him *messantoure!* Smyteth the head his body fro etc. ALIS.1949. At þe tornement [torment *Ms.*] of Wareine Sir Gilebert þe marschal Defouled was þoru *mesauntre*, & debrused al, & deide. R. OF GL. 10904 Wr. He scholde heom telle what he weore, And what *mesanter* brouȝte him þore. ARTH. A. MERL. *L.* 1057 Kölb.

Summe fullen into þe dropesie, and some meoseles bicome; Muche reuþe was into al þat lond of þis *misauenture* [: ihuyre]. ST. PHEL.A. ST. JAC. 10 Horstm. p. 364. This myghty quene [sc. Cenobia] may no whyl endure; Fortune out of hir regne made hir falle To wrecchednesse and to *misauenture*. CH. C. T. II. B. 3538 Skeat Cl. Pr. The kinges herte of pitee gan agryse, Whan he sey so benigne a creature Falle in disese and in *misauenture*. III. B. 614. vgl. *myt-auenture* R. OF GL. *B. ð.* 4185 Wr. For, certes, it war a *misauenture* Þat so gentil a creature Sold ever so foul hap byfall To be defouled with a thrall. Yw. A. GAW. 2413 Schleich. And there anon he spak hem tylle, And axede how this *misauenture* befille. ARTH. A. MERL. *Lo.* 261 Kölb. Misawnter, or myscheve [*misaventure*, myschefe], infortunium, disfortunium. PR. P. p. 339. To þe may neuere falle honur ȝyf me bytide a *misauentur*. R. OF BRUNNE *Story of Engl.* 5161. Listen, & I salle rede why þe *misauentoure* On Harald side gan sprede, þorgh William conqueroure. LANGT. p. 68. His nese and his ine he carfe at *misauentoure* [: schoure]. p. 166. Boþe o lif & eke tresour Þai dede þe paiens *misauentour*. ARTH. A. MERL. 4383 Kölb. His douhter stode on þe cite wal, & biheld þis *misauentour* al. 5813. [We schal . .] preye Iesu. our Saueour, To schulde vs fro *mysauentour*. R. OF BRUNNE *Story of Engl.* 9217. On þe schulder slod þe dent, & kitt it of, verrament, & þerwiþ ribbes four; Þe painem starf wiþ *misauentour*. ARTH. A. MERL. 6177 Kölb. *Mysawnter*, or myscheve (misaventure, myschefe, infortunium, disfortunium). PR. P. p. 339. vgl. *mysauntre* R. OF GL. *B.* 7711 Wr. Moch *misanter* that for him bidde Pater noster other crede. POL. *S.* p. 204. — How of þise ilk traytours, þat holy kirke had schent, Felle *misauentours*, or þei fro Dunbard went. LANGT. p. 274.

[Thyne house . . Lete make it . .] Demened so that yf *mysseaventure* Fordo thin house, a year or two recure It at the mest. PALLAD. 1. 312. vgl. *mysseaventure* R. OF GL. *ß.* 4187 Wr.

mescreance, -creaunce, miscreaunce s. afr. *mescreance*, nfr. *mécréance*, pr. *mescrezensa*, it. *miscredenza*, neue. *miscreance*, *-creancy*.

1. Irrglaube, Unglaube, von Heiden, Nichtchristen: Se now the foule *miscreaunce* Of Grekes in thilke time to, Whan Venus toke her name so. GOWER II. 175. I not what helpeth that clergy, Which maketh a man to do foly, And namelich of nigromaunce, Which stont

upon the *miscreaunce* [vorher ist von Nectanabus die Rede]. III. 80.

2. Irrglaube, Unglaube, Ketzerei, von Christen: Conqueste of hy prowesse is for to tame The wylde woodnesse of this *mescreance* [*mescreaunce, myscreaunce* vv. ll. in CH. *Compl. W.* Suppl. p. 235]. HOCCL. I. 42 Furniv.

mescreant, -creant, miscreant, -creaunt adj. afr. *mescreant*, nfr. *mécréant* [p. pr. von afr. *mescroire*, nfr. *mécroire*], pr. *mescrezent* [p. pr. von *mescrezer*], it. *miscredente* [p. pr. von *miscredere*], zu lat. *credens, -tis* p. pr. von *credere*, neue. *miscreant* s. prov. auch *miscredent* [Devon. HALLIW.]. vgl. *creaunt*, gläubig [P. PL. *B.* XII. 193. 214. *C.* XV. 133. 154]. irrgläubig, ungläubig, von Heiden und Muhamedanern.

So he smot in al þat route, þat grete hepes him lay about Of mani paiem *miscreaunt*. ARTH. A. MERL. 5225 Kölb.

substantiviert Irrgläubiger, Ungläubiger: Thou *miscreant*! So as thou byleuest on Termagaunt, Tel me now what folk it is. RICH. C. DE L. 6334. Be ye in my comforte ageynst thys *myscreaunte*. CAXT. *Charles* p. 66. — Sturdy hertia to grace he shal enclyne, Tourne *mescreantis* by his prudent doctryne To Crystes lawe, and make creplis goon. LYDG. *Edm. a. Frem.* 3, 208 Horstm. N. F. p. 418. Be strong in speryt, lik Crystes champioun, *Mescreantis* off Denmark forto werreye. 3, 495 [p. 422]. He was born to bean a gouernour .. ordeyned forto be Geyn *mescreauntis* to his encrese of glorye Lyk a conquerour, to haue of them victorye. 3, 122 sq. [p. 416]. The two defautes bringen in the thridde Of *miscreants*, that seen how we [i. e. the Christian nations] debate. GOWER 267 in CH. *Compl. W.* Suppl. p. 213. Thynfydels and *myscreauntes* haue ben destroyed by the. CAXT. *Charles* p. 236.

mescreaunce s. hæresis s. *mescreance*.

meschance, meschaunce s. mlat. *mescadentia* s. *mescheaunce*.

meschaunt, mischaunt adj. afr. *mescheant, mesceant*, nfr. *méchant*, pr. *meschant* [p. pr. von *mescheoir*, nfr. veraltet *méchoir*, pr. *mescazer*, it. *miscadere*, mlat. *mescadere* i. e. *minus cadere* für *male cadere*, vgl. sp. *malcaído* unglücklich], sch. *meschant, mischant, mishant*. elend, jämmerlich, erbärmlich, nichtswürdig, treulos, aus Feigheit, Mangel an Thatkraft, Nachlässigkeit.

Meschaunt creature, thou alredy ferest me moch. MELUSINE p. 302. vgl. *Meschante*, myserable, m. meschant, f. meschante. PALSGR.

Therfore I sholde be to cruell, and eke well *myschaunte*, yf I sholde now take theym in to the handes of theyr enmyes mortalle. CAXT. *S. of Aym.* p. 159. — I shal lede with me Rolland & Olyuer vnhappy, *meschaunt*, & caytyfs. *Charles* p. 41. Lete vs doo knowe our prouesses to kyng Charlemayn, so that he hold vs not for feble & *myschaunt. S. of Aym.* p. 72. Ye shulde haue goon wynne vpon your enmyes for to mayntene your selfe honestly, and make werre to Charlemagne thorough all his londe. But ye ar

becom *myschaunte*; and therfore I telle you that ye gete noo thynge of me. p. 125.

substantiviert Elender, elender Feigling, treuloser Schurke: Yf I sholde leve my selfe for to be slayne by you, I were well a *myschaunt*. CAXT. *S. of Aym.* p. 349. „Alas! vnhappy *myschaunt*,“ sayde thenne the kyng Yon, „& what shall I doo etc.“ p. 279. — Now I have lost hym thorough my defawte! Alas, *myschaunt*! what shall we doo fro hens forth? p. 139–40 [i. e. wir Elenden; doch ist hier auch eine andere Auffassung möglich, da *Alard* sich allein die Schuld beimisst]. Thenne he [sc. the olde Aymon] sayd to his children, „*Myschaunt*, your ledernes and slouth hath overcomen you.“ p. 125 [unzweifelh. pluralisch].

mescheaunce, -chance, -chaunce, mischance, -chaunce etc. s. afr. *mescheance, -skeance, -chance, -chaance* etc., neue. *mischance.* s. *cheance* s. und vgl. *meschaunt* adj. eig. Unfall, unglücklicher Zufall, unglückliches Ereignis, Schaden, dann Unglück, Unheil, ungünstiges Schicksal, Misgeschick, oft als verdiente Strafe oder als unmittelbare Folge eigener oder fremder Schuld, That oder Unterlassung, nicht selten auch in Anwünschungen.

Ouer Homber he fley anon To wite him fram *meschance* [*mescheaunce α*.]. R. OF GL. 2902 Wr. In takinning als o þi penance þe sal be send a lang *meschance* [Strafe für Kain]. CURS. MUNDI 1181 COTT. [This knyght ..] heyde the blody knyf by dame Custance, And wente his weye, ther god yeue him *meschance*! CH. *C. T.* III. B. 601 Skeat Cl. Pr. To king Alla was told al this *meschance*. 610. Yem it sithen fra *meschant.* METR. HOMIL. p. 57. Þis holy man [sc. Seint Dunston] wuste anon wy is ioye was, & þat for some *meschaunce* of þe king he [sc. þe deuel] made so glad pas. R. OF GL. 5634 Wr. & moni mon & womman ek þer vel in *meschaunce*, So þat a sori chirchegong hit was to þe king of France. 7810. Þe king him [sc. Lowis] ʒef ten þousend marc vot is *meschaunce* [: Fraunce]. 10 626. For al huere bobaunce, Ne for þe auowerie of þe kyng of Fraunce, Tuenti score ant fyue haden þer *meschaunce.* BÖDD. *Altengl. Dicht.* p. 117. In takenynge of þi penaunce Pou salle haue a lange *meschaunce* [Strafe für Kain]. CURS. MUNDI 1181 FAIRF. Þe laste *meschaunce* & þe peyne Was for þe Quene of Grece, Eleyne. R. OF BRUNNE *Story of Engl.* 433. Ʒyf þys *meschaunce* [v. einer Hungersnot] cam ferly sore, Ʒyt þer was an oþer more; So gret a manqualm cam þerwyþ etc. 16431. Þis is þe lyf of that lady, now lorde ʒif hir sorwe! And alle that meynteneth here men *meschaunce* hem bitydel P. PL. *Text B.* pass. III. 165. I wolde be gladder, bi god, þat Gybbe had *meschaunce*, Than þouȝe I had þis woke ywonne a weye of Essex chese. V. 92. cf. XIII. 325. *C.* VII. 69. For þe meschief and þe *meschaunce* amonges men of Sodome Wex þorw plente of payn [i. e. bread] & of pure sleuthe. B. XIV. 75. What cheste & *meschaunce* to [þe] children of Israel Ful on hem þat free were þorwe two false

preestes. *C.* I. 105. God on hem sendeþ Feueres
oþer fouler yueles, oþer fur on here houses,
Moreyne oþer oþere *meschaunce*. IV. 95. Mynne
je nat, riche men, to which a *meschaunce* Þat
dives deyed, and dampned [was] for hus vnkyndenesse. XX. 229. Amyddes of the temple sat
meschaunce [personif.], With disconfort and sory
contenaunce. CH. *C. T.* I. B. 1151 Morris Cl.
Pr. Noot I nought why, ne what *meschaunce* it
ayled, But casuelly the schippes botme rente.
C. 280. He neuer worldly man so heigh degree
As Adam, til he for misgouernaunce Was driue
out of his heigh prosperitee To laboure, and to
helle, and to *meschaunce*. II. B. 3201 Skeat Cl.
Pr. But sone shal he [sc. Sampson] wepen many
a tere, For wommen shal him bringen to *meschaunce* [: gouernaunce]. B. 3251. Thus endeth
olde Donegild with *meschaunce* [: ligaunce]. III.
B. 896. God yeue him *meschaunce!* [: creaunce]
914. cf. *ib.* H. 11. Þe soudan .. Bleft in Fraunce,
Cytes to brenne and folk to slo With greet *meschaunce*. OCTOU. 1539 Sarr.

"Ha, fole, fole," said thenne the lady, "euyl
myscheaunce shal fal on the, yf thou soone
chaungest not thy purpos." MELUSINE p. 366.
God .. kepe þe fro *mischance*, & fro þe fals enmys, Þat er with Philip of France. LANGT.
p. 154. Ʒit held þe kyng of France Gascoyn
with outrage, For þat *mischance* of Blanche mariage: For þat abatement he challenges it þorgh
right. p. 278. In takening of þi penance Þe
[*Ms.* Ye] sal be lent a lang *mischance* [Strafe
für Kain]. CURS. MUNDI 1181 GÖTT. Furth he
ferd into France, God saue him fro *mischance*
And all his cumpany! MINOT III. 145 *Spr.* Ʒif
ony cursed wycche or enchauntour wolde be-
wycche him that berethe the dyamand, alle that
sorwe and *myschance* schalle turne to him self,
þorghe vertu of that ston. MAUND. p. 159. Pees,
with *mischaunce* and with misaventure, Oure
hoste said, and let him telle his tale. CH. *C. T.*
6916 Tyrwh. Here es a fowl *mischance* For defaut of conisance. YW. A. GAW. 3649 Schleich.
Alle thy chevallrous mene faire are eschewede,
Bot a childe Chasteleynne *myschance* es be-
fallene. MORTE ARTH. 3028. I woll marre
swych harlottes with mordor and *myschanse*
[: chansse]. DIGBY MYST. p. 56 Furniv. But
þurgh *myschaunce* at a kas Alle hys gode ylore
was. R. OF BRUNNE *Handl. S.* 5787. In token of
þi lastynge penaunce Þe shal be lent a long *mischaunce* [Strafe für Kain]. CURS. MUNDI 1181
TRIN. And þei seiden þe same: „God saue þe
from *mischaunce*, And ʒiue þe grace vppon
grounde in good lyf to ende." P. PL. *Text A.*
pass. IX. 51. cf. *B.* VIII. 60. Þis is þe lyf of þe
ladi, vr lord ʒif hire serwe! And alle þat meynteneþ hire [*myschaunce* hem bytide *H.*]! *A.* III.
159. What? welcome, with *myschaunce* nowe!
CH. *R. of R.* 7591. vgl. *myschaunce* R. OF
GL. β. 7711 Wr. Fast on hym þey bygonne to
crye .. To tellen hem what þat he were, And
what *myschaunce* he dude þere. ARTH. A. MERL.
D. 897 sq. Kölb. Þe soudan began vp hys godes
chyde For þat *myschaunce*. Clement presentede
with that stede Þe kyng of Fraunce. OCTOU.

1455 Sarr. I wene no woman mor *myschaunce*
Ne hadde neuer syth [: Fraunce, destaunce].
1823 [von den Schicksalen der Kaiserin Flo-
rence]. Nero which for mysgouernaunce ended
with *mischaunce*. LYDG. *Fall* 169 vb. u. [in
Fab. D. M. Gl.]. With avery [i. e. neue. every;
ed. a very] *myschaunce* ther fleashe shalbe al torent. DIGBY MYST. p. 3. Therfor vnto vs ye
make a delyueraunce Of your yong children,
and that anone; Or elles, by Mahounde, wc
shall geve a *myschaunce;* Our sharpe swerdes
thurgh your bodies shall goon. p. 12. *Myschaunce*, desfortune, meschance. PALSGR. Ʒef
hyt [sc. that sacrament] were eten wyth mows
or rat, Dere þow moste abygge þat; Fowrty
dayes for þat *myschaunce* Þow shalt be in penaunce. MYRC *Instructions* 2009. Be that governaunce Þou myht the kepe from alle *mischaunse*.
ARTH. A. MERL. *Lo.* 477 Kölb.

**meschef, meschief, meschif, mischef, mis-
chief, mischif** etc. s. afr. *meschef, meschief,
mescief* [auch *mischief* BARTSCH; wohl anglonorm.], nfr. *méchef*, pr. *mescap*, altsp. *mescabo*,
altpg. *mazcabo*, altkat. *menyscab*, sp. pg. *meno-
scabo*, sch. *myscheff, myschef, myscheiff* [BARB.],
neue. *mischief* [*mischiefe*, flagitium MAN. VOC.].
vgl. *chef, bonchef*.

wie schon lat. *caput* Ursprung, Quelle eines
Flusses oder Gewässers und ebenso Ausgang,
Mündung bedeutet, so bezeichnet afr. *chef,
chief* Endpunkt sowohl wie Anfangspunkt, altengl. besonders Anfangspunkt, Spitze, oberes
Ende; dagegen beziehen sich afr. altengl. *meschef, meschief* besonders auf den Ausgang [vgl.
DIEZ *Wb.* II. 254. I. 271] und bezeichnen daher eigentlich übler Ausgang.

es finden sich im Altenglischen vornehmlich
folgende Schattierungen dieses Begriffes, die
nicht überall streng geschieden werden können:

1. Unglück im allgemeinen, ungünstige
Lage, ungünstiges Geschick, Ungunst des Ge-
schickes, im Gegensatze zu Glück, günstiger
Lage, günstigem Geschick: Maysthow thanne
pleyne ryhtfully vpon the *meschef* of fortune,
syn thow hast yit thy beste thinges? CH. *Boece*
p. 27 Furniv. Lond. 1886. Þey holdeþ pryue
good happes and boonchief, as wel as yuel
happes and *meschief*. TREVISA I. 87. Sche [sc.
Herodias] chees to be exciled wiþ here housbonde in his *meschif*, þat sche hadde ifolwed
in his welþe and in his bonchif [in adversis ..
in prosperis *Higd.* in adversite .. in prosperite
Harl.]. IV. 387.

I schal seie Deo gracias, In *myschef* and in
bonchef boþe. E. E. P. p. 125. Mayst þou þan
pleyne ryʒtfully vpon þe *myschief* of fortune,
syn þou hast ʒit þi best[e] þinges? CH. *Boeth.*
p. 40 Morris.

2. Unglück im besonderen, Unheil,
Verderben, Elend, Leid, als übler Ausgang, unglückliche Lage, in die man durch ungünstige Ereignisse gestürzt wird, Übel,
Schaden, die man erleidet oder thut: How
hys doughtres had wyþ hym wroght, Al his
meschef furgat [he] nought [von König Leyr].
R. OF BRUNNE *Story of Engl.* 2508. Netheles

þey were at *meschef*, Ffor to ascape þem were
ful lef. 9855. Þer watȝ moon for to make, when
meschef was cnowen, Þat noȝt dowed bot þe
deth in þe depe stremeȝ [v. d. Sintflut]. ALLIT.
P. 2, 373. But holy chirche and hii Holde bettre
togidres, The moste *meschief* on molde Is mountynge wel faste. P. PL. prol. 131 *Spr.* cf. *Text B.*
prol. 66 *v. l.* Hir batailes, who so list hem for
to rede .. Why she [sc. Cenobia] conquered ..
And after of hir *meschief* and hir woo, How that
she was biseged and ytake, Let him vnto my
maister Petrark go. CH. *C. T.* II. B. 3509 Skeat
Cl. Pr. — He hem halȝed for his, & help at her
nede in mukel *meschefes* mony. ALLIT. P. 2,
1163. Salomon techith worldli warnesse, how a
man owith to gouerne him prudentli in the
world, and to be war of pereis and *mescheues*,
and to fie nedynesse. WYCL. PROV. prol. p. 1.
Alle manere *meschiefs* in myldenesse he [sc.
charite] suffreth. P. PL. *Text B.* pass. XV. 169.
Alle poure pacientes, apayed of godes sonde,
As meseis and mendinauntes .. As prisons and
pilgrimes .. That taken þese *meschiefes* meekliche and myldliche at herte etc. *C.* X. 178 sq.
Alle siknesses and sorwes for solas he [hem]
takeþ, And alle manere *meschifs* [of *meschiefs*
T.] as minstracie of heuene. *C.* XVII. 308.
Alle poure pacientes .. As meseis and mendinauntes, men yfalle in *myschef*, As prisons
and pilgrimes, paraunter men yrobbed etc. P.
PL. *Text C.* pass. X. 178. It [sc. . . . .]
bringeth all day *mischefe* to honde. GOWER II.
202. That hate breke nought thassise Of love,
whiche is alle the chefe To kepe a regne out of
mischefe. I. 8. A *mischefe*, calamitas, erumpna,
miseria. CATH. ANGL. p. 241. *Myschefe*, meschief. PALSGR. And avery [i. e. neue. *every*; a
very *ed.*] *myschef* mut come them amonge.
DIGBY MYST. p. 13. So thei of Mountalban endured this *mischeff* as long as thei had ony morsell of mete [von einer Belagerung und allen
damit verbundenen Leiden]. CAXT. *S. of Aym.*
p. 425. Moyses, my lord has graunted leve At
lede thy folk to likyng lande, So that we mende
of our *myscheue.* YORK PL. p. 84. Mysawnter, or
myscheve [misaventure, *mysche*], infortunium,
disfortunium]. PR. P. p. 339. But had ȝoure
croune be kepte, that comons it wiste, Þer nadde
morder ne *myscheff* be amonge þe grette. DEF.
OF R. II. pass. I. 76 Skeat. Than wolde oþer
boynardis haue ben abasshyd To haue meved ȝou
to ony maters þat *myss[c]heff* had ben ynne. 110.
Rewthe was, if reson ne had reflourmed The
myssecheff & þe mysserule þat men þo in endurid. prol. 2ȝ. Þo þat weren vp to þe brijes
In þat flod .. Pulke weore glade of þe *mischeef*
Of heore neihȝebors and of heore greef. O. E.
MISCELL. p. 226. Myȝte neuere pouerte, Miseise, ne *myschief*, ne man with hus tonge Tene
þe eny tyme, and þow take pacience. P. PL.
Text C. pass. XVI. 158. später findet sich die
Form *mischeif:* Thus wax I warr and warr al-
way, And my *myscheyf* growes in all that may.
YORK PL. p. 436 [*Ms.* Mitte 16. Jahrh.]. — Alle
siknesses and sorwes for solas he [hem] takeþ,
And alle manere meschifs [*myscheues M.*] as

minstracie of heuene. P. PL. *Text C.* pass. XVII.
308. Men .. studyen not Goddis lawis þat techen
virtues, and to suffren *myschiefis* and dispitis,
and to wynne þe blisse of heuene. WYCL. *Sel.*
W. III. 448.
mit engster Beziehung auf einen *Einzelfall*
und die unmittelbaren wirklichen oder erst
drohenden Folgen desselben, Unheil, Schaden, Not, Elend, Leid: „Allas! þis mochel
meschef!" saide Meliors þanne. WILL. 1065.
Be merciabul to alle men þat in *mechef* arn.
5131. His broþer Nabugodonosor, in þe tyme
of his fader *meschef* [*meschyef* Cx. *meschief* y.
in diebus ejectionis paternæ *Higd.*], hadde idoo
many euel dedes. TREVISA III. 119 [Verban-
nung]. By God, me mette I was in such *meschief*
Right now, that yit myn herte is sore afright.
CH. *C. T.* I. C. 74 Morris Cl. Pr. [Todesnot].
Þanne þe Affres [i. e. þe Cartaginenses] .. overcome Marcus Regulus wiþ al his oost at þe laste
mescheef [ultima pernicie devicerunt *Higd.*].
TREVISA IV. 43. Allas! I se a serpent or a theef,
That many a trewe man hath doon *mescheef*, Gou
at his large, and wher him lust may turne. CH.
C. T. I. B. 467 Morris Cl. Pr. Yet hadde I leuer
spenden al the good Which that I haue .. Than
that ye sholden falle in swich *mescheef.* III. G.
1376 Skeat Cl. Pr. [Todesgefahr]. „No," quod the
maunciple, „that were a greet *mescheef.*" III.
H. 76. He rouȝt nouȝt of his owne [wrong, noþer
of his owne] *meschif* [proprias injurias *Higd.*],
but cried þat þe contray schulde be destroyede.
TREVISA IV. 453. — Kyng William made [to]
descrive al Engelond .. Þe lond was greved wiþ
meny *mescheues* [*meschyefs* Cx.] and happes þat
fil for þat drede [dede *α. β. γ.* Cx. multis cladi-
bus inde provenientibus *Higd.* i. e. aus der Ein-
richtung des *Doomsday Book*]. VII. 309.
Þer hadde ben miche *mischef.* ARTH. A.
MERL. 6145 Kölb. [Verlust an Menschen in der
Schlacht]. Adrian, which pope was, And sigh the
mischef of this cas. GOWER I. 29. Y schall you
tell Of a tale .. How a lady had gret *myschef*,
And how sche covyrd of hur gref. ERL OF TO-
LOUS 7 sq. Lüdtke. Whan sche hem with tonge
tolde Of here *myschef* [: greef]. OCTOU. 504
Sarr. I tell you that a *mischef* take me if I dwel
wyth you ony lenger. CAXT. *S. of Aym.* p. 485.
To mete with his enmy It were a greatt *myschefe.* TOWN. M. p. 138. Hyt dud the kyng
mekylle grefe, When he sawe the chylde at
myschefe. Ms. in HALLIW. D. p. 555 [Todes-
not, Todesgefahr]. Grete *mychief* shal happe
to the. MELUSINE p. 367 [a. 1500]. But as a
brokour go borowe pore mennes wittes, That
were most *myscheef* þat myght a lord befalle.
CR. K. 119. He setted hym all to *mischeef*
agenst Reynawde. CAXT. *S. of Aym.* p. 404.
Thei .. bidde a *myscheff* take hym both evyn
and morn. DIGBY MYST. p. 15. The welthe we
wende haue wonnyd in ay, Is loste vs fra. For
this *myscheffe* ful wele we may euer mornyng
ma [i. e. make mourning]. YORK PL. p. 30.
3. oft Elend, Leid in Gestalt vornehmlich von Armut, Not, Mangel am Notwendigen, an Geld und Gut, an Nahrung und Klei-

dung: For thei .. suffren hem [sc. pore men] perische for *meschef* & laten pore men haue nakid sidis, & dede wallis haue grete plente of wast gold. WYCL. *W. hith. unpr.* p. 91. So þe Romayns were compelled by *meschef* [*meschyef* Cx. inedia *Higd.*] to axe pees of þe Samnites. TREVISA III. 377. Ȝit riche men cloþen dede stockis & stonys wiþ precious cloþis, wiþ gold & ailuer & perlis & gaynesse to þe world, & suffren pore men goo sore a cold & at moche *meschefe*. WYCL. *W. hith. unpr.* p. 210. For ich wot wel, be þou went, worche þei wolle ful ylle; *Meschief* hit makeþ þei ben so meke nouþe, And for defaute þis folke folwen my heates. P. PL. *Text C.* IX. 211. So for hus glotonye and grete synne he [sc. þe poure] haþ a greuous penaunce, That is weylawey whan he awakeþ, and wepeþ for colde; So is he neuere more ful murye, so *meschief* hym folweþ. C. XVII. 75. He sat amonge þe pouere, In grete *meschief* & stronge to couere, Ffor hunger in wrecched-nesse. ALEXIUS 352 Furniv. *Laud 622.* But þere were þre hoores, þat broughte men þat vsede hem in to *meschief* [to grete pouerte *Harl.* ad inopiam *Higd.*]. TREVISA II. 369. Perefore it is good to lyue in good rule and in plenty, and nouȝt in streiȝtnesse, scarsite, and *meschief* [*meschyef* Cx. in angustiis et egestate *Higd.*], III. 465. But he [sc. the persoun] ne lafte nat for reyn ne thonder In sikness nor in *meschief* to visite The ferreste in his parisshe, muche and lite. CH. *C. T.* A. 492 Zup. Þat ȝe haveþ no grete fleschely likynge, hit is no wonder, for þat makez ȝoure grete nede and *meschif* [neces-sitas indicta *Higd.*] and foule siȝt of naked-nesse. TREVISA III. 465-7. Þe whilk [sc. silver and gold] þai had in hurde uptrust, And þarof til pure wald noght gyve, When þai sawe þam at *meschyve*. HAMP. 5567.

Haue a man neuere so miche *mischef* of houngur, He may hit staunche wiþ mete, & menden his paine. ALEX. A. DINDIM. 1030. Ȝif the kyng himself do ony homycydie .. he schalle not be slayn, as another man, but men schulle defende in peyne of dethe, that no man be so hardy to make him companye, ne to speke with hym, ne that no man ȝeve him ne selle him ne serve him nouther of mete ne drynk: and so schalle he dye in *myschef*. MAUND. p. 287. *Mis-chef* hit makeþ þei [sc. bidders and beggers] beoþ so meke nouþe, And for defaute of foode þus faste þei worchen. P. PL. *Text A.* pass. VII. 194. Þei .. suffren pore men hungry and þristi and in gret *mischef*. WYCL. *W. hith. unpr.* p. 8. Þei gederen to hem self many wast and precious cloþes bi feyned beggerie .. and partiþ not wiþ pore nedy men þat han nakid sidis .. neiþer here owen breþeren, be þei in neuere so gret *myschef*, & cheueren for cold. p. 14. God taketh myche on gref To selle a mon in hys *myschef* Any þynge to hye prys. MYRC *Instructions* 376]durch Wucherer ausgenutzte Notlage]. Ȝyf þys meschaunce cam [*mischefs* com *v. l.*] ferle sore, Ȝyt þer was an oþer more; So gret a man-qualm cam þerwyth etc. R. OF BRUNNE *Story of Engl.* 16431 [v. einer Hungersnot]. I charge

the, my sektour, cheffe of alle oþer, To my-nystre my mobles, for mede of my saule, To mendynnantes and mysese in *myschefs* fallene. MORTE ARTH. 665. He sente me his partys, seynge þe sleynge of þe citeseyns, þe harmynge of pilgrymes, *myscheve* and poverte of þe pope and cardinales [the poore lyvynge of the cardi-nalis *Harl.* inediam papæ et cardinalium *Higd.*.. TREVISA VII. 157. Þough sleuthe suwe pouerte, and serue nouȝt god to paye, *Mischief* is his maister, and maketh hym to thynke Patt god is his grettest helpe. P. PL. *Text B.* pass. XIV. 253. Of *myschyef* slouth ys chief maistresse: Thys ydelnesse causeþ folk in dede To waste þeyr dayes in *myschief* and in nede. LYDG. *Isop.* 138 Zup. Prestes, Pat han noyþer kunnynge ne kynne, but a croune one, And a tytle, a tale of nouȝte to his lyflode at *myschiefe*. P. PL. *Text B.* pass. XI. 289. For alle oþer senten of þat þat was aboundant to hem, but she þia of her *myschif* sente, alle þingis þat she hadde. WYCL. *Sel. W.* III. 448 [v. den Scherflein der Witwe, vgl. *Mark* 12, 41 sq.]. Pore husbondemen .. þat may not now paie so gret almes for pouerte and *myschif* þat þei ben inne. *W. hith. unpr.* p. 16. Þei schulden [be] confortoure of morn-ynge men & men ful of *myscheyf.* p. 231. — Pai had *mischefs* ful manifalde Of hunger, of threst, and of calde. Yw. A. GAW. 2973 Schleich. Also o strong beggere or flaterere haþ a chaum-ber for a lord, erl or duk wiþ many preciouse iuellis, & anoþer frere haþ nakid sidis & many other *myscheues*, þouȝ he be worþ siche a þou-sand bifore god. WYCL. *W. hith. unpr.* p. 49.

4. auch Élend, Leid, Qual, Schmerz, Weh des Körpers, Beschwerde, die vor-nehmlich durch Krankheit, Siechtum, Alter und verwandte Zustände bewirkt wer-den: Bote olde men and hore þat helples beoþ of strengþe, And wymmen with childe þat worchen ne mowen, Blynde and bedreden and broken heore membres, þat taken *meschef* [his *meschiefs* v. l.] mekeliche, as meseles or oþere, Han as pleyn pardoun as the plouhmon him-seluen. P. PL. *Text A.* pass. VIII. 83. — *mes-chefs* P. PL. *ib.* v. l. Many yvels, angers, and *mescheefes* Oft comes til man þat here lyves, Als fevyr, dropsy, and iaunys, Tysyk, goute, and other maladys. HAMP. 698.

Wyth *myschef* on moolde here membrys I merke. Cov. MYST. p. 308. Naked he schalle be ledde, And for þe more *myscheue*, Buffettis hym schall be bedde. YORK PL. 347 [durch Schläge]. Womman sal peris of na barn, Ne nan wit *mischiue* be forfarn, Ne fall into na dedli plight, Pat þai it [i. e. this book] here, or dai or night. CURS. MUNDI 20049 COTT. von einem Tiere: If þou finde of þine illwillande In any *mischefs* best liggande, help him or þou forþer wende. CURS. M. 6829 FAIRF. [vnder birthin, birdin, birþen *cett.* vgl. *Exod.* 23, 5]. — From alle *myscheuys* hem to preserue. BOKENAM *Prol.* 130 Horstm.

auch unheilvolle Verwirrung, Stö-rung des Geistes: Be his sorcery, sir, youre selfe þe soth sawe, He charmes oure chyualers,

& with *myscheffe* enchaunted, To reuerence hym ryally we rase all on rowe. YORK PL. p. 329. Hier durch angebliche Zauberei bewirkt, wird Geistesstörung auch mit der Sünde in unmittelbare ursächliche Verbindung gebracht; s. das Folgende.

5. Elend, Leid, Qual, zeitlich oder ewig, als durch Sünde bewirkt oder hervorgerufen, Sündenleid, besonders in kirchl. Sinne als unmittelbare Strafe für Sünden: For meny men of þis molde setten more here herte In wordliche good þan in god, forþy grace hem failleþ; At here moste *meschef* mercy were þe beste. P. PL. *Text C.* pass. XII. 232 [i. e. beim Tode, am Tage des Gerichts]. Þanne he [sc. Theophilus] fille in to [so] greet *mescheef* [impacience *Harl.* impatientiam *Higd.*], þat he hired an Hebrewe wicche, and forsook Crist and his moder. TREVISA V. 345 [Geistesverwirrung als Strafe]. — It [sc. dronkinhede] .. mase *meschefes* ful manyfalde, It mase a man ofte folehardy Bod forto speke and do foly; Whare he by reson sold be rad, So es his minde mased and mad. CURS. MUNDI 27896 sq. [Störungen des Geistes als Folge, Strafe der Trunkenheit].

For [Seth] and his suster children spouseden eiþer oþer, Aȝeyn þe lawe of vr lord lyȝen togedere, And weoren maried at *mischef.* P. PL. *Text A.* pass. X. 173 [v. Blutschande]. No catelus conaitise comyþ at oure herte; For þat is soþliche a sinne þat seggus haunteþ, & to miche *mischef* many men bringeth. ALEX. A. DINDIM. 370 [Folge der Habsucht]. Ffader Abraham, mend my *mischefe.* Ms. in HAMP. *Gl.* [Strafe des Reichen in der Hölle]. For many men on þis molde more sette here hertis In good þan in god; forþy hem grace failleth, At here moste *myschief,* whan þei shal lyf lete. P. PL. *Text B.* pass. X. 392. So clergye is conforte to creatures þat repenten, And to mansed men *myschief* at her ende. XII. 85. In grett *myscheff* now I am pyght. COV. MYST. p. 153 [der Hebeamme ist zur Strafe für ihre Lästerung die Hand gelähmt]. Thei shalbe in woo and *myschoff* permanent. DIGBY MYST. p. 3. Þe hegh haly gaste Come oure *myscheffe* to mende, In Marie meyden chaste When god his sone walde sende. YORK PL. p. 96. Of ilke a *myscheue* he [sc. Criste] is medicyne And bote to all. p. 406. — He moued oure *myscheues* for to merr. p. 94.

6. Leid, Gram, Kummer, Bekümmernis als Schmerzgefühl über erlittenes Unheil: Forsoth Y may not turne aȝen to my fader, the child absent, lest a witnes I stonde to of *myschef* [of the wretchidnesse *Purv.*] that schall oppresse my fadir. WYCL. GEN. 44, 34 Oxf. I sagh him deye, I sorowed ay; Mi *mischief* I ne tel hit may, Mi tening is squa togh. CURS. MUNDI 24438 FAIRF. What gud creature may hymself refrayne In this piteose *myscheffe.* DIGBY MYST. p. 173. Fully feele now or þe fyne, Yf any mournyng may be meete, Or *myscheue* mesured vnto myne. YORK PL. p. 357. auch von Liebesleid: For Hope to lovers, as most cheef, Doth hem endure alle *myscheef.* CH. *R.* of *R.* 2785 Spr.

Die wenig zahlreichen Weiterbildungen des Wortes zeigen fast ausschliesslich die Vorsilbe *mis-*; vgl. die Abll. *mischefous* adj., *mischeven* v., *mischeving* s., *mischevose, mischevousli* adv. und die Zusammensetzungen *mischefful* adj., *mischevs-doings* s.

meschen v. lacerare s. *maschen.*

mese, mes [nur in *mesplace, mesuagium*] etc. s. afr. *mase,* Meierhof, sp. *masa,* mail. *massa,* mlat. *massa, mansa,* neue. veraltet *mese, mease,* mesuuage [neben neue. *manse,* Bauerhof, Meierhof, sch. *manse,* Pfarrhaus, Pfarre], ebenso wie afr. *mas, mes, mez, motz, mex, meix,* anglonorm. *mies* [*myes* LIB. CUST.], Hufe, Bauerngut, Wohnstätte, nfr. prov. *mas,* pr. trient. *mas,* kat. *mas,* Landhaus, mlat. *mansus* [*mansus,* hub SACHSE *Gloss.* 14. oder 15. Jahrh. in *Arch.* 47, 405], *mansum,* von lat. *manere,* bleiben, wohnen. In dem selten und erst spät auftretenden englischen Worte scheinen die beiden in Form und Bedeutung einander so nahe stehenden Bildungen sich verschmolzen zu haben. vgl. *mesuage.* ländliches Wohnhaus mit zugehörigem Acker, Vorwerk, Meierei. Pachtgut.

Also [sc. he will] that William Stanlow reioys [i. e. enjoy] peisibely and haue confermyd vnto hym by the feffees of the saide Rauf, a *mese* of londes and tenementes in Dembleby & Waterwilughby, to haue to the same William Stanlow and his assignes for the terme of XX yere. FIFTY WILLS p. 126 [a. 1439]. One *mese* wyth a pece of londe lyenge in a crofte to the same *mese* adyoynyng. PAST. LETT. III. 310 [a. 1484]. *Meese* [*meyse* A.], mesuagium. CATH. ANGL. p. 232. Hoc messuagium, a *messe.* WR. VOC. p. 232 [col. 723, 14 Wülck.]. — *Meeses,* londes, and tenementes. WILLS A. INV. p. 57 Tymms. They [sc. women] ale no men, distroyen no citees .. Ne men bireve hir landes, ne hir *mess.* HOCCL. I. 85-6 Furniv.

eine Zusammensetzung ist das gleichbedeutende **meseplace, mesplace** s.: Messuagium, a *mesplace.* WR. VOC. col. 596, 6 Wülck. vgl. Commen appendaunt is where a lorde of olde tyme hath graunted to a man a *meseplace,* and certayne landes, medowes, and pastures with their appurtenaunces to holde of hym. FITZHERBERT *Boke of Surveying* fo. V[b] [a. 1523] in CATH. ANGL. p. L.

mese s. clava s. *mace.*

meseise, meseeise, miseise, misese adj. vgl. afr. *mesaise,* dessen zweiter Teil das p.p. von *aisier, aiser* v. zu sein scheint, it. *misagiato.* s. *eise, esi* adj. eig. misbehaglich, unbehaglich, gew. von Siechen, Kranken gebraucht, elend, jämmerlich.

Hwo se is ful *meseise,* of alle beo heo cwite. ANCR. R. p. 46. Þer in onliche stude him hungrede, hit seið, uorto urouren ancre þet is *meseise.* p. 162. — Of ech maner purchas þat com bi is hond, Oþer þat eny of is as in purchas nome, He vorbed þat neuere more among is spence ne come, Ac to hous of religion þat me hit al clene bere, & to pouere men aboute þat *meseyse* were. R. OF GL. 5561 Wr. In þis fourme aboute midewinter þe castel iȝolde was; Mes-

eise men hii come out. 11984 [vgl. die vorhérg. Schilderung der Belagerung].

Ʒwane he hadde ani *miseise* man ouer þe watere ibrouʒt. He ne let him nouʒt fram him gon are he amendede were. ST. JULIAN. BON. HOSP. 96 Horstm. p. 259. A *miseise* man he mette: naked, sore sike and grone. ST. MARTYN 16 Horstm. p. 449. Þey [sc. marchaunts] shulde .. saue þe wynnynge, And amende mesondieux þeremyde, and *myseyse* folke helpe. P. PL. *Text B.* pass. VII. 23 sq. — Guod it is to hereborewi *miseise* men. ST. JULIAN. BON.HOSP.146 Horstm. p. 260. Treuthe .. bad hem [sc. marchans] .. saue þe wynnynges, Amenden mesondieux þerwith, and *myseyse* men fynde. P. PL. *Text C.* pass. X. 27 sq. Kompar.: A lodlich musel he þouʒte also, and þe fouleste þat miʒte ibeo, A *miseisiore* man þane he þouʒte no man ne miʒte iseo. ST. JULIAN. BON. HOSP. 119 Horstm. p. 259.

subst. im Plural, ebenfalls von Siechen, Kranken, Elende: Treuþe .. bad hem [sc. marchauns] .. saue þe wynnynge, And make mesondeu þerwith *meseyes* to helpe. P. PL. *Text A.* pass. VIII. 25 sq.

Weopeð & gret efter sume helpe to þe wrecche *meoseise*, uorte lecnen mid þe seke & forte healen mide hire cancre. ANCR. R. p. 330.

Treuþe .. bad hem [sc. marchauns] .. saue þe wynnynge, And make mesondeu þerwith meseyse [þe *myseyse* U. *myseises* T.] to helpe. P. PL. *Text A.* pass. VIII. 25 sq. I charge the, my sektour, cheffe of alle oþer, To mynystre my moblex, for mede of my saule, To mendynnantex and *mysese* in myschefe fallene. MORTE ARTH. 665.

Weiterbildungen des Wortes haben die Vorsilbe mis-; vgl. *misseisnesse* s., *miseislich* adv., *miseiste*, *miseiste* s.

meseise s. molestia s. *meseise*.

mesel, meosel, misel, musel adj. afr. *mesel* [*messaus, mesiaus* cas. obl. *meseau*], altap. *meʒyllo*, auch ahd. *misel*, leprosus, von mlat. *misellus*, leprosus [D. C. v. *miselli*], lat. *misellus*, unglücklich, elend, Dimin. von *miser*, sch. *mesel, meselle, mesall, mysel*, neue. veraltet *mesol, messel, measle, meazle* s.

1. adj. aussätzig, meist von Menschen: He [sc. Constantin] was, as it is iwrite, pur *mesel* þo, & he bicom in is baptisinge hol of al is wo. R. OF GL. 1917 Wr. Elyseu þe profete het to Naaman, þet wes *mezel*, þet he him wesse in þe flom Jordan ʒeue ʒiþe uor to be clene of his euele. AYENB. p. 202. Mikel on him he had vnhele, Thritti yere had ben *mesel* [*mesele* cett.]. CURS. MUNDI 8137 COTT. FAIRF. Ouer al þan was he *mesel* plain [*mesel* pleyne TRIN. *mesele* plaine GÖTT. Dagegen hat FAIRF.: *with mesel* playne; *mesel* s. In allen vier Mss. ist übrigens *plaine* etc. als Adverb = openly, clearly aufzufassen]. 11827 COTT. Forsothe he [sc. Naaman] was a stronge man and riche, but *mesell* [leprouse *Purv.*]. WYCL. 4 KINGS 5, 1 Oxf. Also in that flom Jordan Naaman of Syrie bathed him; that was fulle riche, but he was *mesellc:* and there anon he toke his hele.

MAUND. p. 104. He was *messel* [leprouse *Purv.*] vnto the day of his deth. WYCL. 4 KINGS 15, 5 Oxf. — & of x. men þat ware *mesel* [*mesell* COTT.], How he gaf ilk a man his hele. CURS. MUNDI 14446 FAIRF. Of ech maner purchas .. He vorbed þat neuere more among his spence ne come, Ac to hous of religion þat me hit al clene bere & to pouere men aboute þat meseyse [*mesel* or prisoners β.] were. R. OF GL. 5561 sq. Wr. [dagegen scheint die Lesart von α. *meseile*, nur aus *meseise* verschrieben zu sein]. And of ten men þat war *mesele* [þat were *mesele* TRIN.], Þat he gaue ilk ane þair hele. CURS. MUNDI 14446 GÖTT. Crist ʒyveþ hem power to hele *mesele* men. WYCL. *Sel. W.* I. 199. *Meselle* makes it [sc. þe powder] man and wyfe. TOWN. M. [in YORK PL. p. 86].

Laʒer at is ʒate stod, Pouere and *musel*, in grete miseise, and bad ʒiue him sum guod, Of his croumene. LEB. JESU 152. Symound leprous was a man, þat *musel* hadde ibeo longe. 763.

auch von einem Teile des menschl. Körpers: To Moises spac our lorde driʒtin: „Þou putte þine hande in bosum þine!" He putte hit in faire in hele; He drough hit out, hit was *mesele* [als *mesel*, als a *mesele*, as *mesele* cett.]. CURS. MUNDI 5821 FAIRF. [s. *Exod.* 4, 6. 7]. vgl. Tak stronge vinegre of whit wyne, and anoynte .. þe vysage, þer hit is saucefleme; and hit wol breke out, as hit were a *mesel*. HEINRICH, ein me. Medizinbuch, Halle a. S. 1896, p. 64.

2. subst. Aussätziger, fem. Aussätzige: As he rod on a tym, twey seke men he mette, A blind mon & a *mesel*. BARL. A. JOS. 209. A day, ase þis holie man withoute Asise him drouʒ, He mette a lodlich *mesel*, þat revlich was inouʒ. ST. FRANCEYS 39 Horstm. p. 55. Fouler *mesel* nas neuer non In þe world þan þou schal be! AMIS A. AMIL. 1259 Kölb. Al ferde Beues bodi þere, A foule *mesel* alse ʒif a were. BEVES A. 2827 Kölb. Ʒhe was in semlaunt & in bleA foule *mesel* on to se [fem.]. 3687. Coppe and claper he bare Til þe fiftenday, Als he a *mesel* ware. TRISTR. 3173 Kölb. Ʒuo þe *mezel* sahel be al hol and clene. AYENB. p. 202. Ase a *mesel* ther he lay Astouned in spote and blode. SHOREH. p. 88. „Porow þe," he saide, „sal þis *mesel* Be safe and sounde of al vnhele." CURS. MUNDI 8169 FAIRF. Þis ilk Simonde was a *mesel*, Bot Crist hafd gifen him his hel. METR. HOMIL. p. 16. Lemmans of foule sathanas, þat is foulere þan ony *mesel* or leprous in þis world. WYCL. *W. unpr.* p. 205. We aretiden hym as a *mesel* [wee helden hym as leprous Oxf.]. Is. 53, 4 Purv. Me seiþ þat he was Symon leprous, þe *mesel* þat Crist helede. TREVISA IV. 461. He repreveth him by som harm of peyne that he hath on his body, as „*mesel*," „croked harlot," or by som sinne that he dooth. CH. C. T. I. 624 Skeat [in *Compl. W.* IV. 608]. An oyntment I shal you take, Like a *mesel* it wil you make. GENERIDES A. 6835 [in BEVES p. 336 Kölb.]. Woost thow nat weel, thow art a foul *mesel?* HOCCL. I. 168 Furniv. [übertr., von einem unbussfertigen Sünder]. Mysel, or *mesel*, or lepre,

leprosus. PR. P. p. 339. „Thoru þe," he said, „sal
þis *mesele* Be sauf and sund of al vnhele."
CURS. M. 8169 COTT. GÖTT. Bi þe, sir kyng,
I *mesele* Shal be saf of al vnhele. *ib.* TRIN.
Baldewyn þe *meselle*, his name so hight,
Noble kyng & lele, & wele ʒemed his right.
LANGT. p. 140. A *mesyl* come to Iesu, Wyþ
gode wyl, and on knees hym sette. R. OF BRUNNE
Handl. S. 11460. He þat ys yn dedly synne,
Gostely he ys a *mesyl* wyþynne. 11467. *Mesyll*,
a sicke man, meseav. PALSGR. Fouler *messel*
þar nas non hold In world þan was he. AMIS A.
AMIL. 1544 Kölb.

Ten men þat *meseles* were And four men
of strongue palasie heore hele huy hadden
rijt þere. SANCTA CRUX 513 Horstm. p. 16.
He . . maude hole in þe place *Meseles* and
þe crokede also. ST. JAMES 17 Horstm. p. 34.
Ofte he wolde bi costome to *meseles* fare And
sechen heom at heore owene hous. ST. FRAN-
CEYS 47 Horstm. p. 55. Pouere men wel ofte in
to hire chambre heo drou, boþe *meseles* & oþere.
R. OF GL. 8955 Wr. [wohl subst.]. Po sete þer
in þe chaunbre *meseles* mony on. 8960. [þis
gode Mold . .] wess þe *meseles* [gen.] vet echone,
ar heo lete. 8963. *Meseles* þey waxe þan to pyne
[afr. tost apres deuindrent leprus]. R. OF
BRUNNE *Handl. S.* 4128 [wohl subst.]. *Meseles*
er hal, crepelis gas right. CURS. MUNDI 13106
GÖTT. TRIN. Blynde and bedreden, and broken
heore membres, Pat taken meschef mekeliche,
as *meseles* or oþere, Han . . pleyn pardoun. P.
PL. *Text A.* pass. VIII. 85. cf. *B.* III. 132. VII.
101. XVI. 111. *C.* IV. 169. Pat ben þe pore
penyles, þat . . mown nouʒt swynken ne sweten,
but ben swyþe feble, Oþer maymed at myschef,
or *meseles* syke. *Crede* 420 sq. Skeat. Many
meseles weren in Israel. WYCL. LUKE 4, 27 Purv.
Meselrie is comunli figure of heresie, or of ony
oþer synne þat fouleþ men wiþouten forþ,
for þus done bodili *meselis* to men þat dwelle
among hem; and herfore in þe eelde lawe should-
en *meselis* stond afer. *Sel. W.* I. 199. Blynde
seen, crokide gon, *meselis* ben heled. 1. 71.
Clense ʒe *meselis*. MATTH. 10, 8 Oxf. *Mesele* ar
hale, criplis gas rijt. CURS. MUNDI 13106 FAIRF.
cf. 14371 COTT. FAIRF. Pe crokede, þe blynde,
and þe *mezels*. AYENB. p. 224. Crist bad þe
meseles go, and shewe hem to prestis. WYCL. *W.*
unpr. p. 343. Boþe þes seculer men [sc. Constantyne & Naaman] wer grete lordis & *mesels*.
p. 377. Clense ʒe *mesels*. WYCL. MATTH. 10, 8
Purv. Po þat þou saghe *meselles* be syght, Pey
loue more gode þan God almyʒt. R. OF BRUNNE
Handl. g. 10238. cf. *meselles* R. OF GL. *s.* 5565
Wr. To þe powre *mesellis* a certeyn a weke duryng
on ʒere. FIFTY WILLS p. 3 [a. 1392]. Like *me-*
sellis makis it [sc. þe poudre] man and wyffe.
YORK PL. p. 86. *Messels* er hale, cripels gas
right. CURS. MUNDI 13106 COTT.

Ore louerd him ʒaf so fair grace, þat with
one worde he miʒte Helen *meoseles*. ST. JULIAN.
CONF. 15 Horstm. p. 255. Some fullen into þe
dropesie, and some *meoseles* bicome. ST. PHEL.
A. ST. JAC. 10 Horstm. p. 364.

Mysel, or mesel, or lepre, leprosus. PR. P.

p. 339. [Pis gode Mold . .] wess þe meseles [gen.,
myseles B.] vet echone, ar heo lete. R. OF GL.
8963 Wr.

A lodlich *musel* he þouʒte also, and þe fouleste þat miʒte beo. ST. JULIAN. BON. HOSP. 119
Horstm. p. 259. He stod an biheold þis selie
man, a *musel* ase he wende. 131 Horstm. p. 260.
Pis cloth ich ʒaf a *musel*. ST. BRENDAN 562
Horstm. p. 235. — *Museles* comen to hire adai,
ofhongrede and ofcale. ST. BRIG. 43 Horstm.
p. 193. A fat stod fol of baþewater; heo ʒaf it
hire blessinge: Pe beste ale a liue it bicam, he
ʒaf it þe *museles* drinke. 45. cf. *Museles*, and
crokede ek, and þat weren in palasye. ST. THOM-
AP. 270 Horstm. p. 384.

mesel, meselle s. serpedo, variola s. *masel;*
adj. [und s.] leprosus s. *mesel.*

meselade s. mixtura s. *meslade.*

mesellehous s. aus *hus* s. und dem substantivisch gebrauchten *mesel* adj. gebildet. ausser-
halb des Ortes gelegenes Haus zur Aufnahme
von Aussätzigen, Siechenhaus für Aussätzige.

To *mesellehouses* of þat same lond [sc. Nor-
mundie] Pre þousand mark vnto þer spense
he fond. LANGT. p. 136. vgl. Item to the *how-*
ses of lazare next aboute London, iij Li. FIFTY
WILLS p. 106 und s. WEIG. v. *Aussatz*, *Laza-*
reth, *Siechhaus.*

mesellerie, mesileri, meselrie, meselri,
miselrie s. afr. *meselleris*, *meselerie*, léproserie;
lèpre, nfr. veraltet *méselerie*, lèpre, mlat. *mi-*
sellaria [*misellaria*, domus leprosorum . . *mesel-*
lerie pro ipso morbo D. C. v. *miselli*] von *misellus*,
sch. *meselrie*, *mesalrie*, neue. veraltet *meselry*,
messelry. s. *mesel* adj. Aussatz.

Hec lepra, a *mesellerye*. WR. VOC. p. 267
[col. 790, 8 Wülck.]. Hec lepra, a *mesylery.*
p. 224 [col. 707, 24]. Sum hadde vysages of *me-*
selrye. R. OF BRUNNE *Handl. S.* 10210. For
foule *meselris* he comond with no man. LANGT.
p. 140. *Meselrie* is comunli figure of heresie, or
of ony oþer synne þat fouleþ men wiþouten
forþ, for þus done bodili meselis þat dwelle
among hem. WYCL. *Sel. W.* I. 199. Wiþoute
eny dowte, for what cause it evere were þat he
was ismyte wiþ *meselrie*, hit is sooþ þat Silvester
heled hym of his *meselrie* [lepra *Higd.*]. TRE-
VISA V. 125. Feyne is sent by the rightwys
sonde of god, and bi his suffrance, bi it *meselrie*,
or maheym, or maladie. CH. *C. T.* I. 625 Skeat
[in *Compl. W.* IV. 608]. Can yee my brothir of
his maladie, Of lepre, cure, and of *meselrie*?
HOCCL. I. 167 Furniv. [übertr. von Sünde, ohne
rechte Bussfertigkeit]. Lepra, a *meselrye.* ME-
DULLA [a. 1468] in CATH. ANGL. p. 237 n. 4. Par
was a woman hight Mari, Pat sum time was
[wat *Ms.*] wit *meselri* [And was smetyn with
mesylry COTT. GALBA], Pat sister was til Aaron.
CURS. MUNDI 29 184 COTT. For þe fowl syn of
meselri Es likend to fowle sin and dedly. 29 194
COTT. GALBA. Som for þe syn of lechery, Sal
haf als þe yvel of *meselry.* HAMP. 3000.

Myselrye, or lepre, lepra. PR. P. p. 339.

mesen, meesen v. sch. *mese*, *mais*, *meiss*,
moderari, temperare, continere, wohl mit gad-

hel. *meas*, pensare, von gadhel. *meas*, ae. *mes*, mensura; dies erscheint nach dem Vorkommen des Zeitwortes wie des Substantiv wahrscheinlicher als seine Herkunft von afr. *mesir* [in *amesir*, mitigare], gl. *mitire* zu lat. *mitis* [MURRAY *N. D.* v. *amesen*, STRATM.⁴ ed. *Bradley* v. *mesen*, *amesen*], deren Möglichkeit, nach Form und Bedeutung allerdings zuzugeben ist. s. *mes* s. mensura, und vgl. *amesen* v.

1. tr. **mässigen, beruhigen**: If ten trysty in toune be tan in þi werkkes, Wylt þou *mese* þy mode and menddyng abyde? ALLIT. P. 2, 764. To *mese* [to meke A.], complacare, mitigare. CATH. ANGL. p. 237. vgl. n. 2. Nowe may þer Jewes þare malise *meese*. YORK PL. p. 463. — *Mese* [imper.] youre hart, and mend youre mode. TOWN. M. p. 175.

vgl. sch. King Eolus set heich apoun his chare, With scepture in hand, thare mude to *meis* and still. G. DOUGLAS *Æneados* I. p. 14. ʒe *mesit* the wyndis. II. p. 42.

2. refl. **sich mässigen, zurückhalten, enthalten**: Nay, for swylke mys fro malice We may noʒt vs *messe*. YORK PL. p. 222.

meseplace s. messuagium s. *mese*.

meserable adj. mensurabilis s. *mesurable*.

mesil, mesille adj. leprosus s. *mesel*.

mesille s. serpedo s. *masel*.

meslade, meselade, malesade, malasade s. von afr. *mesler*, mlat. *misculare* [vgl. ae. *medlen*] mit der Endung -*ade*, sp. pg. it. -*ada*, lat. -*ata* abgeleitet, die dem volkstüml. afr. -*ee*, -*e*, nfr. -*ée* entspricht [vgl. ae. *medle* s.] und nicht selten zur Bezeichnung von Speisen u. dgl. gebraucht wird, also eig. = *mixtum, mixtura*. Es bezeichnet in den Kochbüchern eine Eierspeise, die in der That eine Art Mischung darstellt; Brotschnitte werden in der Pfanne, in Eier und Butter gewälzt, gebacken und dann mit Zucker bestreut aufgetragen. **in Eiern gebackene Brotschnitte, Eierschnitte, Eierkuchen.**

To euery good *meslade* take a þowsand [dd. *Douce Ms.* i. e. dozen] eyroun and mo. TWO COOK. B. p. 43. *Meselade*. Take eyroun, þe ʒolkys an þe whyte togedere, & draw hem þorw a straynoure; & þan take a litil botere, & caste in a fayre frying panne etc. p. 42. To euery *malesade* take the mowntayne of xij. eyren and mo. p. 84. *Malasade*. Take yolkes and white [of] eiren togidre, and drawe hem thorgh a streynoure etc. p. 83.

meson s. fr. *misaine*, sp. *mesana*, it. *mezzana* [auch niederl. *bezaan*, nhd. *besan*], das subst. fem. des adj. it. *mezzano*, sp. *mediano*, lat. *medianus* zu *medius*, neue. *mizzen*. mittleres Segel, bei den Franzosen zwischen Bugspriet und Hauptmast, bei den anderen Völkern zwischen Hauptmast und Hinterteil, **Besan, Besansegel**.

Meson, sayle of a shyppe. PALSGR.

mesonden, -dewe, -dieu s. valetudinarium s. *masondewe*.

mesplace s. messuagium s. *mese*.

mesprisen, misprisen v. afr. *mesprisier*, *mespriser*, estimer à vil prix, mépriser, dédaigner, nfr. *mépriser*, pr. *mesprezar*, -*sar*, *meynspresar*, -*prear*, sp. *menospreciar*, it. *mispregiare*, neue. *misprise*, -*prize*, geringschätzen, misachten [SHAKESP.]. Das Wort erscheint in dieser Form erst spät auf der Grenze des Neuengl.; s. *prisen* und vgl. *preisen, mispreisen*.

1. **geringschätzen, misachten**: I *mesprise*, I set naught by, je ne ay cure, or je mesprise, or je ne tiens compte. PALSGR. He that *mespriseth* his betters, it shalbe longe or he thrive, qui ne tient compte de ses superieurs, or qui mesprise ses superieurs etc. *ib*.

2. **geringschätzig, unachtsam, unbedacht handeln**: I requyre you, yf I haue *mesprysed* or mysdoon in dede or in worde ony ayenst you, that in the name of god ye pardonne me. CAXT. *Charles* p. 52. Yf in al thys book I haue *mesprysed* or spoken otherwyse than good langage, substancyally ful of good vnderstondyng to al makers & clerkes, I demaunde correxyon and amendement, and of the defaultes pardon. p. 251 [a. 1485]. Yf in eny poynt forsayd [I] haue myssaid or *mesprysed* etc. MELUSINE p. 79 [a. 1500].

But well I telle you, good kynge, that ye *mysprysed* sore whan my brother, the duk Benes of Aygremounte, vnder your saufconduyt, and in treyson, ye made thus shamfully deye. CAXT. *S. of Aym.* p. 59. Alas, how am I dyffamed! It is Charlemagn to whom I have iousted; I have *mysprysed* to sore for to have set hande vpon hym. p. 346-7.

message, mesage, messege und **massage, masege** s. afr. *message, mesage, messaige, mesaige*, Botschaft, Bote, nfr. *message*, Botschaft, pr. *messatge*, Botschaft, Bote, kat. *mitsatge*, sp. *mensage*, pg. *mensagem*, it. *messaggio*, Botschaft, Bote, mlat. *missaticum* n. Botschaft, *missaticus* m. Bote, subst. Adj. mit der vielgebrauchten Adjektivendung -*aticus* von afr. *mes*, Bote, it. *messo*, Bote, lat. *missus* p. p. zu *mittere*, sch. neue. *message*, Botschaft.

1. konkr. **Botschaft, Kunde, Nachricht, Auftrag, Anliegen**, mündl. u. schriftl. [mlat. *missaticum*]: Po þis batayle was ydo, to þe king com *message* Pat þe Scottes & þe Picars dude him gret outrage. R. OF GL. 3645 Wr. When his *message* til Austyn cam, His felawes alle wiþ hym þey nam [i. e. went], & byforn hem dide bere a croys Of seluer. R. OF BRUNNE *Story of Engl.* 15027. Messegers of Rome þey are, In peya þey come, so schul þey fare; Per *message* þat þei haue seyd, A lord þey haue, on þem hit leyd. 11543. Pe Mountfort out of lond was, whan þis was don; A *message* þei [sc. þe barons] him sent, þe Mountfort son home cam. LANGT. p. 216. Ete ne drink nauþer he walde, Til he his *message* [errand, erand, eronde *cett.*] had ham talde [vgl. *Gen.* 24, 33]. CURS. MUNDI 3329 FAIRF. Wel worþ suche a messager To sende a *message* [a nerrand i. e. an errand COTT.] for to ber. 3333 FAIRF. GÖTT. TRIN. He tok an honde þis *message*. ALIS. 3125. Bi þi *message*, man, þat þou to me sentest, Whan we sihen þi sonde wiþ þi sel prented, We kenden þi couaitise. ALEX. A. DINDIM. 255. Bot þar was nane þat was made þe *message* to

fannge. WARS OF ALEX. 1257 Dubl. Þe passage
in aithire part sall playn be & open, Þe comers
out of aithire coate to caire vndistrobbed, With
message & marchandise & al manire of nedis.
3415 *Ashm.* ähnl. *Dubl.* Siþ þe prest generaly
is a messager of god, he mot schewe his *message*,
þat is þe gospel, in whiche is perfitly teld goddis
wille. WYCL. *W. hith. unpr.* p. 58. This is
forsothe a day of good *message*. 4 KINGS 7, 9
Oxf. The *message* Suche as the kinge him had
bede. GOWER I. 321. Feignend an hevenly *mes-*
sage They cam, and saide unto her thus: Pauline, the god Anubus Hath sent us bothe prestes
here, And saith he wol to the appere [angebl.
Götterbotschaft]. I. 70. Go telle hym þis *mes-*
sage fro me. YORK PL. p. 306. Well gretith sir
Mordoure the: Glad is he of thy *message*. BEUES
M. 136 Kölb. They meekly tolde theffect of
ther *message*. LYDG. *Edm. a. Frem.* III. 441
Horstm. p. 421 N. F. A *message*, nuncium.
CATH. ANGL. p. 237. *Message*, message PALSGR.
[a. 1534]. Know wel thy *message*, before thou
passe out. BAB. B. p. 348 [a. 1557]. After humble
obeisaunce the *message* forth shewe. *ib.* Ac for
þow bringest fro hire *mesage*, I schel þe jeue to
þe wage A mantel whit so melk. BEUES 1155
Kölb. *i Mil.* Is þis thy *message? Preco.* Ȝa, sir.
YORK PL. p. 325.

Oþir lettrus he [sc. Dindimus] let of hur lit
write, & agyn to þe gome goodliche he sente.
As cof as hit come was þere þe king dwelde,
In þis manere dide þe man þe *massage* arede.
ALEX. A. DINDIM. 245. [They ..] benyngnely,
ther *massage* to abregge, Aforn declaryd his
ffadrys benysoun. LYDG. *Edm. a. Frem.* III.
442 Horstm. p. 421 N. F. Whan Tydeus hadde
his *massage* saide, Lik to the charge that was
on hym laide, As he that list no lenger ther so-
journe, Fro the kyng he gan his face tourne.
Thebes 1065. cf. 1327. *Massage*, nuncium, legatum, legacio. PR. P. p. 327. cf. Bode, or *mas-*
sage, nuncium. p. 41. Ernde, or *massage*, ne-
gocium, nuncium. p. 141.

2. abstr. Botschaft, Gesandtschaft,
als Verrichtung, Thätigkeit des Boten, oft in
naher Beziehung mit der urspr. konkreten Bedeutung des Wortes und nicht immer streng
von derselben zu scheiden [mlat. *missaticum* für
missio]: Sire .. ore louerd þe king in *message*
us hidere sende; Fram him out of Normandie ane
heste we habbes ibrouȝt. ST. THOM. OF CAUNT.
1984 Horstm. p. 163. vgl. BEK. 2018 *Spr.* A
monek he sende him in *message*, & dude as þe
aley, Þat lond þat him was iȝiue þat he ssolde
him vpȝelde. R. OF GL. 7305 Wr. We ben sett
in legacie, or *message* [legatione fungimur *Vulg.*],
for Crist. WYCL. 2 COR. 5, 20 Oxf. Som men
wold seyn, how that the child Maurice Doth this
message vnto this emperour; But, as I gesse,
Alla was nat so nyce etc. CH. C. T. III. B. 1086
Skeat Cl. Pr. But he that goth for gold or for
richesse On swich *message*, calle him what thee
list. *Tr. a. Cr.* 3,400 Skeat [in *Compl. W.* II.
256]. The chylde þoght, for þe maydyns sake
A *message* that he wolde make, And to the
sowdon fare. OCTAV. *Cambr.* 1195 Sarr. [ähnl.

Linc. 1167]. Thou shalte a *message* wend.
BEUES *M.* 92 Kölb. Þare was nane þat was glad
that *message* to gange, Bot ilka lathire & othire
to leue þaire frynde. WARS OF ALEX. 1257
Ashm. vgl. *Message* that an imbassadoure is
charged with, legation, ambassade. PALSGR.
[a. 1534]. How to order thy selfe being sente
of *message*. BAB. B. p. 348 [a. 1557]. If of *mes-*
sage forthe thou be sente, Take hede to the same,
geue eare diligente. *ib.* vgl. auch sch. The kyng
of Frawns yhit eftyr þai Send til þis Edward in
message may [i. e. ma, more]. — Hii sende hor
maundement Þat hii were fram Rome ycome in
hey *messages* ywis, Þat to gret ioye ssolde turne
to him & to alle his [v. Glaubensbotschaft]. R.
OF GL. 4746 Wr. Þe loȝeste [sc. stage of uolke
in heuene] byeþ ase sergons, and þo þet byeþ
ine office, and habbeþ þe mestyeres, and doþ þe
offices and *messages* ase me ham zayþ. AYENB.
p. 122. Þei [sc. þe prechours] medleth with *mes-*
sages & mariages of grete. P. PL. *Crede* 358 Skeat.

Rakyl of tounge, or moche which doth
muse To gete gifftys, what tyme he is sent on
thy *massage*, hym vttirly reffuse. LYDG. *Secr.*
2353 ed. Steele, Lond. 1894. It rolle in thyn
countable mynde That hihe estat, ne greet offi-
ceer On thy *massage* thou vse for to sende. 2361.
Massage, nuncium, legatum, legacio. PR. P.
p. 327. My lord, I am your servant sensvalite,
Your *massege* to don I am of glad chyr. DIGBY
MYST. p. 69.

3. Bote [mlat. *missaticus*]: Þre þousand
pounde Malcolme sent tille Gospatrik tresorie
.. Litelle wend William of his trecherie, A *mes-*
sage tille him nam [i. e. neue. *went*] vnto Normundie, Teld William eueridele of Malcolme
robberie. LANGT. p. 78. Noon other *message*
wolde they [sc. þe chapmen] thider sende, But
comen hemself to Rome. CH. *C. T.* III. 144
Skeat Cl. Pr. Ye knowen euerichon, How that
my sone in point is for to lete The holy lawes
of oure Alkaron, Yeuen by goddes *message*,
Makomete [Muhamed, als Gottes Bote aufge-
fasst]. B. 330. vgl. *Note.* — Til two or three of
his *messages* yeden For Pandarus, and soughten
him ful faste, Til they him founde, and broughte
him at the laste. *Tr. a. Cr.* 2, 936 Skeat [in
Compl. W. II. 218].

auch von einem Tiere: Þenne wafte he
[sc. Noe] vpon [i. e. neue. *open*] his wyndowe,
& wysed þeroute A *message* fro þat meyney hem
moldez to seche; Þat was þe rauen so ronk [vom
Raben des Noah]. ALLIT. P. 2, 453.

messagerie s. afr. *messagerie*, *messaigerie*,
nfr. *messagerie*, pr. *messatgaria*, *messatjaria*,
mlat. *messajaria*, *mesagaria* [l. officium mes-
sagerii, seu nuncii et cursoris publici. 2. legatio
D. C.], sch. *messingerie*, the office of a mes-
senger-at-arms, neue. veraltet *messagery.* vgl.
messagier s. Botendienst bei Liebeshändeln,
Liebesbotschaft.

I saw Beautee, withouten any atyr, And
Youthe, ful of Game and Iolyte, Foolhardinesse,
Flatery and Desyr, *Messagerye* and Mede, and
other three [personif.]. CH. *M. P.* 5, 525 Skeat
[in *Compl. W.* I. 343].

messagier, messager, messeger, messanger, messenger, messinger und massager, masager, masseger, massager, massenger, masenger etc. s. afr. messagier, -aigier, mesagier, -aigier, nfr. messager, pr. messatgier, asp. messagero, nsp. mensagero, pg. mensageiro, it. messaggiere, -ero, mlat. messagarius, -erius, messegarius, -erius, nuncius, serviens, magistratuum serviens, cursor publicus, tabellarius [D. C.], von afr. message etc. mit dem Suffix afr. -ier, -er, lat. -arius gebildet, sch. messinger [BARB.], neue. veraltet messager, jetzt messenger. vgl. message s.

1. Bote, Gesandter, auch von Menschen als Boten Gottes, Glaubensboten und von Engeln: Bene wyþoute deuocion is messagier wyþoute lettres and wyþoute knawlechinge. AYENB. p. 211. — Zome messagyers sleþþe ssel lete in, þet some þinges moȝe telle þet me may awaki myde. p. 264.

Heie monnes messager me schal heiliche underuongen, & makien him glede chere. ANCR. R. p. 190. Þes messager þet ich telle ou of, hwat telleð he ou? ib. „Ich am þe scheadewe,“ seið þis messager, þet is, worldes pine. ib. Lo! þus spekeð Godes messager. p. 192. After heom he [sc. þe king] sende, Þat heo bilefde heore folie, and aȝenward to him wende. Ake þis messager ne miȝte nouȝt ouertake heom for none ginne. ST. THOM. CAUNT. 1925. cf. BEK. 1959 Spr. Ar þe messager come, hii were in þe se. R. OF GL. 9765 Wr. Ofserue it wel aȝen god, and lef me, is messager [St. Cuthbert, der Alfred im Traume erscheint]. 5356. King Harald sat glad ynou at Euerwik atte mete, So þat þer com a messager, ar he adde iȝete, & sede þat duc Willam to Hastinges was icome. 7396. Þe messager to þe pope com, & seyde þat oure kyng [sc. Edward I.] was ded; ys oune hond þe lettre he nom etc. BÖDD. Altengl. Dicht. p. 141. Sa wel worth suilk a messager To send an errand [a nerrand Ms.] for to ber. CURS. MUNDI 3333 COTT. FAIRF. GÖTT. Þen wiste þai bi þis messager, Abraham was ham sibbe ful nere. 3327 FAIRF. GÖTT. cf. 3965. 20177. The angel Gabryel com adoun Ine stede of messager. SHOREH. p. 119 Spr. Þe messager þet none lettres ne brengþ, oþer þet ne is naȝt wel yknawe, ne comþ naȝt liȝtliche touore þe kinge. AYENB. p. 211. Huo þet zuych messager zent to cort, eule ha deþ his niedes. ib. Bi þat was a messager come after þis men. JOSEPH 324. cf. 403. Bote hit beo marchaund oþur his men, or messager with lettres. P. PL. Text A. pass. IV. 115. The messager doþ na more bote [with] hus mouth telleþ Hus [erande], and hus lettere sheweþ. C. XIV. 40. Though þe messager make hus wey amydde þe whete, Wole no wys man wroth be, ne hus wed take. 43. This is cristes messager, And comeþ fro þe grete god; grace is hus name. XXII. 207. An aungel is a messager. WYCL. W. hith. unpr. p. 58. Panne siþ þe prest generaly is a messager of god, he mot achewe his message, þat is þe gospel, in whiche is perfitly teld goddis wille. ib. Forsothe ther cam a messager to Salomon [ähnl. Purv.].

3 KINGS 2, 28 Oxf. This constable doth forth come a messager, And wroot vnto his king. CH. C. T. III. B. 724 Skeat Cl. Pr. cf. 729. 785. She was of this messager ful fayn. 787. My sone in point is for to lete The holy lawes of oure Alkaron, Yeuen by goddes message [messager v. l.] Makomete [v. Muhamed als Gottes Bote, Prophet]. B. 331. Anon ther ȝede a messager to that goode knight, And tolde him altogidere how Gamelyn was dight. GAMELYN 729 Skeat. There came rydynge a messager vpon a horse fauell. CAXT. S. of Aym. p. 33. Þe messagyr zayþ: „Ich am loue of lyue eurelestynde.“ AYENB. p. 266. Þe messager him þankede ȝerne; Hom aȝen he gan him terne To Hamtoun. BEUES 157 Kölb. Þe messager is wei haþ holde, Al a seide, ase þe him tolde, To þemperur. 292. He þouȝte wiþ is longe knif Bereue þat messageres [gen.] lif. 3099. cf. King Ermin seide in is sawe, þat ner no messager is lawe, To ride vpon an heui stede, Þat swiftli scholde don is nede [vielleicht ist messageris oder messageres zu lesen]. 1251.

Sleþþe zayþ to þe messagere: „Guo in, and huo þou art, and huannes þou comst, and huet þou hest yzoȝe, zay ous.“ AYENB. p. 266. Þan wist þai bi þis messagere, Abraham was þam sib ful nere. CURS. MUNDI 3327 COTT. Es þu mi sunes messagere Þat bringes me þir tiþandes here? 20177 GÖTT. [an einen Engel gerichtet]. I mai noȝt lange lenge here; For I was sende as messagere. 20199 FAIRF. GÖTT. ȝif ony straunge messagre come there to a lord, men maken him to ete but ones a day, and that fulle litille. MAUND. p. 251.

His messagers into Engelonde he [sc. þe pope] sende wit þis tiþingue. ST. KENELM 271 Horstm. p. 353. Anon huy senden heore messagers to him to Salesburi. ST. EDM. CONF. 418 [p. 443]. Þe messagers come, And seiden heore erinde hou it was. 439. He let sende is messagers into al Grece wide. R. OF GL. 292 Wr. Þe maister of þe messagers, Imberd was is name, He bende is bowe, & sshet anon to Corineus to gronde. 371. He [sc. Augustus] sende aboute is messagers .. To ech lond in al þe world a certein vor to wite Hou mony asire were in ech lond etc. 1388. Þe emperour of Rome to him in gode loue iwis Obligede bi his messagers alle þing þat was his. 6770. Messagers to Denemarch sone isend were. 6834. Wiþ þis þai [sc. þe maistres of þe lagh] sende þaire messagers Of þe wisest atte þai fande, To bring fra Iohn certayn tiþande. CURS. M. FAIRF. 12783 FAIRF. Þe messagers þat sua was sent, Til þe wildernes þai went. 12786 COTT. He sent messagers of nobleye .. Into Champayne, into Rome, And to al that weore at his dome. ALIS. 2601-6. Sone were þe messagers made mildli at ase. WILL. 1465. The messagers ben forth iwent To don heor lordes comaundement. KYNG OF TARS 34. Munstrals and messagers metten with him ones. P. PL. Text A. pass. II. 203. cf. C. III. 237. Godes mynstrales and hus messagers, and hus murye bordiours; The whiche arn lunatik lollares and leperes aboute. C. X. 136. The mes-

sagers aren þe mendinans, þat lyueþ by menne almesse. XIV. 79. Al þyn *messagers* þay han aslawe, saue me þat am ascaped. FERUMBR. 1634. He [sc. Charlemagne] sent his *messagers* in all his londes & countres, for to wyte yf he myghte vnderstonde ony tydynges where Reynawd & his bredern were become. CAXT. *S. of Aym.* p. 446.

Wit þis þai [sc. þe maistris o þe lagh] sent þair *messageres* O þe wisest þat þai fand, To bring fro Iohn certan tiþand. CURS. MUNDI 2783 COTT. Þe gode emperour of Grece .. Whas *messageres* we be mad to munge jou his wille, sendes you to seie he has a sone dere. WILL. 1440. Sche [sc. Raab] often tyme refresched, and fed the *messageres* of Israel [vgl. *Josh.* 2, 1 sq.]. MAUND. p. 98. Ac mynst[r]alles and *messageres* mette with hym ones. P. PL. *Text B.* pass. II. 227. Wid þis þai [sc. þe maistris of þe lau] sent þair *messageris* Of þe wiseat þat þai fand, To bring fra Ihon certain tiþand. CURS. MUNDI 12783 GÖTT. Þe *messageris* þat sua was send, To þe wildrenes þai wend. 12786. Meliora to þe *messageris* þan made gret ioye. WILL. 1382. The *messageris* [messangeris *Oxf.*] turneden ajen to Jacob. WYCL. GEN. 32, 6 Purv.

Are þe *messeger* were to heom icome, huy weren fer in þe se. ST. THOM. OF CAUNT. 2236 Horstm. p. 170. Er tu mi sun *messeger* Þat bringes me þir bodes her? CURS. MUNDI 20177 COTT. [an einen Engel gerichtet]. — Twelue *messegers* til hym [sc. Arthur] were sent Ffro þe Emperour of Rome. R. OF BRUNNE *Story of Engl.* 11442. Þe *messegers* schul haue non ylle! 11542. *Messegers* of Rome þey are, In pes þey come, so schul þey fare. 11545.

Richard and Phelyp in Arsour lay; A *messanger* thenne com to say That the Saresynes wolde abyde, And in batayle to hem ryde. RICH. C. DE L. 5157. The *messanger* sayde, by his say, That it scholde be the sevenethe day. 5167. Þe *messanger* made anon asking Whi he [sc. Merlin] made swiche leijeing. ARTH. A. MERL. 1301 Kölb. A *messanger* þer com þo To sir Amiloun on hond, & seyd hou deþ hadde fet him fro his fader & his moder. AMIS A. AMIL. 217 Kölb. As *messanger* [mensanger A.] mi lord mi sent. 1769. A *messanger* [messager *Oxf.*] cam to Saul. WYCL. 1 KINGS 23, 27 Purv. He maketh the *messanger* no chere. GOWER I. 193. vgl. *messanger* R. OF GL. *s.* 5356 Wr. My *messanger*, at my commaundement come heder to me. DIGBY MYST. p. 3. Thu hastbe my seruaunt and *messanger* many a day, But thu were neuer provid in bataile nor in fight. p. 7. *Messanger*, messagier. PALSGR. vgl. A *messanger*, nuncius. MAN. VOC.

„Yis, certes,“ quod the *messangere*, „He wole do so, by Seynt Rychere.“ RICH. C. DE L. 6291. Shryfte, þu art Goddes *messangere*. R. OF BRUNNE *Handl. S.* 12083. Þenne wisten þei *bi* þis *messangere*, Abraham was sib him ful nere, CURS. MUNDI 3327 TRIN. Wel be suche *messangere* His message forþ to bere. *ib.* 3333. cf. *ib.* 3965. 20177. 20200. Þan com a *messangere*

goynge To Jerusalem, and broîte tydynge How þe soudan gan don brynge The emperour. OCTOU. 1567 Sarr. For þat was þat tym *messangere* [gen.] lawe A brawnche of olyue for to schewe, and it in hand to bere. OCTAV. *Linc.* 1173 Sarr. [cf. A. SCHULTZ *Höf. Leb.*² II. 320]. At þe haulle dore he reyngened his stede, And one fote in he jede, *Messangere* als he were. 1182. Þou melis nojt as a minister, a *messangere* bowis. WARS OF ALEX. 2911 Ashm. Be þat mevis in a *messangere*, & maynly him tellis Þat Alexander was at hand. 1951. Whanne the message was herd [sche herde *bi* the *messangere* I.] that the arke of God was takun. WYCL. 1 KINGS 4, 19 Purv. Meene, *Messangyre*, massegere, internuncius. PR. P. p. 332. That *messongere*, the angele Gabriel, Wol kepe hem to the ful welle. FREEMAS. 683.

Messangers he chees Tristrem for to frain, Pat fre. TRISTR. 2427 Kölb. Þe *messangers* were abobbed þo, Þai nisten what þai miȝten do. ARTH. A. MERL. 1959 Kölb. *Messangers* com fro the Sawdan, And grette Richard in fayr manere. RICH. C. DE L. 5440. *Messangers* betwen gan ryde To Phelyp and Kyng Richard. 5578. Messangers ful manly þemperour þanne sente. WILL. 1330. The *messangers* beþ forþ ywent To do þe soudans commandement. OCTOU. 1321 Sarr. For þe ordynance þane was so, *Messangers* solde sauely come and go, And no man solde þame dere. OCTAV. *Linc.* 1177 Sarr. *Messangers* of Alexandria prayde þe Romayns þat they wolde take þe warde of þe childe and defende þe kyngdome of Egipt. TREVISA IV. 75. I haue *messangers* with me .. Bodword for to bryng. DESTR. OF TROY 6260. Þan was þa *messangers* amaied. WARS OF ALEX. 1814 Ashm. *Messangers* .. Cryed thorow all the lond In many a rych cyte, Yf any man durst proue hys myjt, In trewe quarell for to fyjt, Avaunsed schuld he bee! ERL OF TOLOUS 913 Lüdtke. vgl. *messangers* R. OF GL. *y.* 1057. 7524. P. PL. *A.* II. 203 *v.l. C.* XIV. 79 *v.l.* Þan merualid þam þe *messangirs* mekill of his speche. WARS OF ALEX. 897 Ashm. cf. 905.

The *messangeres* wente in on hy, And sayden to the amyrayle That Kyng Richard .. Wolde meete hym in the feelde. RICH. C. DE L. 5244. Ther com other *messangeres*, That told Kyng Richard stout and fers, That Jhon hys brothir wolde bere Corowne at Estre. 6299. Þe *messangeres* ful manly to Meliors þanne spedde. WILL. 1333. Whan that *messangeres* of straunge contrees comen before him, the meynee of the Soudan, whan the straungeres speken to hym, thei ben aboute the Souldan with swerdes drawen etc. MAUND. p. 40. Wiþ þis þei sent her *messangeres* Of þe wisest þat þei fond, To bringe from Ion certeyn tiþond. CURS. MUNDI 12783 TRIN. Þe *messangeres* þus isende To þat wilderness þei wende. 12786. Þare comex two *messangeres* of tha fere marchez, Ffra þe marschalle of Fraunce. MORTE ARTH. 1232. He sente forsothe *messangeris* biforn hym to Esau, his brother into the loond of Seyr [ähnl. Purv.]. WYCL. GEN. 32, 3 Oxf. And the *mes-*

sangeris [messageris *Purv.*] ben comun aȝen to Jacob. 32, 6 Oxf. vgl. *messangeris* P. PL. *A.* IV. 115 *v. l. messangerys* ERL OF TOLOUS 913 *v. l.*

Now seygh the Sarezynes ȝlkone That they schulde to deth gone. A *messenger* anon they sente; To Kyng Richard forth he wente. RICH. C. DE L. 5231. *Messenger*, i wolde the frayne, Wheþer he es knyghte or swayne, That es so mekille of myghte. OCTAV. *Linc.* 1212 Sarr. I am comyne . . *Messenger* to þis myx. MORTE ARTH. 987 sq. The *messenger* away thenne wente, And tolde his lorde, as she had sent. BEUES *M.* 233 Kölb. For hyme [sc. Torrent] fyrst he here gafe To the *messenger.* TORRENT 771. At last came to hym a *messenger*, that recounted to hym howe he had founde them in the forest of Ardeyne. CAXT. *S. of Aym.* p. 67. Of þe kyng & his consaile þei sent a *messengere.* LANGT. p. 214. Pan spak Reyner, Edmunde sonne, for he was *messengere*: „Athelstan, my lord þe gretes, Charles, þat has no pere." p. 30. How þe [i. o. þei] granted þer tille, þei tald bi a *messengere.* p. 254. A *messengere* to the hal com, And seide her lord was com hom. AMIS A. AMIL. 2455 Kölb. At þe halle dore he reynyd hys stede, An on hys fete yn he yede, A *messengere* as he were. OCTAV. *Cambr.* 1210 Sarr. *Messengere*, y wolde þe frayne, Whedur he be knyght or swayne, That ys so moche of myght. 1240. Misdoo no *messengere* for menske of þi selvyne, Sen we are in thy manrede, and mercy þe besekes. MORTE ARTH. 126. On þo morne cum a *messengere* Fro þo sawdyn with store chere. GOWTH. 454 Breul.

Messengers he sent þorghout Inglond Unto þe Inglis kynges, þat had it in þer hond. LANGT. p. 2. Edmunde sent his *messengers*, of þes þam bisouht, Inguar sent bode ageyn þat pes wild he nouht. p. 22. Befor þe *messengers* was þe maiden brouht. p. 30. Anlaf sent *messengers* vnto Athelstan, & bad him ȝeld þe lond. p. 31. Edward *messengers* vnto þat mayden sent, To wite of hir maners, to se hir body gent. p. 253. Edward sendis his sond, to France *messengers*, Frere Hugh of Malmcestre was a Jacobyn, & William of Gaynesburgh was a Cordelyn. p.258. For the ordynaunce was so, *Messengerys* schulde sauely come and go, And no man do them dere. OCTAV. *Cambr.* 1204 Sarr. Hyt was of *messengerys* the lawe, A braunche of olefe for to haue, And in ther honde to bere. 1201. The aungelle welcomyd the *messengerys.* ROB. OF SIC. in NUG. POET. p. 52. The *messengerys* went with the kynge to grete Rome. *ib.* p. 57. *Messengyres* went the weye, To the kyng of Provyns to sey, Hys sone yȝ owt of hold. TORRENT 396 Adam. A false lettyr mad the kyng, And dyd *messengyris* forthe yt bryng. 474.

Ffro Priam full prist put am I hider, As a *messynger* made at þis mene tyme. DESTR. OF TROY 1796. Be þat mefys in a *messynger*, & manyly hym tellys Pat Alexander was at hand. WARS OF ALEX. 1951 Dubl. A *messynger* come apon a dey. GOWTH. 379 Breul. Po *messynger* ageyn hym spedde To þo sadyn. 396. On þo morne come a *messynger*, And seyd to þo emperour:

„Now is wer etc." 544. Ipomadon hathe sent his sonde To lovers that leve in londe, His *messyngere* [mensyngere *Ms.*] makythe he me [i. e. den Dichter, Spielmann]. IPOM. *A.* 8878 Kölb. Allmyȝty gode had send hym to A *messyngere* from heuene an hyȝe. ST. EDITHA 2441. The *messingere* toke the gate. TORRENT 1241 Adam. The *messingere* to water yode: Alas, the wynde was to good! In to Allmayn is he brought. BEUES *M.* 113 Kölb. A syre, þat Sicistreus was seget to name, A mery man, a *messyngere* .. was ioyed To se þe cite be so sone shendit to brandes. WARS OF ALEX. 2234 Dubl. vgl. *messingere* P. PL. *Text A.* pass. IV. 115 *v. l.* A *messyngere*, angelus, angelicus, baiulus, emissarius, internuncius, missus, nuncius, nunciolus, legatus. CATH. ANGL. p. 237. — Than mervalett þes *messyngers* mykyll of hys speche. WARS OF ALEX. 897 Dubl. vgl. *messingere* R. OF GL. *B.* 1057. 3049 Wr. Send youre *messingeris* ffar and wyde. TORRENT 1473 Adam.

To make þe *massager* myn erande wel to spede. WILL. 4156. vgl. *massager* P. PL. *Text C.* pass. XIV. 79 *v. l.* Massangere [*massager* K.], nuncius, legatus, veredarius. PR. P. p. 328. Art þou my sones *massagere*, That bryngest me þis bodes here? ASSUMPC. B. M. 125 [cf. CURS. M. 20177]. Ffor a *massageer*, as philisoffres recoord, Is the eye and tounge of his loord. LYDG. *Secr.* 2344. What a kynges *massageer* oughte to bee. *ib.* p. 74. Pat leuedi fer To consaile clepede hir *masager.* BEUES 71 Kölb. Panne answerde þe *masager* — False a was, þat pautener, And wel prut — „Dame, boute ich do þe nede etc." 79. cf. 106, 109, 112 u. ö. — Pei [sc. wordly prelatis] taken on hem principal assoilynge of synnes, & maken þe peple to bileue so; whanne þei haue only assoilynge as vikeris or *massageris* to witnesse to þe peple þat god assoiliþ for contricion. WYCL. *W. hith. unpr.* p. 106. [Hys brother-in-lawe ..] His counsail took, his *massagerys* hath sent To secke Fremund. LYDG. *Edm. a. Frem.* 3, 425 Horstm. N. F. p. 421. Too and twenty *massageris* notable Off preuyd men, men off discrecioun. 3, 428. Enforce thy corage Ffor to haue swyfft *massageerys*, Wys, redy, expert in language. LYDG. *Secr.* 2340.

Meene, messangyre, *massegere*, internuncius. PR. P. p. 332. *Maseger*, do me surte, Pat þow nelt nouȝt discure me To no wiȝt. BEUES 73 Kölb. *Maseger*, be ȝep and anel. 88. For hit nas neuer a cherles dede To ȝeue a *maseger* swiche a wede! 1173. — We be made *massegeres* to munge ȝou þis nedes. WILL. 4251. Ȝif ȝe ner *masegers*, Ich wolde ȝow sle, losengers! BEUES 689 Kölb.

Massangere [massager K.], nuncius, legatus, veredarius. PR. P. p. 328.

A *massenger* sche sente well ryȝt To Florentyn. OCTOU. 1219 Sarr. Agayn the *massenger* spedde. GOWTH. *B.* 396 Breul. My *massenger* I woll send into ferre cuntre. DIGBY MYST. p. 59. But, *masenger*, reseyve thys letter wyth. p. 62. Here comyt þe emprores *masenger* to Pylat. p. 63. Be Abacuk, þi *masengyr*, relevyd with sustenovns. p. 114.

Massingere. REL. ANT. II. 109. Than in
on morow come a *masynger.* GOWTH. B. 379
Breul.

Wie das Wort in der Allegorie mit Bezug
auf personifizierte Abstrakta verschiedener Art
verwendet wird, so erscheint es bildlich gebraucht auch vom Auge: The eye is a good
messangere, Which can to the herte in such manere Tidyngis sende that he has sene To voide
hym of his peynes clere. CH. R. of R. 2919.

von männlichen Tieren: Forþi a *messager* [*messangere* TRIN.] he [sc. Satan] send,
Wit quam best to spede he wend [von der
Schlange, *neddre,* der männl. Geschl. beigelegt
wird]. CURS. MUNDI 735 COTT. FAIRF. GÖTT.
Forþi men sais on messager þat lengs lang to
bring answare, He mai be cald, with right resun, An of *messagers* corbun [of *messagers* cor-
boun FAIRF. of the rauyns *messagere* GÖTT. of
þe rauenenes *messangere* TRIN. vom Raben des
Noah]. 1889 COTT. vgl. 3332.

Nicht gerade selten findet sich das Wort
von weiblichen Personen, bezeichnet also
auch Botin: Þat maide was cleped Elene,
Gentill, briȝt and schene, A lady [gen.] *messenger.* LIB. DESC. 121 Kaluza. Elene, þe *messengere,* Semeþ but a lavendere Of her norserie.
958. A maide, þat is her *messengere,* And a
dwerȝ brouȝt me her. 1747. Þis *messyngere* was
þat mayde seynt Ede. ST. EDITHA 2443 Horstm.
cf. 2441. vgl. Most faithful *messenger* of my
commandements, O, Thou, Rainebow, to the
sluggish house of slumber swiftly go, And bid
him send a dreame .. Dame Iris takes her pall
etc. GOLDING Ovid fol. 139 [in Notes zu CH.
Compl. W. I. 466 Skeat]; dagegen behandelt
Chaucer an der betr. Stelle *messagere* [i. e. Iris]
als eine männliche Person: Iuno, right anon,
Called thus her *messagere* To do her erande,
And he com nere. CH. B. of Duch. 131 [in
Compl. W. I. 281 Skeat]. cf. 153.

2. Vorbote, Vorläufer, oft in bildl.
oder allegor. Darstellung, so von Almosen als
Quartiermacher, Besorger einer Herberge im
Himmelreiche: H[u]anne a riche man ssel come
to ane toune, oþer to ane cite, he sent his *messagyers* beuore uor to nime guod in [L e. lodging, neue. *inn*], oþer oþerisker he miȝte wel
fayly guod in uorto habbe. AYENB. p. 195 [vgl.
das Flgde].

bildl. von den Propheten und Joh. dem
Täufer als den Vorläufern, Vorausver-
kündigern Christi: I to dai fourtenniht tald,
Hou sain Ion bodword broht bald. He was ryt
Cristes *messager.* METR. HOMIL. p. 44. Als *messenger* withouten mys Am I called to this company, To witnesse that goddis sone is þis [sc.
Crist]. YORK PL. p. 188-9 [Elias spricht]. Al
lorde, I loue þe inwardly, That me wolde make
þi *messengere* [thi *messyngere* TOWN. M.], Thy
comyng in erth for to crye, And teche þi faith
to folke in feere. YORK PL. p. 393 [Joh. Bapt.
spricht]. — He [sc. Iesu Crist], ase noble wow-
are, efter monie *messagers* & feole goddeden,
com uorto preouen his luue, & scheawede þuruh
knihtschipe þet he was luuewurðe [luue-wurde

ed.]. ANCR. R. p. 390 [vgl. *sondesmen, sonden*
p. 388].

allegor. und bildl. von den Vorboten,
Vorzeichen des Todes: Þus þe *messagyer* of
dyaþe aeseþ inguoynge .. þus he begynþ: „I
am drede and beþenchinge of dyaþe, and dyaþ
comynde [comyde Ms.] ich do you to wytene."
AYENB. p. 264. cf. Ryȝt sayþ: „Doþ out þane
uerste *messagyer* etc." p. 269. And syn that shee
[sc. deeth] shal of vs make an ende, Holsum is,
hir haue oft in remembrance, Or shee hir *messager* seeknesse vs sende. HOCCL. I. 120 Furniv. Is it nat good to make a purueance Ageyn
the comynge of þat *messageer* [: cleer]. *ib.* Bot
I rede a man he amend hym here, Or þe dede
come, or his *messangere* [mensagere Ms.]. HAMP.
2020. His *messangere* may be called sekenes.
2024.

bildl. auch vom April als Vorboten,
Vorläufer des Mai: He [sc. our hoste] wiste
it was the eightetethe day Of April, that is the
messager to May. CH. C. T. II. B. 5 Skeat Cl. Pr.

von der weiblich gedachten Lerche als
Vorbotin des neuen Tages: The busy larke,
messager of daye, Salueth in hire song the
morwe graye. CH. C. T. I. B. 633 Morris Cl. Pr.

3. Bote als Aufpasser, Späher: Now
in this mean tyme had Ipomedon a *messanger,*
that hight Egeon, the which he left all way in
Calabre, to herken tithandes prively all way of
his ladie, & to bring hym worde. And this
Egeon, when he wist of this tournement, sped
him to Ipomedon in all the hast etc. IPOM. C.
p. 334, 19 Kölb. cf. oben *messagers* R. OF GL.
371 Wr. CAXT. S. of Aym. p. 446.

ähnlich, doch unter etwas anderen Verhält-
nissen, dient das Wort einmal dasu, den zu-
rückgelassenen Vertreter eines Königs zu bezeichnen, bedeutet also etwa Aufseher, Vogt:
Now kastis þis conquirour [sc. Alexander] to
caire fra þe cite, And mas to bide in þe burȝe a
berne of his awyn, A *messagere* [*messynger*
Dubl.] to myn on quat men of him said, Ane
Ardromacius. WARS OF ALEX. 1688 Ashm. vgl.
A *messyngere,* baiulus, emissarius etc. CATH.
ANGL. p. 237. verwandt ist auch die Verwendung des Wortes neben *viker* in einer oben bereits angeführten Stelle, in welcher bei der Absolution der hohe Geistliche als Gottes Bote
und Vertreter bezeichnet wird: For þei [sc.
worldly prelatis] taken on hem principal assoilynge of synnes, & maken þe peple to bileue so;
whanne thei haue only assoilynge as vikeris or
messageris to witnesse to þe peple þat god assoiliþ for contricion. WYCL. W. hith. unpr.
p. 106.

messalle s. missale s. *messel.*

messare s. mlat. *messarius, misarius* [für
admissarius, emissarius sc. equus], *missarius*
[*missaria,* officium *missarii* seu nuncii D. C,
auch in *admissarius* und den auch der Bedeutung nach zum Teil näher stehenden *commissa-
rius, emissarius*; vgl. A *messyngere, emissarius*
CATH. ANGL. p. 237], lat. *missarius* [in *admissarius, emissarius*]. Gutbeglaubigte Variante zu

messanger, die schwerlich auf blossem Versehen beruht. Gesandter.

And for he bygan to regne whan he was fyve ʒere olde, messangers [*messares* β. γ. CX.] of Alexandria [legati Alexadrini *Higd.*] prayde þe Romayns þat þey wolde take þe warde of þe childe and defende þe kyngdome of Egipt. TRE-VISA IV. 75.

messe, mes, masse, mas s. ags. *mǽsse* pl. *mǽssan*, altnorthumbr. *mǽssa, messsa, meassse, messe*, ahd. alts. afries. *missa*, mhd. *misse*, nie-derl. *misse, mis* und ahd. *mǽssa*, mhd. *mǽsse, mǣss*, altn. schw. *messa*, dän. *messe*, sch. *mess* [in *mess-breid, mess-sayer, Marymess*], früh neue. *masse*, jetzt *mass* nebst dem roman. afr. *messe* [auch *mese, missae, mise*] nfr. *messe*, pr. *messa*, kat. pg. *missa*, sp. *misa*, it. *messa, missa*, mlat. *missa* [1. pro missione vel dimissione. 2. incru-entum Christianorum sacrificium, in quo Christi corpus conficitur D. C.] aus kirchl. lat. *missa* [für *missio*], Entlassung einer gottesdienstl. Versammlung, Abendmahlshandlung, Fest, zu *missus* p. p. von *mittere*. Das Wort bildete sich aus der Aufforderung, sich zu entfernen [ite, *missa* est sc. concio], welche in der alten Kirche der Diakon nach der Predigt an die noch nicht an der Abendmahlsfeier teilnehmenden Kate-chumenen richtete, und wurde dann auf die nun unmittelbar folgende Abendmahlsfeier übertragen [*Missa* tempore sacrificii est, quando catecumeni foras mittuntur, clamante leuita, Si quis catecumenus remansit, exeat foras; et inde *missa*, quia sacramentis altaris interesse non possunt, quia nondum regenerati sunt PAPIAS].

1. **Messe**, feierliche Abendmahlshand-lung des Priesters mit Gebet und Gesang: Icc hafe sammnedd o þis bos Þa Goddspelless neh alle, Þatt sinndenn o þe messeboc Inn all þe ʒer att *messe*. ORM *Ded*. 29. I þe *messe*, hwon þe preost hefð up Godes licome, siggeð þeos uers stondinde, „Ecce salus mundi, uerbum Patris, hostia uera, uiua caro, deitas integra, uerus homo." ANCR. R. p. 32. At euerilke *messe* we rede Of Cristes wordes and his dede. METR. HOMIL. p. 4. Þus to þe life [i. e. the living] dose *messe* mede. COMM. FID. DEF. 408 Horstm. N. F. p. 151. Þan availles almus, *messe*, and bedes To þe saules þat er in alle þre stedes. HAMP. 3722. Bot til þam þat er dampned for ay Na gude dede avayle ne help may, Nou-ther almusdede, prayer, ne *messe*. 3707. Miʒte neuere me conforte, in þe mene tyme, Noither *messe*, ne matynes, ne sone manere siʒtes. P. PL. *Text B*. pass. XIII. 395. Ich ligge a bedde in lente, my lemman in myn armes, Tyl matyns and *messe* be don; þen haue ich a memorie atte freres. C. VIII. 25. Yf þer leve any þynge of the said XX s., to be delt to euery pouere man of that parissh ij d., and all thoo pouere men to be at the dirige & *messe*. FIFTY WILLS p. 105 [a. 1436]. On palme sonenday, after *messe*, In þe chirche amonge þe presse, A voice com. ALEXIUS 817 *Laud* 6²² Furniv. By hym that made matyns and messe [Beteuerung]. SEVEN SAG. 1631. So haue I nede of *messe* [: es]. IPOM.

A. 1544 [Beteuerung; vgl. *Anm.*]. cf. So haue I mede of *messe* [: worthynes]. 3479. Fulle sory at his *messe* he stode. OCTAV. *L.* 122 Sarr. *Messe*, or masse, missa. P. PR. p. 334. A *messe*, missa. CATH. ANGL. p. 237. *Messe*, messe. PALSGR.

Messen for alle cristine soule. OEH. p. 37. Oþerhuil hy byeþ ynoʒ awaked to nyedes, þet hi hedden leuere lyese vour *messen* þanne ane zuot oþer ane slep. AYENB. p. 31. Himm birrþ ʒeornenn aʒʒ þatt an, Hiss Drihhtin wel to cwemenn Wiþþ daʒʒsang & wiþþ uhhtensang, Wiþþ *messes* & wiþþ beness. ORM 6358. Þan may þe saules in purgatory .. Be delivered of pyn .. Thurgh *messes* and rightwis men prayers. HAMP. 3602 sq. Lokis it [sc. the cors of the knyghte noble] be .. Menskede with *messes*, for mede of the saule. MORTE ARTH. 4017 sq. Þe send techiþ worldly riche men, clerkis & reli-gious, to make solempnyte, whanne riche men ben dede, wiþ dirige & *messis* & wax & reng-ynge & grete festis. WYCL. *W. hith. unpr.* p. 212.

Þat has done synnes sere, And noght ful-fild þaire penaunce here, Of *mes* and praiers haue þai nede, And als of oþer almusdede. COMM. FID. DEF. 459 Horstm. N. F. p. 152. Lefe, py-styls, and grales, *Mes*, matyns noght avalyn, Alle these I defende. TOWN. M. p. 145.

I bad the thenke on soule nede, Matines, *masse*, and evesong. BODY A. S. 97 *Spr*. Whan þe monkes geeþ to *masse*, All þe fenestres þat beþ of glasse Turneþ in to cristal briʒt. COK. 113 *Spr*. Riʒt ase he stod at is *masse*, on af heom forthþ wende, And smot him þoruout with a swerd. ST. MATHEU 119 Horstm. p. 81. How þat holi child was ibore, þe gospel seiþ wel riʒt þat me rat ate furste *masse* amidwintres niʒt. GER. JESU 493. Þe king after *masse* [þe *masse* C.] wende toward þe batayle sone. R. OF GL. 9356 Wr. Þe pope of Peyters stod at is *masse*, wiþ ful gret solempnete, Þer me con þe soule blesse. POL. S. p. 246. BÖDD. *Altengl. Dicht.* p. 142. Ʒe naue no more merit in *masse* ne in houres Þen Malkyn of hire maydenhod, þat no mon douʒreþ. P. PL. *Text A*. pass. I. 157. cf. C. II. 150. IX. 103. XXIII. 366. I .. ligge abedde in lenten, an my lemman in myn armes, Tyl matynes and *masse* be don, and þanne go to þe freres; Come I to *ite, missa est*, I holde me yserued. B. V. 416 sq. For may no blysmyng done vs bote, but if we wil amende, Ne mannes *masse* make pees amonges cristene peple, Tyl pruyde be purelich fordo. B. XIII. 258. For comynly þei wolen sille here *masse* for annuel salarie. WYCL. *W. hith. unpr.* p. 167. Þe prest may not make his maister lord ne partyner of his *masse*, but only god for his goode lif & cha-rite. *ib*. For what euere þei don, in *masse* or mateyns or oþer dedis of þer lif, þey harmen hem silf & þer periʒs. p. 418. That by the *masse* I durste swere. CH. *B. of Duch*. 927. They wol nought wonden for the belles, Ne though they sen the prest at *masse*. GOWER II. 369. Ʒet I wole wryte more, To him þat is mene of lore, Of neologyens, more & lasse, Þat may befalle in þe *masse*. MYRC *Instructions* 1861. Wyth þre

towayles and no laſſe Hule þyn auter at thy
maſſe. 1871. Alſoo [sc. i bequethe] the foreseyd
churche, a torch of my terment, for to brenne
euery Sondai at the leuacion at the hie *maſſe*.
FIFTY WILLS p. 101 [a. 1434]. So haue I mede off
maſſe [: laſſe]. IPOM. *A.* 7457 Kölb. [Beteuerung;
vgl. *Anm.* zu 1544]. At hys *maſſe* ſtylle he
ſtode. OCTAV. *C.* 122 Sarr. Meſſe, or *maſſe*,
missa. P. PL. p. 334. Ye knowe well that I am
a preeſt, and ye wyll that I ſhold hange folke;
yf I dyd ſo, I ſhold leſe my *maſſe* [i. e. das
Recht, Meſſe zu leſen], & be regulet. CAXT. *S.
of Aym.* p. 325. vgl. Þe *maſſe*, missa. MAN. VOC.

Vor mid *maſſen* & gode bedes & mid almeſdede Me mai here pine alegge. FEGF. D. H. PA-
TRICK 583. Bi þis miracle man may iſeo .. Þat
maſſene and almeſdede gret guod þe ſoule wol-
les do. ALL SOULENE DAY 251 Horstm. p. 427.
Maſſene also doth gret guod boþe þe quike and
dede. 213 [p. 426]. Þoruȝ *maſſene* and þoruȝ
oþer beden and þoruȝ almeſdede Man mai hore
pine muche alegge. PURG. ST. PATR. 544 [p.216].
Maſſes and matines Ne kepeþ heo nouht. O. E.
MISCELL. p. 190. cf. p. 191. Þei [sc. oure reli-
gious] drawen pariſchenes fro obedience and
loue & ſacramentis of here goſtely fadris for
here owne wynnyng, as in confeſſioun and beriynge & herynge of *maſſis* for offryng. WYCL.
W. hith. unpr. p. 9. Þei viayten not pore men
in here ſikeneſſe, but riche men wiþ preue
maſſis and placeboes and dirige. p. 15. Ellis
god wole not aſoile hem for no confeſſion of
mouþ, ne for aſſoilynge of preſtes, ne bullis of
pardon, ne lettris of fraternyte, ne *maſſis*, ne
preieris of ony creatur in erþe or in þe blis of
heuene. p. 160. And also wat godes þat leuet
toward me, y will þat it be do of *maſſys* and of
almeſdedys þere moſt nedful ys. FIFTY WILLS
p. 2 [a. 1387]. Ich ſhal .. make ȝow my lady in
maſſe [*maſſus* F.] and in matynes. P. PL. *Text
C.* pass. XXIII. 364 sq.

Afftyrward they went to *maſſe*, As the law of
Holy Chyrge was. TORRENT 814 Halliw.

Häufig und zum Teil in ausgeſprochen
formelhafter Weiſe erſcheint das Wort als O b-
j e k t von Zeitwörtern, welche die Thätigkeit
des handelnden Prieſters oder des zuhörenden
und an der heiligen Handlung teilnehmenden
Laien bezeichnen; ſo vom P r i e ſ t e r, beſonders
bei den Zeitwörtern *ſingen*, *ſeggen*, *don* u. a.,
M e ſ ſ e l e ſ e n :

ſingen. Þenne .. nis hit nan þerf þat me
her on þiſſe liue for his ſaule bidde pater noſter, ne *meſſe ſinge*. OEH. p. 9. Vor hii ſeye
þe ſoþneſſe In wuch lecherie & oþra ſunne þe
preſtes *ſong* hor meſſe [*maſſe* B. α.], & hou þe
heie men of þe lond þe pouere to grounde
broȝte. R. OF GL. 7236 Wr. Of preſt was þer
no beniſoun, Ne *meſſe ſongen*, ne oryſoun.
R. OF BRUNNE *Story of Engl.* 7619. Þe firſt
meſſe ſaint Peter ſanye, Was þer þen na
canon lange, Bot [Pot *Ms.*] Pater-noſter in þa
days. CURS. MUNDI 21189 FAIRF. I, preſt, fund-
en vte of diſtreſſe, In dedly ſin has ſungen
meſſe. 28360 COTT. Vndeſpenſed *ſang* i *meſſe*.
28367. That he ſuld on hey feſt day *Sing* them

a *meſſe*, gern prayed thai. METR. HOMIL. p. 89.
They [i. e. neue. *though*] alle the men that ben
o lyves Weren preſtes *meſſes* to ſinge etc. BODY
A. S. 345 *Spr.* Hyt ys grete charite *Meſſes* for
the dede to ſynge. R. OF BRUNNE *Handl. S.*
10381. Preſtes and parſones .. That taketh
mede and [moneie] for *meſſes þat* þei *ſyngeth*,
Taketh here mede here, as Mathew va techeth.
P. PL. *Text B.* pass. III. 250. Y beſeeche þe,
ouer alle þyng, Þat ayxe *meſſys* for me þou
ſynge. R. OF BRUNNE *Handl. S.* 10366. vgl. Ich
[sc. was] yſaued .. withoute *ſynſynge* of maſſe
[mo *meſſis* T.]. P. PL. *Text C.* pass. XIII. 85.

The firſt *meſſ* þat ſent Petre *ſang*, Was þar
þan na canon lang, Bot pater-noſter. CURS.
MUNDI 21189 COTT. GÖTT. The biſchop ſon
him umthoht That *ſing* the *meſ* moht he noht,
Ar he was ſcrifen of his ſinne. METR. HOMIL.
p. 89. A preſt þat *ſynges meſ.* HAMP. 3688.
As ever ſyng I *meſ* [Beteuerung]. TOWN. M.
p. 194.

Seint Auſtin funde inne þiſſe londe ſeouen
biſcopes to iwiſſe *ſingende maſſe*. LAȜ. III. 191.
He miȝte bet teche an bore To weȝe bothe ſheld
and ſpere, Than me that wilde folc ibringe That
hi *maſſe* wolde ihere *ſinge*. O. A. N. 1019 *Spr.*
Þe ȝwyle Brendan is *maſſe ſong*. ST. BREND.
461 Horstm. p. 232. Þare huy *ſongen* heore matynes and heore *maſſe* alſo. 673 [p. 238]. Seth þe
he wende, and greiþede him is *maſſe* forto
ſinge. ST. MATHEU 117 [p. 81]. Euere þane
he *maſſe ſong*, he wep, and ſiȝte ſore. ST. THOM.
OF CAUNT. 331 [p. 116]. Þis holi man truſte
muche to god, and greiþed him anon, And *ſong*
ane *maſſe* of ſeinte Steuene, are he com among
is fon. 939 [p. 133]. Þe bjaſop of Lincolne is
maſſe ſong þo. R. OF GL. 9348 Wr. Þe furſt
maſſe þat Petur *ſong*, Was þere no canoun long,
But pater noſter. CURS. MUNDI 21189 TRIN.
On paſkeday *maſſe* whenne he [sc. Marke] *ſong*,
Coom þe heþen folke wiþ wrong. 21253 TRIN.
Þat reyn ſchal neuere ceſe, or a preoſt þat is
clene mayde, *ſinge* a *maſſe*. TREVISA I. 365.
That by the *maſſe* I durſte ſwere, thogh the
pope *hit* ſonge. CH. *R. of Duch.* 927. vgl. *Maſſe
that* is *ſonge*, meſſe. PALSGR. — Þe tiweſday
to Eueſham he [sc. ſir Simon] wende þe mor-
weninge, & þere he let him & is folc preſtes
maſſen ſinge. R. OF GL. 11676 Wr. Opon is [sc.
þe fiſches] rugge huy *ſonguen* heore *maſſene*.
ST. BREND. 379 Horstm. p. 230. Þe preoſt
ſong for him *maſſene* fiue. ALL SOULENE DAY
115 [p. 423]. Ȝif þou woldeſt for godes loue
þritti *maſſes ſingue* For me, ich wot þat þu
miȝteſt of þis pine me bringue. 141 [p. 424];
vgl. *trental* s. Thretty *maſſes* þere were *ſonge*.
GUY *B.* 10709; vgl. *Notes* und s. *trental* s. Item
I bequethe XX marces vnto diuers preeſtes for
to *ſinge* euery friday *maſſes* of the grete Gregorie *trentale*. FIFTY WILLS p. 105. vgl. Ich
[sc. was] yſaued .. withoute *ſynſynge* of maſſe
[maſſes E. F. K.]. P. PL. *Text C.* pass. XIII. 85.

And he [sc. þe preſt] not imaymed naſ, And
afturward *ſong* mony a *mas*, And bar an hole
þorwh his hond. EV. GESCH. 29. b, 33 [in *Arch.*
57, 281].

isingen. Þa þe *mæsse* wes *isungen*, to halle
heo þrungen [Po þe *masse* was *isonge*, to halle
hii þronge j. T.]. LAӡ. II. 353. Pa þe *masse* wes
isungen, of chirechen heo ðrungen [Po þe *masse*
was *isonge*, of chirche hii þronge j. T.]. II. 609.
No belle irungen, no *masse isungen*, no chirche
þer nes ihaleӡed. II. 180. Po seint Thomas hadde
is *masse isongus*, þe chesible he gan ofweue.
ST. THOM. OF CAUNT. 951 Horstm. p. 133. —
As .. this monekes hadde *isonge* here *massen*
also, Aboute underne of þe dai here wei to
acipe hi nome. ST. BRANDAN p. 17. cf. [Po ..]
Þis monekus hadden *isongue* heore *massene*,
Aboute onderne of þe daye, to þe schipe huy
heom nome. ST. BREND. 382 Horstm. p. 230.

singen and seggen. Also I bequethe xviij li.
and .x.s. for to *singe* and *seye* MMMM and
CCCC *masses* [i. e. 4400 masses] for my lord sir
Thomas Westis soule, and for myn, and for alle
cristene soules, in the most hast that it may do,
withynne xiiij nyght next after my deces. FIFTY
WILLS p. 6 [a. 1395].

seggen. Þe pope sauh out of cours þe wikkednes of Jon, Him & his sautours he cursed
euerilkon, & enterdited þis lond, þat *messe* was
non *said*, A ded man if men fond, in kirkeӡerd
was non laid. LANGT. p. 209. Eche of the saide
preestes takynge yerly C s., hauynge in charge
to *seye* euery friday a *messe* of þe trentall, with
placebo and dirige, & the ix lessons. FIFTY
WILLS p. 105 [a. 1436]. Item I wol that the
house of freres prechours in London haue euery
yere, durynge the terme of .v. yere, xx s. to *sey*
be note the dirige & *messe* of requiem. p. 106
[a. 1436]. — At the day of my beryng, y wyll
haue *sayde* for my sowle xiij *messes.* p. 12 [a.
1406].

For comynly þei wolen .. *seyn* more þe
masse for loue of þe peny þan for deuocion or
charite to criste & cristene soulis. WYCL. W.
hih. unpr. p. 167. For be þe *masse seide* in
herynge of þe peple schortly & vndewouþly, litel
sauour of holynesse schal men fynden wiþ hem.
ib. Whanne þore men ben dede, vnneþe wole
ony man berie hem or *seie* derige or *masse.*
p. 212. *Say* [imper.] his dorge and *masse*, and
laye hym in hys grave. LYDG. *M. P.* p. 111. —
Item I beqweth moneye for MM *masses* [i. e.
2000 masses] to be *saide* after my decease. FIFTY
WILLS p. 106 [a. 1436].

iseggen. When þe *masses* beþ *iseiid*, And
þe bokes up ileiid, þe cristal turniþ in to glasse.
COK. 117 *Spr.* I wolle that ther be .x. M. *masses isayde* for me of gode prestes with all hast.
FIFTY WILLS p. 23 [a. 1415].

beden. Þe king hadde þer to g[o]de wille
þoru frerene rede, & hii [sc. þe freres] *massen*
& orisons uaste uor him *bede.* R. OF GL. 11320
Wr.

performen. Yn the same wise the saide som
yerly vnto the white freres, greye freres, &
Austins, *performynge* the dirige & *messe* afore-
said. FIFTY WILLS p. 106.

maken. Massen [*massene α. masses β. ð.*] &
processions hii *made* moni on. R. OF GL. 8368
Wr.

don. Here *messe* and here matynes and
many of here oures Arn *don* vndeuoutlich. P.
PL. *Text B.* prol. 97. cf. He weren spused fayre
and wel, þe *messe* he *deden* eueridel, Þat sel to
spusing. HAVEL. 1175.

Ӡoure *masse* & ӡoure matynes & meny of
ӡoure houres Aren *don* vndeuotlich. P. PL. *Text
C.* pass. I. 125. Many prestis *don* þe *masse* more
for money & bodily welfare þan for deuocion &
worschipe of god, & wollen not *don* þe *masse*
but for hope of wordly wynnynge. WYCL. *W.
hih. unpr.* p. 167.

das p. p. der Zeitwörter *don*, ӡedon dient
häufig passivisch in der Bedeutung gethan,
geendet, beendet dazu, den Schluss der
Messe zu bezeichnen: He said þe *mes was done*
for lang. COMM. FID. DEF. 379 Horstm. N. F.
p. 151. Als tite als the *mes was done*, Than was
thare made grete menestrelsy. SEUYN SAG. 3362.
Smertly when the *mes was done*, The emperoure
him hasted sone Til a faire place. 3439. —
Whan þe *mas was doon*, Rowland asked after
his harneis for to arme him. CAXT. *S. of Aym.*
p. 390. Syr, when the *mass ys done*, Y pray you,
et wyth me at noon. ERL OF TOLOUS 1003
Lüdtke. vgl. When þe *masse was done to the
ende* etc. 373 *v. l.*

Po þe *masse was ido*, in conseil longue heo
stode. ST. THOM. OF CAUNT. 1747 Horstm.
p. 156. Po þe *masse was* al *ido*, ech fische wende in is ende. ST. BREND. 462 [p. 232]. Þe fisch
bigan to meouen him, þo þe *masse was* al *ido.*
674 [p. 238]. Þe *masse was ido.* ALLE SOULENE
DAY 228 [p. 427].

Verbindungen dieser Zeitwörter mit einem
Ausdrucke, der ein Lassen, Bewirken bedeutet,
wie *don*, *leten* u. a., dienen dazu, die durch
einen Laien bewirkte Veranstaltung einer
Messe zu bezeichnen, Messe lesen lassen:

don. Belles *deden* he sone ringen, *Monkes
and prestes messe ringen.* HAVEL. 243. cf. 1175.
Bellen he *dide* ryngen, And prestes *messe syng-
en.* K. H. 1424 *Laud 108* [in *Arch.* 15, 57].
Erly, are þe daye gane sprynge, He *did a pryste
his messe to synge.* OCTAV. *L.* 100 Sarr.

Thi soulcnul ich wile *do* ringe, And *masse*
for thine soule *singe.* VOX A. W. 251 *Spr.*
Angles he hurde also þat singe a murie song þer
inne, Þat me singeþ ӡut in holi churche whan
me *doþ* þe *masse singe*: „Kirieleyson, Christe-
leyson," was þe murie note and song. ST.
DUNST. 163 *Spr.* Yerly [i. e. ierly, erly, neue.
early], when the day can sprynge, *A preest* he
dud a *masse synge.* OCTAV. *C.* 100 Sarr.

ӡarwen. Sethen com the erl vnto the kyrk,
A mes ful sone *gert* he *sing*, In honowre of oure
heuynkyng. SEUYN SAG. 3184. vgl. sch. The
Scottis men, quhen it wes day, *Thair mes* de-
votly *gert* thai *say.* BARB. IX. 2 *Spr.*

leten. To churche heo wende euerech day
ane *masse* to *leten singus.* ALLE SOULENE DAY
223 Horstm. p. 427. Vor is deþ he made deol
inou, & vor is soule he *let do* Almesdede mani
on & mani *masse* al so. R. OF GL. 10814 Wr.
Hwi noldest þu mid crist maken us isahte, *Masse
leten singe* Of þat he þe bitahte. O. E. MISCELL.

p. 176. Wee *leet synge masse*, and made every man to ben schryven and houseld. MAUND. d. 281. — Hwi noldestu myd criste maken vs isauhte, *Massen lete synge* Of þat he þe bitauhte. O. E. MISCELL. p. 177. Þat were þulke þet nadden on vrþe none freond hem bihinde Ne for hem *late* [To *lets* for hem] *masses singus*. ALL SOULENE DAY 16 Horstm. p. 421. He let belles ringe, And *masses let* singe. K. H. 1381 Spr.

ordeinen. Scho *ordand* ilk a day For his sawl *a mes to sing.* COMM. FID. DEF. 364 Horstm. N. F. p. 150.

vgl. auch *habben* m. dopp. Akk.: I will and ordeny, that in all hast possible after my decesse, that I *haue iij trentales of masses songen* [singen *Ms.*] for my sowle in thre howses of freres of London. FIFTY WILLS p. 113 [a. 1439]. ähnlich *habben* allein: He was iwoned to *habbe is masse,* ase it ful to þe daiჳ, And þo he let singen him þe soulemasse. ST. THOM. OF CAUNT. 1741 Horstm. p. 156. cf. My will es to *haue a trentale of masses,* ჳef that I dyd [i. e. died] er þane I come home. FIFTY WILLS p. 40 [a. 1419].

vom Laien, insofern er an der Messe teilnimmt, ihr zuhört, erscheint das Wort häufig als Objekt von *heren,* *ãheren,* Messe hören.

heren. Þe king ჳede to þe kirke his *messe* forte *here.* LANGT. p. 23. Þe kyng *herd* his *messe,* to gamen þan wild he go. p. 94. [Holy churche hoteþ .. Lewede men to laborie .. and lordes to honte ..] And vpon sonedays to cesse, godes seruyce to *huyre,* Boþe matyns and *messe.* P. PL. Text C. pass. X. 227.

Vntil the kirk than went he sone, And *herd* his *mes* als he was wone. SEUYN SAG. 3325.

Þo hi were þider icome, hi leuede a stounde þere, And *hurde* þe *masse* þer adai. ST. LUCY 25. Þe king Steuene aჳen þis dede to holi chirche drou, & is *masse hurd* verst mid deuocion inou. R. OF GL. 9348 Wr. I wil kepe the dore, so euer *here* I *masse!* GAMELYN 515 Skeat. Þe kyng .. *hurd* is *masse.* FERUMBR. 46. To chyrche come ჳef þow may, And *here* þy *masse* vche day. MYRC Instructions 1715. The lordys rosyn alle bedene, On the morow as I wene, And went *masse* ffor to *here.* TORRENT 2458 Adam. *Masse* ne matens wold he non *here,* Nor no prechyng of no frere. GOWTH. 172 Breul. The lady went to hur chapell *Masse* for to *her.* ERL OF TOLOUS 363 Lüdtke. To churche the erl tok þe way *Masse* for to *her.* 998. I shall never no *masse heare.* SQUYR OF LOWE DEGRE 961. Whan Rowland saw the day, he rose fro his bed, & wente, after he was redy, to *here masse.* CAXT. S. of Aym. p. 389-90. — Also þe popis lawe biddiþ men to not *here* þe *massis* of prestis þat ben comyn lechours. WYCL. W. hith. unpr. p. 418. cf. In confessioun and beriynge & *herynge* of *massis.* p. 9.

Þe halyday only ordeynet was To *here* goddes serues and þe *mas.* MYRC Instructions 1001. So I ever *here* *mas* [Beteuerung]. SEUEN SAG. 1281.

ãheren. Huanne þe asoldest *yhere* his *messe,* oþer his sermon, at cherche, þou iangledest and

bourdedest touor God. AYENB. p. 20 Spr. vgl. That hi *masse* wolde *ihere singe.* O.A.N. 1022 Spr.

Der Anfang der Messe wird oft durch *biginnen* mit dem Objektkasus des Wortes bezeichnet: Aungels he herde syngen also a murie song þerinne, Þat me syngeþ in holy chirche, whon me þe *masse biginne:* „Kyrie leyson, xþe [i. e. Christe] leyson," was þat murie song. ST. DUNST. 119 Horstm. p. 23. Ase he *bigan* amorewe is *masse,* a gret cri þare cam al aboute Þat þe toun biseged was. ALL SOULENE DAY 151 [p.424]. vgl. Þe *biginning of þulke masse* in Englischs so is þis: „For ჳwan þe princes habbeჳ isete etc." ST. THOM. OF CAUNT. 943 [p. 133]. — Þe bischop .. *bigan* anon amorewe Þe *massene* for þis selie goat to bringuen it out of soruwe. ALL SOULENE DAY 143 sq. [p. 424].

Der Schluss der Messe wird besonders durch das passivisch gebrauchte p. p. der Zeitwörter *don,* *ჳedon* bezeichnet, in der Bedeutung gethan, geendet, beendet [Beispiele s. oben]. vgl. auch: When þe *masse come to end* [was at an end B. was done to the ende C. D.], The lady .. To the chaumbur can sche fare. ERL OF TOLOUS 373 Lüdtke. As the *masse was fynyssed.* CAXT. Charles p. 240.

Der Glockenruf zur Messe findet sich durch *knullen,* *ringen* mit der Präp. *to* zur Angabe des Zieles ausgedrückt: When þou herest *to masse knylle,* Prey to god, wyþ herte stylle, To ჳeue þe part of þat seruyse Þat in chyrche idone ys. MYRC Instructions 1719. When thou herest *to masse knylle.* FREEMAS. 689.

When they *ronge to the mass,* To the chapell can they pass. ERL OF TOLOUS 322 Lüdtke. Þe cristene mon herde *rynge to mas* [: was]. EV. GESCH. 29, a. 4 [in Arch. 57, 280].

2. Fest, Festtag, Feiertag, weil an hohen Festen der Kirche und an Feiertagen der Heiligen die Messe in besonders feierlicher Form stattfindet. Doch wird das Wort in dieser Bedeutung nur in urspr. meist loseren, später dann enger werdenden Zusammensetzungen gefunden, von denen mehrere bis auf den heutigen Tag dem allgem. Sprachgebrauch verblieben sind. Diese Zusammensetzungen haben deshalb eine gesonderte Behandlung gefunden; vgl. *candlemas,* *cristesmesse,* *lammasse,* *Martinmesse,* *Michelmesse.* Ähnlich verhalten sich:

alhalewemesse s. neue. *All-Hallowmas.* Allerheiligenfest, Allerheiligen, der Tag aller Heiligen, der 1. November: His schyppes he leet dyght, more and lesse, And wente home at *Alhalewemesse.* RICH. C. DE L. 5877.

halewemes s. neue. *Hallowmas.* gleicher Bedeutung: There he dwellyd til *Halewemes.* RICH. C. DE L. 6483.

seyn Jones misse s. vgl. *midsomer.* Johannistag, Fest Johannis des Täufers am 24. Juni: Sone after *seyn Jones misse* Þe king lete bidden more & lesse Into London to his fest. ARTH. A. MERL. 3391 Kölb.

Sonst findet man Festtag, Feiertag durch *messedaჳ* bezeichnet [s. dieses], und es erscheinen auch weitere Verbindungen mit *daჳ,* *dai:*

candelmessedai s. neue. *Candlemas-day*.
Lichtmesse, Lichtmess, das Fest der Reinigung Mariä, am 2. Februar [s. *candelmesse*]:
Candelmesseday. METR. HOMIL. p. 153. *Con-
delmessedai*. ANCR. R. p. 412. Þe ferste mor-
wespeche xal be after þe drynck, þe toþer xal
be þe sunday after *candilmesseday*. ENGL.
GILDS p. 54. Þo he was in his moder wombe,
a *candelmasseday*, Per fole was at churche ynouȝ.
ST. DUNST. 3 *Spr.*

cristesmessedai s. neue. *Christmas-day*.
Weihnachtstag [s. *cristesmesse*]: His ferste
bataile, for soþ to say, A dede a *Cristesmesse-
day* [vppon the Ȝewleday *M.*]. BEUES 586 Kölb.
Bot on *Cristynmesdaye*, whene they were alle
semblȝde, That comlyche conquerour com-
maundex hym acluyne That ylke a lord sulde
lenge. MORTE ARTH. 70.

childremassedai s. neue. *Childermas-day*
[auch *Innocents' Day*, dies Innocentium]. Fest
der unschuldigen Kindlein zur Erinnerung an den Kindermord zu Bethlehem durch
Herodes, am 28. Dezember gefeiert: Þene morewe, a *childremassedai*, þo gode þene dai
sende, Sire Randulf þe Brok wel stilleliche to
Caunterburi he wende, Forto enqueri of Seint
Thomas, ȝware heo miȝten him finde. ST. THOM.
OF CAUNT. 1973 Horstm. p. 163. vgl. Amorwe.
a *Childremassedai*, as God the grace sende,
Sire Randolf de Brok to Canterbure wende,
Forto enquere of Seint Thomas, whar hi him
miȝte fynde. BEK. 2007 *Spr.*

lammassedai s. neue. *Lammas-day*. Petri
Kettenfeier, am 1. August [s. *lammasse*]: Þe
kyng hem het .. þat hii a *lammasseday* mid her
poer come. R. OF GL. p. 200 Hearne.

Miȝhelesmassedai s. neue. *Michaelmas-day*
s. Michaelistag, Michaelisfest, der 29.
September [s. *Michelmesse*]: *Miȝhelesmasseday*
he hiet halewi þoruȝ al cristindom. ST. MIȜHEL
102 Horstm. p. 302. Men synguex a *Miȝhelesmasseday* in holie churche also. 165 [p. 304].

paskenmessedaȝ s. Ostertag [s. *paske*,
paskedaȝ, *paskemesse*]: Aȝ att te *Passkemesse-
daȝ* To frellsenn þær þatt heȝhe tid. ORM 8893.
so auch schon spät ags. *S. Petres mæsse
dæi* s. Peterstag, am 29. Juni: Martin abbot
.. brohte heom into þe neuue mynstre on *S' Petres mæsse dæi* mid micel wurtscipe. SAX. CHR.
a. 1137 [in *Spec.* I. 12].

Ähnlich verhalten sich die losen Verbindungen mit *æfen*, *feste*, *hwile*, *naht*, wie *can-
dulmas even*, *candelmasse feste* [METR. HOMIL.
p. 160], *cristesmas whyle*, *christmes nyȝt* u. a.

messebelle, massebelle, -bell, masbelle s.
neue. *mass-bell*. Glocke, die zur Messe ruft,
Messglocke.
Qhuan I rynge the *messebelle*. REL. ANT. I.
61. cf. Þe *masse-book* and *belle* [Beteuerung].
ATHELST. 150. To morn, when thou herst þe
massebell [*masbelle* A.], Bryng hym in to my
chapell [chapelle *A.*]. ERL OF TOLOUS 289
Lüdtke. When we her the *massebell*, Y schall
thee bryng to hur chapell [chapelle *A. B.*]. 307.

messeboc, -bok, massebok etc. s. ags. *mässe-
bóc*, altn. *messubók*, ahd. *missipuoh*, neue. *mass-

book. vgl. *messel* s. missale, das verhältnismässig
spät auftritt. Messbuch der römischen
Kirche.
Icc hafe sammnedd o þiss boc Þa Goddspelless neh alle, Patt sinndenn o þe *messeboc*
Inn all þe ȝer att messe. ORM Ded. 29. Þe king
was payed of þat rede; A wol fair cloth bringen
he dede, And þeron leyde þe *messebok*, Þe caliz,
and þe pateyn ok, Þe corporaus, þe messegere;
Þeron he gart þe erl suere. HAVEL. 184. But
þat ich wille, þat þo[u] suere On auter and on
messegere, On þe belles þat men ringes, On
messebok þe prest on singes, Þat þou mine children shalt we[l] yeme. 388. Apelwold þe dide
site On knes, and sweren on *messebok*, On caliz,
and on [pateyn] hok [i. e. ok, ec, ags. *edc*, etiam].
2709. *Messeboke*, missale, missalis. PR. P. p. 334.
Hoc missale, *mesbok*. WR. VOC. p. 139 [col. 648,
31 Wülck.]. Lunet þan riche relikes toke, þe
chalis, and þe *mesboke*. YW. A. GAW. 3907
Schleich.
To seint Nicholas churche huy wenden, ane
massebok huy gonne take. ST. FRAUNCEYS 157
Horstm. p. 58. Þe þridde tyme al onmundlingue
þe *massebok* he wende. 164. Also I woll þat þe
chirch of Newton haue my *masseboke*, my por-
tus, my chaleys, my vestmentz, and my cruettis.
FIFTY WILLS p. 76 [a. 1426]. Also I bequethe
to the same Iohane, a *massebook*, and alle the
bokes that I haue of latyn, englisch, and frensch.
p. 5 [a. 1395]. Be *masse-book* and belle [Beteue-
rung]. ATHELST. 150. Also I bequeth to þe
same Robert a westment of rede cloth of gold
with my *massebooke* and chalys: The wych vessell, vestement, *massebooke*, and chalys afore-
seyd, to þe forsaide Roberd bequethen, I wole
þat [he] haue hem vpon this condicion etc.
FIFTY WILLS p. 49 [a. 1422]. — Blessed be god,
þat in euery chirche haþ ordeyned *massebookis*
to witnesse his gospel. WYCL. *W. hith. unpr.*
p. 290.

messecos, massecos s. neue. *mass-kiss*
[*Morris* zu OEH. II. 91 in *Spec.* I. *Gl.*), gewöhnlich *pax* genannt; s. ae. *pax*, *pais* und vgl. DC.
vv. *osculum pacis*, *pacem dare*, NARES v. *pax*].
Messkuss, Friedenskuss bei der Messe
nach der Consecration und den Worten des Priesters: Pax Domini sit semper vobiscum.
Jerusalem is cleped siht [soð *Ms.*] of sahtnesse, and bitocneð holie chirche, þer bileffulle
men inne beð sehte, þenne prest cristes prowe-
inge minegeð, and of þe calice understondeð
tocne of sehtnesse, þat is *messecos*, and þe fole
sent. OEH. II. 91 [vgl. *lat.* dum passio christi
recolitur, et pacis osculum datur]. Efter þe
messecos, hwon þe preost sacreð, þer uorȝitted
[imper.] al þene world, & þer beoð al vt of bodi.
ANCR. R. p. 34. He nolde cusse *massecos* to
cusse Seint Thomas. BEK. 1777 [vgl. For he
nolde nouȝt at þe *pais* cussen Seint Thomas. ST.
THOM. OF CAUNT. 1743 Horstm. p. 156].

messedaȝ, -dai, mesdai, massedai s. ags.
mässedäg, a festival [BOSW.-TOLL.], mhd. *messe-
tac*, *mestag*, kirchl. Festtag; Kirchmesse, Kirch-
weihe; Jahrmarkt, früh nhd. *mestag*, nundinæ
[D. C. v. *missa*], neue. *mass-day*, Hochamtstag

[röm.-kath.]. Festtag, Feiertag, von christlichen und jüdischen Fest- und Feiertagen, besonders auch dem Sonntage.

Itt iss nemmnedd Sabbatumm Amang Judisskenn lede; & itt iss aȝȝ heh *messedaȝȝ* Att here wukess ende. ORM 4170. Forr ȝure wuke gisebþ ȝuw Aȝȝ sexe werrkedaȝȝess, Butt iff þatt aniȝ *messedaȝȝ* .. [Lücke]. 11314. To lakenn Godd, to þeowwtenn Godd, To sekenn kirrke ȝeorne, To hefenn & to follȝhenn gribþ, & *messedaȝȝ* to freollsenn. 2717. cf. 4412. Uss birrþ well uss ȝemenn O *messedaȝȝ* & illke daȝȝ All fra þewwlike dede. 4180. Ȝure preostess þeowwtenn Biforenn Godess allterr, Off illc an mikell *messedaȝȝ* Aȝȝ ehhte daȝhess fulle. 2410. To sekenn kirrke bliþelich, To biddenn uss to Criste, Onn iwhille halȝ *messedaȝȝ*. 8989. Þe senne is gratter .. ine one time þanne in anoþre, ase in lenten oþer *in* ane heȝe *messedaye*. AYENB. p. 175. — Uss birrþ alle standdenn inn To frellsenn & to wurrþenn Þa *messedaȝȝess* þatt te prest Uss bédeþþ wel to frellsenn. ORM 15742. Yef it were suo þet alle daȝes ine þe yeare were *messedaȝes*, and yhote hyealde be holy cherche, huo þanne ssolde erye and sawe, ripe and mawe. AYENB. p. 214. To reste make we *mesdaies* alle Of God fra erthe [To reste ma we alle *messedaies* of God erþe fra H. Comprimamus omnes dies festos a terra *lat.*]. Ps. 73, 8. His voice was merier than the mery organ, On *messedayes* that in the chirche gon. CH. *C. T.* B. 4041 Skeat [in *Compl. W.* IV. 272].

vgl. Now than I pray that to me [come] fredom and grace in this eight[eth] yere; this eighteth mowe to me bothe be kinrest and *masseday*, after the seven werkedays of travayle, to folowe the Christen lawe. TEST. OF L. [in CH. *Compl. W.* Suppl. p. 24 Skeat]. — His vois was merier than the merye orgon, On *messedayes* that in the chirche goon. CH. *C. T.* I. C. 31 Ol. Pr.

wegen der Verbindungen von *daȝ, dai* mit Zuss. von *messe*, wie *candelmassedai*, *childremassedai*, *cristesmessedai*, *lammassedai*, *Miȝhelesmassedai*, *paskemesseda*], vgl. *messe* 2.

messege s. mlat. missaticum, **messeger** s· nuntius s. *message*, *messagier*.

messegere, **massegear** s. neue. *mass-gear*. vgl. *gere*, apparatus, vestitus. Messgerät, von den Abendmahlsgefässen und anderem bei der Messe gebrauchtem Gerät.

A wol fair cloth bringen he [sc. þe king dede, And þeron leyde þe *messeboc*, þe caliz, and þe pateyn ok, Þe corporaus, þe *messegere*;· Þeron he gart þe erl suere etc. HAVEL. 185. But þat ich wille, þat þo[u] suere On auter and on *messegere*, On þe belles þat men ringes, On messebok þe prest on singes, Þat þou mine children shalt we[l] yeme. 388. Þe king Aþelwald me dide swere Upon al þe *messegere*, Þat y shu[l]de his douthe[r] ȝeue Þe hexte þat mithe liue. 1077. Alle herden ye him swere On bok and on *messegere*, Þat he shulde yeme hem wel. 2216. vgl. After the relics they send, The corporas and the *massgear*. GY OF WARW. in HAVEL. *Gl. Ind.* p. 113.

[**messehakele**], **meshakele** s. ags. *müssehacele*, casula, altn. *messuhökul*, dän. *messehagel*, schw. *messhake*, ahd. *missahachul*. vgl. *hakele* s. Messgewand.

Þe chire[rche] cloðes ben tobrokene and ealde, and his wiues shule ben hole and newe .. Þe *meshacele* of medeme fustane, and hire mentel grene oðer burnet. OEH. II. 163.

[**messeheringe**], **mashereng** s. zu *heren*, audire. Messehören.

[Þai] let oþer men of *mashereng*. O. E. MISCELL. p. 213.

messehwile, **messequile** s. vgl. ags. *müssetíd*, mhd. *müsseztt*, und s. *hwile*, tempus. Zeit der Messe, Messezeit.

Ȝe schal lenge in ȝour lofte, & lyȝe in ȝour ese, To morn quyle þe *messequyle*, & to mete wende, When ȝe wyl, wyth my wyf. GAW. 1096.

messel, **messalle**, **missalle**, **missale** s. afr. *messel*, *mesel*, nfr. *missel*, pr. *messal*, *missal*, sp. *misal*, it. *messale*, mlat. *missale* [*missale*, liber ecclesiasticus, in quo continetur missarum officium, a Gelasio papa primum compositus, deinde a Gregorio Magno in meliorem formam redactus D. C.] von *missa*, neue. *missal*, mass-book. Missale, Missal, Messbuch.

Her after sone Merlin swore .. & sir Kay & sir Bretel Tofore þe king on a *messel*, Þat Arthur was Vter stren Bi Ygerne. ARTH. A. MERL. 3571 Kölb. A *messalle*, missale. CATH. ANGL. p. 237. A messalle, a *myssalle*. WR. VOC. p. 230 [col. 719, 33 Wülck.]. Hoc missale, a *myssale*. p. 248 [col. 755, 1 Wülck.]

messel s. *misellus* s. *mesel* adj.

messelin s. aurichalcum s. *mestling*.

messen v. neue. *mess*, von *mes*, missum, ferculum. Speisen in Portionen abteilen, portionsweise auf die Schüsseln verteilen, aufthun, anrichten.

I *messe* meate, I sorte it or order it in to messes, as cookes do whan they serve it, je mets en plats. PALSGR.

häufig ist der Imperativ in den Kochbüchern: *Messe* it in dysshes to be served in halle. LIB. C. C. p. 11. *Messe it;* serue it forth. TWO COOK. B. p. 30. *Messe* it forth [von einer Suppe]. p. 11. auch von Saucen: *Messe* hit forthe. LIB. C. C. p. 28. *Messe* hit forthe, syr, at þo mele. p. 28.

Have you *messed* all the meate that shalbe served for the first course, auez vous mis en plats toute la viande qui sera servie pour la premiere assiette? PALSGR.

messen v. missam cantare s. *messien*.

messepening, **-peni**, **massepeni**, **maspeni** s. neue. *mass-penny*. vgl. *pening*, denarius. für Messelesen gezahltes Geld [vgl. nhd. *beichtpfennig*, fr. *denier de confession*], Messpfennig, Messgeld.

Yeve us a busshel whete, malt, or reye, A goddes keehil, or a trip of chese .. A goddes halfpeny, or a *massepeny*. CH. *C. T.* D. 1746 Skeat. vgl. He .. setteth here a *massepeny*, there a trentall, yonder dirigemoney, and for his beyderoule, with a confessionpeny, and soch lyke. TYNDALE [a. 1528] in *Spec.* III. 171. —

33*

Þei speken .. litel of restitucion & doynge of almes to pore bedrede men, but of *massepens*. WYCL. *W. hith. unpr.* p. 160. Prestis þat precheth þe poeple to gode, asken mede, And *massepans*, and here mete at the mele tymes. P. PL. *Text B.* pass. III. 222. cf. *massepans* (*massepenes, massepens* vv. ll.) *C.*IV. 280. Prestes þat precheþ þe peple to goode, Askeþ meede and *massepons* [*messepenis* T. U. D. *maspenyes* H.], and heore mete eke. *A.* III. 216.

messepreost, -prest, massepreost, -prest s. ags. *mǽssepreóst* northumbr. *meássa-*, *measse-*, *measa-*, *messapreóst* kent. *messepriést*, altn. *messuprestr*, neue. *mass-priest*. Geistlicher, der alle sieben Weihen erhalten hat und die Messe lesen darf, **Messpriester, Priester**.

Crist him seluen com thar nest, Reuested als a *messeprest*. METR. HOMIL. p. 161. Soð scrifte understondeð man, þanne he his muchele synnes mid alle forleteð, and sheweð hem his *messepreoste* [dat.]. OEH. II. 23.

Crist him self com þer nest, Reuested as a *messeprest*. EV. GESCH. 12, a. 29 [in *Arch.* 57, 256]. For be hit chorle, oþer chapleyn þat bi þe chapel rydes, Monk, oþer *masseprest*, oþer any mon elles, Hym þynk as queme to quelle, as quyk go hym seluen. GAW. 2109. — Vt wenden munckes & þa *massepreostes*, vt wenden clærkes, vt wenden canones. LAȝ. III. 198.

messequile s. missæ tempus s. *messehwile*.

messeref s. ags. *mǽsseredf*, vestment used when celebrating mass. vgl. *reaf*, ags. *redf*, spolium, vestimentum, indumentum. **Messgewand**.

Þanne prest speoð inne chirche of chirche neode, and mineȝeð þat me niwe cloðes oðer elde bete, boc oðer belle, calch oðer *messeref*, waseriht [?] oðer oðre cloðes, þenne cumeð þe werse to þe mannes heorte. OEH. II. 215.

messesinging, messinging s. zu *singen*, cantare [vgl. *messe*, missa, *messe singen*]. **Messesingen**.

It semes þat *messyngyng* May titest þe saul out of payn bryng [d. h. Veranstalten von Seelenmessen]. HAMP. 3702. Nawthere in *messyngyng*, Ne yit with almusdede. TOWN. M. p. 326.

messesong s. ags. *mǽssesang, -song*, the service of the mass [*mǽssesong dón*, missas facere]. vgl. *sang, song*, cantus, und s. *messe*, missa. **Messgesang, Messe**.

[Sum ..] Don for ðe dede chirchegong, Elmessegifte, and *messesong* [d. h. sie veranstalten Seelenmessen]. G. A. EX. 2465.

messien, messen, massien, massen v. ags. *mǽssian*, to say mass, altn. *messa*, vgl. spät afr. *messoyer*, mlat. *messiare*, purificare, *messare*, missam cantare [D. C.], neue. *mass*. **Messe lesen**.

Herdeliche ileueð [imper.] þet al þe deofles strencðe meltcð þuruh þe grace of þe holi sacrament, heixt ouer alle oðre, þet ȝe ineoð ase ofte ase þe preost *messeð*, & sacreð þet meidenes bearn, Jesu, Godes sune. ANCR. R. p. 268.

Ȝwane huy arereth anie churche, to *massi* inne, oþur rede godspel, Opon a hule bi custome huy makieth of seint Miþhel. ST. MIȝHEL 129 Horstm. p. 303.

messing s. von *messen* v. **Anrichtung von Speisen, gastliche Bewirtung, Gastmahl, Schmaus.**

Oure blisse is ywent into wop, oure karoles into sorge; gerlondes, robes, playinges, *messinges*, and alle guodes byeþ ous yfayled. AYENB. p. 71.

messing s. neue. *massing* [in *massing-chalice, massing-furniture*] von *messien* v. **Messelesen.**

Four maners of helpes er general, Þat in purgatory availes þam al, Þat es to say, prayer and fastyng, And almusdede and *messyng* [d. h. Veranstaltung von Seelenmessen]. HAMP. 3586. cf. 3602 sq.

messinger s. nuntius s. *messagier*.

messuage, mesuage s. afr. *messuage, messuage* neben *masage, -aige, maissage, masaige*, nfr. veraltet *messuage* neben *masage*, mlat. *messagium, messagium, messuagium* [1. modus agri mansionibus et ædificiis rusticis instructus. 2. strictius pro mansio, domus, habitatio D. C.] neben *masagium, massagium, mansuagium*, zu afr. *mase, mas*, mansa, mansum, von lat. *manere*, neue. *messuage*, a dwelling-house, with some adjacent land assigned to the use thereof [BOYER]. s. *mese, mes*, messuagium, und vgl. *menage*. ländliches Wohnhaus mit zugehörigem Acker, **Vorwerk, Meierei**.

The person of the toun, for she was feir, In purpos was to maken hir his heir Bothe of his catel and his *messuage* [*messuage* Tyrwh.]. CH. C. T. A. 3977 Skeat [in *Compl. W.* IV. 115]. vgl. Metz, a *messuage*, a tenement, or plowland. COTGR. [in CATH. ANGL. p. 232 n. 6].

mest adj. u. adv. superl. s. *mare*.

mester s. ministerium s. *mestier*.

mesterie s. magistratus, dominatus s. *maistrie*.

mestier, mester, -ir, meister, meoster, mister, -ir, -ur etc., vereinzelt auch **misterie, misteris**. afr. *mestier, -ir, menestier* und *mistier*, nfr. *métier* neben *mistère, mystère*, pr. *mestier, mester, meistcir, menestier*, sp. *mester*, pg. *mester, mister, mister*, asp. app. *menester*, it. *mestiere, mestiero*, mlat. *mesterium [-ius], mesterum, mistera, misterium, ministerium*, lat. *ministerium*, sch. *mister, -ir, -eir*, neue. veraltet *mister* neben *mistery, mystery, mysterie* [s. NARES]. vgl. *ministerie*.

1. **Dienst, Amt, Beschäftigung, obliegende Thätigkeit, Hantierung** jeder Art: Alle þat halpe hym to erie, to sette, or to sowe, Or any other myster [*mestier* W.] þat myȝte Pieres auaille, Pardoun with Pieres Plowman treuthe hath ygraunted. P. PL. *Text B.* pass. VII. 6. — Þe loȝeste byeþ ase sergons, and þo þet byeþ ine office, and habbeþ þe *mestyeres*, and doþ þe offices and þe messages as me ham zayþ. AYENB. p. 122. Now speke we wylle of officiers Of court, and als of her *mestiers*. Ffoure men then ben that ȝerdis schall bere, Porter, marshalle, stuarde, usshere etc. B. OF CURTASYE 351.

Þe bischop Maximus, þat can is *mester* don swiþe wel. MAGDAL. 456 Horstm. p. 475. Euer-

ich man of ich *mester* Hem riden oȝain wiþ
fair ater. ARTH. A. MERL. 3541 Kölb. Al
þat euere hulpen him to heren [i. e. erien],
or to sowen, Or eny maner *mester* þat mihte
Pers helpen, Part in þat pardoun þe Pope
haþ igraunted. P. PL. *Text A.* pass. VIII. 6.
vgl. *mester B.* VII. 7 v. l. Stiwarde, tak nu here
Mi fundlyng for to lere *Of* þine *mestere*, Of
wude and of riuere; And tech him to harpe
Wiþ his nayles scharpe; Biuore me to kerue,
And of þe cuppe serue. K. H. 227 *Spr.* We beþ
kniȝtes ȝonge Of o dai al isprunge, And *of* ure
mestere So is þe manere: Wiþ sume oþere
kniȝte Wel for his lemman siȝte, Or eni wif take.
547. vgl. Stiward, haue þu here Horn chil for
to lere *Of* þine *mestere*, Of wode and of felde,
To riden wel wit shelde; Tech him of þe harpe
Wit his nayles sharpe Biforn me forto harpen,
And of þe cuppe seruen. K. H. 237 *Laud 108*
[in *Arch.* 50, 44]. We beþ knictes yonge, Al to
day by spronge; *Of* þe *mestere* Hyt hys þe manere: Wyt som oþer knicte For hys leman to
fyote, Her ich eny wif take. 563 [*ib.* 50, 48].
The marshalle shalle herber alle men in fere
That ben of court *of* any *mestere*. R. OF CUR-
TASYE 427.
Ioseph thoght wel on his *mister*, Did gader
sariants and squier [sqyeris] etc. CURS. MUNDI
4669 COTT. FAIRF. Pai [sc. leches] com bath
fra ferr and ner, Pat aliest war o þat *mister*.
11839 COTT. Alle þat hulpe hym to erye, to
setten, oþer to sawe, Oþer eny manere *myster*
[*mester* P.] Þat myght Peers avayle, Pardon
with Peers Ploughman perpetual he granteþ.
P. PL. *Text C.* pass. X. 6. Ioseph thoght on his
mistere, Gart gadir him seriant and squier
[squyere] etc. CURS. MUNDI 4669 GÓTT. TRIN.
Pai [sc. leches] come baþ ferre & nere, Atte
sleyest ware o þat *mistere*. 11839 FAIRF. GÖTT.
And speke I wylle *of* other *mystere* That falles
to court, as ȝe mun here; An euwer in halle
there nedys to be etc. B. OF CURTASYE 639.
— vgl. sch. Quhen thai all assemblyt war, And
in thair batailles all purwayit, With thair braid
baneris all displayit, Thai maid knychtis; as it
afferis To men that ways thai *mysteris*. BARB.
IX. 4 *Spr.* vgl. *Anm.*
häufig von der Thätigkeit in Handwerk,
Gewerbe [vgl. spät mlat. Admissio Willelmi
Coventre in *misterem* merceriorum LIB. ALB.
p. 686]: Wyþoute pacience non ne comþ to
perfeccion. Perof we yzeþ uorbisne, ate leste
ine alle þe *mestyeres* þet me deþ mid hand.
Moche þoleþ þe coupe of gold of strokes of
yzen, erþan hi þy yzet ope þet bord of þe kinge
etc. [die Beispiele sind der Thätigkeit der Gold-
schmiede, Böttcher und Walker entnommen].
AYENB. p. 167. Per byeþ workmen at Paris of
alle *mestyeres. ib.*
Seint Matheu he [sc. ore louerd] saiȝ bi cas
His *mester* don of walkingue; for a follare he
was. ST. MATHEU 5 Horstm. p. 77. Þe grom
hauet to him itake his ax þat guod was to his
mester [d. h. seine Zimmermannsaxt]. KINDH.
JESU 1388. Forþy mayres, þat maken free men,
me þynkeþ þat þei ouhten For to spure and

aspye, for eny speche of seluer, What manere
mester oþer merchaundise he vsede, Er he were
vnderfonge free and felawe in ȝoure rolles. P.
PL. *Text C.* pass. IV. 108. In youthe he [sc. the
reeve] lerned hadde a good *mester*; He was a
wel good wrighte, a carpenter. CH. *C. T.* I. A.
613 Morris Cl. Pr. He couþe *of* his *mesters.*
KINDH. JESU 1159. cf. 1200.
Seho [sc. Noema] was þe formest webster
þat man findes o þat *mister* [of þat crafte TRIN.].
CURS. MUNDI 1525 COTT. FAIRF. GÖTT. En-
entes al *mister* men in lede Þat cums þam to
scriueyng bede [sc. sal þe preist frain] Queþer
þai þair *mister* leli do, Or menges ani suilk [gile
FAIRF.] þarto, Vaand oþer weȝht or mette Again
þe lagh in land es sett. 27270 COTT. FAIRF.
Meister of þat *mister*. LANGT. p. 94. In youthe
he [sc. the reue] lerned hadde a good *myster*:
He was a wel good wrighte, a carpenter. CH.
C. T. A. 613 Zup. Sin þou has þi maister Suf-
ferred in *mister* To bete þe for lare, Suffre þou
þi fader heste In wraþ if he make cheste. CATO
121 [in CURS. MUNDI V. 1670]. Of a wryght I
wylle you telle, That some tyme in thys land
gan dwelle, And lyued by hys *myster*. WR.'s
CH. W. 10. He sett his ownne sone to þe lore
To be a chawndelere, And Florent bytaughte
he oxene two, And bad hym ouer þe bryge go
Vnto a bouchere To lere his crafte for to do, Als
hym was neuer of kynd þerto To vse swylk my-
stere. OCTAV. *Linc.* 644 Sarr. The bocher yede
to hys wyf: „Dame," he seyde, .. „Florent ys X
yere old and fyyf, And heghe ywoxe: For soth
he schall my *mystyr* dryue Of ken and oxe.
OCTOU. 667 Sarr. — The women maken alle
thinges and alle maner *mysteres* and craftes, as
of clothes, botes, and other thinges; and thei
dryuen cartes, plowes, and waynes, and chariottes: and thei maken houses and alle maner
mysteres, outtaken bowes and armures, that men
maken. MAUND. p. 250.
Die früh neue. Form *mistery, mystery, mysterie* scheint einerseits, besonders anfänglich,
einer Anlehnung an die gelehrte Nebenform
ministerie [s. dieses], andererseits, besonders
später, einer volksetymologischen Verwechselung mit *mysterie*, gr. μυστήριον, ihren Ursprung zu verdanken, und ebenso die bekannte
Bezeichnung *Mystery Plays* für die dramatische
Aufführung biblischer Geschichten durch die
Gewerke; man dachte dabei teils an die Hand-
werksgeheimnisse, teils an die dargestellter.
Mysterien der christlichen Religion: Prestes
ben aungels, as by the dignite *of* hero *misterie.*
CH. *Pers. T.* III. 347. These prestes, as saith
the book, ne conne not ministere the *mistery* of
presthode to the poeple. III. 348. vgl. *Mystery,*
mistere. PALSGR. Pagiant in a playe, mistere.
ib. Painting, sir, I have heard say is a *mistery,*
but what *mistery* there should be in hanging,
if I should be hanged, I cannot imagine.
SHAKESP. *M. for M.* IV. 2. And that which is
the noblest *mysterie*, Brings to reproach and
common infamie [vom Waffenhandwerk]. SPENS.
Moth. Hubb. T. 221.
2. oft und früh wird das Wort bildlich,

in gutem und namentlich in bösem Sinne verwendet, vom Dienste des Teufels, der Sünde, des Verbrechens.

in gutem Sinne: Marthe *mester* is uorto ueden & schruden poure men, ase huselefdi. ANCR. R. p. 414. so auch in der seltenen Form *misterie:* Seie to him, that the nexte day aftir the resurreccyon of oure lorde .. he entre allone into his oratorie, and there he shal fynde me bi the *mysterie* and seruyce of aungellis [per angelorum ministerium]. MAR. MAGD. 99 Zup.

in bösem Sinne: Cristofre iseʒ his grete folc, & þat he [sc. þe heʒe deuel of helle] was of gret poer: Of such a louerd he was glad, & of such a *mestier*. ST. CRISTOFH. 43 Spr. He [sc. Judas] betere louede þet zeluer ine his porse be his couaytise. Of zuiche uolke is lhord a dyeuel .. þet is ine helle, þet is ycleped ssettepors, þet an hermite yseʒ, þet zede þet he hedde þet *mestier* uor to ssette þe porses of þe wrechchen, þet hi ne ssolle by open to do elmesse. AYENB. p. 187-8.

Þes fikelares *mester* is to wrien, & te helien þet gongþurl. ANCR. R. p. 84. Pus ha beoð bisie i þisse fule *mester.* ib. Swuche men stinkeð of hore stinkinde *mester.* ib. Habbeð þeos þet fuluste *mester* iðe ueondes kurt. p. 216. He .. is false *mester* liet. ST. MATHEU 10 Horstm. p. 78. Þe maister [sc. þe deuel] het alle his men awei bote hem tueye, To teche his *mester* priueiliche as he ʒeode bi þe weye. ST. CRISTOPH. 45 Spr. Wapmen bigunnen quad *mester.* G. A. EX. 536. We haue now al þis fyue ʒer Lyued in lechours *mester* [i. e. in lechery]. R. OF BRUNNE *Story of Engl.* 11575. Summe iuglurs beoð þet ne cunnen seruen of non oðer gleo, buten makien cheres, & wrenchen mis hore muð, & schulen mid hore eien. Of þis *mestere* serueð þeo uniselie ontfule iðe deofles kurt, to bringen o leihtre hore ontfule louerd. ANCR. R. p. 211-12. — Nimeð nu ʒeme of hwuche two *mesteres* þeos two menestraus [vikelare u. bacbitare] serueð hore louerde, þe deofle of helle .. Heo beoð þes deofles gongmen etc. p. 84 Spr.

Anh for þui heo beoð þe lesse te menen, þet heo biuorenhond leorneð hore *meister* to makien grimme chere. ANCR. R. p. 212. Saynt Augustin zayþ þet noþing zuo moche ne ys ylych to þe dyeules dedes ase cheaste. Þes *meyster* .. þayþ moche þe dyeule. AYENB. p. 65.

Or if man be in ali *mister* [in ali *mistere* FAIRF.], Þat þai mai þair sin noght forber, Als theif, reuer, or hazardour, Hore, or okerer, or iogolour, Bot þai þair *mister* wille forsak, For fals penantes men sal þam tak. CURS. MUNDI 26852 COTT. FAIRF.

3. übertr. Beruf, Geschäft, Pflicht, Aufgabe, Auftrag, Bestimmung, auf Personen, Personalkollektiva, personifizierte Begriffe und selbst auf konkrete Dinge bezogen: Holde euerich his owene *mester*, & nout ne reame oðres. ANCR. R. p. 72 Spr. vgl. die *Anm.* Merlin tok to ich *mester* þat sleiʒe were & of power. ARTH. A. MERL. 3397 Kölb. Nenne weopmen ne chasti ʒe .. Hit is hore *meister* þet beoð ouer oðre iset & habbeð ham to witene.

Ancre naueð to witene buten hire & hire meidenes. ANCR. R. p. 70-2 Spr. Mi *mester* is to do riht forte demen [im Munde der *Rihtwisnesse*]. OEH. p. 257. Nihe wordes [i. e. *weoredes*, hosts] þer beoð, ah hu ha beoð iordret and sunderliche isette, þe an buue þe oðre, ant euchanes *meoster*, were long to tellen. p. 261. I do wel faire mi *meoster*, An warni men mid mine bere, That thi dweole song heo ne forlere [im Munde der *Eule*]. O. A. N. 922 Spr. vgl. die *Anm.* Þair wimmen .. Er noght lik wimmen o þis land, For ilkan þam seluen stere, Quen þai cum to þat ilk *mistere* [*mister, mistir* FAIRF. GÖTT.]; Ar þat we cum to þam might, þai ar lighter bi þair aun slight [vom Gebären als Geschäft, Beruf, obliegender Thätigkeit der Frauen]. CURS. MUNDI 5557 COTT. TRIN. Sem had fiue suns sere, Of an to spek es our *mistere*, Pat es of him o quas sede Was he born þat beit our nede [von der selbstgesetzten Aufgabe, selbstgesetzten Pflicht des Erzählers]. CURS. MUNDI 2153 COTT. It [sc. þe schippe] sal be made wit stages sere, Ilkon to serue o þair *mistere* [auf die Stockwerke der *Arche* nach der ihnen zukommenden oder zugedachten Bestimmung bezogen.] CURS. MUNDI COTT. FAIRF. GÖTT. vgl. for dyuerse *manere* TRIN.

4. alt ist die Verbindung mit *men* [selten *man*], die fast zu einer losen Zusammensetzung erwächst: Þe sixte is ine zuyche reuen, prouost, bedeles, oþre *mestresmen* [*mesteres men* Morris], huiche þet hy byeþ, þet makeþ þe greate robbynges, and þe wronges ope þe poure. AYENB. p. 39 Spr. vgl. die *Anm.* Hier ist *mesteres* jedenfalls als Genitiv aufzufassen, ob der Einzahl oder Mehrzahl erscheint zweifelhaft; mit dem Wegfall jeder Flexionsendung verdunkelt sich das grammatische Verhältnis noch mehr [vgl. *cun* 2. und *Gr.*² III. 338]. Die ursprüngliche Bedeutung des Wortes ist noch oft erkennbar, in dem Hinweis auf Beschäftigung, Gewerbe oder sonstige Thätigkeit, schwächt sich aber, wie *cun* und das grammatisch anders aufzufassende *maner* [s. *maner* 3.], schon ziemlich früh ab, zu der Bedeutung Art [species]: Of alle *mester* men mest me hongeth theves. PROV. OF HENDYNG 270 Spr. [aus REL. ANT. I. 115]. But tellith me what *mester men* [*mestir men* Wr.] ye been, That ben so hardy for to fighten heere Withoute jugge or other officere, As it were in a lystes really? CH. C. T. I. B. 852 Morris Cl. Pr.

Anentes bailis, o landes All *mister men* wirkand wit handes [Anendes baillifs als of lande, & *mister men* wircande with handis FAIRF.], He [þe preist] spire o manath, lesing, o suik, And stelth þat riueli folus slike. CURS. MUNDI 27260 COTT. ähnl. FAIRF. cf. 27270. Al þat euere hulpen him to heren [i. e. erien], or to sowen, Or eny maner *mester* [*myster men* H.] þat mihte Pers helpen, Part in þat pardoun þe pope haþ igraunted. P. PL. *Text A.* pass. VIII. 6. Also þis *myster men* ben maysters icalled [hier handelt es sich um Ablasshändler]. *Creda* 574 Skeat. Ho so pleyned to þe prince, þat pees shulde kepe, Of þese *mystirmen*, medlers

of wrongis, He was lyghtliche ylaujte, and
yluggyd of many etc. [es sind unwürdige Hof-
leute, die das Volk bedrücken und dem Rechte
Hohn sprechen]. DEP. OF R. II. pass. III. 334.
frühe Beispiele fast völliger Abschwächung
der urspr. Bedeutung sind nicht gerade häufig;
hierher gehören etwa: What mester man is he,
this, That doth vs here al this distres? ARTH.
A. MERL. Lo. 13 Kölb. Noube ober mister men
ber beb, proȝ coueitise hi beb iblend, Þat wer
leuer wend to þere deþ Þen spene þe gode þat
god ham send [von Habsüchtigen, Geishälsen].
SARMUN 65 Spr. [aus E. E. P. p. 3]. What mystyr man? COV. MYST. p. 140.

Ausser in zweien der zuletzt angeführten
Beispiele sind uns Fälle einer Verbindung mit
dem Singular man nicht begegnet. Diese Verbindung beschränkt sich in älterer Zeit anscheinend fast ganz auf den Plural men.

Über spätere Verbindungen, in denen die
urspr. Bedeutung immer weniger empfunden
wird, wie what mister wight, und mit Sachnamen
im Sing. und Plur., wie such mister saying, what
mister chance, these mister arts, s. NARES Gloss.
v. mister.

5. wie im Lateinischen neben das sinn-
verwandte opus ein unpersönliches opus est und,
allerdings selten, opus habere mit persönlichem
Subjekt tritt, so bezeichnet das artikellose mestier nach romanischem Vorgange mit beon und
habben verbunden, eine Arbeit, die zum Handeln zwingt, eine Aufgabe, zu deren Erfüllung
drängende Veranlassung vorliegt, Bedürfnis,
Not, Notwendigkeit.

als prädikative Ergänzung von beon, afr.
est mestier, il est besoin, sp. es menester, it. è
mestiere, nötig sein etc.: Sum poetis .. made
more of þat mater þan hom maister were.
DESTR. OF TROY prol. 23 sq. Þou said for me,
if mister war, To ded thole suld þou fight. CURS.
MUNDI 15661 COTT. FAIRF. I ha ben mare
Grenand and greueand þan mister ware. 28376
COTT. When þou prayses any man mare Thurgh
flateryng than mister ware. HAMP. 3476. Herfore hals monnis lawe ordeyned þat kyn and
affinite schulde not be weddid þus togider, for
hit is no myster [i. e. nicht nötig, ohne zweck-
dienlich]. WYCL. Sel. W. III. 162. Ȝif he [sc.
þe herde] fayle in ony of þese, he techiþ not
wel his floc, ne puttiþ his lif for his sheep aȝenus
þe wolf whanne myster is. W. hith. unpr. p. 409.
Hope is her helpe whanne myster is. CH. R. of
R. 2787 Spr. Þu said for me, if mistir war, To
dede thole suld þu fight. CURS. MUNDI 15661
GÖTT.

mit of: He [sc. Paris] seide, „Iuno hyghte
me poer; Þerof .. ys no mester; Kynges sone y
am, & lord schal be; Poer ynow schal come to
me. R. OF BRUNNE Story of Engl. 585. Begynne
we at consaile, for thareof es myster at the begynnynge of oure werkes, þat vs myslyke
noghte aftyrwarde. HAMP. Tr. p. 12 Spr.
mit dem präpositionalen Infinitiv [to und for
to]: Sem had V. sones sere, Of an to take ware
meistere, Þat ys of qua ys sede Was borne þat
bette our nede. CURS. MUNDI 2153 FAIRF. O

siluer and gold giftes to bede, Mar þan mister
es to rede. 24809 COTT. GÖTT. Sem had fiue
sonys sere, Of an to speke it es mistere etc. 2153
GÖTT. Hyt was no mystur [i. e. nicht nötig]
hym to bydd Aftur the erl to goo. ERL OF TO-
LOUS 437 Lüdtke. Of siluir & golde giftis to
bede, Mare þen is mister for to rede. CURS.
MUNDI 24809 FAIRF. EDINB.

als Objektkasus von habben, afr. avoir mestier, avoir besoin, vgl. die unpers. afr. i a mestier, a mestier, it. fa mestiere, nötig haben,
brauchen, gewöhnlich mit of: No doute I
had ful huge mestier therof. LYDG. Pylgr. of the
Sowle [in CATH. ANGL. p. 241 n. 4]. His frendes
seȝe wel bi his face þat he hedde mester of solace. EV. GESCH. 7, 277 [in Arch. 57, 250]. Þe
sargant made him bun ful sun, Bun was he
made til his buskyng, Wit tresur grette and
riche ring, Suilk als maiden had of mister [Slik
als maydens has of mister GÖTT.]. CURS. MUNDI
3244 COTT. His frendes saw wel bi his fas That
he hafd mister of solas. METR. HOMIL. p. 88.
For ar we bigin our prayer, Wat he [sc. Godd]
quarof we haf mister. p. 137. Crist .. þof he
asked of his owne, as a lord shulde, þinges of
his servauntes þat he had myster of and nede,
he beggid not, but nedid his servauntis thorw
mercy. WYCL. Sel. W. III. 414. That he of
mete hath no myster. CH. R. of R. 5617. If
that men hadde myster of thee. 6081. They dys-
armed theym selfe, and ete right well; for they
hadde well myster therof. CAXT. S. of Aym.
p. 198. Pis mon made him redy sone, Faste he
hyȝed to his goyng, Wiþ tresour greet & pro-
ciouse þing, Suche as maydenes han of mistere.
CURS. MUNDI 3244 TRIN. [He ..] hade mystere
of powere. SEGE OFF MELAYNE 1446. Yf they
have mystre of vs, lete vs goo helpe & socoure
theym. CAXT. S. of Aym. p. 180. Now lete vs
reward her for it, for she hath mystre of it, and
at the nede the frende is knowen. p. 286. Yf
we have mystre of helpe, come & helpe vs.
p. 293. But firste will I nappe in þis nede, For
he hase mystir of a morneslepe þat mydnyght
is myssand. YORK PL. p. 278. Y have mystur of
soche a man. Ms. in HALLIW. D. p. 556 v.
mister.

zu ergänzen ist of mit seinem Kasus in:'Þe
seriaunt made him boun ful sone, Boun was
made til his buskinge Tresour inoghe wiþ riche
ringe, Suche as maydenes had mister. CURS.
MUNDI 3244 FAIRF.

selten mit to: To Josep cam a bacheler,
And seide he hadde to him mester. KINDH. JESU
1370. He hadde mister fin to fele kniȝtes him to
helpe. ARTH. A. MERL. 4514 Kölb.

mit dem präpositionalen Infinitiv [to und
for to]: Als gret mister haf thay [sc. lawed men]
To wit quat the godspel will say, Als lered men.
METR. HOMIL. p. 5. Thohquethir hafd scho
[sc. our Lefdye] na mister To be clensed on slic
maner. p. 151. Laued men hauis mar mister
Godes word for to her Than klerkes. p. 3.

ohne Verbindung mit beon, habben wird das
Wort in dieser Bedeutung selten angetroffen;
so als präd. Ergänzung des unpers. wurden mit

to: ʒou [dat.] *worþ to* hem wel gret *mister* Herafterward [i. e. Ihr werdet ihrer später dringend
bedürfen]. ARTH. A. MERL. 3428 Kölb. ausser-
halb jeder Satzverbindung in : A *mister*, vbi
nede. CATH. ANGL. p. 241. vgl. *nede*, neces-
sitas, necesse, necessario, opere precium,
opus, necessitudo. p. 250. *Mystere*, or nede
[*mistyr* P.], indigencia, opus. PR. P. p. 340.
elliptisch: Fforby [i. e. neue. beyond] alle oþere
he þem honured; þat *mester* [i. e. Bedürfnis ge-
ehrt zu werden] he þem socourred. R. OF
BRUNNE *Story of Engl.* 7179. hierher gehört
auch: Yf we þink *myster.* SONG OF ROLAND 321.
ebenso der konkrete Plural: The yren parte
of the feete I clepe alle tho *mystres* whiche that
apperteyne to the body without, as clothyng,
howsynge, and defense ageyne dyuerse perylles.
LYDG. *Pylgr. of the Sowle* [in CATH. ANGL.
p. 241 n. 4].

6. Not, Mangel, Elend: For *mestire* &
miserie vnneth may you forthe Pine awen caitefe
cors to clethe & to fede. WARS OF ALEX. 1774
Ashm. Lorde, þou haue mercy, Kepe þi folk
for hungre dede, Was neuer mare *mester* of
brede; jour men oueral has sawen þaire feldis,
And nojt agaynewarde ys þat hit jeldis. CURS.
MUNDI 4716 FAIRF. Lauerd, þou ha merci O
þi folk for vnger ded, Was neuer mare *mister*
o bred; Pof men ouer all has saun feilds, O corn
es þar noght an þat yeilds. COTT. Þai cled þam
þan in þat *mister* Wit leues brad bath o figer
[v. Adam u. Eva]. 803 COTT. In *mister* [in presun,
in prisoun GÖTT. TRIN.], sir, I mai noght lain,
I wad [was *cett.*] don þar i suffurd pain [v. Jo-
seph]. 5281 COTT. FAIRF. Understandynge es,
to knawe whate es to doo, and whate es to lefe,
and þat that salle be gyffene to gyffe it to thaym
þat has nede, noghte till oþer þat has *na myster.*
HAMP. *Tr.* 12 *Spr.* Meto & al maner þing þat
hem *mister* neded, þe werwolf hem wan. WILL.
1919. The nightes longe Encrescen double wise
the peynes stronge Bothe of the lovere and the
prisoner. I noot which hath the wofullere *myster.* CH. *C. T.* I. B. 479 Morris Cl. Pr. For
mister & for miserie vnneth may you forth Pine
awne catef cors to cloth & to fede. WARS OF
ALEX. 1774 Dubl. A *mister*, vbi nede. CATH.
ANGL. p. 241 [und dazu: A *nede*, egestas, jndi-
gencia, & cetera; vbi pouerty. p. 250]. vgl. *Mister*, egestas, inopia. MAN. VOC. Seynt Jhoun
commaundede hys aumenere to jyue hym [sc. þe
pylgrym] ouþer syxe [sc. besaunte], for he hade
mystere. R. OF BRUNNE *Handl.* S. 6560. *Mystere*, or nede [*mystir* P.], indigencia, opus. PR.
P. 340. I am full olde and oute of qwarte, Þat
me liste do no daies dede, Bot yf gret *mystir*
me garte. YORK PL. p. 41.

an die Form *mister* etc. schliessen sich an:
mistieren, mistieren, mistrea v. sch. *mester*, *mister*, *mystre*, neue. veraltet *mister*,
opus esse.

a. tr. nötig haben, brauchen, mit
Sachobjekt: We *myster* no aponys Here at
our mangyng. TOWN. M. p. 90.

b. intr. 1. bedürfen, mit *of* zur Bezeichnung der Sache, deren man bedarf: He

proffred to them his seruyse, yf they *myster*
of it. MELUSINE p. 219.

2. nötig sein, mit dem Dativ der Person: Vs *mistris* neuire na medcyne for malidy on erthe. WARS OF ALEX. 4281 Ashm.

3. nützlich, zweckdienlich sein,
nützen: Whan Reynaud sawe so riche a tresur, he began to laughe, & sayd, „lady moder,
gramercy of so fayre a yeste as here is, for it
mystreth me well. CAXT. *S. of Aym.* p. 129.
Borgons, thys worde *myster* not to you for to
saye, for ye must nedes defende yourselfe.
p. 141.

c. unpers. nötig sein, nützen, mit
oder ohne Personenkasus: What *mystris* þe,
in gode or ille, Of me to melle þe? YORK PL.
p. 37. vgl. As for my name it *mistreth* not to
tell, Call me the sqyre of dames, that me be-
seemeth well. SPENS. *F. Q.* III. 7, 51. Yf it
myster [konj.], we shal guyde & lede you
wel & surely thrughe all the passages. ME-
LUSINE p. 222-3.

misteras adj. eig. zu einem Handwerk oder
Gewerbe gehörig, handwerksmässig in
Gesinnung und Verhalten.

Alle þat louen & byleuen vp lykyng of
mede, Leueþ hit leely, thys worth hure laste
mede, Þat folwen falsnesse, fauel, and lyere,
And me, and swiche men [As both þese *mys-
terus* men F.] þat after mede wayten. P. PL.
Text C. pass. III. 75. vgl. *Gl.*

mestif s. Nebenform von *mastif*, vielleicht
mit Anlehnung an afr. *mestif*, chien *mestif* neben *mestis*, canis mixticius, später *metif*, *metis*,
nfr. *métis*, da grosse, starke Bastardhunde wenig zur Jagd, wohl aber zur Bewachung des
Hauses taugen. vgl. auch *mastis*. grosser
Haushund.

Mestyf, hownde, idem quod mastyf, supra;
et spartanus, umber. PR. P. p. 334. vgl. *Mastyf*, hownde [or *mestyf*, infra], Spartanus.
p. 329. Spartanische und umbrische Hunde
waren im Altertum berühmt.

mestif s. wohl dasselbe Wort wie das vorher-
gehende [also eig. Hausschwein oder Bastard-
schwein, d. h. Bastard von einem wilden Eber
und einer zahmen Schweinemutter]; hierbei ist
eine Anlehnung an *masti*, *masten*, *mesten* nicht
ausgeschlossen; vgl. *mastif*, *mastis*, *mestif*,
canis. Die lat. Bezeichnung *maialis* i. e. ac.
bare], zu Mastzwecken verschnittenes männliches Hausschwein, kehrt übrigens auch bei
masthog, *mastswin* wieder. Hausschwein,
Mastschwein.

Mestyf, hogge, or swyne, maialis *Cath.*
PR. P. p. 334. vgl. n. 3.

mestilien s. mixtilio, frumentum mixtum s.
mestlion.

mestling, meastling, messelin, mastling,
maslin, mascelin, masalin etc. ags. *mästlingc*,
mästling, *mästlinc* [Vin and ele, ylpesbán and
mästlingc, ær and tin, vinum et oleum, ebur et
auricalcum, æs et stagnum WR. VOC. col. 96, 20
Wülck. Electrum, i. sucus arboris, ovicseolfer,
uel *mästling* col. 227, 9. auricalcos, grene ar,
mästlinc col. 272, 22], *mäslingc*, *mäslinc* [in

mästlingesmiö WR. VOC. col. 310, 37, *goldmästline* col. 334, 10] altnorthumbr. *mäslen*, æs, pecunia [MARK 6, 8 u. ö.], vielleicht mit *-ling* von ags. *miscan*, miscere, oder mit *-ing* zu ahd. *miskelón*, *miscelón*, mhd. *mischelón*, *mislón*, mlat. *miscularis*; das alte und gut beglaubigte Wort ist vielleicht nichts als eine frühe hybride Ausdeutung von mlat. *mixtilio*, sc. *mestlion*, *mastlioun* [s. dieses], mit dem es später jedenfalls zusammenfiel; vgl. sch. *meslin*, *maslin*, *mashlin*, *mashlum*, Mischkorn, früh neue. *mestling*, *mestlin*, *mestling*, *meslin*, *misslin*, *messin*, *mastlin*, *mastelaine*, *massledine*, *maslin*, Mischmetall und Mischkorn. vgl. *goldmestling*. Mischmetall, Messing.

Nis þet iren [or ¦C. golt, æluer, stil, irn, copper, *mestling*, bras: al is icleopet or C. *Note*] acursed þet iwurðeð þe swarture & þe ruhure, so hit is ofture & more iviled? ANCR. R. p. 284. And is þat tu wendest gold iwurðen to *meastling*. HALI MEID. p. 9. vgl. *Mestlyn*, brasse. PALSGR. Is þer non instrumentis of iren in all þat ile founden, Ne na kin metall of to make *messelyne* ne othire. WARS OF ALEX. 4583 Ashm. In strong *mastling* to hap þerinne boþe heore bones ydo. R. OF GL. p. 87 Hearne. vgl. Stirrops gay of *goldmastling*. POL. P. A. S. I. 308. Foure hondred copes of golde fyn, And ase sele of *maslin*. BEVES *A.* 3997 Kölb. An hunderid copus of gold ffyne, And also meny of *mascelyne*. *M.* 3771. vgl. *Masclyne*, brasse. PALSGR. Þe wyndowes wern ymad of iaspre & of oþre stones fyne, Ypoudred wyþ perree of polastre, þe leues were *masalynne*. FERUMBR. 1327 Herrtage.

Über das vielleicht ebenfalls hierher zu ziehende *maselin* s. Metallbecher vgl. oben *maselin* s. scyphus, neue. veraltet *maslin*.

Es finden sich auch Zusammensetzungen des Wortes:

mastelinpanne s. Messingpfanne, **-schale:** Take a quarte of good wyne, and do it in a clene *mastelynpanne*, and do therto an ownce of salgemme. MS. MED. REC. [15. Jahrh.] in HALLIW. D. p. 543 v. *maselin*.

mästlingsmiö s. ags. *mästlincsmiö*, *mäslingesmiö*, ærarius [WR. VOC. col. 164, 26. 310, 37 Wülck.]. Messingschmidt, -arbeiter: Ærarius, *mästlingsmiþ*. WR. VOC. p. 88 [col. 539, 6 Wülck.].

mestlion, mestilion, mistlion, mystelon, mastlioun, mastiljon etc. s. afr. *mestelon* [WR. VOC. p. 127 n. 4], mlat. *mestilio*, *mistilio*, *mustilio*, *mixtilio* zu lat. *mistum*, *mixtum* p. p. von *miscere*, sch. *massylion*, *massilon* neben *meslin*, *maslin* etc., neue. veraltet, mit *mestling* verschmolsen, in den Formen *mestling*, *mestlin*, *meslin*, *mastlin*, *maslin* etc. vgl. *mestling*, metallum mixtum. Mischkorn, aus Weizen und Roggen gemischt.

Dragge, menglyd corne [drage, or *mestlyon* P.], mixtio [mixtilio P.]. PR. P. p. 130. *Mestlyone*, or monge corne [or dragge, supra; *mestilione*, corne K. mongorne S.], mixtilio, bigermen. p. 334. vgl. n. 4. *Mestlyon*, corne. PALSGR. Mustilio, *mestylyon*. WR. VOC. col. 597, 15

Wülck. vgl. Mixtilio, draggeye. 596, 24. *Mystlyone*, supra in *mestlyons*, bigermen, UG. in bis, mixtilio. PR. P. p. 340.

Þe paste to þe vble seyde byforne Shal nat be of medel [medlede *v. l.*] corne, But alle onely of wete, Þe *mastlyoun* shul men lete [Le past ne deit estre melle De nule manere de autre ble *Man. Pech.* 7400]. R. OF BRUNNE *Handl. S.* 10122. *Mastiljoñ*, bigermen, mixtilio. CATH. ANGL. p. 230. vgl. n. 3.

Die spätere Verschmelzung dieses Wortes mit *mestling* findet sich bereits gegen Ende des 15. Jahrh. angebahnt. Es erscheint das der Form nach offenbar zu *mestlion*, frumentum mixtum, gehörende *mistelon* in der Bedeutung von Mischmetall, Messing: For a combe of *mystelon*, ij. s. vj. d. HOUSEHOLD EXP. p. 347 [a. 1466] in PR. P. p. 334 n. 4. Andererseits wird *mestelin*, das der Form nach *mestling* näher steht, in der Bedeutung von Mischkorn gefunden: Paulyn, the meter of corne hath so moche moten of corne and of *mestelyn* [mestelon *afr.*], that he may no more for age. CAXT. *B. for Trav.* in PR. P. p. 334 n. 4. vgl. *Mestlyn* [unmittelbar hinter *Mestlyon*, corne]. PALSGR. *Masclyne*, corne [neben *Masclyne*, brasse]. *ib.*

mestresse s. magistra s. *maistresse*.

Mestresse, maistresse [neben: *Maistresse*, maistresse p. 243]. PALSGR. p. 244.

mesuage s. messuagium s. *messuage*.

mesurable etc. adj. fr. *mesurable*, *mensurable*, messbar, ermesslich, pr. *mezurable*, sp. *mesurable*, it. *misurabile*, *misurevole*, messbar, lat. *mensurabilis*, messbar, von *mensurare*, neue. *measurable*, messbar, mässig. vgl. *mesuren* v.

1. die urspr. Bedeutung des Wortes, messbar, scheint im Altenglischen der früheren Zeit nur selten vorzukommen. Hierher gehört etwa: Lo! *mesurable* thou hast put my dajes; and my substaunce as nojt befor thee. WYCL. PS. 38, 6 Oxf. [ähnl. *Purv.*; eig. palmares dedidisti dies meos i. e. paucissimos, eine Hand breit *Luther*]. Unter den Bedeutungen, welche das Catholicon Anglicum im Jahre 1483 verzeichnet, ist die letzte vielleicht so aufzufassen: *Mesurabylle*, frugalitas [frugalis *A.*], moderatus, modestus, sobrius, discretus, temperatus, *mensurabilis*. CATH. ANGL. p. 237. vgl. auch *Mesurable*, mesurable. PALSGR.

2. mässig, angemessen, geeignet, hinreichend, von Sachen: Þat laborers and louh folk taken of heore maystres Nis no maner meede, bot *mesurable* huyre. P. PL. *Text A.* pass. III. 240. cf. *B.* III. 253 sq. He [sc. God] hihte þe eorþe to seruen ow vchone Of wollene, Of linnene to lyflode at neode, in *mesurable* maner to maken ow at ese. *A.* I. 17. cf. *B.* I. 17 sq. We holdeþ nedeful what we knoweþ þat it is inow, and not to meche [that we knowe is *mesurable*, and not to moche Cx. necessarium putamus quod scimus non esse superfluum *Higd.*]. TREVISA III. 457-9. If so be þat lechis doon þee faile, Vse good diete bi þe councel of me, *Mesurable* fedyng and temperat trauaile. BAB. B. p. 54 [a. 1430]. — The threttene artycul, so God me saue, Ys, jef that the mayster a

prentes have, Enterlyche [i. e. entirely] thenne
that he hym teche, And *mesurable* poyntes that
he hym reche. FREEMAS. 239.]

3. **mässig, enthaltsam im Essen und
Trinken, von Personen**: She was ful *mesurable*,
as wommen be [die Männer haben die Nacht
über gezecht]. CH. *C. T.* II. F. 362 Skeat Cl.
Pr. hierher gehört wohl auch: They beon treowe, and steodefast, *Mesureabels*, bonere and
chast [chest *ed.*]. ALIS. 7049. mit *of: Of his
diete mesurable* was he [sc. the doctour of phi-
sik]; For it was of no superfluitee, But of greet
norissaynge and digestible. I. A. 435 Morris Cl.
Pr. O, wiste a man how many maladyes Folwen of excesse and glotonyes, He wolde been
the more *mesurable Of his diete*, sittinge at his
table. III. C. 513 Skeat Cl. Pr. mit *in:* Be gentil of langage, *in sedinge mesurable*. BAB. B.
p. 56 [a. 1430].

4. **mässig, beacheiden,
zurückhaltend, sparsam in Sprache, Gebahren, Ausgaben, von Personen**: Be meke &
mesurabul, nou3t of many wordes, Be no tellere
of talis, but trewe to þi lord, & prestely for pore
men. WILL. 333. mit *of:* Amonge gestis atte
borde Be *mesurable of worde*. CATO 74 [in CURS.
MUNDI V. 1670]. mit *in:* Be *mesurable in alle
þyng*. R. OF BRUNNE *Handl. S.* 6527. A wyf
schulde eek be *mesurable in lokyng* and *in beryng*
and *laughsing*, and discrete in alle hir wordes
and hir dedes. CH. *Pers. T.* p. 352. Curteys of
language, *in spending mesurable*. LYDG. *M. P.*
p. 67.

5. **massvoll, masshaltend im Gebrauche der Macht [i. e. milde und gerecht],
von einem Könige**: He was kyng ful *mesurable*,
To don alle right he was ful stable. R. OF
BRUNNE *Story of Engl.* 3817.

mesurabli adv. neue. *measurably.* mässig,
mit Massen.

Þey & herne shulen first take *mesurably*
of þes godis; þe secound part shulde be jouyn
to pore & nedy folc etc. WYCL. *W. hith. unpr.*
p. 433. If thou drinke it [sc. wyn] *mesurably*,
thou shalt ben sobre. ECCLUS. 31, 32 Oxf.
[ähnl. auch *Purv.*]. If þou be in place where
good ale is on lofte, Wheþer þat þou serue
þerof, or þat þou sitte softe, *Mesurabli* þou take
þerof, þat þou falle in no blame. BAB. B. p. 39.
Mesurably, mensurate [moderate P.]. PR. P.
p. 334.

**mesure, meseure, mesur, mesour, meo-
sure, measure** etc. s. afr. nfr. *mesure*, pr. *mesura, mezura*, sp. *mesura*, it. *misura*, lat. *mensura* von *mensus* zu *metiri*, neue. *measure*. eig.
Messen, Messung.

1. **Mass als Messen, Messung, Ausmes-
sung, Abmessung der Grössenverhältnisse in
Linie, Fläche und Körper**: He [sc. Noe] gaf þe
wrightes þar *mesure* [: labore, cure]. CURS.
MUNDI 1725 COTT. TRIN. Ioseph bad þo to his
knaue Pat he shulde him tymber felle, And he
þe *mesure* gon him telle. 12394 TRIN. I sal þe
tel how lange, how brade, Of quat *mesure* hit
[sc. þe ship] sal be made. 1667 FAIRF. GÖTT.

TRIN. Þou sal beneth on þat a side Make a
dore wiþ *mesure* wide. 1681 FAIRF. TRIN. Ffor
he [sc. God] made al thyng thurgh nyght and
sleght, In certayn numbre and *mesure* and
weght. HAMP. 7689. The plentithe passide
mesure [i. e. war unermesslich gross]. WYCL.
GEN. 41, 49 Oxf. And in hond of the man
a jerd of *mesure* of sixe cubitis and a palme.
EZEK. 40, 5 Oxf. In *mesure* god made alle
maneres þynges, And sette hit at [a' sertayn
and at a syker numbre. P. PL. *Text C.* XXIII.
254. The *mesure* of this longitude of sterres is
taken in the lyne eclyptik of heuene. CH.
Astrol. p. 12. Vpon his heuede sat an gray
hure; It semed hym wel a *mesure* [i. e. fitting,
suitable]. AD. DAV. 60. They setten point and
mesure even. GOWER III. 90. I toke þe *mesure*
or I yode, Bothe for þe fette and hande. YORK
PL. p. 339. In nomber, weight, and *mesure*
fyne God creat [i. e. created] here al thyng.
p. 433. *Mesure* [or met, infra], mensura. PR. P.
p. 335. Met, idem quod *mesure* [mette S. P.].
ib. Abatement, or wythdrawynge of wyghte, or
mesure, or other thyngys, subtractio, defalcatio.
p. 5. A *mesure*, mensura. CATH. ANGL. p. 237.
Ioseph commaunded til his knaue Suche timbre
for to felle, & þe *mesoure* he con him telle.
CURS. MUNDI 12394 FAIRF. Godd gaffe me me-
sore fayre of every ilke thyng [v. Archenbau].
YORK PL. p. 49. vgl. *Measure*, mesure. PALSGR.

He [sc. Noe] gaf þe writhes þair *mesur*
[: labur]. CURS. MUNDI 1725 GÖTT. Ioseph co-
mandid til his knaue Pat he him auld ali timber
fell, And he þe *mesur* can him tell. 12394 COTT.
GÖTT. I sall þe tell hou lang, hou brade, O
quat *mesur* it [sc. þe schippe] sal be made. 1667
COTT. Mad a dor wit *mesur* wide. 1682 COTT.
GÖTT. [Es sett a tron of iuor graid ..] Craftili
casten wit compass, Climand vp with seuen pass,
Ilkan es wit þair *mesur* mette [*mesur* mett
GÖTT. *mesure* met FAIRF. TRIN.]. 9937 COTT.
— Þus gyffe I þe gratly, or I gang, þe *mesures*
þat þou do not mysse [v. Archenbau]. YORK
PL. p. 42. „3e, 3e,“ seyd the lyne and the
chalke .. „I schal merke well vpone the wode,
And kepe his *mesures* trew and gode, And so.
by my *mesures* all, To the [i. e. gedeihen] full
wele my mayster schall.“ NUG. POET. p. 15.

auch Zeitmass, Takt: Refrain in *me-
sure* be. LYDG. *M. P.* p. 81. — *Mesours* of musyk. *ib.*

2. **Mass, Messgefäss, Messwerkzeug, in Handel und Gewerbe**: Ase doþ þise
tavernyers þet uelleþ þe *mesure* myd scome
[Messgefäss für Flüssigkeiten, Masskrug, Maas-
kanne]. AYENB. p. 44. Here es forbodene
gillery of weghte, or of tale, or of mett, or of
mesure. Tr. p. 11 *Spr.* vgl. *Anm.* False marchauntis .. lyuen comynly bi falsenesse, as bi
false awerynge, false *mesure*, & false weitis.
WYCL. *W. hith. unpr.* p.185. Hic corus, a *mesure* [Hohlmass für Getreide]. WR. VOC. p. 201
[col. 664, 9 Wülck.]. Met. idem quod *mesure*,
supra [mette S. P.]. PR. P. p. 335. Mesuryd
wythe *mesure*, mensuratus. *ib. Mesure* of mete
of lycorys, as pottys, and oþer lyke, metreta

ib. Met, scantylyon [mete, or *mesure*, or|scantlyon S.], amona [i. e. neue. scantling, Zimmermannsmass]. *ib.* [vgl. n. 1]. A *mesure*, bria, mensura. CATH. ANGL. p. 237 [vgl. n. 6 und *maundrel* s.]. Hie corus, a *mesur* [Hohlmass für Getreide]. WR. VOC. p. 233 [col. 726, 3 Wülck.]. vgl. *Measure*, mesure. PALSGR. *Measure* of otes or suche lyke, picquotin. *ib. Measure* of two gallons, sextier. *ib.* Busshell, *measure* boisseav. *ib.* — Huanne me heþ diuerse wyȝtes, oþer diuerse *mesures*, and beggeþ be þe gratteste wyȝtes, oþer be þe gratteste *mesures*, and zelleþ be þe leste. AYENB. p. 44. Huane me heþ riȝtuolle wyȝtes and ryȝtuolle *mesures*, and zelleþ ontreweliche. *ib.* Selde is any pore riche, but of riȝtful heritage; Wynneth he nauȝt with weghtes fals ne with vnseled *mesures* [ungeeichte Masse]. P. PL. *Text B.* pass. XIV. 291. Pei [sc. marchauntis and riche men] vsen bi false wettes & *mesures* to amende hem. WYCL. *W. hith. unpr.* p. 25. He þat bi brekynge of goddis hestis, as bi false sweryngis, false *mesures* or weiȝtis, or ony sleiȝte, gettiþ or holdiþ his neiȝeboris goodis, doþ not goddis wille. p. 199. Alle þo þat disseyven here neiȝeboris .. bi .. false weiȝttis or *mesures*, ben stronge þevys. *Sel. W.* III. 319. Hast þou vset *mesures* fals, Or wyghtes þat were als By þe more to bye & by þe lasse to selle? MYRC *Instructions* 1055. [We accursen ..] all þat falsen or vse false *measures*, busshelles, galones etc. 711 [vgl. *Notes* und besonders die dort angeführte Stelle aus LIB. ALB. p. 290].

bildlich: In what *mesure* ȝee meten, it shal be meten to ȝou. WYCL. MARK 4, 24 Oxf. cf. MATTH. 7, 2. LUKE 6, 38. Crist stood and mat þe erþe, þat is, chosun men he took as his owne, and ȝaf hem grace and ioie after þe *mesure* of his ȝevyng. *Sel. W.* III. 25. For þe same *mesure* þat ȝe meten, amis oþer elles, ȝe schul be weyen þerwith. P. PL. *Text A.* pass. I. 151. *C.* II. 174. Thay schul receyve by the same *mesure* that thay han mesured to pover folk the mercy of Jhesu Crist. CH. *Pers. T.* III. 334. vgl. By the same *mesure* that you mesure to other men wyll men mesure by to you, par la mesme mesure dont vous mesures aux aultres, on mesurera a vous. PALSGR.

3. **Mass als abgemessene Menge:** They schulen ȝyue in to ȝoure bosum a good *mesure*, and wel fillid, and shakun to gidere, and overflowynge. WYCL. LUKE 6, 38 Oxf. ähnl. *Purv.* Take thou to thi britheren meete made of meele, the *mesure* of ephi [powned corn, of the *mesure* of ephi *Purv.* ephi polentæ *Vulg.*]. 1 KINGS 17, 17 Oxf. Whe [i. e. Who] mette this clothe, you have skante *mesure*, qui vous aulna ce drap, a peyne auez vous vostre mesure. PALSGR. — It is lyke to sourdowȝ, which takun, a womman hidith in thre *mesure* of mele, til al were sourdowid. WYCL. LUKE 13, 21 Oxf. ähnl. *Purv.* The meyte of kynge Salomon was in euery day XXX^ti greate *measures* of floure .. and LXXX suche *measures* of meyle. TREVISA III. 9 *Harl.*

4. **Mass, rechtes, gebührendes**

Mass, Mittelmass in gutem Sinne, Mitte zwischen zu viel und zu wenig, und zwar zunächst als inne zu haltendes Grenzgebiet: Ne mei na wunne, ne na flesches licunge, ne licomlich este bringe me ouer þe midel of *mesure* ant of mete. OEH. p. 255. Ageyn Lokeryn þey gon hem atyre Wyþ gret host out of *mesure*. R. OF BRUNNE *Story of Engl.* 2096. He was a merueillous [Ouer *mesure* was he v. l.] mody knyght. 3738. Of his mete was *mesure* noone, Seuen sheep he [sc. Goly] wolde ete his one [i. e. er allein]. CURS. MUNDI 7453 TRIN. Sobrete ne is oþer þing bote to loky riȝte *mesure* ine alle þinges. AYENB. p. 252. Nou is hit grat nyed to hyealde .. *mesure* ine mete and ine drinke, and ine cloþinge and ine hosiynge and ine ssoinge, and ine alle þe þinges þet þet bodi acseþ. p. 154. Me eth and dryngþ .. to lostuolliche, oþer out of *mesure*. p. 51. Þe oþer boȝ is of mete and of drinke, be to moche and wiþoute *mesure*. p. 52. Al in *mesure* & meþe wats made þe vengiaunce, & efte amended with a mayden þat make hade neuer. ALLIT. P. 2, 247. Hit is no leue in our land þat ludus þerinne Scholde more of hure mete þan *mesure* take. ALEX. A. DINDIM. 311. Ouerplente maketh pruyde amonges pore & riche; Ac *mesure* is moche worth, it may nouȝte be to dere. P. PL. *Text B.* pass. XIV. 73. To be liberal, that is to sayn, large by *mesure;* for thilke that passith *mesure* is foly and synne. CH. *Pers. T.* III. 301. He [sc. Claudius] ȝaf hym alwey to mete and drynke, and to leccherie oute of *mesure.* TREVISA IV. 371. Right so it farith of fals felicite, That of his weighte *mesure* doth exceede. LYDG. *Fab. D. M.* 614 Zup. ed. Schleich. I fele owt of *mesure* Dedly payn & displesure. DIGBY PL. p. 211. Whan any humour synneth in quantite, Or whan his flowyng is to plentevous, That he excedith *mesoure* in qualite. LYDG. *Fab. D. M.* 296 Zup. ed. Schleich. Of his metscip was *mesur* nan, He [sc. Goli] wald ete seuen scep him an. CURS. MUNDI 7453 COTT. GÖTT. Now er we ryche, now er we pur, Now haf we orlitel [i. e. overlitel, too little], now pas we *mesur.* HAMP. 1458. [Clathes ..] Þe whilk þai had here over *mesur*, And of þam wald noght parte til þe pur. 5574. Bot money may maken *mesur* of þe peyne, [After þat his power is to payen] his penance schal faile [vom Ablasshandel]. P. PL. *Crede* 570. Of his mete was *mesour* nane, He [sc. Goly] walde ete vij. shepe him allane. CURS. MUNDI 7453 FAIRF. Lord, demene me with *mesuer!* DIGBY PL. p. 114.

Y praie, parceyue now þe pursut of a frere [i. e. persecution by a friar], In what *measure* of meknesse þise men deleþ [ironisch v. grausamer Verfolgung]. P. PL. *Crede* 570 Skeat. Our goddes thou hast aboue *measure* Felly prouoked vengeance on the to take. LYDG. *Alb. a. Amph.* 3, 1112.

ferner in nahe verwandter Anschauung als Tugend, welche sich durch Innehalten dieses Grenzgebietes offenbart; so besonders mit Bezug auf Essen und Trinken und andere äusserliche Dinge als Mass, Masshalten, Mässig-

k e i t: Þare es beting again þis last, *Mesure* o
mete and drinc to tast. CURS. MUNDI 27909
COTT. ꝛe ben glotonius gle for to haunte, &
han no *mesure* on molde of mete ne of drynke.
ALEX. A. DINDIM. 790. Drevde dilitable drinke,
and þou schalt do þe bettre; *Mesure* is medicine, þauh þou muche ȝeor[n]e. P. PL. *Text A.*
pass. I. 32. cf. *B.* I. 35. *C.* II. 33. *Mesure* ..
that restreyneth by reasoun the .. appetit of
etyng. CH. *Pers. T.* III. 340. *Mesure* is a mery
meene, whan god is not displesed, Abstynens
is to prayse what body & sowle ar plesed. BAB.
B. p. 124 [a. 1460-70]. *Mesure*, in vse of cloy-
sterys nedefulle thyngys [*mesure*, and wyse
governawnce of clothys, and mete, and nedeful
thyngys S.], frugalitas. PR. P. p. 335. das Gegenteil, M a n g e l a n M a s s h a l t e n auf diesem Gebiete, U n m ä s s i g k e i t, wird in allegor.
Darstellung als *muðes mesure* bezeichnet: Þe
lichame is cleped burh .. and on him rixleð
lichamliche wil ase eldrene man on his burh,
and sette *muðes mesure* on his ferde [et fecit
gulam milicie sue principem]. OEH. II. 55 [vgl.
muðes meðs ib.].

mehr allgemein als M a s s , M a s s h a l t e n ,
M ä s s i g u n g , m a s s v o l l e s W e s e n u n d
B e t r a g e n , B e s c h e i d e n h e i t: Þat beon þe
uertuz þat he streoneð in þe þurh his swete
grace, as rihtwisnesse & warschipe aȝaines unþeawes, *mesure* & mete, & gastliche strengðe to
wiðstonde þe feond & aȝain sunne. HALI MEID.
p. 41. Þys Elygnellus, fol wys was he, Man of
mesure wel auysc. R. OF BRUNNE *Story of Engl.*
4063. Of alle wysdoms þat shal dure, þe most
wysdom þan ys *mesure*. *Handl. S.* 6528. *Mesure* and resun to gedyr þey wone, And alle
manere of vertues þey kone. 6530. If men
lyued as *mesure* wolde, shulde neuere more be
defaute Amonges cristene creatures. P. PL.
Text B. pass. XIV. 70. cf. *C.* XVI. 274. Thilke
lordes .. be like wolves, that devouren the possessioun or the catel of pore folk wrongfully
withoute mercy or *mesure*. CH. *Pers. T.* III. 334.
Mesure is a meri mene, þouȝ men moche yerne.
DEP. OF R. II. pass. II. 139 Skeat [vgl. das Vor-
hergehende]. Haue *mesure* and lownes, as y
haue þee tauȝt, And what man þe wedde schal,
him dare care nauȝt. BAB. B. p. 47 [a. 1430].
Some *mesure* with malice to melle [With *mesure*
and malyce for to melle TOWN. M.]. YORK PL.
p. 394.

Þe þridde suster þat is meað; hire he [sc.
wit] makeð meistre ouer his willesfule hirð ..
þat ha leare ham mete, þat me *meosure* hat, þe
middel of twa uueles; for þat is þeaw in euch
stude and tuht forte halden. OEH. p. 247.

mesureles, -lees adj. neue. *measureless.*
vgl. *mesure* s. m a s s l o s , u n e r m e s s l i c h.

Bote þer is a meede *mesureles*, þat maystrie
desyret: To meyntene misdoers meede þei
taken. P. PL. *Text A.* pass. III. 231. There is
another meede *mesurelees*, þat maistres desireth;
To meyntene mysdoers mede þei take. *B.* III.
245.

mesureli, mesurli, mesurle adv. neue. veraltet *measurely*, ziemlich früh von *mesure* s. ge-

bildet; ein entsprechendes hybrides Adjektiv
ist anscheinend nicht nachzuweisen. m ä ß i g ,
mit M a s s e n , das Z u v i e l v e r m e i d e n d ,
w e n i g.

1. beim W ü r z e n d e r S p e i s e: But loke þat
hit [sc. þe mortrews] be not to þyn, But stond-
and [i. e. thick] and saltid *mesurle* [: maystre].
LIB. C. C. p. 14.

2. beim E s s e n und T r i n k e n: Ogaines þis
sin [sc. of glotony] es medcyn gude Abstinence
fro flesly fode .. And *mesurely* oure fless to
fede, þat we it in no folis lede, Bot seson it with
sobirte. CURS. MUNDI 27914 GALBA. Mesurabli
[*Mesurely*] þou take þerof [sc. of þe ale], þat
þou falle in no blame. BAB. B. p. 39.

3. in G e l d a n g e l e g e n h e i t e n: Loke þou
spende *mesureli* Þe gode þat þou liuis bi, Or
ellis wille hit faile [Warnung vor Verschwen-
dung]. CATO 85 [in CURS. MUNDI V. 1670]. Gode
men ofte hym [sc. þe justyse] besoghte For þe
pore, þat he wo wroghte, Þat he shulde haue on
hem mercy, And pylle hem nat but *mesurly*
[Warnung vor Erpressung aus Habsucht]. R.
OF BRUNNE *Handl. S.* 5449.

mesuren v. afr. *mesurer, mesurier*, nfr. *mesurer*, pr. *mesurar, mezurar*, sp. *mesurar*, it. *mi-
surare*, lat. *mensurare* von *mensura*, neue. *measure.* vgl. *mesure* s.

1. m e s s e n , a u s m e s s e n , a b m e s s e n·
Mesuryn, or metyn, mensuro, mencior. PR. P.
p. 335. Mensuro, to *mesure*. WR. VOC. col. 595,
40 Wülck. To *mesure*, mensurare. CATH. ANGL.
p. 237. I wyll *mesure* this clothe, and come to
you, je aulneray ce drap et viendray a vous.
PALSGR. By what busshell wyll you *mesure*
your wheate, par quel boisseau mesurerez vous
vostre bled? *ib.*

I *mesure* clothe with a yerde, or mettcyerde,
je mesure, je aulne. PALSGR.

Mesuryd wythe mesure, mensuratus. PR.
P. p. 335. *Mesurde*, mensus. CATH. ANGL.
p. 237. von astronom. Messungen: And more
forthe toward the parties septemtrioneles it [sc.
the sterre that is clept the transmontayne] is 62
degrees of heghte, and certayn mynutes. For I
my self have *mesured* it by the astrolabre.
MAUND. p. 180.

bildl. I *mesure*, je mesure, and je amesure.
By the same mesure that you *mesure* to other
men, wyll men *mesure* to you, par la mesme mesure dont vous mesurez aux aultres, on mesurera a vous, or on amesurera a vous. PALSGR.
Thay schul receyve by the same mesure that
thay han *mesured* to pover folk the mercy of
Jhesu Crist. CH. *Pers. T.* III. 334.

2. s c h ä t z u n g s w e i s e a b m e s s e n ,
g l e i c h m a c h e n , g l e i c h s t e l l e n: The plentithe of wheet was so myche, that to the grauel
of the see it was *mesurid* euen, and the plentithe
passide mesure [So greet aboundance was of
wheete, that it was maad euene to the grauel of
the see, and the plente passide mesure *Purv.*].
WYCL. GEN. 41, 49 Oxf.

übertr. Fully feele now or þe fyne, Yf any
mournyng may be meete, Or myscheue *mesured*
vnto myne. YORK PL. p. 357.

3. durchmessen, durchschreiten, durchziehen, bildl.: It is to douten that thou ne be maked wery by misweyes, so that thou ne mayst nat suffice to *mesuren* the right wey. C^H. *Boeth.* 5 pr. I. 14 Skeat [in *Compl. W.* II. 127].

4. zumessen, bemessen, gestalten: He þat es lauerd of erth and heuen Mai .. Mak a wel fairer licam, And if þarof was mar or less, To *mesur* [*mesure*] als his will es [von Gestalt u. Grösse der Auferstandenen]. CURS. MUNDI 22947 COTT. FAIRF.

übertr. vom Masse der göttl. Gnade: Now lady, ful of mercy, I you preye, Sith he [sc. Xristus] his mercy *mesured* so large, Be ye not skant. CH. *M. P.* I. 173 Skeat [in *Compl. W.* I. 270]. All with meknesse is *mesured* this ground .. Wherin so many springes of mercy flowes owte. DIGBY PL. p. 183-4. von der verhältnismässigen Bemessung der Kirchenbusse durch den Priester: [Preist agh ..] namli knau þe circumstances Pat *mesurs* [*mesours*] oft-sithes vr penances. CURS. MUNDI 27158 COTT. FAIRF.

übertr. auch von der Bemessung, Gestaltung, Regelung nach einem bestimmt angegebenen Massstabe, der durch die Präp. *be* oder *to* eingeführt wird: Þe ilke ouergeþ mesure þet wyle zeche kendelich skele in þan þet is aboue onderstondinge, ase doþ þe bougres and þe misbylefde [misbylefinde?], þet wylleþ *mesuri* þe beleaue *be hire onderstondinge.* AYENB. p. 252. Ac hi ssolden *mesuri* hire onderstondinge and hare skele *to þe mesure* of þe beleaue, þet god ous heþ yyeue. *ib.*

5. mässigen, massvoll machen, dem richtigen Masse entsprechend gestalten: *Mesuryn* yn vertu, modifico, modero. PR. P. p. 335.

Gud Mawdleyn, *mesure* youre distillinge teres! DIGBY PL. p. 180. Stand up, gud brother, & *mesure* your hevynesse! p. 213.

Þe þridde stape of sobrete is zette and loki mesure ine wordes. Huerof Salomon zayþ þet „þe wyse and wel ytojte tempreþ and *mesureþ* his wordes." AYENB. p. 254.

p. p. gemässigt, massvoll: [She was ..] in moral vertu *mesuryd* and tretable. LYDG. *Fab. D. M.* 388 Zup. ed. Schleich. *Mesuryd* in manerys, moderatus. PR. P. p. 335. *Mesuryd* in quality, temporatus. *ib. Mesurde,* moderatus. CATH. ANGL. p. 237.

6. refl. sich mässigen: And þis word, „hu," sais þe maner Pat þou agh in almus bere, Pat is þat þou can *mesure þe* [þat þou kun *mesure þe* COTT. GALBA] Quen þat þou giues þi charite; Ne giue þu sua-gat noght til an, Pat þou mai giue anoþer nan. CURS. MUNDI 28916 COTT.

mesuring s. neue. *measuring.* Messen, Messung, Abmessung, Mass.

Ffor he [sc. God] made alle þyng thurgh myght and sleght In certain noumbre and mesure and weght; Bot swa sutelle and wise may na man be, Pat þat *mesuryng* knawes swa wele als he [Entfernung der Erde vom Himmel]. HAMP. 7689. The gardyn was by *mesuryng*

Right euene and square in compassing, It as long was as it was large [Li vergiers par compasseüre Si fu de droite quarreüre, S'ot de lonc autant com de large]. CH. *R. of R.* 1349 Kaluza. vgl. *Measuryng*, dimention. PALSGR.

mesurie, -li adv. moderate, modice s. *mesureli.*

met, mete, mette s. ags. *met* n., alts. *mët* [in *gimët*], ahd. mhd. *mëz*, nhd. prov. *mëss*, sch. *met*, *mette*, neue. prov. *met*, zu *meten* v. ags. *metan*, metiri. Das angefügte *e* im Nom. u. Akk. Sing. *mete*, *mette* findet sich schon früh mehrfach. vgl. *mete*, mensura.

1. Mass zum Messen in engerem Sinne, Messwerkzeug, Messgefäss: *Met* of corn & wigte of fe And merke of felde first fond he. G. A. EX. 439. A *met* ðor was, it het gomor. 3333. Al þis corn .. Wiþ swyþe schars *met* with alle bitaujt it is us echone. ST. NICHOLAS 134 Horstm. p. 214. cf. *ib.* 150. Also here es forbodene gillery of weghte, or of tale, or of *mett*, or of mesure. HAMP. *Tr.* p. 11 *Spr.* vgl. die *Anm.* Mesure [or *met*, infra], mensura. PR. P. p. 335. *Met*, scantylyon [*mete*, or mesure, or scantlyon S.], amona. *ib.* [cf. Amona dicitur calamus mensure ORTUS a. 1530]. *Met*, idem quod mesure, supra [*mette* S. P.]. *ib.* More to good þan to god þe gome his loue caste, And ymagined how he it myjte haue With false mesures and *mette* [*met* vv. ll.] and with false witnesse. P. PL. *Text B.* pass. XIII. 357. A *mette*, mensura, metreta, & propriis vini metron grece. CATH. ANGL. p. 238.

bildlich: Bi þat ilke *met* þe je meteð nu jiwer weldede, shal ben meten jiwer mede [eadem mensura qua mensi fueritis, remicietur uobis]. OEH. II. 159.

2. Mass als zugemessene Menge, Inhalt des Messgefässes: Do gett þe a god þurueur Pat in þis nede þe mai socur, In ilk land men for to sett To geder ilk fijft *mett* [ilk fifte *mette*: sette, of ilk þe fijfte *mett*: sett, vche fifte *met*: set *cett*.] O þe time þat es plente. CURS. MUNDI 4607 COTT. Þe *mett* o quete [*mette* of quete, *mett* of qwet, *met* of whete *cett*.] .. For a peni it sal be sald. 22327 COTT. Til his moder berne he jede, And toke of quete a *mette* of sede [a littel sede, a litil sede *cett*.]. 12323 FAIRF. — Quen it [sc. þis littel sede] scorn was, weill it jalld A hundret o þair *mettes* tald. 12329 COTT. ähnl. FAIRF. GÖTT. For to reffe hyme wykkydly With wrange *mettes* or maystry. R. OF BRUNNE Ms. in HALLIW. D. p. 552. Pre *mette* of mile menge, & ma kakez. ALLIT. P. 2, 625.

bildlich: Ah hwase halt þa [sc. his reades], he earneð him ouerfullet ful & ouereorninde *met* of heuenliche mede. HALI MEID. p. 19. Wit ali *mett* [*mete*, *mett*, *met* cett.] als yee bi and sell, Wit þat ilk sal yow be mett, Quen ilk man sal ha þair dette [d. h. am Tage des Gerichtes]. CURS. MUNDI 25318 COTT.

3. Mass als messende Grösse in weiterem Sinne: Hell; is [wid] wið ute *met* [i. e. unermesslich], and deop wið ute grunde. OEH. p. 249-51. Nowrewhare might þai find a tre Pat wald scorde vnto þaire *met*. HOLY ROOD

p. 79. Mesure [or *met*, infra], mensura. PR. P.
p. 335. Þe knaue þat þis timber fett Heild
noght graithli his *mett* [*mette :* fette, *mett :* fet,
met : fet *cett.*], Bot ouerscort he broght a tre.
CURS. MUNDI 12397 COTT. Þai lete it [sc. þe
tre] don wituten lett, And fand it mere inogh
wit *mett* [with *mette :* lette, wid *mett :* lett, bi
met : let *cett.*]. 8813 COTT. *Met*, idem quod
mesure, supra [*mette* S. P.]. PR. P. p. 335. *Mette*,
mensura. CATH. ANGL. p. 239. Thenne a graf-
fes shafte Of vyne or tree with gemmes oon or
two By even *mete* unto that bore ydoo [imper.].
PALLAD. 3, 404.
      bildlich [Art u. Weise]: Þe imeane blisse
is .. lengðe of lif, wit, ant luue, ant of þe luue
a gleadunge wiðute *met* [i. e. unermessliche
Freude]. OEH. p. 261. Ha luuieð god wið ute
met [i. e. über alle Massen]. p. 263.
      4. Mass als gemessene Ausdehnung,
Grösse: Þe lengþe of þe ilde of Tenet, Six
myle þen ys þe *met*, & þre myle þen is þe brede.
R. OF BRUNNE *Story of Engl.* 14977. Þe *met* of
þis ilond [sc. Wighte], as Englische men gesseþ,
is a þowsand housholdes and two hondred.
TREVISA II. 39. Forþi þat godd has ai wroght
al, Of his werkes es noght vnhale, Bot al in
weght and *mette* [*mett*] and tale. CURS. MUNDI
23562 COTT. GÖTT. Euerich man þat comeþ,
and meteþ þat buriel, he schal fynde it euene
riȝt of his owne *mette*. TREVISA II. 27.
      5. Mass, Masshalten, Mässigkeit,
Mässigung, sowohl im Essen, Trinken u. dgl.,
als auch in dem gansen Betragen und Verhalten: For þar man ne can his muðes meðe, ne
cunnen nele, ne his wombe *met*. OEH. II. 11
[REL. ANT. I. 131 *Spr.*]. Þurrh þatt tu lufesst
mett annd mæþ Onn alle kinne wise. ORM 2573.
Uss birrþ foljhenn *mett* annd mæþ I claþess
annd i fode. 7515. Witt *mett* annd mæþ, i mete
annd drinnch, Annd ec inn jure claþess. 6116.
Cristess þeow, Afterr þatt he beoþ fullhtnedd,
Birrþ stanndenn inn till þeowwtenn Crist Wiþþ
fasstinng annd wiþþ beness, Wiþþ wecchess,
annd wiþþ *mett* annd mæþ I claþess annd i fode.
11433 *Spr.* vgl. die *Anm.* Þe þridde suster þat
is meað; hire he [sc. wit] makeð meistre ouer
his willesfule hirð .. þat ha leare ham *mete*, þat
me meosure hat, þe middel of twa uueles. OEH.
p. 247. Þat nan of ham aȝein hire nohwer wid
vnmeoð ne ȝa ouer *mete*. *ib.* Ðet foremeste is
riht medeme mel; þe man þe hit meðeð riht ..
gemeð his muðes meðe and of his wombe *mete*.
II. 13 [REL. ANT. I. 132 *Spr.*]. For ne mei na
wunne, ne na flesches licunge, ne licomliche este
bringe me ouer þe middel of mesure ant of
mete. p. 255. Þat beon þe uertue þat he streoneð in þe þurh his swete grace, as rihtwisnesse
& warschipe aȝaines unþeawes, mesure and
mete, & gastliche strengðe to wiðstonde þe
feond aȝain sunne. HALI MEID. p. 41. By verre
contradiccion Thou concludist [i. e. refutest]
thi silf, And bryngest thee to the *mete*. POL. P.
A. S. II. 86.

metain s. mlat. mantus s. *mitaine.*

metal, metel, metall, matal, matel etc. s.
afr. *metal, metail*, nfr. *métal*, pr. *metal, metalh*,

sp. pg. *metal*, kat. *metall*, it. *metallo*, lat. *metallum*, gr. μέταλλον, nhd. *metall*, früher auch
metalle, mundartl. *metail* [clerisch WEIG.], schw.
metall, dän. *metal*, niederl. *metaal*, neue. *metal*,
mettle, letzteres bes. in bildl. Sinne. Erz,
Metall.
      Metal as led and tyn in þe contreie of Ec-
cestre. R. OF GL. 144 WR. Þe *metal* is nou
iturnd al in to roches grete. 665. He let closy
fur in *metal* wiþ alle. 663. Sum for fader, and
sum for broþer, Fro freind ded þat þam was
dere, Did make ymage o *metal* sere. CURS.
MUNDI 2296 COTT. Þar was þe raght a riche
relike, Mai tresur nan be þarto like O *metal* ne
o stan. 24665 COTT. TRIN. An c. pas is hygh
the wal; And an c. gates al of *metal*. ALIS.
7804. Of guod *metal* hy makeþ ualse moneye.
AYENB. p. 26. Þis is þe dyamond of noble
kende, þet nele naȝt sitte ine gold ac ine poure
metal ase yzen. p. 139. The first gifte was gold,
that isse Richest of alle *metal*. METR. HOMIL.
p. 97. Vre false maumetes beoþ nouht þat ben
of ston and *metal* wrouht. EV. GESCH. 15, 137
[in *Arch.* 57, 263]. In lussheborwes is a lyther
alay, and ȝet loketh he lyke a sterlynge; Þe
merke of þat mune is good, ac þe *metal* is fieble.
P. PL. *Text B.* pass. XV. 342. cf. For of muche
moneye þe *metal* is ryght nauht, Ȝut is þe
prente pure trewe an parfitliche graue. C. XVIII.
74. A crafti man of *metal* [of brasse *Purv.*].
WYCL. 3 KINGS 7, 14 Oxf. I nolde for al the
metal ne for the ore That under erthe is graue,
or lith aboue. CH. *C. T.* 6646 *Spr.* How that
metal cam a place Through mannes wit and
goddes grace The route of philosophres wise
Contreveden by sondry wise. GOWER II. 84. Of
chapmenhode he [sc. Saturnus] found the wey,
And eke to coigne the money Of sondry *metal*.
II. 83. Tynne, *metal*, stannum. PR. P. p. 494.
      Na *mettal* mai better be Than gold. METR.
HOMIL. p. 102.
      An ax he hente of *metall* broun, Þat heng
on hys forment arsoun. OCTOU. 1105 Sarr. Er
that the *metall* be parfit, In seven formes it is
set. GOWER II. 85. Is þer non instrumentis of
iren in all þat ile founden, Ne na kin *metall* of
to make messelyne ne othire. WARS OF ALEX.
4583 Ashm. Ȝit was a mynstir on þe mounte of
metall as þe nobill, Vmbegildid with a garden
of golden vines. 4898. Wegges of silvere and
metall. POLIT. P. A. S. II. 171. Elixer, a mater
of *metall* in alcomye. WR. VOC. col. 580, 5
Wülck. Ȝetyn *metall*, fundo. PR. P. p. 538.
vgl. *Metall*, metal. PALSGR.
      Ȝif ony man do thereinne [sc. in to the gra-
velle] ony maner *metalle* [unbez. gen.] it turn-
ethe anon to glasse. MAUND. p. 32. Þer was þe
raȝt a riche relike, Mai tresur nane be þarto
like Of *metalle* ne of stane. CURS. MUNDI 24665
FAIRF. Þe vessel þat was of ryche *metalle*, Þat
Goddes temple was seruede wyþ alle. R. OF
BRUNNE *Handl. S.* 9356. Alkamye, *metalle*
[alcamyn P.], alkamis. PR. P. p. 9. Copyr, *metalle*, cuprum. p. 92. Leed, *metalle*, plumbum.
p. 292. Hoc metallum, *metalle*. WR. VOC. p. 255
[col. 768, 9 Wülck.].

Ase þet ysen þet alle *metals* adaunteþ.
AYENB. p. 167. Ymages þei made of *metall's*
sere. CURS. MUNDI 2299 *Trin.* The thridde
stone .. is cleped minerall, Which the *metalles*
.. Attempreth, till that they ben fine, And pureth hem by such a wey, That all the vice goth
awey Of rust, of stinke, and of hardnesse. GO-
WER II. 87. Der Plural in dieser Form findet
sich auch von Gegenständen, die aus Metall ge-
fertigt sind, in der Bedeutung Metallge-
fässe: Þer wats rynging, on ryȝt, of ryche
metalles, Quen renkkes in þat ryche rok rennen
hit [sc. wyn] to cache. ALLIT. P. 2, 1513.
Þai made ymages of *metel* sere. CURS.
MUNDI 2298 FAIRF. Par was þe raght a riche
relike, Might tresur nan be þarto like Of *metel*
ne of stane. 24665 GÖTT. *Metel* as led and tyn
in þe contreie of Eccestre. R. OF GL. *B.* 144 Wr.
Metel, metallum. PR. P. p. 335. Ȝetyn or ȝete
metel. p. 538. Ȝetynge of *metelle*, as bellys.
pannys, potys, and other lyke. *ib.* — Þai made
ymagis of *meteles* sere. CURS. MUNDI 2298 GÖTT.
Þe pendauntes of his payttrure, þe proude
cropure, His molaynes, & alle þe *metail* ana-
mayld was þenne. GAW. 168. Al Europa loueþ
& desyreþ þe whyt *metayl* of þis lond. TREVISA
II. 19 α. [in *Spec.* II. 237]. Þe strengþe and
þe malice of þis venym was so grym and so grisliche, þat no bras, ne iren, ne non manere *me-
taille* [metalle Cx.] myȝte it holde, but oonliche
þe hoo [hoof Cx.] of an hors foot. IV. 11.
He mellid so þe *matall* with þe handmolde
[i. e. so moulded euents], That [þey] lost [of
þeir] lemes þo leuest þat þey had [i. e. their
heads]. DEP. OF R. II. pass. II. 155 Skeat. For
maumetry ys made alle Of golde and syluer and
swych *matalle*. R. OF BRUNNE *Handl. S.* 6159.
And he there caste botemay [i.e. bitumen],
Of Meopante, that towhe clay, With pilers of
matel strong, That buth an hundred feet long.
ALIS. 6240.
bildlich wird das Wort oft, so namentlich auch von der Seele gebraucht: Þei han a
faire speche, Croune and crystendome, þe
kynges merke of heuene, Ac þe *metal*, þat is
mannes soule, with synne is foule alayed P. PL.
Text B. pass. XV. 344. cf. C. XVIII. 78. Einer
ähnlichen Auffassung entspringt die häufige
bildliche Verwendung von neue. *metal, mettle.*

metalȝeotere s. vgl. *ȝeotere* s. Erzgiesser,
Metallgiesser.
A queynte mon, a *metalgeoter*, That couthe
caste in alle thyng. ALIS. 6735.

metallish adj. afr. *metallicque*, nfr. *métallique*,
it. *metallico*, lat. *metallicus*, gr. μεταλλικός, neue.
metallic, nhd. *metallisch.* metallisch.
Metallysshe, belongynge to metall, m. et
fem. metallicque. PALSGR. [a. 1530].

metalor, metalloor s. vgl. *or* s. œs, ags. *ór*,
Metallerz, metallhaltiges Gestein.
Þe pris of that lond is copious of *metalore*
[Þe eorþe of þat lond ys copious of *metayloor*
α. in *Spec.* II. 237]. TREVISA II. 17.

metamorphoseos s. Büchertitel, für *Metamorphoseos liber*, in Anspielung auf lat. OVID.
Metamorphoseon libri, von lat. neue. *metamor-*

phosis, als literar.-techn. Ausdruck aus gr. μετα-
μόρφωσις aufgenommen. Ovids Buch der
Verwandelungen.
Me were looth be lykned douteles To Muses
that men clepen Pierides — *Metamorphoseos*
wot wat I mene — But natheles I recche noght
a bene Though I come after him with hawe
bake; I speke in prose, and lete him rymes
make. CH. *C. T.* II. B. 91 Skeat Cl. Pr. vgl.
Notes.

metche s. par, compar s. *macche.*

metdish s. escarinus s. *metedisch.*

mete, meete, meet s. ahd. *máza* f., mhd.
máze, gekürzt *máz*, später *mâz* n., gth. *mêt* in
usmêt, wie *met*, mensura, zu *meten*, ags. *metan*,
metiri gehörig, scheint nur in wenigen Stellen
vorzuliegen, in denen die Länge des Vokals
beglaubigt sein dürfte. vgl. *met*, mensura.
Mass.
My lyoun and I sal nought twyn; I lufhim
als wele, I ȝow hete, Als my self at ane *mete*
[: hete]. YW. A. GAW. 2222 Schleich. vgl die
Anm. Euerych man þat comeþ and meteþ þat
buriel, a schal fynde hyt euene ryȝt of hys oune
meete. TREVISA II. 27 α. in *Spec.* II. 239.

mete, meete, meet adj. ags. *mæte*, modestus,
moderatus; parvus, pusillus, adj. *mázi, máze*,
mhd. *mæze* [in ahd. *gemáze, ebenmdzi, fuoder-
máze, unmáze*, mhd. *gemæze* etc.], md. *mêze* [in
gemêze], neue. *meet*, von *meten*, ags. *metan*, metiri. vgl. *ebenmete, imete, unmete.*

1. angemessen, passend in eigentl.
Sinne: Þe tre was als *mete* and quem Als ani
man þarto couth deme. CURS. MUNDI 8809
COTT. ähnl. *cett.* Þai lete hit [sc. þe tree] doun
wiþouten lette, & fande hit *mete* inogh with
mette. 8813. FAIRF. ähnl. GÖTT. TRIN. To mak
þe toumbe *mete.* LANGT. p. 36. *Mete*, or fyt, or
evene [*meet*, and feyt, or evyn S.], equus. PR.
P. p. 335. Fyt, or *mete*, equus, congruus. p. 163.
Hadde we an halter whiche were *mete* for his
necke and stronge ynough, we shold sone make
an ende. CAXT. *Reyn.* p. 40 Thoms. vgl. I make
mete, I make fytte, as a garment to a person or
a thynge to joyne or answere to an other, je
adapte. PALSGR. A connyng workeman coulde
make them so *mete*, that it coulde nat be spyed,
vng bon ouurier les pourroyt si bien adapter
que on ne laperceueroyt poynt. *ib.* I make *mete*
for ones necke, je accollette. *ib.* She toke a
chayne of golde, and made it *mete* for her necke,
elle print vne chayne dor et laccolletta a son
col. *ib. Meete*, fytte, jouste. *ib.* substantiviert
angemessene, genügende Menge,
Quantität: Forto make a wyne to drynke
swete Of saturege or fenel putte in *meete* [akk.
i. e. a sufficient quantity]. PALLAD. 11,335.

übertr. gleich, gleichstehend: Nay,
he sayd, by saynt Martyne, Thare is na sorow
mete to myne. YW. A. GAW. 2113 Schleich.
Hayll man þat is made to þi men *meete* [: feete].
YORK PL. p. 136 [i. e. even, on a level with *Gl.*
mette *Ms.* Die Änderung erscheint durch den
Reim *feete* ausreichend gesichert; weiterhin
reimen übrigens nöch *bete, fete*].

2. passend, angemessen, schicklich, gesiemend, schön, von der äusseren Erscheinung: Heo hath a *mete* myddel amal, Body ant brest wel mad al. LYR. P. p.36. BÖDD. *Altengl. Dicht.* p.158. [Sco so. Rebecca ..] clad him, sum it was *mete*, Wit his broþer robe þat smelled suete. CURS. MUNDI 3675 COTT. âhnl. FAIRF. GÖTT. A coroune of grene ok cerial Upon hire heed was set ful faire and *meete*. CH. C. T. I. B. 1432 Morris Cl. Pr.

3. passend, geeignet, geschickt, su Thun u. Verwendung: I schall neuere make my membres *mete* Of my souerayne seruice to see. YORK PL. p. 234. vgl. *Meete*, convenyent. PALSGR. Superl. Mustard is *metest* with âlle maner salt herynge. BAB. B. p. 173. Garlek, or mustard .. Ar moost *metist* for thes metes. p. 174.

4. angemessen, passend, schicklich, siemlich, von der Zeit [καιρός]: Alle þis mirþe þay maden to þe *mete* tyme; Whan þay had waschen, worþyly þay wenten to sete [d. h. bis es Zeit war zu Tische zu gehen]. GAW. 71. in ethischem Sinne: O swete child! it was nothinge *mete* .. To lat Iudas kisse thes lippes so swete. DIGBY PL. p. 194.

5. massvoll, milde, freundlich: Most temperat he was of his dieete, Large in yeuyng to folkes vertuous; To foryefnesse most mansuet and *meete*. LYDG. *Edm. a. Frem.* 1, 1005 Horstm. N. F. p.394. But in o thing I am inexcusable, That I so love that fayr incomperable, Which is to you so pleasaunt and so *meete*. *Fab. D. M.* 403 Zup. ed. Schleich.

6. mittelmässig, mässig, genügend, in lobendem Sinne: Now spek of goode lande, levyng that is nought, As wel ny rare attemporanntly *mete* [mediocris *lat.*]. PALLAD. 2, 157.

7. mässig, gering, dürftig, knapp, klein, in tadelndem Sinne: His hod was full of holes, & his heer oute, Wiþ his knopped schon clouted full þycke; His ton toteden out, as he þe londe treddede, His hosen ouerhongen his hokschynes .. Al beslombred in fen .. Twey myteynes, as *mete*, maad all of cloutes; Þe fyngers weren forwerd, & ful of fen honged. P. PL. *Crede* 423 Skeat.

mete adv. ahd. *mázo*, mhd. *mâze* [in ahd. *unmâzo*, nimis, mhd. *unmâze*]. mässig, massvoll:

Ys woundes waxen wete, Thei wepen stille and *mete*. LYR. P. p. 85. BÖDD. *Altengl. Dicht.* p. 210.

mete, mæte, mette, mett, met, auch **meete, meet, meite, meit**, spät **meate** s. ags. *mete*, *mett* pl. *mettas*, cibus, esca, altnorthumbr. *mett*, *met* [neben *mätt*, *müt*] pl. *metas*, afries. *mete*, *met*, *meit*, niederd. niederl. *mette*, *met*, alts. *meti*, *mat*, altn. *matr*, *mata*, cibus, esca [nebst *mata* v. essen, atzen], schw. *mat*, dän. *mad*, gth. *mats* pl. *mateis*, βρῶσις, βρῶμα, ἐπισιτισμός [nebst *matjan* v. φαγεῖν, ἐσθίειν, τρώγειν, βιβρώσκειν], ahd. mhd. *maz* pl. *mezzi* [?], *mezzi*, *meizi*, Speise, Mahlzeit, sch. *mete* [BARB.], neue. *meat*, wohl zu gth. *matan*, kauen, speisen, Wur-

zel *mat*, und urverwandt mit lat. *mandere*, kauen. Nahrung, Speise.

namentlich treten folgende Färbungen der Bedeutung des Wortes hervor:

1. Nahrung, Speise für lebende Wesen überhaupt: Alle fra þe þai abide, Þat þou *gif* þam *mete* in tide. Ps. 103, 27. Þat *giues mete* til al flesche þat isse. 135, 25. To *yife mete*, escare. CATH. ANGL. p. 238. We clepeð him fader for þat he us feide here; oðer is þat he fet alle liuiende þing þe *bi mete* liuien, alle nutten openliche, and gres and trowen dieliche. Ac on of alle nutten, þat is man, he fet on two wise. OEH. II. 25. Fedyn *wythe mete*, cibo, pasco, esco. PR. P. p.152. Fulle *of mete*, esculentus. CATH. ANGL. p. 239.

2. Nahrung, Speise, Essen, Mundvorrat im allgemeinen, für Menschen: nom. On is *þe mete* þe þe lichame brukeð. OEH. II. 27. I þon castle weoren monie men, & *muchel mete* þer bihofede. LAȝ. I. 28. *Þe mete* forþ iwat [*þe mete* forþ eode j. T.]; for þer fengen feole to [vgl. *fangen* intr. 1.]. *ib.* Ælche dæie on a mæl *ure mete* trukeð. II. 402. In his daȝes was so *mochel mete*, þat it was onimete. I. 259 j. T. That hi were afingred sore, for *her mete* was al ido. ST. BRAND. p. 19. Alle þer store failed, *þer mete* was nere gon. LANGT. p. 326. Hic cibus, hec esca, *mete*. WR. VOC. p. 240 [col. 739, 12. 13 Wülck.].

akk. Prestes þat precheþ þe peple to goode *Askeþ* meede and massepons and *heore mete* eke. P. PL. *Text A.* pass. III. 216. cf. B. III. 222. C. IV. 279. Out of loud we wil fare To *begge our mete* wiþ sorwe and care. AMIS A. AMIL. 1762 Kölb. Þa heȝe iborne *þene mete breoren* þa to þan cnihten. LAȝ. II. 533. *Bar þe mete* to þe castel. HAVEL. 877. Fram dore to dore *hire mete* heo bad. ST. CLEMENT 113 Horstm. p. 326. For fare Leuere he adde wende, And *bidde ys mete* .. in a strange londe. R. OF GL. 794 Wr. cf. p. 34 Hearne *Spr.* [Þai ..] *bad her mete* for gode loue. AMIS A. AMIL. 1703 Kölb. Þa lette he adde *hire vnirimed folc biȝeoten* wepnen & *mete* [*biȝete* wepne and *mete* j. T.]. LAȝ. I. 19. Ne moste he nauere *biten mete*. II. 218. Euere þene þridde day þis otur to me drouȝ, And *brouȝte* me *mete*. ST. BREND. 647 Horstm. p. 237. A whyt colure .. *brouȝte* hire fram heuene *mete*. ST. KATH. 175. I *brooke mete*, je digere. PALSGR. Judas, thou most to Jurselem *oure mete* for to *bugge*. JUDAS 3 *Spr.* REL. ANT. I. 144. His desciples, to *buggen heore mete*, alle at toune heo were. LEB. JESU 308. Wher so me *eny mete deles*, Gest thou nout withoute. HENDYNG 99 *Spr.* He *dude* þar ine *mete* to mani manne. LAȝ. I. 190 j. T. He lay seke in ys bed vor deol & vor sore, Þat he ne *ete non mete* þre dawes þervore. R. OF GL. I. 354, 99 Wr. Thre dayes are gon and mare That *mete ete y noon*. OCTAV. C. 323 Sarr. Lemman, . or y *ete mete*, The kyngea hed of Fraunce y wylle the gete For oone cosse of the! 814. A þon londe he *fund mete*. LAȝ. I. 6. To dai wille I the *mete ȝinde*. SIRIZ 316 *Spr.* He *gives mete* til hungerand [dat escam esurientibus *lat.*]. Ps. 145, 7. „Dame!" a seide, „go, ȝeue me *mete*, Þat euer haue þow Cristes hete." BEVES 1923 Kölb. Pers .. put hem in offys, And ȝaf hem *mete* and moneye, as þei mihte deseruen. P. PL. *Text A.* pass. VII. 187. cf. *B.* VI. 200. Heo weoren ifaren into þan londe fodder to biwinnen, æiþer fodder and *mete* to *læden* to heore ferde. LAȝ. III. 76. Þe mire muneð us *Mete* to *tilen.* BEST. 273 *Spr.* Manie oþur studes also, þei men miȝten wonien þareinne, Huy ne beres noþur corn ne fruyt manne *is mete to wynne.* ST. MIȝHEL 662 Horstm. p. 318. cf. In meni other stedes eke, þeȝ men miȝte wonye þerinne, Hi ne bereth corn ne frut mannes *mete to wynne.* POP. SC. 283 *Spr.*

gen. Moyses .. feste þes daȝes uppon þe munte of Synai, þet he nefre ne *ete menisses metes* for drihtenes luue. OEH. p. 11. He scal .. er meltiman *metes* ne *arinan.* p. 115. Þe man þe .. *nutteð timeliche metes.* II. 13.

ursp. dat. Þu .. þoledes for wone of *mete* moni hat hungre. OEH. p. 277. Swa þatt he þwerrt ut nohht ne bat *Off mete.* ORM 12422. Ure Laferrd Jesu Crist Himm droh *fra mete* i wesste. 11537. Crist ne forȝet nawt Þ he ne nom ȝeme To hire Þ me heold ȝet, As þe keiser het, *bute mete* & mel I þe cwerterne. LIFE ST. KATH. 1816. Bituene heom heo speke faste, Hou heo miȝten do *withoute mete,* for þe lof we miȝte nouȝt longe ilaste. LEB. JESU 26. Al þe contreie hadde inouȝ *to mete* and to sede. ST. NICHOLAS 153 Horstm. p. 244. Tuelf suche loves eche dai me bringeth ous *to mete.* ST. BRAND. p. 13. Of grat lecherie of þrote hit comþ þet man .. touore riȝte houre yernþ *to þe mete,* ase deþ a best doumb. AYENB. p. 51. I hungred, and had defaute of *mete.* HAMP. 6190. Twelue moneþ he biseged hit [sc. Ierusalem] þon, And for defaute of *mete* hit won. CURS. MUNDI 9211 TRIN. Haue a man neuere so miche mischef of houngur, He may hit staunche *wiþ mete,* and menden his paine. ALEX. A. DINDIM. 1030. Alle maner of men þat *bi mete* liuen. P. PL. *Text A.* pass. VII. 21. *Dives* deyed, and dampned [was] for hus vnkyndenesse *Of hus mete* and of hus moneye to men þat hit neodede. *C.* XX. 230. That he of *mete* hath no myster. CH. *R. of R.* 5617. Fulle welle he cowde þer speche speke, And askyd some *of ther mete.* OCTAV. *C.* 1450 Sarr. He seyde he .. had defawte of *mete.* 1456 sq. Meel of *mete,* commestio, cibatus, pastus, refeccio. PR. P. p. 331.

An his dæies wes *swa mochel mæte,* þat hit wes vnimete. LAȝ. I. 259. *Mi mæte* me wes læd [== læð]. II. 234. He dude þar ine *mæte* inoh & wapman. I. 190.

Thy fadir [sc. Joseph] knewe I wele he sight, He was a write *his mette* to *wynne.* YORK PL. p. 385. Bringe nowe forthe vnto me here Some *of youre mette,* If ȝe amange you alle in fere Haue ought to ete. p. 450.

A tuelmoth he þe tun vmsett, And wan it for defaut *o mett* [for þe diffaute *of mett* GÖTT. for defaute *of met* FAIRF.]. CURS. MUNDI 9211 COTT. *Offe met* was he ffree [i. e. freigebig]. DEGREV. 84.

Sprachproben II. 3.

Meete, fode, cibus, esca. PR. P. p. 335. How darst þou of me *meete craue?* Wel þou wotest þat noon y haue. BEVES 2359 Kölb. Thy fader [sc. Joseph] knew I well by syght, He was a wright *his meett* to *wyn.* TOWN. PL. p. 301 Pollard.

Meyte in Rome *gatte* he *non,* Bot of a dog mothe a bon. GOWTH. 303 Breul. Ennius .. was *of a littele meite* contente [parco sumptu contentus *Higd.*]. TREVISA IV. 49 *Harl.* Wher ser þou travellys be northe or soth, Þou [i. e. þa für þar, þer] eyt *no meyt,* bot of howndus moþe Cum thy body within. GOWTH. 295 Breul. Won word of hym he myȝt not geyt; Þei lette hym sytt, and *gafe* hym *meyt.* 343. Emong þo howndus *is meyt* he *wan.* 649.

Meate, uiande [i. e. Nahrung, Lebensmittel. vgl. D. C. v. *vianda,* BURGUY v. *viande*]. PALSGR. To *brooke meate,* digerer, aualer. *ib.*

bildlich vom Abendmahl und sonstigen Gnadenmitteln etc., geistige Nahrung: Þe mon þe þus fest crist him *ȝeueð seilene meteþ* bet him nefre eft ne hungreð. OEH. p. 37. Þe þridde is *for mete* þat ilch man agh mid him to leden þan he sall of þease liue faren, þat is cristes holie licame. II. 27. Þet bryad is *mete* ariȝt; uor hit stoncheþ al þane honger of þe wordle. AYENB. p. 110. Þet is þet bread and þe *mete* þet þou nymst of þe sacrement of þe wyeuede. *ib.* cf. p. 55 *Spr.* Pacience in þe paleis stode in pilgrymes clothes, And *preyde mete* for charite, for a pore heremyte. P. PL. *Text B.* pass. XIII. 29. Conscience called *after mete,* and þanne cam scripture, And serued hem þus sone of sondry *metes* manye, Of Austyn, of Ambrose, of alle þe foure euangelistes. 37. *My mete* is, that I do the will of him that sente me. WYCL. JOHN 4, 34 Oxf. I *haue mete* for to ete, that ȝe witen not. 32. *Worche* ȝe not *mete* that perischith, but that dwellith into euerlastinge lyf, *which mete* mannis sone schal *ȝyue* to ȝou. 6, 27.

Futter als Nahrung für Tiere, ziemlich häufig, und nicht etwa nur in der Tiersage und ihr verwandten Darstellungsformen: Of alle der ðe on werlde wunen, And foueles weren ðerinne oumen .. And *mete* quorbi ðei migten liuen, Dorquiles he woren on water driuen [vgl. dagegen *Gen.* 6, 21]. G. A. EX. 569 sq. Mold sal be *þi mete* for nede [v. der Schlange]. CURS. MUNDI 898 COTT. ähnl. *cett.* Vor hom byhoueþ *moche mete,* & hii ne mowe noȝt wel fle, Vor feblesse of hor brode [v. Adlern]. R. OF GL. 3672 Wr. Foddur, bestys *mete,* or forage [foodyr], farrago, pabulum. PR. P. p. 168. — He [sc. Courtoys the hounde] *kepte no more mete* than a puddyng. CAXT. *Reyn.* p. 4. It behouyth that youre hawke haue a fedyngstokke in hir mewe, and a longe stryng tyed therto, to *festyn hir mete* with. B. OF ST. ALBANS fol. 16 v. A wolf cam also þuderward *is mete* for to *fette.* ST. VINCENT 145 Horstm. p. 189. A wydewe hadde ano ȝwito kov .. Þat ȝeode adai to *fetten hire mete* in þe wode. ST. KENELM 217 [p. 351]. Ac wanne hor briddes rype beþ, Þer hii *findeþ more mete,* in londes aboute hii fleþ. R. OF GL. 3673 Wr.

34

The camaylle *fynt* alle way *mete* .. that he fed-
ethe him with. MAUND. p. 58. Þe foules on þe
felde who *fynt* hem *mete* at wynter? P. PL.
Text B. pass. VII. 128. Þat *gives* to meres
[mares *H.*] *mete* of þa, And to crawe briddes
him kalland swa. Ps. 146, 9. Cave ge [i. e. she]
haveð to crepen in, Ðat winter hire ne derie;
Mete in hire hule ðat Ðat ge muge bi liven.
BEST. 251 *Spr.* Thay [sc. beestes, foulle, and
cataylle] must *have* corn and hay, And *oder mete*
alway. TOWN. M. p. 24 *Spr.* The kynge dyde
do *ordeyne so moche mete*, that eueryche fonde
ynough. CAXT. *Reyn.* p. 72 Thoms. Lyoun
whelpes romiand þat þai reue swa, And *seke* fra
God *mete* vnto þa. Ps. 103, 21. Reynart was
gon out to *seche his mete*. CAXT. *Reyn.* p. 78
Thoms. But as a brid, which woll alight, And
seeth the mete, and nought the nette, Whiche
in deceipt of him is sette, These yonge folk no
perill sigh [v. der Lockspeise]. GOWER I. 285.
Biðen [*suppl.* he sc. ðe ern) wið his rigte bile
Takeð mete ðat he wile. BEST. 86 *Spr.* — Þis
wolf it was vnmessur *mete* [vnmesur *mete* GÖTT.
vnmesure *mete* TRIN.], Al þis mans flexs þar he
ete [unbez. gen.]. CURS. MUNDI 22897 COTT. vgl.
Morris in *Pref.* p. XXV. — „Wo worthe,“ quath
the vox, „lust and wille, That ne con meth *to
his mete!*“ VOX A. W. 96. The wolf haveth
hounger swithe gret, For he nedde gare iete;
and tho he herde speken *of mete*, He wolde
bletheliche ben thare. 168. So heo [sc. þe kov]
sat *withoute mete* al þe day to þen ende. ST.
KENELM 225 Horstm. p. 351. For in eche stede
of his fiesch hi [sc. the wormes] were so thicke
isete, That the grete ne mişte come for the smale
to here mete. BEK. 2249 *Spr.* cf. ST. THOM. OF
CAUNT. 2215 sq. Horstm. p. 170. Of grat lecherie
of þrote hit comþ þet man .. touore rişte houre
yernþ *to þe mete*, as deþ a best doumb. AYENB.
p 51 *Spr.* cf. Þe þridde boş of þise zenne is, to
u.erliche yerne *to þe mete*, ase deþ þe hond to þe
hes [i. e. es, esca; vgl. *Anm.*]. p. 55 *Spr.* Eke
mylde [i. e. neue. millet] is goode also *in every
mete* [v. Gänsefutter]. PALLAD. 1, 722. Fedyn
wythe mete, pasco. PR. P. p. 152. Fedde *wythe
mete*, pastus. ÷ð. Mesure is good *in alle mete*
[Worte des Bären]. CAXT. *Reyn.* p. 16. His bely
was so grete and ful *of mete*, and whan he
entred, his bely was smal [v. Isegrim]. p. 32.

Þis wolf it was wnmisur *of met*, Al þis mannis flea he ete. CURS. MUNDI 22897 EDINB. vgl.
Morris in *Pref.* p. XXV.

Loke ye go neuer to yowre mew, bot when
ye shall *yeue* yowre hawke *meete*, or ellis to
bryng water to bathe her. B. OF ST. ALBANS
fol. 17 r.

Of hurre hond þey [sc. wylde bestes & folys
of fiyşt] wolde *meyte take*. ST. EDITHA 1125
Horstm. Also wylde bestus obeyden hem so
louelyche to þis mayde, Pat þei wolden *take
meyte* at hurre honde. 1141.

Þei *gaffe* þo hondus *meyt* ynoşhe, Þo dompe
duke to hom he droşhe, Pat was is best beld.
GOWTH. 364 Breul. cf. 296. 304.

bildl. von Perlen, die man nicht vor die
Säue werfen soll: Ne sculen şe nawiht şimstones

leggen *swinen to mete* [vgl. *Matth.* 7, 6 und die
entspr. Stellen oben vv. *margarite, margerieperle*]. OEH. p. 135.

übertr. von Menschen, insofern ihr Körper nach dem Tode bestimmt ist, ein Frass der
Würmer zu werden: Hwen Godd se wraefulliche
fordemde his heh engel þat streonede hire in
heuene, hwat wile he don *bi* þat lam & *wurmene
mete* þat of þe deouel teameð hire on eorðe?
HALI MEID. p. 41 sq. Alas, þat so gret cost &
bisynesse is sette abouten þe roten body, þat is
wormes mete & a sak of drit & dust & aschis.
WYCL. *W. hith. unpr.* p.206 [vgl. *Notes* p. 516].
Unde vir extolleris? Tí ow schalte be *wormes
mete: Qui quamdiu vixeris Thy synnys wolde
thou not lete. REL. ANT. I. 138 [circa a. 1400].
Mon take hede what thou art, But *wormes mete*,
thou woste welle this. I. 199 [15. Jahrb.]. Ähnlich wird auch *fode, mes* gebraucht; vgl. *wormes fode* ANCR. R. p. 276, *wormes fode* HAMP.
566, *worme-is meisse* E. E. P. p. 2.

3. Nahrung für Menschen im Gegensatze
zur Kleidung, mit der zusammen sie den nötigsten Lebensbedarf darstellt: Ţef the lacketh
mete other clothet, Ne make the wroth for thy to
wrotht. HENDYNG 111 *Spr.* — Let finden þan
şislen *mete & claδ*. LAŞ. II. 282. Non ancre seruant ne ouhte, mid rihte, uorto *asken* isette
huire, bute *mete & cloδ* þet heo mei vlutten
bi, & Godes milce. ANCR. R. p. 428. If thou
gif me *mete* and foode, *And close* to body.
TOWN. M. p. 46. Thou salle *hafe cloðe and
mete.* ISUMBR. 593. — Şif he ne mei don elmesse
of claδe ne of mete. OEH. p. 37. For alse me
fet þet fleis wiðuten *Mid mete*, mid *claðe* al
abuten, Swa bihoueð þe saule fode, mid godes
wordes, mid gode mode. p. 63. Bot pouer [sc.
men] tholes the baret; That hauis defaut *of
clathe and met.* METR. HOMIL. p. 24.

Þer nis lac *of met no cloþ.* COK. 29 *Spr.*

4. Speise als festere Nahrung mit gegen-
sätzlicher Hervorhebung des Trankes, mit dem
sie zusammengefasst die nötigsten Lebensmittel
darstellt: Moren and wilde uni was *his mete*, and
noht bute water *his drinke.* OEH. II.139. *Mete
and drinke* is him so couth. GOWER II. 140.
Vytaylles, *mete and drinke*, toute maniere de
uitailles. PALSGR. — *Beggyn* bodely fode, as
mete and drynke, victo. PR. P. p. 28. Him be-
nimþ þane mete and þane drinke, and makeþ
him ualle ine ane feure. AYENB. p. 29 *Spr.* vgl.
Anm. So bide ich evere *mete other drinke*, Her
thou lesest al thi swinke [in einer Beteuerung;
vgl. *Anm.*]. SIRIZ 133 *Spr.* Brooke *mete, or
drynke*, retineo, vel digerendo retinere. PR. P.
p. 53. *Defyyn* [or broken] *mete, or drynke*, digero. p. 115. On the hye deyse he hur sett,
And *mete and drynke* he hur *fett.* BONE FLOR.
1761. *Fyin*, or *defyin mete and drynke* [*fyyn*],
digero. PR. P. p. 159. *Pene drinc & þene mete
þe heo þar funden, to heora scipe heo hit fusden.
LAŞ. I. 55. We ne haue Herinne neyther knict
ne knaue That *yeueth us drinken ne no mete*,
Haluendel that we moun ete. HAVEL. 457.
Gladly thai *gaf mete and drink*, So that thai
suld the better swink, The wight men that thar

ware. MINOT III. 211 *Spr.* Heo *hafden drænc,*
heo *hafden mete.* LAȝ. II. 137. *Mete and drink*
þou *has* atte will. CURS. MUNDI 3535 FAIRF.
GÖTT. TRIN. Men hem *serued* of gret plente
Mete & drink of gret deynte. ARTH. A. MERL.
3117 Kölb. When he *takes mete or drink* more
þen profitis to his soule. WYCL. *Sel. W.* III.
155. Be wel war for any *awynke* Þat þou ne
wante mete ne drynke. CURS. MUNDI 1717 TRIN.
— Ich habbe isuneged *ine mete and ine druncke*
boðe, and mid fleeshes fulðe ifuled me. OEH.
p. 205. cf. p. 305. Brutus & his dujeðe makeden
halinesse mid wrscipen heȝen, *mid mete & mid*
drincħen, & mid murie gleodreme. LAȝ. I. 77.
Peih he cunne [sc. his muðes meðe] *of mete,* he
nele cunne *ȝf drinke,* er he be awo iueid þat he
falle desle to honde. II. 11. All *wiþþutenn mete*
annd drinncħ Heold Crist hiss faaste þære Fow-
werrtiȝ daȝhess aȝȝ onnan Bi daȝhess annd bi
nahhtess. ORM 11329 *Spr.* Þe eihtuðe dole is
al of þe uttre riwle, erest *of mete & of drunc.*
ANCR. R. p. 14. *Of mete & of drunche,* to muchel oðer to lutel. p. 342. Þe þat suneget ofte
on drunken and on mete. MOR. ODE *Jesus* 254
in *Spec.* I. 212. A] is wille he forles *of drinke*
and of mete. ST. GREGORY 8 Horstm. p. 356.
Pouere men þarewith to freueri *of drunch and*
of mete. ST. MAGDAL. 104 Horstm. p. 465.
Charged *wiþ mete & wiþ drink.* ARTH. A. MERL.
5605 Kölb. Þat *of mete no drink* he no rouȝt.
6528. *Wiþouten mete, wiþouten drink* Bot
dewe. GREGORLEG. 945. Lok þou sua do for
na suink Þou haue defaut *of mete and drink*
[defaute *of mete ne drink* FAIRF. deffaute *of*
mete or drinc GÖTT.]. CURS. MUNDI 1717 COTT.
Ther was gret plente *Of mete and drynk.* ALIS.
822. Þe lady had defaute boþe *of mete and drynk.*
LANGT. p. 122. Oþer *be* to *moche mete,* oþer
drinke, oþer be euele þoȝtes. AȝENB. p. 9.
Aftre his conversioun, he [sc. seynt Poul] duelte
in that cytee 3 dayes, withouten sight, and *with-*
outen mete or drinke. MAUND. p. 124. Þan at
soper of Tessalus þe fisician, among gret service
of mete and drynke. Alisaundre was ipoysoned.
TREVISA IV. 11. Pey bynden hem to grete
penaunce and abstynenee *of mete and drynk.*
WYCL. *hith. unpr.* p. 6. Fulnesse *of mete*
and of drenke. Sel. W. III. 172. Hit snewede
in his hous *of mete and drynke.* CH. *C. F.* I. A.
345 Morris Cl. Pr. *Of mete and drynke* .. fre.
MYRC *Instructions* 51. Of curtasye was he
kynge, *Of mete and drynke* no nythynge.
ISUMBR. 22. *Of mete and of drynk* Have veray
skant. TOWN. M. p. 25 *Spr.* vgl. auch: What
synne is *in mete, in ale, in wyne?* DIGBY PL.
p. 155.

Mette and drinc þou *has* to will, Bot lang
es siþen I ete my fill. CURS. MUNDI 3535
COTT.

In Cokaygne is *met and drink* Wiþute care,
how, and swink. COK. 17 *Spr.* Þe *met* is trie,
þe *drink* is clere. 19. Wo & sorow must nedes
synke Mor in our hartes than *met & drinke.*
DIGBY PL. p. 176. He *gaf* hyre *met and drynk*
anone. SEVEN SAG. 1821. *To met no drink*
þer nis no nede. SARMUN 205 *Spr.* Riche men

hauis ay, iwis, Inohe *of met and drinc* and blis.
METR. HOMIL. p. 24.

Adam! haue þis, luke howe ye thynke,
And *tille* withalle *þi meete and drynke* for euermore. YORK PL. p. 31.

Meyte and drynk was brouȝt hym tylle.
ST. EDITHA 1001 Horstm. *Meyte and drynke*
he wold hem *ȝeue.* 1069.

I abatayne or forbeare from any thing, as
meate or drinke, or my pleasure. PALSGR.

in der englischen Tiersage findet sich diese
Verbindung auch von Tieren: Her is *mete,*
her is *drinke,* Her is blisse withouten swinke;
Her nis hounger never mo. VOX A. W. 143 *Spr.*
Mete and drinke flowed there. CAXT. *Reyn.*
p. 72. For he [sc. the vox] thohute his hounger
aquenche, *Other mid mete, other mid drunche.*
VOX A. W. 13.

zu Speise und Trank treten auch andere
notwendige Lebensbedürfnisse, namentlich
Kleidung und Wohnung, noch hinzu: Weste
was *his wuninge,* and starke haire of oluente
his wede, wilde hunie and languste *his mete,* and
water was *his drinks.* OEH. II. 127. vgl. II.
139. For he asolde *non mete ne drynke,* bote yt
were ouerdere, come in hys wombe, *ne clop* ouer
his suere. R. OF GL. p. 389. cf. 8008 Wr. *Mete*
and drynke this night wil I *brynge* Inough for
the, and *clothes for thy beddynge.* CH. *C. T.* I.
B. 757 Morris Cl. Pr. Þet oðer is do þine elmesse
of þon þet þu maht iforðien, messen for alle
cristine saule, wrecche men *sceos and claðes,*
and *mete and dringen,* and *wormþe,* and *her-*
burȝe. OEH. p. 37. Witt mett annd mæþ, *i mete*
annd drinncħ, Annd ec inn ȝure claþess. ORM
6116. Pei .. forsaken here cloistre and oþer
deuocions for to haue *lykynge of mete and drynk*
and clop and wordly worschipe. WYCL. *W. hith.*
unpr. p. 13. Sumtyme for enuye and hate ful
trewe men ben sett in prison, and þanne it were
most nede to conforte hem in bodi and soule
aȝenst defaute *of mete and drynk and clop* and
grucchynge aȝenst god or dispeir. p. 15.

5. S p e i s e für Menschen im engeren Sinne,
S p e i s e a r t, S p e i s e g a t t u n g, G e r i c h t:
Ane wel faire ȝwite lof he sette bitwene to &
to, ȝwite moren, ase it of herbes were, bifore
heom he sette also, *Swettore mete* ne miȝte non
beo. ST. BREND. 283 Horstm. p. 227. Þer nis
mete bote frute. COK. 10 *Spr.* „Quat art þou?"
his fader saide. „Sir, Esau, *þi mete* ys graide."
CURS. MUNDI 3675 FAIRF. GÖTT. „And quat
kin *mete?"* „Sir, venisun." 3687 COTT. FAIRF.
TRIN. He fares forth on alle faure, fogge wats
his mete [cf. *Dan.* 4, 29. 30]. ALLIT. P. 2, 1681.
Salomon *his mete* was euery day þritti corues
of clene floure and foure score corues of mele.
TREVISA III. 9. His frendes trowede *þat unsele*
mete þat he hadde iete at soper, was cause of
his sikness. IV. 11. He þat eet of þat seed,
hadde suche a kynde, Sholde neuere mete ne
myschief make hym [to] swelle. P. PL. *Text C.*
pass. XXII. 282. Sholde no curiouse cloþe
come on hus rygge, Noþer *mete* in hus mouthe
þat maister Iohan spicede. 287 [cf. *Notes*]. But-
tir is *an holsom mete.* BAB. B. p. 123. ȝif þe

baken mete be colde. B. OF CURTAS. 775.
Knele þou so longe .. Tylle *mete* be aayde [i. e.
assayde] þat þou hase brought. 779. *Boylyd
mete*. PR. P. p. 43. Hec assa, *a rost mete*.
WR. VOC. p. 266 [col. 789, 31 Wülck.]. Dressar
where *mete* is served at. PALSGR. — Þo coke
assayes þe mete vngryjt. B. OF CURTAS. 751. Þa
heje iborne *þene mete beoren* .. forð at þan
borden. LAJ. II. 533. For ic ne migte me nogt
weren, Ne ðat *mete* fro hem *beren* (v. Back-
waren). G. A. EX. 2083 *Spr.* Þou þat *berys mete*
in hande. B. OF CURTAS. 777. The stomack
coke is .. And *boileth mete*. GOWER III. 100.
Þanne sho hauede *brouht þe mete*, Haueloc anon
bigan to ete. HAVEL. 649. Je haue *broughte*
me *þis mete*. YORK PL. p. 450. Þo keruer schalle
kerue þo lordes *mete*. B. OF CURTAS. 795. *Chew
mete*, mastico. PR. P. p. 73. At dressour also
he [sc. the clerke of þe cochyn] shalle stonde,
And *fett forthe mete* dresset with honde. B. OF
CURTAS. 557. Jwere ben thine cokes snelle, That
scholden gon *greithe thi mete* With speces, swete
for to smelle? BODY A. S. 41 *Spr.* Aʹ *mete* haue
[sc. I] *greide*. CURS. MUNDI 3686 TRIN. It [sc.
manne] warð on eches muð *wat mete se* he mest
luuede. OEH. II. 99. Þe hous to kepe and *make
paire mete* Þerto was he maste tosette. CURS.
MUNDI 3497 FAIRF. *Makes our mete* .. Whether ye wole sethe or brede. RICH. C. DE L.
1492. Alle the poure men of the lond Warmed
hem therbi fot and hond, And *made here mete*
bi that fir. SEUYN SAG. 1971 *Spr.* When þe
sewer comys vnto þe borde, *Alle þe mete* he
sayes [i. e. assayes]. B. OF CURTAS. 763. Vre
drihten *sende þis mete* [i. e. manne] fro heuene
þe israeliise folke. OEH. II. 99. Iacob an time
him *sað a mete*, Ðat men callen lentil gete. G.
A. EX. 1457. For *his mete* he wold not *spare*,
Burdes in the halle were neuyr bare. AMADACE
st. 14. *Take* þou *no mete* tylle grace be scyde.
BAB. B. p. 16. *Hwet mete se* þi mahe hokerliche *undorfeð*, þat is wið unlust, warpeð hit eft
ut. HALI MEID. p. 35. — ʺWhat maner *mete*
[unbes. gen.]?ʺ „Sir, venisoun.ʺ CURS. MUNDI
3687 TRIN. — Hc smeihte galle on his tunge
uorto leren ancren þet heo ne gruchie neuermore *uor none mete* ne uor none drunche, ne beo
hit neuer so unorne. ANCR. R. p. 106-8. Me mai
mid me bijete Wel gode brede [i. e. Braten] *to
his mete*. O. A. N. 1627. Of *ðis warme mete* ðu
gif me nu. G. A. EX. 1492. If ic ðe fille *wið ðis
mete*. 1498. „O þis kin *mete* [o þi mete, of þis
mete* cett.], broþer,ʺ he said, Giue me sum part
þat þou has graythid. CURS. MUNDI COTT. 3533.
Hou hy moje maki *of one mete* uele mes desgysed uor hare uoule lost. AYENB. p. 56 *Spr.*
Al wer we dampned *for þat mete* [Evas Apfel].
ALLIT. P. 1, 640. *Wyth odur mete* schalt þou
not leve But þat þys glede wylle þe yeue. OC-
TAV. C. 679 Sarr. Ful semely *after hire mete*
sche raughte. CH. C. T. I. A. 136 Morris Cl. Pr.
Withoute bake mete was nevere his hous, Of
fleasach and fissch. 343. Forthy ete *of þis mete*
[i. e. von dem Apfel]. YORK PL. p. 25. To spoke
of bakun mete. LIB. C. C. p. 38. *With bakun
mete* yf he seruyd be. B. OF CURTAS. 771. Hic

dapifer, a berere *of mete*. WR. VOC. p. 256 [col.
769, 25 Wülck.]. Dyssheberer *at mete*, disco-
ferus. PR. P. p. 122, cf. CATH. ANGL. p. 100.
Loo here is *mette* þat þou ete may, A hony-
kombe .. Roste fecche þertill. YORK PL. p. 450.
Þe pinnes beþ fat podinges, *Rich met* to
princes and kinges. COK. 59 *Spr.* Þi *met* es
graithid. CURS. MUNDI 3686 COTT. Hec frixura,
fryd met. WR. VOC. p. 241 [col. 741, 11 Wülck.].
— *Alle þe broken met* he *kepes* y wate, To dele
to pore men at þe jate. B. OF CURTAS. 739. Þe
hus to kepe, and *ma* [i. e. make] *þe mett*, Mast
to þat mister was he sett. CURS. MUNDI 3497
COTT. — Al of pasteiis beþ þe walles, *Of fleis*,
of fisse, and *rich met*, Þe likfullist þat man mai
et. COK. 54 *Spr.*
Take thou to thi britheren *meete* maad of
meele, the mesure of ephi [ephi polente *Vulg.*].
WYCL. 1 KINGS 17, 17 Oxf. — Grete prelatis
.. coste myche of Gods godes in quantite *of
meete* and in qualite þerof, by whiche þei passen
hor neghtbores. *Sel. W.* III. 157.
Jit flesh was in the toethe of hem, ne de-
fautide siche a maner *meet* [unbes. gen.]. WYCL.
NUMB. 11, 33 Oxf.
The *meyte* of kynge Salomon was, in euery
dai, XXXᵗⁱ greate measures of floure .. and
LXXX suche measures of meyle. TREVISA III.
9 *Harl.*
When that *the meate* is taken vp, and the
tablecloath made cleane, Then giue good eare
to heare some grace. BAB. B. p. 81. — I *messe
meate*, I sorte it or order it in to messes, as
cookes whan they serve it, je mets en plats.
PALSGR. Have you *messed all the meate* that
shalbe served for the first course, auex vous mis
en plats toute la viande qui sera seruie pour le
premier *assiette? ib.* — *Messe of meate*, mets,
plat. *ib.*
die Mehrzahl findet sich häufig von
Speisen aller Art, auch in der Bedeutung
von Mundvorrat: Þe riche .. habbeð .. estliche *metes* and drinkes. OEH. II. 179. Bugge
him .. *metes* and drinches & hende claðes. LAJ.
I. 151. Himm jet wass ned To *metess* annd to
drinnchess. ORM 11539. Himm nass nann ned
To *metess*, ne to drinnchess. 11553. Þe on uor-
geð al þat he luued of *metes* & of drunches.
ANCR. R. p. 364. Me drempte ic bar breadlepes
ðre, And ðorin bread and oðer *meten*, Quilke
ben wune ðe kinges to eten. G. A. EX. 2078
Spr. He bad his stiward gerken is *meten*. He
seide he sulden wið him alle eten. 2255. Of þe
mete forto tel, Ne of þe *metes* bidde i nout
dwelle. HAVEL. 1732. Large huy weren of heore
metes to heom þat hadden neode. ST. MAGDAL.
27 Horstm. p. 463. Me made *metes* in þe court
mid þulke water also. R. OF GL. 3454 Wr. A
God, huet we hedde guod wyn yeate[r]neuen,
and guode *metes*. AYENB. p. 51 *Spr.* Hi jecheþ
zuo riche *metes*, and makeþ zuo uele mes. p. 55.
Þet hare *metes* by wel agrayþed. p. 56. [Þe
quen ..] manli made hem atte hese wiþ alle
metes nobul, & wiþ þe de[r]worþest deintes of
drinkes þat were. WILL. 3208. Wid alle *metes*
of my lond ful wel i scal þe fede. MEID. MAREGR.

st. 27. Pure plente of payn [i. e. bread] þe peuple of Sodomye, And reste and riche *metes* rybaudes hem made. P. PL. *Text C.* pass. XVI. 232. In costily *metes* and drinkes. WYCL. *Sel. W.* III. 158. Al manere of bake *metes* þat byn good and hot, Open hem aboue þe brym of þe coffyn cote. BAB. B. p. 146. Off fryed *metes* be ware, for they ar fumose in dede. p. 148. Garlek, or mustard, vergous þerto, pepur þe powderynge — For þornbak, houndfysche, & also fresche herynge, hake, stokfyshe, haddok, cod, & whytynge, — Ar moost metist for thes *metes* [Fischspeisen]. p. 174. Of alle maner *metes* ye must thus know & fele þe fumositees of fysch, flesche, & fowles. p. 139. The maner & forme of kervynge of *metes* .. y haue shewed. p. 145. With the grosse *metes* then yow I wol not fede, But gaue yow the licour of a maydyns mylke. DIGBY PL. p. 197. Al maner *metis* that ben made with bakers craft. WYCL. GEN. 40, 17 Oxf. cf. LEVIT. 2, 4. Alle prouynces camen in to Egipt to bie *metis* [cornes I. S.], and to abate the yuel of nedynesse. WYCL. GEN. 41, 57 . Purv. Þei wasten delicat *metis* and drynkis, and jeuen nought to pore men. *W. hith. unpr.* p. 13. Techynge men to abstene hem fro *metis*, þe whiche God has maad to be eten of trewe men. *Sel. W.* III. 189. There was yoye and moche game Al that grete mangery, Wyth gode *metys* them amonge. OCTAV. *C.* 194 Sarr. Ryche *metys* were there ydyght. 1648. Riche *metis* wantted thame nane, Nowther of wylde nor of tame, Nor no riche brede. ISUMBR. 777. Dylycyus *metys* they hur bad. EGLAM. 929. Beware of saladis, grene *metis*, & of frutes rawe; For þey make many a man haue a feble mawe. BAB. B. p. 124. All maner *metis* þat þy tethe on egge doth sette, Take almondes þerfore, & hard cheese loke þou not forgette. *ib.* Þen putte it on a chargere tyl it be cold, & mace [make *A.*] lechys, & serue with oþer *metys*. TWO COOK. B. p. 35. Chewynge of *metys* or oþer þynngys, masticatio. PR. P. p. 74. For in many *metis* schal be siknesse, and gredynesse schal neiʒe til to colrye [in manye forsothe *metus* shal be infirmite, and gredynesse shall neʒhen vnto colre *Oxf.*]. WYCL. ECCLUS. 37, 33 Purv. Hast þou ichereechet þy body ofte, in swete *metus* and eloþus softe? MYRC *Instructions* 1339.

Alle the prouynces camen into Egipte, that thei myʒten bigge *meetis*, and the yuel of myseis swagen. WYCL. GEN. 41, 57 Oxf.

His frendes iuggende that passion to haue commen by the intemperance of *meytes*. TREVISA IV. 11 *Harl.* The revell last a full synyght, With *meyttes* and drynkes wyll [i. e. neue. well] dyght. AMADAS 590.

das Wort bezeichnet auch die Hauptspeise im Gegensatze zu dem dazu genossenen Brote: [þe burne ..] brynges butter withal, & by þe bred settez *Mete* [vom Besuche der Engel bei Abraham]. ALLIT. P. 2, 636. Riche *metis* wantted thame nane, Nowther of wylde nor of tame, Nor no riche *brede*. ISUMBR. 777. oder auch zu dem nachher aufgetragenen Nachtisch oder Kompott: *After mete* peeres, nottys, straw

beries, wyneberies, also blawnderelles, pepyns, careawey in comfite, *Compostes* ar like to þese. BAB. B. p. 122.

zu erwähnen ist noch, dass gelegentlich durch *mete* als Speise zubereitetes Menschenfleisch bezeichnet wird: Þe kyng ete þerof anon; Hym þoʒte þat *so suete mete* he ne *ete* neuere non, Ne so sauery in ys mouþ, so þat he turnde to hele, & hol was þe þrydde day *vor þulke suete mete*. R. OF GL. I. 355, 113 Wr. [p. 244 Hearne]. cf. He et hit ilk a del, And passed wel þo þat hache [i. e. afr. *hachis*, neue. *hash*], So *swete a mete* neuer or *et* he. R. OF BRUNNE *Story of Engl.* 15758. Die Zubereitung findet statt aus Mangel an Wildbret, ohne Kenntnis des Essenden von der Natur der genossenen Speise.

leicht erklärlich ist die Verwendung des Wortes für die den Speisearten der Menschen entsprechenden Formen der Nahrung für Tiere, besonders in der Tiersage: By cause *the mete* was nyewe, I ete the more. CAXT. *Reyn.* p. 13 Thoms. *The beste mete* to make an hawke to mewe moost sone wythowte any medecyne is the flesche of a kydde and of a yong swanne etc. B. OF ST. ALBANS fol. 17 v. — I *ete* but *symple mete*. CAXT. *Reyn.* p. 13 Thoms. I fele my self .. encombred in my stomak, therefore *ete* I gladly *lyght mete*. p. 50. „Good Reynard, I am hongred, and am wery; *haue* ye *ony mete?*“ I saide, „Ye, come nere!“ Tho gaf I hym a copel of maynohettis with swete butter. It was vpon a Wednesday, on whiche day I am not wonte to ete ony flessh. p. 93. That she [sc. yowre hawke] *haue clene mete*, and att euery meele *fressche*. B. OF ST. ALBANS fol. 16 v. See what I shall gyue you, a good ayre of fatte pygeons. I *loue* no *mete* better.p CAXT. *Reyn.* p. 80 Thoms. — Sette ye so lytyl by hony? me ought to preyse and loue it *above all mete*. p. 14. There is plenty *of good mete* of partrychs, wodecokkis [wododekkis *ed.*], and moche other wilde fowle. p. 65. — Yf ye haue leeuis, ye be plesyd; ye retche not of brede, of flesshe, ne suche maner *mete* [unbes. gen.]. p. 63. — I durse wel truste to them that they [sc. my chyldren Rosel and Reynerdyn] shold wel vytaylle vs in many good diuerses *metes*, that we now lacke. p. 81. For of stale *metis* and euelle *metis* she [sc. yowre hawke] shal engender mony sekenesses. B. OF ST. ALBANS fol. 16 v.

That meete shal mewe hir [sc. yowre hawke]. B. OF ST. ALBANS fol. 18 r.

das Wort bezeichnet auch den essbaren, fleischigen Teil von Pflanzen, Früchten: A stannry [lapidosum *lat.*] pere is saide to channge is *mete* In easy lande ygraffed if he be. PALLAD. 3, 708. Hec pulpa, the *mett*. WR. VOC. p. 230. Hec pulpa, a *meyte*. p. 267. *Meate* of any frute, le bon. PALSGR.

bildlich von Arten geistiger Speise etc.: Þei *ete mete* of more coste. P. PL. *Text B.* pass. XIII. 41. He brouʒt vs forth a mees *of other mete*. 52. — Þanne cam scripture, And serued hem þus sone of sondry *metes* manye. 37.

6. alt ist die Verbindung mit dem gen. von
mæl, prandium, in *a meles mete* [neue. *a meal's
meat, a meal's victuals*], für eine Mahlzeit
hinreichende Speise: For my labor schall
I nott get But yt be *a melys mete*. CLEGES 346.
— Pacience . . *Crauede* and *criede*, for Cristes
loue of heuene, *A meles mete* for a poure man,
ober moneye, yf þei hadden. P. PL. *Text C.*
pass. XVI. 33 sq. *A meles mete* yif þou me!
GUY *A*. 6845. Her ich wile *haue* þe [*a meelys*
C.] *mete*, Wiþ loue or eiƷe, whaþer I mai gete!
BEUES 1851 Kölb. For al þe gold on erthe Ich
nolde cope me with thy catell . . Ne *take a meles
mete* of þyne. P. PL. *Text C.* pass. VII. 287 sq.
— Of no more ichil þe praye, Bot *of a meles
mete* ich day For seynt charité! AMIS A. AMIL.
1606 Kölb. vgl. *afr.* de vne repast par la iourne.
ib. p. 170. cf. *Meel of mete*, commestio, pastus.
PR. P. p. 331.

For þat ilche lordes loue, On wham þin
herte is on iset, Ʒeue me to day *a meles met!*
BEUES 1838 Kölb.

7. **Essen, Mahl, Mahlzeit:** Þanne
[he] were set, and bord leyd, And þe beneysun
was seyd, Biforn hem com *þe beste mete* Þat king
or cayser wolde ete, Kranes, swannes, uency-
sun etc. HAVEL. 1722. Bi þat þe coke hade
crowed [crowes *ed.*] & cackled bot þryse, Þe
lorde watƷ lopen of his bedde, [&] þe leudeƷ vch
one, So þat *þe mete* & þe masse watƷ metely
delyuered. GAW. 1412. *Þi mete* yƷ noƷt diƷt Ʒet.
CURS. MUNDI 3538 FAIRF. cf. 3532. Is *our mete*
Ʒare? GAMELYN 90. Hic cibus, hic esca, *mete*.
Hic *dapis, -pem, -pe*, idem est. WR. VOC.
p. 240 [col. 739, 12-14 Wülck.]. Hoo prandium,
epulum, hic cibus, hec daps, *mete*. p. 266 [col.
788, 11-15 Wülck.]. *Mete*, epulum [daps, da-
pis], dapes, epule etc. CATH. ANGL. p. 237. —
Ʒief he frend were, me sceolde Ʒief him his morƷemete, þat he þe bet mihte *abide þane more mete*
[i. e. das grössere Mahl, Hauptmahl]. OEH.p.237.
Þuir mete to þam I rede broght. CURS. MUNDI
5270. Ʒef he frend were, me hine sceolde dere-
w[u]r[ð]lice forðclepien, and do hine wasse, and
Ʒiefe him *his forme mete* [i. e. Frühmahl], þat
him to lang ne þubte to abiden oð se [of se *Ms.*]
laford to þe none inncome. OEH. p. 231.
Ʒeve mete, dapino. PR. P. p. 538. Whan thou
preƷedest with teris, and thou biriedest the deade, and *laƷtist the mete* . . I offride thin orisoun
to the Lord. WYCL. TOBIT 12, 12 Oxf. — Æer
þanne we mid ure frienden to ðe mete go. OEH.
p. 231. Þa þe king wes sætte mid alle his
duƷeðe *to his mete* . . þe stiward com steppen.
LAƷ. II. 610. cf. II. 540. Drinke o tiƷe *atte
mete*, and noht þerafter. II. 67. Silence euere
et te mete. ANCR. R. p. 68 *Spr*. Ʒif heo ne
kunnen nout þe metegraces, siggen in hore
stude Pater noster & Aue Maria *biuoren mete*,
and *efter mete* also. p. 426. *Ette mete* no word,
oðer lut, & þeo beon stille. p. 428. Get he
ðhogte of his faderes wunes Hu he sette *at ðe
mete* hise sunes. G. A. EX. 2293 *Spr*. *Of þe
mete* forto tel, Ne of þe metes bidde i nout
dwelle. HAVEL. 1732. In him com ur Lord
Crist gon as is postles seten *at mete*. JUDAS 24

Spr. Ase he [sc. a riche man] sat *at is mete* in
grete pruyte, LaƷer at is Ʒate stod. LEB. JESU
152. Þo it was time of mele, huy wenden *to
heore mete*. MAGDAL. 232 Horstm. p. 469. *After
mete*, as riƷt was, þe menestraus eode aboute, &
kniƷtes & swaines in karole gret route. R. OF
GL. 1217 Wr. Sone *after þis noble mete*, as riƷt
was in such tyde, Þe kniƷtes atyled hom aboute
in eche syde, In feldes & in medes, to prouy
hor bachelerye [ludi et hastiludia post prandium
gloss. marg.]. 3961. King Harald sat glad ynou
at Euerwik *atte mete*, So þat þer com a messager,
ar he adde iƷete, & sede þat duc Willam to
Hastinges was icome. 7396. The kyng *at mete*
sat on des. RICH. C. DE L. 1097. To bure nu
þu wende, *After mete* stille Wiþ Rymenhild to
duelle. K. H. 372 *Spr*. He [sc. Alisaundre] goth
to mete with the kyng. ALIS. 821. *After mete*
. . Theo kyng clepith gentil knyghtis, Y wot heo
weoren his tresoreris. 824. A day as he [sc. Ar-
thur] *to þe mete* went, Out of þis lond lettres
were sent. R. OF BRUNNE *Story of Engl.* 14027.
Com Iesus til his freindes suete Þat sett war *to
þair mete* at ete [Þer þai ware sette *at þaire mete*
FAIRF.]. CURS. MUNDI 22719 COTT. GÖTT. TRIN.
Man dos to fasting mikel wrang To hald *at mete*
setes to lang [Þat vses to sit *at mete* ouerlang
GALBA]. 29084 COTT. *To mete* þai turned her
pas. ARTH. A. MERL. 3114 Kölb. He ne cares
noht to muche *for his mete* at non. POL. S.
p. 330. Whan he cometh *to the mete*, he maketh his mawe touht off the beste. p. 331. In þe
castel þe steward sat *atte mete*, And mani lording was bi him sete. ORFEO 517 Zielke. Me ret
ine hous of religion *ate mete*. AYENB. p. 55.
He [sc. Sampson] made falle upon hem a gret
halle whan thei were *at mete*. MAUND. p. 33.
After mete þe lordys wyse . . To daunce wente.
OCTOU. 79 Sarr. Þe steward wasched, and went
to mete. ORFEO H. O. 517 Zielke. Þat mayden
red þat lesson þo, Whyle þe kyng was *atte mete*
[: swete]. ST. EDITHA 1010 Horstm. And sone,
whon Marie herde telle Þat crist wolde *to þe
mete* dwelle. EV. GESCH. 1, 17 [in *Arch.* 57, 241].
Þe kyng and his kniƷtes to þe churche wenten
To heere matyns and masse, and *to þe mete* aftur.
P. PL. *Text A.* pass. V. 1. *Multi* to a maungerye and *to þe mete* were sompned. *B.* XI. 107.
C. XIII. 46. *Ʒif* þei carpen of Crist . . *Atte
mete* in heor murþe, whon munstrals beoþ stille.
A. XI. 38. *B.* X. 51. Amorwe thei must, *afore
mete*, mete togedir. DEP. OF R. II. pass. IV. 40
Skeat. Men for to sitte *at the mete*.
WYCL. JOH. 6, 10 Oxf. cf. 11. Thanne glorie
schal be to thee bifore men syttinge to gidere
at the mete. LUKE 14, 10 Oxf. Who of Ʒou
hauynge a seruaunt eringe other Iesewynge
oxun, which seith to him, turnyd aƷen fro the
feeld, Anoon go, and sitte *to mete*? 17, 7. *At
mete* wel ytaught was sche with alle: Sche leet
no morsel from hire lippes falle. CH. C. T.
127 Zup. This duke . . Upon a day hem two *to
mete* Hath bede. GOWER I. 69 *Spr*. To *mete*
into the kinges halle They comen, as they be
bidden alle. I. 127. Whan time was, they gone
to mete. III. 339. Set and served *ate mete*. III.

18. *After mete* in prive place This lord .. To eche of hem yaf thanne a yift. I. 69 *Spr.* When the emperour wesah, and went *to mete.* GOWTH. B. 442 Breul. cf. *B.* 508. 643. *After mete* hur frayneth the kyng. EGLAM. 883. *At the firste mete.* 1275. Dynsheberer *at mete*, discolorus. PR. P. p. 122. cf. CATH. ANGL. p. 100. Fedde *wythe mete*, pransus. PR. P. p. 335.—gen. During *the metes* space. CH. *C. T.* 5434.

Þe jung monkes euch dai *Aftir met* goþ to plai. COK. 121 *Spr.* Com Iesu til his frendes swete Þat set war *to þair met* at ette. CURS. MUNDI 22719 EDINB.

Meete, fode, cibus, esca, prandium, epulum, epule. PR. P. p. 335. Whanne a feestedai of the Lord was, and a good *meete* was maad in the hows of Tobie, he seide to his sone, Go thou etc. WYCL. TOBIT 2, 1 Purv. Whane thou preyedist with teeris, and biryedist deed men, and *forsokist the meete* .. Ȳ offride thi preier to þe Lord. 12, 12 Purv. Son quen Mari herd telle That Crist auld *to the meet* thar duelle. METR. HOMIL. p. 16.

To þe meyte now set he [sc. þe kyng] is, And meyte & drynk was brouȝt hym tylle. ST. EDITHA 1000 Horstm. Off hym shalle we laȝ alle *At the meyte* when that we bene. Ms. in HALLIW. D. p. 552.

In hall he fond his lorde *at meyt*, He seytt hym down, and made is seytt Too small raches betwene. GOWTH. 442 Breul. He fond þo emperour and is men all *To meyt* was gwon full yare. 509. Þo lord come hom, *to meyt* was seytt, And þo doȝtty knyȝtus withowt leytt Þat had in þo batell byn. 643.

oft, besonders in Verbindung mit Präpositionen, entspricht das Wort dem deutschen Tisch [i. e. Essen, Mahlzeit] in Wendungen wie: bei Tische sitzen, vor Tische, nach Tische, zu Tische gehen. Immer wird dabei die Grundbedeutung Speise, Essen deutlich empfunden; ohne Beschränkung auf eine bestimmte Zeit oder Gestaltung des Mahles wird das Wort sowohl von regelmässigen täglichen Mahlzeiten oder festlichen Veranstaltungen verwendet, wie von gelegentlichen Speisungen. Am häufigsten ist allerdings die erste Hauptmahlzeit [prandium] gemeint, doch nicht allein. Eine Gegenüberstellung von *mete*, prandium, und *soper*, cœna, ist selten: After the sondry sesouns of the yeer So *chaunged* he *his mete* and *his soper.* CH. *C. T.* A. 347 Zup. *Aftur mete* peeres, nottys, strawberies .. *Aftur sopper* rosted apples, peres, blanche powder your stomak for to ese. BAB. B. p. 122. Dagegen wird Jacobs Linsengericht mit *soper*, und Esaus entspr. Mahlzeit mit *mete* bezeichnet: His broþer he funde sone in siȝt *A riche soper* for to diȝt. CURS. MUNDI 3532 FAIRF. Þi *mete* ys noȝt diȝt ȝet. ib. 3538. Die auch in England eingetretene Verschiebung der Hauptmahlzeiten [P. PL. *Notes* p. 165 zu *C.* IX. 146 cf. 196 n.] ist für unser Wort also ohne Bedeutung.

bildlich verwendet wird dasselbe auch in diesem Sinne: Nan halege naþ his fulle blisse, er he underfo a domes deie his licame,

þat w[u]rð *se fulle mete*, þan se mann mid sawle and mid licame underfangð sicernesse of ecer blisse. OEH. p. 239. cf. Conscience called *after mete*, and þanne cam scripture, And serued hem þus sone of sondry metes manye, Of Austyn, of Ambrose, of alle þe foure euangelistes. P. PL. *Text B.* pass. XIII. 37.

mete s. sodalis s. *mette.*

metebord, meteburd etc. s. sch. *met-burd, mettburd, meitburd.* Speisetisch, Esstisch, Tisch, zu Speisen und Opfern.

Som fischeres solde a drauȝte of fische wiþ þe nettis, þat þo was idrawe þe goldene *metebord* þat was in Appolyn Delphicus his temple [mensa aurea Delphica *Higd.* a table of golde *Harl.*]. TREVISA III. 67. Þey [sc. þe Romayns] took .. þe schryne of God, a candelstikke, and a *metebord* [i. e. den Tisch der Schaubrote]. III. 187. cf. þe *meteborde* IV. 115. A *meteburde, escaria*, cum sit plena cibis. CATH. ANGL. p. 238. — He made .. sette þe hedes of gentil men þat were islawe .. in stede of messes uppon þe *metebordes.* TREVISA IV. 161. Al weren þe hallen bihongen mid pellen, alle þai *meteburdes* ibrusted mid golde [Alle weren þe halles bihonge mid palles, alle þe *metebordes* ibrustled mid golde j. T.]. LAȜ. I. 154.

Thow shalt make a *meetbord* [a boord *Purv.*] of the trees of Sichym, hauynge two cubitis of lengthe, 'and in brede o cubiyt, and in heiȝt o cubiȝt and a half. WYCL. EXOD. 25, 23 Oxf. Mak that the Lord hath comaundide, that is .. the *meetbord* [bord *Purv.*] with beryngestaues, and the vessels, and the looues of propiciatioun. 35, 10-13. Qwharfore in þe *meetbuyrd* of trew Salamon þe pilars ar siluer, & his restingplace gold. MISYN *Hamp.* Fire of L. p. 48-9.

bildl. Þe wode is my *meteborde* [y haue .. þe woode for my table *Harl.* habeo .. silvam pro mensa *Higd.*]. TREVISA III. 475.

metekepinge s. Verwahrung, Aufbewahrung von Speise.

Almery, of *metekepynge.* PR. P. p. 10. vgl. CATH. ANGL. p. 8 n. 1.

metecorn s. neue. veraltet *metecorn*, Schenkung von Korn zum eigenen Gebrauche an Hörige, wie das ähnl. gebildete *metegavel* wohl zu *mete*, cibus, gehörig. eig. Speisekorn zum eigenen Gebrauche für Hörige, Dienstleute, zur Bezeichnung einer geringeren Getreideart, wahrscheinlich des wälschen Fenniches oder Buchweizens, panicum italicum.

Metecorne, panicium *Cath.* [calamus mensure, dicit *C. F. S.*]. PR. P. p. 335. vgl. *Panicium*, genus annonæ, qua in quibusdam locis homines vice panis sustentantur .. *Panicum* Latini vocant, *panis* nostri. D. C. Im Franz. entsprechen *panis* neben *panic*, im Ital. *paniccio, panizzo* neben *panico.*

metecun, -kin s. Speiseart, Vorratsgattung, Vorrat.

He us ȝeue .. gold & garsume, & his gode hors, & al his beste *mætecun* þe his men habbeð. LAȜ. I. 40. Nafe icc nohht off *metekinn* Till me, ne till min wennchell [i. e. infant], Wiþþutenn mêle alle itt beo ríhht An hanndfull inn an fótless. ORM 8645.

metecusti, -consti adj. vgl. *custi*, ags. *cystig*, munificus, liberalis. f r e i g e b i g m i t S p e i s e, f r e i g e b i g.

He was *metecusti*, þ is monscipe steor [*metecusti* to eureuche manne j. T.]. LAȝ. I. 15-16. Heo ȝifen him, þat kinebern, custen swiðe gode, þat he wes *metecusti* of alle quike monnen [*metecusti* of alle quike manne j. T.]. II. 384-5. He wes *metecusti* ȝuer alche monne. II. 390. He wes *metecusti* ælche quike monne. II. 413. He was *metecusti*, and cniht mid þan beaste. II. 554. He was *metecousti* to eche cwike manne. II. 413 j. T. He was *metecousti*, and cniht mid þan beste. II. 554 j. T.

metedisch, metdish s. vgl. *disch*. S p e i s e - s c h ü s s e l, S c h ü s s e l, S p e i s e t e l l e r, T e l l e r.

Hic escarinus, a *metdysh*. WR. VOC. p. 235 [col. 729, 8 Wülck.].

metefelawe, meetfelawe s. vgl. *felaȝe*. S p e i s e g e n o s s e, T i s c h g e n o s s e, G a s t.

A *metefelawe* [A felowe of table *Purv.*] forsothe and a frend to enemyte shul be turned. WYCL. ECCLUS. 37, 2 Oxf. The *metefelawe* to the frend shal be merie in likingus. 37, 4. A *metefelawe* [A felowe of table *Purv.*] to the frend sorewith with, bi cause of the wombe; and aȝen the enemy he shal take sheld. 37, 5. — Riȝtwis men be thei to thee *metefelawes*. 9, 22.

Forsothe thou puttist me, thi seruaunt, among thi *meetfelawis* of thi bord [among the gestis of thi boord *Purv.*]. WYCL. 2 KINGS 19, 28 Oxf.

metefere, meetefeere s. vgl. *fere*. S p e i s e - g e f ä h r t e, T i s c h g e n o s s e, G a s t.

Forsothe Danyel was *meetefeere* of the kyng [eet with the kyng *Purv.*], and honoured aboue alle the freendis of hym. WYCL. DAN. 14, 1 Oxf. — Just men be gestis, ethir *meteferis*, to thee. ECCLUS. 9, 22 Purv.

metefetil etc. s. vgl. *fetel*. S p e i s e b e h ä l - t e r, - s c h r a n k.

Metefytel [Metesytel *ed.*], to kepe in mete [*metfyttyl*, or almary K. *metefstyll*, or almery P.], cibutum C. F. Ug. in cilleo. PR. P. p. 335. vgl. *almarie* und s. CATH. ANOL. p. 8 n. 1.

meteforme s. vgl. *forme* 2. S p e i s e b a n k, B a n k z u m S i t z e n b e i T i s c h e.

And whenc his swerde brokene was, A *meteforme* he gatt þar cas, And þerewith he gane hym were. OCTAV. *Linc.* 1245 Sarr. vgl. HALLIW. D. p. 551.

meteful adj. m a s s v o l l.

For he was a man *meteful*, suttyl, and bolde; trewer man, ne stydfastyr man ne lefte none in Irlonde. CONQ. OF IREL. *Rawl.* p. 113 Furniv. Lond. 1892.

metegraces s. pl. vgl. *grace* 6. T i s c h g e - b e t, D a n k g e b e t v o r u n d n a c h d e m E s s e n.

And ȝif heo kunnen nout þe *metegraces*, siggen in hore stude Pater noster & Aue Maria biuoren mete, and efter mete also, & Credo moare etc. ANCR. R. p. 426.

meteȝarde s. pertica, calamus mensuræ s. *metȝerd*.

meteȝevere, -ȝevare, -ȝivere s. vgl. *ȝevere*. S p e i s e g e b e r, - s p e n d e r, G a s t g e b e r.

Meteȝevare [*meteȝevare* K.], dapsilis, dapaticus. PR. P. p. 335. vgl. ȝeve mete, dapino. *ib.* p. 538. — Ac for good men, god wrote, grete dole men maken, And bymeneth good *meteȝyueres* [v. wohlthätigen Personen]. P. PL. *Text B.* pass. XV. 142. Bot bischops or abbotis or oþer grete prelatis holden a grete avaunt [ȝaunt *v. l.*] to be gode *metegyveres*, and coste myche of Gods godes in quantite of meete and in qualite þerof, by whiche þei passen hor neghtbores [tadelnd, v. geistl. Veranstaltern kostspieliger Gastercien]. WYCL. *Sel. W.* III. 157.

eine nur anscheinend gleichbedeutende Nebenform ist die unechte Zusammensetzung **metteȝiffer**, S p e i s e t r ä g e r, - b r i n g e r, T r u c h s e s s: Hic dapifer, *mettesgyffer*. WR. VOC. p. 214 [col. 688, 37 Wülck.]. vgl. Hic dapifer, a berere of mete. p. 256 [col. 769, 25 Wülck.].

meteȝeving, -ȝiving s. vgl. *ȝeving*. S p e i s e - d a r r e i c h u n g, E s s e n, M a h l.

Wile thou not ben gredy in alle plentuous *meteȝyuyng* [in ech etyng *Purv.*], and heeld thee not out vpon eche mete. WYCL. ECCLUS. 37, 32 Oxf.

meteine s. mancus s. *mitaine*.

meteing s. somnium; occursus s. *metinge*.

metehwile, meetqwhiel s. vgl. *hwile*, ags. *hvíl*, tempus. S p e i s e z e i t.

Att euery morsell of meet & draght of drynke god we awe to loyf.. with desire in *meetqohiel* to ȝerne. MISYN *Hamp.* Fire of L. p. 95.

meteles, -lees adj. ags. *meteléás*, neue. *meatless*. s p e i s e l o s, o h n e S p e i s e, o h n e N ä h - r u n g.

Þet folc was *meteles*, bote wo so coupe myd ginne, Oþer mid bowe & arwe eny wilde best winne. R. OF GL. 5036 Wr. *Meteles* and moneyeles, on Maluerne hulles, [Musyng] on þis meeteles a mylewei ich ȝeode. P. PL. *Text A.* pass. VIII. 130. cf. *C.* X. 295. Sche was *meteles* vj. dayes. EGLAM. 887. She hadde so longe *meteles* be. EMARE 364. I have sytten *metelesse* All this daye kepynge youre becestes. THE FRERE A. THE BOYE 151 [in P. PL. *Note* p. 115]. *Meteles* and moneles, on Maluerne hulles, Musyng on þis meteles, and my waye ich ȝede. P. PL. *Text B.* pass. VII. 141. — Here ȝe habbeȝ al a ȝer *meteles* ibeo. ST. BRAND. p. 221. cf. Her ȝe habbeth al a ȝer *meteles* ibeo. ST. BRAND. p. 3. Þre dawes & þre niht *meteles* hii wuste hom so, Þat hii nuste hou on take, ne wat for honger do. R. OF GL. 3547 Wr. Ne were mercy in mene men more þan in riche, Mendinantz *meteles* miȝte go to bedde. P. PL. *Text B.* pass. X. 64. Wiþ yre þay bounde hem faste, & left hem þar al *meteles*. FERUMBR. 1194. *Meteles* so megre are thai [sc. these frers] made, And penaunce so putteth ham doun, That ichone is an horslade, when he shal trusse of toun [ironisch]. POLIT. P. A. S. I. 264. Þe comon of þe oste bouht þam hors flesch, Or

mules or assis roste, or haf bien *metelesse*.
LANGT. p. 175.

von einem Tiere, ohne Futter: Heo
seien hire [sc. þe kou] sitte al þe day in þe va-
leie þare doune Stille in one stude *meteles*, for
to heo eode an eue to toune. ST. KENELM 233
Horstm. p. 352.

meteles, -lesse s. vielleicht nur für *metelest*,
ags. *meteleást*, inopia; doch vgl. alts. *metilóst*.
Speiselosigkeit, Nahrungsmangel,
Mangel an Nahrung.

Slik mischife in þe mene quile emang his
men fallis, For megire & for *meteles* [Such mischefe in þe meynne tyme vppon þe men falles,
For meger & for *metelesse* Duhl.]. WARS OF
ALEX. 1163 Ashm. vgl. *Notes.*

meteles s. somnium s. *metels*.

metelike, metelì adv. mhd. *mæzliche*, mit
Mass, in geringem Masse, nicht sehr, iron.
nicht, neue. *meetly*, früher auch *meetelis*, tolerably, prov. korr. *meeterly*, tolerably, handsome-
ly, modestly, indifferently [HALLIW.].

1. massvoll, schicklich, ziemlich,
in geziemender Weise: & tatt tu wiþþ þin
efenninng Þe *metelike* lede. ORM 10702. Gawan
& þe gay burde togeder þay seten, Euen in
myddes, as þe messe *metely* come. GAW. 1003.
Bi þat þe coke hade crowed [crowes *ed.*] & cak-
led bot þryse, Pe lorde watz lopen of his bedde,
[&] þe leudez vch one, So þat þe mete & þe
masse watz *metely* delyuered. 1412.

2. ziemlich, leidlich, mittelmässig:
Metely, moyennement, assez, par raison, passablement, as moyennement bien, assez bien, bien
par raison, passablement bien. PALSGR.

metelì adj. md. *mæzlich*, mhd. *mæzlich*, gemässigt, massvoll, nicht übertrieben, klein,
neben alts. *mêtlic* angemessen, ahd. *mêzlth*, mediocris, parcus. vgl. *metlic, metili* adj.

1. mässig, mittelmässig, von der
Körpergrösse: Of heght he [sc. Crist] was *metelì*
man [a metili man FAIRF.], After þat þe men
war þan, Noþer to gret, ne right to small. CURS.
MUNDI 18827 COTT. GÖTT. TRIN.

2. angemessen, schicklich, von der
Barttracht: *Meteli* hare [*Metli* har] was on his
chyn, & als his heued was shed in twin. CURS.
MUNDI 18847 FAIRF. GÖTT. TRIN. vgl. dazu:
Forked fair þe chin he bare, And tender berd
wit mikel hare. 18843 COTT. ähnl. *cett.* vom
Benehmen: Be [Ye *ed.*] euer redy to awayte
with maners *metely*. BAB. B. p. 177.

3. passend, geeignet, vom Orte: The
Duc of Orleaunce sente an herowde of armes
with lettres vnto kynge Harry, by whiche he
chalengyd for to fyght with hym withynne lystes at Bourdeux, or in some other *metely* place.
TREVISA VIII. 512 *Append.* [CX.]

metels, meteles, meeteles, meeteles etc. s.
von *meten*, somniare. vgl. das gleichbedeutende
drem-els. Traum.

Ioseph mette *metels* ful meruilous also,
How þe sonne and þe mone and enleuene sterres Falden bifore his feet, and heileden him
alle. P. PL. *Text A.* pass. VIII. 145. It bifelde
that he telde to hise britheren a sweuene seyn

[a *metels* that he sauj *v. l.*]. WYCL. GEN. 37', 5
Purv. What this *metals* [*metels, metaus* vv. ll.]
bymeneþ, je men þat buth murye, Diuine je,
for ich ne dar. P. PL. *Text C.* pass. I. 216.
Thus left me þat lady liggyng aslepe, And how
mede was ymaried in *meteles* me þoujte. P. PL.
Text B. pass. II. 51. Þe merueillousest *meteles*
mette me þanne Pat euer dremed wyjte in
worlde. VIII. 68. A merueillouse *meteles* mette
me þanne. XI. 5. Meny tyme of þis *meteles*
muche þouhte ich hadde. *C.* XVI. 4. vgl. me-
telis A. VIII. 131 v. l. *metelus C.* I. 216 v. l.
ʒoure eldris schulen dreme *meetels*. WYCL.
DEEDS 2, 17 Oxf. [Musyng] on þis *meeteles* a
mylewei ich jeode. P. PL. *Text A.* pass. VIII. 131.

Pluralformen scheinen selten zu sein und
fallen mit den auf s auslautenden Singularen
zusammen: Mony tyme þis *metels* [*metelis* v. l.]
han made me to studie For Pers loue. P. PL.
Text A. pass. VIII. 132. Vor þise bysyhedes
byeþ ase *meteles*. AYENB. p. 165. ʒif I durste
.. amonges men þis meteles [þeise *metelis* v. l.]
auowe. P. PL. *Text A.* pass. XI. 56. In thys hest
ys forbode alle manere mawmetrye, ydolatrye,
wychecrafte, enchantementes, redygge of *me-*
telles, and alle mysbyleve. Ms. in HALLIW. D.
p. 551.

meten, meeten v. ags. *mǽtan, mêtan*, pingere, somniare, welches nicht von *métan*, occurrere, invenire, zu scheiden sein dürfte.

1. entwerfen, zeichnen, malen:
Lette o wodi wise a swiðe wunderlich hweol
meten & makien. ST. JULIANA p. 57. Mony
meruell to *mete*. DESTR. OF TROY 5482.

& tær uppo þatt oferrwerrc [offerrwerrc
Ms.] Pejj haffdenn liccness *metedd* Off Cherubyn, & haffdenn itt O twejjen stokess *metedd*.
ORM 1046. Off Cherubyn Pejj haffdenn liccness
metedd Uppo þatt oferrwerrc þatt wass Abufenn
þarrke timmbredd. 1056. ef. 1695.

2. pers. träumen, einem träumen,
mit dem Traume als Subjekt und einem Personalobjekt wahrscheinlich im Akkusativ: At
tyme of midnijt of þe nijt *him* mette a greuous
cas; Him þojte he sey a grislich bere fle in þe
eir an hey. R. OF GL. 4140 Wr. Sire, to night
me mette a sweuen, A richcher forcet than that
We schulle finde ate westgate. SEUYN SAG. 2074
Spr. To consailie sche him [sc. a prest] clepud,
& þe cas him told, soþliche al þe sweuen þat *hire*
a nijt *mette*. WILL. 2919. Pan com here in mynde
.. Pat here sweuen was soþ þat sum time *hire*
mette. 5496. Als þai lay in þat prisun, A-naght
þam *mete* a visiun. CURS. MUNDI 4454 COTT.
A merueillouse *meteles mette me* þanne Pat I
was rauisshed rijt þere, and fortune me fette,
And into þe londe of longynge allone me
broujte. P. PL. *Text B.* pass. XI. 5. Þe merueillousest meteles *mette me* þanne Pat euer
dremed wyjte in worlde. VIII. 68. Thenne
mette me moche more þan ich byfore tolde Of
þe mater þat ich mette fyrst on Maluerne
hulles. *C.* VI. 109. That oon of hem in slepyng
as he lay, *Him mette* a wonder drem, agayn the
day. CH. *C. T.* I. C. 256 Morris Cl. Pr. Anoþer sweuene *me mette*. AD. DAV. 43. cf. 67. 87.

Herkne nou hwat *me* haueth *met:* Me
þouthe y was in Denemark set. HAVEL. 1285.
unpersönlich: З̃ef *the meteth* me wotsheth
thin heved. Sunne ant peril the worth byreved.
REL. ANT. I. 284. З̃ef *the meteth* thin shon beth
olde, In anguisse the worth yholde. *ib.* Sodeynly
me mette That Pieres þo plowman was paynted
al blody. P. PL. *Text B.* pass. XIX. 6. Merueylously *me mette* as ich may ȝow telle. C. I. 9.
cf. C. XI. 67. I awakned þerewith, & wrote as
me mette. B. XIX. 478. C. XX. 483. *Me mette*
I was in such meschief Right now, that yit myn
herte is sore afright. CH. *C. T.* I. C. 74 Morris
Cl. Pr. *Me mette* how that I romede up and
doun Withinne oure yerde. 78. *Me mette* I was
Within a temple. *H. of Fame* 119.

3. pers. träumen, einen Traum
haben, mit dem Träumenden als Subjekt
und dem Traume als Objekt, an dessen Stelle
ein Objektsatz mit *that, how that* etc. treten
kann: Thanne gan I to *meten* a merueilouse
sweuene [Þenne gon I *meeten* a meruelous sweuene *Text A.*] That I was in a wildernesse. P.
PL. *Text B.* Prol. 11. Vnder a tree he doune
hym leyde; A meruayle sweuene þo con he *mete.*
ST. EDITHA 888 Horstm. Ich mot *mete* a sweuen to night. SEUYN SAG. 2063 *Spr.* A ful selcouþe sweuene set sche him to *mete* Þat Melior,
þat menskful may, mekli alone Com .. & kneled
him bifore. WILL. 658. cf. 862. I shal hym so
enchaunten, That right in heuene his soul is,
shal he *mete.* CH. *Tr. a. Cr.* 4, 1367.

„Leue broþer,‘‘ seyde þis oþer, „wheþur it
be soþ þis, Oþer I stonde in matyngge, & *mete*
þat so it is? ST. CECILIE 99 Horstm. p. 492.
Other while I dreme and *mete* That I alone with
her mete. GOWER II. 99. Mon that *meteth*
himself sek ys, Of wommon accusynge that is.
REL. ANT. I. 263. Whose *meteth* is her is
long, He worth [wroth *ed.*] of poer gret ant
strong. I. 264. That is hed is wyt whose
meteth, Gret byȝete hit bytokneth. *ib.* Þe
wrecche ne þengþ of him þet hine halt, ne
of þe gibet þet him abit, ac slepþ and *met* þet
ha geþ to festes and to bredales. AYENB. p. 128.
Her comenses a bok of sweuenyng That men
meteth in slepyng. REL. ANT. I. 261. Of alle
sweuenes that men *meteth* [metetht *ed.*]. I. 268.

Thenne mette me moche more þan ich byfore tolde Of þe mater þat ich *mette* furst on
Maluerne hulles. P. PL. *Text C.* pass. VI. 109.
Syre, y *mette* a merueylle sweuene to nyȝt. ST.
EDITHA 2414 Horstm. Thou *mettest* to night,
in thi donghel Sprong a water out of a wel.
SEUYN SAG. 2411. A sweueninge þat þe child
mette. E. E. P. p. 50. A monek .. *Mette* .. by
hym a wonder cas. R. OF GL. p. 417 Hearne.
He .. askes him of þe sweuene þat he *mette* on
þe niht, and bad he scholde him telle. JOSEPH
441. The emprice *mette* yn sweuene, An ern
com fly. OCTOU. 195 Sarr. Florentyn ech nyȝt
mette, Þe quen of heuene on hors hym sette.
985. A selcoþe sweuen sone in hire bed sche
mette. WILL. 2869. Ioseph *mette* metels ful
meruilous alse, How þe sonne and þe mone,
and enleuene sterres Falden bifore his feet, and

heileden him alle. P. PL. *Text A.* pass. VIII.
145. Ioseph *mette* merueillously how þe mone
and þe sonne, And þe elleuene sterres hailsed
hym alle. *B.* VII. 159. cf. *A.* VIII. 145 v.l. C.X.
308. Anon I felle aslepe, And *mette* ful merueillously þat, in mannes forme, Antecryst cam þanne.
B. XX. 50. cf. *C.* XXIII. 51. This man *mette*
in his bed, ther as he lay, How that his felawe
gan upon him calle. CH. *C. T.* I. C. 182 Morris
Cl. Pr. He wook, and tolde his felawe what he
mette. 263. In the lif of seint Kenelm I rede ..
how Kenelm *mette* a thing. 290. *Mette* he not
that he sat upon a tre? 319. He *mette* þis meting.
AD. DAV. 115. vgl. Ioseph *mete* etc. P. PL. *Text C.*
pass. X. 308 v. l. Seint Domenic *matte* þo in a
nijt þat seint Petur him bitok Ane staf. ST.
DOMEN. 104 Horstm. p. 281. Þis swete sweuene
þis child *matte.* ST. KENELM 114 [p. 346]. Þe
moder *matte* [*mette* vv. ll.] bi hore childe, þat in
ire wombe was, Þat is gottes were todrawe
aboute al Normandie And eke aboute al Engelond. R. OF GL. 7073 Wr. A monek þe nijt
þerbiuore .. *Matte* .. bi hum a wonder cas.
8628 sq. In sweuen he *mett* anon Þat he seiȝe
sir Amis. AMIS A. AMIL. 1011 Kölb. He *mett*
in the mornewhile fulle mervaylous dremes.
MORTE ARTH. 3223. On a nyght, wythoute
lett, In hys slep a sweryn he *mett.* ERL or
TOL. 809 Lüdtke. Also he *met* þat a lampe
so bryȝt Hongede an heyȝe vpone that tre.
ST. EDITHA 902 Horstm. Sir Amiloun *met*
þat nijt also Pat an angel warned him þo. AMIS
A. AMIL. 2221 Kölb. All this she *met*, and sigh
him dcien. GOWER II. 104. Þan *met* þat man, on
his mirie slepe, Þat hee sawe on his sight his
seemely make, How þat louelich lif laide was a
bedde. ALIS. FRGM. 821. Anyȝte þei *mette* [*mett*
GÖTT.] a visioun. CURS. MUNDI 4454 TRIN.

Certes this dreem, which ye han *met* to-
night, Cometh of the grete superfluite of youre
reede colera. CH. *C. T.* I. C. 106 Morris Cl. Pr.

mit einem refl. Dativ als Personalobjekt:
Þe meruiloste meetynge *mette* I me þenne Pat
euere dremede driht in dreccbynge. P. PL. *Text
A.* pass. IX. 59. cf. *B.* VIII. 68 v. l. XI. 5 v. l.
mit einem refl. Akkusativ: Whoso *meteth him*
lasse ymaked, Of is power he byth aslaked.
REL. ANT. I. 265.

der Gegenstand des Traumes wird auch mit
of angeknüpft: Þat nijt Horn gan swete, And
heuie for to *mete* Of *Rymenhild*, his make.
K. H. 1407 *Spr.* cf. Pat nyjt gan Horn swete,
And harde forto *mete* Of *Reymyld*, hys make.
1463 *Laud 108* (in *Arch.* 50, 57). — Mon that
meteth of lomb and got, That tokneth confort.
REL. ANT. I. 262. Mon that *met of broche and
ryng*, That bitokneth syker thyng. *ib.* — I *met
of him* all night. CH. *C. T.* 6159. For þis meteing þat i *of* mett [þat I wiþ mette, þat I wid
mett, þat I wiþ met *cett.*] I did .. þe for to fett.
CURS. MUNDI 19939 COTT. *Of* a *myghtfull
Godde* hee *mett* þat tyme. ALIS. FRGM. 1142.

absolut: In a wynkynge ich worth, and
wonderliche ich *mette.* P. PL. *Text C.* pass. XII.
167. Þo þis child *mette* þus. E. E. P. p. 51. An
najt þai *mette* in a visioun. CURS. MUNDI 4454

FAIRF.—Ich sauh how mede was married, *met-*
yng as it were. P. PL. *Text C.* pass. III. 54.
meten, metten, meeten, mieten, meiten
v. ags. tr. *mêtan* [*mêtte; mêted*], occurrere, invenire [neben *môtian* intr. convenire, disputare],
afries. *mêta*, alts. *môtian*, mhd. *muoten*, gth.
môtjan in *gamôtjan*, *viþragamôtjan*, niederl.
mæten, *gemæten*, niederd. *môten*, altn. *mæta*,
schw. *môta*, dän. *môde*, sch. *mete* [BARB.], neue.
meet, mit *motien*, convenire, disputare, von ags.
môt, *gemôt*, concursus, conventus. vgl. *motien*.
mot.

Das Ags. kennt nur *mêtan*, *gemêtan* als
transitives Zeitwort mit dem Akkusativ; im Ae.
ist das Wort transitiv, reflexiv und intransitiv.

a. tr. entgegengehen, begegnen,
zusammentreffen, treffen, antreffen,
finden, gewöhnlich mit persönlichem Subjekt und Objekt: Aaron, ðin broðer, can wel
apeken; Þu salt him *meten*, and vnsteken Him
bodeword min. G. A. Ex. 2827. In are brade
strete he [sc. Vther] igon *mete* [he igan *mete*
j. T.] Þreo cnihtes & heore sweines cumen him
tojeines. LAȝ. II. 336. He [sc. Ysaac] yode þar
walkand be þe strete, And come agains þam to
mete [And bi þe way he con ham *mete* FAIRF.
him to *mete* GÖTT.]. CURS. MUNDI 3353 COTT.
TRIN. Ga to *mete* him, þou þe spede [Him to
mete þou þe spede TRIN.]. 10555 COTT. GÖTT.
Thou sal *mete* A beggar gangand by the strete.
METR. HOMIL. p. 139. I am comen jou here to
mete. YORK PL. p. 450. I shall jow *mete* anon.
DIGBY PL. p. 218. Þou schalt *meete* A beggere
soone in þe strete. EV. GESCH. 10, 23 [in *Arch.*
57, 254]. As he eode homward, he gon *meete*
A beggere, þat feire gon hym grete. 29. Ase
he cam a day bi þe wei, he gan *mistan* bi cas
Ane knijt, þat hadde riche ibeo, and swiþe
apouered was. ST. FRAUNCEYS 7 Horstm. p. 54.
I *mete* a man as I go, or ryde by the waye,
je rencontre. PALSGR. I *mete* him, je lui rencontre. *ib.* Fast makes he [sc. Tho Skotte] his
mone to men that he *metes*, Bot fone frendes he
findes that his bale betes. MINOT II. 27 *Spr.*
In what manere þat euere he *mete* [conj.] jou,
By hymselfe full sone wille he sette you. YORK
PL. p. 322. Paraunter, yf je *meteþ* Treuthe,
telleþ to hym þat ich be excused. P. PL. *Text*
C. pass. VIII. 297.

Til hit fel on a Friday two freres I *mette*,
Maistres of þe Menours. P. PL. *Text A.* pass.
IX. 8. cf. *B.* VIII. 8. *C.* XI. 8. I *mette* hym a
myle beyonde the towne, je le rencontray vne
lieue de la ville. PALSGR. Sodomes king in
kinge dale *Mette* Abram wið feres wale, In ðe
weie ðe ligið to Salem. G. A. Ex. 887. Cristofre hem *mette* baldeliche, of no man he nadde
doute. ST. CRISTOPH. 36 *Spr.* A palmere he þar
mette, And faire hine grette. K. H. 1027 *Spr.*
Bot or he tille his breþer wan, Wille he jode,
and *mette* a man. CURS. MUNDI 4099 FAIRF.
His broþer Aaron sone he *mette*. 5845 FAIRF.
TRIN. An angel bi wai he *mette*. METR. HOMIL.
p. 92. Als he for hamward, he *mette* A beggar,
that him cumly grette. p. 140. He .. *Motte* him
in liknes of seint Jame. EV. GESCH. 5, 15 [in

Arch. 57, 245]. There men fynden first a chirche
of oure Lady, where that sche *mette* the monkes,
whan thei fledden awey for.the vermyn. MAUND.
p. 61. Homward by the strete The duke her
mette. GOWER I. 73 *Spr.* To [i. e. two] palmers
mett he thare On hand. TRISTR. 426 Kölb. Bot
ar he til his breþer wan, Will he jode, and *mett*
a man. CURS. MUNDI 4099 COTT. His broþer
Aaron he *mett*. 5845 COTT. GÖTT. A marchand
mett he be þe way. ERL OF TOL. 938 Lüdtke.
One the morne at the forthe dayes He *mett* a
wyche. PERCEV. 825. He *mett* the wyfe. WR.'S
CHASTE WYFE 280. Bot ar he to his breder
wan, Wil he went, and *met* a man. CURS.
MUNDI 4099 GÖTT. TRIN. He *met* him in liknes
of sain Jam. METR. HOMIL. p. 53. vgl. ach. As
he throuch the Torwod fur, Sa *met* he ridand on
the mur Schyr Laurence off Abyrnethy. BARB.
IX. 732 *Spr.*

Ðat stede he calde Manaim Ðor ðis wird of
engeles *metten* him. G. A. Ex. 1789. Þen þay ..
Brojten bachleres hem wyth þat þay by bonkes
metten. ALLIT. P. 2, 85. Til [hit] was late and
longe þat þei a leod *metten*. P. PL. *Text A.*
pass. VI. 6. The aungels of the Lord *metten*
him. WYCL. GEN. 23, 1 Purv. In þe wode a
forster þai *mette*, And swiþe faire þai him
grette. BEUES 3725 Kölb. Sain Peter and sain
Jam him *mette*. METR. HOMIL. p. 55. cf. Seint
Peter and seint Jem him *mette*. EV. GESCH. 5,
51 [in *Arch.* 57, 246]. Til late was and longe
þat þei a lede *mette*. P. PL. *Text B.* pass. V.
522.

To day he haþ jou oft *mett*. ARTH. A. MERL.
1947 Kölb. Many tyme god hath ben *mette*
amonge nedy peple, þere neuere segge hym
seigh in secte of þe riche. P. PL. *Text B.* pass.
XI. 236.

von der Begegnung Liebender etc.: Anne
ne leuede noujt wel þis, as naþeles forþ heo
wende Vorte *meten* hire hosbonde, as þe angel
hire sende. GEB. JESU *Eg.* 147. Ate guldene
jate þu schalt him *mete* [sc. þin husebonde].
Ashm. 148. cf. Ate goldene jate þu schalt him
*mete. Eg.*146. — Syr Degrivaunt withouten lett
In an aley he hyr *mete*, And godlyche he hyr
gret, That worthelyche wyjth. DEGREV.673. So
it bifel opon a day, He *mett* þe leuedi & þat may
Vnder an orchard side. AMIS A. AMIL. 925 Kölb.
In hur orchard apon a day Ho *meyt* a mon ..
Þat hur of luffe besojth, As lyke hur lorde, as
he myjt be. GOWTH. 68 Breul.

militärisch treffen, stossen zu: Þo þe
bataile was ido, & þe gode men aslawe were,
Sir Simond þe jonge com to *mete* is fader þere;
He mijte þo at is diner abbe bileued al so wel.
R. OF GL. 11764 Wr. Þe kyng .. Comaundes
hem to *meeten* him .. At þe castel of Carboye,
þer he bedan hadde. JOSEPH 414.

feindlich treffen, betreffen: Now is
he duke of greyt renown, And men of holy
kyrke dynggus down, Wher he myjt hom *mete*.
GOWTH. 169 Breul. That Satenas may us noht
met. METR. HOMIL. p. 59. — A thefe of his courte
was outlawed late, Þe kyng knew him fulle
welle, he *mette* him in þe gate. LANCT. p. 33.

For, wher he *meyt* hom be þo way, „Evyll heyle" myʒt þei say, Þat ever modur hom fed; For with his fachon he wold hom slo etc. GOWTH. 163 Breul. Þe wateres uor to loki aboute þe ae hii were, A compaynie of þis maydens so þat hii *mette* þere; To hor folie hii wolde hom nime etc. R. OF GL. 2115 Wr. This byfil on a fryday, a litel byfore paske, Þat Iudas and Iewes Iesus thei *mette*. P. PL. *Text C.* pass. XIX. 168.

feindlich entgegentreten, gegenübertreten, auch zum Einzelkampfe: Ʒif y may *mete* him ariʒt, Wiþ my brond, þat is so briʒt, Y schal sen his hert blode! AMIS A. AMIL. 1114 Kölb. Thou darest nat *mete* hym face to face for thy lyfe, tu ne loses pas affronter pour ta vie. PALSGR. I *mete* face to face, je affronte [mit leicht zu ergänzendem Obj.]. *ib.* — Ase Jesus was hamward goinde, A felun Giv him cam *metinde;* To Jesum wordes kete he spac, And is picher he al tobrac. KIND. JESU 967.

feindlich begegnen, treffen, zusammenstossen mit, vom Zusammenstoss mit Räubern, Mördern, Riesen etc.: I faghte noghte wyth syche a freke this fyftene wyntyrs, Bot in the montes of Araby I *mett* syche another. MORTE ARTH. 1174. Þe ferþe þat he aiþen *mette*, Wit þe barre so he him grette, Bifor þe heued, þat þe rith eye Vt of þe hole made he fleye. HAVEL. 1810. Forþe rode þe knyʒt wyth þe chylde þen, And yn þe foreste he *mett* outlawes X. [In þe wode *mett* he owtlawes tene *L.* 545]. OCTAV. C. 541 Sarr. On þe gate we *mette* of þyne stronge þeues seuene. FERUMBR. 1801. At a brygge they hym *mett*, Wyth harde strokes they hym besett, As men, that were hys foo. ERL OF TOL. 439 Lüdtke.

in der Schlacht: Ten þusend Scottes he sende bihalues þe heaþene to *mete*. LAʒ. II. 261 j. T. Moche his entente was Hengist uor to *mete*. R. OF GL. 2951 Wr. When Rouland riis, þe bold, Douke Morgan gan *mete*. TRISTR. 727 Kölb. vgl. sch. I rede, armyt all nycht that we be, Purwayit in battle swa, that we To *mete* our fayis ay be boune. BARB. VIII. 984. Byde hy[m] make reschewes fore menske of hyme seluene, And *mette* me fore his manhede in thase mayne landes. MORTE ARTH. 433. Forþe they went on a day, The heþyn ooste on the way Alle they can *meete*. OCTAV. C. 1594 Sarr. „Y count hym noʒt," quod þo emperour, „Y schall gare sembull as styff in stour, And *meyt* hym, yf y mey." GOWTH. 553 Breul. — This [sc. Antigone] *metith* Armado, That mony mon hath don wo. ALIS. 2242 Spr. Than he moues to sir Mordrede amange alle his knyghttes, And *mett* [i. e. *meteth*, hits] hyme in the myde schelde, end mallis hyme thorowe. MORTE ARTH. 3840. Alisaundre and Bulsifal [i. e. Bucephalus] Sleth that heo *meteth*, al. ALIS. 2197 Spr. — Þo Brennes was in wide see, he *mette* his wiþeriwinnes. LAʒ. I. 193. The king .. slou al þat he *mette*. R. OF GL. 2947 Wr. This gan Alisaundre segge, And furat him *mette* with aperis egge. ALIS. 2151 Spr. Hem *mette* þe kyng with hys party Of Jerusalem. OCTOU.

1637 Sarr. Tristrem *mett* Vrgan In þat feld to fiʒt. TRISTR. 2322 Kölb. For all hys bost he faylyd ʒet, The erl manly hym *mett* Wyth strokys good and ryve. ERL OF TOL. 82 Lüdtke. At the ryver we hym *mett*, And we hym all abowte sett. GUY B. 1129. Heardliche hii gretten al þat hii *metten*. LAʒ. III. 564 j. T. Kinges, dukes, on and other, That hym and hise with swerd gretten, And with sharpe launces *metten*. ALIS. 5695. Hii come, & *mette* [*metten* B.] hom baldeliche mid god ernest ynou. R. OF GL. 2932 Wr. Ac Alisaundre, and Tolomeus, With heom weore so vertuous, That the oost which they *mette* They broughte heom out of the flette. ALIS. 2375 Spr. Þai wenten forþ, and *met* Angys Wiþ mani Sarrasin of priis. ARTH. A. MERL. 315 Kölb. vgl. sch. Thai *met* thaim rycht hardely. BARB. IX. 96 Spr. Thai *met* thaim full sturdely. 112. cf. 170. 496. — Thai mun be *met* if thai war ma. MINOT I. 46 Spr. vgl. sch. Gyff the formast egrely Be *met* .. The henmaist [i. e. hindmost] sall abayait be. BARB. VI. 243.

von Tieren findet das Zeitwort sich, in freundlichem wie in feindlichem Sinne, als Subjekt und als Objekt ähnlich verwandt, wie von Personen; so in der Tiersage: Him were levere *meten* one þan Than half an oundred wimmen. VOX. A. W. 7 Spr. For him wes loth men to *mete*. 6. The wolf thene vox opward *mette*. 242. aber auch sonst, als Subjekt: Þan *metis* him myddis þe way .. A hert with a huge hede. WARS OF ALEX. 1061 Ashm. Alisaundre and Bulsifal [d. i. sein Ross Bucephalus] Sleth that heo *meteth*, al. ALIS. 2197 Spr. Than *met* þaim in myd way .. Ane hert with a hoge heued. WARS OF ALEX. 1061 Dubl. Leouns sale huy habbuth iseiʒe; Men, þat comen in pilegrimage, Huy *metten* heom in grete rage, And astraungleden heom, and also frets. KINDH. JESU 1275. als Objekt: Sum hent an ore, and som an sprete, The wylde lyones for to *meta*, And þaire chippe for to werre [The lyenas for to *meete*, Owt of the schyppe to were C.]. OCTAV. L. 472 Sarr. Apon a dai my shepe I gette [i. e. waited, watched, guarded], A bere, a lyon baþ I *mette* [i *mett* COTT. i *mett* GÖTT.]. CURS. MUNDI 7593 FAIRF. TRIN. A feme'e ape y *mette* .. Berynge a chylde. OCTOU. 1925.

mit Sachen als Objekt, begegnen, treffen, antreffen: Mo mervaylles mon he *mett* [mehr wunderbare Dinge wird er antreffen, erleben, d. h. mehr Plagen werden ihn treffen]. YORK PL. p. 85. Dyverse thinges, that thei worschipen, that thei *meten* first at morwe. MAUND. p. 166. The first thing that thei *meeten* at morwen. p. 164. At morwe, or thei *meeten* ony contrarious thinges. p. 166. Uncowth mervels shalbe *meyt*. TOWN. M. p. 73 ed. Pollard Lond. 1897.

b. refl. sich begegnen, sich treffen, in reciproker Verwendung: Bi þe watere of Pireford þis two schirene *hem mette*, And conteckeden for þis holie bodi. ST. KENELM 302 Horstm. p. 354. durch *to gadere* verstärkt: Joachim & Anne is wif sone *to gadere hem mette*

þat he *wid mett* GÖTT. þat he *wiþ met* TRIN.].
CURS. M. 19603 EDINB. But god wold not he
und Joachim] *mett þam same*, Þai grett þamself
wit gaatli game. CURS. MUNDI 10562 COTT. von
fleischl. Verkehr, durch *ifere* verstärkt: Wher
mette ʒe ou yfere? BÖDD. *Altengl. Dicht.* p. 259.

feindlich: With cryende, and stoute wordes,
They *metith heom* with speris hordes. Mony
doughty yong knyght .. assayed his myght,
Eche on othir, with great mayn, To threst
launce in the playn. ALIS. 931. Þai *metten hem*
in a sty Bi o forestes side. TRISTR. 3325 Kölb.
Eldol, Erl of Gloucestre, al so in is syde .. slou
aboute wyde, & moche his entente was Hengist
uor to mete; Hii *mette hom* atte laste, ar þe
bataile lete. R. OF GL. 2949 sq. Wr. Þe eue
of þe trinite hii *mette hom* atte laste A sein Dun-
stones day at Lincolne iwis, & smite þer an bataile. 10591. durch *to gadere* verstärkt: Hii
mette hom togadere mid poer inou. 1438. Biside
Winchestre in a feld *togadere* hii *hom* mette.
1950.

c. intr. 1. zusammenkommen mit,
zusammentreffen mit, begegnen, treffen, finden, mit einer Präposition und ihrem
Kasus an Stelle des Objektes, und zwar über-
wiegend mit *wið*: If ich mei *with him mete*, Bi
eni wei other bi strete, Nout me willi wende.
SIRIZ 394 *Spr.* For who se *myʒte mete with
hym*, such maneres hym eyleth. P. PL. *Text B.*
pass. XV. 246. He entryd in-to Flete-strete,
With lordys off Yngelond gan he *mete.* ATHELST.
498 Zup. [in *Engl. Stud.* 13, 338]. cf. REL.
ANT. II. 96. Al might I euere *with that
man mete*, .. Drye schulde I wype þat nowe is
wete. YORK PL. p. 423. Her lyff they leede in
gret prosperite, His wif and he of oon herte in
quyete, For *with a bettir* (sc. wife) no man ne
myht *mete.* LYDG. *Fab. D. M.* 474 Zup. ed.
Schleich. And there ben also sum Cristene
men, that seyn, that summe bestes han gode
meetynge, that is to seye, for to *meete with hem*
first at morwe. MAUND. p. 166.

I .. *mette with a maistre*. P. PL. *Crede* 535
Skeat. Þo cam þis selie mannes wif, þat careful widewe was, And *mette with þis holie man.*
ST. EADM. CONF. 481 Horstm. p. 445. In þe
temple *wiþ hir* (sc. Maria) he [sc. an angel]
mette [*mett* GÖTT. *met* COTT. TRIN.] Crist went
hir, & hir þare grette. CURS. MUNDI 20145
FAIRF. *Wit Teocist* this ermit *mette.* METR. HO-
MIL. p. 150. Crist .. *mette Wit tua men*, that
him comly grette. p. 156. *Wiþ Teotist* þis hermyte *mette.* EV. GESCH. 11, 51 [in *Arch.* 57,
255]. Whenne that he to Londone come, He
mette with the kyng ful sone. ATHELST. 91 Zup.
[in *Engl. Stud.* 13, 332]. cf. REL. ANT. II. 87.
Wiþ Merlin he *mett.* ARTH. A. MERL. 1426
Kölb. Thoru resoun That Crist *mett witt sain
Symeoun*, And *withe dam Anne* .. This dai es
Cristes meting cald (vgl. *Luke* 2, 25. 36]. METR.
HOMIL. p. 157. *Wit a womman* son he *met.*
p. 91. Crist went til Chapharnaume, And *met*
thar *wit a mihti gume.* p. 127 *Spr.* *Wiþ þe
steward* he *met* þo. AMIS A. AMIL. 350 Kölb.

Hy *metten wiþ Ailmar king.* K. H. 155 *Spr.*
cf. *Metten* he *with Aylmer king.* Laud 165 [in
Arch. 50, 43]. Into the halle they come ful ryʒt,
And *mette with Athelstone.* ATHELST. 757 Zup.
[in *Engl. Stud.* 13, 342]. cf. REL. ANT. II. 102.
Þai went þam forth into þe tun, *Wit þis man*
þai *mette* [*Wid þis man* þai *mett* GÖTT.], Wit a
vescel in his hand Water for to fette [fett
GÖTT.]. CURS. MUNDI 15201 COTT. FAIRF. TRIN.
Son quen þai *mete wit þis heremit* [mett *wid þat
hermyte*, *mett wiþ þat heremite*], Þai hailsod him.
8163 COTT. GÖTT. TRIN. In the tempel bathe
mett thaye Wit Crist and Marye als this daye.
METR. HOMIL. p. 157.

allegorisch: Ar we war ywar, *with witte*
gan we *mete.* P. PL. *Text B.* VIII. 114. Thanne
was þere one þat hiʒte elde, þat heuy was of
chere; „Man,“ quod he, „if I *mete wiþ þe* .. Þou
shalt fynde fortune þe faille at þi moste nede.
B. XI. 26. Þanne *mette* ich *wiþ a man* .. and
Abraam he hihte [d. h. ich las die Schrift *Abraham*, *De Trinitate*]. C. XIX. 183. *With neode*
ich *mette.* C. XXIII. 4.

von der Begegnung Liebender etc.: Alisaundrine .. knewe wel bi hire craft .. þat þei
witterli schold *wiþ William mete.* WILL. 813 sq.
Wid Ioachim scho *mett* [met cett.] onan [v. d.
Begegnung der Anna mit Joachim]. CURS.
MUNDI 10560 GÖTT. von fleischl. Verkehr:
Bad him thoru an angel steuen þat he suld *wit
his wiif* yete *mete* [dele FAIRF.]. CURS. MUNDI
1196 COTT. GÖTT. TRIN. Neuer nan oþer *wid me
mett* [slept TRIN.], Bot an bifore ʒou had i nought
[von der Bathseba]. 8390 GÖTT. vgl. Neuer
oþer es *wil me mett* [p. p. so auch: is *wiþ me
mette* FAIRF.], Bot an þe forwit had i noʒt. *ib.*
COTT.

feindlich: Vter .. wende toward Seint Dauid to *mete wiþ is·sON.* R. OF GL. 3205 sq. Wr.
Quen Pharaon þis folk forth send, Godd badd
þam wildrin way to wend, Ar Philistiens suld
wit þam mete, And lett þam for to wend þair
strete. CURS. MUNDI 6179 COTT. ähnl. *cett.*
He [sc. Herods] sett his waites bi þe stret
[strete cett.], If þai moght *wit paa kinges mett*
[*mete* cett.], He commandid son þai suld be
slan, [if þai moght be ouertan. 11541 COTT.
Is it swich peril *with him* [sc. Deeth] for to
mete? I shal him seke by wey and eek by
strete. CH. C. T. C. 693 Skeat [in *Compl. W.*
IV. 311]. I was presente with pepull Whenne
prese was ful prest, To *mete with his maistir*,
With mayne and with myght, And hurled hym
hardely, And hastely hym arreste. YORK PL.
p. 259. To *mete with his enmy* It were a greatt
myschefe. TOWN. M. p. 138. — Wendeþ ouȝt
wiȝtli, & *wiþ ȝour fon meteþ* [imper.]. WILL.
3338. — Ȝif ȝe manli *wiþ hem mete* [conj.], þe
maistry worþ oure. 3341. — Now he *mette with
Tauryn*, A duyk, a riche Sarsyn. ALIS. 2257
Spr. In this strong fyghtyng cas He *mette with
Damadas.* 4428. But atte laste *wiþ him* he *mette*,
And harde strokes on hym he sette [Zweikampf].
EV. GESCH. 19, 31 [in *Arch.* 57, 275]. Saulus
soȝte aiquare, and þrette Al þe cristin he *wiþ
metts* [he *wiþ mette* FAIRF. he *wit mett* COTT.

Ate guldene ȝate. GEB. JESU *Ashm.* 151 [ähnl.
Eg. 149]. durch *same:* Quen þis seli [i. e. Anna
met hem wyth, Save they went into theire kyth.
11545 FAIRF. TRIN. So befelle that a gret
multytude of his enemeyes *metten with him.*
MAUND. p. 226. Vp sterten seuene fro the dyner, And *metten* with Gamelyn and Adam spen-
ser. GAMELYN 645 Skeat. Hii *mette woid Numbert,* þeos kinges sonde of þan erþ [einem Be-
amten, der die Jagdpolizei ausübt; vgl. *messager*]. LAȝ. I. 61. Hii [sc. þe clerkes] *mette wiþ
þis burgeis,* & bigonne to ssete vaste. R. OF GL.
11218 Wr. Bot godd wald not þai *mett þam wit*
[þai *met þam wid* GÖTT.], þai ferd al sauf in to
þair kyth. CURS. MUNDI 11545 COTT. Gegenseitigkeit und Wechselwirkung findet sich hier
durch *æider* .. *oðer* bezeichnet: Þo *eyðyr ost
wiþ oþer mette,* With scharppe sperys togeder
hy grette. OCTOU. 1729 Sarr.

von einem Tiere als Subjekt: Als þe ape
com ouer a strete, *With a knyghte* so gane scho
mete [*Wyth a knyght* can sche *meete* C. 533].
OCTAV. *L.* 535 Sarr.

mit Bezug auf konkrete oder abstrakte
Sachen, begegnen, zusammentreffen
mit, getroffen werden von: Þeruore Hengist was adrad to *mete wiþ is lance.* R. OF GL.
2901 Wr. *The myddaysonne* eke stande it [sc.
goode lande] *with to mete* In places cold. PAL-
LAD. 2, 159. Lest þou *mete* [konj.] *with my
malicoly.* WARS OF ALEX. 1981 Dubl. For þis
meting [i. e. Traum] þat I *wiþ mette* [*mett* GÖTT.
met TRIN.], I did .. þe efter fette. CURS. MUNDI
19939 FAIRF. For when þe water of the welkyn
with þe worlde mette, Alle þat deth moȝt dryȝe
drowned þerinne. ALLIT. P. 2, 371. Ther was
non of hem alle that *with his staff mette,* That he
ne made him overthrowe. GAMELYN 511 Skeat.
Þe grund neist þar es ful tru, *Metand wit þat
rochen stan,* O gret suetnes þar wantes nan
[*Metand wid þat roche* of stan, Of suete grennes
þai wantis nan GÖTT. *Metyng wiþ þe roche* of
stone, Of grenis there wantyþ none FAIRF.
TRIN.]. CURS. MUNDI 9914 COTT.

Da bei diesem Zeitwort die Richtung auf
einen Gegenstand in Betracht kommt, so er-
klärt sich das Überwiegen von *wið* [vgl. *Gr.³*
II. 441]; doch findet sich, allerdings meist als
Variante, auch *mid:* Vter .. wende toward Seint
Dauid to *mete wiþ* [*mid a.*] *is fon.* R. OF GL.
3205 sq. Wr. For who so myȝte *mete with* [*myd
W.*] hym, such maneres hym eyleth. P. PL. *Text
B.* pass. XV. 246. Hii wende vorþ to þis ba-
tayle, & *mette* [*metten a ð e.*] *mid hor fon.* R. OF
GL. 5533 Wr. mit Bezug auf Sachen: Þeruore
Hengist was adrad to *mete wiþ* [*mid a.*] *is lance.*
R. OF GL. 2901 Wr.

selten erscheint *to:* Ther weren *to hym met*
aungels of the Lord. WYCL. GEN. 32, 1 Oxf.

2. absolut, ohne Begleitung von *wið*
oder einer anderen abhängigen Präposition,
zur Bezeichnung der Gegenseitigkeit der Thätigkeit [reciprok], sich begegnen, sich
treffen, zusammenkommen: When frend-
ys *mete,* ȝe ioy and plesaunce. LYDG. *Isop.* 452

Zup. [in *Arch.* 85, 21]. Dere droȝen þer to [sc.
to þe feate], & vpon des *metten.* ALLIT. P. 2,
1394. And that was the 4. day aftre that
thei [sc. the 3 kynges] hadden seyn the sterre,
whan thei *metten* in that cytee. MAUND. p. 70.
Whan þeos maydenes *metten,* mercy and treuthe,
Ayþer axed of oþer of þis grete wonder. P. PL.
Text C. pass. XXI. 126. When thei *metten* in
that place, They were acheked bothe two, And
neyther of hem most out goo. CH. *H. of Fame*
3, 1003. At þe golden yatte þai *mett.* CURS.
MUNDI 10562 COTT. GÖTT. At þe gildyn yate
they *met.* ib. FAIRF. [*Laud*] TRIN.

militärisch zu einander stossen, sich
vereinigen: By tyme & terme þat þey had
set, Boþe ostes atte hauene *met,* & schiped ouer
into Ffraunce. R. OF BRUNNE *Story of Engl.*
3³6¹.

von Liebenden zusammentreffen, zusammenkommen: It was grete joye to se
þam *mete* With haulsynge and with kyssynge
swete. OCTAV. *L.* 1362 Sarr. Grete joȝe hyt
was to see þem *meete* Wyth clyppyng and wyth
kyssyng swete. *C.* 1390. Sir Mark sat in þe tre;
Þer *metten* þai to. TRISTR. 2102 Kölb. von
fleischl. Verkehr: Make ȝe no mourning; for ȝe
may *mete* efte Þernli hennesforþ eche day, whan
ȝou dere likes. WILL. 1049 [vgl. das Vorhergeh., bes. v. 1024-5]. In orchard *mett* þai inne,
Tristrem and Ysonde fre; Ay when þai miȝt
awinne, Þer playd Ysonde and he. TRISTR. 2058
Kölb.

feindlich einander begegnen, einander treffen, sich begegnen, sich
treffen, zusammenstossen: Vpon a water
men calde Esture, In Dorseteschire, þey *mette,*
& to bataille swype þey sette. R. OF BRUNNE
Story of Engl. 2098. Þer he [sc. William þe
Conquerour] & Harald *mette,* þer standes þe
kirke, For blode þat þer was gette, to praie þei
suld not irke. LANGT. p. 72. [*Wastour* ..] manaced Pieres and his men, ȝif thei *mette* eft sone.
P. PL. *Text B.* pass. VI. 172. Thenne *mette* þese
men, er mynstrales myghte pipe, And er her-
audes of armes hadden discriued lordes. *C.*
XXIII. 93. Þai *mett;* Vrgan to Tristem ran,
And grimli þere þai gret. TRISTR. 2375 Kölb.
Vlfin & Nanters *met* þo, Þat her launces brosten
alvo. ARTH. A. MERL. 3309 Kölb.

von Tieren: Hoore hors hedlyng *mette,*
That heo to grounde yswowe aletten. ALIS.
2261 Spr.

von Sachen: Hylles do never *mete,* but
acquayntaunce doth often, montaynes ne sen-
contrent, mays gens de congnoissaunce sencon-
trent souuent. PALSGR. Loke hou hire heien
greten, On hire cheken the teres *meten* [eig.
zusammenlaufen, zusammenfliessen, d. h. wie
die Thränen ihr die Wangen herunterlaufen].
SIRIZ 357 Spr. Than aftre, be the gret compas
devised be lines in manye parties, and that alle
the lynes *meeten* at the centre. MAUND. p. 185.
Gleyves glowende some setten To bac and brest
and bothe sides, That in his herte the poyntes
metten. BODY A. S. 385 Spr. Her boþe swerdes
mette. LIB. DESC. 2012 Kalusa.

Häufig wird hier, im freundlichen wie im feindlichen Sinne, der Thätigkeitsbegriff verstärkt, entweder durch *to gadere*: *Metyn togedyr* yn wey or place, obvio [ausserhalb der Satzverbindung]. PR. P. p. 335. Amorwe thei must, affore mete, *mete togedir*. DEP. OF R. II. pass. IV. 40 Skeat. — I *mete togyther* in companye with other men, je me treuue ensemble. PALSGR. Whan they *mete to gyther*, I wyll put them in mynde of your mater, quant ils se treuuent ensemble, je les ramenteueray de vostre cas. *ib.* — Thei [sc. theise 3 kynges] *metten to gedre* thorghe myracle of God; for thei *metten to gedre* in a cytee in Ynde, that men clepen Cassak, that is 53 journeyes from Bethleem, and thei weren at Bethleem the 13. day. MAUND. p. 70. cf. p. 150. Yf a marchaunt and a messager *metten* [*mette, meten, mete* vv. ll.] *togederes*, And acholde wenden o way. P. PL. *Text C.* pass. XIV. 33. — Whenne we shul in Galile efter *to gider* be *met*, Alle þe cares þat þe haue now Clene shul þe forþet. CURS. MUNDI 15553 TRIN. Whan thi parisse is *togidir mette*. MYRC *Instructions* 679. bildlich: Very god and man gun *togedir mete* In the tabirnacle of thy modirs bower [v. Christus im Mutterleibe]. DIGBY PL. p. 20. Boþe Abraam [i. e. Faith] and *spes* [i. e. Hope] and he [sc. a Samaritan] *metten togederes* In a wilde wildernesse. P. PL. *Text C.* pass. XX. 51. von fleischlichem Verkehr: They shape how they *togider* mighte A bedde *mete*. GOWER I. 129. feindlich: So harde þey gunne *to gedere mete*, Þat þe blood ran borwt þe strete. BEUES *E.* 181 [zu *A.* 4528] Kölb. ähnl. *M.* 4223. vgl. REL. ANT. II. 63. — *To gider* wiþ bodis þai *metten*, Þat boþe to grounde þai stetten. ARTH. A. MERL. 3311 Kölb. Even *togedre* they *meten* bothe, For whiche thing they waxen wrothe. ALIS. 2259 *Spr.* *Togedyr* when the hoostes *mete*, The archeres myghte no more schete. RICH. C. DE L. 4521. A day of batayl there was sett; In feld when they *togedur melt*, Was crakyd many a crown. ERL OF TOL. 70 Lüdtke. So longe he manased & þret, Atte laste *togydere* þey *met*. R. OF BRUNNE *Story of Engl.* 8853. Þe Sarasines him [sc. Saul] vmbeset, In hard shour *to gider* þei *met*. CURS. MUNDI 7751 TRIN. von Sachen, bildlich: Hure monye & marchaundise marchen [*meten* ofte v. l.] *togederes*. P. PL. *Text C.* pass. I. 61. oder durch *samen*: Quen we sal in Galilee Eft be *samen mete* [be *sammyn mette* FAIRF. be *samen mett* GÖTT.], Al þe care yee nu sal haf, Clenli yee sal forgett. CURS. MUNDI 15553 COTT. von Verlobten und Ehegatten: Quen þir cely tua *mett samen*, Þai grett þaim seluen wid gastly gamen. *ib.* 10563 GÖTT. cf. Whenne þei boþe *mett samen* [*met samen* FAIRF.], Þei grette [grete FAIRF.] wiþ gladnes of gamen. *ib.* TRIN. FAIRF. [Laud]. Rebecca and Ysaac er *samen Mette* [ar *mette samme*, er *samen Mete*, ar *samen Mett* cett.], wit mikel gle and gammen. 3369 COTT. oder durch beide Adverbien: So þei *mett to gider same*, & he teld him, wiþ ioie & game, Hou he hadde þe steward slain. AMIS A. AMIL. 1426.

meten, metten, meeten v. ags. *metan* [*mät, mæton; meten*], metiri, emetiri, alts. altniederd. *metan*, afries. altn. *mẹta*, ahd. *mẹzan*, *mẹzzan*, *mẹzen*, *mẹzzen*, mhd. *mẹzzen*, gth. *mitan*, neue. *mete*.

1. **messen, abmessen, ausmessen, sumessen**: Gif hit chepinge be þe me shule *meten* or weien, þe sullere doð narewere þane he sholde, and te biggere rumluker þan he sholde. OEH. II. 213. Þenne helde vch aware of þis manayre, Of heɡt. of brede, of lenþe to cayre, Twelue [thousand] forlonge space er euer hit fon, For *meten* hit syɡ þe apostel Iohan [vgl. *Apok.* 21, 16]. ALLIT. P. 1, 1028. Þis kniht graunted hym his bone, And let *mete* his corn ful sone. EV. GESCH. 10, 37 [in *Arch.* 57, 234]. And he that spake with me, hadde a golden mesure of a reed, that he schulde *mete* the citee, and the ɡates of it, and the wal. WYCL. APOC. 21, 15 Oxf. ähnl. *Purv.* Thi iugis schulen go out, and schulen *mete* fro the place of the careyn the spaces of alle citees by cumpas. DEUT. 21, 2 Purv. To *mete* and to gesse hiɡenesse and lowenesse, lengþe and brede, and depnesse also. TREVISA I. 43. Gad, to *mete* wythe londe [gadde, or rodde P.], decempeda, pertica. PR. P. p. 184. To *mete*, mensurare, metari, dimetiri, vlnare cum vlnis. CATH. ANGL. p. 238. I will nat *mete* by your busshell, for it is more than ours that I bought by, je ne veulx pas mesurer par vostre boysseau, car il est plus grant que neat celuy par lequel je aschaptay mon bien. PALSGR. Als the mare world es round sette, Swa es þe les world, man, round for to *mette*. HAMP. 1486. This kniht granted him his bone, And gert *mete* him his corne sone. METR. HOMIL. p. 140. Y schal *meete* [mesuren Oxf.] the gret valei of tabernaclis [v. der Landaufteilung nach einem Siege]. WYCL. PS. 59, 8 Purv. *Meete* londe, or set bowndys, meto. PR. P. p. 336. *Meet* wythe an elwande [elnwonde K.], ulno. p. 335.

I *mete* clothe or sylke by the yerde, je aulne. PALSGR. I *mete* eorne, or any other thyng, by mesure, je mesure. *ib.* Betere is þe þet troddeþ wel & ofsecheð wel ut his owune feblesce þen he þet meteþ hu heih is þe heouene, & hu deope is þe eorðe. ANCR. R. p. 232. Euerich man þat comeþ, and meteþ þat buriel, he schal fynde it euene riɡt of his owne mette. TREVISA II. 27.

Torrent forthe frome hyme [sc. the gyant] þan yod, And *met* hyme XXIIII fotte, Ther he lay on the bent. TORRENT 699 Adam. When Gye had rested hym well, He rose, and *mett* hym [sc. the dragon] euery delle: Syxty fote was he longe. GUY *B.* 6953. Sythen he *mett* hym [sc. the yeant], or y say, Upon the grownde there he lay, He was xl. fote and more. EGLAM. 328. He stode, and he *mete* the erth [stetit et mensus est terram]. OR. AB. 8 [in HAMP. *Ps.* p. 508]. Than Crist stode, and *mete* the erth. *ib.* comm. He *mete* [*mette* v. l.] sixe buyschels of barly, and puttide on hir. WYCL. RUTH 3, 15 Purv. Vpon þe ryɡt syde of þe tombe .. þat mayde dude go, And wit hurre fote he metede þe lengthe of þat space, & þe brede þerof he *mette* þo also. St. Editha 4619 Horstm. He stod, and he mat (*mette* U.] þe erþe. Wycl. *Sel. W.* III. 25. Whe [i. e. who] *mette* this clothe, you have skante mesure, qui vous aulna ce drap, a peyne aues vous vostre mesure. Palsgr. He stod, and *mat* þe erþe. Wycl. *Sel. W.* III. 25. Þanne Crist stood, and *mat* þo erþe. *ib.* comm. cf. He stood, and *mat* the erthe. Hab. 3, 6 Oxf. Who *mat* watris in a fist, and peiside heuenes with a spanne? Is. 40, 12 Purv. He *mat* the breede of the bildyng with o rehed, and the hiȝnesse bi o rehed. Ez. 40, 5 Purv. vgl. he *maat* Ruth 3, 15 Purv. *v. l.* 3 Kings 17, 21 Purv. *v. l.* He stode, and *matte* the erthe. Hab. 3, 6 Oxf.

auch schwache Formen finden sich: Wit hurre fote he [sc. þat mayde] *metede* þe lengthe of þat space. St. Editha 4620 Horstm. He *metide* the porche of the ȝate of eiȝt cubitus. Wycl. Ez. 40, 8 Oxf. cf. 11. 13. 20. And Dauid smoot Moab, and mat [he *metide* v. l.] hem with a corde. 2 Kings 8, 2 Purv. Forsothe he mat twey [Dauid *metide* hem bi two litil *v. l.*] cordis. *ib.* And he smoot Moab, and *metide* [mat *v. l.*] hem with a litil coord. *ib.* Oxf. Forsothe he *metid* two litil coordis. *ib.* He *metid* the breede of the beeldyng with oo ȝerd, and the heeȝnesse with oo ȝerd. Ez. 40, 5 Oxf. He *metid* the thrisfold of the ȝate with oo ȝerd. *ib.* 6. Thei *metiden* at the mesure gomor [thei mesurden it at the mesure of gomor *Oxf.*]. Ex. 16, 18 Purv.

Ffro þe hilte vnto þe pomel Was twenti vnche large, *meten* ful wel. R. of Brunne *Story of Engl.* 10037. As the sterris of heuene moun not be noumbrid, and the grauel of the see mai not be *metun*, so Y schal multiplie the seed of Dauid. Wycl. Jerem. 33, 22 Purv. Þe lengþe of þe ilde of Tenet Six myle þen ys þe met [is it *mette* v. l.]. & þre myle þen is þe brede. R. of Brunne *Story of Engl.* 14977. Aske him how fer þe space es set Fro heuyn to erth, by mesure *mett*. St. Andr. 491 Horstm. N. F. p. 10. cf. Þe space fro heuyn wele may he ges, For he has *mett* how mekil it es. 509. It is a good bowrde For to drynk of a gowrde, It holdys a *mett* potell. Town. Pl. p. 115 ed. Pollard Lond. 1897. Þe tone is fro þe toþer *moten* a grete myle. Langt. p. 22. Paulyn, the meter of corne, hath so moche *moten* of corne and of mestelyn, that he may no more for age. Caxt. *B. for Trav.* [in Pr. Ps. p. 334 n. 4].

schwach: He sprad abrood hym silf, and mat [was *metid* up *v. l.*] on the child bi thre tymes. Wycl. 3 Kings 17, 21 Purv. The spaces of alle the cytees bi enuyroun shal be *metid* [meten *v. l.*] fro the place of the careyn. Deut. 21, 2 Oxf.

messen, abmessen im Sinne von abmessend gestalten, bilden: He carf in two gummes of pris Two likenesses, so grauen & *meten*, Ðis doð ðenken, & ðoð [ðoðer?] forgeten. G. a. Ex. 2700. Es sett a tron of luor graid .. Craftili casten wit compass, Climband vp wit seuen pass, Ilkan es wit þair mesur *mette* [Ilkan es wid þair mesur *mett*. Gött. Echone with her mesure *met* Fairf. Trin.], Ful semeli þar ar þai sett. Curs. Mundi 9944 sq. Cott.

2. bildlich messen, ausmessen, zumessen: Þow mihtest beter *meten* þe myst on Maluerne hulles, Þen geten a mom of heore mouþ, til moneye weore schewed. P. Pl. *Text A.* prol. 88. cf. *B.* prol. 214. *C.* I. 163. Forsothe by the same mesure by which ȝe schulen *mete*, it schal be meten to ȝou. Wycl. Luke 6, 38 Oxf. Þer is as moche good witte in swyche gomes nollis, As þou shuldist *mote* of a myst ffro morwe tyll euen! Dep. of R. II. pass. III. 171 Skeat.

Bi ðon ilke imet ðe ȝe *meteð* nuðe eower weldede, scal eft beon imeten eower mede. OEH. p. 137. Bi þat ilke met þe ȝe *meteð* nu ȝiwer weldede, shal ben meten ȝiwer mede. II. 159. Þe same mesure þat ȝe *mateþ* amys oþer ellys, Ȝe shulleþ be weyen þerwith, whanne ȝe wenden hennes. P. Pl. *Text C.* pass. II. 174. For þe same mesure þat ȝe *meten* [þat þou *metest* H. ȝe *metyn* here U.] amis, Ȝe schul be weyen þerwith, whon ȝe wenden hennes. *A.* 1. 151. In what mesure ȝe *meten*, it schal be meten to ȝou. Wycl. Matth. 7, 2 Oxf. ähnl. *Purv.* cf. Mark 4, 24 Oxf. Purv. Luke 6, 38 Oxf. For þe same mesures þat ȝe *mete* amys other elles, Ȝe shullen ben weyen þerwyth, whan ȝe wende hennes. P. Pl. *Text B.* pass. I. 175. For bi the same mesure bi whiche ȝe *meeten*, it schal be metun aȝen to ȝou. Wycl. Luke 6, 38 Purv.

Bi þat ilke met þe ȝe *meteð* nu ȝiwer weldede, shal ben *meten* ȝiwer mede. OEH. II. 159. In what mesure ȝe meten, it shal be *meten* to ȝou. Wycl. Matth. 7, 2 Oxf. ähnl. Purv. cf. Mark 4, 24 Oxf. [it schal be *metun* to ȝou aȝen Purv.]. Luke 6, 38 [it schal be *metun* aȝen to ȝou Purv.]. Wiþ suche mete [met *ed.*] as ȝe by & selle, With þat ilk sal þou be *mette* [sal yow be *mett* Cott. þu sal be *mett* Gött. sal ȝe be *met* Trin.], Quen ilk man sal haue þaire dette [dette Cott. dett Gött. Trin.]. Curs. Mundi 25318 Fairf. als Varianten finden sich die Formen *moten* Wycl. Luke 6, 38 Purv. *R.* und *motun* ib. Oxf. O.

3. übertr. in Anlehnung an diese bildliche Verwendung, doch unter Abschwächung der bildlichen Vorstellung bedeutet das Zeitwort zunächst messen, bemessen, bestimmen: For suilk es crist [gen.] reghtwisbede, Þat *metes* ilk man his ȝoede [Þat merkis ilk man his ȝoede Fairf.]. Curs. Mundi 26528 Cott. Of all men agh þat drihtin dride, Þat mirthes *mettes* man to mede [For mirþ he merkis mon to mede, Þat mirthes settis man to mede, Þat made mon to haue mede *cett.*]. 271 Cott. — Hayll! mylde, for thou *mette* to marke vs to mede, Off a may makeles þi modir þou mede. York Pl. p. 135. — For þan sal mede witouten mere [i. e. *merre*, hindrance, delay] Be *mette* for dede or bettur or were [i. e. *werre*, worse]. Curs. Mundi 67 Cott. vgl. For þair sal mede widuten lett Be sett til him for duel [dew Trin.] dett. *ib.* Gött. Trin. Thoru skil on þar auen dede Suld be *mettam* [i. e. *met þam*] al þair

mede [Sulde þai merke þaire awen mede, Suld
be markyd þaim her mede, Shulde be merked
þenne his mede *cett*.]. 751 Gott.

ferner vergleichend messen, ab-
schätzen: Als messenger .. Am I called to this
company, To witnesse þat goddis sone is þis
[sc. Crist]. Euyn with hym *mette* [d. h. Gott
gleichgeschätzt, gleichgestellt, gleich] and all-
mighty. York Pl. p. 188-9.

so auch refl. sich messen, sich ab-
schätzen, sich beurteilen: Sothli we
duren not putte vs among, or comparisowne vs
to summe, that comenden hem silf; but we *metinge*, or mesuringe, vs in vs silf [metientes *Vulg*.
αὐτοὶ ἐν ἑαυτοῖς ἑαυτοὺς μετροῦντες gr.], and
comparisownynge vs silf to vs, sothli we schulden not glorie into ful moche. Wycl. 2 Cor.
10, 12-13 Oxf.

4. bildlich durchmessen, durchziehen, zurücklegen, von einem Wege,
den man misst, ausmisst, indem man ihn durch-
wandelt, entweder mit *wei*, *gate*, *mile* [d. h.
Weg von einer Meile Länge] als Objektskasus
[vgl. ags. *mīlpaþas mät*, viam emensus est El.
1263, *maton mīlpaþas* Cædm. 3100 *foldveg me-
ton* Brov. 1633 u. ähnl.]: Þen *metis* he furthe
to Messadon *full vnmete gatis*. Wars of Alex.
143 Ashm. vgl. *Gloss. Ind*. Ffor na thyng þat
may be, mare or les, Or þat ever was, tylle him
[sc. Gott, Christus] unknawen es; Himself fra
erth upward *met þat way*, When he stey tylle
heven on halghe Thursday. Hamp. 7693. Thus
many a myle they *mett*, Tylle they come in to
Calaber [so durchmassen sie manche meile weg
ed.]. Ipom. A. 2839 Kölb. vgl. *Anm*. Or þai
metyn hed *a myle* þe mers without, Par metes
þaime a mille folke. Wars of Alex. 1209 Dubl.

oder allein, ziehen, wandern, gelangen, kommen, mit Angabe des erreichten
Zieles durch eine Präposition [vgl. *cheosen* 2,
merkien 2]: Þen *metis* he doun of þe mounte
into a mirk vale. Wars of Alex. 4803 Ashm.
Till he was *meten to þe meere* [i. e. boundary]
quare he þe monte entird. 5058. auch unpersönl.: Þus raȝt he fra þis reuir be many ruȝe
waies To [i. e. till] it was *meten to þe mere* [i. e.
lake] to mydouirvndorne. 3852. auf die Zeit
übertragen: Quen he preues fra þat prike, þan
he is proud-lokid, *Metis on þe medill merke*
[i. e. die mittlere Lebenszeit], & þare his mynd
stablis. 4630. Qwen it was *metyn to þe merke*
þat men ware to ryst, And folke was on þaire
firste slepe. 374.

ein refl. Personenkasus tritt dabei auf, der
als Dativ zu fassen ist: Þan *metis* he *him to
Messadone*. Wars of Alex. 455 Ashm.

der durchmessene Weg wird auch als adv.
Bestimmung behandelt: Or þai *meten* ware a
myle þe meris withouten, Par metis þaim with
a mekill flote. Wars of Alex. 1209 Ashm.

an diese Verwendungen des Zeitwortes
schliesst sich seine Verbindung mit einem Objektskasus, der ein zeitliches Ziel bezeichnet,
in der Bedeutung ermessen, erreichen:
All þi ȝeris ere ȝeten ȝare, & þi ȝouthe fenyst,

Lange or þou haue *meten þe merke* of þi mydill
age [Lange or þou *metyn* haue þe *merke* of þi
medyll age *Dubl*.]. Wars of Alex. 1107 Ashm.

metenes s. matutinæ s. *matines*.

meteniðing s. altn. *matníðingr*, von *mete*,
cibus, und *níðing* s. ags. *níðing*, homo nequam,
malignus, parcus, tenax, vgl. neue. *meat-niggard*
[Morris]. Speiseknicker, Speiseknau-
ser, d. h. einer, der mit Speise kargt.

Þas pine [sc. hunger end ðurst] ðolieð þa
þe were *metensiðinges* here. Poem. Mor. 230
Zup. [*Übungsb*.]. cf. Þos pine þolied þo þe were
metsniþinges here. OEH. 294. Þos pine þolieð þo þe ware *meteniðinges* here. II. 227 u. s. w.
Ausser den übrigen, im wesentlichen meist
gleichlautenden Mss. des Poema Morale vergleiche man: Þys tale tellys oure lorde Iesu To
ryche men for here prew, Þat þey be be no
nythyng Of here *mete*, ne of here thyng, To pore
men [der afr. Text hat *auer*, avare, chiche]. R.
of Brunne *Handl. S*. 6722. Of curtasye was
he kynge, *Of mete* and drynke no *nythynge*.
Isumbr. 22.

meteplace s. Speisestätte, Futterplats, d. h. Stätte, wo man Speise erhält,
Futter findet.

A *meteplace*, esculentum [wohl für *escu-
letum, æsculetum*, eig. Wald von immergrünen
Eichen mit essbaren Früchten, das wegen einer
irrigen Etymologie von *esca* als Ort, wo man
Speise findet, umgedeutet wurde; da übrigens
æsculus, esculus in den älteren Glossarien besonders von der Buche gebraucht wird, so ist
vielleicht an einen Buchwald als Futterplats
für Schweine zu denken; vgl. Wr. Voc. Wülck.
vv. *æsculus, esculus*]. Cath. Angl. p. 238.

meter s. ahd. *mëzdri, mëzzdri*, mensor, mhd.
mëzzer, neue. *meter* [in *coal-meter, land-meter*]
prov. *metter* [*North*. Halliw.] von *meten*, metiri. Messer, d. h. einer, der misst.

A *meter*, mensor, mensurator. Cath. Angl.
p. 238. Paulyn, the *meter* of corne, hath so
moche moten of corne and of mestelyn, that he
may no more for age. Caxt. *B. for Trav*. [in
Pa. P. p. 334 n. 4]. — And loo! a man, and
loo! in his hond a litil coorde of *meters* [funi-
culus mensorum *Vulg*.]. Wycl. Zech. 2, 1.

metere s. ags. *metere*, pictor [Wr. Voc. p. 46.
75. cf. col. 164, 8. 314, 19 Wülck.] von *meten*,
pingere, somniari.

1. Maler: Pictor, *metere*. Wr. Voc. p. 89
[col. 541, 9 Wülck.].

2. Träumer: In þise zenne [sc. litel wyl]
byeþ þo þet hebbeþ drede of naȝt, þet ne dorre
naȝt aginne wel to done, uor hi habbeþ drede
þet God ham wyle fayly, þet is þe drede of þe
meteres þet habbeþ drede of hare metinges.
Ayenb. p. 32 *Spr*.

metescipe, meteshipe, metscip, metschip
s. ags. *metescipe, metscipe*, cibatus, altn. *mat-
skapr*, zu *mete*, cibus.

1. Mahl, Mahlzeit, Gastmahl: Alse
ben oueretes .. at ferme, and at feste, and
masthwat at ilche laðede *metescipe* [laðeð metisupe *Ms*.]. OEH. II. 11 vgl. *Notes* [und *Anm*.

zu REL. ANT. I. 131 in *Spr.* I. 2. p. 50]. Whan was the festedai of the Lord, and shulde be maad a good *meteshipe* [meete *Purv.*] in the hous of Tobie, he seide to his sone, Go thou etc. WYCL. TOB. 2, 1 Oxf. Whenne he [sc. Ihesu] shulde to *meteship* go [to *meteschip* ga GÖTT. to manscip ga, to manshepe ga *cett.*], Marie, Ioseph, his breþer also, Iosephis sones, as I seide ore, Alle felowshipe him bore. CURS. MUNDI 12565 TRIN.

2. unmässiges Essen, Fresserei, Gefrässigkeit: Of his *metscip* [mete *cett.*] was mesur nan, He wald ete seuen scep him an. CURS. MUNDI 7453 COTT.

metesel s. aus *mete*, cibus, und *sæl, sel* ags. *sæl, καιρός*, beatitudo, opportunitas. Zeit zum Mahle, Essenszeit, Essenszeit.
It neghed nere *metesel.* LANGT. p. 334.

metetable, metetabil, mettabille s. vgl. *mete*, cibus, und *table*, mensa. Speisetisch, Anrichtetisch, der nur beim Essen gebraucht und nachher weggeräumt wird, also ein Tafelgestell auf Böcken, im Gegensatz zu *table dormant*, der festatehenden Tafel am Ende einer Speisehalle.
Metetabyl, that ys remevyd whan mete ys done, cillaba. PR. P. p. 335 [a. 1440]. Hec escaria, a *mettabylle*. WR. VOC. p. 235. col. 729, 7 Wülck. [um 1450]. vgl. Escaria, dresserbord. WR. VOC. col. 580, 41 Wülck. Über *table dormant* s. oben *dormant* adj. und vgl. CATH. ANGL. p. 47. 376. HALLIW. D. p. 311 und *Morris* zu CH. *C. T.* I. A. 353 Oxf. Cl. Pr. Mlat. *cillaba*, lat. *cilliba* [VARRO *L. L.* 5, 118. PAUL. DIAC. p. 43, 9], gr. *κιλλίβας*, bedeutet Speisetisch und findet sich um 1420 auch für den feststehenden Tisch, *table dormant*, verwendet: Hec *cillaba*, *tabulle dormavond*. WR. VOC. p. 197 [col. 656, 33 Wülck.].

metetakinge, meettakinge s. aus *mete*, cibus, und *takinge* s. zu *taken* v. Einnehmen der Mahlzeit.
God we awe to loyf [i. e. *loven*, laudare], and in tyme of our *meettakynge* & space betwix morsels to ȝeild hym loueyngis. MISYN *Hamp.* Fire of L. p. 95.

metevessel s. eig. Speisegefäss, aus *mete*, cibus, und *vessel*, vas, gebildet. Tischgeschirr, Tafelgeschirr.
A *metevesselle*, escale [vgl. lat. argentum escale, silbernes Speisegerät DIG. 33, 10, 3]. CATH. ANGL. p. 238.

metewurði adj. aus *mete*, cibus, und *wurði* adj. dignus. essenswert, bekömmlich, zuträglich, von Speisen.
For all-be-it that this holy mayde receyued not in her stomak ony mete the whiche was *metewurthy* as for that tyme, yet she spet out fro her grete mater of flewme [i. e. *flum*, Flüssigkeit]. CAXT. *St. Kath. of Senis* [in *Arch.* 76, 111].

metfastnesse s. vgl. ags. *gemetfästniss*, modestia, aus *gemetfäst*, modestus, von *met*, modus. Bescheidenheit.
Forr ȝho [sc. Marje] wass, wiss to fulle soþ,

All full off hallȝe mahhtess, Off herrsummleȝȝe, off rihhtwisleȝȝe, & off soþfasst meocnesse, Off soþ clænleȝȝe, off god ȝæpleȝȝe, Off strencþe, off *mettfasstnesse*. ORM 2519. Forr hire þohht & hire word & hire weorre wass clene, & all wiþþ witt & all wiþþ skill & all wiþþ *mettfasstnesse*. 2577.

metȝerd, meteyerde, metteyerde s. ags. *metgeard*, pertica [WR. VOC. p. 38. col. 147, 20 Wülck.], neue. veraltet *meteyard*. Messrute, Messstab, Elle.
Þis William dredde leste he schulde nouȝt freliche passe þe see, and took a womman clooþ [womans clooþ Cx.] above his own clebinge .. and bar on his lift arme a webbe of lynnen clooþ, as it were to sellynge, and bare a *metȝerde* [*meteyerde* Cx.] in his riȝt hond [holdynge an elne in the ryȝhte honde *Harl.* ulnam vero manu dextera ferens *Higd.*], for he wolde sliliche ascape. TREVISA VIII. 103-5. I measure clothe with a yerde, or *metteyerde*, je mesure, je aulne. PALSGR. vgl. I must be fyrst sure of the length of the *meteyarde*, and thereby measure & iudge the clothes. TYNDALE *Obed.* [a. 1528, in *Spec.* III. 173]. A master teacheth his prentyse to knowe all the poyntes of the *meteyarde*, first how many enches, how many fote, & the halfe yarde, the quarter, & the naile, & then teacher him to mete other thinges therby. *ib.* [in *Spec.* III. 175]. Mete-wand, or *mete-yard*, une mesure, une aune. BOYER [a. 1702].

metigge s. somnium s. *metinge*.

metili adj. Nebenform zu *meteli* adj. aus *met*, modius, und *ȝelic* adj. aequus, gebildet. vgl. *unilic* adj. und ahd. *manno gilth*, mhd. *mannegilich* neben ahd. *mannoltch*, mhd. *mannelich*, *manlich* u. ähnl. mässig, mittelmässig, von mittler Körpergrösse.
Of heȝt he [sc. Crist] was a *metili* man, Ofter atte þe men ware þan, Nauþer to grete ne riȝt to smalle. CURS. MUNDI 18827 FAIRF. [die übrigen Mss. haben *meteli, metely*].

metinge, metinnge, meting, meteing, meetinge, matinge s. ags. *mæting*, *mêting*, pictura, somnium, von *meten*, pingere, somniare.
1. Malerei: Pictura, *meting*. WR. VOC. p. 89 [col. 541, 10 Wülck.]. vgl. ags. Pictura, *metinge*. *ib.* p. 46. 75 [col. 164, 9. 314, 20 Wülck.].

2. Traum: Þo nicht efter þet aperede an ongel of heuene in here slepe ine *metinge*, and hem seide and het þet hi ne solde aȝen wende be Herodes, ac be an oþer weye wende into hire londes. O. E. MISCELL. p. 27. An hard *metingue* me hath imat. ST. CLEM. 22 Horstm. p. 323. Þis *metyngue* bicam soth inouȝ, þat he fond at þe laste. ST. KEN. 145 [p. 349]. To þe abbod Marcel he [sc. seint Iohan] cam a nyȝht in *metingue* ase it were, And bad him nime is heued up, and seide ȝware it lay. ST. IOH. BAPT. 114 [p. 32]. For a nyȝt þare cam a vois, ase it were in *metingue*, To a bischop, þat was maister þer, and tolde him þis tyþingue. ST. NICHOL. 73 [p. 242]. Boþe þe luþere [sc. gostes] and þe guode aliȝteth ofte adoun, And to men in hore

slepe comieth, ase in a visioun, And scheowieth
in *metingue* mani a wounder dede. ST. MIH.
223 [p. 306]. Oþer us þinchez ase in *metingue*.
ST. CLEM. 208 [p. 329]. Þis child tolde hire
prìueliche of is *metingue* al is cas. ST. KEN. 136
[p. 349]. Me þoute in my *metynge* [vgl. sweuene *Cambr*. 666 *Spr*.] þat ich rod on fischinge.
K. H. *Laud* 675 [in *Arch*. 50, 49]. Him it þingþ
þet hit is al wynd, and *metinge*, and lyeȝynge.
AYENB. p. 143. Pench of þe lost of uernyere,
and of *metinge* of nyȝt, þou sselt ysy þet hit is
al on. p. 93. Ac moche more in *metynge* þus
with me gan one dispute, And slepynge I seigh
al þis. P. PL. *Text B*. pass. XI. 311. Now haue
I my *metynge*! BEUES *M*. 3840 Kölb. „In *met-
ygge*,‟ quaþ Vallerian, „we habbeþ euere ibe.‟
ST. CECILIE 101 Horstm. p. 492. Now hauestu
þi *meting* (sweuening *Cambr*. 724). K. H. *Laud*
749 [in *Arch*. 50, 50]. „For þis *meting* þat I wiþ
mette, I did,‟ he saide, „þe efter sette.‟ CURS.
MUNDI 1939 FAIRF. GÖTT. TRIN. Gef scheo it
sawgh in *metyng*, Heo wolde hit leve in alle
thyng. ALIS. 327. I sschal telle, and nowt ne
lie What thi *moting* signefie. SEUYN SAG. 2409.
Thou woldest haue undoing [i. e. explanation]
Of thi to-nightes *meting*. 2408. For soþe, ich
am a mad man, now wel ich may knowe, Forto
wene in þis wise þis wrong *metyng* soþe. WILL.
705. He minges his *metyng* amonges hem all,
And what it might be to meane þe menne gan
hee ask. ALIS. FRGM. 839. And of þis *metyng*
many tyme moche þouȝt I hadde. P. PL. *Text
B*. pass. XIII. 4. Musyng on þis *meeteles*
[*meting* H.] a myle ich ȝeode. *A*. VIII. 131.
Mony tyme þis metels han [*meting* haþ H.]
made me to studie For Pers loue, þe plough-
mon. 132. [Ioseph ..] Of Egipte, he that redde
so The kinges *meting* Pharao. CH. *M. P*. 3, 275
Skeat [in *Compl. W*. I. 286]. He mette þis
metyng. AD. DAV. 115. — Uor hi habbeþ drede
þat God ham wyle fayly, þet is þe drede of þe
meteres þet habbeþ drede of hare *metinges*.
AYENB. p. 32. Holy wryt .. hise [sc. þise guo-
des] elepeþ leasinges, and ssed, and *metinges*,
and uanites. p. 77. Alle hi þyeþ uorlore, and
becomeþ naȝt and *metinges*. p. 92.

Lot, þe king, In bed was in gret *meteing*.
ARTH. A. MERL. 3795 Kölb. Of þat *meteing*
hem agros. 3810. „For þis *meteing* þat I of
mett, I did,‟ he said, „þe for to fett.‟ CURS.
MUNDI 19939 COTT. When Josaphat þis understode, Þis *meteyng* meruaild all his mode. BERL.
A. JOS. *Harl*. 259.

Þe meruiloste *meetynge* mette I me þenne
Þat euere dremede driht in dreochynge, I wene.
P. PL. *Text A*. pass. IX. 59.

„Leue broþer,‟ seyde þis oþer, „wheþur it
be soþ þis, Oþer I stonde in *matyngge*, & mete
þat so it is?‟ ST. CECILIE 99 Horstm. p. 492. —
By theo planetis , and by the steorres, Y can
jugge alle weorres, Alle plaies, in alle *matynges*,
And on alle othir thynges. ALIS. 259.

**metinge, meting, meteing, meetinge,
meeting** etc. s. ags. *méting*, sch. *meting* [BARB.].
neue. *meeting*, von *meten*, occurrere, invenire.

Begegnung, Zusammentreffen, Zusammenstoss.

das Verbalsubstantiv giebt die oben angeführten Färbungen des Zeitwortes *meten*, occurrere, invenire, wieder, im Anschlusse an die
tr. sowohl wie an die intr. Verwendung; auch
die dort erwähnte Verstärkung durch *to gadere*
findet sich: *Metynge togedyr*, obviacio. PR. P.
p. 336.

1. Begegnung, Zusammentreffen,
von Personen: Quasim had bene þer þat day,
And had þat squete *metinge* [þat suet *meting*,
þat suete *meting* , þat swete *metyng* cett.] sene,
If he iij. dayes had fastande bene, Of mete and
drink .. he sulde haue na talent [Begegnung
Josephs und Jakobs]. CURS. MUNDI 5254 FAIRF.
His broþer Aaron he [sc. Moyses] mett, Þat
drihtin self has *meting* set [Als our lorde þaire
meting sette, For god himself þair *mething* sett,
For god him self her *metyng* sette cett.]. 5945
COTT. Thoru resoun That Crist mett witt sain
Symeoun And withe dam Anne .. This dai es
Cristes *meting* cald [Begegnung Christi im
Tempel mit Simeon u. Anna]. METR. HOMIL.
p. 157. cf. The thred [sc. nam] Cristes *meting*
es cald. p. 155. I schal declare playnly his
comyng To the chiffe of þe Jewes, þat þey may
sone Assemble same to his *metyng* [i. e. to meet
him]. YORK PL. p. 24.

This day hafes names thre; The first es
cald Maries clensing, The tother es cald Cristes
meeting, The thrid es cald Candelmesse day.
METR. HOMIL. p. 153.

Þe king ros him ogain; Bliþe was her *meteing* [: bring]. TRISTR. 1315 Kölb.

von Liebenden: They sette mark hir *meting* sholde be Ther king Ninus was graven,
under a tree. CH. *Leg. GW*. 784 Skeat [in
Compl. W. III. 113]. bildlich: For it is a fulle
noble thing Whane thyne eyen have *metyng*
With that relike precious (le saintuaire precieus
afr.] Wherof they be so desirous [eig. Zusammentreffen der Augen mit dem geliebten Gegenstande, d. h. Erblicken, Anblick der Geliebten].
CH. *R. of R*. 2905 *Spr*.

feindlich: Zusammentreffen, Zusammenstoss: Swiche *meting* nas neuer non made
With worthli wepen wight. TRISTR. I. 94, 5.
Spr. cf. l. 17, 5 [1028. 181 Kölb.]. Of knyghtis
thar was strong *metyng*, Harde justis, scharpe
brekyng. ALIS. 1255. Now rist grete tabour
betyng, Blaweyng of pypes, and ek trumpyng,
Stedes lepyng, and ek arnyng Of sharp speres,
and aualyng Of stronge knighttes, and wighth
[i. e. *wight*, keen, quick] *metyng*. 2163 *Spr*.
Per was *meting* of men o main Wiþ spere & wiþ
scharp sword. ARTH. A. MERL. 5754 Kölb. Four
mile out of Arundel, Allas, þis ich *meting* fel.
7791. At þat *metyng* [among ylkon] Taken was
sire Antygon. R. OF BRUNNE *Story of Engl*.
1011. At þeyr *metyng*, hit was nought lyte
When þey gonne togyder smyte. 8855. vgl. sch.
At that *meting*, forowtyn wer, War stedis stekyt
mony ane. BARB. IX. 100 *Spr*. And thai, that
at the fyrst *meting* Feld off the speris sa sar

35*

sowing, Wandyst, and wald haiff bene away.
XI. 631.
Wat abidestow, coward king? Þe paiem
þif anon *meteing!* ARTH. A. MERL. 6343 Kölb.
Þis was a *meteing* of wonder. 7790. — In þat
ich hard *meteinges* Al þai socourd her kinges.
3919.

2. Begegnung mit Tieren, als gute
oder schlimme Vorbedeutung: And there ben
also sum Cristene men, that seyn that summe
bestes han gode *meetynge*, that is to seye, for to
meete with hem first at morwe, and summe
bestes wykked *meetyngs*, and that thei han
preved ofte tyme that the hare hathe fulle evylle
meetynge, and swyn, and many othere bestes.
MAUND. p. 116. And also to suche folk, it is
an evylle *meetynge* of ravenes. *ib.*
auf der Jagd: Ech man dred hym, bothe
knyght and kyng, To come in that borus *met-*
yng. BEUES *M.* 615 Kölb.
3. von Sachen scheint das Wort in alter
Zeit selten vorzukommen; so bezeichnet es das
Zusammentreffen, Wiederzusammen-
treffen eines Lahmen, der durch ein Wunder
geheilt ist, mit seinen weggeworfenen Krücken:
Lorde, lo my crouchis whare þei flee, Als ferre
as I may late þam flenge With bothe my hende;
Þat euere we haue *metyng* Now I defende
[i. e. may we never meet again!]. YORK PL.
p. 213.
auch das Zusammentreffen zweier
Wege, konkret den Ort, wo sie zusammentreffen,
Wegscheide, Scheideweg [lat. bivium]:
The king of Babiloine stode in the *metynge* of
two weies, sechynge dyuynacioun, mengynge
arowis. WYCL. EZ. 21, 21 Oxf.
ferner das Zusammenstossen der Waffen oder mit Waffen: .V. þousinde in his com-
inge He slouᴣ wiþ speres *meteinge.* ARTH. A.
MERL. 8343 Kölb. vgl. Ther they found strong
metyng With swerdes and speres ful grevyng.
RICH. C. DE L. 6583.

metinge s. ags. *metung*, ahd. *mëzunga*, mhd.
mëzzunge. Messung, Messen, Mass.
Metynge wythe mesurys, mensuracio. PR.
P. p. 336. Helle is wyd wyþoute *metinge* [d. i.
über alle Massen gross, unermesslich gross].
AYENB. p. 264.

metir s. metrum, **metiren** v. metro componere s. *metre.*

metisupe s. cibatus [wahrscheinl. verderbte
Lesart OEH. II. 11] s. *metescipe.*

metleᴣe s. vgl. *metnesse.* Masshalten,
Bescheidenheit, Demut.
& tatt wass wiss soþfaast *metleᴣᴣe* Þatt ure
laffdiᴣ Marᴣe Swa ferde till Elysabæþ To lutenn hire & lefftenn. ORM 2659.

metlic, metlich, metliche, metli adj. ags.
metlic [in *gemetlic*, modicus], alts. *mêtlîc*, angemessen, ahd. *mëᴣlîh*, mediocris, parcus. vgl.
imetlich, metili, meteli.
1. mässig, mittelmässig, von der
Körpergrösse: Morice was a mane .. lytel of
body, sumdele more þan lytel, & lasse than *met-*
lych. CONQ. OF IREL. p. 76 *Dubl.* cf. p.77 *Rawl.*
Meyler was a man .. of body somdel more than

metlych. p.99 *Rawl.* Reymond was a man brod
of body, somdel more than *metlyche* [*metlych*
p. 99 *Rawl.*], yolowe her etc. p. 98 *Dubl.*
2. mässig, gering an Zahl: Loke, methfullike [*metlic* H.] mi daies set thou. Ps. 38, 6.
3. angemessen, schicklich, von der
Barttracht: *Metli* har was on his chin, And als
his hefd was scheud in tuin. CURS. MUNDI 18847
FAIRF. vgl. dazu: Comli & faire his chyn he
bare, & tender berde wiþ mikil hare. 18843-4.

metnesse s. ags. *mætnesse* [in *ungemætnesse*].
vgl. *imetnesse.* Mässigkeit, Masshalten,
Beobachtung des rechten Masses, als
eine der Haupttugenden.
An Temperantia, þet is *metnesse* on Englisc, þet mon beo imete on alle þing, and to
muchel ne þigge on ete and on wete, ne er
timan to his borde ne sitte. OEH. p. 105.

metre, meetre, metir s. afr. *metre*, nfr.
mètre, sp. it. *metro*, lat. *metrum*, gr. μέτρον,
ags. *mêter*, ahd. *mêtar*, *mêter*, neue. *metre*,
meter.
1. Mass, Versmass, gebundene
Rede: *Metre*, verse, metre. PALSGR. A *me-*
tyr, metrum, metricus, modus, numerus. CATH.
ANGL. p. 238.
so schon früh mit Bezug auf eine eingelegte
metrische Zeile in lat. Sprache: Parfore a clerk
made on þis manere Þis verse *of metre* þat es
wreten here: „Dicentes E. vel A. quotquot na-
scuntur ab Eva." HAMP. 489 Spr. vgl. *Anm.* Als
a versifiour says in a verse þarby, Þe whilk es
made *in metre* thus schortly etc. 9367. bei An-
führung mehrer gemessener Zeilen: Als a versifiour *in metre* þus telles etc. 897. Saynt Ber-
nard *in metre* says etc. 913. Sche made a
writynge to be grave on hire owne tombe, and
made it *in metre* in þis manere: „Elpes was myn
name etc." [Epitaphium .. metricavit in hunc
modum: „Elpes dicta fui ete." *Higd.*]. TREVISA
V. 321. im Hinweise auf ganze metrisch abge-
fasste Dichterwerke in lat., frans. oder engl.
Sprache: In prose eek ben endyted many oon,
And eek *in metre*, in many a sondry wyse. CH.
C. T. II. B. 3170 Skeat Cl. Pr. vgl. *Notes.*
After þe Inglis kynges he [sc. Langtoft] says
þer pris, Þat all *in metir* fulle welle lys. R. OF
BRUNNE Story of Engl. 195. Al be þe *metire*
bot mene, þus mekill haue I ioyned. WARS OF
ALEX. 3164. — I can ryght now no thrifty tale
seyn, But Chaucer, though he can but lewedly
On *metres* and on ryming craftily, Hath seyd
hem in swich English as he can Of olde tyme.
CH. C. T. II. B. 46 Skeat Cl. Pr.
2. Gedicht, kürzeres oder längeres: Þerfore a versifioure *in his metre* preyseþ þe lond
in þis manere: Engelond is good lond etc.
[Anglia terra ferax etc. *Higd.*]. TREVISA II. 19.
vgl. *Spec.* II. 237. 335. — Than thou knowest
that been good wommen alle And trewe *of love*,
for aught that may befalle; Make the *metres* of
hem as thee leste. CH. *Leg. G W. Prol.* 560 Skeat
[in *Compl. W.* III. 105]. For shorte *metrys*
don gladly gret plesaunce. LYDG. *St. Giles* 36
Horstm. N. F. p. 371.

an die Form *meter*, *metir* schliesst sich
später [**metren, meteren**], **metiren** v. vgl. nfr.
métrer, nach Metern vermessen. Verse machen: Many a man can ryme well, but it is
harde to *metyr* well, maynt homme scayt bien
rismer, mays cest vne grant difficulte que de
bien composer en vers. PALSGR. [a. 1530]. I
metyr, I make a booke in verses or in ryme, je
compose en vers. *ib.* vgl. auch *metrere*, *metriour*.

metrede s. aus *met-*, dem Stamme des
Zeitwortes *meten*, somniari, und -*reden*, ags.
-*ræden*, conditio [in *broðerreden*, *cunreden*, *cuðreden* etc.]. Traumbild, Traum.

Nectanabus, which causeth all Of this *met-*
rede the substaunce. GOWER III. 68. In hope
of suche a glad *metrede*, Which after shall befalle in dede. III. 69.

metren v. metrificare, metro componere s.
metiren [hinter **metre** s.].

metrere s. zu *metren*, *metiren* v. gehörig,
früh neue. *meterer* [DRAYTON]. vgl. *metriour*.
Versmacher, Dichter.

A· *metrere* brekeþ out in þis manere in
preisynge of þis citee: „Chestre, Castelloun etc."
[Cestria de castro nomen quasi Castria sumpsit
etc. *Higd.*]. TREVISA II. 81.

metrete s. fr. *métrète* [ACAD., LITTRÉ], lat.
metreta, gr. μετρητής, ein antikes Flüssigkeits-
mass, etwas kleiner als eine amphora, das 72
röm. Sextarien, 144 gr. Kotylen enthielt. Me-
tretes, grosses Mass für Flüssigkeiten.

1. als Übersetzung des lat. *metreta* entspricht es dem betr. römischen Hohlmasse:
Goode stomakwyne and counterpestilence Thus
make: Of fynest must in oon *metrete*, Or it be
atte the state of his fervence, VIII vnce of
grounden wermode in a shete Dependaunt
honge etc. PALLAD. 11, 442.

2. als Glosse zu *bathus*, hebr. בַּת pl. בַּתִּים,
bathus, mensura liquidorum, bezeichnet das
Wort das Anderthalbfache dieses hebräischen
Flüssigkeitsmasses, mit einem angeblichen In-
halte von 2¼ engl. Quart: A *metrete* conteyneth
ij. quartis and an half. WYCL. 3 KINGS 7, 26
Purv. *Gloss. marg.* — The see [i. e. das eberne
Meer]took twei thousynde bathus, thre thousynde
metretis. ib. [im Text]. cf. This word iij. thousynde *metretis* is not in Ebrew, nether in bokis
amendid, but it was first a glos to schewe what
is signefied by bathus. *ib. Gloss. marg.* And
there weren set sixe stonun cannes, aftir the
clensing of the Jewis, holdynge ech tweyne
ether thre *metretis* [mesuris *Oxf.* metretas *Vulg.*].
JOH. 2, 6 Purv.

metricien, metricien s. fr. *métricien*, gram-
mairien qui s'occupe de la métrique grecque ou
latine [LITTRÉ], vgl. mlat. *metricanus*, poeta
[D. C.], lat. gl. *metricianus* zu *metricus* adj.
metrisch [auch substantiviert, Metriker, Schrift-
steller über die Metrik GELL.18, 15] von *metrum*,
neue. *metrician*. Versmacher, Dichter.

That is the cite .. in to the lawde of whom
a *metricion* seythe in this wise: „That cite of
Chestre toke the name of hit of a castelle callede Cestria, as Castria [Cestria de castro nomen
quasi Castria sumpsit *Higd.*]. TREVISA II. 81

Harl. Theobaldus the blissede, erle of Cam-
pany, was in this tyme .. whom a *metricion*
commended after his dethe in this wise: „Ille
comes, comes ille, pius Theobaldus erat, quem
etc." VII. 483 *Harl.* Seynte Thomas of Caun-
terbery was martirisate in this yere, of whom a
metricion rehersethe in this wise: „Quis mori-
tur? Presul etc." VIII. 45 *Harl.* cf. II. 19
Harl. VI. 441 *Harl.* u. ö. — vgl. And ye that
ben *metriciens* me excuse, I you besech, for
Venus sake. CH. *Court of L.* 30 Skeat in *Compl.
W.* VII. 410 SuppL. [a. 1500].

metrificaten v. aus mlat. *metrificatus* p.p. von
mlat. *metrificare*, metro scribere, afr. *metrifier*,
écrire en vers, faire des vers [14. Jahrh.], nfr.
veraltet *métrifier*, neue. veraltet *metrify*. Verse
machen, in Versen schreiben.

[Elpes ..] whiche *metrificate* [i. e. metrifi-
cated, metrified] her owne epitaphy in this wise:
„Elpes dicta fui etc." [Epitaphium quoque pro-
prio tumulo insculpendum ipsa metricavit (me-
trificavit *v. l.*) in hunc modum: „Elpes etc."
Higd.]. TREVISA V. 321 *Harl.*

metriour s. mit -*iour* [fr. -*ier*, lat. -*iarius*] gebildete Nebenform zu *metrere*, poeta. Versmacher, Dichter.

Anoþer *metriour* seide in þis manere:
„Christe, tui calicis prædo etc." [Item alius metricus: „Christe etc." *Higd.*]. TREVISA VIII. 169.

metropol s. afr. *metropole* [eglise *metropole*
LITTRÉ 14.Jahrh.], nfr. *métropole*, it. *metropoli*,
lat. *metropolis*, neue. veraltet *metropole* gew.
metropolis [metropolia, a capital, or archiepisco-
pal city, metropole, ville capitale, ou archi-
épiscopale BOYER a. 1702], von gr. μητρόπολις,
Mutterstadt, Geburtsstadt, Hauptstadt, aus
μήτηρ und πόλις gebildet. Metropole,
Hauptstadt.

Now þat Londone is neuenyd, hatte þe
newe Troye, Þe *metropol* & þe maystertone [i. e.
maistertoun] hit euermore has bene. ST. ER-
KENW. 25 Horstm. N. F. p. 266.

mett s. mensura s. *met*; cibus s. *mete*.

mettabille s. escaria s. *metetable*.

mette, mete s. ags. in der Zusammensetzung
gemettan pl. conviuæ [ÆLFR. *Hom.* II. 282], ahd.
gimazzo, mhd. *gemazze*, conviva, zu *mete*, cibus.
vgl. *mate* s. Tischgenosse.

Thenne reson radde .. Þat conscience comaunde sholde to do come scripture, And
brynge bred for pacience bytynde apertie, And
to me, þat was hus *mette* [*mete* v.l.] þo, and
oþer mete boþe. P. PL. *Text C.* pass. XVI. 52.
cf. his macche [make, *mete* vv. ll.] B. XIII. 47.
— Pacience and ich weren yput to be *mettes*,
And setten by ous selue at a sydtable. C. XVI.
41. cf. macches [*mettes* v.l.]. B. XIII. 35.

mette s. mensura s. *met*; cibus s. *mete*.

metwand s. von *met*, mensura, und *wand*,
virga, neue. veraltet *metewand*. Messrute,
Messstab, Elle.

Metwande, idem quod jerde, infra; *met-*
wonde, ulna. PR. P. p. 336. vgl. n. 1. Ȝerde,
metwande, ulna. p. 537. vgl. neue. *Mete-wand*,
or mete-yard, une mesure, une aune. BOYER
[a. 1702]. Früher findet sich auch *meat-wand*

[GOULDMAN a. 1664], *meato-wand* [SHERWOOD
a. 1650]; vgl. PR. P. p. 336 n. 1.

meõ, selten **meeõ, frûh mæõ, meaõ,** selten
mæõ; auch im Nom. und Akk. schon ziemlich
frûh **meõe** mit schliessendem e s. ags. *með,*
mensura, modus, von *mete* adj. ags. *mæte,* modicus, commodus, zu *meten* ags. *metan,* metiri;
vgl. ahd. *mëzida* in *kimëzida, kimëzitha,* moderatio, *widarmëzzida,* comparatio, zu *mëzan,
mëzzan,* metiri.

1. **Mässigung, Mässigkeit, Mass** in
Essen, Trinken, Kleidung: Uss birrþ follʒhenn
mett annd *mæþ* I claþess and i fode. ORM 7515.
Þurrh þatt tu lufesst mett annd *mæþ* I claþess
annd i fode. 12272. Þurrh *mæþ* i mete annd
drinnch. 7535. Forr swa we mihhtenn follʒhenn
Crist Annd hise leorninngcnihhtess, Þatt tokenn
aʒʒ wiþþ mikell *mæþ* Annd aʒʒ unnorne fode.
7543. Wiþþ mett annd *mæþ* i mete annd
drinnch, Annd ec inn ʒure claþess. 6116. Wiþþ
mett annd *mæþ* I claþess annd i fode. 11437
Spr.

„Wo worthe," quath the vox, „lust and
wille, That ne con *meth* to his mete!" VOX A. W.
96 *Spr.* [ohne besondere Beziehung auf tie-
rische Verhältnisse].

For þar man ne can his muðes *meðe,* ne
cunnen nele, ne his wombe met, and þcih he
cunne of mete, he nele cunne of drinke. OEH.
II. 11 [REL. ANT. I. 131 *Spr.*]. Þe foremeste
[sc. Temperancia] is riht medeme mel; þe man
þe hit meðeð riht þe .. gemeð his muðes *meðe*
and of his wombe mete. II. 13 [REL. ANT. I.
132 *Spr.*]. auch das Gegenteil, **Mangel** an
Masshalten, Unmässigkeit auf diesem
Gebiete, wird bildlich durch *muðes meðe* bezeichnet: Þo hie forleten godes lore, and folgeden here lichames wille, namcliche on two
þigges, þat was *muðes meðe,* þat oðer hordom.
OEH. II. 51. Alle þe wile þo hersumieð þese
two þing þe ich nu nemde, *muðes meðe* and
golnesse, ne muge we noht singe þe blisfulle
songes. II. 53. vgl. *muðes mesure ib.* [s. oben
mesure 4].

Sobrietas is an oðer mihte, þat is, *meðe.*
Ðies makeð þanne mann maðfull ðe was to
grady [i. e. grediʒ, gredi, neue. greedy]. V. A.
V. p. 139 ed. Holthausen Lond. 1888.

2. **Mässigung, Masshalten, Mass,**
massvolles Betragen, Bescheidenheit,
Zurückhaltung in Ausgaben, Sprache und
Gebahren: Heore visages biheold heo faste,
And kneuh hem wel atte laste; But heo hedde
meth, as worschipful wyf, Ffor heo nas nout to
hastyf. EV. GESCH. 15. 739 [in *Arch.* 57, 269].
Ʒif vs mekenesse and *meþ,* And bring vs to þat
ilke blis Þer meke men wiþ Crist is. 27, 52
[*Arch.* 57, 279]. The formest [sc. Ismaria] bare
Elizabeth, Alle holy lady, myld o *meth* [An haly
leudi, milde of *meth* GÖTT. An holy lady, mylde
of *mæþ* TRIN.]. CURS. MUNDI 10151 FAIRF.

Witte wel hwat þu hauest, walte hwat þe
tide, and cune summe *meðe* þenne þu almesse
makest. OEH. II. 29. Mari ledd hir lif with
methe. METR. HOMIL. p. 107.

3. **Mässigung, Milde, Gnade,** als
Masshalten im Gebrauche der Macht, Gewalt,
von Menschen und von Gott: Ʒif we sceoteð to
heora *maþe,* þat bið ure imone deaþ. LAʒ. I. 42.

Salt ðu nogt ðe rigtwise weren, Or for hem
ðe toðere *með* beren? G. A. Ex. 1043. Bot quen
þe lorde of þe lyfte lyked hymseluen For to
mynne on his mon his *meth* þat abydes, Þen he
wakened a wynde on watteres to blowe. ALLIT.
P. 2, 435. Lend agayn to þi lande, nowe quen
þou leue hauys, Þat I mete þe in my malicoly,
my *meth* be to littill. WARS OF ALEX. 1950
Ashm. Erf helpeð him [sc. man] ðurg godes
með. G. A. Ex. 195. Heo him duden in prisun
of deþ, And pyneden him sore wiþouten *meþ.*
CAST. OFF L. 316. cf. 1133. Godes grace todeʒ-
eþ þis Þorw *meth* wiþal as his wille is. 845. All
at left was o lyfe, lordis & othire, Come to þat
conquerour, & on knese fallis, And in his mercy
& *meth* mekely thaim put. WARS OF ALEX. 814
Ashm.

„Louerd," quad he, „ðin *meðe* is god, Merci
get for ðin milde mod!" G. A. Ex. 3601. Is þar
na mercy ne *methe* in oure marche vsyd. WARS
OF ALEX. 4324 Ashm. Alle he fellen ðor to fot
To beðen *meðe.* G. A. Ex. 2493 *Spr.* Moyses
bad *meðe* here on, And ðis fleges figt vt is don.
3011. Ben ðese hangen ðe sunne agen, Ðise
oder [oðer?] fole sal *meðe* sen. 4075. Forþi haue
mercy on þi men, þi *methe* we beseche. WARS
OF ALEX. 3102 Ashm. Ʒif we tristeþ to here
meþe, vs seolue we bicheorreþ. LAʒ. I. 42 j. T.
All in mesure & *meþe* wats mad þe vengiaunce,
& efte amended with a mayden þat make hade
neuer. ALLIT. P. 2, 247. He knyt a couenaunde cortayaly with monkynd þere, In þe mesure of his mode & *meþe* of his wylle. 2, 564.

in allegorischer Darstellung vom Verhalten
der Seele gegenüber dem Leibe **Milde, Nach-**
sicht: Þy fleysh ne swykeþ nyht ne day, Hit
wol han eyse whil hit may, Ant þe soule sayþ:
„Nay, Ʒef ich þe buere to muche *meþ,* Þou wolt
me bringe to helle deþ." BÖDD. *Altengl. Dicht.*
p. 226.

4. **Mässigung, Masshalten, Mass,**
Beobachten des rechten Masses im allgemeinen, als eine der Haupttugenden, oft per-
sonifiziert: An hæfeddmahhte iss mett annd *mæþ*
Inn all þatt te birrþ follʒhenn, I word, i werrc,
i mete, i drinnch, Annd ec i þine claþess, I
lusst to winnenn eorþliʒ þing, I swinnkess, annd
i restess. ORM 4584.

Temperantia is an oðer hali mihte, ðe cann
swiðe michel scile and *mæðe* of alle kennes
þinge. Hie ne wille ðoliʒen non ouerdon þing;
an oðer halue, ne to litel ne to michel. V. A. V.
p. 107.

Þe four heauedþeawes: Þe earste is warschipe icleoped, and te oþer is ihaten gastelich
strengðe, and te þridde is *meað,* rihtwisnesse þe
feorðe. OEH. p. 247. Þe þridde suster þat is
meað. ib. Quo *meað.* p. 255. Mi þridde suster, *meað,* spekeð of þe middelsti bituhhe riht
and luft, þat lut cunnen halden. p. 257.

Perfore þe fowr heouedþeawes, warschipe,
strencðe in godd, ant *með,* ant rihtwisnesse,

witen godes treosor, þat is his ahne sawle, iþe
hus of þe bodi. OEH. p. 267. All oþer vertus
o þam has hald, Forþi er þai hedevertus tald,
Pat es rightwis[nes], and *meth* [and *meeþ* TRIN.],
Forsight, and strenght. CURS. MUNDI 10009
COTT. FAIRF. GÖTT.

Reymond was .. man of moche *methe* [of
mych mette *Dubl.*] & of grete purueyaunce;
nothynge delycious [delycion *Ms.* delycious
Dubl.], nother of mete ne of cloth [vir modestus
et providus, nec cibo nec veste delicatus *lat.*];
heet & cool, al ilyche, wel he myght suffyr.
CONQ. OF IREL. p. 99 *Rawl.*

5. Mass, zugemessenes Mass: Þu
salt fede us with brede of teres eth, And gif us
drink in teres in *meth* [et potum dabis nobis in
lacrimis in mensura *lat.* und tränkest sie mit
grossem Mass voll Thränen *Luther*]. Ps. 79, 6.

meŏ, meŏe adj. mässig, milde, sanft.

Þe formast [sc. Ismaria] bar Elisabeth, An
hali leuedi, mild and *meth* [of meth *cett.*]. CURS.
MUNDI 10151 COTT. Pat meingne was sa mild
and *meth* [: Nazareth]. 12271 COTT. ähnl. *cett.*
Thou was *methe* and meke as maydene for
mylde. Ms. in HALLIW. D. p. 552.

meŏ, meŏe s. mulsum s. *mede.*

meŏe s. Nebenform zu *maŏe*, tarmes. M a d c.

For *methys* that devorith the pennys of an
hawk [Rezeptüberschrift]. REL. ANT. I. 302
[15. Jahrh.].

meŏe s. mensura; adj. moderatus, mitis, lenis s. *meŏ.*

meŏeful adj. moderatus s. *meŏful.*

meŏezien v. ags. *ge-mæŏegian, ge-mæŏigian,*
mensurare, moderare, temperare. vgl. *meŏien.*

1. messen, abmessen, bemessen:
Ech man shal understonden mede of hir erdede,
and efter þat þe he *meŏegeŏ* nu his dede, shal
eft ben *meŏeged* his mede. OEH. II. 153.

2. mässigen, einschränken, bezähmen, bändigen: Swa we sculleŏ *meŏegie*
[temie j. T.] heore mod vnimete. LAJ. II. 648.

meŏelike adv. moderate s. *meŏeliche.*

meŏelich adj.

1. mässig, von Essen und Trinken: *Meŏeliche* eting and drinking agen to temien þe
lichames orguil. OEH. II. 63.

2. massvoll, bescheiden im ganzen
Verhalten: His maner was euermore to hold
hym *methelyche.* CONQ. OF IREL. p. 76 *Dubl.*

3. mässig, mittelmässig, von der
Körpergrösse: Meyler was a man .. of body
somdel more than *methlych*, ful stalwarth, wel
ibrested, smal mydel, armes & other lymmes ful
bony. CONQ. OF IREL. p. 98-100 *Dubl.*

meŏeliche, meŏelike adv.

1. mässig, massvoll, angemessen,
in körperlicher u. sittlich-geistiger Beziehung:
Wile we leden ure lif on þisse worelde *meŏeliche*
togenes us suluen, þat we þonchen and queŏen
and do þat ure sowle and ure liehame be biheue, and forlaten al þat hem beŏ unbiheue.
OEH. II. 7.

2. massvoll, zurückhaltend, ruhig,
milde: Þus *meŏelike* spac ðis em: „Qui wore ðu

fro me forholen, And qui as ðu min godes
stolen? G. A. EX. 1758.

meŏes chele, guttur melis, pellis melis [OEH.
II. 231] s. *martre.*

meŏful, meŏeful, meaŏful, maŏful adj.

1. mässig in Genüssen aller Art, besonders im Essen und Trinken: Pah mi forme suster war beo of euch uuel, and min oŏer strong
beo toþeines euch nowcin, ant mi þridde *meaŏful* in alles cunnes estes etc. OEH. p. 257. Sobrietas is an oŏer mihte, þat is, maŏe. Ðies
makeŏ þanne mann *maŏful* ðe was to grady
[i. e. gredij, grœdi, neue. greedy]. V.A.V. p. 139.

2. massvoll, bescheiden, zufrieden
in Ansprüchen und Verhalten: Inouh *meŏful*
ich am, þet bidde so lutel. ANCR. R. p. 430. I
am *methful*, for I slepe, And I raas; for Laverd
me kepe [I slep, and *methful* am I, And Laverd
me kep, I ras for þi *H.*]. Ps. 3, 6. cf. HALLIW.
D. p. 552. Ffor he was a man *methefull* [mete-
ful *Rawl.*], suttell, & stalwarth; trewer man ne
stydfaster man ne left non in Irland. CONQ. OF
IREL. p. 112 *Dubl.*

3. massvoll, milde, gnädig: Nou wo
in world ys went away, & weole is come ase we
wolde, Pourh a mihti, *methful* mai, Pat ous haþ
cast from cares colde. BÖDD. *Altengl. Dicht.*
p. 153. cf. LYR. P. p. 32.

meŏfullik adj. mässig, gering an Zahl.

Loke, *methfullike* [metlic *H.*] mi daies set
thou, And mine aght als noght before þe nou.
Ps. 38, 6.

meŏfulliche adv. mässig, sparsam,
kärglich.

Non ancre ne ouh forto nimen bute gnedeliche [*meŏfulliche* C.] þet hire toneodeŏ. ANCR.
R. p. 414. Heo schal libben bi elmesse ase
neruhliche [*meŏfulliche* C.] ase heo euer mei,
ant nout gederen uorto þiuen hit eft. *ib.*

meŏien, mäŏien, vereinzelt auch **meaŏien,
meaŏen** v. ags. *maŏian*, commensurare, moderare, temperare, mitigare. vgl. *meŏezien.*

a. tr. 1. mässigen, massvoll gestalten, von leiblichen Genüssen: Ðet foremeste
[sc. Temperancia] is riht medeme mel; þe man
þe hit *meŏeŏ* riht, þe suneŏ aleŏ gestninge and
idel wil. OEH. II. 13 [REL. ANT. I. 132 *Spr.*
vgl. *Anm.*].

von dem ganzen Verhalten in Lebensweise
und Lebenswandel: He [sc. seint Iohan þe
fulcnere] .. *meŏede* þo his liflode swo þat he
was bicumelich to swiche wike. OEH. II. 139.

2. mässigen, mildern, lindern: An
angel *meŏede* hire ðat ned [von der Hagar]. G.
A. EX. 1242.

3. massvoll, milde behandeln, schonen, verschonen: Quaŏ god, „find ic ðor
ten or mo, Ic sal *meŏen* ðe stede for ðo [von Sodom und Gomorrha]. G. A. EX. 1045.

4. begnaden, in Gnade beschenken,
belohnen: He bihet to medin [*meaŏin* B.] ham
Mid swiŏe heh mede, & makien ham hehest in
his halle. LIFE ST. KATH. 414.

b. refl. sich mässigen, sich zurückhalten, im Kampfe: Зyf þey hem self couþe

haue *meþed*, & als þer strokes couþe haue leþed
.. Gret prowesse of þem had ben told. R. OF
BRUNNE *Story of Engl.* 13615.

meðleas, meðles adj.

1. **masslos, unablässig**, von Thätig-
keiten: Ne makie ȝe none gistninges, ne ne tulle
ȝe to þe ȝete none unkuðe harlos; þauh þer nere
non oðer vuel of bute hore *meðlease* muð [i. e.
immoderate talking], hit wolde oðer hwule letten
heouenliche þouhtes. ANCR. R. p. 414. — Aȝan
alle tentaciuns, and nomeliche aȝean vlesliche,
saluen beoð & boten, under Godes grace, holie
meditaciuns, inwarde & *meðlease*, & anguissuse
bonen. p. 240. Nout one holie meditaciuns ..
auh oðer þouhtes summe cherre in *meðlease*
uondunges habbeð iholpen. p. 242.

2. **ohne Masshalten, unangemessen,
zudringlich** im Betragen beim Verkehr mit
Gleichgestellten, von Personen: Ʒif eni mon
bit fort iseon ou, askeð of him hwat god þerof
muhte limen .. & ȝif he is *meðleas*, ileueð him
þe wurse. ANCR. R. p. 96 *Spr.*

3. **ohne Mässigung, ohne Milde, unbarmherzig, grausam** in Gesinnung und
im Verhalten gegen Schwächere, von Personen:
For he is a mon *methles*, & mercy non vses.
GAW. 2106. — Þose wern men *meþelez* & maȝty
on vrþe, Þat for her lodlich laykes alosed þay
were. ALLIT. P. 2, 273.

meðleaslich, meaðleaslich adj. vgl. *meðleasliche* adv. **masslos, ungestüm, heftig.**

Kompar. Þeo uihteð treouliche þet stond-
et hu so heo euer beo iweorred of þeos þreo
wiðerwinnes, & nomeliche of þe ulesche, hwuch
so euer þe lust beo, & so hit unmeðluker [*meað-
lesluker* T. C. zu erschliessen aus: meaðluker,
meadluker *ed.*] is, wunnen [wiðereð T. wunneð
(wrinneð *ed.*) C.] aȝean þe uestluker. ANCR. R.
p. 239.

meðleasliche adv. **masslos, ungestüm,
heftig.**

Heo .. halseð [sc. God] *meðleasliche* bi his
deorewurðe passiun, & bi his deorewurðe blode.
ANCR. R. p. 330. Kompar. And ȝif he sone
ne ihereð ou, ȝeieð luddre [luddre *ed.*] and vn-
meðluker [luddre & *meaðleslukere* T.], and
þreateð þet ȝe wulleð ȝelden up þene castel bute
ȝif he sende ou þe sonre help, & hie þe swuðere.
p. 264-6.

meðolege s. ziemlich frühe volkstüml. Bildung, wie nfr. *mythologie* [16. Jahrh. LITTRÉ],
sp. it. *mitologia* aus lat. *mythologia* hergeleitet,
zu gr. μυθολογία von μῦθος und λόγος, neue.
mythology. **Mythologie**, eig. Fabellehre,
Götterlehre; dann erklärendes Schriftwerk
über die Mythen.

Mida, the riche kynge, reignede abowte
this tyme in Frigia, of whom poetes feynede
mony thynges, as it is schewede in *methologe* of
Fulgentius and of Alexander [as it is iwrite in
mythologia Fulgentii et Alexandri *St. John Ms.
H. 1.* in mythologia et Fulgentii et Alexandri
Higd.]. TREVISA II. 381 *Harl.*

meur adj. afr. *meür*, *maür*, nfr. *mûr*, pr.
madur, sp. *maduro*, it. *maturo*, lat. *maturus*.
reif, reiflich.

He purueyed of remede by good & *meure*
deliberacion of his counseill. MELUSINE p. 160
[a. 1500].

meuten, mewten v. mhd. *mâwezen* [?], nhd.
mauzen, frequentative Weiterbildung von *mew-
en*, felire, mittelst *-t-en*, ags. *-et-an*, *-ett-an*,
mhd. *-ez-en*, nhd. *-z-en*, gth. *-at-j-an*. vgl.
mawen, *mewen*, felire. **mausen, mauen,
miauen.**

To *mewte* as a catte, catellare. CATH. ANGL.
p. 238. vgl. n. 5. Chat mynowe [*meutet*], serpent ciphele [scisset]. WR. VOC. p. 152.

meuwe s. mutatio, saginarium s. *mue.*

mevable adj. mobilis, **meven** v. movere,
mevinge s. motus, motio s. *movable*, *moven*,
movinge.

mewe s. mutatio, saginarium, **mewehawk**
s. falco mutatorius, qui pennas ponit, **mewen**
v. mutare, pennas ponere; includere s. *mue*,
muen.

mewen v. felire s. *mawen.*

mewer s. falco mutatorius, qui pennas ponit,
mewing s. mutatio, tempus pennas ponendi s.
muen.

mewt adj. mutus s. *mut*, *mute.*

mewten v. felire s. *meuten.*

mex s. stercus s. *mix.*

mi pron. poss. s. *min.*

mik s. nördliche Nebenform zu *mæȝ*, cognatus; vgl. *mæȝ*, *maȝ*. **Verwandter, Blutsfreund, Mage.**

„Has þou her," þai said, „ani man, Sun or
doghter, *mik* or mau, To þe langand, or hei or
lau, Þou lede ham suith out o þis tun. CURS.
MUNDI 2806 COTT. vgl. *Notes.*

mik adj. mollis s. *meoc.*

micche, miche s. afr. nfr. *miche*, Laib Brot,
Stück Brot [Scheideform von *mie*, parcelle
DIEZ, TOBLER; vgl. dagegen SCHELER, LITTRÉ
BRACHET], pr. *mica*, *micha* [pl. *michas* de claustra
BARTSCH], mlat. *mica*, parvulus panis, quasi
mica panis, nostris une miche .. *mica* etiam
ponitur pro pane modico, qui fit in curiis magna-
torum, vel in monasteriis etc. [D. C.], auch
micca, *micha*, *michea*, *michia*, doch wohl nichts
anderes als lat. *mica*, kleines Stückchen, Biss-
chen, Bröckchen, Krümchen [namentl. in Verbindungen wie: V dies aquam in os suum non
conjecit, non *micam panis* PETRON. 42 *parvæque
cœlestes pacavit mica* TIB. 4, 1, 14]; aus mlat.
mica, parvus panis, konnte im Grenzverkehr
altniederl. [flandr.] *micke*, panis triticius [KIL.],
mhd. *micke*, parvus panis, in Aachener Stadt-
rechnungen aus dem 14. Jahrh. [LEXER], neben
mitsche, *mutsche*, *mütsche*, *mutze*, *mötze*, auch
dimin. *mütschel* etc., ebenfalls in Grenzgebieten
[LEXER, GRIMM], entstehen, während niederl.
[holl.] *mik*, fine farine de seigle [SCHELER], sich
an die andere weitverbreitete Bedeutung des
mlat. *mica* [mollis panis; vgl. D. C. und auch
oben *crume* s.] anlehnen dürfte; gegen den umgekehrten Weg des Wortes, aus den Nieder-

landen nach Frankreich, und einen germanischen Ursprung desselben, spricht das Vorkommen auch im Provenzalischen und die Abwesenheit in allen anderen germanischen Gebieten. Es findet sich übrigens noch ziemlich spät auch im Neuenglischen [*miches*, a sort of white loaves, paid as a rent in some mannours, miches, ou pains blancs BOYER a. 1702]. Laib Brot, auch überhaupt Brot.

A man of withir witte .. That in his lif was riche .. He sal sitte in helle flitte, Withoute wyn and *miche*. REL. ANT. II. 192 [Anf. 14. Jahrh.]. — For he that hath *mycches* tweyne, Ne value in his demeigne, Lyueth more at ese and more is riche Than doth he that is chiche. CH. *R. of R.* 5585 Kaluza [cf. *mycches ib.* 5588 Morris, während Skeat *ib.* 5585 *miches* setzt]. We beos foure ant twenti freres, and wane we beos isete, Twelf wite *miches* [suche loues *v. l.*] men bringuth us eche daye to ore mete. ST. BREND. 295 Horstm. p. 227. cf. ST. BRAND. p. 13.

mike s. niederd. *mikke, micke, mick,* niederl. *micke, mik,* schw. *mick.* Gabel, Micke, Mick, gabelförmige Vorrichtung zum Einlegen des Mastes, um denselben nach dem Niederlegen zu stützen und in fester Lage zu halten.

In daunger hit [sc. þe arc] semed, Withouten mast, oþer *myke,* oþer myrry bawelyne, Kable, oþer capstan to clyppe to her ankres, Hurrok, oþer handehelme hasped on roþer. ALLIT. P. 2, 414.

mike adj. magnus s. *muche* [hinter *mukel*].

micel, mikel adj. [u. adv.], magnus, multus s. *mukel.*

mikelik adv. leniter, mite s. *meoclike.*

Mikelmasse s. dies festus Michaelis s. *Michelmesse.*

miken v. lenire, humiliare, **mikenes** s. lenitas, humilitas s. *meoken, meocnesse.*

miege, migge, midge s. ags. *micge, mycg,* alts. *muggid,* ahd. [*mucjd*], *mucced, muggá,* mhd. *mucke, mugke, mücke, mügge,* niederd. *mugge, mügg,* altniederl. *mugge,* neuniederl. *mug,* schw. *mygge, mygg,* dän. *myg,* altn. *mý,* sch. *myghe,* neue. *midge.* Mücke.

Culex, *mycg.* WR. VOC. p. 281. Hec sicoma, a *myge* [i. e. migge]. p. 223. A *myge* [i. e. migge], culex. CATH. ANGL. p. 239. vgl. sch. Full bissely Aragne wevand was, To knyt hir nettis and hir wobbys ale, Tharwith to caucht the *myghe* & litill fle. DOUGL. *Eneados* XII. Prol. 170 [in *Spec.* III. 132]. He sayd, & hundfle come and *mydge* [venit cynomia & sciniphes *lat.*]. HAMP. *Ps.* 104, 29. The *mydge,* that is less than a flee, is rosynge and bost of lordis. *ib.* comm.

mikil adj. [u. adv.] magnus, multus s. *mukel.*

miet s. potentia s. *maht.*

mieul, mikul adj. magnus, multus s. *mukel.*

miche s. parvus panis s. *micche.*

miche adj. [u. adv.] magnus, multus s. *muche* [hinter *mukel*].

michel adj. [u. adv.], magnus, multus, und Abll. s. *mukel, muchel.*

Michelesdai, Mihaelesdei, Mihellesdai, Misselesdai s. lose Zusammensetzung des Gen. von *Michel,* auch noch *Michael, Micael, Mihael, Mihhal, Mihel, Mihhel, Mighell* etc. ags. *Michaēl,* mhd. *Mihahēl,* aus dem bibl.-lat. *Michaēl,* hebr. מיכָאֵל, eig. wer [sc. ist] wie Gott. Michaelis, Michaelistag, Tag des heiligen Erzengels Michael, 29. September.

Bituene vre leuedi day þe late & Misselmasseday [seint *Micheles day a.* seynt *Michaelys day,* seint *Micheles day d.*] Þis folc bisette Kaunterbury. R. OF GL. 6044 Wr. Forði ne schule e beon, bute ase ure leawude breðren beoð, ihuseled wiðinnen tweolf moneð, bute viftene siðen, a midewinteres dei, condelmesse dei .. seinte *Mihaeles dei* etc. ANCR. R. p. 412. Þe newe churche was of Salesburi ihalwed þulke er, Þoru Giles of Bruteport, þat bissop was þo þer, A sein *Misseles dai* [*Myhelles dai* C.]. R. OF GL. 11032 Wr.

Michelmesse, -mes, -masse [auch **Muchelmasse** und **Mikelmasse,** doch nur vereinzelt], **Mihelmesse, -masse, Mihhelmasse, Mighelmasse, -mas, Mielmesse, -masse, Misselmasse, Mielmesse, -masse** etc. s. neue. *Michaelmas.* vgl. *Michelesdai* und *messe* 2. eig. Michaelismesse, gew. Michaelisfest, Michaelistag, 29. September.

Or *Michelmesse* þei suld reise to þe kyng þe fiftend penie .. for þer chartre selyng. LANGT. p. 314. Fro *Mychelmesse* to *Mychelmesse* I fynde [i. e. provide] hem with wafres. P. PL. *Text B.* pass. XIII. 240. vgl. *Notes.* He salle be geldid or he go of bathe his ballokestonys, And pulled of his schone, and putte to the pasture, Fro the tyme of *Michelmes* tille it be after Ester. REL. ANT. II. 280. vgl. *Michelmasse* R. OF GL. 7514 Wr. *y.* 7856 *y. Mychelmasse* 7856 *d. Michellemasse* p. 507 Hearne *v. l. Mychelmasse* P. PL. *Text C.* pass. XVI. 216 *v. l. Muchelmasse ib. Mykelmasse ib.*

After that hervest inned had his sheves, And that the broune season of *Myhelmesse* was come, and gan the trees robbe of ther leves etc. HOCCL. I. 95 Furniv. Bytuene *Myhelmasse* and Seynt Luc, a Seyn Calyxtes day, As vel in þulke ere in a Saterday, In þe ere of Grace, as yt vel also, A þousend and syxe and syxty, þys batayle was ydo. R. OF GL. p. 363 Hearne *Spr.* vgl. *Anm.* Byuore *Myhelmasse* he was ycrouned þre dawes and nan mo. p. 383. Þe kyng hys poer & hys ost arkede þo wol wel, And wende vorþ to Oxenford aboute *Myhelmasse,* And vorto mydewynter ney byseged þe emperesse. p. 462-3. vgl. 7514. 7856. 9508 Wr. *B. C.* 8774 *C.* 8792. 9065 *C.* For lordes and lorelles, luthere and goode, Fro *Myhelmasse* to *Myhelmasse* ich fynde [i. e. provide] mete and drynke. P. PL. *Text C.* pass. XVI. 215. Þat oþer er þer after, at *Mihelmasse,* Þe king at Oxeneforde bilay þe amperesse. R. OF GL. *App.* XX. 241 Wr. vgl. *ib.* 7856. 8774. 9065 *a.*

Aein *Mihelmasse.* ST. FRAUNCEYS 373 Horstm. p. 64. Aboute *Mihelmasse.* 412 [p. 65]. Opon *Mihelmasse.* ST. EDWARD 229 [p. 53]. vgl.

Mighelmesse R. OF GL. 8774. 8792 Wr. *s. My-ʒhelmasse ib. β.* P. PL. *Text C.* pass. XVI. 216 v. l. *Mighelmasse ib. Mighelmas*, la sainct Michelle. PALSGR. [cf. *Mighell*, a proper name, Michiel *ib.*]. *Miʒhelmasse* R. OF GL. 8774 Wr. δ. *App.* XX. 240 δ.
    At þe feste of *Myʒelmesse.* R. OF GL. *App.* XX. 241 Wr. β. vgl. *Myʒelmasse* 7856. 8774 β.
    Bituene *Misselmasse* & sein Luc a sein Calixtes day, As vel in þulke ʒere in a saterday, In þe ʒer of grace, As it vel al so, A þousend & sixe & sixti, þis bataile was ido. R. OF GL. 7514 Wr. Biuore *Misselmasse* he was icrouned þre dawes & namm[o]. 7854. Robert was vorte *Misselmasse* mid is broþer, þe kinge. 8774. Eche ʒer a þousend marc, & nouʒt a verþing lasse, Half to paye at estre, & half at *Misselmasse.* 10432. cf. p. 507 Hearne.
    He broʒte hire þo to Engelond aboute *Mielmesse.* R. OF GL. 9065 Wr. Þe kinges poer & is ost ʒarkede þo vol wel, & wende vorþ to Oxenford aboute *Mielmasse,* & vorte midewinter ney biseged þe emperesse. 9507. Roberd was vorte *Myelmasse* myd hys broþer, þe kyng. p. 424 Hearne. He broʒte hyre to Engelond about *Myelmasse.* p. 440. vgl. *Myelemasse* 7514 Wr. α.
    hieran schliessen sich weitere mehr oder weniger lose Verbindungen mit *æfen* und *daʒ:*
    Michelmasseeve etc. s. **Michaelis-abend, Abend vor dem Michaelis-feste:** So þat a *Misselmasseeue* mid hor ost hii come To gadere mid gret strengþe, & þe bataile nome. R. OF GL. 8792 Wr. nebst den Varianten *Michelmasseeue* γ. *Myhelmasseeue* C. *Mihelenmasseeue* α. *Miʒhelmasseeue* ε. *My-ʒhelmasseeue* β. *Miʒelmasseeue* δ. *Myelmasse-eue* B.
    Michelmassedai etc., auch **Miʒheles-massedai** s. neue. *Michaelmas-day.* Michaelistag: Bituene vre leuedi day þe late & *Misselmasseday* Þis folc bisette Kaunterbury & uaste it bilay. R. OF GL. 6044 Wr. nebst den Varianten *Mychelmasseday* C. *Myelmasseday* B.
    Miʒhelesmasseday he hiet halewi þoruʒ al cristindom. ST. MIʒHEL 102 Horstm. p. 302. Men synguez a *Miʒhelesmasseday* in holie churche. 165 [p. 304].

michen v. manticulare, **micher** s. manticularius s. *muchen, mucher.*

michil adj. [u. adv.] magnus, multus s. *mukel, muchel.*

micht s. potentia s. *maht.*

mid, mide, mit, med, mede, meed adv. ags. *mid,* altnorthumbr. *mið,* alts. *midi,* afries. *mithi, mithe,* ahd. *miti, mite,* mhd. *mite, mit,* nhd. *mit,* mniederl. nniederl. *mede,* md. in Zuss. *mide-, mite-, mete-,* altn. *með,* dän. *med,* gth. in Verbindung mit Zeitwörtern und in Zusammensetzungen *miþ,* neue. *mid-* nur noch in *mid-wife* etc.
    im Altenglischen überwiegen *mide, mid;* nur vereinzelt erscheint *mit* [in *þermit*], selten *mede, med, meed* [in þar*forðmede* und in *mede-wif, -wiif, medwif, meedwiif* neben *midwif*].

1, **mit, zugleich, zur Bezeichnung der Begleitung, Gesellschaft, der Gemeinsamkeit einer Handlung oder eines Zustandes.**
    das Adverb steht entweder nach dem Zeitworte, zu dessen näherer Bestimmung es dient: Alle ðe oðre *cumen mide.* BEST. 363 *Spr.* Swo us longe to him [sc. ure helende] alse diden hise apostles, and teo hus to him alse he hem dide, and *understonde mid* on his riche. OEH. II. 115. Asclepiod let hym þo crowne to kyng anon, And *kept* aboute ten ʒer þis lond wel *mid* [fram his fon *Ar.* wel mid fon *Wr.*]. R. OF GL. p. 81 Hearne.
    oder **vor demselben:** Hise feðres fallen for ðe hete, And he [sc. ðe ern] dun *mide* to ðe wete *Falleð* in ðat welle grund, Ðer he wurðeð heil and sund. BEST. 72 *Spr.* Þeʒ appel trendli from þon treowe [trowe *Cott.* treo' *Arch.*], Þar he and oþer *mide greowe* [mid *growe Cott.* grewe *Arch.*], Þeʒ he beo þar from bicume, He cuþ wel hwonene he is icume. O. A. N. 135 Stratm. Rudibras þe king him seolf hit hiherde, and alle his cnihtes [cniþtes *ed.*] þe *mid weren* [þe mide him weoren å. T.]. LAʒ. I. 120 j. T. Þre hundred þousond men *mid* yarmod he nom [mid him yharmed he nom *Wr.*]. R. OF GL. p. 124 Hearne. Al his folk *myd,* ywis, Therof *hadyn* gret blys [hier liegt jedoch vielleicht das häufig als Füllwort benutzte *mid iwis* vor: Al his folk, myd ywis, Therof etc. vgl. *iwis* adj. certus, *mid iwisse* adv. certo, vere]. ALIS. 2637.
    durch *forð* verstärkt [s. *forð* adv. und vgl. *icið, forð icið], forð mid,* **zugleich mit:** Nu ʒif þe biscop bið ʒemeles .. þenne losiað fele saulen, and he seolf *forð mid* for his ʒemeleste. OEH. p. 117. vgl. unten *þer forð mid* etc. neben *þermid.*
    in der kopulativen Beiordnung dient nach vorhergehendem *and* das Adverb *mid,* ähnlich wie *alswa, ec,* um ein gleichartiges Glied anzufügen, *and .. mide,* **und .. zugleich:** For trewðe and gode dedes *mide.* G. A. EX. 2459 *Spr.* vgl. unten das ähnlich verwandte *and .. þermid, and .. þer forð mid.*

2. **mid, mide, damit, zur Bezeichnung des Mittels oder Hilfsmittels** in einem infinitivischen Satzteile oder einem Adjektivsatze steht dem adverbialen Gebrauche nahe, wirkt jedoch durch seine allerdings lockere Beziehung auf einen meist vorhergehenden Substantivbegriff bereits als Präposition; vgl. *mid* präp. 6.

3. unzweifelhaft adverbial ist die Partikel in Verbindung mit den räumlichen Adverbien *her, hwar, þar,* zur Bezeichnung der Gemeinschaft und besonders häufig des Mittels, besw. der Veranlassung, der Ursache.
    hermide, heremide, hermid adv. mhd. *hier-mite,* hiermit, hierdurch: Mid þis wepne wes Dauid iscrud þa he Goliam, þe fond, ouercom; swa wile god þet we moten *hermide* þe aldre neddre ouercume. OEH. p. 155. ʒif he mei underʒiten þet ower bileaue falsie, so þet ou þunche þet ʒe muhten beon allunge iled ouer, ʒe weren awuðe i þen ilke stunde itemted, *hermide* ʒe unstrencðeð, & his mihte waxeð. ANCR. R. p. 270. *Hermid* we sculleð heom bicharren.

LAȝ. I. 228. *Hermid we solle heom cheorre.*
ib. j. T.

hwarmide, wermide etc. adv. mhd. *wāmite,*
wdmit, afries. *hwermei,* niederl. *waarmede, -mee,*
schw. *hvarmed,* dän. *hvormed,* womit, wodurch: Nab ich [*h*]*waremide* le[d]en mi lif i
þis[se] worlde, and am helples. OEH. p. 211.
Þet is þe dyeules peni *huermide* he bayþ alle þe
uayre paneworþes ine þe markatte of þis
wordle. AYENB. p.23. Me ssel sigge and yerne
by þe lemes *huermide* me heþ yȝeneȝed. p. 176.
Nothing he ne founde in al the niȝte, *Wermide*
his honger aquenche miȝte. VOX A. W. 111 *Spr.*

þarmide, þarmid, þermide, þermid, þermit
etc. adv. ags. *þærmid,* alts. *tharmidi,* ahd. *dārmiti,* *dārmit,* mhd. *dāmite, dāmit,* afries. *thermithi,* niederl. *daarmede,* dän. *dermed,* dabei,
damit, dadurch: Ec he [i. e. hie so. ðese six
werkes of brictnesse] ben nemned lichtes wapne; for elch man þe hes doð, wereð him seluen
þarmide wið mankinnes unwine. OEH. II. 13-
15. Enes he þaroffe bot, and wearð *þarmide*
acheked. II. 181. Sume, hi lǽneð here em-
cristen te halue biȝeate, ðe fareð *ðarmide* be
londe and be watere on michele hahte on liue
and on saule. V. A. V. p. 79. Ða ðe mede nemeð, hie aculen ðar [sc. on godes telde] neure
cumen, ȝif hie bien *ðarmide* ȝenomene [i. e. if
þey are taken away with it]. *ib.* He makeð þe
unbileffulle man to leuen swilche wigeles .. and
þarmide he him bicherð. OEH. II. 11. cf. II.
181. Ich wille .. segge ou þe crede word after
word, and *þarmid* hwat elch word bitocneð. II.
17. Þi bile is stif and scharp and hoked, Riht
so an owel þat is croked, *þarmid* þu clackes[t]
oft and longe. O. A. N. 79. His tunges ende is
brent *ðarmide.* G. A. EX. 2656. Heo luleð heom
seoluen *þermide.* OEH. p. 53. For þa twelf
kunreden sculden *þermide* heore þurst kelen.
p. 141. Gif we him folgieð, he gifð us heuene
wele, and *þermide* us blisseð to dai. II. 97 u. ð.
Heo wasceð þene stan, & *þermide* baðieð heore
ban. LAȝ. II. 296. Bolle heo hafde an honden,
þermide heo bar to dringen [i. e. drinken]. III.
237. Golhord [sic] is god dede, þat is to heouene iefned; for me hit buð *þermide.* ANCR. R.
p. 150. Þis dude ure Louerd us þet weren so
sike of sunne & so ifuled [isuled *ed.*] *þermide,*
þat no þing ne muhten helen us bute his blod
one. p. 395-7. Ne bere ȝe iren, ne here, ne
ilcspikes felles; ne ne beate ou *þermide,* ne mid
schurge ileðered, ne ileaded. p. 418. Siðen he
bigeten on, And two ger he *ðermide* gon. BEST.
615 *Spr.* (vgl. *Anm.* und s. oben *gangen* v. 7].
Þou ouhtest nouȝt to heere Merci Of no boone
þat heo bisecheþ þe, Bote Riht and Soþ *þermide* be. CAST. OFF L. 372. He beð þoleburde
.. and *þermide* ouercumeð him. OEH. II. 79.
We hit aȝen to ȝeme, And god solf *þermid* iquc-
me. OEH. p. 63. cf. p. 3. II. 141. Hem self he
sonken in *þermit* [: fordit]. BODY A. S. 470 *Spr.*

in der kopulativen Beiordnung tritt die
letztgenannte Verbindung *þermid,* verstärkt *þer*
forð mid, in ähnlicher Verwendung auf, wie das
einfache Adverb [s. oben]. He him Lundene
ȝef, & *þermid* he ȝef him al Kent. LAȝ. I. 306.

durch *forð* verstärkt: Belin heol[d] þis suðlond
& Cornwale on his hond, & Wales *þer forð mid*
[and Wales *þar forþ mede* j. T.]. LAȝ. I. 183.
vgl. Londene he him ȝef ... [Lücke im *Ms.*] al
Kent *þar forþ mede.* I. 306 j. T.

4. in wenigen substantivischen Zusammen-
setsungen, *midliggunge, midþolinge, midwif*
[nebst *midwifman, midwiferi, midwiting*], von
denen sich im Neuenglischen nur *midwife, midwifery* erhalten haben; sie sind im Folgenden
in der alphabetischen Reihenfolge der Wörter
aufgeführt.

mid, mide, midde, miš, mit *prœp.* ags. *mid,*
altnorthumbr. *mið,* alts. *midi* gew. *mid,* auch *mēt,*
md. *mēt,* mniederl. *nniederl. mei,* ahd. *miti* gew.
mit, mhd. *mit,* afries. *mith, mit, mei, mi,* saterl.
med, nfries. *mei,* altn. *með* [einzeln im 13. Jahrh.
auch *meðr*], schw. dän. *med,* gth. *miþ.*

im Altenglischen überwiegt *mid,* selten erscheint *mið,* häufig *mit,* doch meist in Ver-
schmelzungen mit dem þ des Artikels oder eines
Fürwortes [sonst selten, so vor *w, s, c, h*]; alt
findet sich oft auch noch, in Bewahrung der
ursprünglichen Form des Adverbs, *mide,* besonders in der Umstellung, welche die Beziehung
zu einem zugehörigen Substantivbegriffe loser
erscheinen lässt.

schon im Ags. verdrängt *við* zum Teil die
Präposition *mid,* welche im Altenglischen allmählich abstirbt und mit dem Ende des 14. Jahr-
hunderts vollständig verschwindet.

1. räuml. Zusammensein, Begleitung, dann auch Verbundenheit, Gemeinschaft, die eine gemeinsame Thätigkeit
bedingen kann, ohne dabei immer dieselbe Ört-
lichkeit vorauszusetzen, von Personen und Sachen, im Zustande der Ruhe und Bewegung wie
einer auf ein Objekt oder auch auf mehrere zu-
sammengefasste Objekte bezogenen Thätigkeit,
mit, bei, auch in:

a. Sein [i. e. sich befinden]. Þa cleopede
god þe ner Moyses him to, and he wes *mid*
gode fowerti daȝes, and awrat þa alde e bi
godes wissunge. OEH. p. 87. Noe & Sem, Japhet & Cham, & heore four wiues, þe *mid*
heom weren on archen [þat *mid ham* þere weren
j. T.]. LAȝ. I. 2. Hwi nulleþ hi nimen heom to
rede, Þat he were *mid heom* ilome? O. A. N.
1764. Horn was in þeynims honde *Mid his*
feren of þo londe [Wiþ his feren of the londe
'82 *Spr.*]. K. H. *Laud* 87 [in *Arch.* 50, 42]. He
hys honder wode bowe, And *myd hym* felawe
ynowe [wiþ him kniȝtes inoȝe 1228 *Spr.*]. *Laud*
1270 [in *Arch.* 50, 55]. Cryst hymself was there,
Myd hym of hevene the ferede. SHOREH. p.128-9
Spr. von Sachen: Þer is alre meruþe mest *mid*
englene songe. OEH. p. 181. cf. Þer is ealre
murþe mest *mid englene sange.* POEM. MOR.
351 Zup.

Ruhhudibras þe king him seolf hit iherde,
& alle his cnihtes þe *mide* him weoren. LAȝ. I.
120. Þat he miȝte *heom* ilome be *mide.* O. A. N.
1768. Ac his men þat *were him midde* Wiþ
strengþe oway wiþ him ride. ARTH. A. MERL.
9313 Kölb.

seltoner *beon* unter Hinzutritt einer **prädikativen Bestimmung**: Alle þo þen eni
wise deoflen her iquemde, Þo *beoð* nu *mid him*
an helle *fordon* and *fordemde*. OEH. p. 295.
cf. p. 175. ll. 228. POEM. MOR. 269 Zup.
[*Übungsb*.]. Hit is for þine fule niþe Þat þu ne
miȝt *mid us beo bliþe*. O. A. N. 417.

Weilen. Þenne we maȝe him folege, and
mid him bileue. OEH. p. 149. Mine esten beoð
wunian *mid mannen bearnen*. p. 241. Crist us
iife þider to cumen, And efre *mid him solue* to
wunen. p. 61. Þer he sit *mid his derewrþe ȝe-
fered*, *mid niȝen anglene had* .. *mid halie meiden*,
mid al þan þe þer midenarde for his lufe werpeð abec. p. 239. *Mid me* ȝe scullen bilæfuen.
LAȝ. II. 154. Þa þe king wes isete *mid alle his
duȝeðe* to his mete [*mid his cnihtes* to þe mete
j. T.]. II. 610. Vaspasien *mid his monnen læiȝe*
at Exchæstre [Vaspasius *mid his manne* lay at
Excestre j. T.]. I. 416. Seoðe ich cumen wulle
to mine kineriche, and wunien *mid Brutten*. III.
144. *Mid hem* sat on kok. VOX A. W. 30 *Spr*.
Mid him he bilefde al one. ST. JAMES 222
Horstm. p. 40. Him to ȝyenne .. *mid him* uor
to bleue. AYENB. p. 245. He soiornith, and his
folk *myd him* In a cite. ALIS. 1513.

Ȝef mi lich is toloken, mi sawle schal rest-
en mid þe rihtwise [i. e. with the righteous]. ST.
MARHER. p. 6.

Bewegung. Sunnedei aras ure drihten
from deðe to liue, and makede arisen *mid him*
alle þa þet him efden er ihersumed. OEH.
p. 141. Sunnedei wile ure drihten cumen ine
his muchele strenðe *mid alle heouenware* for to
deme baþe þe gode and þe uuele. p. 143. Þa
hit þer to cum þat se hlaford into þar halle
come *mid his dierencurð* (dierewurd *Ms*.] ȝefer-
ede, *mid ærlen ond aldren*, *mid cnihten*, *mid
þeinen*. p. 231. Ær þanne we *mid ure frienden*
to ðe mete go, scepie we þes uncoðe men, ur
ȝefo. ib. Þan sone geð se hlaford *mid his frend-
en* to his mete. p. 241. Swa þu woldest *mid
ferde* faren to þissen eærde [So þu þohtest *mid
ferde* come to þisse erþe j. T.]. LAȝ. I. 215. He
wende in to halle, and his heleðes *mid him* alle
[and his cnihtes *mid him* alle j. T.]. II. 173. Ich
wulle haten alle ða aðele of Bruttaine .. þat
heo beon ȝarewe sone *mid þe* uaren to Rome
[*mid þe* fare to Rome j. T.]. II. 635. Ioc wildernesse ase ȝe goð inne, *mid Godes folke*, toward Ierusalemes lond .. beoð swuche bestes &
swuche wurmes. ANCR. R. p. 208. Þe king *mid*
[with *β. γ*.] *a uewe* men him self fleiȝ atte laste.
R. OF GL. 407 Wr. Þe king wende toward
þe se *mid vair ost inou* [w¹ a fayre ost inou
ð.]. 1115. Hom rod Aylmar þe kyng, And
mid him his fundlyng. K. H. 219 *Spr*. Horn to
water he sente, XII. children *myd hym* wente
[Tuelf felaȝes wiþ him wente 1338 *Spr*.]. Laud
1378 [in *Arch*. 50, 56]. With that ran ther a route
Of ratons at ones, And smale mees *myd hem*
Mo than a thousand. P. PL. 291 *Spr*. [vgl. dagegen: Wiþ þat ran þere a route of ratones at
ones, And smale mys with hem mo þen a þousande. *Text B*. Prol. 146]. Sache und Person:
Þat scyp hym ȝede to flode *Myd me and Horn*

þe gode [Þe schip nam to þe flode Wiþ me and
Horn þe gode 1183 *Spr*.]. K. H. *Laud* 1224 [in
Arch. 50, 55].
Cnihtes fuseð [imperat.] *me mid*. LAȝ. I.32.
Aylbrous and Ayol *him myde* Boþe he to boure
ȝede [Aþelbrus gan Aþulf lede, And into bure
wiþ him ȝede. 293 *Spr*.]. K. H. *Laud* 304 [in
Arch. 50, 50]. Our folk þo ȝede *him mide*.
ARTH. A. MERL. 5268 Kölb. For hise .. þat
ȝore hedden him abide, and sore longeden to
gon *him mide*. CAST. OFF L. 1338.
sonstige **Intransitiva**. Blissiað [impe-
rat.] *mid me*, fo[r]þan þe ic imete mi sceap þe
me losede. OEH. p. 3. Ȝif me deien *mid him*
& arisen in him, wordliche deien & gostliche
libben, delen in his pine veolauliche on eorðe,
uorto beon ine blisse his feolawe ine heouene.
ANCR. R. p. 38. Ȝe schulen nu, uorði, habben
þes deofles dom, & bernen *mid him* iðe eche
fure of helle. p. 306. Ȝif we þolieð *mid him*,
we schulen bliscen *mid him*. p. 360. Þat ech
god man his freond icnowe, And blisse *mid
heom* sume þrowe. O. A. N. 477. [He ..] remeð
mid his broðer. BEST. 659 *Spr*. Thine children,
smale and grete, Alle togedere *mid me* hete [i. e.
ete]. VOX A. W. 155 *Spr*. Huanne he hedde
yyete *mid his deciples*, touore ham al aperteliche steaȝ into heuene. AYENB. p. 13. *Mid hym*
forto pleye [Wiþ him for to pleie 23 *Spr*.]. K.H.
Laud 25 [in *Arch*. 50, 41]. Person und Sache:
Mid þis word þer com in his sone, þat was
adronke, & bar þe coupe on his hond, þat was
mid him asonke. ST. NICHOLAS 424 Horstm.
p. 252.

Hercnið alle .. widewen *mit te weddede*
[i. e. with the wedded]. ST. MARHER. p. 2.
„Kyng," he sede, „wel þu sitte, And alle þine
kniȝtes *mitte* [i. e. *mid þe*, mid *te*, with thee]."
K. H. 628 *Spr*. cf. He seyde: „king, wel mote
þou sitte An þine knictes *mitte*." *Laud* 641 [in
Arch. 50, 48].

Transitiva. Þe man þe ne haueð rihte
bileue on him, he beð dempd to þolie wowe *mid
deflen* on helle. OEH. II. 15. Ure louerd ..
fulste us awo to folȝe[n] h¹s holi eor[þ]liche procession, þat we mo ben on þe holie procession
þe he wile maken a domes dai *mid hisse chosene*.
II. 93. *Mid uncoðe mannen* þu wit þi cun quelle
[*Mid oncouþe folke* þou wolt þi cunne acwelle
j. T.]. LAȝ. I. 216. Hit iseo godd seolf *mid his
eadi engles* bitrumen þe abuten. ST. MARHER.
p. 20. *Mid* [with *β. γ*.] *þre hondred kniȝtes* a
duo, þat het Syward, Asaylede Corineus him
sulf. R. OF GL. 392 Wr. recipr. Nis þer bote
nan bute fleon þenne, þ nowðer neowhwer ane
mid oðer ne seon ham [i. e. see one another].
ST. MARHER. p. 15. von Sachen als Subjekt
oder Objekt: Ga we alle þene wei, for he [ac.
þe wei] us wule bringe *Mid te feawe feire men*
beforen heuen kinge. POEM. MOR. 349 Zup.
[*Übungsb*.]. cf. Go we alle þene wei, for he us
wulle bringe *Mid þo faire feuwe men* beforen
heuene kinge. OEH. p. 181. *Mid al þis* haue þu
charite And soðfeste leaue and trowðe [ef. p. 53.
So is man þat haþ hus mynde *myd* [myþ, with.
wiþ *vv. ll*.] *liberum arbitrium*. P. PL. *Text C*.

pass. XVII. 182. in Verbindung mit einem refl.
Zeitwort: Ne mei nan mon blissien him *mid
pisse wordle*, and ec wunian wið Crist on heofene [Nemo potest gaudere cum seculo & in eternum regnare cum Christo]. OEH. p. 33.
Se helende underfeng þa sinfullan, and
ham mid imone hafede. OEH. p. 245.
Swa þ ha moten .. þ murie meidenes song
singen *mit tis* meiden [i. e. with this maiden] ant
wið þe heouenelicha hird. ST. MARHER. p. 2.
wie das Adverb erscheint auch die Präposition *mid* in einigen der besprochenen Verbindungen, besonders der Bewegung, durch *forð*
verstärkt als *forð mid*, fort mit, hinweg
mit, zusammen mit, zugleich mit: Þa
þe habbeð wel idon .. To heuenriche sculen
faren *forð mid ure drihte*. POEM. MOR. 175 Zup.
[*Übungsb.*]. cf. Þa þe habbeð wel idon .. To
houene riche bi sculen faren *forð mid ure drihte*.
OEH. p. 171. To heoueriche heo schulle vare
forþ myd vre dryhte. O. E. MISCELL. p. 64.
Þa þe habbeð doules werc idon .. Hi sculen
faren *forð mid him* in to helle grounde [Hi
sculen fallen swiðe raðe in to helle grounde
178 *Zup.*]. OEH. p. 171. Nu bigon Paul to
wepen wunderliche, and Mihhal heh engel þer
weop *forð mid him*. p. 43. Þenne bið he gredi
þes eses, and forewoleȝeð þene hoc *forð mid
þan ese*. p. 123. vgl. Si hali rode tacne *mid þe*
spere and *mid þe neiles* þurh angles beoð *forð*
brocht. OEH. p. 239. Þe king gon *forð* liðe
mid þan deoreste monnen of alle his duȝeðe.
LAȜ. II. 172-3. *Forþ* wende Merlyn, and þe
cnihtes *mid him* [Forð ferde Mærlin, and þa
cnihtes wið him, à. T.]. II. 292 j. T. verwandt
ist *awæi mid*: He wolde a þere nihte fleon *awæi
mid his cnihten* [fleon .. ei *mid his cnihtes* j. T.].
wo wahrscheinlich *awæi mid* zu lesen ist]. LAȜ.
I. 339.
auch *and ec mid* findet sich, und auch
mit, und zugleich mit: Þe helend neh-
lechede toward Ierusalem .. *mid his apostles and
ec mid oðers flec* manna. OEH. p. 3. Ichulle
þat he hit wite wel, *ant tu eke mid him*, þat ich
am iweddet to an þat ichulle treowliche to
halden. ST. JULIANA p. 14.
b. erwähnenswert ist die Verwendung der
Präposition *mid* in diesem Sinne zur Bezeichnung geschlechtlicher Beziehungen:
A uolden he me laide [laiden *Ms.*], and *lui mid
me seoluen* [bi mi seolue j. T.]. LAȜ. III. 29.
vgl. A god man þer was in a tyme, þat longe
was mid his wyue, þat no childe ne miȝte habbe.
ST. NICHOLAS 374 Horstm. p. 251. He schal
mid me [wiþ me 363 *Spr.*] bileue, Til hyt be ner
heue; Had ich of hym mi wille, Ne reche y wat
men telle. K. H. *Laud* 375 [in *Arch.* 50, 46].
refl. Heo muhte *uorhoren hire mid* oðer men.
ANCR. R. p 394. Þauh þe soule, his spuse, *uor-
horie hire mid þe* seond of helle. ib.
Anan swa he lai *hire mide* [hire bi lay j. T.],
hire lif heo losede sone. LAȜ. III. 28.
Nu ichulle o great grome al biteachen hire
þe to *wurchen þi wil* & al þat te wel likeð, as
mit tin ahne [i. e. as with thy own]. ST. JULI-
ANA p. 10.

c. zur Bezeichnung der Schwanger-
schaft, wie schwanger sein, steht *beon*: His
moder him [sc. Iohan] bar siðen heo was teames
atold, and neure er ne *was mid childe*. OEH. II.
135. Vnderȝeten weren þe þinges þat þeo wimon
was mid childe [þat þe mayde was mid childe
j. T. wo entweder *mid* oder *wið* zu lesen ist]. LAȜ.
I. 12. Heo funden on þen crefte carefule leoðes
þet þeo wimon *was mid ane sune* [þat ȝe *mid
ane sone was* j. T.]. l. 13. Yȝærne *wes mid
childe* bi Vðer kinge. II. 384. Þat þe quene
mid childe was. JUDAS ISC. 43. Hw myhte hit
iwurþe þat ich *were myd childe*? O. E. MISCELL.
p. 100. Leue dohter, þou *art mid childe*. BÖDD.
Altengl. Dicht. p. 259 [neben: So he speken
ant weren at on Þat wiþ childe was þat womon.
ib.]. Þerhuyle þet hi *is myd childe*. AYENB.
p. 224. auch mit Abschwächung des Verbal-
begriffes *faren*, *gangen*: Þa wif *fareð mid childe*
swa þe deor wilde [For þe wifues goþ þare *mid
childe* alse þe deor wilde j. T.]. LAȜ. II. 155.
Æueralche ȝere heo bereð child þere [Þi euereche ȝere hii goþ *mid childe* þere j. T.]. ib. cf.
Siðen he bigeten on, And two ger he ðermiðe
gon. BEST. 615 *Spr.* ähnlich, doch ohne diese
Abschwächung des Begriffes, findet sich *hijen*:
Elisabet was liht of þe holie gost, þe was on þe
child þe hie *miðe hiede* [i. e. that she travelled
with; es ist hier von einer wirkl. Reise, dem
Besuche der Elisabeth bei Maria, die Rede].
OEH. II. 135. schwanger werden wird bezeichnet durch *bicumen*: Þus *bicam* ure lafdi
Sainte Marie *mid childe*. OEH. II. 21. durch
wurðen, *ȝewurðen*: Hi [sc. Maria] þa ȝelifd his
wordum, and *warð mid cylde*. OEH. p. 227.
Hit iwerð þere .. þ þeos ȝunge wiman *iwerð*
hire *mid childe* [*iwarþ* hire *mid childe* j. T.]. LAȜ.
I. 12. so auch schwanger machen durch
makien: Þe holie gast wile cumen uppen þe, and
godes mihte *make* ðe *mid childe*. OEH. II. 21.

d. die Vorstellung des Beiseins und der Begleitung wird im Zusammenhange leicht zu der
des Beistandes; so in Verbindung mit *beon*:
Mi fader wole *mid me* beo. LEB. JESU 618. mit
halden: Ne *held* ich nefre wel *mid hem* þe gon
to idelnesse. OEH. II. 211. Sume .. on þat
wise *mid here* fo hielden. II. 187. Heo wulden
halden wið mid Constantin, þan kinge, and forleten Mordredes aune. LAȜ. III. 148. Þe seolfe
coc, þat wel can fiȝte, He mot *mid me* holde.
O. A. N. 1679. Þo þis dede was al ydo, þe quene
adde al ire wille; Vor me *halt* euere *mid þe
quike*, þe dede was sone stille. R. OF GL. 5876
Wr. Ȝonge he ȝaf and elde, *Mid him* for to
holde. K. H. 1391 *Spr.* cf. Þe ryche he ȝaf mede,
Ȝonge and eke þe helde, Þat *mid hym* scholde
helde. Laud 1443 [in *Arch.* 50, 57].

For þi leofmon & ti lauerd, for hwas deorewurðe nome þu undernome þis strif, *is mit te*
[wið þe C. B.]. LIFE ST. KATH. 679.
verwandt ist die Bezeichnung eines
freundlichen Verhältnisses mit jeman-
dem durch *beon wel mid*, gut stehen mit:
Vor him þingþ þet he *is* a wel guod man, and
wel mid gode, uor þet he haþ zuo moche ydo

and yþoled uor him. AYENB. p. 182. vgl. Eleusius þat þus *was wel wiþ þe king.* ST. JULIANA p. 5.

e. in Verbindung mit Plurale'n, im Altengl. namentlich in Gestalt superlativischer Adjektive im mittelbaren oder unmittelbaren Anschlusse an ein Substantiv, kann die Vorstellung der Gemeinschaft die des Mitbegriffenseins in einer Anzahl, der Zugehörigkeit zu einer Klasse erhalten (entspr. lat. *inter*, fr. *parmi*): Comen an hundred þusende to þas kinges hirede, cnihtes *mid þan bezsten* [*mid þan beste* j. T.], þurhcostned mid wepnen. LAȝ. III. 8. Þus seide Brutus, þe wes cniht *mid þane beste* [*mid þe beste* j. T.]. I. 30. He wes metecusti, and cniht *mid þan bezste* [*mid þan beste*]. II. 554. Ȝe auȝten .. ore louerd crist þonky *mid þe beste.* ST. BREND. 389 Horstm. p. 230. Heo schal to apuse haue Aþulf mi gode felaȝe, God kniȝt *mid þe beste* And *þe treweste* [He hys knyt wyt þe beste And on of þe treweste *Laud* 1038]. K. H. 995 *Spr.* God knyt *myd þe beste* [wiþ þe beste 1326 *Spr.*]. *Laud* 1367. If alle that makede mi sone King he manseth .. *Mid the furste* he manseth me, for hit was mi dede. BEK. 1941 *Spr.* Schenk hus *myd þe furste* [wiþ þe furste 1119 *Spr.*]; Þe beggeres beþ ofþerste. K. H. *Laud* 1154. He wes swike *mid þan meste* [He was swike *mid þan beste* j. T.]. LAȝ. I. 108. Þo answerede Keþereh, cniht *mid þan wisest.* II. 174 j. T. *Spr.* von Sachen: Heo bigunnen ænne castel god *mid þan bæzsten* [god *mid þan beste* j. T.]. LAȝ. II. 64. Wind heo hæfden wunsum, weder *mid þan bezsten* [*mid þan beste* j. T.]. II. 74. Hit wes umbe while þ com þe ilke time þ iȝarked wes þa burh *mid þan alre bezste* [*mid þan alre beste* j. T.]. II. 172 *Spr.* (vgl. *Anm.*). Grið he heolde alse his fæder, god *mid þon bezste* [god *mid þan beste* j. T.]. I. 260. Al þat scrud þe heo hafde on, heo weoren swiðe wel ibon, heo weoren *mid þan bezste*, ibrusted mid golde. II. 173-4 *Spr.* Þu loste A tale *mid þe beste* [Wiltu luste Ane tale wit þe beste *Laud* 493]. K. H. 473 *Spr.* Þu luste A tale *mid þe beste.* 1263. Alle dæi þer ilæste fæht *mid þan mæste* [fiht *mid þan meste* j. T.]. LAȝ. I. 418. Þær was hærm *mid þon meste* [arm *mid þan meste* j. T.] biuoren Exchæstre. *ib.*

f. oft erscheint präpositionales *mid* in räumlichem Sinne reflexiv von Personen, bei Zeitwörtern, wie *bringen, habben, læden, nimen,* mit einem Personal- oder Sachobjekt, wo im Deutschen ähnliche Verbindungen oder Komposita entsprechen; so in Verbindung mit *bringen*, mit sich bringen, mitbringen: Hie .. brohte þat child *mid hire* in to þe temple, and offredde loc for him. OEH. II. 47. Ac ich alle blisse *mid me bringe.* O. A. N. 433. VI. hundred kniȝtes he brouȝt *him mide.* ARTH. A. MERL. 3094 Kölb. þre þousand he brouȝt *him midde.* 4422. Alle our folk is ouercome, & yslawe euerich man, Bot we & oþer ten, Þat here bineþe fram ous ȝede More socour to *bring hem mide.* 4856. *habben*, bei sich haben, mithaben: Hwon ȝe beoð al greiðe, sprengeð ou mid hali water, þet ȝe schulen euer *habben mid ou.* ANCR. R. p. 16. Loke þet ȝe *habben* þerinne [sc. in oure

huse] *mid ou* one wummon of clene liue deies & nihtes. p. 418. *Mid* [With β. γ.] *him* he *adde* an strong ax, þat mani man broȝte to deþe. R. OF GL. 388 Wr. *læden*, mit sich führen, mitführen, mitnehmen: Iche wlle þesne king *læden mid me seolfan* [*leode mid mi seolue* j. T.]. LAȝ. I. 35-6. Fortiger .. nemnede twalf scalkes to *laden mid him seoluen.* II. 140. Þu *mid þe lede* gode monne uerde. II. 297. Þer Brutus nom Antigonum .. *mid him* he hine *lædde.* I. 25. *nimen, taken,* mit sich nehmen, mitnehmen: He [sc. Pharaon king] .. bad him *nimen him feres mide.* G. A. EX. 2477 sq. Wysdome and wit þo wenten togederes, And *toka* mode *myd hem* [with hem *v. l.*]. P. PL. *Text* C. pass. V. 72.

auch hier findet sich das verstärkte *forð mid*, hinweg mit: Vortiger .. *nam* weal cnihtes *forþ mid him seolue.* LAȝ. II. 140 j. T. Þe eatand þat mayde *nam forþ mid him seolue.* III. 28 j. T. [der ältere Text hat ähnlich: Þer þe eotend unc *ifeng forð mid him seoluen* d. h. führte uns beide gefangen mit sich hinweg]. vgl. die verwandte Verbindung *ut mid*, heraus mit: Þe time cam þat he [sc. crist] heregede helle, and *nam ut mid him* alle þe him hadden ar wel hersumed. OEH. II. 23.

g. reflexiv weist *mid* bei Verben, wie *habben, felen, witen*, auch auf den Besitz einer dem Subjekte, Person oder Sache, innewohnenden Eigenschaft und entspricht dann dem deutschen in: Þe mon þet *naueð* rihte ileue *mid him*, he wurð idemed to þolien wawe mid douelen in helle. OEH. p. 73. Ne mei na man do þing þet beo god iqueme, bute he *habbe* rihte ileue *mid him. ib.* We aȝen þene sunnedei swiþeliche wel to wurþien .. for heo *hafð mid hire* þreo wurðliche [wurdliche *Ms.*] mihte [von einer Sache, dem Sonntage]. p. 45-7. Þah he *wite mid him seolf* eni heafsunne, he ha nule beten. p. 25. Ich ne *fele mid me* nanes cunnes strencðe. ST. MARHER. p. 12.

h. auch sonst wird die Person, der eine Eigenschaft oder Thätigkeit angehört oder inne wohnt, durch mid, in, bei, angeknüpft: *Mid us* wunie [wunien *Ms.*] godes grið! LAȝ. II. 103. cf. *Mid us* wonie godes grið! *ib.* j. T. Muchel wisdom wes *mid him.* II. 365. cf. Moche wisdom was *mid him. ib.* j. T. Blisse *wes mid þeinen.* III. 205. Þu wurchest *mid us* al þ ti wil is. ST. MARHER. p. 13. Ne Þees mot not *mid hem* be, Out of londe heo mot fle. CAST. OFF L. 399. So is þe fader a ful god formeour and sheppere, And al þe myȝte *myd* [with C.] *hym* is in makyng of þynges. P. PL. *Text B.* pass. XVII. 167. Muche sorwe was *him myde.* ALIS. 116. For þou art kyng, riht domesmon, Þer beþ rihte domes *mitte,* Al þine werkes beþ ful of witte. CAST. OFF L. 398. ebenso der Wirkungskreis einer Sitte oder Gewohnheit: To dai man mai iheren .. wich þeau wes on þe olde lage *mid wimmen* on þre þinges. OEH. II. 47.

i. die Präposition bezeichnet ferner Gemeinschaft in verwandter Thätigkeit bei Vergleichen oder Zusammenstellungen: *Mid te gode Iosaphat,* sendeð beoden uor sondesmon

anon efter sukurs to þe prince of heouene.
ANCR. R. p. 264. Heo mei weopen & menen
ase sori mon, mide þe salmuouruhte: „Putru-
erunt etc.“ p. 274. He shulde þe saterday, se-
uene þere þereafter, Drynke but myd [with C.
R.] þe doke [d. h. nur Wasser trinken, wie die
Ente], and dyne but ones. P. PL. Text B. pass.
V. 74.

j. nicht selten bezeichnet die Präposition
nur räumliche Gemeinschaft, bei: Beo heo
dal neominde of heofenerihces blisse *mid þan
fedre* [ferde *Ms.*] *and mid þan sunne and mid
þan halie gast*. OEH. p. 47. We mugen trustliche abiden ure louerd Ihesu Cristes tocume,
and siker ben þat he wile to us cume .. and
gieuen us eche wele *mid him soluen* on heuene.
II. 9. Se ðe luueð me, he wile lokin mine
wordes, and min fader him wile luuijen, and to
him we willeð cumen, and *mid him willeð* makien wunienge [et mansionem apud eum facie-
mus]. V. & V. p. 91. Thar men habbeth milde
mod, Ich noti *mid hom* mine throte. O. A. N.
1030 *Spr.* „Ȝif ich thine come hevede iwend,
Ich hedde so ibade for the That thou sholdest
comen to me.“ „*Mid the*?“ quod the wolf, „war-
to? Wat shulde ich ine the putte do?“ VOX A.
W. 135. Half the urthe the sonne bischyneth,
hou so hit evere go; And nou hit is her *mid us*
whan hit is her midnyȝt. POP. SC. 18 *Spr.*

k. begleitende, mitgeführte Sachen, deren man sich bedient oder bedienen
will, treten an die Stelle mitgeführter, mitthäti-
ger Personen: Gief he fend were, me sceolden
anon eter [i. e. et þer] gat jemete, *mid gode rep-
ples and stiarne swepen*. OEH. p. 231. Þe bemes
weren þe engles, þe wið þe apostles stoden *mid
snouwite shrude*, and þus seiden to hem, Hic est
ihc [i. e. Ihesus]. II. 115. *Mid his harpe* he
ferde to þas kinges hirede, & gon þær to gleo-
wien. LAȜ. II. 429. Ajeinward heo [sc. þe Brut-
tes] bujen þa. *mid baldere bijete* [mid baldere bi-
jeate j. T.]. III. 78. Lo! Al þ meidene mot &
tet hirde of heouene cumeð her ajein þe *mid
kempene crune!* LIFE ST. KATH. 2425. Go *mid
than* that thou havest nouthe. VOX A. W. 55 *Spr.*
He [sc. the cellerer] wolde sone after þe jonge,
Mid pikes, and stones, and staves stronge. 61.
To the putte hy gounnen gon Alle, *mid pikes,
and staves, and ston*, Euch mon *mid that* he
hedde. 283. ähnlich verhalten sich ursprünglich körperliche Attribute, bei denen jedoch die Anschauung der modalen nahe tritt:
Mit se swiðe lufsume leores [Wið se swiðe lufsume leores C. B.] ha leien, se rudie & se reade
ilitet eauereuch leor, as lilie ileid to rose. LIFE
ST. KATH. 1419. vgl. Weneastu þat haves beo
þe worse, Peȝ crowe bigrede him bi þe mershe,
And goþ to him *mid heore chirme*, Riȝt so hi
wille wiþ him schirme? O. A. N. 303.

l. gleiche Richtung der Bewegung
statt der Gemeinschaft der Bewegung: Hi mujen
lihtliche gan *mid ðere under hulde* Ðurh ane
godliese wude into ane bare felde. POEM. MOR.
343 Zup. [*Übungsb.*]. cf. Hi muwen lihtliche
gan *mid ðere nuðer hulde* Ðurh ane godliese
wude into ane bare felde. OEH. p. 179-81. Hi

secheð reste ðer nan nis, þi ne mujen hi finde,
Ac walkeð weri up end dun, se water deð *mid
winde*. POEM. MOR. 239 Zup. [*Übungsb.*]. cf.
OEH. p. 179. 295. II. 227. Crabbe is an manere
of fissce in þere sea; þis fis is of awulc cunde,
þet euer se he mare strengðdeð him to swim-
minde *mid þe watere*, se he mare swimmeð abac.
OEH. p. 51. Preo scipen gode comen *mid þan
flode* [icome were *mid þan flode* j. T.]. LAȜ. II.
152 Spr. Per com of se wenden þat wes an
sceort bat liðen, sceouen *mid uðen* [wandri *mid
þ(e) beres* j. T.]. III. 144. He hihte hondlien
cablen, teon seiles to toppa, leten laden þene
wind, liðen *mid þan uðen*. I. 57. He lette seil
and þane meæst liðen *mid uðen* [mid þe bieres
j. T.]. I. 196. Ajen *mid þan winde* þe seond
hine verede. I. 11 j. T. Y say a schip rowe,
Mid waters al by flowe. K. H. *Laud* 645 [in
Arch. 50, 48]. cf. *ib.* 611. Þe wederooc .. þet
him went *mid sche winde*. AYENB. p. 180.

auch *forð mid* erscheint hier: Pet smal chef
þet flið *forð mid* [flið ford mid *ed.*] *þe winde*, bicumeð wurþinge. OEH. p. 85. Lette þene bat
fusen *forð mid þan uðen* [Lette þane bot wende
forð mid þan waters j. T.]. LAȜ. II. 580. vgl.
Forð ajein *mid þan winde* þe seond hine serede.
LAȜ. I. 11. Ðan after ðe ðridde dai he [sc. pan-
ter] riseð, and remeð lude so he mai; Ut of his
ðrote cumeð a smel *Mid his rem forð* over al.
BEST. 745 *Spr.* so auch *forðward mid*, vor-
wärts mit: Heo saide: „Leofe moder, swim þu
foren me, and tech me hu ic scal swimmen forðward;“ and [heo] bigon to swimmen *forðward
mid þe streme*. OEH. p. 51.

m. besonders in ihrer räumlichen Bedeutung wird die Präposition nach angelsächsischem
Vorgange [Ic on neorxna vonge nive asette *treov
mid telgum*. SATAN 481 Grein] oft adnominal
gebraucht, wobei jedoch die alleinige Beziehung
der Präposition mit ihrem Kasus auf das Substantiv, als dessen Attribut sie auftritt, nicht
überall zweifellos ist [vgl. *Gr.³* III. 327]: Þer
scal beon worldwunne wiðuten pouerte, fulle
wiðuten hungre .. *smellinge mid swetnesse*, and
dunge [? ðenunge] wiðuten prikunge. OEH.
p. 143-5. Cumeð, ge ibletsede, and underfoð
eche *lif and blisse mid englen* of heuene. II. 5.
Þo tweien sanderbodes .. funden an *asse mid
fole*, and ledden hit togenes him. II. 89. Ah he
[heo *Ms.*] non þene mahum, þe heo tolden for
godd, þe *Eneas mid his ferde* brohte from Troie;
in Albe Lingue he hine sette. LAȜ. I. 11. Thare
he [sc. Thomas] fond *flesche and blod myd the
bones*, An non he gan to crye loude for the
nones. SHOREH. p. 125 *Spr.* ebenso *forð mid*:
The signe hys of thys sacrement The bisschopes
blessynge, Forth myd the admynystracioun That
he deth atte ordynge. p. 57. auch körperliche
Attribute finden sich so angereiht: Peos lufsume *lefdi mid* [wið C. B.] *lastelose lates* ne luuede heo nane lihte plohen ne nane sotte songes. LIFE ST. KATH. 105.

wird ein Subjekt auf diese Weise durch die
räumlich gebrauchte Präposition mit einem
oder mehreren Substantivbegriffen verbunden,
die als unterschiedene Subjekte zu denken sind,

so ergiebt sich auch schon in alter Zeit eine doppelte Möglichkeit der Kongruenz [vgl. *Gr.*³ II. 160].

entweder schliesst sich das Prädikat trotzdem an das formell massgebende Subjekt an und steht im Singular: *Brutus mid his cnihten þene king ifeng [Brutus mid his cnihtes þane king onderfeng* j. T.]. I. 35. *Brennes mid his ferde wes* biforen Beline. I. 220. *Þe king mid his duȝeþe [folke* j. T.] *ȝarekede his ferde.* I. 324. *Iblescet beo Ihesu Crist mid alle his icorne* [& alle his icorene p. 65]. ST. JULIANA p. 64. einige Beispiele dieser Art sind bereits oben mit angeführt.

oder es tritt, wie schon im Ags. [*Se feónd mid his geférum feóllon* þá ufon of heofnum CÆDM. 306], zu der gedachten Mehrheit von Subjekten das Prädikat im Plural: Hit ilomp .. þat *Gurmund mid his dugeþe weoren* awiþe bliþe. LAȝ. III. 170. Vor *Roberd Courtehese, mid þe poer* þat was his, & þe erl of Flandres, *were iset [sette* y.] at þe estȝate ywis. R. OF GL. 8114 Wr.

2. räumlich ist *mid* auch als Ergänzung von Zeitwörtern, die eine gemeinsame Thätigkeit bezeichnen oder im Zusammenhange mit dem präpositionalen Gliede enthalten sollen; bei diesen Zeitwörtern kommt jedoch früh nicht sowohl die Vorstellung der Gemeinsamkeit in Betracht, sondern die der Richtung auf einen Gegenstand, besonders wo die Handlung auch einseitig gefasst werden kann, und es erklärt sich das Vorwiegen des ursprünglichen *wið*, doch wird auch im Ags. daneben *mid* gefunden [vgl. *mengan mid .. Gr.*³ II. 441]. Beispiele für älteres *mid* sind:

mischen, mengen. Betere is wori water drunch þen atter *meind mid wine.* OEH. p. 169. Betre is wori water to drinke þenne atter *imenge mid wine.* p. 292. Betere is wori water þan atter *imengd mid wine.* II. 224. Par were abute bloame inoȝe, In ore waste þicke hegge, *Imeind mid spire and grene segge.* O. A. N. 16. For al mi song is of longinge, An *imeind* sum del mid *woninge.* 867 *Spr.* Þus *were* heo in werre and wo *ymenged* þe Saxones .. here *myd* þe Britones. R. OF GL. p. 165 Hearne. auch vom Blute, durch Heirat: In þis manere Picars *mid Scottes mengd* hor blod. 989 Wr.

teilen. God .. alihte adun to helle uorto sechen feolawes & *delen mid ham* þet god þet he hefde. ANCR. R. p. 248. Heo *deleþ mid him* þe brune of hire hete. p. 368.

zusammentreffen, begegnen. For who so myȝte *mete* with [*myd* v. l.] *hym,* such maneres hym eyleth. *Text B.* XV. 246. in ausgesprochen feindlichem Sinne: Þo com Soottene king, Esclepidiot to helpe, *imette* wiþ Liuius and *mid al his folke.* LAȝ. II. 25 j. T. Vter .. wende toward Seint Dauid to *mete* wiþ [*mid α.*] *is fon.* R. OF GL. 3205 sq. Wr. Hii wende vorþ to þis bataile, & *mette* mid [om. α. β. s. wyth y.] *hor fon.* 5533. ähnlich mit Bezug auf eine Sache: Peruore Hengist was adrad to *mete* wiþ [*mid α.*] *is lance.* 2901.

sprechen, reden. *Talkeþ mid ouer*

meidenes, and mid þeaufule talen *schurteþ* ou togederes. ANCR. R. p. 422. Ne þe ȝungre ne *speke mid none monne* bute leaue, ne ne go nout ut of tune, ne ne ligge ute. p. 424. vgl. Ne ne *holde* heo nout *none tale mid mon* ne *mid wimmon.* ib. Lat me *speke mid my broþer,* vor me longeþ him to se. R. OF GL. 5859 Wr. so auch spielen, sich ergötzen, sich erlustigen, zu fleischl. Umgange sich verabreden, sich angeloben: Heo ne schulen cussen nenne mon .. ne *toggen mid him,* ne *pleien.* ANCR. R. p. 424. Nolde him liken betere þen þauh me seide him þet heo *gleowede & gomede & wedde mid oþer men?* p. 368. kosen, liebkosen: Spit him amidde þe bearde to hoker & to schom, þet *flikerþ* so *mit þe,* & fikeþ mid dogge fawenunge. p. 290. trügerisch reden, schmeicheln, heucheln: Hwonne ou ne wonteþ nowiht, þeonne *veineþ* he *mid ou,* þeonne beot he ou cos. p. 194. Þe vikelare ablent þene mon .. *þet* he *mid vikeleþ.* p. 84. Meidan Maregrete, nulle we nout *mitte* [i. e. *mid þe] fike,* Olibrius is louerd of Auntioje þe riche, He wil het þe to wiue. MEID. MAREGR. st. 13.

zu thun haben, umgehen. auf Personen bezogen, zur Bezeichnung fleischlichen Verkehres: Þet hali meiden onswerede, and seide .. hu scal þat bon, soþþen na mon mine likame irineþ, ne *mid me* flesliche *nefde to donne.* OEH. p. 77. Gef man *haueþ to done mid his rihte spuse* on unsele oþer an untime, þan man faste sal oþer halgen, he sineȝeþ gretliche. II. 13. Hwenne þe mon him biþenchþ þet he .. naueþ inume ȝeme hweþer heo biwedded were þe nere *þet* he *hefde mid to donne,* bute his fule lust were ikeled .. þenne wule his heorte ake. p. 149. Men seide that thou on thine live *Misferdest mid mine wive:* Ich the aperseivede one stounde, And in bedde togedere ou founde. VOX A. W. 211 *Spr.*

thun, vornehmen, verfahren. mit ausgesprochen einseitiger Beziehung auf eine Person: „Louerd", seide Saul þo, „ȝwat wolt þor do mid me?" ST. PAUL 24 Horstm. p. 190. vgl. What xal I then *with Jhesu don?* COV.MYST.p.312. so auch abrechnen: Let me in pes sitte, Oþer, bi þe fey ich owe to god, icholle *rekeni mitte* [i. e. mid þe]. R. OF GL. 6755 Wr.

einseitig ist die Beziehung auf Sachen in verwandten Ausdrücken, die aber ursprünglich auf gleicher Anschauung beruhen: Iactancia, þet is idel ȝelp on englisc, þenne mon biþ losjeorn, and *mid ylkenunge fearþ,* and deþ for jelpe mare þenne for godes luue [vgl. *faren* 2]. OEH. p. 103. Eni þing *þet me mide fareþ* [vgl. *faren* 7]. ANCR. R. p. 344. ähnlich verhält sich: The nijtingale al hire hoje *Mid rede hadde* wel *bitoje*[vgl. *biteon* 3]. O.A.N. 701 *Spr.* auch pleien etc.. auf Sachen bezogen, allerdings mit Annäherung an das instrumentale Verhältnis: Þe wreôfule biuoren þe ueonde *skirmeþ mid kniues,* & he is his knifworpare, & *pleieþ mid sweordes,* & bereþ ham bi þe scherpe orde uppen his tunge. ANCR. R. p. 212. cf. Heo bodieþ hwu þe deoflen schulen *pleien mid ham, mid hore scherpe aules,* & skirmen mid ham abuten. ib.

Hierher gehört auch die Verbindung mit *schal:* Wat *sol* ich thar *mid mine songe?* O. A. N. 1023 *Spr.* ebenso erklärt sich hieraus die Ellipse: Awei he warp his gode breond, & *of mid þere burns* [d. h. fort mit der Brünne]! LAȝ. I. 216.

wo es sich nicht um eine gemeinsame Bethätigung handelt, namentlich in Verbindung mit Personalsubstantiven, tritt auch ein Zustand oder eine Wirkung als von dem Substantivbegriffe ausgehend auf, der du͞cͪ *mid* angefügt wird: Quan it *wurð mid him don* [i. e. wann es mit ihm gethan, zu Ende wäre], He sulde him birien in Ebron. G. A. Ex. 2423 *Spr.* Lauerd, hu *mid þe?* hu beoð þine beouste [i. e. biwiste]? for nu is ure læche ifaren. LAȝ. II. 323. „Alas!" quaþ þe quene þo, „*is* it now *mid him* [wt him now *d.*] so?" R. OF GL. 833 Wr. cf. „Alas!" quoþ þe quene þenne, „*ȝs* it now *mid hym* so?" p. 35 Hearne.

3. räumlich ist die Anschauung ursprünglich ebenfalls, wo *mid* die Art und Weise bezeichnet; begleitende Zustände, Gefühle, Handlungen etc. schliessen sich an einen Thätigkeitsbegriff und ersetzen öfter, zum Teil formelhaft, eine modale, leicht auch kausal gefärbte Bestimmung, welche durch ein einfaches Adverb ausgedrückt werden könnte: Heo urnen onȝein him [sc. þe helind] al þa hebreisce men *mid godere heorte* and summe *mid ufele þeonke.* OEH. p. 3. Þenne beoð þine daȝes ilenged *mid muchele blisse* in eorðan. p. 13. Ne beo in hire [sc. sunnedei] naþing iwrat bute chirche bisocnie and beode to criste, and eoten and drinken *mid griðe* and *mid gledscipe.* p. 45. Þe luste nulleð þesne red .. fereð in to helle *mid eche wa.* p. 63. Gif þe king wule *mid carfulnesse* haldan þas bebodan, þenne bið his riche isundful. p. 115. Þenne swelt þe unrihtwise on his unrihtwisnesse, and ic ofga et þe *mid groman* his blod. p. 117. Turn me allunge to þe wið soðe luue and *mid bileaue* [wiþ soþe loue and bileue p. 185]. p. 200. *Mid soðe* þus seið þe boc. p. 29. Lauerd he is icleped *mid rihte.* p. 59. Þa þe ledden hore lif *mid unriht* and *mid wrange.* p. 173. cf. p. 294. II. 226. Þat is unriht and untimeliche and *mid unselðe.* II. 13. Gif hit was don on untime, oðer on unluuede stede, oðer *mid unluued lete.* II. 71. Þa luuede he a meide .. *mid darnscipe* he heo luuede. LAȝ. I. 12. Leouere us is here *mid manscipe* to fallen. I. 249. He fusede *mid monschipe* toward Morgane. I. 164. Ofte he custe þatte weofed *mid wnsume lates.* I. 51. Freond sæiðe to freonde, *mid fæire loten hende,* Leofue freond, wæs hail. II. 175. Þa wæs *mid soðe* whilen, þat scullen for Arðure Rome ifullen a fure. III. 79. Hu we ure þeoden and ure muchele wurðscipe *mid rihte* maȝen biwiteȝen. II. 629. Heo haldeoð ure kinelond *mid unrihte* on heore hond. III. 194. ȝef ȝe weren wise, nalde ȝe nawt bringen me forð toward blisse *mid* [wið *C. B.*] *se bale bere.* LIFE ST. KATH. 2335. Þe prude beoð his [sc. þe ueondes] bemares, draweð wind inward of worldlich[e] hereword, & eft *mid idel ȝolpe,* puffeð hit utward. ANCR. R.

p. 210. Ancre þet haueð eihte þuncheð bet huswif, ase Marthe was, þen ancre; ne none wise ne mei heo beon Marie, *mid griðfulnesse* of heorte. p. 416. Non ȝancre seruant ne ouhte, *mid rihte,* uorto asken isette huire, bute mete & cloð. p. 428. Thu gest al to *mid swikeleds.* O. A. N. 836 *Spr.* He [sc. the niȝtingale] mihte bet speken a sele Than *mid wrathike* wordes deale. 951 *Spr.* Fo we on *mid riȝte dome, mid faire worde* and *mid isome.* 179. We muȝe bet *mid fayre worde,* Witute cheste, and bute fiȝte, Plaidi *mid foȝe* and *mid riȝte.* 182. Mai ure eiþer wat he wile *Mid riȝte* segge and *mid skile.* 185. cf. 1680. Lust hu ich con me bitelle *Mid riȝte soþe* wiþute spelle. 264. Ich singe efne *mid fulle dreme* and *lude stefne.* 314. He byheold abute *myd ncype veyre chere.* O. E. MISCELL. p. 40. Þe poure may wel mysse [sc. blisse], Bute he his pouernesse *Mid mylde heorte* þolye. p. 75. Hii come, & mette hom baldeliche *mid god ernest ynou.* R. OF GL. 2932 Wr. Leuere al so me is Vor to deye *myd honour* þan libbe in same ywys. 3417. Po sede ich *mid dreri mod* [*myd drery mode B.*]. 7218. King Locrynes herte was al clene vp hire ywent, And tok hire forþ with hym *mid gret honour ynou.* p. 24 Hearne. Þer come in tuelf olde men *myd euene pas* [*mid euene pas α.* wiþ euene pas *Wr.* moderatis passibus *Galfr. Monm.*]. p. 193. Al *mid wille* [i. e. aus freiem Willen, freiwillig] her mi bodi ich bitake. BEK. 2305 *Spr.* Chus weþer þu wold *mid schindnisse* to deþe beon ibroȝt, Oþer honoury oure godes. ST. MARGAR. 103 *Spr.* Þat maide him ȝaf ansuare anon *mid wel mylde mode.* 83. Thanne ich dar segge, *mid gode ryȝte,* That alle þe court of hevene alyȝte. SHOREH. p. 129.

die formelhaften Verbindungen *mid alle,* prorsus, *mid idone,* illico, *mid iwisse,* certo, sind gesondert behandelt.

4. die räumliche Vorstellung des Beisammenseins und der Begleitung kann auf die Zeitsphäre übertragen werden, sodass durch die Präposition *mid* die Gleichzeitigkeit eines Gegenstandes mit seiner Thätigkeit bezeichnet wird [vgl. ags. *mid ærdäge.* CÆDM. 2568. EL. 105, *mid däges hwīle* EXON. 189, 24, *mid pisum vordum* APOLL. p. 8]: *Mid tet ilke* [sc. he] step up, & steah to þe steorren. LIFE ST. KATH. 713. Me weorp ham *mid tis ilke word* amidde þe leie. 1405. Valleð adun *mid þeos gretunge.* ANCR. R. p. 32. *Mid þisse worde* forþ hi ferden. O. A. N. 1789. cf. 1044. *Mid þilke wordes* þe vox lou. VOX A. W. 148 *Spr. Mid þis word* þer com in his sone, þat was adronke, & bar þe coupe on his hond, þat was mid him asonke. ST. NICHOLAS 424 Horstm. p. 252. *Mid þusse worde* he wend forth. ST. JAMES 245 Horstm. p. 41.

Me weorp ham *mit tet* amidde þe leie. LIFE ST. KATH. R. 1405. Ant te drake reade to hire *mit tet ilke,* ant sette his sariliche muð .. on heh on hire heaued. ST. MARHER. p. 10. Ant [sc. he] *mit tis ilke* bigon to ȝeien ant to ȝuren. p. 16.

5. während das Gothische mit *miþ* nur den allgemeinen Begriff des Zusammenseins ver-

band, hat das Angelsächsische, wie andere ältere germanische Mundarten, *mid* bereits in weitem Umfange **instrumental** verwendet, wobei das Mittel oder Werkzeug als Begleitung einer Handlung gedacht wird; dem entspricht die häufige Verwendung der Präposition in diesem Sinne auf altenglischem Gebiete.

a. so bezeichnet die Präposition bei transitiven Zeitwörtern im Aktiv und Passiv das **Mittel** als einen mehr äusserlich hinzutretenden Gegenstand oder Stoff, mit welchem etwas in eigentlichem oder bildlichem Sinne versehen, erfüllt oder begabt wird. Beispiele sind:

füllen, beladen. Com ſerliche muchel ſwei of heoſne, and *fulde* al þa upſie[r]unge *mid fure*. OEH. p. 89. Hie .. nam ane box ȝemaked of marbelstone, and hine *fulde mid derewurðe ſmerieles*. II. 145. Me *ſeolden* heom [sc. þa ſcipene] *mid folke*. LAȝ. II. 437. Loȝe heo holdet hore galun, *Mid berme* heo hine *fulleþ*. O. E. MISCELL. p. 188. Huanne me heþ riȝtuolle wiȝtes and riȝtuolle meſures, and ſelleþ ontreweliche, aſe doþ þiſe tauernyers þet *uelleþ* þe meaſure *myd ſcome*. AYENB. p. 44.

Þa þe beoð .. birnende on godes willan, þet he *mid his ȝiſ[e] iſulled*. OEH. p. 95. Heo *weren* þa alle *iſullede mid þan halie gaſt*. p. 89. Heo bar .. ane guldene boule *iwulled mid wine*. LAȝ. II. 174. Nert tu *mid fulðe* a *iſulled?* ANCR. R. p. 276. Þo lond *was* al *mid hem yfuld*. R. OF GL. p. 12⁰.

He *chargede* here schip ſayþe wel *mid mete & drinke* ynouȝ. ST. BREND. 231 Horstm. p. 226. Me *chargede* þre hondret schippes, & foure & twenti þer to, þer wiþ, & *mid al* oþer god. R. OF GL. p. 13.

nähren etc. *Mid licames luste* alle unbileſulle men .. he [sc. þe deuel] *ſedeð*. OEH. II. 25. Þe poure leſdi of heouene *uoſtrede* & *ſedde* hine *mid hire litle milke*. ANCR. R. p. 260. Wor ſo he wuneð ðis panter, He *ſedeð him* [refl.] al *mid* oðer der. BEST. 739 *Spr*. *Mid monſcipe* þou am [i. e. them] *ſede* [imper.]. MEID. MAREGR. st. 69.

Þas men beoð *mid miſte ſordrencte*. OEH. p. 91.

bekleiden, bewaffnen, umgürten. Heo .. claþeð heom *mid ȝeoluwe claþe*. OEH. p. 53. *Mid þeſe þre weden* ure louerd Iheſu Criſt him *hadde warned* togenes þre ſon. II. 33. *Cloþeþ* you *mid Godes armes*. AYENB. p. 265. He .. him *cloþede mid þe cloþe* of þe ȝenuolle. p. 133. *Cloþeþ* him *mid þe beſte cloþ*. R. OF GL. 835 Wr. He .. lette hym *arme* þere *Myd armes* of Brytones. R. OF GL. p. 63. Ine godes knyȝtes, þet þe holy goat *heþ* y*dobbed* and *yarmed mid uirtu* and *mid charite*. AYENB. p. 83. Þorn is ſcherp & unwurð; *mid þeos two beoð igurde*. ANCR. R. p. 380. *Mid* is ſuerd he *was igurd* [*gurde* β.]. R. OF GL. 3615 Wr. Þo god het to Aaron .. þet alle his children *weren* ycloþed ine linene kertles, and *ygert* aboue *mid huite linene gerdles*. AYENB. p. 236.

umfangen, umgeben, bedecken, bepacken etc. He *was* imacad to monne ilicneſſe, and *iwunden mid fleoſe* al ſwa mon. OEH.

p. 127. *Mid brihte ȝimstones* hore krune *is* al *biſet*. p. 193. *Mid æne bende* of golde æle haſde his hæfd *biuonge*. LAȝ. II. 617. His bodi *wei biſeong mid fæire* are burne. III. 24. Þa *wes* þa welle anan al *mid attre bigon*. II. 406. Þer on *wes* moni ȝimston al *mid golde bigon*. II. 611. Þornes beoð þe heardſchipes .. and ou iſ neod þet ȝe *beon biſet mid ham* abuten. ANCR. R. p. 378. Tho ſtod an old ſtoc .. And *was mid ivi* al *bigrowe*. O. A. N. 25. cf. 617. Þey o mon ahte huntſeuenti acres, and he hi *hadde iſowen* alle *myd reade golde*, And þat gold greowe ſo greſ doþ on eorþe, nere he for his weole neuer þe ſurþer. O. E. MISCELL. p. 110. cf. REL. ANT. I. 173.

Al þ *biſet is mit ſee* ant *mit ſunne*, buuen ba ant bineoðen. ST. MARHER. p. 4.

Leofmen, nu ȝe habbeð iherd [iherð *ed.*] .. hwat þe claðes bitacneð þe þe rapes *weren mide biwunden*. OEH. p. 51. Þat bitocneð þe crismecloð þe þe preſt *biwindeð* þat child *mide*. II. 95. Þanne unbinde we þe burden þe he *hadde* us *mide ouerſemed* [d. i. überpackt, überladen]. II. 65.

He [sc. panter] is blac ſo bro of qual, *Mið wile ſpottes* ſapen [i. e. ſhapen, figured] al. BEST. 735 *Spr*.

belehnen, ausstatten. Men of religion of Normandie alſo He *ſeffede* here *mid londes* & *mid rentes* al ſo. R. OF GL. 7584 Wr. Vnneþe *was* þer eni hous in al Normandie Of religion .. þat kyng Willam ne *ſeffede* here in Engelond *Mid londes*, oþer *mid rentes*. 7612.

auch bei dem sinnentsprechenden Adjektiv *gret*, schwanger, findet sich früher *mid:* ȝeo *was gret mid childe* bi Vther þan kinge. LAȝ. II. 384 j. T. Þe wyſman *grat myd childe*. AYENB. p. 82.

b. bei anderen transitiven Verben im Aktiv und Passiv, wie bei intransitiven ist der durch *mid* angefügte konkrete oder abstrakte Substantivbegriff als das mitwirkende Werkzeug, das bethätigende **Mittel** zu betrachten.

Transitiva. Hu heo ſculen leden heore lif, and *ernien* þa eche bliſſe *mid ibede* and *mid ſcriſte*. OEH. p. 7. Ne *biſmit* [bi ſunt *ed.*] þa þe *mid drunkeneſſe*. p. 13. Ne forſwerie þu þe þas .X. bebode þe god almihti ſeolf idihte, and *awrat mid his aȝene fingres* [fringres *ed.*]. ib. Alre ereſt þu *þencheſt* þa ſunne *mid þine þonke*. p. 21. Ne mei þe deoſle þa ſunne iwiten þa ȝet er þu habbe heo idon *mid þe licome*. ib. Ga to þine ſeder burineſſe .. and eſca hine hwet þe habbe biȝeten *mid his wohe domas*, and *mid his reuunge*, *mid his licome luſtes*, *mid his oðre ſunne*, hwile he *wes* her on þiſſe liue. p. 35. Þu ſcalt *ȝahtnien* þa þe beoð uniſahte *mid alle þine mahte*. p. 39. Þa þe he heſde uppen his helde þornene helm, and *weren* his ſide *mid ſperre orde iopened*, and his ſet *mid irnene neiles þurhſtungen*. p. 147. If he ne mei *mid worldliche achte* his neode *ibete*, þet him ſare roweþ. p. 149. To ſeke gan .. and *helpen* heom *mid þon* þe þu maȝe. p. 37. *Mid þan is itacned* þat criſtene men ne ſculen heore bileaſe biſettan on þere

weorldliche eahte. p. 101. Duue ne *harmeð*
none fugele ne *mid bile*, ne *mid fote*. II. 49. Þe
deuel com on neddre liche to Adam, and *mid
his hinder worde bicherde* him. II. 59. Hie his
fet *lauueðe mid hire hote teres*, and *wipede hes*
þer after *mid hire faire here*, and *mid hire muðe
custe*. II. 145. Þo ben alle unwepnede þe ne
hauen *mid hwan* hie hem *werien*. II. 191. Fe-
þeren he *nom mid fingren*. LAȝ. I. 3. *Mid
sweord & mid spere* al he *todrof* þes kinges here.
I. 24. Heo fengen to þissen lond, and *mid*
fuhten hit *biwunnen*. I. 161. He *hauueðe* monie
Alemains *mid agge toheowen*. I. 239. *Mid aðen*
heo hit *bihæten*. I. 220. Þat ich *mid æȝen iseo*.
I. 309. Þe king .. *mid here* and *mid fure* þat
lond *forferde* awiðe. I. 352. ȝif we mihte Merlin *mid liste biwinnen*. II. 363. Hu heo mihten
þone king *mid morðe aquellen*. II. 404. O þatt
daȝȝ *wass* Jesu Crist *Midd þrinne lakess lakedd*.
ORM 11076 [die einzige Stelle, an der *mid* bei
Orm erscheint]. Gon & iseon awuch, & elnen
ham & *helpen mid fode* of holi lore, þis is riht
religiun. ANCR. R. p.10. *Sprengeð* ou *mid hali
water*. p. 16. Ne *blowe* ȝe hire [sc. hope] nout
ut *mid maðelinde muðe*, ne *mid ȝeoniinde tuteles*.
p. 80. He þolede þuldeliche þet te Giws *dutten*
.. his deorewurðe muð *mid hore dreori fustes*.
p. 106. Ich wass sone ouercumen, and þereuore
þe sunne is more þen ȝif ich *hefde beon akest
mid strencðe* [i. e. by constraint]. p. 318. Ne
mid holie ne *mid þreres* ne ne *biblodge* hire sulf
wiðuten schriftes leaue. p. 418. Wið þe luðere
.. þ beoð al blodi *biblodeget mid sunne*. ST.
MARHER. p. 3. *Mid ti softe grace sahue* mine
sunnen. ST. JULIANA p. 69. That hi *mid longe*
wope mote Of hore sunnen *bidde* bote. O. A. N.
855 *Spr*. For hom ne mai halter ne bridel
Bringe vrom hore wude wise, Ne mon *mid stele*
ne *mid ire*. 1026. *Mid wordes milde* and *eke
sleie* Faire he hire *grette*. SIRIȝ 159 *Spr*. I am
ikaut mid swikele ginne. VOX A. W. 103 *Spr*.
Nou esche we .. wharof cometh reyn, and snow
that we *seoth mid eȝt*. POP. SC. 199 *Spr*. Vyl a
thing is that sed *that* man is *mid isprenged*. 295.
Gydi he is þat nelle ileue þat he *seþ myd his
eye*. ST. CECILIA 215 Horstm. p. 495. *Mid ar-
wen & mid quarels* so moche folc verst me *slou*,
And suþþe *mid speres smite* doun, þat deol it
was inou. R. OF GL. 1119 Wr. Folȝe yt was to
truste To such oþ, þat *was ydo myd strengþe*
[i. e. by constraint]. p. 357 Hearne *Spr*. Vor
Harald adde ys oþ ybroke, þat he *swor myd hys
ryȝte honde*. p. 358. The fend hyt was that
schente hyt al *Myd gyle and hys abette*. SHOREH.
p. 58. Ine þe oþre heste of þe laȝe þet god *wrot*
ine þe tables of ston *mid his vingre*. AYENB.
p. 63. Aye zuyche tongen me ssel *stoppi* þe
yeren *mid þornes*. p. 257. Nou ich wille þet ye
ywyte hou hit is ywent þet þis boc is *ywrite mid
engliss* of Kent. p. 262.
We aȝen to understonden hwet boð þe
wepne þet Adam *wes mide forwunded*. OEH.
p. 83. Mirre .. bitocneð þe lichames pine, þat
man his synne *mide beteð*. II. 45. Hel mine
blodi soule of alle þe wunden *þet* heo is *mide
iwunded* þurh mine uif wittes. ANCR. R. p. 26.

Þe fingres .. þ tu þe *mide blescest*. ST. MARHER.
p. 13. Þe hors þai *smiten* þe spurs *mide* [: chidde].
ARTH. A. MERL. 7228 Kölb. Þe zenne of glo-
tounye, þet is a vice þet þe dyeuel is moche
myde ypayd [i. e. pleased]. AYENB. p. 50 *Spr*.
He *haueð iweddet* him [refl.] to mi meiðhad
mit te [mitte te R. wið þe C. B.] *ring* of rihte
bileaue. LIFE ST. KATH. 1507. Het on wode
wise strupen hire steortnaket, & *beaten* hire
bare flesch & hire freoliche bodi *mit* [wið C. B.]
cnottede schurgen. 1536. *Makieð* .. a large
creoiz *mit* þe þreo *vingres* vrom abuue þo vor-
heaued dun to þe breoste. ANCR. R. p. 18. Þu
acwaldest him *mit te hali rode*. ST. MARHER.
p. 12. *Mitte helpe* of hem alle ðis elp he *reisen*
on stalle. BEST. 670 *Spr*.
He *seið mið* þa muðe þet nis naut in his
heorte [i. e. what is not in his heart]. OEH.
p. 25. Men *lenseð* his fleis hwenne he him ȝefeð
ȝutel to etene and lesse to drinke, and ofte for
his sunne *swingeð* him *mið smele twige*. p. 149.
Morpidus .. *seoue*n hundred ofsloh, and *swende
mið wepnen*. LAȝ. I. 274.

auch Personennamen und Tierna-
men kommen beim Aktiv wie beim Passiv vor,
wo sie als Mittel zu betrachten sind, doch
bisweilen selbst wo die Vorstellung des Ur-
hebers nahe liegt: And þah an castel *beo* wel
bemonned [bemoned *ed*.] *mid monne* and mid
wepne, and þer beo analpi holh þat an mon mei
crepan in, nis hit al unnet. OEH. p. 23. ȝif
hwa *is* swa sunful and *mid deofla biuon* [i. e. bi-
fongen] þet nulle .. his scrift ihalden. p. 9. Me
þe sculde nimen, and al *toteon mid horse*, oþer
þe al totoruion mid atane. iÞ. Þat he scolde
beon anhongen an one heȝe treowe, oþer *mid
horsen todrawen*. LAȝ. I. 44. Swa bið a bar
wilde, þenne he bið in holte *bistonden mid
hunden*. III. 217. Tho hede the wreche [i. e.
the wolf] fomen inowe, That weren egre him to
slete *Mid grete houndes* and to bete. VOX A. W.
288 *Spr*.
Ich iseo me, lauerd, bistaðed ant *bistonden*
as lomb *mit wed wulues*. ST. MARHER. p. 3.

hierher gehört auch die Verwendung der
Präposition bei der Bezeichnung eines Gegen-
wertes, der als Tauschmittel oder Ersatz-
mittel betrachtet wird, in Verbindung mit Verben, wie *buggen, abuggen, alesen, ȝelden, forȝelden*: Ech mon *mid* þet he hauet mei *buggen*
houeneriche [Eure ilc man *mid* þan þe he haued
mai *biggen* heueriche p. 290. Africh man *mid*
þat he haueð mai *bugge* heueriche II. 222], Þe
mare haueþ and þe þe lesse, baþe hi muȝen
iliche, Alse *mid his penie*, also *mið his punde*
[*mid his punde* cett.]. OEH. p. 163. cf. p. 290.
II. 222. POEM. MOR. 65 Zup. [*Übungsb*.] etc.
Vre bendes he unbond, and *bohte* us *mid his
blode*. OEH. p. 171. cf. cett. We beoð kanges
þet weneð *mid lihtleapes* [lihte scheapes T.] *buggen* eche blisse. ANCR. R. p. 362. For he is þi
louerd, leoue sone, to man he þe wrouȝte, &
mid his owe flesch & blod in þe croiz þe *bouȝte*
[And with is owene flechs and is blod wel deore
he þe abouȝte 66 Horstm. p. 373]. ST. CRISTOPH.
67 *Spr*.

Nis heo uniseli þet *mit te wurð* of heouene *buð* hire helle? ANCR. R. p. 155.

Nu ne þerf na mon his sunne *mid wite abuggen*, bute towar[d] Crist ane *mid scrifte*. OEH. p. 9. Ne ec ne scule je nefre ufel don þet je hit ne sculen *mid uuele* bitter *abuggen*. p. 41. Heo hit scullen *abuggen mid heore bare liue*. LAȝ. II. 638.

Ge ne *beoð* ne *aleede* of deofles anwalde *mid golde* ne *mid seolure*, ac *beoð mid þan deore-wurþe bleode* of þan clenan .. lombe. OEH. p. 127. *Mid swiðe muchele wurðe we were alesde. ib.* He wolde .. almancyn þa ðe jelyfad *mid his oȝen draðe alyse* fram helle wite. p. 229. He hine *alesede mid his blode*. REL. S. p. 81.

Þou mi mochele swinch *mid harme* wolt ȝelde. LAȝ. I. 97 j. T.

Ich hwm wile his iuel *mid werse forgelde*. OEH. II. 179. We .. welt þe sowle, and hire weldede awo *mid iuele forgieldoð*. II. 181. Þu mi muchele swinc *mid sare forȝeldest*. LAȝ. I. 97.

Intransitiva. Þa jeleafule Ebreisce folc eoden, and *streweden mid twigan* in drihtenes weye þer he rad. OEH. p. 5. Heo sculen .. ernien þa ecþe blisse *mid ibede* and *mid scrifte* to *betende mid festene* and *mid elmesse.* p. 7. Vte we þenne .. bireusen þat we auen don, and gon to scrifte þerof, and *beten* ech bi his mihte *mid gode bedes, mid almesdede.* II. 55. *Mid mede* man mai ouer water *faren.* II. 41. Ne lete noht þat wræcche uolc *forfaren* al *mid hungre.* LAȝ. II. 568. Summe .. leoppen in heore scipen, *mid wederen* and *mid watern* þær heo *forferden.* II. 336. Monni cunne riwle beoð; auh tuo beoð among alle þet ich chulle apeken of, þurh ower bone, *mid Godes helpe.* ANCR. R. p. 2. He *weop* nout one *mid his eien,* auh *dude mid alle his limen.* p. 110 *Spr.* He schal a domesdai grimliche *abreiden mid te dredful dreams* of þe englene bemen. p. 214. Spit him amidde þe bearde to hoker & to schom, þet flikereð so mit þe, & *fikeð mid dogge uawenʒnge.* p. 290. He *weoreð ant warpeð* eauer þer toward *mid alles cunnes wrenches.* ST. MARHER. p. 3. Hit is no wonder Theȝ ther *come* ofte som adoun *mid the dunt* of the thunder. POP. SC. 187 *Spr.* The pope bigan to *sike* sore *mid wel dreori* thoȝt. BEK. 1273.

Elche þare limene on hire seluen þe hie *hadde* erur *mide iseneged.* OEH. II. 145.

Þe sipes *sinken mitte suk,* Ne cumen he nummor up. BEST. 578 *Spr.*

bei diesen intransitiven Verben erscheint der durch *mid* angefügte Gegenstand als die konkrete oder abstrakte Sache, welche die Thätigkeit begleitet oder hervorbringt, und es streift die instrumentale Bedeutung nicht selten an die modale oder kausale; auch wird schon früh durch *mid* [wie später durch *with*] die in der Thätigkeit begriffene Substanz selbst bezeichnet: *Urnen* þa streten *mid blodestræmen* [*blodie stremes* j. T.]. LAȝ. III. 62. cf. Ȝurren þa stanes *mid* þan *blodstremes.* III. 133.

bei Adjektiven scheint diese Verbindung in älterer Zeit selten zu sein, doch findet

sie sich: Þe deuel *is* tus ðe [fox] *ilik* [i. e. resembles the fox] *Mið iuele broides* and wið spik. BEST. 444. O. E. MISCELL. p. 14. He was al so *sik mid goute & oper wo.* R. OF GL. 11865 Wr. vgl. Him is wo in euche londe That *is thef* [i. e. steals] *mid his honde.* VOX A. W. 101 *Spr.*

6. besondere Erwähnung verdient noch das instrumentale Auftreten von *mid, mide, damit,* zur Bezeichnung des Mittels oder Hilfsmittels in einem infinitivischen Satzgliede, wobei jedoch Bezugnahme auf einen meist vorangehenden, zuweilen auch nachfolgenden oder leicht zu ergänzenden Substantivbegriff stattfindet; trotz naher Berührung mit dem Adverb überwiegt die präpositionale Funktion [vgl. mhd. *mite* für *dd mite*].

auch hier erscheint die Partikel entweder nach dem Zeitworte, zu dessen näherer Bestimmung sie dient: [Þa] *clabes* þet weren isende ut of þ[es kinges huse] for to *binden* þe rapes *mid,* bitacnet þe halie ureisuns þe me *singeð* in halie chirche. OEH. p. 51. Nicodemus brouhte, uorte *smurien mid* ure Louerd, *an hundred weien of mirre & of aloes.* ANCR. R. p. 372. Nan man ne nemð *wepne* buton [buto ed.] to *fihten mide,* ne nan man ne fiht buton wið his ifomen. OEH. p. 241. Swich *wop* [i. e. weeping] is fremful to *wassende mide* sinnes. II. 149. Heo to þe junge jiueð vuel forbisne & *scheld* to *werien* ham *mide.* ANCR. R. p. 52 *Spr.* Ase ich seide riht nu þet Nicodemus brouhte *smurieles* uorte *smurien mide* ure Louerd, al riht so þe þreo Maries brouhten deorewurðe *aromas* uorte *smurien mide* his bodi. p. 372. Ne makie none *purses* uorte *wreonden* ou *mide,* ne *blodbendes* of seolke. p. 420. Alle þe clerkes couþe nouȝt descriue .. þe realte of þat day .. & of alle men þat manerli mijt ouȝt gete Of any god gaili to *greipe* hem *middr.* WILL. 5005 sq.

oder vor demselben: Þat godes giue is betere þe alimeð þe man of *fiffolde mihte,* his egen to sen, his earen to listen, his nose to smellen, his muð to runien, and his lichame al *mid* to *fridende* [i. e. and to protect wholly therewith his body]. OEH. II. 107. Bidde we nu ure helende .. þat he geue as *þo wapnes mide* us to *weriene.* II. 191. On þis fuwer lajes .. ȝ ure fo *fiwer grunes* us *mide* to *henten.* II. ȝ[?]. cf. In *water* ich wel the cristny her As Gode himself hyt diȝte; For *mide* to *wessche* nis nothynge That man cometh to so liȝte [sc. as to water], in londe. SHOREH. p. 10.

ähnlich erscheint *mide* auch in einem Adjektivsatze auf das Subjekt des regierenden Satzes bezogen: *Mirre* .. is biter, and be þo biternesse defendeþ þet cors þet *is mide ismered,* þet no werm nel comme ihende. O. E. MISCELL. p. 28.

mid, midd, mide, midde, selten und fast nur in Zuss. **med, medd, mede, meed, með** adj. ags. *mid, midd* [für *mide, midde*], medius, in Zuss. auch *med,* altnorthumbr. *mid, med,* alts. *middi,* afries. *midde, medde,* nfries. *midde,* ahd. *mitti, mitte,* mhd. *mitte, mite,* altn. *miðr,* neunord. *midt,* gth. *midjis,* μέσος, sch.

mid- in Zuss., neue. mid, gehört ebenso wie die verwandten mid adv. una, simul, und mid præp. cum, zum Demonstrativstamme *ma*. mitte, mitten in, mitten befindlich, in der Mitte befindlich, mittel.

das alte Eigenschaftswort lebt noch im Angelsächsischen, stark und schwach flektiert, wie in anderen älteren germanischen Mundarten. Im Altenglischen sind nur wenige sichere Beispiele des lebenden und als solches noch deutlich empfundenen Eigenschaftswortes zu finden. Selbst wo noch in älterer Zeit Spuren der ags. Flexion sich zeigen, ist die Erstarrung anscheinend bereits eingetreten, und Verbindungen mit Substantiven, wie *middai, middiner, midfesten, midhervest, midlenten, midmete, midmorȝen, midniht, midovernon, midride, midrif, midside, midsomer, midþei, midwinter* etc., erhalten den Charakter von Zusammensetzungen.

in den präpositionalen Verbindungen mit *in* und besonders mit *on, a* ist häufig nicht mehr mit Sicherheit festzustellen, ob das Adjektiv sich attributiv verhält oder das substantivierte Neutrum desselben vorliegt.

I. adjektivisch, und zwar nur attributiv, nicht prädikativ verwendet, der Bedeutung nach meist dem lat. *medius* entsprechend.

1. räumlich: Hwui drawest tu ut þine rihte hond *of midden þine boseme* [de medio sinu lat.]? ANCR. R. p. 146.

hierher gehören wohl auch: Myddys, or the *myd part* of a thynge, medium. PR. P. p. 337. Hoc interciput, *the myd parte* of the hede. WR. VOC. p. 244 [col. 745, 7 Wülck.]. Wharto tornes þou þi hand and right hand of þi *Fra mide þi bosome* [de medio sinu lat. of midum sceáte ðínum ags.], in ende to be? Ps. 73, 11. *In mydd place* of the mount is a gret lake. MAUND. p. 199. *In mydde place* of that vale, under a roche, is [an hed and the visage of a devyl. p. 281. For oure Lord God made the erthe alle round, *in the mydds place* of the firmament. p. 353. Therwith Fortune seyde „chek here!“ And „mate!“ in *mid pointe* of the chekkere With a poune erraunt. CH. *B. of Duch.* 659 Skeat [in *Compl. W.* I. 299]. Williams spere was stef .. & mette þat oþer man *in the midde scheld*. WILL. 3604. Than he moues to sir Mordrede amange alle his knyghttes, And mett [i. e. meteth, hits] hyme *in the myde schelde*, and mallis hyme thorowe. MORTE ARTH. 3840.

unorgan. verstärkter Superl. *midmest, -mast*, ags. *medemest, midmest*, neue. *midmost*, mittelst: The *mydmest* bayly [Þe midmast bailly GÖTT.] of the thre Bytokenyþ welc her chastite. CURS. MUNDI 10023 FAIRF. [*baile, baili, bailli* ist afr. *baile, baille*, barrière, porte avancée]. substantiviert, übertr. Mitte, mittlerer Teil, Mittelstück [einer bibl. Erzählung]: In the whiche gospel it is profitable to men desyrynge God, so to knowe the first, the *mydmeste*, other the last, that thei, redynge bi alle thingis, vndirstonde both the clepynge of the apostil, and the work of the gospel etc. WYCL. MATTH. prol. 1. p. 1.

2. zeitlich: Ælche *midder nihte* [adv. dat.] heo bigunneð to fihten [Eche midnihte hii biginneþ to fihte j. T.]. LAȝ. II. 243. He sæide .. mid muðe þat cumen wolde Arður .. *to þere midder nihte* [to þare midnihte j. T.]. II. 440. He hæhte heom forðriht beon al war *to midder niht* [to midniht j. T.]. III. 20. vgl. to þere midnihte [to þare midnihte j. T.] *ib.* At tyme of midnijt of þe nijt [At tyme *of midder* nyjt α. At tyme of mydnyjt β.] him mette a greuous cas. R. OF GL. 4140 Wr. vgl. ags. *tó middre nihte*, media nocte [CYNEW. 2], *tó middre nihte* [MAT. 25, 6], ahd. *ze mittero naht*, mhd. *ze mittir naht*, media nocte, woraus die zu einem Nominativ erstarrte Zusammenschiebung niederrhein. *middarnaht*, mhd. md. nhd. *mitternacht*, media nox, hervorging.

zeitlich, als Attribut von Personen, vom Lebensalter, findet sich auch der unorgan. verstärkte Super l. *midmest, midemest, -mist, midmost*, ags. *medemest, midmest*, neue. *midmost*, mittelst: Þre dojtren þe king adde, þe eldost het Gornorille, *Þe midmeste* [sc. dojter] het Regan [Ragan het *þe midemeste* α. Ragan hijt þe mydemyjt β. γ.], þe jongeste Cordeille. R. OF GL. 684 Wr. cf. Þre dojtren þis kyng hadde, þe eldeste Gornorille, *Þe mydmost* hatte Regan, þe jongost Cordeille. p. 29 Hearne.

3. in übertr. Bedeutung, **mittelmässig, mässig, gering**, erscheint in ältester Zeit noch der alte urspr. Super l. *medeme*, ags. *meoduma, medoma, medema, medems* [vgl. oben *medeme* adj.]: Þet foremeste is riht *medeme mel*. OEH. II. 13 u. ö.

II. substantivisch gebraucht wird

1. das urspr. Neutrum des Adjektiv, *mid*, ags. *mid*, medium, altn. *mið* [neben ags. *midde* s. f. medium, alts. *middia*, ahd. *mittî*, mhd. *mitte*], Mitte: Þre he tok þe pridde, & cleued him *to þe midde* [i. e. Leibesmitte]. ARTH. A. MERL. 9765 Kölb.

von der Präposition *fra* abhängig erscheint das Hauptwort ohne Artikel als präpositionale Formel räumlich in der Bedeutung **aus der Mitte heraus**: Over þa wone sal foghles of heven, *Fra mid of stanes* [de medio petrarum] gif sal þai steven. Ps. 103, 12. Þat smote Egipt with first-geten of þa; Þat led Irael *fra mid of þa* [de medio ejus]. 135, 10—11.

so auch häufig von der Präposition *in* abhängig, gleichfalls ohne Artikel, **in der Mitte**, räumlich, von Sachen: We onfanged, God, þi merci *In mid of þi kirke* [in medio templi tui] inwardeli. Ps. 47, 10. Swinke *in mid of it* [in medio ejus sc. of þe cite] be sal. 54, 11. Þat .. sent taknes for to see, And fortaknes, Egipt, *in mid of þe* [in medio tui Ægypti]. 134, 9. In selihes *in mid of it* [in medio ejus sc. of Babilon] Our organes hong we yhit. 136. 2. von Personen: To Laverd *in mi* mouth sal I schrive, And *in mid of fele* [in medio multorum] loof him mi live. 108, 30. For in þar teldes is quednesse, *In mid of þam* [in midde of þam H. in medio ipsorum]. 54, 16 E. auch zeitlich: Ne againekalle me *in mid of daies mine* [in dimidio dierum meorum]. 101, 25. von Zuständen, Vorgängen: *In mid of*

mi droving [in medio tribulationis] if gane af I,
Þou sal qwiken me forþi. 137, 7. Mirthed er
þat hated þe *In midde of þi solempnite* [in me-
dío atrio tuo]. 73, 4.

selten findet sich *midde* ohne Präposition
ähnlich gebraucht: *Midde of the brigge* ther was
a toure over loft. LYDG. *M. P.* p. 6.

2. der ags. Genitiv des Neutrums, *middes*,
mit Präposition ags. *tómiddes*, ae. *middes*, in *middes*, *amiddes*, oft adverbial und präpositional gebraucht, wird im Altenglischen selbst zu einem
Nominativ verhärtet, sch. *mids* in übertr. Bedeutung [1. Mittel zum Zweck, 2. Mittel zwischen
Extremen], neue. *midst*, mit hinzugefügtem -*t*,
Mitte, räumlich von Sachen: For it [sc. the
holy lond] is the herte and *the myddes of all the
world*. MAUND. p. 2. He that was formyour of
alle the world wolde soffre for us at Ierusalem,
that is *the myddes of the world*. *ib.* That compas, seye men, is *the myddes of the world*. p. 79.
A *middes*, medietas; medius. CATH. ANGL.
p. 239. *Myddes of a thing*, miliev. PALSGR.
Myddes, parte of a rounde sercle, centre. *ib.*
Myddes, parte of a chanell, le fil dune riuiere.
ib. Rowlande smote in to the shelde so grete a
stroke, that he clove it *bi the myddes* thrughe &
thrughe. CAXT. *S. of Aym.* p. 304. Thoghe ʒee
kutte hem [sc. the apples] in never so many
gobettes .. ʒee schulle fynden *in the myddes* the
figure of the holy cros. MAUND. p. 49. *Myddys*,
or the myd part of a thynge, medium. PR. P.
p. 337. While smale bellis ben medlid *in the
myddis* [mixtis in medio tintinnabulis *Vulg.*].
WYCL. EXOD. 28, 33 Purv. Boond brondis *in the
myddes*, whiche he kyndlid with fier. JUDG.
15, 4 Purv. von einem Körperteil in dem
Kompositum *middisfinger:* Þe *middisfynger*,
medius degitus. CATH. ANGL. p. 239. Leibesmitte: Mold .. gurde *aboute hire* middel [*myddes s.*] a uair linne saete. R. OF GL. 8961 sq. Wr.
von Personen: Jesus forsothe passynge *be the
myddes of hem*, he wente [Jesus autem transiens
per medium illorum ibat *lat.* vgl. neue. passing
through the midst of them *Luke* 4, 30]. MAUND.
p. 113. Now Fals and Fauuel fareþ forþ togedere. And Meede *in þe* middel [*myddes, myddis*
vv. ll.], and al þe meyne aftur [allegorisch]. P.
PL. *Text A.* pass. II. 158. auch zeitlich: In þe
laste eelde þat now is, þat is clepid *myddis of
ʒeeres*. WYCL. *Sel. W.* III. 24. vgl. Þe *middes*
betwyx twa place, jntercapedo. CATH. ANGL.
p. 239.

hieraus erklärt sich die nicht seltene substantivische Rektion der präpositionalen Formeln *in middes, amiddes*, von denen erstere
auch mit dem Artikel gefunden wird, räumlich,
von Sachen, Körperteilen und Personen, in der
Mitte: Nith in teldes of þam ai, *In middes of
am*, night and dai. Ps. 54, 16. Right even *in
myddes of the way*. CH. *H. of Fame* 714. Made
es mi hert als wex meltand *In mides of mi wambe*
dwelland. Ps. 21, 15. vgl. sch. *in myddis of the
land* [WYNTOWN]. He was the firste that saughte,
and *in the myddes of his enemyes* encountred.
MAUND. p. 226. Thei maken hire fuyr *in the
myddes of hire houses*. p. 248. Lo! I sende ʒou

as sheep *in the* mydil [*myddes*] *of wolues*. WYCL.
MATTH. 10, 16 Oxf. If Y schal fynde in Sodom
fifti iust men *in the myddis of the citee*, Y schal
forʒyue to al the place for hem. GEN. 18, 26
Purv. Goddis, that ben *in the myddis of ʒow*.
GEN. 35, 2 Purv. auch zeitlich: *In myddes of
þe masse* þo men ʒeden to offrynge, Ich fel eftsones a slepe. P. PL. *Text C.* pass. XXII. 4.

aus *in the middes of* erwuchs durch An-
fügung von -*t* neue. *in the midst of*, welches
so den Anschein eines in älterer Zeit anscheinend nicht nachweisbaren subst. Superl. *mid-
dest* gewann; es dürften daher auch die folgenden Stellen nur als frühe Beispiele des
durch -*t* erweiterten *in the middes of* aufzufassen sein: Quen he was doun in þe depe,
he saje a dym cloude Full of starand sternes,
and stijtild *in þe myddest* [sc. of þe cloude]
A grete grysely god on a guy trone. WARS
OF ALEX. 5395 Ashm. Of eiche provinges
[i. e. provinces] .. Their godes image their
sette was .. And sette also, *in medeste of thoz*,
God of Rome righte as a kinge. CHEST. PL.
p. 113.

Amyddes of the temple sat mesehaunce.
CH. *C. T.* I. B. 1151 Morris Cl. Pr. A right fayr
sterre, whiche shone *amyddes of the celle*. CAXT.
Gold. Leg. p. 278. Goddis, that ben in the
myddis [*amyddis* v. l.] *of ʒow*. WYCL. GEN. 35, 2
Purv.

selten ist *middes* ohne regierende Präposition in ähnlicher Verwendung: Middes above,
in ffulle riche aray, Ther satt a child off beaute
precellyng, *Middes of the trone*, rayed lyke a
kyng. LYDG. *M. P.* p. 12.

III. absolut oder adverbial gebraucht
erscheint das substantivische *mid, middes* mit
den Präpositionen *on, a* und *in*, in den Formen
*amidden, amidde, amyde, omidd, emid, emedd,
emeðen, emeðin*, zuweilen *amiddes*, selten *in mid,
in middes*; auch *middes* ohne Präposition findet
sich vereinzelt adverbial gebraucht.

1. räuml. mit Bezug auf Sachen, Körperteile und Personen, inmitten, in der Mitte:

a. *amidden, amidde* etc. He hine forsmat
amidden atwa, riht bi þon ribben. LAʒ. I. 68. Þat
deor todede his chæfles, and to þan king weo-
ðede, and forbat hine *amidden* atwa [and forbat
þane king *amidde* j. T.]. I. 277. Seodþe he
makede þe þridde [sc. stret], þe kærf þis lond
amidde [þat carf þat lond *amidde* j. T.]. I. 206.
Hafde he *amidde* [Hadde he *amidde* j. T.] cnihtes
wel bihedde. II. 331. He þareon ne biliefde
nouʒt, and lay doun himseolf *amidde*. SANCTA
CRUX 578 Horstm. p. 18. Among alle the planetes the sonne *amidde* is. POP. SC. 57 *Sgr.*
Þanne is .. þat pur lond *amidde*. R. OF GL. 24
Wr. A temple hii voynde vair inou, & a maumet *amidde*. 318. His felawes smite uorþ wiþ
him, & were sone *amidde*. 8181. Vor he [sc. god
þe uader] heþ yzet þe trawes of uirtue, and
amydde þet trau of lyue. AYENB. p. 95. [I ʒeve
to þe same Katerine ..] also .I. bordmausure
with a bond of seluer & ouerguld, wyth a prent
in þe myddylle, and a grypp *amyde*. FIFTY
WILLS p. 46 [a. 1420].

Ne sal nathing fra þam be hidd Þat sight o godd has euer *emidd* [*emid* EDINB.] [d. h. im Innern, im Herzen, in der Seele]. CURS. M. 23489 COTT. GÖTT.

b. *amiddes.* [I ..] wisshed witterly .. Þat disshes a[nd] dobleres .. Were [molten] led in his maw, and Mahoun *amyddes!* P. PL. Text B. pass. XIII. 80 sq. As the point in a compas Stant even *amiddes.* GOWER III. 92. *Amyddes* wol the best scions be founde. PALLAD. 3, 277.

c. *in mid.* God *in mid,* it [sc. Goddes cite] sal be stired nathinge. PS. 35, 6.

d. *in middes.* A rounde appel .. þat even *in myddes* has a colke. HAMP. 6444.

e. *middes. Middes* above, in ffulle riche aray, Ther satt a child off beaute precellyng, *Middes* of the trone, rayed lyke a kyng. LYDG. M. P. p. 12.

f. es finden sich auch Verbindungen von *amidden, amidde, emid, emedd* mit demonstrativen Ortsadverbien, wie mit *her,* hier, in der Mitte, hiermitten, hierzwischen: Voure kinges hii made þo in þis kinedom, þe king of Westsex, and of Kent, & of Norþhomber þe þridde, & þe kyng of þe March, þat was *here amidde.* R. OF GL. 58 Wr.

mit *þer* [vgl. altnorthumbr. *þær on middes,* in medio JOHN 8, 9 *v. l.*], dort in der [die] Mitte, daswischen, dabei: Boc he nom þe þridde, leide *þer amidden.* LAȝ. I. 3. He let hete water .. & þo hit boillede faste, He let nyme þis holi maide, & *þer amidde* hir caste. ST. MARGAR. 247 Spr. Paradis is a priue stedd, *Pur* mani mirthes er *emedd,* Þe leueleist of all landes. CURS. MUNDI 1003 COTT. mit Bezug auf eine Handlung: And if i any gode dede did, My hert it was noght *þar emyd.* 28320 COTT.

2. seitlich nur selten, in der Form *emeðen, emeðin* [vgl. altn. *í miðit,* in medio, in medium, von *miðr,* medius], inzwischen: Tas Ruben þan wit yow heþen, and leues me Beniamin *emeþen* [nu GÖTT. now TRIN.]. CURS. MUNDI 5117 COTT.

mit folgendem *þat* konjunktional, bis: Quils þat irene es in wonde, Es plaster nan mai mak it sond; Namar it mai þe saul of sin, Toquils it stikand es þarin, And it es stikand euer *emeþen Þat* sothfast scrift has driuen þeþen [*emeþend* .. to þe hend *Ms. emeþin Þat* softast shrift has driuen þeiþin FAIRF.]. CURS. MUNDI 26924 COTT.

IV. präpositional werden seit ältester Zeit verwendet mit der Präposition *on* gebildet *on midden, on midde, omid, amidden, amidde, amide, amid, amit, emid, emidd,* mit *in* gebildet *in midde, in mid, imid,* beide aus entsprechenden ags. Verbindungen hervorgegangen, in denen *mid* entweder adjektivisch [*on middan þam hwæte* MAT. 13,25 *on middum þinum temple* Ps. 47,8 þeáh þá muntas sýn avorpene *on midde þá sæ* 45, 2] oder substantivisch [sóðlike wæs þæt scipp *in middum sæs* avorpen MAT. 14, 24] gebraucht ist; das Altenglische lässt wegen der Verdunkelung und des späteren gänzlichen Wegfalls der Flexionsendungen keine sichere Entscheidung mehr zu.

in den Formen *amiddes, amiddis, emiddes* und *in middes, imiddes, in medis,* welche sich an das gleichfalls schon präpositional gebrauchte ags. Adverb *tómiddes* anlehnen, ist *middes* als urspr. Genitiv des Neutrums substantivisch aufzufassen.

selten sind auch hier, in gleicher Bedeutung ohne Präposition gebildet, *mid, midde* und *middes, middis.*

vereinzelt erscheinen Verbindungen des präpositionalen *amid* und *mid* mit anderen Präpositionen, wie *in amid* und *bitwix mid, to mid, thurgh mid,* die an geeigneter Stelle angereiht sind.

1. räumlich, mit Bezug auf Sachen, Körperteile und Personen, im Singular und Plural, in mitten:

a. *on midden, omid, amidden, amidde, amid* etc. Þa þe heo comen *on midden* þere se, þa wes þet godes folc up of þere se agan, and god bisencte þe pharaon and al his genge. OEH. p. 87. Ælra þara þinge þe on paradis beoð þu most bruce, and alle hi beoð þe betehte, buton ane treowe þe stent *on midden paradis.* p. 221. Hwi forbead jeu god þes trowes westm þe stent *on midden paradis?* p. 223. Whenne they come *on myddi the sea,* No wynd onethe hadden hee. RICH. C. DE L. 57. — His bodi tobarst *omid heppes* [vgl. oben *hupe, femur*]. ST. MARHER. p. 10.

Stod þe wundliche wode *amidden ane wælde.* LAȝ. I. 426. Þu jif me awa muchel lond .. feor from ælche castle, *amidden ane ualde.* II. 169. Arður lette alæn an teld *amidden ænne bradne ueld.* III. 111. Þe keiser .. bed bringen o brune an ad [i. e. rogum] *amidden þe burh.* LIFE ST. KATH. 1356. He, ase he hongede, muhte habben hore breð, mid alle his oðre wo, *amidden his neose.* ANCR. R. p. 106 Spr. — Her, *amid heapes* [*amidden heapes* C.], was tis meiden iset. LIFE ST. KATH. 1971. Ne aboutie heo nout vt, leste heo þes deofles quarreaus habbe *amidden þen eien,* þet *amidden his unwines,* lið him adun to slepen? p. 270. I beseche þat þou here me, Þat þe wreoche prisoun [i. e. prisoner] Mote come to sum raunsum, Þat *amidden alle his fon* In strong prison [þou] hast idon. CAST. OFF L. 330.

Þe keiser .. bed bringen o brune a fur *amidde þe burh.* LEG. ST. KATH. 1364. Men warp ham .. *amidde þe leie.* 1416. Ne wendeð je neuer þene rug .. auh wiðstondeð þe ueondes ferde *amidde þe uorhfde.* ANCR. R. p. 264. Spit him *amidde þe bearde* to hoker & to schom. p. 290. Stod þe wonliche wode *amidde one wolde.* LAȝ. I. 426 j. T. Þou jef me ao mochel lond .. for fram eche castle *amidde one felde.* II. 169 j. T. Þe abbodes sege was *amidde þe queor.* ST. BREND. 322 Horstm. p. 228. He hupte out of þat schip, and *amidde þe se* he gan weue. 505 [p. 233]. Þe feondes .. *amidde þe fuyre* him caste. 513. *Amidde þe water* as he was, a wolf þer com urne, & nom þat child.

St. Eustas 86 [p. 395]. Þe riȝte put of helle is amidde þe eorþe withinne. St. Miȝhel 391 [p. 311]. Amidde riȝt heouene þe eorþe is ase þe streon amidde þe eyȝe [i. e. egg]. 396. Þe eorþe amidde þe grete se ase a luy[te] bal is round, And puyr helle amidde þe eorþe. 654 [p. 318]. ähnl. Urthe is amidde the see a lute bal and round, And pur helle amidde the urthe. Pop. Sc. 255 Spr. cf. 1. 6. He wolde lete berne echon amidde þe heie strete. R. of Gl. 1814 Wr. Hii lete hom armi beye, & in to an yle mid god pas Amidde Seuerne hii wende, þat Olenege icluped was. 6270. Mi fader in Paris, amidde is kinedom, Mid prowesse of ȝoure faderes mid strengþe him [sc. þe king of France] ouercom. 7426. Bot whon he com amidde þe flad, On eiþer half he fond vnglad. Ev. Gesch. 16, 358 [in Arch. 57, 265]. „Fy on the!" quoth Nycolas, And spitte amydde his face. Alis. 890. A temple ther was amydde the market. 1515. Als he com bi a gong, Amidde the pit he hit [sc. the heued] slong. Seuyn Sag. 1315. Zuo moche him þinngþ þet hit is ase þe play of children amidde þe strete. Ayenb. p. 143. Amidde þe heiȝe tour is springynge A welle, þat euere is eornynge Wiþ foure stremes. Cast. off L. 727. But þat o tre com ȝe not to Pat stondeþ amidde paradis. Curs. Mundi 654 Trin. Amydde þe lond he say a spryng Of a welle of honoure. 1314. Trin. Let bringe a man in a bot amidde a brod water. P. Pl. Text A. pass. IX. 25. cf. B. VIII. 30. Men .. amydde þe flode adreynten. B. X. 406. Though þe messager make hus wey amydde þe whete, Wole no wys man wroth be, ne hus wed take. C. XIV. 43. Thus passed to and fro, All sterelesse within a bote am I, Amidde the sea. Ch. Tr. a. Cr. 1, 415. Amidde a tree fordrye, as whyt as chalk .. Ther sat a faucon. C. T. II. F. 409 Skeat Cl. Pr. In chambre, amydde the paleys. Complaint of Mars a. Ven. 79. — He stod amidde heom alle. O. E. Miscell. p. 54. Among alle þe planetes þe sonne amidde heom is, Aso is þe kyng amidde is men. St. Miȝhel 447 Horstm. p. 312. vgl. Among alle the planetes the sonne amidde is, As the kyng amidde his men. Pop. Sc. 57 Spr. Amorwe he lette clipie knyȝtes of þe lawe grete & wise, & sette him silue amidde hem alle as an heȝ iustise. St. Margar. 93 Spr. Ihesus .. Sittyng his disciplis amydde We say on mount of Olyuete. Curs. Mundi 17481 Trin.

Amyde þe whete. P. Pl. C. XIV. 43 v. l. — Lyones ȝode ham amyde, And ferde as þe dragownes did. Curs. Mundi 11629 Fairf.

Amid te burh. Leg. St. Kath. 1996. Nanters him mett amid þe feld, & hitt Arthour on þe schelde. Arth. a. Merl. 3253 Kölb. Amid þe strete. 5379. cf. 5870. Amid þe cors. 7200. cf. 7971. 9027. 9132. He wolde lete hem berne echon amid þe heye strete. R. of Gl. p. 81 Hearne. Amyd a brode water. P. Pl. Text C. pass. XI. 33 v. l. She kept it in full close Amyd her herte. Lydg. Chron. of Troy I. 6. — Her, amid heapes, was tis meiden iset. Leg. St. Kath. 1996. Heo stod unhurt þer, amid heppes,

heriende ure healent. St. Juliana p. 69 [s. oben heap 3 und vgl. neue. amid-heaps, in midst of a heap or crowd]. Þe holes, quen þai ham vndidde, Þai fande bot crawlande wormis amid. Curs. Mundi 6611 Fairf. Iesus .. Syttyng his disciplis amyd We sey on mount of Olyuete. 17481 Fairf. [Laud Ms.]. [ʒe ..] cast adoun þe crokk þe colys amyd. Dep. of R. II. pass. II. 52 Skeat.

Me weorp ham .. amidde þe leie [amit te leie R.]. Life St. Kath. 1405. Amit te burh. 1467 v. l.

Sir Putifar wel undirstod Pat Ioseph was o gentil blod; In all þe dedis þat he did He sagh drightin was him emid [d. h. in seinem Inneren, seinem Herzen, seiner Seele; vgl. God was euer in his þouȝt Trin. anders cett.]. Curs. Mundi 4249 Cott. — Leonis ȝode þaim als emidd, And pardes als þe dragons didd. 11629 Gött. Pas holes, quen þai þam vndid, Þai fand bot wormes creuland emid. 6611 Cott. Iesus .. Sittand his disciplis emid We sau on mont of Oliuete. 17481 Gött.

beachtenswerth ist hier die gleichbedeutende Verbindung in amid: Þe þridde broþer, Gueheres, Smot him in amid þe pres. Arth. a. Merl. 4823 Kölb.

b. amiddes, amiddis, emiddes, emiddis, spät neue. amiddes, dann amidst. Amyddes the pleyne was a laak. Alis. 5062. Let brynge a man in a bot in myddes a brode water [amyddes a brode water v. l.]. P. Pl. Text C. pass. XI. 33. Amyddes a tree fordruye, as whit as a chalk .. There sat a faukoun. Ch. C. T. 10723. Þo maisturs gert make, amyddes his hede, A hole þurgh his hernepon. Destr. of Troy 8774. Ase they sat amyddes the mete. Torrent 822 Adam. vgl. Amyddes þe lond R. of Gl. ß. γ. 8 Wr., amiddes Seuerne γ. 6271, amyddes is kinedom ß. 7426. Amyddes the feld there it lay. Lonelich Grail XIV. 619. The communers .. token the bisshop, and led hym amyddes Chepe. Caxt. Chron. Engl. CCVIII. 190. — Amyddet the stretes .. they maden ful gret hepes. Lonelich Grail XLVI. 167.

In a temple of þe trinite, þe toune euen amyddis, That cristis churche is cleped amonge þe comune peple. Dep. of R. II. prol. 3 Skeat. — Amyddis his bretherin twelve. Lonelich Grail LI. 122.

Bot ȝon o tre com ȝe noȝht to Pat standis emiddes paradis. Curs. Mundi 654 Gött.

Ercules as emperoure emyddis all he standis. Wars of Alex. 4538 Ashm.

c. in midde, in mid, imidde, imid. Telle þi name to mi breþer I sal, In midde þe kirks loove þe with al. Ps. 21, 23. God .. Wroght has hele in midde þe land. 73, 12. In mydde the lyste of the lawunde, the lordus doune liȝte. Ant. of Arth. st. 38.

If I ga in mid schadw of dede. Ps. 22, 4. Als wex meltand made is mi hert In mid mi wombe. 21, 15 E. In myd Phintun Lone, hor paveluns were piȝte. Ant. of Arth. st. 37. Than met þaim in myd way Ane hert with s hoge heued. WARS OF ALEX. 1061 Dubl. — *In mid par kastelles* fellen þai. Ps. 77, 28.

Imydde þat lond a welle spryngeþ. CURS. MUNDI 1032 TRIN.

Þat vale, þe vale of þe erthe men calles, For *imyd þe erthe*, withouten, it falles. HAMP. 5167. — Leon yode *þam* als *imid*, And pardes als þe dragons did. CURS. MUNDI 11629 COTT

d. *in middes, in medis, imiddes*. *In middes þe land* [*In middes þe lande* FAIRF. *In middes þe land* GÖTT.] he sagh a spring Of a wel. CURS. MUNDI 1314 COTT. *In middes þat land* a welle springes. 1032 GÖTT. *In myddes the lyist* on the lawunde, this lordes doun lyjte. ANT. OF ARTH. st. 44. Som clerkes says .. þat helle even *in myddes þe erthe* is. HAMP. 6441. The childe was set *in middes the place*. SEUYN SAG. 3451. Whan the emperour dyethe, men setten him in a chayere *in myddes the place* of his tent. MAUND. p. 253. Let bringe a man in a bot, *in myddes a brode water*. P. PL. Text C. pass. XI. 33. — Gode stode in sinagoge of goddes ma, *In middes* sothlike *goddes* demes he þa. Ps. 81, 1.

In medys the water, bi oure assent, Be now maide the firmament. TOWN. M. p. 2.

I þi burðtid in al þe burh of Belleem ne fant tu huslewe þer þine nesche childes limes inne mihte reste, bot in a waheles [i. e. sine pariete, su waj, wah, paries] hus *imiddes þe strete*. OEH. p. 277 [vgl. GEB. JESU 564 und Zup. in Arch. 88, 67]. Ierusalem .. þat standes *imyddes þe world so wyde*. HAMP. 5185. Ryght swa es hellepitte .. *Ymyddes þe erthe*. 6447. Als þe yholk *ymyddes þe egge* lys. 6451. *Ymyddes the halle* Was a tre .. all of tru gold. DESTR. OF TROY 4957. — Right swa es þe erthe .. *Ymyddes þe hevens* þat gas obout. HAMP. 6452.

e. *mid, midde*. [Þe keruer ..] Lays hit *myd dysshe*. B. OF CURTASYE 734. — Iesus .. Sitt and *his disciplis mid* [amyd, emid, amydde cett.] Wee sagh on mont of Oliuete. CURS. MUNDI 17481 COTT.

In to an yle mid god pas Amidde [Al *mydde* B.] *Seuerne* hii wende, þat Olenege icluped was. R. OF GL. 6270 Wr.

hierher dürften auch die Verbindungen *bi-twix mid, to mid* und *þurh mid* gehören, in denen vor ein durch anscheinend präpositionales *mid* bereits bestimmtes adverbiales Satzglied eine zweite Präposition tritt: *Bitwix mid hilles* [inter medium montium lat. betwih middel munta ags. i. e. mitten zwischen Hügeln] sal watres ga. Ps. 103, 10. — Powre in water þenne *To myd þo pot* [i. e. bis zur Mitte]. LIB. C. C. p. 19. — Þat delt þe Rede See in delinges wele, And led *thurgh mid it* [þurth mid it H. per medium ejus lat. ðorh middel his ags. i. e. mitten durch dasselbe] Irael. Ps. 135, 13. 14.

f. *middes, middis* [mit und ohne Artikel]. Ase thay sat þe *myddes the mete* [amyddes th^e mete *Adam*]. TORRENT 882 Halliw.

Than metis him *myddis the way*, was meruals to sene, A hert with a huge hede. WARS OF ALEX. 1061 Ashm.

auch hier findet sich die Verbindung mit *bitwix*: If ye slepe *bitwix middes clerkes* [inter medios cleros lat. betwih midde ðreátas ags.]. Ps. 67, 14.

2. selten begegnet die Beziehung dieser präpositionalen Wendungen auf die Zeit: Opon Mijhelmasse fourtene nyjht his day falles in þe jere, And *amidde þe monþs of Luyde* seint Edwardes dai þere. ST. EDWARD 229 Horstm. p. 53. *Amidde haruest* we þe setteþ day of þis nexte jere At Rome uor to ansuerye. R. OF GL. 4005 Wr. But Sampson, þat was so wijt, Vp he roos *amydde þe nyjt*, And bare þe jatis of þe toun, And leide hem on a heje doun. CURS. MUNDI 7183 TRIN.

3. verhältnismässig selten auch findet sich die in der jüngeren Sprache bei *amid* etc. häufige bildliche, der zeitlichen nahe verwandte Verwendung mit Bezug auf Umstände, Zustände, Handlungen, in mitten deren das Subjekt sich eben befindet: Þer iwurðen to-bursten eorles swiðe balden, mit ten þusend cnihten hælden to þan uihten, *amidden þan þrunge* [amidde þan þringe], þer heo þikkest weoren, and slojen Romleoden. LAJ. III. 97. *Amide þe kours* he hem oftok. BEUES 3530 Kölb. vgl. sch. *Amyd this deray*, *This hate fury of slauchter*, and *fell affray*. DOUGL. En. 7, 10, 77.

Murthe of here murye mouthes made me to slepe; And merueilousliche me mette *amyd-des al þat blisse*. P. PL. Text C. pass. XI. 66. Yit was he [sc. Cresus] caught *amiddes al his pryde*, And to be brent men to the fyr him ladde. CH. C. T. II. B. 3919 Skeat Cl. Pr. At soupertime netheles The king *amiddes all the pres* Let clepe him up amonge hem alle. GOWER III. 299.

In mydde þe poynt of his pryde departed he þere. ALLIT. P. 2, 1677.

Thai .. lete hir flye *in myddes the fire*. SEUYN SAG. 3994.

On swilch liflode we mugen trustliche abiden ure louerd Ihesu Cristes tocume, and siker ben þat he wile to us cume, and weren us *mid ure deaðliche liue* and wið eche mene. OEH. II. 9 [anders fasst *Morris* die Stelle auf, vgl. seine Übersetzung: doch findet sich *mid* ohne *in*, auch sonst früh präpositionale gebraucht; s. oben IV. 1. e. *mid, midde*].

V. über *midward, amidward, amidwardis, in midward, imidward* etc. s. *midward* adj. medius.

midai s. meridies s. *middai*.

mid alle, mid al adv. ags. *mid ealle, mid eallum, mid eallan*, ahd. *mit allu, mit allo*, mhd. *mit alle, mitalle, mit al*, verstärkt *almitulle* [GRIMM Gr. III. 106], auf dem das spätere Adverb *wið alle, withal* und formell auch die gleichlautende, seit alter Zeit ihrem Hauptworte nachgesetzte Präposition beruht, ist bereits oben besprochen; vgl. *mid* præp. 3 und besonders *al* s. Seine Entstehung aus dem ags. *mid ealle, mid eallum, mid eallan*, das einem von *mid* regierten Substantiv nachgestellt

wurde, um mit Nachdruck die Totalität desselben hervorzuheben [Gif men sŷ se earme *mid
ħanda mid ealle* ofācorfen LEGG. ÆLFRED. B.
40], ist *Gr.² I.* 459. II. 452 nachgewiesen.
Einige weitere Beispiele und einige Ergänsun-
gen sind hier gegeben. durchaus, ganz
und gar.

1. Fearlac, deaðes sonde, haueð wið his [sc.
tidinges] offearet us swiðe *mid alle.* OEH.
p. 257. Ðat feorðe is þat man þe spuse haueð,
hī² golliche deden wiðteo, swo hit be untime,
and þo þe beð unbispused, forleten *mid alle.*
II. 13. cf. II. 67. II. 137. Soð scrifte understondeð man þanne he his muchele synnes *mid
alle* forleteð. II. 23. For gif anie hadden don
[ac. sinnes], he hem *mid alle* vorgaf. II. 119.
He [sc. Iob] was admod on worde, and rihtwis
on dede, and godfruht on þonke, and loðles
mid alle. II. 167. We beoð so bistaðed & so
stronge bistonden, þet we *mid alle* nenne read
ne cunnen bi us suluen. ANCR. R. p. 264.
Herto heo moste andswere vinde, Oþer *mid alle*
beon bibinde. O. A. N. 665 *Spec. I.* Tuo faire
wymmen *mid alle* seint Cristofre he broþte
[Tweyen faire wommen withalle to Cristofre he
brouþte 167 Horstm. p. 276]. ST. CRISTOPH. 172
Spr. Weitere Beispiele sind oben v. *al* s. gegeben.

2. die ursprünglich räumliche Anschauung,
welche der Präposition *mid* auch in dieser adv.
Formel inne wohnt [vgl. oben *mid* præp. 3], tritt
natürlich besonders da noch hervor, wo es sich
thatsächlich um die verstärkende Hervorhebung
der Totalität aller in Betracht kommenden Personen einer Begleitung handelt: He [sc. þe
king of Babilonie] gederede michel ferde *mid
alle,* and com him self þerwið. OEH. II. 51.
Ure lauerd him seolf com wið engles, & wið
monie meidnes *mid alle* [neben: Ich aweorp
wið alle ðe glistinde wordes þ beoð in ower
bokes 835]. LIFE ST. KATH. 1829.

3. zur Verstärkung der Beiordnung erscheint *mid alle,* wie adverbiales *mid, þermid*
[vgl. *mid* adv.] im Anschlusse an das kopulative *and oc:* Ich chulle þet he wite hit ful wel,
& tu *eke mid al* [ant tu eke mid him p. 14]. ST.
JULIANA p. 15.

4. verstärkend wirkt *mid alle* auch in der
Unterredung, und zwar im Konditional-
satze mit thatsächlicher Geltung der Bedingung
[vgl. *Gr.²* III. 497. 516]: Ȝif muchel neode *mid
alle* makeð breken ower hus, þe hwule þet hit
euer is ibroken, loke þet þe habben þerinne mid
ou one wummon of clene live deies & nihtes.
ANCR. R. p. 418.

middai, midai, middei, s. ags. *middäg,* afries.
middei, alts. *middi dag,* ahd. *mitti tak, mittitac,
mittetac,* mhd. *mittetac, mittac* [neben flektirtem
ahd. *mitter tag* gen. *mittes takes* otc., mhd. *mitter tac*], md. *mittag,* altn. *miðdagr,* neue. *midday;* vgl. *mid, medius, daȝ, dies.*

1. Mittag, Mittagszeit: It was passed
þe *midday.* ARTH. A. MERL. 4778 Kölb. Bi þat
hit was *middai* hiȝ. FL. A. BL. 151. Forsothe it
was the makinge redy, or euyn, of pask [d. h.
Rüsttag, Vorabend des Passahfestes], as the

sixte our, or *mydday.* WYCL. JOHN 19, 14 Oxf.
Spr. Mydday, meridies, mesimbria [i. c. με-
σημβρία]. PR. P. p. 337. Hic meridies, a *midday.* WR. VOC. p. 273 [col. 801, 39]. Þe *midday,* meridies, meridianus, merarium [ingarium
A.]. CATH. ANGL. p. 238. He salle have
maundement to morne or *myddaye* be roun-
gene. MORTE ARTH. 1587.

adv. akk.: My sonnes, se ȝe, *mydday* and
morne, To thes catelles takes goode hede.
YORK PL. p. 50. We herde never .. Suche melodie, *mydday* ne morne. p. 416-7. vgl. We
hard neuer .. Siche melody, *mydday* ne morne.
TOWN. M. p. 254.

urspr. dat.: Hit wes *welncygh mydday* þo
þusternesse com In alle middenherde fort þet
hit wes non. O. E. MISCELL. p. 50. For þis
boy muste be dede by none, And nowe is *nere
myddaye.* YORK PL. p. 345.

mit Präpositionen: *Aboute midday,* to setten watur, a womman þare cam gon. LEB. JESU
310. Þe sonne for sorwe þerof les syȝte for a
tyme, *Aboute midday* when most liȝte is. P. PL.
Text B. pass. V. 500. cf. *C.* VIII. 132. Which
[i. e. Jesus] deide & deth þoled þis day *aboute
midday. B.* XVIII. 134. cf. *C.* XXI. 139. At
undren and *at midday* iherede he werkmen.
O. E. MISCELL. p. 34. cf. p. 33. *At mydday* and
at non He sende hem thider [sc. to the wynȝord,
fol son To helpen hem with hoc. LYR. P. p. 41.
At hiȝ *midday* þe king Iuore To Beues he smot
a dent ful sore. BEUES 4173 Kölb. For he [sc.
Adam] was wroght at vnderntide, *At middai* Eue
draun of his side. CURS. MUNDI 1985 COTT. FAIRF.
At midday Blake hit [sc. þe sonne] shal so bi
his myȝt, No mon þerof shal haue no siȝt. 2351?
TRIN. Euyn *atte the mydday* this ferly con falle.
ANT. OF ARTH. st. 6. The yeer of oure lord
1391, the 12 day of March *at midday,* I wolde
knowe the degree of the sonne. CH. *Astrol.* II.
1, 4 [in *Compl. W.* III. 188 Skeat]. This was
at midday in the 13 day of Decembre. ib. 12.
At mydday y was dubbid knyȝt. HYMNS TO THE
VIRG. etc. p. 84. Þe rode it was wit leif and
bare Florist ful selcuthli, *Fra þe middai* to com-
plin. CURS. MUNDI 16859 COTT. GÖTT. *Fram
midday* fort afternone He nadde strengþe bot
of one [sc. kniȝt]. ARTH. A. MERL. 4786 Kölb.
Þis fiȝt last *fram þe midday.* 7526. Abute þᵉ
time *of middai* He [sc. þe sone] worþ as blak
as a cole. XV. SIGNA 65 *Spr.* Aboute the time
of middai Out of a mameri a [sc. Beues] sai Sarasins come gret foisoun. BEUES 1349 Kölb.
In þe time *of midday* On þe paiens he smot, par
fay. ARTH. A. MERL. 4795 Kölb. Thus heo
gradde weylawey, Til tyme *of* hyȝth *myddai.*
ALIS. 1067. To hir bedd son scho ȝod & lay,
Abutte þe time al *of midday.* CURS. MUNDI
20487 COTT. ähnl. cett. Abute þe time o *middai* or mar, A ded man bode [i. e. a dead man's
body] forth þai bar. 21541 COTT. Jerusalem is
in the myddes of the world; and that may men
preven and schewen there, be a spere, that is
pighte in to the erthe, upon the hour *of mydday,* whan it is equenoxium, that schewethe no
schadwe on no syde. MAUND. p. 183. To slepe

and route *Til* high *midday*. GOWER II. 111.
They spared not, but slewe doun ryght, & put
the Sarazyns to deth *tyl mydday*. CAXT. *Charles
the Gr.* p. 226. Fram arnemorwe *to þe midday*
He hadde strengþe of kniȝtes tvay. ARTH. A.
MERL. 4786 Kölb. Þy pater noster say ȝerne,
In morowe & *mydday* & euentyde. MYRC *Instructions* 1712. It was neuer bot as nyȝt fra þe
nonetyme Till it *to mydday* was meten on þe
morne efter. WARS OF ALEX. 563 Ashm. Fro
morewane *to þe mydday* merely þai [sc. þa trees]
spring, And þan discende þai doun as þe day
passis. 4769 Ashm.

vereinzelt erscheint die Form *midai* [für
middai]: *Miday* passed, & none cam. ARTH. A.
MERL. 5189 Kölb.

selten scheint die Form *middei* zu sein:
Abute middei hwose mei, & hwose ne mei
þconne, o summe oðer time, þenche o Godes
rode. ANCR. R. p. 34.

2. **Mittagsgesang, Mittagsgebet,**
als volkstüml. Bezeichnung für **Sexte** d. h.
eigentl. die sechste Tagesstunde (vom Aufgang
der Sonne, im allgemeinen von sechs Uhr morgens an gerechnet, also zwölf Uhr mittags),
dann die für diese Zeit als die vierte kanoni-
sche Betstunde in den Klöstern festgesetzten
liturgischen Gesänge [vgl. ags. *middægsang*,
cantus meridianus ÆLFR. cf. D. C. v. *horæ ca-
nonicæ*]: Þe foweles sunge ek here matyns .. &
of þe sauter seide þe uers, & siþþe also [alto
Ms. al to ST. BRAND. p. 10] prime, & vnderne
siþþe, & *middai*, & afterwardes non. ST. BREND.
223 Horstm. p. 225.

middalmeltime s. eig. mealtime of midday;
vgl. *meltima* zu *mæl*, cæna. Mittagsessezit:
At *myddaymeeltyme* [At meele, at meete
vv. ll.] ich meete with hem ofte. P. PL. *Text C.*
pass. X. 246. vgl. Abowte *mydday*, whanne
[most] lyght ys and *meeltyme* of seyntes. *C.*VIII.
133 [s. *Notes* p. 194].

middaisonne s. neue. *midday-sun*; vgl. *sunne*,
sol. Mittagssonne.
The *myddaysonne* eke stande it [sc. goode
lande] with to mete in places cold. PALLAD. 2,
159.

middaitime s. vgl. *time*, tempus. Mittagszeit.
At *middaitime* [midday TRIN.], als sais þe
bok, Blacken it [sc. þe sun] sal. CURS. MUNDI
22512 COTT. FAIRF. GÖTT. EDINB.

**middaneard, -erd, middeneard, -ærd, -erd,
-ard** etc. s. aus *mid* adj. und ags. ae. *eard* s.
zusammengesetzt, ags. *middaneard*, ager medius, habitatio media, orbis terrarum, mundus,
neben dem älteren und häufigeren aus *mid* adj.
und ags. *geard* [= ae. ȝard] gebildeten ags.
middangeard, sepes media, arx media, orbis
terrarum, mundus, altnorthumbr. *middangeard*,
-geord, -gerd, middungeard, ahd. *mittingart*,
mittangart, mittigart, altn. *miðgarðr*, gth.
midjungards, οἰκουμένη, orbis terrarum; vgl. das
ähnlich gebildete *middeleard* neben *middelerðe,
middelȝard, middelwereld.* Mittelwohnung,
von der Erde, ursprünglich als mittlerer Wohnsitz zwischen Himmel und Hölle gedacht, dann
überhaupt Erde, Welt, in eigentlicher und
übertragener Bedeutung.

Hedde he ibeon ðer anne dei, oðer twa
bare tide, Nolde he *for* æl *middaneard* ðe ðridde
þere abide. POEM. MOR. 139 Zup. *Übungsb.*

He is þet soðe lomb, alswa Sancte Iohan
þe baptist cweð, qui tollit peccata mundi, þe
binimeð *middanerdes* sunne. OEH. p. 127.

Hædde he beon þer anne dei, oþer twa
bare tide, Nolde he *for* al *middæneard* þe þridde
þer abide. OEH. p. 292.

Iob witnede ure drihten þat of þis deað
him redde, on þe careful dai, þan he cumeð al
middeneard to demen. OEH. II. 171. Eal un-
helðe Ðurh dieð com *in* ðis *middeneard.* POEM.
MOR. 197 Zup. *Übungsb.* Alle unhalðe Þurh
deað cam *in* þis *middeneard.* OEH. II. 226. Þe
rihte bileue setten þe twolue apostles on write
ar hie ferden *in to* al *middeneard* to bodien
cristendome. II. 17. Hadde he ben þar on oðer
two bare tiden, Nolde he *for* al *middeneard* þe
þridde þar abiden. II. 224.

Deað cam *in* þis *middenærd* þurh ealde
deueles onde. OEH. II. 226.

Heo [sc. þe sunne] liht al þis *middenerd.*
OEH. II. 109. Þurh him deð com *in* his *middenerd.* OEH. p. 171. cf. p. 293. Dieð com *in*
þis *middenerd* þurh þe ealde deofles onde. *ib.*
Þe forme man þe com *in* þis *middenerd*, þat was
Adam, ure alre fader. II. 131-3. neben: Deþ
com *in* þis *middenerde* þurh þeos doules honde.
OEH. p. 171. Hefde he bon þer enne dei, oðer
twa bare tide, Nolde he *for* al *middenerd* þe
þerrde þer abiden. p. 167-9. Seuen strides he
makede .. fifte into helle, sixte *into* þis *middenerd*, þe seueðe erst into heuene. II. 113. On his
guweðe he understod þat he was send *into* þis
middenerd to donde þrefolde wike. II 139. Iesus
Crist .. com *into* þis *myddenerd* sunfulle men to
ryhte. O. E. MISCELL. p. 52. Þe holi prophete
Abacuc .. seh suterliche sele of þe wundren þe
ure helende dide siðen, and *on middenerd*
wrohte. OEH. II. 109. neben: He awundred
is, wunder ane swiðe, whar þu þat mod nime *a*
þisse *middenerde* þat þu derst of Rome wið-
suggen æi dome. LAȝ. II. 619.

Hit wes welneyh *mydday* þo þusternesse
com *In* alle *middenherde* fort þet hit wes non.
O. E. MISCELL. p. 50.

Wearð þa elc þinȝ cuces adrenct, buton þa
þe binnon þane arce were, of þan wearð eft
ȝestaþeled eall *middenerd.* OEH. p. 225. His
land is al þes *middenerd.* p. 233. Þan þat þer
tofor him abernð þat *middenard* [middernad
Ms.]. p. 239. Of þe foloe we siggeð þat hit cumþ
fastlice fram *middenerdes* anginn. p. 237. Þa
asprang þis ȝedweld *ofer* al *middenerd.* p. 227.
neben: Hi þa iswicon hare timbringe, and to-
ferden *ofer* alne *middenerde. ib.*

Al se *middennard* was mid senne begripe.
OEH. p. 237. Ic wil senden flod *ofer* alne *middennard.* p. 225. Crist .. het hi faren *ofer* all
middennard bodiende fulluht and soð ȝeleafen.
p. 229.

Þer he sit .. mid al þan þe þer *midenarde*
for his lufe werpeð abec. OEH. p. 239.

midde adj. medius, s. medium, præp. in medio s. *mid* adj. etc.

middel, middil, middul, midel, midil, medil, medul adj. ags. *middel*, medius [in Zuss. und in *middel* s. medium] superl. *midlesta*, afries. *middel*, ahd. *mittil, mittel* superl. *mittelóst* [neben *metal* superl. *metalóst*], mhd. *mittel*, altn. *miðil* [neben *meðal*], neue. *middle*, mittelst des Suffixes *-el* von *mid* adj. medius abgeleitet.

1. räumlich, von Personen, in der Mitte befindlich [medius]: Sothli the *myddil* [*mydil* Picker.] man of jou stood [medius autem vestrum stetit *Vulg.* μέσος δὲ ὑμῶν ἔστηκεν], whom je knowen not. WYCL. JOHN 1, 26 Oxf. *Spr.* vgl. Anm. Superl. mittelst: Vre Lefdi nome mid te sticke, & dude iðe ones muðe þerof [sc. of þe letuarie], & þe meidenes eoden furðre to þe *midleste* [sc. man]. „Nai," cweð ure Lefdi, „he is his owune leche, goð ouer to þe þridde!" ANCR. R. p.370. King Arthour sat .. *Midelest* at þe heije table. ARTH. A. MERL. 6511 Kölb.

von einem Sammelnamen, der Personen umfasst, mittel-, mittler, in der Mitte befindlich: Þe vantwardes hom mette verst .. Hii smitte togadere, & fojte vaste, ac oure ost al to sone Bigan to sprede, & eode adoun ac [but β. s. at *A.*] oure *middel ost* [i. e. mittlere Heerschar, Mitteltreffen]. R. OF GL. 9006 sq. Wr. Hii sette þe deserites in þe *middel ost* þo, Þat þe king adde binome hor lond, & ido so moche wo. 9272. ähnl. Now mellys oure *midille-warde*, and mengene togedire. MORTE ARTH. 4174. vgl. *middelwarde, medilwarde* s. media custodia.

von einem Körperteile, mittel-: *Myddul party* [sc. of þe hede], interciput. WR. VOC. p. 183 [col. 631, 10 Walck.]. cf. p.185. 206 [col. 633, 6. 674, 2]. *Medylle fyngur*, medius [i. e. Mittelfinger]. p. 179 [col. 627, 1]. *Medulle fyngur*, medius. p. 184 [col. 632, 13]. vgl. *Myddle fyngre*. PALSGR. neue. *middle-finger*, schon ags. *middelfinger*. The *medyl weyn* [i. e. vena media, vena mediana, Mittelader im Vorderarm] betuen ham two The coral is clepyt also. REL. ANT. 1. 190 [Ende des 14. Jahrh.]. Superl. mittelst: „Longue man" hatte þe *midleste* [sc. finguer]; for he lenguest is. ST. MIJHEL 311 Horstm. p. 308.

von Sachen gewöhnlich mittler, in der Mitte befindlich: Hii [sc. Brutons] ssolleþ jut keuery moche lond þat hii abbeþ ylore, Al Walis & al þe march & al *middel lond* ywis Þat is al bituene Temese & Homber. R. OF GL. 5133 Wr. Þe toþer hew next to fynde Is al blew men callen Ynde; Þe *middel hew* is þat I mene [die mittlere von drei Farben, mit denen eine Burg angestrichen ist]. CURS. MUNDI 9919 TRIN. For he that will pupplische ony thing to make it openly knowen, he wil make it to ben cryed and pronounced in the *myddel* place of a town, so that the thyng .. may euenly strecche to alle parties. MAUND. p. 2. In þe wyndynge of þe *myddel playn* [der in mittlerer Höhe des Berges befindlichen Ebene] is a pitte, oute of þat pitte philosofres were enspired. TREVISA L. 189 *Spr.*

vgl. Anm. Englische men .. hadde from the bygynnynge þre manere speche, norþerne, sowþerne, God *middel speche* in þe myddel of þe lond. II. 159. In this *middel chaumbre* that ye see Shul youre wommen slepen wel and softe. CH. *Tr. a. Cr.* 3, 666 Skeat [in *Compl. W.* II. 264]. He, which had his prise deserved After the kinges owne worde, Was made begin a *middel borde*, That bothe king and quene him sigh. GOWER III. 299. Euerilc on ðat helden wið him [sc. Ligþer] .. fellen ut of heuenes ligt In to ðis *middil walknes* nigt. G. A. EX. 285 sq. The tothir hew next to fynd Ys alle blew men callen Ynd; The *myddylle hew* is that I mene. CURS. MUNDI 9919 FAIRF. [Laud]. vgl. oben. Superl. Þe *baile midelmast* o thre [Þe *bayle midilmast* of þe þre GÖTT.] Bitakens wel hir chastite. CURS. MUNDI 10023 COTT. GÖTT. [von einem Höhenverhältnis, vgl. 10025; *baile* ist afr. *baile, baille*, barrière, porte avancée]. Tak the rote of walwort .. and do away the overmast rynd, and tak the *mydilmaste rynde* [d. h. die dem Holze als der Mitte der Pflanzenwurzel nächste, innerste Rinde]. REL. ANT. I. 52 [14. Jahrh.]. substantiviert übertr. Mitte, Mittelstück [einer bibl. Erzählung]: In the whiche gospel it is profitable to men desyrynge God, so to knowe the first, the mydmeste [mydelmest v. l.], other the last etc. WYCL. prol. 1 p. 1.

von einer Sache findet sich das Eigenschaftswort auch wie *mid* adj. medius gebraucht, mitten in: Whanne euenyng was, the boot was in the *myddil see* [in medio mari *Vulg.*]. and he aloone in the lond. WYCL. MARK 6, 47 Oxf.

2. zeitlich, vom Lebensalter, als Attribut von Personen, bezeichnet es im Positiv und Superlativ die mittlere von drei einer Familie angehörigen Personen, mittler: After him was an oðer, þat was þe *middel broþer*, he was ihote Aurelius. LAJ. II. 114 j. T. Jete wald þe deuel ful of ond þe *midel soster* a gile fond. ARTH. A. MERL. 769 Kölb. Camber hehte þe oþer, Þat was þe *middil broþer*. LAJ. I. 89-90 j. T. Agayne swithe over the water he wode His *medille sone* over to bringe. ISUMBR. 178. Superl. mittelst: Cambert hehte þe oðer, þat wes þe. *midleste* broðer. LAJ. I. 89-90. Þe *midlest* [sc. sune] wes ihaten Casibellaunus [Þe *midleste* Cassibilanus j. T.]. I. 301. After him wes iboren an oðer, þe wes þe *midleste* broðer. II. 114. For he [sc. Thare] bigat a sune Aram. Nachor *midlest*, last Abram. G. A. EX. 709. Ioseþ hadde iwedded þe Marie Cleophe, þat wes Cleophases dou3ter and þe *midleste* [sc. child] ibore. ST. JACOB 8 Horstm. p. 365. Þe *midleste soster*, þe Marie Cleofe, Hadde tweie holie sones bi hire louerd Zebede. 15. Þe *midleste* [sc. soster] hadde tweie sones, seint Ieame and seint Iohan. 22. His *midelst* [sc. sun] þat hight Cam [His *midlest sone* þat hat Cham FAIRF. His *middelest* sun was cald Cam GÖTT. His *myddelest* son was calde Cam TRIN.], Bihild and sagh his fader schame. CURS. MUNDI 2025 COTT. My *myddeleste sone* [sc. schal haue] fyue plowes of

lond. GAMELYN 59 Skeat. auch unorgan. verstärkt: Regan heyght þe *myddylmost* [sc. doþter]. R. OF GL. δ. 685 Wr. Now sall I sothely of hire sons say þow þe names; þe first was Candoyle callid .. Þe *medilmast* of þe men was Marcipy hatten, Þe þrid Caraptus is cald. WARS OF ALEX. 5091 Ashm. His *medilmaste sone* sit lefte he thare. ISUMBR. 184.

gleichfalls vom Lebensalter als Attribut von *age* [vgl. neue. *middle age*, mittleres Alter, mittleres Lebensalter]: I haue .. moeued þe to þinke on þine ende .. And of þi wylde wantonnesse þo þow jonge were, To amende it in þi *myddel age*. P. PL. *Text B*. pass. XII. 3 sq. Pat beth myȝthfull men of þe *myddel age*. DEP. OF R. II. pass. III. 252 Skeat. All þi jeris ere jeten jare, & þi jouthe fenyst, Lange or þou haue meten þe merke of þi *mydill age* [of þi *medyll age* Dubl.]. WARS OF ALEX. 1107 Ashm. Þis myȝty ᶴgod at I me[ne] is of a *medill age*. 315 Ashm. ähnlich als Attribut von *lif*: Þis were noble kniȝtes fiue, & alle of *midel liue*; Þe oþer al were bachelers. ARTH. A. MERL. 5391 Kölb.

selten begegnet es bei anderen Zeitbegriffen; so bei *sel*: On *midel sel* [i. e. in the mean time], ðat ilc niȝt, So cam wreche on Egipte rigt. G. A. EX. 3159. bei *festedai*: Whanne the *mydil feestedai* cam [d. h. der vierte von den sieben Tagen des Laubhüttenfestes]. WYCL. JOHN 7, 14 Purv. *Spr.* vgl. Anm.

der Superlativ findet sich zeitlich gebraucht als Attribut von *biwist*, um die zeitlich mittlere von drei Lebenslagen zu bezeichnen: On þe *midkste biwist* þe he [sc. Iob] þolede þe gimere pine, he makede ane reuliche meninge. OEH. II. 169.

3. übertr. die Mitte haltend zwischen gross und klein, hoch und niedrig, gut und schlecht, von Sachen und Personen, mittel-, mittler, mittelmässig: Þe þridde byeþ ine þe *middel stat*, þet goverveþ wel oþer ham, oþer oþre, and libbeþ be þe hestes of god. AYENB. p. 122. Yong was this quene, of twenty yeer of elde, Of *midel* [*mydelle*, *mydil* vv. ll.] stature, and of swich fairnesse, That nature had a ioye hir to behelde. CH. *An. a. Arc.* 78 Skeat [in *Compl. W.* I. 368]. — Þe *myddel goodes* he onderstant ine guode, and went alneway into þe guode half. AYENB. p. 136. Þet is aye þe þri queade techches of þe missiggeres, þet arereþ þet quead, an loȝeþ þet guod, and þe *middel þinges* overþraweþ and miswendeþ. ib. Þe *midel guodes* byeþ of kende and of techinge. p. 78. Nou ich habbe ssortliche yssewed huyche byeþ þe lyttle guodes and þe *midel guodes*; nou ich þe wylle ssewy huet ys þe ȝoþe guod ariȝt. p. 79. SuperL. mittelst: Þe tuo *midleste* [sc. of þise six yefþes] belongeþ to ham of þe middel stat. p. 122. Þe men [*midliste*] byeþ ase þe barouns and þe baylifs. ib.

middel, middil, middul, midel, midil, medel, medill, medul s. age. *middel*, medium, mhd. md. *mittel*, neue. *middle*, früh substantiviertes Neutrum von *middel* adj. medius.

1. räuml. mit Bezug auf Sachen. Mitte, mittlerer Teil, Mittelstück: Hii [sc. þe

Brutons] dude hom vorþere in þis lond þan hii were in wone, & wonne þe *middel* of þis lᵒnd to Bedeford anon. R. OF GL. 4718 Wr. cf. Hii ssolleþ ȝut keuery .. al middel lond [al *middel* a. β. d. s.], Pat is al bituene Temese & Homber. 5133 sq. Þis lond Judea is riche and fruitful .. and haþ in þo *myddel*, as it were þe nauel of þe erþe, þe cite Jerusalem. TREVISA I. 107. Englische men .. hadde from the bygynnynge þre manere speche, norþerne, sowþerne, and middel speche in þe *myddel* of þe lond. II. 159. But by awaite of oon Otho þey were boþe deede in þe *myddel* of þe chepyngeplace [i. e. des forum Romanum]. IV. 419. In the *middel* of the dong thay founde The dede man. CH. *C. T.* I. C. 228 Morris Cl. Pr. There muste Brune in the *myddel* goon over, for to goo to Maleperduys. CAXT. *Reyn.* p. 12 Thoms. Tho began he [sc. the catte] to byte and gnawe the grinne in the *myddel* asondre. p. 28. The *myddelle* was hyȝe, þe ende was lowe, Hyt [sc. þe brygge] ferde, as hyt hadde ben a bent bowe. OWAYNE 163 Wülck. If Y shal fynde in Sodom fifti riȝtwis in the *myddil* of the cites, I shal forȝyue to al the place for hem. WYCL. GEN. 18, 26 Oxf. Thow shalt make as powgarnettis .. in the *mydil* litel belles menged [mixtis in medio tintinnabulis *Vulg.*]. EXOD. 28, 33 Oxf. Also I jeve to the forsad Kateryne al my bankerus & my quyssonus and a dosur of tamserywerke with an [and *Ms.*] hert in þe *myddyl*. FIFTY WILLS p. 46 [a. 1420]. Also [sc. I jeve to þe same Katerine] .I. bordmausure [i. e. a wooden mazer] with a bond of seluer & ouerguld, with a prent in þe *myddylle*. ib. Reynart .. wente in the *mydel* of the place stondyng tofore Noble the kynge. CAXT. *Reyn.* p. 37 Thoms.

2. räuml. mit Bezug auf Personen, Mitte: Now Fals and Fauuel fareþ forþ togedere, And Meede in þe *middel*, and al þe meyne aftur [allegorisch]. P. PL. *Text A*. pass. II. 158. Ihesu dwelte aloone, and the womman stondinge in the *myddel* [καὶ ἡ γυνὴ ἐν μέσῳ ἑστῶσα]. WYCL. JOHN 8, 9 Oxf. *Spr.* In the *myddil* of ȝou hath stonde oon [medius autem vestrum stetit *Vulg.* μέσος δὲ ὑμῶν ἕστηκεν]. ib. 1, 26 Purv. Ihesus, clepynge to a litil child, putte hym in the *mydil* [*myddil* Purv.] of hem. MATTH. 18, 2 Oxf. Ihesus dwelte alone, and the woman stondynge in the *midil*. JOHN 8, 9 Picker. *Spr.*

ebenso mit Bezug auf Tiere: Lo! Y sende ȝou as scheep in the *myddil* [*mydil* Oxf.] of wolues. MATTH. 10, 16 Purv. vgl. The taylis of hem [sc. of the foxes] he ioynede to the taylis, and broondes he boond *in the myddil*. JUDG. 15, 4 Oxf.

3. räuml. mit Bezug auf Körperteile, Mitte: I shold cleue hym vnto the *myddle* of his bely. CAXT. *Charles the Gr.* p. 169. The filth of the lytil fellis that goon out fro the *mydil* of the hippis of hyr. WYCL. DEUTER. 28, 57 Oxf. Thei han but on eye, and that is in the *myddylle* of the front. MAUND. p. 203. so auch mit Bezug auf einen Pflanzenteil: An Englisse penny, which is called a rounde sterlyng, and without clyppyng, shull weye xyj. cornys of

whete taken owte of the *middyl* of the ere. REL.
ANT. I. 232 [Regierungszeit Heinrichs V.].

besonders häufig bezeichnet das Wort ohne
Hinzufügung einer weiteren Bestimmung den
engeren Teil des Leibes zwischen Hüften und
Brust, Mitte, Leibesmitte: Heo hath a
mete *myddel* smal, Body and brest wel mad al.
LYR. P. p. 36. Hire gurdel of bete golde is al,
Umben hire *middel* smal. p. 35. With lossum
chere he [i. e. she] on me loh, With *middel* smal
ant wel ymake. p. 28. Þo caste þis gode Mold
hire mantel of anon, & gurde aboute hire *middel* a uair linnessete, & weas þe mesoles vet.
R. OF GL. 6961 Wr. Par fond he þes lordes alle
in armure araid ariȝt, & F[lorippe] with þe *middel* smalle. FERUMBR. 2198. Corteisliche þe
clerk þo, as þe kyng hihte, Tok þe mayden bi
þe *middel*, and brouhte hire to chaumbre. P. PL.
Text A. pass. III. 9. cf. *B.* III. 9. *C.* IV. 9.
Clement þe cobelere cauȝte hym bi þe *myddel*
For to lifte hym alofte. *B.* V. 358. For yong
she was, and hewed bright .. Gente, and in hir
middel smalle. CH. *R. of R.* 1030 Skeat [in
Compl. W. I. 136]. He seeth her shape forth
with all, Her body rounde, her *middel* small.
GOWER III. 28. He merkit hym in mydward
the *myddel* in two, Þat he felle to þe flat erthe.
DESTR. OF TROY 7325. He was made as a mon
fro þe *myddell* vp, And fro the nauyll byneithe
vne [i. e. even, like] an abill horse. 5528. He
toke hur abowte the *myddelle* smalle. NUG.
POET. p. 43. He .. smote a paynym that he
clefte hym to the *myddle* of hys body. CAXT.
Charles the Gr. p. 83. He .. toke thylke Turk
by the *myddel*, and threwe hym hastely in to the
ryuer. p. 106. vgl. *Myddle*, or waste of a body,
favix du corps. PALSGR. Here sydes longe with
myddyll smalle. POL., REL. A. L. P. p. 49.
Of sum þe *midel* ato he girt. ARTH. A.
MERL. 5013 Kölb. Of þe king Briollo Þo *midel*
he smot ato. 8179. cf. 5955. Randoil on þe
schulder he smot Wiþ his sword, þat wele bot,
Þurh out hauberk & aketoun To þe *midel* al
adoun. 6409. Per was .. mani to þe *midel*
cleued. 6873. Tho Clement þe cobelere cauhte
hym by þe *mydel* For to lyfte hym on loft. P.
PL. *Text C.* pass. VII. 409. A gurdille of gold
bigripide his *mydelle*. ST. ERKENW. 80 Horstm.
N. F. p. 268. Þa leo me orn foren to, and iueng
me bi þan *midle*. LAȜ. III. 20. Clement þe cob-
lere cauȝte glotoun by þe *mydle*, And for to lyfte
hym aloft leide hym on his knees. P. PL. *Text A.*
pass. V. 202.

Wo is þe man þat liþ ybounde *Medel* boþe
fet and honde! BEUES *A.* 1604 Kölb. [fort. leg.
Boþe *medel*, fet, and honde! oder: *Medel* &
boþe fet and honde! vgl. *Gr.*³ III. 375]. So
ȝerne he gan to Iesu speke, Þat his vetres gonne
breke, And of his *medel* þe grete ston. 1647.
vgl. dazu: A dede Beues binde to a ston gret,
Þat weȝ seue quarters of whet. 1423. I wold
thorough a chauntement A litull girdull to make
me, That shall aboute my *medull* be. *M.* 1394.

The *medille* of that myghtty He merkes
thurghe the mayles the *myddes* in sondire.
MORTE ARTH. 2205. — Schuldirs and scheldys

þay schrede to þe hawnches, And *medilles*
thourghe mayles þay merkene in sondire. 4168.
4. zeitl. Mitte, im Gegensatze zu Anfang
und Ende: Here lifes ende was bicumeliche, þe
middel, and þe biginnenge. OEH. II. 85. Oðre
manie þe swo ledden here lif, þat þe biginninge
was fair, and te *middel* fairere, and te ende alre
fairest. *ib.* Aboute þe *middel* of þe nith Wok
Ubbe, and saw a mikel lith In þe bour. HAVEL.
2092. vgl. Þis gospel telliþ þe *middil* of a storie
of Seint Joon Baptist; þe vigile of Baptist telliþ
how Gabriel bihiȝte him, and þis storie telliþ
how Zacarie mistrowide [von dem zeitlich mitt-
leren Teil einer bibl. Erzählung]. WYCL. *Sel.
W.* I. 368. In myddes [*myddul*] of þe masse þo
men ȝeden to offrynge, Ich fel eftsones a slepe.
P. PL. *Text C.* pass. XXII. 4.

vom Monde bezeichnet es die Mitte seiner
Sichtbarkeit, Vollmond: Þe *myddel of a mone*
shal make þe Iewes to torne [i. e. to be con-
verted]. P. PL. *Text B.* pass. III. 325. cf. *C.*
IV. 483. Þe *myddel of þe mone* is þe miȝte of
bothe. *B.* XIII. 155. vgl. *Notes* p. 73.
5. übertr. Mitte, rechte Mitte zwischen dem zu viel und dem zu wenig: Þe þridde
suster þat is meað; hire he makeð meistre ouer
his willesfule hirde .. þat ha leare ham mete
[mete *v. l.*], þat me meonure hat, þe *middel* of
twa uueles. OEH. p. 247. Sobrete ne is oþer
þing þanne to loki riȝte mesure, þet alneway
halt þane *middel* ine to moche and to lite.
AYENB. p. 249. For ne mei na wunne ne na
flesches licunge ne licomlich este bringe me
ouer þe *midel* of mesure and of mete. OEH.
p. 255.
6. übertr. Mittel, Zwischenmittel als
das was trennend und hindernd in der Mitte
steht [vgl. mhd. *sunder mittel*, sonder Mittel,
unmittelbar]: Þeos [sc. fondunges of mon] cumeð
also of God, auh nout ase doð þe oðre, wiðuten
euerich *middel*; auch mid alle [sc. fondunges]
he uondeð mon hu he him drede & luuie. ANCR.
R. p. 180.

**middeleard, -ærd, -eærd, -erd, -herd, mid-
dllerd, -ert, midelerd, -ard, midllerd, midille-
erd, midlerd, midle-erd, medelerd, medileird,
medille-erd** etc. sch. *myddil erd, midlert, medl-
ert*, von *middel* adj. medius, und *eard s.* ager,
habitatio, terra, gebildet; vgl. *middaneard.*
Erde, Welt, in eigentlicher und übertragener Bedeutung.

His riche is al þis *middeleard*, Eorðe and
heofene and uwilch erd. OEH. p. 59. Drihten
widset þan prudan, and ȝeueð þan edmeodan
streinþe, þet al *middeleard* beo him ibuhsum.
p. 113. Al is þe heouene ful of þine blisse, And
so is al þes *middeleard* of þine mildheortnesse.
p. 195. Bileafden heo heore timbrunge, and
todreofden ȝeond al *middeleard.* p. 93. Dieð
com on þis *middeleard* ðurh þe ealde deofles
ande. POEM. MOR. 193 Zup. *Übungsb.* Heo
wisten ðurh þe halie witege .. þet he sculde
cumen to þisse *middeleard* for ure neode. OEH.
p. 19. Gif he walde þa deman moncun þe þe
he erest to *middeleard* com, hwa weren þanne
ihalden? p. 95.

Patt tacneþþ þatt tiss *middellærd* Wass full
off þeossterrnesse. ORM 3980. All þiss *middellærd* iss ec O fowwre daless dæledd. 11256.
Crist comm dun off heoffness ærd To wurrþenn
mann on eorþe, To lesenn all þiss *middellærd*
Ut off þe deofless walde. 11280. [Þe deofell ..]
let him seon þe *middellærd* Annd alle kinedomess. 11381 *Spr.* Heo hire scolden ræden to
vinden þa rode þe Crist, ure lauerd, alisden [=
alisde] on þes *middelærd*. LAȝ. II. 41. Godess
þeowwes blomenn aȝȝ Her i þiss *middellærdess*
lif Patt þurrh þe wheol iss tacnedd. ORM 3636.
Forr all þiss *middellærdess* þing Aȝȝ turrneþþ
her & wharrfeþþ Nu upp, nu dun, swa summ
þe wheol. 3640. Þær wass god win off waterr
wrohht To Cristess lerninngenihhtes, Patt
shollte don hemm all forrsen Þurrh gastliȝ
drunnkennesse All *middellærdes* sellþe & sel.
14300. Þiss *middellærdes* ald iss all O sexe dales
dæledd. 14426. Þu þenchest to setten o þin
hond al *middelærdes* lond. LAȝ. I. 313. Æl-
drihten godd, domes waldend, al *middelærdes*
mund, whi is it iwurðen þat mi broðer Modred
þis morð hafueð itimbred? III. 126. Sannt
Johan Bapptisste Wass borenn i þiss *middellærd*
Þurrh Godess lefe wille. ORM 90. Forrþrihht
anan þe time comm Patt ure Drihhtin wollde
Ben borenn i þiss *middellærd*. 3494. Godd Well
offte senndeþþ enngless *Inntill* þiss *middellærd*.
3784. All forrþi ne mihhte nohht Þe laþe gast
himm shæwenn *Off* all þiss wide *middellærd* Þe
kinedomess alle. 12115. On Kinbelines dæie
.. com *a* þissen *middelærde* ane maidenes sune.
LAȝ. I. 386. Whar is æuere æi mon *a* þisse
middelærde þe þis wolde wenen þ he swiken
weore? II. 319. Pat is a seolcuð mere [i. e. lake]
iset *a middelærde*. II. 489.

He þohte to biwinnen mid strengðen & mid
ginnen al *middeleærdes* LAȝ. I. 307.

Dis *middelerd* was al loken and abuten
sperd. G. A. Ex. 93. Al *middelerd* ðerinne is
loken. 106. *Middelerd* for mon wes mad. LYR.
P. p. 22. Þis *middellerd* [*middelerd* GÖTT. TRIN.]
.. Al to noȝt salle bren away. CURS. MUNDI
22703 FAIRF. Fortune me fette .. And in myrour, bihte *myddelerd*, hue made me to loke. P.
PL. *Text C.* pass. XII. 168 sq. Fire shall berne
al þe *middelerd*. XV TOKENS 18 Furniv. [in
AD. DAV. p. 92]. Heuen self it sal be ferd Gain
him þat wroght *middelerd*. CURS. MUNDI 22593
COTT. FAIRF. TRIN. neben: Divers is this *myddelerde* To lewed men and to lerid. ALIS. 1.
Whilem clerkes wel ylerid Faire ydyght this
myddelerde. 41. Alle þe ileafulle ludeisce men
þo .. hersumeden heore drihten, here [i. e. ere]
he come on þisse *middelerd*, weren iclipet synagoge. OEH. p. 9. Muchel is us þenne neod,
leoue breðren, wet we *on* þisse *middelerd* liuien,
soð [sod *ed.*] scrift. p. 11. Er heo towenden *in
to* al þis *middelerd*. p. 75. Hedde he iwuned þer
enne day, oþer vnneþe one tyde, Nolde he *for*
al þe *middelerd* an oþer þer abyde. O. E. MIS-
CELL. p. 63. Þurst and hunger .. Þurh him com
in þis *middelerd*. p. 65. Deþ com i þis *middelerd* þurh þe deofless onde. *ib.* So was Herodes
fox and fierd, Ðo Crist kam *in to* ðis *middelerd*.

BEST. 452 *Spr. In* þis *middelerd* [was] no knith
Half so strong, ne half so with. HAVEL. 2244.
As it vel of him sulue, þo he deide on þe rode,
Pat þoru al þe *middelerd* derkhede þer was
inou. R. OF GL. 11740 Wr. neben: Me nuste
womman so vair non *in* þe *middelerde*. 9052.
More [i. e. taller] he is þen any mon *vpon myddelerde*. GAW. 2100. Kynde cam elergie to
helpen, And in þe myrour *of myddelerde* made
hym eft to loke. P. PL. *Text C.* pass. XIV. 131.
auffällig ist: Wy nedde hy [sc. develen] by ine
helle ystopped For evere mo, Ac nauȝt her *in*
thys *myddelnerde* For to maky men offerde, And
to mysdo? SHOREH. p. 156.

Leomene fader we elepeð ure drihten, for
þan he .. al þis *middelherd* alemeð. OEH. II.
107-9. Þurh his mildhertnesse he hadde maked
Adam louerd *ouer* þis *middelherd*. II. 59.

Seodðan he com *on* þisse *middelert*, he sette
his mildheortnesse laȝe ouer us and ouer al moncun. OEH. p. 15. For þu mon weldest Al þis
middelert [middelle *v. l.*]. O. E. MISCELL. p. 127
[vgl. For þeyh a man Wolde al þe worlde.
p. 126].

Diuers is þis *myddellerede* To lewed men &
to lerede. ALIS. 1 *v. l.* [in AD. DAV. p. 16].

The knyght was nevyr so sore aferd, Syth
he was born *in myddylerd* [borne *into myddylerd*
A.]. ERL OF TOL. 661 Lüdtke. And had oon
the feyrest orchard That was *yn* alle thys *myd-
dyllerd*. Ms. in HALLIW. D. p. 553. neben: *For*
al this wyde *myddylerde*, Durste they nought
abyde Kyng Richerde. RICH. C. DE L. 6251.
Thou made *midelerd* and the mone, And beates
and fowles grete and smale. MINOT I. 5 *Spr.*
Wislike was him in herte broȝt þis *middelerd*
biginning, And middelhed, and is ending. G.
A. Ex. 520. Crist us þef moni freo ȝeue seodðan
he com *on* þisse *midelerd*. OEH. p. 19. vgl. *of
mydelerde*. P. PL. *Text C.* pass. XIV. 132 *v. l.*

Lauerd drihten Crist, domes waldende, *mi-
delarde* [gen.] mund, monnen froure .. let þu
mi sweuen to selþen iturnen! LAȝ. III. 14.

On a mountaigne, þat *mydelerd* [*midilerd*
v. l.] hyȝte .. I was fette forth. P. PL. *Text B.*
pass. XI. 315. loser verbunden: *Mydylle-erd*.
LYDG. *M. P.* p. 114.

In a myroure, þat hiȝt *mydlerd* [loser verbunden: *mydle-erd* v. l.], she mad me to biholde.
P. PL. *Text B.* pass. XI. 8. Þe XV. dai, schol-
len .iiij. aungels comen a .iiij. half *mydlerde*
[gen.]. XV TOKENS 19 Furniv. [in AD. DAV.
p. 92]. Pat al þe men here *of mydlerd* Of þat
sight mught be aferd. HAMP. 2302. Swa hardy

es na man .. Þat durst for alle gude *of mydlerds* A devel se here, swa suld he be aferde. 6855 sq. Was never *in* þys *mydlerds* In no kastell folk so ferde. Yw. A. Gaw. 3853 Schleich [vgl. *Anm.*].

Þis *medelerd*, ful wailewai! Al to noht sal brin awai. Curs. Mundi 22703 Edinb. Heuen self it sal be ferid Gain him þat made *medileird*. 22593 Gött. loser verbunden: Therfor shall I fordo alle this *medille-erd* With floodes that shalle flo and ryn with hidous rerd. Town. M. p. 22 *Spr.* In fayth I hold none slyke In alle *medille-erd* [: rerd]. p. 26 *Spr.*

middelerðe, middilerðe, midelerð, medilerðe etc. s. neue. *middle-earth* [I smell a man *of middle-earth* Shakesp. *Merry Wives* V. 5], schon ziemlich früh aus *middel* adj. medius und *eorðe* s. terra nach Analogie von *middeleard*, *middelerd* gebildet, da die Herkunft und Bedeutung des substantivischen Bestandteiles von *eard*, *erd* wohl oft nicht mehr deutlich empfunden wurde und so leicht das geläufigere *eorðe*, *erðe* an seine Stelle treten konnte; vgl. *middeleard, middaneard*.

1. Mittelerde, Erde, Welt: In a myroure, þat hiȝt mydlerd [*middelerþe* v.l.], she [sc. fortune] mad me to biholde. P. Pl. *Text B.* pass. XI. 8. God! þat madest man & al *middelerþe*, A miȝti miracle for me hastow wrouȝt noþe. Will. 1004. He þohte to biwinne mid strengþe and mid ginne al þe *middelerþes* lond. Laȝ. I. 307 j. T. Pat *þoru* al þe middelerd [*myddelerþe* C.] derkhede þer was inou. R. of Gl. 11739 Wr. Me nuste womman so vair non in þe middelerde [*in þe middelerþe* B. *in al þis middelerþe* s.]. 9052. Kynde cam clergie to helpen, And in þe myrour *of* myddelerde [*myddelerþe* v. l.] made hym eft to loke. P. Pl. *Text C.* pass. XIV. 131. The moist droppes of the rein Descenden *into* middelerthe. Gower III. 94.

Louerd drihtene Crist, domes weldende, *middilerþes* win .. leatte þu min sweuen to sealþe teorne. Laȝ. III. 14 j. T. Þu þenchest to sette in þine hond al þe *middilerþe* [gen.] lond [long Ms.]. I. 313 j. T. Þat his [i. e. is] a wonder mere [i. e. lake] iset *in middilerþe*. II. 489 j. T. Jhesu, þat art þe goostli stoon Of al holi chirche in *myddilerþe*. Hymns to the Virg. etc. p. 16. vgl. alle þe *myddylerþe* Geb. Jesu 497 *v. l.* In Kinþelynes daiȝe .. com *a* þisse *middilherþe* hone [i. e. one] maidenes sune. Laȝ. I. 386 j. T. Par sal þou finde a gode relike, In alle þe werlde is nane slike *Bitwix* þe *middilerþ* and þe lift. Curs. Mundi 8001 Fairf. loser verbunden: Medylle [*Mydylle* A.] *erthe*, emisperium. Cath. Angl. p. 238.

In a myrour, hihte myddelerd [*myddulerþe* v. l.] hue [sc. fortune] made me to loke. P. Pl. *Text C.* pass. XII. 170.

Þis *midelerth*, ful wail wai! Al to noght sal brin awai. Curs. Mundi 22703 Cott. Par sal þou finde a godd relike, In al þis warld nou es nan slike *Bituix* þe *midelerth* and þe lift. 8001 Cott.

So hiþe to heuen þai him hale in a handquile, *Midilerth* bot as a mylnestane na mare to

him semed, And al þe watir of þe werd bot as a wrethen neddire. Wars of Alex. 5525 Ashm.

A flowyd above þame shall be broght To stroye *medilerthe*, both more and myn. York Pl. p. 41. neben: Wherto made god *medilerth* and man? p. 50. Merkede to a medowe with montayngnes enclosyde, The meryeste *of medillerthe*. Morte Arth. 3240. Lorde and syre .. *Of* all *medillerthe* I made hym [sc. man]. York Pl. p. 40. loser verbunden: Melles hym thorowe As man of the *medille-erthe*, that moste hade greuede. Morte Arth. 2950. *Medylle* [Myddyle A.] *erthe*, emisperium. Cath. Angl. p. 238.

2. in Verbindung mit *see* und nachfolgendem *of* dient *middelerþe*, wie später das ganz zum Eigennamen gewordene *Mediterrany* [gl. *Mediterraneum* s., ohne *of*, anscheinend appositiv], als Übersetzung des spätlat. und mlat. *mare mediterraneum* [Isid. *or.* 13, 16] zur Bezeichnung des grossen zwischen Europa, Asien und Afrika gelegenen Binnenmeeres, mittelländisches Meer, Mittelmeer: Also it was ifounde þat þe deppest place of þe *see of myddelerþe* [þe depeste place in the see Mediterrany or occean *Harl.* profundissimus locus maris Mediterranei *Higd.*] conteyneþ doun riȝt fiftene furlonge depe. Trevisa I. 45. De mari magno medio, sive Mediterraneo. Thanne þe grete *see of myddelerþe* bygynneþ in þe west at Hercules pilers [Of the grete see or Mediterranye. The begynnynge of the grete see is in the weste *Harl.* Est itaque maris magni origo in occidente apud Herculis columnas *Higd.*]. I. 53.

middelȝard, -yard s. alts. *middilgard*, ahd. *mittilgart, mittiligart, mittilicart*, altn. *meðalgarðr*, von *middel* adj. medius, und *ȝard* s. sepes, habitatio, domus, gebildet; vgl. *middaneard, middeleard, -erðe*. Mittelgehege, Erde.

Father, I am full sore afreade To see you beare that drawne sorde: I hope *for* all *myddellyarde* You will not slaye your childe. Chest. Pl. I. 67. vgl. *Notes.*

middelhed s. aus *middel* adj. medius, und *had* s. persona, status, ordo. Mitte.

Wislike was him in herte brogt Þis midelerdes beginning, And *middelhed*, and is ending. G. a. Ex. 520.

middelniht, midelniȝt s. ags. *middelneaht*; vgl. *middel* adj. medius, *naht* s. nox. Mitternacht.

Hit was to þere *middelniht*, þe mone scæn auð riht. Laȝ. II. 441. Aȝein *middelnyȝt* to is bed [sc. he] ȝeode at þen ende. St. Julian Bon. Hosp. 109 Horstm. p. 259. Ich singe an eve a riȝt[e] time, And seoþþe won hit is bedtime, Þe þridde siþe at *middelniȝte* [a *middelnihte* Stratm. Reim: adiȝte]. O. a. N. 323 *Spec. I.* Clerkes, munekes, and kanunes, Par beoþ þeos gode wiketunes, Ariseþ up to *middelniȝte* [*midelniȝte* Spr.], And singeþ of þe heovene liȝte. 729. vgl. *Spr.* Abute *middelniȝte* Horn him ȝede wel riȝte. K. H. 1297 *Spr.*

middelsti s. aus *middel* adj. medius, *sti̧* s. semita; vgl. *middelwei*. Mittelsteig, Mittelweg.

Mi þridde suster, meað, spekeð of þe *middelsti* bituhhe riht and luft, þat lut cunnen halden. OEH. p. 257.

middelward s. aus *middel* s. medium, und *-ward* gen. *-wardes*, ags. *-veard* gen. *-veardes*, versus; vgl. *midward* s. medium. Mittlerer Teil, Mittelstück, Inneres, von einer Pflanze.

Of sqylles white alle rawe take of the hardes, And al the rynde is for this nothing fyne, Then oonly takes the tender *middelwardes* In sesters XII of aisel that soure harde is. PALLAD. 8, 135.

middelwarde, medilwarde, medille-warde s. aus *middel* adj. medius, und *warde* s. custodia, gebildet; vgl. *bakwarde, vantwarde*, auch sch. *mydward*, the middle ward or division of an army [WALLACE]. Mitteltreffen.

[The kynge . .] Demenys the *medylwarde* menskfully hyme selfene. MORTE ARTH. 1958. [the royalle roy . .] Demenys the *medilwarde* menskefully thare aftyre. 4077. loser ist die Verbindung in *medille-warde:* Now mellys oure *medille-warde*, and mengene togedire. 4174.

middelwei s. aus *middel* adj. medius, und *wei* s. ags. *weg*, via, gebildet; mhd. *mittelwëc*, nhd. *mittelweg*, eig. Weg zwischen zwei Wegen, dann übertr. weder nach rechts, noch nach links anstossendes Verhalten; vgl. oben das gleichbedeutende *middelsti*. Mittelweg.

Bituhhen heard ant nesche, bituhhe wa of þis world ant to muche wunne, bituhhe muchel ant lutel is in euch worldlich þing þe *middelwei* ȝuldene; ȝef we hire haldeð, þenne ga we sikerliche. OEH. p. 255. Þe *middelweis* of mesure is euer guldene. ANCR. R. p. 336. I wolde go the *middelwey*, And write a boke betwene the twey, Somwhat of lust, somwhat of lore. GOWER I. 2.

middelwereld, -werld s. aus *middel* adj. medius, und *weoreld* s. ags. *veorold* s. mundus, gebildet; vgl. *middeleard, -erðe, -ȝard* und s. *middaneard*. Mittelwelt, Erde, Welt.

Off þise fowwre shaffte iss all þiss *middellwerelld* timmbredd, Off heffness whel, & off þe lifft, Off waterr, & off erþe. ORM 17537. Biforenn þatt te Laferrd Crist Wass cumenn her to manne, Wass all þiss *middellwerelld* full Off sinness þessterrnesse. 17801. Ðo god bad ben ðe firmament, Al abuten ðis walkne sent, Of waters froren, of yses wal, ðis *middelwerld* it luket al. G. A. Ex. 95 [vgl. *middeswerld* ib. 42].

middenard, -ærd, -eard, -erd, -herd, middennard s. terra, mundus s. *middaneard*.

middeovernon s. medium post nonam tempus s. *midovernon*.

midde place, medius locus, media pars, medium s. *mid* adj. medius.

midder in *ælche midder nihte, to midder nihte* etc. s. *mid* adj. medius.

middere, midderesse s. diaphragma s. *midreře.*

middes adv. u. præp. in medio, in medium, s. medium s. *mid* adj. medius.

midde scheld, medium scutum s. *mid* adj. medius.

middeswerld s. aus *middes* s. medium [vgl. *mid* adj. medius], und *weoreld* s. mundus, gebildet; s. *middelwereld* etc. Mittelwelt, Welt, Erde.

Ðo bad god wurðen stund and stede, Ðis *middeswerld* ðorinne he dede. G. A. Ex. 41.

middewarð adj. medius s. *midward.*

middil s. sterquilinium s. *mudhul.*

middil adj. medius und Komposs., s. medium, adj. superl. *middilmost*, maxime medius s. *middel.*

middiner s. vgl. *mid* adj. medius, *diner* s. cœna. Vesperbrot, zwischen Mittag- und Abendbrot.

Hoc auncinium, heo imranda, hoc merarium, a *myddyner*, undermete. WR. VOC. p. 240 [col. 739, 18 sq. Wülck.].

midding s. sterquilinium u. Komposs. s. *mudding.*

middis adv. u. præp. in medio, in medium, s. medium s. *mid* adj. medius.

middisfinger s. aus *middes* s. medium [vgl. *mid* adj. medius], und *finger* s. digitus. Mittelfinger.

Þe *middisfinger*, medius degitus. CATH. ANGL. p. 239.

midd iwisse adv. certo s. *mid iwisse.*

middulerðe s. terra, mundus s. *middelerðe.*

mide s. dial. Nebenform zu *med, mede*, merces, præmium; vgl. *miden* v. conducere, corrumpere, neben *meden.*

1. Lohn: Certeynliche þe ȝevers schal not lese here mede [*myde* γ.]. TREVISA VI. 347. Þanne for þat nyȝtes iornay sche axede fredom for here mede [*myde* γ.]. VII. 29. William .. sente Harald his body to Harald his moder wiþoute eny mede [*myde* γ.]. 245.

2. Bestechung: [Oon bishop ..] chaungede wiþ mede [*myde* γ.] þe witnes þat hym hadde accused. TREVISA VII. 289. cf. VIII. 53. 205.

3. übertr. Verdienst: A wise man wolde wene þat eorle Roger hadde as moche mede [*myde* γ.] of þat he was a monk, as Malkyn of here maydenhood, þat no man wolde have. TREVISA VIII. 355.

mide adv. una, præp. cum; adj. medius s. *mid.*

midel adj. medius u. Komposs., **midelmast, -most** adj. superl. maxime medius s. *middel.*

miden v. conducere, corrumpere s. *meden.*

midenard s. terra, mundus s. *middaneard.*

mides s. s. *mid* adj. medius.

mide scheld, scutum medium s. *mid* adj.

midesondai s. s. dies solis æstivus s. *midsondai.*

midewinter s. hiems media, bruma u. Komposs. s. *midwinter.*

midewe s. pratum s. *medu.*

37

midfeld, -fild s. vgl. *mid* adj. medius, *feld* s.
campus. Mitte des Feldes, freies Feld,
offenes Feld.

[Pausana ..] Preses owt of þe palasse, with
a pake enarmed, And metes hym in þe *mydfeld*,
with a much nowbre. WARS OF ALEX. 954
Dubl. [Pausanna ..] Presis out of þe palais,
with a pake armed, And metes him in þe *myd-
fild*, with a mekill nounbre. *ib.* Ashm.

midfesten s. ags. *midfesten*, medium jejunii
[SAX. CHR. p. 175 Earle], altniederl. *midvasten*,
vgl. md. *midvaste*, *mitvaste*, *-faste*, mhd. *mitte-
vaste*, *mitvaste* [neben *mittenvaste*, *mittervaste*,
auch *mitteloaste*], aus *mid* adj. medius, und
fasten s. ags. *fästen*, jejunium. Mittfasten,
Mitfasten, Mitte der Fastenzeit.

He ferde to Æxchæstræn to þan *midfesten*,
& heold þer his hustinge of hehjen his folke.
LAʒ. II. 511.

midge s. culex s. *micge*.

midgreime, midgrim s. hemicranium, hemicrania s. *miʒrane*.

midhervest, -harvest s. vgl. *mid* adj. medius, *hervest* s. auctumnus. Mitte des Herb-
stes, Mitte der Herbstzeit.

In þat tyme, about *midheruest* [about *myd-
heruest* p. 112], Morice fix Geraud deyed. CONQ.
OF IREL. p. 113. Amidde haruest [At *myd-
harvest* ð.] we þe setteþ day of þis nexte ʒere.
R. OF GL. 4005 Wr.

mid idone adv. formelhafte Verbindung der
temporal gebrauchten Präposition *mid*, cum,
mit dem substantivierten Part. Perf. *idon*, fac-
tum, des tr. Zeitwortes *ʒedon*, *idon*, facere, perficere, dessen p. p., wie das von *don*, oft passivisch in der Bedeutung gethan, beendet
gebraucht wird [vgl. auch das substantivierte
p. p. *don* in P. PL. *Notes* p. 419].

der in älterer Zeit nicht seltene, formelhaft
und fast nach Art eines Füllwortes auftretende
adverbiale Ausdruck ist schwerlich mit Stratmann als added thereto aufzufassen, da transitives *don*, *ʒedon* zwar in ähnlicher Bedeutung
von präpositionalen Ausdrücken begleitet vorkommt, aber, wie es scheint, nicht in Begleitung der Präposition *mid* [vgl. *don* b. 3, *ʒedon*
b. 3], und intransitives *don mid* .. hier natürlich nicht in Betracht kommt [vgl. *mid* præp. 2].

trotz der Ähnlichkeit der Form und Bedeutung ist der adverbiale Ausdruck mit ahd.
mithunt, *mittunt*, *middunt*, *mithont*, *middont*,
middon, *midon* etc. modo, nuper, paulo ante,
eben, gerade, jetzt, nicht unmittelbar verwandt.

1. auf frischer That, alsbald, sofort, sogleich: Þe justise anon raþe & skete
His moder þider feche he hete; Bifor him sche
com wel sone; Þe justise seyd *mid ydone*: „Say,
Merlin, þat þou seydest arst, Bifor mi moder."
ARTH. A. MERL. 1083 Kölb. Y core al *mididone*
His enemis wiþ Cristes mouþe. 3184. Þe cherl
bent his bowe sone, & smot a doke *mididone*.
4137. Euerich oþer knewe sone, & þonked god
midydone Of þe help & þe socour Þat eueriche
dede oþer. 6721. [Sche ..] yede to bedde *mididone*. SEUYN SAG. 1368. Sche stal awai, *mididone*, And wente to her lotebi. 1442. After sey

wel sone Fifti [sc. gretinges] *mididone*, Al for
þat ilke blisse. HORSTM. *Altengl. Legg.* N.F.
p. 222.

2. wie adverbiales *mid*, *þermid* wirkt auch
mid idone, and .. *mid idone* beiordnend und bedeutet dann eig. ebenfalls sofort, zugleich,
und .. ebenfalls sofort, und .. zugleich: Þe
man þat trewe is, and loues him [sc. Iesu Crist]
ariʒt, he wole graunti him is bone, And þat he
biddes him with treouþe, he it grauntes him
ful sone, He helpes boþe king and knyʒt, þe
pouere alle *mididone*. MAGDAL. 224 Horstm.
p. 468. Gij is oʒain went wel sone, & al is feren
midydone. GUY A. 1969.

miding s. sterquilinium s. *mudding*.

mid iwisse etc. adv. häufige, formelhafte,
oft als blosses Füllwort benutzte und fast zu
einem Kompositum zusammengeflossene Verbindung der Präposition *mid* mit dem substantivierten Adjektiv *iwis* ags. *gewis*, certus; vgl.
oben *mid* præp. 3, *iwis* adj. gewiss, für-
wahr.

einige weitere, zum Teil in der Form abweichende Beispiele mögen sich den oben v.
iwis adj. gegebenen hier anreihen.

mid iwisse: Þe man þe siker wule beon to
habbe goddes blisse, Do wel him sulf þe hwile
he mei, ðen haueð he *mid iwisse*. POEM. MOR.
39 Zup. *Übungsb.* Þet habbet ised þe come
ðanne, þet wiste *mid iwisse* [: blisse]. 141. Ne
mai it no man oþer segge *mid iwisse* Hu
muchele murhðe habbet þo þe beod inne goddes
blisse. 391. cf. OEH. p. 161-3. 183. 292. II. 221.
224. 231. MOR. ODE *Trin.* 40. 142. 395. Jesus
41. 145. 383 [in *Spec. I.*]. Ther is a bruche of
hevene blisse, Lep therinne, *mid iwisse*, And
thou shalt comen to me sone. VOX A. W. 233
Spr. The wox bicharde him, *mid iwisse*, For
he ne fond nones kunnes blisse. 293. Þou madest me beon in purgatorie seue nyʒht, *mid iwisse*
[: misse]. ALLE SOUL. DAY 361 Horstm. p. 431.
Bote ʒif þou oþur þi louerd lissi heore kare,
Wite ʒe, *mid iwisse*, sorewe eou schal beon ful
ʒare. MAR. MAGD. 245 [p. 469]. Hi custe hem,
mid ywisse, And makeden muche blisse. K. H.
1209 Spr. einmal, allerdings im Reime mit
blisse, findet sich *mid iwissen:* Þet habbeð iseid
þ[et] comen þonen, þa hit wisten *mid iwissen*.
OEH. p. 169.

midd iwisse: A womman hath gret trauaile
of childe and gret sorewe, *midd iwisse* [: blisse].
LEB. JESU 613.

mid iwis: Ʒif we fle, þis lond is lore, & wif
& child & al our blisse, Al is forlorn, *myd ywis*.
ARTH. A. MERL. 9164 Kölb. hierher gehört
vielleicht auch: Al his folk, *myd ywis*, Therof
hadyn gret blys [Al his folk myd, ywis, *etc.*
ed.]. ALIS. 2637.

gegenüber dem ziemlich häufigen Vorkommen von *mid iwisse* verdient hier erwähnt zu
werden, dass die gleichartig gebildete und
gleichbedeutende Verbindung *mid wisse* [vgl.
wis adj. certus] nur selten erscheint: Sunderlepes he is here fader, *mid wisse*, þe on rihte

bileue and on soðe luue understant his holie fles
and his holie blod. OEH. II. 25.

midlenten s. ags. *midlengten*, neue. *midlent*,
gewöhnl. *Mid-Lent* geschrieben; vgl. sch. *mid-
lentren*, -*lentrans*, -*lenterrne* und s. *mid* adj.
medius, *lenten* s. ver. Mitte des Lenzes,
Mitte der Fastenzeit, Mittfasten.

das Wort findet sich nur als Genitiv mit
oder ohne Flexions-*s*, in loser Zusammensetzung
mit *sonedai* [i. e. *sunnen dai* ags. *sunnan dæg*,
dies solis] und bezeichnet so den vierten Sonntag in der Fastenzeit, Mitfastensonntag,
Sonntag Lætare, neue. *Mid-Lent-Sunday:*
Þanne mette ich wiþ a man on *mydlenten* [*mydlenten*, *mydlentene*, *mydlente* vv. ll.] *soneday.*
P. PL. Text C. pass. XIX. 183. Þanne mette I
with a man a *mydlenten sondaye.* B. XVI. 172.

midlerd s. terra, mundus s. *middeleard.*

midliggunge s. aus *mid* adv. una, und *lig-
gunge* s. cubitus, zu *liggen* v. cubare, jacere
[*liggen mid* = *liggen*, *iliggen bi*, *wið*, tr. *biliggen*,
concumbere cum aliqua]; vgl. ahd. *miteslâf*,
concubitus, congressus. Beiliegen, Bei-
lager, Beischlaf ausser der Ehe.

Þe feorðe [sc. werc of þesternesse] is unrihte luue, þat is hordom and *midliggunge* þe
men drigen bitwenen hem, buðe gif he ben lageliche bispusede. OEH. II. 11-13. REL. ANT. I.
131 Spr. vgl. Anm.

midmast, -**mest**, -**mist**, -**most** adj. superl.
maxime medius s. *mid* adj. medius.

midmete s. vgl. *mid* adj. medius, *mete* s.
cibus, cæna. Mitte des Mahles, der
Mahlzeit.

He wold not in passe, Till [at] the *mydmete*
was The kyng and meny a knyght. TORRENT
1140 Adam. He wold not in passe, Till they at
mydmete was, On the other day at none. 1168.

midmorjen, -**marejen**, -**morwen**, -**mern**,
-**morewe**, -**morwe**, -**more** s. ahd. *mittimorgan*,
neue. veraltet *mid-morrow*, prov. *mid-morrow*,
mid-morn. Mitte des Morgens, Mitte des
Vormittags [etwa neun Uhr vormittags].

Abute a wuch time .. je owen to beon nomeliche ibeoden & ibonen, & also vrom prime vort
midmorwen [also from prime oðet *midmarejen*
C.], hwon þe preostes of þe worlde singeð hore
messen. ANCR. R. p. 24. Efter þe aure cum-
plie uort *midmorwen* ne don no þing, ne ne
siggen, hware Þuruh hire silence muwe beon
isturbed. p. 428.

Je schal .. ferk on þe fyrst of þe jere, &
cum to þat merk at *mydmorn.* GAW. 1071 sq.
On þis wise lasted þat fight Fra *midmorn* unto
mirk night. YW. A. GAW. 3605 Schleich. Fram
þat it was amorwe þe bataile ilaste strong Vorte
it was hei midouernon [*mydmorne* ð.]. R. OF
GL. 7486 Wr.

The stiward made moche sorewe, Til hit
were half wai *midmorewe.* SEUYN SAG. 1625.
His hevy noll at *mydmorwe* up liftyng. LYDG.
M. P. p. 54. At *mydmore* y lerned to go, And
plaied as children doon in strete. HYMNS TO
THE VIRG. etc. p. 83.

als ähnlich gebildete lose Zusammensetzungen in derselben Bedeutung erscheinen

midmorwedai s.: Þis was in time of May, Riht
aboute *midmorweday.* ARTH. A. MERL. 7981
Kölb. und **midmorwetide** s.: In middes on a
mountayne, at *midmorwetyde.* Was piht vp a
pauilon. P. PL. Text A. pass. II. 42.

midniht, -**niȝt**, -**niȝht**, selten -**naht**, selten
auch **middenight** etc. s. ags. *middeniht*, media
nox, aniederl. *middennacht*, niederd. *midnacht*,
ahd. *mittinaht* [neben *mittiu nahÍ*], mhd. *mit-
naht*, nhd. veraltet *mittnacht* [bis ins 17. Jahrh.],
altn. *miðnætti*, dän. *midnat*, neue. *midnight*, aus
mid adj. medius, und *naht* s. nox, gebildet.
Mitternacht.

On þis niht beð fowuer nihtwecches, biforen euen, þe bilimpeð to children, *midniht*,
þe bilimpeð to frumberdligges, hanecrau, þe
bilimpeð þowune men, morgenwile to alde men.
OEH. II. 39. Biginneð [imper.] to fihten ær hit
beo *midniht* [hare hit beo *midniht* j. T.]. LAJ.
I. 246. On *midniht* he wakegeð [wakeged Ms.],
þanne þe frumberdlinges binimed unðeawes and
gode techeð. OEH. II. 39-41. A þa *midniht*
[At þe *midniht* j. T.] heo nomen read þ heo
wolden Corineum to þon wode senden. LAJ. I. 72.
Þat saht bigon at *midniht* [Þat siht bigan at *midniht* j. T.]. I. 241. He aros to þare *midniht.* I.
324 j. T. Hit was to þan *midniht.* II. 441 j. T.
He hehte jam forþriht beon al jar to *midniht.*
III. 20 j. T. Ha wenden from hire, *abuten* þe
midniht. LIFE ST. KATH. 1732. cf. Ha wenden
fram hire, *abute midniht.* LEG. ST. KATH. 1748.
After al þis cumeð of þat bearn iboren þus
wanunge & wepnunge, þat schal *aboute midniht*
makie to wakien. HALI MEID. p. 37. His meister iwearð [iweard Ms.] aslepe mit tet þet he lerede him, & slepte *uort midniht.* ANCR. R. p. 236.
Al þis makeð me on metels to þenken Mony
tyme at *midniht*, whon [men] schulde slepe. P.
PL. Text A. pass. VIII. 152. Eche *midnihte*
[adv. dat.] hii biginneþ to fihte. LAJ. II. 243
j. T. Abuten *midnihte* he waruede alle his cnihtes [and to þare *midnihte* fleh mid his cnihtes
j. T.]. I. 341. He aras to þan *midnihte.* I. 324.
To þere *midnihte* þa sende þa burhcnihtes sixe
of heore monne to Appases inne. II. 321. Comen
wolde Arthur to þare *midnihte.* II. 440 j. T.

Noon it is binethen us jwane it is here
midniȝt. ST. MIJHEL 409 Horstm. p. 311. cf.
Nou hit [sc. the sonne] is her mid ous whan hit
is her *midnyȝt.* POP. SC. 19 Spr. I seiȝ hire
noujt seþ hiȝ *midniȝt.* WILL. 2066. Be þis was
time of niȝt passed *Midniȝt* or mare [Bi þis tyme
hit was past Ouer *mydnyȝt* & more TRIN.]. CURS.
MUNDI 15943 FAIRF. Forto hit was *midniȝt*
[urspr. dat.] neiȝ, so he stod þare-inne. ST.
CUÐBERT 89 Horstm. p. 361. At þe *midniȝt* men
gradden aboute þat þe spouse cam anon. LEB.
JESU 628. At þe *midniȝt*, ase he bigan sum del
reste asongue, A jeond half þe watere þer cam
on in grete forate and strongue. ST. IULIAN.
BON. HOSP. 111 Horstm. p. 259. For þat is
euene aboue þin heued, riȝt at þe nones stounde,
Ounder þine fet euene it is at *midniȝt* onder þe
grounde. ST. MIJHEL 403 [p. 311]. cf. POP. SC.
13 Spr. Þus þai fouȝten til *midniȝt* [: miȝt].

37*

ARTH. A. MERL. 9898 Kölb. At tyme *of midniȝt* of þe niȝt him mette a greuous cas [in auf-
fallender Verbindung mit attrib. *of þe niȝt*]. R.
OF GL. 4140 Wr. Ihesua, þat walde *ofter midniȝt* Pi squete face, þat was sa briȝt, Pe Iewes
wiþ spiting can file. CURS. MUNDI 25487 FAIRF.
Pei .. excusen hem herbi fro preiynge and rysynge *at mydnyȝt*. WYCL. *W. hith. unpr.* p. 6.
Oþer men, when þei slepen on nyȝtis, hauen of
hem preyeris *at mydnyȝt*, þat crien devowteliche
on god. p. 317. The day wex as dirke As the
mydnyȝte mirke. ANT. OF ARTH. st. 6. *Aboute*
mydniȝte Horn hym yede wel ryȝte. K. H. 1338
Laud [in *Arch.* 50, 56].

Vnneþe he liuede *forto midniȝht*, with pine
and seoruwe inov. ST. SILUESTRE 32 Horstm.
p. 391.

Be þis was þe time o night Past *midnight*
and mare [passid *Ouer midnight* and mare
GÖTT.]. CURS. MUNDI 15943 COTT. Hy token
rest a litel wighth, Forto it were *ouer midnighth*.
ALIS. 5362. *Aboute mydnyght*, ar the day ..
Scheo saw fleo .. a dragon. 344. *At midnight*
I ras to þe at schrive Over domes of þi rihtnes
bilive. Ps. 118, 62 *Spr.* Hit was *after the myd-*
nyght. ALIS. 6887. Iesus, þat wald *efter mid-*
night Pi suete face, þat was sa bright, With
Iuus spitting file. CURS. MUNDI 25487 COTT.
GÖTT. *Aboute mydnyght*. CH. *C. T.* 4146. A
lytyll *before mydnyght* Of a dragon he had syght.
TORRENT 522 Adam. A litull *beffore the myd-*
nyght He rode be a foreste. 1420. vgl. *Myd-*
night, mynryt. PALSGR. *Midnyghte*, jntempes-
tus, media nox. CATH. ANGL. p. 239. Bot be
ane *aftyre mydnyghte* alle his mode changede.
MORTE ARTH. 3223.

Mydnythe, matynes, evensong, prime, and
houres She wol the syng and weepe. LYDG. *M. P.*
p. 33. Equinoxium, *mydnythe*. WR. VOC. p. 273
[col. 801, 41 Wülck.]. Hoc intempestum, *myd-*
nythe. *ib.* [col. 801, 47]. In the XXXVI. jere
blew the grete wynd oute of the southwest fro
evensong til *mydnyte*, that blewe down many a
hous. CAPGR. *Chr. of Engl.* p. 221.

Swyþe wel it [sc. þe child] wee ytaht: Hit
wolde aryse to þe *mydnaht*, Ant go to matines
þe monkes yfere, Ant wel leornede huere manere. MARINA 71.

Er hyt was passyd *myddenyght*, The lady
was kast upperyght, And the knyght lay above.
SEVEN SAG. 2541.

midovernon, middeovernon s. vgl. *mid* adj.
medius, *ofernon*, *overnon* s. tempus postnona-
rium aus *ofer* præp. super, ultra, post und *non*
s. nona [sc. hora i. e. 3 Uhr nachmittags]. Mitte
des Nachmittags, Zeit des späten Nachmittags.

Fram þat it was amorwe þe bataile ilaste
strong, Vorte it was hei *midouernon*. R. OF GL.
7486 Wr. vgl. Fram þat yt was amorwe þe batayle ylaste strong, Vorte yt was ney *mydouer-*
non [urspr. dat.]. p. 362 Hearne *Spr.* Ffram
[vrom] vnderne *to mydouernon* to werke heo
wolde sitte. GEB. JESU 195. Al day he rideth
to mydouernon; Water mighth he fynde non.

ALIS. 5216. Fram anon amorwe *uorte midouer-*
non Pe bataile ilaste strong, ar he were idon.
R. OF GL. 7302 Wr. *At mydouernoon* y drouþid
faste, Mi lust & liking wente away. HYMNS TO
THE VIRG. etc. p. 84.

And he sal lede als light þi rihtwisnes, And
als *midovernone* þi dome þat es [döm öfne své
on *midne deg ags.* judicium sicut *meridie lat.;*
das Wort steht hier ausdrücklich als Bezeichnung des noch hellen Nachmittags, besw.
des hellen Tages überhaupt; vgl. Anm. zu
Spr. I. 1 p. 163, 35]. Ps. 36, 6. Fram anon
amorwe *vorte mydouernone*, Po [Fram erne
morwe fort hit was *myddeouernone*, The etc.
Ar.] batayle laste strong, ar he were ydon. R.
OF GL. p. 355 *Spr.* vgl. Anm.

midoverundern etc. s. vgl ags. Ful neáh
healfe tid ofer undern; das Wort ist ähnlich gebildet, wie das vorige, aus *mid* adj. medius, und
oferundern s., das zu einem Begriffe verwachsen
ist aus *ofer* præp. super, ultra, post, und *undern*
s.; letzteres bezeichnet die Zwischenzeit und
Zwischenmahlzeit zwischen Morgen und Mittag
[9 Uhr vormittags], aber auch zwischen Mittag
und Abend [3 Uhr nachmittags]. Mitte des
Nachmittags, Zeit des späten, aber noch hellen Nachmittags.

And he sal lede þi rihtwisnes als light, And
þi dome als *midoverundern* bright. Ps. 36, 6 *H.*
[vgl. Anm. zu *Spr.* I. 1 p. 163, 35]. Pue raȝt he
fra þis reuir be many ruȝe waies, To it was meten
to þe mere *to mydouirrndorne* [circa horam vn-
decimam *Hist. de preliis*]. WARS OF ALEX. 3852
Ashm.

mid part, place, point, media pars s. *mid*
adj. medius.

midref, -refe s. diaphragma s. *midrif*.

midride, -rede, -red, -redin, -rim, medria
etc. s. ags. *midhriðere*, *midhriðre*, *midhriuir*,
omentum, diaphragma, afries. *midrithere*, *mid-*
rith, *midrede*, neue, veraltet *midridde*, aus *mid*
adj. medius, und ags. *hreðer*, breast, bosom.
Netshaut, Zwerchfell.

A *mydryde*, diafragma, omentum. CATH.
ANGL. p. 239. vgl. The *midridde*, diaphragma
MAN. VOC. Hec diafragma, a *mydrede*. WR.
VOC. p. 208 [col. 678, 5 Wülck.]. Hec diafragma,
a *mydred*. p. 247 [col. 751, 12]. A *midredyn*,
diafragma, omentum. CATH. ANGL. p. 239. Mydryf of a beste [midrym, myddryn], diafragma,
diafragmen. PR. P. p. 337. Hec omomestra, a
medryn. WR. VOC. p. 208 [col. 678, 22].

Midereȝe, li gist rate. REL. ANT. II. 78.
vgl. *middere* [v. *midrif*].

midrif, -ref, -refe, -ruf, midderesse etc. s.
ags. *midhrif*, diaphragma, afries. *midref*, neue.
midrif, -*riff*, aus *mid* adj. medius, und ags. *hrif*
s. venter, uterus, altniederd. *rif* dat. rive, afries.
ref, ahd. *href*, *ref* gen. *reues*. Zwerchfell,
Eingeweide.

Mydryf of a beste [mydrym, myddryn], dia-
fragma, diafragmen. PR. P. p. 337 [a. 1440].
Diafragmen, the *mydryf*. WR. VOC. col. 578, 23
Wülck. [15. Jahrh.]. *Mydrif*, nombles. B. OF
ST. ALBANS fol. 39 v. [a. 1486]. vgl. *Midrife* [of]
a beest, entrailles. PALSGR. [a. 1530]. *Middryfe*

wythin the bodye, deuidinge the bowels from the vmblæs, phrene [i. e. φρενή pl. von φρήν, φρενός]. HULOET [a. 1552]. The *midriffe* which diuideth the heart and lightes of man, or bestes from the other bowels, phrenes, diaphragma. BARET [a. 1580].

In the *mydref.* B. OF ST. ALBANS fol. 35 r. [a. 1486]. *Mydrefe*, diafragma. WR. VOC. p. 183 [col. 632, 5 Wülck.] [c. 1400].

Take þo hert and þo *mydruv* and þe kydnere, And hew hom smalle. LIB. C. C. p. 10 [c. 1460].

Mydderesse, diafragma. WR. VOC. p. 179 [col. 627, 15 Wülck.] [c. 1400]. vgl. auch Hoc diafragma, *myddere*. p. 186 [col. 636, 35] [c. 1420], welches aus *midderesse* oder *midderede* [s. *midride*] verkürzt sein könnte, falls es nicht etwa zu ags. *hráv, hræv, hrá*, corpus, alts. *hréu, hréo* gen. *hréwes*, ahd. *hréo, réo, ré* gen. *hréwes*, mhd. *ré* gen. *réwes*, cadaver, altn. *hræ* dat. *hræci*, gth. *hraiv* in *hraivadubo, τρυγών*, Turteltaube, eig. Leichentaube, gehört [vgl. SCHADE vr. *hríf, hréu*].

midschaft s. vgl. *mid* adj. medius, *schaft* s. hastile. Mitte des Speerschaftes.

The elobe in the erthe stode, To the *midschafte* it wode. PERCEV. 2061.

midside s. vgl. *mid* adj. medius, *side* s. latus. Mitte der Seite am Leibe.

Þanne ge [sc. ðe elp] sal hire kindles beren, In water ge sal stonden, In water to *midside* [d. i. bis zur Bauchhöhe]. BEST. 620 *Spr.* vgl. Anm. Forth was broujt there, with a bridel, A corset devel as a colte .. With a sadel to the *midside*, Fol of scharpe pikes schote, Alse an hechele onne to ride. BODY A. S. 401 sq. *Spr.*

midsomer, missomer, auch **midesomer** s. ags. *midsumer*, summa æstas, solstitium æstivum, aniederl. *midsomer*, mhd. *mittesumer* [neben *mitter sumer*], neue. *midsummer*, aus *mid* adj. medius, und *sumer, somer* s. æstas, gebildet. Mittsommer, Mitte des Sommers, Sommersonnenwende [21. Juni]; da diese mehrere Tage anhält, zugleich in Rücksicht auf die kirchl. Umbildung des altgerman. Festes, gewöhnl. Johannistag, Johannisfest [24. Juni].

Solsticium estivale, *mydsomer*. WR. VOC. p. 273 [col. 802, 18 Wülck.]. *Mydsomer*, la sainct Jehan. PALSGR. Atte laste mid hor ost to gadereward hii drowe, & mette hom after *midsomer* [after *mydsomer* p. 302 Hearne], þe feste of seint Ion. R. OF GL. 6149 Wr. In þe jere afterward at *midsomer* men teld, Þe kyng in Oxenford his parlement held. LANGT. p.137. Beggeres aboute *midsomer* bredlees þei soupe. P. PL. *Text B.* pass. XIV. 160. vgl. Beggers aboute *mydsomere* bredlees þei soupe. C. XVII. 13.

Oure ladi was þreo monþes wiþ hire cosin þere, Vrom seinte Mari day in lente for to *missomer* were. GEB. JESU 411. Suþþe he nom iwis Winchestere aboute *missomer*. R. OF GL. 10545 Wr. Sir Richard, erl of Cornwaile, þulke jer wende al so At *missomer* to þe holi lond. 10880. cf. after *myssomer* 6150 C. aboute *myssomer* P. PL. *Text B.* pass. XIV. 160 v. l.

Sad seurte was sikered on boþe aides þanne Þat menskful mariage to make at *midesomer* after. WILL. 1464.

der Genitiv des Wortes findet sich in mehr oder weniger losen Verbindungen mit *æfen, daj, niht, tide*, die entweder das *-s* der Flexion bewahren, oder durch Wegfall desselben formell den Anschein ächter Zusammensetzung erlangen.

so mit *æfen, even, evin, eve*: **midsomerevin, midsomere-evin, midsomereve, missomereven**, auch **midesomereven** s. Vorabend des Johannisfestes [23. Juni]. This offerand was made .. When *mydsomerevyn* fell on palmessounndey. REL. ANT. I. 81. Þai [sc. þe fewlis] made as mery melody, & musik þai sanng, as in þe moneth [moneths *Ms.*] or *mydsomere-euyn!* WARS OF ALEX. 3698 Ashm. Also y woll that myne executours hold & parfourme forth my deuouciouns, forth as I was wonte, that ys to seyn, on *mydsomereve* tofore seint Iohn Baptiste, in my parisshechirche, ordeyne a tapre of half a pound etc. FIFTY WILLS p. 81 [a. 1428].

For the rancle and bolning: .. tak the rede netylles on *myssomereven*, and dry tham, and make pouder of tham, and do in the wounde. REL. ANT. I. 53 [14. Jahrh.]. Tak on *myssomereven* eftir the sonne sette, or on the morne ar the sonne ryse, and geder pulioll real with the rotes. I. 54.

Tak leves of henbane on *mydesomerevene*, and stamp tham a litell, and fill a mykell potte bretfull. REL. ANT. I. 55.

mit *daj, dai*: **midsomeresdai, midsomerdai, missomerdai** s. spät ags. *midsumerdæi* [SAX. CHR. p. 259], neue. *midsummer day*. Mittsommertag, Johannistag. Þe schip him drouj Euene aje þat þe sonne ariseþ a *midsomeresday*. ST. BREND. 110 Horstm. p. 223. He het ek alle þe bissopes þat bijonde se were, Þat [sc. hii] ar *missomerday* in to þis londe come. R. OF GL. 10265 Wr.

mit *niht, nijt*: **midsomerisnijt, missomernijt** s. Mittsommernacht, kürzeste Nacht. Vor þe schorteste nijt þat was þo, was *missomernijt* [a *mydsomerisnytt* v. l.], And midwinter þe lengeste. GEB. JESU 641. Comunliche everych jer twey nijte heo woke, As hit fel þilke nijt, a *missomernijt* [a *mydsomerisnyjt*] also. 639.

mit *rose*: **midsomerrose** s. Mittsommerrose, Sommerrose. All stant in chaunge like a *mydsomerrose*. LYDG. *M. P.* p. 22. Nowe reyne, nowe storme, nowe Phebus bright and clere, All stant in chaunge like a *mydsomerrose*. p. 24. Who sittith highest moost like to fall soon: All staunt in chaunge like a *mydsomerrose*. ib.

mit *tide*: **midsomeretide, midesomerstide** s. Mittsommerseit, Johannistag. Fro *midsomeretide* to þe Apostle S. Thomas Þe fled mayntend þer side, þe castelle holden was. LANGT. p. 224. He aiorned þam to relie at Carlele, After *midesomerstide*. p. 309.

midsondai, midesondai s. vgl. *mid* adj. medius, *sunnen dai, sondai*, dies solis; für *midsomersondai*, eig. wohl für *midsomerdai*. S o n n t a g n a c h d e r S o m m e r s o n n e n w e n d e.

When thei this offryng made, the aothe yf I yow say, The Pamesonday befele that jere one *mydesonday*. REL. ANT. I. 85. vgl. When mydsomerevyn fell on palmessounndey. I. 81.

midþeih s. vgl. *mid* adj. medius. *þeo, þej, þei* s. ags. *þeoh*, femur, coxa. Mitte des Schenkels.

Summe me may þer iseon þat stondeþ vp to heore kneon, And summe to heore *mydþeyh*, And summe to heore vuere breyh [i. e. upper brow, eyebrows]. O. E. MISCELL. p. 149-50.

midþolinge, -þollinge s. aus *mid* adv. una, simul, und *þolinge* s. passio, alts. *þolung*, ahd. *dolunga*, von *þolien*, ags. *þolian*, ferre, sufferre, pati, vgl. mhd. *mit-doln* [subst. inf.]. Mitdulden, Mitleiden, Mitleid.

Vor huanne ich yzy þane fol and þano zene-jere, ich asel habbe pite and *midþolyinge*, and najt maki þerof bisemers an scornes. AYENB. p. 156-7.

midwai s. media via s. *midwei*.

midward, midwardis, auch **mideward, middeward**, Verbindungen des substantivierten *mid*, medium, mit ags. *-weard* [gen. *-weardes*] adj. etc. versus, finden schon in früher Zeit vielfältige Verwendung.

a. adj. ags. *middeveard*, medio versus, medius, neue. *midward*, in der Mitte oder nach der Mitte zu liegend, mitten befindlich, mittel-: Þe *midward* tre [*midewarde* tree FAIRF.] is vs outtan. CURS. MUNDI 764 COTT. GÖTT. Þe toiþer heu neist for to find Es al o bleu men cals Ind, Þe *midward heu* es þat i mene. 9919 COTT. GÖTT. vielleicht gehören auch hierher: *in midward paradise* 654 COTT. *amidwarde paradyse* ib. FAIRF. [s. unten *midward* præp.].

Seoðþan he him sceawede ane stude *inne middewarde* [middewarðe *Ms.*] *helle* [d. i. mitten in der Hölle]. OEH. p. 43.

b. subst. 1. räumlich, Mitte, mittlerer Teil: *Mydward*, idem quod myddys, supra. PR. P. p. 337. vgl. oben *middes* s. medium [v. *mid* adj. medius II.]. Theo gysarme carf the steil hard, Feor over the *myduard* [sc. of the scheld]. ALIS. 2303 *Spr.* Herui .. On þe scheld him hit a dint hard, & cleued it to þe *midward*. ARTH. A. MERL. 9060 sq. This chanoun took his cole with harde grace, And leyde it vp aboue, on the *midward* Of the croslet. CH. C. T. III. G. 1189 Skeat Cl.Pr. The bryght helme was croken downe Unto the *mydward* of hys crowne. Ms. in HALLIW. D. p. 553.

Þe pope com forþ, & te emperours Leten him bringe owt of þe hous, & leyden him on a bere, And beren wiþ gret solempnete Jn to þe *mydeward* of þe cyte. ALEXIUS *Laud* 544 Horstm. [in *Arch.* 51, 110].

2. zeitlich, Mitte: Gode ys shapper of alle þyng, He wote þe *mydeuarde*, and þe endyng. R. OF BRUNNE *Handl. S.* 9964. Alle mans lyfe

casten may be, Principaly, in this partes thre, That er thir to our understandyng: Bygynnyng, *midward*, and endyng. HAMP. 432 *Spr.* Þe tother part of þe lyf men calles þe *mydward* .. Þe wilk reches fra þe bygynnyng Of mans lyfe until þe endyng. 552. vgl. Lord sall deme the endys of erth, noght the bigynnynge, na the *mydward*, for ilke man sall be demyd of god awilke as he is funden in the endynge of his life. *Ps.* p. 503 comm. [in leicht erkennbarer bildl. Verwendung, bezw. Übertragung]. Aboute *midward* of þe day & mare A dede man [gen.] cors forþ þai bare. CURS. MUNDI 21541 FAIRF.

God knew wel alle thyng, Bothe gynneng, *midwardis*, and endyng! ARTH. A. MERL. *Lo.* 117 Kölb.

3. übertragen, Inneres, Innerstes: Ffor and þey muse þeron to þe *myddicardis*. They shall [fynde] ffele ffawtis, ffoure score and odde. DEP. OF R. II. prol. 67 Skeat.

c. præp. inmitten, mitten in, sch. *midwart*, neue. *midward*.

1. örtlich: *Midward þat land* a wel springes. CURS. MUNDI 1032 COTT. Þof þai war *midward þe contre*, Ful fair he made his aun fre. 5967 COTT. *Midward þe heist ture* I telle Þat springes of scire water o welle. 9935 COTT. GÖTT.

daneben finden sich Verbindungen mit *on, a* und *in, i* [vgl. *mid* adj. medius etc.].

amidward, -warde, amideward, sch. *amidwart*: Hit [sc. the colt] hadde .. An horn *the forhe damydward*. ALIS. 688-90. *Amydward the place* he mette with Nycolas. SEUYN SAG. 967. Þe chambre stod oppon þe se, *amidward a rock* of stone. FERUMBR. 1332. Þou lexst *amidward þi teþ*, & þerfore haue þou maugreþ. GUY A. 4385. Bot jonder tre come þou nojt to, Þat standes *amidwarde paradyse*. CURS. MUNDI 654 FAIRF. [s. jedoch oben *midward* adj.].

He made a fair fir bi conjuring, *Amideward Rome cheping*. SEUYN SAG. 1967 *Spr.* *Amideward the cite*, on a stage, Virgil made another ymage, That held a mirour in his hond. 2007. Whan he com out of prisoun, *Amideward Rome toun*, Than com riden maister Catoun. 2170.

in midward, imidward, in mideward: Bot yhon tre cum þou nawight to, Þat standes *in midward paradise*. CURS. MUNDI 654 COTT. [s. jedoch oben *midward* adj.]. Als a litel spark of fire .. *In mydward þe mykel se*, Right swa alle a mans wykkednes Unto þe mercy of God es. HAMP. 6318. He merkit hym *in mydward the myddel* in two, Þat he selle to þe flat erthe, flote he no lengur. DESTR. OF TROY 7325. Als a dalk es even *imydward þe yholke* of þe egge, Ryght swa es hellepitte .. Ymydden the erthe. HAMP. 6447.

I sal do pruesce, For þe, lef, wyt schelde, *In mideward þe felde*. K. H. *Laud* 572 Horstm. [in *Arch.* 50, 48].

2. zeitlich: Vp he raa *midward þe night*, And bar þe yates o þe tun. CURS. MUNDI 7184 COTT. GÖTT. auch in Verbindung mit *abute*:

Abute midward þe dai or mar, A dede man
[gen.] bodi forth þai bar. 21541 GÖTT.

3. übertr. von einem Umstande, Zustande
findet sich *amidward*: Right *omidward the pres*
Come ride maister Ancilles. SEUYN SAG. 963.
He met þat geaunt Pinogres *Amidward al his*
pres. ARTH. A. MERL. 8143 Kölb. Somme cast
her cloþes doun *Amydward þat þrong.* CURS.
MUNDI 15025 TRIN.

auch *in midward*: Sum þai kest þair [þai
Ms.] clothes dun, *In midward þe þrang.* CURS.
MUNDI 15025 COTT. cf. Sum þan kest þair
clethes dune, *In midward þe þrang. ib.* GÖTT.

d. adv. in früherer Zeit ist uns adverbial
gebrauchtes *midward* [vgl. neue. *midward* adv.]
nicht begegnet.

dagegen findet sich *amidward, -warde,*
amidewerd, neue. veraltet *amidward,* sch. *amyd-*
wart, in der Mitte, in die Mitte: Þo he
com *amidward,* About he leyd on so hard, Þat
his swerd brast atvo. ARTH. A. MERL. 2873
Kölb. Seven chains, with his good swerde, Our
king forcarf *amidward.* RICH C. DE L. 1925.
vgl. sch. Euin *amydwart* in his trone . . [he]
takin has his sete. DOUGL. En. 5, 6, 9. Euen
amidwarde a welle þer springis. CURS. MUNDI
1032 FAIRF. Sum kest þaire claþis doun *Amyd-*
warde in þat þrange. 15025 FAIRF. Choppe of
that *amydwarde* in the tree. PALLAD. 4, 631.
The halle was *amidewerd,* The fairest of this
midelerd. SEUYN SAG. 179.

midwei, -wal s. neue. *midway;* vgl. *mid* adj.
medius, *wei, wei* s. ags. *weg,* via. Mitte des
Weges.

1. räumlich: On Arundel, so sayth the
boke, *In the mydway* he them ouertoke. BEUES
M. 3279 Kölb. Sir Wychere, ayr Walchere, theis
weise mene of armes, Had wondyre of ayr Gawayne, and wente hym agayns, Mett hym *in the*
mydways etc. MORTE ARTH. 2691. vgl. Than
met þaim *in myd way* [myddis þe way *Ashm.*],
was mervale to see, Ane hert with a hoge heued.
WARS OF ALEX. 1061 Dubl. [s. jedoch *in mid,*
in medio, in medium, *mid,* medius IV.].

2. zeitlich, als adv. akk. [vgl. neue. *mid-*
way, half-way, halbwegs]: Forði ne schule þe
beon . . ihuseled . . bute . . a midewintersedei,
condelmessedei, tweolfte dei, a sunedei *midwei*
bitweonen þet and ester [i. e. on Sunday half-
way between that and Easter]. ANCR. R. p. 412.

midwif, midewif, medwif, medewif, mede-
wiif, meedwiif etc. s. sch. *medwif,* neue. *mid-*
wife, aus *mid* adv. una, simul, und *wif* s. ags.
wif, femina, mulier, uxor, gebildet; die Partikel *mid* bezeichnet hier Gemeinschaft, Beistand, Hilfe, wie in ags. *midcyrean* v., *mid-*
vyrhta s., niederl. *medebroeder, medegenoot,* md.
mideburger, mdteburgére, miteborgére, mhd. *mite-*
burgœre, früh nhd. *mitburger,* später *mitbürger*
u. ähnl.; vgl. pr. *comaire,* Gevatterin, sp. *co-*
madre, it. *comare,* Gevatterin, Hebamme, mlat.
commater, Gevatterin. **Hebamme, Weh-**
mutter, Geburtshelferin.

Ful glad was þat *mydwyf* þanne, Zhe took
þe chyld to þat holy manne. ARTH. A. MERL.
D. 865 Kölb. Whanne þe *mydwyf* hurde þat,

Zhe felle a swowe. 897. Zef the wommon
thenne dye, Teche the *mydwyf* that scho bye
For to vndo hyre wyth a knyf, And for to saue
the chyldes lyf. MYRC *Instructions* 97. In a
tour þai han hir do, Þat no man miȝt hir com
to, Bot an eld *midwiif,* Þat schuld ȝemen hir
liif. ARTH. A. MERL. *A.* 965 Kölb. The *mid-*
wiif answerd thurchout al That hye nil, ne hye
ne schal. LAY LE FREINE 113. cf. 109. Oon
brouȝte forth the hond, in which the *mydwiif*
boond a reed threed. WYCL. GEN. 38, 27 Purv.
Sum *mydwyff* ffayn wold I se, My wyff to helpe.
COV. MYST. p. 149.

Mydwyfe ys a perylus þyng. But she kunne
þe poyntes of crystenyng. R. OF BRUNNE *Handl.*
S. 9654. Hec obstatrix, *mydwyfe.* WR. VOC.
p. 203 [col. 668, 18 Wülck.]. Hec obstetrix, a
mydwyfe. p. 215. 269 [col. 692, 12. 795, 25].
Mydwyfe, obstetrix. PR. P. p. 337. Who was
mydwyfe of this ffayr chylde? COV. MYST.
p. 151. In alle my grete sorowe of my trauail
of childe thou were to me a *mydwife.* MAR.
MAGD. 78 Zup. [in *Arch.* 91, 219]. Y shal ȝow
telle *of* a *mydwyfe* þat loste a chylde boþe
soule and lyfe. R. OF BRUNNE *Handl. S.* 9620.
Þe *mydwyffe* seyde unto þe prest. 9638. Þe
prest askede þo *mydwyffe.* 9634.

We shalle make *mydwyfes* to spylle them,
Where any Ebrew is borne. TOWN. M. [in YORK
PL. p. 72]. Broughte I have towe suche *myd-*
wifes. CHEST. PL. I. 109. For towe suche
myddwifes, I dare saie, Are not in this cittie.
I. 110. I will assaie to gette towe *mydwyffes,*
yf I maie. I. 109. A note for *mydwyffes.* R.
OF BRUNNE *Handl. S.* 9638 *Gloss. marg.*

Wyues atte wiþ barnys ware stad, Bremly
he comaunded , and bad *Midwyues* of þe same
lande [*Midwiues* to be of þat same land GÖTT.
Midwyues to be of þat same lond TRIN.]. CURS.
MUNDI 5541 FAIRF. Þan did þe king call þaa
midwiues [þa *midwiues* GÖTT. þo *mydwyues*
TRIN.]. 5550 COTT. [: lyues, liues]. Þe *myd-*
wyues for god were drad, And dud not as þe
kyng hem bad. 5547 TRIN. *Mydwyues,* y tolde
thys tale for ȝow. R. OF BRUNNE *Handl. S.*
9650. *Mydwyues* þat wyþ wymmen wone,
Alle þe poyntes [sc. of bapteme] behoueþ hem
kone. 9614. And the kyng of Egipte seide to
the *mydwyues* of Ebrews etc. [Forsothe the
kyng of Egipt seide to the *mydwyues* of Ebrews
etc. *Purv.*]. WYCL. EX. 1, 15 Oxf. Forsothe the
mydwyues dredden God, and diden not after
the heeste of the kyng of Egipte. 1, 17 Oxf.
Thanne God dide wel to the *mydwyues.* 1, 20
Oxf. And for the *mydwiues* dredden God, he
byldyd to hem housis. 1, 21 Oxf. We sal make
mydwyues [mydwayes *ed.*] to spille þam, Whenne
oure Ebrewes are borne. YORK PL. p. 72. Þe
king dide calle þa *midwiuis* [: lyues]. CURS.
MUNDI 5550 FAIRF. We ij. *mydwyuys* with the
wylle go. COV. MYST. p. 149. Wynnyth alle
the *mydwyvis* [gen.] good diligens. p. 151. Iff
ȝe have nede of *mydwyvys.* p. 150. Þa *midwius*
[i. e. midwiws] for godd war dradd, And did
noght als þe king badd. CURS. MUNDI 5547
GÖTT.

A *midewif*, une ventrere. WR. VOC. p. 143.
Teche þe *mydewyf* neuer the latere, That heo
haue redy clene watere. MYRC *Instructions* 87.
— Ase a ded þing he layȝ, Right ase he were
ded-bore: for no þing on him lif ne saiȝ; Þe
midewyues him wolden habbe ibured, ac þe
moder seide euere nay. ST. EADM. CONF. 14
Horstm. p. 431-2. And for the *mydewyues*
dredden God, he bildide housis to hem. WYCL.
EX. 1, 21 Purv. For thei han kunnyng of the
craft of medewijf [*mydewyues* G.]. 1, 19 Purv.
Þe justice comaunded anon to lede hire to
a tour of ston, Þat no wyȝt schulde wiþ hire go,
Bote a *medwif*. ARTH. A. MERL. L. 965 Kölb.
Þeo *medwif* .. Heo was agrisen of þat syȝt. 981.
Þe *medwif* seide .. A knawechild bore þer wes.
995. Ful glad was þo þe *medwif*, And tok þeo
child al so blyue. 1001. cf. 1016. 1019. A *med-*
wyfe, obstetrix. CATH.ANGL. p. 232. To be *med-*
wyfe [to do medewifry A.], obstetricare. *ib.*
Hou vre lady was a *medewyf* in þe churche
of seynt Michel in Monte Tumba. MARIENLEG.
Überschr. 21 Horstm. [in *Arch.* 56, 222]. The
toon putte forth an hoond, in the which the
medewife bonde a reed threed. WYCL. GEN.
38, 27 Oxf. The *medewijf* seide to hir,
„Nyle thou drede etc." 35, 17 Purv. Ebrew
wymmen ben not as the wymmen of Egipt, for
thei han kunnyng of the craft *of medewijf* [the
medewyf L.], and childen bifore that we comen
to hem. Ex. 1, 19 Purv. — Bote hi this conne,
hit his peril To thise *medewyues*. SHOREH. . 12.
The *medewyues* dredden God, and diden ṃṭ bi
the comaundement of the kyng of Egipt. WYCL.
EX. 1, 17 Purv. Therfor God dide wel to *mede-*
wyues. 1, 20 Purv.
The *medwijf* seide to hir, „Wole thow not
drede etc." WYCL. GEN. 35, 17 Oxf.

midwiferi, medewifri s. neue. *midwifery*;
vgl. *midwif*. Hebammenkunst, Hebammendienst, Geburtshilfe.
To be medwyfe [to do *medewifry* A.], obstetricare. CATH. ANGL. p. 232.

midwifing s. ars obstetricia s. *midwiving*.

midwifman, -womman s. aus *mid* adv. una,
simul, und *wifman, womman* s. femina, mulier,
gebildet; vgl. *midwif*. Hebamme, Weh-
mutter, Geburtshelferin.
Bremli command he, and badd *Midwimmen*
be o þe self land. CURS. MUNDI 5542 Cott.
Þis *midwimmen* for godd was radd, And did
noght als þe king þam badd. 5547 Cott.

midwinter s. meist **midewinter** s. ags. *mid-*
vinter, *middevinter*, *middanvinter* [neben *on*
midne vinter u. ähnl.], mniederd. *midwinter*,
middewinter, mhd. *mittewinter* [neben *mitter*
winter], sch. neue. *midwinter*, aus *mid* adj. medius, *winter* s. hiems. Mittwinter, Mitte
des Winters, Wintersonnenwende
[21. Dez.); dann, weil der niedrige Stand der
Sonne mehrere Tage anhält, zugleich in Rücksicht auf die kirchl. Umbildung des altgerman.
Festes. überhaupt die Zeit um Weihnachten
und Weihnacht selbst [25. Dez.].
We auen forgult ure saules wille siðe *mid-*
winter com hiderwardes, and ouercumen it, and

don us in to hellewite for ure muðes mete.
OEH. II. 55. Bot þe nexate *mydwynter* after,
þe same tyme In þe wheche þe prest hadde
cursede hem so, Þey styntone herre song. ST.
EDITHA 4211 Horstm. Hail be ȝe, tailure, with
ȝur scharpe schores [sheres *Furniv.*] . . Aȝens
midwinter hote beth ȝur neldes, Thoȝ ȝur semes
semith fair, hi lestith litil while. REL. ANT. II.
175 [c. 1308]. E. E. P. p. 154. Whas [= Was]
never syche noblay, in no manys tyme, Mad in
mydwynter in þa Weste marchys! MORTE ARTH.
76 [vgl. a Cristynmese 64 on the Cristynmes-
days 70]. Þe kyng .. Myd hys poer to Lyncolne
to *mydwynter* com. R. OF GL. p. 452 Hearne.
Þeos monekes weren togadere, forto *mide-*
winter was al ido ; forto after twelfte day, are
huy departeden ato. ST. BREND. 347 Horstm.
p. 229. Þe endleueþe dai of decembre þe toun
hii wonne so, & bileuede þerinne, vorte *mide-*
winter were ido. R. OF GL. 8440 Wr. Ȝe
schulleþ beo mid holie men þis *mydewynter*
þere. ST. BREND. 239 Horstm. p. 226. Preostes
he made and deknene also, and he himsulf furst
bifounde Þe ordres to maken aȝeyn *midewynter*.
ST. SILUESTRE 49 [p. 392]. Fram *midewinter* to
candelemasse. ST. BREND. 394 [p. 230]. Fram
saterdayȝeseue Forto euensongtyme þane sonenday here i schal bileue ; Ant at *midewinter* also,
forto twelfte dai beo ido. 548 [p. 234-5]. Aboute
midewinter þe castel iȝolde was. R. OF GL. 11984
Wr. He sende after is barony at *midewinter*
mid him to be. 7160. To *midewinter* he wende
anon .. To Normandie. 6092. He þoȝt lete it
[sc. þe chirche] halwy to *midewinter* anon þo.
7157. Pre siþe he ber croune a ȝer, to *mide-*
winter at Gloucestre, To witesonetid at West-
munstre, to ester at Wincestre. 7722. Þe king
.. Mid is poer to Lincolne to *midewinter* com.
9262 sq. Þe kinges poer .. vorte *midewinter*
ney biseged þe emperesse. 9507 sq. Wiþinne
twelf dawes of *midewinter* [Crystmasse s.] hit
was. *App.* XX. 46. In þe ending of *midewinter*
him com word bi cas etc. 58.
der Genitiv erscheint in mehr oder weniger
losen Zusammensetzungen mit *æfen, daȝ, naht,*
tide, die entweder das *-s* der Flexion bewahren
oder durch Wegfall desselben formell den Anschein ächter Zusammensetzung erlangen.
so mit *æfen, even, eve,* dial. ȝevin [vgl. *yere,*
evening REL. ANT. I. 300]: **midwintrusȝevin,**
midewintereseve, neben **midewintereveu** s.
Weihnachtsabend [24. Dezember]. Ger-
leyne was þat monnus name ywys, Þe whiche
in *midwintrusȝevyn* to þat chirche dude gone.
ST. EDITHA 4080. A *midewintereseue* [Apon
mydwyntereuen β. On *mydwyntereuen* s.] to
Bedeforde he com, & bisegede þane castel. R.
OF GL. α. *App.* XX. 141 Wr.
mit *daȝ, dai, dæi, dei:* **midwintersdai,**
gewöhnl. **midewinteresdai, -dæi, -dei,** neben
midwinterdai, -dæi s. sch. *Midwinter-day.* eig.
Tag der Wintersonnenwende [21. De-
zember], gew. Weihnachtstag [25. Dezem-
ber]. A *mydwyntersday.* R. OF GL. C. 7549
Wr. In on *midewynteresday* manye þar follen.

LAȝ. II. 539 j. T. Seint Thomas at Caunter-
bury, a *midewynteresdai*, Stod, and prechede al
þat folk. ST. THOM. OF CAUNT. 1931 Horstm.
p. 162. vgl Seint Thomas at Canterbure, a
midewynteresday, Stod, and prechede that folc.
BEK. 1965 *Spr*. A *midewynteresday*. R. OF GL.
α. 7549 Wr. A *midwinteresdæi* moni þer
feollen. LAȝ. II. 539. Forði ne schule ȝe beon
.. ihuseled .. bute .. a *midewinteresdei*, condelmessedei, tweolfte dei etc. ANCR. R. p. 412.

Þis noble duc Willam him let crouny king
At Londone a *midwinterday* [Apon *mydwynter-
daie* at Londoun β.]. R. OF GL. 7548 Wr. He
ordeyned .. þat me schulde synge þre masses
wiþ Gloria in excelsis a *mydwynterday* [on
Crystemasday Cx. in festo Natalis Domini
Higd. on Cristes day *Harl*.]. TREVISA V. 19.
Mydwynterday [Cristemasday Cx. Natale Domini *Higd*. the day of the nativite of Crists
Harl.] is iholde þe sevenþe day tofore Ianyver.
V. 41. Seynt Austin, in a *mydwynterday* [die
Natalis Domini *Higd*. in Cristemasseday *Harl*.],
whan he hadde icristned ten þowsand Englische
men in þe west ryver, þat hatte Swale .. he
knewe þat he schulde deie. V. 409-11. Pa was
he .. to king bletcæd [i. e. *bletsæd*, consecrated]
in Lundene on þe sunnendæi beforen *mid-
winterdæi*, and held þær micel curt. SAX. CHR.
a. 1154.

mit *naht, niht, niȝt:* **midwinteresniȝt,
midwintrasniȝt, midewintresniht** s. eigentl.
Nacht vor dem Wintersonnenwendfeste [Nacht
vom 20.-21. Dezember], dann heilige Nacht,
Weihnacht [Nacht vom 24.-25. Desember].
How þat holi child was ibore, þe gospel seiþ
wel riȝt, Pat me rat ate furste masse a *midwinteresniȝt*. GEB. JESU 493. A chirche of seynt
Magne þerinne þo wes, Þere on *mydwyntrusnyȝt*
þia meracle was done. ST. EDITHA 4077. Ac
nu hit is time þat we .. ure lif laden on clennesse, and swo abiden ure helendes tocume, þat
neihlacheð nuðe fram dai to daie, and beð on
midewintresniht. OEH. II. 7.

mit *tide:* **midwintertide** s. vgl. ahd. *wintar-
zît*, mhd. *winterzît*, mnd. *wintirzît*; tempus hie-
male. Mittwinterzeît, Weihnachtszeit.
So it bifel þat selue day, Wiþ tong as y ȝou tel
may, It was *midwinterlide*, Pat riche douȝte wiþ
gamen & play Fram chirche com þe riȝht way
As lord & prince wiþ pride. AMIS A. AMIL.
1885 Kölb.

mid wisse adv. certo s. *wis* adj. certus, und
vgl. *mid iwisse* adv.

midwiving, -wifing s. vgl. neue. *midwife* v.
Hebammendienst, Geburtshilfe.
Wymmen of Ebrew ben not as the wymmen
of Egipte, thei forsothe han the kunnyng of
mydwyvyng [*mydwifyng* v. l.], and er we comen
to hem, thei be delyuered. WYCL. EX. 1, 19 Oxf.

midwomman s. obstetrix s. *midwifman*.
mieknesse s. lenitas s. *meocnesse*.
mielch adj. lactarius s. *milche*.
mielde adj. mitis s. *milde*.
Mielmasse, -messe s. dies festus Michaelis
s. *Michelmesse*.

mien v. lat. *micare* v. intr. sich zuckend hin
und her bewegen, zucken, zappeln, zittern etc.
zittern, zusammenschlagen, knir-
schen, von den Zähnen.
Þah me teone wiþ hym, þat myn teþ [teh
Ms.] *mye*. BÖDD. *Altengl. Dicht*. p. 177.

mien, auch **micen, misen** v. vgl. afr. *esmier*,
nfr. *émier*, jetzt gew. *émietter*, zerbröckeln, zer-
stückeln, bes. vom Brote [neben afr. *micer, michier*, mettre en pièces HIPPEAU *Gl*.], mlat.
micare, in micas dissolvere, friare, von afr. nfr.
mie, *miette* [neben *miche*], mlat. ;*mica, micha,
michia, miga*, lat. *mica; vgl. *mioure* s. micatorium. brocken, serbröckeln, zerreiben,
auf dem Reibeisen reiben, viell. auch
einbrocken, bes. vom Brote.

To *mye* brede, micare, jnterrere [i. e. in-
terere, eig. einbrocken, doch wohl mit Abschwächung des Präfixes in-]. CATH. ANGL.
p. 239. To crume, vbi to *mye*. p. 85 [neben: A
crume, mica *ib*.]. vgl.;To *mulbrede*, jnterrere, micare. p. 246 und s. oben *crume, crumme* s.
mica, *crumen, crummen* v. micare, auch *grate*
s. micatorium, *graten* v. micare.

Al this *mye* [imper.] smal, and farse the
catte within als thu farses a gos. REL. ANT.
I. 51 [14. Jahrh.].

p. p. Lay it anone With *myed* bred or
amydone. LIB. C. C. p. 8. Make a puddyng
þerof anon With an egge and *myed* bred also.
p. 48. Charge hit þenne With *myed* wastelle.
p. 9. *Myyd* bred p. 36. Take *myed* bred, and
eyren þou swynge, Do hem togeder. p. 11.
Take braune of capons or hennes alle, Hew hit
þat hit be riȝt smalle; And grynd hit wele, as
myud brede. p. 12. Take whyte bred *myude* by
kynde. p. 27. cf. Bred *ymyed*. FORME OF CURY
p. 103 Pegge [in CATH. ANGL. p. 239. n. 4].

daneben findet sich in derselben Bedeutung
mit Beibehaltung des inlautenden c die Nebenform *micen, misen* [afr. *micer, michier*]: *Myce*
[imper.]. TWO COOK. B. p. 71. cf. p. 76. 90.
Myced, mysed [p. p.]. p. 72. cf. p. 74. 75.

mien v. suffodere s. *minen*.

miengen v. miscere s. *mengen*.

mige, migge s. culex s. *micge*.

migerne s. omestrum s. *migraine*.

migge s. ags. *migga, micga, micge*, urina,
niederd. *mige*, altniederl. *mijghe*, zu *mijen* v.
ags. *mîgan*, mingere. Harn, Urin.
Grickischs fur is imaked of reades monnes
blode, and tet ne mei noðing bute *migge*, and
sond, and eisil, ase me seið, acwenchen. ANCR.
R. p. 402 [vgl. Note]. Alle þeo þing þet hit
acwencheð, þet beoð *migge*, and sond, and eisil.
p. 404. bildlich: *Migge* is stench of sunne. *ib*.
Migge, ase ich er seide, þet acwencheð Grickishe
fur, is stinckinde ulesshes luue, þet acwencheð
gostlich luue, þet Grickishe fur bitocneð. p. 406.

miggerne s. omentum, omestra s. *migraine*.

Mighelmas, -masse s. missa, dies festus Michaelis s. *Michelmesse*.

might s. potentia s. *maht*.

mightand, auch **mihtand** adj. von *maht, miht, might* s. mit dem Suffix -*and*, der Endung des part. præs., gebildet; vgl. oben *almihtende* etc. adj. omnipotens. mächtig, stark.

1. von Personen (Gott, Engeln, Menschen): Wha es he king of blisse? Laverd strang And *mightand*, in fight Laverd *mightand* lang [Dominus fortis et potens, Dominus potens in prælio *lat.*]. Ps. 23, 8. Whi glades þou in ivelnes, Þat *mightand* ert in wickednes? 51, 3. *Mightand* ertou [*Mihtand* art *E. Mihtand* art þou *H.* potens es *lat.*], Laverd. 88, 9. Blisses to Laverd with alle your might, Alle his aungels þat ere bright, *Mightand* of thew [*Mihtand* with þew *E.* potentes virtute *lat.*]. 102, 20. von Gott auch *alle mightand* [vgl. oben *almihtend*]: Hilles glade sal with gamen, Of sighte of Laverd *alle mightand.* 97, 8-9.

substantiviert, Mächtiger: For lese sal he poure fra *mightand* [a potente *lat.*], And poure þat had na helpe in land. Ps. 71, 12. And wakened es Laverd als slepand, Als mased of wine *mightand* [And *mihtand* mased of win isse (misse) *E. H.* quasi potens crapulatus a vino *lat.*]. 77, 65. I sete helpe unto *mightand* [in *mihtande E. mihtand* forthi *H.* super potentem *lat.*]. 88, 20. — Laverd, wicked inrase in me, And sinagoge of *mightand* (synagoga potentium *lat.*) be. 85, 14. For mikel filled es our saule; upbraiding To *mightand,* and to proude forleting [opprobrium abundantibus et despectio superbis *lat.*]. 122, 4.

2. von anderen Substantiven, die bildl. Personen bezeichnen oder in engster Beziehung zu Personen stehen: *Mightand* in erthe his sede bes alle [potens in terra erit semen ejus *lat.*]. Ps. 91, 2. Þat led Israel fra mid of þa, In hand *mightand* [in manu forti *lat.*]. 135, 11-12.

substantiviert, Macht, Kraft, höchste Zahlstufe [vgl. *mightfulnes*]: He sal here him fra his hali heven, In *mightand* hele of his right hand even. Ps. 19, 7. — Daies of oure yheres in þa Sexti yhere, and ten alswa; And if in *mightandes* [weldinges *E. H.*] fourskore yhere And mare, of þam swinke and sorw here [si autem in potentatibus lxxx anni, et plurimum eorum labor et dolor *lat.* in Übersetzung des hebr. בִּגְבוּרֹת und וְאִם בִּגְבוּרֹת etc., wo der pl. von גְּבוּרָה, potentatus, potentia, als summa potentia aufzufassen ist]. 89, 10. vgl. In *mihtandes* of þi rith hand even. 19, 7 *H.*

mightell adv. potenter, fortiter s. hinter *mahti* adj.

mightful adj. potens s. *mihtful* [hinter *maht* s.].

He was *myghtful* & meke, & mercy gan graunte To hem þat henge hym hye. P. PL. Text C. pass. II. 170.

mightfulnes s. Machtfülle, Macht, Kraft, höchste Zahlstufe.

Als in a psalme says þe prophete: Si autem in potentatibus octogynta anni, et amplius eorum labor et dolor. „If in *myghtfulnes* four scor yhere falle, Mare es þair swynk and sorow

withalle." HAMP. 751 *Spr.* vgl. *Anm.* [und *s.* oben *mightand* s.].

mighthed s. abundantia s. hinter *maht;* **mighti** adj. potens, fortis, **mightili** adv. potenter, fortiter s. *mahti;*.

mightinge s. unmittelbar von *maht, miht, might* s. potestas, potentia, hergeleitet; vgl. *mightand* adj. Macht, Kraft.

God, ne forlete [me] in unwelde, Til I schew þine arme with blis To strende alle .. þi *mightinge,* and þi rightwisenes [potentiam tuam et justitiam tuam *lat.*]. Ps. 70, 18-9. — Ingo in *mihtinges* of Laverd I sal [introibo in potentias Domini *lat.*]. 70, 16. Þare brake he *myghtinges* righte, Bogh, schelde, swerde, and fighte [frei übersetzt; vgl. ibi confregit cornua, arcum, scutum, gladium et bellum *lat.* wo *cornua, arcum* nur ungenau das hebr. רְשָׁפֵי קֶשֶׁת, scintillas arcus, i. e. scintillantes sagittas, wiedergiebt]. 75, 4. Wha sal speke of Laverd *mightinges* [quis loquetur potentias Domini *lat.*]? 105, 2.

mightnes s. zu *maht,* potestas, potentia, gehörig, falls der erste Herausgeber, Stevenson, richtig gelesen hat. Macht, Stärke, Wunderkraft.

Oure fadres talden us swa .. Looffes of Laverd and his *mightnes* telland [narrantes laudes Domini et virtutes ejus *lat.*]. Ps. 77, 4. vgl. dagegen: Our fadres talden vs swa .. Looffes of lauerd and his *mightes* telland [Telland louerdes loffes (L of lauerd) and *mihtes* hisse *E. H.*]. 77, 3-5 Horstm. [in *Yorkshire Writers* II. 209 Lond. 1896].

mightsomen, mihtsomen v. anscheinend Nachbildung von *nuhtsomen* v. ags. genyhtsumian, abundare, ahd. ginuhtsamōn [aus ags. genyhtsum adj. abundans, ahd. *ginuhtsam.* genuhtsam zu ags. *genyht* s. sufficientia, justa copia, ahd. *ginuht,* mhd. *genuht,* md. *genucht*]. Fülle, Überfluss haben.

Nuhtsom [*Mithsom H.*] sal dales [*Mightsom* sal dales Horstm. Dales *mihtsom* sal ib. E. H.] with whete [dene genyhtsumiað hwæte ags. convalles abundabunt frumento *lat.*]. Ps. 64, 14. cf. Þi mouth nuhtsomed [*mihtsomed* Horstm.] iueles swa [Os tuum abundavit malitia *lat.*], And þi tunge herded swikeldomes ma. 49, 20. He *mightsomed* to torne his wreth [multiplicavit (sc. misericordia) ut averteret iram suam ab eis *lat.*]. 77, 38. p. pr. adjektivisch, Überfluss habend, fruchtbar, reich: Þi wif als winyher[d] [wunyherde *E.* vgl. ȝerd, virga] *mightsomand,* In halves of þi hous dwelland [Wif ðin svē svē vintreōv genyhtsumiende in sidum hūses ðīnes ags. Uxor tua sicut vitis abundans in lateribus domus tuæ *lat.*]. 127, 3. im Plural substantiviert: Bihald, þai sinfulle, and in werld *mightsomande* [mightand *E.* genyhtsumegende ags. abundantes *lat.*], Haden welthes fulle þaire hand. 72, 12. vgl. Bihald, þai infulle, and in werld *mightsomand* [Loke sinful and in werld mihtand *E.* Loke þai sinful and *mihtsomande H.*], Haden welthes fulle thaire hand. ib. Horstm.

mightsomnes s. anscheinend Nachbildung von *nuhtsomnes* s. ags. *genyhtsumnis*, abundantia; vgl. *mihtsomen* v. Fülle, Überfluss.

Springe sal in his daies alle Rightwisenes .. And *mightsomnes* [genyhtsumnis *ags.* abundantia *lat.*] of pees in ai. Ps. 71, 7. Biddes whilk at pais ere Ierusalem land, And *mightsomnes* [genyhtsumnis *ags.* abundantia *lat.*] to þe lovand. 121, 6. cf. 121, 7. I sothlik saide in mi *mightsomnes* [in minre genyhtsumnisse *ags.* in mea abundantia *lat.*]. 29, 7. He gaf þam metes in *mightsomnes* [in genyhtsumnisse *ags.* in abundantia *lat.*]. 77, 25.

mignion adj. [und s.] afr. nfr. *mignion*, woher auch it. *mignone*, neue. *minion*, aus ahd. *minnja*, *minna*, memoria; dilectio, caritas, amor, mhd. *minne*, alts. *minnja*, *minnéa*, *minna*, neuniederl. *minne*, *min* [neben ahd. *minnî*, altn. *minni*]. lieblich, niedlich; Liebling. *Mignyon*, mignon. PALSGR. vgl. *Minion*, bellulus. MAN. VOC.

mignionnesse s. von *mignion* adj. Liebkosung. *Mignyonnesse*, mignotise. PALSGR.

migraine, migerne, miggerne s. dunkler Herkunft, nicht verwandt mit *migrane*, hemicranium. Netshaut, Netz um die Gedärme. Hoc oilinetum [?omentum], *mygrayne*. WR. VOC. p. 186 [col. 636, 27 Wülck.]. Hoc omestrum, a *mygerne*. p. 245 [col. 747, 31]. Omentum, a pauncheclout [vel *myggerne*]. col. 599, 2. Omestra, a *myggerne*. col. 599, 4.

migrane, migreine, migrene, migreime, migrim, midgrame, midgrim, auch noch **emigrane** s. afr. *migraine*, *megraine*, nfr. *migraine*, woher auch nhd. als Fremdwort *migräne*, sp. *migraña*, it. *magrana* und *emigrania*, *emicrania*, mlat. *hemigrania*, *hemigranea*, *emigranea*, *emigraneus*, auch *emigrama*, *emigramus*, lat. *hemicranium*, *hemicrania*, gr. ἡμικρανία von ἡμι .. in Zuss., halb, und κρανίον, Schädel, sch. neue. *megrim*. halbseitiger Kopfschmerz.

Þe *mygrane*, vbi emigrane. CATH. ANGL. p. 239. vgl. n. 6. Hurre ryȝt heyȝe and hurre body weron seke bothe two: For a feruent *mygreyn* was in þe ryȝt syde of hurre hedde, & a feuer quarteyne he hadde þo also. ST. EDITHA 4584. *Mygreyme*, sekenesse [*migrym*, *midgrame*, *mygrene*, *midgrym*], emigranea. PR. P. p. 337. vgl. n. 3 [Emigraneus, vermis capitis, the *mygryne*, or the hedeworme. ORTUS [a. 1530)]. For wormys, for gnawyng, gryndyng in þe wombe .. Alle maner red eyne, bleryd eyn, & þe *myegrym* also. PLAY OF SACRAM. 613 sq. [in CATH. ANGL. p. 239 n. 6]. vgl. The oyle of Barberries is good for the *migram* or ach of the one syde of the brain. TURNER *Herbal* [a. 1551]. That disease in the head which is called the *meagram*. hemicranium. WITHALS [a. 1602]. Hemicraine m., the *meagrum*, or headache by fits. COTGR. [a. 1611]. *Migrym*, a sickenesse, chagrin, maigre. PALSGR. [a. 1530]. *Migrym* of the heede, chagrin, maigre. ib. *Migrim*, hemecrania. MAN. VOC. [a. 1570]. *Migrymms*, hemicranes. HULOET [a. 1552]. The *megrim*, a paine

in one side of the head. BARET [a. 1580]. Migraine f., the *megrim*, or headach. COTGR. [a. 1611].

Þe *emygrane*, emigraneus. CATH. ANGL. p. 114. vgl. n. 5. Þe mygrane, vbi *emigrane*. p. 239.

migt s. potentia, **migtful** adj. potens s. *maht*.

Miȝelmesse, -masse s. missa, dies festus Michaelis s. *Michelmesse*.

miȝen v. ags. *miȝan* [*midȝ*, *mâh*, *miȝon*; *miȝen*], mingere, altn. *míga* [*meig*, *mê*, *migum*; *miginn*, *migit*], nniederd. *migen* [*mêg*; *emêgen*, *emêget*]; vgl. *migge* s. urina. harnen.

He nom his glæsfat anan, & þe king *mæȝ* þeron [He nam his vrinal anon, an þe king *mæȝ* þaron j. T.]. LAȝ. II. 319. vgl. Dere cosyn, ye muste now drynke moche, that to-morrow ye may the better when ye com to the felde. CAXT. *Reyn.* p. 144 Thoms.

Miȝhalemasse, Miȝhelesmassedai, Miȝhelmasse s. missa, dies festus Michaelis s. *Michelmesse*.

miȝt s. potentia s. *maht*.

miȝteliche adv. fortiter s. *maȝtili* [hinter *mahtiȝ* adj.].

I .. went wiȝtlich awey [*miȝteliche* my wey *v. l.*], withoute more lettynge. P. PL. *Text B.* pass. X. 219.

miȝtful adj. potens s. *mihtful* [hinter *maht* s.].

miȝti adj. potens, fortis, **miȝtihed** s. potentia, potentatus s. *mahtiȝ*.

miȝtvol adj. potens s. *mihtful* [hinter *maht* s.].

Mihaelesdai, Mihellesdai s. dies Michaelis s. *Michelesdai*; **Mihelmesse, -masse** s. missa, dies festus Michaelis s. *Michelmesse*.

miht s. potentia s. *maht*.

mihtand adj. potens s. *mightand*.

mihtful adj. potens, **mihtfullik** adv. potenter s. hinter *maht* s.; **mihti** adj. potens s. *mahtiȝ*.

mihtinesse s. zu *mahtiȝ* adj. potens. Macht, Stärke.

Þi *mihtinesse* we worschupeþ, lord, Boþe in dede and in word. ST. AUGUSTIN 1273 Horstm. p. 83 [Heilbr. 1878].

mihtles adj. impotens, infirmus s. hinter *maht* s.

mihtsomen v. abundare s. *mightsomen*.

mil s. vgl. welsch *mil*, animal, beast, *mîled*, wild beast. Tier, wohl bes. Säugetier.

Wowes this wilde drakes, *Miles* [pl.] murgeth heore makes. LYR. P. p. 44.

mil s. mille [sc. passus] s. *mile*.

mile, milk, melk, zuweilen **mule**, selten **milch** s. ags. *meoluc*, *meole*, lac, altnorthumbr. *milc* [BOUTERW.], niederd. niederl. *melk*, afries. *melok*, nfries. *molke*, altn. *miolk* [für *miölk*], schw. *mjölk*, dän. *milk*, gth. *miluks*, ahd. *miluh*, *miloh*, *milih*, *milech*, mhd. *milch*, sch. neue. *milk*, von ags. *melcan*, mulgere; vgl. *milkien* v. lactare, mulgere. Milch.

1. von Frauen: Drihten, þu dest þe lof of *mile* drinkende childre muðe [ex ore infancium & lactancium *lat.*]. OEH. p. 7. Forr naffde ȝho [ure laffdiȝ Marȝe] nan *millc* till himm, Ȝiff þatt ȝho nære hiss moderr. ORM 6446. Rihht terr abufenn þær þe child Wass inne wiþþ hiss

moderr, Þatt fedde himm *wiþþ* þatt illke *millc*
Þatt comm off hire pappe. 6438. Þ' ter sprong
ut, mid te dunt, *milc* imenget wið blod, to
beoren witnesse of hire hwite meiðhad. LIFE
OF ST. KATH. 2456. cf. Þat ter sprang ut ..
milc imenget wið blod. LEG. ST. KATH. 2488.
From my virgyne pappes *mylk* ran owt a passe.
DIGBY PL. p. 197. Beseche we him mek of
mode, Þat soke þe *milk* of maidis brest. SAR-
MUN 233 *Spr.* E. E. P. p. 6. cf. TEN COMM. 77
Spr. E. E. P. p. 16. For as meche as sche [sc.
oure Lady] had to meche *mylk* in hire pappes,
that greved hire, sche mylked hem on the rede
stones of marble, so that the traces may þit be
sene in the stones alle whyte. MAUND. p. 71.
Wiþ hire pappe in to his mouþ *Milk* heo spreynt.
MARIENLEG. 8, 36 Horstm. [in *Arch.* 56, 235].
Taak wommans *milk* and juce of portulake, And
therwith me may hele her eyen soore. FALLAD.
1, 603 ed. *Liddell,* Berlin 1896. Yit suffer me
to hold yow her on my lape, Which [i. e. die ich
sc. Maria] sumtym gaue yowe *mylk* of my pape!
DIGBY PL. p. 196. His norice, þat him hadde
ifed, and *with* hire *milk* forth ibrouȝt, Þat child
heo louede euere muche. ST. KENELM 133
Horstm. p. 349. Vr lauerd wald for reson
suilk Be fosterd *of* a maiden *milk.* CURS. MUNDI
10795 COTT. FAIRF. [*Laud Ms.*] GÖTT.

Pray Antour, wiþ wordes milde, Þe *milke*
he ȝiue to þi childe. ARTH. A. MERL. 2655 Kölb.
Take womans *mylke* and juce of portulake,
And therwith thou maist hele her eghen sore.
FALLAD. 1, 603. A maydes *milke* never man
dyde se, Ne woman bere chylde witthowte grett
greve. COV. MYST. p. 152. Þe pouro lefdi of
heouene uostrede, & fedde hine *mid* hire litle
milke. ANCR. R. p. 260. Our lorde wolde for
resoun þilke Be fed *of* a maydenes *mylke.* CURS.
MUNDI 10795 TRIN. Beholde the brestys of
this clene mayd, Fful *of* fayr *mylke* how that
thei be. ið. I .. gaue yow the licour *of* a maydyns *mylke* [: ailke]. DIGBY PL. p. 197.

In suathebendes hy hyne dyȝte, Asc hyt hys
the chyldes ryȝte, And þef hym meoke to souke.
SHOREH. p. 121 *Spr.* That unicorn that was so
wyld .. Thou hast ytamed and istyld *Wyth*
melke of thy breste. p. 133.

His norice, þat him hadde ifeð, & *mid* hire
mulk forþ ibrouȝt, Tendre was of þis child. ST.
KENELM 135.

2. von weiblichen Säugetieren,
und zwar zunächst

a. im allgemeinen, ohne weitere Angabe:
Milc wes i þere scale, and win sume dale [*Milc*
was in þe scole, and win somdel j. T.]. LAȝ. I. 50·
Hi drinketh *milc,* and wei tharto. O. A. N. 1007
Spr. Who forsothe threstes tetes, to drawen
out *myle,* threstith out buttere. WYCL. PROV.
30, 33 Oxf. Ȝif *milk* schet, þet heou wule bi-
leauen. ANCR. R. p. 320. Hoc lac, *mylk.* WR.
VOC. p. 202 [col. 666, 5 Wülck.]. Y shal the fete
Bred an chese, butere and *milk.* HAVEL. 642.
Hony sal he ete and *milk* [: quilk]. CURS.
MUNDI 9299 GÖTT. In that contree is but lytylle whete or berley, and therfore thei eten ryss
and hony and *mylk* and chese and frute. MAUND.

p. 272. Thei eeten no breed, but alle raw
flesche, and thei drynken *mylk* of beates; for
thei han plentee of alle bestaylle. p. 284. Thei
wole not for nothing eten flesche of hares, ne
of hennes, ne of gees .. but thei eten flesche of
alle other beates, and drynken *mylk.* p. 287-8.
Boþe fleeshe and fisshe, Butter, *mylk,* an chese
[sc. I haue forsleuthed]. P. PL. *Text B.* pass. V.
444 *v. l.* Though thou .. strawe hir cage faire
and softe as silk, And ȝiue hem sugre, hony,
breed, and *milk* [Futter für Vögel]. CH. *C. T.*
II. F. 612 sq. Skeat Cl. Pr. Let him see a mous
go ;by the wal, Anoon he wayveth *mylk* and
fleisch and al. *Tr. a. Cr.* 2, 284. Warm *milk*
sche put also therto With hony meind. GOWER
II. 262. That þei [wiþ] spynnynge may spare,
spenen hit in houshyre, Boþe *in mylk* and in
mele to make with papelotes. P. PL. *Text C.*
pass. X. 74. Who feedith, or lesuwith, a floc,
and etith not *of the mylk* of the flok? WYCL.
1 COR. 9, 7 Oxf.

Lac, *mylke.* WR. VOC. p. 178 [col. 625, 33.
34 Wülck.]. Hoc lac, *mylke.* p. 199 [col. 661,
12]. cf. p. 268 [col. 793, 27]. *Mylke* rostyd.
TWO COOK. B. p. 3. LIB. C. C. p. 17. An [yf]
þe *mylke* be noȝt swete ynow, take whyte sugre
an caste þerto. TWO COOK. B. p. 7. *Milke,*
crayme, and cruddes .. þey close a mannes
stomak. BAB. B. p. 124. *Milke,* gala grece, lac;
lacteus, lacticolosus, mulcereus, lactiosus etc.
CATH. ANGL. p. 239. Honi sal he ete and *milke*
[: quilk]. CURS. MUNDI 9289 COTT. FAIRF. Ete
hony & *milke* he shal also. ið. TRIN. Take faire
mylke and floure. TWO COOK. B. p. 106. Take
mylke of almaundys. p. 6. Take thykke *mylke*
of almondes clere. LIB. C. C. p. 15. [Þe bume
..] bryngeз butter wythal, & by þe bred settes
Mete; messes *of mylke* he merkkes bytwene.
ALLIT. P. 2, 636. Aristeus fonde first the usage
Of *mylke,* and cruddis, and of hony swote.
LYDG. *M. P.* p. 89. Thouhe I were fedde *with*
mylke and wastelbrede. p.184. Draw it vp *wyth*
a fyne thykke *mylke.* TWO COOK. B. p. 7. Sethe
it *with mylke* and water. LIB. C. C. p. 7. Sethe
hom *in mylke* þou schalle. p. 18. Kreme *of*
mylke þat is so schene. p. 36. Hoc multrale,
the tyn *of* the *mylke.* WR. VOC. p. 268 [col.
793, 25 Wülck.].

Butter, *melk,* and chese. TREVISA I. 405.
Both bred and ale, Butre, *melk,* and chese [sc.
I have] Forsleuthed. P. PL. 3361. cf. *B.* V. 444
Skeat. Warm *melk* sche putte also þerto Wiþ
hony meynd. GOWER II. 262 *Harl.* 3869 [in
Spec. II. 277]. Ase me helt uol a pot of wetere;
huanne þet weter is yzset, þer ne blefþ no colur
ase *ine melk,* ne smel ase ine wyn, ne smac ase
ine hony. AYENB. p. 177.

[I .. haue ..] Boþe bred and ale, butter,
melke, and chese Forsleuthed. P. PL. *Text B.*
pass. V. 444. cf. *C.* VIII. 51. Lete hem ete with
hogges, Or elles bene and bren ybaken togideres, Or elles *melke* and mene ale. *B.* VI. 183.

b. im besonderen, mit näherer Angabe,
von weiblichen Haustieren, so

von Kühen: Heo bigan to milken þis cor,
and muche *milk* of hire heo nam. ST. BRIDE 33

Horstm. p. 193. Þare no was oþur kov þat half so muche *milk* þoue. ST. KENELM 229 [p. 351]. Nim .. þe *milk* of one kov þat is of o colour. ST. CUTHBERT 51 [p. 360]. But ȝef hem [matribus sc. vitulorum] mete ȝnough that were with childe , That they *to mylk* and labour may suffice. PALLAD. 5, 142 *Liddell* [cf. 5, 150 *Lodge*]. Yef their children tosted grounden mylde Commixt *with mylk* [ipsis autem vitulis tostum molitumque milium cum lacte misceatur]. 5, 144 [5, 152].

Mylche , or *mylke* of a cowe, lac. PR. P. p. 337. *Mylke*, idem quod mylche, supra. p. 338. Take eyren and swete *mylke* of a cow. LIB. C. C. p. 13. Onyons and garlyke had he inowe, And good creme, and *mylke* of the cows. REL. ANT. I. 43 [printed by Wynkyn de Worde]. Medyl hit *with* chese, *mylke* of a kow, or of shepe. I. 108 [15. Jahrh.]. This medecyn, ymade *with* chese, or *mylke* of a kow. I. 109.

Per nas non of alle þe kyn Pat half so moche *mulc* ȝeue, as ful heo wolde a morwe beo, þeȝ heo were ymelked an eue. ST. KENELM 233. So ful *of mulc* heo [sc. þis white cow] was, þat me wondrede of þe cas. 232.

Mylche, or mylke of a cowe, lac. PR. P. p. 337. Mylke, idem quod *mylche*. p. 338.

von Schafen: Forr þurrh þe lamb uss cumeþþ *mille* Ut off þe lambess moder. ORM 12664. Forr shepess lamb uss ȝifeþþ *mille* , & flæsh, & blod, & wulle. 12662. Sæsephurdes hii beþ luþere .. vor þe hom ibroȝt Þe *milc* & þe wolle clene, of oþer þing hii nolleþ telle. R. OF GL. 7210 sq. Wr. Butre of the drous, and *mylk* of sheep. WYCL. DEUTER. 32, 14 Oxf. *Mylk* R. OF GL. ð. 7212 Wr. Marie Magdalene by meris *mylk* lyuede & ewis. P. PL. *Text C.* pass. XVIII. 21 *v. l.* The wolle ys clyppyd, and *mylke* ys peysyd. LYDG. *Is.* 309 Zup. [in *Arch.* 85, 16]. Medyl hit *with* chese, *mylke* of a kow, or of shepe. REL. ANT. I. 108 [15. Jahrh.]. Þe *milc*. R. OF GL. *C.* 7212 Wr. He is ase þet simple ssep, ine huam al hit is guod and profitable, and wolle, and skin, and uless, and *melk*, and frut, and dong. AYENB. p. 137. Sæphurdes hii bet [beth *Ar.*] luþer .. vor þe hem ybroȝt Þe *melke* & þe wolle clene, of oþer þyng hii nolle telle. R. OF GL. p. 351 Hearne. cf. *B.* 7212 Wr. Ne me gadereð noȝt *of* here *mulc* [vorher ist von Schafen die Rede]. ST. BREND. 147 Horstm. p. 223.

von Ziegen: Take also a drope of bawme, and put it into a dissche or in a cuppe *with mylk* of a goot. MAUND. p. 52. Thow shalt not seethe a kydde in the *mylk* of his moder. WYCL. EXOD. 23, 19 Oxf. [Scho ..] with hir tuke a tryppe of gayte, *With mylke* of thame for to bayte To hir lyves fode. PERCEV. 186. An adamant stone it is not frangebyll Wyth no thyng but *with mylke* of a gett. SONGS A. CAR. p. 65.

von Stuten, Kamelen, Eseln: The ryche men drynken *mylk* of mares, or of camaylles, or of asses, or of other bestes. MAUND. p. 250. Men setten a table before him clene .. and there upon a cuppe fulle *of* mares *mylk*.

p. 253. Marie Magdalene by meris *mylk* lyuede & ewis. P. PL. *Text C.* pass. XVIII. 21 *v. l.*

e. auch von wilden Tieren, so namentlich von Hirschkühen: Þe *milk* þat he [sc. Brutes] abouten bar, in a fyr he caste hit þar [als Brandopfer]. R. OF BRUNNE *Story of Engl.* 1379. vgl. He [sc. Brutes] broughte a coppe *woyþ milk* & wyn, Pat milked was of a whit hynde. 1364. Egydie after an hynde cryede, And þorwo þe *mylke* of þat mylde best þe man was susteyned. P. PL. *Text B.* pass. XV. 274. von einer Wölfin: A wolfesse fedde þe tweie breþeren wiþ her *melk*. TREVISA III. 45.

d. angeohrene Milch, Kumiss ist wohl zu denken in der folgenden Stelle: Thei wil ben lightly dronken *of mylk*, or of another drynk, that is made of hony and of watre soden to gidre. MAUND. p. 250 sq.

geronnene, saure Milch wird öfter erwähnt: Cruddid is as *mylc* [cruddid as *mylk* Purv.] the herte of hem. WYCL. PS. 118, 70 Oxf. Lopred [Lopered *H.* coagulatum *lat.*] als *milk* es [Lopird is as *mylke* HAMP. *Ps.*] hert of þa. EARLY E. PS. 118, 70 Spr. vgl. *Anm.* und *lopren* v. Take also a droppe of bawme, and put it into a dissche or in a cuppe with mylk of goot; and ȝif hit be naturelle bawme, anon it wole take and beclippe the *mylk*. MAUND. p. 52 Spr. vgl. *bicluppen* v., *taken* v. Ronnon as *mylke* [ronnyn as *mylk* or other lyeoure], coagulatus. PR. P. p. 436 vgl. n. 4 und *rinnen* v. Lopyrde [Loppyryde A.] as *mylke*, concretus. CATH. ANGL. p. 220, vgl. n. 3. Lopyrde *mylke*, ivnctata. *ib.* vgl. *lopren* v.

Mylk in the kynd is fayre and clere, bot in lopirynge it waxis soure. HAMP. Ps. 118, 70 comm. Sowre *mylke*, exigalum. WR. VOC. p. 176 [col. 625, 33–4 Wülck.]. Hoc occigalum, a sowyr *mylke*. p. 268 [col. 793, 15]. Sowre *mylke*, occigulum. PR. P. p. 466. Sowre *mylke*, oxigallum. CATH. ANGL. p. 350.

3. häufig in Vergleichen, von der Farbe: Eyþer side soft ase sylk, Whittore then the moren *mylk* [wohl nichts als Morgenmilch, Frühmilch; s. *morȝenmilk* s.]. LYR. P. p. 26. vgl. BÖDD. *Altengl. Dicht.* p. 158 und *GL.*; die dort gegebene Übersetzung, Wurzelmilch, ist schwerlich richtig. Als *milk* þair hide becom ss quite. CURS. MUNDI 8120 COTT. FAIRF. A muȝle, al so whit as *mylk*, With sadel of gold, semely of selk, Was ybrought to theo quene. ALIS. 175. Fayrer ben the eyen of hym than wyn, and the teeth of hym whitter than *mylk*. WYCL. GEN. 49, 12 Oxf. A lady folowd white so *mylk*. YW. A. GAW. 819 Schleich. Serk and breke bath sho hym broght, Pat ful craftily war wroght Of riche cloth soft as the sylk And þarto white as any *mylk*. 3103. Vnder þo stones beþ depe in mold To dragouns fast yfold; Pat on is white *so milkes* rem, Pat oþer is red so feris lem. ARTH. A. MERL. 1453 Kölb. vgl. whyt so *mylkes* rem L. 1544.

Alle þei fled in rowe, in lynen white as *milkes*. LANGT. p. 334. The stede was whyte as any *mylke*, The brydyllereynys were of sylke. OCTAV. 718 C. Opun a mule as the *myike*

[: sylke]. ANT. OF ARTH. st. 2.   An [sc. stede]
as white as anny mylke, The sadull couered in
white sylke. IPOM. A. 2384 Kölb. vgl. Anm.
Apon a palfreye white as mylke, In a sadull
all of sylke. 6454.   That one [sc. stede] was so
white as any mylke [: sylke]. B. 645. Kyrtyls
they had oon of sylke, Also whyte as any mylke.
GUY B. 389.

They caste on hym a scherte of selk, A
gypell as whyte as melk. LYB. DISC. 233 Ritson.
cf. Pey caste on him of selk A gipell whit as
melk. LIB. DESC. 247 Kaluza. Under þe stones
ryjt at þe mold Twey dragons þar lyggen yfold;
Þat on ys wyjt as melkes reme, And þat oþer ys
reed as feyrys leme. ARTH. A. MERL. D. 1071
Kölb.

vom Geschmacke: Melons, [to sette] in
Marche, and make hem swete as mylk, and
smellyng as roses [swete as mylke, and smellyng as rosis Lidd.]. FALLAD. p. XXVIII. Þare
fand þai reuers .. Was neuir no mede ne no
milke so mild vndire heuen, Ne cliffe of cristall
so clere. WARS OF ALEX. 4822 Ashm.

übertragen von der Liebe: His love is al so
swete, ywis, So euer is mylk or licoris! ALIS. 427.
von der Gemütsart, Gesinnung, in gutem
Sinne: Þe feolle Iewes .. Beoten a lomb wiþouten loþe, Softur þen watur vndur serk, Meode
or milk medled boþe. HOLY ROOD p. 139. in
bösem Sinne: Cruddid is as myle [cruddid as
mylk Purv.] the herte of hem. WYCL. PS. 118,70
Oxf. Lopred als milk es [Lopered als milk es
H. Lopird is as mylke HAMP. Ps.] hert of þa.
EARLY E. PS. 118, 70 Spr. vgl. Anm. As mylk
in the kynd is fayre and clere, bot in lopirynge
it waxis soure, alswa the kynd of mannys hert
is bright and fayre, til it wax sowre thorgh
corupcioun of vicis. HAMP. Ps. 118, 70 comm.
von der Schreibart: Þe stile of Matheu watir
was, And wyne þe lettre of Lucas, Marcus
pagyn was like mylke, And Iones hony swete
as silke. CURS. MUNDI 21293 TRIN.

4. bildlich bezeichnet das Wort auch in
unmittelbarer Übertragung, ohne die äussere
Form der Vergleichung,

a. qualitativ, milchweisse Farbe:
Melkwhit [Melk C.] was her destrere. LIB. DESC.
132 Kaluza [vgl. Anm.].

liebliche Süssigkeit in Gesinnung,
Handlungsweise, Schreibart, Lehre: Milk or
mede melled boþe. HOLY ROOD p. 204. Þe stile
o Matheu, water it was, And win þe letter o
Lucas, And Marc pagine, it was milk, And
John honi suet als suilk. CURS. MUNDI 21293
COTT. FAIRF. GÖTT. Forr Crist uss jifeþþ mill-
kess drinnch Off hiss Goddspelless lare. ORM
12650.

b. quantitativ, gewöhnl. in Verbindung mit
hunij, Überfluss an guten Dingen [vgl. ags.
þæt land flēvð meolece and hunege EXOD. 3, 8
Land veóll meolce and hunige NUM. 16, 13]:
Thou shalt souke the mylc of Jentiles. WYCL.
IS. 60, 16 Oxf. I sal þam bring vte of thainhede
Intill .. A land rinnand bath honi and milk
[rennand honi and milk GÖTT.]. CURS. MUNDI
5791 sq. COTT. [: suilk]. I sall ham bring of

þat þraldome Intil .. A lande wiþ baþ hony &
milk [: squilk]. ib. FAIRF. A loond that flowiti
[with add. Purv.] mylk and hony [fluit lacte et
melle Vulg.]. WYCL. EXOD. 3, 8 Oxf.

I shal hem bringe of þat þralhede Into ..
A londe rennyng hony & mylke [: swilke]. CURS.
MUNDI 5791 sq. TRIN.

Þer beþ riuers gret and fine Of oile, melk,
honi, and wine. COK. 45 Spr.

Syker thou myjt be of that lond Thar melke
and hony walleþ. SHOREH. p. 90.

Nu am ic ligt to fren hem ðeden, And
milche and hunige lond hem queðen. G. A. EX.
2787.

5. milchähnlicher Saft, Milchsaft
von Pflanzen; vgl. ahd. wolvesmilich, euphorbia,
mhd. wolvesmilch, nhd. wolfsmilch; neue. milk-
weed, or wolves milk, herbe au lait [BOYER
a. 1701]: Letuce of lac derivyed [derived Lidd.]
is, perchaunce; Ffor mylk it hath or yeveth
abundance [aboundaunce Lidd.]. PALLAD. 2,216.

6. milchähnlicher Same des männlichen Fisches, Fischmilch [altn. miolk,
lactis, schw. mjölke, lactis (neben mjölkfisk,
piscis mas), dän. melk (in fiskemelk), lactis,
melkefisk, piscis mas), früh nhd. milch (milch im
fisch oder im hering, lactis WEIG. c. 1500), auch
jetzt nhd. gewöhnl. milch]: Lactes, roof of
fyshe, or mylke of fyshe. WR. VOC. col. 591, 16
vgl. Mylke, idem quod mylche, supra. PR. P.
p. 338. Mylche, or mylte [or spleen, infra],
splen, lactis, proprie mylche. PR. P. p. 337.
Mylte, idem quod mylche, supra. p. 338.

milke- in Zuss. s. milk-.

milker s. zu milkien v. ags. gemilcian, mulgere [neben melcan]; vgl. früh nhd. melcher,
melcker [c. 1500], jetzt melker [zu ahd. melchan].
Melker.

Hic mulsor, a mylker. WR. VOC. p. 268
[col. 793, 26 Wülck.].

milker s. mniederl. milker lactes, lactis [ne-
ben nniederl. melker, piscis mas], spät mhd. nhd.
milcher, piscis mas [von milkien v. altnorthumbr.
gemilcia, lactare, nhd. milchen, Milch geben,
im p. pr. auch melken, z. B. eine melkende
Kuh], neue. milter [über den Wechsel von k
und t s. MÄTZNER Gr.³ I. 142; vgl. auch besonders milc, milche, lac, lactes, und milte, milche,
splen; lactes]. eig. Milcher, Fisch männl.
Geschlechtes, bes. zur Laichzeit, dann auch für
Milch, Fischmilch, Same des männl.
Fisches.

Hec lactis, mylkere. WR. VOC. p. 254. vgl.
n. 10 [col. 765, 26 Wülck. vgl. n. 8].

milc-hwit, milkwhit, -quit, melkwhit etc.
adj. ags. meolc-hvīt, mhd. milchwīz, neue. milk-
white, von milc, lac, und hwīt, albus. milch-
weiss.

Milc-hwit. FRGM. OF ÆLFR. GR. etc. p. 2.
Þe oðer [sc. drake] is milcwhit [milcwit j. T.]
LAJ. II. 243. — Thre hondred steden myll-
whyte. CHRON. ENGL. 621.

Þai wijtly him sente vncorsayd coltis, þe
clennest of þe werd, And as mony, to amend,
of milkquyte stedis. WARS OF ALEX. 3774
Ashm.

Albus candidus, *mylkewhyte*. WR. VOC. col. 562, 37 Wülck. Ther com rydyng an on hym by .. On a *mylkewhyte* stede. AMADAS 401 sq. Sir, at the yate ther is a knyght .. on a *mylkewhyte* stede. 614 sq. — Þen þo gud knyзt Syr Gwotheyr To god in hart con prey, Schulde sende hym hors and armur tyte; Sone he had boþe *mylkewhyte*. GOWTH. 560 Breul. Sone Alexander .. Saugh suche a multitude of men [in] *mylkewhite* wedes. WARS OF ALEX. 1577 sq. Dubl. They drewe owt of dromondaries dyverse lordes, Moylles [i. e. mules] *mylkewhitte*, and mervaillous bestes, Elfaydes, and arrabys, and olyfauntes noble. MORTE ARTH. 2286.

So come a mon ryding him bye .. *Milke-quyte* was his stede. AMADACE st. 37. Lord, here is comun the fairist knyзte .. *Milkequite* is his stede. st. 57. To Venus þe vowtriere may noзt ells availe Bot ilk moneth to mede a *milke-quite* douse. WARS OF ALEX. 4533 Ashm. — His mayles were *mylkequite*, enclawet full clene. ANT. OF ARTH. st. 30. Sone Alexander .. Sees slike a multitude of men in *milkequite* clathis. WARS OF ALEX. 1577 sq. Ashm.

Melkwhit was her destrere. LIB. DESC. 132 Kaluza. vgl. *Anm. Melkwhit* was her face. 944. — *Melkewhyte* armes .. Was hare parayle. OCTOU. 1679 Sarr.

milki adj. sch. neue. *milky*. milchig, milchicht, milchreich, milchfarben, -farbig, Milch-.

Mylky, of the colour or nature of mylk, lacteus, -se. PALSGR. vgl. *Milkye* meates, or meates made of milke [d. h. Milchspeisen], lactaria, et lactarius, he that maketh suche meates. HULOET [a. 1552] in CATH. ANGL. p. 240 n. 2.

milken, melkien v. ags. *meolcian* (BEDA), *gemilcian*, mulgere, altnorthumbr. *gemilcia*, lactare [LUC. 23, 29], altn. *miolka*, kommen als schwache denominative Zeitwörter vor, neben dem starken ags. *mělcan* [*mealc, mulcon; molcen*], mulgere, afries. *mělka*, ahd. *mělchan*, mhd. *mělchen*, später *mělken*, auch nhd. *mělken*, mit Eindringen des *k* aus mniederl. *milken*, niederd. u. nniederl. *melken*, wo neben der starken Biegung auch die schwache entstand, neue. *milk*, prov. *milky* [Wilts. HALLIW.].

1. melken, ohne Angabe eines Objektes: *Mylkyn*, mulgeo. PR. P. p. 338. Stoppe, vessel for mylkynge [for to mylke yn], multra, multrale, multrum. p. 477. To *milke*, mulgere, con-. CATH. ANGL. p. 240.

mit dem Milchtier als Objekt: Heo bigan to *milken* þis cov, and muche milk of hire heo nam. ST. BRIDE 33 Horstm. p. 193. Þat sumtyme were gentyle, Now ar chaunged to chorles & charged wyth werkkes, Boþe to cayre at þe kart & þe kuy *mylke*. ALLIT. P. 2, 1257. He cowde eke sowe, and holde a plowe, Bothe dyke, hedge, and *mylke* a cowe. REL. ANT. I. 43 [printed by Wynkyn de Worde]. It becometh the better to *mylke* a kow than to were harnesse, il te siet mieulx de tirer vne vache que de porter harnoys. PALSGR. I *mylke* a kowe, je tire vne vache. ib. Þe lengore þat heo hire [i. e. þis cov) *milkede*, þe more milk þare cam.

ST. BRIDE 34 Horstm. p. 193. cf. For þare ne was no oþur kov þat half so muche milk зeoue; Heo ne зaf a morewe no þe lasse, þei heo were *imilked* an eue. ST. KENELM 329 [p. 351].

An hynde oþerwhile To hus selle selde cam, and suffrede to be *melked*. P. PL. *Text C*. pass. XVIII. 10. cf. *ymelked* p. p. ST. KENELM 233 sq. [oben v. *imelkien*].

mit der Milch als Objekt: He [sc. Brutes] broughte a coppe wyþ milk & wyn, Þat *milked* was of a whit hynde. R. OF BRUNNE *Story of Engl.* 1364. Whether not as myle thou hast *mylkid* me, and as chese thou hast crudded me? WYCL. JOB 10, 10 Oxf. [ähnl. *Purv.*].

2. ausmelken, aussaugen, ausdrücken, mit der Frauenbrust als Objekt: I *mylke* a womans brest, je tire du laict dune femme. PALSGR. For as meche as sche [sc. oure Lady) had to meche mylk in hire pappes, that greved hire, sche *mylked* hem on the rede stones of marble, so that the traces may зit be sene in the stones alle whyte. MAUND. p. 71 *Spr.*

3. säugen: Thou shalt souke the mylc of Jentiles, and with the tete of kingis thou shalt be *mylkid*. WYCL. IS. 60, 16 Oxf.

milkinge s. neue. *milking*, von *milkien* v. mulgere. Melken.

Stoppe, vessel for *mylkynge* [for to mylke yn], multra, multrale, multrum. PR. P. p. 477.

milkingetin, -tinne s. vgl. *milkinge* s. mulctus, tin, tine, tinne s. stannum. Melkkübel, -kanne aus Zinn.

A *milkyngetynne* [milkyngetyme ed.], multra. CATH. ANGL. p. 240; vgl. Hoo multrale, the *tyn* of the mylke. WR. VOC. p. 268 [col. 793, 24-5].

milkmete, milkemete s. neue. *milk-meat*; vgl. *milc* s. lac, *mete* s. cibus. Milchspeise.

Milkemete. Take faire mylke and floure etc. TWO COOK. B. p. 106. *Mylkemete*, or mete made wythe mylke [mylke, lactatum (lacticinium]. PR. P. p. 338. *Milkemete*, lacticinium. CATH. ANGL. p. 240. vgl. n. 2.

milkpaile s. neue. *milk-pail*; vgl. *milkien* v. mulgere, *paile* s. patella etc. Melkeimer, -gelte, Milcheimer.

Hoo multrum, a *mylkepayle*. WR. VOC. p. 268 [col. 793, 23 Wülck.].

milkquit adj. albus candidus s. *milc-hwit*.

milcrem s. mhd. *milchroum* [13. Jahrh.], früh nhd. *milchrawm*, -*rām*, -*raym* [15. Jahrb.]; vgl. *rem*, flos lactis. Milchrahm.

Me þenchet þes pine swete so eni *milcrem*. MEID. MAREGR. st. 32. vgl. White so *milkes rem, melkes reme* ARTH. A. MERL. 1455 etc. [s. oben v. *milc* 3].

milkrost, milkerost s. aus *milc* s. lac und dem p. p. von *rosten* v. frigere. geröstete Schnitte aus Milch, geschlagenen Eiern und Speck.

Milkerostys. Take swete mylke, an do it in a panne; take eyroun with alle þe whyte, & swenge hem, & caste þerto .. & whan it is cold, larde it, & schere on schevres, & roste it on a gredelle. TWO COOK. B. p. 40 [auch *mylke rostyd* genannt ib. p. 3. LIB. C. C. p. 17].

milkakele, -sele, milkeakele s. aus *milkien*
v. mulgere, und *scale* s. patera etc. Melkeimer, -kübel, Milcheimer.
A *milkeakele*, mulgarium, multrale, multra-
rium. CATH. ANGL. p. 240. vgl. n. 1.   Hoc multrale, a *mylkaele*. WR. VOC. p. 218 [col. 696, 17].

milksoppe, -sop s. sch. *milksoppe* [pl.], neue.
milksop, von *mile*, lac, und *soppe*, panis in-
tinctus; vgl. *alesope*.
    1. Milchbissen, in Milch getauchtes
Stück Weissbrot: Melle white brede in dysahes
aboute, Powre in wellyd mylke, withouten
doute, Pat called is *mylksoppys*. LIB. C. C.
p. 53.
    2. übertr. Weichling, Schwächling,
Feigling: „Alas!" she seith, „that euer I was
shape To wedde a *milksop* or a coward ape,
That wol be ouerlad with euery wyght!" CH. C.
T. II. B. 3099 Skeat Cl. Pr. vgl. A *milksoppe*,
lactiphagus. MAN. VOC.

milkstoppe, milkestoppe, -stop s. aus *milkien* v. mulgere, und *stoppe* s. situla. Melkeimer, Milcheimer.
    Payle, or *mylkestoppe*, multrale, multrum,
vel multra. PR. P. p. 377. *Mylkestop*, or payle,
multra, vel multrum. p. 338.

milestrunde s. vgl. *mile* s. lac, und *strunde* s.
flumen. Milchstrom, Strom von Milch.
    Pine brestes burðen o þine twa pappes, &
te *milestrunden* [pl.] þat te of strikeð. HALI
MEID. p. 35.

milkþistel s. neue. *milk-thistle;* vgl. *milc*,
lac, *pistel*, carduus. Milchdistel, Frauen-
distel, carduus marianus.
    Scariola, the *mylkthystel*. WR. VOC. col.
610, 5 Wülck.

milewhit, milewit adj. albus candidus s.
mile-hwit.

milce, milche adj. neue. prov. *melch*, mild,
soft [*North*. HALLIW.]; wohl verwandt mit
mildse s. clementia, misericordia. milde,
gnädig, barmherzig.
    1. von Personen: Þis leuedi *milce* and
freo. E. E. P. p. 41, 31.
    2. von Sachnamen, die auf das Gemüts-
leben hinweisen: Ne tagte ic hem nogt forði
Min migt[t]ful name Adonay; Min *milche* witter
name Eley He knewen wel, and Ely. G. A. EX.
2901. Louerd .. ðin meðe is god, Merci get for
ðin milde mod! Or ðu ðis folc wið *milche* mod
[moð *Ms*.], Or do min name ut of ðin boc. 3601.

milce s. clementia, misericordia, **milcen,
milcien** v. misereri s. *mildse, mildsien*.

milch, mielch, melch adj. ags. *melc, meolc*,
ahd. amhd. *mëlch*, lac praebens, lactarius, ahd.
mëlc, mëlk, nhd. *mëlk*, altn. *miolkr*, neue. *milch*,
von ags. *mëlcan*, mulgere [vgl. *milkien*].
    1. melk, melkbar, melkend, milch-
gebend, milchreich, von Kühen: *Mylche*
cowe, bassaris, vel vacca mulsaria. PR. P. p. 337.
Mylche cowe, vache a laict. PALSGR. — I wul
my wyf haf half my *mylche* kye, and myn heyr
þe other half. FIFTY WILLS p. 47 [a. 1424-5].
    ʒwane heo [sc. þe kov] cam hom at eue,
fair and round heo was, And swyþe *mielch* also.
ST. KENELM 227 Horstm. p. 351.

    2. milchgebend, säugend, von
Frauen: Pare nas no milk aboute, ne no *mielch*
wumman. ST. MAGDAL. 362 Horstm. p. 472.
    Sche was *melche*. LAY LE FREINE 196. —
Po duke comford [i. e. comfordyd, conforted]
þat duches heynde, And aftur *melche* wemen he
sende. GOWTH. 110 Breul.

milch, milche s. lac s. *milc*.

milche s. clementia, misericordia s. *mildse;*
adj. clemens, misericors s. *milce;* lactarius s.
milch.

milche s. splen s. *milte*.

mild adj. mitis, mansuetus s. *mildi*.

milde s. fr. *millet* [urspr. dimin. von fr. *mil*,
sp. *mijo*, it. *miglio*, lat. *milium*. woraus auch ags.
mil, mil, milium WR. VOC. col. 32, 35. 443, 19
Wülck.], neue. *millet*. Hirse, panicum milia-
ceum.
    Panyk and *mylde* in hoote and drie is sowe
as nowe [calidis et siccis regionibus panicum
seremus et milium]. FALLAD. 4, 50. Atte May
in places that beth colde and wete, Panyk and
mylde in thair maner is sowe [Maio mense locis
frigidis et humectis panicum seremus et milium,
more quo dixi]. 6, 2.   cf. *Milde* in S. atte sow-
yng [*Milde* in S. at Sowynge *Lidd*. p. 9].
p. XXVIII. Sowe in March *mylde*. Sowe in
May *mylde* and panyk [ähnl. *Lidd*. p. 13].
p. XXXII. mehrmals als besonders zuträg-
liches Viehfutter genannt: Eke *mylde* [*myld
Lidd*. milium *lat*.] is goode [zu Gänsefutter].
1, 722. Yeve thair children [d. h. den Kälbern]
tosted grounden *mylde* Commyxt with mylk
[tostum molitumque milium cum lacte misce-
tur]. 5, 152. Make mewes tweyne, oon litel and
obscure, With whete and *mylde* [*With* whete &
milk (*mylde* v.l.] *Lidd*. triticum vel milium *lat*.]
in that thi turtours fede [hier also Taubenfutter].
1, 555.

milde, mild, milt [letzteres nur selten in Zuss.
wie *miltertnisse, miltschipe*], **mielde** adj. ags.
milde, mitis, mansuetus, benignus, misericors,
africs. *milde*, alts. *mildi*, ahd. *milti*, mild,
freundlich, gnädig, freigebig, mhd. *milte, milde*,
nhd. *milde* gew. *mild*, niederl. schw. dän. *mild*,
altn. *mildr*, munificent, mild, gentle, graceful,
gth. *milds* oder *mildeis* [nur in Zuss. im nom.
pl. *unmildjai*, ἄστοργοι, ohne Milde, lieblos,
und *friaðvamildjai*, φιλόστοργοι, mild, liebevoll, liebreich], sch. neue. *mild*.
    1. mild, gnädig, barmherzig, nach-
sichtig [Gegensatz streng, rauh, ungnädig,
unbarmherzig, unnachsichtig].
    von Gott: *Milde* godd, þi milce! OEH.
p. 211. *Milde* merciable godd, ich deme to þe.
ib. Swete *milde* louerd! p. 213. Heo [sc. þas
cheorles] walden bisechen þene king, þurh þene
milde godd [þorþ þane god *milde* J. T.], þ he
þurh his mihte heolde heom to rihte. LAJ. II. 87.
Milde godd almihti, ne schal neauer mi luue,
ne mi bileaue towart te lutlin. ST. JULIANA
p. 29. Þus þu makest, *milde* godd, alle þeo
muchele þe makieð ham meoke, & þeo þe heið
her,ham leist swiðe lahe. p. 63.

von einer heidnischen Gottheit [Ammon-Neptanabus]: Gef he is god, he is mylde [: with childe]. ALIS. 431.

von Christus in seiner göttlichen Natur: Biseoh for me þi milde sune milce. OEH. p. 305. Ure Laferrd Crist Iss meoc, & milde, & bliþe. ORM 10944. Lauerd, leome & lif Of alle riht bileafde, Milds Iesu, þ art te seolf Meidene mede, Ihered & iheiet Beo þu, hehe healent. LIFE ST. KATH. 2376. Iesu, milde & softe, ʒef me streynþe ant myht, Longen sore ant ofte To louye þe aryht. BÖDD. Altengl. Dicht. p. 197. ʒet he hys [i. e. is] milde, and sparyeth some. SHOREH. p. 127 Spr. Superl. He [sc. vre dryhten Crist] is one monne [gen. pl.] Mildest mayster. O. E. MISCELL. p. 104. cf. 105.

vom Heiligen Geiste: Haliʒ Gast iss milde & meoc To frofrenn hise þeowwess. ORM 10942.

von Maria als Himmelskönigin: Cristes milde moder, seynte Marie, Minea liues leome, mi leoue lefdi, To þe ich buwe, and mine kneon ich beie. OEH. p. 191. cf. p. 199. Haue merci of me, and iher mine bonen þuruh þe selie bonen of þine milde moder. p. 209. Þus milde-liche andswerede þe milde quen of heuene and of eorðe. II. 21. Leuedi milde, softe & swote, Ic crie þe merci, ic am þi mon. II. 256. Riche, quene & maiden bricht, Þu ert moder swuþe milde, Min hope is in þe daʒ & nicht. II. 257. Seinte Marie, moder milde, Thi fader bicome to one childe. REL. ANT. I. 48 Spr. Mayden ant moder milde, For loue of þine childe, Ernde vs heuene lyht. BÖDD. Altengl. Dicht. p. 197. Maiden, moder milde, Oies cel oreysun; From shame þou me shilde e de ly malfeloun. p. 220. Bifore ore leuedi swete and milde þane schrewe he gan lede. ST. IAMES 352 Horstm. p. 45. Lauedy ho ys of lauedis alle, Mylde and meke witouten galle. CURS. MUNDI 101 FAIRF. TRIN. I agh hit [sc. þat bessunt] for to spende in gode, In his worschepe .. & Mari milde [gen.], his moder. 23898 FAIRF. GÖTT. By Marie .. þe milde quen of heuene! WILL. 1471. For Mary [gen.] loue, þat maydyn mylde, Haue mercy on owre feyre chylde, And bete hym no more! OCTAV. C. 700 Sarr. Thorow the myght of Mary mylde [Þurgh þe myghte of Mary mylde L. 466] Sche [sc. the lyonas] suffurd hur to take vp þe chylde. 463. Þane gan alle þe pepille crye'Vnto god and to mylde Marye. L. 741. Be meydon Mare mylde [Be Marie, maide mylde B.]! GOWTH. 18 Breul. O Mary mylde, For vs thou pray vnto thy childe. RYMAN 5, 3 Zup. [in Arch. 89, 173]. Bothe day and howre lete us honowre Mary, thatte mayden mylde [: defylde]. 115, 7 [in Arch. 89, 291].

Lauedi scho es o leuedis all, Mild and mek witouten gall. CURS. MUNDI 101 COTT. Lady scho is of lodes all, Meke and mild widuten gall. ib. GÖTT. I aght it [sc. þat bessunt] all at spend in gode, In his wirscip .. And Maria mild [gen.], his moder. 23898 COTT. TRIN. EDINB.

O quene of grace, o Mary myelde, For vs thou pray vnto thy childe. RYMAN 5 Überschr. [in Arch. 89, 173]. O Iesse yerde, o Mary myelde [:|childe]. 5, 1. O moder of grace, o Mary myelde [: childe]. 5, 2 u. ö.

von Joseph als dem Verlobten der Maria: Godess engell comm himm [sc. Josæp] to .. & seʒʒde himm þatt his macche wass ʒOff Haliʒ Gast wiþþ childe, & badd himm ben full milde & meoc. ORM 2483. Þurrh þatt he wollde stilleliʒ Fra Sannte Marʒe shædenn, Þær þurrh wass senc þatt he wass Rihhtwis & milde baþe. 2922. Joseph kedde that he was mylde, Tho that he wyste hy was wyth chylde, Awey he wolde alone. SHOREH. p. 120 Spr.

von Herrschern und anderen fürstlichen oder hochstehenden Personen, männlichen wie weiblichen Geschlechtes: Þe guodnesse of þis ʒongue king ne may no man telle; He was meoke and milde inouʒ .. Debonere for to speke with, ant with pouere men meet. ST. EDW. CONF. 13 Horstm. p. 47. Swyþe fair knyʒt and strong he was, and hardi and quoynte, Meoke and milde, and ful of milce, and large in eche poynte. ST. EADM. KING 5 [p. 297]. Vor he [sc. þis ʒonge king] was meok & mylde ynou, & vair of flesse & felle. R. OF GL. 5815 Wr. Þe king wes mek & milde ynou. 6868. Eke a rynk was bliþe Þat þe milde Meliors so mariede scholde bene To þemperours eire of Grece. WILL. 1472. Than spake the lady mylde [þat lady so mylde L. 454]: „Mercy, lordyngys, that ys my chylde!" OCTAV. C. 451 Sarr. Madame meke and mylde! IPOM. A. 6669 Kölb. Sche lyghtyd downe that was so mylde, And there sche travaylyd of a chylde. TRYAM. 406. cf. 610. The kynge behelde the quene mylde, And sawe that sche was wyth chylde. 157. That nyght on hys lady mylde .. he gate a chylde. 40.

Scho seyd to hyr lord, þat lady myld: „To nyʒt we mon geyt a chyld That schall owre londys weld." GOWTH. 82. Ever þou ast be meke and myld. ORFEO 102 a. O. Zielke.

Kompar. Þench þet non ne wes strenger þanne Samson .. ne more milder þanne Dauid. AYENB. p. 204.

Superl. The childe was sett one the dese .. In a chayere of golde, Bifore the fayrest to byholde, The myldeste maydene on molde. PERCEV. 1317 sq.

von einem reichen, angesehenen Manne: ʒef þou art riche & wel ytold, Ne bu þou noht þarefore to bold, Ne wax þou nout to wilde .. & be meke & mylde. PROV. OF HENDYNG 120 sq. [bei Bödd. p. 292-3. cf. Spr. I. 1, 307. Spec. II. 39].

Die Beziehung, in welcher die Eigenschaft stattfindet, wird durch of bezeichnet, das dem ags. Genitiv entspricht [modes milde BEOV. 1229]. Bisech we him mild of mode þat sok þe milk of maidis brest. TEN COMMAND. 77 Spr. Superl. He þat most maistries can, beo myld-est of berynge. P. PL. Text C. pass. XXII. 253. cf. B. XIX. 250. It was nothinge mete .. To suffer a traytor to com so nere, To betray his master myldist of chere. DIGBY PL. p. 194. sub-stantiviert: Sithin I make the [i. e. thee] mon-raden, mildist of mode, As mon on this mydlert that most is of myʒte. ANT. OF ARTH. st. 50.

auch durch *in:* The *milde* maydene *in mode*
Mirthe may scho ma! PERCEV. 1727.

der Gegenstand, an welchem sie zur Erscheinung kommt, durch *in: In worde and dede*
þou moste be *mylde* [von einem Priester als
Vorstand einer Gemeinde]. MYRC *Instructions*
29. auch durch den in älterer Zeit sonst seltenen Nebensatz mit *in that: Milde* he [sc. Josæp]
wass .. *I þatt he nollde wreʒenn Patt wimmann
þatt wass gilltelæs.* ORM 2938.

die beteiligte Person, wie im Ags., durch
den Dativ: He sceal cume an uuele stede,
bute *him* god beo *milde.* POEM. MOR. 26 Zup.
Übungsb. He scal cumen in uuel stude, bute
him God bo *milde.* OEH. p. 161. cf. p. 289. II.
220. He [sc. Vortimer] wes *milde alche cnafe.*
LAʒ. II. 195. Godd þe wurðe *milde.* III. 237. If
eni womman clipeþ to me in trauail of childe,
Oþer before hire mi lyf me rede, louerd, beo
hire mylde. ST. MARGAR. 283 *Spr.* Nou þench
þanne huanne þou zayst þi pater noster, þet
þou by him a guod zone and trewe, yef þou wylt
þet he þe by guod uader an *milde.* AYENB. p. 101.
Eure heo [sc. Godhild] bad for Horn child Pat
Jesu Crist *him* beo *myld.* K. H. 79 *Spr.* cf. And
euere bed for Horn child Pat Ihu Crist *him*
were *mild.* 85 *Laud* [in *Arch.* 50, 42]. oder
durch *to: To hom* þat wolde is wille do, Debonere he was & *milde,* & to hom þat wiþsede,
strong tirant & wilde. R. OF GL. 7688 Wr. Also
he was like Traianus in alle poyntes meke and
mylde and softe *to men* [ebenso *Harl.* clemens,
communis, mansuetus ad homines *Higd.*]. TRE-
VISA V, 207. — If thei [sc. bisshopes] ben as þei
sholde .. Merciable to meek and *mylde to þe
goode.* P. PL. *Text C.* pass. X. 13 sq. auch
durch *wið:* Crisstene king Birrþ beon rihhtwis
annd *milde* Annd god wiþþ all hiss follc. ORM
8253. Mayde, byseche y þe Vostre seint socour,
Meoke & *mylde* be *with me* Per la sue amour.
BÖDD. *Altengl. Ged.* p. 221. LYR. P. p. 97.
Kompar. *Hið heore cunne* heo [sc. þeos riche
men] beoþ *mildre,* And ʒeveþ rente litle childre
[dat. pl.]. O. A. N. 1775 *Spec. I.*

2. mild, freundlich, gütig, sanft,
bescheiden, demütig, gehorsam, buss-
fertig, reuig [Gegens. unfreundlich, stolz,
hochmütig, unbescheiden, ungezogen, wild, un-
bussfertig], nicht selten in naher Berührung mit
den unter 1. angegebenen Bedeutungen, namentlich wo es sich um die Anrufung und die
geleistete Hilfe von Heiligen handelt.

von Menschen, ohne Unterschied des
Geschlechtes oder Alters: Patt tu beo þwerrt ut
milde,|&meoc, & soffte, & stille, & liþe, & þwerrt
ut clene off grimmcunndleʒʒe, & þwerrt ut clene
off braþþe. ORM 4704. Cristess þeoww birrþ
beon Ædmod, & meoc, & *milde.* 10946. Þeos
milde, meoke meiden, þeos lufsume lefdi mid
lastelese lates, ne luuede heo nane lihte plohen
ne nane sotte songes. LIFE ST. KATH. 103. &
tah is betere a *milde* wif oðer a meoke widewe
þen a prud meiden. HALI MEID. p. 43. More
bouʒsum and *milde* he bicam. ST. NICHOLAS 66
Horstm. p. 243. God he is & *mylde.* 378 [p. 251].
Hou *milde* he was among alle, and mest corteis

and hende. ST. THOM. OF CAUNT. 1178 [p. 140].
He wax so *mylde* and so meke, A mylder men
þurt no man seke; For he meked hymself ouer
skyle Pottes and dysshes for to swele. R. OF
BRUNNE *Handl. S.* 5824. Seint Jon bitauhte
þis ilke childe To a bisschop to make hym
mylde [Gegens. : so untoun and so wylde 10].
EV. GESCH. 8, 15 [in *Arch.* 57, 252]. Þet þou by
wys and ywer, large and cortoys, suete and
milde. AYENB. p. 100. Huanne þe zenne him
is uory[e]ue, he is þe more *milde* and þe more
dreduol. p. 116. Meke, and *mylde,* and buxum,
pius, clemens, benignus. PR. P. p. 331. vgl.
Mylde or softe, doulcereux, -se. PALSGR. *Mylde,*
styll of condycions, coy, coye. ib. I make
mylde, je aplanoie. ib. Sayn John bitaht this
ilke childe Til a bischop to mak him *mild* [Ge-
gens.: sa unthewed and sa wilde ib.]. METR.
HOMIL. p. 112. Þus meke & þus *myelde,* forsothe, was he. ST. ETHELDR. 340 Horstm. N. F.
p. 290.

Ða beoð wrecchan on gaste þe for godes
luue beoð [beod *ed.*] *milde* and admode. OEH.
p. 115. Bute we wið ut þis *milde* beon ant
meoke, ant halden us wake, godd mei mid rihte
fordemen us of al þis, þurh ure prude. p. 257.
Pa gode menn þatt lufenn Crist, & hise laþess
haldenn, Peʒʒ alle sinndenn Cristess shep, Forr
þatt teʒʒ sinndenn alle Æddmode & meoke &
milde menn, All affterr shepess kinde. ORM
3602. Ʒef ha *milde* & meoke beon, as meiden
deh to beonne. ST. JULIANA p. 51. cf. Ʒef ha
milde ant meoke beoð ah, as meiden ah te
beonne. p. 50. King Willam was to *milde* men
debonere ynou. R. OF GL. 7602 Wr. Mek he
was to *milde* men, & cruel to his fon. 8829.
Sparie he wolde *milde* men, & harde chasty þe
proute. 8830. vgl. Mek he was to *mylde* men,
& cruel to hys fon. p. 428 Hearne. Pere made
he [sc. Judas Jacobi]. wiþ his sermoun, *mylde*
Po men þat were as bestis wilde. CURS. MUNDI
21151 TRIN. Hi .. makeþ zuo moche ham
[refl.] *milde,* and ziggeþ þet hi byeþ zuo kueade.
AYENB. p. 59. Bot yhe .. be als a childe, —
Pat es to say, bathe meke and *mylde,* — Yhe
sal noght entre .. Hevenryke. HAMP. 400 *Spr.*
Par made he [sc. Judas Jacobi], wid his sarmon,
mild Pe men þat was als bestes wild. CURS.
MUNDI 21151 GÖTT. Sparye he wolde *myld*
men, & harde chasty þe proute. R. OF GL.
p. 428 Hearne.

oft von Christus als Mensch [Beispiele
s. unten bei den Verbindungen mit *of*]; so auch
von Maria als demütiger Magd: Rys and take
þis blessede childe And his moodur, meke and
mylde. PROPH. SANCT. *Math.* 7 Horstm. [in
Arch. 81, 99]. Nedes I must go to the virgyn
mylde [: exilde : childe]. DIGBY PL. p. 217. A
mayden *milde.* YORK PL. p. 98. 134. „Beholde,"
she seyde, „goddis handmeyde," To hym, tbatt
maydyn *mylde* [: chylde]. RYMAN 114, 12 [in
Arch. 89, 290]. Mary so *myld* .. Hath borne a
chyld namyd Ihesus. 116 *Überschr.* [89, 292].
With good Ioseph and Mary *myelde* Positum in
dresepio Yc shall fynde that hevenly childe.
31, 4 [89, 198]. von Engeln als sanften und

milden Dienern Gottes: Godess enngell iss full meoc, & milde, & softe, & bliþe. ORM 667. Þou goddiss aungell, meke and mylde. YORK PL. p. 99. vom Teufel in der Verkleidung eines Heiligen: Aþin him he [sc. þe deuel] cam in þe wei swiþe milde and softe, Right ase it seint leme were. ST. IAMES 324 Horstm. p. 43. von einem Personalkollektiv: Þatt genge þatt wass milde & meoc, & ædmod all se childdre. ORM 8009.

Kompar. Þu schuldest .. beon mildre, & leten iwurðen þine gost. ANCR. R. p. 268. Þe uirtues of kende huerby som ys kendeliche more þanne oþer, oþer larger, oþer milder, oþer graciouser, oþer atempre and wel yor-dayned. AYENB. p. 24 Spr. He wax so mylde and so meke, A mylder man þurt no man seke. R. OF BRUNNE Handl. S. 5825.

Superl. Marherete, mildest ant meidene meokest, onswerede him, ant seide: „Wite þu hit, ȝef þu wult etc." ST. MARHER. p. 4.

es finden sich hier gleichfalls Verbindungen mit of; so besonders of heorte: Ȝif man him wolde biþenche, and riȝt him onderstonde, He scholde beo meoke and mylde of heorte, and to no man habben onde. ST. MIȜHEL 734 Horstm. p. 320. Lyerneþ of me .. uor to by milde of herte [von Christus als Mensch]. AYENB. p. 133. Here schall I sette jou for to see Þis jonge childe for insaumpills seere, Bothe meke and mylde of harte is he, And fro al malice mery of chere. YORK PL. p. 235-6.
of mode: Shrewes mysdede hym ful ofte, And helde hym folted or wode, For he was so mylde of moþe. R. OF BRUNNE Handl. S. 5838. Than spake a mayde, mylde of mode, To þe gyaunt. OCTAV. C. 817 Sarr. Born he was of gentill blode, And euermor meke & myld of mode, And merciful to more and les. ST. THOM. CANT. 5 Horstm. N. F. p. 42. — Alle her kyn were of hem bliþe, So mylde þey were of mode. AMIS A. AMIL. 53 Kölb. Superl. mit o mode [für on mode oder of mode]: Ȝette onont ti mon-had born þu wes of Marie, meiden mildest o mod. OEH. p. 273.
of chere: Mylde of chere, debonayre. PALSGR. of fame: Mary so myelde and good of fame By vertu of the holygoost Hath borne a chielde, Ihesus by name. RYMAN 101, 1 [in Arch. 89, 275]. of speche: Drede is such a mayster, Þat he makeþ men meoke and mylde of heore speche. P. PL. Text A. pass. X. 82.
auch mit in, on, wið: Mary so myelde in hert and myende .. Hath borne a chielde to save mankyende. RYMAN 101, 2 [in Arch. 89, 275]. Mary so myelde in worde and thought. 101, 4. Mary so myelde in dede and wille. 101, 5. Lerneð of me, for þat ich am milde and admod on herte [v. Christus als Mensch]. OEH. II. 89. cf. Lerneþþ att me þatt icc amm wiss Rihht milde & meoc wiþþ herrte. ORM 4970.
substantiviert wird der Singular und der Plural des Eigenschaftswortes in dieser Be-deutung von Personen: Þe milde him bouȝþ al simpleliche ase, doþ þet hors oþer þet asep. AYENB. p. 140. Þe milde is wel trewe to god.

p. 141. „Haile, maister," quod þat myld [i. e. die Königin]. WARS OF ALEX. 235 Ashm. cf. 5097. 5218. Quen i ma mening o þat mild [mening of þat mild GÖTT. mining of þat mild EDINB. mening of þat milde FAIRF.], Quat blis sco bred again vr bale etc. [fem., von Maria]. CURS. MUNDI 24748 COTT. — Yblissed byeþ þe mylde, uor hi ssolle by lhordes of þe erþe. AYENB. p. 96. cf. p. 149. Drihten aworpeð þa modian of heore hehsetle, and onhefð þa mildan. OEH. p. 113. Right handtame he sal in dome, And lere þe milde his waies to come. PS. 24, 9. God yefþ to þe poure þe heuene, and to þe milde þet land huer ssolle by þe bitere and þe felle wyþoute. AYENB. p. 150.

3. mild, sanft, gnädig, freund-lich, auch demütig, bescheiden als Attri-but von abstrakten und konkreten Sach-namen, welche die Gemütsverfassung von Personen unmittelbar bezeichnen, wie heorte, mod, oder mittelbar derselben Ausdruck geben, wie dede, devocion, mildse, oder chere, eȝe, muð, stefne, word, in beiden Schattierungen des von dem Eigenschaftsworte bezeichneten Begriffes; die Berührung derselben ist hier noch häufiger und näher. Beispiele sind:

Hee Lokid opon mee With a myld coun-tenaunce. DIGBY PL. p. 212.
Cherubin wit chere sa milde Bigan to tel him o þat child [childe cett.]. CURS. MUNDI 1353 COTT. FAIRF. TRIN. Martyn .. seide to hym wiþ mylde chere. EV. GESCH. 6. a. 15 sq. [in Arch. 57, 247]. Anon wiþ milde chere Þey sette hem to sopere. LIB. DESC. 1765 Kalusa. vgl. Anm. „Modur," he seyde with mylde chere, „Wyste y who my fadur were, The lasse were my care." TRYAM. 1039. Than loghe that dame-selle dere, And louet, with a mylde chere, God and Sir Gawan. AVOW. OF K. ARTH. at. 33. Cherubin wid chere sua mild Bigan to tell him of þat child. CURS. MUNDI 1353 GÖTT. Seyd wyth myld chere. CHASTE WIFE 500. Then into hurre chambre with that he went, With myelde chere & hert fulle meke. ST. ETHELDR. 449 Horstm. N. F. p. 292.

Þo Iesu Crist an eorþe was, mylde weren his dede. O. E. MISCELL. p. 84. Kompar. Hou miȝte of an quene be a more milsfol [mildere α. mylder β. milder s.] dede? R. OF GL. 8966 Wr.

He preyd hym, with mylde devocyon, Boþe of schryfte and absolyscion. GOWTH. 268 Breul.

Þe ilke louerd .. lokeð of heuene to men mid his milde egen. OEH. II. 123.

Non eorðlich fader ne moder ne haueð swa milde heorte to hire liefe child swo ure heuen-liche fader haueð to us. OEH. II. 59. Ȝiff þin herrte iss areful, & milde, & soffte, & nesshe. ORM 1460. Þatt [sc. hæþenn manness heorrte] Godd maȝȝ, son se himm þinnkeþþ god, All makenn nesshe & soffte, & mec & milde & all-messfull. 4929. Edmodnesse, of milde & of meoke heorte. ANCR. R. p. 158. He [sc. Ysaac, is dere childe] bar ðe wude wið herte milde. G. A. EX. 1304. Þe Normans .. amorwe hem lete asely [hoseli 7420 Wr.] wyþ mylde herte ynou.

R. OF GL. p. 360 *Spr.*   Make *myn herte milde*
& tame. BÖDD. *Altengl. Dicht.* p. 202. Iesu,
wel mai *myn herte* se Þat *milde* & meoke *he* mot
be. p. 203. Huanne *þe milde herte* heþ suo
moche ydo, þet he is yguo into þe hole of þo
roche ase þe colure ine his coluerhous. AYENB.
p. 142. Þe uerste yefþe of þe holy gost makeþ
þe herte milde and dreduol. p. 144. The wyfe
answeryd *wyth herte mylde:* „Hyt schalle be
myn own chylde!“ OCTAV. C. 610 Sarr. cf. *L.*
— Þet byeþ *þe milde herten* and simple. AYENB.
p. 142.

Iesu, ful *of mercy mylde*, Fro wanhope vs
alle shylde. R. OF BR. *Hundl.* S. 12337.

Þi milde milce ich þoncki hit. ST. MARHER.
p. 20. Þes laste bore hweolp is grimmest of
alle, uor hit tocheoweð & touret Godes *milde
milce*, & his muchel merci, & his vnimete grace.
ANCR. R. p. 202. Nu þe deore drihtin .. haueð
idiht us to dei for to drehen þis deað, þurh his
milde milce. LIFE ST. KATH. 1369 sq.

Heu ȝare wes hit iwurðen, inne worlde
riche, þat mines æmes muchele *mod* swa *milde*
is iwurðen '[þat min hem his mochele *mod* his
so *milde* iworþe j. T.). LAȝ. I. 374-5. He ..
hehte [hehten *ed.*) æl his ferde fallen on heore
cneowen, and bidden þane almihti godd , *þurh
his milde* mihti *mod*, þat he heom ȝiue mildȝe Of
heore misdede. III. 261—2. Thar men habbeth
milde mod. O. A. N. 1030 *Spr.* Bisek him *wis*
[i. e. with] *milde mod*, That for ous alle sad is
blod. REL. ANT. I. 89 *Spr.* [I. 1, 54]. Bote
thu, *thruh thin milde mod*, Bringe me out of
sunne. L. 102 [*ib.*]. cf. O. E. MISCELL. p. 195.
Þat maide him ȝaf ansuare anon *mid wel mylde
mode*. ST. MARGAR. 83 *Spr.* Iesu, mi lif, *of
milde mod*, Mi soule haþ gret neode of þi god.
BÖDD. *Altengl. Dicht.* p. 203. He answerd *wiþ
milde mode*. AMIS A. AMIL 1651 Kölb. The lady
sayde *with mylde mode*. OCTOU. 525 Sarr. Mary,
his modur, that *mylde is of mode*, Of quom that
blisfulle barne in Bedelem was born. ANT. OF
ARTH. st. 18. Wemen that is *of mylde mode*,
And syne giffes hom to gode, Meoulle may ho
mende. AVOW. OF K. ARTH. st. 62. The emperoure rosse *with mylde mode*. OCTAV. L. 97 Sarr.
The mayden aayse *with mylde mode* To þe ge-
aunte. 684. Y schall hold thy forward god, To
brynge the, *wyth mylde mod*, In syght hur for
to see. ERL OF TOL. 220 Lüdtke. And saide
with milde mude. DIGBY PL. p. 184. To Jhesu
Crist *with mild mod* ȝerne I kalde. BODY A. S.
479 *Spr.* He .. askyd hym *with myld mod* Qwo
made hym so wytles wod That day to done that
dede. REL. ANT. I. 60 [2. Hälfte des 14. Jahrh.].
That lorde so good *with* soo *myelde moode*,
Quem meruisti portare, Vpon the roode shedde
his hert bloode. RYMAN 4, 4 [in *Arch.* 89, 172].

diese Verbindung findet sich auch mit Bezug auf ein Tier gebraucht: Therfor hyt [acc.
i. e. the chyld] louede *with mylde mood* The
lyonesse [nom.]. OCTOU. 483 Sarr.

Þa spec þe moder *milde mid muðe* [Þo spac
þe moder *milde mid muþe* j. T.). LAȝ. I. 217.

He [i. e. Judas Jacobi] preyched in Meso-
potanij & in þe cuntree of Ponty; Þer he made,

wiþ sarmoun milde, Þe men meke þat er was
wilde [Þar mad he, *wit his sermon mild*, Mek þe
men als beistes wild COTT.]. CURS. MUNDI
21149 FAIRF.

Heroneþ alle *þe mylde speche* Þat Matheu
here wol vs teche. PROPR. SANCT. *Math.* 1
Horstm. [in *Arch.* 81, 93]. He [sc. Vortiger]
wende in to þan munestre *mid mildere speche*
[dat. sing. fem.]. LAȝ. II. 120. „For þi mekenesse, mon,“ quod heo, „and *for þi milde speche*,
I schall [kenne] þe to my cosyn, þat Clergye is
ihoten. P. PL. *Text A.* pass. XI. 103. cf. *B.* X.
147. *C.* XII. 93. Þan answars him þe qwene *with*
full *myld speche*. WARS OF ALEX. 234 Ashm.

Þa onswerede him drihten *mildere steuene*
[instrum. gebr. dat. sing. fem.]: „Aris nu, Paul,
aris etc.“ OEH. p. 45 [vgl. *lud* adj.]. [. .]idde
huve *with milde stevene* Til ure fader, þe king
of hevene. REL. ANT. I. 22 [Mitte 13. Jahrb.].
No evylle worde to hym ye nevyn, Bot sey to
hym *with mylde stevyn*, He wylle not sey yow
nay! TRYAM. 1117. Þe whyche [so. angels] song
lowde *wt myelde steuene*, & brouȝton burre to
Ede, here douȝter. ST. EDITHA 3073 Horstm.

His oðer dieliche *tocumu* is softe, and swiðe
milde, and licwurðe to alle þo þe he to cumeð.
OEH. II. 7.

Þat mayden red þat lesson þo, Whyle þe
kyng was atte mete; Þe kyng toke ryȝt gode
hed þerto, For *hure voys* was bothe *myelde* &
swete. ST. EDITHA 1010 Horstm.

Mid milden his worden [dat. plur. neutr.]
he ȝirnde hire mihten. LAȝ. I. 51. Þo þe on
sinne lið .. *mid milce worde* to frefrien. OEH.
II. 215. Godes enngell Toc sone anan *wiþþ
milde word* Þa wákemenn to frofrenn. ORM
3923. Son summ þu gann to gretenn me *Wiþþ
þine milde wordess*, Min child tatt i min wambe
liþ Bigann itt te to þannkenn. 2805. *Mid milde
his wordes* he herȝede hire mihte. LAȝ. I. 51
j. T. *Mid wordes milde* and eke sleie Faire he
hire grette. SIRIZ 159 *Spr.* Ful *milde merȝe the
wordes* he spec to Judas. JUDAS 2 *Spr.* REL.
ANT. I. 144. The good wyf answerede þan
Word ful *mylde:* „That chyld ys wellcome to
me, Yf [i. e. ȝyf, neue. *give*] me half part for
charite!“ OCTOU. 419 Sarr. The knyȝt answerede *wordes mylde:* „I haue no tresour, but þys
chylde.“ 367. Pray Antour, *wiþ wordes milde*,
Þe milke he ȝiue to þi childe. ARTH. A. MERL.
2655 Kölb. He *with* softe *wordes milde* Com-
forteth her. GOWER I. 72 *Spr.* Syr, ys hyt thy
wylle To come and speke owre kyng tylle, *Wyth
wordys* meke and *mylde!* TRYAM. 1129. He
him spac to Horn child *Wordes* þat were *mild.*
K. H. 159 *Spr.* cf. For he spek to Horn child
Wordes wel swiþe *mild*. L. 169 [in *Arch.* 50, 43].
[Adelwolde ..] *wt myelde wordus* þat ladyes
bysouȝt Þerof [sc. of þis releke] to hym somme
part to ȝeue. ST. EDITHA 1408 Horstm.

**4. mild, sanft, geduldig, fried-
fertig, zahm von Tieren**, im eigentl. Sinne
und bildl. in Vergleichen (Gegens. wild, reissend): Agnus quod est animal mansuetum ..
Lomb is drih þing and *milde*. OEH. II. 49.
Forr *cullfre* iss *milde*, & meoc, & swet, & all

wiþþuten galle. ORM 1258. Forr *lamb* iss soffte
& stille deor, & meoc, & *milde*, & liþe. 1312.
Þe prinse, he sede, oþer king nis to preisi noȝt
Þat in time of worre as a *lomb* is boþe mek &
milde, & in time of pes as leon cruel & wilde.
R. OF GL. 1320 Wr. For *it* [sc. a *lomb*] is withoute felonie, and *milde* ase Ihesu Crist. ST.
FRANCEYS 299 Horstm. p. 62. When the *lyenus*
began to wake, Sche louyd the chylde for hur
whelpys sake, And therwyth sche was fulle
mylde [And was þerwith fulle *mylde L*. 375].
OCTAV. *C.* 370 Sarr. Egydie after an *hynde* cryede, And þorw þe mylke *of þat mylde best* þe
man was susteyned. P. PL. *Text B.* pass. XV.
274. A *scorpion* to be both *mylde* and meke ..
It may wel ryme, but it accordith nought.
LYDG. *M. P.* p. 57. Alas, my *lam* so *mylde*,
whi wille thou fare me fro Emang thise wulfes
wylde. TOWN. M. p. 225. vgl. Whan he is an-
gryest of all, I can make *hym* as *mylde* as a
lambe, quant il est le plus courroucé, je le scay
aplanoyer, apaiser or adompter comme vng
aigneau. PALSGR. Ase *mild* ase *he* is nu her,
ase sturne he biŏ þer; *lomb* her, & liun þer.
ANCR. R. p. 304.

Þe *bollokes* and þe ȝougue *steores* þat
weren er so wilde, Anon, so huy touward heom
come, *huy* woxen tame and *milde*. ST. IAMES
182 Horstm. p. 39. Siþen ofter next hande Þe
meke *bestes* þai sal stande, Because at *þai* ar
meke and *milde*, And vnder ham sal stande þe
wilde. CURS. MUNDI 1693 FAIRF. GÖTT. TRIN.
Alle þer *bestes* þat ar wilde To me *þai* salle be
meke & *milde*. 11627 FAIRF. TRIN. *Briddes*
and *bestes* .. And wilde *wormes* þorw wyntres
þow hem greues, And makest *hem* wel nyegh
meke and *mylde* for defaute. P. PL. *Text B.*
pass. XIV. 111. cf. *C.* XVI. 292. Som [sc. *whallis*
and othir *fysch*] sall be *milde* and meke, And
sum both fers and fell. YORK PL. p. 12. O Marie! beholde þes *beestis mylde*. p. 116. Siþen
efter alþernest hand Þe meke *beistes* sal haue
þair stand, Þat es *þai þat* er tame and mild,
And vnder þam sal stande þe wild. CURS. MUNDI
1693 COTT. Al þe *bestes* þat ar wild For me
most be tame and *mild*. 11627 COTT. GÖTT.

auch die Verbindung mit *mod* findet sich
mit Bezug auf ein Tier gebraucht [vgl. oben 3]:
Therfor hyt [acc. i. e. the chyld] louede *with
mylde* mood The *lyonesse* [nom.]. OCTOU. 483
Sarr.

5. als Attribut von Pflanzen ist uns das
Eigenschaftswort nur in bildlicher Verwendung
begegnet, mild, süssduftend, süss: This
roose so *mylde* aye vndefielde Hathe borne a
childe for man so wilde [bildl. von Maria]. RY-
MAN 19, 4 [in *Arch.* 89, 187].

6. von Getränken, wie Meth, Milch, bezeichnet es den Geschmack, mild, süss: Þare
fand þai reuers .. Was neuir no *mede* ne no
milke so mild vndire 'heuen, Ne cliffe of cristall
so clere. WARS OF ALEX. 4822 Ashm.

7. vom Wetter, mild, friedlich [Gegens.
stürmisch]: Þo was þe *wether* bothe
myelde & stylle, & greuede hem after þat tyme
nomore. ST. EDITHA 3483 Horstm. vgl. *Mylde*,

of *wether*, paisible. PALSGR. so auch [vom
Stande des Wetters, von der Witterung: As
I walked apon a day To take the eyre of fylde
& floure, Apon a *mylde mornyng of May*, When
floures ben of swete savoure etc. POL. REL. A.
LOVE P. p. 215.

milde s. aitn. *mildi*, aniederd. *mildi*, ahd.
milti, mhd. *milte*, *milde*, gth. [*mildei*], von *milde*
adj. 2. Milde, Sanftmut, Demut.

Lete *mylde* & meekenes melte in þin herte,
Þat þou rue on my passioun. POL. REL. A. LOVE
P. p. 167 [c. 1450]. vgl. dagegen p. 166.

mildeful, mildful, -fol adj. von *milde* s. clementia; vgl. *mildeeful*, *milfol*. voll Milde,
gnadenvoll, gnädig, barmherzig.

1. von Gott: Name ofe lauerd, i kalled
forþi, „A, lauerd, lese mi saule." *Mildeful*
lauerd al And rihtwise, and oure god milse sal.
Ps. 114, 4-5 Horstm. [in *Yorkshire Writers* II.
249 ed. Horstmann, London 1896].

Þe mihti *mildfule* godd, þat ich as munne,
ȝef me mihte of heouene him forte hearmin.
ST. JULIANA p. 55.

 von einem Menschen: Þeruore ich
cluppe þe, ek vp, þat þou it esost ise, To nime
ensample afterward milsfol [*myldefulle* s.] & mek
to be. R. OF GL. 8974 Wr.

3. von einem auf das Gemütsleben deuten-
den Sachnamen: Hou miȝte of an quene þe
a' more milsfol [*mildfol*] dede? R. OF GL. 9966
Wr.

mildehede, mildhede s. nhd. *mildheit;* vgl.
mhd. *mildikeit*, *miltekeit*, *mildekeit*. Mildheit,
Mildigkeit, Milde.

Þat swete mayde so hende [i. e. Maria]
Cudde hire *mildehede*, and fram heouene to him
adoun gan wende. ST. TEOFLE 107 Horstm.
p. 291. Yet eft þer is a stape huerinne is þe
uolle of perfeccion of þise uirtue .. þet is ariȝt
pouerte of gost and mi[l]dehede of herte. AYENB.
p. 133.

Ech man iseiþe is luþere sunne and ore
leuedie *mildhede*. ST. TEOFLE 172 Horstm.
p. 293. Of þe stapes of mil[d]hede [Überschr.].
AYENB. p. 132.

mildeherte, mildeherted adj. benignus, misericors, mildhertnesse, -nes s. misericordia
s. *mildheorte, mildheorted, mildheortnesse*.

mildelich adj. mansuetus, benignus s. *mildlich*.

**mildeliche, mildelike, mildelik, mildelie,
mildeli, mildli** adv. ags. *mildelice*, alts. *mild-
lico*, ahd. *miltlicho*, mhd. *miltliche*, neue. *mildly*.

1. milde, gütig, gnädig, gnaden-
voll, mit Bezug auf herablassende Hilfe, liebe-
volles Erbarmen Höherstehender, Stärkerer
gegen Niedrigere, Schwächere [vgl. *milde* adj.
1]: Ȝette þe schome and te woh, þat te sunefule of þe world euch dai don þe, *mildeliche* þu
þolest hit, ne wrekes tu þe nawt sone after ure
gultes [v. Christus]. OEH. p. 275. Þus *mildeliche* answerede þe milde quen of heuene and
of eorŏe and of alle safte. II. 21. Ða bisch ure
drihte *mildeliche* to hire penitence. II. 145. Þu
iseie þine brihte blissful sune .. so wurŏliche &
so *mildeliche*, an holi þursdei, stien to his blisse

into his riche of heouene. ANCR. R. p. 40. ʒut
wolde he hem no wo þat wroght hym al þat
tene, Bote *myldeliche* with mouthe mercy he
bysouhte To haue pyte on þat puple þat payn-
ede hym to deþe. P. PL. *Text C.* pass. II. 166.
Thenne mercy ful *myldeliche* mouþed þese
wordes, „Þorgh experience," quaþ heo, „ich
hope þei shulle be sauede etc." XXI. 154. He
[sc. Josep] it forgaf hem *mildelike*, And luuede
hem alle kindelike. G. A. Ex. 2499 *Spr.* Crist
on him his hand he laid, And *mildelis* til him
he said, „I wil mac the of leper clene." METR.
HOMIL. p. 126 *Spr.* Crist .. Confortes us ful
mildeli. p. 24. Quen Cherubin þis missage
herde, *Mildely* he him þan vnsquerede [i. e. an-
swered]. CURS. MUNDI 1303 FAIRF. [God ..]
spak to hym ful *myldely:* „Why wepest þou,
and art sory?" R. OF BRUNNE *Handl. S.* 5731.
Ther was non of hem alle that wolde do him
harm, But sayde vnto Gamelyn, *myldely* and
stille, „Com afore our maister, and sey to him
thy wille." GAMELYN 654 Skeat. Ful *mildli*
[squeteli, suetli, swetely *cett.*] to þam he spak
[i. e. Christus zu den schlafenden Jüngern],
„Breþer, quat nu do yee? Rises vp, and wakes
wel etc." CURS. MUNDI 15651 COTT. Þanne
mercy ful *myldly* mouthed thise wordes, „Thorw
experience," quod she, „I hope þei shal be saued." P. PL. *Text B.* pass. XVIII. 150.
    Kompar. His sone Canutus siʒ that, and
dide *myldloker* [dide myldly *Cx.* dude *mylde-
lokur γ.*] with seynt Edmund, and made a diche
aboute seynt Edmundes lond, and graunted him
fredsome etc. TREVISA VII. 506 *Append.*

2. milde, sanft, liebreich, freundlich, geduldig, demütig, mit Bezug auf
liebevolle und ertragende Seelenmilde gegen
Gleichstehende und Höherstehende, Stärkere
[vgl. *milde* adj. 2]: Þa seide Paul him *mildeliche*
toʒeines: „Louerd, nu ic bidde þe .. þet þu heom
ʒefe rest la hwure þen sunne dei." OEH. p. 45.
Ich bidde and bische þe .. þuruh ðe ilke rode
ihalewed of þine deorewurðe limen, ðet þu on
hire *mildeliche* streihtest. p. 209. Þeone king he
imette, and *mildeliche* hine igrætte [and faire nine
grette j. T.]. LAʒ. I. 283. He .. *mildeliche* spæc
þus. I. 377. Octaues him spæc wið, & ʒernde
mildeliche his grið. II. 46. Auerælcne hiredgume
feire heo igrætten, & *mildeliche* þurh alle þing
fræineden whær weoren þe king. II. 88. He
and his moder *mildeliche* ʒeode in to one brode
felde. I. 217 j. T. Cus þe wunde studen [sc. of
þet crucifix], ine swete munegunge of þe soðe
wunden þet he oðe soðe rode *mildeliche* [þulde-
liche *T.*] þolede. ANCR. R. p. 136. Scheome &
louhschipe þet heo her uor Godes luue *mildeliche* þolieð. p. 358. Ant tauh ne grucchede he
nout, auh underfeng hit [sc. bitter galle] edmodliche [*mildeliche* v. l.]. p. 114. Ful *mildeliche* therto thou bewe, And saidest, „So it mote
be!" V GAUDIA 8 *Spr.* Þudere he wende wel
mildeliche, ake no man with him nas. ST. ED-
WARD 56 Horstm. p. 48. Wel *mildeliche* he bad
is oste forto comen him ner. ST. THOM. OF
CAUNT. 1196 [p. 140]. ʒwy spexst þov so *mildeliche*, ase þei þov adrad were? ST. VINCENT 9

[p. 185]. Þo þe king isaiʒ þat he deide so *mildeliche* in his bedde. 133 [p. 188]. Þare cam to us
a ʒong iomman swiþe fair and hende, And wel-
comede us euerech one wel *mildeliche* and swete.
ST. BREND. 50 [p. 221]. Among heom he cam
wel *mildeliche*, and prechede. ST. IULIAN. CONF.
11 [p. 255]. To the heʒe weved *myldeliche* hi
ladde him up anon. BEK. 1896 *Spr.* *Myldeliche*
and softe His heved [sc. he] huld evene forth.
2183. Bifore þis tratours *myldeliche* þis holi
maide com. ST. MARGAR. 96 *Spr.* Þis maide
aros wel *myldeliche* to fonge hir martirdom. 300.
Mochel ous tekþ oure guode mayster to spekene
myldelyche and wysliche. AYENB. p. 110. Efterward þe zoþe milde worþssipeþ god, and him
byt *mildeliche*, þet is to zigge mid zoþe teares.
p. 135. Þe farizeus .. onworþede þane publycan
þet *mildeliche* byet his bryest ine þe temple.
p. 175. Þe vifte condicion zuo is þet me asel by
yssriue *mildeliche*. p. 177. *Mildeliche* þenne
meede merciede hem alle Of heore grete goodnesse. P. PL. *Text A.* pass. III. 21. cf. *C.* IV.
30 v. l. Cortesliche þe clerk þenne .. Toke
mede by þe myddel, and *myldeliche* here
broughte Into boure with blysse. *C.* IV. 9. The
maide *myldeliche* þo þe messager hue answerede.
XIX. 131. Ich pose ich hadde syneged so ..
And *myldeliche* hus mercy aske, myghte ich nat
be saued? XX. 275 sq. Brennes and his moder
mildeliche ferden in ænne bradne feld, and
Belin him toʒennes. LAʒ. I. 217. Walke wið ðe
erðe *Mildeliche* among men. BEST. 189 *Spr.*
Ysaac was redi *mildeliche*, Quan ðat he it wiste,
witterlike. G. A. EX. 1321. Ghe [sc. Rebecca]
it grantede *mildelike*, And he [sc. ðat moder
and Laban] hire bitaʒten bliðelike. 1423. He
[pl.] lutten him frigtilike, And seiden to him
mildelike, „We ben sondes for nede driuen etc."
2163 *Spr.* In the dayng [i. e. daiing] of day
ther doʒty were dyʒte, Herd matyns [and] mas
myldelyk on morun. ANT. OF ARTH. st. 37.
When thai had funden that man vnkowth, Thai
hailsed him *mildely* with mowth. SEUYN SAG.
3835. Quen Crist þair asking herd, Ful *mildely*
he þaim ansuerd. METR. HOMIL. p. 35. Quen
Maria wist þair win was gan, Soo tald it til hir
sun onan, And *mildeli* sco made hir man.
CURS. MUNDI 13378 COTT. FAIRF. Alle the rial
route to the quene ridus, Meles to hur *mildely*,
opon thayre manere. ANT. OF ARTH. st. 26.
Baptime to take *myldely* with mode lÞis day he
schall. YORK PL. p. 173. Quen Mari wist þar
wine was gane, Scho tald it till hir sune anane,
And þus *mildli* scho made hir mane. CURS.
MUNDI 13378 GÖTT. Sone were þe messagers
made *mildli* at ese. WILL. 1465. Than syr
Mordrede fulle *myldly* meles hym selvene etc.
MORTE ARTH. 679. Oure swete Lorde fulle
myldly This asse he umstrode. Ms. in HALLIW.
D. p. 900. The othere Mary *myldly* gafe an-
sweringe, And saide etc. DIGBY PL. p. 184 n. 1.

3. sanft, zahm, mit Bezug auf das Verhalten von Tieren [vgl. *milde* adj. 4]: Huy [sc.
þe *bollokes*] drowen þat þodi so *mildeliche*, þat
ech man þarof wonder hadde. ST. IAMES 185
Horstm. p. 39. Þis desciþles nomen seint Iemes

bodi, and ᴏpon þe wayne it leide; Þe *bestes* it drowen fᵒᵣₜᵗ wel *mildeliche*, withoute eche fole breide [vgl. *breiden* v.]. 186.

mildenesse, mildenes, mildnes s. ags. [alt-northumbr.] *mildenis*, clementia [BOUTERW.], ahd. *miltnissa*, misericordia, neue. *mildness.* Mildheit, Milde, Sanftmut.

Softenesse, or *myldenesse.* PR. P. p. 463. *Myldnesse*, paisiblete. PALSGR. insbesondere bedeutet das Wort

1. von Gott, auch von Christus als göttlicher Person, Milde, Gnade, Barmherzigkeit, Nachsicht [vgl. *milde* adj. 1]: Jesu, thi *mildenesse* froreth me. LYR. P. p.73. Mochel is grat Godes *myldenesse*, huanne zuyche men þet suerieþ of þinge þet hi wyteþ wel þet ne is najt zoþ .. þet þe dyeuel him ne astrangleþ hastelyche. AYENB. p. 65 *Spr.* vgl. *Anm.*

2. von Menschen, auch von Christus in seiner menschlichen Eigenschaft, Milde, Sanftmut, Friedfertigkeit, Bescheidenheit, Demut [vgl. *milde* adj. 2]: Hou *mildenesse* wext ine herte [*Überschr.*]. AYENB. p. 130. *Mildenesse* is þe uirtue þet makeþ þane man himzelue to onworþi, and healde uor vil etc. p. 132. Prede loueþ wel heje stedes, *mildenesse* þe loje. p. 139. Ovt of þe trawe *of mildenesse* wexeþ zeue bojes; uor þis uirtue him asseaweþ ine zeue maneres, þe god to worþssipie, be oþren to prayzy, þe himzelue to onworþi, þe pourehede to louie, þe blepeliche to serui, þe heriynge to byuly. p. 134. Þe greate maister *of mildenesse*, Iesu Crist, þo he hedde yprechcd, and yued þet uolk, and þe zike and þe zike and þe ymamed yheld, þo he uleaj aboue þe uolk into þe helle. p. 141. *Mildenesse*, clennesse, holynesse, stedfaatnesse [*Überschr.*]. YORKSH. WR. II. 66 Horstm. auch *mildenese* findet sich: Peruore is þe þe þridde stape of *myldenesse* his zennes and his kueade wylles blepeliche beknawe, and aariue, and his herte clensi. AYENB. p. 132. *Mildnes* [Stichw.]. Be piteful, loue þi neghbore, kepe þi soul clene etc. YORKSH. WR. II. 66 Horstm.

3. von Tieren gebraucht, Sanftheit, Friedfertigkeit, Zahmheit [vgl. *milde* adj. 4]: Voljeþ þet *lamb of mildenesse*, þet is Iesu Crist. AYENB. p. 232. In thir tua *fules* [i. e. tua turteles, or tua douf briddes] may we se Bathe *mildenes* and charite. METR. HOMIL. p. 158. *Douf* a ful mec fuel es, And bitakenes riht *mildnes. ib.* Fand we forthi sua for to lif, That we mai Godd god offerand gif, *Of* chastite and *mildnes*, That in thir *foules* bisend es. p. 159.

milderaisse s. misericordia [O. E. MISCELL. p. 195] s. *mildheortnesse.*

mildescipe, mildeschipe, mildschipe, mildshipe, vereinzelt **miltschipe** s.

1. von Menschen, auch von Christus, Milde, Sanftmut, Bescheidenheit, Demut [vgl. *milde* adj. 2]: For whan swa cumeð neode to auer æi þeode, & mon me *mid mildescipe* wulle me bisechen .. þenne mæi ich suggen hu hit seoððen scal iwurðen. LAJ. II.

294. Summe [acc. pl.] menske and *mildeschipe* and debonairte of herte and dede [sc. makes luued and heried]. OEH. p. 269. Þu .. *wið* meknesse and *mildeschipe* and mikel debonairte .. haues mi luue chepet [von Christus]. p. 275. Meknesse and *mildeschipe* makes mon eihwer luued. p. 273. Leose me, lauerd, ut of þe liunes muð, ant mi meoke *mildschipe* of þe anhurnde hornes [a cornibus unicornium *Ps.* 21, 22]. ST. MARHER. p. 7. Mekelec & *mildschipe* & swotnesse of heorte, þat limpeð alre þinge best to meidenhades mihte. HALI MEID. p. 41. Jif þu haues *wið* meidenhad meokelec & *mildschipe*, godd is i þin heorte. p. 43. Ne beo þu nawt tu trusti ane to þi meidenhad *wiðuten* oðer god & þawfulle mihtes, & ouer al *miltschipe* & meokeschipe of heorte. p. 45.

2. von einem Tiere gebraucht, Sanftheit, Friedfertigkeit, Arglosigkeit [vgl. *milde* adj. 4]: Ech men þe ne haueð noht redi lombbes loðlesnesse, ne turtles clennesse, habbe we hurend hure *mildshipe* of *duue*, alse ure drihte bit on þe godspelle, and seið, Estote simplices sicut columbe etc. OEH. II. 49.

milden, mildew, mildewe s. nectar; robigo, uredo s. *meldew.*

Mildewe, nieble [i. e. nfr. nielle]. PALSGR.

mildheorte adj. ags. *mildheort*, misericors, altnorthumbr. *mildheart*, *miltheart*, *-heort*, ahd. *miltherzi*, vgl. gth. *-hairts* in Zuss. [*armahairts*, *hauhhairts*, *hrainjahairts*]. mildhersig, barmherzig.

1. von Personen: *Mildheorte* he [sc. ure louerd Ihesu Crist] is togenes heom on two wise, alse him self seið on þe holi godspel, Ueni uocare peccatores ad penitenciam et recipere penitentes ad iustificacionem [vgl. *Luke* 5, 32]. OEH. II. 121. Þe king wes *mildheorte*, & heold hine stille. LAJ. II. 280.

substantiviert in der Mehrzahl, Barmherzige: Iselie beoð efre þa *mildheortan*, for þi heo imetað þa mildheortnesse. OEH. p. 109.

2. von einem Sachnamen, der auf das Gemütsleben Bezug hat: Þe sed þat he [sc. ure louerd Seint Iame] sew were soðe wordes and *mildheorte* dedes. OEH. II. 151.

mildheorted, mildeherted adj. findet sich bereits früh als Weiterbildung von *mildheorte* adj. misericors, ags. *mildheort*, neue. *mildhearted;* vgl. *armheorted*, misericors [OEH. II. 95]. mildhersig, barmherzig.

1. besonders von Gott, Christus: Drihten is *mildheorted* [mildheorteð *ed.*] inoh, he wule hit me forjeuen. OEH. p. 23. Ure louerd Ihesu Crist is swo *mildheorted.* II. 45. Vre louerd is *mildheorted* and rihtwis [misericors dominus et iustus]. II. 59. Þeh ure drihten be *mildheorted* þo þe him biddeþ, he is noðeles rihtwis togenes þo þe his milce biseched. *ib.* cf. II. 71. And þou, lauerd, rewer and *mildeherted* maste [mildsend & mildheort *ags.* miserator et misericors *lat.*]; Tholeand, and ofe fele milþes, and sothfaste. Ps. 85, 14 Horstm. Rewful and *mildeherted* lauerd gode [mildheort & mildsiend dryht' *ags.* misericors et miserator Dominus

lat.]. And *mildeherted* and langmode. 102,'8. Mercifulle and *mildeherted* in lande Lauerd [mildsiend & mildheort dryht' *ags.* misericors et miserator Dominus *lat.*], and mikel *mildeherted* and tholande. 144, 8.

2. auch vom Menschen: *Mildheorted* beð þe man þe reouð his nehgebures unselðe, and likeð here alre selðe, and ofþinð [i. e. ofþincð, ofþinkeþ] sore wrecche mannes wanrede, and freureð hem mid his weldede. OEH. II. 95.

mildheortful adj. mildhersig, barmhersig.

Mildheortfule godd, milce me, þi meiden, & mid ti softe grace salue mine sunnen. ST. JULIANA p. 67. vgl. p. 66.

mildheortnesse, mildhertnesse, -nee, -nisse, mildehertnes etc. s. ags. *mildheortnes, -nis,* misericordia, altnorthumbr. *mildheortnis, milðheortnis,* aus *mildheorte* adj. misericors, ags. *mildheort,* gebildet, wie neue. *mildheartedness* [SWEET] aus *mildhearted,* ae. *mildheorted;* vgl. *armhertnesse,* misericordia [OEH. II. 95]. Mildhersigkeit, Barmhersigkeit.

1. von Gott, Christus, Maria: Þe wei þet god com in to monne, and mon kumeð in to him, is iþaten *mildheortnesse* and soðfestnesse. OEH. p. 153. *Mildheortnesse* God kudde monne þa þe ħ° sende his patriarken and propheten for to bodien his tokume. *ib.* He sette *his mildheortnesse* [gen.] laȝe ouer us and ouer al moncun. p. 15. cf. We sculan þonkian him *þere muchele mildheortnesse* þe he dude on us. p. 119-21. Leofe broðre, ne ouertrowiȝe Christes milce, ne *his mildheortnesse* [dat.]. p. 21. He com on þisse midelerd, nawiht for ure erunge, bute *for his muchele mildheortnesse.* p. 19. Al is þe heouene ful of þine blisse, And so is al þes middeleard *of þine mildheortnesse.* p. 195. cf. p. 199. Crist *þurh his muchele mildheortnesse* seoððan he asteh of heueneriche. p. 17. Hihht & hope o Drihhtin Godd & onn hiss *mildheorrtnesse.* ORM 3816. Si Drihhtin upp inn heoffness ærd Wurrþminnt & loff & wullderr, & upponn eorþe griþþ & friþþ *þurrh Godess milðheorrtnesse.* 3378. cf. 3924.

Godes weie þe he comeð one to mannen, and men to him, is *mildhertnesse* and soðfastnesse. OEH. II. 187. *Mildhertnesse* he kidde mannisse þo þe he sende his holi prophete etc. *ib.* God haueð iset his *mildhertnesse* [gen.] laȝe on gode. OEH. p. 15. Þe man þe ortroweð godes *mildhertnesse* [dat.], he is idemd to eche wowe on helle. II. 75. Swo cume he to us, *for his muchele mildhertnesse.* II. 7. Of ure louerd Ihesu Cristes openliche tocume, þe forme wes *of mildhertnesse.* II. 5. Ac togenes þis manifold *mildhertnesse* men bien swo wiðerfulle etc. II. 121. *Þurh his mildhertnesse* he hadde maked Adam louerd ouer þis middelherd. II. 59. Godess *mildherrtnesse* ræw Off mannkinn whanne he sennde Hiss Sune intill þiss middellærd. ORM 14314. Icc amm þiss bridgumess frend All *þurrh hiss mildherrtnesse.* 14456. Ware telle sal ani in þroyhes [i. e. *þroghes, þrohes, þruhes,* coffins] þi *mildhertnes?* Ps. *H.*

67, 12 Horstm. — *Mildæhertnesses* of Laverd in ai Sal I sing. Ps. 88, 2.

hierher dürfte auch gehören: [I]blessed beo þu, lauedi, ful of houene .blisse, Swete flur of parais, moder *of milder[t]nisse.* O. E. MISCELL. p. 195. cf. Blessed beo thu, lavedi, Ful of hovene blisse, Swete flur of parais, Moder *of miltertnisse* [milternisse *Ms.*]. REL. ANT. I. 102 [in *Spr.* I. 1, 54; vgl. *Anm.*]. Ableitungen des Komparativ von *milde* adj., *milder,* wie spät mhd. *miltern, miltren, mitigare,* nhd. *mildern,* spät mhd. *miltrung,* mitigatio, nhd. *milderung* [WEIG. v. *milde*], an die man sonst etwa denken könnte, sind im Altenglischen nicht nachzuweisen.

2. vom Menschen, gegen andere und gegen sich selbst [durch Bussfertigkeit]: For þet is *mildheortnesse* þet þe wisa mon mid steore þene unwisan irih[t]leche. OEH. p. 111. *Mildheortnesse* me kuð him soluen h[w]enne he him biþengð þet he isuneged haueð, and þet sare bimurneð, and milce bit. p. 153. vgl. II. 95.189. *Mildheorrtnesse* birrþ ben aȝȝ þurrh rihhtwisnesse strengedd. ORM 2896. Forr aȝȝ birrþ rihhtwisnesse ben *þurrh mildheorrtnesse* temmpredd. 2892. Mon is kundeliche milde, auh so sone so he *his mildheortnesse* vorleoseð, he uorleoseð monnes kunde, & wreððe, þe uorschuppild, uorschuppeð him into beste kunde. ANCR. R. p. 120.

Þet oðer gostliche shrud ich embe spece is *mildhertnesse,* þe is nemed ec armhertnesse etc. [in ähnl. Bedeutung wie oben OEH. p. 153]. OEH. II. 95. Þat ilke wei ogh al mankin to holden þe þencheð to cumene to gode, and kiðeð him seluen *mildhertnesse* and soðfastnesse. II. 189. Þe man kið him seluen *mildhertnesse* þe biðencheð on his sinnen etc. *ib.*

mildherthede, milderthede s. vgl. *mildheortnesse, mildhertleȝc.* Mildhersigkeit, Barmhersigkeit.

He es *milderthede* [von Gott]. Ps. 77, 38 [vgl. *Anm.* su *Spr.* I. 54, 4]. der neue Herausgeber liest ebenso, ist aber [geneigt, mit den jüngeren Handschriften dafür *milderted* su setzen: He es *mildærthede* [r. mildherted]. 77, 42 Horstm. [in *Yorksh. Wr.* II. 211]. vgl. He es mildherted. *ib. E. H.* [mildheort *ags.* misericors *lat.*].

mildhertleȝc s. Mildhersigkeit, Barmhersigkeit.

1. von Gott: Forr þe follc wass offredd bucc, Drihhtin to lofe & wurrþe, Þatt he þeȝȝm þurrh hiss *mildherrtleȝȝc* Forȝæfe þeȝȝre gilltess. ORM 1140.

2. von Menschen: Are & millce & *mildherrtleȝȝc* & rihht forrȝifeness, Þatt iss þatt laf þatt smeredd iss Wiþþ elesæw & nesshedd. ORM 1476.

mildhertnes, -nesse s. misericordia s. *mildheortnesse.*

mildien, milden v. ahd. *miltjan, miltan, milten* [TAT.], intr. misereri, mhd. *milten,* nhd. veraltet *milden,* neue. veraltet *mild* tr. lenire, intr. misereri, su *milde* adj.

1. tr. besänftigen, versöhnen: Whi þou wraþþest þe now, wondar me þinkeþ! For jit I may as I mihte menske [mylde v. l.] þe wiþ jiftes. P. PL. Text A. pass. III. 176.

cf. imilded p. p. gesänftigt, milde, demütig. AYENB. p. 117.

2. refl. sich demütigen: Peruore sahel þe jenegere him mildi ase moche as ha may beuore god, and sigge his zennes mid greate drede. AYENB. p. 177. Per me asel .. recordi his zennes and his lackes, and himzelue mildi touore god. p. 215. Peruore hi asollen þer ham moche mildi to god. ib. vgl. Hi .. makeþ suo moche ham milde. p. 59 Spr.

mildli adv. clementer, benigne, mite, mansuete s. mildeliche.

mildlich, mildelich adj. ags. altnorthumbr. mildelic, propitius, altn. mildligr, gentle; vgl. das häufigere mildeliche adv. milde, freundlich, friedsam, demütig, unterwürfig.

Mid mildliche worden he jerneð mine milce [Mid mildeliche wordes he jcorneþ mine milce j. T.]; for itemed is þe wode, nu beoð his word gode. LAJ. I. 376. Pa answerede Brennes mid beienliche worden [mid mildeliche wordes j. T.]: „Ich hit þankie þe & alle þine þeode for eouwer muchele wurhchipe." I. 210.

mildnesse, -nes s. mansuetudo, **mildschipe, -shipe** s. lenitas, mansuetudo s. mildenesse, mildescipe.

[mildse], mildce, mildse, milsce, milse, milse, milce, milche, auch **mulce** s. ags. milds, milts, mils fem. clementia, misericordia, altnorthumbr. milse [acc. auch milsæ], propitiatio, miseratio, misericordia, zu milds adj.; vgl. milðe s. clementia, das viell. nur eine andere Schreibung ist. Milde, Gnade, Erbarmen, Barmherzigkeit.

1. von Gott, Christus, dem heiligen Geiste, Maria:

nom. Pat child wæx, and wel iþæh; Godes mildce him wes neh. LAJ. II. 36. Eal his weorkes end his weies is milce end rihtwisnesse. POEM. MOR. 72 Zup. Übungsb. Pa ðe ledeð heore lif mid unriht end wrange, Buten hit godes milce do, scule beo ðer [sc. an hellepine] wel lange. 209. Nis his milce nawhiht lesse. 212 [vgl. OEH. p. 163. 173. p. 290. 294. II. 222. 226. E. E. P. p. 24. 28]. Swa ne mei nan mon seggen hu muchele mare god almihtines milce and his mildheortnesse is þer ajein þon sunfulle monne. OEH. p. 23. So muchel is þi milce and þin edmodnesse. p. 195.

acc. besonders als Sachobjekt von Zeitwörtern, wie bitten, erbitten, ersuchen, suchen: Non ancre seruant ne ouhte, mid rihte, uorto asken isette huire, bute mete & cloð .. & Godes milce. ANCR. R. p. 428. — Hwenne he him biþengð þet he isuneged haueð, and þet sare bimurneð, and milce bit. OEH. p. 153. For wanne þe man forleteð his synnen, and beteð, and milce biddeð, þanne is here foshipe turnd al to frendshipe. IL. 45. Hie .. turnden mid alle to ure helende, and mid wo-

siðes betten here sinnes, and þerof milce beden. II. 147. — Ne mai no man þese word seggen, þanne he godes milce bisecð, gief he haueð on his heorte onde oðer nið. OEH. II. 27. He is noðeles rihtwis togenes þo þe his milce bisecheð. II. 59. Heo [sc. Marie] com to ure helende .. and his milce bisohte. II. 143. — Þi milce for him I crie euermore. CAST. OFF L. 355. — Þe ðe godes milce sechð, jwis he mei his finde. POEM. MOR. 215 Zup. Übungsb. vgl. OEH. p. 173. 294 [Pe þe godes milche secð, iwis he mai hes finden. II. 226]. — erlangen, finden, haben [i. e. finden]: Pu most bijeten milce et þine drihtene. OEH. p. 33. — Pe ðe godes milce sechð, jwis he mei his [acc. sing. fem.] finde. MOR. POEM. 215 Zup. Übungsb. vgl. Pe ðe godes milce sec iwis he mai is finde. OEH. p. 294. Þe þe godes milche secð, iwis he mai hes finden. II. 226. — Deofel mihte habbe milce, jif he hit bigunne [ähnl. cett.]. MOR. POEM. 214 Zup. Übungsb. Alswa nawest þu nefre milce of heofenlic drihten. OEH. p. 29. Ne mei nan mon seggen hu lihtliche þu maht habben godes milce. p. 37. Dat tu milce mote haven Of ðine misdedes. BEST. 196 Spr. — Pa þe godes milce sechð, he iwis mei ha [acc. sing. fem.] ifinden. OEH. p. 173. — Milce he scal imeten [ähnl. cett.]. p. 167. — verlieren: Hie wenden to hauen forloren milce. OEH. II. 75. He þatt turrneþþ himm fra Crist Purrh hefiȝ hæfeddsinne Forrleoseþþ .. Jesu Cristess hellpe & hald & all hiss hallȝhe millce. ORM 6586.

so auch haben [i. e. empfinden, gewähren]: Ȝif þu milce nauest of me .. ine helle pine swelten ich schal and beornen. OEH. p.197. Pu helend, þe mid þine wordes helest alle þo þe wilt, haue milce of us. II. 71. Bidde we nu þe holi gost þat he haue milce of us. II. 119. — verheissen: God bihet milce þo þe here sinnes forleten and beten. II. 75. — anthun, erweisen, erzeigen, gewähren: God do me milce. POEM. MOR. 8 Zup. Übungsb. OEH. p. 288. II. 220. Ure drihten .. mankin more milce dide on þis dai þanne on ani oðre. II. 97. — Bidden þane almihti godd .. þat he heom ȝiue milce of heore misde[de]. LAJ. III. 261-2. — Oc for is [sc. Moyses] benes and for is sake[n], Get he sal wið hem milche maken. G. A. Ex. 3731. — Hire milce, þat euere was so guod, heo [sc. ore leuedi] scheowede him at þe laste. ST. TEOFLE 106 Horstm. p. 291. Ich þonkie mine drihte .. þet he swulche milche sent to moncunne [þat he soche milse sent to mankunde j. T.]. LAJ. II. 198. Cries jeorne on him forto he eou milce riende. ST. IOH. AP. 304 Horstm. p. 411. — entziehen, rauben [i. e. unwirksam machen]: Untrust binimeð [reaues T. reaueð C.] him [sc. God] his milce. ANCR. R. p. 334.

auch hier begegnet der elliptische Kasus im Munde des Bittflehenden [vgl. are, merci]: Milde godd, þi milce! OEH. p. 211.

urspr. gen. wird in den angeführten Beispielen mit bidden, binimen, reaven wohl nicht mehr empfunden.

urspr. dat. ist dagegen wohl noch fühlbar bei *jelden*, vergelten: Ha understondeð .. hwet ha ahen *his deorewurðe milce* tojelden. OEH. p. 263. ebenso bei *ouertreowien*, mistrauen [vgl. jedoch *Gr.³* II. 197]: Leofe broðre, ne *ouertrowije* cristes *milce*. OEH. p. 21. Þan ilke monne þe .. *ouertreoweð* godes *milce*. ib. bei *þankien*, danken [vgl. *Gr.³* II. 191]: Þi *milde milce* ich *þoncki* hit. ST. MARHER. p. 20. mit præp.: Ic heom wulle milcien þe weren *efterward mine milce* þa hwile heo on liue weren. OEH. p. 45. Nuc ic þe bidde .. *for þine muchele milce*. ib. Þes þe fir weren *fram godes milce*. p. 103. *In Cristes milce* ure hope is best. BEST. 802 *Spr.* His lif was halije, his deað ful *of milce*. OEH. p. 237. Ortrowe *of godes milce* letteð þe mannes ahrift. II. 75. Jif þu hauest untrust *of his unimete milce*. ANCR. R. p. 336. Heo [sc. ore leuedi] was euere ful *of milce*. ST. TEOFLE 99 Horstm. p. 291. Ure louerd mid is eyen *of milce* on þe lokeþ þeruore. R. OF GL. 5348 Wr. Ich buhsumliche biseche þe, louerd .. þurh þis hope and i þis trust *to þine muchele milce*. OEH. p. 215. Þe blisse of heouene, þat ure lauerd jeue us *þurh his hali milce*. p. 267. Þuss hafeþþ Drihhtin don wiþþ me, *Þurrh hiss orrmete millce*. ORM 237. Illc mann þatt iss *Þurrh Godess millce* beldedd. 2745. Þe deuelen .. Seije hou Jesu of a maide *Þurch his milce* was ybore. ARTH. A. MERL. 665 Kölb. [Þu ..] longe abides bote *þurhut ti milce*. OEH. p. 275. vgl. *þurhut 3* [kausal]. Þe erites .. seulen beon iwarpen ine eche pine wiþuten alesinge and *wiðuten milce*. p. 143. God ne muhte nout beon wiðuten rihtwisnesse, ne *wiðuten milce*. ANCR. R. p. 334.

häufig erscheint *mildse* in Verbindung mit den sinnverwandten *are*, *merci*, zuweilen auch mit *grace*: Þarefore y *bidde þin mylse & ore*. BÖDD. p. 192. He wep on God vaste ynou, & *criede* him *milce & ore*. R. OF GL. 7822 Wr. He biheold upward toward god, and *cride* him *milce and ore*. ST. EADM. CONF. 373 Horstm. p. 441. cf. He bihuld to God an heʒ, & *cride milce & ore*. ST. EDM. CONF. 362. — Þi milce for him I crie euermore, And *haue* of him *milce and ore*. CAST. OFF L. 355. — Ilch mon þet to þe bisihð þu *jiuest milce and ore*. OEH. p. 195. Vor Cristes fif wunden ðu *jif* me *milce and ore*. p. 197. *Grante* hem *milce & ore*. ST. MARGAR. 277 *Spr.* — Forrþi wass þe Laferrd Crist All þwerrtut full off baþe, *Off millce*, *off are*, off *æddmodleʒʒe*, & eo off soþfasstnesse. ORM 19295. *Off are & millce* wass he full. 19299. Cristes þewwess bidden Crist Þatt he *þeʒʒm þurrh his are & þurrh hiss millce* ʒife mahht To betenn þeʒʒre sinne. 14462.

Nou God .. ous *jeue his grace, his milce, & his ore*. ST. EDM. CONF. 448. Ah he, *þurh his milce & godlec of his grace*, makeð ham þ ha beoð in eche buten ende. LIFE ST. KATH. 295. cf. 1375. Þo sede ich were [i. e. whether] vr louerd wolle euere wroþ be, Wer he nolle *grace do*, & be *of milce* more. R. OF GL. 7223 Wr.

Haue, lauerd, *milce and merci* of þi wum-

mon. ST. MARHER. p. 3. cf. p. 7. Þet God, *þurh his milce & for his merci*, hije ham ut of pine. ANCR. R. p. 30. Moder *of milce* [milte *ed.*] and maidin Mari, Help us at ure hending [i. e. ending], *for þi merci!* REL. ANT. I. 22 [Mitte des 13. Jahrh.].

Bisæh for me þine seli sune *milce and merci and ore*. OEH. p. 205. cf. *Bisæh* for mi þi milde sune *milce, merci, are*. p. 305.

Þes laste bore hweolp is grimmest of alle; uor hit *tocheoweð & touret* [zerkaut und zerfrisst i. e. macht unwirksam] Godes *milde milce, & his muchel merci, & his vnimete grace*. ANCR. R. p. 30. Þia singeð þenne iweddede, þat ha, *þurh his milce & merci of his grace*, þa ha driuen duneward, i wedlac atstutten. HALI MEID. p. 21.

2. von Menschen, besonders Höherstehenden [Herrschern, Heiligen]:

nom. Mildheorrtnesse birrþ ben aʒʒ Þurrh rihhtwisnesse strengedd, Swa þatt *te millcs* nohht ne be To softe, ne to nesshe [mit Bezug auf Joseph]. ORM 2896.

acc. als Sachobjekt von Zeitwörtern, wie bitten: Cumen to þan kinge *his milden biddinde*. LAЗ. II. 278. Wurðe he is *milze* þe wurðeliche *heo biddeð*. II. 281. Ajein ich wole to Scotland, and sechen mine dohter, and *bidden* þus *his milce*. II. 447. Come to þan kinge *his milce biddinge*. II. 278 j. T. Þat wo *milce biddeþ*, þat he hit maje habbe. II. 281 j. T. King, we *biddeþ þine milce*. II. 495 j. T. — He scal .. bisechen *milce* et þan ilke monne þe he haueð er istolen. OEH. p. 31. — Ich *jerne mildce* and þi grið. LAЗ. I. 377. We *jeorneþ þine milze*. II. 495. Þene we *milze jeorneð*, þ we milze habben. II. 281. He *jerneð mine milce* j. T.]. I. 377. finden: Þene we milze *jeorneð*, þ we *milze habben*. II. 281. — War he mihte of his monnen *æie milce ifinden*. I. 282. — anthun, gewähren: Imilze, mi lauerd king, .. *haue milce* of mine cnihten. II. 279. — Þo Eosa & mony opere .. Yseie þat þe king adde *suche milce* hom ydo. R. OF GL. 3014 Wr.

urspr. gen. in Verbindung mit einem Personalkasus ist, wie im Ags., in einigen Fällen vielleicht anfangs noch im Genitiv fühlbar bei *bidden* [vgl. ags. *biddan miltse þinre*]: Þat heo walden bisechen þene king, & *bidden* hine *mildse*. LAЗ. II. 87. Oþer we sende him wiþ, and jeorne Arthur his grið, and *bidde* him *milce*. II. 447 j. T. To þe king hii wende as prisons [i. e. prisoners], & *bede* him *milce* al so. R. OF GL. 3016 Wr. später wird in solchen Fällen, wie auch früher schon in den oben angeführten Beispielen mit *bidden* ohne Personenkasus, der urspr. Genitiv wohl auch hier nicht mehr als solcher empfunden.

ein Genitiv ist wohl zu erblicken in der auffälligen Form *hira milcea* in Verbindung mit *jeornen* [vgl. ags. *gilpes þu girnest*]: Ajen ich wulle to Scotte [to Scotte londe ?] to scone mire docter jernen *hira milcea*. LAЗ. I. 146. vgl.

3ernen ich wulle *rædes* to Regan, mire dohter. I. 143.

dagegen ist der in Verbindung mit *wurðe* adj. *dignus* einmal bei Laȝamon sich vorfindende Kasus wohl bereits als Akkusativ aufzufassen: *Wurðe* he is *milze*, þe wurðeliche heo biddeð. LAȝ. II. 281 [vgl. MÄTZNER *Gr.²* II. 178. 235. KOCH *Gr.²* II. 198]; in den altenglischen Homilien kommt allerdings in Verbindung mit *wurðe* noch ein sicherer Genitiv vor, wie im Ags. [vgl. ags. *Þus ylcan dómes* sý he *vyrðe* LEGG. ÆLFR. 21]: 3if he heom [sc. his feder and his moder] werieð, he bið *deðes wurðe*. OEH. p. 109.

urspr. dat. mit præp.: Þe gode men, þe softe men, and þe men *ful of milce* .. sculen beon icleoped on þe fader riht halue. OEH. p. 143.

auch von Menschen gebraucht wird *mildse* häufig mit den sinnverwandten *are*, *merci* verbunden, seltener mit *grace*: Þe kyng and þe erchebischop also beden him *milce and ore*. ST. WOLSTON 176 Horstm. p. 76. Seint Nicholas, ich *bidde* þe *milce and ore*. ST. NICHOLAS 500 [p. 254]. Nu *bidde* we ȝeorne euerech one seint Ieme *milse and ore*. ST. IAMES 383 [p. 45]. — Þervore þe erl of Kent he *bisoȝte milce & ore*. R. OF GL. 1312 Wr. — Euere stod Hermogenes, and *criede milce and ore*. ST. IAMES 89 Horstm. p. 36. To the place he [sc. King Henri] wende so, as Seint Thomas lay: He huld up his honden dulfulliche, and *cride milce and ore*. BEK. 2372 *Spr.* cf. ST. THOM. OF CAUNT. 2340 sq. Horstm. p. 173. Þe kyng vel doun to hys vet, & *cryde* hym *mylce & ore*. R. OF GL. p. 340 Hearne. cf. 6981 Wr. Þe maister vel a doun a kne, & *cride* him *miloe* [*mulce β. γ.* mercy B. mercye ð.] *& ore*. 920 Wr. Heo com to Brenni swiþe, & *cride milce* [*mulce β. γ.*] *& ore*. ib. App. G. 182. — Evere hi cride on Seint Thomas to ȝeve hem *milce and ore*. BEK. 2408 *Spr.* cf. ST. THOM. OF CAUNT. 2378 Horstm. p. 174. — Ich *hadde* of hire *milse and ore* [von der Nachtigall]. O. A. N. 1081. — Pench þat maidenes scholde beo ful *of milce & ore*. ST. MARGAR. 229 *Spr.* Cristes ȝeowwess herrte iss all Full off þiss hallȝhe ȝeollȝe, Aȝȝ to forrȝifenn innwarrdliȝ, *Wiþþ soþfasst milce & are*, All þatt mann gillteþþ himm onnȝæn. ORM 5696.

"Seint Ieme, *merci*," quath this man, "ich *crie* þe *milce and ore*." ST. IAMES 332 Horstm. p. 43. — *Milce haue & merci*, wummon, of mi wrecehedom. ST. JULIANA p. 49. *Merci* nan nis wið þe, forþi ne ahest tu *nan milce* to iſinden. ib. Meiden, *haue merci ant milce* of þe seoluen. ST. MARHER. p. 4.

Noþeles he [sc. Leir] wende aȝeyn to þe oþer with muche wo, And hopede for to *fynde* of here beter menske [*mylce* AR.] *and grace*. R. OF GL. p. 33 Hearne *Spr.* vgl. He wende aȝen to þe oþer mid muche wo, And hopede vor to *finde* of hire betere *mulce* [menske B. *milce α.* chere *β. γ.* mercye ð.] *& grace*. 775 Wr.

[mildseful], milceful, milzful, milsful, milsfol adj. von *mildse* s. vgl. *mildeful*, *milfol*. voll Milde, Gnade, mildreich,

gnadenvoll, gnadenreich, gnädig, barmherzig, freundlich, wohlwollend.

1. **von Gott, Christus, Maria**: Þet tu þe vour morþiuen ȝiue ham inne heouene, *milcefule* Louerd. ANCR. R. p. 30. Merciable Louerd [*Milcefule* Lauerd]! *ib.*

Ich .. am al siker of ðet þu wult .. ȝife me þet me is biheue, swete *milzfule* louerd. OEH. p. 213. cf. p. 215. *Milzfule* louerd, haue merci of me and of alle cristene men. p. 217. Help me, *milzfule* meiden, in alle mine neoden. p. 205. cf. p. 305. Crist is so *milzful* þat he walde bliðeliche alle monne heale. ST. JULIANA p. 56. cf. Ihesu is se *milzful* [milȝful *Ms.*] þat he walde bliðeliche heouenes heale to alle. p. 57.

Þis one we muwen don, hebben up eien & honden to þe, *milzfule* Louerd. ANCR. R. p. 264. Ore louerd is guod leche and *milzful*. ST. MIȜHEL 371 Horstm. 310. A, lauerd, lese mi sauſe; mildeful lauerd [*milzful* lauerd *v. l.*] And rihtwise, and oure god milse sal. Ps. 114, 5 Horstm. Þou art, Fader, so *milzful* kyng [allegor. von Gott]. CAST. OFF L. 543.

2. **von Menschen**: ȝe beoð cristene men .. merciable & *milzfule* [pl.] ST. JULIANA p. 53. For to seche þis holie man, þat so *milzful* is and hende. ST. NICHOLAS 167 Horstm. p. 245. Peruore ich etupede þe ek up, þat þou it ssost ise, To nime ensample afterward *milzfol* & mek to be. R. OF GL. 8974 Wr.

3. **von einem auf das Gemütsleben beȝüglichen Sachnamen** [vgl. *milde* adj. 3]: Hou hit me þinkeþ a wonder þing Of Merci, my suster, wilnyng, þat wolde *wt hire milzful sarmon* Diliuere þe þral out of prison. CAST. OFF L. 365.

Hou miȝte of an quene be *a more milzfol dede*? R. OF GL. 8966 Wr. He .. ȝaf heom part also *Of þe milzfole dede* þat he hadde on seint Laurence ido. ST. YPOLITE 9 Horstm. p. 481.

[mildsefulnesse], milsfolnesse s. Fülle der Gnade, der Barmherzigkeit.

The mylde god sped in rithfolnesse, To sunfole men sheu *mylsfolnesse*. REL. ANT. I. 88.

[mildseheorted], milzeherted adj. mit *mildse* s. gebildete Nachbildung von *mildheorted*; vgl. mhd. *barmhërze, -hërzec*, misericors, aus mhd. *barm*, gremium, ags. *bearm*, gth. *barms* und ahd. *-hërzi*, gth. *-hairts*. voll innigen Gefühles auf Milde, mildherzig, barmherzig.

Milzer and *milzeherted* Laverd [Misericors et miserator Dominus *lat.*]. Ps. 144, 8 *E.*

[mildseliðe], milseliðe, milslið adj. aus *mildse* s. misericordia, und *lið*, *liðe* adj. lenis. in Milde lind, gütig, freundlich.

We scullen .. wurðen *milseliðe* [*milseliðe* pr. m., but *e* erased *ed.*] wiþ þa londtilien. LAȝ. II. 197.

[mildser], milzer s. von *mildsien*, misereri, in Nachbildung des lat. *miserator* adjektivisch verwendet; vgl. *merciere*. Erbarmer, barmherzig.

Milzer and milzeherted Laverd [Misericors et miserator Dominus]. Ps. 144, 8 *E.*

[mildsien], miltsien (-ian), milsien, milcien (-ian), milsen, milcen v. ags. *mildsian*, *miltsian* c. dat. [auch c. gen. Ps. 118, 29], propitiari, misereri, altnorthumbr. *milsia*, misereri; vgl. *mildōen*, *milōen*, misereri, das vielleicht nur graphisch verschieden ist. gnädig sein, sich erbarmen.

Ic wulle eow ireden and *milcian*, and eower lond ic wulle friþian. OEH. p. 13-15. Weneð þas ruperce and þas reueres .. þet Crist heom wulle *milcien*? p. 29. Paul, wel ic wat hwer ic sceal *milcien*. p. 45. Ic heom wulle *milcien* þe weren efterward mine milce þa hwile heo on liue weren. *ib.* Ne beo heo nefre swa frekel, ne swa heh .. þet Crist almihti nule *milcie* for his muchele mildheortnesse. p. 21. Propitiari, Þatt maʒʒ onn Ennglissh nemmnedd ben *Millcenn* & shæwenn are. ORM 1039. Drihhtin att hiss endedaʒʒ, Swa summ þe Goddspell kiþeþþ, Shall arenn himm & *milcoenn* himm. 5702. Iblessed beo such eþerling [i. e. eþeling] Vs *mylce* þat he wolde. O. E. MISCELL. p. 141. Oure god *milse* sal. Ps. 114, 5.

Lauerd, *milce* [imper.] me nu, & ʒette me þ ich ʒirne. LIFE ST. KATH. 2386. Mildheortfule good, *milce* me, þi meiden, & mid ti softe grace salue mine sunnen. ST. JULIANA p. 67. *Milce* me, þi meiden. ST. MARHER. p. 8. *Milce* me and mine chnihtes. LAʒ. II. 279 j. T. *Milce* þou alle heom. II. 281 j. T.

On monie wisen mon mei wurchen elmessan, on ete and on wete, and ec on iwedan, and þet mon gistas underuo, and to seke monan ga, oðer sarine frefrað .. oðer ʒif he *miltseð* þan men þe hine abelh. OEH. p. 109-111. Nu ic þe bidde.!. þat þu heom *milcie* [conj.]. p. 45. Heo sculen .. bidden for heom deies and nihtes, þet Crist heom *milcie* of heore misdede. p. 7. Maʒie wiman forgeten his oge child þat hi ne *milsi* hire barn of hire ogen innoð? p. 235. He .. forʒelde alle þet us god doð, & *milce* hore soulen þet us god idon habbeð. ANCR. R. p. 428.

Muchel is us þenne neod .. sod scrift, and .. ʒerne bidden ure *milciende* drihten, þet he us leue swa libben on þisse scorte liue, þet we moten heonene feren to þan eche blisse. OEH. p. 11.

mile, nur vereinzelt **mill** s. ags. *mīl* fem. milliarium, mille passus [gen. dat. *mīle*, pl. nom. acc. gen. *mīla*, auch *mīle*, dat. *mīlum*], niederd. *mile*, ahd. *mīla*, *milla* [für *milja*], mhd. *mīle*, *mīl* [pl. auch *milen*], altn. *mīla*, schw. *mil*, dän. *mīl*, neue. *mile*, aus lat. *milia*, *millia* [sc. passuum], tausend Doppelschritte, römische Meile, dem Plural von *mille*, *mille*, tausend; auf romanischem Gebiete entstanden auf gleiche Weise pr. sp. *milla*, it. pl. *miglia* [nebst einem hieraus erwachsenen Singular *miglio*], fr. *mille*.

1. grösstes Wegemass, nicht selten einem *milliarium* [¹/₅ geogr. Meile] entsprechend, doch auch verschiedener Länge, die oft durch Zusätze angedeutet wird, Meile.

sing. nom. ags. *mīl*. Swa .. þat ilka *myle* fully contene A thowsand pases or cubites sene. HAMP. 7683. *Myle*, miliaire, demy lieve. PALSGR.

acc. ags. *mīl*. als Objekt von Zeitwörtern der Bewegung: So [sc. hii] iwende one mile, and reste one wile. LAʒ. II. 88 j. T. Horn rod in a while More þan a *mile*. K. H. 595 Spr. Ihe habbe go mani *mile* [mani a *myle* 1215 Horstm.] Wel feor biʒonde weste, To seche my beste. 1176 Spr. Bi þe blod of hors and man A *mile* men miʒt haue ygan. ARTH. A. MERL. 7441 Kölb. Libeaus rod many a *mile*, And siʒ aventurs file In Irland and in Wales. LIB. DESC. 1300 Kaluza. so auch als Objekt des urspr. transitiven *meten* in seiner bildl. Verwendung [vgl *meten* metiri 4]: Thus many a *myle* they mett, Tylle they come in to Calaber. IPOM. A. 2839 Kölb. vgl. Anm. Or þai metyn hed a *myle* þe mers without, Þar metes þaime a miche folke. WARS OF ALEX. 1209 Dubl.

adverb. Raumbestimmungen mannigfacher Art weisen zum Teil auf anderweitige, aber schon früh wohl nicht mehr empfundene ags. Kasusverhältnisse zurück: Forð gunnen riden Romanisce leoden, þat heo ane mile comen neh Arðure [..... mile come neh ..... j. T.]. LAʒ. III. 89-90. Þis holie man luede þene dede forth .. To þe mount of Ioie, þat is bisides seint Iemes a *mile*. ST. IAMES 233 sq. Horstm. p. 41. He [sc. þe preost kuþe nouʒht fram Marie bote a wel luyte *mile*. ST. MAGDAL. 555 [p. 478]. Her woneþ hennes mani a *mile* Mi broþer, sir Amiloun. AMIS A. AMIL. 953 Kölb. Half a *mile* fram þe gate A litel loge sche lete make. 1612. Þai flowen alle, verrament, Til þai com fer oway, A *mile* þennes in o valay. ARTH. A. MERL. 3222 Kölb. It is a *myle* and an half from Nyke. MAUND. p. 21. Fro that hille to Jerico .. is but a *myle*. p. 99 Spr. An half *myle* more nyghe is a faire chirche of seynt John the Baptist. *ib.* Eke þe longe launde þat Lecherie hette, Leue him on þi luft half a large *myle* or more. P. PL. Text C. pass. XI. 117. cf. B. X. 161. Wiþin a quarter of þe ʒere hij come to Marcyle; Many on com hem aʒen þanne many a *myle* [þennes of mony a *myle* Lamb.]. ST. MAGDAL. 421 Trin. [in Arch. 68, 68. 69]. Or þai meten ware a *myle* þe meris withouten, Þar metis þaim, with a mekill flote, þe maister of þe playnes. WARS OF ALEX. 1209 Ashm. [vgl. *meten*, metiri 4]. I may a *myle* knawe [i. e. I can tell a mile off. 3286 Ashm. ähnl. [Dubl. [vgl. Gr.³ II. 174]. Now ar thay bothe bowne, Mett one a more browne, A *mile* withowt sny towne. PERCEV. 2033. A *myle* besyde the castell .. A rych abbey ther was. ERL OF TOL. 968 Lüdtke. Apon a crosse, noght hens a *myle*, · To ded he yede. TOWN. M. p. 273.

gen. ags. *mīle*. Ever he sende one agayne at ilke a *mile* ende. PERCEV. 1039. Taketh pardon as ʒe wende, Al newe and fresh, at euery *myles* ende. CH. C. T. III. C. 927 Skeat Cl. Pr.

als adnominaler Genitiv ist *mile* wohl auch aufzufassen in der Verbindung a *mile wei* [vgl Gr.³ III. 322-3; s. jedoch unten pl.]: He swam in thilke hevy armes A *mile waie* with strengthe of armes. ALIS. 3486. [Musyng] on þis meeteles a *myle wei* ich ʒeode. P. PL. Text A. pass. VIII. 131. cf. C. X. 296.

d a t. ags. *mîle*. hierher gehören: *Umben
are mile* heo ræsten ane while. LAȝ. II. 88 [ob-
wohl im Ags. *ymbe* den Akkusativ regiert]. It
was on a day Edward þouht a wile [i. e. deceit,
stratagem], He said he wild asay þer hors alle
in a mile. LANGT. p. 219 *Spr.* dagegen ist der
von der Präposition *abuten, about,* ags. *ôbûtan,*
circa, regierte Kasus, trotzdem sie im Ags. mit
dem Akkusativ und Dativ vorkommt, wohl
später edenfalls als Akkusativ aufzufassen: He
gaf gude confort, on that plaine, To all his men
obout a myle. MINOT I. 83 *Spr.*

p l u r. n o m. a c c. ags. *mîla, mîle.* Den N o -
m i n a t i v vermögen wir im Altenglischen nur
vereinzelt und nur in Formen mit dem flexivischen -*e* der Mehrzahl nachzuweisen [s. unten].

Der A k k u s a t i v erscheint oft, meist in
der anscheinend flexionslosen Form *mile,* welche wohl durch den ags. Gen. bei Grössen-
angaben [so von der Entfernung: IV *mîla* from
þan mûðan ûteveardum. SAX. CHR. 893] und
hinter grösseren subst. Zahlen [vgl. ags. eahta
hund *mîla*] veranlasst wurde und sich lange erhalten hat [I have known when he would have
walked ten *mile* afoot to see a good armour.
SHAKESP. *Much Ado* II. 3].

als Objekt von Zeitwörtern der Bewegung:
Þatt follc rideþþ onn a der Þatt iss dromeluss
nemmnedd, Þatt onn a daȝȝ wiþþ heßȝ sæm Erneþþ an hunndredd *mile.* ORM 6966. Þos hii
ferde fiftene *mile.* LAȝ. III. 59 j. T. Þe man þat
miȝte go Euereche daye fourty *mile* and ȝeot
sumdel mo, He ne scholde nouȝt to þe hexte
heouene .. Comen in eiȝte þousende ȝer. ST.
MIȝHEL 489 Horstm. p. 313. cf. 495 [p. 314].
POP. Sc. 100. 105 *Spr.* He suam more þan tuei
myle while þis fur ilaste. ST. BREND. *Harl.* 169
Horstm. p. 224. Alle weore dryven athrang:
Ten *myle* þey yeode alang. ALIS. 3410. Er we
had riden fuly fyue *myle,* At Boughton vnder
Blee vs gan atake a man etc. CH. *C. T.* III. G.
555 Skeat Cl. Pr. als Objekt eines urspr. transitiven Zeitwortes: That tour conteyned gret
contree in circuyt, for that tour allone conteyned 10 *myle* sqware. MAUND. p. 41 *Spr.*

als adv. Raumbestimmung: Þer þe eotend
unc ifeng forð mid him seoluen ...... [Lücke]
fiftene *mile* into þisse wilde wude [Þe eatánd
þat mayde nam forþ mid him seolue, and hire
bar ·a lutel wile fiftene *mile* in¦to þisse wilde
wode j. T.]. LAȝ. III. 28. Þreo *mile* þar fram
to þan wode þronge niȝe þousend, þa Arthur
þider sende, baldere Bruttus. LAȝ. III. 58 j. T.
Engle lond is eyhte hundred *myle* long, from
Penwyþ steorte .. fort þat cume to Katenes.
O. E. MISCELL. p. 145. Þe breade of Engle lond
is þreo hundred *myle* brod, from Dewyes steowe
to Doueran. *ib.* Fram souþe to norþ he [sc.
Engelond] is long eiȝte hondred *mile,* & tuo
hundred *mile* brod fram est to west. R. OF GL.
6 Wr. Vor he [sc. King Willam] caste out of
house & hom of men a gret route, & binom hor
lond ȝe þritti *mile* & more þer aboute. 7702.
Dercchestre .. þat biside Oxenford is, As in þe
estesouþ, an seue *mile.* 4964. To the castel of
Saltwode a Seint Thomas day hi come, Six *mile*

fram Canterbury, and ther here in nome. BEK.
2204 *Spr.* Fram home he gan hire sende To a
norice .. Viftene *myle* fram Antioche. ST. MAR-
GAR. 16 *Spr.* Peȝ Horn were under molde, Oþer
elles wher he wolde, Oþer henne a þusend *mile,*
Ihc nolde him ne þe bigile. K. H. 317 *Spr.*
Hors neyghyng, and cryghyng of men, Men
myghte here *myle* ten. ALIS. 2457 *Spr.* Two
myle aboute, men myghte here Of gentil men a
reoutheful chere. 7892. The ost was twenty *myle*
long. 3218. Saladyn was ten *myle* thenne.
RICH. C. DE L. 2947. Three *myle* myghte men
here the soun. 5714. Fyve *myle* it [sc. the hoost]
was off brede. 6549. Twenty *myle* it was off
lengthe; It was an hoost off gret strengthe.
6551. So long þai went vp & doun, Til þai com
to a chepeing toun, Fiue *mile* out of þat won.
AMIS A. AMIL. 1699 Kölb. They ryden forth to
a wylde forest, Ther was many a wylde best,
Fram Rome londe .. An hundred *myle.* OCTOU.
283 Sarr. A nonnery was in that contree, Fyue
myle fra the bischope see. METR. HOMIL. p. 78.
vgl. A nonneri was in þat contre, Ffyue *mile*
fro þis bischop cite. EV. GESCH. 7, 9 [in *Arch.*
57, 248]. Also 2 *myle* fro Jerico is flom Jordan.
MAUND. p. 99 *Spr.* Fro Jerico a 3 *myle* is the
Dede See. *ib.* [vgl. *Anm.* zu *Spr.* I. 2, 166, 10].
Thens a 4 *myle* is Chorosaym, and 5 *myle* fro
Chorosaym is the citee of Cedar. p. 110 *Spr.*
To holde the more righte weye be see, it is wel
a 1880 *myle* of Lombardye. p. 55 *Spr.* A 2 *myle*
long from Galilee is a faire h'lle and an highe.
p. 104 *Spr.* vgl. *Anm.* The scherreue was
thennes but a fyue *myle.* GAMELYN 545 Skeat.
Somers he let go before And charyettes stuffud
wyth store Well twelve *myle* and mare. ERL OF
TOL. 820 Lüdtke. She and Laȝar, hir brothir,
and Martha, hir sustre, hilden that castel,
that is two *myle* fro Genazereth. MAR. MAGD.
2 Zup. [in *Arch.* 91, 210].

so auch bildlich: That ich telle with my
tunge, ys ten *myle* fro my herte. P. PL. *Text C.*
pass. VIII. 16.

mit Präpositionen, bei denen schon
das Ags. zwischen Akkusativ und Dativ
schwankt, wie *abuten* [vgl. ags. *ôbûtan þære
sunnan* SAX. CHR. 806 *ôbûtan III mile* to
Prokonholt 656]: *Abouten eiȝte hondret mile*
Engelond long is Fram þe south into þe north,
and to houndret brod iwis Fram þe est into þe
west. ST. KENELM 11 Horstm. p. 345. Þai welk
þat day to þe castel of Emaus .. þat was fro
Ierusalem .. *About seuen myle* & a half. CURS.
MUNDI p. 989 COTT. [*Insertion*].

mit anderen, bei denen mit grösserem
Rechte die Erhaltung eines ursprüngl. Dativ
angenommen wird, wie *at, of, ofer, wiðin:*
Abouten Ierusalem ben theise cytees: Ebron,
at 7 myle; Ierico, *at 6 myle;* Bersabee, *at 8 myle.*
MAUND. p. 74. And þat þe way of ilka day Be
fully *of fourty myle* of way. HAMP. 7681. That
tour, with the cytee, was *of 25 myle* in cyrcuyt
of the walles. MAUND. p. 41 *Spr.* Þei Horn were
honder molde, Oþer elles qwere e wolde, Hanne
ouer a þousond mile Ne schulde ich him bigile.
K. H. *Laud* 330 Horstm. [in *Arch.* 50, 45]. Here

is fast by, *within this two myle*, a gentyl here-
mytæ, that somtyme was a fulle noble knyghte.
MORTE D'ARTH. II. 336 [in *Robson* Introd.
p. XXX.].

ohne Präposition erscheint auch in
der Mehrzahl nicht selten ein abhängiger Kasus,
der als adnominaler Genitiv aufzufassen ist
[vgl. *Gr.³* III. 339]; so in Verbindung mit
doseine, score: This sleuthe was war of werre,
and a slynge made, And threwe drede of dys-
payre *a dozein myle* aboute [*a doseyne myle* a-
boute C. XXIII. 163]. P. PL. *Text B.* pass. XX.
162.

mit *compas, jorne: Ten mile compas* al
aboute. CURS. MUNDI 2275 COTT. ähnl. *cett.*
Bede sais fra erth to heuen Es seuen thusand
yeir and hundret seuen, Bi *iornes*, qua þat gang
it may, *Fourti mile* on ilk[a] day. 507 COTT.
ähnl. *cett.*

besonders häufig mit *wei, wai:* In pais
huy wenden forth heore wey, and þis bodi
with heom toke; Wel *fif mile wei* huy weren
iwende, ar þe oþere awoke. ST. KENELM 314
Horstm. p. 354. vgl. *Vyf myle wei* hi
awend, er þoþere awoke. 322 [in E. E. P. p.56].
Þai hem armed swiþe wel, & wiþ Merlin went,
y say, Ar day *þre mile way.* ARTH. A. MERL.
3792 Kölb. Here & þer crie & honteye, Men
miʒt hem heren *ʒpre mile way.* 6879. Þe cri &
sorwe, y say, Men herd *fele mile way.* 7577. Þe
Sarrasins ost & pray Last *fele mile way.* 6991.
[Pai ..] nomen swiftlich al þat pray, & ladde it
þennes *to mile way* In to þe toun of Arundel.
7433. Merlin & his feren was, y say, Biforn al
þe oþer *to mile way.* 8775. Of his people theo
grete pray [i. e. press, crowd?] Laste *twenty
myle way.* ALIS. 2595. [Heo ..] toke al tho contrey, *Abowte fyve myle way.* 3237.

auch mit dem anscheinenden Plural *weies,
waies, wais: Þre mile wayes* oþer to No miʒt no
man step no go, Noiþer on hille no in den, Bot
he steped on ded men. ARTH.A.MERL.2147 Kölb.
Þis carting lest *mile ways.* 7421. *Ten mile ways*
lest þis route. 7739. *Fele mile wais,* wiþouten
doute, Lest þe tail of his route. 7903. *Twenty
myle weyes* and mo No myghte men astryde go,
Bote he step on dede men, In dale, in downe, in
wode, in fen. ALIS. 4446. Die Möglichkeit, hier
weies, waies, wais als einen von *mile* regierten
Genitiv aufzufassen, erscheint nicht ausgeschlossen; vgl. ags. Häfden *sumne dæl wëges*
gefaren [GEN. 44, 4] und namentlich die früh
nhd. verwandten Verbindungen: *Es ist manche
meile wëgs* von hier bis dorthin; *wie vil meile
wëgs* nach Rom sei [GRIMM *Wb.* v. *meile*], nebst:
eine meilewëges, milliare; pl. *8 starke meilwëges,*
auf *1000 meilweges, 10 meilwëges* länger, *vil
meilwëgs* [ib. v. *meilwëgs*]. Übrigens findet sich
im Altenglischen im Anschlusse an die Mehrzahl von *mile* ziemlich gleichzeitig mit den
oben angeführten Beispielen adnominales *of
way:* And þat þe way of ilka day Be fully *of
fourty myle of way.* HAMP. 7681.

in der Mehrzahl erscheinen neben *mile* in
älteren Schriften die aus dem ags. Dativ *milum*
hervorgegangenen oder der schwachen Flexion

angeglichenen Formen *milen, milene:* Þus heo
iuerden fiftene *milen.* LAʒ. III. 58. Þreo *milen*
þer from to þan wuden þrungen niʒe þusende
.. baldere Brutten. *ib.* Þat nas heom bi-
tweounen buten bare twa *milen.* III. 204. Heo
wes ibroht into a burh to feden ant to fostrin.
from þe muchele Antioche fiftene *mylen.* ST. MA-
RHER. p. 2. With cartes, and waynes strong,
XX. *mylen* they stoden along. ALIS. 3435. The
kynges ost lasted aboute Two and twenty *milen*
wiþouten doute. 5238. To a twenty *milen*
aboute Of barouns and knighttes lasted the
route. 5258. auch in Verbindung mit *wei:* Ne
of the kynges curreye, That lasteth *twenty
mylen weye.* 5118.

To þe castel of Saltwode a seint Iohanes
dei heo come, Six *milene* fram Caunterburi, and
þare heore in heo nome. ST. THOM. OF CAUNT.
1969 Horstm. p. 163. Þe se wel swiftliche hire
withdravʒ, and with gret eyr in gan corne, So
þat withinne þe deope se þreo grete *milene* &
more A swiþe fair wei and drye þare was. ST.
CLEMENT 498 [p. 338].

neben *mile* finden sich ziemlich früh auch
Formen mit dem flexivischen *-s* der Mehrzahl,
miles, milis: nom. It [sc. the lond of promys-
sioun] .. of brede .. conteynethe a 40 myle of
Lombardye, or of oure contree, that ben also
lytylle *myles.* MAUND. p. 117 *Spr.* Theise ben
not *myles* of Gascoyne, ne of the provynce of
Almayne, wher ben gret *myles. ib.* — acc. als
Objekt eines Zeitwortes der Bewegung: *Miles*
he [sc. kyng Richard] ʒede seuen to Saynt
Thomas on fote. LANGT. p. 201. It semed he
had priked *myles* three. CH. *C. T.* III. G. 561
Skeat Cl. Pr. Then meffyd forth the messyngers
myles bot a few. WARS OF ALEX. 2403 Dubl.
als Objekt eines urspr. transitiven Zeitwortes:
Ther begynnethe the lond of promyssioun, and
durethe unto Bersabee in lengthe .. and it conteynethe wel a 180 *myles.* MAUND. p. 117 *Spr.*
— als adverbiale Raumbestimmung: His leuedi
.. Woned þer in þat cuntray Nouʒt þennes *miles*
fiue. AMIS A. AMIL. 1747 Kölb. Þe chas leste
of length and brede *Myles* ten. OCTOU. 1761
Sarr. Our Lady .. bad nym ber this chyld ..
to a armyte, That woned fra thine [i. e. thine,
thenne] *myles* seuen. METR. HOMIL. p. 168.
vgl. Vr Ladi .. bad him ber þat child .. to an
hermyte, Þat wonede þeoþene *myles* seuene.
EV. GESCH. 12, 115 sq. [in *Arch.* 57, 258]. Til
o valeye he fledde þo fyle[s], Ffro Rouchest[r]e
hit ys manie *myles.* R. OF BRUNNE *Story of
Engl.* 15215. Fro Cycyle into Calabre is but
8 *myles* of Lombardye. MAUND. p. 54 *Spr.* It
[sc. the see Medyterrane] lastethe beʒonde Co-
stantynople 3040 *myles* of Lombardye. p.142 sq.
To þe kynge of Fraunce þe maydyn sende, To
lye at Mountmertrous þere nere-honde, From
Parys *mylys* thre. OCTAV. *C.* 787 Sarr. — mit
Präp.: Þennes ouer *miles* þre Lay Ygerne so
fair & fre In a castel. ARTH. A. MERL. 2433
Kölb. That ile [sc. of Cycile] holt in compas
aboute 350 frenuche myles. MAUND. p. 54 *Spr.*
Þan movis furth þe messangere [pl.] *of mylis*
bot fewe. WARS OF ALEX. 2403 Ashm.

2. nicht selten wird das Wort benutzt, um vergleichsweise die Zeit zu bezeichnen, in welcher eine Meile durchzogen werden kann [vgl mhd. ê man dâ *eine mile* möhte geriten. BÜCHL. 2, 558. Si hætens niht geahtet einer hende wile, obe er solte singen, daz einer möhte riten *tûsent mile*. KUDR. 384, 4. u. a. (s. LEXER v. *mile*); einen ähnlichen, doch in umgekehrter Ordnung verlaufenden Bedeutungswandel]zeigt das deutsche Wort *stunde* (s. *Zupitza* zu GUY B. 2810)]: He was ded *on lesse huile þan men mouthe renne a mile*. HAVEL. 1830. Per þai [sc. þe dragouns] gun to rest baye, Ich vnderstond, *so long a while, While men mijt gon a mile*. ARTH. A. MERL. 1528 Kölb. Ye, sterue he shal, and that *in lasse whyle Than thou wolt gon* a paas [i. e. im Schritt] *but a myle*. CH. *C. T.* III. C. 865 Skeat Cl. Pr. vgl. *Note*. ähnlich in freierer Gegenüberstellung auch: He rod *one wile*, Wel *more þan a mile*. K. H. *Laud* 610 Horstm. Pere þey [sc. þe dragouns] rested heom boþe tweye, Wel *þe mountance of a whyle*, Pat a man myjte gon *a myle*. ARTH. A. MERL. *L.* 1618 Kölb. auch in der Verbindung mit *wei:* Pe to þousand to driuen & slawe Pai had *in a litel þrawe, So man wold in a mile way Ouergon his jurnay* [als wie wenn Jemand in der Zeit, die eine Meile beansprucht, eine ganze Tagereise zurücklegen wollte *ed.*]. ARTH. A. MERL. 5704 Kölb. vgl. *Anm.*

häufig geschieht dies im Anschluss an temporal gefasstes *mountance, mountenance,* amount, space, duration, zunächst bei Zeitwörtern der Bewegung: Po Merlin hadde riden *a while*, Pe *mountance of to mile*, He seyd to king Arthour etc. ARTH. A. MERL. 5859 Kölb. They had redyn but *a whyle*, Vnnethe *the mowntance of a myle*. GUY *B.* 2411. cf. 6513. Not *the mowntans of a myle*, Two knyghtes sawe he hore and abyde. TRYAM. 1324. He was paste but *a while*, The *montenance of a myle*, He was bythoghte of a gyle. PERCEV. 1033.

bei Zeitwörtern, die eine Ruhe bezeichnen, wird diese adv. Bestimmung völlig zur Massbestimmung für einen Zeitraum: He haþ hym restyd but *a whyle*, But *þe mountance of a mile*. GUY *B.* 2809 [vgl. *Anm.* zu 2810]. Nadde Arthour bot *a while*, Pe *mountance of a mile*, At hys table ysete, Per com a maide in ride. LIB. DESC. 115 Kaluza. They had stonden but *a whyle*, The *mountauns of half a myle*, Then came that lady fre. ERL OF TOL. 325 Lüdtke. Pey [sc. þe dragons] ne resteden but *a whyle*, Pe *montance of a myle*, Po þe white kudde his myjt. ARTH. A. MERL. *D.* 1157 Kölb. By the cors he reste *a whyle*, Well *the mountanaunce of a myle*. GUY *A.* p. 234 [in *Anm.* zu *B.* 9551-2]. bei einem transitiven Zeitworte, wo gleichfalls von einer Fortbewegung nicht die Rede ist: Ac þer after *a litel while*, Wele *þe mountance of a mile*, Oriens his limes drouj. & gan arise of his swouj. ARTH. A. MERL. 7129 Kölb.

ebenso bezeichnet das Wort im Anschlusse an temporal gefasstes *space*, Raum, Zeitraum, als Massbestimmung einen Zeitraum: Pe world and worldis life togider Chaunges and turnes ofte hider and þider, And in a state duelles *full short whiles*, Unnethes *þe space of a myle*. HAMP. 1416. He had not slepyd but *a while*, Not *the space of a myle*. IPOM. *B.* 1465 Kölb. vgl. *Anm.* For at the jates so longe abode he there, Er he myght entren in oni manere, The *space of ryht a longe mile*. LONELICH *Grail* p. 116 [v. 487]. bei einem tr. Zeitw., mit der Präposition *wiðin:* Pat salle je here, wiþouten gile, *Wiþin þe space of a myle*. CURS. MUNDI 22458 FAIRF.

ähnlich verhält sich auch temporales *mile wei* [s. unten].

mile allein, ohne nähere Andeutung der zu Grunde liegenden Vergleichung und ohne weiteren Zusatz der gedachten Art, wird gleichfalls schon in früher Zeit geradezu als Zeitmass gebraucht [vgl. mhd. die schlacht wert *ûf zwô ganze mîl* LESER. 1053, 29 sie lagen 'eine wile, wohl *eine halbe mîle* COD. PAL. 341, 165ᵈ (bei LEXER v. *mile*)], besonders von einem kürzeren Zeitraume, in der Bedeutung Zeit, Weile: Per inne heo runden *ane lutle while*, ne leaste hit na wiht *ane mile*. LAJ. I. 248. Par ine hii rouneden *one lutel wile*, ne laste hit noht *a mile*. ib. j. T. Quen þai kist *a mile* or mare, His blissing gaue he him right þare. CURS. MUNDI 5245 COTT. ähnl. *cett.* Here kessinge ileste *a mile*, And þat hem þujte *litel while*. FL. A. BL. 513 Lumby. mit den Präpositionen *til, wiðin:* Al the nyght þare acho lay, *Til a myl* byfor the day. SEVEN SAG. 1590. He was slayne *within a myle*. GUY *A.* p. 177 [in *Anm.* zu GUY *B.* 2810].

ebenso wird, trotz ihres ursprünglich durchaus lokalen Charakters, auch die Verbindung mit *wei* verwandt: I schal not faile, seurly, of my day, Nought for a thousand frankes, *a myle way*. CH. *C. T.* 14696. Ye haue sett now this *two myle vay* Ryht pensyfe and in grete heuynesse [wo von keiner Reise die Rede ist]. PARTON. 2884. In clothe thou henge it *a myle way*, And after in colde water þou hit lay. LIB. C. C. p. 15. mit der Präposition *in:* Alle þe surgeons of Salerne so sone ne coþen Haue lesed his langour and his liif saued, As þe maide Meliors *in a mile wei* dede. WILL. 1590.

Milen, Millon s. fr. *Milan*, it. *Milano*, lat. *Mediolanum*, früh neue. *Millaine*, jetzt *Milan*. Mailand war berühmt wegen seiner vorzüglichen Stahlarbeiten, wie Panzerhemden, Plattenharnische, Messer und sonstigen Industrieartikel [vgl. NARES vv. *Milan skins, milliner*, LITTRÉ, SACHS vv. *Milan, milan*]; das Wort bezeichnet also eigentl. als adnominales Attribut den Herstellungsort, dann wohl die Art der hergestellten Ware; vgl. oben *jesserant s.* [dazu auch DIEZ v. *ghiarezzino*, BURGUY v. *jaserant*, SCHELER v. *jaseran*]. Mailand; mailändische Arbeit.

Also I will þat Henry Lound haue a blake goun furred with funes [i. e. *foines*], and a habirgoun of *Mylen*, opyn befor, þat Richard Stell haues in hys kepyng. FIFTY WILLS p. 53

[a. 1420]. Also I will þat Gerard, my brothir,
haue a newe fure [i. e. *furre*] of martirs, and I.
habirgoun of *Millon ib.* vgl. Also I will þat
Iohan, my brothir, haue I. habirgoun of *Gesse-
raň.* In der Mitte des 15. Jahrh. findet sich die
Form *Millaine:* Ile haue .. a *Millaine* knife by
my knee. PERCY FOL. MS. I. 68. His *Millaine*
knife burst on his knee. I. 69. My round pallet
to my crowne .. Is made of *Millayne* plate. II.
582.

milener, millener s. fr. *millénaire* adj. [und
s.], it. *millenario* adj. [und a.], lat. *milenarius,
millenarius* adj. von *milleni* zu *mille;* das Wort
ist also eig. adj. zu einem Tausend gehörig,
dann substantiviert. **Einer von Tausend,
Tausendmann.**

Þe best fyghters ber forth þe brest, Archers
& arblasters þem next; Þe myle[ne]rs & þe cen-
taynes [*milleners* & centeners s. l.] I'folewed
faste on þo Romaynes. R. OF BR. *Story of
Engl.* 3535.

miler, miller s. afr. *miler, miller,* Tausend,
nfr. *millier,* it. *migliaio,* lat. *milliarium,* Abteilung von Tausend [annorum AUGUSTIN. *c. d.*
20, 7], vgl. afr. *milliaire* adj. millesimus [s. *milliaire,* annus millesimus], it. *migliario* [zu *miglio,*
Meile], mlat. *milliarius* [subst. *milliarius,* qui
mille militibus præest D. C. vgl. *centenarius,*
centurio, centum militibus præfectus ib. also
Hauptmann über Tausend, Hundert], lat. *miliarius, milliarius,* von *mille.* **Tausend, Abteilung von tausend Mann.**

By *milers* & by centeners [Be centiners &
millers v. l.] Sette þey [sc. þe Romayns] þe bataile [þer batailes v. l.] seers. R. OF BR. *Story
of Engl.* 13527. vgl. In sere batailles [sc. þey]
set þeym a sondres, Boþe by þousands & by
hundreds. 3407.

milfoil, milfoile, millefoile, millifoil s.
spät afr. *mille-fueille* [16. Jahrh. LITTRÉ], nfr.
mille-feuille [aus afr. *mil, mile,* pl. *mille,* mille,
milia, und *fueil, fuel, fuil, fueille, fuelle, feuille,
foille, fuile,* folium, folia], sp. *milefolio,* it. *mille-
foglie,* mlat. *milifolium, millefolium,* lat. *millefolium, -ii* n. [Plin. 24, 56 (95)] und *millefolia, -æ*
f. [sc. herba PLIN. 25, 5 (19)], neue. *milfoil.*
Tausendblatt, Garbe, Schafgarbe
[Achillea millefolium L.].

Millefolium, *milfoil.* REL. ANT. I. 36. WR.
VOC. p. 139 [col. 555, 9 Wülck.] [c. 1250]. Tak
confery, marigolde, matfelon, *mylfoyle* [zu
einem Heiltranke]. REL. ANT. I. 55 [14. Jahrh.].
Hoc milifolium, *mylfoile.* WR. VOC. p. 190
[col. 643, 27 Wülck.] [c. 1420]. *Mylfoile,* an
herbe. PALSGR. [a. 1536]. Millefolium, *myllefoyle* vel noseblede. WR. VOC. col. 596, 9
Wülck. [15. Jahrh.]. Ʒarowe, *myllefoyle,* herbe
for nese blederys [ʒarwe K. S.], millefolium.
PR. P. p. 536 [a. 1460]. *Myllyfoly,* herbe, millefolium, sanguinaria. p. 337.

milfol adj. erscheint neben *mildfol, myldefulle* als gut beglaubigte Variante zu *milefol;*
vgl. *mildeful, mildeful.* **voll Milde, gnädig, barmherzig,** demütig.

1. von einem **Menschen:** Þeruore ich
clupede þe ek vp, þat þou it ssost ise, To nime

ensample afterward milsfol [*mylfol* B. *milfol* δ.
medeful β. myldefulle s.] & mek to be. R. OF
GL. 8974 Wr. vgl. Þat vor ych clupede þe so
vp, þat þou shost yse, To nyme an asumple
afterward *mylfol* & mek be [loweliche for to be
Ar.]. p. 435 Hearne.

2. von einem **Sachnamen,** der auf das
Gemütaleben Bezug hat: Hou myste of an quene
be a more milsfol [*mylfol* B. mildfol δ. mildere,
mylder, milder eett.] dede? R. OF GL. 8966 Wr.
vgl. Hou myste of an quene be *mylfol* wede?
p. 435 Hearne.

milging s. von einem nicht nachweisbaren
Zeitworte *milgen,* circumfodere, dunkler Herkunft. **Umgrabung, Umgraben.**

And in thaire age a *mylgyng* thay desireth,
Lest thai therein all hoore yberded goo [debet
(sc. nux) aliquando circumfodi, ne cava fiat vitio
senectutis *lat.*). PALLAD. 2, 362.

miliair s. lat. *miliarium, milliarium,* dem
Meilensteine ähnliches, hohes und schlankes
Gefäss von Metall, um Wasser darin zum Kochen zu bringen, neue. veraltet *miliar;* vgl.
neue. *milliary,* Meilensäule, Meilenstein. Verwandt ist vielleicht mnd. nnd. *miler,* später
meiler, nhd. *meiler* [neben schw. *mila,* dän. *mile*
und auch böhm. *míle, milje*], strues lignorum in
carbones redigendorum, charcoal mound, das
einer ähnlichen Begriffsübertragung seine Entstehung verdanken mag. **Miliar, hohes,
schlankes Metallgefäss zum Erwärmen des
Wassers in Bädern und zum Kochen.**

A *myliair* of lede, the bothom brasse,
Anende the seetes sette it so withoute The four-
neis, and the fir therundre passe [A *milyair* of
leed, the bottum brasse etc. *Lidd.* Miliarium
vero plumbeum, cui aerea patina subest etc.
lat.] PALLAD. 1, 1093. vgl. A brason vessel
streit with brynkes hie [Vas aeneum miliario
simile, id est altum et angustum *lat.*]. 5, 207.

miling s. neue. *milling,* Rädeln, Kräuseln,
zu neue. *mill* v. molere von neue. *mill* s. ae.
mille, milne, mulne, molina; vgl. dagegen ae.
mullen v. conterere. **Kräuselung, Kräu-
selarbeit.**

Moreouer y bequethe to Robert Sharp .. a
good bordcloth with crossewerk, & another
bordcloth with *mylyngis* at the toň ende [i. e.
at thet one ende]. FIFTY WILLS p. 101 [a. 1434].

**milion, milioun, miliun, meliun, million,
millioun** num. afr. nfr. *million,* pr. *milio,* katal.
milió, sp. *millon,* pg. *milhão,* it. *milione, millione,*
mlat. *millio, -ōnis,* von lat. *mille,* neue. *million;*
urspr. Substantiv, dann aber auch als adjektivi-
sches Zahlwort verwendet. **Million, Tau-
sendmaltausend.**

Þen kneled Poul and Mihel And a *milioun*
angeles wel Bifore þe sone of God. O.E.MISCELL.
p. 232. Here I hete the my hond, thi hestus
to hold, With a *miliun* of masse [pl.] to make
thi mynnyng. ANT. OF ARTH. st. 19. Prustes,
prouincials to pray were fulle preste, With a
meliun of massus, her modur mynnyng. st. 55.
She þar cas that richest is, And hath of golde
a *million.* GOWER II. 214. *Myllyon,* a nombre.
PALSGR. „Han freres swiche a grace, That non

of hem shal comen in this place?" „Yes," quod
this angel, „many a *millioun.*" CH. *C. T.* 7267
Tyrwh. — Coueyte not his goodes For *milions*
[any *mylionis* v. l.] of moneye. P. PL. *Text A.*
pass. III. 254. And alle þat come of þat Caym,
Crist hem hatede aftur, And mony *milions* mo
of men and of wymmen þat of Seth and his
suster seþþen forth coome. *A.* X. 146.

mill, mille s. molina, und Zuss. s. *mulne.*

mille num. afr. *mil, mile* pl. *mille,* lat. *mille,*
mile pl. gewöhnl. *milia,* erscheint im Altengl.
nicht selten in den Abkürzungen *Ml., Ml., M.,*
ist aber wohl nur als Zahlzeichen zu betrachten
und *þusend, þousand* etc. zu lesen, bezw. auszu-
sprechen. tausend.

iiij. *Ml.* [i. e. mille] a .C. and fourte And
hundert men þaз þer were truly Fro þe bekyn-
y[n]g of wor[l]d ay spekyng, And vche a .C.
tungis had etc. O. E. MISCELL. p. 220 [cf. *þusend* p. 154 *þousund* p. 224]. A ten *Ml.* [mille
ed. vgl. dagegen: *thousand* Dubl.] vs take of
tulkis enarmed. WARS OF ALEX. 2685 Ashm.
Thre hundreth *Ml.* [mille *ed.*] thra men [Thre
C. *Mll.* (mille *ed.*] of throo Dubl.], þat tharned
þaire lyues. 3071 Ashm. cf. 3738 Ashm. I wolle
that ther be .x. *Ml.* masses isayde for me of gode
prestes with all hast. FIFTY WILLS p. 23. cf.
p. 6. 106. King Yder .. wiþ him ledde .XIIII.
.*M.* kniзt. ARTH. A. MERL. 7719 sq. Kölb. vgl.
King Soriandes after cam Wiþ fourti *þousand*
haþen men; To Morgalant, his steward, He bi-
toke þe afterward [= *backwarde,* rearguard,
rear] & .XXV. .*M.* Sarrasins. 7733.

millefoile s. millefolium s. *milfoil.*

millener s. milenarius, millenarius s. *milener.*

miller s. miliarius, milliarius s. *miler.*

miller, millere s. molinarius, molendinarius,
molitor s. *mulnere.*

millet s. mullus s. *mulet.*

millifoli s. millefolium s. *milfoil.*

million, millioun num. decies centena milia
s. *milion.*

milon s. melo s. *melon.* Melone.

Myllon, a frute. PALSGR. vgl. A *milion,*
une gourde. WR. PROV. D. p. 673 (a. 1636].
Miïon, or melon. BOYER [a. 1702]. *Million,* or
melon, melon. *ib.*

Milion s. Mediolanum s. *Milen.*

miln, milne s. molina, molendinum, und
Zuss., **milner** s. molinarius, molendinarius,
molitor s. *muine, mulnere.*

milse s. clementia, **milsen** v. misereri, **milsfol** adj. clemens, -folnesse s. clementia, -ful
adj. clemens, **milsliðe** adj. misericors s. *mildse,
mildsien, mildseful, -fulnesse, -liðe.*

milstan, -ston, -stonne s. mola, molaris [sc.
lapis] s. hinter *mulne, mulle,* molina.

milte, milt, auch **milche** s. ags. afries. niederd. *milte,* splen, lien, niederl. *milt,* altn.
milti, altnorweg. dän. *milt,* schw. *mjelte, mjälte,*
ahd. *milzi,* mhd. *milze, milz,* hiervon auch it.
milza, sp. *melsa,* npr. *melso,* zu *melten,* dissolvi,
dissolvere, neue. *milt.* Die Form *milche* scheint
auf einer Anlehnung an *milc,* lac, zu beruhen,
die zu einer Vermengung beider Wörter führte;

s. das figd. *milte, milche,* lac, und vgl. *milker,*
piscis mas. Milz.

Milte. FRGM. OF ÆLFRIC'S GR. etc. p. 6.
The *milte,* l'esplen [l'etplen *ed.*]. WR. VOC.
p. 149. Nu schal forrotien þine teð and þi tunge,
Þi mahe and þi *milte,* þi liure and þi lunge. O.
E. MISCELL. p. 178. 179. REL. S. p. 76. Splen,
mylte. WR. VOC. p. 183. 186 [col. 632, 3. 636, 30
Wülck.]. Hoc splen, a *mylte.* p. 208 [col. 678, 8].
Splen. the *mylte.* col. 613, 6. A *milte,* len [lien
A.], lienisis est morbus lienis, splen. CATH.
ANGL. p. 240. His nayles stacke in to my lyuer
and my [mylte. CAXT. S. of Aym. p. 52. vgl.
Mylte in a beest, ratte. PALSGR. Splen, milt.
WR. VOC. p. 179. Hic splen, the *mylt.* p. 247
[col. 627, 8. 751, 14 Wülck.]. vgl. *Milt,* or
spleen. la rate. BOYER [a. 1702].

Mylche, or mylte [or spleen, infra], splen.
PR. P. p. 337. Mylte, idem quod *mylche,* supra.
p. 338. Splene, or mylte [or *mylche,* supra],
splen. p. 469.

milte, neben **milche** s. Nebenform zu *milo,*
milk, milch, milche, lac, lactes, neue. milt, soft
roe of fishes. Der Wechsel von c [k, ch] mit t
kommt auch sonst vor [s. MÄTZNER Gr.³ I. 142];
hier wurde er durch eine stattgefundene Vermengung der Begriffe unterstützt oder gab zu
derselben Anlass; vgl. milte, milche, splen, und
s. oben *milo,* lac 6, *milker,* piscis mas. Milch,
Fischmilch, milchähnlicher Same des
männlichen Fisches.

Mylche, or mylte [or spleen, infra], splen;
lactis, proprie *mylche.* PR. P. p. 337. *Mylte,*
idem quod *mylche,* supra. p. 338. vgl. *Mylte*
[in] a fysshe. PALSGR. [a. 1536]. The *milt,* or
soft roe of fishes, laite des poissons. BOYER
[a. 1702].

milteralsse s. misericordia [REL. ANT. I.
102] s. *mildheortnesse.*

miltschipe s. mansuetudo s. *mildescipe.*

milðe s. anscheinend mit -ð gebildete nördliche Nebenform zu *milse, milze, mildse,* ags.
milds, milts misericordia, mit -s, von milde adj.
clemens, misericors, die sich wie *bliðe* neben
blis, lætitia, zu stellen scheint; vgl. ahd. *mittida,*
misericordia, gth. *mildiþa, σπλάγχνα,* Milde,
Erbarmen, und s. unten *milðien, milðen* v. misereri, *milðnes* s. clementia, misericordia.
Milde, Gnade.

Alle waies of lauerd mercy and sothfastnes
[milþe & sohtnes E. *milþe* & sohtnesse H.], To
sekand his witeword and his witnes. Ps. 24, 11
Horstm. Or he sal awai kerue is *milþe* in ende
Fra geting and geting of strende. H. 76, 8. —
Lauerd, ofe þine reuthes mine þou mare, And
ofe þine *milþes.* 24, 6. And þou, lauerd, rewer
and mildeherted maste; Tholeand, and ofe fele
milþes, and sothfaste. 85, 14.

milðien, milðen v. in Anlehnung an *milðe*
s. clementia [für *mildse*], gebildete Nebenform
zu *mildsien,* misereri, dessen Konstruktion es
teilt; vgl. *milðe, milðnes.* gnädig sein, sich
erbarmen.

Or sal forgete to *mylthe* god ouer al? Ps.
76, 9 Horstm. vgl. *E. H.*

Milþe [imper.] of me, lauerd, for man for-
trade me. Ps. 55, 1 Horstm. [vgl. *miles* E., das
vielleicht für *milse* steht]. Ofe þi lagh *milthe* of
me þou [In lagh *milþe* of me nou E. & þi l. of
me m. þou H.]. 118, 29 [vgl. die *Anm.* zu dieser
Stelle in *Spr.* I. 1, 269]. *Milþe* of me after
speche þine. 118, 58. *Milþe* ofe vs, lauerd,
milþe ofe vs þare. 122, 4. For þi name, lauerd,
milþe to mi sinne. 24, 12.

God *milþe* [3. s. pr. conj.] of vs, and blis
vs þus; Light ouer vs his face, and *milþe* vs.
Ps. 66, 1 Horstm.

milðnes s. vgl. *milðe, milðien*. Milde,
Gnade, Barmherzigkeit.

Wher ani in thrughes [i. e. *þrukes*, coffins]
sal telle þi *milthnes* [mildhertnes H.], Or in tin-
sel þi sothnes? Ps. 87, 12 Horstm.

milward s. molendinarius s. hinter *mulne*,
mulle s. molina.

milwel s. gadus morrhua s. *molwel*.

milzce, milze s. clementia, misericordia,
milzeherted adj. misericors, **milzer** s. [adj.]
miserator, **milzful** adj. clemens s. *mildse, -ful*.
-heorted, mildser.

min adj. compar. altn. *minni* [für *minrt*], minor, afries. alts. ahd. *minnir*, mhd. *minner*,
minre, minder, nniederl. nhd. *minder*, mniederl.
schw. dän. *mindre*, gth. *minniza* [vgl. superl.
afries. *minnust, minnest*, alts. *minnist*, ahd. *minnist, minnest*, mhd. *minnest, minst*, nhd. *min-
dest*, altn. *minstr*, gth. *minnists*], und hierzu als
adv. compar. afries. alts. ahd. mhd. niederl.
min, minus, altn. *minnr, miðr*, gth. *mins, minz*,
[vgl. superl. afries. *minnust, minnest*, alts. *min-
nisto*, ahd. *minnist, minnest*, mhd. *minnest, minst*],
urverwandt mit lat. *minor, minus* [vgl. superl.
minimus, adv. *minime*], sch. *min*. Zu vergle-
chen sind auch ags. *min*, parvus [in *myne*, capito,
small fish, und *minsian*, minui], auch ir. *min*,
parvus, *miniasg*, small fish, gr. *μινύς*, parvus;
s. *menowe*, neue. *minnow* s. leuciscus phoxinus,
und *minsen, mincen*, neue. *mince* v. minuere.
minder, kleiner, geringer.

das Wort erscheint für *lasse*, fast nur in
Verbindung mit *mare, more*, oft als Füllwort
zur Gewinnung des Reimes.

Þou snibbid *genge*, more and *minne*, For-
worthed wiked for his sinne [Þou snibbid *genge*,
mare and *minne*, Wicke forwurþed in his sinne
H. Þou snibbed genge, more and lesse, And
wike forwrþed in wicnesse E.]. Ps. 9, 5 Horstm.
Folk .. Both more and *myn*. TOWN. M. p. 125.
He myght amende in a mynt [*myn* v. l.] *while*
al þat amys stondes. P. PL. *Text C.* pass. XIV.
200. — Saint Austin, þe doctur dere, And oþer
maisters, mare and *myn*, Sais þat men grete
mede may wyn etc. SPIR. GUYD. 2 Horstm. [in
Yorksh. Wr. II. 292]. Thise nayles so thay
ryn, Thoro more and *myn*, Thise *bordes* ichon.
TOWN. M. p. 27 *Spr.* vgl. sch. *Mawmentis*,
more and *myn*. WYNT. VII. 10, 70.

substantiviert wird namentlich die
Mehrzahl von Personen gebraucht: That
day was ther no more dede With those worthily
in wede, Bot buskede thame, and to bedde ýede,

The more and the *mynne*. PERCEV. 1605.
Schewed his mysdedes Of þe more & þe *mynne*,
& merci besechez. GAW. 1880. in appositionellem Anschlusse an ein vorhergehendes Fürwort: *We* aght to love hym, more and *myn*.
TOWN. M. p. 134. God blys *you*, more and
myn. p. 139. *Alle* browers schynne haue [i. e.
All shall have napkins], more and *myn*. BAB.
B. p. 321 [a. 1460]. A flowyd above *thame* shall
be broght, To stroye medilerthe, *bothe* more and
myn. YORK PL. p. 41. *We* may mowrn, *both*
more and *myn*. TOWN M. p. 60. In erth I see
bot ayn reynand to and fro, Emang *both* more
and *myn*. p. 22 *Spr.*

auch das Neutrum findet sich substantivisch verwendet: [þat] .. ys [to] mene in oure
mouth more ne *mynne*, Bote þat alle manere
men, wommen, and children Sholde conformye
to on kynde on holy [kirke] to byleyue. P. PL.
Text C. pass. IV. 399. Hem hom [sc. þe chek-
yns] in quarteres, and lay hom inne, Boyle hom
up with alle, no more ne *mynne*. LIB. C. C. p. 8.
Take swongyn eggus [i. e. geschlagene Eier],
no more ne *myn*. p. 22.

min, mi pron. poss. ags. *min*, meus [fl. *min,
mine, min*], alts. afries. ahd. mhd. *min* [fl. ahd.
minér, minu, minaz, mhd. *miner, miniu, minez*],
niederl. *min*, niederl. *mijn*, altn. *minn* für *nin*
[n. *mitt*], schw. *min* [n. *mitt*], dän. *min, mit*, gth.
fl. m. *meins*, f. *meina*, n. *mein*, *meinata*, neue.
mine, my; vgl. ic pron. pers. ego, dessen subst.
Genitiv gleichen Stammes, ags. alts. afries. *min*,
sehr frühe völlig in das adj. Possessivpronomen
übergegangen zu sein scheint. mein.

Überreste der bereits stark eingeschränk-
ten ags. Flexion finden sich in älterer Zeit noch
ziemlich häufig, besonders in der attributiven
Einzahl und Mehrzahl; doch tritt daneben
schon frühe in allen Kasus unflektiertes *min*
und selbst die Verkürzung *mi*. Später wird die
volle Form *min* vorzugsweise vor einem voka-
lisch oder mit *h* beginnenden Worte oder nach-
stehend gebraucht.

Das grammatische Geschlecht der dem
Englischen überkommenen Substantive, das
frühe vielfach wechselte, tritt an den Kasusformen der Einzahl des Possessivpronomens im
ganzen nur anfangs noch in beschränktem Masse
hervor und lässt sich deshalb bald, wo nicht
das natürliche Geschlecht massgebend blieb,
nur anderweitig, etwa durch ein im Satze auf-
tretendes Personalpronomen, oder überhaupt
nicht fest bestimmen.

Lange zeigt die Mehrzahl aller Geschlech-
ter in der Form *mine* einen Rest der Flexion.

A. attributiv.

1. die Kasusformen des attributiven
Fürwortes.

I. die Einzahl.

a. des männlichen Geschlechtes:
nom. ags. *min*: Affterr þatt little witt tatt
me *Min* Drihhtin hafeþþ lenedd. ORM *Ded.*
15 *Spr.* [cf. Hom. 6390]. Þiss iss *min Sune.*
10682. Nu is *min* eam wel biðoht [Nou his *min*
heem wel biþoht j. T.]. LAȝ. I. 376. Þou harte

[i. e. art] me ase *min fader*, and ich ase þin dohter. I. 129 j. T. Hors hatte *min broþer*. IL. 154 j. T. *Spr.* Ich am mi lauerdes lomb, ant he is *min hirde*. ST. MARHER. p. 12. He sal euere *min louerd* ben. G. A. EX. 1625. For as much as ʒe ar *myn em*, GAW. 356. If lewed men wist what þis latyn meneth. And who was *myn auctor*. P. PL. *Text B.* pass. XV. 116. I wul my wyf haf [konj.] half my mylche kye, and *myn heyr* þe other half. FIFTY WILLS p. 57 [a. 1424-5]. so auch *mi nem* [für *min em*]: *Mi nem* nil me nouʒt se. TRISTR. 2116 Kölb. Mark, *mi nem*, haþ sinne. 2665. He ys *my neme*. GUY *B.* 612. vgl. *Anm.*

Þanne ich ofe[r]teo hefenes mid wlcne, þanne bið atawed *min renboge*. OEH. p. 225.

Þan wull I þat *myn eldest sone* þat ouere-leueth me haue hit. FIFTY WILLS p. 57 [a. 1424-5].

Ʒif hit wule Appolin, þat is *deore lauerd min* [þe his *deore louerd min* j. T.], þat we maʒen mid fihte, biwinnen hine & his cnihtes. LAʒ. II. 78. Pis is he þat *fader myn* ordeyneþ my lord to be. FERUMBR. 2186.

Þeo art me leof al so *mi feder*, & ich þe al so þi dohter. LAʒ. I. 129. Hors is *mi broþer*. II. 154 *Spr.* Mi broðer Dioclician [*Mi broþer* Dioclecian] haueð me al þa londes bitaht a mire honde. II. 29. Ʒif he wold bicumen *mi mon* [ʒef he wole bicome *mi man* j. T.]. III. 49. Þat was *mi louerd deore*. I. 97 j. T. Cost hehte *mi feder*. LIFE ST. KATH. 465. Þer is *my vader* and eke heore. O. E. MISCELL. p. 54. For no thing ne shuld I take Mon to ben *mi make*, Ar his homcome. SIRIZ 106 *Spr.* Til that *mi sone* of helde be. HAVEL. 387. *Mi fader* was king of denshe lond. 1403. He is *my broþer*. AYENB. p. 89. Ych the loue as þe mon that *my fader* ys. R. or GL. p. 30 *Spr.* Fully haue ʒe bene *my fa.* SEUYN SAG. 3919. *Mi helper* be, ne me forlete, Ne me forse, God. PS. 26, 9. Mirth over me sal noght *mi faa.* 40, 12. *My broþer* Safadyn is riche of tenement. LANGT. p. 193. More ouere I wull þat Robert, *my son*, haue my flat couered pece. FIFTY WILLS p. 57.

Þe wes *mi deore wine*. LAʒ. I. 97. Þer him cumeþ Iudas, þat is *my fulle ivo.* O. E. MIS-CELL. p. 42. Wolde he be *my worldly make*, & weddy me to wyue, For his loue wold y take cristendom al so blyue. FERUMBR. 1422. This is *my derworth sone*. WYCL. MATTH. 17, 5 Oxf. *Mi muth* haveth tweire kunne salve. O. A. N. 886 *Spr.*

Wel ich wot what *mie louerd* Crist *in mie mouþ* haþ ibroʒt. ST. DUNST. 128 *Spr.* [vgl. die Bemerkung in *Spr.* I. 1 p. 170]. *Mie louerd* to morwe wole þat me martir me. ST. CRISTOPH. 218 *Spr.*

voc. ags. *min:* Ne seið ure nan *min feder*, ne þin feder, ah ure feder, þe ert in heouene. OEH. p. 125. *Min Ihesu*, liues louerd. p. 185. & tu, *min Laferrd*, cumʒst her Att me to wurr-þenn fullhtnedd? ORM 10662. Iþe is, *min healend*, al þ ich wilni. ST. MARHER. p. 8. „A, *min dieu* [i. e. my God]," seyd the justise, „Þine tales

ben gode & wise." ARTH. A. MERL. 961 Kölb. vgl. auch: *Min huniter*. OEH. p. 183. 200.

Min holy fader, to I will. GOWER I. 104.

Nu, broþerr Wallterr, *broþerr min* Affterr þe flæshess kinde; Annd *broþerr min* i Criss-tenndom .. Annd *broþerr min* i Godess hus. ORM *Ded.* 1 *Spr.* Halt me, *healent min*, Ihesu Crist, godes sune, as þu hauest bigunnen. ST. JULIANA p. 29. *Sone min so dere*, Do so ich þe lere. REL. ANT. I. 186 [Anf. 13. Jahrh.]. *Sone min swo leve*, Site me nu bisides. *ib.* Swete Ihesu, *loverd myn*. LYR. P. p. 58. Also blis and to me, *fader min*. WYCL. GEN. 27, 34 Oxf. Who art thou, *sone myn*. 27, 18 Purv. *Cosyn myn*, what eyleth the, That art so pale and deedly on to see? CH. *C. T.* L. B. 223 Morris Cl. Pr.

Fortiger spac to Merlin: „Tel me now, *sone mine*, Whi noman no may founde Castel here opon þis grounde? ARTH. A. MERL. 1441 Kölb.

Ihesu, swete Ihesu, *mi leof*. OEH. p. 183. 200. Ihesu, swete Ihesu, *mi druð* [vgl. ahd. *drût*, *trût*, mhd. *trût*, dilectus], *mi derling*, *mi drihtin*, *mi healend*. p. 269. Al is tin, *mi sweting*. p. 271. Brutus, *mi lauard* [*mi louerd* j.T.]. LAʒ. I. 39. Ihesu, *mi lemman*, thou art so fre, That thou deʒedest for love of me. LYR. P. p. 69. Allas, *mi sone swote*, For þe, misbiʒeten stren, Quic y schal now doluen ben. ARTH. A. MERL. 1920 Kölb. *My fadir*. WYCL. GEN. 27, 18 Purv. *My sone. ib.* I am thyn Absolon, o *my derlyng*. CH. *C. T.* 3791. vgl. auch: Ihesu, *mi weole*. OEH. p. 183. *Mi leome*. p. 183. 200.

A, Ihesu, *mi swete Ihesu*, leue þat te luue of þe beo al mi likinge. OEH. p. 269-71. A, *mi deorewurðe druð*, swa gentile and swa hende. p. 273. Sweting, welcome l *mi derworpe derling*. WILL. 1537. Oure host saugh wel how dronke he was of ale, And seyde, Robyn, abyde, *my leve brother*. CH. *C. T.* 3130. Now list, and I woll telle you, *My gode fader*, how it is. GOWER I. 10⁷.

acc. ags. *minne:* For ne beo ich nauere bliðe .. þat ich habbe *minne æm* awræke. LAʒ. III. 127. Þe Gywes habbeþ *mynne louerd* of þisse stude ido. O. E. MISCELL. p. 53 [c. 1250]. Her ich bileofuen wulle me leofuest monne, Howel, *minne leofue mæi*. LAʒ. III. 125-6.

Most ic underfon *minne licome* and beon on worlde a mare, ic walde fein pinian. OEH. p. 35. Ic sette *minne gast* ouer him. p. 113. Ær he ihere *minne horn* mid græte hiue blowen. LAʒ. I. 30. Ʒif þu þis writ iheren wult, hit wule þe suggen *minne gult*. I. 356. Ich wulle faren *minne wæi*. III. 30.

Ʒe .. halded me inne bende, & Antigonun, *mine broðer*, mid ærmliche witen. LAʒ. I. 45. We habbet idon unwisdom þat we *mine fader* habbet vnderfon mid þirrti cinhten [þat we *mine fader* habbeþ vnderfon mid þus manie cniþtes j. T.]. I. 143-4.

Ʒeme *mine licame* ine clenenesse. OEH. p. 199. Niðing, þou ært al dead, buten þou do *mine read* [bote þou do *mine read* j. T.]. LAʒ. I. 30. Are he *mine horn* bihere blowe. I. 34 j. T.

Iwis for þine vule lete Wel oft ich *mine song*
forlete. O. A. N. 35. Ȝwane þou jolde *mine*
godhede so vuele. St. Nicholas 460 Horstm.
p. 253. Hafe *mine godne horn* [Haue *mine gode*
horne j. T.]. Laj. III. 23.

Wreke we Beduer, *min æm*. Laj. III. 101.
Þat ich habbe *min eam* awreke. III. 127 j. T.
Þu ært mi dohter deore, & scalt habben to lauerd *min alre beste þein*. I. 127. vgl. auch hier
mi nem (für *min em*): Til Inglond wil y riue,
Mark, *mi nem*, to se. Tristr. 920 Kölb. Moraunt, *mi nem*, þe gode, Traitour, þou hast slain.
1576. I wyll my *neeme* awreke here. Guy B.
614. He slewe .. my *neme* wyth hys hande. 7804.
Drihhtin me jisepþ [jiseþ *Mʃ.*] witt &
mihht To forþenn wel *min wille*. Orm 2956.
Þu hauest grimliche ibroht *mi broðer* to
grunde. St. Marher. p. 12. Ȝe .. habbeþ me
in bende, and Antigonum, *mi broþer*, in joure
bendhuse. Laj. I. 45 j. T. Lat not *my foo* no
more my wounde entame. Ch. A. B. C. st. K.
Fiftene jeres es it gane Syne he *my brodire* hade
slane. Percev. 921.
Whase shall .. *Mi name* þwerrt ut all
forrsen. Orm 17723 sq. Abid me, broðer ..
hwil þ ich ibidde me ant biteache *mi gast* ant
mi bodi baðen to ro ant to reste. St. Marher.
p. 20. In þi hend I gif *mi gaste*. Ps. 30, 6. Þu
mi muchele swine mid sare forjeldest [Þou *mi*
mochele swinch mid harme wolt jelde j. T.]. Laj.
I. 97.

g e n. ags. *mines*: Ich .. wulle .. fainen
mines lauerdes & is fæirliche cume. Laj. I. 152.
Ich scal iuullen *mines drihtes* wille. III. 295.
Bicum her *mines broðer* mon. I. 287. Saye
heom þat ich astye to *mynes vader* riche. O. E.
Miscell. p. 54.
Ðis maiden [sc. Rebecca] wile ic hauen,
And to *min louerdes* [sc. Ysaac] bofte bicrauen.
G. A. Ex. 1387.
Mi leofmonnes luft erm halt up min heaued.
OEH. p. 213. Weðen is me cumen þat *mi*
louerdes moder cumeð to me? II. 127. Icham *mi*
lauerdes lomb, ant he is min hirde. St. Marher.
p. 12. Ich chulle bliðeliche & wið bliðe heorte
drehen eauer euch derf for *mi leofmones* luue,
þe lufsume lauerd. St. Juliana p. 19. Bicom
her þanne *my broþer* man. Laj. I. 287 j. T. *My*
faders dayes shalle com with grete, and my moders also. Town. M. p. 44. The prynce *my*
broders son was gayt. Torrent 2517. Ichulle
bliðeliche drehen euereuch derf for *mi deore*
lauerdes luue. St. Juliana p. 18.

d a t. ags. *mínum:* Witeð into ece fer, þe
is jearoed *mine fo* and his jegen[g]. OEH.
p. 239. Don ic wille þine lare, help *mine lauerd*
& me [helpe *mine louerd* and me j. T.]. Laj.
I. 30. Ich þonkie *mine gode*. I. 343. Ich þonkie
mine drihte. II. 198. Ȝif *mine eame* lifues grið
I. 379. Ic hit mene *to mine lauerde*. OEH.
p. 33. Drihten cweð *to mine drihtene*. p. 91.
Ich eou solle leden forð *to mine lauerde*. Laj.
I. 32. Ich ne astey nouht yete vp *to myne va-*
dere. O. E. Miscell. p. 53. Huo þet deþ þe
wyl *of myne uader* of heuene, he is my broþer

and my zoster and my moder. Ayenb. p. 89.
Than I thoght how i had hight *Unto myne hoste*
.. To com ogayn. Yw. A. Gaw. 439. Ne mei
nan man bicuman *to mine heouenliche feder*
butan þurh me. OEH. p. 119. Þenne cuðe he
anan *to leue mine lauerd* þat Leir is an is londe.
Laj. I. 152. vgl. Methoght moght it *apon* him
rine, Mi lemman leif and *lauerd mine* [*lorde*
myne Fairf.] etc. Curs. Mundi 24461 Cott.
Gött.
Þu faht for me, þat i pouerte of worlde, no
schome of wicke monnes muð *for uten mine*
gulte, ne secnesse of mi bodi, ne flesches pine
drede. OEH. p. 277. Betere is o song *of mine*
muthe Than al that evre thi kun kuthe. O. A. N.
713 Spr. *Mid mine songe* ich hine pulte. 871
Spr.
Loke he þat he *min Sune* wel on alle wise
cweme. Orm 10982. Is it nogt *min lord* forholen Ða[t] gure on haðeð his cuppe stolen. G.
A. Ex. 2317 Spr. To helpe my Lord & *myn*
uncle. R. of Gl. p. 58 Hearne. Forr *to min*
sune & forr to me To jarrkenn þatt to sode.
Orm 8653. vgl. auch: Ȝe sigge, ich wern *mi*
nem [für *min em*] to wiue. Tristr. 1367 Kölb.
Þe pece mijt her se Þat *fro mi nem* was drain.
1587.
Icc hafe feastnedd *i min þohht* To libben i
clænnesse. Orm 2441.
Ne þenkeste nowt of mine obes þat ich
haue *mi louerd* sworen? Havel. 578. Sendeþ
my lord [i. e. meinem Gatten] word & me, þat
my fader in londe ys. R. of Gl. p. 36 Hearne
Spr. I tolde the myn aventure As *to my coryn*,
and *my brother* sworn. Ch. C. T. II. B. 302
Morris Cl. Pr.
Noman seruie y nelle Bote *mie louerd* þat
ic siche, þane heje deuel of helle. St. Cristoph.
39 Spr. [vgl. die Bemerkung Spr. I. 1 p. 170].

b. d e s s ä c h l i c h e n G e s c h l e c h t e s:
n o m. ags. *min:* Her is *min child* þe me is
awiðe leof. OEH. p. 113. *Min child* i blisse
sone onngann To blissen i min wambe. Orm
2801. *Min child* tatt i min wambe liþ Bigann
itt te to þannkenn. 2807.
Þu shallt finndenn þatt *min word* .. Majj
hellpenn þa þatt redenn itt. Orm Ded. 45 Spr.
Min hafued beo to wedde. Laj. III.124. Wane
min hus stont brijt and grene, Of þine nis noþing isene. O. A. N. 623 Spec. I. To wone any
quyle in þis won, hit watz not *myn ernde*. Gaw.
257 Spr.
Wa is mine saule þet *mi lif* þus longe ilest.
OEH. p. 157. *Mi bord* is maked. II. 93. Min
dohter is *mi bearn deore*. Laj. I. 96. *Mi wif*
solde come sone. II. 167 j. T. Spr. *Mi flehs* is
foul, þis world is fals. O. E. Miscell. p. 196.
Yf *mi kyneriche* were in worlde þisse. p. 47. *Mi*
liif is hem ful loþ. Amis A. Amil. 1686. Kölb.
Mi kinric sal euer last. Metr. Homil. p. 22.
Mi drihtliche folc. Laj. I. 265.

v o c. ags. *min:* Ihesu, swete Ihesu, mi leof,
mi lif, mi leome. OEH. p. 183. *Mi lif*, mi leof.
p. 269. Now beth nought wroth, *my blode*, my
nece. Ch. Tr. a. Cr. 2, 594. *My blood, my pley*.

that never did man grefe. TOWN. M. p. 149.
Hwa for largesce is betere wurð to beo luued
þen þu, mi *luue lif*. OEH. p. 271. Inwið þe,
mi leue lif, is hord of alle wisedom hid. *ib.*

acc. ags. *min:* Mi leofmonnes luft erm halt
up *min heaued*. OEH. p. 213. Ice ne miþhte nohht
min *ferrs* Aȝȝ wiþþ Goddspelles wordess Wel
fillen all. ORM *Ded*. 59 *Spr*. Þurrh Adam . .
Off whamm I toc *min bodiȝlich*. HOM. 16339.
Ber *min erende* wel to deore sune þine. O. E.
MISCELL. p. 193. To make þe massager *myn
erande* wel to spede. WILL. 4156. I wol yeve
yow *myn heed*. CH. *C. T.* I. A. 782 Morris Cl.
Pr. I uplifte *min hede*. GOWER I. 48. To breke
myn hede, and yeve me an houffe . . It may wele
ryme, but it accordith nought. LYDG. *M. P.* 56.
Þou hast in loue ydo *Myn olde lyf* byfore þin,
and bifore þi soule also. R. OF GL. p. 30 Hearne
Spr.

Ic wille settan *mi wed* betwuxe me and eow.
OEH. p. 225. Þa wile þe ich hæuede *mi kinelond*, luueden me mine leoden. LAȝ. I. 147. *Mi
lond* heo habbeoð me al iwest [*Mi lond* he haueþ
al awest j. T.]. I. 356. Þenne ich habbe *mi wif*
& mine winemaies. II. 167 *Spr.* Ȝef þu wult
cnawen *mi kun*, ich am kinges dohter. LIFE
ST. KATH. 463. Slep me hað *mi lif* forstole
richt half oðer more. O. E. MISCELL. p. 192.
Læte me steowi *mi flesc*, and mine so schiende.
ib. cf. p. 193. Y loue more in myn herte þi
leue bodi one Þan myn soule and *my lyf* þat in
mi bodi ys. R. OF GL. p. 29—30 Hearne *Spr.*
To discharge me as cheftain & chaunge *my lif*
That have maintenede with monhode mony yere
past. DESTR. of TROY 8938. So mote ich brouke
mi rith eie. HAVEL. 2545.

gen. ags. *mines: Mines liues* leome, mi
leoue lefdi. OEH. p. 191. Þanne beo ic ȝeme-
neȝed *mines weddes* þat ic nelle henon forð mancyn mid watere adrenche. p. 225. Help me to
mines liues ende. II. 256.

Wa is me *mine liues*. ST. MARHER. p. 13.
Betere us is of londe to fie, And berwen bothen
ure liues, And mine children, and *mine wiues*.
HAVEL. 696. Moder, ful of milce . . Læte me . .
Edmodnesse luuie to *mine lifes* ende. O. E.
MISCELL. p. 193.

Ihesu, *mi liues* luue, riche ar tu as lauerd
in heuene and in eorðe. OEH. p. 277. To *mi
liues* ende. AYENB. p. 1. Outt, alas, *my childes*
bloode! TOWN. M. p. 148.

dat. ags. *minum:* Ne bete ic hit nefre *on
mine liue*. OEH. p. 21. Ich þe wulle swerien
vppen mine sweorde [*vppen mine swerde*] þat
nulle ic nauere mare cumen here. LAȝ. II. 25.
Ich wulle biliue senden *after mine wiue*. II.
167 *Spr.* Þu þretest *to mine flesche*. O. A. N. 83
Str. Me is leof to habbe reste, And sitte stille
in mine neste. 281. Ech wiht is glad *for mine
þinge*. 434. Swa ich wlle mine, *bi mine quicke
liue* [*bi mine cwicke liue* j. T.]. LAȝ. I. 29.

Nafe icc nohht off metekinn Till me, ne *till
min wennchell* [i. e. for my child]. ORM 8645.
Þat ich wel aȝitte nu bi auhðe *of min ehe*. O. E.
MISCELL. p. 193. Þis vile cumelinges castles

leteþ arere *Vps min londe* [Opon my londe B.
α. Vppon my londe β. γ. δ.]. R. OF GL. 425 Wr.
Pou ne louest me noȝt as þin sostren doþ, Ac
despisest me *in min olde liue*. 721 Wr. cf. p. 31
Hearne *Spr.*

Ne muge hauen no lif on giu, bute ȝe liuen
bi mi fleis and *bi mi blod*. OEH. III. 97. Ne
maȝȝ nan mann ben borrȝhenn Þatt *off mi flæsh*,
& *off mi blod* Ner eteþþ ne, ne drinnkeþþ. ORM
16579. Ich þe wole marie wel mid þe þridde del
of mi londe [with the þridde part *of my londe*
p. 30 Hearne *Spr.*]. R. OF GL. 700 Wr. I not
in þis world how þat worþi child schal euer
wite *of my wo*. WILL. 541.

Smyre þanne þin eȝe *wiþ mie blod*. ST.
CRISTOPH. 219. vgl. Ich am . . *in mie seruise*. 40
[s. *Spr.* I. 1, 170].

c. des weiblichen Geschlechtes:
nom. ags. *min:* Ne comm nohht ȝet tatt
time Whanne I shall shæwenn opennliȝ Forrwhi
þu wass min moderr. ORM 14377. Þurrh þatt
tu wass min moderr. 14385.

Swæte leuedi, aschild þu me, þat *min soule*
ne cume þer in. OEH. II. 258. cf. *Min seoruwe*.
FRGM. OF ÆLFRIC's GR. etc. p. 6. Þu ert mire
soule liht and mine heorte blisse, Mi lif and mi
tohope, *min heale* mid iwisse. OEH. p. 191.
Per sore is *min herte sær* [Herfore his *min heorte*
sor j. T.]. LAȝ. I. 311. *Min heorte* atslihþ, and
falt mi tunge. O. A. N. 37 Str. Þus woc was
min heorte. ANCR. R. p. 320. Ȝif ich parti urom
ou, þe Holi Gost, þet is, *min* and mines Federes
luue, ne mei nout kumen to ou. p. 406. *Myn
hond* is al forcroked. ST. EDM. CONF. 340. *Myn
affiaunce* and my faith is ferm [in] mi byleyue.
P. PL. *Text C.* pass. XIX. 256. Til that *myn
herte* sterve. CH. *C. T.* I. B. 286 Morris Cl. Pr.

Lesteð it ðanne, hoteð it nu, Ðat *mine bene*
ne be sorloren, Wið ȝu ben mine bones boren.
G. A. Ex. 2510 *Spr.*

Ich . . bidde þin ore, þet tu beo *mi motild*
aȝeines mine soule fon. OEH. p. 205. 305. *Mi
suster* . . readeð us, ant leareð sorte ȝeme lutel
alle fallinde þing. p. 255. Mi feader & *mi moder* . .
habbe forsake me. ST. JULIANA p. 33. W [i. e.
hwu, how] shal nou *mi douhter* fare? HAVEL.
120. Þou art *mi doȝter*. R. OF GL. 728 Wr. vgl.
Þou art *my doȝter*. p. 31 Hearne *Spr.* Huo ys
my moder, and huo byeþ myne cosynes? Huo
þet deþ þe wyl of myne uader of heuene, he is
my broþer and *my zoster* and *my moder*. AYENB.
p. 89. *Mi þridde suster*, Meað, spekeð of þe
middelsti bituhhe riht ant luft. OEH. p. 257.

Mi luue is þin. OEH. p. 199. What scal
beon *mi mede*? LAȝ. II. 316. Þ neauer *mi sawle*
beo mit sunne isulet þurh þe lichomes lust. ST.
MARHER. p. 3. Min heorte atslihþ, and falt *mi
tunge*. O. A. N. 37. Þe hwule þet *mi soule* is i
mine buke. ANCR. R. p. 134. He is mi lif &
mi luue. LIFE ST. KATH. 1520. *My joie* ant eke
my blisse on him is al ylong. LYR. P. p. 61. *Mi
lare* es noght mine. CURS. MUNDI 13898. To-
dreued es . . Mine eghe, *mi saule*, *mi wambe*
alswa. Ps. 30, 10. Laverd *mi lightinge* es in
lede, And *mi hele*. 26, 1.

voc. ags. min: Faireste of faire, o *lady myn* Venus, Doughter of Jove, and spouse to Vulcanus .. Have pite of my bittre teeres smerte. CH. *C. T.* I. B. 1363 Morris Cl. Pr. „This is ynough, *Grisilde myn!*" quod he. II. E. 365 Skeat Cl. Pr. Awake, *lemman myn.* 3700. *Doughter min.* 12171.

Awake, *douȝtyr myne,* And to my talkyng take entent. E. E. P. p. 141.

Ihesu, *min heorte.* OEH. p.183. Iesu, *min heorte.* p. 200. Ihesu, *min hali loue, min sikere swetnesse.* p. 183. Icsu, *min holi luue.* p. 200.

If ye wol nat so, *my lady swete.* CH. *C. T.* I. B. 1396 Morris Cl. Pr. GOWER I. 47. *Mi leoue swete lefdi,* to þe me longeð swuðe. OEH. p. 197. *Mi looue leafdi,* Cristes milde moder, seinte Marie. p.199. Prei for me, *mi leue suster.* p. 267. *Mi swete leuedi,* her mi bene. II. 255. Juliene .. *mi deorewurðe dohter,* sei me hwi þu forsakest þi sy & ti selhðe. ST. JULIANA p. 11. cf. p. 10. *Mi leue doȝter* .. vor þou ast in loue ido Min olde lif biuore þin & biuore þi soule also, Ich þe wole marie wel etc. R. OF GL. 698 Wr. Do þus, *mi dere douȝter.* WILL. 5134. God has þe nouȝt forgete, *my gode hende mayde.* 5156. *My fayre bryd,* my swete cynamome, Awake, lemman myn. CH. *C. T.* 3699.

Mi derewurðe druð, *mi luue,* mi lif, mi leof. OEH. p. 269. Loke, lauerd, to me, mi lif, *mi luue,* ml leouemon. ST. MARHER. p. 9. Iesu .. *mi sikere swetnesse.* OEH. p. 200. *My derworþe herte!* WILL. 1745. *My worthy love* and lord also. GOWER II. 6.

acc. ags. mine: Þu hauest *mine dohter* [Þou hauest *mine dopter* j. T.] .. þe me seolfan iscend. LAȝ. I. 96. cf. I. 406. Wale! þat ich nabbe here Wenhauer, *mine quene!* III. 121. Wele! þat ich nadde her *mine cweane* Gwenayfer. ib. j. T.

Gif ȝe .. tobrecað *mine lare,* and *mine laȝe* and *mine heste* forȝemeð oðer forhoȝiet, þenne scal eou sone iewaxen muchele wrake and sake. OEH. p. 13. Iher *mine bene.* p. 195. Auouh *mine soule* hwon ich of þisse lliue uare. p. 197. Muchel ich wulle beten, And do *mine schrifte.* p. 199. Hlouerd, her *mine stefne!* II. 43. Hercniað *mine lare.* LAȝ. III. 293. Bote þou *mine lore* do. I. 30 j. T. Vnderuong *mine gretunge* mid ten ilke Aue. ANCR. R. p. 38. Wite ich wel *mine tunge,* mi mei wel holden þene wei toward heouene. p. 78 Spr. Ne mei heo nout ihwulen uorto hercnen *mine lore.* p. 422. Hwi atwitestu me *mine insihte* And min iwit and *mine mihte?* O. A. N. 1187 Str. *Mine soule,* louerd, ich bitake þe. ST. NICHOLAS 310 Horstm. p.249. Fylegh *saule mine* þe fai. Ps. 7, 6. Here, Laverd, mi bede and *biseking mine.* 3813.

I wile .. leten alle oðre þinge þat *min herte* fram þi luue mihte drahe and turnen. OEH. p. 271. Bote þu *min lare* do. LAȝ. I. 30. Hald, hehe healent, *min heorte.* St. MARHER. p. 3. Hardi *min heorte,* þ tet wake ules ne wursi neauer mi mod. LIFE ST. KATH. 2133. *Min fligt* .. ic wile uptaken. G. A. Ex. 277. Nu haueð he stolen *min bliscing* oc. 1568. ȝeld *min mede* bliue. R. OF GL. 6366 Wr. Y loue more in

myn herte þi leue bodi one Þan *myn soule* and my lyf. p. 29—30 Hearne Spr. *Myn herte* haþ he yraft. FERUMBR. 2084. I tolde the *myn aventure* As to my cosyn and my brother sworn. CH. *C. T.* I. B. 302 Morris Cl. Pr.

Or he *min firme birðe* [i. e. meine Erstgeburt] toc. G. A. Ex. 1567.

Icham for wowyng al forwake, Wery so water in wore; Lest eny reue me *my make,* Ychabbe yȝyrned ȝore. LYR. P. p.28. *My dohter* sal he haue to wiue. SEUYN SAG. 3664. Y am aschamed .. That Alisaundre, with myghty hond, Hath me dryven of my lond, *my modur, my suster* ytak, And Floriant, *my gentil make.* ALIS. 3309—14.

Ne þole me neauer *mi luue* nohwer to sette o karlische þinges. OEH. p. 273. *Mi swete leuedi,* her *mi bene.* II. 255. Ah ne drede ich nawiht þ mi lauerd nule wel ȝelden me *mi hwile.* LIFE ST. KATH. 762. Ne mahe ȝe nawt do me, bute þet he wule þeauien & þolien ow to donne to mucli *mi mede.* ST. JULIANA p. 19. I woth ful wel ich haue *mi mede.* HAVEL. 119. Kep wel *mi luue* newes. K. H. 746 Spr. On domesdai þan sal þai stand *Mi blis* to haf on mi right hand. CURS. MUNDI 14645 COTT. ähnl. cett.

gen. ags. minre: Þe oðer wes *mire suster* sune. LAȝ. I. 358. Seoðen ich wes mon iboren of *mire moder* bosme, no isah ich a none londe þus seolcuðe þinges. II. 499.

Þu ert *mire soule* liht. OEH. p. 191.

Þu ert .. *mine heorte* blisse. OEH. p. 191. *Mine heorte* blod is þin. p. 199. Iesu, min heorte, *mine soule* hele. p. 200. *Mine* widerwines .. secheð *mine soule* deað. p. 205. Ich .. bidde þin ore ðet tu beo mi motild aȝeines *mine soule* fon [*mine sawle* fan p. 305]. ib. Ic chulle witen mine weies mid *mine tunge* warde. ANCR. R. p. 78 Spr.

Ihesu, mi liues luue, *min herte swetnesse,* þre fan sihten aȝaines me. OEH. p. 275.

Al þis duresse he me doþ for *my douȝter* sake. WILL. 3152. My faders dayes shalle com with grete, and *my moders* also. TOWN. M. p. 44.

Ihesu, min heorte, mi sol, *mi saule* hele. OEH. p. 183.

dat. ags. minre: ȝernen ich wulle rædes to Regau, *mire dohter.* LAȝ. I. 143. Ich wulle biliue senden after mine wiue .. & *after Rouwenne, mire dohter.* II. 167 Spr. Nu ic wulie biliue sende after mine wiue & æfter *mire dohter,* þe me is swa deore. II. 169 Spr. Wet wold ich bidde mare of *mire dohter* dure. I. 148.

Þu ert *mire soule* .. Efter þine leoue sune, leouest alre þinge. OEH. p. 195. Ne scule ȝie mine mete ibite, ac scule þa þe hit *mid mire lufe* iearnede. p. 233. Mine þralles *i mire þeode* me suluen þretiað. LAȝ. I. 22. ȝif ȝe bilæuen wolden *inne mire þeoden.* I. 45. Pat ich .. þe *bi mire side* isund seȝe riden. I. 336. Pus ich wulle *þurh mire hond* witen .. þi lond. II. 14. Of alle þan londen þat stondeþ *a mire honden.* II. 560. „Ich an wel," cwaþ þe niȝtegale, „Ah, wranne, nawt for þire tale, Ah do *for mire lahfulnesse* etc." O. A. N. 1739 Spec. I.

Ic walde sein pinian and sitten on forste and on snawe *up et mine chinne.* OEH. p. 35.
Ʒif þu heuedest wreche inumen *of mine luðer-nesse,* Iwis ich heuede al uorloren paradises blisse p. 197. Ich ileue *for mine selhðe.* p. 213. Nu ic wulle biliue sende . . æfter ohte monnen, þa heaste *of mine cunne.* LAʒ. II. 169. Yuor and Yuni, beiene ʒet senden *of mine leode.* III. 293. Ʒern ich wolle reades *of* Regau, *mine dohter.* I. 143 j. T. Wat wolde ich bidde more *of mine dohter deore.* I. 148 j. T. Mi wif solde come sone, and mi dohter Rowenne, and moche *of mine cunne.* II. 167 j. T. *Spr.* Of al þan londe þat stondeþ *in mine honde.* II. 560 j. T. Ich habbe ifunden . . enne mon *after mine heorte.* ANCR. R. p. 56 *Spr.* Ich wolde . . þet tu were, *i mine luue,* oðer allunge cold, oðer hot mid alle. p. 400. Hit is min bihte, hit is mi wunne, Þat ich me draʒe *to mine cunde.* O. A. N. 272 Str. Ich do god *mid mine þrote,* And warni men to heore note. 329. Þou schalt me treuþe plyʒte *In mine honde.* K. H. *Laud* 316 Horstm. [in *Arch.* 50, 45]. mit vorangestelltem adj.: Site *to mine riht alfe* forð þet ic alegge þine feond under þine fotsceomele. OEH. p. 91.

Also I bequeth *to* Iane, *myn nece,* to her mariage, or when sche is of age, XX. li. FIFTY WILLS p. 50 [a. 1422].

Min child i blisse sone onngann to blissenn *i min wambe.* ORM 2501. Min child tatt *i min wambe* liþ Biʒann itt te to þannkenn. 2807. Hat lufe towarrd Godess hus Me freteþþ *att min herrte.* 16132. Ʒiff þatt iss þatt I make win *Þurrh min goddcunnde kinde.* 14366. „Swiðe," quoð he, „wið hire *ut of min shriððe,* þat ich ne seo hire nawt heonne forð mare. ST. JULIANA p. 71. cf. p. 70. Þus ich wolle *þorh min hond* wite þi feo an þi lond. LAʒ. II. 14 j. T. Ich kom til Engelond, Al closede it *intil min hond,* And Goldeborw, y gaf [it] þe. HAVEL. 1309. Þu schalt þi trewþe pliʒte *On myn hond.* K. H. 305 *Spr.* Þat ich louie more *in min herte* þi leue bodi one Þane my soule oþer mi lif þat in mi bouke is. R. OF GL. 659. Wr. cf. p. 29-30 Hearne *Spr.* Þou bring me of þis longing, To come to þe *at myn endyng.* BÖDD. *Altengl. Dicht.* p. 193. Thow hast me wounded *in myn hert.* CH. *C. T.* 10019. cf. nachgestellt: Ic ledde [him] ut *on trewthe min.* G. A. EX. 2336 *Spr.* Y set the *at table myn,* For reverence of lord thyn. ALIS. 4200.

For þe drihtfule godd Apollo, mi lauerd, & *mi deore leafdi,* þi deorewurðe Diane [Beteuerungsformel]. ST. JULIANA p. 13. cf. Bi mi kinewurðe lauerd, Apollo, ant *bi mi deore leafdi,* Diane. p. 12. I pray þe, prince, with me pas to my prayeid modire, Þat þou may merote haue & menske & mede for þi werkis. WARS OF ALEX. 5225 Ashm.

Henge i wile wið þe, and neauer mare *of mi rode* cume til þat i deie. OEH. p. 255. Beo buhsum *to mi lare.* HALI MEID. p. 3. I saide, Mine wais yheme I sal, þat I ne gilt *in mi tunge* withal. Ps. 38, 2. Why ys the loth to leven *on my lore?* LYR. P. p. 37. That I mai haf *for my mede* Heuenrik blis. METR. HOMIL. p. 6. Nis he þolly *at my hest?* WILL. 495. For peril *of my souls!* P. PL. *Text A.* pass. IV. 123. cf. *B.* IV. 140. *C.* V. 137. Þat þi maht selle mine starke sawle fan, and te strengðe of þe helpe mi *muchele wacnesse,* and hardischipe of þe balde min herte. OEH. p. 273. Þou ne ssalt . . ofskapie so liʒte Þe ʒwile þer is *in mi riʒt hond* eni strengþe or miʒte. R. OF GL. 582 Wr. On domesdai þan sal þai stan[d] Mi blis to haf *on mi right hand.* CURS. MUNDI 14644 COTT. ähnl. *cett.*

II. die Mehrzahl aller drei Geschlechter.

nom. sgs. *mine :* Mine *widerwines* habbeð biset me on euche half abuten, and secheð mine soule deað. OEH. p. 205. Arh ich was meself . . and *mine fan* derue. p. 277. *Mine þralles* i mire þeode me suluen þretiað [*Mine þralles* and mi folk mi seolue þreteþ j. T.]. LAʒ. I. 22. Luueden me *mine leoden.* I. 147. *Mine eorles* fulle to mine cneo. *ib.* Mine *sunen* ʒit beoð beien [*Mine sones* ʒeo beoþ beye j. T.]. I. 214. Ʒe schulen beon *mine readesmen.* LIFE ST. KATH. 574. *Mine freond* aren me, lauerd, for þi luue famen ant feondes. ST. MARHER. p. 8. *Mine inhinen* [me] alre meast hea[r]men. ST. JULIANA p. 33. cf. *Mine hinen* me mest heanen. p. 32 *Spec. I.* [vgl. *Notes*]. Mine *wike* beoþ wel gode. O. A. N. Stratm. Wið gu ben *mine bones* boren. G. A. EX. 2512 *Spr.* Yf he were brouct of liue, And *mine children* wolden thriue. HAVEL. 513. Mine *armes* weren so longe, That I sadmede, al at ones, Denemark. 1294. *Mine frend* and mi sibbe ney stondeþ aʒe me. R. OF GL. α. 6729 Wr. *Mine breþeren* buþ boþe aslawe. α. 6732. *Mine neueus* buþ boþe yslemd. α. 6733. Huo ys my moder, and huo ʒyeþ *myne cosynes?* AYENB. p. 89. In syche an vnprofitable man *myne entenies* weren no thing endamaged. CH. *Boeth.* p. 7.

Ʒe aculen . . beon *mine leofe freond.* LAʒ. I. 30. *Mine* two *dohtre* solle habbe mine riche. I. 131 j. T. Sire, mi liht onswere, oðer *mine liht lotes,* tulde him erest upon me. ANCR. R. p. 320. *Myne Poure vnhole hyne* To eure dure come. O. E. MISCELL. p. 82. Mi childeren, þat ich ʒef my god, beþ *myne meste son.* R. OF GL. p. 35 Hearne *Spr.*

Rapeð gu to min fader agen, And seið him quilke *min blisses* ben. G. A. EX. 2349 *Spr.* I ne leue noʒt þat *min sostren* al soþ sede. R. OF GL. 712 Wr. *Min enchantors* . . me abbeþ þer to yrad. 2758. *Min auncetres* of þe lond wule wonne Rome. 4047. *Min frend* & mi nexte ney stondeþ aʒe me. 6729. *Min breþeren* beþ boþe aslawe. 6732. *Min neueus* beþ boþe yslemd. 6733. *Myn tonges* waxeþ won. LYR. P. p. 28 *Spec. II. Myn feet, myn hondes* of blode ben rede. ASS. B. M. 23. *Myn eeres* aken of thy drasty speche. CH. *C. T.* II. B. 2113 Skeat Cl. Pr.

Min children, þat ich ʒef mi god, beþ *min meste son.* R. OF GL. 812 Wr.

Louede me *mi leode.* LAʒ. I. 147 j. T. Y leve noʒt þat *my sustren* al soþ sede. R. OF GL. p. 30 Hearne *Spr. My enchantors* . . me abbeþ þer to yrad. p. 130. In þine hondes *mi lotes.*

PS. 30, 16. Les wenne [ne quando] ilkane Overmirthe to me *mi fane*. 37, 17. *My knees* unfest for fast ere þa. 108, 24.

Lordinges, ʒo ar *my lege men*. WILL. 3004. *My gode deden* bueþ fol smalle. BÖDD. *Altengl. Dicht.* p. 223.

voc. ags. *mine:* Lusteð, *mine cnihtes!* LAʒ. I. 37. Whar beo ʒe, *mine kemppen?* I. 353. Whar beo ʒe, *mine gumen* vt of Galwæiða? Whar beo ʒe, *mine men?* II. 25. Whar beo ʒe, *mine Scottes?* II. 26. cf. Lusteþ, *mine cniptes!* I. 37 j. T. Ware beo ʒeo, *mine kempes?* I. 353 j. T. Ware beo ʒeo, *mine cnihtes?* II. 25 j. T. *Mine godes* of heuene & erþe, wat segge nou ʒe? R. OF GL. *a.* 1323 Wr.

Lusted, *mine leofe men* [*mine leoue men* j. T.]. LAʒ. I. 37. Whar beo ʒe .. *mine drihtlich men* [*mine dohtie men* j. T.]? I. 353. Vorþui, *mine leoue* sustren, holdeð ou euer efne upright ine treowe bileaue. ANCR. R. p. 268. *Mine noble kniʒtes* .. Þencheþ on ʒoure elderne. R. OF GL. 4387 Wr. cf. *Mine leoue priue kniʒtes a.* 4363.

Loo, *lordes myne*, heer is a fit! CH. *C. T.* II. B. 2078 Skeat Cl. Pr.

Min godes of heuene & of erþe, wat segge nou ʒe? R. OF GL. 1323 Wr. Lustneþ nou to me, *Myn eorles* ant my barouns, gentil ant fre. BÖDD. *Altengl. Dicht.* p. 118. *Min leue priue kniʒtes*, þat euere abbeþ god ybe. R. OF GL. 4363 Wr.

Wolde ye, *mi leode*, lusten eure louerde, he ou wolde wyssye wisliche þinges. O. E. MISCELL. p. 104. Lustneþ nou to me, My eorles ant *my barouns, gentil ant free*. BÖDD. *Altengl. Dicht.* p. 118. „*Mi breþer*", he said, „ful wel mai i O þe prophet yow tell Daui". CURS. M. 18993 COTT. GÖTT. EDINB. „Do come", he seyde, „*my minstrales* etc." CH. *C. T.* II. B. 2035 Skeat Cl. Pr. „Quat ailes ʒow?" quod Alexander to his athill dukis, „*Mi barons & mi baratorus*." WARS OF ALEX. 2158 Ashm. ähnl. Dubl.

Mi leue frend, to telle ʒou, as þis heie men me bede, Betere wille ich abbe to wepe þan to do oþer dede. R. OF GL. 2191 Wr.

acc. ags. *mine:* Gif ʒo *mine bibode* healdeð, þenne sende ic eou rihte widerunge. OEH. p. 13. To þe ich buwe, and *mine kneon* ich beie. p. 191. Forrþi trowwe icc þatt te birrþ Wel þolenn *mine wordess*. ORM *Ded*. 51. ʒiff þu ahæwcest me min woh, & tælesst *mine weorrkess* etc. Him. 1510. Þatt mann þatt trowwenn shall onn me, & *mine laþess* haldenn, Þatt illke mann ne beþ nohht demmd To dreþenn helle pine. 17657. *Mine men* ʒe habbeð isclawen, & ʒeorneð *mine maðmas* [*Mine men* ʒe habbeþ ofslawe, and ʒerneþ *mine godes* j. T.]. Þat þu mid griðe me leten uaren forð touward Rome, & mid me *mine leoden*. II. 24-5. Þenne, ich habbe mi wif & *mine winemaies* etc. II. 167 *Spr*. Wurch efter mi wil, ant wur[ð]ge *mine mawmez*. ST. MARHER. p. 4. Let te lei of þi luue leiten *mine lenden*. p. 18. Brec nu *mine bondes*. *ib*. Aual *mine vamen*. ST. JULIANA p. 33. cf. Afal þu *mine famen*. p. 32. Mid ti softe grace salue *mine

sunnen. p. 67-9. cf. Mit ti softe grace salue *mine sunnen*. p. 68. Wend awei *mine* eien vrom þe worldes dweole & hire fantesme. ANCR. R. p. 62 *Spr*. Heo duluen *mine vet* & *mine honden*. p. 292. Wreke me yet on mi fo, þat ich saw biforn min eyne alo *Mine sisters*, with a knif. HAVEL. 1364. cf. 1412. Læte me steowi mi flesc and *mine fo* schiende. O. E. MISCELL. p. 193. He anoynt wiþ clay *myne eyen ij*. CURS. MUNDI 13568. FAIRF. TRIN. *Myne wordes*, Laverd, with eres byse [auribus percipe]. Ps. 5, 2. Bise *mine teres* with eres þine. 38, 13. Myn herte may *myne harmes* nat bewreye. CH. *C. T.* I. B. Morris Cl. Pr. mit Präpositionen: For first þu mades al þis werld, and dides hit *under mine fet*. OEH. p. 271. Ich hit rewli fordide *þurh-hut mine sunnes*. *ib*. Ich habbe þesne leodking ileid *in mine benden* [*in mine bendes* j. T.]. LAʒ. I. 37.

Leuedi sainte Marie, understond nu *seonne mine*. O. E. MISCELL. p. 193. Kep *children myne*, So hit farith to honoure thyne. ALIS. 4638.

Qui as ðu *min godes* stolen? G. A. Ex. 1760. Ich was iwoned to wende Mid so moni hondred kniʒtes aboute in ech ende, & castles nime & tounes, & *min fon* bringe to grounde. R. OF GL. 805 Wr. cf. Hearne p. 34 *Spr*. He smerd wit lam *min eien tua*. CURS. MUNDI 13568 COTT. Turn *min eghen*, þat þai fantome ne se. Ps. 118, 37 *Spr*. Hauis scho .. wiped *min fet*. METR. HOMIL. p. 18. From the auter I turne *myn eiʒe*. P. PL. Text A. pass. V. 90. cf. Awey fro þe auter þanne turne I *myn eyghen*. B. V. 109. He menteyneþ hus men to morthre *myn heuees*, And forstalleþ *myn faires*, and fyghteþ in my chepynges. C. V. 58. Therthurʒ that Abraham .. wolde kepe *myn heestis*. WYCL. GEN. 26, 5 Oxf. Thei dolue *myn hondis* and my feet. Ps. 21, 17 Oxf.

„*Min heie godes*", quaþ þis maide, „to witnesse ich drawe echonne etc." R. OF GL. 694 Wr. cf. p. 29 Hearne *Spr*.

Þ tu wurche mi wil, ant wur[ð]ge *mi mawmez*. ST. MARHER. p. 18. Þo hii to deþe broʒte So villiche Alfred, mi cosin, & *my kunesmen* al so. R. OF GL. 7445 Wr. *Mi hend, mi fote* þai delved wide. Ps. 21, 17. Þai sal here *mi wordes*. 140, 8 Horstm. Wid lame he smerd *mi eien tua*. CURS. MUNDI 13568 GÖTT. This womman hauis wasced *mi fet*. METR. HOMIL. p. 18. cf. Þis wommon haþ wassche *my feet*. EV. GESCH. 1, 63 [in *Arch*. 57, 242]. Hire hed haþ heo made bare, And wipe[d] *my feet* with hire hare. 1, 65 [*ib*.]. Boþe *my gees* and my grys [his] gadelynges fetten. P. PL. Text A. pass. IV. 38. cf. B. IV. 51. C. V. 49. Arere now to Richard, and reste here awhile, Ffor a preuy poynt þat persith *my wittis*. DEP. OF R. II. pass. III. 110 Skeat. Whi hast thow stoln *my goddis?* WYCL. GEN. 31, 30. Thei dolue myn hondis and *my feet*. Ps. 21, 17 Oxf.

gen. ags. *minra:* Lust *mire worden* of mucle mære wunder, þat ich þe wulle tellen of soðe mine spellen. LAʒ. II. 499 [*hlystan* regierte im Ags. gewöhnlich den Dativ, doch auch den Genitiv; der schwache Genitiv *worden* [für *worde*] ist nicht auffällig, vgl. selest *alre wateren* II. 596].

d a t. ags. *minum:* For þu art unlef *mine worde*, þu shalt beo dumb forte þat child beo boren [Quia non credidisti uerbis meis, ecce eris tacens etc. *lat.*] OEH. II. 125. Forrþi þatt tu ne wolldesst nohht Nu trowwenn *mine wordess*. ORM 214. Ich habbe .. alle his ahte iȝeuen *mine aðelinge* [Ich habbe .. alle his heaþtes iȝeue *mine frendes* j. T.]. I. 37. Ich for beode *heolde mine þeinen* . . þat nan ne beo so wilde etc. I. 34. *Mine dohtren* ich wlle delen mine riche. I. 131. Ic wlle mine riche todon .. & ȝeuen hem mine kineþeode, & twemen *mine bearnen*. I. 125. Ich wolle mine riche ȝiue *mine dohtres*. *ib.* j. T. Thys [i. e. die Erde] graunte I ȝowe, *mynysters myne* [i. e. den Menschen, als Dienern Gottes], Towhils ȝhe ar stabill in thoghte. YORK PL. p. 2. Clense me, louerd, *of mine synnes*. OEH. II. 17. Ne dred te, Zacariȝe, nohht, Noff me, *noff mine wordes*. ORM 151. [Icc ..] hafe feastnedd *I mine þohhtess* þatt I nan Weppmann ne wile cnawenn. 2438. *Of mine dohtren* þu were me durest [*Of mine dohtres* þou were me leouest j. T.]. LAȜ. I. 131. Nes ich noht þero, ne nan *of mine iwaren.* II. 26. Ic þe wulle tellen *of soðe mine spellen*. II. 499. Ich habbe *in mine castles* seue þusend kempes. I. 20 j. T. Þus wið sum *of mine wiheles* ich wrenchte ham adun hwen ha lest wenden. ST. MARHER. p. 13. Bei *to mine benen.* p. 20. Ma wundres ich habbe iwraht .. & ma monne bone ibeon þen ei *of mine breðren.* ST. JULIANA p. 41. Satan is ȝeorne abuten uorto ridlen þe *ut of mine corne* [p. p. von *cheosen*]. ANCR. R. Go *to myne broþren.* O. E. MISCELL. p. 53. Þat ich am on *mine eȝen* lome. O. A. N. 364 Str. Ne thenkeste nowt *of mine opes?* HAVEL. 578. Þe keyes fellen *at mine fet.* 1303. In chambre *mid mine felawes* þer com to me bi cas A suiþe vair man. R. OF GL. 2739 Wr. None *of mine men* it nuste. 3354. *Of mine* deden fynde ȝ non god. BÖDD. *Altengl. Dicht.* p. 223. Þe werlde I cal *wit myne ententes* [*in myne ententis* TRIN.] Þe mater of þe foure elementes. CURS. MUNDI 365 FAIRF. So that I have my lady *in myne armes*. CH. C. T. L B. 1389 Morris Cl. Pr.

Ȝef ha etstonden wulleð *mine unwreste wrenches* ant *mine swikels swenges.* ST. MARHER. p. 14. I fadmode . . Denemark *with mine longe bones.* HAVEL. 1295.

Wi axestu *of craftes mine?* O. A. N. 711 Spr. Mikel sal he thole for me, He self to thole part o þat pine Þat he did ar *to saintes mine* [*to santis mine* EDINB. *to seruandis mine* GÖTT. *to seruauntis mine* TRIN.]. CURS. MUNDI 19680 COTT.

Ich abbe *i min castlen* seoue þusend kempen. LAȜ. I. 20. Ich habbe ivestned . . foreward *mid min eien*, þet ich ne misðenche. ANCR. R. p. 62 *Spr.* I am [wel] ney ded, Hwat for hunger, wat for bondes Þat þu leidest on *min hondes.* HAVEL. 634. Wreke me yet on mi fo Þat ich saw *biforn min eyne* alo Mine sistres, with a knif. 1363. Vor ich am *mid min fon* in eche halfe biset. R. OF GL. 2447 Wr. A sclaundre is vp me ibroȝt *of min children tueye.* 6928.

Wel sawe ic him wole afonge .. And *among myn halewen* him onoury. E. E. P. p. 42. Þe werld i call *wit min entens* [*wid min ententis* GÖTT.] Þe mater of þe four elements. CURS. MUNDI 365 COTT. After the clennesse *of myn hondis* he shall ȝelde to me. WYCL. PS. 17, 21 Oxf. I wul þat my wyf haf of my corn and malt als myche as hire nedeth, til newe come, by delyueraunce *of myn executours.* FIFTY WILLS p. 57 [a. 1424-5].

Sende we ȝute *after mi sones* Octo & Ebyse. R. OF GL. 2547 Wr. cf. 2447 *v. l.* 2547 *v. l.* 2739 *v. l.* Telle þi name *to mi broþer* I sal. PS. 21, 23. Set, lauerd, *to mi mouth* yheminge, And *to mi lippes* doer of vmstandinge [ostium circumstantiæ *lat.*]. 140. 3 Horstm. Sais me .. how ea þis Þat *o mi childir* [*of my childer* FAIRF. *of mi childer* GÖTT. *of my childre* TRIN.] an i misse? CURS. MUNDI 5005 COTT. Watur *to my feet* þou beode me non. EV. GESCH. 1, 62 [in *Arch.* 57, 242]. Leue lord & ludes, lesten *to mi sawes!* WILL. 1439. He . . fihteþ *in my chepynges.* P. PL. *Text A.* pass. IV. 42-3. cf. *C.* V. 58-9. Goo ȝn to hir, that she bere *vpon my kneen.* WYCL. GEN. 30, 3 Oxf. I ȝyue the half *of my goodis* to pore men. LUKE 19, 8 Oxf.

2. das attributive Pronominaladjektiv *min* wird bei weitem vorwiegend in der Bedeutung eines s u b j e k t i v e n Genitiv verwendet; die Umschreibung desselben durch *of* ist ziemlich alt: Understande þe crie *of me.* PS. 5, 2. The wille *of þe*. 39, 8. Again the wille *of me.* CH. C. T. 12116. The myght *of me* may no man mene. TOWN. M. p. 120. It is the lamb *of me.* p. 170. If thou will do by the counsel *of me.* COV. MYST. p. 147.

es findet sich aber auch im Sinne eines o b j e k t i v e n Genitiv: *Mi jugement* were sone igiven, To ben with shome somer driven, With prestes and with clarkes. SIRIZ 246 *Spr.* neben: A, Ihesu, swete Iheau, leue þat te luue *of þe* beo al mi likinge. OEH. p. 271. When y . . se Jesu, þe suete, Is herteblod forlete, For þe loue *of me.* BÖDD. *Altengl. Dicht.* p. 210. Dame .. for luf *of me*, A sight tharof [sc. of thi ring] that I myght se. SEUYN SAG. 3163. I byseke ȝou, knijtes, for the loue *of me*, Goth and dresseth my lond among my sones thre. GAMELYN 35 Skeat.

3. die Verbindung von *min* mit einem s u b - s t a n t i v i e r t e n A d j e k t i v, das Personen - n a m e n bezeichnet, besonders Komparativ - formen [vgl. *Gr.* 1III[2], 239-40], ist uns in älterer Zeit nur selten begegnet: Perfore is min herte sær þet me *mine ældre* [i. e. Ahnen, Voreltern] dude scome. LAȜ. I. 311. I byleve in Jhesu Cryste, Whiche suffred dethe and harowed hell, As I have herde *myne olders* tell. REL. ANT. I. 43 sq.

4. oft wird das zueignende Fürwort der A n r e d e beigegeben, wobei es häufig seinem Hauptworte nachgestellt wird; zahlreiche Bei - spiele sind oben bei dem V o k a t i v der Ein - zahl und Mehrzahl aufgeführt.

5. häufig ist seit alter Zeit die Verstärkung

durch *aȝen, awen, oȝen, owen, owʌ* etc., ags. *äȝen,*
proprius, zur Hervorhebung der ausschliess-
lichen, eigentümlichen Angehörigkeit: Þis *min
aȝe ræd* is [Þis his *min owene read* j. T.]. LAȜ.
I. 141. Þu ært *min aȝe preost.* II. 504. Her he
heo biburede, burden alre hendest, Elcine, *min
aȝen woster* [*min owe voster* j. T.]. III. 29. Ich
ou wole lede *to mine oȝene louerd,* I. 32. Ich
ȝeue him Norðhumberland here *mid mire aȝere
hond* [*mid min owe hond* j. T.]. II. 55. Ȝif me
swa muchel lond, to stonden *a mire aȝere hond*
[*on min owe hond* j. T.], swa wule anes bule
hude ælches weies ouerspræden. II. 169 *Spr.
Mine ahne fleschliche feder* dude, ant draf me
awei. ST. MARHER. p. 8. Al & eke *min owe lif*
leuere me were leac Þan þi lif þat is me so leℓ.
R. OF GL. 706 Wr. [cf. p. 30 *Spr.*]. *Lefdi min
oȝe,* Liþe me a littel þroȝe! H. K. 335 *Spr.*
Tuelf selaȝes wiþ him wente, Among hem A þulf
þe gode, *Min oȝene child.* 1338 *Spr.* I loue hire
as *miin owne lif.* WILL. 5150. I dar nought
byknowe *myn owne name.* CH. *C. T.* I. B. 698
Morris Cl. Pr. Pray hym to comfort me of care,
As *myn awne dere coʒyn.* TOWN. M. p. 68.

mit *aȝen, awn, own, owe* allein, das in diesem Falle wohl früh als Substantiv aufgefasst
wird: For France is *min aȝen,* and ich heo mid
fehte biwon [neben: For France his *min owe
londe,* mid fiht ich hit biwon j. T.]. LAȜ. III. 43.
Hii wolleþ me ȝiue *of mine owe* [*of myn owne* B.
of myne own ð.] mid gode herte a mel. R. OF
GL. 814 Wr. [cf. p. 35 *Spr.*]. Alle Egypt is
mine awne. TOWN. M. p. 55. O tre I kept *for
my owe.* COV. MYST. p. 28.

6. seit alter Zeit erscheinen vor *min* andere
determinative Bestimmungen, besonders häufig
al; auch half und *þis* finden sich: *Al min hope*
is on þe. ST. MARHER. p. 10. *Al min hope*
were etalopen. ANCR. R. p. 148. Agon his *al
min blisse.* LAȜ. III. 121 j. T. *Al myn hoole
herte* was his, while he in helthe regnid. DEP.
OF R. II. prol. 26 Skeat. *Al min heortteblod* to
ðe ich offrie. OEH. p. 191. Also I wul he haue
al myn other houshoold þat I haue atte Londen.
FIFTY WILLS p. 56 [a. 1424-5]. Wiþ a suche
croice as þu iseȝe, þe heȝe god þat was here,
Ouercom & in sorwe brouȝte me & *alle myne
fere.* ST. CHRISTOPH. 57 *Spr.* Don ic wille þine
lare, help mine lauerd & me *mid alle mire mihten*
[*mid alle mine miþte* j. T.]. LAȜ. I. 30. Ich ouh
wurðie ðe *mid alle mine mihte.* OEH. p. 191.
An alle mine iliue [*In al mine lifue* j. T.] . . ne
sæh ich nauere ær swulche cnihtes. LAȜ. II.
153-4 *Spr.* I sal ahriue to þe, lauerd, *in al hert
mine,* Telle I sal alle wondres þine. Ps. 9, 1
Horstm.

A, Ihesu, swete Ihesu, loue þat te luue of
þe beo *al mi likinge.* OEH. p. 271. Agon is *al
mi blisse.* LAȜ. III. 121. I mine boseme . . is *al
mi hope* iholden. ANCR. R. p. 148. *Al mi nestfalde* cun, þat schulde beo me best freond, beoð
me meast feondes. ST. JULIANA p. 33. cf. p. 32.
Al mi song is of longinge. O. A. N. 867 *Spr.
Al my bed* was ful of verray blod. CH. *C. T.*
6161. Þu miht forȝelden lihtliche mine gretunge,
Al mi swinc, and mi sor, and mine kneouwunge.

OEH. p. 199. Þi derue deað o rode telles riht
in al mi luue, calenges *al mi heorte.* p. 275. Here
biteche i þe . . *al mi fe.* HAVEL. 384 sq. Þou
schalt [haue] hire at þin hest, & with hire *al my
reaume,* Oþer half witterli. WILL. 4750.

God almihti unne me, vor his mildheortnesse, Pet . . *alle mine ureondmen* þe bet beo nu
to dai. OEH. p. 199. Scullen *alle mine Bruttes*
. . liðen to Lundene. LAȜ. I. 357. Ah ne mei me
na þing heardes offearen . . ne wursi mi bileaue
towart him þat ȝeueð me *alle mine strengðen.*
OEH. p. 255. Me sulfne heo þencheð quellen
and *alle mine kempen* [and *alle mine cnihtes* j.
T.]. LAȜ. I. 356. Nou haueþ he broken *alle
mine bones.* III. 29 j. T. Here biteche i þe
Mine children alle þre. HAVEL. 384. Ic wile
mine riche todon & [an?] *allen minen dohtren*
[dat.?]. LAȜ. I. 125 [vgl. ags. *todælan on prí* {acc.},
unter drei teilen BED. 5, 12, ae. Brutus nom his
ferde, on (a) *feowre* he heo *todælde.* LAȜ. L. 33].
Help me, milzfule meiden, *in alle mine neoden.*
OEH. p. 205. Ich habbe imaked ȝetes *of alle
mine fif wittes* to sunfule unþeawes. ib. cf. p. 305.
Ȝe schulen beon mine readesmen *in alle mine
dearne runes.* LIFE ST. KATH. 574. Ich . . habbe
. . mest monne bone ibeon *of alle mine breðren.*
ST. JULIANA p. 40. Ifurn ich habbe isuneȝet mid
wurken, and midd muðe, and *mid alle mine lime.*
O. E. MISCELL. p. 193.

Ware uore ich desiri mest þin grace & þin
loue, Þat þou *of alle min* [*my* ɣ.] *londes* me þe
felawe & per. R. OF GL. 6306 Wr. Perffor I
ffondyd with *all my ffyue wyttis* To traueile on
þis tretis. DEP. OF R. II. prol. 50 Skeat.

Half mine uerde ich bilæfuen a þissen ærde.
LAȜ. III. 127. *Halfe my sorow* can I telle. IRO-
MYD. 2168.

so auch mit dem Substantiv *half* als adr.
Bestimmung, von meiner Seite, meiner-
seits: *In myne halff,* I graunte the foreward
RICH. C. DE L. 3302. If to this soor there may
be founden salve, It shal not lakke, certeyn, *on
myn halve.* CH. *Tr. a. Cr.* 4, 916. in meinem
Namen: Ber him þis ring *On mine haluc.* FL.
A. BL. 143.

Also I bequeth to ich of myn executours
takyng charge of ministracion *of þis my testament,* v. marc. FIFTY WILLS p. 51 [a. 1422].

7. das attributive Possessiv *min* findet sich,
besonders in Gegenüberstellungen, auch ab-
getrennt von seinem Substantiv [vgl. Gr. III².
245-6], und zwar

entweder voranstehend: Bute ȝif ich
parti urom ou, þe Holi Goat, þet is, *min* and
mines Federes luue, ne mei nout kumen to ou.
ANCR. R. p. 406. Ȝette me þine luue, þet ich
ȝirne so swuðe, nout *for mine,* auh *for þin
owune bihewe.* p. 400. In þat way sal þou find,
forsoth, *Pi moder* and *mine* our bather *slogh*
[i. e. track.]. CURS. MUNDI 1253 COTT. FAIRF.

oder nachfolgend: Vor man þou art iwis
To winne ȝyt *a kinedom* wel *betere* þan *min* is.
R. OF GL. 287 Wr. There may *no mannes pri-
vete* Ben heled half so well as *min.* GOWER
I. 225. Lay doun *thi swerd,* and I sal *myn* al-

swa. CH. *C. T.* 4063. Sitte ther, brother .. For to colen *thy blood*, as I dide *myn*. GAMELYN 539 Skeat. I bequethe .. C. s. .. for to synge and rede and to praye diuine seruice *for my lordes soule*, Sir Thomas West, and *myn*. FIFTY WILLS p. 7 [a. 1395]. I ordeyn my trusty frendes, Jankyn Miles .. and John Tailour .. that they will do her besynesse to fulfyll *goddes will* and *myne*. p. 51 [a. 1422]. When *alle mens corne* was fayre in feld, Then was *myne* not worthe an eld. TOWN. M. p. 10. Al þat saal come *bi þine daye* & *bi myne* noȝt. R. OF GL. 5913 Wr. — He deð him selua freoma Þa helpeð *his freondene* [dat.]; swa ich wlle *mine*, bi mine quicke liue! LAȜ. I. 29. cf. He doþ him seolue mansipe þat helpeþ *his frende*; so ich wole *mine*, bi mine cwike liue! *ib.* j. T. mit *aȝen, own:* He meynteneþ *his men* to morþere *myn owne*. P. PL. *Text A.* pass. IV. 42.

8. statt des attributiven Fürwortes mit seinem Substantiv findet sich ein von *of* begleitetes, abgetrenntes *min*, zu dem ein Substantiv in der Mehrzahl aus einem vorangehenden Substantiv in der Einzahl zu ergänzen ist und das den substantivierten Formen [s. unten C.] bereits nahesteht; doch vermögen wir dasselbe nur selten und erst in verhältnismässig später Zeit nachzuweisen [vgl. *Gr.³* III. 243-4]: Also I will þat Chace haue *a habirioñ of myne*. FIFTY WILLS p. 54 [a. 1420]. Also I will þat William Tropmell, taillour, of London, and Hunt, brouderere, be paied of their billes for makyng *off a liuerey of myñ*. p. 53. Also I will þat ȝiif *any seruaunt of myn* haue labord for me in my countree sen my fader died, þat þey be resonably rewardid. *ib.*

B. prädikativ.

das besitzanzeigende Fürwort *min* wird an Stelle einer prädikativen Bestimmung im Nominativ häufig durch *beon* mit einem als Subjekt gesetzten Substantiv oder Pronomen verbunden; es bezeichnet jedoch stets den Besitz, das Gehören mehr nach Art einer adverbialen Bestimmung und wechselt mit dem besitzanzeigenden Genitiv oder *of* [vgl. All that *was my husbondes* and *myn*. AMADAS 159. Er þonne þet child beo ifulȝed, hit *is þes deofles*. OEH. p. 37. *Of suche is* the kyngdom of God. WYCL. 10, 14 Oxf.]. Hier scheint also die urspr. Bedeutung eines substantivischen Genitiv von *ic* noch rege zu sein, wie derselbe im Ags. und anderen älteren deutschen Dialekten noch lebendig war [ags. Hwi sandige ge *min?* MAT. 27, 19. Gemun þu *min*. LUC. 23, 42, neben: Nis hit *nd min*. MARC. 10, 40; ahd. Dû bist *mîn*, er ist *mîn*, siu sint *mîn* u. a.]; vgl. übrigens im allgemeinen *Gr.³* I. 318, Prädikat II. 44-45, und besonders Genitiv II. 171-2. II. 276; ferner über die Substantivierung III. 247 und unten C.

an Stelle einer prädikativen Bestimmung im Akkusativ findet sich das Fürwort, wohl sicher substantiviert, einmal bei *halden*; s. unten C.

sing. For swilche pine ic habbe, þet me were leofere þenne al world þah hit *were min*,

most ic habben an alpi *þraȝe summe lisse* and summe leðe. OEH. p. 35. Mi leoue leafdi, þu ert *min*. p. 199. Þiss blisse iss *min*. ORM 17954. Þe uiht is *min* & nout oure. ANCR. R. p. 266. Þei al þe world *were min*. R. OF GL. 705 Wr. [cf. p. 30 *Spr.*]. Þou ne ssalt neuere iwis Part abbe of mi kinedom, ne of lond þat *min is*. 722 Wr. [cf. p. 31 *Spr.*] Ich suor an oþ .. of þing þat *min* noȝt *nas*. 7349 [cf. p. 357 *Spr.*]. He *is min*, and al his kin. HARR. OF HELL 92. Sathanas, hit wes *myn*, Þe appel þat þou ȝeue hym. 93. Wiþ riht and resun he *is myn*, To wende wiþ me to hellepyn. EV. GESCH. 1, 5, 59 [in *Arch.* 57, 246]. Wiþ riht and lawe may þow se þat he *is myn* [That he *es min* METR. HOMIL. p. 56] þorwh jugement. 70 [*ib.*]. My lore *is* not *myn* .. But his þat hit haþ ȝyuen to me. CURS. MUNDI 13888 TRIN. I .. biholde Hou Heyne haþ a newe cote, and his wyf anoþer; Þenne I wussche hit *weore myn*, and al þe web aftur. P. PL. *Text A.* pass. V. 90. My doctrine *is* not *myn*, but his that sente me. WYCL. JOHN 7, 16 *Spr.* Thyn is affeccioun of holynesse, And *myn is* love, as to a creature. CH. *C. T.* I. B. 300 Morris Cl. Pr. *Myn is* the prisoun in the derke cote. 1599. All that *was* my husbondes and *myn*, Away thei had. AMADAS 159. mit *aȝen*, das vielleicht substantiviert ist: France *is min aȝen* [neben France *his min owe londe* j. T.]. LAȜ. III. 43.

He *es mine*, To wend mid me til hellepine. METR. HOMIL. p. 55. My lare *es* noght *mine* .. Bot his þat it haues giuen to me. CURS. MUNDI 13888 COTT. FAIRF. GÖTT. Of alkin fruit haf þou þe nine, For I wil þat þe tend *be mine* [. . neien .. *mein* GÖTT.]. 969 COTT. FAIRF. TRIN. Eche weiþ schal wite þat he wrong *is myne*. WILL. 2081. Alle that euyr *was* his and *myne*. AMADACE st. 15. I .. biholde how Eleyne hath a newe cote; I wisshe þanne it *were myne*, and al þe webbe after. P. PL. *Text B.* pass. V.109 sq. This honour sal nought *be myne*, Bot, sertes, it aw wele at be thine. YW. A. GAW. 3665. Ich suor an oþ .. of þing þat min [*myne d.*] noȝt *nas*. R. OF GL. 7349 Wr. Tryamoure, alle that *ys myne*, When thou wylt hyt schalle be thyn. TRYAM. 1285. mit *aȝen, awn*, das vielleicht als Substantiv zu fassen ist: Alle Egypt *is mine awne*. TOWN. M. p. 55.

plur. Ȝef ȝe beoð *mine*, as under me isette, & wulleð alle wið me in eche murhðe wunien, lesueð to leuen lengre on þes lease maumes. LIFE ST. KATH. 1757. Mikil sal he thole for me, Himself to þole part of þat *þine* Þat he did to men *was mine* [i. e. that were mine]. CURS. MUNDI 19680 FAIRF. *Myne* thei *ben*, and of me. P. PL. 12737. *Myne ben* the maladies colde. CH. *C. T.* I. B. 1609 Morris Cl. Pr. Alle thingis, what euere thingis the fadir hath, *ben myne*. WYCL. JOHN 16, 15 Oxf. *Spr.* And alle myne thingis ben thine, and thin thingis ben *myne*. 17, 10 Oxf. *Spr.*

als prädikative Bestimmung im Akkusativ: Ich holde *mine* Alle þo þat ben herinne. HARR. OF HELL 83.

C. substantiviert.

das besitzanzeigende *min* findet sich, **substantiviert** gebraucht, von **Personen** und **Sachen.**

1. von **Personen** erscheint nur das auf eine **Mehrzahl** bezogene Fürwort, insofern man nicht etwa prädikative Satzbestimmungen in Verbindung mit *beon* hierher ziehen will [s. oben B.]: I and *mine* þe mis has don. CURS. MUNDI 6035 COTT. ähnl. *cett.* I shal þe bringe of hellepine, And wiþ þe alle *mine.* HARR. OF HELL 63. cf. 186. Ʒut þe manasceþ me and *myns,* and lyth by my mayde. P. PL. *Text C.* pass. V. 62. I .. foryeve yow.. alle the.. wronges, that ye have don to me and *agayns* me and *myne.* CH. *T. of Melib.* p. 197 *Spr.*

hierher zu rechnen ist auch die oben erwähnte prädikative Bestimmung im Akkusativ in Verbindung mit *halden* [s. oben B.]: I holde *mine* Alle þo þat ben herinne. HARR. OF HELL 83.

2. von einer **Sache** wird das substantivierte Possessiv in der **Einzahl** auf das einer Person **Gehörige** oder ihr **Eigentum** angewendet, abgesehen auch hier von prädikativen Satzbestimmungen mit *beon* [s. oben B.]: *Myn* and thyn duo sunt qui frangunt plebis amorem. POL. S. p. 252. vgl. Bote *myn* ant *myn* owen won, Wyn and water, stokes ant ston, Al goth to my wille. REL. ANT. I. 111 *Spr.* He heaniþ ant hateþ me, ant ich hit neauer nuste þ he *of min* hearm hefde. ST. MARHER. p. 8. Sippen he was boht *wiþ min,* Wiþ resoun wil ich hauen him. HARR. OF HELL 99. O þine wil i not haue a dele, Bot leuer es me *o myne* [*of myne* FAIRF. *of mine* GÖTT. *of myn* TRIN.] þou haue. CURS. MUNDI 2428 COTT. of *myne* [*of myn* Picker. de meo *Vulg.* ἐκ τοῦ ἐμοῦ *gr.*] he schal take, and schal telle to þou. WYCL. JOHN 16, 14 Oxf. *Spr.* cf. 16, 15.

der Hinzutritt von *own* läßt in neuerer Zeit dies als das Substantiv erscheinen; auch in älteren Beispielen dieser Art ist diese Auffassung vielleicht zutreffend, da das Neutrum von *aʒen* adj. auch sonst frühe als Substantiv gefunden wird [s. *aʒen* s.]: France is *min aʒen.* LAʒ. III. 43. Alle Egypt is *mine awne.* TOWN. M. p. 55. Hii nolleþ þe ſiue *of min owe* mid gode herte a mel. R. OF GL. 814 Wr. O tre I kept *for my owe.* COV. MYST. p. 28.

D. personal, mit an [verstärkt *al an, alan*], *self.*

1. wie auch sonst *an,* unus, solus, unicus, und das verstärkte *al an, alan,* solus, nicht nur ohne weiteren Zusatz attributiv [als adjektivische Apposition] zu einem **Personalpronomen** treten, sondern auch in Begleitung eines Dativ des persönl. Fürwortes oder endlich eines vorangestellten Possessivpronomens, so treten sie auch mit dem vorangestellten Possessiv *min* verbunden erläuternd und näher bestimmend zu dem Personalpronomen *ic* [vgl. oben *an* num., *alan* adj.]: Of al þis world namore y bad Pen beo wiþ hire *myn one* bistad. BÖDD. *Altengl. Dicht.* p. 161. Fſorþi y grunte & grone, When y go *myn one.* p. 246. As *I* wente

bi a wode, Walkyng *myn one* [me alone U.], Blisse of þe briddes made me to abyde. P. PL. *Text A.* pass. IX. 55. cf. *B.* VIII. 62. *C.* XI. 61. Go ich to helle, go ich to heuene, *ich* shal nouht [go] *myn one* [allone E. me selue M.]! *C.* XII. 200. dieser Verbindung wird auch *bi* vorangestellt [vgl. *Wb.* v. *an* 2, *Gr.³* II. 424]: *I* satt *by myne ane,* fleeande þe vanytes of þe worlde. HAMP. *Tr.* p. 5 *Spr.* vgl. *Anm.* vgl. Pus *I* went widewhere walkyng *myne one* [*bi myn one* B.]. P. PL. *B.* VIII. 62.

Wepinge *al min one.* GOWER I. 45. vgl. Ich wente forþ wydewhere, wall͏ynge *myn one* [me alone M. allone E. *al myn* oolͭ F.]· P. PL. *C.* XI. 61. *Notes* p. 212.

über die Verbindung von *al an* mit *self* s. unten 3.

2. ganz ähnlich wird zur Verstärkung des persönlichen Fürwortes *ic* das adjektivische Identitätspronomen *self,* urspr. in demselben Kasus und Geschlecht, attributiv [als adjektive Apposition] verwendet, nicht nur allein oder von dem Dativ *me* begleitet, sondern auch von dem urspr. Genitiv *min,* wobei sich starke Formen mit *self* mit schwachen mischen; auch in dem letzteren Falle behält in den Zusammenstellungen von *mi* mit *self, selue, seluen* das *self* gewöhnlich noch seinen adjektivischen Charakter. Da jedoch *self* auch fähig ist, substantivisch verwendet zu werden, so gelangte mit der Verdunkelung und Vermischung der Kasusverhältnisse die Verbindung *mi self, miself* in späterer Zeit dazu, als Hauptwort betrachtet zu werden; s. *ic* pron. pers. ego, *self* adj. ipse, *Gr.³* I. 319. vgl. II. 11. 22 [44].

hierbei geht das Personalpronomen entweder voran: Ah *ich mi seolf* neore, & mine gode cnihtes, inumen weoren ure king, & his Bruttes alle aqualde [Ac *ʒif ich mi seolf* neore, and mine gode cnihtes, inome hadde ibeo þe king, and his men acwelled j. T.]. LAʒ. I. 376. Icholle þe *mi sulf* [mysulf þe B. *mi sulf* þe *a.* my *self* þer *β.*] seche out, & þoru suerd restore Al þat þi reuerye [i. e. robbery] is aþ binome. R. OF GL. 4009 Wr. Y my *self* wolde bue knawe! BÖDD. *Altengl. Dicht.* p. 223. Par *i mi self* first was made [Par i first me self was made COTT.]. CURS. MUNDI 1260 GÖTT. Seþþe *i* am his so18urayn *mi self* in alle þing. WILL. 494. I sai a selcouþe siʒt *mi self* ʒisterneue. 2160. He schalle here speke of him [sc. the grete Chane] so meche merveylouse thing, that he schalle not trowe it: and treuly, no more did *I myself,* til I saughe it. MAUND. p. 221. *I myself* have seen o ferrom in that see, as thoughe it hadde ben a gret ʒle fulle of trees and buscaylle. p. 271. If *I* say it *myselfe.* WARS OF ALEX. 258.

Ne bidde ich nane maþmes, me seolf ich habben inoʒe [Ne bid ich no þing of his, inoh ich habbe *mi seolue* j. T.]. LAʒ. I. 136. When y *mi selue* stonde, & wiþ myn eʒen seo þurledd fot ant honde wiþ grete nayles þreo. BÖDD. *Altengl. Dicht.* p. 196. To se *I* wil my *seluen* ga [will i *mi seluen* ga GÖTT. wol *I my seluen* ga TRIN. dagegen: wil i me self ga COTT.] To here þe cry if hit be aqua. CURS. MUNDI 2745 FAIRF. *I* schal lyʒt into þat led, & loke *my seluen* If þay haf don as þe dyne dryueʒ on lofte. ALLIT. P. 2, 691. *I wot myseluen* best. CH. *C. T.* 9334.

oder es folgt: *Mi self ich* wlle teo toforen to telde þas kingeʒ [*Mi seolf ich* wole go bifore to þis kinges teldes j. T.]. LAʒ. I. 34. *Mi seolf ich* wunie inne Kent [*Mi seolf ic* (Lücke) .. nie in Kent j. T.]. I. 361. *Mi seolf ich* wulle fihte [*Mi seolf ich* wolle fihte j. T.]. II. 568. *Mi seolf ich* wulle hine anhon haxst alre warien. III. 127. *Miself* knowe *ich* nouʒt mi ken. WILL. 722.

oder es fällt weg: His maister of lare *miself* sal be [i self sal be COTT. GÖTT. I sal selue be EDINB. I shal be TRIN.]. CURS. MUNDI 19679 Fairf. Þer *my selfe* [*my self* TRIN.] was first made. 1260 FAIRF. I circumcised my sone sitthen for his sake; *My self*, and my meyne, and alle þat male were, Bledden blode for þat lordes loue. P. PL. *Text B.* pass. XVI. 235. cf. Ich circumsysede my sone, and also, for hus sake, *My self* and my meyne, and alle þat maule were, Bledden blod for þat lordes loue. C. XIX. 253. For sertes, þis same sekenes *mi self* [acc.] it holdes In alle wise as it doþ William, & wors. WILL. 930.

Nay! sertes *my selue* [nom.] schal him neuer telle. WILL. 543. Mine þralles i mire þeode me suluen [dat.] þretiað [Mine þralles and mi folk *mi seolue* þreteþ j. T.]. LAʒ. I. 22. Wenne þu wult more suluer, fæche hit at me suluen [Wan þou wolt mor seoluer, feche hit *mi seolue* j. T.]. I. 152. For holly þe londes þat he [sc. þe duk of Saxoyne] has, he holdes *of mi selue*. WILL. 1175. *Liberum arbitrium* .. is lieutenant to loken it wel, by leue *of my selue*. P. PL. *Text B.* pass. XVI. 46.

gegen das Ende des 14. Jahrh. wird *self* in dieser Verbindung sicher als Hauptwort betrachtet: *Myself* hath been the whippe. CH. *C. T.* 5757.

3. diese beiden Verstärkungen des Personalpronomens, an [al an, alan] und *self*, werden auch miteinander vereinigt gefunden: I nabbe .. nenne were: *ich am my seolf* al one. O. E. MISCELL. p. 85. *Ich hyne vecche wille al my seolf* on p. 53.

E. reflexiv, mit *self*.

die durch *self* verstärkte Form des Personalpronomens *ic* wird nach angelsächsischem Vorbilde ziemlich frühe auch da gefunden, wo die syntaktische Beziehung des persönlichen ûrwortes reflexiv ist; vgl. *Gr.³* I. 319. Fl. 68.

das reflexiv gebrauchte Personalpronomen geht seiner Verstärkung entweder voran: Nevere with pleyeris y myngid *me mysilfe* [Nunquam cum ludentibus miscui me *Vulg.* Tob. 3, 17]. REL. ANT. II. 47 Spr. [I. 2, 232]. Ac *for me myself*, ich wol soþ segge of þis dede. R. OF GL. p. 30 Hearne Spr.

oder es fällt weg: When y *my self* haue þourhsoht, Y knowe me for þe worst of alle. BÖDD. *Altengl. Dicht.* p. 223. Lord, thou woost that nevere y coveytide man, and clene y have kept *myselfe* fro all lustis [mundam servavi ani-

mam meam ab omni concupiscentia *Vulg. Tob.* 3, 16]. REL. ANT. II. 47 Spr. [I. 2, 231-2]. Wanne ich am encheson of such peril, ywis, Verst icholle þer inne do *mi sulue* [me sulf B.]. R. OF GL. 9284 Wr. Lyht þou me & lere In þis false fykel world *my selue* so to bere, þat y ner at myn endyng haue þe feond to fere. BÖDD. *Altengl. Dicht.* p. 216-7. Ich wlle þesne king læden mid me seolfan [Ich wole þisne king leode *mid mi seolue* j. T.]. LAʒ. I. 35-6. On *mi sulue* [me sulue B.] ich truste muche. R. OF GL. 9288 Wr. For seiþli *in my self* y fele it nouʒt þanne. WILL. 912. Nere it, awctyng, for þi sake, *of my self* i ne rouʒt. 3095. Ich am sikur *of my silf* to suffre min ende. ALEX. A. DINDIM. 75. I may not *of my silf* [*of my self* Picker. of me sylfum ags.] do ony thing. WYCL. JOHN 5, 30 Oxf. Spr. cf. *Of my silf* [*of my self* Picker.] I do no thing. 8, 28. Were it convenable To myn estat .. to han of hym routhe, In harmynge *of myself* or in repreve. CH. *Tr. a. Cr.* 2, 1137.

min s. mens, memoria s. *mune.*

Minatour s. fr. *Minotaure, minotaure*, it. sp. *minotauro*, lat. *Minotaurus* [auch als Bild auf röm. Feldzeichen *Plin.* 10, 2 (5). *Veget. r.* m. 3, 6], gr. Μινώταυρος, neue. *Minotaur.* Minotaur[us], myth. Ungeheuer, halb Mensch, halb Stier, und sein Bild auf Feldzeichen.

By his baner born is his pynoun Of gold ful riche, in which ther was ibete The *Minatour* which that he [sc. Theseus] slough in Crete. CH. *C. T.* I. B. 120 Morris Cl. Pr.

minkes s. spät afr. *minques*, neue. *minx*, *mink* [pl. *minks*, mink-skins], martes vison, mustela lutreola, wohl eins mit *minx*, darling, little girl etc., das sich wie die Diminutiva neue. *minnekin*, *minikin*, niederd. *minneken*, und ags*t.* se. *mignion*, neue. *mignon*, *mignion*, *minion*, afr. *mignon*, zu ahd. *minnja*, *minna*, dilectio, amor, caritas, und seiner Sippe zu stellen scheint; vgl. ae. *minne*, memoria. Fell eines marderartigen Raubtieres, Mink, Minx, womit vielleicht früher schon, wie jetzt, der Nörz oder der amerikanischen Vison bezeichnet wurde.

Mynkes, a furre, minques f. PALSGR.

mincen, minsen v. wohl mit fr. *mince* adj., *mincer* v. und ags. *minsian*, minui, destrui, gth. *minznan*, ἐλαττοῦσθαι, nebst ahd. *minsôn*, minuere, destruere, zu gth. *mins*, *minz* adv. ἧττον, ἐλαττον, gehörig, vgl. *min* adj. minor; neue. *mince* [to *mince*, minuere MAN. VOC.]. zerkleinern, zerhacken, klein hacken, in kleine Stücke zerschneiden.

imper. Take larde & *mynce* it. TWO COOK. B. p. 19. *Mynce* smal þe pouches [i. e. stomachs of fish]. p. 16. *Mynce datys* smale. p. 29. Take percely, and oynons, and *mynce* þem and þe rostyde shulder of moton. p. 110. Take þe lift whynge; in þe sawce *mynce* hit euen beside. BAB. B. p. 142 [a. 1460-70]. Pan *mynce* þat oþur whynge *ib.* vgl. *Mynce* that plouer [i. e. Kibits etc.]. p. 265. 277 [a. 1513]. *Mynse* hem [sc. partriches etc.] smalle in þe siruppe. BAB. B. p. 142 [a. 1460—70]. *Mynse* þem þan in þo sawce with powdurs kene of myght. *ib.*

p. p. Take vynegre, and poudre gingere, salt, and cast apon þe *myncedd* shulder, and ete hym so. Two COOK. B. p. 110. Frye *myncyd* oyenons. p. 14. Above þese herbus a lytul larde Smalle *myncyd*. LIB. C. C. p. 18.

Put þer to *Mynsyd* onyons, with powder also Of peper. LIB. C. C. p. 45. Frye smalle *mynsud* onyone [i. e. onion, onions] In oyle, or sethe hom in mylke þou schalle. p. 17-18. Take *mynsud* onyons and powder .. Of peper. p. 46-7. With *mynsud* onyonus gode. p. 49.

minchin, -un s. monacha, nonna s. *munechene.*

minde s. mens, memoria, numerus; adj. me-mor, **minden** v. meminisse, **mindi** adj. memor, **mindiḍnesse** s. memoria s. *munde* etc.

mine s. afr. nfr. *mine*, pr. *mina*, *mena*, pg. sp. it. mlat. *mina* [*nina* plumbi D. C. *mina* fodina, Gall. *mine ib.* auch vom Wallgange: *minæ*, partes murorum, quæ ad emissionem sagittarum fene-stratæ sunt *ib.* letzterer Gebrauch könnte aller-dings eine Erinnerung an lat. *minœ* murorum, mœnium, Zinnen, sein], wallon. *meinn*, auch niederl. *mijne*, md. niederd. nhd. *mine*, neue. *mine*, zu *minen* v.

1. unterirdischer Gang, Stollen, Mine: A *myne*, cunus, via subterranea, cu-nulus, cuniculus. CATH. ANGL. p. 240.

2. Schacht, Erzgrube: Men fynden hem [sc. gode dyamandes] .. upon hilles where the *myne* of gold is. MAUND. p. 158. Beayde that yle, toward the est, ben 2 other yles, and men clepen that on Orille, and that other Ar-gyte; of the whiche alle the lond is *myne* of gold and sylver. p. 301. He [sc. þys mynur] wroȝt on a day, ande holede yn þe hyl; A perylous chaunce to hym fyl; For a grete party *of þat yche myne* Fyl dowun yn þe hole, ande closede hym ynne. R. OF BRUNNE *Handl. S.* 10736. vgl. He [sc. þe mynour] wrouhte, and holede in þe hille; A perilous chaunce fel hym tille: A gret parti *of þe myne* Ffel doun þer, and closed hym inne. EV. GESCH. 29. c. F. 7 [in *Arch.* 57, 287]. Men fynden many tymes harde dyamandes in a masse, that comethe out of gold, whan men puren it and fynen it *out of the myne.* MAUND. p. 158. The thridde ston .. is cleped minerall, Which the metalles *of every mine* Attempreth, till that they ben fine. GOWER II. 87. vgl. A *mine*, fodina. MAN. VOC.

3. Mineral, Gestein, zum Kalkbrennen [vgl. neue. prov. *mine*, any kind of mineral. *Kent.* HALLIW. D. p. 554; besonders bezeichnet es als Bergmannsausdruck Erz, Eisenerz, im Gegensatze zu taubem Gestein]: Stone tibur-tyne, or floody columbyne, or spongy rede lete brenne, or marblestone; For bylding, better is the harder *myne* [minera *mlat. gl. marg.*]; The fistulose and softer lete it goone to cover with [Calcem quoque ex albo saxo duro vel Tiburtino aut columbino fluuialiue coquemus, aut rubro aut spongia aut marmore postremo; quæ erit ex spisso et duro saxo, structuris conuenit: ex fistuloso vero aut molliori lapide tectoriis ad-

hibetur vtilius *lat.*]. PALLAD. 1, 372. vgl. dazu, mit Bezug auf Edelmetallerze: Mineria, anglice a *myne* vel ore, vel minera secundum quosdam et anglice ore . . . ., as goold ore, sylver ore etc. WR. VOC. col. 596, 12 Wülck.

minegen, mineȝen v. memorare, monere, hor-tari s. *muneȝen.*

mineinge s. suffossio s. *mininge.*

minen v. afr. nfr. *miner*, sp. pg. pr. *minar*, it. *minare*, aus altsp. pr. kat. *menar*, führen, treiben, betreiben, it. *menare*, mlat. *minare*, cuniculos facere [D. C.]. lat. *minare*, [Vieh] trei-ben, zu *minari* [DIEZ *Wb. I.* v. *mina*, *menare*]; sch. *myne*, *myn* [BARB.], neue. *mine*; vgl *mine* s.

1. graben in die Erde, Gänge anlegen unter der Erde, ohne Objekt: Thanne thei [sc. the Jewes] schullen dyggen and *myncn* so strongly, tille that thei fynden the ȝates, that Kyng Alisandre leet make of grete stones. MAUND. p. 267 *Spec. II.* Thai bigonne hire werk .. And sette postes al about, And bigan to *mini* under. SEUYN SAG. 2107 *Spr.* Þanne nymþ he his pic and his spade, and beginþ to delue and to *myny.* AYENB. p. 108. And ther-upon anon he bad His minours for to go and *mine.* GOWER II. 198. To *myne*, arapagere, cunire. CATH. ANGL. p. 240. vgl. *arapagare*, effodere D. C.

Who bat *myneþ* downe lowe in þe grounde, Of gold and syluer groweþ [fyndith *L.*] þe my-nerall. LYDG. 24 Zup. [in *Arch.* 58, 7]. Þe Messe-dones in þe mold *mynes* to þe graues [Þe Massy-doyns in þe mold *mynyn* into þe grafes *Dubl.*], Fand coupis all of clene gold & costious stanes, Þe sepulture of a aire, þat of Sure was kyng. WARS OF ALEX. 3141 Ashm. Thus they *mine* forth withall. GOWER II. 200.

Al dai thai *mined* doun right, Til hit com to the night. SEUYN SAG. 2113 *Spr.*

cf. *ymyned* p. p. AYENB. p. 108.

in der Kriegskunst, minieren, Minen-gänge anlegen! Alisaundre quic hoteth his hynen Under heore walles to *myne.* ALIS. 1215. Kyng Rychard, the conquerour, Callyd in haste hys mynour, And bad hym *myne* up to the town, That is callyd Maudit Coloun. RICH. C. DE L, 2905. The mynours gunne to *myne* faste. 2913. Thys man [sc. Kyng Rychard] dos us stronge pyne, Whenne he wol bothe throw and *myne.* 2919. The Frensche men, with gret noblay, Halp to *myne* that ilke day; That outemeste walle was doun caste. 2929. To *myne*, arapagere, cunire. CATH. ANGL. p. 240. vgl. sch. Ane sow [cf. *sus*, machina bellica D. C.] thei maid .. With armyd men enew tharin, And instrumentis als for to *myne.* BARB. XVII. 597 sq. Skeat. Gat sley mynowrys, and syne wndyre þe erde he gert þaim *myne.* WYNT. VIII. 37, 91.

I *myne* under the grounde, je mine. PALSGR. There be many polyces to parceyve whether ones ennemyes *myne* to steale in theire towne or nat, il y a maintes polices pour entendre se les ene-mys mynent pour entrer en la ville a lemblee ou non. *ib.*

Þey wyþoute [sc. the Picts, die Belagerer]

were *mynynge* [myand *v. l.*] alle; þe wal þey holede, & dide hit falle. R. OF BRUNNE *Story of Engl.* 6835 [wegen der auffallenden Variante *myand* s. *mien* v. terere, und vgl. Mynoure þey hadde ynowe, & sleye, þe wal to perce & *vndermys*. ib. 3431].

Furius Camillus *mynede* in the oon side of þe citee and made weies under erþe. TREVISA III. 269. Richard had minoures, þat *myned* vndere þe walle. LANGT. p. 179. Þe Frankis bare þam stoute, þe [i. e. þei] *myned* boþe & cast vnto a toure Maudut, & wan it at þe last. ib.

2. graben, durch Graben herstellen, aushöhlen, von einem Tiere: A fox schalle make there his trayne, and *mynen* an hole, where Kyng Alisandre leet make the jates. MAUND. p. 267 *Spec. II.*

3. durchgraben, durchhöhlen, durchwühlen, von einem Tiere: So longe he [sc. the fox] schalle *mynen* and percen the erthe, til that he schalle passe thorghe towardes that folk. MAUND. p. 267 *Spec. II.*

4. untergraben, unterminieren: Thei *mynen* housis in dercnessis. WYCL. JOB 24, 16 Purv. In her woodnesse thei killiden a man, and in her wille thei *myneden* the wal. GEN. 49, 6 Purv. He schulde wake, and not suffre his hous to be *mynyd* [*myned* Purv.]. LUKE 12, 39 Oxf. vgl. To *mine*, suffodere. MAN. VOC.

durch Minengänge zerstören [mit folgendem adverbialen *doun*]: [I salle ..] Merke unto Meloyne, and *myne doune* þe walles, Bathe of Petyrsande and of Pys etc. MORTE ARTH. 351. cf. 428. sch. unter Hinzutritt weiterer adv. Bestimmungen: He .. gert *myne doune*, all halely, Bath tour and wall *rycht to the ground*. BARB. X. 771 Skeat. The castell and the towris, syne, *Rycht till the ground doune* gert he *myn*. IX. 855 *Spr.*

5. untergraben, eindecken, einlegen, vom theilweisen Einlegen des Rebengesenkes in die Erde: The long endurid, old, forfreton vine Is not to helpe, as Columelle techeth, To delue hit vnder al, but to reclyne Hit lyke a bowe, and vnder lond hit *myne* [vetus et exesa vinea cuius duramenta longe processerunt, vt Columella dicit, mergis melius reparabitur, quam si infossione totius corporis obruatur .. mergum dicimus, quoties velut arcus supra terram relinquitur, alia parte vitis infossa *lat.*]. FALLAD. 3, 331 *Lidd.* vgl. *merge* s. mergus.

minen v. minuere s. *mining* s. minutio.

minen v. monere, meminisse s. *munien*.

miner s. cunicularius s. *minour*.

mineral s. fr. *minéral* m. Mineral, Gestein, Berggut [neben veraltetem *mineraille* f. mlat. *mineralia*], und *mineral* m. Erz, pr. sp. *mineral*, it. mlat. *minerale*, subst. Neutrum von mlat. *mineralis* adj. aus afr. *miniere*, nfr. *minière*, it. *miniera*, pr. *meniera*, sp. *minera* [auch *minero*], mlat. *minera*, zu *mina*; vgl. *mine* s.

1. Mineral, metallhaltiges Gestein, Erz: Who þat myneþ downe lowe in þe grounde Of gold and syluer groweþ [fyndith *L.*] þe *mynerall*. LYDG. *Isop.* 24 Zup. [in *Arch.* 85, 7].

2. Mineralelixir, Stein der Weisen als Kunstausdruck in der Alchymie [elixirium *minerale*, das unedle Metalle in Gold und Silber umwandeln sollte, im Unterschiede von dem elixirium *vegetabile* und *animale*]: The thridde ston .. is cleped *minerall* [hier könnte das Wort auch noch als Adj. aufgefasst werden], Which the metalles .. Attempreth, till that they ben fine, And pureth hem by such a wey, That all the vice goth awey of rust, of stinke, and of hardnesse; And whan they ben of such clennesse, This *minerall* .. Transformeth all the firste kinde, And maketh hem able to conceive .. Of golde and silver the nature. GOWER II. 87.

mineschen v. minuere, minui s. *minuschen*.

minester s. minister s. *ministre*.

minestral s. ministerialis s. *menestral*.

minestre s. minister s. *ministre*.

minestren v. ministrare s. *ministren*.

minetere s. monetarius s. *munetere*.

mingen v. memorare, monere, hortari s. *munejen*.

mingen v. miscere, **minging** s. mixtio s. *mengen, menginge*.

minglen früh neue. v. miscere s. *menglen*. vgl. noch: I *myngell*, je mesle. I praye you, *myngell* them nat togyther, je vous prie, ne les meslez pas ensemble. PALSGR. [a. 1534].

minien v. meminisse, reminisci, memorare s. *munien*.

minigen v. monere, hortari s. *munejen*.

minim s. fr. *minime*, pr. it. mlat. *minima* [sc. nota] von lat. *minimus, -a, -um* adj. superl. zu parvus, neue. *minim* [früher auch *minum* geschrieben], halbe Note, früher Achtelnote [vgl. NARES v. *minimus*, or *minim*]. Minima, kleinste Note.

Mynym of songys [*mynym* P.], minima. PR. P. p. 338. *Mynym* in song, minime. PALSGR.

miniment s. afr. neue. *muniment*, mlat. lat. *munimentum* [vgl. *Munimenta* Gildhallæ LIB. ALB. & CUST. *munimenta* dicuntur probationes et instrumenta, quæ causam muniunt D. C. (a. 1381) .. nostris *muniment* (a. 1272)], von mlat. lat. *munire*, vielleicht mit volkstüml. deutender Anlehnung an ae. *munien, minen*, memorare. Urkunde, schriftl. Denkmal.

Meche gode he dede to þat place, As in jour *mynymentis* fynd je may. ST. EDITHA 696 Horstm.

mining s. von einem sonst nicht nachweisbaren Zeitworte *minen*, minuere, aus min, *minne* adj. minor; vgl. ahd. *minnirunga, minnerunge*, mhd. *minnerunge*, md. *minrunge*, minutio, von ahd. *minnirôn, minnerôn, minnorôn*, mhd. *minneren, minnern, minren*, minuere, und s. *min* adj. Minderung, Schädigung.

Ihesu Criste .. was sothefastely conceyuede of þe maden Marie, and tuke flesche and blude .. withowtten any merryng of hir modirhede, withowtten any *mynyng* of hir maydenhede. REL. PIECES p. 3.

mining s. memoria commemoratio s. *muning*.

mininge, mineinge s. neue. *mining*. Minieren, Untergraben.

Our king Uterpendragon Him assiled, & ek his men, Wiþ heweing & wiþ *mineinge* & wiþ mangunels casteinge. ARTH. A. MERL. 2427 Kölb.

minisshen v. minuere s. *minuschen*.

minission s. gl. *minitio*, *-ōnis* für *minutio*, *-ōnis*, it. *minuzione*, diminution; vgl. *minuschen* v. minuere. eig. Verminderung, Verkleinerung, dann konkret, im Plural, abgefeilte kleine Teile, Feilspäne.

Alle þe *mynyssionys* [minutiæ] of þat nayle þat weron fyled of þat nayle wit þe file etc. ST. EDITHA 1445 Horstm.

minister s. minister s. *ministre*; monasterium s. *munster*.

ministeren v. ministrare s. *ministren*.

ministerie, ministeri s. fr. *ministère*, pr. *ministeri*, sp. pg. *ministerio*, it. *ministerio*, *ministero*, lat. *ministerium*, neue. *ministery*, *ministry*; vgl. *mestier*. Dienst, Amt.

das Wort, in der Form *ministry* jetzt vielfach verwendet, ist eine späte Rückbildung unter dem Einflusse des Lateinischen; in den wenigen etwas älteren Stellen, in denen es nachzuweisen ist, bezeichnet es im besonderen

1. Beschäftigung, Thätigkeit, Hantierung, in der Landarbeit: Alle þat halpe hym to erie, to sette, or to sowe, Or any other myster [*mynsterys* B.] þat myƷte Pieres auaille, Pardoun with Pieres Plowman treuthe hath ygraunted. P. PL. *Text B.* pass. VII. 7.

2. Amt, geistliches Amt, Predigtamt: I schal honoure my *mynysterie*, or seruyse [Y schal onoure my *mynysterie* Purv. τὴν διαχονίαν μου δοξάζω gr.]. WYCL. ROM. 11, 13 Oxf. Seynte Peter ordeynede ij. bischoppes at Rome, other ij. helperes to hym, Linus and Cletus, to fullefille the *ministery* off pristes to the peple .. and notte the pontificalles. TREVISA IV. 403-5 *Harl.* — So a man gesse vs, as mynistris of Crist, and dispenderis of the *mynisteries* of God [dagegen: dispensatores mysteriorum Dei *Vulg.* οἰκονόμους μυστηρίων θεοῦ gr.]. WYCL. 1 COR. 4, 1 Oxf. ähnl. *Purv.* hier liegt offenbar eine Verwechselung mit *mysteries* vor, das als Variante zu beiden Texten erscheint.

ministir s. minister s. *ministre*.

ministracion s. afr. *ministration*, it. *ministrazione*, lat. *ministratio*, *-ōnis*, neue. *ministration*, aus *ministratus* p. p. von *ministrare*; vgl. ae. *ministren* und *administracioun, aministren*.

1. Dienstleistung, Verrichtung: If þe land here on lawe be lickned to þe heuen, Pe *ministracion* of men to me were to febill. WARS OE ALEX. 3553 Ashm. Bot to oþer, þat ere fre and noghte bowndene to temporale *mynystracyone*, ne to spiritualle, I hope þat lyfe contemplatyfe allane, if þay myghte com sothefastly þareto, were beste and maste spedfull. HAMP. *Tr.* p. 26 *Spr.*

2. Verwaltung, von Testamenten: Also I bequeth to ich of myn executours takyng charge of *ministracion* of this my testament, V. marc, and reward for her costages. FIFTY WILLS p. 51 [a. 1422]. He will .. þat wich of hem that

no charge of *mynistracion* of his testament in execucion of his will takith ne workith, shall no reward haue of the saide. C. li. p. 128 [a. 1439]. Which of hem as laboureth for the execucion of his will, and taketh vpon him *mynystracion*, shall haue for his resonable costes etc. ib. vgl. *Mynistration*, ministration. PALSGR.

ministral s. mlat. ministerialis s. *menestral*, **ministre, minister, ministir, minester, minstre** etc. s. afr. pr. *ministre*, sp. pg. it. *ministro*, lat. sch. neue. *minister*.

1. Diener, Beauftragter, Hofbeamter, niederer Verwaltungsbeamter eines vornehmen Herrn, Fürsten: Þou melis nouƷt as a *minister*; a messangere bowis [Þou melles noght as a messenger; a *mynyster* bowes *Dubl.*]. WARS OF ALEX. 2911 Ashm. [Darius erkennt Alexander selbst in dem angebl. Boten des Königs]. *Mynyster*, servawnt [or *mynster* K. P.], minister, famulus, servus. PR. P. p. 338. A *mynister*, minister. CATH. ANGL. p. 240. — Pai said him [sc. þe kyng] tille, his *ministres* wasted þe lond. LANGT. p. 312. cf. p. 313. [He ..] comaundide to the *mynystris* [He comaundide the *mynystris* (seruauntis r. l.) Purv.] that thei shulden fille the sackis of hem with whete. WYCL. GEN. 42, 25 Oxf. He [sc. architriclyn] wiste not wherof it was, sothli the *mynystris* [mynystres Picker.] wisten, that drowen water. JOHN 2, 9 Oxf. *Spr.* Þen murned all þe Masydons .. Made grett mone for þis man & mony oþer noble, For maisters & *ministers* [maistris & *mynistris* Ashm.], meyner & gretter. WARS OF ALEX. 1265 Dubl. cf. Ashm. Also here is forbodene gillery of weghte, or of tale, or of mett, or of mesure, or thorow okyre, or violence, or drede, as bedells and foresters duse, and *mynystyrs* of þe kynge, or thurghe extorcyone, as lordes duse. HAMP. *Tr.* p. 11 *Spr.* allegorisch: Pride .. hath with him .. *Ministres* five .. The first is said ypocrisie etc. GOWER I. 61.

bildlich von der Hand: Hir herte is verray chambre of holynesse, Hir hand, *ministre* of fredom for almesse. CH. *C. T.* III. B. 167 Skeat Cl. Pr.

2. Gerichtsbeamter, Polizeibeamter, weltlicher Beamter urspr. niederen, dann auch höheren Ranges als ausführender Vertreter der Obrigkeit auf dem Gebiete der öffentlichen Sicherheit und Rechtspflege: Selde [sit] pouerte þe sothe to declare, Or as iustyce to iugge men enioigned is no pore, No to be a maire aboue men, ne *mynystre* vnder kynges; Selden is any pore yput to punysschen any peple. P. PL. *Text B.* pass. XIV. 286. cf. C. XVII. 124. — Right anoon, the *mynistres* of that toun Han hent the cartere, and so sore him pyned, And eek the hostiler so sore engyned, That thay biknewe here wikkednesse anoon, And were anhonged by the nekkeboon. CH. C. T. I. C. 238 Morris Cl. Pr. I crye out on the *ministres* .. That schulde kepe and reule this cite. 223. Thos kingis *ministris* beth ischend To riƷt and law that ssold take hede [v. bestechlichen Richtern]. POL. S. p. 197 [c. 1308].

3. geistliche Diener, Priesterdiener, Kirchendiener verschiedener Art
werden durch das Wort bezeichnet; so

heidnischer Tempeldiener: Whan
the *mynystres* of that chirche neden to maken
ony reparacyon of the chirche or of ony of the
ydoles, thei taken gold and silver, perles and
precyous stones out of the vyvere, to quyten
the costages of suche thing as thei maken or
reparen. MAUND. p. 174.

jüdischer Priesterdiener etc.: The
princes of Pharisees senten *mynistris* [*mynystris*
Picker.], that thei schulden take him. WYCL.
JOHN 7, 32 Oxf. *Spr.* Therfore whanne Judas
hadde takun a cumpany of kniȝtis, and of the
bischopis and Pharisees *mynystris*, he cam with
lanternis, and brondis, and armis. 18, 3 Oxf.
Spr. vgl. *Anm.*

christlicher Kirchendiener geistl.
Standes, auch als Diener eines hohen Kirchen-
fürsten: Hic minister, *mynester* [unter den nomina dignitatum clericorum'. WR. VOC. p. 210
[col. 681, 16 Wülck.]. — His *mynstres* [sc. of
seynt Donstone] dreddone hem fulle sore, &
ych mon þat abouȝt þat auter stode. ST. EDITHA
1853 Horstm.

4. niederer Geistlicher im Gegensatze zum Prälaten: Huy cleopeden alle þe
preostes, and þe clerkes euerechon, And alle þe
oþur *ministres.* MAGDAL. 628 Horstm. p. 480.
Alsuo asolle þe prelas and þe oþre *ministres* of
holy cherche ssewy þane way of helþe to oþren.
AYENB. p. 237.

5. Geistlicher als Diener Gottes,
Christi und der Kirche: A prest, alle if,
he be Synful and out of charite, He es Goddes
minister and hali kirkes, Þat þe sacrament of
þe auter wirkes. HAMP. 3654. — The gerdel
huermide þe *ministres* of holy cherche asolle
ham gerde . . is chastete. AYENB. p. 236. For it
ben aires alle þat ben crouned, And in queer
[and in kirkes] Cristes owene *mynestres.* P. PL.
Text C. pass. VI. 59. Thus owre power [d. h.
die Macht der Teufel] he [sc. Christus] doth
away, And so don his *mynestres* every day, That
in erthe he hath left here. ARTH. A. MERL. *Lo.*
53 Kölb.

dann auch Geistlicher überhaupt, dienst-
thuender Geistlicher, Priester: Þe sacrament þet
is ymad be þe *ministre*, be þe hand of þe kueade
ministre ne is naȝt lesse worþ etc. AYENB.
p. 237 cf. sqq.

6. von den ersten Christen, den Jün-
gern, bezeichnet das Wort in allgemeiner
Weise denjenigen, welcher Christi Gebot der
werkthätigen Liebe zu Gott und den Mitmen-
schen befolgt, als Diener Gottes, Christi
und der Brüder: If ony man seruith to me,
sue he me; and where I am, there and my *mynystre* [minister]meus *Vulg.* ὁ διάκονος ὁ ἐμός
gr.], or seruant, schal be. WYCL. JOHN 12, 26
Oxf. *Spr.* Whoever wole among ȝou be maad
more, be he ȝoure *ministre*; and whoever wole
be first among ȝou, he shal be ȝour servaunt.
Sel. W. II. 64.—But in alle þingis ȝyve we us

as *mynystris* of God in tyme of grace þat he haþ
ȝouun. II. 207. So a man gesse vs, as *mynistris*
of Crist, and dispenderis of the mynisteries of
God. 1 COR. 4, 1 Oxf. ähnl. *Purv.*

7. im weitesten Sinne erscheint der got-
tesfürchtige, gute Mensch als Diener
Gottes: Thys [sc. die Erde] graunte I ȝowe,
mynysters myne, Towhils ȝhe ar stabill in
thoghte. YORK PL. p. 2.

ebenso der gottlose, böse Mensch als
Diener des Teufels: Lat the deuel and his
mynystres haf na maystri ouer me, that i ne
with all my hert luf the. HAMP. *Ps.* 30, 19.

8. bildlich bezeichnet der Dichter das Geschick, insofern es die Pläne der göttlichen
Vorsehung in Ausführung bringt, als starken,
allgemein und überall thätigen Diener Gottes: The destyne, *mynistre* general, That exe-
cuteth in the world overal The purveiauns, that
God hath seyn byforn, So strong it is etc. CH.
C. T. L. B. 805 Morris Cl. Pr.

ähnlich heisst es von der Natur: For by
exaumplis nature doth declare, Which is of god
mynistir and vikeer. LYDG. *Fab. D. M.* 673.

ministre s. monasterium s. *munster*.

ministren, minestren, minstren, spät mi-
nisteren v. afr. *ministrer* [in *aministrer*], pr.
sp. pg. *ministrar*, it. lat. *ministrare*, neue. *minister*, von *ministre* s.

a. intr. dienen, aufwarten, urspr. bes.
bei Tische: When þou *ministers* at þe heghe
autere, Wiþ boþe hondes þou serve þo prest.
B. OF CURTASYE 167. If ony man schal *mynistre* to me, my fadir schal worschipe him.
WYCL. JOHN 12, 26 Oxf. *Spr. Mynystre* to
me, til I ete and drynke. LUKE 17, 8 Oxf.
Anoon the feuere left hire, and she *mynystride*
to hem. MARK 1, 31 Oxf. He was in desert
fourty dayes and fourty niȝtis . . and angelis
mynystriden to hym. 1, 13 Oxf.

b. tr. 1. bedienen, mit Personalobjekt:
Maidenes and marteres *ministred* hym [sc.
Christ] her in erthe. P. PL. *Text C.* pass.
XIX. 97.

2. auftragen, von Speisen: [Abraham . .]
mynystred mete byfore þo men. ALLIT. P. 2, 644.

3. darreichen, verabreichen, geben, liefern mit konkretem Sachobjekt: Þe
paume is purely þe haude, and profreth forth þe
fyngres, To *mynystre* [*ministre* R. *mynstre* Y.]
and to make þat myȝte of hande knoweth. P.
PL. *Text B.* pass. XVII. 141. cf. The paume is
þe piþ of þe honde, and profreþ forþ þe fyngres,
To *mynystre* [*mynestre* P. *mynstre* þerwith F.]
þat myght of hond knoweþ. *C.* XX. 116. Dyd
I nat receyve you lovyngly in to myn house,
and *mynister* al thynges necessarye to you [with]
myne owne handes, ne vous prins je point amia-
blement en ma maison, et vous administray
toutes choses a vous necessaires de mes propres
mains? PALSGR. I *mynyster* thynges necessarye
to a person, I serve hym, je administre. *ib.* The
erthe *mynystrethe* to us 2 thinges: oure liflode,
that comethe of the erthe, that wee lyve by, and
oure sepulture aftre oure dethe. MAUND. p. 293.

Martha, that was wyse and gouerned the partye of hir brothir and of hir sustre, she *mynestrid* to knyghtes and to seruauntes and to pore men her necessytees [et militibus et famulis suis ac pauperibus necessaria ministrabat]. MAR. MAGD. 4 Zup. [in *Arch.* 91, 211]. Criste .. held him payde wiþ þe pore liflode þat deuoute peple *ministred* to hym to his nedeful sustenance in his labours. WYCL. *W. hith. unpr.* p. 380.

verschenken, verteilen, von hinterlassenen bewegl. Gütern: I charge the, my sektour [i. e. Testamentsvollstrecker], cheffe of alle oþer, to *mynystre* my mobles, for mede of my saule, To mendynnantes and mysese in myschefe fallene. MORTE ARTH. 665.

auch geben, mit Bezug auf die schaffende Thätigkeit Gottes: On alone is fadir of þinges. On alone *minystreþ* alle þinges. He ȝaf to þe sonne hys bemes etc. CH. *Boeth.* p. 78.

4. reichen, spenden, von den Sakramenten: A prist of the Newe Testament .. that not onely shulde kepe chastite but alle othere vertues, ne only *mynystren* the sacrament of matrimonye but alle othere sacramentis, and namely sythen hym owith to *mynystre* to alle the puple the precious body of Crist, awȝte to abstene hym fro al ydil pleying bothe of myraclis and ellis. REL. ANT. II. 47-8 *Spr.* [I, 2, 232].

spenden, verrichten, verwalten, von priesterlicher Wirksamkeit überhaupt, die sich im Spenden der Sakramente und in sonstigen regelmässigen Amtsverrichtungen äussert: These prestes, as saith the book, ne conne not *ministere* the mistery of presthode to the poeple. CH. *Pers. T.* III. 348. vgl. *mestier, ministerie,* ministerium.

abs. wirken, des Amtes walten, von Geistlichen, Mönchen: Þei ordeynd a couent to *ministre* in þat kirke. LANGT. p. 80.

auch auf heidnische Priester übertragen: In her temple [d. h. im Tempel der Isis] thanne were To reule and to *ministre* there After the lawe, which was tho, Above all other prestes two. GOWER I. 69 *Spr.*

5. wirken, erweisen, anthun, von wunderbaren Gnadenerweisungen: Crist.. dampnyd symony, þe whiche is takynge .. worldly goode for grace, or bi occasion of grace of god *mynystred* to eny creature. WYCL. *W. hith. unpr.* p. 377. Boþe þes seculer men [sc. Constantyne & Naaman] wer grete lordes & mesels, and boþe weren helid by myracle of god, & bi grace *mynystred* to hem bi þes two prestis [sc. Siluestre & Heliȝe]. *ib.* Aftir þes gracis *mynystred* by þes two prestis, Naaman proferid to Heliȝe wondir grete ȝiftis etc. p. 378.

6. bieten, darbieten, geben, mit sonstigem abstraktem Sachobjekt: Als he resayues grace, on þe same manere Suld he it *ministre* and frely bede Til ilkan other. HAMP. 5957. I dare nat *mynister* comunycacion unto hym in this mater without it come of hymselfe, je ne lose pas arraisonner de ceste maniere sil ne procede pas de luy mesmes. PALSGR. I *mynyster* comunycacion, je araisonne. *ib.*

auch aufbieten, anstrengen: Our force to *ministere* [to withstonde *Dubl.*]. WARS OF ALEX. 1738 Ashm.

7. weisen, zeigen, den Weg, die Richtung [vgl. neue. Thou *marshall'st* me the way. SHAKESP. *Macb.* II. 1.]: His month .. Is Averil, which of the shoures *Ministreth* way unto the floures. GOWER III. 119.

ministrer s. von *ministren* v. ministrare; vgl. it. *ministratore,* lat. *ministrator, -ōris.* . Verwalter, Pfleger.
Mynystrer of justyce, droicturier. PALSGR.

ministringe s. von *ministren* v. ministrare.
1. Verrichtung, Verwaltung [vgl. *ministracion* s. ministratio]: *Mynystring* [ohne erklärenden französischen Beisatz; vorhergeht: *mynistration,* ministration]. PALSGR.
2. Erweisung [vgl. *ministren* 5]: He [sc. Criste] avoydid siche worldly rewarde þat schulde haue be ȝoue to hym by occasion *of mynystrynge* of þis grace [v. der Speisung der Fünftausend]. WYCL. *W. hith. unpr.* p. 380.

minitere s. monetarius s. *munetere.*

minne adj. minor s. *min.*

minne s. mens, memoria s. *mune;* **minnen** v. monere, meminisse s. *munien;* **minnung** s. memoria s. *muning.*

minor s. aus lat. *minor* [sc. *propositio* als hergebrachtem Kunstausdruck der Logik für klass. *assumptio* CIC. *inv.* 36, 64 sq.], vgl. fr. [proposition] *mineure,* assomption, neue. *minor* [sc. term, premise, proposition], assumption. Untersatz, zweiter Satz eines Schlusses.
And I wote wel þat Gabriel shal blow his horne or þai han preuyd þe *mynor,* þat is, þat þes seyntes or patrons in þis suyden þe lore or þe life of Ihesu Criste. WYCL. *W. hith. unpr.* p. 382.

minor s. cunicularius s. *minour.*

minoresse, menouresse s. afr. *menoresse* [neben nfr. *mineure*], mlat. *minorissa* [*minorissa* extra Algate LIB. ALB. p. 554], Femininbildung zu *minor, menour* [s. *menor* adj.], zur Bezeichnung des 1293 gegründeten weiblichen Zweiges der Minoriten oder Franziskaner. Franziskanerin, graue Schwester.
Amidde saugh I Hate stondo, That, for hir wrathe, ire, and onde, Semed to ben a moveresse [*mynoresse* v. l.]. CH. *R. of R.* 147 Skeat [in *Compl. W.* I. 99].
Also I bequethe to the religiouse wommen, the *menouresses* dwellynge withoute Algate of London, C. s. to be departed amonge [hem] by euene porcion, for to synge and rede and to praye diuine seruice for my lordes soule Sir Thomas West and for myn. FIFTY WILLS p. 7 [a. 1395].

minour adj. [und s.] minor, frater minor s. *menor.*

minour, minor, minur, erst spät **miner** s. afr. nfr. *mineur,* it. *minatore,* mlat. *minator, -ōris* [auch *minor, -ōris,* fossor cunicularius, spätlat. *minator, -ōris* [Viehtreiber, Antreiber durch Drohen TERT. *ad nat.* 2, 3], von *minatus* zu *minari, minare,* sch. *minour* [WYNT.], neue. *miner;* vgl. *minen* v. suffodere.

1. Grubenarbeiter, Bergarbeiter, Erzgräber, auch Schatzgräber: Þyr was a man bejunde þe see, A mynour, wonede yn a cyte. R. OF BRUNNE *Handl. S.* 10730. vgl. Hit was a mon bijonde þe see, A mynour, wonede in a citee. EV. GESCH. 29 c. F. 1 [in *Arch.* 57, 287]. Þe mynour souht stones vndur molde þat men of maken seluer and golde. *ib.* 5. As a mynour sekith gold hid. WYCL. PROV. 2, 4 Purv. *Gloss. marg.* A mynour, arapagator, cunitor. CATH. ANGL. p. 240 [vgl. *arapagare*, effodere D. C., aus *harpagare*, also eig. von heiml. Schatzgräbern als Räubern verborgener Schätze]. Þys mynur sojte stones vndyr þe molde þat men make of syluer ande golde. R. OF BRUNNE 10734. — Ober mynours þeder fore, For to seke þam syluerure [i. e. silverore, Silberers]. COMM. FJD. DEF. 383 Horstm. N. F. p. 151. *Mynours* þei makeþ in hulles holes, As men don þat secheþ coles. EV. GESCH. 29 c. F. 3 [in *Arch.* 57, 287]. [I seigh . .] Masons and mynours, and many othere craftes. P. PL. prol. 440 *Spr.* cf. *Text A.* prol. 101. *B.* prol. 221. And therupon anon he bad His minours for to go and mine. GOWER II. 198. The clerkys take mynours anoon, And to the piler thay goon. SEVEN SAG. 2018. *Mynurs* þey make yn hyllys holes, As yn þe west cuntre men seke coles. R. OF BRUNNE 10732.

2. Minierer, Minengräber, Schanzgräber: A mynour, arapagator, cunitor. CATH. ANGL. p. 240. Kyng Richard, the conquerour, Callyd in haste hys mynour, And bad hym myne up to the town That is callyd Maudit Coloun. RICH. C. DE L. 2905. Myn is the ruyne of the hihe halles, The fallyng of the toures and of the walles Upon the mynour or the carpenter. CH. *C. T.* L. B. 1605 Morris Cl. Pr. Ne may no mynour hire vnderwrote, Ne neuer false þene grundwal. O. E. MISCELL. p. 97. *Myner* under the grounde, pionnier. PALSGR. — The mynours gunne to myne faste, The gynours sond and stones caste. RICH. C. DE L. 2913. *Mynours* þey hadde ynowe & sleye, Þe wal to perce [hole *v. l.*] & vndermyne. R. OF BRUNNE *Story of Engl.* 3431. Richard had minoures, þat myned vndere þe walle. LANGT. p. 179. ich. Gat sley mynowrys, and syne wndyre þe erde he gert þaim myne. WYNT. VIII. 37, 91. Ac Alisaundre quic hoteth his hynen Under heore walles to myne, With strong gynnes, and deth werres, The whiles the mynoris. ALIS. 1215.

minsen v. minuere s. *mincen.*

minsing s. findet sich an zwei gut beglaubigten Stellen in sicherer Bedeutung, ohne dass ein entspr. Zeitwort nachzuweisen wäre; es scheint hier *s* für z, ƺ zu stehen [vgl. *minjing, munsunge*, memoria]. Gedächtnis, Erinnerung.

Of hym ys mynsyng wiþouten ende, Ffor he made a cite of ioye After his name, & calde hit Troye. R. OF BRUNNE *Story of Engl.* 326. Þi misdede be in þi mynsyng, Euer more to drede eft to do suilk þing. LANGT. p. 201.

minster s. monasterium s. *munster.*

minstracie s. ministralcia s. *menestralcie.*

minstral a. ministerialis, **minstralcie** s. ministralcia s. *menestral, menestralcie.*

minstre s. minister s. *ministre;* monasterium s. *munster.*

minstrecie s. ministralcia s. *menestralcie.*

minstrel s. ministerialis, **minstrelsie** s. ministralcia s. *menestral, menestralcia.*

minstren v. ministrare s. *ministren.*

minstrilsi, minstrisie s. ministralcia s. *menestralcie.*

mint s. moneta s. *munet;* menta s. *minte;* ictus, scopus, propositum s. *munt.*

minte s. Nebenform von *mite,* Milbe, acarus, neue. prov. minte [minte, mite; minty, mity West. HALLIW. D. p. 555]; vgl. *mintewhile, minti.*

1. kleines Insekt, das seine Eier in Weinmost legt, vielleicht Haarmücke: Bibiones, vermes, myntis [vgl. D. C. v. *bibiones*]. WR. VOC. p. 176. cf. n. 2 [col. 623, 20 Wülck. cf. n. 13].

2. kleines Würmchen, Milbe: Hec mica [mita?], a mynte [unter den nomina vermium]. WR. VOC. p. 255 [col. 767, 8 Wülck.]. cf. n. 2.

minte, minten, mint, mente s. ags. *minte,* mniederl. nniederl. *munte,* ahd. *minza, menca, munza,* mhd. *minze, münze,* fr. *menthe,* mlat. *minta, menta,* lat. *menta, mentha,* gr. μίνϑα, μίνϑη, μίνϑος, neue. *mint.* Minze (mentha), bekannte aromatisch-starkriechende Pflanze, die zahlreiche Arten zählt und zur Gattung der Lippenblütler [labiatæ] gehört.

Also the mynte is in this moone ysowe. PALLAD. 11, 149. Hoc ciler, hec menta, mynte. WR. VOC. p. 190. Hec mentica, a mynte. p. 265 [col. 643, 24. 25. col. 786, 28 Wülck.]. *Mynte*, herbe, minta. PR. P. p. 338. Minte, menta, herba est. CATH. ANGL. p. 240. That tithen mints, anete, and comyn. WYCL. MATTH. 23, 23 Oxf. Mynte among thi cool thou multiplie. PALLAD. 1, 875. vgl. die Zuss., wie *brocminte*, brookmint WR. VOC. p. 140 [col. 556, 21 Wülck.], *kattes minte*, catmint *ib.* [col. 557, 3], *horsminte*, horsemint p. 139 [col. 555, 5], *wo[u]deminte* p. 140 [col. 557, 20]. — Onyons, myntes, gourdes, goldes Nowe secondly to sowe or kest in molde is. PALLAD. 5, 105. Take percely, myntes, diteyne, peletre. TWO COOK. B. p. 110.

Menta, minten. WR. VOC. p. 140 [col. 557, 21 Wülck.]. REL. ANT. I. 37 [c. 1250].

Tak everferne that waxes on the ake, with the rote, and seth it wele, and tak mynt, of ayther ylik mekell, and stamp tham wele, and mak an emplaster. REL. ANT. I. 54 [14. Jahrh.]. Hec minta, mynt. WR. VOC. p. 225 [col. 710, 13 Wülck.] [c. 1450]. vgl. *Mynt*, an herbe. PALSGR.

mintewhile, mintwhile s. lose Zusammensetzung für *minute while,* in volksthüml. Anlehnung des ersten Bestandteiles an *minte, mite* s. acarus [vgl. P. PL. *Notes* p. 271]. Minute, Augenblick.

An vnredy reue þi residue shal spene, That menye mothþe was [maister] ynne *in a mynte-*

while. P. PL. *Text C.* pass. XIII. 216. vgl.
XIV. 200. *v. l.* XX. 194 *v. l.* He mygbt amen∂e
in a myntwhile al þat amys stondes. *C.* XIV.
200. Isykles in euesynges thorgh hete of the
sonne Melteþ *in a myntwhile* to myst and to
water. XX. 193. vgl. XIII. 217 *v. l.*

minti adj. neue. prov. *minty*, mity [HALLIW.
D. p. 555 v. *minte* s.], von *minte*, *mite* s. acarus.
klein, winzig.

An vnredy reue þi residue shal spene, That
menye motbþe was [maister] ynne in a mynte-
while [in a *minti* while T.]. P. PL. *Text C.* pass.
XIII. 216.

minuen v. lat. *minuere*, afr. *menuier* [RQF.],
nfr. *di-minuer*, pr. altsp. *di-minuar*, it. *minuir*
[præs. *-isco*]; vgl. *diminuen*, diminuere. mindern, schwächen.

He was dryuun, hurtlide, and menusid [*my-
nuyþ*, or wastid *v. l.* d. h. er erlitt Verlust an
Leuten]. WYCL. 2 MACC. 13, 19 Purv.

minur s. cunicularius s. *minour.*

minure s. fr. *minière*, pr. *meniera*, asp. nsp.
minera [auch *minero*], Bergwerk, wal. *minere*,
Ersatufe, früh nhd. *miniere* [a. 1490], nhd. *miner*,
mlat. *minera*; vgl. *mine* 3. Bergwerk, Berggut, Ersmineral.

Mynure, minera. PR. P. p. 338.

minuschen, mineschen, minischen [zuerst
1485], auch **menuschen** v. inchoativ weiter-
gebildete Nebenform von *menusen*, minuere,
unter Anlehnung an **minuen**, wie it. *minuire*
[præs. *-isco*], intr. minui, tr. minuere, und bereits
lat. *minuiscere*, intr. minui [AUSON.], neue. veraltet *minish*, jetzt gew. *diminish*. mindern,
schmälern, schwächen.

a. tr. 1. zerkleinern, in kleine
Stücke zerschlagen, niederreissen,
zerstören: Þat heeȝ auter he . . *mynuschede*
into poudre. WYCL. 4 KINGS 23, 15 Oxf.

2. mindern, vermindern, kleiner
machen: Ne the vessel of oyle shal not be
mynushid. WYCL. 3 KINGS 17, 14 Oxf. vgl.
You can *mynysshe* it no more without you wyll
marre it al togyther, vous ne le pouez pas plus
amenuyser, or diminuer, si vous ne voulez tout
gaster. PALSGR. I *mynysshe* or make a thyng
lesse, jamenuyse. *ib.*

3. übertr. vermindern, verringern,
schmälern, schwächen, an Macht: He
was dryuen, hurtled, and *menushid* [d. h. er erlitt Verlust an Leuten]. WYCL. 2 MACC. 13,
19 Oxf. For to *mynysshe* thynfydellys. CAXT.
Charles p. 211.

an Geld, Gut, Nahrung: The inwardli sechende the Lord shal not be *mynush* alle goode.
WYCL. PS. 33, 11 Oxf. Whan thei weren *my-
nusht.* WISD. 11, 8 Oxf. vgl. Palsgrave hath
willed Pynson to sell none of them .. lest his
proffit by teaching the French tonge myght be
mynished by the sale of them. VAUGHAN in
LOWNDES *Bibl. Man.* p. 1769 [a. 1531].

an Bedeutung, geistigem Einflusse: It bihoueth hym for to waxe, forsothe me for to be
mynuschide [d. e. menusid (*mynushd*
v. l.) *Oxf.* minui *Vulg.*], or made lasse. WYCL.
JOHN 3, 30 Picker. *Spr.* [vgl. *Anm.*].

b. abs. mit zu ergänzendem Objekte, weg-
nehmen, fortlassen, auslassen: I haue
not added ne *mynusshed*, but haue folowed, as
nyghe as I can, my copye, whiche was in dutche.
CAXT. *Reyn.* p. 168 Thoms.

c. intr. sich vermindern, abnehmen.
an Zahl: Sees his meneȝe so *mynssh*, and his
men fangid. WARS OF ALEX. 2629 Ashm.

minuschinge, menuschinge s. zu *minuschen*,
minuere geh., sch. *menissing*, the act of dimi-
nishing; vgl. *menusinge* s. minutio. Verkleinerung, Verringerung, Schädigung.
Schwächung, Schade, Verlust, Mangel.

That if the gilt of hem ben richessis of the
world, and the menusinge [*menushinge*, *my-
nusching* vv. ll. *mynuschynge* Picker. munysch-
ynge *ed.*], or makinge lesse, of hem be richessis of hethen men, hou moche more the
plente of hem? WYCL. ROM. 11, 12 Oxf. vgl.
Spr. I. 2, 259-60.

minute, minut, minet etc. adj. lat. *minutus*,
it. *minuto*, sp. *menudo*, pg. *miudo*, pr. *menut*,
afr. *menut*, *menuit*, *menu*, nfr. *menu*, das schon
im Lat. oft adjektivisch gebrauchte p. p. von
minuere, neue. *minute.*

1. zerkleinert, klein geschnitten:
Hem [sc. orenges] sum in cedur scobe, and sum
in stre Mynute [in straminibus minutis *lat.*] i. e.
in kleingeschnittenem Stroh, Häcksel], und sum
in smal chaf wol witholde. PALLAD. 4, 491.

2. klein, geringfügig, winzig, kurz,
besonders von der Zeit: This lyfe vnto celestiall
Is but *a mynute tyde.* RYMAN 85, 3, 8 [in *Arch.*
89, 255]. He miȝte amende *in a minute* [litel
(corrected to *mynute*) C.] *while* al þat mys stand-
eth. P. PL. *Text B.* pass. XI. 372. Ysekeles in
eueses, þorw hete of þe sonne, Melteth *in a
mynut while* to myst & to watre. *B.* XVII. 227
[vgl. *Notes* p. 271]. And all-way is bisy þat
mynd of his swetest lemman out of his þoȝht be
a mynut scryth. MISYN *Hamp.* Mending of Life
p. 63.

substantiviert als Neutrum, nach dem
Vorbilde des lat. mlat. *minutum*, *-i*, bezeichnet
das Wort

1. kleines, winziges Stück, Klei-
nigkeit: *Mynute*, myte, minutum. PR. P.
p. 340. vgl. n. 2.

2. kleines Geldstück, Scherflein:
Sothli whanne o pore widowe hadde comen, sche
sente tweye *mynutis*, that is, a ferthing. WYCL.
MARK 12, 42 Oxf. ebenso Purv.

3. Minute als kleinsten Teil in mathem.
Sinne, im besonderen als sechzigsten Teil eines
astr.-geogr. Grades, lat. *minutum* [consistere
minutis, quae geometrica ratio partium partes
adpellat AMM. 20, 3], mlat. *minutum* [oft sc.
pondus], it. sp. *minuto*, dagegen nfr. *minute* f.
i. e. mlat. *minuta* sc. pars, ebenso spät mhd.
minute, *minüt* f. [vgl. DIEZ *Wb.* 1. 278. WEIG.
Wb. v. *Minute*]: Toward the highe Lybye, it. [sc.
the sterre antartyk] is 18 degrees of heghte, and
certeyn *minutes*, of the whiche 60 minutes maken
a degree. MAUND. p. 181. I have seyn toward
the northe, undre the transmontane, 62 degrees

and 10 *mynutes. ib.* A degre of a signe contienith 60 *minutis.* CH. *Astrol.* p. 6.

als kleinsten Zeitteil, gew. als sechzigsten Teil einer Stunde: For the lachesse of half a *minute* of an houre .. He lost all that he hadde do. GOWER II. 9. *Minute* of an howur, minuta. PR. P. p. 338. vgl. *Mynute* of an houre, minute. PALSGR. A *minute* [a *mynet* of an howre A.], minuta, minutum. CATH. ANGL. p. 240. I knaw it well, or ellis in resto My harte should neuer bee; I myght not leve, nore endure O *mynnate,* bot I am sure The thrid day ryse shall hee. DIGBY PL. p. 189. — Four *minutes,* that is to seyn, *minutes* of an houre. CH. *Astrol.* p. 5.

mioure, miare, miere, auch ohne *e* in der Form **mioar** s. afr. -*mieure* in *esmieure,* mlat. *micatorium* zu mlat. *micare, mica,* neue. prov. *micer;* vgl. *mien* v. micare. Wegen der Bedeutung vergleiche man die *mien, mioure* sinnverwandten *graten, grate, grater* [A *grater,* micatorium CATH. ANGL. p. 163 und n. 3]; das Zerstossen, Zerstampfen in einem Mörser pflegt dagegen durch *braien* und *grinden* bezeichnet zu werden. Reibe, Reibeisen.

A *myoure,* micatorium. CATH. ANGL. p. 239. vgl. n. 4. *Myoure,* micatorium. p. 240. Hoc micatorium, *myoure.* WR. VOC. p. 199 [col. 660, 23 Wülck.]. Hoc micatorium, a *myure.* p. 256 [col. 770, 4]. Hoc micatorium, a *myere.* p. 235 [col. 728, 19].

R. pro j. *myour,* j. watercanne, iij. laddeles de auricalco .. et iij. trowes simul venditis, iij. s. x. d. TEST. EBOR. III. 14 [a. 1400]. J. *miour,* ij. d. *ib.* III. 99 [a. 1450]. vgl. CATH. ANGL. *Add. Notes* p. L.

mir s. myrrha s. *mirra.*

mirabolen s. fr. *mirabolan, myrobolan, myrobalan* [Frucht], sp. *mirabolano* [Baum u. Frucht], it. *mirabolano* [Baum], lat. *myrobalanum, myrobalanus* [Frucht], gr. μυροβάλανος, neue. *mirabolan, mirobolan, myrobolan* [Frucht; vgl. *mirobolan* s. a mirobolan plum, mirobolan, espece de prune BOYER a. 1701]. urspr. Frucht des Amlabaumes, phyllanthus emblica [emblica officinalis], dann auch von der Frucht des prunus cerasifera. Myrobalane, Mirabelle, Kirschpflaume.

Myrabolon, a frute, mirabolan. PALSGR.

miracle, meracle, mercle, maracle etc. s. afr. nfr. *miracle,* pr. *miracle* [neben *miracla*], miralh, asp. *miraclo, miraglo,* nsp. *milagro,* pg. miralh, *milagre,* it. *miracolo, miraglio,* lat. *raculum* zu *mirari,* neue. *miracle.* vgl. *mireur.*

1. Wunder, Wunderthat, als wunderbares Ereignis, wunderbare Handlung, die von der kirchl. Überlieferung oder Legende für glaubhaft angesehen wird: Ah þ wes *miracle* muchel þ nowðer nes iwemmet claðð þ ha hefden, ne her of hare heafden. LIFE ST. KATH. 1415. Al were he [sc. Seint Johan baptiste], þuruh *miracle,* of barain iboren. ANCR. R. p. 158. Þis is si glorius *miracle* and si glorius seywinge of ure lordes beringe þet us telþ þet holi godespel of te day. O. E. MISCELL. p. 27. Ha [sc. Architrielin] niste nocht þe *miracle,* ac þo sergans

wel hit wiste. p. 29. Fore þe *miracle* þet hi seghe was here beliaue þe more istrengþed. p. 30. Fair *miracle* þare was. VITA ST. IULIANI 28 Horstm. p. 256. Þis guode man .. þonkede and herede also Ore louerd, þat wolde for is loue suych *miracle* do. ST. NICHOLAS 121 [p. 244]. Þis *miracle* was sone icud. ST. SWITHIN 126. Meni was the fair *miracle* that siththe for him com. BEK. 2318 *Spr. Miracle* oure louerd dude for him er he were ibore. ST. DUNST. 2 *Spr.* Ȝe bileoueþ on þis maumets ymaked of treo & ston, Þat no *miracle* ne mowe do namore þan so moche treo. ST. CRISTOPH. 122 *Spr.* For his faire *miracle* of his staf & for his preching also To god tournde in þe place soue þousend & mo. 129. For þe erore *miracle* of þe toun þe whatlokere þerto hi come. ST. KENELM 290. What man myȝt se so bryȝt That suche a man coude thynk in þoȝt That do that *myracle* mowȝt? CURS. MUNDI 9510 FAIRF. GÖTT. TRIN. Blessed be þour tabernacle, Filled of mirþ and of *miracle.* 2065 FAIRF. TRIN. To þe bisschop gon he shawe Þe feire *miracle* þat he sawe. EV. GESCH. 16, 151 [in *Arch.* 57, 263]. Þe lorde and þe gestes alle .. Had merueyle þat hyt was so, Þat he myȝte swych *myracle* do. R. OF BRUNNE *Handl. S.* 5927. Þey lede þys [man] vnto þe tounne, And tolde þys *myracle* vp ando dounne. 10778. Abowen Wynchestere was schewed .. *Miracle* faire & myrie. LANGT. p. 82. God did faire *miracle* for Elfride þat houre. p. 23. Thei diden synne to hide Goddis *myracle.* MAUND. p. 61. The dyversitee of langages was firstmade for vengeance, by the *myracle* of God, when the grete tour of Babel was begonnen to be made. p. 40. God þe fadir had wrouȝte þis grete *miracle* bi Criste, his preste, in releuynge of fyve þousande & mo þat wern in mysese of hunger. WYCL. *W. hith. unpr.* p. 380. For þow þis *miracle* is do here þis nyȝt. ST. EDITHA 1344 Horstm. Þe ladyes comen rennynge on yche a syde, To se þe *myracle* þat þere was ydo. 1345. What prophettes can ye call to mynde Of whom may be verryfyed So grete a *miracle* aboue nature righte? DIGBY PL. p. 173. A *miracle* [mirakylle A.], miraculum; miraculosus participium. CATH. ANGL. p. 240. *Myracle,* miracle. PALSGR. This *mirackle* .. Is of Godes owine power. CHEST. PL. I. 112. Another *mirackle,* yf I maie, I shall rehearse. I. 113.

Qui askes thou me *Mirakel,* that I too noht of the; Of the too I noht bot manhed, That mai scheu na *mirakel* in dede. METR. HOMIL. p. 119 -20 *Spr.* Sum loued him for sawel hele, Sum his *mirakel* for to se. p. 132 *Spr.* Thoru kind spec it [sc. the child] ne kouthe, Bot thoru *mirakel* spac he thare. p. 91. Bale sal I bete Wit *mirakel,* that I sal schaw. p. 120 *Spr.* Of this *mirackelle* Free Barthelemewe .. Beareth witnes. CHEST. PL. I. 113. Blissed sal be jur tabernacil, Fild of mirth and of *miracyl.* CURS. MUNDI 2065 GÖTT. A miracle [mirakylle A.], miraculum; miraculosus participium. CATH. ANGL. p. 240.

Ȝef þu nult, nanes weis, witen þ he wrahte þulliche wundres, lef, lanhure, þ þu isist, *mira-*

cles, þ beð maket ȝet þurh him. LIƷE ST. KATH.
1070. Þis was þe commencement of þo *miracles*
of ure louerde þet he made flealiche in erþe. O.
E. MISCELL. p. 30. Vor he hurde ofte telle of *mi-*
racles þat come Þoru cristen men wide aboute.
R. OF GL. 1642 Wr. cf. 2569 v. l. Ich wene,
þere nas neuere haluwe seint Nicholases iper,
Þat ao manie faire *miracles* bi is liue dude her.
ST. NICHOLAS 297 Horstm. p. 249. Mani giv
turnede þare to god for þe *miracles* þat heo
founde. LEB. JESU 734. We hureþ aldai *mi-*
racles of seint Agace falle. ST. LUCY 16. Of
mie louerdes *miracles* some bi mie staf þu
schalt iseo. ST. CRISTOPH. 124 Spr. Þei wende
myracles shulde falle. R. OF BRUNNE *Handl. S.*
11091. For to tell þai all bigan Þe *miracles* gret
o Iesu Crist. CURS. MUNDI 18936 COTT. TRIN.
[Ihesus Crist ..] dede þe *miracles* ao rife. 177
FAIRF. Of his *miracles* shul we neuen. 20949
TRIN. [Hit] ȝit doþ .. Fful feire *miracles*. EV.
GESCH. 12, a. 75 [in *Arch*. 57, 256]. At cherche
kan God his uirtues sseawy, and do his *miracles*,
þe blynde to liȝte, þe crokede to riȝte etc.
AYENB. p. 56 Spr. vgl. *Anm*. For the *myracles*,
that God hathe don, and ȝit dothe every day,
ben the wytnesse of his myghte and of his merveylles. MAUND. p. 61 Spr. Þei preche nat, Ne
myracles maken. P. PL. *Text C.* pass. X. 112.
That thou ware the verrey son of god, þay myȝt
see By *myracles* most gloriose. DIGBY PL. p. 185.
His body apered above the water, makyng grete
myracles. CAXT. S. *of Aym.* p. 575. This is a
holy corps, by the grete *myracles* that god
sheweth by hym. p. 585. Syn þe werlde was first
wroȝt, *Miracles* of þe crossis miȝt Has oft standen
in stede & riȝt. CURS. MUNDI 21636 FAIRF. GÖTT.
TRIN. [*Edinb. Ms.*]. [Iesu Crist ..] did *miraclis*
aua rif. 177 GÖTT. TRIN. For to telle þai alle
bigan Þe *miraclis* grete of Iesu couþe. 18936
FAIRF. [*Arundel Ms.*] GÖTT. Of his *miraclis* sal
we neyuen. 20949 FAIRF. GÖTT. EDINB. Þou
seist þat *myraclis* & lyues of holy men approuen
þis dowynge of þe chirche, and god wiþ his
seintis. WYCL. *W. hith. unpr.* p. 288. That is
confermyd euery daye by *myraclis* [quotidianis
miraculis lat.] and by the predicacioun of oure
maister, seynt Petre. MAR. MAGD. 39 Zup. [in
Arch. 91, 215]. Bi many *miraclis* thei brought
the puple to the feith of god. 84 [*ib.* 91, 220].
Of his *miracle* sal we neuen. CURS. MUNDI
20949 COTT.

It dos yet .. Ful fair *mirakeles*. METR.
HOMIL. p. 162. He [sc. God] shewid bright
myrakils, that the warld myght see tha *myra-*
kils. HAMP. *Ps.* 105, 4 comm. Vor he hurde
ofte telle of miracles [*miraculos* α.] þat come
Þoru cristen men wide aboute. R. OF GL. 1642
Wr.

ein flexionsloser Plural *miracle*, miracula,
scheint zuweilen vorzukommen, vielleicht unter
dem Einflusse der im Sing. und Plur. gleichen
Form des german. *wunder:* Seint Germayn, þe
bissop to þis londe com .. & prechede as ned
was, & vair *miracle* [miracles B. α. β. γ.] wroȝte.
R. OF GL. 2567 sq. Wr. He is a varre corsent
parfytt, And with cryston pepull wele belovyd;

God hase done for his sake *Myrrakull*, for he
was hym hold [And doth maracles as it is told
B.]. GOWTH. 727 Breul.

Blissed bijs your tabernacle, Fild o mirth
and o *meracle*. CURS. MUNDI 2065 COTT. A
chirche of seynt Magne þerinne þo wes, Perc
on mydwyntrusnyȝt þis *meracle* was done. ST.
EDITHA 4077 Horstm. Þis gret *meracle* in his
tyme was donne. 4069. Alle þe reme was ryȝt
glad also Of þat gret *meracle* þat god dude þer
wirche. 4383. Lyke to the watyr of Archi-
declyne, Whiche be *meracle* were turned into
wyne. LYDG. *M. P.* p. 13.

Quat man ea moght se sa bright, Þat suilk
a man cuth think in thoght Þat mustre þat *mer-*
cle moght? CURS. MUNDI 9510 COTT.

Sin first þe werld was wroght, *Meracles* o
þe cros [gen.] might Has ben in semblance and
in sight. CURS. MUNDI 2163 COTT. [Iesu Crist
..] did þe *meracles* sua rijf, Þat þe Iuus him hild
in strijf. 177 COTT. Thei knoulechen wel that
the werkes of Jesu Crist ben gode, and his
wordes and his dedes .. weren trewe, and his
meracles also trewe. MAUND. p. 134. He [sc.
Jhesus] peynyth me every day more and more,
With his holy *meraclis* and werkys alle. COT.
MYST. p. 308.

For he garus þo blynd to see, And þo dompe
to speyke, parde, And makus þo crokyd ryght,
And gyffus to þo mad hor wytte, And mony oder
meracullus yytte. GOWTH. 739 Breul.

God hase done for his sake, And doth *ma-*
racles, as it is told. *ib. B.* 729.

ein adnominaler Nebensatz mit þat erscheint hier nicht selten in unmittelbarer Verbindung mit dem Hauptworte. Per was *miracle*
fair and god Þat he þe knaue nouth ne siu.
HAVEL. 500. *Myracle* hyt was of goddys grace
Þat sche [sc. hys lyonesse] so fyȝt. OCTOU. 1643
Sarr. Thei putten stones there in the mydde
place, in tokene of the *myracle that the wair*
withdrowghe him so. MAUND. p. 104.

2. angebliches, falsches Wunder,
das von der Überlieferung nicht beglaubigt
wird: This was the firste *myracle*, the Sarazins
seyn, that Machomete dide in his ȝouthe. MAUND.
p. 139. Fewe men woot how þes wondris comen
þat we clepyn *myraclis*, wheþer of good or yuel;
ffor well we wyten þat þe fend doiþ ofte mych
good. WYCL. *W. hith. unpr.* p. 288-9. *Myraclis*
maad of deed men ben þe fendis euydense; for
god may suffre þe fend to do siche signes &
many mo. p. 469. cf. p. 94.

3. Wunder, wunderbare Sache.
Wunderding, als Erinnerungszeichen an
früher geschehene Wunderthaten: She .. tolde
alle the placos and the *miraclis*, that hir husbonde had seen [loca omnia, in quibus Christus
passus est, et miracula, quæ viderat]. MAR.
MAGD. 81 Zup. [in *Arch*. 91, 220]. Seynt Petre
ladde him into Ierusalem, and there he shewid
him alle the placis, where Iesu Crist had prechid.
and the place where he suffrid deth, and where
he styed into heuene [Petrus autem ipsum in
Hierosolymam duxit et omnia loca, in quibus

Christus prædicavit et miracula fecit, .. ostendit].
69 [*ib.* 91, 218].

4. Mirakel, Mirakelspiel, als mittelalterliches religiöses Schauspiel, dessen Inhalt biblische Geschichten oder Heiligenlegenden bildeten, mlat. *miraculum* [quæ nos *miracula* appellare consuevimus WR. *Lat. Stor.* p. 100; vgl. *Spr.* I, 1, 358], neue. *miracle, miracle-play :*
Pey forsake þat þey toke, God and here crystendom, Þat make swyche pleyys to any man, As *myracles* and bourdys, Or tournamentys of grete prys [cil que funt spectacles Cume lem fet en miracles, Ou ius qe nus nomames eins, Burdiz ou turnemens *afr.*]. R. OF BRUNNE *Handl. S.* 4659. Here bigynnis a tretise of *miraclis* pleyinge. REL. ANT. II. 42 *Spr.* [vgl. No man shulde usen in bourde and pleye the *myraclis* and werkis that Criat so ernystfully wrouȝte. II.43]. *Myraclis* pleyinge is of the lustis of the fleyssh. II. 44. *Myraclis* pleyng reversith discipline. *ib.* Thise *myraclis* pleyinge ben onely syngnis of love. II. 46. *Myraclis* pleynge reversen penaunce doying. II. 43 [vgl. *Anm.* zu *Spr.* I. 2, 226, 25]. Die häufige Verbindung *myraclis* pleyinge etc. hat fast den Charakter einer losen Zusammensetzung erlangt.

miracleliche, meracleliche adv. hybride Bildung zu *miracle, meracle* s. miraculum; vgl. fr. *miraculeusement*, it. *miracolosamente*, neue. *miraculously* zu *miraculous* adj. wunderbar, auf wunderbare Weise.

Pey cryede god mercy alle þat nyȝt, And *meraclelyche* god toke hede þerto. ST. EDITHA 1431 Horstm.

miracleplelere, miraclis pleier s. vgl. *miracle 4.* Mirakelspieler.

Therfore to pristis it is uttirly forbedyn not onely to ben *miraclepleyers*, but also to heren or to seen myraclis pleyinge. REL. ANT. II. 46 *Spr.* vgl. *Anm. Myraclis pleyers*, as thei ben doers of ydilnesse, seyinge that thei don it to the worschip of God, verreyly lyyn. *ib.*

miraclis pleiinge, pleinge, pleing, repræsentatio miraculorum s. *miracle 4.*

miraculous adj. fr. *miraculeux, -euse*, it. *miracoloso*, mlat. *miraculosus* zu *miraculum*, neue. *miraculous.* wunderbar.

Myraculouse, mervaylouse, miraculeux, -se. PALSGR.

miraculousli adv. neue. *miraculously.* wunderbar, auf wunderbare Weise.

Semblably they [sc. the naylles] abode in the ayer *myraculously.* CAXT. *Charles* p. 200.

mirke, mirc, mirk, merke, merk, meerk, marke adj. ags. *myrce, mirce*, obscurus, tenebrosus, alts. *mirki*, altn. *myrkr* [acc. *myrkvan*, auch *myrkjan, myrkan*]. schw. dän. *mörk*, zum Stamme *marc, mark, marg* geh., sch. *mirk, myrk, merk, mark*, neue. veraltet *mirk.* finster, dunkel, düster.

Myrke, or dyrke [thirke, darke], obscurus, tenebrosus [opacus]. PR. P. p. 339. Therke, or dyrk [or *myrke* supra], tenebrosus, caliginosus. p. 490. *Mirke*, ater, aquileus, caliginosus, furuus, fuscus, illucidus, intempestus, obscurus, opacus, pullus, tenebrosus, teter, vmbrosus.

CATH. ANGL. p. 240. cf. n. 8. To make or to be *mirke*, tenebrare, con-, tenebrassere, con-, fur-[u]ere [furuare A.], nigrere, nubilare, obscurare, opacare. p. 241. To wex *mirke*, nigrescere, tenebrassere, con-. *ib.* Derke, vbi *myrke* [A.]. p. 96. vgl. *Myrke* or darke, brun, -e, obscur, -e. PALSGR. *Mirke*, dark, obscurus, tenebrosa. MAN. VOC.

Derke, or *merke*, tenebrosus, obscurus [teter, caliginosus]. PR. P. p. 119. Derkyn, or make derke or *merke*, obscuro, obtenebro. *ib.*

im besonderen findet sich dieses Eigenschaftswort in der Bedeutung

1. finster, dunkel, düster, eig. lichtlos, von Örtlichkeiten, von der Sonne, vom Wetter und von der Nachtzeit [Gegens. hell]: Ihesu Crist, that makede mone On þe *mirke* nith to shine, Wite his soule fro helle pine. HAVEL. 403. *Myrke* was al þe werlde wyde. CURS. MUNDI 1764 FAIRF. *Myrke* watere in clowdes of the aeire. HAMP. *Ps.* 17, 13. Wha is that rggis not with a way that is bath *myrke* and aklither. 34, 7 comm. The day wex as dirke As the mydnyȝte *myrke.* ANT. OF ARTH. st. 6. Thre daies hase itt bene durand [i. e. during three days] So *myrke* þat non myght othir see [v. der ägypt. Finsternis, also starkem Nebel]. YORK PL. p. 88. It waxis right *myrke* vnto my sight, and colde withall [vom hereinbrechenden Abend der Geb. Christi]. p. 113. Þe sonne was *mirke* [The son wex *myrke* TOWN. M., von einer Sonnenfinsternis]. p. 401.—And he set mirkenes his lurking lang, His telde to be in his vmgang, *Mirke* watres þat ware of hewe, In þe kloudes of þe skewe. Ps. 17, 12.

Þar duellid man in a *myrk* dungeon, And in a foul sted of corupcion [v. Mutterleibe]. HAMP. 456 *Spr.* Now es day, now es nyght, Now es *myrk*, now es lyght. 1434. *Myrk* watere .. is in the clowddis of the aiere. *Ps.* 17, 13 comm. He sprede .. the fyre that thai myght see in *myrk* vorage. 104, 37 comm. Þe day lost his coloure, & *mirk* was as þe nyght [v. einem grausaigen Unwetter]. LANGT. p. 221 *Spr.* vgl. *Anm.* Fful merred ware þai in þaire mode, For *mirk* hit was þe niȝt [Ful *mirk* it was þe night GÖTT.]. CURS. MUNDI 15725 FAIRF. Þan did god widdrau his light, And mirknes made mar þan night, Sua *mirk*, þat nan might oþer see. GÖTT. 6051. It [sc. the sunne] .. was *mirk* als þe night. METR. HOMIL. p. 99. And by þat scho had hir childir dyghte, By þat þan wexe it euene *myrk* nyghte. OCTAV. *L.* 328 Sarr. vgl. sch. In þat *myrk* nycht wawerand will. WYNT. VI. 13, 105.

Oute sal man ga vnto his werke, And til his wirkeing til euen *merke.* Ps. 103, 23. Þenne dud god wiþdrawe his liȝt, And merkenes made more þen nyȝt. So *merke* noon myȝte oþer se. CURS. MUNDI 6051 TRIN. Synne shal to endeles payne the lede In helle, that is hidous and *merke.* Ms. in PR. P. p. 339. n. 2. What this montaigne bymeneth, and þe *merke* dale, And þe felde ful of folke, I shal ȝow faire schewe. P. PL. *Text B.* pass. I. 1. cf. *C.* II. 1. He was lefte there allone, And *merke* nyght felle hym upon. ROB. OF SIC. in NUG. POET. p. 51. Kepe

hit [sc. þe venesone] fro ayre, son, or wynde, In
cofer, or huche, or seler *merke*. LIB. C. C. p. 33. —
The shadowe maketh her bemis *merke*, And hir
hornes to shewe derke [von einer Mondfinster-
nis]. CH. *R. of R.* 5339 Skeat [in *Compl. W.*
I. 222].

[Devel ..] for his sinfule werk Ledeð man
to helle *merk*. BEST. 442 *Spr.* Ful merred war
þai in þair mode, Ful *merck* it was þe night.
CURS. MUNDI 15725 COTT.

The nyght waxed soon black as pycke:
Then was the myste boþe *marke* and thycke.
GUY *B.* 8461. vgl. *Notes.* Tyll thei come to another valay, That was bothe dyppe and *marke*.
VISIONS OF TUNDALE p. 13 Turnbull. cf. Þai
se a depe dale fulle myrke [*marke* A. derke B.],
Of hyt was Tundale fulle yrke. TUNDALE 315
Wagner, Halle 1893. Tille þai come to ane
other walay, Þat was both depe and myrke
[*marke* A. merke C.]: Of þat sight Tundale was
irke. 393.

2. dunkel, schwarz, von der Farbe,
mit Bezug auf die gefallenen Engel [Gegens.
hell, glänsend, strahlend]: Þo wurð he drake
ðat ear was knigt, Þo wurð he *mirc* ðat ear was
ligt. G. A. EX. 283. — Euerilc on ðat helden wid
[wið?] him, Þo wurðen *mirc*, and swart, and
dim, And fellen ut of heuones ligt In to ðis
middil walknes nigt. 285.

3. trübe, schwach, blöde, von den
Augen [Gegens. hell, klar, scharf]: Hise egen
weren *mirke*. BEST. 95 *Spr.*

4. übertr. düster, trübe, traurig.
vom menschlichen Leben: In this *myrk* lyf and
dedly, he [sc. God] hid him fra vs, that we may
noght se him face til face. HAMP. *Ps.* 17, 13
comm.

von dem Herzen, der Gemütsstimmung
[Gegens. heiter, froh]: If thi herte be dulle and
myrke, and felis noþer witt ne sauour ne deuocyone for to thynke. HAMP. *Tr.* p. 40 *Spr.*
Thou sett blyndhed in synful men, and *merk*
kumbryng of hert in thaim. *Ps.* 103, 21 comm.

düster, verdüstert, von Menschen,
düster, zornig, von Gott: Til ill men, cloudy
& *myrke* in syn. for thaire blynhede, he [sc. God]
semys *myrk*. HAMP. *Ps.* 95, 2 comm.

5. übertr. dunkel, schwer verständ-
lich, von Gedanken, Gründen [Gegens. klar,
leicht verständlich]: He [sc. Jesus] .. makid
briht The trowthe, that ar was *mirk* als niht.
METR. HOMIL. p. 98. *Mirk* is the lare of clowdis,
bifore the shyrynge [bildl.]. HAMP. *Ps.* 17, 14
comm. — We salle vndo þe *mirk* resouns, & telle
we siþin quilk ar þa þat drawes man shrift &
penance fra. CURS. MUNDI 26105 FAIRF.

The sentence is ful *merke*. HAMP. *Ps.* p. 1,
l. 18. Þis matir is *merke* for mani of jow. P. PL.
Text B. pass. XI. 154. cf. *C.* XIX. 198 *v. l.*

Now schal we telle as we fynde How Eneas
com of Saphetes (Japhet *v. l.*) kynde; Ffol *merk*
hit ys for to here, Bot algate a man may lere.
R. OF BRUNNE *Story of Engl.* 255. Þaj þe
mater be *merk* þat merked is jender, He [sc.
Danyel] shal declar hit. ALLIT. P. 2, 1617. This

is a *merk* [*meerk* P.] þyng for me .. and for
meny oþer. P. PL. *Text C.* pass. XIX. 198. —
We sal vndo þe *merk* resons, And tell we siþen
quilk ar þaa Þat draus man scrift and penance
fra. CURS. MUNDI 26105 COTT.

mirke, mirk, merke, merk, meerk s. ags.
mirce, altn. *myrkr* n. [neben *myrkvi*, *mjörkvi*
m.], dän. *mörke*, sch. *mirke*, *myrke*, *mirk*, *marke*,
mark, neue. *mirke*, *mirk*, *murk*, [früh substantivisch gebrauchtes Neutrum des Adj. *mirke*.
Dunkel, Dunkelheit, Finster, Finsternis, Düster.

Jyf þou brake euere any kyrke [cherche
O. gloss.] On day, or yn nyjt, yn *myrke* [derke
gloss.], Þou art acursede. R. OF BRUNNE *Handl.
S.* 2163. A werreour that were wys, desceyt suld
euer drede, Wele more on the nyght than opon
the day, In *mirke* withouten sight wille emys
[i. e. *enmys*, enemies] mak affray. LANGT. p. 179.
Thei [sc. ypocrites] in *mirke* does ill dedes.
HAMP. *Ps.* 87, 6 comm. I spake of folke in
mirke [in darknes TOWN. M.] walkand, And
saide a light schulde on þame lende. YORK PL.
p. 375. vgl. a *myrke* [i. e. in tenebris] P. PL.
Text C. pass. XX. 206 *v. l.*

Sal þer be na storme to finde, Ne miste, ne
mirk, ne na manere Of ani þing þis werlde to
dere. CURS. MUNDI 2368 FAIRF. COTT.

Shal þenne be no storme to fynde, No
miste, no *merke* in no manere Of wedir þis world
for to dere. CURS. MUNDI 23668 TRIN. As þe
weyke and fyre wil make a warme flaumbe For
to myrthe men with þat in *merke* [in þe derke
v. l.] sitten, So wil Cryst of his curteisye .. for-
jiue & forjete. P. PL. *Text B.* pass. XVII. 239.
vgl. *C.* XX. 206.

Sal þar be þan na storme to find, Ne mist,
ne *merck*, ne na maner O weder to þe werld to
dere. CURS. MUNDI 23668 COTT. When *merk*
of þe mydnyjt most no more last. ALLIT. P. 2,
894. Þer he [sc. Ionas] sete also sounde, saf for
merk one, As in þe bulk of þe bote, þer he byfore sleped. 3, 291. vgl. in *merk* [*meerk*] P. PL.
Text C. pass. XX. 206 *vv. ll.*

mirkeli, mircli, mirkli, merkeli adv. vgl.
mirke adj. obscurus. dunkel, schwer ver-
ständlich, geheimnisvoll.

Quat mai þis be? Sua wonder *mircli* [mi-
reli *Ms.*] spekes he [So wonderly *mirkly* spekes
he GÖTT. So wondir *merkely* spekeþ he TRIN.].
CURS. MUNDI 9277 COTT.

mirken, merken v. altn. *myrkva*, *myrkja*,
myrka intr. obscurari, sch. *mirk* tr., neue.
mirke, *mirk* tr., zu *mirke* adj. obscurus.

1. intr. dunkeln, dunkel werden:
Sun and mone leme gan hide, It *mirked* ouer all
þis world wide. CURS. MUNDI 1763 GÖTT.
Sonne & moone þe lijt gan hide, Hit *merked*
ouer al þis world wide. ib. TRIN.

2. tr. verdunkeln, verfinstern, dunkel machen: I *myrke*, I darke or make darke
(Lydgat], je obscurcys. PALSGR. He sent myrknes, and he *myrkid* [Misit tenebras & obscurauit
lat. cf. *Exod.* 10, 21]. HAMP. *Ps.* 104, 28. For
fild thai ere that *myrkid* ere [obscurati sunt *lat.*]

of erth in howzis of wickidnes. 73, 20. Ffor
myrknes sall noght be *myrkid* of the [Quia tenebre non obscurabuntur a te *lat.*], and nyght
as day lightynd sal be. 138, 11.

mirkenen, merkenen v. sch. *mirken, myrkyn*
intr. obscurari, schw. dän. *mörkna.* dunkeln,
dunkel werden.

Þe elementis þen *mirkenid* alle. CURS.
MUNDI 24410 FARF. Bi þis was vndren on þe
dai, Þat *mirckend* al þe light. 16741 COTT. Bi
þis was vndrin of þe dai, Þan *mirkind* all þe
light. *ib.* GÖTT. Sun and mone þeir bemes hide,
Merkind ouer al þis werld wide. 1763 COTT. vgl.
sch. Bot now this dolorous wound sa has me
dycht, That al thing dymmis and *myrknys* me
about. DOUGL. *Virg.* 395, 11.

**mirkenesse, mirkenes, mirknesse, mirk-
nes, merkenesse, merkenes, merknes,
meorknesse** s. sch. *mirknes,* vgl. *mirke* adj.
obscurus, tenebrosus.

Myrkenesse, or dorkenesse [thirkenes, thyrk-
nesse, derkenesse], tenebrositas, obscuritas,
tenebre. PR. P. p. 339. A *mirknes* [myrkeles
A.], ablucinacio, lucis alienacio, chaos, furi-
bula, furuitas, obscuritas, opacitas, tenebre,
tetritudo, vmbra, vmbrasitas. CATH. ANGL.
p. 241.

im besonderen bezeichnet dieses Hauptwort

1. Finsternis, Dunkelheit, Licht-
losigkeit, auch von der Finsternis der lichtlos gedachten Hölle: He set *mirkenes* his lurking lange. Ps. 17, 12. For fulfilled er þai þa
Þat sestrede er in *mirkenes.* 73, 20. Þan did
drightin witdrau his light, And *mirkenes* made
wel mare þan night. CURS. MUNDI 6051 COTT.
FAIRF. Now are 3e comyn me to take As in
mirkenes of ni3t. 15859 FAIRF. TRIN. Moyses
siðen held up is hond, And ðhikke ðherknesse
cam on ðat lond, Þat migte non Egipcien Abuten
him for *mirknesse* sen. G. A. EX. 3101. The
sun sal turn intil *mirknes.* METR. HOMIL. p. 24.
Satenas sal Iowes quenen In ouermirkenes [In
mekyll *mirkness* C.]. p. 128 Spr. Þan did god
widdrau his light, And *mirknes* made mar þan
niht. CURS. MUNDI 6051 GÖTT. [N]u er 3e comen
me to take All in *mirknes* of night. 15859 GÖTT.
[Þe lauerd ..] visite us, wit grett delite, In þat
mirknes þar we lai, Euer in niht witvten dai [i.
e. in der Hölle]. 18159 COTT. GÖTT. Þe day
of merryng and of *myr*[k]*nes* [d. i. der jüngste
Tag]. HAMP. 6114. Þe sext payne es overmykel
myrknes .. þat swa thik es þat men mught it
grape. 6796-8. cf. 6565. Pare [i. e. im Himmel]
es, withouten *myrknes,* lyght. 7821. He heldid
heuens, and he lightid down, and *myrknes* vndire his fete. Ps. 17, 11. Cloudis & *myrknes*
in vmgange of him. 96, 2. 3yf any of hem
ascape myght, Þe derkenesse saued hem þat
nyght. R. OF BRUNNE Story of Engl. 9927. In
hell sall neuer njyrknes be myssande. YORK PL.
p. 7. Þe *myrknes* thus name I for nighte, The
day þat call I this lyghte. *ib.* Sen erthe is vayne
and voyde, and j *myrknes* emel, I byd in my
blyssyng þe aun els gyf lyghte to þe erthe, for
it faded when þu fendes fell. p. 6. — For mir-

kenesses, alle þat be, Noght cestred sal be fra
þe [Quia tenebre non obscurabuntur a te *lat.*].
Ps. 138, 12. For be lighted als dai sal þe night,
Als his *mirkenesses,* and swa his light [nox sic
ut dies illuminabitur *lat.*]. *ib.* He sett *myrk-
nesis* his tapissynge [posuit tenebras latibulum
suum *lat.*]. HAMP. Ps. 17, 13. vgl. *ib.* comm.

Ther [sc. in helle] is stynk, and smoke
among, And *merkenesse* more than euer was
here. Ms. in PR. P. p. 239. n. 2. Þenne dud
god wiþdrawe his li3t, And *merkenes* made more
þen ny3t. CURS. MUNDI 6051 TRIN. He *merkenes*
send, and cestred þa. Ps. 104, 26 E. Horstm.
A myst & a *merkenes* was meruell to see.
DESTR. OF TROY 1985. A myste & a *merkenes*
in mountains aboute All donkyt the dales with
the dym showris. 9638. 3yf any fledde þat fle
myght, Þe *merknesse* saued [hem] þat nyght.
R. OF BRUNNE Story of Engl. 9253. Nu er yee
cummen to tak me Als in *merkenes* o night.
CURS. MUNDI 15859 COTT. Thou sett *merknes,*
and made is the ny3t [Posuisti tenebras et facta
est nox *lat.*]. HAMP. Ps. 103, 21. Hayle! thurgh
whos myght Al þis worlde was first begonne,
Merknes and light. YORK PL. p. 114. — He sent
merkenesses, and dimmed þa [He sent *merkenesses,* and cestred þa H. Horstm. Misit tenebras et obscurauit eos *lat.*]. Ps. 104, 28.

2. bildl. Verdüsterung, trübe Stimmung: For þou myghte lightely ffall so into
more *myrknes,* bot if þou mare be more alye in
thi wirkynge. HAMP. Tr. p. 40 Spr.

3. bildl. Dunkelheit, Finsternis, Un-
klarheit, Irrthum, Unwissenheit,
Sündhaftigkeit, Elend: For þou lightes
mi lantern bright; Mi God, mi *mirknes* light.
Ps. 17, 29. *Mirknes* and sliper be þare wai,
And Laverdes aungel filighand þai. 34, 6. For
in *myrknes* of unknawyng þai gang, Withouten
lyght of understandyng. HAMP. 193. Oure
Lorde Godd es ane endles beynge withowttene
chaungynge, allmyghty withowttene faylynge,
souerayne wysdome, lyghte, sothefastenes withowtten errour or *myrknes.* Tr. p. 14 Spr. When
the myrknes of synne wytis away, & the light of
grace comes, thou sall here my voice. Ps. 5, 3
comm. In morne, when i haf forsaken *myrknes*
of vices, i sall stand till the in perseuerance and
clennes of lif. 5, 4 comm. *Myrknes* are the
thoughtes þat are blinded in ignoraunce. 87, 13
comm. Bigynynge of pynes is of *myrknes*; for
als sone as any man despisis godis biddynge, his
hert is blyndid. 104, 26 comm. — For thou light-
nys my lantern, lord; my god, lighten my *myrk-
nesis.* Ps. 17, 31. cf. comm.

Lauerd, mi god, mi *merkenesse* lighte. Ps.
17, 31 E. Horstm. Þat is cause of þis clips þat
closeth now þe sonne, In menynge þat man shal
fro *merkenesse* be drawe, Þe while þis li3te &
þis leme shal Lucyfer ablende. P. PL. Text B.
pass. XVIII. 135. My wille is to wende .. and
welcome hem alle Þat many day my3te I nou3te
se for *merkenesse* of synne. 174. Lauerd, mi
god, mi *merkenes* lighte. Ps. 17, 31 H. Horstm.
The way of thaim be made *merknes* and sklither.
HAMP. Ps. 34, 7. cf. comm.

That is þe cause of þis eclipse þat ouercloseþ now þe sonne, In menynge þat men shal
fro *meorknesse* beo drawe, The while þis light
and þis leom shal Lucifer ablende. P. PL. *Text C.*
pass. XXI. 140. My wil is to wende .. and welcome hem alle þat meny day myghte ich nat
seo for *meorknesse* of synne. 180.

4. Finsternis, Dunkelheit, konkret
zur Bezeichnung des dunklen Grabes, der licht-
losen Hölle, des Teufels als des Fürsten der
Finsternis;

so vom Grabe: Wher knawen sal be þi
wondres in *mirkenes*, Ore þi rihtwisenes in land
of forgetelnes? Ps. 87, 13. vgl. Pai set me ..
In schadow of dede and in *mirkenesse.* 87, 7.
Whether sal be knawen in *mirkenes* thi wound-
ers, & thi rightwisnes in land of forgettyng.
HAMP. *Ps.* 87, 13.

von der Vorhölle, dem Limbus, als
Aufenthaltsort ungeborener und ungetaufter
Kinder: Þe childir þat es abortiues, Paa þat
er not born o liues, Sal rise in thritte winter
eild .. Pai sal haf noþer o wel ne wa, Bot in
merckenes for euer and a. CURS. MUNDI 22849
sq. COTT.

von der Hölle als dem Reiche der Finsternis: Now haues *mirknes* [mekenes *ed.*] All
his power. YORK PL. p. 253 [s. *Holthausen* in
Arch. 85, 417, der dazu anführt: Sed hæc est
hora vestra, et potestas tenebrarum *Vulg. Luc.*
22, 53]. vgl. „Bot suilk it es your time", he said,
„*Mirckenes* [*mirkenes, mirknes, merkenes* cett.]
wituten light." CURS. MUNDI 15865 COTT.

von dem Teufel als der personificierten
Macht der Finsternis, der Hölle: For he made
aungels vndirelout til mankynd, and *myrknes*,
that is the deuel, the whilke makis wrechid
hertis blak and vile, is vndire his fete. HAMP.
Ps. 17, 11 comm.

mirki adj. sch. *mirkie, mirky*, neue. *mirky,
murky*, zu *mirke*. finster, düster.

Thai set me in the nether lake, in *mirky*
stedes & in shado of dede [in tenebrosis & in
umbra mortis *lat.*]. HAMP. *Ps.* 87, 6. vgl. comm.

mire, moure s. ag. *mýre, mire*, formica,
niederd. *mire*, mniederl. *miere*, mniederl. *mier*,
dän. *myre*, schw. *mýra*, krimgth. *miera* [H. Z.
I. 358], altn. *maur*, neue. *mire; vgl. pissemire.*
Miere, Ameise.

Þe *mire* is magti, mikel ge swinkeð in
somer and in softe weder. BEST. 234 *Spr.* Þe
mire muneð us mete to tilen. 273. Þe *mire*
auneð ðe barlic, ðanne ge fint te wcte. 291. —
Lorde, grete *myres* [myses *ed.* mystes TOWN.
M.], bothe morn and none, Bytis vs full bittir-
lye. YORK PL. p. 84 [i. e. lat. sciniphes *Vulg.
Exod.* 8, 16 sq., gr. σκνίφες, eine Ameisenart,
welche die Feigen benagt, viell. die in Ägypten
heimische myrmīca omnivŏra; vgl. *Holthausen*
in *Arch.* 85, 413].

A pyssmowre [a *mowre* A.], formica. CATH.
ANGL. p. 244.

an die letztere Form, welche dem altn. *maur*
nahe steht, schliessen sich die Zusammensetzungen **mourehille, mourehouse** s. Ameisen-

---

haufen: A pyssmowrehille [a *mowrehylle* A.],
formicarium. CATH. ANGL. p. 244. A *mowre-
howse*, formicalion [A.]. *ib.*

mire s. myrrha s. *mirra; palus* s. *mure.*

mirejðe s. lætitia s. *murhðe.*

miren v. impedire s. *merren.*

miresauce s. muria s. *meresauce.*

miri, mirie adj. und adv. lætus, læte, **mirili**
adv. læte s. *murie, murilíche.*

mirinesse, mirines s. lætitia, **miritotir** s.
oscillum s. hinter *murie* adj.

miron s. dunkler Herkunft, vgl. mlat. *miro,
-ōnis*, regarderres de belles femmes, mirator,
mirio, -ōnis, fantasiarum inanium mirator, lat.
mirio, -ōnis, sonderbarer, misgestalteter Mensch
[also etwa = Knirps], auch thörichter Bewun-
derer [also etwa = Maulaffe], zu lat. *mirus, mirare.* Junge, Bursche, Maulaffe.

Loke þat no man nor no *myron* of myne
With no noyse be neghand me nere [gleich dar-
auf werden *churle* und *childe* gegenübergestellt].
YORK PL. p. 276. What rebalde þat redely will
rore, I schall mete with þat *myron* to morne,
And for his lewdenes hym lere to be lorne. *ib.*
What meruelous maters dyd þis *myron* þer
mell? p. 322.

**mirour, mirur, miror, mirrour, murrour,
merour, merur, meror**, auch **merowe, mero**
etc. s. afr. *miroer, mirouer*, nfr. *miroir* [prov.
mirouer, mироué, miró, auch *mirois*] gl. *mira-
torium*, ferner afr. *miraour, mireor* [vgl. nfr.
mireur, Entfernungsmesser, und nfr. prov. *mi-
reux* (für *mireur*), Spiegel], pr. sp. *mirador*, it.
miratore, miradore gl. *mirator, -ōris*, scheinen
hier zusammengeflossen zu sein, ausser denen
vielleicht, bei der Bildung der verkürzten Formen, auch noch pr. *miralh*, it. *miraglio*, mlat.
mirale, lat. *miraculum*, in Betracht kommt, alle
zu lat. *mirare, mirari* geh., neue. *mirrour.*

1. Spiegel: Nou nim þanne ane *mirour*,
and sete hine toayens an oþren. AYENB. p. 156.
There he saughe a damysele, that kembed hire
hede, and lokede in a *mirour.* MAUND. p. 24.
The damysele saughe the schadewe of him in
the *mirour. ib.* He [sc. Nero] made a *myrour*
iliȝt with precious stones, þat schyned by nyȝte
as it were þe mone. TREVISA IV. 397-9. I am not
wont in no *mirour* to prye. CH. *C. T.* III. G.
668 Skeat Cl. Pr. The *mirrour* sheweth in his
kinde, As he had all the world withinne, And is
in soth nothing therinne. GOWER I. 315. My-
rowre, or myrowreglasse, speculum. PR. P.
p. 339. He [sc. Nero] made a lampe .. lyke
unto the sonne, þat damysele a *myrrour* onornede
with gemmes to schyne in the [nyȝhte into the
similitude of the moone. TREVISA IV. 397-9
Harl. Whenne other seen der þe cloudis ouer-
howue, The shappe of hit they take in a *myrrour* [myrroure Lodge; oblato speculo imaginem
nubis accipiunt *lat.*]. PALLAD. þi, 974 *Lichl.* vgl.
A myrroure, speculum. MAN. VOC. [a. 1570.
Hoc speculum, a *myrrore.* WR. VOC. p. 232 [col.
724, 23 Wülck.] [c. 1450]. To make *murrour*
bryȝt. Stryke wel theron blak sope etc. REL.
ANT. I. 108 [15. Jahrh.].

Willelmus .. habet in foro ista vendenda
ante se .. saponem [sope] et specula [myrrys] et
rasoria [rasors]. WR. Voc. p. 123 [c. 1220].
He [sc. Nero] made a myrour [merour y.]
etc. TREVISA IV. 397-9. For alle ʒoure fresche
forur [i. e. furrour], That menes of ʒour merur
.. Alle thus schalle ʒe be [d. h. werdet Ihr tot
und in Pein sein]. ANT. OF ARTH. st. 13. So
mekill light the merure kast, That the Sarzins
fled ful fast [von einem Spiegel als Helm-
schmuck]. SEUYN SAG. 2809. His veser on his
heued he kest; A bright merure aboue he fest.
2797. Sum wend, for the merure [gen.] lyght,
That it war ane angel bright. 2805. Hoc speculum, meror. WR. Voc. p. 199 [col. 660, 2
Wülck.] [c. 1420].

A merowe, speculum. CATH. ANGL. p. 236.
To loke in merowe, speculari, mirari. ib.

2. bildl. Spiegel der Seele: Thus gan he
make a mirour of his minde, In which he saugh
al hoolly hir figure. CH. Tr. a. Cr. Skeat [in
Compl. W. II. 164]. For Thought anoon thanne
shalle bygynne .. To make a mirour of his
mynde .. Hir persone He shalle afore hym sette,
Hir laughing eyen, persaunt and clere etc. R.
of R. 2804 Spr.

Qwils we go be faith, be mero as wer &
achado we see. MISYN Hamp. Mend. of Life
p. 128.

3. Zauberspiegel: Amideward the cite,
on a stage, Virgil made another ymage, That
held a mirour in his hond, And oversegh al that
lond. SEUYN SAG. 2007 Spr. Under the ymage
that halt the mirour, In al Poile ne Romanye,
Ne is so mochel tresorie. 2092 Spr. This mirour
eek, that I haue in myn hond, Hath swich a
myght, that men may in it see Whan ther shal
fallen any aduersitee Vnto your regne etc.
CH. C. T. II. F. 132 Skeat Cl. Pr. [vgl. Notes
p. 211. 214]. This mirour and this ring .. He
hath sent to my lady Canacee. 143. Fortune me
fette, Into þe londe of longynge and loue hue
me brouhte, And in a mirour [in a myroure B.
XI. 8], hihte myddelerd, hue made me to loke.
P. PL. Text C. pass. XII. 168 [vgl. Notes p. 250].
ähnl. XII. 181. XIV. 132. Twa clerkys was in
hys londe, Twa bryther, that token on honde
For to kast the myrour down That lyght over
al Rome toune. SEVEN SAG. 1898. For the myrrour was so clere, That cast lyght fer and nere.
1896. For every lond .. Whan this mirrour was
so forlore, And they the wonder herde say,
Anone begunne disobey. GOWER II. 200. Virgile .. a mirrour made of his clergie, and sette
it in the townes eye Of marbre on a piller without. II. 195. Now ʒe shal here of the mirrour. The glas that stode theron was of suche
vertu, that men myght see therin all that was
don within a myle. CAXT. Reyn. p. 116 Thoms.
Sire emperour, Undir the pyler that berys merour, Ther hys a goldehord bygune. SEVEN SAG.
2002. — They speken of Alocen and Vitulon
And Aristotle, that writen in her lyues of
quoynte mirours and of prospectyues. CH. C. T.
II. F. 232 Skeat Cl. Pr. [vgl. Notes p. 211. 214.
Gl. v. prospectyues].

4. übertr. Spiegel, als Spiegelbild,
Abbild: Also þe Capitol was arrayed wiþ hiʒe
walles iheled wiþ glas and wiþ gold, as it were
þe mirrour of al þe world aboute. TREVISA I.
217 Spr. I make þe als master and merour of
my mighte [Gott zu Lucifer]. YORK PL. p. 2.

5. übertr. Spiegel, Spiegelbild, als
Erkenntnisgrund und daraus sich erge-
bende Vorschrift für Thun und Lassen im
allgemeinen: Al day þu mikt undurstonde, Ant
ti mirour bifor þe sen, Wat is to don an to
wonden [i. e. wandien, fugere, vereri], And wat
to holden ant to fien. WORLDES BLIS 51 Napier
[13. Jahrh., in Arch. 87, 263]. vgl. WR. Anecd.
p. 91. — Forþi loue hem [i. e. clergye and kynde
witte, learning and common sense], I rede ; For
bothe ben as mirours to amenden our defautes,
And lederes for lewed men and for lettred bothe.
P. PL. Text B. pass. XII. 96.

6. im besonderen bezeichnet das Wort in
diesem Sinne, mit Beziehung auf löbliches und
nachahmenswertes Verhalten von Personen,
Vorbild, Muster: Alle þat writin is in
writte Wroʒt is for to lere vs witte, how we
agh to lede our life, Cristin folk, baþ man and
wife, In eldrin men our mirour [mirur COTT.
EDINB.] se, Quat for to folow, quat for to
fie. CURS. MUNDI 23863 FAIRF. Nou loke herin
.. And make hyt thy myrour. SHOREH. p. 116.
Jesu was sent from God allemyghty, for to ben
myrour and ensample and tokne to alle men.
MAUND. p. 133. Mi mirour is broken & is dede
Pat my liking was inne. ALEXIUS 533 Horstm.
[in Arch. 51, 110]. She is mirour of alle curteisye; Hir herte is verray chambre of holynesse,
Hir hand, ministre of fredom for almesse. CH.
C. T. III. B. 166 Skeat Cl. Pr. [She was ..]
Of maneer myrour and welle of womanheede.
LYDG. Fab. þ. M. 384. She [sc. my lady] is
pure hede and welle And mirrour and ensample of good. GOWER II. 214. Mirrour of fructuous entendement, O vniversal fader in science
[v. Chaucer]. OCCL. Reg. Princ. st. 281 [in
Spec. III. 14]. For men schall me þer myrroure
make. YORK PL. p. 175. Pare myrroure may þei
make of me. p. 184.

All þat written es in writt, Wroght it es to
lere vs witt, Hu we au to lede vr liʒf, Cristen
folke, bath man and wijf, In eldrin men vr mer-
rur mai se, Quat forto fulv, quat forto fie.
CURS. MUNDI 23863 GÖTT.

7. so auch, mit Beziehung auf tadelnswer-
tes Verhalten und dessen Folgen, Schreck-
bild, abschreckendes Beispiel, War-
nung: Sire Edward, oure kyng, þat fal ys of
piete, Þe Waleis [i. e. Wallace's] quarters sende
to ys oune contre, On four half to honge, huere
myrour to be, Per opon to þenche, þat monie
myhten se Ant drede. BÖDD. Altengl. Ged.
p. 127. Folk of Yrland side, ʒour mirour ʒe
may se! Mo þat hider ride, Þus grayþed schul
ʒe be! TRISTR. 1092 Kölb. [I. 100, 3 Spr.].
Proud mannis mirowr [i. e. mors]. REL. ANT.
II. 121 [Anf. 14. Jahrh.]. Thow [i. e. Iudas] shalt
be myrour to menye, men [man v. l.] to deceyue;

Wo to hem þat þy wiles vaen, to þe worldes
ende! P. PL. *Text C.* pass. XIX. 175. Here ye
may wele see, As in a *mirrour*, a ful grete evy-
dence .. What harme folwith of slouthe and
necgligence. LYDG. *M. P.* p. 93. Look in thy
merour, and deeme noon othir wihte. p. 156.
— Daunsinge to pipis, In myrthe with moppis,
myrrours of synne. DEP. OF R. II. pass. III. 275
Skeat. Look in your *meroures* or ye deeme any
wihte. LYDG. *M. P.* p. 163.

8. übertr. S p i e g e l, zur Bezeichnung eines
Buches, das in Lehre und Beispiel deutliche
Vorschriften des Verhaltens giebt [vgl. mlat.
speculum]: Laued men hauis mar mister Godes
word for to her Than klerkes that thair *mirour*
lokes, And sees hou thai sal lif on bokes.
METR. HOMIL. p. 3. auch schon als Büchertitel,
wie häufig später: *Mirror of Life*, by William
Nassyngton [ab. 1420]. *Spec.* III. *Introd.* p. XXX.
Myrrour hystoryal [i. e. speculum historiale des
Vincens von Beauvais]. CAXT. *Charles* p. 38.
251. The *Mirrour* of World. Printed in the
Abbey of Westmestre by William Caxton, 1481.
vgl. Oure Ladyes *Miroure*, a. D. 1530. The
Myrrour or Glasse of Christes Passion, Lond.
by me Robert Redman, 1534. A *Myrroure* of
Magistrates. Anno 1559. Londini in Ædibus
Thomæ Marshe [erst die 2. Ausg. zeigt den
Titel in der landläufigen Gestalt: A *Myrrour*
for Magistrates. Anno 1563. Lond. by Thomas
Marshe] u. a.

an die verkürzte Form *merowe, mero* schliesst
sich die hybride Ableitung **meroli** adj. s p i e-
g e l a r t i g, s c h a t t e n h a f t, mit Bezug auf
ein blasses, wesenloses Abbild: Myendly sight
truly is takyn vp heuenly to behald by schadoly
sight ȝit & *meroly*, not clere and opyn [Mentalis
enim visio sursum capitur et celestia contem-
platur per visionem tamen enigmaticam et spe-
cularem, non claram et perpetuam *lat.* p. XIII].
MISYN *Hamp.* Mend. of Life p. 128.

mirourglas, miroureglasse s. vgl. neue.
mirror-glass, Spiegelglas. G l a s s p i e g e l,
S p i e g e l a u s G l a s [im Unterschiede von
einem Metallspiegel].

Myrowre, or *myrowreglasse*, speculum. PR.
P. p. 339.

mirous adj. gl. *mirosus*, mit *-ous* für lat. *-us*
aus lat. *mirus, -a, -um.* w u n d e r b a r, e r-
s t a u n l i c h, a u s s e r o r d e n t l i c h.

To make hem [sc. pomegranats] of a *myr-
ous* magnitude [miræ magnitudinis *lat.*], Ley
doun an erthen potte biside her tree. PALLAD.
4, 358 *Lidd.*

**mirra, myrre, mirre, mirr, mir, merre,
marre** s. ags. *myrre* f. myrrha, alts. *myrrd*, ahd.
mirrd, myrrd, murrd, mhd. *mirre* [neben *mirre,
mirr* m.], it. *mirra,* mlat. *mirra, mirrum,* lat.
myrrha, murrha, murra, gr. μύῤῥα, hebr. מוֹר,
aus arab. *murr,* amarus, von *marra,* amarum
esse, neue. *myrrh.*

1. M y r r h e, gummiharziger Saft von ter-
pentinartigem Geruche und stark bitterem Geschmacke [gummi myrrhæ], der aus der Rinde

des Myrrhenbaumes [balsamodendron myrrha]
von selbst ausfliesst und an der Luft erhärtet,
ein altes, auch jetzt noch gebrauchtes Heilmittel, von den Alten viel zum Würzen des
Weines, zu Räucherungsmitteln und Salben,
von den Agyptern beim Einbalsamieren benutzt: Þe þridde þatt teȝȝ gæfenn himm Wass an
full deore sallfe, & itt iss o þe goddspellboc
Myrra bi name inemmnedd. ORM 6476. cf. 6697.
7433.

Gold bicumeð to kinge, recheles to *gode,
mirre* to deaðliche men. OEH. II. 45. *Mirrs*
for ure [i. e. hure] bitternesse bitocneð þo
lichames pine. *ib.* Him bicumeð þet he offri þe
heuenliche kinge þe þre loc þe ich er nemde,
þat is, gold, and recheles, and *mirre. ib.* Þe
þre kinges þe comen of ostriche, and cuðlech-
eden hem wið him mid þrefeld loc, avro, thure,
mirra, þat is, gold, and recheles, and *mirre. ib.*
Peȝȝ brohhtenn Crist *off mirre* lac. ORM 7456.
Nicodemus brouhte, uorte smurien mid ure
Louerd, an hundred weien [i. e. weights, pounds]
of mirre & aloes. ANCR. R. p. 372. Si *mirrs*
loket þet bodi, þet no werm ne may þer ihende
come. O. E. MISCELL. p. 28. Þo kinges .. him
offrede hire offrondes, gold, and stor, and *mirre.*
p. 27. Bi þet *mirre,* þat is biter, and be þo
biternesse defendet þet cors .. signefiet þo gode
werkes. p. 28. Þe kynges come wery To presente
hyre sone *Wiþ myrre,* gold, & encens. BÖDD.
Altengl. Ged. p. 219. Baltozar he offyrd *myrre*
[Balchisor he offred *mirre* TRIN.], a bawme of
wonder bytternes, That ded men with anoynted
is; Ffor rotyng is no better rede. CURS. MUNDI
11502 FAIRF. Þe stile of Matheu water hit was,
& wine þe letter of Lucas .. Þe first of wax hit
has sauour, Þe toþer *of mirre* [*to mirre* TRIN.].
21293 FAIRF. Gold, *myrre,* stor, were here of-
frynges. SHOREH. p. 123 *Spr.* The thred gift ..
Was *mirre,* þat mannes fles mai hald Abowen
erthe fra rotinge. METR. HOMIL. p. 105. *Mirre*
bites. *ib.* A maner tre, forsoþe, we fynde þat
mirre ȝiueþ þe wei of kynde. PROPR. SANCT.
Luc. 235 Horstm. [in *Arch.* 81, 301]. Theise
3 kynges offreden to oure Lord gold, ensence,
and *myrre.* MAUND. p. 70. Whan thei wenten
to seche oure Lord .. and to presente him *with*
gold, ensence, and *myrre.* p. 150. Kynges come
after, kneled, & offred *Mirre* & moche gold.
P. PL. *Text B.* pass. XIX. 71. cf. C. XXII. 76.
v. l. Þe þridde kynge þo cam .. And presented
hym with pitee, apierynge þy *myrre;* For *mirre*
is mercy to mene. *B.* XIX. 87. cf. C. XXII.
91 sq. Thei offryden to hym ȝiftis, gold, encense,
and *myrre.* WYCL. MATTH. 2, 11 Purv. And
thei ȝauen to hym to drynke wyn meddlid *with
mirre.* MARK 15, 23 Purv. Nicodemus cam ..
beringe a medlynge *of myrre* and aloes, as an
hundrid pound. JOHN 19, 39 Oxf. *Spr. Mirre,*
mirrum [mirra A.]; mirratus, mirreus participia.
CATH. ANGL. p. 241. *Myrre,* gomme, myrre.
PALSGR. — Two maner of *mirres* from him [sc.
þe mirretre] goþ, On wiþ loue, anoþur wiþ loþ;
Þe ton is taken out bi craft, And þe toþur freoly
laft. PROPR. SANCT. *Luc.* 237 Horstm. [in *Arch.*
81, 301].

Byttyr *myre* to the I brynge, Ffor byttyr
dentes on the thei ȝalle dyng. Cov. Myst.
p. 169.
This *mirr* haldes us fra roting. Metr.
Homil. p. 105. Bot Attropa gaue gift *of mirr*
[: of firr], A smell of selouth bitternes etc. Curs.
Mundi 11502 Gött. *Wit mirr* thai schewed
thaone That him bihoued dey als manne. Metr.
Homil. p. 97. Nou haf ye herd .. *of mirr.*
p. 195.
A smerlis .. That bitter es, and *mir* is cald.
Metr. Homil. p. 97. Bot Attropa gaf gift *o
mir* [: o firr], A smerl o selouth bitturnes etc.
Curs. Mundi 11502 Cott. The stile o Matheu
water it was, And win þe letter o Lucas .. Þe
first o wax it has sauur, Þe toþer *o mir.* 21293 sq.
Cott. Gött.
Thei offreden to hym ȝiftis, gold, encense,
and *merre.* Wycl. Matth. 2, 11 Oxf.
Kynges comen after, kneolede, and offride
Muche gold and *murre.* P. Pl. Text C. pass.
XXII. 75.
2. vereinzelt steht *mirre* für *mirretreo, -tre,*
Myrrhe, Myrrhenbaum: Y schal ȝyue in
wildirnesse a cedre, and a thorn, and a myrtetre
[*mirre* v. l.], and the tre of an olyue. Wycl.
Is. 41, 19 Purv. cf. Esth. 2, 11 Purv. v. l.

mirrakull s. miraculum s. *miracle.*

mirre s. myrrha s. *mirra.*

mirretreo, mirretre, -tree, mirtre s. vgl
mirra, myrrha, *treo*, arbor. Myrrhenbaum
[balsamodendron myrrha].
Þenne is þis good ordinaunce Lastyngly to
do penaunce; And þat we moste do freoly, *Bi
þe mirretreo* ȝou told I. Propr. Sanct. *Luc.*
357 Horstm. [in *Arch.* 81, 302]. *Off mirretre,*
þat ȝiueþ two maner gumes. *ib.* [*Überschr.* in
Arch. 81, 301]. vgl. *of mirretree* Wycl. Esth.
2, 11 Purv. v. l. of a *mirretree* 2 Esdr. 8, 15
Purv. v. l. *Myrretree* [Myrre tree *ed.*], larbre qui
porte la mirre. Palsgr. A *mirtre* [nom.]. Wycl.
Is. 55, 13 Purv. v. l.

mirreur s. speculum s. *mirour.*

mirte, mirt s. afr. *murte, meurte* [neben
volkstüml. *nerte*], nfr. *myrte*, it. *mirto*, lat.
myrtus, gr. μύρτος, vgl. das abgeleitete ahd.
mhd. *mirtil, mirtel,* myrtus [meist in Zuss.], fr.
myrtille [vaccinium myrtillus, Heidelbeere], it.
mirtillo [Heidelbeere], neue. *myrtle,* myrtus.
1. Myrte, Myrtenbaum, -strauch
[myrtus communis]: For the nettle shal growe
the tre that is clepid *myrt.* Wycl. Is. 55, 13
Oxf. In Ianus oyl confecte of *mirtis* [*myrtee*
Lodge] bay [ex baccis myrti *lat.*] is ln this
maner etc. Pallad. 2, 407 *Lidd.* Now mirtite
wyn is maad of *mirtis* [*myrtes* Lodge] bayia
[eisdem baccis *lat.*]. 2, 414 *Lidd.* cf. 3, 1094.
3, 1157. The seed *of mirte* [mirt Lodge] .. Of
crabbe, yuy, lentiske, and wilde oliue Let yeue
hem [sc. thi turtours] now & now for chaunge
of mete. Pallad. 1, 568 *Lidd.* Best odour hath
wyn in dayes lite, The bay *of myrte* agrest,
montane, and drie, Yf that me grynde .. And
into a wynbarel doun let hem sie [i. e. descend].
11, 323 *Lidd.* — He stode bitwixe the places

where *myrtis* [*mirtis* Purv.] wexen. Wycl. Zech.
1, 8 Oxf. cf. 1, 10.
2. Myrtenbeeren [koll.]: Wrynge out
the *mirte* [*myrte* Lodge], & clense hit [expressis
myrti granis colabis *lat.*]. Pallad. 2, 417 *Lidd.*

mirtetree, mirtetre, -tree, mirttree s. vgl.
mirte, myrtus, *treo*, arbor. Myrtenbaum,
-strauch [myrtus communis].
A *mirtetre* schal wexe for a nettil. Wycl.
Is. 55, 13 Purv. Y schal ȝyue in wildirnesse a
cedre, and a thorn, and a *myrtetre.* 41, 19 Purv.
Brynge ȝe bowis of olyue, and bowis of the faireste tree, the bowis *of a myrtetree.* 2 Esdr.
8, 15 Purv. I shal ȝyue in wildernesse ceder,
ane thorne, and *myrttree.* Is. 41, 19 Oxf. Bringeth braunchis of oliues .. and braunchis of *myrttree.* 2 Esdr. 8, 15 Oxf.

mirtilen v. frangi, dirumpi s. *mirtlen.*

mirtine adj. lat. *myrtinus, murtinus,* gr. μύρ-
τινος, von lat. *myrtus*, gr. μύρτος, vgl. ae. *mirte.*
aus Myrten, Myrten-, vom Myrtenöl, das
aus Myrtenbeeren oder Myrtenblättern her-
gestellt wurde.
Sixe monethis thei shulde ben enoynt with
myrtine oile [d. h. mit Myrtenöl; vgl. So oneli
that thei weren anoyntid with oile of myrtetre
bi sixe monethis *Purv.* daneben bieten mehrere
Handschriften: with oile of myrretree [mirretree]
tree], with the oile of mirre, entspechend dem
hebr. הַמֹּר שֶׁמֶן, oleo myrrhino, eig. oleo myrrhi,
d. h. mit Myrrhenöl]. Wycl. Esth. 2, 11 Oxf.

mirtite adj. lat. *myrtites* s. vinum myrtatum,
gr. μυρτίτης adj. [in μυρτίτης οἶνος]. mit Myrten gewürst, Myrten-, vom Myrtenwein,
der mit Myrtenbeeren oder Myrtensaft ange-
macht wurde.
Now *mirtite* wyn [*myrtite* wyne Lodge] is
maad of mirtis bayia [item eisdem baccis vinum
myrtite sic facies *lat.*]. Pallad. 2, 414 *Lidd.*
Wyn *mirtite* counfit in Janyueer. *ib.* p. 16. Wyn
mirtyte maad in other wise. p. 17.
substantiviert *mirtite,* Myrtenwein:
Sone in this mone ek *mirtite* is to make [myrtite
is to make *Lodge* myrtitem sic facies *lat.*].
Pallad. 3, 1093 *Lidd.* *Mirtite* a Greek co-
maundeth thus to make [Græci item myrtitem
sic præcipuunt temperari *lat.*]. 3, 1156 *Lidd.*

mirtlen, mirtilen v. von *murten* [in ae. to-
murten, ags. tómertan, zerschneiden, zerreissen,
zerbrechen Zup. *Übungsb.*], wohl zu *merren,* ags.
merran, mierran, myrran, gehörig. neue. prov.
mirtle, to crumble [*North.* Halliw.]. intr.
zerbrechen, zerbröckeln, in Stücke
fallen.
Throgh the glorious gyfte of goddes son of
heuyn, That come to our kynde throgh a cleane
maydon, All maumentre in myddelerthe *myrtlit*
to peses. Destr. of Troy 4299. When Criste
in that contre come with his dame, The false
goddes in fere fell to the ground; Bothe
Mawhownus & maumettes *myrtild* in pieces.
4310.

mirðe s. lætitia s. *murhðe.*

mirðer [für *mirðerer*] s. homicida, *mirðren*
v. interficere, necare s. *murðrere, murðren.*

mis, selten **miss**, **misse** adv. altn. *mis*, de via, contra jus et æquum [neben *d mis*, *d miss*], adverbial gebr. acc. neutr. des Adj. gleichen Stammes, ahd. *missi*, varius [*missemo muote* OTFR. 5, 25, 80], mhd. *mis*, gth. *miss*, *missa* [erhalten in *missa-* præf. male-, und *misso* adv. mutuo, in vicem, vicissim], welches urspr. den Begriff des Wechsels, der Verschiedenheit, dann der Verkehrtheit, Fehlerhaftigkeit bezeichnete.

Das altenglische Adverb erscheint meist in Zusammensetzungen und hat in dieser Gestalt noch beide Bedeutungen bewahrt [vgl. *mis-*, *misse-* præf. ags. *mis-*], während das Substantiv und Zeitwort nur die letztere zeigen [vgl. *misse*, *mis* s. defectus, injuria, und *missen* v. aberrare, non assequi, deficere, carere].

In älterer Zeit tritt das altenglische Adverb nicht selten, doch nur in seiner zweiten Bedeutung, nach Art einer deutschen trennbaren Partikel noch selbständig auf und stimmt hierin, abweichend vom angelsächsischen Gebrauche, mit der volkstümlichen Rede Niederdeutschlands überein; vgl. niederd. *daar kumt he mis* [vergeblich, zu spät]; *dat geit mis* u. ähnl.; s. *Heyne* in GRIMM *Wb.* v. *miss-*. verkehrt, unrecht, übel.

entschieden gehören hierher: Þe ilke fif wallen .. wasche mine fif wittes of alle bodi sunnen, of al þet ich abbe *mis seien* mid eȝen, mid min eren *iherd*, mid muð *ispekin* oþer *ismaht*, and mid neose *ismelled*, wiþ eini limb *mis ifeled* and wið flehs *isuneged* [*mis* bestimmt nicht nur das erste p. p., *seien*, sondern auch alle folgenden]. OEH. p. 189. cf. p. 202. Summe iuglurs beoð þet ne kunnen seruen of non oðer gleo, buten makien cheres, & *wrenchen mis* hore muð, & schulen mid hore eien. ANCR. R. p. 210-12. Þeonne heo *wrencheð* hore muð *mis*, hwon heo turneð god to vuel. p. 212. Were was I bi wode or weyȝe, Sat or *stode* or *dide* ouȝt *mys*, That I ne was ay under thin eyȝe? BODY A. S. 125 *Spr.* Þai ere gripen in rede whilk þai *poȝht mis.* Ps. 9, 23. Maloc .. Be to him als shroude wit whilk hiled he is, And als girdel þat ai *gird es mis*. 108, 19. Ȝoure bestes *go mys* [sie weiden, wo sie nicht hingehören d. h. auf dem Kirchhofe]. R. OF BRUNNE *Handl. S.* 8684. Þe conantȝ are *gan mis*. LANGT. p. 260. He *did* nicely & *mys.* p. 297. He wex to a werwolf wiȝtly þerafter, Al þe making of a man so *mysse* hadde ȝhe [sc. þat womman] *schaped.* WILL. 140. vgl. *misifelen, misiheren* etc.

wohl auch: Ich habbe iheued of oðer monnes mid woh and mid wronge, *iȝeuen mis*, and *inumen mis*, and *mis etholden* ofte. OEH. p. 205. cf. p. 305. He [sc. þe werse] secheð forte þat he open fint .. at te muð, ȝif hit open beoð to *spekende mis.* II. 191. Yee mis nu *vnderstand.* CURS. MUNDI 15922 COTT. *Miss* yee *vnderstand.* 14207 COTT. vgl. *misathalden, misiȝeven* etc.

andere, namentlich zweifelhafte Fälle sind bei den betreffenden Zusammensetzungen oder bei *missen, mis* s. defectus, injuria, besprochen.

mis-, seltener **misse-** etc. præf. ags. alts. afries. niederl. niederd. *mis-*, varie, male, altn.

miss-, *mis-*, schw. *miss-*, dän. *mis-*, ahd. *missa-*, *misso-*, *missi-*, *misse-*, *misi-*, *mis-*, *mës-*, mhd. *misse-*, *mis-*, nhd. *misse-*, gew. *mis-*, gth. *missa-*, sch. neue. *mis-*, hat fast vollständig den Charakter einer untrennbaren Partikel angenommen, selbst da, wo man etwa in Zusammensetzungen in demselben ein urspr. Adjektiv erblicken kann, wie in manchen ahd. Zuss. mit *missi-*, und tritt ziemlich früh auch an die Stelle des afr. *mes-*, das sich mit ihm mischt [s. *Gr.* [3] I. 541]. Das weitverbreitete Präfix bewahrt teilweise noch den Begriff des Wechsels, der Verschiedenheit, bezeichnet aber meist, wie afr. *mes-*, Verkehrtheit, Fehlerhaftigkeit; hierdurch wurde, neben der äusserlichen Ähnlichkeit der Form, das spätere Zusammenfallen der beiden, dem Ursprunge nach gänzlich verschiedenen Partikeln begünstigt; vgl. *mis* adv., *misse* s.

mis-, seltener **misse-** etc. præf. afr. *mes-*, minus s. *mes-*.

mis s. defectus, injuria s. *misse*.

mis adj. ahd. *missi*, mhd. *mis* [s. *mis* adv.]. kann in manchen Zuss. enthalten sein, wird aber nicht mehr als solches empfunden und ist als selbständiges Wort nicht nachzuweisen; vgl. *mismening* s. und s. *mis-* præf.

misacounted p. p. vgl. *acounten.* falsch berechnet.

He thoughte he *misacounted* hadde his day. CH. *Tr. a. Cr.* 5, 1185 Skeat [in *Compl. W.* II. 394].

misagreen v. afr. *mesagreer*, von *agreen*, consentire, afr. *agreer*; vgl. früh neue. *misgree*, dissentire [MAN. VOC.], von afr. *greer*, *grace*, und neue. *disagree.* nicht übereinstimmen, uneinig sein.

I never wyst them *misagre* afore in my lyfe, je ne les cognus jamays deuant a ma vie mesagreer or discorder. So that where we use *mys* byfore our verbes in our tonge, they use *mes* byfore their verbes of the lyke sence. PALSGR. I *mysagre*, je mesagree, je discorde. *ib.*

misanter, **-antour** s. infortunium s. *mesaventure.*

misathalden v. ist vielleicht als Zusammensetzung aufzufassen; vgl. *athalden* v. unrechtmässig behalten.

Ich habbe .. iȝeuen mis, and inumen mis, and *mis etholden* ofte. OEH. p. 205. vgl. jedoch *mis* adv.

misaunter, -auntre, -aventour, -aventoure, -aventur, -aventure s. infortunium s. *mesaventure.*

misavisen v. neue. *misadvisen*; vgl. *avisen.*

1. tr. nur im p. p. adj. übel beraten, unbedacht, unklug: He haþ ben muche *mysauysed*, Godus comaundemens he haþ dispyset. O. E. MISCELL. p. 229.

2. refl. sich schlecht besinnen, unbedacht sein: I say nat this by wyves that ben wyse, But if it be whan they *hem misavyse.* CH. *C. T. D.* 229 Skeat [in *Compl. W.* IV. 32b-i].

misbe- in Zuss. s. *misbi-.*

misbeoden, -beden v. ags. *misbeódan*, altn. *misbioða*, mhd. *missebieten* [c. dat.]; vgl. *beoden* 3. einem Ungebührliches bieten,

anthun, einen auf unglimpfliche
Weise behandeln.

Nis nan mon that ne mai ibringe Wis wif
amis mid awucche thinge; Me hire mai so ofte
misbeode, That heo do wule hire ahene neode.
O. A. N. 1537.
Misbeode þou [imper.] not þi bondemen, þe
beter þou schalt spede. P. PL. *Text A.* pass. VII.
45. cf. *Mysbede* nouȝte þi bondemen. *B.* VI. 46.
Mysbeode nouht þy bondemen. *C.* IX. 42.
Whan þat Corineus was ded, Dame Gwyndolene he [sc. Lokeryn] *misbed* [*misbede* v. l.];
Ffor hure fader did him tene, He drof awey
dame Gwyndolene, & tok Estrild[e] til his
quene. R. OF BRUNNE *Story of Engl.* 2087.
Whan Lowys herd þat Roberd was so dede,
Ageyn right & lawe tille Henry he *misbede*.
LANGT. p. 104. Þe kyng suld haf no plight þat
Thomas was so dede; He said bot tille a knyght
þat Thomas him *misbede*. p. 131. Þis is þe þrid
tyme þat mykelle þou him *misbede*. p. 242.
No mon here vnmanerly þe *mysboden*
habbe. GAW. 2339. Who hath yow *misboden*,
or offended? CH. *C. T.* I. B. 51 Morris Cl. Pr.

misberen v. neue. veraltet *misbear*; vgl.
beren.

1. tr. misgebären, verstümmelt oder
ungestalt gebären: ȝif hit [sc. þe streon]
is *misborn*, as hit ilome limpeð, & wont eni of
his limen. HALI MEID. p. 33. A pouer childe,
and in the name Of thilke, whiche is so *misbore*,
We toke. Gow. L 192. vgl. CH. *C. T.* B. 750 sq.
2. refl. sich misgebaren, sich
schlecht betragen, ungebührlich handeln: He sawe ofte schrewes *mysbere hem.* TRE-
VISA III. 275. Heo .. werþ swiþe prout, & eke
hure misbar, & was icast al out To Dauid, hure
vncle, king of Scotlonde. R. OF GL. *App.* XX.
221 Wr. Þe erle of Gloucestre so had *him misborn.* LANGT. p. 264. Bisshopes, abbotes, &
priours, þei had *misborn* þam hic. p. 333. Nere
he iproved so strong theof, other hadde that
lond forswore, Ic ne miȝte do hit for no thing,
þeȝ he *him* hadde ther *misbore.* BEK. 1247. Of
youre pryde and heigh presumpcioun and folye,
and of youre negligence and unconnynge, ye
have *mysbore you*, and trespassed unto me. CH.
T. of Melib. p. 197 Spr.

misbering s. zu *misberen* v.; vgl. *beringe s.,
beren* v. tr. 2. ungebührliches Tragen,
aufrührerisches Erheben [des Schildes].

Dan Waryn he les tounes þat he held, With
wrong he mad a res, & *misberyng* of scheld.
LANGT. p. 336.

misbifallen, -befallen v. vielleicht Zusammensetzung, da *bifallen* oft unpersönlich auftritt [lat. male evenire]; doch könnte *mis* auch
substantivisches Sachsubjekt oder selbständiges
Adv. sein; vgl. *bifallen* v. und *mis* adv. male,
misse s. defectus, injuria. übel begegnen,
übel widerfahren.

For elles but a man do so, Him may ful
misbefalle. GOWER I. 57. Þe ueorðe is gled-
schipe of his vuel, lauhwen oðer gabben, ȝif him
misbiueolle. ANCR. R. p. 200.

misbiȝeten, -biȝiten, beȝeten, -begeten v.
neue. veraltet *misbeget* [erhalten im p. p. *mis-
begot, misbegotten*]; vgl. *biȝeten.* unehelich
erzeugen.

His fader, which him *misbegat*, He [sc. Ali-
saundre] slough, a great mishap was that. Go-
WER III. 80.

meist als attributives Adj. verwendetes p. p.,
unehelich, unrechtmässig: For þe,
misbiȝeten stren, Quic y schal now doluen ben.
ARTH. A. MERL. 1021 Kölb. Þou *misbiȝeten*
þing, Þou hast ylowe a gret lesing. 1107. For
þou art a cursed þing, *Misbiȝeten* oȝaines þe
lawe. 1112. Þou art a *mysbyȝete* wreche. *L.* 1189
[vgl. Þou art al *biȝeten amis*, Þou nost who þi
fader is. *A.* 1205. Þow art a foul þyng, *geten
amys*, No mon wot who þy fadir is. *L.* 1275].
Wan a child were ibore, & me in doute were
Wo were þe fader, þat it asholde name & eritage Boþe abbe in þe moder [gen.] half, vor
drede of outrage, Leste it heode [i. e. eode] out
of kynde þorȝ child *misbiȝite* [*mysbigete* B. *mis-
biȝete a. β. γ.*]. R. OF GL. 984 Wr. — Þy *mys-
begeten* chylderen two, Þey schull þe werke mo-
chell wo. OCTOU. 259 Sarr.

substantiviert in der Einzahl, unehe-
liches Kind, Bastard: He segh hit was a
misbeȝete. SEUYN SAG. 1052 [vgl. For he was
bigeten amis. 1092. What than was he an aue-
trol? 1107].

misbihaven, -behaven v. neue. *misbehave*
[refl. und intr.]; vgl. *bihaven.* refl. sich
schlecht behaben, sich schlecht benehmen, ungebührlich handeln.

You were to blame to *mysbehave you* to
hym so sore as you dyd, vous auiez tort, or
vous fustes a blamer de vous mesprendre enuers
luy tant que vous fistez. PALSGR. I *mysbehave
me*, or mysorder myselfe, je me mesprens. ib.

misbihavour, -behavour v. neue. *misbeha-
viour* [vgl. *haviour* B. OF NURT. 63], von *misbihaven* v. schlechtes Behaben, schlechtes Benehmen.

Mysbehavour, mesprison. PALSGR.

misbihed p. p. vgl. *biheden.* schlecht be-
dacht auf etwas.

Josep, þou art *misbihed*; Tac us to lere
þinne sone, And he schal lete is vuele wone.
KINDH. JESU 438.

misbileden v. vgl. *bileden.* übel behandeln.

Ac as a mon misirad On vche half he is
misbilad, Ne helpeþ him no þing wherso he
wende. CAST. OFF L. 427.

**misbileafe, -billefe, -bileave, -bileve, -bi-
leive, -bilive, -beleave, -beleve, -believe** etc.
s. neue. *misbelief*; vgl. *bileafe.*

a. selten in gewöhnlichen Dingen, Un-
gläubigkeit, Mistrauen, Argwohn:
And yet, for þe shul han no *misbileue* Ne wrong
conceit of me in your absence, But go with yow, and
come with yow ageyn. CH. *C. T.* III. G. 1213
Skeat Cl. Pr.

b. meist in religiösen Dingen, und zwar
1. Unglaube, als Verwerfung des Glaubwürdigen [disbelief]: Þo knyȝtis [i. e. die Wächter des heiligen Grabes] vnswerede alle in greue: „Ȝe are euer in *misbileue.*" CURS. MUNDI 17401 TRIN.
2. Unglaube, Kleingläubigkeit, Zweifel eines sonst Gläubigen [want of faith, little faith]: Ihesus kud him to hem [sc. to his disciples] new To wite if þei in trouþe were trew, Her *mysbileue* for to myspreise, And out of wanhope hem to reise. CURS. MUNDI 18671 TRIN. He [sc. God] may not denye him silf [silf, that he mot punysche oure *mysbyleue* v. l.]. WYCL. 2 TIM. 2, 13 Oxf. Hym self preyde specyaly Þat Gode wulde shewe hym [refl.] also yn body; „Lorde", he seyde, „for no *mysbeleue*, Þat þou shuldest wyþ me greue, But for to shewe þe ryȝt soþenes Þat þou art þe sacrament of þe messe." R. OF BRUNNE *Handl. S.* 10026. The *misbeleve* of sinne Was lefte, and Cristes feith came inne To hem that whilome were blinde. GOWER I. 212. Our feith was dirkid under the ecliptik lyne; Our *mysbeleue* he did first enlumyne. LYDG. *M. P.* p. 138.
3. Unglaube, als Nichtvorhandensein des Glaubens [unbelief]: Discredentia, *mysbileve.* WR. VOC. col. 578, 38 Wülck. Uor þo scele wolde he [sc. Crist] efter his dyaþe wende into helle, þet is to onderstonde, ine þo half þet were þe haljen, najt ine þo half þet were þe uorlorene, þet weren dyade ine hire zenne and in hire *misbileue.* AYENB. p. 13 *Spr.*
4. Irrglaube, mit Beziehung auf Christen, als Aberglauben, Glauben an falsche Wunder u. dgl.: Ac for it profitiþ ȝow to poraswarde [i. e. as regards your purses], ȝe prelates soffren þat lewede men in *mysbylyue* leuen & deien. P. PL. *Text C.* pass. I. 101. vgl. 96 sq.
5. Unglaube, Irrglaube, falscher Glaube, Bezeichnung der religiösen Überzeugung Andersgläubiger, im Munde von Christen besonders der Heiden und Muhammedaner: Þai [sc. þe false cristen men] sal have mykel mare payne Þan þe haithen men of *mysbylyefe.* HAMP. 5519. Ȝette me an hwet .. þ tu þin *misbileaua* lete þenne, lanhure, & lihte to ure. LIFE ST. KATH. 767 sq. Ȝe schullen alle [sc. weþen echeliche in helle], but ȝe forleten .. ower *misbileue.* 2358 sq. Wolt þov forhote þine *misbileue*? ST. CLEMENT 278 Horstm. p. 331. Of þe *misbileue* of Engelonde gret deol and care he hadde. ST. GREGORI 75 [p. 358]. Þo were among Cristine men þis paines þus ymengd, Þat *misbileue* into al þis lond among men was ysprengd. R. OF GL. 2541 Wr. Seint Germain, þe biscop, to þis londe com, Vor *misbileue* at þulke tyme & to amendy Cristendom. 2567. For frendes deeþ ouer al þe lond Suche *mysbiliue* vp þei fond; Fendes crepte þo ymages wiþinne, And lad folted men to synne. CURS. MUNDI 2301 TRIN. Þus, þorw wyles of his witte and a whyte dowue, Makometh in *mysbileue* men and wommen brouȝte. P. PL. *Text B.* pass. XV. 401. He [sc. God] reuede hym [sc. Salamon] .. of hus ryht mynde, And soffrede

hym lyue in *mysbyleue* [i. e. Götzendienerei]. C. IV. 329. Meny seint aitthe .. fro *mysbyleue* .. meny man turnede. C. XVIII. 270 sq. Thus Makamede in *mysbyleyue* man and womman brouhte. 181. The wickidnesse of the *misbileue* of hethene men lyith to themsilf whanne thei seyn that the worshipyng of theire maumetrie is to the worschipe of God. REL. ANT. II. 46 *Spr.* The wraththe of God com vpon the sones of vnbileue [*mysbeleue* v. l.]. WYCL. COL. 3, 6 Oxf. Of Belus cam thȝ name of Belle, Of Bel cam Belzebub, and so The *misbeleve* wente tho. GOWER II. 179. Among the men that weren tho Of *misbeleve* in the riot, The goddesse of batailes hote She was. II. 168. *Mysbeleve*, mescreance. PALSGR. — Thus hast thou herd in what degre Of Grece, Egipte, and Caldee The *misbeleves* whilom stood. GOWER II. 180.

im Munde von Nichtchristen als Bezeichnung der christlichen Religion: Ah ȝet ne þuncheð ow nawt inoh to forleosen ow þus in þulli *misbileaue.* LIFE ST. KATH. 346. Weila, wummon, hwuch wlite þu leosest ant forletest for þin *misbileaue!* ST. MARHER. p. 6.

misbileven, -beleven v. neue. *misbeliere;* vgl. *bilefen.* ungläubig sein, zweifeln.

Suche motyues þei meuen, þis maistres in heor glorie, And makeþ men *misbileue* þat [musen on] heore wordes. P. PL. *Text A.* pass. XI. 70. Þe fende hem sheweþ grete affray, To some on nyȝt, and some a day, How þat he may hem greue To make ouþere men *mysbeleue.* R. OF BRUNNE *Handl. S.* 9850.

Stonde studfaste now herfore, And *misbileue* þou no more [Worte Christi an Thomas]. CURS. MUNDI 18697 TRIN.

Thei [Thei that *mysbileeueden* v.l.] synneden aȝens hym. WYCL. DEUT. 32, 5 Purv.

p. pr. For we synneden [han synned J. S. *misbileuing* and grucching aȝens the S. *marg.*]. WYCL. NUM. 14, 40 Purv. Ȝe wolden not stye vp, but *mysbileuynge* to the word of the Lord oure God, ȝe grutchiden in ȝoure tabernaclis. DEUT. 1, 26-7 Purv.

adjektivisch, von Heiden und Muhammedanern, irrgläubig, ungläubig: Þe *misbileueand* paiem starf. ARTH. A. MERL. 5982 Kölb. I reqyvre the that I may subdewe thys eytee .. for to shewe the *mysbyleuyng* peple the cause of their errour. CAXT. *Charles* p. 204. *Mysbeleuyng*, mescreant, - e. PALSGR. — Every gode cristene man that is of powere .. scholde peynen him with all his strengthe for to conquere oure righte heritage, and chacen out alle the *mysbeleevynge* men. MAUND. p. 3 *Spr.* We scholden don as moche worschipe and reverence therto [sc. to that temple], as ony of the *mysbeleevynge* men scholde. p. 84 *Spr.* cf. p. 261.281.

p. p. gleichfalls adjektivisch und meist gleicher Bedeutung, im Munde von Nichtchristen auch auf Christen bezogen, ist wohl unter Anlehnung an *buleafe* s. gebildet, irrgläubig, ungläubig: Beues, scherewe *misbeleued*, Þe douȝter he haþ now forlain [im Munde von Nichtchristen]. BEUES *A.*

Lightning Source UK Ltd.
Milton Keynes UK
UKHW020911260119
336226UK00009B/336/P